35,-

W0296746

ex libris

Braun
Insolvenzordnung

Insolvenzordnung (InsO)

Kommentar

herausgegeben
von

Eberhard Braun

Rechtsanwalt und Wirtschaftsprüfer
in Achern

und
bearbeitet von

Rüdiger Bauch, Elke Bäuerle, Dr. Andreas Beck, Dr. Peter de Bra, Dr. Eberhard Braun, Stefano Buck, Harald Bußhardt, Ellen Delzant, Dr. Thomas Dithmar, Achim Frank, Dr. Dirk Herzig, Dr. Ferdinand Kießner, Thomas Kind, Harald Kroth, Dr. Andreas Lang, Dr. Oliver Liersch, Dr. Rainer Riggert, Detlef Schneider, Detlef Specovius, Dr. Annerose Tashiro und Bertram Wolf

4., neu bearbeitete Auflage

Verlag C. H. Beck München 2010

Zitiervorschlag: *Braun/Bearbeiter* InsO § 4a Rn. 3

Verlag C. H. Beck im Internet:
beck.de

ISBN 978 3 406 59543 1

Wilhelmstraße 9, 80801 München
Satz, Druck und Bindung: Druckerei C. H. Beck Nördlingen
(Adresse wie Verlag)

Gedruckt auf säurefreiem, alterungsbeständigem Papier
(hergestellt aus chlorfrei gebleichtem Zellstoff)

Vorwort

Die Krise des Finanzsystems im Allgemeinen und die sich anschließenden Eintrübungen für weite Bereiche der Volkswirtschaft zeichnen deutliche Spuren in die Insolvenzstatistik, nicht nur in Deutschland, sondern auch in vielen anderen europäischen Ländern und in den Vereinigten Staaten. Das deutsche Insolvenzrecht nimmt dabei immer mehr seine Funktion als wesentlicher Faktor zur Restrukturierung im Ordnungsverfahren wahr. Die Eigenverwaltung und der Insolvenzplan kommen langsam in der Realität der Rechtsanwendung an.

Daneben wird aber auch die Bedeutung des Verbraucherinsolvenzverfahrens bei zunehmenden Zahlen überschuldeter natürlicher Personen immer wichtiger, wesentliche gesetzgeberische Absichten sind dabei aber bisher noch nicht umgesetzt worden.

Was der Gesetzgeber allerdings konsequent realisiert hat, ist die Reform des GmbH-Gesetzes vor dem Hintergrund des internationalen Wettbewerbs der Insolvenzregime. Die Verlagerung der Kapitalersatzregelungen des GmbH-Gesetzes ins insolvenzrechtliche Regelungswerk gleichermaßen wie die Modifikation des Überschuldungsbegriffes – auf Zeit – machen die Überarbeitung des Kommentars für die Autoren spannend und für die Leser hoffentlich hilfreich.

Das Werk wird – wie in der Vergangenheit – unter *www.beck.de* oder *www.schubra.de* laufend im Internet aktualisiert.

Für die souveräne Umsetzung der Schreibarbeiten ist wiederum Frau Renate Knapp herzlich zu danken.

Achern, im November 2009
Dr. Eberhard Braun

Im Einzelnen haben bearbeitet

Einführung, vor § 1, §§ 1–3	Kießner
§ 4	Bußhardt
§§ 4 a–4 d	Buck
§§ 5–19	Bußhardt
§§ 20–25	Kind
§§ 26–34	Herzig
§§ 35–55	Bäuerle
§§ 56–73	Kind
§§ 74–79	Herzig
vor § 80, §§ 80–112	Kroth
§ 113	Beck
§§ 114–119	Kroth
§§ 120–128	Wolf
§§ 129–135	de Bra
§§ 136–147	Riggert
§§ 148–164	Dithmar
§ 165	Dithmar/Schneider
§§ 166–170	Dithmar
§§ 171–173	Dithmar/Schneider
§§ 174–186	Specovius
§§ 187–216	Kießner
vor § 217, §§ 217–269	Braun/Frank
§§ 270–285	Riggert
§§ 286–303	Lang
§§ 304–314	Buck
vor § 315, §§ 315–334	Bauch
vor § 335, § 335	Liersch
§§ 336–342	Liersch/Tashiro
§§ 343–353	Liersch
§§ 354–358	Liersch/Delzant
§ 359	Bauch

Inhaltsübersicht

Inhaltsübersicht

Abkürzungsverzeichnis

aA	anderer Auffassung
aaO	am angegebenen Ort
a. E.	am Ende
aF	alter Fassung
abl.	ablehnend
ABl.	Amtsblatt
Abs.	Absatz, Absätze
AcP	Archiv für die civilistische Praxis
ÄndVO	Änderungsverordnung
ADSp	Allgemeine Deutsche Spediteursbedingungen
AFG	Arbeitsförderungsgesetz(jetzt SGB III)
AFRG	Arbeitsförderungs-Reformgesetz
AG	Aktiengesellschaft, Amtsgericht
AGB	Allgemeine Geschäftsbedingung(en)
AGBG	Gesetz zur Regelung des Rechts der Allgemeinen Geschäftsbedingungen
AGGVG	Gesetz zur Ausführung des Gerichtsverfassungsgesetzes
AktG	Aktiengesetz
allg.	allgemein, allgemeine
Alt.	Alternative
amtl.	amtlich
AnfG	Gesetz betreffend die Anfechtung von Rechtshandlungen eines Schuldners außerhalb des Insolvenzverfahrens (Anfechtungsgesetz)
Anh.	Anhang
Anm.	Anmerkung(en)
AnwBl.	Anwaltsblatt
AO	Abgabenordnung, Anordnung
AP	Arbeitsrechtliche Praxis, Nachschlagewerk des Bundesarbeitsgerichts
ArbG	Arbeitsgericht
ArbGG	Arbeitsgerichtsgesetz
Arge	Arbeitsgemeinschaft
Art.	Artikel
Aufl.	Auflage
AÜG	Arbeitnehmerüberlassungsgesetz
AV	Ausführungsverordnung
AWD	Außenwirtschaftsdienst des Betriebs-Beraters
BA	Bundesanstalt für Arbeit
BAG	Bundesarbeitsgericht
BAGE	Rechtsprechung des Bundesarbeitsgerichts
BAnz	Bundesanzeiger
BauR	Zeitschrift für Baurecht
BayObLG	Bayerisches Oberstes Landgericht
BB	Betriebs-Berater
BC	Bankruptcy Code (USA)
Bd.	Band
BDSG	Bundesdatenschutzgesetz

Abkürzungen

Begr.	Begründung
Beil.	Beilage
BerlinerKomm-*Bearbeiter*, VVG	*Honsell* (Hrsg.), Berliner Kommentar zum Versicherungsvertragsgesetz: Kommentar zum deutschen und österreichischen VVG
BetrAVG	Gesetz zur Verbesserung der betrieblichen Altersversorgung
BetrVG	Betriebsverfassungsgesetz
BfA	Bundesanstalt für Arbeit
BFH	Bundesfinanzhof
BFHE	Amtliche Sammlung der Entscheidungen des Bundesfinanzhofes
BG	Bundesgericht (Schweiz)
BGB	Bürgerliches Gesetzbuch
BGBl. I	Bundesgesetzblatt Teil I
BGH	Bundesgerichtshof
BGHSt	Entscheidungen des Bundesgerichtshofes in Strafsachen
BGHZ	Entscheidungen des Bundesgerichtshofes in Zivilsachen
BNotO	Bundesnotarordnung
BörsG	Börsengesetz
BRAGO	Bundesrechtsanwaltsgebührenordnung
BRAO	Bundesrechtsanwaltsordnung
BR-Drucks.	Drucksache des Bundesrats
BReg.	Bundesregierung
BSG	Bundessozialgericht
BSHG	Bundessozialhilfegesetz
bspw.	beispielsweise
BStBl.	Bundessteuerblatt
BT-Drucks.	Drucksache des Deutschen Bundestages
BVerfG	Bundesverfassungsgericht
BVerfGE	Entscheidungen des Bundesverfassungsgerichts
BVerwG	Bundesverwaltungsgericht
BVerwGE	Amtliche Sammlung der Entscheidungen des Bundesverwaltungsgerichts
bzgl.	bezüglich
bzw.	beziehungsweise
c. i. c.	culpa in contrahendo
COMI	Center of main interests
d. h.	das heißt
DAV	Deutscher Anwalt Verein
DB	Der Betrieb
ders.	derselbe
DGVZ	Deutsche Gerichtsvollzieher-Zeitung
DöKV	Deutsch-österreichische Vertrag auf dem Gebiet des Konkurs- und Vergleichs-(Ausgleichs)rechts vom 25. Mai 1979
DPMA	Deutsches Patent- und Markenamt
DRiG	Deutsches Richtergesetz
DStR	Deutsches Steuerrecht
DZWIR	Deutsche Zeitschrift für Wirtschafts- und Insolvenzrecht (ab 1999)
DZWir	Deutsche Zeitschrift für Wirtschaftsrecht (bis 1998)
ebd.	ebenda
EFG	Entscheidungen der Finanzgerichte
EFZH	Entgeltfortzahlungsgesetz

EG	Europäische Gemeinschaft
EGAktG	Einführungsgesetz zum Aktiengesetz
EGBGB	Einführungsgesetz zum Bürgerlichen Gesetzbuch
EGInsO	Einführungsgesetz zur Insolvenzordnung
EGInsOÄndG	Gesetz zur Änderung des Einführungsgesetzes zur Insolvenzordnung und anderer Gesetze
EGV	Vertrag zur Gründung der Europäischen Gemeinschaften
EGZPO	Gesetz, betreffend die Einführung der Zivilprozessordnung
EHUG	Gesetz über elektronische Handelsregister und Gesetzesregister sowie das Unternehmensregister
Einf v	Einführung vor
EinigungsV	Einigungsvertrag
Einl.	Einleitung
EInsVV	Entwurf der Insolvenzrechtlichen Vergütungsverordnung
EMRK	Europäische Menschenrechtskonvention
ErbbauVO	Verordnung über das Erbbaurecht
ErfKomm-*Bearbeiter*	*Dieterich, u. a.* (Hrsg.), Erfurter Kommentar zum Arbeitsrecht, 2. Aufl. 2001
EStG	Einkommensteuergesetz
etc.	et cetera
EU	Europäische Union
EuGH	Europäischer Gerichtshof
EuGVÜ	Europäisches Übereinkommen v. 27. 9. 1968 über die gerichtliche Zuständigkeit und die Vollstreckung gerichtlicher Entscheidungen in Zivil- und Handelssachen
EuGVVO	Verordnung des Rates (EG) Nr. 44/2001 vom 22. Dezember 2000 über die gerichtliche Zuständigkeit und die Anerkennung und Vollstreckung von Entscheidungen in Zivil- und Handelssachen
EuInsÜ	Europäisches Übereinkommen über Insolvenzverfahren vom 23. November 1995 **(statt EuIÜ)**
EuInsVO	Verordnung des Rates (EG) Nr. 1346/2000 vom 29. Mai 2000 über Insolvenzverfahren
EuIÜ	(Einwurf eines) Europäischen Übereinkommens über Insolvenzverfahren v. 23. 11. 1995
EUR/€	Euro
EuZW	Europäische Zeitschrift für Wirtschaftsrecht
evtl.	eventuell
EVÜ	Europäisches Übereinkommen über das auf vertragliche Schuldverhältnisse anzuwendende Recht vom 19. 6. 1980
EWiR	Entscheidungen zum Wirtschaftsrecht
EWIV	Europäische Wirtschaftliche Interessenvereinigung
EWS	Europäisches Wirtschafts- und Steuerrecht
EzA	Entscheidungssammlung zum Arbeitsrecht
f./ff.	der/die folgende(n)
FamRZ	Zeitschrift für das gesamte Familienrecht
FG	Finanzgericht
FGG	Gesetz über die Angelegenheiten der freiwilligen Gerichtsbarkeit
FGO	Finanzgerichtsordnung
FK-Bearbeiter	*Wimmer* (Hrsg.), Frankfurter Kommentar zur Insolvenzordnung, 3. Aufl., Neuwied 2001
Fn.	Fußnote(n)
FS	Festschrift

Abkürzungen

FS für Brandner	*Pfeiffer/Kummer/Scheuch* (Hrsg.), Festschrift für Hans Erich Brandner, Köln 1996, zitiert: *Bearbeiter,* in: FS für Brandner
FS für Deutsch	*Ahrens/von Bar/Fischer/u. a.* (Hrsg.), Festschrift für Erwin Deutsch zum 70. Geburtstag, Köln 1999, zitiert: *Bearbeiter,* in: FS für Deutsch
FS für Fikentscher	*Großfeld* (Hrsg.), Festschrift für Wolfgang Fikentscher zum 70. Geburtstag, Tübingen 1998, zitiert: *Bearbeiter,* in: FS für Fikentscher
FS für Gaul	*Schilken/Becker-Eberhard/Gerhardt* (Hrsg.), Festschrift für Hans Friedhelm Gaul zum 70. Geburtstag, 19. November 1997, Bielefeld 1997, zitiert: *Bearbeiter,* in: FS für Gaul
FS für Henckel	*Gerhardt/Diedrichsen/Rimmelspacher, u. a.* (Hrsg.), Festschrift für Wolfram Henckel zum 70. Geburtstag am 21. April 1995, Berlin 1995, zitiert: *Bearbeiter,* in: FS für Henckel
FS für Hopt	*Baur* (Hrsg.), Festschrift für Ernst Steindorf zum 70. Geburtstag am 13. März 1990, Berlin 1990, zitiert: *Bearbeiter,* in: FS für Steindorf
FS für Jahr	*Martinek* (Hrsg.), Festschrift für Günther Jahr zum 70. Geburtstag: vestigia iuris, Tübingen 1993, zitiert: *Bearbeiter,* in: FS für Jahr
FS für Merz	*Gerhardt/Henckel/Kilger/Kreft* (Hrsg.), Festschrift für Franz Merz: zum 65. Geburtstag am 3. Februar 1992, Köln 1992, zitiert: *Bearbeiter,* in: FS für Merz
FS für Pawlowski	*Smid/Fehl* (Hrsg.), „... ob das alles so stimmt ..." Recht und Pluralismus, Hans-Martin Pawlowski zum 65. Geburtstag, Festschrift Berlin 1997, zitiert: *Bearbeiter,* in: FS für Pawlowski.
FS für Peltzer	*Lutter/Scholz/Sigle* (Hrsg.), Festschrift für Martin Peltzer zum 70. Geburtstag, Köln 2001, zitiert: *Bearbeiter,* in: FS für Peltzer
FS für Uhlenbruck	*Prütting/Vallender* (Hrsg.), Insolvenzrecht in Wissenschaft und Praxis: Festschrift für Wilhelm Uhlenbruck zum 70. Geburtstag, Köln 2000, zitiert: *Bearbeiter,* in: FS für Uhlenbruck
FS für Weber	*Bökelmann/Henckel/Jahr* (Hrsg.), Festschrift für Friederich Weber zum 70. Geburtstag, Berlin 1975, zitiert: *Bearbeiter,* in: FS für Weber
GBl.	Gesetzblatt
GBO	Grundbuchordnung
GbR	Gesellschaft bürgerlichen Rechts
GBV	Grundbuchverfügung
gem.	gemäß
GenG	Gesetz betreffend die Erwerbs- und Wirtschaftsgenossenschaften
GesO	Gesamtvollstreckungsordnung
GewO	Gewerbeordnung
GG	Grundgesetz für die Bundesrepublik Deutschland
ggf.	gegebenenfalls
ggü.	gegenüber
GKG	Gerichtskostengesetz
GmbH	Gesellschaft mit beschränkter Haftung
GmbHG	Gesetz betreffend die Gesellschaften mit beschränkter Haftung
GmbHR	GmbH-Rundschau
GmS OGB	Gemeinsamer Senat der obersten Gerichte des Bundes
grds.	grundsätzlich
GRUR	Gewerblicher Rechtsschutz und Urheberrecht
GrS	Großer Senat
GuV	Gewinn- und Verlustrechnung
GVG	Gerichtsverfassungsgesetz

GVGA	Gerichtsvollzieher-Geschäftsanweisung
Halbs.	Halbsatz
HBG	Hypothekenbankgesetz
HGB	Handelsgesetzbuch
HintO	Hinterlegungsordnung
HK-*Bearbeiter*	Heidelberger Kommentar zur Insolvenzordnung, 3. Aufl. 2003
hL	herrschende Lehre
hM	herrschende Meinung
HRefG	Handelsrechts-Reformgesetz
Hrsg.	Herausgeber
hrsg.	herausgegeben
HwO	Handwerksordnung
i. V. m.	in Verbindung mit
i. d. R.	in der Regel
i. E.	im Ergebnis
i. S. d.	im Sinne des
i. S. v.	im Sinne von
i. V. m.	in Verbindung mit
i. w. S.	im weiteren Sinne
IDW	Institut Deutscher Wirtschaftsprüfer
IIR	International Insolvency Review
Insbüro	Zeitschrift für das Insolvenzbüro
InsO	Insolvenzordnung
InsOÄndG 2001	Gesetz zur Änderung der Insolvenzordnung und anderer Gesetze BGBl. I S. 2710 ff.
InsOBeRV	Verordnung zu öffentlichen Bekanntmachungen in Insolvenzverfahren im Internet
Insolvenzrecht 1996	*Prütting* (Hrsg.), Insolvenzrecht 1996, Tagungsband zum RWS-Forum am 26. und 27. September 1996 in Köln, zitiert: *Bearbeiter,* in: Involvenzrecht 1996
Insolvenzrecht 1998	*Henckel/Kreft* (Hrsg.), Insolvenzrecht 1998, Tagungsband zum RWS-Forum am 11. und 12. Oktober 1998 in Berlin, zitiert: *Bearbeiter,* in: Insolvenzrecht 1998
Insolvenzrecht 2000	*Bork/Kübler* (Hrsg.), Insolvenzrecht 2000, Tagungsband zum RWS-Forum am 7. und 8. September 2000 in Berlin, zitiert: *Bearbeiter,* in: Insolvenzrecht 2000
Insolvenzrecht im Umbruch	*Leipold* (Hrsg.), Insolvenzrecht im Umbruch, Analysen und Alternativen, Würzburger Arbeitstagung der Vereinigung der Zivilprozeßlehrer zum Referentenentwurf einer Insolvenzordnung, Köln, Berlin, Bonn, München 1991, zitiert: *Bearbeiter,* in: Insolvenzrecht im Umbruch
InsVV	Insolvenzrechtliche Vergütungsverordnung
InVo	Insolvenz & Vollstreckung
IPR	Internationales Privatrecht
IPRax	Praxis des Internationalen Privat- und Verfahrensrechts
IPRG	Bundesgesetz über das internationale Privatrecht (Schweiz)
JA	Juristische Arbeitsblätter
JR	Juristische Rundschau
Jura	Juristische Ausbildung
JurBüro	Das juristische Büro
JuS	Juristische Schulung
JW	Juristische Wochenschrift
JZ	Juristenzeitung

Abkürzungen

Kap.	Kapitel
Kaug	Konkursausfallgeld
KG	Kommanditgesellschaft, Kammergericht
KGaA	Kommanditgesellschaft auf Aktien
KKZ	Kommunale Kassenzeitschrift
KO	Konkursordnung
Kölner Schrift	Arbeitskreis für Insolvenz- und Schiedsgerichtswesen e. V., Köln (Hrsg.), Kölner Schrift zur Insolvenzordnung. Das neue Insolvenzrecht in der Praxis, 2. Aufl. 2000, zitiert: *Bearbeiter,* in: Kölner Schrift
100 Jahre Konkursordnung	*Uhlenbruck* (Hrsg.), Einhundert Jahre Konkursordnung 1877–1997; Festschrift des Arbeitskreises für Insolvenz- und Schiedsgerichtswesens e. V. Köln zum 100jährigen Bestehen der Konkursordnung vom 10. Februar 1877, Köln 1977, zitiert: *Bearbeiter,* in: 100 Jahre Konkursordnung
KSchG	Kündigungsschutzgesetz
KStG	Körperschaftsteuergesetz
KTS	Konkurs. Treuhand. Sanierung
KuT	Konkurs- und Treuhandwesen
KWG	Kreditwesengesetz
LAG	Landesarbeitsgericht
LAGE	Entscheidungen der Landesarbeitsgerichte
LG	Landgericht
Lit.	Litera (Buchstabe)
LM	Nachschlagewerk des BGH, hrsg. v. Lindenmaier, Möhring u. a.
LPG	Landwirtschaftliche Produktionsgesellschaft
LPGG	LPG-Gesetz
LSG	Landessozialgericht
LuftfzRG	Gesetz über die Rechte an Luftfahrzeugen
LuftVG	Luftverkehrsgesetz
LZ	Leipziger Zeitschrift für Deutsches Recht
m. a. W.	mit anderen Worten
m. w. Bsp.	mit weiteren Beispielen
m. w. N.	mit weiteren Nachweisen
m. z. N.	mit zahlreichen Nachweisen
MarkenG	Markengesetz
Mat.	Materialien
MDR	Monatszeitschrift für Deutsches Recht
MiZi	Anordnung über Mitteilungen in Zivilsachen
MünchKomm-*Bearbeiter,* BGB	Münchener Kommentar zum Bürgerlichen Gesetzbuch
MünchKomm-*Bearbeiter,* InsO	Münchener Kommentar zur Insolvenzordnung
MünchKomm-*Bearbeiter,* ZPO	Münchener Kommentar zur Zivilprozeßordnung
nF	neuer Fassung
n. rkr.	nicht rechtskräftig
n. v.	nicht veröffentlicht
NdsRpfl	Niedersächsische Rechtspflegerzeitschrift
NJOZ	Neue Juristische Onlinezeitung
NJW	Neue Juristische Wochenschrift
NJW-CoR	Computerreport der NJW
NJW-RR	NJW-Rechtsprechungs-Report Zivilrecht

Nr.	Nummer
NStZ	Neue Zeitschrift für Strafrecht
NVwZ-RR	Neue Verwaltungszeitschrift – Rechtsprechungsreport
NZA	Neue Zeitschrift für Arbeits- und Sozialrecht
NZA-RR	NZA Rechtsprechungs-Report Arbeitsrecht
NZG	Neue Zeitschrift für Gesellschaftsrecht
NZI	Neue Zeitschrift für Insolvenz und Sanierung
o. V.	Ohne Verfasser
OFD	Oberfinanzdirektion
OHG	Offene Handelsgesellschaft
OLG	Oberlandesgericht
OLGE	Entscheidungen der Oberlandesgerichte
OLGR	OLG-Rechtsprechungsreport
OLGRspr	Die Rechtsprechung der Oberlandesgerichte auf dem Gebiet des Zivilrechts
OLGZ	Entscheidungen der Oberlandesgerichte in Zivilsachen einschließlich der freiwilligen Gerichtsbarkeit
OVG	Oberverwaltungsgericht
OWiG	Gesetz über Ordnungswidrigkeiten
PartGG	Partnerschaftsgesellschaftsgesetz
PatG	Patentgesetz
PKH	Prozesskostenhilfe
ProdHaftG	Produkthaftungsgesetz
PS V	Pensionssicherungsverein
PSVaG	Pensionssicherungsverein auf Gegenseitigkeit
RabelsZ	Rabels Zeitschrift für ausländisches und internationales Privatrecht
RAG	Reichsarbeitsgericht
RAGE	Entscheidungen des Rechtsarbeitsgerichtes
RBerG	Rechtsberatungsgesetz
RdA	Recht der Arbeit
Rn.	Randnummer(n)
RefE	Referentenentwurf
RegE InsOÄndG 2001	Entwurf der Bundesregierung zur Änderung der Insolvenzordnung und anderer Gesetze, BR-Drucks. 14/01
RegE	Regierungsentwurf
RegEInsO	Regierungsentwurf der Insolvenzordnung
RG	Reichsgericht
RGRK	Reichsgerichtsräte-Kommentar
RGSt	Entscheidungen des Reichsgerichts in Strafsachen
RGZ	Entscheidungen des Reichsgerichts in Zivilsachen
RIW	Recht der internationalen Wirtschaft
rkr.	rechtskräftig
RL	Richtlinie
RNotZ	Rheinische Notar-Zeitschrift
Rpfleger	Der Deutsche Rechtspfleger (Zeitschrift)
RPflG	Rechtspflegergesetz
Rspr.	Rechtsprechung
RWS-Dok.	RWS-Dokumentation
S.	Seite, Satz
s.	siehe
ScheckG	Scheckgesetz
SchRG	Gesetz über Rechte an eingetragenen Schiffen und Schiffsbauarten

Abkürzungen

SchRegO	Schiffsregisterordnung
SchRegDV	Verordnung zur Durchführung der Schiffsregisterordnung
SchuldRModG	Gesetz zur Modernisierung des Schuldrechts, BGBl. I 2001, S. 3138
SchVG	Schuldverschreibungsgesetz
SGB	Sozialgesetzbuch
SGB III	Drittes Buch Sozialgesetzbuch
SGG	Sozialgerichtsgesetz
SigG	Gesetz zur digitalen Signatur
Slg.	Sammlung der Rechtsprechung des Gerichtshofs der Europäischen Gemeinschaften und des Gerichts erster Instanz
sog.	sogenannte(r/s)
SozPlG	Sozialplangesetz
SozplKonkG	Gesetz über den Sozialplan im Konkurs- und Vergleichsverfahren
SozR	Sozialrecht, Rechtsprechung und Schrifttum, bearbeitet von den Richtern des BSG
SprAuG	Sprecherausschussgesetz
StÄndG 2001	Steueränderungsgesetz 2001, BGBl. I, S. 3794 ff.
StBerG	Steuerberatungsgesetz
Stbg	Steuerberatung
StGB	Strafgesetzbuch
StPO	Strafprozessordnung
str.	strittig
StV	Der Strafverteidiger (Zeitschrift)
TVG	Tarifvertragsgesetz
Tz.	Textziffer
u. ä.	und ähnliches
u. a.	unter anderem
U. S. C.	United States Code
u. s. w.	und so weiter
u. U.	unter Umständen
Überarb.	Überarbeiter
umf.	umfassend
umstr.	umstritten
UmwG	Umwandlungsgesetz
UNCITRAL	United Nations Commission in International Trade Law
UntStFG	Gesetz zur Fortentwicklung des Unternehmenssteuerrechts (Unternehmenssteuerfortentwicklungsgesetz – UntStFG) vom 20. 12. 2001 (BGBl. I S. 3858)
UrhbG	Urhebergesetz
Urt.	Urteil
UStDV	Umsatzsteuer-Durchführungsverordnung
UStR	Umsatzsteuer-Richtlinien
UWG	Gesetz gegen unlauteren Wettbewerb
v.	von, vom
VAG	Versicherungsaufsichtsgesetz
VbrInsVV	Verordnung zur Einführung von Vordrucken für das Verbraucherinsolvenzverfahren und das Restschuldbefreiungsverfahren (Verbraucherinsolvenzvordruckverordnung – VbrInsVV)
VerbrKrG	Verbraucherkreditgesetz
VergVO	Verordnung über die Vergütung von Konkursverwaltern, des Verleichsverwalters, der Mitglieder des Gläubigerausschusses und der Mitglieder des Gläubigerbeirats (Vergütungsverordnung)

VerlG	Verlagsgesetz
VermG	Vermögensgesetz
VersR	Versicherungsrecht
VerwArch	Verwaltungsarchiv
VGH	Verwaltungsgerichtshof
vgl.	vergleiche
VglO	Vergleichsordnung
VO	Verordnung
VOB	Verdingungsordnung für Bauleistungen
VOB/B	Verdingungsordnung für Bauleistungen, Teil
Vorbem. v.	Vorbemerkung von
VuR	Verbraucher und Recht
VVG	Gesetz über den Versicherungsvertrag (Versicherungsvertragsgesetz)
VwGO	Verwaltungsgerichtsordnung
VwVfG	Verwaltungsverfahrensgesetz
WEG	Gesetz über das Wohnungseigentum und das Dauerwohnrecht (Wohnungseigentumsgesetz)
WG	Wechselgesetz
wistra	Zeitschrift für Wirtschaft, Steuer, Strafrecht
WM	Wertpapier-Mitteilungen, Zeitschrift für Wirtschafts- und Bankrecht
WPg	Die Wirtschaftsprüfung
WpHG	Wertpapierhandelsgesetz
z. B.	zum Beispiel
z. T.	zum Teil
ZBB	Zeitschrift für Bankrecht und Bankwirtschaft
ZfIR	Zeitschrift für Immobilienrecht
ZGB	Zivilgesetzbuch der DDR
ZGR	Zeitschrift für Unternehmens- und Gesellschaftsrecht
ZHR	Zeitschrift für das gesamte Handels- und Wirtschaftsrecht
Ziff.	Ziffer
ZInsO	Zeitschrift für das gesamte Insolvenzrecht
ZIP	Zeitschrift für Wirtschaftsrecht (früher: „und Insolvenzpraxis")
ZMR	Zeitschrift für Miet- und Raumrecht
ZPO	Zivilprozessordnung
ZPO-RG	Gesetz zur Reform des Zivilprozesses vom 27. Juli 2001, BGBl. I S. 1887 ff.
ZRP	Zeitschrift für Rechtspolitik
ZSEG	Gesetz über die Entschädigung von Zeugen und Sachverständigen
zust.	zustimmend
ZvA	Zeitschrift für Arbeitsrecht
ZVG	Gesetz über die Zwangsversteigerung und die Zwangsverwaltung (Zwangsversteigerung)
ZVI	Zeitschrift für Verbraucher-Insolvenzrecht
ZZP	Zeitschrift für Zivilprozess

Literaturverzeichnis

Abel/Eitzert, Rechts- und Parteifähigkeit der Gesellschaft bürgerlichen Rechts, DZWIR 2001, 353 ff.

Adam, Die Aufrechnung gegen das Erfüllungsverlangen des Konkursverwalters, Diss. Gießen 1994

Adam, Die Aufrechnung im Rahmen der Insolvenzordnung, WM 1998, 801 ff., 803

Adam, Kann das Erfüllungsverlangen des Konkursverwalters mit einer Aufrechnungserklärung beantwortet werden? NJW 1995, 3103 f.

Aden, Gebräuchliches Gelegenheitsgeschenk und Schenkungsanfechtung im Konkurs, BB 1985, 366 ff.

Ahnert, Verbraucherinsolvenz- und Restschuldbefreiung, 2. Aufl., 2003

Ahrendt/Struck, Kein Anfechtungsrecht des Verwalters bei Masseunzulänglichkeit?, ZInsO 2000, 264 ff.

Ahrens Das Restschuldbefreiungsverfahren – Systematisierende Vorüberlegungen, Jahrbuch Junger Zivilrechtswissenschaftler, 1999, 189

Ahrens, Haftbefehl ohne Folgen – Aufschiebende Wirkung der Beschwerde?, NZI 2005, 299 ff.

Ahrens, Konkrete Normenkontrollverfahren zur Restschuldbefreiung unzulässig, ZInsO 2003, 197

Ahrens, Kurzkommentar zu OLG Köln, Beschluß vom 24. 5. 2000, EWiR 2000, 737 f.

Ahrens, Innenbeziehungen der Gläubiger bei Versagungsanträgen nach §§ 290, 295 ff. InsO, NZI 2001, 113

Ahrens, Prozeßabtretung im Restschuldbefreiungsverfahren, Anmerkungen zur Konzeption von § 287 Abs. 2 Satz 1 InsO, DZWIR 1999, 45

Ahrens, Rechtsmittelzug im Insolvenzverfahren: Sofortige weitere Beschwerde in PKH-Angelegenheiten, ZInsO 1999, 190 ff.

Ahrens, Schuldbefreiung durch absolute Anspruchsverjährung – 12 Antithesen, ZVI 2005, 1

Ahrens, Verfassungsgerichtliche Kontrolle und insolvenzrechtliches Redlichkeitspostulat, ZVI 2003, 509

Ahrens, Versagung oder Aufhebung der Kostenstundung, ZVI 2003, 268

Ahrens/von Bar/Fischer/u. a. (Hrsg.), Festschrift für Erwin Deutsch zum 70. Geburtstag, Köln 1999, zitiert: *Bearbeiter,* in: FS für Deutsch.

Altmeppen, Das neue Recht der Gesellschafterdarlehen in der Praxis, NJW 2008, 3601 ff.

Altmeppen, Kapitalersatz und Rangrücktritt unter Geltung der InsO, ZHR 164 (2000), 349 ff., 352 f.

Ampferl, Der „starke" vorläufige Insolvenzverwalter in der Unternehmensinsolvenz, Köln 2002

Andersen Freihalter Rechtsanwaltsgesellschaft mbH (Hrsg.), Aus- und Absonderungsrechte in der Insolvenz, Herne, Berlin 1999, zitiert: *Andersen Freihalter*

Andres/Grund, Die Flucht vor deutschen Insolvenzgerichten nach England, Die Entscheidung in dem Insolvenzverfahren Hans Brochier Holding Ltd., NZI 2007, 137

Andres/Leithaus, Insolvenzordnung, Kommentar, München 2006

Andres/Motz, Anmerkung zu EuGH, Urt. v. 15. 5. 2003, NZI 2003, 396.

Andres/Pape, Die Freigabe des Neuerwerbs als Mittel zur Bewältigung der Probleme einer selbständigen Tätigkeit des Schuldners, NZI 2005, 141 ff.

App, „Nahestehende Personen" im Sinne des neuen Insolvenzrechts und ihre Stellung im neuen Insolvenzrecht und Gläubigeranfechtungsrecht, FamRZ 1996, 1523

App, Widerruf der Restschuldbefreiung – Kurzüberblick über Antragsvoraussetzungen für den Gläubiger, MDR 2000, 1226

Literatur

App, Zur Zwangsvollstreckung aus einem gerichtlich bestätigten Insolvenzplan in das bewegliche Vermögen des Schuldners, DGVZ 2003, 49 f.

Armbruster, Die Stellung des haftenden Gesellschafters in der Insolvenz der Personenhandelsgesellschaft nach geltendem und künftigem Recht, Berlin 1996

Arnold, Das Insolvenzverfahren für Verbraucher und Kleingewerbetreibende nach der Insolvenzordnung von 1994, DGVZ 1996, 129

Arnold, Die Restschuldbefreiung nach der Insolvenzordnung von 1994, DGVZ 1996, 65

Arnold, Rechtspflegergesetz: Kommentar, 7. Aufl., 2009, zitiert: *Arnold/Meyer-Stolte/Bearbeiter*

Bach/Knof, Insolvenzfähigkeit der Stiftung, ZInsO 2005, 729

Bähner, Die Prüfung der Schlußrechnung des Konkursverwalters, KTS 1991, 347 ff.

Bähner/Berger/Braun, Die Schlußrechnung des Konkursverwalters, ZIP 1993, 1283 f.

Bähr/Riedemann, Anmerkung zu AG Mönchengladbach, Beschluß vom 27. April 2004, ZIP 2004, 1066

Bähr/Smid, Flutopfer, DZWIR 2002, 455 f.

Balz, Das neue Europäische Insolvenzübereinkommen, ZIP 1996, 948

Balz, Die Ziele der Insolvenzordnung, in: Kölner Schrift, 3 ff.

Balz, Sanierung von Unternehmen oder von Unternehmensträgern?: Zur Stellung der Eigentümer in einem künftigen Reorganisationsverfahren, Köln 1986, zitiert: *Balz,* Sanierung von Unternehmen oder von Unternehmensträgern

Balz/Landfermann, Die neuen Insolvenzgesetze: mit Einleitung und den amtlichen Materialien, 2. Aufl., Düsseldorf 1999, zitiert: *Balz/Landfermann*

Bank/Weinbeer, Insolvenzverwalterhaftung unter besonderer Berücksichtigung der aktuellen BGH-Rechtsprechung, NZI 2005, 478 ff.

Barnert, Insolvenzspezifische Pflichten des Insolvenzverwalters gegenüber Aussonderungsberechtigten, KTS 2005, 431 ff.

Bartels, Der erbrechtliche Erwerb des Insolvenzschuldners, KTS 2003, 43

Bassenge/Herbst/Roth, Gesetz über die Angelegenheiten der freiwilligen Gerichtsbarkeit – Rechtspflegergesetz, 11. Aufl., Heidelberg 2007, zitiert: *Bassenge,* FGG

Bauer, Die schleichende Wiedereinführung von Insolvenvorrechten zugunsten des Fiskus und der Sozialkassen schreitet voran – § 28 e Abs. 1 S. 2 SGB IV nF als jüngstes Beispiel für Verstöße gegen den Gläubigergleichbehandlungsgrundsatz, ZInsO 2008, 119–125

Bauer, Haftungsdilemma des Geschäftsführers/Vorstandes bei Eintritt der Insolvenz der GmbH/AG, ZInsO 2004, 646 ff.

Bauer/von Oefele/Wilke, Grundbuchordnung, 2. Aufl., München 2006, zitiert: *Bauer/von Oefele/Wilke*

Baumbach/Duden/Hopt, Handelsgesetzbuch, 33. Aufl., München 2008, zitiert: *Baumbach/Bearbeiter,* HGB

Baumbach/Hueck, GmbH-Gesetz, 18. Aufl., München 2006, zitiert: *Baumbach/Bearbeiter,* GmbHG

Baumbach/Lauterbach/Albers/Hartmann, Zivilprozeßordnung, 67. Aufl., München 2009, zitiert: *Baumbach/Bearbeiter,* ZPO

Baur (Hrsg.), Festschrift für Ernst Steindorf zum 70. Geburtstag am 13. März 1990, Berlin 1990, zitiert: *Bearbeiter,* in: FS für Steindorf

Baur, „Steckengebliebene" Insolvenzverfahren, in: FS für Weber, S. 41 ff.

Baur, Die Gegenvorstellung im Zivilprozeß in Analogie zu §§ 33 a, 311 a StPO, NJW 1991, 1711

Baur/Stürner, Insolvenzrecht: ein Lehrbuch, 3. Aufl. Heidelberg 1991, zitiert: *Baur/Stürner,* Insolvenzrecht

Baur/Stürner, Zwangsvollstreckungs-, Konkurs- und Vergleichsrecht, Bd. II, 6. Aufl. Heidelb. 1989, zitiert: *Baur/Stürner,* Zwangsvollstreckungsrecht

Bayer, Stundungsmodell für Insolvenzordnung und die Regelungen der Prozeßkostenhilfe, 2005

Beck, Der verlängerte Eigentumsvorbehalt in der Zwickmühle? – Absicherungsmöglichkeiten der Eigentumsvorbehaltslieferanten bei echtem Factoring, KTS 2008, 121 ff.
Beck, Umsatzsteuer aus der Verwertungskostenpauschale, ZInsO 2003, 509 ff.
Beck, Verteilungsfragen im Verhältnis zwischen Haupt- und Sekundärinsolvenzverfahren nach der EuInsVO, NZI 2007, 1
Beck, Verwertungsfragen im Verhältnis von Haupt- und Sekundärinsolvenzverfahren nach der EuInsVO, NZI 2006, 609
Beck scher Bilanz-Kommentar: der Jahresabschluß nach Handels- und Steuerrecht, Konzernabschluß, Prüfung, Offenlegung, §§ 238 und 339 HGB, 6. Aufl., München 2006, zitiert: Beck scher Bilanz-Kommentar
Beck sches Handbuch der GmbH, Gesellschaftsrecht-Steuerrecht, 4. Aufl., München 2009, zitiert: Beck sches Handbuch der GmbH
Becker, Anmerkungen zu: OLG Dresden vom 21. 6. 2000 Az. 7 W 0951/00, DZWIR 2000, 467
Behr, Auswirkungen des Insolvenzverfahrens auf die Einzelzwangsvollstreckung, JurBüro 1999, 66 ff.
Beicht, Beratungshilfe bei außergerichtlichem Einigungsversuch durch eine gemeinnützige geeignete Stelle, ZVI 2005, 71
Beicht, Kann ein Fonds die Anzahl außergerichtlicher Einigungen erhöhen?, ZVI 2003, 388
Beissenhirz, Die Insolvenzanfechtung in Deutschland und England, eine rechtsvergleichende Betrachtung, Frankfurt 2003
Benning/Wehling, Das „Model Law on Cross-Border Insolvency" der Vereinten Nationen, EuZW 1997, 618
Benthien/Titze, Offene Probleme beim Insolvenzverfahren der eingetragenen Genossenschaft, ZIP 2002, 1116 ff., 1122
Benzler, Das deutsche Nettingesetz – § 104 Abs. 2, 3 InsO, ZInsO 2000, 1 ff.
Berger, Die unternehmerische Tätigkeit des Insolvenzschuldners im Rahmen der Haftungserklärung nach § 35 Abs. 2 InsO, ZInsO 2008, 1101 ff.
Berger, Lösungsklauseln für den Insolvenzfall, in: Kölner Schrift, S. 499 ff.
Berger, Zur Wirksamkeit von Lösungsklauseln für den Konkursfall, ZIP 1994, 173 ff.
Bergmann, Die Verwaltungsbefugnis des Insolvenzverwalters über einen zur Insolvenzmasse gehörenden GmbH-Geschäftsanteil, ZInsO 2004, 225 ff.
Berner/Klöhn, Insolvenzantragspflicht, Qualifikation und Niederlassungsfreiheit, ZIP 2007, 106 ff.
Berscheid, Beteiligung des Betriebsrats im Eröffnungsverfahren, nach Verfahrenseröffnung und im Insolvenzplanverfahren, ZInsO 1999, 27
Berscheid, Die Kündigung von Arbeitsverhältnissen nach § 113 InsO, ZInsO 1998, 115 ff.
Berscheid, Insolvenzgeld-Anspruch bei mehreren aufeinanderfolgenden Insolvenzereignissen, ArbRB 2003, 111 f.
Berscheid, Personalabbau vor und in der Insolvenz unter Berücksichtigung des Betriebsübergangs, AnwBl. 1995, 8
Berscheid, Rang der Entgeltansprüche bei Stellung eines vorläufigen Insolvenzverwalters mit und ohne Arbeitgeberfunktion, ZInsO 1999, 697 ff.
Berscheid, Rang übergeleiteter Arbeitnehmeransprüche nach der InsO, ZInsO 1998, 259 ff.
Berscheid, Reformvorschläge zur Erweiterung der Befugnisse des vorläufigen Insolvenzverwalters und zur Mehrung der Insolvenzmasse, NZI 1999, 6 ff.
Beutler, u. a., Gutachterliche Gegenstellungnahme von 13 Mitgliedern des Gravenbrucher Kreises zur Frage der Bestellung des Insolvenzverwalters, ZInsO 2001, 730 ff.
Biel, Insider im Insolvenzverfahren, 2000
Bielau, Anmerkung zu dem Beitrag von Rechtsbeistand Bernd Schmidt, Schwäbisch Hall, in der Ausgabe 4/2004 zum Thema „Vollstreckungsverbot während der Wohl verhaltensphase", DGVZ, 2004, 133
Bieneck, Strafrechtliche Relevanz der Insolvenzordnung und aktueller Änderungen des Eigenkapitalersatzrechts, StV 1999, 43 ff.

Literatur

Binz, Konkurrierende Insolvenzpläne, Mainz 2001
Bischof, Der Freistellungsanspruch, ZIP 1984, 1444 ff.
Bitter, Aussonderung bei Kommission und Treuhand; analoge Anwendung des § 392 Abs. 2 HGB – Anmerkung, WuB IV E. § 392 HGB 1.05, S. 167 f.
Bitter, Aussonderung bei Treuhand an einem Grundstück – Anmerkung, WuB VI C. § 47 InsO 1.03, 975 ff.
Bitter, Aussonderung und Ersatzaussonderung bei Mietkonto – Anmerkung, WuB VI C. § 47 InsO 2.03, 979 ff.
Bitter, Aussonderung und Pfandrecht bei Mietkonto – Anmerkung, WuB VI C. § 47 InsO 3.03, 983 ff.
Bitter, Der Kontokorrentkredit: Pfändbarkeit und Insolvenzanfechtung In: Haftung und Insolvenz, Festschrift für Gero Fischer, München 2008, 15 ff.
Bitter, Lebensversicherung zur betrieblichen Alterversorgung im Insolvenzfall – Anmerkung, WuB VI A. § 50 InsO 1.05, 875 f.
Bitter, Teilmithaftung in der Insolvenz – Forderungsanmeldung nach Leistung durch den Mithaftenden, ZInsO 2003, 490 ff.
Bitter/Rauhut, Prämienanspruch des Kautionsversicherers nach Insolvenz des Versicherungsnehmers – Anmerkung, WuB VI A. § 41 InsO 1.07, 34 ff.
Bitter/Redeker, Abgrenzung der Zahlungsunfähigkeit gegenüber der bloßen Zahlungsstockung – Anmerkung, WuB VI A. § 17 InsO 1.05, 793 ff.
Bittmann, Haftung für rückständige Arbeitnehmeranteile – Zur rechtsstaatlichen Anwendung des § 266 a Abs. 1 StGB – zugleich eine Auseinandersetzung mit den Thesen von *Ranft,* DStR 2001, 132 f, DStR 2001, 855 f.
Bittmann, Zahlungsunfähigkeit und Überschuldung nach der Insolvenzordnung, wistra 1998, 320 ff.
Blaschczok, Die schweizerisch-deutschen Staatsverträge auf dem Gebiet des Insolvenzrechts, ZIP 1983, 141
Blersch, Die Änderung der insolvenzrechtlichen Vergütungsverordnung – eine Bestandsaufnahme ohne Fiskalbrille, ZIP 2004, 2311 ff.
Blersch, Insolvenzrechtliche Vergütungsverordnung, Neuwied, 2000
Bley/Mohrbutter, Vergleichsordnung: Großkommentar, 4. Aufl. Berlin, New York 1979 ff., zitiert: *Bley/Mohrbutter/Bearbeiter,* VglO
Blomeyer, Berechnung einer vorzeitigen Betriebsrente aufgrund einer unverfallbaren Versorgungsanwartschaft, ZIP 2001, 225 f.
Boecker, „.de-Domains“ – Praktische Probleme bei der Zwangsvollstreckung, MDR 2007, 1234 ff.
Böhle-Stamschräder/Kilger, Vergleichsordnung, 11. Aufl. München 1986, zitiert: *Böhle-Stamschräder/Kilger,* VglO
Böhringer, Rechtslage rund um die Grundbuch-Publizität in den neuen Ländern aus notarieller Sicht, BWNotZ 2000, 1 ff.
Bökelmann/Henckel/Jahr (Hrsg.), Festschrift für Friedrich Weber zum 70. Geburtstag, Berlin 1975, zitiert: *Bearbeiter,* in: FS für Weber
Bogdan, The EU Bankruptcy Convention, IIR 1997, 114
Boochs/Dauernheim, Steuerrecht in der Insolvenz, 3. Aufl., Neuwied, Kriftel 2007, zitiert: *Boochs/Dauernheim,* Steuerrecht
Boos/Fischer/Schulte-Mattier, Kreditwesengesetz: Kommentar zu KWG und Ausführungsvorschriften, 3. Aufl. München 2008
Bork, § 55 Abs. 2 InsO, § 108 Abs. 2 InsO und der allgemeine Zustimmungsvorbehalt, ZIP 1999, 781 ff.
Bork, Abschaffung des Eigenkapitalrechts zugunsten des Insolvenzrechts?, ZGR 2007, 250 ff.
Bork, Der Firmenwert in der Überschuldungsbilanz, ZInsO 2001, 145 ff.
Bork, Der zu allen Rechtshandlungen ermächtigte „schwache“ vorläufige Insolvenzverwalter: Ein „starker“ vorläufiger Insolvenzverwalter, ZIP 2001, 1521 ff.

Bork, Die Aufrechnung im internationalen Insolvenzverfahrensrecht, ZIP 2002, 690
Bork, Die Doppeltreuhand in der Insolvenz, NZI 1999, 337 ff.
Bork, Die Unabhängigkeit des Insolvenzverwalters – ein hohes Gut, ZIP 2006, 58 f.
Bork, Einführung in das Insolvenzrecht, 4. Aufl. Tübingen 2005
Bork, Ex-Unternehmer als Verbraucher?, ZIP 1999, 301
Bork, Gläubigersicherung im vorläufigen Insolvenzverfahren, ZIP 2003, 1421 ff.
Bork, Insolvenzfähigkeit der Bruchteilsgemeinschaft?, ZIP 2001, 545 ff.
Bork, Verfolgungspflichten – Muß der Insolvenzverwalter alle Forderungen einziehen?, ZIP 2005, 1120 ff.
Bork, Wie erstellt man eine Fortbestehensprognose?, ZIP 2000, 1709 ff.
Bork, Zahlungsunfähigkeit, Zahlungsstockung und Passiva II, ZIP 2008, 1749
Bork, Zur Anwendung des § 181 BGB bei der Errichtung eines Doppeltreuhandkontos, NZI 2005, 530 ff.
Bork/Klaas, Reformbedarf für die InsO – Ergebnisse der Praxisbefragung Juni/Juli, ZInsO 1999, 485 f.
Bork/Kübler (Hrsg.), Insolvenzrecht 2000, Tagungsband zum RWS-Forum am 7. und 8. September 2000 in Berlin, zitiert: *Bearbeiter,* in: Insolvenzrecht 2000
Bormann, Passivierungspflicht für eigenkapitalersetzende Gesellschafterdarlehen, Kritik und Konsequenzen der BGH-Entscheidung vom 8. 1. 2001 – II ZR 88/99, GmbHR 2001, 190 mit Komm. Felleisen, GmbHR 2001, 689 ff.
Bosch, Differenz- und Finanztermingeschäfte nach der Insolvenzordnung, in: Kölner Schrift, S. 1009 ff.
Bosch, Finanztermingeschäfte in der Insolvenz – Zum „Netting im Insolvenzverfahren", WM 1995, 365 ff., 413 ff.
Bötticher, Die Konkursmasse als Rechtsträger und der Konkursverwalter als ihr Organ, ZZP 77 (1964), 55
Boujong (Hrsg.), Karlsruher Kommentar zum Gesetz über Ordnungswidrigkeiten, 3. Aufl., München 2006, zitiert: KK – OWiG/*Bearbeiter*
Bous, Die Konzernleitungsmacht im Insolvenzverfahren konzernverbundener Kapitalgesellschaften, Köln 2001, zugl. Bonn 1999, Univ. Diss.
de Bra, Die Anfechtbarkeit der Verrechnung von Zahlungseingängen auf debitorischen Girokonten in dem letzten Monat vor dem Antrag auf Eröffnung des Insolvenzverfahrens, NZI 1999, 249 ff.
Brandt, Softwarelizenzen in der Insolvenz, NZI 2001, 337 ff.
Bräuer, Und wieder eine Reform: Anpassung der Verjährungsvorschriften, AnwBl 2005, 65 ff.
Braun, Das Obstruktionsverbot in der Praxis: ein überzeugender Start, NZI 1999, 473 ff.
Braun, Der neue Sport in Europa: Forumshopping in Insolvenzverfahren oder: die moderne Form von „Britannia rules the waves", NZI 2004, Heft 1, V.
Braun, Der Insolvenzplan und die Pflicht zur Betriebsfortführung in der Insolvenzordnung, in: Schriften des Instituts für Revisionswesen der Westfälischen Wilhelms-Universität Münster, Düsseldorf 1998, S. 87 ff.
Braun, Die Abwahl des Insolvenzverwalters in: FS für Uhlenbruck, S. 463 ff.
Braun, Die Prüfung der Fortführungschancen im Eröffnungsverfahren nach der InsO, in: Insolvenzrecht 1998, 53 ff.
Braun, Handelsbilanz contra Schlußrechnung – Der entmündigte Rechtspfleger, ZIP 1997, 1013 ff.
Braun, Kapitalersetzende Maßnahme i. S. v. § 32 a Abs. 3 GmbHG durch Pachtverträge in der Betriebsaufspaltung?, ZIP 1983, 1175 ff.
Braun, Unabhängigkeit und Interessenvertretung, NZI 1/2002, S. V f.
Braun, Zur Unabhängigkeit des Verwalters, ZInsO 2002, 964 f.
Braun, Zwei Insolvenzverwalter in der Eigenverwaltung, NZI 2003, 588 ff.
Braun/Heinrich, Finanzdienstleister in der „grenzüberschreitenden" Insolvenz – Lücken im System?, NZI 2005, 578

Literatur

Braun/Riggert/Kind, Schwerpunkte des Insolvenzverfahrens, 3. Aufl., Stuttgart, München, Hannover, Berlin, Weimar, Dresden 2006, zitiert: *Braun/Riggert/Kind*

Braun/Uhlenbruck, Muster eines Insolvenzplans: leistungswirtschaftlicher Reorganisationsplan gem. §§ 217 ff. InsO; Beispiel mit Erläuterungen, Anlagen zum Plan, Arbeitspapieren und Fragebogen zur Erhebung der notwendigen Daten, Düsseldorf 1998, zitiert: *Braun/Uhlenbruck,* Insolvenzplan

Braun/Uhlenbruck, Unternehmensinsolvenz: Grundlagen, Gestaltungsmöglichkeiten, Sanierung mit der Insolvenzordnung, Düsseldorf 1997, zitiert: *Braun/Uhlenbruck,* Unternehmensinsolvenz

Braun/Wierzioch, Arbeitsentgeltansprüche, Rangrücktritt und Haftung des vorläufigen Insolvenzverwalters nach der Insolvenzordnung, DB 1998, 2217 ff.

Braun/Wierzioch, Das Insolvenzgeld im Gesamtgefüge des neuen Insolvenzrechts, ZInsO 1999, 496 ff.

Bremer, Der Insolvenzgrund der Zahlungsunfähigkeit einer GmbH, GmbHR 2002, 257 ff.

Brenner, Anmerkung zu AG Hamburg, Beschl. v. 14. 5. 2003, EWiR 2003, 925

Brenner, Anmerkung zu EuGH GA, Schlußanträge vom 6. September 2005, ZIP 2005, 1646

Breutigam/Blersch/Goetsch, Berliner Praxiskommentar Insolvenzrecht, Berlin, Stand 34. Lieferung, 2009, zitiert: *Breutigam/Blersch/Goetsch*

Breutigam/Tanz, Einzelprobleme des neuen Insolvenzanfechtungsrechts, ZIP 1998, 717 ff.

Bringewat/Waza/Grawe, Insolvenzen und Steuern, 7. Aufl., Herne, Berlin 2007

Brox, Erbrecht, 22. Aufl., Köln, Berlin, München 2007

Brox/Walker, Zwangsvollstreckungsrecht, 7. Aufl., Köln, Berlin, Bonn, München 2003

Brückl, Die Forderung aus vorsätzlich begangener unerlaubter Handlung in der Insolvenz des Schuldners, ZInsO 2005, 16

Brückl/Kersten, Zur Unmöglichkeit der Beitragszahlung beim Vorenthalten von Sozialversicherungsbeiträgen, NZI 2001, 288 f.

Bruckhoff, Amtspflichtverletzung bei Verwalterauswahl und -überwachung nur bei groben Pflichtverstößen, NZI 2008, 25 ff.

Bruckmann, Rechtsprechung zur Verbraucherinsolvenz im Jahr 2000, InVo 2001, 3 f.

Büchler. Zur Reichweite des SGB 4 § 28 e Abs 1 S 2, EWiR 2008, 113

Büttner, Änderungen der Prozeßkostenhilfeentscheidung, Rpfleger 1997, 347 ff.

Buhmann/Woldrich, Einordnung von Verspätungszuschlägen nach § 152 AO als nachträgliche Insolvenzforderungen gem. § 39 Abs. 1 Nr. 3 InsO, ZInsO 2004, 1238 ff.

Burger/Schellberg, Die Auslösetatbestände im Insolvenzrecht, BB 1995, 261 ff.

Busch, Die Bestellung des Insolvenzverwalters nach dem „Detmolder Modell" – Vorauswahlverfahren und Auswahlverfahren als Einheit – ein Kooperations- und Konsensmodell, DZWIR 2004, 353 ff.

Busch/Mäusezahl, Restschuldbefreiungsverfahren – was kostet es wirklich?, ZVI 2005, 398

Canaris (Hrsg.), Handelsgesetzbuch: Großkommentar, 3. Aufl., Berlin 1967 ff., zitiert: *Bearbeiter,* Großkomm. HGB

Canaris, Bankvertragsrecht in: Handelsgesetzbuch: Großkommentar, Band 3, Teil 3 Bankvertragsrecht, 3. Aufl. 2. Bearb., Berlin, New York 1981, zitiert: *Canaris,* Bankvertragsrecht

Carl, Die Abberufung des Gesamtvollstreckungsverwalters – zugleich eine Besprechung der Entscheidung des LG Halle vom 20. 10. 1993, 2 T 247/93 –, DZWIR 1994, 78 ff.

Caspers, Personalabbau und Betriebsänderung im Insolvenzverfahren, Köln 1998

Christiansen, Bedingungen und Befristungen im Recht der Insolvenzanfechtung, KTS 2003, 353

Dahl, Die Bestellung eines Sonderinsolvenzverwalters nach der InsO, ZInsO 2004, 1014 ff.

Dahl, Die Passivierung von eigenkapitalersetzenden Gesellschafterdarlehen ohne Rangrücktritt in der Überschuldungsbilanz, InVo 2001, 265 ff.

Damerius, Masseverbindlichkeit oder Insolvenzforderung? Zur Einordnung der Kosten eines vom Insolvenzverwalter nach Verfahrenseröffnung fortgesetzten Prozesses, ZInsO, 2007, 569 ff.

Dauernheim, Das Anfechtungsrecht in der Insolvenz: Handbuch für die Praxis, Neuwied 1999, zitiert: *Dauernheim,* Das Anfechtungsrecht in der Insolvenz

Daumke/Keßler, Gesellschaftsrecht, 3. Aufl., Oldenbourg 2000, zitiert: *Daumke/Keßler*

Deckenbrock/Fleckner, Berufsgerichtliche Verfahren gegen mehrfach qualifizierte Berufsträger – Insolvenzverwaltung durch Wirtschaftsprüfer – Besprechung von BGH, Urt. v. 12. Oktober 2004 – WpSt (R) 1/4, NJW 2005, 1057, NJW 2005, 1165 ff.

Deckenbrock/Fleckner, Verschwiegenheitspflichten des Insolvenzverwalters?, ZIP 2005, 2290 ff.

Degenhart/Borchers, Das Anforderungsprofil des Insolvenzverwalters – Ergebnisse einer Befragung von Insolvenzgerichten und Kreditinstituten, ZInsO 2001, 337 ff.

Deimel, Schadensersatzpflicht des Insolvenzverwalters gegenüber Massegläubigern – zugleich Anm. zu BGH, Urt. v. 6. Mai 2004 – IX ZR 48/03 (ZInsO 2004, 609 ff.), ZInsO 2004, 783 ff.

Deipenbrock, Das neue europäische Internationale Insolvenzrecht – vor der „quantité négligeable" zu einer „quantité indispensable", EWS 2001, 113

Delhaes, Der Insolvenzantrag: verfahrens- und kostenrechtliche Probleme der Konkurs- und Vergleichsantragstellung, Frankfurt/Main 1994

Delhaes, Die Stellung, Rücknahme und Erledigung verfahrensleitender Anträge nach der Insolvenzordnung, in: Kölner Schrift, S. 141 ff.

Delhaes, Zur Zulässigkeit des Restschuldbefreiungsantrags in einem durch Gläubigerantrag eingeleiteten Verbraucherinsolvenzverfahren, ZInsO 2000, 358

Delzant/Schütze, Die Restschuldbefreiung für Privatpersonen in den französischen Departements Bas-Rhin, O-Rhin und Moselle im Rahmen einer Privatinsolvenz (Faillite Civile), ZInsO 2008, 540 ff.

Demharter, Grundordnung mit dem Text des Grundbuchbereinigungsgesetzes, der Grundbuchverfügung und weiterer Vorschriften, 26. Aufl. München 2008, zitiert: *Demharter,* GBO

Depping/Nikolaus, Sequestration und umsatzsteuerliche Organschaft – zugleich Anmerkung zum Urteil des Finanzgerichts Münster vom 6. Februar 1996, 15 K 2744/93 U, InVo 1997, 64 f.

Depré, Muß vor erneuter Zwangsgeldfestsetzung gegen einen Konkursverwalter rechtliches Gehör gewährt werden?, Rpfleger 1990, 383 f.

de Weerth, Umsatzsteuerhaftung nach § 13 c UStG und Insolvenzrecht, NZI 2006, 501 ff.

de Weerth, Zur mangelnden Gemeinschaftskonformität der neuen Umsatzsteuerhaftungsbestimmungen § 13 c und 13 d UStG, DStR 2006, 1071 f.

de Weerth, Zur vermeintlichen Umsatzsteuerpflicht von Massekostenbeiträgen im Insolvenzverfahren, DZWIR 2005, 375 f.

Deutscher Anwaltsverein, Stellungnahme des Deutschen Anwaltvereins durch den DAV-Insolvenzrechtsausschuß zum Referentenentwurf eines Gesetzes zur Änderung der Insolvenzordnung, des Kreditwesengesetzes und anderer Gesetze, ZInsO 2005, 32

Dieterich, u. a. (Hrsg.), Erfurter Kommentar zum Arbeitsrecht, 9. Aufl., München 2009, zitiert: ErfKomm-*Bearbeiter*

Dinstühler, „Die Abwicklung massearmer Insolvenzverfahren nach der Insolvenzordnung", ZIP 1998, 1697 ff.

Dobberahn, Rechte an Schiffen und Luftfahrzeugen, MittRhNotK 1998, 145 ff.

Döbereiner, Die Restschuldbefreiung nach der Insolvenzordnung, Bielefeld 1997, zitiert: *Döbereiner,* Restschuldbefreiung

Drukarczyk/Schüler, Die Eröffnungsgründe der InsO: Zahlungsunfähigkeit, drohende Zahlungsunfähigkeit und Überschuldung, in: Kölner Schrift, S. 95 ff.

Druckarczyk/Schüler, Überschuldungsprüfung auf Abwegen? – Anmerkungen zum Beitrag von Möhlmann, DStR 1998, 1843 ff., DStR 1999, 646 ff.

Düwell, Änderungs- und Beendigungskündigung nach dem neuen Insolvenzrecht, in: Kölner Schrift, S. 1433 ff.

Literatur

Durani, Zur Frage der vorzeitigen Beendigung des Restschuldbefreiungsverfahrens analog § 299, ZInsO 2003, 1037
Duursma/Duursma-Kepplinger, Gegensteuerungsmaßnahmen bei ungerechtfertigter Inanspruchnahme der internationalen Zuständigkeit gemäß Art. 3 Abs. 1 EuInsVO, DZWIR 2003, 447
Duursma-Kepplinger, Einfluß der Eröffnung eines Sekundärinsolvenzverfahrens auf die Befriedung von zuvor begründeten Masseverbindlichkeiten, ZIP 2007, 752
Duursma-Kepplinger, Aktuelle Entwicklungen in Bezug auf die Auslegung der Vorschriften über die internationale Eröffnungszuständigkeit nach der Europäischen Insolvenzverordnung, DZWIR, 177
Duursma-Kepplinger, Anmerkung zu AG Nürnberg, Beschluß vom 15. August 2006, EWiR 2007, 87
Duursma-Kepplinger, Checkliste zur Eröffnung eines Insolvenzverfahrens nach der Europäischen Insolvenzverordnung und zum anwendbaren Recht, NZI 2003, 87
Duursma-Kepplinger/Duursma/Chalupsky, Europäische Insolvenzverordnung, Kommentar, Wien/New York 2002
Eckardt, Die Feststellung und Befriedigung des Insolvenzgläubigerrechts, in: Kölner Schrift, S. 743 f.
Eckardt, Die vorläufige Bewilligung von Insolvenzgeld nach § 328 SGB III: Eine Alternative zur Vorfinanzierung? – zugleich eine Anmerkung zu dem Urteil des SG Aachen vom 16. Juli 1999, DZWIR 1999, 408, DZWIR 1999, 400 f.
Eckert, Aufrechnung im Mieterinsolvenzverfahren, NZM 2005, 330
Eckert, Miete, Pacht und Leasing im neuen Insolvenzrecht, ZIP 1996, 897 ff.
Eckert/Berner, Der ungetreue Verwalter – Möglichkeiten der gerichtlichen Überprüfung der Insolvenzverwaltertätigkeit, ZInsO 2005, 1130 ff.
Eckhardt, Die Ausübung von Mobiliarsicherheiten in der Unternehmenskrise, ZIP 1999, S. 1734 ff.
Ehlenz, Zum Umfang der Verwertungskosten i. S. v. § 171 InsO, ZInsO 2003, 165 ff.
Ehlers, Der Eröffnungsgrund der drohenden Zahlungsunfähigkeit, ZInsO 2005, 169
Ehricke, Beschlüsse einer Gläubigerversammlung bei mangelnder Teilnahme der Gläubiger, NZI 2000, 57 ff.
Ehricke, Das Erlöschen des Vermieterpfandrechts bei Gewerberaummietverhältnissen im Eröffnungsverfahren, insbesondere durch den Räumungsverkauf, KTS 2004, 321 ff.
Ehricke, Das Verhältnis des Hauptinsolvenzverwalters zum Sekundärinsolvenzverwalter bei grenzüberschreitenden Insolvenzen nach der EuInsVO, ZIP 2005, 1104
Ehricke, Der Schuldbefreiungsanspruch in der Insolvenz des Befreiungsgläubigers, KTS 2008, 257 ff.
Ehricke, Die neue Europäische Insolvenzverordnung und grenzüberschreitende Konzerninsolvenzen, EWS 2002, 101
Ehricke, Die Umsetzung der Finanzsicherheiten-Richtlinie (Richtlinie 2002/47/EG) im Rahmen des Diskussionsentwurfs zur Abänderung der Insolvenzordnung, ZIP 2003, 1065
Ehricke, Die Zusammenfassung von Insolvenzverfahren mehrerer Unternehmen desselben Konzern, DZWIR 1999, 353 ff.
Ehricke, Insolvenzrechtliche Anfechtung gegen Insider, KTS 1996, 209
Ehricke, Zur Einflußnahme des Hauptinsolvenzverwalters auf die Verwertungshandlungen des Sekundärinsolvenzverwalters nach der EuInsVO, ZInsO 2004, 633
Ehricke, Zur gemeinschaftlichen Sanierung insolventer Unternehmen eines Konzerns, ZInsO 2002, 393
Eickmann, Aktuelle Probleme des Insolvenzverfahrens aus Verwalter- und Gläubigersicht, Köln 1983
Eickmann, Die Vergütung des vorläufigen Insolvenzverwalters – zugleich Besprechung des Beschlusses des BGH v. 14. Dez. 2000 – IX ZP 105/00, ZInsO 2001, 235 ff.
Eickmann, Höchstpersönliches Verwalterhandeln oder Delegationsbefugnis?, KTS 1986, 197

Eickmann, Kommentar zur InsVV, 2. Aufl., Köln 2001
Eickmann, Neuregelungen im Insolvenzvergütungsrecht, NZI 2005, 205 ff.
Eickmann, Probleme des Zusammentreffens von Konkurs- und Zwangsverwaltung, ZIP 1986, 1517 f.
Eickmann, ZIP 1984, 641 f., Buchbesprechung „Grundzüge des Insolvenzrechts"
Eidenmüller, Der Markt für internationale Konzerninsolvenzen: Zuständigkeitskonflikte unter der EuInsVO, NJW 2004, 3455
Eidenmüller, Der nationale und der internationale Insolvenzverwaltungsvertrag, ZZP 2001, 3
Eidenmüller, Europäische Verordnung über Insolvenzverfahren und zukünftiges deutsches internationales Insolvenzrecht, IPRax 2001, 2
Eidenmüller, Geschäftsleiter- und Gesellschafterhaftung bei europäischen Auslandsgesellschaften mit tatsächlichem Inlandssitz, NJW 2005, 1618
Eidenmüller, Gesellschafterstellung und Insolvenzplan, ZGR 2001, 680 ff.
Eidenmüller, Prognoseentscheidungen im Insolvenzplanverfahren: Verfahrenslähmung durch Minderheitenschutz?, NJW 1999, 1837
Eidenmüller, Unternehmenssanierung zwischen Markt und Gesetz: Mechanismen der Unternehmensreorganisation und Kooperationspflichten im Reorganisationsrecht, Köln 1999, zitiert: *Eidenmüller,* Unternehmenssanierung zwischen Markt und Gesetz
Eidenmüller; Verfahrenskoordination bei Konzerninsolvenzen, ZHR 169 (2005), 528
Eidenmüller, Wettbewerg der Insolvenzrechte?, ZGR 2006, 467
Eisner, Der isolierte Widerspruch des Schuldners gegen eine Forderung aus unerlaubter Handlung, NZI 2003, 480
Elfring, Das System der drittbezogenen Ansprüche bei der Lebensversicherung, NJW 2004, 483.
Elz („Elz"), Verarbeitungsklauseln in der Insolvenz des Vorbehaltskäufers – Aussonderung oder Absonderung?, ZInsO 2000, 478 ff.
Engelhardt, Die gerichtliche Entscheidung nach §§ 21 ff. InsO und ihre Auswirkungen auf die vermögensrechtliche Stellung des Insolvenzschuldners, Berlin 2002
Erman, Bürgerliches Gesetzbuch: Handkommentar mit AGBG, EGBGB, ErbbauVO, HausratsVO, HausTWG, ProdHaftG, SachenRBerG, SchuldRAnpG, VerbrKrG, 12. Aufl. Köln 2008, zitiert: Erman-*Bearbeiter*
Evers/Möhlmann, Feststellung eines Insolvenzplans – Überlegungen aus verfahrensrechtlicher und ökonomischer Perspektive, ZInsO 1999, 21
Farr, Der Fiskus als Steuer- und Insolvenzgläubiger im Restschuldbefreiungsverfahren, BB 2003, 2324
Fenski, Rücknahme des Konkursantrages durch ein anderes Organmitglied, BB 1988, 2265
Feuerborn, Der Bestimmtheitsgrundsatz bei der Übereignung von Sachgesamtheiten – Lockerungstendenzen in der neueren Rechtssprechung, ZIP 2001, 600 f.
Feuerborn, Der Widerspruch gegen Lastschriften durch den (vorläufigen) Insolvenzverwalter – zugleich Besprechung BGH v. 4. November 2004 – IX ZR 22/03, ZIP 2004, 2442 ff. m. Anm. Bork, ZIP 2005, 604 ff.
Feuerich/Weyland, BRAO, 7. Aufl. 2008, München
Fink, Maßnahmen des Verwalters zur Finanzierung in der Unternehmensinsolvenz, Köln 1998
Fischer, Der maßgebliche Zeitpunkt der anfechtbaren Rechtshandlung, ZIP 2004, 1679
Fischer, Die Haftung des Insolvenzverwalters nach neuem Recht, WM 2004, 2185 ff.
Fischer, Die Obliegenheit zur Einleitung eines Verbraucherinsolvenzverfahrens bei Unterhaltspflicht aus dem Blickwinkel der Unterhaltsberechtigten, ZVI 2005, 357
Fischer, Teilrechtsfähigkeit der Wohnungseigentümergemeinschaft, NZI, 586 ff.
Fischer/Hempler, Kampf dem unredlichen Schuldner oder Versagung der Kostenstundung analog § 290 Abs. 1 InsO, ZInsO 2005, 351
Flessner, Internationales Insolvenzrecht in Deutschland nach der Reform, IPRax 1997, 1

Literatur

Flessner, Sanierung und Reorganisation: Insolvenzverfahren für Großunternehmen in rechtsvergleichender und rechtspolitischer Untersuchung, Tübingen 1982, zitiert: *Flessner,* Sanierung und Reorganisation.

Flitsch, Lebensversicherungsverträge und Altersvorsorge als Teil der Insolvenzmasse, ZVI 2007, 161 ff.

Flitsch/Herbst, Lebensversicherungsverträge in der Insolvenz des Arbeitgebers, BB 2003, 317 ff.

Flöther/Smid/Wehdeking, Die Eigenverwaltung in der Insolvenz, 2005

Foltis, Verwertungsbefugnis des vorläufigen Insolvenzverwalters nach § 21 Abs. 2 Ziff. 2 2. Alt. InsO („Sicherungsverwalter") – Anmerkung zum Beschluß des Landgerichts Berlin vom 21. April 1999 (81 T 264/99–106 N 505/99 AG Charlottenburg = ZInsO 1999, 355, ZInsO 1999, 386

Forsblad, Restschuldbefreiung und Verbraucherinsolvenzverfahren im künftigen deutschen Recht, Frankfurt/Main 2000, zugl. Göttingen 1997, Univ. Diss.

Förster, Auswahl und Abwahl des Insolvenzverwalters – Regelungsmechanismen der Praxis, Anm. zum Beitrag von Neubert (ZInsO 2002, 309), ZInsO 2002, 406 ff.

Förster, Der allgemeine Zustimmungsvorbehalt begründet keine Masseforderungen, ZInsO 1999, 332 f.

Förster, Der Insolvenzverwalter – Wettbewerbswächter oder Strukturpolitiker? zugleich Anm. zum Beschl. des AG Hamburg vom 15 Juli 2003 – 67 g IN 205/03 „Tabakwaren eG" (ZInsO 2003, 816 f.), ZInsO 2003, 785 f.

Förster, Die ISO-Zertifizierung von Verwalterbüros, ZInsO 2004, 1244 ff.; *Frege,* Die Bestellung des Insolvenzverwalters, NZI 1/2006, V f.

Förster, Klartext: Verwalterliste, Gläubigerautonomie und „fleißige Handwerker"!, ZInsO 2001, 545 f.

Förster, Fortschritte auf dem Weg zur Rechtssicherheit – Die Entscheidungen von drei Oberlandesgerichten zu Vergütungsfragen, ZInsO 2000, 381 f.

Förster, Restschuldbefreiung – das geht auch anders !, ZInsO 2002, 1105

Förster/Haarmeyer, Anmerkung: Beim Gravenbucher Kreis ist Feuer unter dem Dach, ZInsO 2001, 734 f.

Frank, Die Überwachung der Insolvenzplanerfüllung, Köln 2002

Franke/Böhme, Die Tilgung von Altforderungen durch den „schwachen" vorläufigen Verwalter, DZWIR 2003, 494 ff.

Franke/Böhme, Die Vergütungsvereinbarung nach § 63 Abs. 2 S. 2 InsO – RefE, DZWIR 2004, 499 ff.

Franke/Firmenich, Die (gerichtliche?!) Schlußrechnungsprüfung im Insolvenzverfahren – zwischen Legalitäts- und Legitimitätskontrolle, ZInsO 2009, 123 ff.

Frankfurter Kommentar zur Insolvenzordnung, 5. Aufl., München 2009, zitiert: FK-*Bearbeiter,* InsO

Frege, Bestellung eines vorläufigen Gläubigerausschusses im Eröffnungsverfahren?, in: FS für Peltzer S. 109 ff.

Frege, Die Rechtsstellung des Gläubigerausschusses nach der Insolvenzordnung, NZG 1999, 478 ff.

Frege, „Schornsteinhypothek" und Lästigkeitsprämie bei Verwertung von Immobiliarvermögen in der Insolvenz, NZI 2009, 11 ff.

Frege/Keller, „Schornsteinhypothek" und Lästigkeitsprämie bei der Verwertung von Immobiliarvermögen in der Insolvenz, NZI 2009, 11 ff.

Friedhoff, Sanierung einer Firma durch Eigenverwaltung und Insolvenzplan, ZIP 2002, 497

Frind, „Berührt – geführt" – vom Verwalterlisting zur Zwangsbestellung? – zugleich Anm. zur Entscheidung des OLG Koblenz vom 12. Mai 2005 – 12 VA 1/04, ZInsO 2005, 718 ff., ZInsO 2005, 700 ff.

Frind, Brauchen wir die „automatisierte" Verwalterauswahl? Kritische Anmerkungen aus Sicht der Praxis, ZInsO 2001, 481 ff.

Frind, Das Treuhandkonto im Eröffnungsverfahren – Probleme und Risiken – zugleich Kommentierung der „Hamburger Leitlinien" und Erwiderung auf Marotzke – ZInsO 2004, 470 ff.

Frind, Das Treuhandkonto in vergütungsrechtlicher Hinsicht, ZInsO 2004, 840 ff.

Frind, Die begründete, plausible, unverbindliche Vorauswahl-Liste zur Bestellung von Insolvenzverwaltern – zugleich Anm. zur Entscheidung des BVerfG v. 3. August 2004 – 1 BvR 135/00, 1 BvR 1086/01 (ZInsO 2004, 913 ff.), ZInsO 2004, 897 ff.

Frind, Die Bestellung des Insolvenzverwalters, DZWIR 2001, 497 ff.

Frind, Die Öffentlichkeitsarbeit des (vorläufigen) Insolvenzverwalters – Nutzen, Grenzen, Gefahren, NZI 2005, 654 ff.

Frind, Die Qual der Auswahl – Bemerkungen zu untauglichen Methoden der Insolvenzverwalterauswahl, ZInsO 2005, 225 ff.

Frind, „Die Waffen nieder!" – Anmerkungen zu Sinn und Zweck des Rechtsschutzes des Bewerbers für die „Vorauswahl-Liste" zur Insolvenzverwalterbestellung – zugleich Besprechung von OLG Düsseldorf, Beschl. v. 27. 10. 2006 – I-3 VA 9/06 (ZInsO 2006, 1221), ZInsO 2006, 1183 ff.

Frind, InsO-Reform – mit der Praxis und für die Praxis?, ZInsO 2004, 1064

Frind, Klartext – Wehret dem (bösen) Anschein!, ZInsO 2002, 755

Frind, Neue Gefahren für die Unabhängigkeit des Insolvenzverwalters, ZInsO 2002, 745 ff.

Frind, Reichweite und Grenzen der gerichtlichen Kontrolle des Insolvenzverwalters – was kann das Insolvenzgericht verhindern?, ZInsO 2006, 182 ff.

Frind, Sicherstellung von Effizienz und Gerechtigkeit der InsO – Notwendige Korrekturen der InsO unter Berücksichtigung der Erkenntnisse aus den Massenverfahren natürlicher Personen aus Sicht der Praxis, ZInsO 2003, 341

Frind, Stärkung der Gläubigerrechte in der InsO – Bemerkungen zum Stand der Gesetzgebung, NZI 2007, 555 ff.

Frind, Treuhandkontenmodell: Zur Betriebsfortführung unnötig!, ZInsO 2003, 778 ff.

Frind, Treuhandkonto – geeignete Umgehung der „Einzelermächtigung"? – Bericht über praktische Erfahrungen mit dem Treuhandkonten- oder Treuhandmodell – zugleich Erwiderung auf Bork, Marotzke und Werres, ZInsO 2005, 1296 ff.

Frind, Verbraucherinsolvenzverfahren: Dauerbaustelle?, ZInsO 2003, 549

Frind, Vorbestrafte als Insolvenzverwalter? – zugleich Anmerkung zu OLG Stuttgart, Urteil vom 9. 5. 2007, 4 U 204/06 (ZInsO 2008, 45), ZInsO 2008, 18 ff.

Frind/Förster, Schwacher Verwalter ohne Fortführungskompetenz? – zugleich Anmerkung zu LG Hamburg, Beschl. v. 03. November 2003 – 326 T 83/03, ZInsO 2003, 1094, ZInsO 2004, 76 f.

Frind/Rüther/Schmidt/Wendler, Hamburger Leitlinien zum Insolvenzeröffnungsverfahren, ZInsO 2004, 24 f. = NZI 2004, 133 f.

Frind/Schmidt, Sozialversicherungsträger – Nassauer des Insolvenzverfahrens?, ZInsO 2001, 1133 ff. (Teil I) und ZInsO 2002, 8 ff. (Teil II)

Frind/Schmidt, Insolvenzverwalterbestellung: Auswahlkriterien und Grenzen der Justitiabilität in der Praxis, NZI 2004, 533 ff.

Fritsche, Begründung von Masseverbindlichkeiten durch den nach Außen unbeschränkt handlungsbefugten Zustimmungsverwalter – zugleich Anm. zum Urt. des OLG Hamm vom 17. Januar 2002 – 27 U 150/01 (DZWIR 2002, 345), DZWIR 2002, 324 ff.

Fritsche, Die Zulässigkeit des Insolvenzantrages – zugleich Anm. zum Beschl. des BGH vom 12. Dezember 2002 – IX ZB 426/02 (DZWIR 2003, 246 ff.), DZWIR 2003, 234 ff.

Fritsche, Entwicklungstendenzen der Zustimmungsverwaltung nach §§ 21 Abs. 2 Nr. 2 2. Alternative, 22 Abs. 2 InsO im Insolvenzeröffnungsverfahren, DZWIR 2005, 265 ff.

Fritz/Bähr, Die Europäische Verordnung über Insolvenzverfahren – Herausforderungen an Gerichte und Insolvenzverwalter, DZWIR 2001, 221

Fromm, Der Überschuldungsstatus im Insolvenzrecht, ZInsO 2004, 943

Frotscher, Besteuerung bei Insolvenz, 6. Aufl., Frankfurt 2005, zitiert: *Frotscher,* Besteuerung bei Insolvenz

Literatur

Frotscher, Steuern im Konkurs, 4. Aufl. 1997, zitiert: *Frotscher,* Steuern im Konkurs
Fuchs, Behandlung und Abgrenzung von Insolvenzanträgen nach §§ 304 ff. InsO, ZInsO 1999, 185
Fuchs, Die Änderungen im Restschuldbefreiungsverfahren – Problemlösung oder neue Fragen?, NZI 2002, 298
Fuchs, Die persönliche Haftung des Gesellschafters gem. § 93 InsO, ZIP 2000, 1089 ff.
Fuchs, Entwurf eines Gesetzes zur Änderung der InsO und anderer Gesetze – Anmerkungen zu ausgewählten Fragen, NZI 2001, 15
Fuchs, Verbraucherinsolvenzverfahren und Restschuldbefreiung, in: Kölner Schrift, S. 1679 ff.
Fuchs/Vallender, Die Bestimmung der Pfändungsfreigrenzen im (Verbraucher-)Insolvenz- und Restschuldbefreiungsverfahren, ZInsO 2001, 681 ff.
Füchsl/Pannen/Rattunde, Bemerkungen zur Insolvenzverwalterbestellung, ZInsO 2002, 414 f.
Fülbier, Swap-Verträge – Internationale Standardisierung, ZIP 1990, 680 ff.
Gaiser, Die Auskunfts- und Mitwirkungspflichten des Schuldners gem. § 97 InsO und die Frage nach alternativen Auskunftsquellen, ZInsO 2002, 472 ff.
Ganter, Die Rückbuchung von Lastschriften auf Betreiben des vorläufigen Insolvenzverwalters – Bestandsaufnahme nach dem Urteil des BGH vom 4. November 2004 und Ausblick, WM 2005, 1557 ff.
Ganter, Rechtsprechung des BGH zum Kreditsicherungsrecht, WM 1998, 2081 ff.
Ganter, Zweifelsfragen bei der Ersatzaussonderung und Ersatzabsonderung, NZI 2005, 1 ff.
Ganter/Brünink, Insolvenz und Umsatzsteuer aus zivilrechtlicher Sicht, NZI 2006, 257 ff.
Ganter/Gottwald/Lwowski (Hrsg.), Festschrift für Gero Fischer zum 65. Geburtstag, München 2008, zitiert: *Bearbeiter,* in FS für Fischer
Gaul, Die Privilegierung des vorsätzlich geschädigten Deliktsgläubigers in der Insolvenz durch „Restschuldbefreiungsdispens", Gedächtnisschrift Heinze, S. 193;
Gebauer, Vorfinanzierung von Insolvenzgeld, ZInsO 2002, 716 f.
Gehrlein, Die Behandlung von Gesellschafterdarlehen durch das MoMiG, BB 2008, 846
Gerhardt, Der Surrogationsgedanke im Konkursrecht – dargestellt an der Ersatzaussonderung, KTS 1990, 1 ff.
Gerhardt/Diederichsen/Rimmelspacher, u. a. (Hrsg.), Festschrift für Wolfram Henckel zum 70. Geburtstag am 21. April 1995, Berlin 1995, zitiert: *Bearbeiter,* in: FS für Henckel
Gerhardt, Gereimtes und Ungereimtes im Anfechtungsrecht der neuen Insolvenzordnung: eine kritische Betrachtung, in: FS für Brandner, S. 605 ff.
Gerhardt, Verfügungsbeschränkungen in der Eröffnungsphase und nach Verfahrenseröffnung, in: Kölner Schrift, S. 193 ff.
Gerhardt, Zielbestimmung und Einheitlichkeit des Insolvenzverfahrens, in: Leipold, Insolvenzrecht im Umbruch, S. 1 ff.
Gerhardt, Zum maßgeblichen Zeitpunkt für die Wertberechnung beim anfechtungsrechtlichen Wertersatzanspruch, ZIP 1987, 1429 ff.
Gerhardt, Zur Anfechtbarkeit eines durch Vormerkung gesicherten Anspruchs im Konkurs, ZIP 1988, 749 ff.
Gerhardt, Zur Reichweite der Vermögenshaftung – dargestellt am Beispiel des vollstreckungs-, insolvenz- und anfechtungsrechtlichen Zugriffs auf Unternehmen und Freiberuflerpraxen, in: FS für Gaul, S. 139 ff.
Gerhardt/Henckel/Kilger/Kreft (Hrsg.), Festschrift für Franz Merz: zum 65. Geburtstag am 3. Februar 1992, Köln 1992, zitiert: *Bearbeiter,* in: FS für Merz
Gerigk, Die Berücksichtigung der Schuldnerinteressen an einer zügigen Aufhebung des Insolvenzverfahrens und die Aufgaben des Treuhänders in der Wohlverhaltensperiode, ZInsO 2001, 931
Gerkan/Hommelhoff (Hrsg.), Handbuch des Kapitalersatzrechts, 2. Auflage, Köln 2002
Gerke/Sietz, Reichweite des Auslagenbegriffs gem. § 54 InsO und steuerrechtliche Pflichten des Verwalters in massearmen Verfahren, NZI 2005, 373 ff.

Gessner/Rhode/Strate/Ziegert, Die Praxis der Konkursabwicklung in der Bundesrepublik Deutschland – eine rechtssoziologische Studie, Köln 1978

Gietl/Langheinrich in Wimmer/Dauernheim/Wagner/Weidekind (Hrsg.); Handbuch des Fachanwalts Insolvenzrecht, 3. Aufl. Neuwied/Kriftel 2008, S. 1242 Rn. 69

Glockner, Zur Haftung des Geschäftsführers, Anfechtungsschuldners und Konkursverwalters bei masseschädigenden Zahlungen, JZ 1997, 623 ff.

Göbel, Bericht der Bund-Länder-Arbeitsgruppe – Anmerkungen aus der Sicht der Schuldnerberatung, ZInsO 2000, 383 ff.

Goebel, Gläubigerobstruktion, Gläubigerstimmrecht und Beschlußkontrolle im Insolvenzverfahren über Unternehmen – eine Untersuchung zu insolvenzrechtlichen Stimmverboten und zur Inhaltskontrolle nach § 78 InsO, KTS 2002, 615 ff.

Göhler, Ordnungswidrigkeitengesetz, 15. Aufl. München 2009, zitiert: *Göhler,* OWiG

Goette, Eigenkapitalersatzrecht in der Praxis, 5. Auflage, Köln 2007

Goette, Einführung in das neue GmbH-Recht, 2008

Goette, Zur systematischen Einordnung des § 64 Abs. 2 GmbHG, ZInsO 2005, 1 ff.

Gottwald, Der Insolvenzantrag als Angriffsmittel des Schuldners, NZI 2002, Heft 8 – Editorial

Gottwald (Hrsg.), Insolvenzrechtshandbuch, 3. Aufl., München 2006, zitiert: *Gottwald/Bearbeiter,* InsHdb.

Gottwald, Nachtrag „Gesamtvollstreckungsordnung" zum Insolvenzrechtshandbuch, München 1993

Gottwald/Adolphsen, Die Rechtsstellung dinglich gesicherter Gläubiger in der Insolvenzordnung, in: Kölner Schrift, S. 1043 ff.

Götz, Die nicht endende Diskussion über den Überschuldungstatbestand, ZInsO 2000, 77 ff.

Graeber, Auswahl und Bestellung des Insolvenzverwalters, DZWIR 2005, 177 ff.

Graeber, Auswirkungen der Entscheidung des BVerfG zur Vorauswahl des Insolvenzverwalters auf die Insolvenzgerichte, NZI 2004, 546 ff.

Graeber, Auswirkungen der Übertragungen der Zustellungen auf den Insolvenzverwalter nach § 8 Abs. 3 InsO auf die Vergütung und den Auslagenersatz des Insolvenzverwalters, ZInsO 2007, 82 ff.

Graeber, Der Änderungsentwurf zur insolvenzrechtlichen Vergütungsverordnung und ihre Auswirkungen auf die Praxis, ZInsO 2004, 1010 ff.

Graeber, Der auskunftsunwillige Schuldner im Eigenantragsverfahren – Überlegungen zur verfahrensmäßigen Behandlung – zugleich Anm. BGH vom 12. 12. 2002 – IV ZB 426/02, ZInsO 2003, 217, ZInsO 2003, 551 ff.

Graeber, Der neue § 11 InsVV: Seine Auswirkungen auf vorläufige Insolvenzverwalter, Insolvenzverwalter und Insolvenzgerichte, ZInsO 2007, 133 ff

Graeber, Die Aufgaben des Insolvenzverwalters im Spannungsfeld zwischen Delegationsbedürfnis und Höchstpersönlichkeit, NZI 2003, 569 ff.

Graeber, Die Mindestvergütung in Insolvenzverfahren, NZI 2004, 169 ff.

Graeber, Die Unabhängigkeit des Insolvenzverwalters gegenüber Gläubigern und Schuldner, NZI 2002, 345 ff.

Graeber, Die Vorauswahl der Insolvenzverwalterkandidaten – Besprechung von BVerfG, Beschl. v. 3. August 2004 – 1 BvR 135/00 und 1086/01, NJW 2004, 2725 ff., NJW 2004, 2715 ff.

Graeber, Die Wahl des Insolvenzverwalters durch die Gläubigerversammlung nach § 57 InsO – die Macht der Großgläubiger im Verhältnis zur Aufsicht des Insolvenzgerichts, ZIP 2000, 1465 ff.

Graeber, Richterliche Praxis der Verwalterbestellung nach dem Beschl. des BVerfG v. 3. August 2004 – Bericht zur Podiumsdiskussion des AID Arbeitskreis der Insolvenzverwalter Deutschland e. V., ZInsO 2004, 1190 f.

Graeber, Vergütung im Insolvenzverfahren von A–Z, Recklinghausen 2005

Graeber, Zur Übertragung der Zustellung nach § 8 Abs. 3 InsO und ihre Berücksichtigung bei der Vergütungsfestsetzung ZInsO 2005, 752 ff.

Literatur

Graeber/Pape, Der Sonderverwalter im Insolvenzverfahren, ZIP 2007, 991

Graf/Schlicker, Analysen und Änderungsvorschläge zum neuen Insolvenzrecht, WM 2000, 1984 ff.

Graf-Schlicker, Die Entscheidung des Bundesverfassungsgerichts vom 3. August 2004 zur Auswahl des Insolvenzverwalters – Konsequenzen für die gerichtliche Praxis und die Gesetzgebung, FS Günter Greiner, Köln 2005, 71 ff.

Graf/Schlicker, Die Kostenhürde im Verbraucherinsolvenzverfahren, Festschrift für Uhlenbruck, 2000, 573 ff.

Graf-Schlicker (Hrsg.), Kommentar zur Insolvenzordnung, Köln 2007

Graf/Wunsch, Bestellung eines Sonderverwalters bei drohendem Interessenkonflikt des Insolvenzverwalters, DZWIR 2002, 177 ff.

Graf-Schlicker/Remmert, Das neue Insolvenzrecht auf dem Prüfstand, zum Zwischenbericht der Bund-Länder-Arbeitsgruppe „Insolvenzrecht", ZInsO 2000, 321 ff.

Grell, Stimmverbote im Insolvenzrecht, NZI 2006, 77 ff.

Groß, Sanierung durch Fortführungsgesellschaften: Der Weg von der Sanierungsprüfung bis zur Konstituierung und finanziellen Entlastung der Fortführungsgesellschaft in betriebswirtschaftlicher, rechtlicher und steuerlicher Hinsicht, 2. Aufl., Köln, 1988, zitiert: *Groß,* Sanierung durch Fortführungsgesellschaften

Gross/Schork, Der GmbH-Geschäftsführer im Spannungsverhältnis des Zahlungsverbots nach § 64 Abs. 2 S. 1 GmbHG und der Strafbarkeit wegen Vorenthaltens von Sozialversicherungsbeiträgen, NZI 2004, 358 ff.

Gross/Schork, Strafbarkeit des directors einer Private Company Limited by Shares wegen verspäteter Insolenzantragstellung, NZI 2006, 10

Großfeld (Hrsg.), Festschrift für Wolfgang Fikentscher zum 70. Geburtstag, Tübingen 1998, zitiert: *Bearbeiter,* in: FS für Fikentscher

Grote, Anmerkung zu OLG Köln, Beschluß vom 24. 5. 2000, VuR 2000, 243 ff.

Grote, Aufrechnung des Finanzamtes mit Einkommensteuererstattungsansprüchen des Schuldners im Insolvenz- und Restschuldbefreiungsverfahren, ZInsO 2001, 452

Grote, Die Änderung des Insolvenzrechts durch das Insolvenzänderungsgesetz, NJW 2001, 3665

Grote, Ein Jahr Verbraucherinsolvenz und Restschuldbefreiung – Chance oder Farce für überschuldete Verbraucher, VuR 2000, 3

Grote, Fresh start für natürliche Personen – materiellrechtliche oder insolvenzrechtliche Lösung, Festschrift für Kirchhof, 2003, 149 ff.

Grote, Insolvenzverfahren und Restschuldbefreiung: Nullösungen von unnötigen Verfahrensaufwänden befreien, ZInsO 2003, 207

Grote, Reform des Verbraucherinsolvenzverfahrens, Rpfleger 2000, 521

Grote, Restschuldbefreiungsantrag des Verbraucherschuldners im Insolvenzverfahren, das auf Gläubigerantrag eröffnet wurde, ZInsO 2000, 146

Grote, Verbraucherinsolvenzverfahren nach einem halben Jahr: Plädoyer für die Abschaffung des Schuldenbereinigungsverfahrens, ZInsO 1999, 383

Grote, Zur Abführungspflicht des Selbstständigen gem. § 295 Abs. 2 InsO in der Wohlverhaltensperiode, ZInsO 2004, 1105

Grote/Pape, Stellungnahme zum Referentenentwurf eines Gesetzes zur Änderung der Insolvenzordnung, des Kreditwesengesetzes und anderer Gesetze, ZInsO 2004, 993

Grote/Weinhold, Arbeitshilfe InsO, 2001

Grub, Die Stellung des Schuldners im Insolvenzverfahren, in: Kölner Schrift zur Insolvenzordnung, Herne/Berlin 2000

Grub, Die Zinspflicht nach § 169 InsO – eine wirtschaftlich und rechtlich unsinnige Regelung, DZWIR 2002, 441 ff.

Grub, Insolvenzgeld nur noch bis Insolvenzantragstellung?, DZWIR 2002, 327 ff.

Grub, Überjustizialisierung und die Eigenverwaltung des Pleitiers, WM 1994, 880

Grub/Smid, Verbraucherinsolvenz als Ruin des Schuldners – Strukturprobleme des neuen Insolvenzrechts, DZWIR 1999 f.

Grunewald, Gesellschaftsrecht, 7. Aufl., Tübingen 2008
Gulde, Die Anordnung der Eigenverwaltung durch das Insolvenzgericht im Eröffnungsbeschluß, 2005
Gundlach, Anm. zu OLG Hamm, Urt. v. 7. 10. 2003, EWiR 2004, 75 f.
Gundlach/Frenzel/Jahn, Die Haftungsfreistellung des Insolvenzverwalters durch eine Beschlussfassung des Gläubigerausschusses, ZInsO 2007, 363
Gundlach/Frenzel/Schmidt, Der Antrag eines Gläubigers auf Einberufung einer Gläubigerversammlung – zugleich eine Anmerkung zu OLG Celle, Beschluß vom 25. März 2002 (ZInsO 2002, 373), ZInsO 2002, 1128 ff.
Gundlach/Frenzel/Schmidt, Die Anwendung des § 25 Abs. 2 InsO auf den schwachen vorläufigen Insolvenzverwalter, DZWIR 2003, 309 ff.
Gundlach/Frenzel/Schmidt, Die Einladung zur Sitzung des Gläubigerausschusses – zugleich ein Beitrag zu § 72 InsO, NZI 2005, 304 ff.
Gundlach/Frenzel/Schmidt, Die Haftung des Insolvenzverwalters gegenüber Aus- und Absonderungsberechtigten, NZI 2001, 350 ff.
Gundlach/Frenzel/Schmidt, Die Entlassung des Gläubigerausschußmitglieds auf eigenen Wunsch, InVo 2003, 49 f.
Gundlach/Frenzel/Schmidt, Die Insolvenzunfähigkeit nach der InsO, NZI 2000, 561 f.
Gundlach/Frenzel/Schmidt, Die Rechtsstellung des Absonderungsberechtigten im Falle der Verwertung eines Gegenstands gem. §§ 166 ff. InsO, ZInsO 2001, 537 f.
Gundlach/Frenzel/Schmidt, Die Rechtsstellung des obligatorisch Aussonderungsberechtigten, DZWIR 2001, 95 f.
Gundlach/Frenzel/Schmidt, Die Verschwiegenheitspflicht des Gläubigerausschußmitglieds, ZInsO 2006, 69 ff.
Gundlach/Frenzel/Schmidt, Zur Postsperre des § 99 InsO, ZInsO 2001, 979 ff.
Gundlach/Schirrmeister, Der Vergütungsanspruch des beamteten Gläubigerausschußmitglieds, ZInsO 2008, 896 ff.
Gutsche, Die schicksalshafte Begegnung der Dauerschuldverhältnisse mit der „Freigabe“ gem. § 35 Abs. 2 InsO, ZVI 2008, 41 ff.
Haarmeyer, Abweisung der Verfahrenseröffnung mangels Kostendeckung nach § 26 InsO, ZInsO 2001, 103 ff.
Haarmeyer, Anmerkung zu AG Düsseldorf, Beschl. v. 28. Mai 2001 – 502 IK 72/99, ZInsO 2001, 572 f.
Haarmeyer, Das Ende der Betriebsfortführung im Insolvenzverfahren? – Plädoyer für ein gesetzgeberisches Handeln, ZInsO 1998, 157 ff.
Haarmeyer, Das Ende der „schwachen“ Insolvenzverwaltung?! – Grundsatzentscheidung des BGH zur Begründung von Masseverbindlichkeiten, ZInsO 2002, 741
Haarmeyer, Der „Erfolg“ der Insolvenzabwicklung als Maßstab für Auswahl und Bestellung des Unternehmensinsolvenzverwalters, ZInsO 2005, 337 ff.
Haarmeyer, Die „angemessene“ Vergütung in masselosen Stundungsverfahren – ein streitbarer Zwischenruf -, ZInsO 2004, 368 ff.
Haarmeyer, Die „Freigabe“ selbständiger Tätigkeit des Schuldners und die Erklärungspflichten des Insolvenzverwalters, ZInsO 2007, 695 ff.
Haarmeyer, Die „gute“ Insolvenzverwaltung – Leistungsmerkmale und Leistungskriterien für Vorauswahl, Auswahl und Zertifizierung von Insolvenzverwaltern, ZInsO 2007, 169 ff.
Haarmeyer, Die „neue“ Vergütung des vorläufigen Verwalters – ein Überblick über die Änderungen und Auswirkungen der 2. ÄndVO-InsVV, ZInsO 2007, 73 ff.
Haarmeyer, Die vorzeitige Beendigung des Insolvenzverfahrens und das besondere Abwicklungsverfahren nach § 25 InsO, ZInsO 2000, 70 ff., 75
Haarmeyer, Grundsätze der Vergütung in der vorläufigen Insolvenzverwaltung, ZInsO 2001, 577 ff.
Haarmeyer, Problemfragen bei der Festsetzung der Vergütung des vorläufigen Verwalters nach §§ 10, 11 InsVV – zugleich eine Anm. zu OLG Braunschweig, ZInsO 2000, 336, ZInsO 2000, 317 ff.

Literatur

Haarmeyer, Rechtsmittel im Rahmen der Vorschußentnahme nach § 9 InsVV, ZInsO 2001, 938 ff.
Haarmeyer, Rechtsstellung und Pflichten des vorläufigen Insolvenzverwalters nach Aufhebung der Verfügungsbefugnis, FS Günter Greiner, Köln 2005, S. 103 ff.
Haarmeyer, Strukturmerkmale der Vergütung im Insolvenzverfahren, in: Kölner Schrift, S. 483 f.
Haarmeyer, Zur Feststellung der Berechnungsgrundlage für die Vergütung des Insolvenzverwalters im Planverfahren, ZInsO 2000, 241
Haarmeyer/Pape, Das Ende des zu allen Rechtshandlungen ermächtigten „schwachen" vorläufigen Insolvenzverwalters – zu den Konsequenzen aus dem Urteil des BGH vom 18. Juli 2002 – IX ZR 195/01 (ZInsO 2002, 819), ZInsO 2002, 845 ff.
Haarmeyer/Schaprian, Zertifizierung des Insolvenzverwalters, Verschwiegenheit und Akteneinsicht, ZIP 2007, 952
Haarmeyer/Wutzke/Förster, Handbuch zur Gesamtvollstreckungsordnung, 4. Aufl., Köln 1998, zitiert: *Haarmeyer/Wutzke/Förster,* GesO
Haarmeyer/Wutzke/Förster, Handbuch zur Insolvenzordnung InsO/EGInsO, 3. Aufl., München 2001, zitiert: *Haarmeyer/Wutzke/Förster,* Hdb.
Haas, Der Normzweck des Eigenkapitalersatzrechts, NZI 2001, 1
Haas, Die Auswirkungen der Insolvenz auf die Teilnahmeberechtigung der Sportvereine am Spiel- und Wettkampfbetrieb, NZI 2003, 177 ff.
Haas, Die Verwertung der im Ausland belegenen Insolvenzmasse im Anwendungsbereich der EuInsVO, in: Festschrift für Gerhardt, S. 319–340
Haas, Vor-GmbH und Insolvenz, DStR 1999, 985
Habersack, Gesellschafterdarlehen nach dem MoMiG – Anwendungsbereich, Tatbestand und Rechtsfolgen der Neuregelung, ZIP 2007, 2145
Habscheid, Das deutsche internationale Insolvenzrecht und die vis attractiva concursus, ZIP 1999, 1113
Habscheid, Das neue schweizerische Internationale Konkursrecht, KTS 1989, 253
Hachenburg/Ulmer, Kommentar zum GmbHG, 8. Aufl., Berlin 2003, zitiert: *Hachenburg/Bearbeiter,* GmbHG
Hackenberg, Rechtsschutzbedürfnis für weiteren Insolvenzantrag mit Restschuldbefreiung?, ZVI 2005, 468
Häcker, Verwertungs- und Benutzungsbefugnis des Insolvenzverwalters für sicherungsübertragene gewerbliche Schutzrechte, ZIP 2001, 995 ff.
Häde, Die Behandlung von Geldzeichen in Zwangsvollstreckung und Konkurs, KTS 1991, 365 ff.
Hahn, Die gesamten Materialien zu den Reichs-Justizgesetzen, Band 4 (Materialien zur KO), 1881 (Nachdruck 1983), zitiert: *Hahn,* Motive zur KO, Bd. IV
Hamburger Kommentar zum Insolvenzrecht, 3. Aufl., 2009, zitiert: HambKomm-*Bearbeiter*
Hanau/Berscheid, Übertragende Sanierung vor und in der Insolvenz, in: Kölner Schrift, S. 1541 ff.
Harms, Keine Prozeßkostenhilfe für den Insolvenzverwalter?, InVo 2000, 41 ff.
Hartenbach, Verbraucherinsolvenz und Restschuldbefreiung, ZVI 2005, 62
Hartmann, Kostengesetze, 39. Aufl., München 2009, zitiert: *Hartmann,* Kostengesetze
Hartmann, Verfügungen von Todes wegen zugunsten verschuldeter und insolventer Per sonen, ZNotP 2005, 82
Harz, Kriterien der Zahlungsunfähigkeit und der Überschuldung unter Berücksichtigung der Änderungen nach dem neuen Insolvenzrecht, ZInsO 2001, 193 ff.
Hase, In welchen Punkten unterscheidet sich die Insolvenzausfallversicherung von der Konkursausfallversicherung, DZWIR 1999, 190 ff.
Häsemeyer, Aktuelle Tendenzen in der Rechtsprechung zur Konkurs- und Einzelanfechtung, ZIP 1994, 418 ff.
Häsemeyer, Das funktionelle Synallagma im Konkurs- und Vergleichsverfahren, KTS 1973, 2 ff.

Häsemeyer, Die Aufrechnung nach der Insolvenzordnung, Kölner Schrift zur Insolvenzordnung, 2. Aufl. 2000, 645

Häsemeyer, Die Gleichbehandlung der Konkursgläubiger, KTS 1982, 507 ff.

Häsemeyer, Die Regelung der Masseverbindlichkeiten, der Masseunzulänglichkeit und des Verfahrenskostenvorschusses in: *Leipold,* Insolvenzrecht im Umbruch, S. 101 ff.

Häsemeyer, Insolvenzrecht, 4. Aufl. Köln, Berlin, Bonn, München 2007, zitiert: *Häsemeyer,* Insolvenzrecht

Haß/Huber/Gruber/Heiderhoff, EU-Insolvenzverordnung (EuInsVO), Kommentar zur VO (EG) Nr. 1346/2000 über Insolvenzverfahren, Sonderdruck aus Geimer/Schütze (Hg.), Internationaler Rechtsverkehr in Zivil- und Handelssachen, 2005

Hattwig, Ungewißheit für Schuldner deliktischer Forderungen – Überlegungen zu § 184 InsO, ZInsO 2004, 636

Haubold, Europäische Insolvenzverordnung, in: Zivilrecht unter europäischem Einfluß, Die richtlinienkonforme Auslegung des BGB und anderer Gesetze – Erläuterungen der wichtigsten EG-Verordnungen, Hrsg. Gebauer/Wiedmann, 2005, Kap. 30

Hefendehl, Beweisermittlungs- und Beweisverwertungsverbote bei Auskunfts- und Mitwirkungspflichten – das sog. Verwendungsverbot nach § 97 Abs. 1 S. 3 InsO, wistra 2003, 1 ff.

Hegmanns, Zulässige Mitgliedschaft eines Aufsichtsratsmitglieds einer AG im Gläubigerausschuß bei Konkurs der Gesellschaft, EWiR 1987, 275 f.

Heidbrink, Zum Wiederaufleben von Sicherheiten nach Insolvenzanfechtung, NZI 2005, 363

Heidelberger Kommentar zur Insolvenzordnung, 5. Aufl., Heidelberg, 2008, zitiert: HK-*Bearbeiter,* InsO

Heidland, Die Rechtsstellung und Aufgaben des Gläubigerausschusses als Organ der Gläubigerselbstverwaltung in der Insolvenzordnung, in: Kölner Schrift, 711 f.

Heidrich/Prager, Keine Begründung von Masseverbindlichkeiten durch vorläufigen schwachen Verwalter – Kann ein Betrieb nur noch von vorläufigen starken Verwaltern fortgeführt werden?, NZI 2002, 653 ff.

Heinze, Behandlung von Forderungen aus Vorsatzdelikt im Insolvenzverfahren über das Vermögen natürlicher Personen, DZWIR 2002, 369

Heinze, Geldstrafen als Insolvenzforderungen, ZVI 2006, 14 ff.

Heiss/Golz, Zur deutschen Umsetzung der Richtlinie 2001/17/EG des Europäischen Parlaments und des Rates vom 19. März 2001 über die Sanierung und Liquidation von Versicherungsunternehmen, NZI 2006, 1

Henckel, Der Einwand der eigenkapitalersetzenden Nutzungsüberlassung in der Insolvenz des GmbH-Gesellschafters, GmbHR 2007, 139 ff.

Henckel, Gegenseitige Verträge in Konkurs und Vergleich, ZZP 99 (1986), 419 ff.

Henckel, Gläubigeranfechtung im Konkurs, in: FS für Deutsch, Köln 1999, S. 967 f.

Henckel, Verbraucherinsolvenzverfahren, in: FS für Gaul, S. 199 ff.

Henckel/Kreft (Hrsg.), Insolvenzrecht 1998, Tagungsband zum RWS-Forum am 11. und 12. Oktober 1998 in Berlin, zitiert: *Bearbeiter,* in: Insolvenzrecht 1998

Henning, Aktuelles zu Überschuldung und Insolvenzen natürlicher Personen, ZInsO 2004, 585

Henssler, Berufsrechtliche Tätigkeitsverbote für den Konkurs- und Insolvenzverwalter, in: Insolvenzrecht 1996, S. 165 ff.

Henssler, Das Berufsbild des Insolvenzverwalters, Aktuelle Probleme des Insolvenzrechts: 50 Jahre Kölner Arbeitskreis; Jubiläumskongreß 1999, S. 45 ff.

Henssler, Das Berufsbild des Insolvenzverwalters im Wandel der Zeit, ZIP 2002, 1053 ff.

Henssler, Die Rechts- und Pflichtenstellung der GmbH-Geschäftsführers nach Einführung der Insolvenzordnung, ZInsO 1999, 121 ff.

Henssler, Die verfahrensrechtlichen Pflichten des Geschäftsführers im Insolvenzverfahren über das Vermögen der GmbH und der GmbH & Co. KG, in: Kölner Schrift, S. 1283 ff.

Literatur

Herbert/Oberrath, Rechtsprobleme des Nichtvollzugs eines abgeschlossenen Arbeitsvertrags, NZI 2004, 121 ff.

Herchen, Aktuelle Entwicklungen im Recht der internationalen Zuständigkeit zur Eröffnung von Insolvenzverfahren: Der Mittelpunkt der (hauptsächlichen) Interessen im Mittelpunkt der Interessen, ZInsO 2004, 835

Herchen, Das Prioritätsprinzip im Internationalen Insolvenzrecht, ZIP 2005, 1401

Herchen, Das Übereinkommen über Insolvenzverfahren der Mitgliedsstaaten der europäischen Union vom 23. November 1995 – Eine Analyse zentraler Fragen des Internationalen Insolvenzrechts unter besonderer Berücksichtigung dinglicher Sicherungsrechte, 2000

Herchen, International – insolvenzrechtliche Kompetenzkonflikte in der Europäischen Gemeinschaft, ZInsO 2004, 61

Herchen, Scheinauslandsgesellschaften im Anwendungsbereich der Europäischen Insolvenzverordnung, Anmerkung zur Entscheidung des High Court of Justice, Chancery Division (Company Court) vom 7. Februar 2003, ZInsO 2003, 742

Herchen, Wer zuerst kommt, mahlt zuerst? Die Bestellung eines „schwachen" vorläufigen Insolvenzverwalters als Insolvenzverfahrenseröffnung im Sinne der EuINsVO, NZI 2006, 435

Hergenröder, Die gewerbliche Schuldnerberatung im Spannungsfeld zwischen Insolvenzordnung, Rechtsberatungsgesetz und Verfassungsrecht, ZVI 2003, 577

Hergenröder, Internationales Verbraucherinsolvenzrecht, ZVI 2005, 233

Herweg/Tschauner, Anmerkung zu AG Hamburg, Beschluß vom 1. Dezember 2005, EWiR 2006, 169

Herweg/Tschauner, Anmerkung zu High Court Dublin, Judgement vom 23. März 2004, EWiR 2004, 599

Herweg/Tschauner, Anmerkung zu Supreme Court of Ireland, Judgement vom 27. Juli 2004, EWiR 2004, 973

Herzig, Das Insolvenzplanverfahren, Frankfurt a. M. 2001

Hess, Die Berechnungsgrundlage für die Insolvenzverwaltervergütung, InVo 2000, 113 f.

Hess, Die Insolvenzverwalterbestellung – Grundrechtsrelevanz, Grundrechtsdefizite und Rechtsschutz, in: FS für Uhlenbruck S. 453 ff.

Hess, InsO: Kommentar zur Insolvenzordnung mit EGInsO, Band I, 3. Aufl., Heidelberg 2007, zitiert: *Hess,* InsO

Hess, Kommentar zur Konkursordnung, 6. Aufl. Neuwied 1998, zitiert: *Hess,* KO

Hess/Laukemann, Anmerkung zu EuGH, Urteil vom 17. Januar 2006, JZ 2006, 671

Hess/Obermüller, Die Rechtsstellung der Verfahrensbeteiligten nach der Insolvenzordnung, Heidelberg 1996

Hess/Obermüller, Insolvenzplan, Restschuldbefreiung und Verbraucherinsolvenz, 3. Aufl., Heidelberg 2003, zitiert: *Hess/Obermüller,* Insolvenzplan, Restschuldbefreiung und Verbraucherinsolvenz

Hess/Röpke, Forderungen aus Arbeitsverhältnissen i. S. d. § 304 Abs. 1 S. 2 InsO, InVo 2003, 89

Hess/Ruppe, Auswahl und Einsetzung des Insolvenzverwalters und die Justitiabilität des Nichtzugangs zu Insolvenzverwaltertätigkeiten, NZI 2004, 641 ff.

Hess/Weis, Das neue Anfechtungsrecht, §§ 129–147 InsO – §§ 1–20 AnfG 1999, 2. Aufl., Heidelberg 1999, zitiert: *Hess/Weis,* Anfechtungsrecht

Hess/Weis, Das Verbraucherinsolvenzverfahren nach der InsO, InVo 1996, 113

Hess/Weis, Die Berücksichtigung nachrangiger Gesellschafterverbindlichkeiten im Überschuldungsstatus nach der Insolvenzordnung – zugleich eine Erwiderung auf Holzapfel, InVo 1999, 33 ff.

Hess/Weis/Wienberg, Insolvenzarbeitsrecht, Kommentar, 2. Aufl., Heidelberg 2000; zitiert: *Hess,* Insolvenzarbeitsrecht

Heublein, Gutschriften in der Krise – insolvenzfester Glücksfall oder anfechtbare Scheindeckung?, ZIP 2000, 161 ff.

Heyer, Eintragungen in das Schuldnerverzeichnis nach § 26 InsO, Auskünfte und Löschungen, ZInsO 2004, 1127 ff.
Heyer, Reform des Restschuldbefreiungssystems nach §§ 286 ff. InsO – Restschuldbefreiung bei Masselosigkeit ohne Eröffnung des Insolvenzverfahrens, ZInsO 2003, 201
Heyer, Restschuldbefreiung im Insolvenzverfahren, 2004
Heyer, Verbraucherinsolvenzverfahren und Restschuldbefreiung: ein Leitfaden für Verbraucher und Berater, Köln 1997, zitiert: *Heyer,* Verbraucherinsolvenzverfahren und Restschuldbefreiung
Heyrath, Änderung der Insolvenzordnung, ZInsO 2004, 13
Heyrath, Die neue Mindestvergütung und ihre Auswirkung auf die gerichtliche Praxis, ZInsO 2004, 1132 ff.
Heyrath, Vermögensschadenhaftpflichtversicherung für den Insolvenzverwalter, ZInsO 2002, 1023 f.
Heyrath/Jahnke/Kühn, Der Tod des Schuldners im Insolvenz- und Restschuldbefreiungsverfahren, ZInsO 2007, 1202 ff.
Hill, Die Unabhängigkeit des Insolvenzverwalters, ZInsO 2005, 1289 ff.
Himmelsbach/Thonfeld, Gegen die Verschärfung des Begriffs der Zahlungsunfähigkeit nach § 17 Abs. 2 InsO, NZI 2001, 11 ff.
Hinkel/Flitsch, Haftung des vorläufigen Insolvenzverwalters für Bestellungen des Unternehmenserwerbers im eröffneten Insolvenzverfahren – zugleich Anm. zum Urteil des OLG Frankfurt/Main v. 8. 3. 2007 – 26 U 43/06 (ZInsO 2007, 548), ZInsO 2007, 1018 ff.
Hinkel/Laskos, Das eingeschränkt unwiderrufliche Bezugsrecht in der Insolvenz des Arbeitgebers, ZInsO 2006, 1253 ff.
Hintzen, Sicherungsmaßnahmen im Insolvenzeröffnungsverfahren, ZInsO 1998, 76
Hirte, Das Kapitalersatzrecht nach Inkrafttreten der Reformgesetzgebung, ZInsO 1998, 150 f.
Hirte, Nahestehende Personen (§ 138) – Klarheit oder Rückschritt, ZInsO 1999, 429
Hirte, Neuregelungen mit Bezug zum gesellschaftsrechtlichen Gläubigerschutz und im Insolvenzrecht durch das Gesetz zur Modernisierung des GmbH-Rechts und zur Bekämpfung von Missbräuchen (MoMiG), ZInsO 2008, 689 ff,
Höfling, Insolvenzverwalterbestellung – Rechtsschutz durch Konkurrentenklage?, NJW 2005, 2341 ff.
Hölzle, Nochmals: Zahlungsunfähigkeit – Nachweis und Kenntnis im Anfechtungsprozess, ZIP 2007, 613 ff.
Hoenig/Meyer-Löwy, Unternehmenskauf vom „starken" vorläufigen Insolvenzverwalter, ZIP 2002, 2162 ff.
Hoes/Peters, Verbraucherinsolvenz: Restschuldbefreiung ohne Schuldenbereinigungsverfahren?, WM 2000, 901
Hoffmann, Verbraucherinsolvenz und Restschuldbefreiung, 2. Aufl. 2002
Hofmeister, Top oder Flop?, ZVI 2003, 12
Hofmeister/Jäger, Kleintransporter statt Sattelschlepper, ZVI 2005, 180
Hofmeister/Richter, Vertretungsbefugnis geeigneter Stellen im Verbraucherinsolvenz- und Restschuldbefreiungsverfahren, ZVI 2003, 588
v. Holdt, Die Berechnung von Verzugszinsen auf Vergütungsanträge, ZInsO 2002, 1122 ff.;
Holzapfel, Überschuldung und Rangrücktritt bei der GmbH, InVo 1999, 1 f.
Holzer, Erklärungen des Insolvenzverwalters bei Ausübung einer selbständigen Erwerbstätigkeit des Schuldners, ZVI 2007, 289 ff.
Holzer/Kleine-Cosack/Prütting, Die Bestellung des Insolvenzverwalters: dogmatische Grundlagen, verfassungsrechtliche Defizite und rechtspolitische Vorschläge, Köln 2001, zitiert: *Holzer/Kleine-Cosack/Prütting*
Homann, System der Anerkennung eines ausländischen Insolvenzverfahrens, KTS 2000, 343
Honsell (Hrsg.), Berliner Kommentar zum Versicherungsvertragsgesetz: Kommentar zum deutschen und österreichischen VVG, Berlin 1999, zitiert: Berliner Komm-*Bearbeiter,* VVG

Literatur

Hornung, Der Gläubigerausschuß im Insolvenzverfahren, KKZ 2001, 145 ff.
Hornung, Zustimmungsersetzungsverfahren nach § 309 InsO bei Ablehnung nur eines beteiligten Gläubigers, ZVI 2008, 105 f.
Huber, Anfechtungsgesetz (AnfG), Gesetz über die Anfechtung von Rechtshandlungen eines Schuldners außerhalb des Insolvenzverfahrens, 10. Aufl., München 2006, zitiert: Huber, AnfG
Huber, Das Bankgeheimnis in der Insolvenz des Kunden, ZInsO 2001, 289 ff.
Huber, Die Europäische Insolvenzverordnung, EuZW 2000, 490
Huber, Inländische Insolvenzverfahren über Auslandsgesellschaften nach der Europäischen Insolvenzverordnung, in: Festschrift für Gerhardt, S. 397–431
Huber, Neues Verjährungsrecht für Insolvenzanfechtungsanspruch, ZInsO 2005, 190 ff.
Huber, Schenkungsanfechtung – Freiwillige Sonderzuwendung an Arbeitnehmer der Aktiengesellschaft durch Alleinaktionär – „Schneider-Konkurs", EWIR 1997, 267 f.
Huff, Die Öffentlichkeitsarbeit des Insolvenzverwalters – eine Erwiderung, NZI 2005, 661 ff.
Huhn, Voraussetzungen und Kompetenzverteilung bei der Eigenverwaltung im Insolvenzrecht, Diss. Köln 2002
Huhnstock, Änderung und Aufhebung der Prozeßkostenhilfebewilligung, 1995
Huntemann/Dietrich, Eigenverwaltung und Sanierungsplan, ZInsO 2001, 13
Huntemann/Graf Brockdorff, Der Gläubiger im Insolvenzverfahren, Berlin 1999
IDW, Entwurf einer Neufassung des IDW-Prüfungsstandards: Beurteilung eingetretener oder drohender Zahlungsunfähigkeit bei Unternehmen (IDW EPS 800), FN-IDW 2008, S. 100 ff.
IDW (Hrsg.), Entwurf einer Verlautbarung: Empfehlungen zur Überschuldungsprüfung bei Unternehmen, WPg 1995, 596 ff.
IDW (Hrsg.), Prüfungsstandard: Empfehlungen zur Prüfung eingetretener oder drohender Zahlungsunfähigkeit bei Unternehmen (IDW PS 800), FN-IDW 1999, 85 ff.
IDW (Hrsg.), Stellungnahme FAR 1/1996: Empfehlungen zur Überschuldungsprüfung bei Unternehmen, FN-IDW 1996, 523
Ihrig/Wagner, Das Gesetz zur Einführung der europäischen Gesellschaft (SEEG) auf der Zielgeraden, BB 2004, 1749 ff.
Jacoby, Die Tilgung der Bestattungskosten vom Nachlaßkonto, WM 2003, 368 ff.
Jäger, Gläubigerbeteiligung und Gläubigerinteressen im Insolvenzverfahren natürlicher Personen, ZVI 2003, 55
Jäger, Masselose Verbraucherinsolvenzverfahren ohne Verfahrenseröffnung – eine Neubelebung einer „alten" Idee, ZVI 2005, 15
Jaeger, Insolvenzordnung, Berlin 2004, zitiert: *Bearbeiter* in *Jaeger,* InsO
Jaeger/Weber, Konkursordnung mit Einführungsgesetzen, 8. Aufl. Berlin, New York 1973, zitiert: Jaeger/*Bearbeiter,* KO
Jaffe/Hellert, Keine Haftung des vorläufigen Insolvenzverwalters bei Anordnung eines allgemeinen Zustimmungsvorbehaltes, ZIP 1999, 1204 ff.
Jahr, Die gerichtliche Zuständigkeit für das Konkursverfahren und für die Entscheidung von Streitigkeiten, die mit dem Konkursverfahren zusammenhängen, ZZP 79 (1966), 347 ff.
Jauernig, Zwangsvollstreckungs- und Insolvenzrecht: ein Studienbuch, 22. Aufl., München 2007, zitiert: *Jauernig,* Zwangsvollstreckungsrecht und Insolvenzrecht
Jungmann, Die Gutachtertätigkeit im Insolvenzeröffnungsverfahren – Probleme bei unzulässigen Insolvenzanträgen, DZWIR 2002, 363 ff.
Jungmann, Grenzen des Widerspruchsrechts des Insolvenzverwalters beim Einzugsermächtigungsverfahren, NZI 2005, 84 ff.
Junker, Internationales Arbeitsrecht im Konzern, Tübingen 1992
Just, Anmerkung zu LG Kiel, Urteil vom 20. April 2006, ZI 2006, 1251
Kahlert, Verjährungseinrede gegenüber Klagen auf Feststellung des Haftungsgrundes der vorsätzlichen unerlaubten Handlung, ZInsO 2005, 192
Kahlert/Rühland, Die Auswirkungen des BMF-Schreibens vom 8. September 2006 auf Rangrücktrittsvereinbarungen, ZInsO 2006, 1009 ff.

Kaiser, Eigenkapitalförderndes Darlehen an Gesellschaft mit Rückzahlungsverpflichtung nur aus Gewinn und Liquidationsüberschuß: Inanspruchnahme der mithaftenden Gesellschafter in der Insolvenz der Gesellschaft, DB 2001, 1543 f.
Kallweit, Die Eigenhaftung des Insolvenzverwalters für prozessuale Masseverbindlichkeiten, Baden-Baden 2005
Kalthoener/Büttner/Wrobel-Sachs, Prozeßkostenhilfe und Beratungshilfe, 4. Aufl. 2005
Kammel, Die Bestimmung der zuständigen Gerichte bei grenzüberschreitenden Konzerninsolvenzen, NZI 2006, 334
Kammeter/Geißelmeier, Der Rangrücktritt – Bestandsaufnahme und Auswirkungen des MoMiG im Handelsbilanz- und Steuerrecht, NZI 2007, 214 ff.
Karollus, Weitere Präzisierung zur Konkursverschleppung, ZIP 1995, 269
Kassing, Grundsätze ordnungsgemäßer Insolvenz- und Treuhandverwaltung (GoI) – Überlegungen zur Einführung von Richtlinien für die (vorläufige) Insolvenzverwaltung und die Treuhandverwaltung (im vereinfachten Verfahren und in der Wohlverhaltensperiode), ZInsO 2005, 23 ff.
Kassing, § 56 InsO – eine „Endlosschleife" oder der Aufbruch in eine Qualitätsdiskussion?, NZI 4/2005, V. f.
Kaufmann, Der Haftungsfall des § 61 InsO – zur Bestimmung der Begriffe Schaden, Insolvenzmasse und voraussichtlich im Sinne dieser Vorschrift, NZI 2004, 117 ff.
Kaufmann, Die Berücksichtigung sonstiger Masseverbindlichkeiten des § 55 InsO bei der Kostendeckungsprüfung des § 26 I 1 InsO, in: Bd. 222 der Schriften zum deutschen, europäischen und vergleichenden Zivil-, Handels- und Prozeßrecht, Bielefeld 2004
Kayser, Die Lebensversicherung im Spannungsfeld der Interessen von Insolvenzmasse, Bezugsberechtigtem und Sicherungsnehmer – eine Zwischenbilanz, ZInsO 2004, 1321–1327
Kebekus, Anmerkung zu AG Mönchengladbach, Beschluß vom 27. April 2004, EWiR 2004, 705
Kebekus, Anmerkung zu AG Nürnberg, Beschluß vom 1. Oktober 2006, ZIP 2007, 84
Kehe/Meyer/Schmerbach, Anmeldung und Feststellung einer Forderung aus vorsätzlich begangener unerlaubter Handlung, ZInsO 2002, 615, 660
Keidel/Kuntze/Winkler, Freiwillige Gerichtsbarkeit, Kommentar zum Gesetz über die Angelegenheiten der freiwilligen Gerichtsbarkeit, 15. Aufl., München, 2003, zitiert: *Keidel/Kuntze/Winkler,* FG
Keller, Adverses haereses – Glaubenskampf um die Berechnungsgrundlage der Vergütung des vorläufigen Insolvenzverwalters, ZIP 2008, 1615 ff.
Keller, Berechnungsformeln zur Vergütung des Insolvenzverwalters, NZI 2005, 23 ff.
Keller, Der Unterhaltsanspruch als Insolvenzforderung und die Stellung des Unterhaltsgläubigers im Insolvenzverfahren, NZI 2007, 143 ff.
Keller, Die EG-Richtlinie 98/26 vom 19. Mai 1998 über die Wirksamkeit von Abrechnungen in Zahlungs- sowie Wertpapierliefer- und Abrechnungssystemen und ihre Umsetzung in Deutschland, WM 2000, 1269, 1278
Keller, Die Erstattungsfähigkeit der Kosten elektronischer Auskunfts- und Informationssysteme für den Insolvenzverwalter, NZI 2005, 493 ff.
Keller, Die Neuregelungen der InsVV zur Mindestvergütung in masselosen Insolvenzverfahren, ZVI 2004, 569 ff.
Keller, Verjährung des Vergütungsanspruches des Insolvenzverwalters, NZI 2007, 378
Keller, Die öffentliche Bekanntmachung im Insolvenzverfahren, ZIP 2003, 149 ff.
Keller, Die Rechtsprechung des Bundesgerichtshofes zur Vergütung im Insolvenzverfahren, NZI 2004, 463 ff.
Keller, Die Umsetzung der Rückschlagsperre des § 88 InsO im Grundbuchverfahren, ZIP 2000, 1324 ff.
Keller, Die Vergütung des Insolvenzverwalters im masselosen Insolvenzverfahren, ZIP 2004, 633 ff.

Keller, Die Vergütungsfestsetzung zwischen objektiven Maßstäben und Besonderheiten des Einzelfalls, ZIP 2000, 914 f.

Keller, Die Zulässigkeit der Beauftragung mit dem Insolvenzverwalter gesellschaftsrechtlich verbundener Unternehmen und der Anrechnungstatbestand nach § 1 Abs. 2 Nr. 4 lit. a) InsVV, DZWIR 2000, 265 f.

Keller, Gibt es einen Zusammenhang zwischen Masselosigkeit, Restschuldbefreiung und der Vergütung des Insolvenzverwalters? – Anm. zu OLG Stuttgart vom 14. Januar 2000, ZIP 2000, 587, ZIP 2000, 688 f.

Keller, Systemfragen bei der Vergütung des vorläufigen Insolvenzverwalters – zum Beschluß des BGH vom 14. Dezember 2000 – IX ZB 105/00, ZIP 2001, 296, ZIP 2001, 1749 ff.

Keller, Vorschußentnahme auf die Vergütung des Insolvenzverwalters – zugleich eine Besprechung des BGH-Beschlusses vom 1. Oktober 2002 – IX ZB 53/02, DZWIR 2003, 101 ff.

Kemper, Die Verordnung (EG) Nr. 1346/2000 über Insolvenzverfahren, 2001, S. 1609

Kemper/Kohte, Kein Ausweg aus dem Schuldenturm, Blätter der Wohlfahrtspflege, 1993, S. 81 ff.

Kesseler, Das Grundrecht auf Bestellung zum Insolvenzverwalter, ZInsO 2002, 201 ff.

Kesseler, Der Verstoß gegen das gemeinsame Gläubigerinteresse durch Wahl eines neuen Insolvenzverwalters durch die Gläubigerversammlung, DZWIR 2002, 133 ff.

Kesseler, Erwerb und Zugewinnausgleich im Insolvenzverfahren und bei der Restschuldbefreiung, FS Gaul, S. 367

Kesseler, Erwerb von Todes wegen im Restschuldbefreiungsverfahren nach der InsO, RNotZ 2003, 557

Kesseler, Rechtsschutz des „übergangenen" Insolvenzverwalters, ZIP 2000, 1565 ff.

Kilger, Der Konkurs des Konkurses, Betrachtungen zur gegenwärtigen Situation des deutschen Insolvenzrechts, KTS 1975, 142 ff.

Kilger, Probleme der Sequestration im Konkurseröffnungsverfahren, in: 100 Jahre Konkursordnung, S. 189 ff.

Kilger/K. Schmidt, Insolvenzgesetze KO/VglO/GesO, 17. Aufl. München 1997, zitiert: *Kilger/K. Schmidt,* Insolvenzgesetze

Kind, Die Bedeutung der Regelungen der InsO und des AFRG vom 24. März 1997 für die Praxis der Vorfinanzierung von Insolvenzgeld, InVo 1998, 57 ff.

Kind, „Einigkeit macht stark", NZI 2007, V f.

Kind/Heinrich, Die Insolvenzakte im Blickpunkt des Gläubigerinteresses, NZI 2006, 433 ff.

Kind/Kießner/Frank, Unternehmenskrisen – Der Jurist als Notarzt, Festschrift für Eberhard Braun zum 60. Geburtstag, München 2007, zitiert: *Bearbeiter,* FS für Braun

Kirchhof, Aktuelle Probleme des Anfechtungsrechts, in: Insolvenzrecht 2000, S. 55 ff.

Kirchhof, Begründung von Masseverbindlichkeiten im vorläufigen Insolvenzverfahren, ZInsO 2004, 57 ff.

Kirchhof, Die mehrseitige Treuhand in der Insolvenz in: Festschrift für Gerhard Kreft, Hrsg. Haarmeyer/Hirte/Graf von Westphalen, 2004, Münster, 359 ff.

Kirchhof, Die neue Rechtsprechung des BGH in Insolvenzsachen – insbesondere zu Anfechtungsfragen gegenüber Gesellschaftern und nahen Angehörigen i. S. d. § 138 InsO, ZInsO 2001, 825

Kirchhof, Probleme bei der Einbeziehung von Aussonderungsrechten in das Insolvenzeröffnungsverfahren, ZInsO 2007, 227

Kirchhof, Die Zahlungseinstellung nach § 17 Abs. 2 Satz 2 InsO, in: Kölner Schrift, S. 285 ff.

Kirchhof, Leitfaden zum Insolvenzrecht, 2. Aufl., Herne, Berlin 2000

Kirchhof, Rechtsprobleme bei der vorläufigen Insolvenzverwaltung – zur Haftung des vorläufigen Insolvenzverwalters bei Unternehmensfortführung zu Frage der Masseschulden und Masseunzulänglichkeit, ZInsO 1999, 365 ff.

Kirchhof, Strukturenprobleme der vorläufigen Insolvenzverwaltung, Dokumentation des Symposiums vom 6. März 2000/1. Leipziger Insolvenzrechtstag, Hrsg. von Christian Berger, Berlin 2000

Kirchhof, Zwei Jahre Insolvenzordnung – ein Rückblick, ZInsO 2001, 1 ff.
Kirchhof M., Die Haftung des Insolvenzverwalters nach § 60 InsO gegenüber den Absonderungsberechtigten, Köln 2004
Klaas, Die Regelvergütung des vorläufigen Insolvenzverwalters – zum Beschluß des BGH v. 14. Dez. 2000, IX ZB 105/00, ZInsO 2001, 165 ff., ZInsO 2001, 581 f.
Klaas, Fünf Jahre Verbraucherinsolvenz – fünf Jahre sind genug, ZInsO 2004, 577
Klaas, Maßgeblicher Zeitpunkt für die Abgrenzung Regelinsolvenzverfahren zum Verbraucherinsolvenzverfahren, ZInsO 1999, 545
Klaas, u. a. Persönliche Stellungnahme der unterzeichnenden Mitglieder des Gravenbrucher Kreises zur gutachterlichen Stellungnahme zum Thema „Die Bestellung des Insolvenzverwalter", ZInsO 2001, 652
Klein, Abgabenordnung, 9. Aufl. München 2006, zitiert: *Klein-Bearbeiter*
Klein, Die Insolvenzrechtsreform und ihre Auswirkung auf die Masse, DGVZ 1996, 17 f.
Kleine-Cosack, Der Anspruch auf Bestellung zum Insolvenzverwalter: Vom „closed shop" zur Chancengleichheit?, in: Insolvenzrecht 2000, S. 1 ff.
Kleine-Cosack, Kommentar zur BRAO, 5. Aufl., München 2008
Kling, Forderungsverzicht mit Besserungsklausel oder Rangrücktritt – Neuere Rechtsentwicklung des GmbH-Eigenkapitalersatzrechts nach eineinhalb Jahren InsO, NZG 2000, 872 ff.
Kling, Rechtsmißbräuchlicher pauschaler Widerspruch des Insolvenzverwalters im Lastschrifteinzugsverfahren, DZWIR 2004, 54 ff.
Klöhn, Anmerkung zu AG Hamburg, Beschluß vom 16. August 2006, NZI 2006, 653
Klöhn, Statische und formale Lebenssachverhalte als „Interessen" i. S. d. Art. 311 EuInsVO?, NZI 2006, 383
Klöhn, Verlegung des Mittelpunkts der hauptsächlichen Interessen i. S. d. Art. 3 Abs. 1 S. 1 EuInsVO vor Stellung des Insolvenzantrags, KTS 2006, 259
Kluth, Die überwachte Übernahmegesellschaft der „Kannitverstan" in und aus § 260 III InsO, NZI 2003, 361 ff.
Kluth, Die „wertlosen Gesellschaftsanteile" – der Stein des Anstoßes im Sanierungsinsolvenzplan, ZInsO 2002, 258 ff.
Kluth, Eigenverwaltung in der Insolvenz oder ein „Fall mit Sturz", ZInsO 2002, 1001
Knees, Das Girokonto im Verbraucherinsolvenz- und Restschuldbefreiungsverfahren, ZVI 2002, 89
Knees, Die Bank als Generalpfandrechtsgläubiger in der Unternehmerinsolvenz, ZIP 2001, 1568 f.
Knobbe-Keuk, Stille Beteiligung und Verbindlichkeiten mit Rangrücktrittsvereinbarung im Überschuldungsstatus und in der Handelsbilanz des Geschäftsinhabers, ZIP 1983, 127 ff.
Knof, Europäisches Insolvenzrecht und Schuldbefreiungs-Tourismus, zugleich Anmerkung AG Celle, Beschluß vom 18. April 2005, ZInsO 2005, 1017
Knof, Perpetuatio fori und Attraktivkraft des Erstantrags im Europäischen Insolvenzrecht?, Anmerkung zu BGH, Beschluß vom 2. März 2006, ZInsO 2006, 754
Knof/Mock, Anmerkung zu EuGH, Urteil vom 17. Januar 2006, ZIP 2006, 189
Knof/Mock, Anmerkung zu EuGH, Urteil vom 2. Mai 2006, ZIP 2006, 911
Knolle/Tetzlaff, Zahlungsunfähigkeit und Zahlungsstockung, ZInsO 2005, 897 ff.
Koch, Die Eigenverwaltung nach der Insolvenzordnung, Frankfurt 1998, zugl. Hamburg, Univ., Diss., 1997, zitiert: *Koch,* Eigenverwaltung
Kocher, Die Restschuldbefreiung vor dem Bundesverfassungsgericht, DZWIR 2004, 187
Koenig/Hentschel, Die Auswahl des Insolvenzverwalters – nationale und EG-vergaberechtliche Vorgaben, ZIP 2005, 1937 ff.
Kögel, Der Zugang von Unternehmen zum Verbraucherinsolvenzverfahren, DZWIR 1999, 235
Köhler, Namensrecht und Firmenrecht, in: FS für Fikentscher, S. 494 ff.
Kohte Die Behandlung von Unterhaltsansprüchen nach der Insolvenzordnung, in: Kölner Schrift, S. 781 ff.

Kohte, Forderungen und Anforderungen an ein vereinfachtes Restschuldbefreiungsverfahren, ZVI 2005, 9

Kohte, Schuldenbereinigungsverfahren – ein untauglicher Versuch, ZIP 1994, 184

Kokemoor, Das internationale Sonderinsolvenz- und Sanierungsrecht der Einlagenkreditinstitute und E-Geld-Institute gem. den §§ 46 d, 46 e und 46 f KWG, WM 2005, 1881

Kölner Schrift zur Insolvenzordnung. Das neue Insolvenzrecht in der Praxis, Arbeitskreis für Insolvenz- und Schiedsgerichtswesen e. V. (Hrsg.), 2. Aufl., Herne, Berlin 2000, zitiert: *Bearbeiter,* in: Kölner Schrift

König, Gesonderte oder harmonisierte Rechnungslegung des Konkursverwalters im Unternehmenskonkurs?, ZIP 1987, 1003 ff.

Köster, Die Bestellung des Insolvenzverwalters – eine vergleichende Untersuchung des deutschen und englischen Rechts, Baden-Baden 2005

Köster, Freier Zugang zur Tätigkeit des Insolvenzverwalters? – zugleich Besprechung von BVerfG Beschl. v. 3. August 2004 – 1 BvR 135/00 und 1086/01, NZI 2004, 574 ff., NZI 2004, 538 ff.

Korczak, Überschuldungslösungen europäischer Staaten und Lehren für Deutschland, ZVI 2005, 471

Kraft/Thurner/Blancke, Die Bestellung des Masseverwalters nach der österreichischen Insolvenzrechts-Novelle 2002, ZInsO 2002, 864 ff.

Kranemann, Insolvenzanfechtung im deutschen Internationalen Insolvenzrecht und nach der Europäischen Insolvenzrechtsverordnung, dargestellt am Beispiel England – Deutschland, Frankfurt a. M., 2000

Kreft, Die Wende in der Rechtsprechung zu § 17 KO, ZIP 1997, 865 ff.

Krug, Der Verbraucherkonkurs, Köln 1998, zugl. Halle-Wittenberg, Univ., Diss., 1996, zitiert: *Krug,* Der Verbraucherkonkurs

Krull, Die Kündigungsfrist für Gewerbemietraum bei der Kündigung nach § 109 InsO, ZInsO 2001, 247 ff.

Kruse, Die Eigenverwaltung in der Insolvenz mit ihren gesellschaftsrechtlichen Bezügen, 2004

Kübler (Hrsg.), Neuordnung des Insolvenzrechts, Köln 1989, zitiert: *Bearbeiter,* Titel, in: *Kübler,* Neuordnung des Insolvenzrechts

Kübler, Der Mittelpunkt der hauptsächlichen Interessen nach Art. 3 Abs. 1 EuInsVO, in: Festschrift für Gerhardt, S. 527–562

Kübler, Die Behandlung massearmer Insolvenzverfahren nach neuem Recht, in: Kölner Schrift, S. 967 ff.

Kübler/Prütting/Bork (Hrsg.), InsO. Kommentar zur Insolvenzordnung, Loseblatt Stand Juni 2009, zitiert: Kübler/Prütting/Bork/*Bearbeiter,* InsO

Kuhn, Der Eigentumsvorbehalt im Konkurs, WM 1972, 206 ff.

Kuhn/Uhlenbruck, Konkursordnung, 11. Aufl. München 1994, zitiert: *Kuhn/Uhlenbruck,* KO

Kummer, Die Stunde der Eröffnung des Insolvenzverfahrens, in: FS für Friedrich Wilhelm Metzeler zum 70. Geburtstag, Köln 2003, S. 15 ff.

Kußmaul, Kapitalersatz: Der Rangrücktritt in der Krise?, DB 2002, 2258 ff.

Kußmaul/Steffan, Insolvenzplanverfahren: Der prepackaged Plan als Sanierungsalternative – Praxisbeispiel einer erfolgreichen Umsetzung –, DB 2000, 1849 f.

Kutzer, Prozeßpfleger statt Notgeschäftsführer – ein praktikabler Ausweg in Verfahren gegen organlose Kapitalgesellschaften, ZIP 2000, 654 ff.

Larenz/Canaris, Lehrbuch des Schuldrechts, Band II.: Besonderer Teil, 2. Halbband, 13. Aufl. München 1994, zitiert: *Larenz/Canaris,* Schuldrecht Bd. II/2

Laroche, Entschuldung natürlicher Personen und Restschuldbefreiung nach deutschem und niederländischem Recht, 2003

Laughton, The European Insolvency Case Register: <www.eir-database.com>, ICR 2005, 111

Laukemann, Rechtshängigkeit im europäischen Insolvenzrecht, RIW 2005, 104

Lauscher/Weßling/Bange, Muster-Insolvenzplan, ZInsO 1999, 5
Lautenbach, Anmerkung zu AG Mönchengladbach, Beschluß vom 27. April 2004, NZI 2004, 384
Lawlor, die Anwendbarkeit englischen Gesellschaftsrechts bei Insolvenz einer englischen Limited in Deutschland, NZI 2005, 432
Laws, Haftung des Insolvenzverwalters – aktuelle Rechtsprechung zu Risiken bei der Begründung von Masseverbindlichkeiten, MDR 2004, 1149 ff.
Laws, Insolvenzverwalterauswahl – gerichtliche Überprüfung der Nichtbestellung im Eröffnungsbeschluß?, MDR 2005, 541 ff.
Laws, Insolvenzverwalterauswahl – neue Maßstäbe für das Verfahren nach den §§ 23 ff. EGGVG?, NZI 2008, 279 ff.
Lehr, Die neue EU-Verordnung über Insolvenzverfahren und deren Auswirkungen für die Unternehmenspraxis, KTS 2000, 577
Leible/Staudinger, Die europäische Verordnung über Insolvenzverfahren, KTS 2000, 533
Leibner, Das Verhältnis des § 295 Abs. 2 InsO zu § 35 GewO, ZInsO, 2002, 61
Leibner, Die Haftung nach § 60 InsO: Stand und Entwicklungsperspektiven, KTS 2005, 75 ff.
Leipold (Hrsg.), Insolvenzrecht im Umbruch, Analysen und Alternativen; Würzburger Arbeitstagung der Vereinigung der Zivilprozeßlehrer zum Referentenentwurf einer Insolvenzordnung, Köln, Berlin, Bonn, München 1991, zitiert: *Bearbeiter,* in: *Leipold,* Insolvenzrecht im Umbruch
Leipold, Erbrecht, 17. Aufl. Tübingen 2009, zitiert: *Leipold,* Erbrecht
Leipold, Erbrechtlicher Erwerb und Zugewinnausgleich im Insolvenzverfahren und bei der Restschuldbefreiung, in: FS für Gaul, S. 367 ff.
Leipziger Kommentar zum Strafgesetzbuch, 11. Aufl., Berlin 1992
Leithaus, Verwirkung des Vergütungsanspruchs bei Verletzung von Nebenpflichten? oder: Disziplinierungsmaßnahmen gegen mißliebige Insolvenzverwalter?, NZI 2005, 382 ff.
Leithaus, Zu den Aufsichtsbefugnissen des Insolvenzgerichts nach § 83 KO/§ 58 Abs. 1 InsO, NZI 2001, 124 ff.
Lenenbach, Sicherungsmaßnahmen im Insolvenzeröffnungsverfahren, Frankfurt a. M. 2003
Lettmann, Die Beschränkung der Erbenhaftung, RNotZ 2002, 538 ff.
Ley, Checkliste: Verfahrensvoraussetzungen für das Verbraucherinsolvenzverfahren, MDR 2003, 205
Ley, Verbraucherinsolvenzverfahren für unter Vormundschaft oder Betreuung stehende Schuldner, ZVI 2003, 101
Liebs, Offene Fragen der Insolvenz einer zweigliedrigen GmbH & Co. KG
Lieder, Die Haftung der Geschäftsführer und Gesellschafter von EU-Auslandsgesellschaften mit tatsächlichem Verwaltungssitz in Deutschland, DZWIR 2005, 399
Liersch, Anmerkungen zu AG Düsseldorf, Beschluß vom 12. März 2004, NZI 2004, 271
Liersch, Anmerkung zu BGH, Beschluß vom 27. November 2003, NZI 2004, 141
Liersch, Das neue deutsche Internationale Insolvenzrecht – erste Erfahrungen aus der Praxis, in: Grenzüberschreitendes Insolvenzrecht, Hrsg.: DACH Europäische Anwaltsvereinigung e. V., 2004, S. 1–19
Liersch, Deutsches Internationales Insolvenzrecht, NZI 2003, 302
Liersch, Deutschland – England 1:0, NZI 2005, Heft 10, VI.
Liersch, Nach der Eurofood-Entscheidung des EuGH: Genugtuung, aber auch viel Nachdenklichkeit, NZI 2006 (Heft 6), V
Liersch, Sicherungsrechte im Internationalen Insolvenzrecht, NZI 2002, 15
Liersch, Sicherungsrechte im Internationalen Insolvenzrecht, Unter besonderer Berücksichtigung der Vereinbarkeit von Art. 5 und 7 der EG-Verordnung über Insolvenzverfahren (EuInsVO) mit dem deutschen Recht, Frankfurt a. M. 2001
Liersch/Grönda, International law of insolvency procedures – German Experience, in: Texte zum 47. Kongress der UIA, Lisbon 2003, S. 1824–1836
Liersch/Kind, Anmerkung zu OLG Saarbrücken, Urt. v. 30. 10. 2002, EWiR 2003, 707

Liersch/Walther, Geltung und Grenzen der deutsch-schweizerischen Staatsverträge auf dem Gebiet des Insolvenzrechts; zugleich Anm. zum Urteil des schweizerischen Bundesgerichtes v. 15. 6. 2005, BGE 7B.31/2005, ZInsO 2007, 582
Limpert, Prozeßkostenhilfe im Verbraucherinsolvenzverfahren, 2000
Liwinska, Das Zusammentreffen von Einzelzwangsvollstreckung und Insolvenzantragsverfahren, InVo 2002, 125 ff.
Lohkemper, Die Zwangsvollstreckung während der Sequestration und in einem vorläufigen Insolvenzverfahren, ZIP 1995, 1641 ff.
Lohmann, Die erste?! Restschuldbefreiung im IK-Verfahren, ZInsO 2000, 445
Looff, Die Haftung des Treuhänders im Restschuldbefreiungsverfahren, ZVI 2009, 9 ff.
Looff, Die Vergütung des Sonderinsolvenzverwalters, DZWIR 2009, 14 ff.
Loose, Die Rolle der Finanzverwaltung im Insolvenzverfahren nach der Insolvenzordnung, StuW 1999, 20 ff.
Louven/Böckmann, Ermächtigung des schwachen vorläufigen Insolvenzverwalters zur Begründung von Masseverbindlichkeiten beim Verkauf von Unternehmen – zugleich Besprechung von AG Duisburg, NZI 2002, 614, NZI 2004, 128 ff.
Ludwig, Die Auflassungsvormerkung und der noch zu benennende Dritte, NJW 1983, 2792 ff.
Lüer, Art. 3 Abs. 1 EuInsVO – Grundlagen für ein europäisches Konzerninsolvenzrecht oder Instrumentarium eines „Insolvenz-Imperialismus"?, in: Festschrift für Günter Greiner, Hrsg.: Horst Piepenburg, 2005, S. 201–214
Lüer, Art. 102 Abs. 3 EGInsO – eine verpaßte Chance, in: Insolvenzrecht in Wissenschaft und Praxis, Festschrift für Wilhelm Uhlenbruck zum 70. Geburtstag, Köln 2000, S. 843–868
Lüke, Das europäische internationale Insolvenzrecht, ZZP 111, 1998, 275
Lüke, Die persönliche Haftung des Konkursverwalters, 1986
Lüke, Haftungsrecht überdacht – Überlegungen zur Systematik der Insolvenzverwalterhaftung, ZIP 2005, 1113 ff.
Lüke, Kein Bedarf an Insolvenzverwaltern – Anmerkung zu OLG Koblenz, ZIP 2000, 507, ZIP 2000, 485 ff.
Lüke, Persönliche Haftung des Verwalters in der Insolvenz, 2. Aufl., Köln 1996
Lüke, Über die Haftung von (vermeintlichen) Propheten oder: Aktuelle Probleme der Insolvenzverwalterhaftung gegenüber Neumassegläubigern, FS Walter Gerhardt, Köln 2004, S. 599 ff.
Lüke, Unabhängigkeit oder „Kernunabhängigkeit" des Insolvenzverwalters? – Zu Gehalt und Feststellung einer wesentlichen Verwalterqualifikation, ZIP 2003, 557 ff.
Lüke, Verwalterbestellung im grundrechtsfreien Raum? ZIP 2000, 1574 ff.
Lüke, Zur Haftung des Insolvenzverwalters im Planverfahren, in: FS für Uhlenbruck, S. 519 ff.
Lüke/Schmittmann, Zur Unzulässigkeit eines Restschuldbefreiungsantrags, ZInsO 2000, 87; s. a. § 286
Lunkenheimer/Zimmermann, Reformbedarf zur Stärkung der außergerichtlichen Einigung, ZVI 2004, 317
Lutter, Zahlungseinstellung und Überschuldung unter der neuen Insolvenzordnung, ZIP 1999, 641 ff.
Lutter/Hommelhoff, GmbH-Gesetz, 16. Aufl., Köln 2004, zitiert: *Lutter/Hommelhoff,* GmbH-Gesetz
Lutter/Scholz/Sigle (Hrsg.), Festschrift für Martin Peltzer zum 70. Geburtstag, Köln 2001, zitiert: *Bearbeiter,* in: FS für Peltzer
Luttermann/Vahlenkamp, Wahrscheinlichkeitsurteile im Insolvenzrecht und internationale Bewertungsstandards (Reeding-Agentur), ZIP 2003, 1629
Lwowski/Tetzlaff, Altlasten in der Insolvenz – Die insolvenzrechtliche Qualifikation der Ersatzvornahmekosten für die Beseitigung von Umweltaltlasten, NZI 2001, 57 ff.
Lwowski/Tetzlaff, Banken und Umweltschäden – Auswirkungen des neuen Bundes-Bodenschutzgesetzes auf die Kreditwirtschaft – Teil II, WM 2001, 437 ff.

Lwowski/Tetzlaff, Umweltrisiken und Altlasten in der Insolvenz, 2002
Lwowski/Wunderlich, Aktuelle Probleme des insolvenzrechtlichen Bargeschäfts, WM 2004, 1511
Maier/Kraft, Verbraucherinsolvenzen und Restschuldbefreiung nach der Insolvenzordnung, BB 1997, 2173
Mankowski, Anmerkung zu AG Hamburg, Beschluß vom 9. Mai 2006, NZI 2006, 487
Mankowski, Anmerkung zu AG Köln, Beschluß vom 1. Dezember 2005, EWiR 2006, 109
Mankowski, Anmerkungen zu AG Siegen, Beschluß vom 1. Juli 2004, EWiR 2005, 175
Mankowski, Anmerkung zu BGH, Beschluß vom 27. November 2003, EWiR 2004, 229
Mankowski, Anmerkung zu BGH, Beschluß vom 2. März 2006, EWiR 2006, 397
Mankowski, Anmerkung zu Court of Appeal, Urteil vom 27. Juli 2005, NZI 2005, 571
Mankowski, Anmerkung zu Cour d appel Versailles, Urteil vom 4. September 2003, EWiR 2003, 1239
Mankowski, Anmerkung zu EuGH, Urteil vom 17. Januar 2006, NZI 2006, 154
Mankowski, Anmerkung zu AG München, Beschluß vom 5. 2. 2007, NZI 2007, 360
Mankowski, Anmerkung zu High Court of Justice, Urteil vom 18. April 2005, EWiR 2005, 637
Mankowski, Anmerkung zu High Court of Justice Birmingham, Beschluß vom 30. März 2006, NZI 2006, 416
Mankowski, Anmerkung zu High Court of Justice London, Beschluß vom 9. Juni 2006, EWiR 2006, 623
Mankowski, Anmerkung zu OLG Düsseldorf, Beschl. v. 6. 6. 2003, EWiR 2003, 767
Mankowski, Anmerkung zu OLG Karlsruhe, Beschl. vom 15. April 2002, EWiR 2002, 677
Mankowski, Grenzüberschreitender Umzug und das center of main interests im europäischen Internationalen Insolvenzrecht, NZI 2005, 368
Mankowski, Konkursgründe beim inländischen Partikularkonkurs, ZIP 1995, 1650
Mann, Schuldnerstrategien in der Unternehmensinsolvenz (Teil II), DStR 2002, 1104 ff., 1105 m. w. N.
Marotzke, Antizipierte Begründung privilegierter Neumasseverbindlichkeiten – das Ende des Treuhandkontenmodells?, ZInsO 2005, 561 ff.
Marotzke, BGB und InsO: zwei neue Leistungsstärkungsrechte im Widerstreit, KTS 2002, 1 ff., 41 ff.
Marotzke, Das Zurückbehaltungsrecht im Konkurs des Gegners, JA 1988, 117 ff.
Marotzke, Der Eigentumsvorbehalt im neuen Insolvenzrecht, JZ 1995, 803 ff.
Marotzke, Die Behandlung der „schwebenden Rechtsgeschäfte“, in: Insolvenzrecht im Umbruch, 183 ff.
Marotzke, Die dinglichen Sicherheiten im neuen Insolvenzrecht, ZZP 1996, 429 ff., 454
Marotzke, Forderungszuständigkeit des Konkursverwalters als ungeschriebene Voraussetzung der §§ 17 Abs. 1, 59 Abs. 1 Nr. 2 Alt. 1 KO, ZIP 1987, 1293 ff.
Marotzke, Gegenseitige Verträge im neuen Insolvenzrecht, Neuwied, Kriftel, 3. Aufl., Berlin 2001, zitiert: *Marotzke,* Gegenseitige Verträge im neuen Insolvenzrecht
Marotzke, Gesellschaftsinterne Nutzungsverhältnisse nach Abschaffung des Eigenkapitalersatzrechts, ZInsO 2008, 1281
Marotzke, Marktkonformität und Gläubigergleichbehandlung in der vorläufigen Insolvenzverwaltung (Teil 1), ZInsO 2004, 113 ff. und (Teil 2) ZInsO 2004, 178 ff.
Marotzke, Masseschuldbegründung im Eröffnungsverfahren – zum Reformvorschlag der Bundesregierung, ZIP 2005, 2144 ff.
Marotzke, Treuhandkonto und § 181 BGB im Insolvenzeröffnungsverfahren Hamburger Prägung – Anm. zu dem Beschl. des AG Hamburg v. 22. April 2004 – 67 c IN 46/04, ZInsO 2004, 517, ZInsO 2004, 721 ff.
Marotzke, Unabhängiger Insolvenzverwalter, Gläubigerautonomie, Großgläubigerhypertrophie, ZIP 2001, 173 f.
Martinek (Hrsg.), Festschrift für Günther Jahr zum 70. Geburtstag: vestigia iuris, Tübingen 1993, zitiert: *Bearbeiter,* in: FS für Jahr

Literatur

Martinez Ferber, European Insolvency Regulation, Substantive Consolidation, the threat of Forum Shopping and a German point of view, 2004
Martini, Die Europäische Insolvenzverordnung über Insolvenzverfahren vom 29. Mai 2000 und die Rechtsfolgen für die Praxis, ZInsO 2002, 905
Marx/Salentin, § 13c UStG nF – Eine Gefahr für Sicherungszession als Instrument zur Beschaffung von (Waren-)Krediten und als Sicherheit für Lieferanten?, NZI 2005, 258 ff.
Maunz/Dürig, Grundgesetz, Band I, 8. Aufl., München 2006
Maus, Der Insolvenzplan, in: Kölner Schrift, S. 931 ff.
Maus, Schuldnerstrategien in der Unternehmensinsolvenz (Teil II), DStR 2002, 1004 ff., 1006
Maus, Umsatzsteuerrechtliche Folgen der Sicherheitenverwertung in der Insolvenz, ZIP 2000, 339
Mäusezahl, DAV-Workshop zu Verfahrensvereinfachungen in den Insolvenzverfahren natürlicher Personen, ZVI 2003, 49
Mäusezahl, Die unerlaubte Handlung in der Insolvenz der natürlichen Person, ZInsO 2002, 462
Mäusezahl, Schriftliches Verfahren und Ausschlußfristen nach dem Diskussionsentwurf zur Änderung der Insolvenzordnung, ZVI 2003, 202
Meier, Der Sonderinsolvenzverwalter als Spezialorgan des Insolvenzverfahrens, KKZ 2006, 253 ff.
Meikel, Grundbuchrecht, 10. Aufl., Neuwied, Kriftel, Berlin 2008
Merkle, Die Zuständigkeit von Insolvenzverwalter und Insolvenzgericht im insolvenzrechtlichen Feststellungsverfahren, Rpfleger 2001, 157 f.
Merz, Die Haftung des Konkursverwalters, des Vergleichsverwalters und des Sequesters aus der Sicht des BGH, KTS 1989, 277 ff.
Mesch, Auswirkungen der InsO-Änderungen auf Verbraucherinsolvenzfälle im Jahre 2002, ZVI 2003, 435
Meßink, Schriften zum Insolvenzrecht, Band 17, Die unternehmenstragende Erbengemeinschaft in der Insolvenz, Nomosverlag 2007
Messner, Dissonanzen zwischen Insolvenz- und Erbrecht, ZVI 2004, 433–441
Meyer-Löwy, Eigenkapitalersetzende Sicherheiten und Überschuldung, ZIP 2003, 1920
Meyer-Löwy/Christoph Poertzgen, Eigenverwaltung (§§ 270 ff. InsO) löst Kompetenzkonflikt nach der EuInsVO, zugleich Anmerkung zu AG Köln, Beschl. v. 23. Januar 2004–71 IN 01/04, ZInsO 2004, 195
Meyer-Löwy/Poertzgen, Schranken und Beschränkbarkeit der Insolvenzverwalterhaftung aus §§ 60, 61 InsO, ZInsO 2004, 363 ff.
Meyer-Löwy/Poertzgen/Sauer, Neue Rechtsprechung zur Insolvenzverwalterhaftung im Überblick, ZInsO 2005, 691 ff.
Meyer/Schultheis, Die Haftung des Insolvenzverwalters gem. §§ 60, 61 InsO bei der Fortführung von Unternehmen, DZWIR 2004, 319 ff.
Michalski, Vermietung als eigenkapitalersetzende Nutzungsüberlassung, NZG 1998, 41 f.
Michel/Kienzle/Pauly, Das Gaststättengesetz, Kommentar, 14. Aufl., Köln 2003, zitiert: *Michel/Kienzle,* GastG
Mitlehner, Verwertung sicherungszedierter Forderungen durch den Insolvenzverwalter, ZIP 2001, 677 f.
Mock, Anmerkung zu LG Kiel, Urteil vom 20. April 2006, NZI 2006, 484
Mock, Die Quotenbestimmung des Treuhänders während der Wohlverhaltensperiode, NZI 1999, 68
Mock, Safe Harbour für Qualifikationsprobleme bei der Insolvenzantragstellungspflicht, NZI 2006, 24
Mock/Schildt, Anmerkung zu AG Hamburg, Beschl. v. 14. 5. 2003, NZI 2003, S. 444
Mock/Schildt, Insolvenz ausländischer Kapitalgesellschaften mit Sitz in Deutschland, ZInsO 2003, 396

Mohrbutter, Handbuch der Insolvenzverwaltung, 8. Aufl., Köln, Berlin, Bonn, München 2007, zitiert: *Mohrbutter/Bearbeiter,* Handbuch der Insolvenzverwaltung

Mohrbutter, Zur Beschwerdefähigkeit von Maßnahmen des Insolvenzgerichts, EWiR 1999, 131

Moll/Langhoff, Kurzkommentar zu LAG Köln, EWiR, § 124 InsO, EWiR 2001, 771 f.

Mönning, Die Auswahl des Verwalters als Problem der Qualitätssicherung, in: Kölner Schrift, 375 ff.

Mönning/Hage, Regulierung von Fortführungsverbindlichkeiten mittels Treuhandkonto auch bei Masseunzulänglichkeit, ZInsO 2005, 1185 ff.

Moss, Asking the Right Questions – Highs and Lows of the ECJ Judgement in Eurofood, 19 Insolvency Intelligence 2006, 97

Moss/Fletcher/Isaacs, The EC Regulation on Insolvency Proceedings, A Commentary and Annotated Guide, 2. Aufl. Oxford 2009

Müller, Der „Verbraucher" in der neuen Insolvenzordnung, NZI 1999, 172

Müller, Insolvenz ausländischer Kapitalgesellschaften mit inländischem Verwaltungssitz, NZG 2003, 414

Müller, H.-F., Restschuldbefreiung und materielles Recht, KTS 2000, 57

Müller-Feldhammer, Die Lebensversicherung in der Insolvenz des Versprechensempfängers, NZI 2001, 343 ff.

Müller/Haas, Bilanzierungsprobleme bei der Erstellung eines Überschuldungsstatus nach § 19 Abs. 2 InsO, in: Kölner Schrift, S. 1799 ff.

Müller-Hengstenberg, Computersoftware ist keine Sache, NJW 1994, 3128 ff.

Münchener Kommentar zum Bürgerlichen Gesetzbuch, Band 6, 5. Aufl. 2009; Band 4, 5. Aufl. 2009, Band 2, 5. Aufl. 2007, zitiert: MünchKomm-*Bearbeiter,* BGB

Münchener Kommentar zum Handelsgesetzbuch, Band 1, 2. Aufl. 2005, Band 6, 2. Aufl. 2007, zitiert: MünchKomm-*Bearbeiter,* HGB

Münchener Kommentar zur Insolvenzordnung, Band 1, 2. Aufl. 2007, Band 2, 2. Aufl. 2008, Band 3, 2. Aufl. 2008, München, zitiert: MünchKomm-*Bearbeiter,* InsO.

Münchener Kommentar, Zivilprozeßordnung, 3. Aufl., München 2007, zitiert: MünchKomm-*Bearbeiter,* ZPO

Munz, Die Anwendung des Verbraucherinsolvenzverfahrens auf ehemals selbständige natürliche Personen, ZInsO 2000, 84

Muscheler/Bloch, Abwahl des vom Gericht bestellten Insolvenzverwalters, ZIP 2000, 474 ff.

Musielak, Die Erfüllungsablehnung des Konkursverwalters, AcP 179, 189 ff.

Naumann, Die Aufsicht des Insolvenzgerichts über den Insolvenzverwalter, in: Kölner Schrift, S. 431 ff.

Nerlich/Kreplin, Münchener Anwaltshandbuch Sanierung und Insolvenz, 2006, zitiert: Nerlich/Kreplin/*Bearbeiter,* MAH Sanierung und Insolvenz

Nerlich/Niehus, Anfechtungsgesetz (AnfG): Gesetz über die Anfechtung von Rechtshandlungen eines Schuldners außerhalb des Insolvenzverfahrens, München 2000, zitiert: *Nerlich/Niehus,* AnfG

Nerlich/Römermann (Hrsg.), Insolvenzordnung (InsO), Kommentar, Loseblatt Stand: März 2009, München, zitiert: Nerlich/Römermann/*Bearbeiter,* InsO

Neubert, Auswahl der (vorläufigen) Insolvenzverwalter/-verwalterinnen durch das Gericht, ZInsO 2002, 309 ff.

Neumaier, Wann wird eine Zahlungsstockung zur Zahlungsunfähigkeit?, NJW 2005, 3041 ff.

Neuner/Raab, Verbraucherinsolvenz und Restschuldbefreiung, 2001, Baden-Baden

Niehus, Die Insolvenzanfechtung in der Bundesrepublik Deutschland und den Vereinigten Staaten von Amerika, Diss. Köln 1999

Niesert, Die Zahlungsunfähigkeit gem. § 17 InsO – Plädoyer für eine Neuorientierung, zugleich eine Anmerkung zu AG Köln, Beschl. v. 9. Juni 1999 – 73 IN 16/99, ZInsO 2001, 769 f, ZInsO 2001, 735 f.

Niesert, Übersicht über die Rechtsprechung zu den Insolvenzgründen Zahlungsfähigkeit und Überschuldung in 2001, ZInsO 2002, 356 ff.

Niesert/Kairies, Aus- und Absonderung von Internet-Domains in der Insolvenz, ZInsO 2002, 510 ff.
Noack, Gesellschaftsrecht in: *Kübler/Prütting (Hrsg.),* Kommentar zur Insolvenzordnung, InsO, Sonderband 1, Gesellschaftsrecht, Köln 1999, zitiert: *Noack,* Gesellschaftsrecht
Noack/Bunke, Zur Stellung gesamtschuldnerisch oder akzessorisch Mithaftender, in: FS für Uhlenbruck, 335 ff.
Nöll, Die „strengen" Anforderungen des OLG Celle an persönliche Schuldübernahmen – neue Haftungsfalle für Insolvenzverwalter (Anm. zu den Urt. des OLG Celle v. 26. Mai 2004 – 3 U 287/03, ZInsO 2004, 865 und v. 21. Oktober 2003 – 16 U 95/03), ZInsO 2004, 1058 ff.
Oberhammer, Aktuelle Probleme des europäischen Insolvenzrechts, in: Internationales Zivilprozeß- und Verfahrensrecht IV, Hrsg. Karl Spühler, 2005, S. 117–138
Oberhammer, Europäisches Insolvenzrecht in praxi – „was bisher geschah", ZInsO 2004, 761
Obermüller, Auswirkungen der Insolvenzrechtsreform auf Kreditgeschäfte und Kreditsicherheiten, WM 1994, 1829 ff., 1869 ff.
Obermüller, Die Umsetzung der Finanzsicherheitenrichtlinie, ZInsO 2004, 187 ff.
Obermüller, Insolvenzrecht in der Bankpraxis, 7. Aufl., Hannover, Köln 2007, zitiert: *Obermüller,* Insolvenzrecht in der Bankpraxis
Obermüller, Insolvenzrechtliche Wirkungen des Überweisungsgesetzes, ZInsO, 1999, 690 ff.
Obermüller, Kreditkündigung durch Banken angesichts einer Insolvenz – unter Berücksichtigung des Schulrechtsmodernisierungsgesetzes, ZInsO 2002, 97 ff., 103
Obermüller/Hess, InsO: Eine systematische Darstellung des neuen Insolvenzrechts, 4. Aufl., Heidelberg 2003, zitiert: *Obermüller/Hess,* Eine systematische Darstellung des neuen Insolvenzrechts
Oepen, Massefremde Masse: die Erstreckung von Insolvenzverfahren auf Forderungen von Insolvenz- oder Massegläubigern gegen zusätzliche Schuldner, Tübingen 1999, zitiert: *Oepen,* Massefremde Masse
Oestereich, Öffentliche Bekanntmachung im „Amtsblatt", Rpfleger 1988, 302
o. F., Probleme der praktischen Anwendung und Schwachstellen des Regelinsolvenzverfahrens – Analyse und Änderungsvorschläge, Abschlußbericht der Bund-Länder-Arbeitsgruppe „Insolvenzrecht" zur 73. Konferenz der Justizministerinnen und Justizminister vom 10.–12. Juni 2002 in Weimar, *www.jm. nrw.de* (Justiz NRW/Rechtspolitik/Schwerpunktthemen/Insolvenzrecht), S. 10 f.
Ohle/Jäger, Der Referentenentwurf zur Änderung der InsO aus Gläubigersicht, ZVI 2004, 714;
Ohr, Der Beamte im Gläubigerausschuß – Nebentätigkeit oder Haupttätigkeit, KTS 1992, 343 f.
v. Olshausen, Die Haftung des Insolvenzverwalters für die Nichterfüllung von Masseverbindlichkeiten und das Gesetz zur Modernisierung des Schuldrechts (§ 311 a Abs. 2 BGB nF), in: ZIP 2002, 237 ff.
v. Olshausen, Vom Verbot, eine eigene Forderung zum Nachteil eines konkurrierenden Gläubigers geltend zu machen (774 I 2 BGB) und von der Befugnis eines Gläubigers auch eine fremde Forderung im eigenen Interesse geltend zu machen, KTS 2005, 403 ff., 430
Onusseit, Aufrechnung des Finanzamts in der Insolvenz, ZInsO 2005, 638
Onusseit, Der auf 00.00 Uhr (vor-)datierte Insolvenzeröffnungsbeschluß und die Verjährung des Anfechtungsanspruchs, ZInsO 2003, 404 f.
Onusseit, Die Freigabe aus dem Insolvenzbeschlag: eine umsatzsteuerliche Unmöglichkeit?, ZIP 2002, 1344 ff.
Onusseit, Die insolvenzrechtlichen Kostenbeiträge unter Berücksichtigung ihrer steuerlichen Konsequenzen sowie Massebelastungen durch Grundstückseigentum, ZIP 2000, 777 f.
Onusseit, Die Option zur Umsatzsteuer bei Massearmut; Anmerkung zum BFH-Urt. v. 28. November 2002 – VII R 41/02 (ZInsO 2003, 276), ZInsO 2003 34 ff.

Onusseit, Die umsatzsteuerliche Organschaft in der Insolvenz – oder: der flexible Insolvenzverwalter, ZIP 2003, 743 ff.

Onusseit/Kunz, Steuern in der Insolvenz, Köln 1997, zitiert: *Onusseit,* Steuern in der Insolvenz

Otterbeck, „Staatlich anerkannter Sequester" oder Verwalterselbstverwaltung? – Ein kurzer Zwischenruf zur berufsrechtlichen Einordnung der Bestellung des Insolvenzverwalters, ZInsO 2002, 753 ff.

Palandt, Bürgerliches Gesetzbuch, 68. Aufl., München 2009; zitiert: Palandt-*Bearbeiter,* BGB

Pannen, Auswirkungen der Entscheidung des BVerfG zur Vorauswahl des Insolvenzverwalters aus Verwaltersicht, NZI 2004, 548 f.

Pannen, Internationales Insolvenzrecht, in: Runkel (Hrsg.), Anwalts-Handbuch Insolvenzrecht, 2. Aufl. 2008, § 16

Pannen/Kühnle/Riedemann, Die Stellung des deutschen Insolvenzverwalters in einem Insolvenzverfahren mit europäischem Auslandsbezug, NZI 2003, 72

Pannen/Riedemann/Kühnle, Zur Stellung der Insolvenzgläubiger nach der Europäischen Verordnung über Insolvenzverfahren (EuInsVO), NZI 2002, 303

Pannen/Riedemann, Anmerkung zu AG Offenburg, Beschluß vom 2. August 2004, EWiR 2005, 73

Pannen/Riedemann, Anmerkung zu AG Saarbrücken, Beschluß vom 25. Februar 2005, EWiR 2005, 701

Pannen/Riedemann, Anmerkung zu AG Weilheim i. OB, Beschluß vom 22. Juni 2005, EWiR 2005, 791

Pannen/Riedemann, Anmerkung zu EuGH GA, Schlußanträge vom 27. September 2005, EWiR 2005, 725

Pannen/Riedemann, Anmerkung zu OLG Düsseldorf, Beschluß vom 9. Juli 2004, EWiR 2005, 177

Pannen/Riedemann, Der Begriff des „Centre of main interests" i. S. des Art. 3 I 1 EuInsVO im Spiegel aktueller Fälle aus der Rechtsprechung, NZI 2004, 646

Pannen/Riedemann, Die deutschen Ausführungsbestimmungen zur EuINsVO – Ein Überblick zu den Regelungen des Art. 102 EGInsO nF, NZI 2004, 301

Pape, Änderungen im eröffneten Verfahren durch das Gesetz zur Vereinfachung des Insolvenzverfahrens, NZI 2007, 4812 ff.

Pape, Aufhebung von Beschlüssen der Gläubigerversammlung, Beurteilung des gemeinsamen Interesses nach § 78 InsO, ZInsO 2000, 469 ff.

Pape, Ausfüllung von Gesetzeslücken bei den Stundungsvorschriften – Widerruf wegen der Verletzung von Mitwirkungspflichten, NZI 2005, 594

Pape, Ablehnung und Erfüllung schwebender Rechtsgeschäfte durch den Insolvenzverwalter, in: Kölner Schrift, S. 531 ff.

Pape, Aktuelle Entwicklungen im Verbraucherinsolvenzverfahren und Erfahrungen mit den Neuerungen des InsO-Änderungsgesetzes 2001, ZVI 2002, 225 ff.

Pape, Aktuelle Probleme des Insolvenzeröffnungsverfahrens nach Inkrafttreten der InsO, DB 1999, 1539 ff.

Pape, Aktuelle Probleme im Eröffnungsverfahren, ZInsO 1999, 398 ff.

Pape, Aufhebung von Beschlüssen der Gläubigerversammlung, Beurteilung des gemeinsamen Interesses nach § 78 InsO, ZInsO 2000, 469 ff.

Pape, Bevorstehende Änderungen der InsO nach dem InsOÄndG 2001, ZInsO 2001, 587 ff.

Pape, Der Treuhänder in Teufels Küche, ZInsO 2001, 1025; s. a. § 286

Pape, Der verhinderte Insolvenzverwalter als Mitglied des Gläubigerausschusses – Anm. zu LG Kassel (ZInsO 2002, 839), ZInsO 2002, 1017 ff.

Pape, Die ausgefallene Gläubigerversammlung, Rpfleger 1993, 430 f.

Pape, Die Bestellung eines „starken Gutachters" als Mittel zur Sicherung der Insolvenzmasse, ZInsO 2001, 830 ff.

Pape, Die Haftung des Insolvenzverwalters für den Kostenerstattungsanspruch des Prozeßgegners, ZIP 2001, 1701 ff.

Pape, Neue Wege zur Entschuldung völlig mittelloser Personen, ZVJ 2007, 239

Pape, Die Rechtsprechung der Oberlandesgerichte in Insolvenzsachen seit In-Kraft-Treten der InsO, NJW 2001, 23 ff.

Pape, „Die Verfahrensabwicklung und Verwalterhaftung bei Masselosigkeit und Massearmut (Masseunzulänglichkeit) de lege lata und de lege ferenda", KTS 1995, 189 ff.

Pape, Ein Gespenst geht um, ZVI 2003, 97

Pape, Ein Jahr Verbraucherinsolvenz – eine Zwischenbilanz, ZIP 2000, 1553

Pape, Entwicklung des Verbraucherinsolvenz- und Restschuldbefreiungsverfahrens im Jahre 2002, NJW 2003, 2951

Pape, Entwicklung des Verbraucherinsolvenzverfahrens im Jahre 2003, NJW 2004, 2492

Pape, Entwicklung des Verbraucherinsolvenzverfahren im Jahre 2004, NJW 2005, 2755

Pape, Entwurf eines Gesetzes zur Änderung der Insolvenzordnung, ZInsO 2003, 389

Pape, Erforderlichkeit eines Eigenantrages des Schuldners im Falle des Antrages auf Restschuldbefreiung bei Anschließung an einen Gläubigerantrag?, NZI 2002, 186 ff.

Pape, Erhalt der Insolvenzgeldvorfinanzierungsmöglichkeit im Insolvenzeröffnungsverfahren – Vorbemerkung zur Verabschiedung der Richtlinie 2002/74 EG des Europäischen Parlaments und des Rates (ZInsO 2002, 1173), ZInsO 2002, 1171 ff.

Pape, Eröffnungsantrag des Schuldners als Voraussetzung für die Restschuldbefreiung, NZI 2004, 543

Pape, Ersatzfreiheitsstrafe und Alternativen bei offenen Geldstrafen im Insolvenzverfahren, ZVI 2007, 7 ff.

Pape, Erstattungsfähigkeit der Steuerberatungskosten bei Unverständnis der Finanzverwaltung, Anm. zu BGH, Beschl. v. 22. 7. 2004 – IX ZB 161/03, ZInsO 2004, 1049 ff.

Pape, Folgen der aktuellen Rechtsprechung des Bundesgerichtshofs für die Behandlung von Altlasten im Insolvenzverfahren, ZInsO 2002, 453 ff.

Pape, Gläubigerbeteiligung im Insolvenzverfahren, Herne 2002

Pape, Insolvenzgründe im Verbraucherinsolvenzverfahren, WM 1998, 2125 ff.

Pape, Keine persönliche Haftung des Insolvenzverwalters für die Kosten des Prozeßgegners der Insolvenzmasse – Anm. zu BGH, Urt. v. 2. Dezember 2004 – IX ZR 142/03 (ZInsO 2005, 146), ZInsO 2005, 138 ff.

Pape, Keine Verschärfung der Haftung aus § 61 InsO bei fehlerhafter Verteilung der Masse durch den Insolvenzverwalter (Anm. zu BGH, Urt. v. 6. Mai 2004, IX ZR 48/03, ZInsO 2004, 609 ff.), ZInsO 2004, 605 ff.

Pape, Kommentar § 7 InsO, EWiR 2000, 343

Pape, Konkursverwalter mit beschränkter Haftung?, ZIP 1993, 737

Pape, Nichtberücksichtigung „neuen" Vortrags bei der Entscheidung über die Aufhebung von Beschlüssen der Gläubigerversammlung nach § 78 InsO – zugleich eine Anmerkung zu KG, Beschl. v. 29. März 2001 – 7 W 8076/00 (ZInsO 2001, 411 = NZI 2001, 310), ZInsO 2001, 691 ff.

Pape, Qualität durch Haftung? – Die Haftung des rechtsanwaltlichen Insolvenzverwalters, ZInsO 2005, 953 ff.

Pape, Rechtliche Stellung, Aufgaben und Befugnisse des Gläubigerausschusses im Insolvenzverfahren, ZInsO 1999, 675 ff.

Pape, Rechtsprechungsübersicht zum Verbraucherinsolvenzverfahren, ZInsO 2000, 651 f.

Pape, Referentenentwurf eines Gesetzes zur Änderung der InsO – Anmerkungen zu den geplanten Neuregelungen, NZI 2004, 601

Pape, Restschuldbefreiung und Masselosigkeit, Rpfleger 1997, 237

Pape, Schwierigkeiten und Risiken der Mitwirkung im Gläubigerausschuß, WM 2006, 19 ff.

Pape, Verwalterbestellung wie gehabt – nichts verändert sich – Bemerkungen zu BVerfG Beschl. v. 3. August 2004 – 1 BvR 135/00, 1 BvR 1086/01, ZInsO 2004, 913 ff., ZInsO 2004, 1126 f.

Pape, Vorschläge zur Reform des Insolvenzverfahrens, insbesondere dem Verbraucherinsolvenzverfahren, ZIP 2000, 1553

Pape, Vorzeitige Erteilung der Restschuldbefreiung bei fehlenden Forderungsanmeldungen, NZI 2004, 1
Pape, Zulässigkeit von Insolvenzverfahren mit nur einem Gläubiger, ZVI 2003, 624
Pape, Zulässigkeit von Restschuldbefreiungsversagungsanträgen vor Durchführung des Schlußtermins nach DiskE InsO-ÄndG April 2003, ZVI 2003, 377
Pape, Zur Prozeßkostenhilfebewilligung im Verbraucherinsolvenzverfahren, VuR 2000, 13 ff.
Pape, Zur Problematik der Unanfechtbarkeit von Stimmrechtsfestsetzungen in der Gläubigerversammlung, ZIP 1991, 837 f.
Pape I./Pape G., Vorschläge zur Reform des Insolvenzverfahrens, insbesondere des Verbraucherinsolvenzverfahrens, ZIP 2000, 1553 ff.
Pape/Schmidt, Kreditvergaben und Gläubigerausschuß – Anm. zu OLG Rostock, Beschl. v. 28. Mai 2004 – 3 W 11/04 (ZInsO 2004, 814), ZInsO 2004, 955 ff.
Paul, Rechte des Arbeitnehmererfinders in der Insolvenz des Arbeitgebers – Einige Zweifelsfragen zur Anwendbarkeit und zum Regelgehalt von § 27 ArbEG, KTS 2005, 445–457
Paulus, Änderungen des deutschen Insolvenzrechts durch die Europäische Insolvenzverordnung, ZIP 2002, 729
Paulus, Anmerkung zu AG München, Beschluß vom 4. Mai 2004, EWiR 2004, 493
Paulus, Anmerkung zu Arrondissementsgericht Amsterdam, Beschluß vom 31. Januar 2007, EWiR 2007, 143
Paulus, Anmerkung zu High Court of Justice in Leeds, Beschl. v. 16. 5. 2003, EWiR 2003, 709
Paulus, Anmerkungen zu LG Leoben, Beschluß vom 31. August 2005, NZI 2005, 647
Paulus, Anmerkungen zu OLG Wien, Beschluß vom 9. November 2004, NZI 2005, 62
Paulus, Das neue internationale Insolvenzrecht der USA, NZI 2005, 439
Paulus, Das inländische Parallelverfahren nach der Europäischen Insolvenzverordnung, EWS 2002, 497
Paulus, Der EuGH und das moderne Insolvenzrecht, NZG 2006, 609
Paulus, Die europäische Insolvenzverordnung und der deutsche Insolvenzverwalter, NZI 2001, 505
Paulus, Europäische Insolvenzverordnung, Kommentar, Frankfurt 2. Aufl. 2008, zitiert: Paulus, EuInsVO
Paulus, Europäische Insolvenzverordnung, Kommentar, 2. Aufl., Frankfurt 2007, zitiert: Paulus, EuInsVO
Paulus, Grundlagen des neuen Insolvenzrechts, Internationales Insolvenzrecht, DStR 2005, 334
Paulus, Grundlagen des neuen Insolvenzrechts – Sonderverfahren, DStR 2005, 160
Paulus, Notwendige Änderungen im Insolvenzrecht!?, ZIP 2005, 2301 ff.
Paulus, Passivierungspflicht und Rangordnung eigenkapitalersetzender Darlehen in der Insolvenz – Besprechung des Urteils BGHZ 146, 264, ZGR 2002, 320 ff.
Paulus, Software in Vollstreckung und Insolvenz, ZIP 1996, 2 ff.
Paulus, Über den Einfluß des europäischen Insolvenzrechts auf das deutsche Insolvenzwesen, in: Festschrift für Kreft, S. 469–481
Paulus, Überlegungen zu einem modernen Konzerninsolvenzrecht, ZIP 2005, 1948
Paulus, Überlegungen zur Insolvenzfähigkeit von Gemeinden, ZInsO 2003, 869 ff.
Paulus, Zuständigkeitsfragen nach der Europäischen Insolvenzverordnung, ZIP 2003, 1725
Paulus/Schröder, Über die Verschärfungen des Rechts der Insolvenzanfechtung, WM 1999, 253
Pelka/Niemann, Praxis der Rechnungslegung in Insolvenzverfahren, 2. Aufl. –wo?– 2002
Pentz, Die Änderungen und Ergänzungen der Kapitalersatzregeln im GmbH-Gesetz, GmbHR 1999, 437 ff.
Penzlin, Anmerkungen zu Tribunal de Commerce de Nanterre, Urteil vom 15. Februar 2006, EWiR 2006, 207

Literatur

Penzlin, Kritische Anmerkungen zu den Insolvenzeröffnungsgründen der drohenden Zahlungsunfähigkeit und der Überschuldung (§§ 18 und 19 InsO), NZG 2000, 464 ff.
Penzlin, Kritische Anmerkungen zum Insolvenzeröffnungsgrund der Zahlungsunfähigkeit (§ 17 InsO), NZG 1999, 1203 ff.
Peter/Lange, Die Betriebsfortführung im Insolvenzeröffnungsverfahren, ZIP 1999, 421 ff.
Peters, Refinanzierung beim Mobilienleasing und Insolvenz des Leasinggebers, ZIP 2000, 1759 ff.
Pfeffer, Restschuldbefreiungsantrag und Amtsermittlungspflicht des Insolvenzgerichts, ZVI 2004, 232
Pfeiffer/Kummer/Scheuch (Hrsg.), Festschrift für Hans Erich Brandner zum 70. Geburtstag, Köln 1996, zitiert: *Bearbeiter,* in: FS für Brandner
Pink, Insolvenzrechnungslegung. Eine Analyse der konkurs-, handels- und steuerrechtlichen Rechnungslegungspflichten des Insolvenzverwalters, Düsseldorf 1995, zitiert: *Pink,* Insolvenzrechnungslegung
Poetzgen/Adam, Anmerkung zu EuGH, Urteil vom 2. Mai 2006, ZInsO 2006, 505
Polmann, Befugnisse und Funktionen des vorläufigen Insolvenzverwalters, Köln 1998
Prager/Thiemann, Die Aufhebung der vorläufigen Verwaltung und sonstiger Sicherungsmaßnahmen, NZI 2001, 634 ff.
Prasser, Die Berechnung der Vergütung bei vorzeitigem Ausscheiden des Insolvenzverwalters, ZInsO 2006, 862 ff.
Preuß, Die Verwalterauswahl als Problem des Justizverfassungsrechts, KTS 2005, S. 155 ff.
Preuß, Verbraucherinsolvenzverfahren und Restschuldbefreiung, 2. Aufl. 2003
Prölss/Martin, Versicherungsvertragsgesetz, 27. Aufl. München 2004
Prütting (Hrsg.), Insolvenzrecht 1996, Tagungsband zum RWS-Forum am 26. und 27. September 1996 in Köln, zitiert: *Bearbeiter,* in: Insolvenzrecht 1996
Prütting, Allgemeine Verfahrensgrundsätze der Insolvenzverordnung, in: Kölner Schrift, S. 221 ff.
Prütting, Die Abwahl des Insolvenzverwalters: Von der Gläubigerautonomie zur Groß-Gläubigerautonomie?, in: Insolvenzrecht 2000, S. 29 ff.
Prütting, Die Bestellung des Insolvenzverwalters und die geplante Änderung des § 56 InsO, ZIP 2005, 1097 ff.
Prütting, Die Unabhängigkeit des Insolvenzverwalters, ZIP 2002, 1965 ff.
Prütting, Praktische Fälle nach der EuInsVO, in: Insolvenzrecht 2003, Tagungsband zum RWS-Forum am 27. und 28. März 2003 in Berlin, S. 59–93
Prütting, Schuldrechtsmodernisierung und Insolvenzrecht, NZI 2002, NZI aktuell, S. V ff., VI
Prütting/Huhn, Kollision von Gesellschaftsrecht und Insolvenzrecht bei der Eigenverwaltung?, ZIP 2002, 777
Prütting/Stickelbrock, Befugnisse des vorläufigen Insolvenzverwalters – aktuelle Entwicklungen in der Rechtsprechung – zugleich Besprechung von BGH, Urt. v. 18. Juli 2002 – IX ZR 195/01, ZIP 2002, 1625, ZIP 2002, 1608 ff.
Prütting/Stickelbrock, Ist die Restschuldbefreiung verfassungswidrig ?, ZVI 2002, 305
Prütting/Vallender (Hrsg.), Insolvenzrecht in Wissenschaft und Praxis: Festschrift für Wilhelm Uhlenbruck zum 70. Geburtstag, Köln 2000, zitiert: *Bearbeiter,* in: FS für Uhlenbruck
Raebel, Die Berechnungsgrundlage der Vergütung des vorläufigen Insolvenzverwalters, in: FS für Gero Fischer, 459 ff.
Rattunde, Sanierung von Großunternehmen durch Insolvenzpläne – Der Fall Herlitz, ZIP 2003, 596 ff.
Rattunde/Röder, Verfahrenseröffnung und Kostendeckung nach der InsO, DZWIR 1999, 309 ff.
Rauscher, Die erbrechtliche Stellung nicht in einer Ehe geborener Kinder nach Erbrechtsgleichstellungsgesetz und Kindschaftsreformgesetz, ZEV 1998, 41
Rauscher, Europäisches Zivilprozeßrecht, Kommentar, Band 2, 2. Aufl., München 2006

Reck, Auswirkungen der Insolvenzordnung auf die GmbH aus strafrechtlicher Sicht, GmbHR 1999, 263 ff.
Reck, Die Überschuldung in der strafrechtlichen Praxis, ZInsO 2004, 661 und 728
Reifner, Grundsätze zur Bewertung des Verbraucherkonkurses, VuR 1990, 132 ff.
Reinhart, Sanierungsverfahren im internationalen Insolvenzrecht, Berlin 1995
Rendels, Probleme der Gutachtertätigkeit in Insolvenzverfahren, NZG 1998, 839 ff.
Renner, Die Stellung des atypisch stillen Gesellschafters in der Insolvenz des Geschäftsinhabers, ZIP 2002, 1430 ff.
Richardi, Betriebsverfassungsgesetz mit Wahlordnung, Kommentar, 11. Aufl., München 2008; zitiert: *Richardi,* BetrVG
Richrath, Erste Erfahrungen mit dem Insolvenzrecht, WM 2000, 1977 ff.
Riera/Wagner, Anmerkung zu Tribunale Civile die Parma, Urteil vom 19. Februar 2004, EWiR 2004, 597
Riggert, Der Lieferantenpool im neuen Insolvenzrecht, NZI 2000, 525 ff.
Riggert, Die Raumsicherungsübereignung: Bestellung und Realisierung unter den Bedingungen der Insolvenzordnung, NZI 2000, 241 ff.
Riggert, Die Unabhängigkeit des Insolvenzverwalters gegenüber Gläubigern – Erwiderung auf Graeber (NZI 2002, 345), NZI 2002, 352 ff.
Riggert, Neue Anforderungen an Raumsicherungsübereignungen?, NZI 2009, 137 ff.
Ringstmeier/Homann, Die Auswirkungen der Schuldrechtsreform auf die Insolvenzverwaltung, ZIP 2002, 505 ff., 507 f.
Ringstmeier/Homann, Masseverbindlichkeiten als Prüfstein des internationalen Insolvenzrechts, NZI 2004, 354
Rinjes, Restschuldbefreiung und Forderungen aus vorsätzlichen unerlaubten Handlungen nach dem InsOÄndG, DZWIR 2002, 415
Ritoff, 4. Magdeburger Bodenschutztagung: „Altlasten in der Insolvenz – Wer zahlt?", ZInsO 2002, 519 ff.
Ritter, Unternehmenssanierung im neuen Insolvenzrecht: eine Analyse aus Sicht der Kreditinstitute, Sternenfels 2000, zitiert: *Ritter,* Unternehmenssanierung im neuen Insolvenzrecht
Robrecht, Zum klagbaren Anspruch des Rechtsanwalts auf Bestellung zum Konkursverwalter, KTS 1998, 63 ff.
Röhm, Die Versagung der Restschuldbefreiung wegen einer Insolvenzstraftat nach § 290 Abs. 1 Nr. 1 InsO, DZWIR 2003, 143
Römer/Langheid, Versicherungsvertragsgesetz, 2. Aufl. München 2003
Römermann, Anfechtbarkeit der Verwalterbestellung, NZI 2003, 134 ff.
Römermann, Bestellung von Insolvenzverwaltern: Die verpaßte Chance des BVerfG – zugleich Besprechung BVerfG v. 23. 5. 2006 – 1 BvR 2530/04 (ZIP 2006, 1355), ZIP 2006, 1332 ff.
Römermann, Die Auswahl des Insolvenzverwalters – (k)ein Ende der Willkür in Sicht?, NZI 9/2002, V
Römermann, Die Bestellung des Insolvenzverwalters, NJW 2002, 3729 ff.
Römermann, Die Zukunft der Insolvenzverwalterbestellung, ZInsO 2004, 937 ff.
Rößler, Das Bezugsrecht aus Direktversicherungsverträgen in der Insolvenz des Arbeitgebers, NZI 2007, 631 ff.
Roth, Interessenwiderstreit im Insolvenzeröffnungsverfahren, Frankfurt am Main 2004
Roth/Altmeppen, Gesetz betreffend die Gesellschaften mit beschränkter Haftung: GmbHG, 6. Aufl., München 2009, zitiert: *Roth/Altmeppen,* GmbHG
Rotstegge, Konzerninsolvenz, 1. Aufl. 2007, Nomos Verlagsgesellschaft, Baden-Baden 2007
Rowedder, Gesetz betreffend die Gesellschaften mit beschränkter Haftung (GmbHG): Kommentar, 4. Aufl., München 2002, zitiert: *Rowedder/Bearbeiter,* GmbHG
Rowedder/Schmidt-Leithoff, Gesetz betreffend die Gesellschaften mit beschränkter Haftung (GmbHG) Kommentar, GmbHG, 4. Aufl. 2002
Rugullis, Litispendenz im Europäischen Insolvenzrecht, Köln 2002

Runkel, Anwalts-Handbuch Insolvenzrecht, 2. Aufl. 2008, Köln
Runkel/Schnurrbusch, Rechtsfolgen der Masseunzulänglichkeit, NZI 2000, 49 ff.
Runkel/Wältermann, Zur verfassungsmäßigen Auswahl und Ernennung eines Insolvenzverwalters, ZIP 2005, 1347 ff.
Sabel, Änderung des Insolvenzrechts im Diskussionsentwurf eines Gesetzes zur Änderung der InsO, des BGH und anderer Gesetze, ZIP 2003, 781 ff.
Sabel, Hauptsitz als Niederlassung im Sinne der EuInsVO?, NZI 2004, 126
Sabel, Zustellungsfragen in der InsO, ZIP 1999, 305
Sabel/Schlegel, Anmerkung zu High Court of Justice, Urt. v. 7. 2. 2003, EWiR 2003, 367
Schäferhoff, Die Frist des § 287 Abs. 1 Satz 2 InsO zur Stellung eines Restschuldbefreiungsantrags: Ohne Bedeutung, ZInsO 2002, 962
Schäferhoff/Gerstner, Die Strafbarkeit des vorläufigen Insolvenzverwalters mit Verfügungsbefugnis, ZIP 2001, 905 ff.
Schall, Insolvenzverfahren und Haftung bei der Limited nach Geschäftseinstellung und Streichung im Companies Register, ZVI 2007, 236
Schaub, Arbeitsrechthandbuch, 12. Aufl., München 2009; zitiert: *Schaub,* Hdb.
Scherer, Neues Kaufgewährleistungsrecht und § 103 InsO, NZI 2002, 356 ff., 357 f.
Scherer, Insolvenzanfechtung bei eintragungspflichtigen Rechtsgeschäften, ZIP 2002, 341
Scheel, Konzerninsolvenzrecht: eine rechtsvergleichende Darstellung des US-amerikanischen und des deutschen Rechts, Köln 1995, zitiert: *Scheel*
Schelo, Fluct aus Deutschland oder der Wettbewerb der Insolvenzordnungen, NZI 2006 (Heft 12), VII
Schelo, Konzerninsolvenz – Alles in einen „Topf"?, NZI 2005, Heft 12, V
Scherer, Obligatorische Herausgabeansprüche und Insolvenzverfahrenseröffnung, DZWIR 2002, 184 ff.
Scherer, Zulässigkeit einer „zweiten Ersatzaussonderung"?, KTS 2002, 197 ff.
Schiessler, Der Insolvenzplan, Bielefeld 1997, zitiert: *Schiessler,* Insolvenzplan
Schilling/Schmidt, Anmerkung zu LG Hamburg, Beschluß vom 18. August 2005, EWiR 2006, 15
Schilling/Schmidt, COMI und vorläufiger Insolvenzverwalter – Problem gelöst? Die Schlußanträge in der Rechtssache „Eurofood/Parmalat" als wesentlicher Schritt zur Lösung der Kontroverse um die Auslegung der EuInsVO, ZInsO 2006, 113
Schilken/Becker-Eberhard/Gerhardt (Hrsg.), Festschrift für Hans Friedhelm Gaul zum 70. Geburtstag, 19. November 1997, Bielefeld 1997, zitiert: *Bearbeiter,* in: FS für Gaul
Schilz, Bis auf weiteres (teilweise) geschlossen!, ZVI 2002, 447; *Schulte,* Die europäische Restschuldbefreiung, 2001
Schindler, Pflichtteil und (Nachlaß-)Insolvenz, ZInsO 2007, 484 ff.
Schlegel, Insolvenzantrag und Eigentumsverwaltungsantrag bei drohender Zahlungsunfähigkeit, ZIP 1999, 954 ff., 956
Schlosser, Die Eröffnung des Insolvenzverfahrens, in: *Leipold,* Insolvenzrecht im Umbruch, S. 10 ff.
Schlüter, Erbrecht, ein Studienbuch von Wilfried Schlüter, 16. Aufl., München 2007, zitiert: *Schlüter,* Erbrecht
Schmahl, Keine Restschuldbefreiung ohne Eigenantrag, ZInsO 2002, 212
Schmahl, Zur Darstellung und Glaubhaftmachung der Forderung eines öffentlich-rechtlichen Gläubigers im Insolvenzveröffnungsantrag, NZI 2007, 20 ff.
Schmahl, Zur Praxis öffentlich-rechtlicher Gläubiger bei der Stellung und Rücknahme von Eröffnungsanträgen – Tatsachen und Anmerkungen am Beispiel des Amtsgericht Duisburg, NZI 2002, 177 ff.
Schmerbach, Auskunfts- und Mitwirkungspflichten im Eröffnungsverfahren, InsbürO 2005, 204 ff.
Schmerbach, Insolvenzrechtsänderungsgesetz 2006, ZInsO, 400 ff.
Schmerbach, Der Gläubigerantrag im Regelinsolvenzverfahren, NZI 2003, 421 ff.

Schmerbach, Die Versagung der Restschuldbefreiung nach §§ 290 und 295 InsO, NZI 2005, 521
Schmerbach, InsO-Änderungsgesetz 2005 – ein Ausblick, ZInsO 2004, 697
Schmerbach, Rechtliche Aspekte der Selbstständigkeit natürlicher Personen im Insolvenzverfahren und in der Wohlverhaltensperiode, ZVI 2003, 256
Schmerbach, Strukturreform InsO, ZInsO 2005, 77
Schmerbach, Die Versa gung der Restschuldbefreiung nach §§ 290 und 295 InsO, NZI 2005, 521
Schmerbach, Zuständigkeit des Insolvenzgerichts zur Abnahme von eidesstattlichen Versicherungen, NZI 2002, 538 ff.
Schmerbach/Stephan, Der Diskussionsentwurf zur Änderung der Insolvenzordnung und anderer Gesetze – Anmerkungen auch aus insolvenzrichterlicher Sicht, ZInsO 2000, 541
Schmid, Schlußrechnung des Insolvenzverwalters mit 16% oder 19% Umsatzsteuer?, DZWIR 2007, 74 ff.
Schmid-Burgk/Ditz, Die Refinanzierung beim Leasing nach der Insolvenzrechtsreform, ZIP 1996, 1123 ff.
Schmidt, A., Die Auswahl des Insolvenzverwalters – Erfahrungen aus der Praxis eines Großstadtgerichts, in: Insolvenzrecht 2000 S. 15 ff.; O. V., Paradigmenwechsel Hamburger Insolvenzgericht öffnet die Verwalterliste, in: INDat-Report, 11/2000, 1
Schmidt, Änderungen des Kaufrechts durch die Schuldrechtsreform und deren Bedeutung für die Praxis der Insolvenzverwaltung, ZInsO 2002, 103 ff., 110
Schmidt, Altlasten, Ordnungspflicht und Beseitigungskosten im Konkurs: Wege und Irrwege der verwaltungsgerichtlichen Praxis, NJW 1993, 2833
Schmidt, Anmerkung zu EuGH, Urteil vom 17. Januar 2006, ZInsO 2006, 88
Schmidt, Anwendung von Handelsrecht auf Rechtshandlungen des Konkursverwalters, NJW 1987, 1905
Schmidt, Darlehn, Darlehnsversprechen und Darlehnskrediteröffnung im Konkurs, JZ 1976, 756 ff.
Schmidt, Die Auswahl des Insolvenzverwalters – Erfahrungen aus der Praxis eines Großstadtgerichts, in: Insolvenzrecht 2000, S. 15 ff.
Schmidt, Die übertragende Sanierung – Bestandsaufnahmen und Ausblicke an der Schwelle der Insolvenzrechtsreform, in: *Leipold,* Insolvenzrecht im Umbruch, S. 67 ff.
Schmidt, Eurofood – Eine Leitentscheidung und ihre Rezeption in Europa und den USA, ZIP 2007, 405
Schmidt (Hrsg.), Hamburger Kommentar zur Insolvenzordnung, 3. Aufl. 2009
Schmidt, Finanzplanfinanzierung, Rangrücktritt und Eigenkapitalersatz, ZIP 1999, 1241 ff., 1247
Schmidt, Fremdwährungsforderungen im Konkurs – Bestandsaufnahmen und Thesen zu § 69 KO (§ 52 RegE. InsO), in: FS für Merz S. 533 ff.
Schmidt, Gesellschaftsrecht, 4. Aufl. München 2002, zitiert: Schmidt, Gesellschaftsrecht
Schmidt, Insolvenz und Insolvenzabwicklung bei der typischen GmbH & Co. KG – Thesen und Fragen zur Verzahnung von Insolvenzverwaltung und -abwicklung bei der GmbH & Co. KG, GmbHR 2002, 1209 ff.
Schmidt, Insolvenzantragspflicht und Insolvenzverschleppungshaftung bei der deutschen Ltd. – das LG Kiel auf dem richtigen Weg?, ZInsO 2006, 737 ff.
Schmidt, Insolvenzordnung und Unternehmensrecht – Was bringt die Reform, in: Kölner Schrift, S. 1199 ff.
Schmidt, Klage und Rechtshängigkeit bei Konkurseröffnung vor Klagezustellung, NJW 1995, 911
Schmidt, Labyrinthus creditorium – Gesellschaftsrechtliche Haftung im Insolvenzverfahren nach §§ 92, 93 InsO, ZGR 1996, 209 ff.
Schmidt, Null-Plan und die Versagung der Restschuldbefreiung vor dem Aus – eine Lösungsmöglichkeit? ZInsO 2003, 64

Schmidt, Rechtsprechungsübersicht: Insolvenzanfechtung wegen Unentgeltlichkeit, Anmerkung zu BGH NJW 1999, 1033, JuS 1999, 1022
Schmidt, Vollstreckungsverbot während der Wohlverhal tensphase?, DGVZ 2004, 49
Schmidt K., Das Vollstreckungs- und Insolvenzrecht der stillen Gesellschaft, KTS 1977, 1 ff.; 65 ff.
Schmidt K., Verlust der Mitte durch „Inspire Art"? – Verweisungen im Unternehmensrecht durch Schreckreaktionen der Literatur –, ZHR 168 (2004), 493
Schmidt/Bitter, Doppelberücksichtigung, Ausfallprinzip und Gesellschafterhaftung in der Insolvenz, ZIP 2000, 1077 ff., 1082
Schmidt/Roth, Die Bewertung von streitigen Verbindlichkeiten bei der Ermittlung der Insolvenzeröffnungsgründe, ZInsO 2006, 236 ff.
Schmidt/Roth, Die insolvenzgerichtliche Einzelermächtigung zur Begleichung einer Altforderung – Weiterentwicklung von BGH, ZInsO 2002, 819 („Einzelermächtigung"), ZInsO 2006, 177 ff.
Schmidt/Uhlenbruck, Die GmbH in Krise, Sanierung und Insolvenz, 4. Aufl. 2009, zitiert: *Schmidt/Uhlenbruck,* Die GmbH in Krise, Sanierung und Insolvenz
Schmidt-Räntsch, Das neue Verbraucherinsolvenzverfahren, MDR 1994, 321
Schmittmann, Besonderheiten bei der insolventen GmbH & Co. KG, ZInsO 2005, 1314 ff.
Schmittmann, Rechtsprechungsübersicht zur Entlassung des (vorläufigen) Insolvenzverwalters von Amts wegen, NZI 2004, 239 ff.
Schmittmann, Steuerpflichtiger Sanierungsgewinn für Restschuldbefreiung und Insolvenzplan?, ZInsO 2003, 505 ff.
Schmitz, Insolvenzanfechtung. Direktzahlung des Auftraggebers an den Subunternehmer unmittelbar vor der Insolvenz des Generalunternehmers als anfechtbare Handlung?, EWIR 2000, 253 f.
Schmitz-Winnenthal, Das Institut der anerkannten Stelle nach § 305 Abs. 1 Nr. 1 InsO – Aufgaben – Möglichkeiten, Grenzen und Finanzierung, ZVI 2004, 582
Schneider/Brauwer, Die straf- und zivilrechtliche Verantwortlichkeit des Geschäftsführers für die Abführung der Arbeitnehmeranteile zur Sozialversicherung, ZIP 2007, 1033 ff.
Schönert, Grenzen der Beschränkbarkeit der Erbenhaftung auf den Nachlaß, BWNotZ 2008, 81 ff.
Schönfelder, Die Anfechtung von Zahlungseingängen bei gepoolter Sicherungszession, ZInsO 2009, 270 ff.
Scholtz, § 878 BGB in der Verkäuferinsolvenz, ZIP 1999, 1693 ff.
Scholz, Kommentar zum GmbHG, I. Band, §§ 1–44, 10. Aufl., Köln 2006, II. Band, §§ 45–85, 10. Aufl., Köln 2006, zitiert: Scholz/*Bearbeiter,* GmbHG
Scholz, Schwerpunkte einer Verbraucherinsolvenz-Regelung, ZIP 1988, 1157 ff.
Schoppe, Nachhaftung für Deliktforderungen im Anschluß an das Restschuldbefreiungsverfahren, ZVI 2004, 377
Schopper, Anmerkung zu LG Innsbruck, Beschluß vom 11. Mai 2004, KTS 2005, 224.
Schröder, Der sog. Lastschriftwiderspruch in der Insolvenz aus Verwaltersicht, ZInsO 2006, 1 ff.
Schulte, Die europäische Restschuldbefreiung, 2001
Schulte, Vorsätzliche Insolvenz und Flucht in das Verbraucherinsolvenzverfahren mit dem Ziel der Restschuldbefreiung, ZInsO 2002, 265
Schulz, Die Entwicklung des Insolvenzrechts im Jahre 1999, InVo 2000, 43
Schumacher, Neues Internationales Insolvenzrecht in Österreich, in: Grenzüberschreitendes Insolvenzrecht, Hrsg.: DACH Europäische Anwaltsvereinigung e. V., 2004, S. 21–46
Schumann, Die Unabhängigkeit des Insolvenzverwalters – Sicherung der Integrität des Insolvenzverfahrens in FS Geimer, 2002, S. 1043 ff.
Schwartmann, Zur Befreiung des Insolvenzverwalters aus der ordnungsrechtlichen Verantwortlichkeit durch Freigabe, NZI 2001, 69
Section 388 ff., Insolvency Act 1986, Insolvency Practitioners And Their Qualifications abgedruckt in 4 Halsbury s Statutes (4th Edn) Bankruptcy and Insolvency, London, 1998

Seibert, Unterbrechung der Insolvenzantragspflichten für Flutopfer bis 31. März 2003, ZIP 2003, 91 f.
Senff, Wer ist Verbraucher im internationalen Zivilprozeß?, Frankfurt/M., 2001
Serick, Erweiterter Eigentumsvorbehalt und Kontokorrentvorbehalt im Konkurs des Vorbehaltskäufers, BB 1978, 1477 ff.
Sester, Plädoyer gegen ein materielles Konzerninsolvenzrecht, ZIP 2005, 2099
Siebert, Insolvenzeröffnung bei der KGaA, ZInsO, 773 ff (Teil 1) und 831 ff (Teil 2)
Sinz, Leasing und Factoring im Insolvenzverfahren, in: Kölner Schrift, S. 593 ff.
Sinz, Revolvierende Vorfinanzierung des Insolvenzgeldes, in: FS für Uhlenbruck, S. 157 ff.
Smid (Hrsg.), Insolvenzordnung (InsO) – Kommentar, 2. Aufl., Stuttgart, Berlin, Köln 2001, zitiert: Smid/*Bearbeiter,* InsO
Smid, Anmerkung zu Supreme Court of Ireland, Judgement vom 27. Juli 2004, DZWIR 2005, 64
Smid, Auswahl und Bestellung des Insolvenzverwalters durch das Insolvenzgericht als Rechtsfrage betrachtet, DZWIR 2001, 485 ff.
Smid, Deutsches und Europäisches Internationales Insolvenzrecht, 2004
Smid, Die „cram down power" des deutschen Insolvenzgerichts: Zugleich eine Anmerkung zum Beschluß des LG Traunstein vom 27. 8. 1999, InVo 2000, 1
Smid, Die Abwicklung masseunzulänglicher Insolvenzverfahren nach neuem Recht, WM 1998, 1313 ff.
Smid, Die Haftung des Insolvenzverwalters in der Insolvenzordnung – Kontinuität und Diskontinuität des Rechts der Haftung des Insolvenzverwalters, in: Kölner Schrift, S. 473
Smid, EuGH zu „Eurofood", BGH zur internationalen Zuständigkeit: Neueste Judikatur zur EuInsVO, DZWIR 2006 325
Smid, Europäisches Internationales Insolvenzrecht, 2002
Smid, Gerichtliche Bestätigung des Insolvenzplans trotz Versagung seiner Annahme durch Abstimmungsgruppen von Gläubigern, in: FS für Pawlowski, S. 387 ff.
Smid, Gesetzlich zulässige Reichweite der Entmachung von Schuldner und schuldnerischen Gesellschaftsorganen und der Ermächtigung des vorläufigen Verwalters durch insolvenzgerichtliche Anordnung nach §§ 21, 22 InsO, DZWIR 2002, 444 ff.
Smid, Grundzüge des Insolvenzrechts, 4. Aufl. München 2002, zitiert: *Smid,* Grundzüge des Insolvenzrechts
Smid, Internationales Insolvenzrecht im Spiegel ausgewählter Verfahren und Entscheidungen, DZWIR 2006, 45
Smid, Judikatur zum internationalen Insolvenzrecht, DZWIR 2004, 397
Smid, Lieferantenpools im neuen Insolvenzrecht, NZI 2000, 505 ff.
Smid, Rechtsmittel gegen Eingriffe in Teilnahmerechte Verfahrensbeteiligter durch das Insolvenzgericht – Eine Problembeschreibung am Beispiel der Stimmrechtsfestsetzung durch das Insolvenzgericht, KTS 1993, 1 f.
Smid, „Rechtsschutz" gegen Insolvenzrichter – Art. 19 Abs. 4 GG im Spiegel der jüngsten Judikatur des BVerfG und des IX. Zivilsenats des BGH, DZWIR 2004, 359 ff.
Smid, Salvatorische Klauseln als Instrument zur Abwehr von Widersprüchen gegen den Insolvenzplan, ZInsO 1998, 347
Smid, Thesen zu Kreditsicherheiten in Insolvenz, übertragender Sanierung und Reorganisation, in: WM 2002, 1033 ff., 1035.
Smid, Vier Entscheidungen englischer und deutscher Gerichte zur europäischen internationalen Zuständigkeit zur Eröffnung von Hauptinsolvenzverfahren, DZWIR, 397
Smid, Zur zeitlichen Reichweite der Insolvenzanfechtung nach § 139 InsO, InVo 2002, 41
Smid/Fehl (Hrsg.), „... ob das alles so stimmt ..." Recht und Pluralismus, Hans-Martin Pawlowski zum 65. Geburtstag, Festschrift Berlin 1997, zitiert: *Bearbeiter,* in: FS für Pawlowski
Smid/Rattunde, Der Insolvenzplan: Handbuch für das Sanierungsverfahren nach dem neuen Insolvenzrecht mit praktischen Beispielen und Musterverfügungen, 2. Aufl., Stuttgart, Berlin, Köln 2005, zitiert: *Smid/Rattunde,* Der Insolvenzplan

Smid/Wehdeking, Anmerkung zum Verhältnis der §§ 57 und 78 Abs. 1 InsO, InVo 2001, 81 ff.
Smid/Wehdeking, Arbeitseinkommen des Schuldners und die Rechtszuständigkeit des Insolvenzverwalters bzw. Treuhänders in dem über das Vermögen natürlicher Personen eröffneten Insolvenzverfahren, InVo 2000, 293 ff.
Soergel, Bürgerliches Gesetzbuch mit Einführungsgesetzen und Nebengesetzen, 13. Aufl., Stuttgart Berlin Köln Mainz 2002; zitiert: Soergel/*Bearbeiter*, BGB
Sölch/Ringleb, Umsatzsteuergesetz: mit Durchführungsbestimmungen und Ergänzungsvorschriften; Kommentar, 61. Lieferung, München 2009, zitiert: *Sölch/Ringleb*, Umsatzsteuer
Sommer, Zu den Einflußmöglichkeiten des Hauptverwalters auf das Sekundärinsolvenzverfahren, Anmerkungen zu Landesgericht Leoben, Beschluß vom 31. August 2005 – 17 S 56/05 m, ZInsO 2005, 1137
Späth, Ausgesuchte Probleme im Verbraucherinsolvenzverfahren, ZInsO 2000, 483
Spickhoff, Insolvenzzweckwidrige Rechtshandlungen des Insolvenzverwalters – zugleich ein Beitrag zur Reichweite und Dogmatik der Grundsätze des Mißbrauchs der Vertretungsmacht, KTS 2000, 15 ff.
Spliedt, Aufgaben und Befugnisse des Sachverständigen, vorläufigen Insolvenzverwalters und Insolvenzverwalters im Insolvenzverfahren, in: Insolvenzrecht auf dem Prüfstand – 3 Jahre Insolvenzordnung: Erfahrungen aus Wissenschaft und Praxis, Köln 2002
Spliedt, Die „halbstarke" Verwaltung – unbeherrschbare Masseverbindlichkeiten oder sinnvolle Alternative?, ZIP 2001, 1941 ff.
Spliedt, MoMiG in der Instanz – ein Sanierungsversuch, ZIP 2009, 149
Spliedt, Überschuldung trotz Schuldendeckung?, DB 1999, 1941 ff.
Staak, Mögliche Probleme im Rahmen der Koordindation von Haupt- und Sekundärinsolvenzverfahren nach der europäischen Insolvenzordnung (EuInsVO), NZI 2004, 480
Stahlhacker/Preis/Vossen, Kündigung und Kündigungsschutz, 9. Aufl., Stahlhacke 2005
Stahlschmidt, Das Schicksal der Einkommensteuererstattung im Insolvenzverfahren, ZInsO 2006, 629 ff.
Stahlschmidt, Die Zahlungsunfähigkeit nach § 17 InsO, ZInsO 2005, 1086
Stahlschmidt, Direktversicherungen und Rückdeckungsversicherungen in der Unternehmensinsolvenz, NZI 2006, 375 ff.
Stapper, Neue Anforderungen an den Insolvenzverwalter, NJW 1999, 3441 ff.
Staudinger, Kommentar zum Bürgerlichen Gesetzbuch mit Einführungsgesetz und Nebengesetzen, 14. Aufl., Berlin 2008, zitiert: Staudinger/*Bearbeiter*, BGB
Staufenbiel/Hoffmann, Die Ermittlung des Eintritts der Zahlungsunfähigkeit – Teil 1, ZInsO 2008, 785
Steder, Auswirkungen des Vollstreckungsverbots gem. § 21 Abs. 2 Nr. 3 InsO, ZIP 2002, 65 ff.
Steder, Behandlung des Arbeitseinkommens und sonstiger laufender Bezüge im eröffneten Insolvenzverfahren, ZIP 1999, 1874 ff.
Steffen, Praktische Auswirkungen der Schuldrechtsreform auf die Verwertungsmaßnahmen des Treuhänders im Verbraucherinsolvenzverfahren, ZVI 2002, 181 ff.
Stegmann/Lind, Der Lebensversicherungsvertrag in der Insolvenz, NVersZ 2002, 193 ff.
Stein/Jonas, Kommentar zur Zivilprozeßordnung, 22. Aufl. 2002, zitiert: Stein/Jonas/*Bearbeiter*, ZPO
Steinbeck; Die Verwertbarkeit der Firma und der Marke in der Insolvenz, NZG 1999, 133 ff.
Steinhoff, Die Insolvenzrechtlichen Probleme im Überweisungsverkehr, ZIP 2000, 1141 ff.
Stephan, § 850 f. Abs. 1 ZPO im Verbraucherinsolvenz- und Restschuldbefreiungsverfahren – Kein gesetzgeberischer Handlungsbedarf?, ZInsO 2000, 376
Stephan, Das InsO-Änderungsgesetz 2005, NZI 2004, 521
Stephan, InsO-Änderungsgesetz 2005, ZVI 2004, 505
Stephan, Vorläufige Sicherungsmaßnahmen beim Eigenantrag in der Unternehmensinsolvenz (das „Gutachtenmodell"), NZI 1999, 104 ff.

Sternal, Die Rechtsprechung zum Verbraucherinsolvenz- und Restschuldbefreiungsverfahren im Jahr 2004, NZI 2005, 129
Sternal, Die Rechtsprechung zum Verbraucherinsolvenz- und Restschuldbefreiungsverfahren im Jahre 2006, NZI 2007, 257
Stieb, BGH versetzt der „Sitztheorie" einen harten Schlag!, GmbHR 2002, R 377
Stieb, Der Anfang vom Ende der „Sitztheorie" – EuGH untersagt die Entrechnung von Auslandsgesellschaften!, GmbHR 2002, R 473
Stöber, Das Gesetz zum Pfändungsschutz der Altersvorsorge, NJW 2007, 1242 ff.
Stöber/Schöner, Handbuch der Rechtspraxis, Band 4, Grundbuchrecht, 13. Aufl., München 2004, zitiert: *Stöber/Schöner,* Handbuch der Rechtspraxis, Bd. 4
Stoll (Hrsg.), Vorschläge und Gutachten zur Umsetzung des EU-Übereinkommens über Insolvenzverfahren im deutschen Recht, Materialien zum ausländischen und internationalen Privatrecht 40, Tübingen 1997
Stritz, Lastschriften im Insolvenz(eröffnungs)verfahren, DZWIR 2005, 18 ff.
Stürner, Die Rechtsnatur des „Vorzugsrechts" der Pfandbriefgläubiger im Konkurs der Hypothekenbank, in: FS für Gaul, S. 739 ff.
Stürner, Gerichtsöffentlichkeit und Medienöffentlichkeit in der Informationsgesellschaft – Das Bundesverfassungsgericht zwischen Liberalität und Zensur, JZ 2001, 699 f.
Take, Der Vorsteuerberichtigungsanspruch des Finanzamtes in Folge einer Grundstücksveräußerung im Insolvenzverfahren, ZInsO 2001, 546 ff.
Take, Haftung des Insolvenzverwalters für die Umsatzsteuer/Vorsteuerberichtigungsanspruch des Finanzamtes, Anm. zum Urteil des FG Düsseldorf vom 30. November 2000 – 2 K 4312/99 – H, ZInsO 2001, 426 ff., ZInsO 2001, 404 ff.
Tappmeier, Verrechnung von Eingängen auf einem Kontokorrentkonto als anfechtbare Rechtshandlung?, EWiR 2000, 493 f.
Taupitz, Das (zukünftige) europäische Internationale Insolvenzrecht – insbesondere aus internationalprivatrechtlicher Sicht –, ZP 111 (1998), 315
Temme, Die Eröffnungsgründe der Insolvenzordnung, Münster 1997, zitiert: Temme, Eröffnungsgründe
Tetzlaff, Altlasten in der Insolvenz, ZIP 2001, 10 f.
Tetzlaff, Unzugänglichmachung des Insolvenzeröffnungsgutachtens für die Staatsanwaltschaft? – Erwiderung auf Hohnel, NZI 2005, 152, NZI 2005, 316 ff.
Theißen, Gesellschafterbürgschaften in der Insolvenz der OHG nach neuem Recht, ZIP 1998, 1625 ff.
Thieme, Partikularkonkurs, Stellungnahme zu den Artt. 1 II, 2, 9, 10, 11 I, 15 I, 16 I, 20, 21 Satz 2, 26–34 des Vorentwurfs zur Neuordnung des Internationalen Insolvenzrechts von 1989, in: Stellungnahmen und Gutachten zur Reform des deutschen Internationalen Insolvenzrechts, Materialien zum ausländischen und internationalen Privatrecht 35, Tübingen 1992, S. 212–264
Thomas/Putzo, Zivilprozessordnung, 29. Aufl., München 2008, zitiert: *Thomas/Putzo,* ZPO
Thonfeld, Anmerkung, NZI 2005, 551 ff.
Thora, Die Obliegenheit der Erbschaftsannahme in der Wohlverhaltensperiode, ZInsO 2002, 176
Timme, Schadensersatzansprüche gegen den Insolvenzverwalter wegen Nichterfüllung von Masseverbindlichkeiten im Prozeß, MDR 2006, 1381 ff.
Tintelnot, Die gegenseitigen Verträge im neuen Insolvenzverfahren, ZIP 1995, 616 ff.
Tipke/Kruse, Abgabenordnung (AO): mit Finanzgerichtsordnung (FGO), u. a., 16. Aufl. Köln 1996, Stand: März 2009, zitiert: *Tipke/Kruse,* AO
Treffer, Gläubiger-Rechtsverkehr mit einem „schwachen" vorläufigen Insolvenzverwalter, DB 2002, 2091 ff.
Trendelenburg, Die Abführung eines angemessenen Betrages durch Selbständige gemäß § 295 Abs. 2 InsO, ZInsO 2000, 437
Trendelenburg, Restschuldbefreiung, 2000
Trinkl, Befreiungsanspruch und Aufrechnung, NJW 1968, 1077–1078

Trunk, Internationales Insolvenzrecht, Systematische Darstellung des deutschen Rechts mit rechtsvergleichenden Bezügen, Tübingen 1998

Uhlenbruck (Hrsg.), Einhundert Jahre Konkursordnung: 1877–1977; Festschrift des Arbeitskreises für Insolvenz- und Schiedsgerichtswesen e. V. Köln zum 100jährigen Bestehen der Konkursordnung vom 10. Februar 1877, Köln 1977, zitiert: *Bearbeiter,* in: 100 Jahre Konkursordnung

Uhlenbruck, Anmerkung zu BGH, Beschluß vom 18. September 2003 – IX ZB 75/03, NZI 2004, 22f.

Uhlenbruck, Ausgewählte Pflichten und Befugnisse des Gläubigerausschusses in der Insolvenz, ZIP 2002, 1373ff.

Uhlenbruck, Auskunfts- und Mitwirkungspflichten des Schuldners und seiner organschaftlichen Vertreter im Insolvenzverfahren, NZI 2002, 401ff.

Uhlenbruck, Aus- und Abwahl des Insolvenzverwalters – eine Schicksalsfrage der Insolvenzrechtsform, KTS 1989, 229ff.

Uhlenbruck, Das Bild des Insolvenzverwalters – der Versuch einer Orientierung im Widerstreit vielfältiger Interessen –, KTS 1998, 1ff.

Uhlenbruck, Das neue Insolvenzrecht: Insolvenzordnung und Einführungsgesetz nebst Materialien; mit Praxishinweisen; Text- und Dokumentationsband, Herne 1994

Uhlenbruck, Der Insolvenzgrund im Verbraucherinsolvenzverfahren, NZI 2000, 15ff.

Uhlenbruck, Die Auskunfts- und Mitwirkungspflichten des GmbH-Geschäftsführers im Insolvenzverfahren, GmbHR 2002, 941ff.

Uhlenbruck, Die Bedeutung des neuen Insolvenzrechts für GmbH-Geschäftsführer (I), GmbHR 1999, 313ff.

Uhlenbruck, Die Grenzen von Amtsermittlung und Offenbarungspflicht im Konkursverfahren, JR 1971, 445ff.

Uhlenbruck, Die Haftung des vorläufigen Insolvenzverwalters als gerichtlicher Sachverständiger, ZInsO 2002, 809f.

Uhlenbruck, Die Kündigung und Vergütung von Beratern, Vorständen und Geschäftsführern in der Unternehmensinsolvenz, BB 2003, 1185ff.

Uhlenbruck, Die kurzfristige Liquiditätslücke bei Feststellung der Zahlungsunfähigkeit, InsolvenzReport 2000, 1ff.

Uhlenbruck, Die Prüfung der Rechnungslegung des Konkursverwalters, ZIP 1982, 125ff.

Uhlenbruck, Die Rechtsstellung des vorläufigen Insolvenzverwalters, in: Kölner Schrift, S. 325ff.

Uhlenbruck, Die Verwertung einer freiberuflichen Praxis durch den Insolvenzverwalter, in: FS für Henckel S. 877ff.

Uhlenbruck, Die Vollstreckung wegen Massekosten und Masseschulden in massearmen Konkursen, KTS 1978, 66ff.

Uhlenbruck, Gesellschaftsrechtliche Aspekte des Insolvenzrechts, in: Kölner Schrift, S. 1157ff.

Uhlenbruck, Grenzen der Mitwirkung von Gläubigerausschuß und Gläubigerbeirat im Insolvenzverfahren, BB 1976, 1189f.

Uhlenbruck, Insolvenzordnung, Kommentar, 12. Auflage, München 2003, zitiert: *Uhlenbruck/Bearbeiter,* InsO

Uhlenbruck, Kosten eines nach Unterbrechung wieder aufgenommenen Prozesses im Insolvenzverfahren, ZIP 2001, 1988f.

Uhlenbruck, Probleme des Eröffnungsverfahrens nach dem Insolvenzrechts-Reformgesetz 1994, KTS 1994, 169ff.

Uhlenbruck, Rechtsmittel gegen die Ablehnung der Eigenverwaltung?, ZInsO 2003, 821ff.

Uhlenbruck, Rechtsmittelzug bei Insolvenzkostenhilfe und Vergütungsfestsetzung, NZI 1999, 175f.

Uhlenbruck, Strafrechtliche Aspekte der Insolvenzrechtsreform 1994, wistra 1996, 1ff.

Uhlenbruck, Vordatierung von Insolvenzeröffnungsbeschlüssen? ZInsO 2001, 977ff.

Uhlenbruck, Vorläufiger Sachwalter bei Insolvenzanträgen mit Antrag auf Anordnung der Eigenverwaltung?, NZI 2001, 632ff.

Uhlenbruck, Zur Rechtsstellung des vorläufigen Insolvenzverwalters, NZI 2000, 289 ff.
Uhlenbruck/Delhaes, Konkurs- und Vergleichsverfahren, Handbuch der Rechtspraxis, 5. Aufl., München 1990, zitiert: *Uhlenbruck/Delhaes,* Hdb
Ulmer, Die gesellschaftsrechtlichen Aspekte der neuen Insolvenzordnung, in: *Kübler,* Neuordnung des Insolvenzrechts, S. 119
Ulmer, Die höchstrichterlich „enträtselte" Gesellschaft bürgerlichen Rechts – zugleich Besprechung zu BGH ZIP 2001, 330, ZIP 2001, 585 ff.
Ulmer, GmbHG, Großkommentar, Tübingen 2005, zitiert: *Ulmer/Bearbeiter,* GmbHG
Ulmer, Die Kompetenz zur Bildung einer Ersatzfirma bei Firmenveräußerung im Konkurs der GmbH, NJW 1983, 1697 ff.
Ulmer, Gläubigerschutz bei Scheinauslandgesellschaften, NJW 2004, 1201 ff.; BGH ZIP 2005, 805 f.
Ulmer, Insolvenzrechtlicher Gläubigerschutz gegenüber Scheinauslandsgesellschaften ohne hinreichende Kapitalausstattung? – Eine Skizze –, KTS 2004, 291
Undritz, Der vorläufige „schwache" Insolvenzverwalter als Sanierungsbremse? – zur Begründung von Masseverbindlichkeiten nach der Entscheidung des BGH vom 18. Juli 2002 und dem „UfA"-Beschluß des AG Hamburg, NZI 2003, 136 ff.
v. Campe, Insolvenzanfechtung in Deutschland und Frankreich: das neue Kollisionsrecht (InsO und Loi n. 85–98), Köln 1996, zugl. Univ. Diss. Freiburg 1994, zitiert: *v. Campe,* Insolvenzanfechtung in Deutschland und Frankreich
Vallender, Allgemeine Anforderungen an Anträge im Insolvenzverfahren, MDR 1999, 280 f.
Vallender, Aufgaben und Befugnisse des deutschen Insolvenzrichters in Verfahren nach der EuInsVO, KTS 2005, 283
Vallender, Aufgaben und Befugnisse des Treuhänders im vereinfachten Verfahren, InVo 1999, 334, 339 f.
Vallender, Ausweg aus dem modernen Schuldenturm? – Das gesetzliche Restschuldbefreiungsverfahren nach der künftigen Insolvenzordnung, VuR 1997, 155
Vallender, Auswirkungen des Schuldrechtmodernisierungsgesetzes auf die Anmeldung von Forderungen im Insolvenzverfahren, ZInsO 2002, 110 f.
Vallender, Bankgeheimnis und Auskunftspflicht der Kreditinstitute im Insolvenzeröffnungsverfahren, in: FS für Uhlenbruck, S. 133 ff.
Vallender, Closed Shop ade, NZI 9/2004, VI
Vallender, Das rechtliche Gehör im Insolvenzverfahren, in: Kölner Schrift, S. 249 ff.
Vallender, Das Schicksal nicht berücksichtigter Forderungen im Verbraucherinsolvenz- und Restschuldbefreiungsverfahren, ZIP 2000, 1288
Vallender, Das Verbraucherinsolvenzverfahren in der außergerichtlichen und gerichtlichen Praxis – eine erste Bestandsaufnahme, DGVZ 2000, 97 ff.
Vallender, Die Anordnung der vorläufigen Insolvenzverwaltung, DZWIR 1999, 265 ff.
Vallender, Die Auskunftspflicht der Organe juristischer Personen im Konkurseröffnungsverfahren, ZIP 1996, 529 ff.
Vallender, Die Aussetzung der Verwertung nach Art. 33 EuInsVO in einem deutschen Sekundärinsolvenzverfahren, in: Festschrift für Kreft, S. 565–579
Vallender, Die Beschlüsse des BGH zur Vergütung des vorläufigen Insolvenzverwalters – eine Gefahr für den Insolvenzstandort Deutschland? – Besprechung von BGH, Beschl. v. 13. 7. 2006 – IX ZB 104/05, NJW 2006, 2992 und BGH, Beschl. v. 14. 12. 2005 – IX ZB 256/04, NJW 2006, 2988, NJW 2006, 2956 ff.
Vallender, Die bevorstehenden Änderungen des Verbraucherinsolvenz- und Restschuldbefreiungsverfahrens auf Grund des InsOÄndG 2001 und ihre Auswirkungen auf die Praxis, NZI 2001, 561
Vallender, Die Insolvenz von Scheinauslandsgesellschaften, ZGR 2006, 425
Vallender, Die Rechtsprechung des BGH zur Konkursverwalterhaftung, ZIP 1997, 345 ff.
Vallender, Die Vorschußpflicht des Ehegatten im Stundungsverfahren, ZVI 2003, 505
Vallender, Eigenverwaltung im Spannungsfeld zwischen Schuldner- und Gläubigerautonomie, WM 1998, 2129

Vallender, Ein redlicher Schuldner?, ZVI 2003, 253
Vallender, Erste gerichtliche Erfahrungen mit dem Verbraucherinsolvenzverfahren, ZIP 1999, 125
Vallender, Gefahr für den Insolvenzstandort Deutschland, NZI 2007, 129
Vallender, Gerichtliche Kommunikation und Kooperation bei grenzüberschreitenden Insolvenzverfahren im Anwendungsbereich der EuInsVO – eine neue Herausforderung für Insolvenzgericht, KTS 2008, 59 ff.
Vallender, Gesetzliche Regelung der Auswahl des Masseverwalters, NZI 2001, 638
Vallender, Kostentragungspflicht bei Anordnung der Postsperre, NZI 2003, 244 ff.
Vallender, Rechtsstellung und Aufgaben des Gläubigerausschusses, WM 2002, 2040 ff.
Vallender, Restschuldbefreiung, JuS 2004, 665
Vallender, Schuldenregulierung in der Verbraucherinsolvenz, DGVZ 1997, 97
Vallender, Steine statt Brot, NJW 2004, 3614 f.
Vallender, Wie viele Verwalter braucht das Land? – zugleich Besprechung von OLG Koblenz, Beschl. v. 12. Mai 2005 – 12 VA 1/04, NZI 2005, 473 ff.
Vallender/Fuchs, Die Antragspflicht organschaftlicher Vertreter einer GmbH vor dem Hintergrund der Europäischen Insolvenzverordnung, ZIP 2004, 829
Vallender/Fuchs, Ein großer Wurf? Anmerkungen zum Diskussionsentwurf des BMJ, NZI 2003, 292
Vallender/Fuchs/Rey, Der Ablauf des Verbraucherinsolvenzverfahrens beim Eigenantrag bis zur Eröffnungsentscheidung, NZI 1999, 218
Vallender/Fuchs/Rey, Der Eigenantrag in seiner Behandlung bis zur Eröffnungsentscheidung, NZI 1999, 140 ff.
Vallender/Heukamp, Regelungstendenzen zur Verwalterbestellung im französischen, österreichischen und deutschen Insolvenzrecht, NZI 2002, 513 ff.
Vallender/Rey, Zur Anwendbarkeit alten und neuen Rechts nach Art. 103, 104 EGInsO, NZI 1999, 1 ff.
Vierhaus, Altlasten in der Insolvenz – Klärung in Sicht? – zugleich Anm. zu VG Hannover, Urt. v. 14. August 2003 – 12 A 2078/02, ZInsO 2003, 747
Vierhaus, Zur Verfassungswidrigkeit der Übertragung von Rechtspflegeraufgaben auf Private, ZInsO 2008, 521 ff.
Viertelhausen, Anwendbarkeit des § 878 BGB auf die Immobiliarvollstreckung im Insolvenzverfahren, InVo 2000, 330 ff.
Viertelhausen, Das Finanzamt als Gläubiger im Insolvenzverfahren, InVo 2002, 45 ff.
Vill, Die Vergütung des vorläufigen Insolvenzverwalters – zur Neufassung des § 11 InsVV durch die zweite Änderungsverordnung zur InsVV, in: FS für Gero Fischer, 547 ff.
Virgós/Garcimarín, The European Insolvency Regulation: Law and Practice, 2004
Virgós/Schmitt, Erläuternder Bericht zum EuInsÜ vom 3. Mai 1996 in: Stoll (Hrsg.), Vorschläge und Gutachten zur Umsetzung des EU-Übereinkommens über Insolvenzverfahren im deutschen Recht, S. 32–134
Vogl, Rechtsprobleme im Zusammenhang mit der Bestellung des Gläubigerausschusses durch die Gläubigerversammlung, InVo 2001, 389 f.
Vogl/Herbert, Das neue Sachmängelrecht aus der Sicht des Verkäufers, Kran und Bühne, Ausgabe 22 (März 2002), S. 42
Voigt, Immer Ärger bei Masseinsuffizienz, ZIP 2004, 1531 ff.
Voigt/Gerke, Die insolvenzfreie selbständige Arbeit, ZInsO 2002, 1054 ff.
van Bühren, Äpfel statt Birnen, SpV 2002, 43
van Bühren, Die Berufshaftpflichtversicherung des Insolvenzverwalters, NZI 2003, 465 ff.
van Galen, The European Insolvency Regulation and Groups of Companies, *www.iiiglobal.org/country/european_union/Cork_paper.pdf.*
von Bismarck/Schümann-Kleber, Insolvenz eines ausländischen Sicherungsgebers – Anwendung deutscher Vorschriften auf die Verwertung in Deutschland belegener Kreditsicherheiten, NZI 2005, 147

von Bismarck/Schürmann-Kleber, Insolvenz eines deutschen Sicherungsgebers – Auswirkungen auf die Verwertung im Ausland belegener Kreditsicherheiten, NZI 2005, 89
von der Fecht, Die Insolvenzverfahren nach der neuen EG-Verordnung, in: Festschrift für Metzeler, 2003, S. 121–135
von Wilmowsky, Aufrechnung in internationalen Insolvenzfällen – Das Kollisionsrecht der Insolvenzaufrechnung, KTS 1998, 343
von Wilmowsky, Europäisches Kreditsicherungsrecht, Sachenrecht und Insolvenzrecht unter dem EG-Vertrag, Beiträge zum ausländischen und internationalen Privatrecht 60, Tübingen 1996
von Wilmowsky, Internationales Insolvenzrecht, Plädoyer für eine Neuorientierung, WM 1997, 1461
von Wilmowsky, Sicherungsrechte im Europäischen Insolvenzübereinkommen, EWS 1997, 295
von Wilmowsky, Termingeschäft und Insolvenz: Die gesetzliche Regelung – Plädoyer für ein neues Verständnis des § 104 InsO –, WM 2002, 2264
Wacke, „Die Grabsteinpfändung" – Pietätsrücksichten beim Schuldnerschutz im Konflikt mit dem Lieferantenkredit, DGVZ 1986, 161
Wagner, Anmerkung zu AG Hamburg, Beschluß vom 9. Mai 2006, EWiR 2006, 433
Wagner, Der atypische stille Gesellschafter im Konkurs der Massengesellschaft, KTS 1979, 53
Wagner, Insolvenzantragstellung nur im EU-Ausland? Zivil- und strafrechtliche Risiken für den GmbH-Geschäftsführer, ZIP 2006, 1934
Wagner, Neues Verjährungsrecht in der zivilrechtlichen Beratungspraxis, ZIP 2005, 558 ff.
Wagner, Überlegungen zur Struktur eines Entschuldungsverfahrens, ZVI 2005, 173
Walther, Grundlagen des Internationalen Insolvenzrechts der Schweiz, in: Grenzüberschreitendes Insolvenzrecht, Hrsg.: DACH Europäische Anwaltsvereinigung e. V., 2004, S. 47–77
Warrikoff, Mehrfacheinkünfte während der Wohlverhaltensphase, ZInsO 2004, 1331
Weber, Zur Zulässigkeit eines Vergleichsverfahrens über das deutsche Vermögen eines ausländischen Schuldners, KTS 1965, 95 ff.
Weber, Besonders zu vergütende Anwaltstätigkeit des Konkursverwalters, in: FS für Jahr, S. 419 ff.
Weber, Umsatzsteuerliche Behandlung der Verwertungskostenpauschale, ZInsO 2003, 782 ff.
Wehr, Zur Notwendigkeit einer „Reform der Reform" der Verbraucherinsolvenz, ZIP 1999, 2000
Weis/Ristelhuber, Die Verwertung von Grundbesitz im Insolvenzverfahren und die Kostenpauschale für die Insolvenzmasse, ZInsO 2002, 859 ff.
Weisemann, Der vorläufige „halbstarke" Insolvenzverwalter – oder: wie eine Ausnahme zur Regel wird, DZWIR 1999, 397 ff.
Wellensiek, Die Aufgaben des Insolvenzverwalters nach der Insolvenzordnung, in: Kölner Schrift, S. 403 ff.
Wellensiek, Übertragende Sanierung, NZI 2002, 233 ff.
Weller, Forum Shopping im Internationalen Insolvenzrecht?, IPRax 2004, 412
Weller, Inländische Gläubigerinteressen bei internationalen Konzerninsolvenzen, ZHR 169 (2005), 570
Wellkamp, Verfahrensprobleme bei der Insolvenz der Gesellschaft bürgerlichen Rechts, KTS 2000, 331 ff.
Welzel, Die Umsatzsteuer als Masseverbindlichkeit – Ein Vergleich der Konkursordnung mit der ab 1. 1. 1999 geltenden Insolvenzordnung, Stuttgart 1997
Wengel/Scheld, Grundzüge der neuen Insolvenzordnung, WPg 2000, 556 ff.
Wenzel, Die Erwerbsobliegenheit des Schuldners während der Wohlverhaltensperiode, NZI 1999, 15

Werres, Gläubiger im Insolvenzeröffnungsverfahren – Massegläubiger oder Treuhandmodell? – zugleich eine Stellungnahme zur geplanten Änderung des § 55 Abs. 2 InsO, ZInsO 2005, 1233 ff.

Wessel, Current Topics of International Insolvency Law, 2004

Wessel, Der Sachverständige im Insolvenzeröffnungsverfahren nach § 5 InsO, DZWIR 1999, 230 ff.

Westermann, Sachenrecht: ein Lehrbuch, 11. Aufl., Heidelberg 2005, zitiert: *Westermann,* Sachenrecht

Westpfahl/Wilkens, Anmerkung zu High Court of Justice Leeds, Urteil vom 20. Mai 2004, EWiR 2004, 847

Westrich, Chancen und Risiken der Eigenverwaltung nach der Insolvenzordnung, NZI 2003, 65 ff.

Weyand, Die Strafandrohung des § 84 GmbHG, ZInsO 2000, 444

Weyand/Diversy, Insolvenzdelikte – Unternehmenszusammenbruch und Strafrecht, 7. Auflage, Berlin 2006

Wiedemann, Brauchen wir eine Reform der Verbraucherentschuldung, ZVI 2004, 645 ff.

Wieland, Die Bestellung des Insolvenzverwalters – Das Grundrecht auf ermessensfehlerfreie Auswahl des Insolvenzverwalters und sein effektiver Schutz, ZIP 2007, 462 ff.

Wieland, Verfassungsrechtliche Fragen der Auswahl des Insolvenzverwalters – zugleich Besprechung BVerfG, Beschl. v. 3. August 2004 – 1 BvR 135/00 und 1086/01, ZIP 2004, 1649 ff., ZIP 2005, 233 ff.

Wienberg/Sommer, Anwendbarkeit von vom deutschen Eigenkapitalersatzrecht auf EU-Kapitalgesellschaften am Beispiel eines Partikularinsolvenzverfahrens im engeren Sinn nach Art. 3 II; IV EuInsVO, NZI 2005, 353

Wieser, Anmeldung kommunaler Forderungen aus unerlaubter Handlung zur Insolvenztabelle, KKZ 2002, 253

Wieser, Das Scheitern des Verbraucherinsolvenzverfahrens als Kleinverfahren, KKZ 2004, 233

Wieser, Zur Rückgabepflicht des Vorbehaltskäufers bei Konkurs des Verkäufers, NJW 1970, 913 ff.

Wiester, Zur Vorfinanzierung von Insolvenzgeld im Insolvenzeröffnungsverfahren, NZI 1999, 397 ff.

Wilhelm, Die Haftung des Sachverständigen im Insolvenzeröffnungsverfahren, DZWIR 2007, 361 ff.

Wimmer (Hrsg.), Frankfurter Kommentar zur Insolvenzordnung, 5. Aufl., Neuwied Kriftel 2009, zitiert: FK-*Bearbeiter,* InsO

Wimmer, Anmerkungen zum Vorlagebeschluß des irischen Supreme Court in Sachen Parmalat, ZInsO 2005, 119

Wimmer, Der Rechtspfleger im neuen Insolvenzverfahren, InVo 1997, 216 ff.

Wimmer, Die Besonderheiten von Sekundärinsolvenzverfahren unter besonderer Berücksichtigung des Europäischen Insolvenzübereinkommens, ZIP 1998, 982

Wimmer, Die Haftung des GmbH-Geschäftsführers, NJW 1996, 2546 ff.

Wimmer, Die Neuregelungen der Mindestvergütung in masselosen Verfahren, ZInsO 2004, 1006 ff.

Wimmer, Die Reform der Insolvenzordnung in Bork/Kübler (Hrsg.), Insolvenzrecht, S. 181 ff.

Wimmer, Die Richtlinien 2001/17 EG und 2001/24 EG über die Sanierung und Liquidation von Versicherungsunternehmen und Kreditinstituten, ZInsO 2002, 897

Wimmer, Die UNCITRAL-Modellbestimmungen über grenzüberschreitende Insolvenzverfahren, ZIP 1997, 2220

Wimmer, Die Verordnung (EG) Nr. 1346/200 über Insolvenzverfahren, ZInsO 2001, 97

Wimmer, Einführung zum Entwurf eines Gesetzes zur Umsetzung der Finanzsicherheiten-Richtlinie, ZIP 2003, 1563 ff.

Wimmer, Einpassung der EU-Insolvenzverordnung in das deutsche Recht durch das Gesetz zur Neuregelung des Internationalen Insolvenzrechts, in: Festschrift für Kirchhof, S. 521–531
Wimmer, Entwurf eines Gesetzes zur Umsetzung der Finanzsicherheiten-Richtlinie, ZIP 2003, 1563 ff.
Wimmer, Jüngste Gesetzesänderungen vor Inkrafttreten der Insolvenzordnung, DZWIR 1999, 26 ff.
Winter, Anwaltliche Tätigkeit im Rahmen der vorgerichtlichen Einigung und des Insolvenzverfahrens, ZVI 2005, 346
Winter, Die vorzeitige Erteilung der Restschuldbefreiung vor Ablauf der Wohlverhaltenszeit, ZVI 2003, 211
Winter, Vorzeitige Erteilung der Restschuldbefreiung vor Ablauf der Wohlverhaltenszeit, ZVI 2003, 451
Wischemeyer, Auswirkungen einer Betriebsfortführung im eröffneten Insolvenzverfahren auf die Vergütung des Insolvenzverwalters, NZI 2005, 534 ff.
Wittig, Insolvenzordnung und Konsumentenkredit – Teil I –, WM 1998, 157 ff., 209 ff.
Wittig, Kreditfinanzierung der Unternehmensfortführung im Insolvenzverfahren, DB 1999, 197 ff.
Wittig, Obstruktionsverbot und Cram Down – § 245 InsO im Lichte der LaSalle Street Entscheidung des U. S. Supreme Court v. 3. 5. 1999, ZInsO 1999, 373
Wittinghofer, Der internationale Insolvenzverwaltungsvertrag – Koordination paralleler Insolvenzverfahren durch ad hoc-Vereinbarungen, 2004
Wolff, Konkursordnung, 2. Aufl. Berlin und Leipzig 1921
Wortberg, Holzmüller und die Stellung eines Insolvenzantrages wegen drohender Zahlungsunfähigkeit, ZInsO 2004, 707
Zeek, Die Anknüpfung der Insolvenzanfechtung, ZInsO 2005, 281–290
Zeller/Stöber, Zwangsversteigerungsgesetz, 19. Aufl., München 2009, zitiert: *Zeller/Stöber,* ZVG
Zeuner, Die Anfechtung in der Insolvenz, 2. Aufl., München 2007
Zimmermann, Neue Einkommensgrenzen für die Beratungs- und Prozeßkostenhilfe, ZVI 2005, 63 ff.
Zimmermann, Insolvenzrecht, 7. Aufl. Heidelberg 2008, zitiert: *Zimmermann,* Insolvenzrecht
Zimmermann, Säumniszuschläge der Krankenkassen im Insolvenzverfahren, ZInsO 2001, 495 f.
Zimmermann, Verschärfte Einkommensgrenzen für die Beratungs- und Prozeßkostenhilfe
Zimmermann, Zur Aufhebung der Prozeßkostenhilfebewilligung bei unterlassener Abgabe einer Erklärung nach § 120 Abs. 4 S. 2 ZPO, JurBüro 1993, 646 f.
Zipperer, Das Vermieterpfandrecht, ein Fallstrick bei der Unternehmensfortführung?, NZI 2005, 538–542
Zipperer, Die Insolvenz des freigegebenen selbständigen Gemeinschuldners, ZVI 2007, 541 ff.
Zipperer, Nichterweislichkeit des Insolvenzgrundes oder Abweisung mangels Masse: zum Rechnen mit Unbekannten, NZI 2003, 590 ff.
Zipperer, Sicherungsmaßnahmen gem. § 21 InsO – Neuer Wein in alten Schläuchen?, NZI 2004, 656 ff.
Zöller, Zivilprozeßordnung, 27. Aufl., Köln, 2009, zitiert: *Zöller/Bearbeiter,* ZPO
Zwanziger, Das Arbeitsrecht der Insolvenzordnung, 3. Aufl., München, 2006
Zypries, Aktuelles Insolvenzrecht, ZVI 2005, 157

Einführung

Übersicht

1. Die Insolvenzrechtsreform

Am 1. Januar 1999 ist die Insolvenzordnung (InsO) und ihr Einführungsgesetz (EGInsO) in Kraft getreten (§ 335 InsO, Art. 110 Abs. 1 EGInsO). Die Insol- 1 venzordnung löst das bisherige Insolvenzrecht, die Konkursordnung von 1877 (KO), die Vergleichsordnung von 1935 (VglO) und die Gesamtvollstreckungsordnung in der Fassung von 1991 (GesO) ab. Diese Gesetze sind zum 1. Januar 1999 aufgehoben worden (Art. 2 EGInsO). Das alte Recht ist allerdings noch anzuwenden auf **Verfahren, die vor dem 1. Januar 1999 beantragt wurden** (Art. 103 EGInsO); Verfahren, die seit dem 1. Januar 1999 beantragt worden sind, sind ausschließlich nach der InsO abzuwickeln (Art. 104 EGInsO).

2 Eine Sonderregelung ist für das **Anfechtungsrecht** vorgesehen, nach Art. 106 EGInsO ist die Anfechtbarkeit von Rechtshandlungen auch in einem nach dem 1. Januar 1999 beantragten Insolvenzverfahren nach dem Anfechtungsrecht der KO bzw. GesO zu beurteilen, sofern die Rechtshandlung vor dem 31. Dezember 1998 vorgenommen wurde. Zusätzlich müssen allerdings auch die Voraussetzungen des neuen Anfechtungsrechts gegeben sein.

3 Mehr als zehn Jahre nach Inkrafttreten der InsO dürften allerdings die Vorschriften des alten Rechts weitgehend an Bedeutung eingebüßt haben. Auch die Rechtsprechung zur Insolvenzordnung greift nur noch selten auf Entscheidungen zum früheren Recht zurück.

a) Geschichte des Insolvenzrechts[1]

4 Wurzeln des Konkurses liegen im römischen Recht. Die **römische Realexekution** kannte bereits einen „magister bonorum", der für die Verwertung des schuldnerischen Vermögens und die Verteilung an die Gläubiger zuständig war. Aus den römisch-rechtlichen Ansätzen entwickelte sich in den ober- und mittelitalienischen Handelsstädten bereits seit dem 13. Jahrhundert ein Verfahren der Gesamtvollstreckung bei Insolvenz eines (flüchtigen) Schuldners, das sich durch die Rezeption des römischen Rechts in Europa weiter verbreitete.

5 Nachdem gegen Ende des 17. Jahrhunderts das eher als obrigkeitliches Amtsverfahren ausgebildete **spanische Konkursrecht** Bedeutung erlangt hatte, setzte sich im 19. Jahrhundert in Mitteleuropa erneut das privatrechtlich orientierte, der Gläubigerautonomie weiten Raum gebende **italienisch-französische Konkursverfahren** durch. Durch die Konkursordnung von 1877, eines der vier Reichsjustizgesetze, die das Deutsche Reich zu einem einheitlichen Rechtspflegegebiet machten, wurde die bis dahin bestehende Rechtszersplitterung in den politisch und wirtschaftlich geeinigten deutschen Ländern überwunden.

6 Der Konkursordnung lag das **Leitbild der Gesamtvollstreckung** zugrunde; sie regelte abweichend vom Konkursrecht romanischer Länder kein Sonderrecht für Kaufleute, sondern war in gleicher Weise auf Unternehmen und Privatpersonen anwendbar. Das Hauptziel des Konkursverfahrens war jedoch die Vollstreckung der Gläubigeransprüche und deren gemeinsame Befriedigung durch ein von den Gläubigern selbst verwaltetes Verfahren, das lediglich unter der Aufsicht des Gerichts stand.

7 Durch das veränderte wirtschaftliche und soziale Umfeld wurde auch die Konkursordnung einem inhaltlichen Wandel unterworfen. Vor allem durch das zum 1. Januar 1900 in Kraft getretene Bürgerliche Gesetzbuch wurden zahlreiche **Anpassungen der Konkursordnung** erforderlich. So wurden beispielsweise Bestimmungen über den Nachlasskonkurs eingefügt. In der Folgezeit haben sich

[1] Vgl. zur Geschichte, *Gottwald/Gottwald,* InsHdb., § 1 Rn. 1 ff.; *Uhlenbruck,* DZWIR 2007, 1 ff.

vor allem die im Vordringen befindlichen Sicherungsrechte auf die Abwicklung von Konkursverfahren ausgewirkt.

Die **Ausdehnung der Vorrechte** – insbesondere das Fiskusvorrecht des § 61 Abs. 1 Ziff. 2 KO – auf der einen Seite und die immer stärkere Verbreitung der **besitzlosen Mobiliarsicherheiten** (Eigentumsvorbehalt, Sicherungseigentum, Sicherungsabtretung) auf der anderen Seite führten zu immer häufigerer Massearmut der Konkursverfahren. Waren diese Tendenzen in den ersten Nachkriegsjahren wegen der vergleichsweise geringfügigen Zahl von Konkursen nicht so gravierend,[1] wurden die Probleme durch die im Zuge der Ölpreiskrise einsetzenden Rezession umso virulenter. Forschungsergebnisse aus dem Jahr 1978 zeigten, dass das zur Konkursmasse zählende Schuldnervermögen zu 86% von Sicherungsgläubigern beansprucht wurde und die nicht bevorrechtigten Konkursgläubiger nur noch mit einstelligen Quoten Befriedigung erwarten konnten.[2] **8**

Auch die Ende der zwanziger Jahre eingeführte und 1934 neu gefasste **Vergleichsordnung** konnte an dieser Entwicklung nichts Grundsätzliches ändern. Zwar wurde hierdurch eine Neuorientierung der Ziele eines Insolvenzverfahrens deutlich. Neben der Liquidation und der Verteilung der Verwertungserlöse an die Gläubiger rückte auch der Erhalt des schuldnerischen Unternehmens ins Blickfeld. Allerdings war auch insoweit die **Masselosigkeit der Insolvenzfälle** die Ursache dafür, dass das gerichtliche Vergleichsverfahren seit Beginn der achtziger Jahre trotz einiger Großverfahren für die Praxis bedeutungslos geworden war. **9**

b) Grundzüge der Insolvenzrechtsreform

Der „Konkurs des Konkurses“[3] verlangte nach einer umfassenden Reform. Bereits im Jahre 1978 war vom damaligen Bundesminister der Justiz eine unabhängige **Sachverständigenkommission** für Insolvenzrecht eingesetzt worden, der Wissenschaftler und Praktiker aus Justiz, Wirtschaft und Gewerkschaft angehörten. In zahlreichen Plenar- und Arbeitsgruppensitzungen wurde ein umfassendes Regelungsmodell erarbeitet, das sich in zwei Berichten – in den Jahren 1985[4] und 1986[5] vom Bundesminister der Justiz herausgegeben – niederschlug. Nach den Vorstellungen der Kommission sollte ein einheitliches Insolvenzverfahren die Zweispurigkeit von Konkurs- und Vergleichsverfahren abschaffen und das bisherige Vergleichsverfahren zu einem umfassenden Reorganisationsverfahren für Unternehmen umgestaltet werden. Vor allem wegen der Sicherung der Arbeitsplätze sollte die Sanierung der Unternehmen Vorrang haben. **10**

Noch vor Vorlage der beiden Kommissionsberichte hatten sich die Mehrheitsverhältnisse im Bundestag allerdings geändert. Der im Jahre 1988 vom Bundesministerium der Justiz vorgelegte Diskussionsentwurf, dem im Dezember 1989 ein **Referentenentwurf** folgte, war strukturell im Verhältnis zum Kommissionsbericht stark verändert. Dem Gesichtspunkt der Marktkonformität wurde deutlich mehr Gewicht als vorher beigemessen, Liquidation oder Sanierung sollten **11**

---

[1] Zwischen 1950 und 1972 lag die Zahl der eröffneten Konkursverfahren jeweils unter 5000.

[2] *Gessner/Rhode/Strate/Ziegert,* S. 163 ff.

[3] *Kilger,* KTS 1975, 142.

[4] Erster Bericht der Kommission für Insolvenzrecht, Bundesministerium der Justiz (Hrsg.), Köln 1985.

[5] Zweiter Bericht der Kommission für Insolvenzrecht, Bundesministerium der Justiz (Hrsg.), Köln 1986.

ohne hoheitliche Entscheidung und ohne Eingriff in bestehende Eigentumspositionen verwirklicht werden. Eine Restschuldbefreiung für natürliche Personen wurde aufgenommen.

12 Im November 1991 wurde der **Regierungsentwurf** vorgelegt und damit das Gesetzgebungsverfahren in Gang gesetzt. Im Rechtsausschuss stieß der Regierungsentwurf auf vielfältige Kritik. Neben zahlreichen Einzeländerungen empfahl der **Rechtsausschuss** die Einführung eines neuen **Verbraucherinsolvenzverfahrens.** Am 21. April 1994 hat der Deutsche Bundestag die InsO nebst Einführungsgesetz in der vom Rechtsausschuss empfohlenen Fassung in 2. und 3. Lesung ohne Gegenstimmen verabschiedet und dem Bundesrat weitergeleitet. Dieser rief in seiner Sitzung am 20. Mai 1994 den Vermittlungsausschuss an und forderte dabei in erster Linie Maßnahmen zur Entlastung im Justizbereich und zur Finanzierung der Schuldnerberatungsstellen. Wegen des Verbraucherinsolvenzverfahrens fürchteten die Länder eine personelle Überforderung der Justiz und eine Kostenexplosion. Im **Vermittlungsausschuss** einigte man sich schließlich darauf, das Inkrafttreten der Insolvenzordnung auf den 1. Januar 1999 – mithin um weitere 2 Jahre – hinauszuschieben. Die **Zustimmung des Bundesrates** erfolgte daraufhin am 18. Juli 1994, so dass die Insolvenzordnung nebst Einführungsgesetz schließlich am 5. Oktober 1994 ausgefertigt und am 18. Oktober 1994 im Bundesgesetzblatt veröffentlicht werden konnten.[1] Einige Teile traten bereits am 19. November 1994[2] bzw. am 1. Oktober 1996[3] in Kraft. Andere Vorschriften[4] wurden bereits vor ihrem Inkrafttreten noch geändert.

13 Nach ihrem Inkrafttreten wurde die InsO noch mehrfach geändert.

2. Die wesentlichen Ziele der Insolvenzrechtsreform 1994

14 Die Insolvenzordnung verwirklicht die **Idee der marktkonformen Insolvenzabwicklung** in einem einheitlichen Verfahren, das für natürliche und juristische Personen ebenso gilt wie für Kaufleute und Nichtkaufleute. Sie vereinheitlicht und ersetzt das Nebeneinander von Konkurs- und Vergleichsrecht, ebenso wie die unterschiedlichen Abwicklungsgesetze in den neuen und den alten Bundesländern.

a) Einheitliches Verfahren und Konzentration der Zuständigkeit

15 Eines der vorrangigen Ziele des Gesetzgebers war es, die **Rechtseinheit** in Ost- und Westdeutschland wiederherzustellen und das Nebeneinander von Konkurs- und Vergleichsrecht einerseits sowie Gesamtvollstreckungsrecht andererseits zu beseitigen.

16 Darüber hinaus wurde die **Gleichwertigkeit der Verfahrensziele** Liquidation und Sanierung eingeführt. Auch wenn das übergeordnete Ziel der Haftungs-

---

[1] BGBl. I S. 2866 (InsO) und BGBl. I S. 2911 (EGInsO).

[2] Gem. Art. 110 Abs. 2 EGInsO die §§ 2 Abs. 2, 7 Abs. 3, 21 Abs. 2 Nr. 1, 65, 73 Abs. 2, 274 Abs. 1, 293 Abs. 2, 305 Abs. 1 Nr. 1, 313.

[3] Gem. Art. 6 des arbeitsrechtlichen Gesetzes zur Förderung von Wachstum und Beschäftigung vom 28. 10. 1996 (BGBl. I S. 1476) die §§ 113, 120–122, 125–128.

[4] Vgl. vor allem Art. 2 des Gesetzes zur Änderung des AGB-Gesetzes und der InsO vom 19. 7. 1996 (BGBl. I S. 1013), Art. 38 des Arbeitsförderungs-Reformgesetzes vom 27. 3. 1997 (BGBl. I S. 594, 709) und schließlich Art. 2 des Gesetzes zur Änderung des Einführungsgesetzes zur Insolvenzordnung und anderer Gesetze (EGInsOÄndG) vom 19. 12. 1998 (BGBl. I S. 3836, 3839).

verwirklichung[1] geblieben ist, bestehen die Wege zu diesem übergeordneten Ziel Liquidation, Sanierung und übertragende Sanierung gleichwertig nebeneinander.[2] Die Gläubiger sollen frei entscheiden, welches Verfahrensziel im Einzelfall realisiert werden soll, die InsO stellt hierfür ein **einheitliches Verfahren** zur Verfügung.

Vereinheitlicht werden sollte auch die örtliche Zuständigkeit, indem man eine **17**
Konzentration auf im Grundsatz jeweils ein Insolvenzgericht je Landgerichtsbezirk anstrebte. Die Zahl der Insolvenzgerichte wurde damit in etwa halbiert und damit den handelnden Personen (Richtern und Rechtspflegern) die Möglichkeit der Spezialisierung eröffnet.

b) Bekämpfung der Massearmut

Die Durchführung eines Konkursverfahrens scheiterte vor der Insolvenzrechts- **18**
reform in drei von vier Fällen daran, dass Verfahren mangels Masse nicht eröffnet werden konnten. Durch verschiedene Maßnahmen gegen die Massearmut der Verfahren sollte vor allen Dingen erreicht werden, dass Insolvenzverfahren frühzeitiger, leichter und häufiger eröffnet werden können als früher.

Zunächst wurde als **neuer Eröffnungsgrund** die drohende Zahlungsunfähig- **19**
keit (§ 18) eingeführt. Damit soll dem Schuldner die Möglichkeit gegeben werden, bereits zu einem Zeitpunkt, zu dem eine Sanierung noch aussichtsreich erscheint, das Insolvenzverfahren zu beantragen.

Die InsO enthält weitere **Anreize für eine Antragstellung,** beispielsweise **20**
durch die Inaussichtstellung einer Restschuldbefreiung für natürliche Personen (§§ 286 ff.) und durch die subsidiäre Verfahrenskostenhaftung zur Antragstellung verpflichteter Organmitglieder (§ 26 Abs. 3).

Eine häufigere Verfahrenseröffnung wurde auch durch die Einordnung der **21**
Verfahrenskosten an erster Rangstelle erreicht. Die vorhandene oder im Verfahren erwirtschaftete, freie Insolvenzmasse muss hinreichend sein, um die Verfahrenskosten zu decken, wobei hierunter allerdings auch die notwendigen Abwicklungskosten zu subsumieren sind. Sonstige Masseverbindlichkeiten, auch solche, die aus der Abwicklungstätigkeit entstehen, sind unter Umständen nachrangig und führen auch nach Eröffnung des Verfahrens nicht zur sofortigen Einstellung, sondern zur vollständigen Verwertung der Insolvenzmasse und erst danach erfolgender Verteilung und Einstellung wegen Masseunzulänglichkeit.

Eine **Anreicherung der Masse** wird nach der geltenden InsO zum einen **22**
durch die **Einbeziehung des Neuerwerbs** erreicht, zum anderen durch eine **Erleichterung der Anfechtungsansprüche,** bei deren Tatbestandsvoraussetzungen auf subjektive Merkmale teilweise verzichtet wurde. Schließlich wertet auch die **Einbeziehung der Haftungsansprüche gegen die Gesellschafter** (§ 93 InsO) die Insolvenzmassen auf.

Die Einbeziehung der Sicherungsrechte an beweglichen Vermögenswerten **23**
(Sachen und Forderungen) erfolgte durch die Einführung des **Verwertungsrechtes des Insolvenzverwalters** und die Festlegung von **Kostenbeiträgen** als prozentualen Anteil der erzielten Verwertungserlöse.

---

[1] *Gerhardt,* Zielbestimmung und Einheitlichkeit des Insolvenzverfahrens, in: *Leipold,* Insolvenzrecht im Umbruch, S. 1 ff.

[2] *Braun/Uhlenbruck,* S. 169.

c) Stärkung der Gläubigerautonomie

24 Die Gläubiger bestimmen entscheidend die Abwicklung des Insolvenzverfahrens, wobei auch die Absonderungsrechte in vollem Umfange Stimmrechte verleihen. Die Gläubiger bestimmen mehrheitlich, welcher Verwalter das Verfahren abwickelt (§ 97) und in welcher Weise das schuldnerische Unternehmen liquidiert oder saniert wird (§ 157). Sie können den Insolvenzverwalter beauftragen, einen **Insolvenzplan** zu erstellen (§ 157 S. 2) und über den Gläubigerausschuss die Abwicklungstätigkeit des Insolvenzverwalters kontrollieren und unterstützen.

25 Das Institut des Insolvenzplans (§§ 217 ff.) ist das **Kernstück des einheitlichen Insolvenzverfahrens.** Im Plan können die Beteiligten von allen Liquidationsregeln abweichen und nach dem Mehrheitsprinzip die günstigste Form der Insolvenzabwicklung durchsetzen. Auch wenn nur die Mehrheit der Gruppen dem Plan zustimmt, kann durch das Obstruktionsverbot (§ 245) gleichwohl die Realisierung des Insolvenzplans erreicht werden.

d) Verbraucherinsolvenzverfahren

26 Die Einführung eines besonderen Verbraucherinsolvenzverfahrens erfolgte im Gesetzgebungsverfahren durch den Rechtsausschuss. Für überschaubare Vermögensverhältnisse soll ein vereinfachtes Insolvenzverfahren zu schnellerer und kostengünstigerer Abwicklung führen.

e) Restschuldbefreiung

27 Auch die Restschuldbefreiung gehört zu den vorrangigen Zielen des Reformgesetzgebers. Sie stellt eine Neuerung im deutschen Insolvenzrecht dar, die auch in der GesO keinen eigentlichen Vorläufer hatte. Vergleichbar ist sie mit dem „discharge"-System des US-amerikanischen Insolvenzrechts. Durch die Möglichkeit einer privat-autonomen Schuldenbereinigung soll im gesamtwirtschaftlichen Interesse das Abtriften von insolventen Schuldnern in die Schattenwirtschaft verhindert und ihnen ein „fresh start" ermöglicht werden. Die Restschuldbefreiung für natürliche Personen setzt eine **sechsjährige**[1] **Wohlverhaltensperiode** voraus, in der das pfändbare Arbeitseinkommen den Gläubigern zur Verfügung gestellt werden muss. Eine Restschuldbefreiung für juristische Personen ist über einen Insolvenzplan möglich.

3. Erste Erfahrungen mit dem neuen Recht

28 **a)** Die Einsetzung eines „starken" vorläufigen Insolvenzverwalters führt zu erheblichen Nachteilen für die Insolvenzmasse, die auch nach dem InsOÄndG 2001 nur zum Teil beseitigt wurden. Hat der vorläufige Insolvenzverwalter, auf den Verwaltungs- und Verfügungsbefugnis übergegangen sind, das Unternehmen einerseits grundsätzlich fortzuführen, begründet er andererseits nicht nur für die von ihm neu eingegangenen Verbindlichkeiten Masseansprüche, sondern auch für die von ihm zu erfüllenden **Dauerschuldverhältnisse,** wenn er die Gegenleistung für die Masse in Anspruch nimmt. Auch jedes umsatzsteuerpflichtige

[1] Durch das InsOÄndG 2001 (BGBl. I S. 2710 ff.) ist diese Zeitspanne einschließlich der Dauer des Insolvenzverfahrens auf sechs Jahre verkürzt worden. Ursprünglich war der Beginn der Wohlverhaltensperiode auf die Beendigung des Insolvenzverfahrens und die Dauer auf sieben Jahre angesetzt worden.

Geschäft in der Fortführung begründet Masseverbindlichkeiten und belastet die in der Fortführung erwirtschaftete Liquidität. Hinzu kommt die Gefahr der persönlichen Haftung des vorläufigen Insolvenzverwalters, wenn er Masseverbindlichkeiten begründet, die er in der Folge nicht vollständig erfüllen kann.

b) Die beabsichtigte frühzeitige Einleitung von Insolvenzverfahren durch die 29
Einführung des neuen Insolvenzgrundes der drohenden Zahlungsunfähigkeit hat sich in der Praxis zwar verbal häufig, in der Realität aber kaum durchgesetzt. Unternehmen, die auf eine Eigensanierung hoffen, setzen nach wie vor eher auf ein außergerichtliches **Sanierungsverfahren,** als auf die Sanierungsmöglichkeiten, die ein Insolvenzplan bietet. Auch die Möglichkeit der Eigenverwaltung wird von den Beteiligten – insbesondere auch den sehr zurückhaltenden Gerichten – eher wenig angenommen.

c) Problematisch hatte sich auch die **Änderung der Insolvenzgeldvorfinanzierungsregelungen** ausgewirkt. War bis Ende 1998 eine Vorfinanzierung durch 30
die klarstellende Entscheidung des Bundessozialgerichts[1] zumindest für Zeiträume, die vor dem Insolvenzantrag lagen, unproblematisch, so war dies durch die Neuregelungen in §§ 183 ff. SGB III erheblich erschwert worden. Auch die Durchführungsanweisung der Bundesanstalt für Arbeit zum Insolvenzgeld[2] hatte insoweit keine Klärung gebracht und die örtlichen Arbeitsämter gezwungen, im Interesse einer arbeitsplatzerhaltenden Insolvenzabwicklung teilweise contra legem großzügig Genehmigungen zu erteilen. Eine Umqualifizierung der auf die Bundesanstalt übergegangenen Arbeitsentgeltansprüche der Arbeitnehmer zu Insolvenzforderungen auch für den Fall, dass die Betriebsfortführung durch einen starken vorläufigen Insolvenzverwalter erfolgt ist, hatten die Entscheidungen des Bundesarbeitsgerichts vom 3. April 2001[3] herbeigeführt. Eine gesetzliche Klarstellung erfolgte darüber hinaus durch das InsOÄndG 2001.

d) Durch die Übertragung des **Verwertungsrechte** von sicherungsübereigne- 31
ten Mobilien, die im Besitz der Masse sich befinden, auf den Insolvenzverwalter, ist eine Stärkung seiner Entscheidungsbefugnisse zwar erreicht worden, allerdings blieb die zwischen dem Insolvenzantrag und der Eröffnung liegende Phase zunächst ungeregelt. In der Praxis wurden diese Sachverhalte regelmäßig durch Vereinbarungen gelöst, eine eindeutige gesetzliche Regelung – insbesondere auch zur Frage der Kostenbeiträge bei Verwertungsmaßnahmen im Eröffnungsverfahren – erfolgte erst durch das Gesetz zur Vereinfachung des Insolvenzverfahrens vom 12. April 2007.[4]

e) Langsam angenommen wird das Institut des **Insolvenzplans.** Waren im 32
ersten Jahr weniger als 100 Insolvenzpläne zu verzeichnen, stieg die Zahl in den Folgejahren deutlich an. Zunehmend werden auch in kleineren Verfahren schlanke Insolvenzpläne eingereicht und führen zu einer schnelleren und damit in der Regel auch kostengünstigeren Abwicklung als sie durch das Regelverfahren möglich wäre. Insoweit wird erkennbar, dass die von Praktikern unverständlicherweise geltend gemachten Vorbehalte gegen ein Insolvenzplanverfahren zunehmend abgebaut werden. Hilfreich wäre insoweit sicherlich, wenn sich der Gesetz-

---

1 BSG, Urteil vom 22. März 1995, ZIP 1995, 935 ff.

2 Abgedruckt in *Kübler/Prütting/Bork,* InsO, unter Gesetzestexte.

3 BAG, Urteil vom 3. April 2001, ZIP 2001, 1964 ff.

4 BGBl. I 2007 S. 509.

geber zu einer Einschränkung der Rechtsbehelfsmöglichkeiten (ggf. im Wege der Nachverlagerung wie in den Spruchstellenverfahren des Gesellschaftsrechts) gegen einen von den Gläubigern mehrheitlich angenommenen Insolvenzplan entschließen könnte.

33 **f)** Erhebliche Anlaufschwierigkeiten hatte auch das **Verbraucherinsolvenzverfahren,** dessen Einführung letztlich für das um zwei Jahre hinausgeschobene Inkrafttreten der InsO verantwortlich gewesen war. Erst das InsOÄndG 2001 hat eine Verbesserung des Zugangs auch mittelloser Verbraucher zum Verfahren gebracht. Die von der Bund-Länder-Kommission angeregte große Reform ist trotz umfangreicher Vorarbeiten bisher nicht zustande gekommen.

4. Gesetz zur Änderung der Insolvenzordnung und anderer Gesetze vom 26. Oktober 2001[1]

34 Knapp drei Jahre nach ihrem Inkrafttreten ist die Insolvenzordnung durch das InsO-Änderungsgesetz 2001 umfangreich novelliert worden. Vorarbeiten hierzu hatte die von der 70. Konferenz der Justizministerinnen und -minister im Juni 1999 unter dem Vorsitz von Nordrhein-Westfalen eingesetzte Bund-Länder-Arbeitsgruppe „Insolvenzrecht" geleistet und im Mai 2000 einen ersten Zwischenbericht verfasst,[2] der im wesentlichen die zu Tage getretenen Schwachstellen des Verbraucherinsolvenzverfahrens zum Inhalt hatte.

35 Das InsOÄndG 2001 ist am 31. Oktober 2001 verkündet und überwiegend am 1. Dezember 2001 in Kraft getreten.

36 Das **InsOÄndG** 2001 brachte erhebliche Veränderungen vor allem für das Verbraucherinsolvenzverfahren. Insbesondere der Zugang mittelloser Schuldner zum Verfahren sollte erleichtert und durch eine Einschränkung des persönlichen Anwendungsbereichs das Verbraucherinsolvenzverfahren praktikabler werden. Darüber hinaus waren weitere Änderungen im Regelinsolvenzverfahren erfolgt.[3]

a) Zugang mittelloser Schuldner zum Insolvenzverfahren

37 Mit dem Verbraucherinsolvenzverfahren wollte der Gesetzgeber ein Verfahren schaffen, das den Bedürfnissen von Verbrauchern und Kleingewerbetreibenden angepasst ist und nicht zu einer übermäßigen Belastung der Gerichte führt.[4] Diese hohen Erwartungen konnten nur im Ansatz erfüllt werden, wobei die tatsächlichen Fallzahlen zunächst weit hinter den Schätzungen zurückgeblieben sind. Ein Grund hierfür dürfte in der **starken Belastung der Schuldnerberatungsstellen** gelegen haben, die nicht in allen Bundesländern in ausreichendem Umfange ausgebaut worden sind. Für andere geeignete Stellen – im wesentlichen Rechtsanwälte und Steuerberater – ist die Befassung mit dem außergerichtlichen Schuldenbereinigungsverfahren wirtschaftlich uninteressant, da die hierfür vorgesehenen gesetzlichen Gebühren auch nicht annähernd kostendeckend ausgestaltet wurden.

---

[1] BGBl. I 2001 S. 2710 ff., nachfolgend InsOÄndG 2001.

[2] Vgl. hierzu *Graf-Schlicker,* WM 2000, 1984 ff.; *Graf-Schlicker/Remmert,* ZInsO 2000, 321 ff.

[3] Z. B. die Rückstufung der auf die Bundesanstalt für Arbeit übergegangenen Arbeitsentgeltansprüche.

[4] Vgl. Beschlussempfehlung im Bericht des Rechtsausschusses, BT-Drucks. 12/7302, S. 189.

Einem erheblichen Teil der Schuldner blieb das Verfahren in den ersten Jahren nach Einführung der InsO versperrt, da sie die Verfahrenskosten nicht aufbringen konnten. Einige Gerichte haben zwar **Prozesskostenhilfe** gewährt, die Mehrzahl der Gerichte jedoch unter Hinweis auf die Besonderheiten des Insolvenzverfahrens eine entsprechende Anwendung der §§ 114 ff. ZPO verneint. 38

Dem Vorschlag der Bund-Länder-Arbeitsgruppe folgend hatte das InsOÄndG 2001 von der Anwendung der §§ 114 ff. ZPO abgesehen und stattdessen eine **Verfahrenskostenstundung** eingeführt. Für natürliche Personen, die einen Restschuldbefreiungsantrag gestellt haben, sehen die §§ 4 a ff. jetzt vor, dass die **Verfahrenskosten gestundet** werden können. Ebenfalls kann dem Schuldner im Einzelfall ein Rechtsanwalt beigeordnet werden, wenn wegen der Schwierigkeit der Sach- und Rechtslage eine solche Vertretung erforderlich erscheint. 39

Durch diese Regelung werden Insolvenzverfahren über das Vermögen natürlicher Personen, die gleichzeitig mit dem Eigenantrag einen Antrag auf Restschuldbefreiung stellen, nicht mehr gem. § 26 abgewiesen, wenn die Verfahrenskosten aus der freien Masse nicht gedeckt sind, sondern gleichwohl eröffnet und abgewickelt. Auch die Einstellung nach § 207 unterbleibt, wenn die Stundung angeordnet ist. 40

Diese Regelungen haben zu einem erheblichen Anstieg der Insolvenzanträge ebenso wie der eröffneten Insolvenzverfahren natürlicher Personen in der Folge geführt. Darüber hinaus hatten die Entscheidungen des BGH[1], die die Regelungen der Mindestvergütung in der InsVV teilweise für verfassungswidrig gehalten hatten, den Verordnungsgeber veranlasst, die InsVV noch im Jahre 2004 zu ändern.[2] Dadurch sind die Belastungen der Justizhaushalte noch einmal deutlich gestiegen. Schätzungen gehen davon aus, dass die Vergütungen für die Treuhänder im vereinfachten Insolvenzverfahren ebenso wie für die Insolvenzverwalter im gestundeten Verfahren natürlicher Personen sich durch die Staffelregelung in §§ 2 Abs. 2 und 13 InsVV auf das 2½- bis 3-fache erhöht haben. Da auch die Verfahrenszahlen jährlich um 30–40% angestiegen waren, wurden Bestrebungen eingeleitet, die Kostenstundung wieder abzuschaffen.[3] 41

b) Einschränkung des persönlichen Anwendungsbereichs des Verbraucherinsolvenzverfahrens

Die Insolvenzordnung hatte in den Anwendungsbereich der §§ 304 ff. neben den eigentlichen Verbrauchern auch Schuldner mit einer geringfügigen selbstständigen wirtschaftlichen Tätigkeit in das vereinfachte Verfahren einbezogen. Dabei hatte die Vorstellung bestanden, dass auch bei solchen Schuldnern **überschaubare Vermögensverhältnisse** vorlägen, die in der Abwicklung typischerweise keine besonderen Probleme verursachen würden.[4] Diese Einschätzung erwies sich in der gerichtlichen Praxis als verfehlt. In das vereinfachte Verfahren waren nicht nur kleine Gewerbebetriebe einbezogen worden, deren Fortführungschancen durch das vorgeschaltete außergerichtliche Schuldenbereinigungsverfahren erheblich beeinträchtigt worden waren, ohne dass gleichzeitig die im 42

---

[1] BGH NZI 2004, 196 ff. und 222 ff.

[2] ÄndVO vom 4. 10. 2004 (BGBl. I S. 2569).

[3] Vgl. RegE eines Gesetzes zur Entschuldung völlig mittelloser Personen, zur Stärkung der Gläubigerrechte sowie zur Regelung der Insolvenzfestigkeit von Lizenzen vom 22. 8. 2007; BT-Drucks. 16/7416; vgl. unten Rn. 64 ff.

[4] *Balz/Landfermann,* S. 565 f.

Eröffnungsverfahren sonst möglichen Sicherungsmaßnahmen hätten ergriffen werden können. Darüber hinaus waren natürliche Personen, die früher in erheblichem Umfange gewerblich tätig waren, ihren Geschäftsbetrieb jedoch – teilweise nach einem mangels Masse abgewiesenen Konkurs- oder Insolvenzantrag – aufgegeben hatten, ebenfalls in den Anwendungsbereich einbezogen worden. Diese Schuldner hatten jedoch erheblich mehr Gläubiger und mitnichten überschaubare Vermögensverhältnisse, so dass das vereinfachte Insolvenzverfahren für sie völlig ungeeignet war.

43 Das InsOÄndG 2001 hat diesen Missstand behoben. Das Verbraucherinsolvenzverfahren nach §§ 304 ff. ist jetzt nur noch für natürliche Personen anwendbar, die **keine selbstständige wirtschaftliche Tätigkeit** ausüben oder ausgeübt haben, es sei denn, ihre Vermögensverhältnisse seien überschaubar und gegen sie würden keine Forderungen aus Arbeitsverhältnissen bestehen. Als überschaubar sind Vermögensverhältnisse anzusehen, wenn der Schuldner zum Zeitpunkt der Antragstellung weniger als 20 Gläubiger hat. Hierdurch wird der Anwendungsbereich tatsächlich auf solche Sachverhalte beschränkt, die im vereinfachten Verfahren schneller und kostengünstiger abgewickelt werden können als im regulären Insolvenzverfahren. Durch die Stundungsregelung sind seit Ende 2001 die Verfahrenszahlen ebenso wie die Eröffnungsquote bei den Verbraucherinsolvenzverfahren erheblich angestiegen.

c) Einschränkung des Schuldenbereinigungsplanverfahrens

44 In vielen Fällen hatte sich in der Praxis herausgestellt, dass die Durchführung eines außergerichtlichen Schuldenbereinigungsverfahrens ebenso wie die Wiederholung nach Antragstellung ungeeignet war, zu einer schnellen Erledigung des Verfahrens zu führen. Das InsOÄndG 2001 schreibt das Scheitern der außergerichtlichen Schuldenbereinigung für den Fall fest, dass ein Gläubiger die **Zwangsvollstreckung** betreibt, nachdem die Verhandlungen über die außergerichtliche Schuldenbereinigung aufgenommen wurden. Darüber hinaus räumt die Novelle dem Gericht einen weiten Ermessensspielraum zur Durchführung des gerichtlichen Schuldenbereinigungsplanverfahrens ein. Hierdurch können Verfahren gestrafft und das Schuldenbereinigungsplanverfahren auf die Fälle beschränkt werden, in denen es tatsächlich aussichtsreich ist.

d) Verkürzung der Wohlverhaltensperiode

45 Erst durch den Rechtsausschuss wurde die Wohlverhaltensperiode von sieben auf sechs Jahre verkürzt und der Beginn des Zeitraums von der Aufhebung des Insolvenzverfahrens auf die Eröffnung des Insolvenzverfahrens vorverlegt. Dadurch hat sich in der Praxis eine Verkürzung um mindestens $1^1/_2$ Jahre ergeben, was insgesamt einen erheblichen Vorteil für den Schuldner darstellt.

e) Verringerung der Kosten

46 Das vereinfachte Insolvenzverfahren – insbesondere das Vorverfahren – war in der Praxis vor allem deshalb mit viel höheren Kosten verbunden als ursprünglich angenommen, weil eine Vielzahl von Unterlagen allen Gläubigern zugestellt werden mussten und darüber hinaus Veröffentlichungskosten in erheblichem Umfange anfielen. Das InsOÄndG 2001 reduziert zum einen die Notwendigkeit von Veröffentlichungen und eröffnet zum anderen die Möglichkeit, für Bekanntmachungen im Insolvenzverfahren die neuen Medien zu nutzen. Zwar hielt auch

die Novelle an der Notwendigkeit fest, im gerichtlichen Schuldenbereinigungsplanverfahren förmliche Zustellungen an alle Gläubiger durchzuführen. Der Umfang der zuzustellenden Unterlagen wurde jedoch deutlich reduziert und damit auch die anfallenden Kosten verringert.

f) Änderungen im Regelinsolvenzverfahren

Das InsOÄndG 2001 gewährte dem Schuldner ein **Rechtsmittel** gegen die Anordnung von Sicherungsmaßnahmen im Eröffnungsverfahren. Dies war wegen des erheblichen Eingriffs in die Rechtsgüter des Schuldners von Teilen der Literatur gefordert worden. 47

Die Novelle änderte weiterhin § 55 dahingehend, dass im Rahmen des Eröffnungsverfahrens begründete Masseverbindlichkeiten dann zu Insolvenzforderungen **zurückgestuft** wurden, wenn sie auf die Bundesagentur für Arbeit übergegangen waren. Diese Regelung war in der Insolvenzordnung bisher nicht vorgesehen und hatte in der Praxis dazu geführt, dass nur in Ausnahmefällen bei Einsetzung eines vorläufigen Insolvenzverwalters auch ein Verfügungsverbot erlassen worden war. Der Novelle war das **Bundesarbeitsgericht** mit seinen Entscheidungen vom 3. April 2001 bereits für die Teile der Vergütung, die als Insolvenzgeld bezahlt worden waren, zuvorgekommen. 48

Ungeregelt geblieben waren allerdings weitere gesetzliche Abgaben, die im Eröffnungsverfahren entstehen und Masseschuldqualität behalten, wie beispielsweise die in der Fortführung entstandenen Steuerverbindlichkeiten, im Wesentlichen die Umsatzsteuer. 49

5. Gesetz zur Reform des Zivilprozesses vom 27. Juli 2001[1]

Nach umfassenden Vorarbeiten und Diskussionen war das Zivilprozessreformgesetz (ZPO-RG) am 1. Januar 2002 in Kraft getreten. Es brachte u. a. die allgemeine Einführung **der Rechtsbeschwerde** (§§ 574–577 ZPO), wodurch die bisherige Regelung des § 7 mit der weiteren Beschwerde und der Vorlageverpflichtung der Oberlandesgerichte an den BGH obsolet geworden ist. Die Vorschrift ist daher durch das ZPO-RG völlig neu gefasst worden. 50

Ebenfalls neu eingeführt wurde die generelle **Abhilfemöglichkeit,** § 574 Abs. 1 ZPO, wodurch eine Änderung in § 6 notwendig wurde. 51

6. Gesetz zur Neuregelung des internationalen Insolvenzrechts

Vom Bundesministerium der Justiz ist noch in der 14. Legislaturperiode der Entwurf eines Gesetzes zur Neuregelung des Internationalen Insolvenzrechts eingebracht worden. Dadurch sollte zum einen die Verordnung (EG) Nr. 1346/2000 des Rates vom 21. Mai 2000 über Insolvenzverfahren an das deutsche Recht angepasst werden. Darüber hinaus sollte – wie bereits im Regierungsentwurf zur InsO vorgesehen – ein autonomes deutsches internationales Insolvenzrecht geschaffen werden. Der Bundestag hat am 14. März 2003 das Gesetz verabschiedet, das am 20. März 2003 in Kraft getreten ist.[2] Der 11. Teil der Insolvenzordnung (§§ 335–358) wurde hierdurch neu in die Insolvenzordnung eingefügt. 52

---

[1] BGBl. I 2001 S. 1887 ff., nachfolgend ZPO-RG.
[2] BGBl. I 2003 S. 345.

7. Diskussionsentwurf eines Gesetzes zur Änderung der Insolvenzordnung, des Bürgerlichen Gesetzbuches und anderer Gesetze sowie Gesetz zur Umsetzung der Richtlinie 2002/47/EG vom 6. Juni 2002 über Finanzsicherheiten und zur Änderung des Hypothekenbankgesetzes und anderer Gesetze

53 Als Reaktion auf den Abschlussbericht der Bund-Länder-Arbeitsgruppe „Insolvenzrecht" hat das Bundesministerium der Justiz im April 2003 einen Diskussionsentwurf[1] vorgelegt.

54 Darüber hinaus sollte mit dem Gesetzentwurf aber auch die Richtlinie 2002/47/EG vom 6. Juni 2002 über Finanzsicherheiten[2] umgesetzt werden. Der Diskussionsentwurf löste eine intensive Diskussion in der Fachöffentlichkeit aus, die zu zahlreichen Stellungnahmen und Änderungsvorschlägen führte.[3] Da die Umsetzung der Finanzsicherheiten-Richtlinie spätestens zum 27. Dezember 2003 zu erfolgen hatte, sah sich die Bundesregierung genötigt, diesen Teil des Reformpaketes abzuspalten und vorweg auf den Weg zu bringen. Das Bundeskabinett hat daher am 13. August 2003 den Entwurf eines Gesetzes zur Umsetzung der Finanzsicherheiten-Richtlinie vorgelegt und dadurch die Reform des Unternehmensinsolvenzverfahrens und der Umgestaltung des Einigungsversuchs im Verbraucherinsolvenzverfahren – einer der wesentlichen Schwerpunkte des Diskussionsentwurfs – zunächst noch einmal verschoben.

55 Durch das Gesetz zur Umsetzung der Finanzsicherheiten-Richtlinie sind einige Vorschriften der Insolvenzordnung[4] geändert worden. Darüber hinaus ergaben sich Änderungen im BGB bei den Pfandrechtsvorschriften. Das Gesetz ist am 5. April 2004 im Bundesgesetzblatt[5] veröffentlicht worden und am 9. April 2004 in Kraft getreten.

56 Weitere Veränderungen ergaben sich noch durch das Gesetz zur Anpassung von Verjährungsvorschriften an das Gesetz zur Modernisierung des Schuldrechts,[6] das am 9. Dezember 2004 verabschiedet wurde und am 15. Dezember 2004 in Kraft trat. Es brachte zum einen die Anpassung der Verjährungsvorschrift des § 62 InsO an die allgemeinen, durch das Schuldrechtsmodernisierungsgesetz modifizierten Verjährungsvorschriften, wobei es allerdings bei der Höchstverjährungsfrist von 3 Jahren insoweit geblieben ist. Darüber hinaus wurde die Frist zur Geltendmachung der Insolvenzanfechtung nach § 146, die bereits – anders als noch zu Zeiten der KO – von Anfang an als Verjährungsvorschrift ausgestaltet war, erheblich verlängert. Zum einen wurde die Verjährungsfrist auf 3 Jahre erhöht und auch der Beginn der Verjährung durch § 199 Abs. 1 Nr. 1 BGB

[1] Abgedruckt als Beilage der ZVI 2003, Heft 4.

[2] Richtlinie 2002/47/EG des Europäischen Parlaments und des Rates vom 6. 6. 2002 über Finanzsicherheiten, ABl. L 168, 43.

[3] Stellungnahmen haben abgegeben der Bundesverband Deutscher Inkassounternehmen e. V. ebenso wie der Arbeitskreis Insolvenzordnung, die Arbeitsgemeinschaft Schuldnerberatung (AGSBV), die Insolvenzpraktiker des Gravenbrucher Kreises ebenso wie die Arbeitsgemeinschaft Insolvenzrecht und Sanierung im DAV, die Bundesrechtsanwaltskammer ebenso wie der Richterbund.

[4] §§ 21, 81, 96, 104, 130, 147, 166, 223 und 340.

[5] BGBl. I 2004 S. 502.

[6] BGBl. I 2006 S. 3214.

später angesetzt. Hinzu kommt jedoch auch eine subjektive Komponente, die für den Beginn der Verjährungsfrist maßgeblich sein und eine erhebliche Verlängerung der Verjährungsfrist mit sich bringen kann.

Durch das Justizkommunikationsgesetz vom 22. März 2005[1] ist vor allem die Möglichkeit der Forderungsanmeldung durch elektronische Datenverarbeitung erneut erweitert worden. Durch das Gesetz über elektronische Handelsregister und Genossenschaftsregister sowie das Unternehmensregister vom 10. November 2006[2] wurde § 9 mit Wirkung vom 1. Januar 2007 erneut geändert. Schließlich wurde durch das Justizmodernisierungsgesetz vom 22. Dezember 2006[3] noch § 111 dadurch geändert, dass die in Satz 3 enthaltene Verweisung auf § 57 c ZVG mit Wirkung vom 31. Dezember 2006 ersatzlos gestrichen wurde. **57**

8. Gesetz zur Vereinfachung des Insolvenzverfahrens vom 13. April 2007

Der Diskussionsentwurf vom April 2003 und ein ihm folgender Diskussionsentwurf vom September 2004[4] lösten zwar umfangreiche Diskussionen in der Fachöffentlichkeit aus, konnten jedoch wegen der auf den Herbst 2005 vorgezogenen Neuwahlen im Gesetzgebungsverfahren nicht mehr behandelt werden. **58**

Im Februar 2006 hat dann das Bundesjustizministerium den Ländern den Entwurf eines Gesetzes zur Vereinfachung des Insolvenzverfahrens zur Stellungnahme zugeleitet, aus dem dann der Regierungsentwurf vom 11. August 2006[5] und nach erfolgter Stellungnahme des Bundesrats der überarbeitete Regierungsentwurf vom 2. November 2006[6] erarbeitet wurde. Nachdem der Rechtsausschuss seine Beschlussempfehlung[7] am 31. Januar 2007 abgegeben hatte, ist der Gesetzentwurf schließlich vom Bundestag am 1. Februar 2007 verabschiedet worden.[8] Das Gesetz ist am 13. April 2007 verkündet worden[9] und im Wesentlichen am 1. Juli 2007 in Kraft getreten. **59**

Das Vereinfachungsgesetz enthielt vor allem Verfahrensvorschriften, die eine Begradigung des Verfahrens zum Inhalt hatten und auch in der vorangegangenen Diskussion im Wesentlichen auf Zustimmung gestoßen waren. Vor allem waren folgende Änderungen eingefügt worden: **60**

- die Ermöglichung des schriftlichen Verfahrens für kleine- und überschaubare Verfahren,
- die Vereinfachung von Zustellungen,
- die öffentliche Bekanntmachung im Internet mit 2-jähriger Übergangsregelung,
- die Einschränkung von Aussonderungsansprüchen bei Unternehmensfortführungen,
- die Ermöglichung der „Freigabe" selbstständiger Tätigkeiten,

---

[1] BGBl. I 2005 S. 837.
[2] BGBl. I 2006 S 2553.
[3] BGBl. I 2006 S 3416.
[4] NZI 2006, 212 ff.
[5] BR-Drucks. 549/06.
[6] BT-Drucks. 16/3227.
[7] BT-Drucks. 16/4194.
[8] Vgl. BR-Drucks. 96/07.
[9] BGBl. I 2007 S. 509.

- die Einordnung von Säumniszuschlägen als nachrangige Forderungen,
- das Verbot geschlossener Auswahllisten für die Verwalterbestellung,
- die Abkürzung der Kündigungsfrist von Mietverhältnissen auf drei Monate,
- eine Klarstellung der nahe stehenden Personen,
- die Streichung des Mitzeichnungspflicht des Gläubigerausschusses,
- die Ermöglichung der Betriebsveräußerung vor dem Berichtstermin mit Zustimmung des Gerichts,
- die Fiktion von zustimmenden Gläubigerversammlungsbeschlüssen, wenn kein Gläubiger im Berichtstermin erscheint,
- die Einführung einer Monatsfrist, in der der Schuldner seinen Widerspruch gegen eine titulierte Forderung verfolgen muss,
- die Veröffentlichung der zur Verteilung zur Verfügung stehenden Forderungen durch das Insolvenzgericht nach Anzeige durch den Verwalter.

61 Darüber hinaus erfolgten noch Änderungen in der Verordnung zur öffentlichen Bekanntmachung in Insolvenzverfahren im Internet vom 12. Februar 2002,[1] im WEG sowie im GVG.

9. Gesetz zum Pfändungsschutz der Altersvorsorge (und zur Anpassung des Rechts der Insolvenzanfechtung) vom 26. März 2007

62 Am 9. März 2006 hatte die Bundesregierung einen Gesetzentwurf eingebracht, der zum einen die Altersvorsorge Selbstständiger in gleicher Weise vor dem Vollstreckungszugriff der Gläubiger schützen sollte, wie den Rentenanspruch abhängig Beschäftigter. Zum anderen enthielt der Gesetzentwurf zunächst auch eine Einschränkung bei der Insolvenzanfechtung gegenüber Sozialversicherungsträgern, die nach heftigen Protesten in der Fachöffentlichkeit allerdings wieder gestrichen wurde.[2] Am 14. Dezember 2006 hat der Bundestag den Gesetzentwurf – jetzt beschränkt auf die Sicherung der Altersvorsorge Selbstständiger – abschließend beraten und verabschiedet. Der Bundesrat hat seine Zustimmung am 16. Februar 2007 erteilt und nach der Verkündung im Bundesgesetzblatt am 26. März 2007[3] ist das Gesetz am 31. März 2007 in Kraft getreten.

63 Durch das Gesetz wurden die §§ 851 c und 851 d ZPO, die den Pfändungsschutz bei Altersrenten sichern sollen, in die Zivilprozessordnung eingefügt.

10. Regierungsentwurf eines Gesetzes zur Entschuldung mittelloser Personen, zur Stärkung der Gläubigerrechte sowie zur Regelung der Insolvenzfestigkeit von Lizenzen[4]

64 Nachdem das InsO-Änderungsgesetz 2001 die Verfahrenskostenstundung für natürliche Personen eingeführt hatte, waren die Zahlen derartiger Verfahren sprunghaft angestiegen. Steigerungsraten von jährlich 30–40% waren die Folge. Im Jahr 2008 sind über 100 000 Verbraucherinsolvenzverfahren und weitere ca.

[1] BGBl. I 2002 S. 677.
[2] BT-Drucks. 16/886.
[3] BGBl. I 2007 S. 368.
[4] BT-Drucks. 16/7416.

35 000 Verfahren natürlicher Personen eröffnet worden, wobei in den allermeisten Fällen eine Stundung der Verfahrenskosten erfolgt ist.

Durch die infolge der Rechtsprechung des BGH angehobene Mindestvergütung sind die Kosten für die Justizhaushalte ebenfalls drastisch gestiegen. Auch wenn nach wie vor keine genauen Zahlen über die Kosten dieser Verfahrensabwicklung vorliegen, sind sich alle politischen Parteien doch einig gewesen, dass zukünftig ein kostengünstigeres Verfahren eingeführt werden müsse. Dies hatten die Justizministerinnen und Justizminister der Länder in ihrer Herbstkonferenz im November 2004 zum Anlass genommen eine Bund-Länder-Arbeitsgruppe „Reform der Verbraucherentschuldung" einzusetzen. **65**

Auf der Grundlage der Vorarbeiten der Bund-Länder-Kommission hat dann das Bundesjustizministerium am 3. März 2006 einen (Vor-)Entwurf[1] eines „Gesetzes zur Entschuldung völlig mittelloser Personen und zur Änderung des Verbraucherinsolvenzverfahrens" erarbeitet und zur Diskussion gestellt. Die darin enthaltene Neukonzeption eines Entschuldungsverfahrens erfuhr jedoch einhellige Kritik und ist im Ergebnis nicht weiterverfolgt worden. **66**

Am 25. Januar 2007 hat das Bundesjustizministerium einen völlig überarbeiteten Referentenentwurf[2] vorgelegt. Ihm folgte der Regierungsentwurf vom 22. August 2007.[3] **67**

Die Neukonzeption der Bundesregierung sah in Abkehr von der zuvor noch favorisierten Verjährungslösung nunmehr vor, dass ohne ein zwingend vorgeschaltetes Insolvenzverfahren ein Restschuldbefreiungsverfahren durchgeführt werden sollte. Die Interessen der Gläubiger sollten dadurch gewahrt werden, dass die Gerichtsvollzieher für eine Abnahme der eidesstattlichen Versicherung einbezogen wurden. Dabei sollte auch die Passivmasse erfasst und überprüft werden. **68**

Die Verfahrenskostenstundung, die erst im Jahre 2001 eingeführt worden war, wäre ersatzlos gestrichen worden. Darüber hinaus sollte der Katalog der Versagungsgründe erweitert werden, um Konsequenzen aus den in der Praxis aufgetretenen Lücken des Gläubigerschutzes zu schließen. Letztlich sollte ein Teil der Verfahrenskosten durch die Schuldner selbst aufgebracht werden. **69**

Der Regierungsentwurf wurde am 4. Februar 2008 vom Bundestag in erster Lesung behandelt und an den Rechtsausschuss verwiesen, der im April 2008 eine Expertenanhörung durchführte. Aufgrund des kontroversen Ergebnisses dieser Anhörung geriet das Gesetzgebungsverfahren ins Stocken und wird wohl erst nach der Bundestagswahl 2009 wieder in Angriff genommen werden. **69a**

11. Weitere Gesetzesänderungen

Für viele Beteiligte überraschend – insbesondere auch für zahlreiche Bundestagsabgeordnete – brachte das Gesetz zur Änderung des Vierten Buches Sozialgesetzbuch und anderer Gesetze vom 19. Dezember 2007[4] mit Wirkung zum 1. Januar 2008 eine Änderung des § 28e SGB IV, die noch zwei Jahre zuvor[5] gescheitert war. Durch die Gesetzesänderung sollten die Arbeitnehmerbeiträge **69b**

---

[1] Veröffentlicht als Beilage 1 zu Heft 3 ZVI 2006.
[2] ZVI 2007, Beilage 1 zu Heft 1.
[3] BT-Drucks. 16/7416.
[4] BGBl. I 2007 S. 2024.
[5] Vgl. oben Rn. 62.

zur Sozialversicherung, die in der Krise geleistet worden waren, der Anfechtung entzogen werden. Der Bundesgerichtshof[1] hat allerdings bereits wenige Monate nach dem Inkrafttreten der Vorschrift klargestellt, dass sie keine Rückwirkung entfalten könne und daher allenfalls auf Insolvenzverfahren anwendbar sei, die nach dem Inkrafttreten eröffnet worden waren. Weiterhin könne die Vorschrift nur solche Zahlungen erfassen, die nach dem 1. Januar 2008 geleistet worden sind. Mit Urteil vom 5. November 2009 hat der BGH nun allerdings klargestellt, dass trotz der Neufassung sich an der Anfechtbarkeit von in der Krise geleisteten Zahlungen oder durch Zwangsvollstreckung erlangten beiträge nichts geändert hat[2].

69c Durch das am 1. Juli 2008 in Kraft getretene Gesetz über außergerichtliche Rechtsdienstleistungen (RDG)[3] wurde § 174 Abs. 1 dahingehend ergänzt, dass auch Inkassounternehmen Gläubiger im Verbraucherinsolvenzverfahren vertreten können. Die praktische Auswirkung dürfte allerdings nicht von allzu großer Bedeutung sein.

69d Die schnellste Änderung der Insolvenzordnung erfolgte durch das Finanzmarktstabilisierungsgesetz,[4] das am 17. Oktober 2008 vom Bundestag und vom Bundesrat verabschiedet und noch am selben Tag im Bundesgesetzblatt veröffentlich worden war. Es brachte eine bis zum 31. Dezember 2010 befristete Änderung des Überschuldungstatbestandes in § 19 Abs. 2 und damit eine Rückkehr zum modifizierten zweistufigen Überschuldungsbegriff, wie er vor Inkrafttreten der InsO bereits gegolten hatte. Diese Regelung wurde mit Gesetz vom 24. September 2009[5] bis 31. 12. 2013 verlängert.

12. Gesetz zur Modernisierung des GmbH-Rechts und zur Bekämpfung von Missbräuchen (MoMiG)

69e Durch das am 1. November 2008 in Kraft getretene Gesetz zur Modernisierung des GmbH-Rechts und zur Bekämpfung von Missbräuchen (MoMiG)[6] wurde das ursprünglich von der Rechtsprechung im Wege der analogen Anwendung von § 30 Ziff. 1 GmbH und später dann in den §§ 32a, 32b GmbHG enthaltene Recht der eigenkapitalersetzenden Gesellschafterleistungen vollständig aufgehoben und auf eine rein insolvenzrechtliche und anfechtungsrechtliche Grundlage gestellt. Nunmehr sind in allen ab 1. November 2008 eröffneten Insolvenzverfahren Rückzahlungen auf Gesellschafterdarlehen, die im letzten Jahre vor dem Insolvenzantrag erfolgt waren, der Anfechtung unterworfen, ebenso wie Sicherheitenbestellungen für Gesellschafterdarlehen aus den letzten zehn Jahren.

69f Weiterhin wurden in die InsO Insolvenzantragspflichten bei Führungslosigkeit sowie eine Passivierungspflicht von Gesellschafterdarlehen ohne Rangrücktrittsvereinbarung normiert.

---

[1] NZI 2008, 293 ff.
[2] ZInsO 2009, 2293.
[3] BGBl. I 2008 S. 2840.
[4] BGBl. I 2008 S. 1982.
[5] BGBl. I 2009 S. 3151.
[6] BGBl. I 2008 S. 2026.

13. Ausblick

Nach jahrelangen Vorarbeiten, eingehender wissenschaftlicher und rechtspolitischer Diskussion hat die Insolvenzordnung eine Neukodifikation des Insolvenzrechts gebracht, die in der Praxis allerdings nicht in allen Bereichen zufriedenstellt. Zu stark wirken sich teilweise die **Einflüsse von Interessengruppen** aus, zu schnell sind teilweise noch während des Gesetzgebungsverfahrens erhebliche Änderungen ohne ausreichende Vorbereitung in den Gesetzestext eingefügt worden, zu zögerlich ist schließlich teilweise in den Bundesländern die Umsetzung und die Anpassung der Justiz an die geänderten Anforderungen erfolgt. 70

Trotz allem bringt die Insolvenzordnung aber durchaus **erhebliche Vorteile** gegenüber dem früheren Recht. Auch wenn völlig neue Regelungen, wie das Insolvenzplanverfahren, von der Praxis nur zögerlich angenommen werden, zeigt sich doch, dass gerade dieses Instrument eine flexible und moderne Gestaltung bei der Abwicklung von Insolvenzverfahren ermöglicht. Allerdings werden auch zukünftig noch **weitere Verbesserungen notwendig.** Der Gesetzgeber hat in den Jahren seit Inkrafttreten der InsO bewiesen, dass er hierzu auch durchaus bereit ist. 71

Das Justizministerium des Landes Nordrhein-Westfalen hatte am 22. August 2006 den Entwurf eines Gesetzes zur Vereinfachung der Aufsicht in Insolvenzverfahren (GAVI)[1] zur Diskussion gestellt, der im Wesentlichen die Berichtspflicht des Insolvenzverwalters, die Auswahl und Aufsicht über die Insolvenzverwalter, deren Haftpflichtversicherung und die Vergütung des Gläubigerausschusses zum Regelungsinhalt hatte. Auch wenn in der veröffentlichten Fachdiskussion die Notwendigkeit einer weiteren Novellierung in diesen Bereichen in Frage gestellt wurde, könnte der Gesetzentwurf in der laufenden Legislaturperiode wieder aufgegriffen werden. Es darf daher damit gerechnet werden, dass die immerhin schon über 30mal geänderte Insolvenzordnung in ihrem aktuellen Stand nicht bestehen bleiben wird. 72

[1] BT-Drucks. 16/7251.

Insolvenzordnung
(InsO)

Vom 5. Oktober 1994 (BGBl. I S. 2866)

Geändert durch Gesetze vom 19. 7. 1996 (BGBl. I S. 1013), vom 28. 10. 1996 (BGBl. I S. 1546), vom 24. 3. 1997 (BGBl. I S. 594), vom 16. 12. 1997 (BGBl. I S. 2942 und S. 2968), vom 6. 4. 1998 (BGBl. I S. 666), vom 22. 7. 1998 (BGBl. I S. 1878), vom 25. 8. 1998 (BGBl. I S. 2489) und vom 19. 12. 1998 (BGBl. I S. 3836), vom 21. 7. 1999 (BGBl. I S. 1642), vom 8. 12. 1999 (BGBl. I S. 2384), vom 16. 2. 2001 (BGBl. I S. 266) vom 19. 6. 2001 (BGBl. I S. 1149, 1171), vom 27. 7. 2001 (BGBl. I S. 1887), vom 26. 10. 2001 (BGBl. I S. 2710), vom 13. 12. 2001 (BGBl. I S. 3574), vom 14. 3. 2003 (BGBl. I S. 345), vom 23. 12. 2003 (BGBl. I S. 2848), vom 24. 12. 2003 (BGBl. I S. 3002), vom 5. 4. 2004 (BGBl. I S. 502), 10. 11. 2006 (BGBl. I S. 2553), vom 22. 12. 2006 (BGBl. I S. 3416), vom 26. 3. 2007 (BGBl. I S. 368), vom 13. 4. 2007 (BGBl. I S. 509), vom 12. 12. 2007 (BGBl. I S. 2840), vom 17. 10. 2008 (BGBl. I S. 1982), vom 23. 10. 2008 (BGBl. I S. 2026) und vom 29. 7. 2009 (BGBl. I S. 2355).

BGBl. III/FNA 311-13

Übersicht über den Inhalt der InsO

Der Aufbau der Insolvenzordnung folgt im Wesentlichen dem Ablauf eines Insolvenzverfahrens: 1

Der erste Teil (§§ 1–10) enthält allgemeine Vorschriften, die „vor die Klammer" gezogen worden sind. Im zweiten Teil (§§ 11–79) folgen Regelungen über die Eröffnungsvoraussetzungen und das Eröffnungsverfahren (§§ 11–34), die Insolvenzmasse und die Einteilung der Gläubiger (§§ 35–55) sowie die Beteiligten am Verfahren, insbesondere Insolvenzverwalter und Gläubigerausschuss (§§ 56–79). 2

Der dritte Teil (§§ 80–147) befasst sich mit den Wirkungen der Eröffnung des Insolvenzverfahrens sowohl in materiell-rechtlicher als auch in verfahrensrechtlicher Hinsicht (§§ 80–128) unter Einschluss des Insolvenzarbeitsrechts (§§ 113, 120–128). Schließlich sind im dritten Abschnitt des dritten Teils die Vorschriften über die Insolvenzanfechtung (§§ 129–147) enthalten. 3

Der vierte Teil (§§ 148–173) befasst sich mit der Verwaltung und Verwertung der Insolvenzmasse. Hierzu zählen Vorschriften über die Sicherung der Masse (§§ 148–145), über die Verwertung (§§ 146–164), insbesondere die Verwertung von Gegenständen, die mit Absonderungsrechten behaftet sind (§§ 165–173). 4

Der fünfte Teil (§§ 174–216) regelt die Befriedigung der Insolvenzgläubiger ebenso wie die Einstellung des Verfahrens. Dabei enthält der erste Abschnitt (§§ 174–216) Regelungen zur Forderungsanmeldung und Feststellung, der zweite Abschnitt (§§ 174–186) Normen zur Verteilung. Im dritten Abschnitt (§§ 207–216) ist die Einstellung des Verfahrens, insbesondere wegen Masseunzulänglichkeit, geregelt. 5

Das Kernstück der Reform, der Insolvenzplan, wird im sechsten Teil (§§ 217–269) behandelt, im siebten Teil (§§ 270–285) schließt sich die Möglichkeit der Eigenverwaltung an. 6

7 Der achte Teil (§§ 286–303) befasst sich mit der Restschuldbefreiung und der neunte Teil (§§ 304–314) mit dem Verbraucherinsolvenzverfahren und sonstigen Kleinverfahren.

8 Besondere Arten des Insolvenzverfahrens sind im zehnten Teil (§§ 315–334) geregelt. Hierunter fallen insbesondere das Nachlassinsolvenzverfahren (§§ 315–331). Der elfte Teil (§§ 335 bis 358) regelt das internationale Insolvenzrecht; diese Vorschriften wurden durch das Gesetz zur Neuregelung des internationalen Insolvenzrechts vom 14. März 2003[1] eingefügt.

Der zwölfte Teil regelt in § 359 das Inkrafttreten des Gesetzes.

In Art. 102 EGInsO waren bis zum Inkrafttreten des Gesetzes zur Neuregelung des internationalen Insolvenzrechts rudimentäre Vorschriften zur Abwicklung internationaler Insolvenzverfahren enthalten. Nunmehr sind Vorschriften zur Durchführung der Verordnung (EG) Nr. 1346/2000 über Insolvenzverfahren an dieser Stelle eingefügt.

9 Nach wie vor enthält die Insolvenzordnung aber keine Regelungen der Konzerninsolvenz. Die vor allem im ersten Bericht der Sachverständigenkommission[2] enthaltenen Anregungen hat der Gesetzgeber trotz Unterstützung durch die Literatur[3] nicht übernommen. Immerhin hatte das Bundesjustizministerium am 22. November 2007 zu einem Symposium eingeladen, in dem Experten das Problem diskutieren konnten. Eine Fortsetzung der Diskussion ist in 2008 erfolgt, allerdings ist bisher ein Ergebnis nicht sichtbar geworden.

---

[1] BGBl. I 2003 S. 345 ff.

[2] Erster Bericht, LS 2.4. 9. 13 und Begründung S. 290 f.

[3] Vgl. beispielhaft *Flessner,* Reorganisation, S. 292 ff.

Kommentierung der Insolvenzordnung

Erster Teil. Allgemeine Vorschriften

Vorbemerkung vor §§ 1–10 InsO

1 Im ersten Teil hat der Gesetzgeber Regelungen zusammengestellt, die er im Sinne eines Allgemeinen Teils vorab regeln wollte. So sind zunächst die Verfahrensziele niedergelegt (§ 1) und Vorschriften zur Bestimmung des Insolvenzgerichts (§§ 2 und 3) enthalten. Es folgen die allgemeine Verweisung auf die Zivilprozessordnung (§ 4), die neu eingefügten Stundungsvorschriften (§§ 4 a–4 d) sowie eine Vorschrift über allgemeine Verfahrensgrundsätze (§ 5). Ebenfalls im ersten Teil geregelt ist die sofortige Beschwerde (§ 6) und die Rechtsbeschwerde (§ 7) sowie Fragen der Zustellung (§ 8) und der öffentlichen Bekanntmachung (§ 9). Den Abschluss bildet eine Vorschrift zur Anhörung des Schuldners (§ 10).

2 Andere, ebenfalls allgemeine Vorschriften (wie zum Beispiel die Vorschriften über die Beteiligten, die Organe und die betroffene Vermögensmasse) sind in den folgenden Abschnitten enthalten und nicht dem allgemeinen Teil zugeordnet.[1]

§ 1 Ziele des Insolvenzverfahrens

Das Insolvenzverfahren dient dazu, die Gläubiger eines Schuldners gemeinschaftlich zu befriedigen, indem das Vermögen des Schuldners verwertet und der Erlös verteilt oder in einem Insolvenzplan eine abweichende Regelung insbesondere zum Erhalt des Unternehmens getroffen wird. Dem redlichen Schuldner wird Gelegenheit gegeben, sich von seinen restlichen Verbindlichkeiten zu befreien.

1. Normzweck

1 Die Vorschrift normiert gleichsam das „Programm" der Insolvenzordnung, indem sie die Ziele des Insolvenzverfahrens beschreibt. Bedeutung hat die Vorschrift daher vor allem dann, wenn offene Fragen im Wege teleologischer Auslegung zu beantworten sind, weil dann eine **Orientierung an den Zielvorgaben** der Insolvenzordnung geboten ist.[2] Die Vorschrift hat weder in der Vergleichs- oder Konkursordnung noch in der Gesamtvollstreckungsordnung einen Vorläufer. Die mit dem früheren Insolvenzrecht verfolgten Grundprinzipien ergaben sich nicht aus einem programmatischen Vorspann, sondern aus einer Gesamtschau der Einzelregelungen.

---

[1] Kritisch hierzu *Nerlich/Römermann/Becker,* InsO, vor § 1 Rn. 4.

[2] *Nerlich/Römermann/Becker,* InsO, § 1 Rn. 2.

2 Die Vorschrift geht auf § 1 RegE.[1] zurück und wurde vom Rechtsausschuss redaktionell gestrafft und gekürzt. Im Regierungsentwurf war noch enthalten, dass auch die Interessen des Schuldners und seiner Familie sowie die Interessen der Arbeitnehmer im Verfahren zu berücksichtigen seien.

2. Die Verfahrensziele

3 Das Insolvenzverfahren dient der gemeinschaftlichen Befriedigung der Gläubiger eines insolventen Schuldners („par conditio creditorum"). Damit macht der Gesetzgeber deutlich, dass – in der Tradition des alten Rechts – die **Haftungsverwirklichung** weiterhin im Vordergrund steht. Auch der BGH vertritt die Auffassung, dass das Insolvenzverfahren in erster Linie dazu diene, die Gläubiger eines Schuldners gemeinschaftlich zu befriedigen.[2] Den ursprünglichen Ansatz der Reformbestrebungen, ein Reorganisationsrecht zu schaffen, das der Sanierung den gesetzlichen Vorrang vor der Liquidation einräumen sollte, hat die Insolvenzordnung damit nicht verwirklicht.

4 Das Ziel der bestmöglichen Gläubigerbefriedigung kann durch Verwertung des Schuldnervermögens und Verteilung des Erlöses oder durch eine abweichende, in einem Insolvenzplan enthaltene Regelung insbesondere zum Erhalt des Unternehmens erreicht werden. Damit bietet die Insolvenzordnung **zwei gleichwertige Abwicklungsmöglichkeiten,** ohne sich vorrangig für eine von beiden zu entscheiden.

a) Das Regelverfahren

5 Die Haftungsverwirklichung kann zum einen durch die **Verwertung des schuldnerischen Vermögens** erfolgen. Dies schließt nicht zwingend den Erhalt des schuldnerischen Unternehmens als betriebswirtschaftlicher Einheit aus. Die bereits unter Geltung der Konkursordnung durch die Praxis entwickelte sog. „übertragende Sanierung" bleibt auch unter Geltung der Insolvenzordnung möglich. Sie saniert zwar nicht den Unternehmensträger, kann jedoch zum Erhalt des Betriebes und damit auch der Arbeitsplätze führen. Dabei geht die Praxis davon aus, dass die Verwertungserlöse für ein lebendes Unternehmen, das als Einheit veräußert wird, höher liegen, als die Summe der Einzelverwertungserlöse bei einem eingestellten und zu zerschlagendem Unternehmen.

6 Inhalt der Regelabwicklung kann selbstverständlich neben der Fortführung auch die Einstellung des Unternehmens und die Einzelverwertung der Vermögensgegenstände sein. Dabei ist der Insolvenzverwalter nunmehr auch berechtigt, im Besitz des Schuldners befindliche Vermögensgegenstände dann zu verwerten, wenn sie mit Absonderungsrechten von Gläubigern behaftet sind. Zwar ist in die **Absonderungsrechte** nicht grundsätzlich eingegriffen worden, den Sicherungsgläubigern wurde jedoch auferlegt, Kostenbeiträge für die Durchführung eines Insolvenzverfahrens, das auch in ihrem Interesse liegt, zu leisten. Darüber hinaus wird die Insolvenzmasse von der Umsatzsteuer, die aus der Verwertung von Sicherungsgut entsteht, entlastet.

7 Der vom Insolvenzverwalter durch die bestmögliche Verwertungshandlung erzielte Erlös soll im Regelverfahren an die Gläubiger verteilt werden. Zur Erhö-

[1] *Balz/Landfermann,* S. 202.

[2] BGH InVo 2001, 368 ff.

hung der Verteilungsgerechtigkeit hat der Gesetzgeber die **Konkursvorrechte** gem. § 61 Abs. 1 KO, § 17 Abs. 3 GesO **abgeschafft.** Bestrebungen früher bevorrechtigter Gläubiger wie z. B. des Fiskus und der Träger der Sozialversicherung, eine bevorzugte Behandlung auch unter der Insolvenzordnung wieder einzuführen, hat der Gesetzgeber bisher im Wesentlichen widerstanden. Den hohen Wert der Gleichbehandlung der Gläubiger (par conditio creditorum) hat der BGH immer wieder betont, zuletzt hieraus sogar die Unzumutbarkeit der Mängelbeseitigung und damit die Möglichkeit für den Insolvenzverwalter abgeleitet, statt Nachbesserung Minderung zu verlangen.[1] Bei Masseunzulänglichkeit ist eine verbesserte Verteilungsregel eingeführt worden, die auch dann, wenn nicht alle Masseverbindlichkeiten gedeckt werden können, für mehr Verteilungsgerechtigkeit sorgt. Insbesondere die Möglichkeit, nach Anzeige der Masseunzulänglichkeit entstandene Masseverbindlichkeiten bevorzugt zu erfüllen, trägt diesem Ziel Rechnung.

Eine vollständige Gleichbehandlung der Gläubiger sieht allerdings auch die 8
Insolvenzordnung nicht vor. Die besondere Betroffenheit der Arbeitnehmer in der Insolvenz ihres Arbeitgebers berücksichtigt die InsO durch eine Qualifikation der **Sozialplanansprüche als nachrangige Masseverbindlichkeiten.** Allerdings darf der hierfür vorgesehene Betrag nicht mehr als $^1/_3$ der vorhandenen Teilungsmasse ausmachen.

b) Insolvenzplanverfahren

Die gemeinschaftliche Befriedigung der Gläubiger kann neben der Verwertung 9
des Vermögens auch durch eine hiervon abweichende, in einem Insolvenzplan getroffene Regelung erfolgen. Das als „Kernstück der Insolvenzrechtsreform" bezeichnete Insolvenzplanverfahren bietet die Chance für einen **freien Wettbewerb um die beste Verwertungsart** und damit den Weg zu einer optimalen Haftungsverwirklichung. Dabei soll im Interesse der Deregulierung den Gläubigern nicht vorgeschrieben werden, wie die abweichende Regelung auszusehen hat, sondern ihnen ein möglichst umfassender Spielraum für derartige Gestaltungen verbleiben. Durch die Möglichkeit, mit Mehrheitsentscheidungen selbst in Absonderungsrechte einzugreifen, wird ein erheblicher Gestaltungsspielraum eröffnet, der durch ein gerichtlich überprüfbares Obstruktionsverbot und einen Minderheitenschutz abgesichert ist.

Regelungsinhalt eines Insolvenzplans kann – wie vom Gesetz beispielhaft 10
erwähnt – die Reorganisation des Unternehmens mit dem Ziel seines Erhaltes sein. Darüber hinaus kann ein Insolvenzplan jedoch auch die Liquidation oder Verwertung des Unternehmens regeln. Den Gläubigern soll bei der Auswahl der Abwicklungsmodalitäten größtmögliche Freiheit verbleiben.

c) Restschuldbefreiung

Für natürliche Personen erlaubt die InsO erstmals eine vollständige Befreiung 11
von ihren Verbindlichkeiten, ohne dass die vom Schuldner zu leistenden Zahlungen ins Verhältnis zu den Verbindlichkeiten des Schuldners gesetzt werden. Dem redlichen Schuldner – der seine Vermögensverhältnisse offenbart und die ihm zum Schutze der Gläubiger auferlegten Obliegenheiten erfüllt – soll nach

[1] BGH NZI 2006, 575 ff.

sechs Jahren, in denen er sein pfändbares Einkommen den Gläubigern zur Verfügung zu stellen hat, die **Chance zu einem Neubeginn** eröffnet werden.

12 Außerhalb der Restschuldbefreiung verbleibt es allerdings beim unbeschränkten Nachforderungsrecht der Gläubiger, soweit sie durch die Verteilung im Insolvenzverfahren keine Befriedigung erlangt haben.

3. Praktische Erfahrungen

13 Die Ersten zehn Jahre unter der Insolvenzordnung haben gezeigt, dass die Regelabwicklung zwar in der weit überwiegenden Mehrzahl der Fälle vorherrscht, zwischenzeitlich aber doch auch zunehmend Insolvenzplanverfahren realisiert werden.

14 Auch die Möglichkeit für natürliche Personen die Restschuldbefreiung zu erlangen, hatte sich in den ersten Jahren nur eingeschränkt umsetzen lassen. Gerade die Schuldner, die am tiefsten verschuldet sind und aus eigener Kraft die Verfahrenskosten nicht mehr aufbringen konnten, waren vom Restschuldbefreiungsverfahren ebenso ausgeschlossen, wie die Schuldner, deren Verfahren mangels Verfahrenskostendeckung eingestellt werden musste. Dies hat sich erst durch die Einführung der **Verfahrenskostenstundung** (§§ 4 a–d) durch das InsOÄndG 2001 verbessert. Seither wird auch dieser Schuldnergruppe der Weg zur endgültigen Entschuldung eröffnet. Der große Erfolg der Verfahrenskostenstundung und die damit einhergehende Belastung der Justizhaushalte hat allerdings auch bereits wieder deutliche Stimmen, die für eine Abschaffung der Stundungsregelung plädieren, laut werden lassen. Durch den nicht mehr verabschiedeten Regierungsentwurf eines Gesetzes zur Entschuldung mittelloser Personen, zur Stärkung der Gläubigerrechte sowie zur Regelung der Insolvenzfestigkeit von Lizenzen[1] sollte die Kostenstundung wieder abgeschafft werden.

§ 2 Amtsgericht als Insolvenzgericht

(1) **Für das Insolvenzverfahren ist das Amtsgericht, in dessen Bezirk ein Landgericht seinen Sitz hat, als Insolvenzgericht für den Bezirk dieses Landgerichts ausschließlich zuständig.**

(2) **Die Landesregierungen werden ermächtigt, zur sachdienlichen Förderung oder schnelleren Erledigung der Verfahren durch Rechtsverordnung andere oder zusätzliche Amtsgerichte zu Insolvenzgerichten zu bestimmen und die Bezirke der Insolvenzgerichte abweichend festzulegen. Die Landesregierungen können die Ermächtigung auf die Landesjustizverwaltungen übertragen.**

Übersicht

[1] BT-Drucks. 16/7416.

1. Normzweck

Die Vorschrift regelt die sachliche Zuständigkeit. Die örtliche Zuständigkeit folgt aus § 3, die funktionelle Zuständigkeit aus § 18 RPflG. 1

In § 2 Abs. 1 wurde im Wesentlichen die alte Regelung des § 71 KO übernommen, jedoch wurde eine **Zuständigkeitskonzentration** bei dem Amtsgericht, in dessen Bezirk auch das Landgericht angesiedelt ist, für den gesamten Landgerichtsbezirk normiert; die Länder können freilich durch Rechtsverordnung andere oder zusätzliche Amtsgerichte bestimmen und die Gerichtsbezirke abweichend festlegen. 2

Die Vorschrift geht zurück auf § 2 RegE.[1] und wurde wörtlich aus dem Regierungsentwurf übernommen. 3

2. Amtsgericht als Insolvenzgericht

a) Die Vorschrift regelt die **ausschließliche sachliche Zuständigkeit** des Amtsgerichts. Sie steht dabei in der Tradition der Konkursordnung,[2] der Vergleichsordnung[3] sowie der Gesamtvollstreckungsordnung.[4] Nach Auffassung des Gesetzgebers haben auch durch die Insolvenzordnung dem Insolvenzgericht zugewiesene, neue Aufgaben nicht dazu geführt, dass die Zuständigkeit des Amtsgerichts durch die des Landgerichts zu ersetzen gewesen wäre. Man ging dabei – sicher zutreffenderweise – davon aus, dass ein Kollegialgericht für die zügige Abwicklung eines Insolvenzverfahrens weniger geeignet wäre.[5] Zudem wollte man die bewährte Zusammenarbeit zwischen Richter am Amtsgericht und Rechtspfleger beibehalten. 4

Uneinheitlich beurteilt wird die Frage, ob **Rechtshilfeersuchen** des Insolvenzgerichts wegen allgemeiner prozessualer Verrichtungen – insbesondere die Anhörung Beteiligter – gem. §§ 156 ff. GVG an die anderen Amtsgerichte des Bezirks zulässig sind. In der Literatur wird dies überwiegend verneint.[6] Auch der Gesetzgeber ging insoweit von der ausschließlichen Zuständigkeit des Insolvenzgerichts aus.[7] Soweit unter Heranziehung von Rechtsprechung zum alten Recht die gegenteilige Auffassung vertreten wird,[8] kann dem nicht gefolgt werden, da die ausschließliche Zuständigkeit des Insolvenzgerichts auch für die übrigen Amtsgerichtsbezirke besteht. Dieser Auffassung scheint sich auch die Rechtsprechung[9] anzuschließen. 5

Die Zuständigkeitskonzentration erstreckt sich allerdings nicht auf Rechtshilfeersuchen auswärtiger Insolvenzgerichte, soweit der Landesgesetzgeber nicht aus-

---

[1] Begründung RegE, *Balz/Landfermann,* S. 204.

[2] § 71 KO.

[3] § 3 Abs. 1 S. 1 VglO.

[4] § 1 Abs. 2 GesO bestimmte das Kreisgericht als zuständiges Gesamtvollstreckungsgericht.

[5] Begründung zu § 2 RegE; *Balz/Landfermann,* S. 204.

[6] *Smid/Smid,* InsO, § 2 Rn. 8: vertritt die Ansicht, dass Rechtshilfeersuchen zulässig sind, soweit es um die Erledigung allgemeiner, verfahrensrechtlicher Verrichtungen geht; *Breutigam/Blersch/Goetsch,* InsO, § 3 Rn. 19; *Uhlenbruck/ders.,* InsO, § 2 Rn. 2; MünchKomm-*Ganter,* InsO, § 2 Rn. 12.; HambKomm-*Rüther,* InsO § 2 Rn. 7.

[7] Begründung zu § 2 RegE, *Balz/Landfermann,* S. 204.

[8] HK-*Kirchhof,* InsO, § 2 Rn. 11.

[9] OLG Brandenburg ZInsO 2002, 372 f.; LG Hamburg NZI 2006, 410.

drücklich auch Rechtshilfesachen in Insolvenzverfahren bei den jeweiligen Insolvenzgerichten konzentriert hat. Eine derartige Regelung fehlt allerdings in der Regel. Zwar ist nicht zu verkennen, dass dasjenige Amtsgericht, bei dem die Insolvenzsachen konzentriert worden sind, auf Grund seiner besonderen Sachkenntnisse auch zur Durchführung von Rechtshilfeersuchen in Insolvenzsachen besonders geeignet wäre. Ohne eine ausdrückliche gesetzliche Regelung verbleibt es jedoch bei den allgemeinen Grundsätzen. Soll beispielsweise auf Ersuchen des örtlich zuständigen auswärtigen Insolvenzgerichts der Geschäftsführer der Schuldnerin angehört werden, so ist das Amtsgericht am Wohnsitz des Anzuhörenden örtlich zuständig, nicht dasjenige Amtsgericht, auf das die Zuständigkeit für Insolvenzsachen übertragen worden ist.[1]

6 Die Zuständigkeit des Insolvenzgerichts gilt **nur für Insolvenzsachen**[2] selbst, nicht aber für Rechtsstreite, die nur aus Anlass des Insolvenzverfahrens zwischen den Parteien entstehen[3] – z. B. Fragen der Haftung des Insolvenzverwalters oder Streitigkeiten über das Bestehen von Aus- und Absonderungsrechten. Solche Streitigkeiten sind vor den allgemeinen Prozessgerichten geltend zu machen, wobei für Passivklagen gegen den Insolvenzverwalter, die sich auf die Insolvenzmasse beziehen, der allgemeine Gerichtsstand des Insolvenzgerichts nach § 19 a ZPO zu beachten ist. Einer Ausdehnung des Anwendungsbereichs dieser Vorschrift auch auf Aktivprozesse des Insolvenzverwalters ist die Rechtsprechung[4] entgegengetreten.

7 Eingaben, z. B. die Stellung des Insolvenzantrages, können auch zu Protokoll der Geschäftsstelle[5] des Insolvenzgerichts erklärt werden; dies kann nach §§ 4 InsO, 129 a ZPO bei der Rechtsantragsstelle eines jeden anderen Amtsgerichtes geschehen. Die Eingabe entfaltet allerdings erst Rechtswirkungen mit dem Eintreffen bei dem zuständigen Gericht, §§ 4 InsO, 129 a Abs. 2 Satz 2 ZPO. Im Regierungsentwurf eines Gesetzes zur Vereinfachung des Insolvenzverfahrens vom 8. Februar 2006 ist vorgesehen, für den Insolvenzantrag Schriftlichkeit einzuführen. Damit würde die Möglichkeit für Schuldner und Gläubiger genommen, einen Insolvenzantrag auch durch Protokoll der Geschäftsstelle zu stellen.

8 Feststellungsrechtsstreite werden ausnahmsweise den Fachgerichten überantwortet – im Vorverfahren ggf. auch der Verwaltungsbehörde – wenn deren besondere sachliche Zuständigkeit gegeben ist (§ 185).

9 **b)** Die **funktionelle Zuständigkeit** ist gem. § 3 Nr. 2 e RPflG von der Eröffnung des Verfahrens an grundsätzlich dem Rechtspfleger übertragen. Aufgabe des Richters ist jedoch die Anordnung oder Abnahme eines Eides (§ 4 Abs. 2 Nr. 1 RPflG), wohingegen die Abnahme der eidesstattlichen Versicherung gem. § 98 Abs. 1 S. 1 nach Eröffnung des Insolvenzverfahrens dem Rechtspfleger obliegt. Aufgabe des Richters ist außerdem die Androhung und Anordnung von Freiheitsentziehung (§ 4 Abs. 2 Nr. 2 RPflG) unter Einschluss der zwangsweisen Vorführung. Zuständig ist der Richter weiterhin bei Vorlage durch den Rechts-

---

[1] Vgl. hierzu LG Hamburg NZI 2006, 410.

[2] Zu diesem Begriff: *Jahr,* ZZP 79 (1966), 347 ff., 351.

[3] HK-*Kirchhof,* InsO, § 2 Rn. 6.

[4] OLG Schleswig ZInsO 2001, 968; OLG Bremen OLG-Report 2001, 438; LG Lübeck DZWIR 2001, 220; aA *Wessel,* DZWIR 2000, 196 ff.

[5] Zur funktionellen Zuständigkeit der Geschäftsstelle oder Serviceeinheit *Uhlenbruck/ders.,* InsO, § 2 Rn. 5.

pfleger (§ 5 RPflG), bei engem Zusammenhang zwischen Richter- und Rechtspflegergeschäft (§ 6 RPflG), bei Entscheidungen über die Erinnerung gegen die Entscheidungen des Rechtspflegers (§ 11 Abs. 2 RPflG), bei Antrag auf Neufestsetzung des Stimmrechts (§ 18 Abs. 3 RPflG), bei einem Ablehnungsgesuch gegenüber dem Rechtspfleger (§ 10 S. 2 RPflG) sowie bei beantragter Änderung einer Entscheidung des Urkundsbeamten der Geschäftsstelle (§ 4 Abs. 2 Nr. 3 RPflG). Uneinheitlich ist nach wie vor die Praxis hinsichtlich der Festsetzung der Vergütung des vorläufigen Insolvenzverwalters. Überwiegend erfolgt die Festsetzung aber wohl durch den Rechtspfleger, wenn sie nicht bereits mit dem Eröffnungsbeschluss erfolgt.

Gem. § 18 Abs. 1 RPflG bleibt dem Richter das **Eröffnungsverfahren** ein- 10
schließlich des notwendigen Inhalts des Eröffnungsbeschlusses vorbehalten. Der Richter ist weiterhin zuständig für das Vorverfahren in der Verbraucherinsolvenz (§§ 306–310) sowie für das Verfahren über einen Schuldenbereinigungsplan und für streitige Entscheidungen über die Restschuldbefreiung (§§ 278, 296, 297, 300) und ggf. ihres Widerrufs (§ 303). Die Abweisung eines unzulässigen Antrags auf Restschuldbefreiung obliegt dem Rechtspfleger.[1] Der Richter kann sich allerdings gem. § 18 Abs. 2 RPflG das Verfahren ganz oder teilweise vorbehalten oder auch wieder an sich ziehen.[2]

Bestrebungen, die Zuständigkeit des gesamten Insolvenzverfahrens auf den 11
Rechtspfleger zu übertragen,[3] haben sich nicht durchsetzen können.[4]

3. Zentralisierung

Als Regelfall sieht die InsO die **Konzentration** der Aufgaben des Insolvenz- 12
gerichts bei dem Amtsgericht, in dessen Bezirk ein Landgericht seinen Sitz hat, vor. Dieses Amtsgericht soll dann in Insolvenzsachen für den ganzen Landgerichtsbezirk zuständig sein. Dies soll die für die Sondermaterie erforderliche **Spezialisierung** der Richter und Rechtspfleger ermöglichen.[5] Anstelle dieser Amtsgerichte kann die Landesregierung allerdings auch andere Amtsgerichte bestimmen und dabei sogar die Grenzen des Landgerichtsbezirks verlassen (§ 2 Abs. 2 S. 1). Damit besteht nicht nur die Möglichkeit, ein anderes Amtsgericht im Bezirk des Landgerichts zum Insolvenzgericht für diesen Landgerichtsbezirk zu bestellen, sondern ein Amtsgericht auch für mehrere Landgerichtsbezirke zuständig zu erklären.[6]

Abs. 2 ist bereits seit dem 19. Oktober 1994 in Kraft (Art. 110 Abs. 2 S. 1 13
EGInsO), um den Ländern bis zum Inkrafttreten der Insolvenzordnung ausreichend Vorbereitungszeit zu geben. Von der Ermächtigungsnorm nach Abs. 3 haben die Bundesländer nur teilweise Gebrauch gemacht und dabei in der Regel zusätzliche Insolvenzgerichte bestimmt. Insbesondere in den neuen Bundesländern[7] ist die

---

[1] OLG Köln ZInsO 2000, 608 f.

[2] Vgl. hierzu *Uhlenbruck/ders.*, InsO, § 2 Rn. 4, 6 ff.; *Graf-Schlicker/Kexel*, InsO, § 2 Rn. 6.

[3] ZInsO 2001, 1098 ff.

[4] Vgl. hierzu FK-*Schmerbach*, InsO, § 2 Rn. 35 a mwN.

[5] Begründung zu § 2 RegE, *Balz/Landfermann*, S. 205.

[6] So sind z. B. in Sachsen 6 Landgerichtsbezirke eingerichtet (Bautzen, Chemnitz, Dresden, Görlitz, Leipzig und Zwickau), jedoch nur 3 Insolvenzgerichte (Chemnitz, Dresden, Leipzig).

[7] Brandenburg: 4 Landgerichte, 4 Insolvenzgerichte; Mecklenburg-Vorpommern: 4 Landgerichte, 4 Insolvenzgerichte; Sachsen: 6 Landgerichte, 3 Insolvenzgerichte; Sach-

Zentralisierung umgesetzt worden. In den alten Bundesländern bestehen überwiegend mehr Insolvenzgerichte als Landgerichte.[1]

4. Verfahren mit Auslandsbezug

14 Für die internationale Zuständigkeit gelten §§ 335 ff., Art. 3 EuInsVO, Art. 102 § 1 EGInsO, sowie § 18 Abs. 1 Ziff. 3 RpflG und die Regelungen der ZPO. Inländische Insolvenzgerichte sind international zuständig, wenn der Mittelpunkt der selbstständigen wirtschaftlichen Tätigkeit (COMI – Center of main interests) des Schuldners im Inland liegt. Übt der Schuldner keine selbstständige wirtschaftliche Betätigung aus, ist maßgeblich, ob der Schuldner seinen allgemeinen Gerichtsstand im Inland hat.

15 Der Gesetzgeber hat die Landesregierungen in § 348 Abs. 2 ermächtigt, die Zuständigkeit für mehrere Insolvenzgerichte bei einem Insolvenzgericht zu konzentrieren, wobei sich die Zuständigkeit eines Insolvenzgerichts auch über Landesgrenzen hinweg erstrecken könnte. Eine entsprechende Ermächtigung zur Konzentration enthält auch Art. 102 § 1 Abs. 3 S. 2 und 3 EGInsO. Ersichtlich ist jedoch bisher von diesen Konzentrationsmöglichkeiten kein Gebrauch gemacht worden.

§ 3 Örtliche Zuständigkeit

(1) **Örtlich zuständig ist ausschließlich das Insolvenzgericht, in dessen Bezirk der Schuldner seinen allgemeinen Gerichtsstand hat. Liegt der Mittelpunkt einer selbständigen wirtschaftlichen Tätigkeit des Schuldners an einem anderen Ort, so ist ausschließlich das Insolvenzgericht zuständig, in dessen Bezirk dieser Ort liegt.**

(2) **Sind mehrere Gerichte zuständig, so schließt das Gericht, bei dem zuerst die Eröffnung des Insolvenzverfahrens beantragt worden ist, die übrigen aus.**

Übersicht

sen-Anhalt: 4 Landgerichte, 4 Insolvenzgerichte; Thüringen: 4 Landgerichte, 4 Insolvenzgerichte.?

[1] Baden-Württemberg: 17 Landgerichte, 24 Insolvenzgerichte; Bayern: 22 Landgerichte, 29 Insolvenzgerichte; Berlin: 1 Landgericht, 12 Insolvenzgerichte für Verbraucherinsolvenzverfahren und sonstige Kleinverfahren, 1 Insolvenzgericht für die übrigen (Unternehmens-)Insolvenzverfahren; Bremen: 1 Landgericht, 2 Insolvenzgerichte; Hamburg: 1 Landgericht, 1 Insolvenzgericht; Hessen: 9 Landgerichte, 18 Insolvenzgerichte; Niedersachsen: 11 Landgerichte, 33 Insolvenzgerichte; Nordrhein-Westfalen: 19 Landgerichte, 19 Insolvenzgerichte; Rheinland-Pfalz: 8 Landgerichte, 22 Insolvenzgerichte (im Bezirk des LG Frankenthal befindet sich am Ort des Landgerichts kein Insolvenzgericht); Saarland: 1 Landgericht, 1 Insolvenzgericht; Schleswig-Holstein: 4 Landgerichte, 13 Insolvenzgerichte; vgl. auch die Auflistung der Insolvenzgerichte bei FK-*Schmerbach,* InsO, § 2 Rn. 37.

1. Normzweck

1 Die Vorschrift regelt die örtliche Zuständigkeit im Wesentlichen entsprechend der früheren Rechtslage (§ 71 Abs. 1 und 2 KO; § 2 Abs. 1 S. 1 VglO; § 1 Abs. 2 GesO). Der in der Konkursordnung verwendete Begriff der gewerblichen Niederlassung wird durch die präzisere Formulierung „Mittelpunkt einer selbstständigen wirtschaftlichen Tätigkeit" ersetzt. Eine inhaltlich vergleichbare Regelung gilt für Nachlassinsolvenzen (§ 315). Die Vorschrift entspricht wörtlich § 3 RegE.[1]

2. Zuständigkeit

2 Die Vorschrift gilt für natürliche ebenso wie für juristische Personen und bestimmt den **ausschließlichen Gerichtsstand,** d. h. abweichende Gerichtsstandsvereinbarungen sind unzulässig.[2] Das Insolvenzgericht hat seine Zuständigkeit von Amts wegen zu prüfen.[3] Entscheidend für die Zuständigkeit ist der Zeitpunkt des Eingangs des Eröffnungsantrages beim Insolvenzgericht,[4] spätere Veränderungen können eine einmal begründete Zuständigkeit auch dann nicht entfallen lassen, wenn sie vor der Entscheidung über den Antrag vollzogen werden.[5] Eine bei Antragstellung fehlende Zuständigkeit kann allerdings noch bis zur Entscheidung begründet werden.[6]

3 An der internationalen Zuständigkeit der deutschen Insolvenzgerichte fehlt es, wenn der Schuldner zum Zeitpunkt der Antragstellung eine bis dahin in Deutschland ausgeübte wirtschaftliche Tätigkeit aufgegeben und seinen Wohnsitz ins Ausland verlegt hat.[7]

3. Mittelpunkt einer selbstständigen wirtschaftlichen Tätigkeit

4 Geht der Schuldner einer selbstständigen wirtschaftlichen Tätigkeit nach, ist der Mittelpunkt dieser Tätigkeit maßgeblich.[8] Unter einer selbstständigen wirtschaftlichen Tätigkeit ist **jede auf Gewinnerzielung gerichtete Tätigkeit in nicht abhängiger Stellung** zu verstehen, ohne dass Gewinn erzielt werden muss.[9]

5 **a)** Selbstständige wirtschaftliche Tätigkeit setzt **Handeln in eigenem Namen** voraus; für abhängig Beschäftigte kann lediglich der allgemeine Gerichtsstand nach Abs. 1 S. 1 in Frage kommen. Die Tätigkeit muss kein „Gewerbe" im Rechts-

---

[1] Begründung RegE, *Balz/Landfermann,* S. 205.
[2] § 40 Abs. 2 S. 1 ZPO.
[3] BGH ZIP 2006, 442.
[4] BGH NZI 2006, 364.
[5] BGH NZI 2006, 364; HK-*Kirchhof,* InsO, § 3 Rn. 5 mwN; vgl. auch EuGH NZI 2006, 153 für die Frage der internationalen Zuständigkeit.
[6] *Weber,* KTS 1965, 95, 125 ff.
[7] OLG Köln NZI 2001, 380.
[8] Vgl. OLG Köln ZIP 2000, 673; BayObLG NZI 2003, 98 f.
[9] OLG Hamm ZInsO 1999, 534.

sinne sein.[1] Für abhängig beschäftigte Schuldner wird darüber hinaus zu prüfen sein, ob nicht das vereinfachte Insolvenzverfahren nach §§ 304 ff. einschlägig ist.

6 **b)** Ist der **Geschäftsbetrieb eingestellt,** ist allein der allgemeine Gerichtsstand nach Abs. 1 S. 1 maßgeblich.[2] Die Aufbewahrung der Geschäftsunterlagen allein vermag keine Zuständigkeit nach Abs. 1 S. 2 zu begründen.[3] Führt jedoch der Geschäftsführer Korrespondenz und Abwicklungsmaßnahmen von seinem Wohnsitz aus, kann dies genügen, nach Abs. 1 S. 2 die örtliche Zuständigkeit des für diesen Wohnsitz zuständigen Insolvenzgerichts zu begründen.[4] Die Bestellung eines neuen Geschäftsführers allein zum Betreiben eines Insolvenzverfahrens reicht nicht aus, um an dessen Wohnsitz die örtliche Zuständigkeit des Insolvenzgerichts zu begründen.[5]

7 **c)** Die Bestimmung des **wirtschaftlichen Mittelpunktes** wird nach den Umständen des Einzelfalles vorgenommen; Indizien bieten die Existenz eines Geschäftslokals, die Zuständigkeit des Finanzamts, öffentlich rechtliche Gewerbeerlaubnisvorgänge und dergleichen mehr. Die Eintragung im Handelsregister bietet nur eine widerlegliche Vermutung.[6] Der Mittelpunkt der Tätigkeit liegt an dem Ort, an dem unmittelbar die Geschäfte nach außen abgeschlossen werden.[7] Entscheidend ist daher, wo die tatsächliche Willensbildung stattfindet, die Unternehmensleitung Entscheidungen trifft und umsetzt.[8]

8 Persönlich haftende Gesellschafter einer OHG teilen den Gerichtsstand der Gesellschaft, wenn der Gesellschaftssitz den Mittelpunkt des wirtschaftlichen Daseins des Gesellschafters bildet.[9] Für den persönlich haftenden Gesellschafter einer Gesellschaft bürgerlichen Rechts soll nichts anderes gelten.[10] Übt der persönlich haftende Gesellschafter einer OHG- oder BGB-Gesellschaft seine geschäftliche Tätigkeit über verschiedene Gesellschaften an mehreren Orten aus, so ist immer das Insolvenzgericht am Wohnsitz des Gesellschafters zuständig.[11]

4. Allgemeiner Gerichtsstand

9 Übt der Schuldner keine selbstständige wirtschaftliche Betätigung aus, bestimmt sich die örtliche Zuständigkeit des Insolvenzgerichts gem. Abs. 1 S. 1 nach dem allgemeinen Gerichtsstand. Dieser ergibt sich aus den §§ 15–19 ZPO i. V. m. den §§ 7–11 BGB.

---

[1] *Uhlenbruck/ders.,* InsO, § 3 Rn. 4.

[2] OLG Braunschweig NZI 2000, 266 f.; OLG Düsseldorf NZI 2000, 601; OLG Hamm NZI 2000, 20 f.; BayObLG DZWIR 2004, 86; OLG Rostock ZInsO 2001, 1064; OLG Zweibrücken InVo 2002, 367.

[3] OLG Düsseldorf DZWIR 1999, 463.

[4] OLG Celle ZInsO 2004, 205.

[5] OLG Rostock ZInsO 2001, 1064; BayObLG InVo 2000, 373.

[6] LG Hamburg ZInsO 2000, 118.

[7] OLG Brandenburg NZI 2002, 438.

[8] AG Münster ZInsO 2000, 49, *Uhlenbruck/ders.,* InsO, § 3 Rn. 4.

[9] KG ZInsO 2000, 44 ff. mwN.

[10] KG aaO; einschränkend HK-*Kirchhof,* InsO, § 3 Rn. 13, der darauf abstellt, ob die Geschäftsführung den Schwerpunkt der eigenen wirtschaftlichen Tätigkeit ausmacht.

[11] *Uhlenbruck/ders.,* InsO, § 3 Rn. 10; FK-*Schmerbach,* InsO, § 3 Rn. 7.

a) Bei juristischen Personen ist deren Sitz maßgeblich.[1] Fehlt dieser, kann der Sitz der Verwaltung für die Frage des allgemeinen Gerichtsstands entscheidend sein.[2] Hat eine Gesellschaft ihre werbende Tätigkeit eingestellt, gilt für sie nur der allgemeine Gerichtsstand.[3] 10

b) Der allgemeine Gerichtsstand einer natürlichen Person bestimmt sich nach ihrem Wohnsitz,[4] hilfsweise dem Aufenthaltsort oder letzten Wohnsitz. Der Wohnsitz ist der Ort, an dem sich jemand ständig niederlässt, wofür die polizeiliche Anmeldung ein – allein nicht ausreichendes – Indiz ist.[5] Die Inhaftierung des Schuldners führt nicht zur Begründung eines neuen Wohnsitzes[6] noch zur Verlagerung des Mittelpunkts seiner hauptsächlichen Interessen.[7] Hatte der Schuldner bis zu seiner Inhaftierung nicht im Bezirk des Insolvenzgerichts gelebt, begründet die Inhaftierung daher keinen allgemeinen Gerichtsstand am Ort der Haftanstalt. Es bleibt daher bei der Zuständigkeit des letzten Aufenthaltsorts bzw. letzten Wohnsitzes. 11

5. Verweisung

Ein unzuständiges Insolvenzgericht kann auf Antrag gem. § 281 ZPO an das zuständige Gericht verweisen. Bei einem Gläubigerantrag wird der Schuldner in der Regel nicht vor der Verweisung angehört, wenn sonst der Verfahrenszweck gefährdet wäre.[8] Beantragt der Antragsteller – trotz eines gerichtlichen Hinweises – nicht die Verweisung, weist das örtlich unzuständige Insolvenzgericht den Eröffnungsantrag ab. 12

Die Verweisung ist grundsätzlich für das Gericht, an das verwiesen wird, bindend.[9] Einem Verweisungsbeschluss kommt jedoch dann keine Bindungswirkung zu, wenn er schlechterdings als nicht im Rahmen des § 281 ZPO ergangen angesehen werden kann, etwa weil er auf der Verletzung rechtlichen Gehörs beruht oder weil er jeder gesetzlichen Grundlage entbehrt und deshalb als willkürlich betrachtet werden muss.[10] 13

Gemäß § 36 Nr. 1–3, 5 und 6 ZPO kann das örtlich zuständige Insolvenzgericht durch das höhere Gericht bestimmt werden.[11] 14

Gegen die Ablehnung der Eröffnung wegen örtlicher Unzuständigkeit steht dem Antragsteller als Rechtsmittel die sofortige Beschwerde zu (§ 34 Abs. 1). Das Rechtsmittel des Schuldners bei erfolgter Eröffnung des Verfahrens (§ 34 Abs. 2) kann analog § 512 a ZPO in der Regel nicht auf die Rüge der örtlichen Unzuständigkeit gestützt werden.[12] Durch die Rechtskraft des Eröffnungs- 15

---

[1] BayObLG ZInsO 2001, 517.

[2] Vgl. § 17 ZPO.

[3] OLG Hamm NZI 2000, 221; BayObLG DZWIR 2004, 86; OLG Hamm NZI 2000, 220; OLG Köln; ZIP 2000, 672; OLG Zweibrücken InVo 2002, 367.

[4] AG Köln NZI 2008, 390.

[5] OLG Naumburg InVo 2000, 12; BGH NJW-RR 1995, 507.

[6] BGH NJW-RR 1996, 1217 zur Strafhaft.

[7] BGH NZI 2008, 121.

[8] KG ZInsO 2000, 45; FK-*Schmerbach*, InsO, § 3 Rn. 29 mwN.

[9] § 281 Abs. 2 S. 5 ZPO.

[10] BGH ZIP 2006, 442; KG ZIP 2009, 1637.

[11] OLG Köln ZIP 2000, 156; BayObLG ZIP 1999, 1714.

[12] OLG Köln ZIP 2000, 465.

beschlusses wird jeder Zuständigkeitsmangel geheilt und das eröffnende Insolvenzgericht für das weitere Verfahren zuständig.[1]

6. Gerichtsstand für Konzernunternehmen

16 **a)** Die örtliche Zuständigkeit ist sehr häufig ein Schlüsselfaktor für Gestaltungsansätze bei **Sanierungen** mit Hilfe eines Insolvenzverfahrens. Die Bereitschaft eines Gerichts bspw. eine Eigenverwaltung anzuordnen bzw. im Insolvenzplanverfahren unverzüglich entsprechend zu terminieren, kann für den Erfolg der Sanierung ausschlaggebend sein. Ist bekannt, dass ein Gericht zu solchen entscheidenden Rechts- bzw. Verfahrensfragen eine bestimmte Haltung einnimmt, sollte der Antragsteller überlegen, ob er ggf. die Wahl zwischen mehreren örtlich zuständigen Gerichten hat.

17 Zwar ist die Wahl eines Gerichtsstandes grundsätzlich bei eindeutigen Sachverhalten nicht möglich, lassen sich aber mehrere örtliche Zuständigkeiten plausibel begründen, kann dies – insbesondere dann, wenn mit Zuständigkeitsrügen nicht zu rechnen ist – eine zulässige Gestaltung darstellen. Insbesondere die Voraussetzungen des Abs. 1 S. 2 können bei Unternehmen bestehen, deren Produktionseinrichtungen dezentral aufgestellt sind und deren Verwaltungssitze sich möglicherweise ebenfalls an unterschiedlichen Standorten befinden.

18 **b)** Diese Problematik verschärft sich noch dadurch, dass dem deutschen Insolvenzrecht Regelungen zur **Konzerninsolvenz** fehlen.[2] Ein einheitlicher Konzerngerichtsstand kommt allenfalls im Falle zentraler Lenkung der Tochterunternehmen durch die Muttergesellschaft in Betracht.[3] Nahezu alle Reorganisations- und Sanierungsansätze von Konzernunternehmen in der Insolvenz machen es notwendig, die Verfahren bei einem Gericht zu konzentrieren und wenn irgendwie möglich auch in der Hand eines Verwalters zu bündeln,[4] da sich nur so der im Unternehmensverbund liegende Verbundwert in der Insolvenz erhalten und bestmöglich verwerten lässt. In der Phase der Sanierung vorhandene gleichgerichtete Interessen der Konzernunternehmen können nur bei einheitlicher Konzernleitung realisiert werden.

19 Bereits unter Geltung des früheren Rechts waren Konkursgerichte bereit gewesen, ihre örtliche Zuständigkeit großzügig zu bejahen, um eine einheitliche Abwicklung von Konzernunternehmen – in der Regel am für das herrschende Unternehmen örtlich zuständigen Gericht – zu konzentrieren und durch Bestellung eines einzigen Verwalters für alle Konzernunternehmen die gleichgerichtete Abwicklung zu ermöglichen.[5] Der Mittelpunkt der selbstständigen wirtschaftlichen Tätigkeit des herrschenden Unternehmens bestimmt in diesem Sinne auch den Mittelpunkt der selbstständigen wirtschaftlichen Tätigkeit der beherrschten Konzernunternehmen, auch wenn es sich hierbei um selbstständige rechtlichen Gebilde handelt. Der für die Annahme eines einheitlichen Gerichtsstandes erforderliche Zusammenhang liegt in der **Konzernleitungsmacht der Obergesell-**

---

[1] BGH ZIP 98, 477; HK-*Kirchhof,* InsO, § 3 Rn. 25 mwN; *Uhlenbruck/ders.,* InsO, § 3 Rn. 18.

[2] *Braun/Uhlenbruck,* S. 521; *Rotstegge,* S. 28; *Scheel,* S. 5 ff. unter Hinweis auf das US-amerikanische Recht.

[3] HK-*Kirchhof,* InsO, § 3 Rn. 12 mwN.

[4] *Ehricke,* DZWIR 1999, 353, 354.

[5] *Scheel,* S. 40 f.

schaft, die nicht entfällt, solange der Insolvenzverwalter den Betrieb der Obergesellschaft nicht stilllegt bzw. die Gläubiger im Berichtstermin sich nicht gegen die Fortführung mehrheitlich aussprechen.[1]

Zur Begründung der örtlichen Zuständigkeit des Insolvenzgerichts der Obergesellschaft auch für die Untergesellschaften ist allerdings die bloße Mitgliedschaft in einem Unternehmensverbund nicht ausreichend.[2] Um eine einheitliche Zuständigkeit zu erreichen, muss daher im Eröffnungsverfahren vorgetragen werden, dass auch das Tochterunternehmen der zentralen Konzernleitung unterliegt und das operative Geschäft von der Zentrale aus gesteuert und entschieden wird. Im Insolvenzverfahren über das Vermögen von ca. 100 Gesellschaften des Postdienstleisters „PIN-Group" hat das Amtsgericht Köln in einer pragmatischen Entscheidung[3] seine Zuständigkeit bejaht, indem es davon ausging, dass das wesentliche Tagesgeschäft auch der Regionalgesellschaften zentral von Köln aus gesteuert würde. Dass diese zentrale Steuerung im Büro eines erst seit Kurzem tätigen Unternehmensberaters erfolgte, hat das Insolvenzgericht nicht davon abgehalten, dieses Büro als faktischen Hauptverwaltungssitz der Schuldnerin anzusehen. Nur durch diesen Kunstgriff war es möglich geworden, die nahezu 100 Einzelgesellschaften zentral im Sinne einer Konzerninsolvenz durch ein Insolvenzgericht und einen Insolvenzverwalter abwickeln zu lassen.[4] 20

Im Falle einer beabsichtigten Sanierung des Gesamtkonzerns durch einen übergeordneten Insolvenzplan für die Obergesellschaft und damit korrespondierende Einzelinsolvenzpläne für die Tochtergesellschaften lässt sich ebenfalls der notwendige Zusammenhang für eine einheitliche Zuständigkeit darstellen.[5] Insbesondere dann, wenn in den Insolvenzverfahren gleichzeitig jeweils die Eigenverwaltung angeordnet wird, wird deutlich, dass die Leitungsmacht der Obergesellschaft auch im Insolvenzverfahren erhalten bleibt. In einem solchen Falle wäre ebenfalls die örtliche Zuständigkeit des Insolvenzgerichts am Sitz der Obergesellschaft auch für die Untergesellschaften anzunehmen unter gleichzeitiger sinnvollerweise einheitlicher Bestellung eines Sachwalters für alle Konzerngesellschaften. Nur so lässt sich ein einheitlicher Sanierungsansatz auch im Insolvenzverfahren des Gesamtkonzerns realisieren und damit der Zielsetzung des § 1 Satz 1 (abweichende Regelung insbesondere zum Erhalt des Unternehmens) gerecht werden.[6] 21

7. Praxishinweis

a) In den ersten Jahren der Geltung der Insolvenzordnung war häufig zu beobachten, dass natürliche Personen durch **gezielten Wohnsitzwechsel** die örtliche Zuständigkeit von Insolvenzgerichten herbeizuführen erstrebten, die 22

[1] *Bous,* Die Konzernleitungsmacht im Insolvenzverfahren konzernverbundener Kapitalgesellschaften, S. 266 f.

[2] OLG Brandenburg NZI 2002, 438; vgl. auch *Ehricke,* ZInsO 2002, 393 ff.

[3] AG Köln NZI 2008, 254; vgl. hierzu auch AG Köln NZI 2008, 257; *Knof/Mock,* ZInsO 2008, 253, 499; *Frind,* ZInsO 2008, 261, 363, 614; *Mankowski,* NZI 2008, 355; *Rothstegge,* ZIP 2008, 955.

[4] Zur örtlichen Zuständigkeit des Insolvenzgerichts Essen für das Quelle-Verfahren ZIP 2009, 1826.

[5] Vgl. hierzu *Ehricke,* ZInsO 2002, 393 ff.

[6] Vgl. zu einem zukünftigen Konzerninsolvenzrecht *Hirte* ZIP 2008, 444.

Prozesskostenhilfe für die Durchführung von Verbraucherinsolvenzverfahren gewährten. Die Notwendigkeit derartiger Gestaltungen hat sich durch die mit dem InsOÄndG 2001 eingeführte Stundung der Verfahrenskosten weitgehend erledigt. Ein gewisser „Insolvenztourismus" ist allerdings zwischenzeitlich im Verhältnis zu Frankreich zu erkennen, was auch darin begründet sein mag, dass in einigen Departements deutlich einfacher Restschuldbefreiung zu erlangen ist als in Deutschland.[1] Um Missbräuchen vorzubeugen ist die Amtsermittlungspflicht des Insolvenzrichters gefragt, wie sich anlässlich eines instruktiven Beschlusses des Amtsgerichts Köln[2] gut belegen lässt.

23 **b)** In der Praxis häufen sich zwischenzeitlich jedoch die Fälle, in denen notleidende Firmen an professionelle Abwickler übertragen werden, die den Sitz verlegen, einen neuen Geschäftsführer bestellen und dann an einem möglichst entfernten Ort die Durchführung eines Insolvenzverfahrens mit dem Ziel beantragen, die Abweisung mangels Masse und damit auch die kurzfristige Löschung im Handelsregister wegen Vermögenslosigkeit zu erreichen. Der BGH hatte in einem älteren Beschluss[3] ausgeführt, dass eine missbräuchliche Inanspruchnahme der Zuständigkeit nicht schon allein daraus abgeleitet werden kann, dass eine größere Anzahl von Firmen übernommen worden sind, deren Sitz verlegt wird, wenn erst mehr als drei Wochen nach der Sitzverlegung der Antrag auf Eröffnung eines Gesamtvollstreckungsverfahrens gestellt wird.

24 In der Folge entwickelte sich eine kontroverse Rechtsprechung der Instanzgerichte[4] zur Frage der Wirksamkeit von Verweisungsbeschlüssen, die Insolvenzgerichte in Fällen „gewerbsmäßiger Firmenbestattungen" erlassen hatten. Der BGH[5] konnte nun klarstellen, dass einem Verweisungsbeschluss dann keine Bindungswirkung zukomme, wenn er schlechterdings nicht als im Rahmen des § 281 ZPO ergangen angesehen werden könne, etwa weil er auf der Verletzung rechtlichen Gehörs beruhe, oder weil er jeder gesetzlichen Grundlage entbehre und deshalb als willkürlich betrachtet werden müsse. Weiterhin hat der BGH darauf hingewiesen, dass das Insolvenzgericht gem. § 5 Abs. 1 S. 1 InsO verpflichtet ist, von Amts wegen alle Umstände zu ermitteln, die für die örtliche Zuständigkeit entscheidungserheblich sein können. Es habe die zur Begründung der örtlichen Zuständigkeit eines anderen Insolvenzgerichts vorgetragenen Umstände zu würdigen und ggf. von Amts wegen den Sachverhalt weiter aufzuklären. Erst wenn danach ein Gerichtsstand bei ihm nicht eröffnet sei, könne es seine örtliche Unzuständigkeit aussprechen. Geschehe dies ohne eine solche Prüfung, entbehre der Verweisungsbeschluss jeder gesetzlichen Grundlage und müsse deshalb als willkürlich betrachtet werden. Durch diese Entscheidung sind den Instanzgerichten nun wieder klare Richtlinien für die Behandlung „gewerbsmäßiger Firmenbestattungen" an die Hand gegeben worden, die von diesen ersichtlich auch angenommen werden.[6] Ein Fall der Zuständigkeitserschleichung ist vom

---

[1] *Delzant/Schütze* ZInsO 2008, 540.

[2] AG Köln NZI 2009, 133.

[3] BGH ZIP 1996, 847.

[4] Vgl. BayObLG NJW-RR 2004, 986; OLG Celle NZI 2004, 258 f.; OLG Stuttgart OLG-R 2004, 184 ff.; OLG Schleswig NZI 2004, 264; OLG Karlsruhe NZI 2004, 262.

[5] BGH ZIP 2006, 442.

[6] Vgl. OLG Celle ZIP 2006, 2098; OLG Oldenburg NZI 2008, 435; OLG Stuttgart DB 2009, 227.

Amtsgericht Göttingen auch im Falle der „Göttinger Gruppe" angenommen worden, die zeitgleich mit einem Drittantrag einen Eigenantrag in Berlin gestellt hatte. Das Insolvenzverfahren ist vom Amtsgericht Göttingen eröffnet worden.[1]

Unklar war lange auch die Frage der internationalen Zuständigkeit des Gerichts eines Mitgliedsstaates der EU, bei dem ein Insolvenzantrag gestellt worden war, wenn vor Entscheidung hierüber der Schuldner jedoch seinen Wohnsitz und/oder den Mittelpunkt seiner hauptsächlichen Interessen in das Gebiet eines anderen Mitgliedsstaates verlegt hatte. 25

Der Europäische Gerichtshof, dem der BGH vorgelegt hatte, hat in seiner Entscheidung vom 16. Januar 2006[2] vor allem darauf abgehoben, dass ein Wechsel der Zuständigkeit den Zielen der EuInsVO widersprechen würde. Die Geltung des Grundsatzes „perpetuatio fori" schaffe für die Gläubiger Rechtssicherheit, seine Verwirklichung sei auch wegen der Befugnis eines von dem zuerst mit der Sache befassten Gericht eingesetzten, vorläufigen Verwalters, Sicherungsmaßnahmen einzuleiten, unabdingbar. 26

An diese – sachlich überzeugende – Auslegung des Art. 3 Abs. 1 S. 1 EuInsVO ist der BGH gebunden. Er hat dann auch entsprechend der Rechtsauffassung des EuGH entschieden.[3] 27

Darüber hinaus hat der BGH in einer nachfolgenden Entscheidung ausgeführt, dass das einmal zuständige Gericht auch nach Erledigung des Erstantrages für zwischenzeitlich eingegangene, aber noch nicht erledigte, weitere Insolvenzanträge zuständig bleibt.[4] Eine erneute Vorlage hat der BGH nicht für erforderlich gehalten, vielmehr aus der Entscheidung des EuGH vom 16. Januar 2006 zurecht die weitergehenden Schlussfolgerungen gezogen. 28

Der EuGH hatte auch in der Folge noch Gelegenheit zur internationalen Zuständigkeit Stellung zu nehmen,[5] gleichwohl sind damit jedoch noch nicht alle offenen Fragen geklärt. Insbesondere die Auseinandersetzung um die Eröffnung des Insolvenzverfahrens über das Vermögen der Hans Brochier Holding Ltd. mit Sitz im Zuständigkeitsbereich des Insolvenzgerichts Nürnberg[6] wirft ein Schlaglicht auf die derzeit aktuellen Bemühungen, für Sanierungsmaßnahmen günstige Rechtsordnungen und Insolvenzgerichte sich auswählen zu können. 29

§ 4 Anwendbarkeit der Zivilprozeßordnung

Für das Insolvenzverfahren gelten, soweit dieses Gesetz nichts anderes bestimmt, die Vorschriften der Zivilprozeßordnung entsprechend.

Literatur: *Graf/Wunsch,* Akteneinsicht in Insolvenzverfahren, ZIP 2001, 1800 ff.; *Harms,* Keine Prozesskostenhilfe für den Insolvenzverwalter?, InVo 2000, 41 ff.; *Küpper/Heinze,*

[1] AG Göttingen Beschluss vom 14. 6. 2007 – 74 IN 222/07, BeckRS 2007, 18309.

[2] EuGH NZI 2006, 153.

[3] BGH NZI 2006, 297.

[4] BGH NZI 2006, 364.

[5] EuGH NZI 2006, 360.

[6] Vgl. hierzu die Beschlüsse des Insolvenzgerichts Nürnberg vom 15. 8. 2006, NZI 2007, 185 und 1. 10. 2006, NZI 2007, 186 sowie des ebenfalls mit der Sache befassten High Court of Justice London vom 15. 8. 2006 und 8. 12. 2006, NZI 2007, 187.

Prozesskostenhilfe für einen vom Insolvenzverwalter geführten Masseprozess unter Geltung der InsO, ZInsO 2007, 680 ff.; *Kutzer,* Prozesspfleger statt Notgeschäftsführer – ein praktikabler Ausweg in Verfahren gegen organlose Kapitalgesellschaften, ZIP 2000, 654 ff.; *Pape,* Akteneinsicht für Insolvenzgläubiger – ein ständiges Ärgernis, ZIP 2004, 598 ff.; *ders.,* Rechtsprechungsübersicht: Entscheidungen zum Verbraucherinsolvenzverfahren, insbesondere zur Bewilligung von Insolvenzkostenhilfe und zur Zulässigkeit sog. „Null-Pläne" (Stand: September 1999), ZInsO 1999, 602 ff.; *Ringstmeier/Homann,* Prozesskostenhilfe für den Insolvenzverwalter, ZIP 2005, 284 ff.; *Sterzinger,* Prozesskostenhilfe im Insolvenzverfahren, NZI 2008, 525 ff.; *Zipperer,* Private und behördliche Einsicht in Insolvenzakten – eine systematische Bestandsaufnahme, NZI 2002, 244 ff.

Übersicht

1. Normzweck

1 Die Vorschrift übernimmt die Regelung in §§ 72 KO, 115 VglO und 1 Abs. 3 GesO. Wie bereits das alte Recht verzichtet auch die Insolvenzordnung darauf, Verfahrensregeln, die für die streitige Gerichtsbarkeit allgemein gelten, zu wiederholen. Stattdessen ordnet die InsO die subsidiäre Geltung der Zivilprozessordnung an.

Die Vorschrift entspricht wörtlich § 4 RegE.[1]

2. Umfang der Verweisung

2 Über die Verweisung in § 4 sind die Normen der Zivilprozessordnung subsidiär anwendbar. Soweit die InsO eine Regelung trifft, schließt dies einen Rückgriff auf die ZPO aus. Selbst bei einer möglichen analogen Anwendung insolvenzspezifischer Normen haben diese Vorrang.[2]

3 Aus der Anordnung der „entsprechenden" Anwendbarkeit der ZPO folgt, dass deren Normen, wenn sie allzu sehr auf das Zwei-Parteien-Verhältnis (streitiger Parteiprozess) zugeschnitten sind, behutsam im Sinne des Insolvenzverfahrens zu modifizieren sind.[3]

4 Die Verweisung umfasst trotz ihres auf die ZPO beschränkten Wortlautes auch andere Gesetze, die für den Zivilprozess relevante Normen enthalten: Zu beach-

[1] Begründung RegE, *Balz/Landfermann,* S. 206.
[2] *Nerlich/Römermann/Becker,* InsO, § 4 Rn. 6.
[3] Ebd., Rn. 28.

ten sind also insbesondere die Vorschriften des Gerichtsverfassungsgesetzes, des Zwangsversteigerungsgesetzes, des Rechtspflegergesetzes, des Richtergesetzes und schließlich auch die verfahrensrechtlichen Bestimmungen des Grundgesetzes.[1] Nicht anwendbar sind allerdings die Normen der freiwilligen Gerichtsbarkeit[2] und der öffentlich-rechtlichen Verfahrensgesetze.[3]

3. Ausgewählte Problemfelder

a) Sachliche und örtliche Zuständigkeit

Die Insolvenzordnung enthält in § 2 eigene Regelungen zur sachlichen Zuständigkeit. Die §§ 1–11 ZPO sind nicht anwendbar.[4] 5

Die Bezugnahme auf den allgemeinen Gerichtsstand des Schuldners in § 3 verweist auf die Vorschriften der ZPO zum allgemeinen Gerichtsstand (§§ 13–19 ZPO). Die Anwendung der Vorschriften über die besonderen Gerichtsstände (§§ 20–35 ZPO) scheidet hingegen aus. Wiederum anwendbar sind die Regelungen über die Gerichtsstandsbestimmung[5] gem. §§ 36, 37 ZPO wohingegen Gerichtsstandsvereinbarungen gem. §§ 38–40 ZPO im Insolvenzverfahren ausgeschlossen sind. Eine Verweisung an ein anderes Insolvenzgericht nach rechtskräftiger Eröffnung ist nicht möglich.[6] 6

b) Ausschließung und Ablehnung von Gerichtspersonen

Für die Ausschließung und Ablehnung von Gerichtspersonen gelten grundsätzlich die §§ 41–49 ZPO entsprechend;[7] über § 10 RPflG finden diese Normen auch auf den Rechtspfleger Anwendung.[8] Allerdings hat der Insolvenzverwalter prinzipiell kein Ablehnungsrecht bezüglich des Rechtspflegers oder des Insolvenzrichters, es sei denn, die zwischen beiden bestehenden Spannungen können sich zum Nachteil einer Partei auswirken.[9] Ein im Eröffnungsverfahren eingesetzter Sachverständiger kann nicht wegen Besorgnis der Befangenheit abgelehnt werden.[10] 7

c) Partei- und Prozessfähigkeit

Die §§ 50–58 ZPO betreffend die Parteifähigkeit und die Prozessfähigkeit sind ebenfalls anwendbar.[11] Daher ist ein Insolvenzantrag gegen eine juristische Person, die keinen gesetzlichen Vertreter hat, unzulässig. Ein nur „faktischer" Geschäftsführer ist nicht der gesetzliche Vertreter der GmbH.[12] Ggf. ist bei dem 8

---

[1] *Kübler/Prütting/Bork/Prütting,* InsO, § 4 Rn. 4.

[2] Zu den Hintergründen hierfür ausführlich *Smid/Smid,* InsO, § 4 Rn. 3 ff.

[3] *Kübler/Prütting/Bork/Prütting,* InsO, § 4 Rn. 4.

[4] *Kübler/Prütting/Bork/Prütting,* InsO, § 4 Rn. 5.

[5] Vgl. hierzu auch OLG Köln NZI 2000, 75 f.; OLG Hamm NZI 2000, 220.

[6] OLG Celle ZIP 2007, 1922 ff.

[7] OLG Karlsruhe InVo 2000, 51 f.; OLG Köln ZInsO 2001, 1016 f., 1017.

[8] Zur Befangenheit eines Rechtspflegers BVerfG WM 2008, 134.

[9] OLG Zweibrücken NZI 2000, 222 f., 223.

[10] AG Göttingen ZInsO 2007, 720 f.

[11] OLG Zweibrücken NZI 2001, 32 f. auch zur Parteifähigkeit einer ausl. jur. Person (hier: GmbH aus Costa Rica) als Gläubigerin; OLG Köln NZI 2000, 134 ff.; OLG Dresden NZI 2000, 136 f., 137; *Andres/Leithaus,* InsO, § 4 Rn. 3; zur Parteifähigkeit der jur. Person s. *Zöllner/Vollkommer* ZPO § 50 Rn. 11 ff.

[12] BGH ZIP 2007, 144 f., 145.

Registergericht in entsprechender Anwendung des § 29 BGB die Bestellung eines Notgeschäftsführers zu beantragen[1] oder – einfacher und kostengünstiger – die Bestellung eines Prozesspflegers gem. §§ 4 InsO, 57 ZPO analog.[2] Für den Fall der Führungslosigkeit hat der Gesetzgeber durch das MoMiG z. B. in § 35 Abs. 1 GmbHG nF nunmehr geregelt, dass, soweit gegenüber der Gesellschaft Willenserklärungen abgegeben oder Schriftstücke zugestellt werden, diese durch die Gesellschafter vertreten wird.[3]

9 Keine Anwendung finden naturgemäß die Normen betreffend die Beteiligung Dritter am Verfahren.[4]

d) Prozesskosten

10 Die Vorschriften der Zivilprozessordnung über die Prozesskosten (§§ 91 ff. ZPO) sind grundsätzlich anwendbar.[5] Dies gilt insbesondere auch für § 269 Abs. 3 ZPO. Nimmt der Antragsteller den Insolvenzantrag zurück, so treffen ihn die Verfahrenskosten.[6] Nach inzwischen überwiegender Meinung in Literatur und Rechtsprechung zur entsprechenden Anwendung des § 91 a ZPO kann der Antragsteller die Hauptsache für erledigt erklären, wenn z. B. die dem Antrag zugrunde liegende Forderung bezahlt wird.[7]

11 Entsprechende Anwendung findet § 99 ZPO, wonach die Anfechtung der Entscheidung über die Kosten dann unzulässig ist, wenn nicht gegen die Entscheidung in der Hauptsache ein Rechtsmittel eingelegt wird.[8] Anderes gilt dann, wenn das Gericht eine Kostenentscheidung getroffen hat, die verfahrensrechtlich nicht hätte ergehen dürfen, insbesondere wenn einem Dritten, der an dem Verfahren nicht beteiligt ist, die Kosten des Verfahrens auferlegt werden.[9]

e) Prozesskostenhilfe

12 Als einer der umstrittensten Problembereiche hatte sich in der Vergangenheit die Frage der analogen Anwendbarkeit der Vorschriften über die Prozesskostenhilfe (§§ 114 ff. ZPO) herausgestellt. Hierbei ist wie folgt zu differenzieren:

13 **aa)** Den **Insolvenzgläubigern** kann für das Eröffnungsverfahren Prozesskostenhilfe bewilligt werden; das gilt auch für das Schuldenbereinigungs- und das Restschuldbefreiungsverfahren.[10] Die Bewilligung ist allerdings dann zu versagen, wenn eine wirtschaftlich denkende, vermögende Partei vernünftigerweise einen

---

[1] OLG Zweibrücken ZInsO 2001, 472 f.; ZIP 2001, 973 ff.

[2] *Kutzer,* ZIP 2000, 654 ff.; LG Berlin NZI 2002, 163; AG Göttingen ZInsO 2003, 1107 f.; zur Bestellung eines Prozesspflegers im eröffneten Verfahren einer AG, OLG Dresden ZInsO 2005, 1049 f.; AG München ZIP 2008, 95 f.

[3] Siehe Fn. 5 zu Erläuterungen § 8 Rn. 25.

[4] *Kübler/Prütting/Bork/Prütting,* InsO, § 4 Rn. 8.

[5] OLG Zweibrücken NZI 2000, 271 f.; OLG Celle NZI 2000, 226 ff.

[6] *Uhlenbruck/ders.,* InsO, § 4 Rn. 16; AG Hamburg ZInsO 2007, 1167 f.

[7] OLG Köln NZI 2001, 318 ff., 319; NZI 2002, 157; aA AG Hamburg ZVI 2002, 413; zur Kostenlast nach Erledigungserklärung vgl. auch AG Duisburg ZVI 2002, 389 f.

[8] OLG Köln NZI 2000, 374; OLG Köln NZI 2001, 664; OLG Celle NZI 2001, 150; OLG Zweibrücken NZI 2000, 475.

[9] OLG Köln ZInsO 2001, 469 mwN.

[10] Siehe näher *Zöller/Philippi,* ZPO, § 114 Rn. 57 mwN; *Uhlenbruck/ders.,* InsO, § 4 Rn. 18 mwN.; aA: AG Frankfurt (Oder), Rechtspfleger 2003, 144.

Rechtsanwalt nicht beauftragen würde z.B. wenn mit einer Quote nicht gerechnet werden kann.[1]

14 **bb)** Für **Rechtsstreite des Insolvenzverwalters** ist § 116 Ziff. 1 ZPO einschlägig.[2] Dabei ist die Beiordnung eines Rechtsanwalts für einen Insolvenzverwalter immer möglich, wenn die konkrete Tätigkeit nicht von einem Nichtjuristen im Rahmen seines Amtes ohne Anwaltshilfe erledigt werden kann.[3]

15 Vor der Prozesskostenhilfe-Bewilligung muss geprüft werden, ob nicht die **wirtschaftlich beteiligten Gläubiger,** deren Befriedigungsaussichten ein erfolgreicher Prozess des Insolvenzverwalters verbessern würde, zur Leistung eines Prozesskostenvorschusses herangezogen werden können[4], dem Insolvenzverwalter selbst ist eine Kostenbeteiligung nicht zuzumuten.[5] Grundsätzlich ist von einer Bedürftigkeit auszugehen, wenn der Insolvenzverwalter die Masseunzulänglichkeit angezeigt hat.[6] Anders jedoch, wenn zum Zeitpunkt der Fälligkeit der Verfahrenskosten voraussichtl. genügend freie Masse vorhanden ist, um die Verfahrenskosten zu bestreiten, Anfechtungsansprüche sind entsprechend dem Prozessrisiko abzuwerten.[7] Hinsichtlich der Rückzahlung der Prozesskostenhilfe gibt es keinen allgemeinen Grundsatz, dass der Ertrag eines erfolgreichen Prozesses vorrangig zur Deckung der von der Staatskasse verauslagten Prozesskosten einzusetzen ist. Die auf Grund des Rechtsstreits zur Masse gezogenen Beträge können also, soweit trotz dieser Zuflüsse zur Masse weiterhin Masseunzulänglichkeit besteht, zur Deckung der Verfahrenskosten des Insolvenzverfahrens herangezogen werden bzw. nach § 209 verteilt werden.[8] PKH ist nur mögl. wenn durch die Klage die Massekostenarmut beseitigt werden kann.[9]

16 Nach einer Phase der restriktiveren Handhabung der Gewährung von Prozesskostenhilfe für den Verwalter zeichnet sich jetzt eine Änderung dieser Tendenz ab.[10] Zur Frage, ob es auch Massegläubigern zumutbar ist, die Prozesskosten aufzubringen, gibt es unterschiedliche Auffassungen. Eine Auffassung geht dahin, dass es Massegläubigern i. S. d. § 55 generell nicht zumutbar ist, die Prozesskosten aufzubringen. Argumentiert wird hier damit, dass den Personen, die durch Vertragsschluss mit

---

[1] BGH ZInsO 2004, 976 ff., s. hierzu Anmerkung *Römermann,* EWIR 2005, 81 f.

[2] *Küpper,* ZInsO 2007, 680 ff.; keine PKH für den vorläufigen Insolvenzverwalter im Rechtsmittelverfahren gegen Anordnungen nach §§ 21, 22 InsO, BGH ZInsO 2008, 203 f.; PKH auch für eine Teilklage des Insolvenzverwalters, OLG Hamburg ZIP 2009, 1636 f.; OLG Celle ZIP 2008, 433 ff., entgegen OLG Celle ZInsO 2007, 331; PKH auch bei Masseunzulänglichkeit, BGH ZInsO 2008, 378; zur Darlegung d. wirtsch. Vorauss. OLG Celle ZIP 2009, 933 ff.

[3] BGH ZInsO 2006, 491; LG Arnsberg ZInsO 2006, 1285 f.

[4] *Zöller/Philippi,* ZPO, § 116 Rn. 7 mwN; zum Ansatz über die „Bedürftigkeit" nach § 116 ZPO *Ringstmeier/Homann,* ZIP 2005, 284 ff.; BGH ZIP 2007, 2187 ff.; BVerwG ZIP 2006, 1542 ff.; BGH NZI 2007, 410 f.; nach OLG Schleswig ZIP 2008, 384 auch für Gläubiger mit „vorläufig" bestrittenen Forderungen; *Sterzinger,* NZI 2008, 525 ff.

[5] BGH NZI 2007, 410 f.; OLG Celle ZInsO 2007, 331; aA keine PKH für Prozess durch nachlässige Insolvenzverwaltung, OLG Rostock ZIP 2007, 237 ff.

[6] BGH NZI 2008, 368; ZIP 2007, 2187 ff. Einbeziehung von Altmasseverbindl.

[7] BVerwG ZIP 2006, 1542 ff.; OLG Köln ZIP 2007, 1030 f.

[8] BGH ZIP 2006, 2055 f.; NZI 2008, 431 f.

[9] BGH ZIP 2009, 1591 f.

[10] BGH NZI 2004, 26 und ZInsO 2005, 877; BFH ZInsO 2005, 1216; BAG ZIP 2003, 1947; OLG Hamm ZIP 2003, 42; OLG Hamm ZIP 2007, 147; BGH ZIP 2007, 887 f.

dem Insolvenzverwalter oder durch dessen Handlungen Gläubiger gegenüber der Insolvenzmasse geworden sind, nicht das Kostenrisiko für Prozesse des Insolvenzverwalters aufgebürdet werden kann, deren Ursache vor der Insolvenz liegt.[1]

16a Die Gegenansicht geht bei einem möglichen wirtschaftlichen Vorteil von einer Zumutbarkeit eines Prozesskostenvorschusses für die Massegläubiger aus. Diese Ansicht argumentiert, dass die Massegläubiger grundsätzlich auch das Risiko der Anzeige der Masseunzulänglichkeit tragen.[2]

16b Die Freistellung des am Insolvenzverfahren wirtschaftlich beteiligten Steuerfiskus von der Prozesskostenaufbringung wird vom BGH[3] und vom BVerwG[4] ebenso abgelehnt wie von den Instanzgerichten[5] und nur ausnahmsweise wegen Unzumutbarkeit angenommen.[6] Gleiches gilt für die Beteiligung der Sozialverwaltung.[7] Unzumutbar kann eine Vorschusszahlung durch die wirtschaftlich Beteiligten allerdings dann sein, wenn ein Gläubiger im Falle des Obsiegens mit einer nur geringfügigen Quotenverbesserung rechnen kann und damit eine Prozessführung für ihn wirtschaftlich nicht sinnvoll ist.[8] Für die Zumutbarkeit kommt es dabei nicht auf die allgemein zu erwartende Insolvenzquote an, sondern der für den Prozess zu leistende Vorschuss ist konkret dem Betrag gegenüberzustellen, den der Gläubiger bei erfolgreicher Prozessführung voraussichtlich zusätzlich erwarten kann.[9] Die Frage, um welchen Betrag der auf den Gläubiger entfallende Mehrertrag den von diesem zu tragenden Kostenvorschuss übersteigen muss, damit die Kostentragung zumutbar ist, wird unterschiedlich beantwortet. Teilweise soll bereits das 3,5-fache[10] des Kostenbeitrages genügen, wogegen andererseits das 5-[11] oder 6-fache[12] gefordert wird. Für die Zumutbarkeit ist eine Abwägung aller Umstände vorzunehmen, einschließlich des Aufwands für die Koordinierung der Gläubiger.[13] Insolvenzgläubigern mit weniger als 5% an der Gesamtsumme der festgestellten Insolvenzforderungen ist die Aufbringung von Prozesskosten generell nicht zumutbar.[14] Bei ausländischen Gläubigern kann nicht pauschal unterstellt werden, dass ihnen eine Beteiligung an den Prozesskosten nicht zumutbar sei.[15] Bei zwölf im Sinne von § 116 ZPO anteilig zu beteiligenden Gläubigern kann sich der Insolvenzverwalter noch nicht darauf berufen, die Einziehung der für die Prozess-

---

[1] OLG Celle, ZIP 2009, 933 ff.; OLG Hamburg ZInsO 2005, 323 f; *Zöller/Philippi,* ZPO, § 116, Rn. 10 b; BFH ZInsO 2005, 1216 f.

[2] *Küppers/Heinze,* ZInsO 2007, 680 ff., 683 f.

[3] BGH NZI 1999, 26; BGH NZI 1999, 152.

[4] BVerwG ZIP 2006, 1542 ff., 1544; m. Anm. *Undritz,* EWiR 2006, 671.

[5] OLG Celle NZI 1999, 231; OLG Schleswig ZInsO 1999, 44; OLG Nürnberg ZInsO 2005, 102; OLG Schleswig ZIP 2008, 384; OLG Celle ZIP 2009, 936.

[6] OLG Schleswig ZIP 1999, 201.

[7] Kammergericht NZI 2000, 221; aA: *Harms,* InVo 2000, 41, 42.

[8] BGH NZI 2007, 410 f.; OLG Koblenz NZI 2000, 529; OLG Nürnberg NZI 2007, 591 ff. Großgläubiger bei Vielzahl gleich gelagerter Fälle; OLG Karlsruhe NZI 2007, 593 ff.

[9] OLG Hamm ZIP 2007, 147 f.; OLG Celle ZInsO 2008, 1083 zu unsicheren Vollstreckungsaussichten.

[10] KG Berlin BeckRS 2008, 22916.

[11] BGH NJW Spezial 2009, 21.

[12] OLG Hamm ZInsO 2007, 1049 f.

[13] BGH ZIP 2006, 682 ff., 684 aE; dazu *Beutler/Voss* in EWiR 2006, 415.

[14] OLG Schleswig NZI 2009, 522; OLG Hamm ZIP 2003, 147 f.; zur Definition des Kleingläubigers KG NZI 2008, 748 ff.

[15] OLG Schleswig ZIP 2008, 384.

führung erforderlichen Kosten sei ihm wegen der Vielzahl der Beteiligten und den hierbei auftretenden Schwierigkeiten unzumutbar.[1]

Die Gewährung von Prozesskostenhilfe für die Geltendmachung einer Forderung, die die zur Tabelle angemeldeten Forderungen der Insolvenzgläubiger übersteigt, ist vom Schutzweg des § 116 Abs. 1 Ziff. 1 ZPO nicht gedeckt. Der überschießende Teil würde nur den Gesellschaftern zugutekommen. Der Insolvenzverwalter hat hier dann gegebenenfalls nur einen Teilbetrag einzuklagen.[2]

Der Insolvenzverwalter, der grundsätzlich mit seinem Vergütungsanspruch auch Massegläubiger ist, ist nicht als „wirtschaftlich Beteiligter" im Sinne des § 116 Satz 1 Ziff. 1 ZPO anzusehen.[3] 17

Die positive Haltung des BGH zur Prozesskostenhilfe für Insolvenzverwalter – auch zur Frage der Beiordnung eines Rechtsanwalts[4] – sollte die Untergerichte veranlassen, diese Rechtsauffassung nun konsequent umzusetzen und bei entsprechenden Erfolgsaussichten dem Insolvenzverwalter Prozesskostenhilfe zu gewähren. Dies würde die Zielsetzung der Insolvenzordnung, die Zahl der im ordentlichen Verfahren abzuwickelnden Insolvenzen erhöhen und Einstellungen mangels Masse zur Ausnahme machen, stärken. Gerade bei Ansprüchen gegen Geschäftsführer oder Gesellschafter ist es den Insolvenzverwaltern oft nicht möglich, notwendige Prozesse aus der Masse zu finanzieren. Der Insolvenzverwalter sollte in die Lage versetzt werden, im Vorfeld erfolgte „Gestaltungen" zu Lasten der Masse auch gerichtlich verfolgen zu können, um sie im Interesse der Gläubiger rückgängig machen zu können. Die dem Schuldner für einen Aktivprozess bewilligte Prozesskostenhilfe wirkt nach Eröffnung des Insolvenzverfahrens über dessen Vermögen nicht für und gegen den Insolvenzverwalter. Die dem Schuldner bewilligte Prozesskostenhilfe wird gegenstandslos, weil er nicht mehr zur Verwaltung und Verfügung über sein Vermögen befugt ist. Dem Insolvenzverwalter, dem die Prozesskostenhilfe erneut zu bewilligen ist, ist der von ihm ausgewählte Rechtsanwalt beizuordnen. Er braucht sich nicht auf die Beiordnung eines zuvor dem Schuldner beigeordneten Anwalts verweisen zu lassen.[5] Ein PKH-Anspruch des Insolvenzverwalters kann dann entfallen, wenn der Prozess auf nachlässige Insolvenzverwaltung zurückzuführen ist.[6] 18

cc) Gänzlich unübersichtlich war die Situation der Prozesskostenhilfebewilligung für den **Insolvenzschuldner.** Die Zahl der hierzu ergangenen Entscheidungen und der Stellungnahmen in der Literatur war nicht mehr überschaubar.[7] 19

Diese Streitfrage hat sich praktisch durch die mit dem InsO-Änderungsgesetz 2001 eingeführte Stundungsregelung in den §§ 4 a bis 4 d erledigt. Diese ermöglicht nun auch mittellosen Schuldnern den Zugang zum Insolvenz- und Restschuldbefreiungsverfahren. 20

---

[1] OLG Schleswig ZIP 2008, 384; so auch KG Berlin, ZIP 2009, 883 bei 26 Gläubigern; OLG Brandenburg, BeckRS 2009, 17502 (2 W 5/08); OLG Schleswig NZI 2009, 522.

[2] OLG Hamm ZInsO 2005, 993.

[3] BGH NZI 2004, 26, 27; BGH ZInsO 2005, 877.

[4] Siehe zur Beiordnung für einen Anfechtungsprozess bei Massearmut BGH ZIP 2006, 825 f. und BGH ZIP 2006, 968; anders LG Mönchengladbach ZInsO 2006, 276 f.

[5] OLG Rostock ZIP 2007, 1288.

[6] OLG Rostock ZIP 2007, 2377 ff.

[7] Vgl. die instruktive Übersicht zu den ergangenen Entscheidungen in *Breutigam/Blersch/Goetsch,* InsO, § 4 Rn. 32; *Pape,* ZInsO 1999, 602 ff.; BGH ZInsO 2007, 492 f.

21 Die Stundungsregelung sieht vor, dass der Schuldner nach Abschluss des Verfahrens bei ausreichenden wirtschaftlichen Verhältnissen die Verfahrenskosten der Staatskasse wiederzuerstatten hat. Es stellt sich daher die Frage, ob für den Fall, dass die Verbindlichkeiten des Schuldners geringer sind als die voraussichtlichen Kosten des Verfahrens, trotzdem die Stundung gewährt werden kann.[1]

22 Aufgrund der eingeführten Stundung der Verfahrenskosten ist die Zahl der Insolvenzanträge sprunghaft angestiegen. Dabei ist davon auszugehen, dass viele Schuldner auch nach Abschluss des Verfahrens mittellos sein werden und deshalb eine Rückführung der gestundeten Mittel an die Staatskasse nicht erfolgen wird. Die Stundungsanträge haben die Länderhaushalte in nennenswertem Umfang belastet. Deshalb gibt es derzeit Reformüberlegungen, das Verfahren zur Restschuldbefreiung in anderer Weise zu gestalten.[2]

f) Verfahrensvorschriften

23 Anwendbar sind die §§ 129 a, 130 a, 136, 139–144 ZPO sowie §§ 145, 147 ZPO im Eröffnungsverfahren,[3] § 157 ZPO über Vertretungen in etwaigen mündlichen Verhandlungen und §§ 159–165 ZPO über Protokollierungen und §§ 166 ff. ZPO über Zustellungen,[4] soweit nicht §§ 8 und 9 Abweichungen vorsehen. Die Vorschriften über die Aussetzung des Verfahrens (§§ 148 ff. ZPO) sind auf das grundsätzlich eilbedürftige Insolvenzverfahren nicht anwendbar.[5] Ist die Schuldnerin anwaltlich vertreten, so gelten auch im Insolvenzeröffnungsverfahren die §§ 86, 241 ZPO über § 4 InsO entsprechend. Eine erteilte Prozessvollmacht gilt deshalb auch beim Tod des einzigen Geschäftsführers der GmbH fort und eine Verfahrensunterbrechung findet nicht statt.[6]

24 Ebenfalls anwendbar sind §§ 214, 216, 219 ZPO über Ladung und Terminbestimmung, §§ 217, 221, 222, 224 Abs. 2, 225, 230 und 231 ZPO über Fristen, soweit nicht Sonderregelungen der Insolvenzordnung eingreifen (z. B. §§ 28–30, 74 Abs. 2, 75 Abs. 2, 197 Abs. 2, 214, 235).

25 Entsprechende Anwendung finden auch §§ 233–238 ZPO für Wiedereinsetzung bei Notfristen,[7] wobei als Sondervorschrift § 186 zu beachten ist.

26 Ebenfalls anwendbar sind § 261 Abs. 3 Nr. 1 und 2 ZPO für die Wirkung der Rechtshängigkeit[8] und § 269 Abs. 3 ZPO auf die Antragsrücknahme, dieser ist allerdings beim Schuldenbereinigungsplan nicht entsprechend auf die Rücknahmefiktion des § 305 Abs. 3 S. 2 anwendbar.[9] Auch die Regelungen in § 281

---

[1] §§ 4 a–4 d Rn. 9; ablehnend AG Dresden ZVI 2005, 384; aA: LG Dresden ZVI 2005, 553 f.

[2] §§ 4 a–4 d Rn. 1 in Fn. 1.

[3] OLG Köln ZInsO 2000, 393 ff.; zu § 142 ZPO LG Köln NZI 2004, 671.

[4] AG Regensburg ZInsO 2000, 516 f.

[5] BGH NZI 2006, 642.

[6] BGH ZIP 2006, 1880 f.

[7] OLG Köln NZI 2000, 435 f.; zur analogen Anwendung der Wiedereinsetzung gem. §§ 233 ff. ZPO bei Versäumung der Frist zur Stellung eines Restschuldbefreiungsantrages, LG Dresden ZInsO 2008, 48 f.

[8] Zur Unzulässigkeit eines zweiten Insolvenzantrages bei bereits andernorts eröffnetem Verfahren, LG Berlin NZI 2008, 43 ff. und BGH NZI 2006, 601 ff.; ZInsO 2007, 1223 f.; BeckRS 2007, 16136.

[9] LG Göttingen NZI 2000, 280 f. Allerdings wird zu Recht analog § 34 Abs. 1 die Beschwerdemöglichkeit bejaht, wenn das Insolvenzgericht Unterlagen oder Erklärungen

ZPO über die Verweisung[1] und in § 291 ZPO über die Offenkundigkeit sowie in § 294 ZPO über die Glaubhaftmachung gelten,[2] soweit die Regelungen der InsO dies, wie bei §§ 14 Abs. 1, 190 Abs. 2 S. 1, 251 Abs. 2, 317 Abs. 2 S. 1 und 318 Abs. 2 S. 1 voraussetzen.

Bei einem Insolvenzantrag eines Sozialversicherungsträgers genügt die Aufschlüsselung der Forderungen nach Monat und Arbeitnehmer. Zur Glaubhaftmachung sind Leistungsbescheide oder Beitragsnachweise des Arbeitgebers ausreichend.[3] Auch für das Finanzamt gelten ähnliche Anforderungen. Für die Glaubhaftmachung hat die Finanzverwaltung die Steueranmeldungen der Schuldnerin im Sinne der §§ 150 Abs. 1 S. 2, 167 Abs. 1 S. 1, 254 Abs. 1 S. 4 AO und Steuerbescheide nach § 254 Abs. 1 S. 2, 118 AO, ggf. auch in Form von Schätzungen, vorzulegen.[4] 27

Soweit die InsO keine eigenen Regelungen zur **Akteneinsicht** vorsieht (solche finden sich in den §§ 66 Abs. 2, 154, 175, 188, 194 Abs. 3 S. 1, 234 InsO), gilt § 299 ZPO entsprechend.[5] Dabei geht es nur um Einsicht in die Gerichtsakten, nicht um Einsicht in die Akten des Insolvenzverwalters.[6] 28

Im Eröffnungsverfahren sind Anträge auf Akteneinsicht eher selten, häufiger ist eine Anfrage von Gläubigern, ob ein Insolvenzantragsverfahren anhängig sei. Hat der Schuldner einen Eigenantrag gestellt, ist unbeschränkte Auskunft zulässig, beim Fremdantrag ist vor allem dann, wenn keine Sicherungsmaßnahmen angeordnet sind, Zurückhaltung geboten. Sind dagegen Sicherungsmaßnahmen öffentlich bekannt gemacht, besteht ein Auskunftsanspruch der potentiellen Insolvenzgläubiger, ihnen ist auf Verlangen auch eine Abschrift des Beschlusses, mit dem Sicherungsmaßnahmen angeordnet worden sind, zu übersenden.[7] 29

Im eröffneten Verfahren ist den Gläubigern Akteneinsicht entsprechend § 299 ZPO zu gewähren. Auch alle Gläubiger sind insoweit „Parteien" im Sinne des § 299 Abs. 1 ZPO.[8] Der Gläubiger kann sich auch Abschriften fertigen lassen.[9] Berechtigt zur Einsicht sind sämtliche Insolvenzgläubiger, auch die nachrangigen Gläubiger, sowie die Gläubiger, die Eigentumsvorbehalts- oder Sicherungsrechte am Schuldnervermögen für sich in Anspruch nehmen. Die Gläubigereigenschaft setzt voraus, dass die Gläubiger mit ihrer Forderung bei der Verteilung auch zu 30

---

gefordert hat, die nach dem Gesetz nicht verlangt werden dürfen, vgl. OLG Celle ZInsO 2000, 601 ff., oder nicht erfüllbar sind (offengelassen in BGH ZInsO 2003, 1040 f., 1041 und in BGH ZVI 2005, 364 ff.); FK-*Grote,* InsO, § 305 Rn. 50–50 b; vgl. § 305 Rn. 26.

[1] Vgl. § 3 Rn. 11.

[2] BayObLG NZI 2000, 320; OLG Köln ZInsO 2000, 43.

[3] BGH NZI 2004, 577 ff.

[4] BGH ZIP 2006, 141 ff.

[5] Vgl. insbesondere *Uhlenbruck/ders.,* § 4 Rn. 25–37 mwN; *Graf/Wunsch,* ZIP 2001, 1800 ff.; *Zipperer,* NZI 2002, 244; umfassende Darstellung zur Akteneinsicht bei *Pape,* ZIP 2004, 598 ff.; *Andres/Leithaus,* InsO, § 4 Rn. 9; HambKomm-*Rüther,* InsO, § 4 Rn. 30.

[6] OLG Köln BeckRS 2008, 02503.

[7] FK-*Schmerbach,* InsO, § 4 Rn. 60; zur Akteneinsicht bei erl. Antrag, *Paulick* ZInsO 2009, 906.

[8] MünchKomm-*Ganter,* InsO § 4 Rn. 61; OLG Celle ZInsO 2006, 501 ff. (auch zu §§ 23 ff. EGGVG).

[9] AG Cuxhafen DZWIR 2000, 259 mwN, m. zust. Anm. *Kloes,* 260 f.; OLG Celle ZIP 2002, 446 f.

berücksichtigen sind.[1] Dies bedeutet bei bestrittenen Forderungen, dass nach § 189 Abs. 1 und 3 entweder für diese Forderung ein vollstreckbarer Titel oder ein Endurteil vorliegen muss oder der Nachweis geführt ist, dass Feststellungsklage nach § 179 Abs. 1 erhoben wurde.[2] Ein rechtlich geschütztes Interesse an der Einsicht in die Akten ist auch dann gegeben, wenn es sich um ein Verfahren handelt, das ein Unternehmen der Firmengruppe betrifft, die der Antragsteller vor der Eröffnung des Insolvenzverfahrens geleitet hat.[3] Die Gläubiger müssen ihre Forderungen zur Tabelle anmelden, anderenfalls sind sie nur Dritte nach § 299 Abs. 2 ZPO.[4] Daher ist Massegläubigern, die insofern nicht am Insolvenzverfahren beteiligt sind, nach Maßgabe des § 299 Abs. 2 ZPO Akteneinsicht zu gewähren.[5] Entscheidungen des Insolvenzgerichtes über die Einsicht in Insolvenzakten unterliegen bei Akteneinsichtsgesuchen von Gläubigern, die ihre Forderung angemeldet haben, der sofortigen Beschwerde, wenn die Entscheidung durch den Vorsitzenden des Gerichtes getroffen wird.[6]

31 Das zur Frage des Vorliegens der Eröffnungsvoraussetzungen von einem Sachverständigen erstattete **Insolvenzgutachten** kann nach Verfahrenseröffnung von jedem Gläubiger, auch wenn er keinen Eröffnungsantrag gestellt hat, eingesehen werden.[7] Eine Übersendung der Akten in die Kanzlei des Gläubigervertreters wird abgelehnt, die Akten können grundsätzlich nur in der Geschäftsstelle eingesehen werden.[8] Im Regelfall möchte der Gläubiger, insbesondere bei einer Abweisung mangels Masse, das Gutachten des Sachverständigen einsehen, um festzustellen, ob es eventuell noch pfändbare, werthaltige Vermögenswerte gibt (im Falle der Ablehnung der Eröffnung) oder ob es Anhaltspunkte für eine persönliche Haftung der Geschäftsleitung gibt. In den meisten Fällen beantragen die Gläubigervertreter deshalb nach Abweisung mangels Masse eine Übersendung des Sachverständigengutachtens in Kopie. Hier ist umstritten, ob das Insolvenzgericht den Gläubiger auf die Einsichtnahme in die Gerichtsakten auf der Geschäftsstelle verweisen kann bzw. muss oder ob das Gutachten auch in Kopie übersandt werden kann. Dabei wird dem Insolvenzgericht ein Ermessen eingeräumt, in welcher Weise es Akteneinsicht gewähren möchte. Hierbei sind auch wirtschaftliche Überlegungen des Gläubigers einzubeziehen.[9] Eine ablehnende Entscheidung wäre nach den §§ 23 ff. EGGVG anfechtbar.[10]

Der Insolvenzverwalter hat dagegen Anspruch auf Einsicht in die Akten in seinen Kanzleiräumen. Er ist nicht mit einem Gläubiger oder sonstigem Dritten, der Einsicht in die Akten beantragt, gleichzusetzen.[11]

---

[1] OLG Frankfurt NZI 2008, 608 f., ablehnend für Neugläubigerin.

[2] LG Karlsruhe NZI 2003, 327 f.

[3] OLG Celle NZI 2006, 475 ff. m. Anm. *Fuchs,* EWiR 2006, 703.

[4] OLG Celle ZIP 2004, 370; FK-*Schmerbach,* InsO, § 4 Rn. 62 a; dagegen für Akteneinsicht nach § 299 Abs. 1 ZPO OLG Frankfurt ZInsO 2005, 1327 ff.; differenzierend HambKomm-*Rüther,* InsO, § 4 Rn. 34.

[5] LG Düsseldorf ZIP 2007, 1388.

[6] OLG Celle NZI 2006, 475 ff., 476.

[7] AG Cuxhafen aaO; LG Karlsruhe ZInsO 2004, 690; OLG Celle ZInsO 2004, 154 ff.; LG Karlsruhe EWiR 2004, 1157 m. Anm. *Pape.*

[8] AG Göttingen ZInsO 2002, 498 (evtl. Ausnahme für auswärtigen Kanzleisitz).

[9] OLG Celle ZInsO 2007, 150 ff. = ZVI 2007, 135 ff.

[10] BGH ZInsO 2006, 597 ff. = ZIP 2006, 1154 ff.; OLG Celle ZInsO 2007, 150 ff.

[11] LG Göttingen ZInsO 2008, 983.

Ist das Verfahren beendet, weil der Insolvenzantrag zurückgenommen, der Eröffnungsbeschluss aufgehoben oder das Verfahren nach §§ 212, 213 eingestellt worden ist, kann Akteneinsicht nur noch für die Beteiligten, den Schuldner und den antragstellenden Gläubiger in Frage kommen.[1] Alle sonstigen Gläubiger sind Dritte i. S. d. § 299 Abs. 2 ZPO, die ihr rechtliches Interesse[2] glaubhaft zu machen haben. 32

In der Mehrzahl der Fälle, in denen Akteneinsicht beantragt wird, liegt jedoch eine Beendigung des Verfahrens wegen Abweisung des Eröffnungsantrages mangels Masse (§ 26) bzw. Einstellung des Insolvenzverfahrens nach §§ 207, 211 vor. Ehemaligen oder potentiellen Insolvenzgläubigern kann Akteneinsicht gewährt werden, wenn sie ihr rechtliches Interesse glaubhaft machen. Dies ist vor allem dann zu bejahen, wenn der Gläubiger durch die begehrte Akteneinsicht Informationen über Vermögenswerte des Schuldners erlangen möchte, um – nach gescheiterter Gesamtvollstreckung – im Wege der Einzelvollstreckung vorzugehen.[3] 33

Wegen eines etwaigen berechtigten Geheimhaltungsinteresses ist dem Schuldner vor Gewährung der Einsicht rechtliches Gehör zu gewähren.[4] 34

Einige Instanzgerichte vertreten die Auffassung, dass ein nicht am Insolvenzverfahren beteiligter Dritter kein Akteneinsichtsrecht gem. § 299 Abs. 2 ZPO hat, wenn es ihm nur darum geht, durch die Einsicht in das Gutachten des Insolvenzverwalters oder sonstige Unterlagen die Möglichkeit der Durchsetzung eigener Ansprüche gegen Insolvenzverfahrensbeteiligte zu prüfen.[5] Dieser Ansicht ist der BGH,[6] Bezug nehmend auf die Instanzgerichte, entgegengetreten. Auch nach Abweisung des Antrags auf Insolvenzeröffnung mangels Masse besteht gem. BGH für einen Gläubiger der Insolvenzschuldnerin das rechtliche Interesse im Sinne des § 4 InsO, § 299 Abs. 2 ZPO an der Einsicht in die Insolvenzakten fort. Dieses rechtliche Interesse entfällt nicht dadurch, dass der Gläubiger die Akteneinsicht begehrt, um festzustellen, ob ihm Durchgriffs- und Schadensersatzansprüche gegen Dritte, insbesondere Geschäftsführer oder Gesellschafter der Schuldnerin, zustehen. Dass ein Gläubiger durch Einsicht in die Insolvenzakte sowohl Informationen über die Schuldnerin als auch über sonstige Dritte gewinnen kann, ist hinzunehmen.[7] Trotz dieser Entscheidung des BGH haben einige OLGs das rechtliche Interesse iSv. § 299 Abs. 2 ZPO verneint.[8] 35

In Ausnahmefällen kann das Akteneinsichtsrecht für bestimmte Teile der Insolvenzakten versagt werden, wenn dies dem Abwicklungszweck des Verfahrens zuwiderlaufen würde, da § 299 ZPO über § 4 nur entsprechende Anwendung 36

---

[1] AG Göttingen ZInsO 2005, 952; OLG Celle ZInsO 2007, 150 ff.

[2] Zum rechtlichen Interesse s. *Zöller/Greger,* ZPO, § 299 Rn. 6 a.

[3] OLG Hamburg ZIP 2002, 266 ff.; OLG Stuttgart NZI 2002, 663; OLG Dresden ZVI 2002, 457 ff.; OLG Dresden ZIP 2003, 39.

[4] OLG Köln NZI 1999, 502 ff.; zur Akteneinsicht bei gelöschter GmbH OLG Schleswig NZI 2008, 690 f.

[5] OLG Köln WM 1998, 1091; OLG Celle NZI 2000, 319; vgl. auch OLG Brandenburg NZI 2000, 485; OLG Brandenburg ZIP 2002, 2320; OLG Dresden ZInsO 2003, 1148.

[6] BGH ZIP 2006, 1154 ff.

[7] BGH ZIP 2006, 1154 ff., s. hierzu Anm. *Pape,* EWiR 2006, 447 f. und *Kind/Heinrich,* NZI 2006, 433 ff.

[8] OLG Brandenburg BeckRS 2008, 09601; OLG Köln BeckRS 2007, 19546; beide im Zusammenhang mit Ansprüchen gegen den Insolvenzverwalter; OLG Hamburg ZInsO 2008, 863; differenzierend OLG Frankfurt ZInsO 2009, 740 ff.

findet. Enthält bspw. das Sachverständigengutachten Ausführungen zu möglichen Anfechtungsansprüchen, so kann dem Gläubiger, gegen den sich diese Anfechtung richten würde, die Akteneinsicht versagt werden.[1]

37 Entsprechend anwendbar ist auch § 319 ZPO zur Berichtigung[2] offenbarer Unrichtigkeiten bei Beschlüssen in Insolvenzverfahren. Ebenfalls sind die Vorschriften der ZPO (§§ 322 ff. ZPO) zu den Rechtskraftwirkungen grundsätzlich auch im Insolvenzverfahren anwendbar. Gleiches gilt für die Vorschriften über die Beweisaufnahme nach §§ 355 ff. ZPO.[3] Für die gerichtlichen Anhörungen gelten insbesondere die Vorschriften über die Zeugnisverweigerungsrechte nach §§ 383 ff. ZPO entsprechend.[4]

38 Die Vorschriften der Zivilprozessordnung zu den Rechtsmitteln sind hinsichtlich der Regelungen über die sofortige Beschwerde und die Rechtsbeschwerde entsprechend anwendbar,[5] soweit §§ 6 und 7 keine Besonderheiten enthalten.

39 Nicht entsprechend anwendbar sind die Regelungen der Zivilprozessordnung über die besonderen Verfahrensarten (§§ 592 ff. ZPO), was insbesondere für den Feststellungsrechtsstreit nach § 180 gilt.[6]

40 In Betracht kommt allerdings die Anwendbarkeit von § 705 ZPO über den Eintritt der Rechtskraft.[7] Entscheidungen nach der InsO erwachsen in formeller Rechtskraft, wenn sie vom Rechtspfleger getroffen worden waren, nach Ablauf der 2-wöchigen Frist zur Einlegung der sofortigen Beschwerde (§ 11 Abs. 1 RPflG) bzw. mit Rechtskraft der Beschwerdeentscheidung sowie im Falle des § 11 Abs. 2 RPflG mit der Entscheidung des Richters. Hat der Richter entschieden und ist die sofortige Beschwerde statthaft, tritt die formelle Rechtskraft nach Ablauf der Beschwerdefrist ein bzw. mit Rechtskraft der Beschwerdeentscheidung. Die Entscheidung des Beschwerdegerichts wird mit Ablauf der Monatsfrist zur Einlegung der Rechtsbeschwerde rechtskräftig, die Entscheidung des Rechtsbeschwerdegerichts (BGH) mit Erlass der Entscheidung.

41 Die Vollstreckungsschutzvorschrift des § 765 a ZPO ist im Insolvenzverfahren nicht grundsätzlich ausgeschlossen. Durch das InsOÄndG 2001[8] sollte § 765 a ZPO durch einen neuen Absatz 4 auf das dem Verbraucherinsolvenzverfahren vorgeschaltete Schuldenbereinigungsverfahren ausgedehnt werden. Im Gesetzgebungsverfahren ist diese Absicht dann fallen gelassen worden.[9] Überwiegend

---

[1] Vgl. hierzu auch AG Dresden ZInsO 2002, 146 f.; FK-*Schmerbach,* InsO, § 4 Rn. 63; aA z. T. LG Kreuznach, NZI 2006, 111 zur möglichen Weitergabe von Informationen an Schuldnervertreter.

[2] OLG Köln ZIP 2000, 1168 ff., 1170; LG Deggendorf ZInsO 2002, 336 f.; AG Göttingen ZInsO 2003, 815 f.

[3] MünchKomm-*Ganter,* InsO, § 4 Rn. 86 und § 5 Rn. 51.

[4] MünchKomm-*Ganter,* InsO, § 5 Rn. 27; LG Ingolstadt ZIP 2005, 275.

[5] OLG Köln ZIP 2000, 462 ff., 463; zur Untätigkeitsbeschwerde vgl. OLG Zweibrücken InVo 2001, 407 f.; LG Göttingen ZInsO 2007, 47 zur Wiederaufnahme des Verfahrens; BGH ZIP 2007, 144 zur Wiederaufnahme des Insolvenzverfahrens wegen Fehlens eines gesetzlichen Vertreters bei Antragstellung; BGH ZInsO 2009, 432 zur Aussetzung der Vollziehung des Eröffnungsbeschlusses.

[6] Vgl. §§ 179–181 Rn. 21 ff.

[7] HK-*Kirchhof,* InsO, § 4 Rn. 18; HambKomm-*Rüther,* InsO, § 4 Rn. 62.

[8] BGBl. I 2001, S. 2710 ff.

[9] Vgl. Stellungnahme des Bundesrates vom 16. 2. 2001, BR-Drucks. 14/01 (Beschluss), S. 6 sowie die Gegenäußerung der Bundesregierung vom 28. 3. 2001.

wird de lege lata allerdings die Anwendbarkeit des § 765 a ZPO auf das Insolvenzverfahren verneint.[1] Nach dem Neunten Senat des BGH können Maßnahmen der Gesamtvollstreckung (z. B. die Vollstreckung nach § 148 Abs. 2) wie solche der Einzelzwangsvollstreckung wirken, so dass zur Verwirklichung der Grundrechte, insbesondere des Grundrechts „auf Leben und körperliche Unversehrtheit", ein Vollstreckungsschutz nach § 765 a ZPO erforderlich ist.[2] Gemäß BGH können über § 765 a ZPO aber keine der Insolvenzmasse zugewiesenen Vermögenswerte entzogen werden. Die Pfändung von Einkünften, die nicht dem Pfändungsschutz nach §§ 850 ff. ZPO unterfallen, stellt keine unbillige Härte im Sinne von § 765 a ZPO dar, auch wenn dies dazu führt, dass der Schuldner Sozialhilfe zur Sicherung des Lebensunterhaltes in Anspruch nehmen muss.[3] Ist der Antrag nach § 765 a ZPO in der Tatsacheninstanz nicht gestellt worden, kann er im Verfahren der Rechtsbeschwerde nicht nachgeholt werden.[4]

Für Rechtsbehelfe sind die §§ 766 und 767 ZPO entsprechend anwendbar, 42 ebenfalls §§ 807, 899–910, 913 ZPO für die eidesstattliche Versicherung und die Haftanordnung – insbesondere in den Fällen der §§ 20, 89 und 101. Weiterhin sind die §§ 915–915 h über das Schuldnerverzeichnis nach Maßgabe des § 26 Abs. 2 S. 2 anwendbar, wobei auch hier immer die Besonderheiten der InsO zu berücksichtigen sind.

Ferner finden im Rahmen der Bestimmung des Existenzminimums, das nach 43 § 35, 36 Abs. 1 InsO nicht zur Insolvenzmasse gehört, die §§ 850 ff. ZPO entsprechende Anwendung. Für einen Antrag nach § 850 h ZPO ist das Insolvenzgericht zuständig. Die Rechtspflegerentscheidung ist mit der befristeten Erinnerung nach § 11 Abs. 2 RpflG anzugreifen.[5] Gegen die Entscheidung nach § 36 Abs. 4 ist jedoch nicht ausdrücklich die sofortige Beschwerde nach der Insolvenzordnung eröffnet. Nach gefestigter Rechtsprechung des BGH richtet sich der Rechtsmittelzug nach allgemeinen vollstreckungsrechtlichen Vorschriften, wenn das Insolvenzgericht kraft besonderer Zuweisung funktional als Vollstreckungsgericht entscheidet.[6]

Entsprechend anwendbar sind auch die Vorschriften des Gerichtsverfassungs- 44 gesetzes über die Geschäftsverteilung (§ 21 a GVG) sowie über die Sitzungspolizei und die Gerichtssprache (§§ 176–191 GVG). Keine Anwendung finden die Regelungen der §§ 169 ff. GVG zur Öffentlichkeit, auch soweit ausnahmsweise mündlich verhandelt wird. In Großverfahren mit überörtlicher Bedeutung kann gem. § 175 Abs. 2 Satz 1 GVG allerdings eine Zulassung von Pressevertretern erfolgen.[7]

---

[1] *Kübler/Prütting/Bork/Prütting,* InsO, § 4 Rn. 25; nur für besonders gelagerte Ausnahmefälle bejahend, HK-*Kirchhof,* InsO, § 4 Rn. 19; FK-*Schmerbach,* InsO, § 14 Rn. 23 (ab der 3. Aufl.); *Schur,* KTS 2008, 471 ff. zum Vollstreckungsschutz nach § 765 a ZPO im Insolvenzverfahren; bejahend LG Dortmund ZInsO 2007, 1357 f.

[2] BGH NZI 2009, 48 m. Anm. *Schmidt* EWIR 2009, 223; in diesem Sinne auch der Fünfte Senat des BGH im Fall der Zwangsversteigerung, BGH ZInsO 2009, 254; zur Suizidgefahr s. BGH ZInsO 2009, 1029 und *Ahrens* NJW-Spezial, 2008, 245.

[3] BGH NZI 2008, 93 ff., 95.

[4] OLG Köln ZInsO 2000, 104 ff.

[5] OLG Köln NZI 2000, 590 ff.; speziell für die Anwendbarkeit des § 750 f. ZPO OLG Köln NZI 2000, 529 ff.

[6] BGH NZI 2008, 95 ff., 97 aE; KTS 2007, 353 ff. m. Anm. *Paulus.*

[7] *Breutigam/Goetsch/Blersch,* InsO, § 4 Rn. 46.

45 Ebenfalls findet Art. 103 Abs. 1 GG im Insolvenzverfahren Beachtung[1] wobei die besonderen Ausprägungen in der Insolvenzordnung[2] zu berücksichtigen sind. Wegen der Eilbedürftigkeit des Insolvenzverfahrens können aber nur kurze Anhörungsfristen beansprucht werden. Ggf. kann eine Anhörung auch nachgeholt werden.[3]

§ 4a Stundung der Kosten des Insolvenzverfahrens

(1) **Ist der Schuldner eine natürliche Person und hat er einen Antrag auf Restschuldbefreiung gestellt, so werden ihm auf Antrag die Kosten des Insolvenzverfahrens bis zur Erteilung der Restschuldbefreiung gestundet, soweit sein Vermögen voraussichtlich nicht ausreichen wird, um diese Kosten zu decken. Die Stundung nach Satz 1 umfasst auch die Kosten des Verfahrens über den Schuldenbereinigungsplan und des Verfahrens zur Restschuldbefreiung. Der Schuldner hat dem Antrag eine Erklärung beizufügen, ob einer der Versagungsgründe des § 290 Abs. 1 Nr. 1 und 3 vorliegt. Liegt ein solcher Grund vor, ist eine Stundung ausgeschlossen.**

(2) **Werden dem Schuldner die Verfahrenskosten gestundet, so wird ihm auf Antrag ein zur Vertretung bereiter Rechtsanwalt seiner Wahl beigeordnet, wenn die Vertretung durch einen Rechtsanwalt trotz der dem Gericht obliegenden Fürsorge erforderlich erscheint. § 121 Abs. 3 bis 5 der Zivilprozessordnung gilt entsprechend.**

(3) **Die Stundung bewirkt, dass**

1. **die Bundes- oder Landeskasse**
   a) **die rückständigen und die entstehenden Gerichtskosten,**
   b) **die auf sie übergegangenen Ansprüche des beigeordneten Rechtsanwalts**

   nur nach den Bestimmungen, die das Gericht trifft, gegen den Schuldner geltend machen kann;
2. **der beigeordnete Rechtsanwalt Ansprüche auf Vergütung gegen den Schuldner nicht geltend machen kann.**

Die Stundung erfolgt für jeden Verfahrensabschnitt besonders. Bis zur Entscheidung über die Stundung treten die in Satz 1 genannten Wirkungen einstweilig ein. § 4b Abs. 2 gilt entsprechend.

Literatur: *Ahrens,* Versagung oder Aufhebung der Kostenstundung, ZVI 2003, 268; *Busch/Mäusezahl,* Restschuldbefreiungsverfahren – was kostet es wirklich?, ZVI 2005, 398; *Göbel,* Bericht der Bund-Länder-Arbeitsgruppe – Anmerkungen aus der Sicht der Schuldnerberatung, ZInsO 2000, 383 ff.; *Graf-Schlicker,* Analysen und Änderungsvorschläge zum neuen Insolvenzrecht, WM 2000, 1984 ff.; *dies.,* Die Kostenhürde im Verbraucherinsolvenzverfahren, Festschrift für Uhlenbruck, 2000, S. 573 ff.; *Graf-Schlicker/Remmert,* Das neue Insolvenzrecht auf dem Prüfstand, ZInsO 2000, 321 ff.; *Grote,* Reform des Verbraucherinsolvenzverfahrens, Rpfleger 2000, 521 ff.; *ders.,* Fresh start für natürliche Personen –

[1] BVerfG ZIP 1988, 1409 ff., 1410; BGH, Beschluss vom 26. 4. 2007, IX ZB 86/06.

[2] Vgl. insbesondere §§ 10, 14 Abs. 2, 15 Abs. 2 S. 2, 58 Abs. 2 S. 1, 89 Abs. 3, 99 Abs. 1 S. 2 und Abs. 3 S. 2, 173 Abs. 2, 317 Abs. 2 S. 2 und Abs. 3, 318 Abs. 2 S. 2, 332 Abs. 1 und Abs. 3 S. 2 sowie 333 Abs. 2 S. 2.

[3] Vgl. § 99 Abs. 1 S. 3.

materiellrechtliche oder insolvenzrechtliche Lösung, Festschrift für Kirchhof, 2003, S. 149 ff.; *Grote/Heyer,* Gesetzesentwurf – Alternativentwurf zur Änderung der Insolvenzordnung zur Regelung der Entschuldung mittelloser Personen, ZVI 2006, 528 f.; *Heyer/Grote,* Alternativmodell zum Entschuldungsmodell bei Masselosigkeit, ZInsO 2006, 1121 f.; *Heyer,* Endlich auf dem richtigen Weg: Gesetzentwurf zur Entschuldung völlig mittelloser Personen und zur Änderung des Verbraucherinsolvenzverfahrens, NZI 2007, Heft 3, VII f.; *Kemper/Kohte,* Kein Ausweg aus dem Schuldenturm, Blätter der Wohlfahrtspflege, 1993, S. 81 ff.; *Kohte,* Schuldenbereinigungsverfahren – ein untauglicher Versuch, ZIP 1994, 184 ff.; *Mäusezahl,* Aufhebung der Verfahrenskostenstundung im eröffneten Verfahren, ZVI 2006, 105 f.; *Ohle/Schatz/Jäger,* Zur Reform des Verbraucherinsolvenzverfahrens – ein schlechtes Entschuldungsmodell und eine gute Alternative, ZVI 2006, 480 f., *Pape G.,* Zur Prozeßkostenhilfebewilligung im Verbraucherinsolvenzverfahren, VuR 2000, 13 ff.; *ders.,* Ende der Restschuldbefreiung für alle?, ZInsO 2006, 897 f.; *ders.,* Neue Wege zur Entschuldung völlig mittelloser Personen, ZVI 2007, 239 f.; *Pape I./Pape G.,* Vorschläge zur Reform des Insolvenzverfahrens, insbesondere des Verbraucherinsolvenzverfahrens, ZIP 2000, 1553 ff.; *Reifner,* Grundsätze zur Bewertung des Verbraucherkonkurses, VuR 1990, 132 ff.; *Rüntz/Heßler/Wiedemann/Schwörer,* Die Kosten des Stundungsmodells, ZVI 2006, 185 f.; *Schmerbach/Stephan,* Der Diskussionsentwurf zur Änderung der Insolvenzordnung und anderer Gesetze – Anmerkungen aus insolvenzrichterlicher Sicht, ZInsO 2000, 541 ff.; *Scholz,* Schwerpunkte einer Verbraucherinsolvenz-Regelung, ZIP 1988, 1157 ff.; *Stephan,* Die Reform des Verbraucherinsolvenz- und Restschuldbefreiungsverfahrens, NZI 2006, 671 f.; *ders.,* Der Weg vom „treuhänderlosen Entschuldungsverfahren" zum „vereinfachten Restschuldbefreiungsverfahren", NZI 2006, Heft 22, VII f.; *Vallender,* Das Verbraucherinsolvenzverfahren in der außergerichtlichen und gerichtlichen Praxis – eine erste Bestandsaufnahme, DGVZ 2000, 97 ff.; *ders.,* Ein redlicher Schuldner?, ZVI 2003, 253; *ders.,* Die Vorschußpflicht des Ehegatten im Stundungsverfahren, ZVI 2003, 505; *Wiedemann,* Brauchen wir eine Reform der Verbraucherentschuldung?, ZVI 2004, 645 ff.; *Wimmer,* Die Reform der Insolvenzordnung, in *Bork/Kübler* (Hrsg.), Insolvenzrecht, S. 181 ff.

Übersicht

1. Normzweck

§ 4a sieht die Möglichkeit einer **Verfahrenskostenhilfe für mittellose Schuldner** vor. Die von den Vorschriften über die Prozesskostenhilfe abweichende Stundungslösung verhindert zum einen eine Restschuldbefreiung „zum Nulltarif", also auf Kosten der Steuerzahler; zum anderen ermöglicht sie aber den 1

Ärmsten der Armen den Zugang zur Restschuldbefreiung. Ferner wird auch der unhaltbare Zustand beendet, der dadurch entstanden war, dass einige Gerichte Prozesskostenhilfe gewährten und andere nicht.[1] Hatte das Insolvenzgericht dem Schuldner uneingeschränkt Prozesskostenhilfe gewährt, kann die Bewilligung nur in den in § 124 ZPO vorgesehenen Fällen aufgehoben werden. Die zum 1. Dezember 2001 eingeführte Möglichkeit der Stundung der Verfahrenskosten ist kein Aufhebungsgrund. Mit der Neuregelung soll die öffentliche Hand weitgehend geschont werden – zu Lasten der Gläubiger und des Schuldners.[1]

2. Die Stundungslösung, Abs. 1

2 **a)** Es soll jeder Schuldner, der eine Restschuldbefreiung nach den §§ 286 ff. erlangen kann – also nicht nur diejenigen Personen, die ein Verbraucherinsolvenzverfahren durchlaufen können – auf Antrag die Möglichkeit haben, die Stundung aller mit dem Verfahren zusammenhängenden Kosten zu erreichen. Die Stundungsregelung **gilt sowohl für das Verbraucher- als auch für das Regelinsolvenzverfahren**[2] und auch in einem **Zweitinsolvenzverfahren.**[3]

3 **b)** Der **Antrag gem. § 4 a Abs. 1 S. 1**[4] ist mit dem Antrag auf Erteilung der Restschuldbefreiung zu verbinden. Da nach der Neufassung des § 287 Abs. 1 der Antrag auf Restschuldbefreiung mit dem Eröffnungsantrag regelmäßig zu verbinden ist, **hat der Schuldner daher im Regelfall drei Anträge einzureichen,** sofern er nicht noch weiterhin die Beiordnung eines Rechtsanwalts beantragt, § 4 a Abs. 2. Hier genügt eine formlose Darstellung des Schuldners über seine Einkommens- und Vermögensverhältnisse, da die zu § 305 Abs. 5 ergangene Verordnung vom 17. Februar 2002 ausschließlich die Verwendung der dort genannten Formulare regelt.[5]

---

[1] Vgl. hierzu den Rechtsprechungsüberblick von *Pape,* ZInsO 2000, 651 f. und *Bruckmann,* InVo 2001, 3 f.; zum Stand der **geplanten Änderung des Verbraucherinsolvenz- und Restschuldbefreiungsverfahrens** vgl. den RefE eines Gesetzes zur Entschuldung völlig mittelloser Personen und zur Änderung des Verbraucherinsolvenzverfahrens des BMJ vom 25. 1. 2007 (vgl. NZI 2007, Beilage zu Heft 3/2007; ZVI 2007, Beilage 1 zu Heft 1; ZVI 2006, 526 f.). Vgl. hierzu auch *Stephan,* NZI 2006, 671 f.; *Pape,* ZInsO 2006, 897 f.; *ders.,* ZVI 2007, 239 f,; *Heyer/Grote,* ZInsO 2006, 1121 f.; *Grote/Heyer,* ZVI 2006, 528 f.; *ders.,* ZInsO 2006, 1138 f.; *Ohle/Schatz/Jäger,* ZVI 2006, 480 f.; *Heyer,* NZI 2007, Heft 3, VII f.; *Stephan,* NZI 2006, Heft 11, VII f. In dem RefE wird vorgeschlagen, auch in Verbraucherinsolvenzverfahren bei fehlender Deckung der Verfahrenskosten die Eröffnung mangels Masse abzuweisen – wie bisher bei Gesellschaftsinsolvenzen – und dann unmittelbar in ein Restschuldbefreiungsverfahren überzuleiten. Der Entwurf des BMJ übernimmt die Konzeption des Alternativentwurfs von Grote/Heyer (ZVI 2006, 528 f.) und verfolgt damit einen anderen Reformansatz als es bisher die Mehrheit der Bundesländer getan hat. Diese hatten vorgeschlagen, alle masselosen Verbraucherinsolvenzen aus dem Insolvenzverfahren herauszunehmen und ein besonderes Entschuldungsverfahren mit Verjährungswirkung einzuführen (vgl. zuletzt ZVI 2006, Beilage 1 zu Heft 3; ZVI 2006, 236 f.).

[1] Kritisch hierzu *Bruckmann,* InVo 2001, 41 f.

[2] *Vallender,* NZI 2001, 561 f.; *Pape,* ZInsO 2001, 587 ff.

[3] AG Potsdam ZInsO 2006, 1287 f.

[4] Zu praktischen Problemen im Rahmen des Kostenstundungsantrages nach § 4 a vgl. *Grote,* ZInsO 2002, 179 ff.

[5] Vgl. BGH NZI 2003, 556 ff.

Dabei ist ein nach dem 1. Dezember 2001 eingegangener Kostenstundungsantrag bei der bei Antragseingang zu treffenden Entscheidung über den Antrag auf Eröffnung eines Insolvenzverfahrens im Rahmen der Kostendeckungsprognose gem. § 26 Abs. 1 S. 2 zu berücksichtigen.[1] 4

Über den Stundungsantrag ist abschließend **vor Eröffnung des Verfahrens zu entscheiden.** Zur Entscheidung ist der **Insolvenzrichter zuständig,** die Entscheidung ist nicht von dem Rechtspfleger nach Eröffnung des Verfahrens zu treffen.[2] Eine Stundung der Verfahrenskosten kann nur dann bewilligt werden, wenn ein zulässiger Eigeninsolvenzantrag vorliegt. Das ist dann nicht der Fall, wenn es sich um einen zweiten Antrag auf Eröffnung eines Insolvenzverfahrens und Stundung der Verfahrenskosten handelt, nachdem materiell rechtskräftig ein Erstantrag bereits beim Insolvenzgericht vorliegt und sich die Vermögenslage des Schuldners insofern nicht verändert hat.[3] Ein **zulässiger Stundungsantrag** setzt voraus, dass der Schuldner dem Insolvenzgericht in substantiierter, nachvollziehbarer Form darlegt, dass sein Vermögen voraussichtlich zur Deckung der anfallenden Kosten nicht ausreicht. Die umfassende Auskunftspflicht des Schuldners setzt erst ein, wenn er einen zulässigen Antrag eingereicht hat (§ 20 Abs. 1 S. 1). Entsprechen die Angaben des Schuldners dem, was er als Auskunft nach § 20 Abs. 1 S. 1 schuldet, so hat er i. d. R. auch für die Gewährung der Stundung gem. § 4 a ausreichend vorgetragen. Aufgrund des summarischen Charakters der Prüfung darf die Stundung nicht durch übersteigerte Informationsauflagen erschwert werden, insbesondere sind nicht die Ursachen der Insolvenz im Einzelnen aufzuklären.[4] 5

Der Stundungsantrag ist regelmäßig dann **abzuweisen,** wenn der mit dem Stundungsantrag verknüpfte Insolvenzeigenantrag wegen **unterlassener Auskunftserteilung des Schuldners** gegenüber dem Sachverständigen/vorläufigen Verwalter als unbegründet abzuweisen war, weil in diesen Fällen stets unklar bleibt, ob das Vermögen des Schuldners die Kosten des Verfahrens decken wird. Mangels Entscheidungsgrundlage kann das Insolvenzgericht i. d. F. nicht davon überzeugt sein, dass das Vermögen des Schuldners voraussichtlich nicht ausreichen wird, die Verfahrenskosten zu decken.[5] 6

Auch die **Abweisung** des Stundungsantrages **bei Unerreichbarkeit der Restschuldbefreiung** ist nach der Rechtsprechung möglich. Die Stundung der Verfahrenskosten ist zu versagen, wenn schon im Antragsstadium festgestellt werden kann, dass der Schuldner Restschuldbefreiung nicht erlangen kann.[6] Die Stundung der Verfahrenskosten kann dem Schuldner über die im Gesetz genannten Gründe hinaus auch dann versagt werden, wenn eine Restschuldbefreiung für den Schuldner unerreichbar ist, weil sämtliche Forderungen gegen den Schuldner nach § 302 von der Restschuldbefreiung ausgenommen sind.[7] Die Stundung der 7

[1] Vgl. OLG Köln NZI 2002, 167 ff.

[2] Vgl. AG Göttingen NZI 2002, 567 f.; aA: AG Hamburg ZIP 2001, 2241.

[3] AG München ZVI 2008, 524.

[4] Vgl. BGH ZVI 2005, 119 f.

[5] Vgl. AG Göttingen NZI 2002, 219 f.; ob und in welchem Umfang die Frage der Zulässigkeit bzw. Begründetheit eines Insolvenzeigenantrages Einfluss auf eine Stundungsentscheidung nach § 4 a Abs. 1 haben kann, konnte im Fall des AG Göttingen dahinstehen; vgl. auch AG Göttingen NZI 2002, 446 f.

[6] Vgl. AG Köln ZVI 2002, 414.

[7] Vgl. AG Marburg ZVI 2002, 275; AG Düsseldorf NZI 2006, 415 f.

Verfahrenskosten kann abgelehnt werden, sofern im Hinblick auf § 302 Nr. 1 nur in geringem Umfang eine Befreiung von Verbindlichkeiten eintritt. Dies insbesondere dann, wenn die Verbindlichkeiten des Schuldners im Wesentlichen aus vorsätzlich begangenen, unerlaubten Handlungen stammen.[1] Dem Schuldner ist die Stundung der Verfahrenskosten auch dann zu versagen, wenn er eine Restschuldbefreiung praktisch nicht erreichen kann, weil 95% seiner Verbindlichkeiten Schulden ausmachen, die nicht von der Restschuldbefreiung erfasst werden; das Ziel der Restschuldbefreiung ist damit für ihn praktisch unerreichbar.[2] Die Stundung ist zu versagen, wenn das Ziel der Verfahrenskostenstundung, die Sicherung eines wirtschaftlichen Neustarts, auf Grund hoher Forderungen aus unerlaubten Handlungen von vornherein nicht erreicht werden kann.[3] Dies ist auch dann der Fall, wenn der Schuldner selbst schon im Eröffnungsantrag eine den wesentlichen Teil der Verbindlichkeiten ausmachende Forderung als eine solche aus unerlaubter Handlung bezeichnet hat.[4]

8 Der Antrag auf Stundung der Kosten des Insolvenzverfahrens kann **schriftlich oder zu Protokoll der Geschäftsstelle gestellt werden.** Soweit die Justizverwaltungen oder die Justizministerien der Länder die **Benutzung von Formularen** vorschreiben, hat der Antragsteller diese zu benutzen.[5]

9 **c)** Reicht das Vermögen des Schuldners voraussichtlich zur **Deckung der Verfahrenskosten** nicht aus, so wird ihm **Stundung** gewährt. Dies gilt auch dann, wenn die Verbindlichkeiten des Schuldners geringer sind als die voraussichtlichen Kosten des Verfahrens.[6] Der Antrag darf nicht mit der Begründung abgelehnt werden, der Antragsteller könne die **Verfahrenskosten ansparen.** Es besteht keine Verpflichtung des Schuldners zur Rücklagenbildung für die Verfahrenskosten.[7] Ihm kann deshalb auch nicht zur Abwendung einer Abweisung mangels Masse (§ 26) aufgegeben werden, nach Ablauf der Ansparzeit einen entsprechenden Vorschuss zu leisten.[8] Die Verfahrenskosten sind auch dann zu stunden, wenn der Schuldner die in dem maßgeblichen Verfahrensabschnitt gem. § 4 a Abs. 3 S. 2 anfallenden Kosten nur im Wege von **Ratenzahlungen** statt in einer Einmalzahlung aufbringen kann, da der Wortlaut des § 4 a allein an das Vermögen des Schuldners anknüpft.[9] Die Stundungsregelung in § 4 a findet jedoch nur auf solche Insolvenzverfahren Anwendung, die bis zum 1. Dezember 2001 noch nicht eröffnet worden waren.[10]

10 Das Gesetz geht dabei davon aus, dass ein **Einsatz öffentlicher Mittel** zur Durchführung eines Insolvenzverfahrens lediglich als **ultima ratio** in den Fällen vorgesehen sein sollte, in denen ansonsten eine Abweisung mangels Masse nach

---

[1] AG Göttingen ZInsO 2008, 1216.
[2] Vgl. AG Siegen NZI 2003, 43.
[3] AG Düsseldorf ZInsO 2008, 334.
[4] LG Düsseldorf NZI 2008, 253.
[5] Vgl. *Uhlenbruck/ders.,* InsO, § 4 a Rn. 6; aA *Grote,* ZInsO 2002, 179 f.
[6] Vgl. LG Dresden ZVI 2005, 553 f.
[7] BGH NZI 2006, 712 f.; *Pape,* ZInsO 2006, 1194 f.
[8] Vgl. LG Freiburg, Az. 4 T 308/02 und 4 T 309/02 – n. v.; aA: AG Duisburg NZI 2002, 217; BGH ZVI 2006, 285: Unzulässigkeit eines Kostenvorschusses bei Stundungsgewährung.
[9] Vgl. BGH NZI 2003, 665; vgl. auch BGH ZVI 2006, 285; BGH NZI 2006, 712 f.
[10] Vgl. BGH NZI 2004, 635 f.

§ 26 Abs. 1 erfolgen müsste. **Vorrangig ist somit das Vermögen des Schuldners heranzuziehen.** Der Begriff des „Vermögens“ ist dabei gleichzusetzen mit „Insolvenzmasse“, so dass unpfändbare Gegenstände bei der Prüfung der Bedürftigkeit außer Betracht zu bleiben haben.[1] Das Gericht muss anhand der Informationen aus dem Antrag des Schuldners ermitteln können, ob die Kosten aus dem vorhandenen Vermögen oder aus den laufenden Einkünften, d. h. dem Neuerwerb nach § 35 Abs. 1, aufgebracht werden können. Dabei ist ein Antrag auf Verfahrenskostenstundung zurückzuweisen, wenn der Schuldner über einen werthaltigen Pflichtteilsanspruch verfügt, den er vorrangig geltend machen kann.[2] Soweit der Schuldner im Vorfeld des Insolvenzantrages zu einem Zeitpunkt, zu dem er ernsthaft damit rechnen musste, dass ein Insolvenzverfahren auf ihn zukommt, Vermögen vergeudet, muss er sich so behandeln lassen, als sei dieses Vermögen noch vorhanden.[3] Für die **Begründung des Stundungsantrages** kann die Bezugnahme auf ein zeitnah erstelltes Gutachten genügen, in welchem der Sachverständige ermittelt hat, der Schuldner verfüge über kein die Kosten des Verfahrens deckendes Vermögen. Hält das Insolvenzgericht die Angaben des Antragstellers für unvollständig, hat es die Mängel konkret zu bezeichnen und dem Antragsteller aufzugeben, sie binnen angemessener Frist zu beheben.[4] Wenn auf Grund eines in sich stimmigen Stundungsantrages objektiv keine Zweifel bestehen, dass der Antragsteller voraussichtlich nicht in der Lage ist, die anfallenden Kosten zu decken, hat das Insolvenzgericht nicht zu prüfen, wie es dazu kommen konnte, dass der Schuldner derart verarmt ist.[5] Hat der Schuldner keine pfändbaren Einkünfte, sind ihm die Kosten des Insolvenzverfahrens regelmäßig nach § 4 a Abs. 1 S. 1 zu stunden.[6]

Entsprechendes gilt, **wenn der Schuldner einen Kleinbetrieb führt,** wenn 11
er bei der Unternehmensfortführung **nur unpfändbares Einkommen** gem. §§ 850 ff. ZPO erzielen würde. Der Stundungsantrag kann in dieser Konstellation nicht wegen einer möglichen Liquidation des Unternehmens zurückgewiesen werden, weil gem. § 157 allein der Gläubigerversammlung die Entscheidung über die Liquidation obliegt.[7]

Hat der Schuldner **pfändbare Einkünfte,** stellt sich auch hier das Problem, 12
welchen Zeitraum man zugrunde legen soll. Aus den Bezügen für einige Monate werden sich die Kosten grundsätzlich nicht decken lassen.[8] Ist dies der Fall, so hat das Gericht zu ermitteln, ob ein **Verfahrenskostenvorschuss,** der sowohl vom Schuldner als auch von einem Gläubiger oder einem Dritten geleistet werden kann, in Frage kommt. Bis dahin treten die Wirkungen der Stundung nach

---

[1] Vgl. LG Berlin ZInsO 2002, 680 f.; LG Bochum ZVI 2004, 121 ff.

[2] LG Koblenz ZInsO 2004, 691.

[3] AG Duisburg ZVI 2006, 34 f., vgl. ferner AG Duisburg NZI 2006, 182 f. bei Fehlverhalten eines Betreuers.

[4] Vgl. BGH NZI 2005, 45 f.; BGH ZVI 2004, 281 f.

[5] BGH ZInsO 2005, 264 f.

[6] Vgl. LG Münster NZI 2002, 446 f.

[7] Vgl. AG Dresden ZVI 2002, 119 f.

[8] Vgl. *Bruckmann,* InVo 2001, 43. Nach LG Krefeld ZVI 2002, 161 f. kann eine Verfahrenskostenstundung in diesem Zusammenhang nur versagt werden, wenn der Schuldner die Kosten in einer Einmalzahlung aufbringen kann. Dies gilt auch dann, wenn er in der Lage ist, die Kosten in mehreren monatlichen Raten zu entrichten (aA LG Kaiserslautern ZInsO 2001, 625 f., *Köhler,* ZInsO 2001, 741 f.).

Abs. 3 S. 3 bereits einstweilen ein. Im Interesse eines zügigen Fortgangs des Verfahrens sollte die vom Insolvenzgericht gesetzte **Frist,** innerhalb derer vom Schuldner oder einem Gläubiger bzw. einem Dritten ein Verfahrenskostenvorschuss geleistet werden kann, **längstens 14 Tage** betragen. Letzteres vor dem Hintergrund, dass die insofern zu leistenden Beträge grundsätzlich Euro 5000,– nicht übersteigen und im Ergebnis gerade wegen der Stundungslösung im Falle eines Eigenantrages eine Abweisung mangels Masse grundsätzlich nicht droht.

13 Kann die Bewilligung der Stundung nach § 4 a von der Aufforderung zur Zahlung eines Vorschusses abhängig gemacht werden, kann in die Berechnung das dem Schuldner zufließende **Kindergeld und Wohngeld nicht** mit eingerechnet werden.[1]

14 Die **Prozesskostenvorschusspflicht** unter **Ehegatten** besteht als **spezielle familiäre Solidaritätspflicht.** Ausdrücklich sind auch getrennt lebende Ehegatten zur Vorschussleistung verpflichtet (§ 1361 Abs. 4 S. 4 BGB) sowie Partner einer eingetragenen Lebensgemeinschaft nach §§ 5 S. 2, 12 Abs. 2 LpartG, **nicht** dagegen nichteheliche Partner oder geschiedene Ehegatten.[2] Allerdings sind dem Insolvenzschuldner die Kosten des Verfahrens auch dann zu stunden, wenn er zwar einen Kostenvorschussanspruch gegen seinen getrennt lebenden Ehepartner haben könnte, dieser aber alle Angaben zu seinen Einkünften verweigert. Denn die Durchsetzung eines Auskunftsanspruchs gegen den Ehepartner vor Beantragung eines Insolvenzverfahrens ist dem Insolvenzschuldner nicht zuzumuten, da umstritten ist, ob ein Auskunftsanspruch im Wege der einstweiligen Anordnung zulässig geltend gemacht werden kann.[3] Unter „Rechtsstreit" i. S. d. § 1360 a BGB ist auch die Eröffnung des Insolvenzverfahrens und die Ermöglichung der Restschuldbefreiung für den Ehegatten zu subsumieren, **zumindest dann, wenn** die Insolvenzeröffnung auf Grund von **Schuldverpflichtungen aus ehelichen Zeiten** beantragt wird.[4] Der Schuldner hat gegen seinen finanziell leistungsfähigen Ehepartner keinen Anspruch auf Kostenvorschuss, wenn seine Insolvenz im Wesentlichen auf **vorehelichen Schulden** oder solchen Verbindlichkeiten beruht, die weder zum Aufbau oder zur Erhaltung einer wirtschaftlichen Existenz der Eheleute eingegangen wurden, noch aus sonstigen Gründen mit der gemeinsamen Lebensführung in Zusammenhang stehen.[5] Ferner ist dem Ehegatten des Schuldners die Leistung eines Verfahrenskostenvorschusses dann nicht zuzumuten, wenn der Schuldner in einer neuen, gefestigten Lebensgemeinschaft lebt.[6] Ein Anspruch auf einen Prozesskostenvorschuss nach § 1360 a BGB kommt auch dann nicht in Betracht, wenn der in Anspruch genommene durch die Inanspruchnahme seinen eigenen Unterhalt gefährden würde.[7]

15 Die Stundung der Verfahrenskosten kommt wegen des Anspruchs auf Vorschuss der Verfahrenskosten durch den Ehegatten nicht in Betracht, wenn der

[1] Vgl. LG Kleve ZInsO 2002, 1095; aA: AG Kleve ZInsO 2002, 993 f., m. abl. Anm. von *Grote.*

[2] AG Hamburg ZVI 2002, 211; BGH NJW 1984, 291; FamRZ 1990, 280 ff.

[3] AG Dresden ZVI 2003, 405.

[4] Vgl. BGH NZI 2003, 556 m. Anm. *Ahrens;* LG Köln NZI 2002, 504; LG Düsseldorf ZInsO 2002, 588; AG Hamburg ZInsO 2002, 594; AG Kaiserslautern ZVI 2002, 378; aA: *Grote* ZInsO 2002, 179 f.

[5] Vgl. BGH ZVI 2003, 405 f.

[6] AG Duisburg NZI 2008, 699.

[7] Vgl. LG Bochum ZInsO 2002, 1038.

Schuldner der Erklärung über seine persönlichen und wirtschaftlichen Verhältnisse keinen **aktuellen Nachweis über das Einkommen seines Ehegatten** beifügt. Dies gilt auch dann, wenn der Schuldner nach seinem eigenen Vortrag ergänzend Sozialhilfe bezieht.[1] Der Stundungsantrag eines Schuldners, dem ein Kostenvorschussanspruch wegen seines Ehepartners zusteht, ist auch dann unbegründet, wenn der **Ehepartner** die **Zahlung verweigert,** der Schuldner aber nicht versucht hat, den Anspruch durch einen Antrag auf Erlass einer **einstweiligen Anordnung** durchzusetzen.[2]

Gegenüber einem Anspruch auf Prozesskostenvorschuss gegen den **getrennt lebenden Ehegatten** ist der Anspruch auf Stundung der Verfahrenskosten grundsätzlich subsidiär. Angesichts der regelmäßig zu erwartenden Unwägsamkeiten bei der Durchsetzung eines Prozesskostenvorschusses ist das Insolvenzverfahren dennoch ad hoc zu eröffnen, da die Wirkungen der Verfahrenskostenstundung einstweilen eintreten, § 4 a Abs. 3 S. 3.[3] 16

Die **von der Stundung erfassten Kosten** ergeben sich aus **§ 54.** 17

Die Stundung umfasst nach der Neuregelung in § 63 Abs. 2 auch die Gebühren und Auslagen des Insolvenzverwalters, der im Rahmen des neuen Auslagentatbestandes Nr. 9018 der Anlage 1 zum GKG einen Sekundäranspruch gegen die Staatskasse erwirbt, auf die gleichfalls seine Ansprüche gegen den Schuldner übergehen. Diese Vorschrift hat nach der Neufassung des § 293 Abs. 2 durch das InsOÄndG 2001 auch Geltung für die Vergütung des Treuhänders im Restschuldverfahren erhalten, um die Versagung der Restschuldbefreiung nicht an diesem verhältnismäßig geringen Kostenfaktor scheitern zu lassen. 18

§ 298 verliert insofern faktisch einen großen Teil seines Anwendungsbereiches. 19

Hat das Insolvenzgericht dem Schuldner eine Stundung der Verfahrenskosten gewährt, kann dem Insolvenzverwalter wegen seiner Auslagen ggf. ein gegen die Staatskasse gerichteter Anspruch auf **Leistung eines Vorschusses** zustehen.[4] Ebenso besteht bei masselosen Verfahren ein Anspruch des Insolvenzverwalters auf Erstattung von Auslagen, die ihm zur Erfüllung einer Verfügung der Finanzverwaltung, Steuererklärungen und Bilanzen für den Schuldner zu erstellen, entstanden sind, da derartige Verfügungen nicht als rechtswidrig anzusehen sind. Zur **Erledigung steuerlicher Tätigkeiten,** die besondere Kenntnisse erfordern oder dem Umfang nach über das hinausgehen, was mit der Erstellung einer Steuererklärung allgemein verbunden ist, kann ein **Steuerberater** beauftragt werden.[5] 20

d) Die **Stundung ist zu versagen,** wenn bereits in ihrem Vorfeld Gründe vorliegen, die die **Versagung der Restschuldbefreiung nach §§ 295, 296** rechtfertigen, da das Ziel, auch dem mittellosen Schuldner Zugang zur Restschuldbefreiung zu verschaffen, dann ohnehin nicht mehr erreicht werden kann. In der überwiegenden Anzahl der Fälle werden bei Antragstellung Versagungs- 21

---

[1] Vgl. LG Bochum ZVI 2003, 130 f.

[2] BGH NZI 2007, 298.

[3] Vgl. AG Hamburg ZInsO 2002, 594; AG Hamburg ZIP 2002, 2241.

[4] Vgl. LG Kassel ZVI 2002, 387 f.; LG Essen ZInsO 2003, 625; AG Dresden ZInsO 2002, 736 m. Anm. *Förster;* Zur Anwendung der Stundungs- und Vergütungsregeln vgl. auch *Keller,* ZVI 2002, 393 ff., 437 ff.

[5] Vgl. BGH NZI 2004, 577 f.; AG Dresden ZIP 2006, 1686 f.; ferner *Ast,* ZVI 2002, 183 f.; *Stephan,* ZVI 2002, 187 ff.

gründe nicht vorliegen, auch wird verwertbares, d. h. pfändbares Vermögen bzw. Einkünfte selten vorgefunden werden, weswegen im Ergebnis die Stundung in der Regel bewilligt werden muss.

22 Damit bereits im Vorfeld Klarheit zu diesem Punkt besteht, sieht § 4a Abs. 1 S. 3 die Verpflichtung des Schuldners vor, bereits bei Stellung seines Antrages auf Stundung eine **Erklärung über das Bestehen von Versagungsgründen des § 290 Abs. 1 Nr. 1 und 3** beizufügen. Für die in diesem Verfahrensstadium zu fordernde **kursorische Prüfung durch das Gericht** ist es unerheblich, ob bereits zu diesem Zeitpunkt ein Gläubiger signalisiert, er wolle einen Antrag nach § 290 stellen und er könne einen Versagungsgrund auch glaubhaft machen. Allerdings ist es nicht gerechtfertigt und zum Teil auch nicht möglich, alle Versagungsgründe bereits bei der Gewährung der Stundung zu berücksichtigen. Die Stundung ist aber auch bei zweifelsfreiem Vorliegen des **Versagungsgrunds nach § 290 Abs. 1 Nr. 5** ausgeschlossen. Im Rahmen der umfassenden Auskunfts- und Mitwirkungspflichten nach § 290 Abs. 1 Nr. 5 hat der Schuldner ein Amt als Geschäftsführer einer GmbH ebenso wie ein abhängiges Arbeitsverhältnis stets ungefragt dem Insolvenzgericht offenzulegen. Ob sich hieraus werthaltige Ansprüche ergeben, ist für die Auskunftspflicht unerheblich. Darüber hinaus erstreckt sich die Auskunftsverpflichtung des Schuldners nicht nur auf die Themen, zu denen er ausdrücklich befragt wird. Es sind vielmehr ungefragt auch solche sachdienlichen Umstände zu offenbaren, die für das Gericht oder den Sachverständigen als Auskunftsthemen nicht erkennbar sind oder von ihm ersichtlich übersehen werden und deshalb keine Nachfrage auslösen. Frühere Angaben hat der Schuldner unverzüglich und unaufgefordert zu ergänzen oder richtigzustellen, wenn er erkennt, dass sich nicht unwesentliche Veränderungen ergeben haben und die bisherigen Angaben unvollständig oder unrichtig waren.[1] Dem Schuldner sind auch dann auf Antrag hin die Verfahrenskosten zu stunden, wenn er in seinem Vermögensverzeichnis zunächst einen Pkw im Wert von 3000,– € angibt und später einen Kaufvertrag unter Eigentumsvorbehalt mit noch laufenden Ratenzahlungen vorlegt. Auch bei dieser Fallkonstellation sind die Vermögensverhältnisse hinsichtlich der Entscheidung über eine Stundung der Verfahrenskosten geklärt. Nach Klärung der im Vermögensverzeichnis aufgeführten Vermögenswerte im Insolvenzverfahren besteht kein Anlass, einen Sachverständigen mit der Klärung einer kostendeckenden Masse zu beauftragen. Selbst wenn ein Sachverständiger bestellt würde, wäre eine Versagung der ansonsten zu gewährenden Kostenstundung nicht alleine darauf zu stützen, dass der Schuldner gegenüber dem Sachverständigen seine Auskunfts- und Mitwirkungspflichten verletzt hätte.[2] Ein Verstoß des Schuldners gegen Auskunfts- und Mitwirkungspflichten kann nur dann zur Versagung der Kostenstundung führen, wenn die Voraussetzungen des § 290 Abs. 1 Nr. 5 betreffend die Versagung der Restschuldbefreiung zweifelsfrei vorliegen.[3] § 290 Abs. 1 Nr. 5 erfasst nicht nur **Auskunfts- und Mitwirkungspflichten** im eröffneten Verfahren, sondern auch solche bis zur Verfahrenseröffnung. Erklärt sich der Schuldner im Eröffnungsverfahren zu seinem Stundungsantrag nicht hinreichend über seine wirtschaftlichen Verhältnisse, obwohl

[1] AG Duisburg NZI 2008, 697.
[2] LG Göttingen ZVI 2007, 418 f.
[3] BGH ZVI 2008, 515.

das Insolvenzgericht auf die Mängel konkret aufmerksam gemacht und dem Schuldner aufgegeben hat, diese binnen angemessener Frist zu beheben, ist die Stundung jedoch deshalb zu versagen, weil der Antrag des Schuldners unzulässig oder unbegründet ist.[1] Auf § 290 Abs. 1 Nr. 5 kommt es dann in diesem Zusammenhang nicht an.[2] Zu den untauglichen Anknüpfungspunkten wird man auch die Nummer 6 zu rechnen haben. Im Zeitpunkt der Bewilligung der Stundung wird das Gericht regelmäßig nicht beurteilen können, ob der **Schuldner in den vorzulegenden Verzeichnissen vorsätzlich oder grob fahrlässig unrichtige oder unvollständige Angaben gemacht** hat. Die Prüfung der Stundung ist nach der **Rechtsprechung des BGH**[3] aber nicht auf Vorliegen der Voraussetzungen des § 290 Abs. 1 Nr. 1 und 3 beschränkt. Vielmehr sind **auch die anderen in § 290 Abs. 1 aufgeführten Versagungsgründe grundsätzlich zu berücksichtigen,** wobei allerdings das Stundungsverfahren nicht mit einem zeitaufwändigen, dem Gesetzeszweck zuwiderlaufenden Amtermittlungsverfahren belastet werden solle, das zu einer nicht unerheblichen Verfahrensverzögerung führt. Sind jedoch die Tatsachen leicht feststellbar und offensichtlich und erfüllen sie einen der Tatbestände in § 290 Abs. 1 Nr. 2 oder 4 bis 6, so ist die beantragte Stundung zu versagen. Im Hinblick auf § 290 Abs. 1 Nr. 4 ist ein Kostenstundungsantrag zu versagen, wenn ein Schuldner ohne zwingenden Grund in Ansehung seiner Zahlungsunfähigkeit und einer nahen Insolvenzeröffnung Leistungen an einzelne Gläubiger erbringt, obwohl er weiß, dass er seine fälligen Zahlungsverpflichtungen insgesamt nicht mehr erfüllen kann.[4] Ebenso ist eine beantragte Kostenstundung im Hinblick auf § 290 Abs. 1 Nrn. 4 und 6 zu versagen, wenn der Schuldner beim Verbrauch oder bei der Weggabe von Vermögenswerten grob gegen ein Gebot der wirtschaftlichen Vernunft verstößt, insbesondere wenn er Ausgaben tätigt, die angesichts seiner Lebens-, Einkommens- und Vermögensverhältnisse offenkundig und greifbar unangemessen sind oder nicht in einem sinnvollen Verhältnis zum vernünftigerweise zu erwartenden Nutzen stehen. Offenkundig wirtschaftlich unvernünftig ist es, wenn ein Schuldner ohne zwingenden Grund während des Insolvenzeröffnungsverfahrens Zahlungen in nennenswerter Höhe an einzelne Gläubiger leistet, obwohl er weiß, dass er zahlungsunfähig ist.[5] Die unterlassene Angabe von Miteigentum an einem Wohnhaus rechtfertigt es, einem Kostenstundungsantrag im Hinblick auf § 290 Abs. 1 Nr. 6 nicht zu entsprechen.[6] Eine Kostenstundung ist vor dem Hintergrund des § 290 Abs. 1 Nr. 4 dann nicht zu versagen, wenn der Schuldner vor Eingang seines Insolvenzantrags bei Gericht Genehmigungen hinsichtlich der per Lastschrift von seinem Konto eingezogenen Forderungen erteilt hat. Erteilt nämlich der Schuldner Genehmigungen für Forderungen, die für sein tägliches Leben notwendigerweise erfüllt werden müssen, liegt eine Vermögensverschwendung im Sinne von § 290 Abs. 1 Nr. 4 nicht vor. Hierunter fallen nur Aufwendungen, die im Verhältnis zum Gesamt-

[1] Vgl. BGH NZI 2005, 232 f.; vgl. dazu auch *Pape,* EWiR 2005, 397; AG Göttingen ZVI 2006, 353 f.

[2] Vgl. BGH NZI 2005, 273 f.; vgl. hierzu auch die Anm. von *Grote,* ZInsO 2005, 266.

[3] Vgl. BGH NZI 2005, 232 f.; BGH NZI 2005, 273 f.

[4] LG Stralsund ZInsO 2009, 53.

[5] AG Duisburg NZI 2007, 473 f.

[6] AG Duisburg ZVI 2007, 481 f.

vermögen und -einkommen grob unangemessen erscheinen, also Ausgaben für Luxusaufwendungen. Um derartige Ausgaben handelt es sich eindeutig dann nicht, wenn der Schuldner u. a. Abschläge für den Strombezug für seine Wohnung und Krankenkassenleistungen genehmigt.[1] Daneben verbleibt eine kleine Anzahl von Fällen, bei denen im Rahmen teleologischer Reduktion der Antrag auf Stundung abgelehnt werden kann, wenn zum Zeitpunkt der Entscheidung die weitere Rechtsverfolgung eindeutig aussichtslos ist.[2] Um den Gerichten die Entscheidungsfindung zu erleichtern, hat deshalb der Schuldner eine Erklärung abzugeben, ob einer der in den Nummern 1 und 3 genannten Versagungsgründe vorliegt. Liegt ein solcher vor, ist eine Stundung ausgeschlossen. Die anderen in § 290 Abs. 1 genannten Gründe können zudem bei einer Aufhebung der Stundung nach § 4 c Abs. 1 Nr. 5 berücksichtigt werden.[3] Abzulehnen ist die Entscheidung des Amtsgerichts München,[4] wonach beim Antrag auf Verfahrenskostenstundung die **Redlichkeit des Schuldners zu prüfen** und der Antrag auch dann zurückzuweisen ist, wenn zwar keine Versagungsgründe im Sinne des § 290 Abs. 1 vorliegen, die Redlichkeit aber nach dem **allgemeinen Prüfungsmaßstab des § 1 S. 2** auf Grund von im Bundeszentralregister eingetragenen Verurteilungen wegen Vermögens- und Aussagedelikten verneint werden muss.

23 Versagungsgründe, die durch das Gericht im Rahmen einer vorläufigen Prüfung nicht ermittelt werden können, sondern eingehende Recherchen mit schwierigen Abgrenzungsfragen erfordern, sind nicht geeignet, die Stundung zu versagen.[5]

24 **e)** Die Stundung, über die der **Richter** durch Beschluss entscheidet,[6] erfolgt in Form einer klaren **Regelung durch das Insolvenzgericht,** wie der Schuldner die gestundeten Beträge zurückzuzahlen hat.

25 Die Stundung hat nämlich nicht zur Folge, dass die Staatskasse endgültig die Kosten trägt, sondern nur, dass deren Geltendmachung herausgeschoben wird.

26 Allerdings dürfte es auch möglich sein, dass das Gericht zunächst nur die Stundung ausspricht und die **Regelung der Rückzahlung einem späteren Beschluss vorbehält,** wenn es sinnvoll erscheint, die weitere Entwicklung der schuldnerischen Vermögenslage während des Insolvenzverfahrens abzuwarten. Soweit ersichtlich, entspricht dies der gängigen Gerichtspraxis. Für die Anordnung von Ratenzahlungen im Rahmen der Stundungsanordnung nach § 4 a gibt es keine gesetzliche Grundlage.[7]

27 **f)** Die Stundung erfasst in Anlehnung an § 119 Abs. 1 ZPO nach **§ 4 a Abs. 3 S. 2** nicht die gesamten Kosten des Verfahrens, sondern **erfolgt für jeden Verfahrensabschnitt besonders.** Als Verfahrensabschnitt i. S. d. § 4 Abs. 3 S. 2 ist jeder Teil des gesamten Insolvenzverfahrens zu verstehen, der besondere Kosten

---

[1] LG Hamburg ZVI 2008, 522 m. Anm. *Hofmann,* NZI 2008, 537 f.

[2] FK-*Kohte,* InsO, § 4 a, Rn. 17 a.

[3] Zur Frage der **Voranwendung der Aufhebungsregeln im Rahmen der Entscheidung über eine Ablehnung der Kostenstundung,** vgl. *Ahrens,* ZVI 2003, 268 f.; Zur **Ausfüllung von Gesetzeslücken bei den Stundungsvorschriften – Widerruf wegen der Verletzung von Mitwirkungspflichten,** vgl. *Pape,* NZI 2005, 594.

[4] AG München ZVI 2003, 292 f.

[5] Vgl. LG Berlin ZInsO 2002, 680 f.

[6] Vgl. AG Göttingen NZI 2002, 567 f.; aA AG Hamburg ZIP 2001, 2241.

[7] Vgl. LG Erfurt ZInsO 2003, 41.

verursacht und für den bei der Stundungsentscheidung noch nicht möglicherweise entgegenstehende Umstände einer Restschuldbefreiung geprüft werden konnten. Im Verbraucherinsolvenzverfahren bildet das Eröffnungsverfahren neben dem eröffneten (vereinfachten) Insolvenzverfahren, dem gerichtlichen Schuldenbereinigungsverfahren und dem Restschuldbefreiungsverfahren einen besonderen Verfahrensabschnitt. Eine Zusammenfassung kommt wegen der besonderen Gebühr auf Verfahrenseröffnung gem. § 1 Abs. 1 GKG i. V. m. Nr. 5110 KV nicht in Betracht. Ebenfalls scheidet die Zusammenfassung des Eröffnungsverfahrens mit dem gerichtlichen Schuldenbereinigungsverfahren aus.[1] Für die Entscheidung über Stundungsanträge im eröffneten Verfahren einschließlich des Insolvenzplanverfahrens ist der Rechtspfleger gem. § 3 Nr. 2 e RPflG zuständig, wobei sich der Richter im Interesse einer effektiven Koordinierung der Verfahrensabschnitte diese Entscheidung nach § 18 Abs. 2 RPflG vorbehalten oder an sich ziehen kann.

Im Interesse eines zügigen Fortgangs des Verfahrens sieht **§ 4 a Abs. 3 S. 3** vor, 28
dass ab Antragstellung die **Wirkungen der Stundung einstweilen eintreten.**

3. Die Möglichkeit der Beiordnung eines Rechtsanwalts, Abs. 2

a) Trotz der dem Gericht gegenüber dem Schuldner obliegenden Fürsor- 29
gepflicht sieht § 4 a Abs. 2 die Möglichkeit vor, dem Schuldner, der eine Stundung erhalten hat, **erforderlichenfalls** einen Rechtsanwalt beizuordnen.[2] Auch wenn dies nicht klar aus dem Gesetzestext hervorgeht, kann eine Beiordnung während der gerichtlichen Stundungsentscheidung vorausgehenden einstweiligen Stundungsperiode nach § 4 a Abs. 3 S. 3 nicht erfolgen. Aus der Formulierung „werden dem Schuldner die Verfahrenskosten gestundet …" folgt, dass eine **Stundungsentscheidung erforderlich** ist.[3] Außerdem würden ansonsten allzu früh „vollendete Tatsachen" geschaffen. Erforderlich ist eine Anwaltsbeiordnung **bei besonderen Schwierigkeiten der Sach- und Rechtslage,** infolge derer der Schuldner mit der Angelegenheit trotz Unterstützung durch das Insolvenzgericht nicht zurechtzukommen vermag.[4] § 4 a Abs. 2 sieht deshalb davon ab, die Beiordnung eines Rechtsanwalts bereits dann vorzusehen, wenn der Gegner, d. h. bspw. der Gläubiger bei der Forderungsanmeldung, anwaltlich vertreten ist.[5] Allein der Umstand, dass Gläubiger anwaltlich vertreten sind oder über eine auch mit Volljuristen besetzte Rechtsabteilung verfügen, lässt allein noch keine anwaltliche Vertretung des Schuldners erforderlich erscheinen.[6] Einem mittellosen Schuldner, der beabsichtigt, einen Insolvenzantrag nebst Verfahrenskostenstundung und Restschuldbefreiung zu stellen, kann zur Vorbereitung dieses Antrags kein Rechtsanwalt beigeordnet werden. In Betracht kommt allerdings die Gewährung von Beratungshilfe nach dem Beratungshilfegesetz.[7]

[1] Vgl. BGH NZI 2003, 665 f.

[2] Vgl. BGH NZI 2003, 270; LG Koblenz NZI 2002, 215; LG Bremen NZI 2002, 675; LG Düsseldorf NZI 2003, 41; LG Bochum NZI 2003, 167; LG Leipzig InVo 2003, 358; abw. AG Göttingen NZI 2002, 449.

[3] Vgl. BGH NZI 2003, 647; BGH ZInsO 2007, 492.

[4] AG Mannheim NZI 2004, 46 f.

[5] Vgl. LG Koblenz NZI 2002, 251.

[6] Vgl. BGH ZInsO 2003, 124 f.; vgl. zu diesen Fragen auch LG Bochum ZInsO 2003, 131.

[7] BGH NZI 2007, 418.

30 Das BVerfG hat mit Beschluss vom 18. März 2003 entschieden, dass es **verfassungsrechtlich nicht zu beanstanden** ist, wenn die Insolvenzgerichte die **Beiordnung eines Rechtsanwalts** im Eröffnungsverfahren auf **Ausnahmefälle** beschränken. Die Beiordnung eines Rechtsanwalts im Eröffnungsverfahren kann auch bei Sprachproblemen von der besonderen Schwierigkeit der Sach- und Rechtslage abhängig gemacht werden.[1] Auch die Möglichkeit, dass ein Gläubiger eine Forderung aus einer vorsätzlich begangenen, unerlaubten Handlung gegen einen obdachlosen Schuldner geltend macht, dem ein Zustellungsbevollmächtigter bestellt werden kann, macht die Beiordnung nicht erforderlich.[2] Auch eine **rückwirkende Beiordnung** im Hinblick auf die Unterstützung des Schuldners bei der Zusammenstellung der Unterlagen scheidet aus.[3]

Für die **Einlegung des Widerspruches** gegen eine **Forderungsanmeldung aus vorsätzlich begangener, unerlaubter Handlung** gem. § 175 Abs. 2 kommt die Beiordnung eines Rechtsanwaltes trotz Hinweises des Insolvenzgerichtes gem. § 175 Abs. 2 auf die Rechtsfolgen des § 302 Nr. 1 und die Möglichkeit des Widerspruchs dann in Betracht, wenn der Schuldner im Rahmen seiner Möglichkeiten dartut, dass er nach seinen persönlichen Fähigkeiten und Kenntnissen im konkreten Fall nicht in der Lage ist, ohne anwaltliche Hilfe eine Entscheidung über die Zweckmäßigkeit der Erhebung des Widerspruchs zu treffen.[4] Auch für die Stellung von **Pfändungsschutzanträgen** gem. §§ 850 ff. ZPO kommt die Beiordnung eines Rechtsanwaltes grundsätzlich nicht in Betracht. Etwas anderes kann gelten, wenn es um die Klärung bislang nicht entschiedener bzw. grundsätzlicher Rechtsfragen geht.[5]

31 **b)** Durch Verweis auf § 121 Abs. 3 bis 5 ZPO wird klargestellt, dass zwecks **effektiver Rechtswahrnehmung** nach Möglichkeit prinzipiell nur ein bei dem Landgericht zugelassener Anwalt, in dessen Bezirk das Insolvenzgericht liegt, beigeordnet werden soll, es sei denn, durch die Beiordnung eines anderen Anwaltes entstehen keine höheren Kosten. Findet der Schuldner keinen vertretungsbereiten Anwalt, so kann nach § 121 Abs. 4 ZPO der Richter dem Schuldner einen Anwalt beiordnen.

4. Wirkungen der Stundung, Abs. 3

32 **a)** In **§ 4 a Abs. 3** werden im Einzelnen die **Wirkungen der Stundung** aufgelistet. Die Vorschrift lehnt sich dabei an § 122 ZPO an. Danach kann die Bundes- bzw. Landeskasse die Kosten gegen den Schuldner nur nach den Bestimmungen geltend machen, die das Gericht in der Stundungsentscheidung fest-

---

[1] Vgl. BVerfG NZI 2003, 448 f.; vgl. in diesem Zusammenhang auch BGH NZI 2003, 556; BGH ZVI 2003, 601 m. Anm. *Mäusezahl;* LG Bremen NZI 2002, 675; LG Oldenburg ZVI 2002, 324, wonach es kein Gebot des verfassungsrechtlichen Grundsatzes der Rechtsschutzgleichheit aus Art. 3 Abs. 1 i. V. m. Art. 20 Abs. 3 GG gibt, wonach dem Schuldner für das eröffnete Verfahren und das Restschuldbefreiungsverfahren ein Rechtsanwalt beigeordnet wird.

[2] Vgl. LG Düsseldorf NZI 2003, 41.

[3] Vgl. LG Baden-Baden ZVI 2002, 322.

[4] BGH NZI 2004, 39 f. Zur Frage, ob ein isolierter Widerspruch des Schuldners gegen eine Forderung aus unerlaubter Handlung (§ 175 Abs. 2 InsO) zulässig ist, vgl. *Eisner,* NZI 2003, 480.

[5] Vgl. AG Göttingen ZVI 2003, 364 f.

gelegt hat, d. h. von einer Geltendmachung ist regelmäßig bis zur Erteilung der Restschuldbefreiung abzusehen. Davon unberührt bleibt jedoch die Verpflichtung des Insolvenzverwalters/Treuhänders bei anfallender Masse zunächst gemäß § 53 die Kosten zu berichtigen.

Die Erwähnung der Bundeskasse erfolgt lediglich der Vollständigkeit halber, **33**
um künftigen Rechtsänderungen Rechnung zu tragen.

Zu den **Gerichtskosten** zählen die Gebühren und die baren Auslagen des **34**
Gerichts, einschließlich etwaiger Schreibgebühren für gerichtliche Anfertigung der erforderlichen Abschriften. Dabei erfasst die Stundung sowohl die bereits entstandenen als auch die noch entstehenden Kostenansprüche. Ebenso werden von der Stundung auch die **Vergütungen für Sachverständige** (vgl. GKG KV Nr. 9005) und insbesondere die **Vergütungen für den vorläufigen Insolvenzverwalter, den Insolvenzverwalter, die Mitglieder des Gläubigerausschusses oder den Treuhänder** im vereinfachten Insolvenzverfahren und im Restschuldbefreiungsverfahren (GKG KV Nr. 9018) erfasst, unabhängig davon, ob diese Vergütungen bereits von der Staatskasse bezahlt oder noch zu zahlen sind.[1]

b) Wird dem Schuldner ein **Rechtsanwalt beigeordnet,** so gehen dessen **35**
Vergütungsansprüche gegen den Schuldner gemäß **§ 59 RVG** auf die Staatskasse über. Die Regelung des Absatzes 3 Nr. 1 Buchstabe b soll in diesem Zusammenhang sicherstellen, dass die Staatskasse diese Ansprüche gegen den Schuldner geltend machen kann und die §§ 412, 404 BGB dem nicht entgegenstehen. Diese übergangenen Ansprüche sollen vielmehr wie die Gerichtskosten geltend gemacht werden können. Durch Absatz 3 Nr. 2 ist der beigeordnete Rechtsanwalt gehindert, seinen Vergütungsanspruch gegenüber dem Schuldner einzufordern, vielmehr ist er auf seine Ansprüche nach § 45 RVG gegen die Staatskasse verwiesen.

5. Rechtsmittel

Ein Rechtsmittel u. a. gegen die Stundungsversagung ist in § 4 d Abs. 1 vor- **36**
gesehen. Gegen die Ablehnung der Stundung oder deren Aufhebung sowie gegen die Ablehnung der Beiordnung eines Rechtsanwaltes steht dem Schuldner die **sofortige Beschwerde nach § 34** zu. Wird die Stundung bewilligt, so steht gem. § 4 d Abs. 2 der Staatskasse die sofortige Beschwerde gleichfalls zu, wobei diese nur darauf gestützt werden kann, dass nach den persönlichen oder wirtschaftlichen Verhältnissen des Schuldners die Stundung hätte abgelehnt werden müssen.

§ 4 b Rückzahlung und Anpassung der gestundeten Beträge

(1) **Ist der Schuldner nach Erteilung der Restschuldbefreiung nicht in der Lage, den gestundeten Betrag aus seinem Einkommen und seinem Vermögen zu zahlen, so kann das Gericht die Stundung verlängern und die zu zahlen-**

---

[1] Zur **„angemessenen" Vergütung des Insolvenzverwalters/Treuhänders in masselosen Stundungsverfahren** vgl. *Frind,* ZInsO 2003, 639 f. – die dogmatisch gerechtfertigte Erhöhung der Regelsätze auf Grund empirischer Praxisbefunde. Zum **Kostenerstattungsanspruch** des Insolvenzverwalters **für Steuererklärungen** bei masselosen Verfahren vgl. BGH NZI 2004, 577 f.

den Monatsraten festsetzen. § 115 Abs. 1 und 2 sowie § 120 Abs. 2 der Zivilprozessordnung gelten entsprechend.

(2) **Das Gericht kann die Entscheidung über die Stundung und die Monatsraten jederzeit ändern, soweit sich die für sie maßgebenden persönlichen oder wirtschaftlichen Verhältnisse wesentlich geändert haben. Der Schuldner ist verpflichtet, dem Gericht eine wesentliche Änderung dieser Verhältnisse unverzüglich anzuzeigen. § 120 Abs. 4 Satz 1 und 2 der Zivilprozessordnung gilt entsprechend. Eine Änderung zum Nachteil des Schuldners ist ausgeschlossen, wenn seit der Beendigung des Verfahrens vier Jahre vergangen sind.**

Literatur: *Bayer,* Stundungsmodell für Insolvenzordnung und die Regelungen der Prozeßkostenhilfe, 2005; *Büttner,* Änderungen der Prozeßkostenhilfeentscheidung, Rpfleger 1997, 347 ff.; *Huhnstock,* Abänderung und Aufhebung der Prozeßkostenhilfebewilligung, 1995; *Hulsmann,* Die Rückzahlung gestundeter Beträge nach Erteilung der Restschuldbefreiung, ZVI 2006, 198 f.; *Kalthoener/Büttner/Wrobel-Sachs,* Prozeßkostenhilfe und Beratungshilfe, 2. Aufl. 1999; *Zimmermann,* Zur Aufhebung der Prozeßkostenhilfebewilligung bei unterlassener Abgabe einer Erklärung nach § 120 Abs. 4 S. 2 ZPO, JurBüro 1993, 646 f.; *Zimmermann,* Neue Einkommensgrenzen für die Beratungs- und Prozeßkostenhilfe, ZVI 2005, 63 ff.; *ders.,* Verschärfte Einkommensgrenzen für die Beratungs- und Prozeßkostenhilfe.

1. Normzweck

1 § 4 b enthält die Regelung zu dem Verfahren bei Rückzahlung.

2. Die Rückzahlungsregelung, Abs. 1

2 Wie aus § 4 b Abs. 1 folgt, gilt die **Stundung zunächst nur bis zur Erteilung der Restschuldbefreiung,** danach werden die gestundeten Beträge fällig und sind sofort an die Staatskasse zu zahlen. Diese grundsätzliche Zahlungsverpflichtung ergibt sich aus **§ 23 GKG.** Gemäß der durch das InsOÄndG 2001 erfolgten Neuregelung in § 292 Abs. 1 S. 2 sind aus den in der Wohlverhaltensphase zugeflossenen Geldern dabei zunächst die gestundeten Verfahrenskosten abzüglich der Kosten für die Beiordnung eines Rechtsanwalts zu berichtigen. Der Treuhänder muss dabei eine komplizierte Berechnung vornehmen, wenn die gestundeten Kosten noch nicht bezahlt sind und der Schuldner nach Ablauf von vier Jahren Anspruch auf Beteiligung an den eingehenden Geldern hat. Dann darf der Schuldner Zahlung nur erhalten, wenn sein Einkommen den in § 115 Abs. 1 ZPO genannten Betrag nicht übersteigt.[1]

3 Allerdings – und dies dürfte der Regelfall sein – **kann das Gericht,** wenn der Schuldner die Summe nicht aufbringen kann, **die Stundung verlängern** und die Zahlung monatlicher Raten festsetzen. Zur näheren Ausgestaltung des Verfahrens verweist Abs. 1 S. 2 auf § 115 Abs. 1 und 2 ZPO. Dies gilt zunächst für den Einkommensbegriff, der durch die Verweisung in § 115 Abs. 1 ZPO auf § 82 Abs. 2 und 3 SGB XII näher konkretisiert wird. Zur genauen Bestimmung des einzusetzenden Vermögens verweist § 115 Abs. 2 S. 2 ZPO auf das Schonvermögen gem. § 90 SGB XII. Dieses Schonvermögen ist nicht gleichzusetzen mit dem nach § 295 während der Treuhandperiode einzusetzenden Vermögen.[2]

[1] Vgl. *Bruckmann,* InVo 2001, 44.
[2] Vgl. FK-*Kohte,* InsO, § 4 b Rn. 6.

Durch die Verweisung auf § 115 Abs. 1 S. 4 ZPO wird die **Höchstzahl der Raten** auf 48 festgelegt. Bei der Begrenzung der Raten auf 48 sind auch **sog. „Nullraten“** mitzurechnen.[1]

4 Da es sich um eine neue, von den bisherigen Beschlüssen im Restschuldbefreiungsverfahren unabhängige Entscheidung des Gerichtes handelt, **wird man einen besonderen Schuldnerantrag fordern müssen,** was sich bedauerlicherweise nicht aus dem Gesetz selbst ergibt. Ein Vordruckzwang entsprechend § 117 ZPO sowie förmliche Antragsfristen bestehen nicht.[2]

5 Das Gericht[3] kann nun den Betrag weiterstunden, wenn der Schuldner keine Zahlungen leisten kann, oder eine Abzahlung in Raten festsetzen.

6 Aus § 120 Abs. 2 ZPO analog folgt, dass die Zahlungen grundsätzlich an die Landeskasse erfolgen müssen. Nur sofern die Stundung erstmals durch den BGH erfolgt, ist Zahlungsempfänger die Bundeskasse.

3. Änderung der Stundungsentscheidung und der festgesetzten Raten, Abs. 2

7 Bei Änderungen der persönlichen oder wirtschaftlichen Verhältnisse des Schuldners kann das Gericht seine Entscheidung anpassen. Dies ist **zugunsten des Schuldners** möglich, wenn sich dessen Vermögenslage verschlechtert hat, wobei allerdings die Berücksichtigung sich neu ergebender Unterhaltspflichten über §§ 120 Abs. 4 S. 1, 115 Abs. 1 S. 3 Nr. 2 S. 1 ZPO nur eingeschränkt möglich ist. Eine solche Anpassung zugunsten des Schuldners kann auch nach Abschluss des Restschuldbefreiungsverfahrens noch erfolgen. Hierdurch verlängern sich die Verfahrenszeiten entsprechend.[4]

8 Auch Änderungen **zu Lasten des Schuldners** bei Verbesserung seiner Lage sind möglich. Es können dann höhere Raten oder sogar die Aufhebung der Stundung ausgesprochen werden. Allerdings sieht § 4 b Abs. 2 S. 4 vor, dass eine dem Schuldner nachteilige Änderung nach mehr als vier Jahren seit Abschluss des Restschuldbefreiungsverfahrens ausgeschlossen ist.[5] Dies entspricht auch der für die Prozesskostenhilfe geltenden Regelung des § 120 Abs. 4 S. 3 ZPO. Hier wie dort lässt sich allerdings durchaus fragen, weshalb die öffentliche Hand nicht auf Vermögenswerte (etwa eine Erbschaft) zugreifen können soll, die dem Schuldner zufließen. Der sozialpolitische Aspekt der Stundung wird auf diese Weise nur einseitig berücksichtigt, da der zu Vermögen gekommene Schuldner der ihm zugeflossenen öffentlichen Mittel nicht mehr bedarf.

9 **Eine Änderung seiner Verhältnisse hat der Schuldner dem Gericht unverzüglich mitzuteilen, sofern sie wesentlich ist.** Zwar ist keine unmittelbare Sanktion bei Verletzung der Auskunftspflicht vorgesehen, Folgen können sich aber im Rahmen von Änderungsbeschlüssen nach § 4 b Abs. 2 und bei Aufhebung der Stundung nach § 4 c ergeben.[6] Die Einschränkung der Mitteilungspflicht auf wesentliche Einkommensverbesserungen ist problematisch, da

---

[1] Vgl. *Pape,* ZInsO 2001, 587 f.; aA *Kübler/Prütting/Bork/Wenzel,* InsO, § 4 b Rn. 14.

[2] Vgl. FK-*Kohte,* InsO, § 4 b Rn. 7.

[3] Zuständig für das gesamte Abänderungsverfahren ist nach §§ 3 Abs. 2 e, 18 RPflG der Rechtspfleger des Insolvenzgerichts, vgl. FK-*Kohte,* InsO, § 4 b, Rn. 8.

[4] *Bruckmann,* InVo 2001, 44.

[5] *Bruckmann,* InVo 2001, 44.

[6] Vgl. FK-*Kohte,* InsO, § 4 b Rn. 18.

hierzu regelmäßig unterschiedliche Auffassungen von Gericht und Schuldner vorhersehbar sind.[1] Dem Schuldner eine solche Beurteilung zuzugestehen, ist riskant. **Vorzugswürdig** wäre, für **jede Einkommensänderung** eine **Mitteilungspflicht** vorzusehen, während das Gericht die Frage der Wesentlichkeit bei seiner Prüfung, ob eine Änderung der Entscheidung in Betracht kommt, prüfen muss. Insofern ist das Insolvenzgericht verpflichtet, in regelmäßigen Zeitabständen vom Schuldner gem. § 4b Abs. 2 S. 3 i.V.m. § 120 Abs. 4 ZPO eine Erklärung zu verlangen, ob eine Änderung eingetreten ist.[2] Mit der Vier-Jahres-Frist in § 4b Abs. 2 S. 4 wird eine Ausschlussfrist normiert, so dass Änderungsentscheidungen des Insolvenzgerichts vor Fristablauf ergehen müssen.[3]

§ 4c Aufhebung der Stundung

Das Gericht kann die Stundung aufheben, wenn

1. **der Schuldner vorsätzlich oder grob fahrlässig unrichtige Angaben über Umstände gemacht hat, die für die Eröffnung des Insolvenzverfahrens oder die Stundung maßgebend sind, oder eine vom Gericht verlangte Erklärung über seine Verhältnisse nicht abgegeben hat;**
2. **die persönlichen oder wirtschaftlichen Voraussetzungen für die Stundung nicht vorgelegen haben; in diesem Fall ist die Aufhebung ausgeschlossen, wenn seit der Beendigung des Verfahrens vier Jahre vergangen sind;**
3. **der Schuldner länger als drei Monate mit der Zahlung einer Monatsrate oder mit der Zahlung eines sonstigen Betrages schuldhaft in Rückstand ist;**
4. **der Schuldner keine angemessene Erwerbstätigkeit ausübt und, wenn er ohne Beschäftigung ist, sich nicht um eine solche bemüht oder eine zumutbare Tätigkeit ablehnt; § 296 Abs. 2 Satz 2 und 3 gilt entsprechend;**
5. **die Restschuldbefreiung versagt oder widerrufen wird.**

Literatur: *Ahrens,* Versagung oder Aufhebung der Kostenstundung, ZVI 2003, 268; *Pape,* Ausfüllung von Gesetzeslücken bei den Stundungsvorschriften – Widerruf wegen der Verletzung von Mitwirkungspflichten, NZI 2005, 594.

Übersicht

[1] In der Praxis wird als nicht schematische Grenze eine Verbesserung des Nettoeinkommens in Höhe von 10% zugrunde gelegt, vgl. FK-*Kohte,* InsO, § 4b Rn. 16.
[2] Vgl. *Kübler/Prütting/Bork/Wenzel,* InsO, § 4b Rn. 26.
[3] Vgl. FK-*Kohte,* InsO, § 4b Rn. 27.

1. Normzweck

§ 4 c regelt die Möglichkeit des Gerichtes, die Stundung aufzuheben. Die Vorschrift orientiert sich an § 124 ZPO und stellt einen **abschließenden Katalog der Aufhebungsgründe** dar. Während § 4 b Abs. 2 bei grundsätzlich fortbestehender Stundung einer später eintretenden Veränderung der maßgebenden Verhältnisse Rechnung tragen will, soll die Vorschrift des § 4 c eine von Anfang an unberechtigte Stundungsbewilligung beseitigen.[1] Die Nichtausübung einer angemessenen Erwerbstätigkeit oder das Fehlen bzw. nicht nachgewiesene Bemühen um eine angemessene Beschäftigung im Sinne von § 4 c Nr. 4 kann nicht zu einer Versagung der noch nicht gewährten Stundung führen. § 4 c Nr. 4 eröffnet nur die Möglichkeit einer Aufhegung einer bereits gewährten Kostenstundung, nicht aber deren Versagung. Eine Anwendung der Aufhegungsregeln im Bewilligungsverfahren nach § 4 a ist abzulehnen.[2] 1

2. Aufhebungsgründe

Die Aufhebung kommt bei **persönlichem Fehlverhalten des Schuldners** in Betracht, sowie dann, wenn für die Stundung aus **wirtschaftlichen Gründen keine Notwendigkeit** mehr besteht. Aus der Gesetzesformulierung („kann“) folgt, dass dem **Gericht** ein **Ermessensspielraum** zusteht. Bei der Ermessensentscheidung ist zu berücksichtigen, ob der Schuldner bislang seinen Verpflichtungen nachgekommen ist.[3] Für die Entscheidung, ob die Stundung der Kosten des Insolvenzverfahrens widerrufen werden kann, weil die persönlichen oder wirtschaftlichen Voraussetzungen nicht vorgelegen haben, ist auf den Zeitraum der letzten Tatsachenentscheidung über die Stundung abzustellen.[4] 2

a) § 4 c Nr. 1 – vorsätzlich oder grob fahrlässig unrichtige Angaben

Der erste Aufhebungsgrund ist, dass der **Schuldner vorsätzlich oder grob fahrlässig unrichtige Angaben** gemacht hat, die für die Eröffnung des Insolvenzverfahrens oder die Stundung maßgebend sind, wenn also auf Grund des richtigen Sachverhaltes ein Insolvenzverfahren nicht eröffnet worden wäre oder eine Stundung nicht oder mit höheren Raten festgesetzt worden wäre. Ein Widerruf der gewährten Kostenstundung hat dann zu erfolgen, wenn der Schuldner von der Abtretung erfasste Bezüge verheimlicht, wenn er dem Treuhänder über längere Zeit seinen aktuellen Verdienst nicht mitteilt und der Treuhänder infolgedessen die pfändbaren Beträge nicht feststellen und einziehen kann.[5] Auch ist die gewährte Kostenstundung wegen Verschweigens der Anhängigkeit eines anderen Insolvenzverfahrens aufzuheben. Gibt der Schuldner nicht zu, dass er sich in einem anderen Insolvenzverfahren in der Wohlverhaltensperiode befindet, macht er unrichtige Angaben zu Umständen, die für die 3

[1] Zur Frage der **Voranwendung der Aufhebungsregeln im Bewilligungsverfahren nach § 4 a** vgl. *Ahrens,* ZVI 2003, 268 f.; zur **Ausfüllung von Gesetzeslücken bei den Stundungsvorschriften – Widerruf wegen der Verletzung von Mitwirkungspflichten,** vgl. *Pape,* NZI 2005, 594 f.

[2] LG Koblenz ZVI 2008, 473.

[3] LG Berlin ZInsO 2007, 824.

[4] BGH ZInsO 2008, 163.

[5] LG Göttingen NZI 2008, 626 f.

Eröffnung des Insolvenzverfahrens oder die Stundung maßgeblich sind.[1] Ebenso handelt es sich um unrichtige Angaben, wenn der Schuldner auf Aufforderung des Gerichts unzutreffende Angaben zur Deliktseigenschaft der gegen ihn gerichteten Forderungen macht. Dabei handelt der Schuldner dann grob fahrlässig, wenn er trotz Aufforderung des Gerichts und strafrechtlicher Verurteilung wegen Betrugs gem. § 263 StGB Deliktsforderungen nicht als solche kennzeichnet.[2]

4 Denkbar ist dies etwa, wenn der Schuldner **unrichtige Angaben hinsichtlich seiner Zahlungsfähigkeit** macht oder durch **Behauptung eines inländischen Wohnsitzes** sich die deutsche Gerichtsbarkeit erschleicht. Für die Gewährung der Stundung ist von entscheidender Bedeutung, ob einer der in § 290 Abs. 1 Nr. 2 und 3 genannten Versagungsgründe vorliegt. Die Stundung kann auch aufgehoben werden, wenn Auskunfts- und Mitwirkungspflichten gem. § 290 Abs. 1 Nr. 5 verletzt wurden und dies nicht im Rahmen der summarischen Prüfung bei Verfahrenseröffnung erkannt werden konnte.[3] Gleichwohl sieht § 4 c davon ab, die Versagungsgründe des § 290 Abs. 1 als selbstständige Aufhebungsgründe auszugestalten. War dem Gericht eine Straftat nach § 290 Abs. 1 Nr. 1 nicht bekannt, so wird in der Regel der Aufhebungsgrund nach § 4 c Nr. 1 vorliegen. Die Versagungsgründe des § 290 Abs. 1 Nr. 2 und 4 werden ganz überwiegend von einem betroffenen Gläubiger vorgetragen, der dann auch die Versagung der Restschuldbefreiung beantragen wird. Hat der Schuldner im Rahmen eines Insolvenzverfahrens **vorsätzlich oder grob fahrlässig in den vorzulegenden Verzeichnissen unrichtige Angaben** gemacht, so wird ebenfalls häufig der Aufhebungsgrund des § 4 c Nr. 1 gegeben sein. Vergleichbares gilt für die Obliegenheiten des § 295 Abs. 1. Kommt der Schuldner zu neuem Vermögen, bspw. durch eine Erbschaft, so kann das Gericht dieser **Veränderung der wirtschaftlichen Verhältnisse** bereits nach § 4 b Abs. 2 Rechnung tragen. Bei schwerwiegenden Verstößen gegen die in § 295 Abs. 1 Nr. 3 und 4 genannten Obliegenheiten wird regelmäßig auch ein Gläubiger die Versagung der Restschuldbefreiung beantragen, weswegen eine eigenständige Aufhebungsmöglichkeit durch das Gesetz als entbehrlich angesehen worden war.

5 Der **Schuldner** ist nach § 4 b Abs. 2 verpflichtet, eine **wesentliche Änderung seiner Verhältnisse** auch ohne Aufforderung seitens des Gerichts **anzuzeigen.** Unterlässt er die Mitteilung der wesentlichen Änderung, ist für die Frage, ob dieses Unterlassen auch eine Aufhebung rechtfertigt, auf das vorangegangene Verhalten des Gerichts abzustellen. Bleibt der Schuldner untätig, ohne seitens des Gerichts auf eine möglicherweise eingetretene Veränderung hingewiesen worden zu sein, ist es nicht gerechtfertigt, die Stundung aufzuheben. Anders verhält es sich hingegen, wenn dem Gericht tatsächliche Anhaltspunkte vorliegen und es deshalb den Schuldner zu einer entsprechenden Erklärung aufgefordert hat, §§ 4 b Abs. 2 S. 3 i. V. m. 120 Abs. 4 S. 2 ZPO. Gibt der Schuldner in der Folge die Erklärung nicht ab, so muss dem Gericht die Möglichkeit eröffnet sein, die Stundung aufzuheben.[4]

---

[1] AG Göttingen ZVI 2008, 341.
[2] AG Göttingen ZInsO 2008, 1216.
[3] Vgl. BGH NZI 2005, 232 f.; BGH NZI 2005, 273 f.
[4] LG München ZVI 2006, 505 f.

b) § 4 c Nr. 2 – fehlende Stundungsvoraussetzungen

Lagen **von Anfang an die Voraussetzungen der Stundung nicht vor,** ohne dass die fehlerhafte Entscheidung vom Schuldner zu verantworten wäre oder ihm insofern allenfalls leichte Fahrlässigkeit zur Last fällt, sieht § 4 c Nr. 2 eine zeitlich limitierte Möglichkeit der Aufhebung vor. Der Zeitraum entspricht der Verjährungsregelung in § 5 GKG nF. 6

c) § 4 c Nr. 3 – Zahlungsverzug des Schuldners

Um den Schuldner zu einer pünktlichen Zahlung seiner Ratenverpflichtungen anzuhalten, sieht § 4 c Nr. 3 die Aufhebung für den Fall vor, dass der Schuldner **mit einer Zahlung länger als drei Monate schuldhaft im Rückstand** ist. Ist diese Säumnis in einer nachteiligen Veränderung der wirtschaftlichen Situation des Schuldners begründet, hat das Gericht zu prüfen, ob nicht eine Anpassung der Ratenzahlungen nach § 4 b Abs. 2 geboten erscheint. 7

d) § 4 c Nr. 4 – keine angemessene Erwerbstätigkeit

Dem Schuldner soll die Restschuldbefreiung nicht zum Nulltarif eröffnet werden, vielmehr hat er Anstrengungen zu unternehmen, um für die Verfahrenskosten aufzukommen. Des Weiteren ist das ernsthafte Bemühen des Schuldners um eine **angemessene Erwerbstätigkeit** ein **wesentliches Indiz** für seine Motivation, das mehrjährige Verfahren auch durchzustehen. Insofern stellt die **Erwerbsobliegenheit** eine gewisse Parallele zur Prüfung der Erfolgsaussicht im Rahmen der PKH dar. Um dem Gericht die Feststellung zu erleichtern, ob der Schuldner dieser Obliegenheit nachkommt, wird die in § 296 Abs. 2 S. 2 **statuierte Pflicht des Schuldners, Auskunft über die Erfüllung seiner Obliegenheit zu erteilen sowie ggf. ihre Richtigkeit an Eides statt zu versichern,** auch auf die Erwerbsobliegenheit im Rahmen der Stundung ausgedehnt. Durch die entsprechende Anwendung von § 296 Abs. 2 S. 3 wird dem Gericht die Möglichkeit eröffnet, bei unzureichender Mitwirkung des Schuldners die Stundung aufzuheben. Durch den Verweis auf § 296 Abs. 2 S. 3 statuiert § 4 c Nr. 4 einen weiteren selbstständigen Aufhebungsgrund, der unabhängig von dem Aufhebungsgrund des § 4 c Nr. 1 in der 2. Alternative besteht.[1] Damit soll jedoch **keine Pflicht des Gerichts** begründet werden, etwa die **Erwerbsobliegenheiten des Schuldners zu überwachen.** Das Gericht ist nur dann gehalten, tätig zu werden, wenn tatsächliche Anhaltspunkte, etwa Hinweise eines Gläubigers, eine Obliegenheitsverletzung seitens des Schuldners nahe liegen. Die Nichtausübung einer Erwerbstätigkeit oder das fehlende bzw. nicht nachgewiesene Bemühen um eine angemessene Beschäftigung darf nicht zu einer Versagung der noch nicht gewährten Stundung der Kosten des Restschuldbefreiungsverfahrens führen. § 4 c Nr. 4 eröffnet lediglich die Möglichkeit einer Aufhebung, nicht aber einer Versagung der Stundung, so dass die Erwerbsobliegenheit des § 4 c Nr. 4 den Schuldner frühestens ab Stundung der Kosten treffen kann. Für eine erweiternde Auslegung oder analoge Anwendung des die Aufhebung der Stundung regelnden § 4 c Nr. 4 auf die Fälle der Gewährung der Stundung, fehlen angesichts des eindeutigen Wortlauts und des Willens des Gesetzgebers sämtliche Voraussetzungen.[2] 8

[1] BGH ZVI 208, 470.
[2] Vgl. LG Berlin ZInsO 2002, 680 f.

e) § 4 c Nr. 5 – Versagung/Widerruf der Restschuldbefreiung

9 Ein Aufhebungsgrund ist weiter die **Versagung oder der Widerruf der Restschuldbefreiung,** weil in diesem Falle der Stundungszweck nicht mehr eintreten kann.[1] Eine Aufhebung der Stundung der Verfahrenskosten vor Versagung der Restschuldbefreiung ist allerdings nicht statthaft.[2] Ein Aufhebungsgrund im Sinne von § 4 c Nr. 5 liegt auch dann vor, wenn ein Versagungsgrund gemäß § 290 Abs. 1 Nr. 3 gegeben ist, wenn ein Schuldner während eines laufenden Insolvenz-/Restschuldbefreiungsverfahrens einen erneuten Insolvenzantrag stellt.[3] Auch die missbräuchliche Wahl der Steuerklasse kann einen Widerrufsgrund im Sinne von § 4 c Nr. 5 darstellen.[4]

3. Rechtsfolgen

10 Mit Aufhebung der Stundung entfallen die Wirkungen des § 4 a Abs. 3. Befindet sich das Verfahren noch im Eröffnungsstadium, so wird in der Regel **gem. § 26 das Verfahren mangels Masse nicht zu eröffnen** sein. Ist das Verfahren bereits eröffnet, so ist es **nach § 207 einzustellen.** Erfolgt die Aufhebung im Restschuldbefreiungsverfahren, so hat der Schuldner ab diesem Zeitpunkt für die Treuhänderkosten selbst aufzukommen und unterliegt der Gefahr des § 298. Im Stundungsverfahren haftet die Staatskasse subsidiär für die Vergütung des Insolvenzverwalters. Hat die Aufhebung der Verfahrenskostenstundung im eröffneten Insolvenzverfahren zur Folge, dass der Insolvenzverwalter, dessen Anspruch auf Vergütung und Auslagenersatz zuvor von der Staatskasse subsidiär abgedeckt war, einen Ausfall erleidet, weil die Masse zur Befriedigung des Anspruchs nicht ausreicht, haftet hierfür die Staatskasse. Für den Fall, dass Umstände vorliegen, unter denen die Stundung abgelehnt hätte werden können, kann auch eine bereits gewährte Stundung aufgehoben werden.[5]

4. Rechtsmittel

11 Gegen die Aufhebung der Stundung steht dem Schuldner gem. § 4 d Abs. 1 die **sofortige Beschwerde (§ 6)** zu.

§ 4 d Rechtsmittel

(1) **Gegen die Ablehnung der Stundung oder deren Aufhebung sowie gegen die Ablehnung der Beiordnung eines Rechtsanwalts steht dem Schuldner die sofortige Beschwerde zu.**

(2) **Wird die Stundung bewilligt, so steht der Staatskasse die sofortige Beschwerde zu. Diese kann nur darauf gestützt werden, dass nach den persönlichen oder wirtschaftlichen Verhältnissen des Schuldners die Stundung hätte abgelehnt werden müssen.**

---

[1] Vgl. hierzu auch AG Göttingen NZI 2003, 217 f.
[2] Vgl. LG Mönchengladbach NZI 2006, 539; aA LG Göttingen ZInsO 2005, 1340.
[3] AG Göttingen ZInsO 2008, 1216.
[4] BGH ZVI 2009, 13.
[5] BGH ZInsO 2008, 111 f.

1. Normzweck

§ 4 d regelt in Ansehung des § 6 die Beschwerdebefugnis. 1

2. Die Beschwerdebefugnis

Infolge der einschneidenden Folgen, die eine Ablehnung oder eine Aufhebung 2
der Stundung für den Schuldner hat – regelmäßig wird das Insolvenzverfahren dann mangels Masse nicht eröffnet bzw. das bereits eröffnete Verfahren eingestellt, so dass eine Restschuldbefreiung ausgeschlossen ist – wird ihm gegen diese Maßnahmen die **sofortige Beschwerde** zugebilligt. Auch die Beiordnung eines Rechtsanwaltes kann für den rechtsunkundigen Schuldner existentielle Bedeutung haben, so dass auch deren Ablehnung die sofortige Beschwerde eröffnet, mit der Folge, dass bei Vorliegen der Voraussetzungen des § 574 Abs. 2 ZPO auch die **Rechtsbeschwerde** nach § 7 eröffnet ist.

Wird die **Beschwerde verworfen oder zurückgewiesen,** fallen gem. § 3 3
Abs. 2 GKG i. V. m. Nr. 2361 KV 50,– Euro **Gebühren** an. Bei Vorliegen der persönlichen Voraussetzungen kann dem Schuldner auch für das Beschwerdeverfahren bzw. Rechtsbeschwerdeverfahren Prozesskostenhilfe nach § 114 ZPO bewilligt werden.[1]

Der **Staatskasse** wird **gegen die Bewilligung der Stundung** die **sofortige** 4
Beschwerde ermöglicht. Allerdings kann in deren Rahmen nur geltend gemacht werden, das Insolvenzgericht sei bei der Gewährung der Stundung von unzutreffenden persönlichen oder wirtschaftlichen Verhältnissen ausgegangen, § 4 d Abs. 2. Wegen der Beschwerdemöglichkeit der Staatskasse sind einige Gerichte dazu übergegangen, die **Verfahrenseröffnung erst nach Rechtskraft des Stundungsbeschlusses** zu beschließen.[2] Das Beschwerderecht der Staatskasse aus § 4 d Abs. 2 ist auf die Frage beschränkt, ob der Schuldner imstande ist, die Kosten des Verfahrens selbst aufzubringen. Die Staatskasse kann nicht geltend machen, die Kosten seien unrichtig ermittelt oder geschätzt.[3] Weiterhin hat auch der Bezirksrevisor dann kein Recht, analog § 64 Abs. 3 gegen die Festsetzung der Vergütung des Treuhänders sofortige Beschwerde einzulegen, wenn dem Schuldner die Verfahrenskosten gestundet sind. Bei Einwendungen des Bezirksrevisors gegen die Festsetzung der Treuhändervergütung entscheidet das Insolvenzgericht im Verfahren nach § 11 Abs. 2 RPflG abschließend.[4]

§ 5 Verfahrensgrundsätze

(1) **Das Insolvenzgericht hat von Amts wegen alle Umstände zu ermitteln, die für das Insolvenzverfahren von Bedeutung sind. Es kann zu diesem Zweck insbesondere Zeugen und Sachverständige vernehmen.**

(2) **Sind die Vermögensverhältnisse des Schuldners überschaubar und die Zahl der Gläubiger oder die Höhe der Verbindlichkeiten gering, kann das Insolvenzgericht anordnen, dass das Verfahren oder einzelne seiner Teile**

---

[1] FK-*Kohte,* InsO, § 4 d Rn. 30.
[2] Vgl. *Uhlenbruck/ders.,* InsO, § 4 d Rn. 3.
[3] Vgl. LG Berlin ZInsO 2003, 130.
[4] Vgl. LG Wuppertal ZVI 2002, 296.

schriftlich durchgeführt werden. Es kann diese Anordnung jederzeit aufheben oder abändern. Die Anordnung, ihre Aufhebung oder Abänderung sind öffentlich bekannt zu machen.

(3) **Die Entscheidungen des Gerichts können ohne mündliche Verhandlung ergehen. Findet eine mündliche Verhandlung statt, so ist § 227 Abs. 3 Satz 1 der Zivilprozeßordnung nicht anzuwenden.**

(4) **Tabellen und Verzeichnisse können maschinell hergestellt und bearbeitet werden. Die Landesregierungen werden ermächtigt, durch Rechtsverordnung nähere Bestimmungen über die Führung der Tabellen und Verzeichnisse, ihre elektronische Einreichung sowie die elektronische Einreichung der dazugehörigen Dokumente und deren Aufbewahrung zu treffen. Dabei können sie auch Vorgaben für die Datenformate der elektronischen Einreichung machen. Die Landesregierungen können die Ermächtigung auf die Landesjustizverwaltungen übertragen.**

Literatur: *Graeber,* Der auskunftswillige Schuldner im Eigenantragsverfahren – Überlegungen zur verfahrensmäßigen Behandlung – zugleich Anmerkungen BGH v. 12. 12. 2002 – IX ZB 426/02, ZInsO 2003, 217, ZInsO 2003, 551 ff.; *Prütting,* Allgemeine Verfahrensgrundsätze der Insolvenzordnung, Kölner Schrift, 221 ff.; *Rendels,* Probleme der Gutachtertätigkeit im Insolvenzeröffnungsverfahren, NZI 1998, 839 ff.; *Uhlenbruck,* Die Rechtsstellung des vorläufigen Insolvenzverwalters, Kölner Schrift, 325 ff.; *Wessel,* Der Sachverständige im Insolvenzeröffnungsverfahren nach § 5 InsO, DZWIR 1999, 230 ff.

Übersicht

1. Normzweck

1 Die Vorschrift regelt eine Abweichung gegenüber dem Verfahren aus der Zivilprozessordnung, deren Vorschriften im Grundsatz nach § 4 entsprechend anwendbar sind. Im Insolvenzverfahren gilt der Amtsermittlungsgrundsatz, darüber hinaus wird im Beschleunigungsinteresse vom Mündlichkeitsprinzip (§ 128 ZPO) abgewichen.

2 Die Vorschrift geht auf §§ 73 Abs. 1, 75 KO, 115 f. VglO und 2 Abs. 2 S. 2–4 GesO zurück.

3 Mit dem Gesetz zur Vereinfachung des Insolvenzverfahrens vom 9. März 2007[1] ist bei § 5 ein neuer Absatz 2 eingeführt worden, die bisherigen Absätze 2 und 3 sind zu Absätzen 3 und 4 geworden.

[1] BT-Drucks. 16/3227.

Die Änderung sieht vor, dass bei den sog. Kleinverfahren das Verfahren schriftlich durchgeführt werden kann und damit die bisher noch notwendigen Gerichtstermine entfallen können. Dies entlastet in erheblichem Umfang die Gerichte und Verwalter, da bisher auch bei den kleinsten Verfahren ohne Quote ein – i. d. R. zusammengefasster – Berichts- und Prüftermin durchgeführt werden musste. **3a**

Bisher konnte eine schriftliche Abwicklung des Verfahrens nur für das vereinfachte Insolvenzverfahren nach § 312 Abs. 2 InsO erfolgen. Der Gesetzgeber hat die dort genannte Regelung nunmehr auch für das Regelinsolvenzverfahren übernommen, da ein großer Teil der Regelinsolvenzverfahren mit Stundung der Verfahrenskosten nach § 4 a InsO von der Größenordnung her den vereinfachten Verfahren gleichzustellen ist. Die Gläubiger sind hierzu durch öffentliche Bekanntmachungen zu informieren.[1] **3b**

Zu diesen Terminen sind i. d. R. keine Gläubiger erschienen und auch die Schuldner nur sporadisch. Es ist deshalb zu begrüßen, dass es nunmehr ins Ermessen des Gerichtes gestellt wird, das Verfahren ganz oder teilweise schriftlich durchzuführen. **3c**

Darüber hinaus ist durch das eben genannte Gesetz auch der Abs. 4 neu gestaltet worden, der dem Sachverhalt Rechnung trägt, dass es in der Zwischenzeit Standard ist, dass die entsprechenden Tabellen und Verzeichnisse in elektronischer Form vorliegen. Auch dies wird zu einer Entlastung der Justiz beitragen. **3d**

Vorbild ist nun das Handelsregister (§ 8 HGB), in dem die maschinelle Herstellung und die Bearbeitung von Tabellen und Verzeichnissen bereits geregelt wurden.[2] **3e**

2. Der Amtsermittlungsgrundsatz

Das Insolvenzverfahren dient dazu, die Gläubiger eines Schuldners gemeinschaftlich zu befriedigen (§ 1 S. 1 1. Halbs.). Diesem Ziele dient eine möglichst vollständige Erfassung des gesamten Schuldnervermögens. Das Insolvenzverfahren reicht – anders als der Zivilprozess – über die streitige Auseinandersetzung zweier Parteien weit hinaus. Gleichwohl zählt das Insolvenzverfahren – vor allem das Eröffnungsverfahren – als „quasi-streitiges“ Parteiverfahren[3] zum **streitigen Zivilprozessverfahren** und nicht zur freiwilligen Gerichtsbarkeit.[4] **4**

Die Einleitung des Insolvenzverfahrens bedarf eines **Antrags** (§ 13 Abs. 1 S. 1). Insoweit herrscht die **Dispositionsmaxime,** die auch den Zivilprozess prägt.[5] Während des Eröffnungsverfahrens kann gem. § 13 Abs. 2 der Antrag jederzeit zurückgenommen werden.[6] Das Verfahren ist damit beendet. Ist das Verfahren jedoch erst einmal eröffnet, ist es der Disposition der Beteiligten entzogen. **5**

---

[1] BT Drucks. 16/3227, S. 13 B., besonderer Teil zu Art. 1 Nr. 1 a.

[2] BT-Drucks. 16/3227, S. 13 B, besonderer Teil zu Art. 1 Nr. 1 c.

[3] *Mohrbutter/Mohrbutter/Pape,* Handbuch der Insolvenzverwaltung, XVI. Rn. 49; FK-*Schmerbach,* InsO, § 5 Rn. 2.

[4] AA *Nerlich/Römermann/Becker,* InsO, § 5 Rn. 1.

[5] *Prütting,* in: Kölner Schrift, S. 221 Rn. 38 f. Schon die ggf. bestehende Pflicht zur Antragstellung weicht aber von dieser ZPO-Struktur wieder stark ab, vgl. auch *Nerlich/Römermann/Becker,* InsO, § 5 Rn. 2 f.; *Andres/Leithaus,* InsO, § 5 Rn. 3.

[6] AA AG Hamburg ZVI 2002, 413, das die Rücknahme eines Druckantrages für unzulässig, weil rechtsmissbräuchlich, hält.

Lediglich in eng umgrenzten Sonderfällen kann eine Einstellung mit Zustimmung der Gläubiger (§ 213) bzw. eine Aufhebung nach Bestätigung eines Insolvenzplans (§ 258) erfolgen.

6 Im Übrigen herrscht im Eröffnungsverfahren, ebenso wie im eröffneten Verfahren, der Amtsermittlungsgrundsatz; das Insolvenzgericht hat von Amts wegen alle Umstände zu ermitteln, die für das Insolvenzverfahren von Bedeutung sind (Abs. 1 S. 1), dabei ist es auch gehalten, den Mittelpunkt der hauptsächlichen Interessen der Schuldnerin nach Art. 3 Abs. 1 EUInsVO zu prüfen.[1] Eine unzureichende Amtsermittlung zur Frage der Zuständigkeit führt zur fehlenden Bindungswirkung des Verweisungsbeschlusses.[2] Voraussetzung ist allerdings, dass ein zulässiger Insolvenzantrag vorliegt. Als unzulässig werden auch Anträge angesehen, bei denen der Schuldner seiner Auskunftspflicht nicht nachkommt,[3] im Zulassungsverfahren besteht insoweit noch keine Amtsermittlungspflicht. Erst wenn der Schuldner einen Eröffnungsgrund in hinreichend substantiierter Form – die Finanzlage muss nachvollziehbar sein – dargestellt hat und somit die Schwelle vom Zulassungs- zum Eröffnungsverfahren überschritten hat, greift die vollumfassende Amtsermittlungspflicht des Insolvenzgerichtes ein.[4]

7 Im Eröffnungsverfahren hat das Insolvenzgericht insbesondere festzustellen, ob einer der Eröffnungsgründe (drohende Zahlungsunfähigkeit, Zahlungsunfähigkeit oder Überschuldung) vorliegt und ob eine die Kosten des Verfahrens deckende Masse vorhanden ist. Eine dazu erforderlich werdende schlichte Beweisanordnung im Sinne von § 5 kann ebenso formlos aufgehoben werden wie sie erlassen worden ist und ist unanfechtbar.[5] Die Verpflichtung des Gerichtes, die erforderlichen Ermittlungen durchzuführen und ggf. auch durchzusetzen, ist unabhängig davon, ob es sich um den Eigenantrag eines nicht antragspflichtigen Schuldners handelt oder um einen Drittantrag.[6] Die Unerreichbarkeit des Geschäftsführers enthebt das Gericht nicht von seiner Amtsermittlungspflicht und einer Entscheidung über den Insolvenzantrag – ggf. Abweisung mangels Masse – wenn der Gläubiger ausreichend Tatsachen zur Zahlungsunfähigkeit vorgetragen hat.[7] Nicht zu prüfen sind die Eröffnungsgründe bei einem Sekundärinsolvenzverfahren nach der EuInsVO (Art. 27 S. 1 EuInsVO und § 356 Abs. 3).

8 Die Umstände zur Rechts- und Parteifähigkeit eines Gläubigers im Insolvenzverfahren sind, jedenfalls wenn es um die Zulässigkeit eines Eröffnungsantrages des Gläubigers geht, nicht von Amts wegen festzustellen,[8] es ist vielmehr Sache des Gläubigers, entsprechende Zweifel auszuräumen.

9 Das Insolvenzplanverfahren, als ein in die Hand des Gläubigers, Verwalters oder ggf. qua Beschlussauftrag der Gläubigerversammlung gegebenes, alternatives Abwicklungsmodell, unterliegt gleichfalls nicht dem Untersuchungs-, sondern dem Beibringungsgrundsatz.

---

[1] BGH NZI 2008, 121 f.

[2] OLG Oldenburg ZInsO 2007, 1282; OLG Stuttgart BeckRS 2009, 04222.

[3] AG Dresden ZIP 2002, 862 f.; BGH ZInsO 2003, 217; AG Göttingen ZInsO 2002, 1152; zur Prüfung der Zuständigkeit bei einer brit. Ltd. vgl. AG Köln ZIP 2006, 628 f.

[4] BGH ZInsO 2003, 217 ff., 218; *Graeber,* ZInsO 2003, 551 ff., 553.

[5] BGH NZI 2008, 100.

[6] LG Göttingen InVo 2002, 503 f.; aA AG Göttingen NZI 2002, 219 f.; LG Potsdam ZVI 2002, 364.

[7] BGH ZIP 2006, 1056 ff., 1057 = NZI 2006, 405 f.

[8] OLG Zweibrücken NZI 2001, 32 f.

Infolge der im Schuldenbereinigungsplanverfahren herrschenden Privatautonomie besteht keine Amtsermittlungspflicht bezüglich der einer Zustimmungsersetzung nach § 309 Abs. 1 Satz 2 entgegenstehenden Gründe. Das Vorliegen solcher Gründe wird nach § 309 Abs. 2 S. 2 nur überprüft, wenn ein Gläubiger sie glaubhaft macht.[1] Im Hinblick auf die Versagensgründe für die Restschuldbefreiung setzt die Amtsermittlungspflicht des Insolvenzgerichts erst ein, wenn der Gläubiger den Versagungsgrund glaubhaft gemacht hat.[2] Nach Erledigung des Insolvenzantrages durch Rücknahme hat auch die Feststellung des Umfangs der Ist-Masse nicht mehr von Amts wegen zu erfolgen. [3] 10

Für die Amtsermittlung kann sich das Gericht aller Beweismittel bedienen, die die ZPO vorsieht. Insoweit ist Abs. 1 S. 2 lediglich beispielhaft, darüber hinaus sind jedoch alle weiteren Erkenntnisquellen zu nutzen. 11

3. Die Ermittlungsmöglichkeiten/Beweismittel im Einzelnen

a) Schuldneranhörung

Die Insolvenzordnung erwähnt das wichtigste Beweismittel, nämlich die Anhörung des Schuldners im Rahmen des § 5, nicht; seine Auskunftspflichten sind in §§ 20, 97, 98 detailliert geregelt. Sie bestehen unabhängig davon, ob es sich um einen Eigenantrag oder um einen Drittantrag handelt. 12

Auskunftspflichtig sind der Schuldner bzw. seine organschaftlichen Vertreter, einschließlich der in den letzten zwei Jahren vor Antragstellung Ausgeschiedenen (§§ 20, 97 Abs. 1, 101). Die Auskunftspflicht betrifft auch Tatsachen, die geeignet sind, eine Verfolgung wegen einer Straftat oder Ordnungswidrigkeit herbeizuführen. Solche Erkenntnisse können dann aber in einem Strafverfahren oder Ordnungswidrigkeitenverfahren nur mit Zustimmung des Schuldners verwendet werden (§ 97 Abs. 1 S. 2 und 3). Die Auskunftspflicht des Schuldners kann ggf. zwangsweise durchgesetzt werden (§ 98). Verletzt der Schuldner seine Auskunfts- und Mitwirkungspflichten, kann die Restschuldbefreiung versagt werden (§ 290 Abs. 1 Nr. 5). Das Insolvenzgericht kann bei einem Eigenantrag eines nicht antragspflichtigen Schuldners, der die vom Sachverständigen angeforderten Auskünfte nicht erteilt hat, nicht auf die Durchsetzung der Auskunftserteilung verzichten. Der Eigenantrag kann nicht wegen der fehlenden Mitwirkung des Schuldners als unbegründet abgewiesen werden.[4] 13

b) Gläubigeranhörung

Der antragstellende Gläubiger hat Anspruch auf rechtliches Gehör, bevor sein Antrag abgewiesen wird. Seine Vernehmung erfolgt als Partei, verweigert er die Aussage, gelten §§ 453 Abs. 2, 446 ZPO entsprechend. 14

c) Zeugenvernehmung

Beispielhaft in Abs. 1 S. 2 geregelt ist die Vernehmung von Zeugen, bspw. der in § 101 Abs. 2 genannten Personen. 15

---

[1] LG Berlin ZInsO 2000, 404 f.
[2] BGH ZInsO 2003, 941.
[3] BGH ZIP 2005, 1281.
[4] So jedoch AG Göttingen NZI 2002, 219 f.; aufgehoben durch LG Göttingen InVo 2002, 503 f.

16 Ein Beweisbeschluss ist nicht erforderlich, dem Zeugen sollte allerdings mit der Ladung das Beweisthema mitgeteilt werden (§ 377 Abs. 2 Nr. 2 ZPO), damit er sich vorbereiten kann. Neben einer förmlichen Ladung kommt auch eine formlose Ladung in Betracht. Für Ordnungsmittel und Zeugnisverweigerungsrechte gelten §§ 380, 383–385 ZPO entsprechend.

17 Der Insolvenzverwalter – im Eröffnungsverfahren zumindest der vorläufige starke Insolvenzverwalter – kann einen Zeugen im Sinne des § 383 Abs. 1 Nr. 6 ZPO von der Verschwiegenheitspflicht entbinden.[1]

d) Sachverständige

18 Als häufigstes Beweismittel werden im Eröffnungsverfahren Sachverständige von den Gerichten damit beauftragt, festzustellen, ob ein Eröffnungsgrund vorliegt und ggf. eine die Kosten des Verfahrens deckende Masse vorhanden ist. Bestellt das Gericht im Eröffnungsverfahren einen vorläufigen Insolvenzverwalter, so wird dieser in der Regel gem. § 22 Abs. 1 Nr. 3 auch als Sachverständiger beauftragt.

19 Für den Sachverständigenbeweis gelten die §§ 402 ff. ZPO entsprechend. Allerdings darf der Sachverständige zur Ermittlung der für seinen Auftrag nötigen Tatsachen auch solche Auskünfte einholen, die das Gericht zulässigerweise erheben könnte.[2]

20 Infolge der entsprechenden Anwendung der ZPO-Vorschriften wird zutreffend ein Recht des Sachverständigen auf Ermittlung von Tatsachen bejaht.[3] Der Gutachter hat qua Sachverständigenstellung allerdings keinerlei Auskunfts- und Eingriffsbefugnisse.[4] Das Insolvenzgericht kann ihm in dem bestellenden Beschluss Rechte auf Auskunft und Einsicht in Unterlagen einräumen, aber keine Befugnis zur Ausübung von Zwang.[5] Das Recht, Geschäftsräume zu betreten, kann dem Sachverständigen vom Insolvenzgericht nicht eingeräumt werden. Hierzu kann nur ein vorläufiger Insolvenzverwalter ermächtigt werden.[6]

21 Nach Ansicht des BGH ist es nicht möglich dem Gutachter die gleichen Befugnisse wie einem vorläufigen Insolvenzverwalter einzuräumen.[7] Das Gericht hat dann die vorläufige Insolvenzverwaltung anzuordnen.

22 Der Sachverständige kann auch Beweisaufnahmen anregen, auch wenn dies (zusätzlich) der Vorbereitung eines späteren Masseprozesses dient.[8]

23 Die Auslagen für die Ermittlungen sind Verfahrenskosten i. S. d. § 54 InsO, Gebühren fallen keine an.[9]

e) Urkundenbeweis

24 Die Geschäftsunterlagen des Schuldners sind sowohl für die Ermittlungen des Sachverständigen als auch für die eigene Ermittlungstätigkeit des Gerichts von

[1] LG Hamburg ZIP 1988, 590 ff.; BGH ZIP 1990, 48 ff.

[2] AG Köln, InVo 1999, 141 ff., 143.

[3] *Wessel,* DZWIR 1999, 230 ff., 231; aA: *Rendels,* NZG 1998, 839 ff., 841.

[4] *Wessel,* aaO, 232; aA: *Uhlenbruck,* in: Kölner Schrift, S. 325 ff., 361 Rn. 40: Pflichtenkanon des Gutachters analog § 22 Abs. 3 Satz 1, 2 InsO.

[5] HK-*Kirchhof,* InsO § 5 Rn. 13; MünchKomm-*Ganter,* InsO, § 5 Rn. 36.

[6] BGH ZIP 2004, 915 ff.; aA: *Wessel,* aaO, 232.

[7] BGH ZIP 2004, 915 ff.; so auch HambKomm-*Rüther,* InsO, § 5 Rn. 16; aA AG Duisburg NZI 2004, 388 f.; *Wessels* DZWiR 1999, 230, 232.

[8] FK-*Schmerbach,* InsO, § 5 Rn. 21.

[9] HK-*Kirchhof,* InsO, § 5 Rn. 20.

besonderer Bedeutung. Auch wenn diese Geschäftsunterlagen in der Regel unvollständig sind, lassen sich aus ihnen doch – zumindest für die wirtschaftliche Tätigkeit in der Vergangenheit – wichtige Erkenntnisse ziehen. Für die Prüfung des Vorliegens der Eröffnungsgründe ist die Auswertung der schuldnerischen Finanzbuchhaltung oft unerlässlich.

Streitig ist insoweit allerdings, ob für den vorläufigen Insolvenzverwalter und/ 25
oder für den vom Gericht beauftragten Sachverständigen ein **Einsichtsrecht in solche Unterlagen besteht, die im Rahmen eines staatsanwaltschaftlichen Ermittlungsverfahrens beschlagnahmt worden sind.** Hat die ältere Rechtsprechung einen derartigen Einsichtsanspruch überwiegend bejaht,[1] lehnten jüngere Entscheidungen im Hinblick auf das Volkszählungsurteil des Bundesverfassungsgerichts[2] und das darin festgestellte Recht auf informationelle Selbstbestimmung ein Akteneinsichtsrecht ab.[3] Berücksichtigt man allerdings die in §§ 20, 22 Abs. 3, 97 Abs. 1 normierten Auskunfts- und Mitwirkungspflichten des Schuldners und insbesondere die Tatsache, dass diese Pflichten auch zwangsweise durchgesetzt werden können (§ 98), so kann die Verweigerung der Einsichtnahme in beschlagnahmte Geschäftsunterlagen nicht zugunsten des Schuldners erfolgen. Eine Einsichtnahme durch den vom Gericht beauftragten Sachverständigen oder den vorläufigen Insolvenzverwalter muss daher möglich sein.[4]

Verfolgt der vorläufige Insolvenzverwalter Hinweise auf etwaige Ansprüche 26
der Masse gegen Dritte, so kann er beim Insolvenzgericht einen förmlichen Antrag stellen, dem Dritten aufzugeben, die Urkunden vorzulegen. Die Vorschriften der §§ 421, 422, 424 ZPO sind entsprechend anwendbar.[5]

4. Verzicht auf mündliche Verhandlung

Nach Abs. 3 S. 1 ist eine mündliche Verhandlung im gesamten Insolvenz- 27
verfahren entbehrlich. Die in der Insolvenzordnung vorgeschriebenen Termine – z. B. nach §§ 29, 75, 160 Abs. 1 S. 2, 176, 197, 235 – sind keine gerichtlichen Verhandlungen sondern dienen der Gläubigerselbstverwaltung.[6] Nach dem mit Gesetz vom 9. März 2007 neu eingefügten § 5 Abs. 2 kann bei sog. Kleinverfahren auch das ganze Verfahren schriftlich durchgeführt werden.[7] Gebietet die Insolvenzordnung die Anhörung von Beteiligten (z. B. §§ 15 Abs. 2 S. 2, 99 Abs. 3 S. 2, 207 Abs. 2), so kann dies auch im schriftlichen Verfahren erfolgen.

Die Anordnung einer mündlichen Verhandlung steht im Ermessen des Insol- 28
venzgerichts und ist insoweit von Anträgen der Beteiligten unabhängig. Für die mündliche Verhandlung gelten, sofern nichts anderes geregelt ist, die §§ 79 f., 136, 157, 159 ff. ZPO über § 4 entsprechend.[8]

---

[1] Vgl. OLG Koblenz NJW 1985, 2038 ff.
[2] BVerfGE 65, 1 ff.
[3] OLG Koblenz NJW 86, 3093 ff.; OLG Frankfurt NJW 96, 1484 f.
[4] Ebenso OLG Koblenz NJW 85, 2038 ff.; HambKomm-*Rüther,* InsO, § 5 Rn. 22 f.
[5] AG Mönchengladbach NZI 2003, 103.
[6] *Uhlenbruck/ders.,* InsO, § 5, Rn. 28.
[7] HambKomm-*Rüther,* InsO, § 5 Rn. 33.
[8] HK-*Kirchhof,* InsO, § 5 Rn. 24.

29 Aufgrund der Eilbedürftigkeit findet nach § 5 Abs. 2 S. 2 die Vorschrift des § 227 Abs. 3 Satz 1 ZPO keine Anwendung, so dass die Verhandlungen auch zwischen dem 1. Juli und dem 31. August stattfinden können.

30 Gelegentlich kann es der **Verfahrensbeschleunigung** jedoch gerade dienen, eine mündliche Verhandlung durchzuführen, was insbesondere im Insolvenzplanverfahren denkbar ist.[1]

31 Die Entscheidungen erfolgen unabhängig davon, ob sie auf schriftlichem Wege oder infolge mündlicher Verhandlung ergangen sind, in Form eines Beschlusses; vorbereitende Maßnahmen (z. B. die Anordnung der Durchführung von Ermittlungen) werden im Rahmen von Verfügungen angeordnet.[2] Der Beschluss ist bei Zulässigkeit von Rechtsmitteln oder wenn ein gesetzlich möglicher Antrag abgelehnt wird, zu begründen.[3]

32 Die Beschlüsse, die nach mündlicher Verhandlung ergangen sind, sind über §§ 4, 329 ZPO zu verkünden. Entscheidungen, die nicht zu verkünden sind, werden mit der Entäußerung durch das Gericht existent und damit wirksam.[4]

5. Einsatz moderner Bürotechnik

33 Die Vorschrift regelt in Abs. 4 die Selbstverständlichkeit, dass die moderne Technik bei Herstellung und Bearbeitung von Tabellen und Verzeichnissen genutzt werden kann. Es versteht sich von selbst, dass die Insolvenzgerichte auch ansonsten den Fortschritt nicht an sich vorüberziehen lassen müssen und sich auch in anderen Bereichen moderner Bürotechnik bedienen dürfen.[5] Dies steht auch dem Insolvenzverwalter und – bei der Eigenverwaltung – dem Schuldner frei.[6] Der mit dem Gesetz zur Vereinfachung des Insolvenzverfahrens vom 9. März 2007 ergänzte Abs. 4 hat die Möglichkeiten der elektronischen Bearbeitung erweitert. Vorbild war hier das Handelsregister.[7]

34 Zu beachten ist – insbesondere bei der Datenübermittlung auf elektronischer Basis – die Anwendbarkeit des BDSG, gem. § 1 Abs. 2 Nr. 2 BDSG.[8]

6. Praxishinweise

35 Vor allem in den in jüngerer Zeit sprunghaft angestiegenen Eröffnungsverfahren über das Vermögen natürlicher Personen gestalten sich die Ermittlungen zur Vermögenslage des Schuldners ebenso wie zu seinen Verbindlichkeiten oft aufwändig, da in der Regel keine geordneten Unterlagen vom Schuldner vorgelegt werden können. Häufig werden solche Insolvenzverfahren von den Insolvenzgerichten ohne weitere Ermittlungen und ohne Beauftragung eines Sachverständi-

---

[1] Vgl. AG Mühldorf (Inn) NZI 1999, 422 und 2. Instanz LG Traunstein NZI 1999, 461 f., 464; in diesem Verfahren mit einer Vielzahl von Beteiligten hat das Gericht eine umfangreiche mündliche Verhandlung durchgeführt, die Beteiligten umfassend angehört und dann im Termin eine Entscheidung verkündet.

[2] *Nerlich/Römermann/Becker,* InsO, § 5 Rn. 51.

[3] *Hess,* InsO, § 5 Rn. 35; *Uhlenbruck/ders.,* InsO, § 5 Rn. 28.

[4] BGHZ 25, 63 ff.; *Zöller,* § 329 Rn. 8.

[5] Bsp. bei der Übermittlung der Tabelle und anderen Verzeichnissen (§ 188) und Übersichten (§§ 151–153).

[6] HK-*Kirchhof,* InsO, § 5 Rn. 33 f.; MünchKomm-*Ganter,* InsO, § 5 Rn. 91.

[7] Siehe Rn. 3.

[8] *Nerlich/Römermann/Becker,* InsO, § 5 Rn. 58.

gen eröffnet, da das Gericht die Verfahrenskosten stundet und vom Vorliegen des Insolvenzgrundes beim Eigenantrag ausgehen kann.

Diese Handhabung verstößt allerdings gegen den Amtsermittlungsgrundsatz, da dieser sich auch auf die Voraussetzungen der Verfahrenskostenstundung erstreckt. Ohne ausreichende Ermittlungen hierzu kann das Gericht jedoch einen inhaltlich begründeten Beschluss nicht fassen. Der Gesetzgeber ist bei Einführung der Stundungsregelung davon ausgegangen, dass diese nur zu begehren ist, wenn die Verfahrenskosten vom Schuldner nicht erbracht werden können. Wenn das Gericht auf Grund der vom Schuldner eingereichten Unterlagen keine ausreichende Entscheidungsgrundlage hat, sollte in diesen Fällen ein Sachverständiger ebenfalls mit der Ermittlung der notwendigen Entscheidungsgrundlage beauftragt werden. 36

Probleme bereiten in der Praxis häufig auch unkooperative Kreditinstitute, die dem Sachverständigen keine Auskünfte zu dem Konto des Schuldners erteilen und sich dabei auf das Bankgeheimnis berufen. Da die vom Schuldner zu erlangenden Auskünfte in der Regel unvollständig, in Einzelfällen sicherlich auch bewusst falsch sind, ist der Sachverständige jedoch zur ordnungsgemäßen Erfüllung seines Gutachtensauftrages in der Regel darauf angewiesen, die Angaben des Schuldners überprüfen zu können. Weigert sich die Hausbank entsprechende Auskünfte zu erteilen, kann die Anhörung des zuständigen Bankmitarbeiters durch das Insolvenzgericht angeregt werden. Zuvor ist jedoch darauf zu achten, dass der Schuldner das Kreditinstitut zu Auskünften an den Gutachter ermächtigt. Soweit er hierzu freiwillig nicht willens ist, kann er vom Insolvenzgericht mit Zwangsmitteln zur Abgabe der Ermächtigung angehalten werden.[1] 37

Bestellt das Gericht einen vorläufigen Insolvenzverwalter und erlässt ein allgemeines Verfügungsverbot, so ist die Mitwirkung des Schuldners nicht mehr erforderlich. Die Rechtsmacht des vorläufigen Insolvenzverwalters reicht dann aus, die Bank von ihrer Verschwiegenheitspflicht zu entbinden. 38

Bei Bestellung eines vorläufigen Insolvenzverwalters und Anordnung eines Zustimmungsvorbehalts bedarf es indes einer besonderen, konkreten Ermächtigung des Insolvenzgerichts.[2] 39

Die Bereitschaft von Schuldnern zur Mitarbeit und umfassenden Auskunftserteilung kann im Laufe der Abwicklung eines Insolvenzverfahrens schwinden. Es hat sich daher in der Praxis als hilfreich erwiesen, entsprechende Ermächtigungserklärungen vom Schuldner frühzeitig einzuholen, um auch in späteren Verfahrensstadien ggf. Auskünfte erlangen zu können. 40

§ 6 Sofortige Beschwerde

(1) **Die Entscheidungen des Insolvenzgerichts unterliegen nur in den Fällen einem Rechtsmittel, in denen dieses Gesetz die sofortige Beschwerde vorsieht.**

(2) **Die Beschwerdefrist beginnt mit der Verkündung der Entscheidung oder, wenn diese nicht verkündet wird, mit deren Zustellung.**

---

[1] Die Auffassung des AG Göttingen (NZI 2002, 615), dass den Bankmitarbeitern ein Zeugnisverweigerungsrecht nicht zusteht, auch wenn eine Entbindungserklärung durch den Schuldner nicht vorliegt, erscheint zu weitgehend; vgl. auch LG Göttingen NZI 2003, 38 f. m. zust. Anm. von *Vallender.*

[2] Vgl. BGH NZI 2002, 543 ff.

(3) **Die Entscheidung über die Beschwerde wird erst mit der Rechtskraft wirksam. Das Beschwerdegericht kann jedoch die sofortige Wirksamkeit der Entscheidung anordnen.**

Literatur: *Gerhardt,* Die Beschwerde im Insolvenzverfahren, Festschrift für Wilhelm Uhlenbruck zum 70. Geburtstag, 75 ff.; *Scheuch/Lindner,* Rechtsbehelfe bei der Verletzung von Verfahrensgrundrechten, ZIP 2004, 973 ff.

Übersicht

1. Normzweck

1 Der Gesetzgeber hat in den §§ 6 und 7 das System des Schutzes gegen insolvenzgerichtliche Entscheidungen im Vergleich zum früheren Konkurs- und Gesamtvollstreckungsrecht erheblich verändert. § 20 GesO sah ein uneingeschränktes Beschwerderecht vor. Nach § 73 Abs. 3 KO war die Beschwerde gegen alle Entscheidungen des Konkursgerichts gegeben, soweit sie nicht ausdrücklich ausgeschlossen war. Dagegen entspricht die Regelung in der Insolvenzordnung dem § 121 Abs. 1 und 2 VglO: Die Beschwerde ist nur in den im

Gesetz genannten Fällen statthaft. Auch der Beginn der Beschwerdefrist ist der Vergleichsordnung entnommen (§ 121 Abs. 2 S. 3 VglO). Abweichend von der Vergleichsordnung ist für die Beschwerdefrist allerdings in Übereinstimmung mit der alten konkursrechtlichen Regelung die Notfrist von zwei Wochen des § 569 Abs. 1 S. 1 ZPO maßgeblich.[1]

Die in Abs. 3 getroffene gesetzliche Anordnung, nach der die Entscheidung des Beschwerdegerichts grundsätzlich mit Rechtskraft wirksam wird, beruht auf der Vorschrift des § 74 KO, wonach ebenfalls bereits die sofortige Wirksamkeit der Entscheidung angeordnet werden konnte. 2

Die nur in enumerativ aufgezählten Fällen zulässige Beschwerdemöglichkeit soll die Abwicklung der Insolvenzverfahren nach der Insolvenzordnung beschleunigen. Die Vorschrift beruht auf § 6 RegE.[2] Im Gesetzgebungsverfahren wurde lediglich Abs. 3 redaktionell gestrafft. Durch das ZPO-RG[3] wurde im reformierten Beschwerdeverfahren die generelle Abhilfemöglichkeit eingeführt (§ 572 Abs. 1, S. 1 ZPO). 3

2. Zulässigkeitsvoraussetzungen

Abs. 1 nennt zwei Voraussetzungen, unter denen eine Beschwerde statthaft ist. Zum einen muss eine „Entscheidung des Insolvenzgerichts" vorliegen und zum anderen muss diese Entscheidung nach dem ausdrücklich in der Insolvenzordnung erklärten Willen anfechtbar sein. 4

a) Entscheidung des Insolvenzgerichts

Angefochten werden kann nur eine **Entscheidung** des Insolvenzgerichts. Daran fehlt es bei bloß vorbereitender richterlicher Tätigkeit.[4] Keine Entscheidungen sind unter anderem die Vernehmung von Zeugen, Einholung von Auskünften und Gutachten[5] sowie verfahrensleitende Maßnahmen, wie bspw. die Vertagung des Berichtstermins.[6] Unerheblich ist, ob die Entscheidung in Beschlussform oder in Form einer Verfügung ergeht, ebenso, ob der Richter oder der Rechtspfleger entscheidet (§ 11 Abs. 1 RpflG).[7] Unanfechtbar nach § 6 Abs. 1 ist auch das Untätigbleiben des Insolvenzgerichts. Dieses ist nur im Wege der Dienstaufsicht (§ 26 DRiG) angreifbar.[8] 5

b) Gesetzlich zugelassene Beschwerdemöglichkeiten

Die Vorschrift beschränkt in Abs. 1 die Statthaftigkeit der Beschwerde auf die im Gesetz vorgesehenen, nachfolgend aufgelisteten Fälle: 6

---

[1] Begründung zu § 6 RegE, *Balz/Landfermann,* S. 208. Das ZPO-RG hat die Zweiwochenfrist beibehalten; Hdb. des Fachanwalts Insolvenzrecht, *Maier,* 3. Kap. Rn. 93, S. 411.

[2] *Balz/Landfermann,* S. 207; *Andres/Leithaus,* InsO, § 6 Rn. 1.

[3] BGBl. I 2001, S. 1887 ff., S. 1903.

[4] *Kübler/Prütting/Bork/Prütting,* § 6 Rn. 8; OLG Köln NZI 2000, 173 f.; *Andres/Leithaus,* InsO, § 6 Rn. 4.

[5] OLG Brandenburg DZWIR 2000, 301; NZI 2001, 42, 43.

[6] LG Göttingen ZIP 2000, 1945 f., 1946; HambKomm-*Rüther,* InsO, § 6 Rn. 5 f. m. w. Bsp.

[7] *Haarmeyer/Wutzke/Förster,* Hdb, Kap. 2 Rn. 69 f. m. w. Bsp.

[8] FK-*Schmerbach,* InsO, § 6 Rn. 8.

- § 4 d: bei Entscheidungen des Gerichts über die Verfahrenskostenstundung
- § 21 Abs. 1 S. 2: bei Anordnung von Sicherungsmaßnahmen im Eröffnungsverfahren[1]
- § 34 Abs. 1: bei Ablehnung der Verfahrenseröffnung
- § 34 Abs. 2: gegen die Feststellung der Erledigung des Antrags und der Auferlegung der Kosten[2]
- § 34 Abs. 2: gegen die Eröffnung des Insolvenzverfahrens auch hinsichtlich der Verfahrensart[3]
- § 57 S. 4: gegen die Versagung der Bestellung eines durch die Gläubigerversammlung gewählten anderen Insolvenzverwalters
- § 58 Abs. 2 S. 3 und Abs. 3 (auch i. V. m. § 21 Abs. 2 Nr. 1): gegen die Festsetzung von Zwangsgeld gegen den Insolvenzverwalter
- § 59 Abs. 2 S. 1 und 2 (auch i. V. m. § 21 Abs. 2 Nr. 1): gegen die Entlassung oder die Ablehnung der Entlassung des Insolvenzverwalters[4]
- § 64 Abs. 3 (auch i. V. m. § 21 Abs. 2 Nr. 1 und § 73 Abs. 2 und § 274 Abs. 1): gegen die Festsetzung der Vergütung des Insolvenzverwalters
- § 70 S. 3 2. Halbs.: gegen die Entlassung eines Mitglieds des Gläubigerausschusses
- § 75 Abs. 3: gegen die Ablehnung der Einberufung der Gläubigerversammlung[5]
- § 78 Abs. 2 S. 2 und 3: gegen die Aufhebung eines Beschlusses der Gläubigerversammlung und bei Nichtaufhebung eines solchen Beschlusses
- § 98 Abs. 3 S. 3 (auch i. V. m. §§ 20 Abs. 1 S. 2, 21 Abs. 3 S. 3, 22 Abs. 3 S. 3 Halbs. 2, 153 Abs. 2 S. 2, 261 Abs. 1 S. 3, 274 Abs. 2 S. 2): gegen die Anordnung der Haft oder gegen die Abweisung eines Antrags auf Aufhebung des Haftbefehls
- § 99 Abs. 3 (auch i. V. m. §§ 21 Abs. 2 Nr. 4 und 101 Abs. 1 S. 1): gegen die Anordnung der Postsperre
- § 153 Abs. 2 S. 2: wegen eidesstattlicher Versicherung der Vollständigkeit der Vermögensübersicht
- § 194 Abs. 2 S. 2: gegen die Zurückweisung von Einwendungen gegen das Verteilungsverzeichnis
- § 194 Abs. 3 S. 2: gegen den Beschluss zur Berichtigung des Verteilungsverzeichnisses
- §§ 197 Abs. 3, 194 Abs. 2 und 3: gegen die Entscheidung des Gerichts über Einwendungen eines Gläubigers im Schlusstermin
- §§ 204 Abs. 2 S. 2, 203 Abs. 3 S. 1: gegen die Ablehnung der Nachtragsverteilung
- §§ 204 Abs. 1 S. 2, 203 Abs. 1: gegen die Anordnung der Nachtragsverteilung
- §§ 211 Abs. 3 S. 2, 204: bei Nachtragsverteilung nach Einstellung des Verfahrens wegen Masseunzulänglichkeit
- §§ 216 Abs. 1 und 2, 207, 212, 213: bei Einstellung des Insolvenzverfahrens oder Ablehnung der Einstellung
- § 231 Abs. 3: gegen die Zurückweisung des Insolvenzplans

[1] BGH, (9. 12. 2008, IX ZB 224/07), BeckRS 2008, 22671; BGH NZI 2007, 344 ff.
[2] BGH ZInsO 2008, 1206.
[3] BGH ZInsO 2007, 663; BGH NZI 2008, 121.
[4] BGH, Beschluss vom 19. 3. 2009 – IX ZB 58/09, BeckRS 2009, 10201.
[5] BGH ZIP 2007, 551 f.

- § 253: gegen die Bestätigung oder Versagung der Bestätigung des Insolvenzplans
- § 272 Abs. 2 S. 3: gegen die Aufhebung der Eigenverwaltung oder die Ablehnung des Antrags auf Aufhebung
- §§ 274 Abs. 1, 57 S. 4, 58 Abs. 2 S. 3 und Abs. 3, 59 Abs. 2, 64 Abs. 3: gegen die Versagung der Bestellung eines durch die Gläubigerversammlung gewählten anderen Sachwalters oder gegen einen dem Sachwalter gegenüber ausgesprochenen Zwangsgeldfestsetzungsbeschluss, gegen die Entlassung oder Ablehnung der Entlassung des Sachwalters sowie die Vergütungsfestsetzung
- § 289 Abs. 2 S. 1: gegen den die Restschuldbefreiung aussprechenden oder versagenden Beschluss
- § 292 Abs. 3 S. 2: gegen die Entlassung oder Ablehnung der Entlassung des Treuhänders
- § 293 Abs. 2, § 64 Abs. 3: gegen die Festsetzung der Vergütung des Treuhänders
- § 296 Abs. 3 S. 1, § 297 Abs. 2, § 298 Abs. 3: gegen die Versagung der Restschuldbefreiung
- § 300 Abs. 3 S. 2: gegen die Erteilung der Restschuldbefreiung
- § 303 Abs. 3 S. 2: gegen den Widerruf der Restschuldbefreiung
- § 309 Abs. 2 S. 3: gegen die Ersetzung der Zustimmung zum Schuldenbereinigungsplan
- § 313 Abs. 1 S. 3, § 57 S. 4, § 58 Abs. 2 S. 3 und Abs. 4, § 59 Abs. 2 und § 64 Abs. 3: gegen die Versagung der Bestellung eines durch die Gläubigerversammlung gewählten anderen Treuhänders oder gegen einen dem Treuhänder gegenüber ausgesprochenen Zwangsgeldfestsetzungsbeschluss, gegen dessen Entlassung oder Ablehnung der Entlassung sowie gegen die Festsetzung seiner Vergütung
- §§ 7 Abs. 1 S. 4 Nr. 1, 9 Abs. 5 BetrAVG i. V. m. § 34 Abs. 1: Beschwerderecht des Pensionssicherungsvereins bei Abweisung mangels Masse und bei Insolvenzeröffnung.[1]

Soweit die sofortige Beschwerde demnach statthaft ist, gilt dies grundsätzlich 7
auch nach Erledigung der Hauptsache (§ 91 a ZPO), da die Kostenentscheidung nicht selbstständig angefochten werden kann (§ 99 Abs. 1 ZPO).[2]

c) Fehlende Beschwerdemöglichkeit

Unter Geltung der Gesamtvollstreckungsordnung war jede Entscheidung des 8
Gesamtvollstreckungsgerichts beschwerdefähig, unter Geltung der Konkursordnung waren Entscheidungen der Konkursgerichte beschwerdefähig, soweit die Konkursordnung dies nicht ausdrücklich ausschloss. Entscheidungen des Insolvenzgerichts sind nur dann beschwerdefähig, wenn die Beschwerde **ausdrücklich zugelassen** ist. Keine Beschwerdemöglichkeit besteht daher u. a. für die nachfolgenden Entscheidungen und Maßnahmen:

- die Zulassung des Insolvenzantrages[3]
- die Annahme der örtlichen Zuständigkeit[4]
- Beweisanordnungen im Eröffnungsverfahren[5]

---

[1] LG Duisburg NZI 2006, 535 f.
[2] OLG Köln ZIP 2000, 1168 ff., 1169; HK-*Kirchhof,* InsO, § 6 Rn. 4.
[3] OLG Köln ZIP 2000, 462.
[4] OLG Celle ZInsO 2001, 128 ff.
[5] BGH NZI 2008, 100; OLG Köln NZI 2000, 173 f.; OLG Brandenburg NZI 2001, 42.

- weiterer Beteiligter gegen eine richterliche Durchsuchungsanordnung[1]
- die Bestellung eines Gutachters im Eröffnungsverfahren[2]
- die Ablehnung von Sicherungsmaßnahmen sowie gegen die bloße Androhung einer Verhaftung[3]
- die Anordnung einer vorläufigen Postsperre nach deren Aufhebung[4]
- die Anordnung eines Verfahrenskostenvorschusses gem. § 26 Abs. 1 S. 2[5]
- für den Verwalter gegen die Aufhebung des Eröffnungsbeschlusses[6]
- für den Schuldner gegen die Aufhebung des Eröffnungsbeschlusses zusammen mit der Feststellung der Erledigung des Eröffnungsantrages[7]
- die Ablehnung des Antrages auf Eigenverwaltung. Wird auf Antrag des Schuldners das Insolvenzverfahren eröffnet, lehnt das Amtsgericht jedoch den Antrag auf Eigenverwaltung ab, so ist diese Entscheidung für den Schuldner nicht anfechtbar. Eine Anfechtung des Eröffnungsbeschlusses als Ganzes scheitert an der fehlenden Beschwer des Schuldners, weil dem Antrag auf Eröffnung stattgegeben worden ist. Für eine isolierte Anfechtung der Ablehnung des Antrags auf Eigenverwaltung fehlt es an einer gesetzlichen Grundlage.[8]
- die Auswahl des Verwalters nach § 56 – auch bei Anfechtung durch Mitbewerber –[9] und die Ablehnung seiner Entlassung[10] sowie gegen die Bestellung des von den Gläubigern gewählten Verwalters[11]
- die Einsetzung eines Sonderverwalters oder dessen Entlassungsablehnung[12]
- die Anordnung des Insolvenzgerichtes gegenüber dem Insolvenzverwalter, die im Anhörungstermin (auf Betreiben des Sonderverwalters) gemachten Angaben an Eides statt zu versichern[13]
- die Ablehnung von Aufsichtsmaßnahmen gegen den Insolvenzverwalter gem. § 58[14]
- die Einberufung oder Vertagung der Gläubigerversammlung[15]
- die Festsetzung des Stimmrechts gem. § 77 Abs. 2 S. 2,[16] wenn im Termin der Rechtspfleger entschieden hat und keine richterliche Entscheidung gem. § 18 Abs. 3 S. 2 RPflG beantragt worden ist[17]

---

[1] BGH ZIP 2008, 476 ff., 477.

[2] BGH, Beschluss vom 4. 12. 2008 – IX ZB 166/08, BeckRS 2009, 02608; OLG Celle NZI 2001, 153; OLG Köln NZI 2001, 598.

[3] LG Hamburg NZI 2000, 236; HK-*Kirchhof,* InsO, § 6 Rn. 6; aA *Smid/Smid,* InsO, § 6 Rn. 21.

[4] BGH NZI 2007, 34 ff. m. Anm. *Zipperer.*

[5] LG Göttingen NZI 2000, 438; *Kübler/Prütting/Bork/Prütting,* InsO, § 6 Rn. 15.

[6] BGH NZI 2007, 349 m. Anm. *Hofmann/Würdinger,* EWiR 2007, 565 f.

[7] BGH BeckRS 2008, 14108.

[8] AG Mönchengl. ZInsO 2003, 95 f.; BGH ZIP 2007, 448 ff.

[9] LG Münster NZI 2002, 445, zur Anf. d. Best. d. Mitbew. BVerfG ZInsO 2006, 765.

[10] BGH, Beschluss vom 2. 1. 2009 – IX ZB 269/08, BeckRS 2009, 04303; BGH, Beschluss vom 3. 2. 2009 – IX ZB 5/09, BeckRS 2009, 05597.

[11] BGH NZI 2009, 246.

[12] BGH NZI 2007, 237 f. (Einsetzung) m. Anm. *Hess,* EWiR 2007, 373; BGH NZI 2009, 238 f.; BGH NZI 2009, 517 (Nichteinsetzung); BGH NZI 2007, 248 f. (Abl. Entlassung).

[13] LG Göttingen ZInsO 2008, 1144.

[14] LG Gött. NZI 2000, 491; *Uhlenbruck/ders.,* InsO, § 6 Rn. 6; BGH NZI 2006, 593.

[15] LG Gött. ZIP 2000, 1945 f.; OLG Köln ZInsO 2001, 1112; BGH ZInsO 2006, 547.

[16] HK-*Kirchhof,* InsO, § 6 Rn. 7; FK-*Kind,* InsO, § 77 Rn. 22.

[17] OLG Celle ZIP 2001, 658 f.

- Entscheidungen der Gläubigerversammlung,[1] wie z. B. die Wahl eines Gläubigerausschusses[2] oder des Insolvenzverwalters
- die Einstellung des Insolvenzverfahrens nach Anzeige der Masseunzulänglichkeit gem. § 211 oder für den Verwalter gegen die Ablehnung der Einstellung[3]
- die Nichtzulassung eines Antrags zur Abstimmung in der Gläubigerversammlung (im entschiedenen Falle gem. § 271 S. 1) durch den Rechtspfleger. Möglich ist nicht die Beschwerde, sondern allenfalls die Erinnerung, die in analoger Anwendung von § 18 Abs. 3 S. 2 RPflG allerdings bis zur Beendigung des Berichtstermines erhoben werden muss.[4]
- die Mitteilung des Insolvenzgerichts in einem Verbraucherinsolvenzverfahren, dass der Eröffnungsantrag gem. § 305 Abs. 3 S. 2 als zurückgenommen gilt.[5] Die Aufforderung des Insolvenzgerichtes an den Schuldner gem. § 305 Abs. 3 S. 1, die eingereichten Unterlagen zu ergänzen, eröffnet dahingegen die Beschwerde, wenn absehbar ist, dass eine endgültige Zurückweisung erfolgen wird.[6] Die Beschwerde ist auch eröffnet, wenn der Schuldner einen Eröffnungsantrag im Regelinsolvenzverfahren gestellt hat und das Gericht zu Unrecht von der Anwendbarkeit des § 305 ausgegangen ist.[7] Beantragt der Schuldner ausschließlich die Eröffnung im Verbraucherinsolvenzverfahren zwecks Fortführung des Schuldenbereinigungsverfahrens, ist er durch ein Absehen des Gerichts von der Eröffnung eines Regelinsolvenzverfahrens nicht beschwert.[8] Die Beschwerde gegen den Eröffnungsbeschluss ist dem Schuldner eröffnet, wenn das Gericht ein Verbraucherinsolvenzverfahren auf Drittantrag eröffnet hat, der Schuldner jedoch geltend macht, es sei ein Regelinsolvenzverfahren zu eröffnen.[9]
- Die Berechnung des pfändungsfreien Einkommens des Schuldners im Verbraucherinsolvenzverfahren ist nicht mit der Beschwerde, sondern allenfalls mit der Rechtspflegererinnerung anfechtbar.[10]
- Versagt der Rechtspfleger dem Insolvenzverwalter die beantragte Genehmigung zur Entnahme eines Gebührenvorschusses aus der Insolvenzmasse, so findet dagegen nicht die sofortige Beschwerde sondern die befristete Erinnerung nach § 11 Abs. 2 RPflG statt.[11]
- Gegen die Versagung der Bestätigung des Insolvenzplans[12]

---

[1] OLG Saarbrücken NZI 2000, 179; OLG Zweibrücken NZI 2001, 35.

[2] LG Düsseldorf KTS 1970, 56 f.

[3] BGH ZInsO 2007, 541, ZIP 2007, 603; BGH NZI 2007, 243 f.; BGH NZI 2007, 406 f.

[4] AG Dresden ZInsO 2000, 48.

[5] BGH ZInsO 2003, 1040 f., 2005, 484; OLG Köln NZI 2000, 317; NZI 2000, 434; NZI 2000, 538; LG Berlin NZI 2000, 546; LG Göttingen NZI 2000, 280 (außerord. Beschwer).

[6] Vgl. BayObLG NZI 2000, 129 f.; LG Berlin ZInsO 2008, 387.

[7] OLG Köln ZIP 2000, 2031 ff.; OLG Schleswig NZI 2000, 164 f.

[8] BGH ZInsO 2008, 1324 f., der die Frage, ob das Gericht an die gewählte Verfahrensart gebunden sei, offengelassen hat.

[9] OLG Köln NZI 2001, 216; aA LG Göttingen NZI 2002, 322 f.

[10] OLG Köln ZInsO 2000, 499 ff., 501; OLG Frankfurt NZI 2000, 531 ff., 533.

[11] BGH NZI 2003, 31 ff.

[12] BGH ZIP 2009, 480 ff.

9 Der Rechtsmittelausschluss für die nicht im Gesetz vorgesehenen Fälle greift nur, soweit es sich um insolvenzspezifische Entscheidungen handelt. Entscheidungen, deren Rechtsgrundlage außerhalb der InsO liegen, werden von § 6 Abs. 1 nicht erfasst.[1] Solche Entscheidungen ergehen nicht „im Insolvenzverfahren" sondern nur aus Anlass desselben.[2]

10 Entscheidungen, die außerhalb des eigentlichen Insolvenzverfahrens und daher lediglich aus Anlass der Insolvenz ergehen – wie bspw. sitzungspolizeiliche Maßnahmen – sind nach den allgemeinen Vorschriften anfechtbar. Wird z. B. vom Insolvenzrichter entsprechend §§ 178, 180 GVG ein Ordnungsmittel festgesetzt, so kann der Betroffene gegen die Entscheidung binnen einer Frist von einer Woche Beschwerde zum OLG einlegen (§ 181 GVG).[3]

11 Entscheidungen des Rechtspflegers sind immer anfechtbar. In den Fällen, in denen das Gesetz die sofortige Beschwerde nicht vorsieht, findet gem. § 11 Abs. 2 Satz 1 RPflG binnen der für die sofortige Beschwerde geltenden Frist die Erinnerung statt.[4] Der Rechtspfleger kann der Erinnerung abhelfen (§ 11 Abs. 2 Satz 2 RPflG), hilft er nicht ab, legt er die Sache dem Richter zur Entscheidung vor (§ 11 Abs. 2 Satz 3 RPflG). Der Richter entscheidet dann über die Erinnerung abschließend.

d) Beschwerdeberechtigung

12 Wer beschwerdeberechtigt ist, ist grundsätzlich in den Vorschriften bestimmt, die die Beschwerde für statthaft erklären. Der **Insolvenzverwalter** kann sowohl für seine Person (z. B. bei der Vergütungsfestsetzung) als auch für die Insolvenzmasse (z. B. bei Einwendungen gegen das Verteilungsverzeichnis) beschwerdeberechtigt sein. Ist der **Schuldner** eine juristische Person, übt er sein Beschwerderecht durch seine Vertretungsorgane aus. Ist der Schuldner eine Kommanditgesellschaft, steht die Beschwerdeberechtigung nur dem persönlich haftenden Gesellschafter und nicht den Kommanditisten zu.[5] Jeder Gesellschafter einer GbR kann analog § 15 Abs. 1 Rechtsmittel gegen die Eröffnung des Insolvenzverfahrens einlegen. Das Rechtsmittel kann aber nicht im eigenen Namen, sondern nur im Namen der Gesellschaft eingelegt werden.[6] Beschwerdeberechtigt sind nicht die Gläubigerversammlung oder der Gläubigerausschuss (Ausnahme eigenes Antragsverfahren nach § 59 Abs. 2),[7] sondern nur der Einzelne **Gläubiger,** sobald er seine Forderung zum Verfahren angemeldet hat, auch wenn sie bestritten wurde.[8]

13 Darüber hinaus muss der Beschwerdeführer durch die angefochtene Entscheidung im Einzelfall in erheblicher Weise **beschwert** sein, d. h. sie muss unmittelbar in seine Rechte eingreifen,[9] die Beschwer darf sich nicht allein aus Neben-

---

[1] *Gerhard,* FS Uhlenbruck, S. 75, 78, 81, 82; BGH KTS 2007, 353 ff. m. Anm. *Paulus;* vgl. auch § 4 Rn. 38.

[2] *Uhlenbruck/ders.,* InsO, § 6 Rn. 7.

[3] *Uhlenbruck/ders.,* InsO, § 6 Rn. 7.

[4] MünchKomm-*Ganter,* InsO, § 6 Rn. 59; HambKomm-*Rüther,* InsO, § 6 Rn. 13.

[5] OLG Hamm KTS 1972, 105 ff.

[6] BGH NZI 2008, 121 ff.

[7] MünchKomm-*Ganter,* § 6 Rn. 32; HK-*Kirchhof,* InsO, § 6 Rn. 24 aE.

[8] BGH ZIP 2007, 647.

[9] OLG Hamm RPfleger 1970, 210 f.; BGH ZInsO 2007, 206 f.; LG Göttingen ZInsO 2007, 166 f.; BGH ZInsO 2007, 206 f. und ZInsO 2007, 663 f. (zum Planverfahren); s. a. *Zöller/Gummer,* ZPO, § 567 Rn. 5.

entscheidungen über Kosten ergeben.[1] Ein Rechtsschutzinteresse kann auch bei prozessualer Überholung im Fall eines schwerwiegenden Grundrechtseingriffs oder fortwirkender Beeinträchtigung zur Verwirklichung eines effektiven Rechtsschutzes (Art. 19 Abs. 4 GG) vorliegen.[2] Die Beschwerdeberechtigung entfällt, wenn das Insolvenzverfahren vor der Beschwerdeentscheidung aufgehoben oder eingestellt wird. Gem. § 91 a ZPO ist dann lediglich noch über die Kosten zu entscheiden.

Durch die Eröffnung des Insolvenzverfahrens ist der Schuldner nur bei einem **Drittantrag** beschwert, nicht wenn er die Eröffnung selbst beantragt hat, jedoch mit der Abweisung mangels Masse rechnete.[3] Der Schuldner hat bei einer Eröffnung auf Antrag eines Gläubigers auch dann ein Rechtsschutzbedürfnis für eine Beschwerde, wenn er lediglich die Abweisung des Eröffnungsantrages mangels Masse erreichen will.[4] Ist das Insolvenzverfahren auf Eigenantrag des Schuldners eröffnet worden, steht die sofortige Beschwerde allenfalls diesem, gem. § 34 Abs. 2 nicht aber einem Gläubiger zu.[5] Wird ein vom Gericht zunächst bestellter Verwalter im Berichtstermin nicht gewählt, so steht ihm hiergegen kein Beschwerderecht zu;[6] ebenfalls nicht beschwerdeberechtigt ist der neu gewählte, aber noch nicht rechtskräftig bestätigte Verwalter.[7] Beschwerdeberechtigt ist aber der abgewählte Verwalter, wenn das Gericht den neu gewählten nicht bestätigt und diese Entscheidung vom Landgericht aufgehoben wird.[8] 14

Auf den Wert der Beschwer kommt es grundsätzlich nicht an. Allerdings können besondere Regeln eine **Mindestbeschwer** fordern, wie beispielsweise bezüglich der Vergütung und Auslagen des Insolvenzverwalters durch den Verweis in § 64 Abs. 3 S. 2 auf § 567 Abs. 2 ZPO. 15

3. Beschwerdeverfahren

Das Beschwerdeverfahren richtet sich gem. § 4 grundsätzlich nach den §§ 567 ff. ZPO, soweit in § 6 nichts Abweichendes geregelt ist. 16

a) Frist

Die Beschwerdefrist ist, anders als nach der alten Rechtslage des § 121 Abs. 2 Satz 2 VglO (eine Woche), in der Insolvenzordnung nicht festgelegt. Es gilt somit die 2-wöchige Frist nach § 569 Abs. 1 Satz 1 ZPO. Für ihre Berechnung gelten die §§ 187 ff. BGB entsprechend (§ 222 Abs. 1 ZPO).[9] Die Frist beginnt gem. 17

---

[1] OLG Koblenz FamRZ 1991, 100 f.

[2] Zur bereits beendeten Durchsuchung, LG Gött. ZInsO 2007, 499 ff.; BGH NZI 2007, 231 ff. m. Anm. *Gundlach/Frenzel;* s. dazu *Flitsch,* EWiR 2007, 209 f.; BGH ZIP 2008, 382 f.; BGH ZInsO 2008, 203 f.

[3] BGH NZI 2008, 557 f.; OLG Stuttgart NZI 1999, 491 ff.; OLG Celle NZI 1999, 493; OLG Köln NZI 2002, 101 f.; OLG Brandenburg ZInsO 2001, 1155 ff., 1158 aE zur Rücknahme des Eigenantrags.

[4] BGH NZI 2004, 625; aA LG Leipzig ZInsO 2007, 278, 279 5. Abs.

[5] LG Potsdam DZWIR 2002, 43; BGH ZInsO 2007, 206 f. mit Anm. *Frind,* EWiR 2007, 375 f.; BGH ZInsO 2007, 663 f.; LG Göttingen ZInsO 2007, 166 f.

[6] OLG Naumburg ZInsO 2000, 503 ff.; OLG Zweibrücken NZI 2001, 204 f.

[7] OLG Naumburg ZIP 1994, 162 ff.

[8] OLG Karlsruhe ZIP 1997, 1970 ff.

[9] *Nerlich/Römermann/Becker,* InsO, § 6 Rn. 41.

§ 6 Abs. 2 Satz. 1 mit der Verkündung oder – im Falle der Nichtverkündung – mit der Zustellung.

18 Die **Zustellung** an die einzelnen Beteiligten richtet sich nach § 8 bzw. wird mit einheitlicher Wirkung gegen alle Beteiligte durch die öffentliche Bekanntmachung nach § 9 Abs. 3 ersetzt. Die Frist zur Einlegung der sofortigen Beschwerde gegen den Eröffnungsbeschluss wird bereits mit der Zustellung dieses Beschlusses an den Schuldner in Lauf gesetzt, auch wenn die öffentliche Bekanntmachung erst nach dieser Zustellung erfolgt ist.[1] Das Insolvenzgericht kann nach seinem pflichtgemäßen Ermessen auswählen, ob die Zustellung „förmlich" oder durch Aufgabe zur Post erfolgen soll.[2]

19 Erfolgte lediglich eine öffentliche Bekanntmachung eines Vergütungsfestsetzungsbeschlusses, so wird damit die Rechtsmittelfrist in Lauf gesetzt, auch wenn die an sich gesetzlich vorgeschriebene Zustellung an den Schuldner unterbleibt.[3] U. U. kann jedoch die Wiedereinsetzung innerhalb der Jahresfrist des § 234 Abs. 3 ZPO gerechtfertigt sein.[4] Weist das Beschwerdegericht den Antrag auf Wiedereinsetzung zurück, so ist hiergegen die sofortige Beschwerde statthaft.[5]

20 Im Falle des § 194 Abs. 3 S. 3 beginnt die Beschwerdefrist bereits mit dem Tag, an dem die berichtigende Entscheidung auf der Geschäftsstelle niedergelegt worden ist.

21 Zustellungsmängel werden nach Maßgabe des § 189 ZPO durch den tatsächlichen Zugang des Beschlusses geheilt.[6] Die Beschwerdefrist beginnt jedoch entsprechend § 569 Abs. 1 S. 2 ZPO spätestens mit Ablauf von fünf Monaten nach Verkündung[7] oder einer formlosen Übermittlung des Beschlusses.[8]

22 Eine nicht vom Richter oder Rechtspfleger unterzeichnete oder verkündete Entscheidung ist nur ein Entwurf und setzt keine Frist in Gang.[9]

23 Die Beschwerde kann schon vor Fristbeginn wirksam eingelegt werden, sobald die anzufechtende Entscheidung existent geworden ist, insbesondere den inneren Gerichtsbereich verlassen hat.[10] Gegen eine weder verkündete noch unterzeichnete Entscheidung ist eine Beschwerde statthaft, wenn der Anschein einer wirksamen Gerichtsentscheidung geschaffen wurde.[11]

24 Der Lauf der **Beschwerdefrist gegen den Eröffnungsbeschluss** im Insolvenzverfahren beginnt nicht schon mit der Übergabe des Beschlusses an die Postanstalt, sondern erst mit der öffentlichen Bekanntmachung nach § 9, sofern diese später erfolgt.[12] Wird eine Zwischenentscheidung des Insolvenzgerichts auf Grund einer ordnungsgemäß anberaumten Anhörung in der Gläubigerversammlung verkündet, so beginnt die Beschwerdefrist mit dem Zeitpunkt der Verkündung.[13]

---

[1] OLG Köln NZI 2000, 169 ff.; BGH ZInsO 2003, 374.
[2] BGH ZInsO 2003, 216.
[3] BayObLG NZI 2002, 155 ff.
[4] LG Frankfurt (Main) ZIP 95, 1836 ff.
[5] OLG Zweibrücken ZInsO 2001, 811 f.
[6] HK-*Kirchhof,* InsO, § 6 Rn. 19.
[7] OLG Hamm RPfleger 1991, 73.
[8] HK-*Kirchhof,* InsO, § 6 Rn. 19 mwN; OLG Köln ZIP 1993, 1483 f.
[9] BGH NJW 1998, 609 ff.
[10] OLG Frankfurt FamRZ 1991, 100.
[11] BGH NJW 1995, 404; BGH NJW 1996, 1969 f., 1970.
[12] LG München (LS), ZInsO 2000, 684.
[13] AG Duisburg RPfleger 2000, 512 f.

b) Form

Die Beschwerde ist grundsätzlich schriftlich oder zu Protokoll der Geschäftsstelle einzulegen (§ 569 Abs. 2, 3 ZPO). Der Schriftform steht nach allgemeinen Grundsätzen die Übermittlung durch Telegramm[1], Telefax, Fernschreiber[2] sowie durch Computerfax mit eingescannter Unterschrift[3] gleich. 25

Die Beschwerdeschrift muss die angegriffene Entscheidung[4] enthalten und erkennen lassen, welche Entscheidungsänderung durch die Beschwerdeinstanz erreicht werden soll. Sie muss keinen bestimmten Antrag enthalten. Ein Zwang zur Begründung der sofortigen Beschwerde besteht nicht, sie soll jedoch begründet werden (§ 571 Abs. 1 ZPO). Kündigt der Beschwerdeführer bis zu einem bestimmten Datum eine Begründung an, muss das Gericht entweder diese Frist abwarten oder eine angemessene kürzere Frist setzten.[5] Als bestimmender Schriftsatz bedarf die Beschwerde der Unterschrift.[6] 26

c) Adressat

Die sofortige Beschwerde ist gem. § 569 Abs. 1 Satz 1 ZPO bei dem Gericht, von dem die angefochtene Entscheidung erlassen worden ist (iudex a quo) oder beim Beschwerdegericht (iudex ad quem) einzulegen. Das Oberlandesgericht ist für die Entscheidung über die Rechtsmittel der Berufung und Beschwerde in Insolvenzverfahren auch dann nicht gemäß § 119 Abs. 1 Nr. 1 b GVG zuständig, wenn einer der Gläubiger seinen Wohnsitz im Ausland hat.[7] 27

d) Anwaltszwang

Anwaltszwang entsteht gem. § 78 Abs. 1 ZPO nur, wenn das Landgericht als Beschwerdegericht eine mündliche Verhandlung anberaumt; ansonsten besteht im Insolvenzverfahren kein Anwaltszwang. Rechtsbeschwerden gem. § 7 können wirksam nur durch einen beim BGH zugelassenen Rechtsanwalt eingelegt werden.[8] 28

e) Abhilfemöglichkeit

Entsprechend § 572 Abs. 1 ZPO hat das Insolvenzgericht die Befugnis, der sofortigen Beschwerde abzuhelfen. Dies gilt auch nach Entscheidungen gem. § 91 a ZPO.[9] Unabhängig von der Zulässigkeit der Beschwerde ist das Gericht im Hinblick auf die Prüfungspflicht nach § 572 Abs. 1 ZPO auch dann zur Abhilfe verpflichtet, wenn es die als unrichtig erkannte Entscheidung noch abändern kann.[10] Beschlüsse des Insolvenzgerichts, die mit der sofortigen Beschwerde angreifbar sind, können grundsätzlich innerhalb laufender Beschwerdefrist von Amts wegen geändert werden.[11] 29

---

[1] OLG Köln NJW-RR 1990, 894 ff., 895.

[2] BVerfG NJW 1987, 2067.

[3] GmS OGB, ZIP 2000, 1356 f.; *Nerlich/Römermann/Becker,* InsO, § 6 Rn. 56 mwN

[4] OLG Köln NZI 2000, 134 ff.

[5] BVerfG ZIP 1986, 1336 ff. m. Anm. *Schneider,* S. 1338; ZIP 1988, 1409; bei Ankündigung ohne konkrete Zeitangabe s. LG Erfurt ZIP 2003, 1955 f.

[6] Vgl. OLG Köln NZI 2000, 435 f.

[7] OLG Köln ZIP 2007, 2097 f.

[8] BGH NZI 2002, 399.

[9] LG Göttingen ZIP 2000, 32.

[10] LG Rostock ZInsO 2004, 283.

[11] BGH ZIP 2006, 1651 f.

30 Vor der Entscheidung – auch vor der Abhilfe – ist der Beschwerdegegner zu hören. Dies ist jeder, der durch eine auch nur teilweise abändernde Entscheidung beschwert wäre.

31 Die Abhilfe erfolgt in einem Beschluss, der zu begründen ist.[1] Er ist demjenigen, zu dessen Nachteil abgeändert wird, förmlich zuzustellen. Dem Beschwerdegegner steht gegen den Abhilfebeschluss wiederum die sofortige Beschwerde zu.[2] Auch die Teilabhilfe kann eine neue Beschwer entfalten und somit eine neuerliche Beschwerde ermöglichen.

32 Wenn das Insolvenzgericht nicht abhilft, legt es die Beschwerde unverzüglich dem Beschwerdegericht vor (§ 572 Abs. 1, Hs. 2 ZPO).[3] Auch die Nichtabhilfeentscheidung erfolgt zweckmäßigerweise in Beschlussform und erfordert eine Begründung, wenn der Beschwerdeführer neue Tatsachen vorgebracht hat, deren Erheblichkeit verneint wird oder falls der angefochtene Beschluss keine Begründung enthalten hat. Gegebenenfalls muss das Gericht dem Beschwerdeführer auch eine Frist zur Nachreichung der Begründung der Beschwerde setzen.[4] Die Beteiligten erhalten formlos eine Abschrift des Nichtabhilfebeschlusses (§ 329 Abs. 2 S. 1 ZPO), die Akten werden an das Beschwerdegericht übersandt.

f) Aufschiebende Wirkung

33 Die sofortige Beschwerde hat nur dann aufschiebende Wirkung, wenn sie die Festsetzung eines Ordnungs- oder Zwangsmittels zum Gegenstand hat (§ 570 Abs. 1 ZPO). Das Gericht oder der Vorsitzende, dessen Entscheidung angefochten wird, kann die **Vollziehung der Entscheidung jedoch aussetzen** (§ 570 Abs. 2 ZPO). Auch das Beschwerdegericht kann vor der Entscheidung über die sofortige Beschwerde eine einstweilige Anordnung erlassen; es kann insbesondere ebenfalls die Vollziehung der angefochtenen Entscheidung aussetzen (§ 570 Abs. 3 ZPO).[5]

34 Auch das Rechtsbeschwerdegericht kann im Wege der einstweiligen Anordnung die Vollziehung der Entscheidung erster Instanz aussetzen. Eine Aussetzung kommt allerdings nur in Betracht, wenn durch die weitere Vollziehung dem Rechtsbeschwerdeführer größere Nachteile drohen als dem anderen Beteiligten im Falle der Aussetzung, die Rechtslage zumindest zweifelhaft ist und die Rechtsbeschwerde zulässig erscheint.[6]

g) Beschwerdeentscheidung durch den Einzelrichter

35 Das Beschwerdegericht entscheidet grundsätzlich durch eines seiner Mitglieder als Einzelrichter (§ 568 Satz 1 ZPO). Der Einzelrichter überträgt das Verfahren jedoch dem Beschwerdegericht zur Entscheidung, wenn die Sache besondere Schwierigkeiten tatsächlicher oder rechtlicher Art aufweist oder grundsätzliche Bedeutung hat. Gegen die erfolgte oder unterlassene Übertragung ist ein Rechtsmittel nicht gegeben (§ 568 Satz 2, 3 ZPO).

36 Das Beschwerdegericht kann für das Vorbringen neuer Tatsachen und Beweismittel eine **Frist** setzen (§ 571 Abs. 3 Satz 1 ZPO). Werden die Angriffs- und

[1] OLG Celle DZWIR 2001, 516 ff. 518 aE; LG München ZInsO 2001, 425; MünchKomm-*Ganter,* § 6 Rn. 48; FK-*Schmerbach,* § 6 Rn. 61 f.

[2] FK-*Schmerbach,* InsO, § 6 Rn. 62.

[3] *Zöller/Gummer,* ZPO, § 572 Rn. 3.

[4] LG Erfurt ZIP 2003, 1955 ff.

[5] BGH, ZInsO 2009, 432.

[6] BGH NZI 2002, 338 f.

Verteidigungsmittel nicht innerhalb der Frist vorgebracht, so sind sie nur zuzulassen, wenn nach der freien Überzeugung des Gerichts ihre Zulassung die Erledigung des Verfahrens nicht verzögern würde oder wenn die Partei die Verspätung genügend entschuldigt, wobei der Entschuldigungsgrund auf Verlangen des Gerichts glaubhaft zu machen ist (§ 571 Abs. 3 Satz 2, 3 ZPO).

h) Mündliche Verhandlung

Das Landgericht als Beschwerdegericht kann ohne mündliche Verhandlung entscheiden (§ 128 Abs. 4 ZPO); wird eine mündliche Verhandlung durchgeführt, besteht Anwaltszwang. Hat das Insolvenzgericht das rechtliche Gehör eines Beteiligten verletzt, so kann das Beschwerdegericht den Verstoß durch Nachholung des rechtlichen Gehörs heilen.[1] 37

4. Entscheidung des Beschwerdegerichts

Soweit das Landgericht die Beschwerde für unzulässig hält, verwirft es sie, soweit es sie für zulässig aber unbegründet hält, weist das Landgericht die Beschwerde zurück. Soweit es sie für begründet hält, hebt es die angefochtene Entscheidung auf und entscheidet in der Sache selbst. Das Beschwerdegericht hat über einen Hilfsantrag zu entscheiden, auch wenn dazu eine Abhilfeentscheidung fehlt.[2] Das Beschwerdegericht ist jedoch berechtigt, gem. § 572 Abs. 3 ZPO die Sache an das Insolvenzgericht zurückzuverweisen, das dann entsprechend §§ 563 Abs. 2, 577 Abs. 4 ZPO an die rechtliche Beurteilung des Beschwerdegerichts gebunden ist.[3] Neues Vorbringen, welches sich auf den Zeitpunkt der Eröffnung bezieht, ist uneingeschränkt zu berücksichtigen, da die Beschwerdeinstanz eine vollständige zweite Tatsacheninstanz eröffnet.[4] Im Beschwerdeverfahren gilt das Verbot der Schlechterstellung (reformatio in peius) auch nach Aufhebung und Zurückweisung.[5] In vergütungsrechtlichen Insolvenzbeschwerdeverfahren darf das Beschwerdegericht nicht über den Antrag des Beschwerdeführers hinausgehen.[6] Bei zwei gegenläufigen Beschwerden gegen dieselbe Entscheidung ist eine Verschlechterung zulasten jedes Rechtsmittelsführers allerdings zulässig.[7] 38

Die Beschwerde darf nicht als unzulässig verworfen werden, ohne dass mindestens gleichzeitig über ein Wiedereinsetzungsgesuch entschieden wird.[8] 39

Die Entscheidung des Beschwerdegerichts ergeht durch Beschluss, der regelmäßig nicht verkündet werden muss, dann jedoch zuzustellen ist (§ 329 Abs. 3 ZPO), die Beschwerdeentscheidung muss eine Sachverhaltsdarstellung[9] enthalten und mit Gründen versehen sein (vgl. § 547 Nr. 6 ZPO).[10] Maßgeblicher für die 40

---

[1] OLG Köln ZInsO 2000, 393 ff., 397; HK-*Kirchhof,* § 6 Rn. 33.

[2] BGH ZIP 2007, 188 ff.

[3] HK-*Kirchhof,* § 6 Rn. 34; FK-*Schmerbach,* § 6 Rn. 75.

[4] BGH, ZInsO 2009, 872.

[5] BGH NZI 2004, 440 ff.

[6] BGH ZIP 2006, 2186 ff.

[7] *Graf-Schlicker/Kexel,* InsO, § 6 Rn. 14.

[8] OLG Köln ZIP 2000, 195 ff., 197 f.

[9] OLG Köln NZI 2000, 133; BayObLG ZInsO 2000, 519; OLG Celle NZI 2000, 583 ff.

[10] BGH ZInsO 2002, 724; OLG Köln ZIP 2001, 1018 ff.

rechtliche Beurteilung durch das Beschwerdegericht ist grundsätzlich der Zeitpunkt der Beschwerdeentscheidung.[1] Bei der sofortigen Beschwerde gegen den Eröffnungsbeschluss kommt es jedoch für das Vorliegen des Insolvenzgrundes auf den Zeitpunkt der Eröffnung an.[2]

41 Die Entscheidung des Beschwerdegerichts wird gem. § 6 Abs. 3 Satz 1 erst mit Rechtskraft wirksam. Die Vorschrift will verhindern, dass eine Entscheidung des Insolvenzgerichts bei mehrfacher Abänderung im Instanzenzug zunächst unwirksam wird und dann von neuem wieder getroffen werden muss.[3]

42 Rechtskraft erlangt die Entscheidung, wenn die am Verfahren Beteiligten auf die Rechtsbeschwerde verzichten oder die Frist verstrichen ist. Zur Beschleunigung kann das Landgericht als Beschwerdegericht gem. Abs. 3 S. 2 die sofortige Wirksamkeit anordnen. Die Anordnung steht im Ermessen des Gerichts[4] und kann nur gleichzeitig mit der Beschwerdeentscheidung ergehen. Sie kann im Verfahren der Rechtsbeschwerde durch einstweilige Anordnung gem. §§ 575 Abs. 5, 570 Abs. 3 ZPO analog außer Kraft gesetzt werden.[5] Eine seitens des Beschwerdegerichts unterbliebene Anordnung der sofortigen Wirksamkeit kann wegen des Verbots der reformatio in peius durch die dritte Instanz nicht nachgeholt werden.[6]

5. Weitere Rechtsbehelfe gegen Entscheidungen des Richters

42a In einem Beschluss des Plenums des Bundesverfassungsgerichtes vom 30. April 2003 hat dieses entschieden, dass es gegen das Rechtsstaatsprinzip in Verbindung mit Artikel 103 Abs. 1 des Grundgesetzes verstößt, wenn eine Verfahrensordnung keine fachgerichtliche Abhilfemöglichkeit für den Fall vorsieht, dass ein Gericht in entscheidungserheblicher Weise den Anspruch auf rechtliches Gehör verletzt.[7] Aufgrund dieser Entscheidung hat der Gesetzgeber § 321 a durch das sog. Anhörungsrügengesetz in die ZPO eingefügt.[8] Das für Rechtsmittel im Insolvenzverfahren geltende Enumerationsprinzip (§ 6 Abs. 1) schließt eine sofortige Beschwerde des Schuldners nicht aus, die sich gegen eine dem Gesetz fremde, in den grundrechtlich geschützten Bereich des Schuldners eingreifende Maßnahme wendet.[9]

---

[1] BGH NZI 2004, 587, 588.

[2] BGH ZInsO 2006, 1051; NZI 2008, 391; BGH BeckRS 2009, 06490 (Beschl. v. 15. 1. 2009 – IX ZB 196/07); *Nöll* ZInsO 2007, 249 ff.

[3] FK-*Schmerbach,* InsO, § 6 Rn. 82; *Nerlich/Römermann/Becker,* InsO, § 6 Rn. 82 ff.; *Kübler/Prütting/Bork/Prütting,* InsO, § 6 Rn. 27.

[4] *Kübler/Prütting/Bork/Prütting,* InsO, § 6 Rn. 28.

[5] BGH ZInsO 2009, 432; *Kübler/Prütting/Bork/Prütting,* InsO, § 6 Rn. 29; *Nerlich/Römermann/Becker,* InsO, § 6 Rn. 86; *Uhlenbruck/ders.,* InsO, § 6 Rn. 20.

[6] *Kübler/Prütting/Bork/Prütting,* InsO, § 6 Rn. 29 mwN; *Kuhn/Uhlenbruck,* KO § 74 Rn. 2.

[7] BVerfG ZIP 2003, 1102 ff.; s. hierzu *Scheuch/Lindner,* ZIP 2004, 973 ff.

[8] BGBl. I 2004, S. 3220; BGH BeckRS 2008, 20165, abl. zur Gehörsrüge zur Herbeiführung einer Begründungsergänzung.

[9] BGH NZI 2004, 312 zur Frage der Ermächtigung des Sachverständigen zur Betretung der Wohn- und Geschäftsräume des Schuldners; s. dazu *Bähr,* EWiR 2004, 499 f.; BVerfG ZIP 2008, 2027 ff. zur Durchsuchung der Kanzleiräume des Insolvenzverwalters zum Auffinden schuldnerischer Akten.

a) Einfache Beschwerde

Durch das Gesetz zur Reform des Zivilprozesses vom 27. Juli 2001[1] ist die einfache unbefristete Beschwerde ersatzlos entfallen. Gegen Beschlüsse des Insolvenzgerichts, die nicht unmittelbar das Insolvenzverfahren betreffen, findet gem. § 4 nach Maßgabe der ZPO das dort bezeichnete Rechtsmittel statt. So ist nunmehr bei Prozesskostenhilfe gegen Entscheidungen des Insolvenzgerichts gem. § 127 Abs. 2 Satz 2 ZPO die sofortige Beschwerde statthaft, soweit der Streitwert der Hauptsache den Betrag von 600,– € übersteigt. 43

Die Kostenentscheidung nach Zurücknahme eines Insolvenzantrags kann gem. § 269 Abs. 5 ZPO mit der sofortigen Beschwerde angefochten werden, wenn der Streitwert der Hauptsache 600,– € übersteigt. Die Beschwerde ist unzulässig, wenn gegen die Entscheidung über den Festsetzungsantrag (§ 104 ZPO) ein Rechtsmittel nicht mehr zulässig ist. 44

Grundsätzlich verhält es sich im Ergebnis wie früher nach § 121 Abs. 1 VglO, auch dort wurde das Enumerationsprinzip nicht auf Entscheidungen bezogen, die ihre Grundlage außerhalb der Vergleichsordnung hatten.[2] Sowohl Dritten, als auch den Verfahrensbeteiligten steht demnach im Insolvenzverfahren nicht anders als im Zivilprozess die sofortige Beschwerde zu, wenn sie in der ZPO als statthaft bezeichnet ist. 45

b) Gegenvorstellung

Gegenvorstellung ist ein gesetzlich nicht geregelter Rechtsbehelf, durch den das Gericht, das entschieden hat, veranlasst werden soll, seine Entscheidung aus übersehenen oder neuen, tatsächlichen oder rechtlichen Gründen zu ändern.[3] Die Gegenvorstellung wird allgemein als statthaft angesehen, bei Verletzung des rechtlichen Gehörs[4] und Verstößen gegen die Garantie des gesetzlichen Richters (Art. 101 Abs. 1 Satz. 2 GG).[5] Das letztinstanzliche Fachgericht ist berechtigt und verpflichtet, bei schweren Verfahrensverstößen, z. B. Verletzung des Anspruchs auf rechtliches Gehör, zur Selbstkorrektur zu schreiten und eigene Entscheidungen aufzuheben.[6] 46

c) Beschwerdemöglichkeit infolge greifbarer Gesetzeswidrigkeit

Die frühere Möglichkeit einer sog. außerordentlichen Beschwerde ist durch die Änderungen im ZPO Reformgesetz nicht mehr gegeben.[7] Allerdings besteht nunmehr die Möglichkeit der Selbstkorrektur des entscheidenden Gerichtes gemäß § 321 a ZPO. 47

---

[1] BGBl. I 2001, S. 1887 ff.

[2] FK-*Schmerbach,* InsO, § 6 Rn. 1; *Kübler/Prütting/Bork/Prütting,* InsO, § 6 Rn. 36; *Nerlich/Römermann/Becker,* InsO, § 6 Rn. 2 f. mwN; zur VglO vgl. *Kilger/K. Schmidt,* VglO § 121 Anm. 1 a).

[3] *Thomas/Putzo,* ZPO vor § 567 Rn. 13.

[4] BVerfG NJW 87, 1319 ff.; BGHZ 130, 97 ff.

[5] BVerfG NJW 83, 1900; zur Gegenvorstellung allg. *Thomas/Putzo,* ZPO, vor § 567 Rn. 13 ff.

[6] OLG Karlsruhe ZInsO 2000, 171; LG München NZI 2002, 325; *Pape,* NZI 2003, 12 ff.

[7] HK-*Kirchhof,* InsO, § 6 Rn. 16; FK-*Schmerbach,* InsO, § 6 Rn. 91; OLG Celle ZInsO 2002, 491 f.; BGH BeckRS 2007, 06236 m. Anm. *Kleine-Cosack,* EWiR 2007, 511 f.; BGH BeckRS 2009, 09700 (IX ZB 57/08).

6. Rechtsbehelfe gegen Entscheidungen des Rechtspflegers

a) Zulässigkeitsvoraussetzungen

48 Der Rechtspfleger nimmt die Aufgaben des Insolvenzgerichts war, soweit sie nicht dem Richter vorbehalten sind oder der Richter im Einzelfall eine kraft Gesetz dem Rechtspfleger übertragene Angelegenheit an sich zieht, §§ 3 Nr. 2 e, 18 RPflG.[1]

49 Das dritte Gesetz zur Änderung des Rechtspflegergesetzes vom 6. August 1998 hat die Rechtsbehelfe gegen Entscheidungen des Rechtspflegers neu geordnet und seit 1. 10. 1998 die Durchgriffserinnerung durch das nach den allgemeinen Verfahrensvorschriften zulässige Rechtsmittel ersetzt. Damit ist dort, wo die Insolvenzordnung eine sofortige Beschwerde vorsieht, diese auch gegen Entscheidungen des Rechtspflegers eröffnet. In allen übrigen Fällen schließt § 11 Abs. 1 RPflG an sich jeden Rechtsbehelf aus. In diesen Fällen greift aber § 11 Abs. 2 RPflG ein, wonach immer dann, wenn gegen eine Entscheidung nach den allgemeinen Vorschriften ein Rechtsmittel nicht gegeben ist, die Erinnerung statthaft ist. Die restriktive Fassung des § 6 Abs. 1 hat für die Rechtspflegererinnerung keine Bedeutung. Das Enumerationsprinzip gilt nicht entsprechend.[2]

50 Voraussetzung für beide Rechtsbehelfe ist, dass eine **Entscheidung** des Rechtspflegers vorliegt. Sie ist von der bloß vorbereitenden Tätigkeit abzugrenzen.[3] Keine Entscheidungen sind Anordnungen des Rechtspflegers, auch wenn sie in Form eines Beschlusses ergehen und sie lediglich dazu dienen, eine Entscheidung des Gerichtes vorzubereiten. Hierunter fallen beispielsweise die Beauftragung eines Gutachters, die Vernehmung von Zeugen, die Einholung von Auskünften, die Äußerung zu einer bestimmten Rechtsansicht und verfahrensleitende Maßnahmen sowie die Anberaumung von Terminen.[4]

51 Gem. § 11 Abs. 2 S. 4 RPflG gelten, soweit § 11 Abs. 2 RPflG nichts anderes bestimmt, auch für die Erinnerung die Vorschriften über die Beschwerde entsprechend.

52 Die Frist für den Rechtsbehelf beträgt immer zwei Wochen. Insoweit wird auch von der sofortigen Erinnerung gesprochen.

b) Verfahrensablauf

53 **aa) Beschwerde nach § 11 Abs. 1 RPflG.** Ist eine Beschwerde nach § 6 Abs. 1 statthaft, gilt § 11 Abs. 1 RPflG. Der Rechtspfleger kann wie der Richter der sofortigen Beschwerde abhelfen.[5] Hilft er der Beschwerde nicht ab, muss er sie dem Beschwerdegericht gem. § 572 Abs. 1 ZPO vorlegen.[6] Gegen Entscheidungen des Beschwerdegerichts ist bei Entscheidungen nach der Insolvenzordnung die Rechtsbeschwerde nach § 7 möglich.[7]

54 **bb) Erinnerung nach § 11 Abs. 2 RPflG.** Liegt eine ausdrückliche Beschwerdebefugnis nach der InsO nicht vor, gilt § 11 Abs. 2 RPflG. Der Rechts-

---

[1] *Kübler/Prütting/Bork/Prütting,* InsO, § 6 Rn. 32.
[2] *Nerlich/Römermann/Becker,* InsO, § 6 Rn. 11.
[3] HK-*Kirchhof,* InsO, § 6 Rn. 15; *Hess,* KO § 73 Rn. 18.
[4] FK-*Schmerbach,* InsO, § 6 Rn. 95.
[5] FK-*Schmerbach,* InsO, § 6 Rn. 102 f.; 57 u 58 f.
[6] *Uhlenbruck/ders.,* InsO, § 6 Rn. 11.
[7] FK-*Schmerbach,* InsO, § 6 Rn. 102.

pfleger kann der Erinnerung gem. 11 Abs. 2 S. 2 RPflG abhelfen. Hilft er nicht ab, hat er die Akte dem Insolvenzrichter zu Entscheidung vorzulegen (§ 11 Abs. 2 S. 3 RPflG). Der Richter entscheidet nunmehr abschließend über die Erinnerung.[1] Hält er sie für begründet, hilft er ihr ab.[2] Dies kann keinem anderen Beteiligten die Beschwerde eröffnen, da es sich gem. § 11 Abs. 2 S. 1 RPflG nicht um einen beschwerdefähigen Gegenstand handelt.[3] Gegen die abschließende Entscheidung des Richters bleibt jedoch die Möglichkeit der Gegenvorstellung.

Das Erinnerungsverfahren vor dem AG ist gebührenfrei, § 11 Abs. 4 RPflG. 55

cc) Stimmrechtsentscheidungen. Entscheidungen über die Gewährung des Stimmrechts (§§ 77, 237, 238) können mit der Erinnerung nicht angefochten werden (§ 11 Abs. 3 S. 2 2. Halbs. RPflG). Der Richter kann allerdings unter Umständen das Stimmrecht neu festsetzen und die Wiederholung der Abstimmung anordnen (§ 18 Abs. 3 RPflG). Zuvor kann der Rechtspfleger seine Entscheidung ändern (§ 77 Abs. 2 S. 3). 56

dd) Entscheidungen außerhalb der InsO. Sieht das Gesetz die Möglichkeit einer sofortigen Beschwerde vor (z. B. Kostenfestsetzung gem. § 104 ZPO), gilt § 11 Abs. 1 RPflG, es besteht Abhilfemöglichkeit (§ 572 Abs. 1 ZPO). 57

7. Weitere Rechtsbehelfe

a) Entscheidungen der Urkundsbeamten der Geschäftstelle

Gegen Entscheidungen des Urkundsbeamten der Geschäftsstelle ist die Erinnerung gem. § 573 ZPO gegeben. § 4 Abs. 2 Nr. 3 RPflG ist weggefallen. Ein Richtervorbehalt besteht deshalb nicht mehr. Gegen die Erinnerungsentscheidung findet gem. § 573 Abs. 2 ZPO die sofortige Beschwerde statt. 58

b) Entscheidungen des Gerichtsvollziehers

Werden Verfahrensverstöße des Gerichtsvollziehers durch den Schuldner gerügt, so ist die Vollstreckungserinnerung nach § 766 ZPO statthaft, über die nicht das Vollstreckungsgericht, sondern das Insolvenzgericht entscheidet.[4] 59

c) Unzulässige Zwangsvollstreckungen

Sind im eröffneten Insolvenzverfahren von Insolvenzgläubigern gem. § 89 Abs. 1 und 2 unzulässige Zwangsvollstreckungen durchgeführt worden, so steht dem Insolvenzverwalter hiergegen die Erinnerung nach § 766 ZPO zu. Gem. § 89 Abs. 3 entscheidet über derartige Einwendungen nicht das Vollstreckungsgericht, sondern das Insolvenzgericht, wobei funktionell der Insolvenzrichter und nicht der Rechtspfleger zuständig ist.[5] Der Rechtsmittelzug richtet sich nach den allgemeinen vollstreckungsrechtlichen Vorschriften, wenn das Insolvenzgericht kraft der besonderen Zuweisung des § 89 Abs. 3 funktional als Vollstreckungsgericht entscheidet.[6] 60

---

[1] OLG Köln NZI 2000, 590 ff.

[2] Vgl. FK-*Schmerbach,* InsO, § 6 Rn. 117.

[3] *Nerlich/Römermann/Becker,* InsO, § 6 Rn. 15; FK-*Schmerbach,* InsO, § 6 Rn. 119.

[4] FK-*Schmerbach,* InsO, § 6 Rn. 140 mwN.

[5] AG Hamburg NZI 2000, 96; *Uhlenbruck/ders.,* § 89 Rn. 25.

[6] BGH NZI 2004, 447 f.; s. hierzu Anm. *Hinzen,* EWiR 2004, 1003 f.; BGH NZI 2004, 278; BGH KTS 2007, 353 ff. m. Anm. *Paulus;* BeckRS 2008, 24716; NZI 2008, 93 ff. zum Vollstreckungsschutz.

61 Gegen erstinstanzliche Entscheidungen des Insolvenzgerichts ist nicht die sofortige Beschwerde nach § 6 eröffnet – die InsO lässt in § 89 ein Rechtsmittel nicht zu – sondern nach § 793 ZPO, da die Entscheidung zwar durch das Insolvenzgericht, jedoch nicht in Insolvenzsachen sondern in einem Zwangsvollstreckungsverfahren ergeht.[1]

8. Kosten

62 Über die Kosten ist gem. § 97 ZPO oder §§ 91 ff. ZPO zu befinden, soweit ein Beschwerdegegner vorhanden ist.[2] Die Kosten einer erfolglosen Beschwerde des Schuldners gegen die Eröffnung des Insolvenzverfahrens sind nicht der Insolvenzmasse, sondern vielmehr dem Schuldner persönlich aufzuerlegen; er hat sie aus dem freien Vermögen aufzubringen.[3]

63 Auch in der Beschwerdeinstanz kann ein Antrag auf Erledigung der Hauptsache (§ 91 a ZPO) gestellt werden.

64 Gerichtsgebühren können anfallen gem. Nrn. 2360, 2361 Kostenverzeichnis.

9. Praxishinweis

65 Durch die neuere Rechtsprechung des BGH zur Unzulässigkeit des außerordentlichen Rechtsmittels bei „greifbarer Gesetzwidrigkeit“[4] bekommt die Gegenvorstellung wachsende Bedeutung. Bereits in früheren Entscheidungen hatte der BGH zunehmend auf eine Selbstkorrektur der Gerichte, deren Entscheidungen wegen der Verletzung von Verfahrensgrundrechten angefochten worden waren, gesetzt. Der Gesetzgeber hat in § 321 a ZPO darüber hinaus eine Möglichkeit geschaffen, durch die eine durch ein erstinstanzliches, nicht berufungsfähiges Urteil beschwerte Partei den Antrag stellen kann, das Verfahren im ersten Rechtszug fortzuführen.

66 Um in einer etwaigen Verfassungsbeschwerde nicht schon allein wegen des Nichtausschöpfens des Rechtsweges zu unterliegen, muss daher bei einer vermeintlichen Verletzung von Verfahrensgrundrechten durch eine nicht mehr anfechtbare, letztinstanzliche Entscheidung innerhalb einer Notfrist von zwei Wochen bei dem erkennenden Gericht ein Antrag auf Fortführung des Verfahrens gestellt und schriftlich begründet werden.

§ 7 Rechtsbeschwerde

Gegen die Entscheidung über die sofortige Beschwerde findet die Rechtsbeschwerde statt.

Übersicht

[1] FK-*App*, InsO, § 89 Rn. 18; OLG Köln ZInsO 2002, 495; BGH ZIP 2004, 732; BGH, Beschluss vom 3. 2. 2009 – IX ZB 5/09, BeckRS 2009, 05597.

[2] Vgl. OLG Koblenz Rpfleger 1989, 339 f., 340; OLG Celle ZInsO 2001, 266 ff.; MünchKomm-*Ganter*, InsO, § 6 Rn. 83.

[3] OLG Celle NZI 2001, 426 ff.

[4] BGH NZI 2002, 398 ff.

1. Normzweck

Zu Zeiten der Konkursordnung war die weitere Beschwerde nach § 73 Abs. 3 KO grundsätzlich gegen alle Beschwerdeentscheidungen statthaft, soweit Verfahrensverstöße vorlagen bzw. die Entscheidung des Beschwerdegerichts einen neuen, selbstständigen Beschwerdegrund enthielt (§ 568 Abs. 2 Satz 2 ZPO aF).[1] Kam es zur Entscheidung des Oberlandesgerichtes über die weitere Beschwerde, war diese ausnahmslos unanfechtbar, was zu einer stark uneinheitlichen obergerichtlichen Rechtsprechung in Konkurssachen führte. 1

Durch die InsO war zunächst die weitere Beschwerde nur auf Grund einer Zulassung durch das Oberlandesgericht zulässig. Diese setzte neben einer Gesetzesverletzung voraus, dass die Nachprüfung der Entscheidung zur Sicherung einer einheitlichen Rechtsprechung geboten war. 2

Durch das ZPO-RG vom 27. Juli 2001[2] wurde das Beschwerdeverfahren einschneidend neu geregelt.[3] Anstelle der früheren „weiteren Beschwerde" wurde in Zusammenfassung und Abänderung bisher verstreuter Einzelvorschriften in § 574 ZPO die „Rechtsbeschwerde" allgemein eingeführt. Gleichzeitig wurde § 7 insoweit neu gefasst, als die grundsätzliche Statthaftigkeit der Rechtsbeschwerde für alle Beschwerdeentscheidungen nach § 6 festgelegt wurde. Durch das erste Justizmodernisierungsgesetz vom 24. August 2004[4] wurde in § 574 Abs. 1 Satz 2 ZPO klargestellt, dass § 542 Abs. 2 ZPO für die Rechtsbeschwerde entsprechend gilt.[5] 3

[1] Sog. Deformitätsprinzip.
[2] BGBl. I 2001 S. 1887 ff.
[3] *Kirchhof*, Einfluss der ZPO-Reform auf die Insolvenzabwicklung, ZInsO 2002, 606, 608 ff.
[4] BGBl. I 2004, S. 2198, in Art. 1 Nr. 21.
[5] *Knauer/Wolf*, Zivilprozessuale und strafprozessuale Änderungen durch das erste Justizmodernisierungsgesetz – Teil 1: Änderungen der ZPO NJW 2004, 2857 ff., 2864 f.

2. Zeitlicher Anwendungsbereich

4 Das ZPO-RG ist am 1. Januar 2002 in Kraft getreten. Gem. § 26 Nr. 10 EG-ZPO finden die am 31. Dezember 2001 geltenden Vorschriften weiter Anwendung, wenn die anzufechtende Entscheidung vor dem 1. Januar 2002 verkündet oder, soweit eine Verkündung nicht stattgefunden hat, der Geschäftsstelle übergeben worden ist.[1]

5 Die geltende Rechtslage, die nachfolgend ausschließlich dargestellt wird, findet daher Anwendung für alle Beschwerdeverfahren, bei denen die Entscheidung des Beschwerdegerichts nach dem 1. Januar 2002 ergangen ist.

3. Zulässigkeitsvoraussetzungen

a) Statthaftigkeit

6 Die Rechtsbeschwerde ist gem. § 574 Abs. 1 ZPO gegen Beschlüsse statthaft, wenn dies im Gesetz ausdrücklich bestimmt ist, oder das Beschwerdegericht, das Berufungsgericht oder das Oberlandesgericht sie im ersten Rechtszug in dem Beschluss zugelassen hat. Durch § 7 ist die erste Alternative verwirklicht, da die Vorschrift ausdrücklich regelt, dass gegen Entscheidungen des Beschwerdegerichts über die sofortige Beschwerde (gem. § 6) die Rechtsbeschwerde stattfindet. § 7 bezieht sich dabei ausschließlich auf Rechtsmittelentscheidungen, die gemäß § 6 Abs. 1 im Insolvenzverfahren ergangen sind.[2] Eine entsprechende Anwendung auf Verfahren außerhalb der InsO ist nicht möglich.[3] Die Befugnis zur Einlegung der Rechtsbeschwerde setzt somit die Statthaftigkeit der sofortigen Beschwerde voraus. Schließt das Gesetz die Anfechtung einer gerichtlichen Entscheidung im Wege der sofortigen Beschwerde aus, ist auch die Rechtsbeschwerde unzulässig, dies gilt auch bei erstmaliger Beschwer durch die Beschwerdeentscheidung.[4]

7 Bei nicht insolvenzspezifischen Entscheidungen kommt die Rechtsbeschwerde nur als Zulassungsbeschwerde i. S. d. § 574 Abs. 1 Nr. 2 ZPO in Betracht.[5] Dies gilt auch, wenn sich die Rechtsbeschwerde ausschließlich gegen die Kostenentscheidung richtet, die in der Hauptsache auch ohne Zulassung statthaft wäre.[6] Liegen die Voraussetzungen des § 574 Abs. 2 ZPO vor, hat das Beschwerdegericht die Rechtsbeschwerde zuzulassen (§ 574 Abs. 3 ZPO).[7] Soweit die Zulassung der Rechtsbeschwerde nicht im Beschluss des Gerichts ausgesprochen worden ist, kann der Ausspruch nur dann im Wege eines Berichtungsbeschlusses nachgeholt werden, wenn das Gericht die Rechtsbeschwerde in dem Beschluss

[1] Vgl. OLG Köln NZI 2002, 158 ff.; OLG Celle ZInsO 2002, 232 f.; OLG Köln NZI 2002, 167 f.; OLG Celle NZI 2002, 270 f.

[2] Zur Rechtsbeschwerde eines Beteiligten vgl. BGH NZI 2006, 239; *Andres/Leithaus,* InsO, § 7 Rn. 2.

[3] BGH NZI 2002, 629 f.

[4] BGH BB 2007, 520 f.; BGH ZInsO 2007, 541 = NZI 2007, 406 f.; BGH ZInsO 2007, 663 f. im Fall nachträglicher Divergenz; BGH BeckRS 2009, 04724.

[5] Anders, wenn Insolvenzgericht funktional als Vollstreckungsgericht entscheidet, vgl. hierzu auch die Erläuterungen zu § 4 Rn. 38 mwN und § 6 Rn. 60 f.; BGH BeckRS 2008, 24716.

[6] BGH ZInsO 2008, 95 f.

[7] BGH NZI 2004, 456.

zulassen wollte und dies nur versehentlich unterblieben ist. Eine Nachholung der Zulassung durch eine Ergänzungsentscheidung entsprechend § 321 ZPO ist nicht möglich.[1] Allerdings kann auch hier die Rechtsbeschwerde gem. § 577 Abs. 1 ZPO als unzulässig verworfen werden, wenn die Voraussetzungen des § 575 ZPO nicht gegeben sind.[2]

Auch Beschwerden in Konkursverfahren bzw. Gesamtvollstreckungsverfahren 8
kommt nur noch die Rechtsbeschwerde nach §§ 574 ff. ZPO in Frage, deren Zulässigkeit von der Zulassung der Rechtsbeschwerde durch das Beschwerdegericht abhängig ist.[3]

Die Rechtsbeschwerde ist nicht statthaft gegen Entscheidungen des Insolvenz- 9
gerichts, mit denen der Beschwerde gem. § 572 Abs. 1 ZPO abgeholfen wird. Wer durch die Abhilfe beschwert ist, ist auf die erneute Erhebung der Beschwerde nach § 6 Abs. 1 beschränkt.[4] Fehlt es an einer Entscheidung des Beschwerdegerichts, weil der Rechtspfleger die sofortige Beschwerde selbst zurückweist, ist eine Rechtsbeschwerde unstatthaft, zuerst hat das Landgericht als Beschwerdegericht zu entscheiden. Der Beschwerdeführer kann die Beschwerde nach § 569 Abs. 1 S. 1 ZPO unmittelbar beim Landgericht einreichen.[5]

War die sofortige Beschwerde unzulässig, hat das Beschwerdegericht sie jedoch 9a
sachlich verbeschieden, ist diese Entscheidung auf eine zulässige Rechtsbeschwerde hin aufzuheben und die sofortige Beschwerde als unzulässig zu verwerfen. Ist allerdings auch die Rechtsbeschwerde unzulässig, muss sie ohne Rücksicht auf die Zulässigkeit der vorausgegangenen sofortigen Beschwerde verworfen werden.[6]

Die Rechtsbeschwerde ist auch statthaft im Vergütungsfestsetzungsverfahren. 10
Gem. § 64 Abs. 3 Satz 1 – der über § 21 Abs. 2 Nr. 1 auch für das Eröffnungsverfahren gilt – ist gegen die Festsetzung der Verwaltervergütung die sofortige Beschwerde gegeben, soweit der Wert des Beschwerdegegenstandes 200,– € übersteigt (§ 567 Abs. 2 ZPO).

Versagt allerdings der Rechtspfleger dem Insolvenzverwalter die beantragte 11
Genehmigung zur Entnahme eines Gebührenvorschusses aus der Insolvenzmasse, so findet dagegen die befristete Erinnerung nach § 11 Abs. 2 RPflG, nicht aber die sofortige Beschwerde gem. § 6 statt.[7]

Nach § 66 Abs. 3 S. 3 GKG findet eine Beschwerde an einen obersten 12
Gerichtshof des Bundes im Kostenansatzverfahren nicht statt. Hieran hat sich auch durch das ZPO-Reformgesetz und das Kostenrechtsmodernisierungsgesetz nichts geändert. Etwas anderes gilt auch dann nicht, wenn das Beschwerdegericht die Rechtsbeschwerde in dem angefochtenen Beschluss ausdrücklich zugelassen hat.[8] Mit Fragen der Überprüfung von Streitwertfestsetzungen soll der BGH in keinem Fall befasst werden.[9]

---

[1] BGH NJW 2005, 156; BGH ZInsO 2009, 885.
[2] *Uhlenbruck/ders.*, InsO, § 7 Rn. 4.
[3] OLG Celle ZInsO 2002, 434 ff.; BGH WM 2002, 1806 ff.; BGH NZI 2004, 279.
[4] So bereits zum bisherigen Recht *Nerlich/Römermann/Becker*, InsO, § 7 Rn. 6.
[5] BGH ZIP 2009, 289 f.
[6] BGH ZIP 2006, 188 ff.; BGH NZI 2009, 553.
[7] BGH NZI 2003, 31 ff.
[8] BGH ZVI 2002, 428; BGH, Beschl. v. 6. 4. 2009, VI ZB 88/08, BeckRS 2009, 10972.
[9] BGH ZInsO 2002, 432 f.

b) Zulässigkeit

13 Gem. § 574 Abs. 2 ZPO ist die im Gesetz ausdrücklich für statthaft erklärte Rechtsbeschwerde nur dann zulässig, wenn entweder die Rechtssache grundsätzliche Bedeutung hat oder die Fortbildung des Rechts oder die Sicherung einer einheitlichen Rechtsprechung eine Entscheidung des Rechtsbeschwerdegerichts erfordert.[1] Die Sicherung einer einheitlichen Rechtsprechung (§ 574 Abs. 2 Nr. 2 ZPO) erfordert, dass die der Rechtsprechung des Senats widersprechende Beschwerdeentscheidung nicht rechtskräftig wird.[2] Eine Rechtsbeschwerde ohne Bezug auf die angegriffene Entscheidung, die allein die Verfassungswidrigkeit einzelner Vorschriften (hier der Restschuldbefreiung) geltend macht, ist unzulässig.[3]

14 Darüber hinaus kann die Rechtsbeschwerde nur darauf gestützt werden, dass die Entscheidung auf der Verletzung des Bundesrechts oder einer Vorschrift beruht, deren Geltungsbereich sich über den Bezirk eines Oberlandesgerichts hinaus erstreckt (§ 576 Abs. 1 ZPO). Eine Rechtsbeschwerde, die sich allein auf die Rüge gründet, dass das Insolvenzgericht seine Zuständigkeit zu Unrecht angenommen oder verneint hat, ist unzulässig.[4]

15 Ob eine dieser Voraussetzungen vorliegt, hat das angerufene Rechtsbeschwerdegericht in jedem Einzelfall auf Grund der vom Rechtsbeschwerdeführer vorzulegenden Begründung (§ 575 Abs. 3 Nr. 2 ZPO) zu prüfen.

15a Bei hilfsweiser Verneinung der Begründetheit muss die Rechtsbeschwerde auch hierzu vortragen.[5]

16 **aa) Rechtsverletzung.** Eine Rechtsverletzung liegt gem. § 546 ZPO vor, wenn eine Rechtsnorm (§ 12 EG-ZPO) nicht oder nicht richtig angewendet worden ist. In Betracht kommen Gesetze, Rechtsverordnungen, Gewohnheitsrecht,[6] Staatsverträge, allgemeines Völkerrecht und auch ausländisches Recht.[7]

17 Die Gesetzesverletzung kann einmal bestehen in einem **Interpretationsfehler,** wenn das Gericht die abstrakten Tatbestandsmerkmale der Norm nicht richtig erkennt oder auslegt. Zum anderen kann eine Gesetzesverletzung in einem **Subsumtionsfehler** bestehen, wenn der festgestellte konkrete Sachverhalt die abstrakten Tatbestandsmerkmale der angewandten Norm nicht ausfüllt[8] oder gerade die Merkmale einer nicht angewendeten Norm ausfüllt.

18 Gem. § 559 ZPO ist das Rechtsbeschwerdegericht – ebenso wie das Revisionsgericht – grundsätzlich an den Sachverhalt gebunden, den das Beschwerdegericht festgestellt hat. Aus § 576 Abs. 1 ZPO ergibt sich, dass die Rechtsbeschwerde nicht auf neue Tatsachen oder Beweismittel gestützt werden kann.[9] Ausgenommen sind Rügen, die Verfahrensfehler betreffen.[10]

---

[1] BGH WM 2002, 1770 ff.
[2] BGH NZI 2006, 608; BGH ZVI 2005, 99 f.
[3] BGH NZI 2004, 510.
[4] BGH NZI 2005, 184.
[5] BGH ZInsO 2006, 549 ff.
[6] BGH NJW 1965, 1862 ff., 1864.
[7] OLG Hamburg OLGZ 90, 25 ff., 27; *Uhlenbruck/ders.,* InsO, § 7 Rn. 25.
[8] OLG Celle NZI 2000, 214 ff., 215.
[9] HK-*Kirchhof,* InsO, § 7 Rn. 38; BGH ZIP 2004, 280 ff.
[10] HK-*Kirchhof,* InsO, § 7 Rn. 38.

19 Der **Sachverhaltsdarstellung** in der Beschwerdeentscheidung kommt daher grundlegende Bedeutung zu. Eine Entscheidung des Beschwerdegerichts, die keine Sachverhaltsdarstellung enthält, ist im Verfahren der Rechtsbeschwerde daher aufzuheben und zurückzuverweisen.[1] Dies gilt auch dann, wenn dieser Umstand vom Rechtsbeschwerdeführer nicht gerügt wurde.[2]

20 Das Rechtsbeschwerdegericht prüft nur die Rechtsanwendung. Die Anwendung unbestimmter Rechtsbegriffe ist in vollem Umfange überprüfbar. Die Ausübung von **Ermessen** durch das Insolvenzgericht ist nur daraufhin überprüfbar, ob die rechtlichen Voraussetzungen verkannt wurden oder das Ermessen rechtsfehlerhaft ausgeübt wurde.[3]

21 Die Tatsachenfeststellung des Beschwerdegerichts unterliegt der Nachprüfung nur daraufhin, ob gesetzliche Auslegungsregeln, anerkannte Auslegungsgrundsätze, Erfahrungssätze, Denkgesetze oder Verfahrensvorschriften verletzt wurden.[4]

22 Die Rechtsverletzung kann nur dann zur Aufhebung der angefochtenen Entscheidung führen, wenn die Entscheidung ursächlich darauf beruht, wenn also die richtige Rechtsanwendung zu einem für den Beschwerdeführer günstigeren Ergebnis führt.[5] Eine Rechtsbeschwerde ist auch bei grds. Bedeutung dann nicht zuzulassen, wenn sich die Entscheidung des Beschwerdegerichts aus anderen Gründen als richtig erweist und das mit der Rechtsbeschwerde verfolgte Ziel ohnehin nicht mehr erreicht werden kann.[6] Eine nähere Darlegung zur **Kausalität** ist allerdings nicht erforderlich. Die Rechtsbeschwerde ist bereits zulässig, wenn wenigstens andeutungsweise erkennbar ist, dass der Beschwerdeführer Ursächlichkeit für die Beschwerde annimmt.[7]

23 Das Rechtsbeschwerdegericht hat in den in § 547 Nr. 1 bis 6 ZPO als absolute Revisionsgründe aufgeführten Fällen die Kausalität zu unterstellen. Gem. § 561 ZPO ist eine Gesetzesverletzung dann unbeachtlich, wenn die Entscheidung aus anderen Gründen richtig ist, wobei allerdings die **absoluten Revisionsgründe** des § 547 Nr. 1 bis 6 ZPO ausgeschlossen sind.[8]

24 **bb) Grundsätzliche Bedeutung der Rechtssache.** Gem. § 574 Abs. 2 ZPO ist in den Fällen, in denen die Rechtsbeschwerde kraft Gesetzes statthaft ist, die Zulässigkeit daran geknüpft, dass die Rechtssache entweder grundsätzliche Bedeutung hat oder die Fortbildung des Rechts oder die Sicherung einer einheitlichen Rechtsprechung eine Entscheidung des Rechtsbeschwerdegerichts erfordert. Damit greift § 574 Abs. 2 ZPO auf § 543 Abs. 2 ZPO zurück, der die Gründe für die Zulassung der Revision in gleicher Weise umschreibt.[9]

25 **Grundsätzliche Bedeutung** hat eine Rechtssache nach herkömmlicher Definition dann, wenn eine klärungsbedürftige Rechtsfrage zu entscheiden ist, deren Auftreten in einer unbestimmten Vielzahl von Fällen denkbar ist, oder wenn andere Auswirkungen des Rechtsstreits auf die Allgemeinheit deren Interessen in

---

[1] OLG Celle ZInsO 2000, 667; OLG Köln NZI 2000, 133; BGH ZInsO 2002, 724.
[2] BayObLG ZInsO 2000, 519.
[3] OLG Naumburg ZInsO 2000, 562.
[4] FK-*Schmerbach,* InsO, § 7 Rn. 50.
[5] OLG Frankfurt NZI 2000, 137, 138 rechts.
[6] OLG Celle DZWIR 2002, 29 ff.; BGH ZInsO 2005, 1213 f.
[7] *Becker,* DZWIR 2000, 467 ff., 468; aA OLG Dresden DZWIR 2000, 464 ff., 466.
[8] BGH NZI 2003, 398 ff.; *Nerlich/Römermann/Becker,* InsO, § 7 Rn. 117 f.
[9] *Zöller/Heßler,* ZPO, § 543 Rn. 7.

besonderem Maße berühren.[1] Nicht grundsätzlich ist die Frage, ob ein bestimmtes Vorbringen substantiiert ist.[2]

26 Grundsätzliche Bedeutung wird dann anzunehmen sein, wenn die Beschwerdegerichte der Rechtsprechung des BGH nicht (mehr) folgen oder im Schrifttum ernst zu nehmende Bedenken gegen die höchstrichterliche Rechtsprechung geäußert werden, um der Gefahr einer Rechtserstarrung entgegenzuwirken.[3]

27 Der BGH hat dabei inzwischen klargestellt, dass die grundsätzliche Bedeutung der Rechtssache oder das Erfordernis einer Entscheidung des BGH zur Rechtsfortbildung oder Sicherung einer einheitlichen Rechtsprechung auch unter Berücksichtigung der Erklärungen zu prüfen ist, die bereits auf der Grundlage der Entscheidungen der Oberlandesgerichte oder Vorlageentscheidungen nach altem Recht erfolgt sind.[4] Damit wird deutlich, dass die durch die Oberlandesgerichte und die früheren Divergenzvorlagen nach § 7 Abs. 2 aF gewonnenen Klärungen weiterhin maßgeblich sind.[5]

28 **cc) Sicherung einer einheitlichen Rechtsprechung.** Weiterer – alternativer – Zulassungsgrund ist, dass die Nachprüfung der Entscheidung zur Sicherung einer einheitlichen Rechtsprechung geboten ist. Bereits für § 7 aF war dies als Zulassungsvoraussetzung für die weitere Beschwerde normiert worden.

29 Voraussetzung ist, dass die angegriffene Entscheidung eine **Abweichung in einer Rechtsfrage** enthält. Auch das Bedürfnis nach einer vorbeugenden Klärung zur Vermeidung künftiger Divergenzen kann für die Zulassung genügen.[6]

30 Liegt noch keine höchstrichterliche Entscheidung vor, können völlig abwegige, abweichende Ansichten im Schrifttum nicht die Notwendigkeit begründen, die Rechtsprechung zu vereinheitlichen.[7] Die Zulässigkeit der Rechtsbeschwerde kann jedoch nicht damit begründet werden, dass die Frage der Statthaftigkeit nach § 574 Abs. 1 ZPO von grundsätzlicher Bedeutung sei.[8]

31 Eine Nachprüfung im Verfahren der Rechtsbeschwerde ist geboten, wenn **erstmals eine Rechtsfrage höchstrichterlich** zu entscheiden ist, denn dies soll verhindern, dass sich bei unteren Gerichten eine uneinheitliche Rechtsprechung entwickelt.[9] Eine grundsätzliche Bedeutung i. S. d. – inzwischen aufgehobenen – § 137 GVG ist insoweit aber nicht gefordert.[10]

32 Eine Fehlentscheidung, die sich nur im Einzelfall auswirkt, gefährdet die Einheitlichkeit der Rechtsprechung nicht. Entscheidend kommt es auf die im Rahmen der Prognoseentscheidung zu treffende **Wiederholungsgefahr** an. Weicht das Beschwerdegericht bewusst von der höchstrichterlichen Rechtsprechung ab, ist die Wiederholungsgefahr gegeben. Bei der unbewussten Abwei-

[1] BGH, NJW 2002, 3029 ff.; MünchKomm-*Walchshöfer,* ZPO, § 546 Rn. 35 ff.

[2] BGH NZI 2007, 350.

[3] RegE, ZPO-RG, Begründung zu § 543, S. 267, BT-Drucks. 14/4722, 104.

[4] BGH NZI 2002, 509.

[5] Vgl. auch zust. Anm. von *Gräber,* DZWIR 2002, 463 f.; BGH ZInsO 2003, 897.

[6] OLG Frankfurt ZInsO 2000, 565; OLG Naumburg NZI 2000, 263; zurückhaltend BGH ZIP 2002, 1506 ff.; *Andres/Leithaus,* InsO, § 7 Rn. 6.

[7] OLG Köln NZI 2000, 80; OLG Zweibrücken NZI 2001, 204 f.; OLG Schleswig NZI 2001, 251 f.; OLG Braunschweig NZI 2001, 259.

[8] BGH ZIP 2002, 1506 ff.

[9] *Nerlich/Römermann/Becker,* InsO, § 7 Rn. 26 f.; HK-*Kirchhof,* InsO, § 7 Rn. 20, 22; OLG Frankfurt NJW-RR 2001, 46; OLG Zweibrücken ZInsO 2000, 398 ff.

[10] FK-*Schmerbach,* InsO, § 7 Rn. 33.

chung ist zu überlegen, ob die Wiederholungsgefahr dadurch ausgeräumt werden kann, dass im Nichtzulassungsbeschluss darauf hingewiesen wird.[1]

Die Sicherung einer einheitlichen Rechtsprechung ist allerdings nicht bereits bei jeder Gesetzesverletzung durch ein Beschwerdegericht geboten.[2] Die Nachprüfung einer Entscheidung des Beschwerdegerichts ist zur Sicherung einer einheitlichen Rechtsprechung nur dann erforderlich, wenn die ernsthafte Gefahr einer divergierenden insolvenzrechtlichen Rechtsprechung besteht.[3] 33

Die Rechtsbeschwerde muss keine Ausführungen darüber enthalten, inwieweit noch ein Bedarf nach höchstrichterlicher Klärung bestimmter Rechtsfragen besteht. Ob eine Nachprüfung geboten ist und die Rechtsbeschwerde damit zulässig, prüft das Rechtsbeschwerdegericht aus eigenem Antrieb.[4] 34

Die Rechtsbeschwerde zur Sicherung einer einheitlichen Rechtsprechung ist im Falle einer Divergenz zulässig, setzt dann aber voraus, dass der Beschwerdeführer eine Abweichung darlegt. Eine Abweichung liegt nur vor, wenn die angefochtene Entscheidung dieselbe Rechtsfrage anders beantwortet als die Entscheidung eines höherrangigen oder eines anderen gleichgeordneten Gerichts oder eines Spruchkörpers desselben Gerichts.[5] 35

Die gerügten Fehler der Rechtsanwendung müssen über die Einzelfallentscheidung hinaus die Interessen der Allgemeinheit nachhaltig berühren. Dies ist nach Auffassung des BGH in der Regel dann der Fall, wenn nach den Darlegungen des Beschwerdeführers ein Verstoß gegen Verfahrensgrundrechte im Einzelfall klar zutage tritt, also offenkundig ist und die angefochtene Entscheidung hierauf beruht.[6] 36

dd) Fortbildung des Rechts. Die Rechtsbeschwerde ist zur Fortbildung des Rechts dann zuzulassen, wenn der Einzelfall Veranlassung gibt, Leitsätze für die Auslegung von Gesetzesbestimmungen des materiellen oder des Verfahrensrechts aufzustellen oder Gesetzeslücken auszufüllen.[7] Hierzu besteht nach Auffassung des BGH nur dann Anlass, wenn es für die rechtliche Beurteilung typischer oder verallgemeinerungsfähiger Lebenssachverhalte an einer richtungsweisenden Orientierungshilfe ganz oder teilweise fehlt.[8] 37

c) Beschwerdeführer und Beschwer

Beschwerdeführer der Rechtsbeschwerde kann nur ein am bisherigen Beschwerdeverfahren bereits **Beteiligter** sein.[9] Einem mit der Entscheidung des Beschwerdegerichts erstmals Beschwerter, der nicht am Verfahren beteiligt war, steht die Rechtsbeschwerde nicht zu. Ebensowenig kann die Rechtsbeschwerde von einem schon mit der Entscheidung des Insolvenzgerichts Beschwerten erhoben werden, welcher seinerzeit die Beschwerdefrist versäumt hat.[10] 38

---

[1] OLG Schleswig ZInsO 2002, 495 f. m. krit. Anm. von *Haarmeyer.*
[2] HK-*Kirchhof,* InsO, § 7 Rn. 23; BGH NJW 2003, 65, 66 f.
[3] BGH NJW 2002, 2473 f.; OLG Zweibrücken ZInsO 2000, 398 ff.
[4] *Nerlich/Römermann/Becker,* InsO, § 7 Rn. 26 und 29.
[5] BGH ZIP 2002, 1506 ff.
[6] BGH WM 2002, 1896 ff.
[7] Vgl. BGHSt 24, 15 ff., 21; *Andres/Leithaus,* InsO, § 7 Rn. 6.
[8] BGH WM 2002, 1896 ff.
[9] Zur erstmaligen Beschwer eines Verfahrensbeteiligten s. BGH NZI 2006, 239.
[10] *Nerlich/Römermann/Becker,* InsO, § 7 Rn. 22.

39 Wer die Rechtsbeschwerde erhebt, muss **keine neue Beschwer** vortragen. Es kann sich um dieselbe Beschwer handeln, die schon der Beschwerde oder der Erinnerung zugrunde lag.[1]

40 **Zwischenentscheidungen** können ausnahmsweise angefochten werden, wenn sie einer Entscheidung in der Hauptsache gleichkommen, z. B. langfristige Aussetzung eines Eröffnungsverfahrens.[2]

d) Form

41 Die Rechtsbeschwerde wird durch Einreichen einer **Beschwerdeschrift** bei dem Rechtsbeschwerdegericht (iudex ad quem) erhoben. Die Rechtsbeschwerdeschrift muss die Bezeichnung der Entscheidung, gegen die die Rechtsbeschwerde gerichtet wird und die Erklärung enthalten, dass gegen diese Entscheidung Rechtsbeschwerde eingelegt wird.

42 Mit der Rechtsbeschwerdeschrift soll eine Ausfertigung oder beglaubigte Abschrift der angefochtenen Entscheidung vorgelegt werden (§ 575 Abs. 1 ZPO). Ist die angegriffene Entscheidung nicht beigefügt, erwachsen hieraus keine prozessualen Nachteile, hierdurch soll lediglich dem Rechtsbeschwerdegericht die Möglichkeit eröffnet werden, sich frühzeitig, nämlich vor dem Eintreffen der angeforderten Akten, über den Rechtsmittelinhalt in Kenntnis zu setzen.[3]

43 Rechtsbeschwerden können wirksam nur durch einen beim BGH zugelassenen Rechtsanwalt eingelegt werden.[4] Die Beteiligung eines beim BGH zugelassenen Rechtsanwalts entspricht dem Zweck der Rechtsbeschwerde, nämlich Rechtsfragen von grundsätzlicher Bedeutung klären zu lassen und zur Rechtsfortbildung oder Rechtsvereinheitlichung beizutragen.[5]

e) Frist

44 Die Rechtsbeschwerde ist binnen einer **Notfrist von einem Monat** nach Zustellung des Beschlusses beim Rechtsbeschwerdegericht (iudex ad quem) einzureichen (§ 575 Abs. 1 S. 1 ZPO). Sie ist – sofern die Beschwerdeschrift nicht bereits die Begründung enthält – binnen einer Frist von einem Monat zu begründen. Die Frist beginnt ebenfalls mit der Zustellung der angefochtenen Entscheidung.[6]

45 Die kurze Frist dient der Beschleunigung, sie kann allerdings gem. § 551 Abs. 2 S. 5 und 6 ZPO auf Antrag um bis zu zwei Monate verlängert werden, wenn nach der freien Überzeugung des Vorsitzenden das Rechtsbeschwerdeverfahren nicht verzögert wird oder der Rechtsbeschwerdeführer erhebliche Gründe darlegt (§§ 575 Abs. 2 S. 3, 551 Abs. 2 S. 6 ZPO). Weitere Verlängerungen sind möglich, wenn der Gegner einwilligt (§§ 575 Abs. 2 S. 3, 551 Abs. 2 S. 5 ZPO).

---

[1] *Nerlich/Römermann/Becker,* InsO, § 7 Rn. 23; *Andres/Leithaus,* InsO, § 7 Rn. 14.
[2] HK-*Kirchhof,* InsO, § 7 Rn. 4.
[3] Begründung zu § 575 RegE ZPO-RG, S. 299; BT-Drucks. 2001 14/4722, S. 117.
[4] BGH NZI 2002, 399 f.; m. zust. Anm. von *Hirtz,* in: EWiR 2002, 643 f.
[5] *Kirchhof,* ZInsO 2001, 1073; *Uhlenbruck/ders.,* InsO, § 7 Rn. 18.
[6] Zum Fristbeginn durch öffentliche Bekanntmachung BGH ZIP 2004, 332; § 9 Rn. 22–25.

f) Inhalt der Rechtsbeschwerdebegründung

46 Die Begründung der Rechtsbeschwerde muss zunächst die Erklärung enthalten, inwieweit die Entscheidung des Beschwerdegerichts angefochten und ihre Aufhebung beantragt wird **(Rechtsbeschwerdeanträge).**

47 Der Rechtsbeschwerdeführer muss darüber hinaus darlegen, warum die **Rechtssache grundsätzliche Bedeutung** hat und weshalb die **Fortbildung des Rechts** oder die **Sicherung einer einheitlichen Rechtsprechung** eine Entscheidung des Rechtsbeschwerdegerichts erfordert (§ 575 Abs. 3 ZPO).

48 Schließlich sind die **Gründe der Rechtsbeschwerde** anzugeben.[1] Der Rechtsbeschwerdeführer muss die Umstände bezeichnen, aus denen sich die Rechtsverletzung ergibt und, wenn die Rechtsbeschwerde auf einen Verfahrensfehler gestützt wird, die Tatsachen vortragen, die den Verfahrensmangel ergeben (§ 575 Abs. 3 Nr. 3 ZPO).

49 Für die Beschwerde ebenso wie für die Begründungsschrift gelten die allgemeinen Vorschriften über die **vorbereitenden Schriftsätze** (§§ 575 Abs. 4, 130 ff. ZPO). Sowohl die Beschwerde als auch die Begründungsschrift ist dem Gegner zuzustellen. Mit der **Zustellung** der Rechtsbeschwerdebegründung beginnt der Lauf der Anschließungsfrist gem. § 574 Abs. 4 S. 1 ZPO.

4. Abhilfebefugnis des Beschwerdegerichts

50 Das Landgericht als Beschwerdegericht kann der Rechtsbeschwerde nicht abhelfen. Dies wird insbesondere dadurch deutlich, dass die Rechtsbeschwerde beim Rechtsbeschwerdegericht (iudex ad quem) einzulegen ist und dieses gem. §§ 575 Abs. 5, 541 ZPO, nachdem die Rechtsbeschwerdeschrift eingegangen ist, unverzüglich von der Geschäftsstelle der Vorinstanz die Akten anzufordern hat.

5. Aufschiebende Wirkung

51 Die Rechtsbeschwerde hat – wie bereits die sofortige Beschwerde – nur dann aufschiebende Wirkung, wenn sie die Festsetzung eines Ordnungs- oder Zwangsmittels zum Gegenstand hat (§ 570 Abs. 1 ZPO). Das Rechtsbeschwerdegericht kann jedoch die Vollziehung der angefochtenen Entscheidung gem. § 570 Abs. 3 Hs. 2 ZPO aussetzen. Nach Auffassung des BGH ist jedoch zugleich die Möglichkeit eröffnet, nach § 4 i. V. m. § 575 Abs. 5, 570 Abs. 3 ZPO die Aussetzung der Vollziehung der erstinstanzlichen Entscheidung – im fraglichen Fall des Eröffnungsbeschlusses – anzuordnen.[2] Es kann über die **Aussetzung** hinaus aber auch einstweilige Anordnungen anderer Art erlassen, z. B. dass die Vollziehung gegen Sicherheitsleistung einzustellen oder nur gegen eine solche fortzusetzen ist. Das Rechtsbeschwerdegericht ist allerdings für die erstmalige Anordnung von Sicherungsmaßnahmen nach § 21 Abs. 2 funktionell nicht zuständig.[3]

---

[1] HambKomm-*Rüther,* InsO, § 7 Rn. 17.

[2] BGH DZWIR 2002, 284 f. m. zust. Anm. von *Busch;* krit. Anm. von *Frind,* EWiR 2002, 595 f.; BGH NZI 2008, 550.

[3] BGH NZI 2006, 122 f.

6. Rechtsbeschwerdegericht

52 Gem. § 133 GVG ist der **BGH** in bürgerlichen Rechtsstreitigkeiten zuständig für die Entscheidung über die Rechtsbeschwerde. Diese Zuständigkeitsverlagerung war im Regierungsentwurf (BT-Drucks. 14/3750) konsequenterweise vorgesehen, weil die Oberlandesgerichte generell als Beschwerdegerichte in Insolvenzsachen vorgesehen waren. Dies hat der Rechtsausschuss wieder geändert, das Landgericht ist daher Beschwerdegericht geblieben, die „Revisionsinstanz" ist gleichwohl nicht mehr das Oberlandesgericht, sondern der BGH.

7. Prüfung und Entscheidung des Rechtsbeschwerdegerichts

a) Entscheidung über die Zulässigkeit

53 Das Rechtsbeschwerdegericht hat von Amts wegen zu prüfen, ob die Rechtsbeschwerde an sich statthaft und ob sie in der gesetzlichen Form und Frist eingelegt und begründet ist. Mangelt es an einem dieser Erfordernisse, so ist die Rechtsbeschwerde als unzulässig zu verwerfen (§ 577 Abs. 1 ZPO).[1]

54 Das Rechtsbeschwerdegericht prüft auch allein, ob die in § 7 für statthaft erklärte Rechtsbeschwerde im konkreten Fall zulässig ist, mithin die Voraussetzungen des § 574 Abs. 2 ZPO vorliegen.

b) Entscheidung über die Begründetheit

55 Die Gründe, auf die eine Rechtsbeschwerde gestützt werden kann, ergeben sich abschließend aus § 576 ZPO. Der BGH prüft daher, ob die angefochtene Entscheidung auf der Verletzung formellen oder materiellen Rechts beruht, wobei lediglich die Verletzung von Bundesrecht oder Landesrecht, dessen Geltungsbereich sich über den Bezirk eines Oberlandesgerichts hinaus erstreckt, der Rechtsbeschwerde zum Erfolg verhelfen kann.

56 Hat das Beschwerdegericht seine Zuständigkeit zu Unrecht angenommen oder verneint, so kann die Rechtsbeschwerde darauf nicht gestützt werden (§ 576 Abs. 2 ZPO).

57 Die **absoluten Revisionsgründe** des § 547 ZPO sind auch im Rechtsbeschwerdeverfahren anwendbar. Bei ihrem Vorliegen wird die Kausalität der Rechtsverletzung für die angefochtene Entscheidung unwiderlegbar vermutet.

58 Das Rechtsbeschwerdegericht ist hinsichtlich des Umfangs seiner Überprüfungsmöglichkeiten an die **Anträge der Parteien** gebunden (§ 577 Abs. 2 S. 1 ZPO), nicht jedoch an die geltend gemachten Rechtsbeschwerdegründe (§ 577 Abs. 2 S. 2 ZPO). Der BGH kann also von Amts wegen die angefochtene Entscheidung überprüfen, d. h. die Anwendung des für den zu beurteilenden Sachverhalt maßgeblichen materiellen Rechts umfassend nachprüfen.[2]

59 Lediglich für **Verfahrensmängel,** die nicht von Amts wegen zu berücksichtigen sind, gilt die Einschränkung, dass sie nur dann einer Nachprüfung unterliegen, wenn sie in der Rechtsbeschwerdebegründungsschrift vorgebracht worden sind (§ 577 Abs. 2 S. 3 ZPO)

[1] FK-*Schmerbach,* InsO, § 7 Rn. 56 f. u. 67.

[2] BGH ZIP 2004, 518 ff., 519, 520.

Das Rechtsbeschwerdegericht ist – wie das Revisionsgericht – an die tatsächlichen Feststellungen der Vorinstanz gebunden (§§ 577 Abs. 2 S. 4, 559 ZPO). 60

Ist die angefochtene Entscheidung trotz Vorliegens einer Rechtsverletzung im Ergebnis zutreffend, wird die Rechtsbeschwerde zurückgewiesen (§ 577 Abs. 3 ZPO); der Rechtsbeschwerdeführer ist dann durch die Entscheidung nicht benachteiligt.[1] 61

Liegt eine Rechtsverletzung vor und erweist sich die angegriffene Entscheidung nicht auch aus anderen Gründen als richtig, ist sie stets aufzuheben, um den Weg zu einer neuen Entscheidung frei zu machen, die entweder die Vorinstanz nach Zurückverweisung der Sache zur erneuten Entscheidung (§ 577 Abs. 4 ZPO) oder das Rechtsbeschwerdegericht selbst zu treffen hat, wenn die Sache zur Endentscheidung reif ist (§ 577 Abs. 5 ZPO). Dies wird immer dann der Fall sein, wenn der Sachverhalt unstreitig oder eindeutig geklärt ist und alle erforderlichen Feststellungen von der Vorinstanz getroffen worden sind, so dass eine das Verfahren beendende Entscheidung möglich ist.[2] 62

Ausnahmsweise kann das Rechtsbeschwerdegericht trotz Entscheidungsreife zurückverweisen, wenn bei der vom Rechtsbeschwerdegericht zu erlassenden Entscheidung die Anwendbarkeit von lokalem oder ausländischem Recht in Betracht kommt (§§ 577 Abs. 5 S. 2, 563 Abs. 4, 576 Abs. 1, 545 ZPO). 63

Alle Entscheidungen des Rechtsbeschwerdegerichts ergehen in **Beschlussform.** Eine mündliche Verhandlung ist nicht obligatorisch, es kann auch nach schriftlicher Anhörung der Verfahrensbeteiligten entschieden werden. 64

Eine Begründung der Entscheidung ist dann entbehrlich, wenn Rügen von Verfahrensmängeln, außer solchen des § 547 ZPO (absolute Revisionsgründe), nicht für durchgreifend erachtet wurden (§§ 577 Abs. 6 Satz 2, 564 ZPO). 65

c) Rechtsmittel

Die Rechtsbeschwerdeentscheidung des BGH unterliegt naturgemäß keinem weiteren Rechtsmittel und wird damit sofort formell rechtskräftig. Sie ist zu verkünden, wenn eine mündliche Verhandlung stattgefunden hat, im Übrigen den Parteien formlos mitzuteilen. Einer Zustellung (§ 8 Abs. 1) bedarf es in der Regel nicht, sie ist nur dann notwendig, wenn die Entscheidung selbst einen Vollstreckungstitel bildet (§ 329 Abs. 2 S. 1, Abs. 3 ZPO). 66

d) Kosten

Über die Kosten der Rechtsbeschwerde entscheidet – nach §§ 91, 92, 97 ZPO – das Gericht, an das zurückverwiesen wurde.[3] Wird die Rechtsbeschwerde als unzulässig verworfen oder als unbegründet zurückgewiesen, fallen zwei Gerichtsgebühren nach Nr. 2362 Kostenverzeichnis an. 67

Fehlen gesetzliche Regelungen für die Festsetzung des Wertes des Beschwerdeverfahrens, so muss die Wertfestsetzung entsprechend § 3 ZPO auf Grund einer Schätzung erfolgen. Der Wert der Beschwerde gegen die Versagung der Einleitung des Restschuldbefreiungsverfahrens ist in einem Durchschnittsfall, in dem der Schuldner auf einen hohen Forderungsbestand keine oder nur geringfügige 68

[1] OLG Celle DZWIR 2002, 29 ff.
[2] *Uhlenbruck/ders.*, InsO, § 7 Rn. 31.
[3] *Uhlenbruck/ders.*, InsO, § 7 Rn. 33.

Zahlungen leisten kann, mangels einer greifbaren Schätzgrundlage auf einen „Regelstreitwert“ von 8000,– € festzusetzen.[1]

8. Praxishinweis

69 Nach der Neuregelung des Beschwerderechts ist für die Rechtsbeschwerde der BGH ausschließlich zuständig. Die Rechtsbeschwerde kann daher nur durch einen beim BGH zugelassenen Rechtsanwalt erhoben werden.

70 Der BGH wird nur dann tätig, wenn die Voraussetzungen des § 574 Abs. 1 ZPO vorliegen. Ein außerordentliches Rechtsmittel zum BGH ist nicht statthaft, auch wenn die angegriffene Entscheidung ein Verfahrensgrundrecht des Beschwerdeführers verletzt oder aus sonstigen Gründen „greifbar gesetzwidrig“ ist. In einem solchen Fall ist nicht das Rechtsmittel zum BGH eröffnet, sondern die angefochtene Entscheidung ist durch das Gericht, das sie erlassen hat, auf fristgebundene Gegenvorstellung zu korrigieren. Wird daraufhin ein Verfassungsverstoß nicht beseitigt, kommt allein eine Verfassungsbeschwerde zum Bundesverfassungsgericht in Betracht. Diese setzt allerdings die Ausschöpfung des Rechtsweges voraus, so dass die fristgerechte Gegenvorstellung erhoben worden sein muss.

§ 8 Zustellungen

(1) **Die Zustellungen erfolgen von Amts wegen, ohne dass es einer Beglaubigung des zuzustellenden Schriftstücks bedarf. Sie können dadurch bewirkt werden, dass das Schriftstück unter der Anschrift des Zustellungsadressaten zur Post gegeben wird; § 184 Abs. 2 Satz 1, 2 und 4 der Zivilprozessordnung gilt entsprechend. Soll die Zustellung im Inland bewirkt werden, gilt das Schriftstück drei Tage nach Aufgabe zur Post als zugestellt.**

(2) **An Personen, deren Aufenthalt unbekannt ist, wird nicht zugestellt. Haben sie einen zur Entgegennahme von Zustellungen berechtigten Vertreter, so wird dem Vertreter zugestellt.**

(3) **Das Insolvenzgericht kann den Insolvenzverwalter beauftragen, die Zustellungen nach Absatz 1 durchzuführen. Zur Durchführung der Zustellung und zur Erfassung in den Akten kann er sich Dritter, insbesondere auch eigenen Personals, bedienen. Der Insolvenzverwalter hat die von ihm nach § 184 Abs. 2 Satz 4 der Zivilprozessordnung angefertigten Vermerke unverzüglich zu den Gerichtsakten zu reichen.**

Literatur: *Amberger,* Übertragung der Zustellungen auf den Insolvenzverwalter gem § 8 Abs. 3 InsO und deren Auswirkung auf den Vergütungsanspruch und Auslagenersatz des Verwalters, InsbürO 2007, 91 ff.; *Bernsen,* Probleme der Insolvenzrechtsreform aus der Sicht des Rechtspflegers, Kölner Schrift, 1843 ff.; *Graeber,* Auswirkungen der Übertragungen der Zustellungen auf den Insolvenzverwalter nach § 8 Abs. 3 InsO auf die Vergütung und den Auslagenersatz des Insolvenzverwalters, ZInsO 2007, 82 ff.; *ders.,* Zur Übertragung der Zustellungen nach § 8 Abs. 3 InsO und ihre Berücksichtigung bei der Vergütungsfestsetzung, ZInsO 2005, 752 ff.; *Keller,* Der Auslagenersatz des Insolvenzverwalters bei der Beauftragung von Zustellungen nach § 8 Abs. 3 InsO, DZWIR 2007, 353 ff.; *Kirchhof,* Einfluss der ZPO-Reform auf die Insolvenzabwicklung, ZInsO 2002, 606 ff.; *Knauer/Wolf,*

[1] OLG Celle InVo 2002, 277 f.

Zivilprozessuale und strafprozessuale Änderungen durch das erste Justizmondernisierungsgesetz – Teil 1: Änderungen der ZPO, NJW 2004, 2857 ff.; *Sabel,* Zustellungsfragen in der InsO, ZIP 1999, 305 ff.

Übersicht

1. Normzweck

Die Vorschrift regelt – zusammen mit § 9 – wie dem Insolvenzzweck durch Verlautbarungen nach außen Geltung verschafft werden soll. Verfahrensvorgänge sollen den oft zahlreichen Beteiligten ohne großen Aufwand bekannt gemacht werden können. 1

Durch das ZustRG vom 25. Juni 2001[1] ist ab 1. Juli 2002 das Zustellwesen insgesamt neu geregelt worden.

Mit dem Gesetz zur Vereinfachung des Insolvenzverfahrens[2] vom 13. April 2007 wurde Abs. 1 und Abs. 3 neu gefasst. 2

Die Neuregelungen sind z. T. notwendig geworden durch die Reform des Zustellungsrechtes in der Zivilprozessordnung und schaffen nunmehr auch eine klare Grundlage für die schon bisher in der Praxis durchgeführte Zustellung der Aufgabe zur Post durch Mitarbeiter des Insolvenzverwalters. Darüber hinaus wurde für Inlandszustellungen noch geregelt, dass das Schriftstück drei Tage nach Aufgabe zur Post als zugestellt gilt. 3

2. Zustellung und öffentliche Bekanntmachung

Abs. 1 stellt klar, dass erforderliche Zustellungen nicht im Parteibetrieb erfolgen, sondern **von Amts wegen** (§ 166 Abs. 2 ZPO). Darüber hinaus sind im Insolvenzverfahren Entscheidungen des Insolvenzgerichts und ggf. des Beschwerdegerichts gem. § 4 i. V. m. 329 Abs. 2 S. 2 und Abs. 3 S. 1 ZPO bekannt zu machen. Dafür genügt in der Regel die öffentliche Bekanntmachung (§ 9).[3] 4

Die Insolvenzordnung regelt in § 8 nicht, in welchen Fällen eine Zustellung notwendig ist. Dies ist für jedes Schriftstück gesondert zu prüfen. Hinweise finden sich in vielen Vorschriften der Insolvenzordnung, z. B. § 23 Abs. 1 Satz 2, 5

[1] BGBl. I 2001, S. 1206.
[2] BGBl. I 2007, S. 509.
[3] HK-*Rüther,* InsO, § 8 Rn. 2.

der Beschluss über die Anordnung von Verfügungsbeschränkungen, § 30 Abs. 2, der Beschluss über die Eröffnung des Insolvenzverfahrens, § 64 Abs. 2 S. 1 der Vergütungsfestsetzungsbeschluss, § 186 Abs. 2 S. 1 der Wiedereinsetzungsantrag, § 194 Abs. 2 S. 1 und Abs. 3 Beschlüsse über Einwendungen gegen das Verteilungsverzeichnis, § 204 Abs. 1 S. 1 die Ablehnung der Nachtragsverteilung, § 208 Abs. 2 S. 2 die Anzeige der Masseunzulänglichkeit. Eine Zustellung ist der Sache nach auch gemeint, soweit die Insolvenzordnung eine **„besondere Ladung"** vorschreibt, wie bspw. nach §§ 177 Abs. 3 S. 2, 235 Abs. 3 S. 1, 241 Abs. 2 S. 1 und 296 Abs. 2 S. 3.

6 Des Weiteren sind gem. § 4 die §§ 270 S. 2, 329 Abs. 2 und 3 ZPO entsprechend anwendbar,[1] so dass eine Zustellung zu erfolgen hat, wenn die zuzustellende Entscheidung eine Rechtsmittelfrist in Gang setzt. Dies ist gem. § 329 Abs. 3 ZPO geboten, um die zweiwöchige Beschwerdefrist des § 569 Abs. 1 S. 1 ZPO in Gang zu setzen.[2] Da gem. § 6 Abs. 2 die Beschwerdefrist aber abweichend von § 569 Abs. 1 S. 2 ZPO bereits mit der Verkündung beginnt, gilt die Zustellungsnotwendigkeit nur für nichtverkündete Beschlüsse des Insolvenzgerichts, die der Beschwerde zugänglich sind.[3] Wegen der Gleichstellung in § 11 Abs. 1 RPflG gilt dies auch für Entscheidungen des Rechtspflegers, die der sofortigen Beschwerde oder Erinnerung unterliegen.[4]

7 Wird ein Vergütungsfestsetzungsbeschluss öffentlich bekannt gemacht, so wird damit die Rechtsmittelfrist in Lauf gesetzt, auch wenn die an sich gesetzlich vorgeschriebene Zustellung an den Schuldner unterbleibt.[5] Erfolgt neben der öffentlichen Bekanntmachung die Einzelzustellung, so kann die Rechtsmittelfrist hierdurch ggf. auch früher bereits in Gang gesetzt werden.[6]

8 Bei Einleitung des Verbraucherinsolvenzverfahrens sind gem. § 307 Abs. 1 S. 3 die Erleichterungen des Abs. 1 S. 2 und 3 sowie der Abs. 2 und 3 nicht anwendbar. Hieran hat auch InsOÄndG 2001[7] nichts geändert. Da das Schweigen der Gläubiger als Zustimmung gilt, wollte der Gesetzgeber auf die förmliche Zustellung nicht verzichten.[8] Dies gilt auch für die Aufforderung des Gerichts gem. § 305 Abs. 3 S. 1 „das Fehlende zu ergänzen".[9]

3. Zustellung von Amts wegen

9 Am 1. Juli 2002 ist das Gesetz zur Reform des Verfahrens bei Zustellungen in gerichtlichen Verfahren (Zustellungsreformgesetz – ZustRG) vom 25. Juni 2001[10] in Kraft getreten. Gem. § 166 Abs. 2 ZPO sind Dokumente (die ZPO verwendet in § 166 den Begriff Dokumente, in § 8 InsO wird der Begriff Schriftstücke verwendet), deren Zustellung vorgeschrieben oder vom Gericht angeordnet ist, von Amts wegen zuzustellen, soweit nicht anderes bestimmt ist.

[1] *Nerlich/Römermann/Becker,* InsO, § 8 Rn. 5.
[2] *Nerlich/Römermann/Becker,* InsO, § 8 Rn. 5; *Kübler/Prütting/Bork/Prütting,* § 8 Rn. 7.
[3] FK-*Schmerbach,* InsO, § 8 Rn. 19; MünchKomm-*Ganter,* InsO, § 8 Rn. 9.
[4] FK-*Schmerbach,* InsO, § 8 Rn. 19; *Nerlich/Römermann/Becker,* InsO, § 8 Rn. 5.
[5] BayObLG ZInsO 2002, 129 ff.
[6] OLG Köln ZIP 2000, 195 ff.
[7] BGBl. I 2001, S. 2710 ff.
[8] BR-Drucks. 14/01 2001, S. 69.
[9] BayObLG NZI 2001, 656 f.
[10] BGBl. I 2001, S. 1206 ff., 1213.

Einer Beglaubigung bedarf es gem. § 8 Abs. 1 S. 1 2. Halbs. nicht. Die Zustellung führt die Geschäftsstelle (Serviceeinheit) nach §§ 173–175 ZPO aus. Das Gericht kann nach pflichtgemäßem Ermessen einen nach § 33 Abs. 1 des Postgesetzes beliehenen Unternehmer (Post) oder einen Justizbediensteten mit der Ausführung der Zustellung beauftragen (§ 168 Abs. 1 S. 2 ZPO).[1]

a) Förmliche Zustellung

Die Zustellung erfolgt im Regelfall durch Postzustellungsurkunde (§ 176 ZPO i. V. m. §§ 177–181 ZPO), bei anwaltlicher Vertretung gegen Empfangsbekenntnis (§ 174 ZPO). Eine einzelne Zustellung gem. §§ 168 Abs. 1 S. 1, 173–175, 176 Abs. 1, 177–181 ZPO durch einen Justizbediensteten kommt vor allem dann in Betracht, wenn der Schuldner die Zustellung zu vereiteln trachtet oder wenn er sich während der üblichen Zustellungszeiten der Post verleugnen lässt, seine Identität verbirgt oder auf andere Weise die Zustellung verhindert.[2] **10**

Wird die Annahme des Schriftstücks (in § 179 verwendet auch die ZPO den Begriff Schriftstück) unberechtigt verweigert, so ist das Schriftstück in der Wohnung oder in den Geschäftsräumen zurückzulassen (§ 179 S. 1 ZPO), es gilt mit der Annahmeverweigerung als zugestellt (§ 179 S. 3 ZPO). Die Zustellung kann auch durch Aushändigung an der Amtsstelle (§ 173 ZPO) oder bei anwaltlicher Vertretung gegen Empfangsbekenntnis (§ 174 ZPO) erfolgen. **11**

b) Aufgabe zur Post

Abs. 1 Satz 2 lässt die Zustellung durch Aufgabe zur Post gem. § 184 Abs. 1 S. 2 ZPO zu. Die Auswahl, ob förmlich oder durch Aufgabe zur Post zugestellt wird, soll dem Insolvenzgericht nach pflichtgemäßen Ermessen zustehen. Ein Kriterium soll sein, das Vermögen des Schuldners nicht unnötig zu seinem und dem Nachteil der Gläubiger zu belasten.[3] **12**

Als „Post" i. S. d. § 184 ZPO ist nicht nur die Deutsche Post AG gemeint, sondern gem. § 33 Abs. 1 PostG jeder beliehene Unternehmer, also jedes Postdienstleistungsunternehmen, das sich mit der Beförderung von Post befasst.[4] **13**

Das Schriftstück gilt nach dem neu eingefügten § 8 Abs. 1 S. 3 bei Zustellungen im Inland **drei Tage nach Aufgabe zur Post als zugestellt,** selbst wenn der Empfänger sie gar nicht erhält oder sie später als unzustellbar zurückkommt.[5] Trotz der eventuell harten Folgen ist dies verfassungsrechtlich unbedenklich.[6] **14**

Der Urkundsbeamte hat gem. § 184 Abs. 2 S. 4 ZPO in den Akten zu vermerken, zu welcher Zeit und unter welcher Adresse die Aufgabe zur Post geschehen ist.[7] § 8 Abs. 1 S. 1 2. Halbs. sieht aus Vereinfachungsgründen von dem Erfordernis der Beglaubigung des zuzustellenden Schriftstücks ab. **15**

Eine Ausnahme besteht allerdings bei Einleitung des **Verbraucherinsolvenzverfahrens.** Gem. § 307 Abs. 1 S. 3 ist nur eine **förmliche Zustellung** der **16**

---

[1] BGH ZInsO 2003, 216.

[2] FK-*Schmerbach,* InsO, § 8 Rn. 6 mwN; HK-*Kirchhof,* InsO, § 8 Rn. 6.

[3] Vgl. *Nerlich/Römermann/Becker,* InsO, § 8 Rn. 10; HambKomm-*Rüther,* InsO § 8 Rn. 8.

[4] Zum Ganzen sehr ausführlich *Nerlich/Römermann/Becker,* InsO, § 8 Rn. 11–19.

[5] BGH NJW-RR 1996, 387, 388.

[6] BVerfG NJW 1997, 1772; vgl. *Nerlich/Römermann/Becker,* InsO, § 8 Rn. 17.

[7] Vgl. ausführlich FK-*Schmerbach,* InsO, § 8 Rn. 10; HK-*Kirchhof,* InsO, § 8 Rn. 7; *Uhlenbruck/ders.,* InsO, § 8 Rn. 11.

genannten Verzeichnisse möglich. Hintergrund dieser Regelung ist die an die Zustellung geknüpfte Rechtsfolge: gem. § 307 Abs. 2 gilt das Ausbleiben einer Stellungnahme als Einverständnis mit dem Schuldenbereinigungsplan. Der Gläubiger, der sich innerhalb der Notfrist des § 307 Abs. 1 nicht geäußert hat, nimmt damit durch bloßes Schweigen den Plan an und schließt hierdurch unter Umständen einen Vergleich im Sinne des § 794 ZPO (§ 308 Abs. 1). Diese Konstruktion ist nur dann verantwortbar, wenn jeder Gläubiger unmittelbar und mit größtmöglicher Sicherheit Gelegenheit zur Erhebung von Einwendungen erhält.[1]

4. Zustellung durch den Insolvenzverwalter

17 Das Gericht kann nach pflichtgemäßen Ermessen dem Insolvenzverwalter alle oder einen Teil der Zustellungen übertragen. Dem Insolvenzverwalter steht gegen diesen Beschluss kein Rechtsmittel zu.[2] Er kann allenfalls seine Entlassung gem. § 59 beantragen, falls er durch die übertragene Zustellungsaufgabe überfordert ist.[3] Der Mehraufwand, der dem Insolvenzverwalter durch die Übertragung der Zustellungen entsteht, rechtfertigt allerdings auch eine Erhöhung seiner Vergütung bzw. einen Aufwendungsersatz.[4]

Hierbei muss unterschieden werden zwischen dem Zeitpunkt vor und nach der Änderung des § 8 Abs. 3 InsVV[5]. Maßgebend für den Zeitpunkt ist die Eröffnung des Verfahrens. Nach Inkrafttreten der Änderungsverordnung vom 4. Oktober 2004 können die sächlichen Kosten, die dem Insolvenzverwalter infolge der Übertragung des Zustellungswesens durch das Insolvenzgericht entstanden sind, neben der allgemeinen Auslagenpauschale geltend gemacht werden. Die durch die Besorgung der Zustellung angefallenen Personalkosten können dem Insolvenzverwalter allerdings nicht im Wege des Auslagenersatzes erstattet werden.[6]

Die bisher vertretene besondere Auslagenpauschale von 2,70 €[7] für die Zustellungen wird vom BGH damit abgelehnt, weil damit auch der Personaleinsatz abgegolten werden sollte. Die Erledigung der dem Insolvenzverwalter gemäß § 8 Abs. 3 aufgetragenen Zustellung kann aber hinsichtlich der Personalkosten einen Zuschlag entsprechend § 3 Abs. 1 InsVV rechtfertigen. Der BGH geht hierbei

---

[1] *Sabel,* ZIP 1999, 305; HK-*Landfermann,* InsO, § 307 Rn. 5 f.

[2] HK-*Kirchhof,* InsO, § 8 Rn. 10; *Uhlenbruck/ders.,* InsO, § 8 Rn. 15; *Graf-Schlicker/Kexel,* InsO, § 8 Rn. 5; aA *Kübler/Prütting/Bork/Prütting,* InsO, § 8 Rn. 10.

[3] HK-*Kirchhof,* InsO, § 8 Rn. 10; HambKomm-*Rüther,* InsO, § 8 Rn. 14.

[4] HK-*Kirchhof,* InsO, § 8 Rn. 13; FK-*Schmerbach,* InsO, § 8 Rn. 35; LG München ZInsO 2002, 275 f.; BGH ZInsO 2004, 908 f.; AG Marburg/Lahn ZInsO 2005, 706 f.; LG Fulda ZInsO 2005, 587 f. zur Abdeckung durch die Auslagenpauschale, m. krit. Anm. *Haarmeyer*; *Graeber,* ZInsO 2005, 752 ff., 754.

[5] Änderungsverordnung vom 4. 10. 2004.

[6] Vgl. BGH ZIP 2007, 440 ff.; ZInsO 2007, 202 ff. m. Anm. *Graeber,* kritisch zum Schwellenwert für den Personalkostenzuschlag.

[7] Zur Diskussion vor dem Beschluss des BGH vom 21. 12. 2006 (ZIP 2007, 440), *Haarmeyer,* ZInsO 2005, 588; Anm. zu LG Fulda ZInsO 2005, 587 m. Hinw. auf LG Bamberg, ZInsO 2004, 1196 f. und LG Chemnitz ZInsO 2004, 200; *Graeber,* ZInsO 2005, 752 ff., 755.

dann von einem Mehraufwand aus, wenn es sich um mindestens 100 Zustellungen handelt.[1]

Für das frühere Recht geht der BGH davon aus, dass die Kosten nicht im Wege der Einzelabrechnung neben der allgemeinen Auslagenpauschale geltend gemacht werden können. Nach der alten Fassung des § 8 Abs. 3 InsVV ist der Pauschsatz für die Auslagen nach der „gesetzlichen Vergütung" zu berechnen. Damit fließen auch die Zuschläge des § 3 InsVV in die Berechnung der allgemeinen Auslagenpauschale mit ein.[2]

Für die Praxis ergibt sich somit, dass die Personalkosten für die Zustellungen nunmehr als Zuschlag zur Regelvergütung nach § 3 Abs. 1 InsVV bzw. über die Erhöhung der Treuhändervergütung nach § 13 InsVV berücksichtigt werden.[3] Die Erhöhung sollte allerdings nicht in Höhe eines Prozentsatzes der Regelvergütung gewährt werden, sondern als fester Betrag pro Zustellung.[4] Hinsichtlich der Höhe des Aufwendungsersatzes wird sich noch eine Literatur- und Rechtsprechungsmeinung herausbilden müssen. Angemessen erscheint für die Sachkosten ein Betrag von 1,– € pro Zustellung und für die Personalkosten ein Betrag von 2,– € pro Zustellung. Nicht einzusehen ist, warum die Zustellung für die Ersten 100 Zustellungen im Personalkostenbereich durch den Verwalter umsonst durchgeführt werden soll, insbesondere ist dies bei Stundungsverfahren, bei denen der Verwalter nur die Mindestvergütung erhält, unangemessen.[5] Der Aufwendungsersatz auch für die Personalkosten sollte deshalb bereits ab der ersten Zustellung gewährt werden.

Überwiegend hat sich bei Gericht folgende Praxis herausgebildet: Für die Sachkosten der Zustellung erhält der Verwalter einen Aufwendungsersatz von 1,00 € pro Zustellung.[6] Für die Personalkosten wird ein Zuschlag auf die Vergütung festgesetzt von in der Regel 10%, nicht konkret pro Zustellung[7] und auch teilweise erst ab 100 Arbeitnehmern. Dabei wird nicht zwischen Unternehmensinsolvenzen und Stundungsverfahren unterschieden. Damit folgen die Gerichte im Wesentlichen den Vorgaben des BGH.

Wird der Insolvenzverwalter gem. Abs. 3 beauftragt, die Zustellung durch- 18
zuführen, stehen ihm **sämtliche Zustellungsformen** offen, die auch das Insolvenzgericht im Amtsbetrieb gehabt hätte. Wenn der Gesetzgeber eine Person mit Zustellungsaufgaben betraut, stattet er sie automatisch zugleich mit den entsprechenden Befugnissen aus.[8] Daher kann der Insolvenzverwalter insbesondere die bei vereinfachten Zustellungsformen der Geschäftsstelle obliegenden Aufgaben selbst wahrnehmen[9] oder auf einen von ihm bestimmten Mitarbeiter übertragen.[10] Die Übertragung auf Dritte ist in der Neuregelung des § 8 Abs. 3

---

[1] Vgl. BGH, ZIP 2007, 440.

[2] BGH ZInsO 2007, 86; s. hierzu *Graeber,* ZInsO 2007, 82 ff.; hierzu auch *Keller,* DZWiR 2007, 353 f., 356 f.

[3] *Haarmeyer/Wutzke/Förster,* InsVV, § 3 Rn. 78, S. 177.

[4] *Graeber,* ZInsO 2007, 82 ff., 84; so auch *Amberger,* InsBüro 2007, 91 ff., 93.

[5] *Amberger,* aaO.

[6] Eigene Erhebungen bei Schultze & Braun Verwaltern.

[7] *Anders* AG Dresden, 2 € pro weiteren Gl. ab 101/51Gl. (IN/IK-Verf.).

[8] Vgl. BGH NJW 1998, 1716 zur Zustellung durch Postbedienstete nach der Postreform.

[9] *Nerlich/Römermann/Becker,* InsO, § 8 Rn. 20 ff.; *Uhlenbruck/ders.,* InsO, § 8 Rn. 15; aA FK-*Schmerbach,* InsO, § 8 Rn. 39; *Bernsen,* in: Kölner Schrift, S. 1843, 1849, Rn. 14.

[10] HK-*Kirchhof,* InsO, § 8 Rn. 11.

nunmehr ausdrücklich geregelt. Das Einschalten des Gerichtsvollziehers ist nicht erforderlich.[1]

19 Für die Wirksamkeit der Zustellung durch Aufgabe zur Post genügt es nach § 8 Abs. 3, dass der Insolvenzverwalter bzw. einer seiner Mitarbeiter die Sendung bei der Post einliefert und in gleicher Weise wie die Geschäftsstelle den Einlieferungsvorgang in einem schriftlichen Aktenvermerk festhält, der zu den Gerichtsakten zu reichen ist.

20 Durch das EGInsOÄndG vom 19. Dezember 1998[2] wurde die Möglichkeit, den Insolvenzverwalter mit den Zustellungen zu beauftragen, auch auf das Eröffnungsverfahren und den **vorläufigen Insolvenzverwalter** erweitert. Bis zur Bestellung eines vorläufigen Insolvenzverwalters bleibt allerdings das Insolvenzgericht für Zustellungen zuständig, also insbesondere für eine vorherige Zustellung des Eröffnungsantrags.[3]

Auch der Sachwalter[4] und der Treuhänder können grundsätzlich mit Zustellungen beauftragt werden,[5] allerdings wird zum Teil eingewandt, dass der Treuhänder angesichts der geringen Vergütung wirtschaftlich überfordert sein könnte.[6] Dies ist allerdings eine Frage des entsprechenden Aufwendungsersatzes.[7]

21 Von den förmlichen Zustellungen sind die **informellen Mitteilungen** des Insolvenzverwalters zu unterscheiden. Sie sind bspw. vorgeschrieben in § 158 Abs. 2 S. 1 oder § 168 Abs. 1 S. 1. Die Verletzung der Mitteilungspflichten können Schadenersatzansprüche auslösen, ihre Erfüllung ist daher im Eigeninteresse des Insolvenzverwalters von diesem ausreichend zu dokumentieren, um ggf. den Nachweis der erfolgten Mitteilung führen zu können. Formvorschriften für diese Mitteilungen stellt die Insolvenzordnung nicht auf.

5. Besondere Zustellungsfragen

a) Empfänger unbekannten Aufenthaltes

22 Gem. § 8 Abs. 2 Satz 1 erfolgt die Zustellung nicht, wenn der Aufenthalt der betreffenden Person unbekannt ist. Maßgeblich ist dann die öffentliche Bekanntmachung (§ 9). Bedeutsam wird dies bei der Benachrichtigung von Gläubigern unbekannten Aufenthaltes.[8] Ist dem Insolvenzgericht ein zustellungsbevollmächtigter Vertreter bekannt, wird gem. Abs. 2 Satz 2 an diesen zugestellt.

b) Zustellung im Ausland

23 Zustellungen im Ausland erfolgen nach § 183 Abs. 1 Nr. 2, 3 ZPO, soweit nicht nach zwischenstaatlichen Abkommen grenzüberschreitende Zustellungen nach § 183 Abs. 1 Nr. 1 ZPO durch Einschreiben mit Rückschein stattfinden

---

[1] *Sabel,* ZIP 1999, 305 ff., 307; *Uhlenbruck/ders.,* InsO, § 8 Rn. 16.

[2] BGBl. I 1998, S. 3836 ff.

[3] FK-*Schmerbach,* InsO, § 8 Rn. 37.

[4] AA *Breutigam/Blersch/Goetsch,* InsO, § 8 Rn. 27; wie hier HK-*Kirchhof,* InsO, § 8 Rn. 12; *Kübler/Prütting/Bork/Prütting,* InsO, § 8 Rn. 11 a; *Uhlenbruck/ders.,* InsO, § 8 Rn. 15.

[5] AG Göttingen ZInsO 2004, 1351 f.; MünchKomm-*Ganter,* § 8 Rn. 35; FK-*Schmerbach,* § 8 Rn. 36.

[6] *Kübler/Prütting/Bork/Prütting,* InsO, § 8 Rn. 11 a; HK-*Kirchhof,* § 8 Rn. 12.

[7] Siehe Rn. 17.

[8] Vgl. FK-*Schmerbach,* InsO, § 8 Rn. 29.

können. Zustellungen im EU-Bereich erfolgen seit dem 31. Mai 2001 nach der Verordnung (EG) Nr. 1393/2007 des Rates vom 13. November 2007 über die Zustellung gerichtlicher und außergerichtlicher Schriftstücke in Zivil- oder Handelssachen in den Mitgliedsstaaten (Art. 4 ff. EuZustVO).[1]

c) Zustellung an juristische Personen

Bei juristischen Personen erfolgt die Zustellung an das Vertretungsorgan. Es genügt die Zustellung an einen vertretungsberechtigten organschaftlichen Vertreter.[2] 24

Hat der Geschäftsführer einer GmbH sein Amt niedergelegt oder ist abberufen worden und sorgen die Gesellschafter nicht dafür, dass ein neuer Geschäftsführer bestellt wird, ist die Gesellschaft nicht wirksam gesetzlich vertreten und damit prozessunfähig[3] und es kommt die Zustellung bei einem vom Registergericht zu bestellenden Notgeschäftsführer in Betracht.[4] Der Gesetzgeber hat die geschilderten Probleme im Fall der Führungslosigkeit gesehen und deshalb durch das MoMiG[5] § 35 Abs. 1 S. 2 GmbHG nF eingefügt. Nach dieser Vorschrift wird die Gesellschaft bei Führungslosigkeit für den Fall, dass ihr gegenüber Willenserklärungen abgegeben oder Schriftstücke zugestellt werden, durch die Gesellschafter vertreten. 25

Soll eine Zustellung an eine im Handelsregister gelöschte GmbH oder AG erfolgen, so muss zunächst ein Nachtragsliquidator bestellt werden, an den dann die Zustellung erfolgen kann.[6] 26

Bei Gesellschaften ohne Rechtspersönlichkeit erfolgt die Zustellung an jeden persönlich haftenden Gesellschafter. 27

d) Zustellung durch elektronische Medien

Der Gesetzgeber hat bisher von der Möglichkeit, Zustellungen durch elektronische Datenverarbeitung zu ermöglichen, keinen Gebrauch gemacht. Zumindest ist jedoch für öffentliche Bekanntmachungen der Weg eröffnet worden, zukünftig die neuen Medien verstärkt zu nutzen.[7] 28

6. Praxishinweis

Die Insolvenzgerichte machen von den Möglichkeiten des Abs. 3, soweit erkennbar, umfassend Gebrauch. Dabei ist nun ausdrücklich geregelt, dass die Zustellung durch den (vorläufigen) Insolvenzverwalter auch durch Aufgabe zur Post erfolgen kann, wobei der Insolvenzverwalter sich nach § 8 Abs. 3 S. 2 zur Unterstützung seiner Tätigkeit eigenen Personals bedienen darf. 29

Die Aufgabe zur Post ist durch einen schriftlichen Aktenvermerk (vgl. § 184 Abs. 2 ZPO) zu dokumentieren, der Auskunft darüber zu geben hat, wer als Bote für den Insolvenzverwalter die Zustellung durch Aufgabe zur Post durchgeführt 30

---

[1] ABl. EG 2000 Nr. L 160, S. 37; kommentiert in *Zöller,* ZPO, Anh. II.

[2] *Uhlenbruck/ders.,* InsO, § 8 Rn. 9.

[3] Vgl. OLG Köln ZIP 2000, 280 ff.

[4] *Haarmeyer/Wutzke/Förster,* Hdb., Kap. 3 Rn. 149.

[5] Gesetz zur Modernisierung des GmbH-Rechts und zur Bekämpfung von Missbräuchen (MoMiG) vom 23. 10. 2008, BGBl. I S. 2026 f.

[6] FK-*Schmerbach,* InsO, § 8 Rn. 32; HambKomm-*Rüther,* InsO, § 8 Rn. 11.

[7] Vgl. hierzu die nachfolgenden Erläuterungen zu § 9.

hat. Dieser Aktenvermerk ist vom Mitarbeiter zu unterzeichnen und vom Insolvenzverwalter zur Gerichtsakte einzureichen.

31 Zum Nachweis der Zustellung durch Aufgabe zur Post ist ebenfalls zu vermerken, zu welcher Zeit und unter welcher Anschrift das Schriftstück zur Post gegeben wurde. Die Zustellung gilt bei Inlandszustellungen drei Tage nach Aufgabe zur Post als bewirkt.

32 Geändert wurde in Art. 2 des Gesetzes zur Vereinfachung des Insolvenzverfahrens vom 13. April 2007[1] auch die Verordnung zu öffentlichen Bekanntmachungen in Insolvenzverfahren im Internet.[2] Die Änderung erfolgte wegen der Anpassung[3] an die mit dem Gesetz über elektronische Handelsregister und Genossenschaftsregister sowie Unternehmensregister vom 10. November 2006[4] erfolgte Neuregelung. In dieser Verordnung wurden die §§ 1, 2 Abs. 1, 3 Abs. 1, 4 geändert. Darüber hinaus wurde in diesem Zusammenhang auch das Einführungsgesetz zur Insolvenzordnung vom 5. Oktober 1994[5] geändert. Dabei wurde ein neuer Art. 103 c als Überleitungsvorschrift eingefügt. Hierin wird geregelt, dass die öffentliche Bekanntmachung bis zum 31. Dezember 2008 zusätzlich zu der elektronischen Bekanntmachung in einem am Wohnort oder Sitz des Schuldners periodisch erscheinenden Blatt erfolgen kann. Maßgebend für den Eintritt der Bekanntmachung ist das Datum der Bekanntmachung im Internet. Dieses Datum ist aus der Bekanntmachung selbst ersichtlich.[6]

§ 9 Öffentliche Bekanntmachung

(1) **Die öffentliche Bekanntmachung erfolgt durch eine zentrale und länderübergreifende Veröffentlichung im Internet;**[7] **diese kann auszugsweise geschehen. Dabei ist der Schuldner genau zu bezeichnen, insbesondere sind seine Anschrift und sein Geschäftszweig anzugeben. Die Bekanntmachung gilt als bewirkt, sobald nach dem Tag der Veröffentlichung zwei weitere Tage verstrichen sind.**

(2) **Das Insolvenzgericht kann weitere Veröffentlichungen veranlassen, soweit dies landesrechtlich bestimmt ist. Das Bundesministerium der Justiz wird ermächtigt, durch Rechtsverordnung mit Zustimmung des Bundesrates die Einzelheiten der zentralen und länderübergreifenden Veröffentlichung im Internet zu regeln. Dabei sind insbesondere Löschungsfristen vorzusehen sowie Vorschriften, die sicherstellen, dass die Veröffentlichungen**

1. **unversehrt, vollständig und aktuell bleiben,**
2. **jederzeit ihrem Ursprung nach zugeordnet werden können.**

(3) **Die öffentliche Bekanntmachung genügt zum Nachweis der Zustellung an alle Beteiligten, auch wenn dieses Gesetz neben ihr eine besondere Zustellung vorschreibt.**

---

[1] BGBl. I 2007, S. 509.

[2] BGBl. I 2007, S. 313–352.

[3] BT-Drucks. 16/4194, S. 29 (zu Nr. 3 § 9 InsO).

[4] BGBl. I 2006, S. 2553, zur Rechtsänderung am 1. 1. 2007 erfolgte.

[5] BGBl. I 1994, S. 2911.

[6] Siehe Hilfe zur Suche: Suchergebnisse 1. Punkt: „Die Ergebnisliste beginnt mit dem Datum der Veröffentlichung".

[7] www.insolvenzbekanntmachungen.de

Literatur: *Keller,* Die öffentliche Bekanntmachung im Insolvenzverfahren, ZIP 2003, 149 ff.; *Wittmann,* Die Bedeutung des § 9 Abs. 3 InsO für die Wissenszurechnung im Insolvenzrecht, ZInsO 2008, 1010 ff.

Übersicht

1. Normzweck

Die Vorschrift entspricht im Wesentlichen § 76 KO und § 119 VglO. In der GesO war nur in den §§ 6 Abs. 1 und 19 Abs. 2 S. 1 eine vergleichbare Regelung enthalten. **1**

Die öffentliche Bekanntmachung hat die Aufgabe, der Entscheidung nach außen hin Geltung zu verschaffen und die Publizitätswirkung auch gegenüber solchen Personen eintreten zu lassen, an die eine Einzelzustellung nicht erfolgt. **2**

Die Vorschrift geht auf § 9 RegE.[1] zurück. **3**

Durch das InsOÄndG 2001[2] wurde § 9 Abs. 1 S. 1 um die Möglichkeit ergänzt, Veröffentlichungen im Internet vorzunehmen, sowie in Absatz 2 zum Schutz des Schuldners eine Rechtsgrundlage für eine datenschutzrechtliche Verordnung eingefügt. **4**

Aufgrund dieser Ermächtigungsnorm ist am 1. März 2002 die Verordnung zu öffentlichen Bekanntmachungen im Internet vom 12. Februar 2002[3] in Kraft getreten. Diese wurde durch das Gesetz zur Vereinfachung des Insolvenzverfahrens geändert. **5**

Im § 9 wurden durch das Gesetz zur Vereinfachung des Insolvenzverfahrens[4] Abs. 1 Satz 1 und bei Abs. 2 die Sätze 1 und 2 neu gefasst.

Mit den Änderungen in Abs. 1 hat der Gesetzgeber der weiteren Verbreitung von Internetanschlüssen Rechnung getragen und darüber hinaus dadurch, dass nicht mehr im Bundesanzeiger veröffentlicht werden muss, zu einer erheblichen Einsparung beigetragen. Diese Einsparung kommt insbesondere angesichts der erheblichen Zahl der Stundungsfälle auch den öffentlichen Haushalten zugute. Die Veröffentlichung erfolgt im Internetportal *www.insolvenzbekanntmachungen.de.*[5] **5a**

Näheres regelt die VO zu öffentl. Bekanntmachungen im Insolvenzverfahren, zuletzt geändert durch Art. 2 des Gesetzes zur Vereinfachung des Insolvenzverfahrens vom 13. April 2007, BGBl. I 2007, S. 509. Hier ist in § 4 vorgesehen, dass Personen, die über keinen eigenen Internetzugang verfügen, einen Anspruch **5b**

---

[1] *Balz/Landfermann,* S. 211; *Graf-Schlicker/Kexel,* InsO, § 9 Rn. 1.

[2] BGBl. I 2001, S. 2710, 2711 (Art. 1 Nr. 2).

[3] BGBl. I 2002, S. 677 ff.; abgedruckt als Anhang 2.

[4] BGBl. I 2007, S. 509.

[5] Nicht nachvollziehbar zur Verlässlichkeit der Bekanntmachung OLG Düsseldorf NZI 2009, 407 mit ablehnender Besprechung *Buntenbroich,* NZI 2009, 370.

darauf haben, dass sie von öffentl. Bekanntmachungen in angemessenem Umfang unentgeltlich Kenntnis nehmen können.

5c Die Änderungen in Abs. 2 sollen den Bundesländern ermöglichen, noch weitere Veröffentlichungen vorzusehen, soweit sie dies regional für notwendig halten.[1] Der bisher in § 9 Abs. 2 Nr. 3 verlangte Kopierschutz ist technisch nicht möglich, deshalb wurde darauf verzichtet.[2]

2. Anwendungsbereich

6 Die öffentliche Bekanntmachung ist insbesondere in folgenden Vorschriften der Insolvenzordnung vorgeschrieben: §§ 5 Abs. 2 S. 3, 23 Abs. 1 S. 1, 25 Abs. 1, 26 Abs. 1 S. 3; 30 Abs. 1 S. 1, 34 Abs. 3 S. 1, 64 Abs. 2 S. 1, 73 Abs. 2, 74 Abs. 2 S. 1, 78 Abs. 2 S. 1, 177 Abs. 3 S. 1, 188 S. 3, 197 Abs. 2, 200 Abs. 2 S. 1, 208 Abs. 2 S. 1, 214 Abs. 1 S. 1, 215 Abs. 1 S. 1, 235 Abs. 2 S. 1, 258 Abs. 3 S. 1, 267 Abs. 1 und 2, 268 Abs. 2 S. 1, 273, 277 Abs. 3 S. 1, 289 Abs. 2 S. 3, 289 Abs. 3, 293 Abs. 2, 296 Abs. 3 S. 2, 297 Abs. 2, 298 Abs. 3, 300 Abs. 3 S. 1, 303 Abs. 3 S. 3.

7 Die öffentliche Bekanntmachung erfolgt **von Amts wegen durch das Insolvenzgericht.** Lediglich die öffentliche Bekanntmachung gem. § 188 S. 3 ist vom Insolvenzverwalter zu veranlassen.

8 Das Insolvenzgericht kann auch in allen anderen Fällen nach pflichtgemäßem Ermessen die Bekanntmachung neben der Zustellung anordnen. Dies kann bei einer Vielzahl von Beteiligten zweckmäßig sein.

9 Auch der Beschluss, mit dem ein Insolvenzantrag mangels Masse abgewiesen wird, ist nunmehr nach dem Gesetz zur Vereinfachung des Insolvenzverfahrens vom 13. April 2007[3] gem. dem neu eingefügten § 26 Abs. 1 S. 3 öffentlich bekannt zu machen.

10 Abzugrenzen ist die öffentliche Bekanntmachung von der Mitteilung an die Register gem. §§ 31–33, dem Eintrag in das Schuldnerverzeichnis gem. § 26 Abs. 2 S. 1[4] und von Pressemitteilungen.[5]

3. Inhalt der Bekanntmachung

11 Die gesetzlich angeordnete öffentliche Bekanntmachung kann gem. § 9 Abs. 1 S. 1 2. Halbs. auch nur **auszugsweise** erfolgen. Der Schuldner ist jedoch genau zu bezeichnen, insbesondere ist seine Anschrift und sein Geschäftszweig anzugeben.[6] Nach der Neuregelung im Gesetz zur Vereinfachung des Insolvenzverfahrens vom 13. April 2007[7] wurde, um Verwechslungen zu vermeiden, noch zusätzlich geregelt, dass auch das Geburtsjahr anzugeben ist und die Nummer, unter der der Schuldner im Handelsregister eingetragen ist. Darüber hinaus muss nunmehr nach § 27 Abs. 2 Nr. 4 auch angegeben werden, ob der Schuldner einen Antrag auf Restschuldbefreiung gestellt hat. Bei juristischen Personen

---

[1] BT-Drucks. 16/3227, S. 14 B, besonderer Teil zu Art. 1 Nr. 3 a und b.

[2] BT-Drucks. 16/3227, S. 14 B, besonderer Teil zu Art. 1 Nr. 3 a und 3.

[3] BGBl. I 2007, S. 509.

[4] *Nerlich/Römermann/Becker,* InsO, § 9 Rn. 4 und 5.

[5] Ausführlich auch zur Verletzung des Persönlichkeitsrechts: *Nerlich/Römermann/Becker,* InsO, § 9 Rn. 2, 4–7; *Keller,* ZIP 2003, 149 ff.

[6] Ausführlich: *Nerlich/Römermann/Becker,* InsO, § 9 Rn. 12.

[7] BGBl. I 2007, S. 509.

dürfte nach Sinn und Zweck der Regelung, nämlich eine genaue Zuordnung der Verantwortlichen herzustellen, auch die Nennung des organschaftlichen Vertreters anzugeben sein.[1] Ansonsten aber gilt: was nach dem Gesetz bekannt gemacht werden muss, ist mit Rücksicht auf das Persönlichkeitsrecht des Schuldners i. d. R. auch das, was bekannt gemacht werden darf.[2] Der Antragsteller des Verfahrens ist nicht zu nennen.[3]

In § 26 Abs. 1 S. 3 ist nunmehr[4] enthalten, dass der Beschluss über die Abweisung mangels Masse unverzüglich öffentlich bekannt zu machen ist.[5] Bereits die Anordnung der Sicherungsmaßnahmen als auch deren Aufhebung war schon bisher öffentlich bekannt zu machen (§ 23 Abs. 1 Satz 1, § 25 Abs. 1), so dass die größeren Fälle, bei denen Sicherungsmaßnahmen angeordnet worden sind, auch bisher schon veröffentlicht wurden. Bei EU-Bezug ist ergänzend klarzustellen, dass das vorl. Verfahren als Hauptinsolvenzverfahren gem. Art. 3 Abs. 1 EUInsVO betrieben wird.[6] 12

Ist ein Gerichtstermin öffentlich bekannt zu machen, so sind Zeit und Ort anzugeben; Gerichtsbeschlüsse sind ihrem wesentlichen Inhalt nach bekannt zu machen. Wird gegen diese Mindestvoraussetzungen verstoßen, wird eine kurze Rechtsmittelfrist nicht durch die Bekanntmachung in Lauf gesetzt.[7] 13

4. Art und Weise der Bekanntmachung

Im Gegensatz zur Zustellung gemäß § 8 ist für die öffentliche Bekanntmachung das Gericht von Amts wegen allein zuständig. Ganz ausnahmsweise geschieht die Bekanntmachung durch den Insolvenzverwalter, § 181 S 3. Die Veröffentlichung ist durch das Gesetz zur Vereinfachung des Insolvenzverfahrens[8] vom 13. April 2007 neu geregelt worden. Der Gesetzgeber hat dabei der zunehmenden Verbreitung des Internets Rechnung getragen und nunmehr nach § 9 Abs. 1 Satz 1 geregelt, dass die öffentliche Bekanntmachung durch eine zentrale und länderübergreifende Veröffentlichung grundsätzlich nur noch im Internet erfolgt. Dies gilt auch im Gesamtvollstreckungsverfahren.[9] Die Neuregelung gilt auch für Insolvenzverfahren, die vor dem 1. 7. 2007 eröffnet worden sind.[10] Die 14

---

[1] *Kübler/Prütting/Bork/Prütting,* InsO, § 9 Rn. 14; zu § 76 KO vgl. *Kuhn/Uhlenbruck,* KO § 76 Rn. 6.

[2] *Nerlich/Römermann/Becker,* InsO, § 9 Rn. 7; *Keller,* ZIP 2003, 149 ff., 156.

[3] FK-*Schmerbach,* InsO, § 9 Rn. 18.

[4] Neugeregelt im Gesetz zur Vereinfachung des Insolvenzverfahrens vom 13. 4. 2007, BGBl. I 2007, 509.

[5] Zum bisherigen Streitstand, ob auch bei Abw. zu veröffentl. ist FK-*Schmerbach*, InsO, 4. Aufl., § 26 Rn. 73 und *Keller,* ZIP 2003, 149 ff., 150; HK-*Kirchhoff,* § 26 Rn. 26.

[6] AG Hamburg ZInsO 2009, 539, s. auch § 11 Rn. 16 a.

[7] BVerfG NJW 1988, 1255 f., 1256: zur einwöchigen Rechtsmittelfrist nach VerglO.

[8] BGBl. I 2007, S. 509.

[9] Siehe Änderung Art. 103 EGInsO durch Art. 9 a Nr. 1 des Gesetzes zur Neuregelung des Rechtsberatungsgesetzes vom 12. 12. 2007 (BGBl. 2007, S. 2840): „Öffentliche Bekanntmachungen nach der Gesamtvollstreckungsordnung, die bisher im Bundesanzeiger veröffentlicht worden sind, erfolgen im elektronischen Bundesanzeiger."

[10] Bisher AG Duisburg NZI 2007, 531 f.; hierzu *Heyer,* EWiR 2008, 53 f.; jetzt geregelt durch den Gesetzgeber in Art. 9 a Nr. 2 des Gesetzes zur Neuregelung des Rechtsberatungsgesetzes vom 12. 12. 2007 (BGBl. I S. 2840); Art. 103 c EGInsO wurde wie folgt ergänzt: „In solchen Insolvenzverfahren erfolgen alle durch das Gericht vorzunehmenden

zuständige Internetadresse ist *www.insolvenzbekanntmachungen.de.* Die Veröffentlichung kann nach § 9 Abs. 1 S. 1 2. Halbs. auszugsweise geschehen. Die – allerdings durch die Veröffentlichung im Internet stark reduzierten – Kosten der Veröffentlichung trägt im eröffneten Verfahren die Masse, ansonsten derjenige, dem die Kosten auferlegt werden.[1]

15 Die Entwicklung vor der Neuregelung lässt sich kurz wie folgt darstellen. Das InsO-Änderungsgesetz 2001 hatte die Möglichkeit der öffentlichen Bekanntmachung neben den Printmedien geschaffen. Das Bundesministerium der Justiz hatte auf Grund der im früheren Abs. 2 S. 2 und 3 enthaltenen Ermächtigungsnormen die Verordnung zur öffentlichen Bekanntmachung im Internet vom 12. Februar 2002[2] erlassen, die am 1. März 2002 in Kraft getreten war. Daraufhin entstand die Veröffentlichung unter der Internetadresse *www.insolvenzbekanntmachungen.de.*

16 Die bisherige Vorschrift des § 9 Abs. 2 S. 3 Nr. 3, nach der sichergestellt werden sollte, dass die Veröffentlichungen nach dem Stand der Technik durch Dritte nicht kopiert werden können, wurde abgeschafft, da dies laut Gesetzesbegründung weitgehend leer lief.[3]

17 Neben der InsO wurden auch die §§ 1 und 2 InsOBekV sowie Artikel 103 c, EGInsO geändert. In Artikel 103 c, EGInsO sind die Wörter „von § 9 der Insolvenzordnung" durch die Wörter „der §§ 8 und 9 der Insolvenzordnung und der Verordnung zu öffentlichen Bekanntmachungen im Insolvenzverfahren im Internet" ersetzt worden.[4]

18 Entsprechend § 1 Satz 2 InsOBekVdarf die Veröffentlichung im Internet nur die personenbezogenen Daten enthalten, die nach der Insolvenzordnung bekannt zu machen sind. Sie ist spätestens einen Monat nach der Aufhebung oder der Rechtskraft der Einstellung des Insolvenzverfahrens zu löschen.[5] Wird das Verfahren nicht eröffnet, beginnt die Frist mit der Aufhebung der veröffentlichten Sicherungsmaßnahmen.

19 Für die Veröffentlichungen in Restschuldbefreiungsverfahren einschließlich des Beschlusses nach § 289 gilt § 3 Abs. 1 Satz 1 InsOBekV mit der Maßgabe, dass die Frist mit Rechtskraft der Entscheidung über die Restschuldbefreiung zu laufen beginnt.

20 Sonstige Veröffentlichungen werden einen Monat nach dem ersten Tag der Veröffentlichung gelöscht.[6]

21 Für Personen, die über keinen eigenen Internetzugang verfügen, haben nach § 4 der Verordnung zu öffentlichen Bekanntmachungen in Insolvenzverfahren im Internet vom 12. Februar 2002[7] (neugefasst durch Art. 2 Nr. 4 des Gesetzes zur Vereinf. des Insolvenzverfahrens) die Insolvenzgerichte sicherzustellen, dass

---

öffentlichen Bekanntmachungen unbeschadet von Abs. 2 nur nach Maßgabe des § 9 der Insolvenzordnung. § 188 S. 3 der Insolvenzordnung ist auch auf Insolvenzverfahren anzuwenden, die vor dem Inkrafttreten des Gesetzes zur Neuregelung des Rechtsberatungsgesetzes vom 12. 12. 2007 (BGBl. I, S. 2840) am 18. 12. 2007 eröffnet worden sind."

[1] FK-*Schmerbach,* InsO, § 9 Rn. 30.

[2] BGBl. I 2002, S. 677; abgedruckt als Anhang 2.

[3] Vgl. Drucks. 16/3227, S. 14 besonderer Teil B Art. 1 Nr. 1 b am Ende.

[4] BR-Drucks. 549/06 v. 22. 9. 2006, S. 6.

[5] § 3 Abs. 1 Satz 1 InsOBeRV.

[6] § 3 Abs. 3 InsOBekV.

[7] BGBl. I 2002, S. 677.

jedermann von den öffentlichen Bekanntmachungen in angemessenem Umfang unentgeltlich Kenntnis nehmen kann.[1]

5. Wirksamkeitszeitpunkt

Die Bekanntmachung gilt gem. § 9 Abs. 1 S. 3 als bewirkt, sobald nach dem Tag der Veröffentlichung zwei weitere Tage verstrichen sind. Bisher kam es für den Fristbeginn auf den Tag der tatsächlichen Ausgabe des Amtsblattes an.[2] Nachdem jetzt die Veröffentlichung über das Internet erfolgt, ist maßgebend für den Fristbeginn nunmehr die tatsächliche Veröffentlichung im Internet.[3] Dieser Tag wird in der entsprechenden Veröffentlichung mit angegeben.[4] Der Tag der Einstellung ins Internet wird nicht in die Frist mit eingerechnet. Fällt der letzte Tag der Frist auf einen Sonnabend, Sonntag oder gesetzlichen Feiertag endet die Frist am folgenden Werktag gem. § 4 i. V. m. § 222 Abs. 2 ZPO, 187 Abs. 1 BGB.[5] Im Falle der Einstellung oder Aufhebung des Insolvenzverfahrens kann der Fristbeginn dem Schuldner, dem Insolvenzverwalter und den Mitgliedern des Gläubigerausschusses vorab mitzuteilen sein.[6] 22

6. Wirkung der Bekanntmachung

Gem. Abs. 3 wirkt die vom Gericht erfolgte, öffentliche Bekanntmachung wie eine ordnungsgemäße Zustellung an die Beteiligten, auch wenn eine besondere Zustellung vorgeschrieben ist.[7] Es beginnen also **Rechtsmittelfristen** spätestens für alle Beteiligten mit der Bekanntmachung zu laufen. Dies gilt auch, wenn die aktuelle Anschrift des Schuldners, der zunächst unbekannten Aufenthalts war, später ermittelt wird und dem Schuldner der Beschluss durch Aufgabe zur Post nochmals zugestellt wird.[8] Ist zu einem früheren Zeitpunkt bereits eine wirksame Zustellung an einzelne Beteiligte erfolgt, so beginnt der Lauf der Frist für diese bereits mit der Zustellung.[9] 23

Ist der Abdruck der Bekanntmachung unvollständig, kann die Bekanntmachung nur insoweit als bewirkt gelten, als das Abgedruckte für sich genommen bereits einen bekannt zu machenden Inhalt deckt. Wegen des Restes ist eine ergänzende Veröffentlichung oder eine komplette Neuveröffentlichung nötig.[10] 24

---

1 Zur Begründung: BT-Drucks. 16/3227, S. 14 B, Besonderer Teil zu Art. 1 Nr. 3 a aE.

2 BGH NJW-RR 1993, 255.

3 OLG Rostock ZInsO 2006, 884, 885 (oben); *Nerlich/Römermann/Becker,* InsO § 9 Rn. 19.

4 Vgl. § 9 Praxishinweise Rn. 28; Menüpunkt Hilfe zur Suche, Stichpunkt Suchergebnis im Internetportal www.insolvenzbekanntmachungen.de.

5 HK-*Kirchhof,* InsO, § 9 Rn. 7; FK-*Schmerbach,* InsO, § 9 Rn. 31.

6 Vgl. §§ 215 Abs. 1 S. 2, 258 Abs. 3 S. 2.

7 Und diese ggf. unterblieben ist, BGH ZInsO 2004, 199, BGH, Beschluss vom 13. 1. 2009 – IX ZB 283/08, BeckRS 2009, 04878; BayObLG ZInsO 2002, 129 ff.; LG Duisburg NZI 2005, 43 f.; zur Kenntnis einer Bank, BGH NZI 2006, 175 ff., 177 m. Anm. *Hippel/Schneider; Wittmann,* ZInsO 2008, 1010 ff. zur Wissenszurechnung.

8 LG Göttingen NZI 2007, 735.

9 BGH ZInsO 2003, 374 m. krit. Anm. *Keller,* EWiR 2003, 977 f.; *Graf-Schlicker-Kexel,* InsO, § 9 Rn. 4.

10 *Nerlich/Römermann/Becker,* InsO, § 9 Rn. 19.

7. Weitere und wiederholende Veröffentlichung

25 Neben der einmaligen öffentlichen Bekanntmachung nach § 9 Abs. 1 steht es – soweit dies landesrechtlich bestimmt ist – gem. § 9 Abs. 2 im Ermessen des Gerichts, ob es weitere Veröffentlichungen veranlasst. Sollte eine andere Veröffentlichung früher erscheinen als die Veröffentlichung im Internet, so soll es für die Fristenberechnung und die Vermutung der Kenntnis, z. B. der Bank, bei dem Erscheinungsdatum im Internet bleiben.[1] Ermessensleitend bei der Entscheidung, ob zusätzlich zum Internet noch in einem Printmedium veröffentlicht wird, sollte einerseits das Erreichen größtmöglicher Information der im Verfahren Beteiligten oder Interessierten sein, andererseits sollte das Gericht nicht die Kosten außer Acht lassen.[2] In Verbraucherinsolvenzverfahren ist Abs. 2 nicht anwendbar.[3]

8. Praxishinweis

26 Weitere Veröffentlichungen können insbesondere in Spezialpublikationen und Branchenblättern sinnvoll sein. Vor allem dann, wenn der Insolvenzverwalter Übernahmeinteressenten ansprechen möchte, bieten sich derartige Publikationen an. Auch die Pressearbeit des Verwalters ist für diese Fälle von Bedeutung, selbst wenn dies keine offizielle Publikation darstellt.

27 Auch wenn die örtliche Zuständigkeit des Insolvenzgerichtes erst vor Kurzem erlangt worden war, kann es angezeigt sein, Veröffentlichungen ebenfalls am früheren Betätigungsort des Schuldners vorzunehmen, da hierdurch sichergestellt werden kann, dass alle Beteiligten angesprochen werden. Im Hinblick auf das Internetportal *www.insolvenzbekanntmachungen.de* wird darauf hingewiesen, dass nach Eingabe der Gesellschaft bzw. eines Teils des Namens der Gesellschaft oder des Namens der gesuchten Einzelperson Suchergebnisse gemeldet werden. Die Ergebnisliste beginnt mit dem Datum der Veröffentlichung. Dies ergibt sich aus dem Menüpunkt „Hilfe zur Suche" unter dem Oberbegriff „Suchergebnisse".

28 Weitere Informationen über Insolvenzverfahren sind im Internet über private Anbieter – im wesentlichen Verlage – verfügbar. So bietet beispielsweise der RWS-Verlag frei zugänglich eine Datenbank, in der alle eröffneten Insolvenzverfahren sowie die vom Gericht bestellten Insolvenzverwalter angegeben werden, unter *www.rws-verlag.de/indat* an. Darüber hinaus sind zu erwähnen der Informationsdienst für Insolvenzverfahren unter *www.insolnet.de* bzw. die Website der STP Informationstechnologie AG unter *www.winsolvenz.de.*

29 Hiervon zu unterscheiden sind die Veröffentlichungen einzelner Insolvenzverwalter zu den von ihnen bearbeiteten Verfahren, die insbesondere im Interesse der einfacheren und schnelleren Bearbeitung von Gläubigeranfragen angeboten werden.

30 Im Gesetz über elektronische Handelsregister und Genossenschaftsregister sowie das Unternehmensregister (EHUG)[4] ist in § 8 b Abs. 2 Nr. 11 geregelt, dass

---

[1] *Nerlich/Römermann/Becker,* InsO, § 9 Rn. 14; MünchKomm-*Ott,* InsO, § 82 Rn. 15; BGH NZI 2006, 175 ff. mit Anm. *Hippel/Schneider*; OLG Rostock ZInsO 2006, 884.

[2] *Haarmeyer/Wutzke/Förster,* Hdb., Kap. 2 Rn. 83, 89; *Nerlich/Römermann/Becker,* InsO, § 9 Rn. 17 f.

[3] § 312 Abs. 1 S. 1 2. Halbs.

[4] BGBl. I 2006, S. 2553 ff., 2554.

in diesem Unternehmensregister auch Bekanntmachungen der Insolvenzgerichte nach § 9 InsO enthalten sind, ausgenommen Verfahren nach dem neunten Teil der Insolvenzordnung, also keine Verbraucherinsolvenzverfahren und sonstige Kleinverfahren, sondern nur Unternehmensinsolvenzen.

§ 10 Anhörung des Schuldners

(1) **Soweit in diesem Gesetz eine Anhörung des Schuldners vorgeschrieben ist, kann sie unterbleiben, wenn sich der Schuldner im Ausland aufhält und die Anhörung das Verfahren übermäßig verzögern würde oder wenn der Aufenthalt des Schuldners unbekannt ist. In diesem Fall soll ein Vertreter oder Angehöriger des Schuldners gehört werden.**

(2) **Ist der Schuldner keine natürliche Person, so gilt Absatz 1 entsprechend für die Anhörung von Personen, die zur Vertretung des Schuldners berechtigt oder an ihm beteiligt sind. Ist der Schuldner eine juristische Person und hat diese keinen organschaftlichen Vertreter (Führungslosigkeit), so können die an ihm beteiligten Personen gehört werden; Absatz 1 Satz 1 gilt entsprechend.**

Literatur: *Hirte,* Neuregelungen mit Bezug zum gesellschaftsrechtlichen Gläubigerschutz und im Insolvenzrecht durch das Gesetz zur Modernisierung des GmbH-Rechts und zur Bekämpfung von Missbräuchen (MoMiG), ZInsO 2008, 689 ff.; *Kind,* Insolvenzrechtliche Änderungen durch das MoMiG, NZI 2008, 475 ff.; *Prütting,* Allgemeine Verfahrensgrundsätze der Insolvenzordnung, Kölner Schrift, 221 ff.; *Vallender,* Das rechtliche Gehör im Insolvenzverfahren, Kölner Schrift, 249 ff.

Übersicht

1. Normzweck

1 Die Vorschrift schränkt im Beschleunigungsinteresse das rechtliche Gehör zu Lasten des Schuldners ein. Der Gesetzgeber verallgemeinert und ergänzt damit die in § 105 Abs. 3 KO enthaltene Regelung, die jedoch nur für das Eröffnungsverfahren galt. § 10 entspricht wörtlich § 10 RegE.[1]

1a Durch das MoMiG[2] wurde Abs. 2 ergänzt um eine Regelung für den Fall der „Führungslosigkeit". Mit dieser Ergänzung wollte der Gesetzgeber dem Miss-

[1] *Balz/Landfermann,* S. 215.

[2] Gesetz zur Modernisierung des GmbH-Rechts und zur Bekämpfung von Missbräuchen vom 23. 10. 2008, BGBl. I S. 2026 ff.

brauch entgegenwirken, dass Gesellschaften gezielt „führungslos" gemacht werden, um die Eröffnung eines Insolvenzverfahrens zu behindern.[1] Mit der Neuregelung des § 10 Abs. 2 korrespondieren die Änderungen in den §§ 15, 15 a, 101, außerdem wurde auch § 35 Abs. 1 GmbHG um einen Satz 2 ergänzt, nach dem bei Führungslosigkeit die Gesellschaft für den Fall, dass ihr gegenüber Willenserklärungen abgegeben oder Schriftstücke zugestellt werden, durch die Gesellschafter vertreten wird. Die Änderungen des MoMiG gelten für alle nach dem 1. 11. 2008 eröffneten Verfahren (Art. 103 d EGInsO).

2. Anwendungsbereich

2 Die Gesetzesfassung, nach der die Anhörung nur in den in diesem Gesetz geregelten Fällen unterbleiben kann, ist irreführend. Es könnte der Eindruck entstehen, in anderen Fällen sei eine Anhörung nicht erforderlich. Dies trifft nicht zu. Schon aus Art. 103 Abs. 1 GG, 6 Abs. 1 Satz 1 EMRK ergibt sich ein Anspruch des Betroffenen auf **rechtliches Gehör** vor jeder gerichtlichen Entscheidung.[2] Rechtliches Gehör ist auch vor einer Entscheidung, die in entsprechender Anwendung der Zivilprozessordnung in Verbindung mit § 4 ergeht, zu gewähren.[3]

3 Der Anwendungsbereich betrifft daher nicht allein die im Text der Insolvenzordnung oder der Zivilprozessordnung ausdrücklich erwähnten, sondern **alle Anhörungen des Schuldners.** In der Insolvenzordnung ausdrücklich vorgeschrieben ist die Anhörung des Schuldners in folgenden Vorschriften:

- § 14 Abs. 2: Anhörung des Schuldners bei Insolvenzantrag eines Gläubigers
- § 15 Abs. 2: Anhörung der Mitglieder des schuldnerischen Vertretungsorgans, die nicht an dem Eigenantrag der übrigen Mitglieder mitgewirkt haben, der persönlich haftenden Gesellschafter, Gesellschafter der juristischen Person, Mitglieder des Aufsichtsrats oder Abwickler
- § 98 Abs. 2: Anhörung des Schuldners vor seiner Verhaftung
- § 99 Abs. 1 S. 2: Anhörung des Schuldners vor Erlass einer Postsperre
- § 214 Abs. 2 S. 1 Anh. des Antragstellers vor Einstellung des Verfahrens
- § 232 Abs. 1 Nr. 2 Anh. des Schuldners vor Zurückweisung des Insolvenzplans
- § 248 Abs. 2: Anhörung des Schuldners vor Bestätigung des Insolvenzplanes
- § 272 Abs. 2 S. 2: Anhörung des Schuldners vor Aufhebung der Eigenverwaltung auf Antrag eines Gläubigers
- § 296 Abs. 2 S. 1 Anh. d. Beteiligten zur Versagung der Restschuldbefreiung
- §§ 298 Abs. 2 S. 1, 314 Abs. 3 S. 3: Anhörung des Schuldners vor Versagung der Restschuldbefreiung
- § 300 Abs. 1: Anhörung des Schuldners vor Entscheidung über die Gewährung der Restschuldbefreiung
- § 303 Abs. 3 S. 1: Anhörung des Schuldners vor Widerruf der Restschuldbefreiung
- § 317 Abs. 2 und 3: Anhörung der Erben, die nicht am Eröffnungsantrag mitgewirkt haben
- §§ 318 Abs. 2 S. 2, 333 Abs. 2 S. 2: Anhörung des anderen Ehegatten.

---

[1] Vgl. umfassend zum MoMiG *Kind,* NZI 2008, 475 ff.; *Hirte,* ZInsO 2008, 689 ff.

[2] *Prütting,* in: Kölner Schrift, S. 221 Rn. 23 f.; *Vallender,* ebd., S. 249 ff. Rn. 5.

[3] *Nerlich/Römermann/Becker,* InsO, § 10 Rn. 2.

Aus dem **Grundrecht auf rechtliches Gehör** folgt allerdings, dass unter einer nach „diesem Gesetz vorgeschriebenen Anhörung" jede im Insolvenzverfahren notwendige Anhörung zu verstehen ist. Die Beschränkung des rechtlichen Gehörs betrifft daher alle Anhörungen des Schuldners. Eine enge Auffassung würde dem Anliegen der Beschleunigung nicht gerecht.[1] 4

Die Anhörung ist von einer gem. § 5 Abs. 1 Satz 1 im Bedarfsfall gebotenen und erzwingbaren **Vernehmung** des Schuldners, z. B. nach §§ 20, 97, 98, zu unterscheiden.[2] Sie dient der Erfüllung des Amtsermittlungsgrundsatzes. Ist der Schuldner in diesem Falle nicht zu erreichen, sind alle sonstigen Erkenntnisquellen auszuschöpfen. 5

3. Durchführung der Anhörung

Auf welche Weise das Gericht die Anhörung durchführt, entscheidet es nach pflichtgemäßem Ermessen.[3] Die Anhörung kann schriftlich oder mündlich erfolgen.[4] Dem Schuldner kann im Eröffnungsverfahren der Antrag mit einem Fragebogen übersandt werden, in dem er aufgefordert wird, Auskunft über seine Vermögensverhältnisse zu geben. Entscheidet sich das Gericht für eine schriftliche Anhörung, ist zugleich eine Frist zur Stellungnahme zu setzen.[5] Es genügt, wenn das Gericht Gelegenheit zur Äußerung auf zumutbarem Wege bietet. Ob der Betroffene die Gelegenheit wahrnimmt, ist unerheblich.[6] Ein minderjähriger Schuldner wird bei Einwilligung seines gesetzlichen Vertreters selbst gehört. Ansonsten ist der gesetzliche Vertreter für ihn zu hören.[7] 6

Eine Unterlassung der Anhörung ist nur in engen Grenzen zulässig, eine vorherige Anhörung kann jedoch insbesondere bei Anordnung von Sicherungsmaßnahmen unterbleiben, wenn hierdurch der Sicherungszweck gefährdet oder gar vereitelt würde.[8] 7

Unterbleibt die gesetzlich vorgeschriebene Anhörung des Schuldners, ist streitig, ob hierdurch bereits ein wesentlicher Verfahrensmangel verwirklicht ist, der allein schon die Aufhebung der gerichtlichen Entscheidung rechtfertigt[9] oder ob die gesamte Anhörung des Schuldners im Beschwerdeverfahren noch nachgeholt werden kann.[10] Die generell gegebene Möglichkeit des Insolvenzgerichtes, im Beschwerdeverfahren abzuhelfen, zeigt darüber hinaus, dass eine Nachholung der versäumten Anhörung zumindest in diesem Verfahrensstadium möglich sein muss.[11] 8

---

[1] *Nerlich/Römermann/Becker,* InsO, § 10 Rn. 2.

[2] HK-*Kirchhof,* § 10 Rn. 5; FK-*Schmerbach,* InsO, § 10 Rn. 12.

[3] *Vallender,* in: Kölner Schrift, S. 249 Rn. 7.

[4] FK-*Schmerbach,* InsO, § 10 Rn. 4; *Andres/Leithaus,* InsO, § 10 Rn. 2.

[5] FK-*Schmerbach,* InsO, § 10 Rn. 5 mwN.

[6] *Nerlich/Römermann/Becker,* InsO, § 10 Rn. 8.

[7] *Nerlich/Römermann/Becker,* InsO, § 10 Rn. 11.

[8] OLG Brandenburg ZIP 2001, 207 f.; HK-*Kirchhof,* InsO, § 4 Rn. 22; FK-*Schmerbach,* InsO, § 10 Rn. 9; HambKomm-*Rüther,* InsO, § 10 Rn. 4.

[9] So *Uhlenbruck/ders.,* InsO, § 10 Rn. 10 mwN.

[10] LG Berlin ZInsO 2001, 269; *Breutigam/Blersch/Goetsch,* InsO, § 10 Rn. 23; HK-*Kirchhof,* InsO, § 6 Rn. 33; *Nerlich/Römermann/Becker,* InsO, § 10 Rn. 22; aA *Nerlich/Römermann/Mönning,* InsO, § 14 Rn. 66.

[11] FK-*Schmerbach,* InsO, § 10 Rn. 11; *Uhlenbruck/ders.,* InsO, § 10 Rn. 10; *Vallender* in: Kölner Schrift, S. 249 ff., 255 Rn. 14, 15.

4. Voraussetzung einer unterbleibenden Anhörung

a) Auslandsaufenthalt des Schuldners

9 Hält sich der Schuldner im Ausland auf, so ist er grundsätzlich genauso zu hören, wie bei einem Inlandsaufenthalt.[1] Das gilt auch nach seiner Flucht.[2] Von der Anhörung darf gem. Satz 1 nur abgesehen werden, wenn sie das Verfahren übermäßig verzögert, also den Verfahrenszweck wesentlich beeinträchtigen würde. Es handelt sich um eine Ermessensentscheidung des Gerichts, die aktenkundig gemacht werden sollte.[3] Ob eine übermäßige Verzögerung vorliegt, entscheidet das Gericht im Einzelfall unter Berücksichtigung des Aufenthaltsortes des Schuldners und der Kommunikationsmöglichkeiten.[4] Gemessen an den verhältnismäßig kurzen Fristen der §§ 6 Abs. 1, 28 Abs. 1 Satz 2, 29 Abs. 1 Satz 1 und 235 Abs. 1 Satz 2 (zwischen zwei Wochen und drei Monaten) ist eine Verzögerung von mehr als einem Monat im Allgemeinen übermäßig lang.[5]

b) Unbekannter Aufenthalt des Schuldners

10 Unbekannt ist der Aufenthalt, wenn er allgemein und nicht nur der antragstellenden Partei unbekannt ist (s. Amtsermittlungspflicht § 5 Abs. 1 S. 1).[6] Es reicht, wenn eine Einwohnermeldeamtsanfrage am Wohnort oder Sitz des Schuldners ergibt, dass er unbekannt verzogen ist. Wegen weiterer Einzelheiten, kann auf die Kommentierung zu § 185 Abs. 1 ZPO verwiesen werden.

c) Weitere Beschränkungen des Anhörungsgebotes

11 Weitere Beschränkungen aus dem Anhörungsgebot können sich aus der Befürchtung ergeben, mit der Anhörung des Schuldners den Zweck der bevorstehenden Entscheidung zu gefährden.[7] Dies gilt insbesondere für Sicherungsmaßnahmen gemäß § 21, damit der Schuldner nicht vorzeitig gewarnt wird und Vermögen beiseiteschaffen kann. Ihm ist nachträglich rechtliches Gehör zu gewähren. Für den Fall der Postsperre ist dies in § 99 Abs. 1 geregelt.[8]

5. Vertreter und Angehöriger

12 Die Anhörung von Vertretern und Angehörigen soll gem. § 10 Abs. 1 Satz 2 stattfinden. Dies kann analog § 10 Abs. 1 Satz 1 entfallen, wenn die Ersatzanhörung wegen Auslandsaufenthalts der Angehörigen oder des Vertreters eine übermäßige Verzögerung verursachen würde.[9]

---

[1] HK-*Kirchhof,* InsO, § 10 Rn. 7; vgl. zu Auslandsreisen: LG Saarbrücken, Rpfleger 1995, 37 f.

[2] HK-*Kirchhof,* InsO, § 10 Rn. 7; aA *Vallender,* in: Kölner Schrift, S. 249, 260 Rn. 32 aE mwN.

[3] FK-*Schmerbach,* InsO, § 10 Rn. 7; *Andres/Leithaus,* InsO, § 10 Rn. 4 und 5; *Graf-Schlicker/Kexel,* InsO, § 10 Rn. 3.

[4] FK-*Schmerbach,* InsO, § 10 Rn. 7.

[5] HK-*Kirchhof,* InsO, § 10 Rn. 7; *Uhlenbruck/ders.,* § 10 Rn. 4.

[6] FK-*Schmerbach,* InsO, § 10 Rn. 8; *Kübler/Prütting/Bork/Prütting,* InsO, § 10 Rn. 8.

[7] *Haarmeyer/Wutzke/Förster,* Hdb. Kap. 3 Rn. 157; FK-*Schmerbach,* InsO, § 10 Rn. 9.

[8] *Nerlich/Römermann/Becker,* InsO, § 10 Rn. 18.

[9] *Hess,* InsO, § 10 Rn. 18; *Nerlich/Römermann/Becker,* InsO, § 10 Rn. 14; HambKomm-*Rüther,* InsO, § 10 Rn. 8.

Vertreter ist derjenige, dem gem. § 164 BGB die Befugnis zusteht, Rechtsgeschäfte zugunsten oder zulasten des Schuldners zu tätigen. Auch der Prozessbevollmächtigte kann im Hinblick auf die Anhörung Vertreter des Schuldners sein,[1] soweit er gerade zur Wahrung der Vermögensinteressen des Schuldners mandatiert worden ist. Der Prozessbevollmächtigte in familienrechtlichen Verfahren scheidet insoweit als ersatzweise anzuhörender Vertreter aus. 13

Angehörige können nahe stehende Personen i. S. d. § 138 Abs. 1 sein, auch 14
§§ 11 Abs. 1 Nr. 1 StGB, 52 Abs. 1, 63 StPO, 383 Abs. 1 ZPO können Anhaltspunkte[2] für die Ermessensentscheidung des Gerichts geben.

Ist der Schuldner keine natürliche Person **(Abs. 2)**, ist Abs. 1 auf die **Organe** 15
und Gesellschafter entsprechend anzuwenden. Befinden sich diese im Ausland, kann die Anhörung unterbleiben, wenn sie das Verfahren übermäßig verzögern würde. Ist ihr Aufenthalt unbekannt, kann ebenfalls auf die Durchführung der Anhörung verzichtet werden. Allerdings soll auch in diesem Falle ein Vertreter oder Angehöriger des Organs oder des Gesellschafters gehört werden, falls derartige Personen bekannt sind.

Darüber hinaus können nach der Ergänzung des Abs. 2 durch das MoMiG[3] im 15a
Fall der „Führungslosigkeit" die am Schuldner beteiligten Personen gehört werden. § 10 Abs. 2 enthält insoweit eine Legaldefinition der „Führungslosigkeit", diese liegt vor, wenn der Schuldner keinen organschaftlichen Vertreter hat. In den Missbrauchsfällen tritt dieser Zustand in der Regel durch Amtsniederlegung oder Abberufung ein, seltener tritt er durch Tod oder Verlust der Amtsfähigkeit ein.[4] Nicht ausreichend für die „Führungslosigkeit" ist, wenn der organschaftliche Vertreter nur unerreichbar ist.[5] Abs. 2 S. 2 stellt die Anhörung der Gesellschafter in das Ermessen des Gerichts („können").

Die Auswahl der Ersatzpersonen steht im Ermessen des Gerichts, von ihrer 16
Anhörung kann wiederum dann abgesehen werden, wenn sie zu einer übermäßigen Verzögerung führen würde. Vorrangig ist ein vom Schuldner Bevollmächtigter zu hören, danach die dem Schuldner nahe stehenden Angehörigen.[6]

---

[1] *Uhlenbruck/ders.,* InsO, § 10 Rn. 7.

[2] *Nerlich/Römermann/Becker,* InsO, § 10 Rn. 16.

[3] Gesetz zur Modernisierung des GmbHG-Rechts und zur Bekämpfung von Missbräuchen vom 23. 10. 2008, BGBl. I S. 2026 ff.

[4] Z. B. aus strafrechtlichen Gründen, z. B. wegen § 6 Abs. 2 S. 1 Nr. 3 GmbHG nF.

[5] AG Hamburg NZI 2009, 63.

[6] HK-*Kirchhof,* InsO, § 10 Rn. 8.

Zweiter Teil. Eröffnung des Insolvenzverfahrens. Erfasstes Vermögen und Verfahrensbeteiligte

Erster Abschnitt. Eröffnungsvoraussetzungen und Eröffnungsverfahren

§ 11 Zulässigkeit des Insolvenzverfahrens

(1) **Ein Insolvenzverfahren kann über das Vermögen jeder natürlichen und jeder juristischen Person eröffnet werden. Der nicht rechtsfähige Verein steht insoweit einer juristischen Person gleich.**

(2) **Ein Insolvenzverfahren kann ferner eröffnet werden:**

1. **über das Vermögen einer Gesellschaft ohne Rechtspersönlichkeit (offene Handelsgesellschaft, Kommanditgesellschaft, Partnerschaftsgesellschaft, Gesellschaft des Bürgerlichen Rechts, Partenreederei, Europäische wirtschaftliche Interessenvereinigung);**
2. **nach Maßgabe der §§ 315 bis 334 über einen Nachlaß, über das Gesamtgut einer fortgesetzten Gütergemeinschaft oder über das Gesamtgut einer Gütergemeinschaft, das von den Ehegatten gemeinschaftlich verwaltet wird.**

(3) **Nach Auflösung einer juristischen Person oder einer Gesellschaft ohne Rechtspersönlichkeit ist die Eröffnung des Insolvenzverfahrens zulässig, solange die Verteilung des Vermögens nicht vollzogen ist.**

Literatur: *Abel/Eitzert,* Rechts- und Parteifähigkeit der Gesellschaft bürgerlichen Rechts, DZWIR 2001, 353 ff.; *Bach/Knof,* Insolvenzfähigkeit der Stiftung, ZInsO 2005, 729 ff.; *Bork,* Insolvenzfähigkeit der Bruchteilsgemeinschaft?, ZIP 2001, 545 ff.; *Haas,* Der Entwurf des „MoMiG" und weitergehende Vorschläge zur Bekämpfung des Missbrauchs der GmbH, GmbHR 2007, 729 ff.; *Horn,* Deutsches und europäisches Gesellschaftsrecht und die EuGH-Rechtsprechung zur Niederlassungsfreiheit – Inspire Art, NJW 2004, 893 ff.; *Ihrig/Wagner,* Das Gesetz zur Einführung der Europäischen Gesellschaft (SEEG) auf der Zielgeraden, BB 2004, 1749 ff.; *Köke/Schmerbach,* Tod des Schuldners in der Insolvenz, ZVI 2007, 497 ff.; *Lawlor,* die Anwendbarkeit englischen Gesellschaftsrechts bei Insolvenz einer englischen Limited in Deutschland, NZI 2005, 432; *Marotzke,* Sonderinsolvenz und Nachlaßverwaltung über das Vermögen einer erloschenen Personengesellschaft, ZInsO 2009, 590 ff.; *Müller,* Insolvenz ausländischer Kapitalgesellschaften mit inländischem Verwaltungssitz, NZG 2003, 414 ff.; *Niemeier,* Die „Mini-GmbH" (UG) trotz Marktwende bei der Limited?, ZIP 2007, 1794 ff.; *Probst,* Die Int. Zuständigkeit zur Eröffnung von Insolvenzverfahren im europäischen Insolvenzrecht, Frankfurt 2007; *Schmidt,* Verfahren und Gefahren bei der Liquidation einer „Rest-Limited", ZIP 2008, 2400 ff.; *Schmittmann,* Besonderheiten bei der insolventen GmbH & Co. KG, ZInsO 2005, 1314 ff.; *Siebert,* Insolvenzeröffnung bei der KGaA, ZInsO 2004, 773 ff. (Teil 1) und 831 ff. (Teil 2); *Ulmer,* Die höchstrichterlich „enträtselte" Gesellschaft bürgerlichen Rechts, ZIP 2001, 585 ff.; *ders.,* Gläubigerschutz bei Scheinauslandsgesellschaften, NJW 2004, 1201 ff.; BGH ZIP 2005, 805 f.; *Vallender,* Gefahren für den Insolvenzstandort Deutschland, NZI 2007, 129 ff.; *Weller,* Die Verlegung des Center of Main Interest von Deutschland nach England, ZGR 2008, 835 ff.

Übersicht

1. Normzweck

1 Die Vorschrift regelt, welche Rechtsträger und Vermögensmassen Gegenstand eines Insolvenzverfahrens sein können. Die Insolvenzfähigkeit des Schuldners ist grundlegende und unverzichtbare Voraussetzung eines jeden Insolvenzverfahrens und entspricht damit der passiven Parteifähigkeit im Zivilprozess (§ 50 ZPO).

2 Im früheren Konkursrecht fanden sich Bestimmungen über die Konkursfähigkeit außer in der Konkurs- und Vergleichsordnung auch in Spezialgesetzen (§§ 207, 209, 212, 213, 236 KO; §§ 108–111 VerglO § 63 Abs. 2 GmbHG aF, § 98 Abs. 2 GenG aF). Die Regelung in § 11 fasst diese Bestimmungen zusammen und erweitert die Insolvenzfähigkeit auf die GbR und die Partenreederei, die nach früher hM nicht konkursfähig waren.[1]

2. Abgrenzung Insolvenzfähigkeit und Prozessfähigkeit

3 Von der Insolvenzfähigkeit zu unterscheiden ist die Prozessfähigkeit des Schuldners, d. h. die Fähigkeit, selbst oder durch selbst bestellte Vertreter wirksam Prozesshandlungen vor- oder entgegennehmen zu können. Im Insolvenzeröffnungsverfahren ist auch die Prozessfähigkeit des Schuldners gem. § 4 i. V. m. § 51 Abs. 1 ZPO Zulässigkeitsvoraussetzung für einen Gläubigerantrag, da es sich um einen Parteienstreit zwischen Antragsteller und Antragsgegner handelt und der Schuldner aktiv mitwirken muss (vgl. § 14 Abs. 2).[2] Fehlt einer juristischen Person der gesetzliche Vertreter, so muss der Antragsteller zunächst beim Registergericht analog § 29 BGB einen Antrag auf Bestellung eines Notgeschäftsführers bzw. Notvorstandes stellen. Er wird insoweit als Beteiligter i. S. d. § 29 BGB angesehen. Er hat dem Antrag einen entsprechenden Kostenvorschuss beizufügen.[3] Ein dringender Bedarf für die Bestellung eines Notgeschäftsführers nach § 29 BGB besteht allerdings nicht, wenn für die Gesellschaft im Hinblick auf die Durchführung eines Insolvenzeröffnungsverfahrens mit Anordnung eines

---

[1] *Uhlenbruck/Hirte,* InsO, § 11 Rn. 3, 368 ff., 382; *Andres/Leithaus,* InsO, § 11 Rn. 1.

[2] BGH ZIP 2007, 144 ff.; OLG Köln ZIP 2000, 280 ff., 282 f.; HK-*Kirchhof,* InsO, § 11 Rn. 4 und § 27 Rn. 7.

[3] OLG Köln ZIP 2000, 280 ff., 283; OLG Dresden NZI 2000, 136, 137.

allgemeinen Verfügungsverbots ein Prozesspfleger nach § 57 ZPO bestellt ist.[1] Einer Bestellung eines Notgeschäftsführers entsprechend § 29 BGB oder eines Prozesspflegers gem. § 4 i. V. m. § 57 ZPO bedarf es auch beim Tod des einzigen Geschäftsführers einer GmbH nicht, wenn die Schuldnerin anwaltlich vertreten ist. Die §§ 86, 241 ZPO i. V. m. mit § 4 gelten auch im Insolvenzeröffnungsverfahren entsprechend, somit gilt eine erteilte Prozessvollmacht fort und eine Verfahrensunterbrechung findet nicht statt.[2] War eine GmbH bei Insolvenzantragstellung nicht prozessfähig, weil sie keinen gesetzlichen Vertreter hatte, kann nach rechtskräftiger Abweisung des Insolvenzantrages mangels Masse (bzw. der dagegen gerichteten Beschwerdeentscheidung) das Insolvenzverfahren gem. §§ 578, 579 Abs. 1 Nr. 4 ZPO wieder aufgenommen werden.[3] Im Hinblick auf die im neuen § 15 a Abs. 3 geregelte Antragspflicht der Gesellschafter und Aufsichtsratsmitglieder bei Führungslosigkeit stellt sich die Frage nach der für das Insolvenzverfahren notwendigen Prozessfähigkeit.[4]

Für die Frage der Zustellung ist das Problem des fehlenden Vertretungsorgans durch die Neuregelung des § 35 Abs. 1 GmbHG gelöst, nach der für den Fall der Führungslosigkeit auch an den Gesellschafter zugestellt werden kann. Hinsichtlich der Auskunfts- und Mitwirkungspflichten nach § 97 werden die Gesellschafter durch den neu gefassten § 101 Abs. 1 verpflichtet. Trotzdem besteht bei Fehlen des organschaftlichen Vertreters formell keine Prozessfähigkeit.

Das Erfordernis der Prozessfähigkeit ist Ausfluss der Rechtsstaatlichkeit in einem streitigen Verfahren, es muss daher bei einem Gläubigerantrag weiterhin gewährleistet sein. Der Gläubiger-Antragsteller kann sich nicht auf die Neuregelung des § 15 a berufen. Für den – vom Gesetzgegber vorgeschriebenen – Eigenantrag der in § 15 a Abs. 3 Verpflichteten wird für das Insolvenzverfahren die Prozessfähigkeit durch die in § 15 a Abs. 3 Verpflichteten gewährleistet. Die Gewährung rechtlichen Gehörs erfolgt durch die Anhörung nach § 10 Abs. 2. Beim Antrag der nach § 15 Abs. 3 Verpflichteten ist somit nicht zusätzlich die Bestellung eines Prozesspflegers notwendig.

3. Anwendungsbereich

a) Natürliche Personen

Insolvenzfähig sind alle natürlichen Personen, und zwar unabhängig davon, ob sie in ihrer Geschäftsfähigkeit beschränkt sind. Auch geschäftsunfähige Personen sind insolvenzfähig.[5] 4

Der Anwendungsbereich der InsO ist auch nicht auf Kaufleute oder Unternehmer beschränkt. Für natürliche Personen, die keiner selbstständigen wirtschaftlichen Tätigkeit nachgehen, stellt die Insolvenzordnung in den §§ 304 ff. ein spezielles Verbraucherinsolvenzverfahren zur Verfügung. 5

[1] OLG Zweibrücken ZIP 2001, 973 f. m. zust. Anm. *Pape,* EWiR 2002, 223 f.; OLG Dresden GmbHR 2002, 163; zur Bestellung eines Prozesspflegers bei Wegfall der Prozessfähigkeit während des Insolvenzverfahrens vgl. AG Duisburg NZI 2008, 621 f.

[2] AG Hamburg ZIP 2006, 1880 f.

[3] BGH ZIP 2007, 144 f.

[4] Ausführl. schon vor dem MoMiG, *Haas,* GmbHR 2006, 729, 734, 735.

[5] *Nerlich/Römermann/Mönning,* InsO, § 11 Rn. 11; zum Tod des Schuldners BGH ZVI 2004, 188 und *Köke/Schmerbach* ZVI 2007, 497 ff.

6 Auch ausländische natürliche Personen sind insolvenzfähig, sofern ein deutsches Gericht nach § 3 für sie zuständig ist.[1]

b) Juristische Personen und Gesellschaften ohne Rechtspersönlichkeit

7 **aa) Juristische Personen.** Insolvenzfähig sind ferner die juristischen Personen. Dazu gehören die AG (§ 1 AktG), die KGaA[2] (§ 278 Abs. 1 AktG), die GmbH (§ 13 GmbHG), die eingetragene Genossenschaft (§ 2 GenG), der rechtsfähige Verein (§§ 21, 22 BGB), der VVaG (§ 15 VAG), die rechtsfähige Stiftung[3] (§§ 80, 86 S. 1, 42 BGB), die Europäische Gesellschaft (Societas Europaea, kurz SE, EG VO 2157/2001, Titel I Art. 1).[4] Außerdem wird der nicht rechtsfähige Verein einer juristischen Person gleichgestellt, § 11 Abs. 1 S. 2.

8 **bb) Gesellschaften ohne Rechtspersönlichkeit.** Die Insolvenzfähigkeit erfasst kraft ausdrücklicher Bestimmung durch den Gesetzgeber auch Gesellschaften ohne Rechtspersönlichkeit, die im Einzelnen aufgezählt werden. Hierzu zählen OHG und KG, die Partnerschaftsgesellschaft, die Gesellschaft bürgerlichen Rechts, die Partenreederei und die Europäische Wirtschaftliche Interessenvereinigung. Die Erbengemeinschaft ist Gesamthand. Sie wird auch bei ggf. auf Dauer angelegter gemeinsamer wirtschaftlicher Nutzung des Nachlasses nicht ohne Weiteres zu einer Gesellschaft des bürgerlichen Rechts. Ihre Insolvenz ist durch ein Nachlassinsolvenzverfahren abzuwickeln.[5] Die Eröffnung des Insolvenzverfahrens über das Vermögen der Komplementär-GmbH einer GmbH & Co. KG mit einem einzigen Kommanditisten (sog. **zweigliedrige GmbH & Co. KG**) führt zum Ausscheiden der Komplementär-GmbH aus der KG (§§ 161 Abs. 2, 131 Abs. 3 Nr. 2 HGB) und zur liquidationslosen Vollbeendigung der KG und der Gesamtrechtsnachfolge des Kommanditisten (Anwachsung). Der Kommanditist haftet für die Gesellschaftsverbindlichkeiten nur mit dem übergegangenen Vermögen.[6] Ein Insolvenzverfahren über das Vermögen des Kommanditisten scheidet allerdings aus, da er nur mit dem übernommenen Vermögen der KG haftet. Es liegt deshalb ein Sonderinsolvenzverfahren eigener Art vor, ein Partikularinsolvenzverfahren über das Vermögen des Kommanditisten beschränkt auf das ehemalige Vermögen der KG.[7] Auch die **Wohnungseigentümergemeinschaft** wird nunmehr als rechts- und parteifähig angesehen, soweit sie bei der Verwaltung des gemeinschaftlichen Eigentums am Rechtsverkehr teilnimmt.[8] Bei der Frage, ob in diesem Rahmen die Wohnungseigentümergemeinschaft auch

---

[1] HK-*Kirchhof,* InsO, § 11 Rn. 5.

[2] *Siebert,* ZInsO 2004, 773 ff. (Teil 1) und 831 ff. (Teil 2).

[3] *Bach/Knof,* Insolvenzfähigkeit der Stiftung, ZInsO 2005, 729.

[4] Das Gesetz zur Einführung der Europäischen Gesellschaft (SEEG) wurde am 22. 12. 2004 vom Bundestag beschlossen; BGBl. I 2004, S. 3675; *Ihrig/Wagner,* BB 2004, 1749 ff.

[5] AG Duisburg NZI 2004, 97 f.; *Andres/Leithaus,* InsO, § 11 Rn. 7.

[6] BGH ZInsO 2004, 615.

[7] LG Dresden ZInsO 2005, 384 f.; AG Hamburg ZInsO 2005, 837; HK-*Kirchhof,* § 11 Rn. 15; *Albertus/Fischer,* ZInsO 2005, 246 ff.; *Schmittmann,* ZInsO 2005, 1314 ff.; OLG Hamm ZIP 2007, 1233 ff. m. Ausführungen zur Prozessführungsbefugnis des Insolvenzverwalters, dazu Anm. *Herchen,* EWiR 2007, 527 f.

[8] BGH ZIP 2005, 1233 ff. m. krit. Anm. *Pohlmann* in EWiR 2005, 715 f. und *Bork* in ZIP 2005, 1205 ff.

insolvenzfähig ist, hat sich der Gesetzgeber in der Neuregelung des WEG[1] gegen eine Insolvenzfähigkeit der Wohnungseigentümergemeinschaft entschieden. Nach dem neuen § 11 Abs. 3 WEG findet über das Verwaltungsvermögen der Gemeinschaft ein Insolvenzverfahren nicht statt.

cc) Abgrenzungsfragen. Die Insolvenzfähigkeit beginnt mit Entstehen der juristischen Person, d. h. mit ihrem Eintrag in das entsprechende Register.[2] Vor diesem Zeitpunkt kann jedoch die auf Gründung der juristischen Person gerichtete Zweckvereinigung als OHG oder GbR insolvenzfähig sein, wenn sie nach außen tätig geworden ist und Sondervermögen gebildet hat.[3] Eine (reine) BGB-Innengesellschaft, die sich auf die Vorbereitung der Gründung beschränkt oder ohne Gesellschaftsvertrag (gegebenenfalls auch mündlichen) zusammenarbeitet,[4] ist dagegen nicht insolvenzfähig;[5] ebenso die stille Gesellschaft (§ 230 HGB).[6] Eine in Vollzug gesetzte, fehlerhafte Gesellschaft ist allerdings hinsichtlich des von ihr gebildeten Gesellschaftsvermögens insolvenzfähig.[7] 9

Auch für die Zeit nach Auflösung der juristischen Person bringt der Gesetzgeber in § 11 Abs. 3 zum Ausdruck, dass es auf das Vorhandensein einer Vermögensmasse ankommen soll.[8] Dementsprechend kann ein Insolvenzverfahren eröffnet werden, solange das Vermögen nicht vollständig verteilt ist. In diesen Fällen ist zur Durchführung des Insolvenzverfahrens jedoch zunächst die Bestellung eines Nachtragsliquidators erforderlich.[9] Dies gilt auch für die Gesellschaft ohne Rechtspersönlichkeit. Danach ist ein Antrag auf Eröffnung des Insolvenzverfahrens über das Vermögen einer nach § 727 Abs. 1 BGB aufgelösten Gesellschaft bürgerlichen Rechts unzulässig, solange nicht durch die antragstellende Gläubigerin glaubhaft gemacht wurde, dass eine Verteilung des Vermögens noch nicht vollzogen ist.[10] Sieht der Gesellschaftsvertrag für den Fall des Ausscheidens eines Gesellschafters die Fortsetzung unter den übrigen Gesellschaftern vor, so führt dies beim Ausscheiden des vorletzten Gesellschafters automatisch zur liquidationslosen Vollbeendigung der Gesellschaft unter Anwachsung des Gesellschaftsvermögens beim letzten verbleibenden Gesellschafter. Damit existiert die GbR nicht mehr, der Beschluss über die Eröffnung des Insolvenzverfahrens über das Vermögen der nicht existenten GbR ist nichtig und bindet die Prozessgerichte nicht.[11] 10

---

[1] Gesetz zur Änderung des Wohnungseigentumsgesetzes und anderer Gesetze vom 26. 3. 2007, BGBl. I 2007, S. 370.

[2] AG Potsdam DZWIR 2001, 482 zur Nachweispflicht des antragstellenden Gläubigers über die Existenz des Schuldners.

[3] HK-*Kirchhof*, InsO, § 11 Rn. 15 u. 16.

[4] AG Köln NZI 2003, 614 zur Führung eines Lokals durch Ehepartner.

[5] FK-*Schmerbach,* InsO, § 11 Rn. 28; HambKomm-*Wehr,* InsO, § 11 Rn. 14.

[6] FK-*Schmerbach,* InsO, § 11 Rn. 25; HK-*Kirchhof*, InsO, § 11 Rn. 19.

[7] BGH ZIP 2006, 2174 ff. zu ehemaligem kreisgeleitetem VEB der DDR.

[8] BGH ZInsO 2005, 144; OLG Jena NZI 2008, 260 m. krit. Anm. zum Lösungsweg *Mock* zu einer gelöschten Ltd als Restgesellschaft zur Liquidation des in Deutschland gelegenen Vermögens (vgl. auch Rn. 12); LG Potsdam ZInsO 2008, 1145; zur Liq. einer gelöschten Ltd *Schmidt,* ZIP 2009, 2400 ff.; AG Charlottenburg, BeckRS 2009, 08540; OLG Nürnberg, NZG 2008, 76, 77.

[9] *Kübler/Prütting/Bork/Prütting,* InsO, § 11 Rn. 32; FK-*Schmerbach*, InsO, § 11 Rn. 29; *Graf-Schlicker/Fuchs,* InsO, § 11 Rn. 10.

[10] AG Potsdam NZI 2001, 272.

[11] BGH NZI 2008, 612 f.; *K. Schmidt,* ZIP 2008, 2337 ff.; *Marotzke* ZInsO 2009, 590 ff.

c) Vermögensmassen

11 § 11 Abs. 2 Nr. 2 benennt ausdrücklich die Vermögensmassen, die Gegenstand eines Insolvenzverfahrens sein können und verweist für die Durchführung des Verfahrens in diesen Fällen auf die Sonderregelungen der §§ 315–334.[1]

d) Sonderfall ausländische Gesellschaften, z. B. irische oder englische Limited

12 In mehreren Entscheidungen hat der EuGH bestätigt, dass Gesellschaften eines EU-Mitgliedstaates auch dann in einem anderen Mitgliedstaat eine Zweigniederlassung eintragen können, wenn sie im Gründungsstaat keine wirtschaftliche Tätigkeit mehr ausüben, sondern die gesamte Geschäftstätigkeit nur in dem Staat ausgeübt wird, in dem diese Zweigniederlassung errichtet wird.[2] Die Gesellschaft ist am Sitz ihrer Niederlassung auch rechtsfähig und parteifähig.[3] Infolge dieser Entscheidungen ist es in Deutschland geradezu zu einem Boom von britischen Ltds gekommen, die eine Zweigniederlassung in Deutschland begründen und ihre Geschäftstätigkeit auch vollständig in Deutschland ausüben.[4] Dieser Boom ist inzwischen wieder etwas abgeflaut.[5] Die Gründe für die Wahl der Ltd. liegen in den deutlich niedrigeren Gründungskosten im Verhältnis zur GmbH und der einfacheren und schnelleren Verfügbarkeit.[6] Der deutsche Gesetzgeber hat darauf reagiert, indem er durch das MoMiG[7] die Unternehmergesellschaft bzw. UG (haftungsbeschränkt) eingeführt hat. Die Möglichkeit einer Nutzung von britischen Ltds wird häufig auch von Schuldnern missbraucht, die von vornherein eine Insolvenz der Gesellschaft planen.[8] Trotz Sitzverlegung nach Deutschland gilt weiterhin das Recht des Gründungsstaates.[9] Problematisch ist im Hinblick auf die Haftungsverwirklichung bei solchen Ltds, dass deutsches Insolvenzrecht, aber englisches Gesellschaftsrecht gilt.[10] Die Regelungslücke, dass die Insolvenz-

---

[1] *du Carrois,* Rpfleger 2009, 197 ff. zum überschuldeten Nachlass.

[2] EuGH NJW 1999, 2027 ff. (Centros Ltd.); EuGH ZIP 2003, 1885 ff. (Inspire Art Ltd.); *Horn,* NJW 2004, 893 ff.; *Ziemons,* ZIP 2003, 1913 ff.; BGH ZIP 2007, 1306 ff. (keine Eintragung einer Ltd.-Zweigniederlassung bei inländ. Gewerbeverbot gegen den „director"); OLG Jena ZIP 2007, 1709 ff. zum Fortbestehen einer Ltd. trotz Löschung zwecks Abwicklung des in Deutschland gelegenen Vermögens; aA hierzu AG Charlottenburg, GmbHR 2009, 321; *Schmidt,* ZInsO 2009, 1635; zum Mittelpunkt der hauptsächlichen Interessen eines „director" einer Limited (Art. 3 EUInsVO), High Court of Justice London NZI 2007, 361 ff., m. Anm. *Paulus,* 367; dazu auch *Mankowski,* EWiR 2007, 463 f.

[3] EuGH ZIP 2002, 2037 ff. (Überseering BV); BGH ZIP 2003, 718 ff.

[4] Wissenschaftliche Dienste des Deutschen Bundestages Nr. 22/05 vom 19. 4. 2005, *www.bundestag.de/bic/analysen/index.html; Köke,* ZInsO 2005, 354 ff.

[5] *Niemeier,* ZIP 2007, 1794 ff.

[6] Britische Lt. mit einem Kapital von 1 £ können über das Internet für weniger als EUR 1000 erworben werden. Die Gründung erfolgt innerhalb weniger Tage.

[7] Gesetz zur Modernisierung des GmbH-Rechts und zur Bekämpfung von Missbräuchen (MoMiG), BGBl I 2008, S. 2026 ff., vom 23. 10. 2008, in Kraft getreten am 1. 11. 2008, veröffentlicht z. B. in NZI, Beilage zu Heft 11 aus 2008.

[8] Zur Haftung *Schmittmann/Bischoff,* ZInsO 2009, 1561.

[9] HK-*Kirchhof,* InsO, § 11, Rn. 9; BGH ZIP 2003, 719 ff. (Überseering); FK-*Schmerbach,* InsO, § 11 Rn. 37 f.; *Müller/Weiß,* AnwBl. 2007, 247 ff.

[10] *Tashiro,* eurofenix, Winter 2005, S. 15, *www.insol-europe.org.; Lawlor,* NZI 2005, 432; *Mock/Schildt,* ZIP 2003, 396 ff.; *Ulmer,* NJW 2004, 1201 ff.; BGH ZIP 2005, 805 f.

antragspflicht im deutschen Gesellschaftsrecht geregelt war und somit für die englische Ltd. und andere ausländische Gesellschaften nicht galt, ist nunmehr mit der durch das MoMiG[1] eingeführten Insolvenzantragspflicht in § 15 a Abs. 1 S. 1, die rechtsformübergreifend für jede juristische Person gilt, beseitigt. Personen haften für die nach Auflösung entstehenden Verbindlichkeiten nach allg. deutschen Zivilrecht.[2]

Auf der Grundlage des EWR-Abkommens gelten die Grundsätze des EUGH für EG-Staaten auch für in einem EWR-Staat gegründete Kapitalgesellschaften. Auch eine Liechtensteinische AG ist daher befugt, ihre vertraglichen Rechte in Deutschland geltend zu machen und gerichtlich durchzusetzen.[3] Zum Teil wird sogar verlangt, die Sitztheorie hinsichtlich der Insolvenzfähigkeit ganz aufzugeben, also auch für Gesellschaften außerhalb der EU, EWR. Die Schweiz dagegen ist nicht Mitglied des EWR.[4] Der BGH hat deshalb bezüglich einer schweizerischen AG, die ihren Verwaltungssitz nach Deutschland verlegt hat, die Sitztheorie angewandt, mit der Folge, dass sie nicht als juristische Person, sondern als rechtsfähige Personengesellschaft zu behandeln ist.[5]

4. Praxishinweis

a) Die Vorschrift des § 11 erweitert die Insolvenzfähigkeit auch auf die GbR. 13
Der BGH hat entschieden, dass die (Außen-)Gesellschaft bürgerlichen Rechts Rechtsfähigkeit besitzt, soweit sie durch Teilnahme am Rechtsverkehr eigene Rechte und Pflichten begründet. In diesem Rahmen ist sie zugleich im Zivilprozess aktiv und passiv parteifähig. Soweit danach der Gesellschafter für die Verbindlichkeiten der Gesellschaft bürgerlichen Rechts persönlich haftet, entspricht das Verhältnis zwischen der Verbindlichkeit der Gesellschaft und der Haftung des Gesellschafters derjenigen bei der OHG (Akzessorietät).[6]

b) In erweiternder Auslegung des Abs. 1 Nr. 2 hält das AG Göttingen auch 14
eine Grundvermögen haltende Bruchteilsgemeinschaft i. S. d. §§ 741 ff. BGB für insolvenzfähig. Zur Begründung wird angeführt, ebenso wie bei der Gesellschaft bürgerlichen Rechts bestehe ein erhebliches praktisches Bedürfnis. Außerdem könne sich insbesondere beim Vorhandensein von Grundbesitz der Vermögensbestand ebenso sicher feststellen lassen wie bei der GbR.[7] Dies ist indessen unzutreffend. Eine analoge Anwendung scheidet aus, da es an einer planwidrigen Regelungslücke fehlt. Auch Sinn und Zweck der Vorschrift sprechen gegen die

---

[1] Gesetz zur Modernisierung des GmbH-Rechts und zur Bekämpfung von Missbräuchen (MoMiG), BGBl I 2008, S. 2026 ff., vom 23. 10. 2008, in Kraft getreten am 1. 11. 2008, veröffentlicht z. B. in NZI, Beilage zu Heft 11 aus 2008.

[2] LG Duisburg NZI 2007, 475 ff.; s. hierzu *Schall,* EWiR 2007, 335 f.

[3] BGH ZInsO 2005, 1166 ff.

[4] Eine serbische Kapitalgesellschaft, AG Ludwigsburg ZIP 2006, 1507 ff.; s. hierzu *Kleinschmidt,* EWiR 2007, 207 f.

[5] BGH DStR 2009, 59 ff.

[6] BGH ZIP 2001, 330 m. krit. Anm. *Prütting,* in: EWiR 2001, S. 341 f.; m. zust. Besprechung *Ulmer,* ZIP 2001, 585 ff.; in der Kostenentscheidung nochmals bestätigt durch BGH ZIP 2002, 614 ff.

[7] AG Göttingen ZInsO 2001, 45 f., m. krit. Anm. *Holzer,* in: EWiR 2001, 589 f.; FK-*Schmerbach,* InsO, § 11 Rn. 14 a); aA *Bork,* ZIP 2001, 545 ff.; *Kübler/Prütting/Bork/Prütting,* InsO, § 11 Rn. 29.

Insolvenzfähigkeit einer Bruchteilsgemeinschaft. Einerseits fehlt es an Gläubigern der Gemeinschaft, andererseits an einem Gemeinschaftsvermögen, welches den Gläubigern haftungsrechtlich zugewiesen ist.[1]

14a **c)** Für die in § 11 geregelte Zulässigkeit des Insolvenzverfahrens ist nicht nur die Insolvenzfähigkeit des Schuldners als natürliche oder juristische Person von Bedeutung, sondern es sind möglicherweise auch Verfahren in Mitgliedsländern der EU, die nach dem Zuständigkeitsregeln der EuInsVO eröffnet werden, zu beachten.[2] Die internationale Zuständigkeit hierfür ist in Art. 3 EuInsVO geregelt. Voraussetzung für eine Eröffnung in einem Mitgliedsstaat ist, dass der Schuldner dort den Mittelpunkt seiner hauptsächlichen Interessen hat. Ein zeitlich früher, in einem anderen Mitgliedsstaat eröffnetes Hauptinsolvenzverfahren ist – soweit es nicht dem sogenannten „ordre public" widerspricht – von den anderen Mitgliedsstaaten anzuerkennen.[3] Die Anerkennung der Insolvenzverfahren ist in Art. 16 EuInsVO geregelt. Eine Eröffnung eines Insolvenzverfahrens iSd. Art. 16 EuInsVO liegt dann vor, wenn die Entscheidung des Gerichts den Vermögensbeschlag gegen den Schuldner zur Folge hat und durch sie ein in Anhang C der Verordnung genannter Verwalter bestellt wird. Somit kann je nach Ausgestaltung auch eine Entscheidung zur vorläufigen Sicherung der Masse schon genügen.[4] Es ist deshalb für den Insolvenzantragsteller ratsam, wenn er im Hinblick auf die Zulässigkeit des Insolvenzantrages neben der Gesellschaftsform auch angibt, ob relevante Auslandsberührungen bestehen.[5]

5. Rechtsmittel

15 Wird die Insolvenzfähigkeit vom Insolvenzgericht verneint, kann der Antragsteller gegen den Beschluss, durch den der Eröffnungsantrag abgewiesen wird, sofortige Beschwerde zum LG erheben, § 34 Abs. 1. Danach ist die Rechtsbeschwerde zum BGH statthaft, soweit die Entscheidung auf der Verletzung eines Gesetzes beruht und die Rechtssache grundsätzliche Bedeutung hat oder die Fortbildung des Rechts oder die Sicherung einer einheitlichen Rechtsprechung eine Entscheidung des Rechtsbeschwerdegerichts erfordert, §§ 7, 4 i. V. m. § 574 ZPO nF.

---

[1] Näher und zutreffend *Bork,* ZIP 2001, 545 ff., 551.

[2] *Reinhart* NZI 2009, 201 ff. zu parallelen Eröffnungsverfahren.

[3] Zur Versagung der Anerkennung wegen eines Verstoßes gegen den „ordre public" s. AG Nürnberg NZI 2007, 185 ff. (zum Fall Hans Brochier), s. hierzu *Andres/Grund,* NZI 2007, 137; weitere Fälle zur „Flucht" nach England sind: Deutsche Nickel, s. hierzu *Vallender,* NZI 2007, 129, 131 ff. und *Schefenacker,* Global Turnaround, Oct. 2006, issue 81, S. 1; zu Rechtsmissbräuchlichkeit der Verlegung Center of Main Interest *Weller,* ZGR 2008, 835, 848 ff.

[4] AG Köln ZIP 2009, 1242 ff.; OLG Innsbruck NZI 2008, 700, Bestellung eines sog „starken" vorläufigen Insolvenzverwalters in Deutschland; BGH NZI 2006, 369 ff. (eurofood/parmalat); LG Patra (Griechenland) ZIP 2007, 1875; hierzu Anm. *Paulus* EWiR 2007, 563 f.; AG Köln ZInsO 2009, 671; AG Hamburg ZInsO 2009, 539 f. zum Beschluss über Klarstellung der Geltungswirkung iSd. Art. 16 Abs. 1 EuInsVO; m. Anm. *Mankowski* EWiR 2009, 441.

[5] Vgl. auch die Erl. zu §§ 354 ff. und zu § 3 Rn. 29; ausf. zur Int. Zuständigkeit *Probst,* Die Int. Zuständigkeit zur Eröffnung von Insolvenzverfahren im europäischen Insolvenzrecht; *Paulus,* EuInsV, Art. 3; EuGH NZI 2006, 360 (Eurofood).

§ 12 Juristische Personen des öffentlichen Rechts

(1) **Unzulässig ist das Insolvenzverfahren über das Vermögen**

1. **des Bundes oder eines Landes;**
2. **einer juristischen Person des öffentlichen Rechts, die der Aufsicht eines Landes untersteht, wenn das Landesrecht dies bestimmt.**

(2) **Hat ein Land nach Absatz 1 Nr. 2 das Insolvenzverfahren über das Vermögen einer juristischen Person für unzulässig erklärt, so können im Falle der Zahlungsunfähigkeit oder der Überschuldung dieser juristischen Person deren Arbeitnehmer von dem Land die Leistungen verlangen, die sie im Falle der Eröffnung eines Insolvenzverfahrens nach den Vorschriften des Dritten Buches Sozialgesetzbuch über das Insolvenzgeld von der Agentur für Arbeit und nach den Vorschriften des Gesetzes zur Verbesserung der betrieblichen Altersversorgung vom Träger der Insolvenzsicherung beanspruchen könnten.**

Literatur: *Bach/Knof,* Insolvenzfähigkeit der Stiftung, ZInsO 2005, 729 ff.; *Bußhardt,* Insolvenzrecht für Staaten – einige Überlegungen zur Quadratur des Kreises, FS für Braun, S. 423 ff.; *Gundlach/Frenzel/Schmidt,* Die Insolvenzunfähigkeit nach der InsO, NZI 2000, 561 ff.; *Heeg/Kebbel,* Risiken und Nebenwirkungen der Gesundheitsreform: Droht die Insolvenz von gesetzlichen Krankenkassen?, ZIP 2009, 302 ff.; *Mayer,* Wie nähert man sich einem internationalen Insolvenzverfahren für Staaten?, ZInsO 2005, 454; *Meier/Arts,* Besondere Bedeutung des § 12 Abs. 2 InsO in Zeiten des Neuen Kommunalen Finanzmanagements, NZI 2007, 698 ff.; *Paulus,* Überlegungen zur Insolvenzfähigkeit von Gemeinden, ZInsO 2003, 869 ff.; *Schmidt,* Werden die Gesamtsozialversicherungsträger nach der geplanten Gesundheitsreform die Eröffnung des Insolvenzverfahrens beantragen?, ZInsO 2006, 1244 ff.

1. Normzweck

Zur Erhaltung der Funktionstüchtigkeit staatlicher Einrichtungen schließt die 1
Vorschrift deren Insolvenzfähigkeit aus.

2. Überblick

Abs. 1 Nr. 1 erfasst zunächst nur Bund und Länder, deren Insolvenzunfähig- 2
keit schon im früheren Konkursrecht anerkannt war.[1] In Abs. 1 Nr. 2 wird den einzelnen Ländern darüber hinaus das Recht eingeräumt, die Insolvenzfähigkeit für juristische Personen des öffentlichen Rechts, die unter ihrer Aufsicht stehen, auszuschließen.[2] Dies entspricht ebenfalls der früheren Rechtslage, die in Art. IV des Einführungsgesetzes zu dem Gesetz betreffend Änderungen der Konkursordnung vom 17. Mai 1898 enthalten war.[3] Nicht insolvenzfähig ist auch eine Körperschaft des öffentlichen Rechts in der Form einer Reli-

[1] *Uhlenbruck/Hirte,* InsO, § 12 Rn. 2; HK-*Kirchhof,* InsO, § 12 Rn. 3.

[2] Vgl. zu einzelnen Regelungen hinsichtlich Gemeinden und Gemeindeverbänden auf der Grundlage der jeweiligen Landesgesetze den Überblick bei HK-*Kirchhof,* InsO, § 12 Rn. 3–5; *Gundlach/Frenzel/Schmidt,* NZI 2000, 561.

[3] RGBl. II 1898, S. 248 ff., 249.

gionsgemeinschaft, auch wenn dies in § 12 Abs. 1 nicht ausdrücklich geregelt wurde.[1]

3 Die Regelung des § 12 Abs. 2 steht in Zusammenhang mit den §§ 359 Abs. 2 S. 2 SGB III und 17 Abs. 2 BetrAVG. Nach diesen Vorschriften sind juristische Personen des öffentlichen Rechts, die nicht insolvenzfähig sind, von der Umlage- und Beitragspflicht für Insolvenzgeld und die Sicherung der Betriebsrenten befreit. Um die Arbeitnehmer solcher juristischen Personen nicht zu benachteiligen, wird das jeweilige Land, das die betroffene juristische Person für insolvenzunfähig erklärt hat, verpflichtet, die entsprechenden Leistungen zu erbringen. Die Ansprüche der Arbeitnehmer richten sich in einem solchen Falle unmittelbar gegen das jeweilige Bundesland.

Die Literatur hat sich auch mit der Insolvenzfähigkeit von Gemeinden und Staaten beschäftigt.[2] Es bleibt abzuwarten, ob diese Überlegungen auch künftige gesetzliche Regelungen beeinflussen werden.

Durch die Reform der Sozialversicherungssysteme wurde durch das Gesetz zur Stärkung des Wettbewerbes in der gesetzlichen Krankenversicherung § 171 b SGB V eingeführt, der die generelle Insolvenzfähigkeit von Krankenkassen regelt.[3] Nach bisherigem Recht waren bundesunmittelbare gesetzliche Krankenkassen als Körperschaften des öffentlichen Rechts gemäß § 11 bereits insolvenzfähig. Die meisten Landesgesetzgeber hatten von der Einschränkung in § 12 Abs. 1 Ziff. 2 Gebrauch gemacht und die Insolvenzfähigkeit von landesunmittelbaren gesetzlichen Krankenversicherungen, die unter Aufsicht des Landes stehen, ausgeschlossen. Dieser Ausschluss endet jedoch auf Grund der neuen Regelung des § 171 b SGB V am 31. 12. 2009, so dass ab dem 1. 1. 2010 grundsätzlich alle gesetzlichen Krankenversicherungen insolvenzfähig sind. Soweit neben dem Insolvenzgrund – antragsberechtigt ist insoweit nur die Aufsichtsbehörde – auch die Voraussetzungen für eine Schließung vorliegen, ist letztere vorrangig.[4]

§ 13 Eröffnungsantrag

(1) **Das Insolvenzverfahren wird nur auf schriftlichen Antrag eröffnet. Antragsberechtigt sind die Gläubiger und der Schuldner.**

(2) **Der Antrag kann zurückgenommen werden, bis das Insolvenzverfahren eröffnet oder der Antrag rechtskräftig abgewiesen ist.**

(3) **Das Bundesministerium der Justiz wird ermächtigt, durch Rechtsverordnung mit Zustimmung des Bundesrates für die Antragstellung durch den Schuldner ein Formular einzuführen. Soweit nach Satz 1 ein Formular eingeführt ist, muss der Schuldner dieses benutzen.**

---

[1] AG Potsdam DZWIR 2001, 526 mwN zur Rechtsprechung des BVerfG und Literatur.; MünchKomm-*Ott,* InsO, § 12 Rn. 4; aA: *Uhlenbruck/Hirte,* InsO, § 12 Rn. 14 f. m. ausführlicher Begründung.

[2] *Paulus*, ZInsO 2003, 869 ff.; *Mayer*, ZInsO 2005, 454 ff.; *Bach/Knof,* ZInsO 2005, 729 ff.; *Bußhardt,* FS Braun, S. 423 ff.; *Meier/Arts*, NZI 2007, 698 ff. zum kommunalen Finanzmanagement.

[3] *Heeg/Kebbel*, ZIP 2009, 302 ff.; *Schmidt*, ZInsO 2006, 1244 ff.

[4] *Heeg/Kebbel*, ZIP 2009, 302, 305.

Literatur: *Delhaes,* Die Stellung, Rücknahme und Erledigung verfahrenseinleitender Anträge nach der Insolvenzordnung, Kölner Schrift, S. 141 ff.; *Fenski,* Rücknahme des Konkursantrages durch ein anderes Organmitglied? BB 1988, 2265 ff.; *Frind/Schmidt,* Sozialversicherungsträger – Nassauer des Insolvenzverfahrens? (Teil II), ZInsO 2002, 177 ff.; *Fritsche,* Die Zulässigkeit des Insolvenzantrags, DZWIR 2003, 234 ff.; *Pape/Wenzel,* Das Zweitinsolvenzverfahren als Weg von der Vollstreckungsbeschränkung zur Restschuldbefreiung, ZInsO 2008, 287 ff.; *Schmahl,* Zur Praxis öffentlich-rechtlicher Gläubiger bei der Stellung und Rücknahme von Eröffnungsanträgen, NZI 2002, 177 ff.; *Schmerbach,* Der Gläubigerantrag im Regelinsolvenzverfahren, NZI 2003, 421 ff.; *Weyand,* Die Strafdrohung des § 84 GmbHG, ZInsO 2000, 444; *Vallender,* Allgemeine Anforderungen an Anträge im Insolvenzverfahren, MDR 1999, 280 ff.

Übersicht

1. Normzweck

1 Abs. 1 stellt klar, dass ein Insolvenzverfahren nicht von Amts wegen eröffnet werden kann. Erforderlich ist stets ein schriftlicher Antrag seitens des Schuldners oder eines Gläubigers. Eine Verfahrenseröffnung von Amts wegen hält der Gesetzgeber nicht für vereinbar mit der bestehenden Wirtschafts- und Privatrechtsordnung.[1] Die Frage der Zulässigkeit eines Sekundärinsolvenzverfahrens über das inländische Vermögen und die Zulässigkeit der Antragstellung durch den ausländischen Insolvenzverwalter ohne das Vorliegen eines Eröffnungsgrundes ist in § 356 geregelt.[2]

2 Abs. 2 schließt eine Rücknahme des Antrags nach Eröffnung des Insolvenzverfahrens oder rechtskräftiger Abweisung des Antrags aus. Diese Regelung trägt dem Umstand Rechnung, dass sich die Wirkungen der Eröffnung eines Insolvenzverfahrens nicht auf das Verhältnis zwischen Antragsteller und Antragsgegner beschränken, sondern auch Dritte, insbesondere Arbeitnehmer und Geschäftspartner des Schuldners in ihren Rechten und Interessen betreffen.[3] Diese sollen sich nach Eröffnung des Insolvenzverfahrens auf den eingetretenen Rechtszustand verlassen können.

3 Durch die ausdrückliche gesetzliche Regelung wird der früher zur Frage der Zulässigkeit einer Rücknahme des Antrags geführte Meinungsstreit beendet.[4]

---

[1] Begründung RegE, abgedruckt in: *Balz/Landfermann,* S. 220.
[2] Vgl. die Erläuterungen zu § 356 InsO.
[3] Begründung RegE, aaO, FK-*Schmerbach,* InsO, § 13 Rn. 16.
[4] Dazu *Delhaes,* in: Kölner Schrift, S. 141 ff., 146, Rn. 22 und 23 mwN.

Durch das Gesetz zur Vereinfachung des Insolvenzverfahrens[1] wurde in § 13 vor dem Wort *Antrag* das Wort *schriftlich* eingefügt. Außerdem wurde Absatz 3 eingefügt, in dem die Rechtsgrundlage für die Erstellung eines Antragformulars geschaffen wurde. Durch diese Änderung wird nunmehr auch für das Regelinsolvenzverfahren das Erfordernis eines schriftlichen Antrages eingeführt. Kleinverfahren unterlagen bereits bisher nach § 305 Abs. 5 InsO einem Vordruckzwang. Hintergrund der Neuregelung ist eine Entlastung der Gerichte.

2. Überblick

a) Antragsberechtigung

4 Antragsberechtigt sind nach § 13 Abs. 1 S. 2 Schuldner[2] und Gläubiger. Im Gegensatz zum früheren Konkursrecht hat der Gesetzgeber auf eine Beschränkung des Kreises der antragsberechtigten Gläubiger verzichtet (vgl. § 103 Abs. 2 KO), so dass grundsätzlich auch nachrangige Insolvenzgläubiger, Massegläubiger und absonderungsberechtigte Gläubiger antragsberechtigt sind.[3] Dennoch soll sich nach der Vorstellung des Gesetzgebers aus dem Erfordernis des rechtlichen Interesses (§ 14 Abs. 1) eine der früheren Rechtslage vergleichbare Beschränkung ergeben.[4] Dementsprechend wird der Antrag eines Aussonderungsberechtigten (§ 47), der seine Rechte ohne Rücksicht auf die Eröffnung eines Insolvenzverfahrens geltend machen könnte, mangels Rechtsschutzinteresses unverändert für unzulässig gehalten.[5] Das Rechtsschutzbedürfnis für den Antrag eines nachrangigen Gläubigers kann nicht mit der Begründung verneint werden, dass er ohnehin keine Befriedigung zu erwarten hätte, da dies erst nach Feststellung der Teilungsmasse mit Bestimmtheit entschieden werden kann.[6] Diskutiert wird, ob der Eigenantrag eines Schuldners – vor allem bei Verfahrenskostenstundung nach § 4 a – unzulässig – weil missbräuchlich – ist, wenn die vom Schuldner angegebenen Verbindlichkeiten gegenüber seinen Gläubigern nur geringfügig sind und die zu erwartenden Verfahrenskosten unterschreiten.[7] Da die Verfahrenskosten nur gestundet sind, hat der Schuldner in diesen Fällen am Schluss des Verfahrens höhere Verbindlichkeiten als vorher. Diese – auf den ersten Blick – für den Schuldner unwirtschaftliche Lösung wird nachvollziehbar, wenn der Schuldner davon ausgeht, dass er auch nach Abschluss des Verfahrens nicht mehr über pfändbares Einkommen oder Vermögen verfügen wird und dann die Stundung der Gerichtskosten nach § 4 b verlängert wird und sie eventuell gar nicht mehr geltend gemacht werden. Da der Gesetzgeber keine Mindesthöhe für die Verbindlichkeiten in einem Insolvenzverfahren vorgesehen hat, hat er auch akzeptiert, dass der Steuerzahler selbst bei dieser Konstellation ein Verfahren finanziert.

---

[1] BGBl. I 2007, S. 509.

[2] AG Leipzig ZVI 2007, 280 zum sog. „Zweitantrag" mwN entgegen BGH NZI 2006, 601 f.; ZInsO 2007, 1223 f.; s. Rn. 4 aE.

[3] *Delhaes,* aaO, S. 141 ff., 142, Rn. 3; *Graf-Schlicker/Fuchs,* InsO, § 13 Rn. 4; nicht antragsber. aber Aktionäre einer AG, BGH, Beschluss vom 30. 6. 2009 – IX ZA 21/09, BeckRS 2009, 20530.

[4] Begründung RegE in: *Balz/Landfermann,* S. 220; *Delhaes,* aaO, S. 142, Rn. 3.

[5] MünchKomm-*Schmahl,* InsO, § 13 Rn. 27; HK-*Kirchhof,* InsO, § 13 Rn. 8.

[6] *Kübler/Prütting/Bork/Pape,* InsO, § 13 Rn. 32.

[7] Gegen die Zulässigkeit: AG Dresden ZVI 2005, 384; für die Zulässigkeit: LG Dresden ZVI 2005, 553 f.; LG Göttingen NZI 2006, 603 (Forderung ca. 1500,– €).

Bei einer Mindesthöhe könnte der Schuldner allerdings versucht sein, diese durch Eingehen weiterer Verbindlichkeiten zu erreichen. Die Vorschriften über den Eingehungsbetrug sind hiergegen möglicherweise nicht ausreichend. Weiterhin ist streitig, ob der Schuldner durch einen früheren Antrag, der zu einem eröffneten Verfahren geführt hat, mit einem sogenannten „Zweitantrag" präkludiert ist. Der BGH hat hier in seinem Beschluss vom 6. 7. 2006[1] entschieden, dass auch nach Aufhebung des ersten Insolvenzverfahrens ein erneuter Antrag auf Eröffnung des Insolvenzverfahrens verbunden mit Anträgen auf Restschuldbefreiung und Verfahrenskostenstundung präkludiert ist, wenn kein neuer Gläubiger hinzukommt. Der verspätete Antrag des Schuldners soll nicht ohne Folgen bleiben.[2]

Dagegen hat das AG Leipzig[3] argumentiert, dass, soweit das frühere Insolvenzverfahren abgeschlossen sei, mangels anhängigem Verfahren ein erneuter Antrag möglich sei. Einer zusätzlichen neuen Gläubigerverbindlichkeit bedürfe es nicht. Argumentiert wird u. a. damit, dass es dem Schuldner ein Leichtes wäre, eine weitere Forderung zu begründen und der Schuldner gegebenenfalls damit dazu bewegt wird, eine unnötige Verbindlichkeit einzugehen.[4]

Außerhalb der Insolvenzordnung finden sich weitere Spezialvorschriften für eine besondere Antragsberechtigung. Für Kreditinstitute und Bausparkassen, die unter die Bestimmungen des KWG fallen, finden sich Sonderregelungen in den §§ 46 a ff. KWG.[5] Bei Versicherungs-Aktiengesellschaften, Versicherungsvereinen auf Gegenseitigkeit, Bausparkassen, die nicht dem KWG unterliegen, sowie gleichstehenden Vereinen[6] ist jeweils nur das Bundesaufsichtsamt für das Versicherungswesen als Aufsichtsbehörde antragsberechtigt.[7] 5

b) Antragstellung

Die Antragstellung ist Prozesshandlung, die entsprechend den allgemeinen Grundsätzen bedingungs- und befristungsfeindlich sowie unanfechtbar ist.[8] Inwieweit eine Bedingung vorliegt, ist durch Auslegung des Antrags zu ermitteln. Bloße Anregungen an das Insolvenzgericht schaden nicht.[9] Der Antragsteller muss prozessfähig sein (§ 4 i. V. m. § 51 ZPO). 6

Der Antrag kann nach der Neuregelung der InsO nur noch schriftlich gestellt werden, nicht mehr wie bisher auch zu Protokoll der Geschäftsstelle (§ 4 i. V. m. § 496 ZPO).[10] Ein ausdrückliches Schriftformerfordernis enthielt auch bisher schon § 305 Abs. 1 Satz 1. 7

---

[1] BGH NZI 2006, 601 ff.; ZInsO 2007, 1223 f.; dem BGH folgend HK-*Kirchhof,* InsO, § 13 Rn. 22 und HambKomm-*Wehr,* InsO, § 13 Rn. 33; AG Marburg ZInsO 2005, 726 f.

[2] Zur Unzul. d. Antrages nach Eröffnung, BGH NZI 2008, 609 m. Anm. *Sailer,* EWiR 2009, 155.

[3] AG Leipzig ZVI 2007, 280 ff. m. umfangreichen wN.

[4] Wie AG Leipzig auch: ausführlich FK-*Schmerbach,* InsO, § 13 Rn. 42 k; *Pape/Wenzel,* ZInsO 2008, 287 ff.; AG Göttingen NZI 2005, 398 f.

[5] Für private Bausparkassen gilt über § 3 Abs. 1 BSKG Entsprechendes; zu Einzelheiten vgl. Erläuterung bei *Nerlich/Römermann/Mönning,* InsO, § 13 Rn. 51–57.

[6] §§ 128, 129 VAG.

[7] § 88 VAG; *Nerlich/Römermann/Mönning,* InsO, § 13 Rn. 56 ff.

[8] OLG Frankfurt JW 1928, 1156, 1157; HK-*Kirchhof,* InsO, § 13 Rn. 3 f.

[9] HK-*Kirchhof,* InsO, § 13 Rn. 4. Zur „vorsorglichen" Antragstellung bei gleichzeitiger Antragstellung in England, vgl. AG Köln ZIP 2005, 1566.

[10] MünchKomm-*Schmahl,* § 13 Rn. 74 f.

8 Bei der inhaltlichen Gestaltung hat sich der Antragsteller an den für eine Klageschrift geltenden Grundsätzen zu orientieren (§ 4 i. V. m. § 253 Abs. 2 ZPO).[1] Mit dem Gesetz zur Vereinfachung des Insolvenzverfahrens[2] wurde ein zusätzlicher Absatz 3 bei § 13 eingefügt. Hierin wird die Grundlage für die Einführung eines Formulars geschaffen. Auch bisher hatten die Gerichte – gerade zur Vereinfachung bei Kleinverfahren – schon Formulare verwendet. Stellt ein Gläubiger den Antrag, sind neben der ladungsfähigen Anschrift des Schuldners auch dessen Rechtsform und Vertreter festzustellen, da die Verpflichtung des Gerichts zur amtswegigen Ermittlung erst bei Vorliegen eines zulässigen Antrags besteht.[3]

9 Der Antrag des Schuldners muss die Eröffnungsgründe substantiiert und nachvollziehbar angeben,[4] aber nicht glaubhaft machen.[5] Er muss konkrete Tatsachen benennen, aus denen sich für das Gericht nachprüfbar der Insolvenzgrund ergibt.[6] Allerdings müssen die tatsächlichen Angaben noch nicht in dem Sinne schlüssig sein, dass daraus bereits ohne Weiteres auf das Vorliegen eines Eröffnungsgrundes geschlossen werden kann. Es genügt die Angabe der Tatsachen, aus denen sich die wesentlichen Merkmale der Eröffnungsgründe ergeben, so dass deren Vorliegen im Verlauf der weiteren Ermittlungen überprüft werden kann.[7] Auch der Verbleib des Gesellschaftsvermögens ist ggf. zu erläutern.[8] Die Amtsermittlungspflicht des Gerichtes setzt aber erst mit einem zulässigen Insolvenzantrag ein.[9]

10 Die Vorlage eines Verzeichnisses der Gläubiger und Schuldner oder einer Vermögensübersicht sind abweichend vom früheren § 104 KO nicht mehr vorgeschrieben.[10] Benötigt das Gericht nach Feststellung der Zulässigkeit des Schuldnerantrags jedoch weitere Informationen, kann es den Schuldner nach § 20 Abs. 1 verpflichten, zusätzliche Unterlagen vorzulegen und diese Verpflichtung notfalls mit den Zwangsmitteln des § 98 durchsetzen.[11] Im Ergebnis wird es daher

---

[1] BGH ZInsO 2003, 217 ff.; AG Hamburg ZInsO 2007, 501 ff.

[2] BGBl. I 2007, S. 509.

[3] *Smid/Smid,* InsO, § 13 Rn. 13; bejahend zur notwendigen Nennung der einzelnen Gesellschafter im Insolvenzantrag für eine GbR, AG Potsdam ZIP 2001, 797 f.

[4] HK-*Kirchhof,* InsO, § 13 Rn. 20; dies gilt auch für den Antrag eines Nachlasspflegers, BGH ZIP 2007, 1868 f.; hierzu und zum Antrag eines Nachlassverwalters oder eines nachlassverwaltenden Testamentsvollstreckers *Floeth,* EWiR 2008, 111 f.

[5] AG Köln, ZIP 2009, 822 f.

[6] So wohl auch AG Dresden ZIP 2002, 862 f., m. zust. Anm. *Schmahl,* EWiR 2002, § 13 InsO, 721 f.; LG Potsdam DZWIR 2002, 390 f.; krit., soweit mangels Mitwirkung auch die Pflicht des Insolvenzgerichtes zu Amtsermittlungen und Einsatz von Zwangsmitteln abgelehnt wird *Schmahl,* ebd. aE; AG und LG Duisburg ZInsO 2002, 783 f. = NZI 2002, 501 f.; *Haarmeyer/Wutzke/Förster,* Hdb., Kap. 3, Rn. 21; vgl. auch oben § 5 Rn. 7.

[7] So unter Befassung mit der in vorstehender Fußnote zitierten Rechtsprechung der Instanzgerichte BGH NZI 2003, 147 ff. m. zust. Anm. *Gundlach/Frenzel,* EWiR 2003, S. 589 f. und *Fritsche,* DZWIR 2003, 234 ff.; HK-*Kirchhof,* InsO, § 13 Rn. 20; aA: *Vallender,* MDR 1999, 281 ff.

[8] AG Duisburg ZIP 2007, 690 ff., 691.

[9] LG Stendal NZI 2008, 44 ff. im Falle einer sog. Firmenbestattung.

[10] BayObLG NZI 2001, 50 f., was für die Frage der Rechtzeitigkeit i. S. d. §§ 84 Abs. 1 Nr. 2, 64 Abs. 1 GmbHG und damit die Strafbarkeit wesentlich ist; *Kübler/Prütting/Bork/Pape,* InsO, § 13 Rn. 37.

[11] Zur Pflicht des Insolvenzgerichts insoweit auch bei fehlender Mitwirkung des Schuldners bei Eigenantrag LG Göttingen DZWIR 2003, 255 ff. m. zust. Anm. *Gundlach/Schirrmeister; Weyand,* ZInsO 2000, 444.

in der Regel doch zur Vorlage solcher Verzeichnisse kommen.[1] Es gibt allerdings eine verstärkte Tendenz der Gerichte, Eigenanträge des Schuldners als unzulässig zurückzuweisen, wenn der Schuldner seinen Mitwirkungs- und Auskunftspflichten nicht nachkommt. Die Gerichte argumentieren dabei mit dem Wegfall des rechtlichen Interesses.[2] Der Eigenantrag des Schuldners ist im Insolvenzeröffnungsverfahren als unzulässig zurückzuweisen, wenn Anhaltspunkte dafür bestehen, dass der Schuldner vor Antragstellung auf die Unaufklärbarkeit der Vermögensverhältnisse hingearbeitet hat.[3]

Erhöhte Anforderungen an Eigenanträge des Schuldners gelten für den Son- 11
derfall des § 15 Abs. 2, wonach eine Glaubhaftmachung (§ 4 InsO i. V. m. § 294 ZPO) des Eröffnungsgrundes erforderlich ist.

c) Wirkungen der Antragstellung

Durch jeden einzelnen Antrag wird ein selbstständiges Eröffnungsverfahren 12
eingeleitet. Das Eröffnungsverfahren ist anders als das anschließende Abwicklungsverfahren ein Parteienstreit. Im Falle eines Gläubigerantrags ist Antragsgegner der Schuldner. Dennoch steht auch dieser einleitende Verfahrensabschnitt unter weitgehender Herrschaft des Insolvenzgerichts.[4]

d) Kostentragung

Nimmt der Antragsteller den Antrag zurück, hat er gem. § 269 Abs. 3 ZPO 13
i. V. m. § 4 InsO die Kosten zu tragen.

Wird der Antrag als unzulässig abgewiesen, trägt der Antragsteller alle Kosten des Verfahrens. Dazu gehört neben den Gerichts- und Anwaltskosten auch die Vergütung eines vom Gericht beauftragten Gutachters und die Auslagen (§ 23 Abs. 1 S. 2 GKG),[5] nicht aber die Kosten eines vorläufigen Insolvenzverwalters.[6]

Auch bei einer Abweisung des Antrags als unbegründet soll der Antragsteller 14
nach einer Auffassung gem. § 91 ZPO i. V. m. § 4 InsO alle Kosten tragen.[7] Nach der Gegenmeinung kommt es darauf an, ob der Schuldner den Antrag des Gläubigers verursacht hat. Dies sei beispielsweise der Fall, wenn der Gläubiger zuvor erfolglos die Zwangsvollstreckung betrieben hat und erst die Prüfung des Insolvenzantrags ergibt, dass der Schuldner nicht überschuldet oder zahlungsunfähig, sondern zahlungsunwillig ist.[8] Ist ein sog. „schwacher" vorläufiger Insolvenzverwalter bestellt, kann nur dieser einer Erledigungserklärung gemäß § 4 iVm. § 91 a ZPO zustimmen. Eine wegen Erfüllung abgegebene Erledigungs-

---

[1] AG Potsdam DZWIR 2003, 263; *Kübler/Prütting/Bork/Pape,* InsO, § 13 Rn. 38.

[2] AG Göttingen ZInsO 2002, 1152 f.; BGH ZInsO 2003, 217 ff.; AG Duisburg NZI 2005, 415 f. zu einem sog. „Bestatterfall"; zur Frage zur Zul. des Antrages § 5 Fn. 6; neuer Antrag aber zulässig, LG München ZVI 2009, 194 (nach Abweisung gem. § 26).

[3] LG Stendal NZI 2008, 44 ff., Fall einer sog. gewerblichen Firmenbestattung.

[4] HK-*Kirchhof,* InsO, § 11 Rn. 1.

[5] HK-*Kirchhof,* InsO, § 14 Rn. 56; ausführlich *Schmerbach,* NZI 2003, 421 ff., 422; OLG Düsseldorf ZIP 2009, 1172.

[6] BGH NZI 2008, 170 ff.; BGH ZInsO 2006, 204 f.; BGH ZInsO 2004, 336 ff., 338; HK-*Kirchhof,* InsO, § 14 Rn. 57; FK-*Schmerbach,* InsO, § 13 Rn. 53–59; aA: AG Hamburg ZInsO 2004, 458 ff., 460 und ZInsO 2007, 1167 im Fall eines sog. Druckantrages.

[7] HK-*Kirchhof,* § 13 Rn. 26.

[8] *Smid/Smid,* InsO, § 13 Rn. 30.

erklärung ist unbeachtlich, wenn die Antragsgegnerin ihre Zahlungsunfähigkeit – etwa durch Stellung eines Eigenantrages bei einem anderen Insolvenzgericht – einräumt.[1]

15 Für den Fall der – auch übereinstimmenden – Erledigungserklärung, wie häufig bei sogenannten „Druckanträgen" der Sozialversicherungsträger, können die Kosten ebenfalls nach § 91 ZPO i. V. m. § 4 dem Antragsteller auferlegt werden.[2] Die Erledigungserklärung ist kostenrechtlich der Antragsrücknahme nicht gleichzustellen.[3] Nach Eröffnung des Insolvenzverfahrens entfaltet eine Erledigungserklärung des antragstellenden Gläubigers keine Wirkung mehr.[4] Bei Abweisung mangels Masse ist die Zweitschuldnerhaftung für Auslagen streitig.[5]

e) Rücknahme

16 Der Antrag kann nach nunmehr ausdrücklicher gesetzlicher Regelung zurückgenommen werden, bis der Eröffnungsbeschluss ergangen oder der Eröffnungsantrag rechtskräftig abgewiesen ist.[6] In entsprechender Anwendung des § 269 Abs. 3 ZPO trägt der Antragsteller die Kosten des Verfahrens.[7] Etwaige Sicherungsmaßnahmen, die das Gericht nach § 21 getroffen hat, sind aufzuheben. Literaturstimmen aus dem Kreis der Insolvenzrichter fordern ein gesetzliches Vorziehen der Rücknahmesperre zur Vermeidung von Druckanträgen bereits nach Erlass einer insolvenzgerichtlichen Verfügungsbeschränkung.[8]

3. Streitfragen

17 Bei juristischen Personen steht das Recht zur Antragstellung und zur Rücknahme des Antrags der Gesellschaft selbst zu. Es wird von ihren vertretungsberechtigten Organen ausgeübt. Hat die Gesellschaft mehrere Vertretungsberechtigte oder wird der Vertreter, der den Antrag gestellt hat, vor der Entscheidung über die Verfahrenseröffnung ersetzt, stellt sich die Frage, wer zur Rücknahme des Antrags berechtigt ist.

18 Für den Fall, dass der antragstellende Geschäftsführer abberufen wurde, hat der BGH[9] nunmehr entschieden, dass der verbliebene Geschäftsführer den Antrag

[1] AG Göttingen ZIP 2007, 1281 f., 1283 („Göttinger Gruppe") zur Zuständigkeitserschleichung bei einer noch werbend tätigen Gesellschaft.

[2] Vgl. AG Hamburg ZIP 2001, 257; AG Hamburg ZInsO 2007, 1167 f. hier einschl. der Kosten der vorl. Verwaltung; HK-*Kirchhof,* InsO § 14 Rn. 49 i. V. m. Rn. 27.

[3] AG Dresden ZInsO 2009, 1173; LG Frankenthal ZVI 2002, 296 f.; keine Haftung des Gläubigers als Zweitschuldner bei Erledigungserklärung durch den Gläubiger, so OLG Koblenz NZI 2007, 743 f.; anders LG Dresden ZVI 2005, 329.

[4] BGH BeckRS 2008, 14246; LG Potsdam ZInsO 2002, 778 f.

[5] Keine Haftung: AG Göttingen ZIP 2009, 1532 f.; FK-*Schmerbach,* InsO, § 13 Rn. 52 a; aA MünchKomm-*Schmahl* § 13 Rn. 165 aE.

[6] Vgl. auch LG Karlsruhe NZI 2002, 608 ff., 609 und Erl. zu § 27 Rn. 9; *Andres/Leithaus,* InsO, § 13 Rn. 9; LG Hamburg ZInsO 2007, S. 335 f.; BGH ZVI 2007, 564 ff.

[7] AG Köln NZI 2003, 269 f. auch zur Unzulässigkeit der Umdeutung der Antragsrücknahme in einseitige Erledigungserklärung; *Smid/Smid,* InsO, § 13 Rn. 23.

[8] So *Schmahl,* NZI 2002, 177 ff., 185; wohl zu weitgehend *Frind/Schmidt,* ZInsO 2002, 8 ff., 15, die von einschlägig auffällig gewordenen Gläubigern bei Verfahrenseinleitung eine Verpflichtungserklärung begehren wollen, dass bei Teilzahlung im Eröffnungsverfahren keine volle Erledigungs- oder Rücknahmeerklärung abgegeben werde.

[9] BGH NZI 2008, 550 f.

zurücknehmen kann, wenn sich dies nicht als rechtsmissbräuchlich herausstellt. In dieser ausführlich begründeten Entscheidung stellt der BGH den Streitstand umfassend dar und entscheidet letztlich gegen die bisher hM. Diese Rechtsprechung dürfte auch auf den in der Praxis wichtigsten Fall anwendbar sein, dass die Gesellschafter den antragstellenden Geschäftsführer abberufen und durch einen neuen ersetzen, der dann den Antrag zurücknimmt, da auch in diesem Fall nur noch der neue Geschäftsführer die Gesellschaft wirksam vertreten kann. Die Interessen der Allgemeinheit sieht der BGH durch die vorhandenen Straf- und Haftungsvorschriften zum Nachteil derjenigen Organmitglieder geschützt, welche die Rücknahme erklärt haben. Die Konfliktlinie könnte sich dann zur Frage verlagern, ob die Rücknahme rechtsmissbräuchlich ist.

Zur verbleibenden Frage, ob auch in dem Fall, dass der antragstellende Ge- **18a**
schäftsführer Organ bleibt und lediglich ein zweiter Geschäftsführer den Antrag zurücknimmt, die Rücknahme wirksam ist, nimmt der BGH nicht Stellung. Der BGH argumentiert damit, dass gilt, was der (einzig verbliebene) Geschäftsführer erklärt. Soweit die Gesellschaft weiterhin zwei Geschäftsführer hat und den Konflikt zwischen den beiden Geschäftsführern nicht gesellschaftsrechtlich löst, muss es dabei bleiben, dass sie den Insolvenzantrag des einen nicht durch den anderen zurücknehmen kann. In diesem Fall ist die Gesellschaft ausreichend durch § 15 Abs. 2 geschützt, der eine Glaubhaftmachung des Eröffnungsgrundes und eine Anhörung der übrigen Mitglieder des Vertretungsorgans verlangt. Auch der BGH erwähnt, dass die Erweiterung des Antragsrechts in § 15 Abs. 1 sinnlos wäre, wenn ein Organmitglied den Antrag stellen, ein anderes diesen jedoch sofort zurücknehmen könnte.

Die Gegenauffassung stellt auf die Motive für Antragstellung bzw. -rück- **19**
nahme und auf die Rechtsfolgen für die Gesellschaft ab. Danach erfolgt die Rücknahme des Insolvenzantrages durch andere Vertretungsberechtigte oder den Nachfolger des Antragstellers nicht zwingend aus unlauteren Motiven. Im Gegenteil sei vorstellbar, dass der Antragsteller in der Absicht gehandelt habe, der Gesellschaft zu schaden. Die Möglichkeit der übrigen Geschäftsführer, bei Gericht darzulegen und glaubhaft zu machen, dass die Voraussetzungen der Verfahrenseröffnung nicht vorliegen, reiche nicht aus, um die massiven Nachteile eines Eröffnungsverfahrens für die Geschäftsbeziehungen und die Kreditwürdigkeit eines Unternehmens abzuwenden. Denn allein wegen des dafür erforderlichen Zeitaufwands sei ein Schaden nicht zu vermeiden. Auch der Schutz der Gläubiger und der Allgemeinheit mache eine solche Beschränkung der Rücknahmeberechtigung nicht erforderlich. Die Pflicht zur Antragstellung im Falle des Vorliegens eines Insolvenzgrundes gelte auch für die vertretungsberechtigten Organe, die den Antrag zurücknehmen. Durch eine Rücknahme, entgegen einer bestehenden Insolvenzantragspflicht, machten sich die Handelnden folglich ebenso strafbar und schadenersatzpflichtig, als hätten sie keinen Antrag gestellt.[1]

Wie bereits in Rn. 18 ausgeführt, ist für den Fall, dass der antragstellende **20**
Geschäftsführer abberufen wurde und es nur noch einen verbleibenden Geschäftsführer gibt, die Möglichkeit der Rücknahme nach der Rechtsprechung des BGH nunmehr gegeben. Dies muss dann auch für den Fall der Auswechslung des Geschäftsführers gelten.

---

[1] *Delhaes,* aaO, S. 151 Rn. 37 f.; *Fenski,* BB 1988, 2265 ff.

4. Praxishinweis

21 Abgesehen von der Regelung der Antragsberechtigung spielt § 13 insoweit eine wichtige Rolle, als der Zeitpunkt einer zulässigen und begründeten Antragstellung im Zusammenhang mit der Rückschlagsperre (§ 88) und der Insolvenzanfechtung (§§ 130–136, 139) maßgebend ist.

5. Rechtsmittel

22 Nach § 34 Abs. 1 steht für den Fall, dass der Eröffnungsantrag als unzulässig zurückgewiesen wird, dem Antragsteller die sofortige Beschwerde zu. Für den Fall der Abweisung des Antrags mangels die Verfahrenskosten deckender Insolvenzmasse nach § 26 oder einer auf die Wahl einer unzutreffenden Verfahrensart (Regel- statt Verbraucherinsolvenzverfahren) gestützten Zurückweisung steht die sofortige Beschwerde auch dem Schuldner zu.[1]

23 Der Abweisungsbeschluss entfaltet keine Rechtskraft gegenüber anderen Antragstellern.[2] Der abgewiesene Antragsteller hat auch die Möglichkeit, hinsichtlich der vom Gericht für unzureichend befundenen Punkte eine nachgebesserte Begründung beizubringen und den Antrag nochmals zu stellen.[3]

§ 14 Antrag eines Gläubigers

(1) **Der Antrag eines Gläubigers ist zulässig, wenn der Gläubiger ein rechtliches Interesse an der Eröffnung des Insolvenzverfahrens hat und seine Forderung und den Eröffnungsgrund glaubhaft macht.**

(2) **Ist der Antrag zulässig, so hat das Insolvenzgericht den Schuldner zu hören.**

Literatur: *Delhaes,* Die Stellung, Rücknahme und Erledigung verfahrenseinleitender Anträge nach der Insolvenzordnung, Kölner Schrift, S. 141 ff.; *Frind/Schmidt,* Sozialversicherungsträger – Nassauer des Insolvenzverfahrens?, ZInsO 2001, 1133 ff. (Teil I) und ZInsO 2002, 8 ff. (Teil II); *Lang,* Das Rechtsschutzinteresse beim Antrag auf Eröffnung des Insolvenzverfahrens, Frankfurt 2003; *Schmahl,* Zur Darstellung und Glaubhaftmachung der Forderung eines öffentlich-rechtlichen Gläubigers im Insolvenzeröffnungsantrag, NZI 2007, 20 ff.; *ders.,* Zur Praxis öffentlich-rechtlicher Gläubiger bei der Stellung und Rücknahme von Eröffnungsanträgen – Tatsachen und Anmerkungen am Beispiel des AG Duisburg, NZI 2002, 177 ff.; *Schmerbach,* Der Gläubigerantrag im Regelinsolvenzverfahren, NZI 2003, 421 ff.; *Vallender,* Allgemeine Anforderungen an Anträge im Insolvenzverfahren, MDR 1999, 280 ff.

Übersicht

[1] Zu den Einzelheiten vgl. Erläuterungen zu § 34.
[2] HK-*Kirchhof,* InsO, § 13 Rn. 27.
[3] LG Hagen KTS 1988, 805 f., 806; HK-*Kirchhof,* InsO, § 13 Rn. 27.

1. Normzweck

1 Die Vorschrift regelt die Zulässigkeitsvoraussetzungen eines Gläubigerantrages. Die Antragsberechtigung selbst ergibt sich aus § 13 Abs. 1 S. 2.

2 Ein Antrag ist nur zulässig, wenn der Gläubiger ein rechtliches Interesse an der Eröffnung des Insolvenzverfahrens hat und seine Forderung sowie den Eröffnungsgrund glaubhaft macht. Auch nach dem früheren Konkursrecht war die Glaubhaftmachung der Forderung und des Konkursgrundes erforderlich, § 105 Abs. 1 KO.

3 Neugestaltet wurde die Vorschrift nur im Hinblick auf das Rechtsschutzinteresse. Dieses war zwar auch nach der zum früheren Konkursrecht herrschenden Auffassung unerlässliche Voraussetzung für einen Gläubigerantrag,[1] die Neuregelung der InsO stellt dies jedoch ausdrücklich klar.

4 Mit dem Erfordernis eines rechtlichen Interesses soll verhindert werden, dass der Insolvenzantrag etwa zu dem Zweck missbraucht wird, Zahlungen solventer, aber zahlungsunwilliger Schuldner zu erzwingen.[2]

5 Die Pflicht des Antragstellers, die eigene Forderung sowie den Insolvenzgrund glaubhaft zu machen, trägt dem Umstand Rechnung, dass schon die Antragstellung und das daran anschließende Eröffnungsverfahren die wirtschaftlichen Interessen des Schuldners erheblich beeinträchtigen. Dies ist nur dann akzeptabel, wenn sich schon aus dem Antrag eine gewisse Wahrscheinlichkeit für das Vorliegen der Eröffnungsvoraussetzungen und die Antragsberechtigung des Antragstellers ergibt.[3] Der Antrag gegen eine gelöschte AG kann nicht ausgelegt bzw. umgedeutet werden als Antrag gegen die Rechtsnachfolgerin.[4]

2. Überblick

a) Allgemeines

6 Wird ein sogenannter „Drittantrag“ auf Eröffnung des Insolvenzverfahrens gestellt, prüft das Gericht in einem ersten Schritt die Zulässigkeit des Antrages. Bei dieser Vorprüfung gilt der Amtsermittlungsgrundsatz des § 5 Abs. 1 noch nicht.[5] Zu den Zulässigkeitsvoraussetzungen zählen insbesondere die Insolvenzfähigkeit des Schuldners, die Antragsberechtigung des Antragstellers (§ 13 Abs. 1 S. 2) sowie das Rechtsschutzinteresse des Gläubigers, nicht jedoch, ob die Voraussetzungen für ein Regel- oder ein Verbraucherinsolvenzverfahren vorlie-

---

[1] OLG Oldenburg KTS 1965, 175, 176; LG Osnabrück KTS 1972, 270 f.

[2] Begründung RegE, abgedruckt in: *Balz/Landfermann,* S. 220 f.

[3] *Delhaes,* in: Kölner Schrift, S. 141 ff., 151, Rn. 37; FK-*Schmerbach,* InsO, § 14 Rn. 50.

[4] BGH WM 2008, 2128, Umwandlung in eine GmbH & Co KG und danach in eine Public Limited Company.

[5] FK-*Schmerbach,* InsO, § 14 Rn. 4; BGH ZInsO 2003, 217 ff.

gen.[1] Ist der Antrag bereits einmal mangels Masse abgewiesen worden, so ist bei einem neuerlichen Antrag auch die Glaubhaftmachung eines zwischenzeitlichen Vermögenserwerbs Zulässigkeitsvoraussetzung des Antrags.[2]

7 Sind alle Zulässigkeitsvoraussetzungen erfüllt, beginnt das eigentliche Eröffnungsverfahren mit der Prüfung des Vorliegens der Insolvenzgründe. Bei zweifelhaftem Gerichtsstand können berechtigte Sicherungsinteressen der Insolvenzgläubiger es gebieten, Sicherungsmaßnahmen vor der Feststellung der Zulässigkeit des Insolvenzantrags zu treffen, wenn sich das Insolvenzgericht letzte Gewissheit erst im weiteren Verfahrensablauf verschaffen kann.[3]

b) Rechtsschutzinteresse

8 Praktische Bedeutung erlangt vor allem das rechtliche Interesse des Gläubigers an der Eröffnung des Insolvenzverfahrens. Den allgemeinen Regeln entsprechend fehlt es, wenn der Antragsteller auf einfachere, schnellere oder billigere Weise die Befriedung seiner Forderung erlangen kann oder er mit dem Antrag – z. B. als Wettbewerber – verfahrensfremde Zwecke verfolgt.[4] Zu weitgehend dürfte wohl die Auffassung sein, sogenannte Druckausübungsanträge als missbräuchlich und deswegen unzulässig zurückzuweisen, bzw. bei Verfahrenseinleitung von den antragstellenden Gläubigern eine Verpflichtungserklärung zu verlangen, dass bei Teilzahlungen im Insolvenzeröffnungsverfahren keine volle Erledigungs- oder Rücknahmeerklärung abgegeben werden könne.[5] Ein rechtlich geschütztes Interesse an einem „Zweitinsolvenzverfahren“ haben die Gläubiger nicht, solange das erste Insolvenzverfahren noch andauert.[6] Dies gilt auch in der Wohlverhaltensperiode des Schuldners.[7]

9 Das Rechtsschutzinteresse ist vom Antragsteller darzulegen und ggf. zu beweisen. Insoweit reicht die bloße Glaubhaftmachung nicht aus. Allerdings ist das Rechtsschutzbedürfnis für einen Insolvenzantrag in der Regel indiziert.[8] Es ist grundsätzlich gegeben, wenn ein Eröffnungsgrund vorliegt.[9] Besonderer Ausführungen zum Rechtsschutzinteresse bedarf es dann im Eröffnungsantrag nicht. Der Antrag eines Gläubigers ist auch nicht unzulässig, weil er keine Auskunft über die tatsächlichen Voraussetzungen eines gegen sich gerichteten Anfechtungsanspruchs erteilt.[10]

10 Eine lediglich geringfügige Forderung spricht nicht gegen ein Rechtsschutzinteresse. Es entfällt auch nicht deshalb, weil der Gläubiger nicht versucht hat, für

---

[1] OLG Celle ZIP 2001, 127, m. Anm. *Schmidt,* EWiR 2001, 591 f.

[2] LG Hagen KTS 1988, 805, 806.

[3] BGH ZIP 2007, 878 ff.

[4] *Hess,* InsO, § 14 Rn. 13 f.; OLG Köln ZInsO 2002, 728 ff. (Sozialversicherungsträger); LG Potsdam ZInsO 2002, 1149 f.; AG Duisburg NZI 2002, 211; LG Aachen ZIP 2003, 1264; HambKomm-*Wehr,* InsO, § 14 Rn. 50 ff.

[5] So auch *Schmahl,* NZI 2002, 177 ff., 185; aA *Frind/Schmidt,* ZInsO 2002, 8 ff., 15.

[6] BGH ZInsO 2004, 739; aA: AG Göttingen NZI 2008, 313 ff.

[7] AG Oldenburg ZInsO 2004, 1154 f.; AG Köln NZI 2008, 386 f.; aA: AG Göttingen NZI 2008, 56; FK-*Schmerbach,* InsO, § 13 Rn. 42 f.; AG Oldenburg ZVI 2009, 196.

[8] *Kübler/Prütting/Bork/Pape,* InsO, § 14 Rn. 58; zur Ermessensausübung bei Stellung eines Insolvenzantrages durch das Finanzamt BFH, Beschluss vom 26. 2. 2007 – VII B 98/06; BeckRS 2007, 25011501 m. Anm. *Abenheimer,* FD-InsR 2007, 245069.

[9] *Uhlenbruck/ders.,* InsO, § 14 Rn. 5; *Lang,* aaO, 31 f.

[10] BGH NZI 2008, 240 m. Anm. *Büttner,* EWiR 2008, 369.

seine Forderung im Wege der Einzelzwangsvollstreckung Befriedigung zu erlangen[1] oder nicht die Aufrechnung erklärt hat.[2]

Verneint wird das Vorliegen eines Rechtsschutzinteresses, wenn der Antrag von einem absonderungsberechtigten Gläubiger gestellt wird, dessen Sicherung offensichtlich besteht und ausreichend ist.[3] Das rechtliche Interesse besteht aber auch dann, wenn der künftige Verwalter ein Wahlrecht nach § 103 hat.[4] 11

c) Glaubhaftmachung

Der Antragsteller hat seine Forderung sowie das Vorliegen eines Insolvenzgrundes glaubhaft zu machen, nicht erforderlich ist die Darlegung, dass haftendes Vermögen vorhanden ist.[5] Nach § 4 i. V. m. § 294 ZPO kann sich der Antragsteller dazu aller präsenten Beweismittel bedienen und auch zur Versicherung an Eides statt zugelassen werden. Die eidesstattliche Versicherung kann sich nur auf die tatsächlichen Grundlagen der Forderung beziehen.[6] Die Forderung und der Insolvenzgrund als solcher können nicht durch Versicherung an Eides statt glaubhaft gemacht werden. Eine Titulierung der Forderung ist nicht notwendig. Zur Glaubhaftmachung der Forderung können schriftliche Nachweise, wie z. B. die Vorlage von Verträgen ausreichen.[7] Ein nicht rechtskräftiger Vollstreckungsbescheid allein reicht nicht.[8] 12

Zur Glaubhaftmachung bedarf es nicht des vollen Beweises, vielmehr genügt die Wahrscheinlichkeit, dass die Behauptung wahr ist.[9] Dabei reicht für die Gegenglaubhaftmachung allein nicht aus, dass der Schuldner darauf hinweist, dass eine geltend gemachte Forderung Gegenstand eines Rechtsstreites sei[10]. Der Schuldner hat gegen die glaubhaft gemachte Forderung des Gläubigers Tatsachen glaubhaft zu machen, die die Darstellung des Gläubigers ernstlich in Zweifel ziehen oder der Geltendmachung der Forderung entgegenstehen.[11] Gegen eine titulierte Forderung kann nicht einfach die Aufrechnung eingewandt werden.[12] Das Gericht ist wegen des Charakters des Eröffnungsverfahrens als Eilverfahren auch nicht berechtigt, Beweis zu erheben (vgl. auch § 294 Abs. 2 ZPO).[13] Einwendungen des Schuldners gegen einen vollstreckbaren Titel werden nicht im Insolvenzeröffnungsverfahren geprüft, sondern in dem für den jeweiligen Einwand vorgesehenen Verfahren.[14] 13

---

[1] *Hess,* InsO, § 14 Rn. 9 ff.; aA: LG Potsdam ZInsO 2002, 1149 f.

[2] BGH v. 15. 1. 2009, IX ZB 196/07 BeckRS 2009, 06490.

[3] BGH NZI 2008, 182 f.; hierzu *Hölzle,* EWiR 2008, 407; *Vallender,* MDR 1999, 280 ff., 283; *Kübler/Prütting/Bork/Pape,* InsO, § 14 Rn. 58.

[4] BGH ZIP 2006, 1452 ff. noch nicht bezahlter Grundstückskaufpreis; dazu *Frind,* EWiR 2006, 595.

[5] AG Hamburg ZInsO 2008, 680, 681 aE.

[6] BayObLG NZI 2001, 659 ff. jeweils eine Einzelfallprüfung fordert.

[7] AG Göttingen ZInsO 2002, 592 ff.; BGH WuM 2009, 144.

[8] AG Hamburg ZInsO 2007, 504.

[9] OLG Köln ZInsO 2000, 43 f.; AG München ZIP 2009, 820.

[10] LG Göttingen ZInsO 2004, 1265 f.; zum Einspruch gegen Steuerbescheid BGH ZInsO 2009, 1533.

[11] LG Berlin ZInsO 2005, 499 ff.; MünchKomm-*Schmahl,* InsO, § 14 Rn. 20.

[12] LG Göttingen ZInsO 2005, 1114 f.

[13] OLG Köln ZInsO 2002, 772 ff. Glaubhaftmachung anhand präsenter Beweismittel; *Gottwald/Uhlenbruck,* InsHdb., § 12 Rn. 18.

[14] BGH NZI 2006, 588 ff.; BGH NZI 2006, 642.

14 Für den Schuldner besteht im Rahmen der nach § 14 Abs. 2 vorgeschriebenen Anhörung die Möglichkeit, die Glaubhaftmachung des Gläubigers durch eine Gegenglaubhaftmachung zu erschüttern.[1]

15 **aa) Forderung.** Das Bestehen der Forderung muss schlüssig dargelegt werden und sollte – soweit möglich – durch die Vorlage von Schriftstücken wie Wechseln, Rechnungen oder Buchungsbelegen bekräftigt werden. Zur Identifizierung des richtigen Schuldners muss dem Gericht auch die Adresse des Schuldners nachvollziehbar dargelegt werden[2].

16 Auch Behörden und Körperschaften des öffentlichen Rechtes haben ihre Forderungen schlüssig darzulegen.[3] Die Sozialversicherungsträger haben zur Darlegung ihrer Forderungen regelmäßig eine Aufschlüsselung nach Monat und Arbeitnehmer vorzulegen. Zur Glaubhaftmachung sind Leistungsbescheide oder Beitragsnachweise des Arbeitgebers genügend.[4] An die Glaubhaftmachung ihrer Forderung sind keine nach dem Zweck des Gesetzes nicht veranlasste, formale Anforderungen zu stellen[5]. Befindet sich der Schuldner mit fälligen Gesamtversicherungsbeiträgen von mehr als sechs Monaten im Rückstand, hat der Gläubiger den Insolvenzgrund der Zahlungsunfähigkeit in der Regel glaubhaft gemacht.[6]

17 Die Anforderungen für Sozialversicherungsträger gelten auch für Forderungen des Finanzamtes. Das Finanzamt hat deshalb für die Glaubhaftmachung Steueranmeldungen der Schuldnerin und Steuerbescheide, gegebenenfalls auch Schätzbescheide, vorzulegen.[7] Hat der Schuldner Antrag auf Erlass der Steuerschuld gestellt, so kommt eine Eröffnung des Insolvenzverfahrens nur dann in Betracht, wenn das Insolvenzgericht auf Grund einer summarischen Prüfung davon überzeugt ist, dass der Erlassantrag voraussichtlich keinen Erfolg haben wird.[8] Ein Kontoauszug des sachbearbeitenden Finanzamtes ist eine interne Verwaltungshilfe und als Mittel der Glaubhaftmachung grundsätzlich nicht ausreichend.[9] In der Literatur wird auch vorgeschlagen, statt der Urkundenvorlage im Regelfall substantiierte Angaben über die zugrunde liegenden Verwaltungsakte oder Selbstberechnungserklärungen sowie eine behördliche Bestätigung der Vollstreckbarkeit ausreichen zu lassen.[10]

18 Hängt das Vorliegen des geltend gemachten Insolvenzgrundes vom Bestehen der zur Antragstellung berechtigenden und bestrittenen Forderung ab, so reicht

[1] OLG Celle ZIP 2001, 619 ff. m. zust. Anm. *Koch,* EWiR 2002, 631 f.; OLG Köln ZIP 1988, 664, 665; *Vallender,* MDR 1999, 280 ff.; zum Beginn der Amtsermittlungspflicht insoweit vgl. BGH ZIP 2003, 1005.

[2] AG Potsdam ZInsO 2003, 192.

[3] HK-*Kirchhof,* InsO, § 14 Rn. 8 f., 13; FK-*Schmerbach,* InsO, § 14, Rn. 55 mwN; AG München ZIP 2009, 820.

[4] BGH ZIP 2004, 1466 ff.; HK-*Kirchhof,* InsO, § 14, Rn. 8.

[5] BGH ZIP 2004, 1466 ff.

[6] BGH ZIP 2006, 1457.

[7] BGH ZIP 2006, 141 ff.; zur Erforderlichkeit von vollziehbaren Steuerbescheiden, BGH, Beschluss vom 21. 6. 2007 – IX ZB 193/03, BeckRS 2007, 11213; ausreichend, wenn Steuerbescheide erst im Abhilfeverfahren vorgelegt werden, so LG Göttingen ZInsO 2007, 1358 f.

[8] LG Hildesheim ZIP 2008, 325 ff.; zu Einsprüchen BGH ZInsO 2009, 1533.

[9] BGH ZIP 2006, 1456 f., 1457; aber Hinw. d. Ger. erforderl. BGH v. 18. 6. 2009, IX ZA 7/09, BeckRS 2009, 21228.

[10] *Schmahl,* NZI 2007, 20 ff.; zu Anträgen d. FA ausführl. *Werth,* AO-Stb 2007, 210 ff.

die bloße Glaubhaftmachung ausnahmsweise nicht aus. In diesem Fall muss der Antragsteller vielmehr den vollen Beweis erbringen, d.h. die Ford. muss zur Überzeugung des Insolvenzgerichts feststehen.[1] Das Insolvenzeröffnungsverfahren ist nicht dazu geeignet und bestimmt, den Bestand rechtlich zweifelhafter Forderungen zu klären. Zweifel gehen insoweit zu Lasten des antragstellenden Gläubigers. Das Insolvenzgericht hat jedoch die Möglichkeit, im Fall einer bestrittenen, nicht vollstreckbaren Forderung deren Bestehen in freier tatrichterlicher Überzeugung (§ 286 ZPO) festzustellen.[2]

Ein vorläufig vollstreckbarer Vollstreckungsbescheid soll zur Glaubhaftmachung **18a** der Forderung bei einem Gläubigerantrag auf Eröffnung des Insolvenzverfahrens nicht ausreichen, weil nur ein auf einer materiellen Prüfung beruhender Titel von dem Erfordernis, das Bestehen der Forderung im Einzelnen darzulegen, befreien kann.[3] Ebenso wenig ausreichend soll die Vorlage eines ausschließlich dinglichen Titels sein.[4] Ausreichend ist nach BGH aber ein Versäumnisurteil.[5] Die Präkludierung von Einwänden bei einem deklaratorischen Schuldanerkenntnis gilt auch im Insolvenzantragsverfahren.[6]

bb) Eröffnungsgrund. Die Zahlungsunfähigkeit gemäß § 17 kann durch **19** eine Fruchtlosigkeitsbescheinigung des Gerichtsvollziehers[7] oder durch das Protokoll einer eidesstattlichen Versicherung des Schuldners glaubhaft gemacht werden.[8] Diese sollten jedoch nicht älter als sechs Monate sein, da sie sonst ihre Indizwirkung verlieren.[9] Die Vorlage dieser Unterlagen ist nicht zwingend. Insolvenzanträge können auch auf Grund von nicht titulierten Forderungen gestellt werden.[10] Daher darf die Vorlage von Nachweisen über die Erfolglosigkeit von Zwangsvollstreckungen nicht zur Voraussetzung der Glaubhaftmachung gemacht werden. Dem Antragsteller stehen vielmehr alle denkbaren Beweismittel zur Verfügung.[11] Hierzu genügt z.B. die Vorlage eines Schreibens der Insolvenzschuldnerin, in dem sie erklärt, zur Erfüllung einer unstreitigen Forderung nicht in der Lage zu sein, da die Finanzierung der Bank fehle.[12] Es genügt eine erfolg-

---

[1] OLG Köln ZInsO 2002, 772ff.; LG Göttingen ZInsO 2001, 182f.; BGH ZIP 2006, 247; BGH ZIP 2006, 1456, 1457; weiterführend BGH NZI 2007, 408 m.Anm. *Pape*, EWiR 2007, 599f. zur Frage der Anordnung von Sicherungsmaßnahmen vor Feststellung der Zulässigkeit; LG Potsdam ZInsO 2007, 999f.; AG Hamburg ZInsO 2007, 950f.

[2] Vgl. BGH ZIP 2006, 1456, 1457 mwN; BGH NZI 2007, 408f.; BGH NZI 2007, 350; ZInsO 2007, 1275 und NZI 2008, 182ff.; idS AG Köln NZI 2007, 666ff.

[3] AG Dresden, Beschluss vom 27. 10. 2000 – 532 IN 1485/00, m.Anm. *Blenske*, EWiR 2001, § 14 InsO 1/01, S. 535f.

[4] OLG Frankfurt (Main) ZInsO 2002, 75ff., 77.

[5] BGH, Beschluss vom 13. 12. 2007 – IX ZB 82/07, BeckRS 2008, 00807.

[6] BGH ZInsO 2009, 767.

[7] LG Koblenz NZI 2001, 265f.; AG Göttingen ZInsO 2007, 48.

[8] *Uhlenbruck*, InsO, § 14 Rn. 51.

[9] FK-*Schmerbach*, InsO, § 14 Rn. 81; AG Koblenz NZI 2001, 265f.; angesichts der langen Vollstreckungsdauer hält *Uhlenbruck/ders.*, InsO, § 14 Rn. 51 bis zu zwölf Monate für unbedenklich; ebenso LG Halle ZIP 1993, 1036f.; differenzierend, da Tatfrage OLG Dresden ZInsO 2001, 853ff.; ungeeignet, wenn bei Antragstellung bereits mehr als ein Jahr alt, so LG Düsseldorf NZI 2007, 530ff.

[10] AG Göttingen ZInsO 2002, 592ff.

[11] Zu einem sog. Beerdigungsfall, AG Göttingen ZInsO 2003, 1156.

[12] LG Berlin ZInsO 2004, 875f.

lose Zwangsvollstreckung in bewegliches Vermögen, weitere Vollstreckungsmaßnahmen, z. B. eine Immobiliarzwangsvollstreckung, sind nicht erforderlich.[1]

20 Im Hinblick auf die Insolvenzanträge von Behörden und Körperschaften des öffentlichen Rechts, insbesondere der Sozialversicherungsträger und des Finanzamtes, wird über erleichterte Anforderungen diskutiert.

21 Die erste Ansicht geht davon aus, dass es genügt, wenn bestätigt wird, dass der Schuldner mehr als sechs Monate die Beiträge zur Sozialversicherung nicht abgeführt hat.[2] Dafür spricht das grundlegende Urteil des BGH zur Zahlungsunfähigkeit.[3] Dieses räumt dem Schuldner lediglich drei Wochen ein, eine etwaige Zahlungsstockung zu beheben. Allerdings geht es nicht von einer Zahlungsunfähigkeit aus, soweit bei Fortführungsprognose die Liquiditätslücke nicht mehr als zehn Prozent beträgt.[4] Da dem Gläubiger hinsichtlich der Anforderung einer Liquiditätslücke von mehr als zehn Prozent keine Informationsmöglichkeiten zur Verfügung stehen, sollte für die Glaubhaftmachung der Zahlungsunfähigkeit ein Rückstand von mehr als sechs Monaten auf die Sozialversicherungsbeiträge ausreichen.

22 Die gegenteilige Meinung verlangt auch von den Sozialversicherungsträgern, dass ein erfolgloser Vollstreckungsversuch nachgewiesen wird.[5]

23 Die Überschuldung wird der Gläubiger mangels Einblick in die Vermögensverhältnisse des Schuldners in der Praxis kaum jemals glaubhaft machen können.[6]

3. Anhörung des Schuldners

24 § 14 Abs. 2 ordnet zur Wahrung des verfassungsrechtlich vorgeschriebenen, rechtlichen Gehörs für den Regelfall eine Anhörung des Schuldners durch das Insolvenzgericht an. Die Pflicht zur Anhörung soll auch die missbräuchliche Stellung von Insolvenzanträgen – etwa zu dem Zweck, Zahlungen solventer, aber zahlungsunwilliger Schuldner zu erzwingen – verhindern.

25 Ausnahmsweise kann eine Anhörung des Schuldners in Person gem. § 10 Abs. 1 S. 1 unterbleiben, wenn

- sich der Schuldner im Ausland aufhält und die Anhörung das Verfahren übermäßig verzögern würde oder
- der Aufenthalt des Schuldners unbekannt ist.

26 Für diesen Fall ordnet § 10 Abs. 1 S. 2 als Soll-Vorschrift die Anhörung eines Vertreters oder Angehörigen des Schuldners an. Damit wird die in § 105 Abs. 3 KO für einen Einzelfall vorgesehene Regelung verallgemeinert und um den Aspekt einer zu befürchtenden übermäßigen Verfahrensverzögerung erweitert. Das Gericht dürfte, um das ihm eingeräumte Ermessen sachgerecht ausüben zu können, auf den Wortlaut des § 105 Abs. 3 KO zurückgreifen. Dort regelte der

---

[1] AG Göttingen ZInsO 2007, 48.

[2] BGH BB 2006, 1700 f. = ZIP 2006, 1457 ff.; OLG Dresden ZInsO 2000, 560 ff.; LG Freiburg Rpfl 2003, 380/381; LG Potsdam ZInsO 2003, 434 ff.; s. auch OLG Rostock zu regelmäßig verspäteten Zahlungen der Sozialbeiträge als Indiz für eine Zahlungsunfähigkeit, ZInsO 2006, 1109 ff.

[3] BGH NZI 2005, 547 ff.

[4] Ausführlicher s. § 17 Rn. 9–12.

[5] AG Charlottenburg ZInsO 2000, 520; LG Hamburg ZInsO 2002, 199 f.; AG Potsdam NZI 2003, 155 ff. m. abl. Anm. *Sternal,* aufgehoben durch LG Potsdam ZInsO 2003, 434 f.

[6] *Hess,* InsO, § 14 Rn. 32.

2. Halbs. die Verpflichtung zur Anhörung, soweit sie „tunlich" ist. Eine Anhörung dürfte z. B. dann nicht „tunlich" sein, wenn ein anwaltlicher Bevollmächtigter erklärt, eine entsprechende Vollmacht zu haben, allerdings keine verfahrensdienlichen Auskünfte erteilen kann, aber auch bei Angehörigen, die nicht im Gewerbebetrieb des Schuldners tätig waren. Auch eine schriftliche Anhörung ist zulässig.[1]

4. Streitfrage zur Kostentragung bei einseitiger Erledigungserklärung

Bereits im früheren Konkursrecht war streitig, ob neben einer übereinstimmenden Erledigungserklärung im Eröffnungsverfahren auch eine einseitige Erledigungserklärung des antragstellenden Gläubigers zulässig ist. Die Gegenauffassung berief sich darauf, dass es sich bei dem Eröffnungsverfahren um ein kontradiktorisches Verfahren handele und damit die Verfügungsbefugnis über den Verfahrensgegenstand fehle. Die h. M. führte dagegen ins Feld, dass eine einseitige Erledigungserklärung zulässig sei, weil das Insolvenzeröffnungsverfahren ein „quasi"-kontradiktorisches Verfahren sei und die Verfahrensökonomie dafür spreche, das Verfahren mit einer Kostenentscheidung abzuschließen. 27

Der letztgenannten Auffassung haben sich inzwischen einige Instanzgerichte angeschlossen.[2] In Bezug auf sogenannte „Druckanträge" – insbesondere der Sozialversicherungsträger – wird das Rechtsschutzinteresse verneint.[3] Begründet wird dies damit, dass der Antrag lediglich dazu diene, Maßnahmen der Einzelzwangsvollstreckung zu vermeiden und den Schuldner zu (Teil-)Zahlungen anzuhalten. Einige Gerichte vertreten daher die Auffassung, dass jedenfalls dann dem antragstellenden Gläubiger die Kosten des Verfahrens aufzuerlegen seien (§ 91 a ZPO i. V. m. § 4), wenn er den Antrag wegen einer späteren Zahlung des Schuldners oder einer Zahlungsvereinbarung mit ihm in der Hauptsache für erledigt erklärt, ohne glaubhaft zu machen, dass zum Zeitpunkt der Erledigung hinreichender Grund zu der Annahme bestand, die Zahlungsunfähigkeit des Schuldners sei beseitigt.[4] Teilweise gehen Literaturstimmen aus dem Kreise der Insolvenzrichter so weit, bei „auffälligen Antragstellern" eine Verpflichtungserklärung zu begehren, dass bei Teilzahlungen im Eröffnungsverfahren keine volle Erledigungs- oder Rücknahmeerklärung abgegeben werde, oder – noch weitergehend – in diesen Fällen Erledigungs- oder Rücknahmeerklärungen auf Grund nachgewiesener bloßer Teilzahlung als unwirksam gem. § 134 BGB zu erachten und das Verfahren fortzusetzen.[5] Dies findet im Gesetz keine Stütze, es wird 28

---

[1] Begründung RegE, abgedruckt in *Balz/Landfermann,* S. 215.

[2] LG Koblenz NZI 2001, 265 f. mwN; AG Göttingen ZIP 2001, 798 ff., 799 mwN (rkr.); AG Köln ZInsO 2001, 769 ff.

[3] Zu den Missbrauchsfällen s. die umfassende Übersicht im FK-*Schmerbach,* InsO, § 14 Rn. 40–49 e.

[4] AG Duisburg NZI 2002, 669 f.; AG Hamburg ZInsO 2002, 687 ff.; AG Oldenburg, ZVI 2002, 298 f.; LG Hamburg ZInsO 2002, 144 f.; AG Potsdam NZI 2003, 155 ff. m. krit. Anm. *Sternal* und Anm. *Frind* in EWiR 2003, 531 f.; LG Duisburg NZI 2004, 150 f; AG Hamburg ZInsO 2004, 458 ff.; AG Hamburg ZInsO 2007, 1167 f.

[5] AG Hamburg ZIP 2002, 2270 f.; *Frind/Schmidt,* ZInsO 2002, 8 ff., 9, 15; aA: *Ferslev* in Anm. zu AG Hamburg, Beschluss vom 10. 10. 2002 – 67 c IN 377/02 (rkr.) in EWiR 2003, 605 f.

ersichtlich interessenorientiert argumentiert.[1] Zu Recht wird in den ablehnenden Literaturstimmen – ebenfalls aus Insolvenzrichterkreisen – darauf verwiesen, dass andere Gläubiger ausreichend dadurch geschützt seien, dass sie selbst Insolvenzanträge stellen könnten, umso die Möglichkeit der Anfechtbarkeit solcher Zahlungen unter Verstoß gegen den Grundsatz der Gläubigergleichbehandlung zu erhalten.[2] Noch weitergehend wird zum Teil angenommen, dass selbst bei einer vollständigen Zahlung der Rückstände an den Sozialversicherungsträger durch den Dritten im Falle einer angeordneten sogenannten „starken" vorläufigen Insolvenzverwaltung keine Erfüllungswirkung eintritt und somit der Antrag auf Feststellung der Erledigung des Verfahrens unbegründet ist.[3]

29 Das Insolvenzgericht ist danach verpflichtet, das Vorliegen eines erledigenden Ereignisses nachzuprüfen (in der Regel Begleichung der dem Antrag zugrunde liegenden Forderung).[4] Das Gericht entscheidet dann darüber, ob der Antrag ursprünglich (bis zum erledigenden Ereignis) zulässig war. Nicht überprüft wird, ob der Antrag auch begründet war, da es auf den Sach- und Streitstand im Eröffnungsverfahren ankommt.[5]

30 Im Gegensatz zum Zivilprozess findet bei der einseitigen Erledigungserklärung im Insolvenzeröffnungsverfahren eine Beweisaufnahme in keinem Falle statt.[6] Der Insolvenzeröffnungsantrag des Gläubigers wird allerdings unzulässig, wenn die dem Antrag zugrunde liegende Forderung noch vor der Entscheidung über die Verfahrenseröffnung beglichen wird.[7] Dies gilt auch dann, wenn der Gläubiger wegen der Gefahr einer eventuell späteren Anfechtung der Zahlung weiterhin rechtliches Interesse geltend macht.[8] Aus dem Rechtsgedanken des § 13 Abs. 2 folgt, dass die Erledigung nur bis zum Erlass des Eröffnungsbeschlusses erklärt werden kann.[9]

5. Rechtsmittel

31 **a)** Wird der Antrag auf Verfahrenseröffnung als unzulässig abgewiesen, so steht dem antragstellenden Gläubiger nach § 34 Abs. 1 die sofortige Beschwerde zur Verfügung (§ 4 InsO i. V. m. § 567 Abs. 1 ZPO). Hält das Insolvenzgericht den Antrag hingegen für zulässig, tritt es in die Prüfung der Eröffnungsgründe ein. Die Anfechtung dieser Entscheidung ist nach ganz einhelliger Auffassung nicht möglich, da es sich lediglich um eine vorbereitende Maßnahme handelt.[10] Der Antragsgegner ist darauf verwiesen, den möglicherweise folgenden Beschluss über die Abweisung des Antrags nach § 34 Abs. 1 mit der sofortigen Beschwerde anzufechten. In eng umgrenzten Ausnahmefällen bei missbräuchlicher Stellung des

[1] So auch *Schmahl,* NZI 2002, 177 ff., 185.

[2] *Schmahl,* ebd.

[3] AG Hamburg ZInsO 2006, 1118.

[4] Zur Unbeachtlichkeit der Erledigungserklärung bei Annahme einer Zahlung ohne Beseitigung der Zahlungsunfähigkeit s. LG Duisburg ZInsO 2009, 336.

[5] AG Göttingen ZInsO 2007, 48.

[6] LG Bonn NZI 2001, 488 ff.; AG Göttingen ZIP 2001, 798 ff., 799 f. mwN (rkr.); aA AG Hamburg ZInsO 2006, 1118; Rn. 28 aE.

[7] LG Düsseldorf NZI 2003, 501.

[8] LG Aachen ZIP 2003, 1264; aA LG Duisburg ZInsO 2009, 336.

[9] BGH, Beschluss vom 26. 6. 2008 – IX ZB 238/07, BeckRS 2008, 14246.

[10] OLG Köln ZIP 1993, 1723 f.; OLG Celle ZIP 2001, 127 f.

Insolvenzantrages soll auch eine einstweilige Verfügung gegen den Gläubiger, die Stellung eines Insolvenzantrages zu unterlassen, möglich sein. Diese wäre allerdings nur begründet, wenn sich der Gläubiger gegenüber dem Schuldner schadenersatzpflichtig machen würde und die Voraussetzung des § 826 BGB gegeben sind.[1]

b) Die Frage, ob der Eröffnungsgrund glaubhaft gemacht worden ist, bleibt 32
dem Tatrichter vorbehalten. Bei bloßen Fehlern in der tatrichterlichen Würdigung ist die Rechtsbeschwerde nach § 7, § 4 i. V. m. § 574 ZPO nF an den BGH folglich unzulässig. Ein Rechtsbeschwerdeverfahren an den BGH kommt nur in Betracht, wenn überprüft werden soll, ob das Insolvenzgericht die grundsätzlichen Anforderungen an die Glaubhaftmachung überspannt hat.[2]

§ 15 Antragsrecht bei juristischen Personen und Gesellschaften ohne Rechtspersönlichkeit

(1) **Zum Antrag auf Eröffnung eines Insolvenzverfahrens über das Vermögen einer juristischen Person oder einer Gesellschaft ohne Rechtspersönlichkeit ist außer den Gläubigern jedes Mitglied des Vertretungsorgans, bei einer Gesellschaft ohne Rechtspersönlichkeit oder bei einer Kommanditgesellschaft auf Aktien jeder persönlich haftende Gesellschafter, sowie jeder Abwickler berechtigt. Bei einer juristischen Person ist im Fall der Führungslosigkeit auch jeder Gesellschafter, bei einer Aktiengesellschaft oder einer Genossenschaft zudem auch jedes Mitglied des Aufsichtsrats zur Antragstellung berechtigt.**

(2) **Wird der Antrag nicht von allen Mitgliedern des Vertretungsorgans, allen persönlich haftenden Gesellschaftern, allen Gesellschaftern der juristischen Person, allen Mitglieder des Aufsichtsrats oder allen Abwicklern gestellt, so ist er zulässig, wenn der Eröffnungsgrund glaubhaft gemacht wird. Zusätzlich ist bei Antragstellung durch Gesellschafter einer juristischen Person oder Mitglieder des Aufsichtsrats auch die Führungslosigkeit glaubhaft zu machen. Das Insolvenzgericht hat die übrigen Mitglieder des Vertretungsorgans, persönlich haftenden Gesellschafter, Gesellschafter der juristischen Person, Mitglieder des Aufsichtsrats oder Abwickler zu hören.**

(3) **Ist bei einer Gesellschaft ohne Rechtspersönlichkeit kein persönlich haftender Gesellschafter eine natürliche Person, so gelten die Absätze 1 und 2 entsprechend für die organschaftlichen Vertreter und die Abwickler der zur Vertretung der Gesellschaft ermächtigten Gesellschafter. Entsprechendes gilt, wenn sich die Verbindung von Gesellschaften in dieser Art fortsetzt.**

Übersicht

[1] OLG Koblenz ZInsO 2005, 1338 ff.
[2] OLG Naumburg ZInsO 2000, 216.

1. Normzweck

1 Die Vorschrift regelt die Berechtigung zur Stellung von Eigenanträgen bei Schuldnern, die keine natürlichen Personen sind. Sie entspricht im Wesentlichen dem früheren Konkursrecht (§§ 208, 210, 213 KO, 63 Abs. 2 GmbHG aF, 100 GenG aF, beide Vorschriften wurden aufgehoben, vgl. BGBl. I 1994, S. 2911 ff.).

Durch das MoMiG[1] wurden mit Wirkung ab dem 1. 11. 2008 im Abs. 1 ein neuer Satz 2 eingeführt, der das Recht zur Antragsstellung im Fall der Führungslosigkeit der juristischen Person erweitert auf jeden Gesellschafter einer juristischen Person[2] und bei einer Aktiengesellschaft oder Genossenschaft zudem auch auf jedes Mitglied des Aufsichtsrates.

Die Änderungen korrespondieren mit den neu eingefügten Regelungen zur Antragspflicht in § 15 a Abs. 3 für den Fall der Führungslosigkeit einer GmbH, Aktiengesellschaft oder Genossenschaft.[3]

In § 15 a sind nunmehr die Antragspflichten, die bisher in den gesellschaftsrechtlichen Regelungen enthalten waren, zusammengefasst, um eine einheitliche, rechtsformneutrale Insolvenzantragspflicht vorzuschreiben, die auch ausländische Gesellschaften, die den Mittelpunkt ihres hauptsächlichen Interesses im Inland haben, erfasst.[4]

2. Anwendungsbereich

a) Allgemeines

2 Durch die Regelung des § 15 wird die in § 13 Abs. 1 S. 2 enthaltene Beschränkung der Antragsbefugnis auf Gläubiger und Schuldner nicht erweitert. Im Falle des § 15 wird der Antrag im Namen der Gesellschaft, nicht im Namen des Handelnden gestellt.[5] Die Vorschrift enthält daher letztlich keine Erweiterung des Personenkreises, der zur Antragstellung berechtigt ist, sondern hebt lediglich etwaige Beschränkungen der Vertretungsmacht eines nach der gesetzlichen Regelung Vertretungsberechtigten auf (vgl. insbesondere für die Liquidatoren §§ 268 Abs. 2 AktG, 70 GmbHG).

[1] Gesetz zur Modernisierung des GmbH-Rechts und zur Bekämpfung von Missbräuchen vom 23. 10. 2008, BGBl. I S. 2026 ff.

[2] Ggf. ist der Begriff „juristische Person" hier einzuschränken auf eine GmbH, vgl. hierzu Rn. 8.

[3] Vgl. Erläuterungen in § 15 a Rn. 13 ff.

[4] Vgl. Erläuterungen zu § 15 a Rn. 4.

[5] LG Berlin ZInsO 2002, 884 f. auch zur Frage der Zulässigkeit einer Erledigungserklärung und der Kostentragungspflicht des schuldnerischen Rechtsträgers; KG NJW 1965, 2157 ff., 2159; LG Berlin KTS 1974, 182 ff., 183.

Dementsprechend ist es unerheblich, ob die Satzung eine Gesamtvertretung vorsieht oder der persönlich haftende Gesellschafter vertraglich von der Vertretung ausgeschlossen ist.[1] 3

Mit dem Antragsrecht korrespondiert regelmäßig auch eine Antragspflicht. Diese ist nunmehr rechtsformneutral in § 15 a geregelt. Darüber hinaus gibt es weiterhin Sonderregelungen in § 42 BGB für den Verein und nach § 86 BGB für die Stiftung. 4

Für bestimmte Vermögensmassen sind außerdem die Sonderregelungen in den §§ 317, 318, 332, 333 zu beachten. 5

b) Juristische Personen

Bei juristischen Personen steht die Antragsbefugnis jedem Mitglied des Vertretungsorgans zu. Das ist bei der AG jedes Vorstandsmitglied (§ 78 AktG), bei der GmbH jeder Geschäftsführer (§ 35 GmbHG), bei der Genossenschaft jedes Vorstandsmitglied (§§ 24–26 GenG), bei der KGaA jeder persönlich haftende Gesellschafter (§ 278 Abs. 2 AktG) und beim rechtsfähigen Verein jedes Vorstandsmitglied (§ 26 Abs. 2 BGB), auch ein von der BaFin bestellter Abwickler (§ 37 Abs. 2 KWG).[2] Das Antragsrecht hängt nicht von der Rechtswirksamkeit der Bestellung ab.[3] Prokuristen oder Handlungsbevollmächtigte können keinen Insolvenzantrag stellen, da diese Handlung nicht zum Betrieb eines Handelsgewerbes gehört.[4] Anders ist dies natürlich, wenn die Vertretungsregelung eine Vertretung der Gesellschaft für solche Fälle durch die Prokuristen vorsieht, durch zwei Prokuristen gemeinsam.[5] Der Mangel der Vollmacht kann im Rechtsstreit durch die Genehmigung des Berechtigten auch mit rückwirkender Kraft beseitigt werden, soweit noch nicht ein das Rechtsmittel als unzulässig verwerfendes Prozessurteil vorliegt, hieraus ergibt sich, dass auch für die Entscheidung über die Eröffnung des Insolvenzverfahrens eine nachträgliche Genehmigung noch möglich ist und der Antragsmangel rückwirkend beseitigt werden kann.[6] Im Liquidationsverfahren über das Vermögen der Gesellschaft geht die Antragsbefugnis auf den Liquidator über. Die Antragsberechtigung des Geschäftsführers erlischt wg. § 6 Abs. 2 GmbHG mit Rechtskraft des Strafurteils bezüglich einer Katalogtat nach §§ 283–283 d.[7] 6

c) Gesellschaften ohne Rechtspersönlichkeit

Bei Gesellschaften ohne Rechtspersönlichkeit ist jeder persönlich haftende Gesellschafter antragsbefugt. Die GbR soll nach dem Willen des Gesetzgebers insoweit wie eine OHG behandelt werden, so dass jeder einzelne Gesellschafter antragsbefugt ist.[8] Im Hinblick auf die sofortige Beschwerde gegen die Eröffnung des Insolvenzverfahrens steht die sofortige Beschwerde gem. § 34 Abs. 2 nur dem Schuldner, also der GbR, zu, die Gesellschafter der GbR haben kein eigenes Beschwerderecht. Dies gilt erst recht für ehemalige Gesellschafter. Die Rechte der 7

---

[1] HK-*Kirchhof,* InsO, § 15 Rn. 4.

[2] OLG Hamm ZIP 2007, 682 f.

[3] HK-*Kirchhof,* InsO, § 15 Rn. 5; *Delhaes,* Der Insolvenzantrag, S. 112 f.

[4] HK-*Kirchhof,* InsO, § 15 Rn. 9.

[5] BGH ZIP 2003, 1007.

[6] BGH ZIP 2003, 1007.

[7] AG Dresden ZInsO 2007, 501; *Scholz,* GmbHG § 6 Rn. 23.

[8] BGH ZInsO 2006, 822; BGH, Beschluss vom 17. 7. 2008, IX ZB 48/08, BeckRS 2008, 16050 und 20165.

einzelnen Gesellschafter werden dadurch gewahrt, dass sie, soweit sie persönlich haften, anlog § 15 Abs. 1 berechtigt sind, für die Gesellschaft Rechtsmittel einzulegen.[1] Bei der Partnerschaftsgesellschaft steht die Antragsbefugnis jedem Partner zu (§ 7 Abs. 3 PartGG i. V. m. § 125 Abs. 1 HGB), bei der EWIV jedem Geschäftsführer (Art. 20 EWIV-VO) und bei der Partenreederei jedem Reeder (§ 491 HGB). Im Falle einer insolventen Komplementär-GmbH bleibt weiterhin der Geschäftsführer zur Insolvenzantragstellung hinsichtlich der KG berechtigt, diese Antragsbefugnis geht nicht auf den Insolvenzverwalter über. Es bleibt beim Nebeneinander von insolvenzmäßiger und gesellschaftsrechtlicher Liquidation.[2]

Ist keiner der persönlich haftenden Gesellschafter eine natürliche Person, so findet **nach Abs. 3** die Regelung der Abs. 1 und 2 so lange entsprechende Anwendung, bis sich eine natürliche Person ergibt.

d) Antragsrecht im Falle der Führungslosigkeit

8 Nach Abs. 1 Satz 2 ist durch das MoMiG auch ein Antragsrecht für den Fall der Führungslosigkeit eingefügt worden. Dieses entspricht der Antragspflicht nach § 15 a Abs. 3.[3] Die Führungslosigkeit ist legal definiert in § 10 Abs. 2 Satz 2 und liegt vor, falls der Schuldner keinen organschaftlichen Vertreter hat. Die Unerreichbarkeit des Geschäftsführers reicht für eine Führungslosigkeit nicht aus.[4] Antragsberechtigt ist nach dem Wortlaut jeder Gesellschafter der „juristischen Person", bei einer Aktiengesellschaft oder Genossenschaft „zudem auch" jedes Mitglied des Aufsichtsrates. Im Zusammenhang mit dieser Formulierung ist streitig, ob unter Gesellschafter nur die einer GmbH zu verstehen sind, oder ob grundsätzlich die „Anteilsinhaber" (§ 2 Umwandlungsgesetz) gemeint sind. In § 10 ist von den am Schuldner beteiligten Personen die Rede, die im Fall der Führungslosigkeit gehört werden können. Verfolgt man hier die Entstehungsgeschichte des Gesetzes, so spricht einiges dafür, dass der Gesetzgeber mit der Ergänzung in § 15 Abs. 1 Satz 2 lediglich ein mit der Antragspflicht in § 15 a Abs. 3 korrespondierendes Antragsrecht schaffen wollte.[5] In § 15 a Abs. 3 ist dann auch im Zusammenhang mit dem Gesellschafter ausgeführt „im Fall der Führungslosigkeit einer Gesellschaft mit beschränkter Haftung". Deshalb wird argumentiert, dass der Gesetzgeber mit der Formulierung „jeder Gesellschafter" nur die Gesellschafter einer GmbH gemeint haben kann,[6] nicht aber z. B. den Anteilseigner einer Aktiengesellschaft, die ja begrifflich keine Gesellschafter, sondern Aktionäre hat.

Der Bezug auf die Regelung zur Führungslosigkeit in § 15 a Abs. 3 und § 10 Abs. 2 kann jedoch für beide Positionen herangezogen werden. In § 15 a ist die Bezeichnung Gesellschafter ausdrücklich eingeschränkt für den Fall der Führungslosigkeit einer Gesellschaft mit beschränkter Haftung. In der Regelung des § 10 Abs. 2 werden dagegen die Begriffe juristische Person und die am Schuldner

[1] BGH ZInsO 2006, 822; BGH, Beschluss vom 17. 7. 2008, IX ZB 48/08, BeckRS 2008, 16050 und 20165.

[2] AG Dresden ZIP 2003, 1264 f.; OLG Oldenburg ZIP 2008, 2077.

[3] Vgl. Erläuterungen in Rn. 1; *Schmahl*, NZI 2008 6, 8.

[4] Siehe Erläuterungen zu § 10 Rn. 15 a, AG Hamburg NZI 2009, 63.

[5] So die Begründung zum Gesetzesentwurf, s. NZI 2008, Beilage zu Heft 11, MoMiG S. 39 zu Art. 9 (Änderung der InsO), zu Nr. 2 (Änderung von § 15).

[6] Vgl. mit ausführlicher Darstellung des Problems bereits zum Regierungsentwurf des MoMiG *Schmahl* NZI 2008, 6 ff., 8; FK-*Schmerbach*, § 15 Rn. 4 a; HK-*Kirchhof*, InsO, § 15 Rn. 6.

beteiligten Personen verwendet. Bei § 10 Abs. 2 wird im Zusammenhang mit dem dem Gericht eingeräumten Ermessen, darüber zu entscheiden, ob eine Anhörung notwendig oder sinnvoll erscheint, in der Entwurfsbegründung erwähnt, dass dies „bei großen Publikumsgesellschaften selten der Fall sein" wird.[1] Abs. 1 Satz 2 enthält außerdem im Zusammenhang mit der Aktiengesellschaft oder der Genossenschaft die Worte „zudem auch", was dafür spricht, dass neben den Mitgliedern des Aufsichtsrates noch andere Antragsteller gemeint sein müssten. Letztlich spricht somit der Wortlaut eher dafür, auch z. B. dem Aktionär einer Aktiengesellschaft ein Antragsrecht nach § 15 Abs. 1 Satz 2 im Fall der Führungslosigkeit einzuräumen, während Entstehungsgeschichte und Systematik dagegen sprechen.

e) Die Sonderregelung des § 15 Abs. 2

Eine Sonderregelung enthält § 15 Abs. 2 für den Fall, dass das Vertretungs- 9 organ aus mehreren Mitgliedern besteht bzw. die Gesellschaft ohne Rechtspersönlichkeit über mehrere persönlich haftende Gesellschafter verfügt. Wird der Antrag in diesen Fällen nicht von allen Berechtigten gemeinsam gestellt, muss das Vorliegen eines Eröffnungsgrundes glaubhaft gemacht werden. Diejenigen, die sich der Antragstellung verweigern, sind vom Gericht zu hören, § 15 Abs. 2 S. 2.[2] Auf diese Weise soll gewährleistet werden, dass das Gericht Eröffnungsanträge, die lediglich auf Grund gesellschaftsinterner Meinungsverschiedenheiten gestellt werden, rasch als solche erkennt und so Schaden von dem betroffenen Unternehmen abgewendet werden kann.

Bei Meinungsunterschieden im Hinblick auf die Antragsrücknahme kann in dem Fall, dass der antragstellende Geschäftsführer abberufen wurde, der verbliebene Geschäftsführer den Antrag zurücknehmen, wenn sich dies nicht als rechtsmissbräuchlich herausstellt.[3]

f) Die Sonderregelung des § 18 Abs. 3 bei Geltendmachung drohender Zahlungsunfähigkeit

Eingeschränkt wird § 15 Abs. 1 schließlich durch die Regelung des § 18 Abs. 3. 10 Kommt als Eröffnungsgrund lediglich drohende Zahlungsunfähigkeit in Betracht und wird der Eröffnungsantrag nicht von allen Mitgliedern des Vertretungsorgans gestellt, so muss der Antragsteller vertretungsberechtigt sein. In diesem Fall sind die Regelungen der Vertretungsmacht entgegen § 15 Abs. 1 doch bedeutsam.

3. Streitfragen

a) Faktischer Geschäftsführer

Umstritten ist die Antragsberechtigung desjenigen, der die Gesellschaft wie ein 11 vertretungsberechtigtes Organ führt, ohne dazu förmlich bestellt worden zu sein.

---

[1] Begründung des Gesetzentwurfes, Begründung der Beschlussempfehlung (BT-Drucks. 16/9737), abgedruckt in NZI 2008, Beilage zu Heft 11, MoMiG S. 39 zu Art. 9 (Änderung der InsO), zu Nr. 2 (Änderung von § 15).

[2] § 15 Abs. 2 ist entsprechend anzuwenden auf das Verhältnis zwischen dem Abwickler nach § 37 Abs. 2 KWG und den Organen des Schuldners, AG Hamburg ZInsO 2005, 1118; aA ebenfalls AG Hamburg ZInsO 2005, 1003 ff., 1004; BGH ZInsO 2003, 848 ff.

[3] BGH NZI 2008, 550 f., m. Anm. *Fosberg*, EWiR 2008, 753; vgl. hierzu auch ausführlich die Erläuterungen zu § 13 Rn. 18 und Rn. 18 a.

In der Praxis geht es hierbei insbesondere um den faktischen Geschäftsführer einer GmbH.

12 Der BGH hält diesen für verpflichtet, im Falle der Zahlungsunfähigkeit der Gesellschaft gem. § 15 a InsO (Urt. noch zu § 64 GmbHG a. F.) die Eröffnung eines Insolvenzverfahrens zu beantragen.[1] Daraus wird gefolgert, dem Antragsverpflichteten müsse auch ein Antragsrecht zustehen, da er seiner Pflicht andernfalls nicht nachkommen könne.[2] Die Antragsbefugnis wird teilweise sogar für den Eröffnungsgrund der drohenden Zahlungsunfähigkeit (§ 18) bejaht, obwohl in diesem Fall keine Antragspflicht besteht.[3]

13 Einschränkend wird auch die Ansicht vertreten, die Antragsbefugnis eines faktischen Geschäftsführers sei nur dann anzuerkennen, wenn er zumindest durch ein Handeln oder Unterlassen der Gesellschafter bestellt worden sei. Habe er sich seine Position dagegen ohne jede Billigung der Gesellschafter angemaßt, könne er nicht als vertretungsberechtigt akzeptiert werden.[4]

14 Dieser Auffassung, die eine Antragsbefugnis der faktischen Organe nur dann zulässt, wenn sie tatsächlich eine Funktion ausgeübt haben, die einer der in § 15 genannten Stellungen entspricht, ist zuzustimmen. Die Begründung mit den weitreichenden straf- und haftungsrechtlichen Folgen eines unterlassenen Insolvenzantrages verkennt, dass diese Pflichten auch durch einen Antrag auf Eröffnung des Insolvenzverfahrens erfüllt werden, den das Insolvenzgericht als unzulässig abweist, weil es an der Antragsberechtigung fehlt.[5] Dagegen spricht auch das Argument, dass der faktische Geschäftsführer auf Grund seines beherrschenden Einflusses auf die Führung der Geschäfte und auf die bestellten Organe in der Lage ist, die rechtzeitige Stellung eines Eröffnungsantrages herbeizuführen. Schließlich besteht in der Regel auch für das Insolvenzgericht gar keine Möglichkeit, innerhalb überschaubarer Zeiträume festzustellen, ob die Merkmale des faktischen Geschäftsführers bei dem Antragsteller auch vorliegen.[6]

b) Verhältnis des § 15 Abs. 2 zu § 18 Abs. 3

15 Im Zusammenhang mit § 15 Abs. 2 stellt sich die Frage, ob die Vorschrift auch im Falle des § 18 Abs. 3 anwendbar bleibt und der Eröffnungsgrund glaubhaft gemacht werden muss, obwohl der Antragsteller einzelvertretungsberechtigt ist.[7]

16 Aus dem Gesamtzusammenhang der Vorschrift lässt sich argumentieren, dass alle Absätze des § 15 auf Fälle zu beschränken sind, in denen die Vertretungsbefugnis des Handelnden entgegen der gesetzlichen Konzeption eingeschränkt ist. Demnach bliebe auch Abs. 2 von vornherein ohne Bedeutung, wenn der Antragsteller einzelvertretungsbefugt ist. Diese Auslegung kann mit Blick auf den Regelungszweck des Abs. 1 mit dem weiteren Argument gestützt werden, die Verschärfung der Zulässigkeitsvoraussetzungen in Abs. 2 seien vom Gesetzgeber als Ausgleich für die in Abs. 1 bestimmte Aufhebung der gesellschaftsinternen

---

[1] BGH NJW 1988, 1789; vgl. auch BGH NJW 2000, 2285 und BGH ZInsO 2005, 878.

[2] FK-*Schmerbach,* InsO, § 15 Rn. 11; aA: MünchKomm-*Schmahl,* InsO, § 15 Rn. 44.

[3] FK-*Schmerbach,* InsO, § 15 Rn. 12.

[4] *Scholz/K. Schmidt,* GmbHG, 8. (alte) Auflage § 63 Rn. 37, zur alten Fassung des GmbHG; § 63 Abs. 2 GmbHG wurde aufgehoben, vgl. § 15 Rn. 1.

[5] HK-*Kirchhof,* InsO, § 13 Rn. 14 u. § 15 Rn. 10.

[6] So MünchKomm-*Schmahl,* InsO, § 15 Rn. 44 mwN aus der Literatur.

[7] Dieses Problem erkennt auch *Uhlenbruck,* KTS 1994, 169 ff., 172, geht aber nicht darauf ein.

Beschränkungen in der Vertretungsmacht gedacht, so dass sie nur relevant würden, wenn auch der Regelungszweck des Abs. 1 eingreife.

Dem lässt sich entgegenhalten, dass dem Wortlaut des § 15 eine Einschränkung 17 des Anwendungsbereichs auf nicht einzelvertretungsberechtigte Gesellschafter nicht zu entnehmen ist. Entscheidend ist der Gleichlauf von strafbewehrter Handlungspflicht und zivilrechtlicher Handlungsmöglichkeit im insolvenzrechtlichen Sinne.

Der Gesetzgeber will gesellschaftsinterne Interessen- und Kompetenzkonflikte 18 im Hinblick auf die Stellung eines Insolvenzantrages lösen. Die Möglichkeit, einen Insolvenzantrag zu stellen, ordnet er als so wesentliche Befugnis zum Schutz der eigenen (Vermögens-)Interessen ein, dass diese Handlung ohne Rücksicht auf die in der Satzung oder im Gesellschaftsvertrag getroffene Regelung der Vertretungsbefugnis vorgenommen werden können soll. Um auf der anderen Seite die Interessen der Gesellschaft und der übrigen Vertretungsberechtigten bzw. persönlich haftenden Gesellschafter wirksam schützen zu können, stellt er gleichzeitig an die Zulässigkeit des Antrags bei Widerspruch der übrigen Gesellschafter erhöhte Anforderungen. Diese Interpretation zeigt, dass der Gesetzgeber bei der Regelung der gesellschaftsinternen Antragsbefugnis die Verteilung der Vertretungsmacht ganz unberücksichtigt lassen wollte, was wiederum dafür spricht, § 15 Abs. 2 auch dann anzuwenden, wenn sich ein Alleinvertretungsberechtigter in Widerspruch zu den übrigen Mitgliedern des Vertretungsorgans bzw. den übrigen persönlich haftenden Gesellschaftern stellt.[1] Damit ist § 15 Abs. 2 im Falle des § 18 Abs. 3 anwendbar.[2]

§ 15 a Antragspflicht bei juristischen Personen und Gesellschaften ohne Rechtspersönlichkeit

(1) **Wird eine juristische Person zahlungsunfähig oder überschuldet, haben die Mitglieder des Vertretungsorgans oder die Abwickler ohne schuldhaftes Zögern, spätestens aber drei Wochen nach Eintritt der Zahlungsunfähigkeit oder Überschuldung, einen Insolvenzantrag zu stellen. Das Gleiche gilt für die organschaftlichen Vertreter der zur Vertretung der Gesellschaft ermächtigten Gesellschafter oder die Abwickler bei einer Gesellschaft ohne Rechtspersönlichkeit, bei der kein persönlich haftender Gesellschafter eine natürliche Person ist; dies gilt nicht, wenn zu den persönlich haftenden Gesellschaftern eine andere Gesellschaft gehört, bei der ein persönlich haftender Gesellschafter eine natürliche Person ist.**

(2) **Bei einer Gesellschaft im Sinne des Absatzes 1 Satz 2 gilt Absatz 1 sinngemäß, wenn die organschaftlichen Vertreter der zur Vertretung der Gesellschaft ermächtigten Gesellschafter ihrerseits Gesellschaften sind, bei denen kein Gesellschafter eine natürliche Person ist, oder sich die Verbindung von Gesellschaften in dieser Art fortsetzt.**

(3) **Im Fall der Führungslosigkeit einer Gesellschaft mit beschränkter Haftung ist auch jeder Gesellschafter, im Fall der Führungslosigkeit einer Ak-**

---

[1] Siehe zu divergierenden Anträgen auch die Erläuterungen zu § 13 Rn. 18und 18 a; BGH NZI 2008, 550 f.

[2] So auch MünchKomm-*Schmahl,* InsO, § 15 Rn. 50.

tiengesellschaft oder einer Genossenschaft ist auch jedes Mitglied des Aufsichtsrats zur Stellung des Antrags verpflichtet, es sei denn, diese Person hat von der Zahlungsunfähigkeit und der Überschuldung oder der Führungslosigkeit keine Kenntnis.

(4) **Mit Freiheitsstrafe bis zu drei Jahren oder mit Geldstrafe wird bestraft, wer entgegen Absatz 1 Satz 1, auch in Verbindung mit Satz 2 oder Absatz 2 oder Absatz 3, einen Insolvenzantrag nicht, nicht richtig oder nicht rechtzeitig stellt.**

(5) **Handelt der Täter in den Fällen des Absatzes 4 fahrlässig, ist die Strafe Freiheitsstrafe bis zu einem Jahr oder Geldstrafe.**

Übersicht

1. Normzweck

1 Mit dem nunmehr am 1. 11. 2008 in Kraft getretenen Gesetz zur Modernisierung des GmbH-Rechts und zur Bekämpfung von Missbräuchen (MoMiG)[1] wird mit dem neuen § 15 a die Insolvenzantrags**pflicht** aus den gesellschaftsrechtlichen Spezialgesetzen in die Insolvenzordnung verlagert. Damit wird auch die Insolvenzverschleppungshaftung in das Insolvenzrecht integriert und rechtsformneutral geregelt.

[1] BGBl. I 2008, S. 2026 ff.

Wesentlicher Grund für die Aufnahme der Antragspflicht in die InsO ist, dass durch die rechtsformneutrale, insolvenzrechtliche, nicht mehr gesellschaftsrechtliche Struktur der Ausgestaltung die Antragspflicht auch für ausländische Gesellschaften[1] bzw. für deren Vertretungsorgane gelten soll. Insbesondere ausländische Gesellschaften, die zwar ihren Sitz im Ausland hatten, aber den gesamten Geschäftsbetrieb im Inland ausübten (sog. „Scheinauslandsgesellschaften“) sollen in die Insolvenzantragspflicht einbezogen werden.[2] 2

Solche Scheinauslandsgesellschaften, die nach den Urteilen des EuGH[3] zur Niederlassungsfreiheit verstärkt genutzt worden sind und mit denen häufig Missbrauch betrieben wurde, konnten sich bzw. deren Organe nach der alten Rechtslage der Antragspflicht entziehen.[4]

Die in § 15 a Abs. 3 eingeführten Regelungen sollen außerdem dem Missbrauch entgegenwirken, dass Gesellschaften gezielt führungslos gemacht werden, sei es durch Niederlegung des Amts des Geschäftsführers oder durch dessen Abberufung.[5] In diesem Zusammenhang ist auch die durch das MoMiG eingeführte Änderung des § 35 Abs. 1 GmbHG zusehen, wonach im Fall der Führungslosigkeit einer Gesellschaft diese hinsichtlich der ihr gegenüber abzugebenden Willenserklärungen oder zuzustellenden Schriftstücke durch die Gesellschafter vertreten wird.

2. Anwendungsbereich/regelmäßige Antragspflichten

a) § 15 a regelt die Antragspflicht für alle **juristischen Personen**. 3

Von der Antragspflicht sind somit die deutschen juristischen Personen erfasst, bei denen die Antragspflicht bereits bisher in den gesellschaftsrechtlichen Regelungen festgeschrieben war, dies sind die GmbH (§ 64 GmbHG), die Aktiengesellschaft (§ 92 AktG), die Genossenschaft (§ 99 GenG), die GmbH & Co KG (§ 130 a Abs. 1, § 177 a HGB), die KGaA und der VVaG. Die gesellschaftsrechtlich geregelten Antragspflichten sind mit dem Inkrafttreten des MoMiG weggefallen.[6]

Weiterhin spezialgesetzlich geregelt bleiben Insolvenzantragspflichten für die fortgesetzte Gütergemeinschaft in §§ 1489 Abs. 2, 1980, 1985 Abs. 2 BGB, die Europäische wirtschaftliche Vereinigung in § 11 S. 2, § 1 EWIV, für den Verein in §§ 42 Abs. 2, 48 Abs. 2 BGB[7], für die Stiftung in 86, 89 Abs. 2 BGB und für Körperschaften des öffentlichen Rechts. 4

Auch für die Geschäftsleitungsorgane ausländischer jur. Personen gilt die Antragspflicht, wenn nach dem zu bestimmenden Insolvenzstatut[8] deutsches Insolvenzrecht zur Anwendung gelangt. Im Anwendungsbereich der EuInsVO ist dies der Fall, wenn die Gesellschaft den Mittelpunkt ihrer hauptsächlichen Interessen

---

[1] BT-Drucks. 16/6140, S. 126 f.

[2] Siehe dazu die Erläuterungen zu § 11 Rn. 12.

[3] EuGH NJW 1999, 2027 ff. (Centros Ltd.); ZIP 2002, 2037 ff. (Überseering BV); ZIP 2003, 1885 ff. (Inspire Art Ltd.).

[4] Zum Versuch einer Einbeziehung in die Antragspflicht LG Kiel ZIP 2006, 1248 ff. m. abl. Anm. *Just*, 1251 ff.; *Schilling*, EWiR 2006, 429 f.; krit. *Schmidt*, ZInsO 2007, 106 f.

[5] BT-Drucks. 16/6140, S. 55.

[6] *Poertzgen*, ZInsO 2007, 574 ff., 575.

[7] *Brand/Reschke*, NJW 2009, 2343 zur Insolvenzverschleppung im Verein.

[8] Zur Maßgeblichkeit des Insolvenzstatuts vgl. *Leithaus/Riewe*, NZI 2008, 598, 600.

(Art. 3 Abs. 1 EuInsVO) in Deutschland hat und daher deutsche Gerichte für die Verfahrenseröffnung international zuständig sind. Denn gem. Art 4 Abs. 1 EuInsVO gilt für das Insolvenzverfahren das Recht des Eröffnungsstaates.[1] Unter diesen Voraussetzungen kann insbesondere die häufig genutzte britische Private Limited Company (Ltd.) der Antragspflicht unterfallen.

5 **b) Antragspflichtig** sind die **Organe** der Gesellschaft, also die Mitglieder des Vertretungsorgans oder die Abwickler.[2] Hierzu gehören neben dem Geschäftsführer der GmbH (§ 35 GmbHG) insbesondere die Vorstandsmitglieder einer Aktiengesellschaft oder Genossenschaft (§ 78 AktG, §§ 24–26 GenG) und bei der KGaA jeder persönlich haftende Gesellschafter (§ 278 Abs. 2 AktG, § 125 Abs. 1 HGB) sowie der „director" einer britischen Ltd.

aa) Die bisherige Rechtsprechung, insbesondere zu § 64 Abs. 1 GmbHG gilt auch für § 15 a Abs. 1 im Wesentlichen fort. Dies bedeutet für den **Geschäftsführer** einer GmbH, dass die Pflicht zur Antragsstellung nicht dadurch entfällt, dass der Geschäftsführer sein Amt nach Eintritt der Insolvenz niederlegt.[3] Obwohl er dann nicht mehr Organ ist, muss er seinen Nachfolger zur Stellung des Insolvenzantrages veranlassen.[4] Von der Antragspflicht entbindet auch nicht das Fehlen einer für die Verfahrenseröffnung ausreichenden Masse (§ 26).[5] Allerdings hat der BGH entschieden, dass bei einer vorangegangenen Abweisung mangels Masse und neu auftauchenden Vermögenswerten keine strafbewehrte Antragspflicht besteht.[6] Soweit mehrere Geschäftsführer vorhanden sind, besteht die Antragspflicht auch bei einer internen Geschäftsaufteilung (z. B. in kaufmännischen und technischen Bereich) für beide Geschäftsführer.[7]

6 **bb)** Die Antragspflicht besteht auch für **faktische Geschäftsführer.**[8]

7 **cc)** Soweit mehrere Geschäftsführer vorhanden sind und zwischen diesen keine Einigung erzielt werden kann, muss die Gesellschaft die Durchsetzung der Antragspflicht durch gesellschaftsrechtliche Maßnahmen (Beschluss-Weisung, ggf. Abberufung eines Geschäftsführers) erreichen.

8 **c)** Vorraussetzung der Antragspflicht ist der **Eintritt der Zahlungsunfähigkeit** (§ 17) oder der **Überschuldung** (§ 19).[9] Die drohende Zahlungsunfähigkeit nach § 18 löst keine Antragspflicht aus.

9 **d)** Der Insolvenzantrag ist **ohne schuldhaftes Zögern,** spätestens aber **drei Wochen** nach Eintritt des Insolvenzgrundes zu stellen. Ohne schuldhaftes Zögern bedeutet dabei, dass die Antragspflicht nicht erst mit Ablauf der Dreiwochenfrist beginnt, sondern schon mit dem objektiven Eintritt des Insolvenzgrun-

---

[1] *Tashiro,* International Corporate Rescue 2008, 17, 17 f.

[2] Vgl. Erläuterungen zu § 15 Rn. 1.

[3] *Ulmer/Habersack/Winter/Casper,* GmbHG, § 64 Rn. 37.

[4] BGH NJW 1952, 554; *Scholz/K. Schmidt,* GmbHG § 64 Rn. 6.

[5] *Scholz/K. Schmidt,* GmbHG, § 64 Rn. 15.

[6] BGH NZI 2009, 71 (trotz neuer Vermögenswerte von 100000,– €!); s. hierzu Anm. *Schork/Ganninger* EWiR 2009, 235.

[7] BGH NJW 1994, 2150; MünchKommHGB-*K. Schmidt,* § 130 a Rn. 13, *Ulmer/Habersack, Winter/Casper,* GmbHG, § 64 Rn. 36.

[8] Vgl. zum Streitstand die Erläuterungen zu § 15 Rn. 11–14; *Lutter/Hommelhoff/Lutter/Kleindiek,* GmbHG, Anh. zu § 64 Rn. 49.

[9] Zur strafrechtl. Relevanz d. neuen Überschuldungsbegriffs, s. *Büttner* ZInsO 2009, 841.

des.[1] Die Dreiwochenfrist ist also eine Höchstfrist, der Antrag ist gegebenenfalls früher zu stellen, wenn eine mögliche Sanierung endgültig gescheitert ist.[2]

e) § 15 a selbst gibt keine bestimmten **Anforderungen an den Insolvenzantrag** vor. Allerdings ist in § 15 a Abs. 4 nicht nur strafbedroht, dass der Antrag nicht rechtzeitig, sondern auch „nicht richtig" gestellt wird. Damit muss der Antrag zumindest in einer Form eingereicht werden, die dem Antragserfordernis in § 13 genügt.[3] Insbesondere ist das Vorliegen eines Eröffnungsgrundes darzulegen und sind ausreichende Auskünfte zur finanziellen Situation der Gesellschaft zu geben. Ein Antrag, der in unvollständiger Weise gestellt wird, gegebenenfalls mit dem Ziel, als unzulässig abgewiesen zu werden oder durch unvollständige Angaben eine Abweisung mangels die Verfahrenskosten deckender Masse herbeizuführen, reicht zur Erfüllung der Antragspflicht nicht aus.[4] **10**

3. Gesellschaften ohne Rechtspersönlichkeit, ohne natürliche Person als persönlich haftender Gesellschafter (Abs. 1 S. 2)

Nach § 15 a **Abs. 1 Satz 2** gilt die in § 15 a **Abs. 1 S. 1** geregelte Antragspflicht auch für die organschaftlichen Vertreter der zur Vertretung der Gesellschaft ermächtigten Gesellschafter oder die Abwickler bei einer **Gesellschaft ohne Rechtspersönlichkeit**, bei der kein persönlich haftender Gesellschafter eine natürliche Person ist. **11**

Hierdurch wird insbesondere die GmbH & Co KG in die Antragspflicht einbezogen, ebenso die OHG und gegebenenfalls eine GbR ohne natürliche Person als Gesellschafter.[5]

Die Regelung des Abs. 1 S. 2, Hs. 1 war bisher in den §§ 130 a Abs. 1 bis 3 und 177 a Abs. 1 HGB aF enthalten. Zum Antrag verpflichtet ist in diesen Fällen das Organ der als persönlich haftender Gesellschafter fungierenden, juristischen Person.[6]

In Abs. 1, S. 2, 2. Hs. ist dann wiederum eine Ausnahme vom ersten Halbsatz geregelt für den Fall, dass letztlich eine haftende natürliche Person vorhanden ist. Davon erfasst wird z. B. eine OHG als Komplementärin einer KG, wobei diese OHG dann z. B. aus einer GmbH und einer natürlichen Person besteht.

4. Antragspflicht bei Gesellschaften ohne Rechtspersönlichkeit (Abs. 2)

Abs. 2 stellt sicher, dass auch bei Schachtelkonstruktionen auf mehreren Ebenen eine Insolvenzantragspflicht besteht, wenn es keine natürliche Person gibt, die letztlich mit ihrem Vermögen umfassend haftet. Beispiel wäre hier etwa eine OHG & Co KG, bei der die OHG wiederum aus zwei offenen Handelsgesellschaften besteht, deren Gesellschafter aber nur Gesellschaften mit beschränkter **12**

---

[1] BGH NJW 1979, 1823 ff., 1827; *Scholz/K. Schmidt*, GmbHG, § 64 Rn. 14.

[2] BGH ebd.; *Baumbach/Hueck/Schulze-Osterloh*, GmbHG, § 64 Rn. 51.

[3] Vgl. mwN *Schmittmann* NZI 2007, 356 f., 357; s. hierzu auch § 13 Rn. 9.

[4] Vgl. *Bittmann*, NStZ 2009, 113, 115 f.; *Schmittmann*, NZI 2007, 356 f., 357; HK-*Kirchhof*, InsO, § 15 a Rn. 8; *Weiß* ZInsO 2009, 1520 ff.

[5] MünchKommHGB-*K. Schmidt*, § 130 a Rn. 7 f.

[6] Vgl. zur Antragspflicht bei Gesellschaften ohne Rechtspersönlichkeit auch *Blöse*, GmbHR-Sonderheft 2008, 71 ff., 76; *Poertzgen*, ZInsO 2007, 574 ff., 575.

Haftung sind. Antragsverpflichtet wären dann hier die organschaftlichen Vertreter der GmbH und zwar im zuletzt genannten Beispiel beider Gesellschaften mit beschränkter Haftung.[1]

5. Führungslosigkeit (Abs. 3)

13 **a)** In § 15 a Abs. 3 regelt der Gesetzgeber den Fall, dass die Gesellschaft führungslos ist. Für die **Führungslosigkeit** gibt es in § 10 Abs. 2 S. 2 und § 35 Abs. 1 S. 2 GmbHG eine Legaldefinition. Sie liegt vor, wenn der Schuldner eine juristische Person ist und diese keinen organschaftlichen Vertreter hat. Hintergrund dieser Neuregelung ist, dass in Missbrauchsfällen Gesellschaften gezielt führungslos gemacht wurden, zum Beispiel indem der Geschäftsführer sein Amt niederlegte oder durch die Gesellschafter abberufen wurde. Weitere Fälle der Führungslosigkeit sind Tod des Geschäftsführers und Verlust der Organfähigkeit.[2] Diese Vorgehensweise wurde insbesondere bei so genannten „Firmenbestattungen" genutzt.[3] Die Legaldefinition des § 10 Abs. 2 stellt darauf ab, dass der Schuldner keinen organschaftlichen Vertreter **hat**. Dies bedeutet, dass dieser rechtlich oder tatsächlich nicht mehr existieren darf, nicht ausreichend für die Führungslosigkeit ist, wenn das Vertretungsorgan nur unerreichbar ist.[4]

14 **b)** Durch die Neuregelung ist nunmehr auch jeder Gesellschafter einer GmbH oder jedes Mitglied des Aufsichtsrates einer Aktiengesellschaft oder einer Genossenschaft zur Stellung des Antrages verpflichtet. Da diese Verpflichtung auch mit Haftungsfolgen und strafrechtlichen Sanktionen verbunden ist, besteht für die Gesellschafter somit ein Anreiz, wieder ein Organ zu bestellen und die Gesellschaftsform handlungsfähig zu machen.[5]

15 **c)** Die Antragspflicht besteht nach Abs. 3 nicht, wenn die verpflichtete Person von der Zahlungsunfähigkeit und der Überschuldung **oder** der Führungslosigkeit keine Kenntnis hat. Die Beweislast liegt hier beim Antragsverpflichteten. Der Gesellschafter muss deshalb darlegen, dass er die Umstände, die auf die Zahlungsunfähigkeit, die Überschuldung oder die Führungslosigkeit schließen lassen, nicht kannte. Es reicht somit aus, wenn der Gesellschafter nur eines der beiden Elemente nicht kennt. Umgekehrt stellt der Regierungsentwurf allerdings fest, dass ein Gesellschafter, der die Führungslosigkeit kennt, Anlass hat, nachzuforschen, wie es um die Vermögensverhältnisse der Gesellschaft steht bzw. umgekehrt ein Gesellschafter, der Kenntnis vom Insolvenzgrund besitzt, Anlass hat, nachzuforschen, warum der Geschäftsführer keinen Insolvenzantrag stellt.[6] Der kleinbeteiligte Gesellschafter (10%) hat naturgemäß wenig oder keinen Anlass zu solchen

[1] OLG Oldenburg, ZIP 2008, 2077.

[2] Z. B. wegen § 6 Abs. 2 S. 1 Nr. 3 GmbHG nF wegen Verurteilung nach einer Katalogtat nach §§ 283 bis 283 d StGB, s. hierzu Erläuterungen zu § 15 Rn. 6; *Poertzgen*, ZInsO 2007, 574 ff., 576, Fn. 26 zur Notwendigkeit der Herausbildung von Fallgruppen durch die Rechtsprechung.

[3] *Schmahl*, NZI 2008, 6 ff., 7.

[4] AG Hamburg NZI 2009, 63 f., mit Anm. *Mock*, EWiR 2009, 245; aA *Gehrlein*, BB 2008, 846 ff., 848.

[5] Begründung RegE BT-Drucks. 16/6114, S. 134; *Gehrlein*, BB 2008, 846 ff., 848; *Wälzholz*, DStR 2007, 1914 f.

[6] Begründung RegE BT-Drucks. 16/9737, S. 55.

Überlegungen, weshalb ihm die Entlastung regelmäßig und ohne Schwierigkeiten gelingen wird.[1]

Kenntnis ist in diesem Fall die positive Kenntnis, allerdings darf sich die verpflichtete Person einer Kenntnis auch nicht bewusst verschließen.[2] Der faktische Geschäftsführer ist bereits nach Abs. 1 zur Antragstellung verpflichtet, diese Antragspflicht wird durch die Regelung zur Führungslosigkeit in Abs. 3 nicht berührt.[3]

d) Korrespondierend mit der Antragspflicht in Abs. 3 ist das Antragsrecht für die Verpflichteten in Abs. 1 Satz 2. Im Hinblick auf die Antragspflicht der Gesellschafter nach Abs. 3 wurde in § 15 a Abs. 1 S. 2 auch ein Antragsrecht für die nach Abs. 3 verpflichteten Personen aufgenommen.[4] Allerdings ist in § 15 a Abs. 1 S. 2 die Rede von Gesellschaften einer juristischen Person.[5] **16**

e) Die Antragspflicht endet, sobald wieder wirksam ein Organ für die Gesellschaft bestellt worden ist. Der Gesetzgeber sieht insofern auch eine Verpflichtung der Gesellschafter, die Gesellschaft nicht zum Schaden des Rechtsverkehrs führungslos zu lassen.[6] **17**

6. Strafvorschriften

a) Die strafrechtlichen Sanktionen für eine Verletzung der Insolvenzantragspflicht sind in den **Strafvorschriften** in Abs. 4 und Abs. 5 geregelt. **18**

Bisher waren die Strafandrohungen in den einzelnen gesellschaftsrechtlichen Normen der §§ 84 Abs. 1 Nr. 2 und Abs. 2 GmbHG, § 401 Abs. 1 Nr. 2 und Abs. 2 AktG, § 148 Abs. 1 Nr. 2 und Abs. 2 GenG und in § 130 b HGB enthalten.

Eine tatbestandsmäßige Pflichtverletzung ist neben der unterlassenen Antragstellung auch die verspätete oder unrichtige Antragstellung.[7] Weiteres Tatbestandsmerkmal ist das Bestehen einer Antragspflicht, die nicht bereits durch einen Gläubigerantrag entfällt.[8] Sie endet erst mit Beseitigung des Insolvenzgrundes oder mit der Entscheidung des Insolvenzgerichts über die Eröffnung des Insolvenzverfahrens, bspw. der Ablehnung mangels Masse.[9] Nach einer Abweisung mangels Masse lebt die strafbewehrte Antragspflicht erst wieder auf, wenn die der Insolvenzmasse zugefallenen Vermögenswerte die Insolvenzlage beseitigen und anschließend erneut ein Insolvenzgrund eintritt.[10] **19**

b) Nach Abs. 5 ist auch die fahrlässige Verletzung der Antragspflicht mit einer Freiheitsstrafe bis zu einem Jahr oder Geldstrafe bedroht. Einfache Fahrlässigkeit reicht hierfür aus.[11] **19a**

---

[1] Begründung RegE BT-Drucks. 16/6140, S. 55; HK-*Kirchhof,* InsO, § 15 a Rn. 18.

[2] RegE ebd.

[3] RegE ebd; vgl. auch Erl. zu Rn. 6 u. § 15 Rn. 14.

[4] Siehe Erläuterungen zu § 15 Rn. 1 f.

[5] Ob darin eventuell eine Erweiterung des **Antragsrechts** z. B. auch auf Aktionäre einer AG liegt vgl. Erläuterungen zu § 15 Rn. 8.

[6] RegE ebd.

[7] Vgl. zur unrichtigen Antragstellung die Erläuterungen zu § 13 Rn. 6 ff.

[8] BGH NZI 2009, 124 ff., 125; BGH wistra 1988, 69.

[9] BGH NZI 2009, 124 ff., 125 f.

[10] BGH ebd., S. 126. zur Antragspflicht eines Liquidators.

[11] *Baumbach/Schulze-Osterloh/Servatius,* GmbHG, § 84 Rn. 6, 19, *Weyand,* ZInsO 2008, 702 ff., 705.

Fahrlässigkeit liegt auch vor, wenn das Organ zwar den Eröffnungsgrund nicht kennt, sich aber nicht ausreichend über die finanzielle Lage der Gesellschaft informiert hat.[1] Bei den Normadressaten des Abs. 3 kommt dagegen eine Strafbarkeit nur bei Kenntnis der Führungslosigkeit in Betracht; insoweit genügt die lediglich fahrlässige Unkenntnis nicht.[2]

20 **c) Täter** im Sinne des § 15 a können nur die Organe der juristischen Person und gegebenenfalls im Falle der Führungslosigkeit die Normadressaten von Abs. 3 sein. § 15 a soll nicht anwendbar sein auf den Vereinsvorstand.[3]

Es handelt sich auf Grund des eingeschränkten Täterkreises somit um ein Sonderdelikt.[4] Andere Personen können als Anstifter oder Gehilfen strafbar sein.[5] Infolge des strafrechtlichen Rückwirkungsverbotes nach § 2 Abs. 2 StGB gilt die Strafdrohung für ausländische Gesellschaften erst nach Inkrafttreten der Regelung, da das bisher geltende Insolvenzverschleppungsstrafrecht nicht auf diese Personen anwendbar war.[6]

7. Praxishinweis

21 **a)** Die rechtsformneutrale Ausgestaltung der Insolvenzantragspflicht durch die Einführung des § 15 a hat zwar dazu geführt, dass nunmehr auch ausländische Gesellschaften grundsätzlich unter die Antragspflicht fallen können. Allerdings hat das MoMiG auch § 4 a Abs. 2 und § 5 Abs. 2 GmbHG gestrichen. Dadurch haben auch deutsche GmbHs die Möglichkeit, ihren **Mittelpunkt der hauptsächlichen Interessen ins Ausland zu verlegen** und somit der in § 15 a geregelten Insolvenzantragspflicht in Deutschland zu entgehen.[7] Wie (zumindest argumentativ) der Mittelpunkt der wirtschaftlichen Interessen nach Art. 3 Abs. 1 EuInsVO nach England verlegt werden kann, obwohl der wesentliche Teil des produktiven Geschäftsbetriebes noch in Deutschland ist, haben einige große Fälle – allerdings unter Nutzung einer Ltd. – vorgemacht.[8]

22 **b)** Auch nach der Neuregelung der Insolvenzantragspflicht bleiben die bisherigen **zivilrechtlichen Sanktionen** bestehen.

Bei § 823 Abs. 2 BGB wird somit bei einer GmbH die Regelung in § 64 Abs. 1 GmbHG ersetzt durch § 15 a. Die bisherige Rechtsprechung zum Schadensersatzanspruch der Altgläubiger (sog. Quotenschaden) und zum Ersatzanspruch der Neugläubiger bleibt somit bestehen.

---

[1] HK-*Kirchhof*, InsO, § 15 a Rn. 25.

[2] HK-*Kirchhof*, InsO, § 15 a Rn. 26.

[3] So überzeugend *Brand/Reschke* NJW 2009, 2343, stattdessen § 42 Abs. 2 BGB.

[4] *Lutter/Hommelhoff/Lutter/Kleindiek*, GmbHG, Anh. zu § 64 Rn. 86 ff. u. § 84 Rn. 1 ff.

[5] Vgl. HK-*Kirchhof*, InsO, § 15 a Rn. 21.

[6] *Ingbert*, ZInsO 2008, 702 ff.

[7] *Knof/Mock*, GmbHR 2007, 852 ff., 857; *Hirte*, ZInsO 2008, 689 ff., 699; zum „Wegzughindernis", EuGH ZIP 2009, 24 ff. („Cartesio") mit Anm. *Knof/Mock*.

[8] Mit Erfolg z. B. Deutsche Nickel AG, hierzu umfassend *Vallender*, NZI 2007, 129 ff., 131, *Schefenacker*, Handelsblatt v. 15. 5. 2007, Zur Sanierung auf die britische Insel, s. auch *Paulus*, NZI 2008, 1 f.; ohne Erfolg, da ein Verstoß gegen Art. 26 EuInsVO (ordre public) angenommen wurde, der Fall Hans Brochier Ltd., vgl. AG Nürnberg NZI 2007, 186 f. Dass ausländische (englische) Gerichte ihre Zuständigkeit bejahen, heißt nicht, dass ein deutsches Strafgericht dem folgt und nicht wegen unterlassener Antragstellung in Deutschland verurteilt.

Somit ist § 15 a Abs. 1 Schutzgesetz im Sinne des § 823 Abs. 2 BGB.[1]

Daneben kann auch die Gesellschaft wegen der verspäteten Insolvenzantragstellung Schadensersatzansprüche geltend machen nach §§ 64 GmbHG nF, 93 Abs. 3 Nr. 6 AktG[2], 99 GenG nF sowie 130 a Abs. 1–3, § 177 a HGB nF. Der Vereinsvorstand haftet ggf. nach § 42 Abs. 2 S. 2 BGB, nicht nach § 64 GmbHG analog.[3] 23

8. Internationales Insolvenzrecht

Im Hinblick auf das internationale Insolvenzrecht, insbesondere Art. 3 Abs. 1, 4 Abs. 1 EuInsVO stellt sich die Frage, ob auch ein unzulässiger Antrag bei einem ausländischen Insolvenzgericht von der Insolvenzantragspflicht nach § 15 a befreit.[4] Ein solcher Fall könnte dann vorliegen, wenn die überwiegende Geschäftstätigkeit in Deutschland im Rahmen einer ausländischen Gesellschaftsform betrieben wird und somit der Mittelpunkt des hauptsächlichen Interesses (sog. Center of Main Interest, COMI) nach Art. 3 EuInsVO zwar in Deutschland liegt, der Insolvenzantrag aber – in diesem Fall aus deutscher Sicht unrichtigerweise – am Sitz der Gesellschaft gestellt wird. Das gut beratene Organ wird einen Doppelantrag stellen und sich zur strafrechtlichen Absicherung ein Rechtsgutachten einholen. Zumindest für die strafrechtliche Schuld muss das Organ auf die sachkundige Rechtsauskunft (schuldbeseitigend) vertrauen dürfen. 24

§ 16 Eröffnungsgrund

Die Eröffnung des Insolvenzverfahrens setzt voraus, daß ein Eröffnungsgrund gegeben ist.

Übersicht

1. Normzweck

Das Vorliegen eines eindeutig definierten Insolvenzgrundes stellt die **Rechtfertigung** für die einschneidenden Maßnahmen dar, die das Insolvenzverfahren sowohl für den Schuldner als auch für den Gläubiger mit sich bringt.[5] Dies entspricht den Grundsätzen des früheren Konkurs- und Gesamtvollstreckungs- 1

[1] Vgl. BGHZ 126, 190 f.; 138, 214; *Poertzgen*, ZInsO 2007, 574 ff. und 2009, 1833 ff.
[2] Zum Vorstand einer AG vgl. BGH NZI 2009, 490 m. Anm. *Poertzgen.*
[3] OLG Hamburg DStR 2009, 868.
[4] Verneinend *Ulmer/Habersack/Winter/Casper,* GmbHG, § 64 Rn. 58 f.
[5] *Nerlich/Römermann/Mönning,* InsO, § 16 Rn. 5.

rechts.[1] Die Vorschrift stellt klar, dass nicht allgemeinpolitische Überlegungen oder soziale, wirtschaftliche oder arbeitsmarktpolitische Gesichtspunkte die Eröffnung eines Insolvenzverfahrens rechtfertigen, sondern nur die **enumerativ** vorgegebenen Insolvenztatbestände.

2 Im Gegensatz zum Konkursrecht[2] sind die **Eröffnungsgründe** in den §§ 16–19 **zusammengefasst.** Sonderregelungen finden sich im 10. Buch (§§ 320, 332 Abs. 1, 333 Abs. 2 S. 3). Neben der Zahlungsunfähigkeit (§ 17) und der Überschuldung[3] (§ 19) wurde durch die InsO der Insolvenzgrund der **drohenden Zahlungsunfähigkeit** (§ 18) eingeführt. Mit diesem Insolvenzgrund, der nur beim Schuldnerantrag beachtlich ist, will der Gesetzgeber eine Vorverlagerung der Einleitung und Eröffnung eines Insolvenzverfahrens erreichen.[4]

2. Streitpunkte

3 Umstritten ist, ob die §§ 16–18 auch in Verbraucherinsolvenzverfahren anwendbar sind.[5]

4 Bei dem in § 305 Abs. 1 Ziff. 1 zwingend vorgeschriebenen außergerichtlichen Einigungsversuch handelt es sich um kein gerichtliches Insolvenzverfahren, so dass auch eine entsprechende Anwendung ausscheidet.[6]

5 Streitig ist jedoch, ob die §§ 16–18 im gerichtlichen Schuldenregulierungsverfahren gem. §§ 305 ff. anwendbar sind und der Insolvenzrichter daher für dessen Durchführung vom Vorliegen eines Insolvenzgrundes (§§ 17, 18) überzeugt sein muss. Dies wird teilweise mit der Begründung vertreten, dass der Schuldner, dem es u. U. an der Zahlungsmoral mangelt, nicht hilfsbedürftig im Sinne der InsO ist.[7] Nach einer anderen Auffassung muss sich das Insolvenzgericht spätestens bis zum Zeitpunkt der Beschlussfassung über die Ersetzung der Zustimmung nach § 309 die notwendige Überzeugung vom Vorliegen eines Insolvenzgrundes verschaffen.[8] Auch zur Vermeidung der missbräuchlichen Inanspruchnahme soll das Gericht bereits während des gerichtlichen Schuldenbereinigungsverfahrens das Vorliegen der Zahlungsunfähigkeit prüfen können.[9] Eine andere Meinung kommt zur Anwendung der §§ 16–18 erst ab dem Zeitpunkt der Wiederaufnahme des Verfahrens nach § 311, da zuvor das Gericht bereits aus rechtlichen Gründen daran gehindert sei, über das Vorliegen eines Eröffnungsgrundes Amtsermittlungen nach § 5 anzustellen.[10] Außerdem soll dieses Verfahren die Aufgaben des Gerichts erleichtern.[11] Nach allen Ansichten kommt aber eine zumindest analoge Anwendung der §§ 16–18 dann in Betracht, wenn das Gericht

[1] § 102 KO, § 1 Abs. 1 GesO.

[2] §§ 102, 207, 209, 213 KO und in Spezialgesetzen, z. B. § 63 Abs. 1 GmbHG aF.

[3] § 19 zuletzt geändert durch das sog. Finanzmarktstabilisierungsgesetz vom 17. 10. 2008, BGBl. I S. 1982 ff., das mit Wirkung vom 18. 10. 2008 in Kraft getreten ist. Die Neuregelungen gelten bis zum 31. 10. 2010.

[4] Begründung RegE, abgedruckt in: *Balz/Landfermann,* S. 224.

[5] Zum Meinungsstreit: *Uhlenbruck,* NZI 2000, 15 ff.

[6] *Uhlenbruck,* NZI 2000, 15 ff.

[7] *Pape,* WM 1998, 2125 ff., 2128; *Krug,* Der Verbraucherkonkurs, S. 115, 116 f.

[8] AG Göttingen ZInsO 1999, 477, 478.

[9] So HambKomm-*J.-S. Schröder,* InsO, § 16 Rn. 17 mwN.

[10] *Vallender,* Anm. zu AG Göttingen, in: EWiR 1999, 847 f.

[11] HK-*Kirchhof,* InsO, § 16 Rn. 10.

die verweigerte Zustimmung von Gläubigern nach § 309 ersetzt, da nur das Vorliegen der materiellen Insolvenz einen Eingriff in die Gläubigerposition und somit in die Eigentümerposition aus Art. 14 GG rechtfertigen kann.[1]

3. Anwendungsbereich

Allgemeiner Insolvenzgrund bei natürlichen Personen und juristischen Personen bei denen mindestens ein Gesellschafter eine natürliche Person ist, ist die Zahlungsunfähigkeit gem. § 17. 6

Für juristische Personen kommt weiter der Insolvenzgrund der Überschuldung zur Anwendung. Die entsprechende Antragspflicht ist nunmehr durch das MoMiG[2] in § 15 a Abs. 1 geregelt. Damit besteht auch für ausländische juristische Personen eine Antragspflicht im Falle der Überschuldung. Die bisherigen Antragspflichten bei der Aktiengesellschaft (§§ 92 Abs. 2, 268 Abs. 2 AktG), der Kommanditgesellschaft auf Aktien (§§ 278 Abs. 3, 283 Nr. 14 AktG), der GmbH (§ 64 Abs. 1 S. 2 GmbHG), bei Personengesellschaften, bei denen kein persönlich haftender Gesellschafter eine natürliche Person ist (OHG: § 130 a Abs. 1 S. 1 HGB; KG: § 177 a S. 1 HGB) sind nunmehr in § 15 a zusammengefasst. 7

Für den Schuldnerantrag kennt § 18 den Insolvenzgrund der drohenden Zahlungsunfähigkeit, der eine Option für den Schuldner bietet und nicht verpflichtend ist. Im Gegensatz zum früheren Konkurs- und Vergleichsrecht[3] kann beim Nachlassinsolvenzverfahren auch drohende Zahlungsunfähigkeit ein Eröffnungsgrund sein, wenn der Erbe, der Nachlassverwalter oder ein anderer Nachlasspfleger oder ein Testamentsvollstrecker die Eröffnung des Verfahrens beantragen, § 320 S. 2.[4] 8

Beim Insolvenzverfahren über das Gesamtgut einer fortgesetzten Gütergemeinschaft ist sowohl die Zahlungsunfähigkeit als auch die Überschuldung Insolvenzgrund, § 332 Abs. 1. Dagegen ist beim Insolvenzverfahren über das gemeinschaftlich verwaltete Gesamtgut einer Gütergemeinschaft lediglich die Zahlungsunfähigkeit Eröffnungsgrund.[5] 9

4. Ermittlung

Durch die Formulierung, dass ein Eröffnungsgrund *„gegeben"* sein muss, wird klargestellt, dass der für die Eröffnung eines Insolvenzverfahrens notwendige **Grund objektiv** vorliegen muss.[6] Ob ein Eröffnungsgrund vorliegt, hat das Gericht daher **von Amts wegen** zu ermitteln (§ 5 Abs. 1).[7] Im Gegensatz zur Konkursordnung kann sich das Insolvenzgericht zur Bildung seiner richterlichen Überzeugung vom Vorliegen eines Eröffnungsgrundes[8] auf Legaldefinitionen der 10

---

[1] *Uhlenbruck,* NZI 2000, 15 ff., 17; *Pape,* WM 1998, 2125 ff., 2128.

[2] Gesetz zur Modernisierung des GmbH-Rechts und zur Bekämpfung von Missbräuchen vom 23. 10. 2008, BGBl. I S. 2026 ff.

[3] § 215 KO; §§ 2 Abs. 1 S. 3; 113 VglO.

[4] *Gottwald/Uhlenbruck,* InsHdb, § 6 Rn. 2.

[5] *Gottwald/Uhlenbruck,* InsHdb, § 6 Rn. 2.

[6] *Nerlich/Römermann/Mönning,* InsO, § 16 Rn. 7 f.

[7] HK-*Kirchhof,* InsO, § 16 Rn. 11; HambKomm-*Schröder,* InsO, § 16 Rn. 10.

[8] Zu den Anforderungen an die Ermittlungen s. *Uhlenbruck/ders.,* InsO, § 16 Rn. 6 f.

Zahlungsunfähigkeit (§ 17 Abs. 2), der Überschuldung (§ 19 Abs. 2) und der drohenden Zahlungsunfähigkeit (§ 18 Abs. 2) stützen.[1]

11 Um sich die erforderliche Übersicht über Liquidität und Vermögen zu verschaffen, kann das Insolvenzgericht den Schuldner befragen und insbesondere das Schuldnerverzeichnis (§ 915 ZPO), Vollstreckungs- oder Strafakten einsehen und eine Auskunft des zuständigen Gerichtsvollziehers einholen.[2] Die Mitwirkung des Schuldners ist notfalls gem. § 20 zu erzwingen. Im Falle einer nicht zweifelsfreien Sachlage ist ein Sachverständigengutachten nach § 22 Abs. 1 S. 2 Ziff. 3 Hs. 2 einzuholen, falls die notwendige Erkenntnis nicht amtswegig zu ermitteln ist.[3]

12 Bleibt das Vorliegen eines Eröffnungsgrundes zweifelhaft, trifft den jeweiligen Antragsteller die materielle Beweislast.[4] Ist die Forderung des antragstellenden Gläubigers die Einzige oder die entscheidende, die einen Eröffnungsgrund darstellt, reicht die Glaubhaftmachung gem. § 14 Abs. 1 nicht aus, sie ist dann in vollem Umfang zu **beweisen.**[5]

13 Liegt ein Insolvenzgrund nicht vor, wird der Insolvenzantrag vom Insolvenzgericht als **unbegründet** abgewiesen.

5. Maßgeblicher Zeitpunkt

14 Der **Insolvenzgrund** muss zum **Zeitpunkt** der Entscheidung über die Verfahrenseröffnung vorliegen.[6] Maßgeblich ist die in dem Eröffnungsbeschluss (§ 27) ausgewiesene Stunde der Eröffnung.[7] Wird der Eröffnungsbeschluss mit der sofortigen Beschwerde angegriffen (§ 34 Abs. 2), kommt es nach einer Entscheidung des BGH nicht mehr auf den Zeitpunkt der letztinstanzlichen Entscheidung an,[8] sondern es bleibt für die Beurteilung der Zeitpunkt der Verfahrenseröffnung maßgebend.[9] Lagen die Eröffnungsvoraussetzungen zum Zeitpunkt der Eröffnung nicht vor, ist der Eröffnungsbeschluss aufzuheben und der Eröffnungsantrag abzuweisen. Waren die Eröffnungsvoraussetzungen zum Zeitpunkt der Eröffnung erfüllt, kann der nachträgliche Wegfall des Insolvenzgrundes nur im Verfahren des § 212 geltend gemacht werden. Das Rechtsbeschwerdegericht kann die Vollziehung der erstinstanzlichen Entscheidung (Eröffnungsbeschluss) bis zur erneuten Entscheidung des Beschwerdegerichtes aussetzen.[10] Bei Abweisung des Eröffnungsantrages gilt weiter der allg. Grundsatz, dass die Sach- und Rechtslage im Zeitpunkt der Entscheidung des Beschwerdegerichts maßgebend ist.[11]

---

[1] *Nerlich/Römermann/Mönning,* InsO, § 16 Rn. 4–6; siehe zur Zahlungsunfähigkeit die Grundsatzentscheidung des BGH NZI 2005, 547 ff.; dazu § 17 Rn. 7.

[2] HK-*Kirchhof,* InsO, § 16 Rn. 12.

[3] HK-*Kirchhof,* ebd.

[4] HK-*Kirchhof,* InsO, § 16 Rn. 19; *Uhlenbruck/ders.,* InsO, § 16 Rn. 8; vgl. Erläuterungen zu § 14 Rn. 12 ff.

[5] HK-*Kirchhof,* InsO, § 16 Rn. 14; vgl. Erläuterungen zu § 14 Rn. 18 f.

[6] BGH NZI 2006, 693 ff. m. Anm. *Frenzel/Schirrmeister,* S. 696.

[7] *Nerlich/Römermann/Mönning,* InsO, § 16 Rn. 11.

[8] *Nerlich/Römermann/Mönning,* InsO, § 16 Rn. 11; mwN auch BGH NZI 2006, 693 ff.

[9] BGH NZI 2006, 693 ff.

[10] BGH NZI 2006, 693 ff.

[11] BGH NZI 2008, 391 (Abgrenzung zu NZI 2006, 693); BGH Beschl. v. 14. 5. 2009 – IX ZB 54/08, BeckRS 2009, 14415.

6. Rechtsmittel

Entscheidungen des Insolvenzgerichtes über die Beweisaufnahme zur Ermittlung des Vorliegens eines Insolvenzgrundes können gem. § 6 Abs. 1 nur im Zusammenhang mit der abschließenden Entscheidung über den Eröffnungsantrag selbst angefochten werden, § 34 Abs. 1 und 2.[1] 15

§ 17 Zahlungsunfähigkeit

(1) **Allgemeiner Eröffnungsgrund ist die Zahlungsunfähigkeit.**

(2) **Der Schuldner ist zahlungsunfähig, wenn er nicht in der Lage ist, die fälligen Zahlungspflichten zu erfüllen. Zahlungsunfähigkeit ist in der Regel anzunehmen, wenn der Schuldner seine Zahlungen eingestellt hat.**

Literatur: *Bitter/Redeker,* Abgrenzung der Zahlungsunfähigkeit gegenüber der bloßen Zahlungsstockung – Anmerkung, WuB VI A. § 17 InsO 1.05, 793 ff.; *Bremer,* Der Insolvenzgrund der Zahlungsunfähigkeit einer GmbH, GmbHR 2002, 257 ff.; *Drukarczyk/Schüler,* Die Eröffnungsgründe der InsO: Zahlungsunfähigkeit, drohende Zahlungsunfähigkeit und Überschuldung, in: Kölner Schrift, S. 95 ff.; *Goette,* Zur systematischen Einordnung des § 64 Abs. 2 GmbHG, ZInsO 2005, 1 ff.; *Himmelsbach/Thonfeld,* Gegen die Verschärfung des Begriffs der Zahlungsunfähigkeit nach § 17 Abs. 2 InsO, NZI 2001, 11 ff.; IDW Prüfungsstandard (o. V.): Beurteilung eingetretener oder drohender Zahlungsunfähigkeit bei Unternehmen (IDW PS 800), FN-IDW 2009, 161 ff. mit Begleitaufsatz ZIP 2009, 201 ff.; *Kamm/Köchling,* Zur Abgrenzung von Zahlungsstockung und Zahlungsunfähigkeit, ZInsO 2006, 732 ff.; *Knolle/Tetzlaff,* Zahlungsunfähigkeit und Zahlungsstockung, ZInsO 2005, 897 ff.; *Kirchhof,* Die Zahlungseinstellung nach § 17 Abs. 2 2 InsO, in: Kölner Schrift, 285 ff.; *Neumaier,* Wann wird eine Zahlungsstockung zur Zahlungsunfähigkeit?, NJW 2005, 3041 ff.; *Niesert,* Die Zahlungsunfähigkeit gem. § 17 InsO – Plädoyer für eine Neuorientierung, zugleich eine Anm. zu AG Köln, Beschl. v. 9. 6. 1999 – 73 IN 16/99, ZInsO 2001, 769 ff., ZInsO 2001, 735 ff.; *Niesert,* Übersicht über die Rechtsprechung zu den Insolvenzgründen Zahlungsfähigkeit und Überschuldung in 2001, ZInsO 2002, 356 ff.; *Stahlschmidt,* Die Zahlungsunfähigkeit nach § 17 InsO, ZInsO 2005, 1086, 1087; *Staufenbiel/Hoffmann,* Die Ermittlung des Eintritts der Zahlungsunfähigkeit, ZInsO 2008, 785 ff., 838 ff.; *Thonfeld,* Anmerkung, NZI 2005, 551 ff.; *Weber,* Verschärfung der Rahmenbedingungen für Insolvenzantragspflichten – Eine Betrachtung aus betriebs- und strafrechtlicher Sicht, ZInsO 2002, 701 ff.

Übersicht

[1] HK-*Kirchhof,* InsO, § 16 Rn. 13.

1. Normzweck

1 **a)** Die Zahlungsunfähigkeit ist **allgemeiner Eröffnungsgrund** und berechtigt Schuldner und Gläubiger zur Stellung eines Insolvenzantrages. Die Zahlungsunfähigkeit führt nach § 15 a bei juristischen Personen und Gesellschaften ohne Rechtspersönlichkeit zu einer **Antragspflicht** des organschaftlichen Vertreters des Schuldners.

2 **b)** Mit Inkrafttreten der InsO liegt nunmehr in Abs. 2 eine **gesetzliche Definition** der Zahlungsunfähigkeit vor, die bis dahin in unterschiedlicher Ausgestaltung in § 102 Abs. 2 KO und § 1 Abs. 1 S. 1 GesO geregelt war. Mangels Legaldefinition verstanden Rechtsprechung und Literatur Zahlungsunfähigkeit als den dauernden Mangel an Zahlungsmitteln, der den Schuldner außerstande setzt, seine fälligen und ernsthaft eingeforderten Geldschulden ganz oder teilweise zu erfüllen.[1] Für die Frage, in welcher Weise streitige Verbindlichkeiten berücksichtigt werden müssen, ist eine Einzelfallbewertung vorzunehmen.[2]

3 Die gesetzliche Definition nach § 17 Abs. 2 weicht in den drei Merkmalen der Wesentlichkeit, der Dauerhaftigkeit und des ernsthaften Einforderns von der bisherigen Definition ab.[3] In der Rechtsprechung zu § 17 Abs. 2 fanden diese Merkmale aber wieder Beachtung.[4] Die gesetzliche Definition der Zahlungsunfähigkeit wurde notwendig, um diese von dem ebenfalls gesetzlich definierten, neuen Eröffnungsgrund der drohenden Zahlungsunfähigkeit (§ 18) abzugrenzen.[5]

4 **aa)** Der Gesetzgeber hat bewusst auf das Merkmal der Wesentlichkeit verzichtet.[6] Ganz geringfügige Liquiditätslücken sind aber weiterhin unbeachtlich.[7] Der BGH hat hier eine 10%-Grenze, ergänzt um eine Zeitraumbetrachtung von drei Wochen, seiner Beurteilung zugrunde gelegt.[8]

---

[1] BGH NJW 1992, 1960 ff.; vgl. Übersicht bei *Uhlenbruck/ders.,* InsO, § 17 Rn. 3.

[2] Vgl. hierzu *Schmidt/Roth,* ZInsO 2006, 236 ff., 240; s. auch Rn. 16.

[3] *Paulus/Schröder,* WM 1999, 253 ff.

[4] BGH NZI 2005, 547 ff. (10%-Regelung mit prognostischem Element); BGH NZI 2007, 579 ff. (zum ernsthaften Einfordern), s. hierzu auch Erläuterungen in Rn. 17 f.

[5] *Nerlich/Römermann/Mönning,* InsO, § 17 Rn. 2.

[6] Begründung RegE, abgedruckt in: *Balz/Landfermann,* S. 223; *Braun/Uhlenbruck,* Unternehmensinsolvenz, S. 281; *Kübler/Prütting/Bork/Pape,* InsO, § 17 Rn. 12.

[7] *Uhlenbruck,* in: Kölner Schrift, S. 1157 ff. Rn. 10; *Nerlich/Römermann/Mönning,* InsO, § 17, Rn. 16; *Gottwald/Uhlenbruck,* InsHdb., § 6 Rn. 6; FK-*Schmerbach,* InsO, § 17 Rn. 5; *Reck,* GmbHR 1999, 267 ff., 269; *Kübler/Prütting/Bork/Pape,* InsO, § 17 Rn. 12; s. hierzu aber Erläuterungen in Rn. 7 ff.

[8] Vgl. Erläuterungen in Rn. 7 ff.

bb) Das Gesetz verzichtet außerdem auf das Merkmal der Dauerhaftigkeit, um eine Einengung des Begriffs zu verhindern und das **Ziel einer rechtzeitigen Verfahrenseröffnung** nicht zu gefährden.[1] Die frühzeitige Eröffnung soll die Sanierungschancen verbessern und zu einer Verbesserung der wirtschaftlichen Ergebnisse der Insolvenzverfahren führen.[2] Auch insoweit hat der BGH einen Verhandlungszeitraum von drei Wochen angegeben, innerhalb dessen die Zahlungsunfähigkeit wieder beseitigt werden kann, in zu begründenden Ausnahmefällen auch länger. 5

cc) Schließlich entfällt in der jetzigen Gesetzesdefinition das Merkmal des „ernsthaften Einforderns" vollständig. Auch dieses Merkmal wurde durch die Rechtsprechung des BGH aber wieder eingeführt,[3] allerdings mit sehr geringer Anforderung an das ernsthafte Einfordern. 6

2. Einzelne Elemente der Zahlungsunfähigkeit

a) In Rechtsprechung und Literatur war umstritten, wie die Zahlungsunfähigkeit nach der InsO zu bestimmen ist. Mit einer **Grundsatzentscheidung**[4] vom 24. 5. 2005 hat der Neunte Senat des BGH eine Klärung herbeigeführt. Diese Entscheidung wurde konkretisiert durch die Urteile des BGH vom 12. 10. 2006[5] und vom 19. 7. 2007[6] (zum ernsthaften Einfordern). Er geht von der Prämisse aus, dass der Begriff der Zahlungsunfähigkeit in § 17 und in § 64 GmbHG, in dem zu diesem Zeitpunkt noch die Antragspflicht geregelt war, deckungsgleich ist. Daher hat er im Rahmen einer Klage zur Haftung nach § 64 Abs. 2 GmbHG Leitkriterien für die Zahlungsunfähigkeit nach § 17 aufgestellt und ausführlich begründet. 7

b) Zahlungsunfähig ist der Schuldner nach § 17 Abs. 2 S. 1 InsO, wenn er **zur Erfüllung** seiner fälligen Zahlungspflichten **nicht in der Lage** ist. Zur Bestimmung dieses Merkmals[7] hat der BGH in der genannten Entscheidung, in der er die **Zahlungsstockung** von der Zahlungsunfähigkeit abgegrenzt hat, auf zwei Elemente abgestellt: 8

a) Als erstes Element ist festzustellen, ob zum Stichtag mehr als 90% der fälligen Gesamtverbindlichkeiten durch liquide Mittel gedeckt sind. Soweit dies der Fall ist, liegt regelmäßig Zahlungsfähigkeit vor.

b) Neben dieser stichtagsbezogenen Betrachtung kommt als zweites ein prognostisches Element hinzu, nämlich eine Zeitraumbetrachtung von drei Wochen. Damit die Zahlungsfähigkeit abschließend bejaht werden kann, muss absehbar sein, dass die Liquiditätslücke in den nächsten drei Wochen 10% nicht überschreitet.

---

[1] Begründung RegE, abgedruckt in: *Balz/Landfermann,* S. 222 f.; *Gottwald/Uhlenbruck,* InsHdb., § 6 Rn. 6; *Braun/Uhlenbruck,* Unternehmensinsolvenz, S. 280.

[2] *Uhlenbruck,* aaO.

[3] BGH NZI 2007, 579 ff. = ZIP 2007, 1666 ff.; der Schuldner muss im Zweifel beweisen, dass seine Forderung nicht fällig oder gestundet ist; s. auch Erläuterungen in Rn. 17.

[4] BGH NZI 2005, 547 ff.; s. hierzu Besprechung von *Kamm/Köchling,* ZInsO 2006, 732 ff.

[5] BGH NZI 2007, 36 ff. m. Anm. *Gundlach/Frenzel.*

[6] BGH NZI 2007, 579 ff.

[7] S. hierzu auch IDW-PS 800 in FN-IDW 2009, 161 ff., und die Erl. d. FAS IDW in ZIP 2009, 201 ff.

9 Im Tenor des genannten Urteils heißt es dazu, dass „regelmäßig von Zahlungsfähigkeit auszugehen" ist, wenn „eine innerhalb von drei Wochen nicht zu beseitigende Liquiditätslücke des Schuldners weniger als 10% seiner fälligen Gesamtverbindlichkeiten" beträgt, „es sei denn, es ist bereits absehbar, dass die Lücke demnächst mehr als 10% erreichen wird".[1]

Weiterhin führt der Tenor aus, dass, soweit „die Liquiditätslücke des Schuldners 10% oder mehr" beträgt, „regelmäßig von Zahlungsunfähigkeit auszugehen" sei, „sofern nicht ausnahmsweise mit an Sicherheit grenzender Wahrscheinlichkeit zu erwarten ist, dass die Liquiditätslücke demnächst vollständig oder fast vollständig beseitigt werden wird und den Gläubigern ein Zuwarten nach den besonderen Umständen des Einzelfalls zuzumuten ist".

10 Konsequenterweise wird dann zur **Zahlungsstockung** ausgeführt, dass diese anzunehmen ist, wenn der Zeitraum nicht überschritten wird, „den eine kreditwürdige Person benötigt, um sich die benötigten Mittel zu leihen".[2] Dafür „erscheinen drei Wochen erforderlich, aber auch ausreichend".

11 Erforderlich ist also eine stichtagsbezogene Liquiditätsbilanz, die um eine Finanzplanung für die nächsten drei Wochen zu ergänzen ist.

Zum Nachweis der Zahlungsunfähigkeit zu einem bestimmten Zeitpunkt ist eine Liquiditätsbilanz allerdings dann nicht erforderlich, wenn anderweitig festgestellt werden kann, dass der Schuldner einen wesentlichen Teil seiner fälligen Verbindlichkeiten nicht bezahlen kann.[3] Weiterhin ist von Zahlungsunfähigkeit auszugehen, wenn zum fraglichen Zeitpunkt fällige Verbindlichkeiten bestanden, von denen ein nicht unerheblicher Teil bis zur Verfahrenseröffnung nicht mehr beglichen worden ist.[4]

Auch eine geringfügige Zahlungslücke von weniger als 10% ist allerdings „in absehbarer Zeit"[5] zu beseitigen. Die Geschäftstätigkeit eines Schuldners ist jedenfalls nicht erhaltenswürdig, wenn sie eine dauerhafte geringfügige Liquiditätslücke aufweist.[6] Der Schwellenwert von 10% bildet allerdings keine starre Grenze. Er begründet nur eine widerlegbare Vermutung.[7]

12 Das Insolvenzgericht hat die Umstände im Rahmen seiner Amtsermittlungspflicht (§ 5 Abs. 1 Satz 1) festzustellen.[8] Umgekehrt kann auch bei einer Lücke von mehr als 10% trotzdem ausnahmsweise Zahlungsfähigkeit vorliegen, auch in einem solchen Fall ist die Liquidität allerdings in überschaubarer Zeit wiederherzustellen.[9]

13 Wird von der oben genannten Vermutungsregel des Schwellenwertes von 10% abgewichen, nehmen mit wachsendem Abstand auch die Anforderungen an die Bedeutung der besonderen Umstände zu, die die Vermutungsregel widerlegen.[10]

[1] BGH NZI 2005, 547.

[2] BGH aaO, S. 548; vgl. zur Zahlungsstockung auch BGH ZInsO 2007, 1115.

[3] BGH NZI 2007, 36 ff., 38 für den Fall der nachträglichen Feststellung der Zahlungsunfähigkeit im Anfechtungsprozess m. Anm. *Gundlach/Frenzel,* NZI 2007, 38 f.

[4] BGH NZI 2007, 36 ff.; NZI 2008, 231, 232 f.

[5] BGH NZI 2005, 547, 549.

[6] OLG Rostock ZInsO 2006, 1109 ff., 1110.

[7] OLG Rostock ZInsO 2006, 1109 ff.

[8] BGH NZI 2007, 579 ff., 580.

[9] *Fischer,* ZGR 2006, 405; BGH ZIP 2006, 1457 ff.; BGH NZI 2007, 517 ff., 520, BGH NZI 2007 579, 581; AG Hamburg ZInsO 2008, 52 f.

[10] BGH NZI 2005, 547 ff., 548.

14 Abgelehnt wird vom BGH in dieser Entscheidung die strenge Ansicht, dass alle fälligen Verbindlichkeiten zu 100% erfüllt werden müssten.[1] Der Gesetzgeber habe „ganz geringfügige Liquiditätslücken" für die Annahme der Zahlungsunfähigkeit nicht ausreichen lassen wollen.

15 Die Pflicht zur Antragstellung müsse auch im Fall grundrechtlich geschützter Positionen iSv. Art. 12, 14 GG unter dem Gesichtspunkt der Verhältnismäßigkeit gesehen werden. Außerdem seien auch gesamtwirtschaftliche Überlegungen zu berücksichtigen, insbesondere gebe es in bestimmten Branchen regelmäßig saisonale Flauten. Hier dürften nicht geringfügige Liquiditätsengpässe sofort zur Antragstellung und zur Einstellung des Geschäftsbetriebes führen.

16 **c)** Zweites Tatbestandsmerkmal bei der Bestimmung der Zahlungsunfähigkeit sind die **fälligen Zahlungspflichten**. In die Zahlungspflichten sind alle Geldschulden des Schuldners einzubeziehen. Ausgangspunkt für die Stichtagsbetrachtung könnte die Passivseite der Bilanz (also die statischen Werte des Rechenlegung) nach § 266 Abs. 3 HGB sein, bzw. die den einzelnen Bilanzpositionen während des Geschäftsjahres zugeordneten Konten, die sich aus der betriebswirtschaftlichen Auswertung (BWA) ergeben. Da sich hieraus keine Fälligkeiten ergeben, sind diese dann den einzelnen Positionen zuzuordnen, um die aktuellen Auszahlungsverpflichtungen festzustellen. Dabei dürfte es sich im Wesentlichen um die laufenden Verbindlichkeiten aus Lieferungen und Leistungen, gegenüber Arbeitnehmern, gegenüber den Sozialversicherungsträgern, dem Finanzamt und etwaige Darlehensraten gegenüber Kreditgebern handeln. Hinzu kommen ggf. einmalig auftretende Zahlungspflichten aus verlorenen Prozessen. Rückstellungen sind per se nicht fällig, soweit aus ihnen Zahlungsverpflichtungen erwachsen, sind sie den Verbindlichkeiten nach § 266 Abs. 3 C HGB zuzuordnen.

Forderungen der Gesellschafter sind dann zu berücksichtigen, wenn sie gegenüber der Gesellschaft durchsetzbar sind, ihnen also kein Auszahlungshindernis (z. B. §§ 30, 31 GmbHG aF) entgegensteht.[2] Wurde jedoch ein Rangrücktritt i. S. v. § 19 Abs. 2 Satz 2 erklärt, wird erörtert, dass der Gesellschafter damit zum Ausdruck gebracht habe, mit seinem Befriedigungsinteresse im Fall der finanziellen Krise der Gesellschaft hinter alle anderen Insolvenzgläubiger zurückzutreten, umso eine Insolvenzantragspflicht wegen Überschuldung zu vermeiden.[3] Dies sei aber auch für den Fall anzunehmen, dass die Gesellschaft zwar nicht überschuldet, jedoch zahlungsunfähig sei. Demzufolge könne wegen einer Forderung, für die ein Rangrücktritt erklärt wurde, auch kein Antrag auf Insolvenzeröffnung gestellt werden.[4]

Hinsichtlich streitiger Verbindlichkeiten ist eine Einzelfallbewertung vorzunehmen.[5]

17 Es bestand Streit darüber, ob der Gesetzgeber bei der Legaldefinition der Zahlungsunfähigkeit bewusst und gewollt auf das Merkmal des **„ernsthaften Einforderns"** der fälligen Verbindlichkeiten verzichtet hat.[6] Vertreten wurde, dass ein „ernsthaftes Einfordern" als eigenständiges Merkmal überflüssig sei, da die

---

[1] BGH ebd., S. 549.

[2] HambKomm-*Schröder,* InsO, § 17 Rn. 12 f.; *Kübler/Prütting/Bork/Pape,* InsO, § 17 Rn. 7; aA generell gegen eine Berücksichtigung FK-*Schmerbach,* InsO, § 17 Rn. 9.

[3] IdS auch HK-*Kirchhof,* InsO, § 14 Rn. 7; HambKomm-*Schröder,* InsO, § 17 Rn. 12 f.

[4] Vgl. HK-Kirchhof, InsO § 14 Rn. 7; HambKomm-*Schröder* § 17 Rn. 13.

[5] *Schmidt-Roth,* ZInsO 2006, 236 ff., 240; FAS IDW, ZIP 2009, 201, 204.

[6] *Kirchhof,* in: Kölner Schrift, S. 285 ff. Rn. 11; *Bieneck,* StV 1999, 43 ff., 44.

Insolvenzordnung eine solche Voraussetzung ausdrücklich nicht übernommen hat.[1] Demnach soll es nur auf die Fälligkeit ankommen, welche nur durch Stundungsvereinbarungen verändert werden könne.[2] In einer schuldnerfreundlichen Einzelfallentscheidung vom 19. 7. 2007[3] hat der BGH nun das Merkmal des „ernsthaften Einforderns" wieder eingeführt.[4] Im Tenor der Entscheidung heißt es, dass eine Forderung in der Regel dann iSv. § 17 Abs. 2 fällig ist, „wenn eine Gläubigerhandlung feststeht, aus der sich der Wille, vom Schuldner Erfüllung zu verlangen, im Allgemeinen ergibt".[5] In der Praxis ist dadurch der Nachweis der Zahlungsunfähigkeit erschwert worden.[6]

Von der Fälligkeit einer Forderung iSd. § 271 Abs. 1 BGB kann daher, kann sie nicht bedient werden, nicht automatisch auf die Zahlungsunfähigkeit iSv. § 17 geschlossen werden. Die Forderung eines Gläubigers, der in eine spätere oder nachrangige Befriedigung eingewilligt hat, dürfe hingegen nicht berücksichtigt werden, auch wenn keine rechtlich bindende Vereinbarung getroffen worden ist.[7]

Das Insolvenzgericht, verlangt der BGH, habe im Rahmen seiner Amtsermittlungspflicht Tatsachenbehauptungen des Schuldners oder anderen Ansatzpunkten nachzugehen, die es konkret als möglich erscheinen lassen, dass der Gläubiger sich dem Schuldner gegenüber mit einer nachrangigen Befriedigung unter – sei es auch zeitweiligem – Verzicht auf staatlichen Zwang einverstanden erklärt hat. Eine Vereinbarung darüber, dass die Forderung im Rahmen der finanziellen Möglichkeit des Schuldners beglichen werden könne, verhindert deshalb, dass eine derartige Forderung zur Begründung einer Zahlungsunfähigkeit herangezogen werden kann.[8] Gleiches kann bspw. bei formlos gestundeten Mietforderungen der Ehefrau angenommen werden.[9]

18 Außerhalb dieses Merkmals des ernsthaften Einforderns kann die Fälligkeit nur durch Stundungsvereinbarungen verändert werden.[10]

Ansonsten werden an das ernsthafte Einfordern nur geringe Anforderungen gestellt,[11] es reicht z. B. aus, wenn eine Rechnung mit Fälligkeitsdatum gestellt wird, nicht erforderlich ist es, dass der Gläubiger sein Zahlungsverlangen wiederholt. Auch Mahnungen oder eine gerichtliche Geltendmachung sind nicht nötig.

---

[1] *Kübler/Prütting/Bork/Pape,* InsO, § 17 Rn. 5 f.; *Hefermehl* in Hdb. des Fachanwalt Insolvenzrecht 1. Kap., S. 48 Rn. 156.

[2] *Braun/Uhlenbruck,* Unternehmensinsolvenz, S. 283; *Uhlenbruck,* Strafrechtliche Aspekte der Insolvenzrechtsreform 1994, in: wistra 1996, 1, 5; *Kübler/Prütting/Bork/Pape,* InsO, § 17 Rn. 6.

[3] BGH NZI 2007, 579.

[4] Und in der Entscheidung BGH NZI 2009, 471 bestätigt.

[5] BGH ZIP 2007, 1666 ff. = NZI 2007, 579, krit. hierzu *Schröder,* EWiR 2007, 665 f.; *Erdmann,* NZI 2007, 695 ff.; auch *Tetzlaff,* ZInsO 2007, 1334 ff.; BGH ZIP 2008, 706 ff., 708; *Staufenbiel/Hoffmann,* ZInsO 2008, 785, 788.

[6] *Erdmann,* NZI 2007, 695 ff., 698.

[7] BGH NZI 2007, 579, 580 Rn. 18 aE; BGH ZIP 2008, 706 ff., 708; kritisch dazu *Schröder,* EWiR 2007, 665 ff.; *Erdmann,* NZI 2007, 695 ff.; *Tetzlaff,* ZInsO 2007, 1334 ff.

[8] BGH NZI 2007, 579, 580, Rn. 20.

[9] Vgl. BGH ebd., S. 581, Rn. 24.

[10] BGH ZInsO 2007, 1115; keine Stund. bei Abwicklungsanordnung d. BaFin, BGH ZInsO 2003, 848, 850.

[11] BGH NZI 2009, 471 mit Anm. *Huber,* Künd. d. Darl. durch Schuldner genügt.

Die Fälligkeit von Geldforderungen richtet sich nach § 271 BGB; soweit nichts abweichendes vereinbart wurde oder sich aus den Umständen ergibt, sind sie sofort fällig. Selbst ein Stillhalteabkommen, das keine Stundung im Rechtssinne darstellt, reicht aus, um die Forderung nicht als fällige Verbindlichkeit in Ansatz bringen zu müssen.[1] Bei einer str. Forderung kommt es auf die Wahrscheinlichkeit der Inanspruchnahme an (s. Rn. 16 aE). 19

d) Die unter c genannten fälligen Zahlungspflichten sind für die Liquiditätsbetrachtung den **vorhandenen Zahlungsmitteln** gegenüberzustellen. Als Zahlungsmittel gelten in der Regel Bankguthaben, der Kassenbestand und eine offene Kreditlinie. Nicht einbezogen werden können in die Stichtagsbetrachtung die noch offenen Forderungen, da diese zum Zeitpunkt des Stichtags ja nicht zur Verfügung stehen. Diese können allerdings im Rahmen der Prognosebetrachtung in die Finanzplanung eingestellt werden. Dabei können jedoch solche Forderungen nicht berücksichtigt werden, die – wie Ansprüche auf Grund Insolvenzanfechtung[2] oder nach § 92 (Gesamtschaden) – erst nach der Eröffnung des Insolvenzverfahrens geltend gemacht werden können. 20

Kredite können als liquide Mittel berücksichtigt werden, soweit der Kreditrahmen noch nicht ausgeschöpft wurde und eine Auszahlung nicht auf Grund erfolgter Kündigung oder auf Grund Auslaufens der Kreditlinie verweigert werden kann. 21

Besteht eine Cash-Pool-Vereinbarung, kann ebenfalls ein Anspruch auf jederzeitige Kreditgewährung bzw. Auszahlung bestehen, insoweit ist die jeweilige vertragliche Vereinbarung und die Liquidität der den Cash-Pool betreibenden (Mutter-)Gesellschaft beachtlich.[3] Besteht auf Grund der Beteiligung an einem Cash-Pool nur ein nicht sofort fälliger Anspruch auf Rückzahlung, kann dieser nur im Rahmen der Prognoseentscheidung berücksichtigt werden.

Soweit ein Lieferant seine Forderungen kreditiert, können dadurch keine weiteren Zahlungsmittel erlangt werden, um andere Verbindlichkeiten zu tilgen. Insoweit kann jedoch eine Stundung vorliegen, wodurch die Forderung erst später fällig ist und erst dann für eine Zahlungsunfähigkeitsprüfung zu berücksichtigen ist. Auch Avalkredite gewähren keine Zahlungsmittel, wenn sie nicht alternativ auch bar ausnutzbar sind.

Als Zahlungsmittel im Zahlungsverkehr dienen auch Schecks,[4] soweit sie werthaltig sind.

Anlagevermögen ist grundsätzlich nicht zu berücksichtigen, es sei denn, es ist in kürzester Zeit liquidierbar.[5] Allerdings soll auch ein geplanter Wohnungsverkauf ausreichen, wenn ein hinreichend sicheres Angebot vorliegt.[6] In den zuletzt genannten Fällen des Anlagevermögens und des Verkaufs einer Wohnung widerspricht die Einbeziehung bei der Bestimmung der Zahlungsunfähigkeit in diesen Entscheidungen allerdings der Tatsache, dass es sich um eine Stichtagsbetrachtung handelt. Will man auch diese kurzfristig liquidierbaren Vermögenswerte berücksichtigen, so ist es sinnvoller, hier im Rahmen der vom BGH zugelassenen Flexibili-

[1] BGH NZI 2008, 231 ff., 232.
[2] BGH NZI 2006, 693, 694.
[3] So im Fall Bremer-Vulkan, NZI 2001, 641 ff.; s. auch IDW-PS 800, FN-IDW 2009, 161, 166.
[4] LG Augsburg DZWIR 2003, 303 ff., 304; FAS IDW ZIP 2009, 201, 203.
[5] AG Köln NZI 2007, 666 ff.; FAS ebd.
[6] BGH NZI 2007, 579 ff., 581.

tät eine Unterdeckung unter die regelmäßig geforderten 10% hinzunehmen und die kurzfristig verwertbaren Vermögensgegenstände in die Finanzplanung aufzunehmen, um nachzuweisen, dass auch diese höhere Unterdeckung in kurzer Zeit wieder ausgeglichen werden und die Zahlungsfähigkeit wieder hergestellt werden kann.

22 **e)** Streitig ist, ob nur **Zahlungsunwilligkeit** und nicht Zahlungsunfähigkeit vorliegt, wenn der Schuldner trotz hinreichend flüssiger Mittel nicht zahle.[1] Nach einer Meinung muss sich der Gläubiger in diesem Fall auf die Einzelzwangsvollstreckung verweisen lassen,[2] da es auf subjektive Gesichtspunkte des Schuldners nicht ankomme.[3] Allerdings wird die angebliche Zahlungsunwilligkeit häufig nur vorgeschoben, um die tatsächliche Zahlungsunfähigkeit zu verheimlichen.[4] Von einer böswilligen Zahlungsunwilligkeit, die keine Zahlungsunfähigkeit darstelle, könne daher nur ausgegangen werden, wenn der Schuldner nachweise, dass er tatsächlich über die erforderlichen Geldmittel verfüge, um seine fälligen Verbindlichkeiten zu erfüllen, diese Mittel jedoch nicht einsetzen wolle.

23 Gegen diese Ansicht wird eingewendet, dass Zahlungsunfähigkeit ausschließlich Geldilliquidität bedeute,[5] also einen Mangel an Zahlungsmitteln. Wer vorhandene Werte nicht liquidieren wolle und deswegen nicht zahle, sei daher ebenfalls zahlungsunfähig.[6] Auch der Schuldner, der böswillig nicht zahle, habe seine Zahlungen eingestellt und sei somit zahlungsunfähig.[7]

24 **f)** Grundlegend für die **Beseitigung des Zahlungsunfähigkeit** ist, dass die Zahlungen im Allgemeinen wieder aufgenommen werden.[8]

25 Das Problem der Wiederherstellung der Zahlungsfähigkeit stellt sich insbesondere bei sogenannten „Druckanträgen" von Gläubigern, die häufig z. B. von Sozialversicherungsträgern oder dem Finanzamt gestellt werden. In diesen Fällen zahlt der Schuldner unter dem Druck des Insolvenzantrages ganz oder teilweise (in diesem Fall mit Ratenzahlungsvereinbarung hinsichtlich des Restes). Der Gläubiger erklärt daraufhin den Insolvenzantrag für erledigt. Damit ist natürlich nicht die allgemeine Zahlungsfähigkeit des Schuldners wiederhergestellt.

26 In vielen dieser Fälle kommt es später durch einen erneuten Insolvenzantrag, manchmal auch durch einen erneuten Antrag des Antragstellers, der schon vorher den Druckantrag gestellt hat, zu einer Insolvenzeröffnung. Relevant wird die Frage der Wiederherstellung des Zahlungsfähigkeit dann insbesondere bei späteren Anfechtungen der unter Druck gezahlten Beträge durch den Insolvenzverwalter.

---

[1] Gegen die Annahme von Zahlungsunfähigkeit: *Obermüller/Hess,* Rn. 86; FK-*Schmerbach,* InsO, § 17 Rn. 34; *Kilger/K. Schmidt,* KO, § 30 Rn. 5.

[2] *Nerlich/Römermann/Mönning,* InsO, § 17 Rn. 24; *Kirchhof,* in: Kölner Schrift, S. 285 ff. Rn. 13; *ders.* in: HK-*Kirchhof,* InsO, § 17 Rn. 13; *Kübler/Prütting/Bork/Pape,* InsO, § 17 Rn. 14.

[3] *Nerlich/Römermann/Mönning,* InsO, § 17 Rn. 24.

[4] *Braun/Uhlenbruck,* Unternehmensinsolvenz, S. 282; zu Sozialabgaben OLG Rostock ZInsO 2006, 1109 ff., 1110.

[5] *Gottwald/Uhlenbruck,* InsHdb., § 6 Rn. 5, FK-*Schmerbach,* InsO, § 17 Rn. 30.

[6] Überwiegende Meinung im Strafrecht, so schon RGSt 14, 221 ff.; 41, 309 ff., 312; siehe auch zum Streitstand *Uhlenbruck/ders.,* InsO, § 17 Rn. 11.

[7] *Mohrbutter/Mohrbutter/Pape,* II.3; differenzierend auch zur Beweislast *Uhlenbruck/ders.,* InsO, § 17 Rn. 11.

[8] BGH NZI 2008, 231 ff., 232 f.; NZI 2006, 206 ff., 208.

Im Anfechtungsprozess kann sich der Gläubiger dann nicht darauf berufen, er konnte auf Grund der Zahlung des Schuldners davon ausgehen, dass dessen Zahlungsfähigkeit im Allgemeinen wiederhergestellt wurde[1]. 27

Der Insolvenzverwalter hat im Anfechtungsprozess zwar weiterhin die Kenntnis des Gläubigers von der Zahlungsunfähigkeit des Schuldners zu beweisen, im Falle der Rücknahme eines Druckantrages sind die Anforderungen hieran allerdings sehr gering, hier hat der Gläubiger seinerseits nachzuweisen, dass er davon ausgehen konnte, dass der Schuldner auch im Allgemeinen seine Zahlungen wieder aufgenommen hat.[2]

g) Die Zahlungsunfähigkeit muss im Zeitpunkt der **Eröffnungsentscheidung** vorliegen. Es ist auf den **Eröffnungsbeschluss** abzustellen.[3] Wird der Eröffnungsbeschluss mit der Beschwerde angegriffen, kommt es nach einer Entscheidung des BGH nicht mehr auf den Zeitpunkt der letzten Entscheidung im Beschwerdeverfahren an,[4] sondern es bleibt für die Beurteilung der Zeitpunkt der Verfahrenseröffnung maßgebend.[5] Lagen die Eröffnungsvoraussetzungen zum Zeitpunkt der Eröffnung nicht vor, ist der Eröffnungsbeschluss aufzuheben und der Eröffnungsantrag abzuweisen. Waren die Eröffnungsvoraussetzungen zum Zeitpunkt der Eröffnung erfüllt, kann der nachträgliche Wegfall des Insolvenzgrundes nur im Verfahren des § 212 geltend gemacht werden.[6] Das Rechtsbeschwerdegericht kann die Vollziehung der erstinstanzlichen Entscheidung (Eröffnungsbeschluss) bis zur erneuten Entscheidung des Beschwerdegerichtes aussetzen.[7] 28

3. Feststellung der Zahlungsunfähigkeit, Indizien

Die **Feststellung der Zahlungsunfähigkeit** kann auf Grund von **Indizien** erfolgen, z. B. Schließung des Geschäftslokals,[8] Inanspruchnahme von Zahlungszielen, Lieferung nur gegen Barzahlung oder Vorauskasse, Pfändung, Nichtabführung von Steuern und Sozialabgaben,[9] Zahlungsrückständen bei Löhnen[10] und Abgabe der eidesstattlichen Versicherung.[11] 29

Insbesondere, wenn ein Fremd- oder Drittantrag eines Gläubigers unter Berufung auf das Merkmal der Zahlungsunfähigkeit oder sogar Zahlungseinstellung gestellt worden ist, ergeben sich erhöhte Sorgfaltspflichten für den mit der Prüfung der Zulässigkeit (Glaubhaftmachung) und Begründetheit (tatsächliches Vorliegen des Eröffnungsgrundes der Zahlungsunfähigkeit) befassten Insolvenzrichter, da in diesen Fällen die Gefahr besteht, dass nur ein Druckantrag gestellt wird, 30

---

[1] BGH NZI 2008, 231 ff., 232 f.; NZI 2007, 518 ff., 519 f.; NZI 2000, 19 f.; NZI 2002, 88 ff.; OLG Dresden ZIP 1997, 1036 f.; OLG Hamm ZIP 1996, 469.

[2] BGH NZI 2008, 233; NZI 2007, 519.

[3] *Nerlich/Römermann/Mönning,* InsO, § 17 Rn. 32.

[4] So aber *Nerlich/Römermann/Mönning,* InsO, § 17 Rn. 33.

[5] BGH NZI 2006, 693 ff., abgrenzend hierzu bei Abweisung BGH NZI 2008, 391; s. § 16 Rn. 14 aE.

[6] BGH NZI 2006, 693 ff.

[7] BGH ebd.

[8] *Braun/Uhlenbruck,* Unternehmensinsolvenz, S. 283.

[9] BGH NZI 2006, 591; OLG Rostock, ZInsO 2006, 1109.

[10] *Reck,* GmbHR 1999, 267 ff., 270; BGH ZIP 2008, 706 ff., 708.

[11] OLG Celle ZInsO 2001, 1106.

um einen solventen Schuldner zur Zahlung anzuhalten, oder insolvenzfremde Zwecke verfolgt werden.[1] In diesen Fällen ist spätestens dann, wenn der Schuldner das Vorliegen des Insolvenzgrundes durch Äußerung schriftlicher Gegenvorstellungen oder im gerichtlichen Anhörungstermin bestreitet und eine eigene Beurteilung aus dem vorliegenden Akteninhalt nicht möglich ist, die Beauftragung eines Sachverständigen angezeigt.

4. Zahlungseinstellung (Abs. 2 S. 2)

31 **Zahlungseinstellung** ist ein (widerlegbares) Indiz für das Vorliegen der Zahlungsunfähigkeit, § 17 Abs. 2 S. 2. Der Begriff ist in der Insolvenzordnung nicht bestimmt. Zahlungseinstellung ist mehr als eine bloße Nichtzahlung.[2] Zahlungseinstellung ist ein nach außen hervortretendes Verhalten des Schuldners. Es muss sich also mindestens für die beteiligten Verkehrskreise der berechtigte Eindruck aufdrängen, dass der Schuldner nicht in der Lage ist, seine fälligen Zahlungspflichten zu erfüllen.[3] Eigene Erklärungen des Schuldners, eine fällige Verbindlichkeit nicht begleichen zu können, deuten auf eine Zahlungseinstellung hin, auch wenn sie mit einer Stundungsbitte versehen sind.[4] Die Nichtzahlung eines erheblichen Teils der fälligen Verbindlichkeiten reicht für eine Zahlungseinstellung aus, auch dann, wenn weiterhin beträchtliche Zahlungen geleistet werden, die aber im Verhältnis zu den fälligen Gesamtschulden nicht den wesentlichen Teil ausmachen.[5] Darin drückt sich typischerweise aus, dass der Schuldner wegen eines voraussichtlichen dauernden Mangels an Zahlungsmitteln seine fälligen Verbindlichkeiten nicht mehr erfüllen kann.[6] Die Zahlungseinstellung legt im Allgemeinen den spätesten Zeitpunkt fest, in dem der Schuldner zahlungsunfähig ist.[7]

32 **aa)** Die Zahlungseinstellung **unterscheidet** sich von der Zahlungsunfähigkeit dadurch, dass sie keine wirtschaftliche Kategorie beschreibt, sondern ein nach außen in Erscheinung getretenes, faktisches Verhalten darstellt.[8]

33 **bb)** Zahlungseinstellung soll nur im Falle **eingeforderter** Verbindlichkeiten vorliegen.[9] Dies ist nicht zwingend, da der Schuldner auch bei drohender Zahlungsunfähigkeit die Zahlungen bewusst einstellen kann.

34 **cc) Beseitigung der Zahlungseinstellung.** Die Zahlungseinstellung kann durch Wiederaufnahme aller Zahlungen beseitigt werden.[10]

---

[1] Vgl. hierzu die Beispiele zum rechtlichen Interesse des antragstellenden Gläubigers in *Braun/Uhlenbruck,* Unternehmensinsolvenz, S. 222.

[2] *Braun/Uhlenbruck,* Unternehmensinsolvenz, S. 282.

[3] BGH NZI 2007, 36 ff., 37 mwN und m. Anm. *Gundlach/Frenzel.*

[4] BGH ebd.

[5] BGH NZI 2007, 36 ff., 37 mwN, m. Anm. *Gundlach/Frenzel;* OLG Hamm ZInsO 2008, 511 ff., 512.

[6] BGH NZI 2003, 322, 323.

[7] *Kirchhof,* aaO, S. 285 ff. Rn. 3.

[8] *Kirchhof,* aaO, S. 285 ff. Rn. 21.

[9] *Kirchhof,* aaO, S. 285 ff. Rn. 11; aA: *Kübler/Prütting/Bork/Pape,* InsO, § 17 Rn. 6; s. oben 2. a).

[10] BGH NZI 2007, 36 ff., 37 m. Anm. *Gundlach/Frenzel;* bei Stundung der Kreditforderung durch die Bank, BGH NZI 2007, 517 ff., 519; BGH NZI 2008, 231 ff., 232; HK-*Kirchhof,* InsO, § 17 Rn. 44.

5. Praxishinweise

a) Strafrechtliche Gesichtspunkte

Nicht geregelt ist die in der höchstrichterlichen Rechtsprechung unterschiedlich beurteilte Frage, ob **Zahlungsunwilligkeit** (Verweigerung der Zahlung oder irrige Annahme von Zahlungsunfähigkeit) strafrechtlich Zahlungsunfähigkeit nach § 283 StGB darstellt.[1] 35

b) Antragstellung durch Geschäftsführer einer GmbH

Ist der Geschäftsführer nach § 15 a (vor dem MoMiG noch § 64 GmbHG) verpflichtet, Insolvenzantrag zu stellen[2], kann die Gesellschafterversammlung ihn nicht anweisen, den Antrag zu unterlassen.[3] Dagegen ist der Geschäftsführer an einen mit Stimmenmehrheit gefassten Weisungsbeschluss zur Stellung eines Insolvenzantrages gebunden.[4] 36

Für den Fall der Zahlungsstockung wird von Literaturstimmen problematisiert, in welchem Verhältnis der Drei-Wochen-Zeitraum zur Beseitigung der Zahlungsstockung zur dreiwöchigen Antragsfrist nach § 15 a steht.[5] Da § 64 Abs. 1 GmbHG aF (jetzt § 15 a) objektiv Zahlungsunfähigkeit[6] voraussetze, beginne diese Frist erst zu laufen, wenn die Zahlungsstockung endgültig in Zahlungsunfähigkeit umgeschlagen sei. Maximal stünden dem Geschäftsführer nach dieser Argumentation somit sechs Wochen für Sanierungsbemühungen zur Verfügung. Obwohl der Neunte Senat des BGH[7] den Begriff der Zahlungsunfähigkeit in § 17 InsO und in § 64 Abs. 1 GmbHG aF als übereinstimmend betrachtet und sich zur Begründung für den Drei-Wochen-Zeitraum zur Beseitigung der Zahlungsstockung ausdrücklich auf die Frist in § 64 Abs. 1 aF GmbHG beruft,[8] wäre der Sanierungszeitraum also länger als nach der Konkursordnung. 37

Diesen Literaturstimmen kann nicht gefolgt werden. Der Drei-Wochen-Zeitraum zur Beseitigung einer Zahlungsstockung im Sinne von § 17 InsO und die dreiwöchige Insolvenzantragspflicht, die jetzt in § 15 a geregelt ist, sind deckungsgleich. Die auf den § 64 Abs. 1 GmbHG aF abzielende Argumentation lässt sich in diesem Punkt auch auf den durch das MoMiG neu eingeführten § 15 a, der den § 64 Abs. 1 GmbHG aF insoweit ersetzt, übertragen, obwohl die Rechtsprechung zu § 64 Abs. 1 GmbHG aF erging. Die Entscheidungsgründe weisen darauf hin, dass begriffliche Klarheit im Interesse der Rechtssicherheit 38

---

[1] Vgl. dazu *Braun/Uhlenbruck,* Unternehmensinsolvenz, S. 282.

[2] Zur Berücksichtigung hypothetischer Geschehensabläufe und der Haftung für geleistetes Insolvenzgeld OLG Koblenz ZIP 2007, 120 ff., 122 (n. rkr.); hierzu *Schmülling,* ZIP 2007, 1095 ff.; anders zur Insolvenzverschleppungshaftung OLG Saarbrücken NZI 2007, 11 (n. rkr.); hierzu *Blank,* EWiR 2007, 367 f.

[3] *Henssler,* in: Kölner Schrift, S. 1283 ff. Rn. 47; zur gesamtschuldnerischen Haftung von Gesellschaftern und GmbH-Geschäftsführer BGH ZIP 2007, 1602 ff.

[4] *Henssler,* ebd.

[5] *Thonfeld,* NZI 2005, 550 ff., 552; *Neumaier,* NJW 2005, 3041 ff., 3043; *Knolle/Tetzlaff,* ZInsO 2005, 897 ff., 901; *Bitter/Redeker,* WuB VI A. § 17 InsO 1.05, Anm. S. 793; OLG Rostock ZInsO 2006, 1109 ff.

[6] Zur Haftung des organschaftlichen Vertreters einer Gesellschaft bei Prüfung der Insolvenzreife durch einen fachlich qualifizierten Berufsträger NZI 2007, 477 ff.

[7] Siehe § 17 Rn. 7.

[8] BGH NZI 2005, 547 ff., 548.

läge.[1] In Wendungen wie „Als Zahlungsstockung ist (...) eine Illiquidität anzusehen" und „endgültigen Zahlungsunfähigkeit" sind diese Unschärfen im Begriff offensichtlich. Es ist daher verfehlt, Zahlungsstockung und Zahlungsunfähigkeit in § 15 a als sich zwei absolut ausschließende Begriffe zu betrachten und zeitlich zu staffeln. Dies würde dem vom BGH verwendeten prognostischen Element nicht gerecht. Zudem würde es den Begriff der Zahlungsunfähigkeit in § 17 und § 15 a unterschiedlich behandeln. Tritt eine Liquiditätslücke auf, tritt das Unternehmen in eine „Krisenphase" ein, die bei Zahlungsstockung innerhalb von drei Wochen in deren Beseitigung oder in die „endgültige" Zahlungsunfähigkeit mündet. Einfacher und bisher nicht problematisiert erscheint der Fall der nur geringfügigen Liquiditätslücke, die „in absehbarer Zeit" zu beseitigen ist. Hier entsteht zunächst kein Konflikt mit der Drei-Wochen-Frist in § 15 a.

39 Das Verständnis des BGH vom Begriff der Zahlungsstockung gilt auch für § 15 a.[2] Im Ergebnis wird § 64 S. 1 GmbHG (§ 64 Abs. 2 S. 1 GmbHG aF) dadurch einschränkend ausgelegt. Solange der Geschäftsführer von einer bloßen Zahlungsstockung ausgehen darf, kann er alle Zahlungen leisten, die mit der Sorgfalt eines ordentlichen Kaufmanns vereinbar sind. Er muss keine Haftung befürchten, wenn er (noch) keinen Insolvenzantrag stellt. Diesen Hinweis geben die Entscheidungsgründe im Rahmen der Prüfung der subjektiven Seite des Verschuldens nach § 64 S. 2 GmbHG.[3] Der Geschäftsführer soll nicht zur Zahlungseinstellung und Gefährdung seiner Geschäftsbeziehungen gezwungen sein, solange er von einer Zahlungsstockung ausgehen darf.

c) Nichtabführung von Arbeitnehmerbeiträgen zur Sozialversicherung

40 Die **Nichtabführung von Arbeitnehmerbeiträgen** an die Sozialversicherung ist nach **§ 266 a StGB** strafbar. Es wurde deshalb erörtert, ob eine Pflichtenkollision bestehe.[4] Zahle nämlich der Geschäftsführer in der Krise, mache er sich aus dem Zahlungsverbot des § 64 Satz 1 GmbHG (§ 64 Abs. 2 S. 1 GmbHG aF) schadensersatzpflichtig. Erfülle er nicht, ergebe sich neben der Strafbarkeit eine Schadensersatzpflicht aus § 826 Abs. 2 BGB i. V. m. § 266 a StGB.[5] Die Streitfragen wurden auch unter dem Schlagwort „Vorrangigkeit" geführt.[6]

41 Der V. Strafsenat des BGH[7] (Beschl. v. 9. 8. 2005 – 5 StR 67/05) hat einen Vorrang der Massesicherung abgelehnt. Allerdings hat er die Pflicht zur Abführung der Arbeitnehmerbeiträge in der Drei-Wochen-Frist des § 64 Abs. 1

---

[1] BGH ebd., 549.

[2] Die auf den § 64 Abs. 1 GmbHG aF abzielende Argumentation lässt sich in diesem Punkt auch auf den durch das MoMiG neu eingeführten § 15 a, der den § 64 Abs. 1 GmbHG aF insoweit ersetzt, übertragen, so dass im Folgenden § 64 GmbHG Abs. 1 aF durch § 15 a ersetzt wird, obwohl die Rechtsprechung zu § 64 Abs. 1 GmbHG aF erging.

[3] BGH, ebd., 548; zu § 64 Abs. 2 Satz 1 GmbHG aF: *Goette,* ZInsO 2005, 1, 3 und 4.

[4] Keine Pflichtenkollision bei grds Zahlung an andere Gläubiger, BGH ZIP 2008, 2220 mit Anm. *Wilkens* EWiR 2009, 201.

[5] *Gross/Schork,* NZI 2004, 358.

[6] *Bauer,* ZInsO 2004, 645 ff., 646 f.

[7] BGH ZInsO 2005, 986 ff., 988; BGH ZInsO 2004, 39, 40; anders bisher BGH (II ZR 61/03) ZInsO 2005, 650; so auch BGH (IX ZR 176/05) ZIP 2007, 541 ff.; ausführlich *Schneider/Brouwer,* ZIP 2007, 1033 ff.; dem 5. Strafsenat des BGH zust. BFH ZIP 2007, 1604 ff. = NZI 2007, 599 m. Anm. *Beck,* EWiR 2007, 523 f.

GmbHG aF als suspendiert erachtet. Daher bestehe auch keine Pflichtenkollision. Bei Verstreichen dieser Frist entfällt der Rechtfertigungsgrund, der sich aus der Prüfung der Sanierungstätigkeit ergibt. Der Verantwortliche, der bei gegebener Insolvenzreife erkennt, dass für das Unternehmen keine Sanierungsmöglichkeit mehr besteht und trotzdem keinen Insolvenzantrag stellt, kann sich jedenfalls in strafrechtlicher Hinsicht nicht auf den Grundsatz der Massesicherung (§ 64 GmbHG/§ 64 Abs. 2 GmbHG aF) berufen, wenn er das Unternehmen noch weiterführt.[1] Eine spätere Anfechtung der Zahlung der Sozialversicherungsbeiträge nach §§ 129 ff. lässt möglicherweise den zivilrechtlichen Schaden entfallen, hat aber auf die strafbewehrte Pflicht keinen Einfluss.

Das gilt auch für eine Krisensituation im Vorfeld der Insolvenzreife und solange nicht sicher ist, ob ein Insolvenzverfahren eingeleitet werde.[2] **42**

Der Streit um eine mögliche Pflichtenkollision ist durch die Entscheidung des BGH vom 14. Mai 2007 (II ZR 48/06)[3] erledigt. Der Senat ändert seine Rechtsprechung zur insolvenzrechtlichen Haftung des Vertretungsorgans auch für die Zahlung von strafrechtlich und zivilrechtlich priviligierten Forderungen bei Insolvenzreife. Grund ist die o. g. Rechtsprechung des 5. Strafsenats. Mit Rücksicht auf die Einheit der Rechtsordnung kann es nach Ansicht des 2. Zivilsenats dem organschaftlichen Vertreter nicht angesonnen werden, die Massesicherungspflicht nach § 92 Abs. 2 AktG, § 64 GmbHG (§ 92 Abs. 3 AktG aF, § 64 Abs. 2 GmbHG aF) zu erfüllen und fällige Leistungen an die Sozialkassen oder die Steuerbehörden nicht zu erbringen, wenn er sich dadurch strafrechtlicher Verfolgung aussetzt. Sein die entsprechenden sozial- und steuerrechtlichen Vorschriften befolgendes Verhalten muss deswegen als mit den Pflichten eines ordentlichen und gewissenhaften Geschäftsleiters vereinbar angesehen werden.[4] **43**

Auch wenn die InsO keinen Vorrang mehr kennt, sind die **Arbeitnehmerbeiträge** insoweit wegen der Strafandrohung praktisch „vorrangig" zu behandeln.[5] **44**

d) Anfechtungssachverhalte

Die Entscheidung des BGH vom 12. 10. 2006[6] hat die Anforderungen an den Nachweis der Zahlungsunfähigkeit durch den Insolvenzverwalter wesentlich erleichtert. Insbesondere verzichtet er auf die Aufstellung einer Liquiditätsbilanz,[7] wenn anderweitig festgestellt werden kann, dass der Schuldner einen wesentlichen Teil seiner fälligen Verbindlichkeiten nicht bezahlen konnte.[8] Diese Feststellung kann dadurch getroffen werden, dass im fraglichen Zeitpunkt fällige Verbindlichkeiten bestanden, die bis zur Verfahrenseröffnung nicht mehr beglichen worden sind. Zur Substantiierung reicht ein Vortrag aus, der zwar in bestimmten Punkten **45**

---

[1] BGH NZI 2005, 986 ff., 988.

[2] BGH NZI 2007, 477 ff.

[3] BGH NZI 2007, 477 ff. m. Anm. *Runkel/Schmidt*; dazu auch *Henkel/Mock*, EWiR 2007, 495 f.; auch *Wilhelm*, ZIP 2007, 1781 ff.; anders in einer ähnlichen Fallkonstellation, OLG Brandenburg, Urteil vom 26. 9. 2007 – 4 O 70/07; BGH ZInsO 2008, 740 ff.

[4] BFH ZInsO 2009, 151; BGH NZI 2009, 71; *Liebscher*, ZInsO 2009, 1386.

[5] Vgl. auch *Gross/Schork*, NZI 2004, 358 ff.; BGH NZI 2007, 477 ff. m. Anm. *Runkel/Schmidt*, 479 f.; nicht erweiterbar auf Arbeitgeberbeiträge, BGH ZIP 2009, 1468.

[6] BGH NZI 2007, 36 ff.

[7] So der vom BGH verwendete Begriff.

[8] Ua. zur Beweislast des Schuldners OLG Hamburg GmbHR 2007, 1036 f.

lückenhaft ist, eine Ergänzung fehlender Tatsachen aber auf der Grundlage allgemeiner Erfahrungen und Gebräuche im Geschäftsverkehr zulässt.[1]

6. Internationale Bezüge

46 Bei **grenzüberschreitenden Insolvenzverfahren** gibt es mehrere Verfahrensarten, das Hauptinsolvenzverfahren nach Art. 3 Abs. 1 EuInsVO, das Sekundärinsolvenzverfahren nach Art. 3 Abs. 2, 3 EuInsVO und §§ 356 ff. oder das Partikularverfahren nach Art. 3 Abs. 2, 4 EuInsVO und § 354.[2]

47 Beim Hauptinsolvenzverfahren (das im Inland eröffnet wird, wenn der Schuldner dort den Mittelpunkt seiner hauptsächlichen Interessen hat, vgl. Art. 3 EuInsVO) sind in die Zahlungsunfähigkeitsprüfung auch die im Ausland belegenen Vermögenswerte und die ausländischen Verbindlichkeiten einzubeziehen.[3]

48 Beim Sekundärinsolvenzverfahren sind die Insolvenzgründe nach Art. 27 EuInsVO nicht mehr festzustellen. Voraussetzung für das Insolvenzverfahren ist, dass in einem anderen Mitgliedsstaat ein Hauptverfahren eröffnet wurde, dass nach Art. 16 EuInsVO automatisch anerkannt wird, es sei denn, es liegt ein Verstoß gegen Art. 26 EuInsVO (ordre public) vor.

49 Liegt ein Partikularverfahren nach § 354 vor, z. B. wenn der Schuldner im Inland eine Niederlassung oder sonstiges Vermögen hat, ist eine Prüfung der Insolvenzgründe also auch eine Prüfung der Zahlungsunfähigkeit vorzunehmen. Dabei sind auch die weltweit zur Verfügung stehenden, liquiden Mittel zu berücksichtigen.[4]

§ 18 Drohende Zahlungsunfähigkeit

(1) **Beantragt der Schuldner die Eröffnung des Insolvenzverfahrens, so ist auch die drohende Zahlungsunfähigkeit Eröffnungsgrund.**

(2) **Der Schuldner droht zahlungsunfähig zu werden, wenn er voraussichtlich nicht in der Lage sein wird, die bestehenden Zahlungspflichten im Zeitpunkt der Fälligkeit zu erfüllen.**

(3) **Wird bei einer juristischen Person oder einer Gesellschaft ohne Rechtspersönlichkeit der Antrag nicht von allen Mitgliedern des Vertretungsorgans, allen persönlich haftenden Gesellschaftern oder allen Abwicklern gestellt, so ist Absatz 1 nur anzuwenden, wenn der oder die Antragsteller zur Vertretung der juristischen Person oder der Gesellschaft berechtigt sind.**

Literatur: *Bieneck,* Strafrechtliche Relevanz der Insolvenzordnung und aktuelle Änderungen des Eigenkapitalersatzrechts, StV 1999, 43 ff.; IDW Prüfungsstandard (o. V.): Beurteilung eingetretener oder drohender Zahlungsunfähigkeit bei Unternehmen (IDW PS 800), FN-IDW 2009, 161 ff.; IDW, Prüfungsstandard: Empfehlungen zur Prüfung eingetretener oder drohender Zahlungsunfähigkeit bei Unternehmen (IDW PS 800), FN-IDW 1999, 85 ff.; *Flegel,* Insolvenzantrag und Eigenverwaltungsantrag bei drohender Zahlungsunfähigkeit, ZIP 1999, 954 ff.; *Drukarczyk/Schüler,* Die Eröffnungsgründe der InsO: Zahlungsunfähigkeit,

---

[1] Zur Substantiierungslast des Insolvenzverwalters BGH ZIP 2007, 1913 f.; zu diesem Urteil auch *Frind,* EWiR 2007, 691 f.

[2] Siehe im Einzelnen zu den Verfahrensarten die Erläuterungen zu § 354 Rn. 1 ff., 356 Rn. 1 ff.

[3] S. Vor §§ 335–358 Rn. 4.

[4] Vgl. Erläuterungen zu § 354 Rn. 18.

drohende Zahlungsunfähigkeit und Überschuldung, in: Kölner Schrift, S. 95 ff.; *Ehlers,* Der Eröffnungsgrund der drohenden Zahlungsunfähigkeit, ZInsO 2005, 169; *Henssler,* Die verfahrensrechtlichen Pflichten des Geschäftsführers im Insolvenzverfahren über das Vermögen der GmbH und der GmbH & Co. KG, Kölner Schrift, S. 1283 ff.; *Penzlin,* Kritische Anmerkungen zu den Insolvenzeröffnungsgründen der drohenden Zahlungsunfähigkeit und der Überschuldung (§§ 18 und 19 InsO), NZI 2000, 464 ff.; *Schmidt,* Insolvenzordnung und Unternehmensrecht – was bringt die Reform?, Kölner Schrift, S. 1199 ff.; *Uhlenbruck,* Gesellschaftsrechtliche Aspekte des Insolvenzrechts, Kölner Schrift. S. 1157 ff.; *ders.,* Strafrechtliche Aspekte der Insolvenzrechtsreform 1994, wistra 1996, 1 ff.; *Wimmer,* Der Rechtspfleger im neuen Insolvenzverfahren, InVo 1997, 316 ff.; *Wortberg,* Holzmüller und die Stellung eines Insolvenzantrages wegen drohender Zahlungsunfähigkeit, ZInsO 2004, 707.

Übersicht

1. Normzweck

1 Die Regelung schafft einen **neuen Eröffnungsgrund.** Es handelt sich dabei um einen besonderen Eröffnungstatbestand, der einen Eigenantrag des Schuldners voraussetzt.[1] Gläubigeranträge sind unzulässig (sog. **Innenlösung**[2]), um den Missbrauch des Insolvenzgrundes als Druckmittel zu vermeiden.[3] Es besteht **keine Antragspflicht,**[4] sondern lediglich ein **Recht** des Schuldners, den Schutz des Insolvenzverfahrens zu beanspruchen.[5] Die antragspflichtigen Organe einer juristischen Person müssen bei drohender Zahlungsunfähigkeit folglich nicht damit rechnen, wegen verschleppter Antragstellung persönlich zu haften oder einem Anspruch aus § 26 Abs. 3 ausgesetzt zu sein.[6]

2 **Ziel** dieses Insolvenzgrundes ist es, rechtzeitig rechtliche und wirtschaftliche Maßnahmen auch zum Schutz des Schuldners mit Hilfe eines erfahrenen (vorläufigen) Insolvenzverwalters bereits „im Vorfeld“ einzuleiten.[7] Man verspricht sich davon, früher auf eine Unternehmenskrise reagieren[8] und das in wirtschaftli-

---

[1] *Nerlich/Römermann/Mönning,* InsO, § 18 Rn. 2; HambKomm-*J. S. Schröder,* InsO, § 18 Rn. 1 u. 4.

[2] FK-*Schmerbach,* InsO, § 18 Rn. 1 f.

[3] *Nerlich/Römermann/Mönning,* InsO, § 18 Rn. 8 und 43; *Kübler/Prütting/Bork/Pape,* InsO, § 18 Rn. 2.

[4] Z. B. aus § 64 Abs. 1 GmbHG.

[5] *Braun/Uhlenbruck,* Unternehmensinsolvenz, S. 284; *Nerlich/Römermann/Mönning,* InsO, § 18 Rn. 47.

[6] *Kübler/Prütting/Bork/Pape,* InsO, § 18 Rn. 3.

[7] Begründung RegE, abgedruckt in: *Balz/Landfermann,* S. 224; *Nerlich/Römermann/Mönning,* InsO, § 18 Rn. 16, 46; *Penzlin,* NZG 2000, 464, 468.

[8] *Nerlich/Römermann/Mönning,* InsO, § 18 Rn. 32; *Andres/Leithaus,* InsO, § 18 Rn. 2.

che Not geratene Unternehmen erhalten zu können.[1] Dahinter steht der Gedanke, dass es für die Sanierung eines Unternehmens häufig zu spät ist, wenn einmal Zahlungsunfähigkeit bzw. Überschuldung vorliegen.[2] Das eröffnete, gerichtliche Insolvenzverfahren soll wieder zum Regelfall werden.[3] Allerdings soll die außergerichtliche oder freie Sanierung keineswegs ausgeschlossen werden.[4] Die Erfahrungen der Praxis haben gezeigt, dass von dieser Möglichkeit sehr zurückhaltend Gebrauch gemacht wird.[5]

2. Begriffsbestimmung

a) Allgemeines

3 Der **Begriff** der drohenden Zahlungsunfähigkeit stammt aus dem **Insolvenzstrafrecht** (§ 283 Abs. 1, Abs. 4 Nr. 1, Abs. 5 Nr. 1, § 283 d Abs. 1 Nr. 1 StGB).[6] Strafbar macht sich demnach, wer die drohende Zahlungsunfähigkeit erkannt oder mindestens fahrlässig nicht erkannt hat und die weiteren Tatbestandsmerkmale der jeweiligen Norm verwirklicht. Allerdings gibt die strafrechtliche Betrachtungsweise für die insolvenzrechtliche Beurteilung nichts her, da hier der Schuldner entscheiden muss, ob er sich zu einem Insolvenzantrag entschließt oder nicht.[7] Daraus folgt, dass ein Schuldner, der sich dem Insolvenzverfahren stellen möchte, davon ausgehen wird, dass der Insolvenzeintritt wahrscheinlicher ist als dessen Vermeidung **(worst-case-Betrachtung).**[8]

4 Der Eröffnungsgrund der drohenden Zahlungsunfähigkeit verlangt, dass die in § 17 Abs. 2 vorgegebenen Kriterien der Zahlungsunfähigkeit **voraussichtlich** eintreten werden. Vorübergehende Zahlungsstockungen und ganz geringfügige Liquiditätslücken bleiben außer Betracht.[9] Voraussichtlich bedeutet **überwiegende Wahrscheinlichkeit.** Dabei ist auf die jeweiligen Umstände des Einzelfalls abzustellen.[10]

b) „Voraussichtlich nicht in der Lage"

5 Aus dem Wortlaut („voraussichtlich") ergibt sich, dass eine Prognose anzustellen ist.[11] Der Eintritt der Zahlungsunfähigkeit muss wahrscheinlicher sein als ihre Vermeidung, d. h. die **Eintrittswahrscheinlichkeit** muss **größer als 50% (einfache Wahrscheinlichkeit**[12]**)** sein.

---

[1] FK-*Schmerbach,* InsO, § 18 Rn. 1.

[2] *Braun/Uhlenbruck,* Unternehmensinsolvenz, S. 284; *Ehlers,* ZInsO 2005, 169 ff.

[3] *Nerlich/Römermann/Mönning,* InsO, § 18 Rn. 46.

[4] Nach *Uhlenbruck,* in: Kölner Schrift, S. 1157 ff. Rn. 11, belegen dies zahlreiche Regelungen, so z. B. der Wegfall des § 419 BGB oder die vereinfachte Kapitalherabsetzung nach §§ 58–58 f. GmbHG.

[5] FK-*Schmerbach,* InsO, § 18 Rn. 22 a spricht von weniger als 1% der Anträge, die auf die drohende Zahlungsunfähigkeit gestützt werden.

[6] Begründung RegE, abgedruckt in: *Balz/Landfermann,* S. 224.

[7] *Nerlich/Römermann/Mönning,* InsO, § 18 Rn. 21.

[8] *Nerlich/Römermann/Mönning,* InsO, § 18 Rn. 22.

[9] Begründung RegE, abgedruckt in: *Balz/Landfermann,* S. 224.

[10] *Nerlich/Römermann/Mönning,* InsO, § 18 Rn. 23.

[11] FK-*Schmerbach,* InsO, § 18 Rn. 4.

[12] *Bieneck,* StV 1999, 43 ff., 45.

c) Länge des Prognosezeitraums

Die Beurteilung der drohenden Zahlungsunfähigkeit erfolgt **zeitraumbezogen.**[1] Es wird also auf die **Zeitraum-Illiquidität** zurückgegriffen.[2] Die drohende Zahlungsunfähigkeit bildet somit das **Bindeglied zur Überschuldung,** mit der sie die Prognose der zukünftigen Finanzkraft gemeinsam hat.[3] 6

Der Endpunkt des denkbaren Beurteilungszeitraums wird durch die **zuletzt fällig werdende Forderung** bestimmt.[4] 7

Streitig ist auch die **Länge des Prognosezeitraums.** Nach einer Ansicht soll er nur wenige Monate umfassen,[5] ein bis höchstens zwei Jahre,[6] höchstens zwei Jahre,[7] nach anderer Ansicht max. drei Jahre[8] bzw. mehrere Jahre.[9] Nach richtiger Ansicht wird wohl ein einheitlicher Prognosezeitraum nicht festgelegt werden können. Die Länge des Prognosezeitraumes wird im Einzelfall auch davon abhängen, ob es sich um ein Unternehmen mit kurz- oder langfristiger Produktion oder ein sogenanntes „Saisonunternehmen" handelt.[10] 8

d) Bestehende Verbindlichkeiten

Im Gegensatz zum Wortlaut des § 18 Abs. 2 ist sowohl auf **bereits bestehende fällige** als auch auf **fällig werdende** Zahlungspflichten abzustellen.[11] Auslöser der Zahlungspflichten kann ein Rechtsgeschäft, eine Rechtshandlung aber auch eine Forderung aus einem gesetzlichen Schuldverhältnis sein.[12] Bei einem Anspruch aus einem gesetzlichen Schuldverhältnis kommt es darauf an, dass dieser ernsthaft geltend gemacht wurde und dem behaupteten Anspruch ein schlüssig vorgetragener, nachvollziehbarer Sachverhalt zu Grunde liegt.[13] 9

Umstritten ist, ob im Rahmen der bestehenden Zahlungspflichten **noch nicht begründete, aber absehbare Zahlungspflichten zu berücksichtigen sind,** die somit drohende Zahlungsunfähigkeit begründen können. Nach überwiegender Ansicht soll dies nicht der Fall sein.[14] Nach einer anderen Auffassung müssen zumindest vorhersehbare Ansprüche aus Produkthaftung oder Kalkulationsfehler beim Einkauf berücksichtigt werden.[15] Zutreffend sind alle nach vernünftiger kaufmännischer Erwägung in der Planrechnung als voraussichtlich zu bedienende 10

---

[1] *Nerlich/Römermann/Mönning,* InsO, § 18 Rn. 25.

[2] *K. Schmidt,* in: Kölner Schrift, S. 1199 ff. Rn. 11; FK-*Schmerbach,* InsO, § 18 Rn. 4; *Kübler/Prütting/Bork/Pape,* InsO, § 18 Rn. 5.

[3] *Kübler/Prütting/Bork/Pape,* InsO, § 18 Rn. 5.

[4] *Nerlich/Römermann/Mönning,* InsO, § 18 Rn. 25.

[5] *Nerlich/Römermann/Mönning,* InsO, § 18 Rn. 34.

[6] *Gottwald/Uhlenbruck,* InsHdb., § 6 Rn. 11.

[7] *Kübler/Prütting/Bork/Pape,* InsO, § 18 Rn. 6.

[8] FK-*Schmerbach,* InsO, § 18 Rn. 8 a.

[9] *Nerlich/Römermann/Mönning,* InsO, § 18 Rn. 25.

[10] So auch MünchKomm-*Drukarczyk,* InsO, § 18 Rn. 44.

[11] Begründung RegE, abgedruckt in: *Balz/Landfermann,* S. 224; *Braun/Uhlenbruck,* Unternehmensinsolvenz, S. 285; *Nerlich/Römermann/Mönning,* InsO, § 18 Rn. 26; HambKomm-*Schröder,* InsO, § 18 Rn. 6 mwN.

[12] *Nerlich/Römermann/Mönning,* InsO, § 18 Rn. 26.

[13] *Nerlich/Römermann/Mönning,* InsO, § 18 Rn. 26; vgl. auch Erläuterung zu § 14 Rn. 14 f.

[14] FK-*Schmerbach,* InsO, § 18 Rn. 6; ebenso, *Bieneck,* StV 1999, 43 ff., 45.

[15] *Uhlenbruck,* wistra 1996, 1 ff., 4 d, e; *ders.,* in: Kölner Schrift, S. 1157 ff. Rn. 12.

Ausgaben berücksichtigungsfähig. Bei Prognoserechnungen erstreckt sich die Prognose noch auf die Frage des Entstehens.

e) Zukünftige Einzahlungen und Auszahlungen

11 Zu prüfen ist weiter, ob der Schuldner im Zeitpunkt der Fälligkeit – voraussichtlich – in der Lage sein wird, diese Zahlungspflichten zu erfüllen.[1]

12 Eine solche Prüfung kann lediglich anhand eines Finanzstatus und eines darauf aufbauenden Liquiditätsplanes vorgenommen werden, in dem die erwarteten Zahlungsströme in ihrem zeitlichen Ablauf dargestellt werden. Bei der Beantwortung der Frage, ob noch Finanzierungsspielräume bestehen, kommt es zunächst auf folgende Gesichtspunkte an:
- Forderungsbestände,
- zu erwartende Einzahlungen laut Umsatzprognose,
- erwartete Zuflüsse aus Teilen des derzeit gebundenen Betriebsvermögens,
- Finanzmittel aus geplanten Kreditaufnahmen,
- Finanzmittel aus beabsichtigen Kapitalerhöhungen, Verlustübernahme und Gesellschafterzuschüssen.[2]

13 Aufzunehmen sind auch alle verfügbaren Finanzierungsreserven, wie z. B.
- Möglichkeiten der Kapitalaufnahme,
- Liquidierung von Aktiva,
- Umschichtung von kurzfristigen Verbindlichkeiten in längerfristige (als übliche finanzpolitische Disposition) und Kapitalbeschaffungsmaßnahmen zur Aufrechterhaltung des finanziellen Gleichgewichts eines Unternehmens.

14 Dabei können noch ungenutzte Besicherungsgrundlagen ein Indiz für Finanzierungsreserven sein (mit denen sich eine künftige Zahlungsunfähigkeit vermeiden lassen könnte).

15 Schon bei mittelgroßen Unternehmensinsolvenzen setzt die sachverständige Beurteilung der ggf. mit dem Insolvenzantrag eingereichten Unterlagen sowie eines möglicherweise vorgelegten Liquiditätsplans – auch im Sinne einer bloßen Plausibilitätsprüfung – bei den am Insolvenzgericht tätigen Rechtspflegern und Richtern entsprechend vertiefte betriebswirtschaftliche Kenntnisse voraus. Schon aus dem Grunde einer drohenden Haftungsinanspruchnahme sollte daher in Zweifelsfällen ein Gutachten in Auftrag gegeben werden.[3] Die Praxis der Gerichte ging bislang auch dahin, bei Eigenanträgen, die sich auf den Insolvenzgrund der drohenden Zahlungsunfähigkeit stützen, die Vorlage eines solchen Liquiditätsplans zu fordern.

3. Praxishinweis

a) Verhältnis von § 18 Abs. 3 zu § 15 Abs. 2

16 **aa)** Der Antrag kann bei juristischen Personen nur von einem vertretungsberechtigten Organ oder bei einer Gesellschaft ohne Rechtspersönlichkeit nur

---

[1] Begründung RegE, abgedruckt bei *Balz/Landfermann,* S. 224.

[2] Vgl. IDW Prüfungsstandard (o. V.): Beurteilung eingetretener oder drohender Zahlungsunfähigkeit bei Unternehmen (IDW PS 800), FN-IDW 2009, 161 ff.; mit Begleitaufsatz ZIP 2009, 201 ff.

[3] Vgl. *Wimmer,* InVo 1997, 316 ff., 320, der bezogen auf den Beruf des Rechtspflegers eine hervorragende juristische Schulung und ein Höchstmaß an wirtschaftlichem Sachverstand fordert; HK-Kirchhof, InsO, § 18 Rn. 14.

von einem alleinvertretungsberechtigten Gesellschafter gestellt werden.[1] Der Vertreter hat seine Vertretungsmacht nachzuweisen.[2] Im Gegensatz zu § 19 gilt § 18 nicht nur für juristische Personen.[3]

bb) Ein mit Stimmenmehrheit gefasster Weisungsbeschluss der Gesellschafter einer GmbH bzgl. der Unterlassung eines Insolvenzantrages soll – anders als beim Insolvenzgrund der Zahlungsunfähigkeit – den Geschäftsführer einer GmbH binden.[4] **17**

cc) § 18 Abs. 3 verdrängt § 15 Abs. 2 nicht. So ist die **Glaubhaftmachung** der drohenden Zahlungsunfähigkeit (und die Anhörung der in § 15 Abs. 2 genannten Beteiligten) erforderlich, wenn der Antrag nicht von allen Mitgliedern des Vertretungsorgans oder allen persönlich haftenden Gesellschaftern gestellt wird.[5] Durch einen verfrühten Antrag kann sich eine interne Schadensersatzpflicht des Antragstellers ergeben.[6] **18**

b) Es bleibt dem Schuldner überlassen, ob er sich bei Auftreten erster Krisensymptome frühzeitig zu einem Insolvenzantrag entschließt oder außergerichtliche Sanierungsversuche vorzieht.[7] Wegen der fehlenden Antragspflicht wird auch keine Strafbarkeit wegen verspäteter Insolvenzantragstellung (§§ 64, 84 GmbHG) begründet.[8] **19**

c) Die psychologische Hürde des Bekennens zur Insolvenz wird herabgesetzt. Durch die rechtzeitige Eröffnung des Insolvenzverfahrens soll dem Schuldner die Bewältigung der Insolvenz erleichtert werden. Zu den **Anreizen** zählen:[9] **20**

aa) die **Herausgabesperre** im eröffneten Verfahren (§§ 165, 166, § 30 d Abs. 1 ZVG), **21**

bb) die **Vollstreckungssperre** im Rahmen von Sicherungsmaßnahmen gem. § 21 Abs. 2 Ziff. 3, **22**

cc) die **kurzfristige Liquiditätsentlastung,** da auf fällige Verbindlichkeiten keine Zahlungen mehr zu leisten sind, **23**

dd) das **Recht zur Vorlage eines Insolvenzplans bei Antragstellung** (§ 218 Abs. 1), **24**

ee) die **Option der Eigenverwaltung** (§§ 270 ff.), **25**

ff) die **Möglichkeit der Restschuldbefreiung** (§§ 286 ff.), **26**

gg) das **Offenhalten aller Verwertungsoptionen** nach Verfahrenseröffnung, **27**

---

[1] *Kübler/Prütting/Bork/Pape,* InsO, § 18 Rn. 4; *Nerlich/Römermann/Mönning,* InsO, § 18 Rn. 37.

[2] *Nerlich/Römermann/Mönning,* InsO, § 18 Rn. 36.

[3] FK-*Schmerbach,* InsO, § 18 Rn. 2 a am Ende.

[4] *Henssler,* in: Kölner Schrift, S. 1283 ff. Rn. 48; für eine gesellschaftsrechtliche Verpflichtung bei der AG und der GmbH, vor Stellung eines Insolvenzantrages nach § 18 InsO einen entsprechenden Beschluss der Haupt- bzw. Gesellschaftsversammlung einzuholen, *Wortberg,* ZInsO, 707 ff., 712.

[5] Vgl. oben § 15 Rn. 18; FK-*Schmerbach,* InsO, § 18 Rn. 19; HambKomm-*Schröder,* InsO, § 18 Rn. 12.

[6] HK-*Kirchhof,* InsO, § 18 Rn. 19.

[7] *Nerlich/Römermann/Mönning,* InsO, § 18 Rn. 44.

[8] *Bieneck,* StV 1999, 43, 45.

[9] *Drukarczyk/Schüler,* in: Kölner Schrift, S. 95 ff., 108, Rn. 36.

28 **hh)** die Möglichkeit, vor abschließender Entscheidung des Gerichtes den Antrag wieder zurückzunehmen **(Zeitgewinn).**

§ 19 Überschuldung

(1) **Bei einer juristischen Person ist auch die Überschuldung Eröffnungsgrund.**

(2) **Überschuldung liegt vor, wenn das Vermögen des Schuldners die bestehenden Verbindlichkeiten nicht mehr deckt, es sei denn, die Fortführung des Unternehmens ist nach den Umständen überwiegend wahrscheinlich. Forderungen auf Rückgewähr von Gesellschafterdarlehen oder aus Rechtshandlungen, die einem solchen Darlehen wirtschaftlich entsprechen, für die gemäß § 39 Abs. 2 zwischen Gläubiger und Schuldner der Nachrang im Insolvenzverfahren hinter den in § 39 Abs. 1 Nr. 1 bis 5 bezeichneten Forderungen vereinbart worden ist, sind nicht bei den Verbindlichkeiten nach Satz 1 zu berücksichtigen.**

(3) **Ist bei einer Gesellschaft ohne Rechtspersönlichkeit kein persönlich haftender Gesellschafter eine natürliche Person, so gelten die Absätze 1 und 2 entsprechend. Dies gilt nicht, wenn zu den persönlich haftenden Gesellschaftern eine andere Gesellschaft gehört, bei der ein persönlich haftender Gesellschafter eine natürliche Person ist.**

Literatur: *Ahrend/Plischkaner,* Der modifizierte zweistufige Überschuldungsbegriff – Rückkehr mit Verfallsdatum, NJW 2009, 964 ff.; *Bitter,* Neuer Überschuldungsbegriff in § 19 Abs. 2 InsO: Führt die Finanzmarktkrise zu besseren Einsichten des Gesetzgebers? ZInsO 2008, 1097; *Böcker/Poertzgen,* Finanzmarkt-Rettungspaket ändert Überschuldungsbegriff (§ 19 InsO), GmbHR 2008, 1289 ff.; *Bork,* Wie erstellt man eine Fortbestehensprognose?, ZIP 2000, 1709 ff.; *Dahl,* Die Änderung des Überschuldungsbegriffs durch Art. 5 des Finanzmarktstabilisierungsgesetzes (FMStG), NZI 2008, 719 ff.; *Drukarczyk/Schüler,* Die Eröffnungsgründe der InsO: Zahlungsunfähigkeit, drohende Zahlungsunfähigkeit und Überschuldung, in: Kölner Schrift, S. 95 ff.; *ders.,* Überschuldungsprüfung auf Abwegen? – Anmerkungen zum Beitrag von Möhlmann, DStR 1998, 1843 ff., DStR 1999, 646 ff.; *Eckert/Happe,* Todgesagte leben länger – die (vorübergehende) Rückkehr des zweistufigen Überschuldungsbegriffs, ZInsO 2008, 1098 ff.; *Fromm,* Der Überschuldungsstatus im Insolvenzrecht, ZInsO 2004, 943 ff.; *Götz,* Die nicht endende Diskussion um den Überschuldungstatbestand, ZInsO 2000, 77 ff.; Gesetz zur Modernisierung des GmbH-Rechts und zur Bekämpfung von Missbräuchen (MoMiG), Gesetzentwurf der Bundesregierung mit Begründungstext, NZI 2008, Beilage zu Heft 21; *Graeber,* Der auskunftsunwillige Schuldner im Eigenantragsverfahren – Überlegungen zur verfahrensmäßigen Behandlung – zugleich Anm. BGH vom 12. 12. 2002 (IX ZB 426/02), ZInsO 2003, 217, ZInsO 2003, 551 ff.; *Haas,* Das neue Kapitalersatzrecht nach dem RegE-MoMiG, ZInsO 2007, 617 ff.; *Habersack,* Gesellschafterdarlehen nach MoMiG: Anwendungsbereich, Tatbestand und Rechtsfolgen der Neuregelung, ZIP 2007, 2145 ff.; *Hirte,* Neuregelungen mit Bezug zum gesellschaftsrechtlichen Gläubigerschutz und im Insolvenzrecht durch das Gesetz zur Modernisierung des GmbH-Rechts und zur Bekämpfung von Missbräuchen (MoMiG), ZInsO 2008, 689 ff.; *Hirte/Mock,* Überschuldung und Finanzmarktstabilisierungsgesetz, ZInsO 2008, 1217 ff.; *Hölzle,* Nachruf: Wieder die Überschuldungs-Dogmatik in der Krise, ZIP 2008, 2003 ff.; *Holzer,* Die Änderung des Überschuldungsbegriffs durch das Finanzmarktstabilisierungsgesetz, ZIP 2008, 2108 ff.; IDW, Stellungnahme FAR 1/1996: Empfehlungen zur Überschuldungsprüfung bei Unternehmen, FN-IDW 1996, 523; *Kahlert/Gerke,* Steuerneutralität des Rangrücktritts eines GmbH-Gesellschafters nach § 19 Abs. 2 S. 3 InsO nF?, ZIP 2008, 2392 ff.; *Luttermann/Vahlenkamp,* Wahrscheinlichkeitsurteile im Insolvenzrecht und internationale Bewertungsstandards (Rating-Agentur), ZIP 2003, 1629 ff.; *Möhlmann-Mahlau/Schmitt,* Der „vorübergehende“ Begriff der Überschuldung, NZI 2009, 19 ff.; *Niesert,* Übersicht über die Rechtsprechung zu den Insolvenzgründen Zahlungsfähigkeit und Überschuldung in 2001, ZInsO 2002, 356 ff.; *Poertzgen,* 5 Thesen zum neuen (alten) Überschuldungsbegriff (§ 19 InsO nF), ZInsO 2009, 401 ff.; *Reck,* Die Überschuldung in der strafrechtlichen Praxis, ZInsO 2004, 661 und 728; *Rokas,* Die „neue“ Legaldefinition der Überschuldung, ZInsO 2009, 18 ff.; *Schmidt/Roth,* Die Bewertung von streitigen Verbindlichkeiten bei der Ermittlung der Insolvenzeröffnungsgründe, ZInsO 2006, 236 ff.; *Thonfeld,* Der „instabile Überschuldungsbegriff“ des Finanzmarktstabilisierungsgesetzes, NZI 2009, 15 ff.; *Wachter,* Auswirkungen der Finanzmarktkrise auf die neue Unternehmergesellschaft (haftungsbeschränkt), GmbHR 2008, 1296 ff.; *Wackerbarth,* Überschuldung und Fortführungsprognose, NZI 2009, 145 ff.; *Weyand,* Strafrechtliche Aspekte des MoMiG im Zusammenhang mit juristischen Personen, ZInsO 2008, 702 ff.

Übersicht

1. Normzweck und historische Entwicklung

a) Die Vorschrift enthält neben dem Insolvenzgrund der Zahlungsunfähigkeit in § 17 den zweiten zentralen Insolvenzgrund, die Überschuldung. Diese Vorschrift soll grundsätzlich bewirken, dass noch bevor die Voraussetzungen des § 17 eintreten, die Eröffnung des Insolvenzverfahrens beantragt wird.[1] Dadurch soll verhindert werden, dass die Insolvenz einer nicht überlebensfähigen Gesellschaft bis zur Zahlungsunfähigkeit hinausgezögert wird.[2] Die Vorschrift verfolgt das Ziel, so die Verpflichtung zur Stellung eines Insolvenzantrages zeitlich gegenüber der Zahlungsunfähigkeit vorzuverlagern. Dies geschieht nur für einen Teil der insolvenzfähigen Rechtssubjekte, bei denen keine nat. Person unbeschränkt haftet. Dort erschien es dem Gesetzgeber besonders dringlich, die Organe eines Schuldnerunternehmens zu vorausschauender Finanz- und Ertragsplanung anzuhalten und zu verpflichten. Die in § 19 Abs. 2 enthaltene Legaldefinition 1

[1] HK-*Kirchhof,* InsO, § 19 Rn. 2.
[2] FK-*Schmerbach,* InsO, § 19 Rn. 4.

rekurriert deswegen auf prognostische Elemente, will also idealiter rechtzeitig überschuldete Unternehmen aus dem Markt nehmen, prognostisch nach den Umständen überwiegend wahrscheinlich fortführungsgeeigneten Unternehmen bei der Bewertung ihrer Vermögensgegenstände entgegenkommen.

2 Dies ist rechtshistorisch nur aus seiner Entstehungsgeschichte zu verstehen. In der Praxis hat der Insolvenzgrund der Überschuldung Unternehmen und Beratern viel Kopfzerbrechen und Schwierigkeiten bereitet, weil zu einem Zeitpunkt, zu dem Zahlungsunfähigkeit noch nicht eingetreten war, einen Insolvenzantrag zu stellen, häufig die Erwartungshaltungen der Beteiligten wie die Hoffnung der Beschäftigten und Geschäftspartner strapaziert hatte. Dieses (von vielen Rechtsordnungen nicht geteilte[1]) als korrigierendes Element der Möglichkeit der beschränkten Haftung verstandene Konzept hat immer wieder Kritik erfahren. In Zeiten wirtschaftlicher Schwierigkeiten und vor dem Hintergrund einer damals schon sehr engagierten Debatte in der Literatur relativierte deswegen der BGH[2] die Forderung nach der Bestimmung der Überschuldung anhand einer Stichtagsbilanz und betrachtete für den Fall einer positiven Fortbestehungsprognose den Insolvenzgrund der Überschuldung mit der Konsequenz des Insolvenzantrages für nicht gegeben. Diese Rechtsprechung erschien dem Rechtsausschuss des Deutschen Bundestages im Rahmen der Beratungen zur Insolvenzrechtsreform als zu weitgehend.[3] Der Gesetzgeber wollte ausdrücklich sicherstellen, dass eine Gesellschaft, die auch bei einer positiven Fortführungsprognose in ihrem Vermögensstatus going concern bewertet überschuldet war, einen Insolvenzantrag stellen musste. Der Gesetzgeber wollte damit dezidiert den Insolvenzgrund der Überschuldung wieder als „Frühauslöser" der Insolvenz angewendet wissen.

3 **b)** Unter dem Eindruck der in der zweiten Hälfte des Jahres 2008 eintretenden Banken- und Finanzmarktkrise hat der Gesetzgeber nun in einer – schon atemberaubenden – Kehrtwendung im Gesetz zur Umsetzung eines Maßnahmenpakets zur Stabilisierung des Finanzmarkts (Finanzmarktstabilisierungsgesetz[4]) den Überschuldungsbegriff des § 19 Abs. 2 für einen Zeitraum von zwei Jahren bis 31. 12. 2010 (inzw. verl. bis 31. 12. 2013)[5] wieder auf den Geltungsstand des Verständnisses des Gesetzes im Lichte der Auslegung von BGHZ 119, 201 ff. zurückreguliert. Der Gesetzgeber hat damit den Fokus des Überschuldungsbegriffes, der dezidiert vorverlagerter Gläubigerschutz sein sollte, im Normzweck substantiell zugunsten von Schuldnerinteressen – auf Zeit – verändert.

Der wirtschaftliche Hintergrund sind massive Probleme für Unternehmen bei der Durchführung der Überschuldungsprüfung, wenn insbesondere Wertpapiere zum jeweiligen Stichtag mit auf Grund der Finanzmarktkrise extrem gefallenen (Börsen-)Werten in Ansatz zu bringen sind und deswegen die Überschuldung der Gesellschaft eintritt, obwohl deren finanzielles Gleichgewicht bei Betrachtung einer Fortführungsprognose in überschaubaren Wirtschaftszeiträumen gesichert erscheint. In der Tat fällt es schwer zu begreifen, warum ein Gläubiger vor seinem (überschuldeten) Schuldner, der seine fälligen Verbindlichkeiten prognostisch in den nächsten 12, 18 oder 24 Monaten erfüllen kann, geschützt werden soll.

---

[1] So z. B. in Frankreich, Griechenland, Italien und Lettland.
[2] BGHZ 119, S. 201 ff. = NJW 1992, 2891.
[3] BT-Drucks. 12/7302, S. 157; dagegen *Penzlin,* NZG 2000, 464, 466 ff.
[4] FMStG vom 17. 10. 2008, BGBl. I S. 1982 ff.
[5] BGBl. I 2009, S. 3151.

Der Gesetzgeber wird noch einmal aus Anlass des Ablaufs dieser Befristung[1] zu bedenken haben, wie Gläubigerschutz durch Überschuldung als Auslösungsgrund für einen Insolvenzantrag eines Schuldnerunternehmens besser gewährleistet wird: durch stichtagsbezogene Betrachtung von Verbindlichkeiten und Schulden oder durch eine Kombination mit zunächst prognostischer Betrachtung der Finanzkraft des Unternehmens. Richtig kann nur das Letztere sein, weil die – ökonomisch naive, formaljuristische – Betrachtung, der Schuldner müsse einen Insolvenzantrag stellen, weil sein Vermögen die Schulden nicht mehr decke, in aller Regel dazu führt, dass wesentlich weniger Vermögen als Haftungsmasse vorhanden ist und damit der Deckungsgrad der Verbindlichkeiten fällt, weil in der Insolvenzabwicklung grundsätzlich durch Kosten und Wertverfall schlechtere Deckungsquoten als die bei der Bewertung im Status zu erreichen sind. 4

Schuldnerschutz kann nur darin bestehen, dass Gläubiger davon ausgehen können, im ordnungsgemäßen Geschäftsgang aus der Sicht des Schuldnerunternehmens regulär bedient zu werden. Einen weitergehenden Schutz für Gläubiger kann eine Rechtsordnung nicht gewährleisten.

2. Anwendungsbereich

a) Die von § 19 Abs. 2 aufgestellte Regel, auch in der Fassung der auf Zeit geltenden Modifikation, gilt nur für Unternehmen. Für einen Nachlass als solchen und für das Gesamtgut einer fortgesetzten Gütergemeinschaft sind hingegen idR die Auflösungswerte anzusetzen, soweit sie nicht ein Unternehmen betreffen.[2] Die Feststellung der Überschuldung löst für die Organe der Gesellschaften eine durch die Neufassung von § 15 a nunmehr aus der gesellschaftsrechtlichen Regelung in die InsO transferierte Antragspflicht aus.[3] 5

b) Abs. 3 erweitert den Kreis der erfassten Gesellschaften über die juristische Person hinaus auf Gesellschaften ohne Rechtspersönlichkeit, bei denen kein persönlich haftender Gesellschafter eine natürliche Person ist, also etwa die GmbH & Co. KG.[4] Daneben ist die Überschuldung gemäß §§ 320 bzw. 332 beim Nachlass bzw. dem Gesamtgut der fortgesetzten Gütergemeinschaft, gemäß § 98 GenG bei einer Genossenschaft unter besonderen Voraussetzungen sowie gemäß § 46 b KWG bei einem Kreditinstitut und gem. §§ 43 Abs. 2 S. 1, 86 S. 1 BGB bei einer Stiftung maßgeblich.[5] 6

3. Begriff

a) Allgemeines

§ 19 Abs. 2 S. 1 enthielt eine Legaldefinition, wonach Überschuldung vorliegt, „wenn das Vermögen des Schuldners die bestehenden Verbindlichkeiten 7

---

[1] Die bis 31. 12. 2013 verlängert worden ist, BGBl. I 2009, S. 3151.

[2] HK-*Kirchhoff,* InsO, § 19 Rn. 7.

[3] Vgl. hierzu die Erläuterungen unter § 15 a.

[4] Wobei wiederum Voraussetzung ist, dass zu den persönlich haftenden Gesellschaftern nicht eine Gesellschaft gehört, bei der ein persönlich haftender Gesellschafter eine natürliche Person ist, vgl. Abs. 3 S. 2.

[5] Wobei bei Kreditinstituten der Insolvenzgrund der Überschuldung auch Platz greift, wenn der Inhaber des Kredites ein Einzelkaufmann oder eine Personenhandelsgesellschaft ist.

nicht mehr deckt". Die bisherige Rechtslage, die auch nach dem 31. 12. 2013 nach der jetzigen rechtlichen Regelung wieder gelten soll, machte zur Feststellung der Überschuldung die Erarbeitung eines Vermögens-/Überschuldungsstatus notwendig, wobei das Gesetz für die Bewertung der Vermögensgegenstände die Vorgabe machte, dass von der Fortführung des Unternehmens auszugehen sei, wenn diese nach den Umständen überwiegend wahrscheinlich war. Diese auf einen Status gestützte Entscheidung, ob der Insolvenzgrund der Überschuldung gegeben sei oder nicht, ist durch die zeitlich begrenzte, derzeit geltende Regelung verdrängt. Einer solchen, durch einen Status darzustellenden Ermittlung bedarf es nicht, wenn „die Fortführung des Unternehmens nach den Umständen überwiegend wahrscheinlich" ist. Insoweit bedarf es einer Prognoseberechnung, nicht aber eines Überschuldungsstatus.

Kann eine solche überwiegende Wahrscheinlichkeit nicht festgestellt werden, oder liegt der Sachverhalt nach dem 31. 12. 2013, ohne dass das Gesetz neuerlich geändert wurde, so gelten die technischen und inhaltlichen Anforderungen an den Überschuldungsbegriff wie vor der Rechtsänderung. Aus diesem Grund wird zunächst die Anforderung an die Bestimmung des Überschuldungsbegriffs nach neuem Recht und danach *die für den Fall der negativen Prognose bzw. nach Fristablauf für den Fall der Rückkehr zum alten Rechtszustand im Kursivdruck erörtert.*

b) Ermittlung der Überschuldung nach neuem Recht

8 Die Ermittlung der Überschuldung nach dem neuen Überschuldungsbegriff löst sich im Ausgangspunkt vollständig von der Notwendigkeit eines Status, insbesondere ist die Frage der positiven Fortführungsprognose bzw. der positiven Fortführungswahrscheinlichkeit kein Bewertungsmaßstab für Vermögensgegenstände, denen Verbindlichkeiten gegenübergestellt werden und damit eine Überschuldung gemessen bzw. ausgeschlossen wird. Es handelt sich vielmehr um ein prognostisches Element der Finanzkraft, die ausreichen soll, den Insolvenzgrund der Überschuldung auszuschließen.[1] Der Gesetzgeber hat sich in der Begründung ausdrücklich auf den Standpunkt gestellt, dass vermieden werden müsse, dass Unternehmen, die erhebliche Wertverluste in ihrem Vermögen (soll meinen bewertungshalber) insbesondere bei Aktien und Immobilien erlitten haben, bewertungstechnisch überschuldet seien und damit zwingend ein Insolvenzverfahren durchlaufen müssten.[2] Dies wird dadurch beseitigt, dass man auf den Überschuldungsbegriff des BGH in BGHZ 119, 201 ff. zurückgreift, der eine positive Fortführungsprognose für ausreichend hielt, den Insolvenzgrund der Überschuldung auszuschließen. Während also beim bisherigen Überschuldungsbegriff die Frage der positiven Fortführungsprognose ein Bewertungselement für die Vermögensgegenstände war, ist es jetzt (wieder) alleiniger (Ausgangs-)Tatbestand zur Bejahung oder Verneinung der Überschuldung.

Damit kann aber für die Frage der Technik vollständig mit demselben Instrumentarium wie bisher gearbeitet werden, mit der Maßgabe, dass es sich nicht um ein Bewertungs-, sondern um ein Entscheidungskriterium handelt.

---

[1] BT-Drucks. 16/10600 S. 21.

[2] Ebd.

In Übereinstimmung mit den Überlegungen des Fachausschusses Recht des IDW[1] (dort allerdings noch als Bewertungsüberlegungen, hier jetzt als Entscheidungskriterium) kann ausgeführt werden:

Eine positive Fortbestehensprognose kann bejaht werden, wenn die Fortführungsfähigkeit des Unternehmens anhand der Finanzplanung des Unternehmens plausibel macht, dass das finanzielle Gleichgewicht im Prognosezeitraum gewahrt bleibt oder wiedererlangt wird. Dem Fortbestehen des Unternehmens steht es nicht entgegen, wenn eine Teilliquidation (Veräußerung von konzeptgemäß nicht betriebsnotwendigen Vermögensteilen) erforderlich ist.[2] 9

Eine negative Fortbestehensprognose ist dann anzunehmen, „wenn sich aus der Finanzplanung für den Prognosezeitraum eine finanzielle Unterdeckung ergibt. In diesen Fällen ist die Realisierbarkeit eines Liquidationskonzeptes zur Abwendung des Insolvenzverfahrens zu prüfen. Dabei sind, ausgehend von einem entsprechend geänderten Unternehmenskonzept, die zahlenmäßigen Auswirkungen der angenommenen Verwertungsintensität (Veräußern von Teilbetrieben bis hin zur Einzelveräußerung) und der Verwertungsgeschwindigkeit (stille Liquidation bei weiterlaufendem Geschäftsbetrieb bis hin zur sofortigen Zerschlagung) in der Finanzplanung abzubilden".[3] 10

In Zweifels- und Streitfällen, insbesondere bei Drittanträgen oder in den Fällen, in denen lediglich eines von mehreren zur gemeinschaftlichen Vertretung berufenen Organen den Insolvenzantrag gestellt hat, sollte sich das zur Entscheidung berufene Insolvenzgericht zur sachgerechten Prüfung der Hilfe von Sachverständigen bedienen. 11

c) Ermittlung der Überschuldung bei negativer Fortführungsprognose und nach dem 31. 12. 2013

In den Fällen, in denen eine Fortführungsaussicht nicht bejaht werden kann, oder für den Fall, dass die jetzige Regelung am 31. 12. 2013 ohne Verlängerung oder Modifikation endet, gelten die früheren Regelungen unverändert. Danach ist die Überschuldung anhand eines Vermögensstatus/Überschuldungsstatus durch Gegenüberstellung von Aktivvermögen und Verbindlichkeiten zu ermitteln, wobei für die Frage der Bewertung das Nachfolgende gilt: 12

Im Fall einer negativen Fortführungsprognose sind bei der Bewertung der Aktiva Zerschlagungs-, also Liquidationswerte anzusetzen. Ergibt sich hiernach eine bilanzielle (rechnerische) Überschuldung, besteht auch eine Überschuldung im Rechtssinne. In den Fällen nach dem 31. 12. 2013 ist in einem ersten Schritt nach den dargestellten Grundsätzen zu ermitteln, ob Überlebenschancen des Unternehmens eine positive Fortführungsprognose rechtfertigen. In diesem Fall ist in einem zweiten Schritt im stichtagsbezogenen Status das Vermögen des Unternehmens nach Fortführungswerten zu bewerten.[4] *Eine Überschuldung im Rechtssinne ist in diesem Fall nur gegeben, wenn sich bei going-concern-Ansatz- und Bewertungsgrundsätzen weiterhin eine rechnerische (bilanzielle) Überschuldung auch bei Aufdeckung stiller Reserven und Ansatz aktivierungsfähiger (z. B. selbstgeschaffener) Vermögenswerte ergibt. Im letztgenannten Fall sind die Vermögenswerte und Verbindlichkeiten zu einem Wert anzusetzen, der vergleichbar dem steuerlichen Teilwert gem. § 6 EStG* 13

[1] IDW, Stellungnahme FAR 1/1996: Empfehlungen zur Überschuldungsprüfung bei Unternehmen, FN-IDW 1996, 523 ff.

[2] IDW, Stellungnahme FAR 1/1996, FN-IDW 1996, 523 ff., 525.

[3] IDW, ebd.; zur Beurteilung eines Sanierungskonzeptes, BGH ZInsO 2004, 679 ff.

[4] Vgl. BGH ZIP 2007, 676.

ermittelt wird. Anzusetzender Wert ist danach derjenige, der ihnen als Bestandteil des Gesamtkaufpreises des Unternehmens bei konzeptgemäßer Fortführung beizulegen wäre.[1]

d) Gesellschafterdarlehen

14 Ein Streitpunkt bei der Feststellung der Überschuldung war bislang, wie kapitalersetzende Darlehen zu behandeln sind.[2] Durch Abs. 2 S. 2, eingefügt durch das MoMiG,[3] ist dieser Streit entschieden. Durch die Strukturentscheidung des MoMiG, alle Gesellschafterdarlehen unbeschadet einer vorbehaltenen Kapitalersatzqualifikation in der Insolvenz zu nachrangigen Forderungen zu machen, ergibt sich für die Frage der Insolvenzauslösungsprüfung (Überschuldungsprüfung), dass sie – bei entsprechender Vereinbarung – als Verbindlichkeiten nicht zu berücksichtigen sind. Forderungen, die in der Insolvenz nicht in Konkurrenz zu regulären Gläubigerforderungen stehen, machen bei der Prüfung eines Insolvenzauslösungsgrundes, der der Vorverlagerung des allgemeinen Insolvenzgrundes der Zahlungsunfähigkeit dient, ersichtlich keinen Sinn. Das Gesetz statuiert deswegen ausdrücklich, dass Gesellschafterforderungen bzw. Rechtshandlungen, die solchen Gesellschafterdarlehen wirtschaftlich entsprechen und für die gemäß § 39 Abs. 2 der Nachrang im Insolvenzverfahren vereinbart worden ist, bei den Verbindlichkeiten nicht zu berücksichtigen sind.

Gleiches gilt für Verbindlichkeiten gegenüber Nichtgesellschaftern, wenn ein qualifizierter Rangrücktritt vereinbart wurde. Der Gesetzgeber wollte insoweit mit Abs. 2 S. 2 keine abschließende Regelung schaffen.[4]

Dass diese Regel nach der heute maßgeblichen Überschuldungsprüfung dann obsolet ist, wenn allein schon die positive Fortführungsprognose den Insolvenzgrund der Überschuldung ausschließt, versteht sich von selbst. Bei der Änderung des § 19 Abs. 2 hatte der Gesetzgeber nicht beachtet, dass § 19 Abs. 2 durch das MoMiG um diese Bestimmung hinsichtlich der Passivierung von Gesellschafterdarlehen ergänzt worden war.

Diese Ergänzung war versehentlich gestrichen worden. Dieses Redaktionsversehen wurde mit Art. 4 des Finanzmarktstabilisierungsergänzungsgesetzes wieder rückgängig gemacht.[5]

4. Verhältnis der Überschuldung zu den anderen Eröffnungsgründen

15 **a)** Die Überschuldung steht **als Eröffnungstatbestand für juristische Personen gleichrangig** neben der Zahlungsunfähigkeit sowie der drohenden Zahlungsunfähigkeit.[6] Die Abgrenzung zur drohenden Zahlungsunfähigkeit liegt in erster Linie im Bereich des zu beurteilenden Prognosezeitraumes sowie in der

---

[1] IDW, ebd.

[2] Vgl. hierzu BGH ZIP 2001, 235 ff.

[3] BGBl. I 2008, S. 2026 ff.

[4] Aus der Gesetzesbegründung, die ausdrücklich auf die Entscheidung BGHZ 146, 264 Bezug nimmt, folgt, dass der Gesetzgeber mit der Regelung zu den Gesellschafterdarlehen eine Nichtberücksichtigung anderer mit einem Rangrücktritt verbundener Forderungen nicht ausschließen wollte. Vgl. Begründung RegE BT-Drucks. 16/6114 abgedruckt in NZI 2008, Beilage Heft 11, S. 40.

[5] FSMStErgG v. 7. 4. 2009, BGBl. I S. 725.

[6] *Nerlich/Römermann/Mönning,* InsO, § 19 Rn. 14; *Andres/Leithaus,* InsO, § 19 Rn. 2.

Unterscheidung zwischen einerseits prognostizierten bzw. andererseits bestehenden Zahlungsverpflichtungen. Durch die **bewusste Abkehr vom modifizierten zweistufigen Überschuldungsbegriff**[1] soll eine Überschneidung mit dem Insolvenzgrund der drohenden Zahlungsunfähigkeit vermieden werden.[2]

b) Zahlungsunfähigkeit ohne Überschuldung liegt ausnahmsweise vor, wenn z. B. das Aktivvermögen zur Begleichung der Verbindlichkeiten nicht flüssig gemacht werden kann.[3] Überschuldung ohne Zahlungsunfähigkeit kann bei ausreichendem Kredit für fällige Verbindlichkeiten vorliegen, wenn die Gesamtverbindlichkeiten aber das Vermögen übersteigen.[4] **16**

5. Streitpunkte

Bei negativer Fortführungsprognose und in Fällen nach dem 31. 12. 2010 (ohne Verlängerung oder Modifikation der jetzigen Regelung) ist die Überschuldung – wie dargestellt – anhand eines Vermögensstatus durch Gegenüberstellung von Aktivvermögen und Verbindlichkeiten zu ermitteln. Dabei gibt es folgende Streitfragen: **17**

a) Unterschiedliche Ansichten bestehen darüber, ob der **Firmen- oder Geschäftswert im Überschuldungsstatus aktiviert** werden darf oder nicht[5]. Unter einem Firmenwert versteht man denjenigen Betrag, den ein Erwerber über den Zeitwert aller (sonstigen) einzelnen Vermögensgegenstände hinaus für ein Unternehmen zu zahlen bereit ist.[6] Eine Ansicht in der Literatur lehnt die Berücksichtigung des Firmenwertes grundsätzlich ab,[7] eine andere lässt sie grundsätzlich zu.[8] Zum Teil wird der Nachweis einer konkreten Veräußerungsmöglichkeit verlangt.[9] Andere fordern daneben[10] oder alternativ[11] eine positive Fortbestehensprognose. Zutreffend ist ein solcher Firmenwert gläubigerschützend nur ansetzbar, wenn er konkretisiert veräußerungsfähig nachgewiesen werden kann.[12] **18**

b) Verschiedene Ansichten bestehen auch darüber, ob die **Einlage eines stillen Gesellschafters** unabhängig davon **zu passivieren** ist, **ob** der stille Gesellschafter **am Verlust teilnimmt** oder nicht.[13] Im Hinblick auf die steuer- **19**

---

[1] Durch die Neufassung ist der bisherigen Rspr. des BGH zum sog. zweistufigen Überschuldungsbegriff die Grundlage entzogen, s. BGH ZIP 2007, 676 ff.

[2] Ausschussbericht, abgedruckt in: *Balz/Landfermann,* S. 226.

[3] FK-*Schmerbach,* InsO, § 19 Rn. 4.

[4] FK-*Schmerbach,* InsO, ebd.

[5] Vgl. *Gottwald/Uhlenbruck,* InsHdb., § 6 Rn. 29 sowie *Bork,* ZInsO 2001, 145 ff.

[6] *Bork,* ZInsO 2001, 145 ff.

[7] *Kübler/Prütting/Bork/Pape,* InsO, § 19 Rn. 62.

[8] *Hachenburg/Ulmer,* GmbHG, § 63 Rn. 41.

[9] *Baumbach/Schulze-Osterloh,* GmbHG, § 64 Rn. 16; *Braun/Uhlenbruck,* Unternehmensinsolvenz, S. 294; IDW, Stellungnahme FAR 1/1996, FN-IDW 1996, 523 ff., 525.

[10] *Hess,* InsO, § 19 Rn. 27, 36.

[11] *Nerlich/Römermann/Mönning,* InsO, § 19 Rn. 35 f.

[12] So auch MünchKomm-*Drukarczyk/Schüler,* InsO, § 19 Rn. 93 mwN.

[13] Dafür *Baumbach/Schulze-Osterloh,* GmbHG, § 64 Rn. 25 mwN; aA: *Knobbe-Keuk,* ZIP 1983, 127 ff., 129 f., auch nach *Harz,* ZInsO 2001, 193 ff., 201, ist die Einlage nur zu passivieren, wenn die Verlustbeteiligung ausgeschlossen ist.

rechtliche Behandlung nach § 5 Abs. 2a EStG sollte bei Vereinbarung eines Rangrücktritts darauf geachtet werden, eine Tilgung der Verbindlichkeit auch aus einem Liquidationsüberschuss oder aus dem die sonstigen Verbindlichkeiten übersteigenden Vermögen des Schuldners zu regeln.[1]

20 **c)** Eine streitige Forderung, bei der vorerst nur ein Teilbetrag durch eine noch nicht rechtskräftige Entscheidung dem Gläubiger zugesprochen wurde, ist entsprechend den allgemeinen Bilanzierungsgrundsätzen zu passivieren (also in Höhe der voraussichtlichen Inanspruchnahme nach der Beurteilung des Bilanzierenden).[2] Zum Teil wird zu öffentlich-rechtlichen Verbindlichkeiten vertreten, dass von der Rechtmäßigkeit eines Bescheides und damit von der Passivierungspflicht der Forderung auszugehen ist, solange dieser nicht aufgehoben ist. Entschieden wurde dies zu Abwicklungsanordnungen der BaFin.[3]

21 **d)** Umstritten ist auch, ob **bei negativer Fortbestehensprognose** die **Kosten der Abwicklung** auf der **Passivseite** anzusetzen sind, soweit sie nicht aus zu erwartenden Erträgen gedeckt werden können.[4] Dagegen spricht jedoch, dass diese Ansprüche erst durch die Verfahrenseröffnung ausgelöst werden.[5]

22 Die Meinungen gehen schließlich bei der Frage auseinander, ob im Falle einer **negativen Fortbestehensprognose** auch die **Verbindlichkeiten aus einem Sozialplan** (§ 112 BetrVG) **zu passivieren** sind, wenn die Vereinbarung bereits getroffen oder mit ihr zu rechnen ist.[6]

e) Zeitraum der Fortbestehensprognose

23 Der Gesetzgeber hat bewusst keinen bestimmten Prognosezeitraum festgelegt.[7] Teils wird ein Zeitraum von zwei bis drei Jahren,[8] teils von zwei Jahren oder mindestens das laufende und das nächste Geschäftsjahr verlangt.[9] Der BGH hat auch schon auf einen Zeitraum von etwa 5 Monaten abgestellt.[10] Ähnlich wie im Rahmen der bei der drohenden Zahlungsunfähigkeit nach § 18 Abs. 2 anzustellenden Prognose ist auf den jeweiligen Einzelfall abzustellen. Der Prognosezeitraum ist daher insbesondere bei Saison-Unternehmen oder solchen mit langfristiger Produktion individuell das laufende und das künftige Geschäftsjahr unter Berücksichtigung der saisonalen Gläubigerinteressen bis hin zu einem Zeitraum von zwei bis drei Jahren im Ausnahmefall. Bedient sich der Schuldner sachver-

[1] *Kahlert/Rühland,* ZInsO 2006, 1009 ff., 1013.

[2] Das AG Hamburg ZInsO 2004, 991 f. geht bei einem für den Schuldner nachteiligen Urteil des OLG und nicht zugelassener Revision davon aus, dass 95% der Forderung aus dem Urteil anzusetzen sind; *Gottwald,* Insolvenzrechtshandbuch, § 6 Rn. 46; *Schmidt/Roth,* ZInsO 2006, 236 ff.

[3] LG Hamburg ZInsO 2006, 1338 f., bei reinen Steuerschätzungen sollte allerdings dennoch der Einzelsachverhalt untersucht und gewürdigt werden.

[4] So *Baumbach/Schulze-Osterloh,* GmbHG, § 64 Rn. 27; aA: *K. Schmidt/Uhlenbruck,* Rn. 909; *Kübler/Prütting/Bork/Pape,* InsO, § 19 Rn. 70.

[5] *Kübler/Prütting/Bork/Pape,* InsO, § 19 Rn. 70.

[6] So jedenfalls *Baumbach/Schulze-Osterloh,* GmbHG, § 64 Rn. 26; differenzierend *Uhlenbruck/ders.,* InsO, § 19 Rn. 63.

[7] *Uhlenbruck,* in: Kölner Schrift, S. 1157 ff. Rn. 18; *ders.,* in: *Gottwald/Uhlenbruck,* InsHdb., § 6 Rn. 25.

[8] *Wimmer,* NJW 1996, 2546 ff., 2547.

[9] *Uhlenbruck/ders.,* InsO, § 19 Rn. 29 f. mwN; *Uhlenbruck,* wistra 1996, 1 ff., 6.

[10] BGH NJW 1992, 2891, 2894 = ZIP 1992, 1382 ff., 1386.

ständiger Hilfe bei der Erarbeitung eines Überschuldungsstatus, ermittelt der sachverständige Helfer im Rahmen seiner – unterstellt vorhandenen – Kompetenz auch das adäquate Zeitraum-Prognose-Modell.

6. Praxishinweis

a) Haftung der Geschäftsführer einer GmbH

24 Die **praktische Bedeutung der Vorschrift für das Insolvenzverfahren selbst** ist gering, da beim Gläubigerantrag die Überschuldung für Außenstehende nur schwer glaubhaft zu machen ist.[1] Bedeutsam ist die Vorschrift aber für zivilrechtliche Schadensersatzansprüche und die strafrechtliche Verantwortlichkeit auf Grund der **persönlichen Haftung** der antragspflichtigen Organe, insbesondere gem. §§ 823 Abs. 2 BGB, 15 a InsO und 64 GmbHG.

25 Die GmbH-Geschäftsführer haften gem. § 64 S. 1 GmbHG der Gesellschaft gegenüber für Zahlungen, die nach Eintritt des Insolvenzgrundes geleistet wurden.[2] Darüber hinaus sind die GmbH-Geschäftsführer zum Ersatz von Zahlungen an Gesellschafter verpflichtet, soweit diese zur Zahlungsunfähigkeit der Gesellschaft führen mussten, vgl. § 64 S. 3 GmbHG. Schließlich ist die Insolvenzantragspflicht des Geschäftsleitungsorgans gem. § 15 a auch Schutzgesetz i. S. v. § 823 Abs. 2 BGB[3] gegenüber Gläubigern, die vor oder nach Eintritt des Insolvenzgrundes Gläubiger der Gesellschaft wurden.[4] Die Forderungen müssen aber **vor Eröffnung des Insolvenzverfahrens** entstanden sein.[5] Die Schadenhöhe bemisst sich danach, ob es sich um sog. **Altgläubiger** (lediglich Quotenschaden) oder **Neugläubiger** handelt.[6]

26 Ferner ist auch eine Haftung nach § 826 BGB möglich, da eine sittenwidrige Schädigung schon darin liegen kann, dass der Geschäftsführer leichtfertig darauf vertraut hat, dass Schulden bezahlt werden können und einen Dritten dadurch zu Vorleistungen veranlasste.[7]

b) Besonderheiten bei der GmbH & Co. KG

27 Im Rahmen einer Überschuldungsprüfung bei einer GmbH & Co. KG ist auf das Vermögen beider Gesellschaften abzustellen, wobei die Prüfung gesondert sowohl für die Komplementär-GmbH als auch für die KG zu erfolgen

---

[1] FK-*Schmerbach,* InsO, § 19 Rn. 2; vgl. auch *Penzlin,* NZG 2000, 464 ff. Diese Einschätzung stimmt sicher nicht für Kreditinstitute, die sich nach den zwingenden Regelungen des KWG über die wirtschaftliche Situation der Schuldner zu unterrichten haben. Aus den handelsbilanziellen Zahlen ergeben sich zumindest Nachfrage- und Aufklärungspflichten, so dass in diesen Fällen durchaus auch Glaubhaftmachung gelingen dürfte.

[2] *Daumke/Keßler,* S. 238 f.; BGH NZI 2009, 490.

[3] BGH ZIP 1993, 763 ff., 765 u. 1543 ff.; *Poertzgen,* ZInsO 2007, 574, 575; *Lutter/Hommelhoff,* GmbHG, Anh. zu § 64, Rn. 64.

[4] *Daumke/Keßler,* S. 238 f.

[5] *Scholz,* GmbHG, § 64 Rn. 37.

[6] Siehe hierzu im Einzelnen *Daumke/Keßler,* S. 239; vgl. Erläuterung zu § 92 im Bezug auf sog. „Altgläubiger"; „Neugläubigern" gegenüber wird voll gehaftet, BGH NJW 1994, S. 2220 ff.; BGH ZIP 2007, 676 ff.

[7] *Grunewald,* 2 E. Rn. 69; vgl. hierzu BGH NJW 1994, 197, 198; nicht so weitgehend BGH ZIP 1996, 786, 787, der voraussetzt, dass der Geschäftsführer mit der Insolvenz rechnete; BGH ZIP 2007, 674 ff., zur Haftung eines Genossenschaftsvorstandes, dem bei Feststellung der Überschuldung ein gewisser Beurteilungsspielraum zugebilligt wird.

hat.[1] Die Überschuldung der KG führt zur Überschuldung der Komplementär-GmbH, es sei denn, die GmbH verfügt nicht nur über das Mindeststammkapital von 25 000,– € – so der Regelfall –, sondern über ausreichende Vermögenswerte.[2]

28 Im Rahmen der Überschuldungsbilanz sind nur die Ansprüche bei der KG zu aktivieren, die der KG selbst zustehen.[3] Im Ergebnis den Gläubigern zustehende, weitere Haftungsansprüche gegen die Komplementär-GmbH bleiben unberücksichtigt, ebenso die Ansprüche der gegen Kommanditisten aus einer nach §§ 171 Abs. 1, 172 Abs. 4 HGB bestehenden Kommanditistenhaftung.[4] Aktivierungsfähig sind jedoch Ansprüche auf Rückzahlung wegen unzulässiger Entnahmen gemäß §§ 30, 31 GmbHG,[5] soweit sie werthaltig sind.

§ 20 Auskunfts- und Mitwirkungspflicht im Eröffnungsverfahren. Hinweis auf Restschuldbefreiung

(1) **Ist der Antrag zulässig, so hat der Schuldner dem Insolvenzgericht die Auskünfte zu erteilen, die zur Entscheidung über den Antrag erforderlich sind, und es auch sonst bei der Erfüllung seiner Aufgaben zu unterstützen. Die §§ 97, 98, 101 Abs. 1 Satz 1, 2, 2 gelten entsprechend.**

(2) **Ist der Schuldner eine natürliche Person, so soll er darauf hingewiesen werden, dass er nach Maßgabe der §§ 286 bis 303 Restschuldbefreiung erlangen kann.**

Literatur: *Gaiser,* Die Auskunfts- und Mitwirkungspflichten des Schuldners gem. § 97 InsO und die Frage nach alternativen Auskunftsquellen, ZInsO 2002, 472 ff.; *Graeber,* Der auskunftsunwillige Schuldner im Eigenantragsverfahren – Überlegungen zur verfahrensmäßigen Behandlung – zugl. Anm. BGH vom 12. 12. 2002 – IX ZB 426/02 (ZInsO 2003, 217), ZInsO 2003, 551 ff.; *Hofmann,* Einsatz von Mitarbeitern durch den gerichtlich bestellten Insolvenzsachverständigen, ZIP 2006, 1080 ff.; *Huber,* Das Bankgeheimnis in der Insolvenz des Kunden, ZInsO 2001, 289 ff.; *Jungmann,* Die Gutachtertätigkeit im Insolvenzeröffnungsverfahren – Probleme bei unzulässigen Insolvenzanträgen, DZWIR 2002, 363 ff.; *Pape,* Aktuelle Entwicklungen im Verbraucherinsolvenzverfahren und Erfahrungen mit den Neuerungen des InsO-Änderungsgesetzes 2001, ZVI 2002, 225 ff.; *ders.,* Erforderlichkeit eines Eigenantrages des Schuldners im Falle des Antrages auf Restschuldbefreiung bei Anschließung an einen Gläubigerantrag?, NZI 2002, 186 ff.; *Schmerbach,* Zuständigkeit des Insolvenzgerichts zur Abnahme von eidesstattlichen Versicherungen, NZI 2002, 538 ff.; *ders.,* Auskunfts- und Mitwirkungspflichten im Eröffnungsverfahren, InsbürO 2005, 204 ff.; *Uhlenbruck,* Auskunfts- und Mitwirkungspflichten des Schuldners und seiner organschaftlichen Vertreter im Insolvenzverfahren, NZI 2002, 401 ff.; *ders.,* Die Auskunfts- und Mitwirkungspflichten des GmbH-Geschäftsführers im Insolvenzverfahren, GmbHR 2002, 941 ff.; *Vallender,* Bankgeheimnis und Auskunftspflicht der Kreditinstitute im Insolvenzeröffnungsverfahren, in: FS für Wilhelm Uhlenbruck zum 70. Geburtstag, S. 133 ff.

[1] *Nerlich/Römermann/Mönning,* InsO, § 19 Rn. 44.
[2] *Nerlich/Römermann/Mönning,* InsO, § 19 Rn. 45.
[3] *Uhlenbruck/ders.,* InsO, § 19 Rn. 45.
[4] *Uhlenbruck/ders.,* InsO, § 19 Rn. 41.
[5] *Uhlenbruck/ders.,* ebd.

Übersicht

1. Normzweck

a) § 20 Abs. 1 normiert die **Auskunfts- und Mitwirkungspflichten des Schuldners im Eröffnungsverfahren.** Durch § 20 Abs. 1 soll die Regelung des § 104 KO ausgedehnt und erweitert werden.[1] Mittels der Verweisung in S. 2 erstreckt sich die Auskunftspflicht auch auf Vertretungs- und Aufsichtsorgane und persönlich haftende Gesellschafter, selbst wenn diese aus ihren Funktionen ausgeschieden sind, sowie Angestellte und frühere Angestellte, §§ 20 Abs. 1 S. 2, 101 Abs. 1 S. 1, 2. 1

b) Zweck der Norm ist die **Ermittlung des Insolvenzgrundes** sowie der Kostendeckung (§ 26) durch Verfügbarkeit des Insiderwissens des Schuldners.[2] Dadurch soll die Abwicklung des Insolvenzeröffnungsverfahrens erleichtert werden.[3] Auch für die Entscheidung zur Fortführung eines Geschäftsbetriebes im Insolvenzeröffnungsverfahren bei Übertragung der Verwaltungs- und Verfügungsbefugnis auf einen vorläufigen Insolvenzverwalter (§ 22 Abs. 1 Nr. 2) werden detaillierte Sachverhaltskenntnisse des Insolvenzgerichts vorausgesetzt, die im frühen Verfahrensstadium nur ein Insider vermitteln kann.[4] 2

Anders als bei § 104 KO entstehen die Auskunftspflichten unabhängig davon, ob es sich um einen Schuldner- oder einen Gläubigerantrag handelt.[5] 3

c) Durch das InsOÄndG 2001 wurde § 20 geändert.[6] Der Abs. 3 des § 30 wurde § 20 als neuer Abs. 2 angefügt. Diese Änderung war bedingt durch die gleichzeitige Änderung des § 287 Abs. 2.[7] Danach wurde die Restschuldbefreiungsperiode von sieben auf sechs Jahre verkürzt und der Beginn auf den Zeitpunkt der Eröffnung des Insolvenzverfahrens festgelegt. 4

Durch Gesetzesänderung vom 13. April 2007 (BGBl. I 2007, S. 509) wurde § 20 Abs. 1 S. 1 ergänzt. Danach hat der Schuldner das Insolvenzgericht auch

---

[1] *Nerlich/Römermann/Mönning,* InsO, § 20 Rn. 1.
[2] *Nerlich/Römermann/Mönning,* InsO, § 20 Rn. 6, 8.
[3] HK-*Kirchhof,* InsO, § 20 Rn. 2.
[4] *Nerlich/Römermann/Mönning,* InsO, § 20 Rn. 29.
[5] *Nerlich/Römermann/Mönning,* InsO, § 20 Rn. 11.
[6] Beschlussempfehlung im Bericht des Rechtsausschusses, BT-Drucks. 14/6468 vom 27. 6. 2001, S. 5.
[7] Vgl. Erläuterungen dort unter Rn. 20.

sonst bei der Erfüllung seiner Aufgaben zu unterstützen.[1] Durch die Neufassung des § 20 soll die bereits von der überwiegenden Auffassung in der Literatur vertretene umfassende Mitwirkungspflicht des Schuldners im Eröffnungsverfahren nun eindeutig klargestellt werden.[2]

5 Die Restschuldbefreiung nach Maßgabe der §§ 286–303 setzt voraus, dass der Schuldner einen Antrag stellt und weitere Obliegenheiten erfüllt.

6 Abs. 2 soll für die natürliche Person als Schuldner verhindern, dass mangelnde Rechtskenntnis zum Verlust der Chance der Restschuldbefreiung führt. Durch die Vorverlegung des Beginns der Restschuldbefreiungsperiode war auch der Zeitpunkt des Hinweises an den Beginn des Eröffnungsverfahrens zu legen.

2. Bestehen der Auskunftspflicht

7 Die umfassende Auskunftspflicht des Schuldners setzt nach einem Beschluss des BGH ein, sobald er einen zulässigen Antrag einreicht. Ist der Antrag auf Grund eines ernsthaften Eröffnungsverlangens und der Darlegung des Eröffnungsgrundes zulässig, entsteht die Auskunftspflicht mit der Antragstellung.[3]

3. Inhalt der Auskunftspflicht

8 Bei der Auskunftspflicht handelt es sich um eine **höchstpersönliche Pflicht.**[4] Der Schuldner hat dem Insolvenzgericht die Auskünfte zu erteilen, die zur Entscheidung über den Antrag erforderlich sind, § 20 Abs. 1 S. 1. Hierunter fällt die Vorlage eines Verzeichnisses der Gläubiger und der Schuldner (im Hinblick auf § 30 Abs. 2) sowie einer Übersicht der Vermögensmasse (§§ 35 bis 37).[5] Gem. § 20 Abs. 1 S. 2 i. V. m. § 97 Abs. 1 S. 1 hat der Schuldner außerdem über alle das Verfahren betreffenden Verhältnisse Auskunft zu geben.[6] Auch **belastende Vorgänge** und **strafbare Handlungen**[7] sind zu offenbaren.[8] Die Auskunftspflicht besteht grundsätzlich nur gegenüber dem Insolvenzgericht. Im Verhältnis zum vorläufigen Insolvenzverwalter greift § 22 Abs. 3.[9] Zur Sicherstellung der Vollständigkeit und Richtigkeit der Angaben des Schuldners kann das Insolvenzgericht ggf. die Abgabe der eidesstattlichen Versicherung durch den Schuldner verlangen.[10]

[1] BGBl. I 2007, S. 509.

[2] BT-Drucks. 16/3227 vom 2. 11. 2006, S. 15.

[3] BGH NZI 2009, 65 f. Rn. 9 m. Anm. *Foerste*, EWiR 2009, § 20 InsO 1/09, 25 f.

[4] *Nerlich/Römermann/Mönning*, InsO, § 20 Rn. 14.

[5] LG Göttingen NZI 2004, 149 f.; HK-*Kirchhof*, InsO, § 20 Rn. 10.

[6] FK-*Schmerbach*, InsO, § 20 Rn. 4; zur Erteilung einer sog. Auslandsvollmacht vgl. BGH NZI 2004, 21 ff. m. Anm. *Uhlenbruck;* m. zust. Anm. *Vallender*, EWiR 2004, § 97 InsO 1/04, 293 f.

[7] Aber **Beweisverwertungsverbot** gem. § 97 Abs. 1 S. 3; LG Stuttgart NZI 2001, 498 f.; vgl. *Nerlich/Römermann/Mönning*, InsO, § 20 Rn. 32 f. mwN zu Reichweite und Umfang; nicht vom Beweisverwertungs- und -verwendungsverbot umfasst sind insbesondere Geschäftsunterlagen, zu deren Führung eine gesetzliche Verpflichtung besteht, wie Handelsbücher und Bilanzen, vgl. LG Stuttgart ebd.; *Uhlenbruck*, NZI 2002, 406; *ders.*, GmbHR 2002, 945; *Hefendehl*, wistra 2003, 1 ff.; zuletzt *Tetzlaff*, NZI 2005, 316 ff. und sehr weitgehend *Weyand/Diversy*, Insolvenzdelikte, Rn. 143 ff.

[8] *Nerlich/Römermann/Mönning*, InsO, § 20 Rn. 32.

[9] HK-*Kirchhof*, InsO, § 20 Rn. 8; vgl. Rn. 38 und Erläuterung zu § 22 Rn. 4.

[10] Zur Zuständigkeit und den sich ggf. stellenden, praktischen Problemen vgl. *Schmerbach*, NZI 2002, 538 ff.

Wegen der Eilbedürftigkeit ist die Auskunft in der Regel **innerhalb von zwei Wochen mündlich**[1] zu erteilen.[2] 9

4. Auskunftspflichtige Personen[3]

Auskunftspflichtig sind 10

- der Schuldner
- sofern der Schuldner keine natürliche Person ist, die gem. § 20 Abs. 1 S. 2 i. V. m. § 101 aufgeführten Personen.
- der faktische Vertreter bzw. Geschäftsführer[4] bzw. jedes Vorstandsmitglied für die GmbH, AG oder den Verein.[5]

Nicht auskunftspflichtig sind sonstige Dritte, insbesondere der Steuerberater des Schuldners. Er ist allerdings ggf. auf Grund allgemeiner (z. B. vertraglicher) Grundlage auskunftspflichtig.[6]

5. Mitwirkungspflicht

Da davon auszugehen ist, dass die Verweisung in § 20 Abs. 1 S. 2 auch § 97 Abs. 2 erfasst, besteht auch eine aktive und passive Mitwirkungspflicht des Schuldners.[7] Durch die Neufassung des § 20 Abs. 1 S. 1 wird die von der überwiegenden Auffassung der Literatur vertretene, umfassende Mitwirkungspflicht des Schuldners im Eröffnungsverfahren nun eindeutig klargestellt.[8] Nach einem Beschluss des BGH ist der Schuldner verpflichtet, bereits erteilte Auskünfte unverzüglich und in eigener Initiative zu ergänzen oder richtigzustellen, wenn er erkennt, dass sich nicht unwesentliche Änderungen ergeben haben; ein besonderes Auskunftsverlangen des Insolvenzverwalters oder des Gerichts ist nicht erforderlich.[9] Aus der Mitwirkungspflicht ergibt sich aber **kein Mitwirkungsrecht** des Schuldners, da der Sicherungsgedanke im Vordergrund steht.[10] 11

6. Präsenzpflicht

Der Schuldner hat auch die in § 97 Abs. 3 gegenüber der KO modifizierte Präsenzpflicht zu erfüllen.[11] Es reicht aus, wenn sich der Schuldner jederzeit ver- 12

---

[1] *Nerlich/Römermann/Mönning,* InsO, § 20 Rn. 17; Ausnahmen s. *Nerlich/Römermann/Mönning,* InsO, § 20 Rn. 21.

[2] HK-*Kirchhof,* InsO, § 20 Rn. 15.

[3] HK-*Kirchhof,* InsO, § 20 Rn. 4 ff.; FK-*Schmerbach,* InsO, § 20 Rn. 6.

[4] *Uhlenbruck/ders.,* InsO, § 20 Rn. 7; zu den Indizien für die Stellung und Verantwortlichkeit als faktischer Geschäftsführer einer GmbH vgl. BGH NZI 2006, 63 f. m. Anm. *Gundlach/Frenzel.*

[5] HK-*Kirchhof,* InsO, § 20 Rn.

[6] HK-*Kirchhof,* InsO, § 20 Rn. 7. Nach *Nerlich/Römermann/Mönning,* InsO, § 20 Rn. 15, gehen die **standesrechtlichen Bindungen** vor.

[7] FK-*Schmerbach,* InsO, § 20 Rn. 5; *Nerlich/Römermann/Mönning,* InsO, § 20 Rn. 37 f.; aA: *Vallender,* FS Uhlenbruck, S. 134, es handele sich nur um ein Redaktionsversehen.

[8] BT-Drucks. 16/3227 vom 2. 11. 2006, S. 15.

[9] BGH, Beschluss vom 17. 11. 2008 – NotZ 130/07, BeckRS 2009, 03282 = ZIP 2009, 675 ff.

[10] *Nerlich/Römermann/Mönning,* InsO, § 20 Rn. 40. Anders soll dies faktisch im Falle der Betriebsfortführung sein, vgl. *Nerlich/Römermann/Mönning,* InsO, § 20 Rn. 41. Auch insoweit gibt es aber kein Recht sondern allenfalls faktische Zwänge.

[11] *Nerlich/Römermann/Mönning,* InsO, § 20 Rn. 39.

fügbar hält **(Bereitschaftspflicht).**[1] § 101 Abs. 1 KO hatte dagegen noch angeordnet, dass der Schuldner sich nur mit der Erlaubnis des Gerichts von seinem Wohnsitz entfernen durfte. Die Regelung der Insolvenzordnung ist damit offener und dient dazu, unnötige Aufenthaltsbeschränkungen des Schuldners zu vermeiden.[2]

7. Durchsetzung der Auskunftspflicht

13 **a)** Gem. § 20 Abs. 1 S. 2 i. V. m. § 98 können die Auskunfts- und Mitwirkungspflichten auch **zwangsweise** durchgesetzt werden.[3] Allerdings kommt gegenüber Angestellten und früheren Angestellten des Schuldners eine zwangsweise Durchsetzung gem. § 98 nicht in Betracht, da § 101 Abs. 2 nur auf die Vorschrift des § 97 Abs. 1 S. 1 verweist.[4] Sie unterliegen nicht der Entscheidungsgewalt des Insolvenzgerichts. Bei Weigerung müssen daher die ehemaligen Angestellten vor dem Prozessgericht ggf. verklagt werden.

14 **b)** Für die Anordnung von Haft gelten gem. § 98 Abs. 2 S. 1 die §§ 904–910, 913 ZPO entsprechend.[5] Nach § 98 Abs. 3 S. 2 ist der Haftbefehl von Amts wegen aufzuheben, sobald die Voraussetzungen für die Anordnung von Haft nicht mehr vorliegen. Das Gesetz begründet daher die Notwendigkeit, dass der vorläufige Insolvenzverwalter und das Gericht engen Kontakt halten, um die Einhaltung dieser Vorschrift durch rechtzeitigen Informationsaustausch sicherstellen zu können.

8. Folgen bei Verletzung der Auskunfts- und Mitwirkungspflichten

15 **a)** Ist der Schuldner eine natürliche Person, kann ihm bei **Verletzung der Auskunfts- oder Mitwirkungspflichten** die **Restschuldbefreiung versagt werden** (§ 290 Abs. 1 Nr. 5) oder die Rücknahme des Antrages bei der sog. **Verbraucherinsolvenz** (§ 305 Abs. 3) fingiert werden.[6]

16 **b)** Die Verletzung der Auskunfts- und Mitwirkungspflicht kann gem. § 283 Abs. 1 Nr. 1 StGB strafbar sein[7].

---

[1] *Nerlich/Römermann/Mönning,* InsO, ebd.

[2] Vgl. aber die Entscheidung des LG Göttingen ZIP 2000, 2174 f. (rkr.), nach der dem Schuldner kein Rechtsmittel gegen eine gerichtlich festgelegte Aufenthaltspflicht zugestanden wird. Die Entscheidung betrifft allerdings ein **eröffnetes** Insolvenzverfahren.

[3] FK-*Schmerbach,* InsO, § 20 Rn. 9; Zur Anordnung der Durchsuchung der Geschäftsräume des Schuldners im Eröffnungsverfahren nach § 97 InsO vgl. LG Göttingen NZI 2007, 353 f.

[4] FK-*Schmerbach,* InsO, § 20 Rn. 11.

[5] Zur bestimmten Bezeichnung von Mitwirkungspflichten des Schuldners im anordnenden Teil des Haftbefehls vgl. BGH NZI 2005, 263 ff. = ZIP 2005, 722 ff. = DZWIR 2005, 336 ff. m. Anm. *Mohrbutter,* S. 338 und m. zust. Anm. *Bork,* in: EWiR 2005, § 36 InsO 1/05, 571 f.; LG Dortmund NZI 2005, 459; zur aufschiebenden Wirkung der sofortigen Beschwerde gegen den Haftbefehl (ablehnend) vgl. LG Göttingen NZI 2005, 339 und *Ahrens,* NZI 2005, 299, 304.

[6] FK-*Schmerbach,* InsO, § 20 Rn. 2.

[7] HK-*Kirchhof,* InsO, § 20 Rn. 3.

9. Hinweis auf die Möglichkeit der Restschuldbefreiung

Der **Hinweis auf die Möglichkeit der Restschuldbefreiung** wird wegen § 305 in der Regel nur in den Fällen zu erfolgen haben, in denen über das Vermögen einer natürlichen Personen ein Unternehmensinsolvenzverfahren eröffnet wird. Er sollte zweckmäßigerweise durch ein entsprechend verfasstes Formblatt geschehen. Anders als es der Wortlaut des Abs. 2 vermuten lässt, handelt es sich bei der Erteilung des Hinweises um eine Amtspflicht des Insolvenzgerichts.[1] Für den Fall eines Gläubigerantrages auf Eröffnung eines Insolvenzverfahrens hat das Insolvenzgericht den Schuldner darauf hinzuweisen, dass er zur Erreichung der Restschuldbefreiung nicht nur einen entsprechenden Antrag, sondern darüber hinaus auch einen Eigenantrag auf Insolvenzeröffnung stellen muss; dafür ist dem Schuldner eine den Umständen nach angemessene richterliche Frist zu setzen, die in der Regel wegen des Gebots der Verfahrensbeschleunigung nicht mehr als vier Wochen ab Zugang der Verfügung betragen sollte und bei Bedarf auch verlängert werden kann (§ 4 i. V. m. § 224 Abs. 2 ZPO).[2] Nach einem Beschluss des BGH darf das Insolvenzgericht für den Fall, dass sich im eröffneten Verbraucherinsolvenzverfahren herausstellt, dass die dem Antrag auf Restschuldbefreiung beizufügende Abtretungserklärung nicht vorliegt, dem Schuldner für die Nachreichung der Abtretungserklärung keine Frist setzen, die kürzer ist als ein Monat.[3] Die entsprechende Frist ist nach einem weiteren Beschluss des BGH keine Ausschlussfrist, auf die § 230 ZPO entsprechend anzuwenden ist; der Schuldner kann auch nach Ablauf der richterlichen Frist bis zur Eröffnung des Insolvenzverfahrens auf Antrag des Gläubigers einen Eigenantrag stellen.[4] Grundsätzlich spricht nichts dagegen, den Hinweis formlos zu erteilen. Da allerdings die Frist des § 287 Abs. 1 S. 2 auch nach einem Hinweis nach § 20 Abs. 2 nicht zu laufen beginnt, wenn der Zugang der Belehrung über die Notwendigkeit eines Eigenantrags nicht nachgewiesen werden kann, sollte ein Zustellungsnachweis sichergestellt werden.[5] Hat das Insolvenzgericht die nach §§ 20 Abs. 2, 287 erforderlichen Hinweise zur Erlangung der Restschuldbefreiung fehlerhaft, unvollständig oder verspätet erteilt und ist das Insolvenzverfahren auf den Gläubigerantrag hin eröffnet worden, bevor der Schuldner den Eigenantrag stellt, genügt ein Antrag auf Restschuldbefreiung, um dem Schuldner die dahingehende Aussicht zu erhalten.[6] Die Belehrung sollte dem Schuldner grundsätzlich persönlich erteilt werden. Die Zustellung an den Verfahrensbevollmächtigten reicht bei anwaltlich vertretenen Schuldnern aus.[7] Der fehlende Hinweis auf eine mögliche Restschuldbefreiung hat allerdings – da es sich um eine Soll-Vorschrift handelt – keine Auswirkungen auf die Wirksamkeit des Eröffnungsbeschlusses. In diesem Fall bestehen auch keine Staatshaftungsansprüche nach § 839 Abs. 1 BGB i. V. m. Art. 34 GG. 17

[1] MünchKomm-*Schmahl,* InsO, § 20 Rn. 91 unter Bezugnahme auf die Gesetzesmaterialien.

[2] BGH ZInsO 2005, 310 f. m. zust. Anm. *Smode,* EWiR 2005, § 20 InsO 1/05, 311 f.; in Ergänzung zu BGH NZI 2004, 511 ff. und NZI 2004, 593 ff.

[3] BGH NZI 2009, 120 f. Rn. 7 ff. m. Anm. *Renger,* NZI 2009, 99 f.

[4] BGH NZI 2008, 609 m. Anm. *Sailer,* EWiR 2009, § 287 1/09, 155 f.

[5] BGH NZI 2004, 593 ff. m. Anm. *Pape,* EWiR 2005, § 287 InsO 1/05, S. 481 f.

[6] BGH ZInsO 2005, 310 ff. m. zust. Anm. *Smode,* EWiR 2005, § 20 InsO 1/05, 311 f.

[7] HK-*Kirchhof,* InsO, § 20 Rn. 22.

10. Praxishinweis

18 **a)** Probleme stellen sich zunächst in den Fällen, in denen das Insolvenzgericht einen sogenannten **„isolierten Gutachtensauftrag"** erteilt, d. h. nicht gleichzeitig einen vorläufigen Insolvenzverwalter bestellt. In diesen Fällen kann der Gutachter nicht auf die Vorschrift des § 22 Abs. 3 als Rechtsgrundlage zur Einholung von Auskünften und Durchsetzung einer Mitwirkungspflicht zurückgreifen.

19 Daneben ist zu unterscheiden zwischen Eigenanträgen des Schuldners und sogenannten „Drittanträgen" von Gläubigern, da auch dies zu unterschiedlichem Handlungsbedarf führt. Beim Fremdantrag ist potentiell weniger Mitwirkungsbereitschaft vorhanden, die Anordnung der vorläufigen Insolvenzverwaltung bei Hinweisen des Gutachters auf mangelnde Kooperation also alsbald geboten.

20 Schließlich stellen sich Probleme bei der Einholung von auf das Vermögen des Schuldners bezogenen Auskünften bei Dritten (z. B. Kreditinstituten und Finanzverwaltung).[1]

21 **b)** Bei Einschaltung eines Sachverständigen durch entsprechenden Beschluss des Insolvenzgerichts bedient sich das Gericht zur gesetzlich vorgeschriebenen Ermittlung von Amts wegen gem. § 5 Abs. 1 S. 2 eines Dritten. In diesem Fall ist dann auch davon auszugehen, dass die gem. § 20 Abs. 1 auf Grund des Wortlautes zunächst nur dem Insolvenzgericht gegenüber bestehenden Auskunfts- und Mitwirkungspflichten auch gegenüber dem bestellten Gutachter bestehen. Für den Fall, dass der Schuldner den Auskunfts- und Mitwirkungspflichten gegenüber dem Gutachter dann nicht nachkommt, können die zur zwangsweisen Durchsetzung zur Verfügung stehenden Mittel allerdings nur durch das Insolvenzgericht auf Anregung des Gutachters eingesetzt werden. Das Insolvenzgericht ist im Insolvenzeröffnungsverfahren insbesondere nicht befugt, den mit der Erstellung eines Gutachtens beauftragten Sachverständigen zu ermächtigen, die Wohn- und Geschäftsräume des Schuldners zu betreten und dort Nachforschungen anzustellen.[2]

22 **c)** Kommt der Schuldner seiner **Auskunfts- und Mitwirkungspflicht bei Eigenanträgen** nicht nach, gilt einerseits der Amtsermittlungsgrundsatz des § 5 Abs. 1 S. 1. Andererseits sollte dann, wenn die Ermittlungen des Insolvenzgerichts oder eines eingesetzten Gutachters mangels Mitwirkung des Schuldners nicht zu verlässlichen Aussagen über den Eröffnungsgrund und das Vermögen des Schuldners führen, eine alsbaldige Abweisung des Eröffnungsantrages erfolgen.[3] Zumindest für einen nicht antragspflichtigen Schuldner dürften die Bedenken der abweichenden Auffassung nicht durchgreifen.[4]

---

[1] Exemplarisch: Rundverfügung der OFD Frankfurt/M. v. 15. 3. 2001 – 115 – St II.42 zur Auskunftserteilung in Angelegenheiten des Insolvenzrechts, ZInsO 2001, 747 f.

[2] BGH NZI 2004, 312 f. = DZWIR 2004, 381 f. m. krit. Anm. *Thiemann,* S. 382 f. m. zust. Anm. *Bähr,* EWiR 2004, § 5 InsO 1/04, 499 f.

[3] AG Göttingen ZInsO 2002, 1152 f.; LG Potsdam NZI 2002 555 f.; AG Göttingen ZInsO 2001, 865 f.; aA: LG Göttingen ZIP 2002, 1048 f. mit abl., aber differenzierender Anm. *Schmidt,* in: EWiR 2002 § 5 InsO 1/02, 767 f.; zustimmend *Gundlach/Schirrmeister,* DZWIR 2003, 256 f.; LG Köln ZInsO 2001, 1017 f.

[4] So zutreffend *Schmidt,* ebd., S. 768, da nach seiner Auffassung der Amtsermittlungsgrundsatz in diesen Fällen nur eingeschränkt Geltung habe.

d) Bei **Drittanträgen** stellen sich im Ausgangspunkt zunächst zwei unterschiedliche Problemkreise. Zum einen der Fall, in dem der Schuldner keine Auskünfte erteilt und nicht mitwirkt, zum anderen sich ins Ausland abgesetzt hat und nicht greifbar ist (insbesondere bei den sogenannten „GmbH-Aufkäufer"-Fällen).[1] 23

aa) In diesen Fällen können zunächst – soweit Anhaltspunkte vorliegen – **Auskünfte bei Kreditinstituten und den öffentlichen Registern** (z.B. Grundbuch) eingeholt werden. Bei den weiteren Ermittlungen ist allerdings im Auge zu behalten, dass in diesen Fällen im Ergebnis die nach § 7 JVEG resultierenden Kosten des Sachverständigengutachtens häufig von der Staatskasse getragen werden müssen. Erhebliche, kostenauslösende Maßnahmen sollten daher in einem engen Kontakt zwischen Insolvenzgericht und eingesetztem Gutachter abgestimmt werden. 24

Einige Beispiele für die Probleme der Praxis: 25

- Es gibt keine Zustelladresse des Schuldners mehr im Inland.
- Ladungen zum Anhörungstermin können zwar zugestellt werden, der Schuldner oder seine Bevollmächtigten legen allerdings in Serie Scheinerklärungen (Krankheit) vor.
- Behauptung nicht oder nur unvollständig vorliegender Unterlagen.
- Keine klarstellende Entbindung von der Verschwiegenheitspflicht gegenüber Kreditinstituten und Finanzverwaltung.

bb) Dass diese Fälle nicht nur vereinzelt sondern häufig vorkommen, zeigen drei jüngere Beschwerdeentscheidungen zur Zulässigkeit der **Haftanordnung zur Erzwingung schuldnerischer Mitwirkungshandlungen.**[2] 26

Im einen Fall hatte sich der Schuldner bei seiner persönlichen Anhörung durch das Insolvenzgericht nach Hinweisen auf die Möglichkeit der Anordnung von Beugehaft geweigert, Auskünfte zu erteilen. Auch schriftlich sowie gegenüber dem vom Insolvenzgericht bestellten vorläufigen Insolvenzverwalter wurden konkrete Auskünfte über Lage und den Verbleib des Auslandsvermögens weder vorbehaltlos noch umfassend erteilt.[3] 27

Im anderen Fall hat eine Vorführung des Schuldners zunächst nicht zum Erfolg geführt. Es wurde daraufhin Beugehaft angeordnet. In diesem Fall hat das Beschwerdegericht entschieden, dass der Betroffene trotz seiner Vorführung die Mitwirkung verweigert haben muss. Eine Anordnung von Beugehaft, ohne dass zunächst eine Vorführung stattgefunden hat, ist danach unverhältnismäßig. Der Schuldner hatte in diesem Fall eingewandt, dass im Insolvenzeröffnungsverfahren keine wirksamen Zustellungen an ihn erfolgt seien.[4] 28

Im dritten Fall schließlich hatte der Schuldner über zwei Monate hinweg gegen eine gerichtlich angeordnete Auskunftspflicht gegenüber dem vorläufigen Insolvenzverwalter verstoßen. Das Insolvenzgericht hatte dem Schuldner die 29

---

[1] Zum Umfang der Aufklärungspflicht und zum Einsatz von Zwangsmitteln bejahend LG Arnsberg ZInsO 2002, 680; zur Verhältnismäßigkeit der Haftanordnung OLG Celle NZI 2002, 271 f.; Bestätigung seiner Rechtsprechung, vgl. dazu OLG Celle NZI 2001, 149.

[2] OLG Celle NZI 2001, 149 f.; OLG Naumburg NZI 2000, 594 f.; LG Duisburg ZIP 2001, 1065 f. (rkr.); m. krit. Anm. *App,* EWiR 2001, § 97 InsO 1/01, 879 f.

[3] OLG Celle NZI 2001, 149.

[4] OLG Naumburg NZI 2000, 594 f.

Auflage erteilt, geordnete schriftliche Aufzeichnungen über seine laufenden Geschäfte anzufertigen und sie dem vorläufigen Insolvenzverwalter zur Verfügung zu stellen. Die Erfüllung dieser Auflagen kann mit der Anordnung von Haft erzwungen werden. Im konkreten Fall hat der Schuldner in der Folge seine vorhandenen, bis dahin verheimlichten Geschäftsunterlagen übergeben und deren Richtigkeit und Vollständigkeit an Eides Statt versichert.[1]

30 Alle drei Entscheidungen skizzieren das Kalkül der jeweiligen „unwilligen" Schuldner und das praktische Dilemma der Insolvenzgerichte. Der Schuldner entzieht sich wirksamen Zustellungen bewusst. Das Insolvenzgericht kann seine Anordnungen nicht schnell, zeitnah und effektiv durchsetzen, da es auf die ohnehin knappen Ressourcen der Gerichtsvollzieher zurückgreifen muss.[2]

31 Da sinnvollerweise der vom Gericht bestellte Gutachter zu den Anhörungsterminen anwesend ist, bietet es sich vor diesem tatsächlichen Hintergrund an, zunächst abzuwarten, ob die Vorführung des Schuldners Erfolg hat und den Gutachter, der sich dann zumindest bereithalten muss, fernmündlich einzubestellen. Würde man jeweils die sofortige Anwesenheit des Gutachters zum Anhörungstermin verlangen, würden eine Vielzahl von Fehlfahrten des Gutachters mit entsprechender Kostenbelastung – in der Regel der Staatskasse – entstehen. Insbesondere sollte das Insolvenzgericht auch offen für Anregungen sein, den Schuldner unter Angabe der von ihm mitzubringenden Unterlagen (vom bestellten Gutachter spezifiziert) zu laden. Die Erfahrung zeigt, dass der Schuldner andernfalls erklärt, diese Unterlagen nachzureichen, was häufig wiederum nicht erfolgt und zu weiteren Anhörungsterminen und ggf. Anordnung von weiteren Vorführungen führt.

32 Zusammenfassend ist festzustellen, dass die erweiterten, verbesserten Möglichkeiten des § 20 bei durch Beratung gut vorbereiteten Schuldnern in der Rechtswirklichkeit nur eingeschränkt greifen.

33 **e)** Gerade in Fällen, in denen ein Eigenantrag des Schuldners zugrunde liegt, wird die **Auskunftserteilung Dritter** grundsätzlich nicht zu unlösbaren Problemen führen. Sollte sich im Einzelfall ein Kreditinstitut unter Berufung auf die vertraglich vereinbarte Verschwiegenheitsverpflichtung[3] weigern, Auskünfte zu erteilen, kann eine entsprechende Entbindungserklärung des Schuldners eingeholt werden. Probleme bestehen dann, wenn der Schuldner eine solche Erklä-

---

[1] LG Duisburg ZIP 2001, 1065 f.; zur Zulässigkeit der Anordnung der Abgabe der eidesstattlichen Versicherung (noch zu §§ 72, 73, 75, 100 KO) im Eröffnungsverfahren sogar gegenüber einem früheren Geschäftsführer, wenn der Konkursgrund schon zurzeit der Beendigung der Geschäftsführertätigkeit gegeben war, LG Göttingen ZIP 1999, 1492 ff.; LG Göttingen NZI 2003, 383 f. m. zust. Anm. *Dahl,* EWiR 2003, § 98 InsO 1/03; 775 f. für das eröffnete Verfahren.

[2] Im Sachverhalt zur Entscheidung des OLG Naumburg, in der der Schuldner mit seiner Beschwerde gegen die Haftanordnung durchgedrungen war, konnte zu zwei Terminen die Vorführung wegen Verhinderung des Gerichtsvollziehers nicht erfolgen. Die Bestellung des vorläufigen Verwalters war am 2. 7. 1999 erfolgt, ein dritter Vorführungsversuch am 8. 3. 2000 war fehlgeschlagen, OLG Naumburg NZI 2000, 504.

[3] *Huber,* NZI 2001, 289, die Verschwiegenheitspflicht ist Nebenpflicht aus der zwischen Kunde und Kreditinstitut bestehenden bzw. entstehenden vertraglichen Beziehungen; Klarstellung in der Neufassung der AGB Banken zum 1. 1. 1993 Nr. 2 Abs. 1 AGB-Banken; *Vallender,* FS Uhlenbruck, S. 134.

rung nicht abgibt oder bei sogenannten „Drittanträgen" von Gläubigern. Zu unterscheiden sind drei unterschiedliche Sachverhaltskonstellationen:

- Isolierte Bestellung eines Gutachters
- Einsetzung eines sogenannten „schwachen" vorläufigen Insolvenzverwalters (mit Zustimmungsvorbehalt)
- Einsetzung eines sogenannten „starken" vorläufigen Insolvenzverwalters, auf den die Verwaltungs- und Verfügungsbefugnis übergeht.[1]

aa) Bestellung eines Gutachters. Für den Fall der Auskünfte bei Kredit- 34
instituten ist zunächst von der Amtsermittlungspflicht des Insolvenzgerichts gem. § 5 Abs. 1 S. 1 auszugehen. Durch den Auftrag zur Erstattung des Gutachtens hat der Sachverständige kein eigenes Recht, vom Kreditinstitut des Schuldners irgendwelche Auskünfte über die Geschäftsbeziehung zu verlangen.[2]

Für den Fall des Eigenantrages wird man allerdings sinnvollerweise eine Er- 35
mächtigung des Schuldners unterstellen, entsprechende vollständige Auskünfte auch für die Vergangenheit beim Kreditinstitut einzuholen.[3]

Anders ist dies beim sogenannten „Drittantrag" eines Gläubigers zu beurteilen, 36
da in diesem Fall eine entsprechende Ermächtigung des Schuldners nicht ohne Weiteres unterstellt werden kann.

Für die Einholung von Auskünften bei der Finanzverwaltung gilt für den 37
Eigenantrag des Schuldners ebenfalls, dass eine entsprechende Ermächtigung unterstellt werden kann. Für Drittanträge kann – da es sich bei dem gerichtlichen Verfahren nach der InsO um ein Gesamtvollstreckungsverfahren handelt – auf die Vorschrift des § 30 Abs. 4 AO zurückgegriffen werden, nach der das Finanzamt die Möglichkeit hat, bei Drittschuldnererklärungen in der Einzelzwangsvollstreckung Auskünfte zu erteilen.

**bb) Bestellung eines sog. „schwachen" vorläufigen Insolvenzverwal- 38
ters.** Die Ermächtigungsnorm, die gleiche Verweisungen wie § 20 erhält, findet sich in § 22 Abs. 3. Da die Bestellung in diesem Fall nach § 21 Abs. 2 Ziff. 2 2. Alt. in der Form erfolgt, dass Verfügungen des Schuldners nur mit Zustimmung des vorläufigen Insolvenzverwalters wirksam sind, verbleibt die Verfügungsbefugnis beim Schuldner, der demzufolge auch nicht seine Stellung als Geheimnisherr verliert. Der vorläufige Insolvenzverwalter hat in diesem Fall auch nur einen Anspruch auf Nachforschung und Information gegenüber dem Schuldner.[4]

Hieraus sind dieselben Schlussfolgerungen zu ziehen wie bei der Erteilung 39
eines sogenannten „isolierten" Gutachtensauftrag. Es gelten daher die Ausführungen zu aa) entsprechend sowohl für Auskünfte bei Kreditinstituten als auch bei der Finanzverwaltung.

cc) Bestellung eines sog. „starken" vorläufigen Insolvenzverwalters. 40
Wird ein vorläufiger Insolvenzverwalter nach § 21 Abs. 2 Ziff. 1 bestellt und daneben dem Schuldner nach § 21 Abs. 2 Ziff. 2 1. Alt. ein allgemeines Verfügungsverbot auferlegt, geht gem. § 22 Abs. 1 S. 1 die Verwaltungs- und Verfügungsbefugnis über das Vermögen des Schuldners auf den vorläufigen Insol-

---

[1] Vgl. Erläuterungen zu § 22 Rn. 30 ff.

[2] *Huber,* NZI 2001, 290.

[3] AA: *Huber,* NZI 2001, 291.

[4] *Huber,* ZInsO 2001, 295; *Vallender,* aaO, S. 145; zur Kollision mit der „ärztlichen Schweigepflicht" – verneinend LG Berlin ZVI 2005, 27 f.

venzverwalter über. In diesem Fall steht unmißverständlich fest, dass dem vorläufigen Insolvenzverwalter die vollen Auskunftsbefugnisse des Schuldners gegenüber Kreditinstituten und der Finanzverwaltung offenstehen.

41 Probleme bereitet insoweit allenfalls die Frage, ob Auskünfte über Vorgänge in der Vergangenheit erteilt werden müssen, über sogenannte Gemeinschaftskonten und von Dritten bestellte Sicherheiten.[1]

42 **dd)** Allerdings kann das Gericht gem. § 22 Abs. 2 die Rechtsstellung des vorläufigen Insolvenzverwalters auch abschichtend gegenüber der Vollübertragung beim sogenannten „starken" vorläufigen Insolvenzverwalter regeln.[2] Deswegen kann das Gericht, das im Rahmen der Anordnung der starken vorläufigen Insolvenzverwaltung die vollen Auskunftsbefugnisse überträgt, diese auch isoliert übertragen.[3] Auch in diesem Fall sind Kreditinstitute und Behörden – ohne vertragliche oder gesetzliche Einschränkung – zur unmittelbaren Auskunft gegenüber dem vorläufigen Insolvenzverwalter verpflichtet.

11. Rechtsmittel

43 Die **sofortige Beschwerde** (§ 98 Abs. 3 S. 3) ist der statthafte Rechtsbehelf im Falle einer Anordnung der Haft (§ 98 Abs. 2) und einer Abweisung eines Antrages auf Aufhebung des Haftbefehls (§ 98 Abs. 3 S. 2).[4]

§ 21 Anordnung von Sicherungsmaßnahmen

(1) **Das Insolvenzgericht hat alle Maßnahmen zu treffen, die erforderlich erscheinen, um bis zur Entscheidung über den Antrag eine den Gläubigern nachteilige Veränderung in der Vermögenslage des Schuldners zu verhüten. Gegen die Anordnung der Maßnahme steht dem Schuldner die sofortige Beschwerde zu.**

(2) **Das Gericht kann insbesondere**

1. **einen vorläufigen Insolvenzverwalter bestellen, für den § 8 Abs. 3 und die 56, 58 bis 66 entsprechend gelten;**
2. **dem Schuldner ein allgemeines Verfügungsverbot auferlegen oder anordnen, daß Verfügungen des Schuldners nur mit Zustimmung des vorläufigen Insolvenzverwalters wirksam sind;**
3. **Maßnahmen der Zwangsvollstreckung gegen den Schuldner untersagen oder einstweilen einstellen, soweit nicht unbewegliche Gegenstände betroffen sind;**
4. **eine vorläufige Postsperre anordnen, für die die §§ 99, 101 Abs. 1 Satz 1 entsprechend gelten;**

---

[1] Vgl. die sehr umfangreichen Ausführungen zu diesen Einzelproblemkreisen bei *Huber,* ZInsO 2001, 292 ff.; *Vallender,* aaO, S. 141–144.

[2] Vgl. z. B. AG Hof NZI 2000, 37 zur teilweisen Übertragung der Verwaltungs- und Verfügungsmacht.

[3] Die Zulässigkeit einer Ermächtigung des vom Gericht eingesetzten Sachverständigen bejahend AG Göttingen ZVI 2002, 370 f. = NZI 2002, 615; aA: LG Göttingen NZI 2003, 38 f. = ZIP 2002, 2269 f., in der Berufungsentscheidung m. zust. Anm. *Vallender.*

[4] FK-*Schmerbach,* InsO, § 20 Rn. 14.

5. **anordnen, dass Gegenstände, die im Falle der Eröffnung des Verfahrens von § 166 erfasst würden oder deren Aussonderung verlangt werden könnte, vom Gläubiger nicht verwertet oder eingezogen werden dürfen und dass solche Gegenstände zur Fortführung des Unternehmens des Schuldners eingesetzt werden können, soweit sie hierfür von erheblicher Bedeutung sind; § 169 Satz 2 und 3 gilt entsprechend; ein durch die Nutzung eingetretener Wertverlust ist durch laufende Zahlungen an den Gläubiger auszugleichen. Die Verpflichtung zu Ausgleichszahlungen besteht nur, soweit der durch die Nutzung entstehende Wertverlust die Sicherung des absonderungsberechtigten Gläubigers beeinträchtigt. Zieht der vorläufige Insolvenzverwalter eine zur Sicherung eines Anspruchs abgetretene Forderung anstelle des Gläubigers ein, so gelten §§ 170, 171 entsprechend.**

Die Anordnung von Sicherungsmaßnahmen berührt nicht die Wirksamkeit von Verfügungen über Finanzsicherheiten nach § 1 Abs. 17 des Kreditwesengesetzes und die Wirksamkeit der Verrechnung von Ansprüchen und Leistungen aus Zahlungsaufträgen, Aufträgen zwischen Zahlungsdienstleistern oder zwischengeschalteten Stellen oder Aufträgen zur Übertragung von Wertpapieren, die in ein System nach § 1 Abs. 16 des Kreditwesengesetzes eingebracht wurden.

(3) **Reichen andere Maßnahmen nicht aus, so kann das Gericht den Schuldner zwangsweise vorführen und nach Anhörung in Haft nehmen lassen. Ist der Schuldner keine natürliche Person, so gilt Entsprechendes für seine organschaftlichen Vertreter. Für die Anordnung von Haft gilt § 98 Abs. 3 entsprechend.**

Literatur: *Engelhardt,* Die gerichtliche Entscheidung nach §§ 21 ff. InsO und ihre Auswirkungen auf die vermögensrechtliche Stellung des Insolvenzschuldners, Berlin 2002; *Gundlach/Frenzel/Schmidt,* Zur Postsperre des § 99 InsO, ZInsO 2001, 979 ff.; *Heublein,* Die Ausgleichsansprüche des Aussonderungsberechtigten bei Anordnung von Sicherungsmaßnahmen nach § 21 Abs. 2 S. 1 Nr. 5 InsO, ZIP 2009, 11 ff.; *Kuder,* Besitzlose Mobiliarsicherheiten im Insolvenzantragsverfahren nach dem geänderten § 21 InsO, ZIP 2007, 1690 ff.; *Lenenbach,* Sicherungsmaßnahmen im Insolvenzeröffnungsverfahren, Frankfurt a. M. 2003; *Liwinska,* Das Zusammentreffen von Einzelzwangsvollstreckung und Insolvenzantragsverfahren, InVo 2002, 125 ff.; *Roth,* Interessenwiderstreit im Insolvenzeröffnungsverfahren, Frankfurt a. M. 2004; *Schillgalis,* Rechtsschutz des Schuldners bei fahrlässig unberechtigten Insolvenzanträgen – insbesondere bei Anordnung von Sicherungsmaßnahmen gem. § 21 InsO, Baden-Baden 2006; *Steder,* Auswirkungen des Vollstreckungsverbots gem. § 21 Abs. 2 Nr. 3 InsO, ZIP 2002, 65 ff.; *Vallender,* Kostentragungspflicht bei Anordnung der Postsperre, NZI 2003, 244 ff.; *Wegmann,* Die Empfangszuständigkeit des Sicherungszessionars trotz Verwertungsrechts des Insolvenzverwalters – zugleich eine kritische Anmerkung zum Urteil des OLG Celle vom 27. 3. 2008 – 13 U 160/07, ZInsO 2008, 925, ZInsO 2008, 1014 ff.; *Zipperer,* Sicherungsmaßnahmen gem. § 21 InsO – Neuer Wein in alten Schläuchen?, NZI 2004, 656 ff.

Übersicht

1. Normzweck

1 Nach bisherigem Recht hatte sich die Praxis mit der Generalklausel des § 106 KO und den daraus abgeleiteten Sicherungsmaßnahmen, z. B. der Sequestration, beholfen. § 106 KO hatte lediglich als „insbesondere-Beispiel" den Erlass der Anordnung eines allgemeinen Veräußerungsverbotes an den Schuldner vorgesehen. Umfang und Reichweite der einzelnen Anordnungen in einem Zulassungsbeschluss der Konkursgerichte waren sehr unterschiedlich.

2 Die Vorschrift des § 21 dient dem Schutz der Gläubiger, da im Einzelfall die Feststellung des Eröffnungsgrundes und der Kostendeckung (Frage der Begründetheit des Insolvenzantrages) Ermittlungen erfordern kann, die eine gewisse Zeit in Anspruch nehmen. Durch die dem Insolvenzgericht zugeordneten Möglichkeiten, bestimmte Sicherungsmaßnahmen anzuordnen, soll eine zwischenzeitliche Verschlechterung der Vermögenslage des Schuldners vermieden werden.[1] Die jetzt sehr detaillierten Regelungen schaffen eine klare rechtliche Grundlage für den Zeitraum der Überprüfung des zulässigen Insolvenzantrages auf seine Begründetheit.[2] Nach einem Beschluss des BGH dürfen Sicherungsmaßnahmen im Insolvenzeröffnungsverfahren erst angeordnet werden, wenn ein zulässiger Insolvenzantrag vorliegt. Ausnahmsweise können berechtigte Sicherungsinteressen der Insolvenzgläubiger es gebieten, Sicherungsmaßnahmen vor der Feststellung der Zulässigkeit des Insolvenzantrags anzuordnen, wenn sich das Insolvenzgericht letzte Gewissheit erst im weiteren Verfahrensablauf verschaffen kann. Ein solcher Ausnahmefall kann insbesondere dann vorliegen, wenn die Anknüpfungspunkte für eine Frage der Zulässigkeit des Insolvenzantrags wie bei der örtlichen und der internationalen Zuständigkeit in der Sphäre des Schuldners liegen und dieser bei der Aufklärung nicht mitwirkt.[3] Bereits der Verdacht einer Verlegung des Verwaltungssitzes eines zahlungsunfähigen Unternehmens in ein anderes Land (gewerbliche Firmenbestattung) gibt dem Insolvenzgericht die Möglichkeit, Sicherungsmaßnahmen im Sinne des § 21 zugunsten der Gläubiger zu treffen.[4] Aufgrund der Aufgabenverteilung zwischen Insolvenzgericht und

[1] Begründung RegE, abgedruckt in *Balz/Landfermann,* S. 228; Zur Frage der Anordnung auch bei zweifelhaftem Gerichtsstand vgl. BGH NZI 2007, 344 ff.

[2] *Gerhardt,* in: Kölner Schrift, S. 194.

[3] BGH NZI 2007, 344.

[4] BGH, Beschluss vom 13. 12. 2007 – IX ZB 238/06, BeckRS 2008, 00720 m. zust. Anm. *Webel,* EWiR 2008, § 21 InsO 1/08, 181 f.

Rechtsbeschwerdegericht gilt auch im Anwendungsbereich des § 21 Abs. 2, dass der BGH – ebenso wie bei anderen Entscheidungen des Insolvenzgerichts – nur nachprüfend tätig werden kann. Eine Zuständigkeit zur erstmaligen Anordnung entsprechender Sicherungsmaßnahmen besteht dagegen nicht.[1] Bezüglich ausländischer Insolvenzverfahren sind die §§ 343 Abs. 2, 344 zu beachten.[2]

§ 21 Abs. 1 ist als Generalklausel gefasst. 3

In § 21 Abs. 2 finden sich dann beispielhaft[3] aufgezählt die wichtigsten vorläufi- 4
gen Sicherungsmaßnahmen. Die materiell-rechtlichen Folgen der Sicherungsmaßnahmen sind im Vergleich zum bisherigen Recht verschärft, wobei das neue Recht

– als Instrument **einerseits Beschränkungen** bezogen auf die **Verfügungsmacht des Schuldners** optional oder zwingend verbunden mit der Bestellung eines vorläufigen Insolvenzverwalters anbietet,
– **zum anderen** zur Sicherung des neuen Verfahrenszwecks (Erhaltung von Sanierungschancen) **Vollstreckungsmöglichkeiten der Gläubiger einschränkt.**

Durch das InsOÄndG 2001 wurde § 21 Abs. 1 folgender Satz 2 angefügt: 5

„Gegen die Anordnung der Maßnahme steht dem Schuldner die sofortige Beschwerde zu."[4]

Zur Begründung wird ausgeführt, dass Sicherungsmaßnahmen nachhaltig in die Rechtsposition (insbesondere auch Grundrechtsposition) des Schuldners eingreifen können, weshalb gegen die Nichtzulassung der Beschwerde verfassungsrechtliche Bedenken erhoben worden seien.[5] Der Bundesrat hat mit seiner Stellungnahme auch die Ausdehnung auf absonderungsberechtigte Gläubiger gefordert, da die Argumente gleichermaßen gelten. Auch diese können durch vorläufige Anordnungen an der Verwertung ihrer Sicherheiten, der Einziehung von Zessionen oder der Verwertung sicherungsübereigneter Sachen gehindert werden. Die Bundesregierung hat in ihrer Gegenäußerung vom 28. März 2001[6] zurückhaltend reagiert. Die Eröffnung neuer Rechtsmittel sollte nur in zwingend gebotenen Fällen vorgesehen werden. Die Position absonderungsberechtigter Gläubiger, die an der Geltendmachung ihres Absonderungsrechts im Eröffnungsverfahren gehindert sind, könne nicht mit der Stellung des Schuldners verglichen werden, der durch die Anordnung eines allgemeinen Verfügungsverbots verbunden mit der Bestellung eines vorläufigen Insolvenzverwalters fast vollständig von der Herrschaft über sein Vermögen ausgeschlossen werde. Eine Änderung erfolgte nicht mehr.

Im Rahmen des Gesetzes zur Umsetzung der Finanzsicherheiten-Richtlinie 6
(vom 5. April 2004, BGBl. I S. 502) ist in § 21 Abs. 2 der neue Satz 2 angefügt worden. Hintergrund ist die Umsetzung einer EU-Richtlinie mit dem Ziel, das nationale Recht so auszugestalten, dass Finanzsicherheiten gem. der Sicherungsvereinbarung jederzeit verwertet werden können, auch wenn ein Insolvenzver-

---

[1] BGH NZI 2006, 122 ff.

[2] Vgl. die Kommentierung bei § 343 und § 344.

[3] Zur Zulässigkeit der Durchsuchung von Räumlichkeiten Dritter nach Geschäftsunterlagen des Schuldners AG Duisburg ZInsO 1999, 720 und LG Mainz ZInsO 2001, 629 f. = NZI 2001, 384 bei erheblichen, tatsächlichen Anhaltspunkten für schwerwiegende Verdunklungshandlungen des Besitzers dieser Räume im Zusammenwirken mit dem Schuldner.

[4] BGBl. I 2001, S. 2711.

[5] Stellungnahme Bundesrat, BR-Drucks. 14/01, S. 2.

[6] Bundesregierung Gegenäußerung vom 28. 3. 2001; vgl. *www.rws-verlag.de/volltext* vom 30. 3. 2001; vgl. Meldung vom 30. 3. 2001 unter *www.rws-verlag.de,* dort im Menüpunkt „Volltexte".

fahren eröffnet und vorläufige Sicherungsmaßnahmen angeordnet wurden.[1] Aufgrund Gesetzesänderung vom 13. April 2007[2] ist § 21 Abs. 2 S. 1 durch eine neue Nr. 5 ergänzt worden.

2. Überblick

7 Neben der Generalklausel des § 21 Abs. 1 bietet § 21 Abs. 2 ein fein abgestuftes System von Sicherungsmaßnahmen im Insolvenzeröffnungsverfahren an, wobei sich die Anordnung und Kombination der verschiedenen gesetzlichen Möglichkeiten an dem Grundsatz der Erforderlichkeit und Verhältnismäßigkeit zu orientieren hat.[3] Danach sind beispielhaft und nicht abschließend folgende Sicherungsmaßnahmen mit/ohne Einsetzung eines vorläufigen Insolvenzverwalters denkbar (die gewählte Reihenfolge orientiert sich bereits an der jeweiligen Eingriffstiefe in die Rechte des Schuldners).[4]

- Anordnung eines Verfügungsverbotes bezüglich einzelner Vermögensgegenstände und Rechte gem. § 21 Abs. 1, 2 Ziff. 2, ggf. kombiniert mit der Beauftragung eines Gutachters,
- Bestellung eines vorläufigen Insolvenzverwalters, ggf. kombiniert mit der Beauftragung eines Gutachters gem. § 21 Abs. 1, 2 Ziff. 1,
- Bestellung eines vorläufigen Insolvenzverwalters gem. § 21 Abs. 1, 2 Ziff. 1 und Anordnung eines Verfügungsverbotes bezüglich einzelner Vermögensgegenstände und Rechte gem. § 21 Abs. 1, 2 Ziff. 2, ggf. kombiniert mit der Beauftragung eines Gutachters,
- Bestellung eines vorläufigen Insolvenzverwalters gem. § 21 Abs. 1, 2 Ziff. 1 und 2 2. Alt., d. h. Verfügungsbeschränkung bezüglich des Gesamtvermögens insoweit, dass Verfügungen des Schuldners nur mit Zustimmung des vorläufigen Insolvenzverwalters zulässig sind, und
- Bestellung eines vorläufigen Insolvenzverwalters gem. § 21 Abs. 1, 2 Ziff. 1 i. V. m. § 22 Abs. 2 mit Übertragung nicht aller, aber einzelner Verfügungsrechte auf den vorläufigen Insolvenzverwalter,[5]
- Bestellung eines vorläufigen Insolvenzverwalters gem. § 21 Abs. 1, 2 Ziff. 1 und 2 1. Alt., d. h. umfassende Verfügungsbeschränkung über das gesamte Vermögen.

8 Letzteres ist die Maximal-Version gerichtlicher Eingriffe in die Verfügungsgewalt des Schuldners. Dies führt zwangsläufig zum Übergang der Verwaltungs- und Verfügungsbefugnis über das Vermögen des Schuldners auf den vorläufigen Insolvenzverwalter mit den in § 22 Abs. 1 S. 2 geschilderten Pflichten. Damit wird weitgehend die gleiche Wirkung erzielt, wie sie bei Eröffnung des Verfahrens für den Insolvenzverwalter besteht.

---

[1] Vgl. im Einzelnen *Wimmer,* ZIP 2003, 1563 ff., 1564 und den Abdruck der Materialien auf 1568; *Obermüller,* ZInsO 2004, 187 ff.

[2] BGBl. I 2007, S. 509.

[3] *Braun/Uhlenbruck,* Unternehmensinsolvenz, S. 232; *Stephan,* NZI 1999, 104 zum sogenannten „Gutachtenmodell“; *Vallender/Fuchs/Rey,* NZI 1999, 141 f.

[4] Vgl. hierzu auch *Haarmeyer/Wutzke/Förster,* Hdb., Kap. 3 Rn. 248 ff. mit Ausführungen zum Zusammenspiel der verschiedenen Sicherungsmaßnahmen; MünchKomm-*Haarmeyer,* InsO, § 21 Rn. 44 f.; FK-*Schmerbach,* InsO, § 21 Rn. 13.

[5] Vgl. AG Hof NZI 2000, 37; AG Duisburg NZI 2002, 614; AG Coburg ZInsO 2002, 383.

3. Anordnung eines allgemeinen Verfügungsverbotes

a) Zweck

Zweck des in § 21 Abs. 2 Ziff. 2 1. Alt. festgelegten allgemeinen Verfügungsverbots ist die „umfassende Massesicherung für ein etwaiges Insolvenzverfahren".[1] Die Anordnung eines allgemeinen Veräußerungsverbotes nach § 106 Abs. 1 S. 3 KO war dabei schon für das bisherige Recht auch dann die Regel, wenn eine Sequestration nach § 106 KO zunächst nicht angeordnet wurde.[2] 9

Die Anordnung eines allgemeinen Verfügungsverbotes ohne gleichzeitige Bestellung eines vorläufigen Verwalters wird nach neuem Recht für zulässig gehalten, wenn der Geschäftsbetrieb im Eröffnungsverfahren bereits eingestellt ist.[3] 10

b) Rechtsnatur

Die Rechtsnatur des Verfügungsverbots nach der Insolvenzordnung war zunächst unklar.[4] Teilweise wurde vertreten, dass es sich bei dieser Vorschrift lediglich um ein relatives Veräußerungsverbot handele.[5] Dies ist abzulehnen, da die Vertreter der entsprechenden Auffassung sich auf die Theorien zu § 106 KO stützen und daher noch im bisherigen Recht verwurzelt sind. 11

Richtigerweise ist unter Betrachtung der Wirkungen der Verfügungsbeschränkung nach § 24 Abs. 1 mit der dort angeordneten entsprechenden Anwendbarkeit der §§ 81, 82 von einem absoluten Verfügungsverbot auszugehen.[6] Diese Auffassung trägt der neuen gesetzlichen Grundidee des vorläufigen Insolvenzverwalters mit Verwaltungs- und Verfügungsbefugnis, der gem. § 55 Abs. 2 Masseschulden begründet, und der Einbeziehung des Neuerwerbs in die Insolvenzmasse gem. § 35 am ehesten Rechnung.[7] 12

c) Wirkungen

Handelt der durch das allgemeine Verfügungsverbot belastete Schuldner dennoch, so verfügt er – im Unterschied zum bisherigen Recht – als Nichtberechtigter.[8] Durch die in § 24 Abs. 2 geregelte Verweisung auf § 81 ist der gutgläubige Erwerb hinsichtlich beweglicher Gegenstände ausgeschlossen. Vorausverfügungen des Schuldners werden unwirksam.[9] 13

---

[1] *Gerhardt,* in: Kölner Schrift, S. 194 Rn. 3.

[2] Rechtsfolge: §§ 135, 136 BGB.

[3] AG Göttingen NZI 1999, 330 f., FK-*Schmerbach,* InsO, § 21 Rn. 31 ff. mit weiteren Ausnahmefällen; aA: *Gerhardt,* aaO, wonach jede Anordnung eines Verfügungsverbots wegen der absoluten Unwirksamkeit zwingend zur Anordnung einer vorläufigen Insolvenzverwaltung führen müsse, damit auch während des Eröffnungsverfahrens ein Verfügungsbefugter existiere; MünchKomm-*Haarmeyer,* InsO, § 21 Rn. 57.

[4] *Gerhardt,* aaO, S. 195 Rn. 6.

[5] *Gerhardt,* ebd., mwN zu dieser Auffassung.

[6] *Haarmeyer/Wutzke/Förster,* Hdb., Kap. 3 Rn. 262.

[7] Dies lässt die explizite Anordnung eines relativen Verfügungsverbotes im Rahmen der generellen Ermächtigung der Gerichte gem. § 21 Abs. 1 unberührt.

[8] *Gerhardt,* aaO, S. 195 Rn. 5.

[9] *Gerhardt,* aaO, S. 196 ff., Rn. 9 ff. mit Ausführungen zur praktischen Bedeutung der Unwirksamkeit aller Vorausverfügungen (wie z. B. Globalzession, Raumsicherungsübereignung, Verrechnungsabrede im Kontokorrent).

14 Unter bestimmten Umständen sind allerdings Aufrechnungserklärungen von Gläubigern wirksam. Die §§ 94–96 regeln die Zulässigkeit der Aufrechnung als abschließende Sonderregelung.[1] Die Vorschriften der Insolvenzordnung sind insoweit enger gefasst als die §§ 54, 55 KO. Aufrechnungen sind allerdings bei Vorliegen der entsprechenden Voraussetzungen anfechtbar nach §§ 129 ff.[2]

4. Besondere Verfügungsverbote

15 **a)** Aufgrund der gewählten Gesetzestechnik mit dem Regelbeispiel in § 21 Abs. 2 sind auch sonstige **verfügungsbeschränkende Regelungen** durch das Insolvenzgericht denkbar. Aus der Begründung zum Regierungsentwurf sind als Beispiele für geeignete Fälle zu nennen:
– dem Schuldner die Herausgabe von beweglichen Sachen, die Gegenstand von Absonderungsrechten sind, an die gesicherten Gläubiger zu verbieten,
– nur bestimmte, besonders wichtige Verfügungen des Schuldners an die Zustimmung des vorläufigen Insolvenzverwalters zu binden,
– dem Schuldner zu verbieten, Außenstände einzuziehen,[3]
– die Anordnung einer vorläufigen Postsperre bereits im Vorverfahren, im Nachhinein gesetzlich geregelt in § 21 Abs. 1 Ziff. 4 (vgl. für das eröffnete Verfahren § 99).[4]

16 **b) Rechtsfolge** der Anordnung eines besonderen Verfügungsverbotes ist lediglich ein relatives Verfügungsverbot nach § 135 Abs. 1 BGB. Damit bleibt die Möglichkeit eines gutgläubigen Erwerbs nach Maßgabe des § 135 Abs. 2 BGB für die Fälle erhalten, in denen der Schuldner dennoch unter Verstoß gegen die Anordnung des Insolvenzgerichtes handelt.[5] Wesentlich ist aber, dass dieses Verfügungsverbot im Gegensatz zum „allgemeinen" bzw. dem mit „Zustimmungsvorbehalt" immer nur einzelne Vermögensgegenstände bzw. Rechte betreffen kann.[6] Im Rahmen der individuellen Gestaltung ist es daher zulässig, dem Schuldner die Befugnis z. B. zum Abschluss von Darlehens- und Sicherungsverträgen nach § 21 Abs. 1 zu entziehen und diese gem. § 22 Abs. 2 auf den vorläufigen Insolvenzverwalter zum Zwecke einer Massekreditaufnahme zu übertragen.[7]

5. Anordnung eines allgemeinen Zustimmungsvorbehaltes

17 **a)** § 21 Abs. 2 Ziff. 2 2. Alt. entspricht in etwa der für das bisherige Recht üblichen Praxis der sogenannten „dynamischen Sequestration".[8] Die Anordnung ist zwingend mit der Bestellung eines vorläufigen Insolvenzverwalters nach § 21

---

[1] *Gerhardt,* aaO, S. 198 Rn. 12.

[2] *Gerhardt,* aaO, S. 197 Rn. 10, 11.

[3] Zur Zulässigkeit des Verbots der Einziehung **abgetretener** Forderungen im Eröffnungsverfahren BayObLG ZInsO 2001, 754 f. (rkr.).

[4] Begründung RegE, abgedruckt bei *Balz/Landfermann,* S. 229.

[5] *Gerhardt,* aaO, S. 201 Rn. 16; weitergehend aber OLG Frankfurt (Main) ZInsO 2006, 612 ff., 614 mwN: absolut unwirksam.

[6] *Gerhardt,* aaO, S. 201 Rn. 17.

[7] AG Hof NZI 2000, 37 ff.; AG Duisburg NZI 2002, 614; AG Coburg ZInsO 2002, 383.

[8] Vgl. *Braun/Uhlenbruck,* Unternehmensinsolvenz, S. 235 m. zahlreichen wN.

Abs. 2 Ziff. 1 zu verbinden.[1] Die Anordnung weniger weitreichender Sicherungsmaßnahmen kann insbesondere bei frühzeitiger Verfahrenseinleitung durch Eigenantrag unter Berufung auf den Eröffnungsgrund der drohenden Zahlungsunfähigkeit nach § 18 angezeigt sein, da hierdurch „für Außenstehende (z. B. Geschäftspartner) das Ansehen des Schuldners im Rechtsverkehr erhalten bleibt".[2] Insbesondere bei Insolvenzverfahren von Handelsunternehmen in Branchen, in denen starker Wettbewerb herrscht, verringert die öffentliche Bekanntmachung gem. § 23 Abs. 1 S. 1 mit ihrer negativen Publizität die Sanierungschancen. Gerade in solchen Fällen, in denen sich durch rechtzeitige Verfahrenseinleitung der Schuldner als verantwortungsbewusst erweist, sollte von der gesetzlich vorgegebenen Möglichkeit Gebrauch gemacht werden. Die Gefahr der Vermögensschmälerung durch Handlungen des Schuldners oder praktische Probleme für den Fall, dass Differenzen zwischen dem vorläufigen Insolvenzverwalter und dem Schuldner bestehen, können in diesen Fällen in Kauf genommen werden. Im Fall der Eigenverwaltung nach § 270 bestehen diese Probleme zumindest teilweise nicht.[3]

b) Für den Fall der Bestellung eines vorläufigen Insolvenzverwalters mit 18
gleichzeitiger Anordnung eines allgemeinen Zustimmungsvorbehaltes gibt § 22 Abs. 2 dem Gericht daneben die Möglichkeit an die Hand, einzelne Pflichten des vorläufigen Insolvenzverwalters zu bestimmen. Tut es dies nicht, ist der vorläufige Insolvenzverwalter lediglich als „Berater" des Schuldners ohne Verfügungsmacht anzusehen.[4] Dabei wird man sich erinnern, dass der Sequester in der rechtstatsächlichen Prägung der Konkursordnung der 90er Jahre die gleiche (nicht große) Rechtsmacht hatte, praktisch aber das Unternehmen in der Eröffnungsphase der Insolvenz steuerte und häufig die Verfahrenseröffnung erst möglich machte, immer – rechtlich betrachtet – nur die Handlungen (Verfügungen) der Organe genehmigend.

c) Es fragt sich, ob die Anwendung der Variante „Bestellung eines vorläufigen 19
Insolvenzverwalters" in Verbindung mit der Anordnung eines Zustimmungsvorbehaltes (§ 21 Abs. 2 Ziff. 2 2. Alt.) die Nachteile der Belastung der (künftigen) Masse mit Masseverbindlichkeiten (wegen §§ 21 Abs. 2 Ziff. 1 und 2 1. Alt., 55 Abs. 2) vermeidet, die bei Bestellung eines vorläufigen Insolvenzverwalters und Anordnung des allgemeinen Verfügungsverbotes gem. § 21 Abs. 2 Ziff. 1 und 2

---

[1] Z. B. bei Fremdantrag eines Gläubigers, wenn die Vermögensverhältnisse nicht überschaubar sind und Seriosität und Vertrauenswürdigkeit des Schuldners fraglich sind, so LG Berlin ZInsO 2002, 837 f.; *Haarmeyer/Wutzke/Förster,* Hdb., Kap. 3 Rn. 272.

[2] *Gerhardt,* aaO, S. 199 Rn. 14 unter Bezugnahme auf *Kilger,* in: 100 Jahre Konkursordnung, S. 189, 194 zum Reputationsschaden des Schuldners bei Anordnung des allgemeinen Verfügungsverbots und einer Sequestration (sowie deren Veröffentlichung).

[3] HK-*Kirchhof,* InsO, § 21 Rn. 16; aA: Einzelfallentscheidung des LG Bonn NZI 2003, 653 ff. m. krit. Anm. *Bärenz;* Nichtannahmebeschluss des BGH hinsichtlich der Beschwerde der Schuldnerin BGH NZI 2004, 216 m. Anm. *Dahl.* Zum Insolvenzantrag und Eigenverwaltungsantrag bei drohender Zahlungsunfähigkeit *Schlegel,* ZIP 1999, 954 ff.

[4] So auch *Braun/Uhlenbruck,* Unternehmensinsolvenz, S. 235; *Haarmeyer/Wutzke/Förster,* Hdb., Kap. 3 Rn. 312; in einer extremen Auslegung führt dies dazu, dass dem sogenannten „schwachen" vorläufigen Insolvenzverwalter keine eigene besitzrechtliche Position hinsichtlich der Gewerbemieträume des Schuldners eingeräumt wird, mit fatalen Konsequenzen, vgl. OLG Celle ZIP 2003, 87 ff.

1. Alt. ausgelöst würden, und damit vorzugswürdig ist. Diese Frage ist vor dem Hintergrund der Diskussion zu sehen, dass zunächst auf Grund des Gesetzeswortlauts davon ausgegangen werden kann, dass für den Fall, dass ein sogenannter „starker" vorläufiger Insolvenzverwalter bestellt wird, auf den die Verwaltungs- und Verfügungsbefugnis übergeht und der nach Anordnung der Sicherungsmaßnahmen die Arbeitsleistung der Arbeitnehmer entgegennimmt, dieser wegen § 55 Abs. 2 S. 2 Masseverbindlichkeiten begründet. In der Regel haben die Arbeitnehmer für diese in der Eröffnungsphase begründeten Lohn- und Gehaltsansprüche gem. den §§ 183 ff. SGB III Insolvenzgeld erhalten. Aufgrund des gesetzlichen Forderungsübergangs gem. § 187 S. 1 SGB III waren daher die Erstattungsansprüche der Bundesanstalt für Arbeit mit Eröffnung des Insolvenzverfahrens als sonstige Masseverbindlichkeiten vorweg zu berichtigen mit dem entsprechenden Haftungsrisiko nach § 61. Diese Diskussion ist – bezogen auf die Arbeitsentgeltansprüche der Arbeitnehmer – zwischenzeitlich zum einen durch die Rechtsprechung des Bundesarbeitsgerichts entschärft.[1] Zum anderen wurde § 55 im Rahmen des InsOÄndG 2001 folgender Absatz 3 angefügt:

„(3) Gehen nach Absatz 2 begründete Ansprüche auf Arbeitsentgelt nach § 187 des dritten Buches Sozialgesetzbuch auf die Bundesanstalt für Arbeit über, so kann die Bundesanstalt diese nur als Insolvenzgläubiger geltend machen. Satz 1 gilt entsprechend für die in § 208 Abs. 1 des Dritten Buches Sozialgesetzbuch bezeichneten Ansprüche, soweit diese gegenüber dem Schuldner bestehen bleiben."

20 Die sehr umfangreich geführte Diskussion[2] ist damit – insoweit – beendet.

21 Es ist daher zukünftig damit zu rechnen, dass die Gerichte verstärkt zur Bestellung eines sogenannten „starken" vorläufigen Insolvenzverwalters übergehen werden, auf den die Verwaltungs- und Verfügungsbefugnis über das Vermögen des Schuldners übergeht. Dabei gilt es allerdings folgenden Bedenken und dem Gesichtspunkt der Erforderlichkeit und Verhältnismäßigkeit im Einzelfall Rechnung zu tragen:

– Sonstige Masseverbindlichkeiten i. S. d. § 55 Abs. 2 können durch den sogenannten „starken" vorläufigen Insolvenzverwalter auch hinsichtlich anderer Dauerschuldverhältnisse (z. B. Miete, Pacht, Leasing) begründet werden, vor allem aber auch im Bereich der Umsatzsteuer mit der entsprechenden Haftungsfolge des § 69 AO.[3] Im Einzelfall wird es daher in normalen Unternehmensinsolvenzfällen angezeigt sein, dass branchen- und umsatzstrukturabhängig das Insolvenzgericht zunächst nach wie vor – soweit es keine abweichenden Informationen aus der Gerichtsakte hat, die zu einer anderweitigen Beurteilung führen – die sogenannte „schwache" vorläufige Insolvenzverwaltung anordnet. Der vorläufige Insolvenzverwalter sollte dann aber in einer wesentlich häufigeren Zahl von Fällen, so es aus seiner Sicht zweckmäßig und sinnvoll erscheint, insbesondere nachdem er sich einen Überblick über die Struktur seiner Fortführungserlöse und seiner potentiellen Belastung mit Masseverbindlichkeiten bei einer sogenannten „starken" vorläufigen Verwaltung verschafft hat, diese anregen. Dabei ist zu berücksichtigen, dass sich die Umsatzsteuerbelastung bei langfristiger Produktion anders darstellt als bei kurz-

[1] BAG ZIP 2001, 1964 ff. m. Anm. *Bork,* EWiR 2001, § 55 InsO 2/01, 1063 f.

[2] *Gerhardt,* aaO, S. 200 Rn. 14 mwN.

[3] Vgl. Erläuterungen zu §§ 60, 61.

fristigen Umschlagsgeschäften und die Belastung der Insolvenzmasse mit der Umsatzsteuer (der resultierende Nachteil) in einer solchen Situation nachrangig gegenüber der damit ansonsten geschaffenen Sicherungsmöglichkeit sein kann.

- Für die sogenannte „schwache" vorläufige Insolvenzverwaltung sprechen auch – oft häufig zunächst gar nicht erkennbare – Störerverantwortlichkeiten für Umweltsachverhalte. Die Personalisierung auf die in die Position des Schuldners einrückenden vorläufigen Insolvenzverwalter ist in der sogenannten „starken" vorläufigen Verwaltung anders ausgeprägt als in der sogenannten „schwachen".[1]
- Regelmäßig angeordnet werden können sollte die sogenannte „starke" vorläufige Insolvenzverwaltung bei Kriminalinsolvenzen, bei denen per se keine ordnungsgemäß (wenn überhaupt) agierenden Organe vorhanden sind. Für diese Fälle muss die Handlungsfähigkeit durch Bestellung eines sogenannten „starken" vorläufigen Insolvenzverwalters wiederhergestellt werden.
- Im Auge zu behalten ist, dass die Bestellung eines sogenannten „starken" vorläufigen Insolvenzverwalters auch zu einer höheren Belastung der Insolvenzmasse durch höhere Verfahrenskosten führt.[2]
- Schließlich ist auch eine weitere Sachverhaltskonstellation zu beachten. In Fällen sogenannter Umsatzsteuerorganschaft ist für die sogenannte Verwaltungs- und Sicherungssequestration (entspricht in etwa der Situation bei Bestellung eines vorläufigen Insolvenzverwalters und Anordnung eines allgemeinen Zustimmungsvorbehalts) entschieden, dass die umsatzsteuerliche Organschaft erst mit Eröffnung des Konkursverfahrens beendet wird.[3] Den Urteilsgründen in der einschlägigen Entscheidung des Bundesfinanzhofes lässt sich – e contrario – entnehmen, dass im Falle der Bestellung eines sogenannten „starken" vorläufigen Insolvenzverwalters die umsatzsteuerliche Organschaft mit dem Zeitpunkt der Anordnung der Sicherungsmaßnahmen beendet wird. Für das bisherige Recht der Sequestration hatte eine Fortführung des Geschäftsbetriebs im Konkursverfahren für den Organträger die negative Folge, dass er für den Ausfall des Fiskus bei der Umsatzsteuer (die im Konkurseröffnungsverfahren begründeten Umsatzsteuerverbindlichkeiten waren lediglich bevorrechtigte oder nicht bevorrechtigte Konkursforderungen nach den §§ 61 Abs. 1 Ziff. 2 oder 6 KO) im Wege der Haftung in Anspruch genommen werden konnte.

---

[1] Vgl. die wegen des Übergangs der Verwaltungs- und Verfügungsbefugnis wohl anwendbare verwaltungsgerichtliche Rechtsprechung, beispielhaft: OVG Sachsen-Anhalt ZInsO 2000, 506; VGH Kassel NZI 2000, 47 = ZInsO 2000, 53 (für den Konkursverwalter); VG Darmstadt ZIP 2000, 2077 (zur Frage der Zulässigkeit einer Freigabe zur Vermeidung der Inanspruchnahme als Störer); Ersatzvornahmekosten für die Beseitigung von bereits aus der Zeit vor der Insolvenzeröffnung herrührenden Altlasten sind einfache Insolvenzforderungen und keine Masseverbindlichkeiten nach AG Essen ZIP 2001, 756 ff. (n. rkr.) m. kritischer Anm. *Johlke/Schröder,* EWiR § 89 InsO 1/01, 633 f.; vgl. auch die Erläuterungen zu den §§ 38, 55; zuletzt VG Hannover, Urteil vom 14. 8. 2003 – 12 A 2078/02 (Zulassung der Sprungrevision) m. Anm. *Vierhaus,* ZInsO 2003, 747.

[2] Vgl. Erläuterungen zu § 63 InsO, Rn. 15 f.

[3] BFHE 182, S. 426 f.; Bestätigung in BFH ZInsO 2002, 128 f.; zum neuen Recht FG Nürnberg, DZWIR 2001, 439 f. m. krit. Anm. *Onusseit,* in: EWiR 2002, § 2 UStG 1/02, 361 f., wonach es darauf ankomme, ob der vorläufige Insolvenzverwalter der eigentliche Willensträger im Unternehmen der Organgesellschaft war; *Onusseit,* ZIP 2003, 743 ff., 754; vgl. dazu auch *Depping/Nikolaus,* InVo 1997, 64 ff. mit Ausblick auf das Recht der InsO.

22 **d)** Zusammenfassend ist festzuhalten, dass das Insolvenzgericht in jedem Einzelfall in enger Zusammenarbeit mit einem bestellten Gutachter bzw. eingesetzten sogenannten „schwachen" vorläufigen Insolvenzverwalter klären muss, ob und in welchem Umfang weitere Sicherungsmaßnahmen angeordnet werden müssen. Es zeigt sich dabei auch, dass ein vollständiger Ausgleich der Interessen der Beteiligten in der Regel nicht stattfinden kann. Im Ergebnis handelt es sich daher auch um Abwägungsentscheidungen, da z. B. die Anordnung einer sogenannten „starken" vorläufigen Insolvenzverwaltung auch nach der zitierten Rechtsprechung des Bundesarbeitsgerichts und der Ergänzung des § 55 durch einen neuen Abs. 3 weiterhin zu einer Bevorzugung des Fiskus führt, soweit im Insolvenzeröffnungsverfahren Umsatzsteuer begründet wird. Dies führt spiegelbildlich zu einer Verschlechterung der Befriedigungschancen der Insolvenzgläubiger nach § 38 und einer Verminderung der Insolvenzmasse wegen der höheren Vergütung des vorläufigen Insolvenzverwalters. Die entsprechenden Anregungen des vorläufigen Insolvenzverwalters und die Entscheidung des Gerichtes haben sich daher am Gesetzeszweck zu orientieren.[1] Dabei ist nicht aus dem Auge zu verlieren, dass der Gesetzgeber – auf Anregung aus der Praxis und wegen der umfassenden Sicherungswirkung – den sogenannten „starken" vorläufigen Insolvenzverwalter als Regelfall angesehen hat.[2] Ein grenzüberschreitendes Insolvenzverfahren spricht für die Bestellung eines sogenannten „starken" vorläufigen Insolvenzverwalters. Nach einem Beschluss des OLG Innsbruck ist die Einleitung eines Eröffnungsverfahrens mit der Ernennung eines starken vorläufigen Insolvenzverwalters mit der Eröffnung eines Hauptverfahrens im Sinne des Art. 3 Abs. 1 EuInsVO gleichzusetzen.[3]

6. Vollstreckungsverbot

23 **a)** § 21 Abs. 2 Ziff. 3 schafft bereits im Eröffnungsverfahren die Möglichkeit, Vollstreckungszugriffe einzelner Gläubiger zu untersagen oder deren einstweilige Einstellung anzuordnen. Möglich ist auch, allen Insolvenzgläubigern die Zwangsvollstreckung in das Vermögen des Schuldners zu untersagen,[4] soweit nicht das unbewegliche Vermögen betroffen ist.

24 Die hiermit gegebenen Befugnisse gehen sogar so weit, dass auch Einzelzwangsvollstreckungsmaßnahmen eines absonderungsberechtigten Gläubigers untersagt oder einstweilen eingestellt werden können. Ziel ist die Erhaltung von Sanierungschancen und der Fortführungsmöglichkeit, indem bereits im Eröffnungsverfahren verhindert wird, dass betriebsnotwendige Gegenstände des schuldnerischen Vermögens dem Zugriff des vorläufigen Insolvenzverwalters entzogen werden.[5] Für

---

[1] Ein Beispiel von dessen Verkennung ist die Entscheidung des LG Bonn ZIP 2003, 1412 ff., trotz beabsichtigter Eigenverwaltung war durch das AG Bonn ein sog. starker vorläufiger Insolvenzverwalter bestellt worden; aA: *Zipperer,* NZI 2004, 656 ff., 660.

[2] *Weisemann,* DZWIR 1999, 398 mwN.

[3] OLG Innsbruck NZI 2008, 700 ff. m. zust. Anm. *Mankowski;* AG Köln NZI 2009, 133 ff. (n. rkr.).

[4] Begründung RegE, abgedruckt in: *Balz/Landfermann,* S. 228 f.

[5] AG Köln NZI 1999, 333 zur einstweiligen Einstellung der Zwangsvollstreckung auch aus einem Räumungstitel; AG Göttingen ZInsO 2003, 770 ff. zu einer einstweiligen Verfügung mit einem Unterlassungsgebot; aA AG Mainz ZInsO 2001, 574 ff. m. abl. Anm. *Hintzen.*

das eröffnete Verfahren sind die Befugnisse des Insolvenzverwalters (Verwertungs- und Nutzungsrecht) über die Vorschriften der §§ 166–172 abgesichert, daneben durch das Verfügungsverbot des § 81. Sinnvollerweise müssten bei einem umfassenden Verständnis auch solche Vollstreckungen untersagt oder einstweilen eingestellt werden können, die sich nur mittelbar auf das Vermögen der Schuldnerin auswirken, wie z. B. die Vollstreckung eines Wiedereinstellungsanspruchs eines Arbeitnehmers im Wege der Zwangsgeldfestsetzung gem. § 888 ZPO oder die Durchsetzung eines Duldungsanspruchs eines Gläubigers nach § 892 ZPO (z. B. Zutrittsgewährung zu einer Abnahmestelle und Sperrung des Stromzählers).[1] Ausnahmen können sich aus der Verfahrensart z. B. für das Verbraucherinsolvenzverfahren und unter Umständen für Unterhaltsgläubiger im Hinblick auf den Vorrechtsbetrag gem. § 850 d ZPO ergeben.[2] Soweit keine weitergehenden Sicherungsmaßnahmen angeordnet sind, sollte gleichzeitig auch gegen den Schuldner angeordnet werden, keine Gegenstände an ab- oder aussonderungsberechtigte Gläubiger herauszugeben.[3]

Derart weitreichende Beschränkungen sind zugunsten des betroffenen Gläubigers dadurch erträglich gestaltet, dass für diesen Fall auch die Regelung über eine Verpflichtung zur Zinszahlung bzw. einer Nutzungsentschädigung zum Ausgleich von Wertverlusten vorzeitig entsprechend zur Anwendung gebracht werden sollen.[4] 25

Vertreten wird weiter, dass sich die Einstellungsmöglichkeit auch auf die Herausgabevollstreckung Aussonderungsberechtigter bezieht, allerdings nur unter den Voraussetzungen des §§ 107 Abs. 2, 112, was in Anknüpfung an vorstehende Argumente nur konsequent ist.[5] 26

b) Ausgenommen sind schon nach dem Wortlaut des § 21 Abs. 2 Ziff. 3 Einzelzwangsvollstreckungsmaßnahmen im Wege der Immobiliarvollstreckung. Hierzu findet sich eine spezialgesetzliche Regelung über Art. 20 Ziff. 4 EGInsO in dem neu eingeführten § 30 d Abs. 4 ZVG mit dem Recht, die einstweilige Einstellung der Zwangsvollstreckung zu beantragen. Zuständig ist danach allein das Vollstreckungsgericht, bei dem der vorläufige Insolvenzverwalter einen entsprechenden Antrag stellen kann. Voraussetzung ist, dass der vorläufige Insolvenzverwalter glaubhaft macht (§ 4 InsO i. V. m. § 294 ZPO), dass die einstweilige Einstellung zur Verhütung nachteiliger Veränderungen in der Vermögenslage des Schuldners erforderlich ist.[6] Allerdings wird in diesem Fall wiederum die Konsequenz des § 30 e ZVG in Kauf zu nehmen sein, die den vorläufigen Insolvenzverwalter zur Zahlung der Zinsen und – bei Nutzung für die (zukünftige) 27

---

[1] AA im Beispielsfall: LG Mainz Rpfleger 2002, 534 f.; m. differenzierender Anm. *App,* in: EWiR 2003, § 21 InsO 2/03, 377 f.

[2] *Steder,* ZIP 2002, 65 ff., 71.

[3] MünchKomm-*Haarmeyer,* InsO, § 21 Rn. 73, der zutreffend darauf hinweist, dass der Besitzkehranspruch des Insolvenzverwalters nach § 861 BGB in der Regel faktisch nicht durchsetzbar sein dürfte und damit eine Fortführung des Geschäftsbetriebes unmöglich gemacht würde; *Liwinska,* InVo 2002, 127.

[4] Begründung RegE, abgedruckt bei *Balz/Landfermann,* S. 229; so auch *Gerhardt,* in: Kölner Schrift, S. 203; *Braun/Uhlenbruck,* Unternehmensinsolvenz, S. 265 f.; vgl. Erläuterung zu §§ 169, 172.

[5] HK-*Kirchhof,* InsO, § 21 Rn. 26 mwN; MünchKomm-*Haarmeyer,* InsO, § 21 Rn. 72; FK-*Schmerbach,* InsO, § 21 Rn. 77, der seine aA aufgegeben hat.

[6] Vgl. noch zu § 30 c ZVG aF LG Göttingen ZInsO 2002, 142 ff. zu den Einstellungsvoraussetzungen auf Antrag eines Konkursverwalters.

Insolvenzmasse – zum Ausgleich des entstehenden Wertverlustes gegenüber dem betreibenden Gläubiger verpflichtet. Ausgleich des Wertverlustes meint dabei der Sache nach eine Nutzungsentschädigung, die sich an der Höhe der – werthaltigen – Zinsforderung orientiert.[1]

28 **c)** Durch das so ausgestaltete Vollstreckungsverbot werden die objektivierten Auswirkungen des Insolvenzverfahrens im Wesentlichen nach vorne verlagert. Die Vorschrift sichert daher als „Kehrseite des allgemeinen Verfügungsverbotes" das Ziel des umfassenden Masseschutzes.

29 Zusammen mit einem allgemeinen Verfügungsverbot und/oder der Bestellung eines vorläufigen Insolvenzverwalters sowie beim „isolierten" Gutachtenauftrag sollte daher in der Regel ein Vollstreckungsverbot nach § 21 Abs. 2 Ziff. 3 angeordnet werden.[2] Sonstige Sicherungsmaßnahmen gegen Dritte – insbesondere Sicherungsnehmer – dürften, da diese nicht am Eröffnungsverfahren beteiligt sind, nur in Ausnahmefällen zulässig sein. Insbesondere das an den Sicherungsnehmer gerichtete Verbot, die ihm vom Schuldner abgetretenen Forderung einzuziehen, verbunden mit einer entsprechenden Einziehungsermächtigung an den vorläufigen Insolvenzverwalter, erscheint problematisch.[3] Im Abschlussbericht der Bund-Länder-Arbeitsgruppe „Insolvenzrecht" aus dem Juni 2002 wird allerdings eine Ergänzung des § 21 Abs. 2 in diesem Sinne ausdrücklich gewünscht, insbesondere die gerichtliche Anordnung eines Verwertungs- und Einziehungsverbotes gegenüber Sicherungsgläubigern und einer Nutzungsbefugnis des vorläufigen Insolvenzverwalters an einzelnen wichtigen, sicherungsübereigneten Betriebsmitteln, soweit ihre Ausübung nicht zu einem endgültigen Verlust (Verbrauch) der Betriebsmittel führe.[4]

7. Vorläufige Postsperre

30 **a)** Bereits für das Insolvenzeröffnungsverfahren kann als sonstige Sicherungsmaßnahme eine vorläufige Postsperre gem. §§ 21 Abs. 2 Ziff. 4, 99 verhängt werden.[5] Aufschlussreich ist dazu die Diskussion zwischen Bundesrat und Bundesregierung nach Vorlage des Regierungsentwurfes. Im Regierungsentwurf war in dessen § 112 noch folgender Wortlaut enthalten:

> „Die Anordnung ergeht nach Anhörung des Schuldners durch begründeten Beschluss".

31 Gesetz geworden ist in § 99 Abs. 1 S. 2 die Fassung:

> „Die Anordnung ergeht nach Anhörung des Schuldners, sofern dadurch nicht wegen besonderer Umstände des Einzelfalls der Zweck der Anordnung gefährdet wäre."

---

[1] Vgl. Erläuterung zu §§ 169, 172.

[2] *Gerhardt,* in: Kölner Schrift, S. 203 f. unter Bezugnahme auf *Lohkemper,* ZIP 1995, 1649; MünchKomm-*Haarmeyer,* InsO, § 21 Rn. 7; FK-*Schmerbach,* InsO, § 21 Rn. 75 a.

[3] HK-*Kirchhof,* InsO, § 21 Rn. 42 mwN; aA AG Duisburg WM 1999, 2094; BayObLG ZInsO 2001, 754 f. (rkr.).

[4] Vgl. Abschlussbericht der Bund-Länder-Arbeitsgruppe „Insolvenzrecht", unter *www.justiz.nrw.de/JM/justizpolitik/schwerpunkte/insolvenzrecht/pdf/abschlussbericht.pdf,* S. 10 f.; dies wurde jetzt auch im Diskussionsentwurf des Bundesministeriums der Justiz umgesetzt, vgl. u. a. *Sabel,* ZIP 2003, 782.

[5] Eingefügt durch EGInsOÄndG vom 19. 12. 1998, BGBl. I 1998, S. 3836 = DZWIR 1999, 14 ff.; *Wimmer,* DZWIR 1999, 26 ff. zu den Gesetzesänderungen vor Inkrafttreten der Insolvenzordnung.

Wer die Praxis kennt, die eine Postsperre im bisherigen Recht im Rahmen der Sequestration nur in Ausnahmefällen anordnete, weiß, dass die Postsperre wohl jede Bedeutung verloren hätte, wenn der RegE Gesetz geworden wäre. Daher hat der Rechtsausschuss unter Berücksichtigung der Stellungnahme des Bundesrates und der Gegenäußerung der Bundesregierung die Pflicht zur Anhörung des Schuldners vor Verhängung der Postsperre entsprechend der Gegenäußerung der Bundesregierung zum Vorschlag des Bundesrats praxisnäher gestaltet.[1] Dabei sollte die Anordnung einer Postsperre auf Anregung des vorläufigen Insolvenzverwalters für bestimmte oder alle Postsendungen (§ 99 Abs. 1 S. 1) in der Regel (entgegen dem Wortlaut des Gesetzes, der von einem anderen Regel-Ausnahme-Verhältnis ausgeht) ohne Anhörung des Schuldners oder der Geschäftsführung des schuldnerischen Unternehmens angeordnet werden. Eine Anregung durch den vorläufigen Insolvenzverwalter wird auf Grund der nunmehr gegebenen, sonstigen Möglichkeiten der Ausnahmefall sein und nur dann ergehen, wenn er keinerlei andere Möglichkeit sieht, seine Rechte im Verhältnis zum Schuldner oder der Geschäftsleitung des schuldnerischen Unternehmens durchzusetzen oder er Anhaltspunkte für eine dolose Haltung des Schuldners bzw. seiner Organe hat.[2] In diesem Ausnahmefall würde durch eine Anhörung des Schuldners auf Grund der besonderen Umstände des Einzelfalls der Zweck der Anordnung gefährdet. Eine solche Anordnung zwingt auf Grund § 99 Abs. 1 S. 3 das Gericht dann allerdings, das Absehen von der vorherigen Anhörung des Schuldners gesondert im Beschluss zu begründen und die Anhörung – so die Hindernisse weggefallen sind – unverzüglich nachzuholen.[3] 32

b) § 99 Abs. 2 regelt die Reichweite der Befugnisse des Insolvenzverwalters und seine Pflicht zur unverzüglichen Weiterleitung von Sendungen, die nicht die Insolvenzmasse betreffen. Dem Schuldner steht nach § 99 Abs. 2 S. 2 ein Einsichtsrecht in die in den Besitz des vorläufigen Insolvenzverwalters gelangten Sendungen zu. 33

c) Dabei ist für die Praxis festzuhalten, dass im Zuge der Weiterentwicklung des elektronischen Postverkehrs (E-Mail, SMS-Nachrichten) die Postsperre in ihrer Durchsetzung und Wirksamkeit erheblich beeinträchtigt wird, so dass die erwünschten Ergebnisse eigentlich nur auf Grund eines Überraschungseffektes unmittelbar nach Anordnung erzielt werden.[4] 34

d) Zu den Anforderungen an die Zulässigkeit einer (vorläufigen) Postsperre gibt es bereits umfangreiche Judikatur.[5] Allen Entscheidungen gemeinsam ist die 35

---

[1] *Braun/Uhlenbruck,* Unternehmensinsolvenz, S. 266; Stellungnahme Bundesrat und Gegenäußerung Bundesregierung, abgedruckt bei *Balz/Landfermann,* S. 321 f.

[2] Vgl. zum Grund der Gesetzesänderung *Wimmer,* DZWIR 1999, 64 f.; LG Göttingen DZWIR 1999, 471.

[3] So auch *Fritsche* in einer Anm. zu BGH DZWIR 2003, 522, 524.

[4] Mit den geschilderten Effektivitätsproblemen und der Liberalisierung des Postdienstleistungsmarktes nach dem Jahr 2007 und Lösungswünschen und -ansätzen beschäftigt sich ausführlich der Abschlussbericht der Bund-Länder-Arbeitsgruppe „Insolvenzrecht" *www.justiz.nrw.de/JM/justizpolitik/schwerpunkte/insolvenzrecht/pdf/abschlussbericht.pdf,* S. 79 ff.

[5] LG Bonn ZInsO 2004, 818 f.; LG Deggendorf, Beschluss vom 14. 7. 2005 – 1 T 89/05 (rkr. AG Deggendorf) m. zust. Anm. *Habereder/Pöllmann,* EWiR 2006, § 99 InsO 1/06, 85 f.; für den Sonderfall, dass der Geschäftsführer der Schuldnerin eine neu gegründete juristische Person mit sich zumindest teilweise deckendem Geschäftsgegenstand betreibt

Aussage, dass infolge des erheblichen Eingriffs in die Grundrechtsposition des Schuldners die Entscheidungen sorgfältig begründet sein müssen. Zutreffend wird eine Postsperre dann für nicht zulässig gehalten – da sinnlos – wenn nicht gleichzeitig ein vorläufiger Insolvenzverwalter bestellt wird. Unzutreffend ist allerdings die Ansicht, die die Anordnung einer vorläufigen Postsperre dann als unverhältnismäßig ansieht, wenn lediglich ein sogenannter „schwacher" vorläufiger Insolvenzverwalter mit Zustimmungsvorbehalt bestellt und kein allgemeines Verfügungsverbot dem Schuldner gegenüber erlassen worden sei. Auch im letztgenannten Fall kann die Postsperre dazu dienen, schon vorgenommene Vermögensverschiebungen aufzudecken.[1] Der BGH hat in einem Nichtannahmebeschluss ausdrücklich betont, dass durch die früher gem. § 7 InsO aF für die Rechtsbeschwerde zuständigen Oberlandesgerichte die Voraussetzungen für die Anordnung einer Postsperre hinreichend geklärt seien. Diese sei dann gerechtfertigt, wenn konkrete Anhaltspunkte dafür bestünden, dass durch das Verhalten des Schuldners wesentliche Belange der Masse gefährdet seien und diesen bei einer Abwägung der beiderseitigen Interessen der Vorrang vor dem Schutz des Briefgeheimnisses gebühre. Ob die entsprechenden Voraussetzungen gegeben seien, habe das Insolvenzgericht auf Grund einer Abwägung aller maßgeblichen Umstände des Einzelfalls zu entscheiden.[2]

36 Immerhin unterliegt selbst die Verteidigerpost der Postsperre, sofern dabei das Verwertungsverbot des § 97 Abs. 1 S. 3 beachtet wird.[3]

8. Verwertungs- und Einziehungsverbot

36a Die durch Gesetzesänderung vom 13. April 2007 eingefügte neue Ziff. 5 von Abs. 2 S. 1 ermächtigt das Insolvenzgericht anzuordnen, dass Gegenstände, die im Falle der Eröffnung des Verfahrens von § 166 erfasst würden oder deren Aussonderung verlangt werden könnte, vom Gläubiger nicht verwertet oder eingezogen werden dürfen, und dass solche Gegenstände zur Fortführung des Unternehmens des Schuldners eingesetzt werden können, soweit sie hierfür von erheblicher Bedeutung sind. Weiter wird die entsprechende Anwendung von §§ 169 S. 2 und 3 sowie 170, 171 geregelt.[4] Durch diese Regelung soll die Durchsetzung des in § 1 geregelten gleichrangigen Sanierungsgedankens durch Absicherung der Fortführungsmöglichkeiten des Geschäftsbetriebs erleichtert werden. Die Regelung versucht durch Vorziehen der Wirkung der grundsätzlich nur für das eröffnete Verfahren geltenden Regelungen der §§ 169 S. 2 und 3, 170, 171 einen Ausgleich zwischen den Interessen der Sicherungsgeber einerseits und dem Ziel einer bestmöglichen Realisierung der Vermögenswerte des Schuldners im Rahmen einer Fortführung des Geschäftsbetriebs unter Aufsicht

und selbst dann, wenn der Geschäftsführer dem Insolvenzverwalter zeitnah und lückenlos Auskunft erteilt; OLG Celle ZIP 2002, 578 f. m. zust. Anm. *Fuchs,* in EWiR 2002, § 99 InsO 1/02, 291 f.; LG Lübeck DZWIR 2001, 394 zu etwaigen Interessen Dritter; OLG Celle NZI 2001, 143 ff.; OLG Celle ZInsO 2000, 557 f. = NZI 2000, 583 ff. = ZIP 2000, 1898 ff. m. Anm. *Voss,* in EWiR 2001, § 99 InsO 2/01, 123 f.; OLG Celle NZI 2001, 147 f.; OLG Köln ZIP 2000, 1900 f. m. Anm. *App,* in EWiR 2001, § 99 InsO 1/01, 25 f.

[1] *Gundlach/Frenzel/Schmidt,* ZInsO 2001, 979 ff., 981 f.

[2] BGH NZI 2003, 647 = DZWIR 2003, 522 m. Anm. *Fritsche,* S. 522 ff.

[3] BVerfG NZI 2001, 132 f.; AG Duisburg NZI 2004, 504 f.

[4] BGBl. I 2007, S. 509.

eines vorläufigen Verwalters andererseits herbeizuführen.[1] Der Wortlaut wurde noch durch den Rechtsausschuss des Bundesrates geändert. Die Regelung, dass der durch die Nutzung eingetretene Wertverlust durch laufende Zahlungen an den Gläubiger auszugleichen ist, wurde durch Ergänzung eines weiteren Satzes zugunsten der Insolvenzmasse entschärft. Danach besteht die Verpflichtung zu Ausgleichszahlungen nur, soweit der durch die Nutzung entstehende Wertverlust die Sicherung des absonderungsberechtigten Gläubigers beeinträchtigt, was bei der in der Regel kurzen Dauer des Insolvenzeröffnungsverfahrens kaum der Fall sein dürfte. Für den Fall, dass das Insolvenzgericht gem. § 21 Abs. 2 S. 1 Nr. 5 anordnet, dass ein Vermieter die im Besitz des Schuldners befindliche Mietsache nicht einziehen darf und diese zur Fortführung des Unternehmens des Schuldners eingesetzt werden kann, hat das Kammergericht entschieden, dass dem Vermieter in den ersten drei Monaten nach der Anordnung kein Nutzungsentgelt („Zins") im Sinne von § 169 S. 2 zusteht. Für eine analoge Anwendung des § 55 Abs. 2 S. 2 sei wegen des abschließenden Charakters der §§ 21 Abs. 2 S. 1 Nr. 5, 169 S. 2 kein Raum.[2] Allerdings ist die Regelung für die Praxis und zur Absicherung von Fortführungen nicht ausreichend, da insbesondere zur Finanzierung auch die Befugnis des vorläufigen Insolvenzverwalters nötig ist, zumindest über die eingezogenen Forderungen auch verfügen zu dürfen. Es bedarf daher insoweit weiter einer entsprechenden Vereinbarung mit den Sicherungsgläubigern.

9. Zwangsmaßnahmen

a) § 21 Abs. 3 S. 1 stellt dem Insolvenzgericht zur Durchsetzung auch 37
Zwangsmaßnahmen, wie z. B. zwangsweise Vorführung des Schuldners oder die Verhaftung als „ultima ratio" zur Verfügung.[3] Von dieser Vorschrift darf daher nur in Ausnahmefällen Gebrauch gemacht werden. Der Schuldner ist vor Anordnung von Haft zu hören.[4] Soweit befürchtet wird, dass dies die Wirksamkeit dieser Zwangsmittel bei renitenten Schuldnern mindert, ist dies unzutreffend. Das Gericht ordnet – auch beim renitenten Schuldner – dessen Vorführung an, hört ihn ggf. auch zur beabsichtigten Haft an und entscheidet sodann. Kann der Schuldner nicht vorgeführt werden, ist dies ein tatsächlicher Umstand, der auch bei Anordnung der Haft nicht anders läge. In der Vorführung zur Vernehmung braucht auf die beabsichtigte Anhörung wegen anzuordnender Haft, für den Fall ungenügender Angaben, nicht hingewiesen werden. Für die Anhörung gilt § 10.

---

[1] BT-Drucks. 16/3237 vom 2. 11. 2006, S. 15 f.; Kritisch zur Einbeziehung von Aussonderungsrechten, *Kirchhof,* ZInsO 2007, 227 ff.

[2] KG NZI 2009, 114 m. Anm. *Hörmann,* IBR 2009, 2240 und *Köster,* EWiR 2009, § 21 InsO 4/09, 311 f. jetzt bestätigt mit Grundsatzurteil BGH, Urt. v. 3. 12. 2009 – IX ZR 7/09, BeckRS 2010, 00551.

[3] Zur bestimmten Bezeichnung von Mitwirkungspflichten des Schuldners im anordnenden Teil des Haftbefehls vgl. BGH NZI 2005, 263 ff. = ZIP 2005, 722 ff. = DZWIR 2005, 336 ff. m. Anm. *Mohrbutter,* S. 338 und m. zust. Anm. *Bork,* in: EWiR 2005, § 36 InsO 1/05, 571 f.; LG Dortmund NZI 2005, 459; zur aufschiebenden Wirkung der sofortigen Beschwerde gegen den Haftbefehl (ablehnend) vgl. LG Göttingen NZI 2005, 339 und *Ahrens,* NZI 2005, 299, 304.

[4] Begründung RegE, abgedruckt in: *Balz/Landfermann,* S. 229.

38 **b)** § 21 Abs. 3 S. 2 erweitert den Anwendungsbereich auf die „organschaftlichen Vertreter" einer juristischen Person, eines nicht rechtsfähigen Vereins und einer Gesellschaft ohne Rechtspersönlichkeit (z. B. GbR).

10. Rückschlagsperre

39 Abgerundet werden diese umfassenden Sicherungsmaßnahmen zum Erhalt einer zukünftigen Insolvenzmasse durch die Rückwirkung der lediglich für das Eröffnungsverfahren geltenden Vorschrift des § 88.[1] Diese entspricht der bislang ausschließlich für das Vergleichsrecht geltenden Rückschlagsperre nach den §§ 28, 87, 104 VglO. Der Grundsatz der Gleichbehandlung aller Gläubiger (par conditio creditorum) wird in das Eröffnungsverfahren vorverlagert. Dies wird dadurch erreicht, dass Sicherungen an dem zur Insolvenzmasse gehörenden Vermögen (§ 35), die im letzten Monat vor dem Antrag auf Eröffnung des Insolvenzverfahrens oder nach diesem Antrag durch Zwangsvollstreckung erlangt wurden, mit Eröffnung des Verfahrens unwirksam werden. Die Vorschrift ergänzt das in den §§ 129 ff. geregelte Insolvenzanfechtungsrecht. Die damit entstandene, teilweise Überschneidung der Wirkungsbereiche ergibt sich aus der Zusammenfassung des bisherigen Rechts zu einem einheitlichen Insolvenzverfahren.[2]

11. Wirksamwerden von Sicherungsmaßnahmen

40 Umstritten war die Frage des **Wirksamwerdens von Beschlüssen** nach altem Recht.[3] Da der Gesetzgeber die Frage nicht geregelt hat, ist entsprechend der Rechtsprechung zu § 2 Abs. 4 GesO auch für das neue Recht in Analogie zu § 27 Abs. 3 anzunehmen, dass der Beschluss, durch den die Sicherungsmaßnahmen angeordnet werden, mit dem Zeitpunkt seines Erlasses und nicht erst mit Zustellung an den Schuldner wirksam wird.[4]

12. Rechtliches Gehör – Rechtsmittel

41 **a)** Das rechtliche Gehör ist im Bereich der Sicherungsmaßnahmen nicht generell vorgesehen. Der Vorrang der Gläubigerinteressen rechtfertigt die **Einschränkung des rechtlichen Gehörs.**[5] Allerdings ist die nachträgliche Gewährung des rechtlichen Gehörs mit Art. 103 GG/Art. 6 Abs. 1 EMRK nur vereinbar, wenn durch die vorherige Gewährung rechtlichen Gehörs der Zweck der Sicherungsmaßnahmen gefährdet wird.[6]

42 **b)** Es bestand zunächst **keine Beschwerdemöglichkeit** gem. § 6, da § 34 kein Rechtsmittel gegen die Anordnung von Sicherungsmaßnahmen gewährte

[1] Vgl. Erläuterungen dort.

[2] *Gerhardt,* in: Kölner Schrift, S. 217 Rn. 49.

[3] Vgl. *Gottwald/Uhlenbruck,* InsHdb, § 14 Rn. 20.

[4] *Gottwald/Uhlenbruck,* InsHdb, § 14 Rn. 20; *Haarmeyer/Wutzke/Förster,* InsO, Kap. 3 Rn. 197; zu § 2 Abs. 4 GesO BGHZ 133, 307. Ist danach in dem Beschluss Tag und Stunde angegeben, so ist dieser Zeitpunkt für das Wirksamwerden maßgebend, andernfalls wird das Verbot mit der Mittagsstunde des Tages wirksam, an dem der Beschluss erlassen wurde.

[5] LG Göttingen ZVI 2003, 160 f. bei angekündigter Abwesenheit des Schuldners im Anhörungstermin mwN.

[6] *Uhlenbruck,* in: Kölner Schrift, S. 325 ff. Rn. 10.

(Unanfechtbarkeit). Nur im Falle der **Anordnung der Haft** (§§ 21 Abs. 3 S. 3, 22 Abs. 3 S. 3 i. V. m. § 98 Abs. 3) gab es bereits eine Beschwerdemöglichkeit. In diesem Fall war und ist die sofortige Beschwerde sowohl gegen die Anordnung der Haft als auch die Abweisung des Antrags auf Aufhebung des Haftbefehls wegen Wegfalls seiner Voraussetzungen zulässig. Daneben ist die **sofortige Beschwerde gegen die Anordnung einer vorläufigen Postsperre im Eröffnungsverfahren nach § 21 Abs. 2 Nr. 4 durch die Verweisung auf § 99 grundsätzlich zulässig.**[1] Eine sofortige Beschwerde gegen die Anordnung einer vorläufigen Postsperre wird nach deren Aufhebung auf Grund prozessualer Überholung unzulässig. Ein Rechtsschutzinteresse wird verneint.[2]

43 In allen anderen Fällen blieb bis zum InsOÄndG 2001 nur die Aufhebung der Sicherungsmaßnahmen von Amts wegen (§ 25).[3] Das Insolvenzgericht ist zur Aufhebung von Sicherungsmaßnahmen verpflichtet, wenn die Voraussetzungen für den Erlass weggefallen sind. Vor der Aufhebung müssen Gläubiger nicht gehört werden; der vorläufige Insolvenzverwalter ist entsprechend § 99 Abs. 3 S. 2 insbesondere vor Aufhebung einer Postsperre anzuhören.

44 In Fällen **greifbarer und schwerwiegender** Gesetzeswidrigkeit konnte jedoch die sofortige Beschwerde zulässig sein (§ 707 Abs. 2 S. 2 ZPO).

45 **c)** Durch die Ergänzung des § 21 Abs. 1 um einen weiteren Satz durch das InsOÄndG 2001 werden die verfassungsrechtlichen Bedenken ausgeräumt, indem für den Schuldner ein Rechtsmittel gegen die Anordnung von Sicherungsmaßnahmen zur Verfügung gestellt wird. Bei der Anordnung, dass der Schuldner dem Sachverständigen Einsicht in Bücher und Geschäftspapiere zu gestatten hat, handelt es sich um eine schlichte Beweisanordnung nach § 5 und keine Sicherungsmaßnahme. Sie kann ebenso formlos aufgehoben werden, wie sie erlassen worden ist.[4] Ein Verfahren, in dem die Rechtswidrigkeit einer bereits erledigten Sicherungsmaßnahme iSv. § 21 festgestellt werden kann, sehen weder die ZPO noch die InsO vor.[5] Nach einem weiteren Beschluss des BGH haben die Mitbewohner des Schuldners im Insolvenzeröffnungsverfahren eine Durchsuchung seiner Wohn- und Geschäftsräume auf Grund richterlichen Beschlusses wegen § 758 a Abs. 2 S. 1 ZPO iVm. § 4 zu dulden. Ein Beschwerderecht steht ihnen nach den Regelungen der Insolvenzordnung nicht zu.[6] Auf nach Erlass eines Beschlusses über die vorläufige Anordnung der Insolvenzverwaltung bekannt werdende Umstände kann wegen der Regelung in § 25 eine Aufhebung der angeordneten Sicherungsmaßnahmen im Beschwerdeverfahren nur dann erfolgreich gestützt werden, wenn die Umstände die Eröffnung des Verfahrens sicher ausschließen und die ursprüngliche Anordnung als fehlerhaft erscheinen lassen.[7] § 21 Abs. 1 S. 2 gewährt dem Schuldner gegen die Anordnung von Sicherungsmaßnahmen im Insolvenzverfahren – mithin auch die Bestellung des vorläufigen

---

[1] OLG Köln NZI 2000, 369. Vgl. hierzu auch *Pape,* Die Rechtsprechung der Oberlandesgerichte in Insolvenzsachen seit Inkrafttreten der InsO, NJW 2001, 23, 33; *Gottwald/Uhlenbruck,* § 14 Rn. 18.

[2] BGH NZI 2007, 34 f. m. zust. Anm. *Zipperer,* 35 f. = ZInsO 2006, 1212 ff.

[3] FK-*Schmerbach,* InsO, § 21 Rn. 12.

[4] BGH NZI 2008, 100 Rn. 7.

[5] Vgl. BGH ebd., Rn. 8.

[6] BGH NZI 2008, 179 m. Anm. *Frind,* EWiR 2008, § 758 ZPO 1/08, 351 f.

[7] LG Berlin ZInsO 2009, 526 f.

Verwalters – zwar die sofortige Beschwerde, dieses Recht bezieht sich aber nicht auf die Auswahl des vorläufigen Insolvenzverwalters.[1] Aus Sicht des Insolvenzverwalters und wegen des Eilcharakters des Insolvenzeröffnungsverfahrens ist die unterbliebene – vom Bundesrat geforderte – weitere Ausdehnung[2] – insbesondere auf die absonderungsberechtigten Gläubiger – zu begrüßen.[3]

46 Bislang war die Praxis davon ausgegangen, dass eine unzulässige Beschwerde des Schuldners oder absonderungsberechtigter Gläubiger zumindest als Gegenvorstellung anzusehen ist.[4] Nicht haltbar ist die bis zur Neuordnung in § 21 Abs. 1 vertretene Auffassung, dass für den Fall, dass in einem einheitlichen Sicherungsbeschluss auch Maßnahmen enthalten sind, die gem. §§ 98, 99 der sofortigen Beschwerde zugänglich sind, der gesamte Beschluss zur Überprüfung durch das Beschwerdegericht steht. Begründet wurde dies damit, dass die Verbindung in einem einheitlichen Beschluss deutlich mache, dass das Gericht alle Maßnahmen i. S. d. § 21 für erforderlich gehalten habe und dass ohne Durchführung aller Maßnahmen nach Ansicht des Insolvenzgerichts der Sicherungszweck nicht erreichbar gewesen sei. Damit seien die Anordnungen „untrennbar" miteinander verbunden.[5]

47 **d)** Über **Einwendungen gegen verbotswidrige Zwangsvollstreckungsmaßnahmen** in das **unbewegliche Vermögen** entscheidet das **Vollstreckungsgericht.**[6] Hat das Vollstreckungsorgan gegen das Vollstreckungsverbot aus § 21 Abs. 2 Ziff. 3 verstoßen, steht dem vorläufigen Insolvenzverwalter die Erinnerung (§ 766 ZPO) oder die Drittwiderspruchsklage (§ 771 ZPO) zu.[7]

48 Verbotswidrige Vollstreckungen in das **bewegliche Vermögen** sind mit der Erinnerung nach § 766 ZPO anfechtbar. Wegen der größeren Sachnähe ist aber gem. § 89 Abs. 3 S. 1 analog das **Insolvenzgericht** und nicht das Vollstreckungsgericht zuständig.[8]

§ 22 Rechtsstellung des vorläufigen Insolvenzverwalters

(1) **Wird ein vorläufiger Insolvenzverwalter bestellt und dem Schuldner ein allgemeines Verfügungsverbot auferlegt, so geht die Verwaltungs- und Verfügungsbefugnis über das Vermögen des Schuldners auf den vorläufigen Insolvenzverwalter über. In diesem Fall hat der vorläufige Insolvenzverwalter:**

---

[1] OLG Frankfurt (Main) Beschluss vom 17. 12. 2008 – 20 VA 10/08, BeckRS 2009, 01545.

[2] Ebenso die Bundesregierung in einer Gegenäußerung vom 28. 3. 2001 zur Stellungnahme des Bundesrates vom 16. 2. 2001 zum InsOÄndG 2001, im Internet nachzulesen unter: *www.rws-verlag.de,* dort Menüpunkt „Volltexte".

[3] Vgl. LG Göttingen NZI 2004, 502 f., keine Geltendmachung eines Aussonderungsrechts mit Beschwerde gegen Sicherungsmaßnahmen.

[4] *Haarmeyer/Wutzke/Förster,* Hdb, Kap. 3 Rn. 255.

[5] *Haarmeyer/Wutzke/Förster,* Hdb, Kap. 3 Rn. 256; aA: HK-*Kirchhof,* InsO, § 21 Rn. 52 mwN.

[6] *Nerlich/Römermann/Mönning,* InsO, § 21 Rn. 97.

[7] *Brox/Walker,* Rn. 195.

[8] AG Göttingen NZI 2003, 612 ff. = ZInsO 2003, 770 ff.; FK-*Schmerbach,* InsO, § 21 Rn. 83 b; aA AG Dresden ZIP 2004, 778 ff.; HK-*Kirchhof,* InsO, § 21 Rn. 34; *Nerlich/Römermann/Mönning,* InsO, § 21 Rn. 97.

1. **das Vermögen des Schuldners zu sichern und zu erhalten;**
2. **ein Unternehmen, das der Schuldner betreibt, bis zur Entscheidung über die Eröffnung des Insolvenzverfahrens fortzuführen, soweit nicht das Insolvenzgericht einer Stilllegung zustimmt, um eine erhebliche Verminderung des Vermögens zu vermeiden;**
3. **zu prüfen, ob das Vermögen des Schuldners die Kosten des Verfahrens decken wird; das Gericht kann ihn zusätzlich beauftragen, als Sachverständiger zu prüfen, ob ein Eröffnungsgrund vorliegt und welche Aussichten für eine Fortführung des Unternehmens des Schuldners bestehen.**

(2) **Wird ein vorläufiger Insolvenzverwalter bestellt, ohne daß dem Schuldner ein allgemeines Verfügungsverbot auferlegt wird, so bestimmt das Gericht die Pflichten des vorläufigen Insolvenzverwalters. Sie dürfen nicht über die Pflichten nach Absatz 1 Satz 2 hinausgehen.**

(3) **Der vorläufige Insolvenzverwalter ist berechtigt, die Geschäftsräume des Schuldners zu betreten und dort Nachforschungen anzustellen. Der Schuldner hat dem vorläufigen Insolvenzverwalter Einsicht in seine Bücher und Geschäftspapiere zu gestatten. Er hat ihm alle erforderlichen Auskünfte zu erteilen und ihn bei der Erfüllung seiner Aufgaben zu unterstützen; die §§ 97, 98, 101 Abs. 1 Satz 1, 2, Abs. 2 gelten entsprechend.**

Literatur: *Ampferl,* Der „starke" vorläufige Insolvenzverwalter in der Unternehmensinsolvenz, Köln 2002; *Bork,* Der zu allen Rechtshandlungen ermächtigte „schwache" vorläufige Insolvenzverwalter: Ein „starker" vorläufiger Insolvenzverwalter, ZIP 2001, 1521 ff.; *ders.,* Gläubigersicherung im vorläufigen Insolvenzverfahren, ZIP 2003, 1421 ff.; *ders.,* Zur Anwendung des § 181 BGB bei der Errichtung eines Doppeltreuhandkontos, NZI 2005, 530 ff.; *ders.,* Kann der (vorläufige) Insolvenzverwalter auf das Anfechtungsrecht verzichten?, ZIP 2006, 598 ff.; *Braun/Wierzioch,* Das Insolvenzgeld im Gesamtgefüge des neuen Insolvenzrechts, ZInsO 1999, 496 ff.; *Engelhardt, Timo,* Die gerichtliche Entscheidung nach §§ 21 ff. InsO und ihre Auswirkungen auf die vermögensrechtliche Stellung des Insolvenzschuldners, Berlin 2002; *Förster,* Der Insolvenzverwalter – Wettbewerbswächter oder Strukturpolitiker? – zugleich Anm. zum Beschl. des AG Hamburg v. 15. Juli 2003 – 67 g IN 205/03 „Tabakwaren eG" (ZInsO 2003, 816 f.), ZInsO 2003, 785 f.; *Franke/Böhme,* Die Tilgung von Altforderungen durch den „schwachen" vorläufigen Verwalter, DZWIR 2003, 494 ff.; *Frind,* Treuhandkontenmodell: Zur Betriebsfortführung unnötig!, ZInsO 2003, 778 ff.; *ders.,* Das Treuhandkonto im Eröffnungsverfahren – Probleme und Risiken – zugleich Kommentierung der „Hamburger Leitlinien" und Erwiderung auf Marotzke – ZInsO 2004, 470 ff.; *ders.,* Treuhandkonto – geeignete Umgehung der „Einzelermächtigung? – Bericht über praktische Erfahrungen mit dem Treuhandkonten- oder Treuhandmodell – zugleich Erwiderung auf Bork, Marotzke und Werres, ZInsO 2005, 1296 ff.; *ders.,* Die Öffentlichkeitsarbeit des (vorläufigen) Insolvenzverwalters – Nutzen, Grenzen, Gefahren, NZI 2005, 654 ff.; *ders./Rüther/Schmidt/Wendler,* Hamburger Leitlinien zum Insolvenzeröffnungsverfahren, ZInsO 2004, 24 f. = NZI 2004, 133 f.; *ders./Förster,* Schwacher Verwalter ohne Fortführungskompetenz? – zugleich Anmerkung zu LG Hamburg, Beschl. v. 3. November 2003 – 326 T 83/03, ZInsO 2003, 1094, ZInsO 2004, 76 f.; *Fritsche,* Begründung von Masseverbindlichkeiten durch den nach außen unbeschränkt handlungsbefugten Zustimmungsverwalter – zugleich Anm. zum Urt. des OLG Hamm v. 17. Januar 2002 – 27 U 150/01 (DZWIR 2002, 345), DZWIR 2002, 324 ff.; *ders.,* Entwicklungstendenzen der Zustimmungsverwaltung nach §§ 21 Abs. 2 Nr. 2 2. Alternative, 22 Abs. 2 InsO im Insolvenzeröffnungsverfahren, DZWIR 2005, 265 ff.; *Gebauer,* Vorfinanzierung von Insolvenzgeld, ZInsO 2002, 716 f.; *Grub,* Insolvenzgeld nur noch bis Insolvenzantragstellung?, DZWIR 2002, 327 ff.; *Haarmeyer,* Das Ende der „schwachen" Insolvenzverwaltung?! – Grundsatzentscheidung des BGH zur Begründung von Masseverbindlichkeiten,

ZInsO 2002, 741; *ders./Pape,* Das Ende des zu allen Rechtshandlungen ermächtigten „schwachen" vorläufigen Insolvenzverwalters – zu den Konsequenzen aus dem Urteil des BGH v. 18. Juli 2002 – IX ZR 195/01 (ZInsO 2002, 819), ZInsO 2002, 845 ff.; *Hase,* In welchen Punkten unterscheidet sich die Insolvenzausfallversicherung von der Konkursausfallversicherung, DZWIR 1999, 190 ff.; *Heidrich/Prager,* Keine Begründung von Masseverbindlichkeiten durch vorläufigen schwachen Verwalter – Kann ein Betrieb nur noch von vorläufigen starken Verwaltern fortgeführt werden?, NZI 2002, 653 ff.; *Hoenig/Meyer-Löwy,* Unternehmenskauf vom „starken" vorläufigen Insolvenzverwalter, ZIP 2002, 2162 ff.; *Huff,* Die Öffentlichkeitsarbeit des Insolvenzverwalters – eine Erwiderung, NZI 2005, 661 ff.; *Kind,* Die Bedeutung der Regelungen der InsO und des AFRG v. 24. März 1997 für die Praxis der Vorfinanzierung von Insolvenzgeld, InVo 1998, 57 ff.; *Kirchhof,* Rechtsprobleme bei der vorläufigen Insolvenzverwaltung – zur Haftung des vorläufigen Insolvenzverwalters bei Unternehmensfortführung und zur Frage der Masseschulden und Masseunzulänglichkeit, ZInsO 1999, 365 f.; *ders.,* Strukturprobleme der vorläufigen Insolvenzverwaltung, Dokumentation des Symposiums v. 6. März 2000/1. Leipziger Insolvenzrechtstag, S. 7 ff.; *ders.,* Begründung von Masseverbindlichkeiten im vorläufigen Insolvenzverfahren, ZInsO 2004, 57 ff.; *Kirchhof,* Die Rechtsstellung vorläufiger Insolvenzverwalter im Lastschriftverfahren, WM 2009, 337 ff.; *Kolbe,* Stilllegungskündigung durch den starken vorläufigen Insolvenzverwalter, ZIP 2009, 450 ff.; *Louven/Böckmann,* Ermächtigung des schwachen vorläufigen Insolvenzverwalters zur Begründung von Masseverbindlichkeiten beim Verkauf von Unternehmen, NZI 2004, 128 ff.; *Marotzke,* Marktkonformität und Gläubigergleichbehandlung in der vorläufigen Insolvenzverwaltung (Teil 1), ZInsO 2004, 113 ff. und (Teil 2) ZInsO 2004, 178 ff.; *ders.,* Treuhandkonto und § 181 BGB im Insolvenzeröffnungsverfahren Hamburger Prägung – Anm. zu dem Beschl. des AG Hamburg v. 22. April 2004 – 67 c IN 46/04, ZInsO 2004, 517, ZInsO 2004, 721 ff.; *ders.;* Antizipierte Begründung privilegierter Neumasseverbindlichkeiten – das Ende des Treuhandkontenmodells?, ZInsO 2005, 561 ff.; *ders.,* Masseschuldbegründung im Eröffnungsverfahren – zum Reformvorschlag der Bundesregierung, ZIP 2005, 2144 ff.; *Mönning/Hage,* Regulierung von Fortführungsverbindlichkeiten mittels Treuhandkonto auch bei Masseunzulänglichkeit, ZInsO 2005, 1185 ff.; *Münzel,* Die lange vorläufige Verwaltung – Gedanken zur Zulässigkeit der bewußten Verzögerung der Eröffnung des Insolvenzverfahrens, ZInsO 2006, 1238 ff.; *Pape,* Die Bestellung eines „starken Gutachters" als Mittel zur Sicherung der Insolvenzmasse, ZInsO 2001, 830 ff.; *ders.,* Erhalt der Insolvenzgeldvorfinanzierungsmöglichkeit im Insolvenzeröffnungsverfahren – Vorbemerkung zur Verabschiedung der Richtlinie 2002/74 EG des Europäischen Parlaments und des Rates (ZInsO 2002, 1173), ZInsO 2002, 1171 ff.; *Pohlmann,* Befugnisse und Funktionen des vorläufigen Insolvenzverwalters, Köln 1998; *Schmidt/Roth,* Die insolvenzgerichtliche Einzelermächtigung zur Begleichung einer Altforderung – Weiterentwicklung von BGH, ZInsO 2002, 819 („Einzelermächtigung"), ZInsO 2006, 177 ff.; *Sinz,* Revolvierende Vorfinanzierung des Insolvenzgeldes, in: FS für Uhlenbruck, S. 157 ff.; *Prütting/Stickelbrock,* Befugnisse des vorläufigen Insolvenzverwalters – aktuelle Entwicklungen in der Rechtsprechung – zugleich Besprechung von BGH, Urt. v. 18. Juli 2002 – IX ZR 195/01 (ZIP 2002, 1625), ZIP 2002, 1608 ff.; *Smid,* Gesetzlich zulässige Reichweite der Entmachung von Schuldner und schuldnerischen Gesellschaftsorganen und der Ermächtigung des vorläufigen Verwalters durch insolvenzgerichtliche Anordnung nach §§ 21, 22 InsO, DZWIR 2002, 444 ff.; *Spliedt,* Aufgaben und Befugnisse des Sachverständigen, vorläufigen Insolvenzverwalters und Insolvenzverwalters im Insolvenzverfahren, in: Insolvenzrecht auf dem Prüfstand – 3 Jahre Insolvenzordnung: Erfahrungen aus Wissenschaft und Praxis, Köln 2002; *ders.,* Die „halbstarke" Verwaltung – unbeherrschbare Masseverbindlichkeiten oder sinnvolle Alternative?, ZIP 2001, 1941 ff.; *Treffer,* Gläubiger-Rechtsverkehr mit einem „schwachen" vorläufigen Insolvenzverwalter, DB 2002, 2091 ff.; *Uhlenbruck,* Vorläufiger Sachwalter bei Insolvenzanträgen mit Antrag auf Anordnung der Eigenverwaltung?, NZI 2001, 632 ff.; *Uhlenbruck,* Zur Rechtsstellung des vorläufigen Insolvenzverwalters, NZI 2000, 289 ff.; *ders.,* Die Rechtsstellung des vorläufigen Insolvenzverwalters, in: Kölner Schrift, S. 325 ff.; *Undritz,* Der vorläufige „schwache" Insolvenzverwalter als Sanierungsbremse? – zur Begründung von Masseverbindlichkeiten nach der Entscheidung des BGH v. 18. Juli 2002 und dem „UfA"-Beschluß des AG Hamburg, NZI 2003, 136 ff.; *ders.*, Betriebsfortführung im Eröffnungsverfahren – die Quadratur des Kreises?, NZI 2007, 65 ff.; *Vallender,* Die Anordnung der vorläufigen Insolvenzverwaltung, DZWIR 1999, 266 ff.; *ders./Fuchs/Rey,* Der Eigenantrag in seiner Behandlung bis zur Eröffnungsentscheidung, NZI 1999, 140 ff.; *Werres,* Gläubiger im Insolvenzeröffnungsverfahren – Massegläubiger oder Treuhandmodell? – zugleich eine Stellungnahme zur geplanten Änderung des § 55 Abs. 2 InsO, ZInsO 2005, 1233 ff.; *Wiester,* Zur Vorfinanzierung von Insolvenzgeld im Insolvenzeröffnungsverfahren, NZI 1999, 397 ff.; *Windel,* Modelle der Unternehmensfortführung im Insolvenzeröffnungsverfahren, ZIP 2009, 101 ff.; *Wittig,* Kreditfinanzierung der Unternehmensfortführung im Insolvenzverfahren, DB 1999, 197 ff.

Übersicht

1. Normzweck

Die Regelung des § 22 ist im bisherigen deutschen Konkurs-, Vergleichs- und Gesamtvollstreckungsrecht ohne Vorbild. Die rechtliche Stellung des im Vorverfahren gerichtlich bestellten Sequesters und des vorläufigen Vergleichsverwalters (§ 11 Abs. 2 VglO) war bislang nicht gesetzlich geregelt, sondern von Rechtsprechung, Literatur und Insolvenzpraxis herausgebildet worden.[1] 1

Die Norm soll in Verbindung mit § 21 Abs. 2 Ziff. 1 die Rechte und Pflichten des Insolvenzverwalters gesetzlich festlegen. Dies wurde u. a. auch durch die nun mögliche Anordnung eines allgemeinen Verfügungsverbots, das absolute Wirkung entfaltet, erforderlich. 2

[1] HK-*Kirchhof,* InsO, § 22 Rn. 1.

Durch Gesetzesänderung vom 13. April 2007[1] sind in § 22 Abs. 3 S. 3 nach dem Wort „erteilen" die Wörter „und ihn bei der Erfüllung seiner Aufgaben zu unterstützen" eingefügt worden.

Durch diese Textänderung des § 22 Abs. 3 S. 3 soll die bereits von der überwiegenden Auffassung in der Literatur vertretene umfassende Mitwirkungspflicht des Schuldners eindeutig klargestellt werden.[2]

2. Überblick

3 § 22 enthält eine umfassende gesetzliche Regelung zur Rechtsstellung des vorläufigen Insolvenzverwalters. Dabei regeln § 22 Abs. 3 die Rechte und § 22 Abs. 1 und Abs. 2 die Pflichten des vorläufigen Insolvenzverwalters. Im Ausgangspunkt ist zu unterscheiden zwischen dem

– vorläufigen Insolvenzverwalter mit **gesetzlicher** Kompetenzzuweisung nach § 22 Abs. 1 und dem
– mit **gerichtlicher** Kompetenzzuweisung nach § 22 Abs. 2.

4 § 22 Abs. 3 verweist als Schlüsselvorschrift im Wesentlichen auf die für das eröffnete Verfahren und damit für den Insolvenzverwalter geltenden Vorschriften der §§ 97, 98, 101 Abs. 1 S. 1, 2, Abs. 2. Seine Anwendung ist unabhängig von der Frage, ob ein vorläufiger Insolvenzverwalter **mit** oder **ohne** Verwaltungs- oder Verfügungsbefugnis gem. § 22 Abs. 1 bestellt wurde.[3] Wesentlich ist, dass dem vorläufigen Insolvenzverwalter darüber hinaus ein Betretungs- und Nachforschungsrecht gem. § 22 Abs. 3 S. 1 ebenso zusteht wie ein Einsichtsrecht in die Bücher und Geschäftspapiere, § 22 Abs. 3 S. 2.[4] Diese Rechte können ggf. mit einer vollstreckbaren Ausfertigung des Beschlusses über die Anordnung der Sicherungsmaßnahmen zwangsweise durchgesetzt werden.[5]

3. Besonderheiten für den vorläufigen Insolvenzverwalter mit Verwaltungs- und Verfügungsbefugnis

a) Allgemeines

5 Das bisherige Recht kannte einen vorläufigen Insolvenzverwalter nicht. Der Sequester des bisherigen Rechts trat nicht in die Rechtsstellung des Gemeinschuldners oder der Vertretungsorgane ein. Für den Fall, dass dem Schuldner gem. § 21 Abs. 2 Ziff. 2 1. Alt. ein allgemeines Verfügungsverbot auferlegt und gleichzeitig ein vorläufiger Insolvenzverwalter bestellt wird, geht gem. § 22 Abs. 1 S. 1 die Verwaltungs- und Verfügungsbefugnis auf diesen über. Er tritt damit voll in die Rechtsstellung des Schuldners oder seiner Organe ein. Dies zieht weitreichende Rechte – wie insbesondere z. B. die Herausgabevollstreckung

[1] BGBl. I 2007, S. 509.

[2] BT-Drucks. 16/3227 vom 2. 11. 2006, S. 15 f.

[3] Wegen der Einzelheiten wird auf die Kommentierung zu § 20 verwiesen, bei der auf die Einzelfragen wegen des Sachzusammenhangs und der inhaltlich gleichen Verweisung auf Vorschriften im eröffneten Verfahren in § 22 Abs. 3 S. 3 eingegangen wurde.

[4] Zur Verfasssungsmäßigkeit von § 22 Abs. 3 und zur Einsicht in die „Bücher" eines Rechtsanwalts bejahend BGH NZI 2004, 29; für den isolierten Sachverständigen verneinend, BGH NZI 2004, 312 f. = DZWIR 2004, 381 f. m. krit. Anm. *Thiemann,* S. 382; m. zust. Anm. *Bähr,* EWiR 2004, § 5 InsO 1/04, 499 f.

[5] *Braun/Uhlenbruck,* Unternehmensinsolvenz, S. 252.

gegen den Schuldner zu betreiben (§§ 883f. ZPO), gem. § 240 S. 2 ZPO unterbrochene Prozesse aufzunehmen sowie überhaupt ein Prozessverfahren einzuleiten[1] – aber auch Pflichten und Haftungsrisiken nach sich. So bedarf es zur wirksamen Anordnung der Zwangsverwaltung der Erteilung einer Vollstreckungsklausel und Zustellung gegen den vorläufigen Insolvenzverwalter.[2] Andernfalls muss weiterhin dem Schuldner zugestellt werden.[3] Für diesen vorläufigen Insolvenzverwalter hat sich zwischenzeitlich der Begriff „starker" vorläufiger Insolvenzverwalter eingebürgert, in Abgrenzung zum sogenannten „schwachen" vorläufigen Insolvenzverwalter. Mit dem Begriff „schwacher" vorläufiger Insolvenzverwalter ist regelmäßig die Bestellung eines vorläufigen Insolvenzverwalters mit Zustimmungsbefugnis oder anders formuliert die Anordnung einer vorläufigen Insolvenzverwaltung gemeint, bei der die Verfügungen des Schuldners in ihrer Wirksamkeit von der Zustimmung des vorläufigen Insolvenzverwalters abhängig gemacht werden.

Nur der vorläufige Insolvenzverwalter **mit** Verwaltungs- und Verfügungsbefugnis ist berechtigt und verpflichtet, sich in den Besitz des Schuldnervermögens zu setzen. Im Gegenschluss kann daraus gefolgert werden, dass für den Fall, dass ein allgemeines Verfügungsverbot nicht verhängt wird, der vorläufige Verwalter hierzu nicht berechtigt ist.[4] Den ohne gleichzeitige Anordnung eines allgemeinen Verfügungsverbots und sonstiger Maßnahmen nach § 22 Abs. 2 bestellten vorläufigen Insolvenzverwalter muss man lediglich als „Berater" des Schuldners ansehen.[5] 6

Für den sogenannten „starken" vorläufigen Insolvenzverwalter besteht die Möglichkeit, im Insolvenzeröffnungsverfahren einen Massekredit aufzunehmen und zu besichern. Damit wird eine für das bisherige Recht unbefriedigende Problematik gelöst. Mit der Zustimmung des Sequesters eingegangene Verbindlichkeiten hatten im eröffneten Verfahren den Rang nicht bevorrechtigter Konkursforderungen nach § 61 Abs. 1 Ziff. 6 KO. Voraussetzung für eine Befriedigung dieser eingegangenen Verbindlichkeiten nach Eröffnung des Verfahrens war die Zustimmung zu einer zulässigen Besicherung aus freien Vermögenswerten im Wege der Schaffung bestandsfester Absonderungsrechte. 7

Diese Erweiterung der Rechte zieht allerdings auch Pflichten nach sich, die sich für die Masse als negative Konsequenz darstellen. § 55 Abs. 2 S. 2 erweitert den Anwendungsbereich auf Verbindlichkeiten aus einem Dauerschuldverhältnis, **soweit** der vorläufige Insolvenzverwalter die Gegenleistung in Anspruch genommen hat. Mit der Rechtsprechung des Bundesarbeitsgerichts[6] ist für den Haupt- 8

[1] Vgl. § 24 Abs. 2, der für die Aufnahme anhängiger Rechtsstreitigkeiten auf die §§ 85 Abs. 1 S. 1 und 86 verweist; zur Prozessführungsbefugnis AG Göttingen NZI 1999, 506; Ablehnung der Prozessunterbrechung bei sog. schwacher vorläufiger Insolvenzverwaltung: OLG Celle ZInsO 2002, 728 und BAG ZInsO 2001, 1024.

[2] LG Cottbus ZInsO 2000, 237f.; aA LG Halle m. abl. Anm. *Hintzen,* in EWiR 2001, § 21 InsO 3/01, 1151f.

[3] Zum die Anordnung der Zwangsverwaltung enthaltenden Beschluss LG Göttingen ZInsO 2001, 627f.

[4] OLG Naumburg ZInsO 2009, 1448; OLG Celle ZIP 2003, 87ff.; vgl. hierzu die Ausführungen in *Braun/Uhlenbruck,* Unternehmensinsolvenz, S. 250.

[5] So auch *Braun/Uhlenbruck,* Unternehmensinsolvenz, S. 235; *Haarmeyer/Wutzke/Förster,* Hdb, Kap. 3 Rn. 312.

[6] BAG ZIP 2001, 1964ff. m. Anm. *Bork,* EWiR 2001, § 55 InsO 2/01, 1063f.

problempunkt der Arbeitsentgeltansprüche der Arbeitnehmer geklärt, dass sonstige Masseverbindlichkeiten nach § 55 Abs. 2 S. 2 nicht entstehen.[1]

9 Daneben wurde § 55 durch das InsOÄndG 2001 um einen Abs. 3 ergänzt. Danach werden die gem. § 187 SGB III auf die Bundesanstalt für Arbeit übergegangenen Erstattungsansprüche nach der Auszahlung von Insolvenzgeld auf den Rang von Insolvenzforderungen nach § 38 InsO herabgestuft.[2]

b) Pflicht zur Vermögenssicherung und -erhaltung

10 Nach § 22 Abs. 1 S. 2 Ziff. 1 hat der vorläufige Insolvenzverwalter mit Verwaltungs- und Verfügungsbefugnis das Vermögen des Schuldners zu sichern und zu erhalten. Insoweit entspricht der Pflichtenkreis dem bislang für die Sequestration Anerkannten. Die Beispiele in der Begründung zum Regierungsentwurf nehmen dabei zur Abgrenzung auf als Haftungsfälle entschiedene Notverkäufe für verderbliche Waren Bezug.[3] Streitig war für das bisherige Recht insbesondere, ob der Sequester bereits im Eröffnungsverfahren berechtigt war, mit Verwertungsmaßnahmen zu beginnen. Schon für den vorläufigen Insolvenzverwalter mit Verwaltungs- und Verfügungsbefugnis wird dieses Recht auf Grund der bestehenden Fortführungspflicht nach § 22 Abs. 1 S. 2 Ziff. 2 nur in Ausnahmefällen bestehen. Eine Berechtigung könnte sich für diesen Fall grundsätzlich aus der voll umfänglich übergangenen Verwaltungs- und Verfügungsbefugnis mit der Einschränkung ergeben, dass **fortführungsnotwendiges Anlagevermögen** keinesfalls veräußert werden darf. Für diese Auffassung spricht, dass die für den Insolvenzverwalter bestehende Berechtigung und Verpflichtung zur Verwertung der Insolvenzmasse in § 159 für den vorläufigen Insolvenzverwalter mit Verwaltungs- und Verfügungsbefugnis nicht – auch nicht durch entsprechende Anwendung – besteht.[4] Des Weiteren ist zu beachten, dass möglicherweise Sicherungsrechte absonderungsberechtigter Gläubiger bestehen und zu wahren sind.[5]

11 Der vorläufige Insolvenzverwalter ist über die ihm eingeräumte Sicherungs- und Erhaltungspflicht hinaus nach § 22 Abs. 1 im Rahmen der §§ 166 ff. berechtigt, Sicherungsgut – insbesondere z. B. das Vorratsvermögen – zu nutzen und auch im Rahmen der Fortführung des Unternehmens zu verarbeiten.[6] Maßstab für die Rechtmäßigkeit des Handelns wird dabei grundsätzlich sein, ob die entsprechenden Rechtshandlungen des vorläufigen Insolvenzverwalters sich

---

[1] Vgl. die Erläuterung zu § 21 Rn. 19 f.

[2] Vgl. die Erläuterung zu § 55 Rn. 53 f.

[3] Begründung RegE, abgedruckt bei *Balz/Landfermann,* S. 232.

[4] So auch BGH ZIP 2001, 296 ff. *Keller,* in EWiR 2001, § 11 InsVV 1/01, 281 f. in einer Grundsatzentscheidung zur Vergütung des vorläufigen Insolvenzverwalters; vgl. allerdings die Ausnahmeentscheidung des AG Duisburg zur Autorisierung des sog. schwachen vorläufigen Insolvenzverwalters zum Verkauf von Unternehmensteilen im Insolvenzverfahren Babcock Borsig zum Az. 62 IN 167/02, NZI 2002, 614 und Besprechung von *Louven/Böckmann,* NZI 2004, 128 ff.

[5] *Foltis,* ZInsO 1999, 393 in diesem Sinne argumentierend; zu weitgehend danach SG Berlin ZInsO 1999, 355.

[6] So auch *Kirchhof,* in Dokumentation des Symposiums vom 6. 3. 2000/1. Leipziger Insolvenzrechtstag, S. 10, der zu Abgrenzungszwecken auf Vorschriften des bürgerlichen Gesetzbuches für die Bruchteils- und die Erbengemeinschaft zurückgreifen will, die eine ähnliche Problemlage enthalten.

im Rahmen des sogenannten „ordnungsgemäßen Geschäftsgangs" bewegen. Dabei besteht für ihn die Gefahr – sofern eine Vereinbarung mit den gesicherten Gläubigern nicht getroffen wurde – die Kostenbeiträge der Gläubiger gem. § 171 zu verlieren, da diese Vorschrift für das Eröffnungsverfahren nicht – auch nicht entsprechend – gilt.[1] Letzteres sollte allerdings in der Praxis kein Problem darstellen, da im Rahmen einer Fortführung im Insolvenzeröffnungsverfahren die erzielte Wertschöpfung der Insolvenzmasse verbleibt und damit bei entsprechend niedrigem Materialeinsatz des schuldnerischen Unternehmens der der Insolvenzmasse zufließende Rohertrag höher ist als der geschuldete Kostenbeitrag des Gläubigers nach § 171. Diese Aussage ist allerdings nur zutreffend, wenn zugunsten der Sicherungsgläubiger keine Sicherungsübereignung der Warenvorräte vorliegt und die – ab Insolvenzantragstellung und der Anordnung von Sicherungsmaßnahmen – entstehenden Forderungen nicht einer wirksam vereinbarten Zession unterliegen. Für diesen Fall ist – will man vermeiden, die entsprechenden Rechte erst im Wege der Insolvenzanfechtung nach den §§ 129 ff. nach der Verfahrenseröffnung geltend machen zu können – bereits im Insolvenzeröffnungsverfahren eine entsprechende Vereinbarung mit dem Sicherungsgläubiger zu treffen. Diese muss beinhalten, dass die im Rahmen der Fortführung erzielte Wertschöpfung der Insolvenzmasse verbleibt und auf die Ansprüche und Rechte aus der (Global-)Zession ab dem Stichtag der Insolvenzantragstellung und der Anordnung von Sicherungsmaßnahmen verzichtet wird.[2]

c) Fortführungspflicht bis zur Entscheidung über die Eröffnung des Insolvenzverfahrens

Die in § 22 Abs. 1 S. 2 Ziff. 2 geregelte Fortführungspflicht des vorläufigen 12
Insolvenzverwalters steht in einem Spannungsverhältnis zur Sicherungs- und Erhaltungspflicht gem. § 22 Abs. 1 S. 2 Ziff. 1.[3] Die Fortführungspflicht geht auf die in § 1 als ein Ziel des Insolvenzverfahrens genannte Möglichkeit des Erhalts des Unternehmens durch Sanierung im Rahmen eines Insolvenzverfahrens zurück. Dies kann im Einzelfall dazu führen, dass gewisse Verluste über einen fest fixierten Zeitraum in Kauf genommen werden müssen, was grundsätzlich § 22 Abs. 1 S. 2 Ziff. 1 widerspricht.[4] Ist abzusehen – dies ist durch den vorläufigen Insolvenzverwalter ausreichend zur Vorbereitung und Entscheidung durch das Insolvenzgericht zu dokumentieren –, dass ein Unternehmen erhebliche Verluste erwirtschaftet und keine Aussicht auf Sanierung besteht,[5] kann bereits im Eröffnungsverfahren der Geschäftsbetrieb ganz oder teilweise – mit gerichtlicher Zustimmung – eingestellt werden.[6]

---

[1] *Braun/Uhlenbruck,* Unternehmensinsolvenz, S. 254 f.

[2] Zur Problematik des zu beachtenden Vermieterpfandrechts vgl. *Zipperer,* NZI 2005, 538 ff., 541 f.

[3] So auch *Braun,* Der Insolvenzplan und die Pflicht zur Betriebsfortführung in der Insolvenzordnung, S. 91.

[4] E contrario-Schluss aus Begründung RegE, abgedruckt in *Balz/Landfermann,* S. 232.

[5] AG Aachen ZIP 1999, 1494 zu den Anforderungen eines solchen Zustimmungsantrags; *Kirchhof,* ZInsO 1999, 265 ff., insbesondere auch zur Haftung nach § 61 InsO.

[6] Für den Zeitraum nach Eröffnung aber vor der Entscheidung im Berichtstermin vgl. § 158.?

13 § 22 Abs. 1 S. 2 Ziff. 2 verpflichtet den vorläufigen Insolvenzverwalter allerdings, die Zustimmung des Insolvenzgerichts einzuholen.[1] Eine solche Zustimmung kann vom Insolvenzgericht nur dann erklärt werden, wenn ausreichend detaillierte und dokumentierte Entscheidungsgrundlagen zur Verfügung stehen. Sind solche zusammen mit dem Insolvenzantrag nicht eingereicht worden, wird eine gewisse Zeitspanne, in der Verluste nicht ausgeschlossen werden können, für deren Erarbeitung durch den vorläufigen Insolvenzverwalter in Kauf genommen werden müssen.[2] Zur sachgerechten Vorbereitung einer Gerichtsentscheidung ist daher vom vorläufigen Insolvenzverwalter schon bei Unternehmensinsolvenzen mittlerer Größe die Vorlage einer (Plan-)Gewinn- und Verlustrechnung zu verlangen. Daneben sind umfassende Informationen zur Vermögens- und Ertragslage nötig, ggf. auch Angaben und Dokumentationen zur Auftragslage, Marktentwicklung (soweit verfügbar) und zur Kalkulation. Der Umfang und die notwendige Detaillierung dieser Unterlagen hängt von der Größe des insolventen Unternehmens und der Branche ab (für ein saisonabhängiges Unternehmen sind z. B. abweichende Prognosezeiträume erforderlich).

14 Die Regelungen über die Fortführungspflicht und die Notwendigkeit der Zustimmung des Insolvenzgerichts zur Stilllegung sind Schlüsselvorschriften des Insolvenzeröffnungsverfahrens. Sie sollen gewährleisten, dass die Gläubigerversammlung zum einen gem. § 157 über die Stilllegung oder vorläufige Fortführung entscheiden, zum anderen das dort ebenfalls geregelte Initiativrecht für einen Insolvenzplan wahrnehmen kann.

d) Exkurs: Vorfinanzierung von Insolvenzgeld

15 **aa) Problemstellung.** Die in § 22 Abs. 1 S. 2 Ziff. 2 normierte Fortführungspflicht für den sogenannten „starken“ vorläufigen Insolvenzverwalter hat zur Folge, dass er die Arbeitnehmer des schuldnerischen Unternehmens fortbeschäftigen muss. Im Regelfall findet der vorläufige Insolvenzverwalter die Situation vor, dass zumindest für einen Monat Löhne und Gehälter der Arbeitnehmer rückständig sind. Die Arbeitnehmer werden in der Regel nicht bereit sein, weitere Arbeitsleistungen zu erbringen, wenn nicht sichergestellt ist, dass ihnen Mittel zur Deckung ihres laufenden Lebensunterhalts und ggf. bestehender sonstiger Verpflichtungen zur Verfügung gestellt werden. Insbesondere diejenigen Arbeitnehmer, die als „Schlüsselpersonen“ ohne größere Probleme sofort wieder auf dem Arbeitsmarkt unterkommen, würden andernfalls das Unternehmen innerhalb kürzester Frist verlassen, so dass eine Fortführung und damit auch zwangsläufig Eigensanierung/übertragende Sanierung des schuldnerischen Unternehmens unmöglich gemacht würde. Hintergrund ist, dass der Anspruch auf Insolvenzgeld gem. § 183 Abs. 1 SGB III erst mit der Eröffnung des Insolvenzverfahrens, Ablehnung mangels Masse oder vollständiger Betriebseinstellung entsteht. Ein Anspruch entsteht also nicht bereits mit Insolvenzantragstellung, sondern erst mit Insolvenzeröffnung, die einige Wochen, teilweise Monate nach der erfolgten Insolvenzantragstellung liegen kann.

16 Da der Insolvenzgeldanspruch erst mit Insolvenzeröffnung entsteht, kann auch ein Vorschuss auf Insolvenzgeld von der Bundesagentur für Arbeit in der Regel

[1] Die Kündigung von Arbeitsverhältnissen durch den „starken“ vorläufigen Insolvenzverwalter ist allerdings auch ohne diese Zustimmung wirksam, vgl. BAG ZIP 2006, 585 ff.

[2] Begründung RegE, abgedruckt bei *Balz/Landfermann,* S. 232.

erst nach Eröffnung ausbezahlt werden. Die entsprechende Vorschrift des § 186 SGB III hat dabei folgenden Wortlaut:

„Die Agentur für Arbeit kann einen Vorschuss auf das Insolvenzgeld erbringen, wenn

1. die Eröffnung des Insolvenzverfahrens über das Vermögen des Arbeitgebers beantragt ist,
2. das Arbeitsverhältnis beendet ist und
3. die Voraussetzungen für den Anspruch auf Insolvenzgeld mit hinreichender Wahrscheinlichkeit erfüllt werden.

Die Agentur für Arbeit bestimmt die Höhe des Vorschusses nach pflichtgemäßem Ermessen. Der Vorschuss ist auf das Insolvenzgeld anzurechnen. Er ist zu erstatten, soweit ein Anspruch auf Insolvenzgeld nicht oder nur in geringer Höhe zuerkannt wird."

Die Vorschussregelung ist allerdings wenig praktikabel, da sie unter Ziff. 2 **17** voraussetzt, dass das Arbeitsverhältnis beendet ist und Ziff. 3 eine Prognoseentscheidung fordert. Die Voraussetzung unter Ziff. 2 erklärt sich daraus, dass nur für den Fall, dass das Arbeitsverhältnis beendet ist, der 3-Monats-Zeitraum schon festgelegt ist und nicht von einem ungewissen, zukünftigen Insolvenzereignis abhängt. Ein Arbeitnehmer wird in dieser Situation – in der Regel – nicht auf den Bestandsschutz seines Arbeitsverhältnisses verzichten.

Die Abwicklung der Auszahlung von Insolvenzgeld dauert in der Regel **18** zwischen drei bis sechs Wochen, je nach Schnelligkeit, mit der die Verdienstbescheinigungen erstellt werden können, und der Anzahl der Mitarbeiter, für die derartige Bescheinigungen erstellt und Anträge bearbeitet werden müssen. Im Ergebnis bedeutet dies für die Arbeitnehmer, dass zwischen Insolvenzantragstellung und der Erfüllung ihrer rückständigen Lohn-/Gehaltsansprüche mehrere Monate liegen können. Je nach Branche und Struktur der Arbeitnehmerschaft sind oft Verzögerungen von einigen Tagen, längstens jedoch Wochen den Arbeitnehmern nicht zumutbar und führen dazu, dass vermittelbare Arbeitnehmer, insbesondere Schlüsselpersonen, kurzfristig neue Arbeitsstellen suchen und das Arbeitsverhältnis – berechtigterweise – fristlos kündigen. Dadurch werden oft auch die letzten möglicherweise noch bestehenden Sanierungschancen zunichte gemacht. Der Geschäftsbetrieb muss dann insgesamt eingestellt werden mit der Konsequenz der Zerstörung weiterer Vermögenswerte und des Verlustes der Arbeitsplätze für alle Arbeitnehmer.

bb) Allgemeine Zulässigkeit. In einer Entscheidung vom 22. März 1995 **19** hat das Bundessozialgericht grundsätzlich unter Rückgriff auf die Materialien zum Kaug sowie zum 8. Gesetz zur Änderung des AFG Stellung genommen und entschieden, dass die kollektive Vorfinanzierung des Arbeitsentgeltes durch unbeteiligte Dritte weder allgemein noch im entschiedenen Fall als Konkursausfallgeld-Missbrauch angesehen werden kann, auch dann nicht, wenn „ein Sequester hierdurch die Personalkosten für die Erwirtschaftung einer ausreichenden Konkursmasse auf die Konkursausfallgeld-Versicherung verlagert".[1] Dieses ausführlich begründete Urteil des Bundessozialgerichts hat dazu geführt, dass die Bundesagentur für Arbeit mit Runderlass vom 11. Mai 1995[2] die Kaug-Durchführungs-

[1] BSG ZIP 1995, 935 ff.
[2] Runderlass vom 11. 5. 1995 – III a 5–7141K-A, ZIP 1995, 1053.

anweisung angepasst und die nachgeordneten Dienststellen zur sofortigen Beachtung der Rechtsprechung des Bundessozialgerichts angewiesen hatte.

20 Ab diesem Zeitpunkt war daher die Vorfinanzierung durch ein unbeteiligtes Kreditinstitut auch dann unproblematisch, wenn die Ansprüche der Arbeitnehmer nach Konkursantragstellung entstanden sind.

21 Geregelt sind die Vorschriften über Insolvenzgeld in den §§ 183–189 SGB III. § 188 SGB III regelt unter der Überschrift „Verfügungen über das Arbeitsentgelt" in Abs. 4 Folgendes:

> „Der Neugläubiger oder Pfandgläubiger hat keinen Anspruch auf Insolvenzgeld für Ansprüche auf Arbeitsentgelt, die ihm vor dem Insolvenzereignis **ohne Zustimmung** der Agentur für Arbeit zur Vorfinanzierung der Arbeitsentgelte übertragen und verpfändet wurden. Der Agentur für Arbeit **darf** der Übertragung oder Verpfändung nur zustimmen, wenn Tatsachen die Annahme rechtfertigen, dass durch die Vorfinanzierung der Arbeitsentgelte ein erheblicher Teil der Arbeitsplätze erhalten bleibt." (Hervorhebungen vom Verfasser).

22 In der Begründung des Gesetzentwurfs der Bundesregierung (damals noch § 187) heißt es dazu:[1]

> „Die Regelung des Arbeitsförderungsgesetzes, wonach vor Eröffnung des Konkursverfahrens zur Vorfinanzierung übertragene oder verpfändete Ansprüche auf Arbeitsentgelt einen Anspruch auf Konkursausfallgeld nur dann begründen, wenn im Zeitpunkt der Übertragung oder Verpfändung der Neugläubiger oder Pfandgläubiger nicht zugleich Gläubiger des Arbeitgebers oder an dem Unternehmen beteiligt ist (§ 141 k Abs. 2 a AFG), hat sich in der Verwaltungspraxis als unzureichend erwiesen. Um einerseits arbeitsplatzerhaltende Sanierungen beteiligter Gläubigerbanken dem Unternehmen durch eine Vorfinanzierung der Arbeitsentgelte zu ermöglichen, andererseits aber eine missbräuchliche Inanspruchnahme der Konkursausfallsicherung zu verhindern, soll künftig ein Anspruch auf Insolvenzausfallgeld aus einem vor dem Insolvenzereignis zur Vorfinanzierung übertragenen oder verpfändeten Anspruch auf Arbeitsentgelt nur dann bestehen, wenn das Arbeitsamt (jetzt: Bundesagentur für Arbeit) der Übertragung oder Verpfändung zugestimmt hat. Die Zustimmung soll an eine positive Prognoseentscheidung des Arbeitsamtes für den erheblichen Erhalt von Arbeitsplätzen im Rahmen eines Sanierungsversuchs geknüpft sein."

Diese Regelung bedeutet im Ausgangspunkt eine erhebliche Einschränkung und einen Rückfall vor die Situation, wie sie nach der Rechtsprechung des Bundessozialgerichts im Jahre 1995 galt.[2]

23 In der Praxis wirkt sich dies folgendermaßen aus:

- Zum einen ist positiv zu vermerken, dass durch die Notwendigkeit einer Zustimmung der Arbeitsverwaltung nunmehr **auch beteiligte Gläubiger,** insbesondere Kreditinstitute, eine sogenannte „Vorfinanzierung" von Insolvenzgeldansprüchen der Arbeitnehmer durchführen können, was aus der Gesetzesbegründung für die Zustimmungspflicht zu entnehmen ist,
- Zum anderen war zunächst auf Grund des Wortlautes und der Gesetzesbegründung davon auszugehen, dass eine nahezu unüberwindbare Hürde für die Erteilung einer Zustimmung bestand. Zu letzterem bestand die Problematik in der vorzutragenden Prognose, dass durch die Vorfinanzierung der Arbeitsentgelte **ein erheblicher Teil der Arbeitsplätze** erhalten bleibt.

---

[1] Entwurf eines Gesetzes zur Änderung der Arbeitsförderung (Arbeitsförderungs-Reformgesetz AFG), BR-Drucks. 550/96 vom 16. 8. 1996.

[2] Vgl. hierzu im Einzelnen den Überblick bei *Kind,* InVo 1998, 58 f.

Insoweit hat allerdings die Bundesagentur für Arbeit mit ihrer Durchführungsanweisung zum Insolvenzgeld[1] auf Anregungen aus der Praxis reagiert und folgende handhabbare Grundsätze[2] aufgestellt:

- Die Agentur für Arbeit hat eine **Prognoseentscheidung** anzustellen. Für zulässig gehalten wird dabei sowohl eine Zustimmung im Sinne einer vorherigen Einwilligung als auch einer nachträglichen Genehmigung. Die Zustimmungserklärung kann daher auch noch nach der Übertragung der Arbeitsentgeltansprüche erfolgen und zwar grundsätzlich noch bis spätestens unmittelbar vor dem Insolvenzereignis.
- Für die Glaubhaftmachung der vorzutragenden Tatsachen reicht es aus, wenn der Antragsteller glaubhaft macht, dass die Erhaltung eines erheblichen Teils der Arbeitsplätze **überwiegend wahrscheinlich** ist. Auf die Grundsätze des § 294 ZPO kann insoweit zurückgegriffen werden (gegenüber einem Vollbeweis ist ein verminderter Grad der Wahrscheinlichkeit in der Überzeugungsbildung der Agentur für Arbeit ausreichend).
- **Indizien,** die für eine Sanierung mit erheblichem Arbeitsplatzerhalt sprechen, können z. B. sein:
  - Erste Maßnahmen im Rahmen der Umsetzung eines konkreten Sanierungskonzepts (z. B. Konzept zur Rationalisierung, Umstrukturierung und Verminderung der Produktionskosten),
  - Übernahmeangebot eines potentiellen Interessenten, das noch von der Erfüllung bestimmter Voraussetzungen abhängig gemacht wird,
  - Gutachten des vorläufigen Insolvenzverwalters, mit nachvollziehbar günstiger Prognose für die Fortführung des Unternehmens (vgl. § 22 Abs. 1 S. 2 Ziff. 3 HalbS. 2),
- Für die Auslegung des unbestimmten Rechtsbegriffs **„erheblicher Erhalt von Arbeitsplätzen“** kann zur Orientierung auf die Größenverhältnisse des § 112 a BetrVG zurückgegriffen werden, so dass u. U. auch der Erhalt von 10% der Arbeitsplätze ausreichend ist, in besonders gelagerten Fällen kann aber auch eine geringere Quote ausreichend sein.
- Die Arbeitsplätze müssen **auf Dauer** erhalten werden, was die Zulässigkeit einer Vorfinanzierung für sogenannte **Ausproduktionsfälle** ausgeschlossen erscheinen lässt.
- Bei Insolvenzantragstellung und Anordnung von Sicherungsmaßnahmen bereits entstandene Arbeitsentgeltansprüche sind ohne Weiteres vorzufinanzieren. Es ist davon auszugehen, dass der vorläufige Insolvenzverwalter zunächst noch Zeit benötigt, um den dauerhaften Arbeitsplatzerhalt beurteilen zu können.

Daraus sind folgende Konsequenzen zu ziehen:

- Sind bei Insolvenzantragstellung und Anordnung von Sicherungsmaßnahmen Lohn-/Gehaltsansprüche der Arbeitnehmer bereits rückständig und fällig, ist die Agentur für Arbeit in der Regel verpflichtet, eine Zustimmung zur sogenannten „Vorfinanzierung“ von Insolvenzgeld zu erteilen, da davon ausgegangen werden muss, dass dem vorläufigen Insolvenzverwalter ein gewisser Zeitraum zur Prüfung der Chancen auf einen dauerhaften Arbeitsplatzerhalt eingeräumt werden muss. Die Agentur für Arbeit ist in diesem Fall zu einer Zustimmung auf Antrag verpflichtet.

---

[1] Dazu § 188 SGB III, ZIP 1999, 211 f.

[2] Auszugsweise abgedruckt in ZIP 1999, 205 ff.

– Für die nachfolgenden Lohn-/Gehaltszahlungszeiträume besteht – Glaubhaftmachung der aufgestellten Voraussetzungen unterstellt – ebenfalls ein Anspruch auf Zustimmung durch die Arbeitsverwaltung. Aus der Erfahrung kann angegeben werden, dass die Agenturen für Arbeit i. d. R. orientiert an den praktischen Bedürfnissen nach der Durchführungsanweisung verfahren.
– Die vorgenannten Grundsätze zur Durchführungsanweisung gelten nicht für eine individuelle Vorfinanzierung von Insolvenzgeldansprüchen, wobei diese in der Praxis kaum darstellbar ist und in der Regel eine kollektive Vorfinanzierung durchgeführt wird.

24 Ursprünglich wurde als weitere Möglichkeit die vorläufige Bewilligung von Insolvenzgeld nach § 328 SGB III angesehen.[1] Die Bundesagentur für Arbeit hat diese Praxis beanstandet und die Agenturen für Arbeit mit Verfügung vom 18. Mai 1999 angewiesen, auf der Grundlage des § 328 Abs. 1 S. 1 Ziff. 3 SGB III, vor Eintritt des Insolvenzereignisses keine vorläufigen Entscheidungen mehr zu treffen.

25 **cc) Technische Abwicklung.** Seit dem Urteil des Bundessozialgerichts vom 8. April 1992[2] ist klargestellt, dass bei einer Sicherungsabtretung von Arbeitsentgelt nicht mehr davon ausgegangen werden kann, dass das in § 400 BGB enthaltene Abtretungsverbot nicht anwendbar sei. Nach dieser Vorschrift kann nur der pfändbare Betrag des Arbeitsentgelts abgetreten werden. Im gleichen Urteil wurde jedoch klargestellt, dass eine Abtretung des gesamten Anspruchs dann unproblematisch sei, wenn die Abtretung nicht zur Kreditsicherung erfolge, sondern im Rahmen eines **Forderungskaufs,** da in diesem Fall dem Arbeitnehmer der volle Gegenwert vorab ohne Weiteres Risiko zugewandt werde. Daher verkauft der einzelne Arbeitnehmer seine Netto-Arbeitsentgeltforderung an die Bank à forfait (also in „Bausch und Bogen") zum Nominalbetrag, die Bank zahlt den Kaufpreis sofort aus. Gleichzeitig wird die Arbeitsentgeltforderung in dieser Höhe an die ankaufende Bank abgetreten. Nach Insolvenzeröffnung kann die Bank dann im Wege des Drittantrages das Insolvenzgeld bei der Bundesagentur für Arbeit für alle Arbeitnehmeransprüche beantragen, die sie angekauft hat. Die Bundesagentur zahlt dann in vollem Umfang, d. h. auch den pfändungsfreien Betrag, an die vorfinanzierende Bank aus.[3] Der Antrag auf Erteilung einer Zustimmung nach § 188 Abs. 4 SGB III muss grundsätzlich durch die vorfinanzierende Bank gestellt werden. In der Regel übernimmt dies als Dienstleistung in entsprechender Vollmacht der Insolvenzverwalter.

26 **dd) Finanzierungseffekt.** Durch die Änderung des § 55 mit Ergänzung eines neuen Abs. 3[4] tritt in Zukunft durch die Rückstufung des Erstattungsanspruchs der Bundesagentur für Arbeit auf eine Insolvenzforderung nach § 38 auch für den sogenannten „starken" vorläufigen Insolvenzverwalter hinsichtlich der Lohn-/Gehaltsansprüche aus dem Insolvenzeröffnungsverfahren wieder ein (zinsloser) Stundungseffekt ein. Da Insolvenzgeld als Lohnersatzleistung gem. § 3 Nr. 2 EStG steuerfrei ist, tritt daneben einer dauerhafte Entlastung der Insolvenz-

---

[1] *Eckardt,* DZWIR 1999, 400 ff.

[2] BSG ZIP 1992, 941 ff., 943 f.; vgl. auch Runderlass 11/92 der Bundesanstalt für Arbeit (jetzt: Bundesagentur für Arbeit) vom 24. 7. 1992, ebd.

[3] *Sinz,* FS Uhlenbruck, S. 159.

[4] Vgl. Erläuterung zu § 55 Rn. 43 f.

masse in Höhe der ersparten Lohnsteuer ein. Zumindest in diesem Umfang von ca. 20% bis 30% der Nettolohn-/-gehaltsansprüche der Arbeitnehmer ergibt sich ein Finanzierungsspielraum.

Für sogenannte „Ausproduktionsfälle" ist in der Regel allerdings nur die Vorfinanzierung bei Insolvenzantragstellung und Anordnung von Sicherungsmaßnahmen bereits fälliger Lohn- und Gehaltsansprüche möglich, was aus der Erfahrung der Insolvenzverwalterpraxis zu bedauern, aber derzeit wohl hinzunehmen ist. 27

4. Vorläufiger Insolvenzverwalter ohne Verwaltungs- und Verfügungsbefugnis

Das Gericht hat daneben gem. § 22 Abs. 2 S. 1 die Möglichkeit, die Pflichten des vorläufigen Insolvenzverwalters im Einzelnen zu bestimmen, wobei diese nach § 22 Abs. 2 S. 2 nicht über die Pflichten nach Abs. 1 S. 2 hinausgehen dürfen. Aufgrund der geschilderten – und auf Grund der Rechtsprechung des Bundesarbeitsgerichts und der Änderung des § 55 gemilderten – Konsequenzen der Anordnung eines allgemeinen Verfügungsverbots und gleichzeitiger Bestellung des vorläufigen Insolvenzverwalters (sogenannter „starker" vorläufiger Insolvenzverwalter) ist für jeden Einzelfall zu prüfen, ob überhaupt die Bestellung eines sog. „starken" vorläufigen Insolvenzverwalters dem Grundsatz der Erforderlichkeit und Verhältnismäßigkeit entspricht. Das zur Entscheidung berufene Insolvenzgericht hat daher in jedem Einzelfall sehr sorgfältig zu prüfen, ob auf Grund der mit dem Antrag gegebenen Information von der Möglichkeit Gebrauch gemacht wird (bzw. überhaupt die Notwendigkeit besteht), einen vorläufigen Insolvenzverwalter mit umfassender Verwaltungs- und Verfügungsbefugnis i. S. d. § 22 Abs. 1 einzusetzen. Für den Fall, dass der Geschäftsbetrieb bereits vollständig eingestellt ist, ist die Bestellung eines vorläufigen Insolvenzverwalters in der Regel nicht angezeigt. Bei der Mehrzahl der kleinen und mittleren Unternehmensinsolvenzen dürfte es in der Regel ausreichend sein, von dem fein abgestuften System der Sicherungsmaßnahmen zurückhaltend Gebrauch zu machen und einen vorläufigen Insolvenzverwalter nach § 22 Abs. 2 i. V. m. § 21 Abs. 2 Ziff. 1 zu bestellen und die einzelnen Pflichten durch Gerichtsbeschluss zu bestimmen. Daneben sollten die Möglichkeiten des § 21 Abs. 2 Ziff. 2 mit der Anordnung genutzt werden, dass Verfügungen des Schuldners nur mit Zustimmung des vorläufigen Insolvenzverwalters wirksam sind, und die des § 21 Abs. 2 Ziff. 3. Letzteres hat auch den Vorteil, dass ein Streit über Umfang und Reichweite der einzelnen Rechte und Pflichten des vorläufigen Insolvenzverwalters nicht entstehen kann.[1] Die allgemeine Praxis der Insolvenzgerichte, einen sogenannten „schwachen" vorläufigen Insolvenzverwalter, d. h. einen solchen mit Zustimmungsvorbehalt zu bestellen, war in der Regel damit verbunden worden, dem vorläufigen Insolvenzverwalter die Befugnis einzuräumen, mit rechtlicher Wirkung für den Schuldner zu handeln, soweit dies zur Erfüllung seiner Aufgaben schon vor der Verfahrenseröffnung dringend erforderlich gewesen wäre. 28

[1] Zu den entsprechenden Gefahren vgl. *Bork,* ZIP 2001, 1521 ff., 1524; dieser Tendenz begegnende Gerichtsentscheidungen: LAG Frankfurt (Main) ZInsO 2001, 562; OLG Köln ZIP 2001, 1422 ff. = ZInsO 2001, 762 ff. m. Anm. *Eckert,* in EWiR 2001, § 55 InsO 1/01, 1011 f.; AG Wuppertal ZIP 2001, 1335 f.

Diese allgemeine Ermächtigung im Rahmen der Sicherungsmaßnahmen anordnenden Beschlüsse hatte zu einer Reihe von Gerichtsentscheidungen geführt, die ausgeurteilt hatten, dass die durch den sogenannten „schwachen“ vorläufigen Insolvenzverwalter eingegangenen Verbindlichkeiten entsprechend § 55 Abs. 2 als sonstige Masseverbindlichkeiten in einem eröffneten Insolvenzverfahren anzusehen sind.[1] Der BGH hat in einer grundsätzlichen Entscheidung vom 18. Juli 2002 diese Praxis der Gerichte für unzulässig erklärt. Die Befugnisse des sogenannten „schwachen“ vorläufigen Insolvenzverwalters seien einzeln festzulegen. Zulässig sei dabei z. B. – jedenfalls in Verbindung mit dem Erlass eines besonderen Verfügungsverbots – den vorläufigen Insolvenzverwalter ohne begleitendes allgemeines Verfügungsverbot zu ermächtigen, einzelne, im Voraus genau festgelegte Verpflichtungen zu Lasten der späteren Insolvenzmasse einzugehen.[2] Damit besteht zu dieser Frage die notwendige Rechtsklarheit. Ob tatsächlich bei einer unüberschaubaren Vielzahl von Gläubigern, deren Leistungen zur Betriebsfortführung benötigt werden (im entschiedenen Fall ca. 570), es regelmäßig geboten sei, einen sogenannten „starken“ vorläufigen Insolvenzverwalter zu bestellen, ist als zweifelhaft anzusehen. Im konkreten Fall wird unter Ablehnung des sogenannten „Treuhandmodells“ mit der Gleichbehandlung aller Gläubiger argumentiert.[3] Dabei ist nicht zu verkennen, dass das sogenannte „Treuhandmodell“ Risiken sowohl für den sogenannten „schwachen“ vorläufigen Insolvenzverwalter als auch die Gläubiger enthält.[4] Die isolierte Abschichtung der Befugnisse kann dem Gericht dabei helfen, negative Auswirkungen des allgemeinen Verfügungsverbotes zu vermeiden und dennoch über die – nur sehr begrenzt wirkende – schwache Verwalterstellung hinaus zu greifen.[5] Zuletzt hat der BGH durch Beschluss entschieden, dass das Insolvenzgericht gem. § 22 Abs. 2 S. 1 den vorläufigen Insolvenzverwalter ermächtigen kann, in Bezug auf Betriebsgrundstücke des Schuldners Betretungsverbote auszusprechen.[6] Dagegen ist es nicht zulässig, den vorläufigen Insolvenzverwalter dazu zu ermächtigen, in die organschaftliche

---

[1] OLG Hamm ZIP 2002, 676 ff. m. abl. Anm. *Tetzlaff,* in EWiR 2002, § 55 InsO 3/02, 487 f. sowie *Fritsche,* DZWIR 2002, 324 ff., 326; AG Neumünster ZIP 2002, 720 f. m. Anm. *Pape,* in EWiR 2002, § 55 InsO 4/02, 725 f.; aA OLG Frankfurt (Main) ZIP 2002, 2185 f.

[2] BGHZ 151, 353 = NZI 2002, 543 ff. = ZIP 2002, 1625 ff. = ZInsO 2002, 819 ff. m. zust. Anm. *Spliedt,* EWiR 2002, § 55 InsO 5/02, 919 f.; bestätigt durch BGH NZI 2006, 587 ff.; *Prütting/Stickelbrock,* ZIP 2002, 1608 ff.; *Haarmeyer/Pape,* ZInsO 2002, 845 ff.; *Haarmeyer,* ZInsO 2002, 741, *Heidrich/Prager,* NZI 2002, 653 ff.; *Smid,* DZWIR 2002, 444 ff.

[3] AG Hamburg ZIP 2003, 43 ff.; krit. hierzu *Undritz,* NZI 2003, 136 ff., 142; AG Hamburg ZIP 2003, 1809 ff.; krit. hierzu *Frind,* ZInsO 2003, 778 ff. und *Förster,* ZInsO 2003, 785 ff.; AG Hamburg ZInsO 2004, 1270 f. (Treibholz I) und AG Hamburg ZInsO 2005, 447 f. (Treibholz II); zuletzt zum Stand der Diskussion *Frind,* ZInsO 2005, 1296 ff.

[4] Vgl. allgemein *Treffer,* DB 2002, 2091 ff., *Hoenig/Meyer-Löwy,* ZIP 2002, 2162 ff.; zuletzt *Mönning/Hage,* ZInsO 2005, 1185 ff., 1191; die jedenfalls eine gerichtliche Einzelermächtigung zur Einrichtung und Nutzung eines oder mehrerer Treuhandkonten für erforderlich halten.

[5] Vgl. hierzu beispielhaft AG Hof NZI 2000, 37 ff.; AG Duisburg NZI 2002, 614; AG Coburg ZInsO 2002, 383; Bestätigung durch den BGH NZI 2002, 543 ff. = ZIP 2002, 1625 ff. = ZInsO 2002, 819 ff. m. zust. Anm. *Spliedt,* in EWiR 2002, § 55 InsO, 5/02, 919 f.; so auch *Frind,* ZInsO 2003, 778 ff., 779, 782 und *Bork,* ZIP 2003, 1421 ff., der zudem das Doppeltreuhandmodell für zulässig hält; zuletzt AG Bonn ZIP 2007, 832 ff. m. Anm. *Hofmann.*

[6] BGH NZI 2007, 231 ff. Tz. 13–19.

Stellung einzugreifen, soweit es sich beim Schuldner um eine Gesellschaft handelt. Einem vorläufigen Insolvenzverwalter könnten keine weitergehenden Befugnisse übertragen werden, als sie der endgültige Insolvenzverwalter mit der Eröffnung kraft Gesetzes erhalte.[1]

5. Gutachtensauftrag nach § 22 Abs. 1 S. 2 Ziff. 3 InsO

a) Prüfung der Verfahrenskostendeckung

Weitere Pflicht des vorläufigen Insolvenzverwalters ist zunächst die gutachterliche Prüfung, ob eine für die Verfahrenseröffnung ausreichende Masse vorhanden ist. **29**

b) Prüfung des Vorliegens der Insolvenzgründe

Daneben kann zusätzlich der Auftrag an den vorläufigen Insolvenzverwalter ergehen, „als Sachverständiger zu prüfen, ob ein Eröffnungsgrund vorliegt und – wegen § 1 – welche Aussichten für eine Fortführung des Unternehmens des Schuldners bestehen“. **30**

c) Zulässigkeit eines isolierten Gutachtensauftrages?[2]

Die Begründung zum Regierungsentwurf weist insoweit darauf hin, dass selbstverständlich auch ein gesondertes Sachverständigengutachten in Auftrag gegeben werden kann.[3] In der Regel dürfte es allerdings zweckdienlich sein, diese Aufgaben im Fall der Bestellung eines vorläufigen Insolvenzverwalters diesem mit zu übertragen. **31**

d) Umfang der sachverständigen Prüfung

Prüfungsgegenstand sind auch mögliche Insolvenzanfechtungsansprüche, da diese im Ergebnis zu einer Verfahrenskostendeckung führen können.[4] **32**

Die Erweiterung des Prüfungsauftrages auf die **Aussichten für eine Fortführung des Unternehmens** ist nunmehr ausdrücklich normiert. Bislang ist diese Frage bereits von fortführungsfreundlichen Verwaltern immer – auch ohne besonderen Auftrag – mit geprüft worden. Auch für die Insolvenzordnung hätte es im Ergebnis auf Grund der Pflicht in § 22 Abs. 1 S. 2 Ziff. 2 dieses Prüfungsauftrages nicht bedurft. Der vorläufige Insolvenzverwalter muss schon wegen der ihm – für den Fall, dass er gem. § 55 Abs. 2 begründete Masseverbindlichkeiten nicht ausgleichen kann – drohenden Haftungsinanspruchnahme entsprechend §§ 60, 61 die Umsetzbarkeit der ihn treffenden Fortführungspflicht sorgfältig prüfen. Er wird diese Prüfung selbst vornehmen oder durch neutrale Dritte erledigen lassen, schon um eine ihm andernfalls möglicherweise drohende Haftungsinanspruchnahme mit für ihn ungünstiger Beweislastumkehr zu vermeiden.[5] **33**

---

[1] BGH ebd. Tz. 20–22.

[2] Vgl. AG Duisburg NZI 1999, 308 ff., Arbeitshinweise für Insolvenzsachverständige im Eröffnungsverfahren.

[3] Begründung RegE, abgedruckt bei *Balz/Landfermann*, S. 232.

[4] Begründung RegE, ebd.

[5] *Braun*, in Insolvenzrecht 1998, S. 53 ff.

6. Bestellung, Aufsicht, Entlassung, Haftung, Vergütung und Rechnungslegung

34 Über § 21 Abs. 2 Ziff. 1 sind die für den Insolvenzverwalter geltenden Vorschriften der §§ 56, 58–66 entsprechend anwendbar. Die Besonderheiten für den vorläufigen Insolvenzverwalter sind in den dortigen Erläuterungen mit kommentiert.

7. Praxishinweis

35 In der Praxis ist darauf zu achten, dass Sicherungsmaßnahmen des Gerichts nicht zwangsläufig in einem Beschluss gefasst, sondern auf Grund der Anregungen an das Gericht auch zusätzlich Sicherungsmaßnahmen in eigenständigen Beschlüssen angeordnet werden. Es ist daher anzuraten, sich beim zuständigen Insolvenzgericht oder dem eingesetzten vorläufigen Insolvenzverwalter darüber zu vergewissern, ob und wie viele einzelne Beschlüsse über die Anordnung von Sicherungsmaßnahmen erlassen worden sind. Auf diese Art und Weise lässt sich sicherstellen, dass eindeutig beurteilt werden kann, welche Rechtsstellung der vom Gericht bestellte vorläufige Insolvenzverwalter hat, was – wie zuvor ausgeführt – zu erheblichen Auswirkungen führt. Bspw. kann das Insolvenzgericht zunächst nur einen vorläufigen Insolvenzverwalter bestellt und angeordnet haben, dass Verfügungen des Schuldners lediglich mit dessen Zustimmung wirksam sind. In einem weiteren Beschluss wird dann dem Schuldner ein allgemeines Verfügungsverbot auferlegt. Nur bei Gesamtwürdigung der Beschlüsse ist erkennbar, dass nach Erlass des zweiten Beschlusses ein sogenannter „starker" vorläufiger Insolvenzverwalter bestellt wurde. Auch kann ein vorläufiger Insolvenzverwalter mit bestimmten, vom Gericht festgelegten Pflichten gem. § 22 Abs. 2 sofort oder sukzessive eingesetzt werden.

§ 23 Bekanntmachung der Verfügungsbeschränkungen

(1) **Der Beschluß, durch den eine der in § 21 Abs. 2 Nr. 2 vorgesehenen Verfügungsbeschränkungen angeordnet und ein vorläufiger Insolvenzverwalter bestellt wird, ist öffentlich bekanntzumachen. Er ist dem Schuldner, den Personen, die Verpflichtungen gegenüber dem Schuldner haben, und dem vorläufigen Insolvenzverwalter besonders zuzustellen. Die Schuldner des Schuldners sind zugleich aufzufordern, nur noch unter Beachtung des Beschlusses zu leisten.**

(2) **Ist der Schuldner im Handels-, Genossenschafts-, Partnerschafts- oder Vereinsregister eingetragen, so hat die Geschäftsstelle des Insolvenzgerichts dem Registergericht eine Ausfertigung des Beschlusses zu übermitteln.**

(3) **Für die Eintragung der Verfügungsbeschränkung im Grundbuch, im Schiffsregister, im Schiffsbauregister und im Register über Pfandrechte an Luftfahrzeugen gelten die §§ 32, 33 entsprechend.**

Übersicht

Literatur: *Keller,* Die öffentliche Bekanntmachung im Insolvenzverfahren, ZIP 2003, 149 ff.

1. Normzweck

§ 23 entspricht § 27 RegE.[1] Normzweck ist, dass alle vom Insolvenzgericht angeordneten Verfügungsbeschränkungen sowie die Bestellung eines vorläufigen Insolvenzverwalters **bekannt** werden. In erster Linie geht es um die **Bekanntmachung im Geschäftsverkehr.**[2] Auch die Registereintragungen dienen durch die Beseitigung des Gutglaubensschutzes dem **Sicherungszweck** und gewährleisten die Durchsetzung allgemeiner wie besonderer Veräußerungsverbote.[3] Für ausländische Insolvenzverfahren gelten die §§ 343 Abs. 2, 344 Abs. 1.[4] 1

Außerdem hat die Norm **Warnfunktion,** soweit guter Glaube an die Verfügungsbefugnis des Schuldners nicht geschützt wird.[5] 2

2. Streitpunkte

Streit bestand darüber, ob dem vorläufigen Insolvenzverwalter die Zustellung übertragen werden kann. Nach dem Gesetz zur Änderung der Einführungsgesetze der Insolvenzordnung und anderer Gesetze vom 19. Dezember 1998[6] wurde die Möglichkeit, die Zustellungen auch dem vorläufigen Insolvenzverwalter zu übertragen, gesetzlich zugelassen, § 21 Abs. 2 Ziff. 1 i. V. m. § 8 Abs. 3. 3

3. Praxishinweis

a) Der Beschluss, durch den das Gericht eine der in § 21 Abs. 2 Ziff. 2 vorgesehenen Verfügungsbeschränkungen anordnet und ein vorläufiger Insolvenzverwalter bestellt wird, ist **öffentlich bekannt zu machen und den in der Norm genannten Personen zuzustellen.**[7] Die öffentliche Bekanntmachung erfolgt gem. § 9, der § 76 KO entspricht.[8] Für die Zustellung des Anordnungsbeschlusses gilt § 8.[9] Zu benachrichtigen sind der Schuldner, der vorläufige Insolvenzverwalter und diejenigen Personen, die Verpflichtungen gegenüber dem Schuldner haben, soweit ihre Anschrift bekannt ist.[10] 4

Insbesondere die Zustellung an die Drittschuldner wird im Regelfall durch den vorläufigen Insolvenzverwalter durchgeführt. Dies ist auch zweckmäßig. Ein entsprechendes Anschreiben an die Drittschuldner kann – insbesondere in Fortführungsfällen – mit weiteren Informationen verbunden werden. Der vorläufige 5

---

[1] Vgl. Text § 27 Abs. 1 RegE., abgedruckt in *Balz/Landfermann,* S. 233.

[2] Begründung RegE, abgedruckt in *Balz/Landfermann,* S. 234.

[3] *Nerlich/Römermann/Mönning,* InsO, § 23 Rn. 8.

[4] Vgl. die Erläuterungen dort.

[5] HK-*Kirchhof,* InsO, § 23 Rn. 2; vgl. auch Rn. 8.

[6] EGInsOÄndG vom 19. 12. 1998, BGBl. I 1998, S. 3836 = DZWIR 1999, 14 ff.; *Wimmer,* DZWIR 1999, 26 ff. zu den Gesetzesänderungen vor Inkrafttreten der Insolvenzordnung.

[7] *Nerlich/Römermann/Mönning,* InsO, § 23 Rn. 9.

[8] *Nerlich/Römermann/Mönning,* InsO, § 23 Rn. 11.

[9] HK-*Kirchhof,* InsO, § 23 Rn. 8.

[10] HK-*Kirchhof,* InsO, § 23 Rn. 9.

Insolvenzverwalter kann – je nachdem ob als schwacher/starker – im Zusammenwirken mit der Geschäftsleitung sicherstellen, dass tatsächlich nur die Schuldner offener Forderungen angeschrieben werden. Gleichzeitig ist es dann auch möglich, z. B. ein neu eingerichtetes Anderkonto des vorläufigen Insolvenzverwalters mitzuteilen.

6 Das gleiche Argument gilt – insbesondere in Fortführungsfällen – auch für die Zustellung des Anordnungsbeschlusses an die Gläubiger. Auch dort wird der vorläufige Insolvenzverwalter den Gläubigern weitere Informationen geben wollen, um die für eine Fortführung unabdingbare Weiterbelieferung des schuldnerischen Unternehmens sicherstellen zu können.

7 Die Übertragung dieser Zustellungen auf den vorläufigen Insolvenzverwalter ist daher in jedem Falle zweckmäßig.

8 **b)** Öffentliche Bekanntmachung und Zustellung sind **keine Wirksamkeitsvoraussetzungen** für die angeordneten Sicherungsmaßnahmen.[1] Sie sollen vorbeugen und den beteiligten Verkehrskreisen **Rechtsnachteile ersparen.**[2] Da durch die öffentliche Bekanntmachung der **gute Glaube beseitigt** wird, bewirkt die öffentliche Bekanntmachung bzw. Einzelzustellung eine **Beweislastumkehr.**[3]

§ 24 Wirkungen der Verfügungsbeschränkungen

(1) **Bei einem Verstoß gegen eine der in § 21 Abs. 2 Nr. 2 vorgesehenen Verfügungsbeschränkungen gelten die §§ 81, 82 entsprechend.**

(2) **Ist die Verfügungsbefugnis über das Vermögen des Schuldners auf einen vorläufigen Insolvenzverwalter übergegangen, so gelten für die Aufnahme anhängiger Rechtsstreitigkeiten § 85 Abs. 1 Satz 1 und § 86 entsprechend.**

1. Normzweck

1 **a)** § 24 entspricht § 28 RegE.[4] Abs. 1 konkretisiert und erweitert die Grundsätze, die von Rechtsprechung und Literatur zu einem nach § 106 Abs. 1 S. 3 KO erlassenen allgemeinen Veräußerungsverbot entwickelt wurden und führt § 62 Abs. 1 VglO weiter. Absatz 2 regelt erstmals die Wirkung derartiger Maßnahmen auf anhängige Prozesse.[5]

2 **b)** § 24 Abs. 1 regelt die **Rechtsfolgen bei einem Verstoß gegen das allgemeine Verfügungsverbot** und das **Schicksal von Leistungen an den Schuldner vor oder nach öffentlicher Bekanntmachung der entsprechenden Sicherungsmaßnahme.**[6] Durch die Verweisung auf die §§ 81, 82 werden die Verstöße gegen das Verfügungsverbot geregelt und näher bestimmt, unter

[1] *Gottwald/Uhlenbruck,* InsHdb., § 14 Rn. 19; *Nerlich/Römermann/Mönning,* InsO, § 23 Rn. 17; FK-*Schmerbach,* InsO, § 23 Rn. 11 a; MünchKomm-*Haarmeyer,* InsO, § 21 Rn. 37.
[2] *Nerlich/Römermann/Mönning,* InsO, § 23 Rn. 17.
[3] *Nerlich/Römermann/Mönning,* InsO, § 23 Rn. 18, 19.
[4] Begründung RegE, abgedruckt in: *Balz/Landfermann,* S. 234.
[5] HK-*Kirchhof,* InsO, § 24 Rn. 1.
[6] Begründung RegE, abgedruckt in: *Balz/Landfermann,* S. 234.

welchen Voraussetzungen trotz einer angeordneten Verfügungsbeschränkung noch mit befreiender Wirkung an den Schuldner geleistet werden darf.[1]

Besondere Verfügungsverbote werden nach dem eindeutigen Wortlaut nicht erfasst. Sie haben nur die Wirkung relativer Veräußerungsverbote im Sinne von §§ 135, 136 BGB zugunsten der Gläubiger.[2] 3

c) Dem sogenannten „starken" vorläufigen Insolvenzverwalter wird außerdem gemäß § 24 Abs. 2 über das in den §§ 85, 86 geregelte Aufnahmerecht die Befugnis zur Prozessführung eingeräumt. Dies dient insbesondere im Bereich der Aktivprozesse des Schuldners dem **Ziel der Vermögenssicherung.**[3] 4

2. Praxishinweis

a) § 240 S. 2 ZPO führt dazu, dass gerichtliche Verfahren, die die künftige Insolvenzmasse betreffen – unabhängig davon, ob es sich um Aktiv- oder Passivprozesse handelt – schon vor Eröffnung des Insolvenzverfahrens unterbrochen sind, wenn die Verwaltungs- und Verfügungsbefugnis über das Vermögen des Schuldners auf einen vorläufigen Insolvenzverwalter übergeht (Fall der sogenannten „starken" vorläufigen Insolvenzverwaltung). Eine vom Schuldner erteilte Ermächtigung zur Prozessstandschaft erlischt damit. 5

Die spätere Eröffnung des Insolvenzverfahrens führt nicht zu einer erneuten Unterbrechung.[4] 6

b) Der vorläufige Insolvenzverwalter mit Verwaltungs- und Verfügungsbefugnis kann schon im Eröffnungsverfahren **Aktiv- und Passivprozesse** aufnehmen. Dadurch wird sein Handlungsspielraum vergrößert. So kann er einerseits berechtigte Forderungen des Schuldners gegen Dritte schneller als bisher durchsetzen und andererseits unberechtigte Ansprüche frühzeitig abwehren.[5] Er hat die dieselben Rechte wie der Insolvenzverwalter im eröffneten Verfahren.[6] Hingegen kann der Schuldner gem. § 85 Abs. 1 S. 2 nicht nach § 239 Abs. 2–4 ZPO vorgehen, weil dem Prozessgegner ein Abwarten bis zur Entscheidung über den Eröffnungsantrag **zumutbar** ist.[7] 7

c) Ist dagegen eine **Insolvenzforderung** Gegenstand des bei Verfahrenseröffnung anhängigen Rechtsstreits, ist eine **Aufnahme des Rechtsstreits** sowohl für den vorläufigen Insolvenzverwalter als auch für den Prozessgegner ausgeschlossen.[8] Dies ergibt sich zum einen aus der fehlenden Verweisung auf § 87 in § 24 Abs. 2, zum anderen aus dem fehlenden insolvenzrechtlichen Anmelde- 8

---

[1] Zur Wirksamkeit von Erledigungserklärungen bei Zahlungen im Eröffnungsverfahren durch Dritte oder des Schuldners trotz Verfügungsbeschränkung, ein erledigendes Ereignis verneinend AG Hamburg NZI 2004, 323 ff. und LG Duisburg NZI 2004, 150 f.; *Nerlich/Römermann/Mönning,* InsO, § 24 Rn. 26.

[2] HK-*Kirchhof,* InsO, § 24 Rn. 4 mwN.

[3] *Nerlich/Römermann/Mönning,* InsO, § 24 Rn. 6; zum taktischen Einsatz dieses Rechts in massearmen Verfahren vgl. FK-*Schmerbach,* InsO, § 24 Rn. 30 a f. und 34 f.

[4] HK-*Kirchhof,* InsO, § 24 Rn. 24.

[5] *Nerlich/Römermann/Mönning,* InsO, § 24 Rn. 27.

[6] *Kübler/Prütting/Bork/Pape,* InsO, § 24 Rn. 10.

[7] Begründung RegE, abgedruckt in *Balz/Landfermann,* S. 235; *Kübler/Prütting/Bork/Pape,* InsO, § 24 Rn. 11.

[8] *Kübler/Prütting/Bork/Pape,* InsO, § 24 Rn. 12.

und Prüfungsverfahren, dessen Durchführung notwendige Voraussetzung für die Fortsetzung von Rechtsstreitigkeiten betreffend Insolvenzforderungen ist.[1]

9 **d)** Durch die Möglichkeit der Abgabe eines **sofortigen Anerkenntnisses** i. S. d. § 86 Abs. 2 bereits im Insolvenzeröffnungsverfahren, stellen die Kosten des Rechtsstreits im eröffneten Insolvenzverfahren nur eine Insolvenzforderung und keine sonstigen Masseverbindlichkeiten nach § 55 Abs. 2 dar.

§ 25 Aufhebung der Sicherungsmaßnahmen

(1) **Werden die Sicherungsmaßnahmen aufgehoben, so gilt für die Bekanntmachung der Aufhebung einer Verfügungsbeschränkung § 23 entsprechend.**

(2) **Ist die Verfügungsbefugnis über das Vermögen des Schuldners auf einen vorläufigen Insolvenzverwalter übergegangen, so hat dieser vor der Aufhebung seiner Bestellung aus dem von ihm verwalteten Vermögen die entstandenen Kosten zu berichtigen und die von ihm begründeten Verbindlichkeiten zu erfüllen. Gleiches gilt für die Verbindlichkeiten aus einem Dauerschuldverhältnis, soweit der vorläufige Insolvenzverwalter für das von ihm verwaltete Vermögen die Gegenleistung in Anspruch genommen hat.**

Literatur: *Gundlach/Frenzel/Schmidt,* Die Anwendung des § 25 Abs. 2 InsO auf den schwachen vorläufigen Insolvenzverwalter, DZWIR 2003, 309 ff.; *Haarmeyer,* Rechtsstellung und Pflichten des vorläufigen Insolvenzverwalters nach Aufhebung der Verfügungsbefugnis, FS Günter Greiner, Köln 2005, 103 ff.; *Prager/Thiemann,* Die Aufhebung der vorläufigen Verwaltung und sonstiger Sicherungsmaßnahmen, NZI 2001, 634 ff.; *v. Sethe,* Hat die Rücknahme des Insolvenzantrags konstitutive Wirkung? – Überlegungen zum Beschluss des BGH vom 10. 7. 2008 – V ZB 130/07, ZInsO 2009, 218 ff.

1. Normzweck

1 **a)** § 25 entspricht § 29 RegE und stellt eine Fortentwicklung von § 106 Abs. 2 KO und § 15 Abs. 2 VglO dar.[2]

2 **b)** § 25 regelt das Verfahren nach **Aufhebung von Sicherungsmaßnahmen** unter Berücksichtigung der Interessen des Schuldners, der Gläubiger und eines vorläufigen Insolvenzverwalters.

3 **c)** Bei **Rücknahme des Insolvenzantrages** dient die öffentliche Bekanntmachung nach Abs. 1 vor allem dem Schutz des Schuldners.[3]

4 **d)** Nach Abs. 2 muss der vorläufige Insolvenzverwalter die von ihm begründeten **Verbindlichkeiten erfüllen,** bevor die Verfügungsbefugnis an den Schuldner zurückfällt.[4] Dadurch sollen Auseinandersetzungen über die vom vorläufigen Insolvenzverwalter begründeten Verbindlichkeiten verhindert werden.[5]

---

[1] *Kübler/Prütting/Bork/Pape,* InsO, § 24 Rn. 12.
[2] Text § 29 Abs. 1, 3 RegE, abgedruckt in *Balz/Landfermann,* S. 235; HK-*Kirchhof,* InsO, § 25 Rn. 1.
[3] *Nerlich/Römermann/Mönning,* InsO, § 25 Rn. 12.
[4] *Kübler/Prütting/Bork/Pape,* InsO, § 25 Rn. 2.
[5] Begründung RegE, abgedruckt in *Balz/Landfermann,* S. 235 f.

2. Praxishinweis

a) Bekanntmachung

Die Aufhebung ist öffentlich bekannt zu machen, § 25 Abs. 1 i.V.m. § 23 Abs. 1 S. 1.[1] Zwingend ist die Mitteilung an die gem. § 23 Abs. 2 und 3 benachrichtigten Register. Auch die übrigen Regelungen des § 23 sind wohl optional – aber nicht verpflichtend – anwendbar.[2] 5

b) Aufhebung nach Bestellung eines vorläufigen Insolvenzverwalters

Die Vorschrift ist auch bei Rücknahme eines Eröffnungsantrags (§ 13 Abs. 2), dessen Zurückweisung oder in den Fällen anwendbar, in denen eine Verfügungsbeschränkung nicht mehr als notwendig oder geeignet angesehen wird, den Sicherungszweck zu erfüllen.[3] Begründet wird dies damit, dass dann Sicherungsmaßnahmen ihren Zweck verlieren.[4] 6

Kommt es dagegen zur Verfahrenseröffnung, werden die im Eröffnungsverfahren beschlossenen, verfahrenssichernden Maßnahmen automatisch durch die mit Verfahrenseröffnung eintretenden Wirkungen abgelöst.[5] 7

Weitere Anwendungsfälle sind die isolierte Aufhebung des allgemeinen Verfügungsverbotes bei angeordneter vorläufiger Insolvenzverwaltung und Aufhebung des Eröffnungsbeschlusses im Beschwerdeverfahren, da die Interessenlage hinsichtlich der reduzierten Befugnisse bzw. wegen Wegfalls der Wirkungen des Eröffnungsbeschlusses vergleichbar ist.[6] 8

aa) Bei Anordnung sog. „starker" vorläufiger Insolvenzverwaltung. Hierbei handelt es sich um den gesetzlich geregelten Fall. Nur in dieser Konstellation kann ein vorläufiger Insolvenzverwalter Masseverbindlichkeiten i. S. d. § 55 Abs. 2 begründen. Danach sind zunächst die Verfahrenskosten nach § 54 auszugleichen, d. h. im Regelfall die Gerichtskosten, die Vergütung und die Auslagen eines vorläufigen Insolvenzverwalters. 9

Teilweise wird vertreten, dass über den Wortlaut der Vorschrift hinaus die vorläufige Insolvenzverwaltung – beschränkt auf die Abwicklungsmaßnahmen – aufrechterhalten bleiben müsse.[7] Insoweit vollziehe sich ein mehrstufiges Verfahren.[8] Teilweise wird eine vollständige Aufhebung vertreten, gleichzeitig aber die analoge Anwendung des § 211 Abs. 3 mit der Folge einer Nachtragsverteilung gefordert.[9] Beide Auffassungen führen in ihren rechtlichen Auswirkungen aller- 10

---

[1] Vgl. Erläuterungen zu § 23 Rn. 4.

[2] HK-*Kirchhof,* InsO, § 25 Rn. 3 mwN.

[3] *Nerlich/Römermann/Mönning,* InsO, § 25 Rn. 5.

[4] *Nerlich/Römermann/Mönning,* InsO, § 25 Rn. 13.

[5] *Kübler/Prütting/Bork/Pape,* InsO, § 25 Rn. 6; FK-*Schmerbach,* InsO, § 25 Rn. 6 c) mwN.

[6] HK-*Kirchhof,* InsO, § 25 Rn. 4 mwN.

[7] HK-*Kirchhof,* InsO, § 25 Rn. 5 mwN.

[8] MünchKomm-*Haarmeyer,* InsO, § 25 Rn. 20 ff., der insoweit von einem dreistufigen Verfahren spricht, aA FK-*Schmerbach,* InsO, § 25 Rn. 20 ff., der vor Aufhebung der Sicherungsmaßnahmen fordert, dass die durch die Verwaltung entstehenden Kosten und die begründeten Verbindlichkeiten beglichen sein müssen; diese Auffassung dürfte unter Berücksichtigung des Gesichtspunktes der Verhältnismäßigkeit und Erforderlichkeit zu weitgehend sein.

[9] *Nerlich/Römermann/Mönning,* InsO, § 25 Rn. 28.

dings zum selben – sachgerechten – Ergebnis.[1] Einer vorherigen Anhörung der Beteiligten bedarf es in der Regel nicht. Sicherlich ist wegen der Sachnähe eine Abstimmung mit dem eingesetzten vorläufigen Insolvenzverwalter sinnvoll.[2] Sind die Verfahrenskosten nach § 54 bezahlt und können die sonstigen Masseverbindlichkeiten – insbesondere auch aus Dauerschuldverhältnissen i. S. d. § 55 Abs. 2 S. 2 (Arbeitsverhältnisse, Miet-, Pacht- und Leasingverhältnisse) – nicht vollständig ausgeglichen werden, ist eine entsprechende Anwendbarkeit des § 209 Abs. 1 Ziff. 1 und 3 angezeigt.[3]

11 **bb) Bei Anordnung sog. „schwacher" vorläufiger Insolvenzverwaltung.** Die Vorschrift ist dem Wortlaut nach nicht auf den „schwachen" vorläufigen Insolvenzverwalter anwendbar. Allerdings wird die Meinung vertreten, dass dem Schuldner die Verfügung über bestimmte Vermögenswerte untersagt und die Verfügungsbefugnis dem vorläufigen Insolvenzverwalter zugewiesen werden kann.[4] In diesen Fällen kann der vorläufige Insolvenzverwalter sonstige Masseverbindlichkeiten nach § 55 Abs. 2 – insbesondere ist an die Aufnahme von Massedarlehen für die Finanzierung des Verfahrens zu denken – begründen. Für diesen Fall ist § 25 Abs. 2 entsprechend anzuwenden.

12 Zur Frage der entsprechenden Anwendbarkeit in allen anderen Fällen gibt es zwei sich widersprechende Entscheidungen. Während einerseits das AG Göttingen[5] die entsprechende Anwendbarkeit auch dann bejaht, wenn lediglich ein allgemeiner Zustimmungsvorbehalt gem. § 21 Abs. 2 Ziff. 2 2. Alt. angeordnet ist, hat das OLG Celle in einem „obiter dictum" die entsprechende Anwendbarkeit als absoluten Ausnahmefall angesehen.[6] Das OLG Celle hebt in seiner Begründung hervor, dass dem Schuldner gegen die Anordnung von Sicherungsmaßnahmen kein Rechtsmittel zur Verfügung steht. Diese Rechtslage hat sich durch das InsOÄndG 2001 geändert, da nunmehr dem Schuldner nach § 21 Abs. 1 S. 2 ein Rechtsmittel gegen die Anordnung von Sicherungsmaßnahmen zur Verfügung steht. Damit besteht das vom OLG Celle gesehene erhöhte Schutzbedürfnis des Schuldners nicht mehr.[7] Es ist daher davon auszugehen, dass in den Fällen, in denen der vorläufige Insolvenzverwalter noch Mittel aus der Zeit der vorläufigen Insolvenzverwaltung auf einem eingerichteten Anderkonto verwaltet, § 25 Abs. 2 entsprechend anzuwenden ist.[8] Anders dürfte dies allerdings dann zu beurteilen sein, wenn dem vorläufigen Insolvenzverwalter die Kassenführungsbefugnis und/oder der Forderungseinzug als Ausgestaltung des

---

1 *Prager/Thiemann,* NZI 2001, 637 halten die erstgenannte Auffassung für vorzugswürdig, da der Ausgleich der Kosten und Verbindlichkeiten unter Aufsicht des Gerichts stattfinde.

2 So MünchKomm-*Haarmeyer,* InsO, § 25 Rn. 10.

3 HK-*Kirchhof,* InsO, § 25 Rn. 7 mwN; FK-*Schmerbach,* InsO, § 25 Rn. 19 a) mwN.

4 Vgl. Erläuterung zu § 21 Rn. 16; so auch BGH ZIP 2007, 827 ff., Rn. 16–18 zur Herausgabe des Erlöses aus der unbefugten Einziehung vom Schuldner sicherungsabgetretener Forderungen.

5 AG Göttingen ZIP 2001, 798 ff.

6 OLG Celle ZIP 2001, 796 f.

7 AA: MünchKomm-*Haarmeyer,* InsO, § 25 Rn. 13, der insoweit von einer rechtsfürsorgerischen Funktion des Gerichts spricht.

8 FK-*Schmerbach,* InsO, § 25 Rn. 15 a; aA MünchKomm-*Haarmeyer,* InsO, § 25 Rn. 8; *Prager/Thiemann,* NZI 2001, 636; *Vallender,* in EWiR 2002, § 6 InsO 1/02, 69 f.; differenzierend und bejahend nur im Hinblick auf die Verfahrenskosten *Gundlach/Frenzel/Schmidt,* DZWIR 2003, 309 ff., 312.

besonderen Verfügungsverbotes übertragen worden sind.[1] In diesem Fall können die besonderen Verfügungsverbote beschränkt auf die noch notwendige Abwicklung der begründeten Verbindlichkeiten aufrechterhalten bleiben. Die Frage einer analogen Anwendung des § 25 Abs. 2 stellt sich für diese Fälle nicht. Praktisch sinnvoll, aber nicht immer unproblematisch, dürfte auch der Ansatz sein, auf Grund einer nach Anhörung des Schuldners und dessen erklärten Einverständnis erteilten Ermächtigung des Insolvenzgerichts Barbeträge zur Begleichung der Kosten und der begründeten Verbindlichkeiten zurückzubehalten.[2] Die Umsetzbarkeit des letztgenannten Problemlösungsansatzes setzt allerdings einen kooperationswilligen Schuldner voraus.

Verneint wird in jedem Falle die Aufrechterhaltung alleine mit dem Ziel, dem vorläufigen Insolvenzverwalter die Befriedigung seiner Vergütung sicherzustellen und insoweit Druck auf den Schuldner auszuüben.[3] Der BGH hat diese Frage nunmehr entschieden. Er hat einem sogenannten „starken" vorläufigen Verwalter das Recht zur sofortigen Beschwerde gegen die Aufhebung eines allgemeinen Verfügungsverbotes mit eben diesem Ziel abgesprochen.[4] Eine analoge Anwendung von § 59 Abs. 2 wird abgelehnt. Das Ende des Amtes des vorläufigen Insolvenzverwalters sei vielmehr nur eine Nebenfolge der Entscheidung über den Eröffnungsantrag. Den Gründen lässt sich entnehmen, dass der BGH die Anwendbarkeit von § 25 Abs. 2 auf den sogenannten „schwachen" vorläufigen Verwalter grundsätzlich verneint.[5] 13

§ 26 Abweisung mangels Masse

(1) **Das Insolvenzgericht weist den Antrag auf Eröffnung des Insolvenzverfahrens ab, wenn das Vermögen des Schuldners voraussichtlich nicht ausreichen wird, um die Kosten des Verfahrens zu decken. Die Abweisung unterbleibt, wenn ein ausreichender Geldbetrag vorgeschossen wird oder die Kosten nach § 4 a gestundet werden. Der Beschluss ist unverzüglich öffentlich bekannt zu machen.**

(2) **Das Gericht hat die Schuldner, bei denen der Eröffnungsantrag mangels Masse abgewiesen worden ist, in ein Verzeichnis einzutragen (Schuldnerverzeichnis). Die Vorschriften über das Schuldnerverzeichnis nach der Zivilprozeßordnung gelten entsprechend; jedoch beträgt die Löschungsfrist fünf Jahre.**

(3) **Wer nach Absatz 1 Satz 2 einen Vorschuß geleistet hat, kann die Erstattung des vorgeschossenen Betrages von jeder Person verlangen, die entgegen den Vorschriften des Insolvenz- oder Gesellschaftsrechts den Antrag auf**

---

[1] So zutreffend *Prager/Thiemann,* NZI 2001, 636.

[2] FK-*Schmerbach,* InsO, § 25 Rn. 22 a.

[3] So OLG Celle ZIP 2001, 797; aA LG Duisburg ZIP 2001, 1020 ff. (n. rkr.), wonach es jedenfalls nicht greifbar gesetzeswidrig sein soll, wenn das Insolvenzgericht, nachdem der Insolvenzeröffnungsantrag zurückgenommen wurde, den nur mit Zustimmungsvorbehalt ausgestatteten, vorläufigen Insolvenzverwalter vor Aufhebung der Sicherungsmaßnahmen ermächtigt, Barmittel aus der Masse zur Deckung der entstandenen Kosten zurückzubehalten; dazu krit. Anm. *Vallender,* in EWiR 2002, § 6 InsO 1/02, 69 ff.

[4] BGH NZI 2007, 99 ff. Tz. 7 ff.

[5] BGH ebd. Tz. 14; zum Ausnahmefall vgl. BGH ZIP 2007, 827 ff., Tz. 16–18.

Eröffnung des Insolvenzverfahrens pflichtwidrig und schuldhaft nicht gestellt hat. Ist streitig, ob die Person pflichtwidrig und schuldhaft gehandelt hat, so trifft sie die Beweislast.

Literatur: *Heyer,* Eintragungen in das Schuldnerverzeichnis nach § 26 InsO, Auskünfte und Löschungen, ZInsO 2004, 1127 ff.; *Kaufmann*, Die Berücksichtigung sonstiger Masseverbindlichkeiten des § 55 InsO bei der Kostendeckungsprüfung des § 26 I 1 InsO, in Bd. 222 der Schriften zum deutschen, europäischen und vergleichenden Zivil-, Handels- und Prozessrecht, Bielefeld 2004; *Pape,* Erstattungsfähigkeit der Steuerberatungskosten bei Unverständnis der Finanzverwaltung, Anm. zu BGH, Beschl. v. 22. 7. 2004 – IX ZB 161/03, ZInsO 2004, 1049 ff.; *Voigt,* Immer Ärger bei Masseinsuffizienz, ZIP 2004, 1531 ff; *Zipperer,* Nichterweislichkeit des Insolvenzgrundes oder Abweisung mangels Masse: zum Rechnen mit Unbekannten, NZI 2003, 590 ff.

Übersicht

1. Normzweck

1 **a)** § 26 Abs. 1 ist eine Fortentwicklung von § 106 KO und § 4 Abs. 2 1. Alt. GesO.

2 Die Abweisung mangels Masse erfolgt, weil das Insolvenzverfahren nicht im öffentlichen Interesse, sondern im Interesse der Gläubiger durchgeführt wird.[1] Die Regelung des § 26 Abs. 1 soll erreichen, dass wesentlich mehr Verfahren als

[1] *Bork,* Einführung in das neue Insolvenzrecht, Rn. 98. Dies ist im Grundsatz zutreffend. Allerdings erfüllt ein (durch Eröffnung) funktionierendes Insolvenzrecht auch wirtschaftsrechtliche Hygienefunktionen. Die Haftungsverwirklichung, die Geltendmachung der Ansprüche, die Erledigung der dem Schuldner in der Abwicklung obliegenden Pflichten (z. B.

nach dem alten Konkursrecht zur Eröffnung gelangen.[1] Er ist im Zusammenhang mit § 54 zu lesen. Damit ist die Hürde für eine Bejahung der Verfahrenskostendeckung erheblich niedriger als zu Zeiten des Konkursrechts. Der Gesetzgeber erhofft sich dadurch eine wesentliche Verbesserung der Sanierungschancen und der Verfahrensergebnisse.[2] Die Regelung in § 26 soll verhindern, dass „wegen – häufig gezielt herbeigeführter – Abweisung mangels Masse kein geordnetes Verfahren mehr stattfindet, Vermögensmanipulationen nicht aufgedeckt, Vermögensverschiebungen nicht rückgängig gemacht und marode Schuldner weiter am Markt agieren können".[3] Durch das InsOÄndG 2001 wurde wegen der Änderung des § 4 a[4], § 26 Abs. 1 S. 2 neu gefasst.[5]

Mit dem Gesetz zur Vereinfachung des Insolvenzverfahrens wurde § 26 Abs. 1 Satz 3 angefügt. Durch das MoMiG wurde in § 26 Abs. 3 die Worte „Insolvenz- oder" ergänzt als Folgeänderung zur Einführung des § 15 a.[6]

b) Absatz 2 hat **Warnfunktion** vor zukünftigem Geschäftsverkehr mit dem 3 Schuldner.[7]

c) Die Regelung des Absatz 3 ist im deutschen Insolvenzrecht ein Novum.[8] 4 Absatz 3 soll **Missbräuchen entgegenwirken** und die **Bereitschaft fördern,** Kostenvorschüsse zu leisten.[9] Durch die Regelung soll der Zahlung der Charakter eines – meist verlorenen – Zuschusses genommen werden.[10]

Mittels der Vorschussleistung kann eine Abweisung mangels Masse vermieden 5 und u. U. die Möglichkeit geschaffen werden, Ansprüche gegen den Schuldner oder gegen Dritte nach Eröffnung des Insolvenzverfahrens durchzusetzen.[11] Durch das Gesetz zur Anpassung der Verjährungsvorschriften an das Gesetz zur Modernisierung des Schuldrechts wurde § 26 Abs. 3 S. 3 aufgehoben.

2. Abweisung mangels Masse

a) Anwendungsbereich

§ 26 ist auch **im Verbraucherinsolvenzverfahren anwendbar.**[12] 6

Erstellung von Verdienstbescheinigungen) soll nach Möglichkeit gewährleistet sein. Insbesondere die Abwicklung masseunzulänglicher Verfahren zeigt dies, s. a. BGH NZI 2007, 240.

[1] *Braun/Uhlenbruck,* Unternehmensinsolvenz, S. 268; HambKomm-*Schröder,* InsO, § 26 Rn. 1.

[2] Vgl. hierzu *Braun/Uhlenbruck,* Unternehmensinsolvenz, S. 269.

[3] *Haarmeyer,* ZInsO 2001, 103 ff.

[4] Vgl. die Erläuterungen dort.

[5] BGBl. I 2001, S. 2711.

[6] BGBl. I 2008, S. 2026 ff.

[7] *Nerlich/Römermann/Mönning,* InsO, § 26 Rn. 9 a; HK-*Kirchhof,* InsO, § 26 Rn. 2.

[8] Begründung RegE, abgedruckt in *Balz/Landfermann,* S. 237.

[9] HK-*Kirchhof,* InsO, § 26 Rn. 2.

[10] *Nerlich/Römermann/Mönning,* InsO, § 26 Rn. 10.

[11] *Braun/Uhlenbruck,* Unternehmensinsolvenz, S. 271; *Haarmeyer,* ZInsO 2001, 103 ff., 106.

[12] BayObLG NZI 2001, 36, 37; zur Verfassungsmäßigkeit der Anwendbarkeit von § 26 auf Eröffnungsanträge mittelloser natürlicher Personen vgl. AG Duisburg NZI 1999, 373 ff. und die Anm. dazu von *Pape,* in EWiR § 26 InsO 1/2000, 239 f.

b) Kosten des Verfahrens

7 Nur die in § 54 aufgeführten Positionen fließen in die Kostenberechnung ein.[1] Hierzu zählen die Gerichtskosten (§ 54 Nr. 1) sowie die Vergütungen und die Auslagen des vorläufigen Insolvenzverwalters und der Mitglieder des Gläubigerausschusses (§ 54 Nr. 2).[2]

8 **aa) Gerichtskosten.** Für die Gerichtskosten werden die Gebühren für den Antrag auf Eröffnung und für die Durchführung des Insolvenzverfahrens nach dem Wert der Insolvenzmasse zurzeit der Beendigung des Verfahrens erhoben, § 58 Abs. 1 GKG.[3] Zu den Gerichtskosten für das Insolvenzverfahren gehören auch die Kosten für ein Sachverständigengutachten.[4] Die Gerichtskosten müssen geschätzt werden, da die Bemessungsgrundlage im Eröffnungsverfahren noch nicht bestimmbar ist.[5] Auch soweit die Vermögenswerte nicht in absehbarer Zeit verwertbar sind, können diese bei der Berechnung der Verfahrenskosten zugrunde gelegt werden.[6]

9 Handelt es sich um einen sog. Fremd- oder Drittantrag, so ist die Höhe der geltend gemachten Forderung für die Berechnung der Gerichtskosten massgeblich, es sei denn der Wert der Insolvenzmasse unterschreitet diesen Betrag, § 58 Abs. 2 GKG ab 1. Juli 2004.[7]

10 **bb) Vergütungen und Auslagen.** Zu den Vergütungen und Auslagen gehören die des vorläufigen Insolvenzverwalters,[8] des endgültigen Insolvenzverwalters und der Mitglieder des Gläubigerausschusses.[9] Auch die anfallenden Vergütungen sind zu schätzen. Die Bemessungsgrundlage für die Vergütung des Insolvenzverwalters ist der in der Schlussrechnung ausgewiesene Wert der Insolvenzmasse, § 1 Abs. 1 Nr. 1 InsVV, der für diesen Zeitpunkt noch nicht feststeht.[10]

11 **cc) Vermögen des Schuldners.** Das für die Berechnung der Verfahrenskostendeckung maßgebliche Vermögen bestimmt sich aus dem Vergleich des in angemessener Zeit in Geld umwandelbaren Vermögen mit den voraussichtlichen Verfahrenskosten.[11] Vermögen ist die um Aus- und Absonderungsrechte bereinigte Insolvenzmasse. Verfahrensbeiträge absonderungsberechtigter Gläubiger sind als Aktivposten einzustellen. Die Vermögensbewertung folgt dem Vorsichtsprinzip. Die Realisierbarkeit von Vermögenswerten innerhalb eines längeren Zeitraums – z. B. mehr als zwei Jahre – soll die Eröffnung eines Insolvenzverfahrens nicht hindern.[12] In dieser pauschalen Form dürfte dies nicht

[1] *Nerlich/Römermann/Mönning,* InsO, § 26 Rn. 12.

[2] *Nerlich/Römermann/Mönning,* InsO, § 26 Rn. 12.

[3] *Braun/Uhlenbruck,* Unternehmensinsolvenz, S. 269.

[4] *Haarmeyer,* ZInsO 2001, 103 ff., 104.

[5] *Nerlich/Römermann/Mönning,* InsO, § 26 Rn. 13.

[6] BGH NZI 2004, 30 f.

[7] *Nerlich/Römermann/Mönning,* InsO, § 26 Rn. 15.

[8] Siehe hierzu insbesondere die Neufassung des § 11 InsVV durch die zweite Verordnung zur Änderung der InsVV vom 21. 11. 2006, inkl. Begründung abgedruckt in ZInsO 2007, 27.

[9] *Haarmeyer,* ZInsO 2001, 103 ff., 104.

[10] *Nerlich/Römermann/Mönning,* InsO, § 26 Rn. 17.

[11] BGH NZI 2004, 30 f.

[12] AG Göttingen ZInsO 2009, 190 f.; LG Leipzig InVo 2002, 369 f.; MünchKomm-*Haarmeyer,* InsO, § 26 Rn. 20. Den Zeitraum der Verwertbarkeit offengelassen: BGH

zutreffend sein. Ist der Geschäftsbetrieb eingestellt und bestehen die Vermögenswerte z. B. aus streitigen Insolvenzanfechtungsansprüchen,[1] die unter Zurhilfenahme von Prozesskostenhilfe durch den Insolvenzverwalter durchgesetzt werden können, dürfte dies richtig sein. Anders läge die Situation z. B. bei einer Bauträgerinsolvenz mit einer Vielzahl von ausbelasteten Immobilien wegen der zwangsläufig der Masse entstehenden Belastungen aus Grundsteuer, Gebäudeversicherung und Wohngeldern, die nach Eröffnung des Verfahrens als sonstige Masseverbindlichkeiten i. S. d. § 55 Abs. 1 entstehen. Zu weitgehend auch AG Göttingen,[2] wenn es für die voraussichtliche Verfahrenskostendeckung auf pfändbare Anteile vom Einkommen für die Zeit nach Ablauf der Abtretungsdauer (§ 114) abstellt. Beim **Anlagevermögen** sind Liquidationswerte anzusetzen, es sei denn, es bestehen bei Erstellung der Deckungsrechnung bereits reale Aussichten für eine übertragende Sanierung oder eine Reorganisation. Bei den **Vorräten** muss danach differenziert werden, ob der Geschäftsbetrieb fortgeführt wird, bereits stillgelegt ist oder eine Stilllegung unmittelbar bevorsteht.[3]

Bei den **Forderungen** ist der voraussichtliche Realisierungswert anzusetzen.[4] 12
Im Falle der Insolvenz einer Genossenschaft ist auch die Nachschusspflicht der Genossen gem. § 105 GenG zu berücksichtigen.[5]

Zu **sonstigen Vermögensgegenständen** gehören auch werthaltige Haftungsansprüche gegenüber persönlich haftenden Gesellschaftern, deren Geltendmachung dem Insolvenzverwalter gemäß § 93 InsO zugewiesen sind. Auch wenn die hieraus resultierenden Erlöse eine Sondermasse bilden, die nur an die Sondermassegläubiger auszukehren sind, hat das Interesse der Sondermassegläubiger an einer uneingeschränkten Auszahlung hinter die Ordnungsfunktion des Insolvenzverfahrens zurückzutreten. Aus den Erlösen können daher vorab die Verfahrenskosten beglichen werden.[6]

dd) Prognoseentscheidung. Die Gegenüberstellung des Vermögens und der 13
Kosten hat prognostisch zu erfolgen. Dies ist mit Haftungsrisiken für das zur Entscheidung berufene Insolvenzgericht verbunden.[7]

ee) Noch immer besteht Streit darüber, ob neben den in § 54 InsO erfassten 14
Kosten auch die **sonstigen Masseverbindlichkeiten** i. S. v. § 55 gedeckt sein müssen.[8]

Es wird die Ansicht vertreten, dass über den Wortlaut hinaus auch die Fort- 15
bestehenskosten gedeckt sein müssen. Ansonsten werde das gesamte Risiko der

NZI 2004, 30 f.: in dem zugrunde liegenden Fall ging der Gutachter von einem Zeitraum von 1 Jahr nach Verfahrenseröffnung aus; so auch AG Hamburg ZInsO 2006, 51 f.; vgl. HambKomm-*Schröder,* InsO, § 26 Rn. 27 ff. mwN.

[1] Siehe hierzu: OLG Hamm ZIP 2005, 361 f.

[2] AG Göttingen ZInsO 2009, 190 f.

[3] *Nerlich/Römermann/Mönning,* InsO, § 26 Rn. 25.

[4] *Nerlich/Römermann/Mönning,* InsO, § 26 Rn. 26; MünchKommInsO-*Haarmeyer,* § 26 Rn. 21; AG Hamburg ZInsO 2006, 51 ff.

[5] *Haarmeyer,* ZInsO 2001, 103 ff., 106.

[6] AG Hamburg ZInsO 2007, 1283.

[7] *Nerlich/Römermann/Mönning,* InsO, § 26 Rn. 29.

[8] Übersicht zur Rechtsprechung der Instanzgerichte und der Auffassung in der Literatur bei FK-*Schmerbach,* InsO, § 26 Rn. 6 b.

Nichterfüllung von sonstigen Masseverbindlichkeiten allein und ausschließlich auf den Insolvenzverwalter abgewälzt.[1] Eine Betriebsfortführung ohne Begründung neuer Verbindlichkeiten sei jedoch undenkbar.[2]

16 Gegen diese Ansicht spricht, dass der Gesetzgeber die hohe Zahl von abgelehnten Anträgen senken wollte und daher ursprünglich sogar nur die Verfahrenskostendeckung bis zum Berichtstermin verlangte.[3] Nach der herrschenden Meinung ist die eingangs erwähnte Ansicht mit dem Wortlaut nicht vereinbar.[4]

17 Fraglich ist, wie „Kosten des Verfahrens" i. S. v. § 26 verstanden werden muss, um den Problemen der Praxis Rechnung zu tragen. Ausgangspunkt der Diskussion sollte sein, dass die „Kosten des Verfahrens" nicht als Verfahrenskosten i. S. d. § 54 begriffen werden können, vielmehr handelt es sich um einen normativen Kostenbegriff.[5] Um das Problem greifbarer zu machen, sind zu den sonstigen Masseverbindlichkeiten zunächst zwei Fallgruppen zu bilden:

– einerseits **sonstige Masseverbindlichkeiten i. S. d. § 55 Abs. 1 Ziff. 1,** die durch die Erfüllung gesetzlicher Pflichten des Insolvenzverwalters entstehen, z. B. die Erfüllung der handels- und steuerrechtlichen Rechnungslegung gem. § 155 Abs. 1 S. 2 sowie Kosten für die Erfüllung der Verpflichtung zur Aufbewahrung von Handelsbüchern, die Einlagerungs- und nach Ablauf der gesetzlichen Aufbewahrungsfristen – Vernichtungskosten auslösen,
– zum anderen **sonstige Masseverbindlichkeiten i. S. v. § 55 Abs. 1 Ziff. 2,** wobei insoweit die Wertungen des § 90 zu beachten sind.

18 Die Entscheidung über diese Kosten muss in den ersten Tagen und Wochen nach Verfahrenseröffnung getroffen werden, ggf. mit der Folge entsprechender Beauftragung Dritter. Dies führt – bei unzulänglicher Masse – zu einem Haftungsrisiko des Insolvenzverwalters nach § 61, wenn Masseunzulänglichkeit eintritt.[6] Kann der Verwalter bei der ersten Fallgruppe noch frei über die Beauftragung entscheiden,[7] tritt in der zweiten Fallgruppe (insbesondere bei Strom-/Wasserkosten u. ä.) regelmäßig ein Automatismus ein, den der Verwalter nicht ohne Weiteres unterbrechen kann. Lässt man die als sonstige Masseverbindlichkeiten i. S. d. § 55 anzusetzenden Kosten bei der Prüfung der Deckung der Verfahrenskosten unberücksichtigt, wird das Insolvenzverfahren zwar eröffnet, das gesetzgeberische Ziel eines „Ordnungsverfahrens" wird jedoch verfehlt. Die Verfahrenskosten sind zwar gedeckt, aber die Aufgaben, die das

---

[1] *Nerlich/Römermann/Mönning,* InsO, § 26 Rn. 20.

[2] *Nerlich/Römermann/Mönning,* InsO, § 26 Rn. 21.

[3] Begründung RegE, abgedruckt in *Balz/Landfermann,* S. 237.

[4] *Pape,* ZInsO 1999, 398 f.; *ders.* in *Kübler/Prütting/Bork,* InsO, § 26 Rn. 1 b, 5 f., 9 a ff., 14, 16 a; HK-*Kirchhof,* InsO, § 26 Rn. 13; FK-*Schmerbach,* InsO, § 26 Rn. 6 b; Münch-Komm-*Haarmeyer,* InsO, § 26 Rn. 15 f.; ebenso AG Hamburg NZI 2000, 140 f.; LG Berlin ZInsO 2000, 224; aA *Rattunde/Röder,* DZWIR 1999, 309 ff. in Anlehnung an die Praxis des AG Charlottenburg mwN; zur Berücksichtigung sonstiger Masseverbindlichkeiten und zur Frage der haftungsrechtlichen Verantwortung des Insolvenzverwalters vgl. *Kaufmann,* Kostendeckungsprüfung – s. auch Besprechung von *Pape,* NZI 2005, 97 f.

[5] Vgl. hierzu § 207 2. b). Zum normativen Verfahrenskostenbegriff vgl. § 207 Rn. 8–11.

[6] Vgl. Erläuterungen zu § 61.

[7] Wobei – unterlässt er die Beauftragung – man die reichlich absurde Konsequenz zieht, dass man ein Verfahren eröffnet und das, was im Verfahren zwingend gemacht werden muss, jedoch wieder nicht macht, weil man es nicht bezahlen kann.

Ordnungsverfahren sicherstellen sollen, können gerade nicht wahrgenommen werden, weil der Masse entsprechende Mittel nicht zur Verfügung stehen.

Zusammenfassend sollten daher als „Kosten des Verfahrens" die „Verfahrensgewährleistungskosten" angesehen werden. Diese setzen sich zusammen aus zwingend einzugehenden Verpflichtungen auf Grund gesetzlicher Vorgabe und aus Verpflichtungen aus entgegengenommenen Leistungen, die auch nach Anzeige einer Masseunzulänglichkeit noch anzunehmen sind, um das Verfahren überhaupt abwickeln zu können.[1] Auch die Bund-Länder-Arbeitsgruppe „Insolvenzrecht" hat sich mit dieser Problematik befasst, allerdings die Auffassung vertreten, dass Kostenbelastungen der Masse z. B. auch durch Veranlagung im Schätzwege vermieden werden könnten.[2] Die Aussage ist in dieser pauschalen Form aus den Erfahrungen der Insolvenzpraxis nicht zu bestätigen.[3] Auch der Versuch, Kosten für die Beauftragung eines Steuerberaters als Auslagen i. S. d. § 54 Abs. 2 anzusehen und in die Berechnung der voraussichtlichen Verfahrenskosten einzubeziehen, wird auf Grund des eindeutigen Willens des Gesetzgebers überwiegend abgelehnt.[4] Sind die Verfahrenskosten nach § 4 a gestundet, sind die Steuerberatungskosten als Auslagen i. S. v. § 4 Abs. 2 InsVV erstattungsfähig, sofern die Finanzverwaltung auf der Erfüllung der handels- und steuerrechtlichen Rechnungslegungspflichten besteht.[5] 19

c) Prüfungspflicht und Entscheidung des Gerichts

Die Feststellung der Verfahrenskostendeckung gehört zu den Amtspflichten des Insolvenzgerichts.[6] Die Amtsermittlungspflicht trifft auch das Beschwerdegericht, welches deshalb ggf. eigene Feststellungen zum Eröffnungsgrund und zur Massearmut zu treffen hat.[7] Der Gutachter bzw. vorläufige Insolvenzverwalter hat dem Insolvenzgericht die zur Prüfung der Verfahrenskostendeckung erforderlichen Grundlagen zu liefern. Das Insolvenzgericht darf sich auf das Gutachten nur stützen, wenn es das Gutachten für nachvollziehbar und in sich widerspruchsfrei hält.[8] Nach dem Amtsermittlungsgrundsatz (§ 5 Abs. 1) kann das Insolvenzgericht die notwendigen Ermittlungen auch selbst durchführen. Falls die Deckungsrechnung zeigt, dass die Kosten des Verfahrens voraussichtlich nicht beigebracht werden können (dabei genügt es, dass dies wahrscheinlich ist),[9] ist die Abweisungsentscheidung mangels Masse **zwingend,** solange kein ausreichender Geldbetrag vorgeschossen wird.[10] Dies gilt auch dann, wenn die Abweisung mangels Masse für den Schuldner berufsrechtliche Konsequenzen hat.[11] 20

[1] *Haarmeyer/Wutzke/Förster,* Hdb, Kap. 3 Rn. 514; *Voigt,* ZIP 2004, 1531 ff.

[2] Vgl. Abschlussbericht der Bund-Länder-Arbeitsgruppe „Insolvenzrecht", *www.jm.nrw.de* (Justiz NRW/Rechtspolitik/Schwerpunktthemen/Insolvenzrecht), S. 101 f., 104.

[3] So auch deutlich *Pape,* ZInsO 2004, 1049 ff., 1050.

[4] FK-*Schmerbach,* InsO, § 26 Rn. 6 c mwN zur aA.

[5] BGH ZInsO 2004, 970 ff.; s. hierzu auch *Pape,* ZInsO 2004, 1049 ff.; AG Hamburg NZI 2004, 674: keine Übertragung auf Verfahren ohne Kostenstundung.

[6] BGH, NZI 2009, 233 f.

[7] BGH WM 2006, 1215 f. = ZIP 2006, 1008. ff.

[8] BGH NZI 2009, 233 f.

[9] BGH WM 2006, 1215 = ZIP 2006, 1008. ff.

[10] *Nerlich/Römermann/Mönning,* InsO, § 26 Rn. 32.

[11] BGH, Beschluss vom 21. 6. 2007 – IX ZB 193/03.

21 Hat das Insolvenzgericht die Erkenntnisquellen im Rahmen der Amtsermittlung nicht ausgeschöpft und den Sachverhalt nur unzureichend aufgeklärt, beruht die Abweisung des Insolvenzantrages auf einem Verfahrensfehler.[1] Eine Nichtbeachtung der Pflichten zur Feststellung der Verfahrenskostendeckung kann zu haftungsrechtlichen Ansprüchen gegen den Staat und im Rückgriff auch gegen den Insolvenzrichter führen, § 839 Abs. 1 BGB i. V. m. Art. 34 GG.[2]

22 Lassen die Ermittlungen des Insolvenzgerichts und die Feststellungen eines Gutachters trotz einer offenbar gegebenen Zahlungsunfähigkeit infolge der Unauffindbarkeit der Geschäftsführung keine Prüfung der Frage einer möglichen Kostendeckung zu und ist auch ein Vorschuss nicht gezahlt worden, so ist der Antrag auf Eröffnung des Insolvenzverfahrens als unbegründet zurückzuweisen.[3] Eine Abweisung mangels Masse scheidet dagegen aus.[4]

d) Verfahrenskostenvorschuss/-garantie

23 **aa) bei Eigenantrag.** Hat der Schuldner selbst den Antrag auf Eröffnung des Insolvenzverfahrens gestellt, scheidet die Vorschussanforderung von vornherein aus.[5] Leistet der Schuldner dennoch einen Vorschuss, wird dieser als massezugehörig behandelt. Dies gilt nicht, wenn die Mittel nachweislich massefrei sind oder von einem Dritten stammen.[6] Dieser Fall tritt in der Praxis häufig in Verbraucherinsolvenzverfahren auf, wenn der Schuldner keine eigene Bankverbindung unterhält, sondern ein Konto seines Ehegatten/Lebensgefährten nutzt und von diesem Konto der Massekostenvorschuss einbezahlt wird.

24 **bb) Vorschuss des antragstellenden Gläubigers oder Dritter.** Für die Anforderung eines Vorschusses gibt es keinen bestimmbaren Adressaten, so dass neben den Gläubigern auch Dritte einen Vorschuss leisten können. Der Adressatenkreis ist nicht auf die am Verfahren beteiligten Gläubiger beschränkt.[7]

25 **cc) Ersetzung des Vorschusses.** Die Einzahlung eines Vorschusses kann weder durch eine für den Gläubiger bewilligte Prozesskostenhilfe[8] noch durch Gebührenfreiheit[9] ersetzt werden.[10]

26 **dd)** Der Verfahrenskostenvorschuss ist **Sondervermögen.** Es handelt sich dabei um ein zweckgebundenes Treuhandvermögen, das ausschließlich für die Deckung der Verfahrenskosten (§ 54) verwendet werden darf.[11] Ob es sich dabei

---

[1] BGH, NZI 2009, 233 f.

[2] *Haarmeyer,* ZInsO 2001, 103 ff., 104.

[3] Zu den Anforderungen an die Amtsermittlungspflicht vgl. BGH WM 2006, 1215 f.; BGH, NZI 2009, 233 f.

[4] LG Erfurt ZInsO 2001, 473 f.; aA AG Göttingen ZInsO 2003, 1156; zum Grad der Erweislichkeit des Insolvenzgrundes vgl. BGH WM 2006, 1215, 1216: es reicht ein für das praktische Leben brauchbarer Grad an Gewissheit aus; siehe hierzu auch *Zipperer,* NZI 2003, 590 ff.

[5] *Nerlich/Römermann/Mönning,* InsO, § 26 Rn. 33; aA: AG Hechingen ZVI 2003, 189 unter Ablehnung der Zulässigkeit von Ratenzahlungen.

[6] HK-*Kirchhof,* InsO, § 26 Rn. 34.

[7] Zur Formbedürftigkeit als Schenkungsversprechen i. S. d. § 518 Abs. 1 BGB, LG Hamburg ZVI 2002, 362 f.

[8] *Kübler/Prütting/Bork/Pape,* InsO, § 26 Rn. 20; AG Hildesheim ZInsO 2004, 1154.

[9] HK-*Kirchhof,* InsO, § 26 Rn. 24; *Kübler/Prütting/Bork/Pape,* InsO, § 26 Rn. 20.

[10] *Haarmeyer,* ZInsO 2001, 103 ff., 107.

[11] *Nerlich/Römermann/Mönning,* InsO, § 26 Rn. 41.

um einen Massekostenvorschuss oder rechtlich anders zu qualifizierende Zahlungen wie allgemeine Massedarlehen oder Prozesskostenvorschüsse handelt, ist nach objektiven Kriterien zu beurteilen. Maßstab der Prüfung ist, ob eine die Verfahrenskosten voraussichtlich deckende Masse bei Eingang des Vorschusses objektiv vorhanden war. Auf die Bezeichnung der Zahlung als „Massekostenvorschuss" durch den Gläubiger, Treuhänder oder Insolvenzverwalter kommt es nicht an.[1] Der Vorschuss ist an den Vorschussleistenden zurückzuzahlen, wenn er zur Deckung der Kosten nicht benötigt wird bzw. im weiteren Verlauf des Verfahrens Mittel zur vollständigen Kostendeckung erwirtschaftet werden.[2] Der Rückzahlungsanspruch rückt bei jeder Form der Verteilung in die Rangstelle der Kostenart ein.[3]

ee) Das Gericht kann sich auch mit einer **Verfahrenskostengarantie** statt einer Zahlung begnügen.[4] Eine rechtsverbindliche, unbedingte Bankgarantie genügt in jedem Fall.[5] Häufig geben absonderungsberechtigte Gläubiger eine Verfahrenskostengarantie zu Lasten ihrer Absonderungsrechte ab. Die Insolvenzmasse wird in diesem Fall über die gesetzlichen Kostenbeiträge der §§ 170, 171 hinaus beteiligt.[6] Bereits im bisherigen Konkursrecht war dies geläufige Praxis, insbesondere in den Fällen, in denen der vorläufige Insolvenzverwalter vereinbarungshalber bereits im Eröffnungsverfahren zu Finanzierungszwecken auf die Absonderungsrechte zugreifen, z. B. die einer (Global-)Zession unterliegenden Forderungen einziehen und über sie verfügen durfte. 27

ff) Der zur Verfahrenskostendeckung angeforderte Vorschuss muss tatsächlich erbracht sein.[7] Der Vorschuss kann auch im Verlauf des Beschwerdeverfahrens noch eingezahlt werden, sofern das Insolvenzgericht den Vorschuss zuvor konkret festgesetzt und den antragstellenden Gläubiger unter Fristsetzung zur Vorschusszahlung aufgefordert hat.[8] Ob und in welchen Fällen sich das Insolvenzgericht mit einer Verfahrenskostengarantie begnügt, unterliegt seinem Ermessen.[9] Das Angebot, einen Verfahrenskostenvorschuss zu leisten, muss rechtlich bindend und unbedingt sein. Unzulässig ist daher ein Angebot, das vom Ergebnis der das Eröffnungsverfahren abschließenden Entscheidung abhängig gemacht wird.[10] Der 28

[1] BGH, NZI 2009, 233 f.

[2] *Nerlich/Römermann/Mönning,* InsO, § 26 Rn. 42, 43.

[3] *Nerlich/Römermann/Mönning,* InsO, § 26 Rn. 43.

[4] *Haarmeyer,* ZInsO 2001, 103 ff., 107.

[5] FK-*Schmerbach,* InsO, § 26 Rn. 25. Auch die Bürgschaft einer sonstigen, bonitätsmäßig unzweifelhaften, solventen Person sollte ausreichen.

[6] Hier ist genau zu unterscheiden: Erhöht der Absonderungsberechtigte den – uneingeschränkten – Verfahrenskostenbeitrag oder stellt er über den Verfahrenskostenbeitrag hinaus Treuhandvermögen zur Verfügung, das nur aus dem Absonderungsgut zusätzlich finanziert wird. Im ersten Fall wird das Verfahren aus einem Mehr an freier Masse eröffnungsfähig. Im zweiten Fall wird ein Vorschuss gewährt, der Absonderungsberechtigte rückt im Rang der Kostenforderung ein.

[7] BGH NZI 2005, 45 ff. = ZInsO 2004, 1307 f. unter Ablehnung der Zulässigkeit von Ratenzahlungen; AG Hechingen ZVI 2003, 189.

[8] LG Göttingen ZInsO 2007, 1358 f., 1359.

[9] MünchKomm-*Haarmeyer,* InsO, § 26 Rn. 29.

[10] BGH ZIP 2002, 1695 f. in einer Beschwerdeentscheidung zur Zulässigkeit eines erneuten Eröffnungsantrags nach vorheriger Abweisung mangels die Verfahrenskosten deckender Masse.

Vorschuss darf nicht mit **Zweckbestimmungen** versehen werden, die über den § 26 Abs. 1 hinausgehen.[1] Hat der Schuldner nur einen Vorschuss in Aussicht gestellt, der die geringeren Kosten im Fall der Eigenverwaltung decken würde und führt die Ablehnung der Eigenverwaltung mittelbar zur Abweisung des Insolvenzantrages mangels Masse, so ist die Höhe des Vorschusses, soweit dieser von der Eigenverwaltung abhängt, auch nicht einer Überprüfung im Wege der sofortigen Beschwerde gegen den Abweisungsbeschluss zugänglich.[2]

e) Rechtliches Gehör

29 Vor der Abweisungsentscheidung mangels Masse ist dem Schuldner rechtliches Gehör zu gewähren. Eine nachträgliche Anhörung im Beschwerdeverfahren ist möglich.[3] Der Schuldner soll Einwendungen gegen die Vermögens- und die Kostenermittlung erheben können.[4] Schließlich besteht im Rahmen der Anhörung des Schuldners nochmals die Möglichkeit, über eine Vorschusszahlung zu befinden.[5] Es ist jedoch kein Hinweis erforderlich, dass der antragstellende Gläubiger den Verfahrenskostenvorschuss nicht erbracht hat.[6] Sinnvollerweise sollte einem Gläubiger mit der Vorschussanforderung des Insolvenzgerichts eine Abschrift des Sachverständigengutachtens überlassen werden.[7] Zur Abkürzung der Postwege und zu Beschleunigungszwecken sollte dies in Abstimmung mit dem Insolvenzgericht unmittelbar durch den Sachverständigen/vorläufigen Insolvenzverwalter geschehen.

30 Eine Anhörung des Schuldners kann unterbleiben, wenn er sich mit dem Inhalt des Gutachtens zur Masselosigkeit ausdrücklich einverstanden erklärt hat.[8] Ihm ist zu diesem Zweck der Entwurf des Sachverständigengutachtens zur Verfügung zu stellen, mit der Bitte, gegenüber dem zur Entscheidung berufenen Insolvenzgericht eine entsprechende schriftliche Erklärung abzugeben. Einer erneuten Anhörung bedarf es auch nicht, wenn der Schuldner bereits vor der Antragstellung neben dem Eröffnungsgrund auch die voraussichtliche Masselosigkeit eingeräumt hat.[9]

31 In diesen Fällen kann eine sofortige Entscheidung des Insolvenzgerichts ergehen. Praktische Bedeutung hat dies für die Berechnung des Insolvenzgeldzeitraums, da die Abweisung der Eröffnung des Insolvenzverfahrens mangels Masse Auslösungstatbestand für das Entstehen des Insolvenzgeldanspruchs ist, § 183 SGB III.[10] Nach dem eindeutigen Wortlaut des auf die Fristberechnung anwend-

---

[1] Für Zahlung nur bei Anordnung der Eigenverwaltung: BGH NZI 2006, 34 ff. und AG Charlottenburg m. Anm. *Smid,* DZWIR 2005, 168 ff.; HK-*Kirchhof,* InsO, § 26 Rn. 33.

[2] BGH NZI 2007, 238 f.

[3] BGH ZVI 2004, 24 f; offengelassen: BGH ZInsO-RR 2004, 274; HambKomm-*Schröder,* InsO, § 26 Rn. 58 ff.; aA: *Nerlich/Römermann/Mönning,* InsO, § 26 Rn. 46, der hierin einen Verstoß gegen Art. 103 Abs. 1 GG sieht.

[4] BGH ZInsO 2004, 274; *Bähr,* EWiR 2004, § 26 InsO 1/04, 665 f.; LG Frankfurt (Oder) DZWIR 2005, 348; *Nerlich/Römermann/Mönning,* InsO, § 26 Rn. 46.

[5] *Nerlich/Römermann/Mönning,* InsO, § 26 Rn. 47.

[6] BGH ZInsO 2004, 274; *Bähr,* EWiR 2004, § 26 InsO 1/04, 665 f.

[7] FK-*Schmerbach,* InsO, § 26 Rn. 57 a.

[8] *Haarmeyer,* ZInsO 2001, 103 ff., 106.

[9] FK-*Schmerbach,* InsO, § 26 Rn. 63.

[10] BSG ZIP 1995, 935 ff.; wonach der Tag der Eröffnung vom Insolvenzgeldzeitraum nicht umfasst wird.

baren § 187 Abs. 1 BGB bleibt – auch für den Fall der Ablehnung mangels Masse – der Tag, an dem das Ereignis eintritt, außer Betracht.

f) Veröffentlichung

Die Veröffentlichung war bislang nicht gesetzlich geregelt. Mit der Einführung des § 26 Abs. 1 S. 3 durch das Gesetz zur Vereinfachung des Insolvenzverfahrens vom 13. 4. 2007 (BGBl. I S. 509) ist der Beschluss über die Abweisung mangels Masse unverzüglich öffentlich bekannt zu machen. Mit der Änderung soll der Bedeutung des Abweisungsbeschlusses für den gesamten Geschäftsverkehr Rechnung getragen werden. Zudem sollen damit die Insolvenzgerichte von den zahlreichen Anfragen entlastet werden.[1] **32**

g) Der Beschluss ist dem **Schuldner förmlich zuzustellen.** Eine Ausfertigung ist gem. § 31 Nr. 2 dem zuständigen Registergericht zu übermitteln, wenn es sich bei dem Schuldner um eine juristische Person oder eine Gesellschaft ohne Rechtspersönlichkeit handelt, die durch die Abweisung aufgelöst wird.[2] **33**

Wenn eine Zustellung an den Schuldner nicht möglich ist, greift mit der öffentlichen Bekanntmachung die Zustellfiktion des § 9 Abs. 3 ein. **34**

h) Rechtsfolgen der Abweisung mangels Masse[3]

aa) Die Abweisung mangels Masse führt bei der GmbH, der AG und der Genossenschaft zu deren **Auflösung** (§§ 60 Abs. 1 Nr. 5 GmbHG, 262 Abs. 1 Nr. 4 AktG, 81 a Nr. 1 GenG). Nach § 141 a Abs. 1 FGG kann eine AG, eine KGaA und eine GmbH, die kein Vermögen besitzt, von Amts wegen gelöscht werden. Gem. § 141 a Abs. 3 S. 1 FGG findet die Regelung des § 141 a Abs. 1 FGG entsprechende Anwendung auf die OHG und die KG, bei der kein persönlich haftender Gesellschafter eine natürliche Person ist. Gem. § 131 Abs. 2 Nr. 1 HGB wird die GmbH & Co. KG in den Fällen der Abweisung mangels Masse aufgelöst.[4] **35**

bb) Eintragung des Schuldners in das Schuldnerverzeichnis. Das Schuldnerverzeichnis wird bei den Vollstreckungsgerichten geführt (§§ 915–915 h ZPO). Bei juristischen Personen des Handelsrechts ist der Abweisungsbeschluss gem. § 31 Nr. 2 InsO dem Registergericht zu übermitteln.[5] **36**

Die Löschung hat nach Ablauf von **fünf Jahren** seit Abweisung des Insolvenzantrages zu erfolgen. Im Schuldnerverzeichnis darf die frühere Eintragung, insbesondere der Name des Schuldners, nicht mehr erkennbar sein. Eine vorzeitige Löschung ist gem. § 915 a Abs. 2 ZPO möglich.[6] Voraussetzung hierfür ist, dass der Schuldner nachweist, die dem Insolvenzantrag zugrunde liegende Forderung erfüllt zu haben.[7] **37**

---

[1] BT-Drucks. vom 2. 11. 2007, S. 16.

[2] *Haarmeyer,* ZInsO 2001, 103 ff., 108.

[3] Vgl. zur Zulässigkeit eines erneuten Insolvenzantrags nach Abweisung des Eigenantrags mangels Masse: BGH ZInsO 2005, 144; LG München I NZI 2006, 49 f.

[4] *Braun/Uhlenbruck,* Unternehmensinsolvenz, S. 273.

[5] *Nerlich/Römermann/Mönning,* InsO, § 26 Rn. 49.

[6] Zur Abgrenzung von § 915 a Abs. 2 Nr. 2 ZPO (Wegfall des Eintragungsgrundes) vgl. AG Duisburg ZInsO 2001, 573 f.

[7] *Nerlich/Römermann/Mönning,* InsO, § 26 Rn. 50; aA AG Köln ZInsO 2003, 957; vgl. auch *Heyer,* ZInsO 2004, 1127 ff., 1131 f. mwN.

i) Kostentragung

38 Nach hM sind bei einer Abweisung mangels Masse die Kosten dem Schuldner aufzuerlegen.[1] Sinnvoll erscheint der Vorschlag, den antragstellenden Gläubiger vor der Entscheidung des Gerichts anzuhören und ihm so die Möglichkeit zu geben, seinen Antrag in der Hauptsache für erledigt zu erklären (§ 91 a ZPO). In diesem Falle wären die Kosten dem Schuldner aufzuerlegen i. d. S. BGH, ZInsO 2009, 563 m. Anm. *Baumert* in FD-InsR 2009, 278282, da die Voraussetzung einer hinreichenden Masse dann nicht in den Verantwortungsbereich des antragstellenden Gläubigers fällt. Das Ergebnis der von Amts wegen (auch) im öffentlichen Interesse vorzunehmenden Aufklärung der Verfahrenskostendeckung ist dann als erledigendes Ereignis i. S. d. § 91 a Abs. 1 S. 1 ZPO anzusehen.[2] Der Antragsteller haftet in jedem Fall als Zweitschuldner gegenüber der Gerichtskasse nach § 23 Abs. 1 GKG[3]. Im Fall der Erledigungserklärung haftet der Antragsteller jedoch nicht für die Auslagen nach § 23 Abs. 1, S. 2 GKG, wozu auch die Kosten des Sachverständigen gehören.[4]

3. Ersatzansprüche des Vorschussleistenden

39 **a)** § 26 Abs. 3 regelt für den Vorschussleistenden i. S. v. § 26 Abs. 1 S. 2 1. Alt. oder des § 207 Abs. 1 einen Erstattungsanspruch in Höhe des vorgeschossenen Betrages gegen die Person, die entgegen den Vorschriften des „Insolvenz- oder“[5] Gesellschaftsrechts den Antrag auf Eröffnung des Insolvenzverfahrens pflichtwidrig und schuldhaft nicht gestellt hat. Zum Schadensersatz verpflichtet dabei nicht nur das Unterlassen, sondern auch die verspätete Stellung.[6] Dabei normiert Abs. 3 S. 2 für den Fall, dass streitig ist, ob die antragspflichtige Person pflichtwidrig und schuldhaft gehandelt hat, eine Beweislastumkehr zugunsten des Vorschussgläubigers.

40 **b)** Der bisherige § 26 Abs. 3 S. 3 wurde durch das Gesetz zur Anpassung der Verjährungsvorschriften an das Gesetz zur Modernisierung des Schuldrechts aufgehoben.[7] Der Anspruch unterliegt nunmehr der Regelverjährung nach §§ 195, 199 BGB.

41 **c)** Verlangt wird auch eine Kausalität in dem Sinne, dass der Kostenvorschuss gerade zu dem Zweck geleistet worden sein muss, das Insolvenzverfahren trotz

---

[1] HK-*Kirchhof,* InsO, § 26 Rn. 25 mwN. auch zur aA; keine staatliche Ausfallhaftung für Vergütung in Insolvenzverfahren: BGH NJW 2008, 583; BGH NZI 2004, 245 ff.; S. a. BGH NJW 2008, 583; BGH ZIP 2006, 431: keine Haftung des Gläubigers für Kosten des vorl. Insolvenzverwalters bei Antragsrücknahme und fehlender Kostendeckung.

[2] HK-*Kirchhof,* InsO, § 26 Rn. 25.

[3] Nach AG Göttingen, ZIP 2009, 1532 f. haftet der Antragsteller bei Abweisung mangels Masse aber nicht für die Auslagen, da kein Unterliegen und damit kein Fall der Abweisung i. S. d. § 23 Abs. 1 S. 2 GKG vorliege, aA MünchKomm-*Schmahl* § 13 Rn. 165 aE.

[4] OLG Koblenz ZInsO 2007, 610 f.; LG Göttingen NZI 2004, 501 jeweils mwN auch zur aA; aA auch LG Dresden ZVI 2005, 329.

[5] Eingefügt durch das MoMiG , BGBl. I 2008, S. 2026.

[6] OLG Hamm NZG 2002, 782; HK-*Kirchhof,* InsO, § 26 Rn. 43 mwN; *Graf Schlicker/Voß,* InsO, § 26 Rn. 28.

[7] BGBl. I Nr. 66 vom 14. 12. 2004.

Massearmut zu eröffnen.[1] Ob die verspätete oder unterlassene Antragstellung die Massearmut verursacht hat, ist danach unerheblich. Der Ersatzanspruch für den Vorschuss leistenden Gläubiger besteht auch dann, wenn das Insolvenzgericht verfahrensfehlerhaft die tatsächlichen Grundlagen seiner Prognose zur voraussichtlichen Massearmut nicht hinreichend ermittelt hatte.[2]

d) Damit ergibt sich für den Gläubiger eines Massekostenvorschusses eine zusätzliche Regressmöglichkeit. Zwar hat der Gesetzgeber Erleichterungen auf der Seite der Beweislastverteilung in die Hand gegeben, nicht übersehen werden darf allerdings, dass ein solcher Anspruch dennoch häufig an der mangelnden Bonität der Anspruchsgegner scheitert. 42

4. Rechtsmittel

Gem. § 34 Abs. 1 ist die **sofortige Beschwerde** sowohl für den Schuldner als auch für den Gläubiger der statthafte Rechtsbehelf gegen einen Abweisungsbeschluss.[3] Ob der Vorschuss zutreffend berechnet wurde oder eine ausreichende Masse fehlt, kann allein im Rahmen eines Rechtsmittels gegen den Abweisungs- oder den Eröffnungsbeschluss gem. § 34 überprüft werden.[4] Dies gilt jedoch nicht, soweit die Höhe des in Aussicht gestellten Vorschusses von der Anordnung der Eigenverwaltung abhängt, da bereits für die Entscheidung über die Anordnung oder Ablehnung der Eigenverwaltung nach § 270 kein Rechtsmittel gegeben ist.[5] Eine isolierte Anfechtung einer Kostenentscheidung durch die Schuldnerin ist nicht zulässig, da bei einer Ablehnung der Eröffnung mangels die Verfahrenskosten deckender Masse auf einen Eröffnungsantrag eines Gläubigers hin dieser nicht Unterlegener i. S. d. § 91 ZPO ist.[6] Soweit die Voraussetzungen für die Eröffnung des Insolvenzverfahrens erst im Rahmen einer Beschwerde gegen die Abweisung mangels die Verfahrenskosten deckender Masse im Beschwerdeverfahren durch Leistung eines Verfahrenskostenvorschusses erfüllt werden,[7] kann die Eröffnung des Insolvenzverfahrens durch das Beschwerdegericht selbst erfolgen. Weitere Anordnungen gem. §§ 27 ff. können dabei dem Insolvenzgericht übertragen werden.[8] 43

Richtet sich die Rechtsbeschwerde gegen die Abweisung des Insolvenzantrages mangels einer die Kosten des Verfahrens deckenden Masse und wird während der Rechtsbeschwerde auf Antrag eines weiteren Gläubigers das Insolvenzverfahren eröffnet, liegt ein Fall der verfahrensrechtlichen Überholung vor. Die eingelegte Rechtsbeschwerde ist unzulässig, da der Beschwerdeführer durch die angestrebte Entscheidung nicht bessergestellt werden kann.[9] 44

---

[1] BGH, NZI 2009, 233 f.; OLG Brandenburg ZIP 2003, 451 ff.; HK-*Kirchhof,* InsO, § 26 Rn. 44.

[2] BGH, NZI 2009, 233 f.

[3] HK-*Kirchhof,* InsO, § 26 Rn. 27.

[4] *Haarmeyer,* ZInsO 2001, 103 ff., 107.

[5] BGH NZI 2007, 238 f.

[6] BGH ZVI 2007, 68 f.; LG München I ZInsO 2002, 42 f.

[7] Vgl. zur Zahlung des Vorschusses noch im Verlauf des Beschwerdeverfahrens LG Göttingen ZInsO 2007, 1358 f., 1359.

[8] LG Potsdam NZI 2002, 554 f.

[9] BGH, Beschluss vom 20. 9. 2007 – IX ZB 241/06.

§ 27 Eröffnungsbeschluß

(1) **Wird das Insolvenzverfahren eröffnet, so ernennt das Insolvenzgericht einen Insolvenzverwalter. Die §§ 270, 313 Abs. 1 bleiben unberührt.**

(2) **Der Eröffnungsbeschluß enthält:**

1. **Firma oder Namen und Vornamen, Geburtsjahr, Registergericht und Registernummer, unter der der Schuldner in das Handelsregister eingetragen ist, Geschäftszweig oder Beschäftigung, gewerbliche Niederlassung oder Wohnung des Schuldners;**
2. **Namen und Anschrift des Insolvenzverwalters;**
3. **die Stunde der Eröffnung;**
4. **einen Hinweis, ob der Schuldner einen Antrag auf Restschuldbefreiung gestellt hat.**

(3) **Ist die Stunde der Eröffnung nicht angegeben, so gilt als Zeitpunkt der Eröffnung die Mittagsstunde des Tages, an dem der Beschluß erlassen worden ist.**

Literatur: *Kummer,* Die Stunde der Eröffnung des Insolvenzverfahrens, in FS für Friedrich Wilhelm Metzeler zum 70. Geburtstag, Köln 2003, S. 15 ff.; *Onusseit,* Der auf 00.00 Uhr (vor-)datierte Insolvenzeröffnungsbeschluß und die Verjährung des Anfechtungsanspruchs, ZInsO 2003, 404 f.; *Runkel/Wältermann,* Zur verfassungsmäßigen Auswahl und Ernennung eines Insolvenzverwalters, ZIP 2005, 1347 ff.; *Uhlenbruck,* Vordatierung von Insolvenzeröffnungsbeschlüssen?, ZInsO 2001, 977 ff.

Übersicht

1. Normzweck

1 Vorbild der Vorschrift sind die §§ 108, 110 Abs. 1 KO, §§ 20, 21 VglO sowie § 5 S. 1, 2 Nr. 1, 2 GesO.[1] Die Norm dient der Rechtsklarheit.[2]

Durch das Gesetz zur Vereinfachung des Insolvenzverfahrens vom 13. 4. 2007[3] wurde § 27 Abs. 2 Nr. 1 um die Wörter: „Geburtsjahr, Registergericht und

[1] Begründung RegE, abgedruckt in *Balz/Landfermann,* S. 240.
[2] HK-*Kirchhof,* § 27 Rn. 2.
[3] BGBl. I 2007, S. 509.

Registernummer, unter der der Schuldner in das Handelsregister eingetragen ist" ergänzt. Weiter wurde die Nr. 4 in Abs. 2 neu eingefügt.

2. Inhalt

a) Ernennung eines Insolvenzverwalters

Mit Eröffnung des Insolvenzverfahrens hat das Insolvenzgericht nach Abs. 1 im Eröffnungsbeschluss einen Insolvenzverwalter zu bestellen. Für die Eigenverwaltung verweist § 27 Abs. 1 S. 2 auf die Sonderregelung des § 270. Für das vereinfachte Insolvenzverfahren nach den §§ 311 ff. werden die Aufgaben des Insolvenzverwalters gem. § 313 Abs. 1 durch einen Treuhänder (§ 292) wahrgenommen. Für dessen Bestellung im Eröffnungsbeschluss gilt die Spezialregelung des § 313 Abs. 1.[1] 2

b) Firma oder Name, Geburtsjahr, Registergericht und Registernummer, Geschäftszweig oder Beschäftigung, gewerbliche Niederlassung oder Wohnung des Schuldners

Nach Abs. 2 Ziff. 1 hat der Eröffnungsbeschluss zwingend die Firma oder den Namen und Vornamen sowie das Geburtsjahr des Schuldners, die Angabe des Registergerichtes und der Registernummer, den Geschäftszweig oder die Beschäftigung und die gewerbliche Niederlassung oder den Wohnort des Schuldners zu enthalten.[2] Mit den Ergänzungen in Nr. 1 will der Gesetzgeber mehr Rechtssicherheit erreichen, indem Verwechslungen vermieden werden. Durch die Angabe von Registergericht und Registernummer wird dem Umstand Rechnung getragen, dass auf Grund der Zentralisierung der Registergerichte an manchen für Insolvenzsachen zuständigen Amtsgerichten keine Registersachen mehr bearbeitet werden. Die Änderung entspricht auch der Änderung des § 2 der Verordnung zu öffentlichen Bekanntmachungen in Insolvenzverfahren im Internet auf Grund von Art. 12 Abs. 3 EHUG. Durch den Hinweis im Eröffnungsbeschluss, ob der Schuldner einen Antrag auf Restschuldbefreiung gestellt hat, will der Gesetzgeber dem Informationsbedürfnis der Gläubiger, möglichst frühzeitig darüber informiert zu werden, Rechnung tragen.[3] 3

c) Name und Anschrift des Insolvenzverwalters

Nach Abs. 2 Ziff. 2 ist der Name und die vollständige Anschrift des Insolvenzverwalters in den Eröffnungsbeschluss aufzunehmen. 4

---

[1] Vgl. Erläuterungen dort.

[2] Zur Frage der Nichtigkeit eines Insolvenzeröffnungsbeschlusses, der den Namen des Schuldners in seiner Urschrift nicht nennt, sondern auf andere Aktenbestandteile verweist OLG Brandenburg ZIP 2002, 1097 ff. Der Mangel wurde im Rahmen der Entscheidung über eine Insolvenzanfechtungsklage entdeckt und führte zur Abweisung der Klage; m. abl. Anm. *Vallender,* in EWiR 2002, § 27 InsO 1/02, 723 f., der den Beschluss lediglich für fehlerhaft hält, so auch BGH ZIP 2003, 356 ff. in der Revisionsentscheidung; bestätigt: BGH NZI 2004, 87 f.; in diesem Sinne auch MünchKomm-*Schmahl,* InsO, §§ 27 bis 29 Rn. 17; zur Angabe der Wohnanschrift bei Schuldnern im Zeugenschutzprogramm: LG Hamburg NZI 2006, 115 f.

[3] BT-Drucks. vom 2. 11. 2006, S. 16.

d) Stunde der Eröffnung

5 Die Eröffnungswirkungen treten zu dem im Eröffnungsbeschluss gem. § 27 Abs. 2 Nr. 3 angegebenen Zeitpunkt ein.[1] Sofern die Stunde der Eröffnung nicht angegeben ist, gilt gem. § 27 Abs. 3 „als Zeitpunkt der Eröffnung die Mittagsstunde des Tages, an dem der Beschluss erlassen worden ist". Als Eröffnungszeitpunkt ist der Zeitpunkt anzugeben, in dem der Eröffnungsbeschluss unterzeichnet wird. Eine Vordatierung des Eröffnungszeitpunktes abweichend vom Zeitpunkt der Unterzeichnung des Beschlusses ist rechtswidrig, ein gleichwohl ergangener Beschluss aber nicht nichtig.[2]

e) Aufforderungen an die Gläubiger und die Schuldner

6 Nach § 28 Abs. 1 sind die Gläubiger aufzufordern, ihre Forderung innerhalb einer im Beschluss anzugebenden Frist beim Insolvenzverwalter anzumelden und gemäß Abs. 2 ihre beanspruchten Sicherungsrechte unverzüglich mitzuteilen. Nach Abs. 3 sind die Drittschuldner aufzufordern, nicht mehr an den Schuldner, sondern an den Verwalter zu leisten.

f) Terminsbestimmungen

7 Im Eröffnungsbeschluss werden der Berichtstermin (§ 156 Abs. 1) und der Prüfungstermin (§ 176) bestimmt (§ 29 Abs. 1).

3. Praxishinweis

8 Der Eröffnungsbeschluss muss, um wirksam zu sein, vom zuständigen Insolvenzrichter unterschrieben sein.[3] Eine Nachholung der fehlenden Unterschrift ist möglich, der Beschluss wirkt allerdings erst vom Zeitpunkt der Unterschriftsleistung an. Bei der Berechnung von Insolvenzgeldansprüchen der Arbeitnehmer wird der Tag der Eröffnung des Insolvenzverfahrens nicht eingerechnet.[4] Daher wird bei den zuständigen Insolvenzrichtern angeregt – auch dann, wenn der Monatserste auf einen Sonn- oder Feiertag fällt – an diesem Tage das Insolvenzverfahren zu eröffnen. Eine solche Handhabung, die – was die Berechnung von Insolvenzgeldansprüchen der Arbeitnehmer betrifft – effektiv und zweckmäßig ist und unnötige Rechtsnachteile vermeidet, wirft die Frage auf, wann ein Eröffnungsbeschluss in diesem Fall als erlassen gilt.

9 Da mit dem BGH die Eröffnungsstunde immer mit der Unterschrift durch den Insolvenzrichter zusammenfällt, wird der Beschluss zu diesem Zeitpunkt erlassen, auch wenn er erst später den inneren Bereich des Insolvenzgerichts (Geschäftsstelle) verlässt und damit wirksam wird.[5] Es dürfte also auch nach der Recht-

---

[1] BGH NZI 2006, 224 ff., 224.

[2] BGH NZI 2004, 316 ff.; m. Anm. *Bork*, EWiR § 5 GesO 1/04, 553 f.; vgl. auch *Uhlenbruck*, ZInsO 2001, 977, der sich auch ausführlich mit der aus seiner Sicht unzulässigen Vordatierung befasst; die Vordatierung für zulässig hält dagegen MünchKomm-*Schmahl*, InsO, §§ 27 bis 29, Rn. 38.

[3] BGHZ 137, 49 ff., 51 ff.; HK-*Kirchhof*, InsO, § 27 Rn. 17; *Graf-Schlicker/Voß*, InsO, § 27 Rn. 3.

[4] BSG ZIP 1995, 935 ff.

[5] BGH NZI 2004, 316 ff., 317; BGH ZVI 12/2006 565 f., 561; LG Karlsruhe NZI 2002, 608 ff.; HK-*Kirchhof*, InsO, § 27 Rn. 22 und 28. Zur Frage, bis wann eine Antragsrücknahme zulässig ist vgl. Ausführungen zu § 13 Abs. 2.

sprechung des BGH nichts dagegen sprechen, dass der zuständige Richter die Akte mit nach Hause nimmt, den Beschluss dort unterzeichnet und im Rahmen der üblichen Dienstzeit den Beschluss zur weiteren Erledigung durch die Geschäftsstelle in den Postgang gibt.[1]

4. Rechtsmittel

Der Schuldner kann nur den Eröffnungsbeschluss in seiner Gesamtheit gem. § 34 Abs. 2 mit der sofortigen Beschwerde, nicht aber eigenständig die Ernennung des Insolvenzverwalters angreifen.[2] Auch ein Mitbewerber kann gegen die Bestellung eines anderen zum Insolvenzverwalter nicht vorgehen.[3] 10

§ 28 Aufforderungen an die Gläubiger und die Schuldner

(1) **Im Eröffnungsbeschluß sind die Gläubiger aufzufordern, ihre Forderungen innerhalb einer bestimmten Frist unter Beachtung des § 174 beim Insolvenzverwalter anzumelden. Die Frist ist auf einen Zeitraum von mindestens zwei Wochen und höchstens drei Monaten festzusetzen.**

(2) **Im Eröffnungsbeschluß sind die Gläubiger aufzufordern, dem Verwalter unverzüglich mitzuteilen, welche Sicherungsrechte sie an beweglichen Sachen oder an Rechten des Schuldners in Anspruch nehmen. Der Gegenstand, an dem das Sicherungsrecht beansprucht wird, die Art und der Entstehungsgrund des Sicherungsrechts sowie die gesicherte Forderung sind zu bezeichnen. Wer die Mitteilung schuldhaft unterläßt oder verzögert, haftet für den daraus entstehenden Schaden.**

---

[1] So auch *Uhlenbruck,* ZInsO 2001, 977; zur Unzulässigkeit die Eröffnungsentscheidung hinauszuzögern vgl. BGH ZInsO 2006, 1051 ff., LG Hamburg ZInsO 2005, 669 ff. und ZInsO 2007, 335 f., aA noch AG Hamburg ZInsO 2004, 630 f. und ZIP 2001, 1885 f.

[2] *Nerlich/Römermann/Mönning,* InsO, § 27 Rn. 24, 25; die Insolvenzverwalterbestellung ist (anders als die ablehnende Vorauswahl) kein Justizverwaltungsakt i. S. d. §§ 23 ff. EGGVG: OLG Hamm NZI 2005, 111 f.; OLG Celle NZI 2005, 458 f.; aA OLG Koblenz NZI 2005, 453 ff. und OLG Stuttgart ZIP 2006, 342 f. für die Bestellung eines vorläufigen Insolvenzverwalters; zum Meinungsstand siehe *Runkel/Wältermann,* ZIP 2005, 1347 ff.; zur Verwalterauswahl vgl. Erläuterungen zu §§ 56 ff.

[3] Die Verwalterbestellung als Justizverwaltungsakt i. S. d. §§ 23 ff. EGGVG ablehnend und damit wohl als umfassend nicht justiziabel bewertend: OLG Hamm NZI 2005, 111 f.; OLG Celle NZI 2005, 458; einen Justizverwaltungsakt annehmend: OLG Koblenz NZI 2005, 453 ff. und OLG Stuttgart ZIP 2006, 342 f. (für die Bestellung eines vorläufigen Insolvenzverwalters), die jedoch gleichwohl die Anfechtbarkeit der Verwalterbestellung im Wege der Konkurrentenklage ablehnen und insoweit nur die Feststellung der Rechtswidrigkeit der Verwalterauswahl zur Vorbereitung eines Amtshaftungsanspruches nach Art. 34 GG i. V. m. mit § 839 BGB als zulässig erachten. Im letzteren Sinne auch das BVerfG, das die Verwalterbestellung als keinen der Anfechtung entzogenen Rechtsprechungsakt, sondern als richterliche Gestaltung eines Rechtsverhältnisses bewertet, ohne auf die Frage der Einordnung als Justizverwaltungsakt einzugehen. Zum Meinungsstand im Übrigen siehe *Runkel/Wältermann,* ZIP 2005, 1347 ff.; zu den Kriterien für die Entscheidung über die Auswahl in die Vorauswahlliste, die nach einhelliger Auffassung einen Justizverwaltungsakt darstellt und zur Verwalterbestellung vgl. BVerfG NZI 2004, 574 ff.; BVerfG NZI 2006, 453 ff. sowie Erläuterungen zu §§ 56 ff.; ausführlich zur Verwalterbestellung auch: *Graf-Schlicker/Voß,* InsO, § 2 Rn. 5.

(3) **Im Eröffnungsbeschluß sind die Personen, die Verpflichtungen gegenüber dem Schuldner haben, aufzufordern, nicht mehr an den Schuldner zu leisten, sondern an den Verwalter.**

Übersicht

1. Normzweck

1 **a)** § 28 fasst die §§ 32, 33, 34 des RegE zusammen.

2 **b)** Abs. 1 dient der Verfahrensbeschleunigung[1] und der Entlastung der Justiz von den Kosten der Feststellung.[2] Abs. 2 soll die Tätigkeit des Insolvenzverwalters erleichtern.[3] Abs. 3 soll den Drittschuldner davor bewahren, Leistungen vorzunehmen, die den Leistenden nicht befreien (§ 82).[4] Absatz 3 hat die Bedeutung einer **öffentlichen Warnung** und somit **keine dingliche** Wirkung.[5]

2. Anmeldefrist

3 Nach Abs. 1 sind die Gläubiger im Eröffnungsbeschluss aufzufordern, ihre Forderung innerhalb einer bestimmten Frist unter Beachtung des § 174 beim Insolvenzverwalter anzumelden. Wichtig ist, dass Anmeldungen in jedem Fall erst mit Eröffnung des Insolvenzverfahrens zulässig sind.

4 Weiter gilt eine Sonderregelung für nachrangige Gläubiger nach § 39, die nur anmelden können, sofern sie gem. § 174 Abs. 3 S. 1 – nicht zwingend im Eröffnungsbeschluss – durch das Insolvenzgericht besonders zur Anmeldung dieser Forderung aufgefordert werden. Aus § 177 Abs. 1 S. 1 ergibt sich auch die Zulässigkeit nachträglicher Anmeldungen mit einer Kostenfolge (15,– €) für den Fall, dass auf einer Prüfung der Forderung in einem besonderen Prüfungstermin bestanden wird.[6] Bei großen Insolvenzverfahren mit einer Vielzahl von Gläubigern wird ein Überschreiten der Höchstgrenze von drei Monaten für zulässig gehalten. Manche Insolvenzgerichte greifen auch zu einer sog. „gestreckten Veröffentlichung" oder vertagen im Prüfungstermin.[7]

3. Aufforderung an Sicherungsgläubiger

5 Im bisherigen Konkursrecht wurde im Eröffnungsbeschluss ein sogenannter „offener Arrest" angeordnet. Personen, die danach eine zur Konkursmasse gehö-

[1] HK-*Kirchhof,* InsO, § 28 Rn. 2; *Andres/Leithaus,* InsO, § 28 Rn. 1.
[2] *Kübler/Prütting/Bork/Pape,* InsO, § 28 Rn. 1 a.
[3] HK-*Kirchhof,* InsO, § 28 Rn. 2.
[4] *Nerlich/Römermann/Mönning,* InsO, § 28 Rn. 6.
[5] *Nerlich/Römermann/Mönning,* InsO, § 28 Rn. 56.
[6] BGH, Beschluss vom 22. 3. 2007 – IX ZB 8/05.
[7] Zur Zulässigkeit vgl. FK-*Schmerbach,* InsO, § 28 Rn. 5 a mwN.

rige Sache im Besitz hatten, waren verpflichtet, den Konkursverwalter von dem Besitz der Sache und von den Forderungen, für welche sie aus der Sache abgesonderte Befriedigung in Anspruch nehmen wollten, Mitteilung zu machen. Eine Unterlassung oder Verzögerung dieser Mitteilung hatte eine Schadensersatzverpflichtung zur Folge.[1]

§ 28 Abs. 2 erweitert den Anwendungsbereich, indem er nicht mehr auf den Besitz an einer Sache abstellt, sondern darauf, welche Sicherungsrechte an einer beweglichen Sache oder an Rechten des Schuldners in Anspruch genommen werden. Damit ist der Besitz einer unbelasteten Sache aus dem Vermögen des Schuldners nicht mehr anzeigepflichtig. Andererseits sind damit auch die Sicherungsrechte an beweglichen Gegenständen erfasst, die sich nicht im Besitz des Gläubigers befinden. Dies trägt der großen Bedeutung derartiger Sicherungsvereinbarungen im heutigen Wirtschaftsleben Rechnung. Gemeint sind z. B. Eigentumsvorbehalt, Sicherungsübereignung und Sicherungsabtretung für den Fall einer Fremdfinanzierung durch Lieferanten bzw. Banken.[2] 6

Sinn und Zweck der Erweiterung ist die aus der Praxis hinreichend bekannte Problematik, dass sich solche Sicherungsrechte nicht immer eindeutig aus den schuldnerischen Unterlagen entnehmen lassen. Daneben ist das Interesse des Insolvenzverwalters zu berücksichtigen, solche Ansprüche der Gläubiger – schon aus Gründen der Vermeidung eigener Haftungsinanspruchnahme – erkennen und prüfen zu können. 7

Eine entsprechende Mitteilungspflicht für Sicherungsrechte am unbeweglichen Vermögen ist dagegen nicht notwendig, da aus den bestehenden Registern, z. B. dem Grundbuch, diese Rechte – wenn auch unter Kostenbelastung der Insolvenzmasse – ohne Schwierigkeiten entnommen werden können.[3] Es ist darauf zu achten, dass die Verpflichtung des Sicherungsgläubigers „unverzüglich" besteht, d. h. eine eventuelle Fristsetzung des Gerichts nicht maßgeblich ist.[4] Die Vorschrift wirkt daher stärker als zum bisherigen Konkursrecht für den Insolvenzverwalter haftungsentlastend, d. h. Unklarheiten gehen in der Regel zu Lasten des Sicherungsgläubigers.[5] 8

4. Aufforderungen an Drittschuldner

Abs. 3 richtet sich ausschließlich an die Schuldner des Schuldners, die zum Zwecke der Erfüllung einer Verbindlichkeit leistungspflichtig sind. Danach hat § 28 Abs. 3 lediglich deklaratorische Bedeutung.[6] 9

Die Aufforderung gem. Abs. 3 bewirkt kein vorübergehendes Leistungsverweigerungsrecht des Drittschuldners i. S. v. § 205 BGB.[7] 10

Im Falle der Eigenverwaltung entfällt die Aufforderung nach Abs. 3. Im Verbraucherinsolvenzverfahren tritt der Treuhänder gem. § 313 an die Stelle des Insolvenzverwalters. 11

---

[1] §§ 118, 119 KO, ähnlich § 5 S. 2 Ziff. 2 GesO, Begründung RegE, abgedruckt in *Balz/Landfermann,* S. 241 f.

[2] Begründung RegE, abgedruckt bei *Balz/Landfermann,* S. 242.

[3] Begründung RegE, abgedruckt bei *Balz/Landfermann,* S. 242.

[4] HK-*Kirchhof,* InsO, § 28 Rn. 9.

[5] MünchKomm-*Schmahl,* InsO, §§ 27 bis 29, Rn. 69; FK-*Schmerbach,* InsO, § 28 Rn. 12 a.

[6] Hierzu auch MünchKomm-*Schmahl,* InsO, §§ 27 bis 29, Rn. 71.

[7] HK-*Kirchhof,* InsO, § 29 Rn. 16 mwN.

§ 29 Terminbestimmungen

(1) **Im Eröffnungsbeschluß bestimmt das Insolvenzgericht Termine für:**

1. **eine Gläubigerversammlung, in der auf der Grundlage eines Berichts des Insolvenzverwalters über den Fortgang des Insolvenzverfahrens beschlossen wird (Berichtstermin); der Termin soll nicht über sechs Wochen und darf nicht über drei Monate hinaus angesetzt werden;**
2. **eine Gläubigerversammlung, in der die angemeldeten Forderungen geprüft werden (Prüfungstermin); der Zeitraum zwischen dem Ablauf der Anmeldefrist und dem Prüfungstermin soll mindestens eine Woche und höchstens zwei Monate betragen.**

(2) **Die Termine können verbunden werden.**

1. Normzweck

1 § 29 dient der Konzentration, Verfahrensbeschleunigung und Kostenersparnis.[1]

2. Praxishinweis

2 **a)** Der Berichtstermin und der Prüfungstermin sind schon im Eröffnungsbeschluss zu bestimmen.

3 **b)** Das Insolvenzgericht bestimmt den Zeitpunkt des **Berichtstermins** nach pflichtgemäßem Ermessen, orientiert am Umfang und Schwierigkeit der vom Insolvenzverwalter zu bewältigenden Aufgabe.[2]

4 Der **Berichtstermin** nach Abs. 1 Ziff. 1 soll möglichst innerhalb von sechs Wochen stattfinden. Er darf keinesfalls später als drei Monate nach dem Wirksamwerden des Eröffnungsbeschlusses liegen. Der Eröffnungsbeschluss wird zu dem Zeitpunkt wirksam, zu dem der vollständig unterschriebene Beschluss die Geschäftsstelle des Gerichts mit der Zweckbestimmung verlassen hat, den Beteiligten bekannt gegeben zu werden.[3] Bei der Terminbestimmung stehen die ordnungsgemäße Erfüllung der Berichtspflichten als unabweisbare Grundlage für eine sachgerechte Entscheidung der Gläubigerversammlung im Vordergrund.[4]

5 **c)** Der **Prüfungstermin** nach Abs. 1 Ziff. 2 sollte in Übereinstimmung mit § 138 S. 2 KO mindestens eine Woche und höchstens zwei Monate nach Ablauf der Anmeldefrist stattfinden.[5] In besonders gelagerten Fällen kann das Gericht eine abweichende Frist festlegen.[6] Abs. 2 lässt zu, den Berichtstermin mit dem Prüfungstermin zu verbinden, was i. d. R. in kleinen, überschaubaren Insolvenzverfahren die geübte Praxis ist.[7]

---

[1] Begründung RegE, abgedruckt in *Balz/Landfermann,* S. 243.

[2] HK-*Kirchhof,* InsO, § 29 Rn. 4.

[3] BGH ZVI 2006, 565 f.

[4] *Nerlich/Römermann/Mönning,* InsO, § 29 Rn. 17.

[5] *Nerlich/Römermann/Mönning,* InsO, § 29 Rn. 20.

[6] *Nerlich/Römermann/Mönning,* InsO, § 29 Rn. 21 mwN; FK-*Schmerbach,* InsO, § 29 Rn. 9 und § 28 Rn. 5 a.

[7] Vgl. hierzu die Diskussion zu offenbar abweichender Handhabung bei einigen Insolvenzgerichten unter dem Titel „Trennung von Berichts- und Prüfungstermin: Anachronismus mit Schikane-Charakter?“ in IN-Dat Report 3/2001, 3, 9.

d) Eine weitere Konzentrationsmöglichkeit räumt § 236 im Insolvenzplanverfahren ein. Dort besteht die Möglichkeit, ein Insolvenzplanverfahren nach den §§ 217 ff. mit lediglich einem, aber zumindest zwei statt drei Gerichtsterminen durchzuführen, was auf Grund des Bedürfnisses schneller Entscheidungen inzwischen der Regelfall geworden ist.[1] 6

§ 30 Bekanntmachung des Eröffnungsbeschlusses

(1) **Die Geschäftsstelle des Insolvenzgerichts hat den Eröffnungsbeschluß sofort öffentlich bekanntzumachen. Hat der Schuldner einen Antrag nach § 287 gestellt, ist dies ebenfalls öffentlich bekannt zu machen, sofern kein Hinweis nach § 27 Abs. 2 Nr. 4 erfolgt ist.**

(2) **Den Gläubigern und Schuldnern des Schuldners und dem Schuldner selbst ist der Beschluß besonders zuzustellen.**

(3) **(aufgehoben)**

Literatur: *Keller,* Die öffentliche Bekanntmachung im Insolvenzverfahren, ZIP 2003, S. 149 f.

1. Normzweck

§ 30 fasst die §§ 36, 37 des RegE. zusammen.[2]

Die Vorschrift dient der Verfahrensbeschleunigung und der Publizität des Inhalts des Eröffnungsbeschlusses[3]. Die öffentliche Bekanntmachung soll dem Insolvenzverfahren Außenwirkung verleihen. 1

Durch das InsOÄndG 2001 wurde § 30 Abs. 3 gestrichen und in § 20 als neuer Abs. 2 hinzugefügt.[4] Für den Fall der Anerkennung eines ausländischen Insolvenzverfahrens gilt bei Bestellung eines Insolvenzverwalters für ein Sekundärinsolvenzverfahren im Inland für die öffentliche Bekanntmachung § 345.[5] 2

Durch das Gesetz zur Vereinfachung des Insolvenzverfahrens vom 13. April 2007 (BGBl. I S. 509) wurde § 30 Abs. 1 Satz 2 neu gefasst.

Mit dem neuen Satz 2 soll dem Interesse der Gläubiger an einer möglichst frühen Information über die Absicht des Schuldners, Restschuldbefreiung zu erlangen, Rechnung getragen werden, auf Grund der mit der Restschuldbefreiung verbundenen, einschneidenden Wirkungen für die Gläubiger.[6]

2. Praxishinweis

a) Gem. Abs. 1 hat die Geschäftsstelle des Insolvenzgerichts den Eröffnungsbeschluss vollständig öffentlich bekannt zu machen. Die **öffentliche Bekannt-** 3

---

[1] Vgl. die Veröffentlichungen zum Insolvenzplanverfahren *Konzmann,* Handelsblatt 2000, Nr. 143 vom 27. 7. 2000; *Kussmaul/Steffan,* DB 2000, 1849 ff.; Anwalts-Handbuch Insolvenzrecht-*Frank,* § 13 Rn. 221 f.; vgl. die Erläuterungen zu den §§ 235, 236.

[2] Begründung RegE, abgedruckt in *Balz/Landfermann,* S. 244; zur Verfassungsmäßigkeit des § 30 vgl. BVerfG NZI 2004, 222 f.

[3] *Nerlich/Römermann/Mönning,* InsO, § 30 Rn. 6.

[4] Vgl. die Erläuterungen dort.

[5] Vgl. die Erläuterungen dort.

[6] BT-Drucks. vom 2. 11. 2006, S. 17.

machung ist in § 9 umfassend gesetzlich geregelt. Ergänzend sah der bisherige § 30 Abs. 1 S. 2 die Bekanntmachung durch auszugsweise Veröffentlichung im Bundesanzeiger vor. Als Folgeänderung zu der mit Gesetz zur Vereinfachung des Insolvenzverfahrens erfolgten Änderung des § 9[1] wurde der bisherige § 30 Abs. 1 S. 2 gegenstandslos.

4 § 9 Abs. 1 S. 1 wurde durch das InsOÄndG 2001[2] ergänzt, wonach die öffentliche Bekanntmachung auch durch Veröffentlichung „in einem für das Gericht bestimmten, elektronischen Informations- und Kommunikationssystem" erfolgen kann. Damit wurden nach Umsetzung der Einzelheiten im Rahmen einer Rechtsverordnung erstmals auch Veröffentlichungen im Internet aus Kostenentlastungsgründen zugelassen. Mit der Änderung des § 9 Abs. 1 S. 1 durch das Gesetz zur Vereinfachung des Insolvenzverfahrens wird dem zunehmenden Verbreitungsgrad des Internets und dem bereits bundeseinheitlich zur Verfügung stehenden elektronischen Portal[3] Rechnung getragen.

5 **b)** Neben der öffentlichen Bekanntmachung ordnet Abs. 2 die **Zustellung** des Beschlusses an die Gläubiger und Drittschuldner sowie den Schuldner selbst an. Eine Zustellung an den Insolvenzverwalter erübrigt sich. Der Gesetzgeber geht davon aus, dass der Insolvenzverwalter ohne Weiteres durch das Gericht über den Inhalt des Eröffnungsbeschlusses unterrichtet wird.[4]

6 In der Praxis wird regelmäßig von der Möglichkeit des § 8 Abs. 3 Gebrauch gemacht und die **Zustellung auf den Insolvenzverwalter übertragen**, wobei die Zustellung an den Schuldner selbst vom Gericht vorgenommen wird. Der Insolvenzverwalter ist dann verpflichtet, über die Zustellung Bericht zu erstatten, was durch entsprechende Versandprotokolle geschieht. Auch wenn die Drittschuldner regelmäßig bereits im Insolvenzeröffnungsverfahren angeschrieben und zur Zahlung auf ein neu eingerichtetes Anderkonto des vorläufigen Insolvenzverwalters aufgefordert werden, so kann auf eine Zustellung nach Eröffnung nicht verzichtet werden.

7 **c)** Im Unterschied zum im Übrigen weitgehend übernommenen bisherigen Recht sah der Gesetzgeber der InsO von einer § 112 KO entsprechenden Regelung einer Mitteilung der Verfahrenseröffnung an die Dienstbehörde des Schuldners ab. Ausgehend davon, dass der Behörde Pfändungen gegen den Bediensteten sicherlich bekannt sind und der Insolvenzverwalter/Treuhänder sich unverzüglich nach Eröffnung an die Behörde wenden wird, sah der Gesetzgeber kein Bedürfnis mehr für eine solche Mitteilung.[5]

§ 31 Handels-, Genossenschafts-, Partnerschafts- und Vereinsregister

Ist der Schuldner im Handels-, Genossenschafts-, Partnerschafts- oder Vereinsregister eingetragen, so hat die Geschäftsstelle des Insolvenzgerichts dem Registergericht zu übermitteln:

---

[1] Zu der Änderung des § 9 s. Anm. bei § 9.

[2] BGBl. I 2001, S. 2711.

[3] Vgl. *www.insolvenzbekanntmachungen.de* sowie die Erläuterungen bei § 9.

[4] Begründung RegE, abgedruckt in *Balz/Landfermann,* S. 245.

[5] Begründung RegE, abgedruckt in *Balz/Landfermann,* S. 246.

1. im Falle der Eröffnung des Insolvenzverfahrens eine Ausfertigung des Eröffnungsbeschlusses;

2. im Falle der Abweisung des Eröffnungsantrags mangels Masse eine Ausfertigung des abweisenden Beschlusses, wenn der Schuldner eine juristische Person oder eine Gesellschaft ohne Rechtspersönlichkeit ist, die durch die Abweisung mangels Masse aufgelöst wird.

1. Normzweck

§ 31 entspricht § 38 RegE. Ziff. 1 übernimmt den wesentlichen Inhalt von § 112 KO, §§ 23 Abs. 1, 108 Abs. 1 S. 2, 111 Nr. 4 VglO und § 6 Abs. 2 Nr. 4 GesO. Ziff. 2 erweitert die bisher für die AG, KGaA und GmbH vorgesehene Regelung des § 1 Abs. 2 S. 1 LöschG.[1] **1**

Die Erweiterung der Eintragung im Falle der Abweisung mangels Masse entspricht dem Ziel des Gesetzgebers, die Vollabwicklung des Schuldnervermögens zu gewährleisten.[2] **2**

Durch die Vorschrift wird sichergestellt, dass das öffentliche Register richtig geführt wird (§ 125 a FGG) sowie die interessierte Öffentlichkeit durch Einsicht in die Register von wesentlichen insolvenzgerichtlichen Entscheidungen Kenntnis erlangen kann.[3] **3**

2. Praxishinweis

a) Die Vorschrift regelt eine **Mitteilungspflicht.**[4] Voraussetzung ist die Eintragung des Schuldners im Handels-, Genossenschafts-, Partnerschafts- oder Vereinsregister. Für den Fall der Eröffnung eines ausländischen Insolvenzverfahrens und der Bestellung eines Insolvenzverwalters im Inland ist auf § 345 Abs. 2 hinzuweisen.[5] **4**

b) Der Wortlaut von § 31 Ziff. 1 und auch Ziff. 2 spricht zwar von einer „Ausfertigung" (vgl. § 317 Abs. 3 ZPO) des jeweiligen Beschlusses. Aus der amtlichen Begründung, die an § 112 KO anknüpft, darf aber gefolgert werden, dass auch – insbesondere im Verkehr zwischen Behörden – „beglaubigte Abschriften" ausreichend sind.[6] **5**

c) Das Güterstandsregister wird nicht unterrichtet,[7] ebenso wenig die Dienstbehörde des Schuldners.[8] **6**

§ 32 Grundbuch

(1) **Die Eröffnung des Insolvenzverfahrens ist in das Grundbuch einzutragen:**

1. bei Grundstücken, als deren Eigentümer der Schuldner eingetragen ist;

---

[1] Begründung RegE, abgedruckt in *Balz/Landfermann,* S. 246.
[2] *Nerlich/Römermann/Mönning,* InsO, § 31 Rn. 16.
[3] HK-*Kirchhof,* InsO, § 31 Rn. 2.
[4] *Nerlich/Römermann/Mönning,* InsO, § 31 Rn. 7.
[5] Vgl. dortige Erläuterung; MünchKomm-*Schmahl,* InsO, § 31 Rn. 23.
[6] HK-*Kirchhof,* InsO, § 31 Rn. 6.
[7] HK-*Kirchhof,* InsO, § 31 Rn. 7; HambKomm-*Schröder,* InsO, § 31 Rn. 14.
[8] Begründung RegE, abgedruckt in *Balz/Landfermann,* S. 246.

2. bei den für den Schuldner eingetragenen Rechten an Grundstücken und an eingetragenen Rechten, wenn nach der Art des Rechts und den Umständen zu befürchten ist, daß ohne die Eintragung die Insolvenzgläubiger benachteiligt würden.

(2) **Soweit dem Insolvenzgericht solche Grundstücke oder Rechte bekannt sind, hat es das Grundbuchamt von Amts wegen um die Eintragung zu ersuchen. Die Eintragung kann auch vom Insolvenzverwalter beim Grundbuchamt beantragt werden.**

(3) **Werden ein Grundstück oder ein Recht, bei denen die Eröffnung des Verfahrens eingetragen worden ist, vom Verwalter freigegeben oder veräußert, so hat das Insolvenzgericht auf Antrag das Grundbuchamt um Löschung der Eintragung zu ersuchen. Die Löschung kann auch vom Verwalter beim Grundbuchamt beantragt werden.**

Übersicht

1. Normzweck

1 Durch die Eintragung des Eröffnungsvermerkes (Insolvenzvermerk) soll die Verfügungsbeschränkung des Schuldners über sein Vermögen gem. § 80 Abs. 1 bekannt gemacht werden, so dass ein gutgläubiger rechtsgeschäftlicher Erwerb Dritter gem. § 892 Abs. 1 BGB verhindert wird. Für den Fall der Eröffnung eines ausländischen Insolvenzverfahrens und der Bestellung eines Insolvenzverwalters im Inland gilt § 346.[1]

2. Die Eintragungspflicht bei Grundstücken und grundstücksgleichen Rechten

2 **a)** Bei Grundstücken, als deren Eigentümer der Schuldner eingetragen ist, ist der Insolvenzvermerk stets in das Grundbuch einzutragen. Sind im Insolvenzeröffnungsverfahren Sicherungsmaßnahmen nach § 21 Abs. 2 Ziff. 2 angeordnet

[1] Vgl. dortige Erläuterungen; MünchKomm-*Schmahl,* InsO, §§ 32, 33 Rn. 31 bis 34.

worden, sind diese Verfügungsbeschränkungen in gleicher Weise im Grundbuch einzutragen, § 23 Abs. 1, Abs. 3.

b) Abgesehen von Grundstücken ist auch bei Erbbaurechten der Insolvenzvermerk einzutragen, § 11 Abs. 1 ErbbauVO (die Eintragung erfolgt in diesem Fall im Erbbaugrundbuch, § 14 ErbbauVO), sowie bei Wohnungs- und Teileigentum, § 1 Abs. 2, 3 WEG und dem altrechtlichen Stockwerkseigentum, Art. 182 EGBGB. 3

c) Da entgegen der früheren Rechtslage zur Konkursordnung (s. § 1 Abs. 1 KO) auch das während des Insolvenzverfahrens erlangte Vermögen nach § 35 zur Insolvenzmasse zählt, ist auch bei Grundstücken, die nach der Verfahrenseröffnung in das Schuldnervermögen gelangen, die Eintragung des Eröffnungsvermerkes herbeizuführen. Bereits nach alter Rechtslage galt dies bei Grundstücken, die der Konkursverwalter zur Masse erwarb.[1] 4

d) Bei wirksamer Freigabe des Grundstückes durch den Insolvenzverwalter bedarf es keiner Eintragung, da das Grundstück dann nicht mehr der Masse zugehörig ist.[2] 5

e) Die Eintragung erfolgt in Abt. II des Grundbuches jeweils auf allen Grundbuchblättern, auf denen das Eigentum vermerkt ist.[3] 6

3. Die Eintragung bei eingetragenen Rechten

Bei Rechten des Schuldners an Grundstücken und an anderen eingetragenen Rechten, soweit sie ihrerseits im Grundbuch eingetragen sind, besteht nach der Regelung in § 32 Abs. 1 Ziff. 2 eine Eintragungspflicht hinsichtlich des Insolvenzvermerkes nur, wenn nach Art des Rechts und der Umstände zu befürchten ist, dass ohne die Eintragung die Insolvenzgläubiger benachteiligt werden würden, wenn also ein gutgläubiger Erwerb überhaupt möglich ist. Demzufolge kann die Eintragung bei verbrieften Grundpfandrechten unterbleiben, wenn der Brief sich im Gewahrsam des Insolvenzverwalters befindet[4] oder das eingetragene Recht den Wert der Masse nicht erhöht.[5] Andernfalls muss im Hinblick auf § 1155 BGB der Insolvenzvermerk auch in den Brief selbst eingetragen werden.[6] 7

Haben das Gericht oder der Insolvenzverwalter die Gläubigergefährdung bejaht und um die Eintragung des Insolvenzvermerkes ersucht bzw. diese beantragt, so ist das Grundbuchamt hieran gebunden; eine Ablehnung der Eintragung wegen einer diesbezüglich abweichenden Bewertung kommt nicht in Betracht.[7] 8

4. Sonderfälle

a) § 32 findet auch in der Verbraucherinsolvenz Anwendung, § 304 Abs. 1, nicht aber bei Anordnung der Eigenverwaltung im Eröffnungsbeschluss, § 270 9

---

[1] BayObLG ZIP 1981, 41 ff., 42; MünchKomm-*Schmahl,* InsO, §§ 32, 33 Rn. 16 u. 45.
[2] *Hess,* InsO, §§ 32, 33 Rn. 16.
[3] HK-*Kirchhof,* InsO, § 32 Rn. 9.
[4] HK-*Kirchhof,* InsO, § 32 Rn. 12; *Graf-Schlicker/Kexel,* InsO, § 32 Rn. 11.
[5] *Smid/Smid,* InsO, § 32 Rn. 8.
[6] *Bauer/von Oefele/Bauer,* § 38 GBO Rn. 70; BayObLG ZIP 1981, 41 ff., 42 zur Eigentümergrundschuld des Schuldners.
[7] *Smid,* ebd.

Abs. 3 S. 3. Erfolgt die Anordnung nach § 271, ist der Insolvenzvermerk einzutragen. Nach Aufhebung der Eigenverwaltung ist der Eintrag nach § 32 vorzunehmen.

10 **b)** Ist der insolvente Schuldner Gesellschafter einer Gesellschaft bürgerlichen Rechts und steht ein Grundstück im Eigentum dieser GbR, so ist trotz des gesamthänderisch gebundenen Miteigentums des Schuldners die Eintragung des Insolvenzvermerkes in das Grundbuch nicht zulässig, weil andernfalls das ein Sondervermögen bildende Gesellschaftsvermögen mit den Vermögen der Gesellschafter vermischt werden würde. Vielmehr hat der Insolvenzverwalter die Auflösung und Auseinandersetzung der Gesellschaft zu betreiben.[1] Die Eintragung des Insolvenzvermerkes ist selbst dann unzulässig, wenn über das Vermögen aller Gesellschafter der GbR die Eröffnung des Insolvenzverfahrens beantragt wird.[2] Nur im Insolvenzverfahren über das Vermögen der GbR wird der Vermerk im Grundbuch eingetragen.[3]

11 Kein Anwendungsbereich des § 32 eröffnet sich im Fall der Insolvenz des vorletzten Gesellschafters einer GbR, sofern die Gesellschaft von dem verbleibenden Gesellschafter fortgesetzt wird. Bei Ausscheiden des vorletzten Gesellschafters wächst – soweit nichts Abweichendes geregelt ist – dem letzten verbleibenden Gesellschafter das Vermögen der GbR im Wege der Gesamtrechtsnachfolge an, ohne dass es eines Übertragungsaktes oder einer Übernahmeerklärung bedarf.[4]

12 **c)** Im Nachlassinsolvenzverfahren bedarf es nicht der Voreintragung der Erben (-Gemeinschaft) zur Eintragung des Insolvenzvermerkes, da als Schuldner weiterhin der Erblasser anzusehen ist.[5]

13 **d)** Im Falle der Insolvenz eines Nacherben ist der Insolvenzvermerk dem Nacherbenvermerk (§ 51 GBO) beizuschreiben.[6]

5. Das Verfahren zur Eintragung

a) Ersuchen des Insolvenzgerichtes

14 Das Insolvenzgericht hat nach Maßgabe der vorstehenden Erläuterungen die Eintragung der Eröffnung des Insolvenzverfahrens in das Grundbuch herbeizuführen.

---

[1] Vgl. näher OLG Dresden ZIP 2003, 130 f.; OLG Rostock NZI 2003, 648 f. m. Anm. *Undritz*, EWiR § 32 InsO 1/04, 73 f. und *Keller*, DZWIR 2004, 40 ff.; LG Neuruppin, ZInsO 2002, 145 f.; LG Frankenthal ZInsO 2001, 1067 f. jeweils auch mit Ausführungen zur Beschwerdebefugnis des Insolvenzgerichts; LG Leipzig Rpfleger 2000, 111; *Keller*, Insolvenzvermerk im Grundbuch bei der Gesellschaft bürgerlichen Rechts – zugleich Anm. zu LG Leipzig, Rpfleger 2000, 111, in: Rpfleger 2000, 201 ff., 202 f.; aA: LG Duisburg NZI 2006, 534 f.; LG Neubrandenburg ZInsO 2001, 425 f.; LG Hamburg ZIP 1986, 1590; LG Dessau, ZInsO 2001, 626 f. zur Insolvenz des Miterben einer noch nicht auseinandergesetzten Erbengemeinschaft, die Eigentümerin eines Grundstücks war, da nur auf diese Weise ein Gutglaubenserwerb nach § 892 BGB ausgeschlossen werden könne; HK-*Kirchhof*, InsO, § 32 Rn. 7.

[2] *Keller*, ebd.

[3] Zur Grundbuchfähigkeit der GbR selbst vgl. BGH NJW 2009, 594 ff. = ZIP 2009, 66 ff.

[4] Vgl. hierzu BGH NZI 2008, 612 f. m Anm. *Herzig*, FD-InsR 2008, 268659.

[5] OLG Düsseldorf ZIP 1998, 870 ff.

[6] SchlHOLG SchlHA 1958, 178 f.

15 Funktionell zuständig ist ab Unterzeichnung des Eröffnungsbeschlusses der Rechtspfleger, davor der Richter, § 18 Abs. 1 RPflG, der sich aber die Zuständigkeit nach § 18 Abs. 2 RPflG vorbehalten kann.[1]

16 Das Insolvenzgericht geht dabei in der nur Behörden vorbehaltenen, speziellen Form des Ersuchens (§ 38 GBO) vor.[2] Als Ersuchen ist bereits die bloße Mitteilung der Verfahrenseröffnung an das Grundbuchamt zu werten;[3] anders als dem Antrag des Verwalters muss dem Ersuchen eine Ausfertigung des Eröffnungsbeschlusses nicht beigefügt werden.[4]

17 In Anlehnung an die zu dem Antrag eines Insolvenzverwalters ergangene Entscheidung des LG Zweibrücken[5] wird auch für das Ersuchen zu fordern sein, dass das Insolvenzgericht die schuldnerischen Grundstücke und Grundstücksrechte konkret zu bezeichnen hat. Bei den hierfür notwendigen Ermittlungen kann sich das Insolvenzgericht auf den vom Schuldner ausgefüllten Fragebogen, Angaben des Schuldners im Anhörungstermin oder Ermittlungen des vorläufigen Verwalters oder eines Sachverständigen stützen.[6]

18 Ein Ersuchen ist auch dann erforderlich, wenn das Insolvenzgericht zugleich Grundbuchamt ist.[7]

19 Das Insolvenzgericht ist im Rahmen des § 71 GBO gegenüber dem Grundbuchamt beschwerdeberechtigt.[8]

b) Anträge des Insolvenzverwalters

20 Trotz der Formulierung in § 32 Abs. 2 S. 2 („kann“) ist der Verwalter ebenfalls – schon wegen evtl. Haftungsfolgen nach § 60 – verpflichtet, die Eintragung des Insolvenzvermerkes herbeizuführen; die Norm hat nur klarstellende Funktion in Bezug auf das Antragsrecht.[9] Diese Verpflichtung besteht insbesondere dann, wenn Zweifel daran bestehen, ob das Insolvenzgericht ein Eintragungsersuchen gestellt hat; in einem solchen Fall darf sich der Verwalter nicht darauf beschränken, beim Insolvenzgericht die Stellung eines Ersuchens anzuregen.[10]

21 Ein Antrag des Insolvenzverwalters muss inhaltlich hinreichend bestimmt sein und sich auf ein konkretes Grundstück oder konkrete Rechte hieran beziehen.[11]

c) Kostenfreiheit der Eintragung

22 Die Eintragung des Insolvenzvermerkes erfolgt stets nach § 69 Abs. 2 KostO und ist damit gebührenfrei. Das Gleiche gilt für die Löschung nach § 32 Abs. 3.[12]

---

[1] *Kübler/Prütting/Bork/Holzer,* InsO, § 32 Rn. 17; HambKomm-*Schröder,* InsO, § 32 Rn. 14.

[2] Zu den Besonderheiten des Ersuchens eingehend: *Bauer/von Oefele/Bauer,* § 38 GBO Rn. 1 ff.

[3] *Smid/Smid,* InsO, § 32 Rn. 9.

[4] *Bauer/von Oefele/Bauer;* § 38 GBO Rn. 71.

[5] NZI 2000, 327; aA MünchKomm-*Schmahl,* InsO, §§ 32, 33 Rn. 22.

[6] FK-*Schmerbach,* InsO, § 32 Rn. 6.

[7] FK-*Schmerbach,* ebd., Rn. 7.

[8] Vgl. LG Flensburg ZInsO 2002, 1145 f. zur Frage der Eintragung der Art der vorläufigen Insolvenzverwaltung und der Klarstellung des Umfangs der Sicherungsmaßnahme durch das Grundbuchamt; eingehend *Bauer/von Oefele/Budde,* § 71 GBO Rn. 96.

[9] *Smid/Smid,* InsO, § 32 Rn. 10.

[10] LG Zweibrücken NZI 2000, 327; so im Anschluss an diese Rechtsprechung MünchKomm-*Schmahl,* InsO, §§ 32, 33 Rn. 26; FK-*Schmerbach,* InsO, § 32 Rn. 5.

[11] LG Zweibrücken ebd.

[12] FK-*Schmerbach,* InsO, § 32 Rn. 9.

d) Wirkung der Eintragung

23 Die Eintragung verhindert den gutgläubigen Erwerb Dritter. Ferner bewirkt sie eine Grundbuchsperre, infolge derer Verfügungen des Schuldners unabhängig von ihrer Vornahme nicht mehr zu einer Eintragung führen können.[1]

24 Ist dem Grundbuchamt die Verfügungsbeschränkung bekannt, liegt aber noch kein Antrag oder kein Ersuchen auf Eintragung des Insolvenzvermerkes vor, so ist streitig, ob das Grundbuchamt von Amts wegen den Verlust der Verfügungs- und Bewilligungsbefugnis des Schuldners zu beachten habe und daher die Eintragung eines gutgläubigen Erwerbers verweigern müsse. Gestützt auf das grundbuchrechtliche Legalitätsprinzip wird in der Rechtsprechung und Teilen der Literatur die Auffassung vertreten, das Grundbuchamt könne einen gutgläubigen Erwerb nur berücksichtigen, wenn er bereits vollzogen ist.[2] Danach dürfte das Grundbuchamt die Eintragung des gutgläubigen Erwerbers nur vornehmen, wenn der Insolvenzverwalter zustimme. Diese Auffassung berücksichtigt jedoch nicht, dass nur in den Fällen des § 53 GBO eine Möglichkeit des Grundbuchamtes gegeben ist, einen gutgläubigen Erwerb von Amtswegen zu verhindern. In den Fällen einer rechtmäßigen Voreintragung hat sich der Gesetzgeber ausdrücklich dafür entschieden, dem Schutz des gutgläubigen Erwerbes (§ 892 BGB) den Vorrang einzuräumen.[3]

25 Dasselbe gilt sogar dann, wenn dem Grundbuchamt ein Eintragungsantrag des gutgläubigen Erwerbers vorliegt, der vor einem Antrag des Insolvenzverwalters auf Eintragung des Insolvenzvermerkes eingegangen war. In einem solchen Falle greift das Prioritätsprinzip des § 17 GBO ein; trotz Kenntnis des zweiten Antrages muss der Grundbuchbeamte den gutgläubigen Erwerber eintragen.[4]

26 Bei Ersuchen des Insolvenzgerichts gilt hingegen nach zutreffender Ansicht das Prioritätsprinzip nicht.[5] Diese Auffassung wird nicht nur von dem Wortlaut des § 17 GBO, der nur von „Anträgen" spricht, gestützt, sondern auch von den unterschiedlichen Schutzzwecken von Ersuchen und Anträgen. Während Anträge in aller Regel auf Rechtsänderungen in inter-partes-Beziehungen gerichtet sind, verfolgen Ersuchen Rechtsschutzinteressen größerer Personengruppen oder gar den Schutz des gesamten Rechtsverkehrs, wie eine Analyse der verschiedenen Ersuchens-Fallgestaltungen[6] ergibt. Dieser dem Einzelrecht gegenüber höherstehende Schutzzweck erfordert eine Priorität bei der Eintragung von Ersuchen.

27 Um die Masse effektiv vor gutgläubigen Erwerbern zu schützen, sollte ein (vorläufiger) Insolvenzverwalter daher stets, wenn er Kenntnis von einem Sachverhalt erhält, der die Eintragung des Eröffnungsvermerkes nach § 32 Abs. 1

---

[1] *Hess,* InsO, §§ 32, 33 Rn. 27 f.

[2] BayOblG NJW 1994, 1120 ff. sowie in Rechtspfleger 1994, 453 ff., OLG Karlsruhe NJW-RR 1998, 445 ff., *Demharter,* GBO, § 13 Rn. 12, MünchKommInsO-*Schmahl,* InsO, § 33 Rn. 68 ff.; vgl. auch Übersicht zum Streitstand *Stöber/Schöner,* Handbuch der Rechtspraxis, Bd. 4, Rn. 352 mwN.

[3] *Bauer/von Oefele/Wilke,* § 13 GBO Rn. 102; *Böttcher/Böttcher/Meikel* Grundbuchrecht, Einleitung H Rn. 68 ff., *Stöber/Schöner,* Handbuch der Rechtspraxis, Bd. 4, Rn. 352, jeweils mwN; offengelassen: BGH NJW 1986, 1687 ff.

[4] *Kübler/Prütting/Bork/Holzer,* InsO, § 32 Rn. 6.

[5] *Bauer/von Oefele/Bauer,* § 38 GBO Rn. 37 mwN; aA: *Bauer/von Oefele/Wilke,* § 17 GBO Rn. 9.

[6] *Bauer/von Oefele/Bauer,* § 38 GBO Rn. 27 ff.

erforderlich macht, nicht nur selbst diese Eintragung beantragen, sondern auch beim Insolvenzgericht die Stellung eines Ersuchens anregen.

28 Ferner besteht ein gewisser Schutz darin, dass das Grundbuchamt zu einer Mitteilung an das Insolvenzgericht verpflichtet ist, wenn es sowohl von der Eröffnung des Insolvenzverfahrens als auch von Sachverhalten, die eine Eintragung nach § 32 erforderlich machen, Kenntnis erlangt.[1]

6. Die Löschung des Insolvenzvermerks

a) Löschung im Wege des Ersuchens

29 Um die mit der Freigabe oder der Veräußerung eines massezugehörigen Grundstückes oder eines Rechtes an einem Grundstück verfolgten Zwecke nicht zu behindern, sieht § 32 Abs. 3 einen Weg zur vereinfachten Löschung vor, um die das Insolvenzgericht ebenfalls ersuchen kann. Stellt es ein solches Ersuchen, bedarf es keiner förmlichen Löschungsbewilligung nach § 19 GBO oder des Unrichtigkeitsnachweises nach §§ 22, 29 Abs. 1 Satz 2 GBO.[2]

b) Löschung im Wege des Antrages

30 In allen anderen Fällen bedarf es für ein Löschungsersuchen eines Antrages an das Insolvenzgericht, den jeder an der Freigabe oder Veräußerung Beteiligte oder davon Betroffene stellen kann (z. B. Schuldner, Insolvenzverwalter, Erwerber). Liegen die Voraussetzungen des § 32 Abs. 3 vor, ist das Insolvenzgericht – wie unter a) geschildert – zum Tätigwerden verpflichtet.[3] Dessen Säumnis kann allerdings nur im Wege der Dienstaufsichtsbeschwerde verfolgt werden.[4]

31 Neben dem Insolvenzgericht ist auch der Insolvenzverwalter selbst unmittelbar gegenüber dem Grundbuchamt antragsbefugt. Eine entsprechende Verpflichtung ergibt sich aus § 32 Abs. 3 für den Insolvenzverwalter jedoch nicht.[5] Er muss aber die Löschung nach § 19 GBO formgerecht bewilligen. Der Antrag kann – und sollte wegen der formgerechten Bewilligung aus Kosten- und Effektivitätsgründen – bereits in dem Veräußerungsgeschäft selbst gestellt werden.[6]

32 Darauf, ob die Eintragung auf den Insolvenzverwalter oder das Insolvenzgericht zurückging, kommt es nicht an.[7]

33 Ferner bleiben Löschungen infolge anderer Bestimmungen (insb. § 130 ZVG) möglich.[8]

c) Kostenfolge bei Löschung

34 Mit der Einführung der Insolvenzordnung und ihrem Inkrafttreten zum 1. Januar 1999 erfolgte eine Änderung im Kostenrecht. Gem. § 69 Abs. 2 Satz 2 Kostenordnung sind Eintragungen und Löschungen sowohl auf Ersuchen des Insolvenzgerichtes als auch auf Antrag des Verwalters gebührenfrei.

---

[1] Vgl. *Bauer/von Oefele/Bauer,* § 38 GBO Rn. 69 f. für Neuerwerb des Schuldners nach der Verfahrenseröffnung.

[2] HK-*Kirchhof,* InsO § 32 Rn. 23.

[3] *Hess,* InsO, §§ 32, 33 Rn. 34 f.

[4] HK-*Kirchhof,* InsO, § 32 Rn. 23.

[5] AG Celle ZInsO 2005, 50.

[6] LG Koblenz Rpfleger 1974, 438.

[7] *Kübler/Prütting/Bork/Holzer,* InsO, § 32 Rn. 26.

[8] FK-*Schmerbach,* InsO, § 32 Rn. 18.

35 Bei Veräußerungen von Grundstücken aus der Insolvenzmasse empfiehlt es sich, bereits im Grundstückskaufvertrag die Löschung des Insolvenzvermerks zu bewilligen. Der Notar kann dann in der Auflassungsurkunde die Löschung des Insolvenzvermerkes beantragen.

36 Bei der Löschung auf Ersuchen des Insolvenzgerichtes kann die zeitliche Abstimmung zwischen dem Ersuchen des Insolvenzgerichtes und den Veräußerungsaktivitäten des Insolvenzverwalters problematisch sein, was zu Verzögerungen beim Vollzug des Grundstücksverkaufes führen kann. Nachdem kein Kostennachteil bei der Löschung auf Antrag des Insolvenzverwalters mehr besteht, ist der Variante Löschung auf Antrag des Insolvenzverwalters in der Auflassungsurkunde der Vorzug zu geben.

7. Die Löschung nach Verfahrensabschluss

37 Nach Aufhebung oder Einstellung des Insolvenzverfahrens ist zwecks Schuldnerentlastung ebenfalls die Löschung herbeizuführen.[1] Dies gilt allerdings nicht, wenn nach Aufhebung des Eröffnungsbeschlusses auf eine Beschwerde hin noch Verbindlichkeiten zu erfüllen sind.[2]

§ 33 Register für Schiffe und Luftfahrzeuge

Für die Eintragung der Eröffnung des Insolvenzverfahrens in das Schiffsregister, das Schiffsbauregister und das Register für Pfandrechte an Luftfahrzeugen gilt § 32 entsprechend. Dabei treten an die Stelle der Grundstücke die in diese Register eingetragenen Schiffe, Schiffsbauwerke und Luftfahrzeuge, an die Stelle des Grundbuchamts das Registergericht.

Übersicht

1. Normzweck

1 Die Richtigkeit des Inhaltes des Schiffsregisters, des Schiffbauregisters und des Registers für Pfandrechte an Luftfahrzeugen unterliegt dem öffentlichen Glauben, vgl. § 3 Abs. 1 SchRegO, §§ 25 ff., 32 ff., 46 ff. SchRegDV, §§ 78 ff. LuftfzRG.[3]

2 Sowohl bei Schiffen und Schiffsbauwerken als auch bei Pfandrechten an Luftfahrzeugen ist daher der gutgläubige Erwerb des registrierten dinglichen Rechtes möglich. Aus diesem Grunde ermöglicht § 33 den Vermerk über die Eröffnung des

---

[1] Eingehend *Kübler/Prütting/Bork/Holzer,* InsO, § 32 Rn. 30.
[2] FK-*Schmerbach,* InsO, § 32 Rn. 19.
[3] *Kübler/Prütting/Bork/Holzer,* InsO, § 33 Rn. 1.

Insolvenzverfahrens (Insolvenzvermerk) auch in das Schiffsregister, das Schiffsbauregister und das Register für Pfandrechte an Luftfahrzeugen einzutragen. Damit werden die zuvor in den §§ 113, 114 KO und 98 Abs. 3 S. 1 des Gesetzes über Rechte an Luftfahrzeugen (LuftfzRG) in die InsO übernommen. Wird in dem Beschluss über die Eröffnung des Insolvenzverfahrens die Eigenverwaltung angeordnet (§ 270 Abs. 1 S. 1), findet § 33 keine Anwendung (§ 270 Abs. 3 S. 3). Erfolgt die Anordnung der Eigenverwaltung jedoch nachträglich gemäß § 271, so ist der Insolvenzvermerk einzutragen. Im Fall des § 277 Abs. 3 S. 3 gilt § 33 entsprechend. Auch nach Aufhebung der im Eröffnungsbeschluss angeordneten Eigenverwaltung ist nunmehr die Eintragung in dem Register nach § 33 nachzuholen.

2. Die Eintragung des Insolvenzvermerkes bei Schiffen

a) Bei Schiffen[1] sind zunächst drei verschiedene Register zu unterscheiden: das Seeschiffsregister (§§ 25 ff. SchRegDV); das Binnenschiffsregister (§§ 32 ff. SchRegDV) sowie das Schiffsbauregister (§§ 44 ff. SchRegDV). 3

Demgemäß ist nach dem Schiffstyp zu unterscheiden, wo die Eintragung beantragt werden soll. 4

Die Eintragung muss auf Grund der vergleichbaren Interessenlage auch bei den insoweit Schiffen gleichgestellten Schwimmdocks (vgl. § 54 SchRegDV) möglich sein. 5

b) Die Eintragungsersuchen sind nach § 37 Abs. 3 SchRegO zu unterschreiben und mit Siegel oder Stempel zu versehen; aus § 37 Abs. 1 SchRegO folgt, dass es bei Ersuchen keiner weiteren Nachweise bedarf, während im Falle eines Antrages des Insolvenzverwalters eine Ausfertigung des Eröffnungsbeschlusses beigefügt werden muss. 6

Für das Schiffsbauregister ist als Besonderheit festzuhalten, dass ein Eintrag eines Schiffsbauwerkes nach § 66 SchRegO nur dann in Betracht kommt, wenn zugleich eine Schiffshypothek eingetragen werden soll oder eine Zwangsversteigerung beantragt ist. Liegt also noch keine Voreintragung vor, so kann nach dem Wortlaut des Gesetzes der Insolvenzverwalter nicht das Schiffsbauwerk eintragen lassen, um auch den Eröffnungsvermerk zur Eintragung zu bringen. Dies läuft augenfällig den Zielen des § 33 diametral zuwider, so dass es gerechtfertigt ist, diesbezüglich eine vom Gesetzgeber ungewollte Regelungslücke anzunehmen, die dadurch geschlossen werden kann, dass man die Insolvenzeröffnung dem in § 66 SchRegO genannten Zwangsvollstreckungsantrag gleichstellt.[2] Im Übrigen gelten die zu § 32 dargelegten Grundsätze. 7

3. Die Eintragung des Insolvenzvermerkes bei Luftfahrzeugen

Für das Eintragungsverfahren verweist § 86 LuftfzRG auf die Grundsätze der SchRegO.[3] Die Eintragung erfolgt nach § 4 Luftfahrzeugpfandrechtsregisterverordnung in Spalte 4 der ersten Abteilung. 8

Falls das Luftfahrzeug bei Inbesitznahme durch den Insolvenzverwalter noch nicht im Luftfahrzeugpfandrechtsregister eingetragen ist, ist vor Beantragung der 9

---

[1] Zum Schiffsbegriff ausführlich *Dobberahn,* MittRhNotK 1998, 145 ff.; s. auch die Definition in BGH NJW 1952, 1135 f. (nur Leitsatz).

[2] So auch HK-*Kirchhof,* InsO, § 33 Rn. 4; *Kübler/Prütting/Bork/Holzer,* InsO, § 33 Rn. 5 f.

[3] Es gelten insofern die Erklärungen oben Rn. 6, 7.

Eintragung des Insolvenzvermerks oder des Ersuchens des Gerichtes die Anmeldung des Luftfahrzeuges gem. § 79 LuftfzRG vorzunehmen. Sachlich und örtlich ausschließlich zuständig ist hierfür das AG Braunschweig, § 78 LuftfzRG.[1]

4. Die Löschung des Insolvenzvermerkes

10 Ebenso wie bei der Eintragung im Grundbuch ist auch in den von § 33 angesprochenen Registern entsprechend § 32 Abs. 3 bei Freigabe, Veräußerung und auch bei Beendigung des Insolvenzverfahrens die Löschung herbeizuführen.[2]

5. Exkurs: Die Eintragung des Insolvenzvermerkes bei gewerblichen Schutzrechten (Markenrechte, Patentrechte, Gebrauchsmusterrechte, Geschmacksmusterrechte)

11 **a)** § 29 Abs. 1 MarkenG[3] normiert eine Vermutung der Rechtsinhaberschaft für den im Markenrechtsregister Eingetragenen. In diesen Fällen ist es sinnvoll, die **Eintragung des Insolvenzvermerks nach § 29 Abs. 3 MarkenG** in das Markenrechtsregister zu beantragen. Das Markenregister wird für nach dem MarkenG eingetragene Marken vom Deutschen Patent- und Markenamt in München geführt, § 4 Nr. 1 MarkenG.

12 Die Eintragung erfolgt auf Ersuchen des Insolvenzgerichts oder auf Antrag des Insolvenzverwalters oder im Falle der Eigenverwaltung auf Antrag des Sachwalters, § 29 Abs. 3 S. 2 MarkenG. Dem Antrag des Insolvenzverwalters sind auch hier die „erforderlichen Nachweise", also der Insolvenzeröffnungsbeschluss in Ausfertigung, sowie eine Kopie der Bestallungsurkunde beizufügen, § 34 Abs. 2 MarkenV, während das Ersuchen des Insolvenzgerichts von Amts wegen zu befolgen ist. Das Verfahren ist in beiden Fällen kostenfrei.

13 **b)** Bei **Verkauf einer Marke durch den Insolvenzverwalter** ist dem Antrag des Erwerbers auf **Umschreibung auf den neuen Rechtsinhaber** eine schriftliche Bewilligungserklärung des Insolvenzverwalters beizufügen, da andernfalls der Antrag zurückgewiesen wird. Die Umschreibung des Markenrechts auf den neuen Rechtsinhaber ist kostenfrei, nur im Fall einer Teilung des übertragenen Markenrechts ist die Umschreibung kostenpflichtig. (vgl. Kostenmerkblatt des DPMA, Ziff. 131 700, 133 400).

14 **c)** Die Eintragung eines Insolvenzvermerks für **andere gewerbliche Schutzrechte** wie Patentrechte, Gebrauchs- und Geschmacksmuster ist nicht gesetzlich geregelt. Auf Antrag ändert das Deutsche Patentamt jedoch die Zustellanschrift und nimmt bei Gesellschaften einen die Insolvenz kennzeichnenden Zusatz auf. Eine Eintragung in das Register erfolgt aber nicht.

15 Verkauft der Insolvenzverwalter ein Patentrecht, ein Gebrauchs- oder Geschmacksmuster, ist die Umschreibung auf den neuen Rechtsinhaber – anders als bei Marken – kostenpflichtig (vgl. Kostenmerkblatt des DPMA, 113 300 für Patente, 123 300 für Gebrauchsmuster, 143 100 für Geschmacksmuster). Dem Umschreibungsantrag sind die in Rn. 13 genannten Nachweise beizufügen.

[1] *Kübler/Prütting/Bork/Holzer,* InsO, § 33 Rn. 8.
[2] *Nerlich/Römermann/Mönning,* InsO, § 33 Rn. 7.
[3] Siehe *Schönfelder* „Deutsche Gesetze" Nr. 72.

§ 34 Rechtsmittel

(1) **Wird die Eröffnung des Insolvenzverfahrens abgelehnt, so steht dem Antragsteller und, wenn die Abweisung des Antrags nach § 26 erfolgt, dem Schuldner die sofortige Beschwerde zu.**

(2) **Wird das Insolvenzverfahren eröffnet, so steht dem Schuldner die sofortige Beschwerde zu.**

(3) **Sobald eine Entscheidung, die den Eröffnungsbeschluß aufhebt, Rechtskraft erlangt hat, ist die Aufhebung des Verfahrens öffentlich bekanntzumachen. § 200 Abs. 2 Satz 2 gilt entsprechend. Die Wirkungen der Rechtshandlungen, die vom Insolvenzverwalter oder ihm gegenüber vorgenommen worden sind, werden durch die Aufhebung nicht berührt.**

Übersicht

1. Normzweck

1 Aufgrund der einschneidenden Bedeutung, die die Frage der Eröffnung oder der Ablehnung der Eröffnung eines Insolvenzverfahrens hat, wurde vom Gesetzgeber eine Beschwerdemöglichkeit geschaffen, die im Wesentlichen auf § 109 KO zurückgeht, diesen aber insofern erweitert, als nunmehr dem Schuldner im Falle der Ablehnung der Verfahrenseröffnung mangels Masse gem. § 26 die Beschwerde ermöglicht wird.

2 Abs. 3 regelt in Anlehnung an § 116 KO die Bekanntmachung und die Wirksamkeit zwischenzeitlich vorgenommener Handlungen des Insolvenzverwalters.

Durch das Gesetz zur Vereinfachung des Insolvenzverfahrens vom 13. April 2007[1] wurde § 34 als Folgeänderung zu § 9 wie folgt geändert: In § 34 Abs. 3 wurde die Angabe „und 3“ gestrichen.

2. Die Beschwerdeberechtigten

a) Abweisung des Eröffnungsantrages

3 Nach § 34 Abs. 1 steht bei Abweisung des Eröffnungsantrages – sei es wegen Unzulässigkeit, Unbegründetheit oder mangels Masse – dem Antragsteller die Beschwerdebefugnis zu. Im Falle von Eigenanträgen juristischer Personen und Gesellschaften ohne Rechtspersönlichkeit ist jeder, der nach § 15 antragsberech-

---

[1] BGBl. I 2007, S. 509.

tigt ist, auch beschwerdeberechtigt.[1] Ist die Beschwerde unzulässig, kann der Gläubiger seinen Insolvenzeröffnungsantrag vor dem Beschwerdegericht nicht mehr einseitig für erledigt erklären.[2]

4 Wird die Verfahrenseröffnung mangels die Verfahrenskosten deckender Masse abgelehnt, so ist außerdem der Schuldner selbst dann beschwerdebefugt, wenn er den Eröffnungsantrag nicht selbst gestellt hatte, § 34 Abs. 1 S. 2. Hierfür besteht eine Notwendigkeit, da die Abweisung der Verfahrenseröffnung mangels Masse nach § 26 Abs. 2 zur Eintragung in das Schuldnerverzeichnis führt und daher einschneidende Folgen für die Kreditwürdigkeit des Schuldners hat.[3]

b) Eröffnung des Insolvenzverfahrens

5 Gegen die Verfahrenseröffnung steht nach § 34 Abs. 2 dem Schuldner die Beschwerde zu; bei juristischen Personen und Gesellschaften ohne Rechtspersönlichkeit gilt § 15. Das Antragsrecht ist mithin eine gesonderte Form der Vertretungsbefugnis und steht den Handelnden nur im Namen des Schuldners zu.[4] Bei juristischen Personen ist daher weder der einzelne Gesellschafter noch das einzelne Mitglied beschwerdeberechtigt.[5] Den (ausgeschiedenen) Gesellschaftern einer GbR steht – neben der Schuldnerin selbst – kein eigenes Beschwerderecht zu.[6] Der ausgeschiedene Geschäftsführer einer GmbH ist nicht beschwerdebefugt.[7] Die Beschwerdebefugnis der gesetzlichen Vertreter der Schuldnerin besteht auch dann, wenn der nach § 37 KWG bestellte Abwickler den Insolvenzantrag gestellt hat.[8] Auch der ausländische Verwalter eines Hauptinsolvenzverfahrens ist beschwerdebefugt (Art. 102 § 3 Abs. 1 S. 3 EGInsO), jedoch nicht der Gläubiger, der den Antrag in einem anderen EU-Mitgliedsstaat gestellt hat.[9]

6 Ferner eröffnet § 9 Abs. 5 BetrAVG dem Träger der Insolvenzsicherung bezüglich betrieblicher Altersversorgungszusagen, i. d. R. also dem PSVaG, § 14 Abs. 1 BetrAVG, eine Beschwerdebefugnis.[10]

7 Im Falle des Nachlassinsolvenzverfahrens ist der Erbe als Schuldner oder der Nachlasspfleger als gesetzlicher Vertreter der noch unbekannten Erben beschwerdebefugt, nicht aber der Erbprätendent. Dessen Erbrecht ist zunächst in dem Erbscheinsverfahren, nicht aber inzident im Rahmen des Nachlassinsolvenzverfahrens zu klären.[11] Der Insolvenzverwalter selbst ist nicht beschwerdebefugt.[12]

---

[1] HK-*Kirchhof,* InsO, § 34 Rn. 4; eingehend FK-*Schmerbach,* InsO, § 34 Rn. 9 ff.; § 15 geändert durch das MoMiG, BGBl. I 2008, S. 2026; bei Führungslosigkeit der Gesellschaft sind nunmehr auch die Gesellschafter bzw. Mitglieder des Aufsichtsrates zur Antragstellung berechtigt und unter den Voraussetzungen des neu eingefügten § 15 a Abs. 3 auch verpflichtet.

[2] BGH NZI 2005, 108 = ZInsO 2005, 39 f.

[3] Begründung RegE, abgedruckt in: *Balz/Landfermann,* S. 248.

[4] BGH, Beschluss vom 19. 2. 2009 – IX ZB 198/07.

[5] BGH aaO, Rn. 3.

[6] BGH ZInsO 2006, 822.

[7] BGH NZI 2006, 700.

[8] BGH ZIP 2006, 1454 f.

[9] LG Hamburg NZI 2005, 645 f.

[10] Für eine analoge Anwendung des § 9 Abs. 5 BetrAVG bei Abweisung des Eröffnungsantrages mangels Masse vgl. LG Duisburg NZI 2006, 535.

[11] LG Wuppertal ZIP 1999, 1536.

[12] BGH NZI 2007, 349 f. und NZI 2007, 406 f.

3. Die Beschwer

a) Stellt der Schuldner selbst den Antrag auf Eröffnung des Insolvenzverfahrens, so hat er gegen den Eröffnungsbeschluss keine Beschwerdemöglichkeit, auch wenn die Beschwerde auf die Rüge einer die Verfahrenskosten nicht deckenden Masse gestützt wird.[1] Die aus der Eröffnung selbst herrührende materielle Beschwer genügt grundsätzlich nicht.[2] Lag dem Eröffnungsbeschluss ein Fremdantrag zugrunde, so ist der Schuldner auch dann materiell beschwert, sofern er lediglich die Abweisung mangels Masse begehrt.[3] 8

Soweit der Schuldner bei Antragstellung davon ausgegangen ist, das Insolvenzverfahren werde mangels Masse nicht eröffnet, so ist dies als bloßer Motivirrtum unbeachtlich.[4] Auch ein bloßer Sinneswandel des Schuldners nach Antragstellung begründet ebenso wenig wie ein Irrtum über die ursprünglichen Voraussetzungen der Verfahrenseröffnung eine Beschwer.[5] 9

Eine Ausnahme von den Erfordernissen der formellen oder materiellen Beschwerde ist nur bei folgenden, besonderen Fallgestaltungen in Betracht zu ziehen: 10

– Ein gesetzlicher Vertreter (z. B. Geschäftsführer) hatte das Antragsrecht arglistig missbraucht.
– Antragstellung durch einen Geschäftsunfähigen.[6]
– Rücknahme des Eigenantrags vor Eröffnung des Insolvenzverfahrens.[7]

b) Im Falle der sofortigen Beschwerde gegen den Eröffnungsbeschluss müssen die Eröffnungsvoraussetzungen bereits im Zeitpunkt der Eröffnung (Eröffnungsstunde) und nicht erst dem der letzten Tatsachenentscheidung vorliegen.[8] Liegt der Eröffnungsgrund erst danach vor, rechtfertigt er die Eröffnung nicht mehr, so dass der Eröffnungsbeschluss aufzuheben und der Eröffnungsantrag abzuweisen ist. Käme es auf den Zeitpunkt der Beschwerdeentscheidung an, wäre die sofortige Beschwerde trotz Rechtswidrigkeit des Eröffnungsbeschlusses vielfach aussichtslos, da die tatsächlichen und rechtlichen Folgen der Eröffnung dazu führen können, dass die zu Unrecht bejahte Zahlungsunfähigkeit nunmehr eintritt. Eine Neubescheidung des alten Eröffnungsantrages durch das Insolvenzgericht nach Zurückweisung durch das Beschwerdegericht hat der BGH zu Recht abgelehnt. Es würde gegen das Recht des Schuldners auf effektiven Rechtsschutz verstoßen, wenn er mit seinem begründeten Rechtsmittel nur eine Insolvenzeröffnung zu 11

---

[1] BGH NZI 2008, 557 f.

[2] BGH ZInsO 2007, 206 f., bestätigt: NZI 2008, 557 f.; LG Tübingen NZI 2006, 245; LG Rostock NZI 2004, 37 f.; aA: HK-*Kirchhof,* InsO, § 34 Rn. 11; *Hess,* InsO, § 34 Rn. 19, 23; offengelassen noch BGH ZIP 2004, 1727 f.

[3] BGH ZIP 2004, 1727 f. (auch das Rechtsschutzbedürfnis bejahend).

[4] Eingehend OLG Stuttgart ebd., FK-*Schmerbach,* InsO, § 34 Rn. 19 ff. mwN; so nun auch BGH NZI 2008, 557 f.

[5] BGH ZInsO 2007, 206 f., jedoch offengelassen für den Fall, dass der antragstellende Schuldner die Beschwerde auf die Verbesserung der Vermögenslage nach Antragstellung, aber vor Insolvenzeröffnung stützt: hierzu vgl. *Frind,* EWiR § 34 InsO 1/07, 375; aA LG Rostock NZI 2004, 37 bei irriger Annahme der Antragsvoraussetzungen.

[6] FK-*Schmerbach,* InsO, § 34 Rn. 14 ff. mwN.

[7] BGH ZInsO 2007, 206 f.; OLG Brandenburg DZWIR 2002, 205 ff. m. krit. Anm. *Busch,* 209 ff.

[8] BGH NZI 2006, 693 ff. mwN zur bisherigen Auffassung; bestätigt durch BGH, Beschluss vom 13. 12. 2007 – IX ZB 82/07.

einem späteren Zeitpunkt erreichen könnte, obwohl mit der Eröffnungsentscheidung das kontradiktorische Antragsverfahren abgeschlossen ist.[1]

Lag der Eröffnungsgrund im Zeitpunkt der Eröffnungsentscheidung vor, fällt er jedoch nachträglich fort, kann der Schuldner nach § 212 die Einstellung beantragen. Einer Beschwerde bedarf es in solchen Fällen daher nicht mehr.[2] Geht der Schuldner gleichwohl nach § 34 Abs. 2 anstatt nach § 212 vor, so kommt eine Auslegung der Beschwerde als Einstellungsantrag in Betracht.

Wird der Insolvenzantrag jedoch als unzulässig zurückgewiesen oder mangels Verfahrenskostendeckung (§ 26) abgewiesen, so ist für das Vorliegen der Eröffnungsvoraussetzungen der Zeitpunkt der Entscheidung des Beschwerdegerichtes als zweiter Tatsacheninstanz maßgeblich.[3]

12 **c)** Stellt der Schuldner einen Eröffnungsantrag verbunden mit einem Antrag auf Eigenverwaltung, so ist er nicht beschwerdebefugt, wenn das Gericht im Eröffnungsbeschluss die Anordnung der Eigenverwaltung ablehnt.[4] Die Anordnung oder Ablehnung der Eigenverwaltung durch das Gericht ist unanfechtbar und kann daher auch nicht mit der sofortigen Beschwerde gegen den Eröffnungsbeschluss angefochten werden. Auch wenn mehrere Maßnahmen in einem einheitlichen Beschluss zusammengefasst werden, führt dies nicht zu einer Erweiterung der Rechtsschutzmöglichkeiten.[5] Folgerichtig kann der Schuldner auch nicht inzident die Ablehnung der Eigenverwaltung mit der sofortigen Beschwerde gegen die Abweisung des Insolvenzantrages wegen Fehlens einer die Kosten des Verfahrens deckenden Masse zur Überprüfung des Gerichtes stellen.[6]

13 **d)** Hat hingegen der Schuldner einen Antrag auf Durchführung des Regelinsolvenzverfahrens gestellt und weist das Gericht diesen zurück, weil es der Auffassung ist, es komme ein Verbraucherinsolvenzverfahren in Betracht, so kann dies mit der Beschwerde angegriffen werden.[7] Die Beschwerde ist auch statthaft, sofern sich der Schuldner gegen den Eröffnungsbeschluss wendet, weil das Gericht das Verfahren in einer anderen Verfahrensart als der beantragten eröffnet hat. Nach überwiegender Ansicht ist das Insolvenzgericht an die vom Schuldner gewählte Verfahrensart gebunden und darf das Verfahren nicht in einer anderen als der beantragten Verfahrensart eröffnen.[8]

---

[1] BGH, aaO, 693 ff., 695.

[2] BGH NZI 2006, 693 ff., 695 zust. *Bruns,* EWiR 1/07, 1; aA LG Rostock NZI 2004, 37 f.

[3] BGH NZI 2008, 391 m. Anm. *Herzig,* FD-InsR 2008, 258699.

[4] BGH NZI 2007, 240 f.; LG Mönchengladbach NZI 2003, 152 f.; m. abl. Anm. *Bärenz,* EWiR 2003, § 34 InsO 1/03, 483 f.; aA auch *Uhlenbruck,* ZInsO 2003, 821 f., der beide Entscheidungen als rechtliche Einheit ansieht und nur die isolierte Anfechtung des Beschlusses über die Ablehnung des Antrags auf Eigenverwaltung mit der hM ablehnt.

[5] BGH NZI 2007, 240 f.

[6] BGH NZI 2007, 238 f.

[7] LG Göttingen ZInsO 2007, 116 f.; OLG Köln ZInsO 2001, 422 f. m. krit. Anm. *Pape,* EWiR, § 34 InsO 1/01, 537 f.; offensichtlich aA BGH NZI 2007, 240 f., wenn er davon spricht, dass es bei der einmal festgestellten Verfahrensart bleibt.

[8] Siehe hierzu die Fundstellenangaben in BGH ZInsO 2008, 1324, 1325 Rn. 6: der BGH hat dies ausdrücklich offengelassen, jedoch klargestellt, dass der Schuldner nicht beschwert ist, wenn das Insolvenzgericht von einer automatischen Überführung (ohne entsprechenden Antrag des Schuldners) in die von ihm für zulässig erachtete Verfahrensart absieht. BGH aaO, Rn. 9 bestätigt durch BGH, NZI 2009, 384 ff.

e) Fordert das Gericht den Schuldner auf, seinen Antrag um die nach § 305 erforderlichen Unterlagen zu ergänzen und greift infolge der Nichtbeachtung dieser Aufforderung die Rücknahmefiktion des § 305 Abs. 3 S. 2 ein, so ist gegen die den Eintritt dieser Wirkung feststellende Mitteilung oder den feststellenden Beschluss des Gerichts keine Beschwerde statthaft. Der Gesetzgeber hat im Interesse der Verfahrensbeschleunigung kein Rechtsmittel vorgesehen.[1] Das Gleiche gilt nach dem BGH, wenn der Schuldner zwar Ergänzungen nachreicht, diese aber immer noch nicht den Anforderungen des § 305 Abs. 1 InsO genügen.[2] 14

Nach anderer Auffassung muss eine gerichtliche Mitteilung[3] über den Eintritt der Rücknahmefiktion (die von der Ergänzungsaufforderung zu unterscheiden ist), mit der Beschwerde angreifbar sein, weil sie der Ablehnung einer Verfahrenseröffnung gleichkommt.[4] 15

Sieht das Insolvenzgericht von einer solchen Mitteilung ab,[5] so kann der Schuldner verlangen, dass das Gericht die Wirkung der Fiktion durch Beschluss ausspricht, der dann nach § 4 InsO i. V. m. § 269 Abs. 5 ZPO der sofortigen Beschwerde unterliegt.[6] 16

Die Ergänzungsaufforderung i. S. d. § 305 Abs. 3 Satz 1 InsO ist jedoch zutreffend in den folgenden Fällen als anfechtbar analog § 34 Abs. 2 InsO angesehen worden: 17

– wenn das Gericht in unzulässiger Weise die Unterlagen auf ihre inhaltliche Tauglichkeit überprüft, anstatt sich auf die Prüfung zu beschränken, ob die vorgelegten Schriftstücke die im Gesetz angeführten Unterlagen darstellen,[7]
– wenn das Insolvenzgericht, anstatt auf die Rücknahmefiktion zu rekurrieren, den Antrag des Schuldners verwirft, weil dieser die Unterlagen nicht vorlegt,[8]
– wenn die gerichtliche Aufforderung im Hinblick auf die beizubringenden Unterlagen und Erklärungen nicht erfüllbar ist.[9]

Eine Ausdehnung dieses Beschwerderechtes auf weitere Fälle einer unverhältnismäßigen Verletzung der Schuldnerinteressen durch die Ergänzungsaufforderung sollte ins Auge gefasst werden. 18

Soweit allerdings keine von der Rechtsordnung mißbilligbaren Rechtsverletzungen ersichtlich sind, muss vor dem Hintergrund, dass die Ergänzungsaufforderung eben keine Entscheidung über die Ablehnung der Eröffnung darstellt[10] und 19

---

[1] BGH NZI 2004, 40 ff., bestätigt: NZI 2005, 403 f.; so auch OLG Köln ZIP 2000, 1449 f.; LG Köln NZI 2003, 213 f.; aA: OLG Celle NZI 2000, 229 ff., = DZWIR 2000, 334 ff., m. Anm. *Kogel.*

[2] BGH NZI 2005, 403 f.

[3] Zu der keine Verpflichtung besteht: LG Göttingen DZWIR 2000, 119 f.

[4] *Schmerbach,* EWiR 2000, § 305 InsO 5/2000, 975 f.; *Ahrens,* DZWIR 1999, 458 ff.

[5] Wozu es durchaus berechtigt ist, vgl. LG Göttingen DZWIR 2000, 119, 120.

[6] OLG Karlsruhe NZI 2000, 163 für § 269 Abs. 3 S. 5 ZPO aF; offengelassen: LG Köln NZI 2003, 213 ff.

[7] BayObLG ZIP 1999, 1767 ff.; LG München II NZI 1999, 465; LG Oldenburg NZI 2000, 486 f.; OLG Celle NZI 2002, 270 f.; offengelassen: BGH NZI 2005, 403 f.

[8] OLG Karlsruhe NZI 2000, 163.

[9] BayObLG ZIP 2000, 320 ff. = ZInsO 2000, 161 f. = DZWIR 2000, 156 ff. m. Anm. *Becker;* offengelassen: BGH NZI 2005, 403 f.

[10] BayObLG ZIP 1999, 1767 ff., 1768 = DZWIR 1999, 456 ff., 457.

die Insolvenzordnung gegen sie kein Rechtsmittel vorsieht[1] die Beschwerdemöglichkeit ausgeschlossen sein.[2]

20 **f)** Die Beschwerde ist weiterhin eröffnet, wenn die Anforderungen an die Glaubhaftmachung der der Antragstellung zugrunde liegende Forderung überspannt wurden.[3] Ferner zwingt das völlige Fehlen einer Sachverhaltsdarstellung zur Aufhebung der angefochtenen Entscheidung selbst dann, wenn dies nicht von dem Beschwerdeführer gerügt worden war.[4]

21 **g)** Keine Beschwerdemöglichkeit besteht gegen Handlungen, die nur der Vorbereitung der Eröffnungsentscheidung dienen.[5] Auch die Zulassung eines Insolvenzantrages ist keine eigenständige – mit Rechtsmitteln angreifbare – Zwischenentscheidung.[6] Nicht beschwerdefähig ist auch ein Beschluss, mit dem das Insolvenzgericht die Einzahlung eines Kostenvorschusses gem. § 26 zur Deckung der Treuhänderkosten anordnet.[7] Ebensowenig berechtigt das Ziel, einen anderen Eröffnungszeitpunkt zu erreichen, zur Einlegung einer Beschwerde.[8] Eine Beschwer fehlt auch dann, wenn das Insolvenzgericht in einem Beschluss klarstellt, dass der Eröffnungsbeschluss nicht wirksam geworden sei.[9]

22 **h)** Beschwerdeberechtigt ist weiterhin die GmbH als juristische Person wegen der Gefahr einer unrichtigen GmbH-Auflösungseintragung im Handelsregister. Keine Beschwerdebefugnis besteht für natürliche Personen, die am erstinstanzlichen Verfahren nicht beteiligt waren und durch dieses nicht unmittelbar betroffen sind (Gesellschafter/Geschäftsführer der GmbH in Gründung).[10]

4. Beschwerdeverfahren

23 Zum Beschwerdeverfahren siehe die Kommentierung zu § 6, zur Möglichkeit der weiteren Beschwerde die zu § 7.

5. Folgen der erfolgreichen Beschwerde gegen die Eröffnungsentscheidung

24 **a)** Hat die Beschwerde die Aufhebung des Insolvenzverfahrens zur Folge, so wird die Aufhebungsentscheidung im Hinblick auf das nunmehr entstehende Beschwerderecht der antragstellenden Gläubiger erst mit der Rechtskraft wirksam (Ausnahme: Das Beschwerdegericht hebt auf die weitere Beschwerde hin den Eröffnungsbeschluss auf).

25 Infolgedessen wird die Aufhebungsentscheidung erst mit Rechtskraft öffentlich bekannt gemacht. Daher dürfte auch die vom BGH für zulässig gehaltene Ausset-

---

[1] OLG Frankfurt (Main) NZI 2000, 137.

[2] BGH NZI 2005, 403 f.; so auch BayObLG ZIP 2000, 320 ff., 321 – weitere Fundstellen wie vor.

[3] OLG Köln ZInsO 2000, 43 f.

[4] BayObLG NJW-RR 2000, 1435 f. = MDR 2000, 1275 f. = NZI 2000, 434; BayObLG ZInsO 2000, 519 (nur Leitsatz).

[5] OLG Köln NJW-RR 2000, 1157 f. – Beweisbeschluss im Eröffnungsverfahren.

[6] BGH WM 2006, 1629 ff.

[7] LG Göttingen NZI 2000, 438 f.

[8] LG Duisburg NZI 2002, 666 f.

[9] OLG Celle NZI 2001, 480 f.

[10] LG München I ZInsO 2001, 242 f.

zung der Vollziehung des Eröffnungsbeschlusses im Insolvenzverfahren durch das Rechtsbeschwerdegericht nur in absoluten Ausnahmefällen zulässig sein.[1]

Die öffentliche Bekanntmachung erfolgt in der Form des § 9.[2] 26

Ferner sollten, auch wenn dies nicht vorgeschrieben ist, Gläubiger, die Forde- 27
rungen angemeldet haben, sowie Drittschuldner informiert werden.[3]

Besonders über die Aufhebung in Kenntnis zu setzen sind nach XII. 3 MiZi 28
alle Stellen, die auch von der Eröffnung zu informieren waren sowie gem. § 34 Abs. 3 S. 2 i. V. m. § 200 Abs. 2 S. 2 die Register, in die die Verfahrenseröffnung eingetragen wurde. Dort ist die Löschung des Vermerkes herbeizuführen, was durch den Insolvenzverwalter oder das Insolvenzgericht geschehen kann; diese haben sich ggf. abzustimmen.[4]

b) Prinzipiell hat die Verfahrensaufhebung zur Folge, dass der Schuldner so zu 29
stellen ist, als sei niemals ein Verfahren gegen ihn eröffnet worden; er gilt insbesondere rückwirkend als verfügungsbefugt.

Zum Schutz des Rechtsverkehrs macht § 34 Abs. 3 Satz 3 hiervon eine 30
gewichtige Ausnahme: Die Handlungen des Insolvenzverwalters bleiben wirksam und gehen sogar anderweitigen Verfügungen des Schuldners vor.[5] Zur Vermeidung seiner Haftung aus § 60 darf der Insolvenzverwalter aber in dem Zeitraum zwischen Bekanntmachung und Wirksamwerden der aufhebenden Entscheidung nur noch notwendige bzw. unaufschiebbare Rechtshandlungen vornehmen.[6]

Er tut in diesem Stadium auch gut daran, sein Handeln so weit wie möglich 31
mit dem Schuldner abzustimmen.

c) Masseverbindlichkeiten – insbesondere seine eigene Vergütung – hat der 32
Insolvenzverwalter nach Aufhebung aus der Masse zu befriedigen; § 25 Abs. 2 gilt entsprechend.[7] Für streitige Ansprüche kommt die Entnahme einer Sicherheit analog § 258 Abs. 2 in Betracht.[8]

Die Vergütung sollte der Insolvenzverwalter vom Insolvenzgericht festsetzen 33
lassen, bevor er das Vermögen auf den Schuldner zurück überträgt; auch eine Vorschussentnahme ist möglich.[9] Zur Vollstreckung dient der Festsetzungsbeschluss.[10]

---

[1] So zutreffend in einer krit. Anm. *Frind,* in: EWiR 2002, § 570 ZPO 1/02, 595 f. zu BGH ZIP 2002, 718 f. = DZWIR 2002, 284 f. m. zust. Anm. *Busch,* S. 285 f., der allerdings ebenfalls Bedenken äußert, dass dann unter Umständen in größeren Insolvenzverfahren mehrere Monate die Sicherungsmaßnahmen vorläufig ausgesetzt werden; zur Frage der grundsätzlichen Zulässigkeit der Aussetzung der Vollziehung vgl. auch MünchKomm-*Schmahl,* InsO, § 34 Rn. 18–21; zur Zulässigkeit der Aussetzung der Vollziehung des Eröffnungsbeschlusses durch das Rechtsbeschwerdegericht vgl. BGH NZI 2006, 693 ff.

[2] Zur Anwendung der Änderung des § 9 InsO durch das Gesetz zur Vereinfachung des Insolvenzverfahrens vom 13. 4. 2007 (BGBl. I 2007, S. 509) auf eröffnete Verfahren vor dem 1. 7. 2007, vgl. die Änderungen von Artikel 103 und 103 c Abs. 1 EGInsO durch das RDG vom 12. 9. 2007 (BGBl. I 2007, S. 2840).

[3] FK-*Schmerbach,* InsO, § 34 Rn. 37.

[4] Siehe oben § 30 InsO Rn. 28 ff.

[5] HK-*Kirchhof,* InsO, § 34 Rn. 40.

[6] HK-*Kirchhof,* InsO, § 34 Rn. 40.

[7] HK-*Kirchhof,* InsO, § 34 Rn. 41.

[8] FK-*Schmerbach,* InsO, § 34 Rn. 44.

[9] Näher: FK-*Schmerbach,* ebd. Rn. 46.

[10] Ebd. mwN auch zur Gegenauffassung.

34 **d)** Die allgemeinen Wirkungen der Insolvenzeröffnung betrifft § 34 Abs. 3 S. 3 nicht, sie gelten als nicht eingetreten (z. B. Kündigungssperre nach § 112).

35 **e)** Keine Geltung hat § 34 Abs. 3 S. 3 im Falle einer von vornherein nichtigen Verfahrenseröffnung.[1] Liegt eine solche vor, haben die Beteiligten ausschließlich Amtshaftungsansprüche; das Insolvenzverwalterhandeln ist prinzipiell wirkungslos.[2]

36 **f)** Analog ist § 34 Abs. 3 S. 3 anwendbar, wenn das Gericht die Anordnung der vorläufigen Insolvenzverwaltung aufhebt, ohne dass es zur Eröffnung des Insolvenzverfahrens kommt.[3]

6. Kosten

37 **a)** Für die Kosten gelten über § 4 die Vorschriften der ZPO entsprechend. Die Kosten einer erfolglosen Beschwerde des Schuldners gegen die Eröffnung des Insolvenzverfahrens sind nicht der Insolvenzmasse, sondern vielmehr dem Schuldner persönlich aufzuerlegen; dies gilt auch für die Beschwerde der insoweit noch vertretungsberechtigten Organe einer juristischen Person. Eine Kostenschuld gegen die Masse kann insoweit nicht mehr begründet werden.[4]

38 **b)** Nr. 2360 nF. Anlage 1 zu § 3 Abs. 2 nF GKG sieht für das Beschwerdeverfahren eine ganze Gerichtsgebühr vor.

---

[1] BGH NJW 1998, 609 ff., 611.

[2] *Kübler/Prütting/Bork/Pape,* InsO, § 34 Rn. 87.

[3] *Haarmeyer,* ZInsO 2000, 70 ff., 75.

[4] OLG Celle NZI 2001, 426 ff. = ZIP 2001, 619 ff., HambKomm-*Schröder,* InsO, § 34 Rn. 31; auch zur Frage der Wertfestsetzung nach den §§ 63, 58 Abs. 3 GKG nF.

Zweiter Abschnitt. Insolvenzmasse. Einteilung der Gläubiger

§ 35 Begriff der Insolvenzmasse

(1) **Das Insolvenzverfahren erfaßt das gesamte Vermögen, das dem Schuldner zur Zeit der Eröffnung des Verfahrens gehört und das er während des Verfahrens erlangt (Insolvenzmasse).**

(2) **Übt der Schuldner eine selbstständige Tätigkeit aus oder beabsichtigt er, demnächst eine solche Tätigkeit auszuüben, hat der Insolvenzverwalter ihm gegenüber zu erklären, ob Vermögen aus der selbstständigen Tätigkeit zur Insolvenzmasse gehört und ob Ansprüche aus dieser Tätigkeit im Insolvenzverfahren geltend gemacht werden können. § 295 Abs. 2 gilt entsprechend. Auf Antrag des Gläubigerausschusses oder, wenn ein solcher nicht bestellt ist, der Gläubigerversammlung ordnet das Insolvenzgericht die Unwirksamkeit der Erklärung an.**

(3) **Die Erklärung des Insolvenzverwalters ist dem Gericht gegenüber anzuzeigen. Das Gericht hat die Erklärung und den Beschluss über ihre Unwirksamkeit öffentlich bekannt zu machen.**

Übersicht

1. Normzweck

§ 35 und die Folgenormen §§ 36 f. konkretisieren die Haftungsmasse, die zur gemeinschaftlichen Befriedigung der Gläubiger dient **(Sollmasse).** 1

Verglichen mit den Regelungen der Konkursordnung ergeben sich insbesondere folgende Änderungen: § 35 InsO zieht den Neuerwerb des Schuldners zur Insolvenzmasse. Nach der KO stand der Neuerwerb den Neugläubigern als Haftungsmasse zur Verfügung. Das Herausgaberecht des Verkäufers für bereits übereignete Ware solange sie rollt (Verfolgungsrecht) des § 44 KO[1] wurde nicht übernommen. 2

[1] Vgl. *Kuhn/Uhlenbruck,* KO, § 44 Rn. 1.

2. Der Umfang der Insolvenzmasse

3 Nach § 35 Abs. 1 wird das gesamte Vermögen, das dem Schuldner zum Zeitpunkt der Verfahrenseröffnung gehört und das er während des Verfahrens erwirbt, der Insolvenzmasse zugeordnet.

4 Erfasst wird auch das **Auslandsvermögen** des Schuldners.[1] Der Schuldner ist bei dessen Realisierung zur Mithilfe verpflichtet.[2] Den Schuldner trifft eine **Mitwirkungspflicht** bei der Realisierung des Auslandsvermögens.[3] So hat der Schuldner eine Vollmacht zu erteilen, wenn Anhaltspunkte für im Ausland belegene Vermögenswerte bestehen und die Befugnisse des Insolvenzverwalters nicht ohne Weiteres anerkannt werden.

5 Ist über das ausländische Vermögen bereits ein Insolvenzverfahren eröffnet worden (Hauptinsolvenzverfahren), so ist unter den Voraussetzungen des § 356 ein Sekundärinsolvenzverfahren über das inländische Vermögen möglich. Die Vermögensmassen des Hauptinsolvenzverfahrens und des Sekundärinsolvenzverfahrens sind getrennte Vermögensmassen. Ein etwaiger Überschuss bei der Schlussverteilung des Sekundärinsolvenzverfahrens ist an den ausländischen Insolvenzverwalter des Hauptinsolvenzverfahrens auszukehren, § 358.

6 Rechtspositionen ohne Vermögensbezug, insbesondere **höchstpersönliche Rechtsbeziehungen,** beispielsweise Mitgliedschaftsrechte, fallen nicht in die Insolvenzmasse.[4]

7 Maßgeblich ist die rechtliche Zuordnung und nicht die tatsächliche Sachherrschaft. Der Insolvenzverwalter findet bei der Eröffnung des Insolvenzverfahrens die **„Ist-Masse“**[5] in seiner tatsächlichen Sachherrschaft vor. Diese ist zur **„Soll-Masse“** des § 35 Abs. 1 zu berichtigen. Auszuscheiden sind daher Vermögenswerte, die einem Aussonderungsrecht gem. § 47 unterliegen und nach dem Wortlaut des Gesetzes nicht zur Insolvenzmasse gehören. Vermögenswerte, die sich im Zugriff Dritter befinden, sind zugunsten der Insolvenzmasse geltend zu machen. Aus dem Wortlaut und aus der Stellung der Vorschrift im 2. Abschnitt des 2. Teils ergibt sich, dass der maßgebliche Zeitpunkt für die Bestimmung der Insolvenzmasse der Zeitraum ab der Eröffnung des Verfahrens ist.

8 Vermögensgegenstände, die zunächst vom Insolvenzbeschlag erfasst sind, später aber unpfändbar werden, sind aus der Insolvenzmasse auszuscheiden.[6] Hierfür sprechen der Wortlaut des § 36 Abs. 1 und dessen ratio legis, der Schutz des Schuldners aus sozialen Gründen. § 35 Abs. 1 erfasst nicht nur das Vermögen des Schuldners zum Zeitpunkt der Eröffnung, sondern auch das während des Verfahrens erlangte Vermögen. Aus Gründen der ausgleichenden Gerechtigkeit sind auch die während des Verfahrens eintretenden Tatbestände beachtlich, die zu insolvenzfreiem Vermögen geführt hätten, wenn die Voraussetzungen bereits zum Zeitpunkt der Eröffnung des Verfahrens vorgelegen hätten. Beruht der spätere Eintritt der Unpfändbarkeit auf einer Handlung des Schuldners, ist zum Schutz

---

[1] *Nerlich/Römermann/Andres,* InsO, § 35 Rn. 12 mwN.
[2] *Nerlich/Römermann/Andres,* InsO, § 35 Rn. 13 mwN.
[3] BGH NZI 2004, 21 f. m. Anm. *Uhlenbruck* = ZInsO 2003, 1043 f.
[4] BGH NZI 2008, 244 ff., 245 = EWiR 2008, 311 f., 311 m. Anm. *Römermann.*
[5] *Uhlenbruck,* InsO, § 35 Rn. 5.
[6] AA *Kübler/Prütting/Bork/Holzer,* InsO, § 35 Rn. 18.

der Insolvenzmasse zu vermuten, dass der Schuldner die Unpfändbarkeit rechtsmissbräuchlich herbeigeführt hat. Dem Schuldner ist jedoch der Entlastungsbeweis zu gestatten.[1]

Erklärt der Insolvenzverwalter die **Freigabe** eines Vermögenswertes, scheidet dieser aus dem Insolvenzbeschlag aus. Die Freigabe ist eine einseitige, empfangsbedürftige Willenserklärung ohne materiell-rechtlichen Gehalt.[2] Als **verfahrensrechtliche Erklärung** ist die Freigabe aus Gründen der Rechtssicherheit unwiderruflich, wegen Irrtums nach § 119 BGB nicht anfechtbar und kann nicht unter einen Vorbehalt gestellt werden.[3] Die Anfechtung wegen arglistiger Täuschung ist jedoch möglich.[4] 9

Differenziert wird zwischen der echten Freigabe, der unechten und der modifizierten Freigabe. Die **echte Freigabe** entlässt den Vermögenswert verfahrensrechtlich aus dem Haftungsverband der Insolvenzmasse und hat daher konstitutive Wirkung.[5] Der Schuldner erlangt seine Verfügungsbefugnis zurück.[6] Es ist ausschließlich die Sache des Insolvenzverwalters nach pflichtgemäßem Ermessen darüber zu entscheiden, ob er einen Gegenstand der Insolvenzmasse aus dem Insolvenzbeschlag frei gibt.[7] Der Schuldner hat weder einen Anspruch auf Freigabe, noch sind die Schuldnerinteressen vom Insolvenzverwalter zu berücksichtigen.[8] Aus Haftungsgründen ist jedoch anzuraten, im Einzelfall vor Erklärung der Freigabe die Zustimmung der Gläubigerversammlung oder des Gläubigerausschusses einzuholen.[9] Verwertungsrechte auf Grund bestellter Sicherheiten, die während des Insolvenzbeschlags vom Insolvenzverwalter wahrgenommen wurden, sind vom Sicherungsnehmer ab dem Zugang der Freigabeerklärung direkt gegenüber dem Schuldner durchsetzbar. 10

Zum Schicksal einer auf Grund der insolvenzrechtlichen Rückschlagsperre gem. § 88 unwirksam gewordenen Sicherungshypothek siehe § 88 Rn. 8.

Erklärt der Insolvenzverwalter die Freigabe eines vom Schuldner rechtshängig gemachten Anspruchs, so wird dadurch der Insolvenzbeschlag aufgehoben mit der Folge, dass die Unterbrechung des Rechtsstreits nach § 240 ZPO endet und ein etwaiger aus der Prozessführung erzielter Erlös nicht in die Masse fällt.[10] Die Freigabe eines Anspruchs ist möglich, da § 85 Abs. 2 die Aufnahme des Rechtsstreits durch den Schuldner bei Ablehnung der Aufnahme des Rechtsstreits durch den Verwalter vorsieht.[11] Dies setzt jedoch die Freigabe des streitgegenständlichen Anspruchs zur Wiedererlangung der-Prozessführungsbefugnis voraus.[12] Auch die Entscheidungsbefugnis der Gläubigerversammlung bzw. des Gläubigerausschusses über die Ablehnung der Aufnahme eines bereits rechtshängigen Rechtsstreits gem. § 160 Abs. 2 Ziff. 3

---

1 *Stein/Jonas/Münzberg,* ZPO, § 811 Rn. 17.
2 *Kübler/Prütting/Bork/Holzer,* InsO, § 35 Rn. 27 mwN.
3 *Kübler/Prütting/Bork/Holzer,* InsO, § 35 Rn. 28 mwN.
4 *Kuhn/Uhlenbruck,* KO, § 1 Rn. 5 e.
5 *Uhlenbruck,* InsO, § 35 Rn. 23 mwN.
6 *Uhlenbruck,* InsO, § 35 Rn. 23 mwN.
7 BGH NZI 2007, 407 f., 408 = EWiR 2008, 183 f., 183 f. m. Anm. *Kexel.*
8 BGH NZI 2007, 407 f., 408 = EWiR 2008, 183 f., 184 m. Anm. *Kexel.*
9 LG Wiesbaden MDR 1970, 598; BGHZ 35, 180.
10 BGH ZInsO 2005, 594 ff., 596 = EWiR 2005, 603 f. m. Anm. *Flitsch.*
11 BGH ZInsO 2005, 594 ff., 595 mwN.
12 BGH ZInsO 2005, 594 ff., 595 mwN.

impliziert die Freigabemöglichkeit des Verwalters.[1] Zur Umsatzsteuerproblematik siehe § 55 Rn. 25.

11 Bei der **unechten Freigabe** erkennt der Insolvenzverwalter die fehlende Zugehörigkeit zur Insolvenzmasse an. Die unechte Freigabe hat lediglich deklaratorischen Charakter.[2]

11a Bei der **modifizierten Freigabe** gibt der Insolvenzverwalter einen Vermögenswert mit der obligatorischen Verpflichtung an den Schuldner frei, dass das aus dem Vermögenswert erlangte an die Insolvenzmasse auszukehren ist.[3]

12 **Erklärungsempfänger** ist der vormals Verfügungsbefugte. Im Falle der Insolvenz der Kommanditgesellschaft einer GmbH & Co. KG ist der Erklärungsempfänger der Freigabe der Geschäftsführer der Verwaltungs-GmbH. Wurde auch über deren Vermögen ein Insolvenzverfahren eingeleitet, aber über die Eröffnung noch nicht entschieden, so bleibt im Falle der Einsetzung eines Gutachters oder eines vorläufigen Insolvenzverwalters mit Zustimmungsvorbehalt nach §§ 21 Abs. 1, Abs. 2 Ziff. 2 2. Alt., 22 Abs. 2 weiterhin der Geschäftsführer der Verwaltungs-GmbH Erklärungsempfänger der Freigabe. Wurde ein vorläufiger Insolvenzverwalter mit Verwaltungs- und Verfügungsbefugnis nach §§ 21 Abs. 1, Abs. 2 Ziff. 2 1. Alt., 22 Abs. 1 („starker“ vorläufiger Insolvenzverwalter) bestellt, so ist dieser der Erklärungsempfänger. Stellt der freigegebene Gegenstand eine wirtschaftliche Belastung dar, folgt aus der Vermögenssicherungs- und Erhaltungspflicht des § 22 Abs. 1 S. 2 Ziff. 1 im Hinblick auf die Begründung von Masseverbindlichkeiten nach § 55 Abs. 2, dass der „starke“ vorläufige Insolvenzverwalter die Verfügungsbefugnis des an ihn freigegebenen Vermögenswertes gegenüber dem vormals Verfügungsbefugten seiner Schuldnerin freigeben kann. Der freigegebene Gegenstand fällt dann in das insolvenzfreie Vermögen der Schuldnerin. Dem vorläufigen Insolvenzverwalter mit Zustimmungsvorbehalt, § 21 Abs. 1, Abs. 2 Ziff. 2 2. Alt. steht diese Kompetenz nicht zu. Da er keine Masseverbindlichkeiten nach § 55 Abs. 2 begründet,[4] besteht insoweit auch kein Erfordernis für eine solche Kompetenzerweiterung.

13 Bei Streit über die Massezugehörigkeit eines Gegenstandes ist das Prozessgericht das sachlich zuständige Gericht.[5] Bei Streit über die Massezugehörigkeit unpfändbarer Gegenstände gem § 36 Abs. 1 und Abs. 2 ist das Insolvenzgericht zuständig, § 36 Abs. 4.

3. Die Vermögenswerte der Insolvenzmasse im Einzelnen

14 **a) Grundstücke** und **grundstücksgleiche Rechte,** wie das **Erbbaurecht**, deren Eigentümer bzw. Inhaber der Schuldner ist, sind Bestandteile der Insolvenzmasse. Eine rasche Eintragung des Insolvenzvermerks nach § 32 verhindert die Erwerbsmöglichkeit gutgläubiger Dritter. In der Insolvenz des Erbbauberechtigten fällt das Erbbaurecht mit dem vereinbarten Inhalt in die Insolvenzmasse, so dass eine Veräußerungsbeschränkung nach § 5 ErbbauVO auch gegenüber dem

---

[1] *Flitsch,* EWiR 2005, 603 f., 604.

[2] *Uhlenbruck,* InsO, § 35 Rn. 29 mwN.

[3] BGH JZ 1963, 222 ff., 223 m. Anm. *Weber.*

[4] Vgl. BGH WM 2002, 1888 ff. = DZWIR 2002, 470 ff. = EWiR 2002, 919 ff., m. Anm. *Spliedt.*

[5] AG Duisburg NZI 2000, 385 f., = ZInsO 2000, 346 f., 346.

Insolvenzverwalter gilt, §§ 6, 8 ErbbauVO.[1] Zur Rechtsnatur der Erbbauzinsansprüche, siehe § 55 Rn. 36 a. Der Vertrag über die Bestellung eines Erbbaurechts ist ein Rechtskauf, der mit der Eintragung des Erbbaurechts erfüllt ist, so dass § 119 nicht anwendbar ist.[2] Die Insolvenzeröffnung kann als Voraussetzung des Heimfallanspruchs vereinbart werden, mit der Folge, dass der Grundstückseigentümer einen dinglichen und damit aussonderungsfähigen Rückübertragungsanspruch hat.[3] Sieht die Vereinbarung einen unentgeltlichen Heimfall vor, so liegt eine anfechtbare Gläubigerbenachteiligung selbst dann vor, wenn der Vertrag an sich ausgewogen war und gerade für den Fall der Insolvenz nicht unerhebliche nachteilige Regelungen zulasten des Grundstücks enthielt.[4] Bei der Insolvenz des Grundstückseigentümers, der Dritten am Grundstück Erbbaurechte eingeräumt hat, fällt der gem. § 2 Nr. 4 ErbbauVO bestehende Heimfallanspruch und der Erbbauzins in die Insolvenzmasse.[5]

Wohnungs- und Teileigentum nach § 1 Abs. 2, § 3 WEG des Schuldners ist 15
Bestandteil der Insolvenzmasse.[6] Zur Geltendmachung von Ansprüchen der Wohnungseigentümer aus dem Gemeinschaftsverhältnis ist das Wohnungseigentumsgericht – nicht das Prozessgericht – zuständiges Gericht, auch wenn der Insolvenzverwalter vor Rechtshängigkeit das Wohnungseigentum freigibt.[7]

Nach Art. 182 EGBGB besteht das altrechtliche, nach württembergischem 16
und badischem Landesrecht begründete **Stockwerkseigentum** fort.[8]

Das **selbstständige Gebäudeeigentum** in den neuen Bundesländern fällt in 17
die Insolvenzmasse.[9]

Gegenstände der Insolvenzmasse sind sämtliche Grundpfandrechte sowie die 18
nach § 1120 BGB in den **Haftungsverband der Grundpfandrechte** fallenden beweglichen Sachen, **dingliche Wohnrechte** nach § 1093 BGB, **Dauerwohnrechte** nach § 31 WEG und **Grunddienstbarkeiten** nach § 1018 BGB.[10] Die **beschränkte persönliche Dienstbarkeit** nach § 1090 BGB fällt nach § 1092 Abs. 1 S. 2 BGB nur dann in die Insolvenzmasse, wenn die Ausübung einer anderen Person überlassen werden kann, § 857 Abs. 3 ZPO.[11] Gleiches gilt für das **Nießbrauchsrecht.** Es ist nach § 1059 S. 1 BGB unübertragbar. Die Ausübung des Nießbrauchsrechts kann einem anderen überlassen werden, § 1059 S. 2 BGB. Insoweit ist die Ausübung des Nießbrauchrechts nach § 857 Abs. 3 ZPO pfändbar, so dass die aus dem Stammrecht fließenden Rechte und Erträge selbst dann in die Masse fließen, wenn die Überlassung der Ausübung des Nießbrauchs vertraglich mit dinglicher Wirkung ausgeschlossen wurde.[12] Der Insol-

---

[1] HK-*Eickmann,* InsO, § 35 Rn. 8.

[2] BGH NJW-RR 2006, 188 = NZI 2006, 97 = WM 2005, 2325, 2326.

[3] *Jaeger/Henckel,* InsO, § 47 Rn. 12 mwN.

[4] BGH NJW 2007, 2325 ff. = NZI 2007, 462 ff., 462 f. = BeckRS 2007, 09391 m. Anm. *de Bra* in FD-InsR 2007, 230135.

[5] *Kilger/K. Schmidt,* Insolvenzgesetze, § 1 Anm. 2. A. a) mwN.

[6] *Kilger/K. Schmidt,* Insolvenzgesetze, § 1 Anm. 2. A. a) mwN.

[7] BGH NZI 2003, 113 ff.

[8] *Palandt/Bassenge,* BGB, Art. 182 EGBGB Rn. 1.

[9] Zur unterschiedlichen Rechtslage des gutgläubigen Erwerbs zum Stichtag 31. 12. 2000 siehe *Bäuerle,* InsO, 3. A. 2007, § 35 Rn. 17.

[10] *Kübler/Prütting/Bork/Holzer,* InsO, § 35 Rn. 49 f., mwN.

[11] BGH NJW 1963, 2319; BGH ZInsO 2006, 1324 ff., 1325 mwN.

[12] BGH ZIP 1985, 1084, 1085.

venzverwalter ist daher über das Nießbrauchsrecht verfügungsbefugt, insbesondere ist er zur Abgabe von Löschungsbewilligungen berechtigt, um das Nutzungsrecht wieder mit dem Eigentumsrecht zu vereinen.[1]

19 **b) Bewegliche Sachen** fallen nach den Grundsätzen des § 36 in die Insolvenzmasse. Im Zusammenhang mit Grundstücken ist zu beachten, dass der Schuldner sein Eigentum an beweglichen Sachen verliert, wenn diese nach § 94 Abs. 1 BGB wesentliche Bestandteile des Grundstückes geworden sind. Der Bereicherungsanspruch gem. §§ 951, 812 BGB gegen den Grundstückseigentümer fällt in die Insolvenzmasse.

20 **c)** Das **Anwartschaftsrecht** am Eigentum von beweglichen und unbeweglichen Sachen fällt in die Insolvenzmasse.[2]

Miteigentumsbruchteile nach §§ 1008 ff. BGB und sonstige Bruchteilsberechtigungen fallen in die Insolvenzmasse.[3]

21 **d)** In die Insolvenzmasse fallen auch **Immaterialgüterrechte,** wie Patente, Marken,[4] Gebrauchsmuster, Geschmacksmuster und Warenzeichen. Urheberrechte nach § 2 UrhG können wegen der persönlichkeitsrechtlichen Ausprägung des Urheberrechts zugunsten der Insolvenzmasse nur im Rahmen der §§ 113–118 UrhG verwertet werden, wenn der Urheber oder sein Rechtsnachfolger einwilligt. Software ist urheberrechtlich geschützt, §§ 2 Abs. 1 Nr. 1, 69 a ff. UrhG, ist wie eine bewegliche Sache zu behandeln[5] und fällt in der Insolvenz des Herstellers in die Masse.[6]

e) Treuhandverträge

22 Treuhandvereinbarungen sind gesetzlich nicht geregelt. Entsprechend vielfältig sind die Gestaltungsvarianten. Das grundsätzliche Differenzierungskriterium ist, ob das Vollrecht am Sicherungsgut beim Treugeber bleibt **(unechte Treuhand)** oder dinglich an den Treuhänder übertragen wird **(echte Treuhand, fiduziarische Treuhand),** der das Sicherungsgut nach Maßgabe der schuldrechtlichen Treuhandvereinbarung verwaltet. Die Treuhandvereinbarung erlischt nach §§ 116 S. 1, 115 Abs. 1 mit Verfahrenseröffnung. Bei der **fremdnützigen Verwaltungstreuhand** fällt im Insolvenzverfahren über das Vermögen des Treugebers der Herausgabeanspruch nach § 667 BGB gegen den Treuhänder in die Insolvenzmasse, da das Treugut dem Treuhänder lediglich zur Verwaltung überlassen war und keine Eigentumsübertragung stattfand. Im Insolvenzverfahren über das Vermögen des Treuhänders fällt das Treugut trotz der formalen Stellung des insolventen Treuhänders als Eigentümer nicht in dessen Insolvenzmasse; vielmehr hat der Treugeber ein Aussonderungsrecht,[7] siehe § 47 Rn. 64. Wertguthaben aus Arbeitszeitflexibilisierung, die auf dem Geschäftsunterkonto des insolventen Treuhänders geführt werden und über welches Geschäftsleitung und

---

[1] OLG Frankfurt NJW-RR 1991, 445 f., 445 mwN.

[2] HK-*Eickmann,* InsO, § 35 Rn. 4.

[3] *Kilger/K. Schmidt,* Insolvenzgesetze, § 1 Anm. 2 A. d).

[4] Eingehend *Steinbeck,* NZG 1999, 133 ff., 139 f.

[5] *Paulus,* ZIP 1996, 2 f.; aA *Müller/Hengstenberg,* NJW 1994, 3128 ff., 3130, der wegen der Funktionalität der Software zur Aufgabenlösung diese als immateriellen Wert betrachtet.

[6] HK-*Eickmann,* InsO, § 35 Rn. 12.

[7] *Palandt/Bassenge,* BGB, § 903 Rn. 43 mwN.

Betriebsrat nur gemeinsam verfügungsbefugt sind, berechtigen den Arbeitnehmer nicht zur Aus- oder Absonderung, da in der Regel die Auszahlungsansprüche aus dem Konto nicht übertragen waren, sondern die Schuldnerin eigenes Vermögen verwaltet hat, welches zur Sicherstellung der Liquidität bei Fälligkeit der Lohnforderung separiert wurde.[1] Zur **uneigennützigen Sicherungstreuhand** siehe § 47 Rn. 65 ff. Bei **eigennützigen Treuhandverträgen,** wie Sicherungsübereignungen bzw. Sicherungszessionen, fallen die als Sicherheit übereigneten Gegenstände in der Insolvenz des Treugebers in die Insolvenzmasse. Der Treuhänder ist nach § 51 Nr. 1 absonderungsberechtigter Gläubiger, siehe § 51 Rn. 4. Die **doppelnützige Sicherungstreuhand** ist eine Mischform aus Sicherungstreuhand im Verhältnis zum Treugeber und Verwaltungstreuhand im Verhältnis zum Sicherungsnehmer.[2] Im Insolvenzverfahren über das Vermögen des Treugebers ist der Treuhänder berechtigt, für Rechnung des Sicherungsnehmers am Haftungsgegenstand ein (fremdnütziges) Absonderungsrecht geltend zu machen, siehe § 51 Rn. 42.[3]

f) Forderungen und sonstige Rechte

Pfändbare Forderungen des Schuldners sind Vermögensbestandteil der Insolvenzmasse. Zu trotz bestehender Abtretungsverbote pfändbarer Forderungen, siehe § 36 Rn. 5. 23

aa) Der pfändbare Anteil des **Arbeitseinkommens** richtet sich nach §§ 850 a–850 k ZPO. Sozialleistungen, wie beispielsweise Altersruhegeld, oder Lohnersatzleistungen fallen mit ihrem pfändbaren Anteil ebenfalls in die Insolvenzmasse, da diese auch im Falle der Einzelzwangsvollstreckung zur Befriedigung der Gläubiger zur Verfügung stünden.[4] Zur Insolvenzmasse zählen die pfändbaren Teile von **Abfindungsansprüchen** nach den §§ 112, 113 BetrVG und §§ 3, 10 KSchG.[5] Eine Verletzungsrente ist in Höhe des gesetzlichen Anspruchs unpfändbar; eine Kapitalabfindung ist pfändbar und fällt in die Insolvenzmasse.[6] 24

bb) Künftige Altersrenten sowie **Berufs-** und **Erwerbsunfähigkeitsrenten** sind Ansprüche auf laufende Geldleistungen. Sie sind nach § 54 Abs. 4 SGB I wie Arbeitseinkommen pfändbar, sofern der Rechtsgrund für das Entstehen der künftigen Forderung gelegt ist, der die Bestimmung der Forderung ermöglicht.[7] Siehe auch § 36 Rn. 8 f. 25

cc) Arbeitnehmererfindungen fallen nach § 7 Abs. 1 ArbNErfG in die Insolvenzmasse, wenn der Arbeitgeber die Diensterfindung nach § 6 Abs. 1 ArbNErfG unbeschränkt in Anspruch genommen hat. Eine **unbeschränkte Inanspruchnahme** findet gem. § 6 Abs. 2 ArbNErfG durch schriftliche Erklärung des Arbeitgebers gegenüber dem Arbeitnehmer statt und hat innerhalb von 26

---

[1] BAG ZInsO 2004, 104 ff., 106 f. = ZIP 2004, 124 ff., 127 f.; Vorinstanz: LAG Niedersachsen ZInsO 2003, 143 ff., 144 f.; LAG Hannover ZIP 2003, 448 ff., 450.

[2] *Bork,* NZI 1999, 337 ff., 339 mwN.

[3] *Bork,* NZI 1999, 337 ff., 341.

[4] Vgl. BGH KTS 1985, 96, 98 ff.

[5] OLG Düsseldorf NJW 1979, 2520 f.

[6] *Baumbach/Lauterbach/Albers/Hartmann,* ZPO, § 850 b Rn. 3.

[7] LG Aschaffenburg InVo 2001, 105 f. mwN.

vier Monaten nach Eingang der ordnungsgemäßen Meldung der Diensterfindung durch den Arbeitnehmer gem. § 5 Abs. 2 ArbNErfG zu erfolgen.

Für den Fall der Insolvenz des Arbeitgebers bestimmt § 27 ArbNErfG **Sonderrechte des Arbeitnehmers,** welche ihn der Rechtsstellung nach den absonderungsberechtigten Gläubigern annähern.[1] Dabei setzt § 27 ArbNErfG voraus, dass eine unbeschränkte Inanspruchnahme der Arbeitnehmererfindung vor Eröffnung des Insolvenzverfahrens stattgefunden hat.

Wird die Diensterfindung nach Eröffnung des Insolvenzverfahrens durch Verkauf mit dem Geschäftsbetrieb oder im Geschäftsbetrieb selbst verwertet, so ist der Vergütungsanspruch gem. § 9 ArbNErfG des Arbeitnehmers gegen den Erwerber des Betriebs bzw. den Insolvenzverwalter, § 27 Nr. 1, Nr. 3 ArbNErfG gerichtet. Bei Veräußerung der Diensterfindung ohne den Geschäftsbetrieb steht dem Arbeitnehmer ein Vorkaufsrecht zu, § 27 Nr. 2 ArbNErfG. Verzichtet der Insolvenzverwalter auf jede Verwertung, hat er dem Arbeitnehmer die Übertragung der Diensterfindung anzubieten, § 27 Nr. 4 i. V. m. § 16 Abs. 1 und 2 ArbNErfG.

Ansprüche, die auf Verwertungshandlungen vor Insolvenzeröffnung beruhen, kann der Arbeitnehmer nur als Insolvenzverwalter geltend machen, § 27 Nr. 5 ArbNErfG.

Vergütungsansprüche gem. § 10 ArbNErfG aus der **beschränkten Inanspruchnahme** einer Diensterfindung sind von § 27 ArbNErfG nicht erfasst und stellen Insolvenz- bzw. Masseforderungen dar, je nachdem, ob die Verwertungshandlung des Insolvenzverwalters vor oder nach Verfahrenseröffnung erfolgte.

27 **dd) Betriebliche Altersversorgung.** Bei der betrieblichen Altersversorgung ist zu differenzieren, auf welche Weise diese vorgenommen wird. Nimmt der Arbeitgeber lediglich bilanzmäßige Rückstellungen auf Grund seinen Arbeitnehmern erteilter Zusagen vor, so verbleiben alle seine Vermögenswerte in seinem Vermögen und fallen in die Insolvenzmasse.[2] Ansprüche aus der Versorgungszusage stellen dann nur Insolvenzforderungen nach § 38 dar.

28 Eine eigenständige Pensionskasse fällt hingegen erst gar nicht in die Insolvenzmasse.[3]

28a Eine Versorgungszusage kann nicht nur gegenüber den Arbeitnehmern erfolgen. Auch auf Rechtsanwälte und Steuerberater, denen aus Anlass ihrer Tätigkeit für das schuldnerische Unternehmen Leistungen der Altersversorgung zugesagt worden sind, finden die §§ 1–16 BetrAVG entsprechende Anwendung, da mit der Versorgungszusage regelmäßig die Betriebstreue des Berechtigungen zum Unternehmen abgegolten werden soll und es daher keine Rolle spielt, ob die Versorgungszusage im Zusammenhang mit einer Arbeitnehmertätigkeit steht oder dem Begünstigten in seiner Eigenschaft als Unternehmer erteilt wurde.[4] Weiter gelten §§ 1–16 BetrAVG gem. § 17 Abs. 1 S. 2 BetrAVG entsprechend für den GmbH-Geschäftsführer, soweit er nicht als Gesellschafter-Geschäftsführer mit Mehrheitsbeteiligung an der Gesellschaft wie ein Unternehmer anzusehen ist, für den das BetrAVG keine Anwendung findet.[5]

---

[1] *Paul,* KTS 2005, 445 ff., 446.

[2] *Hess,* InsO, § 47 Rn. 308 mwN.

[3] *Gottwald/Gottwald,* InsHdb., § 40 Rn. 55 mwN.

[4] BGH WM 2006, 1549 f., 1550 mwN.

[5] LG Dresden ZInsO 2006, 998 ff., 1000.

aaa) Eine **Rückdeckungsversicherung** wird vom Arbeitgeber auf das Leben des beherrschenden, geschäftsführenden Gesellschafters abgeschlossen, um dessen vertraglich vereinbarte Versorgungszusage zu finanzieren, da der beherrschende, geschäftsführende Gesellschafter nicht dem Insolvenzschutz durch den Pensions-Sicherungsverein unterfällt. Die Versorgungszusage selbst ist in der Insolvenz des pensionsverpflichteten Arbeitgebers eine Insolvenzforderung. Versicherungsnehmer und Bezugsberechtigter aus dem Versicherungsvertrag ist der Arbeitgeber. Die Rechte aus der Rückdeckungsversicherung werden in der Regel an den Begünstigten verpfändet. Ist die Verpfändung unterblieben, fallen die Rechte und Ansprüche aus der Rückdeckungsversicherung in die Insolvenzmasse. Die Verpfändung der Rechte und Ansprüche aus der Rückdeckungsversicherung ist nur wirksam, wenn sie der Versicherungsgesellschaft als Drittschuldnerin angezeigt worden ist, § 1280 BGB. Die Sicherungsverpfändung begründet ein Aussonderungsrecht nach § 47, wenn die Pfandreife, also der Versorgungsfall bereits eingetreten ist.[1] Die Versorgungszusage zugunsten eines Geschäftsführers bedarf eines zustimmenden Beschlusses der Gesellschafterversammlung.[2] Andernfalls ist die Versorgungszusage unwirksam. Die Ansprüche aus einer hierfür abgeschlossenen Rückdeckungsversicherung fallen dann in die Insolvenzmasse.[3] 29

Der Insolvenzverwalter darf den Rückkaufswert einer wirksam verpfändeten **Rückdeckungsversicherung** gem. § 80 Abs. 1 zur Insolvenzmasse einziehen und das Widerrufsrecht des Versicherungsnehmers ausüben, wenn noch keine Pfandreife eingetreten ist, weil der zu sichernde Versorgungsanspruch unter der aufschiebenden Bedingung des Eintritts des Versorgungsfalles steht.[4] Der Pfandrechtsgläubiger hat mangels Pfandreife keinen Zahlungsanspruch gegen den Drittschuldner, sondern nur einen Sicherstellungsanspruch gegen den Insolvenzverwalter und ist daher nicht befugt, das Pfandrecht selbst einzuziehen, §§ 1282 Abs. 1, 1228 Abs. 2 BGB.[5] Der BGH leitet das Verwertungsrecht des Insolvenzverwalters aus den §§ 50 Abs. 1, 173 her, wonach das Verwertungsrecht des absonderungsberechtigten Gläubigers am Sicherungsgut nach Setzen einer Verwertungsfrist auf den Insolvenzverwalter übergeleitet werden kann.[6] Da es an der Pfandreife fehlt, ist das Erfordernis der Fristsetzung zur Verwertung obsolet. Der Rückkaufswert ist vom Insolvenzverwalter zu hinterlegen, §§ 191 Abs. 1 S. 2, 198 und wird, falls nach Verfahrensabschluss derart zurückbehaltene Beträge wegen des Ausfalls der Bedingung für die Verteilung frei werden, durch Nachtragsverteilung gem. § 203 Abs. 1 Nr. 1 an die Gläubiger ausgeschüttet.[7] 29a

Mit Recht wird in der Literatur eingewandt, dass die Lösung des BGH keinem der Beteiligten nützt: Der Pfandgläubiger kann die Lebensversicherung nicht weiterführen, während umgekehrt der Verwalter nur den Rückkaufswert erhält 29b

---

[1] OLG Hamm NJW-RR 1996, 1312 = BB 1995, 2083; BGHZ 136, 220 = NJW 1998, 312 = ZIP 1997, 1596.

[2] BGH NJW 1991, 1680 mwN = BB 1991, 927 ff., 929 mwN.

[3] *Stegmann/Lind,* NVersZ 2002, 193 ff., 201 mwN.

[4] BGH ZInsO 2005, 535 ff., 536 = NZI 2005, 384 f., 385 = WuB VI A, § 50 1.05 *(Bitter).*

[5] BGH ZInsO 2005, 535 ff., 536 = NZI 2005, 384 f., 385 = WuB VI A. § 50 1.05 *(Bitter).*

[6] BGH ZInsO 2005, 535 ff., 537 = NZI 2005, 384 f., 385 = WuB VI A, § 50 1.05 *(Bitter).*

[7] Vgl. BGHZ 136, 220 ff., 225 f.; Münch-Komm-*Lwowski/Bitter,* InsO, § 42 Rn. 10.

und diesen zudem noch zur Befriedigung der aufschiebend bedingten Versorgungsansprüche hinterlegen muss.[1] Wird also keine Vereinbarung zwischen dem Insolvenzverwalter und dem Pfandgläubiger über die Ablösung der Rechte aus dem Versicherungsverhältnis getroffen, bleibt der Insolvenzverwalter zugunsten der Insolvenzmasse aus dem Versicherungsverhältnis berechtigt und es entscheidet sich ggf. erst in einigen Jahren, ob noch ein Zufluss zur Masse erfolgt oder nicht, wobei dies eine Alles-oder-Nichts-Frage ist. Um eine etwaige Nachtragsverteilung zu vermeiden, empfiehlt es sich daher, dem Pfandgläubiger gegen Zahlung eines Ablösebetrages die Rechte und Ansprüche aus dem Lebensversicherungsvertrag zu überlassen.[2] Eine interessengerechte Vereinbarung kann darin bestehen, dass eine versicherungsmathematische Risikoverteilung vorgenommen wird. Hier wird nach den von der Versicherungswirtschaft genutzten „Periodensterbetafel für Deutschland" des statistischen Bundesamtes[3] jeweils individuell ermittelt, wie hoch die Wahrscheinlichkeit in Prozent ist, dass der Pfandgläubiger das Pensionsalter nicht erreicht. Ist der Pfandgläubiger bereit, diesen prozentualen Anteil des Rückkaufswerts an die Insolvenzmasse zu zahlen, kann der Insolvenzverwalter sich vorzeitig bereit erklären, sämtliche Ansprüche aus dem Lebensversicherungsvertrag aufzugeben. Dies hat für den Pfandgläubiger den Vorteil, dass er über die Ansprüche aus dem Lebensversicherungsverhältnis sofort und ansonsten uneingeschränkt und endgültig verfügen kann, ohne dass es noch auf das Erreichen des Pensionsalters ankommt.

Als Zufluss aus einem früheren Arbeitsverhältnis ist der Auszahlungsbetrag der Lebensversicherung gem. § 19 EStG steuerpflichtig. Da die Versicherung brutto für netto an den Versicherungsnehmer auszahlt, hat der Insolvenzverwalter keine Möglichkeit den Steueranteil abzuführen, weswegen er beim Betriebsstättenfinanzamt eine Freistellungserklärung gem. § 38 Abs. 4 EStG abgeben kann, um nicht als Steuerschuldner in Anspruch genommen zu werden. Der Bezugsberechtigte kann den Wert der Rückdeckungsversicherung auf eine Liquidationsversicherung oder Pensionskasse überführen, die dann die Versorgungszusage in Höhe des überführten Betrages übernimmt, so dass lediglich die monatlich geleisteten Beträge versteuert werden müssen, § 3 Nr. 65 EStG.[4]

30 **bbb)** Bezugsrechte aus **Direktlebensversicherungen** fallen je nach Ausgestaltung des Bezugsrechts im Versicherungsvertrag in die Insolvenzmasse. Der Versicherungsvertrag wird zwischen dem Versicherer und dem Arbeitgeber als Versicherungsnehmer zugunsten des versicherten Arbeitnehmers abgeschlossen. Es liegt ein Vertrag zugunsten Dritter nach § 328 BGB vor. Begünstigte Person ist der Arbeitnehmer als versicherte Person. Der Arbeitnehmer bzw. seine Erben können daher im Versicherungsfall die Versicherungsleistung beanspruchen, § 330 BGB, § 166 Abs. 2 VVG. Bis zu diesem Zeitpunkt besitzt der Arbeitnehmer eine Anwartschaft, die versicherungsrechtlich als Bezugsrecht bezeichnet wird. Das Bezugsrecht kann widerruflich, unwiderruflich oder eingeschränkt unwiderruflich ausgestaltet sein. Zu unterscheiden ist weiter, ob die Anwartschaft verfallbar oder unverfallbar ist.

---

[1] *Bitter,* WuB VI A, § 50 1.05.
[2] So auch *Bitter,* WuB VI A, § 50 1.05.
[3] Die aktuelle Statistik ist unter *www.destatis.de.* zu finden.
[4] *Stahlschmidt,* NZI 2006, 375 ff., 380.

Beim **widerruflichen Bezugsrecht** ist der Arbeitgeber/Versicherungsnehmer berechtigt, an die Stelle des bezugsberechtigten Arbeitnehmers einen anderen Dritten zu setzen. Sowohl nach § 166 Abs. 2 VVG als auch nach den Musterbedingungen für die Großlebensversicherung (ALB) ist die widerrufliche Bezugsberechtigung der Regelfall. Der begünstigte Arbeitnehmer erwirbt, sofern der Arbeitgeber/Versicherungsnehmer nichts anderes bestimmt hat, das Recht auf die Versicherungsleistung erst mit Eintritt des Versicherungsfalles, § 166 Abs. 2 VVG. Bis zum Eintritt des Versicherungsfalles hat ein derart begünstigter Arbeitnehmer lediglich eine ungesicherte, im Insolvenzfall wertlose Anwartschaft. Er ist nicht nach § 47 zur Aussonderung dieses Vermögensgegenstandes aus der Insolvenzmasse berechtigt.[1] Mit der Eröffnung des Insolvenzverfahrens über das Vermögen des Arbeitgebers/Versicherungsnehmers fällt der Anspruch auf den Rückkaufswert aus der Versicherung in die Insolvenzmasse, wenn der Insolvenzverwalter nicht die Erfüllung des Vertrages verlangt. Einer Kündigung des Vertrages oder des Widerrufes der Bezugsberechtigung bedarf es nicht,[2] vielmehr wird mit Insolvenzeröffnung der Vertrag auch ohne gesonderte Kündigung nach § 103 beendet. In der Praxis empfiehlt es sich jedoch, die Bezugsberechtigung mit der Maßgabe zu widerrufen, dass nunmehr der Insolvenzverwalter für die Insolvenzmasse begünstigt sein soll, damit Fehlauszahlungen des Versicherers vermieden werden. Die Erfüllungswirkung bei einer Fehlauszahlung des Versicherers an den Schuldner richtet sich nach § 82. 31

Ist das Bezugsrecht widerruflich ausgestaltet, fällt der Anspruch auf den Rückkaufswert selbst dann in die Insolvenzmasse, wenn die **Unverfallbarkeitsvoraussetzungen** nach § 1 BetrAVG vorliegen. Aus dem Abstraktionsprinzip zwischen Versicherungsverhältnis und Arbeitsverhältnis folgt, dass ein arbeitsrechtlich unzulässiger Widerruf der Bezugsberechtigung versicherungsrechtlich wirksam ist.[3] Der Insolvenzverwalter kann daher den Versicherungsschein nach §§ 985, 952 BGB herausverlangen.[4] § 1 Abs. 2 S. 1 BetrAVG aF ist keine dem Insolvenzrecht vorgehende Sonderregelung und daher nicht anwendbar, wenn das Bezugsrecht nicht erst anlässlich der Beendigung des Arbeitsverhältnisses, sondern zur gemeinschaftlichen Befriedigung der Insolvenzgläubiger widerrufen wird.[5] § 1 Abs. 2 S. 2 BetrAVG aF enthält auch kein gesetzliches Verbot i. S. d. § 134 BGB.[6] Die Schadensersatzverpflichtung aus der Nebenpflichtverletzung des Arbeitsvertrages ist aber lediglich Insolvenzforderung und keine Masseverbindlichkeit, da sie aus einer Handlung des Insolvenzverwalters folgt, die lediglich aus der Liquidation eines vor der Insolvenzeröffnung begründeten Vertragsverhältnisses herrührt. Nach Auffassung des BAG löst die Liquidation als solche keine, den Grundsatz der gleichmäßigen Befriedigung durchbrechende Masseverbindlichkeit aus.[7] Widerruft der Insolvenzverwalter das Bezugsrecht zur Verwertung der Insolvenzmasse, so kommt er seiner Verwertungspflicht nach § 159 32

[1] BAG ZIP 1991, 1295 ff., 1295 f.; BAG ZIP 1995, 2012 ff., 2013; LG Arnsberg ZInsO 2006, 168 (LS).
[2] BGH NJW 1993, 1994 f. mwN.
[3] BAG BB 1994, 73 f., 74; BAG NZI 2000, 341 = ZIP 1999, 1638.
[4] BAG NZI 2000, 341 = ZIP 1999, 1638.
[5] BAG ZIP 1991, 1295 ff., 1296.
[6] BAG ZIP 1991, 1295 ff., 1296.
[7] BAG ZIP 1991, 1295 ff., 1298 f. mwN; BAG ZIP 1996, 965 ff., 968.

nach und haftet daher nicht nach § 60.[1] Arbeitnehmer, die im Sicherungsfall eine unverfallbare Versorgungsanwartschaft erlangt haben, erhalten bei Eintritt des Versorgungsfalles einen Anspruch gegen den Pensions-Sicherungs-Verein, § 7 Abs. 2 S. 1 BetrAVG.[2] Maßgeblicher Zeitpunkt für den Sicherungsfall ist der Zeitpunkt der Insolvenzeröffnung.[3] Das Vorliegen der Voraussetzungen im Zeitpunkt einer späteren Beendigung des Arbeitsverhältnisses genügt für die Herbeiführung des Insolvenzschutzes nicht.[4] Die widerruflichen, aber unverfallbaren Versorgungsanwartschaften eines Arbeitnehmers sind also nach § 7 Abs. 2 S. 1 BetrAVG insolvenzgeschützt.

33 Gleiches gilt, wenn die **Direktlebensversicherung anstelle einer Gehaltserhöhung oder als Gehaltsumwandlung** abgeschlossen wurde.[5] Auch hier muss zwischen den Parteien des Arbeitsverhältnisses und den Parteien des Versicherungsverhältnisses unterschieden werden (Abstraktionsprinzip). Bei einer Direktversicherung als Gehaltsumwandlung ist in der Regel davon auszugehen, dass der Arbeitgeber dem Arbeitnehmer eine von vornherein unentziehbare Rechtsposition einräumen und damit die **Unverfallbarkeit der Anwartschaft** zusagen wollte, so dass der Widerruf des Bezugsrechtes arbeitsrechtlich unzulässig ist.[6] Dies hat der Gesetzgeber durch die Neufassung des § 1 BetrAVG klargestellt. Nach § 1 b Abs. 5 BetrAVG nF wird bei nach dem 1. Januar 2001 abgeschlossenen Versicherungsverträgen die Anwartschaft unabhängig vom Alter des Begünstigten sofort unverfallbar, falls die Direktlebensversicherung durch Entgeltumwandlung vom Arbeitnehmer finanziert war. Im Versicherungsverhältnis ist der Widerruf des Bezugsrechtes aber wirksam. Dem steht auch die Arbeitnehmerfinanzierung durch einbehaltene Lohn- bzw. Gehaltsanteile nicht entgegen. Ein Treuhandverhältnis bezieht sich lediglich auf die Verpflichtung des Arbeitgebers zur Abführung der einbehaltenen Gehaltsanteile als Prämienzahlungen, nicht aber auf die Rechte aus der Direktlebensversicherung selbst.[7] Bei einer arbeitnehmerfinanzierten Direktversicherung sollte der Arbeitnehmer daher auf die Einräumung eines unwiderruflichen Bezugsrechts achten.

34 Der Insolvenzschutz der widerruflichen aber unverfallbaren Anwartschaften durch den Pensions-Sicherungs-Verein gilt auch im Falle der Arbeitnehmerfinanzierung durch Gehaltsumwandlung, die eine betriebliche Altersversorgung in Form der Direktversicherung i. S. d. § 11 Abs. 2 S. 1 und des § 7 Abs. 2 S. 1 Nr. 2 BetrAVG darstellt.[8]

35 Ist das Bezugsrecht **widerruflich und die Anwartschaft verfallbar,** so tritt der Pensions-Sicherungs-Verein nicht ein. Der Widerruf des Bezugsrechts stellt eine Nebenpflichtverletzung des Arbeitsvertrages dar. Da der Schadensersatzanspruch aus der Liquidation eines vor Insolvenzeröffnung begründeten Vertragsverhältnisses herrührt, liegt eine Insolvenzforderung nach § 38 vor.

---

[1] BAG ZIP 1991, 1295 ff., 1299.

[2] BAG ZIP 1991, 1295 ff., 1298; BAG ZIP 1996, 965 ff., 968.

[3] LAG Köln ZInsO 2006, 280.

[4] LAG Köln ZInsO 2006, 280.

[5] Vgl. BGH WM 2002, 1852 ff. = DZWIR 2002, 477 ff. m. Anm. *Gundlach/Frenzel* = KTS 2003, 136 ff.

[6] BAG ZIP 1995, 2012 ff., 2012 f.

[7] BGH BB 2002, 2350 ff. = WM 2002, 1852, 1853.

[8] BAG ZIP 1996, 965 ff., 969 mwN.

Ist im Versicherungsvertrag ein **unwiderrufliches Bezugsrecht** vereinbart, so kann der begünstigte Arbeitnehmer nach § 47 Aussonderung verlangen, da er den Anspruch auf die Versicherungsleistung sofort erworben hat, siehe zu den Voraussetzungen § 47 Rn. 74. 36

Liegt ein **eingeschränkt unwiderrufliches Bezugsrecht** vor, so ergeben sich die Vorbehalte und Einschränkungen aus dem Versicherungsvertrag, die sich in der Regel am Wortlaut des § 1 Abs. 1 BetrAVG aF orientieren, der die Voraussetzungen der Unverfallbarkeit der Anwartschaft regelt. Hier ist eine Gesetzesänderung zu beachten. Durch die Neufassung des § 1 b Abs. 1 BetrAVG nF erlangt der Arbeitnehmer aus Versicherungsverträgen, die seit dem 1. Januar 2001 abgeschlossen worden sind, eine unverfallbare Anwartschaft, wenn der Arbeitnehmer das 30. Lebensjahr vollendet hat und die Versorgungszusage zu diesem Zeitpunkt mindestens fünf Jahre bestanden hat. 37

Für Direktversicherungen, die vor dem 1. Januar 2001 abgeschlossen worden sind, gelten die Übergangsvorschriften des §§ 30 f ff. BetrAVG. Nach § 30 f BetrAVG ist die Neuregelung des § 1 b Abs. 1 BetrAVG nF auf Direktversicherungen, die vor dem 1. Januar 2001 abgeschlossen worden sind, neben § 1 BetrAVG aF parallel anwendbar. Die Unverfallbarkeit der Anwartschaft tritt ein, sobald die Voraussetzungen entweder nach der Altregelung oder nach der Neuregelung erfüllt sind. Für Direktversicherungen, die nach dem 1. Januar 2001 abgeschlossen worden sind, richten sich die Voraussetzungen der unverfallbaren Anwartschaft ausschließlich nach § 1 b Abs. 1 BetrAVG nF. Liegen die Voraussetzungen für den Eintritt der Unwiderruflichkeit des Bezugsrechts vor, so besteht ein Aussonderungsrecht des Arbeitnehmers gem. § 47. 38

Ist das Bezugsrecht grundsätzlich unwiderruflich, aber mit dem Vorbehalt des Widerrufs bei der Beendigung des Arbeitsverhältnisses vor Eintritt des Versicherungsfalls und der Unverfallbarkeitsvoraussetzungen ausgestaltet, so erfüllt abweichend von der bisherigen Rechtsprechung des BGH eine betriebsbedingte Kündigung im Fall der Insolvenz des Arbeitgebers nicht die Voraussetzungen des Widerrufsvorbehalts, da der Zweck eines solchen Vorbehalts – den Arbeitnehmer zur Betriebstreue anzuhalten – endgültig entfallen sei und damit das unter diesem Widerruf stehende Bezugsrecht dem unwiderruflichen Bezugsrecht rechtlich und wirtschaftlich gleichstünde.[1] Auch die Beendigung des Arbeitsverhältnisses wegen eines Betriebsübergangs gem. § 613 a BGB auf Grund einer insolvenzbedingten Veräußerung von Betriebsteilen erfülle nicht die Voraussetzung des Widerrufsvorbehalts, so dass der Rückkaufswert nicht zur Masse gezogen werden könne.[2] Es bestünde daher ein Aussonderungsrecht des Arbeitnehmers. Die Änderung der Rechtsprechung erfährt Kritik, da bis zum Eintritt der Unverfallbarkeit der Arbeitnehmer damit rechnen muss, betriebsbedingt – bei Kleinbetrieben unter-

---

[1] BGH, Urteil vom 8. 6. 2005, IV ZR 30/04 – ZIP 2005, 1373 ff., 1374 mwN = NZI 2005, 555 ff., 556 mwN = ZVI 2005, 480 ff., 481 mwN. Mit Beschluss vom 22. 9. 2005 – IX ZR 85/04 – schließen sich in einem gleich gelagerten Fall der 9. Senat des BGH ZIP 2005, 1836 f. mwN sowie das LAG Hamm mit Urteil vom 22. 9. 2006 (n. rkr.), ZIP 2007, 291 ff., der Rechtsprechung des 4. Senats ausdrücklich an; BGH ZIP 2006, 1309 ff., 1310 = NZI 2006, 527 ff., 528 f. = EWiR 2006, 661 f. m. zust. Anm. *Gundlach/Frenzel*.

[2] BGH ZIP 2006, 1309 ff., 1311 = NZI 2006, 527 ff., 528 f. = EWiR 2006, 661 f. m. zust. Anm. *Gundlach/Frenzel*.

halb der Kündigungsschutzgrenze auch ohne Kündigungsgrund – gekündigt zu werden.[1] Auch bei solchen betrieblichen Kündigungen fällt das Bezugsrecht in die volle Verfügungsbefugnis des Arbeitgebers, so dass es nicht ersichtlich ist, weswegen die fehlende Versorgungssicherheit des Arbeitnehmers nach dem eingetretenen Insolvenzfall nicht fortwirken soll.[2] Soweit die Betriebszugehörigkeit Voraussetzung für die Unverfallbarkeit ist, ist allein auf die rechtliche Dauer des Arbeitsverhältnisses abzustellen und nicht auf den Anlass der Beendigung.[3] Ebenso ist ein Betriebsübergang nach § 613 a BGB ein Ausscheiden im Sinne der Bedingungen des Versicherungsvertrages, da der Übernehmer des Betriebes zwar neuer Arbeitgeber mit allen Rechten und Pflichten aus dem bisherigen Arbeitsverhältnis wird. In bestehende Verträge des bestehenden Betriebs tritt der Übernehmer aber nicht automatisch ein.[4] In der Literatur wird darüber hinaus auch ein Verstoß dieser BGH-Rechtsprechung gegen § 91 angenommen.[5] Es bleibt abzuwarten, ob der BGH an seiner Rechtsauffassung festhält.[6] Zur **Anfechtbarkeit** der Einräumung des Bezugsrechts siehe § 47 Rn. 76 ff.

39 **ccc)** Bei der **Verwertung** ist zu beachten, dass Lebensversicherungen auch beitragsfrei ruhend gestellt werden können. Die Rückkaufswerte aus Lebensversicherungen sollten im Einzelfall erst vor Abschluss des Verfahrens zur Masse gezogen werden, damit im Falle des Eintretens des Versicherungsfalles während des Insolvenzverfahrens ein erhöhter Betrag zur Insolvenzmasse fließen kann. Vor Abschluss des Insolvenzverfahrens können die Rechte aus dem Versicherungsvertrag damit entweder an den Begünstigten oder an einen Dritten veräußert und übertragen werden. Sind die Direktlebensversicherungen als Gruppenversicherung abgeschlossen worden, so stellt die Übertragung auf eine Einzelperson einen Tarifwechsel dar. Die Individualkonditionen des Versicherers sind regelmäßig ungünstiger als die des Gruppentarifs.[7] Teilweise bieten die Versicherer eine Fortführung zu Individualkonditionen nur ab einem Mindestrückkaufswert an. Ein Arbeitnehmer sollte sich in jedem Fall über die Konditionen informieren, bevor er sich für die Übertragung der Direktlebensversicherung entscheidet. Der Arbeitnehmer hat keinen Anspruch darauf, dass ihm der Insolvenzverwalter die Direktlebensversicherung zum Rückkaufswert anbietet. Befindet sich der Versicherungsvertrag kurz vor dem Ende der Vertragslaufzeit, so kann es wirtschaftlich sein, den Vertrag aus den Mitteln der Masse zu erfüllen und bei Vertragsende die wesentlich höhere Versicherungssumme anstelle des Rückkaufswertes zuzüglich Gewinnanteile zur Insolvenzmasse zu ziehen.[8] Wählt der Insolvenzverwalter Erfüllung, werden die Erfüllungsansprüche für und gegen die Masse zwar originär begründet, der Erfüllungsanspruch entspricht jedoch der Leistungspflicht des Schuldners, so

---

[1] OLG Hamm NZI 2006, 406 ff., 407 = ZIP 2006, 719 f., 720.

[2] OLG Hamm NZI 2006, 406 ff., 407 = ZInsO 2006, 881 f., 882 = ZIP 2006, 719 f., 720.

[3] LAG Hamm ZInsO 2007, 669 ff., 672; LAG München ZInsO 2007, 839 f., 840; *Rössler* NZI 2007, 631 ff., 634.

[4] LAG München ZInsO 2007, 839 f., 840.

[5] *Hinkel/Laskos,* ZInsO 2006, 1253 ff., 1255 f.

[6] Mit Beschluss vom 22. 5. 2007 – 3 AZR 334/06, BAG NZI 2007, 674 ff., hat das BAG dem Gemeinsamen Senat der Obersten Gerichtshöfe des Bundes diese Rechtsfrage vorgelegt, da es von dieser Rechtsprechung des BGH abweichen möchte.

[7] *Flitsch/Herbst,* BB 2003, 317 ff., 319.

[8] *Flitsch/Herbst,* BB 2003, 317 ff., 319.

dass der Erfüllungsanspruch mit dem vom Schuldner begründeten Anspruch rechtlich und wirtschaftlich identisch ist.[1] Eine Vertragsunterbrechung im versicherungsrechtlichen Sinn ist daher mit der Erfüllungswahl nicht verbunden.[2]

ee) Schuldbefreiungsansprüche nach § 257 BGB gehören zur Insolvenz- 40
masse. Der Schuldbefreiungsanspruch, der seiner Natur nach ein Anspruch auf Vornahme einer Handlung darstellt, wandelt sich nach ständiger Rechtsprechung bei Eröffnung des Insolvenzverfahrens über das Vermögen des Befreiungsgläubigers in einen Zahlungsanspruch in Höhe der zu tilgenden Schuld um, der in die Insolvenzmasse fällt.[3] § 399 Var. 1 BGB steht dem nicht entgegen, da dort ein nicht zum Schuldnerschutz bestehendes relatives Abtretungs- und Pfändungsverbot geregelt ist, so dass § 36 Abs. 1 nicht eingreift.[4] Der Befreiungsschuldner hat daher den vollen Betrag an die Insolvenzmasse zu leisten, während der Gläubiger der Freistellungsverbindlichkeit infolge der Insolvenz des Befreiungsgläubigers nur eine nach § 38 zu beurteilende Insolvenzforderung hat,[5] siehe § 38 Rn. 24.

Eine Sonderregelung bei Schuldbefreiungsansprüchen ergibt sich aus § 157 41
VVG, der den geschädigten Dritten im Insolvenzverfahren über das Vermögen des schädigenden Versicherungsnehmers wegen des ihm gegen den Versicherungsnehmer zustehenden Anspruchs abgesonderte Befriedigung aus der Entschädigungsforderung gewährt, siehe vor §§ 49–52 Rn. 6.

ff) Gestaltungsrechte gehören zur Insolvenzmasse, wenn sie sich auf masse- 42
zugehörige Rechte beziehen. Sie sind einer selbstständigen Verwertung nicht zugänglich.[6] Das Gestaltungsrecht kann dadurch kommerzialisiert werden, dass der Insolvenzverwalter gegen Entgelt auf die Ausübung des Gestaltungsrechts gegenüber dem Erklärungsgegner verzichtet.

gg) Pflichtteilsansprüche nach § 2303 BGB entstehen mit dem Erbfall und 43
sind vererblich und übertragbar, § 2317 BGB. Der Pflichtteilsanspruch ist bereits vor der vertraglichen Anerkennung oder Rechtshängigkeit „als in seiner zwangsweisen Verwertbarkeit aufschiebend bedingter Anspruch pfändbar"[7] und damit der Insolvenzmasse zugehörig. Der Insolvenzverwalter kann den Anspruch aber nicht verwerten, solange die Anerkennung oder gerichtliche Geltendmachung durch den Schuldner nicht erfolgt ist.[8]

Wird eine nach Insolvenzeröffnung angefallene **Erbschaft** durch den Schuldner angenommen, so fällt die Erbschaft in voller Höhe als neu erlangtes Vermögen in die Insolvenzmasse.[9] Soweit Nachlassverbindlichkeiten bestehen, ist es aus Sicht des Nachlassgläubigers vorteilhaft, die Nachlassverwaltung, § 1981 Abs. 2 BGB, zu beantragen, da der Nachlassverwalter den Nachlass erst nach der Berichtigung der Nachlassverbindlichkeiten an den Insolvenzverwalter herauszugeben hat, § 1981 Abs. 1 BGB. Wird der Antrag auf Nachlassverwaltung nicht gestellt, steht

[1] MünchKomm-*Kreft,* InsO, § 103 Rn. 51.
[2] *Kayser,* ZInsO 2004, 1321 ff., 1323.
[3] RGZ 93, 209 ff., 212; RGZ 139, 315 ff., 321; BGH KTS 1981, 240; BGH ZIP 1993, 1656, 1658 mwN.
[4] *Ehricke,* KTS 2008, 257 ff., 270.
[5] BGH ZIP 1993, 1656, 1658.
[6] *Nerlich/Römermann/Andres,* InsO, § 35 Rn. 84 mwN.
[7] BGH NJW 1993, 2876.
[8] OLG Brandenburg, FamRZ 1999, 1436; *Kuchinke,* NJW 1994, 1769 ff., 1772.
[9] LG Göttingen NZI 2004, 678 f., 678 mwN.

der Nachlass in vollem Umfang den Insolvenzgläubigern zur Verfügung, während die Nachlassgläubiger ihre Rechte als Neugläubiger geltend machen können, wobei sie das volle Nachforderungsrecht gem. § 201 Abs. 1 haben, da ihre Forderung gegen den Schuldner nicht von der Restschuldbefreiung gem. § 301 Abs. 1 umfasst ist.[1] Wirtschaftlich sinnvoll dürfte dies für den Nachlassgläubiger jedoch oftmals nicht sein. Nimmt der Schuldner eine Vorerbschaft an, ist der Nacherbe vor Verfügungen des Insolvenzverwalters über die Erbschaft geschützt, soweit dadurch seine Rechte vereitelt oder beeinträchtigt werden würden, § 2115 S. 1 BGB, § 83 Abs. 2. Die Früchte aus der Nutzung des Nachlasses fallen, soweit sie pfändbares Vermögen darstellen, in die Insolvenzmasse.[2] Ist der Schuldner Nacherbe, so erwirbt er bereits beim Erbfall ein unentziehbares und unbeschränkbares Anwartschaftsrecht, das rechtsgeschäftlich übertragbar ist.[3] Zu den Aussonderungsansprüchen gegen den Erbschaftsbesitzer siehe § 47 Rn. 43 ff.

Ist die **Testamentsvollstreckung** angeordnet, so fällt der Nachlass nach Aufhebung der Testamentsvollstreckung im Insolvenzverfahren über das Vermögen des Erben in die Insolvenzmasse. Die Rechtsprechung bietet dogmatisch eine andere Lösung an und rechnet das der Testamentsvollstreckung unterworfene Nachlassvermögen im Insolvenzverfahren über das Vermögen der Erben der Insolvenzmasse zu.[4] Das Nachlassvermögen bildet dabei zunächst ein Sondervermögen, über welches der Testamentsvollstrecker verwaltungs- und verfügungsbefugt ist.[5] Dies hat zur Folge, dass Rechtsstreite, die das Sondervermögen betreffen, durch die Insolvenzeröffnung gem. § 240 ZPO unterbrochen werden, bis sie nach den für das Insolvenzverfahren geltenden Vorschriften aufgenommen werden oder das Insolvenzverfahren beendet wird.[6]

hh) Deliktische Ansprüche. Verletzungen massezugehöriger Gegenstände lassen den Schadensersatzanspruch kraft Surrogation zur Masse fallen. Schmerzensgeldansprüche sind ohne Einschränkung pfändbar und fallen daher in voller Höhe in die Insolvenzmasse, § 36 Abs. 1 S. 1.[7]

44 **ii) Gesellschaftsrechtliche Beteiligungen** des Schuldners fallen als Vermögensrechte mit den vorgeschalteten Auskunfts- und Rechenschaftsansprüchen in die Insolvenzmasse.[8] Dem Insolvenzverwalter und nicht etwa dem Schuldner steht das aus dem Mitgliedschaftsrecht fließende Stimmrecht sowie die Zustimmungsbefugnis bei den den Kernbereich der Mitgliedschaft betreffenden Maßnahmen zu,[9] denn das Stimmrecht steht den Gesellschaftern und damit auch dem

---

[1] *Messner,* ZVI 2004, 433 ff., 434.

[2] *Messner,* ZVI 2004, 433 ff., 437.

[3] *Messner,* ZVI 2004, 433, 437 mwN.

[4] BGH ZVI 2006, 452 ff., 453 f. mwN; Vorinstanz OLG Köln ZInsO 2005, 601 ff. = NZI 2005, 268 ff., 269 mwN = ZVI 2005, 213 ff., 214 mwN.

[5] BGH ZVI 2006, 452 ff., 453 f. mwN; Vorinstanz OLG Köln ZInsO 2005, 601 ff., 602 mwN = NZI 2005, 268 ff., 269 mwN = ZVI 2005, 213 ff., 214 mwN.

[6] BGH ZVI 2006, 452 ff., 453; Vorinstanz OLG Köln ZInsO 2005, 601 ff., 602 f. = NZI 2005, 268 ff., 269 f. = ZVI 2005, 213 ff., 214 f.

[7] BGH NJW 1995, 783 f., 783 f.; LG Bochum ZInsO 2007, 1156 ff., 1158.

[8] *Nerlich/Römermann/Andres,* InsO, § 35 Rn. 52 ff. mwN.

[9] AA *Uhlenbruck,* InsO, § 35 Rn. 105, der das Stimmrecht dem Insolvenzverwalter nur insoweit zuspricht, als es für die Realisierung des Auseinandersetzungsanspruchs erforderlich ist.

Insolvenzverwalter, auf den gem. § 80 Abs. 1 die Verwaltungsbefugnis übergegangen ist, gerade auch zu dem Zweck zu, durch Mitwirkung an der Willensbildung nachteilige Folgen für die Gesellschaft zu vermeiden.[1] Eine Satzungsbestimmung, die die Einziehung des Geschäftsanteils für den Fall der Insolvenz des Geschäftsanteilsinhabers ohne vollwertiges Entgelt vorsieht, ist nichtig.[2]

jj) Wie aus den §§ 160 Abs. 2 Nr. 1, 162 Abs. 1, 163 Abs. 1 folgt, wird das **Unternehmen als solches** von dem Insolvenzverfahren erfasst. 45

aaa) Bei der **Freiberuflerpraxis** werden bei den Ärzten mit Kassenzulassung die **Vertragsarztzulassung** und der den zugelassenen Vertragsärzten zugewiesene **Vertragsarztsitz** als persönliche Rechte nicht vom Insolvenzbeschlag erfasst.[3] Wird der Gesellschaftsanteil des Schuldners an einer ärztlichen Gemeinschaftspraxis veräußert und damit der Vertragsarztsitz des Schuldners übertragen, so ist die aus der Veräußerung resultierende Kaufpreisforderung ein pfändbarer Vermögenswert und zählt daher zur Insolvenzmasse.[4] Bei den kammergebundenen Heilberufen führt die Insolvenzeröffnung nicht regelmäßig zur Einleitung eines berufsrechtlichen Widerrufverfahrens, so dass die Fortführung der Praxis gemeinsam mit dem Insolvenzverwalter möglich ist. Bei den rechts- und steuerberatenden Berufen werden die berufsständischen Kammern durch die Mitteilungen in Zivilsachen von Amts wegen über die Einleitung des Insolvenzverfahrens unterrichtet und leiten auf Grund der Ausgestaltung der Zulassungswiderrufstatbestände[5] als widerlegliche gesetzliche Vermutung der Gefährdung der Mandanteninteressen durch den Vermögensverfall das Enthebungsverfahren kurzfristig ein. Möchte ein in Vermögensverfall geratener Berufsträger, dem keine Vorwürfe in Bezug auf die Art und Weise seiner Berufsausübung gemacht werden können, seine Zulassung erhalten und sich durch einen Insolvenzplan entschulden, so sollte er das Zeitmoment nicht unterschätzen. Schnelles Handeln ist daher erforderlich, wenn der Schuldner zum Zeitpunkt der gerichtlichen Entscheidung über das Enthebungsverfahren durch eine aussichtsreiche Durchführung des Insolvenzplanverfahrens, besser noch durch einen bereits bestätigten Insolvenzplan, die Wiederherstellung der geordneten finanziellen Verhältnisse zur Widerlegung des Vermögensverfalls belegen möchte, um seine Berufszulassung abzusichern.[6] 46

Die Fortführung einer Freiberuflerpraxis durch den Insolvenzverwalter ist weiter möglich, wenn er in seiner Person die hierfür erforderlichen Qualifikationen aufweist,[7] wobei auch für ihn die Beachtung der Wahrung des Berufsgeheimnisses zwischen dem Schuldner und seinem Mandanten gilt. Allerdings ist auf die berufsrechtlich konkurrierende Zuständigkeit zu achten. Bestellt bspw. die Rechtsanwaltskammer einen Abwickler nach § 55 BRAO, kann der Insolvenzverwalter nicht fortführen, selbst wenn er selbst Rechtsanwalt ist. Umgekehrt 47

---

[1] *Bergmann,* ZInsO 2004, 225 ff., 228 f.

[2] BGHZ 32, 151, 155 ff., 157 ff.

[3] LSG Nordrhein-Westfalen NJW 1997, 2477 ff.

[4] AG Hamburg ZInsO 2006, 1232.

[5] Rechtsgrundlagen für den Zulassungswiderruf der rechts- und steuerberatenden Berufe sind § 14 Abs. 2 Nr. 7 BRAO; § 21 Abs. 2 Nr. 8 PatAnwO; § 50 Abs. 1 Nr. 6 und Nr. 8 NotO; § 46 Abs. 2 Nr. 4 StBG und § 20 Abs. 2 Nr. 5 WPO.

[6] Vgl. BVerfG NJW 2005, S. 3057 f.; BGH ZInsO 2007, 104 f.

[7] BFH ZIP 1994, 1283 ff.

kann die Rechtsanwaltskammer den Insolvenzverwalter zugleich zum Abwickler bestellen.

48 Ist nach dem jeweiligen Berufsrecht ein Abwickler bestellt worden, so berührt ein während der Abwicklung eröffnetes Insolvenzverfahren über das Vermögen des Freiberuflers die Rechtsstellung des öffentlich bestellten Abwicklers nicht.[1] Nach Beendigung der Abwicklung hat der Abwickler den aus der Abwicklung resultierenden Übererlös gem. § 667 BGB an den Insolvenzverwalter auszukehren.[2] Die Vergütungsansprüche des Abwicklers sind Masseverbindlichkeiten, siehe § 55 Rn. 46.

49 Ist der Schuldner berufsrechtlich zur Verschwiegenheit verpflichtet, ist die Veräußerung des Patienten- oder Mandantenstammes nur mit Zustimmung der Mandanten oder Patienten zulässig,[3] die vom Patienten/Mandanten konkludent erteilt wird, wenn mit dem neuen Inhaber ein Vertragsverhältnis begründet wird.

49a Zum Insolvenzbeschlag der Honorarforderungen von Rechtsanwälten, Steuerberatern und Ärzten und den damit einhergehenden Auskunfts- und Mitwirkungspflichten siehe § 36 Rn. 5 ff. Zur Frage des Insolvenzbeschlags des Praxisinventars siehe § 36 Rn. 17 f. Zur besonderen Problematik der Fortführung einer Apotheke siehe § 36 Rn. 24.

50 **bbb)** Mit dem Insolvenzbeschlag des Unternehmens als solchem wird auch die **Firma** (§ 17 Abs. 1 HGB) Massebestandteil, obgleich sie nicht der Zwangsvollstreckung zugänglich ist.[4] Der Insolvenzverwalter darf das Unternehmen auch ohne Zustimmung des Schuldners unter der bisherigen Firma fortführen.

51 Eine andere Frage ist, ob er auch gegen den Willen des Schuldners oder der Gesellschaftsorgane zur Veräußerung der Firma (zusammen mit dem Unternehmen) berechtigt ist.

52 Nach der bislang von der Rechtsprechung vertretenen Auffassung musste zwischen Einzelkaufleuten und Personenhandelsgesellschaften einerseits sowie Kapitalgesellschaften andererseits unterschieden werden.

53 Für **Einzelkaufleute** war die Verwendung der Personalfirma nach § 18 Abs. 1 HGB aF, für **Personenhandelsgesellschaften** nach § 19 Abs. 1, Abs. 2 HGB aF vorgeschrieben. Zur Ermöglichung eines wirtschaftlichen Neuanfanges und zur Berücksichtigung persönlichkeitsrechtlicher Aspekte der Namensverwendung postulierte der BGH bei Einzelkaufleuten und Personenhandelsgesellschaften ein Zustimmungserfordernis des Namensgebers bei der Firmenveräußerung.[5]

54 Bei **Kapitalgesellschaften** beurteilte der BGH dies anders, weil ein Gesellschafter die Überlassung seines Namens zur Firmenbildung vertraglich auf die Dauer seiner Zugehörigkeit zur Gesellschaft beschränken oder als Alternative zur Personalfirma eine Sach- oder Phantasiefirma bilden konnte.[6] Der Insolvenzver-

---

[1] OLG Rostock ZIP 2004, 1857 ff., 1858 = ZInsO 2004, 748 ff., 748 f. = ZVI 2004, 477 ff., 478; Bestätigung der Vorinstanz LG Rostock ZInsO 2002, 290 f.

[2] BGH ZInsO 2005, 929 ff., 930 f. = NZI 2005, 681 ff., 681 f.; Bestätigung der Vorinstanzen OLG Rostock ZIP 2004, 1857 ff. = ZInsO 2004, 748 ff. = ZVI 2004, 477 ff. und LG Rostock ZInsO 2002, 290 f.

[3] *Kilger/K. Schmidt,* Insolvenzgesetze, § 1 Anm. 2 A. a) mwN.

[4] Vgl. *Baumbach/Hopt,* HGB, § 17 Rn. 47 mwN.

[5] BGHZ 32, 103 ff., 109, 111 f.

[6] BGHZ 85, 221 ff., 224.

walter einer Kapitalgesellschaft war daher schon nach der alten Rechtslage zur Veräußerung der Personalfirma ohne Zustimmung des betroffenen Gesellschafters befugt, da auch die Gesellschaft selbst – außerhalb eines Insolvenzverfahrens – berechtigt war, ihr Unternehmen mit dem Recht der Firmenfortführung zu veräußern, falls mit dem Namensträger keine Einschränkung vereinbart worden war.[1]

Durch das **Handelsrechtsreformgesetz (HRefG)** hat sich für die Kapitalgesellschaften an der bisherigen Rechtslage nichts geändert, bei Einzelkaufleuten und Personenhandelsgesellschaften hingegen ist die **Rechtslage seit Einführung des HRefG** differenziert zu betrachten. Das HRefG hat die Notwendigkeit zur Bildung von Personalfirmen für Einzelkaufleute und Personenhandelsgesellschaften mit Wirkung ab 1. Juli 1998 aufgehoben. Bei nach dem Stichtag gebildeten Personalfirmen ist der Insolvenzverwalter zur Verwertung der als good-will werthaltigen Personalfirma berechtigt.[2] Bei insolventen Personenhandelsgesellschaften bzw. des einzelkaufmännischen Unternehmens, die bereits vor Inkrafttreten der Änderungen infolge des HRefG 1998 gegründet worden sind, muss weiterhin § 24 Abs. 2 HGB Anwendung finden, da die Personalfirma zum einen obligatorisch war, zum anderen die im Rechtsverkehr eingeführte Firma nunmehr einen beträchtlichen Vermögenswert darstellt, so dass dem Fortbestand der einmal gewählten Personalfirma kein vergleichbarer freier Willensentschluss zugrunde liegt.[3] 55

Soweit weiterhin vertreten werden sollte, dass die Weiterverwendung des Namens des Einzelkaufmannes bzw. namensgebenden Gesellschafters durch den Erwerber infolge der möglichen Zurechnung der Handlungen eines Erwerbers, den der namensgebende Gesellschafter sich nicht ausgesucht hat, einen Eingriff in die Persönlichkeitssphäre des Namensgebers darstelle,[4] ist dem entgegenzuhalten, dass der Namensgeber mit der gewerblichen Nutzung seines Namens freiwillig eine werthaltige Position in den Geschäftsverkehr einbringt, die den Gläubigern in der Insolvenz des Unternehmens nicht unter Berufung auf das Persönlichkeitsrecht am Namen entzogen werden darf.[5] 56

Ist der Insolvenzverwalter berechtigt, die Firma zu veräußern, folgt daraus die **Befugnis des Erwerbers,** den Namen zu gebrauchen; ein negatorischer Anspruch des Namensgebers aus § 12 BGB gegen den Erwerber ist mithin zu verneinen.[6] 57

Eine Vereinbarung der Gesellschafter in der Satzung, dass eine beschränkte Nutzungsüberlassung des Namens zur Firmenbildung nicht nur mit dem Ende der Mitgliedschaft des Gesellschafters, sondern auch im Insolvenzfall ende, ist unwirksam. Dies folgt aus dem Rechtsgedanken des § 851 Abs. 2 ZPO, wonach eine Forderung auch dann gepfändet werden kann, wenn die Abtretung vertraglich ausgeschlossen ist. Hieraus lässt sich der Rechtsgedanke der Unwirksamkeit 58

---

[1] BGHZ 85, 221 ff., 224 f.; eingehend zu der früheren Rechtslage: MünchKomm-*Heidinger,* HGB, § 22 Rn. 74 ff. mwN.

[2] *Steinbeck,* NZG 1999, 133 ff., 136 ff.

[3] Vgl. *Steinbeck,* NZG 1999, 133 ff., 139.

[4] *Soergel/Heinrich,* BGB, § 12 Rn. 24.

[5] *Steinbeck,* NZG 1999, 133 ff., 137.

[6] AA *Köhler,* FS Fikentscher, S. 494 ff., S. 511 ff., der die Berechtigung des Insolvenzverwalters zur Veräußerung der Firma mit dinglicher Wirkung anerkennt, einen Unterlassungsanspruch des Namensträgers gegen den Erwerber aber anerkennt.

von Vereinbarungen zwischen Schuldner und Drittschuldner, die das Vermögen den Gläubigern entziehen, ableiten.[1]

59 Wird die Firma veräußert und will der Erwerber den übernommenen Geschäftsbetrieb vor Ort fortführen, während im schuldnerischen Unternehmen noch Abwicklungsarbeiten durchzuführen sind, ist der Geschäftsbetrieb für die Dauer der Abwicklung umzufirmieren. Für die Praxis empfiehlt es sich, die Eintragungsfähigkeit der neuen Firma rechtzeitig mit der zuständigen Industrie- und Handelskammer abzustimmen.

60 Der Insolvenzverwalter darf die Firmenänderung der schuldnerischen Abwicklungsgesellschaft auch ohne entsprechenden Beschluss der Gesellschafter oder die Zustimmung der Gesellschaftsorgane vornehmen und diese Firmenänderung zum Handelsregister anmelden. Er hat dabei die allgemeinen Grundsätze zur Firmenbildung zu beachten.[2]

61 Die **Kompetenz des Insolvenzverwalters zur Firmenänderung** folgt aus seiner – vom BGH bestätigten[3] – Befugnis die Firma als Massebestandteil auch ohne Zustimmung der Gesellschaftsorgane verwerten zu dürfen.

62 Soweit gefordert wird, dass auch in der Insolvenz zur Firmenänderung ein Gesellschafterbeschluss erforderlich sei, wird verkannt, dass damit der Insolvenzverwalter faktisch von den – oftmals nicht kooperationsbereiten – Gesellschaftern an der Verwertung der Firma gehindert werden kann. Der Insolvenzverwalter kann die Firma nicht gewinnbringend verwerten, ohne eine Ersatzfirma für den verbliebenen Unternehmensbestandteil zu bilden. Würde er die alte Firma beibehalten, gäbe es zwei identische Firmen, von denen ein Träger im Geschäftsverkehr werbend tätig wäre und der andere insolvent und auf Abwicklung gerichtet; damit wäre der Grundsatz der Firmenunterscheidbarkeit verletzt. Kein Käufer würde aber für eine Firma, die bislang mit good-will ausgestattet war, eine Gegenleistung erbringen wollen, wenn dieselbe Firma dauerhaft mit dem Namen eines insolventen Unternehmens verbunden bliebe und damit das Stigma der Insolvenz auch an dem werbend tätigen Unternehmensteil haften würde.

63 Der Insolvenzverwalter ist zur Firmenänderung berechtigt, ohne dass ein satzungsändernder Beschluss bezüglich der Firma oder des Unternehmensgegenstandes erforderlich ist. Das Satzungsänderungsrecht der Gesellschafter entfällt in diesen Fällen infolge des Verwertungsrechts des Insolvenzverwalters ersatzlos.[4]

64 Bei der Firmenänderung einer GmbH ist umstritten, ob bei der Bildung der Sachfirma nicht der tatsächlich ausgeübte, sondern der satzungsgemäße Gesellschaftszweck entscheidend ist. Hieran hat auch das HRefG nichts geändert.[5] Gesteht man dem Insolvenzverwalter die Befugnis zu, eine neue Sachfirma zu bilden, muss es zwangsläufig auch zu einer Durchbrechung des § 4 GmbHG kommen. Für die Sachfirma kann nur der neue Gegenstand des Unternehmens entscheidend sein, im vorliegenden Fall also die Abwicklung des Unternehmens. § 4 GmbHG wird insoweit durchbrochen, als die Sachfirma ausnahmsweise dem

[1] *Steinbeck,* NZG 1999, 133 ff., 138.

[2] *Ulmer,* NJW 1983, 1697 ff., 1702; OLG Düsseldorf ZIP 1989, 457 f.

[3] BGHZ 109, 364.

[4] *Ulmer,* NJW 1983, 1697 ff., 1702: „Die Ersatzfirma ist vom Konkursverwalter beim Handelsregister anzumelden und vom Registergericht trotz abweichender, durch die Firmenverwertung gegenstandslos gewordener Regelung in der GmbH-Satzung einzutragen".

[5] Vgl. Beck'sches Handbuch der GmbH, § 2 Rn. 57.

tatsächlich ausgeübten Geschäftsgegenstand entnommen wird, nicht dem satzungsgemäßen. Für die hier vertretene Ansicht spricht § 18 Abs. 2 HGB. Wollte der Insolvenzverwalter eine Sachfirma anmelden, die sich noch am ursprünglich in der Satzung festgelegten Unternehmensgegenstand orientiert, würden die beteiligten Verkehrskreise irregeführt: die Satzung enthält regelmäßig den Gegenstand des werbenden Unternehmens, während Unternehmensgegenstand tatsächlich nur noch die Abwicklung der Gesellschaft ist.[1] Nach überwiegender Auffassung wird eine Sachfirma dann unzulässig, wenn sich nachträglich der Gegenstand des Unternehmens ändert. Ändert sich also der Zweck des Unternehmens von der werbenden Gesellschaft zur Abwicklungsgesellschaft, so kann der Verwalter keine Sachfirma mehr aus dem Zweck des werbenden Unternehmens ableiten. Er muss deshalb, will er eine Sachfirma eintragen lassen, den tatsächlichen Gesellschaftszweck anmelden, ohne dass er eine Satzungsänderung herbeiführen kann und muss. Andernfalls droht dem Insolvenzverwalter ein unauflösliches Dilemma. Unstreitig ist er berechtigt, die Firma der insolventen GmbH durch Veräußerung zu verwerten. Zur Wahrung der firmenrechtlichen Grundsätze der §§ 29, 30 HGB ist er auch zur Änderung der Firma der alten Gesellschaft verpflichtet, um Verwechslungen zu vermeiden. Er muss also die Firma ändern, ohne dass er die Satzung ändern darf und soll bei einer neu zu bildenden Sachfirma § 4 GmbHG einhalten. Bildet er eine Firma aus dem satzungsgemäßen Gesellschaftsgegenstand, verstößt er gegen § 18 HGB, weil Gegenstand des werbenden Unternehmens nicht die Abwicklung ist. Bildet er eine Firma nach dem tatsächlich verfolgten Gesellschaftszweck, nämlich der Abwicklung des Unternehmens, verstößt er gegen § 4 GmbHG, weil er eine Sachfirma bildet, die der Satzung widerspricht.

Das Problem ist an einer Schnittstelle zwischen Insolvenz- und Gesellschafts- 65 recht angesiedelt. Um der allein praktikablen Lösung den Vorzug geben, nämlich dass der Insolvenzverwalter die Firma ändern darf, sind gewisse Durchbrechungen im Firmenrecht des GmbHG hinzunehmen.

Ist der Insolvenzverwalters zur Firmenänderung und Änderung des Unter- 66 nehmensgegenstandes befugt, um die Firma der Schuldnerin verwerten zu können, ist ihm als Teil der Verwertungsbefugnis auch die **Berechtigung zur Handelsregisteranmeldung** der Änderungen zuzuerkennen. Eine andere Sichtweise würde dazu führen, dass der Insolvenzverwalter auf die Mithilfe der anmeldeberechtigten Gesellschaftsorgane angewiesen ist, die oft nicht kooperativ oder schlicht nicht auffindbar sind.

kk) Die Ansprüche von Kapitalgesellschaften auf **Leistung der versproche- 67 nen Einlagen** fallen auf Grund ihrer Funktion als Haftungsgrundlage der Gesellschaft in die Insolvenzmasse. Dem steht nicht entgegen, dass in Satzungen regelmäßig vereinbart wird, dass die Einlageforderung unabtretbar und unpfändbar ist, wenn der Gesellschaft im Einzelfall keine vollwertige Gegenleistung zufließt.[2]

Zur Sicherstellung der Haftungsfunktion der Einlage fallen Ansprüche auf 68 Erstattung einer **verbotenen Einlagenrückgewähr** in die Insolvenzmasse.[3]

ll) Zur Insolvenzmasse gehören die **Haftungsansprüche** gegen den Kom- 69 manditisten gem. § 171 Abs. 2 HGB. Ist ein Kommanditist bereits vor der Eröff-

[1] Vgl. auch *Ulmer/Heinrich,* GmbHG, § 4 Rn. 32.
[2] BGH ZIP 1992, 992, 993.
[3] *Uhlenbruck/Hirte,* InsO, § 35 Rn. 123 mwN.

nung des Insolvenzverfahrens über das Vermögen der Gesellschaft ausgeschieden, so haftet er nur noch für die vor seinem Ausscheiden begründeten Verbindlichkeiten der Gesellschaft.[1] Soweit Ansprüche gegen den ausgeschiedenen Kommanditisten bestehen, macht diese der Insolvenzverwalter im eigenen Namen geltend und hat aus den erhaltenen Zahlungen des ausgeschiedenen Kommanditisten eine **Sondermasse** zu bilden, die nur zur Befriedigung der Altgläubiger zu verwenden ist.[2]

70 **mm) Steuererstattungsansprüche,** die am Ende des Veranlagungszeitraums bestehen, fallen in die Insolvenzmasse, auch wenn die Steuerzahlungen vor Insolvenzeröffnung erfolgten, da dann der den Erstattungsanspruch begründende Sachverhalt vor der Eröffnung des Insolvenzverfahrens verwirklicht worden ist.[3] Auf den Zeitpunkt der Festsetzung kommt es nicht an, da die Steuerfestsetzung für das Steuerschuldverhältnis nur deklaratorischen Charakter hat.[4]

Bei Grundsteuererstattungsansprüchen entsteht der Erstattungsanspruch für zu viel gezahlte Steuer zu Beginn des Kalenderjahres, da die Grundsteuer zu Beginn des Kalenderjahres festgesetzt wird.[5]

Einkommensteuererstattungen auf Grund beruflicher Werbungskosten fallen in die Insolvenzmasse. Diese stellen kein pfändungsfreies Arbeitseinkommen i. S. d. §§ 850 ff. ZPO dar,[6] da die Möglichkeit der Geltendmachung von Werbungskosten nicht vom bestehenden Beschäftigungsverhältnis herrührt, sondern von den Normen des Steuerrechts abhängt und der Erstattungsanspruch damit öffentlich-rechtlicher Natur ist.[7]

Der Einkommensteuererstattungsanspruch selbst ist nach § 46 Abs. 1 AO pfändbar.[8] Hat der Schuldner vor der Pfändung eine ungünstigere Lohnsteuerklasse in Gläubigerbenachteiligungsabsicht gewählt, so ist der Schuldner bei der Berechnung des pfändungsfreien Betrages schon im Jahr der Pfändung so zu behandeln, als sei sein Einkommen nach der günstigeren Steuerklasse zu versteuern.[9] Wählt der Schuldner nachträglich eine ungünstigere Steuerklasse oder behält er diese im folgenden Kalenderjahr bei, so kann dies nicht zu Lasten der Gläubiger gehen, wenn für die Wahl bzw. Beibehaltung der ungünstigeren Steuerklasse objektiv kein sachlich rechtfertigender Grund vorliegt.[10]

Das Veranlagungswahlrecht nach §§ 26 ff. EStG für eine Getrennt- oder Zusammenveranlagung steht dem Insolvenzverwalter zu, da es ein vermögensrechtliches Verwaltungsrecht darstellt.[11] Es steht im Ermessen des Insolvenzverwalters, ob er einer Zusammenveranlagung zustimmt und sich vom Ehegatten des

---

[1] *Baumbach/Hopt,* HGB, § 171 Rn. 14 mwN.

[2] BGHZ 27, 52, 56 f.; 71, 296, 304 f.

[3] BGH ZVI 2006, 58 ff., 59 f. mwN = NZI 2006, 246 f., 247 mwN.

[4] BGH ZVI 2006, 58 ff., 59 f. mwN = NZI 2006, 246 f., 247 mwN.

[5] LG Hannover ZInsO 2006, 1113.

[6] AG Dortmund ZInsO 2002, 685 m. Anm. *Henning*; AG Göttingen NZI 2004, 332 ff., 332.

[7] *Stahlschmidt,* ZInsO 2006, 629 ff., 630; BGH ZInsO 2006, 139 f., 140; BGH ZVI 2005, 437 ff., 438.

[8] BGHZ 157, S. 195; BFH InVo 2000, 277, 278.

[9] BGH ZInsO 2005, 1212 f., 1212 mwN.

[10] BGH ZInsO 2005, 1212 f., 1213.

[11] BGH NZI 2007, 455 f., 456 = WM 2007, 1340 ff., 1341 = ZInsO 2007, 656 ff., 657 mwN.

Schuldners den Differenzbetrag zur Getrenntveranlagung bezahlen lässt. Sind die Eheleute gemeinsam veranlagt, so hat das Finanzamt aus Vorauszahlungen resultierende Steuererstattungen hälftig auf die Eheleute zu verteilen, es sei denn, bei der Vorauszahlung wurde eine Tilgungsbestimmung zugunsten der Steuerschuld eines bestimmten Ehegatten abgegeben.[1]

71 **nn)** Durch **begünstigenden Verwaltungsakt begründete Rechtspositionen** des Schuldners, die nicht an eine persönliche Eigenschaft des Schuldners gebunden sind, zählen zur Insolvenzmasse und sind – falls verwaltungsrechtliche Normen nicht entgegenstehen – grundsätzlich übertragbar.

72 Soweit der die Rechtsposition begründende Verwaltungsakt widerruflich ist, empfiehlt es sich, die Rechtsposition alsbald zu verwerten, da die zuständige Behörde in der Insolvenzeröffnung über das Vermögen des Inhabers der Rechtsposition regelmäßig einen Widerrufsgrund sehen wird. Steht der Widerruf im Ermessen der Behörde, so kann der Insolvenzverwalter zur Erhaltung der Rechtsposition gegenüber der Verwaltungsbehörde argumentativ den Kaufinteressenten anführen, der anstelle des Schuldners den mit dem Gewähren der Rechtsposition verfolgten Gesetzeszweck erfüllt bzw. auf einen den ursprünglichen Bewilligungszweck wahrenden, beabsichtigten Insolvenzplan zur Reorganisation des Schuldners. In diesem Zusammenhang ist ferner zu beachten, dass u. U. die Zustimmung der zuständigen Behörde zur Übertragung der Rechtsposition erforderlich ist.

73 Eine **Gaststättenerlaubnis nach § 2 GastG** fällt als persönliches nicht übertragbares und nicht zur Ausübung an Dritte überlassbares Recht nicht in die Insolvenzmasse.[2] Wegen des Zieles der Insolvenzordnung den Vermögenswert des werbenden Geschäftsbetriebes den Gläubigern zugutekommen zu lassen, ist die Handlungsfreiheit des Schuldners durch §§ 22 Abs. 1 Nr. 2, 80 Abs. 1 dahingehend eingeschränkt, dass der Schuldner nur mit Zustimmung des Insolvenzverwalters auf die Erlaubnis verzichten darf.[3] Der Insolvenzverwalter oder eine von ihm beauftragte Person kann daher den Betrieb auf Grund einer Stellvertretungserlaubnis fortführen.[4] Wird der Geschäftsbetrieb vom Insolvenzverwalter an einen Dritten verpachtet, benötigt der Pächter eine neue Erlaubnis.[5]

74 Eine anderweitige isolierte Verwertung der Erlaubnis ist allerdings, ebenso wie bei anderen öffentlich-rechtlichen Verboten mit Erlaubnisvorbehalt (Kontrollerlaubnis), die durch das Erfordernis besonderer persönlicher Eigenschaften des Erlaubnisinhabers an diesen persönlich gebunden sind, ausgeschlossen. Der Anwendungsbereich des § 12 GewO ist nicht auf die Gewerbeordnung beschränkt.[6] Eine Verwertung anderer Kontrollerlaubnisse[7] in der oben beschriebenen Weise ist daher möglich. Die Kontrollerlaubnis kann nur zusammen mit dem ganzen Unternehmen oder wesentlichen, selbstständigen und abgrenzbaren Teilen des Unternehmens veräußert werden. Wird diesen Anforderun-

[1] BFH BeckRS 2008, 24003473; BFH DStR 2006, 380 ff., 381.
[2] *Michel/Kienzle,* GastG, § 2 Rn. 17.
[3] *Michel/Kienzle,* GastG, § 2 Rn. 17 mwN.
[4] *Michel/Kienzle,* GastG, § 8 Rn. 18.
[5] *Michel/Kienzle,* GastG, § 8 Rn. 18.
[6] *Michel/Kienzle,* GastG, § 15 Rn. 19 a mwN.
[7] Etwa Güter-Kraftverkehrserlaubnis gem. § 15 Abs. 1 GüKG.

gen nicht genügt, ist bereits das Verpflichtungsgeschäft gem. § 134 BGB nichtig.[1]

75 **oo) Spielberechtigungen** von Mannschaften am sportlichen Wettbewerb einer Bundesliga werden durch die Mitgliedschaft des Sportvereins beim Dachverband oder durch Vereinbarung zwischen dem Sportverein und dem Dachverband, in der dem Sportverein das Teilnahme- bzw. Teilhaberecht an Verbandseinrichtungen und -veranstaltungen gewährt wird und der Sportverein sich dafür zur Unterwerfung unter das Verbandsreglement verpflichtet („Sportlizenzvertrag") begründet,[2] sind von Rechts wegen übertragbar[3] und unterliegen daher dem Insolvenzbeschlag.[4] Die Einordnung der Spielberechtigung als persönliches Recht kann insbesondere deshalb nicht erfolgen, weil für die Übertragung üblicherweise Zahlungen geboten werden.[5]

pp) Zur Insolvenzmasse zählt die **Internetdomain** des Schuldners. Pfändbares Vermögensrecht sind die Gesamtheit der schuldrechtlichen Ansprüche, die dem Domaininhaber aus dem Vertragsverhältnis mit der Vergabestelle zustehen.[6] Die Domain ist nach Maßgabe der Vertragsbedingungen übertragbar und insoweit verwertbar.[7] Zur Sicherungsabtretung der Internetdomain siehe § 51 Rn. 30.

4. Der Neuerwerb

a) Umfang des Neuerwerbs

76 Zur Insolvenzmasse gehört nach der InsO nunmehr auch der Neuerwerb des Schuldners während des Insolvenzverfahrens.

77 In Einzelfällen kann trotz der Vermehrung des schuldnerischen Vermögens erst nach Eröffnung des Insolvenzverfahrens der Zuwachs als Massebestandteil nach § 35 Abs. 1 1. Alt. anzusehen sein und nicht als Neuerwerb. Dies betrifft die Fälle der Massesurrogation, Früchte und Nutzungen aus massezugehörigen Gegenständen und den Erwerb durch den Insolvenzverwalter für die Masse und mit Mitteln der Masse.[8]

78 Im Übrigen ist zumeist nicht die dingliche Zuordnung entscheidend für die Frage, ob ein Neuerwerb vorliegt, sondern vielmehr, wann das obligatorische Schuldverhältnis mit Wirkung für und gegen das Schuldnervermögen begründet worden ist.[9] Mithin hängt bei gestreckten, teils vor, teils nach Verfahrenseröffnung verwirklichten Erwerbstatbeständen die Massezugehörigkeit nach § 35 Abs. 1 1. Alt. oder 2. Alt. davon ab, ob der Erwerbsgrund so weit verwirklicht worden ist, dass das jeweilige Recht schon dem Vermögen des Schuldners

---

[1] OLG Hamm MDR 2002, 1241 f. für Verwertung einer Taxikonzession nach § 2 Abs. 3 PersBefG.

[2] *Haas,* NZI 2003, 177 ff., 178.

[3] AA: *Haas,* NZI 2003, 177 ff., 183 f., der aus der vereinsbezogenen Erteilung der Spielberechtigung schließt, dass der Insolvenzverwalter die Spielberechtigung zwar für die Insolvenzmasse nutzen, aber nicht verwerten darf.

[4] BGH ZIP 2001, 889 ff., 890 f. = ZInsO 2001, 555 ff., 556.

[5] BGH ZIP 2001, 889 ff., 890 = ZInsO 2001, 555 ff., 556.

[6] BGH BB 2005, 2658 f., 2659.

[7] Zur Pfändbarkeit und Verwertung von Domains siehe *Boecker,* MDR 2007, 1234 ff.

[8] Näher zu diesen Fragen *Häsemeyer,* Insolvenzrecht, S. 220 Rn. 9.28 f.

[9] *Häsemeyer,* Insolvenzrecht, S. 215 f. Rn. 9.22.

zugerechnet werden kann.[1] So liegt bei Versicherungsleistungen kein Neuerwerb vor, wenn der Anspruchsgrund vor Verfahrenseröffnung entstanden ist, selbst wenn der Versicherungsfall nach Verfahrenseröffnung eingetreten ist. Hingegen entstehen voraus verpfändete Zinsen eines vor der Insolvenzeröffnung anfechtungsfest verpfändeten Festgeldes mit Ablauf des Anlagezeitraums.[2] Ist eine regelmäßige Prolongation des Festgeldes vereinbart worden, so liegen im Hinblick auf die Zinsen etwaiger, ungewisser künftiger Monatszeiträume keine Bedingung oder Befristung vor, sondern eine Kette von einzelnen, rechtlich selbstständigen Festgeldvereinbarungen mit der vereinbarten Laufzeit. Der Zinsanspruch des jeweiligen Prolongationszeitraumes und etwaige weitere Zinsansprüche zählen daher zur Insolvenzmasse.[3]

Neugläubiger können ihre Forderungen während des Insolvenzverfahrens 79
gegen den Schuldner im Wege der Klage durchsetzen,[4] als Haftungsmasse steht ihnen jedoch nur das insolvenzfreie Vermögen bzw. das Vermögen, welches dem Schuldner nach Beendigung des Verfahrens gehört, bzw. das er erwirbt, zur Verfügung.[5] Mangels Bestehen eines Rechtsschutzbedürfnisses soll wegen der Neuverbindlichkeiten kein weiteres Insolvenzeröffnungsverfahren neben dem laufenden Insolvenzverfahren beantragt werden.[6]

b) Arbeitseinkommen/selbstständige Erwerbstätigkeit

Die **Arbeitskraft des Schuldners** gehört, anders als die hieraus erzielten 80
Entgelte, nicht zu der Insolvenzmasse.[7] Eine Verpflichtung des Schuldners zum Einsatz der Arbeitskraft kann jedoch aus der in § 97 Abs. 2 geregelten Obliegenheit, den Insolvenzverwalter bei der Erfüllung seiner Aufgaben zu unterstützen, folgen.[8] Eine Erwerbsobliegenheit besteht nunmehr ferner im Rahmen des Restschuldbefreiungsverfahrens, § 295 Abs. 1 Nr. 1, bzw. für den selbstständig tätigen Schuldner, § 295 Abs. 2.

Einkünfte, die der Schuldner aus **selbstständiger Tätigkeit** nach Eröffnung 81
des Insolvenzverfahrens erzielt, gehören in vollem Umfang und nicht lediglich in Höhe des nach Abzug der Ausgaben verbleibenden Gewinns zur Insolvenzmasse.[9] Zur Bestreitung der Betriebsausgaben und des Lebensbedarfs kann der Schuldner Pfändungsschutzanträge nach §§ 850a Ziff. 3, 850i ZPO beim gem. § 36 Abs. 1 S. 2 Abs. 4 zuständigen Insolvenzgericht stellen.[10] Diese Vorgehensweise ist bei einer Fortführung des Geschäftsbetriebs problematisch, da die Ausgaben des

---

[1] *Häsemeyer,* Insolvenzrecht, S. 215 f. Rn. 9.21.

[2] OLG Frankfurt ZIP 2007, 1670 ff., 1670 f. = EWiR 2008, 81 f., 81 f. m. Anm. *Mitlehner.*

[3] OLG Frankfurt ZIP 2007, 1670 ff., 1670 f. = EWiR 2008, 81 f., 81 f. m. Anm. *Mitlehner.*

[4] OLG Celle ZInsO 2003, 128 mwN.

[5] *Voigt/Gerke,* ZInsO 2002, 1054 ff., 1059 mwN; OLG Celle ZInsO 2003, 128.

[6] BGH NZI 2004, 444 = ZInsO 2004, 739; aA AG Göttingen NZI 2008, 313 ff., 314 und *Zipperer,* ZVI 2007, 541 ff., 544, die das insolvenzfreie Vermögen einem Insolvenzverfahren als zugänglich ansehen; die Frage der Restschuldbefreiung ausdrücklich offen lassen.

[7] *Hess,* InsO, §§ 35, 36 Rn. 122 mwN.

[8] Vgl. *Grub,* in: Kölner Schrift, S. 671 ff., 687 ff. Rn. 41 ff.

[9] BGH ZVI 2004, 518 f., 519; BGH ZVI 2003, 389 ff., 392 m. Anm. *Kohte* = EWiR 2004, 987 f. m. Anm. *Hölzle;* BGH ZVI 2007, 78 f., 78 mwN.

[10] BGH ZVI 2003, 170, 173; BGH ZVI 2007, 78 f., 78 mwN.

Geschäftsbetriebes monatlich nicht immer in derselben Höhe anfallen und eine zeitliche Verzögerung bis zur Entscheidung des Antrags durch das Insolvenzgericht, das gem. § 36 Abs. 4 zuständig ist, eintreten wird. Auch werden die Vertragspartner des Schuldners Zahlungszusicherungen des (vorläufigen) Insolvenzverwalters verlangen, weswegen es sich in der Praxis beim kooperativen Schuldner bewährt hat, die Abwicklung der Einnahmen und Ausgaben des Geschäftsbetriebs über das Anderkonto vorzunehmen und eine Vergütungsvereinbarung mit dem Schuldner dessen Mitarbeit bei der Fortführung sicherstellt. Die Verantwortlichkeit für die Erfüllung von Masseverbindlichkeiten verbleibt in diesem Fall beim Insolvenzverwalter.

83 Insbesondere in Fällen, in denen die Insolvenzursache nicht im Geschäftsbetrieb des Schuldners liegt, ist ein Insolvenzplan das geeignete Instrument, die Insolvenz von selbstständig tätigen Schuldnern zu überwinden. Die Möglichkeit der sofortigen Entschuldung ohne Wohlverhaltensphase im Restschuldbefreiungsverfahren ist ein Anreiz für den Schuldner Mittel von Dritten zu beschaffen, die mit dem Insolvenzplan an die Gläubiger ausgeschüttet werden und so die Befriedigungsaussicht der Gläubiger im Vergleich zur Regelabwicklung erhöhen.

5. Freigabemöglichkeit der selbstständigen Erwerbstätigkeit des Schuldners

84 Dem Gesetz zur Vereinfachung des Insolvenzverfahrens vom 13. 4. 2007 neu hinzugefügten Absatz 2 und 3[1] kommt im Wesentlichen eine klarstellende Funktion zu, da bereits nach der bisherigen Rechtslage der Insolvenzverwalter nach pflichtgemäßem Ermessen Vermögensgegenstände aus dem Insolvenzbeschlag mit konstitutiver Wirkung zugunsten des Schuldners freigeben konnte. Nach der bisherigen Rechtslage war strittig, ob und ggfs. unter welchen Voraussetzungen die durch den Neuerwerb des selbstständig tätigen Schuldners begründeten Verbindlichkeiten in Masseverbindlichkeiten erwachsen.[2] Die in § 35 Abs. 2 statuierte Erklärungsverpflichtung des Insolvenzverwalters soll Rechtssicherheit für die Verfahrensbeteiligten und die Neugläubiger des Schuldners schaffen.

§ 35 Abs. 2 trägt dem Umstand Rechnung, dass zu einer selbstständigen Tätigkeit auch Vertragsverhältnisse zählen, die nach der bisherigen Rechtslage nur gekündigt werden konnten, wenn der Insolvenzverwalter die Begründung von Masseverbindlichkeiten vermeiden wollte. Entschließt sich der Schuldner zur selbstständigen Tätigkeit, so ist er zur Ausübung der selbstständigen beruflichen Tätigkeit auf den Fortbestand bestimmter Dauerschuldverhältnisse angewiesen. Liegen die Voraussetzungen des § 35 Abs. 2 vor, so hat der Insolvenzverwalter ausnahmsweise die Möglichkeit, diese Dauerschuldverhältnisse an den Schuldner freizugeben. Die Insolvenzmasse haftet daher nicht mehr für Ansprüche aus den Dauerschuldverhältnissen, die nach der Freigabe entstanden sind. Diese sind vom Schuldner zu erfüllen.[3] Einer anderen Auffassung nach ist auf Dauerschuldverhältnisse im Sinne der §§ 108 ff. dagegen § 109 Abs. 1 S. 2 analog anzuwenden,

[1] Die Neuregelungen gelten für alle Insolvenzverfahren über das Vermögen natürlicher Personen, die ab dem 1. 7. 2007 eröffnet werden, Artikel 103 c EGInsO.

[2] *Andres/Pape*, NZI 2006, 141 ff., 144 f.

[3] BAG ZIP 2008, 1346 ff., 1348 = EWiR 2008, 687 f. m. Anm. *Henkel* = BeckRS 2008, 54207 m. Anm. *Ries* in FD-InsR 2008, 264820; vgl. auch BAG BeckRS 2009, 62102.

so dass dem Gläubiger für den Lauf der Kündigungsfrist noch die Insolvenzmasse als Haftungsmasse zur Verfügung steht.[1] Diese Ansicht übersieht, dass die Erfüllungsleistung des Gläubigers an den Schuldner erfolgte und nicht an die Insolvenzmasse.

Der Gesetzentwurf der Bundesregierung sah als nachgiebiges Recht vor, dass der Insolvenzverwalter gegenüber dem Schuldner erklären könne, dass Vermögen aus der selbstständigen Tätigkeit nicht zur Insolvenzmasse gehöre und Ansprüche nicht im Insolvenzverfahren geltend gemacht werden können.[2] Erst der Rechtsausschuss des deutschen Bundestages änderte in seiner Beschlussempfehlung vom 31. 1. 2007[3] den Wortlaut dahingehend ab, dass den Insolvenzverwalter eine Erklärungspflicht trifft, ob er den Neuerwerb des selbstständigen Schuldners mit der Rechtsfolge des Einstehens für die Masseverbindlichkeiten zur Insolvenzmasse zieht oder freigibt. Der Wortlaut der Norm stellt klar, dass der Insolvenzverwalter sich zum Neuerwerb des selbstständigen Schuldners positionieren muss und eine entsprechende Erklärung hierzu abgeben muss. Andernfalls könnte das Ziel der Gesetzesänderung, Rechtssicherheit für die Verfahrensbeteiligten und die Neugläubiger des Schuldners zu schaffen, durch das Schweigen des Insolvenzverwalters unterlaufen werden. 85

Die Entstehungsgeschichte und der Sinn und Zweck der Norm zeigt daher, dass der Umfang der Insolvenzmasse weiterhin nach §§ 35 Abs. 1, 36 f. bestimmt wird. Die Erklärungspflicht ist daher nicht dahingehend zu verstehen, dass sie ein Wirksamkeitserfordernis für den Insolvenzbeschlag des pfändbaren Schuldnervermögens sei. § 35 Abs. 2 begründet daher auch keine konstitutive Wirkung zur Erweiterung der Insolvenzmasse. Der Insolvenzverwalter kann nicht durch die Abgabe der Massezugehörigkeitserklärung pfändungsfreies Vermögen zur Insolvenzmasse erklären. Lediglich die Freigabeerklärung von insolvenzbeschlagenen Gegenständen wirkt konstitutiv.

Damit den Neugläubigern eine Haftungsmasse zur Verfügung steht, können die Erklärungen gem. § 35 Abs. 2 Satz 1 nur gleichgerichtet abgegeben werden; gibt der Insolvenzverwalter das Vermögen aus selbstständiger Tätigkeit frei, können hier entstandene Verbindlichkeiten nicht im Insolvenzverfahren geltend gemacht werden. Ein zweites Insolvenzverfahren über das Vermögen des Schuldners bei Fortführung des freigegebenen Geschäftsbetriebs als Sondervermögensmasse ist möglich.[4] Anders verhält es sich, wenn der Insolvenzverwalter das pfändbare Vermögen aus der selbstständigen Tätigkeit zur Insolvenzmasse zieht. Dann haftet die Insolvenzmasse für die durch die selbstständige Tätigkeit begründeten Verbindlichkeiten gem. § 55 Abs. 1 Nr. 1. 86

Wegen der Pflicht zur Abgabe einer Erklärung kommt eine Begründung von Masseverbindlichkeiten durch Unterlassen in Betracht, wenn der Insolvenzverwalter keine Erklärung abgibt, obwohl ihn der Schuldner zur Abgabe einer

---

[1] *Gutsche,* ZVI 2008, 41 ff., 46.

[2] § 35 Abs. 2 InsO-RegE vom 8. 2. 2006, abgedruckt in NZI 2006, 212 ff.

[3] BT-Drucks. 16/4194, S. 30 f. = ZVI 2007, 150 f.

[4] AG Göttingen NZI 2008, 313 ff., 314 = ZVI 2008, 170 ff., 172; AG Göttingen NZI 2008, 56 f., 56 f. = ZInsO 2007, 1164 f., 1164 f. = ZVI 2007, 534 f., 534; AG Hamburg ZInsO 2008, 680 f., 680 f.; einschränkend auf den Fall des Vorhandenseins eines verteilungsfähigen Vermögens AG Köln, NZI 2008, 386 f.; aA AG Oldenburg ZInsO 2004, 1154 f., 1154 f.; AG Dresden ZVI 2009, 289 f.; 289 f.

Erklärung aufgefordert hat oder die Tätigkeit dem Insolvenzverwalter nachweisbar bekannt war.[1] Die Erklärung nach § 35 Abs. 2 kann bei mehreren selbstständigen Tätigkeiten auf eine – inklusive der mit dieser Tätigkeit verbundenen Verbindlichkeiten – beschränkt werden.[2]

87 Die Abgabe der Erklärung ist nicht fristgebunden. Zur Vermeidung einer etwaigen Haftung nach § 60 sollte der Insolvenzverwalter eine etwaige Freigabeerklärung alsbald nach der Aufnahme der selbstständigen Tätigkeit des Schuldners abgeben.[3] Die Abgabe der Erklärung ist bereits möglich, wenn der Schuldner eine selbstständige Tätigkeit noch nicht aufgenommen hat, aber beabsichtigt, eine solche aufzunehmen. Angesichts des Wortlauts „beabsichtigt" sind noch keine konkreten Schritte zur Aufnahme der selbstständigen Tätigkeit erforderlich.[4]

88 Die Erklärung ist gegenüber dem Schuldner abzugeben. Ein Formerfordernis besteht nicht. Aus Beweisgründen empfiehlt sich die Schriftform; eine Kopie des Schreibens an den Schuldner sollte an das Insolvenzgericht gesandt werden, um der Anzeigepflicht gem. § 35 Abs. 3 Satz 1 zu genügen.[5] Die Erklärung ist unwiderruflich und kann nur durch die Anordnung der Unwirksamkeit nach § 35 Abs. 2 Satz 2 aufgehoben werden.[6]

89 Da mit der Möglichkeit der Freigabe des selbstständigen Erwerbs keine Besserstellung der Gruppe der selbstständigen gegenüber der Gruppe der abhängig beschäftigten Schuldner verbunden sein soll, findet die Abführungspflicht des § 295 Abs. 2 entsprechende Anwendung. Dadurch sind die mit der Beurteilung des wirtschaftlichen Erfolgs und der mit der Ermittlung des Gewinns aus der wirtschaftlichen Tätigkeit verbundenen Schwierigkeiten durch die Bewertungsschwierigkeiten bei der Ermittlung eines angemessenen hypothetischen Einkommens ausgetauscht worden.[7] Da der Zahlungszeitpunkt der abzuführenden Beträge gesetzlich nicht geregelt ist, sollte die Gläubigerversammlung im erforderlichen Zustimmungsbeschluss konkrete Angaben machen.[8] Die Rechte der Gläubiger sollen dadurch gewahrt werden, dass die Freigabeerklärung bzw. die Erklärung des Insolvenzbeschlags gem. § 35 Abs. 2 Satz 3 auf Antrag des Gläubigerausschusses bzw. der Gläubigerversammlung vom Gericht als unwirksam angeordnet werden kann.

6. Öffentliche Bekanntmachung der Erklärung

90 Die öffentliche Bekanntmachung der Freigabeerklärung bzw. des Beschlusses ihrer Unwirksamkeit in § 35 Abs. 3 sorgt für die notwendige Publizität. Der Geschäftsverkehr, insbesondere die Neugläubiger, werden hierdurch in Kenntnis gesetzt, ob die Masse für die Verbindlichkeiten aus der selbstständigen Tätigkeit des Schuldners haftet. Zusätzlich wird der Insolvenzverwalter auf eine neue Gewerbeanmeldung und die Beantragung einer neuen Steuernummer des insolvenzfreien Geschäftsbetriebs des Schuldners achten, um Verrechnungen des Fi-

---

[1] *Pape,* NZI 2007, 481 ff., 482.
[2] *Haarmeyer,* ZInsO 2007, 696 ff., 698; aA *Berger,* ZInsO 2008, 1101 ff., 1103.
[3] *Holzer,* ZVI 2007, 289 ff., 290.
[4] *Holzer,* ZVI 2007, 289 ff., 290.
[5] *Holzer,* ZVI 2007, 289 ff., 293.
[6] *Holzer,* ZVI 2007, 289 ff., 293.
[7] Vgl. *Schmerbach,* ZInsO 2006, 400 ff., 406.
[8] *Schmerbach,* ZInsO 2006, 400 ff., 206.

nanzamtes von die Masse betreffenden Erstattungsansprüchen mit Steuerverbindlichkeiten, die aus dem freigegebenen Geschäftsbetrieb resultieren und die Insolvenzmasse nicht betreffen, zu vermeiden.

§ 36 Unpfändbare Gegenstände

(1) **Gegenstände, die nicht der Zwangsvollstreckung unterliegen, gehören nicht zur Insolvenzmasse. Die §§ 850, 850 a, 850 c, 850 e, 850 f Abs. 1, §§ 850 g bis 850 i, 851 c und 851 d der Zivilprozessordnung gelten entsprechend.**

(2) **Zur Insolvenzmasse gehören jedoch**

1. **die Geschäftsbücher des Schuldners; gesetzliche Pflichten zur Aufbewahrung von Unterlagen bleiben unberührt;**
2. **die Sachen, die nach § 811 Abs. 1 Nr. 4 und 9 der Zivilprozeßordnung nicht der Zwangsvollstreckung unterliegen.**

(3) **Sachen, die zum gewöhnlichen Hausrat gehören und im Haushalt des Schuldners gebraucht werden, gehören nicht zur Insolvenzmasse, wenn ohne weiteres ersichtlich ist, daß durch ihre Verwertung nur ein Erlös erzielt werden würde, der zu dem Wert außer allem Verhältnis steht.**

(4) **Für Entscheidungen, ob ein Gegenstand nach den in Absatz 1 Satz 2 genannten Vorschriften der Zwangsvollstreckung unterliegt, ist das Insolvenzgericht zuständig. Anstelle eines Gläubigers ist der Insolvenzverwalter antragsberechtigt. Für das Eröffnungsverfahren gelten die Sätze 1 und 2 entsprechend.**

Übersicht

1. Normzweck

§ 36 schränkt in Übernahme der inhaltlichen Regelung des § 1 KO[1] den Umfang des § 35 dadurch ein, dass unpfändbare Gegenstände von der Insolvenz- 1

[1] Begründung zu § 43 RegE, abgedruckt bei *Balz/Landfermann,* S. 251.

masse ausgenommen sind. Unter dem Begriff des Gegenstandes sind dabei nicht nur körperliche Gegenstände zu verstehen; gemeint sind vielmehr sämtliche Vermögensbestandteile.[1] Zur ordnungsgemäßen Durchführung des Insolvenzverfahrens konstituiert § 36 Abs. 2 Nr. 1 eine Ausnahme zu § 36 Abs. 1 und weist die Geschäftsbücher des Schuldners trotz ihrer Unpfändbarkeit der Insolvenzmasse zu, da diese zur Fortführung oder Abwicklung des insolventen Geschäftsbetriebs erforderlich sind. Eine weitere Ausnahme konstituiert § 36 Abs. 2 Nr. 2, wonach bei landwirtschaftlichen Betrieben die wesentlichen Betriebsmittel sowie die zur Aufrechterhaltung des Betriebes erforderlichen Produktionsmittel, bei Apotheken die Betriebsmittel und Waren der Insolvenzmasse zugeordnet werden.

2. Ausgeschlossene Vermögensgegenstände

2 Anhand der zwangsvollstreckungsrechtlichen Normen, insb. des BSHG, des SGB I, der ZPO, insbesondere §§ 811, 811 c, 812, 850 ff., 851 c und 851 d ZPO, aber auch z. B. das UrheberG[2] ist zu prüfen, ob im jeweiligen Einzelfall Vollstreckungsschutz gewährleistet wird. Maßgeblich ist, ob für den Vermögenswert selbst Vollstreckungsschutz besteht. Es ist unbeachtlich, wenn der Schuldner einen pfändbaren Gegenstand mit unpfändbaren Mitteln angeschafft hat.[3]

3 Ist eine Pfändung nur einzelnen Gläubigern möglich,[4] führt dies nicht zum Insolvenzbeschlag des Vermögensgegenstandes; der Vermögensgegenstand muss allen Gläubigern zugänglich sein.[5] Wegen der inter-partes-Wirkung der Entscheidung nach § 850 b Abs. 2 ZPO sind auch die Einkünfte nach § 850 b Abs. 1 ZPO nicht Bestandteil der Insolvenzmasse.[6]

3. Einzelfälle

4 **a)** Im Wege der **Austauschpfändung** nach § 811 a, b ZPO können unpfändbare hochwertige Sachen gegen Übereignung eines angemessenen Ersatzstückes oder durch Zahlung des für die Anschaffung des Ersatzstückes erforderlichen Betrages zur Insolvenzmasse gezogen werden.[7]

5 **b)** Trotz der Abtretungsverbote in § 64 Abs. 2 S. 2 StBerG und § 49 b BRAO sind **Honorarforderungen** von Steuerberatern und Rechtsanwälten pfändbar, fallen in die Insolvenzmasse und müssen vom Schuldner genau nach Namen und Anschrift des Drittschuldners, des Forderungsgrundes und den Beweismitteln bezeichnet werden.[8] Das durch Art. 2 Abs. 1 i. V. m. Art. 1 Abs. 1 GG unter dem Aspekt des Rechts auf informationelle Selbstbestimmung geschützte Geheimhaltungsinteresse überwiegt das Vollstreckungsinteresse des Gläubigers nicht, da die

[1] *Bernsen* in Kölner Schrift, S. 1850 Rn. 18.

[2] *Nerlich/Römermann/Andres,* InsO, § 36 Rn. 6 mwN.

[3] LG Coburg BeckRS 2008, 20897.

[4] Z. B. nach §§ 850 d, 850 f. ZPO oder im Rahmen des § 850 c Abs. 4 ZPO, weil die dort geregelten Beschlüsse nur den Gläubiger betreffen, auf dessen Antrag der Beschluss ergangen ist, *Zöller,* ZPO, § 850 c Rn. 18.

[5] HK-*Eickmann,* InsO, § 36 Rn. 7.

[6] HK-*Eickmann,* InsO, § 36 Rn. 7.

[7] *Uhlenbruck,* InsO, § 36 Rn. 30 mwN

[8] BGHZ 141, 173 ff., 176 ff. = BGH NJW 1999, 1544 ff., 1546 f.; BGH ZInsO 2003, 1099 f., 1100 mwN; BGH NJW 2004, 2015 = NZI 2004, 312 f., 313.

Inanspruchnahme von Dienstleistungen von Rechtsanwälten und Steuerberatern als solche keine überragend geheimhaltungsbedürftige Tatsache ist.[1]

Nach der Rechtsprechung des BGH gilt für Honorarforderungen aus privatärztlicher Behandlung nichts anderes.[2] Das Geheimhaltungsinteresse des Patienten ist zwar betroffen, da die zum Einzug der Honorarforderung notwendigen Informationen unter Umständen Rückschlüsse auf den Befund zulassen.[3] Nach der erforderlichen Güterabwägung zwischen den durch Art. 2 Abs. 1 i. V. m. Art. 1 Abs. 1 GG geschützten Geheimhaltungsinteresse des Patienten und dem durch Art. 14 Abs. 1 GG geschützten Vollstreckungsinteresse des Gläubigers ergibt sich, dass die Beeinträchtigung des Persönlichkeitsrechts durch die Bekanntgabe des Arztbesuchs als solchen hinnehmbar ist, da der einer Güterabwägung von vornherein entzogene Intimbereich hier nicht verletzt ist.[4] Anonymisierte Rechnungen reichen als Auskunft über den Bestand von Honorarforderungen aus der privatärztlichen Behandlung daher nicht aus.[5] 6

Der Schuldner verletzt daher auch seine ihm obliegende, gem. § 203 Abs. 1 Nr. 3 StGB strafrechtlich bewehrte berufsrechtliche Verschwiegenheitsverpflichtung nicht, wenn er Auskünfte über Honorarforderungen oder eingehende Mandantengelder gegenüber dem Insolvenzverwalter erteilt.[6] 7

c) Die Unpfändbarkeit von **Versorgungsansprüchen eines berufsständischen Versorgungswerks,** die landesgesetzlich begründet werden, folgt aus deren Unabtretbarkeit nur dann, wenn die Unpfändbarkeit mit dem verfassungsrechtlich durch Art. 14 Abs. 1 GG geschützten Befriedigungsrecht der Gläubiger vereinbar ist.[7] Versorgungsansprüche gegen ein berufsständisches Versorgungswerk sind daher trotz ihrer Unabtretbarkeit grundsätzlich in den Grenzen von § 850 c ZPO pfändbar.[8] Das landesgesetzliche Abtretungsverbot i. V. m. § 851 Abs. 1 ZPO ist, entsprechend dem Gebot der verfassungskonformen Auslegung einschränkend auszulegen, da es keinen erkennbaren Willen des Landesgesetzgebers gibt, die Gläubiger eines in einer gesetzlichen Rentenversicherung versicherten Schuldners, dessen Rentenansprüche nicht einem Pfändungsverbot unterworfen sind, besserzustellen.[9] Pfändbar ist jedoch nur der Leistungsanspruch, nicht das Stammrecht, so dass der Insolvenzverwalter nicht berechtigt ist zur Erstattung bezahlter Beiträge die Mitgliedschaft zu kündigen.[10] 8

Hat bei **beamtenrechtlichen Beihilfen** der Dienstherr die Beihilfe bereits an den Schuldner ausbezahlt, so ist der konkrete Beihilfeanspruch durch Zahlung erloschen und die Zweckbindung beendet, so dass das durch Zahlung erlangte Kontoguthaben der Zwangsvollstreckung zugänglich ist und zur Insolvenzmasse

---

[1] BGHZ 141, 173 ff., 177 f. = NJW 1999, 1544 ff., 1547; BGH ZInsO 2003, 1099 f., 1100; BGH NJW 2004, 2015 = NZI 2004, 312 f., 313.

[2] BGH ZIP 2005, 722 ff., 723 mwN = NZI 2005, 263 ff., 264 mwN.

[3] BGH ZIP 2005, 722 ff., 723 mwN = NZI 2005, 263 ff., 264 mwN.

[4] BGH ZIP 2005, 722 ff., 724 mwN = NZI 2005, 263 ff., 264 mwN.

[5] BGH ZIP 2005, 722 ff., 724 = NZI 2005, 263 ff., 264; Bestätigung der Vorinstanzen LG Köln ZVI 2004, 193 f., 194 und AG Köln ZVI 2004, 124 ff., 125 f. = NZI 2004, 155 f.

[6] BGH ZInsO 2003, 1099 f., 1100 mwN; BGH NJW 2004, 2015 ff., 2017 mwN = NZI 2004, 312 f., 313 mwN.

[7] BGH ZVI 2004, 673 ff., 674 f. = BGH InVo 2005, 148 ff., 149 f.

[8] BGH ZVI 2004, 673 ff., 674 f. = BGH InVo 2005, 148 ff., 150.

[9] BGH ZVI 2004, 673 ff., 675 = BGH InVo 2005, 148 ff., 150.

[10] BGH NZI 2008, 244 ff., 245 mwN = EWiR 2008, 311 f., 312 m. Anm. *Römermann.*

zählt.[1] Ist der konkrete Beihilfeanspruch noch nicht erfüllt, so kann der Gläubiger, dessen Forderung dem konkreten Beihilfeanspruch zugrunde liegt („Anlassgläubiger") diesen gem. § 850 a Nr. 5 ZPO pfänden. Allein an den Anlassgläubiger ist der konkrete Beihilfeanspruch gem. § 400 BGB sicherungs- oder erfüllungshalber abtretbar, wobei eine solche Abtretung mangels objektiver Gläubigerbenachteiligung nicht gem. §§ 129 ff. anfechtbar ist.[2]

d) Arbeitseinkommen

9 Der Pfändungsumfang des Arbeitseinkommens und damit der Insolvenzbeschlag bestimmt sich zunächst nach den pauschalierten Beträgen der Tabelle zu § 850 c Abs. 3 ZPO.[3] Die Folgenormen ermöglichen die Berücksichtigung der Verhältnisse des jeweiligen Einzelfalls.[4] Für die Bestimmung der Pfändungsfreigrenzen von im Ausland erwirtschaftetem Einkommen ist das Recht des Staates anzuwenden, in dem das Einkommen erworben wurde.[5]

9a Kindergeld ist auf Grund seiner Zweckbindung zur Unterhaltssicherung des Kindes für nichtprivilegierte Gläubiger unpfändbar, § 54 Abs. 5 SGB I, und darf daher nicht zum Einkommen gerechnet werden.[6] Einkünfte von Familienangehörigen sind nach dem Grundsatz der Einzelzwangsvollstreckung nicht hinzuzurechnen.[7] Bei der Ermittlung des individuellen Bedarfs nach § 850 f. Abs. 1 a ZPO ist auch § 76 BSHG zu berücksichtigen, so dass dem Schuldner die notwendigen Fahrtkosten zur Arbeit zu belassen sind.[8] Eine Schätzung der Aufwendungen nach § 287 ZPO ist zulässig.[9]

10 **aa) Erhöhung des pfändbaren Einkommens.** Der Insolvenzverwalter ist zur Stellung von Anträgen auf Erlass eines **Zusammenrechnungsbeschlusses** von mehreren Arbeitseinkommen nach § 850 e Nr. 2, 2 a ZPO,[10] von mehreren Sozialleistungen nach § 54 Abs. 4 SGB I und zur Beantragung der Nichtberücksichtigung unterhaltsberechtigter Personen nach § 850 c Abs. 4 ZPO berechtigt, § 36 Abs. 1 S. 2, Abs. 4 S. 2.[11] Bezieht der Schuldner, der aufgrund eines

[1] BGH ZVI 2008, 29 f., 30 = BeckRS 2007, 18896 m. Anm. *Bäuerle,* FD-InsR 2007, 248561.

[2] BGH ZVI 2008, 29 f., 30 = BeckRS 2007, 18896 m. Anm. *Bäuerle,* FD-InsR 2007, 248561.

[3] In der Fassung des siebten Gesetzes zur Änderung der Pfändungsfreigrenzen v. 31. 3. 2000, BGBl. I 2000, S. 745, das seit 1. 7. 2005 gilt; BGH ZIP 2006, 444.

[4] Den Streit um die Anwendbarkeit der §§ 850 ff. ZPO und um das sachlich zuständige Gericht hat der Gesetzgeber durch das InsOÄndG 2001 (BGBl. I S. 2711) entschieden, in dem Abs. 1 um einen weiteren Satz ergänzt worden ist, der die entsprechende Anwendung der §§ 850 ff. ZPO anordnet. Auf Insolvenzverfahren die vor dem 1. 12. 2001 eröffnet worden sind, sind §§ 850 a, 850 c und 850 e ZPO analog anzuwenden, BGH NJW 2003, 2167.

[5] AG Passau ZInsO 2009, 253 f., 253; aA Deggendorf ZInsO 2007, 558 f., 559 m. abl. Anm. Griedl/Mack.

[6] LG Bochum ZInsO 2002, 1038; *Grote,* Anm. zu AG Kleve ZInsO 2002, 994; BGH ZVI 2006, 19 f., 20 mwN; aA AG Kleve ZInsO 2002, 993 f.

[7] Vgl. LG Bochum ZInsO 2002, 1038.

[8] OLG Stuttgart NZI 2002, 52; AG Braunschweig ZInsO 2007, 950 = BeckRS 2008 04976.

[9] AG Göttingen InVo 2002, 26.

[10] AG München ZInsO 2000, 407; LG Rostock ZInsO 2001, 914 f.

[11] So auch *Steder,* ZIP 1999, 1874 ff., für die Rechtslage vor Einführung des § 36 Abs. 1 S. 2 durch das InsOÄndG 2001.

dreiseitigen Vertrages zu einer Beschäftigungs- und Qualifizierungsgesellschaft gewechselt ist, neben dem Transferkurzarbeitergeld gem. § 216 b SGB III einen Aufstockungsbetrag zur Sicherung seines bisherigen Nettoentgelts, so handelt es sich wegen des rechtlichen und wirtschaftlichen Zusammenhangs um ein einheitliches Arbeitseinkommen, welches nur wegen der unterschiedlichen Finanzierung zum Zwecke des Erreichens der vertraglichen Höhe aufgeteilt worden ist.[1] Ein Zusammenrechnungsbeschluss gem. § 850 e Nr. 2 bzw. 2 a ZPO ist nicht erforderlich.[2] Bei der Berücksichtigung der Einkünfte von unterhaltsberechtigten Personen, zu denen auch der vom nicht insolventen Unterhaltsverpflichteten bezahlte Barunterhalt zählt,[3] verbietet sich eine schematisierende, an festen Berechnungsgrößen (Unterhaltstabelle, Pfändungsfreibetragstabelle) orientierende Betrachtung ohne Prüfung des konkreten Einzelfalls.[4] Bei Nachzahlungen von Sozialleistungen handelt es sich um laufende Sozialleistungen im Sinne von § 54 Abs. 4 SGB I, die wie Arbeitseinkommen gepfändet werden können, so dass auf einmal ausbezahlte Rückstände nicht zu den einmaligen Leistungen nach § 55 Abs. 1 SGB I gehören.[5] Pfandfrei ist der auf den jeweiligen Zahlungszeitraum fallende Betrag gem. Tabelle zu § 850 c Abs. 3 ZPO.[6] **Verschleierte Arbeitseinkommen** sind nach § 850 h Abs. 2 S. 1 ZPO pfändbar.[7]

bb) Erhöhung des pfändungsfreien Einkommens. Der Schuldner kann 11
die Erhöhung des ihm verbleibenden Pfändungsfreibetrages von seinem Arbeitseinkommen nach § 850 f. Abs. 1 ZPO beim Insolvenzgericht beantragen, wenn das unpfändbare Einkommen bei gesteigerten Unterhaltsbedürfnissen oder besonderen persönlichen oder zwingenden beruflichen Bedürfnissen das rechtlich geschützte Existenzminimum nicht sichert,[8] wobei Kosten für medizinische Behandlungsmethoden, die von der gesetzlichen Krankenkasse nicht übernommen werden, in der Regel auch keine Erhöhung des unpfändbaren Teils des Arbeitseinkommens rechtfertigen.[9] Der Antrag nach § 850 f. Abs. 1 ZPO ist zwar an keine Frist gebunden, er kann jedoch nicht rückwirkend für bereits ausgezahlte Einkommensbeträge gewährt werden.[10]

cc) Unterhaltsgewährung aus der Insolvenzmasse. Genügen die nach 12
den §§ 850 ff. ZPO verbleibenden Beträge des Arbeitseinkommens oder der Einkünfte immer noch nicht zur Sicherung des Existenzminimums, kann der Schuldner einen Antrag auf Unterhaltsgewährung aus der Insolvenzmasse nach § 100 stellen. Diese Unterhaltsgewährung steht jedoch im Ermessen der Gläubigerversammlung.[11]

---

[1] LAG Hamm ZIP 2007, 348 f., 349 = ZVI 2007, 81 ff., 82 f.

[2] LAG Hamm ZIP 2007, 348 f., 349 = ZVI 2007, 81 ff., 82 f.

[3] BGH, BeckRS 2009, 12969.

[4] BGH ZVI 2006, 19 f., 20 mwN.

[5] LG Lübeck ZInsO 2005, 155 f., 156 mwN.

[6] LG Lübeck ZInsO 2005, 155 f., 156 mwN.

[7] BAG ZIP 2008, 979 ff., 980 f. = EWiR 2008, 479 f., 479 m. Anm. *Holzer* = BeckRS 2008, 52378 m. Anm. *Lang* in FD-InsR 2008, 260393.

[8] OLG Frankfurt InVo 2000, 424, 426 f.; LG Offenburg NZI 2000, 277 f.; AG Braunschweig ZInsO 2007, 280.

[9] BGH BeckRS 2009, 12509.

[10] AG Göttingen ZInsO 2003, 435 f. mwN.

[11] Näher *Vallender*, InVo 1999, 334, 339 f.

13 Im Verbraucherinsolvenzverfahren ist kein Berichtstermin vorgesehen. Daher muss der Schuldner entweder einen formlosen Antrag auf Unterhaltsgewährung oder einen Antrag auf Durchführung einer Gläubigerversammlung zur Beschlussfassung über die Unterhaltsgewährung stellen können. Der Schuldner kann nicht auf die Inanspruchnahme von Sozialhilfe verwiesen werden, da andernfalls die Vollstreckungsgläubiger ihre Interessen zu Lasten der Allgemeinheit befriedigen würden.[1] Dem ist zu folgen. Sozialhilfe ist grundsätzlich subsidiär zu gewähren. Die Abwälzung der Unterhaltsgewährung auf die Allgemeinheit verbietet sich schon vor dem Hintergrund der privatautonomen Entscheidung der Vollstreckungsgläubiger, auf Grund derer sie mit dem Schuldner in Geschäftskontakt getreten sind. Die Allgemeinheit hatte diese Entscheidungsfreiheit nicht. Mit der Insolvenz des Schuldners realisiert sich nunmehr das wirtschaftliche Risiko der Vollstreckungsgläubiger. Statthafter Rechtsbehelf im Falle der Versagung der Unterhaltsgewährung im Berichtstermin ist die befristete Erinnerung nach §§ 6 InsO, 11 Abs. 1, 2 RPflG.[2]

14 Regelmäßig kein Fall der Unterhaltsgewährung sind finanzielle Zuwendungen, die der Schuldner für seine weitere Mitarbeit im vom Insolvenzverwalter fortgeführten Betrieb erhält.[3] Hier besteht die Vermutung, dass die finanziellen Zuwendungen im Gegenzug für die Mitarbeit erfolgen und dies damit abgegolten werden soll.[4] Diese Vermutung gilt auch dann, wenn und soweit die monatlichen Zahlungen die Pfändungsfreigrenzen der §§ 850 ff. ZPO nicht übersteigen und somit gem. § 36 Abs. 1 nicht zur Insolvenzmasse gehören.[5] Liegt kein Beschluss der Gläubigerversammlung nach § 100 vor, kann der Insolvenzverwalter die Vermutung nur widerlegen, indem er Umstände dartut und notfalls beweist, die eindeutig auf den Unterhaltscharakter der Zahlungen schließen lassen, so z. B. eine nur ganz geringfügige und unregelmäßige Tätigkeit im Betrieb sowie die Ersetzbarkeit der Arbeitskraft des Schuldners durch beliebige Dritte.[6]

15 **dd) Befugnis zur Einziehung des Arbeitseinkommens.** Einer Auffassung nach ist es die Aufgabe des Insolvenzverwalters, den Neuerwerb des Schuldners durch Einziehung zu sichern und den aussonderungsbehafteten Pfändungsfreibetrag an den Schuldner freizugeben.[7] Für diese Auffassung spricht, dass der Gehaltsanspruch ein einheitlicher Anspruch ist, der nicht von vornherein in einen pfändbaren und in einen unpfändbaren Anspruch geteilt ist.

Einer anderen Auffassung nach ist der pfändbare Teil an den Insolvenzverwalter, der unpfändbare Teil aber wegen der fehlenden Einziehungsbefugnis des Insolvenzverwalters an den Schuldner selbst zu leisten.[8] Für diese Auffassung

---

[1] OLG Frankfurt InVo 2000, 424, 426.

[2] OLG Köln InVo 2000, 422, 423 = ZInsO 2000, 603 f. = ZIP 2000, 2074 ff., 2076.

[3] BGH ZIP 2006, 1307 f., 1308.

[4] BGH ZIP 2006, 1307 f., 1308.

[5] BGH ZIP 2006, 1307 f., 1308.

[6] BGH ZIP 2006, 1307 f., 1308.

[7] *Smid/Wehdeking,* InVo 2000, 293, 298; so auch LG Köln ZVI 2004, 497 ff. = NZI 2004, 36 f. für die Einziehungsbefugnis des Insolvenzverwalters der Erstattungsansprüche der ärztlichen Behandlungskosten des Schuldners gegen die Krankenkasse gem. § 850 b Abs. 1 Nr. 4 ZPO.

[8] *Steder,* ZIP 1999, 1874 ff., 1875 f. mwN; AG Düsseldorf ZInsO 2005, 391 f., 392 mwN; LAG Kiel ZVI 2006, 151 ff., 152 mwN.

spricht, dass der Pfändungsfreibetrag aussonderungsbehaftet ist. In der Praxis hat es sich bewährt, den Arbeitgeber des Schuldners anzuweisen, den unpfändbaren Teil des Arbeitseinkommens an den Insolvenzverwalter zu überweisen, damit der Schuldner nicht lange auf den Erhalt des pfändungsfreien Betrages warten muss.

e) Bei **Einkünften aus selbstständiger Tätigkeit,** auf die die Pfändungs- 16
vorschriften für Arbeitseinkommen keine Anwendung finden, ist nach § 850i ZPO vorzugehen. Ist der Schuldner ein Vertragsarzt, so ist der pfändungsfreie Betrag aus seiner selbstständigen Tätigkeit gem. § 850f ZPO analog zu ermitteln. Die analoge Anwendung des § 850f ZPO erklärt sich aus dem Abrechnungssystem der Vertragsärzte, da die Bezahlung für die Behandlung von Kassenpatienten von der Kassenärztlichen Vereinigung/Kassenzahnärztlichen Vereinigung erfolgt, so dass – vergleichbar einer unselbstständigen Tätigkeit – der Vertragsarzt eine wiederkehrende Vergütung vom gleichen Honorarschuldner erhält.[1] Die Einkünfte aus selbstständiger Tätigkeit gehören nach der Rechtsprechung grundsätzlich in vollem Umfang zur Insolvenzmasse, es sei denn, das Vollstreckungsgericht belässt dem Schuldner auf seinen Antrag hin einen pfändungsfreien Betrag gem. § 850i Abs. 1 ZPO.[2] Soll der schuldnerische Geschäftsbetrieb unter Einsatz der Arbeitskraft des Schuldners fortgeführt werden, empfiehlt es sich, eine Vergütung mit dem Schuldner in Höhe des pfändungsfreien Betrages zu vereinbaren, da es beide Parteien nicht in der Hand haben, ob das Gericht zeitnah über einen Antrag nach § 850i Abs. 1 ZPO entscheidet. Eine Vergütungsvereinbarung ist zulässig, da die produktive Mitarbeit des Schuldners nicht geschuldet ist,[3] siehe auch Rn. 14.

Beim selbstständig tätigen Schuldner ist zusätzlich der **Pfändungsschutz** der 16a
zur **Altersversorgung** abgeschlossenen **Lebens- und Rentenversicherungen** gem. § 851 c ZPO zu beachten.[4] Voraussetzung ist, dass das Kapital unwiderruflich der Altersversorgung zugewiesen ist, indem das Vertragsverhältnis so ausgestaltet ist, dass die Leistungen nur nach Eintritt des Versicherungsfalls als Rentenzahlungen erbracht werden dürfen. Ein Kapitalwahlrecht ist daher außer für den Todesfall unzulässig. Weiter darf die Altersversorgung nicht als Sicherheit verwendet werden. Der Versicherungsnehmer muss daher auf Verfügungen über die Rechte und Ansprüche aus dem Versicherungsvertrag verzichten, sofern der Versicherungsvertrag den Pfändungsschutz des § 851 c ZPO genießen soll. Weiter ist das jährlich neu gebildete Deckungskapital aus den Beitragszahlungen gestaffelt nach dem Alter des jeweiligen Versicherungsnehmers pfändungsgeschützt, damit der Versicherungsnehmer die Gelegenheit hat, die Altersversorgung aufzubauen. Die Rentenzahlungen sind nach Eintritt des Versicherungsfalles im selben Umfang geschützt, wie die Rentenzahlungen aus einer gesetzlichen Rentenversicherung. Befindet sich der Lebensversicherungsvertrag zum Zeitpunkt der Insolvenzeröffnung noch in der Aufbauphase, so kann ggf. erwirtschaftetes pfändbares Deckungskapital zur Masse gezogen werden.[5] Private Versicherungsrenten des selbstständig oder freiberuflich tätig gewesenen Schuldners, die nicht die Voraus-

[1] BGH NJW 1986, 2362 ff., 2363.

[2] OLG Hamm NJW 2005, 2788; BGH NZI 2004, 444.

[3] Vgl. BGH ZVI 2003, 170 = ZInsO 2003, 413 ff., 416.

[4] § 851 c ZPO wurde durch das Gesetz zum Pfändungsschutz der Altersvorsorge (BT-Drucks. 16/886) neu eingeführt.

[5] *Flitsch,* ZVI 2007, 161, 164 f.

setzungen des § 851 c ZPO erfüllen, genießen nicht den Pfändungsschutz für Arbeitseinkommen gem. § 850 Abs. 3 e ZPO.[1] Der Schuldner kann jederzeit für den Schluss der laufenden Versicherungsperiode die Umwandlung einer pfändbaren Versicherung in eine pfändungsgeschützte Altersvorsorgeversicherung des § 851 c ZPO verlangen, § 167 S. 1 VVG. Für den Pfändungsschutz ist es ausreichend, wenn der Versicherungsnehmer die Umwandlung beantragt hat und die Voraussetzungen des § 851 c Abs. 1 ZPO im Zeitpunkt der Pfändung erfüllt sind.[2] Auf den Vollzug der Umwandlung durch Ablauf der laufenden Versicherungsperiode kommt es nicht an.[3]

17 **f) Betriebs- und Geschäftsausstattung.** § 811 Abs. 1 Ziff. 5 ZPO nimmt die Gegenstände, die der Schuldner zur Aufnahme oder zur Fortsetzung seiner selbstständigen Erwerbstätigkeit benötigt, von der Zwangsvollstreckung aus.[4] Im Vordergrund der Schutzvorschrift des § 811 Abs. 1 Ziff. 5 ZPO steht die Höchstpersönlichkeit der Leistungserbringung durch den Schuldner.[5] Der Pfändungsschutz des § 811 Abs. 1 Ziff. 5 ZPO greift jedoch nicht ein, wenn die Leistungserbringung durch fremde Arbeitskraft oder durch Einsatz erheblicher Sach- und Kapitalmittel erfolgt, die die persönliche Leistung des Schuldners überwiegen.[6]

18 In Literatur und Rechtsprechung wird eine teleologische Reduktion des § 811 Abs. 1 Nr. 5 ZPO im Insolvenzverfahren vertreten: Im Insolvenzverfahren muss das Schuldnerinteresse hinter dem Vollstreckungsinteresse aller Gläubiger zurückstehen, da der Schuldner die Möglichkeit hat, sich durch unselbstständige Tätigkeit selbst zu verwirklichen und der Schuldner auf Grund des Charakters des Insolvenzverfahrens als Gesamtvollstreckungsverfahren die Möglichkeit hat, die Restschuldbefreiung von all seinen Verbindlichkeiten zu erlangen, so dass die Beschränkungen seines Rechtskreises zumutbar sind.[7]

19 Hat der Schuldner Vermögensgegenstände, die an sich dem Pfändungsschutz der §§ 811 Abs. 1 Ziff. 5 oder Ziff. 7 ZPO einem Gläubiger als Sicherheit übereignet, so unterfallen diese Vermögensgegenstände nicht mehr dem Pfändungsschutz. Durch die Sicherungsübereignung wurde auf den Vollstreckungsschutz konkludent verzichtet.[8] Der Verzicht auf den Vollstreckungsschutz gilt nur im Verhältnis zwischen Sicherungsnehmer und Sicherungsgeber, da eine Begebung des Schutzes aus § 811 Abs. 1 ZPO aus dem Vertragsverhältnis folgt und darüber hinaus keine Wirkung entfalten kann.[9] Sind diese Vermögensgegenstände betriebsnotwendig, wird der Regelungszweck des § 166 unterlaufen, der im Gegensatz zur alten Rechtslage unter der KO dem Insolvenzverwalter das Ver-

[1] BGH NZI 2008, 93 ff., 94 f. = EWiR 2008, 383 f., 383 f. m. Anm. *Walker.*

[2] Begründung RegE BT-Drucks. 16/886.

[3] *Stöber,* NJW 2007, 1242 ff., 1247.

[4] *Stein/Jonas/Münzberg,* ZPO, § 811 Rn. 42 mwN.

[5] *Stein/Jonas/Münzberg,* ZPO, § 811 Rn. 43 mwN.

[6] *Stein/Jonas/Münzberg,* ZPO, § 811 Rn. 42 mwN.

[7] MünchKomm-*Peters,* InsO, § 36 Rn. 24 ff.; AG Köln ZVI 2003, 418, wobei im dort entschiedenen Fall (60-jähriger Arzt ohne Aussicht auf Beschäftigung im Anstellungsverhältnis, Zeitwert Praxiseinrichtung € 4200.–) das Vollstreckungsschutzinteresse des Schuldners überwog.

[8] AA LG Aachen ZVI 2006, 309 f. = NZI 2006, 643, das den Nutzungsentschädigungsanspruch gem. §§ 166, 169 mit Hinweis auf den fehlenden Insolvenzbeschlag auf Grund der Unpfändbarkeit verneint.

[9] LG Aachen ZVI 2006, 309 f., 310 = NZI 2006, 643.

wertungsrecht zuspricht, damit die wirtschaftliche Einheit des schuldnerischen Unternehmens bei Unternehmensfortführung, Sanierung oder Verkauf erhalten bleiben kann und so höhere Erlöse erzielt werden können.

4. Massezugehörigkeit trotz Unpfändbarkeit

Trotz Unpfändbarkeit gehören die Geschäftsbücher des Schuldners zu der Insolvenzmasse. Hierunter sind sämtliche geschäftlichen Aufzeichnungen aller Art, also auch nichtkaufmännisch geführte Bücher, Kontoarbeitsbücher, EDV-Unterlagen, Programme, Datenbestand und auch die Kundenkarteien zu verstehen.[1] Der vorläufige Insolvenzverwalter benötigt diese Unterlagen zur ordnungsgemäßen Erfassung und Sicherung des Schuldnervermögens unter Wahrung der vom Gericht gesetzten Frist.[2] Weiter werden diese Unterlagen für die Betriebsfortführung oder -abwicklung benötigt. Nach dem ersatzlosen Fortfall des § 117 Abs. 2 KO ist auch die Veräußerung der Geschäftsbücher, insbesondere der zumeist einen beträchtlichen, wegen der Neuorientierung der Kunden auf dem Markt schnell verfallenden Wert darstellenden Kundenkartei, möglich.[3] 20

Wettbewerbsverbote zum Schutz der Kundenbeziehungen gem. § 112 HGB bleiben wirksam bestehen. Eine in der Insolvenz beachtliche Einschränkung ergibt sich lediglich daraus, dass ein Wettbewerbsverbot nicht auf die Kunden erstreckt werden darf, die der durch die Abrede begünstigte Schuldner bereits verloren hat. Insoweit scheidet eine illoyale Verwertung fremden Erfolges aus.[4] 21

Nach § 36 Abs. 1 Nr. 1 2. Halbs. treffen den Insolvenzverwalter die Aufbewahrungspflichten nach § 257 HGB und § 147 AO hinsichtlich der Geschäftsunterlagen. Eine Verwertung im Rahmen der Betriebsveräußerung ist möglich, wenn die Aufbewahrung gesichert ist.[5] In der Praxis haben sich unentgeltliche Verwahrungsverträge mit Entsorgungsverpflichtung des Erwerbers nach Aufbewahrungszeitablauf und Einsichtsrechten des Insolvenzverwalters bewährt. 22

Das Recht zur Inbesitznahme der Geschäftsunterlagen, die sich bei Dritten (Rechtsanwalt, Steuerberater des Schuldners) befinden, muss erforderlichenfalls auf der Anspruchsgrundlage der §§ 675, 667 BGB im Wege der einstweiligen Verfügung gem. § 935 ZPO gerichtlich erzwungen werden.[6] Dem steht nicht entgegen, dass durch eine Anordnung der Herausgabe der Geschäftsunterlagen im einstweiligen Verfügungsverfahren gegebenenfalls endgültige Verhältnisse geschaffen werden, da der Insolvenzverwalter andernfalls seinen gerichtlich auferlegten Pflichten nicht nachkommen kann und das Interesse der Insolvenzgläubiger insoweit überwiegt.[7] Ein Zurückbehaltungsrecht nach § 273 Abs. 1 BGB wegen Honorarrückständen, welches in der Praxis häufig geltend gemacht wird, ist als persönliches Recht anders als das Zurückbehaltungsrecht wegen Verwendungen nach §§ 273 Abs. 2 i. V. m. 100 BGB und des kaufmännischen Zurückbehaltungsrechts nach § 369 HGB, welche zur abgesonderten Befriedigung nach 23

[1] HK-*Eickmann,* InsO, § 36 Rn. 565 mwN; OLG Saarbrücken EWiR 2001, 437 f. m. Anm. *van der Moolen* = NZI 2001, 41 f., mwN.
[2] LG Berlin ZIP 2006, 962.
[3] OLG Saarbrücken NZI 2001, 41 f.
[4] OLG Saarbrücken NZI 2001, 41 ff., 42 mwN.
[5] *Kübler/Prütting/Bork/Holzer,* InsO, § 36 Rn. 32.
[6] OLG Düsseldorf ZIP 1982, 471.
[7] LG Berlin ZIP 2006, 962 für den starken vorläufigen Insolvenzverwalter.

§ 51 Ziff. 2 und Ziff. 3 berechtigen, siehe insoweit § 51 Rn. 48, im Insolvenzverfahren nicht zu berücksichtigen.[1]

24 Weiterhin gehören zur Masse die Gegenstände eines landwirtschaftlichen Betriebes nach § 811 Abs. 1 Nr. 4 ZPO und das Apothekeninventar nach § 811 Abs. 1 Nr. 9 ZPO. Der Insolvenzverwalter kann diese Gegenstände zur Betriebsfortführung nutzen oder veräußern.

25 Bei der Fortführung von Apotheken ist zu beachten, dass der Betrieb der Apotheke nach § 5 ApoG zu untersagen ist, wenn der (schuldnerische) Erlaubnisinhaber die Apotheke nicht eigenverantwortlich leitet.[2] Das Betreiben einer Apotheke ohne die erforderliche Vollapprobation ist gem. § 23 ApoG strafbewehrt, wobei das Tatbestandsmerkmal des Betreibens auch das des „Mitbetreibens“, also die Übernahme bestimmter betrieblicher Aufgaben umschließt.[3] Der Untersagungstatbestand des § 5 ApoG und der Straftatbestand des § 23 ApoG sind bereits erfüllt, wenn der Insolvenzverwalter lediglich den Zahlungsverkehr kontrolliert, da das Apothekengesetz grundsätzlich die eigenverantwortliche Führung in pharmazeutisch-wissenschaftlicher und betriebswirtschaftlicher Sicht verlangt, um jegliche indirekte Einflussnahme Dritter auszuschließen.[4] Dementsprechend kann der Insolvenzverwalter die Apotheke verpachten oder durch einen Treuhänder mit Vollapprobation betreiben lassen.[5] Zulässig ist auch die Fortführung durch Eigenverwaltung.[6] Im Insolvenzeröffnungsverfahren kann die Gefahr eines Verstoßes gegen § 23 ApoG auch dadurch vermieden werden, dass das Insolvenzgericht nur die Erstellung eines Sachverständigengutachtens anordnet.

5. Massefreiheit von Hausratsgegenständen

26 Hausratsgegenstände, für die nur ein Erlös erzielt werden kann, der zu ihrem Wert außerhalb jeden Verhältnisses steht, sind nicht massezugehörig, § 36 Abs. 3. Diese § 812 ZPO entsprechende Regelung trägt dem Gedanken der Verhältnismäßigkeit Rechnung, da gebrauchte Hausratsgegenstände regelmäßig nicht oder nur zu geringen Erlösen veräußert werden können, während die Hausratsgegenstände für den Schuldner einen hohen Gebrauchswert haben.[7]

27 Es empfiehlt sich, die frühzeitige Wahrnehmung eines Ortstermines zur Inventarisierung und Begutachtung der Hausratsgegenstände durchzuführen. Luxusgegenstände und Antiquitäten können so bereits im Insolvenzeröffnungsverfahren entdeckt, gesichert und im Vermögensstatus benannt werden.

6. Streit über die Massezugehörigkeit der Bezüge nach § 36 Abs. 1 S. 2

28 Sachlich zuständiges Gericht für die Gewährung von Vollstreckungsschutz, insbesondere die Berechnung des pfändungsfreien Teils des Arbeitseinkommens und der sonstigen Bezüge sowie für die Erhöhungs- und Zusammenrechnungs-

[1] OLG Hamm ZIP 1987, 1330 f.; OLG Düsseldorf ZIP 1982, 471, 472.
[2] OVG Berlin ZVI 2004, 620 f.; Vorinstanz: VG Berlin ZVI 2004, 618 f.
[3] VG Berlin ZVI 2004, 618 f., 619.
[4] VG Berlin ZVI 2004, 618 f., 619 mwN.
[5] VG Berlin ZVI 2004, 618 f., 619 mwN.
[6] OVG Berlin ZVI 2004, 620 f., 620.
[7] *Kübler/Prütting/Bork/Holzer,* InsO, § 36 Rn. 5 mwN.

beschlüsse ist das Insolvenzgericht auf Grund seiner besonderen Sachnähe,[1] § 36 Abs. 4.

Dies gilt auch für Streitigkeiten, ob kassenärztliche Honorarforderungen durch den Insolvenzverwalter einzuziehen sind. Der Rechtsweg der Sozialgerichtsbarkeit ist nicht eröffnet, da § 51 SGG nur sozialrechtliche Streitigkeiten in Angelegenheiten der gesetzlichen Krankenversicherung regelt, wozu auch das Vertragsarztrecht und Angelegenheiten der Vertragsärzte gehören, aber keine Rechtsgrundlage ist, die den Forderungseinzug des Insolvenzverwalters unter sozialgerichtliche Kontrolle stellt.[2]

§ 35 Abs. 2 ermöglicht die Freigabe einer selbstständigen Tätigkeit des Schuldners. Durch die Freigabe sind Sicherheiten, die ggf. am freigegebenen Vermögen bestanden und wegen § 91 nicht mehr werthaltig waren, wieder durchsetzbar. Zur Entscheidung über die Gewährung von Pfändungsschutz in Bezug auf die mit Altbefriedigungsrechten belasteten freigegebenen Vermögenswerte der selbstständigen Tätigkeit des Schuldners ist auf Grund seiner Sachnähe das Insolvenzgericht analog § 36 Abs. 4 zuständig.

Funktionell ist gem. § 18 Abs. 1 Ziff. 1 RPflG im Eröffnungsverfahren der Richter und im eröffneten Insolvenzverfahren der Rechtspfleger zuständig. Gegen den Beschluss des Rechtspflegers ist das Rechtsmittel gegeben, das nach den allgemeinen verfahrensrechtlichen Vorschriften zulässig ist, § 11 Abs. 1 RPflG. Der Rechtsmittelzug richtet sich nach den allgemeinen vollstreckungsrechtlichen Vorschriften, wenn das Insolvenzgericht kraft besonderer Zuweisung funktional als Vollstreckungsgericht entscheidet.[3] Gem. § 793 ZPO findet gegen Entscheidungen, die in Zwangsvollstreckungsverfahren ohne mündliche Verhandlungen ergehen, die sofortige Beschwerde gem. §§ 567 ff. ZPO statt.

Im Übrigen sind die Rechtsstreite um die Massezugehörigkeit vor dem Prozessgericht auszutragen.[4]

§ 37 Gesamtgut bei Gütergemeinschaft

(1) **Wird bei dem Güterstand der Gütergemeinschaft das Gesamtgut von einem Ehegatten allein verwaltet und über das Vermögen dieses Ehegatten das Insolvenzverfahren eröffnet, so gehört das Gesamtgut zur Insolvenzmasse. Eine Auseinandersetzung des Gesamtguts findet nicht statt. Durch das Insolvenzverfahren über das Vermögen des anderen Ehegatten wird das Gesamtgut nicht berührt.**

(2) **Verwalten die Ehegatten das Gesamtgut gemeinschaftlich, so wird das Gesamtgut durch das Insolvenzverfahren über das Vermögen eines Ehegatten nicht berührt.**

(3) **Absatz 1 ist bei der fortgesetzten Gütergemeinschaft mit der Maßgabe anzuwenden, daß an die Stelle des Ehegatten, der das Gesamtgut allein**

---

[1] BGH NJW-RR 2008, 1578 ff., 1580.

[2] LSG NRW ZVI 2004, 352 f., 353.

[3] St. Rspr., BGH ZInsO 2004, 391 f., 392 mwN; BGH ZVI 2006, 461 mwN; BGH NZI 2007, 78 f., 79.

[4] BGH ZIP 1984, 1501 ff., 1502 mwN; BGH NZI 2008, 244 ff., 245 = EWiR 2008, 311 f., 311 m. Anm. *Römermann*; BGH NZI 2008, 753 m. Anm. *Buck*, FD-InsR 2008, 269704; BGH BeckRS 2008, 22670.

verwaltet, der überlebende Ehegatte, an die Stelle des anderen Ehegatten die Abkömmlinge treten.

1. Normzweck

1 § 37 bezieht bei Gütergemeinschaft (§§ 1415 ff. BGB) und fortgesetzter Gütergemeinschaft (§§ 1483 ff. BGB) auch das Gesamtgut,[1] also das durch notariell beurkundeten Gütergemeinschaftsvertrag (oder durch allgemeine Gütergemeinschaft per Stichtag zum 1. Juli 1958) entstandene gemeinschaftliche Vermögen beider Ehegatten in die Insolvenzmasse des verwaltenden Ehegatten ein.

2. Alleinverwaltung des Gesamtgutes durch einen Ehegatten

2 Haben die Ehegatten vereinbart, dass ein Ehegatte das Gesamtgut allein verwaltet, so ist nach § 37 Abs. 1 das Gesamtgut bei der **Insolvenz des alleinverwaltenden Ehegatten** Teil der Insolvenzmasse, die folglich aus dem Gesamtgut der Ehegatten sowie aus dem Vorbehalts- und dem Sondergut des insolventen Ehegatten besteht, wobei das Sondergut mangels rechtsgeschäftlicher Übertragbarkeit, § 1417 Abs. 2 BGB, regelmäßig nicht pfändbar ist und damit nicht zur Insolvenzmasse zählt, § 851 Abs. 1 ZPO, § 36 Abs. 1 S. 1. Das Gesamtgut ist Gesamthandsvermögen, das damit haftungsrechtlich dem Vermögen des verwaltenden Ehegatten zugeordnet wird. Die haftungsrechtliche Zuweisung rechtfertigt sich durch die Verwaltungs- und Verfügungsbefugnis des verwaltenden Ehegatten über das Gesamtgut gem. § 1422 BGB.

3 Sondergut und Vorbehaltsgut werden von den Ehegatten selbstständig verwaltet, §§ 1417 Abs. 3, 1418 Abs. 3 BGB. Der nichtverwaltende Ehegatte hat daher ein Aussonderungsrecht nach § 47 bezüglich seines Sonder- und Vorbehaltsgutes.[2] Auch der während des Insolvenzverfahrens erzielte Neuerwerb des nicht verwaltenden Ehegatten wird Bestandteil des Gesamtguts und wegen der Einbeziehung des Neuerwerbs nach § 35 Abs. 1 Bestandteil der Insolvenzmasse.[3] Wegen der Seltenheit der Wahl dieses Güterstandes nebst der Vereinbarung der Alleinverwaltungsbefugnis eines Ehegatten stellt sich die Einbeziehung des Neuerwerbs des nicht verwaltenden Ehegatten in der Praxis kaum.

4 Die Verwaltungs- und Verfügungsbefugnis über das Gesamtgut geht ohne die Verfügungsbeschränkungen der §§ 1423 ff. BGB auf den Insolvenzverwalter über, da die durch die Verfügungsbeschränkungen gesicherte Mitberechtigung des nichtverwaltenden Ehegatten am Gesamtgut im Insolvenzverfahren nicht zum Tragen kommt.[4]

5 Die Ehegatten können das Gesamtgut nicht durch Auseinandersetzung der Gütergemeinschaft dem Insolvenzverfahren entziehen, da das Insolvenzverfahren nach § 37 Abs. 1 S. 2 kein Auseinandersetzungsgrund ist. Unter den Voraussetzungen der §§ 1447 Nr. 3 bzw. 1448 BGB ist eine Klage auf Aufhebung der Gütergemeinschaft möglich. Eine Beendigung der Gütergemeinschaft im anfechtungsrelevanten Zeitraum mit der Folge der Auseinandersetzung des Gesamtgutes ist unter anfechtungsrechtlichen Gesichtspunkten zu prüfen.

---

[1] Zu Begriff und Umfang s. § 1416 Abs. 1 BGB.

[2] MünchKomm-*Schumann,* InsO, § 37 Rn. 22 mwN.

[3] Ausführlich hierzu: MünchKomm-*Schumann,* InsO, § 37 Rn. 21 ff. mwN.

[4] *Uhlenbruck,* InsO, § 37 Rn. 1.

Im **Insolvenzverfahren über das Vermögen des nichtverwaltenden Ehegatten** wird das Gesamtgut nach § 37 Abs. 1 S. 3 nicht Teil der Insolvenzmasse, und zwar auch nicht in Höhe des Anteils des nichtverwaltenden Ehegatten am Gesamtgut.[1] Der verwaltende Ehegatte hat in der Insolvenz des nichtverwaltenden Ehegatten ein Aussonderungsrecht am Gesamtgut nach §§ 47 i. V. m. 1422 BGB.[2] 6

Die Insolvenzmasse im Falle der Insolvenz des nichtverwaltenden Ehegatten besteht somit nur aus dessen Vorbehalts- und Sondergut, soweit Letzteres überhaupt wegen §§ 1417 Abs. 2 BGB, 851 Abs. 1 ZPO, 36 Abs. 1 S. 1 in die Masse fällt.[3] 7

Zwar besteht die Möglichkeit, das Gesamtgut der Insolvenzmasse zu entziehen, indem die Verwaltungszuständigkeit (in der Krise ggf. in gem. §§ 129 ff. anfechtbarer oder gem. § 138 BGB sittenwidriger Weise) auf den anderen Ehegatten verlagert wird.[4] Gläubigerschutz in der Einzelzwangsvollstreckung wird jedoch dadurch gewährleistet, dass der verwaltende Ehegatte den Gläubigern des nicht verwaltenden Ehegatten persönlich als Gesamtschuldner für die Gesamtgutsverbindlichkeiten gemäß §§ 1437 ff. BGB, 740 ff. ZPO haftet.[5] Der Gläubigerschutz wird auch im eröffneten Insolvenzverfahren über das Vermögen des nicht verwaltenden Ehegatten nicht durch § 334 eingeschränkt, der vorsieht, dass die persönliche Haftung für Gesamtgutsverbindlichkeiten nur noch vom Insolvenzverwalter geltend gemacht werden kann, da § 334 auf Grund Sinn und Zweck der Regelung, der systematischen Stellung und des Verweises in § 11 Abs. 2 Nr. 2 ein Sonderinsolvenzverfahren über das gemeinsam verwaltete Gesamtgut einer Gütergemeinschaft voraussetzt und bei einem Insolvenzverfahren über das Eigenvermögen eines Ehegatten keine Anwendung findet.[6] 8

Im Insolvenzeröffnungsverfahren ist bei der Prüfung der Deckung der Verfahrenskosten zu beachten, dass zwar ein Ausgleichsanspruch des nichtverwaltenden Ehegatten besteht, der nach Maßgabe der §§ 1441 ff. BGB bestimmt wird. Das Insolvenzverfahren ist aber gem. § 37 Abs. 1 Satz 3 kein Auseinandersetzungsgrund. Falls kein den Güterstand beendender Ehevertrag abgeschlossen werden kann, wird die Fälligkeit des Ausgleichsanspruchs erst durch das rechtsgestaltende Urteil der Aufhebungsklage des nichtverwaltenden Ehegatten gem. §§ 1447, 1449 BGB herbeigeführt. Wegen der vermögensrechtlichen Natur des Ausgleichsanspruchs steht dem Insolvenzverwalter die Klagebefugnis für die Klage zur Aufhebung des Güterstandes zu. 8a

3. Gemeinschaftliche Verwaltung des Gesamtgutes

Bei gemeinschaftlicher Verwaltung, von der nach § 1421 BGB im Zweifel auszugehen ist, fällt im Insolvenzverfahren über das Vermögen eines Ehegatten das Gesamtgut nicht in die Insolvenzmasse. § 11 Abs. 2 Ziff. 2 sieht ausdrücklich die Zulässigkeit eines selbstständigen Insolvenzverfahrens über das Gesamtgut der 9

[1] *Uhlenbruck,* InsO, § 37 Rn. 8.

[2] BGH ZIP 2006, 1145 (LS) = ZVI 2006, 246 mwN; *Uhlenbruck,* InsO, § 37 Rn. 8 mwN.

[3] *Uhlenbruck,* InsO, § 37 Rn. 8 mwN.

[4] *Uhlenbruck,* InsO, § 37 Rn. 8.

[5] BGH ZIP 2006, 1145 (LS) = ZVI 2006, 246 mwN; FK-*Schumacher,* InsO, § 37 Rn. 6.

[6] MünchKomm-*Schumann,* InsO, § 334 Rn. 3.

Gütergemeinschaft bei gemeinschaftlicher Verwaltung vor, da ansonsten im Falle gemeinschaftlicher Verwaltung kein Zugriff auf das, u. U. den Hauptbestandteil des Vermögens der Ehegatten bildende Gesamtgut möglich wäre. Das Antragsrecht und die Eröffnungsgründe sind in § 333 geregelt.

10 Die Regeln über das durch beide Ehegatten verwaltete Gesamtgut einer Gütergemeinschaft finden nach Art. 234 § 4a Abs. 2 EGBGB analoge Anwendung, wenn Ehegatten aus den neuen Bundesländern nach Art. 234 § 4 Abs. 2 EGBGB erklären, für die Ehe solle der nach dem Recht der früheren DDR gesetzliche Güterstand der Eigentums- und Vermögensgemeinschaft fortgelten.

4. Fortgesetzte Gütergemeinschaft

11 Für den Fall der **fortgesetzten Gütergemeinschaft** zwischen dem überlebenden Ehegatten und den Abkömmlingen (§§ 1483 ff. BGB) gilt § 37 Abs. 1 entsprechend. Der überlebende Ehegatte wird – auch wenn dies während der Ehezeit nicht so war – als Verwalter des Gesamtgutes angesehen. Dies folgt bereits aus § 1487 Abs. 1 BGB, wird aber in § 37 Abs. 3 nochmals klargestellt. Im Insolvenzverfahren über das Vermögen des überlebenden Ehegatten fällt das Gesamtgut daher in die Insolvenzmasse, während es im Falle der Insolvenz eines Abkömmlings nicht Massebestandteil wird.

§ 38 Begriff der Insolvenzgläubiger

Die Insolvenzmasse dient zur Befriedigung der persönlichen Gläubiger, die einen zur Zeit der Eröffnung des Insolvenzverfahrens begründeten Vermögensanspruch gegen den Schuldner haben (Insolvenzgläubiger).

Übersicht

1. Normzweck

§ 38 definiert den Begriff der Insolvenzgläubiger,[1] denen die Insolvenzmasse zur gemeinschaftlichen Befriedigung haftet. 1

2. Regelungsinhalt

a) Persönlicher Anspruch gegen den Schuldner

Es muss ein persönlicher Anspruch gegen den Schuldner vorliegen. Richtet sich der Anspruch hingegen nur auf dingliche Herausgabeansprüche oder auf Befriedigung aus bestimmten Gegenständen des Schuldnervermögens,[2] ist der Anspruchsinhaber kein Insolvenzgläubiger. Soweit ein persönlicher Anspruch dinglich gesichert ist, nimmt der Anspruchsinhaber mit dem Gesamtbetrag der Forderung am Insolvenzverfahren teil und nicht nur mit seinem Ausfall.[3] Verhältnismäßige Befriedigung aus der Insolvenzmasse erfährt der Gläubiger jedoch nur, soweit er auf die dingliche Befriedigung verzichtet oder nach erfolgter Befriedigung aus dem Gegenstand mit dem Restbetrag seiner Forderung ausfällt.[4] 2

Nicht maßgeblich ist, ob der Gläubiger seine Forderung überhaupt geltend machen will. Werden die Kriterien erfüllt, ist er ipso iure Insolvenzgläubiger mit allen hieraus resultierenden Rechten und Pflichten.[5] 3

b) Vermögensanspruch

Der Anspruch muss auf die Zahlung einer Geldsumme gerichtet oder nach § 45 in eine Geldsumme umrechenbar ein. 4

Für den Anspruchsbegriff ist die Legaldefinition in § 194 Abs. 1 BGB maßgeblich. **Unvollkommene Verbindlichkeiten** nach § 762 BGB, die keine durchsetzbare Forderung begründen, können daher auch nicht als Insolvenzforderungen geltend gemacht werden. Unvollkommene Verbindlichkeiten sind nach § 55 BörsG auch Börsentermingeschäfte, sofern sie nicht nach § 53 BörsG verbindlich sind. **Gestaltungsrechte** sind keine Insolvenzforderungen;[6] erst ihre Ausübung kann Insolvenzforderungen begründen.[7] Ansprüche auf **unvertretbare Handlungen** des Schuldners können nur durch den Schuldner selbst und nicht aus seinem Vermögen befriedigt werden und stellen daher keine Vermögensansprüche i. S. d. § 38 dar.[8] Ansprüche auf **vertretbare Handlungen,** die bereits bei Verfahrenseröffnung begründet waren, stellen bezogen auf die Kosten der Ersatzvornahme Insolvenzforderungen dar,[9] siehe auch Rn. 19 ff. und § 45 Rn. 4. 5

---

[1] Begründung RegE zu § 45, abgedruckt bei *Balz/Landfermann,* S. 253.

[2] Z. B. Fälle der Aussonderung, § 47, Absonderung, §§ 49 ff.; s. aber Ausfall der Absonderungsberechtigten § 52, Vormerkung § 106.

[3] RGZ 155, 95, 99 ff.

[4] RGZ 155, 95, 98 f.; zur Berücksichtigung des Ausfalls s. § 190 InsO.

[5] *Kübler/Prütting/Bork/Holzer,* InsO, § 38 Rn. 4.

[6] *Jaeger/Henckel,* InsO, § 38 Rn. 64.

[7] *Nerlich/Römermann/Andres,* InsO, § 38 Rn. 6.

[8] *Jaeger/Henckel,* InsO, § 38 Rn. 69.

[9] *Jaeger/Henckel,* InsO, § 38 Rn. 65.

c) Begründetheit zum Zeitpunkt der Verfahrenseröffnung

6 Der Anspruch muss bereits vor Eröffnung des Insolvenzverfahrens entstanden sein. Bedingungen und Betagungen sind unschädlich.[1] Nicht erforderlich ist, dass der Anspruch bereits vor Verfahrenseröffnung durchsetzbar war.[2] Es genügt, dass der Schuldgrund vor der Verfahrenseröffnung entstanden ist,[3] oder dass der Sachverhalt, der zur Entstehung des Anspruches führt, bereits vor Insolvenzeröffnung verwirklicht worden ist.[4] Ansprüche, denen Einwendungen oder peremptorische Einreden entgegenstehen, sind vom Insolvenzverwalter zu bestreiten.

7 **Vom Schuldner erteilte Aufträge** und **Geschäftsbesorgungsverträge** erlöschen nicht mit Anordnung der vorläufigen Insolvenzverwaltung, sondern durch Eröffnung des Insolvenzverfahrens, §§ 115, 116. Kündigt der vorläufige Insolvenzverwalter, dann sind die Ersatzansprüche bloße Insolvenzforderungen und keine Masseforderungen nach § 55, da sie aus der Liquidation eines vor Insolvenzeröffnung begründeten Vertragsverhältnisses herrühren.[5] Auch **Kautionsversicherungsverträge** sind Geschäftsbesorgungsverträge im Sinn des § 675 BGB, die mit Insolvenzeröffnung erlöschen.[6] Das Erlöschen des Vertrages mit der Insolvenzeröffnung löst keine Schadensersatzansprüche für die Prämienzahlungen nach der Insolvenzeröffnung aus, da das Erlöschen nicht auf einer Leistungsstörung bzw. Pflichtverletzung im Sinne des Bürgerlichen Rechts beruht und eine mit § 103 Abs. 2 S. 1, § 113 S. 3 vergleichbare Regelung nicht bei §§ 115 f. aufgenommen wurde.[7] Die Prämienansprüche können daher auch nicht insolvenzfest gesichert werden.[8]

8 Bei **Ansprüchen aus Dauerschuldverhältnissen** ist zu differenzieren: Entstehen die Ansprüche jeweils neu als Einzelanspruch, insbesondere wenn sie von einer Gegenleistung des Gläubigers abhängen wie bspw. bei Miet- oder Pachtverhältnissen, sind die Gegenleistungsansprüche des Gläubigers für die Zeit nach Verfahrenseröffnung keine Insolvenzforderungen sondern Masseverbindlichkeiten nach § 55 Abs. 1 Ziff. 2. Wenn die Mietsache vom Insolvenzverwalter genutzt wird, siehe § 55 Rn. 10. Zur Einordnung der Kosten der vertragsgemäßen Wiederherstellung der Miet- bzw. Pachtsache siehe § 55 Rn. 10.

9 Ist der Anspruch des Gläubigers hingegen bei Verfahrenseröffnung bereits vollständig entstanden aber noch nicht fällig, so sind auch die erst während des

---

[1] BGH ZInsO 2005, 537 f., 538 mwN.

[2] Zu mangelnder Fälligkeit s. § 41.

[3] *Smid/Smid,* InsO, § 38 Rn. 18 mwN.

[4] BFH NJW 1995, 80 (nur Leitsatz).

[5] LG Lübeck DZWIR 2000, 78.

[6] BGH NZI 2006, 637 ff., 637 f., mwN = BGH WuB VI A. § 41 InsO 1.07 m. krit. Anm. *Bitter/Rauhut;* BGH ZIP 2007, 543 ff., 543 f. mwN = BGH NZI 2007, 234 ff., 235 mwN für § 9 GesO; OLG München BeckRS 2009, 02807.

[7] BGH NZI 2006, 637 ff., 639 mwN = BGH, WuB VI A. § 41 InsO 1.07 m. krit. Anm. *Bitter/Rauhut;* OLG München BeckRS 2009, 02807.

[8] BGH NZI 2006, 637 ff., 639 mwN = BGH, WuB VI A. § 41 InsO 1.07 m. krit. Anm. *Bitter/Rauhut;* OLG München BeckRS 2009, 02807; aA LG Frankfurt ZInsO 2008, 1090 ff., 1091 f., wobei auch im dort entschiedenen Fall eine anteilige Provisionsrückvergütung der im Voraus für das laufende Jahr zu entrichtenden Provision bei vorzeitiger Rückgabe der Bürgschaftsurkunde vorgesehen war, so dass entgegen der Ansicht des LG Frankfurt gerade keine „jahresbezogene Einmalprämie" vorlag.

Insolvenzverfahrens fällig werdenden Forderungen Insolvenzforderungen, § 41. Wichtige Anwendungsfälle hierfür sind Pensions- und Rentenansprüche.

Ist das Schuldverhältnis teilbar, so ist der Gläubiger mit seinem Anspruch auf das Entgelt für die bis zur Insolvenzeröffnung erbrachten Teilleistungen Insolvenzgläubiger, selbst wenn der Insolvenzverwalter für den noch ausstehenden Teil Erfüllung verlangt, § 105. Der Gläubiger kann jedoch mit seinen nicht fälligen Teilforderungen gegen vor der Insolvenz entstandene Forderungen des Schuldners aufrechnen.[1] 10

3. Einzelfälle

a) **Mitgliedsrechte von Gesellschaftern** begründen in der Gesellschaftsinsolvenz außer im Falle des stillen Gesellschafters, der nach § 236 HGB die über den Verlustanteil hinausgehende Einlage als Insolvenzforderung geltend machen kann, keine Insolvenzforderungen,[2] da der Einlage gerade die Funktion des Haftkapitals zukommt.[3] Ist im Gesellschaftsvertrag keine Verlustbeteiligung vorgesehen, ist der stille Gesellschafter hinsichtlich der gesamten Einlage Insolvenzgläubiger.[4] 11

b) Gehen die als Masseforderungen anzusehenden **Entgeltansprüche der Arbeitnehmer** im Insolvenzeröffnungsverfahren infolge der Zahlung von **Insolvenzgeld** nach § 187 Abs. 2 SGB III auf die Bundesagentur für Arbeit über, so kann diese sie nach § 55 Abs. 3 nur als Insolvenzforderung geltend machen. Dies gilt selbst dann, wenn im Insolvenzeröffnungsverfahren dem Schuldner ein allgemeines Verfügungsverbot auferlegt wird und die Verwaltungs- und Verfügungsbefugnis über das Vermögen des Schuldners auf den vorläufigen Insolvenzverwalter übergeht.[5] 12

c) Ansprüche aus einem nicht widerrufenen **insolvenznahen Sozialplan** sind grundsätzlich keine Masseverbindlichkeiten, sondern Insolvenzforderungen nach § 38. Für die Einordnung der Ansprüche aus einem unmittelbar oder im Zeitraum bis zu drei Monaten vor Insolvenzeröffnung abgeschlossenen Sozialplan als Insolvenzforderung spricht der Wortlaut des § 123 Abs. 1 Satz 1, der den Anwendungsbereich dieser Norm ausdrücklich auf nach Insolvenzeröffnung aufgestellte Sozialpläne beschränkt. Ein weiteres Argument ist die Gesetzessystematik, die der Insolvenzeröffnung grundsätzlich eine Zäsurwirkung beimisst und Verbindlichkeiten, die vor Insolvenzeröffnung begründet worden sind als Insolvenzforderungen einordnet, es sei denn, die Verbindlichkeit wurde von einem vorläufigen Insolvenzverwalter mit Verfügungsbefugnis begründet.[6] 13

Die Widerrufsmöglichkeit des insolvenznahen Sozialplans steht gem. § 124 sowohl dem Insolvenzverwalter als auch dem Betriebsrat zu. In einem Insolvenzverfahren mit wenig Masse wird daher der Betriebsrat den insolvenznahen Sozial-

---

[1] BGH ZIP 2001, 1380 ff. = ZInsO 2001, 708 ff. = WM 2001, 1470 ff.

[2] HK-*Eickmann,* InsO, § 38 Rn. 15 mwN.

[3] *Jaeger/Henckel,* InsO, § 38 Rn. 49 mwN.

[4] *Renner,* ZIP 2002, 1430 ff., 1431.

[5] BAG ZIP 2001, 1964 ff., 1968.

[6] BAG NZI 2003, 45 f. = DZWIR 2003, 107 ff. m. Anm. *Bichelmeier;* Vorinstanz LAG Köln ZIP 2001, 1070 ff. = LAG Köln ZInsO 2001, 919 ff.; *Moll/Langhoff,* EWiR 2001, 771 f.; *Smid/Weisemann/Streuber,* InsO, § 124 Rn. 8.

plan widerrufen, umso durch einen Neuabschluss die Sozialplanverbindlichkeiten nach § 123 Abs. 2 S. 1 als Masseverbindlichkeiten erwachsen lassen zu können.[1] Umgekehrt wird der Insolvenzverwalter in einem massestarken Insolvenzverfahren den insolvenznahen Sozialplan widerrufen, wenn das Ausschüttungsvolumen die absolute Grenze des § 123 Abs. 1 und die relative Grenze des § 123 Abs. 2 S. 3 übersteigt.[2]

Die Honoraransprüche eines Beraters des Betriebsrats nach § 111 Abs. 2 BetrVG sind Insolvenzforderungen, soweit die Beratungsleistung vor der Insolvenzeröffnung erbracht worden ist.[3]

14 **d)** Sind bereits im Arbeitsvertrag[4] oder in einem Tarifvertrag[5] die Einzelheiten einer **Abfindungszahlung** geregelt, so handelt es sich hierbei um eine Fälligkeitsregelung eines bereits vor Insolvenzeröffnung begründeten Anspruchs, der eine Insolvenzforderung gem. § 38 darstellt, selbst wenn die Kündigung nach Insolvenzeröffnung erfolgte. Für eine Fälligkeitsregelung spricht, dass Abfindungen in der Regel kein Entgelt für nach Verfahrenseröffnung erbrachte Leistungen, sondern eine Ausgleichszahlung für den Verlust des Arbeitsplatzes darstellen.[6]

15 **e) Nachteilsausgleichsansprüche** nach § 113 BetrVG der im Insolvenzeröffnungsverfahren durch den Insolvenzschuldner mit Zustimmung des „schwachen" vorläufigen Insolvenzverwalters gekündigten Mitarbeiter wegen der Durchführung einer geplanten Betriebsänderung durch den Insolvenzschuldner, ohne einen Interessenausgleich mit dem Betriebsrat versucht zu haben, stellen auch dann Insolvenzforderungen dar, wenn nach Zugang der Kündigung das Insolvenzverfahren eröffnet wird.[7] Der Nachteilsausgleichsanspruch entsteht nach § 113 Abs. 3 BetrVG bereits mit der Durchführung der Betriebsänderung, die bereits in der Vornahme der Kündigung und nicht erst in der Entlassung der Mitarbeiter zu sehen ist.[8]

16 **f) Schadensersatzansprüche** wegen **Verdienstausfalls** sind Insolvenzforderungen. Ein mehrmonatiger Gehaltsrückstand im Eröffnungsverfahren ist grundsätzlich ein wichtiger Grund i. S. d. §§ 626, 628 Abs. 2 BGB für eine Eigenkündigung des Arbeitnehmers.[9] Überschreiten die Gehaltsrückstände bereits bei Antragstellung den durch Insolvenzgeld gesicherten Dreimonatszeitraum, wird es für den Arbeitnehmer in den meisten Fällen sinnvoll sein, eine Eigenkündigung auszusprechen, um den Zeitraum seiner ungesicherten Arbeitsleistung gering zu halten. Der Verlust des Bestandsschutzes des § 613 a BGB wird in diesen Fällen das geringere Übel sein, da eine Fortführung mit dem Ziel einer übertragenden Sanierung in der Regel nicht erreicht werden kann, wenn das Insolvenzgeld bereits verbraucht ist. Der Arbeitnehmer kann den Verdienstausfall für den

---

[1] BAG ZInsO 2002, 1000.

[2] BAG ZInsO 2002, 1000.

[3] LAG München ZIP 2008, 35 ff., 35 f.

[4] OLG Frankfurt NZI 2004, 667 f., 667.

[5] BAG ZIP 2006, 1962 ff., 1963 f. mwN = NZI 2006, 716 ff., 718 mwN; LAG Köln ZIP 2005, 1605 f., 1606.

[6] BAG ZIP 2008, 374 ff., 376 mwN = BeckRS 2008, 50630 = EWiR 2008, 355 f., 356 m Anm. *Holzer.*

[7] BAG NZI 2003, 271 ff. = BAG ZIP 2003, 311 ff.; BAG ZIP 2003, 1260 ff., 1263.

[8] BAG = NZI 2003, 271 f. mwN = ZIP 2003, 311 ff. mwN.

[9] ArbG Bayreuth ZInsO 2002, 596.

Zeitraum von der außerordentlichen Kündigung bis zum Ablauf der Kündigungsfrist der nächstmöglichen ordentlichen Arbeitgeberkündigung verlangen.[1] Auf den Schadensersatzanspruch wegen des Verdienstausfalls nach § 628 Abs. 2 BGB und § 113 S. 3 hat sich der Arbeitnehmer dasjenige anrechnen zu lassen, was er anderweitig erwirbt bzw. unterlässt zu erwerben, § 254 BGB. Die Ermittlung des anderweitigen Verdienstes i. S. v. § 615 S. 2 BGB erfolgt nicht nach einzelnen Zeitabschnitten, sondern im Wege einer Gesamtberechnung, bei der die Vergütung für die infolge des Verzuges nicht geleisteten Dienste ermittelt wird und dieser Gesamtvergütung die in dieser Zeit anderweitig erworbenen Vergütungen gegenübergestellt werden.[2]

Der Insolvenzverwalter hat die Möglichkeit der Nachkündigung[3] des vor 17
Verfahrenseröffnung arbeitnehmer- oder arbeitgeberseitig gekündigtem Arbeitsverhältnisses, um so eine etwaige längere Kündigungsfrist abzukürzen und damit die Verdienstausfallzeit auf die Dreimonatsfrist des § 113 S. 2 zu beschränken. Die Nachkündigung ist keine unzulässige Wiederholungskündigung, da die Insolvenzeröffnung und das hierdurch eröffnete Sonderkündigungsrecht des § 113 S. 1 den bisherigen Kündigungssachverhalt ändert.[4]

Zinsforderungen aus rückständigem Arbeitsentgelt aus dem Zeitraum vor 18
der Stellung des Antrages auf Insolvenzgeld sind Insolvenzforderungen des Arbeitnehmers, die nicht auf die Bundesagentur für Arbeit übergegangen sind, da der Anspruchsübergang nach § 187 SGB III dem Wortlaut nach „Bezüge aus dem Arbeitsverhältnis", nur die aus dem Arbeitsverhältnis begründete Hauptforderung erfasst.[5] Zu den Bezügen aus dem Arbeitsverhältnis gehören auch Sonderzuwendungen wie beispielsweise das Urlaubsgeld, wenn es als urlaubsneutrale Jahressonderzahlung gewährt wird und der den Urlaubsgeldanspruch auslösende Stichtag innerhalb des Insolvenzgeldzeitraums liegt.[6] Bloße Fälligkeitsvereinbarungen ohne Veränderungen des Rechtsgrundes könne eine Stichtagsänderung und damit eine Änderung der zeitlichen Zuordnung nicht bewirken.[7]

g) Altersteilzeitverträge im Blockmodell sehen eine Arbeitsphase des 18a
Arbeitnehmers bei verringerter Vergütung und eine anschließende Freistellungsphase bei Fortzahlung der verringerten Vergütung vor. Der Arbeitgeber ist nach § 8 a AltTZG zur Insolvenzsicherung des Entgelts nebst den Sozialversicherungsbeiträgen verpflichtet. Die Entgeltansprüche aus einem Altersteilzeitvertrag, die im Blockmodell erbracht werden, werden nach dem Zeitpunkt der Erbringung der Arbeitsleistung abgegrenzt. Ist die Arbeitsphase vor Insolvenzeröffnung abgeschlossen worden, so ist in diesem Zeitraum auch die Arbeitsleistung der anschließenden Freistellungsphase erbracht worden, mit der Folge, dass die Entgeltansprüche der Freistellungsphase Insolvenzforderungen darstellen.[8] Wird das Insolvenzverfahren während der Arbeitsphase eröffnet, sind die nach Eröffnung

[1] ArbG Bayreuth ZInsO 2002, 596 mwN; LAG Hamm ZInsO 2007, 837 ff., 838 mwN.
[2] BAG ZIP 2006, 1312 ff., 1314 mwN.
[3] Siehe Kommentierung zu § 113 Rn. 14.
[4] BAG ZIP 2003, 1670 f., 1671.
[5] ArbG Frankfurt (Oder)., ZInsO 2002, 93 mwN.
[6] BSG ZIP 2006, 1882 ff., 1883 mwN.
[7] BSG ZIP 2006, 1882 ff., 1884.
[8] BAG, Urteil vom 23. 2. 2005, 10 AZR 600/03 (juris); BAG ZIP 2005, 457 ff., 459 mwN; BAG DZWIR 2005, 428 ff., 429 f.; BAG BeckRS 2009, 55853.

entstandenen Entgeltansprüche Masseforderungen nach § 55 Abs. 1 Ziff. 2.[1] Die Vergütung der Freistellungsphase ist nach der Auffassung des BAG „spiegelbildlich" zu dem Zeitraum der Arbeitsphase auszuzahlen, in dem sie verdient wurde.[2]

Wird der Betrieb aus der Insolvenz erworben, so haftet der Erwerber nur für das Entgelt, das spiegelbildlich für die Vorleistung geschuldet wird, welche der Arbeitnehmer während der nach Insolvenzeröffnung noch andauernden Arbeitsphase erbringt. Ist die Arbeitsphase vor Insolvenzeröffnung abgeschlossen, haftet der Erwerber demnach nicht für die restlichen Vergütungsansprüche des Altersteilzeitarbeitnehmers während der Freistellungsphase.[3]

h) Ersatzvornahmekosten bei vertretbaren Handlungen

19 Praxisrelevant sind insbesondere Kostentragungsfälle für Beseitigungskosten, die der IX. Senat des BGH massefreundlich entschieden hat.[4]

So entschied der BGH in Abweichung von seiner früheren Rechtsprechung,[5] dass der Herausgabeanspruch des Vermieters nach § 556 Abs. 1 BGB aF[6] nur im selben Umfang ein Aussonderungsrecht nach § 47 begründet wie § 985 BGB und mit der Verschaffung der Sachherrschaft als solcher erfüllt ist.[7] Kosten, die im Zusammenhang mit der Erfüllung des Besitzverschaffungsanspruchs anfallen, sind daher als Masseverbindlichkeiten gem. § 55 Abs. 1 Ziff. 1 zu begleichen. Der BGH trennt die Anspruchsfolgen des mietvertraglichen Herausgabeanspruchs in den Besitzverschaffungsanspruch und in den Räumungs- und Wiederherstellungsanspruch. Begründet wird dies damit, dass §§ 105 Abs. 2, 105 die Teilbarkeit der Ansprüche aus dem Mietverhältnis hervorheben.[8]

20 Bei der weitergehenden Räumungs- und Wiederherstellungspflicht des Mieters, den Gegenstand im vertragsgemäß geschuldeten Zustand zurückzugeben, bildet die Insolvenzeröffnung eine Zäsur.[9] Der Räumungs- und Wiederherstellungsanspruch des Vermieters ist Insolvenzforderung gem. § 38, soweit der vertragswidrige Zustand bereits zum Zeitpunkt der Insolvenzeröffnung bestanden hat, da andernfalls der Inhaber des schuldrechtlichen Herausgabeanspruchs besser stünde als der Inhaber des dinglichen Herausgabeanspruchs.[10] Setzt der Insolvenzverwalter das Mietverhältnis fort und kündigt erst nach der Insolvenzeröffnung, so trägt der Vermieter – der einen ungekürzten Wiederherstellungsanspruch als Masseverbindlichkeit geltend macht – die Beweislast dafür, dass die nachteilige Veränderung der Mietsache nach der Eröffnung des Insolvenzverfahrens einge-

---

[1] BAG ZIP 2005, 457 ff., 458 f.; BAG ZIP 2005, 873 ff., 874 = NZI 2005, 408 ff., 408.

[2] BAG ZIP 2005, 457 ff., 460.

[3] BAG NZA 2008, 705 ff., 708 ff. = EWiR 2008, 611 f., 611 f. m. Anm. *Lelley* und *Brier;* BAG BeckRS 2009, 55853 m. Anm. *Panzer,* FD-InsR 2008, 270638; aA Vorinstanz Hessisches Landesarbeitsgericht ZIP 2007, 391 ff.

[4] BGH ZIP 2001, 1469 ff. = WM 2001, 1574 ff.; s. auch *Scherer,* DZWIR 2002, 184 ff.; BGH ZInsO 2002, 524 ff. = ZIP 2002, 1043 ff.

[5] BGHZ 127, 156, 165 ff.

[6] § 546 Abs. 1 BGB nF ist wortgleichen Inhalts.

[7] BGH ZIP 2001, 1469 ff. = WM 2001, 1574 ff.

[8] BGH ZIP 2001, 1469, 1471 mwN = WM 2001, 1574 ff., 1576 mwN.

[9] BGH ZIP 2001, 1469, 1471 mwN = WM 2001, 1574 ff., 1576 mwN.

[10] BGH ZIP 2001, 1469, 1471 mwN = WM 2001, 1574 ff., 1576 mwN; OLG Celle BeckRS 2007, 12396 = BGH ZIP 2007, 1914 f., 1914 mwN.

treten ist.[1] Für nachteilige Veränderungen, die der Insolvenzverwalter nach Insolvenzeröffnung verursacht hat, ist der Insolvenzverwalter beseitigungspflichtig.[2] Die Erzielung einer bestmöglichen Gläubigerbefriedigung ist gem. § 1 S. 1 Ziel des Insolvenzverfahrens und hat Vorrang vor den Liquidationsaufgaben des Insolvenzverwalters.[3]

Die Höhe von Räumungskosten, insbesondere Entsorgungskosten, ist meistens 21
schwer einzuschätzen. Die Entscheidung des BGH, diese Kosten nicht der Masse zu belasten, schafft Klarheit bei der Entscheidung über die Eröffnungsfähigkeit des Verfahrens. Dem Vermieter ist anzuraten, zum Stichtag der Verfahrenseröffnung den Zustand des Mietgegenstandes zu dokumentieren, umso Veränderungen, die dem Verwalter zuzurechnen sind, beweisen zu können.

In einem weiteren Urteil entschied der IX. Senat des BGH, dass Beseitigungs- 22
ansprüche des Eigentümers in Bezug auf durch den Schuldner überbaute Flächen bzw. der Erwerbsanspruch auf die überbaute Fläche Insolvenzforderungen nach § 38 sind.[4] Die Inbesitznahme der störenden Sache nach § 148 durch den Insolvenzverwalter begründet keine Haftung der Insolvenzmasse für die Beseitigungskosten, da der Insolvenzverwalter damit die Sache noch nicht ohne Weiteres endgültig in die Insolvenzmasse integriere, sondern zunächst die Verwertbarkeit des Vermögenswertes prüft.[5] Der Insolvenzverwalter hat zwar mögliche Gefahren für oder durch die in seinem Besitz befindlichen Sachen abzuwenden, nicht aber allein auf Grund des Besitzes Pflichtverletzungen aus der Zeit vor der Insolvenzeröffnung für die von ihm verwaltete Masse auszugleichen.[6] Allenfalls wenn der Insolvenzverwalter die Sache für die Masse nutzt oder verwertet, kann durch sein Verhalten eine Masseverbindlichkeit ausgelöst werden.[7] Der BGH bestätigt, dass für die Einordnung des Beseitigungsanspruches als Insolvenzforderung nach § 38 oder als Masseverbindlichkeit nach § 55 Abs. 1 Ziff. 1 der Zeitpunkt des Entstehens der Störung und nicht der Zeitpunkt der Geltendmachung des Beseitigungsanspruchs maßgeblich ist.[8] Dem ist zu folgen. Andernfalls würden die übrigen Insolvenzgläubiger benachteiligt werden bzw. sich ein Widerspruch zum Haftungssystem der Insolvenzordnung ergeben, die eine Forderung dann als Insolvenzforderung einordnet, wenn der Schuldgrund vor der Verfahrenseröffnung gelegen hat.

Hat der Insolvenzverwalter nicht nur den allgemeinen sichernden Besitz gem. §§ 148, 80 Abs. 1 begründet, sondern die Mietsache durch Betriebsfortführung in die Insolvenzmasse integriert, kann sich der Insolvenzverwalter im Fall eines gegen ihn erwirkten rechtskräftigen Räumungsurteils seiner Räumungsverpflichtung nicht durch Freigabe der auf dem Grundstück befindlichen Gegenstände entledigen.[9] Steht durch rechtskräftiges Urteil fest, dass der Verwalter nicht nur

---

[1] BGH ZIP 2001, 1469, 1471 = WM 2001, 1574 ff., 1576.

[2] BGH ZIP 2001, 1469, 1471 mwN = WM 2001, 1574 ff., 1576 mwN.

[3] BGH ZIP 2001, 1469, 1471 = WM 2001, 1574 ff., 1576.

[4] BGH ZInsO 2002, 524 ff. InVo 2002, 444 ff.

[5] BGH DZWIR 2002, 199 ff.; ZInsO 2002, 524 ff., 525 mwN = InVo 2002, 444 ff., 446 mwN.

[6] BGH ZInsO 2002, 524 ff., 525 f. = InVo 2002, 444 ff., 447 mwN.

[7] BGH ZInsO 2002, 524 ff., 526 = InVo 2002, 444 ff., 446.

[8] BGH ZInsO 2002, 524 ff., 526 mwN = InVo 2002, 444 ff., 447 mwN.

[9] BGH ZIP 2006, 583 ff. = ZInsO 2006, 326 ff.; entgegen lautende Vorinstanz: OLG Stuttgart ZInsO 2005, 498 f. = DZWIR 2005, 345 ff. m. Anm. *Flitsch.*

die Herausgabe, sondern die Räumung schuldet, enthält er dem Vermieter die Mietsache vor, wenn er zwar dem Vermieter den Besitz überlässt, aber die zum Zwecke der Gebrauchsnutzung auf das Grundstück geschafften Sachen nicht entfernt.[1] Dies gilt auch in der Insolvenz des Mieters.[2] Durch die Freigabe kommt der Insolvenzverwalter seiner Räumungsverpflichtung ebenso wenig nach wie sich ein Mieter nicht durch Eigentumsaufgabe an den zurückgelassenen Sachen oder Übertragung auf einen Dritten von der Räumungsverpflichtung entziehen kann, da die negativen Veränderungen der Mietsache nach wie vor anhaften.[3] Kommt der Insolvenzverwalter der titulierten Räumungspflicht nicht nach, so begründen die Ersatzvornahmekosten Masseverbindlichkeiten nach § 55 Abs. 1 Nr. 1.

23 **i) Rückgriffsrechte** von Bürgen oder Mitverpflichteten sind unter Beachtung des § 44 Insolvenzforderungen, sofern der Drittschuldner die Verpflichtung vor Insolvenzeröffnung eingegangen ist, selbst wenn die den Rückgriff begründende Handlung erst nach der Insolvenzeröffnung vorgenommen wurde, da die Erfüllung einer Insolvenzforderung nicht das Entstehen einer sonstigen Masseverbindlichkeit zur Folge haben kann.[4]

j) Schuldbefreiungsansprüche

24 In der Insolvenz des **Befreiungsgläubigers** wandelt sich der Freistellungsanspruch in einen Zahlungsanspruch um, der in die Insolvenzmasse fällt,[5] siehe auch § 35 Rn. 40. Der Gläubiger der Freistellungsverbindlichkeit hat infolge der Insolvenz des Befreiungsgläubigers lediglich eine Insolvenzforderung.[6]

In der Insolvenz des **Befreiungsschuldners** stellt der Befreiungsanspruch eine aufschiebend bedingte Insolvenzforderung des Befreiungsgläubigers, bedingt durch die Erfüllung der gegenüber dem Dritten bestehenden Freistellungsverbindlichkeit dar, wenn der Dritte sich nicht am Insolvenzverfahren beteiligt.[7] Meldet der Befreiungsgläubiger den Befreiungsanspruch zur Insolvenztabelle an, ist der Anspruch bei seiner Berechtigung aufschiebend bedingt anzuerkennen. Ist der Befreiungsgläubiger zugleich Zahlungsschuldner einer vor der Insolvenzeröffnung entstandenen Zahlungsschuld gegenüber seinem Befreiungsschuldner, so scheidet eine Aufrechnung mit dem Befreiungsanspruch gegen die Geldschuld wegen der fehlenden Gleichartigkeit der Ansprüche aus.[8] Die fehlende Gleichartigkeit der Ansprüche kann auch nicht durch § 250 S. 2 BGB überwunden werden. Nach § 250 S. 2 BGB geht ein Befreiungsanspruch nach erfolglosem Ablauf der gesetzten Frist zur Vornahme der Befreiungshandlung in einen Geldanspruch über. Eine Anwendung des § 250 S. 2 BGB auf den Befreiungsanspruch in der Insolvenz des Befreiungsschuldners zur Herstellung einer Auf-

[1] BGH ZIP 2006, 583 ff., 584 mwN = ZInsO 2006, 326 ff., 327 mwN.
[2] BGH ZIP 2006, 583 ff., 584 mwN = ZInsO 2006, 326 ff., 327 mwN.
[3] BGH ZIP 2006, 583 ff., 584 mwN = ZInsO 2006, 326 ff., 327.
[4] HK-*Eickmann,* InsO, § 38 Rn. 20; BGH WM 2008, 260 = ZIP 2008, 183 = BeckRS 2008, 00812 m. Anm. *Bäuerle,* FD-InsR 2008, 251331.
[5] St. Rspr., vgl. RGZ 93, 209 ff., 212; RGZ 139, 315 ff., 321; BGH KTS 1981, 240 ff., 241; BGH ZIP 1993, 1656, 1658 mwN.
[6] BGH ZIP 1993, 1656, 1658; OLG Frankfurt ZInsO 2005, 1274 ff., 1276 f. mwN.
[7] Vgl. BAG NJW 1975, 2359 (Leitsatz) = KTS 1976, 140 ff., 143.
[8] RGZ 158, 10; BGHZ 12, 136, 144; BGHZ 25, 1 ff., 6 ff.; BGHZ 35, 317, 325 f.; BGHZ 47, 157, 166 f.

rechnungslage scheidet aus, da §§ 94 ff. ein bereits zum Zeitpunkt der Insolvenzeröffnung anfechtungsfest bestehendes Aufrechnungsrecht bzw. Aufrechnungslagen aus der Zeit nach der Eröffnung des Insolvenzverfahrens, auf deren Eintritt der Insolvenzgläubiger ausnahmsweise vertrauen darf, erhalten sollen.[1] Fallgestaltungen, bei denen eine Aufrechnung nach den Grundsätzen des Schuldrechts nicht besteht, gehören nicht dazu, da eine solche Ausweitung der Aufrechnungsmöglichkeit dem Grundsatz der Gläubigergleichbehandlung widerspricht.[2]

Eine Aufrechnung wäre jedoch dann unter Beachtung der §§ 94 ff. möglich, wenn der Befreiungsgläubiger die Freistellungsverbindlichkeit durch Zahlung an den Dritten ablöst.[3] 25

Der Befreiungsanspruch wandelt sich dann in einen Erstattungsanspruch in Geld um,[4] mit dem der Befreiungsgläubiger seine Zahlungsschuld aufrechnen kann. Es ist erforderlich und ausreichend, wenn die Gleichartigkeit im Zeitpunkt der Aufrechnungserklärung vorliegt.[5] Der Befreiungsgläubiger kann auf diese Weise wenigstens seine Verbindlichkeit gegenüber dem insolventen Befreiungsschuldner, soweit sich diese Forderung und der Erstattungsanspruch der Höhe nach gegenüberstehen, zum Erlöschen bringen, da er andernfalls für seinen Erstattungsanspruch lediglich die Insolvenzquote erhalten würde, seine Verbindlichkeiten gegenüber dem insolventen Befreiungsschuldner jedoch in vollem Umfang zur Insolvenzmasse entrichten müsste. 26

k) Steuerforderungen

Die Steuerschuld entsteht mit der Verwirklichung des Tatbestandes, an den die Steuer geknüpft ist, § 38 AO. Liegt dieser vor der Insolvenzeröffnung ist die Steuerschuld i. S. d. § 38 InsO begründet. Zu den als Masseverbindlichkeiten begründeten Steuerforderungen siehe § 55 Rn. 16 ff. Schließlich ist noch die Fälligkeit zu unterscheiden, § 220 AO. Gleiches gilt für Abgabenforderungen.[6] 27

Nach Eröffnung eines Insolvenzverfahrens darf das Finanzamt vorinstanzliche Steuerforderungen nicht mehr festsetzen und Feststellungsbescheide nicht mehr erlassen, in den Besteuerungsgrundlagen festgestellt oder festgesetzt werden, die die Höhe der zur Insolvenztabelle anzumeldenden Steuerforderungen beeinflussen könnte.[7] Dies gilt auch für Besteuerungsgrundlagen, die einheitlich oder gesondert festzustellen sind.[8] Ergeht trotzdem ein Steuerbescheid über eine vorinstanzliche Steuerforderung, so ist der Steuerbescheid nichtig.[9] Zur Klarstellung ist ein Einspruch gegen den Steuerbescheid empfehlenswert. Steuererstattungsbescheide für Besteuerungszeiträume vor Verfahrenseröffnung dürfen jedoch ergehen.[10] 27a

aa) Bei **Umsatzsteuerforderungen** ist nach der Art der Besteuerung zu differenzieren. Bei Ist-Versteuerung entsteht die Insolvenzforderung steuerlich 28

---

[1] BGH ZIP 2005, 1559 ff., 1561 mwN.

[2] BGH ZIP 2005, 1559 ff., 1561 mwN.

[3] *Bischof,* ZIP 1984, 1444, 1447; *Trinkl,* NJW 1968, 1077 f.

[4] RGZ 93, 209 ff., 212; RGZ 139, 315 ff., 321; BGHZ 7, 244 ff., 247; BGHZ 12, 136 ff., 141.

[5] BGHZ 12, 136 ff., 144.

[6] OVG Weimar ZIP 2007, 880 ff., 881.

[7] BFH NZI 2003, 456 f.

[8] BFH ZIP 2004, 2392 ff., 2393 ff. = BFH ZInsO 2005, 97 ff., 98 ff.

[9] BFH DB 1978, 823; aA BSG NJW 1990, 2708.

[10] BGH DStR 2009, 1644 ff., 1645 mwN.

mit Ablauf des Voranmeldungszeitraumes, in dem das zu besteuernde Entgelt vereinnahmt worden ist, bei Soll-Besteuerung mit Ablauf des Voranmeldungszeitraumes, in dem die zu besteuernde Leistung erbracht wurde.[1] Wird der Umsatz vor Insolvenzeröffnung ausgeführt, ist die Umsatzsteuerverbindlichkeit eine Insolvenzforderung, andernfalls bei der Ausführung des Umsatzes nach Insolvenzeröffnung eine Masseverbindlichkeit.[2] Das Finanzamt kann die für den Besteuerungszeitraum berechnete Umsatzsteuer nach § 16 Abs. 2 S. 1 UStG mit den Vorsteuerbeträgen dieses Zeitraums verrechnen. Die Vorsteuervergütung wird das Finanzamt in dem Zeitpunkt zur Insolvenzmasse schuldig i. S. d. § 96 Abs. 1 Nr. 1, in dem ein anderer Unternehmer an den Schuldner eine zum Vorsteuerabzug berechtigende Lieferung oder Leistung erbringt.[3]

29 **bb) Einkommenssteuerforderungen** und **Körperschaftssteuerforderungen.** Die Steuerschuld entsteht mit dem Ablauf des Veranlagungszeitraumes, der bei beiden Steuerarten ein Jahr beträgt.[4] Eine gesonderte Festsetzung ist nicht vorgesehen; der Schuldner wird trotz der Eröffnung des Insolvenzverfahrens einheitlich veranlagt.[5] Wegen der Abgrenzung von Insolvenz- und Masseforderungen ist diese Abgrenzung zwischen Einkünften, die vor und nach der Insolvenzeröffnung erzielt worden sind, vorzunehmen.[6]

30 **cc) Lohnsteuerforderungen** sind auch bei nicht vollständiger Erfüllung des Arbeitnehmeranspruchs Insolvenzforderungen, sofern der Brutto-Lohnanspruch vor Eröffnung entstanden ist.[7]

31 **l) Schadensersatzansprüche** aus **gesetzlichen Schuldverhältnissen** entstehen mit der vollen Verwirklichung der haftungsbegründenden Kausalität; Schadensersatzansprüche aus **vertraglichen Schuldverhältnissen** sind Insolvenzforderungen, wenn das Schuldverhältnis bereits vor Verfahrenseröffnung bestand.[8]

32 Vor dem Zeitpunkt der Insolvenzeröffnung entstandene Schadensersatzansprüche aus vorsätzlich begangener unerlaubter Handlung begründen Insolvenzforderungen und werden auch dadurch nicht nach § 89 Abs. 2 Satz 2 privilegiert, dass der Gläubiger auf die Teilnahme am Insolvenzverfahren verzichtet.[9] Die Vollstreckungsprivilegierung gilt nur für nach Insolvenzeröffnung entstandene Ansprüche aus vorsätzlicher unerlaubter Handlung.[10]

33 **Europarechtlich begründete Rückforderungsansprüche** wegen rechtswidrig geleisteten Beihilfen sind auf Grund des Anwendungsvorrangs der Normen des Europarechts, Art. 24 Abs. 1 GG,[11] Insolvenzforderungen gem. § 38, selbst wenn der europarechtswidrigen Beihilfe ein kapitalersetzendes Darlehen zugrunde liegt. Zur Beseitigung der mit der rechtswidrigen Beihilfe verbundenen

---

[1] *Gottwald,* InsHdb., § 123 Rn. 5.

[2] *Gottwald,* InsHdb., § 123 Rn. 6.

[3] BFH NZI 2005, 276 ff., 277 mwN. m. Anm. *App* = BFH EWiR 2005, 475 f. *(Onusseit),* BFH ZIP 2007, 490 ff., 491 mwN.

[4] *Nerlich/Römermann/Andres,* InsO, § 38 Rn. 16 mwN.

[5] *Gottwald,* InsHdb., § 121 Rn. 4.

[6] BFH ZIP 1994, 1286 ff.

[7] BFH BB 1975, 1047 f.

[8] *Häsemeyer,* Insolvenzrecht, S. 344 f. Rn. 16.14, 16.15.

[9] OLG Zweibrücken NZI 2001, 423 f. mwN = ZInsO 2001, 625 f.

[10] OLG Zweibrücken NZI 2001, 423 f. mwN = ZInsO 2001, 625 f., 626.

[11] BVerfGE 73, 375; BVerfGE 75, 223, 244; BVerfGE 85, 191, 204.

Wettbewerbsverzerrung wird der Mitgliedsstaat durch die Entscheidung der Kommission verpflichtet, die Beihilfe effektiv und unverzüglich zurückzufordern, so dass eine Einordnung als nachrangige Insolvenzforderung gem. § 39 Abs. 1 Nr. 5 nicht in Betracht kommt.[1]

§ 39 Nachrangige Insolvenzgläubiger

(1) **Im Rang nach den übrigen Forderungen der Insolvenzgläubiger werden in folgender Rangfolge, bei gleichem Rang nach dem Verhältnis ihrer Beträge, berichtigt:**

1. **die seit der Eröffnung des Insolvenzverfahrens laufenden Zinsen und Säumniszuschläge auf Forderungen der Insolvenzgläubiger;**
2. **die Kosten, die den einzelnen Insolvenzgläubigern durch ihre Teilnahme am Verfahren erwachsen;**
3. **Geldstrafen, Geldbußen, Ordnungsgelder und Zwangsgelder sowie solche Nebenfolgen einer Straftat oder Ordnungswidrigkeit, die zu einer Geldzahlung verpflichten;**
4. **Forderungen auf eine unentgeltliche Leistung des Schuldners;**
5. **nach Maßgabe der Absätze 4 und 5 Forderungen auf Rückgewähr eines Gesellschafterdarlehens oder Forderungen aus Rechtshandlungen, die einem solchen Darlehen wirtschaftlich entsprechen.**

(2) **Forderungen, für die zwischen Gläubiger und Schuldner der Nachrang im Insolvenzverfahren vereinbart worden ist, werden im Zweifel nach den in Absatz 1 bezeichneten Forderungen berichtigt.**

(3) **Die Zinsen der Forderungen nachrangiger Insolvenzgläubiger und die Kosten, die diesen Gläubigern durch ihre Teilnahme am Verfahren entstehen, haben den gleichen Rang wie die Forderungen dieser Gläubiger.**

(4) **Absatz 1 Nr. 5 gilt für Gesellschaften, die weder eine natürliche Person noch eine Gesellschaft als persönlich haftenden Gesellschafter haben, bei der ein persönlich haftender Gesellschafter eine natürliche Person ist. Erwirbt ein Gläubiger bei drohender oder eingetretener Zahlungsunfähigkeit der Gesellschaft oder bei Überschuldung Anteile zum Zweck ihrer Sanierung, führt dies bis zur nachhaltigen Sanierung nicht zur Anwendung von Absatz 1 Nr. 5 auf seine Forderungen aus bestehenden oder neu gewährten Darlehen oder auf Forderungen aus Rechtshandlungen, die einem solchen Darlehen wirtschaftlich entsprechen.**

(5) **Absatz 1 Nr. 5 gilt nicht für den nicht geschäftsführenden Gesellschafter einer Gesellschaft im Sinne des Absatzes 4 Satz 1, der mit 10 Prozent oder weniger am Haftkapital beteiligt ist.**

Übersicht

[1] BGH WM 2007, 1749 ff., 1752 = ZIP 2007, 1760 ff., 1762 f. = EWiR 2008, 25 f., 26 m. Anm. *Henkel* und *Mock* = FD-InsR 2007, 241899 m. Anm. *Tashiro* und *Schröder.*

1. Normzweck

1 Es ist sachgerecht, einen verbliebenen Überschuss nicht an den Schuldner herauszugeben, bevor nicht die im Verfahren aufgelaufenen Zins- und Kostenforderungen, Geldstrafen, Forderungen auf unentgeltliche Leistungen, Forderungen auf Rückgewähr kapitalersetzender Darlehen und Forderungen aus Rangrücktrittserklärungen getilgt sind.[1] Da diese Forderungen erst bedient werden, wenn die übrigen Forderungen der Insolvenzgläubiger vollständig befriedigt sind, dürfte § 39 selten, am ehesten noch bei Nachlassinsolvenzen, die oftmals verkappte Erbauseinandersetzungen sind, praktische Bedeutung erlangen.

2. Verfahrensrechtliche Besonderheiten

2 Das Insolvenzgericht soll sich nur dann mit den nachrangigen Forderungen befassen müssen, wenn ihm deren Bedienung wenigstens möglich erscheint. Die Anmeldung dieser Forderungen setzt deshalb im Interesse der Verfahrensbeschleunigung eine besondere Aufforderung durch das Gericht voraus, § 174 Abs. 3.[2] Im Gutachten zur Frage der Eröffnungsfähigkeit des Insolvenzverfahrens über das Vermögen des Schuldners sollte daher ausdrücklich Stellung genommen werden, ob mit einer Befriedigung nachrangiger Insolvenzforderungen zu rechnen ist. Ist eine Bedienung der nachrangigen Forderungen möglich, hat das Insolvenzgericht die Gläubiger zur Anmeldung für Forderungen im Rang nach den Forderungen nach § 39 Abs. 1 aufzufordern[3]. Wird vom Gläubiger eine nachrangige Insolvenzforderung zur Tabelle angemeldet, ohne dass das Insolvenzgericht nach § 174 Abs. 3 dazu aufgefordert hatte, so ist diese Anmeldung durch Beschluss des Insolvenzgerichts, der dem Anmelder nach § 8 zuzustellen ist, als unzulässig zurückzuweisen.[4] Als Rechtsbehelf gegen diesen Beschluss steht dem Gläubiger die sofortige Erinnerung nach §§ 11 Abs. 1, Abs. 2 RPflG, § 6 Abs. 1 zu.[5] Meldet ein Gläubiger eine nachrangige Insolvenzforderung mit der Begründung an, es handele sich um eine Insolvenzforderung gem. § 38, so ist die Anmeldung zwar zulässig, aber unbegründet und vom Insolvenzverwalter im Prüfungstermin zu bestreiten.[6] In der Gläubigerversammlung sind nachrangige Gläubiger nicht stimmberechtigt, § 77 Abs. 1 S. 2.

[1] Vgl. Begründung zu § 46 RegE, abgedruckt bei *Balz/Landfermann,* § 39, S. 254.
[2] Vgl. Begründung zu § 46 RegE, abgedruckt bei *Balz/Landfermann,* § 39, S. 254.
[3] AG Halle-Saalkreis DZWIR 2002, 348 f.
[4] *Eckardt,* in Kölner Schrift, S. 755 Rn. 23.
[5] *Eckardt,* in Kölner Schrift, S. 755 ff. Rn. 23.
[6] *Eckardt,* in Kölner Schrift, S. 751 Rn. 15.

3. Die unterschiedlichen Rangklassen

§ 39 Abs. 1 enthält fünf verschiedene Rangklassen. Im Verhältnis der einzelnen Gruppen untereinander gilt, dass nachfolgende Gruppen erst dann befriedigt werden, wenn die Forderungen der Gläubiger der vorgehenden Gruppe vollständig befriedigt worden sind. Eine Änderung der Reihenfolge ist nicht zulässig.[1] 3

Innerhalb der einzelnen Gruppe erfolgt die Befriedigung, wenn sie nicht vollständig möglich ist, im Verhältnis der Forderungsbeträge.[2] 4

a) Zinsen

Nachrangig sind nach § 39 Abs. 1 Ziff. 1 Zinsforderungen der Insolvenzgläubiger. Unter diese Norm fallen sowohl gesetzliche Zinsen als auch vertraglich geschuldete Zinsen, wobei bei Kontokorrentabreden deren Erlöschen gem. §§ 116 S. 1, 115 S. 1 mit der Eröffnung des Insolvenzverfahrens zu beachten ist,[3] so dass ab diesem Zeitpunkt nur noch die gesetzlichen Zinsen aus § 246 BGB oder ggf. aus § 352 HGB geschuldet werden.[4] Aus dem Wortlaut des § 39 Abs. 1 Ziff. 1 ergibt sich, dass nur die Zinsen ab Eröffnung des Insolvenzverfahrens nachrangig sind; Zinsen, die vor der Verfahrenseröffnung entstanden sind, sind Insolvenzforderungen nach § 38. 5

Nach § 50 Abs. 1 gilt § 39 Abs. 1 Ziff. 1 nicht für die **dinglichen Zinsen** der absonderungsberechtigten Gläubiger. Diese können daher den Erlös aus der Verwertung des Absonderungsgutes trotz § 39 Ziff. 1, 2 zunächst auf Zinsen und Kosten verrechnen und sodann mit ihrem Ausfall als Insolvenzgläubiger am Insolvenzverfahren teilnehmen.[5] Auch die während des Insolvenzverfahrens entstandenen Zinsen und Kosten können aus dem Verwertungserlös mit Wirkung für die Berechnung der Ausfallforderung befriedigt werden.[6] Diese Rechtsprechung ist nicht durch die Einführung der Insolvenzordnung überholt. Nach § 4 Abs. 2 KO erfolgte die abgesonderte Befriedigung unabhängig vom Konkursverfahren, so dass die verfahrensrechtlichen Vorschriften über die Geltendmachung von Konkursforderungen keine Anwendung fanden. § 63 Nr. 1 KO, wonach die seit Eröffnung laufenden Zinsen im Konkursverfahren nicht geltend gemacht werden konnten, bezog sich daher nicht auf Absonderungsrechte.[7] Seit Inkrafttreten der Insolvenzordnung sind nach § 49 absonderungsberechtigte Gläubiger, denen ein Recht auf Befriedigung aus Gegenständen zusteht, die der Zwangsvollstreckung in das unbewegliche Vermögen unterliegen, nach Maßgabe des ZVG zur abgesonderten Befriedigung berechtigt, so dass nach § 109 Abs. 1 ZVG zunächst die Kosten des Zwangsverwaltungs- oder Versteigerungsverfahrens aus dem Verwertungserlös beglichen werden und im Übrigen die Befriedigung in der Rangfolge der §§ 10 ff. ZVG erfolgt. Für Absonderungsrechte an unbeweglichen Gegenständen ergibt sich daher auch nach der Insolvenzordnung keine Abweichung zur bisherigen Rechtslage. 6

---

[1] *Kübler/Prütting/Bork/Preuß,* InsO, § 39 Rn. 6 mwN.
[2] *Kübler/Prütting/Bork/Preuß,* InsO, § 39 Rn. 7 mwN.
[3] Vgl. *Baumbach/Hopt,* HGB, § 355 HGB Rn. 23 mwN.
[4] *Hess,* InsO, § 39 Rn. 28 mwN.
[5] Vgl. Begründung zu § 57 RegE, abgedruckt bei *Balz/Landfermann,* § 50, S. 262.
[6] Vgl. BGH ZIP 1997, 120 f. = BGHZ 134, 195 ff., 197 ff.
[7] BGH ZIP 1997, 120 mwN.

7 **Vorfälligkeitsentschädigungen** unterfallen nicht dem Anwendungsbereich des § 39 Abs. 1 Ziff. 1, da diese den entgangenen Gewinn darstellen, der vom Schadensersatzanspruch gem. § 252 BGB wegen der Nichterfüllung der Hauptleistungspflicht umfasst wird.[1]

8 **Säumniszuschläge** sind durch das Gesetz zur Vereinfachung des Insolvenzverfahrens vom 13. April 2007 ausdrücklich in § 39 Abs. 1 Ziff. 1 aufgenommen worden. In der Praxis unterscheiden die Sozialversicherungsträger oftmals nicht zwischen Säumniszuschlägen auf als Masseverbindlichkeiten zu begleichende Beitragsforderungen und Säumniszuschlägen auf als Insolvenzforderungen zu begleichende Beitragsforderungen.[2]

9 Erstere sind vom Insolvenzverwalter als Masseverbindlichkeiten nach § 55 zu begleichen.[3] Soweit Masseunzulänglichkeit vorliegt und der Insolvenzverwalter einen Erlassantrag stellt, steht es im pflichtgemäßen Ermessen des Sozialversicherungsträgers, die Säumniszuschläge zu erlassen, wobei regelmäßig 50% des Säumniszuschlages zu erlassen sind.[4] Im Übrigen ist das Ermessen dergestalt auszuüben, dass der Säumniszuschlag entsprechend der zu erwartenden Insolvenzquote reduziert wird und ggf. gänzlich niedergeschlagen wird, falls im konkreten Insolvenzverfahren mit keiner Ausschüttung auf die Insolvenzforderungen zu rechnen ist, da in diesen Fällen die Druckmittelfunktion des Säumniszuschlags vollständig entfällt.[5]

10 Nach Verfahrenseröffnung anfallende Säumniszuschläge auf Beitragsforderungen, die Insolvenzforderungen darstellen, sind nachrangige Forderungen i. S. d. § 39 Abs. 1 Nr. 1.[6] Die Auffassung des LSG Niedersachsen,[7] dass Säumniszuschläge auf die Beitragsforderung sowohl für den Zeitraum vor als auch nach Insolvenzeröffnung eine Insolvenzforderung nach § 38 seien, ist unzutreffend und verkennt die Abhängigkeit des Entstehens des Säumniszuschlages von der Beitragsforderung. Dem Säumniszuschlag kommt die gleiche rechtliche Qualität zuteil wie der Beitragsforderung selbst. Leistungsbescheide für Säumniszuschläge auf Insolvenzforderungen sind unzulässig.[8] Mit Leistungsbescheiden kann die öffentliche Hand nach Eröffnung des Insolvenzverfahrens nur Masseforderungen geltend machen.[9] Zur Vermeidung des Eintritts der Rechtskraft ist gegen den Leistungsbescheid Widerspruch einzulegen. Stellt der Sozialversicherungsträger die nachrangige Forderung im Wege des Feststellungsbescheides fest, hat der Insolvenzverwalter gegen den Feststellungsbescheid Widerspruch einzulegen. Wird der Widerspruch vom Sozialversicherungsträger dann durch Bescheid nach § 28 h Abs. 2 SGB IV zurückgewiesen, kann der Insolvenzverwalter vor dem Sozialgericht gegen den Widerspruchsbescheid Klage erheben, um den Eintritt der Rechtskraft zu verhindern.[10]

---

[1] Hanseatisches OLG DZWIR 2003, 79 ff. m. Anm. *Flitsch/Reus.*

[2] Siehe *Zimmermann,* ZInsO 2001, 495 ff., 495.

[3] *Klagemann,* EWiR 2000, 309, 310 mwN; BSG ZIP 1988, 662; BSG ZIP 1999, 887 ff.

[4] BSG ZIP 1999, 887 ff., 889.

[5] *Zimmermann,* ZInsO 2001, 495 ff., 496.

[6] SG Köln ZInsO 2001, 631 f. = ZIP 2001, 1162 ff., 1163; BSG ZIP 2004, 521 ff., m. Anm. *Mitlehner* = ZInsO 2004, 350 ff.

[7] LSG Niedersachsen ZInsO 2003, 87 ff. = NZI 2003, 227 f.

[8] *Zimmermann,* ZInsO 2001, 495 ff., 497.

[9] BVerwG ZInsO 2003, 709 ff., 708 mwN.

[10] *Zimmermann,* ZInsO 2001, 495 ff., 497 mwN.

Steuersäumniszuschläge gem. § 152 AO der Finanzverwaltung sind Insolvenzforderungen nach § 38, soweit die Festsetzung des Säumniszuschlags vor Verfahrenseröffnung erfolgt ist.[1] Erfolgt die Erhebung nach Insolvenzeröffnung, liegt eine nachrangige Forderung gem. § 39 Abs. 1 Ziff. 1 vor, weswegen Forderungsfeststellungsbescheide des Finanzamts gem. § 251 Abs. 3 AO i. V. m. § 179 Abs. 1 rechtswidrig sind.[2] 11

b) Verfahrenskosten

Unter § 39 Abs. 1 Ziff. 2 fallen alle Kosten, die dem Insolvenzgläubiger durch die Teilnahme am Insolvenzverfahren entstanden sind (Gerichtsgebühren, Vertreterkosten, Aufwendungen zu Fahrten und Übernachtungen, etc.). Für Verfahrenskosten in Bezug auf ein Absonderungsrecht siehe Rn. 6. 12

c) Geldstrafen u. a.

Von § 39 Abs. 1 Ziff. 3 werden die im Gesetz einzeln aufgezählten finanziellen Sanktionen erfasst. Geldstrafen sind nachrangige Insolvenzforderungen gem. § 39 Abs. 1 Nr. 3. Ist die Geldstrafe uneinbringlich, ist die Vollstreckung durch Anordnung und Vollziehung einer Ersatzfreiheitsstrafe gem. § 43 S. 1 StGB i. V. m. § 459 e Abs. 2 StPO während des Insolvenzverfahrens zulässig,[3] da sich aus § 39 Abs. 1 Nr. 3 kein allgemeiner Vorrang des Insolvenzrechts vor dem Strafvollstreckungsrecht ergibt, da andernfalls die Geldstrafe ihren pönalen Charakter verlöre, wenn sie den Schuldner nicht mehr persönlich, sondern dessen Insolvenzgläubiger belasten würde.[4] Erfolgt die Bezahlung der Geldstrafe aus neu erworbenen pfändbaren Vermögenswerten, die gem. § 35 f. der Masse zuzuordnen sind, gefährdet der Schuldner die Erteilung der Restschuldbefreiung.[5] Will sich der Schuldner die Möglichkeit der Erteilung der Restschuldbefreiung erhalten, sollte er die Geldstrafe aus dem pfändungsfreien Vermögen erbringen.[6] Besondere persönliche Härten können durch Ratenzahlung aus Mitteln des pfändungsfreien Vermögens oder Ableistung gemeinnütziger Arbeit zur Abwendung der Ersatzfreiheitsstrafe gem. Art. 293 EStG vermieden werden.[7] 13

Auf **strafprozessuale Arreste** findet die Norm insoweit keine Anwendung, als bereits ein wirksames Pfändungspfandrecht für diese staatlichen Ansprüche auf Grund eines strafprozessualen Arrests besteht.[8] Der Arrestgläubiger hat im Falle

[1] BFH ZInsO 2005, 494 f., 494.

[2] BFH ZInsO 2005, 494 f., 494; *Buhmann/Woldrich,* ZInsO 2004, 1238 ff., 1239; wegen der Druckmittelfunktion des Säumniszuschlags ordnete der BFH und *Buhmann/Woldrich* „die Säumniszuschläge" bei § 39 Abs. 1 Ziff. 3 ein. Der Gesetzgeber beendete den Streit um die Einordnung der Säumniszuschläge durch das Gesetz zur Vereinfachung des Insolvenzverfahrens vom 13. 4. 2007, indem er die Säumniszuschläge ausdrücklich in § 39 Abs. 1 Ziff. 1 aufnahm.

[3] BVerfG NZI 2006, 711 mwN = ZVI 2007, 23 ff., 24 f.; LG Frankfurt NZI 2006, 714 mwN.

[4] BVerfG NZI 2006, 711 f., 711 mwN = ZVI 2007, 23 ff., 24 f.; LG Frankfurt NZI 2006, 714.

[5] *Pape,* ZVI 2007, 7 ff., 8 mwN.

[6] *Pape,* ZVI 2007, 7 ff., 8 mwN.

[7] BVerfG NZI 2006, 711 f., 712 = ZVI 2007, 23 ff., 24 f.; LG Frankfurt NZI 2006, 714 mwN; *Pape,* ZVI 2007, 7 ff., 8.

[8] OLG Köln ZIP 2004, 2013 ff., 2015 mwN.

eines wirksamen anfechtungsfesten Pfändungsrechts ein Absonderungsrecht gem. § 50 Abs. 1 erlangt.

Weiter ist § 39 Abs. 1 Ziff. 3 nicht auf die mit der Strafverfolgung verbundenen Kosten anwendbar, da sie nicht vom Verschulden, sondern vom Verfahrensaufwand abhängig sind und damit selbstständige Aufwendungserstattungsansprüche für die staatliche Strafverfolgung darstellen.[1] Werden die Strafverfolgungskosten dem Schuldner auferlegt, stellen sie daher Insolvenzforderungen gem. § 38 dar.[2] Entsprechendes gilt für die Kosten des Verwaltungsverfahrens bei der Ahndung von Ordnungswidrigkeiten, da auch die Verwaltungskosten keine Nebenfolge der Ordnungswidrigkeit darstellen, sondern einen Aufwendungserstattungsanspruch begründen.[3]

d) Unentgeltliche Leistungen

14 Nachrangig nach § 39 Abs. 1 Ziff. 4 sind Ansprüche auf unentgeltliche Zuwendungen gegen den Schuldner.[4] Die Begründung eines selbstständigen Schuldversprechens, eines Anerkenntnisses oder die Wechselbegebung befreit nicht von der Bewertung als unentgeltliche Leistung.[5] Eine Gewinnzusage nach § 661 a BGB ist ein Anspruch auf eine unentgeltliche Leistung iSd. § 39 Abs. 1 Nr. 4.[6] An der Unentgeltlichkeit fehlt es allerdings, wenn eine gesetzliche Leistungspflicht, beispielsweise die Unterhaltspflicht, besteht.[7] Für Ausstattungen ist § 1624 BGB zu beachten. Eine unentgeltliche Leistung liegt nur dann vor, wenn die Ausstattung die gewöhnlichen Verhältnisse des Zuwendenden übersteigt.[8]

e) Gesellschafterdarlehen

15 § 39 Abs. 1 Nr. 5 wurde durch das Gesetz zur Modernisierung des GmbH-Rechts und zur Bekämpfung von Missbräuchen (MoMiG),[9] welches zum 1. 11. 2008 in Kraft getreten ist, neu gefasst und der Themenbereich kapitalersetzende Gesellschafterleistungen durch Streichung der §§ 32 a, 32 b GmbHG durch Novellierung der §§ 19, 39, 44 a, 135 sachlich zutreffend in die Insolvenzordnung integriert.[10] § 39 Abs. 1 Nr. 5 ist auf alle Gesellschaftsformen ohne natürliche Person als persönlich haftenden Gesellschafter anwendbar, § 39 Abs. 4. Die Regelung findet auch auf entsprechende Auslandsgesellschaften Anwendung, wie beispielsweise auf die englische Limited mit Zweigniederlassung in Deutschland, wenn deren Insolvenz nach deutschem Recht abgewickelt wird, Art. 3 Abs. 1 iVm. Art. 4 Abs. 1 EUInsVO. Die Rechtsfigur des kapitalersetzenden Gesellschafterdarlehens ist aufgegeben worden. Jedes Gesellschafterdarlehen ist bei Eintritt der Insolvenz nachrangig. Durch die Formulierung „Forderungen aus Rechtshandlungen, die einem solchen Darlehen wirtschaftlich entsprechen" ist der bisherige § 32 a Abs. 3 S. 1 GmbHG inhaltlich übernommen worden und ist

---

[1] *Heinze,* ZVI 2006, 14 ff., 14 mwN.
[2] *Heinze,* ZVI 2006, 14 ff., 14.
[3] BVerfG ZVI 2007, 23.
[4] Z.B. Gewinne aus Gewinnspielen, OLG Karlsruhe ZInsO 2007, 551 f.
[5] HK-*Eickmann,* InsO, § 39 Rn. 10.
[6] BGH ZInsO 2008, 505 f., 505; BGH ZInsO 2009, 32 ff., 33.
[7] *Nerlich/Römermann/Andres,* InsO, § 39 Rn. 9.
[8] *Nerlich/Römermann/Andres,* InsO, § 39 Rn. 9.
[9] BGBl. I 2008 S. 2026.
[10] *Bork,* ZGR 2007, 250 ff. 252 mwN.

daher in diesem Sinne auszulegen.[1] Nachrangige Forderungen sind daher alle Rechtshandlungen, die eine Darlehensgewährung des Gesellschafters darstellen (Stundungen von Forderungen, Fälligkeitsvereinbarungen in Austauschverträgen), Nutzungsüberlassung durch den Gesellschafter sowie die Gewährung von Darlehen und Erbringung von Rechtshandlungen, die einem Darlehen wirtschaftlich entsprechen, durch Dritte.[2]

Ausnahmsweise ist die Forderung Insolvenzforderung gem. § 38, wenn der Gläubiger sich auf das Sanierungsprivileg des § 39 Abs. 4 oder das Kleinbeteiligtenprivileg berufen kann, wobei für das Kleinbeteiligtenprivileg die 10%-Grenze gilt. 16

Das Sanierungsprivileg ist aus § 32 a Abs. 3 S. 3 GmbHG inhaltlich übernommen worden, wobei der Sanierungsfall nicht mehr durch die „Krise“, sondern durch die „drohende oder eingetretene Zahlungsunfähigkeit“ und das Ende der Privilegierung durch die „nachhaltige Sanierung“ definiert wird.[3] Das Tatbestandsmerkmal „nachhaltige Sanierung“ ist ungeeignet, da es nur um den gescheiterten Sanierungsversuch gehen kann, da die Insolvenz der Gesellschaft die Voraussetzung der Nachrangigkeit der Gesellschafterdarlehen ist.[4] 17

Für Insolvenzverfahren, die vor dem Inkrafttreten des MoMiG eröffnet worden sind, ist für § 39 in der alten Fassung anzuwenden, Art. 103 d EGInsO.[5] 18

4. Vereinbarte Rangrücktritte

Die Parteien sind frei, zu vereinbaren, dass Forderungen einen schlechteren Rang erhalten sollen, als er ihnen nach den Normen der InsO zusteht. Dies gilt auch innerhalb der Klassen der nachrangigen Ansprüche; nur bessere Rangpositionen können nicht vereinbart werden.[6] 19

5. Weitere nachrangige Forderungen

a) Nachlassinsolvenzverfahren

Nach den Ansprüchen gem. § 39 Abs. 1, 2 folgen im Falle des Nachlassinsolvenzverfahrens die Forderungen in der nach § 327 normierten Rangfolge. 20

b) Versicherungsverein auf Gegenseitigkeit

In der Insolvenz des Versicherungsvereines auf Gegenseitigkeit schließen sich an die Forderungen des § 39 Abs. 1, 2 zunächst nach § 51 Abs. 1 S. 2 VAG die Versicherungsforderungen der Mitglieder des Versicherungsvereins aG an; letzt- 21

---

[1] FK-*Schumacher,* InsO, § 39 Rn. 10 b.

[2] FK-*Schumacher,* InsO, § 39 Rn. 10 b; *Bork,* ZGR 2007, 250 ff., 254.

[3] Die Kritik aus der Literatur am Referentenentwurf vom 29. 5. 2006 ist daher aufgenommen worden. Der Referentenentwurf ließ die Privilegierung bei Eintritt der „drohenden Zahlungsunfähigkeit“ beginnen und „bis zur Beseitigung der drohenden Zahlungsunfähigkeit“ andauern, so dass nicht erkennbar war, welche Auswirkungen der Eintritt der Zahlungsunfähigkeit haben sollte und die Beseitigung der drohenden Zahlungsunfähigkeit als Ende der Privilegierung zu kurz griff, da die Beendigung der drohenden Zahlungsunfähigkeit für sich allein genommen nicht eine durchgreifende Sanierung bedeuten muss. Vgl. zur Kritik am RefE *Bork,* ZGR 2007, 250 ff., 259 mwN.

[4] *Altmeppen,* NJW 2008, 3601 ff., 3605.

[5] Siehe dazu *Braun/Bäuerle,* InsO, 3. Aufl. 2007, § 39 Rn. 15 ff.

[6] HK-*Eickmann,* InsO, § 39 Rn. 13.

rangig sind dann die Ansprüche auf Tilgung des Gründungsstocks, § 22 VAG, zu befriedigen, § 51 Abs. 1 S. 1 VAG.

6. Zinsen und Kosten nachrangiger Gläubiger

22 Ist ein Gläubiger nach den vorstehenden Ausführungen Inhaber einer nachrangigen Forderung, so haben die Zinsen seiner Forderung den gleichen Rang wie die Forderung selbst, § 39 Abs. 3. Das Gleiche gilt für die diesen Gläubigern entstehenden Verfahrenskosten, die damit nicht unter § 39 Abs. 1 Ziff. 2 fallen.

§ 40 Unterhaltsansprüche

Familienrechtliche Unterhaltsansprüche gegen den Schuldner können im Insolvenzverfahren für die Zeit nach der Eröffnung nur geltend gemacht werden, soweit der Schuldner als Erbe des Verpflichteten haftet. § 100 bleibt unberührt.

1. Normzweck

1 § 40 regelt die Geltendmachung familienrechtlicher Unterhaltsansprüche in der Insolvenz.

2 Trotz inhaltlicher Übernahme des § 3 Abs. 2 KO hat sich die Position familienrechtlicher Unterhaltsgläubiger nach der InsO verschlechtert, da nunmehr auch der Neuerwerb des Schuldners zur Insolvenzmasse gehört und daher für Einzelzwangsvollstreckungsmaßnahmen der Unterhaltsberechtigten nur noch der erweitert pfändbare Teil des Arbeitseinkommens nach § 850 d ZPO zur Verfügung steht.[1]

2. Anwendungsbereich der Norm

3 Unter § 40 fallen die familienrechtlichen Ansprüche aus der Unterhaltspflicht der Ehegatten nach §§ 1360–1361 BGB, Unterhaltspflicht der geschiedenen Ehegatten nach §§ 1569–1586 b BGB, Unterhaltspflicht unter Verwandten nach §§ 1601–1615 BGB, Unterhaltspflicht bei unverheirateten Eltern für das gemeinsame Kind und Unterhaltsansprüche zwischen diesen Eltern nach §§ 1615 a, 1615 l–o BGB. Durch die Umgestaltung des Anspruchs auf Erstattung von Entbindungskosten, § 1615 k BGB aF, in einen Unterhaltsanspruch, § 1615 l BGB nF, fallen auch die Kosten, die infolge der Schwangerschaft und der Geburt entstehen, in den Anwendungsbereich der Norm.[2]

4 Des Weiteren sind auf Grund der vergleichbaren Interessenlage Raten aus einem schuldrechtlichen Versorgungsausgleich nach § 1587 g Abs. 1 BGB, Unterhaltsansprüche von Adoptivkindern nach §§ 1754, 1770 Abs. 3 BGB und Gläubiger von Ansprüchen auf Schadensersatz nach § 826 BGB wegen sittenwidriger Entziehung eines Unterhaltsanspruches vom Geltungsbereich der Norm erfasst.[3]

[1] Vgl. Begründung zu § 47 RegE, abgedruckt bei *Balz/Landfermann,* § 40 S. 255.
[2] Vgl. Begründung zu § 47 RegE, abgedruckt bei *Balz/Landfermann,* § 40 S. 256.
[3] *Kohte,* in Kölner Schrift, S. 798 Rn. 61 mwN.

5 Wegen der Beschränkung auf familienrechtliche Unterhaltsansprüche werden grundsätzlich solche auf vertraglicher Grundlage nicht erfasst.[1] Dies gilt jedoch nicht, soweit im Wege der vertraglichen Gestaltung, beispielsweise durch eine Scheidungsfolgenvereinbarung, die gesetzliche Unterhaltspflicht festgestellt und den gesetzlichen Vorgaben im Wesentlichen entsprechend geregelt wird.[2]

6 Entsprechend der einzelzwangsvollstreckungsrechtlichen Regelung des § 850 d ZPO ist § 40 auch bei einem gesetzlichen Übergang des Unterhaltsanspruchs auf unterhaltsverpflichtete Dritte oder den Träger der Sozialhilfe einschlägig.[3]

7 Soll der Unterhalt nicht in Form einer Rente, sondern als Kapitalabfindung nach § 1585 Abs. 2 BGB gezahlt werden, so ist die Kapitalabfindung eine Insolvenzforderung, die ggf. nach § 41 mit der Insolvenzeröffnung als fällig gilt.[4]

3. Kein Anwendungsbereich der Norm

8 Unterhaltsansprüche, die **vor** Verfahrenseröffnung entstanden sind, sind als Insolvenzforderungen nach § 38 geltend zu machen.

9 Unterhaltsansprüche entstehen fortwährend mit Eintreten des jeweiligen Bedürfnisses neu. Die Fälligkeit für den Trennungs-, Geschiedenen- und Kindesunterhaltsanspruch regeln §§ 1361 Abs. 4 S. 2, 1585 Abs. 1 S. 2 und 1612 Abs. 3 S. 1 BGB einheitlich dahingehend, dass die Unterhaltsrente monatlich im Voraus zu entrichten ist. Der Unterhaltsanspruch des Monats, in dessen Lauf die Eröffnung des Insolvenzverfahrens erfolgt, ist daher nicht anteilig als Insolvenzforderung nach § 38 und als Forderung gegen das insolvenzfreie Vermögen des Schuldners geltend zu machen, sondern ist insgesamt eine Insolvenzforderung nach § 38.[5] Zu beachten ist, dass zwar die Unterhaltspflicht als solche zwingendes Recht ist, die Unterhaltsparteien aber durch eine entsprechende Unterhaltsvereinbarung von der in § 1612 Abs. 3 S. 1 BGB vorgesehenen monatlichen Zahlung im Voraus abweichen können.[6] Dementsprechend zählt der Unterhaltsanspruch des Monats, in dem das Insolvenzverfahren eröffnet wird, dann nicht zum Rückstand, wenn der Unterhalt für diesen Monat erst am 3. Werktag des Monats begehrt wird und dieser Tag nach der Insolvenzeröffnung liegt.[7] Nach § 40 kommt eine Geltendmachung der **nach** Verfahrenseröffnung entstandenen Ansprüche im Insolvenzverfahren nicht in Betracht, sofern nicht der Schuldner als Erbe des Verpflichteten haftet, siehe Rn. 13 ff.

10 Da die Ansprüche während des Verfahrens keine Insolvenzforderungen sind, bleibt den unterhaltsberechtigten Gläubigern, wie § 89 Abs. 2 S. 2 klarstellt, die klageweise Geltendmachung und die Einzelzwangsvollstreckung in das insolvenzfreie Vermögen des Schuldners möglich. Bei der Geltendmachung des künftigen Unterhaltsanspruchs ist zu beachten, dass sich die Höhe des Unter-

---

[1] *Kübler/Prütting/Bork/Preuß,* InsO, § 40 Rn. 7.

[2] *Nerlich/Römermann/Andres,* InsO, § 40 Rn. 3.

[3] Vgl. *Baumbach/Lauterbach/Albers/Hartmann,* ZPO, § 850 d Rn. 1.

[4] *Keller,* NZI 2007, 143 ff., 143 mwN.

[5] OLG Koblenz ZInsO 2002, 832 ff., 833 mwN = NZI 2003, 60 ff., 60 mwN; OLG Nürnberg ZInsO 2005, 443 f., 443 = NZI 2005, 638 f., 639.

[6] *Palandt/Diederichsen,* BGB, § 1612 Rn. 4.

[7] OLG Naumburg ZInsO 2004, 400 = ZVI 2004, 310 ff., 313.

haltsanspruchs der Unterhaltsberechtigten gegen den Schuldner nach dem insolvenzfreien Teil des Vermögens des Schuldners richtet.[1] Die Berücksichtigung der geänderten wirtschaftlichen Verhältnisse des Schuldners bei der Bedarfsermittlung folgt hinsichtlich des Kindesunterhalts daraus, dass die Lebensstellung der Kinder von den Eltern abgeleitet wird, beim Trennungsunterhalt der Ehegatten ist maßgeblich, dass diese an der Entwicklung der wirtschaftlichen Verhältnisse des Ehegatten teilhaben.[2] Eine zum Zeitpunkt der Insolvenzeröffnung bereits anhängige Klage auf Zahlung künftigen Unterhalts wird nicht nach § 240 ZPO unterbrochen.[3] Dies soll nach Ansicht des OLG Koblenz auch dann gelten, wenn gleichzeitig Unterhalt für die Vergangenheit geltend gemacht wird.[4] Es erfolgt keine einheitliche Unterbrechung des Rechtsstreits durch die Insolvenzeröffnung, sondern lediglich hinsichtlich des Teils des Streitgegenstandes, der sich auf die Unterhaltsrückstände bezieht. Über den künftigen Unterhalt kann durch Teilurteil entschieden werden.[5] Dem OLG Koblenz ist zuzustimmen. Bereits der Wortlaut des § 240 ZPO „wenn es die Insolvenzmasse betrifft" legt nahe, dass die Unterbrechung nicht bei Rechtstreitigkeiten eintreten soll, die sich auf das insolvenzfreie Vermögen beziehen. Anders als bei die Insolvenzmasse betreffenden Rechtsstreiten, bei denen der Insolvenzverwalter zunächst Informationen zur sachgerechten Entscheidung über die Fortführung des Rechtsstreites erheben muss, besteht hierfür auch kein Bedürfnis. Durch § 301 ZPO verfügt die Zivilprozessordnung über das Instrument zur Trennung eines Streitgegenstandes. Wegen der Zugehörigkeit des Neuerwerbs zur Insolvenzmasse, steht als Haftungsmasse nur der nach § 850 d ZPO zugunsten Unterhaltsberechtigter erweitert pfändbare Betrag des Arbeitseinkommens zur Verfügung. Dem Unterhaltsberechtigten ist zu raten, die in der Praxis oftmals vernachlässigte Möglichkeit der Zusammenrechnung verschiedener Arbeitseinkommen nach § 850 e Ziff. 2 ZPO oder des Arbeitseinkommens mit pfändbaren Sozialleistungen nach § 850 e Ziff. 2 a ZPO sowie die Nichtberücksichtigung von Unterhaltsberechtigten des Schuldners mit eigenem Einkommen nach § 850 c Abs. 4 ZPO zu beantragen.

11 Die während des Insolvenzverfahrens fällig werdenden Unterhaltsansprüche werden nicht von der Restschuldbefreiung nach § 301 erfasst,[6] so dass die während der Dauer des Restschuldbefreiungsverfahrens aufgelaufenen Unterhaltsansprüche nach Erteilung der Restschuldbefreiung im Wege der Einzelvollstreckung geltend gemacht werden können.

12 Der insoweit eingeschränkten Möglichkeit der Geltendmachung des Unterhalts während des Insolvenzverfahrens versucht der Gesetzgeber durch die Möglichkeit der Unterhaltsgewährung an die Familienangehörigen nach § 100 abzuhelfen.

---

[1] OLG Koblenz ZInsO 2002, 832 ff., 833 = NZI 2003, 60 ff., 60 f. mwN; vgl. OLG Karlsruhe NZI 2004, 343 f., 344; OLG Hamm NJW 2005, 2788; OLG Nürnberg ZInsO 2005, 443 f., 444.

[2] OLG Koblenz ZInsO 2002, 832 ff., 833 mwN = NZI 2003, 60 ff., 60 f. mwN.

[3] OLG Koblenz ZInsO 2002, 832 ff., 833 mwN = NZI 2003, 60 ff., 60 f. mwN.

[4] OLG Koblenz ZInsO 2002, 832 ff., 833 = NZI 2003, 60 ff., 60.

[5] OLG Koblenz ZInsO 2002, 832 ff., 833; aA *Zöller/Greger,* ZPO, § 240 Rn. 8 mwN, der eine einheitliche Unterbrechung des Rechtsmittels befürwortet, wenn nur ein Teil des Streitgegenstandes die Masse betrifft.

[6] Vgl. Begründung zu § 47 RegE, abgedruckt bei *Balz/Landfermann,* § 40 S. 256.

4. Der Schuldner als Erbe des Unterhaltsverpflichteten

Nur in den Sonderfällen, in denen der Schuldner als Erbe des Verpflichteten für den Unterhalt haftet, werden auch die während des laufenden Insolvenzverfahrens fällig werdenden Unterhaltsbeträge Insolvenzforderungen. **13**

Voraussetzung ist, dass die Unterhaltspflicht vom Erblasser des Schuldners begründet wurde, und dass die Unterhaltspflicht in Abweichung von § 1615 BGB auf ihn überging. Der Anwendungsbereich beschränkt sich damit auf die Fälle des § 1586 b Abs. 1 BGB und des § 1615 n i. V. m. § 1615 l BGB. **14**

Da die Unterhaltsbeträge in diesen Fällen Insolvenzforderungen sind, sind sie zur Insolvenztabelle anzumelden und zu prüfen. Da sie erst im Laufe des Verfahrens fällig werden, gilt für sie § 41, als wiederkehrende Leistung auch § 46.[1] **15**

§ 41 Nicht fällige Forderungen

(1) **Nicht fällige Forderungen gelten als fällig.**

(2) **Sind sie unverzinslich, so sind sie mit dem gesetzlichen Zinssatz abzuzinsen. Sie vermindern sich dadurch auf den Betrag, der bei Hinzurechnung der gesetzlichen Zinsen für die Zeit von der Eröffnung des Insolvenzverfahrens bis zur Fälligkeit dem vollen Betrag der Forderung entspricht.**

Übersicht

1. Normzweck

§ 41 übernimmt die alte Regelung des § 65 KO, stellt nicht fällige Forderungen fällig und gestattet ggf. eine Abzinsung. Hierdurch soll eine klare Grundlage der Stellung des Gläubigers im Verfahren geschaffen werden, insbesondere zur Feststellung des Stimmrechts in der Gläubigerversammlung, für die Berechnung der anteiligen Kürzung der Forderungen bei Aufstellung eines Insolvenzplans und für die Berücksichtigung bei Verteilungen.[2] Weiterer Sinn der Norm ist die durch das Insolvenzverfahren bezweckte umfassende Schuldenbereinigung.[3] **1**

2. Das Fälligstellen nicht fälliger Forderungen

Nach § 41 Abs. 1 werden nicht fällige Forderungen mit Verfahrenseröffnung als fällig fingiert. **2**

---

[1] FK-*Schumacher,* InsO, § 40 Rn. 8.
[2] Begründung zu § 48 RegE, abgedruckt bei *Balz/Landfermann,* S. 256.
[3] HK-*Eickmann,* InsO, § 41 Rn. 1.

3 § 41 Abs. 1 erfordert allerdings, dass die Forderung zum Zeitpunkt der Eröffnung des Verfahrens bereits entstanden und der Fälligkeitseintritt gewiss ist, wenn auch der Zeitpunkt des Fälligkeitseintritts nicht unbedingt feststehen muss **(betagte Forderungen).**[1] Auf befristete Forderungen ist § 41 wegen des Fehlens einer planwidrigen Regelungslücke nicht analog anzuwenden, da aus den Gesetzesmaterialien hervorgeht, dass § 41 Abs. 1 die Regelung des § 65 Abs. 1 KO ohne inhaltliche Änderung übernommen hat.[2] Weiter spricht gegen eine analoge Anwendung des § 41 auf befristete Forderungen, dass § 41 nur dem Mangel der Fälligkeit der Insolvenzforderung abhelfen will, nicht aber dem Mangel ihrer Entstehung.[3] Zur Verfahrensteilnahme aufschiebend bedingter Forderungen vgl. § 42 Rn. 5 ff.

4 § 41 betrifft nur Insolvenzforderungen gem. § 38. Masseforderungen fallen nicht unter den Anwendungsbereich des § 41.[4] Deren Fälligkeit richtet sich nach dem zugrunde liegenden Rechtsverhältnis.

5 Unter der Geltung der KO bestand Einigkeit, dass, soweit der absonderungsberechtigte Gläubiger nur Inhaber der dinglichen Forderung war, § 65 KO nicht anzuwenden war,[5] da nach § 4 Abs. 2 KO die abgesonderte Befriedigung außerhalb des Konkursverfahrens erfolgte. Da nach § 49 die abgesonderte Befriedigung bei unbeweglichen Sachen nach Maßgabe des Gesetzes über die Zwangsverwaltung und -versteigerung vorzunehmen ist, also auch außerhalb des Insolvenzverfahrens stattfindet, ergibt sich für den absonderungsberechtigten Gläubiger einer dinglichen Forderung insoweit keine Änderung gegenüber der bisherigen Rechtslage. Der BGH hat bestätigt, dass dem absonderungsberechtigten Sicherungsnehmer die Befriedigung erst mit Eintritt des Sicherungsfalls zuzubilligen ist, da andernfalls bei sofortiger Befriedigung die Insolvenzgläubiger in Gefahr liefen, den Anspruch auf Rückgabe einer frei werdenden Sicherheit gegen den Sicherungsnehmer zu verlieren.[6]

3. Wirkungen der Fälligkeitsfiktion im Verhältnis zu Dritten

6 § 41 findet keine Anwendung auf mithaftende Dritte (Bürgen, andere Gesamtschuldner).[7] Im Verhältnis zu diesem Personenkreis tritt keine Fälligkeit ein. Schließlich soll die Vorfälligkeitswirkung der Forderung gegen den Schuldner lediglich eine zügige Verfahrensabwicklung sicherstellen und keine beschleunigte Zugriffsmöglichkeit des Gläubigers auf mithaftende Dritte schaffen.

4. Die Abzinsung

7 § 41 Abs. 2 trägt dem geringeren Wert der noch nicht fälligen, unverzinslichen Forderung durch Normierung der Abzinsung Rechnung.

---

[1] *Kilger/K. Schmidt,* Insolvenzgesetze, § 65 Anm. 1).
[2] BGH ZIP 2006, 1781 ff., 1783 mwN = NZI 2006, 637 ff., 638 f. mwN.
[3] BGH ZIP 2006, 1781 ff., 1783 mwN = NZI 2006, 637 ff., 638 f. mwN.
[4] *Kübler/Prütting/Bork/Holzer,* InsO, § 41 Rn. 3 mwN.
[5] Vgl. *Kuhn/Uhlenbruck,* KO, § 65 Rn. 5.
[6] BGH ZInsO 2009, 143 ff., 145 mwN.
[7] OLG Frankfurt ZIP 1983, 1229 ff.

Zur Ermittlung des Betrages der abgezinsten Forderung hat sich die sogenannte **Hoffmannsche Formel** bewährt,[1] nach der die abgezinste Forderung wie folgt berechnet wird: 8

$$X = \frac{36\,500 \times F}{36\,500 + (4 \times T)}$$

Dabei ist X der zu ermittelnde abgezinste Betrag, F der Nennbetrag der Forderung und T die Anzahl der Tage von der Verfahrenseröffnung bis zur ursprünglichen Fälligkeit. Der Multiplikator 4 im Nenner der Formel entspricht dem gesetzlichen Zinssatz in Höhe von 4% nach § 246 BGB, sofern nicht ein anderes bestimmt ist (5% im Falle des § 352 Abs. 1 HGB). 9

Da die von § 41 Abs. 2 vorgeschriebene Rückrechnung nicht möglich ist, wenn die Fälligkeit an einen ungewissen Zeitpunkt (z. B. Eintritt des Todesfalls beim Vertrag zugunsten Dritter auf den Todesfall) geknüpft ist, kommt in solchen Fällen nur eine Schätzung des Forderungswertes nach § 45 S. 1 in Betracht.[2] 10

5. Aufrechnung

Tritt nun infolge § 41 Abs. 1 die Fälligkeit der Forderung ein, so berechtigt dies entgegen der bisherigen Rechtslage nach § 54 Abs. 2 KO den Gläubiger nicht zur Aufrechnung, § 95 Abs. 1 S. 2.[3] Der Gläubiger muss vielmehr seine Verbindlichkeiten zur Insolvenzmasse erfüllen und seine Gegenforderung als Insolvenzforderung anmelden. 11

§ 42 Auflösend bedingte Forderungen

Auflösend bedingte Forderungen werden, solange die Bedingung nicht eingetreten ist, im Insolvenzverfahren wie unbedingte Forderungen berücksichtigt.

1. Normzweck und Regelungsinhalt

Die Regelung entspricht § 66 KO. Die das Rechtsverhältnis auflösende Bedingung wird nicht berücksichtigt, solange sie nicht eingetreten ist. Infolge der – mangels Bedingungseintritt – vollumfänglichen Existenz der Forderung ist ihr Inhaber Insolvenzgläubiger mit allen daraus resultierenden Rechten und Pflichten. 1

Tritt die Bedingung im Laufe des Verfahrens ein, so fällt die Forderung weg. War sie zu diesem Zeitpunkt mangels Prüfung noch nicht in der Tabelle festgestellt, so wird sie der Insolvenzverwalter im Prüfungstermin bestreiten. Ist die Forderung bereits in der Tabelle festgestellt, so hat die Feststellung nach § 201 Abs. 2 S. 1 die Wirkungen eines Titels, der im Wege der Vollstreckungsgegenklage nach § 767 ZPO vom Insolvenzverwalter und nach Verfahrensbeendigung vom Schuldner beseitigt werden kann.[4] 2

[1] *Nerlich/Römermann/Andres,* InsO, § 41 Rn. 10 mwN.
[2] HK-*Eickmann,* InsO, § 41 Rn. 6.
[3] Begründung zu § 48 RegE, abgedruckt bei *Balz/Landfermann,* S. 256.
[4] *Nerlich/Römermann/Andres,* InsO, § 42 Rn. 3 mwN.

3 Bereits geleistete Zahlungen können als ungerechtfertigte Bereicherung zurückgefordert werden, da mit dem Bedingungseintritt die causa für die Leistung wegfällt. Pragmatisch betrachtet wird der Insolvenzverwalter die zur Tabelle angemeldete Forderung zunächst vorläufig bestreiten[1] und erst kurz vor der Verteilung abschließend prüfen.

4 War das Verfahren zum Zeitpunkt des Bedingungseintritts bereits beendet, so kommt eine Nachtragsverteilung nach § 203 Abs. 1 Ziff. 2 in Betracht.[2]

2. Aufschiebend bedingte Forderungen

5 Im Gegensatz zur KO, die in § 67 KO ein Sicherungsrecht des Gläubigers bis zum Bedingungseintritt vorsah, hat die InsO diese Regelung nicht übernommen.

6 Aufschiebend bedingte Forderungen können vollumfänglich zur Tabelle angemeldet werden.[3] Die Gläubiger aufschiebend bedingter Forderungen sind bei der Gläubigerversammlung und bei der Aufstellung eines Insolvenzplans stimmberechtigt, soweit sich die stimmberechtigten Gläubiger und der Insolvenzverwalter über das Stimmrecht geeinigt haben. Bei Nichteinigung entscheidet das Insolvenzgericht.[4] Der Gläubiger einer aufschiebend bedingten Forderung wird nur nach Maßgabe des § 191 bei einer Abschlags- sowie der Schlussverteilung berücksichtigt.

7 Eine Aufrechnung ist erst mit dem Eintritt der Bedingung möglich, § 95 Abs. 1 S. 1.

8 Auf aufschiebend bedingte Verfügungen ist § 42 nicht anwendbar. Vielmehr sind dies Fälle des § 91.

§ 43 Haftung mehrerer Personen

Ein Gläubiger, dem mehrere Personen für dieselbe Leistung auf das Ganze haften, kann im Insolvenzverfahren gegen jeden Schuldner bis zu seiner vollen Befriedigung den ganzen Betrag geltend machen, den er zur Zeit der Eröffnung des Verfahrens zu fordern hatte.

Übersicht

1. Normzweck

1 § 43 regelt in inhaltlicher Übernahme des § 68 KO die Rechtsstellung derjenigen Gläubiger, denen neben dem Schuldner noch weitere solvente oder insol-

---

[1] Zum vorläufigen Bestreiten s. § 176 Rn. 19.
[2] FK-*Schumacher,* InsO, § 42 Rn. 3.
[3] *Nerlich/Römermann/Andres,* InsO, § 42 Rn. 6 mwN.
[4] Vgl. §§ 238 Abs. 1 S. 3 i. V. m. 77 Abs. 3 Nr. 1, Abs. 2.

vente Schuldner für ihre Forderung haften **(Grundsatz der Doppelberücksichtigung).** Die Vorteile der gesamtschuldnerischen Haftung wird durch das Insolvenzverfahren nicht durchbrochen.

2. Anwendbarkeit

§ 43 ist in allen Fällen anwendbar, in denen neben dem Insolvenzschuldner noch weitere Personen für dieselbe Leistung haften. Anwendungsfälle sind daher alle Fälle der **echten Gesamtschuld** sowie der Bürgschaft, sofern der Bürge (was nach § 773 Abs. 1 Ziff. 3 BGB regelmäßig der Fall sein dürfte; für Handelsgeschäfte normiert § 349 HGB einen generellen Ausschluss) die Einrede der Vorausklage nicht geltend machen kann.[1] Auch sogenannte harte Patronatserklärungen, durch die ein herrschendes Konzernunternehmen garantiert, dass es für die Verbindlichkeiten eines Tochterunternehmens einsteht, sind erfasst.[2] Einschlägig ist § 43 auch in Fällen der sogenannten **unechten Gesamtschuld,** bei der die wechselseitige Tilgungswirkung und die Gleichrangigkeit der Verpflichteten fehlen, bei der aber ein Verpflichteter für den Fall der Zahlung gegen den anderen Verpflichteten Regressansprüche hat.[3] 2

Der Mithaftende kann am Insolvenzverfahren auch teilnehmen, wenn Gläubiger und Schuldner nach Insolvenzeröffnung die Begrenzung der Haftung auf einen Teil der ursprünglichen Hauptforderung vereinbaren und der Mithaftende die Restforderung bezahlt.[4] 3

Haftungsverzichte oder Haftungsbeschränkungen, die zwischen dem Gläubiger und einem der Mithaftenden auf Grund einer Vereinbarung oder kraft Gesetzes (z. B. § 1664 BGB) bestehen,[5] sind auch im Insolvenzverfahren zu beachten. 4

Eine entsprechende Anwendung des § 43 erfolgt in den Fällen, in denen der Dritte nicht nur persönlich, sondern auch dinglich oder nur dinglich mithaftet, da für eine unterschiedliche Behandlung der Sachmithaftung und der persönlichen Haftung in der Insolvenz der innere Grund fehlt.[6] 5

Nicht einschlägig ist § 43, wenn die Haftung nicht nebeneinander besteht, sondern ein Haftungsschuldner nach dem anderen haftet.[7] 6

§ 43 ist weiter dann nicht anwendbar, wenn der Schuldner auf den vollen, der Mithaftende hingegen nur auf einen Teilbetrag haftet und diesen Teilbetrag vollumfänglich an den Gläubiger leistet. Der Mithaftende ist dann seinen Verpflichtungen vollumfänglich nachgekommen. Der Gläubiger muss sich den geleisteten Teilbetrag auf seine Forderungsanmeldung anrechnen lassen und der regressberechtigte Mitverpflichtete kann in dieser Höhe am Insolvenzverfahren teilnehmen.[8] Eine andere Auffassung räumt dem Gläubiger generell den Vorrang gegen- 7

---

[1] Vgl. Begründung RegE § 50, abgedruckt bei *Balz/Landfermann,* S. 257.

[2] BGH ZIP 1992, 338, 341.

[3] Näher *Hess,* InsO, § 43 Rn. 4 mwN.

[4] *Noack/Bunke,* FS Uhlenbruck, S. 335 ff., 343 f. mwN; BGH NJW 1997, 1014 f.

[5] Zur gestörten Gesamtschuld näher *Erman/Ehmann,* BGB, § 421 Rn. 81 f.

[6] RGZ 156, 271, 278; *Uhlenbruck,* InsO, § 43 Rn. 3 mwN; *Kübler/Prütting/Bork/Holzer,* InsO, § 43 Rn. 7; *Nerlich/Römermann/Andres,* InsO, § 43 Rn. 5 mwN.

[7] Z. B.: Insolvenz des Bürgen, dem die Einrede der Vorausklage zusteht; Hingabe von Kundenwechseln auf die Kaufpreisforderung, vgl. *Kilger/K. Schmidt,* Insolvenzgesetze, § 68 Anm. 3).

[8] *Noack/Bunke,* FS Uhlenbruck, S. 343 mwN.

über dem Mitverpflichteten ein und berechtigt ihn nach § 43 zum Bezug einer Insolvenzquote, berechnet aus dem vollen, zum Zeitpunkt der Verfahrenseröffnung bestehenden Forderungsbetrag, selbst wenn der Mitverpflichtete seine (Teil-)Schuld gegenüber dem Gläubiger vollständig erfüllt hat.[1] Dieser Auffassung ist insoweit zuzustimmen, dass die §§ 43, 44 im Insolvenzrecht als Gesamtvollstreckungsrecht die gleiche Ordnungsfunktion haben wie §§ 1225 S. 2, 1143 Abs. 1 S. 2, 774 Abs. 1 S. 2, 426 Abs. 2 S. 2 BGB im materiellen Recht.[2] Hieraus den generellen Vorrang des Gläubigers bis zu seiner vollen Befriedigung zu schließen und den Mitverpflichteten von der Verfahrensteilnahme nach § 44 auszuschließen, selbst wenn der Mitverpflichtete seine Schuld vollständig beglichen hat, ist nicht zwingend. Schließlich setzt der Wortlaut des § 43 voraus, dass sowohl der Insolvenzschuldner als auch der Mitverpflichtete dem Gläubiger auf das Ganze haften. Die Haftung mehrerer in unterschiedlicher Höhe regelt der Wortlaut des § 43 gerade nicht. Der Wortlaut „auf das Ganze haften" ist eindeutig. Hätte der Mitverpflichtete seinen (Teil-)Betrag vollständig vor Insolvenzeröffnung geleistet, so könnte der Gläubiger nur mit dem Restbetrag am Insolvenzverfahren teilnehmen. Dass der Zeitpunkt der Eröffnung für Zahlungen des Mitverpflichteten als Dritten an den Gläubiger für die Höhe der Insolvenzforderung des Gläubigers bzw. für die Möglichkeit des Mitverpflichteten zur Verfahrensteilnahme maßgeblich sein soll, vermag nicht zu überzeugen, da die Befriedigungssituation des Gläubigers und die Interessenlage zwischen Gläubiger und Mitverpflichteten die Gleiche ist. Dieser Auffassung ist daher nicht zu folgen.

3. Regelungsinhalt

8 Sofern dem Gläubiger für dieselbe Forderung neben dem Schuldner noch weitere Personen haften, kann der Gläubiger die Mitverpflichteten trotz der Anmeldung seiner Forderung vollumfänglich in Anspruch nehmen. Voraussetzung ist allerdings, dass die Forderung gegen den Mitverpflichteten fällig ist, § 41 Abs. 1 ist nicht anwendbar, siehe § 41 Rn. 9.

a) Befriedigung des Gläubigers nach Insolvenzeröffnung

9 Erlangt der Gläubiger nach Insolvenzeröffnung Zahlungen der Mitverpflichteten, die hinter seiner Gesamtforderung noch zurückbleiben, so führt dies nicht dazu, dass er die Anmeldung seiner Forderung insoweit zurücknehmen muss; diese bleibt vielmehr in vollem Umfange bestehen, damit der Gläubiger die Quote aus dem vollem Betrag erhält und ihm so die bestmögliche Befriedigung zukommt. Dies folgt aus dem Wortlaut „bis zur vollen Befriedigung".[3]

10 Befriedigt allerdings der Mithaftende den Gläubiger vollumfänglich, so erlischt die Forderung, eine Verfahrensteilnahme des Gläubigers ist nicht mehr möglich;

---

[1] *Bitter,* ZInsO 2003, 490 ff.; im Ergebnis auch *v. Olshausen,* KTS 2005, 403 ff., 419 f., der sein Ergebnis mit der geringeren Schutzwürdigkeit des Mitverpflichteten begründet, da dieser die Höhe seiner Inanspruchnahme durch mehr oder weniger weite Umreißung des Forderungskreises, den er zum Gegenstand der Mitverpflichtung macht, gegenüber dem Gläubiger einschränken könne.

[2] *Bitter,* ZInsO 2003, 490 ff., 495.

[3] *Noack/Bunke,* FS Uhlenbruck, S. 335 ff., 341; FK-*Schumacher,* InsO, § 43 Rn. 2 a, 8; BGH ZInsO 2009, 142 f., 143 mwN.

in diesen Fällen kann der Mithaftende mit der ggf. auf ihn übergegangenen Forderung am Insolvenzverfahren teilnehmen.[1]

Eine vollumfängliche Befriedigung ist auch anzunehmen, wenn der Gläubiger und der Mitverpflichtete im Rahmen eines Vergleiches die gegenüber dem Mithaftenden geltend gemachte Forderung einvernehmlich reduzieren und der Mithaftende die nach diesem Vergleich geschuldete Leistung vollständig bewirkt.[2] 11

In der Praxis betrifft dies regelmäßig Fälle, bei denen die Gesamtschuldner aus unterschiedlichem Schuldgrund und dadurch möglicherweise in unterschiedlicher Höhe haften, wie bspw. bei deliktischen Schadensersatzansprüchen gegen den Schädiger selbst (Insolvenzschuldner) und vertraglichen Schadensersatzansprüchen wegen Schlechterfüllung des Vertragsverhältnisses, welches ursprünglich zur Schadensvermeidung/Überwachung begründet worden war. Der Schuldner des vertraglichen Schadensersatzanspruches wird gegenüber dem Gläubiger regelmäßig eine schuldhafte Pflichtverletzung abstreiten. Der Nachweis der Pflichtverletzung obliegt dem geschädigten Gläubiger, der insbesondere dann schwer zu führen ist, wenn der Insolvenzschuldner Vertragspartei war und der Gläubiger lediglich in den Schutzbereich des Vertrags einbezogen war, so dass der Gläubiger über keine Dokumentationsunterlagen verfügt. Dieselbe Problematik ergibt sich mit der Darlegung und dem Nachweis der Höhe des durch die Pflichtverletzung eingetretenen Schadens, so dass diese Fälle häufig außergerichtlich verglichen werden. Durch die Vergleichszahlung des Mithaftenden erlischt die Forderung des Gläubigers vollständig, es sei denn, im Vergleich ist eine anderslautende Formulierung aufgenommen worden.[3] Der Gläubiger hat daher seine zur Insolvenztabelle angemeldete Insolvenzforderung in Höhe der Vergleichszahlung zu reduzieren.

Der Mithaftende kann nach dem Forderungsübergang mit einer Gegenforderung des Insolvenzschuldners aufrechnen, solange § 95 Abs. 1 S. 3 nicht entgegensteht.[4] 12

b) Befriedigung des Gläubigers vor Insolvenzeröffnung

Erlangt der Gläubiger vor Insolvenzeröffnung Zahlungen der Mitverpflichteten, ist § 43 nicht einschlägig. In diesen Fällen erfolgt vielmehr soweit im Einzelfall zulässig, der Übergang des Anspruches nach Maßgabe der allgemeinen Bestimmungen als cessio legis[5] mit der Folge, dass der Befriedigung leistende Mithaftende in Höhe des übergegangenen Teils der Forderung berechtigt ist, am Insolvenzverfahren teilzunehmen.[6] Entsteht dem Gläubiger durch die Teilnahme des Mithaftenden ein Quotenschaden, so gilt der allgemeine Grundsatz „nemo subrogat contra se".[7] Strittig ist, wie der Quotenschaden des Gläubigers zu 13

[1] *Noack/Bunke,* FS Uhlenbruck, S. 342 f.

[2] BGH WM 2003, 450 ff., 452 = ZInsO 2003, 421 ff., 423.

[3] BGH WM 2003, 450 ff., 452 = ZInsO 2003, 421 ff., 423.

[4] Vgl. HK-*Eickmann,* InsO, § 96 Rn. 8.

[5] Vgl. §§ 774 Abs. 1, 1143 Abs. 1, 426 Abs. 2 BGB.

[6] *Noack/Bunke,* FS Uhlenbruck, S. 340 f., 357 f.; HK-*Eickmann,* InsO, § 43 Rn. 9.

[7] Der Forderungsübergang kann nicht zum Nachteil des Gläubigers geltend gemacht werden, vgl. §§ 774 Abs. 1 S. 2, 1143 Abs. 1 S. 2, 426 Abs. 2 BGB; vgl. auch RGZ 83, S. 401, 404 f. dem Grundsatz „nemo subrogat contra se" dürfe nicht die Tragweite beigemessen werden, dass der Mitverpflichtete bei Konkurrenz mit dem ursprünglichen Gläubiger diesem schlechthin und überall weichen müsse. Das Konkursverfahren diene der

berücksichtigen ist. Einer Auffassung nach ist die Quotendifferenz der Gläubigerquote in der Verteilung zuzuschlagen.[1]

14 Die Rechtsprechung und ein anderer Teil der Literatur vertreten, dass sich das materiell-rechtliche Rangverhältnis insolvenzrechtlich nicht auswirkt.[2] Der Quotenschaden ist daher außerhalb des Verfahrens gegen den Mithaftenden geltend zu machen.[3] Der Insolvenzverwalter ist berechtigt, beim Streit der Gläubigerprätendenten die Forderung dem Grunde und der Höhe nach anzuerkennen, die Rechtszuständigkeit der Anmeldenden mit der Beschränkung „bis zum Austragen des Streits unter ihnen" zu bestreiten und die Auszahlung der Insolvenzquote unter den Voraussetzungen des § 372 S. 2 BGB unter Benennung aller eingetragenen Gläubiger zugunsten des obsiegenden Gläubigers befreiend zu hinterlegen.[4] Als Prüfungsvermerk empfiehlt sich die Formulierung „Die Rechtszuständigkeit des Gläubigers wird bestritten bis zur Austragung des Streits mit Anmelder lfd. Nr. …".

c) Insolvenz der oder des Mithaftenden

15 Im Falle der Insolvenz der oder des Mithaftenden begründet § 43 das Recht des Gläubigers, seine Forderung vollumfänglich in allen Verfahren anzumelden.[5] Führt die Auszahlung der Insolvenzquote dazu, dass der Gläubiger bei Zusammenrechnung mit der bereits aus der Insolvenzmasse des Mitschuldners geleisteten Insolvenzquote insgesamt eine Insolvenzquote von mehr als 100% auf seine Forderung erhielte, so ist der Insolvenzverwalter berechtigt, bei der Schlussverteilung die auf den betreffenden Gläubiger entfallende Quote auf die ihm zustehende Forderung zu kürzen.[6]Allerdings kommt diese Kürzung wegen der Rechtskraftwirkung der Tabelleneintragung zugunsten des Gläubigers nicht ohne weiteres in Betracht. Vielmehr hat der Insolvenzverwalter zur Vermeidung der Überzahlung Vollstreckungsgegenklage nach § 767 ZPO zu erheben.[7] Bereits erfolgte Überzahlungen sind als ungerechtfertigte Bereicherung von dem Insolvenzverwalter zu kondizieren.[8] Daneben besteht ein Bereicherungsanspruch des Mithaftenden aus § 816 Abs. 2 BGB gegen den übermäßig befriedigten Gläubiger.[9]

16 Der dem Gläubiger nicht zustehende Teil der Insolvenzquote fällt nicht etwa zur Masse, sondern gebührt wegen des Forderungsüberganges dem Mithaftenden, der durch § 43 an der Geltendmachung der Regressforderung gehindert war.[10]

---

gleichmäßigen Befriedigung aller Gläubiger. Der Mitverpflichtete kann daher den übergegangenen Teil der Forderung im Insolvenzverfahren geltend machen. Der ursprüngliche Gläubiger ist wegen der Teilerfüllung für diesen Teilbetrag nicht mehr materiell berechtigt.

[1] HK-*Eickmann,* InsO, § 43 Rn. 10 mwN.

[2] *Noack/Bunke,* FS Uhlenbruck, S. 358.

[3] RGZ 83, 401, 406; *Palandt/Sprau,* BGB, § 774 Rn. 12; *Noack/Bunke,* FS Uhlenbruck, S. 358 mwN.

[4] BGH NJW 1997, 1014 f., 1015 mwN.

[5] FK-*Schumacher,* InsO, § 43 Rn. 1.

[6] OLG Karlsruhe ZIP 1981, 1231 ff., 1232 = ZIP 1982, 1108 f., 1109.

[7] FK-*Schumacher,* InsO, § 43 Rn. 8.

[8] HK-*Eickmann,* InsO, § 43 Rn. 11; *Noack/Bunke,* FS Uhlenbruck, S. 345 mwN.

[9] *Noack/Bunke,* FS Uhlenbruck, S. 345 mwN.

[10] *Noack/Bunke,* FS Uhlenbruck, S. 344; OLG Karlsruhe ZIP 1981, 1231, 1232.

Dieser Anspruch des Mithaftenden auf den Quotenüberschuss kann in der Tabelle vermerkt werden, wenn der Forderungsübergang festgestellt ist. In diesem Fall ist der Insolvenzverwalter ohne Weiteres zu der Kürzung der Quote des Gläubigers berechtigt; er muss keine Vollstreckungsgegenklage erheben.[1] 17

§ 44 Rechte der Gesamtschuldner und Bürgen

Der Gesamtschuldner und der Bürge können die Forderung, die sie durch eine Befriedigung des Gläubigers künftig gegen den Schuldner erwerben könnten, im Insolvenzverfahren nur dann geltend machen, wenn der Gläubiger seine Forderung nicht geltend macht.

1. Normzweck

§ 44 betrifft die Rückgriffsansprüche, die ein Bürge des Schuldners oder ein Gesamtschuldner, der neben dem Schuldner haftet, mit Befriedigung eines Gläubigers erwerben kann. Die Rückgriffsansprüche sind bereits durch die Vereinbarung der Bürgschaft oder Haftungsübernahme aufschiebend bedingt entstanden und könnten daher grundsätzlich im Verfahren angemeldet werden, siehe § 42 Rn. 6. Wegen der wirtschaftlichen Identität zwischen der Forderung des Gläubigers und Regressforderung des Mitverpflichteten dürfen diese jedoch nicht nebeneinander geltend gemacht werden.[2] 1

2. Anwendbarkeit

Neben den im Gesetz genannten Fällen der Gesamtschuldnerschaft und der Bürgschaft ist § 44 auf Grund der identischen Interessenlage auf Forderungsübergänge bei drittsichernden Grundstückseigentümern, § 1143 Abs. 1 BGB, im Falle des drittsichernden Verpfänders, § 1225 BGB, auf §§ 670, 257 BGB gestützte Befreiungsansprüche sowie auf vertragliche Befreiungsansprüche anwendbar.[3] 2

Macht der Gläubiger seine Forderung im Insolvenzverfahren geltend, ist der Rückgriffsgläubiger nach § 44 von der Geltendmachung seines aufschiebend bedingten Regressanspruchs ausgeschlossen. Der Rückgriffsgläubiger ist folglich in der Gläubigerversammlung nicht stimmberechtigt. Hat der Mithaftende den Gläubiger bereits **vor** Verfahrenseröffnung zumindest teilweise befriedigt, ist eine Teilnahme des Mithaftenden am Insolvenzverfahren mit dem übergegangenen Teil der Forderung möglich, siehe § 43 Rn. 13. 3

Befriedigt der mitverpflichtete Rückgriffsgläubiger den Gläubiger in vollem Umfange, dann ist er nach § 44 zur Anmeldung der auf ihn vollständig übergegangenen Regressforderung berechtigt, siehe hierzu bereits die Ausführungen bei § 43 Rn. 10. 4

Der Mitverpflichtete, der nur auf einen Teil der Forderung des Gläubigers haftet, ist nach vollumfänglicher Leistung des von ihm geschuldeten Teilbetrags 5

---

[1] *Noack/Bunke,* FS Uhlenbruck, S. 344 f. mwN.
[2] Vgl. Begründung RegE zu § 51, abgedruckt bei *Balz/Landfermann,* S. 257.
[3] HK-*Eickmann,* InsO, § 44 Rn. 2. mwN.

berechtigt, den übergegangenen Anspruch im Insolvenzverfahren anzumelden, siehe die Ausführungen bei § 43 Rn. 3, 10.

6 Zum Quotenschaden des Gläubigers durch die Verfahrensteilnahme des Mitverpflichteten siehe die Ausführungen bei § 43 Rn. 13 f.

7 Steht dem Rückgriffsberechtigten durch die Absicherung seiner persönlichen Forderung ein Recht auf abgesonderte Befriedigung zu, so ist § 44 neben § 50 f. anwendbar.

§ 44 a Gesicherte Darlehen

In dem Insolvenzverfahren über das Vermögen einer Gesellschaft kann ein Gläubiger nach Maßgabe des § 39 Abs. 1 Nr. 5 für eine Forderung auf Rückgewähr eines Darlehens oder für eine gleichgestellte Forderung, für die ein Gesellschafter eine Sicherheit bestellt oder für die er sich verbürgt hat, nur anteilsmäßige Befriedigung aus der Insolvenzmasse verlangen, soweit er bei der Inanspruchnahme der Sicherheit oder des Bürgen ausgefallen ist.

1. Normzweck

1 § 44 a ist mit dem Gesetz zur Modernisierung des GmbH-Rechts und zur Bekämpfung von Missbräuchen (MoMiG) vom 23. 10. 2008[1] mit Wirkung zum 1. 11. 2008 neu eingefügt worden. § 44 a übernimmt die Regelung für gesellschafterbesicherte Drittdarlehen, die bislang in § 32 a Abs. 2 GmbHG enthalten war (früher: „kapitalersetzende Bürgschaften“).

2. Allgemeines

2 Systematisch steht § 44 a im Zusammenhang mit dem ebenfalls durch das MoMiG neu gefassten § 39 Abs. 1 Nr. 5, und gilt wegen des Verweises auf § 39 Abs. 1 Nr. 5 für alle Kapitalgesellschaftsformen mit Ausnahme der Beteiligungen, die unter das Sanierungs- und Kleinbeteiligtenprivileg fallen. Sollte ein Ausnahmefall vorliegen, kann der Darlehensgeber seinen Darlehensrückzahlungsanspruch in voller Höhe im Gesellschaftsinsolvenzverfahren anmelden.[2]

3 Gläubiger iSd. § 44 a ist eine dritte Person, die weder Gesellschafter noch eine diesem gleichgestellte Person ist.[3] Ausweislich des Wortlauts erfasst die Norm Forderungen auf Rückgewähr eines Darlehens oder gleichgestellte Forderungen. Aufgrund des Verweises auf § 39 Abs. 1 Nr. 5 in § 44 a ergibt sich, dass eine der Rückgewähr des Darlehens gleichgestellte Forderung eine Forderung aus einer Rechtshandlung ist, die einem solchen Darlehen wirtschaftlich entspricht.[4] Entsprechend den neu gefassten Regelungen zum Gesellschafterdarlehen in § 39 Abs. 1 Nr. 5 kommt es auch bei der Besicherung des Darlehens eines Dritten durch einen Gesellschafter nicht mehr auf das Vorliegen einer Krise an.[5] Der

---

[1] BGBl. I 2008 S. 2026.
[2] FK-*Schumacher,* InsO, § 44 a Rn. 2.
[3] FK-*Schumacher,* InsO, § 44 a Rn. 4.
[4] FK-*Schumacher,* InsO, § 44 a Rn. 4 mwN.
[5] Begründung zum RegE des MoMiG, BT-Drucks. 16/6140.

Begriff „Sicherheit“ ist genauso weit auszulegen wie in § 32 a Abs. 2 GmbHG, da es nicht erkennbar ist, dass der Gesetzgeber mit der Einführung des MoMiG insoweit eine Änderung der Rechtslage bewirken wollte.[1] Es sind daher sämtliche wirksam bestellten Sachsicherheiten oder persönliche Sicherheiten, auch Ausfall- oder Rückbürgschaften, Mittelspersonen des Gesellschafters erfasst.[2] Wie die Vorgängervorschrift § 32 a Abs. 2 GmbH ist § 44 a zwischen den Parteien nicht abdingbar.[3]

Für Insolvenzverfahren, die vor dem Inkrafttreten des MoMiG eröffnet worden sind, ist anstelle § 44 a das alte Recht, also § 32 a Abs. 2 GmbH anzuwenden, Art. 103 d EGInsO. 4

Als Rechtsfolge kann der darlehensgebende Gläubiger, die vom Gesellschafter gestellte Sicherheit in Anspruch nehmen und mit dem von diesem nicht zu erlangenden Restbetrag an der Schlussverteilung teilnehmen **(Ausfallprinzip)**. Die Anmeldung der Forderung in Höhe des erwarteten Ausfalls im Insolvenzverfahren setzt nicht voraus, dass der Gläubiger bereits mit der Sicherheitenverwertung begonnen hat.[4] Das Ausfallprinzip galt bereits unter dem aufgehobenen § 32 b GmbHG. Der Gesetzgeber hat bei der Schaffung des § 44 a nicht zu erkennen gegeben, dass er hiervon abrücken möchte.[5] 5

§ 45 Umrechnung von Forderungen

Forderungen, die nicht auf Geld gerichtet sind oder deren Geldbetrag unbestimmt ist, sind mit dem Wert geltend zu machen, der für die Zeit der Eröffnung des Insolvenzverfahrens geschätzt werden kann. Forderungen, die in ausländischer Währung oder in einer Rechnungseinheit ausgedrückt sind, sind nach dem Kurswert, der zur Zeit der Verfahrenseröffnung für den Zahlungsort maßgeblich ist, in inländische Währung umzurechnen.

Übersicht

1. Normzweck

§ 45 InsO entspricht § 69 KO. Um durch vergleichbare Geldbeträge die Voraussetzung für eine gleichberechtigte Teilnahme der Gläubiger am Insolvenzver- 1

[1] FK-*Schumacher,* InsO, § 44 a Rn. 6.
[2] FK-*Schumacher,* InsO, § 44 a Rn. 6 mwN.
[3] FK-*Schumacher,* InsO, § 44 a Rn. 1.
[4] *Hirte,* ZInsO 2008, 689 ff., 696 mwN.
[5] *Hirte,* ZInsO 2008, 689 ff., 696 mwN zur neuen und zur alten Rechtslage.

fahren (Berechnung der dem einzelnen Gläubiger zustehenden Quote und Feststellung des Umfangs seines Stimmrechts in der Gläubigerversammlung) zu gewährleisten, muss der Gläubiger seine Forderung mit dem Wert geltend machen, dem die Forderung zum Zeitpunkt der Eröffnung des Insolvenzverfahrens in inländischer Währung entsprach.[1]

2. Allgemeines

2 Schätzung und Umrechnung sind vom Gläubiger selbst vorzunehmen, der dann die von ihm geschätzte oder umgerechnete Forderung zur Tabelle anmeldet. Eine Anmeldung in fremder Währung kann nicht geprüft werden.[2] Sie ist daher auch nicht vom Insolvenzverwalter in die Tabelle einzutragen.[3] Dies wirft in der Praxis das Problem auf, dass der anmeldende Gläubiger keinen beglaubigten Auszug aus der Tabelle vom Insolvenzgericht erhält, woraus dieser schlussfolgern könnte, dass seine Forderung nach § 179 Abs. 3 S. 1 anerkannt worden sei. Ein in fremder Währung anmeldender Gläubiger ist daher darauf hinzuweisen, dass er seine Forderung zur Anmeldung zur Tabelle auf die inländische Währung umrechnen muss. Bestreitet der Insolvenzverwalter die Forderungshöhe, die sich aus der Umrechnung bzw. Schätzung ergibt, so sind die Einwendungen des Gläubigers im Feststellungsprozess nach den §§ 179 ff. geltend zu machen.[4]

3. Regelungsinhalt

a) Nicht auf Geld gerichtete Forderungen

3 § 45 S. 1 1. Alt. setzt das Vorliegen eines Vermögensanspruches gegen den Schuldner voraus. Richtet sich der Anspruch auf die Vornahme einer unvertretbaren Handlung des Schuldners, kommt wegen der Höchstpersönlichkeit der Handlungsverpflichtung des Schuldners eine Schätzung oder eine Umrechnung nicht in Betracht.

4 Nicht auf Geld gerichtete Vermögensansprüche sind insbesondere solche auf Verschaffung oder Rückgewähr von Gegenständen, auf Naturalleistungen, Nachbesserungs-, Mängelbeseitigungsansprüche u. ä.

Weiterhin fallen hierunter **Befreiungsansprüche** gegen den Schuldner, also Ansprüche eines Gläubigers gegen den Schuldner auf Befreiung von einer Forderung eines Dritten, siehe § 35 Rn. 40, § 38 Rn. 19.

Urlaubsansprüche, § 1 BUrlG, zählen zu den Ansprüchen auf Vornahme einer Handlung, da sie auf Freistellung von der Arbeitsleistung bei Fortzahlung der Bezüge gerichtet sind.[5] Soweit sie noch nicht zeitlich nach § 7 Abs. 1 BUrlG festgelegt sind, können sie keinem bestimmten Zeitraum im Jahr zugeordnet werden, so dass auch keine Zuordnung auf die Zeit vor oder nach dem Zeitpunkt der Eröffnung des Insolvenzverfahrens möglich ist.[6]

5 Ein **Freizeitanspruch,** der aus der Umwandlung von Vergütung in Freizeit oder zum Ausgleich von geleisteten Überstunden entsteht, kann nicht mit einem

[1] Vgl. RegE § 52, abgedruckt bei *Balz/Landfermann,* S. 258.
[2] LG Mönchengladbach KTS 1976, 67.
[3] Vgl. LG Mönchengladbach KTS 1976, 67.
[4] FK-*Schumacher,* InsO, § 45 Rn. 6.
[5] BAG ZIP 2004, 1011 ff., 1013 mwN.
[6] BAG ZIP 2004, 1011 ff., 1013 mwN.

Urlaubsanspruch gleichgestellt werden, da ermittelbar ist, wann der Freizeitanspruch erworben wurde.[1] Mit Eröffnung des Insolvenzverfahrens wird aus dem Freistellungsanspruch unter Entgeltzahlung ein nach § 45 umzurechnender Abgeltungsanspruch.[2] Eine Erfüllung des vor Insolvenzeröffnung erworbenen Freizeitanspruchs im Zeitraum nach der Insolvenzeröffnung kommt nicht in Betracht, da dies eine Bevorzugung gegenüber den anderen Insolvenzgläubigern bedeuten würde.[3]

Schadensersatzansprüche, die aus einer Verletzung des Anspruches auf eine vertretbare oder unvertretbare Handlung beruhen, sind mit den Kosten der Ersatzvornahme oder mit dem ggf. zu schätzenden Schaden zur Tabelle anzumeldende Insolvenzforderungen.

Erst mit der Feststellung der Forderung und nicht schon mit der Anmeldung 6
ändert sich die Rechtsnatur des Anspruchs in einen Zahlungsanspruch.[4] Die Änderung der Rechtsnatur des Anspruches behält ihre Wirkung auch über das Insolvenzverfahren hinaus. Ein Rückgriff auf die Forderung in ihrer ehemaligen Rechtsnatur ist selbst dann nicht möglich, wenn die Forderung bereits tituliert war, da diese mit der Feststellung zur Tabelle aufgezehrt wird.[5]

b) Betragsmäßig unbestimmte Forderungen, i. S. d. § 45 S. 1 2. Alt. sind 7
solche, die nur dem Grunde, nicht aber der Höhe nach feststehen oder solche, deren Fälligkeit zwar gewiss, aber zeitlich unbestimmt ist (z. B. Fälligkeit mit dem Tode). In letzterem Falle kommt eine Abzinsung nach § 41 mangels eines feststellbaren Fälligkeitstermines nicht in Betracht. Ansprüche auf wiederkehrende Leistungen sind auf unbestimmte Geldbeträge gerichtet, wenn entweder der Betrag der einzelnen Leistung oder die Laufzeit unbekannt ist, wie dies bei Pensions- und Versorgungsanwartschaften und sonstigen Versorgungsansprüchen der Fall ist.[6] Versorgungsanwartschaften allerdings, die nach Maßgabe des § 9 Abs. 2 BetrAVG auf den Pensions-Sicherungs-Verein übergegangen sind, gelten nach § 9 Abs. 2 Satz 3 BetrAVG als unbedingt, so dass § 191 nicht einschlägig ist.

Die nicht auf Geldbeträge gerichteten oder unbestimmten Forderungen sind 8
zu schätzen. Bei Rentenzahlungen sind dazu die anerkannten Regeln der Versicherungsmathematik heranzuziehen, siehe § 46 Rn. 3 f.

Stichtag für die Schätzung ist der Zeitpunkt der Eröffnung des Insolvenzver- 9
fahrens. Der Vorteil sofortiger Fälligkeit der auf den Pensions-Sicherungs-Verein übergegangenen Versorgungsanwartschaften ist mit einem Abzinsungssatz von 5,5% zu berücksichtigen.[7]

c) Forderungen in Fremdwährungen und Rechnungseinheiten

Sind Forderungen in einer ausländischen Währung oder einer Rechnungseinheit 10
ausgedrückt, so sind sie in EUR umzurechnen. Maßgeblich ist dabei der Kurswert, der zurzeit der Verfahrenseröffnung am Zahlungsort gilt, § 244 Abs. 2 BGB.[8]

---

[1] LAG Hessen NZA-RR 2009, 92 f., 93 = BeckRS 2008, 57686.

[2] LAG Hessen NZA-RR 2009, 92 f., 93 = BeckRS 2008, 57686.

[3] LAG Hessen NZA-RR 2009, 92 f., 93 = BeckRS 2008, 57686.

[4] BGH NJW 1976, 2263, 2264.

[5] *Kübler/Prütting/Bork/Holzer,* InsO, § 45 Rn. 9 mwN; aA für Fremdwährungstitel HK-*Eickmann,* InsO, § 45 Rn. 8; *K. Schmidt,* FS Merz, S. 533, 547 f.

[6] Vgl. hierzu näher *Hess,* InsO, § 45 Rn. 17 ff.

[7] BAG ZIP 1989, 319 ff., 320 f.

[8] FK-*Schumacher,* InsO, § 45 Rn. 7 mwN.

Maßgeblich ist dabei der Briefkurs.[1] Der Eröffnungszeitpunkt des Verfahrens wird durch § 27 Abs. 2 Ziff. 3, Abs. 3 bestimmt. Diese eindeutige Entscheidung des Gesetzgebers verbietet die Berücksichtigung künftig zu erwartender Wertsteigerungen oder einer zu prognostizierenden Inflationsrate.

§ 46 Wiederkehrende Leistungen

Forderungen auf wiederkehrende Leistungen, deren Betrag und Dauer bestimmt sind, sind mit dem Betrag geltend zu machen, der sich ergibt, wenn die noch ausstehenden Leistungen unter Abzug des in § 41 bezeichneten Zwischenzinses zusammengerechnet werden. Ist die Dauer der Leistungen unbestimmt, so gilt § 45 Satz 1 entsprechend.

Übersicht

1. Normzweck

1 § 46 S. 1, der inhaltlich im Wesentlichen § 70 KO entspricht, regelt die Berücksichtigung wiederkehrender Leistungen, bei denen sowohl die Dauer der Zahlungen als auch die Höhe der einzelnen Raten bekannt ist, als Insolvenzforderungen.

2 Sinn und Zweck ist es, noch nicht fällige Forderungen zu kapitalisieren, um durch miteinander vergleichbare Geldbeträge die Voraussetzungen für eine gleichberechtigte Teilnahme der Gläubiger am Verfahren zu schaffen.[2] § 46 ist nicht abdingbar.[3]

2. Regelungsinhalt

3 Wiederkehrende Leistungen sind zu kapitalisieren, indem jede einzelne noch ausstehende Rate bis zu dem Endzeitpunkt für sich genommen nach § 41 unter Anwendung der Hoffmannschen Formel (siehe § 41 Rn. 11 f.) abgezinst wird und danach die sich so ergebenden Beträge zusammengerechnet werden.

4 Fehlt es an einem feststehenden Endzeitpunkt, so ist nach der neuen Regelung des § 46 S. 2 der Gesamtwert der wiederkehrenden Leistungen in entsprechender Anwendung des § 45 S. 1 zu schätzen. Dies betrifft vor allem wiederkehrende Versorgungsleistungen, siehe § 45 Rn. 7.

---

[1] *Palandt/Heinrichs*, BGB, § 245 Rn. 20 mwN.

[2] Vgl. Begründung RegE zu § 53, abgedruckt bei *Balz/Landfermann*, S. 258.

[3] RGZ 93, 209, 214.

3. Von § 46 nicht erfasste Fälle

a) Die Höhe der Einzelleistungen ist unbestimmt, der Endzeitpunkt steht aber fest

In Fällen, in denen die Höhe der Einzelleistung unbekannt ist, jedoch ein Endzeitpunkt feststeht, bietet es sich an, für die einzelnen Beträge einen Durchschnittssatz zu ermitteln und sodann nach § 46 vorzugehen, d. h. die einzelnen Durchschnittssätze abzuzinsen und danach die Einzelbeträge zusammenzurechnen. 5

Bei der Ermittlung der Durchschnittssätze sind vor allem die zuvor geleisteten Zahlungen maßgeblich. Es sind aber auch die von den Parteien als maßgeblich für die künftigen Einzelbeträge eingestuften Kriterien im Wege einer Prognoseentscheidung zu berücksichtigen.

b) Die Höhe der Einzelleistungen und der Endzeitpunkt sind unbestimmt

In Fällen unbekannter Zahlungsdauer und unbekannter Leistungshöhe sind die Einzelleistungen durch Ermittlung eines Durchschnittssatzes zu bestimmen. Die wahrscheinliche Dauer der Leistung ist mittels einer auf statistischem Material beruhenden Wahrscheinlichkeitsrechnung zu schätzen. Auf diese Weise werden Einzelraten in bestimmter Höhe und einen Endzeitpunkt ermittelt, so dass nunmehr § 46 S. 1 angewandt und die Forderungen nach Abzinsung der Einzelraten zur Insolvenztabelle angemeldet werden kann.[1] 6

c) Absonderungsrechte

§ 46 ist nur auf Insolvenzforderungen und nicht auf absonderungsbehaftete Forderungen anwendbar und ist nicht abdingbar.[2] 7

§ 47 Aussonderung

Wer auf Grund eines dinglichen oder persönlichen Rechts geltend machen kann, daß ein Gegenstand nicht zur Insolvenzmasse gehört, ist kein Insolvenzgläubiger. Sein Anspruch auf Aussonderung des Gegenstands bestimmt sich nach den Gesetzen, die außerhalb des Insolvenzverfahrens gelten.

Übersicht

[1] Vgl. *Kübler/Prütting/Bork/Holzer,* InsO, § 46 Rn. 9.
[2] *Uhlenbruck,* InsO, § 46 Rn. 1 mwN.

1. Normzweck

1 In Übernahme der Grundsätze des § 43 KO werden Gegenstände, die rechtlich nicht zur Insolvenzmasse gehören, einem Aussonderungsanspruch unterworfen.[1]

[1] Vgl. Begründung § 54 RegE, abgedruckt bei *Balz/Landfermann,* S. 259.

Aus der Istmasse sind körperliche und unkörperliche Gegenstände, die nicht dem Schuldner, sondern auf Grund eines persönlichen Rechts auf Herausgabe oder dinglichen Rechts einem Dritten zustehen, auszusondern. Maßgeblich hierfür ist nicht allein die dingliche Eigentumszuweisung, sondern die haftungsrechtliche Zuordnung, was z. B. beim Sicherungseigentum, das nach § 51 Ziff. 1 lediglich zur abgesonderten Befriedigung nach Maßgabe der §§ 165 ff. berechtigt, der echten Treuhand, die zum Aussonderungsrecht des Treugebers führt, oder des Anspruchs des Geschäftsherrn auf Herausgabe des durch die Geschäftsführung erlangten gegen den schuldnerischen Geschäftsführer, augenscheinlich wird.[1]

Ist das Aussonderungsgut im Inland belegen, so wird der Aussonderungs- 2
anspruch von den Wirkungen eines ausländischen Insolvenzverfahrens nicht berührt, § 351.

2. Aussonderungsberechtigte

Zur Aussonderung berechtigt können Dritte sein, die ihre materielle Berechti- 3
gung an einem Gegenstand geltend machen. Hinsichtlich der nach § 36 unpfändbaren Gegenstände kann jedoch auch der Schuldner selbst sein Aussonderungsrecht geltend machen.

Der aussonderungsberechtigte Gläubiger ist kein Insolvenzgläubiger, § 47 S. 1. 4
Das Aussonderungsrecht allein gibt dem Gläubiger daher kein Recht auf Teilnahme an der Gläubigerversammlung, erst recht kein Stimmrecht in der Gläubigerversammlung.[2]

3. Auskunftsanspruch des Aussonderungsberechtigten

Aussonderungsberechtigte haben Auskunftsansprüche gegenüber dem Insol- 5
venzverwalter hinsichtlich Bestand und Zustand der aussonderungsbehafteten Gegenstände. Die Auskunftspflicht des Insolvenzverwalters kann auch dann bestehen, wenn die Gegenstände unter der Verantwortung seines Amtsvorgängers aus dem Insolvenzbeschlag entfernt worden sind.[3] Die Auskunftsverpflichtung folgt nicht aus der InsO, sondern ist eine Nebenpflicht aus einer vom Schuldner eingegangenen Hauptpflicht.[4] Als **Anspruchsgrundlagen** kommen je nach Gegenstand über den die Auskunft begehrt wird, die §§ 260, 402 BGB, auch § 167 Abs. 1 S. 1 analog oder jedenfalls § 242 BGB in Betracht.[5]

Der **Auskunftsumfang** richtet sich nach § 242 BGB. Es ist auf eine sinnvolle 6
Relation zwischen Arbeits- und Zeitaufwand des Insolvenzverwalters und den schutzwürdigen Interessen des Auskunftsberechtigten zu achten, so dass das Ziel der zügigen Verfahrensabwicklung nicht wegen des Einzelinteresses eines einzelnen Gläubigers leidet.[6] Der Berechtigte hat seinerseits zur Arbeitserleichterung beizutragen, indem er sein Auskunftsverlangen möglichst genau spezifiziert.[7]

---

[1] Vgl. *Smid/Smid,* InsO, § 47 Rn. 2 mwN.
[2] OLG Celle InVo 2001, 241 ff., 242 mwN = NZI 2001, 317 f. mwN.
[3] BGH ZIP 2004, 326 ff.
[4] *Hess,* InsO, § 47 Rn. 350.
[5] Eingehend *Andersen/Freihalter,* S. 61 f. Rn. 220 ff. mwN.
[6] *Hess,* InsO, § 47 Rn. 354 f.
[7] *Hess,* InsO, § 47 Rn. 355; OLG Köln ZIP 1982, 1107.

Insbesondere kann auf Einblick in die Geschäftsunterlagen oder die Inventarliste verwiesen werden, siehe auch Rn. 98.[1]

7 Die **Kosten der Auskunft** fallen grundsätzlich dem Auskunftsbegehrenden zur Last, §§ 677, 663, 670 BGB. Es wird jedoch regelmäßig differenziert, ob die Auskunft ohne Mühe aus Unterlagen, die der Insolvenzverwalter ohnehin für das Insolvenzgericht erstellen muss, erteilt werden kann, oder ob mit der Auskunftsverpflichtung eine weitergehende Verpflichtung übernommen wurde, die entsprechend zu vergüten ist.[2]

8 Aussonderungsberechtigte sind allerdings nicht befugt, die Räumlichkeiten des Schuldners zu betreten, um die Aussonderungsgegenstände selbst zu besichtigen, herauszusuchen oder zu inventarisieren.[3] Nimmt der Aussonderungsberechtigte ohne die Zustimmung des Insolvenzverwalters seine Sachen weg, so begeht eine verbotene Eigenmacht gem. § 858 BGB, da auch etwaig vereinbarte Rücknahmeklauseln in der Insolvenz keine Wirkung entfalten.[4]

4. Gegenstand der Aussonderung

a) Unbewegliche Sachen

9 Hat der Schuldner materiell unberechtigt die formelle Buchposition an dinglichen Rechtspositionen unbeweglicher Sachen erlangt, so steht dem materiell Berechtigten ein Aussonderungsrecht zu.[5] Der Berechtigte kann die Berichtigung des Grundbuches nach § 894 BGB und die Löschung des nach § 32 eingetragenen Insolvenzsperrvermerkes verlangen.[6] Die Sicherung des Grundbuchberichtigungsanspruches erfolgt nach § 899 BGB.

b) Bewegliche Sachen und Forderungen

10 Die Aussonderung ist nur dann möglich, wenn das Aussonderungsgut bestimmt oder zumindest bestimmbar ist. Es gilt insofern der sachenrechtliche Bestimmtheitsgrundsatz.[7]

11 **aa) Vertretbare Sachen** sind aussonderungsfähig, wenn sie sich unterscheidbar in der Insolvenzmasse befinden. Ist durch Vermischung durch den Schuldner Miteigentum nach § 948 BGB am Gesamtbestand entstanden, so kann der Gläubiger in der Höhe seines Miteigentumsanteils im Wege der Auseinandersetzung der Miteigentumsgemeinschaft aussondern. Erfolgt die Vermischung des Bestandes durch den Insolvenzverwalter, hat der Gläubiger einen Masseanspruch nach § 55 Ziff. 1.[8]

12 **bb)** Konkrete massefremde **Geldzeichen** sind aussonderungsfähig, solange sie individualisierbar sind und sich von den übrigen Geldzeichen unterscheidbar in der Masse befinden **(Geldsachvindikation).**[9] Strittig ist, ob die Aussonderung sich auf Gelder erstreckt, deren Wert noch unterscheidbar in der Masse vorhan-

---

[1] *Hess,* InsO, § 47 Rn. 358 mwN.
[2] *Uhlenbruck,* InsO, § 47 Rn. 102, 104 mwN; s. auch Rn. 91.
[3] FK-*Imberger,* InsO, § 47 Rn. 71 mwN; LG Düsseldorf KTS 1964, 246 f.
[4] FK-*Imberger,* InsO, § 47 Rn. 71 mwN.
[5] *Smid/Smid,* InsO, § 47 Rn. 11.
[6] *Häsemeyer,* Insolvenzrecht, S. 258 Rn. 11.08.
[7] Zum Bestimmtheitsgrundsatz bei Forderungen vgl. MünchKomm-*Roth,* BGB, § 398 Rn. 67 ff.
[8] *Smid/Smid,* InsO, § 47 Rn. 9.
[9] *Häde,* KTS 1991, 365 ff., 370.

den ist **(Geldwertvindikation).** Während eine Auffassung auf die Eigenschaft von Geld als Wertträger abstellt und einen Herausgabeanspruch nach § 985 BGB bejaht, wenn der Geldwert noch erkennbar beim Besitzer verblieben ist,[1] ist dem entgegenzuhalten, dass diese Auffassung zum einen dem sachenrechtlichen Spezialitätsgrundsatz widerspricht und zum anderen den bar zahlenden Gläubiger gegenüber den per Scheck oder Überweisung Zahlenden in rechtspolitisch fragwürdiger Weise bevorzugt, da Ersterem ein Aussonderungsrecht gewährt werden würde, während Letzterer auf bereicherungsrechtliche Ansprüche, die nicht zur Aussonderung berechtigen, verwiesen wird.[2]

c) Überwindung fehlender Bestimmtheit durch Poolbildung

aa) Eine Poolbildung verfolgt den **Zweck,** gleichartige Rechtspositionen in gemeinschaftlich koordinierter Weise wahrzunehmen und durchzusetzen. Der Pool kann durch die Poolbildung nie mehr Rechte haben als zuvor die Gläubiger; er kann aber Beweisschwierigkeiten und Streit zwischen den Aussonderungsberechtigten beseitigen. Eine Poolbildung hat so Vorteile für den Gläubiger und den (vorläufigen) Insolvenzverwalter: Eine Poolbildung schafft Beweiserleichterungen. Falls einzelnen Gläubigern infolge mangelnder Bestimmtheit des Aussonderungsgutes eine Aussonderung verwehrt ist,[3] oder Sicherheiten kollidieren,[4] können alle Poolmitglieder den betreffenden Gegenstand aussondern. Die Poolbildung verstärkt faktisch die Stellung der Gläubiger im Insolvenzverfahren. Der (vorläufige) Insolvenzverwalter wird sich aus arbeitsökonomischen Gründen mit dem einzelnen Gläubiger insoweit abstimmen, als er im Falle einer Fortführung gerade auf diesen Gläubiger, beispielsweise einen Lieferanten, angewiesen ist.[5] In (großen) Handelsinsolvenzen dominieren unter den Gläubigern nicht Banken, sondern in aller Regel Lieferanten. Sich mit Hunderten von Lieferanten zu einigen ist kaum möglich, mit einem Poolverwalter dagegen sehr wohl. Die durch die Poolbildung herbeigeführte Interessenbündelung ermöglicht daher den Gläubigern, sich in wirtschaftlich bedeutsamen Schadensfällen als ernst zu nehmender Gesprächspartner des (vorläufigen) Insolvenzverwalters zu positionieren und erleichtert auch dem (vorläufigen) Insolvenzverwalter die Abstimmung mit der jeweiligen Gläubigergruppe.[6] 13

bb) Die Zulässigkeit der Poolbildung erfährt Kritik, da an die Stelle eines jeden dinglich Berechtigten entweder ein Treuhänder oder die Gesamtheit trete, so dass ein Austausch von materiellen Rechtspositionen in dinglicher Hinsicht erfolge.[7] Diese Überlegung ist unzutreffend. Dieser Kritik kann schon durch eine entsprechende Gestaltung der Poolvereinbarung begegnet werden, indem die Sicherungsrechte nicht mehr in eine Gesellschaft bürgerlichen Rechts eingebracht werden, sondern dem jeweils ausgewählten Verwalter des Lieferantenpools rechtsgeschäftliche Vollmacht zur Realisierung der Sicherungsrechte der Poolmitglieder und zu Verhandlungen mit dem (vorläufigen) Insolvenzverwalter, dem Unternehmen so- 14

[1] *Westermann,* Sachenrecht, § 30 V 3 a.
[2] *Häde,* KTS 1991, 372 f. mwN.
[3] *Gottwald/Gottwald,* InsHdb., § 44 Rn. 17 ff. mwN.
[4] *Hess,* InsO, § 47 Rn. 169.
[5] *Riggert,* NZI 2000, 525 ff., 525.
[6] *Riggert,* NZI 2000, 525 ff., 525.
[7] *Smid,* NZI 2000, 505, 507 ff., 510 ff.

wie Dritten erteilt wird.[1] Diese Konstruktion hat den weiteren Vorteil, dass die einzelnen Gläubiger bei Abstimmungen ihre Kopfstimmrechte behalten. Würden die Sicherungsrechte auf ein Gesamthandsvermögen oder auf einen Treuhänder übertragen werden, so würde bei Abstimmungen der Pool als solcher nur mit einer Kopfstimme gezählt werden.[2] Die Rechtsstellung der einzelnen Poolmitglieder wird nicht zu Lasten der übrigen Gläubiger verbessert, da in den Pool nur die Sicherheiten eingebracht werden, die der Schuldner den einzelnen Beteiligten bestellt hat. Die Poolverwaltung ist lediglich bevollmächtigt, diese bestehenden Rechte bestmöglich zu realisieren, die Poolmitglieder selbst erlangen hierdurch gegenüber der Insolvenzmasse keinen Vorteil. Es liegt deshalb auch keine Gläubigerbenachteiligung vor, da durch die Poolbildung keine nach § 131 anfechtbare inkongruente Deckung erlangt wird.[3] Schließlich sind umsatzsteuerliche Konsequenzen bei der rechtlichen Gestaltung des Poolvertrages zu beachten. Organisieren sich die Gläubiger in der Form, dass sie ihre Sicherungsrechte an den Pool als Gesellschaft bürgerlichen Rechts abtreten und übertragen, so stellt dies eine Kettenabtretung i. S. d. § 13 c Abs. 1 S. 3 UStG[4] dar, so dass für den die Sicherheit an den Pool abtretenden Gläubiger die Fiktion der Realisierung der Forderung in voller Höhe gilt. Dies bedeutet, dass der abtretende Gläubiger unabhängig vom tatsächlich erzielten Erlös des Pools für die Umsatzsteuer der abgetretenen Forderungen in voller Höhe haftet. Wird dem Poolverwalter eine rechtsgeschäftliche Vollmacht zur Realisierung der Sicherungsrechte der Poolmitglieder erteilt, bleiben diese Forderungsinhaber, so dass kein Fall des § 13 c Abs. 1 S. 3 UStG vorliegt.[5]

15 **cc)** In der Praxis treten daher Lieferantenpools vor allem in folgenden Konstellationen auf:

16 **aaa) Sicherheitenverwertungsgemeinschaft Banken/Lieferanten.** Häufig – bei größeren Insolvenzen typischerweise – hat das schuldnerische Unternehmen zur Sicherheit für in Anspruch genommene Kredite mit den finanzierenden Banken Raumsicherungsübereignungs- und Globalzessionsverträge abgeschlossen. Diese Sicherheitenverträge zugunsten der Bank konkurrieren regelmäßig mit den Rechten der Lieferanten aus verlängertem und erweitertem Eigentumsvorbehalt. Diese Sicherheitenkollision hat der BGH insoweit zugunsten der Lieferanten entschieden, als die entsprechenden Raumsicherungsübereignungs- bzw. Globalzessionsverträge dingliche Teilverzichtsklauseln zugunsten der Rechte aus verlängertem Eigentumsvorbehalten enthalten müssen, um nicht wegen Sittenwidrigkeit nach § 138 BGB nichtig zu sein. Die Lieferanten haben zwar demnach grundsätzlich das Vorrecht gegenüber der Bank, müssen aber auch in diesem Fall ihre einzelnen Eigentumsvorbehaltsrechte nachweisen. Diese Konstellation wird dann typischerweise im gegenseitigen Interesse durch eine einvernehmliche Sicherheitenabgrenzungsvereinbarung dahingehend gelöst, dass das insgesamt zur Verfügung

---

[1] *Riggert,* NZI 2000, 525 ff., 526.

[2] *Nerlich/Römermann/Braun,* InsO, § 244 Rn. 17.

[3] *Riggert,* NZI 2000, 525 ff., 526 f.

[4] Die in der Fachliteratur an § 13 c UStG geäußerte Kritik – *de Weerth,* DStR 2006, 1071 ff. – wird durch das Urteil des Europäischen Gerichtshofs vom 11. 5. 2006, Rs. C 384/04, DStR 2006, 897 ff. bestätigt. Es ist davon auszugehen, dass § 13 c UStG in seiner jetzigen Fassung gegen die 6. EG-Richtlinie Art. 21 Abs. 3, Art. 22 Abs. 8 verstößt und vom Gesetzgeber geändert werden wird.

[5] *Marx/Salentin,* NZI 2005, 258 ff., 261 mwN.

stehende Sicherungsgut in einem bestimmten Verhältnis zwischen Lieferanten und Banken geteilt wird. Ausgangspunkt der Verhandlungen über die Verteilungsquote ist regelmäßig der Materialeinsatzquotient des schuldnerischen Unternehmens. Kommt es zum Abschluss einer solchen Vereinbarung, steht dem schuldnerischen Unternehmen bzw. dem Insolvenzverwalter gegenüber fest, dass jedenfalls der Gemeinschaft Banken/Lieferanten das gesamte Sicherungsgut gemeinschaftlich gehört. Beweisprobleme können hier insoweit lediglich dann auftreten, wenn es einzelne Lieferanten mit nachweisbaren Rechten aus verlängertem und erweitertem Eigentumsvorbehalt geben sollte, die dem Lieferantenpool nicht beitreten. In diesen Fällen akzeptiert der Insolvenzverwalter – dem dadurch seine eigene Arbeit wesentlich erleichtert wird – jedoch regelmäßig eine Freistellungserklärung des Banken-/Lieferantenpools, wonach dieser sämtliche Erlöse aus der Verwertung der Sicherheiten entgegennimmt, den Insolvenzverwalter dann aber von der Inanspruchnahme einzelner, dem Pool nicht beigetretener Lieferanten freistellt.

bbb) Sicherheitenverwertungsgemeinschaft Lieferanten/Insolvenzverwalter. In anderen Fällen gelingt es häufig, mit dem Insolvenzverwalter eine Vereinbarung zu treffen, in der wegen der bestehenden Beweisschwierigkeiten der Insolvenzverwalter an dem Ergebnis der Verwertung des vorhandenen Vorrats- und Forderungsvermögens beteiligt wird. Insoweit wird also der Insolvenzverwalter mit einer bestimmten Quote zugunsten der Insolvenzmasse in den Lieferantenpool beitreten. Diese pauschale Vereinbarung erleichtert einerseits wiederum die Arbeit des Insolvenzverwalters, der dann das gesamte Vorrats- bzw. Forderungsvermögen en bloc verwerten kann, ohne – mühselig und zeitraubend – Rechte einzelner Lieferanten feststellen zu müssen. Zum anderen ist der Insolvenzverwalter – der das schuldnerische Unternehmen in der Insolvenz fortführen oder zumindest eine Ausproduktion organisieren will, regelmäßig auf die Weiterbelieferung durch die Lieferanten angewiesen. Insoweit besteht regelmäßig ein wirtschaftlicher Druck für den Insolvenzverwalter, mit den Lieferanten eine in einem gemeinsamen Interesse liegende Regelung zu finden und sich nicht auf den Beweisstandpunkt zurückzuziehen. 17

ccc) Sicherheitenverwertungsgemeinschaft Banken/Lieferanten/Insolvenzverwalter. Häufig ist letztendlich die Konstellation, dass in die Sicherheitenabgrenzungsvereinbarung zwischen der Bank und dem Lieferantenpool sogleich der Insolvenzverwalter miteinbezogen wird, der dann einerseits für seine Verwertungstätigkeit, andererseits auch zur Abgeltung eventuell der Insolvenzmasse zustehender Rechte eine bestimmte Quote des Gesamterlöses – regelmäßig zwischen 10 und 20% – erhält. Der Erlös wird dann entsprechend den vereinbarten Quoten auf Insolvenzmasse, Banken und Lieferanten aufgeteilt. Dabei erhält der Lieferantenpool die gesamte für die Lieferanten vorgesehene Quote und stellt den Insolvenzverwalter von der Inanspruchnahme einzelner, dem Pool nicht beigetretener Lieferanten, frei. 18

dd) Aussonderungspools repräsentieren praktisch nie 100% der aussonderungsberechtigten Gläubiger. Hinsichtlich der rechtlichen Gestaltung eines Aussonderungspools sind in der Praxis zwei verschiedene Varianten feststellbar. Bei der ersten Variante beansprucht der Aussonderungspool alle Aussonderungsrechte gegen eine Vereinbarung mit dem Insolvenzverwalter, wobei der Insolvenzverwalter von allen vereinbarungsgegenständlichen Ansprüchen der Nicht-Poolmitglieder freigestellt wird (Abfindungspool). Die zweite Variante ist, dass der Aus- 19 sonderungspool nur einen Teil der Berechtigten repräsentiert. In den Pool werden nur die Rechte der beigetretenen Mitglieder eingebracht, für die der Pool in der Höhe der eingebrachten Rechte eine quotale Abfindung erhält (Abgeltungspool).

5. Einzelfälle

a) Eigentum

20 **aa) Alleineigentum.** Gegenstände im Besitz des Schuldners kann der Eigentümer auf der Anspruchsgrundlage des § 985 BGB aussondern. Im Falle nur mittelbaren Besitzes des Schuldners kann der Eigentümer die Abtretung des Herausgabeanspruches oder auch die direkte Herausgabe durch den Dritten verlangen.[1] Besitzrechte nach § 986 BGB können eingewandt werden, wobei § 112, ggf. i. V. m. § 119, die Kündigung eines Miet- oder Pachtverhältnisses wegen der Insolvenz des Mieters oder Pächters ausschließt. In diesen Fällen kann der Eigentümer durch Feststellungsklage nach § 256 ZPO seine Eigentümerstellung gerichtlich feststellen lassen, sofern sie nicht anerkannt wird.[2]

21 Der Eigentümer muss seine Rechtsstellung beweisen, wozu er nötigenfalls die Vermutungsregeln der §§ 891, 1006 BGB widerlegen muss.[3]

22 Ist der Erbbauberechtigte insolvent geworden und beinhaltet der Erbbaurechtsvertrag für diesen Fall eine Klausel, die den Heimfall des Erbbaurechtes an den Grundstückseigentümer vorsieht, so kann dieser das Erbbaurecht in dem Insolvenzverfahren über das Vermögen des Erbbauberechtigten aussondern, da der Heimfallanspruch dingliche Wirkung entfaltet.[4]

23 **bb) Gesamthandseigentum.** Die Gesamthandseigentümer können, wenn der Schuldner Besitzer ist, die Aussonderung verlangen. Ist der Schuldner einer der Gesamthandseigentümer, so darf der Insolvenzverwalter nur den Anteil des Schuldners an der Gesamthandsgemeinschaft verwerten; auf das Eigentum selbst hat er keinen Zugriff. Ist das Bestehen der Gesamthand streitig, so ist dies durch eine Feststellungsklage nach § 256 ZPO zu klären.

24 **cc) Miteigentum.** Ist der Schuldner kein Miteigentümer, so kann jeder Miteigentümer für sich allein die Aussonderung oder die Feststellung des Miteigentums verlangen, wobei das Herausgabeverlangen auf Herausgabe an alle Miteigentümer gerichtet sein muss, §§ 1011, 432 BGB.

25 Ist der Schuldner selbst Miteigentümer, so geht der Aussonderungsanspruch der anderen Miteigentümer im Falle der widerrechlichen Vorenthaltung auf Einräumung des Mitbesitzes im Falle des Bestreitens des Miteigentums durch den Insolvenzverwalter auf Feststellung des Miteigentumsanteils oder auf Auseinandersetzung der Bruchteilsgemeinschaft nach §§ 719 BGB, 84 Abs. 1, der den Miteigentümern für ihre auf der Gemeinschaft gründenden Forderungen einen Anspruch auf Absonderung am Anteil des Schuldners gibt.[5] Ist Realteilung möglich, § 752 BGB, so kann jeder Miteigentümer seinen Anteil aussondern.[6]

---

[1] *Gottwald/Gottwald,* InsHdb., § 40 Rn. 5 mwN.

[2] *Gottwald/Gottwald,* InsHdb., § 40 Rn. 5; *Hess,* InsO, § 47 Rn. 16; *Niesert,* InVo 1998, 85, 87.

[3] *Gottwald/Gottwald,* InsHdb., § 40 Rn. 5 mwN.

[4] LG Freiburg DZWIR 1999, 167 ff., 170 f. m. Anm. *Mohrbutter/Mohrbutter,* S. 171 f.

[5] FK-*Imberger,* InsO, § 47 Rn. 13 mwN; *Gottwald/Gottwald,* InsHdb., § 40 Rn. 10.

[6] *Gottwald/Gottwald,* InsHdb., § 40 Rn. 10 mwN.

Bestreitet der Insolvenzverwalter das Bestehen von Miteigentum, kann auf Feststellung des Bestehens von Miteigentum nach § 256 ZPO geklagt werden, womit allerdings im Obsiegensfall nur das Verwertungsrecht des Insolvenzverwalters gehindert werden würde.[1]

dd) Verwahrung. Für das Entstehen eines Aussonderungsrechtes ist nach der Art der Verwahrung zu differenzieren. Bleibt das Eigentum an der verwahrten Sache erhalten, so besteht ein Aussonderungsrecht. 26

Eine Aussonderung kommt in folgenden Fällen in Betracht: 27

- Verwahrung, § 688 BGB. Einen obligatorischen Aussonderungsanspruch begründet der Rückforderungsanspruch des Hinterlegers, § 695 BGB, § 622 HGB.[2] Dies gilt allerdings nicht im Falle der unregelmäßigen Verwahrung, § 700 BGB; auf Grund des Eigentumserwerbes des Verwahrers entsteht dem Hinterleger nur eine Insolvenzforderung.
- Sonderverwahrung, § 2 DepotG;[3]
- Tauschverwahrung, §§ 10, 11 DepotG, und zwar sowohl bezüglich der Ersatzstücke als auch bezüglich der Originale, denn das Eigentum des Hinterlegers besteht an den Ersatzstücken fort;[4]
- Drittverwahrung, § 3 DepotG, im Falle der Insolvenz des Drittverwahrers.[5] Wird der Zwischenverwahrer insolvent, ist der Aussonderungsanspruch des Hinterlegers auf die Abtretung der Herausgabeansprüche gegen den Drittverwahrer gerichtet;[6]
- Sammelverwahrung; § 5 DepotG. Da bei der Sammelverwahrung die verwahrten Wertpapiere nicht von Drittbeständen gesondert sind, verliert der Hinterleger das Eigentum an den konkreten Wertpapieren und erwirbt anteilmäßig Miteigentum am Gesamtbestand.[7] Die Aussonderung erfolgt in entsprechender Anwendung des § 7 DepotG durch Herausgabe von dem Miteigentumsanteil des Verwahrers entsprechenden Wertpapieren;[8]
- Verwahrung mit Verfügungsermächtigung, § 13 DepotG. Der Aussonderungsanspruch besteht nur solange, wie der Verwahrer von der Verfügungsermächtigung des Hinterlegers noch keinen Gebrauch gemacht hat.[9] Hat der Verwahrer vor der Eröffnung des Insolvenzverfahrens über sein Vermögen von der Verfügung Gebrauch gemacht, besteht kein Aussonderungsrecht mehr.[10]
- unregelmäßige Wertpapierverwahrung, §§ 13, 15 DepotG. Entsprechend § 700 BGB verliert der Hinterleger sein Eigentum am konkreten Wertpapier.

Bei Zins- und Dividendenansprüchen aus verwahrten Wertpapieren besteht die Möglichkeit von deren Aussonderung nur, solange sie noch nicht auf einem Konto bei dem insolventen Verwahrer gutgeschrieben wurden.[11] 28

---

[1] *Andersen/Freihalter,* S. 68 Rn. 252.
[2] *Andersen/Freihalter,* S. 92 Rn. 344.
[3] *Gottwald/Gottwald,* InsHdb., § 40 Rn. 11 mwN.
[4] *Gottwald/Gottwald,* InsHdb., § 40 Rn. 11.
[5] *Gottwald/Gottwald,* InsHdb., § 40 Rn. 11.
[6] *Gottwald/Gottwald,* InsHdb., § 40 Rn. 11.
[7] *Kübler/Prütting/Bork/Prütting,* InsO, § 47 Rn. 63.
[8] *Kübler/Prütting/Bork/Prütting,* InsO, § 47 Rn. 63.
[9] *Andersen/Freihalter,* S. 96 Rn. 359.
[10] *Andersen/Freihalter,* S. 95 Rn. 355.
[11] *Uhlenbruck,* InsO, § 47 Rn. 51.

– Lagergeschäft. Bei vereinbarter Sammellagerung wird der Einlagerer Miteigentümer des Lagerbestandes ab Einlagerung, § 469 Abs. 2 HGB. Bei unzulässiger Mischlagerung entsteht das Miteigentum des Einlagerers ab Vermischung. Nach § 469 Abs. 3 HGB nF kann der Einlagerer in der Insolvenz des Lagerhalters seinen Anteil ohne Zustimmung der anderen Miteigentümer aussondern.[1]

29 **ee) Eigentumsvorbehalt im Falle der Insolvenz des Vorbehaltsverkäufers.** Nach § 107 Abs. 1, hat die Verfahrenseröffnung keinerlei Folgen für die Vertragsabwicklung. Der Käufer erwirbt nach Zahlung des Kaufpreises Eigentum. Sein Anwartschaftsrecht ist durch § 107 Abs. 1 insolvenzfest. Der Käufer kann die Erfüllung des Kaufvertrages auch dann verlangen, wenn der Schuldner dem Käufer gegenüber weitere Verpflichtungen übernommen hat und diese nicht oder nicht vollständig erfüllt sind, § 107 Abs. 1. Der Insolvenzverwalter kann daher nur gem. § 323 BGB nF vom Kaufvertrag zurücktreten.

30 **ff) Eigentumsvorbehalt im Falle der Insolvenz des Vorbehaltskäufers.** Der Insolvenzverwalter wird sich mit den Eigentumsvorbehaltslieferanten in Verbindung setzen und die vorhandenen Eigentumsvorbehaltswaren nach der Inventarisierung freigeben oder abgelten. Ist es dem Insolvenzverwalter möglich, Warenvorräte an eine Auffanggesellschaft zu veräußern, so muss über den Kaufpreis sichergestellt werden, dass aus dem Erlös die Eigentumsvorbehaltsgläubiger befriedigt werden können. Die Veräußerung durch den Insolvenzverwalter erspart dem Eigentumsvorbehaltsgläubiger die Rückholkosten und den Verwaltungsaufwand, so dass unter weiterer Berücksichtigung des Alters, des Zustandes oder der Marktgängigkeit der Ware bei der Abgeltung ein Abschlag vom ursprünglichen Verkaufspreis gerechtfertigt ist. Soweit in der Betriebsfortführung Eigentumsvorbehaltsware verarbeitet und/oder vom Insolvenzverwalter veräußert wird, ist zwischen dem Insolvenzverwalter und den Lieferanten eine Abgeltung der Vorbehaltsware zu vereinbaren. Falls die Eigentumsvorbehaltslieferanten eine **Poolgesellschaft** gegründet haben und die Materialeinsatzquote sowie die Höhe der daraus resultierenden Quote aus dem Forderungseinzug und der Verwertung der Warenvorräte ermittelt ist, erleichtert dies die Abrechnung der Verwertung, da nur noch der Poolverwalter Ansprechpartner des Insolvenzverwalters ist, die die Abrechnungsmodalitäten untereinander vereinbaren. Der Poolverwalter ist regelmäßig für die Abrechnung und Verteilung des Verwertungserlöses zwischen den Poolmitgliedern zuständig. Der Insolvenzverwalter sollte darauf hinwirken, dass ihn die Poolgesellschaft von den Ansprüchen der Eigentumsvorbehaltslieferanten, die der Poolgesellschaft nicht beigetreten sind, freistellt. Die rechtliche Behandlung von Eigentumsvorbehaltsware richtet sich nach den verschiedenen Formen des Eigentumsvorbehaltes.[2]

31 **aaa)** Liegt ein **einfacher Eigentumsvorbehalt** vor, so ist der Verkäufer auf Grund seiner Eigentümerstellung aussonderungsberechtigt, sofern nicht der Insolvenzverwalter im Zeitraum des § 107 Abs. 2 die Erfüllung des Kaufvertrages nach § 103 Abs. 1 wählt.[3]

[1] *Gottwald/Gottwald*, InsHdb., § 40 Rn. 13.
[2] Vgl. dazu *Palandt/Weidenkaff*, BGB, § 449 Rn. 12 ff.
[3] Vgl. auch BGH NJW-RR 2008, 818 ff., 821 mwN.

bbb) Beim **verlängerten Eigentumsvorbehalt** besteht, solange das Vorbehaltsgut unverändert vorhanden ist, (solange also noch keine Verarbeitung, Vermischung etc. stattgefunden hat) ein Aussonderungsrecht des Verkäufers, da die Sachlage sich insoweit noch nicht von der beim einfachen Eigentumsvorbehalt unterscheidet.[1] Nach der Verarbeitung stellt sich die Sachlage zumindest in ähnlicher Weise dar wie im Falle des Sicherungseigentums, so dass nur ein Absonderungsrecht nach § 51 Ziff. 1 entsteht.[2] 32

War dem Vorbehaltskäufer die Weiterveräußerung gegen Vorausabtretung der Kaufpreisforderung aus dieser Weiterveräußerung gestattet, so erlischt nach den §§ 929 ff., 185 Abs. 1 BGB das vorbehaltene Eigentum; der Vorbehaltseigentümer kann im Falle der Insolvenz des ersten Käufers nur Absonderung der Kaufpreisforderung verlangen;[3] gegen die Insolvenz des zweiten Käufers ist er nicht geschützt; er behält aber selbstverständlich in diesem Falle seinen – nunmehr ungesicherten – Kaufpreiszahlungsanspruch gegen den ersten Käufer. 33

Hatte allerdings der Zweiterwerber die Abtretung der gegen ihn bestehenden Kaufpreisforderung durch ein Abtretungsverbot gem. § 399 2. Alt. BGB ausgeschlossen, so erwirbt er, da für diesen Fall der Erstkäufer keine Verfügungsbefugnis besaß, kein Eigentum. Auch ein gutgläubiger Erwerb kommt nicht in Betracht, weil der Zweitkäufer infolge der Abwehrklausel als bösgläubig anzusehen ist.[4] Sowohl im Insolvenzverfahren des Erst-, als auch in dem des Zweitkäufers ist daher der Verkäufer weiterhin aussonderungsberechtigt. § 354 a HGB ist zu beachten, nach dem ein vertragliches Abtretungsverbot im Falle beiderseitiger Handelsgeschäfte unwirksam ist. Hat der Zweitkäufer gutgläubig Eigentum erworben, so kommt nur noch Ersatzaussonderung nach § 48 in Betracht. 34

ccc) In den Fällen des **erweiterten Eigentumsvorbehaltes** (Kontokorrent-, Geschäftsverbindungs-, Saldovorbehalt) bleibt das Aussonderungsrecht am vorbehaltenen Eigentum bestehen, solange die ursprüngliche Kaufpreisforderung noch offen ist, da insofern die gleiche Situation wie beim einfachen Eigentumsvorbehalt besteht.[5] Wählt der Insolvenzverwalter Erfüllung nach § 103 Abs. 1, so geht der Aussonderungsanspruch mit der Kaufpreiszahlung unter. Ist der Kaufpreis der Sache bezahlt und es tritt der Erweiterungsfall ein, so besteht nunmehr ein Recht auf abgesonderte Befriedigung aus der Sache selbst, da die Erweiterungsklausel wirtschaftlich der Vereinbarung von Sicherungseigentum entspricht.[6] 35

Konzernvorbehalte, deren Zulässigkeit unter der Geltung der KO überwiegend abgelehnt wurden, sind unzulässig, § 449 Abs. 3 BGB nF. 36

ddd) Liegt ein Verkauf im Rahmen eines **weitergeleiteten Eigentumsvorbehaltes** vor, so erwirbt der Zweitkäufer nur das Anwartschaftsrecht. Wegen des fortbestehenden Eigentums des Verkäufers behält dieser sein Aussonderungsrecht sowohl im Falle der Insolvenz des Erst- als auch des Zweitkäufers.[7] In der Insolvenz des Erstkäufers hat der Zweitkäufer ein Ablösungsrecht analog § 268 37

---

[1] *Elz,* ZInsO 2000, 478 ff., 480 mwN.

[2] *Elz,* ZInsO 2000, 478 ff., 480 mwN.

[3] *Gottwald/Gottwald,* InsHdb., § 43 Rn. 31 mwN.

[4] *Gottwald/Gottwald,* InsHdb., § 43 Rn. 32 mwN.

[5] MünchKomm-*Ganter,* InsO, § 47 Rn. 92.

[6] BGHZ 118, 374, 377; BGHZ 98, 160, 170; MünchKomm-*Ganter,* InsO, § 47 Rn. 93 mwN.

[7] *Gottwald/Gottwald,* InsHdb., § 43 Rn. 15.

BGB.[1] Zahlt er den Kaufpreis an den Verkäufer, erlangt er Eigentum.[2] Macht der Zweitkäufer von seinem Befriedigungsrecht keinen Gebrauch, so kann der Verkäufer die Ware beim Zweitkäufer aussondern, sobald das Besitzrecht des Erstkäufers entfallen ist, § 986 Abs. 1 S. 2 BGB. In der Insolvenz des Zweitkäufers kann der Verkäufer sein Aussonderungsrecht nur geltend machen, wenn das Besitzrecht des Erstkäufers durch Rücktritt nach §§ 455, 326 BGB erloschen ist.[3]

38 **eee)** Bei einem **nachgeschalteten Eigentumsvorbehalt** hat der Eigentumsvorbehaltskäufer die Sache seinerseits unter eigenem Eigentumsvorbehalt verkauft.[4] Der Zweitkäufer erwirbt daher ein selbstständiges Anwartschaftsrecht.[5] In der Insolvenz des Zweitkäufers kann der Verkäufer etwaiger Besitzrechte des Erstkäufers aussondern. In der Insolvenz des Erstkäufers kann dies der Verkäufer nur, solange der Zweitkäufer noch nicht gezahlt hat, somit das Anwartschaftsrecht noch nicht zum Vollrecht erstarkt ist.[6]

b) Beschränkte dingliche Rechte

39 Zur Aussonderung berechtigen der Nießbrauch, §§ 1030 ff. BGB, Erbbaurechte, Grunddienstbarkeiten, §§ 1090 ff. BGB und das Wohnrecht, § 1093 BGB. Dabei wird nicht der mit dem Recht belastete Gegenstand ausgesondert, sondern nur das Recht selbst – mit der Folge, dass der Insolvenzverwalter diese Rechte während ihrer Laufzeit anerkennen muss.[7]

40 Infolge der Vormerkungswirkung nach §§ 1098 Abs. 2, 888 BGB begründet das dingliche Vorkaufsrecht nach § 1094 BGB in der Insolvenz des Dritterwerbers einen auf Zustimmung zur Eintragung des Berechtigten als neuen Eigentümer gerichteten Aussonderungsanspruch. Wird der Vorkaufsverpflichtete insolvent, so besteht kein Anspruch auf Herausgabe des Grundstücks, da die dingliche Wirkung nur gegenüber dem Dritterwerber besteht.[8] Wird das Bestehen des dinglichen Vorkaufsrechts vom Insolvenzverwalter bestritten, so ist der Aussonderungsanspruch durch Feststellung des Bestehens des dinglichen Vorkaufsrechts zu verfolgen.[9]

41 Für Pfandrechte gilt grundsätzlich § 50. Die Aussonderung ist möglich, wenn mit dieser das Bestehen selbst oder die Nichtzugehörigkeit des Pfandrechts zur Masse geltend gemacht wird,[10] wenn es also um das Bestehen des Pfandrechts als solches und nicht nur um seinen Inhalt geht.

c) Besitz

42 Als dingliches Recht berechtigt auch der Besitz zur Aussonderung. Inhaltlich ist der Aussonderungsanspruch auf die Wiedereinräumung des Besitzes nach § 861 BGB, auf die Beseitigung einer Besitzstörung nach § 862 BGB sowie auf

[1] *Palandt/Bassenge,* BGB, § 929 Rn. 57; *Nerlich/Römermann/Andres,* § 47 Rn. 21.
[2] *Nerlich/Römermann/Andres,* InsO, § 47 Rn. 21.
[3] *Gottwald/Gottwald,* InsHdb., § 43 Rn. 17.
[4] *Palandt/Weidenkaff,* BGB, § 449 Rn. 17.
[5] *Gottwald/Gottwald,* InsHdb., § 43 Rn. 18.
[6] *Gottwald/Gottwald,* InsHdb., § 43 Rn. 18.
[7] Zum Ganzen *Gottwald/Gottwald,* InsHdb., § 40 Rn. 17.
[8] *Gottwald/Gottwald,* InsHdb., § 40 Rn. 18.
[9] *Uhlenbruck,* InsO, § 47 Rn. 66 mwN.
[10] *Gottwald/Gottwald,* InsHdb., § 40 Rn. 19; RGZ 44, 3; 86, 240; *Kilger/K. Schmidt,* Insolvenzgesetze, § 43 Anm. 5.

die Herausgabe des aussonderungsbehafteten Gegenstandes gegen den früheren Besitzer nach § 1007 BGB gerichtet.[1]

d) Erbrechtliche Ansprüche

In der Insolvenz des Erbschaftsbesitzers kann der Erbe die Erbschaft sowohl nach den §§ 985, 1922 BGB als auch nach den §§ 2018, 2019 BGB aussondern.[2] 43

Bei der Herausgabe von Nutzungen und Früchten ist zu differenzieren.[3] Kann der Erbe auf Grund dinglicher Surrogation die Sachfrüchte herausverlangen, hat § 2020 BGB dinglichen Charakter, so dass die Früchte ausgesondert werden können.[4] Hat allerdings der Erbschaftsbesitzer nach § 955 BGB Eigentum an den Früchten erworben, so folgt aus § 2020 2. Halbs. BGB, dass diese dingliche Zuordnung nicht aufgehoben werden soll, so dass der Erbe nur schuldrechtlich Berechtigter ist.[5] Ebenfalls nur schuldrechtlichen Charakter haben die Ansprüche auf die Herausgabe der Nutzungen und die bereicherungsrechtlichen Ansprüche nach § 2021 BGB i. V. m. §§ 818 ff. BGB, die lediglich zu einer Insolvenzforderung des Erben gegen den Erbschaftsbesitzer führen.[6] 44

Der Nacherbe ist erst mit Eintritt des Nacherbfalles auf der Grundlage der §§ 2130, 2139, 2111 BGB zur Aussonderung der Erbschaftsgegenstände und Surrogate berechtigt.[7] Allerdings hat der Insolvenzverwalter die für den Vorerben geltenden Beschränkungen zu beachten, § 2115 S. 1 BGB, § 83 Abs. 2. Eine zusätzliche Sicherung bietet dem Nacherben der § 2128 BGB, nach dem im Falle ungünstiger Vermögenslage eine Sicherheitsleistung verlangt werden kann. 45

e) Gewerbliche Schutzrechte, Urheberrecht und Persönlichkeitsrecht

Inhalt des Aussonderungsrechtes ist der dingliche Anspruch auf Abtretung des Patenterteilungsanspruchs nach § 8 S. 1 PatG, beim bereits erteilten Patent die Übertragung des Patents nach § 8 S. 2 PatG,[8] sowie der Anspruch gegen den nichtberechtigten Patentinhaber auf Übertragung bereits von diesem erteilter Lizenzen nach § 15 Abs. 2 PatG.[9] Aussonderungsfähig ist des Weiteren das Vorbenutzungsrecht aus § 12 PatG sowie Gebrauchsmuster und das an ihnen bestehende Vorbenutzungsrecht. § 13 Abs. 3 GebrMG verweist insofern auf die §§ 8, 12 PatG.[10] 46

Aussonderungsansprüche gegen die Nutzung einer **Internetdomain** können sich aus dem Unterlassungsanspruch des Markeninhabers nach § 15 MarkenG, dem Unterlassungsanspruch des Namensträgers nach § 12 BGB und des Unterlassungsanspruchs des Firmenträgers nach § 37 Abs. 2 HGB ergeben.[11] Wett- 47

---

[1] *Hess,* InsO, § 47 Rn. 32, 35 mwN; *Gottwald/Gottwald,* InsHdb., § 40 Rn. 15; *Kilger/K. Schmidt,* Insolvenzgesetze, § 43 Anm. 14.

[2] *Gottwald/Gottwald,* InsHdb., § 40 Rn. 16 mwN.

[3] AA: *Gottwald/Gottwald,* InsHdb., § 40 Rn. 16 mwN, der generell vom Vorliegen einer Insolvenzforderung ausgeht.

[4] *Uhlenbruck,* InsO, § 47 Rn. 74 mwN.

[5] *Uhlenbruck,* InsO, § 47 Rn. 74 mwN.

[6] *Uhlenbruck,* InsO, § 47 Rn. 74 mwN.

[7] *Uhlenbruck,* InsO, § 47 Rn. 74 mwN.

[8] *Uhlenbruck,* InsO, § 47 Rn. 67 mwN.

[9] *Kilger/K. Schmidt,* Insolvenzgesetze, § 43 Rn. 8 mwN.

[10] *Kilger/K. Schmidt,* Insolvenzgesetze, § 43 Rn. 8 mwN.

[11] *Niesert/Kairies,* ZInsO 2002, 510 ff., 513 f. zur Kollision der negatorischen Ansprüche aus § 5, 15 MarkenG mit § 12 BGB, s. BGH WM 2002, 1142 ff. („*shell.de*"-Entscheidung).

bewerbsrechtliche Unterlassungsansprüche aus dem Verbot des Vorsprungs durch Rechtsbruch und des Behinderungswettbewerbs nach § 1 UWG sowie aus dem Verstoß gegen das Irreführungsverbot nach § 3 UWG begründen wegen dem Charakter der wettbewerbsrechtlichen Unterlassungsansprüche als relative Rechte keine Aussonderungsansprüche.[1]

48 Aussonderungsberechtigt ist der Inhaber eines Markenrechtes, und zwar bezüglich der Marke selbst nach den §§ 14, 15 MarkenG als auch in Bezug auf sein Abwehrrecht gegen unbefugte Eingriffe.[2]

49 Das Benutzungsrecht an Geschmacksmustern nach den §§ 1 Abs. 1, 5, 7 Abs. 1 GeschmMG berechtigt ebenfalls zur Aussonderung.

50 Unterlassungsansprüche aus gewerblichen Schutzrechten (§ 139 Abs. 1 PatG, § 24 Abs. 1 GebrMG, § 14a Abs. 1 GeschmMG, §§ 14 Abs. 5, 15 Abs. 4 MarkenG) berechtigen nur dann zur Aussonderung, wenn der Insolvenzverwalter das Recht für die Insolvenzmasse in Anspruch nimmt.[3]

51 Der Urheber kann das Veröffentlichungsrecht, § 12 UrhG, und das Recht, eine Entstellung des Werkes zu verbieten, § 14 UrhG, aussondern.[4]

52 Das Recht am eigenen Bilde nach §§ 22ff. KUrhG berechtigt bei widerrechtlichen Aufnahmen zur Aussonderung der Abbildungen und Bildträger.[5]

f) Forderungen

53 **aa) Allgemeines.** Forderungen Dritter, etwa weil sie nach § 835 Abs. 1 Abs. 2 ZPO durch Pfändung an Zahlungs statt überwiesen oder nach § 398 BGB abgetreten worden sind, sind aussonderungsfähig.[6] Die **Sicherungszession** berechtigt nach § 51 Ziff. 1 nur zur Absonderung.[7] Im Falle der Vorausabtretung einer erst nach Eröffnung des Insolvenzverfahrens entstehenden Forderung fällt diese in die Insolvenzmasse und ist daher nicht aussonderungsbehaftet.[8]

54 **bb) Factoring.** Bei dem als Forderungskauf einzuordnenden echten Factoring[9] kann der Forderungskäufer (Factor) in der Insolvenz des Forderungsverkäufers die Forderungen aussondern,[10] während beim unechten Factoring[11] die Forderung dem Factor zur Sicherung des den Factoringkunden darlehensweise gewährten Gegenwertes der Forderung übertragen wurde, so dass die Forderung auf Grund dessen Sicherungscharakter hat und zur abgesonderten Befriedigung berechtigt.[12]

55 **cc) Leasing.** Aussonderungsfähig ist das Leasinggut bei Leasingverträgen, und zwar sowohl beim Operating-Leasing, beim Finanzierungsleasing, dem Null-

---

[1] *Niesert/Kairies,* ZInsO 2002, 510ff., 514 mwN.
[2] *Gottwald/Gottwald,* InsHdb., § 40 Rn. 20 mwN.
[3] *Gottwald/Gottwald,* InsHdb., § 40 Rn. 20.
[4] *Kuhn/Uhlenbruck,* KO, § 43 Rn. 56.
[5] *Kuhn/Uhlenbruck,* KO, § 43 Rn. 56.
[6] *Gottwald/Gottwald,* InsHdb., § 40 Rn. 21; RGZ 44, 3; 86, 240; *Kilger/K. Schmidt,* Insolvenzgesetze, § 43 Anm. 5.
[7] *Gottwald/Gottwald,* InsHdb., § 40 Rn. 21.
[8] BGH NJW 1955, 544.
[9] Hierzu *Palandt/Grüneberg,* BGB, § 398 Rn. 38f. mwN.
[10] *Hess,* InsO, § 47 Rn. 162 mwN.
[11] Hierzu *Palandt/Grüneberg,* BGB, § 398 Rn. 40 mwN.
[12] *Hess,* InsO, § 47 Rn. 166 mwN.

Leasing und dem Sale-and-Lease-Back, die als atypische Mietverträge angesehen werden.[1] Im Falle der Insolvenz des Leasingnehmers besteht daher ein Aussonderungsrecht des Leasinggebers, sofern nicht der Insolvenzverwalter nach § 103 Abs. 1 die Erfüllung wählt.[2] Wählt der Insolvenzverwalter Erfüllung, so sind die Leasingraten als Masseverbindlichkeiten gem. § 55 Abs. 1 Ziff. 2 zu begleichen.

Ist das Leasinggut nicht durch einen Dritten refinanziert und das Eigentum am Leasinggut zur Sicherheit an den Refinanzierer übertragen worden, so bleibt es beim Wahlrecht des Insolvenzverwalters nach § 103.[3] **56**

Liegt eine Refinanzierung nebst Sicherungsübereignung des Leasinggutes vor, so hat der Insolvenzverwalter kein Wahlrecht nach § 103, es gilt vielmehr § 108 Abs. 1 S. 2, wonach der Finanzierungsleasingvertrag mit Wirkung für die Insolvenzmasse fortbesteht.[4] **57**

dd) Obligatorische Herausgabeansprüche wie bspw. der Anspruch des Vermieters oder Verpächters auf Rückgabe des Miet- bzw. Pachtgegenstandes, des Verleihers auf Herausgabe der geliehenen Sache, des Verpfänders auf Rückgabe des Pfandgegenstandes und der Anspruch des Geschäftsherren auf Herausgabe der einem Geschäftsbesorger überantworteten Gegenstände sind der Aussonderung zugänglich.[5] **58**

Bei einem Wohnraummietverhältnis kann der Insolvenzverwalter nur dann auf Herausgabe der Wohnung des Schuldners in Anspruch genommen werden, wenn er diese in Besitz genommen hat oder für die Masse daran ein Recht beansprucht. Ob das mit dem Schuldner begründete Wohnraummietverhältnis dabei vor oder nach der Eröffnung des Insolvenzverfahrens beendet wurde, ist unerheblich.[6] In Bezug auf den Umfang des Räumungsanspruchs des Vermieters in der Insolvenz des Mieters reicht der obligatorische Aussonderungsanspruch nicht weiter als der dingliche nach § 985 BGB. Weitergehende aus dem Miet- bzw. Pachtvertrag begründete, schuldrechtliche Räumungsansprüche stellen mit ihren Kosten grundsätzlich lediglich Insolvenzforderungen nach § 38 dar.[7]

Die Insolvenzmasse haftet für einen vertragswidrigen Zustand der Mietsache – im vorliegen Fall für Altlasten – nur, soweit der Insolvenzverwalter den Zustand durch ihm zuzurechnende Handlungen verursacht hat.[8] Dem Insolvenzverwalter obliegt vorrangig die bestmögliche Gläubigerbefriedigung; Liquidationsaufgaben treten dahinter zurück.[9] **59**

ee) Verschaffungsansprüche sind dadurch gekennzeichnet, dass mit ihnen eine Leistung aus der Masse und nicht etwa die Herausgabe eines massefremden Gegenstandes begehrt wird.[10] Verschaffungsansprüche wie etwa der Anspruch auf **60**

[1] Vgl. *Palandt/Weidenkaff,* BGB, Einf. v. § 535 Rn. 37 ff. mwN.
[2] FK-*Imberger,* InsO, § 47 Rn. 33.
[3] *Gottwald/Gottwald,* InsHdb., § 43 Rn. 36.
[4] *Gottwald/Gottwald,* InsHdb., § 43 Rn. 37 mwN; FK-*Joneleit/Imberger,* InsO, § 47 Rn. 30.
[5] *Gundlach/Frenzel/Schmidt,* DZWIR 2001, 95 ff., 97 mwN.
[6] BGH NZI 2008, 554 ff., 555 = BeckRS 2008, 14249 m. Anm. *Bub,* FD-MietR 2008, 265037 und *Bäuerle,* FD-InsR 2008, 264759.
[7] Vgl. BGH NZI 2001, 531 = ZInsO 2001, 751 = ZIP 2001, 1469.
[8] Vgl. BGH NZI 2001, 531 = ZInsO 2001, 751 = ZIP 2001, 1469.
[9] Vgl. BGH NZI 2001, 531 = ZInsO 2001, 751 = ZIP 2001, 1469.
[10] *Ganter,* NZI 2005, 1 ff., 2 und 5.

Lieferung der Kaufsache oder auch derjenige aus § 285 BGB (stellvertretendes Commodum) gewähren kein Aussonderungsrecht.[1]

61 **ff) Unterlassungsansprüche** können nur dann Gegenstand einer Aussonderung sein, wenn die zugrunde liegende Rechtsposition selbst zur Aussonderung berechtigt und der Berechtigte diese damit verteidigt.[2]

62 **gg) Anfechtungsansprüche** in der Insolvenz des Anfechtungsgegners gewähren im Allgemeinen ein Aussonderungsrecht und nicht nur eine Insolvenzforderung gem. § 38.[3] Haftungsrechtlich ist der Anfechtungsanspruch der Vermögensmasse des Anfechtenden zuzuordnen, so dass die Vermögenszuordnung dem der uneigennützigen Sicherungstreuhand gleicht, die dem Treugeber in der Insolvenz des Treuhänders ein Aussonderungsrecht zuspricht.[4] Zu diesem Ergebnis gelangt man auch durch eine Lösung über § 145.[5]

g) Treuhandverhältnisse

63 Treuhandverträge sind gesetzlich nicht geregelt. Der Inhalt des Treuhandvertrages ist daher von der Funktion und den jeweiligen Anforderungen des Einzelfalls abhängig.[6] Im Allgemeinen beruht das Treuhandverhältnis auf einem Auftrag. Das Vertragsverhältnis ist dann ein unvollkommen zweiseitiges, bei dem der Treuhänder das Treugut zur Durchführung des Auftrags erhält.[7] Ist der Treuhandvertrag entgeltlich ausgestaltet, liegt eine Geschäftsbesorgung nach § 675 BGB vor.[8] Treuhandverträge sind grundsätzlich formfrei. Soweit der Treugeber oder der Treuhänder im Treuhandvertrag Verpflichtungen übernehmen, für deren Übernahme eine besondere Form vorgeschrieben ist wie bspw. bei der Verpflichtung zur Übertragung von Geschäftsanteilen nach § 15 Abs. 4 GmbHG oder bei der Verpflichtung zur Übertragung eines Grundstückes nach § 313 BGB, ist die dort normierte Form einzuhalten.[9] Die Rückübertragungspflicht des Treugutes auf den Treugeber begründet keinen Formzwang, da sich diese Pflicht bereits aus § 667 BGB ergibt.[10] Die Verfahrenseröffnung bewirkt gem. §§ 115 Abs. 1, 116 S. 1 das Erlöschen des Treuhandvertrages. Zu **eigennützigen** und **doppelnützigen** Treuhandverträgen siehe § 35 Rn. 22 und § 51 Rn. 42.

64 **aa) Fremdnützige Verwaltungstreuhand.** Bei der fremdnützigen Verwaltungstreuhand wird das Treugut dem Treuhänder lediglich zur Verwaltung übergeben, ohne dass eine Eigentumsübertragung stattfindet. Im Insolvenzverfahren über das Vermögen des Treuhänders kann der Treugeber sein Eigentum nach § 47 i. V. m. §§ 985, 986 BGB aussondern,[11] vgl. § 35 Rn. 22. Der Treuhand-

---

[1] *Gundlach/Frenzel/Schmidt,* DZWIR 2001, 95 ff., 97 mwN.

[2] *Nerlich/Römermann/Andres,* InsO, § 47 Rn. 51 mwN.

[3] BGH ZIP 2003, 2307 ff., 2310 f. = ZInsO 2003, 1096 ff., 1098 f.

[4] BGH ZIP 2003, 2307 ff., 2311 = ZInsO 2003, 1096 ff., 1099 für die Anfechtung des Bezugsrechts einer Lebensversicherung.

[5] MünchKomm-*Kirchhof,* InsO, vor §§ 129 bis 147 Rn. 23 mwN und § 145 Rn. 15, 21, 30.

[6] *Soergel/Leptien,* BGB, vor § 164 Rn. 66.

[7] *Soergel/Leptien,* BGB, vor § 164 Rn. 66.

[8] *Soergel/Leptien,* BGB, vor § 164 Rn. 66.

[9] *Soergel/Leptien,* BGB, vor § 164 Rn. 66.

[10] *Soergel/Leptien,* BGB, vor § 164 Rn. 66.

[11] HK-*Lohmann,* § 47 Rn. 22 mwN.

vertrag erlischt mit der Verfahrenseröffnung, §§ 115 Abs. 1, 116 S. 1,[1] wodurch regelmäßig das Besitzrecht des Treuhänders entfällt.

bb) Uneigennützige Sicherungstreuhand. Überträgt der Treugeber das Eigentum am Treugut mit der schuldrechtlichen Abrede, dass die Verwaltung des Treugutes nach seinen Weisungen zu erfolgen hat, so wird das Treugut trotz der formalen Eigentümerstellung des Treuhänders haftungsrechtlich dem wirtschaftlich berechtigten Treugeber zugeordnet.[2] In der Insolvenz des Treuhänders steht dem Treugeber ein auf die Rückübertragung des Treugutes gerichteter Aussonderungsanspruch zu.[3] Sicherungstreuhandverhältnisse liegen insbesondere bei der Verwaltung von Vermögen vor. Praxisrelevante Fälle der uneigennützigen Sicherungstreuhand sind die Inkassozession und die Treuhandübertragung zur Abwicklung eines Vergleiches. Ist ein Grundstück Treugut, so kann das Aussonderungsrecht durch einen Treuhandvertrag nur begründet werden, wenn der Übereignungsanspruch des Treugebers als Vormerkung gesichert ist, da die Publizitätswirkungen des Grundbuchs nicht zur Disposition der Parteien stehen.[4] Ursprünglich verlangte die Rechtsprechung zur Begründung eines Aussonderungsrechts auf Grund einer Treuhandvereinbarung, dass das Treugut aus dem Vermögen des Treuhänders übertragen worden ist.[5] Vom Erfordernis dieser Unmittelbarkeit hat die Rechtsprechung bislang ausnahmsweise nur bei Zahlungen von Dritten auf Treuhandkonten auf eine Forderung des Treugebers abgesehen,[6] wobei es nicht erforderlich ist, dass für Dritte die Treuhandbindung erkennbar ist.[7] Die Eignung des Unmittelbarkeitsprinzips als Abgrenzungskriterium erfährt Kritik, da das Unmittelbarkeitsprinzip durch eine Hin- und Herübertragung des Treugutes umgangen werden kann.[8] Allerdings wäre dann der Zeitpunkt der Übertragung des Gegenstandes vom Treuhänder auf den Treugeber Anknüpfungspunkt für eine Anfechtung, um die Rechtsfolgen eines etwaigen Missbrauches der Treuhand zu beseitigen. 65

Werden Geldbeträge nach der Beendigung des Treuhandverhältnisses noch auf das Treuhandkonto geleistet, so dauert die treuhänderische Bindung für die Kontoforderung fort.[9] Das Treuhandkonto ist abzurechnen und der Saldo, soweit er dem Treugeber gebührt, an diesen herauszugeben, § 667 BGB.[10] 66

Die Wohnungseigentümergemeinschaft hat in der Insolvenz des WEG-Verwalters als Kontoinhaber ein Aussonderungsrecht am Wohngeldkonto und an für sie als Instandhaltungsrücklage angelegten Wertpapieren.[11] 67

Die von dem eigenen Geschäftskonto getrennt zu führenden Anderkonten von Notaren, Rechtsanwälten, Steuerberatern, Patentanwälten und Wirtschaftsprü- 68

[1] *Palandt/Bassenge,* BGB, § 903 Rn. 43 mwN.
[2] *Palandt/Bassenge,* BGB, § 903 Rn. 43 mwN; *Gottwald/Gottwald,* InsHdb., § 40 Rn. 31 mwN.
[3] *Soergel/Leptien,* BGB, vor § 164 Rn. 69.
[4] BGH WM 2003, 1733 ff., 1735 f. mwN = BGH, WuB VI C. § 47 1.03 m. Anm. *Bitter.*
[5] RGZ 84, 214 ff., 216 f.; RGZ 91, 12 ff., 14.
[6] BGH WM 1996, 662 ff., 662 f.
[7] OLG Naumburg WM 2003, 1668 ff., 1669 mwN = WuB VI C. § 47 3.03 m. Anm. *Bitter.*
[8] *Bitter,* WuB VI C. § 47 1.03 mwN.
[9] BGH ZIP 2005, 1465 ff., 1466 = NZI 2005, 625 ff., 626.
[10] BGH ZIP 2005, 1465 ff., 1466 = NZI 2005, 625 ff., 626.
[11] OLG Hamm ZIP 1999, 765 ff.

fern etc. sind Treuhandkonten und erlauben den Inhabern des Fremdgeldes die Aussonderung im Falle der Insolvenz des Kontoinhabers.[1] Im Rahmen des Aussonderungsverfahrens sind allerdings die Bedingungen des Bundesverbandes Deutscher Banken für Anderkonten und Anderdepots vom Dezember 1978 zu beachten; danach dürfen Insolvenzverwalter und Kontoinhaber jeweils nur mit Zustimmung des anderen Teiles über das Guthaben verfügen.[2]

69 Wird allerdings die kontoführende Bank insolvent, so entsteht nur eine Insolvenzforderung,[3] wobei allerdings infolge der Einlagensicherungseinrichtungen zumeist größerer Schaden vermieden wird.

70 Weitere Beispiele für mögliche Treuhandkonten sind Tankstellenkonten, auf die zugunsten der Lieferanten die Erlöse aus dem Verkauf von unter Eigentumsvorbehalt gelieferten Kraftstoffen fließen sowie Reiseagentur- bzw. Versicherungsagenturkonten, auf die die von den Kunden gezahlten Gelder für die Reisen oder die Versicherungsprämien fließen, so dass der Kraftstofflieferant, Reiseveranstalter bzw. das Versicherungsunternehmen aussonderungsberechtigt ist.[4]

71 Aussonderungsberechtigt ist auch der Mieter an einem **Mietkautionskonto** nach § 551 Abs. 3 BGB nF. Dies gilt allerdings nicht, wenn die Kaution nicht getrennt von dem Vermögen des Vermieters angelegt war.[5] Nach der Rechtsprechung des BGH ist es nicht notwendig, dass die Treuhandbindung nur für einen Treuhänder besteht, sofern das Konto als Ganzes von der Treuhandbindung erfasst ist.[6]

72 **cc)** Nach Auffassung des AG Hamburg kann der vorläufige Insolvenzverwalter mit Hilfe des sogenannten **Treuhandkontenmodells** Aussonderungsrechte begründen, siehe auch § 55 Rn. 58 ff. Diese Vorgehensweise bietet sich nach Auffassung des AG Hamburg[7] an, um bei Betriebsfortführungen Anzahlungen von Kunden bis zur vollständigen Auftragsabwicklung abzusichern. Auf diese Weise kann der vorläufige Insolvenzverwalter das Kundenvertrauen erhalten bzw. gewinnen und sich selbst vor Ansprüchen aus c. i. c. schützen, falls die Auftragsdurchführung scheitert und eine zur Insolvenzmasse geleistete Anzahlung aus Rechtsgründen nicht vom Insolvenzverwalter zurückgezahlt werden kann.[8] Die

---

[1] *Gottwald/Gottwald,* InsHdb., § 40 Rn. 35; BGH WM 1996, 662 ff., 662 f. mwN.

[2] Siehe die Regelungen I.15 (f. Anwälte) und II.15 (für Notare), abgedruckt in NJW 1979, 1441 f.

[3] *Hess,* InsO, § 47 Rn. 271 mwN; *Kilger/K. Schmidt,* Insolvenzgesetze, § 43 Anm. 9; LG Berlin ZIP 2004, 2396 f.; LS m. Anm. *Pannen,* EWiR 2004, 979 f., 980 mwN.

[4] *Uhlenbruck,* InsO, § 47 Rn. 45 mwN.

[5] BGH WM 2003, 1641 ff., 1641 mwN = WuB VI C. § 47 2.03 m. Anm. *Bitter;* BGH NZI 2008, 235 f., 235 = FD-InsR 2008, 253271 m. Anm. *Bäuerle* = EWiR 2008, 209 f. m. Anm. *Eckert.*

[6] BGH WM 2003, 1641 ff., 1641 = WuB VI C. § 47 2.03 m. Anm. *Bitter,* der bemerkt, dass es nicht ersichtlich ist, warum es der mit Recht geforderten Bestimmtheit genügt, wenn die Gelder eines Treugebers mit Geldern anderer Treugeber vermischt werden, nicht aber, wenn Gleiches mit den Geldern des Treuhänders geschieht und es darüber hinaus keinen sachlichen Grund dafür gibt, an § 47 insoweit höhere Anforderungen zu stellen als an die Ersatzaussonderung gem. § 48, wonach nach der Rechtsprechung des BGH die maßgebliche Unscheidbarkeit bereits vorliegt, wenn der Erlös aus der Veräußerung massefremder Gegenstände auf ein im Kontokorrent geführtes Bankkonto gelangt.

[7] Hamburger Leitlinie zum Insolvenzeröffnungsverfahren, NZI 2004, 133 = ZInsO 2004, 24.

[8] AG Hamburg ZInsO 2005, 447 f., 448 mwN „Treibholz II".

Verfahrensweise ist jedenfalls dann zulässig, wenn dem Unmittelbarkeitsgrundsatz Genüge getan wird, die Einzahlungen auf das Treuhandkonto also unmittelbar von den Kunden als Sicherungsnehmern erfolgen.[1] Da es sich bei der Anzahlung um Insolvenzmasse handelt, muss der Treuhänder der vorläufige Insolvenzverwalter sein und wegen des nach Auffassung des AG Hamburg vorliegenden § 181 BGB[2] die Zustimmung des Insolvenzgerichts im Voraus[3] einholen.[4] Das Gericht, dem die Überprüfung der Rechtmäßigkeit des Handelns des vorläufigen Insolvenzverwalters obliegt, prüft die sachenrechtliche Konstruktion des Treuhandkontos nur auf ihre Plausibilität und nicht hingegen auf ihre sachenrechtliche Wirksamkeit.[5] Die Geschäftsvorfälle dieses Kontos sind in die Rechnungslegung des Insolvenzverwalters gem. § 155 mit einzubeziehen.

h) Betriebliche Altersvorsorge

Bezugsrechte aus Direkt-Lebensversicherungen fallen je nach Ausgestaltung **73** des Bezugsrechts im Versicherungsvertrag in die Insolvenzmasse, siehe § 35 Rn. 30 ff.

Ist im Versicherungsvertrag ein **unwiderrufliches Bezugsrecht** vereinbart, so **74** kann der begünstigte Arbeitnehmer nach § 47 Aussonderung verlangen, da er den Anspruch auf die Versicherungsleistung sofort erworben hat. Der begünstigte Arbeitnehmer kann gegenüber dem Versicherer die Fortsetzung und die Übertragung des Vertrages auf ihn als neuen Versicherungsnehmer verlangen.[6] Nach § 13 Abs. 2 ALB erwirbt der bezugsberechtigte Arbeitnehmer ein sofortiges und unwiderrufliches Bezugsrecht auf die Leistung aus dem Versicherungsvertrag allerdings nur dann, wenn der Versicherer den dahingehenden Antrag des Arbeitgebers/Versicherungsnehmers angenommen und diesem schriftlich bestätigt hat, dass der Widerruf ausgeschlossen ist. Bis zum Eingang der Bestätigung hat der bezugsberechtigte Arbeitnehmer lediglich ein widerrufliches Recht auf die Leistung aus dem Versicherungsvertrag. Nach § 12 Abs. 1 ALB bedürfen Willenserklärungen, die das Versicherungsverhältnis betreffen, und damit auch die Erklärung des Arbeitgebers/Versicherungsnehmers, dass der Widerruf des Bezugsrechts ausgeschlossen sein solle, der Schriftform. Auch die zu versichernde Person muss ihre schriftliche Einwilligung zum Abschluss der Direktlebensversicherung gem. § 159 Abs. 2 S. 1 VVG abgeben, und zwar auch bei einer Gruppenversicherung in der Form der Rückdeckungsversicherung.[7] Dies bedeutet, dass Lebensversicherungsverträge, die beispielsweise einer Gruppenversicherung zugrunde liegen, bei Nichtbeachtung der Formvorschrift des § 159 Abs. 2 VVG unwirksam sind, mit der Konsequenz, dass an den Versicherer gezahlte Prämienzahlungen

---

[1] AG Hamburg ZInsO 2005, 447 f., 448 mwN „Treibholz II".

[2] AA *Bork,* NZI 2005, 530 ff., 531 f. mwN, da der vorläufige Insolvenzverwalter nur auf seiten des Erklärungsempfängers tätig wird.

[3] AG Hamburg ZInsO 2006, 218 f., 218 mwN: Die Gestattung im Nachhinein ein Aussonderungsrecht im Wege des Treuhandkontenmodells zu schaffen ist unzulässig, da andernfalls der Insolvenzverwalter einen Freibrief zur Schaffung von nachträglichen Aussonderungsrechten hätte, der im Wertungswiderspruch zur Rechtsprechung des BGH zur Einzelermächtigung steht.

[4] *Kirchhof,* FS Kreft, S. 359 ff., 364 mwN.

[5] AG Hamburg ZInsO 2005, 447 f., 448.

[6] OLG Düsseldorf NVersZ 2001, 504 ff., 506.

[7] Vgl. BGH NJW 1997, 2381 ff., 2381 f.

nach § 812 Abs. 1 S. 1 BGB kondiziert werden können. Die Erklärung wird nach § 12 Abs. 1 S. 2 ALB mit Zugang beim Versicherer wirksam. Versicherungsvertreter sind nach § 12 Abs. 1 S. 3 ALB zur Entgegennahme allerdings nicht bevollmächtigt.[1] Tritt der unwiderruflich bezugsberechtigte Arbeitnehmer sein Bezugsrecht mit Zustimmung des Arbeitgebers an einen Dritten sicherungshalber ab, so erwächst im Fall der Insolvenz des Arbeitgebers dem Insolvenzverwalter kein eigenes Zugriffsrecht auf den Rückkaufswert, da das Bezugsrecht des Arbeitnehmers nicht zugunsten des Arbeitgebers eingeschränkt ist.[2] Eine Abtretung der Rechte und Ansprüche aus dem Versicherungsvertrag bei einem wirksam vereinbarten unwiderruflichen Bezugsrecht durch den Versicherungsnehmer ist unwirksam, da die Verfügungsbefugnis des Versicherungsnehmers fehlt.[3]

75 Zum **eingeschränkt unwiderruflichen Bezugsrecht,** welches, soweit die Einschränkungen entfallen sind, ein Aussonderungsrecht begründet, siehe § 35 Rn. 37 f.

76 Der Eintritt der Unwiderruflichkeit des Bezugsrechts kann nach den §§ 129 ff. – einschlägig wird wegen der Unentgeltlichkeit regelmäßig § 134 sein – **anfechtbar** sein. Maßgeblicher Zeitpunkt für die Frage der Anfechtbarkeit ist der Zeitpunkt des Eintritts der Unwiderruflichkeit des Bezugsrechts, da zu diesem Zeitpunkt die rechtlichen Wirkungen eintreten, § 140 Abs. 1.[4]

77 Ist das unwiderrufliche Bezugsrecht bereits bei Abschluss des Versicherungsvertrages dem Begünstigten eingeräumt worden, so unterliegt die Einräumung nicht den §§ 129 ff. da der Anspruch auf die Versicherungsleistung bereits von Anfang an zum Vermögen des Begünstigten zählte.[5] Anfechtbar können nur die im Anfechtungszeitraum geleisteten Prämienzahlungen gem. § 130 sein.[6] Falls der Begünstigte erfolgreich die Entreicherungseinrede geltend machen kann, hat der Begünstigte zumindest den Betrag, um den der Rückkaufswert erhöht wurde, zurückzugewähren, da der Begünstigte insoweit nicht entreichert ist.[7] Sind die Prämienzahlungen durch Entgeltumwandlung erbracht worden, so scheidet eine Anfechtung wegen Vorliegen eines Bargeschäfts gem. § 142 aus, da im Gegenzug für das in die Prämienzahlung umgewandelte Arbeitsentgelt die Arbeitsleistung in das Vermögen des Arbeitgebers gelangt ist und ein Arbeitnehmer, der Entgeltanteile zu seiner Altervorsorge einsetzt, nicht schlechter gestellt werden darf, als jener, der sich den Entgeltanteil auszahlen lässt.[8]

78 Fällt der Zeitpunkt, zu welchem ein unwiderrufliches Bezugsrecht eingeräumt worden ist, bzw. das Bezugsrecht unwiderruflich geworden ist, in den anfechtungsrelevanten Zeitraum der §§ 129 ff., so kann der Insolvenzverwalter die Zuwendung des Bezugsrechts anfechten mit der Folge, dass der Anfechtungsgegner die Rechte aus dem Versicherungsverhältnis, also den Anspruch auf die

---

[1] Vgl. hierzu BAG ZIP 1996, 965 ff., 966.

[2] OLG Bamberg NZI 2006, 355 ff., 356.

[3] OLG Frankfurt ZInsO 2006, 997 f., 997.

[4] *Müller-Feldhammer,* NZI 2001, 343 ff., 349; BGH ZIP 2003, 2307 ff., 2309 f. = ZInsO 2003, 1096 ff., 1098.

[5] *Stegmann/Lind,* NVersZ 2002, 193 ff., 197 mwN.

[6] *Stegmann/Lind,* NVersZ 2002, 193 ff., 197; vgl. BGH NJW 2003, 2679 ff., 2680; OLG Karlsruhe NZI 2008, 188 ff., 191.

[7] *Stegmann/Lind,* NVersZ 2002, 193 ff., 197 mwN.

[8] *Schäfer,* NZI 2008, 151 ff., 152; aA im Ergebnis OLG Karlsruhe NZI 2008, 188 ff., das § 142 nicht prüft.

Versicherungsleistung als solche und nicht etwa nur den Rückkaufswert an den Insolvenzverwalter abzutreten hat, da gem. § 143 das Erlange zurückgewährt werden muss.[1] Wird das unwiderrufliche Bezugsrecht vor dem anfechtungsrechtlich relevanten Zeitraum erworben, kommt nur die Anfechtung der im kritischen Zeitraum geleisteten Prämien in Betracht.[2]

Ist das Bezugsrecht **widerruflich oder eingeschränkt widerruflich,** ohne dass die Voraussetzungen für den Eintritt der Unwiderruflichkeit eingetreten wären, so scheidet die Anfechtung aus, da ein Widerruf des Bezugsrechts möglich ist.[3] Einer Anfechtung bedarf es nur dann, wenn der Versicherungsfall bereits eingetreten ist und damit der Widerruf des Bezugsrechts nicht mehr möglich ist.[4] **79**

Ist der Aussonderungsanspruch des Begünstigten wirksam, so sollte trotzdem bei der Versicherungsgesellschaft die Höhe des aktuell sich ergebenden Rückkaufswertes inklusive Gewinnbeteiligung erfragt werden, damit der Aussonderungsanspruch im Vermögensstatus wertmäßig beziffert werden kann. **80**

i) Verträge für fremde Rechnung

aa) Kommissionsgeschäfte. In der Insolvenz des für den Kommittenten Gegenstände veräußernden **Verkaufskommissionärs** kann der Kommittent die Gegenstände aussondern, soweit er Eigentümer geblieben ist oder den Gegenstand treuhänderisch zur Weiterveräußerung an den Verkaufskommissionär übereignet hat.[5] **81**

Hat der Kommissionär den Gegenstand veräußert, ist hinsichtlich der Kaufpreisforderung § 392 Abs. 2 HGB zu beachten. Solange der Kommissionär die Forderung noch nicht eingezogen hat, folgt aus § 392 Abs. 2 HGB ein auf die Abtretung der Forderung gerichteter Aussonderungsanspruch des Kommittenten.[6] **82**

Nach dem Wortlaut des § 392 Abs. 2 HGB ist eine direkte Anwendung auf die Fälle, in denen der Kommissionär die Verkaufsforderung bereits vor Insolvenzeröffnung eingezogen hatte, ausgeschlossen.[7] Lediglich im Falle des Forderungseinzuges durch den Insolvenzverwalter besteht ein Ersatzaussonderungsrecht am Erlös nach § 48 S. 2.[8] Allerdings spricht die Gewährleistung eines umfassenden Schutzes des Kommittenten für eine analoge Anwendung des § 392 Abs. 2 HGB auch auf bereits eingezogene Forderungen.[9] Aus den Materialien zu Art. 368 Abs. 2 ADHGB, der Vorgängerregelung des § 392 Abs. 2 HGB, lässt sich entnehmen, dass der von der Vorschrift gewährte Vollstreckungsschutz des Kommittenten an der Rechtsträgerschaft des Handelns für fremde Rechnung an- **83**

---

[1] *Stegmann/Lind,* NVersZ 2002, 193 ff., 197; *Müller-Feldhammer,* NZI 2001, 345 ff., 349 mwN; BGH ZInsO 2003, 1096 ff., 1097 = ZIP 2003, 2307 ff., 2309.

[2] *Müller-Feldhammer,* NZI 2001, 343 ff., *Stegmann/Lind,* NVerZ 2002, 193 ff., 197 mwN; vgl. BGH NJW 2003, 2679 ff., 2680.

[3] *Stegmann/Lind,* NVersZ 2002, 193 ff., 197; BGH ZInsO 2003, 1096 ff., 1098 = ZIP 2003, 2307 ff., 2309 f.

[4] *Stegmann/Lind,* NVersZ 2002, 193 ff., 197 mwN; BGH ZInsO 2003, 1096 ff., 1098 = ZIP 2003, 2307 ff., 2309 f.

[5] *Gottwald/Gottwald,* InsHdb., § 40 Rn. 65 mwN.

[6] *Gottwald/Gottwald,* InsHdb., § 40 Rn. 65 mwN.

[7] MünchKomm-HGB-*Häuser,* § 392 Rn. 37 mwN.

[8] *Gottwald/Gottwald,* InsHdb., § 40 Rn. 68.

[9] *Gottwald/Gottwald,* InsHdb., § 40 Rn. 68, krit. auch *Uhlenbruck,* InsO, § 47 Rn. 78 mwN.

knüpft.[1] Dem Gesetzgeber erschien es unbillig, dem Kommittenten das Aussonderungsrecht im Konkurs des Verkaufskommissionärs zu verweigern, obwohl das Geschäft auf Grund des Auftragsverhältnisses auf sein Risiko geht, so dass der Regelung der gleiche Rechtsgedanke zugrunde liegt, der auch im Treuhandrecht zu einem Aussonderungsrecht führt.[2] Nach der Rechtsprechung gewährt § 392 Abs. 2 HGB analog kein Aussonderungsrecht, da der Gesetzgeber bei der Einführung der §§ 422 Abs. 2, 457 S. 2 HGB die dort geregelten Rechte des Dritten am Erlangten als Fortführung des Rechtsgedankens des § 392 Abs. 2 HGB bezeichnet, so dass es an einer planwidrigen Regelungslücke fehle.[3] Dem ist jedoch entgegenzuhalten, dass im Rahmen der 1998 erfolgten Transportrechtsreform Änderungen des Kommissionsrechts nicht zur Debatte standen.[4] Voraussetzung für die Herausgabe des Erlöses aus der eingezogenen Forderung ist jedoch, dass der Erlös noch unterscheidbar in der Masse vorhanden ist, siehe auch § 48 Rn. 27 ff.[5]

84 In der Insolvenz des für den Kommittenten Ware kaufenden **Einkaufskommissionärs,** kann sich der Kommittent nach Abschluss des Kaufvertrages, aber vor Lieferung der Ware, die Lieferungsansprüche im Wege der Aussonderung abtreten lassen.[6] Hatte der Kommissionär die Ware bereits erhalten, besteht auf Seiten des Kommittenten an dieser nur ein schuldrechtlicher Verschaffungsanspruch, der einer Auffassung nach nur eine Insolvenzforderung nach § 38 begründet.[7]

85 Jedoch sollte auch in diesen Fällen auf Grund der Nähe des Kommissionsgeschäftes zur Treuhand eine analoge Anwendung des § 392 Abs. 2 HGB erwogen werden, so dass ein bereits geleisteter Barvorschuss des Kommittenten ausgesondert werden kann.[8] Unstrittig aussonderungsfähig sind die dem Einkaufskommissionär zur Durchführung des Ausführungsgeschäfts übergebene Wechsel, da hier der Aussonderungsgegenstand das Wertpapier selbst ist.[9]

86 Bei einem erlaubten Selbsteintritt des Kommissionärs nach §§ 400 Abs. 1 i. V. m. 384 Abs. 1 HGB ist davon auszugehen, dass die Verfügungsbefugnis nach § 185 Abs. 1 BGB nur unter der aufschiebenden Bedingung der Kaufpreiszahlung erteilt war, so dass bei Nichtentrichtung des Kaufpreises die Ware vom Kommittenten ausgesondert werden kann, selbst wenn der Kommissionär das Selbsteintrittsrecht erklärt hat.[10]

87 Im Insolvenzverfahren über das Vermögen des Spediteurs ist § 392 Abs. 2 HGB anwendbar mit der Folge, dass der Versender die Ansprüche des Spediteurs gegen den Frachtführer aussondern kann.[11]

88 **bb) Versicherung für fremde Rechnung.** Außerhalb der Insolvenzordnung ermöglichen Normen aus dem Kapitalanlagerecht und dem Versicherungsrecht

---

[1] *Bitter,* Anm. zu OLG Hamm WuB IV E. § 392 HGB 1.05.

[2] *Bitter,* Anm. zu OLG Hamm WuB IV E. § 392 HGB 1.05.

[3] OLG Hamm ZInsO 2004, 97 f., 98 = WuB IV E. § 392 HGB 1.05 m. Anm. *Bitter* = EWiR 2004, 75 f. m. Anm. *Gundlach.*

[4] *Bitter,* Anm. zu OLG Hamm, WuB IV E. § 392 HGB 1.05.

[5] OLG Hamm ZInsO 2004, 97 f., 98 mwN; *Bitter,* Anm. zu OLG Hamm WuB IV E. § 392 HGB 1.05; *Gundlach,* Anm. zu OLG Hamm EWiR 2004, 75 f., 76.

[6] *Hess,* InsO, § 47 Rn. 318 mwN; *Smid/Smid,* § 47 Rn. 38.

[7] *Hess,* InsO, § 47 Rn. 318 mwN; *Smid/Smid,* InsO, § 47 Rn. 38.

[8] *Gottwald/Gottwald,* InsHdb., § 40 Rn. 69 mwN.

[9] RGZ 41, 4.

[10] *Gottwald/Gottwald,* InsHdb., § 40 Rn. 71 mwN.

[11] RGZ 92, 8, 11.

die Aussonderung an einer konkreten Vermögensmasse bzw. die bevorrechtigte Befriedigung, falls die Vermögensmasse nicht in die Insolvenzmasse fällt.[1]

Die Ansprüche aus dem Versicherungsvertrag kann der Versicherte in der Insolvenz des Versicherungsnehmers aussondern, § 179 Abs. 2 i. V. m. § 75 Abs. 1 VVG, § 886 Abs. 1 S. 1 HGB.[2] Soweit im Innenverhältnis zwischen dem Versicherten und dem Insolvenzverwalter des Versicherungsnehmers Gegenansprüche des Insolvenzverwalters bestehen, besteht ein Zurückbehaltungsrecht am Versicherungsschein, §§ 77 S. 1 VVG, 888 S. 1 HGB und das Recht des Insolvenzverwalters, sich aus der Versicherungssumme für den Gegenanspruch vorab zu befriedigen, §§ 77 S. 2 VVG, 888 S. 2 HGB.[3] Bei der Versicherung von Sicherungseigentum ist nur die Absonderung möglich, weil auch das Sicherungseigentum selbst nur hierzu berechtigt, § 51 Ziff. 1.[4] Soweit die Leistung bereits an den Versicherungsnehmer ausgezahlt war, besteht die Ersatzaussonderungsmöglichkeit gem. § 48 S. 2 nur, solange die Leistung noch unterscheidbar in der Insolvenzmasse vorhanden ist.[5] Ansonsten erwirbt der Versicherte nur eine Insolvenzforderung.[6] 89

j) Anhalte- und Stopppungsrechte

Eine dem Aussonderungsrecht ähnliche Befugnis gewähren die Anhalte- bzw. Stopppungsrechte aus Art. 71 Abs. 2 CISG (right of stoppage in transitu) sowie Art. 73 Abs. 2 EKG, die dem Verkäufer die Auslieferung der Ware nicht zumuten, wenn nach Absendung bekannt wird, dass sich die wirtschaftliche Situation des Käufers verschlechtert hat, so dass eine Pflichtverletzung des Käufers durch Nichtbezahlung der Ware einzutreten droht[7]. Der Verkäufer kann daher die bereits abgesandte, aber noch nicht ausgelieferte Ware stoppen, umso den Eigentumserwerb zu verhindern. Das Verfolgungsrecht des § 44 KO wurde jedoch nicht von der InsO übernommen. 90

6. Aussonderungskosten

Im Gegensatz zu den Absonderungsrechten enthält die InsO keine Regelung für die im Zusammenhang mit aussonderungsbehafteten Gegenständen anfallenden Kosten und Auslagen des Insolvenzverwalters. Da keine Anhaltspunkte für eine vom Gesetzgeber nicht gewollte Lücke bestehen, ist davon auszugehen, dass diese Kosten die Masse belasten und dem Aussonderungsberechtigten nicht aufgebürdet werden dürfen.[8] Der Insolvenzverwalter trägt daher als zur Herausgabe verpflichteter Besitzer die Transportkosten bis zum Herausgabeort.[9] Die Trans- 91

[1] Siehe Vor §§ 49–52.

[2] *Gottwald/Gottwald,* InsHdb., § 40 Rn. 74; BGHZ 10, 376.

[3] *Gottwald/Gottwald,* InsHdb., § 40 Rn. 74.

[4] *Gottwald/Gottwald,* InsHdb., § 40 Rn. 74; *Hess,* InsO, § 47 Rn. 319: Ersatzaussonderungsrecht bis zur Höhe der gesicherten Forderung.

[5] *Gottwald/Gottwald,* InsHdb., § 40 Rn. 74 mwN.

[6] *Gottwald/Gottwald,* InsHdb., § 40 Rn. 74.

[7] Vgl. zu Art. 71 Abs. 2 CISG: *Staudinger/Magnus,* BGB, Wiener UN-Kaufrecht (CISG), Art. 71 Rn. 53 ff., zu Art. 73 Abs. 2 EKG: *Dölle/Huber,* Kommentar zum Einheitlichen Kaufrecht, Art. 73 Rn. 26 ff.

[8] *Gottwald/Gottwald,* InsHdb., § 40 Rn. 95 f. mwN auch zur Gegenauffassung; aA *Hess,* InsO, § 47 Rn. 365 mwN, der einen Aufwendungserstattungsanspruch nach §§ 677, 663, 670 BGB annimmt.

[9] *Palandt/Bassenge,* BGB, § 985 Rn. 10 mwN.

portkosten ab dem Herausgabeort trägt der Aussonderungsberechtigte.[1] Eine Pflicht zum Versand des Aussonderungsguts besteht nicht.[2]

92 Dies schließt nicht aus, dass der Insolvenzverwalter und der aussonderungsberechtigte Gläubiger eine individuelle Kostentragungsvereinbarung abschließen, die sich insbesondere dann anbietet, wenn im Zusammenhang mit dem Aussonderungsgut Tätigkeiten zu erwarten sind, die über die typischen Insolvenzverwalterpflichten hinausgehen. Dies versteht sich insbesondere vor dem Hintergrund, dass auch die Auffassung, die von der Tragung der Aussonderungskosten durch die Insolvenzmasse ausgeht, einen Aufwendungserstattungsanspruch für überobligate Kosten anerkennt.[3] Ein Aufwendungserstattungsanspruch nach §§ 677, 683, 670 BGB wird insbesondere dann bejaht, wenn der aussonderungsberechtigte Gläubiger in die Gefahr liefe, sein Eigentum zu verlieren.[4] In der Praxis werden der Gläubiger und der Insolvenzverwalter Gefahr laufen, zeitraubend darüber zu streiten, ob gerade die in Rechnung gestellte Tätigkeit über die typische Verwalterpflicht hinausgeht. Eine Kostentragungsvereinbarung schafft in solchen Fällen für beide Seiten die notwendige Transparenz und trägt zur Entscheidungsfindung des Insolvenzverwalters bei, ob er beispielsweise aussonderungsbehaftete Gegenstände, die sich nicht in seinem unmittelbaren Besitz befinden, für den Gläubiger realisieren soll oder ob er den Gegenstand freigibt.

7. Aussonderungsrechtsstreit

93 Verweigert der Insolvenzverwalter die Herausgabe, so muss der Aussonderungsberechtigte den Klageweg beschreiten, wobei nach § 47 S. 2 der Anspruch nach den außerhalb des Insolvenzverfahrens geltenden Gesetzen, mit der Maßgabe zu verfolgen ist, dass der Insolvenzverwalter nunmehr passiv legitimiert ist.

94 Der Insolvenzverwalter kann daher neben solchen, die ihm in seiner Eigenschaft als Insolvenzverwalter zustehen, alle Einwendungen und Einreden erheben, die auch der Schuldner hätte erheben können.[5]

95 Der Aussonderungsanspruch kann durch eine einstweilige Verfügung nach § 935 ZPO gesichert werden, durch die dem Insolvenzverwalter die Verfügung über das Aussonderungsgut verboten wird.[6] Da der Aussonderungsanspruch sich regelmäßig auf die Herausgabe individuell bestimmter und nicht nur gattungsmäßig bestimmbarer Gegenstände richtet, die beliebig durch einen Gegenstand der gleichen Gattung ersetzt werden können, ist der Urkundenprozess mangels Vertretbarkeit der herausverlangten Gegenstände nach § 592 ZPO nicht statthaft.[7]

96 Der Gerichtsstand richtet sich nach §§ 12ff. ZPO, wobei nunmehr § 19a ZPO zu berücksichtigen ist, wonach für massebezogene Passivprozesse der Sitz des Insolvenzgerichtes (für den wiederum § 3 gilt) maßgeblich ist.

---

[1] *Gottwald/Gottwald,* InsHdb., § 40 Rn. 96 mwN.

[2] *Kübler/Prütting/Bork/Prütting,* InsO, § 47 Rn. 81.

[3] *Gottwald/Gottwald,* InsHdb., § 40 Rn. 96 mwN; vgl. *Uhlenbruck,* InsO, § 47 Rn. 102 mwN, 104 mwN.

[4] OLG Stuttgart ZIP 1980, 528f.

[5] *Uhlenbruck,* InsO, § 47 Rn. 112.

[6] *Gottwald/Gottwald,* InsHdb O., § 40 Rn. 94; *Uhlenbruck,* InsO, § 47 Rn. 113 mwN.

[7] OLG Düsseldorf ZIP 2003, 542f.

§ 19 a ZPO ist kein ausschließlicher Gerichtsstand.[1] Er schließt allerdings die Anwendbarkeit der §§ 13, 17 ZPO aus.[2] Soweit ein ausschließlicher Gerichtsstand gegeben ist, ist der Gerichtsstand des § 19 a ZPO ausgeschlossen.[3] Der Gerichtsstand des § 19 a ZPO konkurriert mit den besonderen Gerichtsständen (z. B. §§ 29, 32 ZPO) und den vereinbarten Gerichtsständen, so dass der Kläger nach § 35 ZPO zwischen den verschiedenen Gerichtsständen wählen kann.[4] 97

Es kann wirtschaftlich für beide Parteien sinnvoll sein, anstelle um das Eigentum des im schuldnerischen Besitz befindlichen Gegenstandes zu streiten, mit dem Gläubiger die Veräußerung des Gegenstandes zu vereinbaren und den Streit um das Eigentum am Erlös fortzusetzen. Ob und ggf. in welchem Umfang der Insolvenzverwalter vom Erlös Feststellungs- und Verwertungskosten abziehen darf, richtet sich nach der Parteienvereinbarung.[5] Wurde in der Parteienvereinbarung hierzu eine Regelung getroffen, ist ein Rückgriff auf die umfassenderen §§ 170 ff. nicht möglich.[6]

8. Haftungsrisiken des Insolvenzverwalters

a) Allgemeines

Der Insolvenzverwalter ist verpflichtet, die dinglichen Rechte der aus- und absonderungsberechtigten Gläubiger zu respektieren. Dies setzt jedoch die Kenntnis des Insolvenzverwalters vom Bestand des Fremdrechtes voraus. 98

Den Insolvenzverwalter trifft hier zunächst nach § 151 die Pflicht zur Inventarisierung der Vermögensgegenstände der Insolvenzmasse unter Angabe der Fremdrechte. Verzichtet der Insolvenzverwalter auf die Inbesitznahme der Gegenstände wegen derer Wertlosigkeit, so ist dies dem Aus- bzw. Absonderungsberechtigten mitzuteilen, damit dieser selbst Sicherungsmaßnahmen ergreifen kann.[7] Den Insolvenzverwalter trifft keine Verpflichtung, selbsttätig Fremdrechte zu ermitteln und ggf. diese den Gläubigern mitzuteilen.[8] Dies folgt aus § 28 Abs. 2 S. 3, der eine schadensersatzbewehrte Mitteilungspflicht der Sicherungsgläubiger gegenüber dem Insolvenzverwalter vorsieht. Werden Fremdrechte allerdings geltend gemacht, so muss er die dargetane Berechtigung innerhalb eines seinen Verzug ausschließenden, von den Umständen des Einzelfalles abhängenden Zeitraumes, prüfen, der bei einem Insolvenzverfahren mittlerer Größe zwei Monate betragen kann.[9] Die Widerlegung der Eigentumsvermutung des § 1006 BGB obliegt dem Gläubiger.[10] Der Gläubiger hat die anspruchsbegründenden Tatsachen seines Aussonderungsrechts glaubhaft darzulegen. Dem Insolvenzverwalter ist es nicht zuzumuten ohne Angaben des Gläubigers zeitraubende Nachforschungen in den Büchern des Schuldners

[1] *Zöller/Vollkommer,* ZPO, § 19 a Rn. 1 mwN.
[2] *Zöller/Vollkommer,* ZPO, § 19 a Rn. 6.
[3] *Zöller/Vollkommer,* ZPO, § 19 a Rn. 6.
[4] *Zöller/Vollkommer,* ZPO, § 19 a Rn. 6.
[5] OLG Koblenz NZI 2004, 498 f., 499.
[6] OLG Koblenz NZI 2004, 498 f., 499.
[7] OLG Hamburg ZIP 1986, 387.
[8] FK-*Imberger,* InsO, § 47 Rn. 72 mwN.
[9] AG Bonn ZIP 1994, 1880: bei einem Warenbestand im Werte von damals DM 3 Mio.
[10] OLG Hamburg ZIP 1984, 348 ff., 350.

anzustellen.[1] Reichen die vom Berechtigten übermittelten Informationen nicht zur Individualisierung aus, so ist der Insolvenzverwalter beim Vorliegen konkretisierter Hinweise auf ein Fremdrecht verpflichtet, den Berechtigten aufzufordern, das Fremdrecht nachzuweisen.[2] Es obliegt dann dem Berechtigten, an der Individualisierung mitzuwirken. Es obliegt daher dem Aussonderungsberechtigten, eigene Ware, die noch unter Eigentumsvorbehalt steht, von bereits bezahlten Lieferungen abzugrenzen um ein Mitverschulden gem. § 254 BGB am Untergang seines Eigentumsrechts zu vermeiden.[3] Bei unter Eigentumsvorbehalt gelieferter Ware greift im Insolvenzverfahren über das Vermögen des Käufers im Übrigen die Ausübungssperre des Erfüllungswahlrechts nach § 107 Abs. 2 S. 1.[4]

99 Die Freigabe eines aussonderungsbehafteten Gegenstandes kann nach den Umständen des Einzelfalls eine besonders bedeutsame Rechtshandlung darstellen, die nach § 160 Abs. 1 der Zustimmung des Gläubigerausschusses, hilfsweise der Gläubigerversammlung bedarf.[5]

100 Schon am Tatbestand einer Verletzung der Aussonderungsrechte mangelt es, wenn der Insolvenzverwalter zur Verfügung über das Aussonderungsrecht (noch) befugt war. Dies ist bei Geschäftsfortführung nach Erstellung einer lieferantenbezogener Inventur grundsätzlich der Fall.[6]

101 Wird ein bestehendes Aussonderungsrecht geltend gemacht, so trifft den Insolvenzverwalter eine Vermögensbetreuungsverpflichtung. Aussonderungsbehaftete Gegenstände dürfen nicht veräußert werden, es sei denn, das Eigentum am Gegenstand kann im Falle eines nicht oder nicht vollständig erfüllten Vertrages durch die Ausübung des Wahlrechtes nach § 103 Abs. 1 zur Insolvenzmasse gezogen werden. Der Insolvenzverwalter ist dann verpflichtet, die Gegenleistung als Masseverbindlichkeit nach § 55 Abs. 1 Nr. 2 zu erbringen.

102 Wird ein Aussonderungsrecht durch den Insolvenzverwalter verletzt, so kann neben dem Anspruch auf Ersatzaussonderung nach § 48 die Haftung des Insolvenzverwalters nach § 60 treten. Die Haftung des Insolvenzverwalters nach § 60 setzt Verschulden voraus, wobei Fahrlässigkeit ausreichend ist.[7] Eine sorgfältig erstellte Inventarliste kann den Nachweis erbringen, dass der Insolvenzverwalter die erforderliche Sorgfalt eines ordentlichen und gewissenhaften Insolvenzverwalters hat walten lassen. Regelmäßig wird der Insolvenzverwalter mangels eigener Kenntnis zur Erstellung der Inventarliste auf das Personal des Schuldners zurückgreifen müssen. Für den Einsatz von Hilfspersonen aus dem schuldnerischen Betrieb haftet der Insolvenzverwalter nicht nach § 278 BGB, sondern ist nur für deren Überwachung und für Entscheidungen von besonderer Bedeutung verantwortlich, § 60 Abs. 2. Für andere Personen, die der Insolvenzverwalter zur Erfüllung seiner Pflichten hinzuzieht, haftet der Insolvenzverwalter nach § 278 BGB.[8]

---

[1] OLG Köln ZIP 1982, 1107.
[2] MünchKomm-*Brandes,* InsO, § 60 Rn. 55.
[3] OLG Jena ZInsO 2005, 44 ff., 47.
[4] FK-*Imberger,* InsO, § 47 Rn. 5925.
[5] *Gottwald/Gottwald,* InsHdb., § 40 Rn. 88.
[6] Siehe dazu eingehend § 48 Rn. 8.
[7] *Smid,* in Kölner Schrift S. 473 Rn. 58.
[8] BGH MDR 1961, 463; *Merz,* KTS 1998, 277 ff., 284.

b) Irrtümliche Anerkennung eines nicht bestehenden Aussonderungsrechtes

Die Vorschriften über die Aussonderung massefremder Vermögenswerte sind nicht abdingbar.[1] Daher ist die fehlerhafte Anerkennung eines tatsächlich nicht bestehenden Aussonderungsrechts rechtlich unbeachtlich.[2] Erklärt der Insolvenzverwalter die Freigabe eines aussonderungsbehafteten Gegenstandes gegenüber einem vermeintlich Berechtigten, führt dies nicht zum Rechtsverlust des Berechtigten, da in der Herausgabe keine Veräußerung der Sache liegt.[3] Der Insolvenzverwalter hat daher einen Rückforderungsanspruch. Hat der Schuldner einen im Eigentum eines Dritten stehenden Gegenstand nach § 930 BGB veräußert, den der Insolvenzverwalter in vermeintlicher Erfüllung des Aussonderungsrechts herausgibt, so ist ein gutgläubiger Eigentumserwerb möglich.[4] 103

§ 48 Ersatzaussonderung

Ist ein Gegenstand, dessen Aussonderung hätte verlangt werden können, vor der Eröffnung des Insolvenzverfahrens vom Schuldner oder nach der Eröffnung vom Insolvenzverwalter unberechtigt veräußert worden, so kann der Aussonderungsberechtigte die Abtretung des Rechts auf die Gegenleistung verlangen, soweit diese noch aussteht. Er kann die Gegenleistung aus der Insolvenzmasse verlangen, soweit sie in der Masse unterscheidbar vorhanden ist.

Übersicht

1. Normzweck

§ 48 entspricht inhaltlich § 46 KO und trägt dem Surrogationsgedanken bei Verfügungen Nichtberechtigter Rechnung. § 48 setzt daher die Ordnungsfunktion des § 816 Abs. 2 BGB und des § 285 Abs. 1 BGB[5] des materiellen Rechts im Gesamtvollstreckungsrecht fort. 1

---

[1] BGH WM 1968, 242 ff., 247.

[2] Vgl. *Smid/Smid,* InsO, § 47 Rn. 3.

[3] *Smid/Smid,* InsO, § 47 Rn. 3 mwN.

[4] BGH KTS 1959, 188 ff.

[5] Wobei der Anspruch auf das stellvertretende Commodum den Schuldner nur schuldrechtlich zur Herausgabe verpflichtet und daher kein Aussonderungsrecht nach § 47 oder Ersatzaussonderungsrecht begründet, BGH NZI 2005, 108 ff., 109 mwN.

2. Voraussetzungen der Ersatzaussonderung

a) Veräußerung des Aussonderungsgegenstandes

2 Ersatzaussonderung kann dann verlangt werden, wenn ein grundsätzlich nach § 47 bestehendes Aussonderungsrecht durch Veräußerung des Aussonderungsgegenstandes vereitelt wurde.

3 Der Begriff der „Veräußerung" ist dabei weit zu fassen.

Zieht der Insolvenzverwalter eine fremde Forderung zur Masse ein, ist dies als Veräußerung der Forderung anzusehen; aussonderbar im Rahmen der Ersatzaussonderung ist in diesem Falle die Zahlung des Drittschuldners.[1]

4 Als Veräußerung ist weiterhin die Weggabe der Sache durch eine zu Unrecht durchgeführte hoheitliche Zwangsmaßnahme, wie bspw. durch Zwangsvollstreckung oder Enteignung anzusehen,[2] so dass etwa auf die Ersatzansprüche infolge unberechtigter Zwangsvollstreckung oder Enteignungsentschädigungen zugegriffen werden kann.

5 Verliert der Aussonderungsberechtigte sein Eigentum durch Verbindung, Vermischung oder Verarbeitung, die auf Grund eines gegenseitigen Vertrages des Schuldners bzw. Insolvenzverwalters mit einem Dritten vorgenommen wird, gilt auch dies als Veräußerung.[3] Aussonderungsfähig ist in diesen Fällen in sinngemäßer Anwendung des § 471 BGB aF derjenige Anteil am Werklohn, der dem Materialwert des ursprünglichen Aussonderungsgegenstandes entspricht.[4]

6 Ansonsten ist ein originärer Eigentumserwerb auf Grund tatsächlicher Vorgänge ohne rechtsgeschäftlichen Bezug nicht als „Veräußerung" anzusehen.[5] Daher kann weder eine neu hergestellte Sache noch ein Erlös aus deren Veräußerung (auch nicht anteilig) ausgesondert werden.[6]

7 Der Verarbeitung durch den Insolvenzverwalter kann deswegen auch nicht dessen Willen zur Vertragserfüllung konkludent entnommen werden, wenn nicht über die Verarbeitung hinaus weitere willensgetragene Umstände für eine rechtsgeschäftliche Erklärung des Insolvenzverwalters gegeben sind. Deswegen kann in den isolierten Verarbeitungssachverhalten auch keine konkludente Erfüllungswahl gesehen werden, die die Konsequenz hätte, dass der Kaufpreis nach § 55 Abs. 1 Ziff. 2 als Masseverbindlichkeit geltend gemacht werden könnte.[7]

b) Unberechtigte Veräußerung

8 Die Veräußerung muss unberechtigt erfolgt sein. Es fehlt an einer Aussonderungsberechtigung, soweit der Schuldner mit Einwilligung oder Genehmigung des Gläubigers verfügt hat.[8] Die Weiterveräußerungsermächtigung in den allgemeinen Verkaufsbedingungen des Verkäufers bleibt bei einfachen Eigentumsvor-

---

[1] BGH ZIP 1989, 118 ff., 119 mwN.

[2] *Hess,* InsO, § 48 Rn. 26 mwN.

[3] BGHZ 30, 176 ff., 180 f. = NJW 1959, 1681 f.; OLG Düsseldorf ZIP 1988, 1415 ff., 1416.

[4] BGHZ 30, 176 ff., 185 = NJW 1959, 1681 f., 1682.

[5] *Hess,* InsO, § 48 Rn. 42 f. mwN.

[6] BGHZ 30, 176, 180 f. = NJW 1958, 1281 f., 1281; *Hess,* InsO, § 48 Rn. 34 mwN; *Gerhardt,* KTS 1990, 1 ff., S. 4.

[7] So aber unzutreffend OLG Celle WM 1987, 1569 f., 1570.

[8] BGHZ 68, 199, 201.

behalten regelmäßig bestehen. Sie erlischt nur dann, wenn die Weiterveräußerung nicht im Rahmen des ordnungsgemäßen Geschäftsganges, bspw. durch Abverkauf zu Schleuderpreisen, erfolgt.[1] Stellt der Insolvenzverwalter also eine reguläre Betriebsfortführung nach lieferantenbezogener Inventarisierung sicher, kann er rechtmäßig veräußern. Klauseln in den allgemeinen Verkaufsbedingungen, die grundsätzlich eine Weiterveräußerung nach der Stellung eines Insolvenzantrages verbieten, verstoßen in aller Regel gegen § 107 und sind daher nach § 119 unwirksam, so dass eine berechtigte Verfügung möglich ist.

Beim Eigentumsvorbehalt mit Verlängerungsklausel (verlängerten Eigentumsvorbehalt) bedeutet dies, dass die Weiterveräußerungsermächtigung im Insolvenzfalle bestehen bleibt, wenn die Veräußerung im ordnungsgemäßen Geschäftsgang erfolgt und die Sicherung infolge der Forderungsabtretung gewährleistet ist. Die Ermächtigung wird überschritten wenn die Forderungsabtretung an einem Abtretungsverbot, sei es gesetzlicher Natur oder vertraglich – z.B. in den AGB des Dritterwerbers – vereinbart, scheitert. In solchen Fällen kann der Erlös ausgesondert werden.[2] 9

Dem Insolvenzverwalter ist die Weiterveräußerung dennoch gestattet, wenn er die Forderungsabtretung infolge erfolgreicher Insolvenzanfechtung beseitigt hat.[3] 10

Erfolgt die Genehmigung der Verfügung nachträglich, so liegt eine berechtigte Veräußerung vor, §§ 185 Abs. 2; 184 Abs. 1 BGB, so dass die Ersatzaussonderungsansprüche entfallen. 11

Die Wirksamkeit der Veräußerung gegenüber dem Berechtigten ist für die Aussonderung nicht erforderlich,[4] allerdings erscheint es interessengerecht, dem Aussonderungsberechtigten dann, wenn er sich für die Geltendmachung der Ersatzaussonderung entschließt, ein Vorgehen gegen den Erwerber zu versagen und seine Wahl ggf. als Genehmigung des Geschäftes zwischen Schuldner und Erwerber anzusehen.[5] 12

Die Berechtigung zur Ersatzaussonderung setzt sich am **Surrogat** des Surrogates fort.[6] Hat also der Schuldner bzw. der Insolvenzverwalter den ursprünglichen, zur Aussonderung nach § 47 berechtigenden Gegenstand veräußert und hierfür einen anderen Gegenstand erhalten, den er wiederum veräußert, so besteht das Ersatzaussonderungsrecht an dem aus dem letzten Geschäft Erlangten, soweit es in der Masse unterscheidbar vorhanden ist, siehe auch Rn. 27 ff. 13

Dem wird entgegengehalten, dass der schuldrechtliche Verschaffungsanspruch auf das Surrogat des Surrogates eine systemwidrige Privilegierung darstelle, da Aussonderungsrechte lediglich durch dingliche oder schuldrechtliche Herausgabeansprüche, nicht aber bei schuldrechtlichen Verschaffungsansprüchen bestünden.[7] Der Gläubiger habe daher bei Verwalterverfügungen seinen Massebereicherungs- oder Schadensersatzanspruch nach § 55 Abs. 1 Ziff. 3 oder ggf. nach § 55

---

[1] *Smid/Smid,* InsO, § 48 Rn. 8.

[2] *Smid/Smid,* InsO, § 48 Rn. 2 mwN.

[3] LG Lübeck DZWIR 2000, 302 f.

[4] *Gottwald/Gottwald,* InsHdb., § 41 Rn. 17 mwN; aA: *Hess,* InsO, § 48 Rn. 53 mwN.

[5] BGHZ 68, 199 ff., 202 ff.; aA *Smid/Smid,* InsO, § 48 Rn. 7 ff. m.N., der sich gegen Wahlrecht des Berechtigten ausspricht.

[6] MünchKomm-*Ganter,* InsO, § 48 Rn. 74 f. mwN; einschränkend *Gottwald/Gottwald,* InsHdb., § 41 Rn. 28 f.; Bejahung einer Surrogationskette nur bei Vornahme der Zweitveräußerung durch den Insolvenzverwalter.

[7] *Scherer,* KTS 2002, 197 ff., 204.

Abs. 1 Ziff. 1 i. V. m. § 989 BGB als Massegläubiger oder ggf. nach § 60 gegen den Insolvenzverwalter persönlich geltend zu machen.[1] Dagegen spricht, dass die Ersatzaussonderung eine echte Aussonderung ist.[2] Verfügt der Insolvenzverwalter oder der Schuldner über den Ersatzaussonderungsgegenstand als Nichtberechtigter, so ist das Erlangte, also die für das Surrogat erlangte, in der Masse unterscheidbar vorhandene Gegenleistung, herauszugeben.[3]

14 **Kein Anwendungsfall** für die Ersatzaussonderung sind die Fälle der **dinglichen Surrogation,** wie bspw. §§ 1048 Abs. 1 S. 2, 1247, 1287, 1370, 1473, 1646, 2019, 2042, 2111 BGB, 392 Abs. 2 HGB, 92 Abs. 1 ZVG. Tritt auf diesem Wege ein neuer Ersatzgegenstand an die Stelle des eigentlichen Ersatzaussonderungsgegenstandes, steht das Surrogat weiterhin dem ursprünglich Aussonderungsberechtigten zu und ist nicht etwa Eigentum des Insolvenzschuldners geworden. Aus diesem Grunde kann das Surrogat nach § 47 ausgesondert werden.[4] Soweit allerdings jenes dingliche Surrogat veräußert wird, entstehen wiederum Ersatzaussonderungsansprüche. Zu den Rechten am Erlös der eingezogenen Forderung bei § 392 Abs. 2 HGB siehe § 47 Rn. 82 ff.

3. Anspruchsinhaber

15 Ersatzaussonderungsberechtigt ist jeder, dessen Aussonderungsrecht nach Maßgabe des § 48 vereitelt wurde.

4. Anspruchsgegner

16 Zu Ersatzaussonderungsansprüchen führen Veräußerungen durch den **Insolvenzschuldner vor** Verfahrenseröffnung.

17 Der Anwendungsbereich des § 48 umfasst auch die unberechtigten Veräußerungen des **Insolvenzverwalters nach** Verfahrenseröffnung.

18 Dem Wortlaut nach nicht von § 48 umfasst ist die Vereitelung von Aus- und Absonderungsrechten durch den **vorläufigen Insolvenzverwalter.** Aufgrund einer insoweit konstatierten, vergleichbaren Situation hält eine Auffassung die analoge Anwendung des § 48 auf eine Veräußerung durch den vorläufigen Verwalter für geboten.[5]

19 Ordnet das Insolvenzgericht an, dass Verfügungen des Schuldners nur mit Zustimmung des vorläufigen Insolvenzverwalters wirksam sind, bleibt der Schuldner bei Erteilung der Zustimmung durch den vorläufigen Insolvenzverwalter der Verfügende. Die analoge Anwendung des § 48 auf unberechtigte Verfügungen des vorläufigen Insolvenzverwalters mit Verfügungsbefugnis scheidet auch aus, da es nicht der Intention des Gesetzgebers entspricht, § 48 auf den vorläufigen Insolvenzverwalter mit Verfügungsbefugnis anzuwenden. In der Begründung des Regierungsentwurfes ist ausdrücklich festgehalten, dass bei einer unberechtigten Veräußerung durch den Insolvenzverwalter die Vorschrift auf den Fall beschränkt wird, dass ein Aussonderungsanspruch **nach Verfahrenseröffnung** vom Insolvenzverwalter vereitelt wird, ohne dass es auf die Reichweite der Kompetenzen des

---

[1] *Scherer,* KTS 2002, 197 ff., 204.
[2] MünchKomm-*Ganter,* InsO, § 48 Rn. 5 mwN.
[3] MünchKomm-*Ganter,* InsO, § 48 Rn. 75 ff. mwN.
[4] *Gottwald/Gottwald,* InsHdb., § 41 Rn. 8 mwN.
[5] *Gottwald/Gottwald,* InsHdb., § 41 Rn. 6 mwN.

vorläufigen Insolvenzverwalters ankäme.[1] Eine analoge Anwendung des § 48 auf die Fälle der unberechtigten Veräußerung durch den vorläufigen Insolvenzverwalter ist wegen des Fehlens einer Regelungslücke daher abzulehnen. Allenfalls greift §§ 21 Abs. 2 Ziff. 1, 60 im Falle von insolvenzzweckwidrigen Handlungen ein.

5. Umfang des Ersatzaussonderungsanspruches

Gegenstand der Ersatzaussonderung ist die gesamte Gegenleistung, auch wenn sie den Wert des Aussonderungsgegenstandes übersteigt, da eine von § 816 BGB abweichende Bewertung nicht gerechtfertigt ist.[2] War die unberechtigte Veräußerung der fremden Sache der Umsatzsteuer unterworfen und hat der Insolvenzverwalter diese an das Finanzamt abgeführt, so kann sich der Insolvenzverwalter insoweit auf einen Wegfall der Bereicherung berufen und hat an den Ersatzaussonderungsberechtigten nur den Nettokaufpreis herauszugeben.[3] 20

Gewährt der Schuldner bzw. der Insolvenzverwalter mit fremdem Geld ein **Darlehen,** so geht der Aussonderungsanspruch nicht nur auf den Zinsanspruch als vertragliche Gegenleistung, sondern zusätzlich auf den Rückerstattungsanspruch der Darlehenssumme gegen den Darlehensnehmer, da auch der Rückerstattungsanspruch aus der Verfügung erlangt wurde und andernfalls auf Kosten des rechtmäßigen Eigentümers die Masse nach erfolgter Rückzahlung um die Darlehensvaluta bereichert sein würde.[4] 21

Bei der **Verpfändung eines fremden Gegenstandes zur Sicherung einer schon bestehenden Schuld** ist die Gegenleistung der Pfandgegenstand und nicht der bei der Pfandverwertung gegebenenfalls erzielte Übererlös.[5] Erfolgte die Verpfändung zur Sicherung eines neu aufgenommenen Darlehens, ist die Darlehensgewährung die Gegenleistung, da die Aktivmasse um das Darlehen vermehrt wurde;[6] auf die Darlehensvaluta kann mithin zugegriffen werden. 22

Soweit allerdings infolge Veräußerung zusammen mit anderen Gegenständen der auf den Aussonderungsgegenstand entfallende Anteil der Gegenleistung nicht bestimmbar ist, muss auf den Sachwert rekurriert werden.[7] 23

Fehlt es an einer Gegenleistung (bei Schenkung, Verwendung des fremden Geldes zur Schuldentilgung), so kommt ein Ersatzaussonderungsrecht gem. § 48 nicht in Betracht, § 816 Abs. 1 S. 2 BGB und § 134 sind zu beachten. Bei einer gemischten Schenkung greift § 48 bezüglich des entgeltlichen Teils ein.[8] 24

Ist die **Gegenleistung des Erwerbers noch nicht erbracht,** kann der Aussonderungsberechtigte vom Insolvenzverwalter die Abtretung des Anspruchs auf die Gegenleistung verlangen. Ob die Leistung bereits erbracht wurde, richtet sich nach den allgemeinen zivilrechtlichen Grundsätzen. Bei der nur erfüllungshalber erfolgenden Hingabe von Schecks oder Wechseln kann daher die Abtretung des 25

---

[1] Vgl. Begründung § 55 RegE, abgedruckt in *Balz/Landfermann,* S. 260.

[2] *Gottwald/Gottwald,* InsHdb., § 41 Rn. 30 mwN; BGH NJW-RR 1998, 120; *Smid/Smid,* InsO, § 48 Rn. 16.

[3] BGH NJW-RR 2008, 1369 ff., 1370 = BeckRS 2008, 10573 m. Anm. *Naumann,* FD-InsR 2008, 261416 = EWiR 2008, 469 f. m. Anm. *Gundlach.*

[4] *Gundlach,* ZIP 1995, 1789 ff., 1790 f. mwN.

[5] *Nerlich/Römermann/Andres,* InsO, § 48 Rn. 6 mwN.

[6] *Nerlich/Römermann/Andres,* InsO, § 48 Rn. 6 mwN.

[7] BGHZ 30, 176, 185.

[8] *Hess,* InsO, § 48 Rn. 49 mwN.

Anspruches aus dem Scheck- bzw. Wechselverhältnis verlangt werden. Soweit allerdings der Veräußerer und der Erwerber ein Abtretungsverbot vereinbart haben, hindert dies die Übertragung auf den Aussonderungsberechtigten, da der Abtretungsausschluss auch beim gesetzlichen Forderungsübergang gilt.[1]

26 Ist das Geschäft ein beiderseitiges Handelsgeschäft oder ist der Schuldner eine juristische Person des öffentlichen Rechts oder ein öffentlich-rechtliches Sondervermögen, ist der Abtretungsausschluss nach § 354 a HGB unbeachtlich. Die Übertragung des Gegenleistungsanspruches auf den Ersatzaussonderungsberechtigten ist somit möglich.

27 Ist die **Gegenleistung bereits erbracht** worden, so kommt es darauf an, ob sie in der Insolvenzmasse noch unterscheidbar vorhanden ist. Ist das Surrogat ein vertretbarer Gegenstand, der mit anderen Vermögensgegenständen vermischt wird, ist dem Bestimmtheitserfordernis nicht mehr Genüge getan.[2]

28 Zu Problemen führt dies bei **Geldzahlungen auf Kontokorrentkonten** sowie bei Vermischung mit Bargeld der Masse. Zahlungen der Erlöse aus der Veräußerung massefremder Gegenstände auf das Kontokorrentkonto des Insolvenzverwalters beeinträchtigen die Aussonderungsfähigkeit des Verwertungserlöses als Surrogat nicht, da der Verwertungserlös auf Grund der Buchungen und der dazugehörigen Belege vom übrigen, dort angesammelten Guthaben unterschieden werden kann, wenn das Guthaben nicht durch Abbuchungen unter den Betrag der beanspruchten Leistungen abgesunken ist.[3] Der Verlust der rechtlichen Selbstständigkeit von Forderungen infolge eines Saldoanerkenntnisses oder eines Rechnungsabschlusses ist unbeachtlich.[4] Wird das Konto zum Zeitpunkt der Gutschrift im Soll geführt, so wird die Gegenleistung in dieser Höhe zur Schuldentilgung verbraucht, so dass die gegenständlich fassbare Gegenleistung nicht mehr vorhanden ist.[5]

29 Spätere Einzahlungen, die zu einem Guthaben auf dem Kontokorrentkonto führen, sind unbeachtlich.[6]

30 Reicht das verfügbare Guthaben nicht zur Befriedigung aller Ersatzaussonderungsansprüche aus, ist eine anteilige Kürzung vorzunehmen.[7] Zur Vermeidung von Haftungsrisiken für den Fall, dass der Kontostand das Ersatzaussonderungs- bzw. -absonderungsrecht nicht mehr deckt, sollten daher Erlöse aus der Verwertung mit Drittrechten behafteter Güter auf einem Sonderkonto separiert werden.

31 Bei **Barzahlungen** findet Vermischung mit anderem Geld des Schuldners statt, so dass die Unterscheidbarkeit der bestimmten Geldscheine verloren geht.[8] In der Literatur wird versucht, den hieraus folgenden Ausschluss des Ersatzaussonderungs-

---

[1] *Palandt/Grüneberg,* BGB, § 399 Rn. 3.

[2] OLG Köln NZI 2005, 37 f., 37.

[3] BGHZ, 141, 116 ff., 118 ff. = BGH NJW 1999, 1709 ff., 1710 f. = NZI 1999, 265 ff. = KTS 1999, 368 ff., 369 ff. = ZIP 1999, 626 ff., 627 f.; BGHZ 150, 326, 328.

[4] In Abweichung zu BGHZ 58, 257 ff., 258 f.: BGHZ 141, 116 ff., 120 ff. = BGH NJW 1999, 1709 ff., 1710 f. = NZI 1999, 265 ff. = KTS 1999, 368 ff., 369 ff. = ZIP 1999, 626 ff., 627 f.; BGH NZI 2006, 700 ff., 702.

[5] MünchKomm-*Ganter,* InsO, § 48 Rn. 34 mwN; BGH NZI 2006, 700 ff., 702.

[6] BGHZ 141, 116 ff., 118 ff. = BGH NJW 1999, 1709 ff., 1710 f. = NZI 1999, 265 ff. = KTS 1999, 368 ff., 369 ff. = ZIP 1999, 626 ff., 627 f.

[7] OLG Köln ZIP 2002, 947 ff., 950 mwN = EWiR 2002, 633 f. m. Anm. *Gundlach.* Das Urteil des OLG wurde allerdings durch BGH, Urteil vom 24. 6. 2003 – IX ZR 120/02 –, ZIP 2003, 1404 ff. aufgehoben, da die Voraussetzungen des § 48 nicht vorlagen.

[8] *Gottwald/Gottwald,* InsHdb., § 41 Rn. 27 mwN.

rechtes auf Grund der fehlenden Bestimmtheit zu umgehen, indem auf die haftungsrechtliche Zuordnung der Geldbeträge abgestellt und der Schuldner sowie der Ersatzaussonderungsberechtigte als Miteigentümer nach §§ 947, 948 BGB des vorhandenen Bargeldbestandes behandelt werden, damit so dem Ersatzaussonderungsberechtigten die Aussonderung seines Miteigentumsanteils ermöglicht werden soll.[1] Dieser Auffassung ist nicht zu folgen. Liegen keine belegbaren Anhaltspunkte dafür vor, dass der Schuldner zum Zeitpunkt der Übereignung des Bargeldes den Willen hatte, Miteigentum am Gesamtbargeldbestand für den Gläubiger zu begründen, so scheidet ein Ersatzaussonderungsanspruch wegen der erfolgten Vermengung auf Grund des Spezialitätsprinzips des Sachenrechts aus. Dem Spezialitätsprinzip wird nur Genüge getan, wenn die erhaltenen Geldscheine und Münzen vom übrigen Barkassenbestand separiert worden sind, bzw. so gekennzeichnet oder die Nummern der Scheine notiert worden sind, dass diese Gelder vom übrigen Barkassenbestand körperlich unterscheidbar in der Masse vorhanden sind.[2]

Hat der Erwerber die **Gegenleistung nur zu einem Teil erbracht,** kann der noch offen stehende Anspruch abgetreten werden; der erbrachte Teil kann, soweit noch unterscheidbar vorhanden, aus der Insolvenzmasse ausgeschieden werden. 32

Soweit mangels eines unterscheidbaren Vorhandenseins eine Ersatzaussonderung bei einer unberechtigten Veräußerung nach Eröffnung des Insolvenzverfahrens nicht mehr in Betracht kommt, hat der Ersatzaussonderungsberechtigte einen **Massebereicherungsanspruch** nach § 55 Abs. 1 Ziff. 3 i. V. m. §§ 812 ff. BGB oder ggf. nach § 55 Abs. 1 Ziff. 1 i. V. m. § 989 BGB,[3] wobei deren Befriedigung bei Masseunzulänglichkeit erst an dritter Stelle erfolgt, vgl. § 209 Abs. 1 Ziff. 3. Bei einer Veräußerung durch den Schuldner vor Eröffnung des Insolvenzverfahrens besteht lediglich eine Schadensersatzforderung, die als Insolvenzforderung gem. § 38 zu beurteilen ist, falls die Gegenleistung mangels Unterscheidbarkeit nicht mehr ersatzausgesondert werden kann. 33

Zur Vermeidung der Haftung gem. § 60 Abs. 1 sollte der Insolvenzverwalter Erlöse, die mit Ersatzaussonderungs- und Ersatzabsonderungsrechten behaftet sind, auf ein Sonderkonto einzahlen, da nur so die Unterscheidbarkeit sichergestellt werden kann.[4] 34

6. Auskunftsanspruch

Ebenso wie im Rahmen des eigentlichen Aussonderungsanspruches, siehe § 47 Rn. 5 ff., steht dem Ersatzaussonderungsberechtigten ein Auskunftsanspruch hinsichtlich aller Tatsachen zu, deren Kenntnis er für die Geltendmachung der Ersatzaussonderung benötigt. 35

Verlangt er Auskunftserteilung im Rahmen einer einstweiligen Verfügung, muss dies zur Abwehr wesentlicher Nachteile erforderlich sein.[5] Daran fehlt es, wenn die auf Außenstände eingehenden Zahlungen auf ein Sonderkonto fließen und dort in unterscheidbarer Weise den einzelnen Gläubigern zugeordnet werden.[6] 36

---

[1] So *Smid/Gundlach,* InsO, 1. Aufl. 1999, § 48 Rn. 59.
[2] OLG Köln NZI 2005, 37 f., 37.
[3] *Gottwald/Gottwald,* InsHdb., § 41 Rn. 25 mwN.
[4] MünchKomm-*Ganter,* InsO, § 48 Rn. 64.
[5] OLG Karlsruhe ZIP 1984, 990 ff., 991.
[6] LG Bonn ZIP 1984, 867.

37 Passivlegitimiert in einem Auskunftsrechtsstreit ist der Insolvenzverwalter. Wird ein vorläufiger Insolvenzverwalter mit Zustimmungsbefugnis eingesetzt, ist der Schuldner passivlegitimiert.

7. Analoge Anwendung des § 48 auf Ersatzabsonderung

38 Trotz Streichung des § 60 RegE,[1] der eine Regelung der Ersatzabsonderung vorsah, ist nach dem Willen des Gesetzgebers § 48 auf die Fälle der Ersatzabsonderung analog anwendbar. Die Streichung erfolgte aus Gründen der redaktionellen Straffung.[2] Damit kann der Absonderungsberechtigte die abgesonderte Befriedigung aus dem Recht auf die Gegenleistung aus dem Veräußerungsgeschäft hinsichtlich des Absonderungsgegenstandes verlangen, soweit die Gegenleistung noch aussteht bzw. soweit die bereits geleistete Gegenleistung in der Insolvenzmasse – noch unterscheidbar – vorhanden ist.

39 Wird das Entstehen des Absonderungsrechts vereitelt, indem bspw. der Schuldner einen Kundenscheck nicht bei seinem durch Globalzession gesicherten Kreditinstitut, sondern bei einem dritten Kreditinstitut einlöst, so steht der Gläubigerin nach Eintritt des Insolvenzfalles am etwaigen Restguthaben des Kontos beim dritten Kreditinstitut ein Ersatzabsonderungsrecht zu.[3]

---

[1] Vgl. RegE § 60, abgedruckt bei *Balz/Landfermann,* S. 260.

[2] Beschluss-Empfehlung des Rechtsausschusses des Deutschen Bundestages zu § 60 RegE, abgedruckt bei *Balz/Landfermann,* S. 260; BGHZ 139, 319 ff., 324 = ZIP 1998, 1805 ff., 1806 = ZInsO 1998, 332 f., 333 = WM 1998, 2160 f., 2161 = DZWIR 1999, 30 ff., 32 f.

[3] OLG Stuttgart ZInsO 2002, 85 ff., = ZIP 2002, 2183 ff.

Vorbemerkung vor §§ 49–52 InsO

1. Das Absonderungsrecht

Ein **Absonderungsrecht** ermöglicht es dem Berechtigten, seine Forderung in voller Höhe, einschließlich der Nebenforderungen unter Berücksichtigung der Kostenbeiträge nach §§ 170 f., aus dem Verwertungserlös einzelner Massegegenstände, an denen das Absonderungsrecht besteht, zu befriedigen, siehe § 50 Rn. 23 f. Hierzu bedarf es nicht der Anmeldung der Forderung und deren Feststellung zur Tabelle. **1**

Ist der absonderungsbehaftete Gegenstand im Inland belegen, so wird der Anspruch auf abgesonderte Befriedigung von den Wirkungen eines ausländischen Insolvenzverfahrens nicht berührt, § 351. **2**

Der **Unterschied zur Aussonderung** besteht darin, dass der Gegenstand, an dem das Absonderungsrecht besteht, weiterhin der Insolvenzmasse zugeordnet ist. Folglich haben Absonderungsgläubiger Mitwirkungsrechte im Insolvenzverfahren, siehe §§ 77 Abs. 3 Ziff. 2 i. V. m. Abs. 2, § 67 Abs. 2 S. 1 und im Falle eines die abgesicherte Forderung übersteigenden Verwertungserlöses fällt der überschießende Teil in die Insolvenzmasse. **3**

Die Absonderungsrechte sind **gesetzlich abschließend geregelt.** Die Vereinbarung eines Absonderungsrechtes für einen im Gesetz nicht vorgesehenen Fall ist unwirksam.[1] Ein gesetzlich geregeltes Absonderungsrecht, dessen wirksames Entstehen zwischen dem Insolvenzverwalter und dem Gläubiger streitig ist, kann anerkannt werden.[2] Das Recht, aus dem das Absonderungsrecht hergeleitet wird, muss zum Zeitpunkt der Eröffnung des Insolvenzverfahrens wirksam begründet worden sein, § 91 Abs. 1. Die Möglichkeit des gutgläubigen Rechtserwerbes bleibt unberührt, § 91 Abs. 2. **4**

Außerhalb der InsO gibt § 46 VVG (§ 77 S. 2 VVG aF) dem Versicherungsnehmer im Versicherungsfall bei **Schadensversicherung für fremde Rechnung,** ein Absonderungsrecht aus dem Entschädigungsanspruch des Versicherten gegen die Versicherung bzw. aus der Versicherungssumme. **5**

Beim **Haftpflichtversicherungsverhältnis** sind das Haftpflichtversicherungsverhältnis und das Deckungsverhältnis zu unterscheiden.[3] Ob der Versicherungsnehmer dem Dritten haftet, ist im Haftpflichtprozess zu entscheiden, ob der Versicherer dem Versicherungsnehmer Versicherungsschutz zu gewähren hat, im Deckungsprozess (Trennungsprinzip).[4] § 115 Abs. 1 Nr. 2 VVG nF gewährt bei Pflicht-Haftpflichtversicherungen dem Geschädigten einen Direktanspruch gegen den Versicherer. Bei den übrigen Haftpflichtversicherungen hat der geschädigte Dritte in der Insolvenz des schädigenden Versicherungsnehmers nach § 110 VVG (§ 157 VVG aF) ein Recht auf abgesonderte Befriedigung aus der Entschädigungsforderung des Versicherungsnehmers gegen den Versicherer. Der geschädig- **6**

---

[1] BGH KTS 1968, 91, 99 f.

[2] *Gottwald/Gottwald,* InsHdb., § 42 Rn. 2 mwN.

[3] *Prölss/Martin/Voit/Knappmann,* VVG, § 149 Rn. 24.

[4] *Prölss/Martin/Voit/Knappmann,* VVG, § 149 Rn. 24 mwN; *Prölss/Martin/Voit/ Knappmann,* VVG, § 157 Rn. 4 mwN; *Prölss/Martin/Voit/Knappmann,* VVG, § 157 Rn. 4 mwN.

te Dritte braucht seine Forderung nicht zunächst zur Tabelle anzumelden, sondern kann seinen Anspruch unmittelbar – ggf. im Wege der Zahlungsklage – gegen den Insolvenzverwalter geltend machen.[1] Dabei ist die Klage auf Leistung aus der Entschädigungsforderung (Deckungsanspruch) gegen den Versicherer zu beschränken.[2] Die Befugnis des Geschädigten, bei Insolvenz des Schädigers gem. § 110 VVG (§ 157 VVG a. F.) abgesonderte Befriedigung zu verlangen, ändert im Haftpflichtprozess nichts an der Passivlegitimation des Insolvenzverwalters.[3] Der Dritte kann abgesonderte Befriedigung erst mit der Fälligkeit des Haftpflichtanspruchs, die sich nach § 106 VVG (§ 154 Abs. 1 VVG a. F.) richtet, verlangen. Solange und soweit es an einer derartigen rechtskräftigen Feststellung der Forderung des Dritten fehlt, kann der absonderungsberechtigte Dritte nicht die Leistung des Versicherers an sich fordern, da er keine weiterreichende Rechtsstellung als der Versicherungsnehmer hat.[4] Folglich muss sich der geschädigte Dritte zunächst wegen der Höhe seiner Forderung mit dem Insolvenzverwalter auseinandersetzen.[5] Ohne einen fälligen Haftpflichtanspruch gibt es keinen fälligen Deckungsanspruch.[6] Ist die Haftpflicht des Schadensersatzschuldners rechtskräftig festgestellt worden, so ist diese Feststellung auch gegenüber dem Versicherer maßgebend.[7] Einwendungen aus dem Deckungsverhältnis sind im Rechtsstreit gegen den Versicherer zu klären.[8] Der Dritte trägt also das Risiko, dass ihm zwar ein Haftpflichtanspruch gegen den Insolvenzschuldner zusteht, die Entschädigungsforderung gegen den Versicherer beispielsweise wegen Verfristung, Verjährung oder Obliegenheitsverletzung aber nicht mehr besteht.[9] Nach rechtskräftigem Abschluss des Rechtsstreits gegen den Insolvenzverwalter bedarf es zu einer Inanspruchnahme des Versicherers nicht wie sonst der Pfändung und Überweisung der Entschädigungsforderung aus dem Versicherungsverhältnis.[10] Der Versicherer kann in entsprechender Anwendung des § 1282 BGB unmittelbar verklagt werden.[11] Der Schadensersatzgläubiger hat die Befugnis, die Versicherungsforderung des Insolvenzschuldners zur Deckung seines Schadensersatzanspruches nach dessen rechtskräftiger Feststellung selbst einzuziehen.[12]

6a Der Schadensersatzgläubiger kann nur ausnahmsweise sofort gegen den Versicherer vorgehen, wenn sich der Versicherer damit einverstanden erklärt und davon absieht, vom Schadensersatzgläubiger zunächst die Durchführung des Rechtsstreits gegen den Schadensersatzschuldner bzw. nach dessen Insolvenz gegen den Insolvenzverwalter zu verlangen.[13]

6b Der geschädigte Dritte, dessen Absonderungsrecht an der Entschädigungsforderung vom Insolvenzverwalter zur Insolvenztabelle auf entsprechenden Hinweis

---

[1] BGH NJW-RR 1989, 918 f., 919 mwN.
[2] BGH KTS 1989, 660 f.
[3] *Prölss/Martin/Voit/Knappmann,* VVG, § 157 Rn. 3 mwN.
[4] BGH VersR 1991, 415 ff., 416.
[5] Vgl. *Römer/Langheid,* VVG, § 157 Rn. 2.
[6] *Römer/Langheid,* VVG, § 157 Rn. 2.
[7] BGH VersR 1954, 578, 579.
[8] BGH VersR 1954, 578, 579.
[9] Vgl. *Römer/Langheid,* VVG, § 157 Rn. 2.
[10] *Prölss/Martin/Voit/Knappmann,* VVG, § 157 Rn. 3.
[11] RGZ 93, 209, 212.
[12] BGH VersR 1954, 578, 579.
[13] Vgl. BGH VersR 1954, 578, 579.

des Versicherers festgestellt worden ist, hat gegen den Versicherer Anspruch auf Auskunft über den Gegenstand und den Umfang des Versicherungsschutzes.[1] Der Versicherer kann sich nicht erfolgreich auf Risikoausschlüsse oder Obliegenheitsverletzungen nach dem AHB berufen, solange er den Versicherungsvertrag dem geschädigten Dritten vorenthält und daher die unveränderte Geltung der AHB nicht feststellbar ist.[2] Liegt keine Zustimmung des Versicherers zur Schadensregulierung vor, sollte der Insolvenzverwalter die Forderung vorläufig bestreiten, da sich der Versicherer im Falle des Anerkenntnisses der Schadensersatzforderung auf Leistungsfreiheit wegen einer Obliegenheitsverletzung nach § 5 Nr. 5 AHB des Versicherungsnehmers berufen kann. Dies kann dazu führen, dass ein berechtigter Haftpflichtanspruch des Insolvenzgläubigers nicht erfolgreich durchgesetzt werden kann, sodass der Insolvenzverwalter für seine – insolvenzzweckwidrige – Handlung nach § 60 haftet. Da der Insolvenzverwalter in der Regel kein Interesse an der Führung eines Rechtsstreits weder mit dem Dritten noch mit dem Versicherer hat, aber dennoch seine Obliegenheitspflichten § 58 VVG (§ 6 VVG a. F.), gegenüber dem Versicherer zur Wahrung des Versicherungsschutzes erfüllen muss, sollte der Insolvenzverwalter unbedingt den Schaden der Versicherung melden, selbst wenn der Dritte den Schaden angezeigt hat. Im Falle der Klage durch den Dritten gegen den Insolvenzverwalter sollte mit dem Versicherer die Prozesskostenübernahme vereinbart und der Streit verkündet werden.

Der Insolvenzverwalter kann den Deckungsanspruch gegen den Versicherer zur Vermeidung des Prozessrisikos auch aus dem Insolvenzbeschlag freigeben, da dadurch in das Absonderungsrecht nicht eingegriffen wird.[3] **6c**

2. Vorrechte

Vorrechte an Sondermassen oder Treugütern räumen dem Vorrechtsgläubiger eine bevorzugte Befriedigungsmöglichkeit aus der Sondermasse oder dem Treugut ein. Haftungsgegenstand ist kein einzelner Vermögensgegenstand, sondern eine abgegrenzte Vermögensmasse oder ein Sammelbestand von Treugütern. Der Haftungsgegenstand fällt nicht in die Insolvenzmasse.[4] **7**

Vorrechte gewähren z. B. **§§ 32, 33 DepotG.** Im Insolvenzverfahren über das Vermögen eines Wertpapierverwahrers, Pfandgläubigers, Kommissionärs oder Eigenhändlers gewährt § 32 DepotG ein Recht auf bevorrechtigte Befriedigung. Hiernach können Kommittenten, Hinterleger und Verpfänder, die bei Eröffnung des Insolvenzverfahrens noch kein Eigentum an Wertpapieren erlangt hatten oder deren Eigentum in dem Schuldner zurechenbarer Art und Weise verletzt worden ist, bevorrechtigte Befriedigung aus einer Sondermasse suchen. Diese Sondermasse wird gebildet aus den in der Masse vorhandenen Wertpapieren der Art, wie sie die bevorrechtigten Gläubiger zu beanspruchen hatten, sowie aus den Ansprüchen auf Lieferung solcher Wertpapiere, § 32 Abs. 3 DepotG. Soweit die Gläubiger keine vollständige Befriedigung aus der Sondermasse erlangen können, neh- **8**

---

[1] Vgl. OLG Düsseldorf NZI 2002, 262 f.

[2] OLG Düsseldorf NZI 2002, 262 f.

[3] BGH ZInsO 2009, 825 f., 825 f. = BeckRS 2009, 10491 = EWiR 2009, 459 m. Anm. *Oepen* (Vorinstanzen: OLG Nürnberg ZIP 2008, 435; LG Nürnberg-Fürth ZIP 2007, 1022, 1023).

[4] *Gottwald/Gottwald,* InsHdb., § 42 Rn. 60.

men sie nach 32 Abs. 4 DepotG i. V. m. §§ 52, 190, 192 als Insolvenzgläubiger an dem Insolvenzverfahren des Verwahrers pp. teil.

9 Hat ein Hinterleger einem Verwahrer zwecks Sicherung eines von diesem eingeräumten Kredits Wertpapiere zur Verwahrung gegeben und hat der Verwahrer die hinterlegten Wertpapiere nach § 12 Abs. 2 DepotG zwecks Absicherung eines Rückkredites seinerseits verpfändet, räumt § 33 DepotG dem Hinterleger im Insolvenzverfahren des Verwahrers ein Recht auf vorrangige Befriedigung ein. Die Sondermasse wird nach § 33 Abs. 3 DepotG in diesem Fall aus den von dem Rückkreditgeber nicht verwerteten Wertpapieren bzw. Sammelbestandteilen und Verwertungserlösen gebildet. Die Befriedigung erfolgt nach dem Verhältnis des Wertes der dem Verwahrer anvertrauten Wertpapiere oder Sammelbestände. Nach § 33 Abs. 5 DepotG kann in Höhe des Forderungsausfalls eine Insolvenzforderung geltend gemacht werden.

10 Außer den genannten Normen gibt es noch eine Vielzahl von Regelungen, die das Entstehen einer Sondermasse ermöglichen, die zur vorzugsweisen Befriedigung bestimmter Gläubigergruppen berechtigen.

11 Zu nennen ist zunächst **§ 77 b VAG.** Danach erlischt ein **Lebensversicherungsverhältnis** durch die Eröffnung des Insolvenzverfahrens über das Vermögen des Versicherers und die Versicherten können aus der nach § 66 1 a VAG gebildeten Deckungsrückstellung den Betrag fordern, der im Zeitpunkt der Verfahrenseröffnung auf sie entfällt. Hinsichtlich dieses Anspruchs gewährt § 77 a VAG den Gläubigern ein Recht auf bevorzugte Befriedigung vor den übrigen Insolvenzgläubigern aus der Deckungsrückstellung.

12 Die **landwirtschaftliche Rentenbank** hat nach § 2 Abs. 3 des Gesetzes über die landwirtschaftliche Rentenbank (LwRentBkG) eine von Treuhändern zu verwaltende besondere Deckungsrücklage zur Sicherung für die Schuldverschreibungen zu bilden, die dann nach § 16 Abs. 2 LwRentBkG zur vorrangigen Befriedigung der untereinander gleichrangigen Inhaber der gedeckten Schuldverschreibungen dient.

13 Für den Fall der Eröffnung des Insolvenzverfahrens über das Vermögen einer **Pfandbriefbank** wird den Pfandbriefgläubigern bezüglich ihrer Forderungen und den seit Insolvenzeröffnung aufgelaufenen Zinsen in § 30 Abs. 1 PfandBG ein Recht auf bevorzugte Befriedigung vor den übrigen Insolvenzgläubigern aus den nach § 5 PfandBG im Hypothekenregister eingetragenen Werten eingeräumt.[1]

14 §§ 30–37 PfandBG sind nach **§ 11 Abs. 2 DGBank-Umwandlungsgesetz** entsprechend auf die „DG Bank Deutsche Genossenschaftsbank Aktiengesellschaft“ anzuwenden.

§ 49 Abgesonderte Befriedigung aus unbeweglichen Gegenständen

Gläubiger, denen ein Recht auf Befriedigung aus Gegenständen zusteht, die der Zwangsvollstreckung in das unbewegliche Vermögen unterliegen (unbewegliche Gegenstände), sind nach Maßgabe des Gesetzes über die Zwangsversteigerung und die Zwangsverwaltung zur abgesonderten Befriedigung berechtigt.

[1] *Stürner,* in FS Gaul, S. 739 ff.

Übersicht

1. Normzweck

§ 49 entspricht inhaltlich § 47 KO. § 49 gewährt Gläubigern, die ein Recht auf Befriedigung aus unbeweglichen Gegenständen der Insolvenzmasse haben, die bevorzugte Befriedigung aus dem Veräußerungserlös. Die Durchführung der abgesonderten Befriedigung erfolgt außerhalb des Insolvenzverfahrens nach Maßgabe des ZVG. 1

2. Unbewegliche Gegenstände

Die unbeweglichen Gegenstände i. S. d. § 49 bestimmen sich nach den §§ 864, 865 ZPO i. V. m. §§ 93 ff., 97 f., 1120 ff., 1265 BGB. 2

a) Grundstücke

§ 864 Abs. 1 ZPO. 3

b) Zubehör

Das Grundpfandrecht erstreckt sich auch auf das Zubehör, soweit es im Eigentum des Grundstückseigentümers steht, § 1120 BGB. Betriebsinventar des schuldnerischen Betriebsgrundstücks ist Zubehör i. S. d. § 97 BGB des Grundstücks.[1] Wird Zubehör unter Eigentumsvorbehalt erworben, erfasst der Haftungsverband des Grundpfandrechtes zunächst nur das Anwartschaftsrecht.[2] 4

Die Haftung des Zubehörs erlischt unter den Voraussetzungen der §§ 1121, 1122 Abs. 2 BGB **(Enthaftung).** Bei Stilllegung des Geschäftsbetriebes tritt keine Enthaftung ein, vielmehr setzt die Enthaftung voraus, dass der Bewirtschaftungszweck des Grundstücks, zu dessen Verwirklichung das Zubehör diente, im Rahmen einer aktiven Bewirtschaftung umgewidmet wird.[3] 5

---

[1] Vgl. auch BGHZ 85, 234, 237 = NJW 1983, 746 ff., 748.

[2] *Gottwald/Gottwald,* InsHdb., § 42 Rn. 9 mwN.

[3] *Nerlich/Römermann/Andres,* InsO, § 49 Rn. 8. mwN.

6 Ist die Veräußerung und Entfernung von haftendem Grundstückszubehör anfechtbar, bewirkt eine erfolgreiche Anfechtung, dass das Absonderungsrecht am Zubehörgegenstand wieder auflebt.[1]

c) Grundstücksgleiche Rechte

7 §§ 870 i. V. m. 864 ZPO, wie bspw. Erbbaurecht, §§ 1, 11 ErbbauVO, Wohnungserbbaurecht, § 30 WEG, Wohnungsteilerbbaurecht, § 30 Abs. 2 WEG, Wohnungseigentum, § 1 WEG und Gebäudeeigentum, Landesrechtliches Stockwerkseigentum, Art. 131, 182 EGBGB und das Bergwerkseigentum nach dem BBergG werden wie unbewegliches Vermögen behandelt.

8 Bei den grundstücksgleichen Rechten, §§ 864 Abs. 1, 870 ZPO, ist für die Verwertung im Rahmen der Zwangsversteigerung oder der Zwangsverwaltung erforderlich, dass die Rechte ein Grundbuchblatt haben.[2]

9 **d)** Absonderungsrechte nach § 49 begründen auch landesrechtliche **Jagd**- und **Fischereigerechtigkeiten** und **Kohleabbauberechtigungen,** die in der Praxis selten von Bedeutung sind.[3]

10 **e) Reallasten,** § 1105 BGB, **Überbau-** und **Notwegrenten,** §§ 912, 917 BGB. Weiter berechtigen vor Insolvenzeröffnung entstandene **öffentliche Lasten** zur abgesonderten Befriedigung.[4] Diese sind in den Landesgesetzen, insbesondere in den Kommunalabgabengesetzen der Länder, normiert. Bei der Sanierung von Bodenaltlasten durch die öffentliche Hand sichert § 25 Abs. 6 BBodSchG den Kostenerstattungsanspruch der öffentlichen Hand, siehe § 55 Rn. 16.

f) Flugzeuge

11 § 49 ist weiterhin einschlägig, soweit die Zwangsversteigerung oder die Zwangsverwaltung auf Grund ähnlicher Vorschriften möglich ist, wie bei nach § 14 Luftverkehrszulassungsordnung in das Luftfahrzeugregister eintragungsfähigen Luftfahrzeugen. § 99 Abs. 1 LuftfzRG verweist insoweit auf § 864 ZPO. Bei Flugzeugen ist eine Zwangsverwaltung unzulässig, § 171 c Abs. 3 ZVG ermöglicht aber eine zwangsverwaltungsähnliche Nutzung.[5]

g) Schiffe, Schiffsbauwerke

12 Im Schiffsregister eingetragene Schiffe[6] und im Schiffsbauregister nach §§ 65, 66 und 73a SchiffsRegO eintragungsfähige Schiffsbauwerke und Schwimmdocks sind nach §§ 864, 870a ZPO der Zwangsvollstreckung zugänglich.[7] Vollstreckungsmaßnahmen in ein Schiff sind nach § 482 HGB unzulässig, wenn dieses sich auf der Reise befindet und nicht in einem Hafen liegt.[8] Eine Zwangsverwaltung ist bei Schiffen, Schiffsbauwerken und Schwimmdocks un-

---

[1] *Nerlich/Römermann/Andres,* InsO, § 49 Rn. 8 mwN.

[2] *Nerlich/Römermann/Andres,* InsO, § 49 Rn. 5 mwN; *Zeller/Stöber,* ZVG, Einleitung 13.1.

[3] FK-*Imberger,* InsO, § 49 Rn. 5 mwN.

[4] *Lwowski/Tetzlaff,* WM 2001, 437 ff., 438.

[5] FK-*Imberger,* InsO, § 49 Rn. 7.

[6] Zu beachten ist die Trennung in das Seeschiffsregister und das Binnenschiffsregister, vgl. § 3 SchiffsRegO; beachte auch die §§ 25 ff. der VO zur Durchführung der Schiffsregisterordnung – SchRegDV – zum Seeschiffsregister sowie die §§ 32 ff. SchRegDV zum Binnenschiffsregister.

[7] FK-*Imberger,* InsO, § 49 Rn. 6 mwN.

[8] FK-*Imberger,* InsO, § 49 Rn. 6.

zulässig. § 165 Abs. 2 ZVG ermöglicht jedoch eine zwangsverwaltungsähnliche Nutzung.[1]

3. Absonderungsberechtigte

Wer zu dem nach § 49 absonderungsberechtigten Personenkreis gehört und die Rangfolge der Befriedigung richtet sich nach den §§ 10–14 ZVG. 13

Inhaber von Grundpfandrechten und Reallasten, §§ 1105, 1113, 1191, 1199 BGB sind kraft dinglicher Berechtigung unabhängig von der Beschlagnahme (§ 20 Abs. 1 ZVG) absonderungsberechtigte Gläubiger und Gläubiger, denen kraft Gesetzes die Befugnis verliehen wird, sich aus dem Grundstück zu befriedigen, vgl. § 10 Abs. 1 Nr. 1–3 ZVG.[2] 14

Bei persönlichen Gläubigern, die aus einem schuldrechtlichen Titel die Zwangsversteigerung oder die Zwangsverwaltung betreiben, setzt die Entstehung des Absonderungsrechtes die Beschlagnahme voraus, da erst die Beschlagnahme zu einer Haftung führt. 15

Vollstreckt der dingliche Gläubiger nur aus der **persönlichen** Forderung, ist er vollstreckender Gläubiger nach § 10 Abs. 1. Ziff. 5 ZVG; sein dingliches Recht ist nach § 10 Abs. 1 Ziff. 4 ZVG einen Rang höher eingeordnet.[3] Erwirbt der Gläubiger nach der Vollstreckung der persönlichen Forderung einen dinglichen Titel, so wird jeder Anspruch in seiner Rangklasse verfolgt.[4] Für die Sicherungshypothek genügt nach § 867 Abs. 3 ZPO ausnahmsweise der persönliche Titel, der durch die Eintragung in das Grundbuch vollstreckt wurde. Ein gesonderter dinglicher Titel ist nicht erforderlich.[5] Mit der Eintragung des persönlichen Titels als Sicherungshypothekengläubiger kann der Gläubiger seine Rangstellung um einen Rang von § 10 Abs. 1 Ziff. 5 ZVG auf § 10 Abs. 1 Ziff. 4 ZVG verbessern. 16

Bestehen an einem unbeweglichen Gegenstand mehrere Absonderungsrechte, gilt für das Rangverhältnis der absonderungsberechtigten Gläubiger das Prioritätsprinzip, der Inhaber des später erworbenen Anspruchs der zur abgesonderten Befriedigung berechtigt, erwirbt sein Absonderungsrecht belastet mit dem früher begründeten Absonderungsanspruch.[6] 17

Erwerben **Massegläubiger** während des Insolvenzverfahrens Sicherungsrechte, die bei Entstehung vor Insolvenz Absonderungsrechte begründet hätten, können die Massegläubiger – mit der Einschränkung des § 90 – die Einzelzwangsvollstreckung in die Insolvenzmasse betreiben und somit im Wege der Zwangsverwaltung oder Zwangsversteigerung Befriedigung erlangen. Das Vollstreckungsverbot des § 89 gilt nur für Insolvenzgläubiger.[7] 18

---

[1] FK-*Imberger,* InsO, § 49 Rn. 6 mwN.

[2] Zu beachten ist, dass der Gesetzgeber durch das am 1. 6. 2007 in Kraft getretene Gesetz zur Änderung des Wohnungseigentumsgesetzes (WEG), BT-Drucks. Nr. 16/3843, § 10 Abs. 1 Nr. 2 ZVG dahingehend abgeändert hat, dass die fälligen Wohngeldansprüche der WEG nach §§ 16 Abs. 2, 28 Abs. 2 und Abs. 5 WEG einschließlich der Vorschüsse und Rückstellungen ein Absonderungsrecht am Erlös im zugewiesenen Rang begründen.

[3] *Stöber,* ZVG, § 10 Anm. 9.3.

[4] *Stöber,* ZVG, § 10 Anm. 9.4.

[5] *Stöber,* ZVG, Einleitung, Rn. 69, Anm. 69.1.

[6] *Nerlich/Römermann/Andres,* InsO, § 49 Rn. 32.

[7] MünchKomm-*Breuer,* InsO, § 89 Rn. 24.

4. Haftung des Schuldners

19 Soweit der Schuldner dinglich und persönlich haftet, kann der Gläubiger nur mit seinem Ausfall verhältnismäßige Befriedigung aus der Insolvenzmasse erlangen, § 52. Haftet der Schuldner ausschließlich dinglich **(Sachhaftung),** so kann der Schuldner nur abgesonderte Befriedigung aus dem haftenden Gegenstand erlangen. Eine Teilnahme am Insolvenzverfahren mit dem Ausfall nach § 52 kommt nicht in Betracht, siehe § 52 Rn. 3. Haftet der Schuldner ausschließlich persönlich und ein Dritter dinglich, kann sich der Gläubiger dinglich befriedigen und für den vollen Betrag der persönlichen Forderung verhältnismäßige Befriedigung bis zu seiner vollständigen Befriedigung aus der Insolvenzmasse verlangen, ohne dass er mit der Geltendmachung der persönlichen Forderung auf den Ausfall beschränkt ist.[1]

5. Geltendmachung des Absonderungsrechts

20 Hat nach den vorstehenden Ausführungen ein Gläubiger ein Absonderungsrecht, ist dieses nach § 49 außerhalb des Insolvenzverfahrens nach Maßgabe des ZVG im Wege der Zwangsversteigerung und/oder der Zwangsverwaltung geltend zu machen.

21 Der Insolvenzverwalter ist berechtigt, beim zuständigen Gericht die Zwangsversteigerung oder Zwangsverwaltung zu betreiben, § 165.

22 Dies schließt nicht aus, dass sich der Insolvenzverwalter, dem gegenüber das Absonderungsrecht geltend zu machen ist, und der Gläubiger auf eine freihändige Verwertung einigen. Dieser Weg birgt allerdings für den Insolvenzverwalter Haftungsrisiken. So ist bei einer freihändigen Verwertung die gesetzliche Gewährleistung nicht nach § 56 ZVG ausgeschlossen, ein dingliches Vorkaufsrecht kann weiterhin ausgeübt werden, §§ 471, 1098 Abs. 1 S. 2 BGB nF, und der Insolvenzverwalter kann sich bei einem Verkauf zu einem zu geringen Erlös schadensersatzpflichtig machen.[2] Die Befriedigungsregeln gem. §§ 10–13 ZVG sind zu beachten, insbesondere die zeitliche Begrenzung von Zinsrückständen gem. § 10 Abs. 1 Nr. 4 i. V. m. § 13 ZVG. Im Falle der freihändigen Verwertung ist daher zur Vermeidung von Haftungsrisiken die Veräußerung eng mit dem absonderungsberechtigten Gläubiger abzustimmen. Kosten für Lästigkeitsabfindungen absonderungsberechtigter Gläubiger, die auf Grund des Nachrangs ihrer dinglichen Sicherheit nicht am Veräußerungserlös partizipieren, sind vom vorrangig absonderungsberechtigten Gläubiger zu tragen, da der BGH eine mit dem Insolvenzverwalter vereinbarte Lästigkeitsabfindung wegen Insolvenzzweckwidrigkeit als unwirksam betrachtet.[3] Nach der Rechtsprechung des BFH[4] ist der Kostenbeitrag, den der Insolvenzverwalter regelmäßig bei der freihändigen Verwertung zur Abgeltung seines Aufwandes zugunsten der Insolvenzmasse vereinbart (ca. 3–5 %, je nach Aufwand bzw. Objektwert), der Umsatzsteuer unterworfen, siehe § 55 Rn. 25. Ist der Schuldner eine natürliche Person und sind die

[1] Vgl. RGZ 156, 271, 278.

[2] Vgl. *Nerlich/Römermann/Andres,* InsO, § 49 Rn. 13 mwN.

[3] BGH NJW-RR 2008, 1074 f., 1074 f. = BeckRS 2008, 06994 = EWiR 2008, 471 f. m. Anm. *Schulz;* differenzierend *Frege,* NZI 2009, 11 ff., 14 f.

[4] BFH DZWIR 2005, 247 ff.

Voraussetzungen der Kleinunternehmerregelung des § 19 UStG erfüllt, wird die eigentlich geschuldete Umsatzsteuer nicht erhoben. Folglich darf allerdings dann keine Abrechnung mit Umsatzsteuerausweis erfolgen.

Betreibt der absonderungsberechtigte Gläubiger die Zwangsvollstreckung, ist ein auf den Schuldner lautender Titel nach §§ 727, 730 ZPO entsprechend umzuschreiben und nach § 750 Abs. 2 ZPO dem Insolvenzverwalter zuzustellen.[1] Der Insolvenzverwalter kann nach §§ 30d–31, 153b und 153c ZVG die einstweilige Einstellung der Zwangsverwaltung beantragen, wenn glaubhaft gemacht wird, dass die Fortsetzung der Zwangsverwaltung eine wirtschaftlich sinnvolle Nutzung des Grundstücks wesentlich erschwert. 23

Ist der Haftungsgegenstand über die Höhe des Zeitwerts hinaus mit Absonderungsrechten belastet, kann der Insolvenzverwalter die Freigabe erklären, die im Einzelfall als besonders bedeutsame Rechtshandlung nach § 160 Abs. 1 der Zustimmung des Gläubigerausschusses bzw. der Gläubigerversammlung bedarf. Wegen der Umsatzsteuerproblematik siehe § 55 Rn. 24. 24

Eine Verfahrenserleichterung, insbesondere für die Gläubiger, besteht darin, dass ein auf den Insolvenzverwalter umgeschriebener und ihm zugestellter Titel nicht erneut auf den Schuldner umgeschrieben oder ihm zugestellt werden muss, wenn dieser die Verwaltungs- und Verfügungsbefugnis wieder erlangt. Dies gilt sowohl bei der Freigabe des Grundstücks durch den Insolvenzverwalter[2] als auch bei der Beendigung des Insolvenzverfahrens[3] und ergibt sich aus dem Rechtsgedanken des § 80 Abs. 2 S. 2, wonach eine wirksam eingeleitete Zwangsvollstreckung von einem Wechsel der Verwaltungs- und Verfügungsbefugnis unberührt bleibt.[4] Den Gläubigern bleibt damit ein erneuter Zeit- und Kostenaufwand erspart, den bereits die Umschreibung auf den Insolvenzverwalter mit anschließender Zustellung verursacht hat. 24a

Der Streit, ob Grundpfandgläubiger die gem. §§ 1123, 1124 BGB mithaftende Miete und Pacht während des Insolvenzverfahrens aus dem dinglichen Titel pfänden können, hat der BGH, gestützt auf den Wortlaut des § 49, den sich aus § 865 Abs. 2 S. 2 ZPO ergebenden Vorrang der Zwangsvollstreckung vor der Forderungspfändung und die Beschränkung des Absonderungsrechts bei der Vorauspfändung von Mieten durch § 110 Abs. 1 und 2 spätestens auf den Ablauf des nächsten auf die Eröffnung folgenden Kalendermonats, ablehnend entschieden.[5] Als weiteres Argument führt der BGH an, dass – ließe man die Einzelzwangsvollstreckung im eröffneten Verfahren aus dem dinglichen Titel zu – die 25

---

[1] *Uhlenbruck,* InsO, § 49 Rn. 28 mwN; aA: *Hess,* InsO, § 49 Rn. 72ff., der von der Stellung des Insolvenzverwalters als Vertreter kraft Amtes ausgeht und einen Titel gegen den Schuldner ausreichen lässt.

[2] BGH WM 2005, 1324ff., 1326.

[3] BGH, Beschluss vom 24. 11. 2005 – V ZB 84/05, ZfIR 2006, 151 (LS).

[4] BGH WM 2005, 1324ff., 1326; BGH, Beschluss vom 24. 11. 2005, V ZB 84/05, ZfIR 2006, 151 (LS).

[5] BGH ZIP 2006, 1554, 1554f. = ZVI 2006, 448ff., 449 = NZI 2006, 577ff., 578 mwN, m. Anm. *Stapper/Schädlich;* so auch AG Hamburg ZIP 2005, 1801ff.; AG Kaiserslautern, NZI 2005, 636f.; aA: AG Rosenheim ZInsO 2000, 291f.; LG Traunstein NZI 2000, 438; LG Münster ZIP 2005, 2331 LS; LG Stendal ZIP 2005, 1800, wobei der Bestand der Pfändung der Mietforderung gem. § 829 ZPO mit Blick auf § 110 Abs. 2 nicht entschieden zu werden brauchte; HambKomm-*Büchler,* InsO § 49 Rn. 23 und § 50 Rn. 17 aE; BGH ZInsO 2006, 1321f., 1322 = ZIP 2007, 35ff., 36.

Masseerhaltung nicht gewährleistet sei, da der Pfändungsgläubiger die Nutzungen ziehen würde und sich der Insolvenzverwalter vor dem Kostenaufwand der öffentlichen Lasten und Verwaltungsausgaben nur mit einem Eigenantrag auf Zwangsverwaltung schützen könne. Dabei wird die Möglichkeit des Pfändungsschutzes des § 851 b ZPO übersehen.

6. Befriedigung

26 Die Befriedigung des absonderungsberechtigten Gläubigers erfolgt nach Maßgabe des § 49 Hs. 1 ZVG. Vom Verwertungserlös werden zunächst die Kosten des Zwangsverwaltungs- oder -versteigerungsverfahren beglichen, § 109 Abs. 1 ZVG. Der Erlös nach Kosten wird anschließend in der Rangfolge des §§ 10 ff. ZVG an die absonderungsberechtigten Gläubiger ausgekehrt.

27 Nach § 10 Abs. 1 Nr. 1 a ZVG sind für die beweglichen Gegenstände, auf die sich die Zwangsversteigerung erstreckt, 4 % aus dem nach § 74 a Abs. 2 S. 2 ZVG festgesetzten Wert zur Insolvenzmasse abzuführen.

7. Vereinfachtes Insolvenzverfahren

28 Im vereinfachten Insolvenzverfahren ist nicht der Treuhänder, sondern der Gläubiger berechtigt, absonderungsbehaftete Gegenstände des Schuldners zu verwerten. Aus § 313 Abs. 3 S. 2 soll einer Auffassung nach folgen, dass der Grundpfandgläubiger auch zur freihändigen Verwertung berechtigt und nicht zum Vorgehen nach dem ZVG gezwungen sei.[1] Zutreffend wird dem aber entgegengehalten, dass § 313 Abs. 3 nur auf die Verwertungsbefugnis des an Mobiliarsicherheiten absonderungsberechtigten Gläubigers anzuwenden ist, da der Sinn und Zweck der §§ 166 ff., die dem Insolvenzverwalter unter Sanierungs- und Fortführungsaspekten die Verwertungsbefugnis zuweisen, bei den regelmäßig nur geringfügig wirtschaftlich tätigen Schuldnern in den Verbraucherinsolvenzverfahren nicht erreicht werden kann.[2]

8. Betriebsfortführung durch den Zwangsverwalter

29 Übt der Schuldner auf dem beschlagnahmten Grundstück einen Gewerbebetrieb aus, der auch an einem anderen Ort ausgeübt werden könnte, so ist der Insolvenzverwalter berechtigt, den Gewerbebetrieb fortzuführen.[3] Anders ist zu entscheiden, wenn der Gewerbebetrieb grundstücksbezogen ist und die ordnungsgemäße Nutzung des beschlagnahmten Grundstücks in der Ausbeute von Bodenbestandteilen (Steinbruch, Lehmgrube, Kiesgrube, Kohlegrube etc.) liegt. Die Fortsetzung dieser Tätigkeit zählt zu den Zwangsverwalteraufgaben, da der Gewerbebetrieb im Kern zugleich die Grundstücksnutzung ist.[4]

30 Schwieriger ist die Abgrenzung, wenn das beschlagnahmte Grundstück speziell auf den auf dem Grundstück ausgeübten Gewerbebetrieb zugeschnitten ist, da eine Loslösung des Betriebes vom beschlagnahmten Grundstück wirtschaftlich nicht sinnvoll wäre. Andererseits ist es zu vermeiden, dass die im

---

[1] LG Hamburg NZI 1999, 504 = Rpfleger 2000 37 m. Anm. von *Alff.*

[2] *Alff,* Anm. zu LG Hamburg Rpfleger 2000, 37 f.

[3] OLG Celle Rpfleger 1989, 519 f., 520; OLG Dresden MDR 1999, 889, 890.

[4] *Eickmann* ZIP 1986, 1517 ff., 1523.

Insolvenzverfahren zur abgesonderten Befriedigung berechtigten Grundpfandgläubiger durch Beschlagnahme der den Gewerbebetrieb bildenden Rechtsverhältnisse im Wege der Einzelzwangsvollstreckung gegenüber den ungesicherten Gläubigern begünstigt werden.[1] Die Fortführung eines bereits eingerichteten Gewerbebetriebs gehört ausnahmsweise dann zum Aufgabenkreis des Zwangsverwalters, wenn der Gewerbebetrieb des beschlagnahmten Grundstücks grundstücksbezogen ist, es eine ordnungsgemäße Nutzung des Grundstücks erfordert, den Gewerbebetrieb des Schuldners fortzuführen und der Zwangsverwalter dabei nicht in die Rechte des Schuldners an Betriebsmitteln eingreift, die unabhängig von ihrer Zugehörigkeit zum Gewerbebetrieb absolut geschützt sind.[2]

9. Konkurrenzverhältnis zur eigenkapitalersetzenden Nutzungsüberlassung

Vor Inkrafttreten des MoMiG am 1. November 2008 war die Rechtslage die, dass ein Gesellschafter der Schuldnerin, der dieser ein Grundstück vermietete und dies ihr auch in der Krise beließ, obwohl er von der Krise Kenntnis hatte und das Grundstück hätte zurückfordern können („qualifiziertes Stehenlassen"), kein Entgelt für die Nutzungsüberlassung beanspruchen konnte, soweit dies benötigt wurde, um eine Unterbilanz oder gar Überschuldung der Gesellschaft zu decken.[3] Dies bedeutete freilich nicht, dass auch der Inhaber des Grundpfandrechts auf die Miete verzichten musste, der die Zwangsverwaltung beantragen konnte, um aus den Nutzungen des Grundstücks Befriedigung zu erlangen. Die Wirkung der eigenkapitalersetzenden Nutzungsüberlassung gegenüber der schuldnerischen Gesellschaft bzw. ihrem Insolvenzverwalter endete in entsprechender Anwendung der §§ 146 ff. i. V. m. §§ 1123, 1124 Abs. 2 BGB mit dem Wirksamwerden des Anordnungsbeschlusses der Zwangsverwaltung.[4] Die Qualifizierung der Nutzungsüberlassung durch den Gesellschafter als eigenkapitalersetzend fand Berücksichtigung dadurch, dass der Gesellschafter nach Ende der Wirksamkeit der Vorausabtretung von der Gesellschaft bzw. deren Insolvenzverwalter auf Erstattung der nunmehr an den Zwangsverwalter zu leistenden Miete in Anspruch genommen werden konnte.[5] 31

Für Insolvenzverfahren, die vor dem Inkrafttreten des Gesetzes zur Modernisierung des GmbH-Rechts und zur Bekämpfung von Missbräuchen (MoMiG) am 1. 11. 2008 eröffnet worden sind, gilt nach einer Entscheidung des BGH das „alte" Eigenkapitalersatzrecht in Gestalt sowohl der Novellenregeln gem. §§ 32 a, 32 b GmbHG aF als auch der Rechtsprechungsregeln gemäß §§ 30, 31 GmbHG aF analog fort.[6]

---

[1] *Eickmann* ZIP 1986, 1517 ff., 1523.

[2] BGH NJW-RR 2005, 1175 ff., 1176 f. = Rpfleger 2005, 557 ff., 558 f. für Schlosshotel mit zwei Restaurants.

[3] Eigenkapitalersetzende Nutzungsüberlassung, s. näher *Lutter/Hommelhoff,* GmbHG, §§ 32 a/b Rn. 138 mwN; BGH NZI 2005, 347 ff.; m. Anm. *Fischer* = Rpfleger 2005, 372 ff.

[4] BGH ZIP 1999, 65 ff., 67 f.

[5] BGH NZI 2005, 347 ff., 348; m. Anm. *Fischer* = Rpfleger 2005, 372 ff., 373.

[6] Urteil vom 26. 1. 2009, Az.: II ZR 260/07.

32 Mit dem Inkrafttreten des MoMiG ist die kapitalersetzende Nutzungsüberlassung als wirtschaftlich einer Darlehensausreichung entsprechende Nutzungsüberlassung eines Gegenstandes des Gesellschafters an die Gesellschaft beibehalten und als neu geschaffener § 135 Abs. 3 in das Insolvenzanfechtungsrecht eingeordnet worden. § 135 Abs. 3 sieht vor, dass der Gesellschafter seinen Herausgabeanspruch am Grundstück bis zu einem Jahr nach der Insolvenzverfahrenseröffnung nicht geltend machen kann, wenn das Grundstück für die Fortführung des Unternehmens benötigt wird. Dem Gesellschafter steht für die zu gewährende Nutzungsüberlassung ein Ausgleichsanspruch zu, der sich an der durchschnittlichen Vergütung des letzten Jahres bemisst, § 135 Abs. 3 Satz 2. Wird gegen den Gesellschafter als Eigentümer des Grundstücks die Zwangsverwaltung betrieben, steht die ab Insolvenzeröffnung geschuldete Ausgleichszahlung dem Zwangsverwalter zu.

§ 50 Abgesonderte Befriedigung der Pfandgläubiger

(1) **Gläubiger, die an einem Gegenstand der Insolvenzmasse ein rechtsgeschäftliches Pfandrecht, ein durch Pfändung erlangtes Pfandrecht oder ein gesetzliches Pfandrecht haben, sind nach Maßgabe der §§ 166 bis 173 für Hauptforderung, Zinsen und Kosten zur abgesonderten Befriedigung aus dem Pfandgegenstand berechtigt.**

(2) **Das gesetzliche Pfandrecht des Vermieters oder Verpächters kann im Insolvenzverfahren wegen der Miete oder Pacht für eine frühere Zeit als die letzten zwölf Monate vor der Eröffnung des Verfahrens sowie wegen der Entschädigung, die infolge einer Kündigung des Insolvenzverwalters zu zahlen ist, nicht geltend gemacht werden. Das Pfandrecht des Verpächters eines landwirtschaftlichen Grundstücks unterliegt wegen der Pacht nicht dieser Beschränkung.**

Übersicht

1. Normzweck

1 Die Vorschrift fasst die §§ 48, 49 Abs. 1 Ziff. 2 KO zusammen. Die früher unter § 49 KO subsumierte Sicherungsübereignung findet nun ihre eigene gesetzliche Regelung in § 51 Ziff. 1.

2 § 50 Abs. 1 gewährt Gläubigern, die Inhaber eines rechtsgeschäftlichen Pfandrechts, eines gesetzlichen Pfandrechts oder eines Pfändungspfandrechts sind, das Recht, sich für Hauptforderung, Kosten und Zinsen aus dem Pfandgegenstand abgesondert zu befriedigen.

2. Pfandrecht als Haftungsgegenstand

a) Rechtsgeschäftliches Pfandrecht

3 Die Entstehung des Pfandrechtes richtet sich nach den allgemeinen zivilrechtlichen Bestimmungen.[1] Das rechtsgeschäftliche Pfandrecht an beweglichen Sachen entsteht nach §§ 1204 ff. BGB durch Einigung über die Pfandrechtsbestellung und Verschaffung des unmittelbaren Besitzes. Bei der Verpfändung von Forderungen nach §§ 1273 ff. BGB ist neben der dinglichen Einigung die Pfändungsanzeige nach § 1280 BGB erforderlich.

4 Die Bestellung eines Pfandrechts an **Rechten** erfolgt nach §§ 1273 ff. BGB, an Order- und Inhaberpapieren nach §§ 1292, 1293 BGB.

5 Die Berechtigung zur abgesonderten Befriedigung betrifft auch die **Erzeugnisse,** § 1212 BGB, und das **Zubehör** des Pfands, § 97 BGB, wenn dieses selbstständig mitverpfändet wurde, was bei Übergabe des Zubehörs zusammen mit der Hauptsache nach § 311 c BGB nF zu vermuten ist.[2]

6 Das Absonderungsrecht entsteht nur, wenn das Pfandrecht bereits vor der Eröffnung des Insolvenzverfahrens wirksam bestellt worden ist. Erfolgt die Sicherung der Forderung erst ab Fälligkeit – etwa infolge Nr. 21 Abs. 3 Satz 3 AGB-Spark oder Nr. 14 Abs. 2 Satz 2 AGB-Banken –, kommt eine abgesonderte Befriedigung für erst nach Insolvenzeröffnung fällige Forderungen nicht in Betracht.[3] Erfolgte die Entstehung des Pfandrechts im anfechtungsrelevanten Zeitraum, so ist im Drei-Monats-Zeitraum von einer inkongruenten Deckung und im Zeitraum davor von einer kongruenten Deckung auszugehen.[4] § 1281 S. 2 1. Hs BGB ermöglicht dem Kreditinstitut, beim Vorliegen eines entsprechenden Sicherungsbedürfnisses vom Pfandrecht vor Pfandreife Gebrauch zu machen, indem keine Verfügungen über das Konto zugelassen werden.[5] Lässt das Kreditinstitut Verfügungen über das Kontoguthaben wieder zu, so gibt es sein Pfandrecht insoweit frei, sodass ein anschließend im letzten Monat vor Insolvenzantragstellung durch neue Gutschriften in entsprechender Höhe entstandenes Pfandrecht nach § 131 Abs. 1 Nr. 1 anfechtbar ist.[6]

Das Pfandrecht gem. § 21 Abs. 3 S. 1 AGB-Sparkassen am Kontoguthaben einer Komplementär-GmbH umfasst nach der Rechtsprechung des BGH auch Ansprüche aus der persönlichen Gesellschafterhaftung gem. §§ 128 S. 1, 161 Abs. 2 HGB, die eine Sparkasse wegen Darlehensverbindlichkeiten der GmbH & Co. KG geltend machen kann.[7] Nach § 21 Abs. 3 S. 1 AGB-Sparkassen sei jeder Forderungserwerb, der im Zusammenhang mit der Geschäftsverbindung stehe, erfasst. Dies sei im Verhältnis Komplementär-GmbH zur Kommanditgesellschaft zu bejahen, da den Gesellschaftern und Geschäftsführern der GmbH, die zugleich Kommanditisten der GmbH & Co. KG waren, zwangsläufig die Haftung gem.

---

[1] Zu den in Betracht kommenden Entstehungsarten vgl. *Palandt/Bassenge,* BGB, Einf. vor § 1204 Rn. 1 ff.

[2] *Kübler/Prütting/Bork/Prütting,* InsO, § 50 Rn. 4.

[3] Vgl. BGH ZIP 1999, 79 f.

[4] BGH NZI 2004, 492 ff., 494 m. Anm. *Bruckhoff.*

[5] BGH NZI 2004, 314 ff., 315 = ZVI 2004, 252 ff., 254.

[6] BGH NZI 2004, 314 ff., 315 = ZVI 2004, 252 ff., 254.

[7] BGH NJW-RR 2007, 982 ff. = BeckRS 2007, 06786 m. Anm. *Riggert,* FD-InsR 2007, 225334.

§§ 128 S. 1, 161 Abs. 2 HGB bekannt gewesen sei, als sie namens beider Gesellschaften die Darlehens- bzw. Giroverträge mit der Sparkasse abgeschlossen hätten.[1]

7 Ist das Pfandrecht an einem Gegenstand eines Dritten bestellt worden, ohne dass der Dritte dem Gläubiger persönlich haftet, kann sich der Gläubiger an das Pfand halten und daneben mit dem vollen Betrag seiner Forderung – und nicht nur mit dem Ausfall – bis zu seiner vollständigen Befriedigung verhältnismäßige Befriedigung aus der Insolvenzmasse verlangen.[2]

b) Gesetzliches Pfandrecht

8 Für das kraft gesetzlicher Anordnung entstandene gesetzliche Pfandrecht gelten die Vorschriften über das rechtsgeschäftliche Pfandrecht nach §§ 1204 ff. BGB entsprechend, soweit nicht Sondervorschriften entgegenstehen.[3]

9 Für folgende Berechtigte entstehen gesetzliche Pfandrechte:
- **Hinterlegungsberechtigter** am hinterlegten Gut oder an der Rückerstattungsforderung, § 233 BGB
- **Vermieter** an eingebrachten Sachen des Mieters, soweit diese pfändbar sind, § 562 BGB
- **Verpächter** an eingebrachten Sachen und Früchten, § 592 BGB

10 Das Vermieter- und das Verpächterpfandrecht berechtigt nach § 50 Abs. 2 Satz 1 InsO nur in Höhe der in den letzten zwölf Monaten vor der Verfahrenseröffnung entstandenen Mieten bzw. Pachten zur abgesonderten Befriedigung, §§ 562, 592 BGB. Alle weitergehenden Forderungen des Vermieters bzw. Verpächters, insbesondere auch diejenigen auf Schadensersatz infolge der Kündigung des Miet-/Pachtverhältnisses durch den Insolvenzverwalter, sind Insolvenzforderungen nach § 38. Eine Ausnahme gilt nach § 50 Abs. 2 S. 2 zugunsten des Verpächters eines landwirtschaftlichen Grundstücks. Dessen Ansprüche auf die rückständige Pacht ist ohne zeitliche Begrenzung abgesichert. Der Bestand eines durch Vermieter- oder Verpächterpfandrechts begründeten Absonderungsrechts kann nach §§ 129 ff. anfechtbar sein. § 91 ist auf den Zeitraum des Insolvenzeröffnungsverfahrens nicht analog anwendbar, sodass das Pfandrecht gem. § 562 BGB bzw. § 592 BGB auch diejenigen Mieten bzw. Pachten sichert, die im Zeitraum von der Insolvenzantragstellung bis zur Insolvenzeröffnung entstanden sind, sofern der Zeitpunkt des Vertragsabschlusses und des Einbringens der pfandbehafteten Sachen vor dem Eintritt der Krise liegen.[4]

11 Nach Insolvenzeröffnung eingebrachte Sachen unterfallen zwar dem Vermieter- oder Verpächterpfandrecht, begründen jedoch kein Absonderungsrecht im Sinne der InsO.[5] Der Vermieter/Verpächter trifft die Tilgungsbestimmung einer vor der Eröffnung des Insolvenzverfahrens vertragsgemäß erhaltenen Mietsicherheit unabhängig von der insolvenzrechtlichen Einordnung von Ansprüchen des

---

[1] BGH NJW-RR 2007, 982 ff., 983 = BeckRS 2007, 06786 m. Anm. *Riggert*, FD-InsR 2007, 225334.

[2] Vgl. RGZ 156, 271, 278.

[3] *Palandt/Bassenge*, BGB, § 1257 Rn. 2.

[4] BGH NZI 2007, 158 ff., 158 mwN, 159 f. mwN; m. Anm. *Neuenhahn* = ZVI 2007, 72 ff., 75.

[5] FK-*Imberger*, InsO, § 50 Rn. 69.

Vermieters als Masseschulden oder als Insolvenzforderungen.[1] Eine analoge Anwendung des § 50 Abs. 2 kommt nicht in Betracht, da dieser keine Aussage zur Tilgungsbestimmung trifft.

Warenvorräte unterfallen nicht dem Pfändungsschutz des § 811 Nr. 5 ZPO.[2] **11a**
§ 562a S. 2 BGB gestattet jedoch die Veräußerung der Vorräte entsprechend dem üblichen Geschäftsbetrieb des Schuldners, um das Vermieterpfandrecht zum Erlöschen zu bringen. Ein üblicher Geschäftsbetrieb ist anzunehmen, wenn ein dem Abverkauf entsprechender Wareneinkauf zu verzeichnen ist.[3] Hierdurch entsteht eine Pflichtenkollision für den vorläufigen Verwalter, der einerseits den Geschäftsbetrieb fortführen soll, aber zunächst nur vorsichtig Ware zukaufen wird, andererseits nicht in die Rechte Dritter eingreifen darf, die durch eine Abwägung der konkurrierenden Vermögensinteressen zu lösen ist.[4] Dabei wird zumindest in der Anfangszeit der Fortführung, solange die Erkenntnislage in Bezug auf den Bestand des Vermieterpfandrechts, ggf. die Ausübung des Vermieterpfandrechts nebst Herbeiführung eines Verwertungsmodus, das Interesse der Allgemeinheit der Gläubiger an der Betriebsfortführung das Individualinteresse des Sicherheitengläubigers überwiegen.[5] Ein Räumungsverkauf zählt nicht zum üblichen Geschäftsbetrieb, da er auf die Einstellung des Geschäftsbetriebes im Mietobjekt gerichtet ist und damit das Sicherungsinteresse des Vermieters beeinträchtigt.[6]

Nachfolgend eine Aufzählung weiterer gesetzlicher Pfandrechte: **12**

- **Pächter** an gepachtetem Inventar, § 583 BGB nF
- **Unternehmer** an hergestellten oder ausgebesserten beweglichen Sachen, § 647 BGB
- **Gastwirt** an eingebrachten Sachen des Gastes, § 704 BGB
- **Verfrachter** an dem Frachtgut, § 623 HGB
- **Beförderer** an dem Gepäck, § 674 HGB
- **Bergungs- und Hilfskostengläubiger** an gerettetem Schiff und der Ladung, § 726 HGB (besitzloses gesetzliches Pfandrecht)
- **Schiffsgläubiger** an dem Schiff, § 752 HGB (besitzloses gesetzliches Pfandrecht)
- **Dünge- und Samenlieferant** an Früchten, § 1 DüngemittelG
- **Entschädigungsberechtigter** an dem Floß, § 22 FlößG
- **Kommissionär** am Kommissionsgut, § 397 HGB, wegen der durch das abgeschlossene Kommissionsgeschäft begründeten Forderungen sowie wegen Altforderungen aus anderen Kommissionsgeschäften mit dem Kommissionär.
- **Spediteur** am Frachtgut und den Begleitpapieren, § 464 HGB, wegen der durch den Speditionsvertrag begründeten Forderungen und allen unbestrittenen Altforderungen des Spediteurs, § 464 S. 1 HGB.
- **Lagerhalter** am Lagergut, an Begleitpapieren und etwaigen Versicherungsansprüchen, § 475b HGB, wegen der durch den Lagervertrag begründeten Forderungen und aller unbestrittenen Altforderungen des Lagerhalters, § 475b Abs. 1 S. 1 HGB.

---

[1] OLG Hamburg EWiR 2008, 567 f., 568 m. Anm. *Schoppe* = BeckRS 2009, 08977.
[2] BGH NJW-RR 2004, 772 = NZI 2004, 209, 210.
[3] OLG Köln ZIP 1984, 89 f., 90.
[4] *Zipperer,* NZI 2005, 538 ff., 541.
[5] *Zipperer,* NZI 2005, 538 ff., 541 f.
[6] *Ehricke,* KTS 2004, 321 ff., 328 f. mwN.

– **Frachtführer** am Frachtgut und an den Begleitpapieren, § 441 HGB, wegen der durch den Frachtvertrag begründeten Forderungen und aller unbestrittenen Altforderungen des Frachtführers, § 441 Abs. 1 S. 1 HGB.

13 Erwirbt der Frachtführer innerhalb des Anfechtungszeitraumes des § 131 Abs. 1 Nr. 1 das Frachtführerpfandrecht, so gilt der Erwerb auch für unbestrittene Altforderungen und inkonnexe Forderungen aus früheren Transportgeschäften als kongruente Deckung.[1] Dies wird damit begründet, dass zur Gewährleistung einer hohen Umlaufgeschwindigkeit der Transportgüter das Frachtführerpfandrecht als besitzloses Pfandrecht ausgestaltet ist, sodass der Frachtführer sein Pfandrecht nicht verliert, wenn er das Frachtgut an einen nachgeschalteten Frachtführer weitergibt.[2] Das Frachtführerpfandrecht für inkonnexe Forderungen liefe leer, wenn man die Überlassung des Frachtguts an den Frachtführer, die dessen Pfandrecht zur Entstehung bringen, als inkongruente Deckung qualifiziere.[3] Sind mehrere hintereinandergeschaltete Frachtführer wegen ihrer verschiedenen Forderungen gesichert, obwohl nur das letzte Glied in der Kette den Frachtgegenstand in Besitz hat, so ist es konsequent, dass sich das Pfandrecht auf frühere, unbestrittene Forderungen desselben Frachtführers erstreckt.[4]

13a In Ergänzung zu dieser Rechtsprechung entschied der BGH, dass auch die Zahlungen, die der Empfänger des Frachtguts an den Gläubiger des Frachtführerpfandrechts auf Veranlassung des Insolvenzschuldners leistet, kongruente Zahlungen sind.[5] Vereinbaren die Beteiligten die Ablösung des Pfandrechts in der Weise, dass die Werklohnforderung des Schuldners in Höhe der Verbindlichkeiten gegenüber dem Frachtführer (teil-)abgetreten wird, erlangt der Frachtführer im Wege der rechtsgeschäftlichen Surrogation ein Pfandrecht an der Forderung, § 1279 BGB, welches durch die Einbindung des Empfängers des Frachtguts als Werklohnschuldner diesem gegenüber angezeigt wird, § 1280 BGB.[6] Die Ablösungsvereinbarung selbst ist als Bargeschäft, § 142, unanfechtbar, da Schuldner und Frachtführer in unmittelbarem zeitlichem Zusammenhang gleichwertige Leistungen austauschen, sodass es an der Gläubigerbenachteiligung fehlt.[7]

Nachdem der Gesetzgeber im Hinblick auf die wachsende Umlaufgeschwindigkeit von Gütern das Pfandrecht auch beim Kommissionsgeschäft, Speditionsvertrag und Lagervertrag auf die Altforderungen ausgedehnt hat, ist anzunehmen, dass der BGH diese Rechtsprechung wegen der Gleichartigkeit der Sach- und Rechtslage auch auf diese Vertragstypen erstrecken wird.

14 Bei den gesetzlichen Besitzpfandrechten und den handelsrechtlichen Besitzpfandrechten ist ein gutgläubiger Erwerb des Pfandrechts möglich, § 1207 BGB, § 366 HGB.

c) Pfändungspfandrecht

15 Pfändungspfandrechte ergeben sich aus §§ 804, 930 ZPO, § 6 Abs. 1 Nr. 1 JBeitrO und § 459 StPO. Auf den Vollzug strafprozessualer dinglicher Arreste

[1] BGH ZIP 2002, 1204 ff. = NZI 2002, 485 f.
[2] *Baumbach/Hopt,* HGB, § 442 Rn. 1.
[3] BGH ZIP 2002, 1204 ff., 1206 = NZI 2002, 485 f., 486.
[4] BGH ZIP 2002, 1204 ff., 1206 = NZI 2002, 485 f., 486.
[5] BGH ZIP 2005, 992 ff., 994.
[6] BGH ZIP 2005, 992 ff., 994.
[7] BGH ZIP 2005, 992 ff., 994 f.

gem. § 111 c StPO in das Privatvermögen des Beschuldigten werden gem. § 111 d Abs. 2 StPO die Vorschriften der ZPO angewandt. Die Beschlagnahme nach § 111 c Abs. 5 StPO ist ein relatives Veräußerungsverbot, welches im Insolvenzverfahren keine Wirkung zeigt.[1] §§ 88 und 89 Abs. 1 finden auf den Vollzug des strafprozessualen dinglichen Arrests Anwendung, sodass der Vollzug des Arrestes unzulässig ist, wenn nicht der Arrestgläubiger zuvor ein wirksames und anfechtungsfestes Absonderungsrecht begründet hat.[2]

aa) Entstehen des Pfändungspfandrechts. Bei Pfändungspfandrechten nach § 804 ZPO ist die Sperrfrist von einem Monat vor der Insolvenzantragstellung des § 88 zu beachten. Bei der Pfändung einer künftigen Forderung entsteht das Pfändungspfandrecht nicht bereits mit der Zustellung der Pfändungsverfügung an den Drittschuldner, sondern erst mit der späteren Entstehung der Forderung. Bei der **Arrestvollziehung** nach § 930 ZPO genügt es allerdings, wenn vor der Sperrfrist nur der Arrest angeordnet worden ist, da die Vollziehung des Arrestes auch ohne dessen Zustellung möglich ist. Da die Zustellung nach § 929 Abs. 3 S. 2 ZPO innerhalb einer Woche erfolgen muss, kann eine wirksame Pfändung nur bis maximal zum Ende der ersten Woche der Sperrfrist erfolgen.[3] 16

Eine **Vorpfändung** nach § 845 ZPO und die **Sicherungsvollstreckung** nach § 720 a ZPO begründen nur dann ein Pfändungspfandrecht, wenn die Pfändung der Forderung innerhalb der Monatsfrist erfolgt ist und diese vor dem Beginn der Sperrfrist des § 88 liegt.[4] 17

Die **Pfändung und Überweisung einer Forderung an Zahlungs statt** nach § 835 Abs. 2 ZPO begründet kein Absonderungsrecht, sondern ein Aussonderungsrecht an der Forderung, da nach § 835 Abs. 2 ZPO die Forderung an den Gläubiger übergegangen ist, siehe § 47 Rn. 53. 18

Wird eine **schuldnerfremde Sache** gepfändet, besteht eine wirksame Verstrickung, die nur dann zu einem Pfändungspfandrecht führt, wenn der Schuldner die fremde Sache im Zeitraum zwischen Pfändung und der Sperrfrist des § 88 erwirbt.[5] 19

bb) Erlöschen des Pfändungspfandrechts. Wird die Zwangsvollstreckung im Wege der Erinnerung nach § 766 ZPO für unzulässig erklärt, erlischt das Pfändungspfandrecht. Eine Aufhebung der Pfändung ist wegen der gerichtlichen Entscheidung nicht erforderlich.[6] Die Freigabe durch den Pfandgläubiger sowie der gutgläubige Erwerb des Eigentums an der Sache führen zum Erlöschen des Pfändungspfandrechts.[7] Ein gutgläubiger Erwerb des Pfändungspfandrechts ist nicht möglich.[8] 20

---

[1] BGH ZInsO 2007, 709 ff., 710; KG Berlin ZIP 2005, 2126 ff., 2127 f. mwN.

[2] KG Berlin ZIP 2005, 2126 ff., 2127 f. mwN; KG Berlin, NZI 2008, 691 f. = BeckRS 2008, 21197.

[3] FK-*Imberger,* InsO, § 50 Rn. 35.

[4] FK-*Imberger,* InsO, § 50 Rn. 35; *Gottwald/Adolphsen,* in Kölner Schrift, S. 1059 Rn. 60 mwN.

[5] *Hess,* InsO, § 50 Rn. 52 mwN, *Gottwald/Adolphsen,* in Kölner Schrift, S. 1059 Rn. 61.

[6] *Zöller/Stöber,* ZPO, § 813 Rn. 13.

[7] *Hess,* InsO, § 50 Rn. 51 mwN.

[8] *Hess,* InsO, § 50 Rn. 52 mwN.

21 Im Übrigen erlischt das Pfändungspfandrecht mit dem Ende der Verstrickung, also mit der Verwertung oder der Aufhebung der Pfändung durch ein Vollstreckungsorgan.[1] In der Sperrfrist des § 88 ausgebrachte Zwangsvollstreckungsmaßnahmen werden mit der Eröffnung des Insolvenzverfahrens unwirksam, ohne dass es einer Aufhebung durch den Gerichtsvollzieher bedarf, da der rechtskräftige Eröffnungsbeschluss als gerichtliche Entscheidung die Verstrickung beendet.[2]

3. Die Durchführung der abgesonderten Befriedigung

22 Infolge der Verweisung auf die §§ 166 bis 173 ist davon auszugehen, dass die Verwertung des Pfandgegenstandes in der Regel nicht durch den Insolvenzverwalter erfolgen wird, da das Sachpfand Besitz des Pfandgläubigers voraussetzt. Einschlägig ist deswegen in erster Linie § 173.

23 Aus dem Verwertungserlös ist der absonderungsberechtigte Gläubiger nach Maßgabe des § 170 Abs. 1 zu befriedigen, und zwar bezüglich „Hauptforderung, Zinsen und Kosten", § 50 Abs. 1. Trotz dieser Aufzählungsreihenfolge soll nach dem Willen des Gesetzgebers nicht von der Tilgungsreihenfolge nach den §§ 367 Abs. 1, 497 Abs. 3 BGB nF (vgl. § 11 Abs. 3 VerbrKrG) abgerückt werden.[3]

24 Das Recht auf abgesonderte Befriedigung erstreckt sich dabei auch auf nach der Verfahrenseröffnung entstandene Zinsansprüche, da § 39 Abs. 1 Ziff. 1 keine Anwendung findet, siehe § 39 Rn. 6. Der Nachrang des § 39 Abs. 1 Nr. 1 und Nr. 2 bezieht sich nur auf ungesicherte Forderungen und wird bei absonderungsbehafteten Forderungen durch §§ 49 ff. verdrängt. Dies ergibt ein Vergleich mit der Rechtslage bei einer allein dinglichen Haftung des Schuldners. Das Absonderungsrecht des Sicherungsnehmers würde in voller Höhe berücksichtigt werden, ohne dass der Sicherungsnehmer ein Insolvenzgläubiger ist.[4]

Beim freihändigen Verkauf von beweglichem Sicherungsgut im Sinne der §§ 50, 51 durch den Insolvenzverwalter sind die von diesem einbehaltenen Verwertungskostenbeiträge kein Entgelt für eine steuerpflichtige Leistung des Insolvenzverwalters an den Sicherungsgeber.[5] Der Verwertungskostenbeitrag ist daher nicht der Umsatzsteuer unterworfen.

4. Auskunftsanspruch

25 Der absonderungsberechtigte Gläubiger hat einen Auskunftsanspruch über den Zustand und Verbleib seines Haftungssubjekts, der sich von dem des aussonderungsberechtigten Gläubigers nicht unterscheidet.[6] Es wird daher auf die Ausführungen zu § 47 Rn. 5 verwiesen.

---

[1] *Zöller/Stöber,* ZPO, § 813 Rn. 13.

[2] FK-*Imberger,* InsO, § 50 Rn. 49.

[3] Vgl. Begründung zu § 57 RegE, abgedruckt bei *Balz/Landfermann,* S. 262.

[4] MünchKomm-*Ganter,* InsO, vor §§ 49 bis 52 Rn. 59 b; BGH NZI 2007, 528 f., 529 = WM 2007, 2252 f., 2253 = BeckRS 2008, 16167 m. Anm. *Bäuerle,* FD-InsR 2008, 265279.

[5] BFH DZWIR 2005, 247 ff., 248 f.

[6] *Nerlich/Römermann/Andres,* InsO, § 50 Rn. 29.

§ 51 Sonstige Absonderungsberechtigte

Den in § 50 genannten Gläubigern stehen gleich:

1. **Gläubiger, denen der Schuldner zur Sicherung eines Anspruchs eine bewegliche Sache übereignet oder ein Recht übertragen hat;**
2. **Gläubiger, denen ein Zurückbehaltungsrecht an einer Sache zusteht, weil sie etwas zum Nutzen der Sache verwendet haben, soweit ihre Forderung aus der Verwendung den noch vorhandenen Vorteil nicht übersteigt;**
3. **Gläubiger, denen nach dem Handelsgesetzbuch ein Zurückbehaltungsrecht zusteht;**
4. **Bund, Länder, Gemeinden und Gemeindeverbände, soweit ihnen zoll- und steuerpflichtige Sachen nach gesetzlichen Vorschriften als Sicherheit für öffentliche Abgaben dienen.**

Übersicht

1. Normzweck

§ 51 geht auf § 49 Abs. 1 Ziff. 1, 3, 4 KO zurück. Mit der ausdrücklichen Benennung der Sicherungsübereignung und der Sicherungszession ist die allgemeine Auffassung in Rechtsprechung und Lehre kodifiziert worden. 1

2. Allgemeines

Die Norm ergänzt die Absonderungsrechte des § 50. Weitere Absonderungsrechte ergeben sich aus § 84 Abs. 1 S. 2 und aus § 157 VVG. Zu Vorrechten aus Sondermassen siehe Vorbemerkung vor §§ 49–52 Rn. 7 ff. 2

3. Sicherungseigentum und Sicherungsabtretung

a) Sicherungsübereignung

aa) Allgemeines. Bei der Sicherungsübereignung erlangt der Sicherungsnehmer Eigentum an dem Sicherungsgegenstand und vereinbart mit dem Sicherungsgeber ein Besitzkonstitut nach §§ 929, 930, 868 BGB.[1] Auch ein antizipiertes Besitzkonstitut über künftig vom Sicherungsgeber zu erwerbende Gegen- 3

[1] *Gottwald/Gottwald,* InsHdb., § 43 Rn. 44 mwN.

stände ist zulässig. Dies ermöglicht die Sicherungsübereignung von revolvierenden Globalsicherheiten wie bspw. Warenlager.[1] Die schuldrechtliche Sicherungsabrede begrenzt die in § 903 BGB geregelten Befugnisse des Sicherungsnehmers auf den Sicherungsfall.

4 Wirtschaftlich stellt die Sicherungsübereignung in der **Insolvenz des Sicherungsgebers** ein besitzloses Pfandrecht dar und gewährt daher für den Sicherungsfall lediglich ein Recht auf abgesonderte Befriedigung aus dem Sicherungsgut.[2] Hat der Sicherungsnehmer das gesicherte Darlehen zinslos gewährt, liegt ein zweiseitiger, aber nur einseitig verpflichtender Vertrag vor, der nicht dem Erfüllungswahlrecht des Insolvenzverwalters nach § 103 unterfällt.[3] Wurde das gesicherte Darlehen verzinslich gewährt, ist § 103 anwendbar und der Insolvenzverwalter kann den Haftungsgegenstand durch Ausübung des Wahlrechts nach § 103 zur Insolvenzmasse ziehen. Der Insolvenzverwalter muss dann aber seinerseits den Darlehensvertrag erfüllen und den Rückzahlungsanspruch vollständig befriedigen. Wirtschaftlich ist die Ablösung des Haftungsgegenstandes für die Insolvenzmasse nur dann sinnvoll, wenn der Zeitwert des Haftungsgegenstandes unter Berücksichtigung der Verwertungskosten höher als der Rückzahlungsanspruch des Sicherungsnehmers ist.

5 Im **Insolvenzverfahren über das Vermögen des Sicherungsnehmers** hat der Sicherungsgeber nach dem Inhalt der Sicherungsabrede einen obligatorischen Rückübertragungsanspruch und damit ein Aussonderungsrecht nach § 47, siehe § 47 Rn. 64.

6 **bb) Wirksame Begründung des Sicherungseigentums.** Bei der Sicherungsübereignung von Sachgesamtheiten, bspw. Warenlager mit wechselndem Bestand, muss der sachenrechtliche Bestimmtheitsgrundsatz gewahrt sein. Die dingliche Einigung muss daher äußerliche Abgrenzungskriterien enthalten, damit aus der Parteiabrede ohne Weiteres ersichtlich ist, welche individuell bestimmten Sachen in dem für den Eigentumsübergang vereinbarten Zeitpunkt übereignet werden.[4]

7 Nach der Rechtsprechung des BGH ist die Formulierung „sämtliche Vorräte inklusive Abtretung der Forderungen" in Bezug auf den Begriff „Vorräte" zu unbestimmt, da nicht zu erkennen ist, welche konkreten Gegenstände von der Raumsicherungsübereignung erfasst sein sollen, da im allgemeinen Sprachgebrauch „Vorrat" im weiteren Sinne für den späteren Bedarf Aufgespeichertes oder Aufgehobenes verwendet wird.[5] Er ist aber gewahrt, wenn alle Waren in einem bestimmten Raum übereignet werden **(Raumsicherungsvertrag).**[6] Enthält der Sicherungsvertrag eine Klausel, nach der die neu in ein Warenlager hinzukommenden unter Eigentumsvorbehalt gelieferten Waren von der Sicherungsübereignung ausgenommen sein sollen, ist der Bestimmtheitsgrundsatz nicht eingehalten.[7]

---

[1] *Gottwald/Gottwald,* InsHdb., § 43 Rn. 45.
[2] *Gottwald/Gottwald,* InsHdb., § 43 Rn. 50 mwN.
[3] *Hess,* InsO, § 103 Rn. 20, 37.
[4] BGHZ 73, 253 ff., 254 mwN.
[5] BGH NZI 2008, 551 ff., 554.
[6] BGHZ 28, 16 ff., 20.
[7] BGH NJW 1986, 1985 f., 1986.

Befindet sich in dem bestimmten Raum unter Eigentumsvorbehalt gelieferte Ware, ist die dingliche Übereignung dahingehend auszulegen, dass die Anwartschaftsrechte an der Vorbehaltsware als Sicherheit übereignet werden.[1]

Die Übereignung von Waren, die sich mit anderen Waren in einem Raum befinden, entspricht dann dem Bestimmtheitserfordernis, wenn die Waren äußerlich klar vom übrigen Bestand abgegrenzt oder besonders gekennzeichnet sind **(Markierungsvertrag).**[2] **8**

Sieht der Sicherungsvertrag die Konkretisierung der neu hinzukommenden Ware durch regelmäßig zu fertigende Bestandslisten vor **(Mantelsicherung),** wird neu hinzukommende Ware erst mit der Aktualisierung der Bestandsliste von der Sicherungsübereignung umfasst.[3] Eine hinreichende Bestimmtheit ist nicht gewährleistet, wenn die in Bezug genommene Inventarliste zur Konkretisierung des Sicherungsguts lediglich Gewicht, Gattung und Order-Nummer bezeichnet.[4] Die Vertragsparteien können durch mündliche oder stillschweigende Vereinbarung auch auf außerhalb des Sicherungsübereignungsvertrages bestehende Unterlagen, Aufstellungen und Verzeichnisse zur Konkretisierung des Sicherungsguts Bezug nehmen, ohne dass diese Unterlagen körperlich mit der Vertragsurkunde verbunden sein müssen.[5] **9**

Der BGH verwässert die Anforderungen an den Bestimmtheitsgrundsatz. So sei dem sachenrechtlichen Bestimmtheitsgrundsatz bei der Übereignung einer Sachgesamtheit durch Raumsicherungsübereignung genügt, wenn die Auslegung der vertraglichen Vereinbarung ergebe, dass für einen geringen Teil der Gegenstände zwar eine Übereignung gewollt, aber ein schuldrechtlicher Rückübertragungsanspruch vereinbart sei.[6] Der BGH übersieht, dass hinsichtlich der Gegenstände, für die der schuldrechtliche Rückübertragungsanspruch vereinbart war, zur wirksamen Begründung von Eigentum eine dingliche Einigungserklärung über die zurückzuübertragenden Gegenstände Voraussetzung gewesen wäre, die so ausgestaltet hätte sein müssen, dass die Vertragsparteien und jeder die dingliche Einigung kennende Dritte den Umfang der dinglichen Einigung sicher hätte bestimmen können.[7] **10**

Überträgt der Vorbehaltsverkäufer das Eigentum an der Kaufsache an ein Kreditinstitut, das für den Erwerber den Kauf finanziert, ohne die Kaufpreisforderung nach § 267 BGB zu erfüllen, kann das refinanzierende Kreditinstitut das vorbehaltene Eigentum in der Insolvenz des Käufers nicht aussondern, da das refinanzierende Kreditinstitut und die Insolvenzschuldnerin dem Eigentum Sicherungsfunktion zugewiesen haben, sodass das refinanzierende Kreditinstitut vielmehr wie eine Sicherungseigentümerin lediglich zur abgesonderten Befriedigung berechtigt ist.[8] **10a**

Wird das Sicherungsgut im anfechtungskritischen Zeitraum erworben, so kann der Insolvenzverwalter nach der Eröffnung des Verfahrens gem. §§ 129 ff. den **11**

[1] BGHZ 28, 16 ff., 21 ff.

[2] MünchKomm-*Oechsler,* BGB, Anh. §§ 929–936 Rn. 7.

[3] FK-*Imberger,* § 51 Rn. 8.

[4] BGH NZI 2008, 558 ff., 560.

[5] BGH NZI 2008, 558 ff., 559.

[6] BGH ZIP 2001, 1895 f.

[7] *Feuerborn,* ZIP 2001, 600 ff., 603.

[8] BGH WM 2008, 821 ff., 824; m. Anm. *Smid,* 2089 ff. = KTS 2008, 518 ff., 523; m. Anm. *Roth* = EWiR 2008, 439 f., 439; m. Anm. *Mitlehner* = JZ 2008, 1050 ff., 1053 m. Anm. *Jacoby.*

Erwerb anfechten. Für Raumsicherungsübereignungen und alle anderen revolvierend bestellten Sicherheiten ist der maßgebliche Zeitpunkt nach § 140 Abs. 1 der Eintritt der rechtlichen Wirkungen der Rechtshandlung.[1] Dies ist der Zeitpunkt der Einbringung des Gegenstandes in den Sicherungsraum. Zu unterscheiden ist, ob es sich um die Vermögensgegenstände handelt, die durch den Raumsicherungsübereignungsvertrag per Vertragsschluss übertragen wurden, oder um künftige Sicherheiten, die durch die Revolvierung nachträglich in die Sicherungsräume gelangt sind. In Bezug auf die gegenwärtigen Sicherheiten sind die Grundsätze des Bargeschäfts gem. § 142 zu beachten. Bei künftigen Sicherheiten kommt infolge der Revolvierung eine kongruente Deckungsanfechtung nach § 130 in Betracht.[2]

12 **cc) Nachträglich eintretende Übersicherung.**

aaa) Revolvierende Globalsicherheiten. Diese sind auch dann wirksam, wenn die Sicherungsübereignung keine ausdrückliche Freigabeklausel zur Vermeidung einer nachträglichen Übersicherung oder eine in das Ermessen des Sicherungsnehmers gestellte Freigaberegelung enthält.[3] Wird der Freigabeanspruch durch die formularmäßige Ausgestaltung der Sicherungsübereignung eingeschränkt, ist diese Klausel zwar nach § 307 BGB nF unwirksam; dies führt jedoch nicht zur Gesamtnichtigkeit der Sicherungsübereignung. Soweit eine Übersicherung eintritt, ergibt sich aus dem fiduziarischen Charakter der schuldrechtlichen Sicherungsabrede und der Interessenlage der Parteien ein immanenter (Teil-)Rückübertragungsanspruch des Sicherungsgebers.[4]

13 Bei der Prüfung des Vorliegens einer **Übersicherung** nimmt die Rechtsprechung bei revolvierenden Sicherheiten zugunsten des Sicherungsnehmers wegen dessen höheren Ausfallrisikos einen höheren Risikoabschlag vor. Dem Rechtsgedanken des § 237 BGB als Orientierungshilfe folgend, dürfte die Deckungsgrenze überschritten sein, wenn der Zeitwert des Sicherungsgutes 150 % der gesicherten Forderung übersteigt.[5]

14 Eine betragsmäßig bestimmte **Deckungsgrenze** oder eine Klausel zur **Bewertung** der Sicherungsgegenstände ist nicht mehr erforderlich.[6]

15 **bbb) Bestimmte Sachgesamtheiten.** Wird nur eine bestimmte in ihrem Bestand unveränderte Sachgesamtheit zur Sicherung übereignet, war schon nach der bisherigen Rechtsprechung für die Wirksamkeit einer solchen Sicherungsübereignung eine Freigabeklausel mit zahlenmäßig bestimmter Deckungsgrenze nicht erforderlich, da der Sicherungsgeber durch den aus §§ 157, 242 BGB folgenden Freigabeanspruch in der Regel hinreichend geschützt ist.[7] Eine **Übersicherung** bei der Sicherungsübereignung beweglicher Sachen wird angenommen, wenn der Zeitwert des Sicherungsgutes zzgl. Rechtsfeststellungs- und Verwertungskosten nach § 171 die gesicherte Forderung übersteigt, also um ca.

---

[1] *Riggert,* NZI 2000, 241 ff., 244 f.

[2] BGH NZI 2008, 89 ff., 92 f.; vgl. BGH NZI 2008, 551, 553; vgl. *Riggert,* NZI 2009, 137 ff., 139 f.

[3] BGH GSZ NJW 1998, 671 ff., 672 f. = BGH GSZ ZIP 1998, 235 ff., 237 ff.

[4] BGH NJW 1998, 671 ff., 673 = BGH GSZ, ZIP 1998, 235 ff., 237 f. noch zu § 9 AGBG.

[5] BGH GSZ, NJW 1998, 671 f., 676 f. = BGH GSZ, ZIP 1998, 235 ff., 242 f.

[6] BGH GSZ, NJW 1998, 671 ff., 673 ff. = ZIP 1998, 235 ff., 238 ff.

[7] BGH ZIP 1994, 305 ff., 307 f. mwN.

110 % die gesicherte Forderung überschreitet.[1] Im Fall der Übersicherung hat der Sicherungsnehmer ein **Wahlrecht,** welche von mehreren Sicherheiten er an den Sicherungsgeber zurückgibt, § 262 BGB.[2]

dd) Anfängliche Übersicherung. Im Falle der anfänglichen Übersicherung bei revolvierenden Globalsicherheiten ist die Sicherungsübereignung nach § 138 Abs. 1 BGB nichtig. Anfängliche Übersicherung liegt bspw. vor, wenn bereits bei Vertragsabschluss feststeht, dass im – noch ungewissen – Verwertungsfall ein auffälliges Missverhältnis zwischen der gesicherten Forderung und dem realisierbaren Wert der Sicherheit bestehen wird.[3] Da das Missverhältnis von Anfang an besteht und nicht erst nachträglich entstanden ist, gibt es ohne entsprechende Regelung keinen Grund, im Wege der ergänzenden Vertragsauslegung einen Freigabeanspruch des Sicherungsgebers anzunehmen, der die Sittenwidrigkeit nach § 138 Abs. 1 BGB beseitigen könnte.[4] Die Rechtsprechung lässt offen, welche allgemeinen Kriterien für die Bewertung des auffälligen Missverhältnisses zwischen Sicherheit und gesicherter Forderung erfüllt sein müssen. Für die Ermittlung des realisierbaren Wertes der Sicherheit soll auf den jeweiligen Einzelfall in tatrichterlicher Verantwortung – ggf. mit sachverständiger Hilfe – abgestellt werden, wobei Bewertungsrisiken und Bewertungsunschärfen zum Zeitpunkt des Vertragsabschlusses angemessen Rechnung zu tragen ist.[5] Die Übersicherung muss auf einer verwerflichen Gesinnung des Sicherungsnehmers beruhen.[6] Davon ist auszugehen, wenn der Sicherungsnehmer aus eigensüchtigen Gründen eine Rücksichtslosigkeit gegenüber den berechtigten Belangen des Sicherungsgebers an den Tag legt, die nach sittlichen Maßstäben unerträglich ist.[7] Das OLG Hamm hat eine ursprüngliche Übersicherung bei einer Sicherung in Höhe des 16-Fachen der zu sichernden Forderung, bei der realistischerweise kein Ausfall der Sicherheit zu erwarten war, angenommen.[8] 16

ee) Sicherungsgut im Drittbesitz. Befindet sich das Sicherungsgut bei einem Dritten, kann der Sicherungsnehmer im Insolvenzverfahren über das Vermögen des Dritten das Sicherungsgut nach § 47 aussondern. Die Sicherungsabrede mit den das Eigentum einschränkenden Regelungen wirkt inter partes und gilt nicht im Verhältnis zum Dritten. Diesem gegenüber setzt sich die Eigentümerstellung des Sicherungsnehmers durch.[9] 17

Der Sicherungsgeber hat im Insolvenzverfahren über das Vermögen des Dritten dann ein Aussonderungsrecht nach § 47, wenn er gegen den Dritten einen obligatorischen Herausgabeanspruch hat.[10]

Bei der **Entgegennahme von Wechseln oder Schecks zur Einziehung** erwirbt das Kreditinstitut nach Nr. 15 Abs. 1 AGB-Banken bzw. Nr. 25 Abs. 1 AGB-Sparkassen Sicherungseigentum, welches das Kreditinstitut im Insolvenz- 18

---

[1] BGH GSZ, NJW 1998, 671 ff., 675 = BGH GSZ, ZIP 1998, 235 ff., 240 f.
[2] BGH ZIP 2002, 1390 ff.
[3] BGH InVo 1998, 192 ff., 193.
[4] OLG Hamm WM 2002, 451 ff., 454.
[5] BGH InVo 1998, 192 ff., 193; BGH WM 1998, 248 ff., 250.
[6] BGH InVo 1998, 192 ff., 193.
[7] BGH InVo 1998, 192 ff., 193 mwN.
[8] OLG Hamm WM 2002, 451 ff.
[9] *Kübler/Prütting/Bork/Prütting,* InsO, § 51 Rn. 11 mwN.
[10] *Kübler/Prütting/Bork/Prütting,* InsO, § 51 Rn. 11 mwN.

verfahren über das Vermögen des Einreichers zur abgesonderten Befriedigung berechtigt.[1] Da das Kreditinstitut im Besitz der Papiere ist, steht dem Kreditinstitut das Verwertungsrecht nach §§ 166 Abs. 1, 173 Abs. 1 zu.[2] Das so erlangte Pfandrecht der Kreditinstitute nach Nr. 14 Abs. 1 AGB-Banken und Nr. 21 Abs. 1 AGB-Sparkassen ist als inkongruente Sicherung nach § 131 anfechtbar.[3]

b) Verlängerter und erweiterter Eigentumsvorbehalt

19 Während der einfache Eigentumsvorbehalt dem sicherungsnehmenden Vorbehaltsverkäufer ein Aussonderungsrecht nach § 47 verschafft, berechtigen der verlängerte und erweiterte Eigentumsvorbehalt[4] bei Eintritt des Verlängerungs- bzw. Erweiterungsfalles nur zur abgesonderten Befriedigung. Die Ermächtigung, im regulären Geschäftsbetrieb über Vorbehaltsware bei Gewährleistung des verlängerten bzw. erweiterten Eigentumsvorbehalt zu verfügen, endet nicht per se mit der Insolvenzantragstellung.[5]

20 **aa) Eigentumsvorbehalt mit Verarbeitungsklausel.** Verarbeitungsklauseln sehen vor, dass die Verarbeitung der Vorbehaltsware i. S. d. § 950 BGB für den Vorbehaltsverkäufer als Sicherungsnehmer erfolgen soll, damit dieser ohne Durchgangserwerb des die Sache verarbeitenden Vorbehaltskäufers Eigentümer der neuen Sache wird.[6] Verarbeitungsklauseln sind nach § 307 Abs. 1 S. 1 BGB nF unwirksam, wenn das Eigentum an den Sicherungsnehmer ohne Rücksicht darauf übergehen soll, ob daneben auch Stoffe Dritter oder des Sicherungsgebers verarbeitet werden, in welchem Wertverhältnis die Stoffe zueinander stehen und inwieweit sich die Herstellungsleistung des Sicherungsgebers auf den Wert der neu hergestellten Sache auswirkt.[7] Eine Verarbeitungsklausel muss deshalb für den Fall der Verarbeitung weiterer unter Eigentumsvorbehalt gelieferter Waren eine Öffnungsklausel enthalten, um wirksam zu sein.

21 Ist der Verarbeitungswert wesentlich geringer als der Stoffwert, bedarf es nicht eines verlängerten Eigentumsvorbehaltes, da der Lieferant als Sicherungsnehmer sein Eigentum behält bzw. bei mehreren Stofflieferanten nach §§ 947, 950 BGB Miteigentum an der neuen Sache erwirbt.[8] Ein erhebliches Übersteigen des Stoffwertes liegt vor, wenn der Verarbeitungswert mindestens 60 % der verarbeiteten Grundstoffe erreicht.[9]

22 **bb) Eigentumsvorbehalt mit Veräußerungsermächtigung.** Ermächtigt der Vorbehaltsverkäufer als Sicherungsnehmer den Vorbehaltskäufer als Sicherungsgeber zur Veräußerung des Vorbehaltsguts an Dritte im eigenen Namen und tritt der Sicherungsgeber die Kaufpreisforderung gegen den Dritterwerber als Sicherheit im Voraus still an den Sicherungsnehmer ab, sollte nach der bisherigen Rechtsprechung die Vorausabtretungsklausel nur wirksam sein, wenn die Allgemeinen Verkaufsbedingungen des Sicherungsnehmers eine Freigabeklausel und

---

[1] BGHZ 95, 149 ff., 152 ff. = NJW 1985, 2649, 2650; BGHZ 5, 285 ff., 293.
[2] *Gottwald/Gottwald,* InsHdb., § 43 Rn. 84.
[3] Vgl. BGH WM 2002, 951 ff., 952 = ZIP 2002, 812 ff., 813.
[4] Vgl. hierzu *Palandt/Weidenkaff,* BGB, § 449 Rn. 16–19.
[5] Vgl. dazu eingehend § 48 Rn. 9 f.
[6] BGHZ 20, 159 ff., 163 f.
[7] LG Bonn ZIP 1993, 692 f., 693 noch zu § 9 Abs. 1 AGBG.
[8] BGH KTS 1972, 176 ff., 178.
[9] BGH NJW 1995, 2633; BGH KTS 1972, 176 ff., 177 f.

eine Deckungsgrenze enthielten, wonach Sicherheiten freizugeben waren, wenn die tatsächlich realisierbaren Forderungen 120% der gesicherten Forderungen erreichten bzw. der Nennbetrag der vorausabgetretenen Forderungen 150% der gesicherten Forderungen ausmachte.[1] Zwar betrifft die oben genannte Entscheidung des BGH[2] nicht die Fälle des Eigentumsvorbehaltes mit Veräußerungsermächtigung, die Rechtsprechungsänderung dürfte sich aber auch auf diese Fälle auswirken, da die Sachlage mit der einer Globalzession vergleichbar ist.[3]

cc) Abschlagszahlungen auf zedierte Forderungen. Verarbeitet ein Werkunternehmer Waren, die ihm der Sicherungsnehmer unter Vereinbarung eines verlängerten Eigentumsvorbehaltes geliefert hat, und erhält der Werkunternehmer vor der Eröffnung des Insolvenzverfahrens über sein Vermögen vom Besteller der Werkleistung Abschlagszahlungen, führen die Abschlagszahlungen jeweils anteilig zur Tilgung der bei dem insolventen Sicherungsgeber verbliebenen Forderung wie auch zur Tilgung der Forderung des den Baustoff liefernden Sicherungsnehmers. Zieht der Insolvenzverwalter die Restwerklohnforderung gegen den Besteller ein, steht dem Sicherungsnehmer daher nur noch der Anteil an der eingezogenen Forderung zu, der dem prozentualen Verhältnis der ihm abgetretenen Forderung zur Gesamtforderung entspricht.[4] 23

Der Anspruch des Sicherungsnehmers auf Vorabbefriedigung aus der vom Insolvenzverwalter eingezogenen Forderung stellt eine Masseverbindlichkeit nach § 55 Abs. 1 Nr. 1 dar.[5] Die Darlegungs- und Beweislast für die Verwertungshandlung des Insolvenzverwalters trifft den jeweiligen Sicherungsnehmer, da dieser die ihn begünstigende Vorabbefriedigung vor den einfachen Insolvenzforderungen nach § 38 erreichen will.[6]

Die beim verlängerten Eigentumsvorbehalt vereinbarte stille Teilabtretung des Teilbetrages, der dem Anteil des Warenwertes an der Gesamtforderung des sicherungsgebenden Werkunternehmers gegen den Besteller der Werkleistung entspricht, führt dazu, dass der Werkunternehmer zwei (ggf. mehrere) Teilforderungen gegen den Besteller einzieht. Der sicherungsgebende Werkunternehmer ist durch die stille Zession ermächtigt, auch die dem Eigentumsvorbehaltslieferanten als Sicherungsnehmer abgetretenen Teilforderungen vom Besteller der Werkleistung einzuziehen. Dieser kann daher nach § 407 BGB mit befreiender Wirkung an den sicherungsgebenden Werkunternehmer leisten. Mangels Offenlegung der Zession kann der Besteller bei seinen Abschlagszahlungen keine Tilgungsbestimmung i. S. v. § 366 Abs. 1 BGB vornehmen. Die Abschlagszahlungen des Bestellers der Werkleistung erfolgen daher, ohne dass festgestellt werden kann, auf welche der Forderungen der Besteller leistet. Die Tilgungswirkung der Abschlagszahlungen richtet sich somit nach § 366 Abs. 2 BGB, der insbesondere auch bei stiller Vorausabtretung bei verlängertem Eigentumsvorbehalt entsprechende Anwendung auf die jeweiligen Teilforderungen findet.[7] Trifft der Besteller der Werkleistung bei der Abschlagszahlung keine Tilgungs- 24

[1] BGHZ 120, 300 ff., 303.
[2] BGH GSZ NJW 1998, 671 ff. = BGH GSZ ZIP 1998, 235 ff.
[3] So auch FK-*Imberger,* § 51 Rn. 25.
[4] LG Hamburg ZIP 1982, 87 f.
[5] OLG Celle ZInsO 2006, 108 f., 108 mwN.
[6] OLG Celle ZInsO 2006, 108 f., 108.
[7] BGHZ 47, 168 ff., 171 ff.

bestimmung, so ist nach § 366 Abs. 2 BGB von einer verhältnismäßigen Tilgung jeder Schuld auszugehen.

25 Hat der Lieferant die beim verlängerten Eigentumsvorbehalt vereinbarte stille Teilabtretung gegenüber dem Drittschuldner offengelegt, ist der Drittschuldner grundsätzlich berechtigt, in entsprechender Anwendung des § 366 Abs. 1 BGB nachträglich zu bestimmen, dass seine an den bisherigen Gläubiger erbrachten Abschlagszahlungen vorrangig auf die dem Vorbehaltslieferanten zustehende Teilforderung anzurechnen sind.[1] Ist die Teilabtretung nicht offengelegt, wird dem Drittschuldner die Möglichkeit entzogen, bei der Leistung gem. § 366 Abs. 1 zu bestimmen, wie die Teilleistungen auf die infolge der Abtretung verschiedenen Gläubiger aufgeteilte Forderung angerechnet werden sollen.[2] Nach Anzeige der Teilabtretung besteht kein rechtfertigender Grund, es dem Drittschuldner zu verwehren, in entsprechender Anwendung des § 366 Abs. 1 BGB sein Leistungsbestimmungsrecht nachträglich auszuüben.[3] Der Drittschuldner ist entsprechend dem in § 121 Abs. 1 BGB zugrunde liegenden Rechtsgedanken allerdings gehalten, sein Leistungsbestimmungsrecht unverzüglich nach Kenntniserlangung von der Teilabtretung auszuüben, da er bei Ausübung des nachträglichen Tilgungsbestimmungsrechts nicht besser stehen darf, als er im Falle einer Irrtumsanfechtung einer nach § 366 Abs. 1 BGB bei der Leistung getroffenen Tilgungsbestimmung gestanden hätte.[4] Der Drittschuldner trägt die Beweislast dafür, dass die nachträgliche Tilgungsbestimmung unverzüglich war bzw. dass eine etwaige Verzögerung auf Gründen beruht, die er nicht zu vertreten hatte.[5] Die Anwendung der ergänzenden Regelung des § 366 Abs. 2 BGB kommt nur in Betracht, wenn der Schuldner in Kenntnis der Teilabtretung von seinem Leistungsbestimmungsrecht keinen Gebrauch macht, mit der Folge, dass die an den bisherigen Gläubiger erbrachten Teilleistungen des Drittschuldners verhältnismäßig auf die dem bisherigen und dem neuen Gläubiger zustehenden Teilforderungen anzurechnen sind.[6] Dies gilt für den Fall, dass mehrere Teilabtretungen zugunsten einer entsprechenden Anzahl an Vorbehaltslieferanten bestehen.[7]

26 Weicht die Gesamtforderung von der Auftragssumme ab, weil bspw. nur Einheitspreise vereinbart und verarbeitete Mengen erst am Schluss genau berechnet werden, ist die Schlussrechnung maßgeblich. Der Eigentumsvorbehaltslieferant hat ein Einsichtsrecht in die Bücher des Schuldners, damit er die Menge seiner verarbeiteten Eigentumsvorbehaltswaren zur Berechnung seiner Forderung feststellen kann.

c) Sicherungsabtretung

27 **aa) Rechte.** Als Sicherheit übertragene Rechte, in der Praxis betrifft dies die gewerblichen Schutzrechte des schuldnerischen Unternehmens, begründen ein Absonderungsrecht des Sicherungsnehmers. Die Verwertungsbefugnis des Insolvenzverwalters ergibt sich aus § 166 Abs. 1, § 172 Abs. 1 analog, da andernfalls

---

[1] BGH ZIP 2006, 1636 ff., 1638.
[2] BGH ZIP 2006, 1636 ff., 1638.
[3] BGH ZIP 2006, 1636 ff., 1638.
[4] BGH ZIP 2006, 1636 ff., 1638 mwN.
[5] BGH ZIP 2006, 1636 ff., 1638.
[6] BGH ZIP 2006, 1636 ff., 1638.
[7] BGH NJW 2008, 985 f., 986 = BeckRS 2008, 02629 = m. Anm. *Fendel,* FD-InsR 2008, 254605.

der Erhalt des Unternehmens als technisch-organisatorische Einheit nicht gewährleistet ist und eine Verwertung des schuldnerischen Unternehmens in seiner Gesamtheit zum Verbundwert unmöglich wäre.[1]

bb) Einzelzession. Grundsätzlich setzt die Sicherungsabtretung die Existenz der abgetretenen Forderung voraus. Eine Abtretung der Forderung vor der Entstehung (antizipierte Zession) ist möglich, wenn die Entstehung der Forderung zum Zeitpunkt der Abtretung möglich erscheint und die abgetretene Forderung bestimmt oder zumindest bestimmbar ist.[2] Vollendet ist der Rechtserwerb erst mit der Entstehung der Forderung.[3] Entsteht die künftige Forderung erst nach der Eröffnung des Insolvenzverfahrens, steht § 91 dem Erwerb eines Absonderungsrechtes entgegen. Der Zeitpunkt des Entstehens der Forderung ist auch der maßgebliche Zeitpunkt nach § 140 Abs. 1 für eine **Anfechtung** nach §§ 129 ff. der Abtretung.[4] 28

Ein wirksames Absonderungsrecht am Rückkaufswert einer gekündigten Lebensversicherung bei sicherungshalber erfolgter Abtretung der Ansprüche auf den Todesfall wird nur dann begründet, wenn die Abtretungsvereinbarung dahingehend ausgelegt werden kann, dass sämtliche Ansprüche für die Geltungszeit der Abtretung erfasst sein sollen.[5] Dies dürfte nur ausnahmsweise möglich sein, da die Zessionarin von ihrer Möglichkeit, sich die Ansprüche auch für den Erlebensfall abtreten zu lassen, gerade abgesehen hat. In der Regel gehört daher der Rückkaufswert einer durch den Insolvenzverwalter gepfändeten Lebensversicherung zur Insolvenzmasse, wenn nur die Todesfallansprüche sicherungshalber abgetreten sind.[6] Kommt die Auslegung der bei der Sicherungsabtretung abgegebenen Erklärungen unter Berücksichtigung der Parteiinteressen und des Zwecks des Rechtsgeschäfts zu dem Ergebnis, dass mit der Beschränkung der Sicherungsabtretung auf den Anspruch auf den Todesfall das Ziel verfolgt worden ist, dem Sicherungsgeber mit Blick auf das Steueränderungsgesetz 1992 steuerliche Vorteile (Abzugsfähigkeit der Versicherungsprämien als Sonderausgaben und Steuerfreiheit der Kapitalerträge aus der Lebensversicherung) zu verschaffen, so ist im Regelfall der Anspruch auf den Rückkaufswert nicht mit übertragen.[7] 28a

Bei Sicherungsabtretungen von Ansprüchen aus Versicherungsverträgen steht dem Insolvenzverwalter gem. § 166 Abs. 2 die Einziehungsbefugnis zu. Dem steht nicht entgegen, dass eine wirksame Abtretung nach § 13 ALB 86 i. V. m. § 399 BGB die Anzeige der Abtretung durch den Berechtigten gegenüber dem Versicherer voraussetzt[8] und daher eine Situation vorliegt, die der Verpfändung gleicht, welche keine Einziehungsbefugnis des Insolvenzverwalters begründet, da die ursprüngliche Fassung des Regierungsentwurfes zu RegE § 191 Abs. 2, der bei der Verpfändung und angezeigten Abtretung keine Einziehungsbefugnis des 28b

[1] *Häcker,* ZIP 2001, 995 ff., 999.

[2] *Palandt/Grüneberg,* BGB, § 398 Rn. 11, 14 mwN.

[3] *Palandt/Grüneberg,* BGB, § 398 Rn. 11 mwN.

[4] *Riggert,* NZI 2000, 245 mwN.

[5] OLG Celle ZInsO 2005, 890.

[6] Vgl. LG Hamburg ZInsO 2005, 725 f., 725; OLG Dresden ZInsO 2005, 149 f., 150 = ZIP 2005, 631 f. 632 mwN; OLG Düsseldorf ZInsO 2006, 1270 ff., 1271 mwN; OLG Brandenburg DZWiR 2005, 390 f.

[7] BGH NZI 2004, 447 ff., 448 f. = ZInsO 2007, 772 ff., 774; zum anderen Auslegungsergebnis kam OLG Hamburg BeckRS 2007, 19607.

[8] BGHZ 112, 387 = NJW 1991, 559 = VersR 1991, 89.

Insolvenzverwalters vorsah, in dieser Fassung nicht vom Gesetzgeber übernommen worden ist.[1] Dies entspricht auch dem Sinn und Zweck des § 166, die Herauslösung von Sicherungsgut aus dem „technisch-organisatorischen Verbund des Schuldnervermögens" durch einzelne Gläubiger zu verhindern.[2]

29 Führt der Insolvenzverwalter den Versicherungsvertrag fort, stellt sich die Frage, in welcher Höhe das Absonderungsrecht des Zessionars bei Fälligkeit der Versicherungsleistung besteht.[3] Die Rechtsprechung zur KO, dass durch die Erfüllungswahl der Vertragsanspruch neu und wegen § 15 KO unbelastet von Rechten Dritter entstehe, sodass der Erlös aus dem vom Verwalter nach § 17 KO erfüllten Vertrag der Masse zufließe,[4] wurde vom BGH dahingehend eingeschränkt, dass die vom Schuldner vor der Verfahrenseröffnung erbrachten Leistungen absonderungsbehaftet sind.[5] Wählt der Insolvenzverwalter die Erfüllung, so muss er den Erlös, der sich aus dem Teil ergibt, für den der Schuldner die Prämienzahlungen vor der Insolvenzeröffnung entrichtet hat, unter Abzug der Kosten an den Zessionar abführen.[6] Im Ergebnis steht dem Zessionar der Rückkaufswert zuzüglich etwaiger Gewinnanteile per Stichtag Insolvenzeröffnung abzüglich der bis zur Verfahrenseröffnung aufgewandten Kosten zu.[7] Einer abgesonderten Befriedigung des Zessionars auf der Berechnungsgrundlage der Versicherungsablaufleistung, anteilig gekürzt auf den Stichtag der Insolvenzeröffnung, steht der Rechtsgedanke des § 91 entgegen.

30 Auch eine **Internetdomain** kann Gegenstand einer Sicherungsabtretung sein, soweit dies die Registrierungsbedingungen der Vergabestelle wie bspw. DENIC[8] zulassen, da die Domain eine Bündelung von Einzelansprüchen gegen die Vergabestelle darstellt.[9] Die Sicherungsabtretung kann bei der Vergabestelle angezeigt werden. Die Domain wird – jedenfalls bei DENIC – mit einem Dispute-Vermerk versehen, dessen Hintergrund eigentlich Streitigkeiten an der Domain sind.[10] Die Folge ist, dass der bisherige Nutzer die Domain weiternutzen, aber nicht übertragen kann, was der Interessenlage bei einer Sicherheitenbestellung entspricht.[11]

31 **cc) Globalzession.** Die wirksame Begründung einer Globalzession setzt voraus, dass die nach einem Gattungsmerkmal bestimmten, global abgetretenen zukünftigen Forderungen des Schuldners im Zeitpunkt ihrer Entstehung hinsichtlich Gläubiger, Schuldner und Rechtsgrund hinreichend bestimmbar sind.[12] Insbesondere muss bei der Abtretung künftiger Forderungen bestimmbar sein, welche Forderungen als Sicherheit „nachrückt".[13]

---

[1] BGH WM 2002, 1797 ff., 1798 mwN; *Stegmann/Lind,* NVersZ 2002, 193 ff., 198 mwN; BT-Drucks. 12/7302, S. 176 zu RegE § 191 II.

[2] BGH WM 2002, 1797 ff., 1799 mwN.

[3] *Stegmann/Lind,* NVersZ 2002, 193 ff., 195.

[4] BGHZ 106, 236 = NJW 1989, 1282.

[5] BGH NJW 1995, 1966.

[6] *Stegmann/Lind,* NVersZ 2002, 193 ff., 195.

[7] *Stegmann/Lind,* NVersZ 2002, 193 ff., 195.

[8] Siehe *www.denic.de.*

[9] *Niesert/Kairies,* ZInsO 2002, 510 ff., 515.

[10] *Niesert/Kairies,* ZInsO 2002, 510 ff., 515.

[11] *Niesert/Kairies,* ZInsO 2002, 510 ff., 515.

[12] Vgl. MünchKomm-*Roth,* BGB, § 398 Rn. 67 ff.

[13] Vgl. OLG Hamm ZIP 2008, 110 ff., 111 m. Anm. *Mitlehner* = BeckRS 2008, 04760 m. Anm. *Gottschalk* in FD-HGR 2008, 268684.

Bei der Ausübung des Anfechtungsrechts nach §§ 129 ff. ist zu unterscheiden, ob Gegenstand der Anfechtung die Forderungen sind, die zur Zeit des Vertragsschlusses abgetreten worden sind, oder die künftigen Forderungen. Bei den gegenwärtigen Sicherheiten sind die Grundsätze des Bargeschäfts gem. § 142 zu beachten, bei künftigen Sicherheiten ist die anfechtbare Rechtshandlung das Werthaltigmachen der abgetretenen Forderung, sodass eine kongruente Anfechtung gem. § 130 in Betracht kommt.[1] 32

Die Kollision mit verlängerten Eigentumsvorbehaltsrechten ist durch eine dingliche Teilverzichtsklausel zu vermeiden, indem die an die Eigentumsvorbehaltslieferanten als Sicherheit abgetretenen Forderungen erst mit der aufschiebenden Bedingung der Bezahlung des Kaufpreises an den Lieferanten der Globalzession unterfallen.[2] Andernfalls ist die Globalzession nach der „Vertragsbruchtheorie" des BGH nach § 138 BGB wegen Sittenwidrigkeit nichtig.[3]

Formularmäßig ausgestaltete Globalzessionen und verlängerte Eigentumsvorbehalte werden von der Rechtsprechung gleich behandelt. Zum Verzicht des Erfordernisses auf Freigabeklauseln im Falle der nachträglichen Übersicherung, der Bestimmung der Übersicherung und zum Verzicht auf eine betragsmäßig bestimmte Deckungsgrenze siehe Rn. 12 ff. 33

Wird eine Globalzession als Sicherheit in einen Sicherheitenpool mit eingebracht, so ist es zu empfehlen, dass die Globalzession von der Zedentin zugunsten aller am Sicherheitenpool beteiligten Gläubiger dinglich neu begründet wird. Andernfalls stellt eine Zahlung eines Drittschuldners auf das im Debet geführte Konto der Schuldnerin eines am Pool beteiligten Gläubigers, der nicht Zessionar der Globalzession ist, im kritischen Anfechtungszeitraum eine kongruente Deckung dar, da zugunsten dieses Gläubigers kein Absonderungsrecht begründet worden ist.[4] Wegen des Erfordernisses der Zustimmung der Zedentin zur Neubestellung der Globalzession zugunsten aller am Sicherheitenpool beteiligten Gläubiger wird vorgeschlagen, dass die poolführende Bank, zu deren Gunsten die Globalzession mit dem Sicherungszweck der Besicherung sämtlicher nach dem Poolvertrag zu besichernden Kredite der diversen Poolbanken vereinbart war, in unmittelbarem Anschluss eine weitere Sicherungszession vornimmt, indem sie wiederum sämtliche an sie zedierten Forderungen aus Lieferungen und Leistungen gegen alle Drittschuldner des Kunden an eine weitere Poolbank aufschiebend bedingt, dass der jeweilig Drittschuldner auch tatsächlich zum Zwecke der Zahlung auf eine der abgetretenen Forderungen auf ein Konto des Sicherungsgebers bei der anderen Poolbank leistet, abtritt.[5] 34

Bei der Abrechnung der Erlöse aus der Globalzession ist der Zessionarin wegen § 13 c UStG[6] zu empfehlen, auf die Auskehrung der rechnerisch in der Forde- 34a

[1] BGH NZI 2008, 89 ff., 92 f.; vgl. BGH NZI 2008, 551, 553; vgl. *Riggert,* NZI 2009, 137 ff., 139 f.

[2] BGHZ 98, 303 ff., 314.

[3] BGHZ 98, 303 ff., 315.

[4] BGH NZI 2005, 622 ff., 622 f. = WM 2005, 1790 ff., 1791.

[5] *Schönfelder,* ZInsO 2009, 270 ff., 272 mwN.

[6] Die in der Fachliteratur an § 13 c UStG geäußerte Kritik – zuletzt *de Weerth,* DStR 2006, 1071 ff. – wird durch das Urteil des Europäischen Gerichtshofs v. 11. 5. 2006, Rs. C 384/04, DStR 2006, 897 ff. bestätigt. Es ist daher davon auszugehen, dass § 13 c UStG in seiner jetzigen Fassung gegen die 6. EG-Richtlinie Art. 21 Abs. 3, Art. 22 Abs. 8 verstößt und vom Gesetzgeber abgeändert werden wird.

rung enthaltenen Umsatzsteuer zu bestehen und den Umsatzsteuerbetrag auf einem Unterkonto bis zur Klärung der Inanspruchnahme nach § 13 c UStG zu separieren.[1]

35 **dd) Factoring**

aaa) Echtes Factoring. Beim echten Factoring verkauft der Anschlusskunde seine Forderungen, die ihm gegenüber einem Dritten zustehen, an ein Finanzierungsinstitut, an den Factor und tritt diesem die verkauften Forderungen ab. Der Anschlusskunde übernimmt die Haftung für den rechtlichen Bestand der Forderung, die Abtretbarkeit sowie Freiheit von Einreden und Einwendungen der finanzierten Forderungen.[2] Da die finanzierte Forderung vollständig auf den Factor übertragen wird, ist der Factor im Insolvenzverfahren über das Vermögen des Anschlusskunden zur Aussonderung nach § 47 berechtigt, siehe § 47 Rn. 54. Durch das echte Factoring verliert der Lieferantengläubiger des Anschlusskunden seine bisherige Sicherheit durch die Vorausabtretung der Weiterverkaufsforderung, wofür nicht er, sondern sein Käufer als Anschlusskunde den Kaufpreis für die vom Factor angekaufte und an diesen abgetretene Forderung erhält, und zwar zeitlich regelmäßig lange vor Eintritt der Fälligkeit des Anspruchs gegenüber dem Dritten (Endkunden), sodass der Lieferantengläubiger in der Insolvenz des Anschlusskunden wegen der Lieferantenverbindlichkeiten vorzeitig dem Aufbewahrungsrisiko und Weiterleitungsrisiko ausgesetzt ist.[3]

35a **bbb) Unechtes Factoring.** Beim unechten Factoring haftet der Anschlusskunde für die Bonität der Forderung aus dem Kausalgeschäft. Die Forderung aus dem Kausalgeschäft wird dem Factor vom Anschlusskunden lediglich erfüllungshalber abgetreten. Wegen des Sicherungscharakters der Abtretung führt das unechte Factoring lediglich zu einem Absonderungsrecht des Factors.[4] Beim unechten Factoring liegt daher kein Forderungskauf mit Vollzession vor. Im Falle der Kollision zwischen unechtem Factoring und verlängertem Eigentumsvorbehalt sowie zwischen einer Globalzession und einer Factoringzession gelten die allgemeinen Grundsätze der Vertragsbruchtheorie, sodass sich der unter Eigentumsvorbehalt liefernde Warenlieferant durchsetzt.[5]

d) Kollision von Sicherheiten

36 Bei der Kollision von Sicherheiten gilt grundsätzlich der Prioritätsgrundsatz, d. h., es kommt auf den Entstehungszeitpunkt der Sicherheit an.

37 Wird ein sicherungsübereigneter Gegenstand auf ein Mietgrundstück eingebracht, geht die Sicherungsübereignung in diesem Fall dem Vermieterpfandrecht vor, da der Haftungsgegenstand zum Zeitpunkt der Einbringung bereits mit dem Fremdrecht belastet war.[6] Das Vermieterpfandrecht erlischt jedes Mal, wenn der Haftungsgegenstand im Rahmen des ordnungsgemäßen Geschäftsbetriebes das Mietgrundstück verlässt. Daher kann außerhalb des Mietgrundstücks zugunsten

---

[1] *de Weerth*, NZI 2006, 501 ff., 502.

[2] *Sinz,* in Kölner Schrift S. 620 f. Rn. 69.

[3] Eingehend zur Situation des Lieferantengläubigers bei echtem Factoring *Beck*, KTS 2008, 121 ff., 126.

[4] *Gottwald/Gottwald,* InsHdb., § 43 Rn. 75; aA: *Sinz,* in Kölner Schrift, S. 624 Rn. 79.

[5] BGH NJW 1982, 164 ff., 166.

[6] OLG Hamm ZIP 1981, 165 f., 166.

eines Dritten wirksam unbelastetes Sicherungseigentum begründet werden, ohne dass es auf die Gut- oder Bösgläubigkeit des Dritten ankommt.[1]

Kollidiert das Eigentumsvorbehaltsrecht an Waren mit der Sicherungsübereignung oder dem Vermieterpfandrecht, geht nach der vom BGH entwickelten Vertragsbruchtheorie der später vereinbarte Eigentumsvorbehalt des Lieferanten ausnahmsweise vor.[2] 38

Kollidiert eine Globalzession mit einer einzelnen Sicherungsabtretung, so findet die Vertragsbruchtheorie des BGH keine Anwendung. Vielmehr gilt der Prioritätsgrundsatz. Einer zeitlich der Globalzession nachfolgenden Sicherungsabtretung kann nicht der Vorrang eingeräumt werden, da der Zedent sich in keiner dem Eigentumsvorbehaltskäufer vergleichbaren Zwangslange befindet, die ihn nötigt, die Globalzession zu verschweigen.[3] 39

Bei der Kollision zwischen Raumsicherungsübereignung und Vermieterpfandrecht gilt grundsätzlich das Prioritätsprinzip. Bei gleichzeitigem Erwerb geht das Vermieterpfandrecht dem Sicherungseigentum vor. Der Sicherungsnehmer erlangt nur das mit dem Vermieterpfandrecht belastete Sicherungseigentum, da das Vermieterpfandrecht als Sicherheit sonst leerlaufen würde.[4] 40

Bei der Kollision zwischen Raumsicherungsübereignung von beweglichem Anlagevermögen mit der Zubehörhaftung von Grundpfandrechten nach § 1120 BGB gilt grundsätzlich das Prioritätsprinzip.[5] Sieht die Raumsicherungsübereignung eine Abrede vor, wonach auch zukünftig in den Sicherungsraum gelangende Gegenstände übereignet sein sollen, wird mit der Einbringung des Gegenstandes in den Sicherungsraum dieser sowohl vom Grundpfandrecht als auch von der Raumsicherungsübereignung erfasst.[6] Diese in der Rechtsprechung des BGH noch nicht entschiedene Kollisionslage wird in der Praxis dadurch gelöst, dass bei gleichzeitiger Erfassung durch Grundpfandrecht und durch die Raumsicherungsübereignung der Erlös am Gegenstand quotal – bezogen auf die jeweils gesicherten Kreditforderungen – aufgeteilt wird.[7] 41

e) Doppelnützige Treuhand

Die doppelnützige Sicherungstreuhand ist ein echter Vertrag zugunsten Dritter gem. § 328 BGB und ist eine Mischform aus Sicherungstreuhand im Verhältnis zum Treugeber und Verwaltungstreuhand im Verhältnis zum Sicherungsnehmer.[8] Der Treuhänder hält das Treugut nicht vorrangig für den Treugeber, sondern für den in der Treuhandvereinbarung zu bezeichnenden Begünstigten, der in der Praxis häufig das finanzierende Kreditinstitut ist. In der Praxis kann die Konstruktion gewählt werden, wenn das Treugut nicht dem Vermögen des Dritten zugeordnet werden soll. Zur Sanierung einer Gesellschaft können beispielsweise die Geschäftsanteile auf einen Treuhänder dinglich übertragen werden. Eine Übertragung der Geschäftsanteile auf das finanzierende Kreditinstitut selbst findet in der Praxis nicht statt, um den Vorwurf des kapitalersetzenden Kredites bzw. der 42

---

[1] BGH ZIP 1981, 165 f., 166.
[2] Vgl. BGHZ 98, 303 ff., 315.
[3] OLG Brandenburg WM 2002, 71 ff., 73.
[4] BGH NJW 1992, 1156 f., 1157.
[5] *Riggert,* NZI 2000, 241 ff., 242 mwN.
[6] *Riggert,* NZI 2000, 241 ff., 242 mwN.
[7] *Riggert,* NZI 2000, 241 ff., 242 mwN.
[8] *Bork,* NZI 1999, 337 ff., 339 mwN.

stillen Geschäftsinhaberschaft von vornherein auszuschließen. Die Übertragung auf einen von Kreditinstituten nicht weisungsabhängigen Treuhänder stellt sicher, dass die Geschäftsanteile den finanzierenden Kreditinstituten nicht zugerechnet werden können. Möglich ist die doppelnützige Treuhand auch beim Vorhandensein mehrerer Sicherungsgeber eines unteilbaren Sicherungsgutes, die das Sicherungsgut auf einen Doppeltreuhänder übertragen, der das Sicherungsgut zugunsten aller Sicherungsnehmer hält.[1] Die doppelnützige Sicherungstreuhand ist auch dann angebracht, wenn aus Vorsichtsgründen angezeigt ist, das Sicherungsgut nicht an den Sicherungsnehmer zu übertragen, sondern einen Doppeltreuhänder dazwischenzuschalten.[2] Nachrangig ist aus der Treuhand auch der Treugeber berechtigt, dem ein Übererlös aus einer etwaigen Verwertung zusteht.

Die doppelnützige Sicherungstreuhand ist insolvenzfest. Der Treuhänder hat in der Insolvenz des Treugebers ein Absonderungsrecht am Sicherungsgut. Wie bei allen Sicherheitenbestellungen kann sich aber das Problem der Insolvenzanfechtung gem. §§ 129 ff. stellen.

4. Zurückbehaltungsrecht wegen nützlicher Verwendungen

43 § 51 Ziff. 2 gibt Gläubigern, denen ein **Zurückbehaltungsrecht an einer beweglichen Sache infolge** von ihnen getätigter **nützlicher Verwendungen** zusteht, das Recht, aus der Sache abgesonderte Befriedigung zu suchen.

§ 51 Ziff. 2 setzt voraus, dass der Besitz an dem Absonderungsgegenstand bereits vor Eröffnung des Insolvenzverfahrens erlangt wurde und im Zeitpunkt der Geltendmachung des Absonderungsrechtes noch besteht.[3]

44 Nicht einschlägig ist § 51 Ziff. 2 für Verwendungen an unbeweglichen Gegenständen, wie bspw. § 93 Abs. 2 ZVG. Insoweit ist § 49 die vorrangige Spezialnorm.[4]

45 Dieses Recht betrifft allerdings nur die Forderungen gegenüber dem Schuldner, die infolge der Verwendungen bestehen. Die Berechtigung zur abgesonderten Befriedigung ist ferner beschränkt auf den Wertzuwachs der Sache infolge der Verwendungen, § 51 Ziff. 2 2. Hs. Maßgeblich ist der Wertzuwachs in der Höhe zum Zeitpunkt der Geltendmachung des Absonderungsrechtes.[5]

46 § 51 Ziff. 2 findet nur auf Zurückbehaltungsrechte auf Grund nützlicher Verwendungen an beweglichen Sachen Anwendung.[6] Wann ein solches gegeben ist, ergibt sich aus den §§ 273 Abs. 2, 1000 BGB, die die Grundlage für das Zurückbehaltungsrecht bieten, und den Normen, die einen Ersatzanspruch für nützliche Verwendungen regeln (§§ 102, 292, 304, 347 Abs. 2, 459, 536 a Abs. 2, 539, 592, 601 Abs. 2, 670, 675, 683, 693, 850, 972, 994 ff., 1049, 1057, 1216, 2022 BGB nF).

47 **Zurückbehaltungsrechte aus anderen Gründen,** insbesondere § 273 Abs. 1 BGB, werden von § 51 Ziff. 2 nicht erfasst.[7]

48 Es besteht daher kein Zurückbehaltungsrecht des Rechtsanwalts bzw. des Steuerberaters an seiner Handakte wegen offener Honoraransprüche nach § 50

[1] *Bork,* NZI 1999, 337 ff., 337.
[2] *Bork,* NZI 1999, 337 ff., 337.
[3] *Nerlich/Römermann/Andres,* InsO, § 51 Rn. 13 mwN.
[4] *Kübler/Prütting/Bork/Prütting,* InsO, § 51 Rn. 20.
[5] *Nerlich/Römermann/Andres,* InsO, § 51 InsO Rn. 13 mwN; aA: *Hess,* InsO, § 51 Rn. 40, der auf den Wertzuwachs zum Zeitpunkt der Insolvenzeröffnung abstellt.
[6] *Hess,* InsO, § 51 Rn. 39 mwN.
[7] *Hess,* InsO, § 51 InsO Rn. 36.

Abs. 3 BRAO bzw. § 66 Abs. 4 StBerG.[1] Zur Handakte gehören nur die Schriftstücke, die der Rechtsanwalt aus Anlass seiner beruflichen Tätigkeit vom Mandanten als Auftraggeber oder für ihn erhalten hat. Der Schriftwechsel mit dem Mandanten oder Schriftstücke, die der Mandant bereits in Ur- oder Abschrift erhalten hat, gehören nicht zur Handakte.[2] Weiter besteht kein Zurückbehaltungsrecht des Steuerberaters an den schuldnerischen Buchhaltungsunterlagen und an Saldenlisten (bspw. DATEV-Unterlagen), die der Steuerberater in Wahrnehmung seiner Geschäftsbesorgungspflicht selbst, durch seine Angestellten oder durch Dritte erstellt hat.[3] Nicht erfasst sind vertraglich geschuldete Arbeitsergebnisse, da der Geschäftsbesorgungsvertrag nach § 116 erlischt und das Arbeitsergebnis nicht aus der Geschäftsbesorgung i. S. d. § 667 BGB „erlangt" ist.[4] Weiter geht das LG Cottbus,[5] wonach auch Buchhaltungsausdrucke als verkörperte, vom Steuerberater geschuldete Buchhaltungsarbeiten nach Beendigung des Vertragsverhältnisses herauszugeben sind.

Auch vertraglich vereinbarte Zurückbehaltungsrechte begründen keine Absonderungsrechte.[6] Das Zurückbehaltungsrecht nach § 21 Abs. 5 Sparkassen-AGB ist als vertraglich vereinbartes Zurückbehaltungsrecht nicht insolvenzfest.[7] 49

5. Kaufmännisches Zurückbehaltungsrecht nach § 369 HGB

Zur abgesonderten Befriedigung ist nach § 51 Ziff. 3 derjenige berechtigt, zu dessen Gunsten das kaufmännische Zurückbehaltungsrecht des § 369 HGB besteht. 50

Die Voraussetzungen des § 369 HGB müssen im Zeitpunkt der Eröffnung des Insolvenzverfahrens vorgelegen haben.[8] 51

Die Nichtigkeit oder die erfolgreiche Anfechtung des Handelsgeschäftes, auf Grund dessen das Zurückbehaltungsrecht entstanden ist, ändern nichts an der handelsrechtlichen Natur des Zurückbehaltungsrechtes; es verbleibt daher auch in diesen Fällen bei dem Absonderungsrecht aus § 51 Ziff. 3.[9] Auch der Wegfall der Kaufmannseigenschaft eines Geschäftspartners nach Eröffnung des Insolvenzverfahrens führt nicht zum Erlöschen des Absonderungsrechts.[10] 52

Bei Abwendung des Zurückbehaltungsrechts durch Sicherheitsleistung (§§ 369 Abs. 4 HGB, 273 Abs. 3 BGB) setzt sich das Absonderungsrecht an der Sicherheit fort, § 233 BGB.[11] 53

Das Absonderungsrecht an der Versicherungsleistung nach § 157 VVG des verletzten Dritten im Insolvenzverfahren über das Vermögen des Versicherungs- 54

---

[1] AG München KTS 1969, 190 f.; OLG Hamburg ZInsO 2005, 550 mwN.

[2] AG München KTS 1969, 190 f., 190.

[3] OLG Stuttgart ZIP 1982, 80 ff., 81; OLG Düsseldorf ZIP 1982, 471 f.; LG Cottbus ZInsO 2002, 635 ff. für Kontenblätter.

[4] Vgl. BGH ZIP 1998, 1474 f., 1475 = BGH NJW 1989, 1216 f., 1217.

[5] LG Cottbus ZInsO 2002, 13 ff.

[6] FK-*Imberger,* InsO, § 51 Rn. 50, 53 mwN.

[7] *Hess,* InsO, § 51 Rn. 42.

[8] *Smid/Smid,* InsO, § 51 Rn. 30.

[9] *Nerlich/Römermann/Andres,* InsO, § 51 Rn. 14 mwN; BGH KTS 1957, 10 f.

[10] *Nerlich/Römermann/Andres,* InsO, § 51 Rn. 14 mwN.

[11] *Baumbach/Hopt,* HGB, § 369 Rn. 14.

nehmers, siehe Vorbemerkung vor § 49 Rn. 6, wird von Teilen der Literatur bei § 51 Nr. 3 eingeordnet.

6. Absonderungsrecht des Fiskus

55 § 51 Ziff. 4 gibt der jeweils zuständigen Steuerbehörde ein Absonderungsrecht an zoll- und verbrauchssteuerpflichtigen Gegenständen, die nach den gesetzlichen Vorschriften, insbesondere § 76 AO, als Sicherheit für öffentliche Abgaben dienen.

56 Damit kommt ein Absonderungsrecht wegen der Mehrwertsteuer nicht in Betracht, da § 76 AO auf diese keine analoge Anwendung findet.[1]

57 Das Absonderungsrecht setzt nicht die Beschlagnahme der Steuergegenstände nach § 76 Abs. 2 AO voraus, da die Sachhaftung im Rahmen eines öffentlich-rechtlichen Pfandrechts kraft Gesetzes besteht.[2]

58 Dass die gesetzliche Sicherung innerhalb des letzten Monats vor der Verfahrenseröffnung eintritt, steht dem Absonderungsrecht nicht entgegen, da die Rückschlagsperre des § 88 nicht eingreift, denn die Sicherung wird nicht durch Zwangsvollstreckung, sondern kraft Gesetzes erlangt.[3]

59 Wie aus dem Wortlaut des § 76 Abs. 1 AO – „ohne Rücksicht auf die Rechte Dritter" – folgt, gehen Steuergläubiger allen anderen Gläubigern vor; eine Ausnahme gilt lediglich nach § 761 HGB für Schiffsgläubiger.[4]

60 Hinterlegt der Steuerpflichtige für die Steuern nach § 241 AO eine Sicherheit, setzt sich das Absonderungsrecht an der Sicherheit fort.[5]

§ 52 Ausfall der Absonderungsberechtigten

Gläubiger, die abgesonderte Befriedigung beanspruchen können, sind Insolvenzgläubiger, soweit ihnen der Schuldner auch persönlich haftet. Sie sind zur anteilsmäßigen Befriedigung aus der Insolvenzmasse jedoch nur berechtigt, soweit sie auf eine abgesonderte Befriedigung verzichten oder bei ihr ausgefallen sind.

Übersicht

[1] *Klein-Rüsken,* AO, § 76 Rn. 2a mwN.

[2] *Bähr/Smid,* InVo 2000, 401 ff., 401; *Gottwald/Gottwald,* InsHdb., § 42 Rn. 59 mwN; *Hess,* InsO, § 51 Rn. 57; aA: *Smid/Smid,* InsO, § 51 Rn. 31.

[3] *Bähr/Smid,* InVo 2000, 402 f.

[4] *Smid/Smid,* InsO, § 51 Rn. 31; § 76 Abs. 1 AO kein „Vorrecht" vor anderen Beteiligten.

[5] FK-*Imberger,* InsO, § 51 Rn. 70 mwN.

1. Normzweck

Die Norm entspricht inhaltlich § 64 KO. Nach § 52 S. 1 sind Gläubiger, denen nicht nur der Absonderungsgegenstand haftet, sondern denen auch eine persönliche Forderung gegen den Schuldner zusteht, Insolvenzgläubiger. § 52 S. 2 schränkt die Befriedigung der persönlichen Forderung auf den Ausfall ein, weil eine Doppelberücksichtigung der Forderung zu vermeiden ist **(Ausfallprinzip).** 1

2. Anwendungsbereich

Voraussetzung für die Anwendung des § 52 ist die dingliche Mithaftung für eine persönliche Forderung. 2

Soweit ausschließlich eine dingliche, zur abgesonderten Befriedigung berechtigende Gläubigerstellung vorliegt, ergibt sich aus dem Wortlaut, dass § 52 nicht anwendbar ist. 3

Weiter ist § 52 nicht anwendbar, wenn der Gläubiger Inhaber der persönlichen Forderung ist, der Anspruch aus dem dinglichen Recht, der die persönliche Forderung sichert, sich jedoch gegen einen Dritten richtet. Der Gläubiger ist Insolvenzgläubiger mit dem vollen Betrag seiner persönlichen Forderung bis zu seiner vollständigen Befriedigung, ohne dass die Befriedigung aus der dinglichen Sicherheit Berücksichtigung findet,[1] siehe § 49 Rn. 19. Im Fall gesellschaftergesicherter Drittdarlehen besteht die Insolvenzforderung des Dritten in Höhe des Ausfalls, § 44 a. 4

Die Regelung des § 52 ist zwingend; eine abweichende Parteivereinbarung ist unbeachtlich. 5

3. Insolvenzgläubigerstellung bei persönlicher Haftung des Schuldners

Die Insolvenzgläubigerstellung besteht in Höhe der gesamten persönlichen Forderung, lediglich die verhältnismäßige Befriedigung ist auf den Ausfall bei der abgesonderten Befriedigung beschränkt. Der Umfang der Gläubigerrechte, bspw. die Feststellung des Stimmrechts bei der Gläubigerversammlung nach § 77, richtet sich daher nach der Höhe der persönlichen Forderung. 6

4. Recht auf anteilsmäßige Befriedigung

Soweit sich der Gläubiger entschließt, zunächst Befriedigung aus dem Absonderungsrecht zu suchen, berechnet sich die auf ihn entfallende Quote nach dem Ausfall, damit eine Doppelberücksichtigung vermieden wird.[2] 7

Der Absonderungsberechtigte darf den Verwertungserlös des Sicherungsgutes in der gesetzlichen Reihenfolge nach §§ 367, 497 Abs. 3 BGB nF auf die anfallenden Kosten, Zinsen und zuletzt auf die Hauptforderung verrechnen. Als verrechenbare Kosten gelten insbesondere die dem Absonderungsberechtigten nach den §§ 170, 171 zur Last fallenden Kostenbeiträge. Auch nach Insolvenzeröffnung entstandene Zinsen sind vom Verwertungserlös abzusetzen, da § 39 8

[1] Vgl. RGZ 156, 217, 278.

[2] *Gottwald/Gottwald,* InsHdb., § 42 Rn. 65; *Noack/Bunke,* in FS Uhlenbruck, S. 335 ff., 337; *Hess,* InsO, § 52 Rn. 4.

Abs. 1 Nr. 1 auf die Zinsen der absonderungsberechtigten Gläubiger keine Anwendung findet, siehe § 39 Rn. 6.

9 Die Höhe des Ausfalles ist grundsätzlich vom Gläubiger nachzuweisen, § 190 Abs. 1.

10 Die Höhe des Ausfalls wird nicht dadurch verringert, dass der Absonderungsberechtigte selbst den Absonderungsgegenstand unter Wert erwirbt. Der hieraus resultierende Vorteil wird nicht auf den Ausfall angerechnet.[1] Ausfall setzt den Erwerb in einer marktkonformen Art voraus. Der Absonderungsberechtigte muss sich den am Markt (aktuell) erzielbaren Wert anrechnen zu lassen. Er kann nicht den Selbsteintritt nach § 168 Abs. 3 und den gewünschten, unter dem am Markt erzielbaren Wert als Veräußerungserlös geltend machen. Erzielt der absonderungsberechtigte Gläubiger nach Geltendmachung des Selbsteintrittsrechts einen höheren Verwertungserlös als als Wert des Sicherungsgutes mit dem Insolvenzverwalter vereinbart worden war, so braucht sich der Gläubiger den erzielten Mehrerlös nicht auf die Insolvenzforderung anrechnen zu lassen.[2] Aus der systematischen Stellung des § 168 Abs. 3 ergibt sich, dass die Vereinbarung des Selbsteintritts des absonderungsberechtigten Gläubigers eine freihändige Verwertung durch den Insolvenzverwalter darstellt.[3] Der selbst erwerbende Gläubiger hat dann wie jeder kaufwillige Dritte die Chance, durch die Weiterveräußerung einen Gewinn zu erzielen, er muss aber auch das Risiko tragen, auf diesem Wege einen Verlust zu erleiden.[4] Die Nichtanrechnung des Mehrerlöses auf die Insolvenzforderung kann der Gläubiger allerdings nicht im Verhältnis zu einem mithaftenden Dritten geltend machen.[5]

11 Ausnahmen gelten bei der Zwangsversteigerung eines Grundstückes nach § 114a ZVG und eines Binnenschiffes nach § 14 des Gesetzes über den Vollstreckungsschutz für die Binnenschifffahrt, wonach gem. § 74a Abs. 5 ZVG bzw. § 15 Abs. 1 des Gesetzes über den Vollstreckungsschutz für die Binnenschifffahrt die persönliche Forderung mindestens in Höhe von 7/10 des Grundstückswertes bzw. des Schiffswertes erlöschen.[6]

12 **Verbotene Eigenmacht.** Soweit der Gläubiger unter Verstoß gegen das Verwertungsrecht des Verwalters den Gegenstand selbst verwertet hat und der Verwalter einen höheren Erlös hätte erzielen können, kann der Gläubiger in Höhe des Differenzbetrages seinen Ausfall nicht aus der persönlichen Forderung geltend machen.[7] Die Beweislast für das Fehlen einer ertragreicheren Verwertungsmöglichkeit trägt der Gläubiger.[8]

5. Verzicht auf das Absonderungsrecht

13 Verzichtet der Absonderungsberechtigte auf das Absonderungsrecht, bspw. wegen großer Verwertungsschwierigkeiten, entfällt die Belastung des Absonderungsgegenstandes. Der Insolvenzverwalter kann ihn ohne Einschränkungen für

[1] *Hess,* InsO, § 52 Rn. 25.
[2] BGH ZIP 2005, 2214ff., 2215f. = ZInsO 2005, 1270ff., 1271f.
[3] BGH ZIP 2005, 2214ff., 2215f. = ZInsO 2005, 1270ff., 1271f.
[4] BGH ZIP 2005, 2214ff., 2215f. = ZInsO 2005, 1270ff., 1271f.
[5] BGH ZIP 2005, 2214ff., 2215f. = ZInsO 2005, 1270ff., 1271f.
[6] *Hess,* InsO, § 52 Rn. 25 mwN.
[7] *Smid/Smid,* InsO, § 52 Rn. 5.
[8] *Smid/Smid,* InsO, § 52 Rn. 5.

die Masse nutzen, verwerten oder im Fall der Unverwertbarkeit freigeben. Im Gegenzug dafür steht dem Absonderungsberechtigten für seine persönlichen Forderung die volle Insolvenzquote zu.[1]

Der Verzicht unterliegt den Formvorschriften der Rechtsposition, auf die verzichtet wird, d. h., er ist in den meisten Fällen, außer etwa bei Grundstücksrechten,[2] formfrei möglich, er kann auch konkludent erfolgen.[3] Maßgeblich sind die Umstände des Einzelfalles. Allerdings ist die Anmeldung der gesamten persönlichen Forderung für sich allein betrachtet nicht als Verzicht zu werten.[4] 14

Auch ein Teilverzicht ist möglich, nicht jedoch bei mehreren laufenden Insolvenzverfahren nur für den Geltungsbereich eines dieser Verfahren, da der Verzicht das Erlöschen des Rechts bewirkt.[5] 15

Der Verzicht ist unwiderruflich und gilt über die Beendigung des Verfahrens hinaus.[6] 16

6. Verwirkung des Absonderungsrechtes

In Betracht kommt letztlich auch eine Verwirkung des Absonderungsrechtes, die eintritt, wenn der Gläubiger eine Situation geschaffen hat, in der der Insolvenzverwalter verständlicherweise nicht mehr mit der Geltendmachung des Absonderungsrechts rechnen musste, etwa durch regelmäßige Entgegennahme der auf die Insolvenzquote geleisteten Abschlagszahlungen.[7] 17

7. Ungewissheit über den Ausfall

Steht der Ausfall bei der Schlussverteilung noch nicht fest, so muss der Gläubiger, der zur Verwertung des Haftungsgegenstandes berechtigt ist, um aus der Insolvenzmasse die Insolvenzquote zu erhalten, seinen mutmaßlichen Ausfall schätzen und glaubhaft machen oder auf das Absonderungsrecht verzichten, § 190 Abs. 1, Abs. 2. Unter den Voraussetzungen des § 190 Abs. 1, Abs. 2 S. 1 wird der auf die Forderung entfallende Anteil bei der Verteilung zurückbehalten, andernfalls wird der zurückbehaltene Anteil für die Schlussverteilung frei, § 190 Abs. 2 S. 2, S. 3. Ist der Insolvenzverwalter zur Verwertung des Haftungsgegenstandes berechtigt, hat dieser im Falle der Nichtverwertung des Haftungsgegenstandes den Ausfall des Gläubigers zu schätzen und den auf die Forderung entfallenden Anteil zurückzubehalten, § 190 Abs. 3. 18

§ 53 Massegläubiger

Aus der Insolvenzmasse sind die Kosten des Insolvenzverfahrens und die sonstigen Masseverbindlichkeiten vorweg zu berichtigen.

---

[1] Vgl. OLG Köln NZI 2001, 33.
[2] LG Dessau-Roßlau ZVI 2009, 149 f.; *Uhlenbruck,* InsO, § 52 Rn. 16 mwN.
[3] *Uhlenbruck,* InsO, § 52 Rn. 16 mwN.
[4] *Smid/Smid,* InsO, § 52 Rn. 3; OLG Nürnberg ZVI 2007, 323 f.
[5] *Kübler/Prütting/Bork/Prütting,* InsO, § 52 Rn. 5.
[6] FK-*Imberger,* InsO, § 52 Rn. 29 mwN.
[7] BGH NJW 1959, 1542 ff., 1543; FK-*Imberger,* InsO, § 52 Rn. 29.

Übersicht

1. Normzweck

1 § 53 schließt an § 57 KO an und regelt die Stellung der Massegläubiger im Insolvenzverfahren. Im Hinblick auf die in § 209 normierte unterschiedliche Rangfolge bei der Befriedigung wird zwischen den Kosten des Insolvenzverfahrens und den sonstigen Masseverbindlichkeiten unterschieden.

2. Masseansprüche

2 **a) Kosten.** Die Kosten des Insolvenzverfahrens sind in § 54 aufgeführt.

b) Masseverbindlichkeiten

3 **aa)** Masseverbindlichkeiten können aus gesetzlichen und rechtsgeschäftlichen Schuldverhältnissen des Insolvenzverwalters entstehen, § 55. Entscheidend ist, wann der Forderungsgrund entsteht. Verbindlichkeiten, die **vor** Insolvenzeröffnung entstanden sind, stellen Insolvenzforderungen nach § 38 dar. **Nach** der Insolvenzeröffnung **vom Insolvenzverwalter** begründete Verbindlichkeiten sind grundsätzlich Masseverbindlichkeiten. Verbindlichkeiten, die ein vorläufiger Insolvenzverwalter begründet hat, auf den die Verfügungsbefugnis über das Vermögen des Schuldners übergegangen ist („starker vorläufiger Insolvenzverwalter"), gelten nach der Eröffnung des Insolvenzverfahrens als Masseverbindlichkeiten, § 55 Abs. 2 S. 2. Gleiches gilt für Verbindlichkeiten aus Dauerschuldverhältnissen, soweit der vorläufige Insolvenzverwalter mit Verfügungsbefugnis zugunsten der Insolvenzmasse die Gegenleistung in Anspruch genommen hat, § 55 Abs. 2 Satz 2.

4 Masseverbindlichkeiten im Insolvenzverfahren über das Vermögen einer Personengesellschaft sind nicht zugleich Masseverbindlichkeiten in einem parallel eröffneten Insolvenzverfahren über das Vermögen des persönlich haftenden Gesellschafters. Eine Forderung kann nur in dem Insolvenzverfahren, in welchem sie begründet worden ist, als bevorzugt zu befriedigende Masseverbindlichkeit geltend gemacht werden.[1] Eine Masseverbindlichkeit aus dem Insolvenz-

[1] *Uhlenbruck/Berscheid,* InsO, § 53 Rn. 2 mwN; *Hess,* InsO, § 53 Rn. 14; *Smid/Smid,* InsO, § 53 Rn. 5; aA: BAG ZIP 1982, 209 ff.: Die Masseverbindlichkeiten in dem Insolvenzverfahren über die Vermögen der OHG und KG sind gleichzeitig Masseverbindlichkeiten in dem Insolvenzverfahren über das Vermögen des persönlich haftenden Gesellschafters.

verfahren über das Vermögen der Personengesellschaft kann im Wege der Ausfallhaftung nur dann im Insolvenzverfahren über das Vermögen des persönlich haftenden Gesellschafters geltend gemacht werden, wenn die Forderung auch gegenüber dem persönlich haftenden Gesellschafter originär als Masseverbindlichkeit besteht.[1] Die Ausfallhaftung im Insolvenzverfahren über das Vermögen des persönlich haftenden Gesellschafters ist wegen der Sperrwirkung des § 93 vom Insolvenzverwalter über das Vermögen der Personengesellschaft geltend zu machen.

Schuldhafte Pflichtverletzungen des Insolvenzverwalters im Rahmen eines die Insolvenzmasse betreffenden Schuldverhältnisses führen zu Masseverbindlichkeiten. Für schuldhafte Pflichtverletzungen, die Ansprüche aus unerlaubter Handlung begründen, haftet der Insolvenzverwalter persönlich, § 60.[2] 5

bb) Weitere Masseverbindlichkeiten sind: 6
- §§ 100, 101 Abs. 1 S. 3, Unterhalt für den Schuldner, dessen Familie und die vertretungsberechtigten persönlich haftenden Gesellschafter des Schuldners;
- § 115 Abs. 2 S. 3, Ersatzansprüche des Beauftragten;
- § 123 Abs. 2 S. 1, Verbindlichkeiten aus einem Sozialplan;
- § 169 S. 1, Zinsansprüche des Absonderungsberechtigten bei schuldhaft verzögerter Verwertung des Absonderungsgutes;
- § 172 Abs. 1 S. 1, Ausgleichung des Wertverlusts bei Verwendung des Absonderungsgutes für die Insolvenzmasse;
- § 324, im Nachlassinsolvenzverfahren die dort genannten Verbindlichkeiten.

3. Geltendmachung der Masseverbindlichkeiten

Die Masseverbindlichkeiten sind gegenüber dem Insolvenzverwalter geltend zu machen. Ihre Fälligkeit richtet sich nach dem zugrunde liegenden Rechtsverhältnis. Schuldner der Masseverbindlichkeit ist jedoch der Insolvenzschuldner, da die Masse kein Rechtssubjekt ist.[3] 7

4. Befriedigung der Massegläubiger

Die Ansprüche der Massegläubiger sind bei Fälligkeit vorweg und – soweit keine Masseunzulänglichkeit besteht – vollständig zu befriedigen. 8

a) Bestrittene Massevebindlichkeiten

Soweit der Insolvenzverwalter die Masseverbindlichkeit bestreitet und ihre Erfüllung verweigert, muss der Massegläubiger einen Vollstreckungstitel gegen den Insolvenzverwalter erwirken. Dies gilt auch für eine bereits vor Verfahrenseröffnung titulierte Verbindlichkeit, die im Insolvenzverfahren eine Masseverbindlichkeit darstellt, da sich aus diesem Titel die Einordnung als Masseverbindlichkeit nicht herleiten lässt.[4] 9

Hat der Massegläubiger einen Vollstreckungstitel, kann er die Einzelzwangsvollstreckung betreiben. Hier ist allerdings die Einschränkung aus der ab Ver- 10

---

[1] *Hess,* InsO, § 53 Rn. 14; *Nerlich/Römermann/Andres,* InsO, § 53 Rn. 11.
[2] *Uhlenbruck/Berscheid,* InsO, § 54 Rn. 46 mwN.
[3] *Hess,* InsO, § 53 Rn. 51 mwN.
[4] LG Karlsruhe ZIP 1981, 1236 ff., 1237.

fahrenseröffnung zu rechnenden Sechs-Monats-Sperrfrist des § 90 bzw. § 123 Abs. 3 S. 2 zu beachten.[1]

11 Betreibt ein Massegläubiger die Zwangsvollstreckung in die Masse und nimmt dabei auf einen Aussonderungsgegenstand Zugriff, kann der Aussonderungsberechtigte Drittwiderspruchsklage nach § 771 ZPO erheben.

12 Der Insolvenzverwalter ist verpflichtet, zur Sicherung von streitigen Masseverbindlichkeiten Rückstellungen zu bilden. Daher besteht ein rechtliches Interesse des Insolvenzverwalters, das Nichtbestehen einer behaupteten Masseverbindlichkeit durch eine negative Feststellungsklage feststellen zu lassen.[2]

b) Fehlerhafte rechtliche Einordnung der Masseverbindlichkeit

13 Ist eine Masseverbindlichkeit irrtümlich als Insolvenzforderung zur Tabelle festgestellt worden, führt dies nicht zum Verlust des Rechtes zur Geltendmachung der Forderung als Masseverbindlichkeit, da der Schuldner der Masseverbindlichkeit der Insolvenzverwalter ist.[3] Die Feststellungswirkung des § 178 Abs. 3 schließt nicht aus, dass diese Forderung noch als Masseforderung geltend gemacht wird.[4] Wird der Anspruch als Masseforderung klageweise geltend gemacht, so kann der Insolvenzverwalter den Grund und die Höhe des Anspruchs bestreiten, selbst wenn die Feststellung der Forderung zur Insolvenztabelle auf Grund eines rechtskräftigen Feststellungsurteils erfolgt ist.[5]

14 Hat andererseits der Insolvenzverwalter in der irrigen Annahme, es handle sich um eine Masseverbindlichkeit, eine Insolvenzforderung vorab befriedigt, so ist die Zahlung nach § 812 Abs. 1 S. 1 BGB kondizierbar, da die Forderung nicht als Masseverbindlichkeit bestand.[6] Aus dem System des Insolvenzrechts ergibt sich, dass der Insolvenzverwalter Insolvenzforderungen nicht außerhalb von §§ 187 ff. befriedigen darf. Geschieht dies irrig, leistet der Insolvenzverwalter nicht auf die ursprüngliche causa, sondern in vermeintlicher Verpflichtung auf eine Masseverbindlichkeit.

c) Masseunzulänglichkeit

15 Eine weitere Einschränkung besteht im Falle der Masseunzulänglichkeit nach § 208. Sind die Kosten des Insolvenzverfahrens gedeckt, reicht die Insolvenzmasse jedoch nicht aus, um die fälligen sonstigen Masseverbindlichkeiten zu erfüllen, so hat der Insolvenzverwalter dem Insolvenzgericht das Vorliegen der Masseunzulänglichkeit anzuzeigen, § 208 Abs. 1, die zu einem Vollstreckungsverbot gem. § 210 führt. Die formgerecht angezeigte Masseunzulänglichkeit ist für das Prozessgericht bindend; Altmasse und – über den Wortlaut des § 210 hinaus – Neumasseverbindlichkeiten können danach wegen des fehlenden Rechtsschutz-

---

[1] Vgl. hierzu auch *Hess,* InsO, § 53 Rn. 24 f. mwN.

[2] OLG Düsseldorf ZIP 1998, 1077 ff., 1078.

[3] BGH ZIP 2006, 1410 ff., 1411 mwN, 1413.

[4] BGH ZIP 2006, 1410 ff., 1411 mwN.

[5] BGH ZIP 2006, 1410 ff., 1411 mwN.

[6] LG Düsseldorf ZInsO 2001, 1168 f.; OLG Brandenburg ZInsO 2002, 71 ff., 72 = NZI 2002, 107 f. = WM 2002, 974 ff.; *Hess,* InsO, § 53 Rn. 22 ff.; vgl. aber aA: LG Stuttgart ZIP 1985, 1518 f.: kein Rückzahlungsanspruch, weil die ursprüngliche Anspruchsgrundlage einen Rechtsgrund für das Behaltendürfen der Leistung darstelle, die Leistung erfolge also mit Rechtsgrund; allenfalls mache sich der Insolvenzverwalter den Insolvenzgläubigern gegenüber schadenersatzpflichtig.

bedürfnisses nicht mehr mit der Leistungsklage, sondern nur noch mit der Feststellungsklage verfolgt werden.[1]

Allerdings hat der Gläubiger die Möglichkeit, durch Zwangsvollstreckung vor Eintritt bzw. Bekanntgabe der Masseunzulänglichkeit ein zur Absonderung berechtigendes Pfändungspfandrecht zu erwerben. Ein Hindernis stellen hierbei allerdings wieder §§ 90, 123 Abs. 3 S. 2 dar.

Versucht ein Massegläubiger unter Verstoß gegen das Vollstreckungsverbot des § 210, seinen Anspruch weiterhin im Wege der Einzelzwangsvollstreckung durchzusetzen, kann der Verwalter die Vollstreckungsgegenklage nach § 767 ZPO erheben.[2] 16

In den praktisch seltenen Fällen erfolgloser Zwangsvollstreckungsmaßnahmen gegen die Masse bei unterlassener Anzeige der Masseunzulänglichkeit kann der Insolvenzverwalter in seiner Eigenschaft als Insolvenzverwalter über das Vermögen des Schuldners – nicht persönlich – zur Abgabe der eidesstattlichen Versicherung nach §§ 899 ff. ZPO gezwungen werden.[3] Die Anzeige der Masseunzulänglichkeit lässt das Rechtsschutzbedürfnis entfallen,[4] sodass der Insolvenzverwalter mit der Erinnerung gegen die Erzwingung der eidesstattlichen Versicherung vorgehen kann.[5] 17

5. Haftung des Schuldners

Der Schuldner haftet nach Aufhebung des Verfahrens unbeschränkt für vor Eröffnung des Insolvenzverfahrens begründete Masseschuldansprüche wie bspw. die Vergütung und Auslagen des vorläufigen Insolvenzverwalters[6] und die von diesem eingegangenen Verpflichtungen nach § 55 Abs. 2.[7] Für Masseverbindlichkeiten, die nach Verfahrenseröffnung entstanden sind, haftet der Schuldner nur so weit unbeschränkt, wie der Rechtsgrund der Masseverbindlichkeit bereits vor Insolvenzeröffnung bestand.[8] Dies betrifft insbesondere die Fälle der Dauerschuldverhältnisse, wie bspw. Mietverhältnisse oder Dienstverhältnisse, die nur innerhalb der Frist der § 109 bzw. § 113 gekündigt werden können.[9] 18

Der Schuldner haftet dinglich beschränkt mit dem insolvenzbefangenen Vermögen, über das er nach Verfahrensbeendigung die Verfügungsbefugnis zurückerhält, für die vom Insolvenzverwalter begründeten Verbindlichkeiten.[10] Die Haftungsbeschränkung gilt auch für die Vergütung des Insolvenzverwalters.[11] 19

Ein bereits während des Insolvenzverfahrens anhängiger Rechtsstreit über eine Masseforderung wird nach Beendigung des Insolvenzverfahrens nicht vom 20

---

1 BGH ZIP 2003, 914 ff., 917 ff. mwN = ZInsO 2003, 465 ff., 467 ff. mwN.
2 *Uhlenbruck,* KTS 1978, 66 ff., 76.
3 Vgl. *Smid/Smid,* InsO, § 53 Rn. 3; *Hess,* InsO, § 53 Rn. 39 mwN.
4 LG Bremen ZIP 1984, 1259 f.
5 *Smid/Smid,* InsO, § 53 Rn. 3.
6 AG Köln NZI 2000, 384 f.
7 *Smid/Smid,* InsO, § 53 Rn. 15.
8 *Nerlich/Römermann/Andres,* InsO, § 53 Rn. 6 mwN.
9 *Nerlich/Römermann/Andres,* InsO, § 53 Rn. 6 mwN.
10 BGH NJW 1955, 339 f.
11 BGH WM 1964, 1125 ff., 1225.

Insolvenzverwalter, sondern von dem Schuldner fortgeführt, da der Schuldner nach Verfahrensbeendigung die Prozessführungsbefugnis zurückerlangt.[1]

21 In einem neuen Insolvenzverfahren nehmen Forderungen, die in einem vorausgegangenen, wegen Massearmut nach § 207 eingestellten Insolvenzverfahren Masseansprüche waren, nur als einfache Insolvenzforderungen teil.[2]

§ 54 Kosten des Insolvenzverfahrens

Kosten des Insolvenzverfahrens sind:

1. die Gerichtskosten für das Insolvenzverfahren;

2. die Vergütungen und die Auslagen des vorläufigen Insolvenzverwalters, des Insolvenzverwalters und der Mitglieder des Gläubigerausschusses.

Übersicht

1. Normzweck

1 § 54 übernimmt inhaltlich § 58 Nr. 1 KO und erweitert den Anwendungsbereich der Norm um die Vergütungen und Auslagen des vorläufigen Insolvenzverwalters, des Insolvenzverwalters und der Mitglieder des Gläubigerausschusses.[3] Diese Kosten sollen bei Masseunzulänglichkeit nach § 209 Abs. 1 Nr. 1 erstrangig befriedigt werden.[4]

[1] Vgl. *Smid/Smid,* InsO, § 53 Rn. 17 mwN.

[2] *Smid/Smid,* InsO, § 53 Rn. 16 mwN.

[3] Begründung zu RegE § 63, abgedruckt bei *Balz/Landfermann,* S. 266.

[4] Begründung zu RegE § 63, abgedruckt bei *Balz/Landfermann,* S. 266; BGH ZInsO 2006, S. 541, 543 f. = NZI 2006, 392, 394.

Die vormals in § 58 Nr. 2 KO geregelten Ausgaben für die Verwaltung, Verwertung und Verteilung der Masse fallen nunmehr unter § 55 Abs. 1 Ziff. 1 mit der Folge des zweiten Ranges im Falle der Masseunzulänglichkeit, §§ 209 Abs. 2, 209 Abs. 1 Nr. 2. 2

Die Regelung des § 54 ist abschließend; eine vertragliche Erweiterung um andere Kosten ist nicht zulässig.[1] 3

Die Kostenarten des § 54 sind maßgeblich für die Berechnung der Verfahrenskosten zur Entscheidung über die Eröffnungsfähigkeit des Insolvenzverfahrens nach § 26 Abs. 1 Satz 1, bzw. für die Berechnung des zu fordernden Kostenvorschusses nach § 26 Abs. 1 Satz 2. 4

2. Gerichtskosten

Welche Gebühren im Einzelnen anfallen können, richtet sich nach den §§ 34 ff. GKG und der Anlage zum GKG, dem Kostenverzeichnis. 5

a) Eröffnungsverfahren

aa) Gegenstandswert und Auslagen. Für das Eröffnungsverfahren entsteht eine halbe Gebühr nach Nr. 2310, 2311 KV. Der Gegenstandswert ist der Wert der Insolvenzmasse zurzeit der Beendigung des Verfahrens, § 58 Abs. 1 S. 1 GKG. Soweit Gegenstände mit Aussonderungsrechten behaftet sind, werden diese bei der Ermittlung des Gegenstandswertes nicht berücksichtigt. Soweit bei absonderungsbehafteten Gegenständen ein das Absonderungsrecht übersteigender Verwertungserlös erwartet wird oder nach Insolvenzeröffnung realisiert werden kann, ist der Übererlös beim Gegenstandswert zu berücksichtigen, § 58 Abs. 1 S. 2 GKG. Wird der Insolvenzantrag von einem Gläubiger gestellt, ist zusätzlich noch § 58 Abs. 2, GKG zu beachten. § 58 Abs. 2 GKG beschränkt den Gegenstandswert auf die Höhe der Forderung des Gläubigers für den Fall, dass die freie Insolvenzmasse höher als die Forderung des antragstellenden Gläubigers ist. 6

Gerichtskosten i. S. d. § 54 Ziff. 1 sind auch die gerichtlichen Auslagen (Nr. 9000 ff. KV). Auslagen sind insbesondere die Zustellungs- und Bekanntmachungskosten nach 9002, 9004 KV und Kosten für Zwangsmaßnahmen gegen den Schuldner, Nr. 9008, 9010 KV. 7

Werden mehrere Fremdanträge gegen den gleichen Schuldner gestellt, so entstehen mehrere Eröffnungsverfahren, die zweckmäßigerweise vom Insolvenzgericht unter der Anordnung eines Verfahrens als führendes Verfahren verbunden werden. Da jedoch mehrere Prozessrechtsverhältnisse bestehen, fallen die Eröffnungsgebühren in jedem Prozessrechtsverhältnis gesondert an. Dies gilt jedoch nicht bei Fremdanträgen von Gesamtgläubigern. 8

bb) Kostenschuldner. Soweit der Schuldner nach § 23 GKG Schuldner der Gebühren und Auslagen ist, haftet für diese die Masse. 9

Bei einem Fremdantrag ist nach § 23 Abs. 1 GKG Kostenschuldner der antragstellende Gläubiger als Kostenveranlasser. Die Mindestgebühr, die den Gläubiger trifft, beträgt nach Nr. 2311 KV eine halbe Gebühr, mindestens jedoch 150,– €. 10

Im Falle eines von einem Gläubiger gestellten erfolgreichen Eröffnungsantrages ist der antragstellende Gläubiger neben dem Schuldner Gesamtschuldner der Gebühren, § 23 Abs. 1, Abs. 3 i. V. m. § 31 Abs. 1 GKG. Soweit der Gläubiger 11

[1] *Kübler/Prütting/Bork/Pape,* InsO, § 54 Rn. 51.

die halbe Gebühr bezahlt hat, besteht zu seinen Gunsten, da es soweit um Kosten des Insolvenzverfahrens geht, ein Erstattungsanspruch, der die Rangstelle des § 209 Abs. 1 Ziff. 1 innehat.[1] Weist das Insolvenzgericht im Falle eines Fremdantrages den Antrag auf Eröffnung des Insolvenzverfahrens ab oder nimmt der Gläubiger den Antrag zurück, ist nur der Gläubiger als Antragsteller Gebührenschuldner der Gerichtskosten und Auslagen mit Ausnahme der Gebühr Nr. 9018 KV, die der Schuldner des Insolvenzverfahrens schuldet, § 23 Abs. 1 GKG. Die Zweitschuldnerhaftung des antragstellenden Gläubigers für die Gerichtskosten kann bei Abweisung des Eröffnungsantrages mangels Masse bereits in der Kostenentscheidung des Abweisungsbeschlusses ausgesprochen werden, da die Aussichtslosigkeit der Inanspruchnahme des Erstschuldners als Voraussetzung für die Zweitschuldnerhaftung feststeht.[2] Wird der Eröffnungsantrag abgewiesen oder zurückgenommen, haftet der antragstellende Gläubiger auch für die entstandenen Auslagen (außer Nr. 9018 KV), § 23 Abs. 1 S. 2, 3 GKG. Im Falle der Erledigung des vorläufigen Insolvenzverfahrens haftet auf Grund des ausdrücklichen Wortlauts des § 23 Abs. 1 S. 2 GKG der antragstellende Gläubiger als Zweitschuldner daher nur für die Gerichtskosten, nicht aber für die Auslagen wie das Sachverständigengutachten.[3] Eine andere Auffassung befürwortet die Anwendung des § 23 Abs. 1 GKG auf die Fälle der Erledigung, da die Auslegung des § 23 Abs. 1 GKG über den Wortlaut der Norm hinaus berücksichtigen müsse, dass der Insolvenzantragsteller bei Begleichung der den Insolvenzantrag begründenden Forderung nur die Möglichkeit der Antragsrücknahme oder Abweisung des Antrags hätte, wenn es die Möglichkeit der Erledigungserklärung nicht gäbe.[4] Der Antragsteller hätte dann als Kostenveranlasser die Kosten einschließlich der Auslagen zu tragen, sodass es nicht gerechtfertigt sei, wenn die Möglichkeit der Erledigungserklärung noch zusätzlich den Vorteil eröffne, dass der Antragsteller noch nicht einmal als Zweitschuldner für die Auslagen des Verfahrens hafte.[5] Dieser Auffassung steht neben dem ausdrücklichen Wortlaut des § 23 Abs. 1 GKG das Regel-Ausnahme-Verhältnis innerhalb des § 23 Abs. 1 GKG entgegen. Anders als in bürgerlichen Streitigkeiten, in denen nach § 22 Abs. 1 GKG der Antragsteller für „die Kosten" haftet und damit Gebühren und Auslagen gemeint sind, differenziert § 23 Abs. 1 GKG zwischen der Haftung für die Gebühren, für die der Antragsteller ohne Einschränkung haftet, und der Haftung für die Auslagen in den in Satz 2 aufgeführten Fällen, sodass die Auslagenhaftung im Insolvenzverfahren eine Ausnahmeregelung darstellt, die nur mit größter Zurückhaltung einer erweiterten Auslegung zugänglich ist.[6] Weiter steht einer erweiterten Auslegung des § 23 Abs. 1 S. 2 GKG auf alle Fälle der Beendigung des Insolvenzeröffnungsverfahrens entgegen, dass für eine unbewusste Gesetzeslücke die Anhaltspunkte fehlen, da der Gesetzgeber die letzte Änderung der Norm

[1] *Hartmann,* Kostengesetze, Nr. 2311 KV Rn. 8.

[2] AG Duisburg NZI 2004, 328 f., 329 mwN.

[3] AG Kaiserslautern, NZI 2004, 327 f., 327; AG Göttingen ZInsO 2004, 623 f. = ZIP 2004, 1331 ff., 1332, wobei das AG Göttingen ausdrücklich dahinstehen lässt, ob dies auch für den Fall der Abweisung mangels Masse gilt; LG Göttingen NZI 2004, 501; OLG Düsseldorf NZI 2006, 708 f., 708; OLG Koblenz ZInsO 2007, 610 f., 610 f.

[4] AG Frankfurt InVo 2004, 56 f.

[5] AG Frankfurt InVo 2004, 56 f.

[6] OLG Düsseldorf NZI 2006, 708 f., 708 = ZIP 2007, 400.

durch das Inkrafttreten des KostRMoG ab 1. Juli 2004 nicht zum Anlass genommen hat, die zwischenzeitlich anerkannte Beendigung des Insolvenzeröffnungsverfahrens durch Erledigung in den Wortlaut aufzunehmen.[1]

b) Eröffnetes Verfahren

aa) Gegenstandswert und Auslagen. Im Falle des **Eigenantrages** des Schuldners oder eines **zusätzlichen Fremdantrages** entsteht für die Durchführung des Insolvenzverfahrens eine 2½-fache Gebühr nach Nr. 2320 KV, die nicht auf die Gebühr des Eröffnungsverfahrens angerechnet wird. Die Gebühr entfällt, wenn der Eröffnungsbeschluss auf Beschwerde, § 58 Abs. 3 GKG, aufgehoben wird, Nr. 2320 KV. Wird das Verfahren vor dem Ende des Prüfungstermines eingestellt, ermäßigt sich die Gebühr Nr. 2320 KV auf eine halbe Gebühr, Nr. 2321 KV. Bei Einstellung des Verfahrens nach dem Ende des Prüfungstermines ermäßigt sich die Gebühr Nr. 2320 KV auf 1½ Gebühren, Nr. 2322 KV. 12

Wird das Insolvenzverfahren **nur auf Grund eines Fremdantrages** durchgeführt, so fällt eine dreifache Gebühr nach Nr. 2330 KV an. Auch hier entfällt die Gebühr, wenn der Eröffnungsbeschluss durch Beschwerde nach § 58 Abs. 3 GKG aufgehoben wird. Es erfolgt eine Ermäßigung der Gebühr Nr. 2330 KV auf eine Gebühr, wenn das Insolvenzverfahren vor dem Ende des Prüfungstermines eingestellt wird, Nr. 2331 KV. Erfolgt die Verfahrenseinstellung nach dem Prüfungstermin, erfolgt die Ermäßigung der Gebühr Nr. 2330 KV auf zwei Gebühren, Nr. 2332 KV. 13

Bestellt das Insolvenzgericht zur Prüfung der Schlussrechnung des Insolvenzverwalters einen Sachverständigen, so sind diese Kosten Auslagen nach Nr. 9005 KV. Handelt es sich beim bestellten Sachverständigen ebenfalls um einen Insolvenzverwalter, so begründet dies aus der Sicht des Geprüften wegen der Konkurrenzsituation nicht die Besorgnis der Befangenheit, soweit die Konkurrenzsituation nicht an diesem Insolvenzgericht, sondern lediglich an anderen Insolvenzgerichten besteht.[2] 14

bb) Kostenschuldner. Gebühren- und Auslagenschuldner ist der Insolvenzschuldner, § 23 Abs. 3 GKG. Gesetzliche Vertreter des Schuldners, bspw. der Geschäftsführer einer GmbH, gehören grundsätzlich nicht zum Kreis der persönlichen Kostenschuldner, es sei denn, ein Antrag oder ein Rechtsmittel ist auch ausdrücklich im eigenen Namen erhoben worden.[3] 15

c) Keine Kosten des Insolvenzverfahrens

Kosten, die die Verfahrensbeteiligten unmittelbar treffen, sind nicht vom Anwendungsbereich der Norm umfasst.[4] 16

aa) Prüfungsgebühr. Die Prüfungsgebühr von 15,– € nach Nr. 2340 KV bei verspäteter Forderungsanmeldung schuldet der anmeldende Gläubiger, § 177 Abs. 1 S. 1. Die Gebühr fällt unabhängig davon an, ob ein gesonderter Prüfungstermin anberaumt wird oder die Prüfung im schriftlichen Verfahren erfolgt.[5] Als Aktgebühr entsteht die Gebühr erst dann, wenn der besondere Prüfungstermin 17

---

[1] OLG Düsseldorf NZI 2006, 708 f., 709 = ZIP 2007, 400; AG Göttingen ZInsO 2004, 632; LG Göttingen NZI 2004, 501.

[2] LG Stendal ZInsO 2003, 721.

[3] BGH ZInsO 2004, 441.

[4] *Nerlich/Römermann/Andres,* InsO, § 54 Rn. 3.

[5] FK-*Schumacher,* InsO § 54 Rn. 15.

tatsächlich stattfindet bzw. die angemeldete Insolvenzforderung im schriftlichen Verfahren geprüft wird.[1] Ordnet das Insolvenzgericht am Ende des Prüfungstermins, der in der Regel gem. § 29 Abs. 2 mit dem Berichtstermin verbunden wird, die Vertagung des Prüftermins an, werden verspätete Forderungsanmeldungen bei der Fortsetzung des ersten Prüfungstermins geprüft. Die Gebühr Nr. 2340 KV fällt dann nicht an, da kein besonderer Prüfungstermin anberaumt war, sondern der vertagte Prüfungstermin fortgesetzt wurde. Die Vertagung des Prüfungstermins empfiehlt sich daher bei Verfahren, in denen absehbar ist, dass noch nachträgliche Forderungsanmeldungen eingehen werden. Dies ist insbesondere bei Verfahren mit einer Vielzahl von Gläubigern, Gläubigern aus dem Ausland und Gläubigern, die Schadensersatzansprüche wegen der Nichterfüllung von Verträgen gem. § 103 Abs. 2 geltend machen, der Fall.

18 **bb) Beschwerdegebühr.** Kosten für Beschwerden im Insolvenzverfahren sind keine Gerichtskosten i. S. d. § 54. Die Kosten einer erfolglosen Beschwerde des Schuldners **gegen die Eröffnungsentscheidung** des Insolvenzgerichts sind vom Schuldner als Beschwerdeführer persönlich zu tragen, § 29 GKG.[2] Ist die Beschwerde erfolgreich, sind die Kosten der Beschwerde dem Antragsteller des Insolvenzantrages aufzuerlegen.

Die Höhe der Gebühr richtet sich nach der freien Masse, § 58 Abs. 3 S. 1 i. V. m. § 58 Abs. 1 GKG. Bei einem Gläubigerantrag beschränkt § 58 Abs. 3 S. 2 i. V. m. § 58 Abs. 2 GKG die Beschwerdegebühr auf den Betrag der Forderung des antragstellenden Gläubigers, falls die Masse einen höheren Wert hat.

19 Bei **sonstigen Beschwerden** ist der Kostenschuldner der Beschwerdeführer als Veranlasser, § 29 GKG. Wird der Beschwerde stattgegeben, fällt keine Gebühr an. Der Geschäftswert der Beschwerde richtet sich nach der Beschwer. Bei einer Beschwerde des Schuldners ist als Geschäftswert der Betrag der freien Masse festzusetzen; bei einer Beschwerde eines Gläubigers der Betrag der Forderung des Gläubigers, § 58 Ab. 3 S. 2 i. V. m. § 58 Abs. 2 GKG. Hat der Insolvenzverwalter im Interesse der Masse[3] eine Beschwerde eingelegt, so stellt die Gebühr, falls die Beschwerde zurückgewiesen oder verworfen wird, Gerichtskosten i. S. d. § 54 Nr. 3 dar.[4]

20 **cc) Entscheidung über Versagung oder Widerruf der Restschuldbefreiung.** Für die Entscheidung über Anträge auf Versagung oder Widerruf der Restschuldbefreiung entsteht eine Gebühr nach Nr. 2350 KV in Höhe von 30,– €. Kostenschuldner ist der Insolvenzgläubiger, der die Versagung oder den Widerruf beantragt hat, § 23 Abs. 2 GKG. Beantragt der Treuhänder nach §§ 300 Abs. 2, 298 die Versagung oder den Widerruf der Restschuldbefreiung wegen fehlender Deckung seiner Mindestvergütung, fällt für die Entscheidung über seinen Antrag keine Gebühr an.

21 Wird gegen die Entscheidung über den Antrag auf Versagung oder Widerruf der Restschuldbefreiung Beschwerde eingelegt, fällt nach Nr. 2361 KV eine Gebühr von 50,– € an, wenn die Beschwerde zurückgewiesen oder verworfen wird.

---

[1] *Hartmann,* Kostengesetze, Nr. 2340 KV Rn. 1.

[2] OLG Celle NZI 2001, 426 ff., 427 mwN.

[3] Nicht im Eigeninteresse wie bspw. Beschwerde gegen den Festsetzungsbeschluss der Insolvenzverwaltervergütung.

[4] HK-*Lohmann,* InsO, § 54 Rn. 6.

dd) Kostenfreie Tätigkeit. Im Verfahren über einen Insolvenzplan nach §§ 217 bis 269 oder im Verfahren über einen Schuldenbereinigungsplan, §§ 305 bis 310, und im Verfahren über die Restschuldbefreiung fallen mit Ausnahme der Gebühr für die Entscheidung des Antrages über Versagung oder Widerruf der Restschuldbefreiung keine weiteren Gerichtskosten an. Diese sind mit den Gerichtskosten abgegolten.[1] 22

3. Vergütung und Auslagen

a) Vorläufiger Insolvenzverwalter

Die Vergütung und die Auslagen des vorläufigen Insolvenzverwalters richten sich nach §§ 10, 11 InsVV. Vergütungsansprüche eines vorläufigen Insolvenzverwalters aus einem abgeschlossenen Verfahren stellen in einem neuen Insolvenzverfahren keine Massekosten i. S. d. § 54 Nr. 2 dar.[2] Ebenso gehört die Vergütung des vorläufigen Insolvenzverwalters aus einem nicht zur Eröffnung gelangten Insolvenzverfahren nicht zu den Massekosten eines auf einen späteren Antrag eröffneten Insolvenzverfahrens.[3] Der Vergütungsanspruch des vorläufigen Insolvenzverwalters gegen den Schuldner kann mit Rechtskraft der Abweisung der Verfahrenseröffnung in einem nachfolgend eröffneten Verfahren nur eine Insolvenzforderung begründen. Zur Bestimmung der Berechnungsgrundlage für die Vergütung des vorläufigen Insolvenzverwalters im Falle der Rücknahme des Insolvenzantrags ist das Insolvenzgericht nicht verpflichtet, eigene Ermittlungen über den Umfang der verwalteten Masse anzustellen, sondern ist berechtigt, den Wert auf der Grundlage des Sach- und Streitstandes unter Berücksichtigung der Verwalterberichte, Vermögensverzeichnisse und sonstiger Ermittlungsergebnisse zu schätzen.[4] 23

b) Insolvenzverwalter

Die Vergütung und die Auslagen des Insolvenzverwalters – nebst der Umsatzsteuer nach § 7 InsVV – sind Kosten des Insolvenzverfahrens nach § 54 Ziff. 2. 24

Setzt der Insolvenzverwalter Hilfskräfte ein, so gilt im Falle, dass er mit diesen persönlich einen Vertrag schließt, § 4 Abs. 1 S. 2 InsVV, wobei allerdings eine erhöhte Festsetzung der Vergütung in Betracht kommt.[5] Bei der Berichterstattung gegenüber dem Insolvenzgericht und in den Vergütungsanträgen ist die Notwendigkeit der Beschäftigung von zusätzlichem Personal offenzulegen und entsprechend zu begründen.[6] Kosten für die Erstellung des Zeitwertgutachtens des Inventars und des Vorratsvermögens durch einen Sachverständigen sind Auslagen des (vorläufigen) Insolvenzverwalters, da die Sicherung und Bewertung der Massegegenstände zum Aufgabenkreis des (vorläufigen) Insolvenzverwalters zählen.[7] 25

---

[1] FK-*Schumacher,* InsO, § 54 Rn. 2.

[2] BGH BeckRS 2007, 16307.

[3] Vgl. BGH NZI 2009, 53 für die Sequestervergütung.

[4] BGH ZInsO 2005, 757 ff., 758 mwN.

[5] Vgl. LG Berlin ZInsO 2000, 224 ff., 225 f.; aA: *Nerlich/Römermann/Andres,* InsO, § 54 Rn. 13: Festsetzung der Aufwendungen für Hilfskräfte als Auslagen des Insolvenzverfahrens.

[6] So auch *Nerlich/Römermann/Andres,* InsO, § 54 Rn. 13.

[7] AG Düsseldorf Rpfleger 2002, 43 f., 44.

26 Schließt der Insolvenzverwalter nach § 4 Abs. 1 S. 3 InsVV Dienst- oder Werkverträge direkt mit Wirkung für und gegen die Masse ab, entstehen Masseverbindlichkeiten nach § 55 Abs. 1 Ziff. 1.[1]

27 Das Gleiche gilt in Bezug auf die Beauftragung von Rechtsanwälten, Steuerberatern, Wirtschaftsprüfern, usw. für die Masse. Hier ist ebenfalls § 55 Abs. 1 Ziff. 1 einschlägig,[2] auch wenn das (Unternehmens-)Insolvenzverfahren masseunzulänglich ist. Eine Ausnahme lässt die Rechtsprechung des Bundesgerichtshofs in masselosen Insolvenzverfahren mit Kostenstundung nach § 4a zu, wenn die Finanzverwaltung trotz Hinweisen auf die Masseunzulänglichkeit vom Insolvenzverwalter anstatt einer Steuerschätzung die Erbringung umfangreicher steuerlicher Tätigkeiten verlangt.[3] Die Kosten des Dienstleistungsvertrags mit dem externen Dritten stellen dann gem. § 4 Abs. 2 InsVV erstattungsfähige Auslagen gem. § 54 Nr. 2 dar, da diese Aufwendungen zur Erfüllung einer hoheitlichen Pflicht erforderlich waren. Sind die Voraussetzungen für eine Auslagenerstattung gegeben, kommt in entsprechender Anwendung von § 9 InsVV die Gewährung eines Vorschusses in Betracht.[4] Dagegen kann eine fiktive Vergütung eines externen Dritten auch im masselosen Insolvenzverfahren mit Kostenstundung nicht als Auslage erstattet werden, wenn die Erledigung der besonderen Aufgabe durch das eigene Büropersonal des Insolvenzverwalters erfolgt.[5]

27a Erwächst dem Insolvenzverwalter selbst infolge des Einsatzes besonderer Sachkunde nach § 5 InsVV das Recht, neben der Insolvenzverwaltervergütung noch Gebühren abzurechnen, so gilt für diesen Anspruch jedoch § 55 Abs. 1 Ziff. 1, da der Insolvenzverwalter insofern wie ein beauftragter Anwalt pp. handelt.[6]

27b Durch die Stundung der Verfahrenskosten nach §§ 4a–d werden die **masselosen Verfahren** sofort eröffnet. Kosten, die der Insolvenzverwalter zur ordnungsgemäßen Abwicklung des Verfahrens veranlassen muss und auf Grund der Masseunzulänglichkeit des Verfahrens aus dem Privatvermögen vorschießt, sind als Auslagen des Insolvenzverwalters von der Staatskasse nach § 63 Abs. 2 zu tragen.[7] Die Gegenauffassung,[8] die die Erstattungsfähigkeit mit dem Argument versagt, dass der Insolvenzverwalter die Masseunzulänglichkeit anzeigen solle, um das Vollstreckungsverbot nach § 210 herbeizuführen, ist unzutreffend. Es ist weder dem Gläubiger zuzumuten, dass ihm für die Erfüllung der Gegenleistung nicht vorhandene Masse haftet, noch dem Insolvenzverwalter, dass er die entsprechenden Kosten aus seinem Privatvermögen (vor-)finanziert.[9] Mit der Schaffung des § 62 Abs. 2, der dem

[1] *Hess,* InsO, § 54 Rn. 44 mwN.

[2] BGH, Rpfleger 2005, 468; AG Hamburg NZI 2004, 474 f. = ZInsO 2004, 1093 f.; LG Berlin ZInsO 2000, 224 ff., 226 mwN; LG Saarbrücken ZVI 2007, 334 f., 335 mwN.

[3] BGH ZInsO 2004, 970 = NZI 2004, 577 ff., 579 mwN, m. Anm. *Bernsau*; LG Kassel EWiR 2002, 957 f. m. Anm. *Keller.*

[4] BGH Beck RS 2006, 13006.

[5] BGH ZIP 2006, 1501, 1502 f. = BB 2006, 1817 = ZInsO 2006, 817 f, 818 = ZVI 2006, 407 ff., 407 f.

[6] *Nerlich/Römermann/Andres,* InsO, § 54 Rn. 14 mwN; aA: *Hess,* InsO, § 54 Rn. 39 mwN und AG Essen ZInsO 2003, 388 LS, die § 54 Nr. 2 anwenden.

[7] LG Dresden ZInsO 2003, 513 ff. = ZIP 2003, 1168 f.; LG Kassel ZInsO 2002, 1040; LG Essen ZInsO 2003, 625.

[8] AG Duisburg NZI 2003, 384 ff.

[9] LG Dresden InsO 2003, 513 ff. = ZIP 2003, 1168 f., 1169; LG Essen ZInsO 2003, 625; LG Kassel ZInsO 2002, 1040.

Insolvenzverwalter bei den nach § 4a eröffneten Verfahren einen Sekundäranspruch gegen die Staatskasse gibt, hat der Gesetzgeber zum Ausdruck gebracht, dass der Insolvenzverwalter mit diesen Kosten im Ergebnis nicht belastet werden soll.[1]

§ 54 Ziff. 2 gilt nach § 274 Abs. 1 entsprechend für den **Sachwalter** bei Eigenverwaltung und für den **Treuhänder** im vereinfachten Insolvenzverfahren, §§ 313 Abs. 1 S. 3, 63. 28

c) Sonderinsolvenzverwalter

Zu den Kosten des Insolvenzverfahrens zählt die Vergütung des Sonderinsolvenzverwalters, den das Insolvenzgericht neben dem Insolvenzverwalter für bestimmte Tätigkeiten bestellen kann, die der Insolvenzverwalter selbst – meist wegen Interessenkollision – nicht ausüben kann. Die Höhe der Vergütung richtet sich nach den Regeln der Verwaltervergütung der InsVV, wobei die Berechnungsgrundlage der Wert des sonderverwalteten Vermögens ist.[2] Hat der Sonderinsolvenzverwalter lediglich die Aufgabe, einzelne Ansprüche zu prüfen, zur Insolvenztabelle anzumelden oder auf dem Rechtsweg zu verfolgen, kann seine Vergütung nicht höher festgesetzt werden als der Vergütungsanspruch eines Rechtsanwalts nach dem RVG.[3] 29

d) Gläubigerausschuss

Die Festsetzung der Vergütung der Gläubigerausschussmitglieder erfolgt nach §§ 73 Abs. 2, 64, 65 durch das Insolvenzgericht. Die Höhe der Vergütung richtet sich nach § 17 InsVV. Die Anträge sind von den Gläubigerausschussmitgliedern selbst beim Insolvenzgericht zu stellen. Die Abstimmung der Gläubigerausschussmitglieder hinsichtlich der Höhe und des Zeitraums, für den die Vergütung geltend wird, erleichtert dem Insolvenzgericht die Prüfung der beantragten Vergütung. 30

e) Vergütungsschuldner

Vergütungsschuldner ist der Insolvenzschuldner. Im Falle der Rücknahme des Antrags oder der Abweisung des Eröffnungsantrags ist der antragstellende Gläubiger nicht der Kostenschuldner der Vergütung des vorläufigen Insolvenzverwalters, da diese mangels Auslagentatbestand nicht zu den erstattungsfähigen Auslagen i. S. d. § 23 Abs. 1 S. 2 GKG zählt.[4] Hat der Insolvenzschuldner selbst den Eröffnungsantrag gestellt, werden die Verfahrenskosten nicht gestundet und reicht sein Vermögen nicht aus, um die Vergütung des vorläufigen Insolvenzverwalters zu decken, kommt es außer in den Fällen des § 63 Abs. 2 auch nicht zu einer Ausfallhaftung des Staates.[5] Das Kostenrisiko verbleibt damit beim Insolvenzverwalter. Die Verjährung des Vergütungsanspruchs wird durch die Stellung des Vergütungsantrags gehemmt.[6] Eine Verzinsung der Vergütung des (vorläufigen) 31

---

[1] LG Dresden ZInsO 2003, 513 ff. mwN = ZIP 2003, 1168 f., 1168.

[2] *Graeber,* Vergütung in Insolvenzverfahren von A–Z, S. 255 mwN.

[3] BGH NJW-RR 2008, 1580 ff., 1582 f. = BeckRS 2008, 12739 = FD-InsR 2008, 263157 m. Anm. *Kind.*

[4] So BGH ZIP 2006, 431 = ZInsO 2006, 204 f. für den gleich lautenden § 50 Abs. 1 S. 1 GKG aF; im Ergebnis auch LG Stuttgart NZI 2004, 630 f., 631 mwN = ZIP 2004, 2395 f., 2396 mwN als Vorinstanz, das sein Ergebnis zusätzlich mit dem Wortlaut des § 25 Abs. 2 begründet.

[5] BGH NZI 2004, 245 ff., 245 ff. m. Anm. *Bernsau* = BGH ZInsO 2004, 336 ff., 337 ff.

[6] BGH NZI 2007, 397 ff., 399.

Insolvenzverwalters bei verzögerter Festsetzung der Vergütung durch das Insolvenzgericht kommt nicht in Betracht, da die Höhe der Vergütung erst mit der rechtskräftigen Festsetzung feststeht.[1]

§ 55 Sonstige Masseverbindlichkeiten

(1) **Masseverbindlichkeiten sind weiter die Verbindlichkeiten:**

1. **die durch Handlungen des Insolvenzverwalters oder in anderer Weise durch die Verwaltung, Verwertung und Verteilung der Insolvenzmasse begründet werden, ohne zu den Kosten des Insolvenzverfahrens zu gehören;**
2. **aus gegenseitigen Verträgen, soweit deren Erfüllung zur Insolvenzmasse verlangt wird oder für die Zeit nach der Eröffnung des Insolvenzverfahrens erfolgen muß;**
3. **aus einer ungerechtfertigten Bereicherung der Masse.**

(2) **Verbindlichkeiten, die von einem vorläufigen Insolvenzverwalter begründet worden sind, auf den die Verfügungsbefugnis über das Vermögen des Schuldners übergegangen ist, gelten nach der Eröffnung des Verfahrens als Masseverbindlichkeiten. Gleiches gilt für Verbindlichkeiten aus einem Dauerschuldverhältnis, soweit der vorläufige Insolvenzverwalter für das von ihm verwaltete Vermögen die Gegenleistung in Anspruch genommen hat.**

(3) **Gehen nach Absatz 2 begründete Ansprüche auf Arbeitsentgelt nach § 187 des Dritten Buches Sozialgesetzbuch auf die Bundesagentur für Arbeit über, so kann die Bundesagentur diese nur als Insolvenzgläubiger geltend machen. Satz 1 gilt entsprechend für die in § 208 Abs. 1 des Dritten Buches Sozialgesetzbuch bezeichneten Ansprüche, soweit diese gegenüber dem Schuldner bestehen bleiben.**

Übersicht

[1] BGH NZI 2004, 249 ff., 250 mwN.

1. Normzweck

§ 55 knüpft an §§ 59 Abs. 1 Nr. 1, 2, 4, 58 Nr. 2 KO an, ohne die weiteren Konkursvorrechte der KO zu übernehmen. 1

§ 55 regelt die neben den in § 54 geregelten Verfahrenskosten bestehenden weiteren Masseverbindlichkeiten. Weitere Normen, die Masseverbindlichkeiten u. a. statuieren, sind Verbindlichkeiten aus einem Sozialplan, § 123 Abs. 2 S. 1, Nachlassverbindlichkeiten im Falle der Nachlassinsolvenz, § 324, zu denen auch die Vergütung des Nachlasspflegers zählt,[1] sowie der nach §§ 100, 101 Abs. 1 S. 3 bewilligte Unterhalt des Schuldners.[2] 2

2. Masseverbindlichkeiten nach § 55 Abs. 1 Nr. 1

a) Durch Handlungen des Insolvenzverwalters

Der Handlungsbegriff des § 55 Abs. 1 Ziff. 1 ist weit auszulegen. Es werden das rechtsgeschäftliche Tun und Realhandlungen des Insolvenzverwalters in Bezug auf seinen amtlichen Wirkungskreis erfasst.[3] Hauptanwendungsfälle des § 55 Abs. 1 Ziff. 1 1. Alt. sind **Schuldverhältnisse,** die der Insolvenzverwalter für und gegen die Masse abschließt. Alle Ansprüche des Vertragspartners aus diesen Verträgen sind Masseverbindlichkeiten. Dies gilt sowohl für die Hauptansprüche als auch für Sekundäransprüche, etwa auf Schadensersatz wegen Nichterfüllung.[4] Wegen der Verschärfung der Verkäuferpflichten durch die Schuldrechtsreform ist die Vereinbarung bestimmter Beschaffenheitsangaben anzuraten, damit Nacherfüllungs- und Gewährleistungsansprüche bereits tatbestandlich wegen des Nichtvorliegens eines Sachmangels ausgeschlossen sind. 3

Beschäftigt der Insolvenzverwalter zur Abwicklung des Insolvenzverfahrens Hilfskräfte, ist zu prüfen, ob er sie für eigene Rechnung oder namens des Schuldners eingestellt hat. Nur in letzterem Falle entstehen Masseverbindlichkeiten. Bei Anstellung durch den Insolvenzverwalter ist dieser der Verpflichtete. Die Unkosten sind bei der Vergütung zu berücksichtigen, siehe § 54 Rn. 25. 4

Der Insolvenzverwalter darf zur Abwicklung des Insolvenzverfahrens einen Steuerberater mit den **Buchführungsarbeiten** auf Kosten der Insolvenzmasse beauftragen, wenn vor Eröffnung des Verfahrens die Buchhaltung des schuldnerischen Unternehmens ebenfalls extern erledigt worden ist.[5] In masseunzulänglichen Unternehmensinsolvenzverfahren sind die Steuerberatungskosten regelmäßig nicht als Auslagen, sondern als Masseverbindlichkeiten zu berücksichtigen.[6] Zur ausnahmsweisen Berücksichtigung als Auslagen siehe § 54 Rn. 27. 5

Rückabwicklungskosten für vom Schuldner begründete Schuldverhältnisse fallen ebenso wenig unter § 55 wie rückständige Raten aus Dauerschuldverhältnissen für den Zeitraum vor der Verfahrenseröffnung.[7] 6

---

[1] BGH, Beschluss vom 15. 12. 2005 – IX ZA 3/04 (unveröffentlicht).

[2] Vgl. auch oben § 53 Rn. 3 ff. m. w. Bsp.

[3] *Uhlenbruck/Berscheid,* InsO, § 55 Rn. 7 mwN.

[4] *Gottwald/Klopp/Kluth,* InsHdb., § 56 Rn. 3, ausführlich auch *Nerlich/Römermann/Andres,* InsO, § 55 Rn. 22 mwN.

[5] BGH Rpfleger 2005, 468.

[6] AG Hamburg ZInsO 2004, 1093 f. = NZI 2004, 674 f.

[7] *Kilger/K. Schmidt,* KO, § 59 Anm. 1 mwN.

7 Anlässlich der Erfüllungsablehnung nach § 103 anfallende Kosten des Gläubigers stellen keine Masseverbindlichkeiten nach § 55 Abs. 1 Ziff. 1 dar.[1] Kosten für eine vor der Insolvenzeröffnung durchgeführte Beurkundung eines Kaufvertrages werden nicht dadurch Masseschulden, dass der Insolvenzverwalter nach § 103 die Erfüllung des beurkundeten Kaufvertrages wählt.[2]

8 **Wohngeldansprüche** der WEG sind in der Insolvenz über das Vermögen des Wohnungseigentümers Masseverbindlichkeiten, da sie als Hausbewirtschaftungskosten die Verwaltung der Masse betreffen. Wohngeldansprüche auf Grund des Jahreswirtschaftsplans werden in der Regel monatlich fällig und nicht schon mit Beschluss über den Wirtschaftsplan.[3] Ist neben dem Insolvenzverfahren auch ein Zwangsverwaltungsverfahren über das Sondereigentum des Schuldners an der Wohnung angeordnet worden, so hat zwar der Zwangsverwalter aus den Nutzungen des Zwangsverwaltungsobjekts auch die Wohngeldansprüche der Wohnungseigentümergemeinschaft ab Anordnung der Zwangsverwaltung zu befriedigen. Die Haftung des Insolvenzverwalters bleibt konkurrierend bestehen. Der Insolvenzverwalter wird nur in Höhe der Leistungen des Zwangsverwalters von seiner Zahlungspflicht befreit.[4] Ansprüche auf rückständiges Wohngeld bzw. vor der Insolvenzeröffnung begründete und fällig gewordene Ansprüche auf Wohngeldvorschüsse begründen gem. § 49 i. V. m. § 10 Abs. 1 Nr. 2 ZVG in der Zwangsversteigerung ein Absonderungsrecht am Erlös mit dem durch § 10 Abs. 1 Nr. 2 ZVG zugewiesenen Rang.[5] Nach der Freigabe des Sondereigentums aus der Insolvenzmasse richten sich die Wohngeldansprüche gegen den Wohnungseigentümer persönlich, Masseverbindlichkeiten werden nach der Freigabe nicht mehr begründet.[6] Die Freigabe wirkt ex nunc. Schuldner der während des Insolvenzbeschlags entstandenen Wohngeldansprüche bleibt der Insolvenzverwalter.[7]

9 **Mietvertraglich geschuldete Schönheitsreparaturen** stellen Insolvenzforderungen dar, wenn zum Zeitpunkt der Eröffnung des Insolvenzverfahrens über das Vermögen des Mieters der Mietvertrag bereits gekündigt war[8] oder der Insolvenzverwalter das Mietverhältnis nach kurzfristiger Weiternutzung kündigt.[9]

10 Kosten eines **mietvertraglich geschuldeten Wiederherstellungsanspruches** im Zusammenhang mit der Rückgabe der Mietsache begründen nur

---

[1] BGHZ 72, 263 ff., 265 f.

[2] *Smid/Smid,* InsO, § 55 Rn. 13 mwN.

[3] OLG Köln NZI 2008, 377 ff., 377 m. Anm. *Drasdo* = BeckRS 2008, 5886 m. Anm. *Bub* und *von der Osten,* FD-MietR 2008, 258140.

[4] OLG Köln NZI 2008, 377 ff., 377 mwN m. Anm. *Drasdo* = BeckRS 2008, 5886 m. Anm. *Bub* und *von der Osten,* FD-MietR 2008, 258140.

[5] Die Änderung des § 10 Abs. 1 Nr. 2 ZVG erfolgt durch das Gesetz zur Änderung des Wohnungseigentumsgesetzes (WEG) vom 26. 3. 2007, BGBl I S. 370, welches am 1. 6. 2007 in Kraft getreten ist. Nach der vorherigen Rechtslage begründeten die Ansprüche auf rückständiges Wohngeld bzw. vor der Insolvenzeröffnung begründete und fällig gewordene Ansprüche auf Wohngeldvorschüsse lediglich eine Insolvenzforderung gem. § 38. Dies galt selbst dann, wenn die Jahresabrechnung erst nach Insolvenzeröffnung erfolgte, OLG Stuttgart ZIP 2002, 1955 f. mwN; AG Düsseldorf NZI 2003, 211 f.

[6] LG Berlin BeckRS 2008, 4337 m. Anm. *Bub,* FD-MietR 2008, 259244.

[7] LG Kassel BeckRS 2007, 12517.

[8] KG Berlin ZIP 1981, 753 ff. m. Anm. *Kübler.*

[9] LG Göttingen EWiR § 59 KO 1/91, S. 599 f. m. Anm. *Pape.*

dann eine Masseverbindlichkeit, wenn der Insolvenzverwalter den vertragswidrigen Zustand persönlich oder durch ihm selbst zuzurechnende Handlungen verursacht hat.[1] Kosten der vertragsgemäßen Wiederherstellung eines vor Insolvenzeröffnung beendeten Mietverhältnisses begründen Insolvenzforderungen nach § 38.[2] Setzt der Insolvenzverwalter das Miet- oder Pachtverhältnis fort, so sind die Kosten der vertraglich geschuldeten Wiederherstellungspflicht nach dem Entstehungszeitpunkt der nachteiligen Veränderung aufzuteilen.[3] Lediglich die nach der Insolvenzeröffnung eingetretenen nachteiligen Veränderungen begründen Masseverbindlichkeiten, wobei dem Vermieter bzw. Verpächter die Beweislast obliegt, dass die nachteilige Veränderung erst nach der Insolvenzeröffnung eingetreten ist, siehe § 38 Rn. 20.[4] Im Insolvenzverfahren über das Vermögen des Vermieters begründet allerdings der Anspruch des Mieters auf Herstellung eines zum vertragsgemäßen Gebrauch geeigneten Zustandes der Mietsache bei fortdauerndem Mietverhältnis eine Masseverbindlichkeit, unabhängig davon, ob der mangelhafte Zustand vor oder nach Eröffnung des Insolvenzverfahrens eingetreten ist, da die Erhaltung der Mietsache in gebrauchsfähigem Zustand die vertragliche Gegenleistung zur Mietzahlung ist und die Erhaltungspflicht eine Dauerverpflichtung des Vermieters ist.[5]

Nutzungsentschädigungsansprüche des Vermieters für den Zeitraum nach Eröffnung des Insolvenzverfahrens stellen keine Masseverbindlichkeiten dar, wenn das Mietverhältnis bereits vor Insolvenzeröffnung beendet worden ist und der Insolvenzverwalter die Mietsache nicht besitzt, da §§ 55 Abs. 1 Nr. 1 und Nr. 2 an aktive Handlungen des Insolvenzverwalters anknüpfen und § 55 Abs. 1 Nr. 2 nur die Dauerschuldverhältnisse gleichstellt, die der Insolvenzverwalter aus Rechtsgründen nicht sofort beenden kann und deren Leistung er als Ausgleich für die Masse in Anspruch nehmen kann.[6] Dies gilt auch dann, wenn der Insolvenzverwalter die Erklärung nach § 109 Abs. 1 S. 2 nicht abgibt, da eine unterlassene Willenserklärung rechtlich unbeachtlich ist und keinen Rechtsscheinträger für die Inbesitznahme zugunsten der Masse darstellt.[7] Der Insolvenzverwalter schuldet eine Nutzungsentschädigung als Masseverbindlichkeit nur, soweit er die Mietsache nach Verfahrenseröffnung nutzt, ohne die Vertragserfüllung zu wählen,[8] bzw. trotz des beendeten Mietverhältnisses die Sache bewusst besitzt und weiterbenutzt.[9]

Eine weitere Fallgruppe des § 55 Abs. 1 Ziff. 1 sind **Kosten im Zusammenhang mit der Prozessführung** durch den Insolvenzverwalter. Gebührentatbestände, die bereits vor Verfahrenseröffnung verwirklicht waren, sind Insolvenzforderungen. Nach bisheriger, in Rechtsprechung und Literatur vertretener Auffassung galt dies wegen des Grundsatzes der Einheitlichkeit der Kostenentschei- 11

[1] BGH ZIP 2001, 1469 ff., 1471 = WM 2001, 1574 ff., 1576.

[2] BGH ZIP 2001, 1469 ff., 1471 mwN = WM 2001, 1574 ff., 1576 mwN; BGH BeckRS 2008, 08450.

[3] BGH ZIP 2001, 1469 ff., 1471 = WM 2001, 1574 ff., 1576.

[4] BGH ZIP 2001, 1469 ff., 1471 mwN = WM 2001, 1574 ff., 1576 mwN.

[5] BGH ZIP 2003, 854 f., 855 mwN = NZI 2003, 373 ff., 373 mwN, m. krit. Anm. *Gundlach/Frenzel.*

[6] BGH ZIP 2007, 340 ff., 341 mwN = NZI 2007, 335 ff., 336 mwN.

[7] BGH ZIP 2007, 340 ff., 342 = NZI 2007, 335 ff., 336.

[8] BGH ZIP 2007, 778 ff., 780 = NZI 2007, 335 ff., 336.

[9] OLG Hamburg ZInsO 2009, 333 ff., 334 mwN.

dung nicht, wenn ein durch Eröffnung des Insolvenzverfahrens unterbrochenes Verfahren wieder aufgenommen worden ist.[1] Dem wird entgegengehalten, dass die Einheitlichkeit der Kostenentscheidung ein kostenrechtlicher Grundsatz ist, der für die insolvenzrechtliche Einordnung der Forderung nicht maßgeblich ist und zu einer systemfremden Privilegierung des Erstattungsgläubigers führt.[2] Stattdessen ist im Hinblick auf den Gedanken des § 105 sinnvoll, die Kostenerstattungsforderung danach einzuordnen, ob der Gebührentatbestand vor oder nach Insolvenzeröffnung vollendet war.[3] Das OLG Stuttgart spricht sich im Hinblick auf § 105 grundsätzlich für eine Aufteilung des Kostenerstattungsanspruchs bei Aufnahme des Rechtsstreits durch den Insolvenzverwalter in der Berufungsinstanz aus, wenn die eingeschränkte Kostentragungspflicht bereits in der Kostengrundentscheidung getroffen worden ist.[4] Auch der BGH räumt in seinem Beschluss vom 28. September 2006[5] ein, dass die Kritik der Literatur berechtigt sein kann, falls die Unterbrechung des Rechtsstreits in einer höheren Instanz oder nach Zurückweisung an die Vorinstanz eingetreten ist. Im entschiedenen Rechtsstreit war die Unterbrechung des Rechtsstreits vor der mündlichen Verhandlung in der ersten Instanz eingetreten, weswegen der BGH keinen Anlass sah, in diesem frühen Stadium des Rechtsstreits den Kostenerstattungsanspruch aufzuteilen und lediglich die Mehrkosten nach der Aufnahme des Rechtsstreits als Masseverbindlichkeit zu qualifizieren.[6] Nach der Rechtsprechung des BGH sind daher innerhalb einer Instanz entstandene Kosten des aufgenommenen Rechtsstreits nicht danach aufzuteilen, ob sie vor oder nach der Verfahrenseröffnung entstanden sind.[7]

12 Die Aufnahme des Rechtsstreits umfasst nur den anhängigen Teil des Rechtsstreits. Bei einer Teilannahme der Revision stellen nur die aus dem geringeren noch anhängigen Streitgegenstand berechneten Gerichtskosten Masseverbindlichkeiten dar, da im Umfang der Nichtannahme der Revision die geltend gemachten Ansprüche rechtskräftig aberkannt worden sind und vom Insolvenzverwalter dementsprechend nicht weiter verfolgt werden.[8] Eine Antragstellerhaftung des Insolvenzverwalters aus dem bis zur Annahmeentscheidung maßgebenden höheren Wert scheidet daher von vornherein aus.[9]

13 Die Kosten eines Spruchverfahrens der obsiegenden Partei gegen den späteren Schuldner begründen keine Masseverbindlichkeiten, da auf das Spruchverfahren § 240 ZPO auch nicht analog anzuwenden ist und der Insolvenzverwalter nach

---

[1] Ausführlich hierzu *Nerlich/Römermann/Andres,* InsO, § 55 Rn. 17 mwN; OLG Düsseldorf ZInsO 2001, 560 ff., 561; BAG ZIP 2006, 144 ff., 146 mwN.

[2] *Kübler/Prütting/Bork/Lüke,* InsO, § 85 Rn. 58, 59.

[3] *Kübler/Prütting/Bork/Lüke,* InsO, § 85 Rn. 58, 59; MünchKommInsO-*Schumacher,* § 85 Rn. 20 mwN; *Uhlenbruck,* ZIP 2001, 1988 f.; OLG Rostock ZIP 2001, 2145 f.; *Damerius,* ZInsO 2007, 569 ff., 572.

[4] OLG Stuttgart ZInsO 2007, 43 ff., 44 mwN; BAG NZA 2008, 1208 ff., 1208 = BeckRS 2007, 48690; aA: *Damerius* ZInsO 2007, 569 ff., 572, der sich für die Aufteilung in Insolvenzforderungen und Masseverbindlichkeiten im Kostenfestsetzungsverfahren ausspricht.

[5] BGH ZInsO 2006, 1214 f., 1215.

[6] BGH ZInsO 2006, 1214 f., 1215.

[7] BGH ZIP 2006, 576 ff., 578; BGH ZInsO 2006, 1214 f., 1215; BGH BeckRS 2008, 06939.

[8] BGH ZIP 2004, 2293 f., 2293 = NZI 2005, 33 f., 34 = ZInsO 2004, 1308 f., 1309.

[9] BGH ZIP 2004, 2293 f., 2293 = NZI 2005, 33 f., 34 = ZInsO 2004, 1308 f., 1309.

der Insolvenzeröffnung über das Vermögen der Antragsgegnerin sich zwingend am Verfahren beteiligen muss, um die rechtlichen Interessen der Insolvenzmasse wahren zu können.[1]

Endet der Rechtsstreit durch Abschluss eines Vergleichs, so sind die im Rahmen der Kostengrundentscheidung übernommenen Kosten Masseschulden, soweit weder der Wortlaut des Vergleichs noch das Ergebnis einer etwaigen Auslegung des Wortlauts dafür sprechen, dass eine Differenzierung in vor und nach Aufnahme des Rechtsstreits entstandene Kosten erfolgen sollte.[2] 13a

Beauftragt der Insolvenzverwalter zur Prozessführung an einem auswärtigen Gericht einen am Sitz des Insolvenzverwalters ansässigen Prozessbevollmächtigten, so stellen die Kosten eines mit der Terminwahrnehmung beauftragten Unterbevollmächtigten in der Regel keine Maßnahmen zweckentsprechender Rechtsverfolgung i. S. d. § 91 Abs. 2 S. 1 ZPO dar.[3] Weder die Kosten des Unterbevollmächtigten noch die fiktiven Reisekosten des Insolvenzverwalters sind zu erstatten, wenn bereits im Zeitpunkt der Beauftragung des Rechtsanwaltes feststeht, dass ein eingehendes Mandantengespräch nicht erforderlich sein wird.[4] Dies ist regelmäßig dann anzunehmen, wenn es sich bei der fraglichen Partei um ein gewerbliches Unternehmen handelt, das über eine eigene, die Sache bearbeitende Rechtsabteilung verfügt, die in der Lage ist, einen am Sitz des Prozessgerichts ansässigen Prozessbevollmächtigten umfassend schriftlich zu instruieren.[5] Diese, für ein Gewerbeunternehmen entwickelten Grundsätze sind auf den Insolvenzverwalter übertragbar.[6] Im Ergebnis bedeutet dies, dass bei Vorliegen eines Regelfalls die Kosten des Unterbevollmächtigten dem Prozessbevollmächtigten zur Last gehen. Der Insolvenzverwalter kann Kosten, die keine zweckentsprechende Rechtsverfolgung i. S. d. § 91 Abs. 2 S. 1 ZPO darstellen, nicht der Insolvenzmasse belasten. 13b

Masseverbindlichkeiten werden weiter begründet, wenn Handlungen des Insolvenzverwalters zu **Schadensersatzansprüchen** führen. Dabei ist danach zu differenzieren, ob der Insolvenzverwalter den Schaden „in Ausübung seines Amtes“ oder nur „gelegentlich seiner Tätigkeit“ begangen hat.[7] Voraussetzung für die Einordnung der Forderung als Masseverbindlichkeit ist, dass der Insolvenzverwalter die Handlung in Bezug auf die Insolvenzmasse vorgenommen hat.[8] Die Haftung der Masse schließt die persönliche Inanspruchnahme des Insolvenzverwalters für insolvenzzweckwidrige Handlungen nicht aus.[9] 14

b) „In anderer Weise“ begründete Verbindlichkeiten

Hierunter fallen Unterlassungen des Insolvenzverwalters, wenn eine Amtspflicht zum Tätigwerden bestand.[10] Aus dem Wortlaut „durch die Verwaltung, Verwertung und Verteilung“ ergibt sich, dass die Verbindlichkeit unmittelbar durch den Insolvenzverwalter sachbezogen auf das Insolvenzverfahren begründet werden 15

---

[1] Vgl. BayObLG ZInsO 2002, 829 f. = InVo 2002, 407 ff.
[2] OLG Köln ZIP 2004, 2247 f., 2247.
[3] BGH ZIP 2006, 1416 f., 1417.
[4] BGH ZIP 2006, 1416 f., 1417.
[5] BGH ZIP 2006, 1416 f., 1417 mwN.
[6] BGH ZIP 2006, 1416 f., 1417.
[7] *Smid/Smid,* InsO, § 55 Rn. 10 mwN; vgl. auch ausführlich *Hess,* InsO, § 55 Rn. 85 ff.
[8] *Uhlenbruck/Berscheid,* InsO, § 55 Rn. 22 mwN; vgl. LG Bielefeld NZI 2004, 321 f.
[9] *Uhlenbruck/Berscheid,* InsO, § 55 Rn. 22 mwN.
[10] *Kilger/K. Schmidt,* § 59 KO, Anm. 1 c mwN.

muss, um als Masseverbindlichkeit Berücksichtigung finden zu können, da diesem die Verwaltung, Verwertung und Verteilung der Insolvenzmasse obliegt. §§ 35, 38, 80 und 81 legen fest, dass die durch § 35 definierte Insolvenzmasse – also einschließlich des Neuerwerbs – den Altgläubigern zur Befriedigung der Verfahrenskosten und der durch den Insolvenzverwalter begründeten Masseverbindlichkeiten zur Verfügung steht.[1] Durch den Insolvenzschuldner begründete Neuverbindlichkeiten sind daher keine Masseverbindlichkeiten.[2] Für diese Verbindlichkeiten steht das insolvenzfreie Vermögen des Schuldners als Haftungsobjekt zur Verfügung.[3] Die Rechtsprechung des BFH schränkt diese Auffassung ein: Da Masseverbindlichkeiten auch „in anderer Weise" begründet werden können, sind Masseverbindlichkeiten für die Verwaltung, Verwertung und Verteilung des schuldnerischen Vermögens nach Auffassung des BFH nicht nur solche, die vom Insolvenzverwalter begründet worden sind.[4] Maßgeblich ist, ob die umsatzsteuerpflichtige Lieferung oder Leistung aus dem insolvenzbefangenen Vermögen erbracht worden ist. Die Aufnahme einer neuen gewerblichen Tätigkeit des Schuldners begründet daher die Umsatzsteuerschuld nicht als Masseverbindlichkeit, wenn der Schuldner durch seine Arbeitskraft und mithilfe von nach § 811 Nr. 5 ZPO unpfändbaren Gegenständen steuerpflichtige Leistungen erbringt, da dann die Lieferung oder Leistung nicht aus der Insolvenzmasse heraus erbracht und somit der Insolvenzverwalter nicht umsatzsteuerpflichtig ist.[5] Ob das geschuldete Entgelt zur Masse zu ziehen ist, ist für die Entstehung der Steuerschuld unerheblich.[6]

16 **aa) Ersatzvornahmekosten bei der Beseitigung von Altlasten.** Die Verwaltungsrechtsprechung hält an ihrem Grundsatz fest, dass Verbindlichkeiten, die aus der ordnungsrechtlichen Zustandsverantwortlichkeit herrühren, nach der Insolvenzeröffnung unabhängig vom zeitlichen Entstehungszeitpunkt der Störung in Masseverbindlichkeiten gem. § 55 Abs. 1 Nr. 1 erwachsen.[7] Ob die dem Übergang der Verwaltungs- und Verfügungsbefugnis folgende Inbesitznahme ausreicht, eine ordnungsrechtliche Verantwortlichkeit für von der Masse ausgehende Störungen zu begründen, richtet sich nach den Tatbestandsvoraussetzungen des einschlägigen Ordnungsrechts.[8] Reicht allein die tatsächliche Gewalt über ein Grundstück wie in § 4 Abs. 3 S. 1 BBodSchG oder die tatsächliche Sachherrschaft über Abfälle wie in § 11 Abs. 1 i. V. m. § 3 Abs. 6 KrW-/AbfG aus, wird der Insolvenzverwalter bereits mit der Besitzergreifung ordnungspflichtig.[9] Folgt die Ordnungspflicht aus der Betreiberstellung einer nicht genehmigungspflichtigen Anlage, wie bspw. § 5 und § 22 BImSchG, so ist nach Auf-

[1] *Voigt/Gerke,* ZInsO 2002, 1054 ff., 1059.

[2] *Voigt/Gerke,* ZInsO 2002, 1054 ff., 1059 mwN; FG Hannover ZVI 2003, 479 ff.; AG Hamburg ZInsO 2005, 837.

[3] *Voigt/Gerke,* ZInsO 2002, 1054 ff., 1059 mwN; OLG Celle ZInsO 2003, 128.

[4] BFH ZIP 2005, 1376 f., 1376 mwN.

[5] BFH ZIP 2005, 1376 f. mwN; weitergehend die Vorinstanz FG Thüringen, die eine als Masseverbindlichkeit begründete Umsatzsteuerschuld ablehnt, da sich aus dem Wortlaut und der Systematik des § 55 ergäbe, dass nur der Insolvenzverwalter Masseverbindlichkeiten begründen könne: FG Thüringen ZInsO 2004, 392 ff. m. Anm. *Alter* = ZVI 2004, 487 f.

[6] BFH ZIP 2005, 1376 f., 1377.

[7] BVerwG 108, 269 ff., 272 ff. = WM 1999, 818 ff., 819 f. = ZIP 1999, 538 ff, 540 = NZI 1999, 246 f.

[8] BVerwG NZI 2005, 51 ff., 52.

[9] BVerwG NZI 2005, 51 ff., 52 mwN.

fassung des BVerwG fragwürdig, ob die Inbesitznahme bereits für die Begründung der ordnungsrechtlichen Verantwortlichkeit des Insolvenzverwalters ausreicht.[1] Im auf das Urteil vom 23. September 2004[2] Bezug nehmenden Beschluss vom 5. Oktober 2005 stellt das BVerwG klar, dass die Inbesitznahme als Sache nicht ausreicht, wenn die Ordnungspflicht an die Betreiberstellung geknüpft ist.[3] Vielmehr muss zur Begründung der an die Stellung als Betreiber einer Anlage nach § 5 BImSchG anknüpfenden Ordnungspflicht die Anlage nach Inbesitznahme – wenn auch nur für kurze Zeit – durch betriebsgestaltendes Handeln fortgeführt worden sein.[4] Soweit die Ordnungspflicht sich nicht aus der Verantwortlichkeit für den aktuellen Zustand ergibt, sondern an ein in der Vergangenheit liegendes Verhalten anknüpft, wie etwa der Verursachung einer schädlichen Bodenveränderung oder Altlast (§ 4 Abs. 3 S. 1 BBodSchG) oder der Erzeugung von Abfall (§ 11 Abs. 1 i. V. m. § 3 Abs. 5 KrW-/AbfG), führt die Besitzergreifung nicht zur Verantwortlichkeit des Insolvenzverwalters, denn seine Sachherrschaft hat keinen Bezug zu den Voraussetzungen, die das Ordnungsrecht in diesen Fällen an die Störereigenschaft stellt.[5] Die Kosten der Ersatzvornahme begründen dann lediglich Insolvenzforderungen.[6] Trifft die ordnungsrechtliche Verantwortlichkeit den Insolvenzverwalter, handelt es sich um eine persönliche Verpflichtung, die als Masseverbindlichkeit gem. § 55 Abs. 1 Nr. 1 zu erfüllen ist.[7]

Der Insolvenzverwalter kann durch Freigabe des Grundstücks die **ordnungsrechtliche** Haftung beenden, da durch die Beendigung der tatsächlichen Sachherrschaft die bodenschutzrechtlichen Voraussetzungen für eine weitere Inanspruchnahme fehlen.[8] Die Freigabe ist nicht sittenwidrig i. S. d. § 138 BGB und damit nichtig, wenn sie zur Beendigung der ordnungsrechtlichen Haftung dient, da damit die Masse von nicht verwertbaren Gegenständen entlastet werden soll.[9] Die Freigabe kann jedoch auch ordnungsrechtlich ins Leere gehen, etwa wenn der Anknüpfungspunkt die ehemalige Betreiberstellung ist oder wenn der Gesetzgeber ordnungsrechtliche Wirkungen wie bei der Eigentumsaufgabe nach § 4 Abs. 3 S. 4 2. Hs. BBodSchG abspricht.[10] Eine analoge Anwendung dieser Norm auf die Freigabe durch den Insolvenzverwalter ist nicht möglich, da sowohl eine Gesetzeslücke als auch eine vergleichbare Interessenlage fehlen.[11] 17

Die Freigabeerklärung geht nach Auffassung des BVerwG jedoch ordnungsrechtlich ins Leere, wenn sich trotz der Freigabeerklärung die faktischen Besitzverhältnisse nicht ändern, die Freigabeerklärung tatsächlich folgenlos bleibt.[12] Noch weiter geht der BayVGH in seinem Urteil vom 4. Mai 2005, der darüber hinaus verlangt, dass der Schuldner auf die Freigabe reagiert und Maßnahmen zur 17a

[1] BVerwG NZI 2005, 51 ff., 52.
[2] BVerwG NZI 2005, 51 ff.
[3] BVerwG ZInsO 2006, 495 f., 496.
[4] BVerwG ZInsO 2006, 495 f., 496.
[5] BVerwG NZI 2005, 51 ff., 52.
[6] BVerwG NZI 2005, 51 ff., 52; BVerwG ZInsO 2004, 917 ff., 919 m. Anm. *Vierhaus* für den Abfallbesitzer einer nicht genehmigungsbedürftigen Anlage.
[7] BVerwG NZI 2005, 51 ff., 52.
[8] BVerwG NZI 2005, 51 ff., 52 f.
[9] BVerwG NZI 2005, 51 ff., 53.
[10] BVerwG NZI 2005, 51 ff., 53.
[11] BVerwG NZI 2005, 51 ff., 53.
[12] BVerwG ZInsO 2006, 495 f., 496.

Wiederinbesitznahme der freigegebenen Gegenstände ergreift.[1] Diese Auffassung ist dahingehend einzuschränken, dass es erforderlich, aber auch ausreichend ist, dem Schuldner gem. §§ 854 ff. BGB den Besitz einzuräumen, damit er die wiedererlangte Verfügungsbefugnis ausüben kann. Ob der Schuldner die Sachherrschaft tatsächlich ausübt, ist die Angelegenheit des Schuldners und für die Ausgliederung des Gegenstandes aus dem Insolvenzbeschlag durch die Freigabe ohne Belang.

18 Der BGH hat in einem zivilrechtlichen Zustandsstörerfall die Zäsurwirkung der Insolvenzeröffnung bestätigt und den einheitlichen Beseitigungsanspruch in Bezug auf die Kostenfolge getrennt, sodass lediglich Beseitigungskosten, die aus Störungen herrühren, die nach Insolvenzeröffnung entstanden sind und dem Insolvenzverwalter zuzurechnen sind, als Masseverbindlichkeiten erwachsen, siehe § 38 Rn. 20.[2] Falls die Ordnungspflicht bereits gegen den Insolvenzverwalter tituliert sein sollte, erwachsen Ersatzvornahmekosten in Masseverbindlichkeiten, siehe § 38 Rn. 22.

19 Zu den in anderer Weise begründeten Verbindlichkeiten i. S. d. § 55 Abs. 1 Nr. 1 zählt die Umlageforderung der BaFin zur Deckung der Kosten der Behörde und der Prüfstelle für Rechnungslegung nach § 16 Abs. 1 und § 17 d FinDAG, die entstehen, weil die Aktien der insolventen Gesellschaft nach Eröffnung des Insolvenzverfahrens weiter gehandelt und notiert werden.[3] Umlagepflichtig sind die im Inland ansässigen Emittenten, deren Wertpapiere an einer inländischen Börse zum Handel zugelassen sind, bzw. die Unternehmen, deren Wertpapiere an einer inländischen Börse zum Handel im amtlichen oder geregelten Markt zugelassen sind, sodass es rechtlich unbeachtlich ist, dass die im Fremdbesitz befindlichen Wertpapiere einer börsennotierten Gesellschaft nicht zu ihrem Vermögen und damit auch nicht zur Insolvenzmasse zählen.[4]

bb) Steuerverbindlichkeiten

20 **aaa) Umsatzsteuer.** Bei Leistungen, die im Rahmen von Dauerschuldverhältnissen erbracht wurden, ist die vor Verfahrenseröffnung angefallene, rückständige Umsatzsteuer Insolvenzforderung. Aus dem Rechtsgedanken des § 105 ergibt sich, dass dies auch dann gilt, wenn der Insolvenzverwalter die Vertragserfüllung wählt.[5]

21 Fällt die Insolvenzeröffnung in den Umsatzsteuervoranmeldungszeitraum, erfolgt die Aufteilung zunächst vorläufig nach dem Verhältnis der Umsätze.[6] Die genaue Aufteilung erfolgt anschließend bspw. im Rahmen einer Umsatzsteuersonderprüfung.[7] Ein Umsatzsteuerberichtigungsanspruch nach § 15 a UStG wird dann Masseverbindlichkeit, wenn der steuerliche Tatbestand nach Insolvenzeröffnung erfüllt ist. Bei der Besteuerung nach vereinnahmten Entgelten (Ist-Besteuerung) entsteht nach der Auffassung des BFH[8] die Umsatzsteuerschuld mit Entgeltvereinnahmung i. S. d. § 13 Abs. 1 Nr. 1 b UStG, sodass die Umsatzsteuer als Masseverbindlichkeit gem. § 55 Abs. 1 Nr. 1 entsteht, wenn das Entgelt für die vor Verfahrenseröffnung erbrachte Leistung nach Verfahrenseröffnung bezahlt wird.[9]

---

[1] BayVGH ZInsO 2006, 496 ff., 500.
[2] BGH ZIP 2001, 1469 ff.; BGH ZIP 2002, 1043 ff.
[3] VGH Kassel ZIP 2007, 1999 ff., 2000 = BeckRS 2007, 27109.
[4] VGH Kassel ZIP 2007, 1999 ff., 2000 = BeckRS 2007, 27109.
[5] *Nerlich/Römermann/Andres,* InsO, § 55 Rn. 36; aA: BFH BB 1978, 1249 ff., 1249.
[6] *Viertelhausen,* InVo 2002, 45 ff., 48.
[7] *Viertelhausen,* InVo 2002, 45 ff., 48, mwN.
[8] AA: HambKomm-*Lüdtke,* InsO, § 38 Rn. 53.
[9] BFH NZI 2009, 447 f. m. zust. Anm. *de Weerth* = DStR 2009, 851 ff.

Eine nach § 4 Nr. 9 a UStG umsatzsteuerfreie Veräußerung eines Grundstückes durch den Insolvenzverwalter ist risikobehaftet, da diese zu einem Vorsteuerberichtigungsanspruch des Finanzamtes führt, der für den max. 10-jährigen Berichtigungszeitraum zu ermitteln ist und als Masseverwertungsmaßnahme als Masseverbindlichkeit zu begleichen ist, für deren Erfüllung der Verwalter persönlich nach §§ 60, 61 und 69 AO haften kann.[1] 22

Bei der Kaufvertragsgestaltung sollte geklärt werden, ob der Schuldner zur Umsatzsteuer gem. § 9 Abs. 1 UStG optiert hat und die Veräußerung damit umsatzsteuerpflichtig ist. Ist die tatsächliche Klärung nicht möglich (unkooperativer Schuldner, unbeantwortete Anfragen beim Finanzamt) und scheidet die Grundstücksveräußerung im Rahmen einer nicht umsatzsteuerbaren Betriebsveräußerung aus, siehe § 1 Abs. 1 a UStG,[2] empfiehlt es sich, eine Auffangklausel in den Vertrag aufzunehmen, dass die Parteien davon ausgehen, dass die Veräußerung nicht umsatzsteuerpflichtig ist, der Käufer sich jedoch verpflichtet, die Umsatzsteuer nachzuentrichten, falls diese Annahme unzutreffend sein sollte. Unterliegt die Schuldnerin der Soll-Versteuerung, sollte weiter darauf geachtet werden, dass die Umsatzsteuer unabhängig von der Finanzierung des Nettokaufpreises sofort fällig gestellt wird. Eine Vertragsgestaltung, wonach der Käufer seinen Vorsteueranspruch an den Verkäufer mit dem Ziel abtritt, beim Finanzamt des Verkäufers den Vorsteueranspruch mit der Umsatzsteuerschuld des Verkäufers zu verrechnen,[3] ist für den Verkäufer riskant, da ein Umsatzsteuererstattungsanspruch aus einer bestimmten Rechnung nicht isoliert abgetreten werden kann, sondern nur die Umsatzsteuererstattungsansprüche aus einem bestimmten Zeitraum, in den alle umsatzsteuerpflichtigen Vorgänge des abtretenden Käufers fließen.[4] Ob in diesem Zeitraum überhaupt ein Erstattungsanspruch entsteht, weil beim Käufer möglicherweise steuerlich eine Verrechnungssituation vorliegt, hat der Verkäufer nicht in der Hand. 23

Nach einer Entscheidung des BFH soll auch die echte Freigabe zur Belastung der Insolvenzmasse mit der **Umsatzsteuer als Masseverbindlichkeit** führen können. Eine Differenzierung zwischen echter und modifizierter Freigabe könne dahinstehen.[5] Bislang betrachtete der BFH eine echte Freigabe als einen nicht umsatzsteuerbaren unternehmensinternen Vorgang, da der Schuldner Träger des insolvenzfreien und des insolvenzbefangenen Unternehmensteils bleibt. Eine spätere Verwertung durch den Sicherungsnehmer oder den Schuldner selbst führte nach der bisherigen Auffassung zu einer Steuerforderung gegen das insolvenzfreie Vermögen.[6] Im vom BFH entschiedenen Fall gab der Insolvenzverwalter ein Grundstück frei, welches vom Schuldner freihändig veräußert wurde. Der 24

---

[1] *Take,* ZInsO 2001, 546 ff., 546, 548 mwN; FG Düsseldorf, ZInsO 2001, 426 ff. Das Finanzamt Düsseldorf hatte entschieden, dass bereits der Verzicht auf die Umsatzsteuerbefreiung in der Kenntnis, dass eine durch den Verzicht anfallende Umsatzsteuerschuld nicht beglichen werden kann, eine grob pflichtwidrige Verletzung der Verwalterpflichten sei und die persönliche Haftung des Verwalters für den Steuerbetrag auslöse. Damit wird dem Insolvenzverwalter die Entscheidungsmöglichkeit, ob er zur Umsatzsteuer optiert, genommen.

[2] *Take,* ZInsO 2001, 546 ff., 546.

[3] Zu den Voraussetzungen s. *Take,* ZInsO 2001, 546 ff., 549.

[4] *Take,* ZInsO 2001, 546 ff., 549.

[5] BFH ZIP 2002, 230.

[6] Siehe Entwicklung der Rspr. nebst Nachweisen bei *Onusseit,* ZIP 2002, 1344 ff.

Verwertungserlös zzgl. Umsatzsteuer wurde an die Grundpfandgläubiger ausgekehrt, sodass deren Forderungen gegenüber dem Schuldner reduziert wurden. Wegen dieser Passiventlastung belastete der BFH die Insolvenzmasse mit der Umsatzsteuer. Der BFH verkennt, dass darauf abzustellen ist, ob das Grundstück zum für § 3 Abs. 1 UStG maßgeblichen Zeitpunkt der Veräußerung noch zur Insolvenzmasse gehört.[1] Entgegen der Auffassung des BFH ist es daher notwendig, zwischen der modifizierten und der echten Freigabe aus der Insolvenzmasse zu unterscheiden.[2] Die Umsatzsteuer fällt zulasten der Vermögensmasse an, aus der heraus die Leistung erfolgt ist, sodass bei einer Veräußerung nach einer echten Freigabe sich die Steuerforderung gegen das insolvenzfreie Vermögen richtet, da durch die Freigabe an den Schuldner dieser lediglich die Verfügungsbefugnis über den freigegebenen Gegenstand zurückerhält. Die Beendigung der Verfügungsgewalt des Insolvenzverwalters durch Freigabe ist kein umsatzsteuerbarer Vorgang.[3] Aus Haftungsgründen ist es dem Insolvenzverwalter zu raten, mit der Grundpfandgläubigerin vorsorglich eine Freistellungsvereinbarung oder eine Nettokaufpreisabrede abzuschließen, bis sich der BFH von dieser Rechtsprechung entfernt. Zur Freigabe siehe § 35 Rn. 9 ff.

25 Nach der Rechtsprechung des BFH ist der mit der Grundpfandgläubigerin bei freihändiger Veräußerung des Grundstücks vereinbarte Kostenbeitrag der Umsatzsteuer unterworfen, da der Insolvenzverwalter ähnlich wie ein Makler eine Leistung gegen Entgelt erbringe.[4] Dies wird vom BFH aus der fehlenden Verpflichtung des Insolvenzverwalters zur freihändigen Verwertung und der Freigabemöglichkeit bei überschuldeten Grundstücken hergeleitet, siehe auch § 165 Rn. 19 f.[5] Dieser Auffassung wird entgegengehalten, dass die Verwertungstätigkeit des Insolvenzverwalters, die unstreitig das Recht zur freihändigen Verwertung von Immobilien umfasst, zugunsten der Gläubigergesamtheit und der Masse erfolgt.[6] Freiwilligen Kostenbeiträgen der Grundpfandgläubiger zugunsten der Insolvenzmasse liegt daher ebenso wie den gesetzlichen Kostenbeiträgen keine Leistung im umsatzsteuerlichen Sinn zugrunde, weil kein Leistungsaustausch erfolgt ist.[7] Zur Begründung von Umsatzsteuerverbindlichkeiten durch den Schuldner siehe Rn. 15.

25a Überlässt der Insolvenzverwalter die Verwertung von sicherungsübereigneten beweglichen Gegenständen dem absonderungsberechtigten Gläubiger, so erstarkt die Sicherungsübereignung zur Lieferung, da der absonderungsberechtigte Gläubiger die vollständige Verfügungsmacht über die Sicherungsgegenstände erhält.[8] Die Umsatzsteuer aus dieser Lieferung stellt eine Masseverbindlichkeit dar, die gem. § 171 Abs. 2 S. 3 vom absonderungsberechtigten Gläubiger der Masse zu erstatten ist. Der Sicherungsnehmer hat den Vorsteuerabzug aus dieser Lieferung und stellt für die Lieferung dem Insolvenzverwalter eine Gutschrift gem. § 14 V UStG aus.[9] Gegenüber dem Erwerber wird eine Rechnung ausgestellt (Doppel-

---

[1] *Onusseit,* ZIP 2002, 1344 ff., 1347.
[2] *Onusseit,* ZIP 2002, 1344 ff., 1347.
[3] *Uhlenbruck,* InsO, § 35 Rn. 28 mwN.
[4] BFH DZWIR 2005, 247 ff., 248.
[5] BFH DZWIR 2005, 247 ff., 248.
[6] *de Weerth,* DZWIR 2005, 375 f., 375.
[7] *de Weerth,* DZWIR 2005, 375 f., 375.
[8] *Ganter/Brünink,* NZI 2006, 257 ff., 258.
[9] *Ganter/Brünink,* NZI 2006, 257 ff., 258.

umsatz).[1] Soweit der Sicherungsnehmer ein Kreditinstitut ist, besteht der Vorsteuerabzug, da die Lieferung nicht im Zusammenhang mit steuerfreien Kreditgeschäften nach § 4 Nr. 8 UStG steht.[2]

Wird das Sicherungsgut durch den Sicherungsnehmer nach § 168 Abs. 2 S. 1 InsO übernommen, hat der absonderungsberechtigte Gläubiger der Masse die aus der Lieferung entstehende Umsatzsteuer zu ersetzen, wobei sich die Höhe der Umsatzsteuer, die nicht mit der gesicherten Forderung verrechnet werden darf, nach dem vereinbarten Übernahmepreis richtet.[3]

bbb) Ertragsteuer. Bei der Auflösung stiller Reserven soll die einkommensteuerrechtlich relevante Handlung nach der Rechtsprechung des BFH nicht das Ansammeln und Halten der stillen Reserven, sondern die Verwertung der stillen Reserve sein.[4] Steuerforderungen, die aus der Verwertung des Gegenstandes über dem Buchwert resultieren, seien daher Masseverbindlichkeiten, da die Erfolgswirksamkeit des Gewinns nach der Eröffnung des Insolvenzverfahrens eingetreten sei. Die steuerrechtliche Literatur differenziert zutreffenderweise bei der Aufdeckung stiller Reserven nach dem Zeitpunkt der Ansammlung[5] und – nach Insolvenzeröffnung – danach, ob die Ansammlung der stillen Reserve in der Masse oder im insolvenzfreien Vermögen erfolgte.[6] Dem ist entgegenzuhalten, dass die stille Reserve mit ihrem Vorhandensein bereits einen Gewinn verkörpert, der jedoch noch nicht realisiert und der Besteuerung unterworfen ist.[7] Die Insolvenzeröffnung hat auf den Wert des Gegenstandes keinen Einfluss. Durch die Verwertung wird die stille Reserve lediglich aufgedeckt.[8] Ist die Wertsteigerung des Gegenstandes erst nach Insolvenzeröffnung erfolgt, so ist die stille Reserve im eröffneten Verfahren entstanden, sodass die hieraus sich ergebende Steuerforderung eine Masseverbindlichkeit darstellt.[9] 26

ccc) Lohnsteuer entsteht in dem Zeitpunkt, in dem die Gehaltszahlung erfolgt, unabhängig von dem Zeitraum, für den die Zahlung erfolgt.[10] Allein der Zuflusszeitpunkt entscheidet über die Einordnung als Masseverbindlichkeit oder als Insolvenzforderung.[11] 27

ddd) Gewerbesteuer. Die Gewerbesteuer wird einheitlich für das Kalenderjahr auf der Grundlage des wirtschaftlichen Ergebnisses des Vorjahres erhoben. Nach § 18 GewStG entsteht die Steuerschuld nach Ablauf des Erhebungszeitraums, sodass eine Aufteilung der Steuerschuld auf die Zeit vor und nach Insolvenzeröffnung vorzunehmen ist.[12] 28

---

[1] *Ganter/Brünink,* NZI 2006, 257 ff., 258.
[2] *Ganter/Brünink,* NZI 2006, 257 ff., 258.
[3] *Ganter/Brünink,* NZI 2006, 257 ff., 258 mwN.
[4] BFH ZIP 1994, 1287.
[5] *Frotscher,* Besteuerung bei Insolvenz, S. 126 ff., 130.
[6] *Onusseit,* Steuern in der Insolvenz, S. 171 ff., 172 mwN.
[7] *Frotscher,* Besteuerung bei Insolvenz, S. 128 f.
[8] *Frotscher,* Besteuerung bei Insolvenz, S. 129 f.
[9] *Frotscher,* Besteuerung bei Insolvenz, S. 130; *Onusseit,* Steuern in der Insolvenz, S. 170 ff., 173.
[10] *Viertelhausen,* InVo 2002, 45 ff., 48 mwN.
[11] *Viertelhausen,* InVo 2002, 45 ff., 48.
[12] *Nerlich/Römermann/Andres,* InsO, § 55 Rn. 64 mwN.

29 **eee) Kfz-Steuer.** Die Verfahrenseröffnung bewirkt eine Zäsur. Die Kfz-Steuerschuld ist aufzuteilen auf die Tage vor der Eröffnung des Verfahrens, die Kfz-Steuerschuld dieses Zeitraums ist eine Insolvenzforderung nach § 38, und auf die Tage nach Eröffnung des Verfahrens.[1] Nach Verfahrenseröffnung entstehende Kfz-Steuer ist im Fall der Nutzung des Fahrzeugs als Masseverbindlichkeit zu entrichten, andernfalls bei Nutzung außerhalb der Masse aus dem insolvenzfreien Vermögen des Schuldners.[2] Hinsichtlich für den Zeitraum nach Verfahrenseröffnung entrichteter Kfz-Steuer entsteht nach Beendigung der Steuerpflicht im Zeitpunkt der Verfahrenseröffnung ein Erstattungsanspruch, gegen den das Finanzamt mit Insolvenzforderungen aufrechnen kann.[3] Nach der Auffassung des BGH beendet die Freigabe eines Fahrzeugs nicht die Steuerpflicht des Insolvenzverwalters.[4] Die Beendigung der Kfz-Steuerpflicht setze die Beendigung der Haltereigenschaft des Insolvenzverwalters voraus, selbst wenn das Fahrzeug nicht im Besitz des Schuldners oder des Insolvenzverwalters ist.[5] Der Auffassung des BFH ist entgegenzuhalten, dass die Kraftfahrzeugsteuer eines Fahrzeuges, welches sich weder im Besitz des Insolvenzverwalters noch im Besitz des Schuldners befindet, nicht durch eine Handlung des Insolvenzverwalters entsteht. Die Verbindlichkeit ist auch nicht in anderer Weise durch die Verwaltung, Verwertung und Verteilung begründet worden, wenn das Fahrzeug vor der Anordnung der Sicherungsmaßnahme entwendet, vom Schuldner verkauft oder unterschlagen worden ist. Die Rechtsprechung des BFH ist daher nicht mit § 55 Abs. 1 Ziff. 1 vereinbar.

30 **fff) Grundsteuer.** Gem. § 9 Abs. 2 GrStG wird die Grundsteuer nach den Verhältnissen zu Beginn des Kalenderjahres festgesetzt, wobei die Steuer mit dem Beginn des Kalenderjahres entsteht, für das die Steuer festzusetzen ist. Der die Grundsteuer auslösende Tatbestand wird daher mit Jahresbeginn verwirklicht und stellt im Kalenderjahr der Insolvenzeröffnung eine Insolvenzforderung nach § 38 InsO dar.[6] Rückständige Grundsteuern ruhen allerdings als öffentliche Last auf dem Grundstück, § 12 GrStG. Die im darauf folgenden Kalenderjahr entstehende Grundsteuer entsteht als Masseverbindlichkeit gem. § 55 Abs. 1 Ziff. 1. Bei strukturell bedingtem Leerstand kann auf Antrag die Grundsteuer (teilweise) erlassen werden, § 34 GrStG. Scheidet das Grundstück aus dem Insolvenzbeschlag durch Freigabe oder durch Anordnung der Zwangsverwaltung aus, ist der Verwalter nicht mehr zur Nutzung und Verwaltung des Grundstücks befugt, sodass die Grundsteuerforderung nicht mehr der Insolvenzmasse zur Last gelegt werden kann.[7]

31 **cc) Gefährdungshaftungstatbestände.** Eine weitere Fallgruppe der in sonstiger Weise entstehenden Masseverbindlichkeiten sind solche aus Gefährdungshaftungstatbeständen (§ 7 StVG, § 833 BGB, § 1 UmweltHG, §§ 836, 837 BGB).[8]

---

[1] BFH ZInsO 2005, 495 f. 495 mwN = BFH ZIP 2005, 264 ff., 265 mwN.

[2] BFH ZInsO 2005, 495 ff., 495 = BFH ZIP 2005, 264 ff., 265; FG Münster ZInsO 2009, 441 f., 442.

[3] BFH ZInsO 2005, 495 ff., 495 = BFH ZIP 2005, 264 ff., 265.

[4] BFH ZIP 2008, 283; FG München ZIP 2006, 1881 f.

[5] BFH ZIP 2008, 283; BFH NZI 2008, 120; BFH NZI 2008, 59 ff., 60 m. Anm. *Henkel.*

[6] *Hess,* InsO, § 55 Rn. 793.

[7] *Hess,* InsO, § 55 Rn. 795 f. mwN für die Anordnung der Zwangsverwaltung.

[8] *Gottwald/Klopp/Kluth,* InsHdb., § 56 Rn. 14 mwN.

3. Masseverbindlichkeiten nach § 55 Abs. 1 Ziff. 2

Im Rahmen des § 55 Abs. 1 Ziff. 2 ist zu differenzieren zwischen Verträgen, deren Erfüllung der Insolvenzverwalter wählt, und solchen, die er bis zur Beendigung des Vertragsverhältnisses erfüllen muss (oktroyierte Erfüllung). 32

a) Erfüllungswahlrecht des Insolvenzverwalters

Wählt der Insolvenzverwalter nach den §§ 103 ff. die Erfüllung eines gegenseitigen Vertrages, so hat dies zur Folge, dass die Ansprüche des Vertragspartners Masseverbindlichkeiten werden, und zwar bezüglich des Hauptanspruches sowie aller Nebenansprüche (etwa Schadensersatz-, Gewährleistungs-, Surrogatsansprüche).[1] 33

Bei teilbaren Leistungen, insbesondere Dauerschuldverhältnissen, stellt § 105 nunmehr klar, dass bei Erfüllungswahl hinsichtlich der noch ausstehenden Leistung nur die nach Eröffnung des Insolvenzverfahrens entstehenden Ansprüche des Vertragspartners Masseverbindlichkeiten werden. 34

b) Oktroyierte Vertragserfüllung

Masseverbindlichkeiten werden auch bei Verträgen begründet, die der Insolvenzverwalter bis zur Beendigung des Vertragsverhältnisses durch Kündigung, Aufhebungsvertrag oder Fristablauf erfüllen muss. Besondere Kündigungs- und Rücktrittsrechte ergeben sich aus §§ 109, 113. 35

aa) Miet- und Pachtverhältnisse. Ein Fortsetzungszwang besteht bei den in § 108 Abs. 1 geregelten Dauerschuldverhältnissen wie Miet- und Pachtverhältnisse von unbeweglichen Gegenständen oder Räumen. § 108 enthält in Abs. 2 eine Zäsur, dass nur nach Verfahrenseröffnung entstehende Ansprüche Masseverbindlichkeiten werden. Beim Mobilienleasing ist § 108 nicht anwendbar mit der Folge, dass der Insolvenzverwalter das Erfüllungswahlrecht nach § 103 Abs. 1 hat.[2] Im Falle des Refinanzierungsleasings ergibt sich der Fortsetzungszwang aus § 108 Abs. 1 S. 2. 36

Nach Insolvenzeröffnung entstandene **Erbbauzinsansprüche** gem. § 9 Abs. 1 S. 1 ErbbauVO, §§ 1105, 1107, 1147 BGB stellen keine Masseverbindlichkeiten nach § 55 Abs. 1 Nr. 2 dar, da der Erbbaurechtsvertrag, in dem für die Bestellung des Erbbaurechts ein Erbbauzins vereinbart wird, ein beiderseits zum Zeitpunkt der Verfahrenseröffnung noch nicht vollständig erfüllter Vertrag ist.[3] Der Vertrag über die Bestellung eines Erbbaurechts ist ausschließlich als Rechtskauf anzusehen, der seitens des Grundstückseigentümers mit der Bestellung des Erbbaurechts und der Einräumung des Besitzes an den Erbbauberechtigten vollständig erfüllt wird.[4] Eine entsprechende Anwendung des § 108 auf den Erbbaurechtsvertrag scheidet aus, da der Erbbaurechtsvertrag gerade kein Dauerschuldverhältnis begründet und nicht kündbar ist.[5] 36a

---

[1] *Gottwald/Klopp/Kluth,* InsHdb., § 56 Rn. 18 mwN.
[2] *Gottwald/Klopp/Kluth,* InsHdb., § 56 Rn. 23.
[3] BGH NZI 2006, 97 f. = ZIP 2005, 2267 f.
[4] BGH NZI 2006, 97, 98 = ZIP 2005, 2267, 2268.
[5] BGH NZI 2006, 97, 98 = ZIP 2005, 2267, 2268.

37 **bb) Dienstverhältnisse.** Dienstverhältnisse bestehen mit Wirkung für und gegen die Masse fort, § 108 Abs. 1. Nach Verfahrenseröffnung werden neu entstehende Ansprüche Masseverbindlichkeiten, § 108 Abs. 2.

Die insolvenzrechtliche Einordnung von dienstvertraglichen Ansprüchen auf **Überbrückungs- und Altersruhegeld,** die der Dienstherr für den Fall der Nichtverlängerung des Anstellungsvertrages eines Angestellten bis zum Erreichen des Rentenalters schuldet, richtet sich entsprechend dem in §§ 55 Abs. 1 Nr. 2 und 108 Abs. 2 festgehaltenen Aufteilungsgedanken nach dem Zeitpunkt, wann der Anspruch „erdient" ist.[1] Die vor der Insolvenzeröffnung erdienten Ansprüche stellen Insolvenzforderungen dar; die während des eröffneten Verfahrens erdienten Anteile sind Masseverbindlichkeiten.[2] Zur Einordnung der Vergütungsansprüche aus **Altersteilzeitverträgen** siehe § 38 Rn. 18 a. Leistet ein Arbeitnehmer durch eine Teilzeitvereinbarung einen Sanierungsbeitrag und soll der Arbeitnehmer bei Insolvenz des Arbeitgebers für die letzten 12 Monate vor dem Ausscheiden in Bezug auf die monatliche Vergütung so gestellt werden, wie er ohne die Teilzeitvereinbarung gestanden hätte, wobei für diesen Zeitraum die volle Arbeitsleistung verlangt werden kann, so ist diese Vereinbarung weder anfechtbar noch ist sie sittenwidrig.[3] Die Vergütungsdifferenzen sind für den Zeitraum nach der Insolvenzeröffnung Masseverbindlichkeiten gem. § 55 Abs. 1 Ziff 2 2. Alt.[4]

38 Masseverbindlichkeiten werden die nach Verfahrenseröffnung entstehenden Ansprüche auf **Kranken- und Urlaubsgeld und Urlaubsabgeltungsansprüche.** Der Urlaubsanspruch wird den letzten Tagen vor der rechtlichen Beendigung des Arbeitsverhältnisses zugeordnet und erwächst dem Zeitpunkt der Entlassung gemäß entweder als Insolvenzforderung oder als Masseverbindlichkeit. Dieses Schicksal teilt der Urlaubsabgeltungsanspruch, der gem. § 7 Abs. 4 BUrlG erst mit Beendigung des Arbeitsverhältnisses entsteht.[5] Dies gilt auch für Urlaubsansprüche aus dem Vorjahr, soweit diese infolge rechtzeitiger Geltendmachung nach den tariflichen Bestimmungen nicht mit Ablauf des 31. März verfallen sind.[6] Wegen des Entstehens des Urlaubsabgeltungsanspruchs mit Beendigung des Arbeitsverhältnisses wird der Urlaubsabgeltungsanspruch vom Ausschluss des § 184 Abs. 1 Nr. 1 SGB III erfasst und ist nicht insolvenzgeldfähig.[7] Ist arbeitsvertraglich oder tariflich ein zusätzliches Urlaubsgeld vereinbart, folgt die rechtliche Einordnung des Anspruchs den für das Urlaubsentgelt entwickelten Grundsätzen, wenn das Urlaubsgeld vom Bestand des Urlaubsanspruchs abhängig gemacht worden ist.[8]

39 Bei betrieblichen **Sonderzuwendungen** ist zu beachten und durch Auslegung des Arbeitsvertrages zu ermitteln, ob es sich um stichtagsbezogene Einmalzahlungen handelt, die nur dann Masseverbindlichkeiten darstellen, wenn der Stichtag nach der Insolvenzeröffnung liegt, oder um aufgeschobenes, zu ratierendes

[1] BGH ZIP 2008, 279 ff., 280 mwN.
[2] BGH ZIP 2008, 279 ff., 280 mwN.
[3] BAG ZIP 2006, 1366 ff., 1369 mwN.
[4] BAG ZIP 2006, 1366 ff., 1368 mwN.
[5] BAG ZIP 2003, 1802 ff., 1804 mwN; LAG Hamm DZWIR 2002, 194 ff., 196 mwN (Vorinstanz).
[6] LAG Hamm ZInsO 2002, 785 ff. = NZI 2003, 47 ff.; BAG ZInsO 2006, 112 LS = ZIP 2005, 1653 ff., 1655 f.
[7] BSG DZWIR 2002, 381 f.
[8] BAG ZIP 2005, 1653 ff., 1655.

Arbeitsentgelt, welches anteilig auf den Stichtag der Insolvenzeröffnung berechnet als Masseverbindlichkeit entsteht.

40 Bei der Abwicklung einer Bauinsolvenz ist die **Winterbauumlage** nach §§ 354 ff. SGB III eine Masseverbindlichkeit, wenn der Insolvenzverwalter Erfüllung wählt und das geschuldete Bauvorhaben fertigstellt.[1]

41 Bei **Abfindungen** nach §§ 9, 10 KSchG ist der Zeitpunkt der Kündigung maßgeblich.[2] Schließt der Insolvenzverwalter nach Eröffnung des Verfahrens im Rahmen eines vor Insolvenzeröffnung rechtshängig gemachten Kündigungsschutzprozesses einen Abfindungsvergleich, so erwächst die Abfindung als Masseverbindlichkeit, es sei denn, im Abfindungsvergleich ist ausdrücklich ein Rangrücktritt auf den Rang einer Insolvenzforderung vereinbart worden.[3] Zu **arbeitsvertraglich** oder **tarifvertraglich** geregelten **Abfindungen** siehe § 38 Rn. 14.

42 Ansprüche auf **Karenzentschädigung** aus einem vor Insolvenzeröffnung begründeten Wettbewerbsverbot sind für den Zeitraum nach der Insolvenzeröffnung Masseverbindlichkeiten, sofern und soweit das Wettbewerbsverbot fortbesteht.[4]

43 Nimmt ein Arbeitnehmer, nachdem er den Insolvenzverwalter in Annahmeverzug der Arbeitsleistung gesetzt hat, eine neue, schlechter bezahlte Arbeit an, ohne sein altes Arbeitsverhältnis mit dem Schuldner zu beenden, ist ein etwaiger sich aus dem Differenzbetrag ergebender Verdienstausfall eine Masseverbindlichkeit.[5] Die Ermittlung des anderweitigen Verdienstes i. S. v. § 615 S. 2 BGB erfolgt nicht nach einzelnen Zeitabschnitten, sondern im Wege einer Gesamtberechnung, bei der die Vergütung für die infolge des Verzuges nicht geleisteten Dienste ermittelt wird und dieser Gesamtvergütung die in dieser Zeit anderweitig erworbenen Vergütungen gegenübergestellt werden.[6]

44 Gewährt die Bundesagentur für Arbeit dem vom Insolvenzverwalter freigestellten Arbeitnehmer **Arbeitslosengeld** im Rahmen der Gleichwohlgewährung gem. § 143 Abs. 3 SGB III, gehen in dieser Höhe die Lohnansprüche auf die Bundesagentur für Arbeit als Masseverbindlichkeit über.[7] In Höhe der Differenz zwischen Arbeitslosengeld und Arbeitslohn behält der Arbeitnehmer eine Masseforderung, die, soweit noch die KO Anwendung findet, den gleichen Rang innehat wie die auf die Bundesagentur für Arbeit übergegangenen Ansprüche.[8] Insbesondere im Falle der Masseunzulänglichkeit empfiehlt es sich, spätestens nach der Anzeige der Masseunzulänglichkeit sämtliche nicht mehr zur Abwicklung benötigten Arbeitsverhältnisse zu kündigen und die betroffenen Arbeitnehmer von der Erbringung der Arbeitsleistung freizustellen, da der Insolvenzverwalter bei Masseunzulänglichkeit das Risiko trägt, für die Zeit nach dem ersten rechtlich möglichen Kündigungstermin auf Ersatz der entgangenen Leistungen der Bundesanstalt für Arbeit gem. § 61 zu haften, welche der Arbeitnehmer im Falle der rechtzeitigen Kündigung erhalten hätte.[9] Für eine Schadensersatzklage

---

1 *Smid/Smid,* InsO, § 55 Rn. 13.
2 *Gottwald/Klopp/Kluth,* InsHdb., § 56 Rn. 37.
3 BAG ZIP 2002, 1495 f.
4 *Gottwald/Klopp/Kluth,* InsHdb., § 56 Rn. 37.
5 LAG Baden-Württemberg ZIP 1982, 103 mwN.
6 BAG ZIP 2006, 1312 ff., 1314 mwN.
7 *Gottwald/Klopp/Kluth,* InsHdb., § 56 Rn. 36.
8 BAG ZIP 1986, 242 ff., 243 f.
9 Vgl. BAG ZIP 2006, 1058, 1059; vgl. BAG ZIP 2006, 1830 ff., 1831 ff. mwN.

gegen den Insolvenzverwalter wegen der Begründung einer arbeitsrechtlichen Masseverbindlichkeit, die nicht aus der Masse erfüllt werden kann, ist der Rechtsweg zu den Arbeitsgerichten gegeben.[1]

45 **Sozialversicherungsbeiträge** aus der Zeit vor der Verfahrenseröffnung sind auch dann lediglich Insolvenzforderungen, wenn die Befriedigung beitragsrechtlich nach der Verfahrenseröffnung zu erfolgen hat.[2]

46 **cc) Vergütungsansprüche** eines Kanzleiabwicklers stellen Masseverbindlichkeiten sowohl für die Tätigkeit vor als auch nach der Insolvenzeröffnung dar.[3] Da die Bestellung des Abwicklers durch Anordnung der Anwaltskammer erfolgt, handelt es sich bei den nach Insolvenzeröffnung entstandenen Vergütungsansprüchen um aufoktroyierte Masseverbindlichkeiten gem. § 55 Abs. 1 Ziff. 2 2. Alt. Zur Einordnung der vor Insolvenzeröffnung entstandenen Vergütungsansprüche als Masseverbindlichkeit wird auf eine Analogie zu § 324 Abs. 1 Nr. 6 zurückgegriffen, der die Verbindlichkeiten des Nachlasspflegers und eines Testamentsvollstreckers in Masseverbindlichkeiten erwachsen lässt, da die Aufgaben und die Interessenlage eines Kanzleiabwicklers mit denen eines Nachlasspflegers bzw. Testamentsvollstreckers vergleichbar sind.[4] Die Abwicklung nach § 55 BRAO stellt sich als eine Art besonderer Nachlasspflegschaft dar, die sich aus den Besonderheiten der beruflichen Stellung eines Rechtsanwalts erklärt.[5]

4. Masseverbindlichkeiten nach § 55 Abs. 1 Ziff. 3

47 Bei einer ungerechtfertigten Bereicherung der Masse finden die §§ 812 ff. BGB Anwendung.[6]

48 Voraussetzung ist, dass die Vermögensmehrung erst nach Verfahrenseröffnung eingetreten ist. Eine ungerechtfertigte Bereicherung des Schuldners, die vor diesem Zeitpunkt eingetreten ist, begründet lediglich eine Insolvenzforderung.[7] Geht eine Fehlüberweisung auf dem Anderkonto des (vorläufigen) Insolvenzverwalters ein, so ist der vorläufige Insolvenzverwalter gegenüber dem Bereicherungsgläubiger verpflichtet, die Fehlzahlung als ungerechtfertigte Bereicherung gem. § 812 Abs. 1 S. 1 1. Alt. BGB herauszugeben.[8]

Ein Insolvenzverwalteranderkonto ist ein offenes Vollrechtstreuhandkonto, aus dem nur der Inhaber des Anderkontos gegenüber dem kontoführenden Kreditinstitut berechtigt und verpflichtet ist.[9] Zur Insolvenzmasse zählt gem. § 35 Abs. 1 das gesamte Vermögen, das dem Schuldner zurzeit der Eröffnung des Verfahrens gehört und das er während des Verfahrens erwirbt. Auf das Anderkonto geleistete Fehlzahlungen fallen nicht in das Schuldnervermögen, da der

[1] BGH ZIP 2007, 94 f.

[2] *Kübler/Prütting/Bork/Pape,* InsO, § 55 Rn. 56 mwN.

[3] BGH ZInsO 2005, 929 ff. = NZI 2005, 681 ff.; Bestätigung der Vorinstanzen: OLG Rostock ZIP 2004, 1857 ff. = ZVI 2004, 477 ff. und LG Rostock ZInsO 2002, 290 ff.

[4] OLG Rostock ZIP 2004, 1857 ff., 1858 f. mwN = ZVI 2004, 477 ff., 479 mwN.

[5] OLG Rostock ZIP 2004, 1857 ff., 1859 mwN = ZVI 2004, 477 ff., 479 mwN.

[6] *Nerlich/Römermann/Andres,* InsO, § 55 Rn. 125.

[7] BGH ZIP 1989, 785 ff., 786.

[8] BGH BeckRS 2009, 07077; m. Anm. *Bäuerle,* FD-InsR 2009, 277460; BGH NJW-RR 2008, 295 f., 296.

[9] BGH NJW 1954, 190 ff., 191; BGH NJW 1995, 1484 ff., 1484 mwN; MünchKomm-InsO-*Ganter,* § 47 Rn. 14.

Schuldner nicht den Auszahlungsanspruch gegen das Kreditinstitut erwirbt.[1] Anders als bei einem Sonderkonto des Ermächtigungstreuhänders fallen die Zahlungen auch nicht in die Insolvenzmasse,[2] weswegen die Anzeige der Masseunzulänglichkeit unerheblich ist.[3]

Keine Masseverbindlichkeit entsteht, wenn ein Dritter anstelle des Schuldners die Insolvenzforderung eines Gläubigers voll befriedigt. Der Dritte muss vielmehr seinen Bereicherungsanspruch wie ein Zessionar zur Tabelle anmelden.[4] 49

Masseverbindlichkeiten gem. § 55 Abs. 1 Ziff. 3 können auch nach dem Erlöschen von Geschäftsbesorgungsverträgen und Aufträgen entstehen, § 116 S. 2 i. V. m. § 115 Abs. 2 S. 3, § 115 Abs. 2 S. 3. 50

5. Masseverbindlichkeiten nach § 55 Abs. 2

a) Begründung durch den vorläufigen Insolvenzverwalter

Ist auf den vorläufigen Insolvenzverwalter die Verfügungsbefugnis übergegangen, so werden die von ihm begründeten Verbindlichkeiten mit Eröffnung des Insolvenzverfahrens zu Masseverbindlichkeiten, § 55 Abs. 2 S. 1 mit der Befriedigungsrangfolge im Fall der Masseunzulänglichkeit des § 209. Wird das Insolvenzverfahren mangels Masse nach § 207 eingestellt, ist der Gläubiger ungesichert. 51

§ 55 Abs. 2 erfasst alle vom vorläufigen Insolvenzverwalter mit Verfügungsbefugnis begründeten Verbindlichkeiten, und zwar sowohl diejenigen mit rechtsgeschäftlichem als auch die gesetzlichen Ursprungs (Steuern).[5] 52

Für die **vor der Anzeige der Masseunzulänglichkeit begründeten Verbindlichkeiten** haftet der vorläufige Insolvenzverwalter mit Verfügungsbefugnis grundsätzlich mit seinem Privatvermögen nach § 61 S. 1, falls die Insolvenzmasse nicht ausreichen sollte, die fälligen Masseverbindlichkeiten zu erfüllen.[6] Entscheidend für die persönliche Haftung ist die Erfüllbarkeit zum Zeitpunkt der Fälligkeit der Masseforderung und nicht die Erfüllbarkeit am Ende des Insolvenzverfahrens.[7] Die Exkulpation des Insolvenzverwalters nach § 61 S. 2 setzt voraus, dass der Insolvenzverwalter einen Liquiditätsplan erstellt und fortlaufend fortgeführt hat, aber gleichwohl zum Zeitpunkt der Begründung der Masseverbindlichkeit die später eintretende Masseunzulänglichkeit nicht absehen konnte.[8] Auf einen vom Schuldner erstellten Liquiditätsplan darf sich der Insolvenzverwalter nicht verlassen.[9] 53

Zahlungsrückstände, die ein starker vorläufiger Insolvenzverwalter auf den Druck des Gläubigers ausgleicht, ohne sich die Anfechtung ausdrücklich vorzubehalten,[10] sollen nach Insolvenzeröffnung nicht gem. §§ 129 ff. anfechtbar 54

---

[1] BGH NJW 1995, 1484 ff., 1484 mwN; BGH NJW-RR 2008, 295 f., 296 mwN; MünchKommInsO-*Füchsl/Weishäuptl*, § 149 Rn. 14.

[2] BGH NJW 1995, 1484 ff., 1484 mwN.

[3] BGH BeckRS 2009, 07077; m. Anm. *Bäuerle,* FD-InsR 2009, 277460.

[4] *Smid/Smid,* InsO, § 55 Rn. 38 mwN.

[5] Vgl. *Smid/Smid,* InsO, § 55 Rn. 43, 47 mwN.

[6] OLG Schleswig ZInsO 2003, 620 ff., 621.

[7] OLG Hamm ZIP 2003, 1165 ff., 1166 f. = NZI 2003, 150 ff., 151.

[8] OLG Celle ZInsO 2003, 334 f.; OLG Hamm ZIP 2003, 1165 ff., 1167 mwN = NZI 2003, 150 ff., 151 mwN.

[9] OLG Karlsruhe ZInsO 2003, 229 ff., 230.

[10] AG Hamburg DZWIR 2005, 392 f.

sein, da das Vertrauen des Rechtsverkehrs in die Handlungen des „starken" vorläufigen Insolvenzverwalters gestärkt werden soll.[1] Dagegen spricht, dass das Vertrauen auf den Bestand der Rechtshandlungen des „starken" vorläufigen Insolvenzverwalters des Druck ausübenden Gläubigers nicht schutzwürdig ist. Eine Anfechtung nach § 123 BGB bleibt möglich.

b) Ansprüche aus Dauerschuldverhältnissen

55 Nach § 55 Abs. 2 S. 2 gilt die Rechtsfolge des § 55 Abs. 2 S. 1 auch für Verbindlichkeiten aus vom Schuldner begründeten Dauerschuldverhältnissen, wenn der vorläufige Insolvenzverwalter, auf den die Verfügungsbefugnis übergegangen ist, die Leistung für die Insolvenzmasse in Anspruch genommen hat.

56 Bei Arbeitsverhältnissen fehlt es an der Inanspruchnahme der Gegenleistung durch den vorläufigen Insolvenzverwalter mit Verfügungsbefugnis, wenn Arbeitnehmer von der Erbringung der Arbeitsleistung freigestellt werden. Eine Freistellung ist bei reduziertem Beschäftigungsbedarf zur Schonung der Insolvenzmasse bereits vor Ausspruch der Kündigung im Rahmen des billigen Ermessens, § 315 Abs. 1, 3 BGB, möglich.[2] Die während der Freistellung anfallenden Entgeltansprüche sind daher vor Verfahrenseröffnung Insolvenzforderungen.[3]

57 § 55 Abs. 2 findet keine analoge Anwendung auf den vorläufigen Insolvenzverwalter, der unter Anordnung eines allgemeinen Zustimmungsvorbehaltes bestellt wurde. § 55 Abs. 2 S. 2 knüpft vom Wortlaut her an S. 1 an, der die vom vorläufigen Verwalter mit Verfügungsbefugnis begründeten Verbindlichkeiten im Eröffnungsverfahren regelt.[4] Die Entstehungsgeschichte und der Zweck der Norm bestätigen diese Auslegung, da es andernfalls zu einer vom Gesetzgeber nicht intendierten Besserstellung einzelner, während des Eröffnungsverfahrens vorleistender Gläubiger kommt.[5] Auch inhaltlich ist es nicht sachgerecht, die Insolvenzmasse weiter haften zu lassen, als der vorläufige Insolvenzverwalter rechtsgeschäftlich befugt ist zu handeln. Schließlich beschränken sich seine Erklärungen lediglich auf Zustimmungserklärungen zu Erklärungen des Schuldners, ohne dass er allein Verpflichtungserklärungen abgeben kann.[6] Ein vorläufiger Insolvenzverwalter mit Zustimmungsvorbehalt ist insolvenzrechtlich nicht verpflichtet, den Erklärungen des Schuldners zuzustimmen, wenn die Erklärung des Schuldners für die künftige Insolvenzmasse mehr Nach- als Vorteile erwarten lässt.[7] Demgemäß ist ein vorläufiger Insolvenzverwalter mit Zustimmungsvorbehalt insolvenzrechtlich nicht verpflichtet, der Weiterleitung von Miete, die der Schuldner als Zwischenmieter erhält, an den Hauptmieter zuzustimmen. Die Unterlassung der Mietzahlung kann allenfalls ein fristloses Kündigungsrecht des Vermieters, jedoch keine Masseschuld begründen.[8] Hat das Insolvenzgericht als

---

[1] OLG Celle NZI 2003, 266 f. mwN.

[2] LAG Hamm ZInsO 2002, 45 ff., 47 mwN; aA: ArbG Kaiserslautern ZInsO 2002, 96 (LS).

[3] *Smid/Smid,* InsO, § 55 Rn. 45.

[4] BGH WM 2002, 1888 ff., 1889 mwN = KTS 2003, 138 ff., 140 mwN.

[5] BGH WM 2002, 1888 ff., 1889 mwN = KTS 2003, 138 ff., 140 f.

[6] BGH WM 2002, 1888 ff., 1890 = KTS 2003, 138 ff., 140 mwN; BGH WM 2006, 1636 f., 1637.

[7] BGH NZI 2008, 295 ff., 296; m. Anm. *Drasdo* = BeckRS 2008, 04211; m. Anm. *Kind,* FD-InsR 2008, 255776.

[8] BGH NZI 2008, 295 ff., 295 ff.; m. Anm. *Drasdo* = BeckRS 2008, 04211; m. Anm. *Kind,* FD-InsR 2008, 255776.

Sicherungsmaßnahme gem. § 21 Abs. 2 S. 1 Nr. 5 angeordnet, dass zur Fortführung des Unternehmens des Schuldners der Vermieter einer beweglichen Sache diese nicht einziehen darf, so steht dem Vermieter in den ersten drei Monaten nach der Anordnung kein Nutzungsentgelt i. S. d. § 169 S. 2 zu.[1] Für eine analoge Anwendung des § 55 Abs. 2 S. 2 ist wegen des abschließenden Charakters der §§ 21 Abs. 2 S. 1 Nr. 5, 169 S. 2 kein Raum, da der Gesetzgeber mit der durch das Gesetz zur Vereinfachung des Insolvenzrechts vom 13. 4. 2007[2] eingeführten Bestimmung des § 21 Abs. 2 S. 1 Nr. 5 eine abschließende, gegenüber § 55 Abs. 2 speziellere Regelung getroffen hat, sodass es an einer planwidrigen Regelungslücke fehlt.[3]

Die in der gerichtlichen Praxis oftmals verwendete pauschale Ermächtigung 58 des vorläufigen Insolvenzverwalters, für den Schuldner zu handeln, ohne dass dabei ein allgemeines Verfügungsverbot angeordnet worden ist, führt nicht dazu, dass der vorläufige „schwache" Insolvenzverwalter Masseverbindlichkeiten begründet, da diese pauschale Ermächtigung unzulässig ist.[4] Vielmehr hat das Insolvenzgericht die im Rahmen des § 22 Abs. 2 S. 1 angeordneten Pflichten des vorläufigen Insolvenzverwalters bestimmt zu bezeichnen, da eine pauschale, allumfassende Ermächtigung dem Bestimmtheitsgrundsatz und dem Grundsatz der Rechtsklarheit und des damit verfolgten Schutzes von Vertragspartnern nicht genügt.[5] Die Begründung von Masseverbindlichkeiten durch den vorläufigen „schwachen" Insolvenzverwalter setzt daher eine vom Insolvenzgericht im Rahmen des § 22 Abs. 2 angeordnete, konkret bestimmte Einzelermächtigung voraus.

Bei Anordnung einer konkret bestimmten Einzelermächtigung hat das Insol- 59 venzgericht den Gleichbehandlungsgrundsatz in Bezug auf die Gläubiger, die im Insolvenzverfahren zur Betriebsfortführung benötigte Leistungen zur Verfügung stellen, zu berücksichtigen.[6] Bei einer unüberschaubaren Vielzahl von zur Fortführung benötigten Gläubigerleistungen ist es regelmäßig geboten, einen „starken" vorläufigen Insolvenzverwalter nach § 22 Abs. 1 zu bestellen, um dem Gleichbehandlungsgrundsatz Rechnung zu tragen.[7] Bedenken in Bezug auf Verhältnismäßigkeit der Anordnung des allgemeinen Verfügungsverbotes bestehen jedenfalls dann nicht, wenn die Insolvenzschuldnerin ihr Einverständnis mit der Bestellung eines „starken" vorläufigen Insolvenzverwalters erklärt hat.[8]

Ist der „schwache" vorläufige Insolvenzverwalter vom Insolvenzgericht im 60 Wege der richterlichen Rechtsfortbildung mit einer Einzelermächtigung zur Begründung von Masseverbindlichkeiten ausgestattet worden, so haben diese im Fall einer später erfolgenden Anzeige der Masseunzulänglichkeit gem. § 208 den Rang von Neumasseverbindlichkeiten gem. § 209 Abs. 1 Nr. 2, um die Haftungsrisiken des vorläufigen Insolvenzverwalters so gering wie möglich zu hal-

---

[1] KG Berlin BeckRS 2009, 00112.

[2] BGBl. I 2007, S. 509.

[3] KG Berlin NJW-Spezial 2009, 183 = ZInsO 2009, 35 ff., 36 f. = BeckRS 2009, 00112.

[4] BGH WM 2002, 1888 ff., 1892 = KTS 2003, 138 ff., 144.

[5] BGH WM 2002, 1888 ff., 1892 mwN = KTS 2003, 138 ff., 145 mwN.

[6] AG Hamburg ZIP 2003, 43 ff., 44 = NZI 2003, 153 ff., 154.

[7] AG Hamburg ZIP 2003, 43 ff., 44 = NZI 2003, 153 ff., 154, im dort entschiedenen Fall ca. 570 Gläubiger.

[8] AG Hamburg ZIP 2003, 43 ff., 44 = NZI 2003, 153 ff., 153 f.

ten.[1] Nach Auffassung der Rechtsprechung passt sich eine derartige „Vorrang-Ermächtigung" in die Systematik der InsO ein, da bereits § 209 Abs. 1 zeige, dass allein durch die Anzeige der Masseunzulänglichkeit Masseverbindlichkeiten in eine neue Befriedigungsreihenfolge gebracht werden können.[2]

60a Ordnet das Insolvenzgericht die Sicherungsmaßnahme des § 21 Abs. 1 Ziff. 5 an, so ist zu beachten, dass auch der „schwache" vorläufige Insolvenzverwalter durch die Ermächtigung die Ausgleichszahlungen im Falle des Wertverlustes der Sicherheit durch die Nutzung des Sicherungsgutes im Insolvenzeröffnungsverfahren in entsprechender Anwendung des § 169 S. 2 und 3 und die Abrechnung des Einzugs sicherungshalber abgetretener Forderungen in entsprechender Anwendung der §§ 170, 171 als Masseverbindlichkeit schuldet. Dem Sicherungseigentümer steht jedoch kein Anspruch auf die Herausgabe des Entgelts zu, das im Eröffnungsverfahren durch die Vermietung der sicherungsübereigneten Sachen erzielt worden ist, da die entgeltliche Überlassung von Sicherungsgut an einen Dritten den Substanzwert des Sicherungsgutes nicht ausschöpft, sodass eine Verwertungshandlung nicht vorliegt.[3]

6. Insolvenzforderungen nach § 55 Abs. 3

61 Beschäftigt der vorläufige Insolvenzverwalter mit Verfügungsbefugnis Arbeitnehmer weiter und entsteht diesen ein Anspruch auf Insolvenzgeld nach den §§ 183 ff. SGB III, weil die Lohnzahlung auf Grund einer Vorfinanzierung des Insolvenzgeldes erfolgt, so geht in Höhe dieser Zahlungen der Anspruch des Arbeitnehmers auf Arbeitsentgelt nach § 187 SGB III auf die Bundesagentur für Arbeit über.

62 Mit dem Inkrafttreten des § 55 Abs. 3 durch das InsOÄndG am 1. Dezember 2001 ist die Qualifizierung der auf die Bundesagentur für Arbeit übergegangenen Lohnansprüche als Insolvenzforderung gesetzlich angeordnet.[4] S. 2 sieht eine ebensolche Einordnung des von der Insolvenzgeldversicherung abgedeckten Gesamtsozialversicherungsbeitrages als Insolvenzforderung vor, da nach § 208 Abs. 2 SGB III trotz Zahlung dieses Beitrages von der Agentur für Arbeit die Schuld des Arbeitgebers bestehen bleibt und bei dessen Zahlung der Agentur für Arbeit die Leistungen zurückzuerstatten sind.

---

[1] AG Hamburg ZInsO 2004, 1270 f., 1270, „Treibholz I".

[2] AG Hamburg ZInsO 2004, 1270 f., 1271, „Treibholz I".

[3] BGH NZI 2006, 587 f., 588 = ZIP 2006, 1641 f., 1642 mwN. Das Urteil, welches vor dem Inkrafttreten des § 21 Abs. 1 Ziff. 5 durch das Gesetz zur Vereinfachung des Insolvenzverfahrens vom 13. 4. 2007 (BGBl. I 2007, S. 509) ergangen ist, steht auf Grund des eindeutigen Wortlauts des § 21 Abs. 1 Ziff. 5 der neuen Rechtslage nicht entgegen.

[4] Zum Streitstand vor dem Inkrafttreten des InsOÄndG 2001 s. *Braun/Bäuerle,* InsO, 1. Aufl. 2002, Rn. 43 ff. mwN.

Dritter Abschnitt. Insolvenzverwalter. Organe der Gläubiger

§ 56 Bestellung des Insolvenzverwalters

(1) **Zum Insolvenzverwalter ist eine für den jeweiligen Einzelfall geeignete, insbesondere geschäftskundige und von den Gläubigern und dem Schuldner unabhängige natürliche Person zu bestellen, die aus dem Kreis aller zur Übernahme von Insolvenzverwaltungen bereiten Personen auszuwählen ist. Die Bereitschaft zur Übernahme von Insolvenzverwaltungen kann auf bestimmte Verfahren beschränkt werden.**

(2) **Der Verwalter erhält eine Urkunde über seine Bestellung. Bei Beendigung seines Amtes hat er die Urkunde dem Insolvenzgericht zurückzugeben.**

Literatur: *Andres,* Messbarkeit der Qualität der Verwaltertätigkeit aus der Sicht eines Insolvenzverwalters, NZI 2008, 522 ff.; *Bork,* Die Unabhängigkeit des Insolvenzverwalters – ein hohes Gut, ZIP 2006, 58 f.; *Braun,* Die Abwahl des Insolvenzverwalters, in FS für Uhlenbruck, S. 463 ff.; *ders.,* Unabhängigkeit und Interessenvertretung, NZI 1/2002, S. V f.; *ders.,* Zur Unabhängigkeit des Verwalters, ZInsO 2002, 964 f.; *ders.,* Zwei Insolvenzverwalter in der Eigenverwaltung, NZI 2003, 588 ff.; *Busch,* Die Bestellung des Insolvenzverwalters nach dem „Detmolder Modell" – Vorauswahlverfahren und Auswahlverfahren als Einheit – ein Kooperations- und Konsensmodell, DZWIR 2004, 353 ff.; *Dahl,* Die Bestellung eines Sonderinsolvenzverwalters nach der InsO, ZInsO 2004, 1014 ff.; *Deckenbrock/Fleckner,* Verschwiegenheitspflichten des Insolvenzverwalters?, ZIP 2005, 2290 ff.; *ders.,* Tätigkeitsverbote bei nichtanwaltlicher Vorbefassung, AnwBl 2009, 16 ff.; *Degenhart/Borchers,* Das Anforderungsprofil des Insolvenzverwalters – Ergebnis einer Befragung von Insolvenzgerichten und Kreditinstituten, ZInsO 2001, 337 ff.; *Eckert/Berner,* Der ungetreue Verwalter – Möglichkeiten der gerichtlichen Überprüfung der Insolvenzverwaltertätigkeit, ZInsO 2005, 1130 ff.; *Förster,* Auswahl und Abwahl des Insolvenzverwalters – Regelungsmechanismen der Praxis, Anm. zum Beitrag von *Neubert* (ZInsO 2002, 309), ZInsO 2002, 406 ff.; *ders.,* Die ISO-Zertifizierung von Verwalterbüros, ZInsO 2004, 1244 ff.; *Frege,* Die Bestellung des Insolvenzverwalters, NZI 1/2006, V f.; *ders.,* Der Sonderinsolvenzverwalter, Köln 2008; *ders.,* Abgrenzungsfragen im Recht zur Sonderinsolvenzverwaltung, ZInsO 2008, 1130 ff.; *Frind,* Brauchen wir die „automatisierte" Verwalterauswahl? – Kritische Anmerkungen aus Sicht der Praxis, ZInsO 2001, 481 ff.; *ders.,* Die Bestellung des Insolvenzverwalters, DZWIR 2001, 497 ff.; *ders.,* Klartext – Wehret dem (bösen) Anschein!, ZInsO 2002, 755; *ders.,* Neue Gefahren für die Unabhängigkeit des Insolvenzverwalters, ZInsO 2002, 745 ff.; *ders.,* Die begründete, plausible, unverbindliche Vorauswahl-Liste zur Bestellung von Insolvenzverwaltern – zugleich Anm. zur Entscheidung des BVerfG v. 3. August 2004 – 1 BvR 135/00, 1 BvR 1086/01 (ZInsO 2004, 913 ff.), ZInsO 2004, 897 ff.; *ders.,* Die Qual der Auswahl – Bemerkungen zu untauglichen Methoden der Insolvenzverwalterauswahl – ZInsO 2005, 225 ff.; *ders.,* „Berührtgeführt" vom Verwalterlisting zur Zwangsbestellung? – zugleich Anm. zur Entscheidung des OLG Koblenz v. 12. Mai 2005 – IX VA ¼, ZInsO 2005, 718 ff., ZInsO 2005, 700 ff.; *ders.,* Die Öffentlichkeitsarbeit des (vorläufigen) Insolvenzverwalters – Nutzen, Grenzen, Gefahren, NZI 2005, 654 ff.; *ders.,* Die Insolvenzverwalterauswahl zwischen richterlicher Haftung und Kontrolle, DRiZ 2006, 199 ff.; *ders.,* Der Einfluss von Gläubigern bei der Auswahl des und der Aufsicht über den Insolvenzverwalter, ZInsO 2007, 643 ff.; *ders.,* 25 Fragen und Antworten zur Frage der Verwalter-Vorauswahl, ZInsO 2008, 655 ff.; *ders.,* Kann Verwaltererfolg gemessen werden?, NZI 2008, 518 ff.; *ders.,* Insolvenzverwaltung als private Dienstleistung? – Die möglichen Folgen eines unnötigen Diskurses, ZInsO 2008, 1248 ff.; *ders./Schmidt,* Insolvenzverwalterbestellung: Auswahlkriterien und Grenzen der Justitiabilität in der Praxis, NZI 2004, 533 ff.; *Füchsl/Pannen/Rattunde,* Bemerkungen zur Insolvenzverwalterbestellung, ZInsO 2002, 414 f.; *Gaier,* Verfassungsrechtliche Aspekte der Auswahl und der Abwahl des Insolvenzverwalters, ZInsO 2006, 1177 ff.; *Graeber,* Die Unabhängigkeit des Insolvenzverwalters gegenüber Gläubigern und Schuldner, NZI 2002, 345 ff.; *ders.,* Die Vorauswahl der Insolvenzverwalterkandidaten – Besprechung von BVerfG, Beschl. v. 3. August 2004 – 1 BvR 135/00 und 1086/01, NJW 2004, 2725 ff., NJW 2004, 2715 ff.; *ders.,* Auswirkungen der Entscheidung des BVerfG zur Vorauswahl des Insolvenzverwalters auf die Insolvenzgerichte, NZI 2004, 546 ff.; *ders.,* Die Aufgaben des Insolvenzverwalters im Spannungsfeld zwischen Delegationsbedürfnis und Höchstpersönlichkeit, NZI 2003, 569 ff.; *ders.,* Richterliche Praxis der Verwalterbestellung nach dem Beschl. des BVerfG v. 3. August 2004 – Bericht zur Podiumsdiskussion des AID Arbeitskreis der Insolvenzverwalter Deutschland e. V., ZInsO 2004, 1190 f.; *ders.,* Auswahl und Bestellung des Insolvenzverwalters, DZWIR 2005, 177 ff.; *ders.,* Kein Konkurrentenschutz für Insolvenzverwalter – zugleich Besprechung von BVerfG, Beschl. v. 23. 5. 2006 – 1 BvR 2530/04 (NZI 2006, 453), NZI 2006, 499 ff.; *Graf-Schlicker,* Die Entscheidung des Bundesverfassungsgerichts v. 3. August 2004 zur Auswahl des Insolvenzverwalters – Konsequenzen für die gerichtliche Praxis und die Gesetzgebung, FS Günter Greiner, Köln 2005, S. 71 ff.; *Graf/Wunsch,* Bestellung eines Sonderverwalters bei drohendem Interessenkonflikt des Insolvenzverwalters, DZWIR 2002, 177 ff.; *Haarmeyer,* Der „Erfolg" der Insolvenzabwicklung als Maßstab für Auswahl und Bestellung des Unternehmensinsolvenzverwalters, ZInsO 2005, 337 ff.; *ders./Schaprian,* Qualitätsmanagement in der Insolvenzverwaltung – Transparenz durch Qualität, ZInsO 2006, 673 ff.; *ders.,* Die „gute" Insolvenzverwaltung – Leistungsmerkmale und Leistungskriterien für Vorauswahl, Auswahl und Zertifizierung von Insolvenzverwaltern, ZInsO 2007, 169 ff.; *Henssler,* Das Berufsbild des Insolvenzverwalters, in: Aktuelle Probleme des neuen Insolvenzrechts: 50 Jahre Kölner Arbeitskreis, Jubiläumskongress 1999, S. 45 ff.; *ders.,* Berufsrechtliche Tätigkeitsverbote für den Konkurs- und Insolvenzverwalter, in Insolvenzrecht 1996, S. 165 ff.; *ders.,* Das Berufsbild des Insolvenzverwalters im Wandel der Zeit, ZIP 2002, 1053 ff.; *Hess,* Die Insolvenzverwalterbestellung – Grundrechtsrelevanz, Grundrechtsdefizite und Rechtsschutz, in FS für Uhlenbruck S. 453 ff.; *ders./Ruppe,* Auswahl und Einsetzung des Insolvenzverwalters und die Justitiabilität des Nichtzugangs zu Insolvenzverwaltertätigkeiten, NZI 2004, 641 ff.; *Hill,* Die Unabhängigkeit des Insolvenzverwalters, ZInsO 2005, 1289 ff.; *Höfling,* Insolvenzverwalterbestellung – Rechtsschutz durch Konkurrentenklage?, NJW 2005, 2341 ff.; *ders.,* Freiheit und Regulierung der Insolvenzverwaltertätigkeit aus verfassungsrechtlicher Perspektive, JZ 2009, 339 ff.; *Holzer/Kleine-Cosack/Prütting,* Die Bestellung des Insolvenzverwalters: Dogmatische Grundlagen, verfassungsrechtliche Defizite und rechtspolitische Vorschläge, Köln 2001; *Huff,* Die Öffentlichkeitsarbeit des Insolvenzverwalters – eine Erwiderung, NZI 2005, 661 ff.; *Kassing,* Grundsätze ordnungsgemäßer Insolvenz- und Treuhandverwaltung (GoI) – Überlegungen zur Einführung von Richtlinien für die (vorläufige) Insolvenzverwaltung und die Treuhandverwaltung (im vereinfachten Verfahren und in der Wohlverhaltensperiode), ZInsO 2005, 23 ff.; *ders.,* § 56 InsO – eine „Endlosschleife" oder der Aufbruch in eine Qualitätsdiskussion?, NZI 4/2005, V. f.; *Kesseler,* Das Grundrecht auf Bestellung zum Insolvenzverwalter, ZInsO 2002, 201 ff.; *ders.,* Rechtsschutz des „übergangenen" Insolvenzverwalters, ZIP 2000, 1565 ff.; *Klaas,* Offene Bewerberlisten kontra professionelle Insolvenzverwaltung, AnwBl. 2006, 404 f.; *Kleine-Cosack,* Der Anspruch auf Bestellung zum Insolvenzverwalter: Vom „closed shop" zur Chancengleichheit?, in Insolvenzrecht 2000 S. 1 ff.; *Köhler-Ma,* Verwalterauswahl und Qualitätskriterien im internationalen Vergleich, DZWIR 2006, 228 ff.; *Koenig/Hentschel,* Die Auswahl des Insolvenzverwalters – nationale und EG-vergaberechtliche Vorgaben, ZIP 2005, 1937 ff.; *Köster,* Freier Zugang zur Tätigkeit des Insolvenzverwalters? – zugleich Besprechung von BVerfG Beschl. v. 3. August 2004 – 1 BvR 135/00 und 1086/01, NZI 2004, 574 ff., NZI 2004, 538 ff.; *ders.,* Die Bestellung des Insolvenzverwalters – eine vergleichende Untersuchung des deutschen und englischen Rechts, Baden-Baden 2005; *Kruth,* Die Auswahl und Bestellung des Insolvenzverwalters, Köln 2006; *Laws,* Insolvenzverwalterauswahl – gerichtliche Überprüfung der Nichtbestellung im Eröffnungsbeschluss?, MDR 2005, 541 ff.; *Lüke,* Kein Bedarf an Insolvenzverwaltern – Anmerkung zu OLG Koblenz, ZIP 2000, 507, ZIP 2000, 485 ff.; *ders.,* Unabhängigkeit oder „Kernunabhängigkeit" des Insolvenzverwalters? – Zu Gehalt und Feststellung einer wesentlichen Verwalterqualifikation, ZIP 2003, 557 ff.; *ders.,* Verwalterbestellung im grundrechtsfreien Raum? ZIP 2000, 1574 ff.; *Mönning,* Die Auswahl des Verwalters als Problem der Qualitätssicherung, in: Kölner Schrift, S. 375 ff.; *Neubert,* Auswahl der (vorläufigen) Insolvenzverwalter/-verwalterinnen durch das Gericht, ZInsO 2002, 309 ff.; *Otterbeck,* „Staatlich anerkannter Sequester" oder Verwalterselbstverwaltung? – Ein kurzer Zwischenruf zur berufsrechtlichen Einordnung der Bestellung des Insolvenzverwalters, ZInsO 2002, 753 ff.; *o. V.,* Paradigmenwechsel Hamburger Insolvenzgericht öffnet die Verwalterliste, in INDat-Report, 11/2000, S. 1; *Pannen,* Auswirkungen der Entscheidung des BVerfG zur Vorauswahl des Insolvenzverwalters aus Verwaltersicht, NZI 2004, 548 f.; *Pape,* Verwalterstellung wie gehabt – nichts verändert sich – Bemerkungen zu BVerfG Beschl. v. 3. August 2004 – 1 BvR 135/00, 1 BvR 1086/01, ZInsO 2004, 913 ff., ZInsO 2004, 1126 f.; *ders.,* Die Qual der Insolvenzverwalterauswahl: Viel Lärm um wenig, NZI 2006, 665 ff.; *Paulus,* Insolvenzverwalter und Gläubigerorgane, NZI 2008, 705 ff.; *Preuß,* Die Verwalterauswahl als Problem des Justizverfassungsrechts, KTS 2005, 155 ff.; *Prütting,* Die Unabhängigkeit des Insolvenzverwalters, ZIP 2002, 1965 ff.; *ders.,* Die Bestellung des Insolvenzverwalters und die geplante Änderung des § 56 InsO, ZIP 2005, 1097 ff.; *Rauscher,* Mut zum sachgerechten Auswahlermessen – eine Betrachtung aus der Praxis, ZInsO 2009, 275 f.; *Rhode/Calic,* Auswahlkriterien der Insolvenzgerichte – DIN EN ISO 9001: 2000 als Qualitätsmerkmal, ZInsO 2006, 1247 ff.; *Ries,* Die Tätigkeit des „Insolvenzrichters" im Niemandsland staatlicher Gewaltenteilung?, Betrifft JUSTIZ 2006, 406 ff.; *ders.,* „Zertifizierung" von Insolvenzverwaltern – erreicht die Botschaft ihre eigentlichen Adressaten?, NZI 4/2008, IV f.; *Riggert,* Die Unabhängigkeit des Insolvenzverwalters gegenüber Gläubigern – Erwiderung auf Graeber (NZI 2002, 345), NZI 2002, 352 ff.; *Römermann,* Anfechtbarkeit der Verwalterbestellung, NZI 2003, 134 ff.; *ders.,* Die Auswahl des Insolvenzverwalters – (k)ein Ende der Willkür in Sicht?, NZI 9/2002, S. V; *ders.,* Die Bestellung des Insolvenzverwalters, NJW 2002, 3729 ff.; *ders.,* Die Zukunft der Insolvenzverwalterbestellung, ZInsO 2004, 937 ff.; *ders.,* Bestellung von Insolvenzverwaltern: Die verpasste Chance des BVerfG – zugleich Besprechung BVerfG v. 23. 5. 2006 – 1 BvR 2530/04 (ZIP 2006, 1355), ZIP 2006, 1332 ff.; *Runkel/Waltermann,* Zur verfassungsgemäßen Auswahl und Ernennung eines Insolvenzverwalters, ZIP 2005, 1347 ff.; *Sabel/Wimmer,* Die Auswirkungen der europäischen Dienstleistungsrichtlinie auf Auswahl und Bestellung des Insolvenzverwalters, ZIP 2008, 2097 ff.; *Schäfer,* Der Sonderinsolvenzverwalter, Köln 2009; *Schmidt,* Die Auswahl des Insolvenzverwalters – Erfahrungen aus der Praxis eines Großstadtgerichts, in Insolvenzrecht 2000 S. 15 ff.; *ders.,* Ordnungsfunktion des Insolvenzverfahrens und Auswahl des Insolvenzverwalters – eine überfällige Verknüpfung; zugleich: einige Anmerkungen zur Erhebung des AG Hamburg, ZInsO 2008, 291 ff.; *Schumann,* Die Unabhängigkeit des Insolvenzverwalters – Sicherung der Integrität des Insolvenzverfahrens, in FS Geimer, 2002, S. 1043 ff.; *Seide/Brosa,* Das Auswahlverfahren für Insovlenzverwalter im Lichte der Gläubigerautonomie, ZInsO 2008, 769 ff.; *Smid,* Auswahl und Bestellung des Insolvenzverwalters durch das Insolvenzgericht als Rechtsfrage betrachtet, DZWIR 2001, 485 ff.; *ders.,* „Rechtsschutz" gegen Insolvenzrichter – Art. 19 Abs. 4 GG im Spiegel der jüngsten Judikatur des BVerfG und des IX. Zivilsenats des BGH, DZWIR 2004, 359 ff.; *Stapper,* Neue Anforderungen an den Insolvenzverwalter, NJW 1999, 3441 ff.; *Uhlenbruck,* Aus- und Abwahl des Insolvenzverwalters – eine Schicksalsfrage der Insolvenzrechtsreform, KTS 1989, 229 ff.; *ders.,* Das Bild des Insolvenzverwalters – der Versuch einer Orientierung im Widerstreit vielfältiger Interessen –, KTS 1998, 1 ff.; *ders.,* Zur Vorauswahl und Bestellung des Insolvenzverwalters, NZI 2006, 489 ff., *Vallender,* Closed shop ade, NZI 9/2004, VI; *ders.,* Steine statt Brot, NJW 2004, 3614 f.; *ders.,* Wie viele Verwalter braucht das Land?, NZI 2005, 473 ff.; *ders./Heukamp,* Regelungstendenzen zur Verwalterbestellung im französischen, österreichischen und deutschen Insolvenzrecht, NZI 2002, 513 ff.; *Wieland,* Verfassungsrechtliche Fragen der Auswahl des Insolvenzverwalters – zugleich Besprechung BVerfG Beschl. v.

3. August 2004 – 1 BvR 135/00 und 1086/01, ZIP 2004, 1649 ff., ZIP 2005, 233 ff.; *ders.*, Die Bestellung des Insolvenzverwalters – Das Grundrecht auf ermessensfehlerfreie Auswahl des Insolvenzverwalters und sein effektiver Schutz, ZIP 2007, 462 ff.

Übersicht

1. Normzweck

1 § 56 Abs. 1 InsO nennt die Voraussetzungen für die Bestellung zum Insolvenzverwalter. Durch Gesetzesänderung vom 13. April 2007[1] ist § 56 Abs. 1 am Ende wie folgt ergänzt worden:

„–, die aus dem Kreis aller zur Übernahme von Insolvenzverwaltungen bereiten Personen auszuwählen ist. Die Bereitschaft zur Übernahme von Insolvenzverwaltungen kann auf bestimmte Verfahren beschränkt werden.“

Vor dem Hintergrund der zur Auswahl des Insolvenzverwalters geführten Diskussion[2] beschränkt sich die Änderung darauf, ausdrücklich klarzustellen, dass die Verwendung geschlossener Verwalterlisten unzulässig sei und nicht der Konzeption der Insolvenzordnung entspreche. Sie solle damit auch den Vorgaben des Bundesverfassungsgerichts in seiner Entscheidung vom 3. August 2004[3] Rechnung tragen. S. 2 soll klarstellen, dass ein Bewerber dem Gericht gegenüber eine Spezialisierung deutlich machen kann, die sich nach den Materialien beispielsweise auch auf Verbraucherinsolvenzverfahren beziehen kann.[4] Allerdings scheint diese Erwartung insbesondere vor dem Hintergrund weiterer laufender und noch nicht abgeschlossener Reformvorhaben zur Änderung der Regelungen der Verbraucherinsolvenz und des Entschuldungsverfahrens unrealistisch zu sein.

2. Natürliche Person

2 Das Gesetz statuiert, dass nur natürliche Personen, nicht aber juristische Personen (etwa in der Rechtsform der GmbH) Insolvenzverwalter werden können.[5]

---

[1] BGBl. I 2007, S. 509 – Gesetz zur Vereinfachung des Insolvenzverfahrens.

[2] Vgl. Kommentierung Rn. 13 ff.

[3] BVerfG NZI 2004, 574 ff. = ZIP 2004, 1649 ff. = NJW 2004, 2725 ff.; vgl. Kommentierung Rn. 6.

[4] BT-Drucks. 16/3227 v. 2. 11. 2006, S. 18 f.

[5] Ausschussbericht, abgedruckt in *Balz/Landfermann,* S. 269; zur Gegenauffassung *Braun,* BB 1993, 2172 ff.

Der Gesetzgeber selbst ist zunächst davon ausgegangen, dass zum Insolvenzverwalter zum Beispiel auch eine Steuerberatungs-, Wirtschaftsprüfungs- oder Buchprüfungsgesellschaft bestellt werden kann. Den vom Rechtsausschuss im Gesetzgebungsverfahren geäußerten Bedenken hinsichtlich der persönlichen Haftung ist zu entgegnen, dass juristische Personen bekanntlich auch unbegrenzt persönlich haften; diskutiert wird über deren Bonität. Dass diese bei einer natürlichen Person schlechter sein kann, eine persönliche Haftung bei mangelnder Bonität der natürlichen Personen ebenfalls ins Leere läuft, ist eigentlich offensichtlich.[1] Die Zulassung von juristischen Personen zum Amt des Insolvenzverwalters wurde allerdings mit dieser Begründung sowie angeblichen Aufsichtsproblemen bei juristischen Personen mit austauschbaren Handelnden und der Problematik von Interessenkollisionen abgelehnt.[2] Dabei wird übersehen, dass die gegen die juristische Person ins Feld geführten Argumente die natürliche Person – insbesondere wenn sie sich mit anderen Berufsträgern zur gemeinsamen Berufsausübung auch in anderer Rechtsform z. B. einer Partnerschaftsgesellschaft, zusammengeschlossen hat – in gleicher Weise treffen. Da auch für die juristische Person der Grundrechtsschutz der Art. 12, 3 GG gilt, ist diese einschränkende Regelung verfassungsrechtlich bedenklich.[3]

3. Unabhängigkeit

Auch ohne eigene gesetzliche Normierung verstünde es sich von selbst, dass der Insolvenzverwalter neutral, unabhängig von Schuldner und Gläubigern sein muss. 3

Besteht die Gefahr, dass der Insolvenzverwalter aus der Sicht eines vernünftig abwägenden, mit dem Sachverhalt vertrauten Gläubigers nicht als unabhängig erscheint, muss seine Bestellung unterbleiben. Zweifel an der Unabhängigkeit lassen sich nicht schon damit begründen, dass ein Gläubiger eine bestimmte Person als Insolvenzverwalter vorschlägt.[4] Ein solcher Vorschlag zielt meist darauf ab, einen qualifizierten Verfahrensablauf zu sichern. Die Gläubigerversammlung hat ohnehin das Recht, einen Insolvenzverwalter zu wählen oder abzuwählen.[5] 4

Ein Insolvenzverwalter, der Rechtsanwalt, Steuerberater oder Wirtschaftsprüfer ist, hat neben § 56 InsO natürlich auch die speziellen Unabhängigkeitserfordernisse seines Berufsrechts zu beachten.[6] Auch der Ersteller eines Insolvenzplans, 5

---

[1] Vgl. Begründung RegE, abgedruckt bei *Balz/Landfermann,* S. 268.

[2] Vgl. Ausschussbericht, abgedruckt bei *Balz/Landfermann,* S. 269. Wenn in der Rechtspraxis die Kanzlei, die im Jahr 2000 die meisten eröffneten Insolvenzverfahren bearbeitete, dies mit zwei Verwaltern tat (!), fragte man sich allerdings, wie dies außer mithilfe einer der Katholischen Theologie entlehnten Bilokalisationsfähigkeit möglich gewesen sein soll. Interessenkollisionen sind hingegen ein schlicht tatsächliches Problem, das sowohl bei natürlichen als auch bei juristischen Personen auftreten kann.

[3] I. d. S. auch *Römermann,* ZInsO 2004, 937 ff., 938, 942.

[4] Begründung RegE, abgedruckt in *Balz/Landfermann,* S. 268; in der Praxis ist, wo solcher Vorschlag disqualifiziert, dies auch als Waffe verwendet worden, um unliebsame (korrekte) Verwalter auszuschalten.

[5] Vgl. im Übrigen ausführlich zur Kommunikationsnotwendigkeit der Gerichte mit dem Gläubiger über die Person des Verwalters *Braun,* in FS für Uhlenbruck, S. 495 f.; *Braun/Uhlenbruck,* Unternehmensinsolvenz, S. 723 ff. Zu Abwahl des Verwalters oder Sachwalters, Unternehmensvorschlag und Gläubigerwünschen *Hess,* InsO, § 57 Rn. 3 ff.

[6] Vgl. nachfolgend Rn. 19 ff.

der zusammen mit dem Insolvenzantrag eingereicht wird, kann unabhängig sein, desgleichen ein potenzieller Insolvenzverwalter, der mit dem Schuldner ein sog. „Orientierungsgespräch" geführt hat.[1]

4. Persönliche Qualifikation

6 Unabhängigkeit ist, wenn man so will, ein „negativ" qualifizierendes Merkmal. Viele unabhängige natürliche Personen von untadeligem Charakter und Ruf sind als Insolvenzverwalter völlig ungeeignet. Was qualifiziert den Verwalter aber „positiv"? Welche positive Qualifikation von einem Insolvenzverwalter zu erwarten ist, lässt der Gesetzgeber weitgehend offen. Die von ihm genannten Kriterien der **Geeignetheit für den Einzelfall** sowie der **Geschäftskunde** sind daher von Literatur und Rechtsprechung auszufüllen.[2] Mittlerweile hat das Amtsgericht Hamburg in einem Beschluss ausgeführt, dass vom Verband der Insolvenzverwalter Deutschlands e. V. (VID, vormals Arbeitskreis der Insolvenzverwalter Deutschland e. V. (AID)) beschlossene Verhaltensrichtlinien als berufsständische Selbstverpflichtung geeignet seien, die Auswahlkriterien des § 56 InsO zu konkretisieren.[3] Diese Entscheidung hat zu Recht wegen der darin vorgenommenen Überbewertung dieses Verhaltenskodex Kritik erfahren.[4] Im November 2006 hat der VID unter Berücksichtigung des Diskussionsstandes überarbeitete „Berufsgrundsätze der Insolvenzverwalter" vorgelegt und auf seiner Mitgliederversammlung verabschiedet.[5] Anders als z. B. in England[6] oder Frankreich bestehen im Hinblick auf die Qualifikation keine gesetzlichen Zugangsregelungen. Die deutsche Anwaltschaft hat versucht, Abgrenzungskriterien durch den „Fachanwalt für Insolvenzrecht" zu schaffen. Für Wirtschaftsprüfer oder Steuerberater ist bislang nichts Vergleichbares geschaffen worden. Ein weiterer Ansatz findet sich in der Initiative des Gravenbrucher Kreises (einer Interessenvereinigung von Insolvenzverwaltern), der eine Expertenkommission eingesetzt hat. Diese hat im Oktober 2000 ihre Arbeit beendet und generelle Regelungen für Zulassung und Auswahl von

[1] MünchKomm-*Graeber,* InsO, § 56 Rn. 27 ff., insbesondere 30; mit einem Plädoyer für die einzelfallbezogene Prüfung der Heranziehung der Wertungsmodelle der §§ 41, 42 ZPO, §§ 45 f. BRAO, § 319 Abs. 2 HGB; *Bork,* ZIP 2006, 58 f. gegen *Paulus,* ZIP 2005, 2301 f.

[2] Hierfür kann auch auf die Richtlinien des Arbeitskreises für Insolvenzrecht und Sanierung im Deutschen Anwaltsverein zurückgegriffen werden; der Abdruck findet sich in AnwBl. 1992, 118 ff. sowie in der DRiZ 1993, 192 ff.; ein sog. „Verhaltenskodex" zum Stichwort „Verwalterbild/Verwalterbestellung" ist auch vom Arbeitskreis der Insolvenzverwalter Deutschland e. V. erarbeitet und im Herbst 2001 verabschiedet worden, abgedruckt in ZIP 2001, 2200 und NZI 2002, 23.

[3] AG Hamburg ZIP 2001, 2147 f.

[4] *Römermann,* NJW 2002, 3732, der davon spricht, dass bloße Banalitäten zu einem prätentiösen Kodex erhoben werden; *Prütting,* ZIP 2002, 1973 f., der Bedenken insoweit äußert, als das Gericht diesem Verhaltenskodex eine Art normativer Wirkung zuweist, den Beschluss im Ergebnis allerdings für richtig hält; ebenfalls ablehnende Anm. zu diesem Beschluss von *Holzer,* in: EWiR 2002, § 56 InsO 1/02, 71 f., der zu Recht dem Verhaltenskodex nur die Rechtsqualität interner Verhaltenspflichten zuweist.

[5] VID – Berufsgrundsätze der Insolvenzverwalter, abgedruckt in ZIP 2006, 2147 ff.

[6] Section 388 ff., Insolvency Act 1986, Insolvency Practitioners And Their Qualifications, abgedruckt in 4 Halsbury's Statutes (4th Edn) Bankruptcy and Insolvency; vgl. näher dazu *Köster,* Die Bestellung des Insolvenzverwalters, S. 51 ff.

Insolvenzverwaltern vorgeschlagen. Forderungen sind danach eine gesetzliche Zulassungsvoraussetzung durch amtliche Anerkennung von Insolvenzverwaltern und ein zweistufiges Auswahlverfahren.[1] Zwischenzeitlich hat sich allerdings der überwiegende Teil der Mitglieder des Gravenbrucher Kreises von der gutachterlichen Stellungnahme distanziert.[2] Der Abschlussbericht der Bund-Länder-Arbeitsgruppe „Insolvenzrecht" befasst sich ausführlich mit der gerichtlichen Auswahl des Insolvenzverwalters unter sämtlichen rechtlichen Aspekten. Die Abhandlung dieser Problematik nimmt auch den weitaus größten Raum in diesem Abschlussbericht ein.[3] Dabei wurden auch rechtsvergleichende Aspekte berücksichtigt.[4] Im Ergebnis wird die Verfassungsmäßigkeit des § 56 bejaht,[5] sofern die Auswahl der Insolvenzverwalter aus dem Kreis **aller** zur Übernahme von Insolvenzverwaltungen bereiten Personen erfolge. Insoweit wurde auch eine inzwischen erfolgte Klarstellung des Gesetzeswortlauts angeregt.[6] Wünschenswert sei auch eine Orientierung an der privatwirtschaftlich organisierten Internet-Verwalterliste, deren Einführung in der österreichischen Insolvenzrechts-Novelle von 2002 umgesetzt wurde, da sie eine wertvolle Informationsquelle und Entscheidungshilfe für die Insolvenzgerichte darstelle.[7] Das Bundesverfassungsgericht hat in seinem Beschluss vom 3. 8. 2004 den Rechtsschutz im sog. „Vorauswahlverfahren" zugelassen, da es einen nicht unerheblichen Einfluss auf die beruflichen Betätigungsmöglichkeiten der Interessenten habe und damit andernfalls das Grundrecht aus Art. 19 Abs. 4 GG verletzt sei.[8]

In Bezug auf das Kriterium **Geschäftskunde** ist darauf abzustellen, ob im 7
Einzelfall
- eine der häufigen Marktaustrittsinsolvenzen mit Wirtschaftshygienecharakter,
- eine betriebswirtschaftlich getriebene Insolvenz oder
- eine Kriminalinsolvenz

zugrunde liegt.

Insbesondere in der Ersten und dritten Kategorie überwiegen – neben den 8
immer verfahrensrechtlichen Ausprägungen – die Rechts- und Vollstreckungs-

---

[1] Vgl. auch zu den Einzelheiten den Pressespiegel des Gravenbrucher Kreises und die Zusammenfassung der Stellungnahme von *Holzer/Kleine-Cosack/Prütting* „Die Bestellung des Insolvenzverwalters" vom 16. 5. 2001, *www.gravenbrucher-kreis.de/texte/Zusammenfassung_Stellungnahme_Bestellung_Insolvenzverwalter.pdf.*

[2] *Klaas* u. a., ZInsO 2001, 652, *Beutler* u. a., ZInsO 2001, 730 ff.; m. Anm. dazu von *Förster,* ZInsO 2001, 545 f. und *Förster/Haarmeyer,* ZInsO 2001, 734 f.; mit ablehnendem Fazit *Frind,* ZInsO 2001, 481 ff., 486.

[3] Vgl. Abschlussbericht der Bund-Länder-Arbeitsgruppe „Insolvenzrecht" vom Juni 2002, *www.jm.nrw.de/JM/justizpolitik/schwerpunkte/insolvenzrecht/pdf/abschlussbericht.pdf,* S. 21 ff.

[4] Vgl. dazu auch *Vallender/Heukamp,* NZI 2002, 513 ff. zur Verwalterbestellung in Frankreich und Österreich; *Vallender,* NZI 2001, 638 und *Kraft/Thurner/Blancke,* ZInsO 2002, 864 ff., jeweils zur österreichischen Insolvenzrecht-Novelle 2002.

[5] Vgl. dazu aber die negative Bewertung und Untersuchung der Ergebnisse des Abschlussberichts der Bund-Länder-Arbeitsgruppe „Insolvenzrecht" bei *Römermann,* NJW 2002, 3729 ff., 3732; *Füchsl/Pannen/Rattunde* in der Stellungnahme des Insolvenzrechtsausschusses des DAV, ZInsO 2002, 414 f.; *Kesseler,* ZInsO 2002, 201 ff., 207 f., jeweils die Verfassungsmäßigkeit von § 56 bejahend.

[6] Gesetz zur Vereinfachung des Insolvenzverfahrens vom 13. 4. 2007, BGBl. I 2007, S. 510.

[7] Abschlussbericht der Bund-Länder-Arbeitsgruppe „Insolvenzrecht" vom Juni 2002, *www.jm.nrw.de/JM/justizpolitik/schwerpunkte/insolvenzrecht/pdf/abschlussbericht.pdf,* S. 8 f.

[8] BVerfG NZI 2004, 574 ff. = ZIP 2004, 1649 ff. = NJW 2004, 2725 ff.

fragen. In der betriebswirtschaftlichen Insolvenz muss der Insolvenzverwalter betriebswirtschaftlich befähigt sein.

9 Je nachdem wird im einen Fall eher die Bestellung eines Rechtsanwaltes, im anderen eher die eines Wirtschaftsprüfers oder eines Steuerberaters als Insolvenzverwalter oder eines Juristen, der sich solche Kenntnisse angeeignet hat, in Betracht kommen. Denjenigen, die eine Bestellung auch juristischer Personen als Insolvenzverwalter befürworten, ist zuzugestehen, dass bei einer Verwaltung durch eine interdisziplinäre Gesellschaft Spezialisten aller Fachrichtungen zur Verfügung stünden. Nach aktueller Rechtslage muss sich der Insolvenzverwalter entweder selbst fortbilden oder einzelne Aufgaben auf Hilfskräfte übertragen (z. B. Beauftragung eines Wirtschaftsprüfers) und es muss sichergestellt sein, dass er sich die endgültige Kontrolle über das Verfahren behält. Die Praxis, einzelne natürliche Personen in weit mehr als 100 Verfahren im Jahr zum Insolvenzverwalter zu bestellen, wird diesen Anforderungen sicherlich nicht mehr gerecht.[1]

10 Entgegen der früheren Rechtslage kommt die Bestellung mehrerer Insolvenzverwalter für verschiedene Geschäftszweige eines Unternehmens nicht mehr in Frage,[2] wohl aber die Bestellung von Sonderinsolvenzverwaltern mit begrenztem Aufgabenbereich, wenn der „Hauptverwalter" (etwa im Falle einer Interessenkollision[3]) aus rechtlichen oder (z. B. im Falle einer der Berufsausübung entgegenstehenden Krankheit von unabsehbarer Dauer) tatsächlichen Gründen sein Amt ganz oder teilweise nicht wahrnehmen kann.[4]

11 Die Insolvenzordnung trifft keine Regelungen zur sog. „Konzerninsolvenz". Dennoch ergibt sich gerade in diesen Fällen häufig die Notwendigkeit, für mehrere rechtlich selbstständige Unternehmen nur einen Insolvenzverwalter zu bestellen. Solange eine Option der Verfahrensgestaltung die Fortführung ist, muss dem Konzerngedanken Rechnung tragend ein einheitlicher Gestaltungswille (durch einen Insolvenzverwalter) möglich sein.[5] Dasselbe gilt für Kriminalinsolvenzen, da andernfalls Geldkreisläufe nicht effektiv nachvollzogen und aufgedeckt werden können.[6] Kommt es zu Einzelinteressenkonflikten, sind diese durch Offenlegung

---

[1] Vgl. dazu AG Potsdam NZI 2002, 391 f. zu Bedenken des Gerichts an ausreichender Arbeitskapazität des möglichen Insolvenzverwalters auf Grund der Vielzahl der Bestellungen und der Frage einer permanenten Prüfungspflicht des Insolvenzgerichts hinsichtlich des Vorliegens der Voraussetzungen des § 56 InsO; jedes Gericht kann heute mit wenigen Computertastenklicks feststellen, wie viele Verfahren bei welchen Gerichten „sein" Verwalter bereits im laufenden Jahr erhalten hat, vgl. z. B. unter *www.rws-verlag.de* (Menüpunkt IN-DAT). *Frind,* ZInsO 2005, 225 ff., 230, fordert insofern die Ergänzung des § 56 um ein Gebot der höchstpersönlichen Auftragsabwicklung.

[2] HK-*Eickmann,* InsO, § 56 Rn. 34.

[3] Etwa bei Schadensersatzansprüchen zugunsten der Masse gegenüber dem Konkursverwalter – OLG München ZIP 1987, 656 f.

[4] *Hess,* InsO, § 56 Rn. 27 ff.; vgl. auch Ausschussbericht zu § 77 RegE, abgedruckt in *Balz/Landfermann,* S. 268.

[5] Vgl. *Braun/Uhlenbruck,* Unternehmensinsolvenz, S. 521, 522; vgl. auch die Lösungsansätze bei *Spliedt,* in Insolvenzrecht auf dem Prüfstand, S. 44 ff.

[6] Wenn wie in Anlagebetrugsfällen oder z. B. im FlowTex-Fall Gelder gezielt durch eine Vielzahl von Gesellschaften und Jurisdiktionen geschleust werden, kann sich der Betrüger nur wünschen, möglichst viele Verwalter in all diesen Gesellschaften zu bekommen. Denn jeder Verwalter wird versuchen, „seine" Gesellschaft zu verstehen und die größeren Zusammenhänge bleiben im Dunkeln. Dann hat der Täter beste Chancen, die Gelder letztlich zu behalten.

gegenüber Gericht und Gläubigern und Bestellung eines Sonderinsolvenzverwalters zu lösen.[1] Die entsprechende Regelung im Regierungsentwurf zum **Sonderinsolvenzverwalter** war durch den Rechtsausschuss als überflüssig angesehen worden. Die Bestellung eines Sonderinsolvenzverwalters in den im Regierungsentwurf geregelten Fällen sei ohne eine ausdrückliche Regelung möglich und entspreche der bisherigen Praxis zur Konkursordnung, die ebenfalls keine spezielle Regelung des Problems des Sonderinsolvenzverwalters enthalten hätte.[2] Die Bestellung eines Sonderinsolvenzverwalters setzt nach einer Entscheidung des BGH voraus, dass der Insolvenzverwalter tatsächlich oder rechtlich verhindert ist, sein Amt auszuüben.[3] Gegen die Ablehnung der beantragten Bestellung eines Sonderinsolvenzverwalters kommt die sofortige Beschwerde nach § 59 analog in Betracht, ist aber im Ergebnis abzulehnen. Zulässig ist die sofortige Erinnerung nach § 11 Abs. 2 RPflG.[4] Für die Bestellung des Sonderinsolvenzverwalters gilt § 56 als abschließende Sonderregelung. Der Insolvenzverwalter kann daher gegen die Einsetzung eines Sonderinsolvenzverwalters keine sofortige Beschwerde einlegen.[5] Auch die Befangenheit eines (Sonder-)Insolvenzverwalters kann nur nach Maßgabe der §§ 56–59 geltend gemacht werden; die Verfahrensvorschriften der Zivilprozessordnung über die Ablehnung von Gerichtspersonen oder Gutachtern finden auf diesen keine Anwendung.[6]

Die Praxis der Gerichte, in Insolvenzverfahren über das Vermögen einer GmbH & Co. KG einen personengleichen Insolvenzverwalter auch für die Komplementär-GmbH zu bestellen, ist wegen § 93 (auch in gleich gelagerten Fällen) zumindest bedenklich.[7] Ein Sonderinsolvenzverwalter ist auch für den Fall des § 92 S. 2 zu bestellen.[8] Dabei ist es sicherlich zutreffend, dass bei der Insolvenzverwalterauswahl berücksichtigte Personen von sich aus auf potenzielle Interessenkollisionen hinzuweisen haben, in der Regel bereits bei der Bestellung **11a**

---

[1] Zur Zulässigkeit vgl. Begründung RegE, abgedruckt in *Balz/Landfermann*, S. 268; vgl. dazu Fallgruppen bei *Graf/Wunsch*, DZWIR 2002, 177 ff. und *Dahl*, ZInsO 2004, 1014 ff.; *Graeber/Pape*, ZIP 2007, 991 ff. und den bemerkenswerten, vom LG Potsdam entschiedenen Fall, ZInsO 2005, 893 ff., 895.

[2] § 77 RegE, der für den Sonderinsolvenzverwalter eine eigene Regelung vorsah, ist vom Rechtsausschuss gestrichen worden, ebd. Fn. 2.

[3] BGH NZI 2006, 474 ff. Tz. 11.

[4] BGH, ebd., Tz. 12 f., selbst wenn der Insolvenzgläubiger die Prüfung und Durchsetzung eines auf Ersatz eines Gesamtschadens gerichteten Anspruchs erreichen will, BGH NZI 2009, 238 ff. Rn. 7 ff.; *Meier*, KKZ 2006, 253 ff., 257.

[5] BGH NZI 2007, 237 f. = ZIP 2007, 547 f. m. zust. Anm. *Hess*, EWiR 2007, § 6 InsO 1/07, 373 f.

[6] BGH NZI 2007, 284 ff. = ZIP 2007, 548 ff. = DZWIR 2007, 216 ff. m. krit. Anm. *Graeber*, 218 ff. m. Anm. *Fölsing*, NZI 2009, 297, unter gleichzeitiger Ablehnung der Statthaftigkeit einer sofortigen Beschwerde für den die Entlassung eines bestellten Sonderinsolvenzverwalter wegen Befangenheit begehrenden Insolvenzverwalter gegen die ablehnende Entscheidung des Insolvenzgerichts; m. krit. Anm. *Römermann*, EWiR 2007, § 59 InsO 1/07, 341 f.

[7] *Schmidt*, GmbHR 2002, 1209 ff., 1214, hält dies allerdings für den Fall der typischen GmbH & Co. KG für unproblematisch, da das Insolvenzverfahren als einziges Ziel die Abwicklung der Unternehmensinsolvenz im Auge habe.

[8] Vgl. die Erläuterungen dort; zum Antragsrecht der Gläubiger – bejahend – AG Göttingen ZInsO 2006, 50 f. und zur Frage einer möglichen Befangenheit – verneinend – LG Wuppertal ZIP 2005, 1747 f.

zum vorläufigen Insolvenzverwalter. Nur so ist das Gericht in der Lage, eine sachgerechte Auswahlentscheidung zu treffen und frühzeitig zu überprüfen, ob ggf. die als möglich angesehenen Kollisionsfälle durch Bestellung eines Sonderinsolvenzverwalters gelöst werden können.[1]

5. Fehlende „Insolvenzverwalterfähigkeit"

12 Ex tunc nichtig ist die Bestellung geschäftsunfähiger, beschränkt geschäftsfähiger und entmündigter Personen sowie auch die des Schuldners selbst oder die seines gesetzlichen Vertreters. Ihre Handlungen als Insolvenzverwalter sind unwirksam.[2]

6. Rechtliche und praktische Probleme bei der Auswahl des Insolvenzverwalters durch das Insolvenzgericht

13 Vielfach kritisiert wurde, dass die Insolvenzgerichte bei der Insolvenzverwalterauswahl stets auf dieselben, ihnen als zuverlässig bekannten Personen zurückgreifen oder sogar Listen mit potenziellen Insolvenzverwaltern führen. Da stets eine für den Einzelfall geeignete Person ausgewählt werden soll, ist ein bloßes schematisches Weiterrücken zum nächsten freien Namen auf der Liste nicht zulässig.[3] Nur wenn das Gericht eine einzelfallbezogene Eignungsprüfung vornimmt, kann die Ernennungspraxis nicht infrage gestellt werden. Ferner bestehe auch kein Anspruch auf Bestellung zum Insolvenzverwalter. Das Insolvenzgericht treffe die Entscheidung nach pflichtgemäßem Ermessen in richterlicher Unabhängigkeit.[4] Somit bestehe keine Möglichkeit, die Bestellung eines anderen zum Insolvenzverwalter anzufechten.[5]

14 Diese Rechtsprechung zweier Oberlandesgerichte[6] stieß in der Literatur unter dem Gesichtspunkt des Grundrechtsschutzes der Art. 12, 3, 33 Abs. 2 GG und Art. 19 Abs. 4 GG auf erheblichen Widerspruch.[7] Gegen die Entscheidung des Oberlandesgerichtes Koblenz wurde seitens des abgelehnten Bewerbers Verfassungsbeschwerde eingelegt.[8] Dieser hat das Bundesverfassungsgericht stattgegeben, da die Beschwerdeführer in ihrem Grundrecht aus Art. 19 Abs. 4 GG

---

[1] I. d. S. wohl zu verstehen AG Potsdam NZI 2002, 391 f.; wohl zu weitgehend in der Rechtsfolge bei Verletzung dieser Obliegenheit Verwirkung des Vergütungsanspruchs AG Potsdam ZInsO 2005, 503 f. m. krit. Anm. *Haarmeyer.*

[2] *Nerlich/Römermann/Delhaes,* InsO, § 56 Rn. 13.

[3] Ausschussbericht, abgedruckt in *Balz/Landfermann,* S. 269.

[4] OLG Düsseldorf KTS 1996, 448 ff., 449.

[5] Eingehend zu dieser Problematik *Robrecht,* KTS 1998, 63 ff.; *Kleine-Cosack,* RWS-Forum 18 Insolvenzrecht 2000, S. 1 ff.; *Kesseler,* ZIP 2000, 1565 ff.; *Lüke,* ZIP 2000, 1574 ff.

[6] OLG Düsseldorf KTS 1996, 448 ff. = NJW-RR 1996, 1273; OLG Koblenz ZIP 2000, 507 m. Anm. *Holzer,* in EWiR 2000, 175 f.

[7] *Kleine-Cosack,* in Insolvenzrecht 2000, S. 3, S. 7; *Lüke,* ZIP 2000, 1575; aA: *Kesseler,* ZIP 2000, 1567 ff.

[8] Vgl. auch *Lüke,* ZIP 2000, 485 ff., 488 f., der die Entscheidung des OLG Koblenz in einer Anmerkung kritisiert; zum damaligen Stand der Diskussion vgl. *Römermann,* NJW 2002, 3729 ff. und *Füchsl/Pannen/Rattunde* in einer Stellungnahme des Insolvenzrechtsausschusses des DAV zur Verfassungsbeschwerde gegen die Entscheidung des OLG Koblenz ZInsO 2002, 414 f.; *Kesseler,* ZInsO, 201 ff., 207 f.

verletzt worden seien. Es handle sich zwar nicht um einen Rechtsprechungsakt, allerdings habe die Vorauswahl einen nicht unerheblichen Einfluss auf die beruflichen Betätigungsmöglichkeiten der Interessenten. Durch die Gestaltung des Auswahlverfahrens werde unmittelbar Einfluss auf die Konkurrenzsituation und damit auf das Ergebnis der Auswahlentscheidung genommen. Das Bundesverfassungsgericht betont ausdrücklich, dass das Gläubigerinteresse in die Eignungsbewertung durch den Richter eingehen müsse, und erkennt die Betätigung als Insolvenzverwalter als eigenständigen Beruf an. Eine Chance auf eine Einbeziehung in ein konkret anstehendes Auswahlverfahren und damit auf die Ausübung des Berufs habe ein potenzieller Insolvenzverwalter nur bei willkürfreier Einbeziehung in das Vorauswahlverfahren. Die Chancengleichheit der Bewerber sei einer gerichtlichen Überprüfung zugänglich.[1] Zu dieser Entscheidung des Bundesverfassungsgerichts liegt mittlerweile eine Reihe von Stellungnahmen vor, die einerseits daran zweifeln, dass sich tatsächlich an der Bestellungspraxis der Gerichte erhebliche Änderungen ergeben,[2] und andererseits den gewährten Rechtsschutz – beschränkt auf die Vorauswahl des Insolvenzverwalters – für nicht weitgehend genug erachten.[3] Erste Bemühungen der Insolvenzgerichte, den Anforderungen des Bundesverfassungsgerichts gerecht zu werden, sind erkennbar. Insbesondere haben einige Insolvenzgerichte die Aufnahme in die sog. „Auswahlliste" von einer formellen Bewerbung abhängig gemacht.[4] *Frind* sieht bei den Lösungsversuchen drei Tendenzen, die „Begründungsbefürworter", die „Kategorisierer" und die „Gläubigerbeteiliger". Er hält alle Lösungsansätze für untauglich.[5] Er betont insbesondere, dass im Vordergrund der Auswahlentscheidung die Qualität und vor allem auch die Unabhängigkeit bei der Auftragsbearbeitung stehen soll. Soweit er in diesem Zusammenhang Lösungsansätze kritisiert,[6] übersieht er dabei, dass diese Lösungsansätze über den Gesetzeswortlaut hinausgehen, in dem das Postulat der „Unabhängigkeit" bereits enthalten ist. Zum Vorauswahlverfahren liegen bereits einige Entscheidungen vor.[7] Das OLG Schleswig hat die Ortsnähe als zulässiges Kriterium bejaht.[8] Eine weitere Entscheidung des OLG Hamm betrifft den Anspruch eines früher bestellten und jetzt bei der Bestellung übergangenen Insolvenzverwalters auf konkrete Bestellung.[9] Insbesondere an der

---

[1] BVerfG, Beschluss vom 3. 8. 2004, NZI 2004, 574 ff. = ZIP 2004, 1649 ff. = NJW 2004, 2725 ff.

[2] Vgl. *Vallender,* NZI 9/2004, VI; *ders.,* NJW 2004, 3614 f.; *Pape,* ZInsO 2004, 1126 f.

[3] Vgl. *Wieland,* ZIP 2005, 233 ff.; vgl. dort auch die Übersicht über die Vielzahl von Stellungnahmen zur Entscheidung des BVerfG in Fn. 4; *ders.*, EWiR 2005, § 56 InsO 1/05, 437 f.; *Römermann,* ZInsO 2004, 937, 939 ff.

[4] Vgl. exemplarisch AG Dresden ZIP 2004, 2299 f., Merkblatt und Antragsformular zum Vorauswahlverfahren für den Insolvenzverwalter, und zuletzt AG Karlsruhe ZInsO 2006, 78 ff.

[5] *Frind,* ZInsO 2005, 225, 229 f.

[6] Ebd.

[7] Erstmals OLG München ZIP 2005, 670 ff.; m. krit. Anm. *Hess,* EWiR 2005, § 56 InsO 2/05 605 f.

[8] OLG Schleswig NZI 2005, 333 ff. = ZInsO 2005, 604 ff.; m. krit. Anm. *Hess,* EWiR 2005, § 56 InsO 4/05, 895 f.; aA: OLG Stuttgart ZIP 2006, 342 f.

[9] Gerichtliche Überprüfbarkeit ablehnend OLG Hamm ZIP 2005, 269 ff.; m. krit. Anm. *Wieland,* S. 270 ff. und *Kleine-Cosack,* EWiR 2005, § 23 EGGVG 1/05, 215 f. – gegen diese Entscheidung wurde Verfassungsbeschwerde eingelegt; i. d. S. auch OLG Koblenz NZI

Entscheidung des OLG Koblenz vom 12. Mai 2005 wird heftige Kritik geübt, da sie den abgewiesenen Bewerber auf den Weg einer nachträglichen Feststellungsklage mit dem Ziel der Geltendmachung von Schadenersatzansprüchen verweist.[1] Die Tendenz der Oberlandesgerichte geht auch in weiteren mittlerweile ergangenen Entscheidungen dahin, die Entscheidung über die Aufnahme eines Bewerbes in die Vorauswahlliste für die Insolvenzverwalterbestellung als Justizverwaltungsakt anzusehen, der im Verfahren nach den §§ 23 ff. EGGVG überprüfbar ist. Gleichzeitig wird dem Insolvenzgericht ein weiter Ermessensspielraum zugestanden.[2] Das Bundesverfassungsgericht hat am 23. Mai 2006 zu der Verfassungsbeschwerde gegen die Entscheidung des OLG Hamm[3] erneut rechtsgrundsätzlich entschieden.[4] Es hat auf den Grundrechtsschutz von Art. 3 Abs. 1 GG abgestellt. Dieser vermittle dem Bewerber um das Amt eines Insolvenzverwalters einen Rechtsanspruch auf fehlerfreie Ausübung des Auswahlermessens nach § 56 Abs. 1. Dieses stehe jedem einzelnen Insolvenzrichter zu.[5] Gleichzeitig lehnt es eine sog. „Konkurrentenschutzklage" ab. Mit dem grundgesetzlichen Gebot effektiven Rechtsschutzes sei es vereinbar, eine Anfechtung der Bestellung zum Insolvenzverwalter durch Mitbewerber und einen vorläufigen Rechtsschutz zur Verhinderung der Bestellung zu versagen. Im Rahmen einer Abwägung räumt das Bundesverfassungsgericht den Interessen der beteiligten Gläubiger und des Schuldners Vorrang gegenüber denen des übergangenen Bewerbers ein.[6] Der übergangene Mitbewerber ist auf die Fortsetzungsfeststellungsklage oder den Amtshaftungsanspruch verwiesen.[7] Damit ist die Hürde für den Rechtsschutz sehr hoch.[8] Drei weitere Verfassungsbeschwerden blieben ebenfalls erfolglos.[9] Auf der Basis der Entscheidung des Bundesverfassungsgerichts sind mittlerweile auch die ersten Entscheidungen von Oberlandes-

---

2005, 453 ff.; m. krit. Anm. *Römermann,* EWiR 2005, § 56 InsO 3/05, 865 f. und OLG Celle NZI 2005, 458.

[1] OLG Koblenz NZI 2005, 453 ff.; m. krit. Anm. *Römermann,* EWiR 2005, § 56 InsO 3/05, 865 f.; *Frind,* ZInsO 2005, 700 ff. und *Vallender,* NZI 2005, 473 ff.; 477 f.

[2] Zuletzt KG ZIP 2006, 294 ff.; m. zust. Anm. *Hess,* EWiR 2006, § 56 InsO 2/06, 347 f.; OLG Hamburg NZI 2006, 35 f. und OLG Stuttgart ZIP 2006, 342 f. – letzteres sieht anders als das OLG Schleswig NZI 2005, 333 ff., die Ortsnähe oder -kenntnis von Bewerbern nicht zwingend als maßgebliches Kriterium für die Auswahl des Insolvenzverwalters an.

[3] OLG Hamm ZIP 2005, 269 ff.; m. krit. Anm. *Wieland,* 270 ff. und *Kleine-Cosack,* EWiR 2005, § 22 EGGVG 1/05, 215 f.

[4] BVerfG, Beschluss vom 23. 5. 2006 – 1 BvR 2530/04, NZI 2006, 453 ff. = ZIP 2006, 135 ff. = WM 2006, 1487 ff.

[5] BVerfG, ebd., Tz. 30 ff.

[6] BVerfG, ebd., Tz. 33 ff.

[7] BVerfG, ebd., Tz. 57.

[8] I. d. S. auch *Römermann,* ZIP 2006, 1332 ff., der von einer verpassten Chance des Bundesverfassungsgerichts spricht, und zusammenfassend zum Stand der Diskussion *Wieland,* ZIP 2007, 462 ff., 466 f.

[9] BVerfG, Beschluss vom 12. 7. 2006 – 1 BvR 1493/05, ZInsO 2006, 1102 f. = WM 2006, 1680 f. zur Zulässigkeit des „Delisting" eines Bewerbers um das Insolvenzverwalteramt auf Grund von Fehlverhalten in Verfahren bei anderen Insolvenzgerichten; BVerfG (3. Kammer des 1. Senats), Beschluss vom 19. 7. 2006 – 1 BvR 1351/06, NZI 2006, 636 = ZIP 2006, 1541 f. = WM 2006, 1683 f.: keine Verletzung des Gleichheitsgrundsatzes bei abgelehnter Aufnahme eines unerfahrenen Bewerbers in Verwaltervorauswahlliste; BVerfG, Beschluss vom 12. 7. 2006 – 1 BvR 1469/05, ZInsO 2006, 1101 f. = WM 2006, 1681 ff.:

gerichten zur Vorauswahlliste ergangen.[1] Der BGH hat zu zwei Vorlagebeschlüssen wegen mutmaßlicher Abweichung von der Entscheidung eines anderen Oberlandesgerichts hinsichtlich Anträgen auf gerichtliche Entscheidung gegen die Nichtaufnahme des Insolvenzverwalters in die Vorauswahlliste entschieden.[2] Er hat insbesondere im Beschluss vom 19. 12. 2007 keinen Zweifel daran gelassen, dass bei der Vorauswahlliste lediglich ein Beurteilungsspielraum besteht, der wesentlich weiter ist als der Ermessensspielraum des Insolvenzrichters bei der Bestellung des Insolvenzverwalters im konkreten Einzelfall.[3] Unter Berücksichtigung dieser Ausführungen des BGH dürfte eine Entscheidung des OLG Bamberg[4] nicht haltbar sein. Dort wurde die Aufnahme in die Insolvenzverwalterliste damit abgelehnt, dass das geforderte Eignungskriterium der örtlichen Erreichbarkeit, d. h. ein Büro im Umkreis von 100 km zum Gerichtsort, und die unabdingbare persönliche Anwesenheit des Insolvenzverwalters in diesem Büro an mindestens zwei Tagen pro Woche nicht eingehalten worden sei. Dies sei sachgerecht und überschreite nicht die Grenzen richterlichen Auswahlermessens. Die gegen diese Entscheidung erhobene Anhörungsrüge wurde vom OLG Bamberg mit Beschluss vom 28. 1. 2008 zurückgewiesen. Gegen die Entscheidung ist Verfassungsbeschwerde eingelegt worden.[5] Auch die Regelung einer Altersgrenze als Voraussetzung zur Aufnahme in eine Vorauswahlliste wird für unzulässig gehalten.[6] Schließlich hat das OLG Hamm[7] sich nochmals zur Ortsnähe als möglichem Kriterum für die persönliche Eignung und die Aufnahme in die Vorauswahlliste geäußert. Die Grenze des Zuständigkeitsbereichs des Insolvenzgerichts ist danach als Abgrenzungskriterium ausreichender Ortsnähe ungeeignet. Maßgebend sei nicht eine in Kilometern zu bestimmende Entfernung zum Gericht, sondern ob der Bewerber regelmäßig innerhalb eines überschaubaren Zeitraums im Bedarfsfalle vor Ort sein könnte. Dies sei jedenfalls bei einer Fahrzeit von bis zu einer Stunde zu bejahen, wobei es auf die Fahrzeit unter normalen Verkehrsverhältnissen vom Kanzleisitz bis zum nächstgelegenen Ort innerhalb des Zuständigkeitsbereichs des Insolvenzgerichts ankommt. Das OLG Hamm geht dabei – so *Kleine-Cosack* – in einer differenzierten

---

keine Verpflichtung zur gleichmäßigen Bestellung zum Insolvenzverwalter; kein subjektives Recht auf Berücksichtigung.

[1] OLG Nürnberg ZIP 2007, 80 f.: Aufnahme in die Vorauswahlliste für Insolvenzverwalter nur bei Nachweis praktischer Erfahrung; OLG Köln NZI 2007, 105 ff.: weiter Beurteilungsspielraum des Insolvenzgerichts bei Entscheidung über Bewerberaufnahme in Vorauswahlliste; m. krit. Anm. *Berg-Grünenwald,* EWiR 2007, § 56 InsO 1/07, 377 f.; OLG Düsseldorf NZI 2007, 48 ff.: Verpflichtung zur Entwicklung sachlicher Kriterien für die Vorauswahlliste m. krit. Anm. *Frind,* ZInsO 2006, 1183 ff.; OLG Schleswig ZIP 2007, 831 f., Fehlverhalten in einem früheren Verfahren ablehnend.

[2] Vgl. BGH NZI 2008, 161 m. Anm. *Laws*, NZI 2008, 279 ff. und *Hess*, EWiR 2008, § 56 InsO 4/08, 371 f.; Vorlagebeschluss des OLG Dresden ZIP 2007, 2182 ff. und BGH ZIP 2007, 1379 ff.

[3] Vgl. BGH NZI 2008, 161, Rn. 21 ff.

[4] OLG Bamberg NZI 2008, 309 ff. = ZIP 2008, 82 ff.

[5] Vgl. Abdruck in ZIP 2008, 327; erfolglos vgl. BVerfG NZI 2009, 641 m. Anm. *Frind* ZInsO 2009, 1638.

[6] OLG Hamm ZIP 2007, 1722 ff.: 65 Jahre; m. zust. Anm. *Römermann*, EWiR 2008, § 56 InsO 1/08, 27 f.; KG NZI 2008, 187: 62 Jahre; m. Anm. *Römermann*, EWiR 2008, § 56 InsO 2/08, 145 f.

[7] OLG Hamm NZI 2008, 493 ff.; m. Anm. *Hess,* 496.

Anmerkung noch nicht weit genug.[1] Die Entscheidung beruhe auf einer gerade bei Insolvenzverwaltern völlig unrealistischen Sicht einer höchstpersönlichen Ausübung des Verwalteramts. Der Praxis entspreche eine solche freiberufliche Sicht (vgl. auch § 1 Abs. 1 Buchst. 2 PartGG) vielfach jedoch nicht mehr, angesichts der Einschaltung umfangreicher Mitarbeiterstäbe durch Verwalter; es sei daher auch völlig unverständlich und verfassungsrechtlich am Maßstab der Art. 3, 12 Abs. 1 GG unhaltbar, dass nur natürliche und nicht juristische Personen zu Verwaltern bestellt würden. Die Auslegung des OLG beruhe weiter auf dem völlig überholten Berufsbild des überwiegend gerichtlich tätigen Rechtsanwalts, der stets in seiner – zudem einzigen – Kanzlei „hocke". Der BGH[2] hat entschieden, dass eine Bestellung zum Insolvenzverwalter bei einer Vorstrafe wegen einer Insolvenzstraftat nicht erfolgen kann. Diese muss daher Anlass sein, von einer Ernennung abzusehen, mindestens aber nachträglich eine erheblich gesteigerte Überwachung vorzunehmen. Nach einer Entscheidung des OLG Frankfurt/Main[3] können nur konkret belegbare tatsächliche Umstände als (gerichtlich) überprüfbarer Maßstab bei einer Entscheidung im Vorauswahlverfahren über die Aufnahme in die Liste zugrunde gelegt werden. Dies gilt auch, soweit auf ein „Fehlverhalten" des Antragstellers in einem früheren Insolvenzverfahren abgestellt wird. Praktikabilitätsgründe können nie eine Ablehnung der Aufnahme in eine Vorauswahlliste rechtfertigen.[4] Das OLG Hamburg[5] hatte sich mit einem weiteren fehlgeschlagenen Versuch zu beschäftigen, die Verwaltervorauswahlliste zu begrenzen. Nach seinem Beschluss sind überdurchschnittliche Examensnoten in beiden juristischen Examen (Prädikat) als generelle Anforderung für die Aufnahme in die Vorauswahlliste für Insolvenzverwalterbewerber ungeeignet.

Zur Frage des materiell richtigen Anspruchsgegners hat sich das OLG Düsseldorf[6] geäußert. Materiell richtiger Antragsgegner und demnach entscheidungszuständig für den Antrag auf Aufnahme in die Vorauswahlliste als Insolvenzverwalter sind der oder die Insolvenzrichter und nicht der Amtsgerichtspräsident. Es hat damit seine bis zu diesem Zeitpunkt gültige Rechtsprechung geändert. Die Entscheidung äußert sich auch zu den inhaltlichen Anforderungen wie z. B. einer nachzuweisenden Erfahrung in Insolvenzverfahren.

15 Zwei wesentliche Veränderungen, die sich mittelfristig auch auf die Praxis der Insolvenzverwalterauswahl durch die Gerichte auswirken werden, sind die Konzentration der Insolvenzgerichte an dem Amtsgericht, in dessen Bezirk ein Landgericht seinen Sitz hat gem. § 2 Abs. 1,[7] und die Transparenz der Insolvenzverwalterbestellung durch Veröffentlichungen im Internet.[8] Damit gibt es zum einen mittlerweile auch „Vollzeit-Insolvenzrichter", was die früher beobachtete, sehr

---

[1] Vgl. Anm. *Kleine-Cosack*, EWiR 2008, § 56 InsO 5/08, 441 f.

[2] BGH NZI 2008, 241 f.; m. Anm. *Eckardt*, EWiR 2008, § 56 InsO 3/08, 185 f.

[3] OLG Frankfurt/Main NZI 2008, 496 ff.

[4] OLG Nürnberg ZIP 2008, 1490 ff.

[5] OLG Hamburg NZI 2008, 744; mit zust. Anm. *Brenner*, EWiR 2009, § 56 InsO 2/09, 187 f.

[6] OLG Düsseldorf NZI 2008, 614; m. zust. Anm. *Knof*, EWiR 2009, § 56 InsO 1/09, 55 f.

[7] Hiervon haben insbesondere die Bundesländer Nordrhein-Westfalen und Baden-Württemberg Gebrauch gemacht. Die Zahl der Insolvenzgerichte wurde dabei nahezu halbiert.

[8] Vgl. *www.rws-verlag.de* (Menüpunkt: IN-Dat).

starke Listenorientierung inzwischen relativiert.[1] Andererseits werden der Insolvenzmarkt und die Bestellungspraxis von Gerichten dadurch für jedermann transparent.

In der Praxis ist festzustellen – und es handelt sich um eine noch nicht abge- 16
schlossene Entwicklung –, dass einige Gerichte bereit sind, eine differenziertere Insolvenzverwalterauswahl zu betreiben.[2] Zwar muss das Insolvenzgericht sich auf einen festen Kreis von Insolvenzverwaltern stützen können, der sicher primär regional orientiert ist.[3] Diese Praxis schließt nicht aus, dass in besonders gelagerten Fällen – seien sie betriebswirtschaftlich, strukturell oder z. B. von der internationalen Anbindung her außerordentlich anspruchsvoll – eine auch über den regionalen Kreis der Insolvenzverwalter hinausgehende Auswahl erfolgt. Dabei ist verstärkt feststellbar, dass die Gerichte – sofern ihnen eine Auswahl unter mehreren empfohlenen und geeigneten Insolvenzverwaltern verbleibt – auch Anregungen aus dem Gläubigerkreis berücksichtigen.[4] Für die Frage der Auswahlkriterien lassen sich sicherlich in Anknüpfung an die gängige Unterscheidung in „Hard Facts" und „Soft Facts" eine Reihe von Punkten finden, an denen sich das Gericht bei der Auswahl orientieren kann.[5] Es gibt nach den weiteren Entscheidungen des Bundesverfassungsgerichtes aus dem Jahre 2006[6] neue Initiativen. Zum einen wurde die sog. „Uhlenbruck-Kommission" ins Leben gerufen, die Qualitätskriterien zur Vorauswahlliste und Bestellung des Insolvenzverwalters sowie Transparenz, Aufsicht und Kontrolle im Insolvenzverfahren erarbeiten sollte.[7] Die Uhlenbruck-Kommission hat ihre Arbeit abgeschlossen.[8] Dazu gibt es

---

[1] Vgl. die Thesen von *Schmidt,* in Insolvenzrecht 2000, S. 25 ff.; dasselbe Gericht hat dann Ende des Jahres 2000 erklärt, dass die sog. „Liste" abgeschafft ist.

[2] Sehr instruktiv dazu: MünchKommInsO-*Graeber,* § 56 Rn. 85 ff., der sich aus Sicht eines entscheidenden Insolvenzrichters sehr ausführlich – u. a. auch mit allen Fragen rund um die sog. **„Verwalterliste"** als auch mit **sonstigen Kriterien** wie Vertrauen und Zuverlässigkeit, technische und personelle Verhältnisse und dem Kriterium der wirtschaftlichen Absicherung befasst; *Busch,* DZWIR, 2004, 353 ff., 358 zum sog. „Detmolder Modell"; *Frind/Schmidt,* NZI 2004, 533 ff., 538; kritisch hierzu *Frind,* ZInsO 2005, 225 ff.; erste Gerichtsentscheidungen s. o. Erläuterungen in Rn. 14 aE.

[3] Vgl. Umfrage bei allen Insolvenzgerichten zu den Kriterien der Verwalterauswahl auf der Homepage des Gravenbrucher Kreises, *www.gravenbrucher-kreis.de* (unter dem Menüpunkt *„Aus der Arbeit des Gravenbrucher Kreises",* dort unter *„Umfrage zum Thema Zulassungs- und Auswahlverfahren für Insolvenzverwalter"*), aus der sich ergibt, dass bei der Frage nach dem Regionalprinzip zum damaligen Zeitpunkt 1999 die höchste prozentuale Zustimmung erklärt wurde.

[4] Zur Praxis in England, Auswahl des Verwalters (administrator) sogar durch den Geschäftsführer (company director), vgl. *Paulus,* EWiR 2007, Art. 3 EuInsVO 2/07, 175 f. in einer Anm. zu High Court of Justice London, Beschluss vom 4. 8. 2006 – No. 5618/06 (Brochier).

[5] Vgl. hierzu *Stapper,* NJW 1999, 3444; *Mönning,* in Kölner Schrift, S. 375 ff.; *Degenhart/Borchers,* ZInsO 2001, 337 ff. im Rahmen einer empirischen Erhebung bei Insolvenzgerichten und Kreditinstituten; *Haarmeyer,* ZInsO 2005, 337 ff. zum „Erfolg" der Insolvenzabwicklung als Maßstab für Auswahl und Bestellung; zuletzt *ders.,* ZInsO 2007, 169 und ZIP 2007, 952 f. zum Stand der Diskussion und insbesondere dem Thema Zertifizierung von Insolvenzverwaltern mwN.

[6] Vgl. Kommentierung Rn. 14.

[7] Vgl. *Kind,* NZI 2007, V f.

[8] Zusammenfassung der Empfehlungen der Uhlenbruck-Kommission NZI 2007, 507 ff. = ZInsO 2007, 760 ff.

eine Reihe von zustimmenden und Kritik äußernden Stellungnahmen.[1] Zum anderen wurde auf einen bundesweiten Aufruf der „Bundesarbeitskreis Insolvenzgerichte" als Zusammenschluss von Richter(innen) und Rechtspfleger(innen) am 5. und 6. 3. 2007 in Bielefeld gegründet.[2] Mittlerweile sind erste Ergebnisse veröffentlicht.[3] Daneben haben sich alternativ Insolvenzrichter und Insolvenzrichterinnen zu einer Arbeitsgruppe zusammengefunden und als erstes Ergebnis einen Musterfragebogen entwickelt.[4]

7. Schadensersatzansprüche im Zusammenhang mit fehlerhaften Insolvenzverwalterbestellungen

17 Entstehen durch die ermessensfehlerhafte Auswahl des Insolvenzverwalters oder die mangelhafte Überwachung seiner Arbeit durch das Insolvenzgericht Schäden, so treffen das entsprechende Bundesland als Anstellungskörperschaft des Insolvenzrichters Amtshaftungsansprüche aus § 839 Abs. 1 BGB i. V. m. Art. 34 GG.[5] Auch ein amtspflichtwidrig zunächst bestellter und sodann wieder entlassener Insolvenzverwalter hat Schadensersatzansprüche. Ersatzfähig sind allerdings nur materielle Schäden (insbesondere für wegen der Insolvenzverwaltertätigkeit abgelehnte andere Mandate).[6] Es bestehen hingegen keine Schmerzensgeldansprüche wegen einer Rufschädigung infolge der Entlassung.[7]

8. Die Bestellungsurkunde

18 Zum Nachweis seiner Bestellung (z. B. für den Fall des § 29 Abs. 2 GBO) erhält der Insolvenzverwalter eine Urkunde. Deren Ausfertigung erfolgt, sofern sich der Richter dies nicht nach § 18 Abs. 2 RPflG vorbehalten hat, gem. § 3 Ziff. 2 e) RPflG durch den Rechtspfleger. An die Urkunde ist kein Gutglaubensschutz geknüpft, sodass bei ihrem Abhandenkommen kein Aufgebotsverfahren durchgeführt werden muss.[8] Endet das Insolvenzverwalteramt (durch Abschluss des Insolvenzverfahrens, Abwahl oder Entlassung), ist der Insolvenzverwalter nach § 56 Abs. 2 zur Rückgabe der Bestellungsurkunde verpflichtet. Dieser Amtspflicht des Insolvenzverwalters kann über § 58 Abs. 2, Abs. 3 notfalls zur Durchsetzung verholfen werden. Auch eine strafrechtliche Verantwortlichkeit des Insolvenzverwalters wegen Urkundenunterdrückung, u. U. aber auch wegen Unterschlagung, kommt in Betracht.

---

[1] Vgl. *Uhlenbruck/Mönning*, ZIP 2008, 157 ff.; *Frind*, ZInsO 2007, 850 ff.; *Haarmeyer*, ZInsO 2007, 729 f.; BAKinso unter *www.bakinso.de.*

[2] Vgl. Bericht und Beschluss über die Zielsetzung, abgedruckt in ZInsO 2007, 256 f. und Aufruf, abgedruckt in ZInsO 2007, 489 f.

[3] Insolvenzverwalterauswahl im Wandel – Entschließung des BAKinso e. V. Herbsttagung 2008, ZInsO 2008, 1260 f.; Empfehlung des BAKinsO e. V. – Checkliste zur Gutachtenserstellung, NZI 2009, 37 ff.; Formblatt zur Erfolgsprüfung der Inslvenzverwaltung, NZI 2009, 595.

[4] Vgl. beispielhaft die Veröffentlichung zum Heidelberger Musterfragebogen, NZI 2009, 97; und Thesen zur Qualitätssicherung der Insolvenzgerichte, NZI 2009, 593.

[5] OLG München ZIP 1991, 1367 ff., 1368 f.

[6] BGH ZIP 1990, 1141 ff., 1142 f.

[7] BGH ZIP 1986, 319 ff., 322 f.

[8] *Smid/Smid,* InsO, § 56 Rn. 32, 34.

9. Insolvenzverwalteramt, Unabhängigkeit und Berufsrecht

a) In der Rechtswirklichkeit werden überwiegend Rechtsanwälte, in einem gewissen Umfang auch Steuerberater oder Wirtschaftsprüfer, zu Insolvenzverwaltern bestellt, obwohl das Gesetz dies als solches nicht fordert.[1] Diese Entwicklung der Letzten 30 Jahre hat einen berechtigten Hintergrund. Die Angehörigen dieser Berufe erfüllen die Anforderungen an einen Insolvenzverwalter, insbesondere wenn es sich um eine betriebswirtschaftlich getriebene Insolvenz handelt, in besonderem Maße auf Grund ihrer Ausbildung, umso mehr, wenn sie noch eine Doppelqualifikation besitzen. Die Komplexität der Aufgabe der Unternehmensinsolvenz erfordert den spezialisierten, darüber hinaus im Wesentlichen auch nur mit der Bearbeitung solcher Sachverhalte befassten Insolvenzverwalter. Dies findet der auswählende Richter am ehesten bei den sich auf Insolvenzverwaltung spezialisierenden Angehörigen dieser Berufe.[2] 19

b) Ist der Insolvenzverwalter Rechtsanwalt, darf dies aber nicht zu der Annahme führen, Insolvenzverwaltung sei Rechtsanwaltstätigkeit. Insbesondere sind die Berufspflichten des Insolvenzverwalters und des Rechtsanwalts sorgfältig zu differenzieren. 20

c) Unabhängigkeit im insolvenzrechtlichen Sinne meint Unabhängigkeit von Gläubigern und Schuldnern. Unabhängigkeit im Sinne der Normen der Bundesrechtsanwaltsordnung (BRAO) regelt Staatsunabhängigkeit als unabhängiges Organ der Rechtspflege, Postulat des Berufsbildes der freien Advokatur.[3] Mittlerweile hat sich zur Frage des Verständnisses der Unabhängigkeit eine heftige Diskussion entwickelt, bei der der Eindruck entsteht, dass sie auch unter Wettbewerbsgesichtspunkten angestoßen und aufrechterhalten wird.[4] 21

Unabhängigkeit des Insolvenzverwalters ist in aller erster Linie wirtschaftliche Unabhängigkeit von der Insolvenzmasse, dem Träger der Schuldnerrolle. Wer Insolvenzverwalter ist, darf selbst von der Regelung und vom Ausgang eines Insolvenzverfahrens am eigenen Vermögensinteresse nicht betroffen sein. Wirtschaftliche Unabhängigkeit bedeutet, dass der Insolvenzverwalter nicht in einer Gläubigerposition betroffen sein darf. Der Insolvenzverwalter wird weder ausschließlich im Interesse des Schuldners noch ausschließlich im Interesse der Gläubiger tätig, er nimmt vielfältige Aufgaben wahr und ist in Erfüllung seiner Pflichten allen Verfahrensbeteiligten verantwortlich. Ihm fehlt – so schon der BGH für die Funktion des Konkursverwalters – eine einseitige Bindung an die 22

---

[1] Vgl. Abschlussbericht der Bund-Länder-Arbeitsgruppe „Insolvenzrecht" vom Juni 2002, *www.jm. nrw.de/JM/justizpolitik/schwerpunkte/insolvenzrecht/pdf/abschlussbericht.pdf,* S. 22 f., danach sind nach einer Auswertung der Verwalterbestellungen des Jahres 2001 nahezu 88 % der bestellten Insolvenzverwalter Rechtsanwälte, während es im Jahre 1978 noch lediglich 56 % waren, woraus sich eine eindeutige Tendenz ablesen lässt.

[2] Die nachstehenden Ausführungen basieren auf *Braun/Uhlenbruck,* Unternehmensinsolvenz. Die Person des Verwalters oder Sachwalters, Qualitätsanforderungen – berufsrechtliche Schranken für Rechtsanwälte, Wirtschaftsprüfer oder Steuerberater, S. 723 ff.

[3] *Kleine-Cosack,* Bundesrechtsanwaltsordnung, § 1 Rn. 11.

[4] *Braun,* ZInsO 2002, 964 f.; *ders.,* NZI 2002, V f.; *Graeber,* NZI 2002, 345 ff.; *Riggert,* NZI 2002, 252 ff. in einer Erwiderung auf *Graeber; Frind,* ZInsO 2002, 755, *ders.,* ZInsO 2002, 745 ff.; *Prütting,* ZIP 2002, 1965 ff.; *Schumann,* in FS Geimer, S. 1043 ff.; zuletzt *Lüke,* ZIP 2003, 557 ff.

rechtlichen Belange einer Person oder Personengruppe.[1] Unabhängigkeit bedeutet also beim Insolvenzverwalter gerade nicht, was für den Rechtsanwalt sonst mandantenbezogen fundamental ist: die Verpflichtung (s)einem einzelnen Auftraggeber gegenüber. Im Ergebnis: Wer Insolvenzverwalter ist, erfüllt keine Rechtsanwaltsaufgabe per se, wiewohl unzweifelhaft der Rechtsanwalt berufsrechtlich Insolvenzverwalter sein kann.[2]

10. Die berufsrechtliche Einordnung

23 Ein Rechtsanwalt, der als Insolvenzverwalter bestellt wird, hat davon auszugehen, dass die Insolvenzverwaltertätigkeit keine Anwaltstätigkeit ist, er jedoch in seiner berufsrechtlichen Einbindung als Anwalt möglicherweise als Insolvenzverwalter nicht tätig werden darf. Mit anderen Worten: Das Berufsrecht des Anwalts kann die natürliche Person darin limitieren, das Amt des Insolvenzverwalters auszuüben.

24 Dabei ist aus Gründen der Exaktheit scharf zu unterscheiden, in welcher zeitlichen Reihenfolge derjenige, der die Berufsqualifikation eines Rechtsanwaltes hat, tätig werden will/tätig geworden ist:

25 **a)** Liegt berufliche Tätigkeit als Rechtsanwalt vor und folgt/soll eine Tätigkeit als Insolvenzverwalter folgen, soll dieser zeitliche Ablauf aus dem Blickwinkel des Insolvenzverfahrens als (potenzieller) **Mandatskollisionsfall** bezeichnet werden.

26 **b)** Liegt erst Tätigkeit als Insolvenzverwalter/Sachwalter vor und soll danach ein berufliches Tätigwerden als Rechtsanwalt folgen, so liegt ein (potenzieller) **Folgekonfliktfall** vor.

27 **Zu den Mandatskollisionssachverhalten:**

Berufsrechtliche Problemfälle bei dieser Sachverhaltskollision können entstehen:

- in strafrechtlicher Hinsicht, § 356 StGB (Parteiverrat);
- wegen Verstoßes gegen das Verbot, keine widerstreitenden Interessen zu vertreten, § 43 a Abs. 4 BRAO;
- wegen eines Verstoßes gegen die Verschwiegenheitsverpflichtung, § 43 a Abs. 2 BRAO, § 203 Abs. 1 Nr. 2 StGB;
- wegen eines Verstoßes gegen das Tätigkeitsverbot gem. § 45 Abs. 2 BRAO.

28 In strafrechtlicher Hinsicht setzt § 356 StGB für die Tätigkeit als Anwalt gegenüber zwei Parteien voraus, was die Tätigkeit als Insolvenzverwalter per se nicht erfüllt. Eine Strafbarkeit wegen Parteiverrats ist also auch dann nicht gegeben, wenn der Rechtsanwalt zunächst als Rechtsanwalt für einen Beteiligten tätig war und danach zum Insolvenzverwalter bestellt wird.[3]

29 Das Verbot des Vertretens widerstreitender Interessen deckt sich in seinem objektiven Tatbestand mit § 356 StGB, woraus sich zwingend ergibt, dass es

[1] BGHSt 13, 231.

[2] Vgl. noch ausführlicher und mit weiteren Argumenten *Braun/Uhlenbruck,* Unternehmensinsolvenz, S. 726 ff.; aA, *Henssler,* Das Berufsbild des Insolvenzverwalters, in Aktuelle Probleme des neuen Insolvenzrechts, S. 63 ff.; für den Beruf des Wirtschaftsprüfers so auch BGH NJW 2005, 1057 ff., 1058 gegen BVerfG NJW 2004, 2725 ff., 2727 = NZI 2004, 574 ff.; krit. dazu *Deckenbrock/Fleckner,* NJW 2005, 1165 ff., 1168.

[3] Vgl. ausführlich *Braun/Uhlenbruck,* Unternehmensinsolvenz, S. 726.

gleichfalls vom Rechtsanwalt, der Insolvenzverwalter wird, nicht verwirklicht werden kann. Für den unbefangenen, insbesondere möglicherweise auch rechtsunkundigen Betrachter – was möglicherweise auch der Partei, die den Betreffenden als Anwalt mandatiert hatte, zuzugestehen ist – kann sich der Anschein widerstreitender Interessen ergeben.[1] Die Funktionsfähigkeit der Rechtspflege wird aber nicht durch den Anschein, sondern nur durch die Vertretung widerstreitender Interessen beeinträchtigt.[2]

Wer als Rechtsanwalt tätig geworden ist, unterliegt der Verpflichtung zur Verschwiegenheit. Die Verschwiegenheitsverpflichtung ist in § 43 a Abs. 2 BRAO, § 203 Abs. 1 Nr. 3 StGB auch strafbewehrt. Die Pflicht schützt – rechtsstaatlich unverzichtbar – das Vertrauensverhältnis des Anwalts und seines Mandanten. Wer als Rechtsanwalt Gesellschafter oder Gesellschaft zu einem Lebenssachverhalt beraten oder vertreten hat, zu dem ein späteres Insolvenzverfahren in irgendeiner Weise Beziehung haben kann, ist als Insolvenzverwalter deswegen disqualifiziert, da er als Ausfluss seiner Pflicht zur Verschwiegenheit dann nicht mehr unabhängig ist. Als unabhängiger Insolvenzverwalter ist er verpflichtet, alle das Verfahren betreffenden Sachverhalte aufzuklären, darüber zu berichten und ggf. Maßnahmen zu ergreifen. Kennt er relevante Umstände, zu denen er zur Verschwiegenheit verpflichtet ist, ergibt sich eine nicht auflösbare Konfliktsituation. Will ein Gericht einen Rechtsanwalt zum Insolvenzverwalter bestellen, der einer entsprechenden Verschwiegenheitsverpflichtung unterliegt, muss der Betreffende die Übernahme des Amtes ablehnen. 30

Damit ist ein Rechtsanwalt, der für den Träger der Schuldnerrolle tätig war oder der für Personen tätig war, die am Träger der Schuldnerrolle beteiligt sind, nicht schlechterdings ausgeschlossen. Bezog sich sein Mandat auf einen abgegrenzten Lebenssachverhalt, der unzweifelhaft keinerlei Bezug zur Tätigkeit als Insolvenzverwalter hat, ist also ein Konflikt mit der Verschwiegenheitsverpflichtung auszuschließen, so hindert das frühere Mandat nicht.[3] Für den Rechtsanwalt wird hilfreich sein, wenn er den genauen Mandatssachverhalt schriftlich in der Vollmacht oder in sonstiger Weise im Mandatsvertrag dokumentiert hat. 31

§ 43 a BRAO erfasst nicht den Sozius oder in sonstiger Weise mit dem Rechtsanwalt verbundene Berufsangehörige. Eine § 45 Abs. 3 BRAO entsprechende Regelung fehlt in § 43 a BRAO, was durchaus zu Unverständnis aus Sicht des Mandanten führen kann, wenn es sich um am gleichen Ort in der gleichen Kanzlei verbundene Rechtsanwälte handelt; das Problem kann durch eine Übertragung des § 45 Abs. 3 BRAO auf § 43 a BRAO nicht gelöst werden.[4] Bereits die Sachverhaltsgestaltung überregionaler oder supranationaler Sozietäten gleichermaßen, wie die des Falles des Sozietätswechsels, zeigt dies im Übrigen. 32

Der Umstand, dass von der Verschwiegenheitsverpflichtung durch die Verpflichtenden – unbestritten – befreit werden kann, führt für das Problem zu 33

---

[1] Dies war nach früherem Standesrecht untersagt. Diese Sachverhaltskonstellation ist aber gerade nicht in das Gesetz übernommen worden.

[2] AA: *Prütting,* ZIP 2002, 1971 f.

[3] Beispiel: Ein Rechtsanwalt hat einen abgeschlossenen Verkehrsunfall der Gesellschaft reguliert oder der Rechtsanwalt hat eine Nachbarschaftsstreitigkeit für einen Gesellschafter abgewickelt.

[4] So auch *Kleine-Cosack,* BRAO, § 43 a Rn. 106 und 110 ff.

keinem abweichenden Ergebnis, wenn mit der zutreffenden herrschenden Meinung die Befreiung vom Verbot der Verschwiegenheit als jederzeit widerruflich behandelt wird.[1] Der Insolvenzverwalter, der von seinem (früheren) Mandanten von der Verschwiegenheitsverpflichtung befreit ist, ist nicht unabhängig, wenn er unter dem potenziellen Druck der Widerruflichkeit in der sich dann möglicherweise ergebenden Pflicht der sofortigen Niederlegung seines Amtes als Insolvenzverwalter agieren müsste.

34 Zusammengefasst: Die vorherige anwaltliche Tätigkeit in einem Lebenssachverhalt (Mandat), welches Bezüge zur späteren Insolvenzmasse hat, disqualifiziert den Rechtsanwalt berufsrechtlich als Insolvenzverwalter.

35 **c)** War der potenziell zu bestellende Rechtsanwalt bereits als Rechtsanwalt gegen den Träger des zu verwaltenden Vermögens befasst, so ist ihm beruflich untersagt, als Insolvenzverwalter tätig zu werden. Dies ergibt sich aus § 45 Abs. 2 Ziff. 1 BRAO. Die gesetzliche Bestimmung ist nicht einschlägig für den Rechtsanwalt, der **für** den Träger der Schuldnerrolle tätig war. Die Bestimmung ist nur schwer verständlich. Der Rechtsanwalt, der als Rechtsanwalt gegen den Dritten schon tätig war, soll diese Angelegenheit nicht in anderer Eigenschaft (also quasi im Zweitberuf, wie z. B. als Insolvenzverwalter) betreiben können. Ratio legis sei der Ausschluss von Interessenkollisionen.[2] Das Argument führt in die Irre. Interessenkollisionen können entstehen, wenn man für den Mandanten tätig war und später eine Tätigkeit gegen den Mandanten entfaltet. Warum jemand, der gegen einen späteren Schuldner vorgegangen ist, bspw. im Wege einer Forderungsbeitreibung, als Insolvenzverwalter nicht mehr tätig werden soll, bleibt dunkel. Die Bestimmung des § 45 Abs. 2 Ziff. 1 BRAO ist eine unreflektierte Umkehrung von § 45 Abs. 1 Ziff. 3 BRAO, die ihrerseits inhaltlich noch Sinn macht.

36 Eine Interessenkollision ist in einem solchen Fall nicht vorstellbar. *Kleine-Cosack* ist zuzustimmen, dass es sich insoweit um ein „empirisch wie verfassungsrechtlich unreflektiert erlassenes Verbot“ handelt, das „allein der praxisfremden Reinhaltung des anwaltlichen Berufsbildes dienen soll, das durch zwei berufliche Tätigkeiten nicht befleckt werden soll“. Eine sorgfältige Prüfung der Verhältnismäßigkeit am Maßstab des Art. 12 GG ist nach der Zweitberufsentscheidung des Bundesverfassungsgerichtes von der danach versperrten Berufswahl auf die Berufsausübungsebene gewechselt (worden).[3]

37 In der Literatur wird versucht, diesem nicht nachvollziehbaren Paragrafen dadurch einen Sinn zu geben bzw. ihn zu entschärfen, indem Insolvenzverwaltertätigkeit als anwaltliche Tätigkeit verstanden wird, also deswegen kein Verbot einer (zweitberuflichen) Tätigkeit vorliege.[4] Wie bereits oben ausgeführt, geht dies allerdings fehl, da Insolvenzverwaltertätigkeit keine Tätigkeit als Rechtsanwalt ist. Die Bestimmung der Bundesrechtsanwaltsordnung ist eine fatale Fehlleistung des Gesetzgebers, die in aller Regel einen Anwalt nicht behindert, da eine verfassungskonforme Auslegung, insbesondere am Maßstab der Verhältnismäßigkeit, dazu führen wird, dass er von der Übernahme des Amtes als Insolvenzverwalter nicht ausgeschlossen ist.

---

[1] So zu § 203 StGB: Leipziger Kommentar-*Schünemann,* § 203 Rn. 105.

[2] Vgl. *Feuerich,* BRAO, § 45 Rn. 32.

[3] BVerfG NJW 1993, 317; so *Kleine-Cosack,* BRAO, § 45 Rn. 35 in der 3. Aufl.

[4] So *Feuerich,* aaO.

Zu den Folgekonfliktfällen: 38

Auch bei den Folgekonfliktfällen, bei denen der betreffende Rechtsanwalt zunächst zum Insolvenzverwalter bestellt wird und danach als Rechtsanwalt tätig wird, ist zu unterscheiden zwischen

- dem Parteiverrat, § 356 StGB,
- dem Verbot, widerstreitende Interessen zu vertreten, § 43 a Abs. 4 BRAO,
- dem Verstoß gegen die Verschwiegenheitspflicht, § 43 a Abs. 2 BRAO,
- der Versagung der Berufsausübung gem. § 45 Abs. 1 Ziff. 3 BRAO.

Zum Verbot widerstreitender Interessen/zum Parteiverrat:

39 Wie schon aus den obigen Ausführungen deutlich geworden ist, ist Insolvenzverwaltertätigkeit keine Tätigkeit als Anwalt. Der Rechtsanwalt, der den Träger der Schuldnerrolle später als Anwalt vertritt, ist nicht Normadressat von § 356 StGB.[1]

40 Damit liegt auch objektiv kein Verstoß gegen das Verbot vor, widerstreitende Interessen zu vertreten.

41 Gegen § 43 a Abs. 2 BRAO verstößt der Rechtsanwalt nicht, da der Insolvenzverwalter keiner Verschwiegenheitsverpflichtung unterliegt. Damit fehlt es an einer objektiven Möglichkeit, durch ein Folgemandat als Rechtsanwalt gegen die Verschwiegenheitsverpflichtung aus der Erstbefassung mit dem Sachverhalt (als Insolvenzverwalter) verstoßen zu haben. Insoweit unterscheidet sich der Folgekonfliktfall maßgeblich vom Mandatskollisionssachverhalt.

42 In § 45 Abs. 1 Ziff. 3 BRAO untersagt das Gesetz dem Anwalt, dass, wenn er als Insolvenzverwalter tätig war, er zeitlich nachfolgend als Rechtsanwalt gegen den Träger des von ihm verwalteten Vermögens vorgehen kann. Auch diese Bestimmung erweckt den Eindruck wenig durchdachter Regelung. *Feuerich* versteht ihn als Sonderfall des Verbots widerstreitender Interessen.[2] Da dies aber gerade objektiv nicht der Fall ist, da der Insolvenzverwalter nicht als Rechtsanwalt für den Träger der Schuldnerrolle tätig wird, schränkt die Literatur, die dies vertritt, deswegen in der Folgekommentierung den Regelungssachverhalt der Norm dahingehend ein, dass bereits der „Anschein" vermieden werden solle, der Anwalt nutze früher erworbenes „Insiderwissen".[3] Warum der Anwalt Wissen aus Mandaten später in Mandaten ganz allgemein (ohne Quellenangaben) nicht nutzen können soll, ist zumindest eine unerörterte These, Erfahrung lebt vom Wissen aus der Vergangenheit.

43 Bezogen auf § 45 Abs. 1 Ziff. 3 BRAO ist allerdings festzustellen, dass eine Ausnahme von der gesetzgeberischen Entscheidung, den Anschein widerstreitender Interessen nicht als Untersagungssachverhalt anzuordnen, vorliegt. Wie wenig die Überlegung mit dem Insiderwissen trägt, wird besonders daran deutlich, dass in der Literatur betont wird, dass der Insolvenzverwalter „selbstverständlich" Anfechtungsrechtsstreite gegenüber dem Träger des von ihm verwalteten Vermögens geltend machen könne, insoweit vollziehe er nur seine Amtspflicht. Wird eine Nachtragsverteilung vorbehalten, so ist das Insolvenzverfahren beendet, nur noch der Anfechtungsrechtsstreit wird geführt. Es gehören schon semantische Unterscheidungsfähigkeiten dazu, hier eine zulässige Tätigkeit des Insolvenzverwalters/Rechtsanwalts zu erkennen und gleichzeitig zu vertreten; § 45 Abs. 1 Ziff. 3 BRAO mache Sinn.

---

[1] So schon BGHSt 20, 41 ff.

[2] *Feuerich,* BRAO, § 45 Rn. 24.

[3] *Feuerich,* aaO.

44 Im Ergebnis ist allerdings festzuhalten, dass der Gesetzgeber den Anschein widerstreitender Interessen in der Konstellation „zunächst Insolvenzverwalter/später Rechtsanwalt gegen den Träger der Schuldnerrolle" als Sachverhalt geregelt hat, der zur Berufsausübungsuntersagung für den Rechtsanwalt führt.[1]

45 Zusammengefasst: Bei zeitlichem Ablauf der Erstbestellung als Insolvenzverwalter ist eine Nachfolgeanwaltstätigkeit nur unter dem Gesichtspunkt der Einschränkung rechtsanwaltlicher Befassung gegen den Träger der Schuldnerrolle – und dies verfassungskonform verstanden – eingeschränkt.

§ 57 Wahl eines anderen Insolvenzverwalters

In der ersten Gläubigerversammlung, die auf die Bestellung des Insolvenzverwalters folgt, können die Gläubiger an dessen Stelle eine andere Person wählen. Die andere Person ist gewählt, wenn neben der in § 76 Abs. 2 genannten Mehrheit auch die Mehrheit der abstimmenden Gläubiger für sie gestimmt hat. Das Gericht kann die Bestellung des Gewählten nur versagen, wenn dieser für die Übernahme des Amtes nicht geeignet ist. Gegen die Versagung steht jedem Insolvenzgläubiger die sofortige Beschwerde zu.

Literatur: *Braun,* Die Abwahl des zunächst bestellten Insolvenzverwalters in der InsO, in FS für Uhlenbruck, S. 463 ff.; *Graeber,* Die Wahl des Insolvenzverwalters durch die Gläubigerversammlung nach § 57 InsO – die Macht der Großgläubiger im Verhältnis zur Aufsicht des Insolvenzgerichts, ZIP 2000, 1465 ff.; *Kesseler,* Der Verstoß gegen das gemeinsame Gläubigerinteresse durch Wahl eines neuen Insolvenzverwalters durch die Gläubigerversammlung, DZWIR 2002, 133 ff.; *Marotzke,* Unabhängiger Insolvenzverwalter, Gläubigerautonomie, Großgläubigerhypertrophie, ZIP 2001, 173 f.; *Muscheler/Bloch,* Abwahl des vom Gericht bestellten Insolvenzverwalters, ZIP 2000, 1474 ff.; *Pape,* Aufhebung von Beschlüssen der Gläubigerversammlung, Beurteilung des gemeinsamen Interesses nach § 78 InsO, ZInsO 2000, 469 ff.; *Prütting,* Die Abwahl des Insolvenzverwalters: Von der Gläubigerautonomie zur Groß-Gläubigerautonomie?, in Insolvenzrecht 2000, S. 29 ff.; *Smid/Wehdeking,* Anmerkung zum Verhältnis der §§ 57 und 78 Abs. 1 InsO, InVo 2001, 81 ff.; *Zimmer,* Die Haftung des eingewechselten Insolvenzverwalters, Baden-Baden 2008.

Übersicht

1. Normzweck

1 Die InsO ist von dem Gedanken der Gläubigerselbstverwaltung geprägt. Der Insolvenzverwalter muss, damit eine möglichst reibungslose Zusammenarbeit mit den Gläubigern erfolgen kann, das Vertrauen der Mehrheit der Gläubiger genie-

[1] Zurecht will *Kleine-Cosack,* BRAO, § 45 Rn. 21, die Bestimmung verfassungskonform so ausgelegt wissen, dass, soweit keine Interessenkollision oder – rational nachvollziehbare – Gefahr der Nutzung von Insiderwissen droht, § 45 Abs. 1 Nr. 3 nicht tatbestandsmäßig sei.

ßen. Nach § 57 S. 1 haben die Gläubiger die Möglichkeit, anstelle des vom Gericht im Eröffnungsbeschluss bestimmten Verwalters eine andere Person in dieses Amt zu wählen.

Aus den genannten Gründen muss die Neuwahl durch die Gläubigerversammlung nach § 57 stets auch dann zulässig sein, wenn das Amt des alten Verwalters (etwa wegen Entlassung oder Todes) endet und das Gericht einen neuen Verwalter bestellt.[1] 2

Interessanterweise wird den Gläubigern dieses Wahlrecht, das auch die Wahlfreiheit – zum Wählen zu gehen – einschließt, häufig bestritten. 3

Gerade in – regelmäßig – schwach besuchten Gläubigerversammlungen soll die Gefahr drohen, dass anwesende Gläubiger(-gruppen) eine stärker ihren Interessen verpflichtete Person wählen. Dem soll durch die Kontrolle des Insolvenzgerichts, das den neu gewählten Insolvenzverwalter nach § 57 S. 3 bestätigen muss, falls es ihn nicht für ungeeignet hält, ausreichend „entgegengewirkt" (?) werden.[2] 4

§ 57 ist durch das InsOÄndG 2001 nach Satz 1 um folgenden Satz 2 ergänzt worden: 5

„Die andere Person ist gewählt, wenn neben der in § 76 Abs. 2 genannten Mehrheit auch die Mehrheit der abstimmenden Gläubiger für sie gestimmt hat."[3]

Diese Regelung ist vor dem Hintergrund der gegenüber der Konkursordnung eingetretenen Änderung bezüglich des Stimmrechts der absonderungsberechtigten Gläubiger gem. § 76 Abs. 2[4] zu sehen. Damit stimmen absonderungsberechtigte Gläubiger nicht nur mit ihrer Ausfallforderung, sondern mit ihrer gesamten, auch soweit durch das Absonderungsrecht gesicherten, Forderung ab. Dazu hat sich insbesondere in der Literatur eine lebhafte Diskussion entsponnen, die sich durch die Gesetzesänderung faktisch erledigt.[5] Die Diskussion wurde dabei – offensichtlich an gesicherten empirischen Erkenntnissen vorbei[6] – mit dem Hauptargument geführt, ein entsprechend starkes Stimmrecht der absonderungsberechtigten (Groß-)Gläubiger gefährde die Unabhängigkeit der Insolvenzverwalter insbesondere dann, wenn die Anfechtbarkeit der Sicherungsrechte der (Groß-)Gläubiger drohe.[7] Entgegengesetzt wurde dieser These, dass das Insolvenzverfahren nach dem Gedanken der InsO ein gläubigerorientiertes Verfahren ist und damit mehrheitliche Abwahlentscheidungen – auch von sog. Großgläubigern – als vom Gesetzgeber gewollt, als Realisierung der Gläubigermitbestimmung hinzunehmen 6

---

[1] *Breutigam/Blersch/Goetsch/Blersch,* InsO, § 57 Rn. 2.

[2] Vgl. *Smid/Smid,* InsO, § 57 Rn. 2; bei enger wirtschaftlicher Verflechtung eines Gläubigers mit dem Schuldner soll sogar eine Stimmrechtsversagung in Betracht kommen, vgl. AG Wolfratshausen ZIP 1999, 557 f., 557; aA: HK-*Eickmann,* InsO, § 57 Rn. 5. Hier droht eine rechtsmittellose Manipulationsmöglichkeit, vor der gewarnt werden muss. Systematisch ist diese Sachverhaltskonstellation über § 57 S. 3 zu lösen und nicht über das Stimmrecht; vgl. auch OLG Celle ZInsO 2001, 755 ff.

[3] BGBl. I 2001, S. 2711.

[4] Vgl. auch die Erläuterungen an dieser Stelle.

[5] Begründung zum RegE vom 20. 12. 2000, BR-Drucks. 14/2001, S. 53 ff.; *Marotzke,* ZIP 2001, 173 f.; deutlich differenzierender *Braun,* in FS Uhlenbruck. S. 463 ff.

[6] Vgl. hierzu eine rechtssoziologische Untersuchung aus dem Jahre 1978 (!), wonach die Abwahlquote bei 0,15 % lag; neuere Untersuchungen gibt es nicht, vgl. MünchKomm-*Graeber,* InsO § 57 Rn. 8 mwN.

[7] *Marotzke,* ZIP 2001, 173, *Prütting,* in Insolvenzrecht 2000, S. 30 mwN zur Literatur.

sind.[1] Es steht zu vermuten, dass, lägen empirische Erkenntnisse vor, in der Mehrzahl der Fälle, in denen es zu Abwahlentscheidungen gekommen ist, Hintergrund der von der Entscheidung des Richters abweichenden Wahlen der Gläubiger die Bestellung eines ungeeigneten Insolvenzverwalters oder massive Konflikte von Gläubigern mit dem Insolvenzverwalter waren. Gerichte (und abgewählte Insolvenzverwalter) reagieren häufig wenig professionell. Sie verkennen, dass oft ein Mangel der Kommunikationsbereitschaft zwischen Gericht und Gläubigern, möglicherweise auch Insolvenzverwalter und Gläubigern, ursächlich ist.[2]

7 Man braucht daher kein Prophet zu sein, um vorherzusagen, dass es voraussichtlich in den entsprechenden Fällen auch unter dem Gesichtspunkt der zusätzlich erforderlichen Kopfmehrheit vergleichbar oft zu Abwahlentscheidungen kommen wird.

2. Abwahl des vom Gericht mit Eröffnung bestellten Insolvenzverwalters

8 Die Abwahl des vom Gericht mit der Eröffnung des Verfahrens bestellten Insolvenzverwalters bedarf keiner Begründung.[3]

9 Sie erfolgt durch Beschluss der gem. § 76 Abs. 2 stimmberechtigten Gläubiger.[4] Eine Abstimmung über die Abwahl des Insolvenzverwalters kann nicht als Antrag auf Entlassung des Verwalters ausgelegt werden.[5]

10 Das Recht zur Abwahl steht den Gläubigern wegen § 59 Abs. 1 S. 2 nur in der ersten Gläubigerversammlung zu, die auf die Bestellung des Insolvenzverwalters folgt. Dies soll die Unabhängigkeit des Insolvenzverwalters stärken und die Kontinuität der Amtsführung gewährleisten.[6] Wäre eine solche Abwahl auch in späteren Gläubigerversammlungen möglich, wäre die Regelung der Entlassung des Insolvenzverwalters in § 59 Abs. 1 S. 2 überflüssig.

11 Gegen eine sich abzeichnende (und für einen aufmerksamen Insolvenzverwalter meist vorab erkennbare) Abwahl in der ersten Gläubigerversammlung hat der Insolvenzverwalter keine Rechtsbehelfe. Allerdings kann die in der Regel – mangels Teilnahme an der ersten Gläubigerversammlung – „schweigende Mehrheit" der Gläubiger angesprochen und das Bewusstsein für die bestehende Problematik geschärft werden. Geeignete Ansprechpartner sind insbesondere die sog. „Berufsgläubiger", wie z. B. Sozialversicherungsträger, Finanzbehörde, PSVaG und die Arbeitsverwaltung. Bestehen – trotz ausreichender Versuche, die Kommunikation aufzunehmen, – weiterhin Schwierigkeiten mit absonderungsberechtigten Großgläubigern oder Einzelgläubigern, die bereits im Vorfeld versucht haben, einen anderen Insolvenzverwalter ins Amt zu bringen, sollte der Insolvenzverwalter für entsprechende Verfahrensöffentlichkeit sorgen und damit den übrigen Gläubigern die Chance und Gelegenheit geben, sich an einer Willensbildung in der ersten Gläubigerversammlung zu beteiligen. Verfahrensöffentlichkeit in diesem Sinne heißt, auch das Gericht zu informieren. Dies gilt sowohl für den „ahnenden"

[1] *Braun,* in FS Uhlenbruck, S. 481.

[2] Vgl. dazu die andere Auffassung von *Prütting,* in Insolvenzrecht 2000, S. 33.

[3] LG Baden-Baden ZIP 1997, 1350; m. Anm. von *Pape,* EWiR 1997, § 80 KO, 1/97, 945.

[4] Vgl. dortige Erläuterungen unter Rn. 7–14.

[5] BGH NZI 2006, 529.

[6] *Nerlich/Römermann/Delhaes,* InsO, § 57 Rn. 1.

Insolvenzverwalter als auch für die Gläubiger, die eine Abwahl des Insolvenzverwalters betreiben, um entsprechende organisatorische Maßnahmen zuzulassen.[1]

Der von den Gläubigern – in Wahrnehmung ihrer gesetzlichen Rechte – neu gewählte Verwalter ist häufig als „aufgedrängt" Ressentiments der Gerichte ausgesetzt. Auch in diesen Fällen erscheint Respekt vor der Entscheidung der Mehrheit der Gläubiger angezeigt.[2] 12

3. Die Versagung der Bestellung durch das Gericht

Das Gericht ist prinzipiell an den Gläubigerwillen gebunden; eine Ablehnung der von der Gläubigerversammlung gewählten Person kommt nur dann in Betracht, wenn diese nicht die Kriterien des § 56 erfüllt.[3] Eine Ablehnung mit der Begründung, es sei bereits ein geeigneter Verwalter vom Gericht bestellt, dessen Ablösung nur unnötige Kosten verursache oder dass sich der neue Insolvenzverwalter erst einarbeiten müsse, ist demgemäß unstatthaft.[4] 13

Funktionell zuständig für die Entscheidung über die Bestätigung oder die Ablehnung des gewählten Verwalters ist – abgesehen von § 18 Abs. 3 S. 2 RPflG – der Rechtspfleger, da – im Gegensatz zu der Bestellung des ersten Verwalters im Eröffnungsbeschluss – das RPflG keinen Richtervorbehalt enthält.[5] 14

Die ablehnende Entscheidung ergeht durch Beschluss, der im Hinblick auf die den Insolvenzgläubigern eröffnete Möglichkeit der sofortigen Beschwerde (§ 57 S. 4) begründet werden sollte.[6] 15

Nicht gefolgt werden kann der Auffassung des OLG Schleswig,[7] dass die sofortige Beschwerde des Gläubigerausschusses oder eines Gläubigers, der die Beschwerde ausdrücklich als Mitglied des Gläubigerausschusses einlegt, unzulässig sei. Von dem Sonderfall des § 67 Abs. 3 abgesehen, sind die Beschwerdeführer als Gläubiger beschwerdeberechtigt i. S. v. § 57 S. 4. Vor der Abweisung der Beschwerde sollte daher das Insolvenzgericht den Beschwerdeführern durch einen 16

---

[1] MünchKomm-*Graeber,* InsO § 57 Rn. 14.

[2] *Graeber,* ZIP 2000, 1473 f., der differenziert und für einen dem Gericht unbekannten Verwalter erhöhte Aufsichts- und Kontrollpflichten sieht.

[3] BVerfG NZI 2009, 371 mangels Vorliegen praktischer Erfahrung; OLG Schleswig ZIP 1986, 930 f., 931; OLG Celle ZInsO 2001, 755 ff., 756 f. Wenn für den neu gewählten Insolvenzverwalter schon vor seiner Ernennung feststeht, dass er auf Grund seiner Vorbefassung mit Teilen des Insolvenzverfahrens und der Tätigkeit in anderen Verfahren mit wirtschaftlich gegenläufigen Interessen möglicherweise Interessenkollisionen ausgesetzt ist, die den neu gewählten Insolvenzverwalter für das Amt des Insolvenzverwalters untauglich machen; BGH NZI 2004, 448 f.; m. zust. Anm. *Berg-Grünewald/Keller,* EWiR 2004, § 57 InsO 1/04, 925 f.; AG Göttingen ZIP 2003, 592 zur Versagung der Bestellung zum Insolvenzverwalter bereits auf Grund fehlender Erreichbarkeit des Büropersonals; m. zust. Anm. *Lüke/Stängel,* EWiR 2003, § 56 InsO 1/03, 1039 f.; s. auch Beschwerdeentscheidung LG Göttingen NZI 2003, 441 f., wobei – erfolglos – die Bestellung eines anderen anstelle des von der Gläubigerversammlung vorgeschlagenen, gewählten Insolvenzverwalters begehrt wurde.

[4] Begründung RegE, abgedruckt in *Balz/Landfermann,* S. 270.

[5] *Arnold/Meyer-Stolte/Hermann/Hansens/Meyer-Stolte,* RPflG, § 18 Rn. 31.

[6] *Hess/Obermüller,* Die Rechtsstellung der Verfahrensbeteiligten nach der Insolvenzordnung, Rn. 781; *Graeber,* ZIP 2000, 1472.

[7] OLG Schleswig ZIP 1986, 930; m. Anm. von *Hegmanns,* EWiR 1986, § 80 KO, 2/86, 711 f.

entsprechenden Hinweis die Möglichkeit geben, zu erklären, ob sie die Beschwerde in ihrer Eigenschaft als Gläubiger weiterverfolgen wollen.

17 Kein Recht zur sofortigen Beschwerde haben der Schuldner, der gewählte und der abgelehnte Verwalter,[1] Absonderungsberechtigte, denen mangels Ausfall keine Insolvenzforderung zusteht, sowie Massegläubiger, da es allein um die Durchsetzung einer Entscheidung der Gläubiger geht.[2]

18 In diesem Zusammenhang wird diskutiert, ob der abgelehnte Insolvenzverwalter die Möglichkeit hat, eine Aufhebung der Entscheidung der Gläubiger über § 78 herbeizuführen. Dies ist abzulehnen, da § 57 S. 3 gegenüber § 78 Abs. 1 eine abschließende Spezialregelung enthält. Das Insolvenzgericht kann daher den Beschluss der Gläubigerversammlung nach § 78 Abs. 1 nicht aufheben, sondern allenfalls unter den Voraussetzungen des § 57 S. 3 die Bestellung des Gewählten versagen.[3] Die gegen den Beschluss des BGH vom 7. Oktober 2004[4] eingelegte Verfassungsbeschwerde hat das BVerfG nicht zur Entscheidung angenommen.[5] Das BVerfG verneint eine Verletzung insbesondere auch der Art. 12 und 14 GG unter Bezugnahme auf die herrschende Gläubigerautonomie. Eine gesicherte Stellung erlange der Insolvenzverwalter erst nach der ersten Gläubigerversammlung, in der über die Beibehaltung seiner Bestellung abgestimmt werde.[6]

19 Lehnt das Insolvenzgericht den von der Gläubigerversammlung gewählten Insolvenzverwalter ab, ist, wie der Gesetzestext selbst klarstellt, die Wahl eines anderen Verwalters in einer neuen Versammlung nicht zulässig.[7] Entgegen der Auffassung des LG Freiburg[8] gilt dies freilich nicht, wenn die Ablehnung noch in der ersten Versammlung erfolgt. Solange diese noch nicht abgeschlossen ist, gebietet der Grundsatz der Gläubigerautonomie, die Wahl eines neuen Insolvenzverwalters zuzulassen.[9]

---

[1] Eingehend hierzu *Kübler/Prütting/Bork/Lüke,* InsO, § 57 Rn. 7, 8; *Nerlich/Römermann/Delhaes,* InsO, § 57 Rn. 11 mwN; aA OLG Zweibücken ZIP 2000, 2173 f.; OLG Karlsruhe ZIP 1997, 1970 f.; *Muscheler/Bloch,* ZIP 2000, 1480, aE allerdings über den Umweg von § 78 Abs. 1 (Aufhebungsantrag an das Gericht).

[2] Begründung RegE, abgedruckt in *Balz/Landfermann,* S. 270.

[3] BGH NZI 2003, 607 f. zu LG Traunstein unter Hinweis auf die insoweit einheitliche veröffentlichte Rechtsprechung der Oberlandesgerichte; ebenso, wenn der Insolvenzverwalter zuvor die Masseunzulänglichkeit angezeigt hatte, BGH NZI 2005, 32 f.; LG Hechingen ZIP 2001, 1970 f. – lesenswert der auszugsweise abgedruckte Beschluss des Amtsgerichts – mit im Ergebnis zustimmender Anm. *Brenner,* EWiR 2002, § 57 InsO aF 1/02, 635 f., die allerdings wohl zu Recht darauf hinweist, dass § 78 bereits deswegen nicht anwendbar sei, weil sein Schutzzweck nicht tangiert sei; LG Traunstein ZIP 2002, 2142; m. kritischer Anm. *Graeber,* DZWIR 2003, 259 f.; KG ZIP 2001, 2240 f.; OLG Zweibrücken ZIP 2000, 2174 zur Zulässigkeit der sofortigen weiteren Beschwerde gegen den Beschluss der Gläubigerversammlung zur Verwalterabwahl in einem obiter dictum; OLG Naumburg ZIP 2000, 1396; OLG Celle ZInsO 2001, 755 ff.; m. zust. Anm. *Hess,* EWiR 2001, § 57 InsO 1/01, 1153 f.; *Kesseler,* DZWIR 2002, 133 ff., 138; *Graeber,* ZIP 2000, 1472 f.; *Pape,* ZInsO 2000, 477, der diese Rechtsprechung bedauert; aA: *Muscheler/Bloch,* ZIP 2000, 1480 aE; *Smid/Wehdeking,* InVo 2001, 85.

[4] BGH NZI 2005, 32 f. = ZIP 2004, 2341 ff.

[5] BVerfG ZIP 2005, 537 ff. m. krit. Anm. *Lüke.*

[6] BVerfG ebd.

[7] LG Freiburg ZIP 1987, 1597.

[8] Ebd.

[9] So auch *Hegmanns,* Anm. zu LG Freiburg, aaO, EWiR 1987, § 80 KO 2/87, 1223 f.

4. Die Ernennung des gewählten Insolvenzverwalters

Wird der gewählte Insolvenzverwalter vom Gericht bestätigt, so übernimmt er mit Ex-nunc-Wirkung das Insolvenzverfahren. Das Amt des Vorgängers endet automatisch.[1] Der Bestellungsbeschluss des Rechtspflegers wird mit Verkündung in der Versammlung oder – wenn er außerhalb der Versammlung erfolgt – mit der öffentlichen Bekanntmachung der Bestellung des neuen Insolvenzverwalters wirksam. Rechtsmittel gegen die Bestellung des gewählten Insolvenzverwalters gibt es nicht.[2] Eine förmliche Zustellung des Beschlusses ist deshalb nicht erforderlich.[3] 20

§ 58 Aufsicht des Insolvenzgerichts

(1) **Der Insolvenzverwalter steht unter der Aufsicht des Insolvenzgerichts. Das Gericht kann jederzeit einzelne Auskünfte oder einen Bericht über den Sachstand und die Geschäftsführung von ihm verlangen.**

(2) **Erfüllt der Verwalter seine Pflichten nicht, so kann das Gericht nach vorheriger Androhung Zwangsgeld gegen ihn festsetzen. Das einzelne Zwangsgeld darf den Betrag von fünfundzwanzigtausend Euro nicht übersteigen. Gegen den Beschluss steht dem Verwalter die sofortige Beschwerde zu.**

(3) **Absatz 2 gilt entsprechend für die Durchsetzung der Herausgabepflichten eines entlassenen Verwalters.**

Literatur: *Eckert/Berner,* Der ungetreue Verwalter – Möglichkeiten einer gerichtlichen Überprüfung der Insolvenzverwaltertätigkeit, ZInsO 2005, 1130 ff.; *Frind,* Reichweite und Grenzen der gerichtlichen Kontrolle des Insolvenzverwalters – was kann das Insolvenzgericht verhindern?, ZInsO 2006, 182 ff.; *Gundlach/Frenzel/Strandmann,* Die Rechtsaufsicht des Insolvenzgerichts als Mittel der Begrenzung der Gläubigerautonimie, NZI 2008, 461 ff.; *Leithaus,* Zu den Aufsichtsbefugnissen des Insolvenzgerichts nach § 83 KO/§ 58 Abs. 1 InsO, NZI 2001, 124 ff.

Übersicht

1. Normzweck

Um einen gesetzmäßigen Ablauf des Insolvenzverfahrens zu sichern, hat das Insolvenzgericht nach § 58 Abs. 1 das Recht, den Insolvenzverwalter zu überwa- 1

[1] HK-*Eickmann,* InsO, § 57 Rn. 10.
[2] BGH NZI 2009, 246 mwN auch zur aA.
[3] Ebd.

chen. Die Aufsichtspflicht besteht während der gesamten Dauer des Insolvenzverfahrens.[1] Der Umfang ihrer Ausübung ist in das pflichtgemäße Ermessen des Insolvenzgerichtes gestellt.[2]

2 Das Ausmaß der mit der Aufsicht verbundenen Arbeitsbelastung hängt von der Qualifikation des Insolvenzverwalters und von der vertrauensvollen Zusammenarbeit von Insolvenzverwalter und Gericht ab.[3] Ist ein Gläubigerausschuss bestellt (der den Insolvenzverwalter nach § 69 ebenfalls zu überwachen hat), ändert dies weder Art noch Umfang der Überwachungspflichten des Insolvenzgerichtes.[4]

2. Anwendungsbereich

3 Die insolvenzgerichtliche Aufsicht bezieht sich auch auf die Überwachung der Insolvenzplanerfüllung durch den Insolvenzverwalter, § 261 Abs. 1 S. 2. Die Überwachungspflicht erstreckt sich auch auf den vorläufigen Insolvenzverwalter, § 21 Abs. 2 Ziff. 1, den Sachwalter bei Eigenverwaltung, § 274 Abs. 1, den im Restschuldbefreiungsverfahren zu bestellenden Treuhänder, § 292 Abs. 3 S. 2, sowie den im Verbraucherinsolvenzverfahren zu bestellenden Treuhänder, § 313 Abs. 1 S. 3.

3. Ausübung des Aufsichtsrechtes

4 Die Aufsicht ist Rechtsaufsicht. Das Gericht darf grundsätzlich nicht die Zweckmäßigkeit des Insolvenzverwalterhandelns nachprüfen, sofern ihm nicht (wie in den §§ 149 Abs. 1, 151 Abs. 1, 158 Abs. 2, 161, 163, 198, 314) Mitwirkungs- und Anordnungsrechte eingeräumt sind.[5] Etwas anderes muss gelten, wenn sich eine Maßnahme objektiv masseschädigend auswirkt,[6] da eine solche Handlung das Ziel der Gläubigerbefriedigung konterkariert und daher als rechtswidrig anzusehen ist. Die Abgrenzung kann im Einzelfall schwierig sein, Zurückhaltung ist insoweit für das Insolvenzgericht geboten.

5 Auslöser für eine Pflicht des Insolvenzgerichtes, tätig zu werden, ist regelmäßig ein sog. „insolvenzzweckwidriges" Handeln des Insolvenzverwalters. Beispielsweise kann das Insolvenzgericht prüfen, ob ein als Rechtsanwalt zugelassener Insolvenzverwalter für seine Tätigkeit ein Anwaltshonorar geltend machen darf.[7] Das Insolvenzgericht kann auch die Rückzahlung einer zu Unrecht der Masse entnommenen Sondervergütung anordnen.[8] Die Rückzahlung eines nach

---

[1] *Smid/Smid,* InsO, § 58 Rn. 4.

[2] HK-*Eickmann,* InsO, § 58 Rn. 6; vgl. dazu die Entschließung des BAKinso e. V. zur Aufsicht über den Insolvenzverwalter im eröffneten Insolvenzverfahren, abgedruckt in NZI 2009, 42.

[3] *Naumann,* in Kölner Schrift, S. 431 ff., 451, Rn. 56.

[4] *Naumann,* aaO, S. 444 f., Rn. 33; *Smid/Smid,* InsO, § 58 Rn. 5; aA: HK-*Eickmann,* InsO, § 58 Rn. 6.

[5] HK-*Eickmann,* InsO, § 58 Rn. 3; *Naumann,* aaO, S. 443, Rn. 26.

[6] So auch *Smid/Smid,* InsO, § 58 Rn. 8.

[7] Vgl. zu der Frage, wann ein Insolvenzverwalter Gebühren nach dem RVG geltend machen kann, die Erläuterungen zu § 63 Rn. 9–11.

[8] OLG Köln KTS 1977, 56 ff., 61 f.; LG Aachen Rpfleger 1978, 380; *Schmid,* Rpfleger 1968, 251 ff., 256.

Auffassung des Insolvenzgerichtes zu viel gezahlten Honorars an andere Anwälte kann das Insolvenzgericht grundsätzlich nicht anordnen.[1]

Das Insolvenzgericht darf aber nicht einseitig zur Durchsetzung von Interessen der Insolvenzgläubiger tätig werden. Unzulässig ist z. B. eine Anordnung des Insolvenzgerichts, Beträge, die aus der Masse beglichen wurden, ohne Masseverbindlichkeiten zu sein, an die Masse zurückzuzahlen, da diese Anordnung der Geltendmachung und Durchsetzung eines etwaigen Schadensersatzanspruches gegen den Insolvenzverwalter vorgreifen würde.[2] 6

Aufsichtsmaßnahmen des Insolvenzgerichts sind damit in Anlehnung an die Rechtsprechung zu § 83 KO in erster Linie informatorischer und nur in Ausnahmefällen repressiver Art.[3] Außerhalb der Gläubigerversammlungen (insbesondere § 156) und der gesetzlich geregelten Fälle (z. B. §§ 167, 168) bestehen die Informationspflichten des Insolvenzverwalters nur gegenüber dem Insolvenzgericht, nicht aber gegenüber einzelnen Beteiligten. Das Insolvenzgericht kann daher den Insolvenzverwalter nur in den vorgenannten Fällen zur Auskunftserteilung an einen Beteiligten des Insolvenzverfahrens anhalten.[4] Den Beteiligten stehen im Übrigen nur die Rechte zur Teilnahme an den Gläubigerversammlungen und auf Akteneinsicht (§§ 4 InsO, 299 ZPO) zu.[5] 7

Zur Ausübung der Aufsicht kann das Insolvenzgericht vom Insolvenzverwalter Auskünfte oder einen Bericht über Sachstand und Geschäftsführung fordern. Dabei kann das Gericht Auskünfte in allen ihm zweckdienlich erscheinenden Formen verlangen, etwa in Form von Berichten, Dokumentenvorlage und Kassenprüfung etc. Aufgrund des regelmäßig im Berichtstermin gem. § 156 durch die Gläubiger gefassten Beschlusses, dem Insolvenzverwalter aufzugeben, in z. B. sechsmonatigen Abständen unaufgefordert (in der Regel schriftlich) Bericht zu erstatten, dürfte es bei ordnungsgemäßer Erfüllung durch den Insolvenzverwalter in der Regel nur ausnahmsweise zur Notwendigkeit aufsichtsrechtlicher Maßnahmen des Insolvenzgerichts kommen. Auch die nur mündliche Information durch den Insolvenzverwalter oder dessen Hilfspersonen genügt. Auf der Grundlage der vorliegenden Informationen entscheidet das Gericht sodann über die ihm zweckmäßig erscheinenden Aufsichtsmaßnahmen. 8

4. Die Durchsetzung der Insolvenzverwalterpflichten durch Verhängung eines Zwangsgeldes

Kommt der Insolvenzverwalter seinen Pflichten[6] nicht nach, kann das Gericht als Zwangsmittel ein Zwangsgeld festsetzen. 9

Das Zwangsgeld hat keine Straffunktion und kann deshalb nicht für bereits begangene Pflichtverstöße festgesetzt werden. Das einzelne Zwangsgeld darf den Betrag von 25 000,– € nicht übersteigen, wobei die Höhe in einem vernünftigen 10

[1] LG Freiburg ZIP 1980, 438 f.

[2] LG Köln NZI 2000, 157 f. noch zu § 83 KO; Besprechung von *Leithaus,* NZI 2001, 124 ff., 126.

[3] *Leithaus,* aaO, 127.

[4] So auch AG Köln NZG 2002, 589.

[5] HK-*Eickmann,* InsO, § 58 Rn. 5; *Naumann,* aaO, S. 445 ff., Rn. 36–42.

[6] Zu den Pflichten des Insolvenzverwalters eingehend: *Wellensiek,* in Kölner Schrift, S. 403 ff.

Verhältnis zu der Schwere des Pflichtverstoßes stehen muss.[1] Die wiederholte Anordnung eines Zwangsgeldes unter den gleichen Bedingungen ist möglich,[2] wobei die Missachtung eines früheren Beschlusses durchaus zu einer Steigerung des Betrages führen darf.

11 Die Verhängung des Zwangsgeldes ist – tunlichst, aber nicht zwingend schriftlich – zuvor anzudrohen, umso dem Insolvenzverwalter die Möglichkeit zu geben, sich zu äußern (rechtliches Gehör!). Nach einem Beschluss des Landgerichts Göttingen muss die Androhung eines Zwangsgeldes gegen den Insolvenzverwalter nicht in Form eines Beschlusses erfolgen; es reicht die formlose schriftliche Androhung aus.[3]

12 Wird in einem Zwangsgeldfestsetzungsbeschluss zugleich ein weiteres Zwangsgeld angedroht, so bedarf es keiner weiteren Anhörung des Insolvenzverwalters, da dieser die Möglichkeit hatte, sich zu äußern.[4] Mit der Androhung des Zwangsgeldes sollte eine konkrete Frist gesetzt, das beabsichtigte Zwangsgeld mitgeteilt und dem Insolvenzverwalter zugestellt werden, damit die Einhaltung der Frist überwacht werden kann.[5]

13 Kann der Insolvenzverwalter nicht nachweisen, dass er die Nichtvornahme der Handlung nicht verschuldet hat, und wird er auch weiterhin nicht tätig, so ist das Zwangsgeld festzusetzen und sodann ggf. auf der Grundlage des Beschlusses nach den §§ 2 ff. JustBeitrO zu vollstrecken. Der Beschluss kann von dem Insolvenzverwalter mit der sofortigen Beschwerde (§ 6) angegriffen werden.

14 Wird die zu erzwingende Handlung ausgeführt, bevor das rechtskräftig festgesetzte Zwangsgeld vollstreckt wird, kann der Insolvenzverwalter die Aufhebung des Zwangsgeldbeschlusses in einem Verfahren analog § 766 ZPO bei dem zuständigen Rechtspfleger beantragen.[6]

5. Rechtsmittel

15 Die Aufsicht nimmt das Insolvenzgericht von Amts wegen wahr. Die Gläubiger, aber auch Gläubigerausschuss und Gläubigerversammlung, haben keine Möglichkeit, das Gericht zum Tätigwerden zu zwingen. Lehnt das Gericht ein Tätigwerden ab, so kann hiergegen auch nicht auf dem Beschwerdewege vorgegangen werden, arg. ex § 6 Abs. 1.[7] Die fehlende Beschwerdebefugnis wird durch die Haftung des Insolvenzverwalters aus den §§ 60 f. und die Staatshaftung

---

[1] BGH NZI 2005, 391 ff., 392 = ZIP 2005, 865 ff., 867; m. Anm. *Eickmann,* EWiR 2005, § 58 InsO 1/05, 677 f.

[2] MünchKommInsO-*Graeber,* § 58 Rn. 54; *Arnold/Meyer-Stolte/Meyer-Stolte,* § 18 Rn. 33 f.

[3] LG Göttingen NZI 2009, 61 ff. in einem Fall, in dem der Insolvenzverwalter nicht bereit war, mit dem Sonderinsolvenzverwalter zusammenzuarbeiten.

[4] MünchKommInsO-*Graeber,* § 58 Rn. 48 mwN; aA: LG Coburg, m. krit. Anm. *Depré,* Rpfleger, 1990, 383 f.

[5] MünchKommInsO-*Graeber,* § 58 Rn. 49.

[6] LG Oldenburg ZIP 1982, 1233.

[7] BGH NZI 2006, 593; bestätigt durch BGH NZI 2008, 753 Rn. 5, wonach das Insolvenzgericht im Rahmen der Rechtsaufsicht nicht dafür zuständig ist, dem Treuhänder hinsichtlich der Genehmigung von Lastschriften Weisungen zu erteilen; *Hess,* InsO, § 58 Rn. 12; so auch zutreffend LG Göttingen NZI 2000, 491 f., m. Anm. von *Pape,* EWiR 2000, § 6 InsO 6/2000, 827 mit Ausführungen insb. auch zur Kompetenzverteilung bezüglich der §§ 160 ff. zwischen Gläubigerversammlung und Gläubigerausschuss.

für die ordnungsgemäße Ausübung des Einschreitensermessens des Insolvenzgerichts im Rahmen seiner Aufsichtspflicht kompensiert. Auch aus Art. 14 GG folgt kein Beschwerderecht des Schuldners.[1]

6. Amtshaftungsansprüche

Tragen die Beteiligten allerdings Tatsachen vor, die bei pflichtgemäßer Ermessensausübung ein Einschreiten erforderlich machten, und lehnt das Insolvenzgericht gleichwohl ein Tätigwerden ab und verletzt das Gericht damit seine Aufsichtspflichten, kommt ein Amtshaftungsanspruch der Geschädigten aus § 839 Abs. 1 BGB i. V. m. Art. 34 GG in Betracht.[2] Das OLG Stuttgart[3] hat eine Amtspflichtverletzung abgelehnt. Eine solche komme nur bei besonders groben Verstößen oder unvertretbaren Entscheidungen in Betracht. Eine Vorstrafe (im entschiedenen Fall wegen Bankrotts nach § 283 StGB) sei kein absoluter Ausschließungsgrund, der einer Bestellung zum Insolvenzverwalter entgegenstünde. Diese Entscheidung hat zu Recht erhebliche Kritik erfahren.[4] Der BGH hat die Nichtzulassungsbeschwerde als unbegründet angesehen.[5] Er hat ausgeführt, dass eine Vorstrafe wegen Insolvenzvergehens wie hier – entgegen den Ausführungen des OLG Stuttgart – auch bei fehlendem Zusammenhang mit einer beruflichen Tätigkeit als Rechtsanwalt oder Insolvenzverwalter im Allgemeinen Zweifel an der Zuverlässigkeit des potenziellen Verwalters begründen und daher Anlass sein könnte, von dessen Ernennung abzusehen. Er schränkt dies im nächsten Halbsatz dadurch ein, dass er für diesen Fall „mindestens aber nachträglich eine erheblich gesteigerte Überwachung" einfordert.[6] 16

7. Zwangsmaßnahmen gegen den entlassenen Insolvenzverwalter

Mittels Zwangsgeldes können nach § 58 Abs. 3 auch die Herausgabepflichten eines wegen der Wahl eines anderen Insolvenzverwalters (§ 57) oder aus wichtigem Grund (§ 59) entlassenen Insolvenzverwalters erzwungen werden. Herauszugeben sind namentlich die Insolvenzmasse selbst, alle erforderlichen Dokumente und auch die Bestellungsurkunde (§ 56 Abs. 2). Auf diesem Weg kann auch die Erstellung einer Teilschlussrechnung erzwungen werden.[7] Unzulässig ist nach einem Beschluss des LG Göttingen die Anordnung von Zwangsmitteln nach § 98.[8] 17

Bleibt die Verhängung des Zwangsgeldes ergebnislos, so muss der entlassene Insolvenzverwalter auf Herausgabe verklagt werden;[9] auch gegen die Erben eines verstorbenen Insolvenzverwalters muss dieser Weg gegangen werden, da gegen diese ebenfalls mangels Rechtsgrundlage eine Zwangsgeldfestsetzung oder Herausgabevollstreckung nicht in Betracht kommt. 18

---

[1] BVerfG NJW 1993, 513.

[2] *Naumann,* aaO, S. 442, Rn. 25.

[3] OLG Stuttgart NZI 2008, 102 = ZIP 2007, 182 m. krit. Anm. *Brenner.*

[4] Vgl. beispielhaft *Bruckhoff,* NZI 2008, 25 ff.; *Frind,* ZInsO 2008, 18 ff.

[5] BGH NZI 2008, 241; m. Anm. *Eckardt,* EWiR 2008, § 56 InsO 3/08, 185 f.

[6] BGH ebd. Rn. 5.

[7] BGH NZI 2005, 391 ff. = ZIP 2005, 865; m. Anm. *Eickmann,* EWiR 2005, § 58 InsO 1/05, 677 f.

[8] LG Göttingen ZInsO 2008, 1143 f. und ZInsO 2008, 1144 f.

[9] HK-*Eickmann,* InsO, § 58 Rn. 15; MünchKommInsO-*Graeber,* § 58 Rn. 56.

§ 59 Entlassung des Insolvenzverwalters

(1) **Das Insolvenzgericht kann den Insolvenzverwalter aus wichtigem Grund aus dem Amt entlassen. Die Entlassung kann von Amts wegen oder auf Antrag des Verwalters, des Gläubigerausschusses oder der Gläubigerversammlung erfolgen. Vor der Entscheidung des Gerichts ist der Verwalter zu hören.**

(2) **Gegen die Entlassung steht dem Verwalter die sofortige Beschwerde zu. Gegen die Ablehnung des Antrags steht dem Verwalter, dem Gläubigerausschuß oder, wenn die Gläubigerversammlung den Antrag gestellt hat, jedem Insolvenzgläubiger die sofortige Beschwerde zu.**

Literatur: *Schmittmann,* Rechtsprechungsübersicht zur Entlassung des (vorläufigen) Insolvenzverwalters von Amts wegen, NZI 2004, 239 ff.; *Zimmer,* Herausgabepflichten eines ausgeschiedenen Verwalters – Stellungnahme zu § 59 InsO (GAVI), ZVI 2008, 277 f.

Übersicht

1. Normzweck

1 § 59 Abs. 1 regelt die Entlassung des Insolvenzverwalters. Nach der neuen Rechtslage ist das Insolvenzgericht während des gesamten Insolvenzverfahrens berechtigt, den Insolvenzverwalter zu entlassen. Das Gericht kann damit ein Festhalten an einem Insolvenzverwalter, der bestimmte Gläubiger begünstigt und durch deren Widerstand von der Gläubigerversammlung nicht entlassen wird, nunmehr verhindern.[1]

2 Neben der Entlassung von Amts wegen kommt auch eine Entlassung auf Antrag
- des Insolvenzverwalters selbst,
- des Gläubigerausschusses oder
- der Gläubigerversammlung

in Betracht.

3 Kein Antragsrecht haben der einzelne Gläubiger, der Schuldner[2] sowie andere Verfahrensbeteiligte (z. B. Aussonderungsberechtigte). Deren „Anträge“ können aber als Anregung u. U. das Gericht zu einem Vorgehen von Amts wegen veranlassen.[3] In der Abstimmung der Gläubigerversammlung über die Wahl eines anderen Insolvenzverwalters gem. § 57 kann nicht zugleich ein Antrag auf Entlassung des Verwalters nach § 59 gesehen werden.[4]

---

[1] Begründung RegE, abgedruckt in *Balz/Landfermann,* S. 273.

[2] BGH NZI 2006, 474 f.; LG Frankfurt (Main) Rpfleger 1989, 474.

[3] BGH, ebd.

[4] BGH NZI 2006, 529.

2. Anwendungsbereich

§ 59 gilt entsprechend auch für den vorläufigen Insolvenzverwalter, § 21 Abs. 2 Ziff. 1, den Sachwalter bei Eigenverwaltung, § 274 Abs. 1, den im Restschuldbefreiungsverfahren zu bestellenden Treuhänder, § 292 Abs. 3 S. 2, sowie den im Verbraucherinsolvenzverfahren zu bestellenden Treuhänder, § 313 Abs. 1 S. 3. § 59 gilt über § 261 Abs. 1 S. 2 wohl auch für den mit der Planüberwachung befassten Insolvenzverwalter, da dessen Amt insoweit fortbesteht.[1] 4

3. Der „wichtige Grund“

Die Entlassung ist nur bei Vorliegen eines „wichtigen Grundes“ möglich. Ein wichtiger Grund liegt stets dann vor, wenn der Insolvenzverwalter für die Fortsetzung seiner Tätigkeit ungeeignet erscheint. Dies ist jedenfalls der Fall, wenn die für die Ernennung erforderlichen Voraussetzungen (§ 56) nicht mehr erfüllt werden, oder bei schweren Verletzungen seiner Insolvenzverwalterpflichten.[2] Z. B. entfällt die Eignung bei Erkrankungen, die eine Fortführung des Amtes nicht zulassen.[3] Bei nur vorübergehenden Behinderungen ist vorrangig die Einsetzung eines Sonderverwalters in Betracht zu ziehen.[4] 5

Sofern Verfehlungen in anderen Insolvenzverfahren den Rückschluss zulassen, es bestehe generell keine Eignung zur Wahrnehmung des Insolvenzverwalteramtes, können auch diese zum Anlass für eine Entlassung genommen werden[5]. 6

Bei einer Entlassung von Amts wegen hat das Gericht bei Bekanntwerden entsprechender Umstände oder auf Anregung nicht antragsberechtigter Beteiligter (Schuldner, Einzelgläubiger) gem. § 5 Abs. 1 von Amts wegen zu ermitteln und sollte dabei auf die zwischen Insolvenzverwalter und Schuldner, in Einzelfällen auch Einzelgläubigern bestehenden, sachbedingten Meinungsverschiedenheiten, die dann auch mit mehr oder weniger persönlicher Schärfe geführt werden, achten.[6] Streit zwischen den Beteiligten diskreditiert den Insolvenzver- 7

---

[1] HK-*Eickmann,* InsO, § 59 Rn. 2 aE.

[2] BGH, Beschluss v. 9. 10. 2008 – IX ZB 60/07, BeckRS 2008, 270810: bewusst wahrheitswidrige Angaben des Insolvenzverwalters als wichtiger Grund; AG Bonn ZInsO 2002, 641 f., das schwere Pflichtverstöße in einem Fall bejaht, in dem der Insolvenzverwalter gegen einen ausdrücklichen Beschluss der Gläubigerversammlung den Geschäftsbetrieb fortführt und seinen durch die Gläubigerversammlung beschlossenen Berichtspflichten nur einigen absonderungsberechtigten Gläubigern gegenüber nachkommt (konkrete Verzögerung der Berichtspflicht um mehr als acht Monate), zur Anordnung der sofortigen Wirksamkeit des Entlassungsbeschlusses im selben Fall AG Bonn, DZWIR 2002, 83 f. m. zust. Anm. *Smid;* aA: LG Göttingen NZI 2003, 499 ff. = ZIP 2003, 760 ff. bei Berichterstattung des Insolvenzverwalters erst nach Festsetzung eines Zwangsgeldes; m. zust. Anm. *Holzer,* EWiR 2003, § 59 InsO 1/03, 933 f.

[3] Begründung RegE, abgedruckt in *Balz/Landfermann,* S. 272; HK-*Eickmann,* InsO, § 59 Rn. 3 m. w. Bsp.; OLG Zweibrücken NZI 2000, 373, wonach erhebliche Zweifel an der Neutralität und der Unabhängigkeit des Insolvenzverwalters als wichtiger Grund angesehen werden können; AG Flensburg ZIP 2003, 920 f. bei einhelligen Zweifeln der Großgläubiger an der Unabhängigkeit („Schmidt/Mobilcom“).

[4] HK-*Eickmann,* InsO, § 59 Rn. 3 aE.

[5] Anm. *Uhlenbruck* zu LG Halle EWiR 1995, § 8 GesO 2/95, 1091 f.; *Hess,* InsO, § 59 Rn. 20 f.

[6] HK-*Eickmann,* InsO, § 59 Rn. 7.

walter nicht, allenfalls die Art des Streitens. Die Störung des Vertrauensverhältnisses zwischen Insolvenzverwalter und Insolvenzgericht reicht niemals für die Entlassung des Ersteren aus, wenn sie lediglich auf persönlichem Zwist beruht. Hat die Störung ihren Grund in dem Insolvenzverwalter vorgeworfenen Pflichtverletzungen, müssen diese grundsätzlich feststehen.[1]

8 Bei dem bloßen Verdacht auf begangene Verfehlungen ist eine differenzierte Betrachtung erforderlich. Einerseits ist die Ausübung des Insolvenzverwalteramtes durch Art. 12 GG geschützt.[2] Außerdem ist die in Art. 6 Abs. 2 EMRK niedergelegte Unschuldsvermutung auch von Zivilgerichten zu beachten[3], sodass prinzipiell ein bloßer Verdacht für die Entlassung nicht ausreicht.[4] Auf der anderen Seite ist die Tätigkeit des Insolvenzverwalters eine Aufgabe im öffentlichen Interesse[5] mit dem Ziel, die Gläubigerinteressen zu gewährleisten (§ 1). Besteht also die Gefahr, dass der Insolvenzverwalter größere Ausfälle der Gläubiger zu vertreten hat, so genügt auch ein bloßer Verdacht zu seiner Entlassung.[6] Zutreffend ist daher für den Regelfall die Auffassung, dass eine Entlassung von Amts wegen nur dann in Betracht kommt, wenn das Insolvenzgericht zur vollen Überzeugung über das Vorliegen eines wichtigen Grundes gelangt; für den Fall einer sog. „Verdachtsentlassung" zwar Aufsichtsmaßnahmen nach § 58 zu ergreifen sind, eine Entlassung nach § 59 Abs. 1 allerdings erst dann gerechtfertigt ist, wenn sich der dadurch geschaffene Verdacht bestätigt.[7] Nur Verfehlungen schwerster Art, wie z. B. gegen die Masse gerichtete oder anlässlich der Insolvenzverwaltung begangene Straftaten wie Unterschlagung, Untreue, Vorteilsgewährung oder Bestechung können eine Entlassung ohne Nachweis der Verfehlung rechtfertigen.[8]

9 Da es sich allerdings um ein gläubigerorientiertes Verfahren handelt, ist die Entlassung des Insolvenzverwalters durch das Gericht als „ultima ratio" anzusehen. Unter dem Gesichtspunkt der Gläubigerorientierung des Verfahrens sollte – sofern nicht ein unverzügliches Einschreiten geboten ist – der Gläubigerversammlung oder – sofern ein solcher bestellt ist – dem Gläubigerausschuss Gelegenheit gegeben werden, sich zu äußern.

10 Grammatikalische Auslegung und Betrachtung des Willens des Gesetzgebers verlangen, dass auch eine Entlassung des Insolvenzverwalters auf eigenen Antrag nur bei Vorliegen eines wichtigen Grundes in Betracht kommt.[9] Eine Niederlegung des Amtes durch den Insolvenzverwalter ohne Einschaltung des Gerichtes

---

[1] Grundlegend BGH NZI 2006, 158 ff.; m. zust. Anm. *Römermann,* EWiR 2006, § 59 InsO 1/06, 315 f. = ZInsO 2006, 147 f. = ZIP 2006, 247 ff.; sehr instruktiv auch der vom LG Potsdam entschiedene Fall zu einer nicht offengelegten Interessenkollision bei einer Konzerninsolvenz, ZInsO 2005, 893 ff.

[2] *Carl,* DZWIR 1994, 78 ff., 80.

[3] LG Halle ZIP 1993, 1739 ff., 1742.

[4] Zu weitgehend insofern *Smid/Smid,* InsO, § 59 Rn. 6; zutreffend HK-*Eickmann,* InsO, § 59 Rn. 10.

[5] *Carl,* aaO, S. 80.

[6] So zu Recht AG Halle-Saalkreis ZIP 1993, 1743 ff., 1748; aA: LG Halle ZIP 1993, 1739 ff., der aber nicht zu folgen ist, wie auch *Carl,* aaO, S. 81, ausführlich erläutert.

[7] Grundlegend i. d. S. BGH NZI 2006, 158 ff. = ZInsO 2006, 147 f. = ZIP 2006, 247 ff.; MünchKommInsO-*Graeber,* § 59 Rn. 14, 15 unter Bezugnahme auf die Entscheidung des LG Halle ZIP 1993, 1739.

[8] MünchKommInsO-*Graeber,* § 59 Rn. 16.

[9] Begründung RegE, abgedruckt in *Balz/Landfermann,* S. 273.

würde der Bedeutung des Amtes und der Bestellung des Insolvenzverwalters durch das Gericht widersprechen. Zu Recht wird die Frage aufgeworfen, ob es sinnvoll ist, die Amtsfortführung zu erzwingen[1]. Da in den seltensten Fällen eine grundlose Entlassung begehrt werden wird, empfiehlt es sich, dieses Problem in der Praxis durch großzügige Annahme eines wichtigen Grundes zu lösen.[2]

4. Die Entlassungsentscheidung

Die Entlassungsentscheidung ergeht durch Beschluss. Zuvor ist dem Insolvenzverwalter rechtliches Gehör zu gewähren, § 59 Abs. 1 S. 3. Der Beschluss, mit dem für die Wohlverhaltensperiode ein neuer Treuhänder bestellt wird, enthält nach einem Beschluss des BGH zugleich schlüssig die Entlassung des zuvor für das vereinfachte Insolvenzverfahren bestellten Treuhänders.[3] **11**

Die Zuständigkeit liegt beim Rechtspfleger.[4] Der Beschluss ist im Hinblick auf die Beschwerdemöglichkeit zu begründen und an die Beschwerdeberechtigten förmlich zuzustellen. Mit Ergehen des Beschlusses erfolgt die Entlassung. Die Beschwerde des Insolvenzverwalters hat keine aufschiebende Wirkung.[5] **12**

5. Rechtsmittel

Der Insolvenzverwalter kann nach § 59 Abs. 2 S. 1 gegen seine Entlassung sofortige Beschwerde (§ 6) einlegen, falls er nicht selbst den Entlassungsantrag gestellt hat. Hat er selbst die Entlassung beantragt, entfällt seine Beschwer. Gegen einen Beschluss, mit dem für die Wohlverhaltensperiode ein neuer Treuhänder bestellt wird und der nach einem Beschluss des BGH zugleich schlüssig die Entlassung des zuvor für das vereinfachte Insolvenzverfahren bestellten Treuhänders enthält, steht dem entlassenen Treuhänder die sofortige Beschwerde zu.[6] Das Beschwerdegericht ist eine vollwertige zweite Tatsacheninstanz und ist daher am „Nachschieben von Gründen" nicht gehindert. Es kann daher neu festgestellte Tatsachen berücksichtigen.[7] **13**

Bei Ablehnung eines Entlassungsantrages des Insolvenzverwalters oder des Gläubigerausschusses steht das Recht zur sofortigen Beschwerde dem Antragsteller zu.[8] **14**

---

[1] HK-*Eickmann,* InsO, § 59 Rn. 6.

[2] So wohl auch MünchKommInsO-*Graeber,* § 59 Rn. 34 mwN.

[3] BGH NZI 2008, 114 Rn. 6.

[4] MünchKommInsO-*Graeber,* § 59 Rn. 40, der zudem einen generell erklärten Richtervorbehalt gem. § 18 Abs. 2 RPflG des Insolvenzrichters für Entscheidungen nach den §§ 57–59 InsO – zutreffend – für unwirksam hält; aA: AG Göttingen ZIP 2003, 590 ff.; m. abl. Anm. *Keller,* EWiR 2003, § 59 InsO 2/03, 935 f.; Aufhebung mit LG Göttingen NZI 2003, 499 ff., das die Beantwortung der Frage der Zuständigkeit offenlässt; unklar *Nerlich/Römermann/Delhaes,* InsO, § 59 Rn. 10.

[5] HK-*Eickmann,* InsO, § 59 Rn. 11.

[6] BGH NZI 2008, 114 Rn. 5.

[7] BGH, Beschluss v. 9. 10. 2008 – IX ZB 60/07, BeckRS 2008, 270810, wonach der durch bewusst wahrheitswidrige Angaben des Insolvenzverwalters begründete Verlust des Vertrauens in dessen ordnungsgemäße Amtsführung einen wichtigen Grund i. S. d. § 59 darstellen und seine Entlassung rechtfertigen kann.

[8] Nicht aber dem Schuldner, vgl. BGH, Beschluss v. 2. 1. 2009 – IX ZB 269/08 Rn. 2 f., BeckRS 2009, 04303, §§ 58, 59 sind abschließende Regelungen.

15 Lehnt das Gericht den Antrag der Gläubigerversammlung auf Entlassung ab, hat gem. § 59 Abs. 2 S. 2 jeder Insolvenzgläubiger ein Beschwerderecht. Ein Recht der Gläubigerversammlung zur sofortigen Beschwerde gegen die Ablehnung ihres Antrags kann ihr nicht über den Wortlaut des § 59 Abs. 2 S. 2 hinaus zugestanden werden, da sonst die Einberufung einer besonderen Gläubigerversammlung erforderlich wäre, was nur schwer praktikabel ist.[1] Für die Frage der Beschwer kommt es auf das Abstimmungsverhalten des Einzelgläubigers in der den Antrag beschließenden Gläubigerversammlung nicht an, da er in dieser kraft eigenen persönlichen Rechts gehandelt hat.[2]

16 Hebt die Beschwerdeinstanz den Entlassungsbeschluss auf und hat das Insolvenzgericht zwischenzeitlich (mangels aufschiebender Wirkung der Beschwerde) einen neuen Insolvenzverwalter bestellt, tritt der alte Insolvenzverwalter zwar automatisch wieder in seine Rechtsstellung ein,[3] der zweite Insolvenzverwalter muss allerdings durch einen neuen Beschluss entlassen werden.[4] Zwar ist der Entlassungsbeschluss aus der Welt, nicht aber der Neubestellungs-Beschluss.[5] *Eickmann*[6] empfiehlt daher, mit der Bestellung eines neuen Insolvenzverwalters zuzuwarten, bis klar ist, ob Beschwerde eingelegt wird. Dies dürfte aber nicht praktikabel sein, da der entlassene Insolvenzverwalter nicht mehr berechtigt ist, für die Masse zu handeln.

§ 60 Haftung des Insolvenzverwalters

(1) **Der Insolvenzverwalter ist allen Beteiligten zum Schadenersatz verpflichtet, wenn er schuldhaft die Pflichten verletzt, die ihm nach diesem Gesetz obliegen. Er hat für die Sorgfalt eines ordentlichen und gewissenhaften Insolvenzverwalters einzustehen.**

(2) **Soweit er zur Erfüllung der ihm als Verwalter obliegenden Pflichten Angestellte des Schuldners im Rahmen ihrer bisherigen Tätigkeit einsetzen muß und diese Angestellten nicht offensichtlich ungeeignet sind, hat der Verwalter ein Verschulden dieser Personen nicht gemäß § 278 des Bürgerlichen Gesetzbuchs zu vertreten, sondern ist nur für deren Überwachung und für Entscheidungen von besonderer Bedeutung verantwortlich.**

Literatur: *Bank/Weinbeer,* Insolvenzverwalterhaftung unter besonderer Berücksichtigung der aktuellen BGH-Rechtsprechung, NZI 2005, 478 ff.; *Barnert,* Insolvenzspezifische Pflichten des Insolvenzverwalters gegenüber Aussonderungsberechtigten, KTS 2005, 431 ff.; *Berger/Frege,* Business Judgement Rule bei Unternehmensfortführung in der Insolvenz – Haftungsprivileg für den Verwalter?, ZIP 2008, 204 ff.; *Bork,* Verfolgungspflichten – Muß der Insolvenzverwalter alle Forderungen einziehen?, ZIP 2005, 1120 ff.; *Bühren, v.,* Die Berufshaftpflichtversicherung des Insolvenzverwalters, NZI 2003, 465 ff.; *Ehrenberg,* Haftungsrisiko des Insolvenzverwalters, Hamburg 2009; *Feuerborn,* Der Widerspruch gegen

[1] Begründung RegE, abgedruckt in *Balz/Landfermann,* S. 273; HK-*Eickmann,* InsO, § 59 Rn. 12.

[2] HK-*Eickmann,* InsO, § 59 Rn. 12; aA *Heidland,* in Kölner Schrift, S. 730 f., Rn. 42 aE.

[3] LG Halle ZIP 1993, 1739 ff., 1742 f., aA: *Hess/Obermüller,* Die Rechtsstellung der Verfahrensbeteiligten nach der Insolvenzordnung, Rn. 514.

[4] HK-*Eickmann,* InsO, § 59 Rn. 11.

[5] Dies verkennt das LG Halle ZIP 1993, 1742 f.

[6] HK-*Eickmann,* InsO, § 59 Rn. 11.

Lastschriften durch den (vorläufigen) Insolvenzverwalter – zugleich Besprechung BGH v. 4. November 2004 – IX ZR 22/03, ZIP 2004, 2442 ff. m. Anm. Bork, ZIP 2005, 604 ff.; *Fischer,* Die Haftung des Insolvenzverwalters nach neuem Recht, WM 2004, 2185 ff.; *Frege/Keller,* „Schornsteinhypothek" und Lästigkeitsprämie bei der Verwertung von Immobiliarvermögen in der Insolvenz, NZI 2009, 11 ff.; *Ganter,* Die Rückbuchung von Lastschriften auf Betreiben des vorläufigen Insolvenzverwalters – Bestandsaufnahme nach dem Urteil des BGH v. 4. November 2004 und Ausblick, WM 2005, 1557 ff.; *Grub,* die Zinspflicht nach § 169 InsO – eine wirtschaftlich und rechtlich unsinnige Regelung, DZWIR 2002, 441 ff.; *Gundlach/Frenzel/Schmidt,* Die Haftung des Insolvenzverwalters gegenüber Aus- und Absonderungsberechtigten, NZI 2001, 350 ff.; *Heyrath,* Vermögensschadenhaftpflichtversicherung für den Insolvenzverwalter, ZInsO 2002, 1023 ff.; *Hinkel/Flitsch,* Haftung des vorläufigen Insolvenzverwalters für Bestellungen des Unternehmenserwerbers im eröffneten Insolvenzverfahren – zugleich Anm. zum Urteil des OLG Frankfurt/Main v. 8. 3. 2007 – 26 U 43/06 (ZInsO 2007, 548), ZInsO 2007, 1018 ff.; *Jatzke,* Die Haftung des (vorläufigen) Insolvenzverwalters nach §§ 69, 34 (35) AO, ZIP 2007, 1977 ff.; *Jungmann,* Grenzen des Widerspruchsrechts des Insolvenzverwalters beim Einzugsermächtigungsverfahren, NZI 2005, 84 ff.; *ders.,* Business Judgement Rule im Gesellschaftsinsolvenzrecht – wider eine Haftungsprivilegierung im Regelinsolvenzverfahren und in der Eigenverwaltung, NZI 2009, 80 ff.; *Kallweit,* Die Eigenhaftung des Insolvenzverwalters für prozessuale Masseverbindlichkeiten, Baden-Baden 2005; *Kirchhof,* Rechtsprobleme bei der vorläufigen Insolvenzverwaltung – zur Haftung des vorläufigen Insolvenzverwalters bei Unternehmensfortführung und zur Frage der Masseschulden und Masseunzulänglichkeit, ZInsO 1999, 365 ff.; *Kirchhof,* Die Haftung des Insolvenzverwalters nach § 60 InsO gegenüber den Absonderungsberechtigten, Köln 2004; *Kling,* Rechtsmissbräuchlicher pauschaler Widerspruch des Insolvenzverwalters im Lastschrifteinzugsverfahren, DZWIR 2004, 54 ff.; *Laws,* Die Haftung des Insolvenzverwalters im Zusammenhang mit – gescheiterten – Anträgen auf Gewährung von Insolvenzgeld – zugleich Anm. zu OLG Hamm, Urt. v. 12. 2. 2008 – 27 U 122/07, ZInsO 2009, 57 ff.; *Leibner,* Die Haftung nach § 60 InsO: Stand und Entwicklungsperspektiven, KTS 2005, 75 ff.; *Looff,* Die Haftung des Treuhänders im Restschuldbefreiungsverfahren, ZVI 2009, 9 ff.; *Lüke,* Zur Haftung des Insolvenzverwalters im Planverfahren, in FS für Uhlenbruck, S. 519 ff.; *ders.,* Haftungsrecht überdacht – Überlegungen zur Systematik der Insolvenzverwalterhaftung, ZIP 2005, 1113 ff.; *Meyer,* Die Fortführung von Unternehmen durch den vorläufigen Insolvenzverwalter: Eine Gradwanderung zwischen ökonomischer Verantwortung und zivilrechtlicher Haftung, Jahrbuch Junger Zivilrechtswissenschaftler 2006 – Verantwortung und Haftung, 265 ff.; *ders./Schultheis,* Die Haftung des Insolvenzverwalters gem. §§ 60, 61 InsO bei der Fortführung von Unternehmen, DZWIR 2004, 319 ff.; *Meyer-Löwy/Poertzgen,* Schranken und Beschränkbarkeit der Insolvenzverwalterhaftung aus §§ 60, 61 InsO, ZInsO 2004, 363 ff.; *ders./Poertzgen/Sauer,* Neue Rechtsprechung zur Insolvenzverwalterhaftung im Überblick, ZInsO 2005, 691 ff.; *Müller,* Brauchen wir eine Pflichtversicherung für Insolvenzverwalter?, AnwBl 2008, 536 ff.; *Nöll,* Die „strengen" Anforderungen des OLG Celle an persönliche Schuldübernahmen – neue Haftungsfalle für Insolvenzverwalter (Anm. zu den Urt. des OLG Celle v. 26. Mai 2004 – 3 U 287/03, ZInsO 2004, 865 und v. 21. Oktober 2003 – 16 U 95/03), ZInsO 2004, 1058 ff.; *Pape,* Keine persönliche Haftung des Insolvenzverwalters für die Kosten des Prozessgegners der Insolvenzmasse – Anm. zu BGH, Urt. v. 2. Dezember 2004 – IX ZR 142/03 (ZInsO 2005, 146), ZInsO 2005, 138 ff.; *ders.,* Qualität durch Haftung? – Die Haftung des rechtsanwaltlichen Insolvenzverwalters, ZInsO 2005, 953 ff.; *ders.,* Haftungsbewehrte Pflicht des Insolvenzverwalters zur Freigabe von Wohnungseigentum? – zugleich Besprechung von OLG Düsseldorf, Beschl. v. 28. 4. 2006 – I-3 Wx 299/05, ZfIR 2007, 870, ZfIR 2007, 817 ff.; *Schröder,* Der sog. Lastschriftwiderspruch in der Insolvenz aus Verwaltersicht, ZInsO 2006, 1 ff.; *Smid,* Die Haftung des Insolvenzverwalters in der Insolvenzordnung – Kontinuität und Diskontinuität des Rechts der Haftung des Insolvenzverwalters, in Kölner Schrift, S. 453 ff.; *Spickhoff,* Insolvenzzweckwidrige Rechtshandlungen des Insolvenzverwalters – zugleich ein Beitrag zur Reichweite und Dogmatik der Grundsätze des

Missbrauchs der Vertretungsmacht, KTS 2000, 15 ff.; *Stritz,* Lastschriften im Insolvenz (eröffnungs)verfahren, DZWIR 2005, 18 ff.; *Uhlenbruck,* Die Haftung des vorläufigen Insolvenzverwalters als gerichtlicher Sachverständiger, ZInsO 2002, 809 f.; *Wilhelm,* Die Haftung des Sachverständigen im Insolvenzeröffnungsverfahren, DZWIR 2007, 361 ff.

Übersicht

1. Normzweck

1 Das Recht der Haftung des Insolvenzverwalters hat einerseits in den §§ 60–62 eine gegenüber der alten Rechtslage vertiefte gesetzliche Regelung gefunden, die zahlreiche Streitfragen klärt und bisheriges Richterrecht inkorporiert. Andererseits stellt das Ziel der Unternehmensfortführung an den Insolvenzverwalter neue, nämlich unternehmerische Anforderungen, die gegenüber dem traditionellen, auf Liquidation gerichteten, Berufsbild neue Haftungsrisiken bergen.[1]

2 Bereits aus der Gesetzesbegründung wird deutlich, dass die Sorgfaltsanforderungen des Handels- und Gesellschaftsrechts nicht unverändert auf den Insolvenzverwalter übertragbar sind.[2] Der Insolvenzverwalter hat einerseits entweder keine, unzuverlässige oder zeitlich verzögerte Informationen, andererseits wird aber eine unverzügliche Reaktion und aktives Gestalten in der Verwertung – ja sogar die Übernahme unternehmerischer Verantwortung – erwartet. Daraus ergibt sich ein Spannungsfeld, das der Gesetzgeber gesehen hat. Dieses kann nicht zur automatischen Bejahung der Fahrlässigkeit führen. Der gesetzlich vorgesehene Fahrlässigkeitsmaßstab spiegelt daher die besondere Situation des Insolvenzverfahrens wider und trägt den Umständen der Praxis ausreichend Rechnung.

3 Die Neuregelung hat den früheren Streit um die rechtliche Einordnung der Verwalterhaftung als schuldrechtlich oder deliktsrechtlich,[3] wesentlich entschärft. Die – bewusste[4] – Anlehnung der Verjährungsregelung des § 62 an die für die Verjährung deliktischer Ansprüche geltende Norm des § 852 BGB aF (inzwischen beträgt die regelmäßige Verjährungsfrist ebenfalls drei Jahre; vgl. § 195 BGB nF) durch den Gesetzgeber zeigt, dass dieser der Verwalterhaftung einen deliktsrechtsähnlichen Charakter beimisst.

[1] MünchKommInsO-*Brandes,* §§ 60, 61 Rn. 8.

[2] Begründung RegE, abgedruckt in *Balz/Landfermann,* S. 274.

[3] Eingehend hierzu *Lüke,* Die persönliche Haftung des Konkursverwalters, 1986, S. 37 ff.; *Smid/Smid,* InsO, § 60 Rn. 6.

[4] Begründung § 73 RegE, abgedruckt in *Balz/Landfermann,* S. 276.

Infolgedessen ist es auch sachgerecht, für Schadensersatzklagen gegen den Insolvenzverwalter den Gerichtsstand der unerlaubten Handlung zuzulassen.[1] 4

2. Anwendungsbereich

§ 60 gilt auch für den Insolvenzverwalter bei Überwachung der Planerfüllung nach § 261 Abs. 1 S. 2. § 60 gilt entsprechend für den vorläufigen Insolvenzverwalter, § 21 Abs. 2 Ziff. 1,[2] für den Sachwalter, § 274 Abs. 1, und für den Treuhänder im vereinfachten Insolvenzverfahren, § 313 Abs. 1 S. 3.[3] Die Anwendung auf den im Restschuldbefreiungsverfahren nach §§ 286 ff. gestellten Treuhänder ist streitig. Teilweise wird vertreten, dass ausschließlich die Vorschrift des § 280 BGB als Haftungsgrundlage heranzuziehen sei, nach welcher der Treuhänder nur nach allgemeinen Grundsätzen hafte.[4] Gegen die Anwendung spricht, dass Abs. 3 S. 2 des § 292, der die Rechtsstellung des Treuhänders im Restschuldbefreiungsverfahren regelt, anders als § 313 Abs. 1 S. 3 für das vereinfachte Insolvenzverfahren nur auf die Vorschriften der §§ 58, 59, nicht jedoch auf die Regelung über die Haftung des Insolvenzverwalters verweist. Der BGH konnte die Frage der Anwendbarkeit allerdings im entschiedenen Fall offenlassen.[5] 5

3. Pflichtverletzung

a) Die Begründung von Schadensersatzansprüchen gegen den Insolvenzverwalter setzt voraus, dass dieser eine gegenüber einem am Insolvenzverfahren Beteiligten bestehende (Amts-)Pflicht verletzt hat. Der Beteiligtenbegriff ist von der Rechtsprechung stets erweitert worden[6] und umfasst nach heute herrschender Meinung all diejenigen, denen gegenüber dem Insolvenzverwalter **insolvenzspezifische Pflichten** obliegen.[7] 6

---

[1] MünchKommInsO-*Brandes,* §§ 60, 61 Rn. 119; *Hess,* InsO, § 60 Rn. 122 mwN, zur aA: vgl. auch OLG Celle WM 1988, 131 ff., 133.

[2] Zur Frage der Abgrenzung der Haftung des vorläufigen Insolvenzverwalters von der des gerichtlichen Sachverständigen nach § 839 a BGB *Uhlenbruck,* ZInsO 2002, 809 f.; für eine Anwendung von § 60 analog *Wilhelm,* DZWIR 2007, 361 ff.; aA: HK-*Lohmann,* InsO, § 60 Rn. 3.

[3] Vgl. zu diesen Fragestellungen ausführlich *Smid,* in Kölner Schrift, S. 453 ff., 480 ff., Rn. 77 ff.

[4] BGH ZIP 2008, 1685, 1687 Rn 20.

[5] BGH ebd., Rn. 21; ebenfalls offengelassen *Looff,* ZVI 2009, 9 ff.

[6] Vgl. die Darstellung bei *Smid/Smid,* InsO, § 60 Rn. 9 ff.

[7] Konstante Rspr. seit BGH WM 1961, 511 ff.; vgl. auch BGH WM 1985, 470 ff. = BGHZ 93, 278 ff., und BGH WM 1989, 114 ff., 115, jeweils mwN; noch zu § 82 KO BGH ZIP 2001, 1376 ff.; zur Insolvenzzweckwidrigkeit vgl. BGH ZIP 2002, 1093 ff.; noch zum Sequester verneinend bei „unternehmerischer Entscheidung" BGH ZIP 2003, 1303 f. im Nichtzulassungsbeschluss; zu Pflichten als Arbeitgeber LAG Nürnberg, Urteil v. 9. 1. 2007 – 7 Sa 135/05, BeckRS 2007, 41505 = NZA-RR 2007, 433; zur Frage, ob es insolvenzzweckwidrig ist, dass sich ein Insolvenzverwalter Ansprüche eines Gläubigers zum Zwecke der gerichtlichen Geltendmachung abtreten lässt, bei denen es sich möglicherweise um Gesamtschadensansprüche der Insolvenzmasse handelt – verneinend vgl. BGH, Beschluss v. 5. 3. 2009 – IX ZR 230/07, BeckRS 2009, 08770; zur Befugnis Lästigkeitsprämien an nachrangige Grundpfandgläubiger zahlen zu können; für Entscheidungsfreiheit des Insolvenzverwalters plädierend *Frege/Keller,* NZI 2009, 11 ff., 15 in einer Anm. zu BGH NZI 2008, 365 m. Anm. *Rein.*

7 **b)** In Betracht kommen damit zum einen Schadensersatzansprüche des **Schuldners,** der einen Anspruch auf eine bestmögliche Masseverwertung hat, umso eine möglichst hohe Enthaftung (oder gar einen Überschuss) zu erzielen, was ihm einen wirtschaftlichen Neuanfang („fresh start") sichern soll.[1] Ist die Schuldnerin eine juristische Person oder eine Gesellschaft ohne Rechtspersönlichkeit, so sind zum anderen die Vertretungsberechtigten – etwa der persönlich haftende Gesellschafter – als Beteiligte anzusehen,[2] nicht jedoch alle anderen Gesellschafter,[3] sofern sie nicht auf Grund einer Forderung auf Rückgewähr kapitalersetzender Gesellschafterdarlehen als (nachrangige) Insolvenzgläubiger nach § 39 Abs. 1 Ziff. 5 Beteiligte sind.

8 Der Insolvenzverwalter ist dem Schuldner für Nachteile und Mängel der Buchführung verantwortlich, soweit sie in seine Amtszeit fallen.[4] Entstehen durch die Versäumung dieser Pflicht steuerliche Nachteile, so sind diese vom Insolvenzverwalter auszugleichen.[5] Auch die Veräußerung des schuldnerischen Unternehmens unter Preis oder die Durchführung des Insolvenzverfahrens in großer übertriebener Eile begründet Schadensersatzansprüche.[6] Es besteht dagegen keine insolvenzspezifische Pflicht des Insolvenzverwalters oder Treuhänders im Restschuldbefreiungsverfahren, sich um nicht insolvenzbefangenes Vermögen des Schuldners zu kümmern, d. h. z. B. gegen eine insolvenzrechtlich unzulässige Verrechnung der Sozialversicherung vorzugehen.[7] Soweit der Insolvenzverwalter oder der Treuhänder im Restschuldbefreiungsverfahren allerdings unpfändbare Versorgungsbezüge des Schuldners einzieht, die dieser teilweise für sich beansprucht, weil das an ihn ausgezahlte Einkommen aus anderen Einkommensquellen unterhalb der Pfändungsgrenze liegt, muss er zur Vermeidung einer Haftung dafür Sorge tragen, dass dem Schuldner jedenfalls ein Betrag in Höhe der Pfändungsgrenze verbleibt.[8]

9 **c)** Den **Insolvenzgläubigern** gegenüber besteht die Pflicht, eine möglichst weitgehende gleichmäßige Befriedigung anzustreben, vgl. §§ 1, 38, 187[9]. Deshalb führen bspw. zum Schadensersatz
– das Anerkennen unberechtigter Forderungen sowie das Versäumnis, erreichbare Vermögenswerte zur Masse zu ziehen;[10]
– das Unterlassen der Anzeige einer Interessenkollision an das Insolvenzgericht und ggf. die Gläubigerversammlung oder – falls ein solcher bestellt/gewählt wurde – den Gläubigerausschuss, wenn durch die Anzeige die mit dem von

---

[1] Vgl. *Smid/Smid,* InsO, § 60 Rn. 13; *Smid,* in Kölner Schrift, S. 465 Rn. 33.
[2] BGH WM 1985, 422 ff., 424.
[3] *Smid,* in Kölner Schrift, S. 463 f., Rn. 28; aA: MünchKommInsO-*Brandes,* §§ 60, 61 Rn. 69 mwN.
[4] BGH WM 1979, 775 f.; BGHZ 74, 316 ff. = ZIP 1980, 25 f. m. krit. Anm. *Kilger,* S. 26 f.
[5] Ebd., aA: *Kilger,* wie vor; OLG Hamm ZIP 1987, 1402 ff., 1403 (verspätete Erstellung einer Steuerbilanz).
[6] BGH WM 1985, 422 ff., 424 f.; m. Anm. *Kübler,* EWiR 1985, § 82 KO 3/85, 313.
[7] BGH NZI 2008, 607 ff. m. Anm. *Gundlach/Schmidt* Rn. 11 ff.
[8] BGH, ebd., Rn. 21 ff.
[9] *Smid,* in Kölner Schrift, S. 467 Rn. 41.
[10] BGH NJW 1973, 1198 f. = WM 1973, 642 ff.

der Interessenkollision betroffenen Geschäft verbundenen Kosten nicht entstanden wären;[1]
- das Verjährenlassen von Schadensersatzforderungen, sofern deren Durchsetzung chancenreich und wirtschaftlich vertretbar erscheint;[2]
- die verspätete Zahlung von zur Tabelle festgestellten Forderungen des Steuergläubigers;[3]
- das Unterlassen der Berücksichtigung einer angemeldeten und festgestellten Forderung bei der Aufstellung des Schlussverzeichnisses;[4]
- die Nachforschungspflicht hinsichtlich Urkunden im Zusammenhang mit der ordnungsgemäßen Durchführung einer Kapitalerhöhung;[5]
- die verspätete Erfüllung eines Befriedigungsanspruchs nach § 106.[6]

Ferner ist der Insolvenzverwalter zur Beachtung von Aus- und Absonderungs- **10**
rechten verpflichtet. So führt die Veräußerung von Aussonderungsgut[7] ebenso zu Schadensersatzansprüchen wie das unterlassene Auskehren des Erlöses bei der Verwertung von Absonderungsgut.[8] Haftungsansprüche können dabei jetzt im Zusammenhang mit der Verzinsungspflicht nach § 169 bei verzögerter Verwertung entstehen.[9] Allerdings streitet für Gegenstände im Besitz des Schuldners die Eigentumsvermutung des § 1006 BGB.[10] Das Bestehen von Rechten Dritter muss der Insolvenzverwalter nur nachprüfen, wenn dafür konkrete Anhaltspunkte bestehen.[11] Auszusondernde Gegenstände sind dabei von dem Aussonderungsberechtigten selbst näher zu bezeichnen, da dem Insolvenzverwalter zeitraubende Nachforschungen nicht zugemutet werden können.[12] Dem Absonderungs-

[1] BGH NJW 1991, 982 ff. = ZIP 1991, 324 ff. – Beschäftigung von Hilfskräften durch den Konkursverwalter, die einer diesem gehörenden Unternehmensberatungs-Firma angehörten.

[2] BGH ZIP 1993, 1886 ff. = KTS 1994, 218 ff. = MDR 1994, 470 f.

[3] BGHZ 106, 134 ff. = ZIP 1989, 50 ff. – Ansprüche auf Lohn- und Umsatzsteuer. Anspruchsgrundlage ist, wenn es sich um in die Tabelle aufgenommene Ansprüche handelt, der insolvenzrechtliche Schadensersatzanspruch; sind die Steuerforderungen hingegen als Masseverbindlichkeiten einzuordnen, so findet § 69 AO Anwendung; die Steuerverwaltung hat dann einen Haftungsbescheid nach § 191 AO zu erlassen, vgl. BGHZ 106, 137, 139 = ZIP 1989, 51 f.

[4] OLG Celle ZIP 1993, 1720 ff.

[5] Noch zu § 82 KO: OLG Hamm NZI 2005, 438 ff.

[6] Als Schaden sind die Prozesskosten zu ersetzen, OLG Hamm ZInsO 2006, 1276 ff.; m. zust. Anm. *Weitzmann,* EWiR 2006, § 60 InsO 1/06, 723 f.

[7] BGH KTS 1958, 142 f., vgl. aber *Olshausen, v.,* ZIP 2002, 237, 239, keine Geltung der §§ 60, 61 InsO für den Verkauf einer nicht zu der Insolvenzmasse gehörenden Spezialsache, da der Insolvenzverwalter keine insolvenzspezifische Pflicht verletze.

[8] BGH NZI 2004, 209 ff. m. zust. Anm. *Pape,* EWiR 2004, § 50 InsO 1/04, 349 f. auch zur Frage der Weiternutzung durch den Insolvenzverwalter nach Anzeige der Masseunzulänglichkeit; BGH ZIP 1994, 140 ff.

[9] BGH ZIP 2003, 632 ff.; m. Anm. *Schumacher,* EWiR 2003, § 171 InsO 2/03, 425 f.; LG Stendal ZIP 2002, 765 ff.; m. krit. Anm. *Runkel,* EWiR 2002, § 169 InsO 1/02, 587 f. = DZWIR 2002, 294 ff. m. ausführlicher Anm. *Becker;* LG Hechingen DZWIR 2002, 480 ff.; vgl. dazu *Grub,* DZWIR 2002, 441 ff., 443 f., der wohl zu Recht mangels sachgerechter Anwendbarkeit die ersatzlose Streichung von § 169 InsO fordert.

[10] OLG Hamburg ZIP 1984, 348 ff., 349 f.

[11] OLG Jena ZInsO 2005, 44 ff., 46; OLG Düsseldorf ZIP 1988, 450 ff., 452.

[12] OLG Köln ZIP 1982, 1107 f.

berechtigten gegenüber ist der Insolvenzverwalter auch nicht verpflichtet, die Inbesitznahme der Gegenstände von einem unberechtigten Eigenbesitzer zu erzwingen.[1]

11 **d) Weitere Beteiligte,** denen gegenüber der Insolvenzverwalter sich aus den § 60 (und auch § 61) schadensersatzpflichtig machen kann, sind die Massegläubiger,[2] eine von der Gläubigerversammlung als Hinterlegungsstelle benannte Bank[3] und der Nacherbe im Hinblick auf § 83 Abs. 2.[4]

12 Beteiligter ist auch der Zwangsvergleichsbürge, der nur noch im Rahmen eines Insolvenzplans denkbar ist. Diesem gegenüber haftet der Insolvenzverwalter für Pflichtwidrigkeiten, die er vor der Abgabe der Bürgschaftserklärung begangen hat.[5]

13 Eine Schadensersatzpflicht kommt auch dem Vermieter gegenüber wegen verzögerter Rückgabe der Mietsache in Betracht.[6] Daneben kann die Verletzung einer mietvertraglichen Pflicht (Untervermietung an einen unzuverlässigen Mieter) zur Gefährdung des Aussonderungsanspruchs des Vermieters und damit zur Verletzung insolvenzspezifischer Pflichten gegenüber dem aussonderungsberechtigten Gläubiger führen.[7] Der ersatzfähige Schaden richtet sich nach dem negativen Interesse.[8]

14 **e) Keine Beteiligten** sind dagegen Mieter des Schuldners und Bürgen, auf die die Forderung noch nicht übergegangen ist,[9] da diesen Personenkreisen gegenüber keine insolvenzspezifischen Pflichten des Insolvenzverwalters bestehen. Diesen Nichtbeteiligten gegenüber kann der Insolvenzverwalter allerdings nach allgemeinen Grundsätzen haften.[10]

4. Verschulden

15 **a)** Bezüglich des Verschuldens gilt mangels einer Sonderregel der allgemeine Maßstab des § 276 Abs. 1 S. 1 BGB. Der Insolvenzverwalter hat grundsätzlich Vorsatz und – auch leichteste – Fahrlässigkeit zu vertreten. Wann ein Außerachtlassen der im Verkehr erforderlichen Sorgfalt, mithin fahrlässiges Handeln i. S. d. § 276 Abs. 2 BGB nF, vorliegt, ist allerdings anhand der Konkretisierung in § 60 Abs. 1 S. 2 festzustellen. Hiernach ist für die **Sorgfalt eines ordentlichen und gewissenhaften Insolvenzverwalters** einzustehen. Man wird also sagen können, dass die Kenntnisse und Erfahrungen eines durchschnittlichen Insolvenzverwalters vorauszusetzen sind,[11] insbesondere eine genaue Kenntnis der insolvenzrechtlichen Normen. Im Übrigen hängt es vom jeweiligen Einzelfall ab, welcher Pflichtenkanon zu erfüllen ist. Es sollte also stets gefragt werden, welche

---

[1] OLG Hamburg WM 1996, 881 ff. = ZIP 1996, 386 ff.

[2] Vgl. hierzu die Erläuterungen bei § 61.

[3] BGH KTS 1962, 106 ff., 107.

[4] MünchKommInsO-*Brandes,* §§ 60, 61 Rn. 68.

[5] RGZ 74, 258 ff.

[6] Vgl. näher OLG Hamm ZIP 1985, 628 – pflichtwidriges Handeln des Konkursverwalters ist erforderlich.

[7] BGH NZI 2007, 286 Rn. 7 ff.

[8] BGH, ebd., Rn. 14 f., Fortführung von BGHZ 159, 104 = ZIP 2004, 1107.

[9] MünchKommInsO-*Brandes,* §§ 60, 61 Rn. 70; zum Bürgen: BGH WM 1984, 1575 ff. = ZIP 1984, 1506 ff.

[10] Vgl. Rn. 20 ff.

[11] HK-*Lohmann,* InsO, § 60 Rn. 11.

Anforderungen die jeweilige Fallgestaltung an den Insolvenzverwalter stellt.[1] So sind bei der Fortführung jedes Unternehmens von dem Insolvenzverwalter auch betriebswirtschaftliche Kenntnisse zu verlangen. Ein auf dem Fehlen solcher Kenntnisse beruhender Fehler ist fahrlässig verursacht. Unternehmensfortführungen ohne betriebswirtschaftliche Ertrags- und Liquiditätsplanung unter insolvenzrechtlicher Prämisse verstoßen gegen den Sorgfaltsmaßstab eines ordentlichen und gewissenhaften Insolvenzverwalters.[2]

b) Beachtung muss aber auch die infolge der Insolvenz bestehende Sondersi- 16
tuation finden, in deren Folge der Insolvenzverwalter vielfach keine aussagekräftigen Daten des betriebswirtschaftlichen Rechnungswesens, keine geordnete Buchführung, keine oder irreführende Kosten- und Leistungsrechnungen vorfinden wird, sondern die Lage vielfach von Daten, ja Bilanzen geprägt sein wird, in denen in deliktischer Weise versucht wurde, die Insolvenzsituation zu verschleiern.[3] Ferner ist ihm auch eine angemessene Einarbeitungsphase in das für ihn fremde Geschäft des Schuldners zuzugestehen. Dabei ist der Hinweis berechtigt, dass beim Insolvenzverwalter der Fahrlässigkeitsvorwurf für jede Lage des Insolvenzverfahrens gesondert zu prüfen sei.[4]

c) Eine Sondersituation ergibt sich insbesondere auch in **Konzerninsol-** 17
venzfällen. Die Insolvenzordnung stellt hierfür spezifische Regelungen nicht zur Verfügung. Da es – insbesondere aus wirtschaftlichen Gründen – in der Regel – zumindest zwingend am Beginn des Verfahrens – sinnvoll sein wird, für alle Konzerngesellschaften einen Insolvenzverwalter zu bestellen, führt unter Umständen – auch schon im Eröffnungsverfahren – das parallele Verwalten von Konzernunternehmen durch ein und denselben Insolvenzverwalter – bei isolierter Betrachtung – möglicherweise zu Vermögensverlagerungen, also potenziellen Schadensersatzansprüchen aus Sicht eines Konzernunternehmens gegen das andere (bezogen auf die Person des Insolvenzverwalters). Dabei ist bei Festlegung eines Verschuldensmaßstabs darauf zu achten, dass grundsätzlich davon auszugehen ist, dass die Interessen der verschiedenen Konzernunternehmen – was dem Konzern gerade immanent ist – gleichgerichtet sind.[5] Der grundsätzliche Versuch bestmöglicher Verwertung muss die Chance, den Konzern zusammenzuhalten, also die Wahrung der fortführenden Konzernidee gewährleisten können. Bei Bestellung eines Insolvenzverwalters zur Wahrung auch dieser Chance sind – in entsprechender Anwendung von § 22 Abs. 1 S. 2 Ziff. 2 – im Konzernverbund eintretende Vermögensverminderungen nicht fahrlässig herbeigeführt. Mit haftungsvermeidend sind Transparenz, die rechtzeitige und umfassende Offenlegung dem Gericht und den Gläubigern gegenüber bereits im Eröffnungsverfahren, sodass Beteiligte ggf. ihre abweichende Meinung artikulieren können.

---

[1] *Breutigam/Blersch/Goetsch/Blersch,* InsO, § 60 Rn. 8.

[2] Vgl. MünchKommInsO-*Brandes,* §§ 60, 61 Rn. 27.

[3] Vgl. noch zur Haftung des Sequesters OLG Köln ZIP 2001, 1821; m. Anm. *Schäfer,* EWiR 2002, § 8 GesO 1/02, 379 f., die allerdings vor einer verallgemeinernden Anwendung des Urteils warnt.

[4] MünchKommInsO-*Brandes,* §§ 60, 61 Rn. 90; sehr instruktiv LG Rostock, Urteil v. 8. 6. 2008 – 4 O 367/07, BeckRS 2008, 16192 zur erforderlichen Kenntnis bzw. fahrlässigen Unkenntnis vom Eigentumsvorbehalt.

[5] Sehr instruktiv und ausführlich *Nerlich/Römermann/Abelshauser,* InsO, § 60 Rn. 54–56.

18 **d)** Führt der Insolvenzverwalter einen Prozess und besteht die Gefahr, dass bei einem Unterliegen die **Prozesskosten** aus der Masse nicht gedeckt werden können, so haftet er dem Verfahrensgegner nur dann auf Ersatz der Verfahrenskosten, wenn die Rechtsverfolgung objektiv keine hinreichende Erfolgsaussicht hatte und daher als mutwillig anzusehen ist.[1] Hiervon soll bereits auszugehen sein, wenn sich die Möglichkeit des Obsiegens bzw. des Unterliegens die Waage halten,[2] sodass eine überwiegende Wahrscheinlichkeit für das Obsiegen sprechen müsse. Allerdings ist dabei Maßstab die nicht völlig unvertretbare Einschätzung des Insolvenzverwalters bzw. eines von ihm mandatierten Rechtsanwalts.[3] An die Beurteilung der Wahrscheinlichkeit sollte kein allzu strenger Maßstab angelegt werden, damit der Insolvenzverwalter nicht – zur Vermeidung einer Haftung – selbst auf aussichtsreiche Prozesse verzichtet[4] und sich dadurch möglicherweise Schadensersatzansprüchen der Gläubiger aussetzt, die ihm vorwerfen, er habe schuldhaft die Masse verkürzt.[5] Dieses Dilemma des Insolvenzverwalters zwingt zu Zurückhaltung bei der Bejahung von Haftungsansprüchen wegen Prozessführung bei Masseunzulänglichkeit.[6]

19 **e)** Die Zustimmung des Gläubigerausschusses/der Gläubigerversammlung führt nicht zwingend zu einer Entlastung des Insolvenzverwalters,[7] sie erweitert nur den Kreis der Haftenden. Die Zustimmung entlastet vor allem dann nicht, wenn sie auf fehlerhaften Informationen durch den Insolvenzverwalter selbst beruht.[8] Dies ist auch aus der Regelung des § 164 zu schließen, nach dem ein Verstoß gegen die §§ 160–163 die Wirksamkeit der Handlung des Insolvenzverwalters nicht berührt. Weist dieser aber auf die Risiken hin und beschließt der Gläubigerausschuss/die Gläubigerversammlung, diese in Kauf zu nehmen, ist eine Haftung des Insolvenzverwalters ausgeschlossen.[9]

---

[1] OLG Karlsruhe ZIP 1989, 1070 ff., 1071.

[2] OLG Hamm ZIP 1995, 1436 ff., 1437.

[3] MünchKommInsO-*Brandes,* 1. Aufl., §§ 60, 61 Rn. 92, der von der „Sorgfalt eines beruflichen Sachwalters fremder Vermögensinteressen" spricht.

[4] *Braun,* Kurzkommentar zu OLG Hamm, Fn. 3, EWiR 1995, § 82 KO 1/95, 905 f.

[5] Vgl. *Smid,* in Kölner Schrift, S. 437 f. Rn. 59.

[6] Grundlegend BGH ZIP 2005, 131 ff.; m. zust. Anm. *Pape,* ZInsO 2005, 138 ff., im Anschluss an seine frühere Rechtsprechung noch zu § 82 KO BGH ZIP 2001, 1376 ff.; m. zust. Anm. *Pape,* EWiR 2001, § 82 KO 1/01, 823 f.; nach Zurückverweisung durch den BGH in der voranstehenden Revisionsentscheidung OLG Düsseldorf ZIP 2002, 902 ff.; m. Anm. *Voß* EWiR 2002, § 826 BGB 4/02, 995 f.; *Pape,* ZIP 2001, 1701 ff., der auf die Problematik hinweist, dass für das neue Recht allerdings eine Änderung durch § 61 eingetreten sei; anders jetzt grundlegend BGH ZIP 2005, 131 ff., 132, der bereits die Anwendbarkeit von § 61 auf diesen Fall verneint; *Häsemeyer,* Insolvenzrecht, Rn. 6.39.

[7] Vgl. BGH WM 1985, 422 ff., 424 f. und *Bork,* ZIP 2005, 1120 ff., 1122 und *Gundlach/Frenzel/Jahn,* ZInsO 2007, 363 ff.

[8] *HK-Lohmann,* InsO, § 60 Rn. 35 sieht die Frage noch als nicht abschließend geklärt an.

[9] OLG Nürnberg ZIP 1986, 244 ff., 245 – Betriebsfortführung mit Genehmigung der Gläubigerversammlung und Kenntnis des Konkursgerichtes trotz unmittelbar zu Beginn des Konkursverfahrens durch den Verwalter angezeigter Massearmut; aA: wohl zutreffend MünchKommInsO-*Brandes,* §§ 60, 61 Rn. 99 f. mit Hinweis auf die Möglichkeit des § 78.

5. Haftungstatbestände außerhalb der Insolvenzordnung

a) Gegenüber Verfahrensbeteiligten haftet der Insolvenzverwalter grundsätzlich nach § 60. Wie der BGH in einer grundlegenden Entscheidung entwickelt hat, haftet der Insolvenzverwalter bei Teilnahme am Rechtsverkehr mit Dritten (z. B. Verhandlungen mit Lieferanten über die Weiterbelieferung) nicht insolvenzspezifisch; insoweit gilt als Haftungsnorm nicht § 60, sondern es gelten die allgemeinen Vorschriften, die die Pflichten des Insolvenzverwalters als Verhandlungs- und Vertragspartner eines Dritten, der mit der Insolvenzmasse Geschäfte machen will, betreffen.[1] 20

Hierzu führt der BGH aus, dass eine persönliche Haftung des Insolvenzverwalters nicht aus einem Verstoß gegen Aufklärungs- und Hinweispflichten hergeleitet werden könne, die jeden Vertragschließenden während der Verhandlung und beim Abschluss treffen. Insoweit versteht die Literatur den BGH so, dass besondere Hinweispflichten gegenüber Verhandlungspartnern nicht bestehen.[2] Etwas anderes soll nur dann gelten, wenn der Insolvenzverwalter gem. den allgemeinen Vorschriften über „culpa in contrahendo" besonderes Vertrauen für sich in Anspruch genommen hat oder deliktisch handelt.[3] 21

Eine Haftung des Insolvenzverwalters aus **c. i. c.** (inzwischen in §§ 311 Abs. 2 und 3, 241 Abs. 2, 280 BGB nF gesetzlich geregelt) kommt in Betracht, wenn er einen in seiner Person liegenden Vertrauenstatbestand begründet[4] oder Verkehrssicherungspflichten verletzt hat.[5, 6] 22

Für Ansprüche aus c. i. c. darf aber nicht wieder auf die Insolvenz als Grund für besondere Hinweispflichten zurückgegriffen werden. Vor dem Hintergrund der dreijährigen Verjährungsfrist des § 62 waren Kläger vor der Gesetzesänderung durch SchuldRModG gerne versucht, auf (behauptete) Anspruchsgrundlagen aus c. i. c. zu rekurrieren, um in den Genuss der damals geltenden 30-jährigen Verjährungsfrist zu kommen. Künftig verliert dieser Vorteil durch die Verkürzung der regelmäßigen Verjährungsfrist (§ 195 BGB nF) an Bedeutung. Im Zusammenhang mit der Haftung nach § 60 ist festzuhalten, dass den Insolvenzverwalter keine besondere Pflicht trifft, darauf hinzuweisen, dass er Insolvenzverwalter ist. Er hat die Interessen der Beteiligten zu wahren, nicht aber die Belange seines Geschäftspartners.[7] Dem OLG Hamm ist auch zuzustimmen, dass „konkursspezifisch nicht die Pflichten, die dem Konkursverwalter, wie jedem 23

---

[1] Vgl. BGHZ 100, 346 ff.

[2] So offenbar *Kilger/K. Schmidt,* Insolvenzgesetze, § 82 KO, Rn. 1 c; *Smid,* in Kölner Schrift, S. 471, Rn. 53.

[3] Vgl. OLG Rostock ZIP 2005, 220 ff., m. zust. Anm. *Ferslev,* EWiR 2005, § 61 InsO 1/05, 313 f., dort hatte ein sog. „starker" vorläufiger Insolvenzverwalter dahingehend formuliert, dass er „... für die Bezahlung garantiere"; kritisch zu einer Entscheidung des OLG Schleswig: *Undritz,* EWiR 2004, § 61 InsO 1/04, 393 f.; Eigenhaftung ablehnend LAG Düsseldorf KTS 2004, 336 ff., m. zust. Anm. *Lennartz,* S. 338 ff.

[4] BGH NZI 2005, 500 ff.; BGH WM 1987, 695 ff., 696; OLG Frankfurt (Main) ZInsO 2007, 548 ff.: Haftung aus c. i. c. bejahend; m. krit. Anm. *Hinkel/Flitsch* ZInsO 2007, 1018 ff.

[5] BGH NJW-RR 1988, 89 f.; eingehend hierzu mwN *Hess,* InsO, § 60 Rn. 79 ff. sowie HK-*Lohmann,* InsO, § 60 Rn. 42.

[6] Vgl. nachfolgend Rn. 24.

[7] So wörtlich OLG Hamm ZIP 1992, 1404 ff.

Vertreter von Interessen, gegenüber seinem Geschäftspartner oder nach Vertragsschluss obliegen" sind. „Der Vertreter fremder Interessen enthebt nicht durch seine Eigenhaftung den Geschäftspartner der Notwendigkeit, Risiken und Vorteile des in Aussicht genommenen Vertrags abzuwägen, was auch für Geschäfte mit dem Konkursverwalter gilt. Die (Vertragspartner) sind durch Konkurseröffnung gewarnt und müssen sich des Risikos einer Masseunzulänglichkeit bewusst sein".[1]

24 Eine ganz andere Frage ist, ob der Insolvenzverwalter eine sonstige Masseverbindlichkeit eingegangen ist, für die § 61 nunmehr eine spezielle Haftung begründet.[2]

25 **b)** Ferner kommt eine persönliche Haftung des Insolvenzverwalters **aus Vertrag** in Betracht, wenn dieser – etwa infolge der Abgabe einer Garantie-Erklärung – eigene vertragliche Pflichten begründet hat.[3]

26 **c)** Mit der Haftung des Insolvenzverwalters aus § 60 **konkurrieren allgemeine Deliktansprüche** (§§ 823, 826 BGB, § 47 PatG, § 1 UWG, §§ 14, 15 MarkenG),[4] was von Bedeutung sein kann, sofern der Schutzzweck jener Normen weiter ist als der des § 60.[5]

27 **d)** § 69 AO[6] enthält eine **steuerrechtlich normierte Haftung** für nicht insolvenzspezifische Pflichten.

---

[1] So OLG Hamm, ebd.; i. d. S. auch BGH NZI 2005, 500 ff.

[2] So auch BGH ZIP 2001, 1376 ff., 1378 in einem „obiter dictum".

[3] „Garantieerklärung" ablehnend: BAG ZInsO 2009, 1648; *Hess,* InsO, § 60 Rn. 87; vgl. auch die zurecht kritischen Anm. von *Nöll* zu zwei Urteilen des OLG Celle ZInsO 2004, 1058 ff. und von *Undritz*, EWiR 2004, § 55 InsO 2/04, 445 f.

[4] *Hess,* InsO, § 60 Rn. 128; HK-*Lohmann,* InsO, § 60 Rn. 44 mwN zur Rspr.; zur Haftung des vorläufigen Insolvenzverwalters bei pauschalem Widerspruch gegen Gläubigerlastschriften nach § 826 BGB in einer grundlegenden Entscheidung ablehnend BGH NZI 2005, 99 ff. m. diff. Anm. *Dahl* = ZIP 2004, 2442 ff. m. krit. Anm. *Bork* = BB 2005, 13 ff. m. zust. Anm. *Flitsch*; vgl. weiter die Anm. von *Gundlach/Frenzel,* EWiR 2005, § 60 InsO 1/05, 121 f., *Streit/Schiermeyer,* EWiR 2005, § 60 InsO 1/05, 123 f. und *Gantenberg*, EWiR 2005, § 60 InsO 3/05, 227 f.; zum „starken" vorläufigen Insolvenzverwalter und zur Anfechtbarkeit einer Genehmigung des Schuldners BGH NZI 2006, 697; krit. in einer Anmerkung zu AG Charlottenburg, Urteil v. 19. 10. 2004 – 214 C 228/04 (rkr.): *Jungmann*, EWiR 2005, § 60 InsO 5/05, 399 f.; LG Erfurt NZI 2002, 667 f.; aA: OLG Hamm ZIP 2004, 814 ff.; eine Haftung nach § 60 InsO bejahend m. krit. Anm. *Bork,* EWiR 2004, § 60 InsO 2/04, 237 f.; zur Haftung für Schäden des Prozessgegners restriktiv grundlegend BGH ZIP 2005, 131, 132 im Anschluss an BGH ZIP 2001, 1376 ff.; *Fischer,* WM 2004, 2185 ff., 2189; BGH NZI 2003, 461 f. = ZIP 2003, 962 ff., nur wenn besondere Umstände aus der Art und Weise der Prozesseinleitung oder -durchführung hinzutreten, die das Vorgehen als sittenwidrig prägen.

[5] Näher *K. Schmidt,* KTS 1976, 191 ff., 203.

[6] Ausführlich hierzu *Hess,* InsO, § 60 Rn. 73 ff.; vgl. auch *Take,* ZInsO 2001, 404 ff. zur Haftung des Insolvenzverwalters für die Umsatzsteuer/den Vorsteuerberichtigungsanspruch des Finanzamtes; BFH ZIP 2003, 582 ff.; m. zust. Anm. *Onusseit,* EWiR 2003, § 69 AO 1/03, 303 f. (wobei die Entscheidung zur Konkursordnung erging, auf die InsO allerdings übertragbar sein dürfte); zur Übertragbarkeit auf die InsO und zu den praktischen Konsequenzen *Onusseit,* ZInsO 2003, 304 ff.; vgl. auch § 155 Anm. 4. d) Rn. 16.

6. Die Haftung des Insolvenzverwalters neben weiteren Schädigern

Haftet neben dem Insolvenzverwalter auch der Gläubigerausschuss, so besteht Gesamtschuld.[1] In Fällen, in denen auch die Insolvenzmasse für die Handlungen des Insolvenzverwalters haftet,[2] können die Ansprüche gegen Insolvenzmasse und Insolvenzverwalter parallel geltend gemacht werden.[3] Eine Primärhaftung der Insolvenzmasse besteht nicht.[4] Nach einem Urteil des BAG[5] ist ein Anspruch gegen den Insolvenzverwalter nach § 60 nicht nur gegenüber dem Erfüllungsanspruch gegen die Masse, sondern auch gegenüber der Haftung eines Betriebserwerbers grundsätzlich gleichrangig. 28

7. Die Haftung für Dritte

Bei Fragen der Haftung des Insolvenzverwalters für Dritte muss danach differenziert werden, ob es sich um Angestellte des Insolvenzverwalters, des Schuldners oder hinzugezogene Selbstständige (z. B. Steuerberater) handelt. 29

Das Handeln eigener Angestellter muss der Insolvenzverwalter sich nach § 278 BGB zurechnen lassen.[6] Bei der Beauftragung von Selbstständigen haftet er nur für deren sorgfältige Auswahl[7] und ggf. dann, wenn er erkennt, dass schlecht gearbeitet wird und er dennoch keine Abhilfe schafft.[8] 30

Greift der Insolvenzverwalter hingegen auf Personal des Schuldners zurück, erleichtert § 60 Abs. 2 seine Haftung insoweit, als er nur für deren Überwachung sowie für Entscheidungen von besonderer Bedeutung persönlich verantwortlich ist.[9] Etwas anderes gilt natürlich dann, wenn diese Personen – was etwa im Vorfeld der Insolvenz zutage getreten sein mag – offensichtlich ungeeignet sind.[10] Hauptanwendungsfall ist die Informationsvermittlung für alle Leitungsentschei- 31

---

[1] *Smid,* Kölner Schrift, S. 475 Rn. 64.

[2] Eingehend hierzu *Lüke,* Die persönliche Haftung des Konkursverwalters, S. 106 ff.

[3] *Smid/Smid,* InsO, § 60 Rn. 28 mwN.

[4] Grundlegend noch zu § 82 KO, aber ohne Weiteres übertragbar BGH NZI 2006, 169 ff. = ZIP 2006, 194 ff. = ZInsO 2006, 100 ff.; *Pape,* EWiR 2004, § 60 InsO 1/04, 117 f. in einer zust. Anm. zu OLG Celle, Urteil v. 1. 10. 2003 – 9 U 100/03; MünchKommInsO-*Brandes,* §§ 60, 61 Rn. 112 ff.; vgl. BGH ZInsO 2009, 87.

[5] BAG NZI 2007, 535 ff.; m. zust. Anm. *Ferslev,* EWiR 2007, § 60 InsO 4/07, 625 f.

[6] BGH ZIP 2001, 1507 ff. wegen Masseverkürzung durch seitens einer Hilfsperson gefälschte oder verfälschte Überweisungsaufträge, noch zu § 82 KO m. krit. Anm. *Lüke,* EWiR 2002, § 82 KO 1/02, 29 f.; MünchKommInsO-*Brandes,* §§ 60, 61 Rn. 93 mwN.

[7] BGH ZIP 1980, 25 f., 26; bei Untreue des beauftragten Verwerters ablehnend OLG Hamm DZWIR 2009, 391 m. krit. Anm. *Heinze.*

[8] Ebd.

[9] Zum Auswahl-, Organisations- und Überwachungsverschulden des Insolvenzverwalters – bejahend –, wenn er als Bevollmächtigten zur Veräußerung eines Warenlagers den Prokuristen des Unternehmens einsetzt, das den zu einem bestimmten Stichtag noch vorhandenen restlichen Warenbestand zu einem Pauschalpreis erworben hat, ohne streng zu überwachen, dass dieser seine Vorgaben umsetzt und die mit besonderen Aufgaben betrauten Mitarbeiter bei deren Erledigung nicht behindert, OLG Hamm ZInsO 2007, 216 ff.; m. zust. Anm. *Fuchs,* EWiR 2007, § 60 InsO 2/07, 379 f.; vgl. auch Zurückweisung der Nichtzulassungsbeschwerde BGH, Beschluss v. 15. 11. 2007 – IX ZR 168/06, BeckRS 2007, 19873.

[10] Begründung RegE, abgedruckt in *Balz/Landfermann,* S. 274. Nach OLG Hamm, ebd., ist ein Mitarbeiter, der in der Zeit der vorgesehenen Verwertung eines Warenlagers im

dungen in Unternehmensfortführungen. Auch bei grundsätzlicher betriebswirtschaftlicher Befähigung muss der (vorläufige) Insolvenzverwalter sich bei seinen Entscheidungen auf eine tatsächliche Basis stützen. Den Auftragsbestand, die Durchlaufzeiten und damit die Zeitgenauigkeit der Fertigung, die Situation zu Schlüsselzulieferern, die Verlässlichkeit der Daten des betrieblichen Rechnungswesens leben nur von Informationen der „Insider". Auf sie muss der (vorläufige) Insolvenzverwalter sich (haftungsfrei) verlassen können.

32 Das Gesetz macht noch eine weitere Einschränkung. Der Wortlaut „Angestellte des Schuldners ... einsetzen **muss**" legt nahe, dass diese Haftungserleichterung nur dann eingreifen soll, wenn der Einsatz unumgänglich erscheint. Vielfach ist es sinnvoll und bereits in Anbetracht der knappen Zeiträume und des bestehenden Handlungsdrucks geboten, mit dem alten, eingearbeiteten Personal weiterzuarbeiten. Der Insolvenzverwalter spart so die Notwendigkeit, eigene Mitarbeiter einzuarbeiten, wodurch – produktiv wertvolle – Zeit gewonnen werden kann.

33 Da dies den Zwecken des Insolvenzverfahrens dient, ist es sachgerecht, die Haftungserleichterung des § 60 Abs. 2 InsO auch auf Fälle auszudehnen, in denen die Beschäftigung Angestellter des Schuldners objektiv sinnvoll ist, auch wenn keine zwingende Notwendigkeit vorliegt.[1]

8. Geltendmachung des Anspruches

34 **a)** Ist durch das Verhalten des Insolvenzverwalters eine Masseschädigung (Gesamtschaden) eingetreten, so kann dieser Anspruch während der Dauer des Insolvenzverfahrens nicht von einzelnen Gläubigern geltend gemacht werden. Zur Geltendmachung ist vielmehr nach § 92 S. 2 ein Sonderverwalter zu bestellen.[2] Bereits zur Prüfung und Beantwortung der Frage, ob gegen den Insolvenzverwalter Schadensersatzansprüche zugunsten der Insolvenzmasse geltend gemacht werden können, kann ein Sonderinsolvenzverwalter bestellt werden.[3]

35 **b)** Dies gilt nicht für Individualschadensansprüche des einzelnen Gläubigers.[4] Ein vom Schuldner gegen den Insolvenzverwalter oder den Treuhänder im Restschuldbefreiungsverfahren wegen der Ausschüttung unpfändbaren Vermögens erwirkter Schadensersatzanspruch fällt als Einzelschaden, der einen Ausgleich für diese die Gläubiger rechtswidrig begünstigende Maßnahme bildet, nicht in die Insolvenzmasse und unterliegt keiner Nachtragsverteilung.[5] Nach Abschluss des Verfahrens kann hingegen der einzelne Gläubiger den auf ihn entfallenden Schadensanteil selbstständig geltend machen,[6] da mit der Beeinträchtigung seines Rechtes ein korrelierender Anspruch besteht.

Wesentlichen seinen Resturlaub abfeiert, für die Verwertung offensichtlich ungeeignet im i. S. v. § 60 Abs. 2.

[1] AA: wohl MünchKommInsO-*Brandes,* §§ 60, 61 Rn. 93.

[2] Vgl. noch zu § 82 KO BGH ZIP 2004, 1218 ff.; m. zust. Anm. *Grundlach/Schmidt,* EWiR 2004, § 82 KO 1/04, 817 f.; auch BGH WM 1973, 642 ff., 643 f. = NJW 1973, 1198 f., 1199; BGH ZIP 1993, 1886 ff., 1887 mwN; zuletzt OLG Dresden ZInsO 2001, 671 f. zur Schadensersatzpflicht des Gesamtvollstreckungsverwalters.

[3] MünchKommInsO-*Brandes,* §§ 60, 61 Rn. 116 mwN.

[4] BGH ZIP 1993, 1886 ff., 1887.

[5] BGH NZI 2008, 560 ff.

[6] BGH WM 1973, 642 ff., 643 f. = NJW 1973, 1198 f., 1199; *Vallender,* ZIP 1997, 435 ff., 354 f.; vgl. dazu auch OLG Hamm NZI 2001, 373 ff. zu § 85 KO: Der gegen den früheren

c) Sofern der Insolvenzverwalter neben Mitgliedern des Gläubigerausschusses gesamtschuldnerisch haftet, können die Ansprüche ebenfalls – sofern es sich um Gesamtschadensansprüche i. S. d. § 92 handelt – nur nach § 92 S. 2 durch einen Sonderverwalter geltend gemacht werden. 36

9. Umfang des Schadensersatzanspruchs

Der Anspruchsumfang orientiert sich – angelehnt an die deliktische Haftung – an den §§ 249 ff. BGB. Ein mitwirkendes Verschulden des Geschädigten ist gem. § 254 BGB zu berücksichtigen,[1] wobei ein Mitverschulden z. B. darin gesehen werden kann, dass gleichzeitig bestehende Ansprüche gegen die Insolvenzmasse als anderweitige Befriedigungsmöglichkeit (z. B. bei noch durchsetzbaren Aus- und Absonderungsrechten) nicht realisiert werden. Unter Umständen kann die Schadensersatzpflicht des Insolvenzverwalters bei einem erheblichen Mitverschulden des Anspruchsberechtigten gänzlich entfallen.[2] Im konkreten Fall hatte der Antragsteller (es handelte sich um eine Beschwerdeentscheidung im Rahmen eines Prozesskostenhilfeverfahrens) mangels Reaktion und Vorlage von für die Geltendmachung einer Bauforderung erforderlichen Unterlagen das Verfahren boykottiert. Ersatzfähig sind weiter nur Schäden, die bei wertender Betrachtung in den Schutzbereich der Norm fallen.[3] 37

10. Schadensersatz und Haftpflichtversicherung

a) Wegen der (potenziellen) persönlichen Haftung sollte der Insolvenzverwalter eine Haftpflichtversicherung abschließen oder, wenn er als Rechtsanwalt bereits eine solche hat, auf eine Einbeziehung des Risikos, als Insolvenzverwalter bestellt zu werden, sowie eine angemessene Deckungssumme achten.[4] Das Insolvenzgericht muss hierauf bereits bei der Verwalterauswahl nach § 56 und im Rahmen der Aufsicht nach § 58 sein Augenmerk richten. Ein Insolvenzverwalter, der sich nicht um eine genügende Absicherung bemüht, ist infolge der Gefahr, die er für seine eventuellen Haftpflichtgläubiger darstellt, als ungeeignet anzusehen. Unterlässt es das Insolvenzgericht, in solchen Fällen einzuschreiten, kommt in der Höhe des Haftungsausfalles eine Staatshaftung nach § 839 Abs. 1 BGB i. V. m. Art. 34 GG in Betracht.[5] 38

Konkursverwalter gerichtete Schadensersatzanspruch wegen Masseverkürzung (§ 82 KO) steht nach Aufhebung des Konkursverfahrens jedenfalls dann, wenn kein ausgefallener Konkursgläubiger seinen sich nach der Quote zu berechnenden Einzelschaden geltend macht, in voller Höhe dem vormaligen Gemeinschuldner zu und kann dementsprechend – bis zu einer eventuellen Anordnung eines Nachtragsverteilungsverfahrens gem. § 166 KO – von einzelnen Gläubigern gepfändet werden (n. rkr.). AA: *Hess,* InsO, § 60 Rn. 159.

[1] Zu den Anforderungen, im konkreten Fall noch zu § 82 KO verneinend BGH NZI 2006, 169 ff., 171; OLG Jena ZInsO 2005, 44 ff., 47 – für Aussonderungsberechtigten; OLG Celle ZInsO 2005, 441 ff.

[2] Vgl. dazu OLG Dresden ZInsO 2001, 671 f.

[3] MünchKommInsO-*Brandes,* §§ 60, 61 Rn. 107 mwN zur Rspr.; vgl. auch zur bejahten Anwendung der Grundsätze der Vorteilsausgleichung ebd., Rn. 111; zur Frage der Kausalität vgl. OLG Karlsruhe NZI 2008, 747 zu § 168 m. zust. Anm. *Heuking,* EWIR 2009, § 168 InsO 1/09, 277 f.

[4] *Häsemeyer,* Insolvenzrecht, Rn. 6.34 ff.

[5] Ebd.

39 **b)** Auch eine angemessene Versicherungssumme kann in vom Durchschnitt für den konkreten Insolvenzverwalter abweichenden Fällen eine Erhöhung der Versicherungssumme für das konkrete Verfahren nötig machen (Aufversicherung). Da die Aufversicherung insbesondere im Interesse der durch die Haftungsnorm nach § 60 geschützten Beteiligten steht, stellt § 4 Abs. 3 S. 2 InsVV ausdrücklich klar, dass, sofern die Insolvenzverwaltung mit einem besonderen Haftungsrisiko verbunden ist, die Kosten einer angemessenen zusätzlichen Versicherung als Auslagen zu erstatten sind. Sowohl der Insolvenzverwalter als auch das Gericht werden daher darauf zu achten haben, dass – ggf. durch Aufversicherung – ausreichender Haftpflichtversicherungsschutz gegeben ist.

40 **c)** Eine weitere Problematik ergibt sich durch die in den allgemeinen Versicherungsbedingungen der Vermögensschadenshaftpflichtversicherer in der Regel vorgesehenen Haftungsausschlüsse für das mit der Fortführung des Geschäftsbetriebes verbundene – in der Regel unternehmerische – Geschäftsführungsrisiko. In Fällen, in denen mit Insolvenzverwaltern über Jahre hinweg positive Erfahrungen gemacht wurden, wird teilweise auf diese Risikoausschlussklauseln in sog. „sideletters" verzichtet. In neuerer Zeit – auch wegen des Wettbewerbs unter den Versicherern – werden insoweit erneuerte, für den Verwalter verbesserte Versicherungsbedingungen angeboten. So werden z. B. für den sog. „starken" vorläufigen Insolvenzverwalter, den die in § 22 Abs. 1 S. 2 Ziff. 2 normierten Fortführungspflichten treffen, von einigen Versicherungsgesellschaften diesem Risiko Rechnung tragende Versicherungsverträge angeboten. Dem Insolvenzverwalter ist daher anzuraten, sich auf dem Versicherungsmarkt unter Berücksichtigung dieser Tatsachen ausführlich zu informieren.[1]

§ 61 Nichterfüllung von Masseverbindlichkeiten

Kann eine Masseverbindlichkeit, die durch eine Rechtshandlung des Insolvenzverwalters begründet worden ist, aus der Insolvenzmasse nicht voll erfüllt werden, so ist der Verwalter dem Massegläubiger zum Schadenersatz verpflichtet. Dies gilt nicht, wenn der Verwalter bei der Begründung der Verbindlichkeit nicht erkennen konnte, daß die Masse voraussichtlich zur Erfüllung nicht ausreichen würde.

Literatur: *Adam,* Die Haftung des Insolvenzverwalters aus § 61 InsO, DZWIR 2008, 14 ff.; *Deimel,* Schadensersatzpflicht des Insolvenzverwalters gegenüber Massegläubigern (zugleich Anm. zu BGH, Urt. v. 6. Mai 2004 – IX ZR 48/03, ZInsO 2004, 609 ff.), ZInsO 2004, 783 ff.; *Kaufmann,* Der Haftungsfall des § 61 InsO – zur Bestimmung der Begriffe Schaden, Insolvenzmasse und voraussichtlich im Sinne dieser Vorschrift, NZI 2004, 117 ff.; *Kirchhof,* Rechtsprobleme bei der vorläufigen Insolvenzverwaltung – zur Haftung des vorläufigen Insolvenzverwalters bei Unternehmensfortführung zur Frage der Masseschulden und Masseunzulänglichkeit, ZInsO 1999, 365 ff.; *Laws,* Haftung des Insolvenzverwalters – aktuelle Rechtsprechung zu Risiken bei der Begründung von Masseverbindlichkeiten, MDR 2004, 1149 ff.; *Lüke,* Über die Haftung von (vermeintlichen) Propheten oder:

[1] Vgl. dazu *Heyrath,* ZInsO 2002, 1023 ff., der eine entsprechende Auswertung mithilfe des Internets vorgenommen hat; aktuell dazu *van Bühren,* NZI 2003, 465 ff.; Abdruck von Bedingungen der Vermögensschaden-Haftpflichtversicherung für Rechtsanwälte in NZI 2003, 489 f.

Aktuelle Probleme der Insolvenzverwalterhaftung gegenüber Neumassegläubigern, FS Walter Gerhardt, Köln 2004, S. 599 ff.; *Olshausen, v.*, Die Haftung des Insolvenzverwalters für die Nichterfüllung von Masseverbindlichkeiten und das Gesetz zur Modernisierung des Schuldrechts (§ 311 a Abs. 2 BGB nF), ZIP 2002, 237 ff.; *Pape,* Keine Verschärfung der Haftung aus § 61 InsO bei fehlerhafter Verteilung der Masse durch den Insolvenzverwalter (Anm. zu BGH, Urt. v. 6. Mai 2004, IX ZR 48/03, ZInsO 2004, 609 ff.), ZInsO 2004, 605 ff.; *Schmehl/Mohr,* Umsatzsteuer für die Insolvenzverwalterhaftung nach § 61 InsO?, NZI 2006, 276 ff.

Übersicht

1. Normzweck

Mit § 61 wird die nach altem Recht höchst umstrittene Frage, inwieweit der Insolvenzverwalter für von ihm begründete Masseschulden haftet, die aus der Insolvenzmasse nicht vollständig erfüllt werden können, einer gesetzlichen Regelung zugeführt. 1

Das Gesetz stellt damit einen neuen, zusätzlichen Haftungstatbestand zur Verfügung, der – die Anwendbarkeit unterstellt – die Anwendung des § 60 ausschließt. § 61 ist die speziellere Norm. Die Haftungssituation der Massegläubiger ist insbesondere wegen der für sie günstigen Beweislastverteilung erheblich verbessert worden.[1] Da es sich um einen Individualanspruch des geschädigten Massegläubigers handelt, ist ein neu bestellter Insolvenzverwalter nicht befugt, Schadensersatzansprüche des Massegläubigers aus § 61 gegen seinen Amtsvorgänger geltend zu machen.[2] 2

2. Anwendungsbereich

Die Vorschrift findet kraft Verweisung auch Anwendung auf den sog. „starken" vorläufigen Insolvenzverwalter (§§ 21 Abs. 2 Nr. 1, 22 Abs. 1 i. V. m. § 55 Abs. 2)[3] sowie auf den Treuhänder im vereinfachten Insolvenzverfahren (§ 313 Abs. 1 S. 2). 3

3. Voraussetzungen

a) Voraussetzung der Haftung ist, dass der Insolvenzverwalter Masseverbindlichkeiten begründet und aus der Insolvenzmasse nicht voll erfüllt. Was unter Masseverbindlichkeiten zu verstehen ist, regelt § 55.[4] Nicht erfasst sind Verfahrenskosten i. S. d. § 54, da diese nicht auf Handlungen des Insolvenzverwalters 4

---

[1] So wohl auch *Kirchhof,* ZInsO 1999, 365 f.; zum Verhältnis BGH ZIP 2004, 1107 ff.

[2] BGH NZI 2006, 580 f. Tz. 7 f.; m. Anm. *Timme,* MDR 2006, 1381 ff.

[3] Nach *Vallender,* EWiR 2004, § 61 InsO 2/04, 765 f., ist der konkrete Anwendungsbereich hier unklar.

[4] Auf die dortigen Erläuterungen wird verwiesen.

beruhen.[1] Bei Dauerschuldverhältnissen[2] besteht eine Haftung erst ab dem Zeitpunkt ihrer frühestmöglichen Kündigung unter Berücksichtigung einer angemessenen Einarbeitungszeit, da bis zu diesem Stichtag die Entstehung der Verbindlichkeiten außerhalb des Einflusses des Insolvenzverwalters lag und diese ihm insofern nicht zugerechnet werden können (sog. „aufgezwungene Masseverbindlichkeiten"). Für einen (starken) vorläufigen Insolvenzverwalter stellt es einen eigenständigen Haftungstatbestand dar, wenn dieser alle bestehenden Dauerschuldverhältnisse bereits am zweiten Tag nach seiner Bestellung kündigt, nur weil gerade das Monatsende ansteht. Denn damit wäre die Basis für jede konzeptionelle Insolvenzverwaltung jenseits der schlichten Liquidation beseitigt. Im Umkehrschluss kann also das vorläufige Bestehen lassen laufender Masseverbindlichkeiten nicht haftungsauslösend sein.

5 Wie bereits aus § 55 Abs. 1 Ziff. 2 folgt, ist als Masseverbindlichkeit auch der Anspruch des Vertragspartners zu sehen, von dem gem. § 103 Abs. 1 die Erfüllung eines Vertrages verlangt wurde.

6 Kann der Insolvenzverwalter diese von ihm begründeten Masseverbindlichkeiten nicht erfüllen, so haftet er auf den Teil, mit dem die Massegläubiger nicht aus der Masse befriedigt werden, persönlich.[3] Nach der früheren Rechtslage war die Haftung des Insolvenzverwalters auf das negative Interesse beschränkt.[4]

Das neue Schuldrecht geht nun in § 311 a Abs. 2 BGB von einer Schadensersatzpflicht im Rahmen des positiven Interesses aus, wenn jemand in Kenntnis oder zu vertretender Unkenntnis der Leistungsmöglichkeit einen Vertrag schließt.

Fraglich ist, ob diese Haftungsverschärfung auch auf die ohnehin schon bedenklich weite Haftung des Insolvenzverwalters[5] anwendbar ist.

Hierdurch würde allerdings das Ziel der InsO, soweit wie möglich eine Fortführung des schuldnerischen Unternehmens zu erreichen, konterkariert, da das Risiko für den Insolvenzverwalter unkalkulierbar wird. Deshalb ist dem BGH zu folgen und § 61 insolvenzrechtsspezifisch dahingehend auszulegen, dass die Haftung des Insolvenzverwalters für die Nichterfüllbarkeit von Masseverbindlichkeiten weiterhin auf das negative Interesse beschränkt ist.[6] Da es

---

[1] *Hess,* InsO, § 61 Rn. 22.

[2] Z. B. Miet- oder Arbeitsverhältnisse; vgl. Gegenschluss aus Begründung RegE, abgedruckt in *Balz/Landfermann,* S. 275 f. aE; zu den sog. „oktroyierten" Masseverbindlichkeiten BAG NZI 2007, 124 ff. und zum Rechtsweg BGH ZIP 2007, 94 ff.; m. zust. Anm. *Weittmann,* EWiR 2007, § 3 ArbGG 1/07, 353 f.; zur Wohngeldforderung bei unterlassener Freigabe vgl. OLG Düsseldorf ZInsO 2007, 154 ff.: zuständig ist das Wohnungseigentumsgericht und LG Stuttgart NZI 2008, 442 ff., die Haftung nach § 60 und § 61 ablehnend.

[3] Vgl. *Hess,* InsO, § 61 Rn. 1, 8.

[4] BGH NJW 1958, 1351; vgl. auch *Olshausen, v.,* ZIP 2002, 237, 239 mwN.

[5] Auch *Olshausen, v.,* ebd., stuft die Insolvenzverwalterhaftung aus § 61 InsO als „bedenklich weit geraten" ein.

[6] BGHZ 159, 104 = ZIP 2004, 1107 ff. = NZI 2004, 435 ff. m. Anm. *Kaufmann*; BAG ZIP 2006, 1058 ff. Im Ergebnis ebenso *Olshausen, v.,* ebd., dem zwar darin zuzustimmen ist, dass § 311 a Abs. 2 BGB in seinem Anwendungsbereich auf das Schuldrecht des BGB zu begrenzen ist, der aber übersieht, dass zwar der Insolvenzverwalter nur eine Leistung aus der Masse verspricht, mit dem Abschluss des Vertrages aber gleichzeitig die Erfüllbarkeit der Ansprüche des anderen Vertragspartners aus der Masse zusagt.

sich um sog. „echten" Schadensersatz handelt, umfasst der Anspruch des Massegläubigers gegen den Insolvenzverwalter auf Schadensersatz nicht die Umsatzsteuer.[1]

Eine Masseinsuffizienz soll nach der früheren Rechtsprechung hierbei bereits dann anzunehmen sein, wenn zwar noch Außenstände vorhanden sind, die zur Befriedigung der Masseverbindlichkeiten ausreichen, deren Durchsetzung aber aus Rechts- oder tatsächlichen Gründen (etwa Vermögensverfall des Schuldners) zweifelhaft ist, da es den Massegläubigern i. d. R. nicht zugemutet werden kann, sich auf solche Unwägbarkeiten einzulassen.[2] Dies wird der geänderten kodifizierten Rechtslage nur unter Beachtung von § 60 Abs. 1 S. 2 gerecht.

b) Weitere Voraussetzung für die Haftung ist allerdings, dass der Insolvenzverwalter **bei der Begründung** der Schuld erkennen konnte, dass die Masse zur Erfüllung der Verbindlichkeit voraussichtlich nicht ausreichen würde.[3] Dies ist dann der Fall, wenn ihm die Nichterfüllbarkeit wahrscheinlicher hätte erscheinen müssen als die Erfüllbarkeit.[4] Die besondere Pflicht des Insolvenzverwalters, sich zu vergewissern, ob er bei normalem Geschäftsablauf zur Erfüllung der von ihm begründeten Forderungen mit Mitteln der Masse in der Lage sein wird, bezieht sich nach einem Beschluss des BGH auf die primären Erfüllungsansprüche und nicht auf Sekundäransprüche.[5] **7**

Die Beweislast hierfür trägt der Insolvenzverwalter, weil nur er einen Überblick über den Umfang der Masse und die Höhe der Masseverbindlichkeiten hat.[6] Daneben sah der Gesetzgeber die Gefahr, dass Dritte nicht mehr bereit gewesen wären, Geschäftsbeziehungen mit dem insolventen Unternehmen aufzunehmen, ohne besondere Sicherheiten für die Erfüllung der Verbindlichkeiten zu verlangen, was in Anbetracht der Insolvenzsituation in der Regel ausgeschlossen ist. Die Unternehmensfortführung im Insolvenzverfahren (zur Absicherung der gleichrangigen Sanierungschancen gem. § 1) wäre dann entscheidend erschwert.[7] **8**

---

[1] BGH NZI 2006, 99 ff. unter umfassender Auseinandersetzung auch mit Entscheidungen des BFH.

[2] So grundlegend BGHZ 159, 104 = NZI 2004, 435 ff. m. Anm. *Kaufmann* = ZIP 2004, 1107 ff.; auch dabei gilt, dass dem Insolvenzverwalter ein haftungsauslösendes Verschulden nur zur Last fällt, wenn er bei seiner Erklärung (z. B. gem. § 103) nicht davon ausgehen durfte, dass er bei regulärer Fortführung diese Verbindlichkeiten würde decken können. Von der Zahlung von Schuldnern des Schuldners darf er – wenn keine anderen Anhaltspunkte sich aufdrängen – ausgehen, vgl. LG Dresden ZIP 2004, 2016 ff.; m. Anm. *Runkel,* EWiR 2005, § 60 InsO 4/05, 229. Zahlen die Schuldner erst nach Klage und Vollstreckung bzw. fällt der Anspruch aus, haftet der Insolvenzverwalter nicht.

[3] BGHZ, ebd.; BAG NZI 2007, 124 ff.

[4] Begründung RegE, abgedruckt bei *Balz/Landfermann,* S. 275.

[5] BGH NZI 2008, 735; m. zust. Anm. *Eckert,* EWiR 2009, § 61 InsO 1/09, 115 f.: Klarstellung von BGHZ 159, 104, 110 = NZI 2004, 435 ff.

[6] Begründung RegE, ebd.; Schleswig-Holsteinisches OLG DZWIR 2002, 256 ff.

[7] Begründung RegE, ebd.; Schleswig-Holsteinisches OLG ebd.; hinsichtlich ausgefallenen Mietzinses für Gewerberäume hat das OLG Celle entschieden, dass der Vermieter darlegen und ggf. beweisen müsse, dass eine anderweitige Vermietungsmöglichkeit bestanden habe. Die Darlegungs- und Beweislast dafür, dass das Mietverhältnis fortgesetzt worden sei und hierdurch Masseverbindlichkeiten i. S. d. § 61 InsO entstanden seien, trage der Vermieter, OLG Celle ZInsO 2004, 1030 ff.

9 Die Nichterfüllung von Masseverbindlichkeiten bei Unternehmensfortführungen ist für einen Insolvenzverwalter – auch bezüglich der Darlegungs- und Beweislast – beherrschbar, wenn er die Basisvoraussetzungen ordnungsgemäßen Wirtschaftens einhält: schriftliche Planung. Eine in jedem Fall lege artis geschuldete Unternehmensplanung der Insolvenzfortführung (Rentabilität und Liquidität) wird zunächst benötigt, um ggf. eine gem. § 22 Abs. 1 S. 2 Ziff. 2 erhebliche Masseminderung messen zu können bzw. darzulegen, warum keine bestand.[1] In der Planung bilden sich aber auch alle künftigen Masseverbindlichkeiten ab, dort muss sich in der Liquiditätsplanung zeigen, ob Masseverbindlichkeiten voraussichtlich gedeckt sind. Die Planung basiert insoweit immer auf Angaben des Schuldners, weitaus häufiger leitender Mitarbeiter. Sie erarbeiten die Basisinformationen Umsatzplanung, Materialbeschaffung, sofortige Eilmaßnahmen zur Gewährleistung der Terminsverpflichtungen. Auf diese Informationen darf er grundsätzlich vertrauen (§ 60 Abs. 2 S. 1). Zeigt seine Planung eine Erfüllbarkeit der Masseverbindlichkeiten an und stimmt dies später nicht, weil die von den Mitarbeitern zugearbeiteten Voraussetzungen der Planung falsch waren, so kann der Insolvenzverwalter dafür nicht haften; er ist kein Prophet, sondern – hoffentlich geschickter – Handwerker. Gibt man ihm untaugliches Material, kann er nicht bauen. Er haftet für sein Handwerk, nicht für die Zulieferung.[2] Ordnungsgemäß handelt der Insolvenzverwalter dabei nur dann, wenn die erstellte Liquiditätsplanung ständig aktualisiert und ein Soll-Ist-Vergleich vorgenommen wird.[3] Der BGH hat in einem Urteil vom Dezember 2004 nochmals ausdrücklich bestätigt, dass sich der Insolvenzverwalter dann entlasten könne, wenn er zum Zeitpunkt der Begründung der Masseverbindlichkeit einen – aus damaliger Sicht – auf zutreffenden Anknüpfungstatsachen beruhenden und sorgfältig erwogenen Liquiditätsplan erstellt habe, der eine Erfüllung der fälligen Masseverbindlichkeit erwarten ließ. Danach obliege dem Insolvenzverwalter nicht die Darlegung und der Beweis für die Ursachen einer von der Liquiditätsprognose abweichenden Entwicklung.[4] Nach einem Urteil des LAG Sachsen-Anhalt[5] handelt der Insolvenzverwalter dann nicht schuldhaft i. S. v. § 61 Abs. 1, wenn er bei einer Betriebsfortführung an bereits gekündigte und freigestellte Arbeitnehmer

---

[1] Vgl. i. d. S. LG Köln NZI 2002, 607 f.

[2] I. d. S. zur Haftung des sog. „starken" vorläufigen Insolvenzverwalters und zu den Anforderungen an den Entlastungsbeweis LG Cottbus NZI 2002, 441 ff.

[3] Zu den Anforderungen vgl. OLG Karlsruhe ZIP 2003, 267 ff.; OLG Celle ZIP 2003, 587 ff. m. zustimmender Anm. *Pape,* EWiR 2003, § 61 InsO 1/03, 333 f.; OLG Hamm NZI 2003, 150 ff.; wohl zu weitgehend OLG Hamm NZI 2003, 263 ff. (n. rkr.!); m. krit. Anm. *Pape,* EWiR 2003, § 61 InsO 2/03, 829 f.; aufgehoben durch Grundsatzentscheidung BGH ZIP 2004, 1107 ff. = NZI 2004, 435 ff. m. Anm. *Kaufmann* = KTS 2005, 471 ff. m. Anm. *Gsell,* 480 ff., i. d. S. auch *Vallender,* EWiR 2004, § 61 InsO 2/04, 765 f. und *Deimel,* ZInsO 2004, 783 ff.; ArbG Kiel ZInsO 2002, 893 ff., auch zur Zulässigkeit der Anzeige einer „zweiten Masseunzulänglichkeit" m. krit. Anm. *Schmidt,* EWiR 2002, § 208 InsO 1/02, 1101 f.

[4] BGH ZIP 2005, 311 ff. – in den Leitsätzen des Urteils = NZI 2005, 222 ff. m. Anm. *Zwoll, van* = KTS 2005, 489 ff.; m. zust. Anm. *Prager/Kolmann,* 493 ff. und krit. Anm. *Pape,* EWiR 2005, § 61 InsO 2/05, 679 f., der wegen der Ausführungen zur Beweislastverteilung eine Schwächung der Gläubigerrechte befürchtet; zust. Anm. *von Weinbeer,* AnwBl 2005, 422 f.

[5] LAG Sachsen-Anhalt ZInsO 2007, 1007 f.

während der Kündigungsfrist keine Zahlungen mehr leistet und die unzureichende Masse nur zur vollständigen Bezahlung der Lieferanten sowie weiterbeschäftigten Arbeitnehmer verwendet.

4. Praxishinweis

a) Die praktische Bedeutung dieser zusätzlichen Haftungsnorm besteht in einer potenziellen Behinderung bei Fortführungsfällen, da gerade – und dies bereits im Eröffnungsverfahren – der Insolvenzverwalter in erheblichem Umfange Verbindlichkeiten für die Masse (insbesondere durch die Entgegennahme der Arbeitsleistung der Arbeitnehmer) gem. § 55 Abs. 2 S. 2 auslöst. Zwar ist auf Grund der Rechtsprechung des Bundesarbeitsgerichtes[1] klargestellt, dass die insbesondere im Eröffnungsverfahren auf Grund des gesetzlichen Forderungsübergangs gem. §§ 183 ff. SGB III entstehenden Erstattungsansprüche der Bundesagentur für Arbeit für gezahltes Insolvenzgeld nicht den Rang der Ansprüche der Arbeitnehmer teilen, sondern gem. § 38 als einfache Insolvenzforderungen zu befriedigen sind. 10

b) Dennoch besteht aber ein erhebliches Haftungsrisiko, insbesondere z. B. für die ebenfalls im eröffneten Verfahren als Masseverbindlichkeit anzusehende Umsatzsteuer aus während der Fortführung im Eröffnungsverfahren getätigte Umsätzen. Der (insbesondere vorläufige) Insolvenzverwalter muss daher, um die im Gesetz vorgegebene Entlastungsmöglichkeit überhaupt nutzen zu können, eine betriebswirtschaftlichen Kriterien entsprechende Planrechnung seiner Fortführung erstellen und insbesondere in vertretbaren Zeiträumen nachhalten (Soll-Ist-Vergleich). Kann er nach den Ergebnissen der handwerklich ordentlich erstellten Planrechnung davon ausgehen, dass die Masse zur Erfüllung von ihm begründeter sonstiger Masseverbindlichkeiten ausreicht, haftet er nicht. Es ist darauf zu achten, dass die Prämissen, auf denen die Planrechnung beruht, in der Regel von Angestellten des Schuldners stammen, womit die Vorschrift im Zusammenhang mit § 60 Abs. 2 zu lesen ist.[2] Auf Insolvenzverwalterseite ist daher insbesondere der Plausibilisierung der Prämissen erhöhte Sorgfalt zu widmen. 11

Daneben ist insbesondere dem sog. „starken" vorläufigen Insolvenzverwalter eine gewisse Prüfungszeit zuzugestehen, in der er die tatsächlichen und rechtlichen Verhältnisse des Unternehmens erhebt und diese Planrechnung erstellen kann. Eine Haftung nach § 61 greift daher nur dann ein, wenn der „starke" vorläufige Insolvenzverwalter, auf den die Verwaltungs- und Verfügungsbefugnis übergegangen ist, nach Ablauf des ihm zuzugestehenden Prüfungszeitraumes die ihm zur Verfügung stehende Möglichkeit des § 22 Abs. 1 S. 2 Ziff. 2 2. Hs. nicht nutzt und beim Insolvenzgericht unter Vorlage aussagefähiger und sorgfältig erstellter Unterlagen einen Antrag auf Zustimmung des Gerichts zu einer Stilllegung des Unternehmens stellt.[3] Das Risiko, dass das Gericht dann nicht innerhalb angemessener Zeit über seinen Antrag entscheidet, trägt er nicht, sodass § 61 für diesen Fall nicht anwendbar ist.[4] Der sog. „starke" vorläufige Insolvenzver- 12

---

[1] BAG ZIP 2001, 1964 ff.; m. Anm. Bork, EWiR 2001, § 55 InsO 2/01, 1063 f.

[2] Vgl. Erläuterungen dort unter Rn. 29–33; i. d. S. zur Haftung des sog. „starken" vorläufigen Insolvenzverwalters und den Anforderungen an den Entlastungsbeweis LG Cottbus NZI 2002, 441 ff.

[3] Zu den Anforderungen an einen solchen Antrag AG Aachen ZIP 1999, 1494.

[4] *Kirchhof,* ZInsO 1999, 367; aA: LG Cottbus NZI 2002, 442.

walter kann dabei seine Haftung nicht durch die Anzeige der Masseunzulänglichkeit analog §§ 208 ff. einschränken.[1]

13 **c)** Die Haftung besteht – über den Wortlaut der Norm hinaus – auch dann, wenn ein Insolvenzverfahren mangels die Verfahrenskosten deckender Masse nach § 26 Abs. 1 nicht eröffnet wird.[2] Masseverbindlichkeiten können in diesem Fall aber – denknotwendigerweise – nicht entstehen. Der Fall kann zudem nur praktisch werden, wenn ein „starker" vorläufiger Insolvenzverwalter bestellt wurde, dessen Handlungen für den Fall der Eröffnung gem. § 55 Abs. 2 S. 1 als Masseverbindlichkeiten gegolten hätten. In diesem Fall gilt § 61 analog.

14 **d)** Eine große praktische Bedeutung im Rahmen des § 61 hat, dass infolge der Schuldrechtsreform beim Verkauf von Gegenständen durch einen Unternehmer an einen Verbraucher kein Ausschluss der Gewährleistung mehr möglich ist (vgl. §§ 474 Abs. 2, 447 BGB).[3]

15 Eine Ausnahme hiervon zugunsten des Insolvenzverwalters ist im Gesetzgebungsverfahren ausdrücklich abgelehnt worden.[4]

16 Es entsteht so beim Verkauf von Massegegenständen eine zweijährige Haftung, die bei Massearmut zu einer persönlichen Inanspruchnahme führen kann. Allerdings kann bei dem Verkauf gebrauchter Gegenstände die Gewährleistung auf ein Jahr verkürzt werden, sei es durch Vereinbarung oder in AGBs.[5] Auch kann in einem Übergabeprotokoll auf alle erkennbaren Mängel hingewiesen werden, wodurch infolge des subjektiven Fehlerbegriffes wegen dieser Mängel Gewährleistungsansprüche ausgeschlossen werden.[6]

17 Bezüglich des Treuhänders im Verbraucherinsolvenzverfahren (§ 313) erlangt der Theorienstreit um dessen Rechtsstellung Bedeutung. Betrachtet man ihn nach der neueren „Vertreter-Theorie" bzw. der neueren „Organ-Theorie" als gesetzlichen Vertreter des insolventen Verbrauchers, so müssen von ihm abgeschlossene Kaufverträge als solche unter Verbrauchern gewertet werden, mit der Folge, dass ein Gewährleistungsausschluss möglich ist.[7]

§ 62 Verjährung

Die Verjährung des Anspruchs auf Ersatz des Schadens, der aus einer Pflichtverletzung des Insolvenzverwalters entstanden ist, richtet sich nach den Regelungen über die regelmäßige Verjährung nach dem Bürgerlichen Gesetzbuch. Der Anspruch verjährt spätestens in drei Jahren von der Aufhebung oder der Rechtskraft der Einstellung des Insolvenzverfahrens an. Für Pflichtverletzungen, die im Rahmen einer Nachtragsverteilung (§ 203) oder einer Überwachung der Planerfüllung (§ 260) begangen worden sind, gilt

---

[1] Vgl. dazu AG Hamburg ZIP 2002, 2227 ff.

[2] HK-*Lohmann,* InsO, § 61 Rn. 7.

[3] Vgl. näher *Steffen,* ZVI 2002, 181 ff.; *Ringstmeier/Homann,* ZIP 2002, 505 ff., 507 f.; *Vogl/Herbert,* Kran und Bühne, Ausgabe 22, S. 42.

[4] *Prütting,* INDat-Report, 12/2001, S. 7.

[5] *Steffen,* ZVI 2002, 182; *Ringstmeier/Homann,* ZIP 2002, 509; *Vogl/Herbert,* Kran und Bühne, Ausgabe 22, S. 42.

[6] *Ringstmeier/Homann,* ZIP 2002, 509.

[7] Näher *Steffen,* ZVI 2002, 182.

Satz 2 mit der Maßgabe, daß an die Stelle der Aufhebung des Insolvenzverfahrens der Vollzug der Nachtragsverteilung oder die Beendigung der Überwachung tritt.

Übersicht

1. Normzweck

1 § 62 regelt die Verjährung von Ansprüchen, die sich aus den §§ 60, 61 ergeben. Im Anschluss an die Rechtsprechung des BGH, nach der die Verwalterhaftung von deliktrechtsähnlicher Natur sei,[1] hat der Gesetzgeber sich an der Regelung des § 852 BGB aF (vgl. § 195 BGB nF, der die regelmäßige Verjährungsfrist auf drei Jahre senkt) orientiert; die Kommentierungen, die diese Norm betreffen, können auch für die Interpretation des § 62 herangezogen werden. Von einer kenntnisunabhängigen Haftungshöchstgrenze von dreißig Jahren wurde abgesehen, es soll vielmehr stets bereits nach drei Jahren die Verjährung eintreten, um den Insolvenzverwalter davor zu bewahren, sich auch nach vielen Jahren mit Ersatzansprüchen Dritter auseinandersetzen zu müssen.[2] Ebenfalls wurde berücksichtigt, dass die Anerkennung der Schlussrechnung im Schlusstermin – anders als nach § 86 S. 4 KO – keine entlastende Wirkung mehr hat (§ 66), sodass auch deshalb der Verwalter innerhalb eines überschaubaren Zeitraumes Klarheit über gegen ihn persönlich gerichtete Ansprüche erhalten muss.[3] § 62 S. 1 wurde durch das „Gesetz zur Anpassung von Verjährungsvorschriften an das Gesetz zur Modernisierung des Schuldrechts“[4] im Wortlaut geändert. Damit sind für die Verjährung durch Verweisung die §§ 195 ff. BGB anwendbar, mit denen eine Privilegierung des Insolvenzverwalters erreicht werden soll. Die insoweit wesentlich ungünstigere Fristenregelung in § 199 Abs. 3 BGB wird somit nach dem Spezialitätsgrundsatz verdrängt.[5]

2. Beginn der Anspruchsverjährung

2 Der Anspruch verjährt spätestens in drei Jahren von der Aufhebung oder der Rechtskraft der Einstellung des Insolvenzverfahrens an. Da die Aufhebung nach § 200 Abs. 2 S. 1 öffentlich bekannt zu machen ist, beginnt die Verjährung erst am dritten Tag nach dem Tag der Veröffentlichung, § 9 Abs. 1 S. 3.

[1] BGHZ 93, 278 ff., 281 ff. = NJW 1985, 1161 = LM § 82 KO Nr. 14 = ZIP 1985, 359 ff., 362.

[2] Begründung RegE, abgedruckt in *Balz/Landfermann,* S. 276.

[3] Ebd.

[4] BGBl I 2004, S. 3214.

[5] Vgl. BT-Drucks. 15/3653, S. 15 zu den Überleitungsvorschriften (Art. 229 § 6 EGBGB) und zum Gesamtkomplex *Bräuer,* AnwBl. 2005, 65 ff. und *Wagner,* ZIP 2005, 558 ff.

3 Vor diesem „Auffangtatbestand" ist allerdings zu prüfen, wann der Verletzte von dem Schaden und von den Umständen, welche die Ersatzpflicht des Insolvenzverwalters begründen, Kenntnis erlangt[1] oder nach § 199 Abs. 1 Nr. 2 BGB nF diese Kenntnis ohne grobe Fahrlässigkeit hätte erlangen können. Grob fahrlässig handelt der Gläubiger eines solchen Anspruchs dann, wenn seine Unkenntnis auf einer besonders schweren Vernachlässigung der im Verkehr erforderlichen Sorgfalt beruht. Grobe Fahrlässigkeit ist danach zu bejahen, wenn sich dem Gläubiger die den Anspruch begründenden Umstände förmlich aufdrängen und er leicht zugängliche Informationsquellen nicht nutzt.[2] Damit ist durch den Verweis auf die allgemeinen Regelungen der §§ 195 ff. BGB eine Haftungsverschärfung eingetreten. Nachforschungspflichten eines Anspruchsinhabers sollen daher zunächst nicht bestehen.[3] Die zutreffende rechtliche Würdigung der anspruchsbegründenden Tatsachen durch den Geschädigten ist nicht erforderlich.[4] Sind dem Geschädigten wichtige Anhaltspunkte für ein schuldhaftes Verhalten des Insolvenzverwalters bekannt und unterlässt er trotzdem eine sich aufdrängende Nachfrage, so ist er so zu behandeln, als habe er Kenntnis von der Schadensersatzpflicht gehabt.[5]

3. Besonderheiten bei Gemeinschaftsschäden

4 **a)** Da Masseschäden,[6] die der Insolvenzverwalter verursacht hat, während der Dauer des Insolvenzverfahrens gem. § 92 S. 2 nur von einem Sonderinsolvenzverwalter geltend gemacht werden können, kommt es für den Verjährungsbeginn auf dessen Kenntnis an.[7]

5 **b)** In Bezug auf den Verjährungsbeginn hinsichtlich der Geschädigten ist eine differenzierte Betrachtung erforderlich. Diese sind während des Verfahrens gehindert, Gesamtschadensansprüche (z. B. ihren Quotenschaden) geltend zu machen, sodass es prinzipiell angemessen erscheint, den Lauf der Verjährungsfrist unabhängig von der Kenntniserlangung erst mit der Beendigung des Insolvenzverfahrens beginnen zu lassen.[8] Etwas anderes sollte dann gelten, wenn trotz Gesamtschadenssachverhalt ein Einzelgläubiger Kenntnis von den Schadensumständen hat und gleichwohl untätig bleibt, anstatt auf die Bestellung eines Sonderverwalters hinzuwirken. In diesem Fall muss die Verjährung seines An-

[1] Vgl. hierzu die noch zu § 82 KO ergangene, aber ohne Weiteres auf die InsO übertragbare Entscheidung des BGH NZI 2006, 169 ff.

[2] Vgl. zur Verjährung eines Schadensersatzanspruchs wegen Insolvenzverschleppung OLG Saarbrücken NZG 2008, 638 ff. mwN.

[3] OLG Saarbrücken, ebd., 640.

[4] Zuletzt noch zu § 82 KO BGH NZI 2005, 500 ff.; bereits BGHZ 138, 247 ff., 252.

[5] OLG Düsseldorf NJW-RR 1991, 1130 f., 1130; aA: MünchKommInsO-*Brandes,* § 62 Rn. 4.

[6] Der Masse-Gesamtschaden ist vom Individualschaden eines Gläubigers abzugrenzen, vgl. die Kommentierung zu § 92.

[7] *Uhlenbruck/ders.,* InsO, § 62 Rn. 2; *Smid,* in Kölner Schrift, S. 453 ff., 479 Rn. 75; MünchKommInsO-*Brandes,* § 62 Rn. 3; aA: HK-*Lohmann,* InsO, § 62 Rn. 3.

[8] Vgl. zu § 82 KO und § 852 Abs. 1 BGB aF BGH ZIP 2004, 1218 ff.: mit Rechtskraft des Beschlusses, mit dem das Konkursverfahren aufgehoben oder eingestellt wird; *Uhlenbruck/ders.,* InsO, § 62 Rn. 2; MünchKommInsO-*Brandes,* § 62 Rn. 4; *Smid,* ebd.

spruches auf Ersatz des auf ihn entfallenden Schadensteiles ab der tatsächlichen Kenntniserlangung laufen, da ihn zumindest eine Mitschuld an der verzögerten Geltendmachung trifft.

4. Besonderheiten bei Nachtragsverteilung und Überwachung der Planerfüllung

Gem. § 62 S. 3 beginnt im Falle einer Nachtragsverteilung die Verjährung von Schadensersatzansprüchen mit dem Vollzug der Verteilung zu laufen. Dies gilt nur dann, wenn die Pflichtverletzungen erst im Rahmen der Nachtragsverteilung (§ 203) begangen werden.[1] 6

Schäden, die aus einer fehlerhaften Überwachung der Erfüllung des Insolvenzplanes resultieren, verjähren danach innerhalb von drei Jahren ab Beendigung der Überwachung. 7

§ 63 Vergütung des Insolvenzverwalters

(1) **Der Insolvenzverwalter hat Anspruch auf Vergütung für seine Geschäftsführung und auf Erstattung angemessener Auslagen. Der Regelsatz der Vergütung wird nach dem Wert der Insolvenzmasse zur Zeit der Beendigung des Insolvenzverfahrens berechnet. Dem Umfang und der Schwierigkeit der Geschäftsführung des Verwalters wird durch Abweichungen vom Regelsatz Rechnung getragen.**

(2) **Sind die Kosten des Verfahrens nach § 4a gestundet, steht dem Insolvenzverwalter für seine Vergütung und seine Auslagen ein Anspruch gegen die Staatskasse zu, soweit die Insolvenzmasse dafür nicht ausreicht.**

Literatur: *Andres,* Die Vergütung des vorläufigen Verwalters – eine Zwischenbemerkung, NZI 2006, 567 f.; *Blersch,* Die Änderung der insolvenzrechtlichen Vergütungsverordnung – eine Bestandsaufnahme ohne Fiskalbrille, ZIP 2004, 2311 ff.; *Büttner,* Die Neuregelung des § 11 Abs. 2 InsVV – ein Sturm im Wasserglas?, ZVI 2008, 281 ff.; *Eickmann,* Die Vergütung des vorläufigen Insolvenzverwalters – zugleich Besprechung des Beschlusses des BGH v. 14. Dezember 2000 – IX ZB 105/00, DZWIR 2001, 235 ff.; *ders.,* Neuregelungen im Insolvenzvergütungsrecht, NZI 2005, 205 ff.; *Frind,* Das Treuhandkonto in vergütungsrechtlicher Hinsicht, ZInsO 2004, 840 ff.; *Gerke/Sietz,* Reichweite des Auslagenbegriffs gem. § 54 InsO und steuerrechtliche Pflichten des Verwalters in massearmen Verfahren, NZI 2005, 373 ff.; *Graeber,* Der Änderungsentwurf zur insolvenzrechtlichen Vergütungsverordnung und ihre Auswirkungen auf die Praxis, ZInsO 2004, 1010 ff.; *ders.,* Die Mindestvergütung in Insolvenzverfahren, NZI 2004, 169 ff.; *ders.,* Zur Übertragung der Zustellungen nach § 8 Abs. 3 InsO und ihre Berücksichtigung bei der Vergütungsfestsetzung, ZInsO 2005, 752 ff.; *ders.,* Der neue § 11 InsVV: Seine Auswirkungen auf vorläufige Insolvenzverwalter, Insolvenzverwalter und Insolvenzgerichte, ZInsO 2007, 133 ff.; *Haarmeyer,* Strukturmerkmale der Vergütung im Insolvenzverfahren, in Kölner Schrift, S. 483 f.; *ders.,* Zur Feststellung der Berechnungsgrundlage für die Vergütung des Insolvenzverwalters im Planverfahren, ZInsO 2000, 241 ff.; *ders.,* Rechtsmittel im Rahmen der Vorschussentnahme nach § 9 InsVV, ZInsO 2001, 938 ff.; *ders.,* Die „angemessene" Vergütung in masselosen Stundungsverfahren – ein streitbarer Zwischenruf –, ZInsO 2004, 368 ff.; *ders.,* Die „neue" Vergütung des vorläufigen Verwalters – ein Überblick über die Änderung und Auswirkungen der 2. ÄndVO-InsVV, ZInsO 2007, 73 ff.; *Hess,* Die Berechnungsgrundlage

[1] MünchKommInsO-*Brandes,* § 62 Rn. 4 aE.

für die Insolvenzverwaltervergütung, InVo 2000, 113 f.; *Heyrath,* Die neue Mindestvergütung und ihre Auswirkung auf die gerichtliche Praxis, ZInsO 2004, 1132 ff.; *Holdt, v.,* Die Berechnung von Verzugszinsen auf Vergütungsanträge, ZInsO 2002, 1122 ff.; *Keller,* Die Zulässigkeit der Beauftragung mit dem Insolvenzverwalter gesellschaftsrechtlich verbundener Unternehmen und der Anrechnungstatbestand nach § 1 Abs. 2 Nr. 4 lit. a) InsVV, DZWIR 2000, 265 f.; *ders.,* Die Vergütungsfestsetzung zwischen objektiven Maßstäben und Besonderheiten des Einzelfalls, ZIP 2000, 914 f.; *ders.,* Gibt es einen Zusammenhang zwischen Masselosigkeit, Restschuldbefreiung und der Vergütung des Insolvenzverwalters? – Anm. zu OLG Stuttgart vom 14. Januar 2000, ZIP 2000, 587, ZIP 2000, 688 f.; *ders.,* Systemfragen bei der Vergütung des vorläufigen Insolvenzverwalters – zum Beschluss des BGH v. 14. Dezember 2000 – IX ZB 105/00, ZIP 2001, 296, ZIP 2001, 1749 ff.; *ders.,* Die Rechtsprechung des BGH zur Vergütung im Insolvenzverfahren, NZI 2004, 463 ff.; *ders.,* Berechnungsformeln zur Vergütung des Insolvenzverwalters, NZI 2005, 23 ff.; *ders.,* Die Vergütung des Insolvenzverwalters im masselosen Insolvenzverfahren, ZIP 2004, 633 ff.; *ders.,* Die Neuregelungen der InsVV zur Mindestvergütung in masselosen Insolvenzverfahren, ZVI 2004, 569 ff.; *ders.,* Die Erstattungsfähigkeit der Kosten elektronischer Auskunfts- und Informationssysteme für den Insolvenzverwalter, NZI 2005, 493 ff.; *ders.,* Die Vergütung des vorläufigen Insolvenzverwalters als Objekt sophistischer Hermeneutik, NZI 9/2006, IV ff.; *ders.,* Adverses haereses – Glaubenskampf um die Berechnungsgrundlage der Vergütung des vorläufigen Insolvenzverwalters, ZIP 2008, 1615 ff.; *Klaas,* Die Regelvergütung des vorläufigen Insolvenzverwalters – zum Beschluss des BGH (IX ZB 105/00) v. 14. Dezember 2000, ZInsO 2001, 165 ff., ZInsO 2001, 581 ff.; *Leithaus,* Verwirkung des Vergütungsanspruchs bei Verletzung von Nebenpflichten? oder: Disziplinierungsmaßnahmen gegen missliebige Insolvenzverwalter?, NZI 2005, 382 ff.; *Raebel,* Die Berechnungsgrundlage der Vergütung des vorläufigen Insolvenzverwalters, in FS für Gero Fischer, 459 ff.; *Schmid,* Schlussrechnung des Insolvenzverwalters mit 16 % oder 19 % Umsatzsteuer? DZWIR 2007, S. 74 ff.; *Vallender,* Die Beschlüsse des BGH zur Vergütung des vorläufigen Insolvenzverwalters – eine Gefahr für den Insolvenzstandort Deutschland?, NJW 2006, 2956 ff.; *Vill,* Die Vergütung des vorläufigen Insolvenzverwalters – zur Neufassung des § 11 InsVV durch die zweite Änderungsverordnung zur InsVV, in FS für Gero Fischer, 547 ff.; *Wimmer,* Die Neuregelungen der Mindestvergütung in masselosen Verfahren, ZInsO 2004, 1006 ff.; *Wischemeyer,* Auswirkungen einer Betriebsfortführung im eröffneten Insolvenzverfahren auf die Vergütung des Insolvenzverwalters, NZI 2005, 534 ff.

Übersicht

1. Normzweck

1 In § 63 sind die Grundzüge hinsichtlich der Vergütung des Insolvenzverwalters und der Erstattung seiner angemessenen Auslagen geregelt. Die Vorschrift hat eine nähere Ausformung durch die insolvenzrechtliche Vergütungsverordnung (InsVV) vom 19. August 1998[1] erfahren. Diese Verordnung ist auf der Grundlage

[1] BGBl. I 1998, S. 2205; abgedruckt im Anhang I.

der Ermächtigung in § 65 ergangen und enthält auch Regelungen zum Festsetzungsverfahren.

Die Vergütung berechnet sich prozentual nach der Insolvenzmasse zurzeit der Beendigung des Insolvenzverfahrens, wobei der Prozentsatz von der Höhe der Insolvenzmasse abhängig ist (sog. Regelsatz, § 2 InsVV). Arbeitet der Schuldner in dem vom Insolvenzverwalter fortgeführten Betrieb weiter mit und erhält er im Gegenzug aus der Insolvenzmasse finanzielle Zuwendungen, ist nach einem Beschluss des BGH zu vermuten, dass damit seine Mitarbeit abgegolten worden ist und es sich nicht um Unterhalt handelt. Die finanziellen Zuwendungen schmälern dann das Betriebsergebnis und damit die Berechnungsgrundlage für die Vergütung des Insolvenzverwalters.[1] Ein sämtlichen Insolvenzforderungen nachrangiges Absonderungsrecht erhöht dagegen im Falle der Verwertung durch den Insolvenzverwalter die Bemessungsgrundlage für seine Vergütung in der Weise, dass der der Masse zustehende Betrag in vollem Umfang, der an den Absonderungsberechtigten auszukehrende Betrag aber nur anteilig zu berücksichtigen ist.[2] 2

Eine Umsatzsteuererstattung, die die Masse bei Einreichung der Schlussrechnung mit Sicherheit noch zu erwarten hat, ist bei der Bemessungsgrundlage für die Vergütung des Insolvenzverwalters zu berücksichtigen.[3] Dies gilt auch dann, wenn sich dieser Anspruch aus dem Vorsteuerabzug hinsichtlich der festzusetzenden Vergütung des Verwalters ergibt. Der BGH fordert allerdings, dass im entsprechenden Vergütungsantrag darzulegen ist, dass sich tatsächlich ein auszahlender Umsatzsteueranspruch ergibt.[4] Der unpfändbare Teil des Einkommens ist nach einem weiteren Beschluss des BGH weder Bestandteil der Soll- noch der Ist-Masse. Er wird daher von § 11 Abs. 1 InsVV nicht erfasst. Der Umstand, dass der Insolvenzverwalter auch die unpfändbaren Anteile des schuldnerischen Einkommens eingezogen hat, rechtfertigt keine andere Entscheidung.[5] Führt der Insolvenzverwalter das Unternehmen des Schuldners fort, fällt nach einem Beschluss des BGH in die Berechnungsgrundlage für seine Vergütung nur der Überschuss nach Abzug der Ausgaben von den Einnahmen. Kündigungsfristlöhne sind hierbei als Ausgaben zu behandeln, wenn sie für Leistungen erbracht wurden, die für die Unternehmensfortführung verwendet wurden.[6] Für den Fall der Berechnung der Vergütung des von der Gläubigerversammlung abgewählten Insolvenzverwalters ist nicht die bis zum Ausscheiden aus dem Amt erwirtschaftete Teilungsmasse, sondern die voraussichtliche Teilungsmasse bei Verfahrensbeendigung zugrunde zu legen.[7] Der BGH hat dies noch insoweit präzisiert, als im Falle vorzeitiger Beendigung des Amtes als Insolvenzverwalter sich die Berechnungsgrundlage nach dem Wert der Insolvenzmasse richtet, die der Verwaltung des ausgeschiedenen Insolvenzverwalters bis zu seiner Ablösung unterlegen hat. Ein nach Ablösung des Insolvenzverwalters, aber noch vor der Entscheidung über 3

[1] BGH NZI 2006, 595 f.

[2] BGH NZI 2006, 232 ff. Rn. 12 ff. = DZWIR 2006, 376 ff. m. Anm. *Pluta/Heidrich,* 378 f.

[3] BGH NZI 2008, 97 ff. = ZIP 2008, 81 f. m. zust. Anm. *Jaeger/Michels.*

[4] BGH ebd., Rn. 10 ff.

[5] BGH ZInsO 2007, 766 ff.

[6] BGH NZI 2009, 49 m. Anm. *Prasser* sowie *Schröder,* EWiR 2008, § 1 InsVV 1/08, 761 f.

[7] OLG Brandenburg NZI 2002, 41 ff. = ZIP 2002, 43 ff.; m. krit. Anm. *Tappmeier,* EWiR 2002, § 64 InsO 1/02, 439 f.; vgl. auch BGH ZInsO 2009, 888 und BGH NZI 2007, 397.

den Antrag auf Festsetzung seiner Vergütung sich ergebender Massezufluss ist dem ausgeschiedenen Insolvenzverwalter zuzurechnen, falls er ausschließlich Folge seiner Tätigkeit ist. Ist er dies nicht, hat der ausgeschiedene Insolvenzverwalter jedoch wesentlich zu dem Massezufluss beigetragen, kann dies einen Zuschlag zur Regelvergütung rechtfertigen. Für lediglich mögliche Massezuflüsse bleibt es dem ausgeschiedenen Insolvenzverwalter – auch ohne ausdrücklichen Vorbehalt – unbenommen, nach erfolgter Masseanreicherung eine Ergänzung seiner Vergütung zu beantragen.[1] Die vorzeitige Beendigung wird durch Zu- oder Abschläge auf den reduzierten Regelsatz berücksichtigt.[2] Ein nach Einreichung der Schlussrechnung und vor dem Schlusstermin sich ergebender Zufluss zur Insolvenzmasse – beispielsweise Zinsen und Steuererstattungen – rechtfertigt für den Insolvenzverwalter eine ergänzende Festsetzung seiner mit der Schlussrechnung beantragten Insolvenzverwaltervergütung. Eines ausdrücklichen Vorbehaltes des Insolvenzverwalters bedarf es insoweit nicht.[3] Davon abzugrenzen ist eine gesondert zu gewährende Vergütung des Insolvenzverwalters für die Durchführung einer Nachtragsverteilung. Insoweit ist der Wert des nachträglich verteilten Vermögens zugrunde zu legen.[4] Es handelt sich um eine Wertvergütung. Umfang und Schwierigkeit der Geschäftsführung haben, wie § 63 Abs. 1 S. 3 klarstellt, im Einzelfall Beachtung zu finden, mit der Folge, dass ggf. vom Regelsatz abzuweichen ist.[5] Dies geschieht durch die Festsetzung von Zu- oder Abschlägen nach § 3 InsVV. Dabei ist es nicht zu beanstanden, wenn das Gericht für einzelne Zu- und Abschlagstatbestände zunächst gesonderte Zu- und Abschläge festsetzt; eine solche Vorgehensweise ist nach einem Beschluss des BGH jedoch nicht erforderlich. Maßgebend für den Gesamtzu- oder Gesamtabschlag sei seine im Ergebnis angemessene Gesamtwürdigung mit nachvollziehbarer Begründung.[6]

---

[1] BGH NZI 2006, 165 ff. m. Anm. *Nowak;* krit. dazu *Prasser,* ZInsO 2006, 862 ff.

[2] BGH NZI 2005, 150 ff. = ZIP 2005, 180 ff. = DZWIR 2005, 291 ff. m. zust. Anm. *Keller,* in der Revisionsentscheidung zu OLG Brandenburg m. zust. Anm. *Rendels,* EWiR 2005, § 3 InsVV 1/05, 401 f.

[3] BGH NZI 2006, 237 ff. = ZIP 2006, 486 f. Tz. 18 f., m. Anm. *Prasser,* 487 ff.; BGH NZI 2007, 412, auch wenn die Summe der Insolvenzforderungen geringer ist, voller Wertansatz für den Fall einer Erbschaft; LG Frankfurt (Oder) ZInsO 2002, 1028 f.; m. im Ergebnis zustimmender Anm. *Keller,* EWiR 2003, § 1 VergVO 1/03, 885 f. mit weiteren Vorschlägen zur Handhabung in der Praxis.

[4] BGH NZI 2007, 43 f. Tz. 4 wegen des eindeutigen Wortlautes des § 6 Abs. 1 InsVV „gesonderte Vergütung"; danach ist die Vergütung des Insolvenzverwalters für die Durchführung einer Nachtragsverteilung allein nach den Umständen des Einzelfalls festzusetzen; ein Regelsatz kommt nicht in Betracht (vgl. BGH, ebd., Tz. 5 mwN).

[5] Zu der Frage, welche Faktoren ein Normalverfahren charakterisieren, vgl. *Haarmeyer,* in Kölner Schrift, S. 483 ff., 490 ff.; LG Göttingen ZInsO 1998, 189; zur Frage der Verfassungsmäßigkeit im Hinblick auf sog. Null-Massen MünchKommInsO-*Nowak,* § 63 Rn. 1.

[6] BGH NZI 2006, 464 ff.: Danach rechtfertigt die Tätigkeit eines vorläufigen Insolvenzverwalters regelmäßig einen Abschlag auf die Vergütung des endgültigen auch dann, wenn dem vorläufigen Insolvenzverwalter keine Zuschläge bewilligt worden sind; m. Anm. *Nowak,* 467 f.; zur Unternehmensfortführung vgl. BGH NZI 2007, 341 ff. und BGH NZI 2007, 343 f., mindestens Zuschlag in Höhe der Massemehrung; zur Zulässigkeit eines Abschlages vom Regelsatz bei einfacher Geschäftsführung vgl. BGH NZI 2006, 347 f. und zur Herabsetzung der Treuhändervergütung wegen vorzeitiger Verfahrensbeendigung vgl. BGH NZI 2007, 55 ff.; die Dauer der Insolvenzverwaltung allein rechtfertigt nach LG Göttingen NZI 2006, 477 (n. rkr.) keinen Zuschlag.

Mit einem Beschluss hat der BGH[1] nochmals zu verschiedenen Zuschlagskriterien Stellung genommen. Hat danach die Betriebsfortführung durch den Insolvenzverwalter zu einer Vermehrung der Masse und damit zu einer höheren Regelvergütung des Verwalters geführt, so ist der Wert, um den sich die Masse durch die Unternehmensfortführung vergrößert hat, und die dadurch bedingte Zunahme der Regelvergütung mit der Höhe der Vergütung zu vergleichen, die ohne die Massemehrung über den dann allein zu gewährenden Zuschlag erreicht würde.[2] Weiter kann die Häuserverwaltung eine den Regelsatz übersteigende Vergütung auch dann rechtfertigen, wenn nur ein einzelnes Objekt verwaltet worden ist. Es muss sich jedoch um eine Immobilienbewirtschaftung gehandelt haben.[3] Schließlich kann der Insolvenzverwalter einen Zuschlag auf seine Regelvergütung verlangen, wenn der Schuldner seine Mitwirkungspflichten im Insolvenzverfahren nicht erfüllt und dies eine erhebliche Mehrbelastung des Insolvenzverwalters zur Folge hat.[4] Zu Zu- und Abschlägen verhält sich ein weiterer Beschluss des BGH.[5] Danach rechtfertigt allein der Umstand einer konzernrechtlichen Verflechtung keinen Zuschlag gem. § 3 InsVV. Demgegenüber kann die Einstellung des Insolvenzverfahrens mit Zustimmung der Gläubiger nach § 213 gem. § 3 Abs. 2 lit. c) InsVV einen Abschlag vom Regelsatz zur Folge haben. Die Rechtsprechung des BGH[6] zur Mindestvergütung in sog. „Kleininsolvenzverfahren" über das Vermögen natürlicher Personen und Verbraucherinsolvenzverfahren hat zu einer Änderung der insolvenzrechtlichen Vergütungsverordnung geführt. Die geänderte insolvenzrechtliche Vergütungsverordnung findet allerdings mit der neuen Mindestvergütung lediglich für Insolvenzverwalter/Treuhänder Anwendung, die nach dem 1. Januar 2004 bestellt wurden. Für die Altfälle hat der BGH nochmals die Verfassungsmäßigkeit und Anwendbarkeit der alten Fassung der insolvenzrechtlichen Vergütungsverordnung festgehalten.[7] Das Bundesverfassungsgericht hat alle bislang eingelegten Verfassungsbeschwerden nicht zur Entscheidung angenommen.[8] Auch die Neuregelungen der Mindestvergütung des Insolvenzverwalters und des Treuhänders sind nach Meinung des BGH verfassungsgemäß.[9] Nicht zuletzt fiskalische Interessen sollten zu einer weiteren Änderung des § 63 und der Zulässigkeit von Vergütungsvereinbarungen in eben diesen Verbraucherinsolvenzverfahren/Kleininsolvenzverfahren über das Vermögen natürlicher Personen führen.[10] Für die Frage, nach welchen Vorschriften die Vergütung festgesetzt wird, ist der Bestellungsbeschluss des Insolvenzgerichts maßgeblich. Daher kann ein nach dem Tod des Schuldners nicht zum Nachlassinsolvenzverwalter bestellter Treuhänder lediglich die Vergütung eines 4

[1] BGH NZI 2008, 239 f.

[2] BGH, ebd., Rn. 7–9.

[3] BGH, ebd., Rn. 10–13.

[4] BGH ebd., Rn. 14–16.

[5] BGH NZI 2009, 57 ff.

[6] BGH NZI 2004, 196 ff. = ZIP 2004, 417 ff.; m. krit. Anm. *Blersch,* EWiR 2004, § 2 InsVV 1/04, 985 ff.; BGH NZI 2004, 224 = ZIP 2004, 424 f.

[7] BGH NZI 2005, 228 ff. = ZIP 2005, 447 ff.; m. zust. Anm. *Rendels,* EWiR 2005, § 13 InsVV aF 1/05, 609 f.; BGH ZIP 2005, 675 (nur Leitsätze) m. Anm. *Blersch.*

[8] Erstmals BVerfG NZI 2005, 618 ff.

[9] BGH NZI 2008, 361 ff. zum Insolvenzverwalter und BGH ZInsO 2008, 555 ff. zum Treuhänder.

[10] Vgl. auch zur Kritik beispielhaft *Franke/Böhme,* DZWIR 2004, 499 ff.

Treuhänders beanspruchen.[1] Wenn er nach dem Tode des Schuldners allerdings Tätigkeiten entfaltet, die typischerweise in den Aufgabenbereich eines Nachlassinsolvenzverwalters fallen, kommt eine den Regelsatz übersteigende Vergütung des Treuhänders in Betracht.[2]

5 § 63 wurde im Rahmen des InsOÄndG 2001 wie folgt geändert:

a) Der bisherige Wortlaut wird Abs. 1.

b) Folgender Abs. 2 wird angefügt:
„(2) Sind die Kosten des Verfahrens nach § 4 a gestundet, steht dem Insolvenzverwalter für seine Vergütung und seine Auslagen ein Anspruch gegen die Staatskasse zu, soweit die Insolvenzmasse dafür nicht ausreicht."[3] § 63 Abs. 2 ist bei Ausfall des Insolvenzverwalters/Treuhänders mit seinem Vergütungsanspruch nach Aufhebung der Verfahrenskostenstundung im eröffneten Insolvenzverfahren analog anwendbar.[4]

2. Anwendungsbereich

6 § 63 findet Anwendung auf den vorläufigen Insolvenzverwalter (§ 21 Abs. 2 Ziff. 1), den Sachwalter bei der Eigenverwaltung (§ 274 Abs. 1) sowie auf den Treuhänder im Verbraucherinsolvenzverfahren (§ 313 Abs. 1 S. 3).

7 § 63 Abs. 2 ist durch die Ergänzung von § 73 Abs. 2 über eine Verweisung auf die Vergütung des Gläubigerausschusses nach § 73 ebenfalls anwendbar.[5]

3. Besonders zu vergütende Tätigkeiten des Insolvenzverwalters

8 Während alle üblicherweise mit der Insolvenzverwaltung zusammenhängenden Tätigkeiten mit der Vergütung nach § 63 abgegolten werden, kann der Einsatz besonderer Sachkunde, die der Insolvenzverwalter auf Grund seiner Qualifikation als Rechtsanwalt, Steuerberater, Wirtschaftsprüfer oder aus anderen Gründen hat, zu einer Abrechnung der Tätigkeit nach den für die jeweilige Berufsgruppe geltenden Grundsätzen berechtigen (vgl. § 5 InsVV), da von dem „durchschnittlichen" Insolvenzverwalter derartige Kenntnisse – vor allem nicht in allen Bereichen – verlangt werden können.

9 Daher kann etwa ein Insolvenzverwalter, der zugleich Rechtsanwalt ist, die Führung eines Prozesses für die Insolvenzmasse dann nach dem RVG gesondert und zusätzlich abrechnen, wenn sich ein Insolvenzverwalter, der die Berufsqualifikation des Wirtschaftsprüfers oder Steuerberaters besitzt (also nicht Rechtsanwalt wäre), sich üblicherweise eines Rechtsanwaltes bedient hätte, wovon außer in Bagatellfällen regelmäßig auszugehen ist.[6] Können diese Gebühren nicht vom Gegner beigetrieben werden, sind sie aus der Masse zu erstatten.[7]

---

[1] BGH NZI 2008, 382 ff. Rn. 14 ff.

[2] BGH ebd., Rn. 22 ff.

[3] InsOÄndG 2001, BR-Drucks. 14/01, S. 4 f. mit der Begründung auf S. 55; siehe hierzu auch die Erläuterungen zu § 4 a; BGBl. I 2001, S. 2711.

[4] BGH ZInsO 2008, 111 f.

[5] Vgl. die Erläuterungen unter § 73 Rn. 20 f.

[6] *Weber,* in FS Jahr, S. 419 ff., 422 f.

[7] *Weber,* ebd.

Die Abgrenzung zwischen regulärer Insolvenzverwaltertätigkeit und gebührenerheblichen „Sondertätigkeiten" muss einzelfallbezogen erfolgen. Es wird in erster Linie darauf abzustellen sein, ob ein „durchschnittlicher" Insolvenzverwalter im konkreten Fall einen entsprechenden Spezialisten hätte notwendigerweise heranziehen müssen.[1] 10

Der vorstehende Sachverhalt ist nicht gegeben, wenn der Insolvenzverwalter einen Dritten mandatiert, auch wenn dieser mit ihm in einer beruflichen Verbindung steht (Sozietät). Hier steht die Erstattungsfähigkeit der Kosten außer Frage.[2] Der BGH hat in einer grundlegenden Entscheidung zu diesen Abgrenzungsfragen Stellung genommen. Danach habe der Insolvenzverwalter im Rahmen seines Vergütungsfestsetzungsantrages aufzuführen, für welche von ihm beauftragten Fachleute er das an diese entrichtete Entgelt aus der Masse entnommen habe. Das Insolvenzgericht sei berechtigt und verpflichtet, zu überprüfen, ob die Beauftragung Externer gerechtfertigt gewesen sei. Ein Insolvenzverwalter dürfe, auch wenn er selbst Volljurist sei, Aufgaben, die ein Insolvenzverwalter ohne volljuristische Ausbildung im Allgemeinen nicht lösen könne, auf einen Rechtsanwalt übertragen und die dadurch entstehenden Auslagen aus der Masse entnehmen.[3] Damit dürfte die Diskussion um die Abgrenzung der „besonderen Aufgaben" von den „allgemeinen Geschäftskosten" beendet sein. 11

Hat die Sozietät des Insolvenzverwalters und nicht er selbst Beträge als Vergütung für den Einsatz besonderer Sachkunde nach § 5 InsVV erhalten, findet ein Abzug dieser Beträge nach § 1 Abs. 2 Ziff. 4 S. 1 lit. a InsVV von der maßgeblichen Masse nicht statt.[4] Der BGH hatte in einem früheren Beschluss[5] entschieden, dass dann, wenn die Buchhaltung vor Eröffnung des Insolvenzverfahrens außerhalb des Schuldnerunternehmens erledigt wurde, es dem Insolvenzverwalter nicht zuzumuten ist, eine neue Buchhaltung anzulegen und von eigenen Mitarbeitern führen zu lassen. Gemeint ist insoweit die handelsrechtliche Buchhaltung. Schaltet er deswegen zusätzlich einen Steuerberater ein, darf sich dies nicht mindernd auf die Vergütung oder Auslagenpauschale auswirken. Nach einem noch weitergehenden Beschluss des LG Aachen[6] ist es nicht zu beanstanden, wenn Aufgaben aus dem Fachbereich der Rechtsanwälte oder Steuerberater auf Dritte übertragen und die anfallenden Kosten der Masse zur Last fallen. Eine Herabsetzung der Vergütung des Insolvenzverwaltes sei hierdurch nicht gerechtfertigt. Die Ermittlung der für eine Anfechtung relevanten Faktoren (Zeitpunkt der 11a

---

[1] *Hess,* InsO, § 5 InsVV Rn. 20 f.; *Nerlich/Römermann/Delhaes,* InsO, § 63 Rn. 20 f., mit Einzelbeispielen in Rn. 22.

[2] Ein Missbrauchsfall würde über § 60 gelöst. In der Praxis wird um diese Fragen jedoch aus kaum nachvollziehbaren Gründen gestritten. Nachdem der Verordnungsgeber den ursprünglichen Streit um die Sondervergütungsfähigkeit nun dem Grunde nach geklärt hat, wird nun versucht, die Honorare des Sozius dennoch an der Bemessungsgrundlage der Insolvenzverwaltervergütung zu kürzen. Vgl. zu dieser Kreativität *Keller,* DZWIR 2000, 265 ff., 272, gegen die Entscheidung des LG Leipzig DZWIR 2001, 170 f. = ZInsO 2001, 615 f., der jedoch zuzustimmen ist; erneut LG Leipzig NZI 2002, 665 f.; so auch MünchKommInsO-*Nowak,* § 63 Rn. 27 mwN zu Rspr. und Literatur.

[3] BGH NZI 2005, 103 ff. = ZIP 2005, 36 ff.; vgl. Vorinstanz LG Memmingen ZInsO 2004, 497 ff.

[4] BGH NZI 2007, 583 ff. = ZIP 2007, 1958 f. Rn. 7.

[5] BGH, Beschluss v. 3. 3. 2005 – IX ZB 261/03, BeckRS 2005, 03408 = ZVI 2005, 143.

[6] LG Aachen ZInsO 2007, 768 f.

Zahlungsunfähigkeit bzw. Überschuldung, Kapitalentwicklung, Überprüfung des Zahlungsverkehrs) stelle eine Aufgabe dar, die üblicherweise von besonders qualifizierten Personen, insbesondere Steuerberatern und Wirtschaftsprüfern, vorgenommen werde.[1] Die Verwertung von Mobiliarvermögen ist nach einem Beschluss des BGH[2] regelmäßig keine Sonderaufgabe des Insolvenzverwalters, welche die Einschaltung eines gewerblichen Verwerters auf Kosten der Masse rechtfertigt. Die Verwertung kann jedoch als Sonderaufgabe angesehen werden, wenn sie vom Insolvenzverwalter nicht oder nur unzureichend bzw. mit wesentlich ungünstigeren Erfolgsaussichten als von einem gewerblichen Verwerter vorgenommen werden kann. Andernfalls kann die Übertragung der Verwertung auf einen gewerblichen Verwerter einen Abschlag von der Insolvenzverwaltervergütung rechtfertigen. Auch die Erledigung von Regelaufgaben, die besondere Anforderungen an den Insolvenzverwalter stellen und ihn außergewöhnlich belasten, können zu einer Erhöhung der Regelvergütung führen.[3]

4. Auslagen, Umsatzsteuer

12 **a)** Der Anspruch auf Auslagenerstattung ist nunmehr in den §§ 4, 8 Abs. 3 InsVV hinreichend detailliert und klarstellend geregelt. Eine Erleichterung hinsichtlich des Arbeitsaufwandes der üblicherweise notwendigen Dokumentation bietet die Pauschalierungsmöglichkeit des § 8 Abs. 3 InsVV.[4] Wenn danach die Vergütung „je angefangenen Monat der Dauer" pauschal abzugelten ist, kann nicht unabhängig von der konkreten Dauer auf die Anzahl der Kalendermonate abgestellt werden. Vielmehr ist nur bei Überschreiten eines Monats (bzw. mehrerer Monate) der nachfolgende – angefangene – Monat noch einzubeziehen. Zur Berechnung können die §§ 187 ff. BGB, insbesondere § 188 Abs. 2 und 3 BGB, herangezogen werden.[5] Der BGH hat entschieden, dass der Auslagenpauschsatz nach § 8 Abs. 3 InsVV vom Insolvenzverwalter für jedes angefangene Folgejahr in Höhe von 10 % der gesetzlichen Vergütung gefordert werden kann, höchstens jedoch in Höhe von 250,– € je angefangenen Monat der Dauer der Tätigkeit.[6] Weiter hat er festgehalten, dass der Auslagenpauschsatz nur bis zu dem Zeitpunkt verlangt werden kann, zu dem bei angemessener und zügiger Durchführung des Verfahrens die insolvenzrechtlich erforderliche Tätigkeit abgeschlossen worden wäre. Eine verspätete Vorlage des Abschlussberichts und Beschwerden des Insol-

---

[1] Vgl. LG Aachen, ebd.

[2] BGH NZI 2008, 38 f.

[3] BGH, ebd.

[4] Vgl. LG Stuttgart ZIP 2002, 491 f. zur Frage der vollen Auslagenpauschale bei vorläufiger Insolvenzverwaltung von kurzer Dauer; m. zust. Anm. *Holzer,* EWiR 2002, § 8 InsVV 1/02, 393 f.; LG Hannover ZInsO 2002, 816 f. zur Frage der gekürzten Auslagenpauschale von 10 % ab dem 2. Jahr der Tätigkeit des Insolvenzverwalters, Anspruch auch für jedes weitere Jahr bejahend; ebenso BGH ZVI 2003, 486 im Nichtzulassungsbeschluss; LG Düsseldorf ZIP 2003, 1856 f. (n. rkr.); LG Berlin NZI 2003, 502 zum vorläufigen Insolvenzverwalter; Zustellkosten bei Übertragung nach § 8 Abs. 3 sind mit der Pauschalierung nicht abgegolten, LG Chemnitz ZIP 2004, 84 f.; m. Anm. *Voß,* EWiR 2004, § 4 InsVV 1/04, 1045 f.; LG Leipzig NZI 2003, 442; aA: LG Fulda ZInsO 2005, 587 f. m. krit. Anm. *Haarmeyer.*

[5] OLG Zweibrücken NZI 2001, 312 ff. = ZInsO 2001, 504 ff.

[6] BGH NZI 2004, 589 ff. = ZIP 2004, 1715 ff. = DZWIR 2004, 524 f., m. Anm. *Pluta,* S. 525; bestätigt in BGH ZIP 2006, 483 ff., Tz 32 ff.

venzverwalters gegen die Festsetzung der Vergütung begründeten keine weitergehenden Ansprüche auf Auslagenpauschsätze.[1] Hinsichtlich der Auslagenerstattung in Bezug auf die dem Insolvenzverwalter übertragene Zustellung ist die Änderung der InsVV auf Grund der Änderungsverordnung vom 4. 10. 2004 maßgeblich. Nach dem vor Inkrafttreten der Änderungsverordnung vom 4. 10. 2004 geltenden Recht können nach einem Beschluss des BGH die Auslagen, die dem Insolvenzverwalter infolge der Übertragung des Zustellwesens durch das Insolvenzgericht entstanden sind, nicht im Wege der Einzelabrechnung neben der allgemeinen Pauschale geltend gemacht werden.[2] Dagegen können die sächlichen Kosten für Zeiträume nach der Änderung von § 8 Abs. 3 InsVV neben der allgemeinen Auslagenpauschale geltend gemacht werden.[3] Begründet wird diese Differenzierung damit, dass wegen der Anknüpfung der Auslagenpauschsätze an die „gesetzliche Vergütung" nach altem Recht die Gefahr der Doppelberücksichtigung bestanden hätte.[4] Jedenfalls können die durch die Besorgung der Zustellungen angefallenen Personalkosten des Insolvenzverwalters nicht im Wege des Auslagenersatzes erstattet werden. Sie führen jedoch – je nach den Umständen des Einzelfalles – möglicherweise zu einem Zuschlag.[5] Hat das Beschwerdegericht bei der Bemessung eines Zuschlags für die lange Verfahrensdauer berücksichtigt, dass es „Zeitspannen verminderten Aufwands des Insolvenzverwalters" gegeben hat, muss Entsprechendes bei der Festsetzung des pauschalen Auslagenersatzes auch im Anwendungsbereich des § 8 Abs. 2 InsVV in der Fassung vom 13. 12. 2001 gelten.[6] Schließlich hat der BGH für masselose Verfahren beschlossen, dass, solange die Finanzverwaltung auf der Erfüllung steuerlicher Pflichten bestehe, der Insolvenzverwalter einen Anspruch auf Ersatz der entstehenden Steuerberatungskosten als Auslagen habe.[7] Keine Auslagen sind jedoch die Kosten für den Einsatz des Personals des Insolvenzverwalters zur Erfüllung dieser hoheitlich auferlegten Pflichten.[8] Weist der Insolvenzverwalter daher delegationsfähige Sonderaufgaben eigenen Hilfskräften zu und schließt dann mit diesen einen besonderen Dienstleistungs- oder Werkvertrag, kann er die auf Grund eines solchen Vertrages gezahlten Vergütungen im Stundungsverfahren gegenüber der Staatskasse geltend machen.[9] Auch Kosten, die einem vorläufigen Insolvenzverwalter wegen der Veröffentlichung von Verfahrensdaten in einem privaten Internetdienst zur Klärung der Vermögenslage des Schuldners – im Rahmen des Gutachtensauftrages – entstanden sind, kann dieser als notwendige Auslagen geltend machen.[10] Diese Entscheidung bezieht sich zwar auf die Entschädigung

---

[1] BGH NZI 2004, 590 ff. = ZIP 2004, 1716 f. = DZWIR 2004, 523 f., m. Anm. *Pluta,* 525.

[2] BGH NZI 2007, 166 ff. Tz. 8 ff. m. Anm.; *Graeber,* ZInsO 2007, 82 ff.

[3] BGH NZI 2007, 244 f. = ZInsO 2007, 202 ff., m. krit. Anm. *Graeber,* 204 ff.

[4] BGH NZI 2007, 166 ff. Tz. 13 f.; BGH ZInsO 2007, 202 ff. Tz. 8 ff.

[5] BGH NZI 2007, 166 ff. Tz. 22; BGH ZInsO 2007, 202 ff. Tz. 13 ff., m. krit. Anm. *Graeber* dazu, dass für die mit den ersten 100 Zustellungen verbundenen Personalkosten damit ein Ersatz abgelehnt wird, 204 f.

[6] BGH NZI 2008, 544 ff. m. Anm. *Prasser* und krit. Anm. *Blersch,* EWiR 2009, § 8 InsVV a. F. 1/09, 421 f.

[7] BGH NZI 2004, 577 ff. m. zust. Anm. *Bernsau* = ZIP 2004, 1717 ff.

[8] BGH NZI 2006, 586 f. m. zust. Anm. *Prasser,* EWiR 2006, § 4 InsVV 1/06, 569 f.

[9] BGH, ebd.

[10] LG Dresden ZIP 2001, 935 f.

für die Tätigkeit als Sachverständiger gem. § 11 Abs. 1 ZSEG (jetzt: § 7 Abs. 1 JVEG), dürfte aber für die Nutzung entsprechender Dienste durch den (vorläufigen) Insolvenzverwalter ebenso gelten. Grund ist die Tatsache, dass durch diese Veröffentlichung andere Auslagen, die durch eine schriftliche Beschaffung der Daten entstehen würden und ggf. nach § 7 Abs. 3 JVEG zu erstatten wären, vermieden werden. Praxisprobleme werfen auch die Fragen der Angemessenheit und der Abgrenzung zu den sog. allgemeinen Geschäftskosten (§ 4 Abs. 1 S. 2 InsVV) auf.[1]

13 **b)** Erfreulich ist auch die Klarstellung in § 7 InsVV, wonach der Insolvenzverwalter einen Anspruch auf Erstattung der vollen Umsatzsteuer hat.[2] Bei Änderungen des Umsatzsteuersatzes ist für die Beurteilung des anzuwendenden Steuersatzes der Vollzug der Schlussverteilung maßgeblich, da es sich dabei nach Auffassung der Finanzverwaltung um die wesentliche letzte Tätigkeit des Insolvenzverwalters handele, die seine Leistung abschließe.[3]

5. Die Vergütung des vorläufigen Insolvenzverwalters

14 **a)** Die Tätigkeit des vorläufigen Insolvenzverwalters wird besonders vergütet, § 11 Abs. 1 S. 1 InsVV. Dies gilt auch dann, wenn er später zum eigentlichen Insolvenzverwalter bestellt wird.[4] Die Vergütungshöhe berechnet sich in Bruchteilen der fiktiven Verwaltervergütung. Im Regelfall sind 25 % der Verwaltervergütung angemessen;[5] die Höhe des Prozentsatzes richtet sich nach Art, Umfang und Dauer der Tätigkeit.[6] Dabei ist zu beachten, dass, soweit erschwerende Umstände den vorläufigen Insolvenzverwalter in gleicher Weise wie den endgültigen Insolvenzverwalter belasten, die deswegen zu gewährenden Zuschläge zum Regelsatz der Vergütung grundsätzlich für beide mit dem gleichen Hundertsatz zu bemessen sind.[7]

15 Ist ein vorläufiger Verwalter nach § 22 Abs. 1 mit Verwaltungs- und Verfügungsbefugnis ausgestattet, so rechtfertigt dies eine Erhöhung des Regelsatzes auf 30 %.[8] Besondere Schwierigkeiten (wie z. B. Anordnung von Postsperre

[1] Grundlegend BGH NZI 2005, 103 ff. = ZIP 2005, 36 ff.; vgl. dazu MünchKomm-InsO-*Nowak,* § 63 Rn. 39 mwN, 40; *Blersch,* InsVV, § 4 Rn. 6–8.

[2] Vgl. statt aller für die Streitfrage nach altem Recht bejahend LG Darmstadt DZWIR 2000, 76 f.

[3] Vgl. *Schmid,* DZWIR 2007, 74 f. mwN; aA: AG Potsdam NZI 2007, 179 ff. und ZInsO 2006, 1263 f., wonach der Zeitpunkt des Eintritts der Rechtskraft des Aufhebungsbeschlusses maßgeblich sei.

[4] Begründung zur insolvenzrechtlichen Vergütungsverordnung, Begründung zu § 11 InsVV, abgedruckt in *Balz/Landfermann,* S. 852.

[5] Grundlegend BGH NZI 2004, 251 ff. = ZIP 2004, 518 ff. = ZInsO 2004, 265 ff. m. Anm. *Haarmeyer*; OLG Braunschweig ZInsO 2000, 336 f.; m. krit. Anm. von *Keller,* EWiR, § 6 InsO 5/2000, 733 f.; zust. dagegen *Haarmeyer,* ZInsO 2000, 319.

[6] OLG Frankfurt (Main) ZIP 2001, 1016 ff. zur Frage eines Zuschlages auf die „fiktive" Verwaltervergütung; zur Frage der Zulässigkeit eines Abschlags bei kurzer Dauer vgl. LG Bonn ZInsO 2002, 1030 f. (verneinend); OLG Köln ZInsO 2002, 873 f. (bejahend); OLG Celle NZI 2001, 650 ff. (bejahend).

[7] BGH NZI 2005, 106 ff. = ZIP 2004, 2448 ff.

[8] OLG Braunschweig, aaO.

und Verfügungsverbot) erlauben trotz kurzer Verfahrensdauer einen Satz von 50%.[1]

Diese Bandbreite von 25% für den derzeitigen Regelfall des sog. „schwachen“ 16
vorläufigen Insolvenzverwalters bis hin zu 50% für den sog. „starken“ vorläufigen Insolvenzverwalter bietet allerdings nur Orientierungspunkte.[2] Im Einzelfall kann auch dann, wenn die Verwaltungs- und Verfügungsbefugnis nicht gem. § 22 Abs. 1 S. 1 auf den vorläufigen Insolvenzverwalter übergegangen ist, eine Erhöhung bis über 50% einer fiktiv errechneten Verwaltervergütung angemessen sein.[3] Zugrunde lag ein Fall, in dem der Geschäftsbetrieb über zehn Wochen mit Übernahme der persönlichen Haftung fortgeführt worden war, die Behandlung arbeitsrechtlicher Fragen von elf Arbeitnehmern und die Vorbereitung einer übertragenden Sanierung Gegenstand der Tätigkeit eines sog. „schwachen“ vorläufigen Insolvenzverwalters war. Bei Anordnung eines allgemeinen Zustimmungsvorbehaltes gem. § 21 Abs. 2 Ziff. 2 2. Alt. ist dem vorläufigen Insolvenzverwalter für den damit verbundenen Arbeits- und Verwaltungsaufwand ein pauschaler Zuschlag von 10% zum Regelsatz von 25%, also 35% der fiktiven Vergütung eines endgültigen Insolvenzverwalters zuzubilligen. Dabei soll der Zuschlag unabhängig von den Erschwerniszuschlägen i. S. d. § 3 InsVV (z. B. wegen Betriebsfortführung) zu gewähren sein, weil die Ermittlung der fiktiven Vergütung – unter Berücksichtigung der Zuschläge gem. § 3 InsVV – und der Höhe des Bruchteils der Vergütung des vorläufigen Insolvenzverwalters unabhängig voneinander zu erfolgen haben.[4] Dem ist der BGH ausdrücklich entgegengetreten.[5]

b) Berechnungsgrundlage war bis zur Änderung des § 11 InsVV durch die 2. 17
Verordnung zur Änderung der insolvenzrechtlichen Vergütungsverordnung vom 21. 12. 2006[6] die bei Beendigung der Arbeit des vorläufigen Insolvenzverwalters vorhandene Masse.[7] Nach Erledigung des Insolvenzantrags durch Rücknahme

[1] AG Bonn, ZIP 1999, 2167; aA: LG Berlin ZInsO 2001, 608 ff.

[2] So jetzt auch BGH ZIP 2003, 1260, in einer Nichtzulassungsentscheidung, die Bemessung sei allein Aufgabe des Tatrichters; m. zust. Anm. *Haarmeyer,* ZInsO 2003, 749; bestätigt durch BGH ZInsO 2007, 370; BGH ZIP 2003, 1759 f., kein genereller Zuschlag auf angemessene Vergütung von 25% für sog. „starken“ vorläufigen Insolvenzverwalter.

[3] AG Regensburg ZInsO 2000, 344 ff.; vgl. auch zur Sequestervergütung AG Bergisch Gladbach ZIP 2000, 283 f.

[4] OLG Dresden ZIP 2002, 1365 f.

[5] BGH ZIP 2003, 1612 mwN.

[6] BGBl. I 2006, 3389; abgedruckt in NZI 2007, 157; m. Materialien abgedruckt in ZIP 2006, 2102 ff.

[7] BGH ZIP 2001, 296 ff. im amtlichen Leitsatz des Gerichts; *Haarmeyer,* Anm. zu LG Karlsruhe v. 28. 1. 2000, ZInsO 2000, 230 f., 231; LG Ulm DZWIR 2000, 165 ff. m. Anm. v. *Graeber,* 167 ff.; zur Frage der Zulässigkeit der Schätzung des Wertes des verwalteten Vermögens bei vorzeitiger Verfahrensbeendigung AG Göttingen NZI 2002, 612 ff.; LG Göttingen NZI 2002, 500. Der BGH bejaht die Einbeziehung des Firmenwerts in die Berechnungsgrundlage (BGH NZI 2004, 626 ff. = ZIP 2004, 1555 ff.), verneint aber die Einbeziehung von künftigen Ansprüchen zur Masseanreicherung – etwa Ansprüche aus Insolvenzanfechtung oder auf Erstattung nach § 32 b GmbHG (BGH NZI 2004, 444 ff. = ZIP 2004, 1653 ff. m. krit. Anm. *Keller,* allerdings sei i. d. R. ein Zuschlag zu gewähren; aA: LG Köln ZIP 2004, 961 f. und NZI 2009, 251 f. zur Einbeziehung von Insolvenzanfechtungsansprüchen). Vermögensgegenstände, die der Aus-

hat eine amtswegige Feststellung des Umfangs der Ist-Masse zur Berechnung der Bemessungsgrundlage für die Vergütung eines vorläufigen Insolvenzverwalters grundsätzlich nicht zu erfolgen.[1] Eine Schätzung gem. § 287 ZPO i. V. m. § 4 auf der Grundlage des bisherigen Sach- und Streitstandes unter Berücksichtigung der vorliegenden Berichte des vorläufigen Insolvenzverwalters, Forderungszusammenstellungen und sonstiger Ermittlungsergebnisse ist zulässig und angebracht.

18 **c)** In dem wegweisenden Beschluss vom 14. Dezember 2000 hatte der BGH im Rahmen einer zulässigen Vorlageentscheidung des Oberlandesgerichts Jena erstmals grundlegend zur vorläufigen Verwaltervergütung entschieden und einige das Verhältnis zwischen Insolvenzgericht und Insolvenzverwalter belastende Streitfragen geklärt. Danach waren insbesondere mit Aus- oder Absonderungsrechten belastete Gegenstände zu berücksichtigen, soweit der vorläufige Insolvenzverwalter sich damit **in nennenswertem Umfange**[2] **befasst** hatte. Das Ergebnis einer mutmaßlichen Verwertung ist danach grundsätzlich unerheblich.[3] Dies ist insoweit folgerichtig, als dem vorläufigen Insolvenzverwalter regelmäßig die Verwertung von Schuldnervermögen i. S. d. §§ 159, 165 f. nicht obliegt,[4] er aber für den Erhalt und die ordnungsgemäße Sorge und Verwaltung aller – auch der ab- und aussonderungsbefangenen – Vermögensgegenstände haftet. Ebenso wenig Berücksichtigung findet eine nach Beendigung der vorläufigen Insolvenzverwaltung bekannt gewordene Forderung des Schuldners.[5] Ergänzend postulierte der BGH allerdings auch, dass die Bearbeitung der Aus- und Absonderungsrechte **einen erheblichen Teil der Tätigkeit** des vorläufigen Insolvenzverwalters ausmachen musste.[6] Dies hatte Zustimmung[7] und unter dem Stichwort der Einführung neuer „unbestimmter Rechtsbegriffe" und damit fortbestehender Probleme Kritik[8] erfahren.

---

sonderung unterliegen, seien in die Berechnungsgrundlage auch dann einzubeziehen, wenn sie vor beendeter vorläufiger Insolvenzverwaltung herausgegeben würden (LG Bamberg ZIP 2005, 671 ff. (n. r.)).

1 BGH NZI 2005, 558 ff.

2 Vgl. dazu LG Ingolstadt ZInsO 2001, 953 f. aE; LG Dresden ZIP 2002, 1303 ff. (Rückkaufswert einer verpfändeten Lebensversicherung bejahend); LG Heilbronn ZIP 2002, 719 f. (Bewertung offener Forderungen bejahend); m. zust. Anm. *Keller,* EWiR 2002, § 11 InsVV 2/02, 817 f.; LG Berlin ZInsO 2002, 623 f. (grundbuchmäßige Erfassung, Mitteilung von Immobilien-Erbbaurechten/Erfassung und Sichtung von Forderungen/Prüfung und Feststellung anfechtbarer Vorgänge bejahend); AG Hamburg NZI 2002, 210 f. (abhanden gekommene Warenbestände verneinend); LG Stralsund ZIP 2003, 1857 f. (Berücksichtigung des Wertes einer gepachteten Immobilie bejahend) = ZInsO 2003, 846 f., m. zust. Anm. *Sievers,* S. 847 ff.; ebenso LG Freiburg ZInsO 2003, 848; LG Potsdam ZIP 2005, 914 f. (n. rkr.); zur Einbeziehung eines im Eigentum des Schuldners stehenden Grundstückes LG Köln ZInsO 2004, 32 f.; m. zust. Anm. *Keller* EWiR 2004, § 11 InsVV 1/04, 195 f.

3 BGH ZIP 2001, 296 ff., 296 = NZI 2001, 191 ff. = NJW 2001, 1496 ff. = DZWIR 2001, 210 ff. im amtlichen Leitsatz mwN, insbesondere zu den vorangegangenen Entscheidungen einiger Oberlandesgerichte und zur gegenteiligen Auffassung.

4 BGH, ebd.

5 LG Mönchengladbach NZI 2006, 533 f. und NZI 2006, 598 f.

6 BGH, ebd.

7 *Haarmeyer,* ZInsO 2001, 577 ff.; *Eickmann,* DZWIR 2001, 235 ff., 238.

8 *Klaas,* ZInsO 2001, 581 ff.

Der BGH hatte sich in zwei Beschlüssen vom 14. 12. 2005[1] und vom 13. 7. 2006[2] erneut mit diesen Fragen zu befassen. Mit diesen Entscheidungen änderte der BGH seine Rechtsprechung. Gegenstände, die Aus- und Absonderungsrechten unterlagen, wurden danach nicht mehr in die Berechnungsgrundlage der Vergütung des vorläufigen Insolvenzverwalters einbezogen. Bei „erheblicher Befassung" konnte allerdings nach seiner Auffassung ein Zuschlag zur Regelvergütung gewährt werden.[3] Für den Fall, dass das Vermögen des Schuldners, auf welches sich die Tätigkeit des vorläufigen Insolvenzverwalters bezog, nur aus schuldnerfremden oder wertausschöpfend belasteten Gegenständen bestand, steht dem vorläufigen Insolvenzverwalter jedenfalls die ungekürzte Mindestvergütung und die auf diesen Betrag bezogene Auslagenpauschale zu.[4] Diese Änderung der Rechtsprechung des BGH hat erhebliche Kritik erfahren.[5] Der Gesetzgeber sah sich zu einem schnellen Handeln veranlasst und hat mit der 2. Verordnung zur Änderung der insolvenzrechtlichen Vergütungsverordnung vom 21. 12. 2006 § 11 InsVV geändert.[6] Maßgebend für die Wertermittlung ist danach der Zeitpunkt der Beendigung der vorläufigen Verwaltung oder der Zeitpunkt, ab dem der Gegenstand nicht mehr der vorläufigen Insolvenzverwaltung unterliegt. Vermögensgegenstände, an denen bei Verfahrenseröffnung Aus- oder Absonderungsrechte bestehen, werden diesem Vermögen hinzugerechnet, sofern sich der vorläufige Insolvenzverwalter in erheblichem Umfang mit ihnen befasst. Eine Berücksichtigung erfolgt nicht, sofern der Schuldner die Gegenstände lediglich auf Grund eines Besitzüberlassungsvertrages in Besitz hat. Nach dem neuen Abs. 2 der Vorschrift kann eine Anpassung der Vergütung des vorläufigen Verwalters erfolgen, wenn sich bei Einreichung der Schlussrechnung nach Veräußerung der von Abs. 1 S. 2 erfassten Gegenstände eine Abweichung des tatsächlichen Wertes von dem der Vergütung zugrunde liegenden Wert von mehr als 20 % bezogen auf die Gesamtheit dieser Gegenstände ergibt. Wortlaut und Materialien streiten dafür, dass es sich um ein „Kann" und nicht um ein „Muss" handelt und auch eine erhöhende Anpassung möglich ist.[7] Nach dem ebenfalls geänderten § 19 Abs. 2 InsVV ist § 11 InsVV nF auf alle Vergütungen aus vorläufigen Insolvenzverwaltungen anzuwenden, die zum 29. 12. 2006 noch nicht rechtskräftig abgerechnet waren.[8] Damit 18a

---

[1] BGH NZI 2006, 284 ff. = ZIP 2006, 621 f. = WM 2006, 530 ff.

[2] BGH NZI 2006, 515 ff., m. Anm. *Nowak,* 519 f. = DZWIR 2006, 432 ff., m. Anm. *Graeber,* 437 f. = ZIP 2006, 1403 ff. = WM 2006, 1687 ff.

[3] BGH, ebd.

[4] BGH NZI 2006, 515 ff. Tz. 40 ff. Auch die Regelmindestbeträge des § 2 Abs. 2 InsVV sind über § 10 InsVV sinngemäß für den vorläufigen Insolvenzverwalter anwendbar, BGH, ebd., Tz. 42; Letzteres gilt auch für das Recht vor der Änderung von § 11 InsVV, vgl. BGH ZInsO 2007, 88 f.

[5] Vgl. statt vieler *Vallender,* NJW 2006, 2956 ff. mwN.

[6] BGBl. I 2006, S. 3389; abgedruckt in NZI 2007, 157; m. Materialien abgedr. in ZIP 2006, 2102 ff.; vgl. zur Kritik *Raebel,* in FS Fischer, 459 ff., und *Vill,* in FS Fischer, 547 ff., sowie Gegenrede von *Keller,* ZIP 2008, 1615 ff.

[7] Vgl. die Materialien, abgedruckt in ZIP 2006, 2102 ff., 2104. Mit Einreichung der Schlussrechnung des Insolvenzverwalters nach § 66 ist daher eine Vergleichsberechnung vorzulegen.

[8] Zur Einschränkung der rückwirkenden Anwendung des § 11 InsVV nF vgl. BGH NZI 2009, 54 f. = ZInsO 2008, 1321 f.: Damit soll verhindert werden, dass eine zum Zeitpunkt der Gesetzesänderung bereits erarbeitete Vergütung geschmälert und die Vergütungslast für den Schuldner oder die Gläubiger erhöht wird, ohne dass diese Beschwer außerhalb der

hatte die Auseinandersetzung zwischen dem BGH und der Praxis ein schnelles Ende gefunden. Dennoch haben sich eine Reihe neuer Probleme ergeben. Zum einen ist der unbestimmte Rechtsbegriff des „erheblichen Befassens" ebenso zu klären wie die Reichweite von § 11 Abs. 1 S. 4 InsVV nF. Letzterer regelt, dass Vermögensgegenstände, an denen bei Verfahrenseröffnung Aus- oder Absonderungsrechte bestehen, nicht zu berücksichtigen sind, sofern der Schuldner die Gegenstände lediglich auf Grund eines Besitzüberlassungsvertrages in Besitz hat. Sofern diese Verträge allerdings Finanzierungscharakter haben oder mit einem Andienungsrecht versehen sind, dürfte ein Wertansatz zu erfolgen haben.[1] Die ersten Beschlüsse des BGH zum Begriff des „erheblichen Befassens" zeigen, dass tätigkeitsbezogen argumentiert wird und bei der Begründung von Vergütungsanträgen erheblicher zusätzlicher Aufwand entsteht.[2] Forderungen des Schuldners, die bereits entstanden sind, müssen in die Berechnungsgrundlage für die Vergütung des vorläufigen Insolvenzverwalters aufgenommen werden.[3] In die Berechnungsgrundlage kann dann, wenn der vorläufige Insolvenzverwalter mit Verfügungsbefugnis ein Unternehmen fortführt oder der vorläufige Insolvenzverwalter mit Zustimmungsvorbehalt die Fortführung durch den Schuldner überwacht, nur das um die Ausgaben bereinigte Betriebsergebnis eingestellt werden.[4] Zur Frage, wann nur eine unerhebliche Befassung des vorläufigen Insolvenzverwalters mit Aus- und Absonderungsrechten vorliegt, hat sich der BGH ebenfalls geäußert.[5]

18b Es sind umfangreiche instanzgerichtliche Entscheidungen zur Frage der Regelsätze, Zuschläge sowie Abschläge ergangen.[6] Auch der BGH hat mittlerweile eine

---

Rechtsmittelfrist gegen die Anordnung der Sicherungsmaßnahmen noch abgewehrt werden könnte.

[1] Vgl. zu den neu aufgeworfenen Problemen *Graeber,* ZInsO 2007, 133 ff. und *Haarmeyer,* ZInsO 2007, 73 ff.; erste Entscheidung des BGH zu § 11 InsVV nF, ZInsO 2007, 370 ff.

[2] BGH NZI 2007, 40 ff., Inbesitznahme und Inventarisierung nicht ausreichend; BGH NZI 2006, 581, Bemühungen zur Klärung des kapitalersetzenden Charakters der Nutzungsüberlassung des angepachteten Betriebsgrundstückes sind erheblich.

[3] BGH NZI 2007, 461 ff. = ZInsO 2007, 766 ff.; m. Anm. *Graeber* NZI 2007, 492 ff.

[4] BGH, ebd.

[5] BGH NZI 2008, 33 ff., m. Anm. *Prasser,* 35 f.

[6] AG Siegen, ZIP 2002, 2054 f., Erhöhung der Regelvergütung um 80 % der fiktiven Verwaltervergütung (50 % Fortführung Geschäftsbetrieb, 2½ Monate mit rund 50 Arbeitnehmern, 10 % Bearbeitung von Arbeitnehmerangelegenheiten, 20 % intensive Bemühungen um übertragende Sanierung; LG Traunstein ZIP 2004, 1657 f.; m. Anm. *Höpfner,* EWiR 2005, § 11 InsVV 1/05, 185 f.: Fortführung mit 138 Arbeitnehmern zwei Monate im Eröffnungsverfahren 65 %, Insolvenzgeldvorfinanzierung und Information der Arbeitnehmer 25 %; LG Braunschweig ZInsO 2001, 552 ff.; AG Potsdam DZWIR 2001, 259 ff.; LG Krefeld ZInsO 2001, 701 ff.; AG Zweibrücken NZI 2001, 387 ff.; AG Chemnitz ZIP 2001, 1473 f. Vergütung des vorläufigen Insolvenzverwalters in Höhe von 150 % der Regelvergütung des „endgültigen" Insolvenzverwalters; m. zust. Anm. *Keller,* EWiR 2002, § 11 InsVV 1/02, 115 f. und krit. Anm. *Bilgery,* DZWIR 2002, 392 ff.; LG Mönchengladbach ZInsO 2001, 750 f. für den Fall eines obstruierenden Schuldners; BGH NZI 2004, 448 und OLG Frankfurt (Main) ZInsO 2001, 606 ff. zum Verhältnis der Vergütung des vorläufigen Insolvenzverwalters und Sachverständigenvergütung; LG Mannheim ZIP 2001, 1600 f. = ZInsO 2001, 795 f. zum Wertansatz bei Rücknahme des Eigenantrages; LG Göttingen ZInsO 2001, 794 f. zur Frage der Befassung mit Aus- und Absonderungsrechten als Auslöser eines Zuschlages nach § 3 Abs. 1 InsVV (ablehnend); LG Ingolstadt ZIP 2001, 1688 f. zum angemessenen Bruchteil [35 %] bei Rücknahme des Eigenantrags. AG Göttingen NZI

Reihe von Rechtsbeschwerden entschieden. So hat der vorläufige Insolvenzverwalter, der im Hinblick auf einen vom Insolvenzgericht angeordneten Zustimmungsvorbehalt einen Zuschlag auf den Ausgangssatz von 25 % der Vergütung des endgültigen Insolvenzverwalters begehrt, konkret darzulegen, dass er sich mit Verfügungen des Schuldners in erheblichem Umfang hat befassen müssen. Eine lückenlose Aufzählung aller einschlägigen Vorgänge kann allerdings nicht von ihm verlangt werden.[1] Die Feststellung von künftigen Anfechtungsansprüchen führt zu einem Zuschlag auf den Ausgangsatz von 25 % der Vergütung des endgültigen Verwalters, wenn er Ermittlungen anstellen musste, die ihm nur in seiner Eigenschaft als vorläufiger Insolvenzverwalter möglich waren, oder soweit er Maßnahmen ergriffen hat, um die Durchsetzung künftiger Anfechtungsansprüche vorzubereiten oder zu sichern.[2] Dem vorläufigen Insolvenzverwalter mit Zustimmungsvorbehalt kann ein Zuschlag auf die Vergütung gewährt werden, wenn in der Eröffnungsphase der Betrieb des Schuldners fortgeführt worden ist und sich für die Tätigkeit des vorläufigen Insolvenzverwalters dadurch erhebliche Erschwernisse ergeben haben.[3] Umgekehrt rechtfertigt eine geringe Beteiligung des vorläufigen Insolvenzverwalters an einer Fortführung des Betriebes durch den Schuldner keinen Abschlag.[4] Wirkt der vorläufige Insolvenzverwalter mit Zustimmungsvorbehalt an einer zum Zweck der Sanierung schon im Eröffnungsverfahren durchgeführten Unternehmensübertragung mit, kann dies einen Zuschlag zum Regelbruchteil der fiktiven Vergütung des Insolvenzverwalters rechtfertigen, wenn das Insolvenzgericht oder die Gläubiger seiner Mitwirkung zugestimmt haben.[5]

Für einen vorläufigen Insolvenzverwalter, der vor dem 1. 1. 2004 bestellt worden ist, bemisst sich die Vergütung nach der ab 7. 10. 2004 geltenden Fassung der InsVV, wenn das Insolvenzverfahren selbst nach dem 31. 12. 2003 eröffnet worden ist.[6] Die Auslagenpauschale bemisst sich für den vorläufigen Insolvenzverwalter nach seiner Regelvergütung gem. § 11 Abs. 1 S. 2 InsVV nF.[7]

d) Keine befriedigende Lösung hat die Frage erfahren, wer im Falle der Abweisung mangels Masse die Vergütung des vorläufigen Insolvenzverwalters zu tragen hat. Einen Vorstoß des Bundesrates zu einer Lösung des Problems, dass ein vorläufiger Insolvenzverwalter Gefahr läuft, bei nicht kostendeckender Insolvenzmasse hinsichtlich seiner Vergütung und seiner Auslagen leer auszugehen, wurde von der Bundesregierung zurückgewiesen.[8] Für das bisherige Recht war diese unbefriedigende Tatsache noch durch die Rechtsprechung des Bundesverfas- **19**

2005, 271 zur Zulässigkeit einer höheren Vergütung für den vorläufigen ggü. dem endgültigen Insolvenzverwalter.

[1] BGH ZIP 2006, 625 ff. Tz. 13 ff.

[2] BGH, ebd., Tz. 19 ff., Abgrenzung zur gleichzeitigen Tätigkeit des Sachverständigen.

[3] BGH NZI 2006, 401 f.

[4] BGH ZInsO 2007, 147 f. Tz. 13, zulässig allerdings Abschlag wegen kurzer Dauer, ebd., Tz. 12.

[5] BGH NZI 2006, 235 ff. Tz. 13 ff.

[6] BGH NZI 2007, 46 f.

[7] BGH, ebd.

[8] Vgl. Begründung RegE, abgedruckt bei *Balz/Landfermann,* S. 239; vgl. auch *Kuhn/Uhlenbruck,* KO, § 107 Rn. 19 mwN für die bisherige Rechtslage; *Uhlenbruck/ders.,* InsO, § 63 Rn. 21; *Pape,* ZInsO 1999, 398 f. i. d. S.; LG Fulda NZI 2002, 61; aA: *Rattunde/Röder,* DZWIR 1999, 309 ff. in Anlehnung an die Praxis des AG Charlottenburg; vereinzelte Entscheidung: LG Offenburg ZIP 1999, 244 f.

sungsgerichts gedeckt, falls der Sequester zusätzlich als Gutachter eingesetzt war und für seinen insoweit angefallenen Aufwand und die entstandenen Auslagen aus der Staatskasse entschädigt wurde.[1] Zutreffend ist die Auffassung, die unabhängig von der Beantwortung dieser Frage zur Haftung der Staatskasse die Auffassung vertritt, dass dem in einem masselosen Insolvenzeröffnungsverfahren tätigen vorläufigen Insolvenzverwalter zumindest die ihm entstandenen Auslagen aus der Staatskasse zu ersetzen seien. Gut gewählt ist auch das Beispiel. Erhebliche Auslagen können dem vorläufigen Insolvenzverwalter dann entstehen, wenn ihm nach § 21 Abs. 2 Nr. 1 i. V. m. § 8 Abs. 3 die Zustellungen übertragen wurden, die sonst dem Insolvenzgericht obliegen und unter den Begriff der erstattungsfähigen Auslagen nach dem Kostenverzeichnis des Gerichtskostenverzeichnisses fallen.[2] Der BGH hat eine Ausfallhaftung des Staates und auch des antragstellenden Gläubigers inzwischen auch für die Rechtslage der InsO verneint.[3] Zur Frage der Haftung des Staates für die Auslagen des vorläufigen Insolvenzverwalters insoweit, als diesem nach § 21 Abs. 2 Nr. 1 i. V. m. § 8 Abs. 3 die Zustellungen übertragen wurden, musste er in diesem Beschluss keine Stellung nehmen, sodass diese Frage offenbleibt. Nach einem Urteil des BGH[4] hat der vorläufige Insolvenzverwalter nur gegen den Schuldner einen materiell-rechtlichen Vergütungsanspruch, wenn das Insolvenzverfahren nicht eröffnet wird. Die Entscheidung über die „Kosten des Verfahrens" betrifft nicht die Vergütung und die Auslagen des vorläufigen Insolvenzverwalters. Selbst dann, wenn ein Gläubigerantrag auf Eröffnung eines Insolvenzverfahrens aus in der Person des Antragstellers liegenden Gründen abgelehnt worden ist, können dem Antragsteller nicht durch besonderen Beschluss die durch das Insolvenzeröffnungsverfahren entstandenen Kosten auferlegt werden.[5]

6. Die Vergütung des Sonderinsolvenzverwalters

20 Eine Vergütungsregelung für die Tätigkeit des Sonderinsolvenzverwalters enthält die InsO entgegen den ursprünglichen Bestrebungen (vgl. § 77 RegE) nicht. In einem rechtsgrundsätzlichen Beschluss hat der BGH sich zur Vergütung des Sonderinsolvenzverwalters geäußert.[6] Die Vergütung ist danach in entsprechender Anwendung der Vorschriften über die Vergütung des Insolvenzverwalters festzusetzen. Einem im Verhältnis zum Insolvenzverwalter verminderten Umfang seiner Tätigkeit ist durch Festlegung einer angemessenen Quote der Regelvergütung und/oder durch einen Abschlag Rechnung zu tragen. Über den Ausnahmefall, in dem dem Sonderinsolvenzverwalter lediglich die Aufgabe übertragen wurde, einzelne Ansprüche zu prüfen, zur Insolvenztabelle anzumelden oder auf dem Rechtsweg zu verfolgen, kann eine Vergütung nicht höher festgesetzt

---

[1] BVerfG KTS 1982, 221 f.

[2] *Blersch,* InsVV, § 11 Rn. 59.

[3] BGH NZI 2004, 245 ff. m. Anm. *Bernsau* und m. zust. Anm. *Vallender,* EWiR 2004, § 63 InsO 1/04, 609 f.; vgl. zur verfassungsrechtlichen Problematik auch den Nichtannahmebeschluss des BVerfG ZInsO 2004, 383 ff. m. krit. Anm. *Haarmeyer;* bestätigt mit BGH NZI 2006, 239 ff. = ZInsO 2006, 204 f.

[4] BGH ZIP 2008, 228 ff.

[5] BGH, ebd.

[6] BGH NZI 2008, 485 ff. m. Anm. *Frege* = ZInsO 2008, 733 ff., m. Anm. *Graeber,* ZInsO 2008, 847 ff. = DZWIR 2008, 459 m. Anm. *Keller,* 463 und *Looff,* DZWIR 2009, 14 ff.

werden als der Vergütungsanspruch eines Rechtsanwalts nach dem Rechtsanwaltsvergütungsgesetz.[1] Zur Gewährung eventueller Zuschläge verhält sich ein Beschluss des LG Frankfurt/Main.[2]

7. Praxishinweis

Nach der Euro-Umstellung dürfte zutreffenderweise – ohne dass es eine entsprechende Übergangsregelung gibt – für zum 1. Januar 2002 noch nicht abgerechnete Vergütungen das neue Recht Anwendung finden.[3] Durch die Euro-Umstellung ergeben sich dadurch Vergütungskürzungen von ca. 2%. 21

§ 64 Festsetzung durch das Gericht

(1) **Das Insolvenzgericht setzt die Vergütung und die zu erstattenden Auslagen des Insolvenzverwalters durch Beschluss fest.**

(2) **Der Beschluss ist öffentlich bekanntzumachen und dem Verwalter, dem Schuldner und, wenn ein Gläubigerausschuß bestellt ist, den Mitgliedern des Ausschusses besonders zuzustellen. Die festgesetzten Beträge sind nicht zu veröffentlichen; in der öffentlichen Bekanntmachung ist darauf hinzuweisen, daß der vollständige Beschluss in der Geschäftsstelle eingesehen werden kann.**

(3) **Gegen den Beschluss steht dem Verwalter, dem Schuldner und jedem Insolvenzgläubiger die sofortige Beschwerde zu. § 567 Abs. 2 der Zivilprozeßordnung gilt entsprechend.**

Übersicht

1. Normzweck

1 Die Vorschrift regelt das gerichtliche Festsetzungsverfahren für die Vergütung und die zu erstattenden Auslagen des Insolvenzverwalters.

2 Die Vergütung kann erst nach Festsetzung durch das Gericht entnommen werden, wobei der Anspruch auf Vergütung und Erstattung der angemessenen Auslagen bereits mit der Erbringung der Arbeitsleistung entsteht.[4] Die vom Insolvenzgericht festgesetzte Vergütung des Insolvenzverwalters darf bereits vor Rechtskraft des Festsetzungsbeschlusses der Masse entnommen werden.[5] Die

[1] BGH, ebd.; zur Festsetzung vgl. Erläuterungen zu § 64 Rn. 4.

[2] LG Frankfurt (Main), Beschluss v. 2. 7. 2008 – 2–9 T 64/08, BeckRS 2008, 23747.

[3] Z.B. AG Dresden ZIP 2002, 1366 f.

[4] *Nerlich/Römermann/Delhaes,* InsO, § 64 Rn. 1 mwN.

[5] BGH NZI 2006, 94 ff. Tz. 23 noch zur Vergütung des Konkursverwalters, aber auf die des Insolvenzverwalters ohne Weiteres übertragbar; zur Anfechtbarkeit der „Entnahme" der Vergütung des ehemaligen Sequesters ablehnend LG Dresden ZInsO 2007, 221 f.

Fälligkeit des Vergütungs- und Auslagenersatzanspruchs des Insolvenzverwalters richtet sich entsprechend der allgemeinen Regelung im Vergütungs- und Kostenrecht danach, wann er die Tätigkeit im Insolvenzverfahren insgesamt beendet oder eine gesondert zu vergütende Tätigkeit erledigt hat.[1] Die verzögerte Bearbeitung des Antrags auf Festsetzung der Vergütung des (vorläufigen) Insolvenzverwalters durch das Insolvenzgericht rechtfertigt weder eine Verzinsung des Vergütungsanspruchs noch die Festsetzung eines Zuschlags zur Regelvergütung, noch ohne Weiteres die Erstattung von „Vorfinanzierungsauslagen".[2] Der Insolvenzverwalter habe die Möglichkeit, Vorschüsse auf seine Vergütung zu beantragen. Sowohl die schuldhafte Verzögerung oder Versagung eines beantragten Kostenvorschusses als auch die verzögerte Bearbeitung des Vergütungsantrages können allerdings zu einem Schadenersatzanspruch wegen Amtspflichtverletzung nach § 839 BGB i. V. m. Art. 34 GG führen.[3]

2. Anwendungsbereich

3 § 64 ist über § 21 Abs. 2 Ziff. 1 auch für die Vergütung und Auslagenerstattung des vorläufigen Insolvenzverwalters anzuwenden; weiter die des Sachwalters,[4] des vorläufigen und endgültigen Treuhänders im Verbraucherinsolvenzverfahren, des Sonderinsolvenzverwalters sowie des Treuhänders im Restschuldbefreiungsverfahren und die Vergütung der Mitglieder des Gläubigerausschusses (vgl. §§ 10, 13, 16, 17 InsVV).

3. Festsetzungsverfahren

4 **a)** Die Vergütung und die Auslagen des Insolvenzverwalters werden vom Insolvenzgericht festgesetzt. Funktional zuständig ist gem. § 18 RPflG der Rechtspfleger. Ausnahmsweise ist der Richter zuständig, falls ein Insolvenzverfahren mangels verfahrenskostendeckender Masse gem. § 26 Abs. 1 nicht eröffnet wird oder sich der Richter gem. § 18 Abs. 2 RPflG die weitere Verfahrensführung vorbehalten hat. In der Regel ist damit auch der Rechtspfleger zuständig für die Festsetzung der Vergütung des vorläufigen Insolvenzverwalters.[5] Der Wirksamkeit einer gleichwohl vom Richter vorgenommenen Festsetzung steht diese Zuständigkeitsregelung allerdings wegen § 8 Abs. 1 RPflG nicht entgegen.[6]

5 **b)** Erforderlich ist ein Antrag des Insolvenzverwalters, der tunlichst zusammen mit der Schlussrechnung einzureichen ist. In dem Antrag ist näher darzulegen, wie die für die Höhe der Vergütung maßgebliche Insolvenzmasse berechnet

---

[1] LG Göttingen ZVI 2002, 433 f.; m. zust. Anm. *Tappmeier,* EWiR 2001, § 8 InsVV 2/01, 881 f.; näher hierzu MünchKommInsO-*Nowak,* § 63 Rn. 7 und zur Verjährung Rn. 8 f.; im Insolvenzplanverfahren ist Voraussetzung für die Festsetzung auch, dass der Insolvenzplan rechtskräftig bestätigt ist, LG Berlin NZI 2005, 338 f.

[2] BGH NZI 2004, 249 ff. = ZInsO 2004, 268 ff. m. krit. Anm. *Haarmeyer;* zust. Anm. hingegen bei *Schumacher,* EWiR 2004, § 63 InsO 2/04, 611 f.

[3] Vgl. BGH, ebd.

[4] Nicht aber die der organschaftlichen Vertreter der Schuldnerin bei der Eigenverwaltung, AG Duisburg NZI 2006, 112 f.

[5] OLG Köln NZI 2000, 585 f., 586 (mwN); aA: AG Göttingen ZInsO 2001, 616 f. auch zu den inhaltlichen Anforderungen an den Vergütungsantrag.

[6] OLG Köln aaO; OLG Jena ZIP 2000, 1839 ff. 1839 f.

wurde – Vorgaben hierzu enthält § 1 Abs. 2 InsVV – und welche Dienst- oder Werksverträge nach § 4 Abs. 1 S. 3 InsVV für besondere Aufgaben im Rahmen der Insolvenzverwaltung abgeschlossen worden sind, § 8 Abs. 1 und Abs. 2 InsVV.[1] Auch nach Festsetzung seiner Vergütung kann der Verwalter eine weitere, ergänzende Festsetzung verlangen, wenn die Vermögensmasse[2] oder die Tätigkeit,[3] auf der der Antrag auf Festsetzung einer weiteren Vergütung beruht, nicht bereits Gegenstand der bisherigen Festsetzungsentscheidung war.

c) Auf den Antrag hin erlässt das Gericht einen Festsetzungsbeschluss, der im Hinblick auf den Eingriff in die Rechte der Beteiligten und die Beschwerdemöglichkeit zu begründen ist.[4] Auch die Vergütung des Sonderinsolvenzverwalters wird durch das Insolvenzgericht mit Beschluss festgesetzt.[5] 6

d) Der Beschluss ist in der Form des § 9 öffentlich bekannt zu machen. Aus Gründen des Schutzes des Persönlichkeitsrechts des Insolvenzverwalters – etwa vor Anfeindungen hoher Vergütungen in der Öffentlichkeit – sind die festgesetzten Beträge nicht zu veröffentlichen, § 64 Abs. 2 S. 2 InsO. Dies stößt auf Grund der Tatsache, dass eine Zustellung an die Gläubiger selbst neben der öffentlichen Bekanntmachung nicht vorgesehen ist,[6] auf verfassungsrechtliche Bedenken, da diesen auf diese Weise der Umfang der sie betreffenden Beschwer verborgen bleibt und im Übrigen innerhalb der zweiwöchigen Beschwerdefrist der Beschluss erst eingesehen und sodann dessen Überprüfung durchgeführt werden muss, worin eine maßgebliche Verkürzung des Beschwerderechtes gesehen werden kann.[7] 7

Hintergrund der einem Anliegen des Bundesbeauftragten für den Datenschutz Rechnung tragenden Änderung des Regierungsentwurfs[8] durch Ergänzung des Abs. 2 ist eher die Problematik, dass es sich um eine Wertvergütung handelt, die in großen Verfahren mit hohen Insolvenzmassen zu „Neideffekten" führen kann. Dabei wird in der Diskussion häufig übersehen, dass die grundsätzlich zunächst als Umsatz des Unternehmers Insolvenzverwalter anzusehende Vergütung im Laufe eines mehrere Jahre andauernden und überwiegend sehr arbeits- und zeit- 8

---

[1] Vgl. zu den Anforderungen BGH NZI 2005, 103 ff. = ZIP 2005, 36 ff.; AG Hamburg ZInsO 2002, 1180 f.; zur Verjährung/Hemmung durch Antragstellung: BGH NZI 2007, 397 ff. = DZWIR 2007, 459 f. m. Anm. *Graeber;* vgl. auch *Keller,* NZI 2007, 378 ff.

[2] BGH NZI 2006, 165 f. Tz. 14 ff. m. Anm. *Nowak*; BGH NZI 2006, 237 ff. = ZIP 2006, 486 ff. Tz. 18 m. Anm. *Prasser;* AG Potsdam ZInsO 2000, 113 (nur redaktioneller Leitsatz) m. zust. Anm. *Haarmeyer.*

[3] BGH NZI 2007, 43 f.

[4] LG Erfurt ZIP 2003, 1955 f.; m. zust. Anm. *Johlke/Schröder,* EWiR 2004, § 4 InsVV 1/04, 561 f., auch zum rechtlichen Gehör im Rahmen des Abhilfeverfahrens; *Smid/Smid,* InsO, § 64 Rn. 3.

[5] BGH NZI 2008, 485 ff. m. Anm. *Frege* = ZInsO 2008, 733 ff. = ZIP 2008, 1204 ff., Rn. 26.

[6] Eine förmliche Zustellung an jeden einzelnen Gläubiger wäre auch bei Großverfahren nicht praktikabel; i. d. S. BGH ZIP 2004, 332 in einem Nichtannahmebeschluss und im Anschluss an BayObLG ZInsO 2002, 129 ff., wonach auch für den Fall, dass gesetzlich vorgeschriebene Einzelzustellungen unterbleiben, bei ordnungsgemäßer öffentlicher Bekanntmachung die Rechtsmittelfristen gegenüber allen Verfahrensbeteiligten in Lauf gesetzt werden.

[7] Vgl. BVerfG ZIP 1988, 379 ff., 381 f.

[8] Ausschussbericht, abgedruckt in *Balz/Landfermann,* S. 279.

intensiven Verfahrens mit einer Vielzahl von Mitarbeitern sukzessive erarbeitet worden ist. Der Hinweis[1] darauf, dass es sinnvoller gewesen wäre, auf die Veröffentlichungen des Namens des Insolvenzverwalters zu verzichten und so dessen Schutz zu bewirken, überzeugt nicht, da zum einen eine solche Veröffentlichung von Gesetzes wegen nicht vorgeschrieben ist, zum anderen ohne großen Aufwand über das Internet festzustellen ist, wer im betreffenden Verfahren als Insolvenzverwalter bestellt wurde.[2] Richtig wäre offensive Klarheit. In den USA mit dem Grundsatz des „public record" wären viele in Deutschland „hochvertrauliche" Sachverhalte, sobald sie offen zugänglich sind, wenig spektakulär.

9 **e)** Eine besondere Zustellung des vollständigen Beschlusses hat nur an den Insolvenzverwalter, den Schuldner und, sofern ein Gläubigerausschuss bestellt ist, an dessen Mitglieder zu erfolgen.[3]

10 **f)** Mangels Fälligkeit steht dem Insolvenzverwalter, solange seine Vergütung noch nicht festgesetzt ist, kein Zurückbehaltungsrecht (§ 273 Abs. 1 BGB) an Massegegenständen zur Sicherung seiner Ansprüche zu.[4] Mit einem Anspruch auf die Vergütung des vorläufigen Insolvenzverwalters oder des Insolvenzverwalters kann im streitigen Zivilprozess nur aufgerechnet werden, wenn die Vergütung durch das Insolvenzgericht rechtskräftig festgesetzt ist.[5]

11 **g)** Nach § 9 S. 1 InsVV kann der Insolvenzverwalter aus der Insolvenzmasse einen Vorschuss auf seine Vergütung und die Auslagen entnehmen.

12 Diese Berechtigung ist an die Zustimmung des Insolvenzgerichts gebunden und setzt einen entsprechend begründeten Antrag des Insolvenzverwalters voraus. § 9 S. 2 InsVV schränkt insoweit das pflichtgemäße Ermessen des Insolvenzgerichts bei der Entscheidung über den Antrag des Insolvenzverwalters ein. Danach soll die Zustimmung in der Regel erteilt werden, wenn das Insolvenzverfahren länger als sechs Monate dauert oder wenn besonders hohe Auslagen erforderlich werden. Konkret bedeutet dies, dass der Insolvenzverwalter sechs Monate nach Eröffnung des Verfahrens einen Vorschuss beantragen kann und das Gericht ihn in der Regel festsetzen muss.[6] Am Rande sei angemerkt, dass im ursprünglichen Entwurf einer insolvenzrechtlichen Vergütungsverordnung noch ein Zeitraum von zwölf Monaten geregelt war, was in Anbetracht der Tatsache, dass dann die Tätigkeit des Insolvenzverwalters in diesem Zeitraum zunächst vorzufinanzieren wäre, als unzumutbar anzusehen war. Eine ausführliche Begründung des Antrages auf Festsetzung eines Vorschusses ist nicht notwendig, aller-

---

[1] HK-*Eickmann,* InsO, § 64 Rn. 7.

[2] Vgl. die Veröffentlichung der eröffneten Verfahren auf der Homepage des RWS-Verlages unter *www.rws-verlag.de,* dort unter Menüpunkt IN-DAT.

[3] Zu Einzelheiten vgl. MünchKommInsO-*Nowak,* § 64 Rn. 11.

[4] LG Augsburg KTS 1978, 54 f., 56.

[5] BGH NZI 2006, 94 ff. Rn. 35 ff. noch zur Vergütung des Konkursverwalters, aber auf die des Insolvenzverwalters ohne Weiteres übertragbar.

[6] BGH ZIP 2002, 2223 ff., 2224, der dem Insolvenzverwalter auf Grund seiner Vorleistungspflicht einen Anspruch auf pflichtgemäße Entscheidung über die Gewährung eines angemessenen Vergütungsvorschusses zuspricht, der jedenfalls bei ausreichender Liquidität der Insolvenzmasse unter Berücksichtigung der Berechnungsmerkmale der §§ 1–3 InsVV zu bestimmen sei; aA: für den aus seinem Amt entlassenen Insolvenzverwalter: OLG Zweibrücken NZI 2002, 43 f.

dings sollten die voraussichtliche Teilungsmasse und die prognostizierte Vergütungshöhe in etwa angegeben werden.

4. Rechtsmittel

a) Dem Insolvenzverwalter, dem Schuldner und den Insolvenzgläubigern,[1] nicht aber dem Gläubigerausschuss und der Gläubigerversammlung als solcher, steht, sofern sie durch den Beschluss beschwert sind, die sofortige Beschwerde (§ 6) zu, § 64 Abs. 3 Satz 1. Voraussetzung ist infolge der Verweisung auf § 567 Abs. 2 ZPO, dass der Beschwerdegegenstand einen Wert von 100,– € übersteigt. 13

b) Nicht zum Kreise der Beschwerdeberechtigten gehören die Massegläubiger – es sei denn, sie fallen mit einem Teil ihrer Forderungen aus –, weil durch die Vergütungsfestsetzung eine Masseunzulänglichkeit herbeigeführt wurde.[2] 14

c) Für den Sonderfall eines absonderungsberechtigten Insolvenzgläubigers fehlt die Beschwerdeberechtigung zur Anfechtung der Vergütungsfestsetzung nur dann, wenn feststeht, dass er mit Sicherheit vollständig befriedigt werden wird.[3] 15

d) Vorschussbeschlüsse nach § 9 S. 1 InsVV sind nicht mit der Beschwerde anfechtbar, da es sich nicht um eine Vergütungs- oder Auslagenfestsetzung handelt. Die Einnahme stelle nur einen Abschlag auf die spätere festzusetzende Vergütung dar. Es findet allerdings die befristete Erinnerung nach § 11 Abs. 2 RPflG statt.[4] 16

e) Da trotz der allgemeinen subsidiären Anwendbarkeit der ZPO-Vorschriften (§ 4) § 64 Abs. 3 S. 2 nur die entsprechende Geltung des § 567 Abs. 2 ZPO anordnet, ist die Anwendbarkeit der anderen ZPO-Vorschriften über das Beschwerdeverfahren ausgeschlossen. Andernfalls ergäbe § 64 Abs. 3 S. 2 mit seiner ausdrücklichen Verweisung keinen Sinn und wäre wegen § 4 überflüssig. 17

Dies bedeutet eine Abkehr von der bisherigen Rechtsprechung, die auch die Verwaltervergütung als Prozesskosten i. S. d. § 568 Abs. 3 ZPO qualifizierte.[5] Dies erscheint auch sinnvoll, da es sich bei dem Beschluss über die Festsetzung der Verwaltervergütung im Gegensatz zu dem nur als „Nebenentscheidung" zu qualifizierenden Prozesskosten-Beschluss, um einen essenziellen Teil des Insolvenzverfahrens handelt. Häufig geht es in Beschwerdeverfahren über Vergütungen bereits in mittelgroßen Insolvenzverfahren um mehrere Zehntausend Euro. Gegen den die Vergütung des Insolvenzverwalters festsetzenden Beschluss ist die sofortige Beschwerde zulässig; im Rahmen der Einschränkungen des § 7 18

[1] BGH NZI 2007, 241 ff.: Die Berechtigung eines Insolvenzgläubigers zur Erhebung einer Beschwerde gegen die Festsetzung der Vergütung und Auslagen des vorläufigen Insolvenzverwalters ist bereits dann gegeben, wenn eine Forderung zur Insolvenztabelle angemeldet worden ist; BGH NZI 2006, 250 f. zur Beschwerdeberechtigung eines Insolvenzgläubigers in masselosen Verfahren gegen die Festsetzung der Vergütung des Treuhänders – bejahend.

[2] LG Frankfurt (Main) ZIP 1991, 1442 f., 1442.

[3] Brandenburgisches OLG ZInsO 2001, 257 f.

[4] BGH ZIP 2002, 2233 ff., der BGH-Entscheidung zugrunde liegender Vorlagebeschluss OLG Köln ZIP 2002, 231 ff.; m. krit. Anm. *Keller,* EWiR 2002, § 9 InsVV 1/02, 295 f. und DZWIR 2003, 101 ff.; LG Göttingen ZInsO 2001, 846 ff.; m. Anm. *Foltis,* ZInsO 2001, 842 f.; vgl. auch MünchKommInsO-*Nowak,* § 9 InsVV Rn. 14.

[5] KG Berlin ZIP 1980, 30 f. mwN.

i. V. m. § 574 ZPO nF ist gegen die Entscheidung des Beschwerdegerichts die Rechtsbeschwerde zulässig.[1] War die sofortige Beschwerde unzulässig, hat das Beschwerdegericht sie jedoch sachlich verbeschieden, ist diese Entscheidung auf eine zulässige Rechtsbeschwerde hin aufzuheben und die sofortige Beschwerde als unzulässig zu verwerfen; ist allerdings auch die Rechtsbeschwerde unzulässig, muss sie ohne Rücksicht auf die Zulässigkeit der vorausgegangenen sofortigen Beschwerde verworfen werden.[2] Wird mit der sofortigen Beschwerde ein Hilfsantrag gestellt, ist dieser nicht Gegenstand der Abhilfeentscheidung des erstinstanzlichen Gerichts; das Beschwerdegericht darf die Verbescheidung des Hilfsantrags nicht wegen Fehlens einer Abhilfeentscheidung unterlassen.[3] Zu den Zulässigkeitsvoraussetzungen einer Rechtsbeschwerde gegen die Vergütungsfestsetzung verhält sich umfassend ein Beschluss des BGH vom 14. 2. 2008.[4]

Das Verbot der Schlechterstellung (reformatio in peius) gilt im Beschwerdeverfahren auch nach Aufhebung und Zurückverweisung.[5] Es hindert das Beschwerdegericht nicht, bei Feststellung der angemessenen Vergütung im Einzelfall Zu- und Abschläge zum Nachteil des Beschwerdeführers anders zu bemessen als das Insolvenzgericht, soweit es den Vergütungssatz insgesamt nicht zu seinem Nachteil ändert.[6] Die Rückforderung zuvor der Masse entnommener Beträge nach rechtskräftiger Aufhebung eines Beschlusses über die Festsetzung der Vergütung richtet sich nach § 717 Abs. 2 ZPO.[7]

§ 65 Verordnungsermächtigung

Das Bundesministerium der Justiz wird ermächtigt, die Vergütung und die Erstattung der Auslagen des Insolvenzverwalters durch Rechtsverordnung näher zu regeln.

1 Auf der Basis der Ermächtigungsnorm des § 65 InsO wurde die Insolvenzrechtliche Vergütungsverordnung (InsVV) vom 19. August 1998[8] erlassen. Durch

---

[1] BGH DZWIR 2002, 462 ff. m. Anm. *Graeber;* BGH im grundlegenden Beschluss vom 14. 12. 2000, ZIP 2001, 296 ff., 297 zur Beschwerde gegen die Festsetzung der vorläufigen Verwaltervergütung; HK-*Eickmann,* InsO, § 64 Rn. 12 f. mwN; OLG Stuttgart ZInsO 2000, 158 ff., 159 f. m. zahlreichen wN = NJW 2000, 1344 ff., 1345, = NZI 2000, 166 ff., 167 f. = DZWIR 2000, 109 ff., 110 f.; = ZIP 2000, 587 ff., 587 f., = Rpfleger 2000, 231 ff., 232.

[2] BGH NZI 2007, 166 ff. Tz. 6.

[3] BGH, ebd., Tz. 17 ff.

[4] BGH NZI 2008, 391 f.

[5] BGH NZI 2004, 440 ff. = ZIP 2004, 1214 ff. gleichzeitig zur Frage der Verwirkung des Anspruchs auf Vergütung nach § 63 Abs. 1 und zu einem evtl. Bereicherungsanspruch (verneinend) bei Erschleichung der Bestellung unter Vorspiegelung nicht vorhandener Qualifikation; LG Göttingen ZInsO 2004, S, 497; zur Verwirkung nochmals LG Schwerin NZI 2008, 692, rechtskräftig vgl. BGH WM 2009, 1058.

[6] BGH NZI 2005, 559 f. als Ergänzung zu BGH NZI 2003, 603 ff.; bestätigt durch BGH NZI 2007, 45 f., auch zur Frage, ob über den Antrag des Beschwerdeführers hinausgegangen werden darf – verneinend, Tz. 5 ff.

[7] Noch zur Vergütung des Konkursverwalters, aber ohne Weiteres auf den Insolvenzverwalter übertragbar BGH NZI 2006, 94 ff. Tz. 25–34 in der Revisionsentscheidung zu OLG Hamburg ZIP 2004, 2150 ff.; m. zust. Anm. *Amend* EWiR 2005, § 717 ZPO 1/05, 143 f.

[8] BGBl. I 1998, S. 2205.

die Platzierung der Vorschrift hinter § 64 wird verdeutlicht, dass die Vergütungsverordnung auch Regelungen zum Festsetzungsverfahren enthalten kann.[1]

§ 66 Rechnungslegung

(1) **Der Insolvenzverwalter hat bei der Beendigung seines Amtes einer Gläubigerversammlung Rechnung zu legen.**

(2) **Vor der Gläubigerversammlung prüft das Insolvenzgericht die Schlussrechnung des Verwalters. Es legt die Schlussrechnung mit den Belegen, mit einem Vermerk über die Prüfung und, wenn ein Gläubigerausschuß bestellt ist, mit dessen Bemerkungen zur Einsicht der Beteiligten aus; es kann dem Gläubigerausschuß für dessen Stellungnahme eine Frist setzen. Der Zeitraum zwischen der Auslegung der Unterlagen und dem Termin der Gläubigerversammlung soll mindestens eine Woche betragen.**

(3) **Die Gläubigerversammlung kann dem Verwalter aufgeben, zu bestimmten Zeitpunkten während des Verfahrens Zwischenrechnung zu legen. Die Absätze 1 und 2 gelten entsprechend.**

Literatur: BAKinso (o. V.), Schlussrechnungsprüfung durch die Insolvenzgerichte – Anfrage des BMJ vom 1. 3. 2007 (Az.: RA 6–3760/7–6-R3107/2007), *www.bakinso.de*; *Braun,* Handelsbilanz contra Schlussrechnung – Der entmündigte Rechtspfleger, ZIP 1997, 1013 ff.; *Franke/Firmenich,* Die (gerichtliche?!) Schlussrechnungsprüfung im Insolvenzverfahren – zwischen Legalitäts- und Legitimitätskontrolle, ZInsO 2009, 123 ff.; *Heyrath,* Die Prüfung der Schlussrechnung, ZInsO 2005, 1092 ff. (Teil 1) und ZInsO 2006, 1196 ff. (Teil 2); *ders./Ebeling/Reck,* Schlussrechnungsprüfung im Insolvenzverfahren, Münster 2008; IDW Rechnungslegungshinweis (o. V.): Bestandsaufnahme im Insolvenzverfahren (IDW RH HFA 1.010), FN-IDW 2008, 309 ff. = ZInsO 2009, 74 ff.; *ders.,* Insolvenzspezifische Rechnungslegung im Insolvenzverfahren (IDW RH HFA 1.011), FN-IDW 2008, 321 ff. = ZInsO 2009, 130 ff.; *ders.,* Externe (handelsrechtliche) Rechnungslegung im Insolvenzverfahren (IDW RH HFA 1.012), FN-IDW 2008, 331 ff. = ZInsO 2009, 179 ff.; *König,* Gesonderte oder harmonisierte Rechnungslegung des Konkursverwalters im Unternehmenskonkurs, ZIP 1988, 1003 ff.; *Mäusezahl,* Schlussrechnungsprüfung – Perspektiven für die gerichtliche Praxis, ZInsO 2006, 580 ff.; *Pelka/Niemann,* Praxis der Rechnungslegung in Insolvenzverfahren; *Pink,* Insolvenzrechnungslegung. Eine Analyse der konkurs-, handels- und steuerrechtlichen Rechnungslegungspflichten des Insolvenzverwalters, Düsseldorf 1995; *Uhlenbruck,* Die Prüfung der Rechnungslegung des Konkursverwalters, ZIP 1982, 125 ff.; *Vierhaus,* Zur Verfassungswidrigkeit der Übertragung von Rechtspflegeraufgaben auf Private, ZInsO 2008, 521 ff.; *Weber,* Der risikoorientierte Prüfungsansatz für Schlussrechnungsprüfungen, Rpfleger 2007, 523 ff.; *Weitzmann,* Rechnungslegung und Schlussrechnungsprüfung, ZInsO 2007, 449 ff.

Übersicht

[1] Begründung RegE, abgedruckt in *Balz/Landfermann,* S. 279.

1. Normzweck

1 Neben den allgemeinen handelsrechtlichen und steuerrechtlichen Buchführungspflichten, die den Insolvenzverwalter in gleicher Weise wie den Schuldner selbst treffen, besteht auch eine von diesen Pflichten zu unterscheidende insolvenzrechtliche Rechnungslegungspflicht, die daneben in den einzelnen, sehr verstreuten Normen der §§ 58, 66, 69, 79, 151, 153, 154 geregelt ist. Diese Rechnungslegungspflicht soll Folge des im Insolvenzverfahren geltenden Grundsatzes der Gläubigerautonomie sein.[1] Tatsächlich ist sie Ausdruck der jeder Verwaltung fremden Vermögens immanenten Pflicht zur Rechnungslegung, wie §§ 666, 259 BGB zeigen. Dies soll das Handeln des Insolvenzverwalters transparent machen und dient seiner Entlastung.[2]

2. Zeitpunkt und Umfang der Schlussrechnung

2 **a)** Ein wichtiger Teil jener insolvenzrechtlichen Rechnungslegungspflichten ist die Verpflichtung des Insolvenzverwalters zur Erstellung einer Schlussrechnung bei Beendigung seines Amtes, im Regelfall also bei Abschluss des Insolvenzverfahrens, aber auch bei einer vorzeitigen Beendigung durch Abwahl oder Entlassung.[3] Dennoch ist nicht aus den Augen zu verlieren, dass Rechnungslegung und Verantwortung für fremdes Vermögen mit §§ 148, 151–153 beginnen. Wo die Übernahme dessen, was man verwaltet, nicht ordentlich erfolgt, ist mit der Schlussrechnung auch nichts mehr zu gewinnen. Wer am Anfang nicht alles, was er übernimmt, erfasst, kann lange vorrechnen, was er am Schluss in der Kasse hat; nur nachprüfen kann dies niemand mehr. Die ordentliche Schlussrechnung beginnt deswegen mit einer ordentlichen Inventarisierung.[4]

3 Endet das Verwalteramt durch den Tod des Insolvenzverwalters, so sind dessen Erben nur verpflichtet, eine mit Belegen versehene Abrechnung über die Einnahmen und Ausgaben vorzulegen, nicht aber eine komplette Schlussrechnung zu erstellen,[5] zumal sie hierzu mangels Kenntnis der einzelnen Maßnahmen regelmäßig nicht in der Lage sein werden.

4 **b)** Aufgrund der Verweisung in § 21 Abs. 2 Ziff. 1 besteht eine Rechnungslegungspflicht auch für den vorläufigen Insolvenzverwalter. Auf eine solche Rechnungslegung wird man nur bei kurzer Dauer der vorläufigen Insolvenzverwaltung verzichten können. In der Regel wird eine solche Rechnungslegung dann nur eine Einnahmen-und-Ausgaben-Rechnung, eine (vergleichende) Ver-

---

[1] Begründung RegE, abgedruckt bei *Balz/Landfermann,* S. 280.

[2] MünchKomm-*Nowak,* InsO § 66 Rn. 1.

[3] Zu der Teilschlussrechnung bei Verwalterwechsel eingehend *Bähner,* KTS 1991, 347 ff., 358 f.

[4] Vgl. zu den Anforderungen IDW Rechnungslegungshinweis: Bestandsaufnahme im Insolvenzverfahren (IDW RH HFA 1.010), FN-IDW 2008, 309 ff. = ZInsO 2009, 74 ff. Wenn § 123 Abs. 1 S. 2 KO deswegen die Zuziehung einer obrigkeitlichen Person forderte, verlangte es das Vier-Augen-Prinzip bei der Übernahme der Masse. Der Gesetzgeber der InsO vertraut, nachdem von diesem Erfordernis in der KO schon in aller Regel „formularmäßig" dispensiert wurde, dem Insolvenzverwalter.

[5] HM – vgl. *Eickmann,* Rpfleger 1970, 318 ff., 320 f.; sehr ausführlich zu dieser Problematik MünchKommInsO-*Nowak,* § 66 Rn. 35 mwN, der die Auffassung vertritt, an eine solche Teilschlussrechnung seien dann allerdings geringere Anforderungen zu stellen; aA *Smid/Smid,* InsO, § 66 Rn. 4 mwN zur Gegenauffassung.

mögensübersicht – sofern überhaupt erforderlich – und eine Berichterstattung in Form eines Tätigkeitsberichtes (sofern nicht ein Sachverständigengutachten eingereicht wurde) enthalten.[1] Für den Fall der Eröffnung des Insolvenzverfahrens ist aus Gründen der Gesamtwürdigung die Rechnungslegung des vorläufigen Insolvenzverwalters als Teil der Schlussrechnung anzusehen. Dies gilt selbstverständlich nur, wenn der vorläufige Insolvenzverwalter mit dem bei Eröffnung bestellten Insolvenzverwalter personenidentisch ist. Die Rechnungslegung i. S. d. § 66 ist nicht Voraussetzung der Vergütungsfestsetzung des sog. „schwachen“ vorläufigen Insolvenzverwalters. Der vorläufige Insolvenzverwalter muss lediglich die Grundlage seiner Vergütung schlüssig und nachvollziehbar darlegen.[2]

c) Kommt der Insolvenzverwalter seinen Rechnungslegungspflichten nicht innerhalb eines angemessenen Zeitraumes nach Beendigung seiner Tätigkeit nach, so hat ihn das Insolvenzgericht unter Fristsetzung hierzu anzuhalten und ggf. die Rechnungslegung mittels Zwangsgeld nach § 58 Abs. 2 zu erzwingen.[3] 5

Eine Übertragung der Erstellung der Schlussrechnung auf einen Dritten (Ersatzvornahme) wegen Säumnis des Insolvenzverwalters ist nicht zulässig,[4] zumal i. d. R. Dritte zur Erstellung des Tätigkeits- und Rechenschaftsberichtes nicht in der Lage sind. 6

3. Die Form der Schlussrechnung

a) Eine Regelung, wie die Schlussrechnung im Einzelnen gegliedert sein soll, enthält die Insolvenzordnung – ebenso wie die Konkursordnung – nicht. Dementsprechend bestehen erhebliche Unsicherheiten bezüglich Art und Umfang.[5] 7

Jedenfalls hat die Schlussrechnung in vollständiger und verständlicher Form nach den Grundsätzen einer gewissenhaften und getreuen Rechnungslegung die gesamte Tätigkeit des Verwalters zu dokumentieren und muss insbesondere Aufschluss darüber geben, welche Vermögenswerte aus- und abgesondert, welche freigegeben bzw. welche mit welchem Ergebnis verwertet wurden, wie schwebende Rechtsgeschäfte und Prozesse abgewickelt wurden und was durch Anfechtung zur Masse gezogen werden konnte.[6] Die Rechnungslegungspflicht dient auch der Kontrolle des Verwalterhandelns im Hinblick auf eventuelle Ersatzansprüche bzw. der dem Insolvenzverwalter zu erteilenden Entlastung.[7] 8

b) In der Praxis wird häufig eine von der kaufmännischen doppelten Buchführung abweichende Form der Rechnungslegung gewählt. Demzufolge besteht eine Schlussrechnung üblicherweise aus einer Einnahmen-und-Ausgaben-Rechnung und eventuell (nicht zwingend) einer Insolvenzschlussbilanz, die in bilanzierender Gegenüberstellung zu der wegen § 155 zu erstellenden Insolvenzeröff- 9

---

[1] *Nerlich/Römermann/Delhaes,* InsO, § 66 Rn. 15.

[2] KG ZInsO 2001, 409 f.

[3] BGH NZI 2005, 391 ff.; MünchKomm-*Nowak,* InsO § 66 Rn. 8.

[4] LG Bayreuth Rpfleger 1965, 306 f.; MünchKomm-*Nowak,* InsO, § 66 Rn. 22 mwN; allerdings können Dritte sehr wohl das finanzielle Wirtschaften aufklären, dokumentieren und, wo nötig, die Voraussetzung für Ersatzansprüche schaffen.

[5] Zu den Anforderungen vgl. IDW Rechnungslegungshinweis: Insolvenzspezifische Rechnungslegung im Insolvenzverfahren (IDW RH HFA 1.011), FN-IDW 2008, 321 ff. = ZInsO 2009, 130 ff.; *Bernsen,* in Kölner Schrift, S. 1843 ff., 1854 Rn. 21.

[6] *Bähner/Berger/Braun,* ZIP 1993, 1283 ff., 1284; OLG Nürnberg KTS 196, 62 ff., 64.

[7] HK-*Eickmann,* InsO, § 66 Rn. 5 mN zu Mustern.

nungsbilanz aufgebaut sein und das Ergebnis der Verwertungs- und Abwicklungstätigkeit des Insolvenzverwalters zahlenmäßig erfassen soll.[1] Dieser **rechnerische Teil** wird durch das Verteilungsverzeichnis gem. § 188 ergänzt.[2]

10 Daneben existiert ein **darstellender Teil,** der Schlussbericht, der einen umfassenden Überblick über die gesamte Verwaltertätigkeit geben muss und gewährleisten soll, dass die Gläubiger den rechnerischen Teil eigenständig nachvollziehen können. Er hat mithin zu allen Punkten, über die der Schlussbericht nach den obigen Ausführungen Aufschluss geben muss, die notwendigen Klarstellungen zu enthalten.

11 Teilweise werden Schlussrechnungen aber durch erweiterte Buchungen mit der Methode der doppelten handelsrechtlichen Buchführung erstellt – mit dem Vorteil, auf diese Weise eine zweifache (handelsrechtliche und insolvenzrechtliche) Buchführung überflüssig zu machen.[3]

12 **c)** In jedem Falle sind mit der Schlussrechnung sämtliche Belege zu den Zahlungsbewegungen (Quittungen, Kontoauszüge etc.) vorzulegen.[4]

4. Die Prüfungspflicht des Insolvenzgerichts

13 **a)** Als Folge seiner Aufsichtspflicht (§ 58) hat das Insolvenzgericht die Schlussrechnung (auch Zwischen-Schlussrechnung aus Anlass vorzeitiger Beendigung des Verwalteramtes) zu überprüfen.

14 **b)** Die funktionelle Zuständigkeit liegt – wie immer unter dem Vorbehalt, dass der Richter nicht von § 18 Abs. 2 RPflG Gebrauch gemacht hat – beim Rechtspfleger, § 18 RPflG.

15 **c)** Die Prüfungspflicht besteht in formeller und in materieller Hinsicht.

16 Das Gericht hat mithin (formeller Aspekt) die äußere Ordnungsmäßigkeit und die rechnerische Richtigkeit zu prüfen, wozu auch die Prüfung gehört, ob alle Geschäftsvorfälle ordnungsgemäß erfasst sind.[5]

17 Die Prüfung hat sich aber auch auf die Rechtmäßigkeit (materieller Aspekt) der Schlussrechnung zu erstrecken; diese ist mithin auch inhaltlich nachzuprüfen,[6] d. h. auf ihre Nachvollziehbarkeit für Dritte. Eine Zweckmäßigkeitskontrolle der einzelnen Maßnahmen ist wie bei § 58 generell nicht statthaft, sofern die Maßnahme nicht gerade so sinnlos war, dass sie rechtswidrig war.[7] Es findet eine Rechtmäßigkeits-, keine Zweckmäßigkeitsprüfung statt.

---

[1] MünchKommInsO-*Nowak,* § 66 Rn. 11. Solche Schlussbilanzen haben wenig Erkenntniswert. Auf der Aktivseite darf nur noch der Bestand an zur Verteilung anstehenden liquiden Mitteln stehen. Auf der Passivseite stehen die noch zu begleichenden Masseverbindlichkeiten und die Insolvenztabelle in Form des Schlussverzeichnisses.

[2] HK-*Eickmann,* InsO, § 66 Rn. 6; MünchKommInsO-*Nowak,* § 66 Rn. 13.

[3] *Braun,* ZIP 1997, 1013 ff., 1015, wobei dies entgegen *Förster,* ZIP 1997, 34, nicht dazu führt, da der zur Prüfung der Schlussrechnung funktionell zuständige Rechtspfleger diese nicht mehr versteht, *Braun,* aaO. Allerdings ist der Aufwand kaum geringer als bei zwei Rechenwerken, dazu befähigte Mitarbeiter sind zudem sehr dünn gesät.

[4] HK-*Eickmann,* InsO, § 66 Rn. 9; *Uhlenbruck,* ZIP 1982, 125 ff., 127, befürwortet für Großinsolvenzen, dass nur die wesentlichen Belege beizufügen sind.

[5] *Bähner,* KTS 1991, 347 ff., 353; MünchKomm-*Nowak,* InsO § 66 Rn. 15.

[6] *Bähner,* aaO, 354 f.

[7] HK-*Eickmann,* InsO, § 66 Rn. 10; MünchKommInsO-*Nowak,* § 66 Rn. 17.

d) Ist das Gericht selbst zu der Überprüfung nicht in der Lage, so kann es durch unanfechtbare Anordnung einen Sachverständigen hinzuziehen.[1] Die hierdurch entstehenden Kosten sind Verfahrenskosten i. S. d. § 54.[2] Über die Frage, ob und wann das Gericht einen Dritten mit der Prüfung der Schlussrechnung beauftragt, ist ein umfangreicher Disput entstanden. Wesentlicher Gesichtspunkt ist dabei, dass mit den Gerichtskosten i. S. d. § 54 die Kosten der Schlussrechnungsprüfung durch das Gericht bereits bezahlt sind.[3] Unzulässig ist die Hinzuziehung eines Sachverständigen wegen § 69 S. 2 dann, wenn ein Gläubigerausschuss vorhanden ist, da eine permanente Kontrolle des Geldverkehrs und -bestandes zu seinen Aufgaben gehört, die er auf Dritte übertragen kann (vgl. den Wortlaut der Vorschrift: „... prüfen zu lassen."). Unter dem Aspekt der Masseschonung wird eine solche Beauftragung auch nur in größeren Unternehmensinsolvenzverfahren oder bei umfangreichen Unternehmensfortführungen angezeigt sein. Der sachverständige Prüfer kann zutreffenderweise auch nur mit der Kontrolle des rechnerischen Teils betraut werden, die Beurteilung der rechtlichen Fragen verbleibt dem Gericht.[4] 18

Der Insolvenzverwalter ist berechtigt, die Bestellung eines in demselben Bezirk tätigen anderen Verwalters zum Sachverständigen abzulehnen, da dieser wegen des Konkurrenzverhältnisses wohl zutreffenderweise als befangen anzusehen ist.[5] 19

e) Stellt sich infolge der Überprüfung heraus, dass die Schlussrechnung unter Mängeln leidet, so kann das Insolvenzgericht deren Beseitigung verlangen und ggf. auf dem Aufsichtswege durchsetzen. In Betracht kommt u. a. die Verweigerung der Genehmigung für die Schlussverteilung und Anberaumung des Schlusstermines (§ 196 Abs. 2 bzw. § 197 Abs. 1).[6] Auch eine Versicherung der Richtigkeit an Eides statt kommt in Betracht und kann über Zwangsgeld und, wenn dies fruchtlos bleibt, über die §§ 888, 889 ZPO erzwungen werden.[7] 20

5. Das Verfahren nach der Prüfung durch das Insolvenzgericht

a) Erhebt das Insolvenzgericht keine Einwendungen, so vermerkt es dies auf der Schlussrechnung, § 66 Abs. 2 S. 2. Dieser Vermerk braucht auf die Prüfung nicht näher einzugehen, sofern hierfür kein Anlass gegeben ist; es genügt der Hinweis, dass die gerichtliche Prüfung ohne Beanstandungen erfolgt ist.[8] 21

---

[1] OLG Hamm ZIP 1986, 724 f.

[2] So LG Heilbronn NZI 2009, 606; m. krit. Anm. *Haertlein,* NZI 2009, S. 577, 580; *Hess,* InsO, § 66 Rn. 42, der unzutreffend diese Kosten als sonstige Masseverbindlichkeiten i. S. d. § 55 Abs. 1 ansieht, da es sich um eine gerichtliche Maßnahme handelt.

[3] Vgl. zur Diskussion *Vierhaus* ZInsO 2008, 521 ff., zur Frage der Verfassungswidrigkeit der Übertragung dieser Aufgabe auf Private in größerem Umfang und *Franke/Firmenich,* ZInsO 2009, 123, 126 f.

[4] HK-*Eickmann,* InsO, § 66 Rn. 11 mit der prägnanten Aussage: „Der Sachverständige rät, das Gericht entscheidet."; aA: wohl MünchKomm-*Nowak,* InsO § 66 Rn. 20, 32.

[5] OLG Köln ZIP 1990, 58 ff., 59 f.; differenzierend MünchKomm-*Nowak,* InsO § 66 Rn. 21 mwN, die Prüfung einer Befangenheit habe im Einzelfall zu erfolgen.

[6] *Uhlenbruck,* ZIP 1982, 125 ff., 135.

[7] Ebd.; MünchKomm-*Nowak,* InsO § 66 Rn. 38.

[8] HK-*Eickmann,* InsO, § 66 Rn. 14; teilweise wird ein schriftlicher Prüfungsvermerk gefordert, der auch als Beschluss gefasst werden kann; zum notwendigen Inhalt vgl. MünchKomm-*Nowak,* InsO § 66 Rn. 24.

22 **b)** Ist ein Gläubigerausschluss bestellt, ist diesem die Schlussrechnung zur eigenen Prüfung zuzuleiten, wobei eine Frist zur Stellungnahme gesetzt werden kann, die sich nach den Umständen des Einzelfalles richten muss. Die Möglichkeit zur Fristsetzung wurde auf Anregung des Bundesrates eingeführt, um erheblichen Verfahrensverzögerungen vorzubeugen.[1] Sinnvollerweise sollte – aus den Erfahrungen der Praxis – die Reihenfolge der Prüfungen umgekehrt werden, d. h. die Schlussrechnung zunächst dem Gläubigerausschuss zur Prüfung und Stellungnahme vorgelegt werden. Das Gericht kann sich dann auch mit den ggf. vorhandenen Bemerkungen des Gläubigerausschusses auseinandersetzen, prüfen und terminieren.

23 **c)** Nach der Prüfung durch das Gericht – und ggf. durch den Gläubigerausschuss – ist die Schlussrechnung vollständig unter Beifügung der Belege und eventueller Berichte seitens vom Gericht beauftragter Sachverständiger[2] zur Kenntnisnahme der Beteiligten auszulegen. Auf Anregung des Rechtsausschusses wurde der Teilsatz „in der Geschäftsstelle" gestrichen, da man bei Großinsolvenzen erhebliche praktische Probleme im Geschäftsablauf des Gerichts befürchtete. Danach kann die Schlussrechnung an einem Ort nach Wahl des Gerichts unter Berücksichtigung der besonderen Umstände des jeweiligen Falls erfolgen,[3] d. h. z. B. auch in den Geschäftsräumen des Insolvenzverwalters. § 66 Abs. 2 S. 2 stellt ausdrücklich klar, dass eventuelle Bemerkungen des Gläubigerausschusses mit auszulegen sind.

24 Sofern der Gläubigerausschuss innerhalb der ihm gesetzten Frist keine Stellungnahme abgibt, kann die Auslegung ohne seine Bemerkungen erfolgen;[4] sofern die Stellungnahme jedoch noch während der Auslegungsfrist nachgeliefert wird, sollte sie den Unterlagen aus Gläubigerschutzgesichtspunkten noch beigefügt werden. Auch der Gläubigerausschuss soll seine Bemerkungen ähnlich dem Prüfungsvermerk des Insolvenzgerichts schriftlich niederzulegen haben. Seine Prüfungsverpflichtung gehe über die des Insolvenzgerichts hinaus. Daher können die Stellungnahmen sich auch auf die Zweckmäßigkeit des Handels des Insolvenzverwalters beziehen.[5]

25 **d)** Im Anschluss an die Auslegung wird eine Gläubigerversammlung anberaumt, wobei das Gesetz eine Mindest-Auslegungsfrist von einer Woche vorsieht. Diese Frist ist je nach den Umständen des Einzelfalles (z. B. hohe Gläubigerzahl, umfangreiche Unterlagen) aber länger zu bemessen.

26 **e)** In der Gläubigerversammlung ist die Schlussrechnung nochmals von dem Verwalter darzulegen und zu erläutern.[6] Werden keine Einwendungen erhoben, so schließt dies die Geltendmachung von Schadensersatzansprüchen gegen den Insolvenzverwalter nicht aus, da die Genehmigungsfiktion des § 86 S. 4 KO aufgehoben wurde. Der Gesetzgeber sieht den Verwalter als durch die kurze Verjährung des § 62 hinreichend geschützt an.[7] Nur gegen das Schlussverzeichnis

---

[1] Stellungnahme Bundesrat, abgedruckt in *Balz/Landfermann,* S. 281.
[2] *Smid/Smid,* InsO, § 66 Rn. 16.
[3] Ausschussbericht, abgedruckt in: *Balz/Landfermann,* S. 280.
[4] MünchKomm-*Nowak,* InsO § 66 Rn. 34.
[5] MünchKomm-*Nowak,* InsO § 66 Rn. 33.
[6] MünchKomm-*Nowak,* InsO § 66 Rn. 34.
[7] Begründung RegE, abgedruckt in *Balz/Landfermann,* S. 280.

können Einwendungen erhoben werden, § 197 Abs. 1 Nr. 1. Alle anderen Einwendungen gegen die Schlussrechnung müssen ggf. im Wege einer Schadensersatz- oder Feststellungsklage beim Prozessgericht erhoben werden.[1]

6. Zwischenrechnungslegung

§ 66 Abs. 3 regelt die Befugnis der Gläubigerversammlung, von dem Insolvenzverwalter während des gesamten Insolvenzverfahrens in bestimmten Abständen Zwischenrechnungslegung zu verlangen, umso eine umfassende Aufsicht zu ermöglichen. Die Zwischenrechnungslegung erfolgt auf dieselbe Weise wie die Schlussrechnungslegung, aber ohne Verteilungsverzeichnis nach § 188, wenn (noch) keine Verteilung ansteht.[2] Viele Gerichte (teil-)akzeptieren diese Anforderung, indem sie den Verwalter verpflichten, zu jedem Sachstandsbericht eine fortgeschriebene Einnahmen-Ausgaben-Berechnung des Anderkontos – in normalen Verfahren alles, was es gibt – vorzulegen. Dies erspart, auf Dauer betrachtet, viel Arbeit am Ende des Verfahrens für Verwalter und Gericht und hat den Vorteil, weit zeitnäher (und damit einfacher) handhabbar zu sein. 27

7. Weitere Fälle der Schlussrechnungslegungspflicht

a) Im Falle der Eigenverwaltung (§ 270) trifft den Schuldner selbst eine Pflicht 28 zur Vorlage einer Schlussrechnung.[3]

b) Eine Sonderregelung enthält § 211 Abs. 2, wonach der Insolvenzverwalter 29 für seine Tätigkeit nach Anzeige der Masseunzulänglichkeit gesondert Rechnung zu legen hat. Bezweckt wird damit insbesondere ein Schutz der (Neu-)Massegläubiger nach § 209 Abs. 1 Ziff. 2, allerdings auch eine „Sparsamkeitskontrolle" mit etwaigen Haftungsfolgen für den Verwalter aus §§ 60, 61.[4]

§ 67 Einsetzung des Gläubigerausschusses

(1) **Vor der ersten Gläubigerversammlung kann das Insolvenzgericht einen Gläubigerausschuß einsetzen.**

(2) **Im Gläubigerausschuß sollen die absonderungsberechtigten Gläubiger, die Insolvenzgläubiger mit den höchsten Forderungen und die Kleingläubiger vertreten sein. Dem Ausschuß soll ein Vertreter der Arbeitnehmer angehören, wenn diese als Insolvenzgläubiger mit nicht unerheblichen Forderungen beteiligt sind.**

(3) **Zu Mitgliedern des Gläubigerausschusses können auch Personen bestellt werden, die keine Gläubiger sind.**

Literatur: *Eicke,* Informationspflichten der Mitglieder des Gläubigerausschusses, ZInsO 2006, 798 ff.; *Frege,* Bestellung eines vorläufigen Gläubigerausschusses im Eröffnungsverfahren?, in: FS für Peltzer S. 109 ff.; *ders.,* Die Rechtsstellung des Gläubigerausschusses nach der Insolvenzordnung, NZG 1999, 478 ff.; *Gundlach/Frenzel/Jahn,* Macht und Ohnmacht

[1] MünchKomm-*Nowak,* InsO, § 66 Rn. 34 mwN.
[2] HK-*Eickmann,* InsO, § 66 Rn. 7.
[3] Vgl. zu den Anforderungen AG Duisburg NZI 2006, 112 ff.
[4] *Gottwald/Kopp/Kluth,* InsHdb., § 22 Rn. 76.

des Gläubigerausschusses – dargestellt am Beispiel des § 160 InsO, ZInsO 2007, 1028 ff.; *dies.*, Die Ausweitung des Aufgaben- und Haftungsbereichs des Gläubigerausschusses durch Beschluss der Gläubigerversammlung, DZWIR 2008, 441 ff.; *Gundlach/Frenzel/Schmidt,* Die Einladung zur Sitzung des Gläubigerausschusses, zugleich ein Beitrag zu § 72 InsO, NZI 2005, 304 ff.; *dies.*, Die Verschwiegenheitspflicht des Gläubigerausschussmitglieds, ZInsO 2006, 69 ff.; *ders./Schirrmeister,* Der Vergütungsanspruch des beamteten Gläubigerausschußmitglieds, ZInsO 2008, 896 ff.; *Heidland,* Die Rechtsstellung und Aufgaben des Gläubigerausschusses als Organ der Gläubigerselbstverwaltung in der Insolvenzordnung, in Kölner Schrift, S. 711 ff.; *Hornung,* Der Gläubigerausschuss im Insolvenzverfahren, KKZ 2001, 145 ff.; *Pape,* Der verhinderte Insolvenzverwalter als Mitglied des Gläubigerausschusses – Anm. zu LG Kassel (ZInsO 2002, 839), ZInsO 2002, 1017 ff.; *ders.*, Rechtliche Stellung, Aufgaben und Befugnisse des Gläubigerausschusses im Insolvenzverfahren, ZInsO 1999, 675 ff.; *ders./Schmidt,* Kreditvergaben und Gläubigerausschuss – Anm. zu OLG Rostock, Beschl. v. 28. Mai 2004 – 3 W 11/04 (ZInsO 2004, 814), ZInsO 2004, 955 ff.; *Uhlenbruck,* Ausgewählte Pflichten und Befugnisse des Gläubigerausschusses in der Insolvenz, ZIP 2002, 1373 ff.; *Vallender,* Rechtsstellung und Aufgaben des Gläubigerausschusses, WM 2002, 2040 ff.; *Vogl,* Rechtsprobleme im Zusammenhang mit der Bestellung des Gläubigerausschusses durch die Gläubigerversammlung, InVo 2001, 389 f.

Übersicht

1. Normzweck

1 Das Insolvenzgericht hat die Befugnis, einen – vorläufigen – Gläubigerausschuss einzusetzen. Die abschließende Entscheidung über Einsetzung und Zusammensetzung liegt aus Gründen der Gläubigerautonomie nach § 68 bei der Gläubigerversammlung.

2. Frage der Einsetzung

2 Die Entscheidung, ob ein Gläubigerausschuss eingesetzt werden soll, trifft das Insolvenzgericht nach pflichtgemäßem Ermessen.[1] In Kleininsolvenzen, bei denen nur verhältnismäßig geringe Forderungen offen stehen und an denen nur wenige Gläubiger beteiligt sind, wird das Gericht von der Bestellung absehen. Dies ist in solchen Fällen meist im Interesse der Straffung des Verfahrens und der Kostenersparnis (§ 73) geboten.[2]

3 Die ursprüngliche Formulierung des Regierungsentwurfes, die sich in der endgültigen Fassung des Gesetzes nicht mehr wiederfindet, hat Kritik erfahren. Danach sollte sich das Gericht bei der Einsetzung eines – vorläufigen – Gläubigerausschusses von einzelfallbezogenen Zweckmäßigkeitserwägungen leiten lassen.[3] Man wird allerdings davon ausgehen dürfen, dass in deutlich weniger als

[1] *Heidland,* in Kölner Schrift, S. 711 ff., S. 716 Rn. 9.
[2] Begründung RegE, abgedruckt in *Balz/Landfermann,* S. 282.
[3] *Pape,* ZInsO 1999, 676.

20 % aller eröffneten Verfahren – vorläufige – Gläubigerausschüsse bestellt werden. Die häufig in Bezug genommene rechtstatsächliche Erhebung stammt aus dem Jahre 1976 und ist durch die aktuelle Entwicklung überholt.[1]

Eine Pflicht zur Bestellung eines Gläubigerausschusses ist an keiner Stelle normiert; § 103 GenG wurde durch Art. 49 Ziff. 20 EGInsO aufgehoben. Regelmäßig wird aber in Großverfahren die Einsetzung eines – vorläufigen – Gläubigerausschusses angezeigt sein, um die Beteiligung der Gläubiger schon vor der ersten Versammlung sicherzustellen.[2] 4

Die Gläubigerversammlung kann – indem sie einen vom Gericht bestellten – vorläufigen – Gläubigerausschuss nicht durch Wahl bestätigt – auf einen gem. § 67 eingesetzten Ausschuss nach § 68 Abs. 1 S. 2 verzichten. Wird auf Antrag des Schuldners eine Eigenverwaltung nach den §§ 270 ff. angeordnet, ist die Einsetzung eines – vorläufigen – Gläubigerausschusses regelmäßig im Interesse einer verstärkten Kontrolle des Schuldners sinnvoll.[3] 5

3. Die Auswahl der Mitglieder des Gläubigerausschusses

a) Auch die Auswahl der Gläubigerausschussmitglieder erfolgt nach pflichtgemäßem Ermessen des Gerichtes. § 67 Abs. 2 gibt lediglich vor, dass im Gläubigerausschuss die absonderungsberechtigten Gläubiger, die Insolvenzgläubiger mit den höchsten Forderungen, die Kleingläubiger und – sofern bei diesen nicht unerhebliche offene Insolvenzforderungen bestehen – auch die Arbeitnehmer beteiligt sein sollen. Mithin ist erwünscht, dass im Ausschuss die Interessen aller beteiligten Gläubigergruppen angemessen berücksichtigt werden. Das Gericht kann freilich hiervon abweichen, wenn die Umstände des Einzelfalles dies gebieten, etwa weil die Mitglieder einer Gläubigergruppe nicht die erforderliche Sachkunde aufweisen.[4] Weicht das Gericht insofern von den Vorgaben des Gesetzes ab, so sollte es seine Entscheidung begründen.[5] 6

b) Zu Mitgliedern des Gläubigerausschusses können auch Personen bestellt werden, die keine Gläubiger sind, § 67 Abs. 3. Es sollen auch solche Personen einbezogen werden können, die besonders zur Wahrung der Interessen der Gläubiger oder eines bestimmten Kreises von Gläubigern im Gläubigerausschuss geeignet sind[6] bzw. die besondere Erfahrung in Insolvenzverfahren aufweisen (z. B. Branchenspezialisten bei leistungswirtschaftlich definierten Sanierungsfällen). 7

c) Anders als beim Insolvenzverwalter (§ 56) können auch juristische Personen in den Gläubigerausschuss berufen werden, da gerade in dieser Rechtsform organisierte Unternehmen oftmals einen erheblichen Teil der Großgläubiger stellen werden. Die Zulässigkeit der Bestellung juristischer Personen war in der 8

---

[1] Anders aber die Einschätzung von *Pape,* ebd., mwN.

[2] Begründung RegE, abgedruckt in *Balz/Landfermann,* S. 281 f.

[3] *Pape,* ZInsO 1999, 676 mwN.

[4] Vgl. AG Kaiserslautern NZI 2004, 676 zum sog. vorläufigen Gläubigerausschuss.

[5] MünchKomm-*Schmid-Burgk,* InsO § 67 Rn. 10 mwN, auch zur aA, der zu Recht darauf hinweist, dass der Gesetzgeber auch bewusst darauf verzichtet habe, gegen die Entscheidung des Gerichts zur Einsetzung und zur Zusammensetzung eines – vorläufigen – Gläubigerausschusses die Beschwerde zuzulassen.

[6] Begründung RegE, abgedruckt in *Balz/Landfermann,* S. 282.

Vergangenheit heftig umstritten, dürfte aber inzwischen nach überwiegender Auffassung möglich sein.[1]

9 Praktische Probleme bereitet dabei allerdings die Vertretung, die grundsätzlich durch die Organe zu erfolgen hätte. In der Regel wird dies durch eine spezielle Einzelvollmacht zufrieden stellend sichergestellt werden können. Eine häufige Problematik ergibt sich aus der mangelnden Kontinuität bei den häufig wechselnden Vertretern der juristischen Personen im Gläubigerausschuss.[2] Umgekehrt ist zu berücksichtigen, dass die Gläubigerausschussmitgliedschaft einer juristischen Person für deren entsandte Vertreter unter dem Aspekt des Haftungsrisikos nach § 71 vorzugswürdig ist. Dies wird insbesondere dann der Fall sein, wenn einerseits dennoch ein Mitarbeiter als natürliche Person entsandt wird, dieser dann aber auf Grund arbeits- oder dienstvertraglicher Regelungen die nach § 73 verdiente Vergütung abzuführen hat. Soweit in der Praxis darüber geklagt wird, dass Arbeitgeber in solchen Konstellationen für das Haftungsrisiko nach § 71 entsandten Mitarbeitern nicht einmal eine Freistellung bieten, ist dies wohl ein lösbares arbeitsrechtliches Problem. Eine Stellvertretung soll sowohl bei der natürlichen Person als auch bei der juristischen Person zulässig sein.[3]

10 **d)** Die Bestellung von Behörden als Ausschussmitglieder kommt hingegen mangels Rechtsfähigkeit nicht in Betracht.[4] Die Wahl bestimmter Mitarbeiter von Behörden in den Gläubigerausschuss ist jedoch nicht ausgeschlossen,[5] stößt in aller Regel aber auf wenig Bereitschaft. Dies ist bedauerlich, weil häufig die Einbeziehung von Behörden in den Gläubigerausschuss hilfreich wäre.

11 **e)** Kein Mitglied des Gläubigerausschusses dürfen ferner der Insolvenzverwalter sowie der Schuldner sein. Ist der Schuldner eine juristische Person, so ist zu differenzieren. Gesellschafter und gesetzliche Vertreter (Geschäftsführer, Vorstandsmitglieder) können nicht bestellt werden.[6] Zutreffenderweise dürfte die Auffassung, dass der Aufsichtsrat ein vom Vorstand unabhängiges Organ sei, mit dem KonTraG[7] an Durchschlagskraft verloren haben. § 111 AktG nehme den Aufsichtsrat stärker in die Verantwortung und binde ihn in die präventive und zukunftsbezogene Überwachung des Vorstands ein, bürde ihm daher so stärker auch die unternehmerische Führung auf. Der Aufsichtsrat

---

[1] *Pape,* ZInsO 1999, 677 mwN; MünchKomm-*Schmid-Burgk,* InsO § 67 Rn. 17 mwN, auch zur Praxis der Insolvenzgerichte; daneben geht auch die Gesetzesbegründung ohne Weiteres davon aus, vgl. Begründung zum RegE., abgedruckt in *Balz/Landfermann,* S. 282; neuerdings aA: *Gundlach/Frenzel/Schmidt,* ZInsO 2007, 531 ff.

[2] *Nerlich/Römermann/Delhaes,* InsO, § 69 Rn. 8. Hier gilt es, die jeweilige Vollmacht genau zu beachten.

[3] Vgl. im Einzelnen zur Begründung MünchKomm-*Schmid-Burgk,* InsO § 67 Rn. 26, der dies damit begründet, dass sich andernfalls ein Wertungswiderspruch zur Mitgliedschaft der juristischen Person ergebe; sehr kritisch unter Hinweis auf die Pflicht, das Amt „höchstpersönlich" wahrzunehmen, und auch wegen der Praktikabilität zu Recht ablehnend: *Uhlenbruck,* ZIP 2002, 1379 f.

[4] BGH NJW 1994, 453 ff., 453 = ZIP 1994, 46 ff., 47 f. = WM 1994, 166 ff., 167 f. = BGHZ 124, 86 ff., 89 f.

[5] *Pape,* ZInsO 1999, 677 mwN.

[6] *Hegmanns,* EWiR § 87 KO 1/87, S. 275 f.

[7] BGBl. I 1998, S. 1842.

habe großen Einfluss auf die Geschäftspolitik und nehme an der Aufgabe der Leitung des Unternehmens teil. Er stehe damit ganz auf Seiten des Schuldners.[1] Tendenziell dürfte daher die Stellung eines Aufsichtsrates der Schuldnerin inkompatibel mit der Mitgliedschaft in einem Gläubigerausschuss derselben sein.[2]

f) Nicht geregelt und damit ebenfalls der Entscheidung des Insolvenzgerichtes anheimgestellt ist die Zahl der Ausschussmitglieder, die allerdings auf Grund der Vorgaben des Gesetzes (Bestellung von absonderungsberechtigten Gläubigern, Großgläubigern, Kleingläubigen und ggf. Arbeitnehmervertretern) und der Notwendigkeit der Entscheidungsfähigkeit die Bestellung von drei bis vier Personen regelmäßig notwendig machen wird.[3] Die Bestellung von Ersatzmitgliedern wird – da nicht ausdrücklich verboten – weiterhin für zulässig gehalten.[4] Zu dem Beschluss der Gläubigerversammlung nach § 68 wird sogar vertreten, dass ein solcher des Inhalts gefasst werden kann, dass sich der Gläubigerausschuss bei Wegfall gewählter Mitglieder selbst ergänzt.[5] 12

Das Amt als Mitglied des – vorläufigen – Gläubigerausschusses beginnt mit einer Annahmeerklärung[6] und endet mit der Wahl durch die Gläubigerversammlung[7]. Es handelt sich bei der Mitgliedschaft im vorläufigen und im endgültigen Gläubigerausschuss um voneinander zu trennende Ämter.

In der Praxis wird – sofern ein vorläufiger Insolvenzverwalter bestellt ist – dieser sinnvoller- und üblicherweise die Bestellung eines – vorläufigen – Gläubigerausschusses anregen und geeignete Personen benennen, da ihm die Zusammensetzung der Gläubigergemeinschaft besser bekannt ist. Sinnvollerweise wird der vorläufige Insolvenzverwalter in diesem Fall dann auch bereits die Bereitschaft der benannten Personen zur Übernahme dieses Amtes abklären. 13

Von der Ernennung zu vieler Mitglieder sollte abgesehen werden, um den Entscheidungsprozess innerhalb des Gläubigerausschusses nicht unnötig zu erschweren. In der Realität ist die Zahl aber oft von gläubigertaktischen Überlegungen einerseits, gerichtsbestimmten Nöten andererseits abhängig.[8] 14

---

[1] MünchKomm-*Schmid-Burgk,* InsO § 67 Rn. 22 mwN.

[2] Anders noch vor Inkrafttreten des KonTraG *Hegmanns,* aaO, S. 275 f.; HK-*Eickmann,* InsO, § 67 Rn. 5, ebenso wie hier (ohne nähere Begründung); aA: AG Hamburg ZIP 1987, 386 f.

[3] Mindestens zwei Mitglieder nach BGH NZI 2009, 386; *Pape,* ZInsO 1999, 677; auch in Verbraucherinsolvenzverfahren (!) mindestens zwei Mitglieder, AG Augsburg NZI 2003, 509.

[4] MünchKomm-*Schmid-Burgk,* InsO § 67 Rn. 25; für das Recht der Konkursordnung bereits *Kuhn/Uhlenbruck,* KO, § 87 Rn. 5; pragmatisch, aber wohl zu weitgehend: Ergänzungsbefugnis des Insolvenzgerichts für den Fall, dass die Gläubiger sich nicht „rühren": AG Duisburg ZInsO 2003, 861 f.

[5] *Kuhn/Uhlenbruck,* KO, § 87 Rn. 5 mwN zur Literatur.

[6] LG Duisburg ZIP 2004, 729 für den Fall einer gerichtlichen Einsetzung eines vorläufigen Gläubigerausschusses vor Eröffnung des Insolvenzverfahrens im Anschluss an AG Duisburg ZIP 2002, 1460 f.

[7] MünchKomm-*Schmid-Burgk,* InsO § 68 Rn. 27 f.

[8] *Heidland,* aaO, S. 718 Rn. 12. Wenn das Gericht die Festsetzung von Stimmrechten im Berichtstermin vermeiden will und viele Prätendenten vorhanden sind, führt dies gelegentlich zu Gläubigerausschüssen mit mehr als zehn Personen.

4. Vorläufiger Gläubigerausschuss/Gläubigerbeirat im Eröffnungsverfahren

15 **a)** Die Frage der Gläubigermitwirkung im Eröffnungsverfahren hat eine rechtliche und eine pragmatische Seite: Grundsätzlich dürfte die Bestellung eines sog. „vorläufigen" Gläubigerausschusses bereits im Eröffnungsverfahren unzulässig im rechtlichen Sinne sein. Als Hauptargument dürfte dagegen sprechen, dass der Gesetzgeber in anderen Fällen eine Anwendbarkeit von Regelungen im Eröffnungsverfahren (z. B. bei § 21 Abs. 2 Ziff. 1) ausdrücklich vorgesehen hat, während eine solche Verweisung in Bezug auf den Gläubigerausschuss nicht vorhanden ist.[1] Berücksichtigt man weiter, dass grundsätzlich Verwertungsmaßnahmen eines vorläufigen Insolvenzverwalters im Eröffnungsverfahren nicht zulässig sind,[2] dann besteht auch für eine wesentliche Mitwirkungsmöglichkeit des Gläubigerausschusses im Rahmen der §§ 160 ff. kein Anwendungsbereich. Die gegenteiligen Entscheidungen der Amtsgerichte Köln und Duisburg[3] sind bislang – soweit ersichtlich – Einzelfallentscheidungen, die vor diesem Hintergrund nicht zu einer Änderung der ablehnenden Rechtsauffassung führten.[4] Für die Einsetzung eines vorläufigen Gläubigerausschusses auf der Basis des § 21 dürfte allerdings die Ergänzung des § 21 Abs. 2 S. 1 Ziff. 5 durch das Gesetz zur Vereinfachung des Insolvenzverfahrens vom 13. April 2007 (BGBl. I 2007, S. 509) sprechen. Diese Gesetzesänderung beruht auf dem Gedanken, dass die vom Gesetz in § 1 gleichrangig bezweckte Sanierung eines Unternehmens zur Absicherung von Fortführungsentscheidungen der Einbindung der aus- und absonderungsberechtigten Gläubiger bereits im Insolvenzeröffnungsverfahren bedarf.[5] Einige Stimmen in der Literatur plädieren für eine Verortung der gesetzlichen Regelung des sog. „vorvorläufigen" Gläubigerausschusses in § 67, damit die dort anschließenden Regelungen zur Zusammensetzung und zur Dauer der Bestellung (§ 68) eindeutig auch für diese Form des Gläubigerausschusses Geltung finden.[6] Unabhängig von der Frage, wo man die Rechtsgrundlage für die Bestellung sieht, ist danach die Bestellung eines „vorvorläufigen" Gläubigerausschusses bereits im Insolvenzeröffnungsverfahren zulässig.

16 **b)** Tatsächlich gibt es aber ein Bedürfnis der Gläubiger, schneller und umfassender informiert zu werden, jenseits formaler Berechtigungen und Kontrollbefugnisse. Jedenfalls zulässig ist es deswegen, einen sog. „Gläubigerbeirat" formlos für zulässig zu halten. Aufsichts- und Kontrollbefugnisse stehen einem solchen Gläubigergremium im Eröffnungsverfahren nicht zu. Genau das Fehlen dieser Befugnisse und die mangelnde Haftung der Mitglieder eines solchen

---

[1] *Frege,* in FS Peltzer, S. 127; aA: *Roth,* Interessenwiderstreit im Insolvenzeröffnungsverfahren, S. 146.

[2] Vgl. zuletzt BGH ZIP 2001, 296 ff.

[3] AG Köln ZInsO 2000, 406 f.; AG Duisburg ZIP 2002, 1460 f., bestätigt durch LG Duisburg ZIP 2004, 729.

[4] Vgl. dazu die ausführliche Auseinandersetzung bei *Vallender,* WM 2002, 2042 f., im Ausnahmefall bejahend, und *Uhlenbruck,* ZIP 2002, 1373 ff., im Ergebnis wegen der klaren gesetzlichen Regelung und der erheblichen Haftungsrisiken verneinend; bejahend auch MünchKomm-*Schmid-Burgk,* InsO § 67 Rn. 2.

[5] Vgl. Kommentierung zu § 21 Rn. 36 a; *Kind,* in FS Braun, S. 31 ff., 46 ff.

[6] Vgl. *Frind,* NZI 2007, 555 ff., 556.

Gremiums werden auch insoweit als Argumente gegen seine Aufstellung aufgeführt.[1] Dennoch kann im Einzelfall insbesondere zur Sicherstellung schneller und effektiver Information bei einer Vielzahl von geschädigten Gläubigern – unter anderem bei Kriminalinsolvenzen – die Konstituierung eines Gläubigerbeirats sinnvoll sein. Dieser muss dann wiederum alle Gläubigergruppen repräsentieren und für eine Information in seine Gruppe hinein verantwortlich zeichnen. Ein so formlos vom Verwalter gebildeter Beirat ist nichts anderes als eine besondere Form der Kommunikation und der Vorbereitung eines vorläufigen Gläubigerausschusses.

5. Rechtsmittel

Bei der Wahl des Rechtsmittels ist danach zu differenzieren, ob der Richter entschieden hat (weil die Einsetzung des Gläubigerausschusses bereits im Eröffnungsbeschluss geschehen ist oder weil er von seinem Vorbehalt – § 18 Abs. 2 RPflG – Gebrauch gemacht hat) oder ob der Beschluss vom Rechtspfleger stammt. 17

Mangels Eröffnung einer Beschwerdemöglichkeit ist die Entscheidung des Richters unangreifbar; der Beschluss des Rechtspflegers ist der in Zwei-Wochen-Frist (§ 11 Abs. 2 S. 1 RPflG i. V. m. §§ 6 Abs. 2 InsO, 569 Abs. 1 ZPO) einzulegenden Erinnerung zugänglich. 18

Keine Beschwer liegt in der Belastung der Masse mit den Kosten für die vom Gesetz gewollte Einsetzung des Gläubigerausschusses, die im Interesse der Gläubiger erfolgt. Da die Kosten für eine dem Verfahren förderliche Maßnahme entstehen, sind die Gläubiger hierdurch nicht beschwert.[2] 19

§ 68 Wahl anderer Mitglieder

(1) **Die Gläubigerversammlung beschließt, ob ein Gläubigerausschuß eingesetzt werden soll. Hat das Insolvenzgericht bereits einen Gläubigerausschuß eingesetzt, so beschließt sie, ob dieser beibehalten werden soll.**

(2) **Sie kann vom Insolvenzgericht bestellte Mitglieder abwählen und andere oder zusätzliche Mitglieder des Gläubigerausschusses wählen.**

Übersicht

[1] *Pape,* Gläubigerbeteiligung im Insolvenzverfahren, S. 129; *Vallender,* WM 2002, 2043, hält in Fn. 40 der Zulässigkeit gerade u. U. unkalkulierbare Haftungsrisiken analog § 71 entgegen, was unter der dort vorausgesetzten Annahme, dass er sich wie ein Gläubigerausschuss geriere, zutreffend sein könnte, allerdings kein durchgreifendes Bedenken gegen eine grundsätzliche Zulässigkeit darstellt.

[2] Zu Problemen bei der Beschwer vgl. HK-*Eickmann,* InsO, § 67 Rn. 3.

1. Normzweck

1 Zur Wahrung der Gläubigerautonomie überträgt § 68 die endgültige Entscheidung darüber, ob ein Gläubigerausschuss bestellt und wie dieser zusammengesetzt werden soll, der Gläubigerversammlung.

2. Frage der Einsetzung, Zuwahl oder Auflösung

2 **a)** Die Gläubigerversammlung kann – während der gesamten Dauer des Insolvenzverfahrens und nicht nur in der ersten Gläubigerversammlung[1] – beantragen, einen Gläubigerausschuss erstmals zu wählen, nach § 70 S. 2 einzelne der vom Insolvenzgericht eingesetzten Mitglieder zu entlassen oder neue Mitglieder (hinzu) zu wählen.

3 **b)** Allerdings können Mitglieder, die die Gläubigerversammlung selbst gewählt hat, von dieser nicht mehr abgewählt werden.[2] Dies folgt bereits aus dem eindeutigen Wortlaut des § 68 Abs. 2. Hat mithin die Gläubigerversammlung ein Mitglied eingesetzt, so kann sie beim Insolvenzgericht nur noch dessen Entlassung aus wichtigem Grund nach § 70 beantragen. Die Normierung dieses Antragsrechtes wäre überflüssig, wollte man der Gläubigerversammlung das Recht zubilligen, auch von ihr selbst eingesetzte Mitglieder des Gläubigerausschusses jederzeit wieder abzuwählen.[3]

4 Bei der Frage des Ersatzes von durch das Insolvenzgericht eingesetzten Mitgliedern des Gläubigerausschusses stellt sich die Frage, ob die Gläubigerversammlung zum einen an die Vorstellung des Gesetzgebers zur Besetzung des Gläubigerausschusses in § 67 Abs. 2 und zum anderen an Vorgaben des Insolvenzgerichts gebunden ist.[4] Diese Frage wird man vor dem Hintergrund der Veränderung des Regierungsentwurfes durch den Rechtsausschuss und unter Berücksichtigung des Zusammenspiels der §§ 67, 68, 70 und 78 der InsO verneinen müssen.[5] Der Rechtsausschuss hat bewusst S. 2 des Abs. 2 des Regierungsentwurfes gestrichen, wonach „das Gericht es aus besonderen Gründen ablehnen konnte“, die Bestellung eines abgewählten Mitglieds zu widerrufen oder eine gewählte Person zum Mitglied des Gläubigerausschusses zu bestellen“.[6] Aufgrund der Intervention des Rechtsausschusses wurde S. 2 des Abs. 2 mit dem Ziel der Stärkung der Gläubigerautonomie im Insolvenzverfahren gestrichen. Der Rechtsausschuss sah ausreichende Eingriffsmöglichkeiten für das Gericht über die Möglichkeit, von Amts wegen nach § 70 die Entlassung eines oder mehrerer Mitglieder des Gläubigerausschusses aus wichtigem Grund zu betreiben.[7]

---

[1] *Heidland,* in Kölner Schrift, S. 711 ff., 720 Rn. 18; HK-*Eickmann,* InsO, § 68 Rn. 3; MünchKomm-*Schmid-Burgk,* InsO § 67 Rn. 1 mwN zur Rspr. und Literatur und Rn. 6, was zutreffend sein dürfte, da sich auf Grund der Entwicklung des Insolvenzverfahrens eine Notwendigkeit zur Bestellung eines Gläubigerausschusses erst später ergeben kann.

[2] HK-*Eickmann,* InsO, § 68 Rn. 5, aA: *Heidland,* aaO, S. 721 Rn. 20.

[3] HK-*Eickmann,* InsO, § 68 Rn. 5; MünchKomm-*Schmid-Burgk,* InsO § 68 Rn. 15; *Pape,* ZInsO 1999, 678.

[4] Verneinend insoweit *Nerlich/Römermann/Delhaes,* InsO, § 68 Rn. 1.

[5] *Nerlich/Römermann/Delhaes,* ebd.; *Heidland,* aaO, S. 720 Rn. 19; aA: HK-*Eickmann,* InsO, § 68 Rn. 4; offengelassen BGH, Beschluss vom 5. 3. 2009 – IX ZB 148/08, BeckRS 2009, 09184, Rn. 5.

[6] Text § 79 Abs. 2 RegE, abgedruckt in *Balz/Landfermann,* S. 283.

[7] Ausschussbericht, abgedruckt in *Balz/Landfermann,* S. 284.

3. Der Beschluss der Gläubigerversammlung und sein Zustandekommen

Die Beschlussfassung hinsichtlich des Gläubigerausschusses unterliegt den allgemeinen Regeln; er kommt also nach § 76 Abs. 2 bei Summenmehrheit zustande.[1] Bereits in der Begründung zum Regierungsentwurf ist ein Spannungsverhältnis zwischen der Mehrheitsentscheidung der Gläubigerversammlung und dem Ziel der repräsentativen Besetzung des Gläubigerausschusses (§ 67 Abs. 2) vor dem Hintergrund der Gefahr, dass die Großgläubiger im Gläubigerausschuss übermäßiges Gewicht gewinnen, benannt.[2] 5

In der Praxis ist allerdings zu beobachten, dass in Verfahren, in denen auf Grund der Größe und Komplexität ein – vorläufiger – Gläubigerausschuss bestellt ist oder ein solcher im Rahmen der ersten Gläubigerversammlung zur Diskussion steht, Gericht, Insolvenzverwalter und Gläubiger bemüht sein werden, echte Wahlentscheidungen zu vermeiden. Zu diesem Zeitpunkt des Verfahrens sind die Forderungsanmeldungsfristen in der Regel noch nicht abgelaufen, sodass Stimmrechtsfeststellungen schwierig sind. Wenn aber – unter Umständen auch noch in „Kampfabstimmungen" – gewählt werden muss, muss zunächst das Stimmrecht der einzelnen Gläubiger festgestellt werden, was einerseits durch § 76 Abs. 2, 2. Hs. gegenüber der früheren Rechtslage der Konkursordnung erleichtert wurde, andererseits dennoch zu erheblichen Friktionen in der Gläubigerversammlung führt. Dies führt dann häufig dazu, dass, wer wirklich nachhaltig im Rahmen der ersten Gläubigerversammlung kandidiert, auch in einen neu gewählten oder damit erweiterten Gläubigerausschuss gewählt wird. Weitere Folge ist, dass diese Gläubigerausschüsse dann mit einer hohen Zahl von Mitgliedern befrachtet sind, was die Arbeitsfähigkeit solcher Gläubigerausschüsse nicht fördert. Umgekehrt müssen Gericht und Insolvenzverwalter mit dem Gläubigerausschuss arbeiten können. Angezeigt und sinnvoll sind daher Vorgespräche mit den wesentlichen Gläubigern und Verfahrensbeteiligten. Gläubiger oder deren Vertreter, die für eine Mitgliedschaft im Gläubigerausschuss kandidieren wollen, sollten daher den Verwalter zuvor kontaktieren und sinnvollerweise im Termin zur ersten Gläubigerversammlung anwesend sein oder bereits eine – vorzugsweise schriftliche – Erklärung hinsichtlich ihrer Bereitschaft zur Amtsübernahme abgegeben haben. 6

4. Die sofortige Wirksamkeit der Entscheidung der Gläubigerversammlung

Beschlüsse der Gläubigerversammlung, mit denen diese über Bestätigung oder Abberufung des vorläufigen, vom Insolvenzgericht eingesetzten Gläubigerausschusses oder dessen einzelne Mitglieder oder eine Einsetzung entscheidet, werden sofort wirksam; eine Bestätigung durch das Insolvenzgericht ist nicht erforderlich.[3] 7

Ein Rechtsschutz überstimmter Gläubiger ist nur über § 78 Abs. 1 möglich, wobei von dieser Korrekturmöglichkeit mit großer Zurückhaltung Gebrauch ge- 8

[1] MünchKomm-*Schmid-Burgk,* InsO § 68 Rn. 2.
[2] Begründung RegE, abgedruckt in *Balz/Landfermann,* S. 284.
[3] Ausschussbericht, abgedruckt in *Balz/Landfermann,* S. 284.

macht werden sollte.[1] Soweit vertreten wird, dass, wenn ohne zwingenden Grund von der in § 67 Abs. 2 normierten Maxime, eine ausgewogene Besetzung des Gläubigerausschusses zu gewährleisten, abgewichen wurde, § 78 das Mittel der Wahl sei, kann dem nicht zugestimmt werden.[2] Eine solche Situation dürfte wegen der vom Gesetzgeber gewollten Gläubigerautonomie sicherlich der Ausnahmefall sein. Für diesen Fall steht dem Gläubiger daneben die Möglichkeit offen, die Einberufung einer weiteren Gläubigerversammlung nach § 75 Abs. 1 zu beantragen, in der dann wiederum die Gläubigerversammlung einen Antrag nach § 70 S. 2 auf Entlassung eines oder mehrerer Mitglieder des Gläubigerausschusses stellen, bzw. die Mehrheitsverhältnisse im Gläubigerausschuss durch Zuwahl verändert werden können. Im Übrigen ist Gläubigerautonomie **Autonomie.** Die Gläubiger erhalten den Ausschuss, den sie wollen, und nicht den, den das Gericht für zweckmäßig hält. Wollen sie sich dabei an den gesetzlichen Vorschlag nicht halten, ist dies im Grundsatz nicht zu beanstanden, sie folgen nur einer „Soll-Vorschrift" nicht.[3]

9 Hat allerdings die Gläubigerversammlung ihre Befugnisse überschritten, indem sie in einer späteren als der ersten Gläubigerversammlung ein von ihr selbst gewähltes Mitglied (vermeintlich) wieder entlassen hat, so ist dieser Beschluss unwirksam, weil sie sich außerhalb ihrer Kompetenzen bewegt hat – mit der Folge, dass eine Entlassung des Mitglieds und somit eine Beendigung von dessen Mandat nicht eingetreten ist. Für eine Aufhebung des Beschlusses über § 78 ist aus diesem Grunde kein Raum; jedoch muss es dem Insolvenzgericht von Amts wegen oder auf Antrag jedes Verfahrensbeteiligten möglich sein, aus Gründen der Rechtssicherheit in analoger Anwendung des § 78 die Unwirksamkeit dieses Beschlusses klarstellend festzustellen.

5. Praxishinweis

10 Sog. „Überkreuzbesetzungen" von Gläubigerausschüssen nach dem Leitbild des § 100 Abs. 2 Ziff. 3 AktG sind unter Umständen sinnvoll, häufig wird davon in Konzerninsolvenzfällen aus praktischen Gesichtspunkten Gebrauch gemacht. In diesen Fällen sollen allerdings Interessenkollisionen handgreiflich sein.[4] Dem ist entgegenzuhalten, dass gerade in diesen Fällen auf Grund der gleichen Ausrichtung des Konzerngedankens schon aus praktischen Gründen dies häufig sinnvoll ist. Interessenkollisionen können offengelegt und benannt werden. Zum Lösen der Interessenkollision kann ein Sonderinsolvenzverwalter bestellt werden.[5]

[1] AA: AG Köln NZI 2003, 657 f.; MünchKomm-*Schmid-Burgk,* InsO § 68 Rn. 9, der eine Anwendbarkeit von § 78 – auch in Ausnahmefällen – verneint und gegen die herrschende Meinung anführt, dass sie nicht nur den Wortlaut der Vorschrift verbiege, sondern auch dem Gericht eine über seine verfahrensleitende Rolle hinausgehenden und vom Gesetzgeber nicht gewollten Einfluss gebe sowie die Leitentscheidung des Gesetzgebers beiseite schiebe; für die Sicherung der Neutralität und der Wahrung der Gesamtinteressen würden die §§ 70, 71 sorgen; anders aber MünchKomm-*Ehricke,* InsO § 78 Rn. 13; i. d. S. auch *Vallender,* WM 2002, 2043.

[2] *Smid/Smid,* InsO, § 68 Rn. 5.

[3] So auch AG Köln NZI 2003, 657 f.; MünchKomm-*Schmid-Burgk,* InsO § 68 Rn. 9.

[4] MünchKomm-*Schmid-Burgk,* InsO § 68 Rn. 17.

[5] Kritisch hierzu *Uhlenbruck,* ZIP 2002, 1381, der auf die Gefahr hinweist, dass „eine Krähe der anderen kein Auge aushacke", allerdings nicht verkennt, dass die Sachkenntnis eines anderen Insolvenzverwalters in bestimmten Verfahren von besonderem Wert sein könne.

§ 69 Aufgaben des Gläubigerausschusses

Die Mitglieder des Gläubigerausschusses haben den Insolvenzverwalter bei seiner Geschäftsführung zu unterstützen und zu überwachen. Sie haben sich über den Gang der Geschäfte zu unterrichten sowie die Bücher und Geschäftspapiere einsehen und den Geldverkehr und -bestand prüfen zu lassen.

Übersicht

1. Normzweck

§ 69 enthält in S. 1 den Grundsatz, dass der Gläubigerausschuss den Insolvenzverwalter zu unterstützen und zu überwachen hat. S. 2 regelt daher die Pflicht, sich gegenseitig zu unterrichten, und sichert diese Pflicht durch Einsichts- und sog. „Kassenprüfungsrechte" ab. Die ursprüngliche „Kann"-Regelung in § 80 des Regierungsentwurfs wurde durch den Rechtsausschuss in eine „Muss"-Regelung verschärft. Dabei wird von einer Pflicht zur **laufenden** Unterrichtung ausgegangen.[1] Weitere konkrete Rechte und Pflichten folgen neben § 69 selbst aus einem weit verstreuten Normenkreis,[2] in dem die Antrags-, Genehmigungs-, Mitbestimmungs-, Mitwirkungs- und Auskunftsrechte eingehend geregelt wurden.[3] 1

2. Verhältnis Gläubigerausschuss zum Insolvenzverwalter und Insolvenzgericht

a) Trotz seiner Rechte ist der Gläubigerausschuss nicht ausführendes, sondern nur unterstützendes bzw. kontrollierendes Organ. 2

Insofern kommt ein Auftreten des Gläubigerausschusses oder einzelner Mitglieder, insbesondere das Führen von Vertragsverhandlungen oder gar die Begründung von Masseschulden durch Geschäftsabschlüsse mit Lieferanten, nicht in Betracht.[4] 3

Um sicherzustellen, dass die Initiative stets vom Insolvenzverwalter ausgeht und der Gläubigerausschuss nicht als „Verwalter hinter dem Verwalter" fungiert, verfügt er nicht über eine Weisungsbefugnis gegenüber dem Insolvenzverwalter.[5] 4

b) Infolge seiner Stellung als Organ der Gläubigerselbstverwaltung steht der Gläubigerausschuss – anders als die Gläubigerversammlung – nicht unter der 5

---

[1] Ausschussbericht, abgedruckt in *Balz/Landfermann,* S. 285.

[2] Vgl. hierzu die Aufstellung bei FK-*Hössl,* InsO, § 69 Rn. 8 in der 2. Aufl.

[3] Eine genaue Darstellung dieser Rechte und Pflichten findet sich bei *Heidland,* in: Kölner Schrift, S. 711 ff., 723 ff., 728 ff. Im Übrigen wird auf die Kommentierung der jeweiligen Normen verwiesen.

[4] BGH VersR 1981, 847 ff., 848.

[5] Allg. Auffassung, statt aller *Hess,* InsO, § 69 Rn. 6; MünchKomm-*Schmid-Burgk,* InsO § 69 Rn. 11; vgl. als Argument auch den Wortlaut von § 164.

Leitung des Insolvenzgerichtes,[1] welches nur die Möglichkeit hat, Missständen ausnahmsweise durch Entlassung des betreffenden Mitglieds nach § 70 von Amts wegen aus wichtigem Grund abzuhelfen.

6 **c)** Dem Verständnis des Gläubigerausschusses als Selbstverwaltungsorgan oder eine Art „Aufsichtsrat"[2] entspricht, dass er sich auch selbst zu organisieren und ggf. eine Geschäftsordnung zu geben hat.[3] Aufgrund des gegenüber § 88 KO geänderten Wortlauts des § 69 besteht eine Unterrichtungspflicht jedes einzelnen Gläubigerausschussmitgliedes.[4] Die Tatsache, dass der Insolvenzverwalter – was üblich ist – die Organisation von Gläubigerausschusssitzungen übernimmt, ist eine freiwillige Dienstleistung des Insolvenzverwalters. In Fällen von Meinungsverschiedenheiten ist der Gläubigerausschuss berechtigt, der Insolvenzverwalter allerdings nicht verpflichtet, organisatorische Hilfestellungen und Dienstleistungen für die Durchführung von Gläubigerausschusssitzungen zu erbringen. Entsprechende Dienstleistungen können als vergütungserhöhende Aspekte im Rahmen des § 63 Berücksichtigung finden.

7 **d)** Da ein isoliertes Kontrollrecht keinen Sinn machen würde, ergibt sich konsequenterweise als Teil der Überwachungspflicht auch eine Pflicht zum Handeln. Stellt daher ein Mitglied des Gläubigerausschusses Pflichtverstöße des Insolvenzverwalters fest, sind diese Verfehlungen einerseits dem Gläubigerausschuss und andererseits dem Insolvenzgericht unverzüglich mitzuteilen, damit dieses im Rahmen der Aufsicht (§ 58) zur Schadensvermeidung tätig werden kann.[5]

3. Rechte und Pflichten

8 **a)** Für die effektive Wahrnehmung der Kontrollpflichten ist es unerlässlich, stets über den Fortgang des Verfahrens informiert zu sein. Aus diesem Grund normiert § 69 S. 2 die Verpflichtung der Ausschussmitglieder, sich über den Gang der Geschäfte zu unterrichten, weshalb ihnen z. B. § 261 Abs. 2 S. 2 – abgesehen von dem jährlichen Bericht des Insolvenzverwalters – das Recht gibt, jederzeit einzelne Auskünfte oder einen Zwischenbericht zu verlangen. Auch können und müssen sie die Bücher und Geschäftspapiere einsehen, wobei das Insolvenzgericht bei einem entsprechenden Interesse an Geheimhaltung bestimmter Aktenteile – im Falle einer Interessenkollision – einzelne Mitglieder oder den gesamten Ausschuss von der Einsicht ausschließen kann.[6]

9 **b)** Die dem Gläubigerausschuss an die Hand gegebenen Rechte und insbesondere Pflichten berechtigen den Gläubigerausschuss allerdings nicht dazu, einseitig festzulegen, wann und in welcher Form der Insolvenzverwalter Informationen zu erteilen und Einsicht zu gewähren hat. Es gibt insoweit kein „Zitierrecht". Dies

[1] MünchKomm-*Schmid-Burgk,* InsO § 69 Rn. 12, der mit Hinweis auf das Fehlen einer § 78 entsprechenden Regelung für den Gläubigerausschuss diesen im Verhältnis zum Insolvenzgericht für noch ausgeprägt unabhängiger hält als die Gläubigerversammlung.

[2] *Nerlich/Römermann/Delhaes,* InsO, § 69 Rn. 2.

[3] MünchKomm-*Schmid-Burgk,* InsO § 69 Rn. 8; vgl. dazu Mustergeschäftsordnung bei *Frege/Keller/Riedel,* HRP, Rn. 1191.

[4] Vgl. MünchKomm-*Schmid-Burgk,* InsO § 69 Rn. 3, 4, der § 69 als Leitbild der Individualisierung der Pflichten der Gläubigerausschussmitglieder anzieht.

[5] *Nerlich/Römermann/Delhaes,* InsO, § 69 Rn. 28 mwN zur Rspr.

[6] *Uhlenbruck,* BB 1976, 1198 ff., 1199.

ist nur konsequent, wenn man eine Weisungsbefugnis des Gläubigerausschusses gegenüber dem Insolvenzverwalter verneint.[1] Der BGH hat zu einem Gesamtvollstreckungsverfahren entschieden, dass die Kassenprüfung durch ein Mitglied des Gläubigerausschusses in der Regel am Verwahrungsort der Unterlagen stattzufinden hat.[2] In diesem Beschluss hat der BGH auch nochmals betont, dass die in § 69 geregelten Pflichten nicht den Gläubigerausschuss als solchen, sondern die einzelnen Ausschussmitglieder treffen.[3] Diese Rechtsprechung ist ohne Weiteres auf die Insolvenzordnung übertragbar und bestätigt die hier geäußerte Auffassung. Umgekehrt hat der Insolvenzverwalter für den Fall, dass der Gläubigerausschuss untätig ist, d. h. keine Sitzungen durchführt und seinen Verpflichtungen aus § 69 nicht nachkommt, keine Möglichkeit, ein solches Tätigwerden zu erzwingen. Unter Berücksichtigung der Tatsache, dass das Insolvenzverfahren ein gläubigerorientiertes Verfahren ist und der Insolvenzverwalter neben den einzelnen Mitgliedern des Gläubigerausschusses in Haftung genommen werden kann, sollte zu gegebener Zeit ein Hinweis auf die gesetzlichen Verpflichtungen des Gläubigerausschusses erfolgen.

c) Eine sehr wichtige Aufgabe des Gläubigerausschusses ist die Prüfung des 10 Geldverkehrs und -bestandes, die sich auch auf alle Konten und Belege zu erstrecken hat.[4] Von der Normierung eines bestimmten Kontrollturnus hat der Gesetzgeber bewusst abgesehen, um eine dem Einzelfall angepasste Handhabung zu ermöglichen.[5]

Wie der Wortlaut des § 69 S. 2 InsO („prüfen zu lassen“) deutlich macht, ist 11 der Gläubigerausschuss berechtigt, sachverständige Dritte mit der Prüfung zu beauftragen. Dies bietet sich insbesondere in Großinsolvenzverfahren mit einer Vielzahl von Zahlungsbewegungen an, bei denen die hoch komplizierte EDV-Buchführung nur noch für Fachleute verständlich sein dürfte. Eine solche – in der Regel sinnvollerweise permanente – Kassenprüfung in regelmäßigen Abständen erleichtert zum einen dem Insolvenzverwalter die Arbeit, da sich z. B. ein bei der Prüfung als fehlend festgestellter Beleg zeitnah leichter auffinden lässt, zum anderen erleichtern sachkundig erstellte Kassenprüfungsberichte die abschließende Prüfung der Schlussrechnung durch das Insolvenzgericht nach § 66 Abs. 2. Die Kosten einer Prüfung der Kasse durch einen solchen Sachverständigen sind durch die Verwaltung der Insolvenzmasse begründet (§ 55 Abs. 1 Ziff. 1) und daher aus der Masse zu entnehmen.[6]

d) Die soeben abgehandelten Rechte und Pflichten treffen nicht den Aus- 12 schuss als solchen, sondern jedes einzelne Mitglied,[7] das sie grundsätzlich persönlich zu erfüllen hat und nicht einem Vertreter überlassen darf.[8] Werden im Wege der Arbeitsteilung die gemeinschaftlichen Pflichten auf die Ausschussmitglieder verteilt, so ist das jeweils beauftragte Mitglied von den anderen Mitgliedern auf die ordnungsgemäße Durchführung seines Aufgabenkreises hin zu

---

[1] Allgemeine Auffassung, statt aller *Hess,* InsO, § 69 Rn. 6.
[2] BGH NZI 2008, 181 ff.
[3] BGH, ebd., Rn. 6; vgl. auch Erläuterungen zu § 69 Rn. 12.
[4] BGH NJW 1968, 701 f., 701 = BGHZ 49, 121 ff., 122.
[5] Ausschussbericht, abgedruckt in *Balz/Landfermann,* S. 285.
[6] Begründung RegE, abgedruckt in *Balz/Landfermann,* S. 285.
[7] BGH NZI 2008, 181 Rn. 6; *Heidland,* aaO, S. 724 Rn. 25.
[8] AG Gelsenkirchen KTS 1967, 192.

überwachen, z. B. bei der zulässigen Bildung von Unterausschüssen zu einzelnen Problemkreisen.[1]

13 Heißt es im Gesetz, dass „der Gläubigerausschuss" tätig wird oder zu beschließen hat, muss er als Kollegium handeln.[2] Bei Untätigkeit des Gläubigerausschusses besteht eine Pflicht und korrespondierend ein Recht des einzelnen Gläubigerausschussmitgliedes zu handeln. Dies ist schon mit dem Ziel der Vermeidung der persönlichen Haftung nach § 71 gerechtfertigt.[3]

14 Die Beschlussfassung erfolgt mit Stimmenmehrheit; jedes Mitglied hat – unabhängig von der Höhe der Forderung – eine Stimme.[4]

4. Interessenkollision

15 Die Mitgliedschaft im Gläubigerausschuss verpflichtet die Ausschussmitglieder grundsätzlich zu einer unabhängigen Erfüllung ihrer Aufgaben, d. h. nach den Buchstaben des Gesetzes müssten die einzelnen Mitglieder des Gläubigerausschusses sich verfahrensübergreifend orientieren. Dies wird in der Regel nicht lupenrein möglich sein. Gläubigervertreter werden regelmäßig – auch – einzelinteressenorientiert sein, d. h., Kreditgläubiger vertreten Kreditgläubigerinteressen, Lieferanten Lieferanteninteressen und der PSVaG seine Interessen etc.[5]

16 Damit ergeben sich zwangsläufig Interessenkollisionen, wenn bei Selbstbetroffenheit diese im Rahmen von Beratungen und Beschlussfassungen nicht angezeigt oder gegen die bestehende Verschwiegenheitspflicht verstoßen wird.[6] Grundsätzlich dürfte davon auszugehen sein, dass das einzelne Ausschussmitglied eine solche Selbstbetroffenheit rechtzeitig anzuzeigen und offenzulegen hat und dann – zumindest für diesen Tagesordnungspunkt – auf die Teilnahme an der Sitzung verzichtet, zur Vermeidung ausgeschlossen zu werden. Schwerwiegende Verstöße gegen die Pflicht zur Verschwiegenheit – etwa die unbefugte Weitergabe von Insiderwissen an einen Gläubiger außerhalb des Gläubigerausschusses – kann auch zu strafrechtlicher Verantwortlichkeit nach § 266 StGB oder § 203 StGB führen.[7]

§ 70 Entlassung

Das Insolvenzgericht kann ein Mitglied des Gläubigerausschusses aus wichtigem Grund aus dem Amt entlassen. Die Entlassung kann von Amts wegen, auf Antrag des Mitglieds des Gläubigerausschusses oder auf Antrag der Gläubigerversammlung erfolgen. Vor der Entscheidung des Gerichts ist das Mitglied des Gläubigerausschusses zu hören; gegen die Entscheidung steht ihm die sofortige Beschwerde zu.

---

[1] *Heidland,* aaO, S. 724 f. Rn. 25.
[2] *Heidland,* aaO, S. 723 Rn. 22.
[3] MünchKomm-*Schmid-Burgk,* InsO § 69 Rn. 6.
[4] *Heidland,* aaO, ebd.
[5] Vgl. ausführlich *Uhlenbruck,* ZIP 2002, 1377 und 1380 f.
[6] *Pape,* ZInsO 1999, 678 mwN, insbesondere zur Rspr.; zum Umfang der Verschwiegenheitspflicht vgl. *Gundlach/Frenzel/Schmidt,* ZInsO 2006, 69 ff.
[7] *Pape,* ebd., mwN.

Literatur: *Gundlach/Frenzel/Schmidt,* Die Entlassung des Gläubigerausschussmitglieds auf eigenen Wunsch, InVo 2003, 49 f.; *Pape,* Der verhinderte Insolvenzverwalter als Mitglied des Gläubigerausschusses – Anm. zu LG Kassel (ZInsO 2002, 839), ZInsO 2002, S. 1017 ff.

Übersicht

1. Normzweck

Zur Absicherung der Unabhängigkeit der Mitglieder des Gläubigerausschusses sieht § 70 vor, dass das Insolvenzgericht einzelne Mitglieder nur aus wichtigem Grund entlassen kann.[1] 1

2. Anlass zum Tätigwerden

a) Die Entlassung kann von Amts wegen, auf Antrag des Mitgliedes des Gläubigerausschusses oder der Gläubigerversammlung erfolgen. Außenstehende Personen, einzelne Gläubiger, andere Mitglieder des Gläubigerausschusses oder der Insolvenzverwalter sind nicht antragsbefugt, können aber beim Gericht anregen, von Amts wegen tätig zu werden; unter Umständen sind sie hierzu sogar verpflichtet.[2] Bleibt das Gericht trotz ernst zu nehmender Hinweise untätig, kommt Amtshaftung nach § 839 Abs. 1 BGB i. V. m. Art. 34 GG in Betracht. 2

b) Die gesetzlich geregelte Möglichkeit, von Amts wegen tätig zu werden, löst zugleich die alte Streitfrage, ob das Insolvenzgericht gegenüber dem Gläubigerausschuss Kontrollbefugnisse hat.[3] 3

Um überhaupt wirksam von Amts wegen tätig werden zu können, müssen dem Insolvenzgericht konsequenterweise Überwachungsmöglichkeiten offen stehen. Dem Insolvenzgericht ist das Recht zuzugestehen, sich über die Versammlungstermine des Gläubigerausschusses zu informieren und an den Versammlungen teilzunehmen.[4] Im Hinblick auf eine mögliche Amtshaftung nach den § 839 Abs. 1 BGB i. V. m. Art. 34 GG ist es angezeigt, dass sich das Gericht durch Überlassen der Tagesordnung der Gläubigerausschusssitzungen, der Ergebnisprotokolle und der Kassenprüfungsberichte fortlaufend informieren lässt. Diese Unterlagen werden nicht Teil der Gerichtsakte. Sie werden als Nebenakten zu den Insolvenzakten geführt und unterliegen damit nicht dem Einsichtsrecht nach § 4 InsO i. V. m. § 299 ZPO.[5] 4

---

1 Begründung RegE, abgedruckt in *Balz/Landfermann,* S. 285 f.
2 *Nerlich/Römermann/Delhaes,* InsO, § 70 Rn. 6.
3 Vgl. hierzu *Kuhn/Uhlenbruck,* KO, § 87 Rn. 6.
4 MünchKomm-*Schmid-Burgk,* InsO § 69 Rn. 12; *Smid/Smid,* InsO, § 70 Rn. 8.
5 *Pape,* ZInsO 1999, 680 mwN.

3. Der „wichtige Grund“

5 **a)** Die Entlassung ist nur aus wichtigem Grund möglich. Dies gilt auch für den Eigenantrag des Mitgliedes selbst, da es sich bei der Ausschussmitgliedschaft nicht um ein kündbares privatrechtliches Dienstverhältnis, sondern um ein Amt im öffentlichen Interesse handelt, das nicht ohne Weiteres niedergelegt werden kann.[1]

6 **b)** Ein wichtiger Grund kann in schwerwiegenden Pflichtverletzungen liegen, aber auch bei länger dauernder Unfähigkeit zur Amtsausübung bejaht werden. Das Verbleiben des Mitglieds des Gläubigerausschusses im Amt muss die Belange der Gesamtheit der Gläubiger und die Rechtmäßigkeit der Verfahrensabwicklung objektiv nachhaltig beeinträchtigen.[2] Ein wichtiger Grund – so der BGH – liegt nicht in der Störung des Vertrauensverhältnisses zu anderen Verfahrensbeteiligten.[3] Die Nutzung von als Mitglied eines Gläubigerausschusses gewonnenen Informationen zum einseitigen Vorteil eines zu den Gläubigern gehörenden Mandanten stellt einen die Entlassung rechtfertigenden wichtigen Grund dar.[4] In einer Parallelentscheidung hat der BGH festgehalten, dass für den Fall, dass zwei Konzernunternehmen in Insolvenz fallen und in jedem Fall ein weitgehend personenidentisch besetzter Gläubigerausschuss gebildet wird, eine Verfehlung, welche die Entlassung eines Mitglieds aus einem Ausschuss rechtfertigt, unter dem Gesichtspunkt eines Vertrauensverlustes geeignet sein kann, seine Entlassung auch aus dem anderen Ausschuss nahezulegen. [5]

7 **c)** Die Entlassung soll der Ausnahmefall sein. Dies wird dadurch unterstrichen, dass § 81 des Regierungsentwurfs auf Initiative des Rechtsausschusses um die Beschwerdemöglichkeit des entlassenen Mitglieds des Gläubigerausschusses ergänzt worden ist.[6] Die Entlassung aus wichtigem Grund ist daher als „ultima ratio“ mit entsprechend hohen Anforderungen an das Vorliegen des wichtigen Grundes zu sehen.[7]

4. Der Entlassungsbeschluss

8 Die Zuständigkeit für den Entlassungsbeschluss liegt regelmäßig (Ausnahme § 18 Abs. 2 RPflG) nach § 18 RPflG beim Rechtspfleger. Im Hinblick auf die

[1] AG Duisburg ZInsO 2003, 861 f. – sehr pragmatisch; AG Hildesheim KTS 1985, 130 ff., 131; MünchKomm-*Schmid-Burgk,* InsO § 70 Rn. 16; *Vallender,* WM 2002, 2043; *Gundlach/Frenzel/Schmidt,* InVo 2003, 50; aA: *Hess/Obermüller,* Die Rechtsstellung der Verfahrensbeteiligten nach der Insolvenzordnung, Rn. 1173.

[2] BGH NZI 2007, 346 ff. m. Anm. *Gundlach/Frenzel,* EWiR 2007, § 70 InsO 2/07, 403 f.; LG Kassel ZInsO 2002, 839 ff.; zur Bestellung des „verhinderten Insolvenzverwalters“ als Mitglied des Gläubigerausschusses m. krit. Anm. *Pape,* ZInsO 2002, 1017 ff.; dazu Revisionsentscheidung des BGH NZI 2003, 436: Begünstigung eines Insolvenzgläubigers als wichtigen Grund bejahend; näher zu dem Erfordernis des wichtigen Grundes MünchKomm-*Schmid-Burgk,* InsO § 70 Rn. 5–8.

[3] BGH, ebd., m. Anm. *Gundlach/Frenzel,* EWiR 2007, § 70 InsO 2/07, 403 f.

[4] BGH NZI 2008, 306 ff. m. Anm.; *Bruckhoff,* NZI 2008, 229 f.; *Grundlach/Schmidt,* ZInsO 2008, 604 ff., und *Runkel/Schmidt,* EWiR 2008, § 70 InsO 1/08, 473 f.

[5] BGH NZI 2008, 308 f.

[6] Ausschussbericht, abgedruckt in *Balz/Landfermann,* S. 286.

[7] *Nerlich/Römermann/Delhaes,* InsO, § 70 Rn. 7; *Pape,* Gläubigerbeteiligung im Insolvenzverfahren, S. 139 f., Rn. 318 mw Beispielen.

Möglichkeit der sofortigen Beschwerde sollte der Beschluss begründet werden. Aufgrund des mit der Entlassung verbundenen Eingriffes in seine Rechtsposition ist das betroffene Mitglied vor der Entscheidung – ratsamerweise, aber nicht erforderlich schriftlich – anzuhören. Sinnvollerweise sollte einem Mitglied des Gläubigerausschusses eine angemessene Frist – mindestens zwei Wochen – gesetzt werden. In Eilfällen kann eine Anhörung im Beschwerdeverfahren nachgeholt werden.[1]

5. Rechtsmittel

a) Das Gesetz räumt nur dem betroffenen Mitglied,[2] nicht aber den anderen Antragsberechtigten das Recht ein, sich gegen die Entlassung mit der sofortigen Beschwerde nach § 6 zu wehren. Den anderen Beteiligten steht bei einer Entscheidung durch den Rechtspfleger die befristete Erinnerung nach § 11 Abs. 2 S. 1 RPflG zu.[3] Voraussetzung ist dabei stets das Vorliegen einer Beschwer. 9

b) Wird dem Antrag eines Ausschussmitgliedes auf seine Entlassung nicht entsprochen, so muss diesem – über den Wortlaut der Vorschrift hinaus – ebenfalls die Möglichkeit der sofortigen Beschwerde offen stehen,[4] da das fehlerhafte Verneinen eines wichtigen Grundes einschneidende Folgen für das Mitglied haben kann (z. B. Haftungsrisiken, wenn es dem Mitglied bei objektiver Betrachtung unmöglich ist, das Amt trotz des – fehlerhaft – ablehnenden Beschlusses fortzuführen).[5] 10

§ 71 Haftung der Mitglieder des Gläubigerausschusses

Die Mitglieder des Gläubigerausschusses sind den absonderungsberechtigten Gläubigern und den Insolvenzgläubigern zum Schadenersatz verpflichtet, wenn sie schuldhaft die Pflichten verletzen, die ihnen nach diesem Gesetz obliegen. § 62 gilt entsprechend.

Literatur: *Ganter,* Die Haftung der Mitglieder des Gläubigerausschusses nach § 71 InsO, in FS für Gero Fischer, 221 ff.

Übersicht

[1] MünchKomm-*Schmid-Burgk,* InsO § 70 Rn. 17, zur Zulässigkeit einer Abmahnung als milderes Mittel, ebd., Rn. 18.
[2] Ausschussbericht, abgedruckt in *Balz/Landfermann,* S. 286.
[3] HK-*Eickmann,* InsO, § 70 Rn. 7.
[4] *Heidland,* in Kölner Schrift, S. 711 ff., 722 Rn. 21; HK-*Eickmann,* InsO, § 70 Rn. 6.
[5] MünchKomm-*Schmid-Burgk,* InsO § 70 Rn. 20, § 70 S. 3 beziehe sich auf „die Entscheidung" des Insolvenzgerichts.

1. Normzweck

1 § 71 regelt die Haftung der Mitglieder des Gläubigerausschusses. Sie ist der Haftung des Insolvenzverwalters nach § 60 nachgebildet.

2. Geschützte Verfahrensbeteiligte

2 Anders als nach der früheren Rechtslage können nach § 71 nur absonderungsberechtigte Gläubiger oder der Insolvenzgläubiger Schadensersatzansprüche gegen Mitglieder des Gläubigerausschusses geltend machen, weil der Gläubigerausschuss nur die Interessen dieser Personen zu vertreten hat.[1] Die Interessen der übrigen Beteiligten (Schuldner/Massegläubiger) werden durch den umfassenden Pflichtenkreis des Insolvenzverwalters und durch die Aufsicht des Gerichts nach Ansicht des Gesetzgebers ausreichend geschützt.[2]

3. Haftungsvoraussetzungen, -folgen und Geltendmachung

3 **a)** Für den Schadensersatzanspruch gelten die allgemeinen Regeln des BGB. Insofern muss den Ersatzpflichtigen ein Verschulden i. S. d. § 276 BGB treffen, er muss also vorsätzlich oder fahrlässig gehandelt haben. Ein Fahrlässigkeitsvorwurf kann darin liegen, dass das Ausschussmitglied sich nicht selbstständig über die ihm obliegenden Pflichten informiert[3] oder das Amt annimmt, obwohl ihm bewusst ist, dass es dessen Anforderungen nicht erfüllen kann.[4] Ein Mitverschulden des Geschädigten ist über § 254 BGB zu berücksichtigen.[5]

Die Haftung entfällt nicht dadurch oder ist zumindest eingeschränkt, weil das Insolvenzgericht die pflichtwidrigen Handlungen eines Insolvenzverwalters im Rahmen der Rechtsaufsicht hätte erkennen und unterbinden müssen. Die Aufsicht des Insolvenzgerichts über den Verwalter diene nicht dem Zweck, die Mitglieder des Gläubigerausschusses vor ihrer Haftung zu bewahren. Sie sei vielmehr umso schwächer ausgeprägt, je stärker die Gläubiger in das Verfahren eingebunden seien und ihre Rechte selbst wahrnehmen können.[6]

4 **b)** Darüber hinaus muss das Verhalten des Gläubigerausschussmitglieds für den Schaden kausal sein.[7] An der Kausalität soll es fehlen, wenn der Insolvenzverwalter sich entschlossen hatte, zu handeln, und ihn auch eine entgegenstehende

---

[1] Begründung RegE, abgedruckt in *Balz/Landfermann,* S. 286.

[2] Ebd.; kritisch zu dieser Einengung der Haftung *Heidland,* in Kölner Schrift, S. 711 ff., 725 f. Rn. 28.

[3] BGH WM 1978, 634 f., 635 mwN.

[4] *Hess/Obermüller,* Die Rechtsstellung der Verfahrensbeteiligten nach der Insolvenzordnung, Rn. 1169.

[5] OLG Frankfurt ZIP 1990, 722 ff., 725 f., soweit das OLG ausführt, eine leichte Fahrlässigkeit der Gläubigerausschussmitglieder führe nicht zu deren Haftung, wenn ihr Anteil an der Schadensverursachung deutlich weniger als 20 % betragen habe, ist dies mit dem Gesetz nicht vereinbar. Wer haftet, der haftet, auch wenn sein Beitrag nur 10 % betrug; aA MünchKomm-*Schmid-Burgk,* InsO § 71 Rn. 7 mwN.

[6] OLG Rostock ZInsO 2004, 814 ff.; *Pape/Schmidt,* ZInsO 2004, 955, 958 f. mwN.

[7] *Huntemann/Graf Brockdorff/Graf Brockdorff,* Der Gläubiger im Insolvenzverfahren, S. 285 ff., 312 Rn. 91.

Meinungsäußerung (und Beschlussfassung) des Gläubigerausschusses nicht davon abgebracht hätte.[1]

c) Die Haftung trifft den Ausschuss als Kollegialorgan. Haften mehrere Mitglieder, können sie als Gesamtschuldner nach den §§ 421, 426 BGB in Anspruch genommen werden.[2] Die Haftung besteht auch, wenn neben dem Ausschuss der Insolvenzverwalter haftet.[3] 5

d) Die Haftung für durch den Gläubigerausschuss zur Erfüllung seiner Aufgaben hinzugezogene Hilfspersonen (etwa Wirtschaftsprüfer bei der Kassenprüfung) richtet sich nach denselben Grundsätzen wie beim Insolvenzverwalter.[4] Hinsichtlich der nach § 69 S. 2 zulässigen Einschaltung von Hilfspersonen für die Kassenprüfung soll eine Haftungsbeschränkung auf Auswahlverschulden – insbesondere bei der Einschaltung eines zuverlässigen Wirtschaftsprüfers – in Betracht kommen. Andernfalls würde die Masse doppelt mit Kosten belastet: zum einen mit den Kosten der Haftpflichtversicherung der Gläubigerausschussmitglieder, zum anderen mit den Kosten des eingeschalteten Prüfers.[5] 6

e) Ist durch die Pflichtverletzung des Ausschusses oder eines seiner Mitglieder die Insolvenzmasse geschädigt worden, so kann dieser Gesamtschaden nach § 92 S. 1 während der Dauer des Insolvenzverfahrens nur vom Insolvenzverwalter geltend gemacht werden. Haftet dieser auf Grund eigener Pflichtverletzungen gesamtschuldnerisch neben dem Gläubigerausschussmitglied, dürfte in analoger Anwendung von § 92 S. 2 zur einheitlichen Durchsetzung der Haftungsansprüche auch für die Geltendmachung der Ansprüche gegen den Ausschuss ein Sonderverwalter zu bestellen sein.[6] Die Tatsache, dass es sich bei den Schäden, die zum Schadensersatzanspruch gegen ein Mitglied des Gläubigerausschusses führen, in der Regel um solche handelt, die durch die Insolvenzmasse kürzende Handlungen ausgelöst werden, führt zu diesen Gesamtschadensansprüchen nach § 92. Nach dem bisherigen Recht der Konkursordnung waren Ansprüche aus § 89 KO als massezugehörig angesehen worden. Diese Änderung – bei § 92 bleiben die Schadensersatzansprüche, auch wenn sie vom Insolvenzverwalter geltend gemacht werden, materiell-rechtlich solche der Ersatzberechtigten – führt dazu, dass eine Aufrechnung gegen die Vergütungsansprüche aus § 73 nicht mehr möglich ist.[7] 7

f) Die Verjährung der Ansprüche nach § 71 richtet sich auf Grund der Verweisung in S. 2 nach § 62. Die Verjährungsfrist für Ansprüche gegen Mitglieder eines Gläubigerausschusses beginnt erst ab möglicher Kenntnisnahme eines neuen Insolvenzverwalters oder Sonderinsolvenzverwalters zu laufen.[8] 8

---

[1] MünchKomm-*Schmid-Burgk,* InsO § 71 Rn. 10 mwN.

[2] Ebd., S. 313 Rn. 93; MünchKomm-*Schmid-Burgk,* InsO § 71 Rn. 15, der insoweit nochmals auf die „Individualisierung" der Pflichten aus § 69 hinweist.

[3] HK-*Eickmann,* InsO, § 71 Rn. 2.

[4] HK-*Eickmann,* InsO, § 71 Rn. 6; vgl. die Erläuterungen zu § 60 Rn. 29 f.

[5] *Vallender,* WM 2002, 2048; aA: MünchKomm-*Schmid-Burgk,* InsO § 71 Rn. 17 mwN.

[6] Vgl. *Pape,* Gläubigerbeteiligung im Insolvenzverfahren, S. 141 f., Rn. 320, 321 m. einer Aufzählung von Grundsätzen, die die Rechtsprechung für die Haftung der Ausschussmitglieder entwickelt hat und die auch nach Inkrafttreten der Insolvenzordnung Beachtung finden sollten.

[7] MünchKomm-*Schmid-Burgk,* InsO § 71 Rn. 20.

[8] BGH NZI 2008, 491 ff. = BB 2008, 1869 f.; m. Anm. *Malitz* = DZWIR 2008, 457 ff.; m. Anm. *Gundlach/Frenzel/Jahn,* 441, noch zu einem unter der Geltung der GesO gebilde-

4. Anspruchskonkurrenzen

9 Kommt neben § 71 auch eine Haftung aus Delikt in Betracht, ist § 71 als lex specialis vorrangig.

10 Normen des Deliktrechts bleiben aber als Anspruchsgrundlage der nicht durch § 71 geschützten Personen – d. h. Schuldner, Massegläubiger und Aussonderungsberechtigte – erhalten.[1]

5. Die Haftpflichtversicherung

11 Aufgrund der möglicherweise hohen Haftungsrisiken sollten die Mitglieder des Gläubigerausschusses eine Vermögensschaden-Haftpflichtversicherung abschließen.[2]

12 Die Prämien hierfür sind erstattungsfähige Auslagen i. S. d. § 8 InsVV, da angesichts des niedrigen regelmäßigen Vergütungssatzes von 25,– bis 50,– € pro Stunde (§ 17 InsVV) die Übernahme der – bei hohen Risiken auch entsprechend hohen – Prämien aus der gewährten Vergütung unzumutbar ist.[3] § 4 Abs. 3 S. 1 InsVV, wonach mit der Vergütung grundsätzlich auch die Kosten einer Haftpflichtversicherung abgegolten sind, gilt unmittelbar nur für den Insolvenzverwalter und dessen Vergütung.

13 Aus dem § 4 Abs. 3 S. 2 InsVV zugrunde liegenden Gedanken ergibt sich für den Insolvenzverwalter grundsätzlich die Möglichkeit einer sog. „Aufversicherung" eines besonderen Haftungsrisikos. Für diesen Fall sind dann die Kosten einer angemessenen zusätzlichen Versicherung als Auslagen zu erstatten. Diese Vorschrift ist auch ohne besondere Verweisung für die Mitglieder des Gläubigerausschusses entsprechend anzuwenden, da Begünstigte – für den Fall mangelnder Leistungsfähigkeit eines oder mehrerer Mitglieder des Gläubigerausschusses – die von § 71 geschützten absonderungsberechtigten Gläubiger und Insolvenzgläubiger sind. § 4 Abs. 3 S. 2 InsVV stellt für das frühere Recht geltende Grundsätze klar. In den Materialien ist der Gesetzgeber davon ausgegangen, dass durch die verstärkte Gläubigerautonomie bei wichtigen Verwertungsentscheidungen im Insolvenzverfahren das Haftungsrisiko des Insolvenzverwalters verringert wird. Dies bedeutet umgekehrt, dass – dann, wenn die Gläubigerautonomie sich in der Einsetzung eines Gläubigerausschusses verkörpert – dort ein erhöhtes Haftungsrisiko besteht, das dann entsprechend zusätzlich versichert werden muss.[4]

---

ten Gläubigerausschuss, aber ohne Weiteres auf die InsO übertragbar; vgl. die aufgehobene Berufungsentscheidung OLG Rostock ZInsO 2007, 1052 ff.; m. krit. Anm. *Kirchhof,* ZInsO 2007, 1122 ff.

[1] *Nerlich/Römermann/Delhaes,* InsO, § 71 Rn. 18; MünchKomm-*Schmid-Burgk,* InsO § 71 Rn. 21.

[2] *Hess/Obermüller,* Die Rechtsstellung der Verfahrensbeteiligten nach der Insolvenzordnung, Rn. 1172; eingehend *Huntemann/Graf Brockdorff/Graf Brockdorff,* Der Gläubiger im Insolvenzverfahren, S. 314 Rn. 97 ff.

[3] *Vallender,* WM 2002, 2049, auch zur Bemessung der Versicherungssumme und praktischen Abwicklung der Prämienzahlung; *Huntemann/Graf Brockdorff/Graf Brockdorff,* aaO, S. 314 Rn. 99; *Kuhn/Uhlenbruck,* KO, § 91 Rn. 5 m. zahlreichen wN zur Gegenauffassung; i. d. S. auch *Uhlenbruck/ders.,* InsO, § 71 Rn. 20 mwN, § 18 Abs. 1 InsVV schließe die Erstattung von Haftpflichtversicherungsprämien nicht aus.

[4] Begründung zu § 4 InsVV, abgedruckt in *Balz/Landfermann,* S. 848.

§ 72 Beschlüsse des Gläubigerausschusses

Ein Beschluss des Gläubigerausschusses ist gültig, wenn die Mehrheit der Mitglieder an der Beschlussfassung teilgenommen hat und der Beschluss mit der Mehrheit der abgegebenen Stimmen gefaßt worden ist.

Übersicht

1. Normzweck

§ 72 regelt die Grundsätze der Beschlussfassung. 1

2. Ablauf von Gläubigerausschusssitzungen

a) Mangels weiterer gesetzlicher Vorgaben ist der Gläubigerausschuss bei der Gestaltung seiner Arbeitsweise frei. Er kann sich eine Geschäftsordnung geben oder seine Arbeitsweise von Fall zu Fall bestimmen.[1] Dem einzelnen Mitglied muss es möglich sein, seinen Rechten und Pflichten nachzukommen. Hat sich der Gläubigerausschuss keine Geschäftsordnung gegeben, können ausnahmsweise allgemeine Grundsätze des Vereins- und Gesellschaftsrechts herangezogen werden.[2] 2

b) Gläubigerausschusssitzungen sind rechtzeitig und unter Beifügen einer Tagesordnung nebst Unterlagen zu den zur Abstimmung stehenden Punkten einzuberufen,[3] damit die Mitglieder sich ordnungsgemäß vorbereiten können.[4] Dies ist angesichts eines bei mangelhafter Vorbereitung drohenden Haftungsrisikos notwendig.[5] 3

c) Jedes Mitglied des Gläubigerausschusses ist berechtigt, den Gläubigerausschuss einzuberufen, nicht jedoch der Verwalter. Er befasst den Gläubigerausschuss – mangels abweichender Vereinbarung – mit Anträgen und Bitten um Erörterung.[6] Nähere Einzelheiten bleiben einer Geschäftsordnung vorbehalten, 4

---

[1] *Huntemann/Graf Brockdorff/Graf Brockdorff,* Der Gläubiger im Insolvenzverfahren, S. 285 ff., 307, Rn. 69.

[2] HK-*Eickmann,* InsO, § 72 Rn. 2; zur Frage des Stimmrechtsausschlusses und Mitwirkungsverbots bei Interessenkollision *Pape,* Gläubigerbeteiligung im Insolvenzverfahren, S. 138, Rn. 316, unter Verweis auf die Übertragbarkeit der Gedanken der §§ 34 BGB, 47 Abs. 4 GmbHG, 43 Abs. 3 GenG auf die Insolvenzordnung mwN.

[3] In aller Regel vom Insolvenzverwalter als „Geschäftsführer". Dies ist aber eine Vereinbarungsangelegenheit zwischen Ausschuss und Insolvenzverwalter. Grundsätzlich regelt dieser seine Angelegenheiten selbst, muss also auch die Einladungsrechte ordnen. Vgl. dazu oben § 69 Rn. 6; *Gundlach/Frenzel/Schmidt,* NZI 2005, 304 ff.

[4] *Huntemann/Graf Brockdorff/Graf Brockdorff,* aaO, S. 310 Rn. 81.

[5] *Huntemann/Graf Brockdorff/Graf Brockdorff,* aaO, S. 308 Rn. 73.

[6] AA förmliches Einberufungsrecht *Huntemann/Graf Brockdorff/Graf Brockdorff,* aaO, S. 308 Rn. 71.

die auch die Bildung von Unterausschüssen vorsehen kann.[1] In aller Regel gehen Insolvenzverwalter und Gläubigerausschuss kooperativ miteinander um.

5 **d)** Über die Anwesenheitsberechtigung von Nichtausschussmitgliedern (einschließlich des Insolvenzverwalters) entscheiden die Mitglieder durch Beschluss – tunlichst zu Beginn der Sitzung –, sofern keine Regelung in der Geschäftsordnung existiert.[2]

3. Beschlussfassung

6 **a) Beschlussfähigkeit.** Nach § 72 ist der Ausschuss beschlussfähig, wenn die Mehrheit der Ausschussmitglieder anwesend ist.[3]

7 Im Regelfall hat die Beschlussfassung auch Folgen für wirtschaftliche oder rechtliche Belange der einzelnen Gläubiger. Dies kann bei Interessenkollision eine entsprechende Anwendung vereins- und gesellschaftsrechtlicher Regeln zur Untersagung des Stimmrechtes rechtfertigen.[4] Mit dem BGH ist davon auszugehen, dass einem Mitglied des Gläubigerausschusses ein Stimmrecht dann nicht zusteht, wenn über ein zwischen ihm bzw. einem von ihm gesetzlich vertretenen Unternehmen und der Insolvenzmasse zu schließendes Rechtsgeschäft oder einen noch zu führenden bzw. zu erledigenden Rechtsstreit abzustimmen ist.[5] Aufgrund des Verbotes, Richter in eigener Sache zu sein, besteht für einen Zweifelsfall von Selbstbetroffenheit ein Stimmverbot bereits bei der Frage, ob Selbstbetroffenheit vorliegt oder nicht.[6]

8 **b) Die Stimmabgabe.** Jedes Gläubigerausschussmitglied hat unabhängig von der Höhe seiner Forderung eine Stimme. Zwar stellt § 72 nicht auf anwesende Mitglieder ab, die Beschlussfähigkeit knüpft aber an die Mehrheit der anwesenden (= teilnehmenden) Mitglieder an. Deswegen kann (auch bei Mehrheit der Anwesenden) die Stimme nicht fernmündlich oder schriftlich abgegeben werden.[7] Auch eine Bevollmächtigung mit der Wirkung, dass die Stimme des Bevollmächtigten doppelt zählt, kennt das Gesetz nicht.

9 Bei einfach gelagerten Sachverhalten bietet sich eine Entscheidung im schriftlichen Umlaufverfahren – vorbehaltlich entsprechender Verfahrensbeschlussfassung des Ausschusses – ohne Einberufung einer Ausschusssitzung an.[8] Dies setzt

[1] Zu fakultativen Inhalten vgl. MünchKomm-*Schmid-Burgk,* InsO § 72 Rn. 6; *Uhlenbruck,* ZIP 2002, 1375 f.; vgl. Mustergeschäftsordnung bei *Frege/Keller/Riedel,* HRP Insolvenzrecht, Rn. 1191.

[2] *Huntemann/Graf Brockdorff/Graf Brockdorff,* Der Gläubiger im Insolvenzverfahren, S. 309 Rn. 76, 77.

[3] *Braun/Uhlenbruck,* Unternehmensinsolvenz, 1997, S. 211; *Hess,* InsO, § 72 Rn. 3.

[4] MünchKomm-*Schmid-Burgk,* InsO § 72 Rn. 14, unter Bezugnahme auf BGH WM 1985, 422 ff.

[5] BGH WM 1985, 422 ff. = ZIP 1985, 423 ff.; *Nerlich/Römermann/Delhaes,* InsO, § 72 Rn. 4; *Pape,* Gläubigerbeteiligung im Insolvenzverfahren, S. 138, Rn. 316.

[6] MünchKomm-*Schmid-Burgk,* InsO § 72 Rn. 16 f. mwN, auf Grund des Rückgriffs auf allgemeine Grundsätze aus dem Gesellschaftsrecht.

[7] AA: *Huntemann/Graf Brockdorff/Graf Brockdorff,* aaO, S. 311 Rn. 35; *Uhlenbruck,* ZIP 2002, 1376 mit dem Hinweis darauf, dass etwas anderes dann gelten könne, wenn zukünftig Gläubigerausschusssitzungen im Wege einer Videokonferenz durchgeführt würden.

[8] *Uhlenbruck/ders.,* InsO, § 72 Rn. 2.

eine ordnungsgemäß ausgearbeitete Entscheidungsvorlage voraus. Daneben müssen alle Mitglieder des Gläubigerausschusses mit einer solchen Verfahrensweise einverstanden sein. In einem solchen Fall ist auch eine entgegenstehende Regelung in der Geschäftsordnung des Gläubigerausschusses nicht hinderlich.[1] Der Verzicht auf die Einberufung einer Ausschusssitzung bietet sich insbesondere bei größeren Gläubigerausschüssen an, bei denen das kurzfristige Einberufen einer gemeinsamen Sitzung häufig schwierig zu koordinieren ist.

c) Das Zustandekommen des Beschlusses. Der Beschluss kommt zustande, wenn in Übereinstimmung mit den obigen Ausführungen die Mehrheit der Mitglieder an der Beschlussfassung teilgenommen hat und der Beschluss mit der Mehrheit der abgegebenen Stimmen (Kopfmehrheit) gefasst worden ist. Im Gläubigerausschuss wird unabhängig von der Höhe von Forderungen nur nach Köpfen abgestimmt, d. h., jedes Mitglied hat eine Stimme. Grund ist die Möglichkeit, dass auch Nichtgläubiger als Mitglied eines Gläubigerausschusses infrage kommen, § 67 Abs. 3, und gleichzeitig zwangsläufig auch damit Ungleichgewichte vermieden werden, die durch die hohen Forderungen von sog. „Großgläubigern“ ausgelöst werden.[2] 10

Aufgrund des eindeutigen Gesetzeswortlautes gilt der Antrag bei Stimmengleichheit als abgelehnt. § 72 ist zwingendes Recht, eine entgegenstehende Regelung in der Geschäftsordnung daher nicht zulässig.[3] 11

d) Sitzungs- und Beschlussprotokolle. Über den Verlauf der Gläubigerausschusssitzungen werden in der Regel Sitzungs-, vornehmlich aber Beschlussprotokolle geführt. Teilweise wird vertreten, dass die Protokollierung nicht nur gewohnheitsmäßig vorgenommen werde, sondern sogar zu den Obliegenheiten des Gläubigerausschusses gehöre, weil er hierdurch die Erfüllung seiner Pflichten dokumentieren könne.[4] Diese sind – schon um eine Aufsicht und dazu notwendige dauerhafte Information des Gerichts zu gewährleisten – als Nebenakten zu den Insolvenzakten zu führen. Als Nebenakten unterliegen sie nicht dem Akteneinsichtsrecht nach § 4 i. V. m. § 299 ZPO.[5] 12

4. Rechtsfolgen fehlerhafter Beschlüsse

a) Auch in der Insolvenzordnung fehlt eine Regelung zu den **Rechtsfolgen fehlerhafter Beschlüsse.** 13

Um diese Lücke zu schließen, bietet es sich an, die ausführliche Regelung in §§ 241, 243 AktG entsprechend anzuwenden. Dann ist zwischen nichtigen und anfechtbaren Beschlüssen zu unterscheiden. 14

Bei Einberufungsmängeln, die für das Abstimmungsergebnis kausal sind, wäre analog § 241 Abs. 1 Ziff. 1 AktG **Nichtigkeit** anzunehmen.[6] 15

Beschlüsse, die gegen ein gesetzliches Verbot verstoßen, sind nach § 134 BGB nichtig. 16

---

[1] MünchKomm-*Schmid-Burgk,* InsO § 72 Rn. 10 mwN.

[2] MünchKomm-*Schmid-Burgk,* InsO § 72 Rn. 3.

[3] *Huntemann/Graf Brockdorff/Graf Brockdorff,* Der Gläubiger im Insolvenzverfahren, S. 310 Rn. 83.

[4] MünchKomm-*Schmid-Burgk,* InsO § 72 Rn. 7 mwN zur Rspr. und Literatur.

[5] *Pape,* Gläubigerbeteiligung im Insolvenzverfahren, S. 148 Rn. 330.

[6] HK-*Eickmann,* InsO, § 72 Rn. 5.

17 Weit bedeutsamer dürfte die **Anfechtbarkeit** von Beschlüssen sein. In Anlehnung an § 243 AktG wäre diese bei Gesetzesverstößen oder – sofern sich der Ausschuss eine Geschäftsordnung gegeben hat – Verletzung der Geschäftsordnung anzunehmen. Analog § 243 Abs. 2 AktG könnte ein Beschluss bei Abstimmung durch einen als befangen anzusehenden Gläubiger anfechtbar sein. Anfechtbar dürfte auch ein Beschluss sein, bei dem ein Gläubiger mangels ausreichender Information durch die anderen Ausschussmitglieder nicht ordnungsgemäß abstimmen konnte.

18 **b)** Daran schließt sich die Frage an, ob für eine solche Anfechtung die allgemeinen Gerichte oder das Insolvenzgericht zuständig wären. Eine Kompetenz des Insolvenzgerichts, fehlerhafte Beschlüsse des Gläubigerausschusses aufzuheben, ist zu verneinen.[1] Die Gegenmeinung hält, für den Fall, dass ein Beschluss des Gläubigerausschusses dem „gemeinsamen Interesse der Insolvenzgläubiger" widerspricht, § 78 Abs. 1 für entsprechend anwendbar.[2] Dem steht nach hier vertretener Auffassung jedoch der Wortlaut des § 78 entgegen, der lediglich die Aufhebung von Beschlüssen der Gläubigerversammlung regelt. Eine allgemeine Zulassung würde auch die Arbeitsfähigkeit des Gläubigerausschusses erheblich beeinträchtigen.[3] Damit sind unter der einschränkenden Voraussetzung gem. Lit. a) die ordentlichen Gerichte für solche Streitigkeiten eines Gläubigerausschusses berufen.

19 Die vorgenannten Erwägungen gelten auch für die Frage, ob und inwieweit die Gläubigerversammlung befugt ist, Entscheidungen des Gläubigerausschusses zu ändern.[4] Auch insoweit gelten die klaren Kompetenzzuweisungen der InsO. Ist kein Gläubigerausschuss bestellt, erteilt die Gläubigerversammlung gem. § 160 Abs. 1 S. 2 die Zustimmung. Gibt es einen Ausschuss, ist dieser alleine und ohne Korrekturmöglichkeit durch die Gläubigerversammlung zuständig. In diesem Fall hat nur der Ausschuss z. B. über die Zustimmung zur Prozessführung zu entscheiden.[5]

20 Die Unabhängigkeit des Gläubigerausschusses als Selbstverwaltungsorgan der Gläubiger ist nur durch die Rechtsaufsicht des Insolvenzgerichts (§ 70) und die Haftungsregelung (§ 71) eingeschränkt, weitergehende Korrekturmöglichkeiten sind nicht erforderlich.[6] Die Beschlussfassung des Ausschusses können Mitglieder im Rahmen der unter Lit. a) dargestellten Regelungen vor den allgemeinen Gerichten angreifen.

§ 73 Vergütung der Mitglieder des Gläubigerausschusses

(1) **Die Mitglieder des Gläubigerausschusses haben Anspruch auf Vergütung für ihre Tätigkeit und auf Erstattung angemessener Auslagen. Dabei ist dem Zeitaufwand und dem Umfang der Tätigkeit Rechnung zu tragen.**

(2) **§ 63 Abs. 2 sowie die §§ 64 und 65 gelten entsprechend.**

[1] *Pape,* Gläubigerbeteiligung im Insolvenzverfahren, S. 148, Rn. 331; *Frege,* NZG 1999, 480.

[2] *Heidland,* aaO, S. 549 f., Rn. 20.

[3] So zutreffend *Frege,* NZG 1999, 480.

[4] *Pape,* Gläubigerbeteiligung im Insolvenzverfahren, S. 148 f., Rn. 332; *Frege,* NZG 1999, 482 f.

[5] LG Göttingen, Beschluss vom 15. 5. 2000 – 10 T 42/2000 (rkr.; AG Osterode); m. Anm. *Pape,* EWiR 2000, § 6 InsO 6/2000, 827 f.

[6] HK-*Eickmann,* InsO, § 72 Rn. 5.

Übersicht

1. Normzweck

§ 73 regelt den Anspruch der Gläubigerausschussmitglieder auf Vergütung ihrer Tätigkeit. Die Norm wird durch §§ 17, 18 InsVV konkretisiert.[1] 1

§ 73 Abs. 2 wurde wie folgt gefasst:[2] 2

„§ 63 Abs. 2 sowie die §§ 64 und 65 gelten entsprechend."

Dies ergibt sich daraus, dass in § 4 a eine Stundungsregelung eingeführt wird. Diese Stundungsregelung hat eine Änderung des § 63 bedingt.[3] 3

2. Berechnung der Vergütung

a) Nach § 17 InsVV soll die Tätigkeit von Ausschussmitgliedern regelmäßig mit einem Stundensatz zwischen 35,– und 95,– € abgegolten werden. Die genaue Höhe ist im Einzelfall unter Berücksichtigung von Art und Umfang der Tätigkeit, der tatsächlichen und rechtlichen Schwierigkeiten des Verfahrens, der Verantwortung und der Haftungsrisiken sowie der Qualifikation des Ausschussmitgliedes zu bestimmen.[4] 4

Das mit der Kassenprüfung beauftragte Mitglied des Gläubigerausschusses erhält in der Regel eine höhere Vergütung. 5

In Durchschnittsverfahren ist von einem Stundensatz von 65,– € als Mittelwert des Gebührenrahmens auszugehen.[5] 6

b) Aus § 17 InsVV („regelmäßig") folgt, dass die Rahmensätze auch über- oder unterschritten werden können. Eine Überschreitung dürfte z. B. bei der Berufung hoch qualifizierter Freiberufler infrage kommen, insbesondere wenn diese ihr Büro für die Tätigkeit einsetzen. Ein Stundensatz von 50,– € ist in solchen Fällen nicht einmal zur Deckung der entstehenden Unkosten ausreichend. Aus diesen Gründen bietet sich eine Orientierung an dem – im Rahmen seiner Berufsausübung – üblichen Stundensatz des Ausschussmitgliedes an, sodass dieser insbesondere bei Personen, die nicht als Gläubigervertreter, sondern auf 7

[1] *Pape,* Gläubigerbeteiligung im Insolvenzverfahren, S. 148 Rn. 331.

[2] Vgl. zur Antragstellung und zum Festsetzungsverfahren MünchKomm-*Nowak,* InsO § 73 Rn. 22.

[3] Vgl. MünchKomm-*Nowak,* InsO § 73 Rn. 22.

[4] Vgl. AG Duisburg, noch zu dem bis zum 7. 10. 2004 geltenden Höchstsatz von 50,– €, NZI 2004, 325 ff., und LG Duisburg NZI 2005, 116 f., jeweils Erhöhung verneinend.

[5] FK/*Lorenz,* InsO Anh. III, § 17 InsVV Rn. 4 a.

Grund ihrer Sachkunde gewählt wurden, durchaus bei 300,– € liegen kann.[1] Bei der Festsetzung der Vergütung eines Gläubigerausschussmitglieds sind nach einer Entscheidung des AG Detmold seine besondere berufliche Stellung, seine Sachkunde und Qualifikation, die aktive Mitwirkung auch außerhalb der Sitzung, eine umfangreiche Betriebsfortführung, die erfolgreiche Beteiligung und Verhandlung, besondere tatsächliche und rechtliche Probleme, Auslandsbezüge tatsächlicher Art, besondere Haftungsrisiken, die Prüfung mehrerer Rechnungslegungen und besondere Tätigkeiten des Mitglieds, wie z. B. eine Kassenprüfung, zu berücksichtigen. Im Einzelfall sind daher unter Würdigung dieser Kriterien Stundensätze von 500,– € zu gewähren.[2]

8 **c)** Bei besonders gelagerten, komplizierten Einzelfällen kommt auch ein Abweichen von der Regelvergütung nach Stunden in Betracht. So haben Gerichte zu Zeiten der Konkursordnung den Ausschussmitgliedern mehrfach prozentual an der Verwaltervergütung orientierte Honorare zugesprochen.[3] Dabei sind Sätze von 1 %–5 % der Vergütung des Insolvenzverwalters möglich.[4] Eine solche Bemessung schließt das Gesetz nicht etwa aus, weil die Höhe des %-Satzes sich an den Kriterien des § 73 orientieren kann und muss. Dass die Vergütungs-Verordnung nur eine Stundenvergütung kennt, ist dem Mangel an Praxis des Verordnungsgebers zuzurechnen. Da die Verordnung das Gesetz nicht ändert, schöpft sie insoweit die Ermächtigungsgrundlage nicht aus. Solche Vergütungsfestsetzungen sind deshalb zulässig.[5]

3. Besonderheiten auf Grund von Dienstverhältnissen von Gläubigerausschussmitgliedern

9 **a)** Wird ein **Beamter** in Person in den Gläubigerausschuss gewählt, so hat er Anspruch auf Vergütung; bei seiner Tätigkeit handelt es sich um eine entgeltliche Nebentätigkeit, die ggf. nach dienstrechtlichen Vorschriften zu genehmigen ist.[6] Ein Weisungsrecht in Bezug auf die Durchführung des Amtes steht dem Dienstherren nicht zu.[7] Dieser muss ihn qua Treuepflicht demnach aus einer (nicht grob

[1] AG Braunschweig ZInsO 2005, 870 f.: 200,– € für jedes Gläubigerausschussmitglied individuell zu ermitteln; *Hess,* InsO, § 17 InsVV Rn. 28; so auch *Vallender,* WM 2002, 2049, der allerdings auf zwei unveröffentlichte Beschlüsse des LG Köln und AG Köln verweist, mit denen einem Rechtsanwalt ein Zeithonorar von 130,– DM (also ca. 65,– €) pro Stunde als angemessen gewährt wurde, wobei die begründenden Argumente der Beschlüsse nach seiner Ansicht nicht zu überzeugen vermögen.

[2] AG Detmold NZI 2008, 505 f.

[3] AG Ansbach ZIP 1986, 249 f. mwN; so auch *Vallender,* WM 2002, 2094 mwN zur Rspr. und Literatur, der eine pauschale Vergütung für zulässig hält; Begründung zu § 17 InsVV, abgedruckt in *Balz/Landfermann,* S. 356; *Blersch,* InsVV, § 17 Rn. 16; MünchKomm-*Nowak,* InsO § 73 Rn. 7.

[4] *Kübler/Prütting/Bork/Lüke,* InsO, § 73 Rn. 9.

[5] So jetzt auch BGH NZI 2009, 845 f.; ob das allerdings auch für die analoge Anwendung auf einen sog. „vorläufigen, vorläufigen" Gläubigerausschuss gilt, ist fraglich, bejahend: AG Duisburg NZI 2003, 502 ff. (n. rkr.), Pauschalhonorar verfahrensübergreifend an Vergütung Aufsichtsrat orientiert.

[6] Näher *Hess,* InsO, § 17 InsVV Rn. 21; *Gundlach/Schirrmeister,* ZInsO 2008, 896 ff.

[7] Näher *Ohr,* KTS 1992, 343 ff., 344 f. mwN.

fahrlässigen oder vorsätzlichen) Haftung freistellen, wenn sein Dienstverhältnis Anlass seiner Berufung war.

Eine Abführung der Vergütung an den Dienstherren kommt nicht in Betracht,[1] ggf. ist aber der Anstellungskörperschaft die Nutzung von deren Einrichtungen, Material und Personal zu vergüten.[2] 10

b) Auch Behörden und Gläubigern, die sich institutionell mit Insolvenzen befassen (wie etwa der PSVaG), stehen Vergütungsansprüche zu.[3] Diese Frage wurde bislang kontrovers diskutiert.[4] **Behörden** werden in Gläubigerausschüssen durch ihre Vertreter repräsentiert, da sie selbst nicht Gläubigerausschussmitglied sein können.[5] Auch die sog. **„institutionellen Gläubiger"** wie den PSVaG trifft keine Pflicht, die Arbeitsleistung ihrer Mitarbeiter unentgeltlich zur Verfügung zu stellen.[6] 11

4. Ersatz von Auslagen und die Erstattung von Umsatzsteuer

a) Gem. § 18 Abs. 1 InsVV können die Ausschussmitglieder sich die – notwendigen – Auslagen erstatten lassen.[7] Sofern ein Nachweis im Einzelnen nicht möglich ist, kommt eine Schätzung in Betracht.[8] Aufgrund der höchst unterschiedlichen Arbeitsbelastung der Gläubigerausschussmitglieder hat der Verordnungsgeber eine Auslagenpauschale nicht vorgesehen.[9] 12

b) Durch Verweis auf § 7 InsVV ist klargestellt, dass zusätzlich zu Vergütung und Auslagen auch eine etwaig von dem Gläubigerausschussmitglied für seine Tätigkeit zu zahlende Umsatzsteuer – nach entsprechender Rechnungsstellung – zu erstatten ist.[10] 13

5. Festsetzungsverfahren

Durch Verweisung auf § 64 gelten für das Festsetzungsverfahren für die Gläubigerausschussmitglieder dieselben Grundsätze wie beim Insolvenzverwalter; auf die Erläuterungen zu § 64 wird verwiesen. Der Antrag des Mitglieds des Gläubigerausschusses auf Festsetzung der Vergütung ist zu begründen und z. B. durch Aufzeichnungen über den geleisteten Zeitaufwand zu belegen. Gleiches gilt für 14

[1] AG Elmshorn ZIP 1982, 981 f.; aA: *Hornung,* KKZ 2001, 145 ff., 151, unter Hinweis darauf, dass die Vergütung u. U. bestimmte, nach Besoldungs- bzw. Vergütungsgruppen abgestufte Höchstgrenzen übersteige, z. B. in Niedersachsen, § 75 a NBG, § 11 BAT.

[2] Näher *Hess,* InsO, § 17 InsVV Rn. 23.

[3] AG Karlsruhe ZIP 1987, 387; *Pape,* Gläubigerbeteiligung im Insolvenzverfahren, S. 145 Rn. 326.

[4] *Pape,* ebd., mwN.

[5] Vgl. oben § 67 Rn. 10.

[6] *Pape,* ebd.

[7] Zu den Kosten für eine Haftpflichtversicherung s. oben § 71 Rn. 12 f.

[8] *Kübler/Prütting/Bork/Lüke,* InsO, § 73, Rn. 16.

[9] Begründung zu § 18 InsVV, abgedruckt in *Balz/Landfermann,* S. 856.

[10] Vgl. dazu AG Duisburg ZInsO 2004, 1047 f.; m. krit. Anm. *Schmittmann* insbesondere zu der vom Gericht geforderten Versicherung an Eides statt, dass der Umsatz aus selbstständiger Tätigkeit die Schwellenwerte aus § 19 Abs. 1 S. 1 UStG überschreite.

die Auslagen.[1] Für den Fall, dass die Fertigung von Aufzeichnungen versäumt wird, wird eine Schätzung des Zeitaufwandes unter Heranziehung der Angaben der übrigen Mitglieder des Gläubigerausschusses durch das Insolvenzgericht für zulässig gehalten.[2] Vergütungsfähig sind dabei alle Tätigkeiten, d. h. nicht nur die Teilnahme an Sitzungen oder die Mitwirkung im Betrieb des Schuldners, z. B. auch Zeiten für die An- und Abreise sowie Vorbereitung auf die Tätigkeit (Aktenstudium u. a.), sondern auch Nacharbeit und Rücksprache mit dem Insolvenzverwalter.[3] Eine Beschränkung des Anspruchs durch die Gläubigerversammlung ist nicht zulässig.[4] Entsprechend allgemeiner Regelungen im Vergütungs- und Kostenrecht wird der Anspruch eines Mitglieds des Gläubigerausschusses auf die Vergütung und den Auslagenersatz mit Beendigung der Tätigkeit im Insolvenzverfahren fällig.[5]

6. Vorschuss auf Vergütung und Auslagen

15 Auf begründeten Antrag kann ein Vorschuss auf die Vergütung gewährt werden, obwohl § 9 InsVV unmittelbar nur auf die Verwaltervergütung anwendbar ist.[6]

16 An die Begründung des Antrages dürfen keine übertriebenen Anforderungen gestellt werden. Der behauptete Zeitaufwand und die dargelegten Auslagen müssen realistisch erscheinen; Glaubhaftmachung i. S. d. § 294 ZPO dürfte genügen.

17 Wichtig ist, dass das Insolvenzgericht sich bei der Festsetzung eines Vorschusses noch nicht entscheiden muss, ob es eine nach Zeitaufwand oder eine auf andere Weise (vgl. Wortlaut des § 17 InsVV: „regelmäßig") zu berechnende Vergütung festsetzen wird.[7]

7. Rechtsmittel

18 **a)** Nach §§ 73 Abs. 2, 64 Abs. 3 sind Insolvenzverwalter, Schuldner und die Insolvenzgläubiger beschwerdebefugt.

19 Soweit dem Insolvenzverwalter ein Beschwerderecht abgesprochen wird,[8] übersieht diese Auffassung, dass dieser auch die Verfahrenskosten gem. § 54 (um die es sich bei Auslagen und Vergütung der Gläubigerausschussmitglieder handelt) im Auge zu behalten hat.

---

[1] MünchKomm-*Nowak,* InsO § 73 Rn. 13 mwN zur Rspr. und Literatur; *Hornung,* KKZ 2001, 151.

[2] *Blersch,* InsVV, § 17 Rn. 9; zur Frage der Unzumutbarkeit der Aufzeichnung des Zeitaufwands AG Duisburg NZI 2004, 325 ff.

[3] Vgl. dazu LG Göttingen ZInsO 2005, 143.

[4] *Hornung,* KKZ 2001, 151.

[5] Zu den Einzelfällen, der Frage der Verjährung und Einredeberechtigung vgl. MünchKomm-*Nowak,* InsO § 73 Rn. 5–6.

[6] *Nerlich/Römermann/Delhaes,* InsO, § 73 Rn. 11 mwN zur Rechtsprechung; *Kübler/Prütting/Bork/Lüke,* InsO, § 73 Rn. 15. Zur Frage, wann ein solcher Vorschuss beantragt werden kann, vgl. die Kommentierung zu § 64, auf den § 73 Abs. 2 verweist.

[7] *Nerlich/Römermann/Delhaes,* ebd.

[8] FK-*Hössl,* InsO, § 73 Rn. 4 (in der 2. Aufl.).

b) Dass dem Mitglied des Gläubigerausschusses selbst als Antragsteller auch die sofortige Beschwerde zustehen muss, wenn hinter seinem Antrag zurückgeblieben wird, liegt auf der Hand. Seine Außerachtlassung ist mithin als Versehen des Gesetzgebers zu werten. Die Beschwerdeberechtigung soll sich zudem auch aus der entsprechenden Anwendbarkeit des § 64 Abs. 3 ergeben.[1] **20**

c) Aus praktischer Sicht ist anzumerken, dass es im Verhältnis zwischen Insolvenzverwalter und Mitgliedern des Gläubigerausschusses selten zur Einlegung einer Beschwerde kommen wird. Sinnvollerweise verfährt die Praxis so, dass die jeweiligen Vergütungsanträge zunächst zur Stellungnahme wechselseitig vorgelegt werden, d. h. bei Einreichung bereits eine Stellungnahme entweder des Gläubigerausschusses zu Vergütungsanträgen des vorläufigen oder endgültigen Insolvenzverwalters oder bei solchen des Gläubigerausschusses des Insolvenzverwalters vorliegt. Vor der Festsetzung der Vergütung eines Mitglieds des Gläubigerausschusses ist die Gläubigerversammlung – regelmäßig im Schlusstermin – anzuhören.[2] **21**

8. Praxishinweis

Der Anspruch eines Mitglieds des Gläubigerausschusses auf Vergütung kann ausgeschlossen sein, wenn es für seine Tätigkeit bereits von seinem Arbeitgeber bzw. einer Anstellungskörperschaft vergütet wird.[3] **22**

Entscheidendes Abgrenzungskriterium soll aber sein, ob das betreffende Mitglied des Gläubigerausschusses für seine konkrete Tätigkeit im Gläubigerausschuss bereits vollumfänglich vergütet werde, ohne darüber hinaus Freizeit oder Urlaubszeit einzusetzen. Teilweise wird diese Auffassung insbesondere für Angestellte des öffentlichen Dienstes mit dem Argument abgelehnt, dass die Frage von Zeitfreistellung und Abführungsverpflichtung allein das Innenverhältnis zwischen Arbeitgeber und dem Mitglied des Gläubigerausschusses betreffe und eine andere Betrachtungsweise zu sachlich nicht mehr gerechtfertigten Differenzierungen führe. Die Fälle können nicht anders behandelt werden wie bei allen anderen fest angestellten Vertretern von anderen Arbeitgebern, wie z. B. Banken und Versicherungen.[4] Maßgebliches Kriterium sei, dass auch bei einer bestehenden Abführungspflicht die Masse nicht in ungerechtfertigter Weise gemindert werde. Zu berücksichtigen sei, dass das Ausschussmitglied eine Arbeitsleistung im Verfahren erbringe und ein entsprechendes Haftungsrisiko übernehme. **23**

§ 74 Einberufung der Gläubigerversammlung

(1) **Die Gläubigerversammlung wird vom Insolvenzgericht einberufen. Zur Teilnahme an der Versammlung sind alle absonderungsberechtigten Gläubiger, alle Insolvenzgläubiger, der Insolvenzverwalter, die Mitglieder des Gläubigerausschusses und der Schuldner berechtigt.**

---

[1] *Hornung,* KKZ 2001, 151.
[2] LG Göttingen ZIP 2005, 590 (n. rkr.).
[3] *Blersch,* InsVV, § 17 Rn. 10 mwN; idS auch *Vallender,* WM 2002, 2049.
[4] MünchKomm-*Nowak,* InsO § 73 Rn. 8 mwN.

(2) **Die Zeit, der Ort und die Tagesordnung der Gläubigerversammlung sind öffentlich bekanntzumachen. Die öffentliche Bekanntmachung kann unterbleiben, wenn in einer Gläubigerversammlung die Verhandlung vertagt wird.**

Übersicht

1. Normzweck

1 § 74 regelt die Einberufung der Gläubigerversammlung und das Recht, daran teilzunehmen. Inhaltlich entspricht die Neuregelung weitgehend den §§ 93, 98 KO. Die Gläubigerversammlung soll danach Wahrer, nicht aber Verwalter eigener Interessen sein und – mit Ausnahme der Mitwirkungsrechte – lediglich Einfluss auf das Verfahren nehmen und dieses nicht ausgestalten. Die Gläubigerversammlung ist danach ein Organ insolvenzrechtlicher Selbstverwaltung. Sie ist ein verfahrensinternes Organ, die Tätigkeit der Gläubigerversammlung entfaltet daher keine Außenwirkung.[1]

2. Einberufungserfordernisse

2 **a)** Die Gläubigerversammlung ist ein Organ der Gläubigerselbstverwaltung und hat vielfältige Mitwirkungs- und Zustimmungsrechte.[2]

3 Um handlungsfähig zu sein, ist sie wirksam nach § 74 einzuberufen. Als Gläubigerversammlung ist allein eine vom Insolvenzgericht einberufene und geleitete Zusammenkunft der Gläubiger anzuerkennen. Ein Zusammenkommen der Teilnahmeberechtigten auf Grund eigener Initiative oder auf Einladung von Insolvenzverwalter oder Schuldner genügt nicht.[3]

4 Die Einberufung hat durch das Insolvenzgericht zu erfolgen, das hierzu jederzeit berechtigt ist, wenn dies zweckdienlich erscheint.[4] Eine Pflicht zur Anberaumung einer Gläubigerversammlung besteht in den Fällen der §§ 29 Abs. 1 Ziff. 1, 2, 160 Abs. 1 S. 2, 163 Abs. 1, 197 Abs. 1, 235, 241 sowie in den Fällen eines wirksamen Antrages nach § 75. Besonderheiten gelten im vereinfachten Insolvenzverfahren nach § 312, das gem. Abs. 2 bei Vorliegen der Voraussetzungen vollständig schriftlich durchgeführt werden kann.[5]

---

[1] MünchKomm-*Ehricke,* InsO § 74 Rn. 2 ff., der in diesem Zusammenhang von einer „staatlich kontrollierten Gläubigerautonomie" oder auch einer „Autonomie der Gläubigermehrheit" spricht.

[2] *Kübler/Prütting/Bork/Kübler,* InsO, § 74 Rn. 5; MünchKomm-*Ehricke,* InsO § 74 Rn. 12, 13 mit einer Aufzählung der Befugnisse der Gläubigerversammlung; *Smid/Smid,* InsO, § 74 Rn. 2.

[3] BGH NZI 2007, 732 ff.

[4] LG Stuttgart ZIP 1989, 1595 ff., 1596.

[5] Näheres s. unter der Kommentierung bei § 312.

b) Funktionell zuständig für die Einberufung ist gem. § 18 Abs. 1 Ziff. 1 RPflG der Rechtspfleger (Ausnahme: § 18 Abs. 2 RPflG). 5

c) Die Einberufung geschieht nach § 74 Abs. 2 S. 2 dadurch, dass Zeit, Ort und Tagesordnung öffentlich bekannt zu machen sind. Das Verfahren der öffentlichen Bekanntmachung ist in § 9 geregelt.[1] Zwischen dem Zeitpunkt, an dem die öffentliche Bekanntmachung als bewirkt anzusehen ist, und dem Versammlungstage müssen nach § 4 i. V. m. § 217 ZPO mindestens drei Tage liegen. Wegen § 9 Abs. 1 S. 3 führt die Notwendigkeit der öffentlichen Bekanntmachung faktisch zu einer Ladungsfrist von sechs Tagen zwischen Veröffentlichung und Gläubigerversammlung, da nach dieser Vorschrift die Bekanntmachung erst als bewirkt gilt, wenn nach dem Tag der Veröffentlichung zwei weitere Tage verstrichen sind. Das Einberufungsverfahren ist dabei von der Insolvenzordnung nicht geregelt. Es gelten daher über § 4 als Verweisungsnorm die Regelungen der ZPO.[2] 6

d) Die einzelnen Tagesordnungspunkte sind hinreichend bestimmt abzufassen. Waren einzelne Beschlussgegenstände nicht oder nicht hinreichend klar in der Tagesordnung enthalten, sind entsprechende Beschlüsse nichtig, sofern nicht alle Gläubiger anwesend waren und keiner der Beschlussfassung widersprochen hat.[3] Aufgrund der Nichtigkeit bedarf es keines gesonderten Aufhebungsbeschlusses durch das Insolvenzgericht.[4] Hintergrund dieses Bestimmtheitserfordernisses ist die notwendige Gewährung rechtlichen Gehörs für die Gläubiger. Die Angabe der Tagesordnungspunkte soll den Beteiligten eine angemessene Vorbereitung auf die Gläubigerversammlung sowie die Entscheidung über die Notwendigkeit des Erscheinens ermöglichen.[5] In der Veröffentlichung müssen daher die Gegenstände der Tagesordnung dem wesentlichen Inhalt nach angegeben werden.[6] Hierzu gehört eine wenigstens schlagwortartige Bezeichnung der Tagesordnungspunkte. Die Mitteilung einer Paragrafenkette genügt diesen Anforderungen jedenfalls nicht.[7] Dabei gibt das Gesetz z. B. in den §§ 57, 68, 156 und 157 Abs. 1 bestimmte Tagesordnungspunkte vor. 7

e) Keiner öffentlichen Bekanntmachung bedarf es, wenn die Gläubigerversammlung innerhalb einer – begonnenen, aber noch nicht geschlossenen – Gläubigerversammlung vertagt wird, § 74 Abs. 2 S. 2.[8] Wird dagegen in einer Versammlung bereits der Termin für eine neue Gläubigerversammlung mit einer geänderten oder neuen Tagesordnung festgelegt, muss dieser erneut öffentlich bekannt gegeben werden.[9] 8

---

[1] Auf die Ausführungen zu § 9 wird verwiesen.

[2] Vgl. sehr instruktiv und ausführlich MünchKomm-*Ehricke,* InsO § 74 Rn. 33–35.

[3] MünchKomm-*Ehricke,* InsO § 74 Rn. 45–47; *Hess,* InsO, § 74 Rn. 8, 9 mwN; so wohl auch BGH ZIP 2008, 1030 f.

[4] LG Saarbrücken ZIP 2008, 1031 ff.; m. Anm. *Kirchhof,* ZInsO 2007, 1196 f.; *Hess,* InsO, § 74 Rn. 9 mwN.

[5] So LG Saarbrücken ZIP 2008, 1031 ff.

[6] MünchKomm-*Ehricke,* InsO § 74 Rn. 36 mwN.

[7] BGH ZIP 2008, 1030.

[8] MünchKomm-*Ehricke,* InsO § 74 Rn. 38 mwN; gegen die ablehnende Entscheidung des Insolvenzgerichtes zur Vertagung ist keine sofortige Beschwerde statthaft, BGH ZIP 2006, 1065 f.

[9] HK-*Eickmann,* § 74 Rn. 8; MünchKomm-*Ehricke,* InsO § 74 Rn. 38.

9 **f)** Aus praktischer Sicht ist darauf hinzuweisen, dass die Festlegung der Termine in der Regel in Abstimmung zwischen Gericht und Insolvenzverwalter getroffen wird, um den Erfordernissen des einzelnen Insolvenzverfahrens Rechnung zu tragen. Insbesondere in Insolvenzplanfällen wird es unter Umständen notwendig sein, die Termine kurzfristig anzuberaumen und ggf. – soweit zulässig – zu verbinden. Die Verfügbarkeit von Sitzungssälen oder deren mangelnde Größe – insbesondere in Insolvenzverfahren mit einer Vielzahl von Gläubigern – darf bei der Frage der Terminierung kein Hindernis darstellen. Ggf. ist auf andere Räume auszuweichen; Kosten hierfür treffen als Kosten der Verwaltung nach § 55 Abs. 1 Ziff. 1 die Insolvenzmasse.

3. Teilnahmeberechtigung

10 **a)** Nach § 74 Abs. 1 S. 2 sind zur Teilnahme an der Gläubigerversammlung die Insolvenzgläubiger, die absonderungsberechtigten Gläubiger, der Insolvenzverwalter und der Schuldner berechtigt; auf Grund des eindeutigen Gesetzestextes sind Massegläubiger nicht teilnahmeberechtigt.[1] Zur Teilnahme berechtigt sind auch die nach § 39 nachrangigen Insolvenzgläubiger, die nach § 77 Abs. 1 S. 2 kein Stimmrecht haben. Aus der Regelung des § 77 Abs. 1 S. 2 ergibt sich im Gegenschluss die Teilnahmeberechtigung. Dass die Teilnahmeberechtigung des Sachwalters im Rahmen der Eigenverwaltung aus den §§ 270 ff. und des Treuhänders im vereinfachten Insolvenzverfahren nach den §§ 311 ff. nicht geregelt ist, ist dabei offensichtlich ein redaktionelles Versehen des Gesetzgebers, da die Genannten die Stelle des Insolvenzverwalters einnehmen.[2]

11 **b)** Die Vorschrift wurde auf Veranlassung des Rechtsausschusses um eine Klarstellung ergänzt, wonach auch die Mitglieder des Gläubigerausschusses teilnahmeberechtigt sind.[3] Begründet wurde dies mit dem Interesse der Rechtssicherheit und den besonderen Aufgaben aus § 69. Ihre Teilnahme an der Gläubigerversammlung liegt im wohlverstandenen Interesse aller am Verfahren Beteiligten. Zu Mitgliedern des Gläubigerausschusses können dabei nach § 67 Abs. 3 auch Personen bestellt werden, die keine Gläubiger sind. Diese haben dann allerdings kein Stimmrecht.[4]

12 **c)** Für das Recht zur Teilnahme am frühen ersten Berichtstermin ist die Glaubhaftmachung der Forderung nicht erforderlich.[5] Eine Glaubhaftmachung ist nur in den gesetzlich vorgesehenen Fällen und als erleichterte Form der Nachweisführung nur erforderlich, wenn es sich um eine beweisbedürftige Tatsache handelt. Die InsO sieht eine Glaubhaftmachung für die Teilnahme an der Gläubigerversammlung nicht vor. Als Mindestanforderung für die Anmeldung einer Forderung zur Insolvenztabelle verlangt das Gesetz lediglich die Angabe von Grund und

---

[1] S. dagegen *Smid/Smid,* InsO, § 74 Rn. 5: Massegläubiger verfügen über ein Teilnahmerecht, aber über kein Stimmrecht.

[2] MünchKomm-*Ehricke,* InsO § 74 Rn. 28.

[3] Ausschussbericht, abgedruckt in *Balz/Landfermann,* S. 288.

[4] Ausschussbericht, ebd.

[5] AA: AG Aurich ZInsO 2006, 782 ff.; m. abl. Anm. *Hanken,* der für die Teilnahmeberechtigung auf den Ausweis im Gläubigerverzeichnis gem. § 152 verweist; s. a. Anm. *Herzig,* EWiR § 79 InsO 1/06, 689 f.

Betrag der Forderung (vgl. § 174 Abs. 2).[1] Für die Teilnahme am frühen ersten Berichtstermin können daher keine höheren Anforderungen gestellt werden. Insofern ist es erforderlich, aber auch ausreichend, dass der Gläubiger die für die Aufnahme der Forderung in die Tabelle erforderlichen Angaben macht.

d) Bei Gläubigern, deren Forderung bestritten wird, bietet sich die entsprechende Anwendung des § 77 Abs. 2 an. Sie sind teilnahmeberechtigt, wenn sich die erschienenen stimmberechtigten Gläubiger (dies schließt den Inhaber der bestrittenen Forderung ein) und der Insolvenzverwalter entsprechend geeinigt haben oder das Insolvenzgericht die Gläubiger in Ermangelung der erwähnten Einigung zur Teilnahme an der Versammlung zulässt.[2] **12a**

Ersichtlich hat der Gesetzgeber von der Zulassung der Öffentlichkeit abgesehen, da vielfach Punkte erörtert werden, an denen ein Geheimhaltungsinteresse besteht, z. B. Vermögensverhältnisse des Schuldners und anderer Beteiligter, Patente, Betriebsgeheimnisse.[3] Diesen Bedenken kann aber auch schon durch das Berichtsverhalten eines verantwortlichen Insolvenzverwalters in adäquater Weise Rechnung getragen werden. **13**

Anderen Personen (etwa Rechtsreferendaren, Rechtspflegeranwärtern, Vertretern von Standesorganisationen, Pressevertretern) kann das Gericht als Leiter der Versammlung (§ 76 Abs. 1) gem. § 175 Abs. 2 GVG den Zutritt gestatten; Ton-, Lichtbild- und Filmaufnahmen sind nach § 169 S. 2 GVG unzulässig.[4] In öffentlichkeitswirksamen Verfahren ist zu berücksichtigen, dass sich eine Ungleichbehandlung der Pressemedien dadurch ergeben kann, wenn lokalen Pressevertretern qua Insolvenzgläubigerstellung die Teilnahme möglich ist, die überregionale Presse aber ausgeschlossen wird. Dies sollte bei entsprechenden Zulassungsentscheidungen des Insolvenzgerichts ins Kalkül gezogen werden.[5] **14**

4. Rechtsmittel

a) Entscheidungen des Insolvenzrichters nach § 74 über die Einberufung oder auch Vertagung einer Gläubigerversammlung können mit der Beschwerde nicht angefochten werden.[6] Eine eingelegte sofortige Beschwerde ist wegen § 6 Abs. 1 unzulässig, da die Insolvenzordnung die sofortige Beschwerde nicht vorsieht. Eine Beschwerdemöglichkeit ergibt sich auch nicht über die über § 4 anwendbaren Vorschriften der ZPO, da gem. § 227 Abs. 2 ZPO die Entscheidung des Gerichts, eine Verhandlung zu vertagen, nicht anfechtbar ist.[7] Gegen eine Entschei- **15**

---

[1] Zu den Voraussetzungen einer ordnungsgemäßen Forderungsanmeldung vgl. BGH NZI 2009, 242 ff.; m. Anm. *Kießner,* FD-InsR 2009, 276468.

[2] *Nerlich/Römermann/Delhaes,* InsO, § 74 Rn. 12; s. a. Anm. zu § 77 Rn. 8.

[3] *Huntemann/Graf Brockdorff/Buck,* Der Gläubiger im Insolvenzverfahren, S. 240 ff., 259 Rn. 57.

[4] HK-*Eickmann,* InsO, § 74 Rn. 10 ff.; *Huntemann/Graf Brockdorff/Buck,* aaO, S. 260 Rn. 60; vgl. auch BVerfG, Urteil v. 24. 1. 2001 – 1 BvR 2623/95 u. 1 BvR 622/99, JZ 2001, 704 ff.; zust. Beitrag von *Stürner,* JZ 2001, 699 ff.

[5] S. dazu sehr ausführlich und abgewogen MünchKomm-*Ehricke,* InsO § 76 Rn. 5.

[6] LG Göttingen ZIP 2000, 1945 f.; *Nerlich/Römermann/Delhaes,* InsO, § 74 Rn. 15; dagegen kann der Antragsteller gegen eine ablehnende Entscheidung des Insolvenzgerichts über die Einberufung nach § 75 Abs. 3 sofortige Beschwerde einlegen.

[7] LG Göttingen ZIP 2000, 1946; keine Beschwerdemöglichkeit auch bei Ablehnung des Vertagungsantrages: BGH ZIP 2006, 1065 f.

dung des Rechtspflegers ist mangels ausdrücklicher gesetzlicher Regelung eines Rechtsmittels die befristete Erinnerung nach § 11 Abs. 2 S. 1 RPflG statthaftes Rechtsmittel, § 6 Abs. 1.[1]

16 **b)** Lässt das Insolvenzgericht Dritte trotz Widerspruchs von Teilnahmeberechtigten zu der Versammlung zu, kann gegen eine Entscheidung des Rechtspflegers Erinnerung nach § 11 Abs. 2 RPflG eingelegt werden. Trifft ein Richter dieselbe Entscheidung, eröffnet das Gesetz hiergegen kein Rechtsmittel; der Beschluss ist unanfechtbar.

5. Sonderfall der Anleihegläubigerversammlung

17 Gläubiger von Schuldverschreibungen auf den Inhaber (§§ 793 ff. BGB) haben in dem Schuldverschreibungsgesetz (SchVG) untereinander eine Mindestorganisation erfahren und eine gemeinsame Interessenvertretung nach außen erhalten.[2]

18 Um eine gemeinsame Repräsentation dieser Gläubigergruppe zu sichern (vgl. § 1 Abs. 2 SchVG), hat das Insolvenzgericht, sofern über die Bestellung eines Vertreters nicht schon beschlossen worden ist, zu diesem Zweck eine Versammlung der Schuldverschreibungsgläubiger einzuberufen. Dies hat ausdrücklich unmittelbar nach Eröffnung des Insolvenzverfahrens zu erfolgen, § 18 Abs. 3 SchVG.[3]

§ 75 Antrag auf Einberufung

(1) **Die Gläubigerversammlung ist einzuberufen, wenn dies beantragt wird:**

1. **vom Insolvenzverwalter;**
2. **vom Gläubigerausschuß;**
3. **von mindestens fünf absonderungsberechtigten Gläubigern oder nicht nachrangigen Insolvenzgläubigern, deren Absonderungsrechte und Forderungen nach der Schätzung des Insolvenzgerichts zusammen ein Fünftel der Summe erreichen, die sich aus dem Wert aller Absonderungsrechte und den Forderungsbeträgen aller nicht nachrangigen Insolvenzgläubiger ergibt;**
4. **von einem oder mehreren absonderungsberechtigten Gläubigern oder nicht nachrangigen Insolvenzgläubigern, deren Absonderungsrechte und Forderungen nach der Schätzung des Gerichts zwei Fünftel der in Nummer 3 bezeichneten Summe erreichen.**

(2) **Der Zeitraum zwischen dem Eingang des Antrags und dem Termin der Gläubigerversammlung soll höchstens drei Wochen betragen.**

(3) **Wird die Einberufung abgelehnt, so steht dem Antragsteller die sofortige Beschwerde zu.**

---

[1] *Bassenge,* FGG, § 18 RPflG, Rn. 14.

[2] Näher: *Hopt,* in FS Steindorff, S. 341 ff.; MünchKomm-*Ehricke,* InsO § 74 Rn. 32.

[3] Vgl. *Hess,* InsO, § 74 Rn. 24 ff.; zum weiteren Ablauf dieses Sonderfalls *Huntemann/Graf Brockdorff/Buck,* aaO, S. 284 Rn. 139.

Literatur: *Gundlach/Frenzel/Schmidt,* Der Antrag eines Gläubigers auf Einberufung einer Gläubigerversammlung – zugleich eine Anmerkung zu OLG Celle, Beschluss v. 25. März 2002 (ZInsO 2002, 373), ZInsO 2002, 1128 ff.

Übersicht

1. Normzweck

Nach § 75 können der Insolvenzverwalter oder Gläubigerminderheiten – 1 bei Vorliegen eines Quorums nach Köpfen und Summen – eine Gläubigerversammlung erzwingen. Die Vorschrift basiert auf § 93 KO, wurde aber um ein Antragsrecht der absonderungsberechtigten Gläubiger und um eine Einberufungsfrist ergänzt. Der Gesetzgeber wollte damit den Einfluss der Gläubiger auf den Ablauf des Insolvenzverfahrens verstärken. Beispielsweise sollten Gläubiger dadurch kurzfristig einen anderen Insolvenzverwalter oder andere Mitglieder in den Gläubigerausschuss wählen können (§§ 57, 68).[1] Die Vorschrift eröffnet Gläubigern erhebliche Handlungsspielräume, wenn sie die Quoren des § 75 Abs. 1 Ziff. 2, 3 oder 4 erreichen. Die Quoren sollen dem wirtschaftlichen Interesse der Gläubiger am Ausgang des Verfahrens Rechnung tragen.[2]

2. Antragsberechtigung

a) Antragsberechtigt ist neben dem Insolvenzverwalter der Gläubigerausschuss, 2 sofern ein solcher bestellt ist. Ein Antrag des Gläubigerausschusses setzt einen Beschluss nach § 72 voraus. Ob der Beschluss unwirksam ist, prüft das Gericht inzident im Rahmen seiner Entscheidung über den Antrag auf Einberufung der Gläubigerversammlung.[3] Auch ein wirksam bestellter Sonderinsolvenzverwalter ist antragsberechtigt.[4] Für den Fall der Unterhaltsgewährung nach § 100 soll auch der Schuldner über den Wortlaut des § 75 Abs. 1 hinaus antragsberechtigt sein.[5]

b) Zur Antragstellung sind daneben Gläubigergruppen aus mindestens fünf 3 absonderungsberechtigten und/oder nicht nachrangigen Insolvenzgläubigern befugt, sofern deren Absonderungsrechte und Forderungen mindestens ein Fünftel sämtlicher geltend gemachter Absonderungsrechte und nicht nachrangiger (vgl.

[1] Begründung RegE, abgedruckt in *Balz/Landfermann,* S. 289.
[2] Ausschussbericht, abgedruckt in *Balz/Landfermann,* S. 290; BGH ZInsO 2004, 1312 ff., 1313; HambKomm-*Preß,* InsO, § 75 Rn. 1.
[3] HK-*Eickmann,* InsO, § 75 Rn. 4.
[4] MünchKomm-*Ehricke,* InsO § 75 Rn. 6.
[5] LG Schwerin ZInsO 2002, 1096 f.

§ 39) Insolvenzforderungen betragen.[1] Da die genaue Wertermittlung zu zeit- und arbeitsaufwändig wäre, kann das Insolvenzgericht diese Werte schätzen.[2] § 75 Abs. 1 Ziff. 3 ist auch Genüge getan, wenn dem Gericht mindestens fünf Einzelanträge vorliegen, die aber die Margen dieser Norm erreichen. Es kommt auf den Gesamtbetrag aller ordnungsgemäß angemeldeten Forderungen zur Berechnung der Quoren an. Möglich sind daher Einzel- und Gesamtanträge sowie Mischformen. Auch die Kombination der Antragsberechtigung absonderungsberechtigter Gläubiger und nicht nachrangiger Gläubiger ist zulässig und möglich.[3]

4 **c)** Letztlich können auch weniger als fünf Absonderungsgläubiger oder nicht nachrangige Insolvenzgläubiger die Einberufung der Versammlung erzwingen, sofern sie wenigstens 40 % des Wertes aller Absonderungsrechte und nicht nachrangiger Insolvenzforderungen repräsentieren.[4] Bezüglich der Werte ist das Insolvenzgericht wieder zur Schätzung berechtigt, wobei es über § 4 nach § 287 Abs. 2 ZPO vorzugehen hat.[5]

3. Praktische Probleme bei der Bewertung von Forderungen

5 **a)** Der Wert des Absonderungsrechtes ist mit dem Betrag anzusetzen, der dem Gläubiger nach Verwertung der Sicherheit zufließen wird. Er ist notfalls vom Gericht zu schätzen.[6]

6 **b)** Nicht berücksichtigt wird die Ausfallforderung allerdings bei Absonderungsberechtigten, denen der Schuldner nicht persönlich haftet, also beispielsweise bei einem Hypothekengläubiger, dessen persönliche Forderung sich gegen die Ehefrau des Schuldners richtet.[7]

7 **c)** Bestrittene Forderungen, die aber ordnungsgemäß angemeldet sind, werden mitgerechnet.[8] Ob dies in solcher Allgemeinheit gilt, ist zweifelhaft, weil Missbrauchsmöglichkeiten bestehen.[9] Eine bloße Glaubhaftmachung der Forderung des Gläubigers gegenüber dem Insolvenzgericht im Rahmen der Antragstellung wird nicht für ausreichend gehalten.[10]

---

[1] Der Gesetzeswortlaut ist unpräzise. Gemeint ist, deren Absonderungsrechte oder Insolvenzforderungen entweder einzeln oder, machen sie zusammen das Antragsrecht geltend, zusammen das Quorum erreichen. Vgl. Ausschussbericht, in *Balz/Landfermann,* S. 290.

[2] Zu den Maßstäben für die Schätzung vgl. BGH NZI 2009, 604.

[3] MünchKomm-*Ehricke,*InsO § 75 Rn. 7 f.

[4] Bezüglich der Kombinationsmöglichkeiten gilt das oben Ausgeführte entsprechend; MünchKomm-*Ehricke,* InsO § 75 Rn. 9 spricht insoweit von einer „Großgläubigerregelung".

[5] Vgl. hierzu auch Fn. 2.

[6] Begründung zu § 87 RegE (jetzt § 76), abgedruckt in *Balz/Landfermann,* S. 291.

[7] Ebd.

[8] BGH NZI 2005, 31 f. = ZInsO 2004, 1312 f.; m. zust. Anm. *Smid,* DZWIR 2005, 89 ff., 97.; s. auch Anm. von *Gundlach/Schirrmeister,* in EWiR 2005, § 75 InsO 1/05, 359 f.; HK-*Eickmann,* InsO, § 75 Rn. 5. Der BGH hat offengelassen, ob auch dem Insolvenzgläubiger, der nach Ablauf der Anmeldefrist keine Forderungen angemeldet hat, ein Antragsrecht zusteht.

[9] Offengelassen in: BGH NZI 2005, 31 f. mit dem Hinweis, dass eine abstrakte Missbrauchsmöglichkeit jedenfalls nicht ausreiche, um das Antragsrecht zu versagen.

[10] MünchKomm-*Ehricke,* InsO § 75 Rn. 10.

4. Antragstellung

Die Antragstellung kann mit formlosem Schreiben oder zu Protokoll der Geschäftsstelle des Insolvenzgerichtes erfolgen.[1] 8

Eine Pflicht, den Antrag zu begründen, sieht das Gesetz nicht vor; eine Begründung ist zwar nicht erforderlich,[2] aber empfehlenswert. Im Antrag sollten einerseits alle notwendigen Angaben zur Antragsberechtigung und andererseits Angaben dazu enthalten sein, zu welchem Zweck die Gläubigerversammlung einberufen werden soll. Letzteres, um dem Insolvenzgericht zu ermöglichen, die erforderlichen Angaben zur Tagesordnung[3] bei der öffentlichen Bekanntmachung mit aufzunehmen. Nur so kann eine ordnungsgemäße Einberufung nach § 74 Abs. 2 S. 1 sichergestellt werden.[4] Dabei sollte das Gericht zweckmäßigerweise nach § 4 i. V. m. § 139 ZPO auf eine Nachbesserung von nicht hinreichenden Anträgen hinwirken.[5] 9

5. Beschlussfassung

a) Das Insolvenzgericht ist zur Zurückweisung des Antrages nur befugt, wenn die Antragsberechtigung i. S. d. § 75 nicht gegeben ist, nicht jedoch, wenn es lediglich die Notwendigkeit einer Gläubigerversammlung verneint bzw. eine solche für unzweckmäßig hält.[6] Billigte man nämlich dem Gericht derart weitgehende Befugnisse zu, so wäre es vielfach in der Lage, das Erzwingungsrecht der Gläubiger auszuhebeln. Der Gefahr sinnloser Anträge wird durch die Quoren in genügender Weise vorgebeugt, im Übrigen ist das Insolvenzverfahren das Verfahren der Gläubiger, nicht das des Gerichts.[7] 10

b) Zuständig für die Beschlussfassung über Anträge auf Einberufung einer Gläubigerversammlung ist, wie aus § 18 Abs. 1 RPflG folgt, der Rechtspfleger (Ausnahme: § 18 Abs. 2 RPflG). Dieser erlässt einen Beschluss, der im Hinblick auf die Beschwerdemöglichkeit zu begründen ist, sofern dem Antrag nicht stattgegeben wird. 11

c) Ist der Antrag erfolgreich, ist die Gläubigerversammlung nach Maßgabe des § 74 einzuberufen, wobei zwischen Antrag und Termin der Versammlung nach § 75 Abs. 2 nicht mehr als drei Wochen liegen sollen, um kurzfristige Entscheidungen der Gläubigerversammlung zu gewährleisten. Die Ausgestaltung als Soll-Vorschrift ermöglicht zwar auch längere Fristen, das Gesetz will aber unmissverständlich den Gläubigern eine rasche Möglichkeit der Versammlung geben. Sofern der Drei-Wochen-Zeitraum ohne nachhaltig zwingenden Grund überschritten wird, kommt für hieraus resultierende Schäden eine Amtshaftung des Gerichtes 12

---

[1] MünchKomm-*Ehricke,* InsO § 75 Rn. 2.

[2] AA: *Kübler/Prütting/Bork/Kübler,* InsO, § 75 Rn. 6 f.

[3] Vgl. hierzu § 74 Rn. 7.

[4] MünchKomm-*Ehricke,* InsO § 75 Rn. 3.

[5] OLG Celle NZI 2002, 314 f. i. d. S.; MünchKomm-*Ehricke,* InsO § 75 Rn. 5.

[6] IdS ein gebundenes Ermessen bejahend BGH NZI 2005, 31 f. unter Hinweis auf: OLG Celle NZI 2002, 314 f.; MünchKomm-*Ehricke,* InsO § 75 Rn. 4; aA: FK-*Hössl,* InsO, § 75 Rn. 3, 14 in der 2. Aufl.

[7] MünchKomm-*Ehricke,* InsO, § 75 Rn. 4 mwN spricht insoweit von einer „Neutralitätspflicht des Insolvenzgerichts", eine Überprüfung soll lediglich dahingehend zulässig sein, ob der Einberufungszweck gesetzeswidrig sei.

gem. § 839 Abs. 1 BGB i. V. m. Art. 34 GG in Betracht.[1] Die ursprünglich im Gesetzentwurf vorgesehene Frist von zwei Wochen wurde durch den Rechtsausschuss auf drei Wochen verlängert. Grund war die bekannte Praxis, entsprechende Beschlüsse in den Amtsblättern zu veröffentlichen, die wegen ihrer wöchentlichen Erscheinungsweise dazu geführt hätten, dass die teilnahmeinteressierten Beteiligten zu spät informiert worden wären.[2] Daraus sieht man aber, dass im Grundsatz die schnellstmögliche Anberaumung „nobile officium" des Gerichts ist.

6. Rechtsmittel

13 **a)** Wird der Antrag abgelehnt, so ist nach § 75 Abs. 3 die sofortige Beschwerde (§ 6 InsO) statthaft; das Beschwerderecht folgt spiegelbildlich aus der Antragsbefugnis; es kann also nur von dem Gläubigerausschuss als Ganzem oder von der gesamten Gläubigergruppe i. S. v. § 75 Abs. 1 Ziff. 3 bzw. 4 gemeinsam, nicht aber von den einzelnen Gläubigern ausgeübt werden,[3] da diese mangels Antragsmöglichkeit durch die ablehnende Entscheidung nicht beschwert sind.

14 Eine sofortige Beschwerde ist nach der neuen Rechtslage auch mit der Begründung möglich, das Gericht sei bei der Schätzung der Werte von falschen Voraussetzungen ausgegangen.[4] Eine analoge Anwendung des § 75 Abs. 3 auf den Fall der Ablehnung einer Vertagung der Gläubigerversammlung scheidet aus.[5]

15 **b)** Gegen eine stattgebende Entscheidung des Rechtspflegers eröffnet § 11 Abs. 2 RPflG das Rechtsmittel der Erinnerung, das allen Verfahrensbeteiligten offensteht; stammt die Zulassung der Versammlung vom Richter, ist sie unanfechtbar.[6]

§ 76 Beschlüsse der Gläubigerversammlung

(1) **Die Gläubigerversammlung wird vom Insolvenzgericht geleitet.**

(2) **Ein Beschluss der Gläubigerversammlung kommt zustande, wenn die Summe der Forderungsbeträge der zustimmenden Gläubiger mehr als die Hälfte der Summe der Forderungsbeträge der abstimmenden Gläubiger beträgt; bei absonderungsberechtigten Gläubigern, denen der Schuldner nicht persönlich haftet, tritt der Wert des Absonderungsrechts an die Stelle des Forderungsbetrags.**

---

[1] *Kübler/Prütting/Bork/Kübler,* InsO, § 75 Rn. 8.

[2] Ausschussbericht, abgedruckt in *Balz/Landfermann,* S. 290.

[3] HambKomm-*Eickmann,* InsO, § 75 Rn. 13; aA: FK-*Hössl,* InsO, § 75 Rn. 15 in der 2. Aufl.

[4] So nun auch BGH ZInsO 2007, 271 f.; HK-*Eickmann,* InsO, § 75 Rn. 12; *Kübler/Prütting/Bork/Kübler,* InsO, § 75 Rn. 10 f.; HambKomm-*Preß,* § 75 Rn. 14; aA: MünchKomm-*Ehricke,* InsO § 75 Rn. 15.

[5] BGH ZIP 2006, 1065 f.; OLG Köln ZInsO 2001, 1112 f.

[6] OLG Köln ZInsO 2001, 1112 f.; aA: MünchKomm-*Ehricke,* InsO § 75 Rn. 14, der eine teleologische Extention des § 75 Abs. 3 auch für diesen Fall fordert; eine mögliche Beschwer könne auch in einer etwa zu knappen Ansetzung der Gläubigerversammlung oder einer ganz erheblichen Überschreitung der in § 75 Abs. 2 gesetzten 3-Wochen-Frist liegen.

Literatur: *Ehricke,* Beschlüsse einer Gläubigerversammlung bei mangelnder Teilnahme der Gläubiger, NZI 2000, 57 ff.

Übersicht

1. Normzweck

Aus § 76 Abs. 1 folgt, dass die Leitung der Gläubigerversammlung beim Insolvenzgericht liegt; Abs. 2 regelt die Beschlussfassung. Neu gegenüber § 94 KO ist die Abstimmungsbefugnis auch der absonderungsberechtigten Gläubiger, soweit ihr Absonderungsrecht reicht. 1

In diesem Zusammenhang ist auf die Ergänzung des § 57 zur Insolvenzverwalterwahl hinzuweisen. Danach wird für die Frage der Abwahl des bisherigen und Neuwahl eines anderen Insolvenzverwalters neben der Summenmehrheit auch eine Kopfmehrheit verlangt; dies vor dem Hintergrund der behaupteten Gefahr der Majorisierung von Gläubigerversammlungen durch Großgläubiger.[1] 2

2. Die Versammlungsleitung

Um einen den gesetzlichen Erfordernissen entsprechenden Ablauf der Gläubigerversammlung zu gewährleisten, hat das Insolvenzgericht, d. h. entweder der Richter (Ausnahme nach § 18 Abs. 2 RPflG) oder der Rechtspfleger, diese zu leiten. Die hieraus resultierenden Pflichten sind über die Verweisung in § 4 den Normen der ZPO, in erster Linie § 136 ZPO, zu entnehmen. Nach § 88 Abs. 2 ZPO sind Vollmachten (mit Ausnahme von Anwaltsvollmachten) zu prüfen. Der Ablauf der Gläubigerversammlung ist dabei nicht geregelt und schafft Raum für die notwendige Flexibilität. Die Struktur der Versammlungsleitung wird daher über die gem. § 4 entsprechend anwendbaren Regelungen der ZPO geprägt. Äußerungsrechte und Befugnisse zum sachlichen Eingreifen des Insolvenzgerichts – als neutrale Stelle – ergeben sich unter dem Gesichtspunkt der notwendigen Wahrung eines fairen und ordnungsgemäßen Ablaufs der Gläubigerversammlung. Den Standard sollen dabei die §§ 139, 238 Abs. 3 ZPO vorgeben.[2] 3

Darüber hinaus umfasst die Leitung auch, dass ein Protokoll über die Versammlung aufgenommen wird, für das die §§ 159 ff. ZPO gelten.[3] 4

Letztlich beinhaltet die Versammlungsleitung auch die Sitzungspolizei nach §§ 175 ff. GVG, wobei der Rechtspfleger wegen § 4 Abs. 2 RPflG keine Ordnungshaft verhängen kann. 5

---

[1] Vgl. Erläuterungen zu § 57, Rn. 5–7.

[2] MünchKomm-*Ehricke,* InsO § 76 Rn. 9 f.; HambKomm-*Preß,* InsO, § 76 Rn. 2.

[3] *Huntemann/Graf Brockdorff/Buck,* Der Gläubiger im Insolvenzverfahren, S. 240 ff., 258 Rn. 54.

6 Ebenso wie eine Gläubigerversammlung nicht ohne Einberufung durch das Insolvenzgericht zustande kommen kann,[1] kann sie ohne Leitung des Insolvenzgerichtes nicht tätig werden. Fehlt es also an dieser Leitung, sind gleichwohl gefasste Beschlüsse nichtig.[2]

3. Die Beschlussfassung

7 **a)** Eine Beschlussfassung kann nur vorgenommen werden, wenn die Versammlung beschlussfähig ist. Dies ist der Fall bei Anwesenheit wenigstens eines stimmberechtigten Gläubigers, wobei die Stimmberechtigung aus § 77 folgt.[3] Die anwesenden Gläubiger entscheiden dann mit Bindungswirkung für alle.[4] Auch wenn nur ein Gläubiger zugegen ist, von dem der Antrag gestellt wurde, ist eine förmliche Abstimmung durchzuführen.[5] Dies gilt auch dann, wenn im Verbraucherinsolvenzverfahren nur ein einziger Gläubiger beteiligt ist.[6]

8 **b)** Erscheint überhaupt kein Gläubiger, liegt darin ein Verzicht auf Zustimmungs- und Mitwirkungsrechte ohne Beschlusscharakter, sodass dementsprechende Maßnahmen des Verwalters oder des Gerichtes ohne Beteiligung der Gläubigerversammlung wirksam werden oder bleiben.[7] Eine Ersetzung der von der Gläubigerversammlung zu treffenden Entscheidungen durch das Gericht kommt hingegen nicht in Betracht.[8] Auf den potenziellen Verschuldensmaßstab des Verwalters für von ihm der (abstimmungsunwilligen) Gläubigerversammlung unterbreitete Sachverhalte ist dies aber von wesentlicher Bedeutung. Bei Vorliegen der Beschlussunfähigkeit mangels Teilnahme von Gläubigern kann das Insolvenzgericht keine eigenen Beschlüsse fassen. In dem Fernbleiben der Gläubiger liege eine Willensäußerung. Auch bei den Beschlussgegenständen der §§ 160–163 sei eine Ersetzungsbefugnis aus systematischen Gründen der Kompetenzabgrenzung zu verneinen. Das Insolvenzgericht sei nicht wirtschaftlicher Sachwalter.[9] Der durch das Gesetz zur Vereinfachung von Insolvenzverfahren vom 13. 4. 2007[10] neu aufgenommene § 160 Abs. 1 S. 3 sieht nunmehr eine Zustimmungsfiktion bei Beschlussunfähigkeit der Gläubigerversammlung vor.[11]

9 **c)** Die Gläubigerversammlung ist mündliche Verhandlung i. S. d. ZPO. Abstimmen kann dort nur, wer anwesend oder wirksam vertreten ist.[12] Nach zustimmender Auffassung verstößt eine gleichzeitige anwaltliche Vertretung von

---

[1] Vgl. oben § 74 Rn. 3 ff.

[2] *Kübler/Prütting/Bork/Kübler,* InsO, § 76 Rn. 7.

[3] MünchKomm-*Ehricke,* InsO § 76 Rn. 14–16.

[4] *Ehricke,* aaO, NZI 2000, 57 ff., 62; *Huntemann/Graf Brockdorff/Buck,* aaO, S. 261 Rn. 62.

[5] BGH NZI 2007, 732 f.; LG Köln ZIP 1997, 2053 f., 2054.

[6] BGH NZI 2007, 732 f.; betraf die Ermächtigung des Treuhänders durch den einzigen Gläubiger nach § 313 Abs. 2.

[7] Näher *Pape,* Rpfleger 1993, 430 ff., 431 f.

[8] *Pape,* aaO, 431; *Kübler/Prütting/Bork/Kübler,* InsO, § 76 Rn. 23; auch HambKomm-*Preß,* InsO, § 76 Rn. 8; aA: LG Frankenthal ZIP 1993, 378 = RPfleger 1993, 366.

[9] MünchKomm-*Ehricke,* InsO § 76 Rn. 18–20.

[10] BGBl. I 2007, S. 509.

[11] S. hierzu nähere Erläuterungen bei § 160.

[12] Es gilt das „Prinzip der Unmittelbarkeit", vgl. MünchKomm-*Ehricke,* InsO, § 76 Rn. 26.

Drittschuldnern, Schuldner und Insolvenzgläubigern in der Gläubigerversammlung gegen das Verbot der Vertretung widerstreitender Interessen (§ 43 a Abs. 4 BRAO). Eine so erteilte Stimmrechtsvollmacht für den Anwalt ist unwirksam (§ 134, § 139 BGB).[1] Nur ausnahmsweise sind schriftliche Abstimmungen in den §§ 242, 312 Abs. 2 zugelassen.[2]

4. Abstimmungsmodalitäten

a) Maßgeblich für das Zustandekommen von Beschlüssen sind die Forderungsbeträge. Zunächst ist festzustellen, wie hoch die Gesamtforderungen aller anwesenden und stimmberechtigten Gläubiger sind. Sodann ist zu prüfen, ob die Forderungen der zustimmenden Gläubiger mehr als die Hälfte dieser Gesamtforderungen ausmachen. Ist dies der Fall, ist der Beschluss zustande gekommen.[3] 10

b) Auch die absonderungsberechtigten Gläubiger, denen der Schuldner nicht persönlich haftet, sind abstimmungsberechtigt in Höhe des Wertes des Absonderungsrechts. Nach dem Willen des Gesetzgebers entspricht der Wert des Absonderungsrechts dem Betrag, der dem Gläubiger nach der Verwertung der Sicherheit zufließen wird.[4] Dabei handelt es sich um eine Prognoseentscheidung, da die Verwertung des Absonderungsrechts ja gerade noch bevorsteht und häufig noch nicht abschließend abzuschätzen ist, welche Beträge auf das Absonderungsrecht nach Abzug insbesondere auch der Verwertungskosten fließen werden. Dem absonderungsberechtigten Gläubiger ist daher anzuraten, dass er konkret fassbare Tatsachen für die Bewertung im Termin zur Gläubigerversammlung präsentieren kann. Dies deswegen, weil der Wert des Absonderungsrechtes vom Gericht notfalls zu schätzen ist.[5] Aus dem Gegenschluss zum 2. Hs. des Abs. 3 der Vorschrift ergibt sich, dass das Stimmrecht des absonderungsberechtigten Gläubigers nach der Höhe der Forderung zu bewerten ist, wenn der Schuldner dem Gläubiger persönlich haftet. In diesem Fall sind teilweise gesicherte Forderungen einheitlich zu betrachten. Gesicherte und ungesicherte Teilforderungen berechtigen in gleicher Weise zur Abstimmung.[6] 11

c) Gesamtgläubiger einer Forderung haben nur eine einzige, einheitlich abzugebende Stimme.[7] 12

d) Enthaltungen zählen nicht als Stimmabgabe.[8] 13

---

[1] LG Hamburg NZI 2007, 415 f., die hiergegen eingelegte Rechtsbeschwerde hat der BGH für unzulässig erachtet und daher keine Aussagen zur Geltung des § 43 a Abs. 4 BRAO getroffen: BGH NZI 2009, 106 f.; m. Anm. *Herzig*, FD-InsR 2008, 272626 und *Keller*, EWiR 4/2009, 117 f.; AG Duisburg NZI 2007, 729 ff.; betraf die Wahl eines anderen Insolvenzverwalters, wobei der Insolvenzrichter sich bei Verfahrenseröffnung die Entscheidung über die Bestellung des von der Gläubigerversammlung gewählten Insolvenzverwalters vorbehalten hatte (§ 18 Abs. 2 RPflG).

[2] *Huntemann/Graf Brockdorff/Buck,* aaO, S. 262, Rn. 69; *Nerlich/Römermann/Delhaes,* InsO, § 76 Rn. 4; aA: *Hess,* InsO, § 76 Rn. 8.

[3] Vgl. näher dazu und zum Streit um die Neuregelung MünchKomm-*Ehricke,* InsO, § 76 Rn. 28 f. mwN.

[4] Begründung RegE, abgedruckt in *Balz/Landfermann,* S. 291.

[5] Ebd.

[6] Ausschussbericht, abgedruckt in *Balz/Landfermann,* S. 292.

[7] Vgl. näher *Kübler/Prütting/Bork/Kübler,* InsO, § 76 Rn. 17.

[8] HK-*Eickmann,* InsO, § 76 Rn. 8.

14 **e)** Bei summenmäßiger Stimmengleichheit kommt ein Beschluss nicht zustande, der Antrag gilt dann als abgelehnt.[1]

5. Rechtsmittel

15 **a)** Gegen sitzungspolizeiliche Maßnahmen steht nach § 181 Abs. 1 GVG die Beschwerde offen, die nach Abs. 2 keine aufschiebende Wirkung hat.

16 **b)** Beschlüsse der Gläubigerversammlung sind mangels einer entsprechenden Regelung nicht anfechtbar (§ 6); es steht lediglich dem Insolvenzgericht eine Aufhebungsbefugnis nach Maßgabe des § 78 Abs. 1 zu.[2]

17 **c)** Unwirksame Beschlüsse sind per se unbeachtlich; die Unwirksamkeit ist bei gerichtlichen Entscheidungen inzident zu berücksichtigen;[3] aus Gründen der Rechtssicherheit kann Feststellungsklage nach § 256 ZPO erhoben werden.[4]

§ 77 Feststellung des Stimmrechts

(1) **Ein Stimmrecht gewähren die Forderungen, die angemeldet und weder vom Insolvenzverwalter noch von einem stimmberechtigten Gläubiger bestritten worden sind. Nachrangige Gläubiger sind nicht stimmberechtigt.**

(2) **Die Gläubiger, deren Forderungen bestritten werden, sind stimmberechtigt, soweit sich in der Gläubigerversammlung der Verwalter und die erschienenen stimmberechtigten Gläubiger über das Stimmrecht geeinigt haben. Kommt es nicht zu einer Einigung, so entscheidet das Insolvenzgericht. Es kann seine Entscheidung auf den Antrag des Verwalters oder eines in der Gläubigerversammlung erschienenen Gläubigers ändern.**

(3) **Absatz 2 gilt entsprechend**

1. **für die Gläubiger aufschiebend bedingter Forderungen;**
2. **für die absonderungsberechtigten Gläubiger.**

Literatur: *Grell,* Stimmverbote im Insolvenzrecht, NZI 2006, 77 ff.; *Smid,* Verfahrensteilnahme und Stimmrecht fehlerhaft im Insolvenzverfahren vertretener Gläubiger, InVo 2007, 3 ff.; *Wenzel,* Die streitige Stimmrechtsfestsetzung in der Gläubigerversammlung durch das Insolvenzgericht, ZInsO 2007, 751 ff.

Übersicht

[1] HK-*Eickmann,* InsO, § 76 Rn. 11.

[2] *Kirchhof,* ZInsO 2007, 1196 f.; LG Göttingen NZI 2000, 490; AG Neubrandenburg ZInsO 2000, 111 m. Anm. *Förster;* OLG Saarbrücken NZI 2000, 179 f.; *Pape,* NJW 2001, 34; MünchKomm-*Ehricke,* InsO § 76 Rn. 33 mwN, der wegen der Beschwerdemöglichkeit nach § 78 Abs. 2 von einem mittelbaren Rechtsmittel spricht.

[3] *Kirchhof,* ZInsO 2007, 1196 ff.; zugleich Anm. zu LG Saarbrücken ZIP 2008, 1031 ff.

[4] *Kübler/Prütting/Bork/Kübler,* InsO, § 76 Rn. 24; *Nerlich/Römermann/Delhaes,* InsO, § 76 Rn. 7.

1. Normzweck

Als Ergänzung des die Abstimmungsmodalitäten enthaltenden § 76 regelt § 77, welche Gläubiger ein Stimmrecht haben. Der Kerngedanke, dass das Stimmrecht aus angemeldeten und weder vom Insolvenzverwalter noch stimmberechtigten Gläubiger bestrittenen Forderungen folgt, findet sich bereits in § 95 KO. § 77 könnte dabei als eine Konkretisierung von § 76 Abs. 2 bezeichnet werden, in der geregelt wird, wer und in welchem Umfang abstimmen darf. Systematisch hätte daher § 77 vor § 76 im Gesetz stehen können.[1] Die Entscheidung über das Stimmrecht ist von der Teilnahmeberechtigung[2] zu unterscheiden. Aus Letzterer folgt nicht automatisch die Stimmrechtsberechtigung. Eine Sonderregelung mit einer nur teilweisen Anwendbarkeit des § 77 findet sich für den Insolvenzplan in § 237 Abs. 1. 1

2. Stimmrecht

a) Im Zuge seiner Sitzungsleitung[3] hat das Insolvenzgericht zu Beginn der Gläubigerversammlung die Stimmrechte festzustellen und diese in dem Versammlungsprotokoll zu vermerken. 2

b) Nach § 77 Abs. 1 S. 1 stimmberechtigt sind Inhaber von Forderungen, die angemeldet und weder vom Insolvenzverwalter noch von einem anderen stimmberechtigten Gläubiger bestritten wurden. Das Bestreiten durch den Schuldner ist daher bedeutungslos. Die Anmeldung der Forderung kann auch in der Versammlung selbst geschehen,[4] was im Regelfall dazu führen wird, dass die anwesenden stimmberechtigten Gläubiger die Forderung vorsorglich bestreiten werden. Erfolgt kein Bestreiten, so gewährt die Forderung in der behaupteten Höhe ein Stimmrecht.[5] Damit können auch noch ungeprüfte Forderungen von Gläubigern ein Stimmrecht gewähren. Diese Notwendigkeit ergibt sich daraus, dass der Berichtstermin nach § 29 Abs. 2 in der Regel vor dem Prüfungstermin liegt. 3

Der Wortlaut der Vorschrift spricht davon, dass eine ordnungsgemäße Anmeldung i. S. d. § 174 vorliegen muss.[6] Allerdings gebieten Sinn und Zweck der Vorschrift eine differenzierte Sichtweise. Dies insbesondere unter Berücksichtigung von § 28 Abs. 1. Endet die Anmeldefrist vor dem Termin zur ersten Gläubigerversammlung nach § 29 Abs. 1 Ziff. 1, so setzt die Stimmberechtigung eine ordnungsgemäße Anmeldung der Forderung gem. § 174 voraus. Findet jedoch der Berichtstermin vor Ablauf der Forderungsanmeldefrist des § 28 statt, so ist ausreichend, wenn der Gläubiger seine Stimmberechtigung zu Beginn der mündlichen Verhandlung darlegt und im Bestreitensfalle die für die Aufnahme der Forderung in die Tabelle erforderlichen Angaben und Unterlagen vorlegt. Der Vertrauensschutzgedanke gebietet in diesem Fall, auch ungeprüften Forde-

---

[1] MünchKomm-*Ehricke,* InsO § 77 Rn. 1.

[2] S. hierzu § 74 Rn. 10 ff.

[3] Vgl. § 76 Abs. 1.

[4] *Kübler/Prütting/Bork/Kübler,* InsO, § 77 Rn. 28 f.

[5] AG Hamburg NZI 2000, 138 f. betraf den Fall, dass der Berichtstermin vor Ablauf der Forderungsanmeldefrist (§ 28) stattfand.

[6] Zu den Anforderungen vgl. BGH, NZI 2009, 242 ff.

rungen, die im Termin zur Gläubigerversammlung angemeldet werden, ein Stimmrecht zu gewähren.[1]

4 **c)** Nicht stimmberechtigt sind nachrangige Insolvenzgläubiger, § 77 Abs. 1 S. 2, Massegläubiger (deren Anspruch erst nach der Verfahrenseröffnung entsteht) und Aussonderungsberechtigte[2] (die nach § 47 nicht zu den Insolvenzgläubigern zählen). Sie können mangels Stimmrecht auch nicht das Stimmrecht anderer Gläubiger durch Bestreiten der Forderung zu Fall bringen.

5 **d)** Gläubiger aufschiebend bedingter Forderungen und absonderungsberechtigte Gläubiger, deren Forderungen bestritten werden, sind über § 77 Abs. 3 Gläubigern gleichgestellt.

3. Stimmrechtsentscheidung bei bestrittenen Forderungen

6 **a)** Ist eine Forderung von einem stimmberechtigten Gläubiger bestritten worden, kann deren Inhaber dennoch an den Abstimmungen innerhalb der Gläubigerversammlung teilnehmen, wenn sich der Insolvenzverwalter und die anwesenden stimmberechtigten Gläubiger dahingehend einigen, dass er trotz des Bestreitens seiner Forderung (ggf. in einem abweichenden Umfang) stimmberechtigt sein soll. Der Grundsatz des § 77 Abs. 2 gebietet daher den Vorrang einer Einigung vor einer Entscheidung des Insolvenzgerichts als Ausdruck der Gläubigerautonomie.[3]

7 Wie aus dem Gesetzestext („Einigung") ersichtlich wird, dürfen keine Gegenstimmen existieren; Stimmenthaltungen können an einem ansonsten positiven Verfahrensausgang nichts ändern, da sie sich als „Nullum" weder positiv noch negativ auswirken.

8 Die Einigung erfolgt zwischen dem Insolvenzverwalter und allen stimmberechtigten, anwesenden Gläubigern; dies schließt den Inhaber der bestrittenen Forderung ein.[4] Der Einigungsversuch muss ernsthaft sein. Er ist gem. § 4 i. V. m. § 160 Ziff. 1 ZPO zu protokollieren, um insbesondere bei einer Entscheidung des Rechtspflegers die Überprüfungsmöglichkeit im Rahmen des Rechtsschutzes zu gewährleisten.[5]

9 Da die Höhe der Forderung maßgeblich für die Stimmrechtsausübung ist, muss es den Abstimmungsberechtigten auch möglich sein, zu entscheiden, dass sie nicht mit dem von dem Inhaber behaupteten Wert, sondern nur zu einem Bruchteil desselben für die Stimmabgabe zu bewerten ist – mit der Folge, dass die Stimme des so zugelassenen Gläubigers ein geringeres Gewicht hat. Bezüglich

---

[1] MünchKomm-*Ehricke,* InsO § 77 Rn. 5f. mit umfangreicher Begründung und wN, der jedoch entgegen der hier vertretenen Auffassung im Bestreitensfall den vollen Beweis bzw. die Glaubhaftmachung verlangt.

[2] OLG Celle NZI 2001, 317f. = ZIP 2001, 658f.; m. Anm. *Beutler/Beutler,* EWiR 2001, § 7 InsO 4/01, 587f., wonach auch ein Beschwerderecht mangels Darlegung einer Gesetzesverletzung verneint wurde.

[3] AG Duisburg NZI 2003, 447; MünchKomm-*Ehricke,* InsO § 77 Rn. 7, Rn. 9 mwN; *Wenzel,* ZInsO 2007, 751ff., 751.

[4] Zutreffend: AG Hamburg ZInsO 2005, 1002f.; m. Anm. *Kind/Herzig,* EWiR 2006, 175f., unter Hinweis auf den Willen des Gesetzgebers zur Übernahme der Regelung des § 95 KO, nachdem eine Einigung des Forderungsanmelders und des der Forderung Widersprechenden nötig war; *Smid/Smid,* InsO, § 77 Rn. 5; ähnlich auch: MünchKomm-*Ehricke,* InsO § 77 Rn. 10f.; allein auf den Wortlaut abstellend: HK-*Eickmann,* InsO, § 77 Rn. 5.

[5] MünchKomm-*Ehricke,* InsO § 77 Rn. 11.

der Differenz zu der vollen Forderung kann dann – wenn der Anmelder darauf besteht – die Entscheidung des Insolvenzgerichtes beantragt werden.[1]

b) Kommt eine Einigung nicht zustande, hat das Insolvenzgericht (in der Person des verfahrensleitenden Rechtspflegers – ausnahmsweise des Richters, § 18 Abs. 2 RPflG) die Möglichkeit, dem Inhaber der bestrittenen Forderung das Stimmrecht zu gewähren, und zwar im Umfange der vollen Forderungshöhe oder eines Teilbetrages.[2] 10

Die Entscheidung fällt das Gericht auf eine kursorische Prüfung hin nach pflichtgemäßem Ermessen, wobei es alle Faktoren, die für und gegen das Bestehen der Forderung und deren Höhe sprechen, abwägen wird.[3] Der anmeldende Gläubiger hat die anspruchsbegründenden Tatsachen schlüssig vorzutragen.[4] Es gelten die allgemeinen Beweislastregeln,[5] insbesondere die Substanziierungsregel des § 138 Abs. 3 ZPO.[6] Der Forderungsinhaber ist somit gut beraten, alle Beweismittel bezüglich seiner Forderung in der Gläubigerversammlung präsent zu haben.[7] Spricht eine hohe Wahrscheinlichkeit dafür, dass die Forderung nicht – oder nicht in der behaupteten Höhe – besteht, ist das Stimmrecht ganz oder teilweise zu versagen.[8] Bestehen auf Grund eines ausgeglichenen Vortrages offene Zweifel, sollte das Stimmrecht gewährt werden, um eine möglichst breite Abstimmungsbasis in den Versammlungen zu sichern nach dem Motto „in dubio pro creditore!".[9] 11

In der Praxis finden nur in Ausnahmefällen Stimmrechtsfeststellungen in der Gläubigerversammlung statt. In den Fällen, in denen eine Stimmrechtsfeststellung notwendig wird, zeichnen sich die zugrunde liegenden Auseinandersetzungen in der Regel bereits im Vorfeld ab. Sinnvollerweise wird der Insolvenzverwalter, der dies erkennt, die Gläubiger zur Teilnahme an der Gläubigerversammlung motivieren oder entsprechende Vollmachten einholen. Das Leitungsrecht des Insolvenzgerichts ermächtigt dieses allerdings nicht dazu, auch sachlich in die Behandlung von Themen in der Gläubigerversammlung einzugreifen.[10] 12

---

[1] So auch MünchKomm-*Ehricke,* InsO, § 77 Rn. 12f.

[2] *Huntemann/Graf Brockdorff/Buck,* Der Gläubiger im Insolvenzverfahren, S. 240ff., S. 267 Rn. 86.

[3] FK-*Kind,* InsO, § 77 Rn. 13; *Uhlenbruck,* InsO, § 77 Rn. 18; HambKomm-*Eickmann,* InsO, § 77 Rn. 8, AG Dresden ZInsO 2006, 888ff.; *Kübler/Prütting/Bork/Kübler,* InsO, § 77 Rn. 18; zu Kriterien für die Ausübung des pflichtgemäßen Ermessens vgl. MünchKomm-*Ehricke,* InsO § 77 Rn. 15–18.

[4] HambKomm-*Eickmann,* InsO, § 77 Rn. 8.

[5] FK-*Kind,* InsO, § 77 Rn. 13; MünchKomm-*Ehricke,* InsO § 77 Rn. 15.

[6] FK-*Kind,* InsO, § 77 Rn. 13; MünchKomm-*Ehricke,* InsO § 77 Rn. 15.

[7] *Smid,* InVo 2007, 3ff., 8; nach verbreiteter Auffassung führen fehlende präsente Beweismittel nicht automatsich zur Ablehnung des Stimmrechts: KIP/*Kübler,* InsO, § 77 Rn. 20; MünchKomm-*Ehricke,* InsO § 77 Rn. 16; aA: BezG Leipzig ZIP 1992, 1507; m. abl. Anm. *Pape,* EWiR 1992, 1197.

[8] LG Leipzig ZIP 1998, 1038f.; m. Anm. *Pape,* EWiR 1998, 783; FK-*Kind,* InsO, § 77 Rn. 13.

[9] HK-*Eickmann,* InsO, § 77 Rn. 8 mwN; idS OLG München Rpfleger 1970, 201; nach *Wenzel,* ZInsO 2007, 751ff., 752, soll der Grundsatz nur für die Feststellung eines Stimmrechtes pro Kopf Berücksichtigung finden.

[10] *Nerlich/Römermann/Delhaes,* InsO, § 76 Rn. 1 aE, allerdings in Bezug darauf, dass das Insolvenzgericht bestimmte Beschlussfassungen empfiehlt.

13 **c)** Bei aufschiebend bedingten Forderungen ist bei der Stimmrechtsentscheidung insbesondere auf die Wahrscheinlichkeit des Bedingungseintrittes abzustellen.[1]

14 **d)** Die Entscheidung des Insolvenzgerichtes ergeht in der Form eines Beschlusses, der infolge seiner Abänderbarkeit dann, wenn er von dem Rechtspfleger stammt, zu begründen ist.

15 **e)** Die Erteilung des Stimmrechtes – sei es auf Grund Einigung oder durch Beschluss des Insolvenzgerichts – wirkt jedenfalls dann für die folgenden Gläubigerversammlungen,[2] soweit keine neue Festsetzung begehrt wird. Insbesondere die im Wege der Verhandlung zustande gekommene Einigung kann per Abänderungsantrag, nicht notwendig nur bei veränderter Sachlage, angegriffen werden.[3] Es genügt, wenn sich eine Gegenstimme erhebt, weil damit der für die Stimmrechtsgewährung erforderliche Konsens aufgehoben ist.[4] Erfolgt ein solcher Widerruf der Einigung, so kann die Entscheidung des Gerichtes nach § 77 Abs. 2 S. 2 herbeigeführt werden. Zutreffend dürfte aber jedenfalls sein, hinsichtlich des sog. „bleibenden Stimmrechts“ zu differenzieren. Zu bejahen dürfte es wegen § 183 Abs. 1 sein, wenn die Forderung geprüft und festgestellt worden ist. Bei ungeprüften Forderungen dürfte die Wirkung nur für die gegenwärtige Gläubigerversammlung gelten.[5]

16 **f)** Das Insolvenzgericht kann seine Entscheidung nicht aus eigenem Antrieb ändern, sondern nur auf Antrag des Insolvenzverwalters oder eines in der Gläubigerversammlung erschienenen Gläubigers, der stimmberechtigt sein muss, da nach der Entscheidung des Gesetzgebers nur stimmberechtigte Gläubiger Einfluss auf Stimmrechtsentscheidungen haben sollen.

17 **g)** Wird die Stimmrechtsgewährung aus einem anderen Grunde obsolet, hat dies nur Wirkung für die Zukunft.[6]

18 **h)** Die Zulassung des Stimmrechts hat keinerlei Auswirkung auf die Frage des Bestehens der Forderung selbst.[7]

i) Von einem Teil der Literatur wird § 77 analog angewandt auf die Fälle eines Stimmrechtsausschlusses bei bestehender Interessenkollision.[8] Einzelfälle seien dabei das Verbot des In-sich-Geschäfts und das Verbot, Richter in eigener Sache zu sein.[9] Dies überzeugt so nicht. Grundsätzlich nimmt jeder Insolvenzgläubiger spezifische eigene Interessen beim Abstimmungsverhalten war, sodass nicht jede

---

[1] *Kübler/Prütting/Bork/Kübler,* InsO, § 77 Rn. 30; sehr ausführlich MünchKomm-*Ehricke,* InsO § 77 Rn. 40.

[2] *Kübler/Prütting/Bork/Kübler,* InsO, § 77 Rn. 26; aA: *Huntemann/Graf Brockdorff/Buck,* aaO, S. 267 Rn. 87.

[3] HK-*Eickmann,* InsO, § 77 Rn. 11.

[4] HK-*Eickmann,* InsO, § 77 Rn. 11: nur einvernehmliche Abänderung möglich.

[5] MünchKomm-*Ehricke,* InsO § 77 Rn. 31–33; idS auch *Wenzel* ZInsO 2007, 751 ff.

[6] *Kübler/Prütting/Kübler,* InsO, § 77 Rn. 27.

[7] Begründung RegE, abgedruckt in *Balz/Landfermann,* S. 293; *Nerlich/Römermann/Delhaes,* InsO, § 77 Rn. 8; MünchKomm-*Ehricke,* InsO § 77 Rn. 34 mwN.

[8] S. MünchKomm-*Ehricke,* InsO § 77 Rn. 35 f. mwN; generell „Stimmverbote“ ablehnend: *Grell,* Stimmverbote im Insolvenzrecht, NZI 2006, 77 ff.; nach AG Göttingen die Grenzen grds. weit zu ziehen seien, ZInsO 2003, 1821 f.

[9] MünchKomm-*Ehricke,* InsO § 77 Rn. 36 f.

Berührung eigener wirtschaftlicher Belange zu einem Stimmrechtsausschluss führen kann. Daher kommt mit dem Rechtsgedanken des § 181 BGB, der die Klarheit des Rechtsverkehrs schützt, nur im Ausnahmefall ein Stimmrechtsausschluss wegen eines In-sich-Geschäfts in Betracht. Ein über das übliche Eigeninteresse hinausgehendes Interesse ist immer dann gegeben, wenn es um Entscheidungen der Gläubigerversammlung geht, die den fraglichen Gläubiger sanktionieren[1], sodass dieser Gläubiger sein Stimmrecht nicht ausüben kann.

4. Rechtsmittel

a) Gegen die Stimmrechtsentscheidung besteht mangels gesetzlicher Regelung keine Beschwerdemöglichkeit, § 6 Abs. 1.[2] Feststellungen zum Stimmrecht unterliegen daher auch nicht als unselbstständige Zwischenentscheidungen (Vorfrage) der Nachprüfung von grundsätzlich beschwerdefähigen gerichtlichen Entscheidungen.[3] § 11 Abs. 3 S. 3 RPflG versagt auch die Einlegung der Erinnerung gegen eine Entscheidung des Rechtspflegers. 19

b) Lediglich der Insolvenzverwalter und anwesende, stimmberechtigte Gläubiger können beantragen, dass das Gericht seine Entscheidung ändert. Kommt das Gericht dem Antrag nicht nach, bleibt der Beschluss bestehen.[4] 20

c) Hat jedoch der Rechtspfleger die Stimmrechtsentscheidung getroffen und hat sich diese Entscheidung auf das Ergebnis einer Abstimmung ausgewirkt, besteht nach § 18 Abs. 3 S. 2 RPflG die Möglichkeit, eine Überprüfung durch den Insolvenzrichter herbeizuführen.[5] Hierfür ist zunächst ein Antrag eines Gläubigers oder des Insolvenzverwalters bis zum Ende der Gläubigerversammlung zu Protokoll nötig. Der Antrag ist bis zum Ende der Gläubigerversammlung zu stellen;[6] eine spätere Nachholung im schriftlichen Verfahren ist unzulässig. Es genügt, wenn er mündlich zu Protokoll gegeben wird. 21

Fraglich ist, ob im Falle einer Stimmrechtsversagung auch der Inhaber der bestrittenen Forderung (Gläubiger i. S. d. § 18 Abs. 2 RPflG) antragsberechtigt ist, wenn er dartun kann, dass seine Beteiligung an der Abstimmung zu einem anderen Ergebnis geführt hätte. Im Hinblick darauf, dass diesem andernfalls kein Weg zur Realisierung seines Stimmrechtes offensteht und die so gegebene faktische Vereitelung seines Mitwirkungsrechtes einen äußerst schweren Eingriff darstellt, ist die Antragsberechtigung zu bejahen, zumal der Ausschluss von Rechtsmitteln gegen Stimmrechtsentscheidungen auch verfassungsrechtlich problematisch ist.[7] 22

---

[1] So deutlich AG Kaiserslautern NZI 2006, 46 f.

[2] So auch BGH ZInsO 2007, 271 f.; bestätigt durch BGH NZI 2009, 106 ff.

[3] BGH NZI 2009, 106 ff., m. Anm. *Herzig*, FD-InsR 2008, 272626 und *Keller*, EWiR 4/2009, 117 f.: betraf die Versagung des Stimmrechts über einen Insolvenzplan auf Grund unwirksamer Vollmacht nach § 43 a Abs. 4 BRAO.

[4] *Nerlich/Römermann/Delhaes*, § 77 Rn. 12 unter Aufzählung unterschiedlicher Fallgestaltungen und ihrer Auswirkungen.

[5] BGH NZI 2009, 106 f.; AG Mönchengladbach NZI 2001, 48 zur Frage der Beschwer und der Frage der Auswirkung einer Stimmrechtsentscheidung auf das Ergebnis einer Abstimmung, wenn mehrere Stimmrechtsentscheidungen getroffen wurden.

[6] OLG Celle NZI 2001, 317 f.; AG Göttingen ZInsO 2009, 1821 f.

[7] Vgl. hierzu eingehend *Pape*, ZIP 1991, 837 ff., 847 ff.; *Smid*, KTS 1993, 1 ff., 8 ff.; MünchKomm-*Ehricke*, InsO § 77 Rn. 21.

23 Der Richter hat dann die Möglichkeit, die Stimmrechtsentscheidung zu ändern. Tut er dies, muss er auch die Wiederholung der Abstimmung anordnen, allerdings nicht, wenn bei Zugrundelegung der abgeänderten Stimmrechte die bei den Abstimmungen erzielten Mehrheiten – wenn auch in verändertem Umfang – bestehen bleiben.[1] Gegen die Entscheidung des Richters gibt es mangels gesetzlicher Regelung kein Rechtsmittel.[2]

24 Da der Richter regelmäßig bei der Versammlung nicht anwesend sein wird, ist die Sitzung bis zu seiner Entscheidung zu unterbrechen oder zu vertagen.[3]

§ 78 Aufhebung eines Beschlusses der Gläubigerversammlung

(1) **Widerspricht ein Beschluss der Gläubigerversammlung dem gemeinsamen Interesse der Insolvenzgläubiger, so hat das Insolvenzgericht den Beschluss aufzuheben, wenn ein absonderungsberechtigter Gläubiger, ein nicht nachrangiger Insolvenzgläubiger oder der Insolvenzverwalter dies in der Gläubigerversammlung beantragt.**

(2) **Die Aufhebung des Beschlusses ist öffentlich bekanntzumachen. Gegen die Aufhebung steht jedem absonderungsberechtigten Gläubiger und jedem nicht nachrangigen Insolvenzgläubiger die sofortige Beschwerde zu. Gegen die Ablehnung des Antrags auf Aufhebung steht dem Antragsteller die sofortige Beschwerde zu.**

Literatur: *Goebel,* Gläubigerobstruktion, Gläubigerstimmrecht und Beschlusskontrolle im Insolvenzverfahren über Unternehmen – eine Untersuchung zu insolvenzrechtlichen Stimmverboten und zur Inhaltskontrolle nach § 78 InsO, KTS 2002, 615 ff.; *Grell,* Stimmverbote im Insolvenzrecht, NZI 2006, 77 ff.; *Pape,* Aufhebung von Beschlüssen der Gläubigerversammlung und Beurteilung des gemeinsamen Interesses nach § 78 InsO, ZInsO 2000, 469 ff.; *ders.,* Nichtberücksichtigung „neuen" Vortrags bei der Entscheidung über die Aufhebung von Beschlüssen der Gläubigerversammlung nach § 78 InsO – zugleich eine Anmerkung zu KG, Beschl. v. 29. März 2001 – 7 W 8076/00 (ZInsO 2001, 411 = NZI 2001, 310), ZInsO 2001, 691 ff.

Übersicht

---

[1] AG Mönchengladbach NZI 2001, 48.

[2] Bestätigt durch BGH NZI 2009, 106 f. Dies hat bereits früher zu erheblicher Kritik geführt. Es besteht ein Spannungsfeld zwischen Verfahrenseffizienz und Verfassungsrecht. Im Hinblick auf das vom Gesetzgeber gewollte Beschleunigungsinteresse und die Möglichkeit zu einer Selbstüberprüfung des Gerichts und Abänderungsentscheidung nach § 77 Abs. 2 S. 3 sei eine solche Rechtsschutzverkürzung hinnehmbar, MünchKomm-*Ehricke,* InsO § 77 Rn. 26–30 mit sehr ausführlicher Abwägung; Ausschluss eines Rechtsmittels verstößt nicht gegen Garantie effektiven Rechtsschutzes, BGH, Beschluss vom 5. 4. 2006 – IX ZB 49/05.

[3] MünchKomm-*Ehricke,* InsO § 77 Rn. 25.

1. Normzweck

Nach § 78 können Beschlüsse der Gläubigerversammlung, die dem gemeinsamen Interesse der Insolvenzgläubiger widersprechen, auf Antrag aufgehoben werden. Nachdem der Gesetzgeber einen ursprünglich vorgesehenen Minderheitenschutz nicht übernommen hat, entspricht § 78 in seiner Zielrichtung dem § 99 KO.[1] 1

2. Begriff des gemeinsamen Interesses

a) Als das gemeinsame Interesse der Insolvenzgläubiger ist das Interesse an der bestmöglichen und gleichmäßigen Gläubigerbefriedigung anzusehen.[2] 2

Da Ziel der InsO die bestmögliche Befriedigung aller Gläubiger ist,[3] liegen Beschlüsse, die einseitig einzelne Gläubiger bevorzugen, nicht im gemeinsamen Interesse. Die übliche Betrachtungsweise sieht den Anwendungsbereich von § 78 darin, Beschlüsse, die von „stimmgewaltigen" Großgläubigern in deren Interesse „durchgedrückt" wurden, zu korrigieren. Tatsächlich sind Beschlüsse von Gläubigern, die Situationsmehrheiten (bei schlechter oder keiner anderen Präsenz als der interessierten, abstimmenden Anwesenden) ausnutzen, mindestens gleich anwendungsnah. Insofern ist es auch unrichtig, § 78 als Gewährleistung eines Minderheitenschutzes zu verstehen. Auch die Vereitelung nur geringer Quoten soll zur Aufhebung berechtigen.[4] Das Gericht muss sorgfältig sicherstellen, nicht zur fünften Kolonne der Minderheit zu werden. Mehrheitsentscheidungen gehören zum Verfahren wie zur Demokratie. Nur final dem gemeinsamen Interesse widersprechende Beschlüsse stehen zur Disposition. 3

Dem gemeinsamen Interesse der Gläubiger entgegen steht beispielsweise ein Beschluss der Gläubigerversammlung, wonach der Insolvenzverwalter zur Erfüllung eines Anspruches ermächtigt wird, wenn triftige Gründe für dessen Anfechtbarkeit vorliegen.[5] Die durch diesen Beschluss zugunsten eines einzelnen Gläubigers beabsichtigte Verhinderung der Insolvenzanfechtung verschafft diesem einen Sondervorteil und benachteiligt die Gläubigergesamtheit.

b) Nicht geschützt i. S. d. „gemeinsamen Interesses" ist das Recht der absonderungsberechtigten Gläubiger auf abgesonderte Befriedigung, da dieses auf eine abgesonderte Befriedigung aus den Sicherheiten und somit gerade nicht auf deren gleichmäßige Befriedigung gerichtet ist. Der Gesetzgeber wollte – so der Rechtsausschuss – vermeiden, dass die absonderungsberechtigten Gläubiger ihre Interessen durchsetzen.[6] Für die Interessen der absonderungsberechtigten Gläubiger hat 4

---

[1] Vgl. MünchKomm-*Ehricke,* InsO § 78 Rn. 1 mit Ausführungen zu den Änderungen im Gesetzgebungsverfahren und den Argumenten pro und contra in Rn. 2.

[2] Ausschussbericht, abgedruckt in *Balz/Landfermann,* S. 295; BGH NZI 2008, 490 f.

[3] Vgl. oben die Erläutererung zu § 1 InsO.

[4] AG Neubrandenburg ZInsO 2000, 111, die Entscheidung ist wenig überzeugend.

[5] BGH NZI 2008, 490 f.; m. Anm. *Herzig,* FD-InsR 2008, 263213: betraf die möglicherweise anfechtbare Erfüllung eines Heimfallanspruches. Der BGH verneinte auch eine Kompetenzverletzung des Insolvenzgerichts gegenüber den Prozessgerichten, die über die Anfechtbarkeit des Heimfallanspruches zu entscheiden hätten.

[6] Beschluss-Empfehlung des Rechtsausschusses zu § 89 RegE, aaO. Die Überlegung des Rechtsausschusses ist wenig zielführend. Sicherungsgläubiger sind nicht die „Feinde" der ungesicherten, sondern im Rahmen der Rechtsordnung Gläubiger mit anderen Rechten.

§ 78 so verstanden nur Relevanz bei Beeinträchtigungen des Rechts auf anteilsmäßige Befriedigung ihrer persönlichen Forderung aus der Insolvenzmasse, nicht hingegen, wenn ihr Recht auf abgesonderte Befriedigung beeinträchtigt wird.[1] Zutreffend dürfte sein, insoweit lediglich ein gemeinsames Grundinteresse an der Verringerung eines individuellen Ausfalls zu bejahen, daneben als Ziel die – zumindest mittelfristig – erreichbare Vergrößerung der Haftungsmasse mit dem Ziel bestmöglicher Gläubigerbefriedigung. Es handle sich daher um ein „fiktives Gesamtinteresse". Der Gesetzgeber hat das Majoritätsprinzip in den Mittelpunkt gestellt.[2]

5 Ebenfalls unbeachtlich ist die Verletzung der Interessen von Massegläubigern oder des Schuldners.[3]

3. Antragserfordernis

6 **a)** Das Gericht ist nicht von Amts wegen, sondern nur auf Antrag berechtigt, den Beschluss aufzuheben. Das Gericht kann, um eine Antragsflut zu vermeiden, bereits im Vorfeld einer Abstimmung auf eine etwaige Benachteiligung von Gläubigerinteressen und die damit zusammenhängende Gefahr von Aufhebungsanträgen aufmerksam machen, umso in der Versammlung selbst noch eine gemeinverträgliche Lösung herbeizuführen.[4]

7 **b)** Antragsberechtigt sind absonderungsberechtigte Gläubiger, Insolvenzgläubiger, sofern sie nicht nachrangig i. S. v. § 39 sind, sowie der Insolvenzverwalter zur Wahrung der Interessen der nicht erschienenen Gläubiger.[5] Das Antragsrecht ist im Grundsatz parallel zur Regelung des Stimmrechts (§§ 76 Abs. 2, 77) ausgestaltet.

8 **c)** Der Antrag muss in der Gläubigerversammlung selbst gestellt werden (in Betracht kommt daher auch die Stellung in einem etwaigen Fortsetzungstermin), weshalb abwesende Gläubiger von der Antragstellung (nicht jedoch hinsichtlich ihres Beschwerderechtes, s. u.) ausgeschlossen sind. Grund ist die vom Gesetzgeber gewollte Beschleunigung des Insolvenzverfahrens. Eine Begründung des Antrages ist sinnvoll.[6]

9 **d)** Auch Gläubiger einer streitigen Forderung, denen das Stimmrecht versagt wurde, sind antragsberechtigt. Der Antrag auf Überprüfung eines für sie nachteiligen Beschlusses der Gläubigerversammlung soll ein gewisser Ausgleich dafür sein, dass gegen die Stimmrechtsfestsetzung nach § 77 weder die sofortige Beschwerde noch die Erinnerung statthaft ist.[7]

Haben sie Sicherungsrechte, setzen sie diese auch durch. Es gibt kein gemeinsames Interesse der Gläubiger, Sicherheiten zurückzudrängen o. Ä. Das Gesetz versteht „die Gläubiger" nicht als die „ungesicherten Gläubiger".

[1] *Kübler/Prütting/Bork/Kübler,* InsO, § 78 Rn. 8.

[2] So zutreffend MünchKomm-*Ehricke,* InsO § 78 Rn. 17 mwN.

[3] *Kübler/Prütting/Bork/Kübler,* ebd.; aA: MünchKomm-*Ehricke,* InsO § 78 Rn. 19 unter Bezugnahme auf den offenen Wortlaut der Vorschrift.

[4] *Huntemann/Graf Brockdorff/Buck,* Der Gläubiger im Insolvenzverfahren, S. 240 ff., 274 Rn. 106.

[5] Begründung RegE, abgedruckt in *Balz/Landfermann,* S. 295; LG Göttingen ZIP 2000, 1501 f.; *Andres/Leithaus,* InsO, § 78 Rn. 3.

[6] MünchKomm-*Ehricke,* InsO § 78 Rn. 9.

[7] Begründung RegE, abgedruckt in *Balz/Landfermann,* S. 295.

4. Aufhebungsbeschluss

a) Liegt ein Antrag vor, so hat das Gericht[1] zu ermitteln, ob der Beschluss der Gläubigerversammlung dem gemeinsamen Interesse der Gläubiger zuwiderläuft, wobei es regelmäßig auf die Informationen des Insolvenzverwalters angewiesen sein wird.[2] Beschluss i. S. d. § 78 Abs. 1 sind dabei alle Entscheidungen nach § 76 Abs. 2, nicht aber sonstige Willensäußerungen der Gläubigerversammlung. Gegen eine extensive Auslegung spricht bereits, dass eine Beschwer bei bloßer Willensäußerung nicht vorliegt. Sonstige Willensäußerungen der Gläubigerversammlung haben keine rechtliche Wirkung. Beschlüsse, die gegen ein Verbotsgesetz oder die guten Sitten verstoßen, sind gem. den §§ 134, 138 BGB per se nichtig.[3] 10

b) Im Hinblick auf die starke Ausprägung, die der Grundsatz der Gläubigerautonomie erfahren hat, sollte von der Aufhebungsbefugnis nur sehr zurückhaltend Gebrauch gemacht werden.[4] Dabei wird sich das Gericht sicherlich auch von der ursprünglichen Absicht des Gesetzgebers und der ausführlichen Begründung zum Gesetzentwurf leiten lassen können, in dem die ganze Spannungsbreite von unterschiedlichen Interessen und die dadurch ausgelösten Konflikten ausführlich beschrieben ist.[5] Die Entscheidung des AG Neubrandenburg zeigt die Gefahr des unbestimmten Rechtsbegriffes „gemeinsames Interesse der Insolvenzgläubiger" auf.[6] Dort wurde eine mehrheitlich – insbesondere von den absonderungsberechtigten Gläubigern – getroffene Entscheidung, den Geschäftsbetrieb sofort stillzulegen und zu liquidieren, durch das Gericht vor dem Hintergrund äußerst geringer, zumal höchst ungewisser Quotenaussichten für die ungesicherten Insolvenzgläubiger bei Betriebsfortführung aufgehoben. 11

Unklar ist, warum ein gesicherter Gläubiger als Mehrheitsgläubiger sich dieser Quotenerwartung nicht widersetzen darf. Der Rückgriff auf das Sicherungsrecht ist problematisch, weil die identische Entscheidung (nicht fortzuführen) durchaus auch begründet werden kann. Der Gläubiger ist von der Prognose nicht überzeugt, damit ist kein Verstoß gegen § 78 gegeben; tatsächlich instrumentalisiert das Gericht § 78 für eine Entscheidung der gesicherten gegen die ungesicherten Gläubiger. Das aber verstößt gegen die gesetzliche Entscheidung, den gesicherten Gläubigern ein (volles) Stimmrecht zu gewähren. Derartige Entscheidungen können auch zu einer Haftung nach § 839 Abs. 1 BGB i. V. m. Art. 34 GG führen. 12

Für die Bewertung des gemeinsamen Interesses der Insolvenzgläubiger nach § 78 Abs. 1 und für die Feststellungen des Widerspruchs hierzu durch einen Beschluss der Gläubigerversammlung ist auf den Kenntnisstand und die Sicht der abstimmenden Gläubiger abzustellen. Auch evtl. Fehlinformationen der Gläubigerversammlung durch den Insolvenzverwalter begründen nicht die Aufhebbarkeit des resultierenden Beschlusses, können aber eine Haftung des Verwalters nach § 60 begründen.[7] 13

---

[1] Und dort nach § 18 Abs. 1 RPflG regelmäßig der Rechtspfleger.
[2] *Huntemann/Graf Brockdorff/Buck,* aaO, S. 273 Rn. 104.
[3] MünchKomm-*Ehricke,* InsO § 78 Rn. 10.
[4] *FK-Hössl,* InsO, § 78 Rn. 4 in der 2. Aufl.
[5] Begründung RegE, abgedruckt in *Balz/Landfermann,* S. 294 f.
[6] AG Neubrandenburg ZInsO 2000, 111 m. Anm. von *Förster.*
[7] KG ZInsO 2001, 411 ff.; m. krit. Anm. von *Pape,* ZInsO 2001, 691 ff.; m. zust. Anm. *Smid,* DZWIR 2002, 37 f.

14 **c)** § 57 S. 2 ist lex specialis zu § 78 in Bezug auf die Wahl eines neuen Insolvenzverwalters.[1] Ein Schutzbedürfnis besteht nach der Ergänzung des § 57 durch eine Abstimmung nach Kopfmehrheit nicht mehr.[2] Dabei ist der Rechtsausschuss bei seiner durchgesetzten Rückkehr zu dem „bewährten System des § 99 KO“ und der Annahme, dass diese Änderung sich gerichtsentlastend auswirken würde,[3] einer Fehleinschätzung unterlegen. Teilweise wird auch das Recht des abgewählten Insolvenzverwalters bejaht, einen Antrag nach § 78 Abs. 1 zu stellen, allerdings abhängig von der Frage, ob die Abwahlentscheidung einstimmig von allen stimmberechtigten Gläubigern getroffen wird, was praktisch nie der Fall sein dürfte.[4]

15 **d)** Beschlüsse, mit denen ungeeignete Gläubigerausschussmitglieder gewählt werden, können aufgehoben werden.[5] Die Auffassung, die die parallele Anwendbarkeit von § 78 Abs. 1 und § 70 S. 2 bejaht, dürfte zutreffend sein. Zur Begründung wird angeführt, dass jeweils unterschiedliche Entscheidungsgegenstände betroffen seien. § 70 S. 2 betreffe den Vollzug eines wirksam zustande gekommenen Beschlusses der Gläubigerversammlung durch das Insolvenzgericht, § 78 Abs. 1 dagegen die Möglichkeit, den Beschluss als solchen anzugreifen.[6]

16 **e)** Infolge der Neuformulierung gegenüber § 99 KO, dass nicht mehr die Durchführung des Beschlusses der Gläubigerversammlung zu untersagen, sondern der Beschluss selbst aufzuheben ist, bedarf es keiner erweiternden Auslegung mehr, um ein Vorgehen gegen auch auf bloße Unterlassung von Maßnahmen (etwa der Verweigerung der Zustimmung nach § 160 zu besonders bedeutsamen Rechtshandlungen des Insolvenzverwalters) gerichtete Versammlungsbeschlüsse zu ermöglichen.[7]

17 Entsprechend den Ausführungen zu § 76[8] darf dies nicht dazu führen, dass das Gericht seine Entscheidung an die Stelle derjenigen der Gläubigerversammlung setzt. Aus diesem Grunde kann das Insolvenzgericht zwar den Beschluss kassieren, muss jedoch dann eine erneute Abstimmung herbeiführen.[9] Ein Ersetzen der Zustimmung durch die Entscheidung des Gerichtes kommt auf Grund der Aufgabentrennung von Gericht und Gläubigerversammlung und infolge des Grund-

[1] BGH ZIP 2003, 1613; bestätigt in: BGH NZI 2005, 32 f., auch für den Fall, dass der abgewählte Insolvenzverwalter den Antrag nach § 78 gestellt und zuvor die Masseunzulänglichkeit angezeigt hat, die dagegen gerichtete Verfassungsbeschwerde wurde nicht angenommen: vgl. BVerfG ZIP 2005, 537 f.; m. zust. Anm. von *Berg-Grunewald/Hertzog,* EWiR § 57 InsO 1/05, 507 f.; aA: MünchKomm-*Ehricke,* InsO § 78 Rn. 14, wobei die Begründung nicht überzeugt.

[2] BGH ZIP 2003, 1613; vgl. Erläuterungen zu § 57 Rn. 5–7; befürwortend im Sinne einer Gesetzesänderung *Pape,* ZInsO 2000, 469 ff., 477.

[3] Ausschussbericht, abgedruckt in *Balz/Landfermann,* S. 296.

[4] MünchKomm-*Ehricke,* InsO § 78 Rn. 15.

[5] *Hess,* InsO, § 78 Rn. 8 mwN; vgl. die Aufzählung weiterer Entscheidungskriterien für das Insolvenzgericht bei *Pape,* ZInsO 2000, 469 ff., 476.

[6] MünchKomm-*Ehricke,* InsO § 78 Rn. 13; aA: AG Köln NZI 2003, 657 f., das die Anwendbarkeit des § 78 InsO wegen der Wahlentscheidung der Gläubigerversammlung generell in Zweifel stellt.

[7] MünchKomm-*Ehricke,* InsO § 78 Rn. 10 mit Beispielen.

[8] Vgl. Kommentierung zu § 76 Rn. 8.

[9] AA: *Kübler/Prütting/Bork/Kübler,* InsO, § 78 Rn. 12.

satzes der Gläubigerautonomie nur dann als ultima ratio in Extremfällen in Betracht, wenn die Gläubigerversammlung nicht gewillt ist, von dem Ergebnis ihrer ersten Abstimmung abzurücken und infolgedessen die ordnungsgemäße Durchführung des Insolvenzverfahrens gefährdet ist. Für den Ausnahmecharakter von Zustimmungsersetzungen sprechen auch die Vorschriften der §§ 245 und 309. Abzulehnen ist eine Aufhebungskompetenz des Insolvenzgerichts wenn keinerlei Masseauswirkung ersichtlich ist[1] und ein einstimmiger Beschluss aller stimmberechtigten Gläubiger vorliegt.[2]

f) Die Aufhebung des Beschlusses der Gläubigerversammlung ist vom Insol- 18
venzgericht gem. § 78 Abs. 2 S. 2 in der Form des § 9 öffentlich bekannt zu machen; eine zusätzliche Zustellung an Verfahrensbeteiligte oder Beschwerdeberechtigte erfolgt nicht.[3]

5. Rechtsmittel

a) Wird der Beschluss der Gläubigerversammlung aufgehoben, so steht den 19
Insolvenzgläubigern, sofern sie nicht nachrangig i. S. v. § 39 sind, sowie den absonderungsberechtigten Gläubigern die sofortige Beschwerde zu.

Wie bereits aus dem Gesetzestext folgt („... jedem ...“), können auch die 20
nicht in der Gläubigerversammlung anwesenden Gläubiger Beschwerde einlegen.

b) Gegen die Ablehnung des Antrages steht nur dem Antragsteller selbst die 21
Möglichkeit der Beschwerde offen.

Es ist daher jedem Antragsberechtigten, der eine Beschlussaufhebung wünscht, 22
zu raten, trotz eines bereits gestellten Antrages auch selbst einen solchen einzubringen, um im Ablehnungsfalle Beschwerde einlegen zu können.[4]

c) Trifft der Rechtspfleger die Entscheidung des Insolvenzgerichtes (was der 23
Regelfall sein dürfte), steht den von der Beschwerdemöglichkeit nach § 78 Abs. 2 S. 2, 3 ausgeschlossenen Personen nicht die Erinnerung nach § 11 Abs. 2 RPflG offen, da gegen die Entscheidung nach den allgemeinen verfahrensrechtlichen Vorschriften durchaus ein Rechtsmittel gegeben, dieses jedoch auf bestimmte Personen beschränkt ist. Auch würde die vom Gesetzgeber intendierte Rechtsmittelbeschränkung unterlaufen. Grammatikalische und teleologische Interpretation führen folglich zu einem Ausschluss der Erinnerung.

§ 79 Unterrichtung der Gläubigerversammlung

Die Gläubigerversammlung ist berechtigt, vom Insolvenzverwalter einzelne Auskünfte und einen Bericht über den Sachstand und die Geschäftsführung zu verlangen. Ist ein Gläubigerausschuß nicht bestellt, so kann die Gläubigerversammlung den Geldverkehr und -bestand des Verwalters prüfen lassen.

---

[1] MünchKomm-*Ehricke,* InsO § 78 Rn. 21.
[2] Ebd., Rn. 26 mit Beispielen zu den Ausnahmefällen.
[3] MünchKomm-*Ehricke,* InsO § 78 Rn. 32.
[4] *Nerlich/Römermann/Delhaes,* InsO, § 78 Rn. 9.

Übersicht

1. Normzweck

1 Damit die Gläubigerversammlung ihre Mitwirkungsrechte wirksam und sachgerecht ausüben kann, gibt ihr § 79 das Recht, vom Insolvenzverwalter sowohl Einzelauskünfte und allgemeine Berichte über den Verfahrensstand zu verlangen, wobei das Verlangen des einen das andere nicht ausschließt.[1]

2 § 79 gibt in über § 132 Abs. 2 KO hinausgehender Art und Weise Ansprüche auf Unterrichtung. § 79 ergänzt dabei § 66 Abs. 3 und kann als Schwestervorschrift des § 58 Abs. 1 S. 2 sowie § 69 Abs. 2 bezeichnet werden. Der Insolvenzverwalter soll dabei alle relevanten Umstände offenbaren, um den Gläubigern einen vollständigen Kenntnisstand über die jeweilige Sachlage zu ermöglichen.[2]

2. Die Ausübung des Informationsrechtes

3 **a)** Das Informationsrecht steht nur der Gläubigerversammlung als Organ, nicht aber dem einzelnen Gläubiger zu. Es entfällt auch nicht aus dem Grunde, dass ein Gläubigerausschuss eingesetzt ist.[3]

4 Einzelgläubiger können Informationen durch Einsicht in die Gerichtsakten gem. § 4 i. V. m. § 299 ZPO erlangen. Im Übrigen können einzelne Gläubiger im Rahmen einer Gläubigerversammlung Fragen an den Insolvenzverwalter richten, die dann als Auskunftsersuchen der Gläubigerversammlung zu werten sind.[4]

5 **b)** Die Gläubigerversammlung entscheidet durch Beschluss über den genauen Rahmen bzw. Umfang der Auskunft, die vom Insolvenzverwalter begehrt werden soll. Einzelne Gläubiger können zum Zwecke dieser Beschlussfassung die Einberufung der Gläubigerversammlung – ohne Bindungswirkung für das Gericht – anregen oder im Rahmen von § 75 – insoweit bindend – beantragen.

6 **c)** In der Gläubigerversammlung kann eine Berichtspflicht des Verwalters in regelmäßigen Abständen (üblich ist alle sechs Monate und im vereinfachten Verfahren nach §§ 304 ff. auch jährlich, beginnend mit dem Berichtstermin nach § 156) beschlossen werden.[5]

7 Darüber hinaus räumen viele Insolvenzverwalter den Gläubigern mittlerweile die Möglichkeit ein, in Berichte und Sachstandsberichte im Internet nach Ein-

---

[1] Ausschussbericht, abgedruckt in *Balz/Landfermann,* S. 296.

[2] MünchKomm-*Ehricke,* InsO § 79 Rn. 1; HambKomm-*Preß,* InsO, § 79 Rn. 1.

[3] MünchKomm-*Ehricke,* InsO § 79 Rn. 3.

[4] *Nerlich/Römermann/Delhaes,* InsO, § 79 Rn. 2.

[5] FK-*Hössl,* InsO, § 79 Rn. 7 in der 2. Aufl.

gabe eines persönlichen Zugangscodes Einblick zu nehmen, damit sie sich so über den Stand des Insolvenzverfahrens unterrichten können. Des Weiteren können auch aktuelle Pressemeldungen auf diesem Wege den Gläubigern zur Verfügung gestellt werden.

3. Die Auskunftspflicht des Verwalters

a) Die Auskunft des Verwalters braucht nicht jedes Detail zu umfassen[1] und kann außer bei entgegenlautendem Beschluss der Gläubigerversammlung auch durch beauftragte Mitarbeiter des Insolvenzverwalters erfolgen.[2] Bei Sachstandsberichten muss sich jeder Gläubiger ein genaues Bild von dem bisherigen Verfahrensablauf machen können. 8

Die Pflicht zur Auskunftserteilung besteht nur im Rahmen des Zumutbaren. Es ist also ein sinnvolles Verhältnis zwischen Arbeits- und Zeitaufwand des Auskunftspflichtigen und dem schutzwürdigen Interesse der Auskunftsberechtigten herzustellen. Dabei ist das Ziel einer zügigen Verfahrensabwicklung im Interesse aller Beteiligten im Auge zu behalten.[3] 9

b) Eine Auskunftspflicht besteht nicht, wenn durch die Auskunft Gläubigerinteressen gefährdet würden.[4] Teilweise wird differenziert und darauf hingewiesen, dass es in der Entscheidungskompetenz der Gläubigerversammlung liege, ob und ggf. wie bezüglich sensibler Verfahrensvorgänge Informationen zu erteilen seien. Dem Insolvenzverwalter wird das Recht abgesprochen, sich auf die Gefährdung eines übergeordneten (gleichsam objektiven) und durch die Geheimhaltung geschützten Gläubigerinteresses zu berufen. Ein solches werde erst durch das Votum der Gläubigerversammlung festgelegt und dürfe nicht vom Insolvenzverwalter antizipiert werden.[5] Ausnahmen seien dort zuzulassen, wo es um Rechtsstreitigkeiten gegen einen Gläubiger gehe.[6] 10

Eine Auskunftspflicht gegenüber GmbH-Gesellschaftern zu Vorgängen nach Insolvenzeröffnung besteht nicht.[7]

4. Auskunftserzwingung

a) Die Gläubigerversammlung kann das Insolvenzgericht ersuchen, von dem Insolvenzverwalter über § 58 unter Anordnung eines Zwangsgeldes die Auskunftserteilung zu erzwingen. Bei hartnäckiger Weigerung kann u. U. auch nach § 59 die Entlassung des Insolvenzverwalters aus wichtigem Grund beantragt werden. 11

b) Eine Klage auf Auskunftserteilung im streitigen Zivilverfahren ist nicht möglich.[8] 12

---

[1] FK-*Hössl,* InsO, § 79 Rn. 6 in der 2. Aufl.
[2] FK-*Hössl,* InsO, § 79 Rn. 3 in der 2. Aufl.
[3] BGH WM 1978, 137 ff., 139 = BGHZ 70, 86 ff., 91.
[4] *Nerlich/Römermann/Delhaes,* InsO, § 79 Rn. 4.
[5] MünchKomm-*Ehricke,* InsO § 79 Rn. 10.
[6] Ebd. mwN.
[7] BayObLG ZIP 2005, 1087 ff.
[8] *Kübler/Prütting/Bork/Kübler,* InsO, § 79 Rn. 7; *Andres/Leithaus,* InsO, § 79 Rn. 6.

5. Die Prüfung der Kasse

13 Die Gläubigerversammlung hat auch das Recht, den Geldverkehr und -bestand des Verwalters zu prüfen oder prüfen zu lassen. Dieses Recht besteht freilich nur dann, wenn kein Gläubigerausschuss bestellt ist.

14 Für die Prüfung durch die Gläubigerversammlung gelten dieselben Grundsätze wie für die Prüfung durch den Gläubigerausschuss. Es kann insofern auf die Erläuterungen zu § 69[1] verwiesen werden.

---

[1] Dort Rn. 10 f.

Dritter Teil. Wirkungen der Eröffnung des Insolvenzverfahrens

Vorbemerkungen vor § 80 InsO

Im dritten Teil der InsO hat der Reformgesetzgeber die Wirkungen der Eröffnung des Insolvenzverfahrens normiert. Sie entsprechen im Grundsatz den Wirkungen, die mit der Eröffnung des Konkursverfahrens verbunden waren. 1

1. Die **allgemeinen Wirkungen der Eröffnung des Insolvenzverfahrens** sind in §§ 80–102 zusammengefasst. Diese Vorschriften regeln den Übergang der Verwaltungs- und Verfügungsbefugnis vom Schuldner auf den Insolvenzverwalter über die (in § 35 definierte) Insolvenzmasse, die Auswirkungen der Verfahrenseröffnung auf anhängige Aktiv- und Passivprozesse sowie auf gegen den Schuldner gerichtete Zwangsvollstreckungsmaßnahmen, die Aufrechnung und die Auskunfts- und Mitwirkungspflichten des Schuldners. 2

Neu im Vergleich zur Konkursordnung ist die aus der Vergleichsordnung (§§ 28, 87, 104 VglO) in § 88 übernommene sogenannte „Rückschlagsperre", ferner der durch § 90 bewirkte Vollstreckungsschutz bei Zwangsvollstreckungen wegen Masseverbindlichkeiten, die Regelung über die Verfolgung von Gesamtschadenansprüchen in § 92 und die in § 93 geregelte Befugnis des Insolvenzverwalters zur Geltendmachung der persönlichen Haftung der Gesellschafter für Gesellschaftsverbindlichkeiten. 3

2. Im zweiten Abschnitt sind in §§ 103–128 die **Erfüllung von Rechtsgeschäften sowie individual- und kollektivarbeitsrechtliche Sachverhalte** geregelt. 4

Das Wahlrecht des Insolvenzverwalters ist dabei gegenüber der Rechtslage unter Geltung der Konkursordnung erheblich modifiziert worden; dies gilt auch für die teils von der Konkursordnung abweichenden Regelungen über das Fortbestehen oder die Beendigung von Miet-/Pachtverhältnissen des Schuldners. 5

Neu sind Vorschriften (§§ 113, 120 ff.) betreffend das Arbeitsverhältnis in der Insolvenz. Insbesondere die neuen Regelungen zur Kündigung von Arbeitsverhältnissen bei geplanten Betriebsänderungen sollen vor dem Hintergrund des auch in der Insolvenz geltenden § 613 a BGB Erleichterungen für einen notwendigen Stellenabbau bringen. Die früher im Gesetz über den Sozialplan im Konkurs- und Vergleichsverfahren enthaltenen Regelungen wurden in die Insolvenzordnung übernommen, die Ansprüche der Arbeitnehmer aus einem solchen Sozialplan jedoch von bevorrechtigten Konkursforderungen zu Masseverbindlichkeiten aufgestuft. 6

3. Im letzten Abschnitt des 3. Teils ist die **Insolvenzanfechtung** geregelt. Die Vorschriften der §§ 129–147 wurden gegenüber den Konkursanfechtungsvorschriften teilweise verschärft, um dem Insolvenzverwalter ein wirksameres Instrument zur Rückgängigmachung von gläubigerbenachteiligenden Vermögensverschiebungen an die Hand zu geben. Teilweise wurden subjektive Tatbestandsvoraussetzungen beseitigt, teilweise deren Nachweis erleichtert; in zeitlicher Hinsicht ist Anknüpfungspunkt für anfechtbare Rechtshandlungen einheitlich der Antrag auf Eröffnung des Insolvenzverfahrens. 7

Erster Abschnitt. Allgemeine Wirkungen

§ 80 Übergang des Verwaltungs- und Verfügungsrechts

(1) **Durch die Eröffnung des Insolvenzverfahrens geht das Recht des Schuldners, das zur Insolvenzmasse gehörende Vermögen zu verwalten und über es zu verfügen, auf den Insolvenzverwalter über.**

(2) **Ein gegen den Schuldner bestehendes Veräußerungsverbot, das nur den Schutz bestimmter Personen bezweckt (§§ 135, 136 des Bürgerlichen Gesetzbuchs), hat im Verfahren keine Wirkung. Die Vorschriften über die Wirkungen einer Pfändung oder einer Beschlagnahme im Wege der Zwangsvollstreckung bleiben unberührt.**

Übersicht

1. Normzweck

1 **a)** Gem. § 1 sollen die Gläubiger des Schuldners gemeinschaftlich befriedigt werden, indem das Vermögen des Schuldners verwertet und der Erlös verteilt wird oder in einem Insolvenzplan eine abweichende Regelung getroffen wird. Die für die Gläubigerbefriedigung verwendbare Haftungsmasse, die Insolvenzmasse, ist in § 35 definiert, mit den Einschränkungen nach §§ 36, 37. Zum Schutz und zur Sicherung der Insolvenzmasse entzieht **§ 80 Abs. 1** dem Schuldner mit Eröffnung und für die Dauer des Insolvenzverfahrens die Befugnis, sein gegenwärtiges und künftiges Vermögen, soweit es dem Insolvenzbeschlag unterliegt, zu verwalten und über es zu verfügen, und ordnet den Übergang dieser Befugnis auf den Insolvenzverwalter an.

3 Für die in § 80 Abs. 1 normierte Trennung zwischen Rechtsinhaberschaft einerseits und Verwaltungs- und Verfügungsrecht andererseits sind Ausnahmen nur bei der Eigenverwaltung (§§ 270 ff. und §§ 304 ff.) angeordnet.

4 § 80 Abs. 1 ist Inhalts- und Schrankenbestimmung i. S. d. Art. 14 Abs. 1 S. 2 GG.[1]

[1] BVerfGE 21, 150, 155; 25, 112, 117; 42, 263, 295, 305; 51, 405, 408.

b) Da die Interessen einzelner Gläubiger dem Grundprinzip der gleichmäßigen Befriedigung aller Gläubiger (par conditio creditorum) weichen müssen, ordnet **§ 80 Abs. 2** konsequenterweise an, dass gegen den Schuldner bestehende Veräußerungsverbote, die nur den Schutz bestimmter Personen bezwecken (relative Veräußerungsverbote der §§ 135, 136 BGB), im Insolvenzverfahren unwirksam sind, den Insolvenzverwalter also nicht binden. 5

Klarstellende Funktion hat § 80 Abs. 2 S. 2: Wirksam bleibt die Pfändung von beweglichen Sachen oder Rechten sowie die Beschlagnahme von unbeweglichen Vermögensgegenständen im Wege der Zwangsvollstreckung, die gem. §§ 49, 50 Abs. 1 ein Absonderungsrecht begründen. Die Wirksamkeit dieser Zwangsvollstreckungsmaßnahmen erfährt lediglich eine Einschränkung durch § 88, wenn ein Insolvenzgläubiger im letzten Monat vor dem Antrag auf Eröffnung des Insolvenzverfahrens oder danach eine Sicherung an der dem Insolvenzbeschlag unterliegenden Haftungsmasse erlangt hat. Unberührt bleiben allerdings auch die Vorschriften über die Insolvenzanfechtung, wenn die Sicherung länger als einen Monat vor dem Antrag auf Eröffnung des Insolvenzverfahrens durch eine anfechtbare Rechtshandlung erlangt wurde. 6

2. Wirkungen der Beschlagnahme

a) Der Übergang der Verwaltungs- und Verfügungsbefugnis hinsichtlich der Insolvenzmasse tritt mit **Eröffnung** des Insolvenzverfahrens (§ 27) ein und **endet** erst wieder mit Aufhebung (§ 200) oder Einstellung (§§ 207, 213) des Insolvenzverfahrens oder bei Freigabe der dem Insolvenzbeschlag unterliegenden Gegenstände durch den Insolvenzverwalter an den Schuldner. Während der Dauer des Insolvenzverfahrens sind Verfügungen des Schuldners über Gegenstände, die dem Insolvenzbeschlag unterliegen, kraft Gesetzes (§ 81 Abs. 1 S. 1) unwirksam. 7

Eine **Vorverlagerung** des Übergangs des Verwaltungs- und Verfügungsrechts findet im Ergebnis dann statt, wenn ein vorläufiger Insolvenzverwalter bestellt und dem Schuldner ein allgemeines Verfügungsverbot auferlegt wird (§ 21 Abs. 2 Nr. 2 1. Alt.); Rechtsfolge dieses allgemeinen Verfügungsverbotes ist ebenfalls ein absolutes Veräußerungsverbot, die eine verbotswidrige Verfügung des Schuldners bereits vor Eröffnung des Insolvenzverfahrens absolut unwirksam macht (§§ 24 Abs. 1, 81 Abs. 1 S. 1). 8

b) Hinsichtlich des **insolvenzfreien** Vermögens des Schuldners verbleibt das Verwaltungs- und Verfügungsrecht beim Schuldner. Dies betrifft insbesondere nicht-vermögensrechtliche Rechte, wie rein familienrechtliche Ansprüche oder sonstige höchstpersönliche, nicht übertragbare und damit nicht pfändbare Rechte, wie zum Beispiel Mitgliedschaftsrechte in einem Verein (vgl. § 38 BGB) oder einer Religionsgemeinschaft. Im Insolvenzverfahren über das Vermögen eines Rechtsanwalts, der Mitglied in einem Rechtsanwaltsversorgungswerk ist, geht mangels Pfändbarkeit weder dessen Recht zur Beendigung der Mitgliedschaft in die Verwaltungs- und Verfügungsbefugnis des Insolvenzverwalters über, noch kann der Insolvenzverwalter die Erstattung gezahlter Beiträge verlangen.[1] 9

c) Bei einer **Beteiligung an einer Gesellschaft** ist zwischen der gesellschaftsrechtlichen und der vermögensrechtlichen Seite zu differenzieren: 10

---

[1] BGH NZI 2008, 244 m. Anm. *Naumann*, FD-InsR 2008, 253283.

Ist die insolvente Gesellschaft ihrerseits Gesellschafterin einer Drittgesellschaft, so ist diese Beteiligung Bestandteil der Insolvenzmasse. Insoweit müssen aber auch die mit der Beteiligung verbundenen, innergesellschaftlichen Verwaltungsrechte des Schuldners auf den Insolvenzverwalter übergehen, damit er den Wert des Gesellschaftsanteils zur Masse realisieren kann. Handelt es sich bei dem Schuldner um eine natürliche Person, die eine Beteiligung an einer Gesellschaft hält, ist § 80 Abs. 1 zumindest im vermögensrechtlichen Bereich anwendbar; dem Insolvenzverwalter muss die Möglichkeit gegeben sein, bei der Beschlussfassung an einer Kapitalerhöhung (mit Massemitteln) mitzuwirken, wenn er dadurch die Masse mehren kann.[1]

3. Rechtsstellung des Schuldners[2]

11 Der Schuldner verliert zwar mit der Eröffnung des Insolvenzverfahrens die materielle und verfahrensrechtliche Verwaltungs- und Verfügungsbefugnis hinsichtlich des dem Insolvenzbeschlag unterliegenden Vermögens, er bleibt aber weiterhin Eigentümer der massezugehörigen Sachen und Rechte.[3] Aus höchstpersönlichen, nicht übertragbaren Rechtsmachtstellungen wird der Schuldner nicht verdrängt.[4] Die Zulassung als Vertragsarzt, die kassenärztliche Zulassung, als höchstpersönliches Recht des Berechtigten fällt bei dessen Vermögensverfall nicht in die Insolvenzmasse. Verpflichtungen aus einem Gesellschaftsvertrag zum Betrieb einer Gemeinschaftspraxis können allerdings Bestandteil der Insolvenzmasse sein.[5] Der Schuldner bleibt auch im Grundbuch als Rechtsinhaber eingetragen; bei Neuerwerb oder Verwaltungserwerb von Massegegenständen werden diese auf ihn eingetragen.[6]

12 Der Schuldner verliert auch nicht seine Rechtsfähigkeit, Geschäftsfähigkeit, Parteifähigkeit oder Prozessfähigkeit,[7] sondern lediglich seine Prozessführungsbefugnis,[8] sofern es sich um Gegenstände handelt, die zur Insolvenzmasse gehören und nicht um persönliche Angelegenheiten des Schuldners wie z. B. Erbschafts-,

---

[1] Missverständlich insoweit *Nerlich/Römermann/Wittkowski,* InsO, § 80 Rn. 34, wonach der Schuldner zur Beschlussfassung über eine Kapitalerhöhung befugt sein soll.

[2] Vgl. MünchKomm-*Ott/Vuia,* InsO § 80 Rn. 11 ff.

[3] BGHZ 49, 11, 13; BGH NZI 2008, 613 m. Anm. *Kroth,* FD-InsR 2008, 263216, zum Verlust der Beschwerdebefugnis des Schuldners gegen die Festsetzung des Verkehrswertes eines dem Insolvenzbeschlag unterliegenden Grundstücks durch das Vollstreckungsgericht, und BGH NZI 2009, 163 m. Anm. *Liersch,* FD-InsR 2009, 275578, zur fortbestehenden Befugnis, in einem Zwangsversteigerungsverfahren über ein dem Insolvenzbeschlag unterliegendes Grundstück Vollstreckungsschutz nach § 765 a ZPO wegen Suizidgefahr für sich oder einen Angehörigen zu beantragen.

[4] BFH ZInsO 2003, 375; OVG Lüneburg NZI 2007, 300: vgl. OLG München BeckRS 2008, 10260 für die kassenärztliche Zulassung als höchstpersönliches Recht; AG Berlin-Lichtenberg NJW-RR 2008, 1693 zum höchstpersönlichen Recht des insolventen Mieters, die Entfernung einer vom Vermieter installierten Kamera zu verlangen.

[5] OLG München BeckRS 2008, 10260.

[6] HK-*Kayser,* InsO, § 80 Rn. 18; *Uhlenbruck/ders.,* InsO, § 80 Rn. 5.

[7] BGH ZInsO 2006, 260 ff.; FK-*App,* InsO, § 80 Rn. 5; *Uhlenbruck/ders.,* InsO, § 80 Rn. 8.

[8] BAG BeckRS 2009, 6860; vgl. BGH NZI 2005, 387 ff. zur Wiedererlangung dieser Befugnis; OLG Köln ZIP 2005, 1435 zum Verlust der Beschwerdebefugnis – Beschwerde gegen die Bewilligung einer Nachlasspflegervergütung – des Erben nach Eröffnung des

Scheidungs- oder Strafverfahren[1] oder um sonstige Rechtsstreitigkeiten über insolvenzfreies Vermögen.[2] Im Gewerbeuntersagungsverfahren bleibt die Prozessführungsbefugnis beim Schuldner.[3] Der Schuldner kann trotz des Verfügungsverbots des § 80 nach Verfahrenseröffnung Verpflichtungsgeschäfte schließen, insoweit ist er dann auch prozessführungsbefugt.[4] Nach der herrschenden Amtstheorie ist der Insolvenzverwalter im Zivilprozess Partei kraft Amtes.[5] Hiervon zu unterscheiden ist der Fall, dass sich eine Klage gegen den Insolvenzverwalter persönlich richtet, z. B. bei einem Anspruch auf Schadensersatz; in einem solchen Fall muss sich die Klage gegen den Insolvenzverwalter in seiner Person richten und nicht als Partei kraft Amtes (auf die richtige Formulierung in Schriftsätzen ist zu achten).

Der Schuldner kann in Masseprozessen als Zeuge benannt werden, da er in 13
diesen Prozessen nicht selber Partei ist.[6] Er kann aber nicht als Zeuge benannt werden, wenn es um richterlichen Ermittlungen in „seinem" eigenen Insolvenzverfahren geht.[7]

Ebenso bleiben die Wechselfähigkeit[8] als auch die Kaufmannseigenschaft erhal- 14
ten, die Kaufmannseigenschaft jedoch nur solange der Insolvenzverwalter das Unternehmen nicht aufgibt oder im Ganzen veräußert.[9]

In der Insolvenz einer Gesellschaft verlieren zwar die Gesellschafter und Gesellschaftsorgane ihre Kompetenz in Bezug auf die Insolvenzmasse, soweit diese auf den Verwalter übergeht, im Übrigen wird die Organstellung und damit verbundene Rechte und Pflichten oder Zuständigkeiten nicht berührt.[10] Für die Anmeldung einer beschlossenen Stammkapitalerhöhung in das Handelsregister ist, da mangels Eintragung noch keine der Befugnis des Insolvenzverwalters unterliegende Rechts-

---

Nachlassinsolvenzverfahrens; vgl. auch OLG Köln ZInsO 2009, 159 zur Beschwerdebefugnis nach § 71 GBO.

[1] *Smid/ders.,* InsO, § 80 Rn. 66; *Uhlenbruck/ders.,* InsO, aaO, Rn. 8.

[2] LG Köln BeckRS 2008, 09324: Die Prozessführungsbefugnis geht nur insoweit auf den Insolvenzverwalter über, als es sich um Gegenstände handelt, die zur Insolvenzmasse gehören. Sind höchstpersönliche Rechte des Schuldners (§ 36 Abs. 1, § 857 Abs. 3 ZPO) Gegenstand eines Rechtsstreits, bleibt der Schuldner prozessführungsbefugt; BGH ZInsO 2006, 260 ff.: Der Insolvenzverwalter ist im Bereich des insolvenzfreien Vermögens nicht gesetzlicher Vertreter des Schuldners.

[3] BVerwG NVwZ 2006, 599; nach VG Lüneburg, Beschluss vom 18. 7. 2008, 4 B 15/08, BeckRS 2008, 37637, ist, weil der Insolvenzverwalter trotz Fortführung des Heimbetriebes im Insolvenzverfahren über das Vermögen eines Heimbetriebes nicht zum Gewerbetreibenden/Heimbetreiber wird, eine an die Betreibereigenschaft und das Heimgesetz anknüpfende behördliche Aufnahmestopppverfügung nicht an den Insolvenzverwalter zu adressieren, sondern an den Rechtsträger des Heimbetriebes; der Insolvenzverwalter ist im Verwaltungsverfahren nicht aktivlegitimiert.

[4] OLG München BeckRS 2008, 04041: ein Schuldner kann trotz des Verfügungsverbots des § 80 nach Verfahrenseröffnung noch Verpflichtungsgeschäfte abschließen und ist insoweit prozessführungsbefugt; aA: LG Lüneburg ZInsO 2002, 941; vgl. *Pape,* ZInsO 2002, 917 ff.

[5] BGH ZInsO 2006, 260 ff.; *Uhlenbruck/ders.,* InsO, aaO, Rn. 68.

[6] FK-*App,* InsO, § 80 Rn. 7; *Uhlenbruck/ders.,* InsO, aaO, Rn. 12.

[7] BGH NJW 1953, 151.

[8] *Hess,* InsO, § 80 Rn. 16.

[9] *Nerlich/Römermann/Wittkowski,* InsO, § 80 Rn. 33.

[10] BGH ZIP 1981, 178, 179; ZIP 2007, 438, 440; BGH ZInsO 2006, 260 ff.; zum Erlöschen mitgliedschaftlicher Informationsansprüche der Gesellschafter vgl. OLG Hamm BeckRS 2008, 08526 = ZIP 2008, 899.

position der Gesellschaft entstanden ist (§ 54 Abs. 3 GmbHG), weiterhin der Geschäftsführer der insolventen Gesellschaft zuständig.[1] Auskunftsansprüche der Gesellschafter aus § 51 GmbHG gegen den Insolvenzverwalter bestehen grundsätzlich nicht, soweit es um Sachverhalte für die Zeit nach Verfahrenseröffnung geht.[2] Der Vorstand einer börsennotierten Aktiengesellschaft bleibt verpflichtet, nach Verfahrenseröffnung eingehende Mitteilungen über meldepflichtige Änderungen der Stimmrechtsanteile (vgl. § 25 WpHG) in einem Börsenpflichtblatt zu veröffentlichen; diese Pflicht geht nicht auf den Insolvenzverwalter über.[3]

15 Hat der Schuldner vor Eröffnung des Insolvenzverfahrens Vollmachten erteilt, so erlöschen diese nach der Eröffnung, wenn nicht das zugrunde liegende Rechtsgeschäft fortbesteht (vgl. § 115–117).

16 Zur Insolvenzmasse gehört nicht nur das Inlands-, sondern auch das Auslandsvermögen des Schuldners,[4] ihn trifft ggf. die Pflicht, hinsichtlich seines Auslandsvermögens dem Insolvenzverwalter Verfügungsvollmacht zu erteilen.[5]

17 Der Schuldner ist an die Wirkungen der vom Insolvenzverwalter vorgenommen Rechtshandlungen gebunden, auch wenn sie über die Dauer des Insolvenzverfahrens hinausreichen, und zwar in gleicher Weise, als hätte der Schuldner die betreffenden Rechtsgeschäfte selbst abgeschlossen. Für Vollmachten, die der Insolvenzverwalter unwiderruflich erteilt hatte, wird man das aber nicht, zumindest nicht uneingeschränkt annehmen können, da der Schuldner sonst weiterhin in seiner eigentlich wiedererlangten Verwaltungs- und Verfügungsbefugnis eingeschränkt wäre. Auch die Rechtskraft von Urteilen, die Massegegenstände betreffen, gelten nach Abschluss des Insolvenzverfahrens weiter. Die Bindung erstreckt sich auch auf vom Insolvenzverwalter zu vertretende Vertragsverletzungen, die Haftung beschränkt sich dabei jedoch auf den Bestand der Masse.[6] Für unerlaubte Handlungen des Insolvenzverwalters hat nicht der Schuldner einzustehen, sondern der Insolvenzverwalter selbst.[7]

4. Rechtsstellung, Aufgaben und Befugnisse des Insolvenzverwalters

a) Theorienstreit

18 Auch die InsO hat den alten Streit um die rechtliche Einordnung der **Stellung des Insolvenzverwalters** nicht gelöst.[8] Es werden verschiedene Theorien vertreten:

---

[1] BayObLG ZIP 2004, 1476.

[2] BayObLG NZI 2005, 631 f.; vgl. auch *Bous/Solveen,* DNotZ 2005, 261 ff. zur Verschwiegenheitspflicht des Notars. OLG Nürnberg BeckRS 2009, 20184 zur Entbindung von der Schweigepflicht.

[3] BVerwG NZI 2005, 510 ff.; m. krit. Anm. *Streit,* NZI 2005, 486 ff. Im Entwurf des Emittentenleitfadens der BaFin, Stand 22. 12. 2004 war unter V.2.2. 5. 10 der Übergang einer ad-hoc-Publizitätspflicht von den Organ des Emittenten auf den vorl. Insolvenzverwalter noch enthalten, im Leitfaden Stand 15. 7. 2005 ist davon – womöglich wegen des Urteils des BVerwG im April 2005 – nicht mehr die Rede.

[4] *Smid/ders.,* InsO, § 80 Rn. 9 mwN; *Uhlenbruck/ders.,* InsO, aaO, Rn. 4.

[5] BGHZ 88, 147 = BGH NJW 1983, 2147; BGH NJW 1977, 900.

[6] Vgl. dazu BGH NZI 2009, 841; FK-*App,* InsO, § 80 Rn. 6.

[7] FK-*App,* InsO, § 80 Rn. 6.

[8] Vgl. dazu auch *Kluth,* NZI 2000, 351 ff.; *Jäger/Windel,* InsO, § 80 Rn. 11 ff.; *Uhlenbruck/ders.,* InsO, aaO, Rn. 52 mwN.

aa) Die herrschende **Amtstheorie** sieht in dem Insolvenzverwalter ein besonderes Rechtspflegeorgan, das im eigenen Namen ein ihm vom Gesetz übertragenes (privates) Amt ausübt.[1] 19

bb) Die **Vertretertheorie** sieht in dem Insolvenzverwalter einen gesetzlichen Vertreter des Schuldners in Bezug auf die Masse.[2] 20

cc) Nach der **Theorie vom neutralen Handeln** ist das Handeln des Insolvenzverwalters rein objektbezogen. Er wird also weder in eigenem Namen noch in fremdem Namen tätig, sondern neutral als Verwalter fremden Vermögens.[3] 21

dd) Die **Organtheorie** spricht der Masse Rechtspersönlichkeit zu. Der Insolvenzverwalter wird als deren Organ mit der Stellung eines gesetzlichen Vertreters ähnlich § 26 Abs. 2 BGB angesehen.[4] 22

ee) Die **modifizierte Vertreter- oder Repräsentationstheorie** unterscheidet zwischen der Verwaltungstätigkeit für eine Handelsgesellschaft oder einen Verein und der für eine natürliche Person. Bei erstem wird der Insolvenzverwalter als Vertretungsorgan tätig, bei natürlichen Personen ist er hingegen deren gesetzlicher Vertreter.[5] 23

Keine der Theorien liefert in der Praxis widerspruchsfreie Ergebnisse, dennoch hat sich die Amtstheorie als die herrschende Theorie herausgebildet. Zum großen Teil wird dem Theorienstreit bloß formelle Bedeutung zugemessen, da sich in der Praxis keine großen Unterschiede zwischen den verschiedenen Theorien ergeben.[6] 24

b) Das **Verwaltungs- und Verfügungsrecht des Insolvenzverwalters** berechtigt ihn zu allen Maßnahmen, die sich auf die Insolvenzmasse beziehen und die dem Insolvenzzweck zugutekommen.[7] Er ist insoweit allen Einreden ausgesetzt, die in Bezug auf massezugehörige Ansprüche gegen den Schuldner bestehen.[8] Der Umfang der Rechtsmacht des Insolvenzverwalters wird durch den Insolvenzzweck bestimmt, insbesondere gilt für ihn auch das Verbot von Insichgeschäften (§ 181 BGB), das auf ihn zumindest entsprechend anwendbar ist.[9] 25

---

[1] BGH ZInsO 2006, 260 ff.; BGH NZI 2007, 543 m. Anm. *Kroth*, FD-InsR 2008, 226160: der Insolvenzverwalter wird mit Verfahrenseröffnung anstelle des Schuldners kraft Amtes Beteiligter des Zwangsvollstreckungsverfahrens; BGHZ 88, 334; BGH NJW 1995, 1484; ZIP 1999, 75, 76; FK-*App*, InsO, § 80 Rn. 21.

[2] MünchKomm-*Lindacher*, ZPO vor § 50 Rn. 29 ff., 32; *Schmidt*, NJW 1987, 1905; FK-*App*, InsO, § 80 Rn. 22.

[3] MünchKommZPO-*Lindacher*, vor § 50 Rn. 31; FK-*App*, InsO, § 80 Rn. 24.

[4] *Bötticher*, ZZP 77 1964, 55; FK-*App*, InsO, § 80 Rn. 23.

[5] *K. Schmidt*, NJW 1995, 911, 913; FK-*App*, InsO, § 80 Rn. 25.

[6] MünchKomm-*Ott/Vuia*, InsO, § 80 Rn. 26 ff., 142 ff.; aA: *Smid/ders.*, InsO, § 80 Rn. 16 ff.

[7] Zum Übergang eines möglichen Anfechtungsanspruchs nach dem AnfG, vgl. § 16 AnfG und LG Göttingen ZInsO 2005, 329; nach BGH NZI 2008, 613 m. Anm. *Kroth*, FD-InsR 2008, 13184 führt der Übergang der materiellen und verfahrensrechtlichen Verwaltungs- und Verfügungsbefugnis z. B. auch dazu, dass der Schuldner die Beschwerdebefugnis in einem gerichtlichen Verfahren an den Insolvenzverwalter verliert.

[8] BGHZ 113, 98 = NJW 1991, 560.

[9] BGHZ 30, 69; MünchKomm-*Schramm*, InsO, § 181 Rn. 32; *Uhlenbruck/ders.*, InsO, aaO, Rn. 59.

Insolvenzzweckwidrige Vereinbarungen sind unwirksam.[1] Willensmängel sowie das Kennen oder Kennen müssen bestimmter Umstände sind nach der Person des Insolvenzverwalters zu beurteilen.

26 Das Amt des Insolvenzverwalters ist höchstpersönlicher Natur, eine Vertretung durch Dritte ist daher grundsätzlich nicht möglich. Einzelne Aufgaben kann der Insolvenzverwalter allerdings auf Dritte delegieren, soweit es sich nicht um insolvenzspezifische Aufgaben handelt.[2]

26a Der (vorläufige) Insolvenzverwalter ist zum Widerruf noch nicht insolvenzfest genehmigter/wirksamer Lastschriftbuchungen befugt.[3]

27 Der Insolvenzverwalter ist zur Freigabe von Gegenständen aus der Masse berechtigt, sofern sie unverwertbar sind oder ein die Verwertungskosten übersteigender Erlös nicht zu erwarten ist.[4] Über die Freigabe, die einem dem Insolvenzbeschlag unterliegenden Gegenstand in das beschlagfreie Vermögen des Schuldners überführt, hat allein der Insolvenzverwalter zu befinden, der Schuldner hat keinen Anspruch auf Freigabe[5]. Nach hM ist auch die **Freigabe kontaminierter Grundstücke** zulässig.[6] Die Freigabe soll nach verwaltungsgerichtlicher Rechtsprechung

---

[1] BGH ZIP 2002, 1093 ff., 1095 f.; vgl. *Uhlenbruck/ders.,* InsO, aaO, Rn. 103 ff.; zu Geheimhaltungspflichten vgl. *Wenner/Schuster,* ZIP 2005, 2191.

[2] *Kuhn/Uhlenbruck,* KO, § 78 Rn. 8 ff.

[3] Strittig zur Rechtslage vor dem Inkrafttreten der § 675 p Abs. 2 BGB und § 675 x. Dafür: der Neunte Zivilsenat des BGH, BGH NZI 2005, 99; BGH NZI 2207, 118; BGH NZI 2008, 27 m. Anm. *Fendel/Ries,* FD-InsR 2007, 247353 (in dieser Entscheidung wird allerdings auch eine konkludente Genehmigung bejaht, wenn der Insolvenzverwalter das schuldnerische Konto nach Insolvenzeröffnung über einen längeren Zeitraum ohne ausdrücklichen Widerruf der zulasten des Kontos im Einzugsermächtigungsverfahren erfolgten Lastschriften nutzt, vgl. dazu auch OLG Düsseldorf, NZI 2009, 476); BGH NZI 2008, 482 m. Anm. *Ries,* FD-InsR 2008, 262218 (nach dieser Entscheidung löst der Fristablauf des Nr. 7 AGB-Banken gegenüber dem schwachen vorläufigen Insolvenzverwalter keine Rechtswirkung aus, weil dieser mangels eigener Rechtsmacht eine Belastungsbuchung nicht genehmigen kann. Dagegen: der Elfte Zivilsenat des Bundesgerichtshofs, BGH NZI 2008, 675: mit dem Hinweis, an die Rechtsprechung des Neunten Zivilsenats nicht gebunden zu sein, hat der Elfte Zivilsenat entschieden, dass dem Eintritt der Genehmigungsfiktion die Bestellung eines vorläufigen Insolvenzverwalters mit Zustimmungsvorbehalt nicht entgegen steht. Nach der nicht rechtskräftigen Entscheidung des Oberlandesgerichts München, BeckRs 2009, 03301 = ZIP 2009, 231, wird die Genehmigungsfiktion der Nr. 7 Abs. 3 der AGB-Banken durch die öffentliche Bekanntmachung der Bestellung eines vorläufigen oder endgültigen Insolvenzverwalters zerstört, wenn zu dem Zeitpunkt, zu dem die öffentliche Bekanntmachung gemäß § 9 Abs. 1 S. 3 InsO als bewirkt gilt, die 6-Wochen-Frist nach Zugang des Rechnungsabschlusses nach Nr. 7 Abs. 3 AGB-Banken noch nicht abgelaufen war. Vgl. zu dieser Problematik z. B. *Kirchhof,* WM 2009, 337 ff.; *Spliedt,* NZI 2007, 72 ff.; *Nobbe/Ellenburger,* WM 2006, 1885 ff.

[4] BGHZ 35, 180 = NJW 1961, 1528; *Uhlenbruck/ders.,* InsO, aaO, Rn. 126, 127; vgl. auch die Kommentierung zu § 35 Abs. 2 (nF); zur Möglichkeit der Freigabe einer selbstständigen Tätigkeit des Schuldners vor Inkrafttreten des § 35 Abs. 2, 3 vgl. BAG NZI 2008, 762 m. Anm. *Ries,* FD-InsR 2008, 264820.

[5] BGH NZI 2007, 407. Nach BGH NZI 2007, 173 m. Anm. *Kroth,* FD-InsR 2007, 213018, führt die Freigabe eines Kaufpreisanspruchs wie seine Abtretung entsprechend § 401 BGB zum Übergang des Anspruchs aus § 667 BGB gegen den von den Vertragsparteien beauftragten Treuhänder.

[6] BVerwG NZI 2005, 51 = ZIP 2004, 2145 ff.; BVerwG NJW 1984, 2427; VGH Kassel NZI 2000, 47; OVG Magdeburg ZIP 1994, 1130, 1134; vgl. auch VG Hannover ZIP 2002,

aber wirkungslos sein, wenn sich faktisch nichts ändert, z. B. der Schuldner das Grundstück dann nicht in Besitz nimmt.[1] Eine Freigabe kommt ebenfalls bei einer juristischen Person oder insolvenzfähigen Personenvereinigung in Betracht.[2] Die Freigabe ist eine einseitige empfangsbedürftige Willenserklärung, die in der Regel unbedingt und unbefristet, aber auch schlüssig erfolgen und nach Zugang einseitig nicht mehr widerrufen werden kann.[3] Die Freigabe wirkt ex nunc.[4]

Nach Freigabe eines kontaminierten Grundstücks sowie nach dem Verkauf einer nach BImschG nicht genehmigungsbedürftigen Anlage (mit der nach Eröffnung produziert wurde) kann auch nach den jüngsten Entscheidungen des BVerwG[5] der Insolvenzverwalter nicht mehr für die Sanierung und nicht für Beseitigung der vor Verfahrenseröffnung entstandenen Altlasten herangezogen werden. Mit diesen Entscheidungen hat das BVerwG seine Rechtsauffassung, dass in anderen Fällen die Masse auch dann beseitigungspflichtig ist (mit der Folge, dass Kosten der Ersatzvornahmen wie Masseverbindlichkeiten anzusehen sind), wenn eine Anlage nach Verfahrenseröffnung nicht mehr betrieben wird und die Altlasten aus der Zeit vor Verfahrenseröffnung herrühren[6], nicht aufgegeben, sondern diese ausdrücklich bestätigt und die Kritik des BGH an dieser Rechtsauffassung zurückgewiesen.[7] 28

Diese Begründungen, die auch im Widerspruch zur Rspr. des BGH stehen, wonach die Insolvenzmasse in der Insolvenz des Mieters (bei einem vor Verfahrenseröffnung beendeten Mietverhältnis) für Altlasten grundsätzlich nur dann haftet, wenn der Insolvenzverwalter den vertragswidrigen Zustand durch ihm selbst zuzurechnende Handlungen verursacht hat,[8] können nicht überzeugen. Es gilt Folgendes zu berücksichtigen: Das öffentliche Polizei- oder Ordnungsrecht wird zwar durch das Insolvenzrecht nicht verdrängt, es hat sich aber (ebenso wie z. B. das Steuerrecht[9]) hinsichtlich der Qualifizierung einer Forderung als Insol- 29

1727; *Nerlich/Römermann/Wittkowski,* InsO, § 80 Rn. 102 f.; *Schwertmann,* NZI 2001, 69 ff.; aA: *K. Schmidt,* in Kölner Schrift, S. 1199 Rn. 14 ff.

[1] BVerwG ZInsO 2006, 495 f.; ähnlich BayVGH ZInsO 2006, 496 f.

[2] BGH NZI 2005, 387 = ZIP 2005, 1034 ff.; BVerwG NJW 1984, 2427; BGH NJW 1961, 1528; *K. Schmitt,* Gesellschaftsrecht, 4. Aufl., 2002, § 11 VI aa, S. 325; aA: teilweise auch OLG Karlsruhe ZIP 2003, 1510; zu Problemen der Freigabe im Bereich von Wohnungseigentum vgl. KG NZM 2004, 383 = EWIR 2004, 193.

[3] BGH NZI 2007, 173 ff.

[4] LG Kassel BeckRS 2007, 12517 = ZIP 2007, 2370. Das LG Kassel lehnt den Übergang von Verbindlichkeiten, die während der Dauer des Insolvenzbeschlags entstanden oder fällig geworden sind, ab, so dass nach Freigabe der im Eigentum des Schuldners stehenden Wohnung dieser z. B. Sonderumlagen nach §§ 16 Abs. 2, 28 Abs. 2 WEG nicht aus seinem insolvenzfreien Vermögen zahlen muss. AA: LG Berlin BeckRS 2008, 04377 = ZMR 2008, 244.

[5] BVerwG NZI 2005, 51 ff., 55 = ZIP 2004, 1766 ff. m. Anm. *Pape;* BVerwG ZIP 2004, 2145 ff.

[6] BVerwG ZIP 1998, 2167 u. ZIP 1999, 538.

[7] BVwerG NZI 2005, 51 ff. = ZIP 2004, 2145, 2146; vgl. BGH NZI 2001, 531 ff.; BGH NZI 2002, 425 ff.; vgl. zu der Problematik z. B. *Pöhlmann,* NZI 2003, 486 ff.; *Tetzlaff,* ZIP 2001, 10 ff.; *Lwowski/Tetzlaff,* NZI 2001, 57 ff.; *K. Schmidt,* ZIP 2000, 1913, 1918; weitere Nachweise *Pape,* Anm. zu BVerwG ZIP 2004, 1766 ff., 1768.

[8] BGH NZI 2001, 531 ff.; BGH NZI 2002, 425 ff.

[9] Für die Entstehung einer Steuerforderung und damit in aller Regel auf das Begründetsein i. S. d. § 3 KO ist das Steuerrecht maßgeblich (dies gilt auch heute für § 38); für die Qualifizierung als Masseverbindlichkeit oder als vorrangige/nachrangige Konkursforderung

venzforderung oder Masseverbindlichkeit dem Insolvenzrecht zu beugen. Eine vor Verfahrenseröffnung entstandene Ordnungspflichtigkeit ist unabhängig davon, wann die Beseitigungsanordnung erlassen wird, dem Schuldner zuzurechnen und nicht dem Insolvenzverwalter oder der Masse (eine Ausnahme gilt freilich dann, wenn die Ordnungspflichtigkeit durch den vorläufigen Insolvenzverwalter mit Verwaltungs- und Verfügungsbefugnis herbeigeführt wurde, § 55 Abs. 2). Der Schuldner war bereits vor Verfahrenseröffnung zur Beseitigung verpflichtet; diese Pflicht entsteht nicht erst mit einer Beseitigungsanordnung. Mag der Insolvenzverwalter auch in die Stellung des Schuldners einrücken, so aber doch nur mit der Konsequenz, dass die Masse (auch er nicht persönlich[1]) nicht vorrangig die Beseitigungskosten als Masseverbindlichkeiten zu tragen hat. Der Gesetzgeber der InsO hat die Masseverbindlichkeiten in § 55 auf die dort (und an anderen Stellen geregelten) Sachverhalte beschränkt und im Sinne der par condicio creditorum die Vorrechte der KO sowohl im Bereich der Masseverbindlichkeiten (§ 59 KO) als auch im Bereich der Konkursforderungen (§ 61 KO) abgeschafft. Pflichtigkeiten oder Verbindlichkeiten, die auf einer Handlung oder einem Verhalten des Schuldners aus dem Zeitraum vor Eröffnung des Verfahrens beruhen, können ohne entsprechende gesetzliche Grundlage und ohne Zutun des Insolvenzverwalters nicht zu einer vorab aus der Masse (§ 53) zu befriedigenden Verbindlichkeit führen oder „wie"[2] eine Masseverbindlichkeit behandelt werden.[3] Daran ändert auch das Besitzrecht des Insolvenzverwalters oder seine Verwaltungs- und Verfügungsbefugnis nichts. Sind die „Störungen" vor Verfahrenseröffnung entstanden, dann sind die damit verbundenen Folgen und Forderungen im Zeitpunkt der Verfahrenseröffnung begründet und können nach § 38 nur als Insolvenzforderungen geltend gemacht werden. Dies wird auch durch § 45 S. 1 bestätigt. Mit der aus dem Ordnungsrecht herrührenden Zustandsstörung können die Vorschriften der InsO nicht umgangen werden.[4]

30 Konsequenz dieser Auffassung ist, dass Altlasten aus dem Zeitraum vor Verfahrenseröffnung qua Zustandsstörung nie als oder wie Masseverbindlichkeiten zu berichtigen sind, unabhängig davon, ob der Insolvenzverwalter die Anlage nach Verfahrenseröffnung zunächst noch weiterbetreibt oder nicht (vgl. auch §§ 105, 108 Abs. 2).[5] Der Insolvenzverwalter ist dann auch nicht gezwungen, ggf. voreilig aus Angst vor Masseverbindlichkeiten auf Grund von Altlasten (Zustandsstörer Althaftung) die Freigabe zu erklären, um sich und die Masse nach Verfahrenseröffnung von den von einer Anlage oder einem Grundstück ausgehenden neuen

---

ist das Insolvenzrecht zuständig – ständige Rspr. des BFH, z. B. BFHE 128, 146; 155, 475; BFH ZIP 1993, 1892.

[1] So auch das BVerwG ZIP 1999, 538 ff., 540.

[2] So BVerwG, aaO.

[3] Das BAG ist mit seiner Rechtsprechung zur Einordnung von Sozialplanforderungen als Rangklasse O, ohne Grundlage in der KO, am BVerfG gescheitert, vgl. BAG NJW 1979, 774 ff.; BVerfG ZIP 1984, 78 ff. Die Versuche der Verwaltungsgerichtsbarkeit das Ranggefüge der InsO zu negieren, könnten das wiederholen.

[4] Ähnlich MünchKomm-*Ott/Vuia,* InsO, § 80 Rn. 143; *Uhlenbruck/ders.,* InsO, aaO, Rn. 127.

[5] Entstehen durch das Weiterbetreiben neue Beseitigungssachverhalte, kann an diese als Verhaltensstörung nach allg. Vorschriften angeknüpft werden. Zum Vorrang der Inanspruchnahme des Zwangsverwalters, wenn das kontaminierte Grundstück bei Beginn der Ersatzvornahme der Zwangsverwaltung unterlag, vgl. VG Dresden ZIP 2004, 373 ff.

Ordnungspflichtigkeiten zu entlasten. Nach finanzrechtlicher/-gerichtlicher Auffassung endet weder bei Freigabe eines Fahrzeugs noch bei fehlender Kenntnis des Insolvenzverwalters von dessen Existenz die KFZ-Steuerschuld als Masseverbindlichkeit, wenn oder solange der Zulassungsstelle keine den Erfordernissen des § 7 Abs. 3 StVZO entsprechende Veräußerungsanzeige mit den weiteren erforderlichen Dokumenten vorgelegt wird.[1]

Von dem öffentlich-rechtlichen/ordnungsrechtlichen Beseitigungsanspruch zu 31
unterscheiden ist der zivilrechtliche Herausgabe- und Räumungsanspruch in der Insolvenz des Mieters. Wenn das Mietverhältnis vor Verfahrenseröffnung bereits beendet war, ist der Insolvenzverwalter nicht zur Räumung und Beseitigung des bestehenden, vertragszweckwidrigen Zustandes verpflichtet. Der mietvertragliche Räumungsanspruch begründet nur dann eine Masseverbindlichkeit, wenn der zu beseitigende Zustand vom Insolvenzverwalter selbst oder durch eine ihm zuzurechnende Handlung verursacht wurde.[2] Gibt der Insolvenzverwalter die auf einem gemieteten Grundstück lagernden Gegenstände erst nach rechtskräftiger Verurteilung zur Räumung des Grundstücks frei, kann er mit der Freigabe nicht mehr bewirken, dass die Masseverbindlichkeit erlischt.[3]

c) Aufgaben und Befugnisse des Insolvenzverwalters

Die Aufgaben sind durch das in § 1 normierte Ziel des Insolvenzverfahrens 32
vorgegeben: Der Insolvenzverwalter hat die Pflicht, im Rahmen der Entscheidung der Gläubigerversammlung (§ 157) zur bestmöglichen Befriedigung der Insolvenzgläubiger zu sorgen. Die ihm dabei obliegenden Aufgaben und Befugnisse ergeben sich teilweise aus dem in § 80 Abs. 1 geregelten Übergang des Verwaltungs- und Verfügungsrechts.[4] Teilweise sind die Aufgaben und Pflichten gesondert geregelt, so insbesondere in §§ 148 ff. hinsichtlich der Inbesitznahme und Verwaltung sowie Aufzeichnung der Vermögensgegenstände und ihrer Verwertung; ferner in §§ 187 ff. hinsichtlich der Verteilung der Masse oder in §§ 217 ff. hinsichtlich der Aufstellung eines Insolvenzplans und der Überwachung der Erfüllung des bestätigten Insolvenzplans (§ 261); §§ 66, 155 ff. regeln die internen und externen Rechnungslegungs-, Informations- und Berichtspflichten des Insolvenzverwalters.[5]

---

[1] BFH NZI 2008, 59 m. Anm. *Abenheimer*, FD-InsR 2007, 248553; BFH NZI 2008, 120 m. Anm. *Abenheimer*, FD-InsR 2007, 248551 und BFH BeckRS 2007, 25012468; vgl. dazu *Farr*, NZI 2008, 78 und *Kranenberg*, NZI 2008, 81.

[2] BGH NZI 2001, 531 ff. (Aufgabe der früheren gegenteiligen Rechtsprechung in BHZ 127, 156, 165 ff.); BGH NZI 2002, 425 ff.; BGH BeckRS 2008, 8450; vgl. auch *Scherer*, DZWIR 2002, 184 ff.

[3] BGH NZI 2006, 293 f.

[4] Da der BGH die Rechtsgrundlage für die Existenzvernichtungshaftung der Gesellschafter nunmehr ausschließlich auf § 826 BGB stützt, folgt mit Eröffnung des Insolvenzverfahrens über das Gesellschaftsvermögen die Befugnis des Insolvenzverwalters zur Verfolgung der Ansprüche aus § 80; vgl. BGH NZI 2007, 603 m. Anm. *de Bra*, FD-InsR 2007, 239882; BGH NZI 2008, 196; vgl. auch BGH NZG 2008, 670 m. Anm. *Baumert*, FD-InsR 2008, 253272; BGH NZI 2008, 238 m. Anm. *Naumann*, FD-InsR 2008, 254439.

[5] Soweit nicht ausdrücklich geregelt, gelten im Übrigen natürlich auch für den Insolvenzverwalter die allgemeinen Rechte und Pflichten etc., die für andere Teilnehmer des Wirtschafts-/Rechtsverkehrs gelten.

33 Das Einrücken in die Arbeitgeberfunktion[1] lässt auch in der Insolvenz mit wenigen Ausnahmen die im Bereich des Individual- und Kollektivarbeitsrechts bestehenden Aufgaben und Pflichten unberührt.[2] Hinzuweisen ist auf die im Zusammenhang mit Betriebsänderungen stehenden Pflichten nach §§ 111, 112 BetrVG, die ihren Niederschlag auch in §§ 120 ff. gefunden haben. Die Lohn-/Gehaltszahlungspflicht des Insolvenzverwalters in der Funktion des Arbeitgebers, die Pflicht zur Abführung von Lohnsteuer und Sozialversicherungsbeiträgen ergibt sich auch aus dem in § 108 Abs. 1 S. 1 angeordneten, dem Wahlrecht des Verwalters entzogenen Fortbestand von Beschäftigungsverhältnissen des Schuldners als Dienstberechtigter.

34 Die nichtgehörige Erfüllung der Aufgaben kann zu einer persönlichen Schadensersatzverpflichtung des Insolvenzverwalters nach § 60 führen, wenn er dabei schuldhaft die ihm obliegenden, insolvenzspezifischen Pflichten verletzt. Verschuldensmaßstab ist die von einem ordentlichen und gewissenhaften Insolvenzverwalter erwartete Sorgfalt (gem. § 56 wird dabei hinsichtlich des Sorgfaltsmaßstabs auch die Geschäftskunde, die vom Insolvenzverwalter verlangt wird, eine Rolle spielen). Für Masseverbindlichkeiten, die der Insolvenzverwalter begründet hat, normiert § 61 das Haftungsrisiko bei Nichterfüllbarkeit. Wegen Einzelheiten der Haftung des Insolvenzverwalters wird auf die Kommentierung zu §§ 60, 61 verwiesen. Zur vornehmsten Aufgabe des Insolvenzverwalters gehört, so der BGH, die gleichmäßige Befriedigung aller Insolvenzgläubiger. Rechtshandlungen, die dieser Aufgabe klar und eindeutig zuwiderlaufen (insolvenzzweckwidrige Rechtshandlungen), sind unwirksam und verpflichten die Masse nicht. Für die Abgrenzung, wann eine Überschreitung der Verwaltungs- und Verfügungsbefugnis des Insolvenzverwalters zur Unwirksamkeit seiner Rechtshandlung führt, schließt sich der BGH (ausdrücklich ohne Festlegung auf die verschiedenen Theorien zur Stellung des Insolvenzverwalters) der Auffassung an, die diese Abgrenzung nach den Grundsätzen des Missbrauchs der Vertretungsmacht vornehmen. Danach ist neben der Evidenz der Insolvenzzweckwidrigkeit Voraussetzung für die Unwirksamkeit der Rechtshandlung, dass sich dem Geschäftspartner auf Grund der Umstände des Einzelfalls ohne Weiteres begründete Zweifel an der Vereinbarkeit der Handlung mit dem Zweck des Insolvenzverfahrens aufdrängen mussten. Der Vertragspartner kann sich bei geklärter Rechtslage auch nicht auf die Unkenntnis der einschlägigen Rechtsprechung berufen.

35 Verwiesen wird hier auch auf die Kommentierung zu § 155, mit dem der Gesetzgeber der InsO jetzt ausdrücklich dem Insolvenzverwalter die handels- und steuerrechtlichen Pflichten des Schuldners zur Buchführung und zur Rechnungslegung auferlegt hat.[3] Unabhängig davon hat der Insolvenzverwalter auch die insolvenzrechtlichen Rechnungslegungspflichten (§ 66) zu erfüllen.

---

[1] *Uhlenbruck/ders.,* InsO, aaO, Rn. 63.

[2] Vgl. BAG ZIP 2004, 1974 ff. zur Verpflichtung des (vorläufigen) Insolvenzverwalters, ein Arbeitszeugnis zu erteilen, wenn das Arbeitsverhältnis vor/nach Verfahrenseröffnung beendet war.

[3] Zu den steuerlichen Wirkungen der Verfahrenseröffnung vgl. *Uhlenbruck/Maus,* InsO, § 80 Rn. 19–50; zum Wahlrecht des Insolvenzverwalters/Treuhänders bei der steuerlichen Veranlagung nach § 26 EStG vgl. BGH ZInsO 2007, 656.

5. Veräußerungsverbote, § 80 Abs. 2

a) Die Vorschrift regelt in **S. 1** die Unwirksamkeit von **relativen** Veräußerungsverboten im Sinne der §§ 135, 136 BGB. Diese relativen Veräußerungsverbote binden den Insolvenzverwalter nicht.[1] **Absolute** Veräußerungsverbote (Verbote, die nicht nur dem Schutz bestimmter Personen dienen, sondern eine Veräußerung im Interesse der Allgemeinheit verhindern sollen) sind auch im Insolvenzverfahren **wirksam** und vom Insolvenzverwalter zu beachten. Da die Vereinbarung der Unübertragbarkeit einer Forderung nach § 399 BGB absolute Wirkung hat (die Wirksamkeit vor dem Hintergrund der Regelung in § 354 a HGB unterstellt), ist § 80 Abs. 2 auf derartige Abtretungsverbote nicht anwendbar,[2] mit der Folge, dass der Insolvenzverwalter die Forderung zwar einziehen, sie aber nicht abtreten darf. Eine weitere Beschränkung enthält § 83 Abs. 2, wonach Beschränkungen des Vorerben gegenüber dem Nacherben auch vom Insolvenzverwalter zu beachten sind; ferner sind Zustimmungsvereinbarungen nach §§ 12 WEG, 5, 8 ErbbauVO zu beachten.[3] 36

Die in § 135 BGB geregelten gesetzlichen Veräußerungsverbote sind in der Praxis ebenso wie die in § 136 BGB geregelten Veräußerungsverbote einer anderen Behörde (behördliche Veräußerungsverbote) eher bedeutungslos. Wichtig in der Praxis sind regelmäßig die in § 136 geregelten, **gerichtlichen** relativen Veräußerungsverbote. Diese kommen in der Insolvenz häufig in Form von gegen den Schuldner im Zeitraum um den Antrag auf Eröffnung des Insolvenzverfahrens erlassenen einstweiligen Verfügungen (§§ 935 ff. ZPO) vor.[4] 37

b) Von der Regelung ausdrücklich ausgenommen sind nach **S. 2** die Vorschriften über die Wirkungen einer Pfändung oder einer Beschlagnahme im Wege der Zwangsvollstreckung. Ausgenommen ist damit die Beschlagnahme nach §§ 120 ff. ZVG, soweit sie vor der Eröffnung des Insolvenzverfahrens bereits wirksam geworden ist (§§ 22, 151 ZVG). Streitig ist die Wirksamkeit in den Fällen, in denen die Eröffnung des Insolvenzverfahrens vor der Zustellung des Beschlagnahmebeschlusses (an den Schuldner; vgl. § 22 Abs. 1 S. 1 ZVG) oder vor der Eintragung des Zwangsversteigerungsvermerks erfolgt ist. Teilweise wird die Ansicht vertreten, dass in diesen Fällen die Beschlagnahme unwirksam sei;[5] inzwischen wird mit dem Argument des § 878 BGB wohl überwiegend die Auffassung vertreten, dass zur Wirksamkeit der Beschlagnahme ausreichend sei, wenn im Zeitpunkt der Eröffnung des Insolvenzverfahrens der Eintragungsantrag beim Grundbuchamt vorliege, die Eintragung selbst aber erst nach der Eröffnung des Insolvenzverfahrens vor- 38

---

[1] Vgl. BGH NZI 2007, 450 m. Anm. *Schork*, FD-InsR 2007, 237312, wonach die Beschlagnahme nach § 111 c Abs. 1 bis 4 StPO gem. § 111 c Abs. 5 StPO nur wie ein relatives Veräußerungsverbot wirkt und daher nach Abs. 2 S. 2 keine Wirkung hat; OLG Frankfurt BeckRS 2009, 21744 = ZIP 2009, 1582 zu § 111 g Abs. 3 StPO (vgl. auch OLG Celle NJW 2007, 3795 = wistra 2008, 37 m. Anm. *Schork*, wistra 2008, 198 ff. zur Antragsberechtigung des Insolvenzverwalters nach § 111 g Abs. 2 StPO und im Adhäsionsverfahren; zur fehlenden Antragsberechtigung, OLG Frankfurt NJW 2007, 1223).

[2] BGHZ 56, 228 ff.

[3] *Nerlich/Römermann/Wittkowski,* InsO, § 80 Rn. 177, MünchKomm-*Ott/Vuia,* InsO, § 80 Rn. 155 ff.; *Uhlenbruck/ders.,* aaO, Rn. 143.

[4] *Uhlenbruck/ders.,* aaO, Rn. 143 ff.

[5] *Kuhn/Uhlenbruck,* KO, § 13 Rn. 6 mwN.

genommen werde.[1] Der letztgenannten Ansicht ist im Ergebnis zuzustimmen, eine entsprechende Anwendung von § 878 BGB scheidet dabei allerdings aus, da diese Vorschrift auf die Immobiliarvollstreckung in der Insolvenz nicht anwendbar ist.[2] Da nach Abs. 2 S. 2 die Vorschriften über die Wirkungen einer Beschlagnahme im Wege der Zwangsvollstreckung unberührt bleiben, greift die Vorschrift des § 22 Abs. 1 S. 2 ZVG, wonach die Beschlagnahme auch in dem Zeitpunkt wirksam wird, in welchem das Ersuchen auf Eintragung des Versteigerungsvermerks dem Grundbuchamt zugeht, sofern auf das Ersuchen die Eintragung demnächst erfolgt (nach § 22 Abs. 1 S. 1 ZVG wird die Beschlagnahme des Grundstücks mit dem Zeitpunkt wirksam, in welchem der Beschluss, durch den die Zwangsversteigerung angeordnet ist, dem Schuldner zugestellt wird).[3]

39 Die in S. 2 von der Unwirksamkeit nach S. 1 ausgenommenen Zwangsvollstreckungsmaßnahmen gewähren dem Gläubiger ein Recht auf abgesonderte Befriedigung nach § 50 Abs. 1. Zu prüfen ist in diesen Fällen jedoch, ob nicht die Rückschlagsperre nach § 88 eingreift oder die Rechtshandlung nach § 129 ff. anfechtbar ist.

6. Praxishinweis

40 **a)** Auch wenn nun durch die Entscheidungen des BVerwG und des BGH die Zulässigkeit der Freigabe kontaminierter Grundstücke unabhängig von der Gesellschafts-/Rechtsform des insolventen Eigentümers geklärt ist,[4] ist zu beachten, dass mit der Freigabe das Risiko der Altlastenhaftung nicht gegen ein Steuerhaftungsrisiko getauscht wird. Der BFH hat in einer Entscheidung vom 16. August 2001[5] ausgeführt, dass die Umatzsteuer aus der Lieferung des Grundstücks durch den Schuldner, der gem. § 9 UStG optiert hatte, eine Masseverbindlichkeit darstellt, wenn der wirtschaftliche Erfolg des Geschäfts der Masse zugutekommt, z. B. die Grundpfandgläubiger, die gleichzeitig Insolvenzgläubiger (Absonderungsrechte, § 49) sind, aus dem Bruttoerlös befriedigt werden. Dieses Problem kann den Insolvenzverwalter/die Masse durch die Änderung des Umsatzsteuergesetzes dann nicht mehr treffen, wenn der Schuldner zur Umsatzsteuer optiert und der Erwerber selbst Unternehmer oder eine jur. Person des öffentlichen Rechts ist. In diesen Fällen schuldet der Erwerber gem. § 13 b Abs. 2 i. V. m. Abs. 1 Nr. 3 die Umsatzsteuer direkt gegenüber dem Finanzamt. In den anderen Fällen ist der Insolvenzverwalter angesichts dieser BFH-Rechtsprechung gehalten, vor der Freigabe eine Vereinbarung zu treffen, die den Zufluss der bei späterer Option anfallenden Umsatzsteuer zur Masse zwecks Abführung an das Finanzamt sichert, wenn er ein Grundstück freigeben möchte. Daneben muss sich der Insolvenzverwalter bewusst sein, dass im Falle der Freigabe die Masse für die Vorsteuerkorrektur aus § 15 a UStG haften kann, wenn bei der Verwertung (der Lieferung) des freigegebenen, umsatzsteuerverhafteten Grundstücks wegen der Steuerfreiheit nach § 4 Nr. 9 a UStG nicht gem. § 9 UStG zur Umsatzsteuer optiert wird.

[1] *Jäger/Windel,* InsO, § 80 Rn. 291 mwN; *Jaeger/Henckel,* KO, § 13 Rn. 15 mwN.

[2] BGHZ 9, 250 ff.; *Viertelhausen,* InVo 2000, 330 ff.

[3] *Stöber,* ZVG, § 22 Rn. 2, Anm. 2.5 f.

[4] Nach verwaltungsgerichtlicher Rechtsprechung im Ergebnis nur, wenn der Schuldner mitwirkt, vgl. BVerwG ZInsO 2006, 495 f. und BayVGH ZInsO 2006, 496 f.

[5] BFH ZIP 2002, 230 ff.; vgl. die ablehnende Kritik von *Onusseit,* ZIP 2002, 1344 ff.

b) Wird nach Verfahrenseröffnung die Zwangsvollstreckung eingeleitet, ist nach allgemeiner Meinung das Zwangsvollstreckungsverfahren gegen den Insolvenzverwalter zu richten. Der gegen den Schuldner bereits existierende Titel ist auf den Insolvenzverwalter umzuschreiben und diesem nach § 750 Abs. 1 ZPO zuzustellen (das ist nicht erforderlich, wenn das Zwangsvollstreckungsverfahren bei Verfahrenseröffnung gegen den Schuldner bereits betrieben wurde).[1] Gibt der Insolvenzverwalter ein dem Insolvenzbeschlag unterliegendes Grundstück des Schuldners, das Gegenstand des Vollstreckungsverfahrens ist, nach Titelumschreibung auf sich an den Schuldner frei, ist eine neuerliche Umschreibung des Titels auf den Schuldner nicht erforderlich.[2] 41

c) Betreibt ein absonderungsberechtigter Insolvenzgläubiger die Zwangsversteigerung eines dem Insolvenzbeschlag unterliegenden Grundstückes, muss der Insolvenzverwalter prüfen, ob das Grundstück umsatzsteuerverhaftet ist und Vorsteuerberichtigungsansprüche nach § 15 a UStG entstehen können. Bejahendenfalls muss er zur Umsatzsteuer optieren. Aufgrund des mit Wirkung zum 1. Januar 2002 in das UStG eingeführten § 9 Abs. 3 ist diese Option nur noch bis zur Aufforderung zur Abgabe von Geboten im Zwangsversteigerungstermin zulässig, nicht mehr (wie vorher) auch noch nach Abschluss des Zwangsversteigerungsverfahrens. Das Vollstreckungsgericht/der Rechtspfleger muss dann in den Versteigerungsbedingungen, spätestens vor der Aufforderung zur Abgabe von Geboten im Versteigerungstermin auf die ausgeübte Option hinweisen. 42

§ 81 Verfügungen des Schuldners

(1) **Hat der Schuldner nach der Eröffnung des Insolvenzverfahrens über einen Gegenstand der Insolvenzmasse verfügt, so ist diese Verfügung unwirksam. Unberührt bleiben die §§ 892, 893 des Bürgerlichen Gesetzbuchs, §§ 16, 17 des Gesetzes über Rechte an eingetragenen Schiffen und Schiffsbauwerken und §§ 16, 17 des Gesetzes über Rechte an Luftfahrzeugen. Dem anderen Teil ist die Gegenleistung aus der Insolvenzmasse zurückzugewähren, soweit die Masse durch sie bereichert ist.**

(2) **Für eine Verfügung über künftige Forderungen auf Bezüge aus einem Dienstverhältnis des Schuldners oder an deren Stelle tretende laufende Bezüge gilt Absatz 1 auch insoweit, als die Bezüge für die Zeit nach der Beendigung des Insolvenzverfahrens betroffen sind. Das Recht des Schuldners zur Abtretung dieser Bezüge an einen Treuhänder mit dem Ziel der gemeinschaftlichen Befriedigung der Insolvenzgläubiger bleibt unberührt.**

(3) **Hat der Schuldner am Tag der Eröffnung des Verfahrens verfügt, so wird vermutet, daß er nach der Eröffnung verfügt hat. Eine Verfügung des Schuldners über Finanzsicherheiten im Sinne des § 1 Abs. 17 des Kreditwesengesetzes nach der Eröffnung ist, unbeschadet der §§ 129 bis 174, wirksam, wenn sie am Tag der Eröffnung erfolgt und der andere Teil nachweist, dass er die Eröffnung des Verfahrens weder kannte noch kennen musste.**

---

[1] Vgl. auch *Kesseler,* RNotZ 2004, 462 ff. zur Erteilung/Umschreibung einer Vollstreckungsklausel aus einer Grundschuld gegen den Insolvenzverwalter.

[2] BGH WM 2005, 1324 ff.

Übersicht

1. Normzweck

1 § 81 soll die Insolvenzmasse vor einer Schmälerung schützen, die auf einer Rechtshandlung – Verfügung – des Schuldners beruht. Die Vorschrift ergänzt damit den Regelungsinhalt des § 80. Der Schutz der Insolvenzmasse für den Zeitraum nach Eröffnung des Insolvenzverfahrens wird weiter verstärkt durch §§ 89–91.

2. Erläuterungen, Abs. 1 und 3

a) Verfügungen des Schuldners

3 **aa) Verfügungen.** § 80 erfasst (im Gegensatz zu § 7 KO) nicht sämtliche Rechtshandlungen des Schuldners, sondern nur Verfügungen.[1] Verfügungen sind Rechtsgeschäfte, die unmittelbar auf ein bestehendes Recht einwirken (Begründung, Veränderung, Übertragung oder Aufhebung eines Rechts). Erfasst sind damit also die dinglichen Rechtsgeschäfte, z. B. die Übereignung von beweglichen und unbeweglichen Sachen, die Abtretung von Forderungen, die Bestellung von Grundpfandrechten, die Nießbrauchsbestellung, die Verpfändung, der Verzicht etc. Auf Prozesshandlungen, die verfügenden Charakter haben, ist die Vorschrift analog anwendbar.[2]

4 **bb) Sonstige Rechtshandlungen.** Auf Verpflichtungsgeschäfte ist § 80 nicht anwendbar. Damit bleibt eine Regelungslücke für solche Rechtshandlungen oder rechtsgeschäftsähnliche Handlungen, die weder von § 81, noch von § 91 erfasst sind. Dies betrifft zum Beispiel Mahnungen, Fristsetzungen, Zuwiderhandlungen des Schuldners gegen eine vor der Eröffnung des Insolvenzverfahrens vereinbarte strafbewehrte Unterlassungsverpflichtung nach der Eröffnung des Insolvenzverfahrens.[3] Entsprechend dem insbesondere in den §§ 81 ff. vom Gesetzgeber zum Ausdruck gebrachten Schutz der Insolvenzmasse zur Erreichung des in § 1

[1] Vgl. auch *Fritsche,* DZWIR 2002, 1 ff., 6.
[2] *Kübler/Prütting/Bork/Lüke,* InsO, § 81 Rn. 7, 16.
[3] *Kübler/Prütting/Bork/Lüke,* InsO, § 81 Rn. 2, 5 ff.; *v. Olshausen,* ZIP 1998, 1093.

normierten Ziels, ist § 81 auf die nicht erfassten Rechtshandlungen des Schuldners analog anzuwenden.[1]

cc) Schuldner, Insolvenzmasse. § 81 erfasst nur Verfügungen des Schuldners selbst; dies schließt Verfügungen ein, die der gesetzliche oder gewillkürte Vertreter des Schuldners vorgenommen hat.[2] Weitere Voraussetzung ist, dass es sich um Verfügungen über Gegenstände der Insolvenzmasse (§§ 35, 36) handelt. Nicht erfasst sind damit Verfügungen Dritter (die nicht Vertreter/Organ des Schuldners sind) über Gegenstände der Insolvenzmasse sowie Verfügungen des Schuldners selbst über sein nicht dem Insolvenzbeschlag unterliegendes Vermögen und über Vermögen Dritter.[3] Der Schuldner kann insoweit auch Verpflichtungsgeschäfte, die nicht unter § 81 fallen, eingehen, woraus weder eine Masseverbindlichkeit, noch eine Insolvenzforderung begründet wird.[4] Der Schuldner wird derartige Verpflichtungen jedoch regelmäßig nicht erfüllen können und haftet hier nach den allgemeinen Regeln gegenüber seinem Vertragspartner (§§ 275, 323 ff. BGB). 5

b) Zeitpunkt der Verfügung

§ 81 bewirkt einen Schutz der Insolvenzmasse nur für Verfügungen des Schuldners **nach** der Eröffnung des Insolvenzverfahrens, Abs. 1 S. 2 bzw. über §§ 24, 21 Abs. 2 Nr. 2 auch nach Bestellung eines vorläufigen Insolvenzverwalters/Anordnung von Verfügungsbeschränkungen (frühere Verfügungen können nach §§ 129 ff. anfechtbar sein). Eröffnet wird das Insolvenzverfahren gem. § 27 durch Erlass eines Eröffnungsbeschlusses, der gem. § 27 Abs. 2 Nr. 3 die Stunde der Eröffnung zu enthalten hat; ist die Stunde der Eröffnung im Eröffnungsbeschluss nicht angegeben, so gilt gem. § 27 Abs. 3 als Zeitpunkt der Eröffnung die Mittagsstunde des Tages, an dem der Beschluss erlassen worden ist. Maßgeblich ist insoweit nicht der Zeitpunkt des Eintritts des Erfolgs der Verfügung, sondern die Handlung des Schuldners selbst. Die Rechtsfolgen von Verfügungen des Schuldners (oder Dritter) vor Eröffnung des Insolvenzverfahrens, deren rechtlicher Erfolg erst nach der Eröffnung des Verfahrens eintritt, ergeben sich aus § 91. Hat der Schuldner vor der Eröffnung des Insolvenzverfahrens bzw. vor Bestellung eines vorläufigen Insolvenzverwalters/Anordnung von Verfügungsbeschränkungen einem Gläubiger alle künftigen Forderungen aus seinen Geschäftsbeziehungen abgetreten (antizipierte Verfügung; z. B. Globalzession), greift die Unwirksamkeit nach Abs. 1 nicht ein, wenn die abgetretene Forderung erst nach Eröffnung des Insolvenzverfahrens bzw. nach Bestellung eines vorläufigen Insolvenzverwalters/Anordnung von Verfügungsbeschränkungen entsteht.[5] Ent- 6

---

[1] *Kübler/Prütting/Bork/Lüke,* InsO, § 81 Rn. 2; MünchKomm-*Ott/Vuia,* InsO, § 81 Rn. 5; *Uhlenbruck/ders.,* InsO § 81 Rn. 2

[2] *Uhlenbruck/ders.,* aaO, Rn. 4.

[3] Vgl. aber zu Leistungen Dritter, die dem Schuldner als Vermögensverfügung zugerechnet werden: AG Hamburg ZInsO 2004, 458 oder OLG Frankfurt (Main), ZIP 2004, 584.

[4] Begründung RegE, § 92, abgedruckt in *Balz/Landfermann,* S. 298 f.

[5] OLG Köln NZI 2008, 373 f.: Eine Sicherung der Masse hinsichtlich der Abtretung künftiger Forderungen, die erst nach Anordnung einer Verfügungsbeschränkung, aber vor der Eröffnung des Insolvenzverfahrens entstehen, kann damit nur durch die Anfechtungsvorschriften erfolgen. Nach OLG Naumburg ZInsO 2008, 1022 ff. kann die Vorausabtretung aufschiebend bedingter oder befristeter Forderungen allenfalls dann insolvenzfest sein,

steht die abgetretene Forderung erst nach Insolvenzeröffnung, scheitert der Erwerb eines Absonderungsrechts (§ 50 Nr. 1) allerdings an § 91.[1] Eine Verfügung, die auf einer einseitigen, empfangsbedürftigen Willenserklärung beruht (zum Beispiel Kündigung, Rücktritt, Aufrechnung) ist unwirksam, wenn die Willenserklärung zwar vor der Eröffnung des Insolvenzverfahrens abgegeben wurde, jedoch erst danach zugeht. Beruht die Verfügung auf einem Vertrag, ist dieser ebenfalls unwirksam, wenn nicht sämtliche Wirksamkeitsvoraussetzungen im Zeitpunkt der Eröffnung des Verfahrens vorliegen oder eingetreten sind; dies spielt insbesondere bei **mehraktigen Verfügungen** eine Rolle.[2] Zu Ausnahmen beim gutgläubigen Erwerb und § 878 BGB siehe nachfolgend unter c).

c) Rechtsfolgen

7 **aa)** Verfügungen des Schuldners, die gegen § 81 verstoßen, sind kraft Gesetzes **absolut unwirksam,** jedoch nicht nichtig. Im Übrigen ist die Unwirksamkeit (wie bei § 7 KO) durch den Insolvenzzweck begrenzt.[3]

8 **bb)** Die Genehmigung von unwirksamen Verfügungen des Schuldners durch den Insolvenzverwalter ist nach § 185 Abs. 2 BGB analog möglich,[4] die Verfügung wird dann ex tunc wirksam. Bei einseitigen Rechtsgeschäften ist eine Genehmigung nach den allgemeinen Regeln (z. B. §§ 111 S. 1, 180 S. 1 BGB) nicht möglich. Soweit eine Genehmigung möglich ist, wird der Insolvenzverwalter diese nur dann erteilen, wenn er dadurch im Ergebnis eine Mehrung der Masse erreichen kann; dies wird in der Regel nur dann der Fall sein, wenn der andere Vertragsteil die Gegenleistung noch nicht erbracht hat und diese durch die Genehmigung zur Masse gezogen werden kann.

9 **cc) Gutgläubiger Erwerb, Abs. 1 S. 2.** Aus den Verweisungen des Gesetzgebers in S. 2 folgt, dass ein gutgläubiger Erwerb von beweglichen Sachen aus dem Vermögen des Schuldners von vornherein ausscheidet und im Übrigen auch der Erwerb im Wege einer Zwangsvollstreckung nicht geschützt ist (nicht nach insolvenzrechtlichen Bestimmungen, sondern nach bürgerlichem Recht beurteilt werden die Fälle des Erwerbs von Sachen, die im Eigentum Dritter stehen). Schutz genießt nur der öffentliche Glaube des Grundbuchs sowie der Schiffs- und Luftfahrzeugregister. Dies beruht nicht zuletzt darauf, dass nach §§ 32, 33 in das Grundbuch und das Register für Schiffe und Luftfahrzeuge die Eröffnung des

---

wenn sie zum Zeitpunkt der Anordnung des Zustimmungsvorbehaltes (§ 22 Abs. 2 Nr. 2) bereits begründet wurden und lediglich die Bedingung oder der Termin erst nachher eintritt. Für den entschiedenen Fall lehnte das OLG Naumburg gem. §§ 81, 24, 22 Abs. 2 Nr. 2 den Erwerb eines Absonderungsrechts ab, weil der Schuldner bei Vollendung der Abtretung, nämlich im Zeitpunkt des Abschlusses der Mietverträge und damit im Zeitpunkt des Entstehens der abgetretenen Mietforderungen nicht mehr verfügungsbefugt war. Vgl. auch die Anm. von *Wallner,* ZInsO 2008, 1023 mit Hinweis auf die Besonderheit des Falles (Absonderungsrecht aufgrund des Hypothenhaftungsverbands verhindert Gläubigerbenachteiligung und Anfechtung).

[1] BGH NZI 2008, 89, dort auch zur Anfechtbarkeit von Globalzessionsverträgen hinsichtlich künftig entstehender Forderungen nur als kongruente Deckung.

[2] *Uhlenbruck/ders.,* aaO, Rn. 6.

[3] HK-*Kayser,* InsO, § 81 Rn. 24.

[4] HK-*Kayser,* InsO, § 81 Rn. 26; vgl. auch BGH NZI 2006, 224 Tz 20 zur ex nunc-Wirkung entsprechend § 185 Abs. 2 S. 1 Alt. 2 BGB in anderen Fällen.

Insolvenzverfahrens einzutragen ist und durch die Eintragung der öffentliche Glaube an die fortbestehende Verfügungsbefugnis des Schuldners zerstört wird (§ 892 Abs. 1 S. 2 BGB). Ist die Eröffnung des Insolvenzverfahrens im Grundbuch oder in anderen Registern nicht eingetragen, scheidet ein gutgläubiger Erwerb nur dann aus, wenn dem anderen Teil positiv bekannt ist, dass der Schuldner in der Verfügungsbefugnis beschränkt ist.[1] Maßgeblicher Zeitpunkt für die Kenntnis ist die Vollendung des Erwerbs. Soweit zu dem Erwerb des Rechts die Eintragung in das Grundbuch erforderlich ist, ist für die Gutgläubigkeit die Zeit der Stellung des Antrages auf Eintragung erforderlich, § 892 Abs. 2 BGB, wenn alle sonstigen Erwerbsvoraussetzungen vorliegen. § 892 Abs. 2 BGB ist also nicht anwendbar mit der Folge, dass die Gutgläubigkeit auch bei Vollendung des Erwerbs vorliegen muss, wenn sonstige Erwerbshindernisse noch beseitigt werden müssen: Stehen Genehmigungen von privater oder behördlicher Seite aus, ist § 892 Abs. 2 BGB nicht anwendbar,[2] so dass es bei der Unwirksamkeit nach § 81 bleibt. Sofern der andere Teil den Eintragungsantrag beim Grundbuchamt gestellt hat und die Voraussetzungen des § 878 BGB zum Zeitpunkt der Eröffnung des Insolvenzverfahrens bereits vorlagen, kommt ein Erwerb auch ohne die Hilfe des guten Glaubens in Betracht, wie sich aus § 91 Abs. 2 ergibt.[3] Im Übrigen ist darauf hinzuweisen, dass die Wirksamkeit des gutgläubigen Erwerbs eine Anfechtung nach §§ 129 ff. nicht ausschließt, wie § 147 zeigt.

Durch die Verweisung in Abs. 1 S. 2 beurteilt sich die Wirksamkeit von Leis- **10**
tungen eines Drittschuldners an den Schuldner nicht nach § 82, wenn es sich um Leistungen auf ein im Grundbuch eingetragenes Recht handelt. Der Schutz des Leistenden richtet sich insoweit nach § 893 BGB und er ist befreit, wenn er im Zeitpunkt der Leistung gutgläubig war, zum maßgeblichen Zeitpunkt der Vermerk über die Eröffnung des Insolvenzverfahrens bei dem Recht, auf das er geleistet hat, im Grundbuch noch nicht eingetragen war und er keine positive Kenntnis von der Eröffnung des Verfahrens hatte. Maßgeblicher Zeitpunkt für die Gutgläubigkeit ist allerdings nicht der Zeitpunkt der Leistungshandlung, sondern der Zeitpunkt der Vollendung des Rechtserwerbs.[4]

dd) Erstattungspflicht, Abs. 1 S. 3. Die Vorschrift setzt voraus, dass aus **11**
einem vom Schuldner verbotswidrig vorgenommenen Verfügungsgeschäft die Gegenleistung zur Masse geflossen ist und schützt den anderen Teil, indem sie ihm einen Bereicherungsanspruch (§ 812 ff. BGB) gewährt. Der Anspruch auf Rückgewähr ist eine Masseverbindlichkeit i. S. v. § 55 Abs. 1 Nr. 3, auf den hinsichtlich Inhalt und Umfang §§ 818, 819 BGB anzuwenden sind. Befindet sich die Gegenleistung des anderen Teils nicht mehr in der Masse, ist diese also entreichert (§ 818 Abs. 3 BGB), besteht nur ein Anspruch des anderen Teils gegen den Schuldner (Erfüllungs- oder Schadensersatzanspruch).

---

[1] HK-*Kayser,* InsO, § 81 Rn. 38, 39.

[2] RGZ 142, 59; *Palandt/Bassenge,* BGB, § 892 Rn. 25; *Staudinger/Gursky,* BGB, § 892 Rn. 196; aA:*Soergel/Stürner,* BGB, § 892 Rn. 38; unklar MünchKomm-*Wacke,* BGB § 892 Rn. 57; FK-*App,* InsO, § 81 Rn. 31; vgl. auch § 88 Anm. 2 und § 91 Anm. 3.

[3] Zur Problematik, wenn der Eintragungsantrag gestellt ist und zurückgewiesen wird, das Insolvenzverfahren über das Vermögen des Verkäufers eröffnet und dann die Zurückweisung des Antrages aufgehoben wird, vgl. BGH ZIP 1997, 1585 f.; *Scholz,* ZIP 1999, 1693 ff.

[4] HK-*Kayser,* InsO, § 81 Rn. 39; FK-*App,* InsO, § 81 Rn. 31.

3. Erläuterungen, Abs. 2

12 Die Regelung hat zusammen mit § 89 Abs. 2 besondere Bedeutung für eine Insolvenzplanlösung (§§ 217 ff.) und für eine Restschuldbefreiung (§§ 286 ff.). Während § 114 Abs. 1 die Wirksamkeit von Verfügungen des Schuldners vor der Eröffnung des Verfahrens reglementiert, betrifft Abs. 2 durch die Verweisung auf Abs. 1 Verfügungen des Schuldners über dem Insolvenzbeschlag unterliegende Beträge nach Eröffnung des Insolvenzverfahrens.[1] Ausgenommen ist nach Abs. 2 S. 2 das Recht des Schuldners zur Abtretung dieser Bezüge an einen Treuhänder mit dem Ziel der gemeinschaftlichen Befriedigung der Insolvenzgläubiger. Ob die Wirksamkeit dieser Abtretung zugleich voraussetzt, dass sich an das Ende des Regelinsolvenzverfahrens das Restschuldbefreiungsverfahren anschließt oder die Abtretung auch dann wirksam ist, wenn der Schuldner keinen Restschuldbefreiungsantrag stellt oder aus anderen Gründen die Restschuldbefreiung nicht in Betracht kommt, ist unerheblich, da auch S. 2 nur die Bezüge erfasst, die nach der Beendigung des Regelinsolvenzverfahrens dem Schuldner zufließen würden. Über die während des Insolvenzverfahrens dem Schuldner zufließenden Bezüge kann dieser schon nach Abs. 1 nach Eröffnung des Verfahrens nicht mehr wirksam verfügen (für Verfügungen vor Eröffnung des Insolvenzverfahrens greift § 114 Abs. 1). Unter Bezügen aus einem Dienstverhältnis sind hier wie bei § 114 alle Formen von Vergütungen zu begreifen, die auf Grund des Dienstverhältnisses geleistet werden.[2] Alle Arten von Einkünften i. S. d. § 850 ZPO fallen hierunter. Laufende Bezüge, die an deren Stelle treten, sind zum Beispiel Lohnersatzleistungen nach dem SGB III, insbesondere Arbeitslosen- oder Kurzarbeitergeld.

4. Beweislast, Abs. 3

13 Hat der Schuldner am Tag der Eröffnung des Verfahrens verfügt und ist zweifelhaft, ob die Verfügung nach der Eröffnung des Verfahrens erfolgt ist, enthält **S. 1** eine widerlegbare Vermutung (Beweiserleichterung) zugunsten des Insolvenzverwalters dahingehend, dass vermutet wird, dass der Schuldner nach der Eröffnung des Verfahrens verfügt hat. Der Insolvenzverwalter muss damit lediglich beweisen, dass der Schuldner am Tag der Eröffnung verfügt hat; der andere Teil muss dann beweisen, dass die Verfügung vor der Eröffnung des Verfahrens erfolgt ist.

Diese Vermutung gilt aber gem. **S. 2** nicht für Finanzsicherheiten i. S. d. § 17 KWG. Durch das „Gesetz zur Umsetzung der Richtlinie 2002/47/EG vom 6. Juni 2002 über Finanzsicherheiten und zur Änderung des Hypothekenbankgesetzes und anderer Gesetze" vom 5. April 2004 (BGBl. I S. 502) ist Abs. 3 um Satz 2 ergänzt worden.[3] Nach S. 2 sind Verfügungen des Schuldners über Finanzsicherheiten i. S. d. § 17 KWG nach Verfahrenseröffnung entgegen dem in Abs. 1 S. 1 enthaltenen Grundsatz nicht unwirksam, sondern nur anfechtbar. Die Be-

[1] Vgl. BGH NZI 2008, 580 und BAG, FD-InsR 2008, 268700 m. Anm. *Wolf,* FD-InsR 2008, 270745.

[2] Zu Arten von Vergütungen vgl. *Palandt/Putzo,* BGB, § 611 Rn. 49 ff., 55 ff.

[3] Vgl. zum Gesetzesentwurf die Anm. von *Wimmer,* ZIP 2003, 1563 ff.; *Ehricke,* ZIP 2003, 1065 ff.; *Sabel,* ZIP 2003, 781 ff.; *Hölzle,* ZIP 2003, 2144 ff.

weislast für die fehlende Kenntnis liegt beim anderen Teil, der Insolvenzverwalter muss nur beweisen, dass die Verfügung am Tag der Eröffnung erfolgt ist.[1] Erfasst von S. 2 sind nicht nur bereits bestehende Finanzsicherheiten, sondern auch solche, die nach Eröffnung bestellt werden, wenn sie der Ersetzung oder Verstärkung bereits bestellter entsprechender Finanzsicherheiten i. S. d. § 17 KWG dienen.[2]

5. Praxishinweis

a) Der Schutz des gutgläubigen Erwerbs ist in jüngerer Zeit verstärkt worden. 14
Die früher hM, wonach das Grundbuchamt Eintragungsanträge zurückweisen bzw. nicht mehr vollziehen durfte, wenn zwar der Vermerk über die Eröffnung des Insolvenzverfahrens noch nicht im Grundbuch eingetragen war (durch die Eintragung des Vermerks wird bei grundbuchfähigen/eintragungsfähigen Rechten eine Grundbuchsperre bewirkt), der Grundbuchbeamte aber Kenntnis von der Eröffnung des Insolvenzverfahrens hatte,[3] ist heute wohl überholt. Nach der heute im Schrifttum vorherrschenden Auffassung[4] muss das Grundbuchamt Eintragungsanträge in der vorliegenden Reihenfolge des § 17 GBO eintragen und darf nur die Anträge nicht mehr berücksichtigen, die zeitlich nach dem Antrag auf Eintragung des Eröffnungsvermerks eingegangen sind. Begründet wird diese Auffassung damit, dass durch §§ 81, 91 der Schutz des gutgläubigen Erwerbers dem Schutz der Insolvenzmasse bzw. der Insolvenzgläubiger vorangestellt wurde.[5]

b) Aufgrund der Entscheidung des BGH zur regresslosen Berechtigung des 15
(vorläufigen) Insolvenzverwalters zur Verhinderung der Genehmigung/des Wirksamwerdens von Belastungsbuchungen im Einzugsermächtigungsverfahren[6] hat insbesondere der vorläufige Insolvenzverwalter zu prüfen, ob er die Genehmigung verhindert oder zur Aufrechterhaltung des Geschäftsbetriebes von der Verhinderung absieht. Nicht unproblematisch könnte u. U. unter dem Gesichtspunkt der Gläubigergleichbehandlung ein selektives Vorgehen des vorläufigen Insolvenzverwalter sein.

§ 82 Leistungen an den Schuldner

Ist nach der Eröffnung des Insolvenzverfahrens zur Erfüllung einer Verbindlichkeit an den Schuldner geleistet worden, obwohl die Verbindlichkeit zur Insolvenzmasse zu erfüllen war, so wird der Leistende befreit, wenn er zur Zeit der Leistung die Eröffnung des Verfahrens nicht kannte. Hat er vor der öffentlichen Bekanntmachung der Eröffnung geleistet, so wird vermutet, daß er die Eröffnung nicht kannte.

---

[1] HK-*Kayser,* InsO, § 81 Rn. 32.
[2] HK-*Kayser,* InsO, § 81 Rn. 35.
[3] Vgl. z. B. RGZ 71, 38; KG, DNotZ 1973, 301; *Kuhn/Uhlenbruck,* KO, § 7 Rn. 9 bis zur 10. Aufl.
[4] HK-*Kayser,* InsO, § 81 Rn. 4, MünchKomm-*Ott/Vuia,* InsO § 81 Rn. 23 mwN.
[5] *Uhlenbruck/ders.,* InsO, § 82 Rn. 1.
[6] Vgl. Fn. bei § 80 Rn. 26 a.

Übersicht

1. Normzweck

1 Die Vorschrift bezweckt den Schutz des gutgläubig an den Schuldner Leistenden.

2. Anwendungsbereich

2 Aus der Verweisung des § 81 auf § 893 BGB folgt, dass § 82 nur auf solche Leistungen – nur Leistungen auf schuldrechtliche Ansprüche – anwendbar ist, die nicht auf eingetragene Rechte (§ 893 BGB) erfolgen.[1] Ferner ist § 82 nicht im Rahmen der Eigenverwaltung anwendbar.[2]

3. Leistungen an den Schuldner mit/ohne Leistungsbefreiung

a) Grundsatz

3 Aus §§ 35, 38, 80, 81 wie auch aus dem Umkehrschluss des § 82 ergibt sich, dass der zur Erfüllung einer gegenüber der Masse bestehenden Verbindlichkeit Leistende (Drittschuldner) von seiner Leistungspflicht nicht frei wird und seine Leistung keine Erfüllungs- und Befreiungswirkung hat, wenn er in (positiver) Kenntnis von der Eröffnung des Insolvenzverfahrens eine Leistung an den Schuldner erbringt, die eine zur Insolvenzmasse zu erfüllende Verbindlichkeit betrifft, und diese Leistung nicht in die Insolvenzmasse gelangt.[3] Erst wenn die Leistung tatsächlich in die Masse gelangt ist (der Wert der Leistung muss der Masse zugutekommen), ist der Drittschuldner befreit. Dieser trägt das Risiko, erneut leisten zu müssen.

4 Eine zunächst unwirksame Leistung kann nach §§ 362 Abs. 2, 185 Abs. 2 BGB durch Genehmigung des Insolvenzverwalters wirksam werden, ferner durch Frei-

[1] HK-*Kayser,* InsO, § 81 Rn. 4.

[2] HK-*Kayser,* InsO, § 81 Rn. 5.

[3] BGH NZI 2009, 425 m. Anm. *Kroth,* FD-InsR 2009, 282746: gilt auch für die Sicherungszession.

gabe des Anspruchs aus der Insolvenzmasse durch den Insolvenzverwalter oder auch nach Aufhebung des Insolvenzverfahrens.[1] Der Insolvenzverwalter ist verpflichtet, eine an den Schuldner bewirkte Leistung, auf die er noch zugreifen kann, zur Masse zu ziehen, er muss die Herausgabe gegenüber dem Schuldner geltend machen; der Schuldner ist zur Herausgabe verpflichtet.[2] Der zur abermaligen Leistung aufgeforderte Drittschuldner kann die Arglisteinrede dann geltend machen, wenn der Insolvenzverwalter die Leistung beim Schuldner einziehen könnte.[3] Der Drittschuldner kann daneben dem Insolvenzverwalter gegenüber alle Einreden und Einwendungen, die ihm auch gegen den Schuldner zustanden, geltend machen (§ 404 BGB) und im Rahmen der §§ 94 ff. mit konnexen Forderungen gegenüber dem Anspruch auf (nochmalige) Leistung aufrechnen. Eine Leistung an den Schuldner liegt auch dann vor, wenn eine anderweitige Leistungsbestimmung oder Zahlungsanweisung vor Insolvenzeröffnung vorgenommen worden war[4] oder seine Einwilligung zur Leistung an einen Dritten/Vertreter erteilt hat.

Dem Drittschuldner steht ein **Bereicherungsanspruch** gegen den Schuldner 5
zu (§ 812 Abs. 1 S. 2 2. Halbs. BGB), wenn er erneut an die Masse leisten muss. Es handelt sich bei diesem Bereicherungsanspruch weder um eine Masseverbindlichkeit noch um eine Insolvenzforderung; die Qualifizierung des Bereicherungsanspruchs als Insolvenzforderung scheidet deshalb aus, weil der Anspruch erst nach Eröffnung des Insolvenzverfahrens entsteht (vgl. § 38). Damit ist der leistende Drittschuldner auf das nicht dem Insolvenzbeschlag unterliegende Vermögen des Schuldners beschränkt.[5]

b) Ausnahme gem. § 82

Der Drittschuldner wird trotz Leistung an den Schuldner, die nicht in die 6
Masse gelangt, befreit, wenn er zurzeit der Leistung die Eröffnung des Verfahrens nicht kannte.

aa) Unter den Begriff der **Leistung** i. S. d. Vorschrift fällt jede Art von 7
Leistung, die eine zur Insolvenzmasse zu erfüllende Verbindlichkeit betrifft. Die Annahme einer Leistung an Erfüllungs statt (§ 364 BGB) fällt nicht unter § 82.[6]

Nach Eröffnung des Insolvenzverfahrens über das Vermögen des (Haupt-)Auf- 8
tragnehmers kann der (Haupt-)Auftraggeber mit schuldbefreiender Wirkung

---

[1] Vgl. BGH NZI 2006, 224, Tz. 20.

[2] *Uhlenbruck/ders.*, aaO, Rn. 5; FK-*App*, InsO, § 82 Rn. 6.

[3] FK-*App*, InsO, § 82 Rn. 4; *Jäger/Henckel*, KO, § 8 Rn. 48; *Kilger/K. Schmidt*, § 8 Anm. 3.

[4] LG Düsseldorf BeckRS 2008, 09733: Nach Eröffnung des Insolvenzverfahrens über das Vermögen des Versicherungsnehmers kann die Versicherung die auf Grund der vom Insolvenzverwalter bzw. Treuhänder ausgesprochenen Kündigung des Versicherungsvertrages zu erstattende Rückvergütung mit schuldbefreiender Wirkung nur noch an den Insolvenzverwalter bzw. Treuhänder leisten. Eine anderweitige Leistungsbestimmung oder Zahlungsanweisung, die vor der Eröffnung des Insolvenzverfahrens vorgenommen wurde (etwa nach § 5 Ziff. 2 der AVB), ändert daran nichts, wenn nicht auch Aus- oder Absonderungsrechte zu berücksichtigen sind.

[5] *Uhlenbruck/ders.*, aaO, Rn. 6; FK-*App*, InsO, § 82 Rn. 5.

[6] FK-*App*, InsO, § 82 Rn. 3; HK-*Kayser*, InsO, § 82 Rn. 6.

keine Zahlungen mehr gem. § 16 Nr. 6 VOB/B an den Gläubiger (Subunternehmer) des Auftragnehmers leisten.[1]

9 **bb)** Schädlich ist nur **positive** Kenntnis von der Eröffnung des Verfahrens, grob fahrlässige Unkenntnis oder Kenntnis von dem Antrag auf Eröffnung des Insolvenzverfahrens reichen nicht aus.[2] Wird die Leistung von einem Vertreter des Drittschuldners bewirkt, so ist auf die Kenntnis oder Unkenntnis des Vertreters abzustellen (§ 166 BGB). Organisatorische Mängel bei der Weiterleitung von Kenntnissen an Entscheidungsträger vermitteln gleichwohl die Kenntnis, wobei es nicht ankommt, auf welcher Ebene der Mitarbeiter angesiedelt ist, dessen Kenntnis zugerechnet wird.[3] Hat der Drittschuldner vor der öffentlichen Bekanntmachung der Eröffnung geleistet, so wird gem. § 82 S. 2 **vermutet,** dass er die Eröffnung nicht kannte; die Vermutung greift nur für die Regelveröffentlichung.[4] In diesem Fall hat der Insolvenzverwalter zu beweisen, dass dem Leistenden die Eröffnung doch bekannt war. Im Übrigen gelten die allgemeinen Beweislastregeln, d. h. dass der Drittschuldner die Beweislast für die fehlende Kenntnis von der Eröffnung des Verfahrens trägt, wenn die Leistung nach der öffentlichen Bekanntmachung erfolgt ist.[5] Der Leistende trägt ferner die Beweislast dafür, dass eine Leistung zur Masse gelangt ist.[6] Zur öffentlichen Bekanntmachung wird im Übrigen auf die Kommentierung zu § 9 verwiesen.

10 **cc)** Maßgeblicher **Zeitpunkt** für die fehlende Kenntnis ist die Vollendung der Erfüllung, mithin der Zeitpunkt, zu dem der Leistende den Leistungserfolg noch verhindern kann.[7]

---

[1] BGH ZIP 1986, 720; LG Düsseldorf BeckRS 2008, 069733.

[2] OLG Rostock ZInsO 2006, 884; LG Dresden BeckRS 2008, 04520: schädlich ist auch das Vergessen, wenn die Kenntnis einmal positiv erlangt war.

[3] BGH NZI 2006, 175 m. Anm. *Herzig,* FD-InsR 2006, 182289; BGH BeckRS 2009, 23545; vgl. LG Dresden BeckRS 2008, 04520 zur Nachforschungspflicht. Nach OLG Düsseldorf ZInsO 2008, 44, sollen Mängel bei der Beschaffung von Informationen und Kenntnissen unschädlich sein, zumal insoweit vom BGH NZI 2006, 175 nicht gegenteilig entschieden sei. Vgl. dazu auch *Hippel/Schneider,* NZI 2006, 177, Anm. zu BGH NZI 2006, 175 sowie Kommentierung zu § 116 Rn 4, 13 und unten Rn. 12; vgl. auch *Schäfer,* ZInsO 2008, 16 – gleichzeitig als krit. Anm. zu BGH NZI 2006, 175 –, wonach § 82 im Lichte des § 80 Abs. 1 einschränkend dahingehend auszulegen sein soll, dass diese Vorschrift dann nicht anzuwenden ist, wenn ein Dritter erst Schuldner des Insolvenzschuldners geworden ist, nachdem dessen Verfügungsbefugnis auf den Insolvenzverwalter übergegangen oder nach § 21 Abs. 2 Nr. 2 beschränkt worden war.

[4] BGH BeckRS 2009, 23545. In der Entscheidung des BGH NZI 2006, 175, die einen Fall aus dem Frühjahr 2001 betrifft, wird für die Vermutung nur auf die Regelveröffentlichung im Amtsblatt abgestellt. Da inzwischen nach § 9 Abs. 1 S. 1 InsO Regelveröffentlichung die Veröffentlichung im Internet ist, ist (seither) maßgeblich der Eintritt der Wirksamkeit der Bekanntmachung nach § 9 Abs. 1 S. 3.

[5] OLG Rostock BeckRS 2006, 07786 = ZIP 2006, 1684: bei einer Leistung nach der öffentlichen Bekanntmachung wird vermutet, dass der Leistende von der Verfahrenseröffnung Kenntnis hatte. Folge ist, dass der Leistende seine Unkenntnis beweisen muss, wenn die Leistung schuldbefreiend wirken soll.

[6] *Jäger/Henckel,* KO, § 8 Rn. 53 ff.

[7] BGH BeckRS 2009, 23545; *Kuhn/Uhlenbruck,* KO, § 8 Rn. 6; *Uhlenbruck/ders.,* InsO, § 82 Rn. 11; HK-*Kayser,* InsO, § 82 Rn. 16; *Jäger/Windel,* InsO, § 82 Rn. 48; aA: MünchKomm-*Ott/Vuia,* InsO § 82, Rn. 13: Zeitpunkt der Leistungshandlung.

4. Anwendungsfälle, Streitpunkte

a) Überweisungen

aa) Der Girovertrag (§ 676 f. BGB) erlischt mit der Eröffnung des Insolvenzverfahrens über das Vermögen des Bankkunden/Überweisenden, §§ 116 S. 1, 115 Abs. 1.[1] 11

bb) Der Überweisungsauftrag erlischt nach allerdings streitiger Auffassung in Literatur und Rechtsprechung mit der Eröffnung des Insolvenzverfahrens über das Vermögen des Bankkunden. Dies gilt nach der durch das Überweisungsgesetz (ÜG) vom 21. Juli 1999 mit der Einfügung der §§ 676 a–g in das BGB in § 116 als S. 3 angefügten Regelung i. V. m. Art. 228 EGBGB allerdings für im Zeitpunkt der Insolvenzeröffnung abgeschlossene, aber noch unerledigte Überweisungsaufträge nicht mehr für Überweisungen in Mitgliedsstaaten der Europäischen Union und Vertragsstaaten des Europäischen Wirtschaftsraumes und seit dem 1. Januar 2002 auch nicht mehr für inländische und sonstige, grenzüberschreitende Überweisungen.[2] Diese Überweisungen bestehen mit Wirkung für die Masse fort, so dass sie grundsätzlich auch zum Nachteil der Masse auszuführen sind. 12

Führt die Bank nach Eröffnung des Insolvenzverfahrens einen nach Eröffnung und damit unwirksamen Überweisungsauftrag des Schuldners noch aus, obwohl sie Kenntnis von der Eröffnung des Verfahrens hat (für die Kenntnis ist auf die kontoführende Stelle, die Kenntnis des Filialleiters oder Zweigstellenleiters abzustellen),[3] so wird sie bei einem aus der Sicht der Bank kreditorischen Kontostand (das Konto des Schuldners weist ein Guthaben auf) von ihrer Leistungspflicht nicht befreit und muss erneut an den Insolvenzverwalter leisten. Beim aus der Sicht der Bank debitorischen Konto des Schuldners steht ihr ein Ersatzanspruch gegen die Masse auch nicht als Insolvenzforderung zu, sie kann sich vielmehr nur an den Schuldner selbst (sein insolvenzfreies Vermögen) oder an den Überweisungsempfänger halten.[4] Kannte die Bank hingegen im Zeitpunkt der Ausführung des Überweisungsauftrages die Eröffnung des Insolvenzverfahrens nicht (erforderlich ist positive Kenntnis, s. o.), wird sie von ihrer Leistungspflicht gegenüber dem Schuldner befreit, wenn dessen Konto ein Guthaben aufweist; die Bank kann die Zahlung mit dem Guthaben verrechnen. Wurde das Konto des Schuldners allerdings – wie in der Insolvenz eher üblich – im Soll (aus der Sicht der Bank eine Forderung) geführt, so steht der Bank gem. §§ 116, 115 Abs. 3 ein Ersatzanspruch zu, der als Insolvenzforderung geltend zu machen ist; sofern die Bank über Sicherheiten verfügt, kann sie darauf wegen des Ersatzanspruchs zurückgreifen.[5] 13

---

[1] BGHZ 11, 37; 63, 87, 90; 67, 75, 76; vgl. *Uhlenbruck/ders.,* InsO, § 82 Rn. 17 ff.; HK-*Kayser,* InsO, § 82 Rn. 22.

[2] Für Erlöschen nach der alten Rechtslage: BGHZ 67, 75, 76; *Kilger/K. Schmidt,* KO, § 8 Anm. 1 c); *Canaris,* Bankvertragsrecht, Rn. 501; zur neuen Rechtslage vgl. z. B. *Nerlich/Römermann/Wittkowski,* InsO, § 82 Rn. 7.

[3] BGH ZIP 1984, 809; BGH WM 1989, 1364; 1989, 1368.

[4] BGH NZI 2009, 307; *Gottwald/Obermüller,* InsHdb., § 99 Rn. 8; FK-*App,* InsO, § 82 Rn. 7 a; aA: *Bork,* Zahlungsverkehr in der Insolvenz, 2002, Rn. 178.

[5] *Gottwald/Obermüller,* InsHdb., § 99 Rn. 5, 9.

14 **cc) Überweisungseingänge** auf dem Konto des insolventen Schuldners kann die Bank grundsätzlich ohne Nachfrage bei dem Überweisungsauftraggeber ausführen. Sofern der Schuldner/Überweisungsempfänger keinen Anspruch auf den gutgeschriebenen Betrag hatte, steht dem Überweisenden ein Bereicherungsanspruch nach § 55 Abs. 1 Nr. 3 zu. Zur Anfechtung von Verrechnungen wird hier auf die Kommentierung zu §§ 129 ff. hingewiesen.

15 **b)** Beim **Lastschriftverfahren** gelten hinsichtlich der Einlösung von Lastschriften die Grundsätze wie für die Ausführung von Überweisungsaufträgen; für den Einzug von Lastschriften gelten die Grundsätze der Gutschrift von Überweisungseingängen.[1]

16 **c)** Für die **Einlösung** von Schecks, die der Schuldner ausgestellt hat, gelten die Grundsätze der Ausführung von Überweisungsaufträgen,[2] wobei es allerdings für den Zeitpunkt der befreienden Wirkung der Leistung der Bank auf ihre Kenntnis in dem Zeitpunkt ankommt, in dem der Scheck eingelöst wird. Bei Ablieferung der Schecks über das örtliche Abrechnungssystem ist der Zeitpunkt maßgebend, in dem der Scheck hätte spätestens zurückgegeben werden können, da eine nicht fristgemäße Rückgabe als Einlösung gilt.[3] Liegen andere Einzugsarten vor, so ist die Einlösung regelmäßig erst am 2. Buchungstag nach der Belastungsbuchung wirksam.[4]

17 Beim **Einzug** von Schecks gelten die Grundsätze der Gutschrift von Überweisungseingängen, wobei hier allerdings die Bank keine Hinweis- oder Sorgfaltspflichten gegenüber dem Scheckaussteller wahrnehmen muss, wenn sie ihn vom Schuldner/Scheckeinreicher zum Einzug annimmt.[5] Die Bank erwirbt gem. AGB Banken Nr. 15 Abs. 1 an den ihr zum Einzug eingereichten Schecks (und Wechseln) im Zeitpunkt der Einreichung Sicherungseigentum (= lässt sich sicherungsübereignen); nach AGB Banken Nr. 15 Abs. 2 gehen mit dem Erwerb des Sicherungseigentums am Scheck (und Wechsel) auch die zugrunde liegenden Forderungen auf die Bank über.[6] Das Sicherungseigentum am Scheck (und Wechsel) und die Sicherungsabtretung dienen gem. AGB Banken Nr. 15 Abs. 4 der Sicherung aller Ansprüche, die der Bank gegen den Kunden (Schuldner) bei Einreichung des Schecks (Wechsels) aus seinem Kontokorrentkonto zustehen. Das Sicherungseigentum am Scheck berechtigt die Bank zur abgesonderte Befriedigung aus dem Scheck ebenso wie die Sicherungszession zur abgesonderten Befriedigung aus den zugrunde liegenden Forderungen.[7]

18 **d)** Für die Einlösung und den Einzug von **Wechseln** gelten die gleichen Grundsätze wie bei dem Einzug und der Einlösung von Schecks.[8]

---

[1] Zu Besonderheiten vgl. *Gottwald/Obermüller,* aaO, Rn. 46 ff.

[2] *Gottwald/Obermüller,* InsHdb., § 99 Rn. 35 ff.

[3] BGH WM 1987, 400.

[4] BGH WM 1988, 1328.

[5] *Gottwald/Obermüller,* InsHdb., § 99 Rn. 38 ff.

[6] Die AGB wollen damit sagen, dass die Forderung aus dem Scheck sicherungsabgetreten wird.

[7] Vgl. BGH WM 1985, 1057, 1058.

[8] *Gottwald/Obermüller,* InsHdb., § 99 Rn. 41.

5. Praxishinweis

Der Insolvenzverwalter wird darauf bedacht sein, dass er nach Eröffnung des Insolvenzverfahrens unmittelbar ggf. bestehende Überweisungsaufträge präventiv widerruft und eine Sperrung ggf. vom Schuldner ausgestellter Schecks bewirkt. **19**

Nicht nur im Hinblick auf die Neuregelung des § 116 S. 3 (insbesondere wegen seiner Wirkung seit dem 1. Januar 2002), sondern auch zum Schutz der künftigen Insolvenzmasse, sollte schon der vorläufige Insolvenzverwalter prüfen, ob der Schuldner – mit Zustimmung des vorläufigen Insolvenzverwalters – bestehende Überweisungsaufträge widerrufen sollte. Sofern die Verwaltungs- und Verfügungsbefugnis auf den vorläufigen Insolvenzverwalter übergegangen ist (§ 22 Abs. 1), kann dieser den Widerruf selbst erklären. Soweit es sich um Kontobelastungen auf Grund vom Schuldner erteilter Einzugsermächtigungen handelt, ist der vorläufige Insolvenzverwalter mit Zustimmungsvorbehalt berechtigt, die Genehmigung der Belastungsbuchung zu verweigern.[1] **20**

§ 83 Erbschaft. Fortgesetzte Gütergemeinschaft

(1) **Ist dem Schuldner vor der Eröffnung des Insolvenzverfahrens eine Erbschaft oder ein Vermächtnis angefallen oder geschieht dies während des Verfahrens, so steht die Annahme oder Ausschlagung nur dem Schuldner zu. Gleiches gilt von der Ablehnung der fortgesetzten Gütergemeinschaft.**

(2) **Ist der Schuldner Vorerbe, so darf der Insolvenzverwalter über die Gegenstände der Erbschaft nicht verfügen, wenn die Verfügung im Falle des Eintritts der Nacherbfolge nach § 2115 des Bürgerlichen Gesetzbuchs dem Nacherben gegenüber unwirksam ist.**

Übersicht

1. Normzweck

Da die Annahme oder Ausschlagung einer Erbschaft oder eines Vermächtnisses neben dem vermögensrechtlichen Bezug auch höchstpersönlichen Charakter hat, höchstpersönliche Rechte jedoch nicht dem Insolvenzbeschlag unterliegen, be- **1**

[1] BGH NZI 2007, 118 ff.; BGH NZI 2005, 99 ff.; OLG München NZI 2007, 107 und 351; vgl. auch Fn. zu § 80 Rn. 26 a und § 81 Rn. 15.

lässt der Gesetzgeber die Entscheidung darüber auch in der Insolvenz dem Schuldner. Im Restschuldbefreiungsverfahren ist allerdings § 295 zu beachten.[1]

2 § 83 ist auf Grund des höchstpersönlichen Regelungsbezugs keine verallgemeinerungs- oder analogiefähige Regelung, sie ist weder auf einen echten Vertrag zugunsten Dritter noch auf Schenkungsangebote anwendbar.[2]

2. Erbschaft/Vermächtnis, Abs. 1 S. 1

a) Rechtslage

3 Gem. § 1922 BGB geht mit dem Tod einer Person deren Vermögen als Ganzes auf den Erben über (Universalsukzession). Der Erbe ist nicht verpflichtet, das Vermögen des Erblassers, die Erbschaft, zu übernehmen, er hat nach § 1942 BGB das Recht, sie auszuschlagen. Das gleiche Recht steht dem Vermächtnisnehmer (§ 2174 BGB) zu, der nach § 2180 BGB ausschlagen kann.

b) Annahme

4 Nimmt der Schuldner die Erbschaft oder das Vermächtnis an, so wird diese Vermögensmasse gem. §§ 35, 36 Bestandteil der Insolvenzmasse.[3] § 83 unterscheidet nicht, ob die Annahme vor oder nach der Eröffnung des Insolvenzverfahrens erfolgt. Auch wenn mit der Annahme der Erbschaft die Insolvenzmasse mit Nachlassverbindlichkeiten, die zu Insolvenzforderungen werden, belastet wird, kann der Insolvenzverwalter die Annahme oder den Anfall weder ausschlagen noch anfechten noch die Erbschaft insgesamt freigeben.[4] Der Insolvenzverwalter kann zur Entlastung der Masse und zur Vermeidung einer Benachteiligung der persönlichen Gläubiger des Schuldners/Erben im Falle der Überschuldung des Nachlasses lediglich Nachlassverwaltung oder die Eröffnung des Nachlassinsolvenzverfahrens beantragen, um eine Haftungsbeschränkung herbeizuführen (§§ 1975 ff. BGB). Im Interesse der persönlichen Gläubiger des Schuldners vor einer Schmälerung der Quote durch Nachlassgläubiger ist der Insolvenzverwalter verpflichtet, diesen Antrag zu stellen. Der Erbe/Schuldner ist hingegen nicht befugt, die Eröffnung des Nachlassinsolvenzverfahrens oder die Nachlassverwaltung zu beantragen. Leistungen auf Gegenstände des Nachlasses fallen wie der Nachlass selbst in die Insolvenzmasse; für diese Leistungen gelten §§ 80, 82, sofern sie an den Schuldner erfolgen. Ist zum Zeitpunkt der Eröffnung des Insolvenzverfahrens über das Vermögen des Schuldners für den Nachlass bereits Testamentsvollstreckung angeordnet, so besteht diese fort; die Verfügungsbeschränkung des Erben/Schuldners nach § 2211 BGB gilt auch gegenüber dem Insolvenzverwalter. Die Insolvenzgläubiger, die nicht zugleich auch Nachlassgläubiger sind, können gem. § 2214 BGB nicht auf die der Testamentsvollstreckung unterliegenden Nachlassgegenstände zugreifen.[5]

---

[1] Vgl. auch Begründung RegE, § 94, abgedruckt in *Balz/Landfermann,* S. 300.

[2] *Jäger/Henckel,* KO, § 9 Rn. 23; *Kilger/K. Schmidt,* KO, § 9 Rn. 6; FK-*App,* InsO, § 83 Rn. 12; aA: *Jäger/Windel,* InsO, § 83 Rn. 17.

[3] BGH NZI 2006, 461 ff.; vgl. *Marotzke,* ZIP 2003, 309 ff. zu einem instruktiven Fall aus der Praxis.

[4] *Uhlenbruck/ders.,* InsO, § 83 Rn. 4, 9.

[5] OLG Köln ZIP 2005, 268 ff.; *Uhlenbruck/ders.,* InsO, § 83 Rn. 5; MünchKomm-*Schumann,* InsO § 83 Rn. 8; Zur Abgrenzung der Haftungsmasse eines Nachlasses und der Erben vgl. auch die Kommentierung zu §§ 315 ff.

c) Ausschlagung

Schlägt der Erbe die Erbschaft aus (§§ 1942 ff. BGB), so gilt der Anfall an ihn als nicht erfolgt mit der Rechtsfolge, dass Erbschaft und Vermächtnis gem. §§ 1953 Abs. 1, 2, 2180 Abs. 3 BGB dem nächsten Berufenen anfallen. Ebenso wenig wie die Annahme kann auch die Ausschlagung – vor oder nach Eröffnung des Insolvenzverfahrens – nach §§ 129 ff. angefochten werden.[1] 5

d) Pflichtteilsansprüche (§ 2303 BGB) entstehen mit dem Erbfall und sind vererblich und übertragbar, § 2317 BGB. Da sie nicht ausgeschlagen werden können, ist Abs. 1 nicht anwendbar. Bestandteil der Masse wird der Pflichtteilsanspruch nur, wenn er pfändbar ist, §§ 35, 36. Nach § 852 Abs. 1 ZPO setzt die Pfändbarkeit voraus, dass der Anspruch durch Vertrag anerkannt oder rechtshängig ist. Nach der Rechtsprechung des BGH[2] ist der Pflichtteilsanspruch bereits vor der vertraglichen Anerkennung oder Rechtshängigkeit „als in seiner zwangsweisen Verwertbarkeit aufschiebend bedingter Anspruch pfändbar". Im Ergebnis ist damit zwar auch der noch nicht vertraglich anerkannte oder der noch nicht gerichtlich geltend gemachte Pflichtteilsanspruch Massebestandteil, der Insolvenzverwalter kann den Anspruch aber nicht verwerten, solange die Anerkennung oder gerichtliche Geltendmachung durch den Schuldner nicht erfolgt ist. Erst wenn die vertragliche Anerkennung vorliegt oder der Schuldner den Anspruch gerichtlich geltend gemacht hat, kann der Verwalter den Anspruch weiter verfolgen und zur Masse realisieren.[3] 6

e) Im **Nachlassinsolvenzverfahren,** § 315 ff., ist § 83 analog anwendbar.[4] 7

3. Fortgesetzte Gütergemeinschaft

Nach **S. 2** findet S. 1 Anwendung auf die Ablehnung der fortgesetzten Gütergemeinschaft (vgl. § 37 Abs. 1 S. 1). Der Schuldner als überlebender Ehegatte kann die Fortsetzung der Gütergemeinschaft ablehnen; auf die Ablehnung finden gem. § 1484 BGB die für die Ausschlagung der Erbschaft geltenden Vorschriften entsprechende Anwendung. Rechtsfolge der Ablehnung der Fortsetzung ist die in § 84 geregelte Auseinandersetzung der Gütergemeinschaft, für die der Insolvenzverwalter gem. § 80 zuständig ist. Massebestandteil wird bei Ablehnung der Fortsetzung der Gütergemeinschaft der dem Schuldner nach §§ 1484 Abs. 3, 1482 BGB neben seinem Vorbehalts- oder Sondergut (§ 1486 BGB) zustehende Anteil. Der Anteil des verstorbenen Ehegatten fällt an dessen Erben. Die Gemeinschaft wird nach § 84 auseinandergesetzt. Gehört der Schuldner gleichzeitig zu den Erben des verstorbenen Ehegatten, so kann er nach § 83 Abs. 1 wiederum diese Erbschaft annehmen oder ausschlagen. Wenn der überlebende Ehegatte die Fortsetzung der Gütergemeinschaft nicht ablehnt (§§ 1484, 1944 BGB), fällt das Gesamtgut (§ 1485 BGB) insgesamt in die Insolvenzmasse, § 37 Abs. 1 S. 1, Abs. 3. 8

---

[1] HK-*Kayser,* InsO, § 83 Rn. 6; *Nerlich/Römermann/Wittkowski,* § 83 Rn. 6, 8.

[2] BGH NJW 1993, 2876; BGH BeckRS 2009, 08772 = NJW RR 2009, 997.

[3] OLG Brandenburg FamRZ 1999, 1436; *Kuchinke,* NJW 1994, 1769 ff., 1772; MünchKomm-*Schumann,* InsO § 83 Rn. 13; vgl. *Uhlenbruck/ders.,* InsO, § 83 Rn. 11.

[4] *Uhlenbruck/ders.,* InsO, § 83 Rn. 12; zum Verhältnis Testamentsvollstreckung und Insolvenzverwaltung vgl. BGH NZI 2006, 461 ff.

4. Vorerbschaft, Abs. 2

9 Abs. 2 betrifft lediglich die Insolvenz des Vorerben, jedoch nicht die in §§ 315 ff. geregelte Insolvenz des Nachlasses. Zwar fallen die zur Erbschaft gehörenden Gegenstände in die Insolvenzmasse, nach Abs. 2 kann der Insolvenzverwalter auf Grund des zur Anwendung gelangenden § 2215 BGB jedoch über die Gegenstände insoweit nicht wirksam verfügen, als durch die Verfügung das Recht der Nacherben vereitelt oder beeinträchtigt würde. Damit enthält Abs. 2 ein relatives Veräußerungsverbot i. S. d. § 135 BGB. Die Verfügung des Insolvenzverwalters wird wirksam, wenn der Nacherbe gem. § 185 Abs. 2 S. 1 BGB genehmigt[1] oder die Nacherbschaft ausschlägt; Wirksamkeit liegt ferner vor, wenn der Erwerber gutgläubig ist, die Vorerbenstellung des Schuldners nicht positiv kennt oder auf Grund grober Fahrlässigkeit nicht kennt (§ 135 Abs. 2 BGB). Nach streitiger Ansicht kommt gutgläubiger Erwerb vom Insolvenzverwalter in Betracht.[2] Ist eine Verfügung des Insolvenzverwalters wegen gutgläubigen Erwerbs wirksam, steht dem Nacherben ein Anspruch gem. § 55 Abs. 1 Nr. 1 zu; schuldhaftes Handeln des Insolvenzverwalters führt zur Haftung nach § 60. Wirksam sind Verfügungen des Insolvenzverwalters, die ausschließlich der Befriedigung von Nachlassgläubigern dienen.[3] Betreibt der Insolvenzverwalter die Veräußerung des Nachlasses im Wege der Zwangsvollstreckung, ist § 773 ZPO anwendbar, so dass dem Nacherben das Widerspruchsrecht gem. § 771 ZPO und dem Vorerben das Recht aus § 766 ZPO zusteht. Die Anwendbarkeit von Abs. 2 endet, wenn sich während des Insolvenzverfahrens herausstellt, dass die Nacherbfolge nicht mehr eintreten kann. Folge ist, dass der Nachlass dann zur Insolvenzmasse gehört. Wenn im Zeitpunkt der Aufhebung des Insolvenzverfahrens die Nacherbfolge noch nicht eingetreten ist, aber noch eintreten kann, so ist das ihr unterliegende Stammvermögen an den Vorerben herauszugeben.[4]

§ 84 Auseinandersetzung einer Gesellschaft oder Gemeinschaft

(1) **Besteht zwischen dem Schuldner und Dritten eine Gemeinschaft nach Bruchteilen, eine andere Gemeinschaft oder eine Gesellschaft ohne Rechtspersönlichkeit, so erfolgt die Teilung oder sonstige Auseinandersetzung außerhalb des Insolvenzverfahrens. Aus dem dabei ermittelten Anteil des Schuldners kann für Ansprüche aus dem Rechtsverhältnis abgesonderte Befriedigung verlangt werden.**

(2) **Eine Vereinbarung, durch die bei einer Gemeinschaft nach Bruchteilen das Recht, die Aufhebung der Gemeinschaft zu verlangen, für immer oder auf Zeit ausgeschlossen oder eine Kündigungsfrist bestimmt worden ist, hat im Verfahren keine Wirkung. Gleiches gilt für eine Anordnung dieses Inhalts, die ein Erblasser für die Gemeinschaft seiner Erben getroffen hat, und für eine entsprechende Vereinbarung der Miterben.**

---

[1] RGZ 110, 95.

[2] *Kuhn/Uhlenbruck,* KO, § 128 Rn. 2 a) mwN; *Uhlenbruck/ders.,* InsO, § 83 Rn. 18; aA: HK-*Kayser,* InsO, § 83 Rn. 19; MünchKomm-*Schumann,* InsO § 83 Rn. 24.

[3] *Kuhn/Uhlenbruck,* KO, aaO; *Uhlenbruck,* aaO; HK-*Kayser,* InsO, § 83 Rn. 19.

[4] RGZ 110, 95.

Übersicht

1. Normzweck

§ 84 entspricht sinngemäß §§ 16, 51 KO. Vor dem Hintergrund, dass nur das Vermögen des Schuldners zur Insolvenzmasse gehört, regelt § 84, dass nur der ideelle Anteil des Schuldners an Vermögensmassen, an denen andere mitbeteiligt sind (Gesellschaften und Gemeinschaften), Bestandteil der Insolvenzmasse ist. Der Insolvenzverwalter kann die Verwertung dieser Vermögensmassen nicht uneingeschränkt vornehmen, sondern hat insoweit die für die Teilung oder Auseinandersetzungen geltenden Bestimmungen außerhalb der Insolvenzordnung anzuwenden und zu beachten. Im Interesse der Insolvenzgläubiger sind vertragliche Auseinandersetzungs- oder Teilungsbeschränkungen für den Insolvenzverwalter unbeachtlich. Im Interesse der an den Vermögensmassen neben dem Schuldner Beteiligten wird diesen wegen ihrer Forderungen aus dem jeweiligen Gemeinschaftsverhältnis nicht nur eine Insolvenzforderung, sondern ein Absonderungsrecht an dem Auseinandersetzungs- oder Teilungserlösanspruch des Schuldners zugesprochen.[1] 1

2. Anwendungsbereich

Der Vorschrift unterfallen Bruchteilsgemeinschaften (§§ 741 ff., 1008 ff. BGB), Personenhandelsgesellschaften (OHG, §§ 105 ff. HGB; KG, §§ 161 ff. HGB), die stille Gesellschaft (§§ 230 ff. HGB),[2] die Gesellschaft bürgerlichen Rechts (§§ 705 ff. BGB), die Erbengemeinschaft (§§ 2024 ff. BGB), unter bestimmten Voraussetzungen die eheliche Gütergemeinschaft (§§ 1415 ff. BGB)[3] sowie die Partnerschaftsgesellschaft (PartGG), die in der Legaldefinition der Gesellschaften ohne Rechtspersönlichkeit in § 11 ebenfalls aufgeführt ist.[4] 2

---

[1] *Kuhn/Uhlenbruck,* KO, aaO; *Uhlenbruck/ders.,* aaO, Rn. 19.

[2] *Kübler/Prütting/Bork/Lüke,* InsO, § 84 Rn. 14 f.; aA: z. B. MünchKomm-*Bergmann,* InsO, § 84 Rn. 12; *Gundlach/Frenzel/Schmidt,* ZIP 2006, 501 ff.

[3] Vgl. BHGZ 114, 74, 75; *Jäger/Henckel,* KO, § 16 Rn. 10; *Uhlenbruck/Hirte,* InsO, § 84 Rn. 11; zum Verhältnis § 84 zu § 96 Abs. 1 Nr. 3/§§ 129 ff. im Fall der Aufrechnung/Verrechnung von Gesellschaftsforderungen eines aus einer ARGE/Bauarbeitsgemeinschaft ausgeschiedenen Gesellschafters vgl. BGH NZI 2007, 222 m. Anm. *Schütze,* FD-InsR 2007, 213971 = ZInsO 2007, 213 (zu der damit überholten aA OLG Frankfurt NZI 2006, 241); *Fehl/Streicher,* DZWIR, 2005, 320 ff.; ob § 84 für das Guthaben auf einem Oder-Konto in der Insolvenz eines Kontomithinhabers gilt, wenn die dort eingezahlten Beträge den Berechtigten im Innenverhältnis gemeinschaftlich zustehen, ist strittig, vgl. OLG Hamburg NZI 2008, 436; *Jaeger/Eckardt,* InsO, § 84 Rn. 18.

[4] Vgl. HK-*Kayser,* InsO, § 84 Rn. 15.

3 Nicht anwendbar ist § 84 auf den nicht rechtsfähigen Verein (§ 54 BGB), auf juristische Personen[1] sowie auf Kapitalanlagegesellschaften[2] und auf Wohnungseigentum[3].

3. Auseinandersetzung, Abs. 1 S. 1

4 § 84 **Abs. 1 Satz 1** stellt klar, dass der Insolvenzverwalter auch dann **nicht befugt** ist, im Miteigentum Dritter stehende Gegenstände ohne deren Zustimmung zu veräußern, wenn sie sich im Besitz des Schuldners befinden und der Miteigentumsanteil als solcher nach den allgemeinen Vorschriften nicht übertragbar ist. Den Miteigentümern steht bei Besitz des Schuldners bzw. des Insolvenzverwalters ein Aussonderungsanspruch zu,[4] entweder auf Feststellung des Miteigentums, auf Einräumung des Mitbesitzes oder auf Auseinandersetzung.[5] Zur Realisierung des Anteils des Schuldners zur Insolvenzmasse stehen dem Insolvenzverwalter verschiedene Möglichkeiten zur Verfügung.

5 **a)** Der Insolvenzverwalter kann die **Auseinandersetzung** nur nach den außerhalb des Insolvenzverfahrens geltenden **allgemeinen Vorschriften** betreiben, soweit auch dem Schuldner der Auseinandersetzungsanspruch zusteht und dessen Anteil Bestandteil der Masse ist.[6] Der Insolvenzverwalter ist dabei jedoch nicht durch vertragliche Auseinandersetzungsbeschränkungen gehindert.[7] Geregelt ist die Auseinandersetzung für die BGB-Gesellschaft in §§ 731 ff. BGB, für die Bruchteilsgemeinschaft in §§ 749, 752 ff. BGB, für die Erbengemeinschaft in §§ 2042 ff. BGB (§§ 86 ff., 192 ff. FGG), für die OHG und die KG in §§ 145 ff., 161 Abs. 2 HGB, für die stille Gesellschaft in §§ 234 ff. HGB, für die Partnerschaftsgesellschaft in § 9 PartGG und für die Aufhebung der Grundstücksgemeinschaft in §§ 180 ff. ZVG.

6 **b)** Daneben ist z. B. auch eine Auseinandersetzung in der Form möglich, dass der Insolvenzverwalter den Anteil des Schuldners freihändig verwertet, soweit dies nach den allgemeinen Vorschriften möglich ist; ferner kann im Einvernehmen mit den übrigen Berechtigten auch der gemeinschaftliche Gegenstand freihändig verwertet und der Erlös anschließend verteilt werden.[8]

4. Abgesonderte Befriedigung, Abs. 1 S. 2

7 Nach **Abs. 1 S. 2** steht den am Gemeinschaftsverhältnis neben dem Schuldner Beteiligten an dem im Rahmen der Teilung oder Auseinandersetzung ermittelten Anteil des Schuldners für ihre Ansprüche aus dem Gemeinschaftsverhältnis ein **Absonderungsrecht** zu. Die Vorschrift setzt damit voraus, dass Bruchteils- oder

---

[1] FK-*App,* InsO, § 84 Rn. 5; *Uhlenbruck/Hirte,* InsO, § 84 Rn. 8, 9.
[2] Vgl. § 11 Abs. 1 KAGG; *Jäger/Henckel,* KO, aaO, Rn. 14; FK-*App,* InsO, § 84 Rn. 22.
[3] Vgl. § 11 Abs. 2 WEG; *Kuhn/Uhlenbruck,* KO, § 16 Rn. 7 b); HK-*Kayser,* InsO, § 84 Rn. 6.
[4] BGH WM 1962, 181; strittig; für die Anwendung z. B. *Jäger/Eckardt,* InsO, § 84 Rn. 13 mwN; dagegen z. B. *Nerlich/Römermann/Wittkowski,* InsO, § 84 Rn. 22.
[5] BGH LM § 82 KO Nr. 1.
[6] *Uhlenbruck/Hirte,* InsO, aaO, Rn. 15; vgl. auch *Gundlach/Frenzel/Schmidt,* ZIP 2006, 501 ff.
[7] RGZ 40, 44.
[8] *Kilger/K. Schmidt,* KO, § 51, Anm. 4; *Breutigam/Blersch/Goetsch,* InsO, § 84 Rn. 4.

Gesamthandsvermögen noch vorhanden ist, an dem Absonderungsrechte geltend gemacht werden können,[1] da andernfalls die Ansprüche gegen den Schuldner aus dem Gemeinschaftsverhältnis nur als Insolvenzforderungen verfolgt werden könnten. Der Absonderungsanspruch besteht nicht am jeweiligen Anteil am Gemeinschaftsvermögen, sondern nur am Netto-Anteil, der nach Begleichung sämtlicher aus dem Gemeinschaftsverhältnis begründeter Verbindlichkeiten noch auf den Schuldner entfällt.[2] Das Absonderungsrecht besteht nur hinsichtlich derjenigen Ansprüche aus dem Gemeinschaftsverhältnis, die gerade aus der Zugehörigkeit zur Gemeinschaft begründet sind.[3] Soweit der Netto-Anteil des Schuldners nicht zur vollen Befriedigung des Anspruchs ausreicht, kann der Restanspruch nur als Insolvenzforderung verfolgt werden; unabhängig davon kann der volle Anspruch gem. § 52 für den Ausfall zur Tabelle angemeldet werden.

5. Unwirksamkeit von Beschränkungen, Abs. 2

Rechtsgeschäftliche **Beschränkungen** der Auseinandersetzung einer Bruchteilsgemeinschaft oder Erbengemeinschaft, an der der Schuldner beteiligt ist, sind für den Insolvenzverwalter **ohne Wirkung,** er kann unabhängig von der Ausgestaltung der Beschränkung jederzeit die Auseinandersetzung verlangen.[4] **Nicht berührt** werden durch Abs. 2 **gesetzlich** angeordnete Beschränkungen, diese bleiben wirksam (z. B. § 1066 Abs. 2 BGB; §§ 2043, 2045, 2061 BGB). 8

[1] BGH BB 1955, 331.
[2] RGZ 26, 110, 113; 51, 331, 344.
[3] Vgl. z. B. § 733 BGB.
[4] Vertragliche Beschränkungen des Auseinandersetzungsguthabens bei Gesellschaften sollen von Abs. 2 nicht erfasst werden; vgl. *Uhlenbruck/Hirte,* InsO, aaO, Rn. 30; *Jäger/Eckardt,* InsO, § 84 Rn. 60.

Vorbemerkung vor §§ 85–87 InsO
Auswirkungen der Eröffnung des Insolvenzverfahrens auf Prozesshandlungen und Prozesse

Übersicht

1. Partei- und Prozessfähigkeit

1 Mit der Eröffnung des Insolvenzverfahrens verliert der Schuldner gem. § 80 die Verwaltungs- und Verfügungsbefugnis und damit auch die Prozessführungsbefugnis über sein zur Insolvenzmasse (§ 35) gehörendes Vermögen an den Insolvenzverwalter.[1] Der Insolvenzverwalter wird Partei eines Rechtsstreits („handelnd in seiner Eigenschaft als Insolvenzverwalter über das Vermögen des Schuldners", was sowohl der Insolvenzverwalter als auch die klagende Gegenseite jeweils in den Schriftsätzen berücksichtigen müssen). Der Schuldner bleibt zunächst noch hinsichtlich des dem Insolvenzbeschlag nicht unterliegenden Vermögens prozessfähig. Hinsichtlich des dem Insolvenzbeschlag unterliegenden Vermögens erlangt er die Prozessführungsbefugnis aber dann zurück, wenn der Insolvenzverwalter die Aufnahme eines Rechtsstreits ablehnt (§ 85 Abs. 2) oder das Insolvenzverfahren aufgehoben wird (§ 200). Daneben kann der Insolvenzverwalter den Schuldner auch ermächtigen, den Prozess an seiner Stelle zu führen, kann ihm also die Prozessführungsbefugnis übertragen. Dies gilt dann nicht, wenn damit das Prozessrisiko den Gegnern auferlegt werden soll.[2]

2 Vorstehendes gilt nach §§ 22 Abs. 1 S. 1, 24 Abs. 2 bereits vor Eröffnung des Verfahrens, wenn die Verwaltungs- und Verfügungsbefugnis auf den vorläufigen Insolvenzverwalter übergegangen ist.

2. Klageerhebung durch den Insolvenzverwalter

3 Für die Zulässigkeit einer **neuen Klage** nach Eröffnung des Insolvenzverfahrens enthält die InsO ebenso wie die KO, die VerglO und die GesO keine ausdrückliche Bestimmung. Dies ist wegen § 80 auch nicht erforderlich, da sich aus dieser Vorschrift in Verbindung mit §§ 47, 103, 107, 49 ff., 166 f. und §§ 50, 90, 209 die Parteistellung des Insolvenzverwalters als Kläger – Partei kraft Amtes – ableiten lässt. Eine Unterbrechung des Rechtsstreites kommt nicht in Betracht.

[1] RGZ 26, 68; 29, 37.
[2] BGHZ 96, 151.

3. Verfahrensunterbrechung gem. § 240 ZPO

Gem. § 240 ZPO unterbricht die Eröffnung des Insolvenzverfahrens über das Vermögen einer Partei das Verfahren, bis das Verfahren nach den für das Insolvenzverfahren geltenden Vorschriften aufgenommen oder das Insolvenzverfahren beendet wird (§ 240 S. 1 ZPO).[1] Entsprechendes gilt, wenn die Verwaltungs- und Verfügungsbefugnis über das Vermögen des Schuldners auf einen vorläufigen Insolvenzverwalter übergeht (§ 240 S. 2 ZPO).[2] Die Anwendbarkeit des § 240 ZPO ist auch bei Anordnung der Eigenverwaltung (§§ 270 ff.) zu bejahen.[3] 4

Eine Unterbrechung nach § 240 ZPO tritt grundsätzlich auch dann ein, wenn ein Insolvenzverfahren im Ausland eröffnet wird und ein Prozess über das im Inland belegene, zur Insolvenzmasse gehörende Vermögen rechtshängig ist.[4] Dies ergibt sich nicht nur aus Art. 102 Abs. 1 EGInsO, sondern auch aus Art. 15 EuInsVO.[5] Die Prozessführungsbefugnis eines ausländischen Insolvenzverwalters sowie die von diesem abgeleitete Prozessführungsermächtigung ist zu beachten.[6] 5

a) Voraussetzungen

aa) Die Vorschrift setzt ein Verfahren i. S. d. Zivilprozessordnung voraus, so dass gem. §§ 253, 261 ZPO Rechtshängigkeit erforderlich ist,[7] dem Schuldner die Klage bei Eröffnung des Insolvenzverfahrens daher schon zugestellt sein muss.[8] 6

Verfahren i. S. v. § 240 ZPO ist neben dem rechtshängigen Klageverfahren auch das Mahnverfahren (§§ 688 ff. ZPO), zumindest dann, wenn der Mahnbescheid im Zeitpunkt der Eröffnung des Insolvenzverfahrens bereits zugestellt war;[9] ferner das Kostenfestsetzungsverfahren (§§ 103 ff. ZPO),[10] das Beschwerdeverfahren[11] 7

---

[1] Instruktiv: *Gundlach/Frenzel,* NJW 2004, 3222 ff.

[2] Vgl. OLG Celle ZInsO 2002, 728; OLG Naumburg ZInsO 2003, 664 f.

[3] BGH NZI 2007, 188 f.; *Gundlach/Frenzel,* NJW 2004, 3222, 3223 mwN.

[4] Vgl. OLG Frankfurt ZIP 2007, 932 ff.; vgl. auch die Kommentierung zu § 352.

[5] Vgl. auch BGH ZIP 1998, 659 f.; vgl. auch Verordnung (EG) Nr. 1346/2000 des Rates der Europäischen Union vom 29. 5. 2000 – ABl. L 160/1 über Insolvenzverfahren (ZInsO 2001, 111 ff.) und *Wimmer,* ZInsO 2001, 97 ff. mit Ausführungen zur Rechtslage vor Inkrafttreten der EuInsVO. Zur Ablehnung der Unterbrechung eines erstinstanzlichen Vollstreckbarkeitsverfahrens nach dem EuGVÜ vgl. OLG Bamberg ZVI 2006, 41 und zur Bejahung der Unterbrechung OLG Saarbrücken NJW-RR 1994, 636 f.; BAG NZI 2008, 122 zur Unterbrechung eines Kündigungsschutzprozesses durch das auf den Antrag eines Arbeitgebers nach US-BC Chapter 11 ausgelöste Reorganisationsverfahren.

[6] BGH ZIP 1994, 547.

[7] BGH NZI 2009, 169; *Thomas/Putzo,* ZPO, § 240 Rn. 3.

[8] BGH BeckRS 2009, 03658 m. Anm. *Kroth,* FD-InsR 2009, 274640 = WM 2009, 332= ZIP 2009, 240

[9] *Jäger/Henckel,* KO, § 10 Rn. 27; *Uhlenbruck/ders.,* InsO, § 85 Rn. 24, 25; LG Koblenz ZInsO 2003, 666 ff.; *Jäger/Windel,* InsO, § 85 Rn. 57: mit Anhängigkeit des Mahnverfahrens gem. § 702 Abs. 1 ZPO.

[10] OLG Hamm KTS 1972, 198; OLG München, Rpfleger 1974, 368; KG, ZIP 2000, 279 f.; OLG München ZInsO 2002, 1037 f.

[11] *Jäger/Windel,* InsO, § 85 Rn. 56 (nur bei Bezug zur Insolvenzverwaltung); *Jäger/Henckel,* KO, § 10 Rn. 26; RGZ 30, 409 f.

und das Arrest- und einstweilige Verfügungsverfahren[1]. Bei einem inländischen Vollstreckbarkeitsverfahren betreffend die Vollsteckbarkeitserklärung ausländischer Urteile nach §§ 722f ZPO handelt es sich um ein Verfahren im Sinne des § 240 S. 1 ZPO mit der Folge der Unterbrechung bei Eröffnung des inländischen, die Insolvenzmasse betreffenden Insolvenzverfahrens.[2] Daraus leitet der BGH ab, dass auch das Verfahren „der Nichtzulassungsbeschwerde gegen ein Berufungsurteil, mit dem ein Urteil eines ausländischen Gerichts für vollstreckbar erklärt worden ist, das zur Zahlung aus einem Nachlass verurteilt hat, über den im Inland das Nachlassinsolvenzverfahren eröffnet worden ist", unterbrochen wird. (BGH, ebd.) Das markenrechtliche Widerspruchsverfahren wird mit Eröffnung des Insolvenzverfahrens über das Vermögen des Inhabers der Widerspruchsmarke gem. § 82 Abs. 1 MarkG iVm. § 240 ZPO unterbrochen.[3]

8 § 240 ZPO ist ferner analog anwendbar auf Verfahren vor dem Verwaltungsgericht[4], Finanzgericht,[5] Arbeitsgericht[6] und Sozialgericht.[7]

9 Nicht anwendbar ist § 240 ZPO auf das selbstständige Beweisverfahren[8] und wird verneint für das Streitwertfestsetzungsverfahren,[9] das Schiedsgerichtsverfah-

---

[1] *Jäger/Windel,* InsO, § 85 Rn. 70: Unterbrochen wird nur das Verfahren zur Erwirkung eines Arrests oder einer einstweiligen Verfügung. Die Vollziehung richtet sich nach Zwangsvollstreckungsregeln, so dass eine Unterbrechung insoweit nicht nach § 240 ZPO erfolgt. *Jäger/Henckel,* KO, § 10 Rn. 38; zum Prozesskostenhilfeverfahren OLG Köln ZIP 2003, 1056ff. mwN.

[2] BGH NZI 2008, 681.

[3] BPatG BeckRS 2009, 03375; nach BGH BeckRS 2008, 06502 = NZI 2009, 456, wird bei Eröffnung des Insolvenzverfahrens über das Vermögen des als Patentinhaber im Register eingetragenen Schuldners die danach ablaufende Frist zur Zahlung einer fälligen Jahresgebühr, deren Versäumnis gem. § 20 Abs. 1 3 PatG mit dem Löschen des Patents verbunden ist, nicht unterbrochen.

[4] VGH Kassel ZIP 2006, 923: § 173 S. 1 VwGO i. V. m. § 240 S. 1 ZPO; aA BVerwG ZIP 2003, 726 für das Verfahren nach § 36 VermG.

[5] BGH BB 2006, 1151; BFH BeckRS 2008, 25012998: Ein finanzgerichtliches Verfahren wird im Insolvenzeröffnungsverfahren über das Vermögen des Schuldners gem. § 155 FGO, § 240 ZPO nur unterbrochen, wenn das Insolvenzgericht ein allgemeines Verfügungsverbot anordnet.

[6] BAG NZI 2007, 300ff. für den Kündigungsrechtsstreit; BAG NZI 2008, 122 – Unterbrechung eines Kündigungsschutzprozesses durch das auf den Antrag eines Arbeitgebers nach US-BC Chapter 11 ausgelöste Reorganisationsverfahren.

[7] *Kuhn/Uhlenbruck,* KO, Vorbemerkung § 10 Rn. 8; *Kilger/K. Schmidt,* KO, § 10 Anm. 1a; *Uhlenbruck/ders.,* InsO, aaO, Rn. 30ff.

[8] BGH ZIP 2004, 186ff. – ohne Differenzierung zwischen Insolvenz des Antragstellers und Insolvenz des Antragsgegners dazu kritisch *Stickelbrock,* EWiR 2004, 309; OLG Hamburg ZInsO 2001, 132; OLG Frankfurt NZI 2003, 62f.; *Jäger/Henkel,* KO, aaO, Rn. 39; *Meyer,* NZI 2005, 9ff.; vgl. auch OLG Zweibrücken ZInsO 2005, 383: Antrag auf Fristsetzung zur Klageerhebung kann nur der Insolvenzverwalter stellen, aA: OLG Hamm ZIP 2004, 431: Unterbrechung tritt ein bei Insolvenz des Antragstellers; OLG Dresden ZInsO 2002, 883; LG Karlsruhe NZI 2001, 603; LG Stuttgart NZI 2003, 232; OLG Frankfurt ZInsO 2003, 229; OLG München NZI 2003, 57; *Jäger/Windel,* InsO, § 85 Rn. 7: für Unterbrechung in der Insolvenz des Antragstellers; HK-*Kayser,* InsO, § 85 Rn. 27: für Anwendbarkeit ohne Differenzierung nach Antragsteller – Antragsgegner.

[9] OLG Neustadt NJW 1965, 591.

ren[1] und das nach Verfahrensrecht wegen einer Verschmelzung gem. §§ 15, 34, 305, 307 UmwG aF durchzuführende Spruchverfahren.[2] Ein Zwangsversteigerungsverfahren wird durch die Eröffnung des Insolvenzverfahrens über das Vermögen des dieses Verfahren betreibenden Gläubigers ebenfalls nicht gem. § 240 S. 1 ZPO unterbrochen.[3] Das Verfahren über eine Vollstreckungsabwehrklage wird unterbrochen.[4] Da die Folgen des Insolvenzverfahrens für die Zwangsvollstreckung gegen den Schuldner durch §§ 88 ff. [5] speziell geregelt sind, verdrängen diese in ihrem Anwendungsbereich § 240 ZPO. Bei Pfändungsmaßnahmen im Rahmen der Zwangsvollstreckung ist § 240 ZPO daher nicht anwendbar, auch nicht bei Maßnahmen, die die Zwangsvollstreckung vorbereiten oder sie erst ermöglichen.[6] Auch das Beschlussanfechtungsverfahren nach § 43 WEG soll nicht unterbrochen werden.[7] Für das PKH-Verfahren ist die Rechtsprechung und Literatur uneinheitlich.[8]

bb) Ferner erforderlich ist die Insolvenz einer **Partei,**[9] so dass die Insolvenz eines Streitgenossen (§ 61 ZPO) oder eines Streithelfers (§ 67 ZPO) nicht ausreicht.[10] § 240 ZPO gilt auch nicht in der Insolvenz einer Partei kraft 10

[1] BGH KTS 1966, 246; BGH NZI 2009, 309: möglich ist zwar, durch einen inländischen Schiedsspruch die Feststellung der durch ihn dem Schiedskläger/Gläubiger zuerkannten Forderungen zur Tabelle, allerdings erst nach Durchführung des Anmelde-, Prüfungs- und Feststellungsverfahrens nach §§ 174 ff. Bis dahin darf das Schiedsverfahren, auch wenn es nicht mit Insolvenzveröffnung über das Vermögen des Schiedsbeklagten/Schuldners nach § 240 ZPO unterbrochen wird, nicht weiterbetrieben werden.

[2] OLG Frankfurt ZIP 2006, 203, 204; OLG Schleswig BeckRS 2008, 21672 = ZIP 2008, 2326: Im Bereich der nach § 17 Abs. 2 S. 1 SpruchG anwendbaren §§ 305 Abs. 5 S. 2, 306 AktG aF tritt in der Insolvenz der vorschusspflichtigen Gesellschaft eine Unterbrechung des Spruchverfahrens analog § 240 S. 1 ZPO nicht ein.

[3] AG Göttingen NZI 2000, 95.

[4] BGH NZI 2008, 683 m. Anm. *Kroth*, FD-InsR 2008, 267015.

[5] BGH NZI 2007, 543 m. Anm. *Kroth*, FD-InsR 2007, 226160 (bei einer nach §§ 88, 89 unzulässigen und damit unwirksamen Zwangsvollstreckungsmaßnahme eines Gläubigers tritt keine Unterbrechung des Vollstreckungsverfahrens ein).

[6] BGH NZI 2008, 198 für ein Verfahren auf Erteilung der Vollstreckungsklausel.

[7] KG, NJW-RR 2005, 1385.

[8] Gegen Unterbrechung z. B.: Nach BGH NZI 2006, 543 und OLG Saarbrücken BeckRS 2008, 08530 = ZIP 2009, 100 L führt die Eröffnung des Insolvenzverfahrens über das Vermögen des Antragstellers nicht zur Unterbrechung eines von ihm angestrengten Prozesskostenhilfebewilligungsverfahrens gem. § 240 ZPO; vgl. weiter OLG Düsseldorf ZIP 2003, 2131; OLG Zweibrücken ZInsO 2005, 444; OLG Stuttgart ZInsO 2005, 153; LAG Hamm ZInsO 2006, 53. Für Unterbrechung z. B. OLG Köln ZIP 2003, 1056; OLG Bamberg OLG Report 2004, 181. Vgl. auch BGH NZI 2005, 63 f. und 64 f. zur Anfechtbarkeit eines Zwischenurteils, das die Unterbrechung des Prozesses oder die Fortdauer der Unterbrechung feststellt. Vgl. auch BGH NZI 2006, 421 zur Anfechtbarkeit eines Zwischenurteils, das u. a. die wirksame Aufnahme eines Verfahrens bejaht. Nach BFH ZIP 2006, 2333 wird im Steuerprozess das PKH-Verfahren mit Eröffnung des Insolvenzverfahrens über das Vermögen des Antragstellers unterbrochen. Vgl. auch OLG Zweibrücken ZInsO 2005, 444 mwN.

[9] OLG Zweibrücken BeckRS 2008, 21528: In der Insolvenz einer Partei (Klägerin) wirkt die Unterbrechung nicht im Ordnungsgeldverfahren gegen einen Zeugen.

[10] BGH ZIP 2003, 594 ff. für Insolvenz eines Streitgenossen; BGH NJW 2008, 1214 im Anschluss an BGH NZI 2003, 229: Da zwischen der Gesellschaft bürgerlichen Rechts (GbR) und den GbR-Gesellschaftern eine einfache Streitgenossenschaft (§ 62 ZPO) be-

Amtes.[1] Mit Eröffnung des Insolvenzverfahrens über das Vermögen einer GbR wird ein Rechtsstreit gegen die Gesellschafter der GbR, der die persönliche Haftung für die Verbindlichkeiten der GbR zum Gegenstand hat, entsprechend § 17 Abs. 1 S. 1 AnfG unterbrochen; § 240 ZPO ist nicht anwendbar.[2] Die Unterbrechung gilt auch im Verhältnis zu Gesellschaftern, die unbeschränkt haftende Gesellschafter waren, Kommanditisten geworden sind, aber gem. §§ 160 Abs. 3, 128 HGB noch unbeschränkt für Gesellschaftsverbindlichkeiten nachhaften.[3]

11 **cc)** Das Verfahren muss die **Insolvenzmasse** betreffen, der Gegenstand des Verfahrens muss also ein zur Insolvenzmasse gehörender Vermögenswert sein. Betroffen im Sinne des § 240 S. 1 ZPO ist die Insolvenzmasse schon dann, wenn Fragen, die die Masse betreffen, offen und zu klären sind. Die Möglichkeit, dass dem Insolvenzverwalter der Streit verkündet werden kann, reicht nach der Konzeption der §§ 240 ZPO, 80 ff InsO nicht aus.[4] Damit tritt keine Unterbrechung ein, wenn insolvenzfreie/unpfändbare Gegenstände (§ 36, z. B. auch höchst persönliche Ansprüche) betroffen sind;[5] ferner auch dann nicht, wenn es sich um Gegenstände handelt, die der Insolvenzverwalter aus dem Beschlag freigegeben hat.[6] In einem gegen eine GmbH gerichteten Gewerbeuntersagungsverfahren soll

---

steht, führt die Eröffnung des Insolvenzverfahrens über das Vermögen eines GbR-Gesellschafters nicht zur Unterbrechung des Prozesses gegenüber anderen Gesellschaftern und der Gesellschaft bürgerlichen Rechts, wenn diese neben dem insolventen Gesellschafter als Gesamtschuldner auf Zahlung einer Gesellschaftsschuld in Anspruch genommen werden. OLG München BeckRS 2008, 01014: Durch die Eröffnung des Insolvenzverfahrens über das Vermögen einer Kommanditgesellschaft wird ein Rechtsstreit, der einen Anspruch der nicht insolventen Komplementär-GmbH aus einem Vertragsverhältnis mit einem Dritten betrifft, nicht unterbrochen; vgl. auch OLG Rostock ZIP 2004, 1523 zur Unterbrechung, wenn der Schuldner den Rechtsstreit über eine von ihm abgetretene Forderung in Prozessstandschaft führt und die Abtretung möglicherweise durch Insolvenzanfechtung beseitigt werden kann.

[1] *Thomas/Putzo,* ZPO, § 240 Rn. 2.

[2] BGH NZI 2003, 94; BGH NJW 2008, 1214: Das Verfahren gegen die nicht insolventen Gesellschafter und die GbR kann daher ohne Unterbrechung durch ein Teilurteil abgeschlossen werden; gegen Unterbrechung *Kessler,* ZInsO 2003, 67 ff.

[3] BGH NZI 2009, 108 m. Anm. *Kroth,* FD-InsR 2009, 273608.

[4] BGH, Beschluss vom 16. 12. 2008 – IX ZR 47/07, BeckRS 2009, 04358. OLG Naumburg BeckRS 2007, 19573: Die in einem Unterhaltsprozess rechtskräftig festgestellte Verpflichtung zur Auskunftserteilung bleibt trotz anschließender Eröffnung des Insolvenzverfahrens über das Vermögen des verurteilten Schuldners vollstreckbar, weil die Auskunft kein Vermögensanspruch im Sinne des § 240 ZPO ist; OLG Brandenburg BeckRS 2008, 01809. Ein familienrechtlicher Unterhaltsprozess, in dem es nur um solche Unterhaltsforderungen geht, die nach Eröffnung des Insolvenzverfahrens über das Vermögen des Unterhaltsschuldners entstanden sind, wird nicht nach § 240 ZPO unterbrochen, weil die Insolvenzmasse nicht betroffen ist. OLG Hamburg, BeckRS 2007, 1783: Ein Rechtsstreit betreffend die Anfechtung eines Gesellschafterbeschlusses wird insoweit unterbrochen, als er die Insolvenzmasse berührt. AG Charlottenburg BeckRS 2005, 07594 = ZInsO 2005, 835: Die Insolvenzmasse ist von dem in einem Räumungsrechtsstreit vom Vermieter gegen den Mieter/Schuldner verfolgten Anspruch auf Herausgabe der Mietwohnung dann mit der Rechtsfolge der Unterbrechung betroffen, wenn das Insolvenzverfahren über das Vermögen des Mieters nach Rechtshängigkeit des Rechtsstreits eröffnet wird.

[5] Vgl. OLG Köln NZI 2002, 686 f. für das Nachlassinsolvenzverfahren.

[6] *Uhlenbruck/ders.,* aaO, Rn. 13.

die Eröffnung des Insolvenzverfahrens über das Vermögen der GmbH nicht nach § 173 VwGO i. V. m. § 240 ZPO zur Unterbrechung des Untersagungsverfahrens führen, weil dieses Verfahren nicht die Insolvenzmasse betreffe, sondern auf die Beendigung der persönlichen Tätigkeit der gewerbetreibenden GmbH gerichtet sei.[1] Mit Eröffnung des Nachlassinsolvenzverfahrens werden Prozesse der Erben, die diese als solche führen, gemäß § 240 ZPO unterbrochen.[2] Ein der Testamentsvollsteckung unterliegender Nachlass fällt zwar mit Eröffnung des Insolvenzverfahrens über das Vermögen des Erben in die Insolvenzmasse, bildet dort aber eine Sondermasse. Klagen, die vor Eröffnung des Insolvenzverfahrens wegen Pflichtteilsansprüchen gegen den Testamentsvollstrecker erhoben worden waren, können nach Verfahrenseröffnung nur noch gegen den Insolvenzverwalter verfolgt werden, wobei trotz der Beschränkung der Klage auf das Sondervermögen Nachlass auch insoweit Unterbrechung nach § 240 ZPO eintritt.[3]

dd) Unerheblich ist im Rahmen des § 240 ZPO, ob es sich um einen Aktiv- 12
oder Passiv-Rechtsstreit i. S. d. §§ 85, 86 handelt.

b) Rechtsfolgen der Unterbrechung

aa) Der Lauf aller gesetzlichen und richterlichen (sogenannten echten) Fristen 13
endet mit der Unterbrechung und beginnt erst nach Beendigung der Unterbrechung wieder neu zu laufen (§ 249 Abs. 1 ZPO). Auf die Wiedereinsetzungsfrist des § 234 Abs. 1 ZPO ist § 249 Abs. 1 ZPO analog anwendbar.[4] Nicht anwendbar ist § 249 ZPO auf alle sogenannten uneigentlichen Fristen (in der ZPO vorgesehene Zeiträume, innerhalb derer das Gericht Amtshandlungen vorzunehmen hat, z. B. §§ 216 Abs. 2, 251 Abs. 2, 310 Abs. 1, 315 Abs. 2, 541 Abs. 1, 565, 572 Abs. 1, 816 Abs. 1 ZPO nF). Im Gegensatz zur Hemmung führt die Unterbrechung dazu, dass die Fristen nach Beendigung der Unterbrechung in vollem Umfang neu laufen; während der Unterbrechung kann eine Frist nicht beginnen.[5]

bb) Prozesshandlungen einer **Partei** während der Unterbrechung, die die 14
Hauptsache betreffen, sind der anderen Partei gegenüber **wirkungslos** (§ 249 Abs. 2 ZPO), soweit es sich nicht um Handlungen handelt, die mit der Geltendmachung der Unterbrechung selbst oder der Aufnahme des Rechtsstreits zusammenhängen.[6] Nach überwiegender Auffassung unterfallen Prozesshandlungen gegenüber dem Gericht nicht § 249 ZPO, sind also trotz der Unterbrechung

---

[1] BVerwG NZI 2006, 599.

[2] BGH NZI 2008, 681.

[3] BGH NZI 2006, 461: Der in der Insolvenz des Erben hinsichtlich des in der InsO nicht vorgesehenen Sondervermögens-Nachlass unterbrochene Rechtsstreit kann in entsprechender Anwendung des § 86 Abs. 1 Nr. 2 aufgenommen werden. Vgl. auch BGH NZI 2005, 108 ff.: Im Insolvenzverfahren über das Vermögen des Erben kann wegen einer zur Tabelle angemeldeten Forderung, die den Nachlass betrifft, der Gläubiger den nach § 240 ZPO unterbrochenen Rechtsstreit, den er gegen den Erblasser geführt hatte, nicht gegen den Erben (der Erbe des urspr. Beklagten ist Schuldner des Nachlassinsolvenzverfahrens) aufnehmen (vgl. § 184 InsO), wenn nur der Insolvenzverwalter der angemeldeten Forderung widersprochen hat, nicht aber der Erbe.

[4] BGHZ 9, 308.

[5] BGHZ 9, 308 f.

[6] *Jäger/Henckel,* KO, § 10 Rn. 55 ff.; *Uhlenbruck/ders.,* InsO, aaO, Rn. 37.; *Jäger/Windel,* InsO, § 85 Rn. 97; vgl. auch BAG NZA 2005, 1076 ff. umfassend zu den Folgen einer nach Verfahrenseröffnung in einem nach § 240 ZPO unterbrochenen Prozess durch den

zulässig.[1] Eine **Entscheidung** des Gerichts, die während der Unterbrechung des Verfahrens ergeht, ist **nicht nichtig,** sondern kann und muss mit dem jeweiligen Rechtsbehelf – auch schon während der Verfahrensunterbrechung – angefochten werden.[2] Im Übrigen ist eine Entscheidung über die prozessualen Auswirkungen der Verfahrenseröffnung trotz Unterbrechung zulässig.[3] Tritt die Unterbrechung erst nach Schluss einer mündlichen Verhandlung, auf die eine Entscheidung zu erlassen ist, ein, wird gem. § 249 Abs. 3 ZPO die Verkündung durch die Unterbrechung nicht gehindert, das Gericht muss die Entscheidung erlassen, selbst wenn ihm die Unterbrechung bekannt ist.

15 **c)** Die **Dauer** der Unterbrechung richtet sich nach den Vorschriften der Insolvenzordnung, nämlich §§ 85–87; §§ 179 Abs. 1, 180 Abs. 2, 184; §§ 200, 258; §§ 207, 213 sowie § 34. Eine durch die Eröffnung des Insolvenzverfahrens über das Vermögen des Beklagten nach § 240 ZPO bewirkte Unterbrechung eines Aktiv-Rechtsstreits endet jedoch dann nicht mit der Einstellung des Insolvenzverfahrens, wenn zuvor auch das Insolvenzverfahren über das Vermögen der Klägerin eröffnet wurde; in diesem Fall endet die Unterbrechung erst mit der Aufnahme des Verfahrens.[4] Daneben endet die Unterbrechung, wenn der Insolvenzverwalter den vom Schuldner rechtshängig gemachten Anspruch freigibt und damit der Insolvenzbeschlag aufgehoben wird.[5]

4. Praxishinweis

16 Probleme können entstehen wegen der prozessualen Möglichkeit des Eintritts der Rechtskraft trotz bzw. unbeschadet der Wirkung von § 240 ZPO. Dies kann geschehen, wenn nach Eröffnung des Insolvenzverfahrens in Unkenntnis der Eröffnung und der damit nach § 240 ZPO eintretenden Unterbrechung Berufungsurteile verkündet werden.

17 Nach § 705 ZPO tritt die äußere (oder formelle) Rechtskraft nicht vor Ablauf der für die Einlegung des zulässigen Rechtsmittels, des zulässigen Einspruchs oder der zulässigen Rüge nach § 321 a ZPO nF bestimmten Frist ein. Der Eintritt der Rechtskraft wird durch die rechtzeitige Einlegung des Rechtsmittels, des Einspruchs oder der zulässigen Rüge nach § 321 a ZPO nF gehemmt. Wird ein Urteil nicht abgesetzt und zugestellt, läuft für das verkündete Urteil dennoch die

vormaligen Prozessbevollmächtigten – die Vollmacht war gem. § 117 erloschen – des Schuldners eingelegten Berufung.

[1] BGH NJW 1969, 49; 1977, 717 f.; BGH IX ZR 519/07 = BeckRS 2009, 08282.

[2] BGH IX ZR 519/07 = BeckRS 2009, 08282; BGH ZIP 2004, 1120 (mit dem Hinweis, dass eine Entscheidung des BGH allerdings nicht angefochten werden kann); vgl. auch BGH ZIP 2004, 2024 zum Rechtsmittel der Revision gegen ein Zwischenurteil, das die Unterbrechung des Prozesses oder die Fortdauer desselben feststellt. BGHZ 66, 59 f.; BGH NJW 1995, 2563; vgl. auch BGH KTS 1988, 487.

[3] BAG NZA 2005, 1076 ff.

[4] BGH BeckRS 2008, 00662.

[5] BGH NZI 2005, 387 ff.; aber auch BGH NZI 2004, 54, wonach der Insolvenzverwalter einen nach § 240 ZPO unterbrochenen Passivprozess über eine Insolvenzforderung nicht zur Aufnahme durch den Schuldner freigeben kann. Die Freigabemöglichkeit eines Anspruchs, der § 85 unterliegt, folgt aus Abs. 2 dieser Vorschrift, da andernfalls der Schuldner die Prozessführungsbefugnis insoweit nicht erlangen würde. Zur Freigabe allgemein vgl. die Kommentierung zu § 80 Rn. 26 a.

Berufungsfrist des § 517 2. Halbs. ZPO, da der Lauf dieser Fünfmonatsfrist (da uneigentliche Frist) von § 249 ZPO nicht berührt wird. Die Anfechtung einer unter Verstoßes gegen § 249 Abs. 2 ZPO ergangenen Entscheidung kann während der Unterbrechung ohne vorherige Aufnahme des Rechtssteits erfolgen.[1] Nicht anwendbar ist § 249 ZPO im Übrigen auf materielle Fristen, insbesondere Verjährungsfristen.[2] Dies gilt auch für die Revisionsfrist des § 548 2. Halbs. ZPO nF. Das Urteil wird nach sechs Monaten ohne Rechtsmittel rechtskräftig.

Endurteile des Landgerichts als Berufungsgericht werden aber bereits mit der Verkündung rechtskräftig, §§ 542 Abs. 1, 537 ZPO nF, ein Rechtsmittel steht nicht zur Verfügung, Rechtsmittelfristen laufen nicht. Endurteile des Oberlandesgerichts als Berufungsgericht hingegen werden auch dann erst mit Ablauf der Revisionsfrist (§ 548 ZPO nF) rechtskräftig, wenn die Revisionssumme nicht erreicht ist oder die Revision nicht zugelassen wird (§ 543 ZPO nF).[3] **18**

§ 85 Aufnahme von Aktivprozessen

(1) **Rechtsstreitigkeiten über das zur Insolvenzmasse gehörende Vermögen, die zur Zeit der Eröffnung des Insolvenzverfahrens für den Schuldner anhängig sind, können in der Lage, in der sie sich befinden, vom Insolvenzverwalter aufgenommen werden. Wird die Aufnahme verzögert, so gilt § 239 Abs. 2 bis 4 der Zivilprozeßordnung entsprechend.**

(2) **Lehnt der Verwalter die Aufnahme des Rechtsstreits ab, so können sowohl der Schuldner als auch der Gegner den Rechtsstreit aufnehmen.**

Übersicht

1. Normzweck

Die Vorschrift ist im Lichte des § 240 ZPO zu sehen. Mit Eröffnung des Insolvenzverfahrens geht die Verwaltungs- und Verfügungsbefugnis über das dem Insolvenzbeschlag unterliegende Vermögen (§ 35) und damit auch die Prozessführungsbefugnis vom Schuldner auf den Insolvenzverwalter über. Da sich der Insolvenzverwalter im Zeitpunkt der Eröffnung des Insolvenzverfahrens über den gesamten Prozessstoff und die Erfolgsaussichten des Rechtsstreits regelmäßig noch **1**

[1] BGH NJW 1997, 1445.
[2] BGH NJW 63, 2019.
[3] GemS BGH NJW 1984, 1027 ff.; NJW-RR 1990, 323 ff.

keine Klarheit hat verschaffen können, ordnet § 240 ZPO die automatische Unterbrechung des Rechtsstreits an, um dem Insolvenzverwalter die hierfür erforderliche Zeit zu gewähren.

2. Aktivprozesse – Teilungsmassestreitigkeiten

2 Ein **Aktivprozess** i. S. v. § 85 Abs. 1 betrifft die sog. **Teilungsmassestreitigkeiten.** Gegenstand des Rechtsstreits muss deshalb ein Vermögensrecht sein, das beim Obsiegen zur Insolvenzmasse gehört. Dabei ist nicht entscheidend, ob der Schuldner Kläger oder Beklagter ist.[1] Ob es sich um einen sog. Aktivprozess handelt, ist „nicht auf Grund der Parteirolle im Rechtsstreit sondern nach dem materiellen Inhalt des Begehrens zu beurteilende Voraussetzung".[2] Um einen Aktivprozess handelt es sich deshalb auch dann, wenn der Schuldner auf Grund eines vorläufig vollstreckbaren Urteils an den Kläger/Gläubiger gezahlt hatte und in der Berufungs- oder Revisionsinstanz es darum geht, ob der Kläger den an ihn gezahlten Betrag behalten darf oder zur Insolvenzmasse zurückgewähren muss. Der vom Schuldner, dem früheren Beklagten, nun als Revisionskläger verfolgte Anspruch dient der Vermehrung der Teilungsmasse, so dass der ursprüngliche Passivprozess in einen Aktivprozess i. S. d. § 85 Abs. 1 umgeschlagen ist.[3] „Ein Aktivprozess i. S. v. § 85 Abs. 1 InsO liegt nicht vor, wenn über einen vom Insolvenzschuldner erhobenen Anspruch zu dessen Gunsten erkannt, die ausgeurteilte Leistung im Wege der Zwangsvollstreckung oder zu ihrer Abwendung erbracht worden ist und der Titelschuldner im Rechtsmittelverfahren wegen seiner Leistung gem. § 717 Abs. 2 ZPO Ersatz verlangt."[4]

3. Aufnahme des Rechtsstreits

3 Die **Aufnahme** kann zunächst nur durch den Insolvenzverwalter erfolgen und zwar durch Einreichung und Zustellung eines Schriftsatzes, § 250 ZPO. Die Aufnahme ist auch durch eine konkludente Erklärung des Insolvenzverwalters möglich.[5] Der Insolvenzverwalter übernimmt den Rechtsstreit in der Lage, in der dieser sich befindet, er muss die bis zur Unterbrechung vorgenommenen Prozesshandlungen des Schuldners und dessen Prozessführung (Anerkenntnisse, Verzichte, Fristversäumnisse etc.) gegen sich gelten lassen, sofern sie nicht mit der Anfechtung nach §§ 129 ff. beseitigt werden können.[6] Alle dem Schuldner bei Eintritt der Unterbrechung noch zustehenden Angriffs- oder Verteidigungsmittel stehen nun dem Insolvenzverwalter zu. Der Insolvenzverwalter kann auf Grund seiner Verwaltungs- und Verfügungsbefugnis über den Streitgegenstand frei ver-

---

[1] RGZ 134, 377, 379; *Jaeger/Henckel,* KO, § 10 Rn. 106; *Kuhn/Uhlenbruck,* KO, § 10 Rn. 2; *Uhlenbruck/ders.,* InsO, aaO, Rn. 47; HK-*Kayser,* InsO, § 85 Rn. 47.

[2] BGH ZIP 1995, 643 f.; vgl. auch OLG Rostock ZIP 2004, 1523 und BFH BB 2006, 1151; BFH BeckRS 2009, 25014944 = ZInsO 2009, 1365.

[3] BGH, aaO, 644.

[4] BGH ZIP 2004, 769 ff.; diese Rspr. fortführend BGH ZIP 2005, 952 für den Fall, dass dem Insolvenzschuldner vor Verfahrenseröffnung vorläufig vollstreckbar ein Anspruch zuerkannt, die ausgeurteilte Leistung im Wege der Zwangsvollstreckung oder zu ihrer Abwendung erbracht worden ist und der Titelschuldner nunmehr in einem gesonderten Rechtsstreit Ersatz seines Vollstreckungsschadens verlangt.

[5] BGH ZIP 1983, 592.

[6] BGH NZI 2007, 104.

fügen, die Klage zurücknehmen, Rechtsmittel einlegen, anerkennen oder verzichten. Der Insolvenzverwalter muss selbst dann, wenn dem Schuldner für einen Aktivprozess Prozesskostenhilfe bewilligt war, diese nach Eröffnung des Insolvenzverfahrens erneut beantragen und kann nach Bewilligung dann ohne Bindung (§ 116) an den zuvor dem Schuldner beigeordneten Rechtsanwalt einen Vertreter seiner Wahl mandatieren.[1]

4. Ablehnung der Aufnahme

Ablehnung durch den Insolvenzverwalter ist jederzeit möglich mit der Folge, dass nun sowohl der Schuldner als auch der Gegner gem. Abs. 2 den Rechtsstreit aufnehmen können.[2] Die Freigabe kann gegenüber dem Schuldner oder dem Gegner erklärt werden, die Erklärung ist nicht an eine bestimmte Form gebunden, daher auch durch schlüssiges Verhalten, z. B. die Freigabe des Gegenstandes, an den Schuldner, möglich.[3] Die Unterbrechung (§ 240 ZPO) endet erst dann, wenn der Schuldner oder der Gegner die Aufnahme erklärt hat. 4

Verzögert der Insolvenzverwalter die Aufnahme des Prozesses, kann er vom Gegner gem. Abs. 1 S. 2, § 239 Abs. 2 ZPO zur Aufnahme sowie zur Verhandlung zur Hauptsache geladen werden.[4] Erscheint der Insolvenzverwalter trotz Ladung im Termin nicht, kann auf Antrag des Gegners gem. Abs. 1 S. 2, § 239 Abs. 4 ZPO ein Versäumnisurteil erlassen werden.[5] 5

5. Kosten

a) Die Kosten eines vom Insolvenzverwalter aufgenommenen und verlorenen Rechtsstreites sollten nach dem Rechtsgedanken des § 105 nur insoweit als Masseverbindlichkeiten nach § 55 Abs. 1 Nr. 1 zu berichtigen sein, als sie nach Verfahrenseröffnung entstanden sind.[6] 6

b) Die Ablehnung der Aufnahme des Rechtsstreits durch den Insolvenzverwalter führt nicht zu einer Belastung der Insolvenzmasse mit den Prozesskosten. 7

---

[1] OLG Rostock BeckRS 2007, 04692 = ZIP 2007, 1288 m. Anm. *Baumert,* FD-InsR 2007, 237311.

[2] Zur konkludenten Ablehnung der Aufnahme vgl. BGH NZI 2003, 666.

[3] BGH NZI 2003, 666.

[4] Zur Differenzierung nach der Lage des Prozesses vgl. HK-*Kayser,* InsO, § 85 Rn. 69.

[5] RGZ 58, 202 f.; nach *Jaeger/Henckel,* KO, § 10 Rn. 131 kann auch eine Entscheidung nach Aktenlage (§ 331 a ZPO) ergehen.

[6] In diesem Sinne bei eindeutig abtrennbaren Kosten BAG NZA 2008, 1208 m. Anm. *Baumert,* FD-InsR 2008, 248563; OLG München ZIP 2000, 31; OLG Rostock ZIP 2001, 2145; LG Köln ZIP 2003, 1310; tendenziell auch OLG Stuttgart ZInsO 2007, 43 f.; MünchKomm-*Schumacher,* InsO § 85 Rn. 20; *Uhlenbruck,* ZIP 2001, 1988 f.; *Kübler/Prütting/Bork/Lüke,* InsO, § 85 Rn. 58, 59; noch offengelassen vom BGH NZI 2005, 33; nach BGH NZI 2007, 104, ebenso BGH BeckRS 2008, 06939 = FD-InsR 2008, 258628 kommt zumindest innerhalb einer Instanz keine Aufteilung der Kosten in Betracht. Ferner ist nach BGH NZI 2006, 295 ff., ebenso BAG NZA 2008, 1208 über die Frage, ob Kosten als Masseverbindlichkeiten oder als Insolvenzforderungen zu behandeln sind, in der Kostengrundentscheidung zu entscheiden und nicht erst im Kostenfestsetzungsverfahren. Vgl. dazu auch OLG Stuttgart ZInsO 2007, 43; OLG Stuttgart BeckRS 2009, 05300; OLG Düsseldorf ZVI 2005, 54; BFH ZIP 2002, 2225.

Nimmt der Schuldner den Rechtsstreit auf und unterliegt, ist allein er Kostenschuldner.

6. Zuständigkeit

8 Die **Zuständigkeit** des Gerichts ändert sich durch die Aufnahme des unterbrochenen Rechtsstreits nicht.

7. Praxishinweis

9 Gem. § 160 Abs. 2 Ziff. 3 muss der Insolvenzverwalter die Zustimmung des Gläubigerausschusses oder der Gläubigerversammlung einholen, wenn er einen Rechtsstreit mit erheblichem Streitwert aufnehmen oder die Aufnahme ablehnen will oder zur Beendigung eines solchen Rechtsstreits einen Vergleich schließen will.

§ 86 Aufnahme bestimmter Passivprozesse

(1) **Rechtsstreitigkeiten, die zur Zeit der Eröffnung des Insolvenzverfahrens gegen den Schuldner anhängig sind, können sowohl vom Insolvenzverwalter als auch vom Gegner aufgenommen werden, wenn sie betreffen:**

1. **die Aussonderung eines Gegenstands aus der Insolvenzmasse,**
2. **die abgesonderte Befriedigung oder**
3. **eine Masseverbindlichkeit.**

(2) **Erkennt der Verwalter den Anspruch sofort an, so kann der Gegner einen Anspruch auf Erstattung der Kosten des Rechtsstreits nur als Insolvenzgläubiger geltend machen.**

Übersicht

1. Normzweck

1 Anders als bei Aktivprozessen gewährt § 86 sowohl dem Insolvenzverwalter als auch dem anderen Teil das Recht, einen gegen den Schuldner zum Zeitpunkt der Eröffnung des Insolvenzverfahrens anhängigen Rechtsstreit aufzunehmen,

wenn dieser die Aussonderung eines Gegenstandes aus der Insolvenzmasse, die abgesonderte Befriedigung oder eine Masseverbindlichkeit betrifft. Der Aus- oder Absonderungsberechtigte und Massegläubiger soll durch die Unterbrechung nicht an der Durchsetzung seiner Rechte gehindert werden, die Klärung der Ansprüche soll im Interesse aller Beteiligten möglichst schnell erfolgen.[1]

2. Anwendungsbereich

a) Wie bei § 85 ist auch bei § 86 für die Einordnung eines Rechtsstreites als **Passivprozess** der „materielle Inhalt des Begehrens"[2] maßgeblich, nicht jedoch die Parteirolle des Schuldners als Kläger oder Beklagter.[3] 2

b) § 86 regelt nur den sogenannten **Teilungsmassegegenstreit,** also einen Streit über Ansprüche gegen den Schuldner, die bei einem Obsiegen des Klägers die Teilungsmasse mindern. Beim Schuldenmassestreit geht es dagegen um Forderungen i. S. v. § 38, die gem. § 87 nur durch Anmeldung zur Tabelle (§ 174) im Insolvenzverfahren verfolgt werden können. 3

aa) Aussonderungsansprüche, Abs. 1 Nr. 1 (§§ 47 ff.): Z. B. Eigentumsherausgabeklage aus § 985 BGB, Eigentumsfeststellungsklage, Grundbuchberichtigungsklage, Klage auf Unterlassung des Gebrauchs einer Marke, Klage auf Feststellung des Bestehens eines vom Schuldner in Anspruch genommenen Rechts (negative Feststellungsklage).[4] 4

bb) Absonderungsansprüche, Abs. 1 Nr. 2 (§§ 49 ff.), z. B. Klage auf Duldung der Zwangsvollstreckung in ein Grundstück des Schuldners, das mit einem Grundpfandrecht belastet ist, Vollstreckungsgegenklage des Schuldners gegen einen Absonderungsanspruch.[5] Im Bereich der Absonderungsrechte, zu deren Verwertung der Insolvenzverwalter nach § 166 befugt ist, wird regelmäßig wohl nur eine Feststellungsklage (Klage auf Feststellung des Bestehens des Absonderungsrechts) in Betracht kommen.[6] 5

cc) Masseverbindlichkeiten, Abs. 1 Nr. 3 (§ 55). Der Anwendungsbereich des § 86 dürfte insoweit stark eingeschränkt sein, da vor der Eröffnung des Insolvenzverfahrens nur der vorläufige Insolvenzverwalter mit Verwaltungs- und Verfügungsbefugnis (§ 22 Abs. 1 S. 1) gem. § 55 Abs. 2 Verbindlichkeiten begründen kann, die nach Eröffnung des Verfahrens als Masseverbindlichkeiten gelten. Ein im Zeitpunkt der Eröffnung des Verfahrens bereits rechtshängiger und damit unterbrochener Rechtsstreit über Masseverbindlichkeiten ist damit kaum denkbar. Dies gilt auch für die nach Eröffnung des Insolvenzverfahrens zu 6

[1] *Nerlich/Römermann/Wittkowski,* InsO, § 86 Rn. 2.

[2] BGH ZIP 1995, 643 ff.

[3] OLG Köln BeckRS 2008, 01152: Bei einer wettbewerbsrechtlichen Unterlassungsklage mit dem Ziel der Unterbindung des Vertriebs bestimmter Produkte handelt es sich um einen Passivprozess; aus den §§ 4 Nr. 9, 17 UWG hergeleitete Ansprüche berechtigen entsprechend § 86 Abs. 1 Nr. 1 zur Aufnahme eines nach § 240 ZPO unterbrochenen Verfahrens.

[4] *Nerlich/Römermann/Wittkowski,* InsO, § 86 Rn. 4.

[5] BGH NJW 1973, 2065.

[6] Vgl. BGH NZI 2006, 461 f. zu der Aufnahme eines Rechtsstreits entsprechend § 86 Abs. 1 Nr. bei einem gegen den Nachlass gerichteten Pflichtteilsanspruch in der Insolvenz des Erben.

erfüllenden Verbindlichkeiten aus gegenseitigen Verträgen: bei teilbaren Leistungen ist der Vertragspartner gem. § 105 S. 1 mit den vor Eröffnung des Verfahrens erbrachten Leistungen Insolvenzgläubiger (§ 38), so dass insoweit allenfalls § 87 greift. Bei Miet- und Pachtverhältnissen des Schuldners bestimmt § 108 Abs. 2, dass der andere Teil die Ansprüche für die Zeit vor Eröffnung des Insolvenzverfahrens nur als Insolvenzgläubiger geltend machen kann. Für rückständiges Arbeitsentgelt aus den letzten drei Monaten vor Eröffnung des Insolvenzverfahrens gewährtes Insolvenzgeld hat das Bundesarbeitsgericht im Vorgriff auf die nunmehrige Neuregelung in § 55 Abs. 3 entschieden, dass die Bundesagentur für Arbeit die auf sie gem. §§ 187 Abs. 3, 324 Abs. 3 SGB III übergegangenen Ansprüche nur als Insolvenzforderungen geltend machen kann.[1] Der bisherige Meinungsstreit[2] um die Qualifizierung dieser Verbindlichkeiten als Masseverbindlichkeiten oder Insolvenzforderungen (unabhängig davon, ob ein vorläufiger Insolvenzverwalter mit Verwaltungs- und Verfügungsbefugnis oder mit Zustimmungsvorbehalt eingesetzt ist) ist mit Inkrafttreten des § 55 Abs. 3 beendet, so dass auch insoweit für § 86 kein Anwendungsbereich mehr gegeben ist. Soweit es sich um Masseverbindlichkeiten im Sinne des § 55 Abs. 1 handelt, kann ein Rechtsstreit im Zeitpunkt der Eröffnung des Insolvenzverfahrens gegen den Schuldner nicht anhängig sein, da weder der Schuldner noch der Insolvenzverwalter vor Eröffnung des Verfahrens derartige Masseverbindlichkeiten begründen konnte.

3. Aufnahme des Rechtsstreits

7 Die **Aufnahme** des Rechtsstreits ist sowohl durch den Insolvenzverwalter als auch durch den Gegner möglich. Der **Gegner** muss, anders als beim Aktivprozess nach § 85, auch nicht die Entscheidung des Insolvenzverwalters abwarten, sondern kann die Aufnahme **jederzeit** erklären. Eine **Ausnahme** ist jedoch hinsichtlich des Aussonderungsanspruchs bei beweglichen Sachen, die der Gläubiger vor Eröffnung des Insolvenzverfahrens an den Schuldner unter Eigentumsvorbehalt verkauft und ihm den Besitz übertragen hat, zu machen. Der Gesetzgeber hat den Insolvenzverwalter in § 107 Abs. 2 S. 1 verpflichtet, seine Erfüllungs- oder Nichterfüllungswahlerklärung (§ 103) erst nach dem Berichtstermin (§ 156) abzugeben, so dass er bis dahin die unter Eigentumsvorbehalt gelieferte Sache, den Aussonderungsgegenstand, nicht herausgeben muss und sich auch darüber nicht erklären muss. Damit kann vor dem Berichtstermin auch eine Klage mit dem Ziel, den Insolvenzverwalter zur Herausgabe zu verurteilen, insoweit weder zulässig noch begründet sein.

8 Dem Schuldner steht ein Recht zur Aufnahme nur dann zu, wenn der Insolvenzverwalter den Streitgegenstand aus der Masse freigibt; erfolgt die Freigabe nachdem der Verwalter den Rechtsstreit aufgenommen hatte, findet § 265 ZPO Anwendung.[3] Nach der Rspr. des BGH[4] ist eine Freigabe eines Rechtsstreits durch den Insolvenzverwalter und die anschließende Aufnahme durch den Schuldner nicht möglich, wenn es sich um einen Passivprozess handelt und der

---

[1] BAG ZIP 2001, 1964.
[2] Siehe § 55 Rn. 44 f. und § 108 Rn. 22.
[3] *Jaeger/Henckel,* KO, § 6 Rn. 116–121 und § 11 Rn. 17.
[4] BGH ZIP 2003, 2271, 2272.

Rechtsstreit eine Insolvenzforderung des Klägers betrifft, so dass eine Aufnahme nur nach §§ 179 ff. möglich ist. Nach der Entscheidung des BGH ist nur dann, wenn es sich um einen Aktivprozess über einen zur Mehrung der Teilungsmasse dienlichen Anspruch nach § 85 handelt oder um einen Passivprozess nach § 86 eine Freigabe durch den Insolvenzverwalter und eine damit verbundene Aufnahmebefugnis des Schuldners möglich.

4. Verfahren

Die Aufnahme erfolgt durch Einreichung und Zustellung eines Schriftsatzes an den jeweiligen Prozessgegner. An den vom Schuldner vor Eröffnung des Insolvenzverfahrens mandatierten Rechtsanwalt darf die Zustellung des Schriftsatzes nicht mehr erfolgen, da dessen Prozessvollmacht gem. § 115 erloschen ist.[1] 9

5. Kosten

a) **Grundsätzlich** gelten für den aufgenommenen Rechtsstreit die allgemeinen Vorschriften der §§ 91 ff. ZPO.[2] 10

b) Eine **Ausnahme** ist in § 86 Abs. 2 geregelt: erkennt der Insolvenzverwalter in einem nach Abs. 1 aufgenommenen Rechtsstreit, zu dem der Schuldner Veranlassung gegeben hatte, den Klaganspruch sofort an, so kann der Gegner seinen Kostenerstattungsanspruch nur als Insolvenzgläubiger (§ 38) geltend machen. 11

Wird eine Klage erst nach Eröffnung des Insolvenzverfahrens anhängig und rechtshängig gemacht, und verliert der Insolvenzverwalter diesen Prozess, gelten hinsichtlich der Kosten die allgemeinen Vorschriften der §§ 91 ff. ZPO; obsiegt der Gegner, handelt es sich bei den Prozesskosten um Masseverbindlichkeiten nach § 55 Abs. 1 Nr. 1. 12

6. Praxishinweis

Das zur Entlastung der Masse nach § 86 Abs. 2 erforderliche sofortige Anerkenntnis des Insolvenzverwalters ist für diesen mit Haftungsrisiken nach § 60 verbunden: Nimmt der Gegner den Prozess kurz nach Eröffnung des Verfahrens auf und hat der Insolvenzverwalter zu diesem Zeitpunkt noch keinen Überblick über die Erfolgsaussichten, erkennt gleichwohl sofort an, kann er nach § 60 in Anspruch genommen werden, wenn sich herausstellt, dass er damit im Ergebnis die Masse verringert und die Befriedigungsaussichten der Insolvenzgläubiger (ggf. auch der Massegläubiger) vermindert hat. Erkennt er nicht an und stellt sich später heraus, dass er den Prozess nicht gewinnen kann, scheidet ein Anerkenntnis 13

---

[1] BGH ZIP 1999, 75, 76.

[2] Vgl. Fn. 1 zu § 85 Rn. 6 zur Differenzierung nach Insolvenzforderungen und Masseverbindlichkeiten sowie zur Frage, ob darüber in der Kostengrundentscheidung oder im Kostenfestsetzungsverfahren zu entscheiden ist. Vgl. auch BGH NZI 2006, 295 zur Kostentragungspflicht bei einem nach § 180 Abs. 2 aufgenommenen Rechtsstreit, wenn der Insolvenzverwalter die angemeldete Forderung vorläufig bestritten hatte und auf die Aufforderung des Gläubigers zur Erklärung über das Aufrechterhalten dieses Widerspruchs oder der Beseitigung binnen angemessener Frist nicht reagiert, der Gläubiger Klage erhebt und der Insolvenzverwalter dann seinen Widerspruch aufgibt.

nach Abs. 2 aus, die Masse wird mit den Prozesskosten belastet, so dass ihm diesmal mit dem Vorwurf, er hätte die Aussichtslosigkeit der Aufnahme des Rechtsstreites erkennen können, ein Haftungsrisiko nach § 60 droht.

§ 87 Forderungen der Insolvenzgläubiger

Die Insolvenzgläubiger können ihre Forderungen nur nach den Vorschriften über das Insolvenzverfahren verfolgen.

Übersicht

1. Normzweck

1 Im Kontext mit §§ 85, 86 und § 240 ZPO enthält die Vorschrift, die die Gleichstellung aller Insolvenzgläubiger sichern soll,[1] eine Klarstellung dahingehend, dass ein persönlicher Gläubiger, der zurzeit der Eröffnung des Verfahrens einen begründeten Vermögensanspruch gegen den Schuldner hat und zur Durchsetzung seines Anspruchs vor der Eröffnung des Verfahrens Klage gegen den Schuldner erhoben hatte oder nach Eröffnung des Verfahrens ggf. Klage erheben wollte, diesen wie alle übrigen Insolvenzgläubiger nur nach § 174 ff. durch Anmeldung zur Tabelle weiterverfolgen kann. Das Anmelde-, Prüfungs- und Feststellungsverfahren nach § 174 ff. ist zwingende Rechtsfolge des § 87, der zum ordre public interne gehört, und gilt für Schiedsgerichtsverfahren (einen inländischen Schiedsspruch) ebenso zwingend wie für Prozesse vor den staatlichen Gerichten.[2]

2. Anwendungsbereich

2 § 87 regelt den **Schuldenmassestreit,** also Passivprozesse des Schuldners um Ansprüche, die nach der Eröffnung des Insolvenzverfahrens über sein Vermögen Insolvenzforderungen (§ 38) sind.

3 Nach § 39 können im Insolvenzverfahren auch die seit Verfahrenseröffnung laufenden Zinsen der Insolvenzforderungen, die Kosten der Teilnahme am Insol-

[1] BGH NZI 2009, 309; BGH NZI 2003, 214 ff. – deshalb können Insolvenzforderungen unabhängig von der Klageart nur nach den Vorschriften der InsO geltend gemacht werden, eine Beschränkung des § 87 auf Leistungsklagen findet nicht statt.

[2] BGH NZI 2009, 309.

venzverfahren etc. als nachrangige Insolvenzforderungen geltend gemacht werden, wenn das Insolvenzgericht gem. § 174 Abs. 3 besonders zur Anmeldung dieser Forderungen auffordert. Die nachrangigen Insolvenzforderungen i. S. d. § 39 unterfallen damit ebenfalls dem Anwendungsbereich des § 87, können aber gem. § 174 Abs. 3 nur dann zur Tabelle angemeldet werden, wenn das Insolvenzgericht besonders zur Anmeldung auffordert.

Nicht unter § 87 fallen die in § 86 geregelten Ansprüche sowie Ansprüche, die sich gegen den Schuldner höchstpersönlich richten, wie zum Beispiel Auskunfts- oder Unterlassungsansprüche.[1] 4

3. Verfolgung von Insolvenzforderungen

§ 87 steht zwar im Zusammenhang mit §§ 85, 86, regelt aber gleichwohl nicht nur die Frage, wie nach Eröffnung des Insolvenzverfahrens der in einem nunmehr unterbrochenen Rechtsstreit bereits anhängige/rechtshängige Vermögensanspruch weiterverfolgt werden kann bzw. muss, sondern regelt darüber hinaus, dass alle Insolvenzgläubiger ihre Forderungen nur nach den Vorschriften der §§ 174 ff. verfolgen können. Dem Insolvenzgläubiger ist es im Gegensatz zur Rechtslage unter der KO[2] nicht mehr möglich, auf eine Teilnahme mit seiner Forderung am Verfahren zu verzichten und stattdessen den Schuldner außerhalb des Verfahrens persönlich zu verklagen; er kann zwar auf eine Teilnahme am Verfahren verzichten (vgl. zur Rechtsfolge in der Insolvenz einer natürlichen Person § 301 Abs. 1 S. 2), den Schuldner aber nicht verklagen.[3] Erst nach der Beendigung des Insolvenzverfahrens (§§ 200, 207 ff.) können Insolvenzgläubiger ihre Forderungen unbeschränkt gegenüber dem Schuldner wieder verfolgen, sofern die Verfolgung nicht nach § 294 unzulässig ist. 5

a) Der Insolvenzgläubiger kann den gem. § 240 ZPO unterbrochenen Prozess erst und nur dann aufnehmen, wenn er seine Forderungen nach § 174 zur Tabelle angemeldet hat und der Insolvenzverwalter, der Schuldner selbst oder ein anderer Insolvenzgläubiger diese Forderung bestritten hat, § 179. In diesem Fall kann der Insolvenzgläubiger den unterbrochenen Rechtsstreit gegen den jeweiligen Widersprechenden aufnehmen, muss den Klageantrag allerdings auf Feststellung (§§ 180 Abs. 2, 184) des Anspruchs zur Tabelle umstellen.[4] 6

b) Wenn ein Rechtsstreit bei Eröffnung des Verfahrens noch nicht anhängig war, können die Gläubiger ihre Forderungen nur nach §§ 174 ff. zur Tabelle anmelden und können erst bei Bestreiten der angemeldeten Forderungen gegen den Widersprechenden die Feststellung betreiben, § 179 Abs. 1. 7

4. Sicherstellung und Befriedigung

Wenngleich § 87 im Gegensatz zur früheren Regelung des § 12 KO in seinem Wortlaut nicht mehr erwähnt, dass Insolvenzgläubiger ihre Forderungen auf 8

[1] *Jäger/Windel,* InsO, § 87 Rn. 13.
[2] BGHZ 25, 395; 72, 234; LG Hamburg NJW 1968, 1528.
[3] BGH NZI 2005, 112; BGH NZI 2009, 309 – eine bei Insolvenzeröffnung noch nicht titulierte Insolvenzforderung kann deshalb nach Insolvenzeröffnung nur noch nach §§ 174 ff. geltend gemacht werden.
[4] OLG München KTS 1988, 327.

Sicherstellung (oder Befriedigung) aus der Insolvenzmasse nur nach den Vorschriften über das Insolvenzverfahren verfolgen können, werden auch Ansprüche auf Bestellung von Sicherheiten von § 87 erfasst. Dies bedeutet, dass der Verwalter Sicherstellungsansprüche nicht erfüllen darf.[1]

5. Besonderheiten

a) Feststellungsklage gem. § 80

9 Lehnt der Insolvenzverwalter die Erfüllung eines gegen den Schuldner im Zeitpunkt der Eröffnung des Verfahrens rechtshängigen Erfüllungsanspruchs aus einem gegenseitigen Vertrag gem. § 103 ab, kann der Gläubiger seinen Anspruch wegen Nichterfüllung (vgl. §§ 103 ff., 109, 113) ebenfalls nur durch Anmeldung zur Tabelle (§§ 174 ff.) geltend machen. Widerspricht der Insolvenzverwalter, der Schuldner oder ein anderer Insolvenzgläubiger der angemeldeten Schadenersatzforderung, kann der Gläubiger den unterbrochenen Rechtsstreit aufnehmen, muss jedoch die ursprüngliche Klage auf Erfüllung nach § 264 Nr. 3 ZPO (zulässige Klageänderung) in eine Klage auf Feststellung der Schadenersatzforderung umstellen, da es sich um einen anderen Streitgegenstand handelt.[2]

b) Steuerforderungen

10 Da § 240 ZPO zumindest analog auch auf Forderungen des Fiskus anwendbar ist,[3] wird mit Eröffnung des Insolvenzverfahrens ein Steuerfestsetzungs- und Feststellungsverfahren unterbrochen. Die Finanzbehörde kann somit Steuerbescheide nicht mehr erlassen, die Steuerforderungen sind abzurechnen und zur Tabelle anzumelden; gleichwohl ergangene Steuerbescheide sind nichtig.[4] Dies gilt auch für Steuermessbescheide, auf die § 240 ZPO ebenfalls analog anwendbar ist.[5] Widerspricht der Insolvenzverwalter der angemeldeten Steuerforderung, kann das Finanzamt einen Feststellungsbescheid nach § 251 Abs. 3 AO erlassen, der nach Bestandskraft den Widerspruch in der Tabelle gem. § 183 Abs. 2 zu beseitigen vermag.[6]

6. Praxishinweis

11 In der Praxis wird häufig das **vorläufige Bestreiten** einer zur Tabelle angemeldeten Forderung durch den Insolvenzverwalter zumindest von den Insolvenzgerichten akzeptiert. Dies ist auch verfahrenspragmatisch sinnvoll. Anerkennen kann der Insolvenzverwalter wegen der Titulierungswirkung nur, wenn er davon überzeugt ist. Bestreitet er nur, weil er nicht anerkennen kann, provoziert er ggf. einen die Masse belastenden Feststellungsrechtsstreit. In fast allen Unternehmensinsolvenzen müssen aber Arbeiten zur Klärung angemeldeter Forderungen durch-

---

[1] *Nerlich/Römermann/Wittkowski,* InsO, § 87 Rn. 12; *Jäger/Windel,* InsO, § 87 Rn. 13.

[2] FK-*App,* InsO, § 87 Rn. 28 ff.

[3] BFHE BStBl. II 1975, S. 208, *Kuhn/Uhlenbruck,* KO, § 12 Rn. 7.

[4] RFH 19, 355, 357; BFH 78, 172, 175; BFH ZIP 2003, 1212 ff.; BFH DStR 2009, 1644 m. Anm. *Abenheimer,* FD-InsR 2009, 287762: Zuläassig ist aber der Erlass eines USt-Bescheides mit negativer USt-Festsetzung.

[5] BFH DB 1998, 708.

[6] FK-*App,* InsO, § 87 Rn. 35 ff.

geführt werden, die bis zum allgemeinen Prüfungstermin noch nicht abgeschlossen sind. Diesem Problem trägt die Akzeptanz des vorläufigen Bestreitens Rechnung.[1] Für den Insolvenzgläubiger, der damit nicht zufrieden ist und auf einer Feststellung seiner Forderung besteht, muss daher der Weg der Erhebung einer Feststellungsklage wohl eröffnet sein. Erkennt der Insolvenzverwalter dann die Forderung sofort an, trifft den klagenden Insolvenzgläubiger die Kostenlast nach § 93 ZPO nach BGH, der das vorläufige Bestreiten als Bestreiten im Sinne von § 179 Abs. 1 anerkennt, regelmäßig dann, wenn der Gläubiger dem Insolvenzverwalter vor Klagerhebung eine angemessene Frist zur Erklärung über das Aufrechterhalten des Bestreitens gesetzt hat, der Insolvenzverwalter aber weder eine Prüfung durchgeführt, noch dem Gläubiger Hinderungs-/Verzögerungsgründe mitgeteilt hat und dieser dann Klage erhoben hat.[2]

§ 88 Vollstreckung vor Verfahrenseröffnung

Hat ein Insolvenzgläubiger im letzten Monat vor dem Antrag auf Eröffnung des Insolvenzverfahrens oder nach diesem Antrag durch Zwangsvollstreckung eine Sicherung an dem zur Insolvenzmasse gehörenden Vermögen des Schuldners erlangt, so wird diese Sicherung mit der Eröffnung des Verfahrens unwirksam.

Übersicht

1. Normzweck

Mit den §§ 110 Abs. 2 S. 2, 114 Abs. 3 und §§ 129 ff. bildet § 88 ein Schutz- 1
system zur Erhaltung oder Wiederherstellung der insbesondere in der kritischen Phase bereits verminderten oder auch nur durch erlangte Sicherheiten ausgehöhlten Insolvenzmasse. Zugleich gewährleistet die Norm damit einen Schutz der gleichmäßigen Gläubigerbefriedigung wie auch eine Chance zur Erhaltung bestehender Sanierungsmöglichkeiten.

2. Voraussetzungen

a) Zwangsvollstreckungsmaßnahme i. S. d. Vorschrift ist jede zivilprozes- 2
suale Zwangsvollstreckungsmaßnahme zum zwangsweisen Vollzug der persönli-

[1] Vgl. auch § 176 Rn. 18.

[2] BGH NZI 2006, 295 ff.; OLG München ZInsO 2005, 778 f. Vgl. auch BGH NZI 2007, 104.

chen Haftung des Schuldners einschließlich der Zwangsvollstreckungsmaßnahmen des einstweiligen Rechtsschutzes (Vollzug von Arresten und einstweiligen Verfügungen) sowie Vollstreckungsmaßnahmen nach öffentlichem Verwaltungsvollstreckungsrecht (Vollstreckung von Verwaltungsakten einschließlich Vollstreckung verwaltungsgerichtlicher, finanzgerichtlicher oder sozialgerichtlicher Titel);[1] auch die Beschlagnahme nach § 111 c StPO fällt unter § 88, wenn sie im letzten Monat vor dem Antrag erfolgt ist (soweit die Beschlagnahme außerhalb dieses Zeitraumes erfolgt ist und bei Verfahrenseröffnung noch besteht, greift § 89 Abs. 1).[2] Freiwillige Zahlungen oder Sicherheiten, die der Schuldner zur Abwendung der Zwangsvollstreckung an den Gläubiger leistet, fallen nicht unter die Vorschrift.[3] Zu befürworten ist jedoch die Anwendung des § 88 dann, wenn der Schuldner zur Abwendung einer Zwangsvollstreckung an den Gerichtsvollzieher geleistet hat und dieser den Erlös noch nicht an den Gläubiger abgeführt hat.[4]

3 **b)** Es muss sich um eine Zwangsvollstreckungsmaßnahme eines **Insolvenzgläubigers** i. S. v. §§ 38, 39 handeln. Massegläubiger werden nicht erfasst, allerdings sind §§ 89 ff., 110, 114 zu beachten. Ebenso sind aussonderungsberechtigte Gläubiger nicht erfasst. Absonderungsberechtigte Gläubiger werden nur erfasst, soweit sie zugleich persönliche Gläubiger des Schuldners sind; im Übrigen unterliegen sie den Beschränkungen der §§ 166 ff.

4 **c)** Erfasst werden nur Gegenstände des dem **Insolvenzbeschlag** des Schuldners unterliegenden Vermögens. Nicht berührt werden Zwangsvollstreckungsmaßnahmen für Unterhalts- oder Deliktsgläubiger in den erweitert pfändbaren Teil des Arbeitseinkommens, da insoweit nach § 89 Abs. 2 S. 2 auch nach Eröffnung des Verfahrens Zwangsvollstreckungsmaßnahmen zulässig sind.[5]

5 **d)** Die Rückschlagsperre erfasst nur die durch die Zwangsvollstreckungsmaßnahmen erlangten **Sicherungen,**[6] greift jedoch nicht mehr, wenn der Vollstreckungsgläubiger bereits eine Befriedigung erlangt hat.[7] Eine **Befriedigung** liegt regelmäßig dann vor, wenn die Vollstreckungsmaßnahme zu einer Erfüllung des titulierten Anspruchs des Gläubigers geführt hat. Maßgeblich für die Unterscheidung zwischen Sicherung und Befriedigung sind neben dem zugrunde liegenden Vollstreckungstitel die für die Vollstreckungsmaßnahme geltenden Vorschriften. Die **Sicherung** ist dann **erlangt,** wenn die Vollstreckungsmaßnahme beendet ist;[8] dies richtet sich nach den für die jeweilige Zwangsvollstreckungsmaßnahme

---

[1] *Vallender,* ZIP 1997, 1993 ff.; FK-*App,* InsO, § 88 Rn. 4.

[2] LG Düsseldorf ZInsO 2002, 87 f.; vgl. auch AG Moers, DZWIR 2002, 454 f.; OLG Frankfurt BeckRS 2009, 21744 zu §§ 111 d, 111 g StPO.

[3] BGHZ 55, 307, 309.

[4] FK-*App,* InsO, § 88 Rn. 7; *Gottwald/Gerhardt,* InsHdb., § 33 Fn. 87 bei Rn. 31; sofern man darin bereits eine Befriedigung des Gläubigers sehen will, greifen zumindest die §§ 129 ff. – hierzu auch BGH ZIP 1997, 1929 ff.

[5] Begründung RegE, § 88, abgedruckt bei *Balz/Landfermann,* S. 302.

[6] OLG Frankfurt NZI 2002, 491.

[7] Die Befriedigung im Wege der Zwangsvollstreckung stellt regelmäßig eine inkongruente Deckung dar und unterliegt daher der Insolvenzanfechtung nach § 131; vgl. auch § 131, Rn. 13.

[8] BGH NZI 1999, 407; OLG Bremen, Beschluss vom 16. 12. 2002, 3 W 45/02 = 3 T 320/02.

geltenden Verfahrensvorschriften. Bei der Pfändung von Forderungen ist die Zustellung des Pfändungs- und Überweisungsbeschlusses maßgeblich (§§ 829 Abs. 3, 846 ZPO); bei Pfändung sonstiger Vermögensgegenstände ist dies Zustellung an den Schuldner selbst oder an seinen Drittschuldner (§ 857 Abs. 2 ZPO). Bei der Pfändung künftiger Forderungen setzt die Entstehung des (Pfändungs-) Pfandrechts die Entstehung der Forderung voraus, erst dann ist die Sicherung erlangt;[1] die frühere Zustellung an den Drittschuldner ist insoweit bedeutungslos.[2] Bei der Pfändung von körperlichen Sachen ist maßgeblicher Zeitpunkt die Inbesitznahme durch den Gerichtsvollzieher (§ 808 Abs. 1 ZPO). Beispiele für Sicherungen i. S. d. § 88: Pfändungspfandrechte an beweglichen Sachen, Forderungen und sonstigen Vermögensgegenständen (zum Absonderungsrecht vgl. § 50 Abs. 1; zum Verwertungsrecht des Insolvenzverwalters §§ 166 ff.); Arrestpfandrechte an beweglichen Sachen (§§ 804, 829 ff., 857 ff., 886, 930 f. ZPO);[3] Arrestpfandrechte an Schiffen und Schiffsbauwerken (§§ 930 ff. ZPO); Arrestpfandrechte der in der Luftfahrzeugrolle eingetragenen Luftfahrzeugen (§ 99 Abs. 2 LuftfzRG); Immobiliarbeschlagnahme bei Gläubiger nach § 10 Abs. 1 Nr. 5 ZVG, Zwangsvormerkung nach §§ 941 ff. ZPO; Eintragung einer Zwangssicherungs- oder Arresthypothek nach §§ 866 f. und 932 ZPO.

e) Besonderheiten bei der Immobiliarzwangsvollstreckung

Zwangsvollstreckungsmaßnahmen in das unbewegliche Vermögen führen zu einem Absonderungsrecht, wenn dieses, wie Grundstücke und grundstücksgleiche Rechte (§ 864 ZPO) sowie dem Haftungsverband eines Grundpfandrechts unterliegenden beweglichen Sachen und Forderungen (§§ 1120 ff. BGB) der Immobiliarzwangsvollstreckung unterliegt. Maßgeblicher Zeitpunkt bei Anordnung der Zwangsvollstreckung oder Zwangsverwaltung (§ 866 Abs. 1 ZPO, §§ 20, 23, 146 Abs. 1 ZVG) ist der Anordnungsbeschluss. Da nach § 80 Abs. 2 S. 2 die Vorschriften über die Wirkung einer Pfändung oder einer Beschlagnahme im Wege der Zwangsvollstreckung unberührt bleiben, erlangt der Gläubiger ein Absonderungsrecht (§ 49), wenn die Beschlagnahme außerhalb der Monatsfrist des § 88 erfolgt ist (das Absonderungsrecht kann allenfalls im Wege der Insolvenzanfechtung nach § 129 ff. beseitigt werden). Dies gilt auch für die Eintragung einer Zwangshypothek (§§ 866, 867 ZPO), eines Arrestes durch Eintragung einer Arresthypothek (§ 932 ZPO) sowie für die Eintragung einer Zwangsvormerkung (§ 885 Abs. 1 BGB), wenn die Eintragung oder auch der Eintragungsantrag – § 91 Abs. 2, § 878 BGB – außerhalb der Monatsfrist des § 88 erfolgt ist.[4] Eine auf Grund einer einstweiligen Verfügung innerhalb der Frist des § 88 eingetragene Vormerkung zur Sicherung des Anspruchs auf Eintragung einer Bauhandwerkersicherungshypothek wird mit Eröffnung des 6

[1] BGH NZI 2003, 320 ff.; OLG Frankfurt ZInsO 2003, 283; BFH NZI 2005, 569 ff.

[2] BFH NZI 2005, 569 ff.

[3] *Vallender,* aaO, S. 1994.

[4] Im Fall der Zwangsvormerkung nach §§ 941 ff. ZPO ist die Sicherung erst mit der Grundbucheintragung erlangt, nicht jedoch schon mit dem Antrag, auch wenn alle Eintragungsvoraussetzungen vorliegen, da § 878 BGB auf die Zwangsvollstreckung nicht anwendbar ist; LG Berlin ZIP 2001, 2293; OLG Bremen, Beschluss vom 16. 12. 2002, 3 W 45/02 = 3 T 320/02 (vgl. § 91 Rn. 11).

Verfahrens nach § 88 absolut schwebend unwirksam.[1] An einer nach § 88 gesperrten Zwangssicherungshypothek entsteht keine Eigentümergrundschuld.[2]

7 f) Die Sicherung muss im **letzten Monat vor dem Antrag** oder nach dem Antrag auf Eröffnung des Insolvenzverfahrens erlangt sein. Durch das InsOÄndG 2001 wurde in § 312 Abs. 1 die Frist im Verbraucherinsolvenzverfahren auf drei Monate ausgedehnt.[3] Die Fristberechnung erfolgt nach § 139. Auch ein zunächst mangelhafter oder bei einem unzuständigen Gericht gestellter Antrag auf Eröffnung des Insolvenzverfahrens ist maßgeblich i. S. d. § 88, sofern er zur Eröffnung des Insolvenzverfahrens führt.[4] Hatte das Gericht gem. § 21 Abs. 2 Nr. 3 zur Sicherung der Masse angeordnet, dass Einzelzwangsvollstreckungsmaßnahmen in das bewegliche Vermögen des Schuldners einstweilen einzustellen sind, greift § 775 Nr. 1, 2 ZPO (Rechtsmittel §§ 766, 793 ZPO).

3. Rechtsfolgen

8 Mit der Eröffnung des Insolvenzverfahrens – es kommt dabei nicht auf die Rechtskraft des wirksamen Eröffnungsbeschlusses an[5] – tritt automatisch die absolute Unwirksamkeit der Zwangsvollstreckungsmaßnahmen ein.[6]

Diese Unwirksamkeit ist zunächst (nur) schwebend und kann bei Wegfall der Verfügungsbeschränkung des Schuldners entsprechend § 185 Abs. 2 Satz 1 Fall 2 BGB nachträglich wieder entfallen. Daher kann z. B. eine durch die Verfahrenseröffnung unwirksam gewordene Zwangssicherungshypothek, die im Grundbuch noch nicht gelöscht ist, mit Freigabe des Grundstücks aus dem Insolvenzbeschlag innerhalb der vorhandenen Buchposition entsprechend § 185 Abs. 2 Satz 1 Fall 2 BGB ohne vorherige Löschung und Neueintragung wieder wirksam werden (neu entstehen), wenn die Voraussetzungen für eine Neubegründung der Sicherung im Wege der Zwangsvollstreckung noch bestehen.[7]

In anderen Fällen ist (bereits mit Verfahrenseröffnung) die absolute, endgültige Unwirksamkeit möglich. So z. B., wenn zum „Wiederaufleben der Forderungspfändung nach § 829 Abs. 3 ZPO eine erneute Zustellung an den Drittschuldner notwendig sein sollte.[8] Das Pfändungspfandrecht erlischt, die öffentlich-rechtliche Verstrickung wird jedoch nicht unwirksam.[9] Dies erlangt insbesondere dann Bedeutung, wenn das Verfahren auf sofortige Beschwerde (§ 34) aufgehoben oder vorzeitig eingestellt wird (§§ 207 ff.). Ferner ist das Bestehen bleiben der

---

[1] BGH ZIP 2006, 479 ff.; vgl. dazu auch *Keller,* ZIP 2006, 1174 ff.

[2] BGH ZIP 2006, 479, 481; aA: BayObLG ZIP 2000, 1263 ff.; OLG Düsseldorf NZI 2004, 94; vgl. hierzu auch *Keller,* ZIP 2000, 1324 ff.

[3] Vgl. auch Begründung RegE, BR-Drucks. 14/01, S. 70, BGBl. I 2001, S. 2710, 2713.

[4] BayObLG ZIP 2000, 1263 f.; *Kirchhof,* ZInsO 2001, 1 ff., 6; OLG Frankfurt ZInsO 2003, 283 f.; LG Bonn ZIP 2004, 1374: Bei einer Sicherungshypothek beginnt die Monatsfrist erst mit der Grundbucheintragung, nicht schon mit dem Eingang des Eintragungsantrages.

[5] BGH ZIP 2006, 479, 480.

[6] BGH, aaO zur Vorinstanz; aA: LG Leipzig NZI 2005, 685 ff.; vgl. auch *Gundlach/Frenzl/Schmitt,* NZI 2005, 663 ff. und *Thietz-Bartram/Spilger,* ZInsO 2005, 858 ff.; s. auch BGH ZIP 1980, 23 f.; *Vallender,* ZIP 1997, 1993.

[7] BGH ZIP 2006, 479 ff.

[8] BGH, aaO.

[9] BGH ZIP 1980, 23, 24; OLG Celle KTS 1962, 111.

öffentlich-rechtlichen Verstrickung für den gutgläubigen Erwerb bedeutsam, wenn entgegen § 88 die Versteigerung einer Sache erfolgt, da der Erwerber dann originär Eigentum erwirbt.[1]

4. Praxishinweis

Streitig ist, ob die Aufhebung von Vollstreckungsmaßnahmen, die nach § 88 9
unwirksam geworden sind, von Amts wegen zu erfolgen hat.[2] Hebt das Vollstreckungsorgan auch nach einem entsprechenden Antrag des Insolvenzverwalters die Vollstreckungsmaßnahme nicht auf, so steht dem Insolvenzverwalter die Vollstreckungserinnerung gem. § 766 ZPO als Rechtsbehelf zur Verfügung.[3] Diese ist begründet, wenn eine Vollstreckungsmaßnahme aufrechterhalten bleibt, die wegen § 88 auf einem formalen Vollstreckungsverstoß beruht.[4] Hat das Insolvenzgericht vor Eröffnung des Insolvenzverfahrens nach § 21 Abs. 2 Ziff. 3 Maßnahmen der Zwangsvollstreckung in das bewegliche Vermögen des Schuldners untersagt, greift bei einem Verstoß ebenfalls die Erinnerung nach § 766 ZPO.[5] Die nach § 88 unwirksame Zwangshypothek kann entweder nach erfolgreicher Klage des Insolvenzverwalters (§ 894 BGB) oder auf Grund Unrichtigkeitsnachweises (§ 22 GBO) aus dem Grundbuch gelöscht werden.[6]

Hat der Drittschuldner gutgläubig nach Aufhebung des Pfändungs- und Über- 10
weisungsbeschlusses an den Vollstreckungsgläubiger geleistet, so ist er von seiner Leistungspflicht frei, § 836 Abs. 2 ZPO; der vollstreckende Gläubiger hat das Erlangte jedoch nach §§ 812 ff. BGB der Insolvenzmasse zurückzugewähren.

§ 89 Vollstreckungsverbot

(1) **Zwangsvollstreckungen für einzelne Insolvenzgläubiger sind während der Dauer des Insolvenzverfahrens weder in die Insolvenzmasse noch in das sonstige Vermögen des Schuldners zulässig.**

(2) **Zwangsvollstreckungen in künftige Forderungen auf Bezüge aus einem Dienstverhältnis des Schuldners oder an deren Stelle tretende laufende Bezüge sind während der Dauer des Verfahrens auch für Gläubiger unzulässig, die keine Insolvenzgläubiger sind. Dies gilt nicht für die Zwangsvollstreckung wegen eines Unterhaltsanspruchs oder einer Forderung aus einer vorsätzlichen unerlaubten Handlung in den Teil der Bezüge, der für andere Gläubiger nicht pfändbar ist.**

(3) **Über Einwendungen, die auf Grund des Absatzes 1 oder 2 gegen die Zulässigkeit einer Zwangsvollstreckung erhoben werden, entscheidet das Insolvenzgericht. Das Gericht kann vor der Entscheidung eine einstweilige**

---

[1] OLG Celle, aaO.

[2] Für eine Aufhebung von Amts wegen *Vallender,* ZIP 1997, 1993, 1994; *Uhlenbruck/ders.,* InsO, § 88 Rn. 13; MünchKomm-*Breuer,* InsO § 88 Rn. 22; aA: HK-*Eickmann,* InsO, § 88 Rn. 12.

[3] FK-*App,* InsO, § 88 Rn. 18.

[4] *Vallender,* aaO.

[5] Vgl. hierzu *Hintzen,* ZInsO 1998, 177 ff.

[6] BGH ZIP 2006, 479 ff.; vgl. auch OLG Düsseldorf NZI 2004, 94 f. zum Formerfordernis der Löschungsbewilligung des Insolvenzverwalters (§§ 29, 13 19 GBO).

Anordnung erlassen; es kann insbesondere anordnen, daß die Zwangsvollstreckung gegen oder ohne Sicherheitsleistung einstweilen einzustellen oder nur gegen Sicherheitsleistung fortzusetzen sei.

Übersicht

1. Normzweck

1 § 89 verbietet zum Schutz der gleichmäßigen Befriedigung aller Gläubiger im Rahmen der durch das Insolvenzverfahren eingeleiteten Gesamtvollstreckung (Einzel-)Zwangsvollstreckungsmaßnahmen für einzelne Insolvenzgläubiger.[1] Geschützt ist nicht nur die Insolvenzmasse, sondern insbesondere im Hinblick auf die Restschuldbefreiung auch das insolvenzfreie Vermögen des Schuldners. Durch Abs. 2 wird gerade auch im Hinblick auf die Erhaltung der Möglichkeit der Restschuldbefreiung Gläubigern, die keine Insolvenzgläubiger sind, die Zwangsvollstreckung in künftige Forderungen des Schuldners auf Bezüge aus einem Dienstverhältnis untersagt. Über seinen Wortlaut hinaus ergibt sich jedoch aus Sinn und Zweck der Regelungen in §§ 103, 107, 156, 165 ff. ein weitergehender Anwendungsbereich (s. unten 2 b).

2. Voraussetzungen

2 **a)** Unter **Vollstreckungsmaßnahmen** werden sämtliche Zwangsvollstreckungsmaßnahmen erfasst, die auch in § 88 erfasst sind, mithin sowohl die zivilprozessualen Zwangsvollstreckungsmaßnahmen als auch die Zwangsvollstreckungsmaßnahmen nach den öffentlich-rechtlichen Verwaltungsvollstreckungsgesetzen.[2] Unerheblich ist, ob die Zwangsvollstreckung erst nach Eröffnung des Verfahrens begonnen werden soll oder bereits vor Eröffnung des Verfahrens begonnen wurde und nach Eröffnung fortgesetzt werden soll. Eine Ausnahme

[1] BVerfG NZI 2006, 711: Eine Geldstrafe – § 39 Abs. 1 Nr. 3 – ist zwar nach Eröffnung des Insolvenzverfahrens ebenfalls nicht mehr vollstreckbar, die Verhängung einer Ersatzfreiheitsstrafe aber gleichwohl zulässig, sie durchbricht nicht das Verbot der Einzelzwangsvollstreckung.

[2] Auch Zurückgewährungshilfen nach § 111 g StPO werden erfasst, AG Moers DZWIR 2001, 454 f.; zum erfassten strafprozessualen Arrest nach §§ 111 b, 111 d StPO vgl. KG, ZInsO 2005, 1047 f. und zu Ausnahmen LG Berlin ZInsO 2005, 661 f.; vgl. auch *App,* apf, 2005, 140 ff.; nach LG Potsdam NJW 2007, 1544 ist die Erzwingungshaft nach §§ 96 ff. OWiG keine Zwangsvollstreckung iSv. § 89 Abs. 1.

gilt dann, wenn die Vollstreckung bereits zu einem insolvenzfesten Absonderungsrecht (siehe jedoch § 88 und §§ 129 ff.) geführt hat, da es sich in diesem Fall nicht um die Vollstreckung eines Insolvenzgläubigers, sondern um die eines Absonderungsgläubigers handelt. Bei Pfändung künftiger Forderungen vor Insolvenzeröffnung verhindert § 91, dass der Pfändungspfandgläubiger ein Absonderungsrecht (§ 50 Abs. 1) erwirbt, wenn die Forderung erst nach Insolvenzveröffnung entsteht.[1] Obwohl Arrest und einstweilige Verfügungen anders als in § 14 KO nicht mehr ausdrücklich genannt sind, werden sie von § 89 nach wie vor erfasst.[2]

Nicht von § 89 erfasst sind solche Akte, die eine Zwangsvollstreckung nur vorbereiten.[3] 3

Die Kenntnis des Gläubigers oder des Vollstreckungsorgans von der Eröffnung des Insolvenzverfahrens ist nicht maßgeblich. Da § 892 BGB nur bei einem rechtsgeschäftlichen Erwerb den guten Glauben des Erwerbers schützt, kommt es auch bei der Vollstreckung in unbewegliche Gegenstände des Vermögens des Schuldners auf den guten Glauben nicht an.[4] 4

b) Das Vollstreckungsverbot spricht in Abs. 1 nur Insolvenzgläubiger an. In Abs. 2 werden auch andere Gläubiger angesprochen, soweit bestimmte Vermögenswerte des Schuldners betroffen sind.[5] 5

aa) Insolvenzgläubiger sind die Inhaber der in §§ 38, 39 geregelten Forderungen. 6

bb) Andere Gläubiger können Gläubiger von Masseverbindlichkeiten sein, Neugläubiger (teilweise auch als Nachinsolvenzgläubiger bezeichnet[6]) oder auch aus- und absonderungsberechtigte Gläubiger. 7

Aussonderungsberechtigte Gläubiger, deren **Aussonderungsgut** weder zur Insolvenzmasse noch zum sonstigen, insolvenzfreien Vermögen des Schuldners gehört, werden von § 89 nicht erfasst und können die Zwangsvollstreckung zum Zwecke der Aussonderung betreiben. Soweit es sich um Aussonderungsgut handelt, das dem Regelungsbereich des § 107 unterfällt, muss ein Vollstreckungsverbot jedoch zumindest in zeitlicher Hinsicht bis nach dem Berichtstermin (§ 156) bestehen, da andernfalls die dem Insolvenzverwalter in § 107 eingeräumte Erklärungsfrist ausgehöhlt würde.[7] 8

---

[1] BGH NZI 2003, 320; BGH NZI 2006, 457; BFH NZI 2005, 569; AG Göttingen NZI 2006, 714; nach AG Göttingen, BeckRS 2008, 05849 gilt dies über § 294 Abs. 1 auch, wenn die Forderung des Schuldners gegen einen Dritten erst nach Erteilung der Restschuldbefreiung entsteht.

[2] Begründung RegE, § 100, abgedruckt bei *Balz/Landfermann,* S. 303; *Uhlenbruck/ders.,* InsO, § 89 Rn. 1, 7.

[3] BGH NZI 2008, 198; *Uhlenbruck,* aaO, Rn. 9.

[4] *Uhlenbruck,* aaO, Rn. 4.

[5] AG Dortmund NZI 2005, 463 f.: Gläubiger von Unterhaltsforderungen aus der Zeit vor Verfahrenseröffnung sind Insolvenzgläubiger, auf die Abs. 2 keine Anwendung findet; zur Zulässigkeit der Vollstreckung des Anspruchs auf Zeugniserteilung gegen den Schuldner, wenn das Arbeitsverhältnis vor Verfahrenseröffnung beendet war, vgl. LAG Düsseldorf ZIP 2004, 631.

[6] FK-*App,* InsO, § 89 Rn. 5.

[7] Siehe hierzu auch § 86 Rn. 7.

9 **Absonderungsberechtigte** Gläubiger werden von dem Vollstreckungsverbot ebenfalls erfasst.[1] Die durch Absonderungsrechte (§§ 49 ff.) am Immobiliarvermögen gesicherten Gläubiger können die Verwertung durch Zwangsversteigerung oder Zwangsverwaltung betreiben. Werden diese Verfahren auf Antrag des Insolvenzverwalters nach §§ 30 d, 30 e, 153 b ZVG einstweilen eingestellt, ist der Zwangsvollstreckungszugriff suspendiert.[1]

10 Für die Gläubiger bestimmter **Masseverbindlichkeiten** gilt ein zeitlich befristetes Vollstreckungsverbot nach § 90 für nicht durch Rechtshandlungen des Insolvenzverwalters begründete Masseverbindlichkeiten; für Forderungen aus einem Sozialplan gilt ein genereller Ausschluss gem. § 123 Abs. 3 S. 2. Für die übrigen Masseverbindlichkeiten besteht ein Vollstreckungsverbot nicht. Nach Anzeige der Masseunzulänglichkeit (§ 208) ist das Vollstreckungsverbot nach § 210 zu beachten.[2]

11 **c) Geschütztes Vermögen** ist das gesamte Vermögen des Schuldners, unabhängig davon, ob es dem Insolvenzbeschlag unterliegt oder nicht. Das nicht dem Insolvenzbeschlag unterliegende Vermögen ist jedoch dem Vollstreckungszugriff eines Insolvenzgläubigers ausgesetzt, wenn dieser eine dingliche Sicherung, die ihn befähigte, aus diesem Vermögen Befriedigung zu suchen, nur infolge der Rückschlagsperre nach § 88 verloren und dann – z. B. durch Freigabe aus dem Insolvenzbeschlag – dieser Verlust wieder entfallen ist.[3] Der Schutz umfasst zunächst die gesamte Dauer des Insolvenzverfahrens und wird hinsichtlich der Forderungen auf Bezüge aus einem Dienstverhältnis des Schuldners erweitert, in dem nach Abs. 2 sowohl Insolvenzgläubiger als auch andere Gläubiger während der Dauer des Insolvenzverfahrens hinsichtlich solcher künftigen Forderungen, also Forderungen, die erst nach der Beendigung des Verfahrens entstehen, ebenfalls dem Vollstreckungsverbot unterwirft.[4] Dieses Vollstreckungsverbot ist im Lichte des § 287 Abs. 2 S. 1 zu sehen; daneben sind die Vorschriften der §§ 81 Abs. 2 und 114 zu beachten.

12 Sonstige künftige Forderungen unterliegen nicht dem Vollstreckungsverbot. Eine Einschränkung hinsichtlich der nach Abs. 2 S. 1 dem Vollstreckungsverbot unterliegenden künftigen Forderungen des Schuldners gilt nach Abs. 2 S. 2 für Unterhalts- oder Deliktsgläubiger, die in den nach §§ 850 d, 850 f Abs. 2 ZPO erweitert pfändbaren Teil der künftigen Forderungen auf Bezüge aus einem Dienstverhältnis des Schuldners vollstrecken können. Begründet wird dies damit, dass der erweitert pfändbare Teil der künftigen Forderungen nach §§ 35, 36 nicht in die Insolvenzmasse fällt und nach § 287 Abs. 2 S. 1 auch nicht an den Treuhänder abgetreten werden muss, dem Unterhaltsgläubiger ein besonderes Schutz-

---

[1] BGH NZI 2006, 577 ff. – die Beschlagnahme ist keine Voraussetzung für das Entstehen des Absonderungsrechts nach § 49. Das Absonderungsrecht des dinglichen (Grundpfand-) Gläubigers entsteht nach Maßgabe der jeweiligen materiell-rechtlichen Bestimmungen, die Beschlagnahme leitet bei ihm die Befriedigung aus dem belasteten Recht ein. Beim persönlichen Gläubiger hingegen ist die Beschlagnahme Voraussetzung für das Entstehen des Absonderungsrechts.

[1] *Gottwald/Gerhardt,* InsHdb., § 33 Rn. 11.

[2] BGH NZI 2006, 392; BGH NZI 2006, 697 m. Anm. *Kießner,* FD-InsR 2006, 196520; LG Trier NZI 2005, 170.

[3] BGH ZIP 2006, 479 ff.; LG Chemnitz Rpfleger 2004, 234; s. oben § 88 Rn. 8.

[4] Zur Dauer des Vollstreckungsverbotes vgl. auch AG Göttingen BeckRS 2008, 05849.

bedürfnis zuzuerkennen ist[1] und der Schuldner den Deliktsgläubigern gegenüber keinerlei Nachsicht verdient, was auch in § 302 zum Ausdruck kommt.[2] Die Ausnahme des Abs. 2 S. 1 gilt allerdings nur für „Neugläubiger", nicht für solche Unterhalts-/ Deliktsgläubiger, die mit ihren Forderungen als Insolvenzgläubiger am Verfahren teilnehmen.

Wie bei § 88 ist auch bei § 89 grundsätzlich nach dem in Art. 102 EGInsO verankerten Universalitätsprinzip die Zwangsvollstreckung über im Inland belegenes Vermögen des ausländischen Schuldners im Rahmen eines im Ausland eröffneten Insolvenzverfahrens unzulässig, sofern das ausländische Recht eine entsprechende Regelung enthält. Bei einem im Inland eröffneten Insolvenzverfahren wird nach dem insoweit in § 35 verankerten Universalitätsprinzip das im Ausland belegene Vermögen des inländischen Schuldners durch das Vollstreckungsverbot des § 89 ebenfalls geschützt mit der Folge, dass ein inländischer Gläubiger das durch eine verbotswidrig im Ausland durchgeführte Vollstreckung Erlangte nach Bereicherungsrecht (§ 812 Abs. 1 S. 1 2. Alt. BGB, Eingriffskondiktion) an den Insolvenzverwalter herauszugeben hat.[3] 13

3. Rechtsfolgen

Eine gegen das Vollstreckungsverbot verstoßende Vollstreckungsmaßnahme ist materiell-rechtlich unwirksam, ein Pfändungspfandrecht entsteht nicht.[4] Gleichwohl sind verbotswidrige Zwangsvollstreckungsmaßnahmen nicht nichtig und führen zur wirksamen öffentlich-rechtlichen Verstrickung.[5] Daher kann der Ersteigerer bei einer nachfolgenden Verwertung Eigentum erwerben, der Insolvenzverwalter kann freilich auch hier den Erlös vom Vollstreckungsgläubiger nach Bereicherungsrecht (§§ 812 ff. BGB) herausverlangen. 14

4. Rechtsbehelf, Zuständigkeit

Soweit an sich das Vollstreckungsgericht entscheidungsbefugt wäre, wird nach Abs. 3 S. 1 diese Befugnis auf das Insolvenzgericht (als funktionales, besonderes Vollstreckungsgericht) verlagert, das damit über Einwendungen entscheidet, die auf Grund des Abs. 1 oder 2 gegen die Zulässigkeit einer Zwangsvollstreckung erhoben werden; ferner auch dann, wenn die Vollstreckungsorgane den Erlass der beantragten Vollstreckung ablehnen.[6] Nach § 6 Abs. 1 unterliegen die Entscheidungen des 15

---

[1] *Gottwald/Gerhard,* aaO, Rn. 16.

[2] BGH NZI 2006, 593; BGH NZI 2008, 50 m. Anm. *Naumann,* FD-InsR 2007, 247348; BGH BeckRS 2008, 02389 = FamRZ 2008, 684; *Dah,* NJW-Spezial 2008, 85; *Schmidt,* ZInsO 2007, 14.

[3] BGH ZIP 1983, 961 f.

[4] Vgl. *Stein/Jonas/Münzberg,* ZPO, § 804 Rn. 1 ff. zu den verschiedenen Theorien und ihren Auswirkungen.

[5] *Vallender,* ZIP 1997, 1993 ff., 1998.

[6] Vgl. BGH NZI 2006, 697 m. Anm. *Kießner,* FD-InsR 2006, 196520 zur Zuständigkeit des Insolvenzgerichts zur Entscheidung über eine Erinnerung wegen Unzulässigkeit der Zwangsvollstreckung eines Kostengläubigers in die Insolvenzmasse bei Massearmut; BGH NZI 2008, 50; nach AG Göttingen NJW-Spezial 2008, 23 ist das Insolvenzgericht zuständig, unabhängig davon, ob der Vollstreckungsgläubiger Insolvenz- oder Neugläubiger ist; nach LG Kiel DZWiR 2007, 173 ist das Insolvenzgericht im Hinblick auf § 348 auch dann funktionell zuständig, wenn es um Fälle geht, die dem internationalen Insolvenzrecht

Insolvenzgerichts allerdings nur in den Fällen einem Rechtsmittel, in denen die InsO eine sofortige Beschwerde vorsieht. In Abs. 3 ist die sofortige Beschwerde nicht vorgesehen. Dennoch ist Rechtsschutz nicht ausgeschlossen: Der Rechtsmittelzug richtet sich in diesem Fall nach den allgemeinen vollstreckungsrechtlichen Vorschriften, so dass die Erinnerung nach § 766 ZPO statthaft ist, soweit nicht nach den allg. Vorschriften die sofortige Beschwerde nach § 793 ZPO zu erheben ist.[1]

Für das Eröffnungsverfahren ist streitig, ob das Vollstreckungsgericht oder (analog Abs. 3) das Insolvenzgericht zuständig ist.[2]

Einwendungen gegen Vollstreckungsmaßnahmen des Grundbuchamtes in Grundstücke sind damit beim Grundbuchamt geltend zu machen.[3] Im Bereich der Verwaltungsvollstreckung (vgl. §§ 72, 73 VwGO, § 367 Abs. 1 AO) ist die Zuständigkeit des Insolvenzgerichts zu bejahen.[4]

5. Praxishinweis

16 Beim Insolvenzverfahren über das Vermögen einer dem Regelungsbereich des § 93 InsO unterfallenden Gesellschaft ist zu berücksichtigen, dass § 93 im Ergebnis für die Insolvenzgläubiger im Verfahren über das Vermögen der Gesellschaft zu einem Verbot der Vollstreckung in das Vermögen des Gesellschafters führt, da die persönliche Haftung des Gesellschafters nur vom Insolvenzverwalter über das Vermögen der Gesellschaft geltend gemacht werden kann.[5] Für die sonstigen, die persönlichen Gläubiger des Gesellschafters gilt jedoch das Vollstreckungsverbot nicht. Befindet sich hingegen der Gesellschafter in der Insolvenz, ist § 89 unmittelbar anwendbar, so dass die Vollstreckung in das dem Insolvenzbeschlag unterliegende – zu dem auch sein Gesellschaftsanteil gehören wird – und sein insolvenzfreies Vermögen verboten ist; in diesem Fall ist jedoch eine Vollstreckung in das Vermögen der Gesellschaft weder nach § 89 noch nach § 93 unzulässig.

§ 90 Vollstreckungsverbot bei Masseverbindlichkeiten

(1) **Zwangsvollstreckungen wegen Masseverbindlichkeiten, die nicht durch eine Rechtshandlung des Insolvenzverwalters begründet worden sind, sind für die Dauer von sechs Monaten seit der Eröffnung des Insolvenzverfahrens unzulässig.**

---

unterliegen; vgl. zur Zuständigkeitsproblematik auch *Schäfer,* ZVI 2008, 331 ff.; vgl. auch AG Göttingen NZI 2006, 714 zum Fortbestand der Zuständigkeit des Insolvenzgerichts, wenn ein Rechtsbehelf während der Laufzeit des Insolvenzverfahrens eingelegt wird, das Verfahren aber vor abschließender Entscheidung aufgehoben wird; vgl. auch LG Hamburg, ZInsO 2009, 1707 zur Unanwendbarkeit nach Aufhebung des Insolvenzverfahrens in der Wohlverhaltensperiode; vgl. auch BGH NZI 2004, 278 und BGH ZInsO 2005, 708 zur funktionellen Zuständigkeit des Richters (aA: AG Hamburg NZI 2006, 646: Zuständigkeit des Rechtspflegers).

[1] BGH NZI 2004, 278 und 447 (hat die angegriffene Maßnahme Entscheidungscharakter, ist anstatt der in der Mobiliarvollstreckung gegebenen Erinnerung nur die sofortige Beschwerde statthaft).

[2] AG Dresden ZIP 2004, 778 mwN, Vollstreckungsgericht.

[3] HK-*Kayser,* InsO, § 89 Rn. 39.

[4] FK-*App,* InsO, § 89 Rn. 17.

[5] Thür. OLG InVo 2002, 148 f.

(2) **Nicht als derartige Masseverbindlichkeiten gelten die Verbindlichkeiten:**

1. **aus einem gegenseitigen Vertrag, dessen Erfüllung der Verwalter gewählt hat;**
2. **aus einem Dauerschuldverhältnis für die Zeit nach dem ersten Termin, zu dem der Verwalter kündigen konnte;**
3. **aus einem Dauerschuldverhältnis, soweit der Verwalter für die Insolvenzmasse die Gegenleistung in Anspruch nimmt.**

Übersicht

1. Normzweck

1 Hinter § 90 steht die Absicht des Gesetzgebers, den Insolvenzverwalter insbesondere in der Anfangsphase des eröffneten Insolvenzverfahrens davor zu schützen, dass die Masse auseinandergerissen wird und damit im Ergebnis Sanierungsbemühungen erschwert oder gar vernichtet werden könnten, obwohl der Insolvenzverwalter die entsprechenden Forderungen der Gläubiger nicht begründet hat.[1] Der Gesetzgeber hat insoweit einen Zeitraum von sechs Monaten als ausreichend erachtet; stellt sich im Laufe des Verfahrens die Masseunzulänglichkeit heraus, wird Vollstreckungsschutz nach § 210 gewährt.

2. Voraussetzungen

2 **a)** Von dem Vollstreckungsverbot werden zunächst nur **Masseverbindlichkeiten** erfasst. Diese sind in §§ 54, 55 geregelt; ferner finden sich Regelungen in §§ 100, 123, 324 (durch § 209 Abs. 1 Nr. 3 wird klargestellt, dass es sich auch bei den Unterhaltsgewährungen nach §§ 100, 101 Abs. 1 S. 3 um Masseverbindlichkeiten handelt).

[1] Begründung RegE, 101, abgedruckt in *Balz/Landfermann* S. 304 f.

3 **b)** Vollstreckungsschutz wird durch § 90 nur bei sogenannten **„oktroyierten"** Masseverbindlichkeiten gewährt, also solchen Masseverbindlichkeiten, die nicht durch Rechtshandlungen des Insolvenzverwalters begründet worden sind und – wie sich aus Abs. 2 ergibt – von ihm auch nicht verhindert werden konnten.

4 **aa)** Erfasst werden auch (wenn auch nicht alle) Masseverbindlichkeiten nach **§ 55 Abs. 1 Nr. 1, 2. Alt.**[1] Die gegenteilige Auffassung, nach der ohne weitere Begründung alle diese Ansprüche nicht oktroyiert sind,[2] ist abzulehnen. Als Beispiel kann die Masseverantwortlichkeit im Ordnungsrecht herangezogen werden: Nach (hier abgelehnter[3]) Auffassung des Bundesverwaltungsgerichts handelt es sich bei Ersatzvornahmekosten im Zusammenhang mit der Altlastenbeseitigung auch dann um Masseverbindlichkeiten, wenn die Beseitigung Verunreinigungen betrifft, die vor der Verfahrenseröffnung verursacht wurden.[4] Bei den vom Bundesverwaltungsgericht angenommenen Masseverbindlichkeiten kann es sich nur um solche handeln, die nach § 55 Abs. 1 Nr. 1 „in anderer Weise" nämlich gerade nicht durch eine Rechtshandlung des Insolvenzverwalters begründet wurden.

5 **bb)** Lehnt der Insolvenzverwalter die Erfüllung eines im Zeitpunkt der Eröffnung des Insolvenzverfahrens von keiner Seite vollständig erfüllten, gegenseitigen Vertrages (§ 103) ab, wird durch seine Rechtshandlung eine Masseverbindlichkeit (§ 55 Abs. 1 Nr. 2 1. Alt) nicht begründet, so dass die Vollstreckung bereits nach § 89 unzulässig ist.

6 **cc)** Die in § 108 Abs. 1 genannten Dauerschuldverhältnisse (Miet-, Pacht- und Leasingverhältnisse über unbewegliche Gegenstände oder Räume sowie Arbeitsverhältnisse) bestehen ungeachtet der Eröffnung des Insolvenzverfahrens fort und führen zu Masseverbindlichkeiten nach **§ 55 Abs. 1 Nr. 2 2. Alt.** Wegen der Masseverbindlichkeiten, die aus diesen Vertragsverhältnissen bis zum Ersten möglichen Kündigungstermin nach Verfahrenseröffnung (vgl. §§ 109, 113) entstehen, besteht nach Abs. 1 Vollstreckungsschutz dann, wenn der Insolvenzverwalter zum erstmöglichen Kündigungstermin gekündigt hat und bis dahin die Gegenleistung auch nicht in Anspruch genommen hat, **Abs. 2 Nr. 2, 3.**

7 **dd)** Masseverbindlichkeiten nach **§ 55 Abs. 1 Nr. 3** sind nicht durch Rechtshandlungen des Insolvenzverwalters begründet, so dass sie vom Vollstreckungsverbot erfasst sind.

8 **ee) Streitig** ist, ob die nach **§ 55 Abs. 2** von einem vorläufigen Insolvenzverwalter begründeten Masseverbindlichkeiten unter das Vollstreckungsverbot des § 90 fallen, da diese Masseverbindlichkeiten eben nicht durch eine Rechtshandlung des Insolvenzverwalters sondern durch den vorläufigen Insolvenzverwalter begründet worden sind.[5] Das Vollstreckungsverbot des § 90 wegen solcher Masseverbindlichkeiten ist zu bejahen. Entgegen anderer Ansichten[6] ist der Wortlaut

[1] *Jäger/Eckardt,* InsO, § 90 Rn. 7.

[2] *Nerlich/Römermann/Wittkowski,* InsO, § 90 Rn. 3 a; *Uhlenbruck/ders.,* InsO, § 90 Rn. 2.

[3] Vgl. § 80 Rn. 28 ff.

[4] BVerwG NJW 1999, 1416 ff.

[5] *Nerlich/Römermann/Wittkowski,* InsO, § 90 Rn. 3 b; *Kübler/Prütting/Bork/Lüke,* InsO, § 90 Rn. 10; FK-*App,* InsO, § 90 Rn. 4; HK-*Kayser,* InsO, § 90 Rn. 2; *Uhlenbruck/ders.,* InsO, § 90 Rn. 11.

[6] *Nerlich/Römermann/Wittkowski,* InsO, aaO; *Jäger/Eckardt,* InsO, § 90 Rn. 8.

des § 90 eindeutig; auch wenn die Verbindlichkeiten, die von einem vorläufigen Insolvenzverwalter, auf den die Verfügungsbefugnis nach § 22 Abs. 1 S. 1 übergegangen ist, nach § 55 Abs. 2 nach der Eröffnung des Insolvenzverfahrens als Masseverbindlichkeiten gelten, bleiben es Rechtshandlungen des vorläufigen Insolvenzverwalters (auch wenn Personenidentität zwischen dem vorläufigen und dem endgültigen Insolvenzverwalter besteht). Aufgrund des eindeutigen Wortlauts muss auch der hinter der Regelung des § 55 Abs. 2 stehende Vertrauensschutzgedanke, der im Übrigen auch durch § 210 aufgeweicht wird, zurücktreten, soweit dieser überhaupt beim Vertragspartner hinsichtlich der Vollstreckbarkeit eine Rolle spielt. Der Vertragspartner vertraut in aller Regel darauf, dass der (vorläufige) Insolvenzverwalter die von ihm begründeten Verbindlichkeiten ausgleicht; seine Position und sein Vertrauen wird dadurch gestärkt, dass seine Forderungen den rechtlichen Charakter von Masseverbindlichkeiten erhalten und somit gem. § 53 vor den übrigen Verbindlichkeiten ausgeglichen werden müssen. Er rechnet, wenn er mit dem vorläufigen Insolvenzverwalter kontrahiert, nicht damit, dass er seine Forderungen titulieren muss und vertraut auch nicht darauf, dass er wegen dieser Forderungen in die Masse vollstrecken kann.[1]

ff) Bei den in **§ 324** geregelten Verbindlichkeiten handelt es sich um Masseverbindlichkeiten nach § 55, für die das Vollstreckungsverbot gilt, da sie allesamt nicht durch Rechtshandlungen des Insolvenzverwalters begründet worden sind.[2] 9

gg) Für Masseverbindlichkeiten nach **§ 123 Abs. 3** gilt während der gesamten Verfahrensdauer ein Vollstreckungsverbot, § 123 Abs. 3 S. 2. 10

3. Rechtsfolgen

a) Für Gläubiger der dem Vollstreckungszugriff nach § 90 entzogenen Masseverbindlichkeiten besteht ab Verfahrenseröffnung ein auf sechs Monate limitiertes Vollstreckungsverbot. Die Fristberechnung erfolgt über § 4 i. V. m. § 222 ZPO nach §§ 187 ff. BGB. Nach § 188 Abs. 1 BGB wird der Tag der Verfahrenseröffnung bei der Fristberechnung nicht mitgezählt, so dass die Frist erst am darauf folgenden Tag zu laufen beginnt; die Frist endet grundsätzlich an dem Tag, der seiner Zahl nach dem Tag der Verfahrenseröffnung entspricht. 11

b) Ein Verstoß gegen das Vollstreckungsverbot macht die Vollstreckungsmaßnahme materiell-rechtlich unwirksam, ein Pfändungspfandrecht entsteht nicht. Die Vollstreckungsmaßnahme ist aber nicht nichtig und führt daher zur öffentlich-rechtlichen Verstrickung, so dass der Ersteigerer wirksam Eigentum erwerben kann, der Insolvenzverwalter den Erlös vom Vollstreckungsgläubiger nach §§ 812 ff. BGB herausverlangen kann.[3] Rechtsbehelf gegen unzulässige Vollstreckungsmaßnahmen i. S. v. § 90 ist für den Insolvenzverwalter die Vollstreckungserinnerung nach § 766 ZPO. Für die Zuständigkeit gilt § 89 Abs. 3 analog.[4] 12

---

[1] AA: *Kübler/Prütting/Bork/Lüke,* InsO, § 90 Rn. 10; *Jäger/Eckardt,* InsO, § 90 Rn. 8 mwN.
[2] *Jäger/Eckardt,* InsO, § 90 Rn. 11.
[3] Vgl. § 89 Rn. 14.
[4] *Vallender,* ZIP 1997, 1994 ff., 1999; *Landfermann,* in Kölner Schrift, S. 159 ff., Rn. 46.

13 **c)** Gläubiger aller übrigen Masseverbindlichkeiten können ab Eröffnung des Insolvenzverfahrens in die Insolvenzmasse vollstrecken. Bei Eintritt der Masseunzulänglichkeit gilt für sie allerdings das Vollstreckungsverbot nach § 210.[1]

14 Zulässig ist die Vollstreckung also wegen folgender Verbindlichkeiten:

15 **aa)** Die nach § 55 Abs. 1 Nr. 1 durch eine Rechtshandlung des Insolvenzverwalters begründeten Masseverbindlichkeiten sowie sonstige Masseverbindlichkeiten im Zusammenhang mit Verwaltung, Verwertung und Verteilung der Insolvenzmasse.

16 **bb)** Die durch Erfüllungswahl (§ 103) des Insolvenzverwalters nach § 55 Abs. 1 Nr. 2 1. Alt. begründeten Masseverbindlichkeiten.

17 **cc)** Die durch Unterlassung der Kündigung zum erstmöglichen Zeitpunkt „begründeten" Masseverbindlichkeiten aus einem Dauerschuldverhältnis, § 55 Abs. 1 Nr. 2 2. Alt.

18 **dd)** Die Ansprüche aus Dauerschuldverhältnissen, die der Insolvenzverwalter dadurch begründet, dass er auch im Zeitraum vor der ersten Kündigungsmöglichkeit die Gegenleistung für die Insolvenzmasse in Anspruch nimmt, § 90 Abs. 2 Nr. 3.

4. Haftung des Schuldners

19 Unter der Geltung der Konkursordnung konnten Massegläubiger auch während der Dauer des Verfahrens in das insolvenzfreie Vermögen des Schuldners wegen Masseansprüchen, die vor der Eröffnung des Verfahrens begründet waren, vollstrecken.[2] Mit Ausnahme von Vollstreckungen in das durch § 89 Abs. 2 S. 1 geschützte insolvenzfreie Vermögen können Gläubiger von Masseverbindlichkeiten den Schuldner auch im Geltungsbereich der InsO nach Verfahrenseröffnung in Anspruch nehmen und wegen ihrer Ansprüche gegen ihn vollstrecken. Voraussetzung ist jedoch weiterhin, dass die Masseverbindlichkeit vor Verfahrenseröffnung bzw. vor der Begründung von Verbindlichkeiten durch den vorläufigen Insolvenzverwalter mit Verwaltungs- und Verfügungsbefugnis (§§ 22 Abs. 1, 55 Abs. 2 S. 1) – wenn auch nur bedingt oder betagt[3] – entstanden ist. Da der Schuldner für die während des Verfahrens vom Insolvenzverwalter begründeten Masseverbindlichkeiten erst nach Beendigung des Insolvenzverfahrens und auch dann nur mit dem ihm herausgegebenen Massebestand haftet,[4] muss dies auch für vom vorläufigen Insolvenzverwalter nach § 55 Abs. 2 begründeten Masseverbindlichkeiten gelten. Erst und nur durch die Anordnung des allgemeinen Verfügungsverbotes nach § 21 Abs. 2 Nr. 2 1. Alt. mit der in § 22 Abs. 1 geregelten Rechtsfolge des Übergangs der Verwaltungs- und Verfügungsbefugnis auf den vorläufigen Insolvenzverwalter werden die Wirkungen der Eröffnung des Insolvenzverfahrens (§§ 80 ff.) teilweise vorverlagert. Die von dem so mit Verwaltungs- und Verfügungsbefugnis ausgestatteten vorläufigen

---

[1] Vgl. BAG DZWIR 2002, 371 ff.: Aufgrund des Vollstreckungsverbotes nach § 210 fehlt für eine Leistungsklage das Rechtsschutzbedürfnis.

[2] *Kuhn/Uhlenbruck,* KO, § 57 Rn. 10 mwN.

[3] *Kuhn/Uhlenbruck,* aaO; *Gottwald/Klopp/Kuhn,* InsHdb., § 58 Rn. 15 ff., 17.

[4] *Kuhn/Uhlenbruck,* KO, Rn. 11 b mwN.

Insolvenzverwalter begründeten Verbindlichkeiten gelten gem. § 55 Abs. 2 nach Verfahrenseröffnung als Masseverbindlichkeiten. Träger der Schuldnerrolle bleibt gleichwohl der Schuldner persönlich. Diese Vorverlagerung in Verbindung mit der Einbeziehung des pfändbaren Neuerwerbs des Schuldners in die Insolvenzmasse, der durch §§ 89 Abs. 2, 114 bezweckte Schutz des Schuldners zur Erlangung der Restschuldbefreiung rechtfertigt es jedoch, dem Schuldner auch während des Insolvenzverfahrens Vollstreckungsschutz zumindest für die nach § 55 Abs. 2 vor Verfahrenseröffnung begründeten Masseverbindlichkeiten zu gewähren. Hinsichtlich der übrigen vor Verfahrenseröffnung ohne Zutun des vorläufigen Insolvenzverwalters (bedingt oder betagt) entstandenen Masseverbindlichkeiten wird eine Vollstreckung während des Insolvenzverfahrens regelmäßig daran scheitern, dass das dem Schuldner verbleibende Vermögen (§§ 35, 36) einen Vollstreckungszugriff nach §§ 811 ff., 850 ff. ZPO nicht erlaubt. Nach Abschluss des Insolvenzverfahrens können einer Vollstreckung dann §§ 287 ff. entgegenstehen.[1]

§ 91 Ausschluß sonstigen Rechtserwerbs

(1) **Rechte an den Gegenständen der Insolvenzmasse können nach der Eröffnung des Insolvenzverfahrens nicht wirksam erworben werden, auch wenn keine Verfügung des Schuldners und keine Zwangsvollstreckung für einen Insolvenzgläubiger zugrunde liegt.**

(2) **Unberührt bleiben die §§ 878, 892, 893 des Bürgerlichen Gesetzbuchs, § 3 Abs. 3, §§ 16, 17 des Gesetzes über Rechte an eingetragenen Schiffen und Schiffsbauwerken, § 5 Abs. 3, §§ 16, 17 des Gesetzes über Rechte an Luftfahrzeugen und § 20 Abs. 3 der Schiffahrtsrechtlichen Verteilungsordnung.**

Übersicht

[1] BGH NZI 2007, 670 m. Anm. *Lang*, FD-InsR 2007, 241898 zum Rechtsschutzinteresse des Inhabers einer oktroyierten Masseverbindlichkeit für eine Zahlungsklage gegen den Schuldner während der Wohlverhaltensperiode.

1. Normzweck

1 Die Vorschrift dient der Sicherung der Aktivmasse und ergänzt insoweit den durch §§ 81, 89, 90 bewirkten Schutz der Masse.

2. Anwendungsbereich

2 Erfasst ist der **Erwerb** von Rechten an Gegenständen der Insolvenzmasse (§§ 35, 36)[1] nach Eröffnung des Insolvenzverfahrens, der nicht bereits von §§ 81, 89, 90 umfasst ist. „Für die Anwendbarkeit des § 91 ist entscheidend, ob ein Vermögensgegenstand bereits im Zeitpunkt der Verfahrenseröffnung ganz oder teilweise aus dem Vermögen des Schuldners ausgeschieden ist, ohne dass für ihn die Möglichkeit besteht, diesen auf Grund alleiniger Entscheidung wieder zurückzuerlangen... Neben der Begründung von neuen Rechten an Vermögensgegenständen des Schuldners kommt auch die Erweiterung bereits bestehender Rechte zu Lasten der Masse in Betracht, wobei sich die Unwirksamkeitsfolge dann auf die Rechtserweiterung beschränkt.“[2] § 114 Abs. 1 verdrängt im Rahmen seines Anwendungsbereichs § 91 Abs. 1.[3] Nach § 114 Abs. 3 wird abweichend von Abs. 1 die vom Insolvenzgläubiger durch Pfändung erreichte Sicherung für einen bestimmten Zeitraum privilegiert.[4] Im Rahmen des Eröffnungsverfahrens ist § 91 im Zusammenspiel mit Sicherungsmaßnahmen nach § 21 Abs. 2 S. 1 Nr. 2 u. 3 nicht (entsprechend) anwendbar.[5]

3 **a)** Zu den betroffenen **Rechten** gehören Vollrechte (z. B. Eigentum) und Rechte an Vollrechten sowie beschränkte dingliche Rechte und Rechte an solchen beschränkten dinglichen Rechten.

4 **b) Nicht** erfasst sind Verfügungen Dritter (bei Verfügungen des Schuldners greift § 81) über die ihnen bereits wirksam an Gegenständen der Insolvenzmasse zustehenden Rechte.[6] Die Übertragung eines bestehenden Rechts ist kein Rechtserwerb, die Insolvenzmasse wird dadurch nicht beeinträchtigt (Schutz ist die Verfügungsbefugnis, §§ 80, 81), so dass der Schutzzweck des § 91 nicht tangiert ist.[7] Deshalb können auch aufschiebend bedingte Rechte wirksam übertragen werden. Dies gilt auch für die bedingte Übertragung eines Rechts,[8] wenn die Übertragung vor Eröffnung des Insolvenzverfahrens vollständig abgeschlossen war und nur noch

---

[1] Vgl. z. B. BGH NZI 2008, 304.

[2] BGH NZI 2008, 371 m. Anm. *Kroth*, FD-InsR 2008, 256866; vgl. auch BGH NZI 2007, 158 und BGH BeckRS 2009, 05195 = NJW RR 2009, 755.

[3] BGH NZI 2006, 457 ff.; s. Kommentierung zu § 114 Rn. 4.

[4] BGH NZI 2008, 563 m. Anm. *de Bra*, FD-InsR 2008, 263930; BGH BeckRS 2008, 15503.

[5] BGH NZI 2007, 158 ff.

[6] BGH NZI 2009, 244 m. Anm. *Kroth*, FD-InsR 2009, 277441.

[7] BGH NZI 2008, 371 (da die Übertragung eines bereits bestehenden Rechts die Rechtsstellung der Insolvenzgläubiger regelmäßig nicht beeinträchtigt, fällt die Zession grundsätzlich nicht unter § 91); HK-*Kayser*, InsO, § 91 Rn. 5.

[8] Nach BGH NZI 2008, 371 m. Anm. *Kroth*, FD-InsR 2008, 258696, setzt der insolvenzfeste Erwerb des Absonderungsrechts an einem vor Eröffnung des Insolvenzverfahrens über das Vermögen des Sicherungsgebers dem Sicherungsnehmer sicherungshalber abgetretenen Festgeldguthaben nicht voraus, dass der Sicherungsnehmer auch den gesicherten Anspruch schon vor der Insolvenzeröffnung erworben hat. Der gesicherte Anspruch – z. B.

der Bedingungseintritt zur Erstehung des Rechts erforderlich ist.[1] Dies gilt jedoch nicht für die Übertragung von künftigen Rechten, wenn das Recht erst nach Eröffnung des Insolvenzverfahrens entsteht (siehe unten 5.).[2] Von § 91 erfasst werden die Fälle, in denen „die Masse unter Verstoß gegen die Haftungsordnung in anderer Weise verkürzt wird",[3] so z. B. bei Verlust der Einrede.[4] Nicht erfasst ist auch der vom Insolvenzverwalter selbst abgeleitete Rechtserwerb, da die Verfügungsbefugnis des Insolvenzverwalters aus § 80 folgt.[5] Kein Rechtserwerb im Sinne des § 91 liegt vor bei einem originären Rechtserwerb, z. B. durch Verbindung, Vermischung oder Verarbeitung nach §§ 946, 947 Abs. 2, 950 BGB (zu der aus dem Eigentumsvorbehalt mit Verarbeitungsklausel resultierenden Problematik siehe unten 5). Ebenso wird ein Erwerb durch Ersitzung (§ 937 BGB), bei Fruchterwerb (§ 954 BGB; anders bei dem Fruchterwerb nach §§ 955, 956 BGB) oder bei einem Fund (§ 973 ff. BGB) durch § 91 nicht verhindert.[6]

Für den durch Verarbeitung, Verbindung und Vermischung eintretenden 5
Rechtsverlust steht der Masse ein Bereicherungsanspruch nach § 951 BGB zu.

3. Rechtsfolgen

a) Grundsatz, Abs. 1

Der gegen § 91 verstoßende Rechtserwerb ist zwar **absolut unwirksam,** 6
nicht aber nichtig; eine Heilung durch nachträgliche Genehmigung des Insolvenzverwalters ist daher möglich (§ 185 Abs. 2 BGB).[7] Davon zu unterscheiden ist die von § 91 nicht erfasste Genehmigung von Vermögensverfügungen durch einen außenstehenden Dritten/Berechtigten, der damit eine vom Schuldner vor Insolvenzeröffnung an einen Nichtberechtigten erbrachte Leistung noch nach Insolvenzeröffnung genehmigen und beim Nichtberechtigten Rückgriff nehmen, durch die fingierte Rückwirkung der Genehmigung gem. § 184 Abs. 1 BGB die Gültigkeit der Verfügung (§ 816 Abs. 2 BGB) noch herbeiführen kann.[8]

b) Ausnahme, Abs. 2

aa) Gutgläubiger Erwerb gem. § 892 BGB (§ 16 Abs. 3 SchRG, § 16 7
Abs. 3 LuftfzRG).

---

der Regressanspruch des Bürgen aus § 774 BGB – kann auch noch nach Insolvenzeröffnung insolvenzfest erworben werden. Vgl. dazu auch *Vogel,* ZIP 2007, 2198.

[1] BGH NZI 2006, 229 = ZIP 2006, 87 ff.; BGH NZI 2003, 491 = ZIP 2003, 1208 ff.; *Kübler/Prütting/Bork/Lüke,* InsO, § 91 Rn. 18 f.;

[2] Vgl. BGH NZI 2009, 244 m. Anm. *Kroth,* FD-InsR 2009, 277441; BGH NZI 2003, 491 ff.; NZI 2006, 229 ff. und 457 ff. Krit.: BGH NZI 2005, 555 ff. und NZI 2006, 527 ff. Das BAG NZI 2007, 674 will dieser Rspr. nicht folgen und hat diese Problematik dem Gemeinsamen Senat der obersten Gerichtshöfe des Bundes vorgelegt.

[3] BGH NZI 2008, 304.

[4] BGH NZI 2008, 371 („Wird durch die Zession der Masse die ihr zuvor zustehende Einrede der mangelnden Valutierung abgeschnitten, führt dies zu einer Vertiefung der Belastung des Grundstücks durch die Grundschuld. Deshalb fällt in der Insolvenz des Grundstückseigentümers der Verlust der Einrede der Nichtvalutierung in den durch § 91 I InsO geschützten Bereich…").

[5] HK-*Kayser,* InsO, § 91 Rn. 5

[6] HK-*Kayser,* InsO, § 91 Rn. 37 ff.

[7] *Jäger/Windel,* InsO, § 91 Rn. 114.

[8] BGH NZI 2009, 244 = ZInsO 2009, 482 ff. m. abl. Anm. von *Gundlach/Schirrmeister.*

8 Ein Rechtserwerb durch Verfügung des Schuldners ist bereits nach § 81 Abs. 1 S. 2 unwirksam bzw. nach § 81 Abs. 1 S. 2 i. V. m. § 892 BGB wirksam. Daher bleiben für den Anwendungsbereich des § 91 Abs. 2 die Erwerbsvorgänge, die sich nach Eröffnung des Verfahrens ohne Verfügung vollziehen. Das sind Fälle, in denen die Einigung bereits vor Eröffnung des Insolvenzverfahrens vorliegt, der Antrag auf Eintragung der Rechtsänderung aber erst nach Verfahrenseröffnung gestellt wird oder Fälle, in denen sowohl die Einigung als auch der Eintragungsantrag bereits im Zeitpunkt der Verfahrenseröffnung vorliegen, die Bindung aber noch nicht eingetreten ist. Solange der Insolvenzvermerk (§§ 32, 33) noch nicht im Grundbuch eingetragen ist, ist gutgläubiger Erwerb möglich. Der gute Glaube muss im Zeitpunkt der Stellung des Eintragungsantrages vorliegen oder, wenn die erforderliche Einigung erst später zustande kommt, zum Zeitpunkt der Einigung (§ 892 Abs. 2 BGB). Erforderlich ist auch im Rahmen des gutgläubigen Erwerbs nach § 892 BGB, dass alle sonstigen Erwerbsvoraussetzungen vorliegen; fehlen Genehmigungen von privater oder öffentlicher Seite, ist ein gutgläubiger Erwerb nur dann möglich, wenn der gute Glaube auch noch zum Zeitpunkt der Beseitigung dieser Erwerbshindernisse vorliegt.[1]

9 **bb) Leistungen an den Schuldner,** die ein im Grundbuch eingetragenes Recht betreffen, sind wirksam, wenn der Leistende bis zu dem Zeitpunkt, zu dem er den Leistungserfolg verhindern konnte, gutgläubig ist,[2] **§ 893 BGB** (§ 17 SchRG, § 17 LuftfzRG).

10 **cc) Erwerb gem. § 878 BGB** (§ 3 Abs. 3 SchRG, § 5 Abs. 3 LuftfzRG). Unabhängig vom guten Glauben kommt ein Rechtserwerb auch dann in Betracht, wenn die Eintragung ins Grundbuch erst nach der Eröffnung des Insolvenzverfahrens erfolgt, im Zeitpunkt der Eröffnung des Verfahrens jedoch neben der Einigung ein Eintragungsantrag nach § 878 BGB gestellt war. Nicht erforderlich ist, dass der andere Teil den Antrag auf Eintragung beim Grundbuchamt gestellt hat,[3] der Erwerber kann sich allerdings mit seinem Antrag davor schützen, dass der Schuldner seinen Antrag zurücknimmt. Hat noch keine Seite vollständig erfüllt und steht dem Insolvenzverwalter noch das Wahlrecht nach § 103 zu, kann er, wenn nur der Schuldner als Veräußerer den Eintragungsantrag gestellt hat, diesen zurücknehmen, Nichterfüllung wählen und den Verkaufsgegenstand anderweitig verwerten. Unabhängig von der Erfüllung schadet dem Erwerber zumindest dann, wenn eine bindende Einigung erfolgt ist und er (der Notar zumindest auch für ihn) den Eintragungsantrag gestellt hat, eine vor der Eintragung eintretende Verfügungsbeschränkung des Veräußerers nicht mehr.[4] Ebenso wie im Rahmen des gutgläubigen Erwerbs nach § 892 BGB ist auch bei einem Erwerb nach § 878 BGB erforderlich, dass bis auf die Eintragung alle übrigen Erwerbsvoraussetzungen vorliegen. Bestehen Eintragungshindernisse (Genehmi-

---

[1] Vgl. § 81 2 c) cc), dort Fn. 2.

[2] Vgl. § 81 Rn. 9.

[3] MünchKomm-*Wacke,* BGB § 878 Rn. 8; MünchKomm-*Ott/Vuia,* InsO § 106 Rn. 14; vgl. auch *Scholz,* ZIP 1999, 1693 ff.; *Jäger/Windel,* InsO, § 91 Rn. 118; aA: *Kübler/Prütting/Bork/Tintelnot,* InsO, § 106 Rn. 5 und § 103 Rn. 43; vgl. *Scherer,* ZIP 2002, 341 ff. mwN.

[4] BGH NZI 2008, 177 m. Anm. *Kießner,* FD-InsR 2008, 251333; vgl. auch BGH WM 1997, 436; *Raebel,* ZInsO 2002, 954.

gungen etc.), scheidet ein Erwerb nach § 878 BGB aus, es kommt dann allenfalls noch ein gutgläubiger Erwerb nach 892 BGB in Betracht.

Nicht anwendbar ist § 878 BGB auf die Immobiliarvollstreckung im Insol- 11
venzverfahren, wenn z. B. ein Gläubiger auf Grund eines vollstreckbaren Titels die Eintragung einer Zwangshypothek an einem Grundstück des Schuldners beantragt und vor der Eintragung das Insolvenzverfahren über das Vermögen des Schuldners eröffnet wird.[1]

4. Anfechtung

Auch ein nach § 91 bzw. §§ 892, 893 BGB, §§ 16, 17 SchRG/LuftfzRG 12
wirksamer Rechtserwerb ist gem. § 147 Abs. 1 anfechtbar.

Nicht anfechtbar ist jedoch ein Erwerb nach § 91 Abs. 2 bzw. § 878 BGB, da 13
diese Vorschrift in § 147 nicht mehr genannt ist.[2]

5. Einzelfälle

a) Abtretung künftiger Forderungen

Die Abtretung (ebenso die Verpfändung) künftiger Forderungen vor Eröffnung 14
des Insolvenzverfahrens führt nach § 91 nicht zum Erwerb, wenn die Forderung erst nach Eröffnung des Verfahrens entsteht (häufiger Anwendungsfall: Globalzession[3] oder Vereinbarung eines verlängerten Eigentumsvorbehalts). Hat der Zessionar (Pfandrechtsgläubiger) aber schon vor Insolvenzeröffnung eine gesicherte Rechtsposition hinsichtlich der abgetretenen Forderung erlangt, scheitert die Abtretung nicht an § 91. Gesichert ist der Zessionar an einer künftig entstehenden Forderung nur dann, wenn das Recht ohne Zutun der Parteien entsteht. Insoweit können die Grundsätze zu § 95 auf § 91 übertragen werden.[4] Zu berücksichtigen sind allerdings die Wirkungen des § 103 Abs. 1, so dass bei Erfüllungswahl des Insolvenzverwalters der ursprüngliche Anspruch sich zur originären unbelasteten Masseforderung wandelt.[5] Dies gilt auch in der Insolvenz des Leasinggebers für die abgetretenen künftigen Forderungen gegen den Leasingnehmer, wenn das Leasingobjekt im Zeitpunkt der Eröffnung des Verfahrens noch nicht übergeben war, da dann noch keine vollständige, beiderseitige Erfüllung vorliegt.[6] Eine Einschränkung erfolgt insoweit jedoch durch § 108 Abs. 1 S. 2, durch dessen Einführung diese Rechtsfolge gerade verhindert werden soll.[7]

---

[1] BGHZ 9, 250 ff.; *Viertelhausen,* InVo 2000, 330 ff.; vgl. dazu § 88 Rn. 5.

[2] *Nerlich/Römermann/Wittkowski,* InsO, § 91 Rn. 43 mit Hinweisen auf die abweichende herrschende Meinung zu § 15 KO; *Kübler/Prütting/Bork/Lüke,* InsO, § 91 Rn. 62; zu Wertungswidersprüchen vgl. *Scherer,* ZIP 2002, 341 ff.

[3] Zur Anfechtbarkeit der Sicherung als kongruente Handlung, vgl. BGH NZI 2008, 89 m. Anm. *Riggert,* FD-InsR 2007, 247355; vgl. BGH NZI 2009, 599 zu der von § 91 erfassten Sicherungzession kontokorrentgebundener Forderungen und des kausalen Schlusssaldos aus dem Kontokorrent, wenn die Kontokorrentabrede erst mit Verfahrenseröffnung erlischt (§§ 115, 116).

[4] BGH BeckRS 2009, 05195 m. Anm. *Kroth,* FD-InsR 2009, 276466; vgl. die Kommentierung bei § 95 Rn. 1 und BGH NZI 2004, 583.

[5] BGH NZI 2002, 375; vgl. die Kommentierung bei § 103 Rn. 4 ff.

[6] *Uhlenbruck/Sinz,* WM 1989, 1113 ff., 1115.

[7] Vgl. Begründung RegE, § 102, abgedruckt in *Balz/Landfermann,* S. 335, 336; vgl. auch § 108 Rn. 7.

Bei bereits erfolgter Übergabe handelt es sich um die Abtretung bereits entstandener, lediglich noch nicht fälliger Forderungen. Diese Grundsätze gelten auch für Ansprüche aus Miet- und Pachtverhältnissen, wobei insbesondere § 110 Abs. 1 zu beachten ist.[1]

15 **b) Aufschiebend bedingte Verfügung über künftigen Gegenstand**

Wird vor Verfahrenseröffnung eine künftige Sache oder ein künftiges Recht aufschiebend bedingt dinglich wirksam übertragen und entsteht die Sache oder das Recht vor Verfahrenseröffnung, hindert § 91 den Erwerb nicht, wenn die Bedingung erst nach Verfahrenseröffnung eintritt. Der dingliche Rechtsübergang wirkt dann zurück auf den Zeitpunkt der Vornahme der Verfügung, so dass die Sache oder das Recht bei Verfahrenseröffnung aus der Masse ausgeschieden ist und insoweit die Nichterfüllungserklärung nach § 103 zur Verhinderung des Rechtsübergangs nicht mehr eingreift. Unschädlich ist insoweit auch, wenn der Rechtsübergang vom Willen des Berechtigten abhängt, wenn (etwa im Hinblick auf § 119) insolvenzfest vereinbart ist, dass die Ausübung eines Kündigungsrechts die aufschiebende Bedingung für den Rechtsübergang sein soll.[2] Auch die unter einer Bedingung erfolgte Übertragung eines unbedingten Rechts ist insolvenzfest, wenn das Recht aus dem Vermögen des Schuldners bereits zum Zeitpunkt der Insolvenzeröffnung ausgeschieden war, so dass für ihn keine Möglichkeit mehr bestand, es auf Grund alleiniger Entscheidung wieder zurückzuerlangen.[3] Daher steht dem nach Eröffnung des Insolvenzverfahrens über das Vermögen des Kautionsversicherungsnehmers aus einer Bürgschaft in Anspruch genommenen Kautionsversicherer auch dann ein Absonderungsrecht an einem ihm vor Insolvenzeröffnung sicherungshalber abgetretenen Festgeldguthaben zu, wenn er den gesicherten Anspruch erst nach Insolvenzeröffnung erworben hat (der Rechtsgrund des Regressanspruchs aus § 774 BGB entsteht mit Übernahme der Bürgschaft und wird insoweit aufschiebend bedingt begründet; dem Bürgen/Kautionsversicherer steht die Hauptforderung, die mit der späteren Befriedigung des Gläubigers nach § 774 BGB auf ihn übergeht, damit schon aufschiebend bedingt zu). Hingegen können Prämienansprüche des Kautionsversicherers für die Zeit nach Eröffnung des Insolvenzverfahrens – der Kautionsversicherungsvertrag erlischt nach §§ 115, 116 mit Eröffnung – nicht insolvenzfest vereinbart oder gesichert werden.[4]

c) Mehraktige Erwerbsvorgänge

16 Liegt auch nur ein einziger, zur Vollendung des Rechtserwerbs erforderlicher Akt nach Eröffnung des Insolvenzverfahrens, ist der gesamte Erwerbsvorgang nach § 91 unwirksam, soweit nicht § 878 BGB greift oder das Recht schon entstanden war und lediglich der Bedingungseintritt – z. B. Fälligkeit – erst nach Verfahrenseröffnung erfolgt (soweit man insoweit überhaupt von einem mehraktigen Erwerb reden kann). Der Vermieter erlangt beispielsweise für seine Forderungen aus dem Mietverhältnis kein Absonderungsrecht an den eingebrachten Sachen (§ 562 BGB, § 50), wenn das Mietverhältnis und die daraus resultierenden Forderungen vor Verfahrenseröffnung begründet bzw. entstanden sind, die

[1] *Kübler/Prütting/Bork/Lüke,* InsO, § 91 Rn. 25, 31.
[2] BGH NZI 2006, 229 ff., NZI 2003, 491 ff.
[3] BGH NZI 2008, 371, Tz. 9.
[4] BGH NZI 2006, 637.

Sachen aber erst nach Eröffnung des Verfahrens vom Schuldner (§ 81) in die Mieträume gebracht wurden.[1] Praxisrelevant dürfte (insbesondere in masseunzulänglichen Verfahren) die zu bejahende Frage sein, ob dem Vermieter in der Insolvenz des Mieters für Mietrückstände, die nach Verfahrenseröffnung entstehen und Masseverbindlichkeiten nach § 55 Abs. 1 Nr. 1 darstellen, ein Vermieterpfandrecht an den vor Verfahrenseröffnung eingebrachten Sachen des Mieters/Schuldners zusteht. Mit dem Absonderungsrecht nach § 50 Abs. 2, das dem Vermieter als Insolvenzgläubiger – § 52 – ein Vorzugsrecht gewährt, hat dieses Problem nichts zu tun, da es sich bei den ab Verfahrenseröffnung entstehenden Mieforderungen um Masseforderungen handelt. An §§ 89, 91 scheitert der Erwerb des Vermieterpfandrechts deshalb nicht.[2] Für die zwischen dem Eröffnungsantrag und der Eröffnung des Verfahrens entstehenden Mietforderungen scheitert der Erwerb des Vermieterpfandrechts nach der Entscheidung des BGH vom 14. Dezember 2006[3] nicht an § 91, da diese Vorschrift in der Eröffnungsverfahrensphase auch mit Sicherungsmaßnahmen nach § 21 Abs. 2 S. 1 Nr. 2 u. 3 nicht entsprechend anwendbar ist. In der vorgenannten Entscheidung hat der BGH noch einmal festgehalten, dass es sich bei Mietforderungen nicht um betage Forderungen handelt, die mit Abschluss des Mietvertrages entstehen, sondern um Forderungen, die nach § 163 BGB aufschiebend bedingt erst zum Anfangstermin des jeweiligen Zeitraums der Nutzungsüberlassung entstehen.

Streitig ist u. a., ob der Vermieter an Sachen, die nach Verfahrenseröffnung 17
vom Insolvenzverwalter eingebracht werden, ein Vermieterpfandrecht erwirbt.[4]

d) Vormerkung

Der Schuldner kann nach Verfahrenseröffnung eine Vormerkung zur Siche- 18
rung eines Anspruchs (§ 883 BGB) nicht mehr wirksam bestellen, § 81. Nach § 91 Abs. 1 ist ein Rechtserwerb auch dann ausgeschlossen, wenn der Schuldner die für den Erwerb der Vormerkung erforderliche Verfügung vor Eröffnung des Insolvenzverfahrens zwar vorgenommen hat, die Vormerkung aber auf Grund weiterer Erwerbsvoraussetzungen erst nach Eröffnung des Verfahrens entstehen könnte, für das Entstehen jedoch keine Verfügung des Schuldners (und auch keine Zwangsvollstreckung) erforderlich ist. Der Erwerb der Vormerkung ist dann nur möglich, wenn § 878 BGB oder § 892 BGB greift (siehe oben). Voraussetzung für die Wirksamkeit der Vormerkung ist das Bestehen des zu sichernden Anspruchs. Mit Urteil vom 14. September 2001 hat der BGH[5] entschieden, dass auch ein künftiger Auflassungsanspruch, der durch eine vor Eröff-

---

[1] Zum Erlöschen des Vermieterpfandrechts gem. § 562 a BGB bei geschäftsüblicher Veräußerung der Sachen im Eröffnungsverfahren vgl. LG Mannheim ZIP 2003, 2374 f. und *Ehricke,* KTS 2004, 321 ff.; zur Auskunftspflicht des Insolvenzverwalters über die dem Vermieterpfandrecht unterliegenden Sachen, die unter der Verantwortung des entlassenen Insolvenzverwalters entfernt wurden, vgl. BGH NZI 2004, 209 = ZIP 2004, 326 ff.

[2] *Ehricke,* FS Walter Gerhard, 191 ff., 199; *Uhlenbruck/ders.,* InsO, § 91 Rn. 2 aE; MünchKommInsO-*Breuer,* § 91 Rn. 63 f.; aA: *Franken/Dohs,* Mietverhältnisse in der Insolvenz, S. 123 Rn. 364.

[3] BGH NZI 2006, 158 ff.

[4] Bejahend *Ehricke,* FS Walter Gerhard, S. 191 ff., 197 mwN.

[5] BGH NZI 2002, 30 = ZIP 2001, 2008 ff. m. N. für die Gegenansicht.

nung des Verfahrens eingetragene Vormerkung gesichert wird, insolvenzfest ist. Andernfalls, so der BGH, wäre der in § 883 Abs. 1 S. 2 BGB verankerte Vormerkungsschutz für künftige Ansprüche sinnentleert. § 91 kann nach Ansicht des BGH nichts gegen die Insolvenzfestigkeit vormerkungsgesicherter künftiger Ansprüche entnommen werden. Die Vormerkung zur Sicherung eines künftigen Anspruchs schaffe keine nur künftige Sicherung, es handele sich vielmehr um die gegenwärtige Sicherung eines künftigen Anspruchs, auch wenn dieser erst nach seiner Entstehung (nach Verfahrenseröffnung) geltend gemacht werden könne. Der Rechtsboden des zu sichernden künftigen Anspruchs muss vor Insolvenzeröffnung allerdings schon gelegt sein. Erforderlich ist insoweit, dass die Entstehung des Anspruchs nur noch vom Willen des künftigen Berechtigten abhängt. Die Vormerkung kann wirksam auch eine aufschiebend bedingte Forderung sichern, wenn die Forderung vor Verfahrenseröffnung bereits entstanden war, lediglich der Bedingungseintritt nach Verfahrenseröffnung erst erfolgt.

19 Die Vormerkung kann nicht bzw. nur gutgläubig erworben werden, wenn bereits vor Eröffnung des Insolvenzverfahrens Verfügungsbeschränkungen nach § 21 Abs. 2 Nr. 2 angeordnet waren; § 24 Abs. 1 verweist auf § 81, der im Gegensatz zu § 91 Abs. 2 keine Anwendung des § 878 BGB vorsieht, so dass ausschließlich ein gutgläubiger Erwerb möglich ist.[1]

Rechte aus einer insolvenzfest erworbenen Vormerkung (§ 106) kann der Berechtigte gem. § 106, der insoweit § 91 vorgeht, durchsetzen.[2]

20 **e) Bewegliche Sachen,** die Bestandteil der Insolvenzmasse sind, können nach Verfahrenseröffnung aus der Hand des Schuldners von Dritten nicht gutgläubig erworben werden; dem gutgläubigen Erwerb steht insoweit § 91 entgegen. Möglich ist jedoch ein solcher gutgläubiger Erwerb aus der Hand eines (anderen) Nichtberechtigten.[3]

§ 92 Gesamtschaden

Ansprüche der Insolvenzgläubiger auf Ersatz eines Schadens, den diese Gläubiger gemeinschaftlich durch eine Verminderung des zur Insolvenzmasse gehörenden Vermögens vor oder nach der Eröffnung des Insolvenzverfahrens erlitten haben (Gesamtschaden), können während der Dauer des Insolvenzverfahrens nur vom Insolvenzverwalter geltend gemacht werden. Richten sich die Ansprüche gegen den Verwalter, so können sie nur von einem neu bestellten Insolvenzverwalter geltend gemacht werden.

[1] OLG Frankfurt ZInsO 2006, 269; das der Rückwirkung einer – zunächst fehlte die Zustimmung des WEG-Verwalters nach § 12 Abs. 3 WEG – Genehmigung (§ 184 BGB) keine Bedeutung beimisst.

[2] BGH NZI 2006, 395: Der gesetzliche Löschungsanspruch des nachrangigen Gläubigers nach § 1179 a BGB ist nicht insolvenzfest, wenn die vorrangige Sicherungsgrundschuld zwar im Zeitpunkt der Verfahrenseröffnung nicht mehr valutiert ist, das Eigentum an dem Grundstück und die Grundschuld jedoch zu diesem Zeitpunkt noch nicht zusammengefallen sind. Vgl. auch *Kesseler,* ZIP 2005, 1041 f.

[3] *Kuhn/Uhlenbruck,* KO, § 15 Rn. 17.

Übersicht

1. Normzweck

Zur Wahrung des Grundsatzes der par condicio creditorum weist die Vorschrift der Insolvenzmasse massefremde (vgl. § 35) Ansprüche zu. Es soll verhindert werden, dass sich einzelne Gläubiger (von Gesamtschadenersatzansprüchen), für die ohne die Regelung des § 92 das „Windhundprinzip" oder der vollstreckungsrechtliche Prioritätsgrundsatz greifen würde, eine Befriedigung und damit einen Vorteil gegenüber den übrigen Insolvenzgläubigern verschaffen.[1] 1

Eine § 92 entsprechende Vorschrift war in den bisherigen Insolvenzgesetzen (Konkursordnung, Vergleichsordnung, GesO) zwar nicht enthalten, entspricht aber der alten Rechtsprechung, die dem Konkursverwalter bereits die Geltendmachung von „Masseverkürzungsschäden" zugewiesen hatte.[2] 2

2. Voraussetzungen: Gesamtschaden, Satz 1

Erforderlich ist ein **Gesamtschaden.**

a) § 92 ist keine haftungs- und anspruchsbegründende Norm, sondern setzt voraus, dass die Insolvenzgläubiger (§ 38) gemeinschaftlich einen Schaden erlitten haben und die Insolvenzmasse durch gesamtschadenstiftende Handlungen verkürzt wurde.[3] Hauptanwendungsfall ist wohl die Insolvenzverschleppungshaftung nach § 823 Abs. 2 BGB i. V. m. § 64 Abs. 1 GmbHG (Ansprüche aus § 823 Abs. 2 BGB i. V. m. § 64 Abs. 2 GmbHG sind hingegen in der Insolvenz der Gesellschaft bereits nach § 80 der Geltendmachung durch den Insolvenzverwalter zugewiesen); daneben kommen Ansprüche nach §§ 130 a, 177 a HGB in Betracht sowie nach § 92 AktG. Grundlage für Ansprüche nach S. 2 gegen den Insolvenzverwalter sind §§ 60, 61. 3

Der Anwendungsbereich des § 92 ist insbesondere auch bei Insolvenzen mit betrügerischem Hintergrund (aus den letzten Jahren: Lions Kings Club, Balsam-Procedo, FlowTex, Phoenix) für Ansprüche aus §§ 823, 826 BGB, §§ 263 ff. StGB eröffnet. 4

---

[1] Begründung RegE, § 103, abgedruckt in *Balz/Landfermann,* S. 308 f.

[2] BGH ZIP 1986, 378; 1993, 1543; BGH NZI 2003, 434; NZI 2004, 496, 1099; zur Gesamtproblematik vgl. *Brinkmann,* KTS Schriften zum Insolvenzrecht, Bd. 12, 5 ff.

[3] BGH WM 2007, 122; BGH NZI 2003, 434; NZI 2006, 580: Bei einem Schaden der Massegläubiger (§ 61) greift § 92 nicht.

5 **b)** Zu unterscheiden ist zwischen einem **Gesamtschaden** und einem **Individualschaden.**

6 **aa) Gesamtschaden.** Der Schaden muss den Insolvenzgläubigern gemeinschaftlich (durch Gesellschafter, Organe oder Dritte oder den Insolvenzverwalter) zugefügt worden sein, in dem entweder die Aktiva verringert (z. B. durch deliktische Vermögensverschiebung oder Entwertung einer gegenüber der Gesellschaft abgegebenen harten Patronatserklärung[1]) oder die Passiva vermehrt sind, im Saldo also die für die Befriedigungsquote maßgebliche Masse vermindert ist.[2] Die Frage der Einordnung der Gesellschafterhaftung wegen existenzvernichtenden Eingriffs als Gesamtschaden iS des § 92 oder als Fall des § 93 analog hat sich erledigt, da der BGH von seinem bisherigen Konzept der Durchgriffsaußenhaftung des Gesellschafters abgerückt ist und nun von einer schadenersatzrechtlichen Innenhaftung gegenüber der Gesellschaft ausgeht, die ihren Rechtsgrund in § 826 BGB hat und § 80 unterfällt.[3] Unerheblich ist, ob dieser Schaden vor oder nach der Eröffnung des Insolvenzverfahrens eingetreten ist. Nicht erforderlich ist, dass alle Insolvenzgläubiger einen Schaden erlitten haben, ausreichend ist der Eintritt des Schadens bei einem Teil der Insolvenzgläubiger, für die eine Sondermasse zu bilden ist.[4]

7 **bb)** Ein **Individualschaden** liegt vor, wenn der Schaden nur einzelne Gläubiger betrifft, nur einzelne Insolvenzgläubiger Nachteile aus der Verletzung von ihnen gegenüber obliegenden, vertraglichen Verpflichtungen oder aus nur gegen sie gerichtete unerlaubten Handlungen erlitten haben. So z. B. wenn ein Gegenstand beschädigt wird, der dem Aussonderungsrecht (§ 47) eines Gläubigers unterliegt. Um einen Einzelschaden handelt es sich auch dann, wenn der Schaden einem Gläubiger durch die schuldhafte Verletzung insolvenzspezifischer Pflichten durch den Insolvenzverwalter entstanden ist, selbst wenn der Schaden auf einer Vereinbarung zwischen dem Gläubiger und der Masse beruht (sich also der Insolvenzverwalter nicht persönlich verpflichtet hat).[5] Um einen Einzelschaden handelt es sich, wenn der Insolvenzverwalter oder Treuhänder rechtswidrig unpfändbare Bezüge des Schuldners an die Gläubiger ausgeschüttet hat. Da der Schaden aber nicht einem Gläubiger zugefügt worden ist, steht der Schadenersatzanspruch dem Schuldner zu und fällt nicht in die Insolvenzmasse.[6] Bei dem Ersatzanspruch wegen der Beschädigung oder Zerstörung eines mit einem Absonderungsrecht (§§ 50 ff.) belasteten Gegenstandes wird, da der Gegenstand gleichwohl Massebestandteil ist, mit dem

[1] OLG München ZIP 2004, 2102 ff.; dazu *Kiethe,* ZIP 2005, 646 ff.

[2] *Bork,* in: Kölner Schrift, S. 1333 ff., Rn. 10; *Kübler/Prütting/Bork/Lüke,* InsO, § 92 Rn. 20; BGH ZIP 2003, 1097 ff., 1099; BGH ZIP 2003, 1097 ff., 1100; BGH ZIP 2004, 1218.

[3] BGH NZI 2007, 603; BGH NZG 2008, 547 m. Anm. *de Bra,* FD-InsR 2008, 262226; BGH NZI 2008, 238; zur früheren Rechtslage vgl. BGH NZI 2006, 58; BGH ZIP 2005, 1174.

[4] BGH ZIP 1994, 1103 ff.; *Bork,* aaO; *Kübler/Prütting/Bork/Lüke,* aaO, Rn. 24; *Brinkmann,* aaO, S. 62 f.; vgl. auch *Kiethe,* ZIP 2005, 1535 ff. zur Verfolgung des den Gesellschaftern durch Schädigung der Gesellschaft entstehenden „Reflexschadens".

[5] BGH ZIP 1993, 1886 f.; 1995, 211 f.; 1997, 1542 f.; 1998, 776 f.; NZI 2004, 435 ff. für einen Schaden, der Massegläubigern durch pflichtwidrige Massenverkürzung des Insolvenzverwalters vor Anzeige der Masseunzulänglichkeit entsteht.

[6] BGH NZI 2008, 560.

Argument der Kostenbeteiligung (§§ 170, 171) angenommen, dass es sich um einen Gesamtschaden handelt.[1]

cc) Quotenschaden. Einer der Hauptanwendungsfälle des § 92 ist der Anspruch wegen Insolvenzverschleppung nach § 823 Abs. 2 BGB i. V. m. § 64 Abs. 1 GmbHG. Bis zur Entscheidung des BGH im Jahr 1994[2] war herrschende Meinung in Rechtsprechung und Literatur, dass der Anspruch, der gegenüber dem Geschäftsführer der insolventen Gesellschaft den Gläubigern wegen verspäteter Insolvenzantragstellung dadurch entsteht, dass die Insolvenzquote niedriger ausfällt als sie ausgefallen wäre, wenn der Geschäftsführer pflichtgemäß rechtzeitig den Antrag gestellt hätte, ein allen Gläubigern zustehender Gesamtschadenanspruch i. S. d. § 92 ist (sog. Quotenschaden[3]). Diese Rechtsprechungen hat der BGH mit seiner Entscheidung vom 6. Juni 1994[4] ausdrücklich aufgegeben und wie folgt entschieden: „Die (Neu-)Gläubiger, die ihre Forderungen gegen die GmbH nach dem Zeitpunkt erworben haben, zu dem Konkursantrag hätte gestellt werden müssen, haben gegen den insoweit schuldhaft pflichtwidrig handelnden Geschäftsführer einen Anspruch auf Ausgleich des vollen – nicht durch den „Quotenschaden" begrenzten – Schadens, der ihnen dadurch entsteht, dass sie in Rechtsbeziehungen zu einer überschuldeten oder zahlungsunfähigen GmbH getreten sind (insoweit Aufgabe von BGHZ 29, 100)." Der BGH **differenziert** seit dieser Entscheidung zwischen den Altgläubigern und den Neugläubigern.[5] **Altgläubiger** sind diejenigen Gläubiger, deren Forderungen im Zeitpunkt der Insolvenzreife bereits entstanden waren; ihnen ist nur der Quotenschaden zu ersetzen. **Neugläubiger** sind diejenigen Gläubiger, die ihre Forderungen gegen die Gesellschaft/den Schuldner nach dem Eintritt der Insolvenzreife erworben haben, also nach dem Zeitpunkt, zu dem der Insolvenzantrag hätte pflichtgemäß gestellt werden müssen;[6] ihr vertraglicher Schadenersatzanspruch ist nach der vorgenannten Entscheidung des BGH nicht mehr auf den Quotenschaden begrenzt, sondern erstreckt sich vielmehr auf das volle negative Interesse; der deliktische Ersatzanspruch eines Neugläubigers aus der Insolvenzverschleppungshaftung ist auf den Vertrauensschaden begrenzt, „der einem Neugläubiger dadurch entsteht, dass er der aktuell insolvenzreifen GmbH Kredit gewährt oder eine sonstige Vorleistung an sie erbringt."[7] Nach der Entscheidung des BGH vom 8

[1] So *Jäger/Müller,* InsO, § 92 Rn. 11; HK-*Kayser,* InsO, § 92 Rn. 19; aA: die Vorauflage *Kübler/Prütting/Bork/Lüke,* InsO, § 92 Rn. 21.

[2] BGH ZIP 1994, 1103 ff.

[3] Grundlegend BGHZ 29, 100, 102 ff.

[4] BGH, aaO.

[5] BGH NJW-RR 2007, 759; BGH NZI 2007, 614 = ZIP 2007, 1060 ff., 1062 und BGH ZIP 2003, 1713 ff. m. krit. Anm. von *K. Schmidt;* vgl. auch OLG Köln ZInsO 2007, 218.

[6] Nach inzwischen durch Revisionsrücknahme rechtskräftigem Urteil des OLG Hamburg BeckRS 2007, 17842 = ZIP 2007, 2318, handelt es sich bei einem Gläubiger von Einzelansprüchen, die aus einem bereits vor Insolvenzreife abgeschlossenen Dauerschuldverhältnis nach Insolvenzreife noch entstehen, nicht um einen Neugläubiger, sondern um einen Altgläubiger.

[7] BGH NZI 2006, 58 ff. (m. Anm. *Haas,* aaO, S. 61 f.) – der BGH hat damit den Befürwortern des vollen Schadenersatzes für Neugläubiger auch bei deliktischen Anspruchsgrundlagen eine Absage erteilt, s. auch BGH NZI 2007, 679; OLG Köln ZInsO 2007, 218.

30. März 1998[1] handelt es sich bei dem Schaden der Neugläubiger nicht um einen vom Insolvenzverwalter geltend zu machenden Gesamtschaden sondern um einen **Individualschaden,** der § 92 nicht unterfällt: „Der Verwalter im Konkurs einer GmbH ist nicht berechtigt, einen Quoten- oder sonstigen Schaden der Neugläubiger wegen schuldhaft verspäteter Stellung des Konkursantrages gegen den Geschäftsführer der GmbH geltend zu machen (Ergänzung zu BGHZ 126, 181 = ZIP 1994, 1103 = EWIR 1994, 791 *(Willhelm)*).“ Da auch die Neugläubiger Insolvenzgläubiger sind, der Insolvenzverwalter jedoch nach der Entscheidung des BGH vom 30. März 1998 nur den Quotenschaden der Altgläubiger über § 92 geltend machen darf und bei der Verteilung den realisierten Anspruch auch nur für die Altgläubiger verwenden darf, muss er zwangsläufig eine Sondermasse bilden.[2]

3. Rechtsfolgen

9 Inhaber des den Gesamtschaden[3] auslösenden Anspruchs bleibt zwar der geschädigte Gläubiger, er ist jedoch an einer Geltendmachung dieses Anspruchs gegenüber dem Schädiger durch § 92 gehindert. Der geschädigte Gläubiger verliert, unabhängig davon, ob er am Insolvenzverfahren teilnimmt oder nicht, seine **Einziehungs- und Prozessführungsbefugnis** – sogenannte **„Sperrwirkung“.**[4] Der Insolvenzverwalter ist nach § 92 aus eigenem Recht berechtigt, die Ansprüche der am Insolvenzverfahren teilnehmenden geschädigten Gläubiger geltend zu machen und durchzusetzen – sogenannte **„Ermächtigungswirkung“.**[5] Die Sperrwirkung wie auch die Ermächtigungswirkung enden mit der Beendigung (§§ 200, 207 ff.) des Insolvenzverfahrens. Der Insolvenzverwalter ist verpflichtet, die Gesamtschadenersatzansprüche geltend zu machen; eine Freigabe kommt grundsätzlich nicht in Betracht.[6] War im Zeitpunkt der Eröffnung des Insolvenzverfahrens ein Prozess über einen dem Regelungsbereich des § 92 unterfallenden Anspruchs bereits rechtshängig, tritt Unterbrechung nach § 240 ZPO analog ein.[7] Aus einem bereits erwirkten Titel darf der Gläubiger nicht mehr vollstrecken.[8] Eine Aufrechnung durch den geschädigten Gläubiger ist nach Eröffnung des Insolvenzverfahrens unzulässig

---

[1] BGH ZIP 1998, 776 ff.; vgl. auch OLG Karlsruhe ZIP 2002, 2001 ff.

[2] BGH, aaO; vgl. *K. Schmidt* (der die Entscheidung des BGH ablehnt), ZGR 1998, 665 ff.; *ders.*, NZI 1998, 9 ff.; vgl. auch *Heitsch,* ZInsO 2006, 568 ff., der u. a. für eine Zuständigkeit des Insolvenzverwalters zur Verfolgung auch der Ansprüche der Neugläubiger plädiert.

[3] Zur Berechnung vgl. MünchKomm-*Brandes,* InsO § 92 Rn. 18 f.

[4] *Bork,* aaO, Rn. 13; *Brinkmann,* aaO, S. 46 ff.

[5] BGH WM 2007, 122 (Entscheidung zu § 93 m. Anm. *Kroth,* FD-InsR 2007, 21304): „Der Insolvenzverwalter wird in treuhänderischer Einziehungsbefugnis als gesetzlicher Prozessstandschafter der einzelnen Gläubiger tätig.“

[6] *Brinkmann,* aaO, S. 65 f.; vgl. aber *Bork,* ZInsO 2002, 835 ff. zur Frage, ob ein Gläubiger Ansprüche, die von §§ 92, 93 erfasst werden, noch im eigenen Namen in einem Arrestverfahren geltend machen kann; vgl. auch Rn. 13 und zur ähnlichen Problematik bei § 93 dort Rn. 16 unter Fn. 3 die weiteren Fundstellen.

[7] FK-*App,* InsO, § 92 Rn. 10; MünchKomm-*Brandes,* InsO, § 92 Rn. 25; für direkte Anwendung: *Uhlenbruck/Hirte,* InsO, § 92 Rn. 27; aA: *Brinkmann,* aaO, S. 81: analog § 17 Abs. 1 AnfG.

[8] MünchKomm-*Brandes,* InsO, § 92 Rn. 25; *Brinkmann,* aaO, S. 70.

oder unwirksam,[1] da er sich gerade nicht mehr befriedigen können soll – Folge der Sperrwirkung; der geschädigte Gläubiger kann seinen Anspruch jedoch noch abtreten, da er Rechtsinhaber geblieben ist und die Abtretung keinen Einfluss auf die Ermächtigungswirkung hat. Bei der Aufrechnung des Schädigers gegenüber dem geschädigten Gläubiger sind die allgemeinen Vorschriften anzuwenden.[2] Da der Schädiger Anspruchsinhaber bleibt, richtet sich das durch die zum Ersatz verpflichtete Handlung begründete Schuldverhältnis zu dem geschädigten Gläubiger weiterhin nach allgemeinen Vorschriften, § 92 regelt nur die Befugnisse des Insolvenzverwalters im Verhältnis zum geschädigten Gläubiger, so dass eine analoge Anwendung dieser Vorschrift nicht befürwortet wird. Deshalb wird auch bei einer Leistung des zum Schadenersatz Verpflichteten an einen Gläubiger nach Verfahrenseröffnung die analoge Anwendung der §§ 412, 406, 407 BGB[3] gegenüber einer analogen Anwendung des § 82 bevorzugt. Unzulässig ist wegen fehlender Gegenseitigkeit die Aufrechnung des Schädigers mit einer ihm zustehenden Insolvenzforderung.[4]

4. Ansprüche gegen den Insolvenzverwalter, Satz 2

Die Vorschrift sieht vor, dass die vom Insolvenzverwalter ausgelösten Gesamt- **10**
schadenansprüche[5] nur von einem neu bestellten Insolvenzverwalter geltend gemacht werden können. Dies setzt zunächst voraus, dass der zum Ersatz verpflichtete Insolvenzverwalter entlassen wird. Die Entlassung ist nach § 59 nur aus wichtigem Grund möglich. Da sicher nicht jede zu einem Schaden führende Handlung oder jeder Pflichtverstoß einen wichtigen Grund i. S. d. § 59 darstellt, muss es in solchen Fällen ausreichen, wenn der Anspruch von einem Sonderinsolvenzverwalter geltend gemacht wird.[6] Nicht um einen Gesamtschaden, sondern grundsätzlich um einen vom Gläubiger selbst zu verfolgenden Einzelschaden handelt es sich bei dem Schaden, der Massegläubigern durch eine pflichtwidrige Masseverkürzung des Insolvenzverwalters vor Anzeige der Masseunzulänglichkeit entsteht.[7]

---

[1] *Brinkmann,* aaO, S. 78; HK-*Kayser,* InsO, § 92 Rn. 30.

[2] *Nerlich/Römermann/Wittkowski,* InsO, § 92 Rn. 14; *Kübler/Prütting/Bork/Lüke,* InsO, § 92 Rn. 57; aA: HK-*Kayser,* InsO, § 92 Rn. 31, der für die Anwendung der §§ 94 ff. plädiert, wenn der Schädiger gegen Forderungen eines Insolvenzgläubigers aufrechnen will, so dass die Aufrechnung nur möglich ist, wenn die Aufrechnungslage vor Insolvenzeröffnung schon bestanden hat.

[3] *Kübler/Prütting/Bork/Lüke,* InsO, § 92 Rn. 29.

[4] *Brinkmann,* aaO, S. 80; BGH ZIP 2007, 1060 ff., 1062.

[5] Vgl. z. B. KG, ZIP 2006, 43 – die Freigabe eines Grundstücks aus dem Insolvenzbeschlag hindert nicht die Verfolgung des vom (vorläufigen) Insolvenzverwalter zuvor an dem Grundstück verursachten Schadens als Gesamtschaden. Vgl. zur Verfolgung des Anspruchs gegen den Insolvenzverwalter nach § 92 auch *Pape,* NZI 2006, 65 ff.

[6] BGH ZIP 2006, 36; *Nerlich/Römermann/Wittkowski,* aaO, Rn. 15; *Kübler/Prütting/Bork/Lüke,* aaO, Rn. 65; der Regierungsentwurf sah dies vor, durch die Streichung sollte diese Möglichkeit jedoch nicht beseitigt werden, vgl. Ausschussbericht, § 103, abgedruckt in *Balz/Landfermann,* S. 309 aE; vgl. auch *Graf/Wunsch,* DZWIR 2002, 177 ff.

[7] BGH NZI 2004, 435; NZI 2006, 580; vgl. auch *Keller,* Rpfleger 2008, 1, 7 ff.

5. Praxishinweise

11 **a)** Mit den Entscheidungen des BGH aus den Jahren 1994 und 1998 und der Regelung in § 92 ist zwar die unterschiedliche Zuständigkeit für die Geltendmachung von sog. Gesamtschadenansprüchen (Quoten- oder Altschäden) und Individualschadenansprüchen (Neuschaden) festgeschrieben, die Handhabung dieser Vorschrift und die Abgrenzung der beiden Schadensgruppen wird in der Praxis nicht nur für den Insolvenzverwalter, sondern auch für die damit befassten Gerichte noch einige Probleme aufwerfen. So kann z. B. konkrete Bestimmung der zeitlichen Zäsur zwischen Gesamt- und Individualschaden, die Ermittlung des jeweiligen Schadens bzw. der jeweiligen Schadenshöhe nicht nur problematisch, sondern für den Insolvenzverwalter auch haftungsträchtig sein. Dabei mag die Fallkonstellation der Insolvenzverschleppungshaftung, die Auslöser für die Rechtsprechung des BGH und die Regelung der Materie durch den Gesetzgeber war, dann noch „relativ" einfach zu handhaben sein, wenn Buchhaltungsunterlagen/korrekte Jahreabschlüsse zur Verfügung stehen. In Kriminalinsolvenzen, z. B. bei einem über Jahre hinweg ausgeübten Betrugssystem, wird schon die Bestimmung des genauen Zeitpunkts, zu dem z. B. die Aufdeckung erstmals möglich gewesen wäre, mit erheblichen Problemen verbunden sein, da in solchen Fällen auch die Buchhaltungsunterlagen dem Betrugssystem angepasst sind und ggf. vorhandene Jahresabschlüsse gefälscht sind, wird die Aufklärungshürde noch höher. Die Feststellung des „richtigen" Zeitpunktes entscheidet aber über die Höhe des Gesamtschadens und des Individualschadens. Geht der Insolvenzverwalter vom falschen Zeitpunkt aus, kann dies insbesondere für die Individualschadensgläubiger sich nachteilig auswirken, wenn sie bei einem anderen (dem „richtigen") Zeitpunkt einen wesentlich höheren Schaden gegenüber dem Schädiger geltend machen könnten. Die Neugläubiger werden meist – abhängig auch von ihrer Zahl – nicht wie der Insolvenzverwalter die Möglichkeit der Beschaffung von Informationen haben, um ihre Ansprüche sachgerecht zu verfolgen. Wie weit geht in einem solchen Fall etwa die Informationspflicht des Insolvenzverwalters gegenüber den Neugläubigern?

12 **b)** Insbesondere in Fällen, in denen der Gesamtschadenanspruch dem Grunde nach oder hinsichtlich der Höhe streitig ist, wird der beweispflichtige Insolvenzverwalter versuchen, sich (mit Zustimmung des Gläubigerausschusses oder der Gläubigerversammlung, § 160) zu vergleichen.[1] Mit Zustimmung des Gläubigerausschusses oder der Gläubigerversammlung dürfte auch eine Freigabe oder Abtretung des Anspruchs möglich sein.[2]

13 **c)** Zur Verjährungsproblematik vgl. BGH, NZI 2004, S. 496 ff.

---

[1] Die Vergleichsbefugnis des Insolvenzverwalters ist allerdings streitig. Das BAG NZI 2008, 387, hat dem Insolvenzverwalter in einem zu § 93 geführten Rechtsstreit die Befugnis zuerkannt, mit einem persönlich haftenden Gesellschafter einen Vergleich abzuschließen, der einen teilweisen Erlass der persönlichen Haftung enthält, wenn der Vergleich nicht insolvenzzweckwidrig ist. Vgl. auch *Klink*, NZI 2008, 349 ff.; *Krüger,* NZI 2002, 367 ff. mwN auch zur gegenteiligen Ansicht; ferner auch *Runkel/Schmidt,* ZInsO 2007, 579, 581.

[2] AA: BAG NZI 2008, 387: keine Befugnis zur Freigabe; der BGH NZI 2008, 678 m. Anm. *Baumert*, FD-InsR 2008, 253272, lehnt die Abtretbarkeit und Freigabe nicht generell ab, zumindest aber bei Insolvenzzweckwidrigkeit („Unvereinbarkeit mit den vorrangigen Zwecken der Insolvenzordnung, eine gleichmäßige Befriedigung sämtlicher Gläubiger zu gewährleisten und dabei insbesondere einen Gläubigerwettlauf zu verhindern"). Vgl. LG Frankfurt(Oder) ZInsO 2003, 906 ff., 908 m. Anm. *Biehl,* ZInsO 2004, 932 ff.; aA:

§ 93 Persönliche Haftung der Gesellschafter

Ist das Insolvenzverfahren über das Vermögen einer Gesellschaft ohne Rechtspersönlichkeit oder einer Kommanditgesellschaft auf Aktien eröffnet, so kann die persönliche Haftung eines Gesellschafters für die Verbindlichkeiten der Gesellschaft während der Dauer des Insolvenzverfahrens nur vom Insolvenzverwalter geltend gemacht werden.

Übersicht

1. Normzweck

Zum einen soll die Vorschrift (ebenso wie § 92) die Einhaltung des Grundsatzes der par condicio creditorum gewährleisten und verhindern, dass sich ein (Gesellschafts-)Gläubiger in der Insolvenz durch einen schnellen Zugriff auf die persönlich haftenden Gesellschafter Sondervorteile verschafft; zum anderen soll die persönliche Haftung der Gesellschafter der Gesamtheit der Gesellschaftsgläubiger zugutekommen, indem der Insolvenzverwalter die Masse auffüllen und gleichmäßig an alle Gläubiger verteilen kann. Ferner soll auch die Eröffnungsfähigkeit des Insolvenzverfahrens über das Vermögen der Gesellschaft ermöglicht werden, wenn zwar diese nicht über ausreichendes Vermögen verfügt (vgl. § 26), jedoch der persönlich haftende Gesellschafter. 1

In den bisherigen Insolvenzgesetzen (KO, VglO, GesO) war eine entsprechende Vorschrift nicht enthalten. Eine § 212 KO entsprechende Regelung des 2

HK-*Kayser,* InsO, § 92 Rn. 28, *Jäger/Müller,* InsO, § 92 Rn. 32; vgl. zur ähnlichen Problematik bei § 93 dort die Fundstellen bei Rn. 16 Fn. 3.

Ausfallprinzips im Fall der Doppelinsolvenz von Gesellschaft und haftendem Gesellschafter ist (zumindest ausdrücklich) in der InsO nicht mehr enthalten. Daraus resultieren bislang ungeklärte Probleme, die in der Literatur unterschiedliche Lösungsversuche erfahren.[1]

2. Anwendungsbereich

3 Die Vorschrift nennt ausdrücklich **Gesellschaften ohne Rechtspersönlichkeiten** und die **Kommanditgesellschaft auf Aktien.**

4 Damit sind gem. § 11 Abs. 2 Nr. 1 erfasst die offene Handelsgesellschaft, die Kommanditgesellschaft, die Gesellschaft des bürgerlichen Rechts, die Partnerschaftsgesellschaft, die Partenreederei und die Europäische Wirtschaftliche Interessenvereinigung. Über § 11 Abs. 2 Nr. 1 hinaus wird auch die Kommanditgesellschaft auf Aktien erfasst, da insbesondere die persönliche Haftung der Gesellschafter insoweit mit der bei der Kommanditgesellschaft vergleichbar ist (§ 278 Abs. 2 AktG i. V. m. §§ 161 Abs. 2, 128 f HGB).

5 Der häufigste Anwendungsfall wird die Insolvenz der offenen Handelsgesellschaft und der Kommanditgesellschaft sein.

6 Im Bereich der **Gesellschaft bürgerlichen Rechts** ist durch Entscheidungen des BGH[2] für die Außen-Gesellschaft die Anwendbarkeit des § 93 geklärt. [3] Für die reine Innen-Gesellschaft stellt sich das Problem nicht, weil keine Rechtsbeziehungen zu Dritten begründet werden und somit eine Haftung für Gesellschaftsverbindlichkeiten regelmäßig nicht ent- oder besteht.[4] Mit Urteil vom 27. September 1999 hat der BGH[5] entschieden, dass die Gesellschafter für die im Namen der Gesellschaft begründeten Verbindlichkeiten kraft Gesetzes persönlich haften. Mit Urteil vom 29. Januar 2001[6] hat der BGH die Rechtsfähigkeit und Parteifähigkeit der Außengesellschaft anerkannt und entschieden, dass bei einer persönlichen Haftung des Gesellschafters für Gesellschaftsverbindlichkeiten das Verhältnis zwischen der Gesellschaftsverbindlichkeit und der Haftung des Gesellschafters der Rechtslage in den Fällen der akzessorischen Gesellschafterhaftung gem. § 128 f HGB bei der OHG entspricht.[7]

7 Im Insolvenzverfahren über das **Gesamtgut einer fortgesetzten Gütergemeinschaft** enthält **§ 334** eine § 93 entsprechende Vorschrift.

8 Auf die **Vorgesellschaft** ist § 93 nach der Rechtsprechung des BGH[8] nicht anwendbar, da eine Haftung der Gesellschafter im Außenverhältnis für die von der Vorgesellschaft begründeten Verbindlichkeiten nicht besteht.[9] Für die Innenhaftung richtet sich die Befugnis des Insolvenzverwalters nach § 80.

---

[1] Siehe unten 5., Rn. 18, 26 f.

[2] BGH ZIP 1999, 1755 ff.; BGH NZI 2001, 241 ff. = ZIP 2001, 330 ff.; BGH ZIP 2007, 79 ff. m. Anm. *Kroth*, FD-InsR 2007, 213042; vgl. auch OLG Jena ZInsO 2002, 134.

[3] Vgl. *Kübler/Prütting/Bork/Lüke,* InsO, § 93 Rn. 45 ff.; MünchKommInsO-*Brandes,* § 93 Rn. 4.

[4] Vgl. Begründung RegE, § 13, abgedruckt in *Balz/Landfermann,* S. 216 f.

[5] BGH ZIP 1999, 1755 ff.

[6] BGH NZI 2001, 241 ff. = ZIP 2001, 330 ff.

[7] BGH NZI 2001, 241, 245 = ZIP 2001, 336.

[8] BGH ZIP 1996, 590 f.; ZIP 1997, 679 f.

[9] HK-*Kayser,* InsO, § 93 Rn. 6.

Erfasst werden von § 93 **nur** die aus der **gesetzlichen akzessorischen** Haftung des Gesellschafters resultierenden Ansprüche.[1] **Nicht** erfasst sind die Ansprüche von Gläubigern persönlicher Verbindlichkeiten des (persönlich haftenden) Gesellschafters, die ihren Rechtsgrund nicht in der gesetzlichen, akzessorischen Gesellschafterhaftung haben.[2] 9

Um solche persönliche Verbindlichkeiten handelt es sich z. B., wenn sich der (persönlich haftende) Gesellschafter gegenüber einem Gesellschaftsgläubiger für Verbindlichkeiten der Gesellschaft verbürgt hat oder für diese Verbindlichkeiten dingliche Sicherheiten an seinem Vermögen bestellt hat oder aus einer Sonderverbindlichkeit wie z. B. §§ 69, 34 AO, § 150 Abs. 4 SGB VII haftet.[3] Dagegen wird Nachhaftung gem. §§ 160 Abs. 3, 128 HGB von § 93 erfasst.[4] 10

Die Diskussion der analogen Anwendung des § 93 auf die Haftung von Gesellschaftern juristischer Personen wegen **„existenzgefährdenden Eingriffs"** ist mit der Trihotel-Entscheidung des BGH beendet worden. Der BGH geht nicht mehr von einer Durchgriffs-Außenhaftung des Gesellschafters aus, sondern von einer schadenersatzrechtlichen Innenhaftung des Gesellschafters gegenüber der Gesellschaft. Anspruchsgrundlage ist § 826 BGB. Die Zuständigkeit des Insolvenzverwalters zur Anspruchsverfolgung ergibt sich aus § 80.[5] 11

Entsprechende Anwendung findet § 93 aber weiterhin bei der Durchgriffshaftung des GmbH-Gesellschafters wegen **Vermögensvermischung** analog § 128 HGB.[6]

Unberührt – obwohl inhaltsgleich – bleibt die Regelung in **§ 171 Abs. 2 HGB,** wonach der Insolvenzverwalter während der Dauer des Insolvenzverfahrens über das Gesellschaftsvermögen die Haftungsansprüche nach §§ 128, 171 Abs. 1 HGB gegenüber den beschränkt haftenden Gesellschaftern geltend zu machen hat. Diese Haftungsansprüche sind rechtlich nicht identisch mit der im Innenverhältnis der Gesellschaft gründenden Haftung des Kommanditisten gegenüber der Gesellschaft für die ausstehenden Einlageverpflichtungen. Die Ein- 12

---

[1] BGH NZI 2002, 483; BFH NZI 2002, 173.

[2] BGH NZI 2002, 483; BFH NZI 2002, 173. BSG NZI 2008, 630 zur Haftung des Komplementärs für Beiträge zur gesetzlichen Unfallversicherung, § 150 Abs. 4 SGB VII.

[3] BGH NZI 2002, 483; BFH NZI 2002, 173; BFH BeckRS 2008, 25013428 m. Anm. *Abenheimer,* FD-InsR 2008, 263208 (auf Grund der zur Geltendmachung der Haftung nach § 69 AO iVm. § 34 AO nicht durch §§ 92, 93 gesperrten Möglichkeit der Inanspruchnahme des GmbH-Gesellschafter-Geschäftsführers einer GmbH kann nach der BFH-Entscheidung gegen den Gesellschafter auch nach Eröffnung des Insolvenzverfahrens über das Vermögen der GmbH ein Haftungsbescheid erlassen werden kann); BSG NZI 2008, 630.

[4] BGH NZI 2009, 108 m. Anm. *Kroth,* FD-InsR 2009, 273608.

[5] BGH NZI 2007, 603; BGH NZI 2008, 238; BGH NZG 2008, 547 m. Anm. *de Bra,* FD-InsR 2008, 262226; zur früheren Rechtslage: BGH ZIP 2002, 1579 ff. m. Anm. *Altmeppen,* ZIP 2002, 1553 f.; *Nasall,* ZIP 2003, 969 ff.; *Jawansky,* Der Betrieb, 2005, 2757 ff. Vgl. *Uhlenbruck/Hirte,* InsO, § 93 Rn. 8 mwN; vgl. auch BAG ZIP 2005, 1174 ff., wonach der Haftungsdurchgriff ausscheidet, wenn über das Vermögen der Gesellschaft das Insolvenzverfahren eröffnet worden ist. Vgl. auch *Recq/Smyrek,* GmbHR 2005, 1594 ff.; OLG Dresden, ZIP 2005, 1680 ff.; BGH NZI 2006, 58 ff., 61 mit Urteilsanmerkung von *Haas,* aaO, S. 61 ff.; OLG Düsseldorf ZIP 2007, 37 zur Durchgriffshaftung bei einer nicht mit den vorhersehbar erforderlichen finanziellen Mitteln ausgestatteten Beschäftigungs- und Qualifizierungsgesellschaft.

[6] BGH NZI 2006, 365; HK-*Kayser,* InsO, § 93 Rn. 10.

lageansprüche sind Bestandteil der Insolvenzmasse (§ 35), die Befugnis des Insolvenzverwalters zur Geltendmachung resultiert insoweit aus § 80.[1]

3. Voraussetzungen

13 § 93 ist (wie § 92) keine anspruchs- oder haftungsbegründende Norm, sondern setzt Verbindlichkeiten der insolventen Gesellschaft und die persönliche Haftung des Gesellschafters für diese Gesellschaftsverbindlichkeiten voraus.[2]

14 Die Haftung der Gesellschafter ergibt sich aus den allgemeinen Vorschriften, z. B. §§ 124, 128 f. HGB für die OHG; §§ 161 Abs. 2, 124, 128 f, 176 HGB für die KG; §§ 128 f. HGB analog für die GbR;[3] § 278 Abs. 2 AktG, §§ 161 Abs. 2, 124, 128 f. HGB für die KGaA; § 8 Abs. 1 PartGG für die Partnerschaftsgesellschaft.[4] Auf die zeitlich befristete Nachhaftung gem. §§ 160 Abs. 3, 128 HGB ist § 93 uneingeschränkt anwendbar, da es um die gesetzliche, akzessorische Gesellschafterhaftung handelt.[5]

4. Rechtsfolgen

15 Die (in den allgemeinen Vorschriften geregelte) persönliche Haftung des Gesellschafters für die Verbindlichkeiten der Gesellschaft kann während der Dauer des Insolvenzverfahrens über das Vermögen der Gesellschaft nur vom Insolvenzverwalter geltend gemacht werden.

16 § 93 führt damit (wie auch § 92, siehe dort) zu einer **Sperrwirkung** und einer **Ermächtigungswirkung.** Die Gesellschaftsgläubiger, denen der Gesellschafter für die Gesellschaftsverbindlichkeiten persönlich unbeschränkt haftet, sind an der Geltendmachung dieser Haftungsansprüche gehindert (Sperrwirkung); die Einziehungs- und Prozessführungsbefugnis geht auf den Insolvenzverwalter über (Ermächtigungswirkung).[6]

17 Die Sperr- und Ermächtigungswirkung hat zur Folge, dass der Gesellschaftsgläubiger nicht mit einer Forderung gegen die Gesellschaft gegen eine Forderung des Gesellschafters aufrechnen kann. Dies entspricht Sinn und Zweck des § 93,

---

[1] *Jäger/Müller,* InsO, § 93 Rn. 9.

[2] BGH ZIP 2002, 1492 ff.; BGH ZIP 2007, 79 ff. = BeckRS 2006, 15193 m. Anm. *Kroth,* FD-InsR 2007, 213042.

[3] BGH ZIP 2007, 79 ff.: Bei Inanspruchnahme eines erst nachträglich in die GbR eingetretenen Gesellschafters muss der Insolvenzverwalter zu jeder einzelnen Verbindlichkeit den Entstehungszeitpunkt und den Schuldgrund darlegen.

[4] Zur Durchgriffshaftung von Vereinsgläubigern gegen Vereinsmitglieder vgl. OLG Dresden ZInsO 2005, 1288 (nur LS).

[5] BGH NZI 2009, 108 m. Anm. *Kroth,* FD-InsR 2009, 273608 (auch wenn der Insolvenzverwalter nicht mehr für alle Insolvenzgläubiger Nachhaftungsansprüche geltend machen kann, weil etwa der Nachhaftende nicht mehr allen Gesellschafsgläubigern persönlich haftet, greift § 93, der Insolvenzverwalter muss dann aber aus den so erlangten Beträgen eine Sondermasse bilden); vgl. auch OLG Hamm NZI 2007, 584.

[6] BGH ZIP 2007, 79 ff.: „Der Insolvenzverwalter wird in treuhänderischer Einziehungsbefugnis als gesetzlicher Prozessstandschafter der einzelnen Gläubiger tätig." *Bork,* in Kölner Schrift, S. 1333 ff., 1338 f.; die Befugnis zur Freigabe/Abtretung eines solchen Anspruchs bzw. die Wirksamkeit einer Freigabe ist streitig; vgl. die Hinweise bei § 92 Rn. 12, vgl. OLG Dresden ZIP 2005, 1680 ff., 1683, 1684; *Jäger/Müller,* InsO, § 93 Rn. 55; *Böckman,* ZIP 2005, 2186 ff.

nämlich der Gewährleistung einer gleichmäßigen Gläubigerbefriedigung. Die Aufrechnung würde nicht nur das Vermögen des Gesellschafters schmälern, sondern zu einer Befriedigung (oder teilweisen Befriedigung) eines einzelnen Gläubigers und damit zu einer ungleichmäßigen Befriedigung aller Gesellschaftsgläubiger führen.[1] Der Gläubiger einer Forderung gegen eine BGB-Gesellschaft, der einen Titel gegen einen Gesellschafter erwirkt hat, ist nach Eröffnung des Insolvenzverfahrens über das Vermögen der Gesellschaft nicht mehr befugt, die Zwangsvollstreckung gegen den Gesellschafter zu betreiben. Diese Befugnis steht nach § 93 InsO ausschließlich dem Insolvenzverwalter zu.[2] Auch der Gesellschafter kann deshalb mit der Erinnerung nach § 766 ZPO gegen Vollstreckungsmaßnahmen vorgehen, die Gläubiger gleichwohl noch vornehmen.[3] Der Insolvenzverwalter kann den Titel entsprechend § 727 ZPO i. V. m. § 93 auf sich umschreiben lassen.[4]

5. Umfang der Haftung[5]

a) Haftung außerhalb der Insolvenz des persönlich haftenden Gesellschafters

Die Befugnis des Insolvenzverwalters nach § 93 erfasst nur die Geltendmachung von Ansprüchen, die ihren Rechtsgrund in der akzessorischen Gesellschafterhaftung haben (s. o. Rn. 8 ff.). 18

aa) Grenze der Inanspruchnahme. § 93 regelt zwar, dass die Haftung nur vom Insolvenzverwalter geltend gemacht werden kann. Dem Wortlaut der Vorschrift ist jedoch nicht zu entnehmen, in welchem Umfang er die nach den allgemeinen Vorschriften regelmäßig nicht bzw. nur durch die Höhe der Gesellschaftsverbindlichkeiten begrenzte persönliche Haftung geltend machen darf oder kann. Der Insolvenzverwalter kann den persönlich haftenden Gesellschafter jedoch nicht in voller Höhe, d. h. in Höhe aller im Insolvenzverfahren der Gesellschaft durch deren eigene Insolvenzmasse nicht gedeckten Gesellschaftsverbindlichkeiten in Anspruch nehmen und einen sich ergebenden Überschuss nach § 199 S. 2 (erst) am Ende des Insolvenzverfahrens über das Vermögen der Gesellschaft an den persönlich haftenden Gesellschafter wieder auskehren. Nach dem Willen des Gesetzgebers[6] soll der persönlich haftende Gesellschafter durch das

---

[1] *Bork,* aaO, S. 1333 ff., 1344; *Kübler/Prütting/Bork/Lüke,* InsO, § 93 Rn. 33; *Fuchs,* ZIP 2000, 1089 ff., 1096, 1097; *Uhlenbruck/Hirte,* InsO, § 93 Rn. 5; *Brinkmann,* aaO, S. 148 f.; aA: Begründung RegE, § 103 aaO, mit der allerdings nicht zutreffenden Begründung der analogen Anwendung der §§ 406, 412 BGB – diese Vorschriften betreffen gerade nicht die Aufrechnung des Gläubigers, sondern die des Schuldners; für eine entsprechende Anwendung der §§ 94 ff. vgl. *Jäger/Müller,* InsO, § 93 Rn. 61 mwN.

[2] OLG Jena NZI 2002, 146 f.; OLG Stuttgart NZI 2002, 495; OLG Hamm NZI 2007, 584: möglichst frühzeitig, um eine Schmälerung durch persönliche Gläubiger des persönlich haftenden Gesellschafters zu vermeiden.

[3] LG Kreuznach Rpfleger 2004, 517.

[4] OLG Jena, aaO, S. 147; OLG Dresden ZInsO 2000, 607 f.; vgl. auch *Oepen,* ZInsO 2002, 162 ff.

[5] Umfassend *Armbruster,* Die Stellung des haftenden Gesellschafters in der Insolvenz der Personenhandelsgesellschaft nach geltendem und künftigem Recht; *Brinkmann,* aaO, S. 119 ff., 160 ff.

[6] *Begründung* RegE, § 103, aaO.

nach § 93 auf den Insolvenzverwalter übergeleitete Einziehungsrecht nicht schlechter gestellt werden als er nach (damals) geltendem Recht stand. § 212 KO ermöglichte den Gesellschaftsgläubigern der insolventen Gesellschaft, wegen der Gesellschaftsforderungen, für die sie im Insolvenzverfahren über das Vermögen der Gesellschaft keine Befriedigung erlangt haben, Befriedigung in Höhe des Ausfalls – aber nur in dieser Höhe – in einem auch über das Vermögen des haftenden Gesellschafters eröffneten Insolvenzverfahren zu verlangen. Ob in diesem Fall der Doppelinsolvenz mit der Einführung des § 93 das früher in § 212 KO, heute nur noch in § 52 für absonderungsberechtigte Gläubiger normierte Ausfallprinzip für das Insolvenzverfahren abgeschafft[1] oder in das Innenverhältnis verlagert worden ist,[2] oder das Doppelberücksichtigungsprinzip (§ 43) gilt, ist streitig[3].

19 Nach Sinn und Zweck des § 93 soll zwar allein der Insolvenzverwalter berechtigt sein, im Interesse der Gläubigergesamtheit die Insolvenzmasse durch die Geltendmachung der Haftung aufzufüllen und sie gleichmäßig verteilen, es ist aber kein Grund ersichtlich, dem Insolvenzverwalter das Recht einzuräumen, mehr fordern zu dürfen, als für die Befriedigung der Gläubiger erforderlich ist, andernfalls würde er rechtsmissbräuchlich handeln („dolo agit, qui petit quod statim redditurus est“).[4]

20 Damit ist aber noch nicht beantwortet, wann er was bzw. wie viel tatsächlich fordern darf. Im Zeitpunkt der Eröffnung des Insolvenzverfahrens lässt sich häufig nur annähernd absehen, welche Befriedigungsquote aus der Verwertung des Gesellschaftsvermögens erreicht werden kann und welcher Betrag noch erforderlich ist, um diese Quote (den „Ausfall“ der Befriedigung aus dem Gesellschaftsvermögen/der Insolvenzmasse) auf eine volle Befriedigung aufzufüllen.[5] Im Bereich des Anlagevermögens wird sich der Liquidationswert des Gesellschaftsvermögens durch das Gutachten eines Sachverständigen noch bestimmen lassen; im Bereich des Umlaufvermögens wird eine Bewertung regelmäßig nur grob überschlägig möglich sein (Bsp.: in der Insolvenz einer in der Baubranche tätigen Gesellschaft ist die Werthaltigkeit von Halbfertigen, von Forderungen aus Lieferungen und Leistungen schwer einschätzbar; wie auch in Fertigungsbetrieben hängt die Werthaltigkeit von Vorräten und Halbfertigen und Forderungen oft davon ab, ob und wie lange der Geschäftsbetrieb fortgeführt werden und eine werterhaltende oder gar wertsteigernde Verarbeitung erfolgen kann – Stichwort „Edelschrott“ bei Einstellung des Fertigungsbetriebes). Dies gilt umso mehr, wenn man wie die hier vertretene Auffassung auch Neuverbindlichkeiten der Haftungsverpflichtung des Gesellschafters unterstellt (s. nachfolgend bb)).

---

[1] *K. Schmidt/Bitter,* ZIP 2000, 1077 ff., 1082 ff.; *ders.,* ZInsO 2002, 557 ff. und ZInsO 2003, 490 ff.

[2] *K. Schmidt/Bitter,* ZIP 2000, 1077 ff., 1085 ff.; *ders.,* KTS 2001, 373 ff., 391 f.; *Klinck,* NZI 2004, 651 ff.; *Schmidt,* EWiR 2007, § 93 InsO 1/07, 115 f.

[3] Neben *K. Schmidt/Bitter,* aaO, vgl. MünchKomm-*Brandes,* InsO § 93 Rn. 24 ff.; *Uhlenbruck/Hirte,* InsO, § 93 Rn. 26; *v. Olhausen,* ZIP 2003, 1321 ff.; *Brinkmann,* aaO, S. 161 ff.; *Runkel/Schmidt,* ZInsO 2007, 505 ff., 578 ff. und 580.

[4] *K. Schmidt/Bitter,* ZIP 2000, 1077 ff., 1082, 1083.

[5] Nach BGH ZIP 2006, 467, 470, Tz. 24 beschränkt sich der Umfang der Haftung nur im Ergebnis auf den zur Gläubigerbefriedigung erforderlichen Betrag.

Dem Insolvenzverwalter muss daher ein angemessener, d. h. großzügig bemessener Bewertungsspielraum eingeräumt werden, dem der in Anspruch genommene Gesellschafter den dolo-agit-Einwand nicht entgegen halten kann.[1] Hinzuweisen ist hier auch auf § 153 Abs. 2, der einschlägig ist, wenn der haftende Gesellschafter – wie häufig – zugleich Geschäftsführer ist und auch vor dem Hintergrund des § 93 von anderen Werten „träumt" als den vom Insolvenzverwalter in der Vermögensübersicht angesetzten. Andernfalls wäre der Insolvenzverwalter auch einem erheblichen Prozessrisiko ausgesetzt, da er den Haftungsanspruch wohl regelmäßig im Prozessweg durchsetzen muss.[2] Auch das zeitliche Moment wird bei der Verfolgung der Haftungsansprüche eine Rolle spielen, denn der Gesellschafter kann zur Vermeidung der erfolgreichen Inanspruchnahme versucht sein, sein Vermögen dem Zugriff des Insolvenzverwalters (oder persönlicher Gläubiger) zu entziehen. Dem Insolvenzverwalter muss es weiter möglich sein, bis zum Ende des Insolvenzverfahrens ein Nachforderungsrecht auszuüben, wenn er erkennt, dass die zunächst geltend gemachte Haftungssumme nicht ausreicht, um den „Ausfall" zu kompensieren. Der Insolvenzverwalter kann allerdings zumindest gegenüber einem nachträglich in die GbR eingetretenen persönlich haftenden Gesellschafter nicht pauschal die zur Tabelle festgestellten Insolvenzforderungen geltend machen, sondern muss jede Einzelforderung substantiiert nach Entstehungsgrund etc. darlegen.[3] Auf der anderen Seite muss dem Gesellschafter analog § 199 S. 2 oder gestützt auf §§ 812 BGB ein Rückforderungsrecht vor Ende des Insolvenzverfahrens zuerkannt werden, sobald und soweit vorher schon feststeht, dass der Insolvenzverwalter den von ihm erlangten Haftungsbetrag nicht in voller Höhe benötigt, um den Ausfall aufzufüllen. 21

bb) Haftung für Masseverbindlichkeiten. Abgelehnt wird eine Haftung des Gesellschafters auch für die nach Verfahrenseröffnung vom Insolvenzverwalter begründeten Masseverbindlichkeiten („Neuverbindlichkeiten").[4] Lediglich dann, wenn der „Rechtsboden" der Masseverbindlichkeiten bereits vor Verfahrenseröffnung geschaffen war („Altverbindlichkeiten"), wird teilweise eine Haftung bejaht.[5] Ob es sich bei den Verfahrenskosten um Alt- oder um Neuverbindlichkeiten handelt, die Haftung des Gesellschafters hierauf erstreckt werden kann, war strittig.[6] Problematisch ist die Einstufung der Masseverbindlichkeit aus dem Gesellschaftsinsolvenzverfahren in dem Gesellschafterinsolvenzverfahren aber dann, wenn beide Verfahren zu unterschiedlichen Zeitpunkten eröffnet werden. Eine rangwahrende Übertragung als Masseverbindlichkeit aus dem Gesellschaftsverfahren in das Gesellschafterverfahren ist abzulehnen.[7] 22

---

[1] OLG Hamm NZI 2002, 584; *Kübler/Prütting/Bork/Lüke,* InsO, § 93 Rn. 22.

[2] *Kübler/Prütting/Bork/Lüke,* InsO, § 93 Rn. 23 f.

[3] BGH ZIP 2007, 79 ff.

[4] BGH NZI 2009, 841; *Mohrbutter/Ringstmeier,* Insolvenzverwaltung, § 6 Rn. 508.

[5] *Mohrbutter/Ringstmeier,* Insolvenzverwaltung, § 6 Rn. 507; *Armbruster,* aaO, S. 177, 178; *Brinkmann,* aaO, S. 120 ff.; *ders.,* ZGR 2003, 264, 272; MünchKomm-*Brandes,* InsO § 93 Rn. 7 ff.; *Uhlenbruck/Hirte,* InsO, § 93 Rn. 36 ff.; Abl. *K. Schmidt/Bitter,* ZIP 2000, 1077 ff., 1086 mwN; mit anderer Begründung auch *Dinstühler,* ZIP 1998, 1697 ff., 1706.

[6] Ablehnend BGH NZI 2009 841 m. w. N. m. Anm. *Ries.*

[7] *Gottwald/Haas,* InsHdb., § 94 Rn. 64; vgl. auch BGH NZI 2009, 53 und NZI 2009, 841.

23 **cc) Mehrheit von haftenden Gesellschaftern.** Änderungen ergeben sich gegenüber der Rechtslage bei nur einem persönlich haftenden Gesellschafter nicht. Mehrere Gesellschafter haften gem. § 421 BGB als Gesamtschuldner, jeder Gesellschafter haftet damit auf die Gesamtsumme. Der Insolvenzverwalter kann sich aussuchen, ob er den einen oder den anderen in voller Höhe oder alle Gesellschafter teilweise in Anspruch nimmt.[1]

24 **dd) Einwendungen/Einreden des Gesellschafters.** Wenn der in Anspruch genommene Gesellschafter nach §§ 178 Abs. 2, 201 Abs. 2 die Rechtskraftwirkung der zur Tabelle festgestellten Forderungen gegen sich gelten lassen muss, könnte er nach § 129 Abs. 1 HGB nur noch die persönlichen Einwendungen geltend machen. Da aber selbst der Widerspruch der Gesellschaft (=Schuldner) nach § 178 Abs. 1 S. 2 die Feststellung nicht hindert, ist zumindest dem nicht am Forderungsfeststellungsverfahren beteiligten, nach § 93 in Anspruch genommenen Gesellschafter (der nicht vertretungsbefugte Gesellschafter ist regelmäßig nicht beteiligt) mit der Folge, dass ihm die der Gesellschaft zustehenden Einwendungen und Einreden bei Erhebung des Widerspruchs nicht abgeschnitten werden, ein eigenes Widerspruchsrecht gegen die von Gläubigern angemeldeten Forderungen zuzubilligen.[2]

25 **ee) Aufrechnung des Gesellschafters.** Der persönlich haftende Gesellschafter kann analog §§ 412, 406 BGB mit einer eigenen Forderungen gegenüber dem Gesellschaftsgläubiger aufrechnen. § 93 hindert diese Aufrechnung nicht, da der Gesellschaftsgläubiger Forderungsinhaber bleibt und damit auch die nach § 387 BGB erforderliche Gegenseitigkeit gegeben ist.[3] Die analoge Anwendung der §§ 412, 406 BGB verdient den Vorzug,[4] da diese Vorschriften zwar die Vollrechtsübertragung erfordern (die durch § 93 nicht bewirkt wird), aber die allgemeinen Vorschriften eine größere rechtliche Nähe zu dem Rechtsverhältnis zwischen Gesellschafter und Gesellschaftsgläubiger aufweisen, als die nach anderer Auffassung[5] befürwortete, analoge Anwendung der §§ 94 ff., die eine Aufrechnung nur zulässt, wenn die Aufrechnungslage im Zeitpunkt der Insolvenzveröffnung bestand.

26 **ff)** Soweit für die Ansprüche, deren Erstattung nach § 93 gefordert wird, ein besonderer **Rechtsweg** eröffnet ist, ist dieser Rechtsweg auch vom Insolvenzverwalter einzuhalten. Stehen die Erstattungsansprüche im Zusammenhang mit Arbeitsverhältnissen, müssen sie im Rahmen des § 93 z. B. vor dem Arbeitsgericht oder dem Sozialgericht verfolgt werden.[6]

---

[1] *Uhlenbruck/Hirte,* InsO, § 93 Rn. 20.

[2] HK-*Kayser,* InsO, § 93 Rn. 35; MünchKomm-*Brandes,* InsO § 93 Rn. 31; BGH NZI 2006, 366 ff. Tz 23 (gilt nicht nur für den OHG-Gesellschafter, sondern entsprechend auch für den GmbH-Gesellschafter); BGH NZI 2007, 79 Tz. 11.

[3] Begründung RegE, § 105, abgedruckt in *Balz/Landfermann,* S. 310, 311; *Kübler/Prütting/Bork/Lüke,* InsO, aaO, Rn. 35; *Fuchs,* ZIP 2000, 1089 ff., 1097 f.

[4] *Kübler/Prütting/Bork/Lüke,* InsO, aaO, Rn. 35.

[5] MünchKomm-*Brandes,* InsO § 93 Rn. 32 ff.; ähnlich *Fuchs,* ZIP 2000, 1089 ff., 1097, der die Zulässigkeit auch schon in den Wirkungen des § 93 begründet sieht.

[6] ArbG Düsseldorf NZI 2004, 694 und ArbG Münster ZIP 2004, 2159.

b) Doppelinsolvenz Gesellschaft und persönlich haftender Gesellschafter

27 Streitig, auch wegen der unterschiedlichen Ergebnisse, ist die Frage der Geltung des Ausfallprinzips[1] oder des in § 43 festgeschriebenen Grundsatzes der Doppelberücksichtigung[2] in der Doppelinsolvenz von Gesellschaft und persönlich haftendem Gesellschafter.[3]

28 Nach dem **Ausfallprinzip** kann der Insolvenzverwalter des Gesellschaftsinsolvenzverfahrens für die Forderungen der Gesellschaftsgläubiger im Gesellschafterinsolvenzverfahren Befriedigung nur in Höhe des Unterdeckungsbetrages erlangen. Er darf zwar sämtliche in „seinem" Insolvenzverfahren zur Tabelle angemeldeten Forderungen/sämtliche Haftungsforderungen im Gesellschafterinsolvenzverfahren anmelden, erhält dort aber eine Quote maximal in der Höhe, in der die Gesellschaftsgläubiger im Gesellschaftsinsolvenzverfahren ausfallen/ausgefallen sind.[4] Das Ausfallprinzip soll nach Auffassung seiner Vertreter nur im Verhältnis zur Gesamtheit der gesamtschuldnerisch persönlich haftenden Gesellschafter gelten, während gegenüber dem einzelnen Gesellschafter der Insolvenzverwalter des Gesellschaftsinsolvenzverfahrens nach § 43 InsO Befriedigung für den gesamten Ausfallbetrag suchen könne.[5] Wenn der haftende Gesellschafter dem Gesellschaftsgläubiger eine Sachsicherheit gestellt hat, wird § 52 angewendet.[6] Personalsicherheiten (z. B. Bürgschaften) werden unterschiedlich behandelt.[7]

29 Nach dem Prinzip der **Doppelberücksichtigung** kann der Insolvenzverwalter des Gesellschaftsinsolvenzverfahrens die gesamte Haftungsforderung im Gesellschafterinsolvenzverfahren anmelden und erhält (bis zur Höhe der Vollbefriedigung) darauf die Quote. Hat allerdings der durch eine Personalsicherheit / Bürgschaft des Gesellschafters gesicherte Gesellschaftsgläubiger seine Bürgschaftsforderung im Gesellschafterinsolvenzverfahren angemeldet, ist analog § 44 der Insolvenzverwalter über das Gesellschaftsvermögen zur Vermeidung einer doppelten Anmeldung der wirtschaftlich identischen Forderung insoweit von der Anmeldung im Insolvenzverfahren des Gesellschafters ausgeschlossen, er muss diesen Forderungsbetrag aus dem Anmeldungsbetrag herausrechnen.[8] Der Insolvenzverwalter der Gesellschaft muss aber für die im Übrigen nach § 93 aus der Insolvenz des Gesellschafters zur Insolvenzmasse der Gesellschaft erlangte Quote eine Sondermasse bilden, die er nur an die nicht zusätzlich gesicherten Gesellschaftsgläubiger ausschütten darf, da die gesicherten Gläubiger, die ebenfalls eine

---

[1] *K. Schmidt/Bitter* ZIP 2000, 1077 ff., 1085 ff.; *Jäger/Müller*, InsO, § 93 Rn. 67 ff.; HK-*Kayser*, InsO, § 93 Rn. 46 ff.; MünchKomm-*Brandes*, InsO § 93 Rn. 24 ff.

[2] *K. Schmidt/Bitter* ZIP 2000, 1077 ff., 1082 ff.; *Bitter*, ZInsO 2002, 57 ff.; *Gottwald/Haas*, InsHdb., § 94 Rn. 131 ff., 134; *von Olshausen*, ZIP 2003, 1321, 1329 f.; *Oepen*, ZInsO 2002, 162, 166 ff.

[3] *K. Schmidt/Bitter*, ZIP 2000, 1077 ff.; MünchKomm-*Brandes*, InsO § 93 Rn. 24 ff.

[4] *Jäger/Müller*, InsO, § 93 Rn. 114; HK-*Kayser*, InsO, § 93 Rn. 47; aA: insoweit *K. Schmidt/Bitter* ZIP 2000, 1087: er darf im Gesellschafterinsolvenzverfahren nur den voraussichtlichen Unterdeckungsbetrag/Ausfallbetrag anmelden.

[5] *Jäger/Müller*, InsO, § 93 Rn. 114; HK-*Kayser*, InsO, § 93 Rn. 47; *Uhlenbruck/Hirte*, InsO, § 93 Rn. 27.

[6] HK-*Kayser*, InsO, § 93 Rn. 48.

[7] MünchKomm-*Brandes*, InsO § 93 Rn. 28.

[8] *Bitter*, ZInsO 2002, 557 ff., 560; *K. Schmidt/Bitter*, ZIP 2000, 1077 ff., 1084; MünchKomm-*Lwowski/Bitter*, InsO § 44 Rn. 40; *Gottwald/Haas*, InsHdb., § 94 Rn. 134.

Quote aus der Gesellschafterinsolvenz erlangt haben, sonst zulasten der ungesicherten Gesellschaftsgläubiger bevorzugt würden.[1]

30 Bei dinglichen Sicherheiten, die der Gesellschafter einem Gesellschaftsgläubiger an seinem Vermögen bestellt hat, kann unabhängig davon, ob das Ausfallprinzip des § 212 KO als Innenhaftung in § 93 weiterhin Gültigkeit hat oder nicht, nach § 52 nur den Ausfallbetrag geltend gemacht werden, also der Betrag, mit dem der gesicherte Gläubiger in der Insolvenz des Gesellschafters aus der dinglichen Sicherheit ausfällt. An der Notwendigkeit der Bildung von Sondermassen kommt weder das Ausfallprinzip noch das Doppelberücksichtigungsprinzip vorbei.[2]

6. Praxishinweis

31 Neben den im Fall der Doppelinsolvenz von Gesellschaft und persönlich haftendem Gesellschafter dargestellten Problemen treten regelmäßig weitere Probleme auf.

32 **a)** In der Insolvenz einer Kommanditgesellschaft mit einer GmbH als Komplementärin ist die Eröffnungsfähigkeit des Insolvenzverfahrens über das Vermögen der Komplementärin problematisch, wenn – wie regelmäßig – die Komplementärin ausschließlich Haftungsfunktion ausübt und (wegen ihrem durch die Insolvenz der Kommanditgesellschaft oder aus sonstigen Gründen verlorenen Haftkapital) kein Vermögen besitzt. Eine Abweisung des Insolvenzantrages mangels einer die Kosten des Verfahrens deckenden Masse (§ 26) kann aus der Sicht des Insolvenzverwalters über das Vermögen der Kommanditgesellschaft nicht wünschenswert sein. Ferner kann aus anderen Gründen die Eröffnung des Insolvenzverfahrens aus wirtschaftlichen oder rechtlichen Gründen erforderlich sein. In einem solchen Fall dürfte es vertretbar sein, wenn aus der Insolvenzmasse der Kommanditgesellschaft ein zur Deckung der Verfahrenskosten erforderlicher Vorschuss geleistet wird, zumal das Insolvenzverfahren über das Vermögen der Komplementärin keine substantiellen Kosten verursacht. Dies ist umso mehr angezeigt, wenn die insolvente Komplementärin einen Geschäftsbetrieb ausgeübt hat und sich Anhaltspunkte dafür ergeben, dass sich bei einer Aufarbeitung der Unterlagen Sachverhalte finden lassen, die zu realisierbaren Ansprüchen führen können.

33 **b)** Bei Konzernstrukturen wird der vorstehende Lösungsansatz dann nicht herangezogen werden müssen, wenn der Insolvenzverwalter der Holdinggesellschaft gleichzeitig „Gesellschafter" der nachgeordneten, insolventen Gesellschaften ist, da er über die Bestellung eines Liquidators auch aus seiner Gesellschaftsstellung heraus Informations- und Zugriffsmöglichkeiten hat.

34 **c)** Problematisch erscheint die in der Praxis bisweilen geübte Handhabung, im Insolvenzverfahren über das Vermögen der Komplementärgesellschaft (GmbH) den gleichen Insolvenzverwalter zu bestellen wie im Insolvenzverfahren über das Vermögen der Kommanditgesellschaft. Dies führt zu kaum überbrückbaren Schwierigkeiten bei der nach § 57 vorgesehenen Wahl des Insolvenzverwalters in

---

[1] *K. Schmidt/Bitter,* ZIP 2000, 1077 ff., 1084, 1085.

[2] *Uhlenbruck/Hirte,* InsO, § 93 Rn. 26; MünchKomm-*Brandes,* InsO, § 93 Rn. 24 ff., 28; *K. Schmidt/Bitter,* ZIP 2000, 1077 ff., 1083 ff.; *Bitter,* ZInsO 2002, 557 ff., 560; *Bitter,* ZInsO 2003, 490 ff.; *Runkel/Schmidt,* ZInsO 2007, 578, 580; aA: *K. Schmidt/Bitter,* ZIP 2000, 1077 ff., 1089; *Brinkmann,* ZGR 2003, 264, 278; *Klinck,* NZI 2004, 651 ff.; BGH NZI 2009, 108.

der ersten Gläubigerversammlung. War die Funktion der Komplementärgesellschaft auf die reine Haftungsfunktion beschränkt, werden neben dem Insolvenzverwalter über das Vermögen der Kommanditgesellschaft außer dem Finanzamt, der Industrie- und Handelskammer, ggf. auch noch einem Steuerberater kaum weitere Gläubiger vorhanden sein; da die zuletzt genannten Gläubiger in der Praxis kaum an der Gläubigerversammlung teilnehmen, müsste sich ein Insolvenzverwalter, der in Personalunion zugleich als Gläubiger der Kommanditgesellschaft (§ 93) anwesend ist, selbst wählen. Der Insolvenzverwalter könnte zwar noch die von ihm in seiner Eigenschaft als Insolvenzverwalter über das Vermögen der Kommanditgesellschaft nach § 93 geltend zu machenden Forderungen im Insolvenzverfahren über das Vermögen der Komplementärin anmelden. Wegen (der Gefahr) einer Interessenkollision darf er sie jedoch nicht prüfen.

In solchen Fällen bietet sich an, dass das Insolvenzgericht verschiedene Insol- 35
venzverwalter bestellt, die aus dem gleichen Büro kommen. Dies bietet den Vorteil, dass sich die Verwalter jederzeit austauschen und unterrichten können, was nicht nur bei Insolvenzverfahren von Konzerngesellschaften wichtig ist, sondern auch die Abwicklung der mit § 93 verbundenen Probleme (siehe oben) erleichtert. Gleichzeitig vermeidet die Personenverschiedenheit Interessenkonflikte. Alternativ kommt die Bestellung eines Sonderinsolvenzverwalters in Betracht.[1]

d) Melden Gesellschaftsgläubiger Forderungen, die nach § 93 nur vom Insol- 36
venzverwalter über das Vermögen der Gesellschaft geltend zu machen sind, doch im Insolvenzverfahren über das Vermögen des Gesellschafters zur Tabelle an, ist fraglich, wie der Insolvenzverwalter über das Vermögen des Gesellschafters zu verfahren hat. Diese Anmeldungen sind unzulässig, da die Gesellschaftsgläubiger ihre Haftungsansprüche gegen den Gesellschafter nicht mehr geltend machen dürfen (Sperrwirkung) und allein der Insolvenzverwalter über das Vermögen der Gesellschaft einziehungs- und prozessführungsbefugt ist (Ermächtigungswirkung). Steht die Prozessführungsbefugnis (d. h. das Recht, einen Prozess als richtige Partei im eigenen Namen zu führen) nicht mehr dem Gesellschaftsgläubiger, sondern (nach § 93 als Fall der gesetzlichen Prozessstandschaft) dem Insolvenzverwalter zu, wäre eine Klage des Gläubigers als unzulässig abzuweisen. Kann der Insolvenzverwalter des Gesellschafters eine gleichwohl eingehende Forderungsanmeldung, die im Übrigen alle Voraussetzungen des § 174 erfüllt, zurückweisen? Billigt man dem Insolvenzverwalter ein formelles Prüfungs- und Zurückweisungsrecht zu,[2] ist diese Frage zu bejahen. Verweigert der Insolvenzverwalter die Aufnahme der angemeldeten Forderung in die Tabelle, steht dem Gläubiger kein Rechtsmittel zur Verfügung, er kann sich nur an das Insolvenzgericht wenden, damit dieses im Wege der Aufsicht den Insolvenzverwalter zur Aufnahme anweist. Bei Anerkennung eines Zurückweisungsrechts ist der Insolvenzverwalter daher mindestens verpflichtet, den Gläubiger zu benachrichtigen. Für die Praxis ist von der Zurückweisung einer den Anforderungen des § 174 genügenden Anmeldung abzuraten. Geht z. B. der Insolvenzverwalter irrtümlich von einer nach § 93 für die Anmeldung gesperrten Forderung aus und benachrichtigt den Gläubiger (versehentlich) nicht, dass er beabsichtigt, diese Anmeldung nicht in die Tabelle aufzunehmen, kann er sich nach § 60 haftbar machen. Der Gläubiger kann davon ausgehen, dass

---

[1] Vgl. auch *Graf/Wunsch,* DZWIR 2002, 177 ff.

[2] Für ein zumindest eingeschränktes Prüfungs-Zurückweisungsrecht: HK-*Depré,* InsO, § 175 Rn. 4–6, FK-*Kießner,* InsO, § 174 Rn. 36.

seine Forderung in die Tabelle aufgenommen ist und, wenn er nach dem Prüfungstermin keinen Tabellenauszug erhält, die Forderung festgestellt ist (§ 179 Abs. 3). Da sie aber nicht in die Tabelle aufgenommen ist, wird sie auch später bei der Verteilung nicht berücksichtigt. Der Gläubiger erleidet einen („Quoten-")Schaden, für den der Insolvenzverwalter haftbar ist. Der Insolvenzverwalter sollte daher die Forderung in die Tabelle aufnehmen und im Prüfungstermin bestreiten; dem Gläubiger bleibt dann die Möglichkeit der Feststellungsklage (§§ 179 Abs. 1, 180).

e) Anfechtung

37 Der Insolvenzverwalter des Gesellschaftsinsolvenzverfahrens kann analog §§ 129 ff. Rechtshandlungen anfechten, die einem nach § 93 von der Geltendmachung seiner Forderungen ausgeschlossenen Gesellschaftsgläubiger vor Eröffnung des Insolvenzverfahrens über das Vermögen der Gesellschaft eine Befriedigung oder eine Sicherheit aus oder an dem Gesellschaftervermögen gewährt hat.[1] In der Doppelinsolvenz werden diese Befugnisse allein vom Insolvenzverwalter über das Gesellschaftervermögen ausgeübt.[2] Befürwortet wird hier weiter eine analoge Anwendung der §§ 88, 89, 91 und, wenn der persönlich haftende Gesellschafter Eigentümer der von dem Schuldner genutzten Betriebsimmobilie ist und ein persönlicher Gläubiger des Gesellschafters die Zwangsvollstreckung oder Zwangsverwaltung der Immobilie betreibt, eine analoge Anwendung der §§ 30 d, 153 b ZVG.

f) Prozessunterbrechung

38 Im Zeitpunkt der Eröffnung des Insolvenzverfahrens über das Gesellschaftsvermögen gegen den Gesellschafter wegen Gesellschaftsforderungen anhängige Prozesse werden analog § 17 AnfG unterbrochen.[3] Entsprechend § 17 AnfG wird mit Eröffnung des Insolvenzverfahrens über das Vermögen einer Kommanditgesellschaft auch der Rechtsstreit gegen einen nach § 160 Abs. 3, 128 HGB nachhaftenden Gesellschafter unterbrochen, und zwar auch dann, wenn nur ein Nachhaftungsgläubiger vorhanden ist, der seine Forderung im Gesellschaftsinsolvenzverfahren nicht zur Tabelle anmeldet.[4]

g) Rechtliches Gehör (Art. 103 GG)

39 Wenn der Insolvenzverwalter Ansprüche wegen Vermögensvermischung gegenüber dem Gesellschafter verfolgt, sollte er im Hinblick auf die Entscheidung des BGH, NZI 2006, 365 den Gesellschafter auf die Teilnahme am Prüftermin und die Möglichkeit des Widerspruchs gegen die Forderungsanmeldung hinweisen.

§ 94 Erhaltung einer Aufrechnungslage

Ist ein Insolvenzgläubiger zur Zeit der Eröffnung des Insolvenzverfahrens kraft Gesetzes oder auf Grund einer Vereinbarung zur Aufrechnung berechtigt, so wird dieses Recht durch das Verfahren nicht berührt.

---

[1] BGH NZI 2009, 45; OLG Stuttgart NZI 2002, 490 zum Übergang der Anfechtungsbefugnis nach dem AnfG auf den Insolvenzverwalter; vgl. *Runkel/Schmidt,* ZInsO 2007, 505, 509 und 579 ff.

[2] BGH NZI 2009, 45.

[3] BGH ZIP 2003, 39; OLG Stuttgart NZI 2002, 490.

[4] BGH NZI 2009, 108 m. Anm. *Kroth*, FD-InsR 2009, 273608.

Übersicht

1. Normzweck

Eine bis zur Eröffnung des Insolvenzverfahrens (in unanfechtbarer Weise) kraft Gesetzes erworbene Aufrechnungsbefugnis als gesicherte Rechtsposition auch im Insolvenzverfahren uneingeschränkt anerkannt.[1] Nach § 94 gilt dies auch, wenn die Aufrechnungsbefugnis auf einer vertraglichen Aufrechnungsvereinbarung – Verrechnung – beruht. Das Vertrauen der Forderungsinhaber auf eine bestehende Aufrechnungslage und die daraus resultierende Selbstexekutionsbefugnis soll auch im Insolvenzverfahren geschützt werden und der Forderungsinhaber nicht verpflichtet sein, seine Leistung zwar voll zur Masse zu bringen, im Gegenzug aber nur (eine Aussicht auf) eine Insolvenzquote zu erhalten.[2] Wird jedoch der Rechtsgrund der Forderung erst mit Insolvenzeröffnung gelegt, fehlt es an der Schutzwürdigkeit des Vertrauens.[3] 1

Kritikwürdig ist die – auf Initiative des Rechtsausschusses[4] nur zur „Klarstellung" vorgenommene – Einbeziehung vertraglicher Aufrechnungsvereinbarungen. Da durch solche Vereinbarungen eine an sich nicht bestehende Aufrechnungslage erst herbeigeführt werden kann, wird durch ihre Zulässigkeit der 2

[1] Begründung RegE, § 106, abgedruckt in *Balz/Landfermann,* S. 312.

[2] Vgl. BGHZ 2, 300, 304; *Nerlich/Römermann/Wittkowski,* § 94 Rn. 2; HK-*Kayser,* InsO, § 94 Rn. 2.

[3] BGH NZI 2007, 655. Zum Entstehen, zur insolvenzrechtlichen Begründetheit einer Forderung vgl. § 96 Rn. 8.

[4] Begründung Rechtsausschuss, § 106, abgedruckt in *Balz/Landfermann,* S. 312.

Grundsatz der par condicio creditorum aufgeweicht. Der Zulässigkeit von Aufrechnungsvereinbarungen sind (in Anlehnung an § 119) deshalb enge Grenzen zu stecken (s. unten Anm. 4 f.).

2. Regelungstechnik

3 § 94 enthält den Grundsatz, dass ein im Zeitpunkt der Eröffnung des Insolvenzverfahrens zur Aufrechnung berechtigter Insolvenzgläubiger durch die Eröffnung des Insolvenzverfahrens über das Vermögen des Schuldners an der Aufrechnung nicht gehindert wird. Die Wirkungen eines rechtskräftigen Insolvenzplans stehen aber einer später erklärten Aufrechnung des Gläubigers mit den durch den Plan erledigten Forderungen entgegen.[1]

4 § 95 erweitert die Aufrechnungsbefugnisse des Insolvenzgläubigers, indem auch das Vertrauen auf eine künftig (nach Verfahrenseröffnung) entstehende Aufrechnungslage geschützt wird, schränkt die Aufrechnungsbefugnis gegenüber den allgemeinen Vorschriften aber im Hinblick auf die auch erforderliche Fälligkeit der Hauptforderung ein (s. unten Ziff. 4 d). § 96 schränkt in Abs. 1 die Aufrechnungsbefugnisse ein, wobei allerdings § 95 Abs. 1 S. 1 der Regelung in § 96 Abs. 1 Nr. 1 vorgeht.[1] In dem durch Gesetz vom 8. Dezember 1999 neu eingefügten Abs. 2 werden von den Einschränkungen der §§ 95 Abs. 1 S. 3, 96 Abs. 1 Ausnahmen für die Verrechnung angeordnet.

5 Weitere Vorschriften über Aufrechnungsbefugnisse sind in §§ 110 Abs. 3, 114 Abs. 2 enthalten.

3. Anwendungsbereich

6 Die §§ 94–96 greifen erst ab Verfahrenseröffnung und nicht mehr nach Beendigung des Insolvenzverfahrens.[2]

a) Erfasst werden alle **Insolvenzgläubiger** i. S. d. §§ 38, 39.

7 **b) Gläubiger von Masseverbindlichkeiten** werden grundsätzlich von §§ 94 ff. nicht erfasst.[3] Dies gilt auch für Gläubiger von Masseverbindlichkeiten nach § 55 Abs. 2. Nach Eintritt bzw. Anzeige der Masseunzulänglichkeit (§ 208) ist auf Grund des für Gläubiger der sogenannten Altmasseverbindlichkeiten nach § 210 greifenden Vollstreckungsverbotes § 96 Abs. 1 ohne Nr. 3 anwendbar,[4] aber auch § 95.[5] Auch im Fall der Masseunzulänglichkeit bestehen für die Gläubiger von sogenannten Neumasseverbindlichkeiten (§ 209 Abs. 1 Nr. 2) keine Aufrechnungsbeschränkungen.

---

[1] OLG Celle (16. ZS), NZI 2009, 59 (n. rkr.) mit zustimmender Anm. *Pöllmann*, EWiR 2009, 121; aA: OLG Celle (14. ZS), NZI 2009, 183 (n. rkr.) m. Anm. *Schnur*, EWiR 2009, 119; *Braun* NZI 2009, 409; *Joachim/Schwarz*, ZInsO 2009, 48 ff.; *Flöther/Wehner*, ZInsO 2009, 503; *Jäger/Windel*, InsO, § 94 Rn. 21; FK-*Bernsau*, InsO, § 94 Rn. 2.

[1] BGH NZI 2004, 583.

[2] BGH NZI 2004, 580 = ZIP 2004, 1558 ff.; FG Düsseldorf, EFG 2005, 845: keine Anwendung während der Wohlverhaltensperiode.

[3] BGHZ 30, 248, 250; OLG Köln ZIP 1987, 928; *Kuhn/Uhlenbruck*, KO, § 55 Rn. 3 c.; MünchKomm-*Brandes*, InsO, § 94 Rn. 46.

[4] BFH ZIP 2008, 886 zur Anwendbarkeit des § 96 Abs. 1 Nr. 1; MünchKommInsO-*Brandes*, § 94 Rn. 46; *Kübler/Prütting/Bork/Lüke*, InsO, § 94 Rn. 14 ff. mwN.

[5] *Henckel*, FS Lüke, S. 237, 260 ff.; HK-*Kayser*, InsO, § 94 Rn. 12.

8 **c)** Für die Aufrechnung durch den **Insolvenzverwalter** gelten §§ 94 ff. nicht, es gelten die allgemeinen Vorschriften (insbesondere §§ 387 ff. BGB).[1]

9 **d)** Die mit der Aufrechnung in rechtlicher Hinsicht nicht identische **Verrechnung** wird von §§ 94 ff. nicht erfasst und ist grundsätzlich zulässig.[2] Der Verrechnung liegt regelmäßig eine Vereinbarung der Parteien zugrunde (z. B. Kontokorrentabrede, vgl. § 355 HGB), wonach die einzelnen Ansprüche aus der Geschäftsbeziehung als bloße, unselbstständige Rechnungsposten (Soll- und Habenposten) behandelt werden und erst am Ende der vereinbarten Rechnungsperiode saldiert werden.[1] Erst der Saldo bestimmt, für welche Partei am Ende der Rechnungsperiode sich eine Forderung (Aktivsaldo) bzw. eine Verbindlichkeit (Passivsaldo) ergibt. Mit oder gegen die Saldoforderung kann (u. U. abhängig von der Verrechnungsvereinbarung) gegen oder mit einer anderen selbstständigen Forderungen aufgerechnet werden, sofern die Voraussetzungen der §§ 387 ff. BGB und §§ 94 ff. vorliegen (zu Konzernverrechnungsklauseln vgl. unten Ziff. 4. g). Verrechnungsvereinbarungen erlöschen mit der Eröffnung des Insolvenzverfahrens, eine bestehende Aufrechnungsbefugnis nach §§ 94, 95 bleibt davon unberührt.[2]

10 **e)** In Insolvenzverfahren mit Auslandsbezug sind für die Frage der Zulässigkeit der Aufrechnung die Regeln des Internationalen Insolvenzrechts zu beachten. Die um Regelungen zum Internationalen Insolvenzrecht ergänzte InsO (§§ 335 ff.) enthält in § 338 eine Regelung zur Aufrechnung;[3] ergänzend sind innerhalb der EU Art. 4 Abs. 2 d) i. V. m. Art. 6 EuInsVO zu berücksichtigen[4]

4. Allgemeine Voraussetzungen der Aufrechnung

a) Gegenforderung und Hauptforderung

11 **aa)** Die Forderung des Insolvenzgläubigers, mit der er aufrechnen will (Gegenforderung), muss voll wirksam, d. h. durchsetzbar und fällig, sein, Einreden dürfen

---

[1] HK-*Kayser,* InsO, § 94 Rn. 13, *Dobmeier,* ZInsO 2007, 1208.

[2] *Häsemeyer,* in Kölner Schrift, S. 645 ff., 658, 659; BGH NZI 2005, 674: Aufrechnungsverbote können aber nicht zulässigerweise dadurch umgangen werden, dass sich gegenüberstehende Ansprüche einer vom Gesetz nicht anerkannten Verrechnung unterstellt werden. BGH NZI 2007, 222 m. Anm. *Schütze,* FD-InsR 2007, 213971; ZInsO 2007, 213 zur gesellschaftsrechtlich gebotenen Verrechnung im Wege der Kontenangleichung; zur umsatzsteuerlichen Zwangsverrechnung vgl. *Onusseit,* ZIP 2002, 22 ff.; Nach BSG ZInsO 2004, 741 ff., und auch BGH NZI 2008, 479 m. Anm. *Kießner,* FD-InsR 2008, 263949 fällt auch die Verrechnung nach § 52 SGB I unter §§ 94 ff., 114 und soll wie eine Aufrechnung zulässig sein, wenn die Verrechnungslage vor Verfahrenseröffnung gegeben ist – vgl. dazu LSG Berlin-Brandenburg BeckRS 2009, 67277, ferner *Wenzel,* ZInsO 2006, 169 ff. Zur Bindung des Zivilgerichts an einen Steuerbescheid über die Verrechnung einer Insolvenzforderung vgl. BGH NZI 2007, 103.

[1] BGH NZI 2007, 222 = ZInsO 2007, 213 ff. Es fehlt damit an der im Rahmen der §§ 94 ff. maßgeblichen Selbstständigkeit der Forderungen, die in § 387 BGB vorausgesetzt wird.

[2] *Gottwald/ders.,* InsHdb., § 43 Rn. 25.

[3] Gesetz zur Neuregelung des Internationalen Insolvenzrechts vom 14. 3. 2003, BGBl. 2003 Teil 1 Nr. 10; s. Kommentierung §§ 335 ff.; *Liersch,* NZI 2003, 302 ff., 305; *Bork,* ZIP 2002, 690 ff.

[4] Vgl. hierzu die Kommentierung zu § 338 Rn. 8.

nach § 390 BGB nicht entgegenstehen.[1] Die Verjährung nach § 215 BGB nF ist jedoch kein Aufrechnungshindernis, wenn die Gegenforderung bei Eintritt der Aufrechnungslage noch nicht verjährt war.

12 **bb)** Die Forderung, gegen die der Insolvenzgläubiger aufrechnen will (die Forderung des Schuldners oder Hauptforderung), muss entstanden und erfüllbar sein (§ 271 BGB). Nicht erforderlich ist, dass sie voll wirksam und fällig ist.

b) Gegenseitigkeit der Forderungen

13 Grundsätzlich muss der aufrechnende Insolvenzgläubiger Gläubiger der Gegenforderung und Schuldner der Hauptforderung sein. Der (Insolvenz-)Schuldner muss Schuldner der Gegenforderung und Gläubiger der Hauptforderung sein.[2]

14 Ausnahmen vom Gegenseitigkeitserfordernis sind in allgemeinen Vorschriften enthalten, z. B. §§ 406, 409, 556 d BGB nF (575 BGB), § 35 b VVG, § 52 SGB I,[3] § 226 AO.

15 Der Insolvenzgläubiger kann gem. § 94 S. 2 bei Vorliegen einer entsprechenden Vereinbarung auch mit der Forderung eines Dritten aufrechnen, während der Dritte selbst nur dann aufrechnungsbefugt ist, wenn ihm ein Ablösungsrecht zusteht (z. B. nach §§ 268 Abs. 2, 1142 Abs. 2 BGB; § 35 b VVG). An der Gegenseitigkeit fehlt es z. B. auch dann, wenn der Insolvenzgläubiger mit einer Forderung gegen den Gesellschafter einer GbR gegen eine Gesellschaftsforderung aufrechnen will; ebenso kann nicht der Bürge mit der Forderung des Hauptschuldners gegen eine gegen ihn selbst gerichtete Forderung des (Insolvenz-)Schuldners aufrechnen. Zu Konzernverrechnungsklauseln als Fall der Aufrechnungsvereinbarung vgl. unter f).

16 **c) Die Gleichartigkeit der Forderungen** beschränkt die Aufrechnung im Wesentlichen auf beiderseitige Geldforderungen. Maßgeblich für das Tatbestandsmerkmal der Gleichartigkeit ist die Verkehrsanschauung. Gleichartigkeit liegt deshalb auch vor bei einem Anspruch auf Herausgabe von Geld und auf Einwilligung in die Auszahlung von hinterlegtem Geld.

17 Die in § 45 S. 1 vorgesehene Umrechnung ungleichartiger Forderungen zum Zwecke der Herstellung der Gleichartigkeit ist nach § 95 Abs. 1 S. 1 ausgeschlossen. Für Forderungen auf unterschiedliche Währungen oder Rechnungseinheiten enthält § 95 Abs. 2 eine Ausnahme und lässt sie zur Herstellung der Gleichartigkeit zu; § 95 Abs. 2 ist nicht nur auf den nachträglichen Eintritt der Aufrechnungslage anwendbar, sondern auch auf § 94.[4]

---

[1] Vgl. BGH NZI 2005, 624 zur fehlenden Durchsetzbarkeit der aus der Haftung nach § 28 e Abs. 2 SGB IV resultierenden Gegenforderung des Arbeitnehmer-Entleihers – solange der primär zur Abführung der Sozialversicherungsbeiträge verpflichtete (insolvente) Verleiher/Arbeitgeber von der Einzugsstelle nicht gemahnt ist und die Mahnfrist nicht abgelaufen ist, steht der Einzugsstelle gem. § 28 e Abs. 2 S. 2 SGB IV kein durchsetzbarer Anspruch gegen den Entleiher zu, diesem damit auch noch kein Freistellungsanspruch, also noch keine einredefreie Gegenforderung gegen den Verleiher, mit dem er gegen die Vergütungsforderung des Verleihers aus der Arbeitnehmerüberlassung aufrechnen könnte. Auch § 250 S. 2 BGB ändert daran nichts zugunsten des Entleihers.

[2] Vgl. unten auch Ziff. 6, Rn. 30, BFH ZIP 2007, 1514.

[3] BGH NZI 2008, 479.

[4] *Adam,* WM 1998, 801, 803; *Häsemeyer,* in Kölner Schrift, S. 645, 648, 654.

d) Die Fälligkeit der Gegenforderung, mit der der Insolvenzgläubiger aufrechnen will, ist unabdingbare Voraussetzung. Nach § 95 Abs. 1 S. 2 ist die Fiktion des § 41, wonach nicht fällige Forderungen als fällig gelten, nicht anwendbar. Die Hauptforderung des Schuldners, gegen die der Insolvenzgläubiger aufrechnen will, muss im Grundsatz nach den allgemeinen Vorschriften nicht fällig, sondern nur erfüllbar (§ 271 Abs. 2 BGB) sein. Ist zum Zeitpunkt der Eröffnung des Verfahrens die Gegenforderung fällig und die Hauptforderung erfüllbar, kann aufgerechnet werden. 18

§ 95 Abs. 1 S. 1 sagt allerdings, dass für den Fall, dass die aufzurechnende Gegenforderung zum Zeitpunkt der Eröffnung des Verfahrens noch nicht fällig ist, die Aufrechnungslage nur nach Maßgabe des § 95 Abs. 1 herbeigeführt werden kann. Danach ist entscheidend, ob zuerst die Gegenforderung oder die Hauptforderung fällig wird. Wird die Gegenforderung zuerst fällig, kann wiederum aufgerechnet werden. Wird allerdings die Hauptforderung vor der Gegenforderung fällig, so scheidet die Aufrechnung für den Gläubiger aus (§ 95 Abs. 1 S. 3).[1] Grund für diese Regelung ist, dass die fällige Forderung der Masse eingefordert werden kann, der Insolvenzgläubiger seine Leistung schuldet und sich zu diesem Zeitpunkt auch nicht durch Aufrechnung von seiner Verbindlichkeit befreien kann. Der Gesetzgeber wollte durch § 95 insoweit eine Verschärfung der Aufrechnungsmöglichkeiten gegenüber der Vorgängerregelung des § 54 KO einführen. Dementsprechend heißt es in der Begründung des Regierungsentwurfes insoweit auch ausdrücklich, dass die neue Vorschrift die beschriebene Erleichterung der Aufrechnung nicht übernehme, eine Aufrechnung durch den Gläubiger werde nicht gestattet, wenn eine Forderung später fällig werde, als die zur Insolvenzmasse gehörende Gegenforderung.[2] 19

e) Kein Ausschluss der Aufrechnung

(1) Gesetzliche Aufrechnungsverbote in den allgemeinen Vorschriften gelten auch im Insolvenzverfahren.[3] Unzulässig ist damit die Aufrechnung gegen eine Forderung aus einer vorsätzlichen unerlaubten Handlung, § 393 BGB, gegen eine unpfändbare Forderung, § 394 i. V. m. §§ 843, 844 BGB, §§ 850, 850 a–i, 851, 852 ZPO; unzulässig ist auch die Aufrechnung gegen Forderungen öffentlich-rechtlicher Körperschaften nach § 395 BGB. Von Bedeutung sind vor allem auch die im Gesellschaftsrecht bestehenden Aufrechnungsverbote gegen Einlageforderungen gem. § 19 Abs. 2 GmbHG; entsprechend § 19 Abs. 2 S. 2 GmbHG kann ein Gesellschafter auch gegen eine Rückzahlungsforderung der Gesellschaft aus §§ 30, 31 Abs. 1 GmbHG nicht 20

---

[1] BGH NZI 2004, 583: der Ausschluss der Aufrechnung nach § 95 Abs. 1 S. 3 greift aber in den Fällen nicht, in denen zunächst nur die Forderung der Masse bedingt oder nicht fällig war; sobald die Aufrechnungslage eingetreten ist, kann also der zunächst daran gehinderte Gläubiger noch aufrechnen.

[2] Begründung RegE, § 107, abgedruckt bei *Balz/Landfermann,* S. 312 ff.; vgl. hierzu auch *Häsemeyer,* aaO, S. 645 ff., 650; *Adam,* WM 1998, 801 ff., 803.

[3] HK-*Kayser,* InsO, § 94 Rn. 42; *Nerlich/Römermann/Wittkowski,* InsO, § 94 Rn. 18 f.; zur Wohlverhaltensperiode vgl. § 287 und BGH DZWIR 2006, 37; zum Wegfall des Aufrechnungshindernisses mit Aufhebung des Insolvenzverfahrens vgl. BGH ZIP 2006, 1593. Vgl. OLG Köln, BeckRS 2009, 21922 zu dem Aufrechnungsverbot nach § 77 Abs. 2 VAG a. F. und n. F.

aufrechnen.[1] Aufgrund des vom BGH betonten, funktionalen engen Zusammenhangs des sich auf die Kapitalaufbringung beziehenden Aufrechnungsverbots des § 19 Abs. 1 S. 2 GmbHG mit den Kapitalerhaltungsvorschriften der §§ 30, 31 GmbHG[2] ließen sich diese Erwägungen auch auf die Aufrechnung im Kapitalersatzrecht (sowohl im Rahmen der Rechtsprechungsregeln des BGH zu §§ 30, 31 GmbHG analog wie auch im Rahmen der Novellenregeln der §§ 32 a, b GmbHG) übertragen.[3] Daneben lässt sich insoweit ein Aufrechnungsverbot auch aus § 39 Abs. 1 Nr. 5 i. V. m. § 390 BGB ableiten.[4]

21 Zum Ausschluss der Aufrechnung nach § 96 vgl. die dortige Kommentierung.

22 **(2) Kein vertragliches Aufrechnungsverbot.** Derartigen Vereinbarungen liegen regelmäßig allgemeine Geschäftsbedingungen zugrunde, deren Wirksamkeit sich nach §§ 307 Abs. 1 u. 2, 309 Nr. 3 BGB nF beurteilt. Eine zulässige Beschränkung der Aufrechnung nur mit unbestrittenen Gegenforderungen enthält Nr. 19 ADSp. Aufrechnungsverbote in Individualvereinbarungen sind grundsätzlich zulässig,[5] im Einzelfall ist zu entscheiden, ob es auch dann gilt, wenn das Insolvenzverfahren über das Vermögen des Aufrechnungsgegners eröffnet ist.[6]

f) Aufrechnung auf Grund einer Vereinbarung

23 Nach dem Wortlaut des § 94 2. Halbs. wird die Wirksamkeit einer Aufrechnungsvereinbarung, durch die die Aufrechnung auch dann ermöglicht wird, wenn die gesetzlichen Voraussetzungen (vgl. oben) nicht vorliegen, durch die Eröffnung des Insolvenzverfahrens über das Vermögen des Aufrechnungsgegners (Schuldner) nicht berührt. Diese Regelung wurde neu in die Insolvenzordnung aufgenommen, soll aber nur klarstellende Funktion haben.[7] Gleichwohl ist die Neuregelung zu kritisieren, da durch Aufrechnungsvereinbarungen die Aufrechnungsmöglichkeiten erweitert werden und dadurch der Grundsatz der par condicio creditorum disponibel und zulasten der Gläubigergemeinschaft eine Schmälerung der Insolvenzmasse ermöglicht wird.[8]

24 Voraussetzungen für die Wirksamkeit von Aufrechnungsvereinbarungen sind neben dem Bestehen von Forderungen des Insolvenzgläubigers und des Schuldners, dass kein gesetzliches drittschützendes Aufrechnungsverbot besteht.[9] Ferner müssen auch auf Aufrechnungsvereinbarungen die §§ 95, 96 Anwendung finden (s. hierzu § 95, Anm. 5 a).[10] Unberührt bleiben die Mög-

[1] BGH ZIP 2001, 157 ff.; vgl. auch OLG Oldenburg ZInsO 2005, 826 zu dem Problem bei § 171 HGB.

[2] BGH, aaO.

[3] Hier sei lediglich auf die Streichung dieser Regelungen durch das MoMiG hingewiesen.

[4] *Nerlich/Römermann/Wittkowski,* § 94 Rn. 25; *Kübler/Prütting/Bork/Lüke,* InsO, § 94 Rn. 60 f.; vgl. BGH ZIP 1982, 1320; ZIP 1990, 53.

[5] HK-*Kayser,* InsO, § 94 Rn. 43.

[6] BGH ZIP 1998, 1340 f.; MünchKomm-*Brandes,* InsO, § 94 Rn. 27 ff. mwN; HK-*Kayser,* InsO, § 94 Rn. 44.

[7] Begründung Rechtsausschuss, § 106, aaO.

[8] *Häsemeyer,* aaO, S. 645 ff., 649; *Kübler/Prütting/Bork/Lüke,* InsO, aaO, Rn. 73; *Nerlich/Römermann/Wittkowski,* InsO, § 94 Rn. 17; *Adam,* aaO, S. 801 ff., 802; vgl. auch *Rendels,* ZIP 2003, 1583 ff.

[9] *Kübler/Prütting/Bork/Lüke,* InsO, § 94 Rn. 74; MünchKomm-*Brandes,* InsO § 94 Rn. 38 aE.

[10] AA HK-*Kayser,* InsO, § 94 Rn. 49, *Fischer,* WM 2008, 2.

lichkeiten der Anfechtung von Aufrechnungsvereinbarungen nach §§ 129ff. Im Übrigen kann eine Aufrechnungsvereinbarung mit dem Schuldner wirksam allenfalls bis zur Eröffnung des Insolvenzverfahrens vereinbart werden, §§ 80, 91.

g) Durch sog. **Konzernverrechnungsklauseln** als Unterfall einer Aufrechnungsvereinbarung wird das allgemeine Aufrechnungserfordernis der Gegenseitigkeit der Forderungen beseitigt. Derartige Klauseln sehen z. B. vor, dass ein Konzernunternehmen gegen Forderungen des Geschäftspartners auch mit Forderungen anderer Konzernunternehmen aufrechnen kann, die diese gegen denselben Geschäftspartner besitzen. Im früheren Insolvenzrecht (Konkursrecht) waren Konzernverrechnungsklauseln analog § 55 Nr. 2, 3 KO unwirksam.[1] Die Unwirksamkeit von Konzernverrechnungs-Klauseln analog § 96 Abs. 1 Nr. 2 hat der BGH inzwischen bestätigt.[2] 25

5. Rechtsfolgen der Aufrechnung

a) Erlöschen der Forderungen

Die dem Insolvenzverwalter gegenüber zu erklärende Aufrechnung (einseitige empfangsbedürftige und formlose Willenserklärung)[3] bewirkt gem. § 389 BGB, dass die Forderungen rückwirkend auf den Zeitpunkt, in dem sie sich zur Aufrechnung gegenüberstanden (Zeitpunkt des Entstehens der Aufrechnungslage), erlöschen bzw. als erloschen gelten.[4] Der zur Aufrechnung berechtigte Insolvenzgläubiger muss seine Forderung nicht zur Tabelle anmelden, er erlangt Befriedigung durch die Aufrechnung außerhalb des Verfahrens (Selbstexekutionsbefugnis).[5] Erlangt der Gläubiger durch die Aufrechnung keine volle Befriedigung, so kann er seine Restforderung zur Tabelle anmelden. Er kann aber zunächst auch seine Forderung zur Tabelle anmelden und wegen der Forderung 26

---

[1] BGHZ 81, 15; BGH ZIP 1996, 552; OLG Köln ZIP 1995, 850f.; *Häsemeyer,* aaO, S. 649.

[2] BGH NZI 2004, 585; BGH NZI 2006, 639 m. Anm. *Kroth,* FD-InsR 2006, 194833; vgl. auch OLG Köln NZI 2005, 167 zur Unwirksamkeit von Verrechnungsklauseln öffentlicher Auftraggeber – s. dazu auch unter 6. Praxishinweis; vgl. ferner *K. Schmidt,* NZI 2005, 138ff.; Begründung RegE, § 108, abgedruckt in *Balz/Landfermann,* S. 314f.; OLG Köln ZIP 1995, 850f.; aA: z. B. *Kübler/Prütting/Bork/Lüke,* aaO, Rn. 73; *Häsemeyer,* aaO, S. 649, 659; *Luscher/Renken-Röhrs,* ZInsO 2002, 611ff.; *Uhlenbruck/ders.,* InsO, § 94 Rn. 20ff.; OLG Frankfurt ZIP 2003, 1408ff.; *Olshausen,* ZInsO, 2004, 1229ff.; vgl. auch OLG Koblenz BeckRS 2009, 074525 (n. rkr., Revision zum BGH ist zugelassen), wonach die Wirksamkeit einer nicht auf AGB – insoweit abweichend von den vom BGH NZI 2004, 585 und BGH NZI 2006, 639 zu §§ 94ff. entschiedenen Fällen -, sondern auf einer mehrseitigen Vereinbarung beruhenden Konzerverrechnungsklausel, die an ein Factoring-Unternehmen verkaufte und abgetretene, vor Anordnung der vorläufigen Insolvenzverwaltung entstandene Forderungen des Schuldners betrifft, nicht an §§ 94ff. scheitern soll, da die Zessionarin mit den betroffenen Forderungen nicht in den Schutzbereich der insolvenzrechtlichen Bestimmungen falle.

[3] BGH NJW 1984, 357, 358; HK-*Kayser,* InsO, § 94 Rn. 46; *Nerlich/Römermann/Wittkowski,* InsO, § 94 Rn. 31f.; vgl. BFH DStR 2005, 1570ff. zur maschinellen Umbuchungserklärung als Aufrechnungserklärung.

[4] HK-*Kayser,* InsO, § 94 Rn. 47, 48.

[5] *Nerlich/Römermann/Wittkowski,* InsO, aaO, Rn. 32.

aus der Differenz zur Quote später die Aufrechnung noch erklären; die Anmeldung selbst ist kein Verzicht auf die Aufrechnung.[1]

b) Rückforderungsrecht

27 Der Gläubiger, der in Unkenntnis der Aufrechnungsbefugnis an den Insolvenzverwalter geleistet hat, kann das Geleistete nicht mehr als Bereicherungsanspruch nach § 55 Abs. 1 Nr. 3 zurückfordern und nachträglich dann die Aufrechnung erklären. Mit seiner Leistung hat er die Forderung des Schuldners gem. § 362 BGB mit Rechtsgrund (§ 814 BGB) getilgt. Die Aufrechnungsbefugnis selbst ist keine Einrede i. S. d. § 813 BGB, sondern ein Gestaltungsrecht.[2]

c) Kostenbeitrag

28 Zur vereinbarten Aufrechnungslage wird vertreten, dass diese einer abgesonderten Befriedigung gleichzustellen sei und der aufrechnende Gläubiger entsprechend §§ 166, 170, 171 einen Kostenbeitrag zu leisten habe.[3]

6. Praxishinweis

29 **a)** Besondere praktische Bedeutung haben Verträge, die zu einer automatischen Aufrechnung/Saldierung oder Verrechnung führen, wie sie im Giroverkehr vorkommen. Der Kunde (spätere Schuldner) und die Bank treffen eine vorgreifliche Verrechnungsvereinbarung, die eine antizipierte Aufrechnung in Form eine Vorausverfügung enthalten. Diese Vereinbarungen erlöschen mit der Eröffnung des Insolvenzverfahrens über das Vermögen des Kunden. Das Erlöschen tritt bereits vor Eröffnung des Verfahrens ein, wenn Sicherungsmaßnahmen nach § 21 Abs. 2 Nr. 2 angeordnet wurden. Gleichwohl bleibt eine nach den allgemeinen Vorschriften bestehende Aufrechnungsbefugnis davon unberührt, so dass die Aufrechnung im Rahmen der §§ 94–96 möglich ist.[4]

30 **b)** Bei Vertragsbeziehungen des Schuldners mit der öffentlichen Hand ist für den (vorläufigen) Insolvenzverwalter trotz der zwischenzeitlich ergangenen Rechtsprechung, die auch die Probleme und Risiken einer Fortführung des schuldnerischen Geschäftsbetriebes reduziert,[5] Vorsicht geboten. Häufig bestehen im Zeitpunkt des Antrages auf Eröffnung des Insolvenzverfahrens bereits erhebliche Steuerverbindlichkeiten (Umsatzsteuer, Lohnsteuer, Gewerbesteuer etc.). Für die Aufrechnung mit Steuerforderungen gegen privatrechtliche Forderungen gelten nach § 226 AO zwar die §§ 387 ff. BGB, für die Gegenseitigkeit enthält § 226 Abs. 4 AO aber eine gerade für das Insolvenzverfahren wichtige Regelung: Gläubiger der Abgabenforderung ist nicht nur die verwaltende

---

[1] *Nerlich/Römermann/Wittkowski,* InsO, aaO, Rn. 32; *Kübler/Prütting/Bork/Lüke,* InsO, § 94 Rn. 109; vgl. auch MünchKomm-*Brandes,* InsO § 94, Rn. 35.

[2] RGZ 144, 93; *Häsemeyer,* aaO, S. 660; *Kilger/K. Schmidt,* KO, § 53 Anm. 6; aA: *Kuhn/Uhlenbruck,* KO, § 53 Rn. 18.

[3] *Kübler/Prütting/Bork/Lüke,* InsO, aaO, Rn. 107, 108; *Häsemeyer,* aaO, S. 650, 660.

[4] *Häsemeyer,* aaO, S. 659; HK-*Kayser,* InsO, § 94 Rn. 18; zur Anfechtbarkeit von Kontokorrentverrechnungen vgl. die Kommentierung zu §§ 129 ff.

[5] OLG Köln NZI 2005, 167 ff. im Anschluss an die Entscheidung des BGH zur insolvenzrechtlichen Unwirksamkeit von Konzernverrechnungsklauseln, BGH NZI 2004, 585 ff.; zu „Spielarten" von Konzernverrechnungsklauseln vgl. auch *Becker,* DZWIR 2005, 221, 228 ff.

öffentliche Körperschaft, sondern auch die ertragsberechtigte Körperschaft.[1] Der (vorläufige) Insolvenzverwalter sollte daher trotz der vorg. Entscheidungen auch im Hinblick auf Liquiditätsprobleme vor der (weiteren) Erfüllung eines im Zeitpunkt des Antrages auf Eröffnung des Insolvenzverfahrens noch nicht oder noch nicht vollständig erfüllten Vertrages mit einem öffentlichen Auftraggeber prüfen, wer Vertragspartner ist (häufig ist eine Körperschaft zwar für die Vertragsabwicklung zuständig, nicht jedoch Vertragspartner – „Hier entsteht im Auftrag des Landes .../der Bundesrepublik ...“), ob der auftraggebenden Körperschaft Steuerforderungen zustehen oder möglicherweise auch dahinter noch eine andere Körperschaft „die Hand zur Aufrechnung aufhält“ und die erforderlichen Vorkehrungen oder Vereinbarungen treffen. Zudem enthalten auch Vergabebedingungen öffentlicher Auftraggeber regelmäßig Klauseln, die eine Aufrechnung trotz fehlender Gegenseitigkeit der Forderungen ermöglichen, etwa indem der Auftragnehmer/Schuldner zustimmt, dass die eine Körperschaft Abgabeforderungen an eine andere Körperschaft zum Zwecke der Aufrechnung abtritt. Derartige Klauseln haben den Charakter von Konzerverrechnungsklauseln (s. o.), denen die Insolvenzfestigkeit abzusprechen ist.[2] In der Insolvenz des Bauunternehmers muss der Insolvenzverwalter die der Schlusszahlung gleichstehende Aufrechnungserklärung nach § 18 Nr. 3 VOB/B beachten.[3]

§ 95 Eintritt der Aufrechnungslage im Verfahren

(1) **Sind zur Zeit der Eröffnung des Insolvenzverfahrens die aufzurechnenden Forderungen oder eine von ihnen noch aufschiebend bedingt oder nicht fällig oder die Forderungen noch nicht auf gleichartige Leistungen gerichtet, so kann die Aufrechnung erst erfolgen, wenn ihre Voraussetzungen eingetreten sind. Die §§ 41, 45 sind nicht anzuwenden. Die Aufrechnung ist ausgeschlossen, wenn die Forderung, gegen die aufgerechnet werden soll, unbedingt und fällig wird, bevor die Aufrechnung erfolgen kann.**

(2) **Die Aufrechnung wird nicht dadurch ausgeschlossen, daß die Forderungen auf unterschiedliche Währungen oder Rechnungseinheiten lauten, wenn diese Währungen oder Rechnungseinheiten am Zahlungsort der Forderung, gegen die aufgerechnet wird, frei getauscht werden können. Die Umrechnung erfolgt nach dem Kurswert, der für diesen Ort zur Zeit des Zugangs der Aufrechnungserklärung maßgeblich ist.**

---

[1] Vgl. BGH NZI 2007, 655 m. Anm. *Abenheimer*, FD-InsR 2007, 239895: Werklohnforderung des Steuerschuldners gegen den Bund und Umsatzsteuerforderung stehen hinsichtlich des Bundesanteils der Umsatzsteuer im Verhältnis der Gegenseitigkeit, so dass der Bund gegen die Werklohnforderung aufrechnen kann, obwohl er den Umsatzsteuer-Bundesanteil nicht selbst verwaltet; BFH BeckRS 2007, 24002995 = ZIP 2007, 1514: Wenn zwischen einer Haftungsforderung (z. B. aus § 73 AO) und einem Erstattungsanspruch (z. B. Umsatzsteuerguthaben) materiellrechtlich Gegenseitigkeit vorliegt, kann die den Erstattungsanspruch verwaltende Körperschaft (Land Brandenburg) auch dann die Aufrechnung erklären, wenn sie weder Gläubiger der Haftungsforderung (Land NRW) ist noch diese verwaltet.

[2] OLG Köln NZI 2005, 167 ff.; *Uhlenbruck/ders.*, InsO, § 94 Rn. 26, 27.

[3] BGH NZI 2007, 583 m. Anm. *Kroth*, FD-InsR 2007, 239881.

Übersicht

1. Normzweck

1 Ausgangspunkt ist § 94, der klarstellt, dass eine im Zeitpunkt der Eröffnung des Insolvenzverfahrens bestehende Aufrechnungslage durch die Verfahrenseröffnung nicht berührt wird und die Aufrechnung zulässig bleibt (Schutz des Vertrauens auf eine bereits entstandene, eine bestehende Aufrechnungslage). § 95 will auch denjenigen schützen, der vor Eröffnung des Insolvenzverfahrens darauf vertrauen durfte, dass er sich durch eine später entstehende Aufrechnungslage Befriedigung für seine Forderung verschaffen kann (Schutz des Vertrauens auf eine entstehende Aufrechnungslage).[1] Wenn bei der Eröffnung des Insolvenzverfahrens seine Forderung bereits besteht, soll der Insolvenzgläubiger darauf vertrauen dürfen, dass er nach Fälligkeit bzw. nach Eintritt der Bedingung sich durch Aufrechnung befriedigen kann (insoweit erfolgt eine Anlehnung an § 392 BGB). Wird der Rechtsgrund der Forderung erst mit Insolvenzeröffnung gelegt, entsteht die Forderung erst mit Insolvenzeröffnung, fehlt es an der Schutzwürdigkeit des Vertrauens.[2]

2 Soweit es für die Frage der Zulässigkeit der Aufrechnung auf den Zeitpunkt des Entstehens der Forderungen oder darauf ankommt, ob ein Anspruch zur Masse gehört oder ob die Forderung eines Gläubigers eine Insolvenzforderung ist, ist nicht maßgeblich, ob der Anspruch im Zeitpunkt der Verfahrenseröffnung

---

[1] Begründung RegE, § 107, abgedruckt in *Balz/Landfermann,* S. 312 f.

[2] BGH NZI 2007, 655 m. Anm. *Abenheimer,* FD-InsR 2007, 239895: Der Vorsteuerrückforderungsanspruch nach § 17 UStG entsteht in dem Fall, in dem die Zahlungsunfähigkeit erst mit Eröffnung des Insolvenzverfahrens eintritt, und die Lieferantenforderung, für die der Schuldner Vorsteuer abgezogen hat, erst zu diesem Zeitpunkt uneinbringlich wird, auch erst mit Verfahrenseröffnung, so dass der Fiskus mangels Aufrechnungslage auch nicht gem. § 95 Abs. 1 S. 1 gegen eine Werklohnforderung des Schuldners aufrechnen kann; vgl. FG Berlin-Brandenburg BeckRS 2007, 26024569 zur Begründetheit von Vorsteueransprüchen vor Insolvenzeröffnung nach sog. zweiter Vorsteuerkorrektur gem. § 17 Abs. 2 Nr. 1 S. 2 UStG und die abweichende Ansicht FG Rheinland-Pfalz, BeckRS 2009, 26027442; vgl. auch § 96 Rn. 8.

nach den einschlägigen (Spezial-)Normen vollwirksam entstanden war, sondern, ob in diesem Zeitpunkt der Rechtsgrund für den Anspruch nach insolvenzrechtlichen Grundsätzen im rechtlichen Kern auf Grund gesetzlicher Bestimmungen oder vertraglicher Vereinbarungen bereits gesichert ist und ohne eine weitere Rechtshandlung des Anspruchsinhabers/Insolvenzgläubiges fällig wird (insolvenzrechtliche Begründung des Anspruchs).[1]

Der Vertrauensschutz wird aber versagt, wenn die (Haupt-)Forderung des Schuldners vor der aufzurechnenden (Gegen-)Forderung des Insolvenzgläubigers unbedingt oder fällig wird.[2]

2. Anwendungsbereich

a) Erfasst werden von § 95 nur die im Zeitpunkt der Verfahrenseröffnung noch nicht fälligen Forderungen des Gläubigers, die aufschiebend bedingten Forderungen des Gläubigers und Schuldners sowie die auf unterschiedliche Währungen oder Rechnungseinheiten lautenden Forderungen des Gläubigers und Schuldners. 3

b) Nicht erfasst werden auflösend bedingte Forderungen. Bereits nach den allgemeinen Bestimmungen hindert eine auflösende Bedingung die Aufrechnung nicht.[3] Abs. 1 S. 2 bestimmt nur die Unanwendbarkeit der §§ 41, 45, nicht aber die Unanwendbarkeit des § 42, der die auflösende Bedingung regelt und bestimmt, dass diese bis zum Bedingungseintritt im Insolvenzverfahren wie unbedingte Forderungen zu behandeln sind. Damit kann sowohl der Gläubiger wie auch der Insolvenzverwalter mit einer auflösend bedingten Forderung nach den allgemeinen Bestimmungen aufrechnen. Mit Eintritt der Bedingung wird die Aufrechnung unwirksam, so dass die Forderungen wieder geltend gemacht werden können oder (nach anderer Ansicht) der Schuldner einen auf die Wiederherstellung seiner Forderung gerichteten Bereicherungsanspruch erwirbt.[4] Nach beiden Ansichten kann der Gläubiger seine wieder entstandene Forderung nur als Insolvenzforderung geltend machen.[5] 4

c) Zum Anwendungsausschluss von Abs. 1 S. 3 vgl. § 96 Abs. 2. 5

d) Für Dauerschuldverhältnisse wird in **§§ 110 Abs. 3, 114 Abs. 2** auf § 95, 96 verwiesen,[6] wobei eine Beschränkung der Aufrechnungsmöglichkeiten nach Abs. 1 durch § 110 Abs. 3 nicht erfolgt.[7] 6

---

[1] Vgl. z. B. BGH ZIP 1994, 714 ff.; ZIP 2000, 757 ff.; BGH NZI 2004, 583; BGH NZI 2007, 164; BFH ZIP 2005, 628 ff.; BFH, BeckRS 2007, 24002940 m. Anm. *Abenheimer*, FD-InsR 2007, 233179 = ZIP 2007, 1166 ff.; BFH BeckRS 2007, 24002935 = DStRE 2007, 1060 = ZIP 2007, 1225; FG Rheinland-Pfalz, BeckRS 2009, 26027442 OLG München BeckRS 2008, 01117; vgl. auch § 96 Rn. 8.

[2] *Nerlich/Römermann/Wittkowski*, InsO, § 95 Rn. 2.

[3] *Palandt/Heinrichs*, BGB, § 387 Rn. 11.

[4] HK-*Kayser*, InsO, § 95 Rn. 43; *Kübler/Prütting/Bork/Lüke*, InsO, § 95 Rn. 34, *Uhlenbruck/ders.*, InsO, § 95 Rn. 3.

[5] HK-*Kayser*, InsO, § 95 Rn. 43.

[6] BGH NZI 2001, 85.

[7] Vgl. Kommentierung bei § 110 Rn. 9.

3. Regelungsinhalt Abs. 1

a) Fälligkeit der Forderung(en), Abs. 1 S. 1

7 Nach den allgemeinen Vorschriften und § 94 setzt die Aufrechnungsbefugnis voraus, dass die Aufrechnungslage zum Zeitpunkt der Verfahrenseröffnung besteht, so dass zu diesem Zeitpunkt die Forderung des Gläubigers (Gegenforderung), der aufrechnen will, fällig sein muss.

8 **aa)** Abs. 1 **S. 1** lässt hinsichtlich der Fälligkeit eine **Ausnahme** zu und gestattet dem Gläubiger die Aufrechnung auch dann, **wenn** die Fälligkeit (bei Vorliegen der übrigen Voraussetzungen) zwar erst nach Verfahrenseröffnung aber vor der Fälligkeit der Forderung des Schuldners eintritt. Die Aufrechnung kann allerdings erst nach Eintritt der Fälligkeit und damit Vollendung der Aufrechnungslage erklärt werden.

9 Die Fälligkeitsfiktion des § 41 ist nach Abs. 1 S. 2 nicht anwendbar.

10 **bb)** Die Ausnahme nach Abs. 1 S. 1 erfährt durch Abs. 1 **S. 3** jedoch eine **Einschränkung:** Solange die Forderung des Gläubigers nicht fällig ist, besteht keine Aufrechungslage, der Gläubiger kann noch nicht aufrechnen.[1] Er kann aber auch nach Eintritt der Fälligkeit seiner Forderung nicht aufrechnen, wenn zuvor bereits die Forderung des Schuldners (Hauptforderung) fällig geworden ist. Auch in diesem Fall ist die Aufrechnung aber dann nicht ausgeschlossen, wenn zwar vor der Schadenersatzforderung des Gläubigers die aus dem Werkvertrag mit diesem resultierenden Werklohnforderung des Schuldners/Insolvenzverwalters fällig geworden sind, den Werklohnforderungen aber mangelhafte Leistungen des Schuldners zugrunde lagen, so dass die Werklohnforderungen wegen des Leistungsverweigerungsrechts des Gläubigers (§ 320 BGB) nicht durchsetzbar gewesen wäre. In diesem Fall ist nämlich der Zweck der Vorschrift, zu verhindern, dass der Insolvenzgläubiger mit der Erfüllung seiner Schuld so lange zuwartet, bis er mit einer Gegenforderung aufrechnen kann, nicht erforderlich.[2] Abs. 1 S. 1 wird aber von § 96 Abs. 1 Nr. 1 nicht verdrängt, so dass z. B. ein Insolvenzgläubiger, der erst nach Insolvenzeröffnung etwas zur Masse schuldig geworden ist, mit seiner (Gegen-)Forderung aufrechnen kann, wenn die (Haupt-)Forderung der Masse erst nach Insolvenzeröffnung entstanden ist, aber später fällig geworden ist, als die bei Insolvenzeröffnung aufschiebend bedingte und noch nicht fällige Gegenforderung.[3]

Die Aufrechnung ist auch dann nicht nach Abs. 1 S. 3 unzulässig, wenn lediglich die Forderung des Schuldners zunächst nicht fällig war.[4]

b) Aufschiebend bedingte Forderung(en), Abs. 1 S. 1, 3

11 Der Gläubiger kann nach den allgemeinen Vorschriften weder mit einer aufschiebend bedingten Forderung (da diese nicht vollwirksam ist) noch gegen

---

[1] Vgl. BGH NZI 2007, 655 (Vorinstanz OLG Celle ZInsO, 2006, 609); OLG Celle ZInsO 2006, 609; BGH ZIP 2005, 1972; BFH ZIP 2007, 1166, 1167; OLG München NZI 2009, 250.

[2] BGH ZIP 2005, 1972 ff.; vgl. BGH NZI 2005, 164 ff. zum Verhältnis § 95 Abs. 1 S. 1 zu S. 3 und zu § 96 Abs. 1 Nr. 1 und Nr. 3; BFH ZIP 2007, 1166, 1167.

[3] BGH NZI 2004, 583; NZI 2005, 164; BGH NZI 2007, 164 ff.

[4] BGH NZI 2004, 583; NZI 2005, 164.

eine aufschiebend bedingte Forderung (da diese noch nicht erfüllbar ist) aufrechnen.[1]

Im Übrigen gilt das Gleiche wie bei der Fälligkeit: Wird die Forderung des Gläubigers, mit der er aufrechnen will, unbedingt, ist die Aufrechnung (nur) zulässig, wenn (die übrigen Voraussetzungen der Aufrechnungslage vorliegen und) die Forderung des Schuldners erst danach unbedingt wird, Abs. 1 **S. 3.** **12**

Die Aufrechnung ist auch dann nicht nach Abs. 1 S. 3 ausgeschlossen, wenn zunächst lediglich die Forderung des Schuldners (aufschiebend) bedingt war.[2]

c) Gleichartigkeit der Forderung(en), Abs. 1 S. 1, 3

Ungleichartige Forderungen berechtigen auch in der Insolvenz nicht zur Aufrechnung, da § 45 nach Abs. 1 S. 2 nicht anwendbar ist. **13**

Die Aufrechnung ist daher erst und nur dann möglich, wenn sich gleichartige Forderungen gegenüberstehen und die Gleichartigkeit eingetreten ist, bevor die Forderung des Schuldners fällig und unbedingt geworden ist, Abs. 1 **S. 3.**[3] **14**

Damit kann die Aufrechnung regelmäßig nur durch vertragsverletzende Handlungen (z. B. absichtliche Schlechtleistung, Verzögerung etc.), die einen ursprünglich nicht auf Geld gerichteten Anspruch in einen solchen umwandeln, herbeigeführt werden. Die Vorschrift bietet geradezu Veranlassung zu einer an sich nicht beabsichtigten (ggf. auch missbräuchlichen) Rechtsausübung (z. B. fristlose Kündigung), um eine Aufrechnungslage herbeizuführen. Der Vertrauensschutz, mit dem der Normzweck begründet wird, kann dann aber nicht maßgeblich sein. Die Vorschrift wird deswegen zu Recht kritisiert.[4] **15**

In solchen Fällen ist an die Unzulässigkeit der Aufrechnung wegen missbräuchlicher Rechtsausübung zu denken (mit dem Problem der Darlegungs- und Beweislast);[5] auch über die Anfechtung (§§ 129 ff., 131) könnte die die Gleich- **16**

---

[1] BGH ZIP 1988, 1065 ff., 1067; *Palandt/Heinrichs,* BGB, § 387 Rn. 12; *Kübler/Prütting/Bork/Lüke,* InsO, § 95 Rn. 15, 16. Nach BFH BeckRS 2007, 24002940 m. Anm. *Abenheimer,* FD-InsR 2007, 233179 = ZIP 2007, 1166 ist ein nach Eröffnung des Insolenzverfahrens durch Rücktritt des Vertragspartners des Schuldner entstehender Grundsteuererstattungsanspruch des Schuldners bereits vor Verfahrenseröffnung aufschiebend bedingt (in seinem Kern) entstanden. Nach BFH BeckRS 2007, 24002944 = ZIP 2007, 1277 entstehen Erstattungszinsen nach § 223 a AO hingegen zeitabschnittsweise und sind nicht insolvenzrechtlich vorher schon begründet, so dass gegen den Anspruch auf Zeiträume nach Verfahrenseröffnung entfallende Erstattungszinsen vom Finanzamt nicht mit vor Verfahrenseröffnung entstandenen Steuerforderungen aufgerechnet werden können. Vgl. weiter BFH BeckRS 2007, 24002935 = DStRE 2007, 1060 = ZIP 2007, 1225 zur insolvenzrechtlichen Begründung des Anspruchs auf Eigenheimzulage für die dem Beginn der Eigennutzung folgenden Kalenderjahre mit dem Beginn des betreffenden Kalenderjahres.

[2] BGH NZI 2004, 583, 584; HK-*Kayser,* InsO, § 95 Rn. 13.

[3] So z. B. wenn sich der Mängelbeseitigungsanspruch aus einer vor Verfahrenseröffnung vom Schuldner erbrachten Werkleistung erst nach Verfahrenseröffnung durch die Erfüllungsverweigerung in eine Geldforderung umwandelt; LG Potsdam ZIP 2002, 1734 f.; vgl. auch LG Bochum ZIP 2002, 334 ff.; zur Ungleichartigkeit des Freistellungsanspruchs eines Bürgen gem. § 775 Abs. 1 Nr. 1 BGB gegen den insolventen Hauptschuldner vgl. BGH NZI 1999, 1182; NZI 2005, 157 und 624; BGH BeckRS 2008, 13066.

[4] *Häsemeyer,* aaO, S. 649, 653.

[5] MünchKomm-*Brandes,* InsO § 95 Rn. 31, 32.

artigkeit/Aufrechnungslage herbeiführende Rechtshandlung anfechtbar sein, so dass der Regelungsbereich des § 96 Abs. 1 Nr. 3 eröffnet wäre.

d) Kumulation

17 Möglich sind auch Fälle, in denen sowohl Fälligkeit und Bedingungseintritt ausstehen als auch die Gleichartigkeit der Forderungen noch nicht eingetreten ist. Wird die Forderung des Schuldners unbedingt und fällig, bevor die Forderung des Gläubigers unbedingt oder fällig oder gleichartig wird, ist der Gläubiger mit der Aufrechnung ausgeschlossen, Abs. 1 **S. 3.**

4. Währungen, Rechnungseinheiten, Abs. 2

18 Da Geldforderungen in unterschiedlicher Währung nicht gleichartig i. S. d. §§ 387 ff. BGB sind und § 244 Abs. 1 BGB dem Gläubiger keinen ausreichenden Schutz bieten kann, wurde Abs. 2 eingefügt und insoweit eine Annäherung an den nach Abs. 1 S. 2 nicht anwendbaren § 45 herbeigeführt. Vertreten wird die Auffassung, dass Abs. 2 für alle Fälle der Aufrechnung in der Insolvenz gilt[1] und auch außerhalb eines Insolvenzverfahrens entsprechend anwendbar ist.[2]

5. Streitpunkte

a) Aufrechnungsvereinbarungen

19 Nach § 94 wird die auf einer Vereinbarung beruhenden Aufrechnungsbefugnis durch die Eröffnung des Insolvenzverfahrens nicht berührt.

20 Soweit durch Aufrechnungsvereinbarungen der Anwendungsbereich des § 95 Abs. 1 S. 3 umgangen oder ausgeschlossen wird, z. B. durch Regelungen zum Fälligkeitseintritt in der Insolvenz oder Herstellung der Gegenseitigkeit, ist ihnen die Wirksamkeit zu versagen. Die Anerkennung der Wirksamkeit von solchen „umgekehrten Lösungsklauseln" würde einen Verstoß gegen den Grundsatz der gleichmäßigen Befriedigung aller Gläubiger normieren. Der Gesetzgeber der InsO wollte mit § 95 gerade die durch seinen Vorgänger (§ 54 KO) bewirkte systemwidrige Begünstigung bestimmter Gläubiger zulasten der übrigen Gläubiger beseitigen.[3] Es kann nicht angenommen werden, dass der Gesetzgeber – bildhaft gesprochen – in trügerischer Absicht mit einer Hand den Schutzmantel über die Gläubigergesamtheit gelegt hat (die die Gläubigergemeinschaft benachteiligenden Regelungen des § 54 KO durch § 93 eliminiert hat), in der anderen Hand aber sogleich einzelnen Gläubigern das Schwert angeboten hat (Aufrechnungsvereinbarungen doch uneingeschränkt anerkennen wollte), um den Mantel sogleich wieder durchschneiden zu lassen. Die Begründung des Rechtsausschusses, dass die Einfügung des Halbsatzes „kraft Gesetzes oder auf Grund einer Vereinbarung" nur zur Klarstellung erfolgt ist[4], lässt diesen Schluss nicht zu. Andernfalls muss § 94 einschränkend dahingehend ausgelegt werden (ggf. im Wege der teleologischen Reduktion), dass Aufrechnungsvereinbarungen durch das Verfah-

---

[1] *Häsemeyer,* in Kölner Schrift, S. 489.
[2] *Landfermann,* in Kölner Schrift, S. 183.
[3] Begründung RegE, § 107, aaO.
[4] Begründung Rechtsausschuss, § 106, abgedruckt in *Balz/Landfermann,* S. 312.

ren nur dann nicht berührt werden, wenn und soweit sie eine Umgehung oder einen Ausschluss des § 95 nicht bezwecken bzw. ermöglichen oder bewirken.

b) Aufrechnung und Folgen des § 103

Im Bereich des zurzeit der Eröffnung des Insolvenzverfahrens von keiner 21
Vertragspartei vollständig erfüllten gegenseitigen Vertrages ergeben sich durch § 103 und die Rechtsprechung des BGH zu den Folgen der Erfüllungswahl/Nichterfüllung des Insolvenzverwalters Auswirkungen auf die Aufrechnungsbefugnis des anderen Teils mit seiner Forderung wegen Erfüllung/Nichterfüllung, die teilweise streitig sind.[1] Vertreten wird z. B. – teilweise auch mit differenzierender Betrachtungsweise – die Auffassung, dass bei Nichterfüllungswahl der andere Teil mit seiner Forderung wegen Nichterfüllung (Insolvenzforderung, §§ 103 Abs. 2, 38) nach §§ 95 Abs. 1 S. 2, 45 nicht gegen eine Forderung der Insolvenzmasse aufrechnen kann.[2] Im Falle der Erfüllungswahl des Insolvenzverwalters ist der andere Teil mit einem vor Verfahrenseröffnung entstandenen Anspruch (Geldforderung) nach § 96 Abs. 1 Nr. 1 nicht zur Aufrechnung befugt;[3] nach anderer Auffassung ergibt sich in diesem Fall die Unzulässigkeit der Aufrechnung bereits aus § 103.[4] Bei teilbaren Leistungen i. S. d. § 105 ist zu differenzieren: Wählt der Insolvenzverwalter Erfüllung, ist der andere Teil mit seiner vor Verfahrenseröffnung entstandenen Forderung zur Aufrechnung gegen die aus der ebenfalls vor Verfahrenseröffnung erbrachten Teilleistung resultierenden Forderung des Schuldners befugt,[5] nicht jedoch gegen die aus der Erfüllung der nach Verfahrenseröffnung erbrachten Teilleistung resultierende Forderung der Masse.[6]

§ 96 Unzulässigkeit der Aufrechnung

(1) **Die Aufrechnung ist unzulässig,**

1. **wenn ein Insolvenzgläubiger erst nach der Eröffnung des Insolvenzverfahrens etwas zur Insolvenzmasse schuldig geworden ist,**
2. **wenn ein Insolvenzgläubiger seine Forderung erst nach der Eröffnung des Verfahrens von einem anderen Gläubiger erworben hat,**
3. **wenn ein Insolvenzgläubiger die Möglichkeit der Aufrechnung durch eine anfechtbare Rechtshandlung erlangt hat,**
4. **wenn ein Gläubiger, dessen Forderung aus dem freien Vermögen des Schuldners zu erfüllen ist, etwas zur Insolvenzmasse schuldet.**

(2) **Absatz 1 sowie § 95 Abs. 1 Satz 3 stehen nicht der Verfügung über Finanzsicherheiten im Sinne des § 1 Abs. 17 des Kreditwesengesetzes oder der Verrechnung von Ansprüchen und Leistungen aus Zahlungsaufträgen,**

---

[1] Z. B. HK-*Kayser,* InsO, § 95 Rn. 20 ff.

[2] *Jäger/Windel,* InsO, § 95 Rn. 27; *Uhlenbruck/ders.,* InsO, § 95 Rn. 5, 6; *Gottwald/Gottwald,* InsHdb, § 45 Rn. 46; aA BGH NJW 1955, 259; BGH NJW 1997, 2754; BGH NZI 2001, 85; MünchKomm-*Brandes,* InsO, § 95 Rn. 17 mwN.

[3] BGHZ 116, 156; BGH NZI 2001, 23 f.

[4] *Adam,* Die Aufrechnung gegen das Erfüllungsverlangen des Konkursverwalters, S. 7 mwN; *ders.,* WM 1998 ff., 804, 805.

[5] BGH NZI 2001, 23, 25 – die Anfechtung nach § 129 ff. ist dadurch nicht ausgeschlossen.

[6] BGH NZI 2001, 537.

Aufträgen zwischen Zahlungsdienstleistern oder zwischengeschalteten Stellen oder Aufträgen zur Übertragung von Wertpapieren entgegen, die in ein System im Sinne des § 1 Abs. 16 des Kreditwesengesetzes eingebracht wurden, das der Ausführung solcher Verträge dient, sofern die Verrechnung spätestens am Tage der Eröffnung des Insolvenzverfahrens erfolgt.

Übersicht

1. Normzweck

1 Zum Schutz der Insolvenzmasse und der gleichmäßigen Gläubigerbefriedigung schränkt § 96 Abs. 1 die Aufrechnungsbefugnis ein, wenn die Aufrechnungsbefugnis bei Verfahrenseröffnung auch in dem durch § 95 geschützten Kern – die Zulässigkeit der Aufrechnung nach § 95 Abs. 1 S. 1 geht dem Ausschluss der Aufrechnung nach § 96 Abs. 1 Nr. 1 vor[1] – noch nicht entstanden war (Abs. 1 Nr. 1, 2) oder aber bestanden hat, jedoch in anfechtbarer Weise erlangt wurde (Abs. 1 Nr. 3); in diesen Fällen verdient das Vertrauen in eine Aufrechnungsbefugnis keinen Schutz.[2] Die Aufrechnung wird auch dann nicht zugelassen, wenn sie der durch § 35 erforderlichen Trennung zwischen Insolvenzmasse und freiem Vermögen des Schuldners widersprechen würde (Abs. 1 Nr. 4; in dieser Vorschrift könnte auch eine insolvenzspezifische Regelung des Gegenseitigkeitsverhältnisses gesehen werden[3]).

2 § 96 Abs. 2 in der bisherigen Fassung wurde nachträglich zum Schutz des Zahlungsverkehrs zwischen den Banken in der Europäischen Gemeinschaft eingeführt. Zur Änderung vgl. unten Ziff. 5.

2. Anwendungsbereich

a) Grundsatz

3 Die Regelung betrifft die Aufrechnungsbefugnis von Insolvenzgläubigern. Die Aufrechnungsbefugnis von Gläubigern von Masseverbindlichkeiten wird nicht berührt; das gilt auch dann, wenn die Masseverbindlichkeiten von einem vorläufigen

---

[1] BGH NZI 2004, 583; NZI 2005, 164 ff.; NZI 2007, 164 ff.

[2] Begründung RegE, § 108, abgedruckt in *Balz/Landfermann,* S. 314 f.; *Nerlich/Römermann/Wittkowski,* InsO, § 96 Rn. 2; *Kübler/Prütting/Bork/Lüke,* InsO, § 96 Rn. 3 ff.

[3] Vgl. *Kübler/Prütting/Bork/Lüke,* InsO, § 96 Rn. 57 mwN.

Insolvenzverwalter begründet worden sind (§ 55 Abs. 2).[1] Nach Eintritt der Masseunzulänglichkeit (§§ 208 ff.) gilt der Aufrechnungsausschluss des Abs. 1 Nr. 1 für die Aufrechnung mit Altmasseforderungen gegen Neumasseforderungen.[2]

Im Eröffnungsverfahren gelten die §§ 94–96 – abgesehen von § 96 Abs. 1 Nr. 3, dessen Wirkung allerdings erst mit Insolvenzeröffnung einsetzt[3] – auch dann nicht, wenn das Gericht umfassende Sicherungsmaßnahmen nach § 21 Abs. 2 angeordnet hat und die Verwaltungs- und Verfügungsbefugnis nach § 22 Abs. 1 auf den vorläufigen Insolvenzverwalter übergegangen ist.[4] Zu § 55 Nr. 1 KO, dem Vorgänger von § 96 Abs. 1 hatte der BGH[5] bereits vor Inkrafttreten der InsO in einem Nichtannahmebeschluss mit Hinweis auf die Neuregelung zur Aufrechnung in der InsO eine entsprechende Anwendung seiner Rechtsprechung zur Unzulässigkeit der Aufrechnung nach § 2 Abs. 4 GesO, § 394 BGB mit vor Eingang des Eröffnungsantrages begründeten Ansprüchen gegen Forderungen des Schuldners, die auf Werkleistungen beruhen, welche nach Eingang des Eröffnungsantrages erbracht sind,[6] auf die Sequestration abgelehnt. 4

b) Ausnahme, Abs. 2

Nach der ursprünglichen Fassung des Abs. 2 war Abs. 1 nicht anwendbar, (auch) wenn die Verrechnung unter den weiteren genannten Voraussetzungen einen Tag nach Verfahrenseröffnung erfolgt. 5

Durch das am 5. April 2004 im Bundestag verabschiedete „Gesetz zur Umsetzung der Richtlinie 2002/47EG vom 6. Juni 2002 über Finanzsicherheiten und zur Änderung des Hypothekenbankgesetzes und anderer Gesetze“[7] sowie durch das Gesetz zur Umsetzung der Verbraucherkreditrichtlinie, des zivilrechtlichen Teils der Zahlungsdiensterichtlinie sowie zur Neuordnung der Vorschriften über das Widerrufs- und Rückgaberecht vom 29. Juli 2009[8] ist Absatz 2 erweitert und ergänzt worden.[9] 6

---

[1] Begründung RegE, § 108, aaO; *Kübler/Prütting/Bork/Lüke,* InsO, § 96 Rn. 7; FK-*App,* InsO, § 96 Rn. 20.

[2] *Nerlich/Römermann/Wittkowski,* InsO, § 96 Rn. 16 mwN; *Uhlenbruck/ders.,* InsO, § 208 Rn. 22; zu weitgehend das FG Köln, Urteil vom 18. 1. 2006 – 11 K 2199/05, das nach Anzeige der Masseunzulänglichkeit in entsprechender Anwendung des § 96 Abs. 1 Nr. 1 dem Neumassegläubiger die Aufrechnung mit seiner nach Anzeige der Masseunzulänglichkeit begründeten Neumasseforderung gegen eine ebenfalls danach begründete Forderung des Insolvenzverwalters versagt.

[3] BGH NZI 2007, 31 m. Anm. *Riffert,* FD-InsR 2007, 203739: Lediglich § 96 Abs. 1 Nr. 3 macht eine Ausnahme und versagt auch der vor Verfahrenseröffnung von einem künftigen Insolvenzgläubiger erklärten Aufrechnung die Wirkung, wenn die Anfechtungsvoraussetzungen erfüllt sind.

[4] BGH NZI 2004, 580 = ZIP 2004, 1558 ff.; *Kübler/Prütting/Bork/Lüke,* InsO, § 94 Rn. 80 ff.; MünchKomm-*Brandes,* InsO, § 94 Rn. 42, 43; *Uhlenbruck/ders.,* InsO, § 96 Rn. 2; aA: z. B. OLG Rostock ZIP 2003, 1805; unter Geltung der KO: OLG Stuttgart ZIP 1994, 78; OLG Hamm ZIP 1995, 140; OLG Dresden ZIP 1998, 432; *Steinecke,* ZIP 1995, 1129; *Weitekamp,* NZI 1998, 112.

[5] BGH ZIP 1998, 1319.

[6] BGHZ 130, 76 ff.; BGH NZI 1999 148 ff. u. S. 194 ff.; NZI 2000, 161 ff.; NZI 2002, 35 ff.

[7] Vgl. Fn. 2 zu § 81 Rn. 13.

[8] BGBl. I 2355, Art. 7, Ziff. 1.

[9] Siehe dazu unten Ziff. 5.

c) Dauerschuldverhältnisse

7 Bei Dauerschuldverhältnissen sind nach §§ 110 Abs. 3 S., 114 Abs. 2 S. 2 nur § 96 Abs. 1 Nr. 2 bis 4 anwendbar; Abs. 1 Nr. 1 ist insoweit also nicht anwendbar.

3. Regelungsinhalt Abs. 1

8 **a)** Nach **Nr. 1** ist eine Aufrechnung unzulässig, wenn der Gläubiger nach Verfahrenseröffnung etwas zur Masse schuldig geworden ist, die Hauptforderung des Schuldners also erst nach Verfahrenseröffnung entstanden ist. Entstanden in diesem Sinn ist eine Forderung dann, wenn und sobald ihr gesicherter Rechtsgrund gelegt, der Anspruch insolvenzrechtlich begründet ist.[1] Unerheblich ist, ob eine Schuld z. B. durch ein Rechtsgeschäft mit dem Insolvenzverwalter (bei einem Rechtsgeschäft mit dem Schuldner nach Verfahrenseröffnung ist Nr. 4 zu beachten) oder durch Schuldübernahme[2] erst nach diesem Zeitpunkt entstanden ist (bei einer Schuldübernahme ist dem Gläubiger die Aufrechnung ebenso verwehrt wie nach Nr. 2 bei einer „Forderungsübernahme").

9 Sowohl nach der früheren Rechtsprechung des BGH zu den Rechtswirkungen der Erfüllungswahl nach § 17 KO bzw. § 103[3] wie auch nach seiner jüngeren Rechtsprechung zu § 103[4] kann der Gläubiger nach Abs. 1 Nr. 1 nicht gegen die Forderung aus dem Erfüllungsverlangen mit einem vor Verfahrenseröffnung und außerhalb des Vertragsverhältnisses begründeten Anspruch aufrechnen.[5]

---

[1] Vgl. z. B. BGH ZIP 1994, 714 ff.; ZIP 2000, 757 ff.; BFH ZIP 2007, 1166, 1167; BFH DZWIR 2005, 284 ff.; *Jäger/Windel*, InsO, § 96 Rn. 12; BFH ZIP 2005, 997 zum Entstehen eines Umsatzsteuer-Vergütungsanspruchs; BFH DStR 2005, 1570, 1571 f. ablehnend für Gegenforderungen in Form von Säumniszuschlägen, die nach Verfahrenseröffnung entstanden sind; BFH ZIP 2005, 628 zur Entstehung eines Vorsteuervergütungsanspruchs und zur Aufrechnung gegen diesen Anspruch durch das Finanzamt; BGH NZI 2007, 655 m. Anm. *Abenheimer*, FD-InsR 2007, 239895: zum Entstehen eines Vorsteuerrückforderungsanspruch nach § 17 UStG; zum Vorsteueranspruch FG Berlin-Brandenburg BeckRS 2007, 26024569; BFH ZInsO 2005, 495 zum Entstehen eines Anspruchs auf Erstattung vor Verfahrenseröffnung entrichteter Kraftfahrzeugsteuer. Vgl. auch *Onusseit*, ZInsO 2005, 638 (krit. Anm. zur Rspr. des BFH betreffend Aufrechnung durch das Finanzamt); BFH ZIP 2006, 1593 zur Unzulässigkeit der Aufrechnung von Steuerforderungen i. S. von § 38 mit einem Anspruch auf Erstattung von Einkommensteuer auf nach Verfahrenseröffnung abgeführte Lohnsteuer (vgl. auch unten Rn. 31); BFH ZIP 2005, 628 ff. und ZIP 2007, 490 ff. zur Aufrechnung des Finanzamtes gegen den aus dem Vergütungsanspruch des vorläufigen Insolvenzverwalters herrührenden Vorsteueranspruch des Insolvenzschuldners; BFH BeckRS 2007, 24002935 = DStRE 2007, 1060 = ZIP 2007, 1225 zur insolvenzrechtlichen Begründung des Anspruchs auf Eigenheimzulage für die dem Beginn der Eigennutzung folgenden Kalenderjahre mit dem Beginn des betreffenden Kalenderjahres; BFH BeckRS 2007, 24002940 m. Anm. *Abenheimer*, FD-InsR 2007, 233179 = ZIP 2007, 1166; BFH BeckRS 2007, 24002994 = ZIP 2007, 1277.

[2] BGH NJW 1957, 420.

[3] BGH ZIP 1992, 48.

[4] BGH ZIP 2002, 1093 ff., 1094, 1095.

[5] MünchKomm-*Brandes*, InsO, § 96 Rn. 11; krit. und differenzierend *Jäger/Windel*, InsO, § 96 Rn. 20 ff. mwN.

Einzelfälle

Von – gegenüber § 95 Abs. 1 Nr. 1 nachrangigen[1] – Abs. 1 **Nr. 1** werden auch die Fälle erfasst, in denen Bereicherungsansprüche,[2] Herausgabeansprüche aus § 667 BGB[3] oder Ansprüche aus Insolvenzanfechtung[4] der Masse bestehen. Mit Geldern, die nach Verfahrenseröffnung auf einem debitorischen Bankkonto des Schuldners eingegangen sind, kann zur Rückführung eines Debetsaldos nicht aufgerechnet werden.[5] 10

Nicht nach Abs. 1 Nr. 1 unzulässig ist die Aufrechnung, wenn der Insolvenzverwalter nach § 103 die Erfüllung eines Kaufvertrages ablehnt und der Schuldner bereits Teilzahlungen vor Verfahrenseröffnung erbracht hatte; in diesem Fall kann der Gläubiger mit seinem Anspruch auf Schadenersatz wegen Nichterfüllung (§ 103 Abs. 2) gegen den Anspruch auf Rückzahlung der Teilleistungen aufrechnen, da der Rückzahlungsanspruch bereits vor Verfahrenseröffnung aufschiebend bedingt entstanden war.[6] 11

b) Nach **Nr. 2** scheidet eine Aufrechnung aus, wenn ein Insolvenzgläubiger seine Forderung erst nach der Eröffnung des Verfahrens von einem anderen Gläubiger erworben hat. Damit soll ein kollusives Zusammenwirken oder eine Manipulation zum Nachteil der Masse verhindert werden[7]. Hierunter fällt auch eine Gegenforderung, die vor Verfahrenseröffnung in aufrechenbarer Weise bestand, aber noch vor Verfahrenseröffnung sicherungshalber an einen Dritten abgetreten und nach Verfahrenseröffnung zurückerworben wurde.[8] 12

Die Unwirksamkeit von Konzernverrechnungsklauseln wird auf die analoge Anwendung der Vorschrift gestützt.[9]

c) Nach **Nr. 3** ist die Aufrechnung (ebenso die Verrechnung) auch dann unzulässig, wenn die Aufrechnungslage (Aufrechnungsmöglichkeit) zwar vor Verfahrenseröffnung schon bestanden hat, damals aber in anfechtbarer Weise herbeigeführt wurde. Erfasst werden alle nach §§ 129 ff. anfechtbaren Rechtshandlungen,[10] wobei die Aufrechnung nur dann ausgeschlossen ist, wenn der für die 13

---

[1] BGH NZI 2004, 583; NZI 2005, 164.

[2] HK-*Kayser,* InsO, § 96 Rn. 15.

[3] BGH NJW 1989, 1353; BGH NZI 2008, 551 m. Anm. *Baumert,* FD-InsR 2008, 263984: Da nach § 115 Abs. 1, § 116 S. 1 der Girovertrag (so schon BGHZ 70, 86 93; BGHZ 74, 253, 254 zur Konkursordnung) durch die Eröffnung des Insolvenzverfahrens erlischt, muss sie nach Eröffnung des Insolvenzverfahrens eingehende Zahlungen nach § 667 BGB herausgeben und kann nach § 96 Abs. 1 Nr. 1 nicht mit ihrer Saldoforderung verrechnen; vgl. auch BGH NZI 2009, 599, OLG München, NZI 2009, 250 zum Kautionsversicherungsvertrag.

[4] BGHZ 15, 337.

[5] BGHZ 107, 88.

[6] *Nerlich/Römermann/Wittkowski,* InsO, § 96 Rn. 9.

[7] FK-*App,* InsO, § 96 Rn. 10; HK-*Kayser,* InsO, § 96 Rn. 25.

[8] FK-*App,* InsO, § 96 Rn. 13; HK-*Kayser,* InsO, § 96 Rn. 28; *Nerlich/Römermann/Wittkowski,* InsO, § 96 Rn. 15 mwN.

[9] BGH NZI 2004, 585 ff.; OLG Köln NZI, 2005, 167 ff.; HK-*Kayser,* InsO, § 96 Rn. 26; vgl. oben § 94 Rn. 25, 30.

[10] BGH NZI 2004, 580, 582, 620 ff.; NZI 2005, 553 ff.; NZI 2006, 345; OLG Düsseldorf NZI 2006, 39; OLG Hamm ZInsO 2006, 45; OLG Dresden DZWIR 2001, 470 ff.; HK-*Kayser,* InsO, § 96 Rn. 37; FK-*App,* InsO, § 96 Rn. 16. Nach aA ist die Aufrechnung nur bei Herbeiführung einer Aufrechnungslage durch kongruente Deckung (§ 130) ausgeschlossen; vgl. *Uhlenbruck/ders.,* InsO, § 96 Rn. 24 mwN. Zur Kontokorrentverrechnung

Anfechtung der Rechtshandlung jeweils maßgebliche Anfechtungstatbestand hinsichtlich aller Merkmale erfüllt ist.[1] Ist eine der rechtsgeschäftlich begründeten, gegenseitigen Forderungen von einer Bedingung oder Befristung abhängig, so ist für die Anfechtbarkeit des Erwerbs der Aufrechnungslage auf den Zeitpunkt der Rechtshandlung nach § 140 abzustellen, es kommt darauf an, wann das Gegenseitigkeitsverhältnis begründet wurde.[2] Unerheblich ist, ob die Aufrechnung vor oder nach Eröffnung des Insolvenzverfahrens erklärt worden ist.[3] Unerheblich ist, ob der Aufrechnende zunächst nur Gläubiger war und dann auch Schuldner geworden ist; maßgeblich ist nur, dass der Aufrechnende im Zeitpunkt der Aufrechnung Gläubiger war.[4] Ausgenommen ist der Erwerb auf Grund Gesamtrechts-

---

vgl. neben der Kommentierung bei §§ 129 ff. z. B. BGH NZI 2009, 436; BGH NZI 2002, 311; BGH NZI 2008, 184 m. Anm. *Herzig*, FD-InsR 2008, 253726; BGH NZI 2004, 491; BGH NZI 2008, 175 m. Anm. *Riggert*, FD-InsR 2008, 252413; LG Dresden BeckRS 2006, 12262 = ZInsO 2007, 45 und BGH NZI 2008, 89 zur Verrechnung bzw. Anfechtung der Verrechnung mit global abgetretenen Forderungen m. Anm. *Riggert*, FD-InsR 2008, 247355; HK-*Kayser*, InsO, § 96 Rn. 42 ff.

[1] BGH BeckRS 2009, 283525 KG, ZInsO 2004, 744 ff. zur kongruenten Herstellung der Aufrechnungs- bzw. Verrechnungslage; BGH NZI 2004, 82 ff. und OLG Karlsruhe ZInsO 2004, 1036, OLG Rostock ZIP 2003, 1903 ff.; OLG Düsseldorf ZIP 2003, 1008 jeweils zur inkongruenten Herstellung der Aufrechnungslage gem. § 131; BGH NZI 2004, 620 ff. und OLG Hamm DZWIR 2005, 218 ff. zur Herstellung der Aufrechnungslage nach § 133; FK-*Wegener*, InsO, § 96 Rn. 16: Nr. 3 ist eine Rechtsgrundverweisung; *Nerlich/Römermann/Wittkowski*, InsO, § 96 Rn. 18; *Häsemeyer*, in Kölner Schrift, S. 645 ff., 655; *Zeuner*, Die Anfechtung in der Insolvenz, Rn. 96; vgl. LG Neuruppin BeckRS 2009, 04153, wonach es sich bei dem Insolvenzgeldantrag des Arbeitnehmers (§ 187 SGB III) nicht um eine Rechtshandlung iSd §§ 129 ff. handelt und im Rahmen der Insolvenzgeldgewährung auf die Bundesanstalt für Arbeit übergegangene Lohnansprüche nicht dem Aufrechnungsverbot des § 96 unterfallen; aA OLG Braunschweig NZI 2009, 518 (n.rkr.).

[2] BGH NZI 2004, 82 ff.; BGH NZI 2004, 580, 582 – dort auch zu dem nach § 140 Abs. 3 maßgeblichen Zeitpunkt bei bedingten Rechtshandlungen; BGH NZI 2005, 164 ff. zu der nach § 140 Abs. 3 maßgeblichen Rechtshandlung für die Möglichkeit der Aufrechnung von Mietforderungen gegen Guthaben aus Betriebskostenabrechnung ist durch BGH NZI 2010, 58 aufgegeben; vgl. allgemein zum maßgeblichen Zeitpunkt i. S. d. § 140 Abs. 1, 3 auch *Fischer*, ZIP 2004, 1679 ff.; BGH NZI 2008, 551 m. Anm. *Baumert*, FD-InsR 2008, 263948: Der für die Herstellung einer Verrechnungslage maßgebliche Zeitpunkt ist nach § 140 zu bestimmen. Bei der Verknüpfung gegenseitiger Forderungen kommt es auf den Zeitpunkt der Begründung des Gegenseitigkeitsverhältnisses an, während es grundsätzlich unerheblich ist, ob die Forderung des Schuldners oder des Insolvenzgläubigers früher entstanden oder fällig geworden ist. Mangels der nach § 129 InsO erforderlichen Gläubigerbenachteiligung scheidet die Anfechtbarkeit der Verrechnung eines Zahlungseingangs zugunsten des späteren Insolvenzschuldners mit dem debitorischen Saldo auf dessen Konto aus, wenn der Bank an der Forderung, die der Überweisende begleichen wollte, ein insolvenzfestes Absonderungsrecht zustand. BGH NZI 2007, 515 m. Anm. *Kroth*, FD-InsR 2007, 238904: Die Aufrechnungslage hinsichtlich des Vergütungsanspruchs des Rechtsanwalts und des Anspruchs des insolventen Mandanten auf Herausgabe eingezogener Gelder entsteht frühestens dann, wenn der Rechtanwalt das Geld in Empfang genommen hat. Vgl. *Jacobi*, NZI 2007, 495 ff., zur Aufrechnungsbefugnis des Rechtsanwalts als Gläubiger in der Insolvenz des Mandanten.

[3] BGH NZI 2007, 31; NZI 2005, 449; NZI 2004, 82 ff.

[4] *Olshausen*, ZIP 2003, 893; OLG Köln WM 2002, 354 ff.; *Bork*, ZInsO 2003, 686 ff., 688 (dort auch instruktiv zur Aufrechnung mit Vorsteuervergütungsansprüchen in der Insolvenz, vgl. dazu auch BFH ZIP 2005, 628 ff. und ZIP 2007, 490 ff.); *Jäger/Windel*, InsO, § 96 Rn. 48.

nachfolge dann, wenn oder soweit die Nachfolge ohne Zutun des Erwerbers/Gläubigers eintritt.[1] Vereinbarungen, die nach § 94 zur Aufrechnung berechtigen, können anfechtbar sein mit der Folge der Unzulässigkeit und Unwirksamkeit der Anfechtung.[2]

d) Nr. 4 dient der Klarstellung.[3] Sie betrifft z. B. rechtsgeschäftliche Verpflichtungen, die der Schuldner nach Eröffnung des Insolvenzverfahrens eingegangen ist.[4] 14
Da der Schuldner einerseits die Masse nicht verpflichten kann, andererseits der Neuerwerb in die Masse fällt (§ 35), kann der mit dem Schuldner kontrahierende Gläubiger in solchen Fällen lediglich auf das insolvenzfreie Vermögen des Schuldners zugreifen. Da dieses aber regelmäßig nicht pfändbar sein dürfte, ist der Gläubiger bei wirtschaftlicher Betrachtung nahezu rechtlos gestellt. Erwogen wird deshalb eine analoge Anwendung von § 406 BGB, wenn die Aufrechnungslage bei Verfahrenseröffnung bestand, um dem Gläubiger zumindest einen begrenzten Schutz bei fehlender Kenntnis zu gewähren.[5] Im Fall der Kenntnis des Gläubigers wird daneben auch eine teleologische Reduktion der Nr. 4 erwogen, um dem Gläubiger die Aufrechnung wenigsten mit konnexen Forderungen zu ermöglichen.[6]

Der Empfänger einer nicht geschuldeten, daneben aber auch anfechtbaren Leistung des Schuldners kann nach § 96 Abs. 1 Nr. 3 nicht mit einem Schadenersatzanspruch aufrechnen, den er zuvor als Gläubiger erlangt hat. Der Schutz des § 814 BGB bei dem Empfänger einer unentgeltlichen Leistung muss insoweit insolvenzrechtlichen Wertungsgrundsätzen weichen.[7]

4. Rechtsfolge, Wirkungsweise

Da die Aufrechnung kraft Gesetzes unzulässig und unwirksam ist, bedarf es insoweit keiner weiteren Willenserklärungen des Insolvenzverwalters.[8] Dies gilt auch im Fall des Abs. 1 Nr. 3, insbesondere ist hier auch nicht die Geltendmachung der Anfechtung erforderlich.[9] 15

5. Ausnahmen, Abs. 2

Die Neufassung des Abs. 2[10] ermöglicht durch die zulässige Verrechnung eine bevorzugte Befriedigung der Kreditinstitute. Die bislang in Abs. 2 Satz 2 enthal- 16

[1] *Nerlich/Römermann/Wittkowski,* InsO, § 96 Rn. 18; *Häsemeyer,* aaO, S. 655; differenzierend *Jäger/Windel,* InsO, § 96 Rn. 48.

[2] Vgl. z. B. *Häsemeyer,* in Kölner Schrift, S. 645 ff., 658.

[3] *Nerlich/Römermann/Wittkowski,* InsO, § 96 Rn. 20.

[4] HK-*Kayser,* InsO, § 96 Rn. 58.

[5] *Nerlich/Römermann/Wittkowski,* InsO, § 96 Rn. 22; für weitergehenden Schutz des Vertragspartners *Jäger/Windel,* InsO, § 96 Rn. 102.

[6] *Häsemeyer,* aaO, S. 664; *Nerlich/Römermann/Wittkowski,* InsO, § 96 Rn. 22; *Jäger/Windel,* InsO, § 96 Rn. 102.

[7] BGH NZI 2009, 103 ff. m. Anm. *Baumert,* FD-InsR 2009, 274450.

[8] Begründung RegE, § 108, aaO.

[9] Begründung RegE, § 108, aaO; BGH NZI 2004, 82 ff.; BGH NZI 2005, 499 ff.; BGH NZI 2005, 580 ff.; NZI 2006, 345; OLG Düsseldorf ZInsO 2006, 45; zur Frage, ob die Anfechtung in diesen Fällen ausgeschlossen ist, vgl. *Ries,* ZInsO, 2004, 1231 ff.; *ders.,* ZInsO 2005, 848 ff.; vgl. auch *Zenker,* NZI 2006, 16; *Kübler/Prütting/Bork/Lüke,* InsO, § 96 Rn. 54.

[10] Vgl. Rn. 6 und Fn. 2 zu § 81 Rn. 13.

tene Legaldefinition eines Systems im Sinne des bisherigen Abs. 2 Satz 1 ist nunmehr in § 1 Abs. 16 des Kreditwesengesetzes (KWG) geregelt.

Der Begriff „Verrechnung" erfasst nicht nur die gesetzliche, sondern auch die vertragliche Aufrechnung; einbezogen sind nicht nur Forderungen, sondern auch Leistungen.

17 Für die in Absatz 2 genannten Abrechnungssysteme sind die Aufrechnungsverbote des Abs. 1 und sowie die Einschränkungen der Aufrechnungsbefugnis nach § 95 Abs. 1 S. 3 relativiert oder beseitigt.[1] Die Verrechnung muss aber spätestens am Tag der Verfahrenseröffnung erfolgen.[2]

6. Praxishinweis

18 Da es bei § 96 Abs. 1 Nr. 3 für die die Aufrechnung ausschließende anfechtbare Rechtshandlung nicht auf den Zeitpunkt der Anfechtungserklärung ankommt, sondern maßgeblich ist, ob die Aufrechnungslage anfechtbar entstanden ist, so dass auch eine Aufrechnung vor Verfahrenseröffnung erfasst und ohne Anfechtung ex tunc unwirksam wird,[3] hat der Insolvenzverwalter bei der Verfolgung der Hauptforderung (Forderung des Schuldners) das Verjährungsproblem im Auge zu behalten. Für die Hauptforderung, die der Insolvenzverwalter wegen der nach § 96 Abs. 1 Nr. 3 unwirksamen Aufrechnung, die vor Verfahrenseröffnung erklärt wurde, zur Masse zu ziehen hat, ist gem. § 146 Abs. 1 (nF) die regelmäßige Verjährungsfrist nach BGB einschlägig. Der Insolvenzverwalter muss daher rechtzeitig die Unwirksamkeit der Aufrechnung durch Klageerhebung geltend machen, sonst bleibt es bei dem zivilrechtlichen Erlöschen der Hauptforderung durch die (anfechtbar) vorgenommene Aufrechnung/Verrechnung.

Im Rahmen der zur Vermeidung der Verjährung erforderlichen Klageerhebung (Hemmung, §§ 146 ff. Abs. 1, §§ 203 ff. BGB) muss der Insolvenzverwalter lediglich den Anspruch auf die Hauptforderung und die Anfechtbarkeit der durch die anfechtbare Rechtshandlung erlangten Aufrechnung- oder Verrechnungslage darlegen. Die Frage, ob die Aufrechnung- oder Verrechnungslage tatsächlich in anfechtbarer Weise herbeigeführt wurde, obliegt der Prüfung durch das Gericht.[4]

19 § 96 Abs. 1 Nr. 3 spielt auch für die Unwirksamkeit von Verrechnungen im Kontokorrent eine Rolle, die zwar im Eröffnungsverfahren noch zulässig sein mögen, nach Verfahrenseröffnung aber zugunsten der Masse „korrigiert" werden können.[5]

20 Der Insolvenzverwalter kann unter Berufung auf die nach § 96 Abs. 1 Nr. 3 unwirksame Aufrechnung oder Verrechnung des Insolvenzgläubigers – ohne Klage auf Rückgewähr nach § 143 InsO erheben zu müssen – Klage auf Zahlung der

---

[1] Kritisch *Hölzle,* ZIP 2003, 2144, 2146.

[2] Vgl. *Nerlich/Römermann/Wittkowski,* InsO, § 96 Rn. 24 a f.; *Kübler/Prütting/Bork/Lüke,* InsO, § 96 Rn. 60 ff.; *Ehricke,* ZIP 2003, 1065 ff.

[3] BGH NZI 2004, 82 ff.

[4] BGH NZI 2007, 582 m. Anm. *Ries,* FD-InsR 2007, 238207; zur Verjährung nach § 146 aF vgl. BGH NZI 2007, 31; BGH NZI 2008, 547 m. Anm. *Ries,* FD-InsR 2008, 266126; vgl. dazu auch *Henckel,* NZI 2007, 84; „Zur Frage der Rückwirkung des § 96 I Nr. 3 InsO": *Zenker,* NZI 2006, 16 ff.

[5] BGH NZI 2008, 175 (eigennützige – fremdnützige Verrechnung) m. Anm. *Riggert,* FD-InsR 2008, 25241; OLG Düsseldorf ZIP 2003, 1008 ff.; LG Berlin NZI 2004, 269.

Hauptforderung erheben, wenn der Insolvenzgläubiger die Anfechtbarkeit bestreitet, die Leistung verweigert. Für die Frage, welcher Rechtsweg für diese Zahlungsklage des Insolvenzverwalters eröffnet ist, ist die Frage der Anfechtbarkeit der Rechtshandlung gleichwohl nicht maßgeblich, da es sich nicht um eine insolvenzrechtliche Anfechtungsklage handelt, für die nur Zivilgericht zuständig wären.[1]

Für die Praxis von Bedeutung sind die Fälle, in denen es um die Zulässigkeit/Unzulässigkeit der Verrechnung von Vergütungsansprüchen des wegen Insolvenz aus einer ARGE ausgeschiedenen ARGE-Partners geht. Nach einer Entscheidung des BGH vom 14. Dezember 2006 ist die gesellschaftsrechtlich gebotene Verrechnung im Wege der Kontenangleichung weder nach § 95 Abs. 1 ausgeschlossen, noch nach § 96 Abs. 1 Nr. 3 unzulässig.[2] Die gesellschaftsrechtlichen Regelungen sind vorrangig. Der Insolvenzverwalter im Verfahren des ausscheidenden ARGE-Partners kann danach nur ein vermitteltes Auseinandersetzungsguthaben auf der Grundlage einer zum Stichtag des Ausscheidens errichteten Auseinandersetzungsbilanz beanspruchen, nicht aber insoweit einzelne Positionen.[3] Der Insolvenzverwalter muss daher vor Erbringung von Leistungen an die ARGE ggfl. auf eine Änderung der Regelung im ARGE-Vertrag hinwirken.

Insbesondere im Rahmen von Insolvenzverfahren über das Vermögen natürlicher Personen ist zu beachten, dass Aufrechnungshindernisse mit Aufhebung des Insolvenzverfahrens entfallen und so z. B. der Fiskus mit Steuererstattungsansprüchen des Schuldners, die nach Verfahrenseröffnung begründet wurden, (in der Wohlverhaltensperiode) wieder aufrechnen könnte.[4] Zur Vermeidung muss die Nachtragsverteilung angeordnet werden, da diese zu einer Insolvenzbeschlagnahme des Erstattungsanspruchs führt, die der Aufrechnung entgegensteht.[5]

§ 97 Auskunfts- und Mitwirkungspflichten des Schuldners

(1) **Der Schuldner ist verpflichtet, dem Insolvenzgericht, dem Insolvenzverwalter, dem Gläubigerausschuß und auf Anordnung des Gerichts der Gläubigerversammlung über alle das Verfahren betreffenden Verhältnisse Auskunft zu geben. Er hat auch Tatsachen zu offenbaren, die geeignet sind, eine Verfolgung wegen einer Straftat oder einer Ordnungswidrigkeit herbeizuführen. Jedoch darf eine Auskunft, die der Schuldner gemäß seiner Verpflichtung nach Satz 1 erteilt, in einem Strafverfahren oder in einem Verfahren nach dem Gesetz über Ordnungswidrigkeiten gegen den Schuldner oder einen in § 52 Abs. 1 der Strafprozeßordnung bezeichneten Angehörigen des Schuldners nur mit Zustimmung des Schuldners verwendet werden.**

(2) **Der Schuldner hat den Verwalter bei der Erfüllung von dessen Aufgaben zu unterstützen.**

(3) **Der Schuldner ist verpflichtet, sich auf Anordnung des Gerichts jederzeit zur Verfügung zu stellen, um seine Auskunfts- und Mitwirkungspflichten zu erfüllen. Er hat alle Handlungen zu unterlassen, die der Erfüllung dieser Pflichten zuwiderlaufen.**

---

[1] BGH NZI 2005, 499, HK-*Kayser,* InsO, § 96 Rn. 9.

[2] BGH NZI 2007, 222 m. krit. Anm. *Huber;* zust. *Bork,* EWiR 2007, 343; OLG Frankfurt ZIP 2005, 2325.

[3] Vgl. auch *Schmitz,* Die Bauinsolvenz, Rn. 765 ff.

[4] BFH ZIP 2006, 1593, HK-*Kayser,* InsO, § 96 Rn. 8.

[5] BGH NZI 2006, 180.

Übersicht

1. Normzweck

1 § 97 soll eine sachgerechte und effektive Durchführung des Insolvenzverfahrens sichern, deshalb soll vor allem der Insolvenzverwalter, aber auch das Insolvenzgericht, der Gläubigerausschuss und die Gläubigerversammlung über die wirtschaftlichen und rechtlichen Verhältnisse des Schuldners informiert sein. Wichtigstes Hilfsmittel hierfür ist die Auskunfts- und Mitwirkungspflicht des Schuldners.[1]

2 Die Pflicht zur Auskunftserteilung bringt eine Einschränkung der persönlichen Freiheit (Art. 2 Abs. 1 GG) und der Freizügigkeit (Art. 11 GG) mit sich, diese Einschränkungen sind aber verfassungsrechtlich nicht zu beanstanden.[2]

2. Anwendungsbereich

3 Der **Anwendungsbereich** der Norm betrifft die Schuldnerpflichten im eröffneten Verfahren. Über §§ 20, 22 Abs. 3 S. 3 gelten sie aber auch im Eröffnungsverfahren und sind dort häufig von größerer Bedeutung.

4 Auch im Falle der Eigenverwaltung (§§ 270 ff.) bestehen Bereitschafts- und Auskunftspflichten, sie werden durch §§ 275, 277 als eine Pflicht zum Zusammenwirken mit dem Sachwalter konkretisiert.

5 Ist der Schuldner keine natürliche Person, findet § 101 Anwendung. Nach § 101 Abs. 2 unterliegen auch (frühere) Angestellte des Schuldners den Pflichten des § 97. Gegen sie können aber – im Gegensatz zu den Personen nach § 101 Abs. 1 – nicht die Zwangsmittel des § 98 angewendet werden, weil § 98 auf sie nicht Bezug nimmt.[3]

6 Der nach § 97 Verpflichtete erhält für die Erfüllung seiner Pflichten keine Aufwandsentschädigung.[4]

---

[1] Vgl. *Schmerbach,* InsBüro 2009, 16 ff.; MünchKommInsO-*Panauer,* § 97 Rn. 12, vgl. *Uhlenbruck,* GmbHR 2002, 941 ff.; *ders.,* NZI 2002, 401 ff.; zum Verhältnis der insolvenzrechtlichen Auskunftspflichten zum „Gesetz zur Harmonisierung des Schutzes gefährdeter Zeugen" (ZSHG) vgl. AG Köln ZInsO 2005, 276 ff.; zur Auskunftspflicht nach dem Informationsfreiheitsgesetz (IFG) vgl. VG Stuttgart, BeckRS 2009, 37852 zum Verhältnis ärztliche Schweigepflicht vgl. BGH NZI 2005, 263 und BGH NZI 2009, 445.

[2] BVerfGE 56, 41 f. = NJW 1981, 1431.

[3] *Jäger/Schilken,* InsO, § 98 Rn. 5.

[4] HK-*Kayser,* InsO, § 97 Rn. 28.

3. Die Pflichten des Schuldners

a) Die **Auskunftspflicht** nach **Abs. 1** hat höchstpersönlichen Charakter. Die Auskunft hat grundsätzlich persönlich und mündlich zu erfolgen; ausnahmsweise kann sie auf Wunsch des Auskunftsberechtigten auch schriftlich erfolgen.[1] Der Insolvenzverwalter (der zufällig auch Rechtsanwalt ist) kann sich mit dem anwaltlich vertretenen Schuldner direkt in Verbindung setzen.[2] 7

aa) Auskunftsberechtigter ist der Insolvenzverwalter, (der vorläufige Insolvenzverwalter gem. § 22 Abs. 3 S. 3) das Insolvenzgericht, der Gläubigerausschuss und unter Anordnung des Gerichts auch die Gläubigerversammlung. Das Auskunftsrecht nach § 97 besteht aber weder gegenüber dem Anwalt des Schuldners noch gegenüber seinem Ehegatten.[3] Gegenüber dem (auch vor Eröffnung des Verfahrens) vom Schuldner mandatierten Anwalt ergibt sich jedoch aus §§ 675, 666, 667 BGB durchaus ein Auskunftsrecht;[4] auf Zeugnis- und Auskunftsverweigerungsrecht kann sich der Bevollmächtigte nicht berufen, soweit der Schuldner zur Auskunft verpflichtet ist. 8

bb) Der **Umfang der Auskunftspflicht** ist umfassend und betrifft alle im konkreten Insolvenzverfahren aufkommenden und dieses Verfahren berührenden Fragen.[5] Die Auskunftspflicht erstreckt sich daher z. B. nicht nur auf die geltend gemachten Forderungen, deren Entstehungsgrund,[6] Umfang und etwaige gegen sie bestehende Einwendungen und Einreden, sondern auch auf eventuell geleistete eidesstattliche Versicherungen und auf Informationen, die im Rahmen der Liquidation oder einer Betriebsfortführung von Bedeutung sind.[7] Bereits erteilte Auskünfte muss der Schuldner unverzüglich und ohne Aufforderung ergänzen oder korrigieren, wenn er erkennt, dass nicht unwesentliche Änderungen eingetreten sind.[8] Das Insolvenzgericht kann die Auskunfts- und Mitwirkungspflichten auch konkretisieren und insoweit Auflagen erteilen.[9] Über im Ausland belegenes Vermögen ist ebenfalls Auskunft zu erteilen.[10] Es besteht aber keine Pflicht, nicht angemeldete Patente offenzulegen oder nicht angemeldete Verfahren preiszugeben, denn diese Werte unterliegen nach § 36 Abs. 1 i. V. m. § 857 ZPO nicht dem Insolvenzbeschlag.[11] Die ärztliche Schweigepflicht gewährt kein Recht zur Verweigerung der Auskunft, wenn zur Verfolgung und Durchsetzung der Rechte der 9

---

[1] HK-*Kayser,* InsO, § 97 Rn. 8.

[2] *Smid/ders.,* InsO, § 97 Rn. 4. Insolvenzverwaltertätigkeit ist keine Anwaltstätigkeit; vgl. dazu eingehend oben § 56 Anm. 9 ff. (10).

[3] *Kübler/Prütting/Bork/Lücke,* InsO, § 97 Rn. 7; HK-*Kayser,* InsO, § 97 Rn. 22.

[4] BGH KTS 1990, 280; HK-*Kayser,* InsO, § 97 Rn. 21.

[5] LG Dortmund ZInsO 2005, 829 ff.: Fragen, die z. B. in dem Insolvenzverfahren über das Vermögen des GmbH-Geschäftsführers lediglich die Organisation der GmbH betreffen, sind von § 97 nicht gedeckt.

[6] LG Köln ZInsO, 2004, 756; vgl. auch LG Mönchengladbach ZInsO 2003, 955 zur Pflicht, Einkünfte während der Wohlverhaltensphase zu offenbaren.

[7] AG Erfurt ZInsO 2006, 1137.

[8] BGH BeckRS 2009, 03282 = NotZ 130/07.

[9] LG Duisburg NZI 2001, 384 f.

[10] BGH WM 1983, 858; vgl. auch BGH NZI 2004, 21 ff. = ZIP 2003, 2123 zur Pflicht des Schuldners, dem Insolvenzverwalter eine Auslandsvollmacht bei im Ausland belegenem Vermögen zu erteilen; HK-*Kayser,* InsO, § 97 Rn. 27.

[11] *Smid/ders.,* InsO, § 97 Rn. 7.

Insolvenzgläubiger bzw. -masse die Bekanntgabe des Namens des Drittschuldners (Privatpatient) und die Höhe der Forderung gegen Drittschuldner erforderlich ist.[1]

10 Die Auskunftspflicht erstreckt sich nach Abs. 1 S. 2 auch auf Tatsachen, die geeignet sind, eine Verfolgung des Schuldners wegen einer Straftat oder Ordnungswidrigkeit herbeizuführen. Da aber die Verpflichtung zur Selbstbelastung gegen das Gebot der Achtung der Menschenwürde verstößt,[2] ist nach Abs. 1 S. 3 eine Verfolgung auf Grund dieser Informationen nicht möglich.[3] Dies gilt jedoch nicht für Tatsachen, die der Strafverfolgungsbehörde bereits bekannt waren.[4] Ein Beschlagnahme- oder Verwertungsverbot soll sich aus Abs. 1 S. 3 für bereits existierende Unterlagen oder Aufzeichnungen nicht ergeben, da kein Zusammenhang zur Erfüllung insolvenzrechtlicher Auskunftspflichten bestehe.[5]

11 **b)** Die **Mitwirkungspflicht nach Abs. 2** stellt eine allgemeine Verfahrensförderungspflicht dar, sie ergänzt/konkretisiert die in Abs. 1 und 3 genannten Pflichten.[6] Eigenen Geltungsbereich erlangt Abs. 2, wenn es z. B. um den Zugriff des Verwalters auf Auslandsvermögens geht und der Belegenheitsstaat die Eröffnungswirkungen nicht anerkennt, denn dann ist der Schuldner durch seine Mitwirkungspflicht zur Vollmachtserteilung verpflichtet.[7] Außerdem besteht die Verpflichtung, bei Betriebsfortführung Fach- und Sachkenntnisse zur Verfügung zu stellen, oder Aussagen über zugängliche Abnehmerkreise zu machen, damit Massegegenstände verwertet werden können.[8] Ferner kommen Mitwirkungspflichten in Betracht beim Einzug von Forderungen durch den Insolvenzverwalter und der Realisierung/Verwertung sonstiger Vermögensgegenstände. Die Mitwirkungspflicht begründet aber nur punktuelle Tätigkeitspflichten. Daher besteht keine Verpflichtung des Schuldners, seine volle Arbeitskraft der Masse (unentgeltlich) zur Verfügung zu stellen.[9] Im Eröffnungsstadium (§§ 20 S. 2, 23 Abs. 3 S. 3) und bis zum Berichtstermin wird man dabei eine umfangreichere Mitwirkungspflicht annehmen können. Dort gilt es, den Verwalter voll (und dazu selbstständig) handlungsfähig zu machen. Nach sechs Monaten Abwicklungstätigkeit reduziert sich die Anforderung dann auf einen geringen zeitlichen Umfang.

---

[1] BGH NZI 2005, 263 ff.; AG Köln NZI 2004, 155.

[2] BVerfGE 56, 37.

[3] Nach AG Duisburg NZI 2004, 504, 505 darf der Insolvenzverwalter Kenntnisse, die er im Rahmen der nach § 99 verhängten Postsperre aus der Verteidigerpost erlangt, nach § 203 Abs. 2 Nr. 1 StGB i. V. m. § 97 Abs. 1 S. 3 nicht an Strafverfolgungsbehörden weitergeben.

[4] *Smid/ders.,* InsO, § 97 Rn. 8; LG Stuttgart ZInsO 2001, 135.

[5] LG Ulm NJW 2007, 2056 = ZInsO 2007, 827; vgl. dazu auch *Weyand,* ZInsO, 2008, 25. Zur Anordnung der Durchsuchung von Wohn- und Geschäftsräumen des Schuldners vgl. auch LG Göttingen NZI 2007, 353. vgl. auch LG Ulm ZIP 2008, 383 zur Zulässigkeit der Anordnung der Durchsuchung von Räumlichkeiten des Insolvenzverwalters bzw. Treuhänders zur Auffindung von Beweismitteln, die der Schuldner übergeben hat.

[6] Nach AG Duisburg NZI 2004, 517 ff. ist die für die Wohlverhaltensphase in §§ 295 Abs. 1 Nr. 1, 296 normierte Erwerbspflicht „eine Teilregelung aus dem Anwendungsbereich der allgemeinen Mitwirkungspflicht und gilt über § 97 II InsO auch schon im eröffneten Insolvenzverfahren" (auszugsweise Leitsatz 1 der Entscheidung).

[7] LG Köln ZIP 1997, 2161.

[8] HK-*Kayser,* InsO, § 97 Rn. 26.

[9] HK-*Kayser,* InsO, § 97 Rn. 25, 30.

c) Die **Bereitschaftspflicht nach Abs. 3** beruht auf der umstrittenen Residenzpflicht des § 101 Abs. 1 KO. Sie verbietet dem Verpflichteten nicht generell die Ausübung seiner Freizügigkeit, sondern gebietet ihm, sich zur Erfüllung seiner Pflichten immer bereitzuhalten. Es können hiergegen keine persönlichen Hinderungsgründe angeführt werden.[1] 12

Eine gerichtliche Anordnung der Bereitschaftspflicht muss dem Verhältnismäßigkeitsgrundsatz entsprechen, eine pauschale Anordnung ist nach dem Gesetzeswortlaut nicht möglich.[2] 13

Abs. 3 S. 2 stellt ein **Behinderungsverbot** auf, hierunter fällt vor allem das Beiseiteschaffen oder Vernichten von Unterlagen – zur Prüfung und Durchsetzung auch gegen den Schuldner und Dritte gerichteter Ansprüche (insbesondere nach §§ 129) – und Massegegenständen.[3] 14

d) Sonstige Pflichten sind z. B. in § 153 Abs. 2 geregelt; Erklärungspflichten ergeben sich aus §§ 176, 177.[4] Für die nicht in § 97 geregelten Mitwirkungspflichten besteht keine Möglichkeit der Durchsetzung nach § 98. 15

4. Rechtsmittel

a) Für eine auf Verletzung der Absätze 1 und 2 gestützte Klage besteht kein Rechtsschutzbedürfnis, weil dem Auskunftsberechtigten zur Durchsetzung die Zwangsmittel des § 98 zur Verfügung stehen.[5] 16

b) Ist der Schuldner trotz Anwendung von Zwangsmitteln nicht bereit, Auskünfte zu erteilen, oder erweisen sich die erteilten Auskünfte als unzureichend, ist der Verwalter berechtigt, auf Grund vertraglicher Beziehungen zu Dritten (insbesondere zu Arbeitnehmern) gegen diese Personen Auskunftsansprüche zu erheben.[6] 17

5. Praxishinweis

Der Erfolg einer Insolvenzabwicklung und das Erreichen der in § 1 normierten Ziele hängt häufig stark von der Mitwirkung des Schuldners ab. Insbesondere im Eröffnungsverfahren ist der vom Gericht beauftragte Gutachter und der bestellte vorläufige Insolvenzverwalter auf die Unterstützung durch den Schuldner in besonderem Maße angewiesen. Verweigert sich der Schuldner, bedarf der Gutachter/vorläufige Insolvenzverwalter zur Durchsetzung der dem Schuldner auferlegten Auskunfts- und Mitwirkungspflichten der Unterstützung des Insolvenzgerichts. Ein Gericht, das die Ordnungsfunktion und Ziele des Insolvenzverfahrens klar im Auge hat und mit effizienter und rascher Unterstützung agiert, macht es dem Schuldner schwer, sich dieser Verpflichtung zu entziehen.[7] 18

---

[1] *Jäger/Schilken,* InsO, § 97 Rn. 33.
[2] HK-*Kayser,* InsO, § 97 Rn. 32 ff.
[3] HK-*Kayser,* InsO, § 97 Rn. 37.
[4] *Uhlenbruck,* GmbHR 1972, 270 ff.
[5] *Smid/ders.,* InsO, § 97 Rn. 15.
[6] BAG ZIP 1990, 1221.
[7] Zur Abweisung eines Eigenantrages bei Verletzung der Mitwirkungspflicht des Schuldners vgl. AG Göttingen NZI 2001, 670; AG Dresden ZIP 2002, 862; LG Potsdam DZWIR 2002, 390; aA: LG Köln NZI 2001, 559.

§ 98 Durchsetzung der Pflichten des Schuldners

(1) **Wenn es zur Herbeiführung wahrheitsgemäßer Aussagen erforderlich erscheint, ordnet das Insolvenzgericht an, daß der Schuldner zu Protokoll an Eides Statt versichert, er habe die von ihm verlangte Auskunft nach bestem Wissen und Gewissen richtig und vollständig erteilt. Die §§ 478 bis 480, 483 der Zivilprozeßordnung gelten entsprechend.**

(2) **Das Gericht kann den Schuldner zwangsweise vorführen und nach Anhörung in Haft nehmen lassen,**

1. **wenn der Schuldner eine Auskunft oder die eidesstattliche Versicherung oder die Mitwirkung bei der Erfüllung der Aufgaben des Insolvenzverwalters verweigert;**
2. **wenn der Schuldner sich der Erfüllung seiner Auskunfts- und Mitwirkungspflichten entziehen will, insbesondere Anstalten zur Flucht trifft, oder**
3. **wenn dies zur Vermeidung von Handlungen des Schuldners, die der Erfüllung seiner Auskunfts- und Mitwirkungspflichten zuwiderlaufen, insbesondere zur Sicherung der Insolvenzmasse, erforderlich ist.**

(3) **Für die Anordnung von Haft gelten die §§ 904 bis 906, 909, 910 und 913 der Zivilprozeßordnung entsprechend. Der Haftbefehl ist von Amts wegen aufzuheben, sobald die Voraussetzungen für die Anordnung von Haft nicht mehr vorliegen. Gegen die Anordnung der Haft und gegen die Abweisung eines Antrags auf Aufhebung des Haftbefehls wegen Wegfalls seiner Voraussetzungen findet die sofortige Beschwerde statt.**

Übersicht

1. Normzweck

1 Die Norm soll die Durchsetzbarkeit der dem Schuldner (oder seinen Organen etc., § 101) – nicht dem Insolvenzverwalter[1] – im Insolvenzverfahren obliegenden Pflichten einschließlich der Erteilung wahrheitsgemäßer Auskünfte sicherstellen. Dafür stehen die eidesstattliche Versicherung, die Zwangsvorführung und die Haft als Zwangsmittel zur Verfügung.

2. Zwangsmittel

3 **a)** Nach **Abs. 1** kann das Gericht für den Schuldner oder eine Person nach § 101 Abs. 1 die Abgabe einer **eidesstattlichen Versicherung** anordnen. Die

[1] LG Göttingen ZInsO 2008, 1143.

Anordnung kann von Amts wegen erfolgen oder auf Anregung eines Verfahrensbeteiligten.[1] Für die Abnahme der eidesstattlichen Versicherung ist im Eröffnungsverfahren der Richter, nach Eröffnung der Rechtspfleger funktionell zuständig.[2] Die Anordnung ist i. S. d. § 98 erforderlich, wenn die fragliche Auskunft von nicht geringer Bedeutung für das Verfahren ist. Es bedarf folglich keiner konkreten Hinweise für eine unwahre oder unvollständige Auskunft, zumal regelmäßig noch keine Auskunft vorliegt und somit auch keine Vermutung der Unwahrheit oder Unvollständigkeit vorliegen kann.[3]

Der Auskunftspflichtige kann bei neuen oder ergänzenden Angaben mehrmals zur Abgabe einer eidesstattlichen Versicherung verpflichtet werden[4]. 4

Hat der Schuldner trotz eidesstattlicher Versicherung wahrheitswidrig ausgesagt, macht er sich nach §§ 156, 163 StGB strafbar.[5] 5

b) Vorführung und Verhaftung als Zwangsmittel sind nach Abs. 2 zulässig bei Nichterfüllung der dem Schuldner gesetzlich oder vom Insolvenzgericht[6] auferlegten Pflichten, wenn er Fluchtvorbereitungen trifft oder die Masse schädigt. So z. B., wenn der Schuldner trotz Aufforderung Verzeichnisse über Gläubiger und Massegegenstände nicht herausgibt oder diese gar vernichtet.[7] Auch das Widerrufen einer dem Verwalter zur Einziehung von Vermögen im Ausland erteilten Vollmacht berechtigt zur Anwendung von Vorführung und Verhaftung. Der Schuldner schädigt die Masse, wenn er massezugehörige Gegenstände beiseiteschafft, Forderungen einzieht, die zur Masse gehören oder vergleichbare Handlungen vornimmt.[8] 6

Ausgangspunkt der **Zwangsvorführung** ist in der Regel die Anzeige eines Auskunftsberechtigten, dem die Auskunftserteilung vom Verpflichteten verweigert wurde. Der Richter ist nach dem Verhältnismäßigkeitsgrundsatz verpflichtet, den Betroffenen unter Androhung der Vorführung zur Auskunft zu bewegen.[9] Weigert sich derjenige dennoch, so ist eine Vorführungsanordnung zu erlassen.[10] 7

Der Richter ordnet die Vorführung an, die dann in Form eines Vorführungsbefehls vollstreckbar ausgefertigt wird, ausgeführt wird sie durch den Gerichtsvollzieher oder den Justizwachtmeister.[11] 8

Die Anordnung ist unanfechtbar, § 6.[12] Die Vorführungskosten fallen gemäß § 54 Nr. 1 der Masse an. Der Antragsteller ist nicht vorschusspflichtig, weil die 9

---

[1] HK-*Kayser,* InsO, § 98 Rn. 4, 6 (ein Antragsrecht besteht nicht).

[2] FK-*App,* InsO, § 98 Rn. 3; HK-*Kayser,* InsO, § 98 Rn. 7.

[3] HK-*Kayser,* InsO, § 98 Rn. 5; zur Unzulässigkeit nach Auskunftserteilung durch den Schuldner vgl AG Wetzlar NZI 2009, 324.

[4] HK-*Kayser,* InsO, § 98 Rn. 2.

[5] *Vallender,* ZIP 1996, 529, 533.

[6] LG Duisburg NZI 2001, 384 f.

[7] LG Köln ZInsO 2004, 756, 757 zur Haftanordnung bei wiederholter, unzulänglicher Auskunftserteilung; ähnlich LG Göttingen NZI 2003, 383 zur Haftanordnung bei Nichterfüllung von Auskunftspflichten über einen Zeitraum von mehr als sechs Monaten.

[8] *Nerlich/Römermann/Wittkowski,* InsO, § 98 Rn. 5.

[9] BGH NZI 2004, 86: Die Entscheidung nach Abs. 2 stellt eine rechtlich gebundene Entscheidung dar; es darf nur das mildere Mittel angewandt werden solange es zur Erreichung des vom Gesetz verfolgten Zweck ausreicht.

[10] LG Göttingen ZIP 2003, 680 ff.

[11] *Jäger/Schilken,* InsO, § 98 Rn. 25.

[12] *Jäger/Schilken,* InsO, § 98 Rn. 26.

Zwangsmittel im Interesse der Gläubigergesamtheit verhängt werden und nicht im Einzelinteresse.[1]

10 Vor **Haftanordnung** ist zur Wahrung des Verhältnismäßigkeitsgrundsatzes der Betroffene anzuhören.[2] Die Anhörung kann gegebenenfalls schriftlich erfolgen. Befindet sich der Verpflichtete im Ausland oder an einem unbekannten Ort, gilt § 10.[3] Die Haft wird durch richterlichen Beschluss angeordnet, der in Form eines Haftbefehls ausgefertigt wird.[4] Die Anordnung der Haft als auch der anderen Zwangsmittel kommt auch zur Herbeiführung von Aussagen in Betracht, die den Schuldner der Gefahr einer Strafverfolgung aussetzen.[5]

Der Haftbefehl muss die Auskunfts- und Mitwirkungspflichten des Schuldners, deren Durchsetzung mit der Haft erfolgen soll, inhaltlich nach Art und Umfang so eindeutig bezeichnen, dass der Schuldner ohne Probleme erkennen kann, durch welche Handlungen er seinen Mitwirkungspflichten genügen und den Vollzug der Haft vermeiden kann.[6]

3. Rechtsmittel

11 Gegen die Anordnung der Haft oder die Ablehnung eines Antrags auf Haftaufhebung steht dem Betroffenen gem. Abs. 3 die **sofortige Beschwerde** zu; nicht aber gegen die Anordnung der sonstigen Zwangsmittel des § 98, z. B. die Zwangsvorführung, § 6 Abs. 1.[7] Der Betroffene (Schuldner und die nach § 101 Verpflichteten) kann die sofortige Beschwerde gem. § 577 Abs. 2 ZPO bei dem gem. § 6 Abs. 2 S. 2 abhilfebefugten Insolvenzgericht oder beim Beschwerdegericht einlegen.

4. Angestellte des Schuldners

12 Die Zwangsmittel des § 98 können nach § 101 Abs. 2 nicht gegen (frühere) Angestellte des Schuldners angewendet werden. Insoweit hat der Insolvenzverwalter nur die Möglichkeit, Auskünfte etc. im ordentlichen Rechtsweg zu erstreiten oder diese Personen nach § 5 Abs. 1 als Zeugen anhören zu lassen.

5. Praxishinweis

13 Die Verhaftung erfolgt durch den Gerichtsvollzieher (§ 909 S. ZPO). Der Verhaftungsvorgang ist in § 187 GVGA geregelt. Das in § 187 Nr. 1 S. 2 vorgesehene sog. Rendezvous-System bedeutet, dass sich der Gerichtsvollzieher mit dem Betroffenen vor dem Gericht trifft. Von diesem Vorgehen ist dem Gerichts-

[1] FK-*App*, InsO, § 98 Rn. 7.

[2] Vgl. OLG Celle NZI 2001, 149 f.; InVo 2002, 177 ff.; LG Arnsberg ZInsO 2002, 680; HK-*Kayser*, InsO, § 98 Rn. 2.

[3] *Jäger/Schilken*, InsO, § 98 Rn. 28.

[4] *Jäger/Schilken*, InsO, § 98 Rn. 28; HK-*Kayser*, InsO, § 98 Rn. 25.

[5] *Uhlenbruck*, JR 1971, 445, 448.

[6] BGH NZI 2005, 263, 265 ff. (dort auch zur Pflicht des Gerichts, den Haftbefehl abzuändern, wenn und soweit die Haftanordnung unbegründet war, die Haftanordnung im Ergebnis aber weiterhin berechtigt ist); LG Dortmund ZInsO 2005, 829.

[7] Vgl. z. B. auch LG Göttingen ZInsO 2008, 1144 zur Anordnung des Insolvenzgerichts, der Insolvenzverwalter möge seine Angaben in einem Anhörungstermin, der auf Betreiben des Sonderinsolvenzverwalters stattfindet, an Eides statt versichern.

vollzieher im Rahmen des Insolvenzverfahrens aber abzuraten, weil die Gefahr besteht, dass sich der durch die „Einladung zum Rendezvous" Vorgewarnte dem Zugriff des Gerichtsvollziehers entzieht. Für die Rechtshilfe gelten über § 4 die Vorschriften der §§ 156f. GVG; eine Vorführungsanordnung oder einen Haftbefehl nach § 98 Abs. 2 kann aber nur das Insolvenzgericht erlassen, nicht jedoch der ersuchte Richter.[1]

§ 99 Postsperre

(1) **Soweit dies erforderlich erscheint, um für die Gläubiger nachteilige Rechtshandlungen des Schuldners aufzuklären oder zu verhindern, ordnet das Insolvenzgericht auf Antrag des Insolvenzverwalters oder von Amts wegen durch begründeten Beschluß an, dass die in dem Beschluss bezeichneten Unternehmen bestimmte oder alle Postsendungen für den Schuldner dem Verwalter zuzuleiten haben. Die Anordnung ergeht nach Anhörung des Schuldners, sofern dadurch nicht wegen besonderer Umstände des Einzelfalls der Zweck der Anordnung gefährdet wird. Unterbleibt die vorherige Anhörung des Schuldners, so ist dies in dem Beschluß gesondert zu begründen und die Anhörung unverzüglich nachzuholen.**

(2) **Der Verwalter ist berechtigt, die ihm zugeleiteten Sendungen zu öffnen. Sendungen, deren Inhalt nicht die Insolvenzmasse betrifft, sind dem Schuldner unverzüglich zuzuleiten. Die übrigen Sendungen kann der Schuldner einsehen.**

(3) **Gegen die Anordnung der Postsperre steht dem Schuldner die sofortige Beschwerde zu. Das Gericht hat die Anordnung nach Anhörung des Verwalters aufzuheben, soweit ihre Voraussetzungen fortfallen.**

Übersicht

1. Normzweck

Die Postsperre nach § 99 (§ 101 Abs. 1) dient der Massefeststellung, -sicherung und -rückgewinnung. Auch der sonst redliche Schuldner, dessen Insolvenz 1

[1] OLG Köln NZI 1999, 459f.

nicht mit betrügerischen oder sonst strafbaren Handlungen im Zusammenhang steht, kann gerade auf Grund des durch § 35 erweiterten Insolvenzbeschlags versucht sein, für sich oder seine Familie „zu retten, was noch zu retten ist" und aus den Büchern oder sonstigen Geschäftsunterlagen nicht offensichtliche Vermögenswerte der Insolvenzmasse oder dem Verwalter gegenüber verschweigen oder mit der Post eingehende Kundenschecks unterschlagen. Hat der Insolvenzverwalter Anhaltspunkte für ein derartiges Verhalten, ist die Postsperre ein sehr wichtiges und effizientes Hilfsmittel zur Aufklärung, Feststellung, Sicherung und auch Rückgewinnung bereits beiseitegeschaffter Vermögensgegenstände.

2 Durch das Gesetz zur Vereinfachung des Insolvenzverfahrens[1] wurde in Absatz 1 Satz 1 der letzte Teilsatz geändert. Die frühere Fassung lautete insoweit: „... Beschluss an, dass bestimmte oder alle Postsendungen für den Schuldner dem Verwalter zuzuleiten sind."

Mit dieser Änderung hat der Gesetzgeber auf die nach Wegfall des Postmonopols aufgetretenen Unklarheiten über die Verpflichtung entsprechender Dienstleister zur Einhaltung einer vom Gericht angeordneten Postsperre reagiert.

2. Voraussetzungen für die Anordnung der Postsperre, Abs. 1

3 **a)** Der Begriff der **Postsendung** ist weit auszulegen.[2] Neben den „konventionellen" Postsendungen wie Briefe, Telefaxe, Telegramme etc. müssen von diesem Begriff heute auch die auf elektronischem Wege versandten Postsendungen – E-Mails etc. – erfasst werden.[3]

4 Eine Telefonsperre wird durch § 99 nicht ermöglicht.[4]

5 **b)** Die Anordnung muss **erforderlich erscheinen.**

Dabei ist der Verhältnismäßigkeitsgrundsatz angesprochen, der auf Grund des Eingriffs in das Grundrecht des Art. 10 Abs. 1 GG eingehalten werden muss (der Verhältnismäßigkeitsgrundsatz beinhaltet die Erforderlichkeit, Geeignetheit und Angemessenheit/Zumutbarkeit; Zweck-Mittel-Ziel-Relation, der Umstand, dass § 99 Abs. 1 S. 1 nur die Erforderlichkeit anspricht, bedeutet nicht, dass nicht auch die übrigen Voraussetzungen vorliegen müssen).[5] Der Beschluss des Insolvenzgerichts über die Anordnung der Postsperre muss eine Abwägung der Interessen des Schuldners und der Gläubiger enthalten.[6]

---

[1] BGBl. 2007 I, S. 509.

[2] Begründung RegE, § 112, abgedruckt in *Balz/Landfermann,* S. 320; *Uhlenbruck/ders.,* InsO, § 99 Rn. 6; HK-*Kayser,* InsO, § 99 Rn. 8.

[3] *Kübler/Prütting/Bork/Lücke,* InsO, § 99 Rn. 4; MünchKomm-*Passauer/Stephan,* InsO § 99 Rn. 20; *Breutigam/Blersch/Goetsch,* InsO, § 99 Rn. 6; *Münzel,* ZInsO 1998, 363 ff.; HK-*Kayser,* InsO, § 99 Rn. 8 und *Landfermann,* in Kölner Schrift, S. 190, Fn. 121; *Uhlenbruck,* aaO; LG Deggendorf EWiR 2006, 87 m. Anm. *Haberederer/Pöllmann.*

[4] Begründung RegE, § 112, aaO; HK-*Kayser,* InsO, § 99 Rn. 8.

[5] *Gerhardt,* Insolvenzrechtsreform und Verfassungsrecht, 1996, S. 80; nach OLG Celle, InVo 2001, 234, 237 ist die Anordnung der Postsperre im Eröffnungsverfahren unverhältnismäßig, wenn nur ein vorläufiger schwacher Insolvenzverwalter bestellt wird.

[6] OLG Celle NZI 2000, 583 f.; OLG Celle NZI 2001, 147 f.; OLG Celle ZIP 2002, 578 f.; vgl. auch BGH ZIP 2003, 1953, 1954: in einer als unzulässig abgewiesenen Rechtsbeschwerde hat der BGH die Rechtsprechung der Oberlandesgerichte bestätigt, dass die Anordnung der Postsperre gerechtfertigt ist, wenn konkrete Anhaltspunkte dafür bestehen, dass durch das Verhalten des Schuldners wesentliche Belange der Masse gefährdet sind und

„Die Anordnung der Postsperre ist gerechtfertigt, „wenn konkrete Anhaltspunkte dafür bestehen, dass durch das Verhalten des Schuldners wesentliche Belange der Masse gefährdet sind und diesen bei einer Abwägung der beiderseitigen Interessen der Vorrang vor dem Schutz des Briefgeheimnisses gebührt.“[7] 6

Erforderlich erscheint oder ist die Anordnung der Postsperre dann, wenn Anhaltspunkte vorliegen, dass der Schuldner nicht alle Vermögenswerte, die dem Insolvenzbeschlag unterliegen, offenbart, Vermögen verschoben hat oder Vermögensverschiebungen zu befürchten sind, durch die eine Verminderung der Insolvenzmasse eingetreten ist oder eintreten kann. Das sind die i. S. d. Vorschrift nachteiligen Rechtshandlungen. Ein bloßer Anfangsverdacht, der auch dadurch begründet sein kann, dass der Schuldner seinen Auskunfts- und Mitwirkungspflichten nach § 98 nicht oder nicht vollständig oder nur zögerlich nachkommt, reicht aus,[8] wenn zumindest konkrete Anhaltspunkte für die Gefährdung der Masse vorliegen.[9] Der Praktiker erkennt schnell, ob er eine betriebswirtschaftlich zwar wenig erfolgreiche, aber geordnete Insolvenz vor sich hat, oder ob sich trickreiches, immer nur das schon Bekannte offenbarende Handeln, bis hin zum erkennbar kriminellen Tun, abzeichnet. Diese Anknüpfungstatsache und der daraus gezogene Schluss sind als Grundlage der Entscheidung zu dokumentieren. Diese Mühe des Gerichtes lohnt sich in aller Regel für die Gläubiger sehr.

c) Rechtliches Gehör des Schuldners in Form seiner **Anhörung** ist grundsätzliche Voraussetzung für (und vor der) Anordnung und im Einzelfall nur dann entbehrlich, wenn durch die Anhörung der Zweck der Anordnung der Postsperre gefährdet wird.[10] Eine Gefährdung dürfte, wenn hinreichende Anhaltspunkte für nachteilige Rechtshandlungen des Schuldners vorliegen, mit der vorherigen Anhörung häufig verbunden sein, da der Schuldner dann vorgewarnt ist und wiederum Vorkehrungen zur Verdunklung seiner nachteiligen Rechtshandlungen treffen kann. In einem solchen Fall ist in dem Beschluss über die Anordnung der Postsperre zu begründen, weshalb sie unterblieben ist. Entbehrlich wird die Anhörung dadurch nicht, sie ist dann unverzüglich nachzuholen. 7

3. Rechtsfolge, Abs. 2

Dem Insolvenzverwalter sind die Postsendungen für den Schuldner zuzuleiten, dieser ist berechtigt, sie zu öffnen.[11] 8

---

diesen auf Grund einer Interessenabwägung der Vorrang vor dem Schutz des Briefgeheimnisses gebührt. Die Anordnung der Postsperre muss eine Begründung enthalten, die Begründung kann nach LG Bonn, NZI 2009, 652 nicht nachgeholt werden.

[7] BGH NZI 2003, 647.

[8] HK-*Kayser,* InsO, § 99 Rn. 13; einschränkend OLG Celle, nachfolgende Fn.

[9] OLG Celle ZInsO 2000, 557 ff.; InVo 2002, 180, 181: Die Voraussetzungen müssen konkret dargelegt sein und eine Interessenabwägung (Schuldner/Gläubiger) stattgefunden haben.; LG Bonn ZInsO 2004, 818 zur Zulässigkeit der Anordnung der Postsperre, wenn der Insolvenzverwalter durch taktisches hinhaltendes Verhalten des Geschäftsführers des Schuldner an der Informationsgewinnung gehindert wird; LG Deggendorf EWiR 2006, 87 zur Zulässigkeit der Anordnung der Post- und E-Mail-Sperre: Die Gründung einer neuen jur. Person durch den Geschäftsführer der insolventen GmbH reicht für die Anordnung der Postsperre aus, wenn der Geschäftsgegenstand der neuen GmbH teilweise deckungsgleich mit dem der insolventen ist.

[10] HK-*Kayser,* InsO, § 99 Rn. 27 ff.

[11] HK-*Kayser,* InsO, § 99 Rn. 34 ff.

9 **a)** Dem Insolvenzverwalter sind alle von der Anordnung umfassten Postsendungen zuzuleiten. Dies betrifft nur die **eingehenden Sendungen,** nicht die ausgehenden[1] und nicht die an die Familienangehörigen des Schuldners gerichteten Sendungen.[2] Angeordnet werden kann auch, dass die Postsendungen des Strafverteidigers, die für den in U-Haft befindlichen Schuldner bestimmt sind, zunächst dem (vorläufigen) Insolvenzverwalter zugeleitet werden.[3]

10 In der Insolvenz einer Gesellschaft ohne Rechtspersönlichkeit (§ 11 Abs. 2 Nr. 1) umfasst die Postsperre gem. § 101 Abs. 1 S. 1 auch die Sendungen, die an die persönlich haftenden Gesellschafter gerichtet sind (jedoch nicht die an deren Familienangehörige gerichteten Sendungen).[4] Bei einer juristischen Person darf die Postsperre nicht für an die Vertretungsorgane persönlich gerichteten Sendungen angeordnet werden.[5]

11 **b)** Der (vorläufige) Insolvenzverwalter ist berechtigt, die ihm zugeleiteten Sendungen ohne Hinzuziehung des Schuldners[6] zu öffnen. Soweit gefordert wird, dass der Insolvenzverwalter die Post nur persönlich öffnen dürfe,[7] kann dem aus praktischen Erwägungen nicht gefolgt werden. In einem auf die Abwicklung von Insolvenzen spezialisierten Büro gehen, wenn mehrere Verfahren von mehreren Verwaltern bearbeitet werden, waschkorbweise Postsendungen ein. Diese werden im Postbearbeitungssystem automatisch geöffnet, entnommen, mit einem Eingangsstempel versehen und dann von Hand nach Verfahren sortiert. Erforderlich, aber auch ausreichend ist, wenn der Insolvenzverwalter seine Mitarbeiter und Hilfskräfte, die für die Öffnung der Eingangspost zuständig sind, zur Verschwiegenheit verpflichtet.[8]

12 **c)** Sendungen, deren Inhalt nicht die Insolvenzmasse betrifft, hat der Insolvenzverwalter unabhängig davon, ob der Inhalt den Schuldner oder Dritte betrifft, unverzüglich dem Schuldner zuzuleiten, Abs. 2 S. 2.[9]

13 **d)** Die Sendungen, die die Insolvenzmasse betreffen und beim Insolvenzverwalter verbleiben, darf der Schuldner einsehen, Abs. 2 S. 3. Das Einsichtsrecht ist zu gewöhnlichen Tages- oder Geschäftszeiten des Insolvenzverwalterbüros zu gewähren, nicht jedoch zur Unzeit.[10]

---

[1] *Uhlenbruck/ders.,* InsO, § 99 Rn. 7.

[2] *Uhlenbruck,* aaO.

[3] BVerfG ZIP 2000, 2311 ff.; nach AG Duisburg NZI 2004, 504, 505 darf der Insolvenzverwalter die aus der Verteidigerpost erlangten Kenntnisse gem. § 203 Abs. 2 Nr. 1 StGB i. V. m. § 97 Abs. 1 S. 3 aber nicht gegenüber Strafverfolgungsbehörden oder Strafgerichten offenbaren.

[4] *Uhlenbruck,* aaO, Rn. 8.

[5] *Kuhn/Uhlenbruck,* KO, § 121 Rn. 2.

[6] So ausdrücklich OLG Celle NZI 2001, 234, 236 auch für den vorläufigen Insolvenzverwalter.

[7] *Kuhn/Uhlenbruck,* KO, aaO, Rn. 5.

[8] Ebenso *Kübler/Prütting/Bork/Lüke,* InsO, § 99 Rn. 10 mit dem Hinweis auf die Strafbarkeit nach § 203 StGB; *Uhlenbruck/ders.,* InsO, § 99 Rn. 12; HK-*Kayser,* InsO, § 99 Rn. 36.

[9] HK-*Kayser,* InsO, § 99 Rn. 37.

[10] *Kübler/Prütting/Bork/Lüke,* InsO, § 99 Rn. 11; HK-*Kayser,* InsO, § 99 Rn. 38.

4. Rechtsmittel, Abs. 3 S. 1

Gem. Abs. 3 S. 1 steht dem **Schuldner**[1] (nur) gegen die Anordnung der Postsperre die **sofortige Beschwerde** (§ 6) zu. Eine sofortige Beschwerde gegen die Anordnung einer vorläufigen Postsperre wird nach deren Aufhebung unzulässig, da mit der Aufhebung die Beschwer des Schuldners (Rechtsschutzbedürfnis) entfallen ist.[2] Dem Insolvenzverwalter steht hingegen gegen die Ablehnung seines Anordnungsantrages kein Rechtsmittel zu. 14

Verweigert der Insolvenzverwalter die Herausgabe von Privatsendungen an den Schuldner, steht diesem nur der Zivilrechtsweg offen, er kann Herausgabeklage nach §§ 985, 986 BGB erheben; hinsichtlich des Einsichtsrechts aus Abs. 2 S. 3 steht zur Durchsetzung ebenfalls nur der Zivilrechtsweg offen. 15

5. Aufhebung der Postsperre, Abs. 3 S. 2

Sobald die Voraussetzungen für die Anordnung der Postsperre entfallen sind, **hat** das Gericht die Anordnung aufzuheben. Der Insolvenzverwalter ist vor der Aufhebung zwar anzuhören, gegen die Aufhebung steht ihm gleichwohl – ebenso wie gegen die Ablehnung der Anordnung – kein Rechtsmittel zu, da ein Eingriff in seine Rechte nicht vorliegt.[3] 16

6. Praxishinweis

a) Der Insolvenzverwalter wird die Anordnung der Postsperre insbesondere dann beantragen oder anregen, wenn und sobald Anhaltspunkte für ein strafbares Verhalten des Schuldners oder der Organe des Schuldners vorliegen, also insbesondere in Kriminalinsolvenzen. In solchen Fällen ist die Postsperre nicht nur im Eröffnungsverfahren (§ 21 Abs. 2 Nr. 4) zweckmäßig und hilfreich[4], sondern auch in der Zeit nach Eröffnung des Insolvenzverfahrens. Häufig gehen erst Wochen und Monate nach Eröffnung des Insolvenzverfahrens Auszüge zu Konten, die bei Banken im Ausland eingerichtet sind,[5] oder Informationen über sonstige Vermögensanknüpfungssachverhalte ein. Insbesondere bei Lebensversicherungen erfolgt regelmäßig nur einmal im Jahr eine Mitteilung über den aktuellen Rückkaufswert; da natürliche Personen außerhalb eines Gewerbebetriebs nicht buchführungs- und aufzeichnungspflichtig sind, können solche Vermögenswerte relativ einfach dem Zugriff des Insolvenzverwalters entzogen und häufig nur über die Postsperre in Erfahrung gebracht werden. Vom Schuldner unterhaltene Schließfächer werden mit Kleinbeträgen auf Konten häufig belastet, auf denen ansonsten kein signifikanter Geldverkehr stattfindet. Sichtet der Verwalter diese Auszüge nicht, wird er nie an diese Information gelangen. 17

---

[1] In der Gesellschaftsinsolvenz nicht dem einzelnen Gesellschafter, BGH NZI 2008, 121 u. BGH BeckRS 2009, 24673.

[2] BGH NZI 2007, 34.

[3] Begründung Rechtsausschuss, § 112, abgedruckt in: *Balz/Landfermann,* S. 321.

[4] Nach OLG Celle, InVo 2001, 234 ff. aber nur dann, wenn ein vorläufiger starker Insolvenzverwalter bestellt ist.

[5] Häufig ist auf diesen Konten schon lange keine Bewegung und kein Guthaben mehr. Wichtig ist aber, von der Existenz zu erfahren, um daran anknüpfend frühere Vermögenstransaktionen nachvollziehen zu können.

18 **b)** Soweit es sich bei dem Schuldner nicht um eine natürliche Person handelt, kann nach Eröffnung des Insolvenzverfahrens bei der Post u. U. auch ein Nachsendeantrag gestellt werden, mit dem die Wirkungen der Postsperre ebenso gut erzielt werden können (insbesondere wenn das Geschäftslokal geschlossen ist).

19 **c)** Bereits das Insolvenzgericht wird bei Anordnung der Postsperre darauf achten, dass Sendungen des Gerichts selbst oder sonstiger ausdrücklich zu bezeichnender Behörden von der Postsperre ausgenommen sind. Umgekehrt sollte der Insolvenzverwalter ggf. darauf achten, dass auch seine Sendungen an den Schuldner von der Postsperre ausgenommen werden, damit nicht umständliche und missliche Zustellungsprobleme entstehen.

20 **d)** Einen Antrag auf Anordnung einer Postsperre sollte der (vorläufige) Insolvenzverwalter ordentlich begründen, um Zeitverluste zu vermeiden. Nicht ausreichend ist eine Begründung, die im Ergebnis nur den Wortlaut des § 99 wiederholt oder abstrakte Verdachtsmomente enthält, dass möglicherweise nachteilige Rechtshandlungen vorliegen. Der Insolvenzverwalter muss darlegen, weshalb die Anordnung der Postsperre erforderlich ist und genügt diesen Darlegungen nur, wenn er konkrete Anhaltspunkte für die nachteiligen Rechtshandlungen vorträgt.[1]

§ 100 Unterhalt aus der Insolvenzmasse

(1) **Die Gläubigerversammlung beschließt, ob und in welchem Umfang dem Schuldner und seiner Familie Unterhalt aus der Insolvenzmasse gewährt werden soll.**

(2) **Bis zur Entscheidung der Gläubigerversammlung kann der Insolvenzverwalter mit Zustimmung des Gläubigerausschusses, wenn ein solcher bestellt ist, dem Schuldner den notwendigen Unterhalt gewähren. In gleicher Weise kann den minderjährigen unverheirateten Kindern des Schuldners, seinem Ehegatten, seinem früheren Ehegatten, seinem Lebenspartner, seinem früheren Lebenspartner und dem anderen Elternteil seines Kindes hinsichtlich des Anspruchs nach den §§ 1615 l, 1615 n des Bürgerlichen Gesetzbuchs Unterhalt gewährt werden.**

Übersicht

1. Normzweck

1 Der Regierungsentwurf[2] sah vor, dass dem Schuldner aus der Insolvenzmasse der notwendige Unterhalt zu gewähren ist, soweit dieser nicht aus sonstigem

[1] OLG Celle ZInsO 2000, 557 ff., InVo 2002, 180, 181.

[2] § 114 RegE; abgedruckt in *Balz/Landfermann,* S. 322.

Vermögen bestritten werden kann. Dem Schuldner sollte damit ein Anspruch auf den notwendigen Unterhalt gewährt werden. Der Ausschuss hat diesen Anspruch gestrichen.[1] Die Unterhaltsgewährung ist nach dem Wortlaut des § 100 sowohl hinsichtlich des „ob" als auch hinsichtlich der Höhe in das Ermessen der in § 100 genannten Entscheidungsträger gestellt.

2. Berechtigter Personenkreis

Unterhaltsberechtigt i. S. d. § 100 sind nur der Schuldner als natürliche Person, seine Familie und die in Abs. 2 S. 2 aufgeführten Personen. Aufgrund der Verweisung in § 101 Abs. 1 S. 3 ist auch der vertretungsbefugte, persönlich haftende Gesellschafter einer Gesellschaft ohne Rechtspersönlichkeit (§ 11 Abs. 2 Nr. 1) erfasst. Damit ist der Geltungsbereich des § 100 erschöpft, er ist weder in der Insolvenz juristischer Personen noch in der Nachlassinsolvenz direkt oder entsprechend anwendbar. Der Begriff der Familie ist bewusst nicht definiert, der Gläubigerversammlung soll es freistehen, den Begriff aufzufüllen.[2] 2

3. Entscheidungsträger

a) Für die (endgültige) Unterhaltsgewährung an den Schuldner oder seine Familie liegt die Entscheidungskompetenz allein bei der **Gläubigerversammlung, Abs. 1.** Diese entscheidet nach freiem Ermessen, ob überhaupt Unterhalt und in welcher Höhe ggf. Unterhalt gewährt wird. Ein gebundener Anspruch des Schuldners oder seiner Familie auf Alimentierung besteht nach dem Wortlaut der Vorschrift nicht[3], so dass diesem Personenkreis gegen die Versagung der Unterhaltsgewährung (auch soweit es nur um die Höhe geht) ein Rechtsmittel nicht zusteht.[4] Gewährt die Gläubigerversammlung Unterhalt, so kann und hat das Gericht den Beschluss auf Antrag nach § 78 aufzuheben, wenn er gegen den Zweck des Insolvenzverfahrens verstößt. 3

b) Bis zur Entscheidung der Gläubigerversammlung kann der **Insolvenzverwalter** nach **Abs. 2** dem Schuldner und den übrigen in Abs. 2 S. 2 genannten Personen den **notwendigen** Unterhalt gewähren. Ist ein Gläubigerausschuss oder ein vorläufiger Gläubigerausschuss (§§ 67, 68) bestellt, hat der Insolvenzverwalter dessen Zustimmung einzuholen. Besteht kein (vorläufiger) Gläubigerausschuss, entscheidet allein der Insolvenzverwalter über die Gewährung (die Zustimmung des Insolvenzgerichts ist im Gegensatz zur alten Regelung in § 129 Abs. 2 KO nicht mehr vorgesehen; ein Grund, weshalb der Insolvenzverwalter bei einem fehlenden Gläubigerausschuss nicht vorläufig entscheiden können soll, ist nicht 4

---

[1] Vgl. Begründung Rechtsausschuss zu § 114, aaO, S. 324.

[2] Begründung Rechtsausschuss, aaO.

[3] Streitig, auch hinsichtlich des Existenzminimums wird teilweise ein Anspruch abgelehnt, vgl. u. a. *Kübler/Prütting/Bork/Lüke,* InsO, § 100 Rn. 1 f.; HK-*Kayser,* InsO, § 100 Rn. 10; LG Hamburg ZInsO 2000, 108, 109; *Keller,* NZI 2007, 316, 318; streitig, vgl. *Kohte,* in Kölner Schrift, S. 781 ff., Rn. 80 ff.; *Steder,* ZIP 1999, 1874 ff., 1880; OLG Frankfurt, InVo 2000, 424 ff.; MünchKommInsO-*Passauer/Stephan,* § 100 Rn. 20; *Uhlenbruck/ders.,* InsO, Rn. 2; *Fischer/Hempler,* ZInsO 2006, 474.

[4] HK-*Kayser,* InsO, § 100 Rn. 12.

ersichtlich).[1] Hinsichtlich des notwendigen Unterhalts ist auf §§ 11, 12 BSHG abzustellen.[2]

5 **c)** Im Verbraucherinsolvenzverfahren/Restschuldbefreiungsverfahren tritt der Treuhänder an die Stelle des Insolvenzverwalters, **§§ 313, 291 Abs. 2.**[3]

4. Masseverbindlichkeit

6 Der Unterhalt ist eine Masseverbindlichkeit nach § 55; bei Masseunzulänglichkeit vgl. § 209 Abs. 1 Nr. 3.

§ 101 Organschaftliche Vertreter. Angestellte

(1) **Ist der Schuldner keine natürliche Person, so gelten die §§ 97 bis 99 entsprechend für die Mitglieder des Vertretungs- oder Aufsichtsorgans und die vertretungsberechtigten persönlich haftenden Gesellschafter des Schuldners. § 97 Abs. 1 und § 98 gelten außerdem entsprechend für Personen, die nicht früher als zwei Jahre vor dem Antrag auf Eröffnung des Insolvenzverfahrens aus einer in Satz 1 genannten Stellung ausgeschieden sind; verfügt der Schuldner über keinen Vertreter, gilt dies auch für die Personen, die an ihm beteiligt sind. § 100 gilt entsprechend für die vertretungsberechtigten persönlich haftenden Gesellschafter des Schuldners.**

(2) **§ 97 Abs. 1 Satz 1 gilt entsprechend für Angestellte und frühere Angestellte des Schuldners, sofern diese nicht früher als zwei Jahre vor dem Eröffnungsantrag ausgeschieden sind.**

(3) **Kommen die in den Absätzen 1 und 2 genannten Personen ihrer Auskunfts- und Mitwirkungspflicht nicht nach, können ihnen im Fall der Abweisung des Antrags auf Eröffnung des Insolvenzverfahrens die Kosten des Verfahrens auferlegt werden.**

Übersicht

1. Normzweck

1 Die Regelung des § 101 ist neu. Die KO enthielt keine Regelung darüber, wer neben dem Schuldner Auskunfts- und Mitwirkungspflichten hat, wenngleich

[1] *Kübler/Prütting/Bork/Lüke,* InsO, § 100 Rn. 4.

[2] Begründung RegE, aaO.

[3] Vgl. hierzu: *Grote,* Verbraucherinsolvenz, S. 92 ff.; FK-*Kohte,* InsO, § 312 Rn. 50; AG Köln NZI 2001, 160, 162; *Keller,* NZI 2007, 316 ff., 318 ff.

diese Pflichten anerkannt waren. § 101 bietet durch die zeitliche Ausdehnung der Auskunftspflicht nun auch eine ausdrückliche Handhabung in den Fällen, in denen sich die Geschäftsführer wirtschaftlich schon notleidender oder gar schon insolventer Gesellschaften durch Amtsniederlegung etc. aus ihrer Verantwortlichkeit stehlen wollen.[1] Durch das MoMiG[2] ist Abs. 1 S. 2 um den Halbsatz am Ende ergänzt worden und Abs. 3 neu eingefügt worden.

2. Adressatenkreis

a) Den Pflichten nach §§ 97–99 unterworfen sind gem. **Abs. 1 S. 1** bei einer AG der Vorstand (§ 78 Abs. 1 AktG) oder der Liquidator (§ 269 Abs. 1 AktG), als Aufsichtsorgan aber auch der Aufsichtsrat (§§ 30, 95 ff. AktG), bei einer GmbH der Geschäftsführer (§ 6 GmbHG) oder der Liquidator (§ 70 Abs. 1, 2. Halbs. GmbHG), bei einer eingetragenen Genossenschaft der Vorstand (§ 24 Abs. 1 GenG) oder der Liquidator (§ 88 Abs. 1, 2. Halbs. GenG), bei einer OHG die Gesellschafter auf Grund ihrer Vertretungsbefugnis (§ 125 HGB) und ihrer persönlichen Haftung (§ 128 HGB), bei einer GbR die Gesellschafter (§§ 709, 714 BGB), bei der KG der Komplementär (§§ 161 Abs. 2, 125, 164, 170 HGB) und bei einem Verein der Vorstand (§ 26 Abs. 2 S. 1).[3] **2**

Nach §§ 20 S. 2, 22 Abs. 3 S. 3 bestehen diese Verpflichtungen der Organe (und die Möglichkeit ihrer zwangsweisen Durchsetzung) schon im Eröffnungsverfahren, hier allerdings nur gegenüber dem Insolvenzgericht und dem vorläufigen Insolvenzverwalter. **3**

b) Ausgeschiedene Personen des in Abs. 1 S. 1 genannten Adressatenkreises sind nach **Abs. 1 S. 2** zur Auskunft verpflichtet, wenn das Ausscheiden nicht länger als zwei Jahre vor dem Antrag auf Eröffnung des Insolvenzverfahrens erfolgt ist. Da Abs. 1 S. 2 nur auf § 97 Abs. 1 und auf § 98 verweist, besteht für diese Personen keine Mitwirkungspflicht. Maßgebender Zeitpunkt ist der Tag des Eingangs des Insolvenzantrags beim Insolvenzgericht, da der Antrag erst dann wirksam wird und dieser Tag zudem die Beweiskraft des § 415 Abs. 1 ZPO hat.[4] **4**

c) Als Folge der durch das MoMiG erfolgten Ergänzung des Abs. 2 um Satz 2 ist auch in Abs. 1 für den Fall der Führungslosigkeit des Schuldners die Geltung der §§ 97 Abs. 1, 98 eingefügt worden. **4a**

d) Faktische Organe unterliegen ebenfalls dem Anwendungsbereich des § 101, soweit sie faktisch die Organstellung tatsächlich ausgeübt haben.[5] **5**

e) Nach **Abs. 2** trifft die Auskunftspflicht auch **(frühere) Angestellte** des insolventen Unternehmens. Die Verweisung erstreckt sich nur auf § 97 Abs. 1 S. 1, die Auskunftspflicht erstreckt sich daher bei ihnen nicht auf die Offenlegung von Straftaten und Ordnungswidrigkeiten. Zudem kann sie nicht mit den Zwangsmitteln des § 98 durchgesetzt werden. Das ist die Konsequenz daraus, dass diese Personen nicht unmittelbar am Verfahren beteiligt sind und daher auch **6**

---

[1] *Schmidt/Uhlenbruck,* Die GmbH in Krise, Sanierung und Insolvenz, Rn. 1203.

[2] Gesetz zur Modernisierung des GmbH-Rechts und zur Bekämpfung von Missbräuchen, BGBl. I 2008, S. 2026, 2038.

[3] *Smid/ders.,* InsO, § 101 Rn. 2.

[4] FK-*App,* InsO, § 101 Rn. 5.

[5] *Schmidt/Uhlenbruck,* aaO, Rn. 771.

nicht der vollen Entscheidungsgewalt des Insolvenzgerichts unterstellt worden sind. Ist ein (früherer) Angestellter nicht zur Auskunft bereit, so kann der Insolvenzverwalter ihn (nur) vor einem ordentlichen Gericht auf Auskunftserteilung verklagen.[1] Werden sie vom Insolvenzgericht im Rahmen seiner Ermittlungen als Zeugen vernommen, so gelten die zivilprozessualen Vorschriften über den Zeugenbeweis einschließlich der Bestimmungen über Ordnungsmittel (§ 380 ZPO) und Zeugnisverweigerungsrechte (§§ 383–385 ZPO).[2]

6a **f)** Die durch das MoMiG als Abs. 3 eingefügte Kostenregelung soll nach der Gesetzesbegründung im Hinblick auf die in §§ 23, 31 Abs. 2 S. 1 GKG geregelte Kostenlast für antragstellende Gläubiger eine Entlastung insbesondere dann bieten, wenn die Abweisung des Gläubigerantrags hauptsächlich auf der Verletzung verfahrensrechtlicher Mitwirkungspflichten des Schuldners beruht.

3. Unterhalt

7 **Unterhaltszahlungen** aus der Masse gem. § 100 können nach § 101 Abs. 1 S. 3 nur von organschaftlichen Vertretern in Anspruch genommen werden, die auch persönlich für die Verbindlichkeiten der insolventen Gesellschaft haften. Berechtigt wären danach z. B. Gesellschafter einer Offenen Handelsgesellschaft, vertretungsberechtigte Partner nach dem PartG oder der Komplementär einer Kommanditgesellschaft KGaA, nicht jedoch z. B. Vorstandsmitglieder einer Aktiengesellschaft oder der Geschäftsführer einer GmbH.[3]

§ 102 Einschränkung eines Grundrechts

Durch § 21 Abs. 2 Nr. 4 und die §§ 99, 101 Abs. 1 Satz 1 wird das Grundrecht des Briefgeheimnisses sowie des Post- und Fernmeldegeheimnisses (Artikel 10 Grundgesetz) eingeschränkt.

1 § 102 erfüllt das Zitiergebot nach Art. 19 Abs. 1, S. 1 GG.[4] Die Vorschrift musste eingefügt werden, da es sich bei der InsO um nachkonstitutionelles Recht handelt. Die KO hingegen war vorkonstitutionelles Recht, für das nach ständiger Rechtsprechung des BVerfG das Zitiergebot nicht gilt.[5]

---

[1] *Nerlich/Römermann/Wittkowski,* InsO, § 101 Rn. 5.

[2] FK-*App,* InsO, § 101 Rn. 7.

[3] *Kübler/Prütting/Bork/Lüke,* InsO, § 101 Rn. 10; *Nerlich/Römermann/Wittkowski,* InsO, § 101 Rn. 8.

[4] *Maunz/Dürig/Herzog,* GG, Art. 19 Abs. 1, Rn. 52 und 57.

[5] BVerfGE 2, 122; 5, 16.

Zweiter Abschnitt. Erfüllung der Rechtsgeschäfte. Mitwirkung des Betriebsrats

§ 103 Wahlrecht des Insolvenzverwalters

(1) **Ist ein gegenseitiger Vertrag zur Zeit der Eröffnung des Insolvenzverfahrens vom Schuldner und vom anderen Teil nicht oder nicht vollständig erfüllt, so kann der Insolvenzverwalter anstelle des Schuldners den Vertrag erfüllen und die Erfüllung vom anderen Teil verlangen.**

(2) **Lehnt der Verwalter die Erfüllung ab, so kann der andere Teil eine Forderung wegen der Nichterfüllung nur als Insolvenzgläubiger geltend machen. Fordert der andere Teil den Verwalter zur Ausübung seines Wahlrechts auf, so hat der Verwalter unverzüglich zu erklären, ob er die Erfüllung verlangen will. Unterlässt er dies, so kann er auf der Erfüllung nicht bestehen.**

Übersicht

1. Normzweck

a) Die Vorschrift regelt das Wahlrecht des Insolvenzverwalters bei gegenseitigen Verträgen. Inhaltlich entspricht § 103 den Vorgängern aus der KO (§§ 17, 26 S. 2 KO); durch die §§ 104 ff. ergeben sich jedoch deutliche Änderungen gegenüber der Rechtslage im Geltungsbereich der KO. 1

2 Die Norm betrifft gegenseitige Verträge, die zurzeit der Verfahrenseröffnung auf beiden Seiten noch nicht vollständig erfüllt sind und will einen Ausgleich zwischen den wirtschaftlichen Interessen des Vertragspartners des Schuldners und der Insolvenzmasse schaffen. § 103 **bezweckt,** so der BGH, „in erster Linie, es dem Verwalter zu ermöglichen, einen von keiner Seite bereits vollständig erfüllten gegenseitigen Vertrag **zum Vorteil der Masse** und damit der Gläubigergesamtheit auszuführen, insoweit dann aber zugleich dem Vertragspartner den durch das funktionelle Synallagma vermittelten Schutz zu erhalten."[1] In Anlehnung an das Zug-um-Zug-Prinzip der §§ 320 ff. BGB soll zum **Schutz des Gläubigers** verhindert werden, dass dieser seine eigene Leistung noch in vollem Umfang zu erbringen hat, seine Gegenforderung aber nur in Höhe der Quote als Insolvenzforderung befriedigt wird.[2] Die Forderungen aus noch nicht abgewickelten Verträgen vollständig zu Masseverbindlichkeiten zu erheben, würde den Grundsatz der Gläubigergleichbehandlung verletzen. So, wie die Masse nicht zulasten Einzelner auf haftungsrechtlich ungerechtfertigte Weise aufgefüllt werden darf, darf sie auch nicht zulasten der Gläubigergesamtheit und zugunsten einzelner Insolvenzgläubiger vermindert werden.[3]

3 Verlangt der Insolvenzverwalter die Erfüllung des Vertrages, wozu er in den Fällen der §§ 160 ff. im Innenverhältnis nur mit Zustimmung des Gläubigerausschusses berechtigt ist, wird die Gegenforderung zur Masseverbindlichkeit gemäß § 55 Abs. 1 Nr. 2 Alt. 1. Erscheint ihm die Erfüllung hingegen als wirtschaftlich nachteilig für die Gesamtheit der Insolvenzgläubiger, so ist er verpflichtet, diese abzulehnen,[4] da er sich sonst gegenüber den Gläubigern nach § 60 sowie dem anderen Vertragsteil gegenüber in Analogie zu § 61 haftbar machen kann; diese Prüfung ist durch das am 1. Januar 2002 in Kraft getretene sog. Schuldrechtsmodernisierungsgesetz[5] nicht erleichtert worden. Nach §§ 103 Abs. 2 S. 1, 38 ist die bei Ablehnung der Erfüllung entstehende Forderung wegen Nichterfüllung als einfache Insolvenzforderung geltend zu machen.

4 **b)** Die **rechtlichen Wirkungen,** die die Verfahrenseröffnung selbst, sowie Erfüllungsverlangen bzw. -ablehnung hervorrufen, waren und sind **umstritten.**

5 **aa)** Der BGH hat bis zu seiner Entscheidung vom 25. 4. 2002[6] in ständiger Rechtsprechung die Auffassung vertreten, dass mit Verfahrenseröffnung die Erfüllungsansprüche, nicht aber der Vertrag selbst, automatisch erlöschen.[7] Ein etwaiges Erfüllungsverlangen bewirkte danach die Neuentstehung der Primäransprüche,[8] während der Ablehnung als bloße Mitteilung darüber, dass es bei der normalen insolvenzrechtlichen Folge der Nichterfüllung bleibe, nur deklaratorische Bedeutung beigemessen wurde.[9] Konsequenzen hatte die bei Erfül-

---

[1] BGH ZIP 2002, 858 ff., 862.

[2] BGHZ 58, 246, 248.

[3] *Tintelnot,* ZIP 1995, 616 ff., 618.

[4] BGHZ 129, 336, 340.

[5] „Gesetz zur Modernisierung des Schuldrechts", BGBl. I 2002, S. 3138; vgl. unten Ziff. 6. und 7.

[6] BGH NZI 2002, 375 ff.

[7] BGHZ 103, 250, 254; ZIP 1993, 601; MünchKomm-*Kreft,* InsO, § 103 Rn. 8 ff., 13 ff.

[8] BGHZ 116, 156 = ZIP 1992, 48.

[9] *Jaeger/Henckel,* KO, § 17 Rn. 149 ff.

lungswilligkeit angenommene Neubegründung derselben Ansprüche insofern, weil die Aufrechnung mit einem neu entstandenen Anspruch wegen § 96 Nr. 1 unzulässig ist[1] und eine vor Insolvenzeröffnung erfolgte Abtretung diesen Anspruch nicht umfasst.[2] Die Hauptleistungspflichten lebten danach unbelastet wieder auf. Die Rechtsprechung hat sich dabei auf die Begründung zu § 108 Abs. 1 berufen, die Miet- und Pachtverhältnisse über bewegliche Sachen dem Wahlrecht des Insolvenzverwalters unterstellt, so dass diese bereits mit Verfahrenseröffnung enden, wenn der Insolvenzverwalter nicht die Erfüllung wählt.[3]

bb) In seinem Urteil vom 25. 4. 2002[4] hat sich der BGH von der „Erlöschens- 6
theorie" (soweit er sie tatsächlich vertreten hat[5]) verabschiedet:

„... Soweit der BGH bislang davon gesprochen hat, dass derartige Ansprüche 7
mit der Eröffnung des Insolvenzverfahrens erlöschen (vgl. etwa BGHZ 129, 336, 338), wird dies der Rechtslage nicht voll gerecht. Die Verfahrenseröffnung bewirkt keine materiell-rechtliche Umgestaltung des gegenseitigen Vertrages, sondern hat wegen der beiderseitigen Nichterfüllungseinreden der Vertragspartner (§ 320 BGB) nur zur Folge, dass diese ihre noch ausstehenden Erfüllungsansprüche, soweit es sich nicht um Ansprüche auf die Gegenleistung für schon erbrachte Leistungen handelt, nicht durchsetzen können. ..."

Nach diesem Urteil ist § 103 wie folgt zu verstehen: Weder die Verfahrenser- 8
öffnung, noch die Erfüllungsablehnung durch den Insolvenzverwalter[6] führt zu einer Umgestaltung des nicht erfüllten gegenseitigen Vertrages dahin, dass an die Stelle der Ansprüche der Vertragsparteien auf beiderseitige Erfüllung automatisch der einseitige Anspruch des anderen Vertragsteils wegen Nichterfüllung tritt. Diese Umgestaltungswirkung tritt erst ein, wenn der Vertragspartner eine Forderung wegen Nichterfüllung geltend macht, was möglich ist, sobald feststeht, dass es bei der Nichterfüllung, bleibt.[7] Der Rechtsgrund für den Anspruch wegen Nichterfüllung wird durch die Eröffnung des Insolvenzverfahrens begründet, nicht mit der lediglich deklaratorische Wirkung beizulegenden Erklärung des Insolvenzverwalters, dass er nicht Erfüllung wählt.[8] Die Erfüllungswahl des Insolvenzverwalters nach § 103 hat, wenn keine Partei vollständig erfüllt hat, die Wirkung, dass den Ansprüchen des Vertragspartners (Gläubigers) auf Leistungen des Schuldners (Erfüllung) sowie den Ansprüchen des Schuldners auf die entsprechende Gegenleistung die Rechtsqualität von originären Masseverbindlichkeiten und Masseforderungen beigelegt wird.[9] Nur inhaltlich, nicht aber rechtlich, sind diese Masseforderungen mit dem ursprünglichen Erfüllungsanspruch des Schuldners identisch; auf Grund ihrer Qualität von originären Masseforderungen unterliegen sie nach § 91 Abs. 1 nicht einer vor Verfahrenseröffnung

---

1 ZIP 1992, 48.
2 ZIP 1989, 171.
3 Begründung zu § 122 RegE, BT-Drucks. 12/2443, S. 147.
4 BGH NZI 2002, 375 ff.; NZI 2005, 384 ff.; NZI 2006, 350 ff.; vgl. dazu u. a. *Bärenz,* NZI 2006, 72 ff.
5 MünchKomm-*Kreft,* InsO, § 103 Rn. 13.
6 Siehe Anm. 3) b).
7 MünchKomm-*Kreft,* InsO, § 103 Rn. 22.
8 MünchKomm-*Kreft,* InsO, § 103 Rn. 20 ff.
9 BGH NZI 2002, 375 ff.; MünchKomm-*Kreft,* InsO, § 103 Rn. 39 ff.

erfolgten Zession,[1] ferner ist auch eine Aufrechnung mit Insolvenzforderungen nach § 96 Abs. 1 Nr. 1 unzulässig.[2]

2. Anwendungsbereich

9 **a) Gegenseitiger Vertrag** im Sinne der Vorschrift ist ein solcher, bei dem wie bei §§ 320 ff. BGB die Verpflichtungen der Vertragsparteien synallagmatisch, im gegenseitigen Abhängigkeitsverhältnis stehen und die eine somit um der anderen willen erbracht wird.[3] Eine darüber hinausgehende objektive Gleichwertigkeit ist nicht erforderlich.[4]

10 Das gesetzliche Wahlrecht ist hierbei der Regelfall. Ausnahmen bestehen nur dort, wo das Gesetz dies bestimmt oder ein Vertragstypus eben nicht als gegenseitiger Vertrag einzustufen ist.[5]

11 **aa) Vor allem** betroffen sind Kauf- und Tauschverträge[6] mit Ausnahme der Einschränkungen durch §§ 106, 107, Werk- und Werklieferungsverträge wie der Bauvertrag/Bauträgervertrag,[7] Lagergeschäfte nach §§ 416 ff. HGB, allgemein Verträge über entgeltliche Verwahrung, Wettbewerbsverbote und -abreden,[8] da hier die Karenzentschädigung mit der Unterlassungsverpflichtung im do-ut-des-Verhältnis steht.

11a Unstreitig fallen unverzinsliche Darlehen auf Grund fehlender Gegenseitigkeit nicht unter § 103. Streitig war die Anwendbarkeit im Bereich verzinslicher Darlehen insbesondere hinsichtlich der Frage, ob mit der Auszahlung der Darlehensvaluta (vor Verfahrenseröffnung) durch den Darlehensgeber der Darlehensvertrag durch diesen erfüllt und damit § 103 nicht mehr anwendbar ist.[9] Durch § 108 Abs. 1 S. 2 nF hat der Gesetzgeber diese Frage dahingehend geklärt, dass in der Insolvenz des Darlehensgebers dem Insolvenzverwalter ein Wahlrecht nach § 103 nicht zusteht, soweit dem Darlehensnehmer der geschuldete Gegenstand zur Verfügung gestellt wurde.[10]

12 Nach hM fällt auch der Vergleich in den Anwendungsbereich des § 103, wenn die in ihm übernommenen oder geänderten Verpflichtungen im Gegenseitigkeitsverhältnis stehen,[11] ebenso Leasingverträge über bewegliche Sachen (sofern

[1] BGH NZI 2002, 375 ff.; NZI 2006, 350 ff.; BGH ZIP 1997, 688, 689; 1989, 171, 173 f.

[2] BGHZ 103, 250, 254; 116, 156, 158 ff.; MünchKomm-*Kreft,* InsO § 103 Rn. 39 ff.

[3] RGZ 147, 342; BGH ZInsO 2004, 88: eine Schiedsabrede ist kein gegenseitiger Vertrag i. S. d. § 103 und auch kein Auftrag i. S. d. § 115, so dass der Insolvenzverwalter an die noch wirksam vom Schuldner getroffene Schiedsabrede gebunden ist, wenn es sich nicht um Ansprüche aus Insolvenzanfechtung handelt, die von der Schiedsabrede nicht erfasst sind.

[4] RGZ 81, 365.

[5] *Pape,* in Kölner Schrift, S. 405 ff., Rn. 16; S. 531 ff. Rn. 17.

[6] Zum Miet-Kaufvertrag über bewegliche Sachen in der Insolvenz des Miet-Käufers vgl. *Jacobi*, ZVI 2007, 405.

[7] OLG Stuttgart ZInsO, 2004, 1087 ff. zu den Auswirkungen des Wahlrechts auf den Bauträgervertrag nach altem Schuldrecht; vgl. dazu auch bei § 106 Fn. 7 zu Rn. 6.

[8] MünchKommInsO-*Huber,* § 103 Rn. 84.

[9] MünchKommInsO-*Huber,* § 103 Rn. 69; vgl. auch *Obermüller,* ZInsO 2005, 1079, 1083.

[10] Gesetz zur Vereinfachung des Insolvenzverfahrens, BGBl. I 2007, S. 509; vgl. Kommentierung bei § 108.

[11] *Soergel/Morman,* BGB, § 779 Rn. 2; aA: *Larenz,* SchR I; § 7 IV.

nicht § 108 einschlägig ist) und Software-Lizenzverträge, die seit der Insolvenzrechtsreform nicht mehr den mietrechtlichen Sondervorschriften unterliegen[1] und Versicherungsverträge bei Insolvenz des Versicherungsnehmers.[2] Bei Verlagsverträgen gilt § 103 mit den Einschränkungen aus § 36 VerlG in der Insolvenz des Verlegers und, falls das Urheberrecht am Werk nach § 113 UrhRG in die Insolvenzmasse fällt, ebenfalls bei Insolvenz des Verfassers.[3] Energielieferungsverträgen unterfallen ebenfalls § 103, für die vor Verfahreneröffnung erbrachten Teilleistungen statuiert § 105 eine Sonderregelung und bereitet somit dem Alles-oder-nichts-Prinzip des früheren Rechts ein Ende. Da Tilgungskredite im Gegensatz zu Kontokorrentvereinbarungen nicht § 116 unterfallen, erlischt eine Kreditzusage nicht mit Verfahrenseröffnung, so dass der Insolvenzverwalter nach §§ 103, 105 die Auszahlung eines offenen Kreditbetrages verlangen kann.[4]

bb) Grundsätzlich nicht oder nur mit Abweichungen (Einschränkungen, aber auch Erweiterungen) in den Anwendungsbereich des § 103 fallen die in den §§ 104 bis 128 geregelten Sachverhalte. § 103 gilt in der **Vermieterinsolvenz** anstelle § 108, wenn die unbewegliche Mietsache im Zeitpunkt der Verfahrenseröffnung dem Mieter noch nicht überlassen war,[5] im Übrigen aber nicht für Miet- und Pachtverträge über unbewegliche Sachen, ebenso wenig Arbeits- und Dienstver- 13

---

[1] Vgl. BGH NZI 2006, 229; ferner *Paulus,* ZIP 1996, 2, 5 ff.; *Wallner,* ZIP 2004, 2073 ff. zugleich Anm. zu LG Mannheim ZIP 2004, 576 ff.; *Bärenz,* NZI 2006, 72, 76 ff.; *Graef,* ZUM 2006, 104 ff.; *Köhler/Ludwig,* NZI 2007, 70 ff.; zur geplanten Einfügung eines § 108 a zur Regelung von Lizenzen in der Insolvenz vgl. z. B. *Heim,* NZI 2008, 338 ff.; *Dahl/Schmitz,* NZI 2008, 424 ff.; *Mitlehner,* ZInsO 2008, 450; *Slopek,* ZInsO 2008, 1118 ff.

[2] RGZ 52, 49, 53; BGH ZIP 1993, 600; BGH ZIP 2004, 176 ff.; OLG Karlsruhe NZI 2002, 316; a. A: BGH NZI 2006, 637; für die Kautionsversicherung: Geschäftsbesorgungsvertrag i. S. d. § 675 BGB, der gem. §§ 116 S. 1, 115 mit Verfahrenseröffnung automatisch erlischt; vgl. auch Kommentierung bei § 116 Rn. 15; die Qualifikation als Geschäftsbesorgungsvertrag und die daraus vom BGH gezogenen Rechtsfolgen ablehnend *Wendt,* ZInsO 2008, 1343; anders in der Insolvenz des Versicherers, vgl. § 13 VVG; zu den Auswirkungen der aufgegebenen „Erlöschenstheorie" auf Lebensversicherungen vgl. *Kayser,* ZInsO 2004, 1321 ff. und *Hasse,* VersR 2005, 1176, 1187, Fn. 117; *ders.* instruktiv zur Zwangsvollstreckung in Kapitallebensversicherungen in VersR 2005, 15 ff.); zur Direktversicherung vgl. auch *Westhelle/Micksch,* ZIP 2003, 2054 ff.

[3] MünchKommInsO-*Huber,* § 103 Rn. 119, 120; *Kuhn/Uhlenbruck,* KO, § 17 Rn. 2 i.; vgl. LG Hamburg NJW 2007, 3215 m. Anm. *Limper* zur Frage der Anwendbarkeit, den Voraussetzungen und Rechtsfolgen des § 103 in der Insolvenz des Urhebers, insbes. bei bereits vor Eröffnung des Insolvenzverfahrens über das Vermögen des Urhebers durch Übertragung ausschließlich urheberrechtlicher Nutzungsrechte erfülltem Autorenexklusivvertrag.

[4] *Uhlenbruck/Berscheid,* InsO, § 105 Rn. 19; aA: *Obermüller,* ZInsO 2002, 97 ff., 103: das Kreditinstitut kann nach §§ 490 Abs. 1, 314 Abs. 1, 321 BGB, Nr. 19 AGB-Banken/ Nr. 26 AGB-Sparkassen die Kreditzusage kündigen.

[5] BGH NZI 2007, 713 m. Anm. *Kroth,* FD-InsR 2007, 245072 (der Mietvertrag wandelt sich mit der Ablehnung der Erfüllung durch den Insolvenzverwalter in ein Abwicklungsschuldverhältnis um; der Mieter wird in die Position eines Insolvenzgläubigers verdrängt, dem nur Forderungen wegen Nichterfüllung zustehen); vgl. auch BGH NZI 2007, 335 zu den Folgen der Nichterfüllung eines Mietvertrages über eine bewegliche Sache in der Mieterinsolvenz; vgl. ferner *Wilmowsky,* ZInsO 2007, 731 zur Insolvenz des Mieters beweglicher Gegenstände.

träge, gleichgültig ob bereits angetreten oder nicht, bei denen der Schuldner der Dienstberechtigte oder Dienstverpflichtete[1] ist, da sie in den §§ 108 ff. einer gesonderten Regelung unterliegen. Gleiches gilt nach hM für entgeltliche Geschäftsbesorgungsverträge wie das Akkreditiv oder Baubetreuungsverträge,[2] da bei diesen § 103 durch § 116 verdrängt wird, sofern die Geschäftsbesorgung Bezug zur Insolvenzmasse aufweist und bei Eröffnung des Insolvenzverfahrens noch nicht abgeschlossen ist.[3]

14 Ein Wahlrecht nach § 103 ist dem Insolvenzverwalter bei diesen Verträgen jedoch immer dann eingeräumt, wenn der Geltungsbereich der Spezialregelungen überschritten wird, so bei Miet- und Pachtverträgen über bewegliche Sachen, sowie beim Leasing von Mobilien, wenn der mietvertragliche Charakter überwiegt und nicht § 108 eingreift. Bei diesen über die Spezialregelungen hinausgehenden Verträgen ist es für den Insolvenzverwalter gegenüber der konkursrechtlichen Rechtslage deutlich leichter, sich aus ihnen zu lösen und die Masse nicht mit aufgezwungenen Masseverbindlichkeiten zu belasten.[4]

15 Leihe, Auftrag, Schenkung und unentgeltliche Verwahrung als zweiseitige, aber nur einseitig verpflichtende Verträge, sowie Spiel, Wette und Ehemaklervertrag als Verträge, die unvollkommene Verbindlichkeiten begründen, fallen nach hM nicht unmittelbar in den Anwendungsbereich des § 103.[5]

16 Auch Finanztermingeschäfte sind im Anwendungsbereich des § 104 (nF) dem Wahlrecht des Insolvenzverwalters entzogen.

17 Für Kommissionsverträge greift § 115 in der Insolvenz des Kommittenten.[6] § 103 gilt jedoch für den umgekehrten Fall der Kommissionärsinsolvenz.

18 Für Gesellschaftsverträge gelten als Sonderregeln die §§ 728 BGB, 131 HGB, die eine Auflösung einer Personengesellschaft bei Insolvenz eines Gesellschafters vorsehen, während bei Kapitalgesellschaften der Insolvenz eines Gesellschafters von vorneherein keine Bedeutung zukommt.[7]

19 Die Kündigung eines Versicherungsvertrages über eine Warenkreditversicherung durch den Versicherer nach § 14 VVG aF (ggf. i. V. m. Allgemeinen Versicherungsbedingungen) geht nach einer abzulehnenden Entscheidung des (IV. Zivilsenats/Versicherungssenats des) BGH[8] dem Wahlrecht des Insolvenzverwalters vor, § 119 InsO steht danach der Kündigung nicht entgegen. Das in § 14 VVG aF enthaltene Kündigungsrecht des Versicherers ist in dem zum 1. 1. 2008 in Kraft getretenen reformierten VVG allerdings nicht mehr enthalten, so dass in

---

[1] Vgl. *Wente,* ZIP 2005, 335 ff. zur Anwendbarkeit von § 103 auf den nicht persönlich dienstverpflichteten Schuldner.

[2] *Jaeger/Henckel,* KO, § 17 Rn. 23.

[3] *Jaeger/Henckel,* KO, § 17 Rn. 15; aA: HK-*Marotzke,* § 115 Rn. 6.

[4] *Pape,* in Kölner Schrift, S. 405 ff. Rn. 3.

[5] *Marotzke,* JA 88, 117, 119 ff., 179.

[6] RGZ 78, 91, 94.

[7] *Jaeger/Henckel,* KO, § 17 Rn. 29.

[8] BGH ZIP 2004, 176 ff.; ebenso OLG Hamburg ZInsO 2004, 812 ff.; m. abl. Anm. *Blank,* ZInsO 2004, 795 ff.; kritisch auch *Elfring,* BB 2004, 617 ff.; vgl. auch OLG Düsseldorf, das in der zu einer Gebäudehaftpflichtversicherung ergangenen Entscheidung 4 U 133/04 vom 9. 12. 2005 auf die Urteile des BGH und OLG Hamburg nicht eingeht, im Übrigen auch lesenswerte Ausführungen zu den Anforderungen an eine sog. „qualifizierte" Mahnung nach § 39 VVG aF = § 38 VVG nF enthält.

der Insolvenz des Versicherungsnehmers das Wahlrecht nach § 103 insoweit nicht mehr ausgeschlossen ist (vgl. § 16 VVG zum Kündigungsrecht in der Insolvenz des Versicherers).

cc) In einigen Fällen kommt mittels **Analogiebildung** § 103 zur Anwendung. So kann eine Zug-um-Zug-Einrede zwischen Forderung und Gegenforderung zu der besonderen Interessenlage führen, die nach dem Wortlaut nur bei gegenseitigen Verträgen ein Erfüllungswahlrecht des Insolvenzverwalters rechtfertigt.[1] Auch bei vertragsähnlichen Rechtsverhältnissen wird eine analoge Anwendung erwogen. Nicht höchstrichterlich entschieden ist die Anwendbarkeit auf die Geltendmachung von Ansprüchen aus Rückabwicklungsschuldverhältnissen aus gegenseitigen Verträgen.[2] Mit der Ausübung eines Rücktrittsrechts durch den Insolvenzverwalter ist nach einer Entscheidung des BGH zumindest dann nicht zugleich die Erfüllung des Rückabwicklungsverhältnisses gewählt, wenn der Insolvenzverwalter als Folge der Umgestaltung des Vertragsverhältnisses nicht auch eine an den Vertragspartner bewirkte Leistung zurückverlangt. Wenn nicht der Insolvenzverwalter, sondern der Vertragsgegner den Rücktritt erklärt, kann eine Erfüllungswahl durch den Insolvenzverwalter ebenfalls nur angenommen werden, wenn er die Rückgewähr der an den Vertragsgegner erbrachten Leistung beansprucht.[3] 20

b) Der Vertrag darf zum Zeitpunkt der Verfahrenseröffnung (§ 27 Abs. 1 Nr. 3, Abs. 2) auf beiden Seiten noch **nicht vollständig erfüllt** sein, wobei die vom BGB anerkannten Erfüllungssurrogate, wie insbes. die Aufrechnung, die Annahme an Erfüllungs statt und die Hinterlegung nach § 378 BGB der Erfüllung gleichstehen und ebenso ein Erwerb im Wege der Zwangsvollstreckung.[4] Die Leistung erfüllungshalber, welche bei der Hingabe von Schecks oder Wechseln anzunehmen ist, ist kein Erfüllungssurrogat.[5] 21

Sobald auch nur eine Partei ihrer Leistungsverpflichtung vollständig, d. h. ohne noch so geringen Rückstand, nachgekommen ist, entfällt § 103. Wenn der Schuldner als Lizenzgeber dem Lizenznehmer ein ausschließliches, unbeschränktes sowie unwiderrufliches marken- und urheberrechtliches Nutzungsrecht eingeräumt hat, und sich die vertragliche Verpflichtung des Schuldners in der Einräumung dieses Nutzungsrechts erschöpft, so ist der Lizenzvertrag vom Schuldner bereits vollständig erfüllt. Dem Insolvenzverwalter steht dann ein Erfüllungswahlrecht nicht mehr zu.[6] Umgekehrt fehlt es an der vollständigen Erfüllung, wenn auch nur ein kleiner Teil von verhältnismäßiger Geringfügigkeit (§ 320 Abs. 2 BGB) noch aussteht; auch das Ausstehen einer Nebenleistung kann zur Anwendung des § 103 führen.[7] Der Grund einer Vorleistung ist dabei unbeachtlich. Insbesondere ist kein Verschulden erforderlich.[8] 22

---

[1] *Marotzke,* JA 1988, 117, 121.

[2] Ausdrücklich offengelassen von BGH NZI 2003, 214 und BGH NZI 2009, 235 m. Anm. *Liersch*, FD-InsR 2009, 27647.

[3] BGH NZI 2009, 235; vgl. auch OLG Stuttgart ZInsO 2004, 1087, 1088 f; *Jaeger/Henckel,* InsO, § 55 Rn. 45; HK-*Lohmann*, InsO, § 55 Rn. 16.

[4] OLG Naumburg ZInsO 2002, 677 ff.

[5] RGZ 158, 317.

[6] LG München I ZIP 2008, 751.

[7] MünchKomm-*Huber,* InsO, § 103 Rn. 123.

[8] RGZ 85, 402, 404.

23 Wie bereits im Rahmen des § 362 BGB ist bei der Erfüllung allein auf den Eintritt des Leistungserfolges abzustellen, nicht auf die Erbringung der Leistungshandlung an sich.[1] Dies führt dazu, dass beim Versendungskauf der Zeitpunkt der Erlangung der Eigentümerstellung des Käufers maßgeblich ist[2] und beim Grundstückskauf auf Auflassung und Eintragungsantrag auch die tatsächliche Eintragung erfolgt sein muss.[3] Auch hat der Käufer vor der Auflassung noch nicht vollständig erfüllt, selbst wenn er den Kaufpreis bereits in voller Höhe erbracht hat, da seine Mitwirkung bei der Übereignung noch aussteht.[4] Erfüllung verlangen kann er zu diesem Zeitpunkt nur dann, wenn eine Vormerkung (§ 883 BGB) besteht, da in diesem Fall § 106 eingreift (§ 103 ist in der Insolvenz des Verkäufers auch dann nicht anwendbar, wenn der Käufer bei Verfahrenseröffnung noch nicht im Grundbuch eingetragen war, aber die Voraussetzungen des § 91 Abs. 2 und § 878 BGB vorliegen).[5] Nach anderer Auffassung besteht ein Wahlrecht des Insolvenzverwalters nach § 103 nicht, wenn beim Grundbuchamt ein Eintragungsantrag nach § 878 BGB gestellt ist, unabhängig davon, wer den Antrag gestellt hat.[6] Nach dieser Auffassung kann der Insolvenzverwalter auf Grund der Wertungen des § 878 BGB weder einen nur vom Schuldner (Verkäufer) gestellten Eintragungsantrag zurücknehmen, noch steht ihm das Wahlrecht des § 103 zu.[7] Grundsätzlich ist vom Käufer neben der Kaufpreiszahlung stets auch die Abnahme zu verlangen.[8]

24 Der Eintritt des Leistungserfolges nach Insolvenzeröffnung lässt das Insolvenzverwalterwahlrecht nicht erlöschen (§ 82, wonach der Vertragspartner an den Schuldner befreiend leisten kann, ändert daran nichts), doch kann in der Annahme der Leistung unter Umständen die konkludente Erklärung liegen, dass der Vertrag zu erfüllen ist. Auf der Seite des Verwalters ist hierbei allerdings Zurückhaltung geboten; wer in der Anfangsphase des Verfahrens – zumal noch durch Dritte – etwas entgegennimmt, gibt keine Erklärung ab.[9]

24a Auch wenn vor Verfahrenseröffnung nur ein nicht an § 91 scheiternder, aufschiebend bedingter dinglicher Rechtsübergang stattgefunden hat, kann der

---

[1] BGHZ 87, 156, 162; BGH ZIP 1998, 2090 f.; OLG Naumburg ZInsO 2002, 677 ff.; BGH NZI 2006, 97 ff. zu dem nicht unter § 103 fallenden Erbbaurechtsvertrag (vgl. dazu auch die Kommentierung bei § 108 Rn. 1 und *Meyer*, NZI 2007, 487).

[2] BGH NJW 1950, 385.

[3] RGZ 113, 405.

[4] BGH NJW 1972, 875; BGH NJW 1983, 1619 aA: *Häsemeyer*, KTS 73, 2, 5.

[5] Zur Insolvenzfestigkeit eines vormerkungsgesicherten künftigen Auflassungsanspruchs vgl. BGH ZIP 2001, 2008 ff. (391 Rn. 16); BGH NZI 2009, 235 m. Anm. *Liersch*, FD-InsR 2009, 276472: Wenn allerdings der vormerkungsgesicherte Käufer nach Kaufpreiszahlung wegen eines Rechtsmangels von dem Grundstückskaufvertrag zurücktritt und danach ein Insolvenzverfahren über das Vermögen des Verkäufers eröffnet wird, kann der Insolvenzverwalter von dem Käufer Bewilligung der Löschung der Vormerkung verlangen, ohne an ihn den Kaufpreis aus der Masse erstatten zu müssen.

[6] *Kuhn/Uhlenbruck*, KO, § 17 Rn. 18 o mwN; *Scholtz*, § 878 BGB in der Verkäuferinsolvenz, ZIP 1999, 1693 ff.

[7] *Kuhn/Uhlenbruck*, KO, aaO; *Scholtz*, aaO, S. 1700; *Kübler/Prütting/Bork/Tintelnot*, InsO, § 103 Rn. 42 f.

[8] RGZ 142, 296 ff.

[9] BGH ZIP 1998, 298 f.

Insolvenzverwalter diesen nicht mehr durch Nichterfüllung des obligatorischen Grundgeschäfts verhindern.[1]

Die Leistungspflicht ist nach dem neuen Kaufgewährleistungsrecht auch dann noch nicht voll erfüllt, wenn die Kaufsache mangelhaft ist, § 433 Abs. 1 S. 2 BGB (vgl. § 633 BGB für das Werkvertragsrecht, § 651 BGB für den Werklieferungsvertrag), der Verkäufer also eine Sache liefert, die nicht frei von Sachmängeln (§ 434 BGB) oder Rechtsmängeln (§ 435 BGB)[2] ist[3]. § 103 gilt für den Nacherfüllungsanspruch gem. §§ 437 Nr. 1, 439 BGB, der Insolvenzverwalter muss dann bei Erfüllungswahl eine mangelfreie Sache liefern und kann Kaufpreiszahlung verlangen. Verlangt der Käufer in diesem Fall (nur) Minderung gem. § 437 Nr. 2 BGB, liegt kein Fall des § 103 vor; dies gilt auch, wenn er Schadenersatz verlangt, den er nur als Insolvenzforderung geltend machen kann.[4] 25

aa) Differenziert werden muss bei **teilbaren Leistungen.** § 103 gilt hierbei nur für die noch ausstehenden Teilleistungen, während für die bereits erbrachten § 105 eine Sonderregelung darstellt. 26

Während vor der Insolvenzrechtsreform der Verwalter vor allem in den Fällen der **Sukzessivlieferungsverträge** bei Erfüllungswahl nach § 17 KO einheitlich auch die vom Gemeinschuldner begründeten Verpflichtungen als Masseverbindlichkeiten zu begleichen hatte,[5] erklärt § 105 nunmehr Gegenforderungen für bereits erbrachte Teilleistungen zu Insolvenzforderungen. Der Insolvenzverwalter muss somit nicht mehr die Vertragserfüllung ablehnen und einen neuen Vertrag zu eventuell schlechteren Bedingungen abschließen, sondern kann Erfüllung wählen, wodurch nur die noch ausstehenden, der Masse zugutekommenden Leistungen des Vertragspartners Masseverbindlichkeiten nach § 103 Abs. 1, 55 Abs. 1 Nr. 2 begründen. Vertragskalkulationen des anderen Teils bei Abschluss des Vertrages werden hierbei außer Acht gelassen.[6] 27

Die Regelung der InsO macht die Heranziehung des umstrittenen und von der Rechtsprechung abgelehnten[7] Instituts des **Wiederkehrschuldverhältnisses**[8] entbehrlich, welches zuvor zur Umgehung der für Sukzessivlieferungsverträge entwickelten Grundsätze vor allem für Energielieferungsverträge im Sinne einer permanenten Neubegründung von Leistungen geschaffen wurde. 28

Auch Dauerschuldverhältnisse sind von der Regelung des § 105 betroffen, soweit sie nicht unbewegliche Gegenstände oder Räume betreffen, so dass der Insolvenzverwalter Vertragserfüllung für die Zukunft wählen kann, ohne eventuelle Rückstände aus der Masse voll begleichen zu müssen. 29

---

[1] BGH NZI 2006, 229 m. Anm. *Höpfner;* vgl. auch die Kommentierung bei § 91 Rn. 15.

[2] Zur eingeschränkten Anwendbarkeit von § 103 bei Rechtsmängeln vgl. MünchKomm-*Huber,* InsO, § 103 Rn. 135.

[3] Vgl. aus der umfangreichen Literatur, jeweils mwN: *Marotzke,* KTS 2002, 1 ff.; *ders.,* ZInsO 2002, 501 ff.; *Uhlenbruck/Berscheid,* InsO, vor § 103 Rn. 10 ff.; *Scherer,* NZI 2002, 356 ff.; *Boerner,* ZIP 2001, 2264 ff.; *Ringstmeier/Homann,* ZIP 2002, 505 ff.; *v. Westphalen,* ZIP 2002, 545 ff.; *B. Schmidt,* ZInsO, 2002, 103 ff.; vgl. auch unten Ziff. 6 und 7.

[4] MünchKomm-*Huber,* InsO, § 103 Rn. 140, 145.

[5] BGHZ 97, 87, 90.

[6] *Henkel,* ZZP 99 (1986), 419, 442.

[7] BGHZ 81, 90.

[8] *Tintelnot,* ZIP 1995, 616, 619.

In der Insolvenz des Bauträgers kann nach den Umständen des Einzelfalls ein Bauträgerkaufvertrag in zwei Teile, einen Grundstücksaufvertrag und einen Werkvertrag über die Errichtung eines Wohnhauses, aufgespalten werden, für die sich jeweils unterschiedliche Rechtsfolgen ergeben können. Liegt eine Auflassungsvormerkung vor, kann der Insolvenzverwalter die Erfüllung des Grundstückskaufvertrages nicht ablehnen (§ 106 Abs. 1 S. 2), die Erfüllung des Werkvertrages kann aber gleichwohl dem Wahrecht nach § 103 unterliegen.[1]

30 **bb)** Umstritten ist die Anwendbarkeit des § 103 beim **Kauf unter Eigentumsvorbehalt.** Während in der Literatur einzelne Stimmen die völlige Unanwendbarkeit annehmen,[2] streitet die Rechtsprechung nur darüber, wann vollständige Erfüllung eintritt.

31 So soll der Verkäufer nicht bereits mit der Übergabe und aufschiebend bedingten Übereignung voll erfüllt haben, sondern erst mit Bedingungseintritt.[3]

32 In der **Insolvenz des Vorbehaltsverkäufers** sollte der Insolvenzverwalter im Geltungsbereich des alten § 17 KO das Anwartschaftsrecht des Käufers durch die Ablehnung der Erfüllung zerstören können, sofern § 242 BGB nicht Einhalt geböte. Die Diskussion einer Verpflichtung zur Erfüllungswahl war bislang sehr theoretisch geblieben, da praktisch keine derartigen Gerichtsentscheidungen bekannt wurden.

33 Der Gegenmeinung,[4] nach der das Anwartschaftsrecht auch im Geltungsbereich der KO insolvenzfest war, wurde entgegengehalten, dass dieses stets vom schuldrechtlichen Kausalgeschäft abhängig bliebe und folglich nach § 103 mit der Loslösung von den Primärpflichten zu Fall gebracht werden könnte.[5]

34 Seit der Einführung der §§ 103 ff. kann dies nur noch für die wenigen Fälle angenommen werden, in denen dem Vorbehaltskäufer noch kein Besitz am Kaufgegenstand eingeräumt wurde, da § 107 Abs. 1 ansonsten eine Sonderregelung darstellt, nach der der Käufer Erfüllung verlangen kann.[6] Das Anwartschaftsrecht des Vorbehaltskäufers hat in der Insolvenz des anderen Teils dadurch eine ähnlich starke Stellung gewonnen wie die Vormerkung durch § 106. In der Insolvenz des Vorbehaltsverkäufers ist dem Insolvenzverwalter durch § 107 Abs. 1 die Möglichkeit der Erfüllungsablehnung genommen, wenn der Käufer im Besitz der Sache ist und vertragstreu bleibt.

35 In der **Insolvenz des Vorbehaltskäufers** ist § 103 anwendbar. Dies ergibt sich auch aus § 107 Abs. 2,[7] der lediglich die Zeitspanne für die Ausübung des Wahlrechts nach Aufforderung des anderen Teils erweitert.

36 Der Vorbehaltsverkäufer kann die Kaufsache nicht bis zum Ausgleich seines Kaufpreisanspruchs wieder an sich nehmen. Wählt der Insolvenzverwalter die Erfüllung des Kaufvertrages, kann der Vorbehaltsverkäufer erst bei Zahlungsver-

[1] OLG Koblenz BeckRS 2007, 03477 = ZInsO 2007, 1353.

[2] *Soergel/Mühl,* § 455 Rn. 84.

[3] BGHZ 98, 160 = NJW 1986, 2948; dies mit der Vollendung der haftungsrechtlichen Zuordnung begründend *Häsemeyer,* KTS 1973, 2, 12 ff., der dem Käufer bis zur Erstattung der Kaufpreisanzahlungen ein Zurückbehaltungsrecht einräumt; aA: BGHZ 2, 372; NJW 1951, 437.

[4] *Jaeger/Henckel,* KO, § 17 Rn. 52 ff.

[5] *Wieser,* NJW 1970, 913 ff.

[6] *Tintelnot,* ZIP 1995, 616, 618.

[7] *Andersen/Freihalter,* Aus- und Absonderungsrechte, Rn. 277 ff.

zug nach Maßgabe der §§ 323 ff. BGB vom Vertrag zurücktreten und anschließend die Herausgabe der Kaufsache nach § 47 Abs. 1 verlangen. Lehnt der Insolvenzverwalter die Erfüllung des Kaufvertrages ab, kann der Vorbehaltsverkäufer unmittelbar vom Vertrag zurücktreten und nach § 47 Abs. 1 vorgehen; die Bezahlung des Kaufpreises kann er dann aber nicht mehr verlangen. [1]

Zu unbilligen Ergebnissen führt die Zuerkennung des Wahlrechts auch dann 37 nicht, wenn der sich in der Insolvenz befindliche Vorbehaltskäufer sein Anwartschaftsrecht an einen Dritten übertragen hat, da dieses bei Ablehnung der Erfüllung durch den Insolvenzverwalter nicht unmittelbar erlischt. Vielmehr kann der Dritte entsprechend § 268 BGB von seinem Ablösungsrecht Gebrauch machen, wodurch er ohne Durchgangserwerb des Vorbehaltskäufers Eigentum erwirbt.[2] Im Verhältnis zwischen Vorbehaltskäufer und Drittem findet § 103 hingegen keine Anwendung.

cc) Sonderformen des Eigentumsvorbehalts.[3] Der **erweiterte Eigentumsvorbehalt** sichert neben dem Anspruch des Verkäufers aus dem konkret 38 zugrunde liegenden Rechtsgeschäft regelmäßig auch alle übrigen Forderungen des Verkäufers aus seiner Geschäftsbeziehung mit dem Käufer. Die einzelnen Ansprüche aus diesen Geschäftsbeziehungen verlieren ihre schuldrechtliche Selbstständigkeit jedoch nicht, sie werden nicht zu einem einheitlichen Schuldverhältnis zusammengefasst, auf das § 103 dann anwendbar wäre, solange nicht alle schuldrechtlichen Ansprüche vollständig erfüllt sind. Der erweiterte Eigentumsvorbehalt ist deshalb mit der Sicherungsübereignung vergleichbar und gewährt an der bereits bezahlten Vorbehaltsware dem Verkäufer in der Insolvenz des Käufers nur ein Absonderungsrecht nach § 51 Nr. 1.[4] Wählt der Insolvenzverwalter in der Insolvenz des Käufers Erfüllung des konkreten Kaufvertrages, muss er nur die aus diesem Vertrag resultierende Kaufpreisforderung als Masseschuld nach § 55 Abs. 1 Nr. 2 bezahlen. Dem Verkäufer steht wegen § 91 Abs. 1 kein Absonderungsrecht an der in das Eigentum des Schuldners (der Masse) gelangten Sache zu, seine übrigen Forderungen aus der Geschäftsbeziehung sind Insolvenzforderungen nach § 38. In der Insolvenz des Verkäufers kann der Käufer nach § 107 Abs. 1 Erfüllung verlangen, wenn er den Kaufpreis noch nicht vollständig bezahlt hat. Hat der Käufer aber schon bezahlt, kann der Insolvenzverwalter auf Grund des erweiterten Eigentumsvorbehaltes abgesonderte Befriedigung aus der bezahlten Vorbehaltsware nur dann geltend machen, wenn der Käufer seine übrigen Verbindlichkeiten aus der Geschäftsbeziehung nicht ausgleicht.[5]

Beim **verlängerten Eigentumsvorbehalt,** der an Stelle der aufschiebend 39 bedingten Übereignung eine Sicherheit am Surrogat der Kaufsache vorsieht, kommt § 103 weder in der Käufer- noch in der Verkäuferinsolvenz zur Anwendung, sobald der Käufer die Sache wirksam weiterveräußert hat, da der Masse kein Recht an der Sache mehr zusteht. Der Verkäufer ist regelmäßig durch sein Recht auf abgesonderte Befriedigung am Surrogat gesichert.

Der **Kontokorrentvorbehalt,**[6] der bei einer laufenden Rechnung die Saldo- 40 forderung der Lieferanten sichert, gewährt ein Absonderungsrecht, welches das

---

[1] BGH NZI 2008, 704.
[2] *Jaeger/Henckel,* KO, § 17 Rn. 57.
[3] Dazu allgemein MünchKomm-*Westermann,* BGB, § 455 Rn. 88 ff.
[4] BGH NJW 1971, 799.
[5] BGHZ 98, 160 = NJW 1986, 2948.
[6] Vgl. zur Zulässigkeit BGH NJW 1978, 632.

Erfüllungsrecht des Insolvenzverwalters in der Insolvenz des Käufers ausschließt[1] Dies gilt auch dann, wenn die in die Saldoforderung eingeflossene Kaufpreisforderung unbezahlt ist.

41 Die unechte **Saldo- bzw. Geschäftsverbindungsklausel** ermöglicht dem Insolvenzverwalter dann einen Eintritt in den Vertrag, wenn der Kaufpreis für unter aufschiebender Bedingung übereignete Ware noch nicht vollständig bezahlt ist, so dass er den Eigentumserwerb herbeiführen kann.[2]

42 Ein **Konzernvorbehalt,** der neben den Forderungen des Lieferanten auch solche von mit diesem konzernmäßig verbundenen Firmen erfassen will, vermag keine Rechtswirkungen zu begründen, da er nach § 449 Abs. 3 BGB nichtig ist.

43 Auch beim **nachträglichen Eigentumsvorbehalt,** der nach zuvor unbedingter Übereignung vereinbart wird, entfällt § 103, da der Verkäufer mit der unbedingten Übereignung bereits vollständig erfüllt hat.[3]

44 Zu beachten ist auch der **vertragswidrige Eigentumsvorbehalt.** Dieser kann dinglich wirksam sein,[4] so dass ein Wahlrecht des Insolvenzverwalters anzunehmen ist.

45 **c)** Nach dem BGH ist die **Forderungszuständigkeit** des Insolvenzverwalters **keine Voraussetzung** des § 103.[5] So muss der Insolvenzschuldner nicht mehr Inhaber der Forderung sein, solange er nur Vertragspartei des gegenseitigen Schuldverhältnisses ist.

46 In der Literatur tauchen hingegen Stimmen auf, die in den Fällen der Abtretung oder Verpfändung an einen Dritten vor Insolvenzeröffnung die Anwendbarkeit mangels Forderungszuständigkeit verneinen.[6]

47 Diese Meinung lässt aber außer Acht, dass die Erfüllungsansprüche mit Erfüllungswahl als orininäre Masseforderungen entstehen und dem Insolvenzverwalter gerade die Möglichkeit gegeben werden soll, die privatautonom getroffenen Entscheidungen des Insolvenzschuldners zu korrigieren, sofern sie noch nicht abgewickelte, gegenseitige Verträge betreffen. Der Dritte darf nicht zulasten der Masse im Verhältnis zu den anderen Insolvenzgläubigern bevorzugt werden.

48 Auch die Fälligkeit des Anspruchs ist keine Voraussetzung des § 103. Zwar ist solches im Gegensatz zu § 17 Abs. 2 KO nicht mehr ausdrücklich bestimmt, doch ist dies nur darauf zurückzuführen, dass das **Wahlrecht vor Fälligkeit** als Selbstverständlichkeit anzusehen ist.[7]

3. Wahlrecht des Insolvenzverwalters

49 § 103 gibt dem Insolvenzverwalter ein Wahlrecht, welches nur ihm, nicht aber dem vorläufigen Insolvenzverwalter eingeräumt ist[8] und, mit Ausnahme der Fälle der Eigenverwaltung wegen § 279, auch nicht dem Schuldner selbst zusteht. Das ermöglicht dem Insolvenzverwalter, den vom Schuldner im Rahmen seiner

---

[1] *Serick,* BB 1978, 1477, 1484; BGH NJW 1978, 632.
[2] *Kilger/K. Schmidt,* KO, § 17 Rn. 3.
[3] BGH NJW 1980, 226.
[4] NJW 1982, 1749.
[5] BGHZ 106, 236, 244.
[6] *Marotzke,* ZIP 1987, 1293, 1296 f.
[7] Begründung RegE, § 103, abgedr. bei *Balz/Landfermann,* S. 328; vgl. dazu auch unten Ziff. 6.
[8] BGH NJW 1986, 1496.

Privatautonomie vorgenommenen Vertragsschluss neu zu überdenken und allein nach der Überlegung, was für die Masse günstig ist,[1] zum Wohle der Gläubigergesamtheit über seine Erfüllung oder Nichterfüllung zu entscheiden.

Handelt der Insolvenzverwalter in Vertretung des Insolvenzschuldners, ist dies zumindest dann unzulässig, wenn die Entscheidung des Insolvenzverwalters erkennbar nicht autonom gefasst wurde.[2] 50

Im vereinfachten Insolvenzverfahren obliegt es dem **Treuhänder** nach § 313, das Wahlrecht auszuüben.[3] 51

Der vorläufige Insolvenzverwalter hat kein Recht, Erfüllung zu wählen oder diese abzulehnen.[4] Die Frage, ob gegenseitige, noch nicht abgewickelte Verträge weiterzuführen sind, stellt sich vielmehr erst mit der Verfahrenseröffnung, da diese zuvor noch jederzeit abgewendet werden kann, sei es mangels Vorliegens der Eröffnungsvoraussetzungen oder im Wege eine Abweisung mangels Masse nach § 26 InsO, so dass bis zu diesem Zeitpunkt der Grundsatz pacta sunt servanda einzuhalten ist.[5] 52

Das Wahlrecht wird durch einseitig empfangsbedürftige Willenserklärung ausgeübt[6], welche nicht widerruflich und bedingungsfeindlich,[7] jedoch nach hM im Rahmen der §§ 119 ff., 142 ff. BGB anfechtbar ist.[8] Die Erklärung unterliegt keinem Formzwang und kann auch konkludent erteilt werden.[9] Nicht erforderlich ist es, dass der Insolvenzverwalter die objektive Aufforderung, die noch ausstehende Leistung zu erbringen,[10] in Kenntnis seines Wahlrechts getätigt hat, da dies eine nicht hinnehmbare Unsicherheit für den Vertragspartner bedeuten würde.[11] Gibt der Insolvenzverwalter seine Erfüllungserklärung mit Vorbehalten etc. ab, liegt darin regelmäßig eine Ablehnung der Erfüllung des bestehenden Vertrages verbunden mit dem Angebot auf Abschluss eines neuen Vertrages.[12] 53

Allein Verwertungshandlungen oder Handlungen im Rahmen der Betriebsfortführung insbesondere bis zum Berichtstermin (als gesetzliche Pflichterfüllung) können noch nicht als konkludente Erfüllungswahl angesehen werden.[13] Aus den 54

---

[1] RGZ 142, 299.

[2] OLG Düsseldorf ZIP 1988, 855.

[3] MünchKomm-*Huber*, InsO, § 103 Rn. 153.

[4] BGH NZI 2008, 36: Eine Aufforderung an den vorläufigen Insolvenzverwalter, sich bereits vor Eröffnung des Insolvenzverfahrens nach § 103 zu erklären, ist auch dann bedeutungs- und wirkungslos, wenn er mit dem späteren Insolvenzverwalter personenidentisch ist; MünchKomm-*Huber*, InsO, § 103 Rn. 150.

[5] *Pape*, in Kölner Schrift, S. 405 ff. Rn. 9.

[6] BGHZ, 15, 333, 335; OLG Naumburg ZInsO 2004, 1145 ff.

[7] OLG Hamburg MDR 1952, 754; MünchKomm-*Huber*, InsO, § 103, Rn. 154, 167.

[8] MünchKomm-*Huber*, InsO, § 103 Rn. 206 ff.; RGZ 98, 137.

[9] BGHZ 81, 90, 92; OLG Naumburg ZInsO 2004, 1145 ff.; OLG Stuttgart ZIP 2005, 588 ff.; MünchKomm-*Huber*, InsO, § 103 Rn. 156; OLG Brandenburg NZI 2009, 117: „Ein konkludentes Verhalten, das als Erfüllungsverlangen i. S. von § 103 I InsO gewertet werden soll, muss klar und eindeutig sein. Allein Zahlungen des Insolvenzverwalters auf Rechnungen eines Energieversorgers, denen keine entsprechenden Energielieferungen zugrunde liegen, reichen hierfür nicht aus".

[10] OLG Hamburg MDR 1952, 754.

[11] BGH NJW 1988, 1790.

[12] BGHZ 103, 250; MünchKomm-*Huber*, InsO Rn. 159, 160.

[13] BGH ZIP 1998, 298 f.; OLG Düsseldorf ZIP 2003, 1306 ff.; MünchKomm-*Huber*, § 103 Rn. 157.

Wertungsentscheidungen des Gesetzes (§§ 22 Abs. 1 S. 2 Nr. 2, 107 Abs. 2) ergibt sich, dass Betriebsfortführungsmaßnahmen bis zum Berichtstermin grundsätzlich keinen Erklärungsinhalt für § 103 haben. Auch danach muss der Verwalter bei „konkludenten" Wahlerklärungen persönlich – und nicht Mitarbeiter – die Erklärung gem. § 103 abgeben wollen. Der säumige oder dilatorische Verwalter erklärt nicht konkludent; die Hilfe für den Vertragspartner ist § 103 Abs. 2 S. 2.

55 Eine Nachfristsetzung i. S. d. § 326 BGB aF wurde als Erfüllungsverlangen gewertet.[1] Auch dem ist nicht zuzustimmen solange es um die Sicherung der Betriebsfortführung bis zum Berichtstermin geht. Der Verwalter muss sich ggf. von diesem Vertrag lösen, um anderweitige Deckungsgeschäfte eingehen zu können, unbeschadet einer ggf. langfristigen Bindung, die er nach dem Berichtstermin beenden will.

56 Eine Zahlungsaufforderung durch den Insolvenzverwalter kann nur dann als konkludente Erfüllungswahl ausgelegt werden, wenn sie klar und eindeutig ist und für den Empfänger unzweideutig sowie unter Berücksichtigung aller ihm bekannten Umstände erkennen lässt, dass der Insolvenzverwalter die Erfüllung des Vertrages begehrt.[2]

57 **a)** Wählt der Insolvenzverwalter **Erfüllung,** findet ein „Qualitätssprung"[3] statt, die Rechte und Pflichten aus dem Vertrag (die ausstehenden Leistung und Gegenleistung) erhalten nunmehr die Rechtsqualität von originären Masseverbindlichkeiten und Masseforderungen.[4] Der Insolvenzverwalter kann den Wert des gegenseitigen Vertrags, der in der Differenz zwischen Leistung und Gegenleistung besteht,[5] für die Masse realisieren. Inhaltlich richtet sich das Vertragsverhältnis im Übrigen weiterhin nach dem „ursprünglichen" Vertrag, wie er zurzeit der Insolvenzeröffnung zwischen den Parteien bestand.[6] Der Insolvenzverwalter ist grundsätzlich an diese Rechtslage gebunden, er muss den Vertrag so erfüllen, wie ihn der Schuldner hätte erfüllen müssen, muss also selbst die noch ausstehende Leistung als Masseverbindlichkeit nach § 55 Abs. 1 Nr. 2 erbringen und kann dafür die Gegenforderung in die Masse verlangen.

58 Die (volle; § 105) Erfüllung des Anspruchs des Gläubigers im Sinne einer haftungsrechtlichen Privilegierung rechtfertigt sich daraus, dass dieser das Äquivalent für die Verpflichtung des Insolvenzschuldners durch die Erfüllungswahl noch ganz oder teilweise in die Masse zu erbringen hat.[7]

59 Eine vor Verfahrenseröffnung erfolgte Abtretung oder Pfändung verliert durch das Erfüllungsverlangen des Insolvenzverwalters ihre Wirksamkeit, da die Erfül-

---

[1] MDR 1952, 754 – insoweit allerdings durch das Schuldrechtsreformänderungsgesetz hinfällig.

[2] OLG Dresden ZIP 2002, 815 ff., 816, 817; OLG Düsseldorf NZI 2002, 317 ff.

[3] MünchKomm-*Kreft,* InsO, § 103 Rn. 39 ff., 40.

[4] BGH NZI 2002, 375 ff.; AG Bremen, BeckRS 2009, 388; MünchKomm-*Kreft,* InsO § 103 Rn. 39 ff.

[5] *Jaeger/Henckel,* KO, § 17 Rn. 112.

[6] MünchKomm-*Kreft,* InsO, § 103 Rn. 41.

[7] *Hess,* KO, § 17 Rn. 18; nach OLG Rostock BeckRS 15966 = ZIP 2007, 2379 muss der Vertragspartner bei Erfüllungswahl (§ 105) zu den bisherigen günstigeren Konditionen liefern, der Insolvenzverwalter kann diese Verpflichtung u. U. sogar im Wege des einstweiligen Rechtsschutzes durchsetzen.

lungsansprüche als originäre Masseforderungen und damit unbelastet (§ 91) entstehen.[1] Auch die Aufrechnung gegen die mit dem Erfüllungsverlangen des Insolvenzverwalters begründete originäre Masseforderung ist unzulässig, da das Aufrechnungsverbot des § 96 Nr. 1 eingreift.[2] Eine Berechtigung zur Aufrechnung würde den Vertragspartner gegenüber den anderen Insolvenzgläubigern unter Verstoß gegen den Gleichbehandlungsgrundsatz bevorzugen[3] und dem Sinn und Zweck des § 103 widersprechen, welcher die Insolvenzmasse mehren will.[4] Dies ergibt sich auch aus §§ 110 Abs. 1, 3, 114 Abs. 1, 2.

b) Wählt der Insolvenzverwalter **Nichterfüllung,** wozu er grundsätzlich, sofern nicht § 242 BGB ein anderes bestimmt,[5] berechtigt ist, bleibt der Vertrag selbst bestehen, und es erlöschen auch nicht die Erfüllungsansprüche, da die Eröffnung des Insolvenzverfahrens, wie der BGH mit seiner Entscheidung vom 25. 4. 2002 klargestellt hat, keine materiell-rechtliche Umgestaltung des gegenseitigen Vertrages bewirkt; es bleibt dann bei den mit der Eröffnung des Insolvenzverfahrens verbundenen Folgen.[6] Gestaltend wirkt die Ablehnung aber insofern, als sie der Wahlfreiheit des Insolvenzverwalters ein Ende setzt. **60**

Der Vertragspartner kann das von ihm bislang Geleistete nicht zurückverlangen.[7] Ihm steht eine Forderung wegen Nichterfüllung – im Ergebnis ein Schadensersatzanspruch[8] – zu, die er gem. § 103 Abs. 2 S. 1 im Insolvenzverfahren nur durch Anmeldung zur Tabelle verfolgen kann, §§ 87, 174 Abs. 1 S. 1.[9] **61**

c) Nichtausübung des Wahlrechts. § 103 Abs. 2 S. 2 räumt dem Vertragspartner die Möglichkeit ein, den Insolvenzverwalter – nicht den vorläufigen Insolvenzverwalter[10] – zur unverzüglichen Erklärung aufzufordern, damit dem Schwebezustand ein Ende bereitet wird.[11] „Unverzüglich" bedeutet in diesem Zusammenhang wie schon im Rahmen des § 121 BGB „ohne schuldhaftes Zögern".[12] Unterlässt der Insolvenzverwalter auch nach dieser Aufforderung seine Wahlrechtsausübung oder erfolgt sie verspätet, steht dies der Erfüllungsablehnung mit den unter 3.b) genannten Rechtsfolgen gleich.[13] Im Rahmen des § 107 muss der Insolvenzverwalter allerdings die Erklärung erst unverzüglich nach dem Berichtstermin abgeben, auch wenn er vorher schon aufgefordert worden war. Auch **62**

---

[1] Vgl. oben 1) b).

[2] Vgl. oben 1) b).

[3] *Nerlich/Römermann/Balthasar,* InsO, § 103 Rn. 56.

[4] *Adam,* NJW 1995, 3103.

[5] BGH NJW 1962, 2296.

[6] BGH NZI 2002, 375 ff. = ZIP 2002, 1093 ff., 1094; vgl. auch BGH NZI 2003, 491 ff. = ZIP 2003, 1208 ff.; MünchKomm-*Huber,* InsO§ 103 Rn. 13, 18.

[7] BGH NZI 2007, 33: Eine dem Schuldner vermietete bewegliche Sache kann der Vermieter herausverlangen; nutzt der Insolvenzverwalter nach Verfahrenseröffnung die Mietsache weiter, ohne Vertragserfüllung zu wählen, steht dem Vermieter ein Nutzungsentschädigungsanspruch als Masseforderung zu.

[8] Vgl. unten 4.

[9] Zu den Wirkung über den Abschluss des Insolvenzverfahrens hinaus vgl. RGZ 79, 209, 211.

[10] BGH NZI 2008, 36.

[11] Nach AG Bremen BeckRS 2009, 388 liegt in der Auffordrung zur Mängelbeseitigung auch die Aufforderung zur Wahlrechtsausübung.

[12] FK-*Wegener,* InsO, § 103 Rn. 83; MünchKomm-*Kreft,* InsO, § 103 Rn. 173.

[13] BGH NJW 1962, 2296.

außerhalb des Anwendungsbereichs des § 107 ist eine Erklärung des Insolvenzverwalters erst nach dem Berichtstermin noch als rechtzeitig („ohne schuldhaftes Zögern“) anzusehen, wenn er die Zustimmung der Gläubigerversammlung einholen will/muss, weil davon der Fortgang des Verfahrens und damit seine eigene Entscheidung abhängt (so z. B. wenn die vorherige Erfüllungswahl zu einer erheblichen Belastung der Masse führen würde, die bei negativer Fortführungs- oder Sanierungsentscheidung der Gläubigerversammlung für die Masse dann sinnlos wäre und die Befriedigung der Insolvenzgläubiger verschlechtern würde).

63 Machen hingegen beide Teile von ihren Rechten keinen Gebrauch, bleibt der Schwebezustand bestehen.[1] Das Gesetz kennt keinen Zeitraum, innerhalb dessen das Wahlrecht auszuüben wäre. Der Vertragspartner bleibt Insolvenzgläubiger und kann nur Erfüllung in Höhe der Quote verlangen. Beteiligt er sich nicht am Verfahren, lebt sein Erfüllungsanspruch nach dessen Beendigung im Rahmen des § 201 wieder auf.

64 **d)** Eine **Umgehung** der Ablehnungserklärung **durch Freigabe**[2] des Schuldverhältnisses an den Insolvenzschuldner, ist dem Insolvenzverwalter **nicht möglich,**[3] da eine solche sich nur auf Massegegenstände selbst beziehen kann. Eine Ausnahme hierzu ist nur dann anzunehmen, wenn auch der Vertragspartner und der Insolvenzschuldner selbst die persönliche Fortsetzung im Verhältnis zueinander wünschen.[4]

4. Forderung wegen Nichterfüllung

65 **a)** Die **Rechtsgrundlage der Forderung wegen Nichterfüllung** war schon im Geltungsbereich der KO umstritten und wurde auch vom Gesetzgeber der InsO nicht geklärt. Vertreten wird die Auffassung, dass es sich um einen Schadensersatzanspruch nach bürgerlichem Recht (§§ 280 ff. BGB) handelt[5], nach anderer Auffassung liegt die Rechtsgrundlage im Insolvenzrecht (§§ 38, 45, 103).[6] Für die Praxis sind diese dogmatischen Fragen wenig relevant, zumal nach allgemeiner Auffassung die Grundsätze des bürgerlichen Rechts über den Schadensersatz wegen Nichterfüllung Anwendung finden.[7]

b) Anspruchsinhalt und Berechnung

66 Der Vertragspartner ist so zu stellen, wie er bei ordnungsgemäßer Erfüllung stünde, wobei die wechselseitigen Erfüllungsansprüche durch ein Abrechnungsverhältnis ersetzt werden, in das die Ansprüche der Vertragsparteien als unselbstständige Rechnungsposten eingestellt werden.[8]

67 Die Berechnung des Schadensersatzanspruchs richtet sich nach den §§ 249 ff. BGB, wobei auch §§ 252, 254 BGB grundsätzlich Anwendung finden[9] und der Gläubiger die Schadensberechnung wahlweise konkret oder abstrakt vornehmen

---

[1] *Kilger/K. Schmidt,* KO, § 17 Rn. 9.
[2] BGH NJW 1961, 1528.
[3] BGH NJW 1982, 768.
[4] *Kilger/K. Schmidt,* KO, § 17 Rn. 6.
[5] *Kuhn/Uhlenbruck,* KO, § 17 Rn. 37; RGZ 135, 170.
[6] *Jaeger/Henckel,* KO, § 17 Rn. 171.
[7] MünchKomm-*Kreft,* InsO, § 103 Rn. 184.
[8] RGZ 91, 30, 33; MünchKomm-*Huber,* InsO, § 103 Rn. 185; *Uhlenbruck/Berscheid,* InsO, § 103 Rn. 87.
[9] BGH NJW 1968, 985. MünchKomm-*Huber,* InsO, § 103 Rn. 186.

kann. Die vom Gläubiger noch nicht erbrachte Gegenleistung ist nach der uneingeschränkten Differenztheorie in den Schadensersatzanspruch miteinzubeziehen, da der Masse bei Erfüllungsablehnung durch den Insolvenzverwalter nicht die Gegenleistung aufgedrängt werden darf.[1] Dies erscheint auch insofern sachgerecht, als dass der Gläubiger kein Interesse an der Erbringung seiner eigenen Leistung haben dürfte, da diese nur zur Befriedigung des Gegenleistungsanspruchs in Höhe der Quote führen würde. Hat der Insolvenzschuldner für den Fall der Nichterfüllung eine Vertragsstrafe versprochen, so bestimmt diese das Interesse des Vertragspartners an der Erfüllung, sofern sie nicht den Betrag des Schadens des Gläubigers übersteigt.[2]

Übersteigt die vom Insolvenzschuldner erbrachte Teilleistung den Schadens- 68
ersatzanspruch des anderen Teils unter Einbeziehung der auch von diesem erbrachten Teilleistungen, so kann der Insolvenzverwalter einen Bereicherungsanspruch geltend machen.[3]

Hat der Insolvenzverwalter Sachen im Besitz, die ihm auf Grund des Vertrages 69
übergeben – aber noch nicht übereignet – worden waren, so hat er diese herauszugeben, da sein Besitzrecht mit Erfüllungsablehnung erlischt.[4] Im Gegensatz zur Situation der Erfüllung, kann der Gläubiger mit seiner Nichterfüllungsforderung grundsätzlich im Rahmen der §§ 94 ff. (der Anspruch muss auf Zahlung von Geld gerichtet sein) gegen massezugehörige Forderungen des Schuldners aufrechnen, da seine Forderung gerade aus dem vor Verfahrenseröffnung geschlossenen Vertrag resultiert.[5]

5. Unabdingbarkeit des Wahlrechts

Im Gegensatz zur KO regelt die Insolvenzordnung in § 119 nun ausdrücklich, 70
dass Vereinbarungen im Vorfeld der Insolvenz, die einen Ausschluss des Wahlrechts des Insolvenzverwalters vorsehen, unwirksam sind.[6]

Abweichende Vereinbarungen im Verhältnis von Insolvenzverwalter und Ver- 71
tragspartner nach Verfahrenseröffnung sind wohl möglich, sofern diese dem Verfahrenszweck nicht zuwiderlaufen.[7]

6. Wahlrecht contra Rücktrittsrecht

Das reformierte Schuldrecht hat (auch) bei einem gegenseitigen Vertrag i. S. d. 72
§ 103 in §§ 323, 324 BGB die Rücktrittsgründe gegenüber der alten Rechtslage

[1] *Jaeger/Henckel,* KO, § 17 Rn. 173; MünchKomm-*Kreft,* InsO, § 103 Rn. 186, 191; aA: *Musielak,* AcP 179, 189, 200 ff.

[2] *Jaeger/Henckel,* KO, § 17 Rn. 206.

[3] BGH NJW 1972, 1577; aA: *Kuhn/Uhlenbruck,* KO, § 26 Rn. 18, danach nur Abrechnungsverhältnis nach § 326 BGB aF, da der Vertragspartner auch keinen Schadensersatz verlangen könnte, wenn durch die Erfüllungsablehnung tatsächlich der Rechtsgrund entfiele.

[4] BGH NJW 1982, 768; MünchKomm-*Kreft,* InsO, § 103 Rn. 177.

[5] BGH ZIP 1991, 945 ff.; MünchKomm-*Kreft,* InsO, § 103 Rn. 29.

[6] Streitig; zum Meinungsstand vgl. die Kommentierung zu § 119. Nach OLG München BeckRS 2006, 07452 = ZInsO 2006, 1060) ist eine Regelung in einem KFZ-Händlervertrag, die dem Unternehmer ein Recht zur fristlosen Kündigung für den Fall einräumt, dass die Eröffnung des Insolvenzverfahrens über das Vermögen des Vertragshändlers beantragt wird, unwirksam.

[7] HK-*Marotzke,* InsO, § 103 Rn. 82 ff.; *Uhlenbruck/Berscheid,* InsO, § 103 Rn. 95.

erheblich erweitert (und dabei auf das Verschuldenserfordernis verzichtet).[1] Besonders problematisch sind die Fallgestaltungen in § 323 Abs. 2, 4 BGB, die den Rücktritt ohne Fristsetzung ermöglichen, aber auch keine Frist enthalten, innerhalb derer vom anderen Teil der Rücktritt erklärt werden muss. Fraglich ist das Verhältnis dieser Rücktrittsrechte zum Wahlrecht des Insolvenzverwalters, wenn der andere Vertragsteil im Zeitpunkt der Eröffnung des Insolvenzverfahrens oder im Zeitpunkt des Antrages auf Eröffnung des Verfahrens sein Rücktrittsrecht noch nicht ausgeübt hat.[2] Wäre der andere Vertragsteil weiterhin zum Rücktritt berechtigt, könnte er das Wahlrecht des Insolvenzverwalters aushöhlen. Dem Insolvenzverwalter könnte z. B. dadurch u. U. die Fortführung eines Geschäftsbetriebes unmöglich werden oder er könnte ein für die Masse günstiges (für den anderen Teil möglicherweise weniger günstiges) Geschäft nicht abwickeln. Der Gesetzgeber hat dieses Spannungsverhältnis anscheinend übersehen. Nach Sinn und Zweck der InsO, insbes. des § 103[3] sollte dieses Spannungsverhältnis (bis zu einer vom Gesetzgeber vorzunehmenden Gesetzesänderung) dadurch gelöst werden, dass der andere Vertragsteil das Rücktrittsrecht ab dem Eröffnungsantrag nicht mehr ausüben darf und nach Verfahrenseröffnung eine angemessene Frist setzen muss, innerhalb derer der Insolvenzverwalter erklären muss, ob er den Vertrag erfüllt. Wenn im Zeitpunkt der Verfahrenseröffnung der Rücktritt noch nicht erklärt war und der Verwalter Erfüllung wählt, werden die Ansprüche des anderen Teils zu originären Masseverbindlichkeiten erhoben, so dass er in der Regel nicht schlechter steht. Die Verpflichtung, eine angemessene Frist zu setzen, kann aus § 103 Abs. 2 S. 2 abgeleitet werden. Zumindest sollte dem Insolvenzverwalter analog § 103 Abs. 2 S. 2 oder § 350 BGB des Recht eingeräumt werden, dem anderen Teil eine Frist zur Erklärung über den Rücktritt zu setzen, mit der Folge, dass nach Fristablauf ohne Erklärung des anderen Teils der Insolvenzverwalter entscheiden kann, ob er Erfüllung wählt. Zwischen dem Eröffnungsantrag und der Eröffnung des Insolvenzverfahrens sollte das Rücktrittsrecht nach dem aus §§ 107, 112 ableitbaren Rechtsgedanken, auch dem vorläufigen Insolvenzverwalter die Fortführung des Geschäftsbetriebes zu ermöglichen und Sanierungsmöglichkeiten zu prüfen und zu erhalten, gesperrt bleiben.[4]

7. Praxishinweis

73 Der Insolvenzverwalter hat zunächst zu prüfen, ob die Erfüllung eines dem § 103 unterfallenden Vertrages für die Masse vorteilhaft ist. Gerade bei größeren Betriebsfortführungen kann diese Prüfung längere Zeit in Anspruch nehmen (z. B. insolvente Bauunternehmen mit mehreren Halbfertigen). Um zu vermeiden, dass bis zum Abschluss der Prüfung Handlungen – z. B. die Entgegennahme von Leistungen, die Verarbeitung von Eigentumsvorbehaltswaren – als konkludente Erfüllungserklärung/Nichterfüllung ausgelegt werden, bietet sich u. U. ein entsprechender schriftlicher Hinweis des Insolvenzverwalters an den anderen

---

[1] Vgl. *Palandt/Heinrich,* BGB, § 323 Rn. 1.

[2] Vgl. *Wittig,* ZInsO 2003, 629 ff., insbesondere zur Darlehenskündigung.

[3] BGH ZIP 2002, 858 ff., 862.

[4] Streitig; vgl. zu der Problematik *Marotzke,* KTS 2002, 1 ff.; *Uhlenbruck/Berscheid,* InsO, vor § 103 Rn. 18 ff., 20; *Scherer,* NZI 2002, 356 ff.; *B. Schmidt,* ZInsO, 2002, 103 ff.; *Mossler,* ZIP 2002, 1831 ff.; *Prütting,* NZI 2002, Heft 4, NZI aktuell, V f.

Vertragsteil/Gläubiger an. Dies kann auch für den vorläufigen Insolvenzverwalter empfehlenswert sein, wenn er, was in der Praxis häufiger vorkommt, von einem Vertragspartner bereits in dieser Phase des Verfahrens zur Erklärung veranlasst wird.[1]

Der Verwalter muss bei der Frage, ob ein Vertrag vorteilhaft ist, nicht nur den 74
direkten Überschuss zwischen Leistung und Gegenleistung beachten, sondern auch weitere Rechtsfolgen. So können z. B. umsatzsteuerlichen Konsequenzen bei langfristiger Produktion das Ergebnis für die Masse negativ werden lassen. Insbesondere aber durch die Änderung des Schuldrechts mit Wirkung zum 1. Januar 2002 sind für den Insolvenzverwalter erhebliche Probleme entstanden und Risiken zu berücksichtigen.

So wird z. B. in der Insolvenz des Verkäufers/Herstellers das grundlegend 75
geänderte Leistungsstörungsrecht den Insolvenzverwalter dazu zwingen, sich vor Erklärung der Erfüllung (wie auch im Rahmen der Fortführung des Geschäftsbetriebes eines produzierenden, Handel treibenden Unternehmens etc. und im Rahmen der Verwertung – auch von Absonderungsgut) über die damit nicht nur für die Masse, sondern u. U. auch für ihn selbst verbundenen Haftungsrisiken, Klarheit zu verschaffen. Wählt der Insolvenzverwalter Erfüllung, richtet sich der Vertrag inhaltlich weiterhin nach dem „ursprünglichen" Vertrag, wie er zurzeit der Insolvenzeröffnung zwischen den Parteien bestand.[2] Im Bereich des Beschaffungsrisikos trifft den Insolvenzverwalter bei feststehender Pflichtverletzung des Schuldners eine widerlegbare Verschuldensvermutung, § 280 Abs. 1 S. 2 BGB. Vor Insolvenzeröffnung eingetretener Verzug muss der Insolvenzverwalter gegen sich gelten lassen.[3] Hat der Insolvenzverwalter rechtzeitig geliefert, greift nun als Teil des neuen Leistungsstörungsrechts das Mängelhaftungsrecht.[4] Im Kaufvertragsrecht ist der Sachmangel in § 434 BGB geregelt, der Rechtsmangel in § 435 BGB; die Rechte des Käufers einer mangelhaften Sache sind in § 437 BGB geregelt, bei einem Verbrauchsgüterkauf (§§ 13, 14 BGB) enthalten die §§ 474 ff. BGB zusätzliche Besonderheiten, insbesondere auch die Rückgriffsansprüche/Lieferantenregress nach § 478 BGB. Am Ende stehen schließlich auch noch die neuen Verjährungsregeln. Die bisherige Regelverjährung von 30 Jahren ist auf drei Jahre reduziert worden, § 195 BGB. Die Verjährungsfristen für Gewährleistungsrechte im Kauf-, Werk- und Reisevertragsrecht sind von sechs Monaten auf zwei Jahre verlängert worden, §§ 438 Abs. 1 Nr. 3, 479, 634 a Abs. 1 Nr. 1, 651 g Abs. 2 BGB; für Bauwerke gilt eine Frist von fünf Jahren, §§ 438 Abs. 1 Nr. 2, 634 a Abs. 1 Nr. 2 BGB. Beim Verbrauchsgüterkauf sind die Verjährungsfristen für Ersatzansprüche nach § 478 Abs. 2 BGB auf zwei Jahre ab Ablieferung begrenzt, § 479 Abs. 1 BGB; zur Ablaufhemmung vgl. § 479 Abs. 2 BGB.[5]

---

[1] BGH NZI 2008, 36. Eine Aufforderung an den vorläufigen Insolvenzverwalter, sich bereits vor Eröffnung des Insolvenzverfahrens nach § 103 zu erklären, ist auch dann bedeutungs- und wirkungslos, wenn er mit dem späteren Insolvenzverwalter personenidentisch ist. MünchKomm-*Huber,* InsO, § 103 Rn. 184.

[2] MünchKomm-*Kreft,* InsO, § 103 Rn. 41.

[3] *Hess,* KO, § 17 Rn. 47.

[4] Vgl. dazu z. B. *Uhlenbruck/Berscheid,* InsO, vor § 103 Rn. 18 ff., 20; *Scherer,* NZI 2002, 356 ff.; *Boerner,* ZIP 2001, 2264 ff.; *Ringstmeier/Homann,* ZIP 2002, 505 ff.; *v. Westphalen,* ZIP 2002, 545 ff.; *B. Schmidt,* ZInsO, 2002, 103 ff.; *Marotzke,* ZInsO 2002, 501 ff.

[5] Zu rechts- und praxisrelevanten Auswirkungen des durch das MoMiG neu gefassten § 135 Abs. 3 auf § 103 und §§ 108–112 vgl. *K. Schmidt,* DB 2008, 1727 ff.

§ 104 Fixgeschäfte. Finanzleistungen

(1) **War die Lieferung von Waren, die einen Markt- oder Börsenpreis haben, genau zu einer festbestimmten Zeit oder innerhalb einer festbestimmten Frist vereinbart und tritt die Zeit oder der Ablauf der Frist erst nach der Eröffnung des Insolvenzverfahrens ein, so kann nicht die Erfüllung verlangt, sondern nur eine Forderung wegen der Nichterfüllung geltend gemacht werden.**

(2) **War für Finanzleistungen, die einen Markt- oder Börsenpreis haben, eine bestimmte Zeit oder eine bestimmte Frist vereinbart und tritt die Zeit oder der Ablauf der Frist erst nach der Eröffnung des Verfahrens ein, so kann nicht die Erfüllung verlangt, sondern nur eine Forderung wegen der Nichterfüllung geltend gemacht werden. Als Finanzleistungen gelten insbesondere**

1. **die Lieferung von Edelmetallen,**
2. **die Lieferung von Wertpapieren oder vergleichbaren Rechten, soweit nicht der Erwerb einer Beteiligung an einem Unternehmen zur Herstellung einer dauernden Verbindung zu diesem Unternehmen beabsichtigt ist,**
3. **Geldleistungen, die in ausländischer Währung oder in einer Rechnungseinheit zu erbringen sind,**
4. **Geldleistungen, deren Höhe unmittelbar oder mittelbar durch den Kurs einer ausländischen Währung oder einer Rechnungseinheit, durch den Zinssatz von Forderungen oder durch den Preis anderer Güter oder Leistungen bestimmt wird,**
5. **Optionen und andere Rechte auf Lieferungen oder Geldleistungen im Sinne der Nummern 1 bis 4,**
6. **Finanzsicherheiten im Sinne des § 1 Abs. 17 des Kreditwesengesetzes.**

Sind Geschäfte über Finanzleistungen in einem Rahmenvertrag zusammengefaßt, für den vereinbart ist, daß er bei Vorliegen eines Insolvenzgrundes nur einheitlich beendet werden kann, so gilt die Gesamtheit dieser Geschäfte als ein gegenseitiger Vertrag im Sinne der §§ 103, 104.

(3) **Die Forderung wegen der Nichterfüllung richtet sich auf den Unterschied zwischen dem vereinbarten Preis und dem Markt- oder Börsenpreis, der zu einem von den Parteien vereinbarten Zeitpunkt spätestens jedoch am fünften Werktag nach der Eröffnung des Verfahrens am Erfüllungsort für einen Vertrag mit der vereinbarten Erfüllungszeit maßgeblich ist. Treffen die Parteien keine Vereinbarung, ist der zweite Werktag nach der Eröffnung des Verfahrens maßgebend. Der andere Teil kann eine solche Forderung nur als Insolvenzgläubiger geltend machen.**

Übersicht

1. Normzweck

§ 104 trägt dem Umstand Rechnung, dass die Zeitspanne der Ungewissheit, die erst mit der Ausübung des Wahlrechts des Insolvenzverwalters endet, nicht bei allen Vertragstypen hingenommen werden kann. Gerade für Fixgeschäfte und Finanztermingeschäfte, bei welchen die punktgenaue Einhaltung von Zeit oder Zeitraum eine unbedingte Vertragspflicht darstellt, ist eine sofortige Klärung der Rechtslage wesentlich, da diese erheblichen Preisschwankungen am Markt und an der Börse ausgesetzt sind. Dem Vertragspartner soll es deshalb durch rasche Fixierung der Rechtslage ermöglicht werden, sofort Ersatzgeschäfte zu tätigen.[1] Dem Insolvenzverwalter wird dadurch die Möglichkeit von Kursspekulationen genommen.[2] 1

2. Voraussetzungen

a) Abs. 1 gilt für Fixgeschäfte über Warenlieferungen. **aa)** Wie schon im Rahmen des § 103, muss ein **gegenseitiger Vertrag** zwischen den Parteien bestehen, der **noch auf keiner Seite vollständig erfüllt** ist. 2

bb) Der Vertrag muss sich auf **Waren** beziehen. Solches sind bewegliche Sachen und körperliche Gegenstände gem. §§ 1 Abs. 2 Nr. 1 HGB, 90 BGB.[3] Solches sind auch Flüssigkeiten, der elektrische Strom, Wertpapiere, die unter § 952 BGB fallen, nicht aber Immobilien, Forderungen und Rechte. 3

cc) Es muss ein **Markt- oder Börsenpreis** der Ware objektiv zu ermitteln sein, was nur bei vertretbaren Sachen i. S. d. § 91 BGB der Fall ist. Amtliche Feststellungen und Ermittlungen durch Sachverständige sind hierbei möglich. 4

dd) Ferner muss es sich um ein **Fixgeschäft** nach § 323 Abs. 2 Ziff. 2 BGB nF (vgl. § 361 BGB aF), § 376 HGB, §§ 50 ff. BörsG handeln. Bei solchen ist die Lieferung zu einer festbestimmten Zeit oder innerhalb einer festbestimmten Frist ein so wesentlicher Vertragsbestandteil, dass das Geschäft damit steht und fällt.[4] Der Fristablauf oder der Termin dürfen nicht vor Verfahrenseröffnung eintreten, da Abs. 1 die Zeit oder den Fristablauf auf nach der Verfahrenseröffnung festschreibt. Auch auf Fixgeschäfte, die am Tag der Eröffnung des Insolvenzverfahrens oder am ersten Werktag danach erfüllt werden müssen, ist Abs. 1 anwendbar.[5] 5

b) In Abs. 2 werden auch **Finanzleistungen,** wenn sie einen bestimmten Markt- oder Börsenpreis haben, dem Wahlrecht des Insolvenzverwalters entzogen.[6] Solches sind Termingeschäfte, bei denen erst zu einem hinausgeschobenen Zeitpunkt geliefert und bezahlt werden muss, in ihrer Grundform der Option oder des Festgeschäftes über Finanzprodukte, zu denen insbesondere Devisen, Wertpapiere, Edelmetalle, Forderungen und Optionen sowie Finanzsicherheiten 6

---

[1] RG LZ 1915, 430.

[2] *Berger,* in Kölner Schrift, S. 499 ff. Rn. 40.

[3] FK-*Wegener,* InsO, § 104 Rn. 7.

[4] *Palandt/Heinrichs,* BGB, § 323 Rn. 20.

[5] MünchKomm-*Jahn,* InsO § 104 Rn. 42; HK-*Marotzke,* InsO, § 104 Rn. 8; aA: zur Vorgängerregelung § 18 KO z. B. *Jaeger/Henckel,* KO, § 18 Rn. 10 f.

[6] Vgl. *Ehricke,* ZIP 2003, 273 ff.

i. S. d. § 1 Abs. 17 KWG zählen.[1] Der Katalog des Abs. 2 dient lediglich der Klarstellung, ist jedoch nicht abschließend, um künftigen Entwicklungen Rechnung zu tragen.[2]

7 Im Gegensatz zu Abs. 1 müssen Lieferzeit und -frist nicht „genau" und „festbestimmt" sein, sondern nur „bestimmt", was als Abgrenzung zu Geschäften ohne Fristbestimmung zu verstehen ist, **nicht** jedoch eine **Beschränkung auf Fixgeschäfte** darstellt.[3] Der Vertrag darf von keiner Seite vollständig erfüllt sein.

8 Nach Abs. 2 S. 3 sind Geschäfte über Finanzleistungen, die in einem Rahmenvertrag mit Gesamtbeendigungsklausel zusammengefasst sind, als ein gegenseitiger Vertrag i. S. d. §§ 103, 104 zu behandeln. Dadurch wird sichergestellt, dass bei vollständiger Erfüllung eines einzelnen Geschäftes auf Seiten einer Vertragspartei die Saldierungsmöglichkeit – das „Netting" (Saldierung positiver und negativer Marktwerte schwebender Finanztermingeschäfte[4]) – des § 104 zur Risikominimierung erhalten bleibt, da die Geschäfte als Einheit fingiert werden[5]. Da in Abs. 2 S. 3 nur Finanzleistungen erwähnt sind, die von Abs. 1 nicht erfasst werden, erfasst die Verweisung in Abs. 2 S. 3 auf § 104 auch nur Abs. 2 S. 1, ein Netting erfolgt damit im Rahmen des Abs. 1 nicht.[6] Die Fiktion gilt auch im Rahmen des § 103, wenn zwar die Voraussetzungen des § 104 Abs. 2 S. 3 erfüllt sind, nicht aber die des Abs. 2 S. 1, so dass § 103 Anwendung findet. Der Insolvenzverwalter kann dann nur die Erfüllung des gesamten zusammengefassten Geschäftes verlangen.[7]

3. Rechtsfolgen

9 § 104 ist lex specialis zu § 103 und nimmt dem Insolvenzverwalter in den dargestellten Fällen des Abs. 1 und 2 sein Wahlrecht. Die Erfüllungspflichten der Parteien erlöschen bereits mit Verfahrenseröffnung, und es entsteht kraft Gesetzes ein Differenzgeschäft.

10 Statt des Primäranspruchs hat der Vertragspartner nun eine Forderung wegen Nichterfüllung. Nach der bisherigen Fassung des Abs. 3, der die Art und Weise der Berechnung der Nichterfüllungsforderung regelt, belief sich der Ersatzanspruch wegen Nichterfüllung auf die Preisdifferenz zwischen vertraglicher Vereinbarung und dem am zweiten Werktag nach Verfahrenseröffnung für einen derartigen Vertrag mit Bestimmung einer Erfüllungszeit maßgeblichen Markt- oder Börsenpreis. Durch das „Gesetz zur Umsetzung der Richtlinie 2002/47EG vom 6. Juni 2002 über Finanzsicherheiten und zur Änderung des Hypothekenbankgesetzes und anderer Gesetze" ist Abs. 3 neu gefasst worden und bietet mit fünf Werktagen (gegenüber vormals nur zwei) nun einen größeren Spielraum für eine Vereinbarung; gem. Abs. 3 S. 2 gelten subsidiär noch zwei Werktage. Nach

---

1 *Bosch,* WM 1995, 365, 366, 370; *Ehricke,* ZIP 2003, 273 ff.

2 FK-*Wegener,* InsO, § 104 Rn. 16 ff.; zu den einzelnen Finanzleistungen des Abs. 2 vgl. MünchKommInsO-*Jahn,* § 104 Rn. 17 ff.; *Uhlenbruck/Lüer,* InsO, § 104 Rn. 56 ff.

3 *Bosch,* WM 1995, 413, 417; HK-*Marotzke,* InsO, § 104 Rn. 4, 5; vgl. auch *Ehricke,* NZI 2006, 564 ff. zu den Möglichkeiten und Grenzen vertraglicher Absprachen im Rahmen des § 104 Abs. 2, 3.

4 *Bosch,* in Kölner Schrift, S. 1009 ff. Rn. 8; *Benzler,* ZInsO 2000, 1 ff.

5 HK-*Marotzke,* InsO, § 104 Rn. 6.

6 HK-*Marotzke,* InsO, § 104 Rn. 6.

7 HK-*Marotzke,* InsO, § 104 Rn. 7.

der Neufassung des Abs. 3 S. 1 richtet sich die Differenzforderung im Falle einer Vereinbarung der Parteien über den Zeitpunkt spätestens nach dem am fünften Werktag nach Verfahrenseröffnung maßgeblichen Unterschied zwischen vereinbartem Preis und Markt- oder Börsenpreis, andernfalls ist der zweite Werktag nach Eröffnung maßgeblich. Ist der Preis für diesen Tag einmal nicht zu ermitteln, kann der des vorherigen Tages zugrunde gelegt werden, was aus dem Verzicht auf eine dem § 18 Abs. 3 KO entsprechende Regelung zu entnehmen ist.[1]

Übersteigt der Markt- oder Börsenpreis den vertraglich vereinbarten Preis, kann der Vertragspartner des Schuldners diesen als Insolvenzforderung geltend machen, ist er niedriger, steht stattdessen dem Schuldner bzw. der Masse die Differenz zu.[2] Makler- und Provisionsgebühren sowie bereits geleistete Anzahlungen sind bei Berechnung der Differenzhaftung zu berücksichtigen.[3] Für bereits erbrachte Teillieferungen finden dagegen §§ 38, 105 S. 1 Anwendung, für noch nicht erbrachte bleibt es bei der Anwendung des § 104. Ob tatsächlich ein Deckungsgeschäft getätigt wird und zu welchen Bedingungen, bleibt unbeachtlich.[4] 11

Die Umwandlung ist endgültig und bleibt auch nach Aufhebung des Eröffnungsbeschlusses bestehen.[5] 12

4. Unabdingbarkeit

§ 104 ist nach § 119 zwingend und unabdingbar.[6] 13

5. Praxishinweis

In der Bankpraxis hat das **„Close-Out-Netting"** des § 104 Abs. 2, 3 besonderen Stellenwert erlangt. Durch derartige Vereinbarungen werden im Zweiparteienverhältnis alle noch nicht fälligen Forderungen unter bestimmten Umständen fällig gestellt, in einer Währung berechnet und zu einem Nettobetrag aufgerechnet.[7] 14

Die Unwägbarkeiten des geltenden Insolvenzrechts können so vermieden und durch Lösungsklauseln ersetzt werden. Derartige Vereinbarungen sind meist in einem Rahmenvertrag enthalten, der das „Cherry Picking", die Ausübung des Verwalterwahlrechts selektiv für jeden Einzelvertrag, vermeidet.[8] 15

Derartige Vereinbarungen sind im Lichte des § 119 nur dann als wirksam anzusehen, wenn sie eine Rechtslage herbeiführen, die der entspricht, die in § 104 Abs. 2 S. 1 und Abs. 3 normiert ist. 16

---

[1] Begründung Rechtsausschuss § 118, abgedruckt in *Balz/Landfermann,* S. 330 f.
[2] *Kuhn/Uhlenbruck,* KO, § 18 Rn. 9; FK-*Wegener,* InsO, § 104 Rn. 25, 27.
[3] *Jaeger/Henckel,* KO, § 18 Rn. 22; HK-*Marotzke,* InsO, § 104 Rn. 12 ff.
[4] RG LZ 1915, 540.
[5] *Jaeger/Henckel,* KO, § 18 Rn. 17; HK-*Marotzke,* InsO, § 104 Rn. 2.
[6] Siehe Kommentierung zu § 119 sowie *Fülbier,* ZIP 1990, 680 ff.; Begründung RegE, § 137, abgedruckt in *Balz/Landfermann,* S. 346 f.; HK-*Marotzke,* InsO, § 104 Rn. 15 und § 119 Rn. 3.
[7] *Berger,* in Kölner Schrift, aaO, Rn. 44; *Benzler,* ZInsO 2000, 1 ff.; MünchKomm-*Jahn,* InsO § 104 Rn. 149 ff., 152.
[8] *Bosch,* WM 1995, 367.

§ 105 Teilbare Leistungen

Sind die geschuldeten Leistungen teilbar und hat der andere Teil die ihm obliegende Leistung zur Zeit der Eröffnung des Insolvenzverfahrens bereits teilweise erbracht, so ist er mit dem der Teilleistung entsprechenden Betrag seines Anspruchs auf die Gegenleistung Insolvenzgläubiger, auch wenn der Insolvenzverwalter wegen der noch ausstehenden Leistung Erfüllung verlangt. Der andere Teil ist nicht berechtigt, wegen der Nichterfüllung seines Anspruchs auf die Gegenleistung die Rückgabe einer vor der Eröffnung des Verfahrens in das Vermögen des Schuldners übergegangenen Teilleistung aus der Insolvenzmasse zu verlangen.

Übersicht

1. Normzweck

1 § 105 S. 1 ist eine Regelung, die der KO fremd war, jedoch der des § 36 Abs. 2 S. 1 VglO entspricht, durch welche ein Vertragspartner nach altem Recht im Vergleich schlechter gestellt werden konnte als im Konkurs.[1] Das Alles-oder-nichts-Prinzip des alten Rechts wird durch sie aufgehoben und durch eine Flexibilisierung des Wahlrechts ersetzt.[2]

2 Dem Insolvenzverwalter wird dadurch ermöglicht, Erfüllung von Verträgen über teilbare Leistungen zu verlangen, ohne dass er dadurch die Gegenleistung für bereits vor Verfahrenseröffnung erbrachte Teilleistungen erbringen müsste. Der Umweg über eine Mehrbelastungen der Masse vermeidende Vertragsablehnung und einen neuen Vertragsschluss für die Zukunft zu unter Umständen schlechteren Konditionen muss dadurch nicht mehr in Kauf genommen werden (zu Ausnahmen vgl. unten Ziff. 5).

3 § 105 S. 2 ist demgegenüber an § 26 S. 1 KO angelehnt und nimmt dem Vertragspartner die Möglichkeit, die Beschränkung seiner Rechtsstellung durch Rückgabeverlangen hinsichtlich der bereits erbrachten Teilleistungen zu kompensieren.[3]

4 § 105 S. 2 erfasst nicht nur teilbare Leistungen, sondern gilt (wie § 26 S. 1 KO) für alle Rechtsverhältnisse.[4]

---

[1] *Tintelnot,* ZIP 1995, 616, 619.

[2] *Pape,* in Kölner Schrift, 531 ff. Rn. 4.

[3] RegE zu § 119, abgedruckt in *Balz/Landfermann,* S. 331 f.

[4] RGZ 84, 228, 234; MünchKomm-*Kreft,* InsO § 105 Rn. 38; *Uhlenbruck/Berscheid,* InsO, § 105 Rn. 4 und 46.

2. Voraussetzungen

a) Die beiderseitigen Leistungen müssen jeweils **teilbar** sein. Der Begriff ist weit auszulegen und verlangt, dass sich eine erbrachte (Teil-)Leistung feststellen und bewerten lässt.[1] 5

Gleichartigkeit der Teile oder, dass die Vorleistung synallagmatisch ist, wird nicht verlangt. Eine bloße zeitliche Teilbarkeit genügt hingegen nicht.[2] 6

b) Die Teilerfüllung darf nicht gleichmäßig auf beiden Seiten erfolgt sein. Der andere Teil (Vertragspartner) muss **Vorleistungen** erbracht haben, die noch nicht ausgeglichen sind. Wenn beide Vertragsteile Leistungen erbracht haben, erfasst § 105 Abs. 1 nur einen überschießenden Teil.[3] 7

3. Rechtsfolgen

Der Vertragspartner ist bezüglich bereits erbrachter Teilleistungen gemäß **§ 105 S. 1** in jedem Fall Insolvenzgläubiger, unabhängig davon, ob sich der Insolvenzverwalter für oder gegen die Erfüllung entscheidet. Bei Erfüllungsverlangen des Insolvenzverwalters folgt dies unmittelbar aus dieser Norm, bei Erfüllungsablehnung kommt § 103 Abs. 2 S. 1 bezüglich der Nichterfüllungsforderung zum gleichen Ergebnis. Bei Erfüllungswahl noch zu erbringende Teilleistungen begründen dagegen Masseforderungen gem. §§ 103 Abs. 1, 55 Abs. 1 Nr. 2. Auch kann der Vertragspartner bei Wahl der Nichterfüllung durch den Insolvenzverwalter wegen **§ 105 S. 2** bisherige Leistungen nicht zurückverlangen, selbst wenn ihm für den Fall der Nichterfüllung durch den Schuldner ein Rücktrittsrecht zusteht.[4] Ebensowenig steht ihm die Möglichkeit offen, die weitere Erfüllung von der Befriedigung seiner noch ausstehenden Forderungen abhängig zu machen, da sich die §§ 103 ff. insofern als verfahrensrechtliche Modifikation der §§ 320 ff. BGB verstehen.[5] 8

Dies könnte in seiner Gesamtheit eine unzumutbare Belastung für den Vertragspartner darstellen, da dessen Vertragskalkulationen bei Abschluss des Vertrages gänzlich außer Acht gelassen werden.[6] Allerdings hat der Vertragspartner das Vorleistungsrisiko bezüglich der Teilleistung auf sich genommen, was ihn weniger schutzwürdig erscheinen lässt.[7] In Anbetracht dessen, dass der Vertragspartner für 9

---

[1] BGHZ 67, 242, 249; BGH ZIP 1994, 715, 717; BGH NZI 2002, 375 ff.; OLG Düsseldorf NZI 2006, 297 zur Teilbarkeit des Versicherungsvertragsverhältnisses; MünchKomm-*Kreft,* InsO § 105 Rn. 14; *Uhlenbruck/Berscheid,* InsO, § 105 Rn. 6; kritisch *Kesseler,* ZIP 2005, 2046 ff. mwN.

[2] *Kübler/Prütting/Bork/Tintelnot,* InsO, § 105 Rn. 4.

[3] *Nerlich/Römermann/Balthasar,* InsO, § 105 Rn. 9; *Uhlenbruck/Berscheid,* InsO, § 105 Rn. 21, 22.

[4] AA: *Marotzke,* Gegenseitige Verträge im neuen Insolvenzrecht, Rn. 7.17 ff., wonach ein Rückgabeanspruch als Insolvenzforderung angemeldet werden könne.

[5] *Kübler/Prütting/Bork/Tintelnot,* InsO, § 103 Rn. 5 f.; *Uhlenbruck/Berscheid,* InsO, § 105 Rn. 24; aA: HK-*Marotzke,* InsO, § 105 Rn. 5, nach dem der Ausschluss von Zug-um-Zug-Einreden auch nicht stillschweigend von § 105 vorausgesetzt wird.

[6] *Henckel,* ZZP 99 (1986), 419, 442.

[7] Nach LG Rostock BeckRS 2007 15966 = ZIP 2007, 2379 muss der Vertragspartner bei Erfüllungswahl (§ 105) zu den bisherigen günstigeren Konditionen liefern, der Insolvenzverwalter kann diese Verpflichtung u. U. sogar im Wege des einstweiligen Rechts-

noch zu erbringende Teilleistungen außerdem Massegläubiger wird, ist dies deshalb hinzunehmen. Die Rückforderung nach Abs. 2 ist aber nur dann ausgeschlossen, wenn die (Teil-)Leistung in das Vermögen des Schuldners wirksam übergegangen ist, Teil der Masse ist. Wenn die Sache unter Eigentumsvorbehalt geliefert war, der Eigentumsübergang auf den Schuldner im Zeitpunkt der Verfahrenseröffnung noch nicht vollzogen ist, wird § 105 durch § 107 Abs. 1 verdrängt.[1]

4. Erfasste Vertragsverhältnisse

10 **a)** Schon das Reichsgericht sah alle Dauerschuldverhältnisse, deren zeitlich ablaufende Leistungen sich dem Wert nach teilen ließen, als teilbare Leistung an.[2] Demnach sind gem. § 105 zu behandeln: Sukzessivlieferungsverträge, Wiederkehrschuldverhältnisse (Verträge über den Bezug von Versorgungsleistungen)[3] aber auch Bau- und sonstige Werkleistungen,[4] wenn z. B. sich die Vergütung gem. § 2 Nr. 2 VOB/B an Einheitspreisen bemisst[5] oder eine Aufteilung in verschiedene Gewerke[6] möglich ist. Eine Teilbarkeit kann jedoch auch beim Vorliegen dieser Kriterien nicht immer zwingend angenommen werden, entscheidend ist der Einzelfall.

11 **b)** Die miet- oder pachtweise Überlassung einer beweglichen Sache ist teilbar, wie die Gesamtwürdigung von § 108 betreffend Mietverträge über unbewegliche Sachen deutlich macht.[7] Daraus folgt allgemein formuliert, dass die Gewährung von Kapital gegen Zinszahlung (Darlehen) gleichfalls teilbar ist. Die nach Monaten oder Quartalen bemessene Verpflichtung zur Leistung von Mietzinsen für eine bewegliche Sache entspricht der nach Monaten oder Quartalen bemessenen Zinszahlungsverpflichtung für die Nutzung überlassenen Kapitals.[8]

12 Vor diesem Hintergrund ist nicht recht verständlich, warum streitig sein soll, dass Leasingverträge gleichfalls teilbare Leistungen i. S. d. § 105 darstellen. Soweit geltend gemacht wird, dass neben der entgeltlichen Gebrauchsüberlassung auch ein Finanzierungsleistungsanteil enthalten ist, überzeugt dies nicht. Auch in jeder regulären Miete steckt kalkulatorisch neben dem Kapitaleinsatz auch die Abnutzung der Mietsache.[9] Leasingverträge über bewegliche Sachen fallen unter § 105, soweit § 108 Abs. 1 S. 2 nicht einschlägig ist.[10]

---

schutzes durchsetzen; Vergleiche auch *Häsemeyer,* KTS 82, 507, der anhand des Grundsatzes der Gläubigergleichbehandlung die quotale Befriedigung aus Gründen der Verursachung von Vermögensumsetzungen beim Schuldner rechtfertigt.

[1] *Uhlenbruck/Berscheid,* InsO, § 105 Rn. 43

[2] RGZ 155, 306, 316.

[3] Vgl. BGH ZInsO 2001, 71.

[4] BGH NZI 2002, 375 ff., 1094; krit. *Kesseler,* ZIP 2005, 2046 ff. mwN.

[5] BGHZ 129, 336, 342 f. (im Gegensatz zu BGH 68, 379, 381 f.).

[6] BGH NJW 1977, 50 f.

[7] Zutreffend HK-*Marotzke,* InsO, § 105 Rn. 12.

[8] Vgl. zur in gewisser Weise beliebigen wirtschaftlichen Auswechselbarkeit von Miete und Darlehen: *Braun,* ZIP 1983, 1175 ff.; HK-*Marotzke,* § 105 Rn. 13; *Nerlich/Römermann/Balthasar,* § 105 Rn. 8.

[9] *Tintelnot,* ZIP 1995, 616, 620; *Obermüller,* Insolvenzrecht in der Bankpraxis, Rn. 7.17.

[10] *Uhlenbruck/Berscheid,* InsO, § 105 Rn. 18; *Uhlenbruck/Sinz,* InsO, § 108 Rn. 84 ff.

5. Unabdingbarkeit

Wegen § 119 kann der Begriff der Teilbarkeit nicht abweichend von § 105 S. 1 vereinbart werden. Auch § 105 S. 2 enthält zwingendes Recht.[1] 13

6. Praxishinweise

Die Regelung löst vor allem praktische Probleme und sichert nunmehr Sonderkonditionen auch für künftige Lieferungen. Aber auch Dauerschuldverhältnisse, die keine unbeweglichen Gegenstände oder Räume betreffen, kommen für eine Erfüllungswahl nur für die Zukunft in Betracht. Hinfällig wird durch die Neuregelung vor allem die Unterscheidung zwischen Sukzessivlieferungsverträgen und Wiederkehrschuldverhältnissen, die etwa im Bereich der Energielieferungsverträge zur Vermeidung unbilliger Ergebnisse entwickelt wurde.[2] 14

Vor einer (freudigen) Anwendung insbesondere in VOB-Bauvertragssachverhalten sei aber gewarnt. Von erheblicher (auch haftungsrechtlicher) Bedeutung für die Entscheidung des Insolvenzverwalters, ob er Erfüllung/Nichterfüllung wählt, sind neben den höchstrichterlich noch nicht entschiedenen Folgen von vor Eröffnung mangelhaft erbrachten Teilleistungen[3] auch steuerliche Folgen, wenn die Leistung (Lieferung) teilbar oder nichtteilbar ist. 15

a) So sind im Bereich des Einkommensteuerrechts die §§ 48, 48 a–c EStG zur so genannten Bauabzugsteuer zu beachten: 15a

Nach § 48 EStG ist der Leistungsempfänger, wenn er Unternehmer ist, verpflichtet, von der Gegenleistung des leistenden Bauunternehmers für dessen Rechnung einen Abzug von 15% vorzunehmen und an das Finanzamt abzuführen, wenn der Leistende keine Freistellungsbescheinigung vorlegt. Das Finanzamt hat eine Freistellungsbescheinigung gem. § 48 b Abs. 1 S. 1 EStG auf Antrag des Leistenden u. a. dann zu erteilen, wenn der durch den Steuerabzug zu sichernde Steueranspruch nicht gefährdet ist. Da § 48 b Abs. 1 S. 1 EStG das Tatbestandsmerkmal der Gefährdung des Steueranspruchs nicht definiert, in § 48 b Abs. 1 S. 2 EStG vielmehr nur nicht abschließende Fallbeispiele aufgezählt sind, wurden anfänglich Anträge von Insolvenzverwaltern insolventer Bauunternehmen (Leistende i. S. d. § 48 EStG) auf Erteilung einer Freistellungsbescheinigung (ohne Vorlage einer Bescheinigung kann der Auftraggeber/Drittschuldner insoweit die Leistung verweigern, der Insolvenzverwalter ist also beim Forderungseinzug vor entsprechende Probleme gestellt) auch auf Grundlage von entsprechenden Erlassen der Landesfinanzministerien mit dem Argument abgelehnt, dass bei Erteilung der Freistellungsbescheinigung die Drittschuldner Zahlung nur an den Insolvenzverwalter leisten würden und mangels vollständiger Befriedigungsaussicht der Steuerforderung im Insolvenzverfahren eine Gefährdung des zu sichernden Steueranspruchs zumindest dann vorliege, wenn es sich um Forderungen des Schuldners handelt, die vor Verfahrenseröffnung begründet wurden.[4] Die Finanzverwal-

---

[1] MünchKomm-*Kreft,* InsO § 105 Rn. 37, 40.

[2] *Häsemeyer,* Insolvenzrecht, Rn. 20.27.

[3] Vgl. einerseits MünchKomm-*Kreft,* InsO § 105 Rn. 18; *Uhlenbruck/Berscheid,* InsO, § 105 Rn. 25 ff., 36; *Huber,* ZInsO, 2005, 449 ff. mwN, andererseits krit. *Kesseler,* ZIP 2005, 2046 ff. mwN.

[4] Vgl. auch Erlass des FinMin Saarland vom 3. 7. 2002, DStZ 2002, 653 = NZI 2002, 595, 596; Schreiben des BMF vom 27. 12. 2002, BStBl. I 2002, S. 1399 ff., 1402, 1403.

tung musste durch eine Entscheidung des BFH[1], der darauf hingewiesen hat, dass die Insolvenz des Bauunternehmers nicht allgemein als Begründung für eine Ablehnung des Antrags des Insolvenzverwalters auf Erteilung einer Freistellungsbescheinigung ausreicht und auch auf die Anfechtbarkeit von Zahlungen durch den Leistungsempfänger hingewiesen hat, zum Umdenken veranlasst werden. Die OFD Hannover hat mit Verfügung vom 22. 4. 2003[2] die ihr unterstehenden Finanzämter angewiesen, dem Insolvenzverwalter, bei dem davon auszugehen ist, dass er seine steuerlichen Pflichten erfüllt, eine Freistellungsbescheinigung grundsätzlich zu erteilen, unabhängig davon, ob die Bauleistung vor oder nach der Eröffnung des Insolvenzverfahrens erbracht wurde. Das BFM hat im Anschluss an die Entscheidung des BFH mit Schreiben vom 4. 9. 2003[3] sein Schreiben vom 27. 12. 2002 ebenfalls entsprechend geändert und unter Bezugnahme auf die BFH-Entscheidung wohl zur Vermeidung unnötiger Anfechtungsklagen die Weisung erteilt, Steuerabzugsbeträge, die auf Bauleistungen beruhen, die vor Verfahrenseröffnung ausgeführt wurden und nach Verfahrenseröffnung vom Leistungsempfänger an das Finanzamt abgeführt wurden, an die Insolvenzmasse auszukehren.

16 **b)** Im Bereich des Umsatzsteuerrechts ist in der Insolvenz des Bauunternehmens[4] zunächst Folgendes zu bedenken:

Hat das Bauunternehmen den überwiegenden Teil des Auftrages, des Objekts im Zeitpunkt der Insolvenzeröffnung bereits hergestellt und sind die erbrachten Leistungen nicht bereits durch Abschlagszahlungen vollständig ausgeglichen, wird der Insolvenzverwalter (ggf. vorbehaltlich der Klärung der Problematik des Gewährleistungseinbehalts und der Beseitigung von schon absehbaren Mängeln) auf den ersten Blick durch die Erfüllungswahl mit der noch ausstehenden geringen Restleistung einen nicht unerheblichen Massezufluss erwirtschaften können. Auf den zweiten Blick kann diese Entscheidung jedoch zu einer erheblichen Masseschmälerung führen: Bei einem Werklieferungsvertrag (§ 651 BGB) errichtet das insolvente Bauunternehmen mit von ihm beschafften Material auf dem Grundstück des Bestellers einen Neubau, ein Werk. Umsatzsteuerrechtlich handelt es sich dabei nach § 3 Abs. 3 UStG um eine Lieferung. Diese Lieferung ist nach § 3 Abs. 1 UStG ausgeführt, wenn das Werk fertiggestellt und dem Besteller übergeben, ihm umsatzsteuerrechtlich die wirtschaftliche Verfügungsmacht über das Werk verschafft ist.[5] Erst mit dieser vollständigen Erfüllung entsteht die Umsatzsteuerforderung – der Umsatzsteueranspruch entsteht nach § 13 Abs. 1 Nr. 1 UStG mit Ablauf des Voranmeldezeitraums, in dem die Lieferung ausgeführt ist. Wählt der Insolvenzverwalter Erfüllung, entsteht nach ganz hM auch bei einer i. S. d. § 105 S. 1 teilbaren Lieferung (Leistung) die Umsatzsteuer aus der vollständigen Leistung nach Verfahrenseröffnung als Masseverbindlichkeit nach § 55 Abs. 1 Nr. 1, der Umsatzsteueranspruch ist erst nach Verfahrenseröffnung begründet i. S. d. § 38.[6] Die so entstandene Masseverbindlichkeit kann die zur

---

[1] BFH NZI 2003, 169 ff.

[2] BFH NZI 2003, 429.

[3] BFH NZI 2003, 643, 644.

[4] Vgl. dazu auch *Uhlenbruck/Berscheid,* InsO, § 105 Rn. 25 ff.

[5] BFH BStBl. II 1976, 309.

[6] BFH NZI 2009, 662 m. Anm. *Abenheimer* FD-InsR 2009, 288510; BFH BStBl. II 1978, 483, 485 sowie BFH KTS 1979, 208, 209; insoweit ist es unerheblich, ob der

Masse realisierte oder realisierbare Gegenleistung u. U. erheblich übersteigen. Nach der hM sind die umsatzsteuerlichen Masseverbindlichkeiten bei der Erfüllungswahl nur insoweit nicht auf die vollständige Bauleistung bezogen, als vor Verfahrenseröffnung gem. § 13 Abs. 1 Nr. 1a S. 4 UStG eine Anzahlungsbesteuerung vorgenommen worden ist.

Durch § 13b UStG in der Insolvenz des Bauunternehmers teilweise eine Erleichterung gegenüber der früheren Rechtslage[1] eingetreten, da Steuerschuldner der in § 13b Abs. 1 UStG nF aufgeführten Lieferungen und sonstigen Leistungen, insbesondere von Lieferungen im Zusammenhang mit der Herstellung von Bauwerken etc. (§ 13b Abs. 1 Satz 1 Nr. 4 UStG) gem. § 13b Abs. 2 UStG nunmehr der Leistungsempfänger ist, wenn dieser Unternehmer ist, der selbst Leistungen im Sinne des § 13b Abs. 1 Satz 1 Nr. 4 Satz 1 UStG erbringt. Der leistende Unternehmer ist in diesem Fall nicht (mehr) Schuldner der Umsatzsteuer. Gem. § 14a Abs. 5 UStG (nF) ist in der Rechnung des leistenden Unternehmers, in der auf die Steuerschuldnerschaft des Leistungsempfängers hinzuweisen ist, die Umsatzsteuer (§ 14 Abs. 4 S. 1 Nr. 8 UStG) nicht mehr auszuweisen; sie stellt damit im Gegensatz zur früheren Rechtslage in der Insolvenz des leistenden Bauunternehmers auch im Fall einer Fertigstellung eines Bauvorhabens nach Verfahrenseröffnung (§§ 103, 105) unter den vorg. Bedingungen keine Masseverbindlichkeit dar. In dieser Konstellation kann in der Insolvenz des leistenden Unternehmers der Insolvenzverwalter, der auf die korrekte Rechnungsausstellung achten muss, künftig nur noch die Nettoforderung einziehen.

In den übrigen Fällen, in denen weiterhin der leistende Unternehmer Steuerschuldner ist, bleibt es bei den bekannten Problemen, u. a. dass mit bei Erfüllungswahl ggf. die komplette Umsatzsteuer zur Masseverbindlichkeit wird. Zur Vermeidung dieses Risikos kann der Insolvenzverwalter evtl. die Erfüllung ablehnen und dann über die ausstehende (Teil-)Leistung einen neuen Vertrag abschließen. Die bis zur Verfahrenseröffnung begründeten Umsatzsteueransprüche werden dadurch zu Insolvenzforderungen, nur die dem neuen Vertrag zugrunde liegenden Lieferungen begründen umsatzsteuerliche Masseverbindlichkeiten. Darin soll kein Rechtsmissbrauch i. S. d. § 42 AO liegen. **16a**

In der Insolvenz des Leistungsempfängers muss der Insolvenzverwalter bei der Entscheidung über die Erfüllungswahl berücksichtigen, dass er aus der Insolvenzmasse u. U. die Umsatzsteuer in voller Höhe abführen muss, wenn das Bauwerk nach Verfahrenseröffnung vom leistenden Unternehmer fertiggestellt wird und der Leistungsempfänger Unternehmer ist, der gem. § 13b Abs. 2 UStG die Steuer schuldet. Der leistende Unternehmer kann als Insolvenzgläubiger in der Insolvenz des die Umsatzsteuer schuldenden Leistungsempfängers nur seine Nettoforderung zur Tabelle anzumelden, da er in seiner Rechnung keine Umsatzsteuer ausweisen darf (§ 14a Abs. 5 UStG nF, § 14 Abs. 4 S. 1 Nr. 8 UStG); der Fiskus ist Gläubiger der Umsatzsteuerforderung und muss diese selbst zur Tabelle anmelden. **17**

c) Zu beachten in der Insolvenz eines Grundstückseigentümers sind auch die §§ 9 Abs. 3, 13b Abs. 1 Nr. 3, Abs. 2 UStG, wenn das Grundstück im Rahmen **18**

Auftraggeber/Leistungsempfänger Unternehmer im Sinne des UStG ist; zu dieser Konstellation vgl. nachfolgend b) aa).

[1] Vgl. insoweit 2. Aufl. Rn. 15 ff.

eines Zwangsversteigerungsverfahrens verwertet wird (gem. § 1 Abs. 1 Satz 2 UStG entfällt die Steuerbarkeit nicht schon deshalb). Nach § 13b Abs. 1 Nr. 3, Abs. 2 UStG ist Schuldner der Steuer aus Umsätzen, die unter das Grunderwerbsteuergesetz fallen, nicht der leistende bzw. liefernde Unternehmer, sondern der Leistungsempfänger, wenn er ein Unternehmer oder eine juristische Person des öffentlichen Rechts ist.

19 **aa)** Gem. § 1 UStG unterliegen der Umsatzsteuer u. a. Lieferungen, die ein Unternehmer im Inland gegen Entgelt im Rahmen seines Unternehmens ausführt. Nach § 4 Nr. 9a UStG ist die Lieferung eines Grundstücks zwar grundsätzlich steuerfrei, nach § 9 Abs. 1 UStG kann aber der liefernde Unternehmer auf die Steuerfreiheit verzichten (zur Umsatzsteuer optieren), wenn die Lieferung für das Unternehmen des Erwerbers erfolgt. Außerhalb eines Insolvenzverfahrens wird der liefernde Unternehmer/Grundstücksverkäufer mit dem Erwerber regelmäßig dann den Verzicht auf die Steuerfreiheit vereinbaren, wenn er bei Anschaffung oder Herstellung eines Gebäudes etc. aus den Eingangsrechnungen von Unternehmern die Vorsteuer gezogen hatte, da er andernfalls im Wege der Vorsteuerkorrektur nach § 15a UStG die Vorsteuer anteilig wiedererstatten müsste. Bei einer freihändigen Verwertung durch den Insolvenzverwalter gilt nichts anderes; sofern das Grundstück mit Grundpfandrechten belastet ist, wird der Insolvenzverwalter auch mit dem Grundpfandgläubiger und Erwerber eine entsprechende Vereinbarung treffen, die eine Belastung der Insolvenzmasse und auch eine persönliche Haftung (§ 61 InsO; §§ 69, 34, 35 AO) vermeidet.

20 **bb)** Erfolgt in der Insolvenz des Grundstückseigentümers die Verwertung des Grundstücks im Rahmen eines Zwangsversteigerungsverfahrens, konnte der Insolvenzverwalter bis zur Änderung des § 9 Abs. 3 UStG durch das Steueränderungsgesetz 2001 auch noch nach dem Zuschlag zur Umsatzsteuer optieren, seit dem 1. Januar 2002 ist dies nur noch bis zur Aufforderung zur Abgabe von Geboten im Versteigerungstermin zulässig. Nach dem Wortlaut des § 9 Abs. 3 S. 1 UStG nF ist Verzicht auf die Steuerfreiheit durch den Vollstreckungsschuldner bzw. Insolvenzverwalter an den Ersteher zwar bis zur Aufforderung zur Abgabe von Geboten im Versteigerungstermin zulässig, der Wortlaut ist jedoch missglückt und irreführend: Vor dem Zuschlag ist der Ersteher nicht bekannt, folglich kann ihm gegenüber die Optionserklärung davor nicht abgegeben werden. Deshalb muss der Insolvenzverwalter (§ 80 InsO, § 34 Abs. 3 AO) dem Vollstreckungsgericht rechtzeitig mitteilen, dass er gem. § 9 Abs. 3 S. 1 UStG zur Umsatzsteuer optiert, das Vollstreckungsgericht bzw. der insoweit gem. § 3 Nr. 1i RPflG zuständige Rechtspfleger hat dann spätestens im Zwangsversteigerungstermin vor der Aufforderung zur Abgabe von Geboten darauf hinzuweisen, dass zur Umsatzsteuer optiert wurde. Folge der Option zur Umsatzsteuer ist, dass gem. § 13b Abs. 2 i. V. m. Abs. 1 Nr. 3 UStG nF der Ersteher (Leistungsempfänger) die Umsatzsteuer schuldet, wenn er ein Unternehmer oder eine juristische Person des öffentlichen Rechts ist (andernfalls geht die Option ins Leere).

21 Nach § 14a Abs. 4 UStG ist der Vollstreckungsschuldner/Insolvenzverwalter verpflichtet, dem Ersteher, der die Umsatzsteuer gem. § 13 Abs. 2 S. 1 UStG schuldet, eine Rechnung auszustellen, in der auf dessen Steuerschuldnerschaft hingewiesen werden muss, die Umsatzsteuer aber nicht gesondert ausgewiesen sein darf. Fraglich war, ob es sich bei dem Meistgebot um ein einen Nettobetrag oder um einen Bruttobetrag handelt. Im ersten Fall muss der Ersteher die

Umsatzsteuer auf das Meistgebot berechnen und abführen, im zweiten Fall muss er sie aus dem Meistgebot herausrechnen und abführen. Nach der Entscheidung des BGH vom 3. April 2003, der den Belangen des Zwangsversteigerungsrechts den Vorrang vor dem Steuerrecht einräumt, ist das Meistgebot ein Nettobetrag.[1]

cc) Hinzuweisen ist auf die §§ 14, 14 a UStG, die allgemeine Pflichtangaben etc. in Rechnungen und Gutschriften (wie Angabe von Steuernummer, Rechnungsnummer etc.) vorschreiben. Der Insolvenzverwalter selbst muss diese Vorschriften beachten oder deren Einhaltung im insolventen Unternehmen gewährleisten, wenn im Insolvenzverfahren Rechnungen über umsatzsteuerpflichtige Lieferungen oder sonstige Leistungen erstellt werden. 22

§ 106 Vormerkung

(1) **Ist zur Sicherung eines Anspruchs auf Einräumung oder Aufhebung eines Rechts an einem Grundstück des Schuldners oder an einem für den Schuldner eingetragenen Recht oder zur Sicherung eines Anspruchs auf Änderung des Inhalts oder des Ranges eines solchen Rechts eine Vormerkung im Grundbuch eingetragen, so kann der Gläubiger für seinen Anspruch Befriedigung aus der Insolvenzmasse verlangen. Dies gilt auch, wenn der Schuldner dem Gläubiger gegenüber weitere Verpflichtungen übernommen hat und diese nicht oder nicht vollständig erfüllt sind.**

(2) **Für eine Vormerkung, die im Schiffsregister, Schiffsbauregister oder Register für Pfandrechte an Luftfahrzeugen eingetragen ist, gilt Absatz 1 entsprechend.**

Übersicht

1. Normzweck

§ 106 betont die Insolvenzfestigkeit der Vormerkung i. S. d. § 883 BGB, §§ 16 Abs. 1, 77, 81 a SchiffsRG, § 10 LuftfzRG. Der Vormerkungsberechtigte kann damit seinen Anspruch so durchsetzen, wie es ihm unter Wahrung seines Ranges im Falle des Ausbleibens der Verfahrenseröffnung möglich gewesen wäre. Ihm ist somit eine Sonderstellung gegenüber den anderen Gläubiger eingeräumt. 1

[1] BGH NZI 2003, 565 = ZIP 2003, 1109 ff., 1112.

2. Voraussetzungen

2 **a)** Der Anspruch muss auf eine dingliche Rechtsänderung gerichtet sein und sich auf ein **eintragungsfähiges Recht** beziehen, z. B. auf Eigentum, Hypothek, Grundschuld, Nießbrauch, nicht aber auf bloß schuldrechtliche Ansprüche an einem Grundstück, wie Miete oder Pacht. Neben Grundstücksrechten können nach § 106 Abs. 2 auch Schiffe, Schiffsbauwerke und Luftfahrzeuge durch Eintragung einer Vormerkung gesichert werden. Bezieht sich eine Vormerkung auf Wohnungseigentum, so ist eine entsprechende Anwendung des § 106 geboten.[1]

3 **b)** Die Anwendbarkeit setzt ferner voraus, dass das Recht tatsächlich wirksam **besteht,** da die Akzessorietät der Vormerkung dies verlangt. Erlischt der gesicherte Anspruch oder besteht er zu Unrecht, hat der Insolvenzverwalter das Recht, die Löschung der Vormerkung und die Eintragung eines Widerspruchs zu verlangen.[2] Ist eine Vormerkung im Grundbuch eingetragen, der ein zu sichernder Anspruch nicht mehr zugrunde liegt, kann ein Anspruch gleichwohl ohne erneute Eintragung einer Vormerkung insolvenzfest gesichert werden: Erforderlich ist insoweit neben der Bewilligung, dass der neu begründete und zu sichernde Anspruch auf dieselbe Leistung gerichtet ist, wie der ursprünglich gesicherte Anspruch. Für den Rang und auch für die Insolvenzanfechtungsfestigkeit des durch die Vormerkung weiter gesicherten Anspruchs ist der Zeitpunkt der neuen Bewilligung maßgeblich. Ein künftiger oder bedingter Anspruch genügt gem. § 883 Abs. 1 S. 2 BGB (insoweit Vorrang vor § 91) als Grundlage für eine Vormerkung, wobei ein künftiger Anspruch wohl nur dann insolvenzfest gesichert ist, wenn er bis zur Eröffnung wenigstens bedingt entsteht.[3]

4 **c)** Die **Eintragung** muss **bei Insolvenzeröffnung bereits erfolgt** sein, zu einem Zeitpunkt, in dem noch kein allgemeines Verfügungsverbot bestand.[4] Abweichend vom früheren Recht stellt sich wegen §§ 24, 81, 82 die Frage der gutgläubigen Überwindung gem. §§ 136, 135 Abs. 2 BGB nicht mehr. Erfolgt die Eintragung erst nach Verfahrenseröffnung, wird der Begünstigte nach § 91 Abs. 2 geschützt bei Vorliegen einer **bindenden Bewilligung** analog § 875 Abs. 2 BGB und **Eintragungsantrag vor Eröffnung** entsprechend § 878 BGB.[5]

---

[1] FK-*Wegener,* InsO, § 106 Rn. 21; *Uhlenbruck/Berscheid,* InsO, § 106 Rn. 6.

[2] RGZ 81, 288; BGH ZIP 2002, 858 ff. – ein insolvenzfestes Zurückbehaltungsrecht wegen des geleisteten Kaufpreises besteht nicht; BGH NZI 2005, 331.

[3] *Ludwig,* NJW 1983, 2792, 2798; BGH ZIP 2002, 2008 ff.; BGH NZI 2006, 395 ff. zur fehlenden Insolvenzfestigkeit der fingierten Vormerkungswirkung des gesetzlichen Löschungsanspruch nach § 1179 a Abs. 1 BGB, wenn die Eigentümergrundschuld erst nach Verfahrenseröffnung entsteht; vgl. OLG Hamburg NZI 2009, 556 zur Insolvenzfestigkeit, wenn die Eigentümergrundschuld schon vor Verfahrenseröffnung entstanden war; vgl. auch *Kesseler,* ZIP 2005, 1041, Anm. zur aufgehobenen Entscheidung des OLG Köln ZIP 2005, 103 f.

[4] BGH NZI 2005, 331; NZI 2006, 350, 354; BGH ZIP 2002, 2008, 2010, vgl. auch LG Aachen ZInsO 2002, 937.

[5] BGH NZI 2005, 331 (dort auch offengelassen für den Fall der Bestellung einer Grundschuld an einem bei Verfahrenseröffnung noch nicht im Eigentum des Schuldners stehenden Grundstück); BGH NZI 2006, 350, 354; BGH ZIP 1996, 83, 87; die Bewilligung allein genügt nicht, LG Aachen ZInsO 2002, 937, 938. vgl. auch Fundstellen in Fn. 3 zu § 91 Rn. 10 zur Frage, ob der Eintragungsantrag vom Berechtigten gestellt werden muss, um die Möglichkeit der einseitigen Rücknahme des Schuldners/Veräußerers zu verhindern.

In der Nachlassinsolvenz und in der Insolvenz des Gesamtguts einer fortgesetzten Gütergemeinschaft muss die Eintragung nach §§ 321, 332 Abs. 2 vor dem Erbfall bzw. vor Eintritt der fortgesetzten Gütergemeinschaft erfolgt sein.[1] Bedeutungslos für die Anwendbarkeit des § 106 ist es, ob die Vormerkung kraft Bewilligung oder durch einstweilige Verfügung entstanden ist.[2] 5

3. Rechtsfolgen

Dem Insolvenzverwalter wird in Ausnahme zu § 103 sein **Erfüllungswahlrecht** bezüglich durch Vormerkung gesicherter Ansprüche **entzogen.**[3] Diese müssen **vollständig aus der Insolvenzmasse erfüllt** werden. Das Wahlrecht bleibt jedoch insoweit bestehen, als neben dem tatsächlich durch Vormerkung gesicherten Vertragsteil noch ein weiterer besteht. So ist bei einem Bauträgervertrag nur die Grundstücksübereignung tatsächlich gesichert, nicht hingegen die Erbringung der Bauleistung.[4] § 106 S. 2 stellt nur klar, dass der Vormerkungsschutz auch bei Übernahme weiterer, noch nicht vollständig erfüllter Pflichten eingreift, schließt aber bezüglich dieser Pflichten § 103 nicht aus.[5] 6

Auch muss stets zwischen dem Recht, welches die Vormerkung sichert und dem Anspruch, der durch das Recht gesichert wird, unterschieden werden, da letzterer sehr wohl dem Wahlrecht des Insolvenzverwalters unterliegt.[6] Soll ein noch nicht fälliger Vertragsanspruch durch eine Hypothek gesichert werden, bewirkt die Vormerkung nur, dass die Hypothek auch tatsächlich zur Entstehung gelangt, die Vertragserfüllung selbst kann jedoch abgelehnt werden. Der dann entstehende Schadensersatzanspruch wegen Nichterfüllung ist konsequenterweise bloße Insolvenzforderung, wie es § 103 Abs. 2 S. 1 vorsieht.[7] 7

Wird durch eine Vormerkung ein Anspruch auf Eigentumsübertragung gesichert, wird dessen Freiheit von Lasten nicht mitgesichert, wenn solche bereits vor Eintragung der Vormerkung bestanden.[8] 8

---

[1] MünchKomm-*Ott/Vuia,* InsO § 106 Rn. 17.

[2] *Kilger/K. Schmidt,* KO, § 24 Rn. 3; MünchKomm-*Ott/Vuia,* InsO § 106 Rn. 15.

[3] AA: *Häsemeyer,* Insolvenzrecht, Rn. 20.38 ff., nach dem der Gläubiger nur so gestellt wird, als ob der Anspruch bereits erfüllt wäre.

[4] BGHZ 96, 275, 281; OLG Koblenz BeckRS 2007, 03477 = ZInsO 2007, 1353: In der Insolvenz des Bauträgers kann nach den Umständen des Einzelfalls ein Bauträgerkaufvertrag in zwei Teile, einen Grundstücksaufvertrag und einen Werkvertrag über die Errichtung eines Wohnhauses, aufgespalten werden, für die sich jeweils unterschiedliche Rechtsfolgen ergeben können. Liegt eine Auflassungsvormerkung vor, kann der Insolvenzverwalter die Erfüllung des Grundstückskaufvertrages nach § 106 Abs. 1 S. 2 nicht ablehnen, die Erfüllung des Werkvertrages kann aber gleichwohl dem Wahrecht nach § 103 unterliegen; vgl. zum alten Schuldrecht OLG Stuttgart ZInsO 2004, 1087, 1088 f.: Danach ist durch Fristsetzung mit Ablehnungsandrohung seitens des Erwerbers noch kein Rückabwicklungsschuldverhältnis entstanden. Nach neuem Schuldrecht würde auf Grund der Akzessorietät die Vormerkung erlöschen, wenn der Erwerber vom insolventen Bauträger nach §§ 281 Abs. 1 S. 1, Abs. 4 BGB den großen Schadenersatz geltend macht.

[5] MünchKomm-*Ott/Vuia,* InsO, § 106 Rn. 27 ff.

[6] FK-*Wegener,* InsO, § 106 Rn. 16; *Uhlenbruck/Berscheid,* InsO, § 106 Rn. 7.

[7] AA: *Jaeger/Henckel,* KO, § 24 Rn. 34, wonach eine vorgemerkte Sicherheit nach der Ablehnung den Schadensersatzanspruch deckt.

[8] BGH ZIP 1994, 1705 – die vom Schuldner übernommene kaufvertragliche Verpflichtung zur Löschung der Grundschulden ist eine von der vormerkungsgesicherten und damit

9 Haftungsrechtlich betrachtet findet eine Durchbrechung der Zuordnung an die Insolvenzgläubiger statt, denen der mit einer Vormerkung versehene Gegenstand nicht zur Befriedigung gebührt.[1]

10 Verfügungen des Insolvenzverwalter sind gem. § 883 Abs. 2 BGB insoweit unwirksam, als sie die Rechte des Vormerkungsberechtigten beeinträchtigen oder sogar vereiteln würden.[2]

11 Neben Verpflichtungen erwachsen dem Verwalter auch Rechte aus § 105, da ihm nunmehr **alle Einreden und Einwendungen zustehen,** die der Schuldner vor Verfahrenseröffnung besessen hat.[3] Unterlässt der Insolvenzverwalter die Geltendmachung dieser Rechte, macht er sich schadensersatzpflichtig nach § 60. Wird das Bestehen einer dauerhaften Einrede zurecht geltend gemacht, muss der Gläubiger die Vormerkung gem. § 886 BGB beseitigen.

4. Dingliches Vorkaufsrecht

12 Auch dem dinglichen Vorkaufsrecht kommt nach § 1098 Abs. 2 BGB im Verhältnis zum Dritten die Wirkung einer Vormerkung zu. Dies beinhaltet aber noch keine Anwendbarkeit des § 106, da das Vorkaufsrecht bei Verfahrenseröffnung noch keinen Anspruch auf Eigentumsübertragung begründet,[4] es sei denn, dass es schon zuvor ausgeübt wurde. Verkauft der Insolvenzverwalter das Grundstück freihändig, so kann das Vorkaufsrecht aber trotz Insolvenz gem. §§ 1094, 1098 Abs. 1 S. 2 BGB noch immer ausgeübt werden, der Insolvenzverwalter muss dann den Kaufvertrag gem. § 106 mit dem Verkaufsberechtigten erfüllen. War das Grundstück vor Eröffnung verkauft, hängt das weitere Schicksal davon ab, ob das Vorkaufsrecht schon ausgeübt worden ist und der Kaufvertrag vor Verfahrenseröffnung erfüllt war oder nach Verfahrenseröffnung vom Insolvenzverwalter erfüllt wird oder ob der Kaufvertrag bei Verfahrenseröffnung von keiner Seite erfüllt ist.[5]

13 Bei einer Veräußerung im Wege der Zwangsversteigerung scheidet die Ausübung hingegen aus.

14 In der Insolvenz wegen § 471 BGB nF ausgeschlossen ist das schuldrechtliche Vorkaufsrecht.

5. Rückschlagsperre, § 88

15 Wurde die Vormerkung zur Sicherung des Anspruchs auf Einräumung einer Sicherungshypothek im letzten Monat vor dem Antrag auf Eröffnung des Insolvenzverfahrens im Wege der einstweiligen Verfügung in das Grundbuch eingetragen, wird sie gem. § 88 mit Verfahrenseröffnung unwirksam. Eine Umschreibung der Vormerkung mit den Rechtswirkungen des § 106 in eine rechtsgeschäftlich bestellte Sicherungshypothek mit dem Rang der Vormerkung (vgl. § 883 Abs. 3 BGB) scheidet aus.[6]

---

insolvenzfesten Übereignungsverpflichtung abtrennbare Pflicht und muss vom Insolvenzverwalter nicht erfüllt werden; vgl. auch BayObLG NZI 2004, 499.

[1] *Gerhardt,* ZIP 1988, 749, 750 mwN.

[2] MünchKomm-*Ott/Vuia,* InsO § 106 Rn. 20.

[3] FK-*Wegener,* InsO, § 106 Rn. 15.

[4] BGH NZI 2006, 395 ff. Tz. 18; FK-*Wegener,* InsO, § 106 Rn. 8.

[5] Vgl. zu den einzelnen Fallkonstellationen *Uhlenbruck/Berscheid,* InsO, § 106 Rn. 29–31.

[6] BayObLG ZIP 2000, 1263 f.; vgl. auch *Keller,* ZIP 2000, 1324 ff.; zu den Rechtsfolgen einer Freigabe des Grundstücks vgl. auch BGH NZI 2006, 293 ff. und oben § 88 Rn. 8.

6. Insolvenzanfechtung, §§ 129 ff.

16 Sowohl der Erwerb einer Vormerkung als auch der Erwerb des gesicherten Anspruchs selbst können unter den Voraussetzungen der §§ 129 ff. angefochten werden.[1] Des Schutzes des § 106 beraubt, findet § 103 in diesem Fall wieder uneingeschränkt Anwendung. Ist ein Anspruch während des Anfechtungszeitraums erfüllt worden, so liegt bei Unanfechtbarkeit der Vormerkung selbst keine Gläubigerbenachteiligung vor, da die Masse schon zuvor mit der Vormerkung belastet war und deshalb nicht verkürzt wurde.[2]

7. Praxishinweis

17 Der Insolvenzverwalter (schon der vorläufige Insolvenzverwalter) ist gehalten, durch Einsicht in das Grundbuch die Rechtsposition Dritter festzustellen und auf die Eintragung des Insolvenzvermerks gem. § 32 Abs. 1, 2 (§ 23 Abs. 3) hinzuwirken.

§ 107 Eigentumsvorbehalt

(1) **Hat vor der Eröffnung des Insolvenzverfahrens der Schuldner eine bewegliche Sache unter Eigentumsvorbehalt verkauft und dem Käufer den Besitz an der Sache übertragen, so kann der Käufer die Erfüllung des Kaufvertrages verlangen. Dies gilt auch, wenn der Schuldner dem Käufer gegenüber weitere Verpflichtungen übernommen hat und diese nicht oder nicht vollständig erfüllt sind.**

(2) **Hat vor der Eröffnung des Insolvenzverfahrens der Schuldner eine bewegliche Sache unter Eigentumsvorbehalt gekauft und vom Verkäufer den Besitz an der Sache erlangt, so braucht der Insolvenzverwalter, den der Verkäufer zur Ausübung des Wahlrechts aufgefordert hat, die Erklärung nach § 103 Abs. 2 Satz 2 erst unverzüglich nach dem Berichtstermin abzugeben. Dies gilt nicht, wenn in der Zeit bis zum Berichtstermin eine erhebliche Verminderung des Wertes der Sache zu erwarten ist und der Gläubiger den Verwalter auf diesen Umstand hingewiesen hat.**

Übersicht

[1] BGH ZIP 1988, 585, 586; OLG Köln ZIP 2005, 1038, 1040.
[2] *Kilger/K. Schmidt,* KO, § 24 Rn. 9.

1. Normzweck

1 **a) Abs. 1** räumt in der **Insolvenz des Vorbehaltsverkäufers** dem Anwartschaftsrecht des Käufers eine insolvenzfeste Stellung ein, indem er es (ebenso wie § 106 für die Vormerkung) dem Wahlrecht des Insolvenzverwalters entzieht. Bleibt der Käufer selbst vertragstreu,[1] soll ihm die Möglichkeit zum Vollrechtserwerb im Einklang mit § 161 Abs. 1 S. 2 BGB nicht entzogen werden. Dem Insolvenzverwalter stehen somit nur die Rechte zu, die dem Verkäufer selbst aus dem Kaufvertrag zustanden.

2 **b) Abs. 2** stellt demgegenüber für den Fall der **Käuferinsolvenz** durch die Verlängerung der Entscheidungsfrist konkludent fest, dass das Erfüllungswahlrecht des Insolvenzverwalters trotz Vornahme aller Leistungshandlungen seitens des Verkäufers besteht, wenn der geschuldete Leistungserfolg noch nicht eingetreten ist. Die Vorschrift bezweckt, dem Insolvenzverwalter die Unternehmensfortführung bis zum Berichtstermin zu ermöglichen, indem die unverzügliche Wahlrechtsausübung erst im Anschluss an diesen zu erfolgen hat, so dass unter Eigentumsvorbehalt gelieferte Sachen nicht bereits kurz nach Verfahrenseröffnung herausgegeben werden müssen.[2]

2. Verkäuferinsolvenz, Abs. 1

a) Voraussetzungen

3 **aa)** Der Wortlaut der Vorschrift setzt den **Verkauf einer** beweglichen Sache **unter Eigentumsvorbehalt**[3] voraus. Ob der Eigentumsvorbehalt (nur) im schuldrechtlichen oder (nur) im dinglichen Geschäft geregelt ist, ist unerheblich.[4] Nach dem Schutzzweck der Norm müssen jedoch neben dem (schuldrechtlichen) Verkauf auch andere Geschäfte, durch welche der Käufer beweglicher Gegenstände ein Anwartschaftsrecht infolge bedingter Übereignung erlangt hat, miteinbezogen werden.[5]

4 **bb)** Sachenrechtlich verlangt Abs. 1 die **Besitzübertragung.** Ob bereits mittelbarer Besitz genügt oder unmittelbarer Besitz des Käufers erforderlich ist, bleibt

---

[1] Begründung zu § 121 RegE, *Balz/Landfermann,* S. 333 f.

[2] Begründung RegE, § 121, aaO.

[3] Erfasst werden alle Formen des Eigentumsvorbehalts (auch verlängerter, erweiterter und Kontokorrentvorbehalt), der Konzernvorbehalt ist gem. § 449 Abs. 3 BGB nichtig; MünchKomm-*Ott/Vuia,* InsO § 107 Rn. 8.

[4] HK-*Marotzke,* InsO, § 107 Rn. 2.

[5] *Nerlich/Römermann/Balthasar,* InsO, § 107 Rn. 7; *Uhlenbruck/Berscheid,* InsO, § 107 Rn. 2; aA: FK-*Wegener,* § 107 Rn. 4; differenzierend MünchKomm-*Ott/Vuia,* InsO § 107 Rn. 7.

offen.[1] Der Zweck, eine erworbene Rechtsposition, nicht aber die Verfügungsgewalt zu schützen, spricht für die Einbeziehung jeglicher Form der Besitzverschaffung. Erforderlich ist aber zumindest, dass der Verkäufer den unmittelbaren Besitz, die tatsächliche Verfügungsgewalt über die Sache aufgegeben hat, dass der Käufer eine gesicherte Erwerbsposition erlangt hat.[2]

b) Rechtsfolgen

aa) Die Aussage in S. **1,** dass „der Käufer Erfüllung verlangen kann" ist äußerst unpräzise. 5

Dem Käufer soll dadurch gerade kein Wahlrecht zugestanden werden. Auch steht keine Leistungshandlung des Verkäufers mehr aus, die verlangt werden könnte, da der Käufer durch Herbeiführung des Bedingungseintritts selbst den Eigentumserwerb vollenden kann. Selbst die Erfüllung weiterer, neben dem Anwartschaftsrecht bestehender Sekundär- und Nebenpflichten kann nicht verlangt werden.[3] 6

Vielmehr wird lediglich dem Insolvenzverwalter sein Wahlrecht aberkannt, so dass dieser das Anwartschaftsrecht sowie das damit korrespondierende Besitzrecht nicht durch Ablehnung der Erfüllung zerstören kann.[4] 7

bb) S. 2 verleiht in Anlehnung an § 106 Abs. 1 S. 2 auch dem Anwartschaftsrecht partielle Wirkung, indem er die Insolvenzfestigkeit unabhängig von der Ausübung des Verwalterwahlrechts bezüglich weiterer, durch den Verkäufer übernommener Verpflichtungen festschreibt.[5] 8

c) Analoge Anwendung

Insbesondere für das Recht des Leasingnehmers, das Leasinggut nach Vertragsende zu erwerben, wird eine analoge Anwendung des § 107 erwogen.[6] Ein schuldrechtlicher Anspruch auf Eigentumsverschaffung im Sinne einer bloßen Kaufoption kann dem Anwartschaftsrecht, dessen Schutz Abs. 1 bezweckt, jedoch nicht gleichgestellt werden. Nur dann, wenn der Vertrag bereits eine aufschiebend bedingte Übereignung erhält, kommt § 107 zur Anwendung. 9

3. Käuferinsolvenz, Abs. 2

a) Voraussetzungen

aa) Wie in Abs. 1 wird schuldrechtlich der **Kauf** einer beweglichen Sache **unter Eigentumsvorbehalt** (§ 449 Abs. 1 BGB) vorausgesetzt. Die **dingliche Einigung** zwischen den Vertragsparteien wird nicht erwähnt. Eine solche sollte hier nicht als ungeschriebenes Tatbestandsmerkmal vorausgesetzt werden, da 10

---

[1] *Marotzke,* JZ 1995, 803, 810.

[2] FK-*Wegener,* § 107 Rn. 9 ff.; HK-*Marotzke,* InsO, § 107 Rn. 6, nach dem „... nichts besitzrechtliches, sondern nur die ... aufschiebend bedingte Übereignung gemeint ist."; ähnlich MünchKomm-*Ott/Vuia,* InsO § 107 Rn. 11.

[3] *Kübler/Prütting/Bork/Tintelnot,* InsO, § 107 Rn. 9; HK-*Marotzke,* InsO, § 107 Rn. 8.

[4] *Uhlenbruck/Berscheid,* InsO, § 107 Rn. 5.

[5] *Tintelnot,* ZIP 1995, 616, 618.

[6] *Pape,* in Kölner Schrift, S. 531 ff. Rn. 46; aA: *Kübler/Prütting/Bork/Tintelnot,* InsO, § 107 Rn. 8.

anders als in Abs. 1 bei Besitzübertragung der Verkäufer bereits vorgeleistet hat, so dass eine verlängerte Entscheidungsfrist auch ohne ein Anwartschaftsrecht i. S. d. üblichen Definition gerechtfertigt erscheint.[1]

11 **bb)** Eine Beschränkung des Abs. 2 S. 1 auf die Fälle des unmittelbaren Besitzes mit dem Argument, dass die Eingliederung in den Betriebsablauf weniger mit dem Bestehen eines Anwartschaftsrechts, als mit der Erlangung des Besitzes korrespondiert,[2] ist abzulehnen. Diese Ablehnung findet ihre Stütze in der Intention des Gesetzgebers, die Fortführung des Unternehmens dem Insolvenzverwalter bis zum Berichtstermin zu ermöglichen. Müsste der Insolvenzverwalter vor dem Berichtstermin Eigentumsvorbehaltssachen, die er zur Fortführung dringend benötigt, herausgeben, weil er nur mittelbarer Besitzer ist (die Sache befindet sich z. B. bei einem Dritten, der sie für den Insolvenzverwalter bearbeitet, veredelt), wäre die Fortführung u. U. nicht möglich. Der **mittelbare Besitz** reicht daher aus.[3]

b) Rechtsfolgen

12 **aa)** Das **Wahlrecht** des § 103 wird in der Insolvenz des Vorbehaltskäufers nicht berührt. Es kann selbst dann ausgeübt werden, wenn der Schuldner als Käufer vor der Insolvenzeröffnung sein Anwartschaftsrecht an einen Dritten veräußert hat, da dieser durch § 268 BGB hinreichend geschützt ist. Bis zur Erfüllungsablehnung oder Unterlassung der Ausübung nach § 103 Abs. 2 S. 3 ist der Insolvenzverwalter besitzberechtigt.[4] Danach ist der Verkäufer gem. § 47[5] zur Aussonderung berechtigt und kann die Herausgabe der Ware (ohne vorherigen Rücktritt nach § 323 Abs. 1 BGB nF) verlangen. Entscheidet sich der Insolvenzverwalter hingegen für die Vertragserfüllung, muss er den vereinbarten Kaufpreis vollständig aus der Masse erbringen, wodurch das Eigentum vom Verkäufer auf den Schuldner übergeht. Verzugsansprüche ab Verfahrenseröffnung kommen nicht in Betracht, da der Erfüllungsanspruch des Verkäufers nicht durchsetzbar ist;[6] einen Ausgleich kann der Gläubiger nur über § 169 erlangen. Bei Erfüllungsablehnung steht dem Verkäufer ein Anspruch auf Nutzungsentschädigung aus § 818 Abs. 1 BGB oder analog § 172 zu.[7]

13 **bb)** Abs. 2 S. 1 räumt dem Insolvenzverwalter eine **verlängerte Entscheidungsfrist** für die Ausübung seines Wahlrechts ein.

14 Erst **nach dem Berichtstermin** ist er verpflichtet, sich unverzüglich zu erklären, um sein Wahlrecht nicht zu verlieren. Der Entscheidungszeitraum, um dies ohne schuldhaftes Zögern zu tun, ist stark einzelfallabhängig und wird wegen der zumeist abgeschlossenen Einarbeitung in die Materie in der Regel kürzer sein als der des § 103 Abs. 2 S. 2. (Dies gilt insbesondere, wenn

[1] HK-*Marotzke,* InsO, § 107 Rn. 27.
[2] *Marotzke,* JZ 1995, 803, 812 ff.
[3] *Nerlich/Römermann/Balthasar,* InsO, § 107 Rn. 13; nach HK-*Marotzke,* InsO, § 107 Rn. 26 reicht der mittelbare Besitz nur unter bestimmten Voraussetzungen aus; aA MünchKomm-*Ott/Vuia,* InsO § 107 Rn. 18, erforderlich ist unmittelbarer Besitz.
[4] Vgl. MünchKomm-*Ott/Vuia,* InsO § 107 Rn. 23.
[5] Dagegen *Häsemeyer,* Insolvenzrecht, Rn. 11.10.
[6] BGH ZIP 2002, 1093 ff.
[7] MünchKomm-*Ott/Vuia,* InsO § 107 Rn. 31.

der vorläufige Insolvenzverwalter oder der Insolvenzverwalter eine lieferantenbezogene Inventur der Warenvorräte auf den Stichtag der Verfahrenseröffnung durchgeführt hat; insoweit ist § 107 im Lichte des § 80 zu sehen.)[1] Durch die Schonfrist soll eine Zerschlagung des Unternehmens infolge Aussonderung von für den Betriebsablauf notwendigen Gegenständen verhindert und somit so lange wie möglich Fortführungs- und Sanierungschancen gewahrt werden.[2]

15 **cc)** Abs. 2 S. 2 ordnet den **Ausschluss der verlängerten Entscheidungsfrist** an, wenn dem Vorbehaltsverkäufer eine solche nicht zugemutet werden kann. Drohen der Kaufsache erhebliche Wertminderungen, die der Verkäufer dem Insolvenzverwalter durch einen Hinweis erkennbar macht, gilt die kurze Entscheidungsfrist des § 103 Abs. 2 S. 2. Hiervon betroffen sind vor allem Saisonartikel und verderbliche Waren (Blumen, Gemüse, Obst; auch Fleisch- oder Fischwaren).[3] Wertverluste auf Grund bloßer weiterer Nutzung sind davon ausgenommen, insoweit konkretisiert sich das allen Wirtschaften immanente Risiko mit einem insolventen Vertragspartner. Gegen Abnutzungsschäden hilft § 172, der für Zeitschäden nicht analogiefähig ist.[4]

16 Auch bloße Veränderungen der Marktlage beeinflussen die Entscheidungsfrist nicht, da der Insolvenzverwalter hierdurch unangemessen unter Druck geraten könnte.[5]

17 **c)** Infolge des neuen Schuldrechts besteht die Gefahr, dass der Verkäufer das Wahlrecht des Verwalters ohne Fristsetzung durch Rücktritt von dem Vertrag nach § 323 BGB unterläuft.[6]

Damit der Zweck der Norm[7] nicht ausgehöhlt wird, muss die „angemessene Frist" i. S. d. § 323 Abs. 1 BGB mindestens i. S. einer befristeten Rücktrittssperre bis zum Berichtstermin ausgelegt werden;[8] für die Entbehrlichkeit der Fristsetzung nach § 323 Abs. 2 BGB kann im Rahmen des § 107 Abs. 2 zumindest dann kein Raum sein, wenn der Schuldner im Zeitpunkt der Verfahrenseröffnung vertragstreu war.

18 **d)** Das Interesse des Insolvenzverwalters, die Sache bis zum Berichtstermin auch ohne vorherige Wahlrechtsausübung behalten zu dürfen, besteht auch im Rahmen von Miet-, Pacht- und Leasingverträgen. Eine Gleichbehandlung derartiger Verträge über bewegliche Sachen im Wege der **Analogie** ist deswegen geboten.[9]

---

[1] *Kübler/Prütting/Bork/Tintelnot,* InsO, S. 107 Rn. 21.

[2] Begründung zu § 121 RegE, aaO; im Tatsächlichen sind dies neben Waren vor allem auch unter Eigentumsvorbehalt gekaufte Maschinen, bei denen noch einige Raten offen sind, die für die Produktion aber zwingend benötigt werden.

[3] *Balz/Landfermann,* S. 334, Begründung Rechtsausschuss zu § 121.

[4] MünchKomm-*Ott/Vuia,* InsO § 107 Rn. 23; aA: *Marotzke,* JZ 1995, 803, 813.

[5] *Kübler/Prütting/Bork/Tintelnot,* InsO, § 107 Rn. 22.

[6] Siehe zu dieser Problematik § 103 Rn. 72.

[7] Vgl. oben Fn. 1 zu Rn. 2.

[8] Ebenso *Prütting,* NZI 2002, Heft 4, NZI aktuell, V, VI; *Marotzke,* KTS 2002, 1 ff., 11.

[9] Bejahend auch *Pape,* in Kölner Schrift, S. 531 ff. Rn. 50 ff.; vgl. auch HK-*Marotzke,* § 107 Rn. 37 ff.; aA: MünchKomm-*Ott/Vuia,* InsO § 107 Rn. 18 aE.

§ 108 Fortbestehen bestimmter Schuldverhältnisse

(1) **Miet- und Pachtverhältnisse des Schuldners über unbewegliche Gegenstände oder Räume sowie Dienstverhältnisse des Schuldners bestehen mit Wirkung für die Insolvenzmasse fort. Dies gilt auch für Miet- und Pachtverhältnisse, die der Schuldner als Vermieter oder Verpächter eingegangen war und die sonstige Gegenstände betreffen, die einem Dritten, der ihre Anschaffung oder Herstellung finanziert hat, zur Sicherheit übertragen wurden.**

(2) **Ein vom Schuldner als Darlehensgeber eingegangenes Darlehensverhältnis besteht mit Wirkung für die Masse fort, soweit dem Darlehensnehmer der geschuldete Gegenstand zur Verfügung gestellt wurde.**

(3) **Ansprüche für die Zeit vor der Eröffnung des Insolvenzverfahrens kann der andere Teil nur als Insolvenzgläubiger geltend machen.**

Übersicht

1. Normzweck

1 **§ 108 Abs. 1 S. 1** enthält den Grundsatz, dass Dienstverhältnisse sowie Miet- und Pachtverhältnisse über **unbewegliche** Gegenstände oder Räume auch nach Verfahrenseröffnung fortbestehen und will damit derartige Verträge als lex specialis dem Verwalterwahlrecht des § 103 entziehen.[1] In der **Vermieter**insolvenz gilt nach einer BGH-Entscheidung allerdings § 103 und nicht § 108, wenn die unbewegliche Mietsache im Zeitpunkt der Verfahrenseröffnung dem Mieter noch nicht überlassen war.[2] Die logische Voraussetzung der §§ 109–111 und 113 wird „vor die Klammer gezogen“.[3]

[1] BGH NZI 2006, 97 ff.: „Für die von § 108 InsO erfassten Verträge gilt § 103 InsO allerdings nicht“ – Der bei Verfahrenseröffnung von den Vertragsparteien erfüllte Erbbaurechtsvertrag fällt deshalb nicht unter § 108, so dass auch Erbbauzinsansprüche für die Zeit nach Verfahrenseröffnung nicht als Masseverbindlichkeiten gem. §§ 108, 55 Abs. 1 Nr. 2 behandelt werden können; vgl. auch *Meyer*, NZI 2007, 487.

[2] BGH NZI 2007, 713 m. Anm. *Kroth*, FD-InsR 2007, 245072.

[3] *Kübler/Prütting/Bork/Tintelnot*, InsO, § 108 Rn. 2; ausführlich zu Mietverhältnissen: *Franken*, Mietverhältnisse in der Insolvenz.

Dem notwendig vorleistenden Vermieter soll dadurch die vollständige Erfüllung seiner Gegenforderung für die Zeit nach Insolvenzeröffnung gesichert werden, indem diese gem. § 55 Abs. 1 Nr. 2 Alt. 2 zur Masseschuld wird.[1] 2

Miet- und Pachtverhältnisse über Mobilien und Rechte werden mit Ausnahme der in **§ 108 Abs. 1 S. 2** genannten finanzierten Leasingverträgen über bewegliche Gegenstände dem Erfüllungswahlrecht des Insolvenzverwalters unterworfen. Die Ausnahmeregelung des S. 2 will dem gegenüber unter Schaffung von Rechtssicherheit verhindern, dass mittelständischen Leasinggesellschaften die Refinanzierungsgrundlage entzogen wird, da diese unter Übereignung des Leasinggutes meist den Anspruch auf künftige Leasingraten an den Endfinanzierer abtreten, diese Abtretung aber in der Insolvenz des Kunden gerade bei der Möglichkeit der Ausübung eines Wahlrechts ins Leere gehen kann.[2] 3

§ 108 Abs. 2 ist mit dem Gesetz zur Vereinfachung des Insolvenzverfahrens[3] neu eingefügt worden und soll klarstellen, dass nur in der **Insolvenz** des **Darlehensgebers** das Wahlrecht des Insolvenzverwalters aus § 103 ausgeschlossen ist, wenn das vereinbarte Darlehen ausgezahlt ist. Die Neuregelung soll u. a. neben der Klärung der Frage der Anwendbarkeit des § 103 auf Darlehensverträge, insbesondere wenn der Rückzahlungsanspruch des valutierten Darlehens abgetreten ist, dem Schutz mittelständischer Unternehmen dienen, die im Fall der Darlehensrückzahlungsverpflichtung bei Beendigung des Vertrages mit Eröffnung des Insolvenzverfahrens über das Vermögen des Darlehensgebers in finanzielle Schwierigkeiten geraten könnten, wenn eine kurzfristige Umschuldung nicht möglich wäre.[4] Parallel ist die Überschrift geändert worden, die ursprünglich lautete: „Fortbestehen von Dauerschuldverhältnissen". 3a

§ 108 Abs. 3 (ursprünglich Abs. 2, inhaltlich aber nicht geändert) stellt klar, dass rückständige Ansprüche aus Miet-, Pacht- und Dienstverträgen als normale Insolvenzforderungen zu behandeln sind,[5] um die Masse von Ansprüchen für die Zeit vor Verfahrenseröffnung freizuhalten und beseitigt somit die Privilegierung jüngerer Arbeitnehmerforderungen, die noch in § 59 Abs. 1 Nr. 3 KO enthalten war. 4

2. Voraussetzungen, Abs. 1

Abs. 1 gilt, was durch die neue Überschrift deutlich gemacht wurde,[6] nicht für sämtliche Dauerschuldverhältnisse, sondern nur für Miete und Pacht von **Immobilien und Räumen, Dienstverträge** sowie **finanzierte** Miet- und Pachtverträge über **Mobilien.** Unerheblich ist, ob der Schuldner Vermieter/Verpächter, Dienstberechtigter oder Mieter/Pächter, Dienstverpflichteter ist; insoweit erfolgt eine Differenzierung erst in §§ 109 ff. Das Vertragsverhältnis muss wirksam sein.[7] 5

---

[1] BGH NZI 2007, 287; Vgl. auch LG Dortmund BeckRS 2008, 08180 zur Ablehnung eines Anfechtungsrechts des Insolvenzverwalters in der Mieterinsolvenz bei unterlassener fristloser Kündigung durch den Vermieter wegen Zahlungsverzuges, da die §§ 55, 108, 109, 112 als Spezialregelung den Anfechtungsvorschriften der §§ 129 ff. vorgehen.

[2] *Nerlich/Römermann/Balthasar,* InsO, § 108 Rn. 4.

[3] BGBl. I 2007, S. 509.

[4] Vgl. *Lind,* ZInsO 2004, 580 ff.; *Marotzke,* ZInsO 2004, 1063 f., 1273 ff.; *Kuder,* ZInsO 2004, 1180 ff.; *Freitag,* ZIP 2004, 2368 ff. (jeweils mwN).

[5] Begründung zu § 122 RegE, BT-Drucks. 12/2443, S. 147.

[6] *Tintelnot,* ZIP 1995, 16, 620.

[7] *Uhlenbruck/Berscheid,* InsO, § 108 Rn. 22.

6 Unerheblich ist, ob es sich um Haupt-, Zwischen- oder Untermietverträge handelt.[1]

7 Das Leasing ist von der Auflistung umfasst,[2] da die Rechtsprechung sowohl das auf unbestimmte Zeit geschlossene und mit ordentlichem Kündigungsrecht des Leasingnehmers versehene Operating-Leasing, als auch das Finanzierungsleasing, welches vor Ablauf der Vertragslaufzeit keine Kündigungsmöglichkeit vorsieht, nach Mietrecht beurteilt.[3] Enthält ein Leasingvertrag eine Kaufoption, so unterliegt nur die Gebrauchsüberlassung dem Ausschluss des Wahlrechts, der aus der Ausübung des Optionsrechts entstehende Kaufvertrag unterfällt hingegen § 103.[4]

8 Die Überlassung des Miet-/Pachtgegenstandes ist (anders als in § 19 KO) keine Voraussetzung des § 108.[5] Dies wird daraus deutlich, dass der Gesetzgeber erst in §§ 109 ff. bezüglich der Rechtsfolgen zwischen vollzogenen und nicht vollzogenen Verträgen differenziert, indem er bei Nichtvollzug statt eines Kündigungsrechts ein Rücktrittsrecht gewährt.[6] Dennoch greift nach Auffassung des BGH § 103 und nicht § 108, wenn die unbewegliche Mietsache im Zeitpunkt der Verfahrenseröffnung dem Mieter noch nicht überlassen war.[7]

9 **a)** Der Begriff der **unbeweglichen Gegenständen** ist in § 49 legaldefiniert und umfasst alle Gegenstände, die den Vorschriften über die Zwangsvollstreckung in unbewegliches Vermögen unterliegen, wie Grundstücke sowie Schiffe und Flugzeuge wegen §§ 864 Abs. 1, 870 a ZPO, §§ 47, 99 LuftfzG, wobei auch Teilgegenstände einbezogen sind. **Räume** sind feste Gebäude und umschlossene Teile von solchen, die so groß sind, dass sich dort ein Mensch aufhalten kann,[8] unabhängig davon, ob es sich um Wohn-, Geschäfts- oder sonstige Räume handelt. Auch nur zu einem vorübergehenden Zweck errichtete Baulichkeiten sind unabhängig von ihrer Bauweise hierunter zu fassen, solange nur der Wille des Errichtenden auf die vorübergehende Nutzung geht.[9]

10 Nicht erfasst sind – Ausnahme aber Abs. 2 – Verträge über Mobilien und Rechte, da als unbeweglich nach § 90 BGB nur körperliche Gegenstände qualifiziert werden.

11 Bei typengemischten Verträgen über Mobilien und Immobilien muss entscheidend sein, welche Leistung für das typische Gepräge des Vertrags verantwortlich ist.[10] Von § 108 erfasst ist eine im Miteigentum Mehrerer stehende Mietsache.[11]

---

[1] Zu Untermietverhältnissen vgl. *Marotzke,* ZInsO 2007, 1 ff.; *Tetzlaff,* NZI 2006, 87 ff., 90.

[2] So Begründung BT-Drucks. 13/4699, S. 6; ausführlich *Uhlenbruck/Sinz,* InsO, § 108 Rn. 50 ff.; MünchKomm-*Eckert,* InsO § 108 Rn. 28 ff.; BGH ZIP 2003, 1625 ff., 1626.

[3] BGH ZIP 1993, 1874; FK-*Wegener,* InsO, § 108 Rn. 8–11; gegen diese Qualifizierung *Larenz,* SchR II, § 63 II.

[4] BGH ZIP 1990, 180, 183; vgl. aber *Peters,* ZIP 2000, 1759, 1765 f.

[5] *Peters,* ZIP 2000, 1759, 1765; *Smid/ders.,* InsO, § 108 Rn. 4.

[6] Dazu *Eckert,* ZIP 1996, 897, 899.

[7] BGH NZI 2007, 713 m. Anm. *Kroth,* FD-InsR 2007, 245072.

[8] *Staudinger/Sonnenschein/Veit,* BGB, § 581 Rn. 19; *Palandt/Weidenkaff,* BGB, vor § 535 Rn. 88 ff.

[9] FK-*Wegener,* InsO, § 108 Rn. 13.

[10] *Kübler/Prütting/Bork/Tintelnot,* InsO, § 108 Rn. 13; *Uhlenbruck/Berscheid,* InsO, § 108 Rn. 9, 18 ff.; MünchKomm-*Eckert,* InsO § 108 Rn. 19.

[11] MünchKomm-*Eckert,* InsO § 108 Rn. 55.

b) Das Wahlrecht ist ferner bei **Dienstverträgen** ausgeschlossen. Dies ist unabhängig davon der Fall, ob der Insolvenzschuldner Dienstberechtigter oder Dienstverpflichteter ist, da in § 108 Abs. 1 S. 1 2. Alt. im Gegensatz zu § 113 Abs. 1 S. 1 keine derartige Differenzierung vorgenommen wird.[1] Entgegen § 22 Abs. 1 S. 1 KO wird die Insolvenzfestigkeit des Vertrages auch für noch nicht angetretene Dienstverhältnisse angenommen, da bei Erfüllungsablehnung jeglicher Kündigungsschutz entfiele.[2] 12

Nach §§ 116, 115 InsO erlischt der Dienstvertrag ausnahmsweise, wenn er auf eine Geschäftsbesorgung für den Schuldner gerichtet ist. 13

c) Die Sonderregelung des § 108 Abs. 1 S. 2, die erst ergänzend gegenüber der Ursprungsfassung der InsO eingefügt wurde, betrifft **finanzierte Miet- und Pachtverträge über Mobilien** und bezieht sich damit vorrangig auf Leasingverträge.[3] Ihr Fortbestand wird nicht generell ermöglicht, sondern nur unter der Voraussetzung, dass der betroffene Gegenstand einem Dritten, der seine Anschaffung finanziert hat, vor Verfahrenseröffnung rechtswirksam zur Sicherheit übertragen wurde.[4] 14

Erfolgt die Sicherungsübertragung erst nachträglich oder auf Grund späterer Umfinanzierung, ist der Anwendungsbereich mangels Zusammenhang zwischen Sicherungsübertragung und Finanzierung der Anschaffung oder Herstellung verschlossen.[5] 15

Tauglicher „sonstiger“ Gegenstand sind sowohl Sachen, als auch Rechte und Forderungen, so dass auch die Refinanzierung eines Software-Leasingvertrages durch Sicherungsübertragung der Rechte an der Software insolvenzfest ist.[6] 16

Zwar löst die Regelung die für die Refinanzierung von Leasingverträgen bestehenden Probleme, doch wird sie **als systemwidrig kritisiert,** da keine klare Linie bezüglich des Wahlrechts bei Miet- und Leasingverträgen über bewegliche Sachen mehr erkennbar ist, gleichartige Verträge unterschiedlich behandelt werden und allein die Interessen der Kreditinstitute berücksichtigt werden.[7] 17

d) Abs. 2 setzt die Insolvenz des **Darlehensgebers** voraus. Nach dem Wortlaut wird zwischen einem Gelddarlehen i. S. d. § 488 BGB und einem Sachdarlehen im Sinne des § 607 BGB nicht differenziert, der Hauptanwendungsbereich in der Praxis wird wohl für das Gelddarlehen eröffnet sein und damit meist in der Insolvenz von Kreditinstituten greifen. Da es sich bei Verträgen über unverzinsliche Darlehen nicht um gegenseitige Verträge i. S. der §§ 103 ff. handelt, muss es sich um ein **verzinsliches Darlehen** handeln. Der Kontokorrentkreditvertrag, ein Darlehensvertrag i. S. des § 488 BGB, soll nach der Gesetzesbegründung von Abs. 2 nicht erfasst werden, sondern weiterhin dem Anwendungsbereich des § 116 unterfallen. Der darlehenshalber geschuldete Gegenstand muss **bei Verfahrenser-** 17a

---

[1] AA: *Kübler/Prütting/Bork/Tintelnot,* InsO, § 108 Rn 8 a: Beschränkung des § 108 auf die Insolvenz des Dienstberechtigten; vgl. *Wente,* ZIP 2005, 335 ff. zur Anwendbarkeit des § 103 auf den nicht persönlich dienstverpflichteten Schuldner.

[2] *Berscheid,* ZInsO 1998, 115, 116.

[3] Begründung BT-Drucks. 13/4699, S. 6.

[4] Vgl. MünchKomm-*Eckert,* InsO § 108 Rn. 46 zum (zeitlichen) Zusammenhang zwischen Herstellung/Anschaffung und Refinanzierung.

[5] Krit. dazu *Schmid-Burgk/Ditz,* ZIP 1996, 1123, 1125.

[6] *Sinz,* aaO, Rn. 31.

[7] *Pape,* in Kölner Schrift, S. 405 ff. Rn. 75 a.

öffnung bereits dem Darlehensnehmer zur Verfügung gestellt, **ausgereicht** sein. Fehlt es zu diesem Zeitpunkt noch an der Valutierung, greift § 103. Nach dem Wortlaut zu den Rechtsfolgen – „soweit" – ist eine vollständige Valutierung des Darlehens anscheinend nicht erforderlich, so dass bei nur teilweiser Valutierung für den nicht ausgereichten Teil § 103 ggf. mit § 105 anwendbar ist.

3. Rechtsfolgen

a) § 108 Abs. 1, 3

18 **aa)** Die Vorschrift lässt die betroffenen Verträge auch nach Verfahrenseröffnung fortbestehen und normiert somit die Voraussetzung für die besonderen Kündigungsvorschriften der §§ 109 ff. Dem Insolvenzverwalter wird kein Wahlrecht über die Erfüllung eingeräumt, sondern die Erfüllung muss erfolgen.

19 **bb)** Bei (schlichter) Nichterfüllung oder nicht gehöriger Erfüllung des Vertrags durch den Insolvenzverwalter sind die daraus dem anderen Vertragspartner erwachsenden Schadenersatzansprüche Masseverbindlichkeiten unabhängig davon, welche Stellung der Schuldner als Vertragspartei hat (Vermieter/Verpächter, Dienstberechtigter oder Mieter/Pächter, Dienstverpflichteter).[1]

20 Werden die Vertragsverhältnisse hingegen nach den §§ 109 ff. gesetzeskonform vom Insolvenzverwalter vorzeitig beendet, handelt es sich bei den daraus entstehenden Schadenersatzansprüchen des anderen Vertragsteils nach § 109 Abs. 1 S. 2 bzw. § 113 Abs. 1 S. 3 lediglich um Insolvenzforderungen.[2]

21 **cc)** Nach § 108 Abs. 3 können Ansprüche des Vertragspartners aus der Zeit vor Verfahrenseröffnung nur als Insolvenzforderungen i. S. d. § 38 geltend gemacht werden.[3] Dies gilt auch für den Anspruch des Vermieters auf Leistung einer bei Verfahrenseröffnung noch ausstehenden Kaution.[4] In der Vermieterinsolvenz ist der Anspruch des Mieters auf Rückzahlung der geleisteten Kaution ebenfalls nur eine Insolvenzforderung, es sei denn, der Kautionsbetrag ist auf einem gesonderten Konto angelegt (dann Aussonderung; zur Verpflichtung einer solchen Anlage bei der Wohnraummiete vgl. § 551 Abs. 3 BGB).[5]

22 Auf den ersten Blick könnte § 108 Abs. 3 auch in der Insolvenz des Arbeitgebers für den Anspruch eines Arbeitnehmers auf Abgeltung von Urlaub greifen, wenn der Anspruch auf Gewährung von Urlaub vor Verfahrenseröffnung bereits entstanden war. Wenn einem Arbeitnehmer Urlaub wegen Beendigung des Arbeitsverhältnisses nicht mehr gewährt werden kann, wandelt sich der noch nicht verfallene oder erfüllte Urlaubsanspruch automatisch in einen Abgeltungsanspruch (Urlaubsentgelt und Urlaubsgeld) um und ist nach § 7 Abs. 4 BUrlG abzugelten.

---

[1] Vgl. BGH ZIP 2003, 854 ff., zum Anspruch des Mieters in der Insolvenz des Vermieters auf Herstellung eines zum vertragsgemäßen Gebrauch geeigneten Zustandes der Mietsache.

[2] FK-*Wegener,* InsO, § 108 Rn. 28; *Uhlenbruck/Berscheid,* InsO, § 108 Rn. 32.

[3] Das gilt auch für Leasingraten, streitig; wie hier MünchKomm-*Eckert,* InsO § 108 Rn. 94 ff.

[4] *Uhlenbruck/Berscheid,* InsO, § 108 Rn. 35. Zur Tilgungsbestimmung/Verrechnung betreffend Erlöse aus der Verwertung des Vermieterpfandes bzw. der Mietkautionsbeträge auf Mietforderungen vor Insolvenzeröffnung (Insolvenzforderungen) oder nach Insolvenzeröffnung (Masseverbindlichkeit) vgl. LG Darmstadt ZIP 2005, 459 und OLG Hamburg EWiR 2008, 567 m. Anm. *Schoppe.*

[5] *Uhlenbruck/Berscheid,* InsO, § 108 Rn. 36.

Der Abgeltungsanspruch entsteht mit Beendigung des Arbeitsverhältnisses. Wird das Arbeitsverhältnis nach Verfahrenseröffnung beendet, handelt es sich bei dem Abgeltungsanspruch um eine Masseverbindlichkeit nach § 55 Abs. 1 Nr. 2 Alt. 2.[1]

Massebelastende Folgen können sich auch aus Altersteilzeitregelungen für Altersteilzeitverhältnisse im Blockmodell ergeben, wenn die aktive Arbeitsphase in die Zeit nach Verfahrenseröffnung fällt, stellen Masseverbindlichkeiten nicht nur die üblichen Entgeltansprüche dar, sondern auch die Aufstockungsbeträge.[2] 23

dd) Eine Ausnahme von § 108 Abs. 3 gilt nach § 55 Abs. 2 dann, wenn ein vorläufiger Insolvenzverwalter mit Verwaltungs- und Verfügungsbefugnis bestellt wird (§ 22 Abs. 1, § 21 Abs. 2 Nr. 2 1. Alt; sog. „starker" vorläufiger Insolvenzverwalter), der das Miet- bzw. Pachtobjekt nutzt oder die Arbeitsleistung entgegennimmt: die daraus resultierenden Verbindlichkeiten gelten nach Verfahrenseröffnung als Masseverbindlichkeiten, § 55 Abs. 2.[3] Der Sequester nach altem Recht konnte hingegen nach der Rechtsprechung des BGH[4] nie Masseverbindlichkeiten begründen. 24

ee) Bereits vor dem Inkrafttreten der InsO zum 1. Januar 1999 hat sich um das Verhältnis zwischen § 55 Abs. 2 und § 108 Abs. 2 aF, jetzt Abs. 3 nF eine kontroverse Diskussion entspannt. Es geht dabei um den Schutz der (späteren) Insolvenzmasse, den Schutz des (vorläufigen) Insolvenzverwalters und um den Schutz des Geschäftspartners des Schuldners. Auslöser der Diskussion war einerseits die Regelung in § 55 Abs. 2, andererseits § 108 Abs. 2 aF, jetzt Abs. 3 nF, der bestimmt, dass die Ansprüche aus den dort geregelten Dauerschuldverhältnissen für die Zeit vor der Verfahrenseröffnung vom anderen Teil nur als Insolvenzgläubiger geltend gemacht werden können. Niesert[5] hat bereits 1998 die Auffassung vertreten, dass es sich bei § 108 Abs. 2 aF, jetzt Abs. 3 nF um eine speziellere Vorschrift gegenüber § 55 Abs. 2 handelt. Berscheid[6] hat dies auch für die Entgeltansprüche der vom vorläufigen Insolvenzverwalter (mit Verwaltungs- und Verfügungsbefugnis) fortbeschäftigten Arbeitnehmer vertreten. Im Bereich der Entgeltansprüche der Arbeitnehmer resultierte die Diskussion auch daraus, dass im Gegensatz zu § 59 Abs. 2 KO in der InsO ursprünglich (durch das InsOÄndG seit 1. 12. 2001 als Abs. 3 an § 55 angefügt) eine Regelung darüber fehlte, dass Ansprüche der Bundesagentur für Arbeit infolge Insolvenzgeldzahlung 25

---

[1] BAG NZI 2004, 102 ff. = ZIP 2003, 1802 ff.; vgl. auch BAG NZI 2004, 636 ff.; zur Haftung des Betriebserwerbers für Urlaubsansprüche vgl. BAG NZA 2004, 651 ff.; vgl. auch BGH NZI 2008, 185 zur Qualifikation von Ansprüchen eines Vorstandsmitglieds auf Überbrückungsgeld und betriebliche Altersversorgung: mit dem vor Eröffnung des Insolvenzverfahrens über das Vermögen der Anstellungskörperschaft erdienten Anteil handelt es sich um Insolvenzforderungen und mit dem während des eröffneten Insolvenzverfahrens entstandenen Anteil um Masseverbindlichkeiten (unabhängig davon, ob der Dienstherr nach der Insolvenzeröffnung von dem leitenden Angestellten noch die Erfüllung seines Vertrages zugunsten der Insolvenzmasse verlangt hat.

[2] BAG NZI 2004, 105 ff. = ZIP 2003, 1169 ff.; BAG BeckRS 2005, 40428 = ZIP 2005, 457 ff.; BAG NZI 2005, 408 = ZIP 2005, 873 ff.; BAG BeckRS 2007 44365 = BB 2007, 1281; BAG NZA 2009, 432; vgl. zu Entgeltansprüchen aus Altersteilzeitverhältnissen auch *Schrader/Straube,* ZInsO 2005, 184 ff. u. 234 ff.

[3] BGH ZIP 2003, 1625 ff.

[4] Vgl. BGH ZIP 2003, 1551 f.

[5] InVo 1998, 85, 87 f.

[6] NZI 1999, 6, 8; ZInsO 1998, 259 f.

nur als Insolvenzforderungen geltend gemacht werden können. In diesem Bereich hat sich bereits durch die Entscheidungen des BAG vom 3. April 2001 die Diskussion erledigt: Das BAG hat quasi im „Vorgriff" auf die damals geplante Änderung der InsO entschieden, dass die auf die Bundesanstalt übergegangenen Entgeltansprüche lediglich als Insolvenzforderungen geltend gemacht werden können.[1] Im Bereich der übrigen Dauerschuldverhältnisse ist diese Diskussion zunächst fortgesetzt worden. Es wurde die Auffassung vertreten, dass auch ein vorläufiger Insolvenzverwalter, auf den die Verwaltungs- und Verfügungsbefugnis nicht übergegangen ist („schwacher" vorläufiger Insolvenzverwalter) Masseschulden begründe.[2] Der BGH hat mit Urteil vom 18. Juli 2002[3] der Diskussion ein Ende gesetzt und zu recht entschieden, dass § 55 Abs. 2 grundsätzlich weder unmittelbar noch entsprechend auf Rechtshandlungen eines vorläufigen Verwalters anzuwenden ist, auf den die Verfügungsbefugnis über das Vermögen des Schuldners nicht übergegangen ist. Schließlich ist § 55 Abs. 2 nach der Entscheidung des BGH vom 18. Juli 2002 auch nicht speziell auf Miet- oder Pachtverhältnisse i. S. von § 108 entsprechend anzuwenden, wenn nur ein vorläufiger Insolvenzverwalter mit begleitendem Zustimmungsvorbehalt bestellt worden ist.

26 **ff)** Die Masse kann auch dadurch stark belastet werden, dass der Insolvenzschuldner nicht nur zur Überlassung des Miet- bzw. Pachtobjekts verpflichtet ist, sondern darüber hinausgehend noch zur Erbringung weiterer Leistungen. Fließen diese einem Dritten zu, an den die Forderungen abgetreten sind, steht der Masse ein Bereicherungsanspruch in Höhe des Gegenwertes der Zusatzleistungen gegen den Dritten zu, da diese aus der Masse stammen, nicht aber aus der finanzierten Anschaffung und Gebrauchsüberlassung.[4]

b) § 108 Abs. 2

26a Soweit der insolvente Darlehensgeber das nach dem Darlehensvertrag geschuldete Darlehen (oder den sonst geschuldeten Gegenstand) dem Darlehensnehmer zur Verfügung gestellt hat, muss der Insolvenzverwalter mangels entsprechender rechtlicher Möglichkeiten das Darlehen dem Darlehensnehmer vertragsgemäß belassen. Der Insolvenzverwalter kann, da ihm das Wahlrecht nach § 103 insoweit entzogen ist, das Darlehen nur nach Maßgabe des Darlehensvertrages oder ergänzender Bestimmungen des BGB kündigen und zurückfordern (die Auswirkungen auf die Dauer eines Insolvenzverfahrens und die Kostendeckung etc. sind, soweit ersichtlich, im Gesetzgebungsverfahren nicht erörtert worden). Lediglich in dem Umfang, in dem der Darlehensgeber das Darlehen vor Verfahrenseröffnung noch nicht ausgereicht hatte, steht nach dem Gesetzeswortlaut dem Insolvenzverwalter ein Wahlrecht nach § 103 zu.

4. Praxishinweis

27 **a)** Nach § 28 a SGB IV ist der Arbeitgeber verpflichtet, den Beginn versicherungspflichtiger Arbeitsverhältnisse der Einzugsstelle der Sozialversicherungsträger zu melden. Die zuständigen Stellen sehen losgelöst von § 108 Abs. 1 in der

[1] BAG ZIP 2001, 1964.
[2] Vgl. *Bork,* ZIP 1999, 781 f.; LG Essen NZI 2001, 217.
[3] BGH ZIP 2002, 1625 ff.
[4] *Nerlich/Römermann/Balthasar,* InsO, § 108 Rn. 16.

Verfahrenseröffnung regelmäßig das melderechtliche Ende des Beschäftigungsverhältnisses, so dass bei einer Fortbeschäftigung nach Verfahrenseröffnung der Insolvenzverwalter die entsprechenden Arbeitnehmer gem. § 28 a Abs. 1 Nr. 1, 2 SGB IV zunächst auf den Tag vor Verfahrenseröffnung abmelden und zugleich auf den Tag der Eröffnung wieder anmelden müsse. Das Sozialgericht Freiburg hat eine derartige Verpflichtung des Insolvenzverwalter auf Grund fehlender rechtlicher Grundlage verneint.[1]

b) Der Insolvenzverwalter rückt mit Verfahrenseröffnung zwar in die Arbeitgeberfunktion ein und muss dann einem Arbeitnehmer, dessen Arbeitsverhältnis zu diesem Zeitpunkt noch besteht, ein Zeugnis auch dann ausstellen, wenn er sich Kenntnisse über dessen Arbeitsleistung noch nicht verschaffen konnte. War das Arbeitsverhältnis bei Verfahrenseröffnung bereits beendet und nur ein vorläufiger Insolvenzverwalter mit Zustimmungsvorbehalt bestellt, so bleibt grundsätzlich der Schuldner als Arbeitgeber zur Ausstellung des Zeugnisses verpflichtet.[2]

c) Für den Insolvenzverwalter bzw. die Masse in der Vermieterinsolvenz kann die Verwaltung eines vermieteten Objektes mit nicht unerheblichem Zeit- und Kostenaufwand verbunden sein. So z. B., wenn es sich um ein altes Wohnhaus handelt, in dem ständig Reparaturen anfallen, oder wenn das Objekt mit Grundschulden ausbelastet ist. Hier sollte dem Verwalter die Möglichkeit eingeräumt werden, sich durch Freigabe an den Schuldner für die Zukunft von den Folgen des § 108 zu befreien.[3][4]

§ 109 Schuldner als Mieter oder Pächter

(1) **Ein Miet- oder Pachtverhältnis über einen unbeweglichen Gegenstand oder über Räume, das der Schuldner als Mieter oder Pächter eingegangen war, kann der Insolvenzverwalter ohne Rücksicht auf die vereinbarte Vertragsdauer oder einen vereinbarten Ausschluß des Rechts zur ordentlichen Kündigung kündigen; die Kündigungsfrist beträgt drei Monate zum Monatsende, wenn nicht eine kürzere Frist maßgeblich ist. Ist Gegenstand des Mietverhältnisses die Wohnung des Schuldners, so tritt an die Stelle der Kündigung das Recht des Insolvenzverwalters zu erklären, daß Ansprüche, die nach Ablauf der in Satz 1 genannten Frist fällig werden, nicht im Insolvenzverfahren geltend gemacht werden können. Kündigt der Verwalter nach Satz 1 oder gibt er die Erklärung nach Satz 2 ab, so kann der andere Teil wegen der vorzeitigen Beendigung des Vertragsverhältnisses oder wegen der Folgen der Erklärung als Insolvenzgläubiger Schadenersatz verlangen.**

(2) **Waren dem Schuldner der unbewegliche Gegenstand oder die Räume zur Zeit der Eröffnung des Verfahrens noch nicht überlassen, so kann sowohl der Verwalter als auch der andere Teil vom Vertrag zurücktreten. Tritt der Verwalter zurück, so kann der andere Teil wegen der vorzeitigen Beendigung**

---

[1] SG Freiburg ZIP 2004, 2111.

[2] BAG ZIP 2004, 1974 ff.

[3] Streitig: für die Möglichkeit einseitiger Freigabe vgl. *Uhlenbruck/Berscheid,* InsO, § 108 Rn. 26; nur im Einvernehmen mit dem Vertragspartner: MünchKomm-*Eckert*, InsO § 108 Rn. 56.

[4] Zu rechts- und praxisrelevanten Auswirkungen des durch das MoMiG neugefassten § 135 Abs. 3 auf § 103 und §§ 108–112 vgl. *K. Schmidt,* DB 2008, 1727 ff.

des Vertragsverhältnisses als Insolvenzgläubiger Schadenersatz verlangen. Jeder Teil hat dem anderen auf dessen Verlangen binnen zwei Wochen zu erklären, ob er vom Vertrag zurücktreten will; unterläßt er dies, so verliert er das Rücktrittsrecht.

Übersicht

1. Normzweck

1 § 109 räumt dem Insolvenzverwalter ein Sonderkündigungsrecht ein, durch das verhindert werden soll, dass die Masse Miet- und Pachtforderungen ausgesetzt ist, obwohl das Objekt von ihr wirtschaftlich nicht angemessen genutzt werden kann.[1] Der Insolvenzverwalter kann während der Dauer des Insolvenzverfahrens selbst zu jeder Zeit die Vertragsbeendigung herbeiführen,[2] wodurch ihm ermöglicht werden soll, das Vertragsverhältnis so lange weiterzuführen, wie es für die Masse erforderlich ist.

Durch das Gesetz zur Vereinfachung des Insolvenzverfahrens[3] ist Abs. 1 S. 1 geändert und die Kündigungsfrist für den Insolvenzverwalter zur Schonung der Masse an die Kündigungsfrist in § 113 Abs. 1 S. 2 angepasst worden, sie beträgt nun ebenfalls längstens drei Monate zum Monatsende.

2 Schon durch das InsOÄndG 2001 wurde das Sonderkündigungsrecht des Insolvenzverwalters eingeschränkt, soweit es sich um die vom Schuldner gemietete Wohnung handelt. Der Gesetzgeber hat das Dilemma erkannt, das mit der Kündigung für den Schuldner verbunden war, nämlich die Gefahr der Obdachlosigkeit. Zum Schutz des Schuldners vor den harten Folgen des Verlustes der gemieteten Wohnung wurde Abs. 1 um einen neuen Satz 2 ergänzt, das Sonderkündigungsrecht des Insolvenzverwalters wurde hinsichtlich der Wohnung des Schuldners in Satz 2 durch ein „Freigaberecht" ersetzt. Bei rechtzeitiger „Freigabe" wird die Masse von Masseverbindlichkeiten im gleichen Umfang entlastet wie bei einer Kündigung; dadurch ist das Haftungsrisiko des Insolvenzverwalters

[1] BGHZ 71, 189, 191.
[2] *Kübler/Prütting/Bork/Tintelnot,* InsO, § 109 Rn. 3.
[3] BGBl. I 2007, S. 509.

reduziert. Die entsprechende Erklärung des Insolvenzverwalters nach Abs. 1 S. 2 hat allerdings neue Fragen aufgeworfen, die streitig sind. So z. B. die Frage, wem gegenüber der Vermieter im Anschluss an die Erklärung der Freigabe der Wohnung die Kündigung erklären muss, oder gegen wen er ggf. dann Räumungsklage erheben muss.[1]

Nur wenn das Mietobjekt bei Insolvenzeröffnung noch nicht überlassen war, sieht Abs. 2 zum Schutz des Vermieters dessen Rücktrittsmöglichkeit vor, da dieser noch nicht vorgeleistet hatte und nimmt somit den Widerspruch zum Reformziel der Sanierung durch Fortführung in Kauf.[2] Dies gilt auch für die vom Schuldner vor Eröffnung des Insolvenzverfahrens gemietete, ihm aber noch nicht überlassene Wohnung; insoweit hat der Gesetzgeber einen Änderungsbedarf ersichtlich gesehen. 3

Für den Vermieter verbleibt es bei den gesetzlichen Kündigungsmöglichkeiten und -fristen nach §§ 568 ff., 573 ff. BGB nF. 4

2. Voraussetzungen

Die dem Regelungsgehalt des § 109 unterfallenden Objekte müssen **unbeweglich** sein. Eine Überlassung des Objekts muss im Gegensatz zu § 19 KO noch nicht erfolgt sein, allerdings ist vor einer Überlassung der Vorrang des Rücktrittsrechts des Abs. 2 gegenüber Abs. 1 zu beachten.[3] 5

a) Abs. 1 setzt voraus, dass der **Schuldner vor** Verfahrenseröffnung eine **unbewegliche Sache** oder Räume gemietet oder gepachtet hat und die Überlassung (§ 566 BGB) erfolgt ist. Übernimmt der Insolvenzverwalter erst mit Eröffnung des Insolvenzverfahrens das Mietobjekt ohne von seinem Rücktrittsrecht nach Abs. 2 Gebrauch zu machen und spricht später die Kündigung aus, so spricht der Schutzzweck des § 109 für deren Wirksamkeit, da sich auch nach der Übernahme noch ergeben kann, dass die Kündigung zum Wohl der Masse erforderlich ist.[4] 6

Auch Leasingverträge sind unter die Regelung zu fassen, solange der Schuldner selbst Leasingnehmer ist.[5] 7

Bereits gekündigte Verträge unterfallen stattdessen als Rückgewährschuldverhältnis dem Wahlrecht des Verwalters nach § 103, sofern die Vertragsbeendigung vor Verfahrenseröffnung liegt. Bewirkt die vom Vermieter oder Schuldner vor Verfahrenseröffnung ausgesprochene Kündigung jedoch den Ablauf des Vertrages nach Insolvenzeröffnung, kann der Insolvenzverwalter die Frist durch eigene Kündigung ggf. verkürzen. 8

b) Abs. 1 S. 2 setzt voraus, dass es sich bei dem unbeweglichen Gegenstand des Mietverhältnisses um die **Wohnung** des Schuldners handelt. 9

---

[1] Vgl. dazu etwa *Tetzlaff,* NZI 2006, 87 ff.; *Eckert,* NZI 2006, 803 ff.; *Hain,* ZInsO 2007, 192 ff.; vgl. dazu auch AG Berlin-Lichtenberg NJW-RR 2008, 1693. Nach BGH NZI 2008, 554 kann der Vermieter vom Insolvenzverwalter des Mieters von Wohnraum nur dann Herausgabe der Wohnung beanspruchen, wenn der Insolvenzverwalter sie in Besitz genommen hat oder daran für die Masse ein Recht beansprucht.

[2] FK-*Wegener,* InsO, § 109 Rn. 16.

[3] *Baltz/Landfermann, S.* 336 f., Begründung RegE, § 123.

[4] *Eckert,* ZIP 1996, 901.

[5] BGH NJW 1978, 1383.

10 **c) Abs. 2** hat dieselben Voraussetzungen wie Abs. 1 S. 1, 2, verlangt aber darüber hinausgehend, dass die **Überlassung** an den Schuldner im Zeitpunkt der Eröffnung des Insolvenzverfahrens **noch aussteht.**

3. Rechtsfolgen

11 **a) Abs. 1, S. 1, 3. aa) Abs. 1 S. 1** sieht für den Insolvenzverwalter ein **Sonderkündigungsrecht** vor, beschränkt den Vermieter/Verpächter aber auf vertraglich vereinbarte bzw. gesetzliche Kündigungsrechte, so dass er insbesondere auch die Kündigungsvorschriften der §§ 573, 573 a, b, 577 a, 549 Abs. 2, 3 BGB nF (§ 564 b BGB aF) zu wahren hat. Regelungen im Mietvertrag, die dem Vermieter in der Insolvenz des Mieters ein Recht zur Kündigung aus wichtigem Grund einräumen, sind gem. § 119 unwirksam.[1]

12 Gerät die Masse in Zahlungsverzug, geben §§ 543 Abs. 2, 569 Abs. 3, 4 BGB nF (§ 554 BGB aF) dem Vermieter/Verpächter das Recht zur fristlosen Kündigung, da dieser Fall im Gegensatz zum Verzug des Insolvenzschuldners nicht von § 112 ausgeschlossen wird. Kurz nach Verfahrenseröffnung muss allerdings eine Mahnung verlangt werden, da dem Insolvenzverwalter eine gewisse Zeitspanne zur Einarbeitung zugebilligt werden muss.

13 Die Kündigungsfrist für den Insolvenzverwalter (nur für diesen) beträgt nunmehr auch bei gewerblichen Mietverhältnissen – vgl. § 580 a Abs. 2, 4 BGB – längstens drei Monate zum Monatsende. Bei Vereinbarung einer kürzeren Frist kann der Insolvenzverwalter mit dieser kündigen.

14 Während der gesamten Dauer des Insolvenzverfahrens kann der Insolvenzverwalter jederzeit die Kündigung nach allgemeinen Grundsätzen aussprechen und somit die Frist in Gang setzen. Bis zur Wirksamkeit der Kündigung bleibt die Masse mit dem Mietzins belastet.

15 **bb)** Wird durch die Kündigung die vorzeitige Beendigung des Vertrages bewirkt, hat der Vertragspartner einen **Schadenersatzanspruch,** der gem. **§ 109 Abs. 1 S. 3** als Insolvenzforderung geltend zu machen ist. Der Vermieter ist so zu stellen, als ob das Mietverhältnis zu dem für eine Kündigung des Schuldners maßgeblichen Zeitpunkt beendet worden wäre.[2] Ersetzt wird nur der tatsächlich entstandene Schaden, so dass durch Weitervermietung erzielte Ansprüche anzurechnen sind.[3]

b) Abs. 1 S. 2, 3

16 **aa) Abs. 1 S. 2** Handelt es sich bei dem an den Schuldner überlassenen Objekt um dessen **Wohnung,** kann der Insolvenzverwalter (Treuhänder o. Schuldner bei Eigenverwaltung) die **„Freigabe" erklären,** mit dem Erklärungsinhalt und der Folge, dass die Ansprüche aus dem Mietverhältnis nach Ablauf der Frist, die er nach S. 1 einzuhalten hätte, wenn er kündigen dürfte, nicht mehr als Masseverbindlichkeiten geltend gemacht werden können. In der Insolvenz eines Mieters, der Mitglied der vermietenden Wohnungsgenossenschaft ist, ist der Insolvenzverwalter zur Kündigung der Mitgliedschaft berechtigt, auch wenn dies zur Beendigung des Nutzungsverhältnisses an der Wohnung

[1] OLG Hamm NZI 2002, 162, 163.
[2] *Marotzke,* Gegenseitige Verträge im neuen Insolvenzrecht, Rn. 6.18.
[3] MünchKomm-*Eckert,* InsO § 109 Rn. 29.

führt; § 109 Abs. 1 S. 2 ist auf die Kündigung der Mitgliedschaft nicht anwendbar.[1] Aus der Verweisung in S. 2 auf S. 1 ist zu folgern, dass die Erklärung ebenso wie eine Kündigung nach § 568 Abs. 1 BGB nF der Schriftform bedarf und der Insolvenzverwalter den mit dem Ablauf der Kündigungsfrist (vgl. § 573 c BGB nF) identischen Zeitpunkt anzugeben hat, ab dem die Ansprüche aus dem Mietverhältnis nicht mehr im Insolvenzverfahren als Masseverbindlichkeiten geltend gemacht werden können. Zu beachten ist, dass der Insolvenzverwalter neben der „Freigabe" nicht zur ordentlichen Kündigung berechtigt ist.[2]

bb) Abs. 1 S. 3 Hat der Insolvenzverwalter die („Freigabe"-)Erklärung nach S. 2 abgegeben, kann der Vermieter wegen der **Folgen dieser Erklärung Schadenersatz** verlangen, wobei die Schadenersatzforderungen nur als **Insolvenzforderung** (§ 38) geltend gemacht werden kann. 17

Dabei ist Folgendes zu berücksichtigen:

Da durch die Freigabeerklärung das Mietverhältnis nicht beendet ist, ist der Schuldner verpflichtet, die nach Ablauf der gesetzlichen Kündigungsfrist fällig werdenden Ansprüche aus dem Mietverhältnis zu erfüllen (z. B. aus seinem pfändungsfreien Vermögen/Einkommen, ggf. auch mit staatlicher Unterstützung – Sozialhilfe). Erfüllt der Schuldner die Ansprüche, entstehen dem Vermieter keine Schadensersatzansprüche. Erfüllt der Schuldner diese Ansprüche nicht, ist fraglich, ob und in welchem Umfang der Vermieter den daraus resultierenden Schaden auch gegenüber der Masse als Insolvenzforderung geltend machen kann. Nach Sinn und Zweck der Regelung kann der Schaden nur die Ansprüche erfassen, die dem Vermieter zustehen würden, wenn der Insolvenzverwalter nach S. 1 das Mietverhältnis hätte kündigen können. Es ist nicht ersichtlich, dass der Gesetzgeber durch die den Schutz des Schuldners/Mieters bezweckende Änderung des § 109 Abs. 1 auch dem Vermieter einen weitergehenden Anspruch einräumen wollte als nach der ursprünglichen Regelung. Abgesehen von bereits eingetretenen Beschädigungen der Mietsache selbst hätte der Vermieter als Schaden nur die Mietforderungen geltend machen können, die bis zum Ablauf der vertraglich vereinbarten Mietdauer entstanden wären. Folglich muss der Schaden der Höhe nach insoweit begrenzt sein. Wird das Mietverhältnis danach fortgesetzt und zahlt der Schuldner die Miete nicht, haben die dann fällig werdenden oder entstehenden Ansprüche ihren Rechtsgrund nicht mehr in der Erklärung des Insolvenzverwalters nach S. 2 und können nicht als Schadenersatz geltend gemacht werden. Auch sonstige zum Schadenersatzanspruch führenden Handlungen des Schuldners (z. B. wegen Beschädigung der Mietsache), die dieser bei erfolgter Freigabe durch den Insolvenzverwalter nach Ablauf nach S. 1 ausübt, stellen keine Folge der Freigabeerklärung dar.[3] 18

[1] BGH NZI 2009, 374; aA: AG Dortmund, InVo 2007, 155; LG Berlin, Urteil vom 29. 11. 2007 – 51 S 253/07 = LSK 2008, 170304 im Anschluss an BGH BeckRS 2003, 08892 = NJW-RR 2004, 12; vgl. *Emmert*, ZInsO 2005, 852 ff.; *Tetzlaff*, ZInsO 2007, 590.

[2] MünchKomm-*Eckert*, InsO § 109 Rn. 50; aA: noch die Vorauflage.

[3] Nach AG Göttingen NZI 2009, 607 steht ein Nebenkostenguthaben der Masse nur zu, wenn es vor der Erklärung des Verwalters nach Abs. 1 S. 2 und vor Ablauf der Frist des Abs. 1 Nr. 1 fällig ist.

19 **c) Abs. 2** ermöglicht es vor Besitzübergang beiden Parteien, vom Vertrag nach den §§ 346 ff. BGB zurückzutreten und sich somit mit sofortiger Wirkung vom Vertrag zu lösen.

20 Der Rücktritt des Insolvenzverwalters begründet für den Vermieter/Verpächter nach Abs. 2 S. 2 einen auf das Erfüllungsinteresse gerichteten Schadensersatzanspruch, der allerdings nur eine Insolvenzforderung darstellt. Terminologisch wird die Regelung für verfehlt gehalten, da der Rücktritt auf die Herstellung des status quo ante gerichtet ist.[1]

21 Gem. § 109 Abs. 2 S. 3 ist jede Seite berechtigt, den Vertragspartner zur Ausübung des Rücktrittsrechts aufzufordern. Eine Pflicht zur Ausübung des Rücktrittsrechts innerhalb einer bestimmten Frist nach Verfahrenseröffnung ist aber weder für den Vermieter noch für den Insolvenzverwalter normiert. Der Insolvenzverwalter kann daher auch nach längerer Zeit noch das Rücktrittsrecht ausüben mit der Folge, dass der Vermieter gem. Abs. 2 S. 2 den Schadenersatz wegen vorzeitiger Beendigung des Vertragsverhältnisses nur als Insolvenzforderung geltend machen kann.

22 Erfolgt jedoch die Aufforderung zur Erklärung über das Rücktrittsrecht, so geht es verloren, wenn der aufgeforderte Vertragspartner sich nicht binnen zwei Wochen erklärt. Folge ist die Invollzugsetzung und der Fortbestand des Vertrages gem. § 108 Abs. 1; gleichwohl kann sich der Insolvenzverwalter aber nach Abs. 1 S. 1 durch Kündigung mit der gesetzlichen Frist von dem Vertragsverhältnis lösen.[2]

23 Die Starrheit dieser Frist sowie der Widerspruch zu dem Grundprinzip des § 107 Abs. 2 S. 1, der dem Insolvenzverwalter des Vorbehaltskäufers eine Fristverlängerung einräumt, da erst ab dem Berichtstermin feststeht, in welcher Form die Verfahrensabwicklung durchgeführt wird, ist kritikwürdig und sollte im Hinblick auf von der InsO auch potentiell zu ermöglichende Sanierungen dazu Anlass geben, die Frist ebenfalls erst mit dem Berichtstermin beginnen zu lassen.[3]

4. Streitpunkte

24 Sind neben dem Insolvenzschuldner noch **Mitmieter[4] vorhanden,** kann der Insolvenzverwalter trotzdem alleine kündigen.[5] Danach hat die Kündigung also keine Einzelwirkung, sondern es wird das gesamte Vertragsverhältnis beendet.[6] Der Schadensersatzanspruch richtet sich auch nur gegen den Insolvenzverwalter, nicht aber gegen die Mitmieter.[7]

---

[1] *Tintelnot,* ZIP 1995, 616, 621.

[2] *Nerlich/Römermann/Balthasar,* InsO, § 109 Rn. 20; *Eckert,* ZIP 1996, 898, 901; MünchKomm-*Eckert,* InsO § 109 Rn. 73 ff.

[3] *Pape,* in Kölner Schrift, S. 531 ff., Rn. 87; aA: MünchKomm-*Eckert,* InsO § 109 Rn. 63.

[4] Vgl. *Paul,* InVo 2008, 1 ff.

[5] OLG Celle NJW 1974, 2012 ; MünchKomm-*Eckert,* InsO § 109 Rn. 36, 37 will die Wirkung auf den Schuldner beschränken; dem Vermieter steht diese Möglichkeit indes nicht offen, wenn nur einer von mehreren Mietern insolvent ist, *Jäger/Henkel,* KO, § 19 Rn. 36; vgl. zum Erfordernis der Wirksamkeit der Kündigung gegenüber mehreren Leasingnehmern auch OLG Düsseldorf BeckRS 2009, 05983.

[6] *Jaeger/Henckel,* KO, § 19 Rn. 36; vgl. aber auch MünchKomm-*Eckert,* InsO § 109 Rn. 39 und BGH NJW 1975, 1653.

[7] OLG Düsseldorf BB 1988, 654.

Den Mitmietern bleibt ebenso wie dem Vermieter die Möglichkeit, mittels mietvertraglicher Vereinbarung die Fortführung des Vertragsverhältnisses bei Kündigung durch den Insolvenzverwalter eines Mieters zu vereinbaren.[1] 25

Gleiches gilt für den Rücktritt durch den Insolvenzverwalter eines Mitmieters. 26

Für den Fall, dass mehrere Mieter das Mietobjekt zwar gemeinschaftlich, aber jeder für sich nutzt (z. B. Bürogemeinschaft), ist eine Lösung interessengerechter, die der Kündigung durch den Insolvenzverwalter des insolventen Mietmieters entsprechend § 425 BGB Wirkung nur für den insolventen Mieter verschafft, nicht aber das Mietverhältnis der übrigen Mitmieter. 27

§ 110 Schuldner als Vermieter oder Verpächter

(1) **Hatte der Schuldner als Vermieter oder Verpächter eines unbeweglichen Gegenstands oder von Räumen vor der Eröffnung des Insolvenzverfahrens über die Miet- oder Pachtforderung für die spätere Zeit verfügt, so ist diese Verfügung nur wirksam, soweit sie sich auf die Miete oder Pacht für den zur Zeit der Eröffnung des Verfahrens laufenden Kalendermonat bezieht. Ist die Eröffnung nach dem fünfzehnten Tag des Monats erfolgt, so ist die Verfügung auch für den folgenden Kalendermonat wirksam.**

(2) **Eine Verfügung im Sinne des Absatzes 1 ist insbesondere die Einziehung der Miete oder Pacht. Einer rechtsgeschäftlichen Verfügung steht eine Verfügung gleich, die im Wege der Zwangsvollstreckung erfolgt.**

(3) **Der Mieter oder der Pächter kann gegen die Miet- oder Pachtforderung für den in Absatz 1 bezeichneten Zeitraum eine Forderung aufrechnen, die ihm gegen den Schuldner zusteht. Die §§ 95 und 96 Nr. 2 bis 4 bleiben unberührt.**

Übersicht

1. Normzweck

In Anlehnung an den Schutz, den §§ 1124 f. BGB Hypothekengläubigern bei der Beschlagnahme eines Grundstückes gewähren, entspricht § 110 im Wesentlichen dem für bereits überlassene Objekte geltenden § 21 Abs. 2 und 3 KO und eröffnet im Gegensatz zum alten Recht dem Insolvenzverwalter die Möglichkeit, auch Miet- und Pachtverträgen über noch nicht überlassene unbewegliche Gegenstände oder Räume fortbestehen zu lassen, ohne Vorausverfügungen des Insolvenzschuldner zum Nachteil der Masse als wirksam berücksichtigen zu müssen.[2] 1

---

[1] *Nerlich/Römermann/Balthasar,* InsO, § 109 Rn. 10; MünchKomm-*Eckert,* InsO § 109 Rn. 82, 83.

[2] *Balz/Landfermann,* S. 337 f., Begründung RegE, § 124.

2 Die Vorschrift steht in notwendigem Zusammenhang zu § 108, der den Fortbestand von Miet- oder Pachtverhältnissen des Schuldners über unbewegliche Gegenstände und Räume anordnet. Ohne den Schutz des § 110 könnte bei Vorausverfügungen des Schuldners über die Miet-/Pachtforderung der Gegenstand genutzt werden, ohne dass der Masse eine entsprechende Gegenleistung zufließen würde.[1]

2. Voraussetzungen

3 **a)** Verfügungen i. S. d. § 110 sind Rechtsgeschäfte, die unmittelbar darauf gerichtet sind, auf den Anspruch des Mieters/Pächters auf die Miete/Pacht einzuwirken, ihn zu verändern, zu belasten, zu übertragen oder aufzuheben.[2] Unter die **Vorausverfügung** fällt daher z. B. die Abtretung nach § 398 BGB, die Verpfändung nach § 1278 BGB, die Stundung oder der Erlass nach § 397 BGB und alle sonstigen Zahlungserleichterungen, soweit sie sich auf die Miete/Pacht für den zu § 110 Abs. 1 bestimmten Zeitraum beziehen (hier sind u. U. §§ 129 ff. einschlägig).[3] Abs. 2 stellt klar, dass entgegen der herrschenden Theorie der realen Leistungsbewirkung[4] auch die Einziehung der Miete oder Pacht eine derartige Verfügung darstellt, was sachgerecht ist, da der Mieter mit jeglicher Vorleistung selbst das Ausfallrisiko übernommen hat und der Masse als Wertausgleich für die erzwungene Nutzungsgewährung das entsprechende Entgelt zufließen muss.[5]

Ist im Vertrag eine Vorauszahlung für periodische Zeitabschnitte vereinbart, handelt es sich um eine Vorausverfügung, nicht jedoch bei einer davon losgelösten, vollständigen Vorauszahlung mit einem Einmalbetrag.[6]

4 Keine Vorausverfügung ist die Zahlung eines („verlorenen“) **Baukostenzuschusses,** wenn die Ausbauarbeiten eine Wertsteigerung des Grundstücks oder Gebäudes bewirkt haben, so dass eine Verrechnung mit späteren Mietzahlungen zulässig ist.[7]

5 Ferner werden **Zwangsvollstreckungsmaßnahmen,** wie auch die Vollziehung eines Arrestes oder einer einstweiligen Verfügung,[8] den rechtsgeschäftlichen

---

[1] *Nerlich/Römermann/Balthasar,* InsO, § 110 Rn. 5.

[2] Vgl. BGHZ 1, 294, 304.

[3] Vgl. BGH NZI 2008, 510, wonach für die insolvente Mieterin das unentgeltliche Nutzungsrecht aus der kapitalersetzenden Überlassung in entsprechender Anwendung des § 110 Abs. 1 erlischt. Vgl. auch *K. Schmidt,* DB 2008, 1727 ff. zu rechts- und praxisrelevanten Auswirkungen des durch das MoMiG neugefassten § 135 Abs. 3 auf § 103 und §§ 108–112.

[4] BGH NJW 1991, 1294, 1295.

[5] *Häsemeyer,* Insolvenzrecht, Rn. 20.55.

[6] BGH NJW 2007, 2919 zur gleichgelagerten Problematik bei § 1124 BGB; HK-*Marotzke,* InsO, § 110 Rn. 3.

[7] BGHZ 15, 296; BGHZ 16, 31, 35; FK-*Wegener,* InsO, § 110 Rn. 8; MünchKomm-*Eckert,* InsO § 110 Rn. 15.

[8] Begründung RegE, § 124, aaO; vgl. aber BGH NZI 2006, 577 – die Beschlagnahme ist keine Voraussetzung für das Entstehen des Absonderungsrechts nach § 49. Das Absonderungsrecht des dinglichen (Grundpfand-)Gläubigers entsteht nach Maßgabe der jeweiligen materiell-rechtlichen Bestimmungen, die Beschlagnahme leitet bei ihm die Befriedigung aus dem belasteten Recht ein. Beim persönlichen Gläubiger hingegen ist die Beschlagnahme Voraussetzung für das Entstehen des Absonderungsrechts. NZI 2007, 98 ff., wonach der Grundpfandgläubiger zwar mit dem Grundpfandrecht ein Absonderungsrecht an den

Verfügungen gleichgesetzt. Zu beachten ist im Rahmen der Pfändung künftiger Forderungen, dass das Pfändungspfandrecht erst mit dem Entstehen der gepfändeten Forderung entsteht und die frühere Zustellung an den Drittschuldner insoweit bedeutungslos ist.[1] § 88 ist im Bereich des § 110 nicht ausgeschlossen.[2]

b) § 110 bezieht sich unabhängig davon, ob die Überlassung des Mietobjekts bereits stattgefunden hat, auf Verfügungen über **Forderungen** aus allen Miet-/Pachtverträgen über Grundstücke, andere unbewegliche Gegenstände und Räume, in denen der Schuldner die Rolle des Vermieters bzw. Verpächters einnimmt. Insbesondere mitumfasst ist das Immobilienleasing,[3] nicht aber Verträge über Mobilien, da sonst der Zweck des § 108 Abs. 1 S. 2 konterkariert würde.[4] 6

c) Erforderlich ist die **Wirksamkeit** der **Vorausverfügung** (keine Unwirksamkeit z.B. nach § 138 BGB; §§ 129ff.) über die Forderung, wobei § 91 verdrängt wird.[5] 6a

3. Rechtswirkungen des Verfügungsverbots

Nach Abs. 1 sind Vorausverfügungen über den ab Beginn des Monats nach Insolvenzeröffnung zu entrichtenden Miete/Pacht absolut unwirksam, wenn die Verfahrenseröffnung vor dem 15. des laufenden Monats erfolgt ist. Ist die Verfahrenseröffnung aber erst nach dem 15. des laufenden Monats erfolgt, so betrifft die Unwirksamkeit nur Verfügungen, die sich auf den übernächsten Monat oder eine noch spätere Zeit beziehen. Nach anderer Auffassung ist § 110 Abs. 1 lediglich eine Ausnahme zu § 91, setzt also zugunsten des Mieters/Zessionars die zu § 91 angeordnete Unwirksamkeit für den zu § 110 Abs. 1 bestimmten Zeitraum außer Kraft.[6] Der Mieter/Pächter muss die Gegenleistung für die in der betroffenen Zeitspanne erfolgte Nutzung des Objektes noch einmal zur Masse erbringen. Ihm steht für den an einen Dritten oder den Schuldner vorgeleisteten Betrag ein Bereicherungsanspruch zu, der bei Entrichtung an den späteren Schuldner (Vermieter) als Insolvenzforderung geltend zu machen ist.[7] 7

Wird das Insolvenzverfahren beendet oder das Miet-/Pachtobjekt freigegeben, wird die Verfügung wirksam.[8] 8

---

mithaftenden Miet- und Pachtforderungen erwirbt, ihm aber die Pfändung dieser Forderungen nach Verfahrenseröffnung verwehrt ist und ihm nur die Verfolgung seiner dinglichen Rechte im Zwangsverwaltungs- und Zwangsversteigerungsverfahren möglich ist (vgl. auch die Kommentierung bei § 89 Rn. 9).

[1] BFH NZI 2005, 569ff.

[2] HK-*Kayser,* InsO, § 88 Rn. 9; MünchKomm-*Eckert,* InsO § 110 Rn. 7; aA: HK-*Marotzke,* InsO, § 110 Rn. 10.

[3] *Kübler/Prütting/Bork/Tintelnot,* InsO, § 110 Rn. 4.

[4] *Nerlich/Römermann/Balthasar,* InsO, § 110 Rn. 6; *Kübler/Prütting/Bork/Tintelnot,* InsO, § 110 Rn. 2, 3; HK-*Marotzke,* InsO, § 110 Rn. 6.

[5] BGHZ 170, 196, 200f. = NJW 2007, 1588ff.; KG NZI 2008, 440, 441; vgl. auch BGH NJW 2006, 2485 zu § 114 Abs. 1; HK-*Kayser,* InsO, § 110 Rn. 5.

[6] MünchKomm-*Eckert,* InsO § 110 Rn. 11.

[7] *Jaeger/Henckel,* KO, § 21 Rn. 17; MünchKomm-*Eckert,* InsO § 110 Rn. 21.

[8] RGZ 138, 72.

4. Aufrechnung, Abs. 3

9 Die Sonderregelung des Abs. 3 S. 1 „beschränkt nicht die Möglichkeit der Aufrechnung nach § 95 InsO, sondern schließt die Unzulässigkeit der Aufrechnung nach § 96 Abs. 1 Nr. 1 InsO für den dort bezeichneten Zeitraum aus. Sie gewährt ein besonderes, zusätzliches Aufrechnungsrecht, erweitert also die Aufrechnungsmöglichkeiten ... Für den Wirkungszeitraum des § 110 Abs. 1 InsO wird unabhängig von den Voraussetzungen des § 95 und abweichend von § 96 Abs. 1 Nr. 1 eine Aufrechnung zugelassen, auch dann, wenn der Insolvenzgläubiger erst nach der Eröffnung des Insolvenzverfahrens etwas zur Masse schuldig geworden ist; der Schuldgrund der Gegenforderung ist dabei unerheblich ...“[1]

10 Vertraglich vorgesehene Aufrechnungsverbote stehen Abs. 3 nicht entgegen.[2]

5. Streitpunkte

11 Umstritten ist, ob auch die Ausübung eines **Zurückbehaltungsrechtes** unter den Voraussetzungen des § 110 Abs. 3 erfolgen darf.

12 Vom Wortlaut sind Zurückbehaltungsrechte nicht ausdrücklich erfasst. Da Insolvenzforderungen grundsätzlich nur nach §§ 174 ff. ausgeübt werden dürfen und nur § 51 Nr. 2, 3 für privilegierte Gläubiger, sowie die Aufrechnungsvorschriften der §§ 94 ff. eine Ausnahme hierzu vorsehen, kann ein darüber hinausgehendes insolvenzfestes Zurückbehaltungsrecht nicht angenommen werden.[3]

13 Umstritten war auch, ob Zwangsvollstreckungsmaßnahmen insolvenzfest, d. h. zulässig dann sind, wenn sie von einem Grundpfandgläubiger initiiert werden, der nach § 49 zur abgesonderten Befriedigung berechtigt ist. Der BGH hat entschieden, dass nach Verfahrenseröffnung die Pfändung mithaftender Mieten oder Pachten (§§ 1123, 1124, 1147 BGB, § 865 ZPO) durch absonderungsberechtigte Grundpfandgläubiger nicht mehr zulässig ist.[4]

14 Streitig war, ob § 110 Abs. 1 InsO in der gleichzeitigen Insolvenz des vermietenden Gesellschafters anwendbar ist, wenn die Vermietung kapitalersetzenden Charakter angenommen hat und die Miete daher nicht durchsetzbar ist. Der BGH hat dazu entschieden, dass die Wirkung einer eigenkapitalersetzenden Gebrauchsüberlassung, wonach die Gesellschaft bzw. – im Falle ihrer Insolvenz – der Insolvenzverwalter das Grundstück unentgeltlich nutzen darf, nach Abs. 1 spätestens mit Ablauf des der Insolvenzeröffnung nachfolgenden Kalendermonats endet, wenn auch über das Vermögen des vermietenden Gesellschafters das Insolvenzverfahren eröffnet wird.[5]

---

[1] BGH NZI 2007, 164, 165.

[2] *Marotzke,* Gegenseitige Verträge im neuen Insolvenzrecht, Rn. 6.22.

[3] *Jaeger/Henckel,* KO, § 21 Rn. 22; FK-*Wegener,* InsO, § 110 Rn. 16; MünchKomm-*Eckert,* InsO § 110 Rn. 25; aA HK-*Marotzke,* InsO, § 110 Rn. 16, der dem Mieter/Pächter nicht nur ein Aufrechnungs-, sondern auch ein Zurückbehaltungsrecht gewähren will.

[4] BGH NZI 2006, 57; BGH NZI 2007, 98; *Uhlenbruck/Berscheid,* InsO, § 110 Rn. 8; FK-*Wegener,* InsO, § 110 Rn. 10; LG Stendal ZIP 2005, 1800, 1801; LG Münster ZIP 2005, 2331.

[5] BGH NZI 2008, 510 (Fortführung von BGHZ 140, 147 = NZI 1999, 68; Klarstellung von BGH NZI 2005, 350); vgl. auch *K. Schmidt,* DB 2008, 1727 ff. zu rechts- und praxis-

Da der Mieter von Wohnraum in der Insolvenz des Vermieters nur dann Aussonderung der von ihm geleisteten Mietkaution verlangen kann, wenn der Vermieter sie auf einem entsprechend gekennzeichneten Sonderkonto angelegt hat, ist Mietern und Beratern anzuraten, auf die Erfüllung der in § 551 III 3 BGB verankerte Verpflichtung des Vermieters zur aussonderungsfähigen Anlage der Kaution hinzuwirken.[6] 15

§ 111 Veräußerung des Miet- oder Pachtobjekts

Veräußert der Insolvenzverwalter einen unbeweglichen Gegenstand oder Räume, die der Schuldner vermietet oder verpachtet hatte, und tritt der Erwerber anstelle des Schuldners in das Miet- oder Pachtverhältnis ein, so kann der Erwerber das Miet- oder Pachtverhältnis unter Einhaltung der gesetzlichen Frist kündigen. Die Kündigung kann nur für den ersten Termin erfolgen, für den sie zulässig ist.

Übersicht

1. Normzweck

§ 111 soll an Stelle des früheren § 21 Abs. 4 KO, den in der Zwangsvollstreckung geltenden Grundsatz: „Der Zuschlag bricht nicht die Miete, berechtigt den Ersteher aber zur Sonderkündigung."[7] auch auf die freihändige Veräußerung von Immobilien erstrecken. Die insolvenzbedingte freihändige Veräußerung teilt den Charakter eines Zwangsverkaufs. Deshalb ist § 566 BGB nF (§ 571 BGB aF) nur nach Maßgabe der – auch in §§ 57 a und den aufgehobenen c ZVG enthaltenen – in § 111 integrierten Kündigungsregeln anzuwenden.[8] 1

Potentielle Käufer sollen zur Abgabe höherer Gebote veranlasst werden, indem der Bestandsschutz der Miet- und Pachtverhältnisse auf die gesetzlichen Kündigungsfristen reduziert wird, so dass eine möglichst vorteilhafte Verwertung des Grundvermögens erreicht werden kann.[9] 2

---

relevanten Auswirkungen des durch das MoMiG neugefassten § 135 Abs. 3 auf § 103 und §§ 108–112; ähnlich MünchKomm-*Eckert,* InsO § 110 Rn. 6; aA: LG Zwickau, ZIP 2005, 1151 ff.; *Rendels,* ZIP 2006, 1273.

[6] BGH NZI 2008, 235 m. Anm. *Bäuerle,* FD-InsR 2008, 253271.

[7] *Stöber,* ZVG, § 57 Rn. 3.1.

[8] *Marotzke,* Gegenseitige Verträge im neuen Insolvenzrecht, Rn. 6.26.

[9] RGZ 67, 372, 376.

S. 3, der die entsprechende Geltung des § 57 c ZVG regelte, ist durch Art. 132 Justizmodernisierungsgesetz gestrichen worden.[1]

2. Voraussetzungen

3 **a) Im Einzelnen**

aa) Die Veräußerung muss durch den Insolvenzverwalter erfolgen. Taugliches Veräußerungsobjekt sind **unbewegliche Gegenstände oder Räume,** die

4 **bb)** bereits vor Eröffnung des Insolvenzverfahrens vom Schuldner an einen Dritten **vermietet oder verpachtet** wurden und zumindest im Zeitpunkt der Veräußerung überlassen sind. Miet- oder Pachtverträge, die der Insolvenzverwalter nach Verfahrenseröffnung abschließt, sind hiervon ausgenommen, da dies eine unangemessene Benachteiligung für den Vertragspartner darstellen würde, der gem. § 55 Massegläubiger ist.[2] Der Gleichstellung des Leasings mit der Miete entsprechend, unterfällt auch das Immobilienleasing in der Insolvenz des Leasinggebers dem § 111.[3]

5 Über § 49 werden außerdem Schiffs- und Luftfahrzeuge von der erleichterten Kündigungsmöglichkeit erfasst.[4]

6 Vermietete und verpachtete Mobilien unterfallen der Vorschrift hingegen nicht, da für diese nunmehr mit Ausnahme des § 108 Abs. 1 S. 2 das Wahlrecht des Insolvenzverwalters gilt.[5]

7 **cc)** Das Veräußerungsobjekt muss sich im **Alleineigentum** des Schuldners befunden haben,[6] da § 183 ZVG ansonsten die vertragsmäßigen Kündigungsvorschriften für bindend erklärt und dies erst recht bei der freiwilligen Veräußerung durch den Insolvenzverwalter im Einklang mit den Miteigentümern gelten muss.

8 **b)** Das Miet- bzw. Pachtverhältnis besteht wegen § 108 Abs. 1 S. 1 mit Wirkung für und gegen die Masse fort. Der Erwerber tritt je nach Vertragsgegenstand gem. §§ 566, 578 BGB nF (§ 571 BGB aF) bzw. den darauf verweisenden §§ 578 a, 593 b BGB nF (§§ 580, 580 a, 593 b BGB aF) und § 98 Abs. 2 LuftfzRG in den Vertrag und die dazugehörigen Pflichten ein.

3. Rechtsfolgen

9 **a) Recht zur außerordentlichen Kündigung**

Dem Vermieter steht unabdingbar das Recht zu, das Vertragsverhältnis zum erstmöglichen Termin mit der sich aus §§ 573 d Abs. 1, 2, 580 a Abs. 4 BGB nF (§§ 565 Abs. 5, Abs. 1 Nr. 3, 584 BGB aF) ergebenden gesetzlichen Frist zu kündigen.[7] Maßgeblicher Termin i. S. d. § 111 S. 2 ist das Datum der Veräuße-

---

[1] BGBl. I 2006, S. 3416.

[2] *Nerlich/Römermann/Balthasar,* InsO, § 111 Rn. 6; HK-*Marotzke,* InsO, § 111 Rn. 4, 12 f.

[3] *Sinz,* in Kölner Schrift, S. 593 ff. Rn. 63.

[4] Begründung RegE, § 125, aaO.

[5] HK-*Marotzke,* InsO, § 111 Rn. 7.

[6] *Jaeger/Henckel,* KO, § 21 Rn. 29; HK-*Marotzke,* InsO, § 111 Rn. 3.

[7] *Kübler/Prütting/Bork/Tintelnot,* InsO, § 109 Rn. 11 ff.; HK-*Marotzke,* InsO, § 111 Rn. 8.

rung, so dass mit der auf die Auflassung folgenden Grundbucheintragung des Erwerbers die Kündigung ohne schuldhaftes Zögern zu erklären ist.[1] Bei der Wohnraummiete dient § 573 c BGB nF (§ 565 Abs. 2 BGB aF) als Anhaltspunkt, wobei dem Erwerber eine gewisse Zeit zur Prüfung der Sach- und Rechtslage zuzubilligen ist.[2] Kündigt der Erwerber erst zu einem späteren Zeitpunkt, muss er nachweisen, dass ihm die Kündigung zu einem früheren Zeitpunkt bei Beachtung der erforderlichen Sorgfalt nicht möglich war.[3]

Die Kündigungsschutzvorschriften der §§ 574, 574 a, b, 579 Abs. 2, 574 c, 10
573, 573 a, b, 577 a, 549 Abs. 2, 3, 575 BGB nF (§§ 556 a–c, 564 b, c BGB aF) sowie §§ 572 Abs. 2, 576, 576 a, b BGB nF (§§ 565 a–e BGB aF) bleiben für die Wohnraummiete anwendbar.[4] Bis zur Aufhebung von § 111 S. 3 und § 57 c ZVG (Ende 2006) schied eine Kündigung aus, wenn der Mieter bzw. Pächter einen Baukostenvorschuss oder einen sonstigen Schaffungs- oder Instandsetzungsbeitrag geleistet hatte, der zeitlich noch nicht getilgt war und daher noch „abgewohnt" werden konnte.[5]

b) Rechtsfolgen der Kündigung

Als einfache Insolvenzforderung geltend zu machen sind Ansprüche aus etwai- 11
gen Schäden, die der Vertragspartner durch eine aus der Verdrängung vertraglicher Kündigungsbeschränkungen und -ausschlüssen resultierenden vorzeitigen Vertragsbeendigung erleidet.[6] Die InsO enthält dazu zwar keine ausdrückliche Regelung, der Ersatzanspruch des Mieters ergibt sich aber aus der entsprechenden Anwendung des § 109.[7]

Der Schaden beziffert sich entsprechend § 109 Abs. 1 S. 2 auf die Differenz 12
zwischen dem Wert der Nutzungsmöglichkeit in der verbleibenden „sicheren" Vertragslaufzeit und der nicht mehr zu zahlenden Miete/Pacht unter Berücksichtigung der durch den Umzug verursachten Kosten und Folgeschäden, sofern diese bei einer späteren Vertragsbeendigung nicht entstanden wären.[8]

Gegenüber Forderungen aus der Zeit vor Insolvenzeröffnung kann der Ver- 13
tragspartner mit seiner Schadensersatzforderung aufrechnen, da diese nach der Rechtsprechung bereits vor Insolvenzeröffnung aufschiebend bedingt entstanden ist.[9]

Hatte jedoch der Insolvenzverwalter das Mietverhältnis nach Verfahreneröff- 14
nung neu begründet und veräußert er anschließend den Gegenstand, so gelten hinsichtlich der Rechtsfolgen die allgemeinen Vorschriften der §§ 566 ff., 578 BGB nF (§§ 571 ff. BGB aF) und § 55 Abs. 1 Nr. 1 für Schadenersatzansprüche des Mieters/Pächters.

---

[1] *Stöber,* ZVG, § 57 a Rn. 5.2.
[2] FK-*Wegener,* InsO, § 111 Rn. 8.
[3] RGZ 98, 273.
[4] *Balz/Landfermann,* S. 338 f., Begründung RegE, § 125.
[5] *Häsemeyer,* Insolvenzrecht, Rn. 20.54.
[6] *Kilger/K. Schmidt,* KO, § 26 Rn. 8.
[7] HK-*Marotzke,* InsO, § 111 Rn. 9; aA: MünchKomm-*Eckert,* InsO § 111 Rn. 28 ff., der den Anspruch materiell-rechtlich in §§ 275, 280, 283 BGB (§ 325 BGB vor dem 1. 1. 2002) begründet sieht.
[8] *Marotzke,* Gegenseitige Verträge im neuen Insolvenzrecht, Rn. 6.35.
[9] BGHZ 68, 379, 382; *Balz/Landfermann,* S. 339 f., Begründung RegE, § 126.

4. Streitpunkte

15 Im Rahmen des § 111 ist die Frage streitig, **wann** die **Überlassung** stattgefunden haben muss. § 111 verlangt nach seinem Wortlaut abweichend zu § 21 KO nicht, dass das Objekt dem Mieter bzw. Pächter bei Verfahrenseröffnung bereits überlassen war. Dies ist auch konsequent im Hinblick darauf, dass § 108 das Fortbestehen des Vertrages unabhängig von dessen Vollzug bestimmt. Allerdings muss die Überlassung zum Zeitpunkt der Veräußerung erfolgt sein, da der Erwerber sonst nicht, wie gefordert, in das Vertragsverhältnis eintritt.

§ 112 Kündigungssperre

Ein Miet- oder Pachtverhältnis, das der Schuldner als Mieter oder Pächter eingegangen war, kann der andere Teil nach dem Antrag auf Eröffnung des Insolvenzverfahrens nicht kündigen:

1. **wegen eines Verzugs mit der Entrichtung der Miete oder Pacht, der in der Zeit vor dem Eröffnungsantrag eingetreten ist;**
2. **wegen einer Verschlechterung der Vermögensverhältnisse des Schuldners.**

Übersicht

1. Normzweck

1 Um den Schuldnerbesitz zum Schutz dessen wirtschaftlicher Einheit nicht zur Unzeit auseinanderzureißen korrespondiert die Vorschrift des § 112 mit den Vorschriften über Gegenstände, an denen ein Eigentumsvorbehalt oder Absonderungsrechte bestehen, wonach diese nach Verfahrenseröffnung bis zur Entscheidung über das Verfahrensziel im Verfügungsbereich des Insolvenzverwalters verbleiben. Miet- und Pachtverträge können somit ab Antragstellung nicht wegen etwaiger Zahlungsrückstände des Schuldners gekündigt werden.[1] Der Grundsatz, dass der Insolvenzverwalter bestehende Rechtsverhältnisse in der Weise fortführt, in der sie vor Verfahrenseröffnung bestanden, wird durchbrochen, um eine Sanierung und Fortführung zu ermöglichen.[2]

[1] *Smid/ders.,* InsO, § 112 Rn. 1.
[2] *Nerlich/Römermann/Balthasar,* InsO, § 112 Rn. 1.

Gewarnt werden muss vor Umgehungsmöglichkeiten der Kündigungssperre, da sich Vermieter bzw. Verpächter dazu veranlasst sehen könnten, zu einem früheren Zeitpunkt von ihren Rechten Gebrauch zu machen, um der Stellung eines Antrags auf Verfahrenseröffnung zuvorzukommen.[1] Nach seinem Sinn und Zweck ist die Vorschrift deshalb auch auf andere Beendigungen aus einem der genannten Gründe anwendbar. So z. B. bei Rücktritt oder bei insolvenzbedingter Auflösungsklausel.[2] Eine Beseitigung bereits erfolgter Kündigungen ist in Anbetracht des erhöhten Ausfallrisikos im Falle des späteren Ausbleibens der Verfahrenseröffnung oder Einstellung wegen Massearmut jedoch allenfalls durch einen Insolvenzplan möglich.[3] Kündigungen aus anderen als den in § 112 geregelten Gründen sind nicht per se ausgeschlossen.[4] 2

2. Voraussetzungen

Neben der wortlautgetreuen Anwendbarkeit des § 112 auf wirksame **Miet- und Pachtverträge,** in denen der Schuldner die Rolle des Mieters bzw. Pächters einnimmt, sind auch Leasingverträge von der Kündigungssperre betroffen.[5] Anders als im Rahmen des § 108 wird keine Beschränkung auf Verträge über unbewegliche Gegenstände und Räume vorgenommen, sondern es sind auch bewegliche Sachen und Rechte einbezogen.[6] 3

Eine Unterscheidung zwischen bereits **vollzogenen** und nicht vollzogenen Verträgen ist dem Wortlaut der Norm nicht zu entnehmen.[7] Es wird zwar geltend gemacht, dies könne mittels teleologischer Reduktion gewonnen werden.[8] Dabei wird darauf abgestellt, dass eine wirtschaftliche Einheit dem Schuldner dann erhalten werden könne, wenn die vermietete Sache ihm bereits überlassen sei. Die Schlussfolgerung ist unzutreffend. In Fortführung von Geschäftsbetrieben ist die Anmietung (Überlassung) von weiteren Mietlokalen, insbesondere im filialisierten Handel und dort insbesondere, wenn es sich um attraktive Standorte handelt, vom Gesetzeszweck auch gedeckt, wenn die Überlassung noch nicht erfolgt ist. Dies ist auch kein Wertungswiderspruch zu § 109 Abs. 2 S. 1, zumal danach nur im Bereich der Vermietung von Immobilien der Rücktritt zulässig ist, wenn der Vertrag bei Insolvenzeröffnung noch nicht vollzogen ist.[9] 4

---

[1] *Marotzke,* in Insolvenzrecht im Umbruch, S. 183, 192 f.

[2] MünchKomm-*Eckert,* InsO § 112 Rn. 16.

[3] Zur Wiederbegründung gekündigter Schuldverhältnisse durch eine Insolvenzplanregelung vgl. *Braun/Uhlenbruck,* Unternehmensinsolvenz, S. 592 ff.; vgl. zur Problematik im Übrigen *Eckert,* ZIP 1996, 897, 898. Nach BGH BeckRS 2008, 15258 ist eine Kündigung nicht nach §§ 129 ff. anfechtbar.

[4] BGH NZI 2005, 450; BGH NZI 2008, 295 m. Anm. *Kind,* FD-InsR 2008, 255776.

[5] Begründung RegE, § 126, aaO; HK-*Marotzke,* InsO, § 112 Rn. 3; *Uhlenbruck/Sinz,* InsO, § 108 Rn. 53 ff.; MünchKomm-*Eckert,* InsO § 108 Rn. 28; OLG Köln ZIP 2003, 543 f.; OLG Düsseldorf BeckRS 2009, 05983 und 13870.

[6] OLG Köln ZIP 2003, 543 f.; zur Einbeziehung der als Pachtvertrag gewerteten Softwarelizenzverträge vgl. *Paulus,* ZIP 1996, 2, 7.

[7] MünchKomm-*Eckert,* InsO § 112 Rn. 11 ff.; *Wilmowsky,* ZInsO 2004, 882 ff.; aA: HK-*Marotzke,* InsO, § 112 Rn. 5 f.; *Uhlenbruck/Berscheid,* InsO, § 112 Rn. 10

[8] HK-*Marotzke,* InsO, § 112 Rn. 5; ähnlich *Uhlenbruck/Berscheid,* InsO, § 112 Rn. 9, 10.

[9] Vgl. auch *Eckert,* ZIP 1996, 897, 899.

3. Rechtsfolgen

5 **a) Kein Kündigungsrecht** ist wegen § 112 Nr. 1 beim **Verzug des Schuldners vor dem Antrag** auf Verfahrenseröffnung gegeben. Eine dennoch ausgesprochene Kündigung ist unwirksam, der Vertrag besteht gem. § 108 fort. Die Unwirksamkeit einer nach dem Eröffnungsantrag erklärten Kündigung, die gegen § 112 verstößt, verliert ihre Unwirksamkeit auch dann nicht, wenn das Insolvenzverfahren über das Vermögen des Mieters nicht eröffnet wird.[1] §§ 543 Abs. 2, 569 Abs. 2, 4 BGB nF (§ 554 BGB aF), die bei einem zum Verzug führenden Mietrückstand in Höhe von zwei Raten die Kündigung erlauben,[1] sind somit unabhängig von der Kenntnis des Vertragspartners von der Antragstellung ausgeschlossen. Der Vertrag besteht gem. § 108 fort. Die Kündigungssperre muss auch dann greifen, wenn es sich nicht um die Miete/Pacht handelt, mit der der Schuldner in Verzug ist, sondern es sich um sonstige Zahlungsverpflichtungen handelt, deren Nichterfüllung eine (fristlose) Kündigung rechtfertigen könnte (z. B. Kaution, Nebenkostennachzahlung).[2]

6 Ist eine Kündigung jedoch bereits vor der Antragstellung ausgesprochen worden, behält diese ihre Wirksamkeit; dies gilt selbst dann, wenn die Kündigungserklärung mit der Setzung einer Schonfrist verbunden ist, welche erst nach der Antragstellung ausläuft.[3]

7 Die Gegenleistung für die Inanspruchnahme des Miet- bzw. Pachtobjektes ist von der Verfahrenseröffnung an als Masseverbindlichkeit nach § 55 Abs. 2 S. 2 zu begleichen und unterfällt, wenn nach dem Antrag auf Eröffnung des Insolvenzverfahrens zunächst ein vorläufiger Insolvenzverwalter mit Verwaltungs- und Verfügungsbefugnis bestellt worden war, dem § 25 Abs. 2 S. 2, so dass dem Vertragspartner die erzwungene Überlassung zumindest mit einem zumeist werthaltigen Gegenleistungsanspruch vergütet wird.[4] Bei Nichtbestellung eines vorläufigen „starken" Insolvenzverwalters oder Nichtinanspruchnahme des Miet-/Pachtgegenstandes durch diesen, ist die Miet-/Pachtforderung gem. § 108 hingegen als bloße Insolvenzforderung geltend zu machen.[5] Allerdings kann der Vermieter dann – neuerlich – eintretenden Verzug im Rahmen von §§ 543 Abs. 2, 569 Abs. 2, 4 BGB nF (§ 554 BGB aF) nutzen. Wollen der Schuldner und der schwache Verwalter das verhindern, müssen sie Zahlung unterhalb der Schwelle des zwei Termine-Verzuges gewährleisten, vgl. dazu auch Ziff. 4.

---

[1] OLG Düsseldorf BeckRS 2008, 20206 = WM 2008, 2310. Auch die Herausgabe der Leasingsache bewirkt auf eine solche unwirksame fristlose Kündigung durch den Leasingnehmer keine einvernehmliche Aufhebung des Leasingvertrages. Vgl. weiterführend OLG Düsseldorf BeckRS 2009, 05983, wonach die Kündigungssperre des § 112 bei einer Mehrheit von Leasingnehmern auch für die nicht insolventen übrigen Leasingnehmer greift und die gegenüber einer Mehrheit von Leasingnehmern ausgesprochene Kündigung den Leasingvertrag nur dann beendet, wenn sie jedem einzelnen Leasingnehmer gegenüber wirksam ist.

[1] *Palandt/Weidenhoff,* BGB, § 554 Rn. 23 ff.

[2] HK-*Marotzke,* InsO, § 112 Rn. 16.

[3] *Eckert,* ZIP 1998, 897, 898; MünchKomm-*Eckert,* InsO § 112 Rn. 18.

[4] *Nerlich/Römermann/Balthasar,* InsO, § 112 Rn. 19.

[5] BGH NZI 2003, 543 ff.

b) Auch eine **Verschlechterung der Vermögensverhältnisse** des Schuldners vor Antragstellung berechtigt nach § 112 Nr. 2 nicht zur Kündigung. Die Vorschrift knüpft unmittelbar an die aus § 119 zu entnehmende Unwirksamkeit vertraglicher Lösungsklauseln an, die für den Fall der Insolvenz oder der Existenz eines Insolvenzgrundes das Erlöschen des Vertrages anordnen oder dem Vertragspartner ein Kündigungsrecht einräumen,[1] und schließt sowohl derartige Klauseln, als auch das nach § 321 BGB unter bestimmten Umständen bestehende Rücktrittsrecht eines Vorleistungspflichtigen[2] aus. Problematisch ist dies für automatisch wirkende Lösungsklauseln nur insofern, als dass § 112 nicht den Kündigungsgrund als solchen, sondern nur die Ausübung des daraus resultierenden Kündigungsrechtes ausschließt, derartige Klauseln aber gerade keine rechtsgeschäftliche Erklärung mehr erfordern.[3] Wenn aber schon eine Kündigung durch § 112 ausgeschlossen sein soll, muss erst recht die Vereinbarung eines für die Masse wesentlich einschneidenderen automatischen Erlöschens als unwirksam angesehen werden.[4] 8

Betroffen sind im Übrigen nur Verschlechterungen nach Vertragsschluss. Die Vermögensverhältnisse im Zeitpunkt des Vertragsschlusses können ergo zu einer Anfechtung wegen Irrtums oder Täuschung führen und den Vertrag dadurch § 112 entziehen.[5] 9

Es ist allerdings nicht ausgeschlossen, dass bei der Auslegung des Passus „wesentliche Vorstellungen, die zur Grundlage des Vertrages geworden sind" (§ 313 Abs. 2 BGB nF), die Wertung des § 321 BGB nF, nunmehr auch die anfänglich schlechte Vermögenslage für die Erhebung der Unsicherheitseinrede ausreichen zu lassen, berücksichtigt werden wird. Insofern käme in Betracht, dass nach neuem Schuldrecht die schlechte Vermögenslage bei Vertragsschluss als hinreichend für den Rücktritt nach § 313 Abs. 3 Satz 1 BGB bzw. – bei Dauerschuldverhältnissen – die Kündigung (§§ 313 Abs. 3 Satz 2, 314 BGB) angesehen werden wird. 10

Auch in diesem Fall muss § 112 Ziff. 2 InsO Anwendung finden, da es keinen Unterschied machen darf, ob die Gefährdung bereits vor Vertragsschluss oder danach eingetreten ist.[6] 11

4. Streitpunkte

a) Umstritten ist die Reichweite der Kündigungssperre, wenn der **Verzug** der Nr. 1 zwar **nach Antragstellung, aber vor Verfahrenseröffnung** eintritt. Es wird vertreten, eine Kündigung wegen Leistungsverzugs erst wieder nach Verfahrenseröffnung zuzulassen.[7] Dies steht jedoch im Widerspruch zum Willen des Gesetzgebers,[8] der den zwischen Antrag und Verfahrenseröffnung eintretenden Verzug gerade nicht von § 112 umfasst wissen will, da der zumeist eingesetzte 12

---

[1] Vgl. *Berger,* ZIP 1994, 173, 177 f.

[2] Dazu BGH ZIP 1990, 1406, 1410; *Kübler/Prütting/Bork/Tintelnot,* InsO, § 112 Rn. 13; MünchKomm-*Eckert,* InsO § 112 Rn. 16.

[3] *Nerlich/Römermann/Balthasar,* InsO, § 112 Rn. 15.

[4] Vgl. *Tetzlaff,* NZI 2006, 87, 88.

[5] FK-*Wegener,* InsO, § 112 Rn. 7 a f.

[6] Ebenso *Marotzke,* KTS 2002, 1 ff., 12 ff., 14; HK-*Marotzke,* InsO, § 112 Rn. 18.

[7] *Pape,* in Kölner Schrift, S. 539 ff. Rn. 59.

[8] Begründung RegE, § 126, aaO.

vorläufige Insolvenzverwalter in diesem Fall sehr wohl dafür sorgen kann, dass fällig werdende Miet- bzw. Pachtforderungen beglichen werden.[1]

13 Anderes muss zumindest dann gelten, wenn der nach Antragstellung eintretende Verzug sich auf eine Miet-/Pachtnutzung bezieht, die vor der Antragstellung lag. Entgegen dem Wortlaut der Norm kann eine Kündigung nur bei einem vollständig nach dem Eröffnungsantrag liegenden Mietrückstand zugelassen werden, da der vorläufige Insolvenzverwalter oder der Schuldner die Kündigung nicht durch die Begleichung des nach Antragstellung entfallenden Betrages zu verhindern vermag und der Vertragspartner auch nicht zur Entgegennahme von Teilleistungen verpflichtet ist.[2]

14 **b)** Nach der Gesetzesbegründung findet § 112 auch auf Leasingverträge Anwendung (s. oben 2). In den §§ 107, 112, 166 hat der Gesetzgeber damit seinen Willen deutlich zum Ausdruck gebracht, dass dem Insolvenzverwalter zum Zwecke der Prüfung der Sanierungsmöglichkeiten oder einer Geschäftsveräußerung (übertragende Sanierung) die zur Fortführung des Unternehmens benötigten Gegenstände vom Zeitpunkt des Eröffnungsantrages an bis zum Berichtstermin nicht einseitig entzogen werden dürfen. Dies führt dazu, § 112 analog auf Abzahlungsgeschäfte, Kaufverträge und sonstige Nutzungsüberlassungsverhältnisse – auch Verträge, die bewegliche Gegenstände betreffen – anzuwenden mit der Rechtsfolge, dass der vor dem Eröffnungsantrag eingetretene Verzug des Schuldners mit Zahlungsverpflichtungen aus dem jeweiligen Rechtsverhältnis oder die Vermögensverschlechterung dem anderen Teil weder ein Rücktrittsrecht noch ein Recht zur Kündigung gewährt.[3] Auf Wohnungsmietverhältnisse soll § 112 nicht anwendbar sein.[4]

5. Praxishinweis

15 Bereits der vorläufige Insolvenzverwalter wird sich schnellstmöglich nach seiner Bestellung Klarheit verschaffen, ob er ein vom Schuldner gemietetes/gepachtetes Objekt für die Fortführung benötigt. Insbesondere im filialisierten Handel und im Bereich der gewerblichen Zwischenmietverhältnisse werden die Vermieter/Verpächter die Insolvenz des Mieters/Pächters nutzen, um für „gute“ Filialen und Objekte die Kündigung zu erklären, da insoweit keine Probleme bestehen, einen neuen Mieter (oft sogar zu für den Vermieter besseren Konditionen) kurzfristig zu finden. Der vorläufige Insolvenzverwalter muss in diesen Fällen Sorge tragen, dass der Schuldner nach dem Eröffnungsantrag mit der Entrichtung der Miete/

---

[1] Vgl. BGH ZIP 2003, 1625 ff.; BGH NZI 2007, 287; BGH NZI 2008, 295 m. Anm. *Kind*, FD-InsR 2008, 255776; OLG Köln ZIP 2003, 543 f.; *Nerlich/Römermann/Balthasar*, InsO, § 112 Rn. 13; *Tetzlaff*, NZI 2006, 87 ff.

[2] *Kübler/Prütting/Bork/Tintelnot*, InsO, § 112 Rn. 6 ff.

[3] Ähnlich *Marotzke*, JZ 1995, 803, 813 f.; *ders.*, Gegenseitige Verträge im neuen Insolvenzrecht, Rn. 4.113, 7.58, 7.66; *ders.*, HK-InsO, § 107 Rn. 24 mwN; *Kübler/Prütting/Bork/Tintelnot*, InsO, § 112 Rn. 5; aA: für Kaufverträge FK-*Wegener*, InsO, § 112 Rn. 5 a; *Nerlich/Römermann/Balthasar*, InsO, § 112 Rn. 16; wohl auch: MünchKomm-*Eckert*, InsO § 112 Rn. 5. Zur abzulehnenden Anwendung auf einen Händlervertrag in der Insolvenz des KFZ-Händlers vgl. OLG Braunschweig NZI 2009, 387 m. Anm. *Rein* und OLG München BeckRS 2006, 07452.

[4] AG Geldern BeckRS 2008, 06286 – offengelassen in BGH NZI 2007, 287 Tz. 13; aA FK-*Wegener*, InsO, § 112 Rn. 5 a.

Pacht nicht mehr in Verzug gerät. Zur Zahlung der Miete/Pacht ist im Zweifel auch der vorläufige Insolvenzverwalter, auf den die Verwaltungs- und Verfügungsbefugnis nicht übergegangen ist, befugt.[1]

§ 113 Kündigung eines Dienstverhältnisses

Ein Dienstverhältnis, bei dem der Schuldner der Dienstberechtigte ist, kann vom Insolvenzverwalter und vom anderen Teil ohne Rücksicht auf eine vereinbarte Vertragsdauer oder einen vereinbarten Ausschluß des Rechts zur ordentlichen Kündigung gekündigt werden. Die Kündigungsfrist beträgt drei Monate zum Monatsende, wenn nicht eine kürzere Frist maßgeblich ist. Kündigt der Verwalter, so kann der andere Teil wegen der vorzeitigen Beendigung des Dienstverhältnisses als Insolvenzgläubiger Schadenersatz verlangen.

Übersicht

[1] BGH NZI 2002, 543 ff.; BGH NZI 2008, 295 m. Anm. *Kind*, FD-InsR 2008, 255776 – der vorläufige Insolvenzverwalter mit Zustimmungsvorbehalt ist insolvenzrechtlich nicht verpflichtet, Mietzahlungen zuzustimmen (im entschiedenen Fall Zahlungen eines Zwischenmieters weiterzuleiten), darf aber – auch der vorläufige „schwache" Insolvenzverwalter! – nach dem Eröffnungsantrag fällig werdende Miete/Pacht zahlen, wenn das Miet- oder Pachtverhältnis bzw. die Nutzungsmöglichkeit für die Insolvenzmasse erhalten bleiben soll und die Kündigung durch den Vermieter vermieden werden muss. *Tetzlaff* NZI 2006, 87, 88 f.

1. Normzweck

1 Zweck der Vorschrift ist es, einem insolventen Unternehmen die Möglichkeit zu geben, den überschüssigen Personalbestand rasch abzubauen, um eine Sanierung oder Liquidation des Betriebes zu fördern.

2 Außerdem soll vermieden werden, dass die Insolvenzmasse durch die Forderungen der Arbeitnehmer, die nach der Verfahrenseröffnung als Masseschulden anzusehen sind (vgl. § 55 Abs. 1 Nr. 2), unangemessen lange belastet wird.[1]

3 Die Verkürzung der sonst geltenden Kündigungsfristen dient jedoch nicht allein den Interessen des Insolvenzverwalters bzw. der Insolvenzgläubiger. Auch Arbeitnehmer können daran interessiert sein, ein insolventes Unternehmen frühzeitig verlassen zu können, da ihre Ansprüche gefährdet sind[2] und sie möglicherweise anderweitig ein Arbeitsangebot erhalten haben, das umgehend angetreten werden muss.

4 Die Regelung des § 113 baut auf den §§ 22 Abs. 1 KO und 51 Abs. 2 VglO auf, modifiziert diese jedoch hinsichtlich der Kündigungsfrist. Während nach früherer Rechtslage grundsätzlich die gesetzliche oder tarifvertragliche[3] Kündigungsfrist galt, hat sich der Gesetzgeber bei der Neufassung für eine bestimmte Höchstgrenze von drei Monaten entschieden. Auch der Regierungsentwurf sah ursprünglich vor, die gesetzlich bestimmten Fristen für maßgeblich zu erklären. Der Rechtsausschuss hat sich jedoch für eine konkrete Festlegung der Kündigungsfrist entschieden.[4] Auf diese Weise sollte einer indirekten Verlängerung der insolvenzspezifischen Kündigungsfrist durch Verlängerung der regulären Kündigungsfristen vorgebeugt werden (vgl. zuletzt das Kündigungsfristengesetz vom 7. 10. 1993). Dies erschien vor allem mit Blick auf den Zweck des § 113 sinnvoll, einen raschen Personalabbau zu ermöglichen.

2. Kündigungsfrist

a) Allgemeines

5 Die Eröffnung des Insolvenzverfahrens bleibt für Dienstverhältnisse, bei denen der Schuldner Dienstberechtigter oder auch Dienstverpflichteter ist, hinsichtlich Inhalt und Bestand ohne Auswirkungen. Dies ergibt sich zwingend aus § 108 Abs. 1, wonach Dienstverhältnisse des Schuldners mit Wirkung für die Insolvenzmasse fortbestehen.

6 Mit dem Übergang der Verwaltungs- und Verfügungsbefugnis nach § 80 Abs. 1 rückt der Insolvenzverwalter für bestehende Arbeitsverhältnisse in die Arbeitgeberstellung des Schuldners ein. Grundsätzlich sind die Rechte und Pflichten aus dem Arbeitsverhältnis deshalb auch für den Insolvenzverwalter bindend. Bei einem vereinbarten, nachvertraglich wirkenden Wettbewerbsverbot verbelibt es auch nach Kündigung gemäß § 113 bei der Erfüllungswahl des Verwalters (§ 103).[5] Arbeitsverträge, Betriebsvereinbarungen und Tarifverträge gelten unverändert fort. Ebenso bleibt die **Tarifbindung** erhalten.[6] Selbst wenn die eigentliche betrieb-

---

[1] BAG ZIP 1999, 1933 ff.; Begründung RegE, *Balz/Landfermann,* S. 340 f.
[2] *Düwell,* in Kölner Schrift, S. 1445, Rn. 31.
[3] BAGE 46, 206.
[4] Begründung RegE, *Balz/Landfermann,* 990, S. 341 f.
[5] BGH NZI 2009, 894; ohne Erfüllungswahl entsteht keine Masseverbindlichkeit.
[6] BAG, Urt. vom 19. 1. 2000, 4 AZR 910/98, ZInsO 2001, 144.

liche Tätigkeit eingestellt ist und nur noch Abwicklungsarbeiten erbracht werden, wird der Betrieb weiterhin vom Geltungsbereich des Tarifvertrages erfasst, auch wenn die von den Arbeitnehmern für den Insolvenzverwalter im Rahmen der Insolvenzabwicklung erbrachten Tätigkeiten nicht dem Geltungsbereich des Tarifvertrages unterfallen.[1] Selbst bei Neueinstellungen für die Insolvenzabwicklung kann der Insolvenzverwalter, wenn der Arbeitnehmer selbst tarifgebunden ist, nicht von einem bestehenden Tarifvertrag abweichen.

Zu den Dienstverhältnissen zählen neben Arbeits- und Ausbildungsverhältnissen[2] auch die **Dienstverträge vertretungsberechtigter Organe** juristischer Personen nach § 611 BGB.[3] Von der Kündigung des Dienstverhältnisses ist die Beendigung der Organstellung (Abberufung) zu unterscheiden. Die Abberufung bleibt als Sozialakt dem zuständigen Gesellschaftsorgan (vgl. etwa § 84 Abs. 2 AktG: Aufsichtsrat) vorbehalten.[4] Für die Kündigung des der Organstellung zugrunde liegenden Dienstvertrages/Anstellungsvertrages ist der Insolvenzverwalter zuständig (ausdrücklich gesetzlich anerkannt beim AG-Vorstand: § 87 Abs. 3 AktG). Der Insolvenzverwalter seinerseits kündigt das Dienstverhältnis mit dem Vorstand/Geschäftsführer nach § 113 mit der Höchstfrist von drei Monaten zum Monatsende, soweit nicht eine kürzere Frist z. B. nach §§ 621, 622 BGB maßgeblich ist: Auf vertretungsberechtigte Organmitglieder, die auf Grund ihrer Kapitalbeteiligung die Gesellschaft beherrschen, findet § 621 BGB Anwendung.[5] Ansonsten ist auf Anstellungsverträge mit vertretungsberechtigten Organmitgliedern § 622 BGB entsprechend anzuwenden.[6] In diesem Falle gelten auch die verlängerten Kündigungsfristen des § 622 Abs. 2 BGB, wobei die frühere Differenzierung zwischen Vorstandsmitgliedern und Geschäftsführern nach dem Wegfall des Angestellten-Kündigungsschutzgesetz heute keine Rolle mehr spielt.[7] 7

b) Kündigungsfrist

Nach einhelliger Auffassung schafft § 113 keinen besonderen Kündigungsgrund.[8] Der Insolvenzverwalter, der nach § 80 die Verwaltungs- und Verfügungsbefugnis des Schuldners übernimmt, erhält das Recht, Dienstverhältnisse ungeachtet eines vereinbarten Ausschlusses der ordentlichen Kündigung aufzulösen. Es bedarf jedoch unverändert eines Kündigungsgrundes, allerdings bei modifizierter Kündigungsfrist. 8

Für die Abkürzung der Kündigungsfrist ist es unerheblich, ob die Kündigung vom Insolvenzverwalter oder vom Arbeitnehmer erklärt wird. § 113 S. 2 reduziert auch im Falle der Kündigung durch den Arbeitnehmer eine längere als dreimonatige Kündigungsfrist. 9

Außerhalb der Insolvenz ergeben sich längere Kündigungsfristen regelmäßig aus dem Arbeitsvertrag, dem Gesetz oder einem Tarifvertrag. 10

---

[1] *Gottwald/Heinze,* InsHdb., § 103 Rn. 69.

[2] FK-*Eisenbeis,* InsO, § 113 Rn. 9 mwN.

[3] *Nerlich/Römermann/Harmacher,* InsO, § 113 Rn. 31; *Düwell,* aaO, S. 1442 Rn. 24.

[4] Vgl. FK-*Eisenbeis,* InsO, § 113 Rn. 16; *Nerlich/Römermann/Hamacher,* InsO, § 113 Rn. 39; vgl. auch *Henssler* ZInsO 1999, 121 ff.

[5] BGH, GmbHR 1987, 264; *Bauer* BB 1994, 855 ff.

[6] BGHZ 91, 217; ErfKomm-*Müller-Glöge,* BGB, § 621 Rn. 4.

[7] ErfKomm-*Müller-Glöge,* BGB, § 621 Rn. 4; *Stahlhacke/Preis/Vossen,* Rn. 352; *Bauer* BB 1994, 855.

[8] *Nerlich/Römermann/Hamacher,* InsO, § 113 Rn. 31; *Düwell,* aaO, S. 1444 Rn. 29.

11 **aa)** Vereinbarungen i. S. d. § 113 S. 1 sind auch Betriebsvereinbarungen und Tarifverträge. Vereinbart i. S. d. Vorschrift ist demnach auch eine **tarifvertragliche Unkündbarkeit.** Unkündbarkeit kann der Sache nach als Vereinbarung einer unendlich langen Kündigungsfrist angesehen werden. Damit verdrängt S. 2 des § 113 auch Unkündbarkeitsklauseln in Tarifverträgen oder Betriebsvereinbarungen.[1] Die Kündigung von sogenannten „altersgesicherten Arbeitnehmern" wird durch die neue Rechtslage erheblich erleichtert. War bislang im Falle der Unkündbarkeit nur eine außerordentliche Kündigung unter Einhaltung der ordentlichen Kündigungsfrist im Falle der Betriebsstilllegung möglich,[2] kann der Insolvenzverwalter nach § 113 S. 2 schon dann kündigen, wenn ihm ein Kündigungsgrund nach dem Kündigungsschutzgesetz zur Seite steht. Es handelt sich dabei um eine ordentliche und nicht um eine außerordentliche Kündigung mit Auslauffrist, da die vertragliche Unkündbarkeit durch § 113 verdrängt wird.

12 **Tarifvertragliche Kündigungsbeschränkungen** werden durch § 113 S. 2 ebenfalls verdrängt.[3]

13 **bb)** Die in § 113 S. 2 bestimmte Frist von drei Monaten ist keine Regelfrist, sondern **Höchstfrist.** Sie gilt nur, soweit nicht gesetzlich (§§ 621 Nr. 1–3, 622 Abs. 2 S. 1 Nr. 1 und 2 BGB) tarif- oder einzelvertraglich eine kürzere Frist maßgeblich ist. Greift eine solche kürzere Frist ein, hat diese entgegen dem insoweit missverständlichen Gesetzeswortlaut nicht zum Monatsende, sondern zum jeweils gesetzlich bestimmten oder vereinbarten Termin zu erfolgen.[4] Der Insolvenzverwalter kann aber nicht mit einer kürzeren gesetzlichen Kündigungsfrist kündigen, wenn arbeitsvertraglich eine längere als die gesetzliche Kündigungsfrist vereinbart ist. Diese längere arbeitsvertragliche Frist ist dann bis zur Höchstfrist des § 113 S. 2 maßgeblich.[5]

14 **cc)** Der Insolvenzverwalter ist nicht gehindert, ein vor Verfahrenseröffnung durch die Schuldnerin bzw. durch sie mit Zustimmung des vorläufigen Verwalters im Antragsverfahren mit längerer vertraglicher, gesetzlicher oder tarifvertraglicher Kündigungsfrist gekündigtes Arbeitsverhältnis „nachzukündigen". Eine unzulässige **Wiederholungskündigung oder Nachkündigung** liegt auf Grund des Normwecks von § 113 nicht vor.[6] Ein Gestaltungsrecht wie das der Kündigung kann zwar durch Ausübung verbraucht sein,[7] woraus folgt, dass eine gleichwohl nochmals ausgesprochene Kündigung ohne Weiteres der Wirksamkeit entbehrt, wenn sie rechtzeitig angegriffen wurde und die erste Kündigung unwirksam war. Entscheidend ist aber dabei, ob die spätere Kündigung auf den selben Lebenssachverhalt gestützt wird wie die frühere oder die Kündigungsgründe identisch sind. Die Eröffnung des Insolvenzverfahrens und die dadurch mögliche Abkürzung der Kündigungsfrist verändern den Kündigungssachverhalt, so dass eine erneute Kündigung möglich ist.[8] Dem Insolvenzverwalter ist im Hinblick auf seine Haftung nach § 60 Abs. 1 S. 1 im Grundsatz anzuraten, von der Möglich-

[1] BAG ZIP 2000, 985–986; BAG NZA 2006, 658.
[2] Vgl. BAG NZA 1998, 771 ff.
[3] BAG ZInsO 2001, 144.
[4] *Düwell,* aaO, S. 1449 Rn. 47.
[5] BAG ZIP 1999, 370 ff.
[6] BAG NZA 2004, 1037 f.
[7] BAGE 74, 143.
[8] BAG ZIP 2003, 1670 f.; BAG ZIP 2003, 1260 ff.

keit, die Arbeitsverhältnisse frühzeitig zu beenden, Gebrauch zu machen, damit unnötige weitere Masseverbindlichkeiten vermieden werden. Will er das um eines übergeordneten Zieles willen nicht, z. B. um eine bessere Gläubigerbefriedigung durch eine Gestaltung zu erreichen, die eine besondere Kooperation der Arbeitnehmer voraussetzt (Produktivitätssteigerung in der Fortführung zum Erhalt der Chance, den Geschäftsbetrieb going concern verkaufen zu können) und ist er deswegen in besonderem Maße auf einen friktionsfreien Betriebsfrieden angewiesen, so ist das eine – haftungsfreie – sachgerechte Gestaltungsentscheidung. Der Verwalter sollte ein solches Vorgehen schriftlich frühzeitig dokumentieren und ggf. die Zustimmung eines bestellten Gläubigerausschusses einholen.

dd) Ist ein Arbeitsverhältnis im Zeitpunkt der Kündigung durch den Insolvenzverwalter ohne ordentliche Kündigungsmöglichkeiten auf zumindest weitere drei Monate **befristet,** gilt die gesetzliche Höchstkündigungsfrist des § 113 S. 2 von drei Monaten. Sie wird nicht durch eine kürzere gesetzliche Kündigungsfrist verdrängt, die für das Arbeitsverhältnis auch außerhalb des Insolvenzverfahrens nicht maßgeblich war.[1] 15

ee) Die Vorschrift des § 113 findet auch Anwendung, wenn der Schuldner im Rahmen der **Eigenverwaltung** nach § 270 den Betrieb nach Verfahrenseröffnung selbst weiterführt.[2] Das ergibt sich aus § 279. Nach dieser Vorschrift gelten die §§ 103–128 mit der Maßgabe, dass anstelle des Insolvenzverwalters der Schuldner tritt. 16

c) Verfassungsmäßigkeit des § 113

In der Vergangenheit waren gegen die Verfassungsmäßigkeit des § 113 im Hinblick auf die Tarifautonomie des Art. 9 Abs. 3 GG Bedenken erhoben worden, da auch tarifvertragliche Unkündbarkeitsvereinbarungen vor § 113 keinen Bestand haben.[3] Diese sind vom BAG jedoch inzwischen entkräftet worden.[4] Zwar liege ein Eingriff in die koalitionsmäßige Betätigung vor, doch sei dieser durch hinreichend gewichtige, grundrechtlich geschützte Belange gerechtfertigt. Zu den kollidierenden Verfassungsgütern zähle die Verantwortung für das gesamtwirtschaftliche Gleichgewicht (Art. 109 Abs. 2 GG) sowie die Interessen der Insolvenzgläubiger daran, dass die Insolvenzmasse nicht durch die Masseforderungen der Arbeitnehmer ausgehöhlt werde. Bei der Abwägung der widerstreitenden Interessen habe der Gesetzgeber auch berücksichtigen dürfen, dass die Arbeitnehmer im insolventen Unternehmen häufig nicht mehr bis zum Ende einer langen Kündigungsfrist beschäftigt werden könnten.[5] 17

3. Schadensersatz nach § 113 S. 3

Wird einem Arbeitnehmer, der nach Tarif- oder Einzelvertrag eine längere Kündigungsfrist geltend machen könnte oder unkündbar war, nach § 113 gekündigt, steht ihm nach S. 3 ein Schadensersatzanspruch zu, den er als Insolvenz- 18

---

[1] BAG ZIP 2005, 1842, 1843; BAG ZIP 2000, 1941 ff.; aA: LAG Hamm ZInsO 2001, 282.
[2] AA: *Düwell,* aaO, S. 1442 Rn. 23.
[3] *Zwanziger,* Das Arbeitsrecht der Insolvenzordnung, § 113 Rn. 13.
[4] BAG ZIP 1999, 1933 ff.; ebenso BAG NJW 2000, 2692; BAG ZIP 2000, 985 ff.; vgl. auch BVerfG ZIP 1999, 1219.
[5] Begründung RegE, *Balz/Landfermann,* aaO, S. 341 f.; BAG ZIP 1999, 1933 ff.

gläubiger nach § 38 geltend machen kann. Der Geschädigte kann dasjenige ersetzt verlangen, was er an Gehalt, Lohn und Nebenleistungen bei Geltung der regulären Kündigungsbestimmungen erhalten hätte. Bei vereinbarter Unkündbarkeit kann der sogenannte Verfrühungsschaden nicht „endlos" berechnet werden. Er ist vielmehr auf die ohne die vereinbarte Unkündbarkeit maßgebliche längste ordentliche Kündigungsfrist beschränkt.[1] Schadensersatzansprüche gem. § 113 S. 3 sind andererseits ausgeschlossen, wenn die Beendigung des Dienstverhältnisses nicht durch die Kündigung des Insolvenzverwalters, sondern durch Eigenkündigung oder einen mit diesem geschlossenen Aufhebungsvertrag vorzeitig herbeigeführt wird.[2]

19 Auf den Schadensersatzanspruch hat sich der Arbeitnehmer dasjenige anrechnen zu lassen, was er anderweitig erwirbt. Außerdem gilt § 254 BGB, so dass eine Verringerung des Ersatzanspruchs denkbar ist, wenn er eine ihm zumutbare andere Tätigkeit nicht aufnimmt.[3] Dem Verfrühungsschaden eines Organmitglieds kann jedoch nicht entgegengehalten werden, dass dieses die Insolvenz unter Verletzung der Sorgfaltspflichten nach § 43 Abs. 1 GmbHG mit verursacht habe. Auch bei § 254 BGB gilt, dass die Schadenszurechnung durch den Schutzzweck der Norm begrenzt wird. § 43 Abs. 1 GmbHG dient dem Schutz der Gesellschaft, nicht jedoch dem Ziel der Verhinderung einer frühzeitigen Beendigung des Geschäftsführer-Dienstvertrages.[4]

4. Klagefrist

20 Der zum 1. Januar 2004 aufgehobene § 113 Abs. 2[5] begründete die Notwendigkeit der Klagerhebung binnen drei Wochen nach Zugang der Kündigung, wenn der Arbeitnehmer außer der Sozialwidrigkeit der Kündigung nach § 1 Abs. 2 und 3 KSchG auch andere Unwirksamkeitsgründe geltend machen wollte. Sonstige Unwirksamkeitsgründe sind insbesondere Verstöße gegen §§ 102, 103 BetrVG, § 15 KSchG, §§ 17, 18 KSchG,[6] § 9 MuSchG, § 18 BErzGG, §§ 85, 91 SGB IX, § 613 a IV BGB, § 623 BGB. Ohne Einhaltung der Klagefrist war danach der Arbeitnehmer mit der Geltendmachung sonstiger Unwirksamkeitsgründe sowohl im Anwendungsbereich des KSchG als auch nach herrschender Meinung außerhalb des Anwendungsbereiches des KSchG präkludiert.[7] Bei einer rechtzeitigen Klagerhebung war zudem strittig, ob der Arbeit-

---

[1] BAG ZIP 2007, 1829.

[2] BAG ZIP 2007, 1875.

[3] *Kübler/Prütting/Bork/Moll,* InsO, § 113 Rn. 76 f.

[4] BAG ZIP 2007, 1829, 1832.

[5] Art. 4 und 5 des Gesetzes zu Ref. am Arbeitsmarkt v. 24. 12. 2003 (BGBl. I, S. 3002).

[6] Nach der Auslegung der EG-Richtlinie 59/98 durch den EuGH in seinem Urteil vom 27. 1. 2005 sind Massenentlassungen bereits vor Ausspruch der Kündigung anzuzeigen, NZA 2005, 213 ff. Dies widerspricht der bisherigen Rechtsprechung des BAG und der Systematik des § 18 KSchG, wonach die Anzeige nicht vor der Kündigungserklärung, sondern vor der Entlassung (Zeitpunkt der rechtlichen Beendigung des Arbeitsverhältnisses) abzugeben war. Das BAG hat sich nunmehr dem EuGH in seinem Urteil vom 23. 3. 2006 angeschlossen, allerdings Vertrauensschutz in die bisherige Rechtslage für Kündigungen vor dem 27. 1. 2005 gewährt (ZIP 2006, 1644).

[7] Zum bisherigen Streitstand vgl. Kommentierung von *Braun/Wolf* in der 2. Aufl., § 113 Rn. 49–54.

nehmer sich nur auf die fristgerecht gerügten Unwirksamkeitsgründe berufen konnte oder aber ein Nachschieben von Unwirksamkeitsgründen nach Fristablauf möglich blieb.[1]

Für ab dem 1. Januar 2004 zugehende Kündigungen ist § 113 Abs. 2 alter Fassung durch die Neufassung des § 4 KSchG abgelöst worden. Nach § 4 S. 1 KSchG muss nunmehr ein Arbeitnehmer mit fristgebundener Klage von drei Wochen ab Zugang der schriftlichen Kündigung sowohl die fehlende soziale Rechtfertigung der Kündigung, als auch andere Unwirksamkeitsgründe (mit Ausnahme der mangelnden Schriftform nach § 623 BGB) geltend machen. Dies gilt sowohl für ordentliche als auch außerordentliche Kündigungen (§ 13 Abs. 1 S. 2 KSchG). Nach § 23 Abs. 1 S. 2 KSchG gilt diese Präklusion auch für Kündigungen in Kleinbetrieben außerhalb des KSchG-Geltungsbereiches und nach den Gesetzesmotiven (Übernahme des § 113 Abs. 2 aF in das allgemeine Kündigungsrecht) auch dann, wenn die Wartezeit nach § 1 Abs. 1 KSchG nicht erfüllt ist.[2] Der Arbeitnehmer kann nunmehr nach § 6 KSchG bei einer fristgerechten Geltendmachung der Unwirksamkeit der Kündigung bis zum Schluss der mündlichen Verhandlung erster Instanz zur Begründung der Unwirksamkeit der Kündigung auch innerhalb der Frist noch nicht ausdrücklich geltend gemachte Gründe nachschieben und sich hierauf berufen. Das Arbeitsgericht soll ihn wegen der ansonsten in 2. Instanz bestehenden Präklusion hierauf sogar hinweisen. 21

Die Klagefrist des § 4 KSchG – wie auch schon bei § 113 Abs. 2 InsO alter Fassung – gilt jedoch nicht für alle Dienstverhältnisse, sondern allein für Arbeitsverhältnisse.[3] 21a

Die fristwahrende Feststellungsklage ist gegen den Insolvenzverwalter als Partei kraft Amtes zu richten. Wird versehentlich anstatt des Insolvenzverwalters die Schuldnerin verklagt, wahrt dies grundsätzlich nicht die Klagefrist nach § 4 KSchG; es kommt jedoch regelmäßig eine fristwahrende Rubrumsänderung in Betracht, wenn sich aus der Klageschrift oder einer beigefügten Anlage ergibt, dass sich die Klage gegen den Insolvenzverwalter richten soll.[4] 21b

5. Besonders geschützte Arbeitnehmergruppen

a) Auszubildende

Nach § 15 Abs. 2 BBiG kann das Berufsausbildungsverhältnis im Interesse der Ausbildung und zum Schutz des Auszubildenden – vom Ausnahmefall der Kündigung durch den Auszubildenden bei Berufsaufgabe abgesehen (§ 15 Abs. 2 Nr. 2 BBiG) – nicht ordentlich gekündigt werden. Es handelt sich hierbei um einen **gesetzlichen** Ausschluss des ordentlichen Kündigungsrechts, der von dem Wortlaut des § 113 S. 1, der auf den vereinbarten Ausschluss des ordentlichen Kündigungsrechts abhebt, nicht erfasst wird. Besteht jedoch, wie im Falle der Betriebsstilllegung keine Möglichkeit, das Ausbildungsverhältnis fortzusetzen, konnte unter Geltung der Konkursordnung nach Auffassung des BAG dennoch gekündigt werden, aber nur mit einer Kündigungsfrist analog § 622 BGB wie sie 22

---

[1] Für ein Nachschieben nach Fristablauf nun ausdrücklich BAG ZIP 2005, 1931 mwN zum bisherigen Streitstand.

[2] BAG NJW 2007, 2716.

[3] *Nerlich/Römermann/Hamacher,* InsO, § 113 Rn. 279.

[4] BAG vom 27. 3. 2003, NZA 2003, 1391.

gelten würde, wenn die Ausbildung zu dem erstrebten Beruf geführt hätte.[1] Ab Geltung der Insolvenzordnung wird man jedoch die Rechtsprechung des BAG dahingehend modifizieren müssen, dass sich die Kündigungsfrist nicht aus § 622 BGB analog, sondern aus § 113 ergibt und somit das Ausbildungsverhältnis für den Insolvenzverwalter mit der Höchstkündigungsfrist von drei Monaten zum Monatsende kündbar ist.[2]

b) Wehr- und Zivildienstleistende

23 Eine gesetzliche Unkündbarkeitsregelung enthält auch § 2 Abs. 1 ArbPlSchG. Nach dieser Vorschrift darf der Arbeitgeber von der Zustellung des Einberufungsbescheides bis zur Beendigung des Grundwehrdienstes sowie während einer Wehrübung das Arbeitsverhältnis eines Wehrpflichtigen nicht ordentlich kündigen. Der Schutz dieser Personen ist insolvenzfest, er muss also vom Insolvenzverwalter beachtet werden. Fällt allerdings der Arbeitsplatz des Wehrpflichtigen/Zivildienstleistenden weg, so dass eine Weiterbeschäftigung unmöglich ist, so muss es auch hier dem Insolvenzverwalter möglich sein, sich vom Arbeitsverhältnis zu lösen. Die Aufrechterhaltung eines inhaltsleeren Arbeitsverhältnisses ist dem Insolvenzverwalter nicht zumutbar. Er kann deshalb auch diese Arbeitsverhältnisse gem. § 113 S. 2 mit einer Kündigungsfrist von drei Monaten kündigen.[3]

c) Mutterschutz

24 Nach § 9 Abs. 1 MuSchG ist die Kündigung gegenüber einer Frau während der Schwangerschaft und bis zum Ablauf von 4 Monaten nach der Entbindung unzulässig. Nach § 9 Abs. 3 S. 1 MuSchG kann die für den Arbeitsschutz zuständige oberste Landesbehörde oder die von ihr bestimmte Stelle in besonderen Fällen ausnahmsweise die Kündigung für zulässig erklären. Anerkannt ist, dass die völlige insolvenzbedingte Betriebsstilllegung einen solchen „besonderen Fall" darstellt.[4]

25 Der Sonderkündigungsschutz nach dem MuSchG setzt voraus, dass im Zeitpunkt des Kündigungszugangs eine Schwangerschaft oder eine noch nicht länger als vier Monate zurückliegende Entbindung vorliegt. Die Kündigung ist nur dann unzulässig, wenn dem Insolvenzverwalter zurzeit der Kündigung die Schwangerschaft/Entbindung bekannt war. Eine in Unkenntnis der Schwangerschaft/Entbindung erklärte Kündigung wird gleichwohl unzulässig, wenn dem Insolvenzverwalter das Bestehen der Schwangerschaft/Entbindung innerhalb zwei Wochen nach Zugang der Kündigung mitgeteilt wird (§ 9 Abs. 1 S. 1 MuSchG). Versäumt die Arbeitnehmerin schuldhaft diese Frist zur Information ihres Arbeitgebers oder holt sie die Mitteilung nicht unverzüglich, also ohne schuldhaftes Zögern nach, verliert sie den besonderen Kündigungsschutz (§ 9 Abs. 1 S. 1 MuSchG).

---

[1] BAG ZIP 1993, 1316 ff.

[2] FK-*Eisenbeis,* InsO, § 113 Rn. 21; *Nerlich/Kreplin/Henn-Anschütz,* MAH Sanierung und Insolvenz, § 31 Rn. 160.

[3] *Hess,* Insolvenzarbeitsrecht, § 113 Rn. 529 mwN; aA: ErfKomm-*Müller-Glöge,* InsO, § 113 Rn. 10 (mwN).

[4] Vgl. *Hess,* Insolvenzarbeitsrecht, § 113 Rn. 406 mwN.

d) Erziehungsurlaub/Elternzeit

26 Während des Erziehungsurlaubs – auf Grund des Gesetzes zur Änderung des Begriffes „Erziehungsurlaub" vom 30. November 2000 (BGBl. I S. 1638) jetzt: Elternzeit – darf nach § 18 Abs. 1 S. 1 BErzGG das Arbeitsverhältnis nicht gekündigt werden. In besonderen Fällen kann ausnahmsweise eine Kündigung für zulässig erklärt werden. Die Zulässigerklärung erfolgt durch die für den Arbeitsschutz zuständige oberste Landesbehörde oder die von ihr bestimmte Stelle. Auch hier ist anerkannt, dass ein solcher besonderer Fall anzunehmen ist, wenn der Betrieb stillgelegt wird. In den allgemeinen Verwaltungsvorschriften zum Kündigungsschutz bei Elternzeit ist die Betriebsstilllegung als besonderer Fall ausdrücklich aufgeführt.

27 Da die Kündigungsverbote nach § 9 MuSchG und § 18 BErzGG nebeneinander bestehen können (erneute Schwangerschaft während der Elternzeit) ist vor einem Kündigungsausspruch die Zulässigerklärung der Behörde nach beiden Vorschriften einzuholen.[1]

e) Schwerbehinderte[2]

28 Schwerbehinderte mit einem Grad der Behinderung von mindestens 50 (§ 2 Abs. 2 SGB IX) und ihnen Gleichgestellte (§ 2 Abs. 3 SGB IX) genießen besonderen Kündigungsschutz (§§ 68, 85 SGB IX), wenn ihr Arbeitsverhältnis länger als sechs Monate im Beschäftigungsbetrieb besteht (§ 90 SGB IX). Die Kündigung des Arbeitsverhältnisses eines Schwerbehinderten bedarf deshalb der vorherigen Zustimmung des Integrationsamtes (§ 85 SGB IX).

29 Nach § 89 Abs. 3 SGB IX ist im Insolvenzverfahren die Ermessensentscheidung des Integrationsamtes eingeschränkt. Danach soll das Integrationsamt die Zustimmung erteilen, wenn

- der Schwerbehinderte in einem Interessenausgleich nach § 125 namentlich als einer der zu entlassenden Arbeitnehmer bezeichnet ist,
- die Schwerbehindertenvertretung beim Zustandekommen des Interessenausgleiches gem. § 95 SGB IX beteiligt war,
- der Anteil der nach dem Interessenausgleich zu entlassenden Schwerbehinderten an der Zahl der beschäftigten Schwerbehinderten nicht größer ist als der Anteil der zu entlassenden, übrigen Arbeitnehmer zu den verbleibenden Arbeitnehmern,
- durch die verbleibenden Schwerbehinderten mindestens die Beschäftigungspflicht nach § 71 SGB IX erfüllt wird.

30 Nach § 89 Abs. 1 S. 1 SGB IX hat das Integrationsamt die Zustimmung im Falle einer Betriebstilllegung zu erteilen (kein Ermessen), wenn zwischen dem Tag der Kündigung und dem Tag, bis zu dem Lohn oder Gehalt gezahlt wird, mindestens drei Monate liegen.

31 Hat das Integrationsamt der beabsichtigten Kündigung eines schwerbehinderten Arbeitnehmers mit der „Bedingung" zugestimmt, dass zwischen dem Tag der Kündigung und dem Tag, bis zu dem Gehalt oder Lohn gezahlt wird, mindestens drei Monate liegen, ist durch Auslegung zu ermitteln, ob es sich bei der „Bedin-

---

[1] BAG NZA 1993, 646.

[2] Das Schwerbehindertenrecht wurde mit Wirkung zum 1. 7. 2001 in das Sozialgesetzbuch – Neuntes Buch – Rehabilitation und Teilhabe behinderter Menschen (SGB IX) vom 19. 6. 2001, BGBl. I, S. 1046, überführt.

gung" sachlich um eine Bedingung oder um eine Auflage i. S. d. § 32 SGB X handelt.[1] Zwischen diesen beiden Arten der zulässigen Nebenbestimmungen bestehen wesentliche sachliche Unterschiede: erfüllt der Begünstigte eine ihm erteilte **Auflage** nicht oder nicht rechtzeitig, wirkt sich das nicht unmittelbar auf die Wirksamkeit des Verwaltungsaktes (die Zustimmung) aus. Die Behörde hat vielmehr nur die Möglichkeit, den begünstigenden Verwaltungsakt nach § 47 Abs. 1 Nr. 2 SGB X mit Wirkung für die Zukunft zu widerrufen.[2] Bei einer aufschiebenden **Bedingung** hängt dem gegenüber die Wirksamkeit des Verwaltungsaktes (die Zustimmung) von dem Eintritt des ungewissen Ereignisses ab, d. h. eine Kündigung, die vom Arbeitgeber vor Erfüllung einer von dem Integrationsamt gesetzten aufschiebenden Bedingung ausgesprochen wird, ist nichtig, weil es noch an einer rechtswirksamen Zustimmung fehlt.[3] Erteilt das Integrationsamt die Zustimmung, so ist die Kündigung innerhalb eines Monats nach Zustellung zu erklären (§ 88 Abs. 3 SGB IX).

32 War dem Insolvenzverwalter vor der Kündigung weder die Schwerbehinderteneigenschaft noch eine darauf gerichtete Antragstellung bekannt, muss ihn der Schwerbehinderte zum Erhalt des Sonderkündigungsschutzes regelmäßig innerhalb von drei Wochen[4] nach Ausspruch der Kündigung unterrichten. Unterbleibt die Mitteilung, ist die Kündigung nicht wegen fehlender Zustimmung des Integrationsamtes unwirksam. Die **Mitteilungsobliegenheit** ergibt sich aus dem Gebot der Rechtssicherheit. Der Arbeitgeber und auch der Insolvenzverwalter soll von einem objektiv bestimmbaren Zeitpunkt an darauf vertrauen können, dass die Wirksamkeit der Kündigung nicht mehr wegen einer ihm nicht bekannten Schwerbehinderung in Zweifel gezogen werden kann.[5]

f) Betriebsratsmitglieder

33 Der Sonderkündigungsschutz von Betriebsratsmitgliedern und anderen Mitgliedern von betriebsverfassungsrechtlichen Organen nach § 15 KSchG ist auch vom Insolvenzverwalter zu beachten.[6] Danach ist das Arbeitsverhältnis eines amtierenden Betriebsrates nur dann ordentlich kündbar, wenn der Arbeitsplatz infolge Betriebsstilllegung oder Teilbetriebsstilllegung wegfällt und keine anderweitige Beschäftigungsmöglichkeit im Unternehmen besteht (§ 15 Abs. 4 und 5 KSchG).

34 Vor Ausspruch dieser ordentlichen Kündigung ist der Betriebsrat nach § 102 BetrVG zu hören. Die Zustimmung des Betriebsrats nach § 103 BetrVG ist nicht erforderlich, da die Kündigung nach § 15 Abs. 4 und 5 KSchG keine außerordentliche ist.[7]

35 Die Kündigung ist erst zu dem Zeitpunkt zulässig, zu dem der Arbeitsplatz tatsächlich wegfällt. Verzögert sich die Betriebsstilllegung, wird die Kündigung erst mit der tatsächlichen Betriebsstilllegung wirksam.[8]

---

[1] Vgl. BAG ZIP 1991, 677–680.
[2] Vgl. BAG ZIP 1991, 677 ff.
[3] BAG ZIP 1991, 677 ff.
[4] BAG NZA 2008, 556.
[5] BAG NZA 2000, 1106 unter Hinweis auf die ständige Rechtsprechung.
[6] BAG NZA 2006, 370; NZA 2006, 988.
[7] BAG ZIP 1983, 1492.
[8] BAG ZIP 1980, 669.

Liegt nur eine Teilstilllegung vor, besteht die Verpflichtung, das Betriebsratsmitglied in dem verbleibenden Restbetrieb zu beschäftigen. Erst wenn dies aus betrieblichen Gründen nicht möglich ist, kann eine ordentliche Kündigung ausgesprochen werden (§ 15 Abs. 5 KSchG). 36

Der Insolvenzverwalter ist jedoch nicht verpflichtet, für die Abwicklungstätigkeiten vorrangig Betriebsratsmitglieder einzusetzen. Seine Auswahlentscheidung ist lediglich an § 315 BGB zu messen.[1] Liegt keine Betriebs- oder Betriebsabteilungsstilllegung vor, können die in § 15 KSchG aufgeführten Funktionsträger nur durch eine außerordentlichen Kündigung aus wichtigem Grund nach § 626 BGB entlassen werden. Der außerordentlichen Kündigung des Betriebsratsmitgliedes muss der Betriebsrat nach § 103 BetrVG zustimmen. Erteilt der Betriebsrat die Zustimmung nicht, muss nach § 103 Abs. 2 BetrVG das Verfahren auf Ersetzung der Zustimmung beim Arbeitsgericht eingeleitet werden. 37

g) Altersteilzeit

Ist mit einem Arbeitnehmer Block-Altersteilzeit vereinbart und befindet sich dieser Arbeitnehmer bereits in der **Freistellungsphase,** so stellt eine Betriebsstilllegung keine soziale Rechtfertigung der Kündigung dieses Mitarbeiters auch in der Insolvenz des Arbeitgebers dar. Es liegen keine dringenden betrieblichen Erfordernisse vor, die einer Weiterbeschäftigung entgegenstehen. Der in Altersteilzeit befindliche Arbeitnehmer hat, wenn er sich in der Freistellungsphase befindet, die geschuldete Arbeitsleistung bereits in vollem Umfange erbracht, weshalb er auch nicht weiterbeschäftigt werden muss. Der mit einer Betriebsstilllegung verbundene Wegfall aller Beschäftigungsmöglichkeiten ist deshalb für den Bestand seines Arbeitsverhältnisses bedeutungslos. Allein das Fehlen hinreichender finanzieller Mittel stellt keinen ausreichenden Kündigungsgrund dar.[2] 38

Der Arbeitnehmer läuft allerdings Gefahr mit seinen Entgeltansprüchen während der Freistellungsphase weitgehend wirtschaftlich auszufallen, soweit nicht eine insolvenzfeste Absicherung der in der Arbeitsphase vorgeleisteten Wertguthaben gem. § 7 d SGB IV oder gem. der Verpflichtung zur Insolvenzsicherung für Altersteilzeitverhältnisse ab dem 30. Juni 2004 gem. § 8 a Altersteilzeitgesetz begründet wurde. Wird das Insolvenzverfahren während der Freistellungsphase eröffnet, stellen die Entgeltansprüche während der Freistellungsphase lediglich einfache Insolvenzforderungen dar, da der Anspruch bereits während der Arbeitsphase vor Insolvenzeröffnung entstanden und durch Vorleistung erworben wurde und lediglich die Fälligkeit des bereits vor Insolvenzeröffnung entstandenen Anspruchs in die Zeit der Freistellungsphase hinausgeschoben wurde.[3] 39

Ist mit einem Arbeitnehmer Block-Altersteilzeit vereinbart und befindet er sich noch in der **Arbeitsphase,** so kann der Insolvenzverwalter bei einer Stilllegung des Betriebes den Arbeitnehmer betriebsbedingt kündigen. Beim Altersteilzeitarbeitsverhältnis handelt es sich um ein befristetes Arbeitsverhältnis, für das das Kündigungsrecht des Insolvenzverwalters mit der Frist des § 113 besteht, und zwar unabhängig davon, ob das ordentliche Kündigungsrecht vorbehalten wurde oder nicht. Die der Masse ersparten Vergütungsansprüche, Aufstockungsbeträge 40

[1] ArbG Solingen ZIP 1996, 1389.

[2] BAG NZA 2003, 789 ff.

[3] BAG Urt. vom 19. 10. 2004, ZIP 2005, 457 ff.; BAG, Urt. vom 23. 2. 2005, NZA 2005, 1016; BAG DB 2005, 1227.

und zusätzliche Rentenversicherungsbeiträge überwiegen dabei grundsätzlich auch das Interesse des Arbeitnehmers an der Fortführung des Altersteilzeitarbeitsverhältnisses bis zum Abschluss der Arbeitsphase, selbst wenn er dadurch Abschläge bei der Rente in Kauf nehmen muss.[1] Altersteilzeitleistungen, die in der Arbeitsphase des Blockmodells nach Eröffnung des Insolvenzverfahrens erarbeitet werden, sind Masseverbindlichkeiten,[2] auch wenn der Insolvenzverwalter die Arbeitsleistung des Arbeitnehmers tatsächlich nicht in Anspruch nimmt.[3] Rückständige Altersteilzeitleistungen vor Insolvenzeröffnung sind hingegen bloße Insolvenzforderungen.

6. Streitpunkte

a) Antritt des Dienstverhältnisses

41 Noch nicht abschließend geklärt ist die Frage, ob das Dienstverhältnis bereits angetreten sein muss, damit die Regelung des § 113 eingreift. Während in § 22 KO ausdrücklich bestimmt war, es müsse sich um ein angetretenes Dienstverhältnis handeln, lässt sich dem Wortlaut des § 113 eine solche Einschränkung nicht mehr entnehmen.

42 Dennoch messen einige Stimmen in der Literatur dieser Änderung des Gesetzestextes keine Bedeutung zu und halten nach wie vor die Anwendung des § 113 auf noch nicht angetretene Dienstverhältnisse für unzulässig. Als Konsequenz dieser Ansicht hätte der Insolvenzverwalter gem. § 103 das Recht, die Erfüllung des Vertrages abzulehnen und stünde so besser als bei Anwendung des § 113.

43 Angesichts der Neufassung des § 113 und seinem klaren Wortlaut kann auf eine Differenzierung zwischen angetretenen und noch nicht angetretenen Dienstverhältnissen verzichtet werden. Auch solche Dienstverhältnisse, die erst nach Verfahrenseröffnung anzutreten sind, müssen vom Insolvenzverwalter gekündigt werden. Die Rechte aus § 103 kann er nicht geltend machen.[4]

44 Bezieht man noch nicht angetretene Dienstverhältnisse in den Anwendungsbereich des § 113 ein, stellt sich die Frage, wann die dreimonatige Kündigungsfrist beginnen soll. Dabei ist nicht der geplante Zeitpunkt des Dienstantritts maßgeblich, sondern der Zugang der Kündigungserklärung, so dass die Kündigungsfrist im Zeitpunkt des geplanten Dienstantritts schon abgelaufen sein kann. Anderenfalls könnte für den gesamten Fristzeitraum das Arbeitsentgelt als Masseanspruch geltend gemacht werden, obwohl in aller Regel keine Beschäftigungsmöglichkeit besteht oder die Arbeitsleistung unrentabel ist.[5]

b) Befugnisse des vorläufigen Insolvenzverwalters

45 Umstritten ist ferner, ob auch dem vorläufigen Insolvenzverwalter die besonderen Befugnisse des § 113 zugutekommen. Wird neben der Bestellung eines vorläufigen Insolvenzverwalters auch ein allgemeines Verfügungsverbot erlassen, soll nach überwiegender Auffassung auch die Arbeitgeberfunktion auf den vor-

---

[1] BAG ZIP 2005, 1842 ff.

[2] BAG ZIP 2005, 457.

[3] BAG ZIP 2005, 873 ff.

[4] *Düwell,* aaO, S. 1435 Rn. 6; *Herbert/Oberrath* NZA 2004, 124.

[5] *Caspers,* Personalabbau und Betriebsänderung im Insolvenzverfahren, Rn. 98; HK-*Linck,* InsO, § 113 Rn. 5.

läufigen Insolvenzverwalter übergehen. Auf diesen müsse dann auch § 113 analog angewandt werden.[1]

Einer analogen Anwendung des § 113 auf den „starken" vorläufigen Insolvenzverwalter mit Verwaltungs- und Verfügungsbefugnis ist allerdings das BAG in seinem Urteil vom 20. Januar 2005 wegen der bewusst vom Gesetzgeber unterschiedlich vorgenommenen Regelungen im Eröffnungsverfahren gegenüber dem eröffneten Verfahren entgegengetreten.[2] In dem vom BAG entschiedenen Fall hatte der vorläufige Insolvenzverwalter mit Verwaltungs- und Verfügungsbefugnis wegen Betriebsstilllegung mit der Frist nach § 113 gekündigt, allerdings ohne eine Zustimmung des Insolvenzgerichts zur Stilllegung nach § 22 Abs. 1 Nr. 2. Fraglich bleibt daher, ob nicht § 113 dann entsprechend zur Anwendung gelangen müsste, wenn der vorläufige Verwalter mit Verwaltungs- und Verfügungsbefugnis und einer Zustimmung des Gerichts zur Betriebsstilllegung kündigt, um eine erhebliche Verminderung des Vermögens zu vermeiden, da die Verkürzung der Kündigungsfrist nach § 113 gerade einer Masseaushöhlung vorbeugen soll. 46

Andererseits hat aber das BAG darauf hingewiesen, dass Arbeitnehmerforderungen aus der Zeit der vorläufigen Insolvenzverwaltung eines vorläufigen Insolvenzverwalters mit Verwaltungs- und Verfügungsbefugnis nicht stets nach § 55 Abs. 2 S. 2 Masseverbindlichkeiten, sondern auch einfache Insolvenzforderungen sein können. Voraussetzung für eine Einordnung der Forderung als sonstige Masseverbindlichkeit im Sinne von § 55 Abs. 2 ist die tatsächliche Inanspruchnahme der Arbeitsleistung des Arbeitnehmers durch den „starken" vorläufigen Insolvenzverwalter. Wegen der vom BAG aufgezeigten Möglichkeit der Freistellung der Arbeitnehmer erscheint es zweifelhaft, ob auch bei einer Zustimmung des Gerichts zur Betriebsstilllegung zur Verhinderung erheblicher Vermögensminderungen der Masse § 113 entsprechend auf Kündigungen des „starken" vorläufigen Verwalters Anwendung finden kann. 47

Da diese Frage bislang nicht ausdrücklich geklärt ist, empfiehlt es sich für den Verwalter nach Eröffnung des Insolvenzverfahrens sicherheitshalber zur Abkürzung der Kündigungsfrist eine Nachkündigung auszusprechen (vgl. Anm. 2 b cc). 48

c) Dreimonatige Höchstfrist des § 113 S. 2 bei Neueinstellungen durch den Insolvenzverwalter 49

Noch nicht durch das BAG geklärt ist die Frage, ob die dreimonatige Höchstfrist des § 113 S. 2 auch dann gilt, wenn der Insolvenzverwalter mit Wirkung für die Masse neue Arbeitsverhältnisse begründet hat und diese dann trotz von ihm vereinbarter längerer, arbeitsvertraglicher Kündigungsfristen später kündigt. Das LAG Berlin hat diese Frage bejaht, trotz ernst zu nehmender grammatikalischer, systematischer und teleologischer Bedenken, zumal der Schutz der Masse vor zusätzlichen Belastungen durch befristete Neueinstellungen aus sachlichem Grund (z. B. § 14 Abs. 1 Nr. 1 TzBfG) gewährleistet werden kann.[3]

---

[1] *Berscheid* AnwBl. 1995, 9; MünchKomm-*Löwisch/Caspers,* InsO, Vor §§ 113 bis 128 Rn. 27–30.

[2] BAG ZIP 2005, 1289 ff.

[3] LAG Berlin ZIP 2007, 2002; aA: *Henckel* ZIP 2008, 1265 ff. (mwN zum Streitstand).

§ 114 Bezüge aus einem Dienstverhältnis

(1) Hat der Schuldner vor der Eröffnung des Insolvenzverfahrens eine Forderung für die spätere Zeit auf Bezüge aus einem Dienstverhältnis oder an deren Stelle tretende laufende Berüge abgetreten oder verpfändet, so ist diese Verfügung nur wirksam, soweit sie sich auf die Bezüge für die Zeit vor Ablauf von zwei Jahren nach dem Ende des zur Zeit der Eröffnung des Verfahrens laufenden Kalendermonats bezieht.

(2) Gegen die Forderung auf die Bezüge für den in Absatz 1 bezeichneten Zeitraum kann der Verpflichtete eine Forderung aufrechnen, die ihm gegen den Schuldner zusteht. Die §§ 95 und 96 Nr. 2 bis 4 bleiben unberührt.

(3) Ist vor der Eröffnung des Verfahrens im Wege der Zwangsvollstreckung über die Bezüge für die spätere Zeit verfügt worden, so ist diese Verfügung nur wirksam, soweit sie sich auf die Bezüge für den zur Zeit der Eröffnung des Verfahrens laufenden Kalendermonat bezieht. Ist die Eröffnung nach dem fünfzehnten Tag des Monats erfolgt, so ist die Verfügung auch für den folgenden Kalendermonat wirksam. § 88 bleibt unberührt; § 89 Abs. 2 Satz 2 gilt entsprechend.

Übersicht

1. Normzweck

1 In der Insolvenz des Dienstverpflichteten gehören gem. §§ 35, 36 auch die pfändbaren Bezüge, die er während des Insolvenzverfahrens erhält, als Neuerwerb zur Insolvenzmasse. Der Gesetzgeber musste daher einen Ausgleich schaffen zwischen den Interessen der Gläubiger, die vor Eröffnung des Insolvenzverfahrens Rechte an diesen Bezügen erworben haben und den Interessen der übrigen Insolvenzgläubiger an einer Massevermehrung. § 114 hat daher ursprünglich bestimmt, dass vor Verfahrenseröffnung wirksam erworbene vertragliche Sicherheiten an den laufenden Bezügen noch für rund drei Jahre fortgelten. Durch das InsOÄndG 2001 ist dieser Zeitraum ab 1. Dezember 2001 auf zwei Jahre verkürzt worden, da auch die Dauer der in § 287 Abs. 2 geregelten Abtretung der Bezüge

an den Treuhänder verkürzt wurde von ursprünglich sieben Jahren auf sechs Jahre ab Verfahrenseröffnung. Da den ungesicherten Gläubigern durch die Verkürzung der Abtretungsdauer der pfändbare Teil der Bezüge dann nur noch rund drei Jahre zur Verfügung gestanden hätte, wurde die in § 114 geregelte Dauer der Wirksamkeit der Abtretung an einen Gläubiger unter dem Gesichtspunkt der Gleichbehandlung und gleichmäßigen Befriedigung der Gläubiger ebenfalls verkürzt.[1] Damit steht nunmehr nach Ablauf von zwei Jahren der pfändbare Betrag der Gesamtheit der Insolvenzgläubiger zu und kann insbesondere auch einer Restschuldbefreiung dienen. Den Schutz der Insolvenzmasse hat der Gesetzgeber insoweit durch §§ 81, 90 Abs. 3 S. 1, 91 Abs. 1 (mit Ausnahme des gutgläubigen Erwerbs, § 91 Abs. 2) bewirkt. Durch Abs. 2 des § 114 wird eine Aufrechnungsbefugnis im gleichen Umfang respektiert und beschränkt wie eine Vorausabtretung nach Absatz 1. Im Vergleich dazu wird die Wirksamkeit einer Pfändung im Wege der Zwangsvollstreckung gem. § 114 Abs. 3 stärker eingeschränkt. Eine solche Pfändung soll nur für rund einen Monat Bestand haben, da es hierbei nicht um Kreditsicherheiten geht, sondern um den meist zufälligen Vorsprung eines Gläubigers vor den übrigen.[2] Eine vergleichbare Regelung gab es in der KO nicht.

2. Voraussetzungen und Rechtsfolgen, Abs. 1 und Abs. 2

a) Verfügungen nach Abs. 1

aa) Voraussetzungen. Der Schuldner muss über laufende Bezüge aus einem **Dienstverhältnis,** also einem nicht nur auf Arbeitsverhältnisse beschränkten, sondern auch andere Schuldverhältnisse nach §§ 611 ff. BGB umfassende Rechtsverhältnisse, verfügt haben.[3] 2

Unter **Bezügen** sind hierbei in einem weiten Sinne alle Formen von Vergütung zu begreifen, die auf Grund des Dienstverhältnisses geleistet werden:[4] Alle Arten von Einkünften i. S. d. § 850 ZPO fallen hierunter. Nach BGH[5] kommt es aber für die Anwendbarkeit des § 114 Abs. 1 nicht darauf an, ob eine Tätigkeit als „selbstständig" oder „unselbstständig" einzuordnen ist. Vergütungsansprüche, die nicht ausschließlich aus der Verwertung der Arbeitskraft des Schuldners erwirtschaftet werden, sondern mit mit Mitteln der Insolvenzmasse auszugleichenden Ausgaben verbunden sind, wie z. B. der Betrieb einer Arztpraxis, in der 3

---

[1] BGH NZI 2006, 457: bei § 114 Abs. 1 handelt es sich um eine Ausnahmevorschrift zu § 91; BGH NZI 2007, 39.

[2] Vgl. *Balz/Landfermann,* S. 343, Begründung RegE, § 132.

[3] *Uhlenbruck/Berscheid,* InsO, § 114 Rn. 6 ff.; MünchKomm-*Löwisch/Caspers,* InsO § 114 Rn. 5. ff.; zu Vertragsformen, die als Dienstverhältnis zu bewerten sind, vgl. z. B. *Palandt/Putzo,* BGB, Einführung vor § 611 Rn. 16 ff.

[4] BGH NZI 2006, 457 ff.: Abs. 1 gilt nicht für die Vergütungsansprüche eines Kassenarztes gegen die für ihn zuständige kassenärztliche Vereinigung, so dass § 91 einschlägig sein kann; vgl. auch BGH NZI 2005, 263: Bei Ansprüchen aus einem privatärztlichen Behandlungsvertrag handelt es sich nicht um fortlaufende Bezüge aus einem Dienstverhältnis i. S. d. § 114, so dass privatärztliche Honorarforderungen, die grundsätzlich pfändbar sind und dem Insolvenzbeschlag unterliegen, von § 114 nicht erfasst sind; KG BeckRS 2009, 07787; nach LG Mosbach BeckRS 2009, 02822 = ZInsO 2009, 198 ist § 114 Abs. 1 auf zeitlich befristete Dienstverhältnisse selbstständiger Insolvenzschuldner nicht anwendbar; Arten von Vergütung etwa bei: *Palandt/Putzo,* BGB, § 611 Rn. 49 ff.; *Uhlenbruck/Berscheid,* InsO, § 114 Rn. 8 ff.

[5] BGH NZI 2006, 457, 459; KG BeckRS 2009, 07787.

Personal-, Energiekosten etc. anfallen, werden von § 114 Abs. 1 nicht erfasst. Im so definierten Anwendungsbereich werden nur die laufenden Bezüge, nicht Zahlungen, die nur auf Grund eines einmaligen Ereignisses (Einmalzahlungen) gezahlt werden, erfasst .[1] Laufende Bezüge, die an deren Stelle treten, sind Lohnersatzleistungen nach dem SGB III und zwar insbesondere Arbeitslosen-, Kurzarbeiter-, Insolvenzgeld u. ä.[2]

4 Der Schuldner muss im Rahmen einer **wirksamen Abtretung**[3] gem. §§ 398 ff. BGB oder einer **wirksamen Verpfändung** gem. §§ 1204 ff. BGB über die Bezüge verfügt haben. Die allgemeinen Voraussetzungen und Wirkungen einer Abtretung oder Verpfändung nach dem BGB sind zu berücksichtigen. Nur Verfügungen des Schuldners **vor** Eröffnung des Insolvenzverfahrens über Bezüge, die nach Eröffnung anfallen, werden von § 114 Abs. 1 erfasst. Nach Verfahrenseröffnung greifen §§ 80, 81, 91, im Anwendungsbereich des § 114 Abs. 1 wird § 91 Abs. 1 allerdings verdrängt,[4] so dass Vorausabtretungen von Ansprüchen aus den Abs. 1 unter folgenden Arbeitsverhältnissen auch solche Ansprüche erfassen, die aus erst nach Verfahrenseröffnung begründeten Arbeitsverhältnissen entstehen.[5]

5 **bb) Rechtsfolgen.** Liegen diese Voraussetzungen vor, so gilt die Verfügung des Schuldners **noch zwei Jahre lang,** gerechnet ab dem Ende des Kalendermonats, in dem das Insolvenzverfahren eröffnet wurde. Mit Ablauf der zwei Jahre wird die Verfügung unwirksam, gleichgültig ob eine Restschuldbefreiung erfolgt oder nicht. Soweit die Voraussetzungen der §§ 129 ff. vorliegen, können die Verfügungen rückgängig gemacht werden.

b) Aufrechnungsbefugnis nach Abs. 2

6 **aa) Voraussetzungen.** Dem Dienstberechtigten muss eine Forderung gegen den Schuldner zustehen, welche er der Forderung des Schuldners auf Zahlung der Bezüge entgegenstellen kann. Die allgemeinen Voraussetzungen der Aufrechnung gem. § 387 BGB müssen vorliegen, d. h. die Forderungen müssen gegenseitig, gleichartig, vollwirksam, fällig und die Aufrechnung darf nicht ausgeschlossen sein. Durch Verweisung in § 114 Abs. 2 auf § 95 gelten u. a. Geldforderungen in verschiedenen Währungen als gleichartig. Hinsichtlich der Fälligkeit der Forderungen ist ebenfalls § 95 und hinsichtlich der Unzulässigkeit einer Aufrechnung ist § 96 Nr. 2 bis 4 zu beachten.[6]

---

[1] *Uhlenbruck/Berscheid,* InsO, § 114 Rn. 14; teils weitgehend MünchKomm-*Löwisch/Caspers,* InsO § 114 Rn. 7 ff.

[2] *Uhlenbruck/Berscheid,* InsO, § 114 Rn. 10; MünchKomm-*Löwisch/Caspers,* InsO § 114 Rn. 10 ff.

[3] Zur Unwirksamkeit formularmäßiger Sicherungsabtretungen eines Kreditnehmers in den AGB Banken/Sparkassen vgl. BGH ZIP 1989, 968 ff., BGH ZIP 1992, 168 ff.; vgl. ferner BGH ZIP 1994, 1613 ff.

[4] BGH NZI 2006, 457; 459; BGH NZI 2007, 39.

[5] AA: LG Mosbach BeckRS 2009, 02822 = ZInsO 2009, 198, wonach nur Vorausabtretungen aus Arbeitsverhältnissen privilegiert sind, die zum Zeitpunkt der Insolvenzeröffnung bereits bestanden. Ein vom Schuldner erst danach begründetes Dienstverhältnis soll von der Vorausabtretung nicht ergriffen werden, die Vorausabtretung nicht die aus einem nach Insolvenzeröffnung begründeten Dienstverhältnis resultierenden Ansprüche erfassen, § 91 hindere insoweit den Erwerb von Rechten.

[6] Nach BSG ZInsO 2004, 741 und BGH NZI 2008, 479 m. Anm. *Kießner,* FD-InsR 2008, 263949 ist auch die Verrechnung nach § 52 SGB I nach §§ 94, 114 zulässig, wenn

bb) Rechtsfolgen. Liegen die Aufrechnungsbeschränkungen der §§ 95, 96 Nr. 2–4 nicht vor, kann der Dienstberechtigte während der Zweijahresfrist aufrechnen. § 96 Nr. 1 findet auf die Aufrechnungsbefugnis des Dienstberechtigten keine Anwendung, da diese Vorschrift auf den Zeitpunkt der Entstehung der Schuld abstellt und die Verpflichtung des Dienstberechtigten zur Zahlung des Arbeitsentgeltes erst nach Verfahrenseröffnung entstehen kann. 7

3. Übergangsregelung, Art. 107 EG-InsO

Art. 107 EGInsO enthält eine Abkürzung der Wirksamkeit von Vorausverfügungen nach § 114 Abs. 1 (nicht Abs. 2!) auf zwei Jahre, wenn der Schuldner schon vor dem 1. Januar 1997 zahlungsunfähig war (korrespondierend die Abkürzung der Laufzeit der Abtretung nach § 287 Abs. 2 S. 1 auf fünf Jahre). Daran hat sich durch das InsOÄndG 2001 nichts geändert. Im Übrigen gilt nach Art. 103 a EGInsO diese Abkürzung nur für solche Verfahren, die nach dem Inkrafttreten der InsOÄndG 2001 beantragt wurden. 8

4. Zwangsvollstreckungsmaßnahmen, Abs. 3

a) Voraussetzungen

Vor Eröffnung des Insolvenzverfahrens muss über die späteren Bezüge wirksam im Wege der Zwangsvollstreckung (§§ 828 ff. ZPO) verfügt worden sein. Erfasst sind alle Bezüge, die der Zwangsvollstreckung nach §§ 850 ff. ZPO unterliegen. 9

b) Rechtsfolgen

Die Wirksamkeit dieser Verfügung – abweichend von § 91 Abs. 1 wird die vom Insolvenzgläubiger durch Pfändung erreichte Sicherung nach Abs. 3 für einen bestimmten Zeitraum privilegiert[1] – wird in zweifacher Weise beschränkt: Zum einen kann die Verfügung nur noch die **Bezüge des laufenden Monats,** bzw. wenn die Eröffnung des Insolvenzverfahrens nach dem fünfzehnten Tag des Monats erfolgt, auch noch die Bezüge des folgenden Monats erfassen. Zum anderen wird die Sicherung gem. § 114 Abs. 3 S. 3 1. Halbs. i. V. m. § 88 mit der Eröffnung des Insolvenzverfahrens unwirksam, wenn sie im letzten Monat vor dem Antrag auf Eröffnung des Insolvenzverfahrens erlangt wurde (sog. **Rückschlagsperre**).[2] Der meist zufällige Vorsprung eines Gläubigers vor den übrigen soll keinen Bestand haben. Anwendbar sind auch §§ 129 ff., insbesondere § 131.[3] 10

---

die Verrechnungslage vor Verfahrenseröffnung gegeben ist (BSG, aaO: Bei der Verrechnung nach § 52 SGB I handelt es sich um eine Aufrechnung unter Verzicht auf die Gegenseitigkeit der Ansprüche von Schuldner und Gläubiger; der ermächtigte Leistungsträger ist von Gesetzes wegen befugt, die Forderung des ermächtigenden Leistungsträgers gegen Ansprüche des Schuldners zu verrechnen, wobei die Ermächtigung selbst keinen Einfluss auf die Verrechnungslage hat. Dies gilt auch bei Anwendung des § 114 Abs. 2 InsO).

[1] BGH NZI 2008, 563 m. Anm. *de Bra*, FD-InsR 2008, 263930.

[2] Vgl. AG Mönchengladbach ZInsO 2002, 643 f. zur Erstreckung auch auf den Zeitraum seit Anordnung von Sicherungsmaßnahmen im Eröffnungsverfahren analog § 14 Abs. 3; zum Verlust der Wirksamkeit der Pfändung im Rahmen eines gerichtlichen Schuldenbereinigungsplans vgl. LG Trier NZI 2005, 405, 406: Verlust tritt ein im Zeitpunkt, in dem das Gericht die Annahme des Plans durch Beschluss feststellt (n. rkr.).

[3] BGH NZI 2008, 563 m. Anm. *de Bra*, FD-InsR 2008, 263930 und BGH BeckRS 2008, 15503 (jeweils für Zwangsvollstreckungsmaßnahmen hinsichtlich der Bezüge eines

Zu beachten ist im Rahmen der Pfändung künftiger Forderungen, dass das Pfändungspfandrecht erst mit dem Entstehen der gepfändeten Forderung entsteht und die frühere Zustellung an den Drittschuldner insoweit bedeutungslos ist. Folge ist, dass das Pfändungspfandrecht als Sicherung i. S. d. § 88 InsO erst mit dem Entstehen der Forderung erlangt werden kann.[1]

11 Unberührt bleiben gem. § 114 Abs. 3 i. V. m. § 89 Abs. 2 S. 2 Vollstreckungsmaßnahmen von **Unterhalts- und Deliktgläubigern** in den erweitert pfändbaren Teil der Bezüge. Soweit danach Vollstreckungsmaßnahmen dieser Gläubiger wirksam vorgenommen werden können, sind nach allgemeinen Grundsätzen auch Abtretungserklärungen zugunsten dieser Gläubiger wirksam (vgl. § 400 BGB).

5. Konkurrenzen

a) Verhältnis Abs. 1 und Abs. 2

12 **Treffen** eine **Abtretung bzw. Verpfändung** nach Abs. 1 einerseits und eine **Aufrechnungsbefugnis** nach Abs. 2 andererseits **aufeinander,** gelten die allgemeinen Vorschriften gem. §§ 392, 406 BGB. Erwirbt der Dienstberechtigte seine Forderung erst nach der Abtretung bzw. Verpfändung oder wird die Forderung erst danach und später als die Forderung des Schuldners fällig, ist der Dienstberechtigte nicht zur Aufrechnung befugt.

b) Verhältnis Abs. 1 und Abs. 3

13 Hat ein Gläubiger die Bezüge des Schuldners wirksam **gepfändet,** erlangt eine zeitlich nachfolgende **Sicherungsabtretung** der künftigen Bezüge Wirksamkeit im Rahmen des Abs. 1, sobald die Pfändung nach Abs. 3 unwirksam wird.[2]

6. Praxishinweis

14 In der Insolvenz einer natürlichen Person, die Bezüge i. S. d. § 114 erhält, wird der (vorläufige) Insolvenzverwalter den Schuldner frühestmöglich befragen, ob dieser darüber verfügt hat oder ob im Wege der Zwangsvollstreckung verfügt wurde. Er wird den Drittschuldner (Dienstberechtigten, etc.) und den Gläubiger über die Verfahrenseröffnung und die Vorschrift/Rechtsfolgen des § 114 informieren. Angezeigt ist auch die Überprüfung von Lohn-/Gehaltsabrechnungen, auf denen bisweilen nicht (mehr) zutreffende Lohnsteuerklassen oder Kinderfreibeträge eingetragen sind, was zu einem (meist) geringeren pfändbaren Betrag führt.

15 Im Restschuldbefreiungsverfahren (§§ 286 ff.) hat der Schuldner auf Verfügungen i. S. d. § 114 hinzuweisen und die Bezüge an den Treuhänder abzutreten, § 287 Abs. 2.

Arbeitnehmers); LG Kleve ZInsO 2008, 755 (für Pfändung von künftigen Rentenansprüchen).

[1] BFH NZI 2005, 569 ff.

[2] BGH NZI 2007, 39 ff. m. Anm. *Ries*, FD-InsR 2006, 204793.

§ 115 Erlöschen von Aufträgen

(1) **Ein vom Schuldner erteilter Auftrag, der sich auf das zur Insolvenzmasse gehörende Vermögen bezieht, erlischt durch die Eröffnung des Insolvenzverfahrens.**

(2) **Der Beauftragte hat, wenn mit dem Aufschub Gefahr verbunden ist, die Besorgung des übertragenen Geschäfts fortzusetzen, bis der Insolvenzverwalter anderweitig Fürsorge treffen kann. Der Auftrag gilt insoweit als fortbestehend. Mit seinen Ersatzansprüchen aus dieser Fortsetzung ist der Beauftragte Massegläubiger.**

(3) **Solange der Beauftragte die Eröffnung des Verfahrens ohne Verschulden nicht kennt, gilt der Auftrag zu seinen Gunsten als fortbestehend. Mit den Ersatzansprüchen aus dieser Fortsetzung ist der Beauftrage Insolvenzgläubiger.**

Übersicht

1. Normzweck

1 Die Regelung über das Erlöschen von Aufträgen und Geschäftsbesorgungsverträgen in §§ 115 und 116 gibt inhaltlich unverändert die §§ 23, 27 KO wieder. Mangels Änderung der materiellen Rechtslage gilt die diesbezügliche Rechtsprechung weiterhin. § 115 entspricht § 133 RegE.

2 Zweck der §§ 115 und 116 ist es, die Verwaltung der Insolvenzmasse – soweit sie durch Dritte ausgeübt wird – vom Zeitpunkt der Verfahrenseröffnung an in den Händen des Insolvenzverwalters zu konzentrieren.[1] Der Schuldner verliert nach § 80 das Verwaltungs- und Verfügungsrecht über die Insolvenzmasse. Dementsprechend soll auch ein Dritter, der sein Recht vom Schuldner ableitet, auf die Insolvenzmasse nicht mehr einwirken können.

2. Voraussetzungen

3 **a)** Der **Schuldner** muss einen **Auftrag** i. S. v. § 662 BGB erteilt haben.[2] Inhalt des Auftrages ist eine unentgeltliche (im Gegensatz zu der in § 116

[1] *Balz/Landfermann,* S. 344, Begründung RegE, § 133.

[2] Zum umgekehrten Fall des dem Schuldner erteilten Auftrages vgl. *Wente,* ZIP 2005, 337 ff.

geregelten entgeltlichen) Tätigkeit in fremdem Interesse. Auftrag i. S. d. § 116 ist ein Vertragsverhältnis, durch das sich jemand zu einer unentgeltlichen Tätigkeit für den Schuldner verpflichtet hat.[1] Als Tätigkeiten kommen Rechtsgeschäfte, rechtsähnliche und tatsächliche Handlungen gleich welcher Art in Betracht.[2] § 115 wirkt sich nur auf noch **nicht** vollständig **erledigte** Aufträge aus. Bereits ausgeführte Aufträge wirken für und gegen die Masse.

4 **b)** Der Auftrag muss vom Schuldner in **Bezug zur Insolvenzmasse** erteilt sein. Rein persönliche Aufträge des Schuldners oder Aufträge, die sein freies Vermögen betreffen, bleiben von § 115 unberührt. Im Gegensatz zu § 23 KO ist die Voraussetzung des massebezogenen Auftrages in § 115 positiv formuliert und der Insolvenzverwalter trägt nach § 115 die Beweislast für den Massebezug.[3]

3. Rechtsfolgen

a) Grundsatz: Erlöschen des Auftrages, Abs. 1

Erlöschen des Auftrags mit Eröffnung des Insolvenzverfahren über das Vermögen des Auftraggebers, nicht des Beauftragten **(Abs. 1):**

6 Die Aufträge erlöschen für die Zukunft, ohne dass der Insolvenzverwalter ein Wahlrecht nach § 103 ausüben müsste bzw. könnte.[4] Der Insolvenzverwalter kann das Auftragsverhältnis auch nicht einseitig reaktivieren. Der Beauftragte ist verpflichtet, Rechenschaft abzulegen (§ 666 BGB). Er muss der Insolvenzmasse alles, was er zur Ausführung des Auftrags erhalten und was er aus der Geschäftsführung erlangt hat, herausgeben (§ 667 BGB). Ein Zurückbehaltungsrecht gegenüber dem Herausgabeverlangen des Insolvenzverwalters steht dem Beauftragten nicht zu.[5] Ansprüche gem. § 670 BGB auf Ersatz von Aufwendungen muss er als Insolvenzgläubiger geltend machen. Die Zulässigkeit einer Aufrechnung bestimmt sich nach den §§ 94 bis 96. Schadensersatzansprüche wegen Nichterfüllung stehen dem Beauftragten nicht zu, da es sich nicht um eine Leistungsstörung nach bürgerlichem Recht handelt und eine den §§ 103 Abs. 2 S. 1, 113 Abs. 1 S. 3 vergleichbare Regelung zu §§ 115, 116 nicht aufgenommen wurde.[6] Wird der Beauftragte trotz des Erlöschens weiter tätig, ist er gem. § 677 BGB als Geschäftsführer ohne Auftrag zu behandeln.

b) Ausnahme: Notgeschäftsführung, Abs. 2

7 **aa)** Der Beauftragte hat die Pflicht, seine Tätigkeit fortzusetzen, wenn mit einem Aufschub **Gefahr** verbunden wäre, also der Masse objektiv Nachteile

[1] MünchKomm-*Ott/Vuia,* InsO 115 Rn. 5.

[2] *Palandt/Sprau,* BGB, § 662 Rn. 5 ff.

[3] *Kübler/Prütting/Bork/Tintelnot,* InsO, §§ 115, 116 Rn. 8.

[4] BGH NZI 2006, 637 ff.; *Nerlich/Römermann/Kießner,* InsO, § 115 Rn. 7; FK-*Wegener,* InsO, § 115 Rn. 7 ff.; aA: HK-*Marotzke,* InsO, § 115 Rn. 4 ff.: es entfällt nur die aus dem Auftrag abgeleitete Geschäftsführungsbefugnis, nicht jedoch der Auftrag als Auftragsverhältnis.

[5] FK-*Wegener,* InsO, § 115 Rn. 13, 19; einschränkend *Kübler/Prütting/Bork/Tintelnot,* InsO, §§ 115, 116 Rn. 9 b.

[6] FK-*Wegener,* InsO, § 115 Rn. 12; *Kübler/Prütting/Bork/Tintelnot,* InsO, §§ 115, 116 Rn. 11; *Uhlenbruck/Berscheid,* InsO, §§ 115, 116 Rn. 13.

drohen. Eine solche Lage ist gegeben, wenn der Insolvenzverwalter das Geschäft nicht rechtzeitig selbst besorgen kann. Nach dem Schutzzweck des § 672 S. 2 BGB, der inhaltlich dem § 115 Abs. 2 entspricht, ist es unerheblich, ob der Beauftragte das Erlöschen des Auftrags oder die Gefahrenlage kennen konnte, allein die objektive Lage ist ausschlaggebend.[1]

bb) Rechtsfolge: Der Auftrag, und wegen § 117 Abs. 2 auch eine entsprechende Vollmacht, gilt insoweit als fortbestehend. Die Aufwendungsersatzansprüche (§ 670 BGB) des Beauftragten sind Masseverbindlichkeiten nach § 55 Abs. 1 Nr. 1. 8

c) Ausnahme: Unkenntnis des Beauftragten, Abs. 3

Hat der Beauftragte **unverschuldet** (§ 276 BGB) **keine Kenntnis** von der Eröffnung des Insolvenzverfahren, gilt der Auftrag nur zu seinen Gunsten als fortbestehend. Dritte können auf Grund dieser Fiktion keine Rechte an der Insolvenzmasse erwerben, es sei denn der Insolvenzverwalter genehmigt das Geschäft.[2] Der Beauftragte kann seine Ansprüche nur als Insolvenzgläubiger (§ 38) geltend machen. Ist der Auftrag einem arbeitsteilig organisierten Unternehmen erteilt worden, so wird die Kenntnis des Beauftragten nach den Grundsätzen der Wissenszurechnung ermittelt.[3] Bei einem Fortsetzen der Tätigkeit trotz Kenntnis (verschuldeter Unkenntnis) greifen ggf. §§ 677 ff. BGB. 9

4. Unabdingbarkeit

§ 116 ist **zwingendes Recht** (§ 119).[4] 10

5. Streitpunkte

a) Im Geltungsbereich der Konkursordnung war anerkannt, dass Aufträge dann nicht erlöschen, wenn sie sich auf konkursfreie, insbesondere familien- und **erbrechtliche Verhältnisse** beziehen.[5] Diese Aussage kann für § 115 in Anbetracht der Möglichkeit eines **Neuerwerbs** des Schuldners (§ 35), der neuen Regelungen zur **Restschuldbefreiung** (§ 295) und einer daraus zu erzielenden Anreicherung der Insolvenzmasse nicht einschränkungslos übernommen werden. Ob ein Auftrag gem. § 115 erlischt, hängt davon ab, inwieweit der Auftrag Bedeutung für die Insolvenzmasse erlangen kann.[6] 11

b) Die Frage, ob der Beauftragte im Falle des § 115 Abs. 2 die Insolvenzmasse binden kann, wird zu bejahen sein, da er insoweit als Vertreter mit Vertretungsmacht handelt. Näheres unter § 117 Anm. 3 b. 12

---

[1] Vgl. MünchKomm-*Seiler,* BGB § 672 Rn. 7; *Nerlich/Römermann/Kießner,* § 115 Rn. 10; FK-*Wegener,* InsO, § 115 Rn. 12.

[2] *Nerlich/Römermann/Kießner,* InsO, § 115 Rn. 15.

[3] Vgl. *Palandt/Heinrichs,* BGB, § 166 Rn. 6 f.; *Kübler/Prütting/Bork/Tintelnot,* InsO, §§ 115, 116 Rn. 13 d; jeweils mwN.

[4] HK-*Marotzke,* InsO, § 115 Rn. 20; FK-*Wegener,* InsO, § 115 Rn. 20.

[5] Vgl. *Kilger/K. Schmidt,* KO, § 23 Anm. 4.

[6] HK-*Marotzke,* InsO, § 115 Rn. 11; *Kübler/Prütting/Bork/Tintelnot,* InsO, § 115, 116 Rn. 7.

§ 116 Erlöschen von Geschäftsbesorgungsverträgen

Hat sich jemand durch einen Dienst- oder Werkvertrag mit dem Schuldner verpflichtet, ein Geschäft für diesen zu besorgen, so gilt § 115 entsprechend. Dabei gelten die Vorschriften für die Ersatzansprüche aus der Fortsetzung der Geschäftsbesorgung auch für die Vergütungsansprüche. Satz 1 findet keine Anwendung auf Zahlungsaufträge sowie auf Aufträge zwischen Zahlungsdienstleistern oder zwischengeschalteten Stellen und Aufträge zur Übertragung von Wertpapieren; diese bestehen mit Wirkung für die Masse fort.

Übersicht

1. Normzweck

1 Wie § 115 soll § 116 gewährleisten, dass die Verwaltung der Masse ab dem Zeitpunkt der Verfahrenseröffnung wirksam nur noch durch den Insolvenzverwalter erfolgt (§ 80). § 116 S. 1, 2 entspricht § 134 RegE, S. 3 wurde eingefügt durch Überweisungsgesetz vom 21. Juli 1999 (BGBl. I S. 1642) und geändert durch das VerbrKredRLKG vom 29. 7. 2009 (BGBl. I S. 2355).

2. Voraussetzungen

2 **a)** Es ist zu unterscheiden zwischen reinen Dienst- oder Werkverträgen, die in der Insolvenz nach Maßgabe der allgemeinen Vorschriften, insbesondere der §§ 103, 108, 113 zu behandeln sind und **Dienst- oder Werkverträgen,** die eine **Geschäftsbesorgung** zum Gegenstand haben. Nur letztere werden in der Insolvenz des Geschäftsherrn (Schuldner) von § 116 erfasst.[1] Es muss eine Geschäftsbesorgung i. S. v. § 675 BGB vorliegen, mithin eine selbstständige Tätigkeit wirtschaftlicher Art in fremdem Interesse.[2] Der Geschäftsbesorger wird also anders als der Beauftragte immer eigenverantwortlich für fremdes Vermögen tätig.

3 **b)** Auf Verträge gem. § 116 S. 1 findet § 115 entsprechende Anwendung. Folge dieser Verweisung ist, dass als weitere Kriterien die Geschäftsbesorgung

[1] Zum Fall des dem Schuldner erteilten Auftrages vgl. *Wente* ZIP 2005, 337 ff.
[2] Vgl. *Palandt/Sprau,* BGB, vor § 675 Rn. 1, § 675 Rn. 2 ff.

ebenfalls einen **Massebezug** aufweisen muss – rein persönliche Geschäftsbesorgungsverträge somit unberührt bleiben[1] – und noch nicht erledigt sein darf.

3. Rechtsfolgen

a) Liegen alle Voraussetzungen vor, erlöschen die Geschäftsbesorgungsverträge. 4
Der Geschäftsbesorger kann jedoch wie ein Beauftragter Aufwendungsersatzansprüche und darüber hinaus gem. § 116 S. 2 auch Vergütungsansprüche gegen die Masse geltend machen und zwar im Fall des § 115 Abs. 2 als Masseverbindlichkeiten und im Fall des § 115 Abs. 3 als Insolvenzforderungen. Ergänzend wird auf die Kommentierung unter § 115 Anm. 2, 3 verwiesen.

b) Als **Ausnahme** zu der eben ausgeführten Rechtsfolge bestimmt **S. 3 des** 5
§ 116, dass die aufgeführten Aufträge (vgl. §§ 675 b, 675 c ff. BGB) **nicht erlöschen** sondern mit Wirkung für die Masse fortbestehen.[2]

4. Unabdingbarkeit

§ 116 ist **zwingendes Recht** (§ 119). 6

5. Beispiele

a) Eine **Übersicht** über die wichtigsten Geschäftsbesorgungsverträge bieten 7
u. a. *Palandt/Sprau,* BGB, § 675 Rn. 9; *Kilger/K. Schmidt,* KO, § 23 Anm. 1 a.; MünchKomm-*Ott/Vuia,* InsO, § 116 Rn. 9 ff.[3]

Insbesondere fallen unter § 116: 8

b) Beratungsvertrag eines Rechtsanwalts oder Steuerberaters[4]

Mandantenunterlagen sowie DATEV-Konten sind herauszugeben, ohne dass 9
Gegenrechte wegen Honorarforderungen geltend gemacht werden können.[5] Honoraransprüche berechtigen aber dazu, Arbeitsergebnisse zurückzuhalten[6] und sind als Insolvenzforderungen geltend zu machen. Zum Zurückbehaltungsrecht an Handakten vgl. § 50 Abs. 3 BRAO für den Rechtsanwalt und § 66 Abs. 4 StBerG für den Steuerberater. Nach einem Urteil des LG Cottbus[7] ist der Steuerberater zur Herausgabe der Kontenblätter verpflichtet, das Zurückbehaltungsrecht aus § 66 Abs. 4 StBerG ist nicht insolvenzfest.

c) Beim **Factoring** werden Forderungen an den Factor abgetreten und von 10
diesem sodann im eigenen Namen eingezogen. Der Factor zahlt den Wert der Forderung abzüglich einer Vergütung für seine Leistungen an den Zedenten.

---

1 *Nerlich/Römermann/Kießner,* InsO, § 116 Rn. 24.

2 Zu § 166 S. 3 a. F.: Vgl. *Obermüller,* ZInsO 1999, 690 ff.; MünchKomm-*Ott/Vuia,* InsO § 116 Rn. 51 ff.; *Uhlenbruck/Berscheid,* InsO, § 116 Rn. 23 ff. Der nach Verfahrenseröffnung vom Schuldner abgeschlossene und damit unwirksame Überweisungsvertrag kann eine Massebelastung nicht bewirken, BGH NZI 2009, 307.

3 Zum Handelsvertretervertrag vgl. auch *Emde/Kelm* ZIP 2005, 58 ff.

4 BGHZ 109, 260.

5 LG Düsseldorf ZIP 1997, 1657; LG Essen ZIP 1996, 1878; LG Cottbus ZInsO 2002, 635 f.

6 BGH ZIP 1988, 1474.

7 LG Cottbus ZInsO 2002, 635 ff.

Übernimmt der Factor das Risiko der Zahlungsfähigkeit des Forderungsschuldners (echtes Factoring), wird das Geschäft als Kauf angesehen, bleibt das Bonitätsrisiko beim Zedenten (unechtes Factoring) wird der Vertrag als Kreditgeschäft aufgefasst. In beiden Fällen wird der Factoring-Rahmenvertrag in der Insolvenz des Zedenten (Anschlusskunde) erfasst.[1] Dies gilt im Bereich des echten Factoring allerdings nicht für die einzelnen Factoringgeschäfte.[2] In der Insolvenz des Factors ist § 103 Abs. 1 einschlägig, § 116 greift also nur in der Insolvenz des Anschlusskunden.[3]

d) Girovertrag und Kontokorrentverhältnis

11 Der Girovertrag, inzwischen normiert in § 675 f BGB als Unterform des Zahlungsdienstevertrages, ist die Geschäftsbesorgung einer Bank und erlischt mit Eröffnung des Insolvenzverfahrens über das Vermögen des Kunden.[4] Will der Insolvenzverwalter das Girokonto fortführen, bedarf es – zumindest konkludent – eines neuen Vertragsabschlusses,[5] dergestalt endet mit dem Girovertrag auch ein entsprechendes Kontokorrentverhältnis, mit der Folge, dass zu saldieren ist.

12 **e)** Ein fremdnütziges, entgeltliches **Treuhandverhältnis**[6] ist eine Geschäftsbesorgung, folglich endet es in der Insolvenz des Treugebers gem. § 116. Die Sanierungstreuhand erlischt daher, wenn der spätere Schuldner zum Zwecke der Sanierung Sachen übereignet oder Forderungen abgetreten hat. Der Treuhänder ist verpflichtet, das Treugut wieder an die Insolvenzmasse zu übertragen, wenn die treuhänderische Übereignung nicht unter der auflösenden Bedingung des Erlöschens des Treuhandvertrags vereinbart worden war.[7] Dies ist jedoch zu unterscheiden von der doppelnützigen Treuhand. Dort hat der Treuhänder auftrags- und vereinbarungsgemäß die den Dritten zustehenden Rechte zu erfüllen, unbeschadet dessen, dass das Treuhandverhältnis zum Treugeber in dessen Insolvenz endet.[8]

---

[1] *Kübler/Prütting/Bork/Tintelnot,* InsO, §§ 115, 116 Rn. 28; MünchKomm-*Ott/Vuia,* InsO § 116 Rn. 19; *Uhlenbruck/Sinz,* InsO, §§ 115, 116 Rn. 39, 40.

[2] Ausführlich *Uhlenbruck/Sinz,* InsO, aaO, Rn. 41 ff.; MünchKomm-*Ott/Vuia,* InsO aaO, Rn. 15 f.

[3] MünchKomm-*Ott/Vuia,* InsO § 116 Rn. 14; *Uhlenbruck/Sinz,* InsO, aaO, Rn. 97 ff. mit Darstellung der Auswirkungen auf die einzelnen Factoringgeschäfte.

[4] Allg. Meinung vgl. *Uhlenbruck/Berscheid,* InsO, §§ 115, 116 Rn. 17 mwN; vgl. BGH WM 2007, 348 ff. zu den nachwirkenden Befugnissen einer Bank gegenüber ihrem früheren Kunden (jetziger Schuldner) aus einem erloschenen Girovertrag – die Bank darf für ihren früheren Kunden bestimmte Zahlungen noch entgegennehmen und an diesen weiterleiten.

[5] MünchKomm-*Ott/Vuia,* InsO § 116 Rn. 37; aA: HK-*Marotzke,* InsO, § 115 Rn. 6.

[6] Vgl. zu den Erscheinungsformen der Treuhand MünchKomm-*Ott/Vuia,* InsO § 116 Rn. 21 ff.

[7] BGH NJW-RR 2008, 860 m. Anm. *Baumert,* FD-InsR 2008, 255279: die Beendigung des Treuhandauftrags gemäß §§ 115, 116 führt nicht zu einem automatischen Rückfall des Treuguts; vgl. *Kübler/Prütting/Bork/Tintelnot,* InsO, §§ 115, 116 Rn. 30 ff. mwN.

[8] Vgl. *Kübler/Prütting/Bork/Tintelnot,* InsO, § 115, 116 Rn. 30 b; *Bork* NZI 99, 337, 340.

6. Streitpunkte

Nach BGHZ 74, 253, 255 und BGHZ 157, 350, 357 endet ein **Kontokorrentverhältnis** mit der Eröffnung des Konkursverfahrens über das Vermögen eines der Beteiligten. Nach anderer Ansicht[1] sollen dagegen die obligatorischen Wirkungen des Kontokorrentvertrages bestehen bleiben und der Insolvenzverwalter die Möglichkeit haben, gem. § 103 die Fortsetzung zu verlangen.[2] Der Meinungsstreit wirkt sich letztlich jedoch nicht aus, da auch nach der letztgenannten Ansicht die im Kontokorrentverhältnis enthaltenen antizipierten Verfügungs- und Verrechnungsvereinbarungen mit Eröffnung erlöschen. Nach beiden Ansichten steht somit der Bank die Schutzwirkung des § 115 Abs. 3 nicht zu. Sie ist nicht befugt, Zahlungseingänge nach Verfahrenseröffnung mit einem Schuldsaldo auf dem Girokonto des Schuldners zu verrechnen, wegen § 91 ist die Verrechnung mit vor Insolvenzeröffnung entstandenen Forderungen zulässig. Folgt man der Ansicht der Rechtsprechung führt die Beendigung des Kontokorrentvertrages zu einer Saldierung, wobei der Saldoanspruch sofort, also ohne besondere Anerkennung, fällig wird.[3] Zinsen ab Verfahrenseröffnung stellen nachrangige Forderungen gem. § 39 Abs. 1 Nr. 1 dar, die jedoch mit Erlösen aus der Verwertung von Sicherheiten verrechnet werden können.[4] 13

7. Praxishinweis

a) Da Zahlungsaufträge etc. (s. o. 3 b) mit Wirkung für die Masse fortbestehen, ist der Insolvenzverwalter gehalten, diese durch Kündigung zu beenden. Der vorläufige Insolvenzverwalter mit Verwaltungs- und Verfügungsbefugnis wird die Kündigung zum Schutz der künftigen Masse ebenfalls erklären; der vorläufige Insolvenzverwalter ohne Verwaltungs- und Verfügungsbefugnis wird darauf hinwirken, dass der Schuldner (mit seiner Zustimmung) die Kündigung ausspricht. 14

b) Bei der Übernahme eines Mandats wird der beauftragte Rechtsanwalt oder Steuerberater häufig einen Vorschuss verlangen (vgl. § 9 RVG,[5] § 8 StBGebV), der möglicherweise bei Verfahrenseröffnung nicht verbraucht ist. Der Insolvenzverwalter hat daher – bei allen Geschäftsbesorgungsverträgen – zur Abrechnung aufzufordern und nicht verbrauchte Vorschüsse zur Masse zu ziehen. 15

c) Vor allem in der Insolvenz eines Bauunternehmers sind regelmäßig Kautionsversicherungsgesellschaften beteiligt. Der Kautionsversicherungsvertrag als Geschäftsbesorgungsvertrag[6] erlischt zwar nach §§ 115, 116 durch die Insolvenzeröffnung mit Wirkung für die Zukunft,[7] der Versicherer haftet aber weiterhin 16

---

[1] Insb. *Canaris,* Großkomm HGB, § 355 Rn. 242 ff.

[2] HK-*Marotzke,* InsO, § 116 Rn. 5.

[3] BGHZ 74, 253, 254. Nach BGH NZI 2009, 599 steht § 91 der (Voraus-)Abtretung dieser mit Verfahrenseröffnung entstehenden Saldoforderung entgegen.

[4] BGH NZI 2008, 542 m. Anm. *Bäuerle,* FD-InsR 2008, 265279.

[5] Vor Inkrafttreten des Rechtsanwaltsvergütungsgesetzes in § 17 BRAGO geregelt.

[6] BGH NZI 2006, 657 ff. und BGH NZI 2007, 234 = ZIP 2007, 543 ff. Mit dem Erlöschen des Vertrages entfällt auch die Grundlage für Prämienansprüche des Versicherers ab Verfahrenseröffnung; vgl. auch *Vosberg* ZIP 2002, 970 ff.

[7] AA: *Wendt* ZInsO 2008, 1343, der die Qualifikation als Geschäftsbesorgungsvertrag und die daraus vom BGH gezogenen Rechtsfolgen mwN ablehnt.

gegenüber (vormaligen) Auftraggebern aus Ausführungs- oder Gewährleistungsbürgschaften; die bürgschaftsvertragliche Verpflichtung gegenüber den Vertragspartnern des Schuldners, die durch die Eröffnung des Insolvenzverfahrens gerade nicht beendet wird, besteht fort.[1] Hier kann es angezeigt sein, dass der Insolvenzverwalter mit dem Versicherer eine Vereinbarung trifft, dass auftretende Mängel soweit/solange möglich, auf Kosten des Versicherers durch das insolvente Bauunternehmen beseitigt werden und die Masse betragsmäßig beteiligt wird, soweit der Versicherer aus der Bürgschaft nicht in Anspruch genommen wird. Wenn die Kautionsversicherung auf einen Regress gegenüber dem Schuldner angelegt ist, muss der Insolvenzverwalter überprüfen, ob vor Insolvenzeröffnung Prämien geleistet wurden, die die Zeit nach Eröffnung betreffen. Diese Prämien sind der Masse zu erstatten, weil der Rechtsgrund mit dem Erlöschen des Kautionsversicherungsvertrages bei Verfahrenseröffnung entfallen ist.[2]

§ 117 Erlöschen von Vollmachten

(1) **Eine vom Schuldner erteilte Vollmacht, die sich auf das zur Insolvenzmasse gehörende Vermögen bezieht, erlischt durch die Eröffnung des Insolvenzverfahrens.**

(2) **Soweit ein Auftrag oder ein Geschäftsbesorgungsvertrag nach § 115 Abs. 2 fortbesteht, gilt auch die Vollmacht als fortbestehend.**

(3) **Solange der Bevollmächtigte die Eröffnung des Verfahrens ohne Verschulden nicht kennt, haftet er nicht nach § 179 des Bürgerlichen Gesetzbuchs.**

Übersicht

1. Normzweck

1 § 117 ergänzt §§ 115 und 116 und verdeutlicht, dass der Insolvenzverwalter nicht durch fortbestehende Vollmachten in seiner Verwaltungs- und Verfügungsbefugnis beeinträchtigt werden soll. Beruht die Vollmacht auf einem Auftrag oder einer Geschäftsbesorgung, ergibt sich die Folge des Erlöschens zwar schon aus

[1] BGH NZI 2008, 371. Vgl. auch oben § 91 Rn. 15 zum Erwerb eines Absonderungsrechts an einem Festgeldguthaben des Schuldners durch den nach Insolvenzeröffnung aus einer Bürgschaft in Anspruch genommenen Kautionsversicherer.

[2] OLG München NZI 2009, 250; aA: offensichtlich LG Frankfurt ZInsO 2008, 1090.

§ 168 S. 1 BGB. Darüber hinaus gibt es aber auch Vollmachten, die auf der Grundlage eines Dienstverhältnisses erteilt werden oder ohne ein zugrunde liegendes Rechtsverhältnis bestehen (sog. isolierte Vollmacht). Diese Vollmachten werden von den §§ 115, 116 und folglich auch von § 168 S. 1 BGB nicht erfasst und bedurften daher einer klarstellenden gesetzlichen Regelung.[1]

2. Voraussetzungen und Rechtsfolgen

a) Eine vom Schuldner erteilte **Vollmacht erlischt (Abs. 1)** mit Eröffnung des Insolvenzverfahrens, auf die Art der Vollmacht kommt es nicht an. § 117 gilt nicht für den Fall, dass der Schuldner Bevollmächtigter ist. 2

aa) Es erlöschen nur Vollmachten, die in **Bezug zur Insolvenzmasse** stehen. Der Massebezug ist auch dann gegeben, wenn die Vollmacht zu einem möglichen Neuerwerb führt, soweit dieser gem. § 35 ebenfalls zur Insolvenzmasse gehört[2]. Eine vor Verfahrenseröffnung vom Schuldner einem Rechtsanwalt zur Vertretung im Insolvenzverfahren erteilte Vollmacht wird von § 117 nicht erfasst, soweit sie sich nicht auf die Insolvenzmasse bezieht (z. B. zur Vertretung im Rahmen von Rechtsmitteln gegen Vergütungsbeschlüsse des Insolvenzgerichts).[3] 3

bb) Liegen diese Voraussetzungen vor, führt § 117 zum Erlöschen jeder Vollmacht, also auch einer unwiderruflichen und einer sog. isolierten Vollmacht. Weiterhin erlöschen **Prokura**[4] und **Handelsvollmacht,**[5] was im Geltungsbereich der KO umstritten war. Das Dienstverhältnis des Prokuristen mit dem Schuldner bleibt vom Erlöschen der Prokura unberührt, es unterliegt vielmehr § 113. Auch eine **Prozessvollmacht** endet, soweit sie sich auf das Vermögen des Schuldners bezieht.[6] 4

b) Die **Vollmacht gilt als fortbestehend (Abs. 2),** soweit ein Beauftragter oder ein Geschäftsbesorger gem. §§ 115 Abs. 2, 116 berechtigt und verpflichtet ist, das Geschäft fortzusetzen, also mit einem Aufschub Gefahr verbunden wäre. Da der Gesetzgeber in § 117 Abs. 2 auf § 115 Abs. 2 Bezug nimmt und hierbei ausdrücklich nur den Auftrag und den Geschäftsbesorgungsvertrag zitiert, greift die Fiktion des Fortbestehens nicht bei Vollmachten, die ohne einen rechtlichen Grund bestehen (sog. isolierte Vollmacht) oder auf einem anderen Grundverhältnis, insbesondere einem Dienstverhältnis, beruhen.[7] 5

---

[1] Vgl. *Balz/Landfermann,* S. 345, Begründung RegE, § 135.

[2] MünchKomm-*Ott/Vuia,* InsO § 117 Rn. 6.

[3] OLG Dresden ZIP 2002, 2000 f.

[4] LG Halle NZI 2004, 631, 632 = ZInsO 2005, 631 ff. und LG Leipzig ZInsO 2007, 279 f. m. Anm. von *Kellner* zur nunmehr durch § 144 e FGG geregelten Amtslöschung, wonach der Insolvenzverwalter auch nicht verpflichtet ist, das Erlöschen der Prokura zur Eintragung in das Handelsregister anzumelden.

[5] Vgl. Begründung RegE, aaO; *Uhlenbruck/Berscheid,* InsO, § 117 Rn. 3.

[6] BAG NZA 2005, 1076 ff. – dort u. a. auch zu den Kostenfolgen für den Prozessbevollmächtigten; OLG Karlsruhe NZI 2005, 39. Nach LG Bonn, BeckRS 2008, 03479 = ZInsO 2008, 514 erlischt, wenn im Zeitpunkt der Verfahrenseröffnung auf Grund Klagerücknahme der maßgebliche Rechtsstreit nicht mehr anhängig ist, die vom Insolvenzschuldner seinem Prozessbevollmächtigten erteilte Vollmacht nicht gem. § 117 mit Insolvenzeröffnung, sondern besteht gem. § 87 ZPO zumindest gegenüber dem Gericht fort, solange sich kein anderer Prozessbevollmächtigter gegenüber dem Gericht bestellt hat.

[7] AA HK-*Marotzke,* InsO, § 117 Rn. 7.

3. Haftung des Vertreters, Abs. 3

6 **Keine Haftung des Vertreters (Abs. 3),** wenn er unverschuldet die Eröffnung des Insolvenzverfahrens nicht kennt. Im Gegensatz zu § 117 Abs. 2 wird mangels Verweisung auf § 115 Abs. 3 nicht das Fortbestehen der Vollmacht fingiert, sondern der ohne Vollmacht handelnde Vertreter wird lediglich von der Haftung gem. § 179 BGB befreit.[1] Mangels Vertretungsmacht kann der Vertreter die Insolvenzmasse nicht verpflichten. Es steht dem Insolvenzverwalter aber frei, das vollmachtlos geschlossene Geschäft mit Wirkung für und gegen die Insolvenzmasse zu genehmigen (§ 177 BGB). Ohne Genehmigung kann der Vertragspartner des Vertreters keine Ansprüche aus dem Vertrag geltend machen. Er ist nicht schützenswerter als wenn der Vertretene (Schuldner) selbst gehandelt hätte. Dieser kann aber wegen §§ 80, 81 die Insolvenzmasse nicht mehr verpflichten und nicht mehr wirksam über massezugehörige Gegenstände verfügen.[2]

4. Unabdingbarkeit

7 § 117 ist **zwingendes Recht** (§ 119).

5. Streitpunkte

8 **a)** Die herrschende Meinung schloss unter der Geltung der KO die **Neuerteilung einer Prokura** als nicht mit den Aufgaben eines Insolvenzverwalters vereinbar aus.[3] Nach der überzeugenden Gegenmeinung,[4] der hier gefolgt wird, hat der Insolvenzverwalter im Rahmen seiner gesetzlich normierten Verpflichtung zur Betriebsfortführung (mindestens bis zum Berichtstermin, vgl. z. B. §§ 1, 158) oftmals keine andere Möglichkeit, als Aufgaben zu delegieren und etwa eine Prokura neu zu erteilen. Insbesondere wenn das Arbeitsverhältnis des eingearbeiteten Prokuristen fortdauert, dürfte es sich anbieten, dessen Kenntnisse und dann auch das Vertrauen der Geschäftspartner in dessen gesetzlich normierten Handlungskreis im Rahmen einer neuen Prokura für das Insolvenzverfahren zu nutzen.

9 **b)** Ob der **Vertreter** unter den Voraussetzungen des § 115 Abs. 2 die **Insolvenzmasse binden** kann, wird unterschiedlich beurteilt. Zur früheren Rechtslage wurde argumentiert, dass die Rechtsgeschäfte des Vertreters den Gläubigern gegenüber wegen § 7 KO (jetzt § 81) unwirksam sein müssten, sofern nicht §§ 892, 893 BGB eingreifen.[5] Die Gegenansicht[6] weist überzeugend darauf hin, dass im Fall der §§ 115 Abs. 2, 116, 117 Abs. 2 das Grundgeschäft und die

---

[1] Nach OLG München, NZI 2009, 555 ist Abs. 3 auch anwendbar, wenn die Vollmacht nach Verfahrenseröffnung erteilt wird.

[2] Vgl. MünchKomm-*Schramm,* BGB § 168 Rn. 15; *Nerlich/Römermann/Kießner,* InsO, § 117 Rn. 13 f.

[3] *Kilger/K. Schmidt,* KO, § 23 Anm. 8 mwN.

[4] *Nerlich/Römermann/Kießner,* InsO, § 117 Rn. 11 mwN; MünchKomm-*Ott/Vuia,* InsO § 117 Rn. 7; *Uhlenbruck/Berscheid,* InsO, § 117 Rn. 9, 10 – auch für Handlungsvollmachten, Abschlussvertreter nach §§ 54, 55 HGB.

[5] *Kilger/K. Schmidt,* KO, § 23 Anm. 9.

[6] Vgl. *Soergel/Leptien,* BGB, § 168 Rn. 8; *Kübler/Prütting/Bork/Tintelnot,* InsO, § 115, 116 Rn. 12 und § 117 Rn. 23 mwN; *Uhlenbruck/Berscheid,* InsO, § 117 Rn. 14.

Vollmacht als fortbestehend gelten, um bei Gefahr Schaden von der Insolvenzmasse fernzuhalten. Es wäre mit dem Sinn und Zweck der Vorschriften nicht vereinbar, würde ein unter diesen Umständen getätigtes Geschäft unwirksam sein bzw. der Genehmigung des Insolvenzverwalters bedürfen. Der Schutz der Insolvenzmasse bei Gefahr rechtfertigt es auch nicht, die Unsicherheit, ob das Geschäft wirksam ist oder nicht, einseitig dem Vertragspartner des Vertreters aufzuerlegen. Daher muss ein Vertreter im Fall des § 115 Abs. 2 mit Wirkung für und gegen die Insolvenzmasse handeln können.

6. Praxishinweis

Für Vollmachten, die der Insolvenzverwalter unwiderruflich erteilt hatte 10
(z. B. Vollmacht für den Grundpfandgläubiger zum Verkauf eines Grundstücks,) wird man u. a. mit dem Rechtsgedanken des § 117 davon ausgehen müssen, dass derartige Vollmacht mit der Beendigung des Verfahrens erlöschen, zumindest widerruflich werden. Andernfalls würde der Schuldner, der mit der Verfahrensbeendigung seine Verwaltungs- und Verfügungsbefugnis wiedererlangt hat, diese dennoch in Teilbereichen nicht oder nur eingeschränkt ausüben können.

§ 118 Auflösung von Gesellschaften

Wird eine Gesellschaft ohne Rechtspersönlichkeit oder eine Kommanditgesellschaft auf Aktien durch die Eröffnung des Insolvenzverfahrens über das Vermögen eines Gesellschafters aufgelöst, so ist der geschäftsführende Gesellschafter mit den Ansprüchen, die ihm aus der einstweiligen Fortführung eilbedürftiger Geschäfte zustehen, Massegläubiger. Mit den Ansprüchen aus der Fortführung der Geschäfte während der Zeit, in der er die Eröffnung des Insolvenzverfahrens ohne sein Verschulden nicht kannte, ist er Insolvenzgläubiger; § 84 Abs. 1 bleibt unberührt.

Übersicht

1. Normzweck

Der Zweck des § 118 entspricht weitgehend dem Zweck des § 115 Abs. 2 1
und 3. Der geschäftsführende Gesellschafter soll ebenfalls – wie der Beauftragte – bei Notgeschäftsführung und bei unverschuldeter Unkenntnis geschützt werden. § 118 entspricht § 136 RegE.

2. Voraussetzungen und Rechtsfolgen

2 **a)** § 118 gilt nur für **Gesellschaften ohne Rechtspersönlichkeit**[1] und für **Kommanditgesellschaften auf Aktien.** Darüber hinaus erfasst § 118 auch die neuen Rechtsformen der Partnerschaftsgesellschaft, der Partnerreederei und der Europäischen Wirtschaftlichen Interessenvereinigung.

3 Nicht erfasst wird der **nicht rechtsfähige Verein.**[2] Auf diesen finden zwar gem. § 54 BGB die Vorschriften über die Gesellschaft Anwendung, nach inzwischen einhelliger Auffassung sind jedoch bei verfassungskonformer Auslegung stattdessen die Vorschriften über den rechtsfähigen Verein entsprechend anzuwenden.[3] Im Übrigen wird der nicht rechtsfähige Verein auch von § 11 Abs. 1 S. 2 nicht der GbR, sondern einer juristischen Person gleichgestellt.

4 Dagegen findet § 118 über seinen Wortlaut hinaus auch auf die **stille Gesellschaft** Anwendung. Diese gilt als besondere Form einer GbR, so dass – soweit nicht die §§ 230 ff. HGB eine Regelung treffen – auf die §§ 705 ff. BGB zurückgegriffen werden kann.

5 **b)** Die **Gesellschaft** muss durch die Eröffnung des Insolvenzverfahrens über das Vermögen eines Gesellschafters **aufgelöst** sein. Das richtet sich allein nach den gesellschaftsrechtlichen Bestimmungen. Aufgrund der Änderung des § 131 HGB durch das Handelsrechtsreformgesetz vom 22. Juni 1998 führt die Eröffnung des Insolvenzverfahrens über das Vermögen des (persönlich haftenden) Gesellschafters einer offenen Handelsgesellschaft nur zu dessen Ausscheiden, nicht aber zur Auflösung der Gesellschaft,[4] es sei denn im Gesellschaftsvertrag wurde eine andere Bestimmung getroffen. Dies gilt auch für den persönlich haftenden Gesellschafter einer Kommanditgesellschaft auf Aktien und gem. § 9 Abs. 1 PartGG i. V. m. § 131 Abs. 3 Nr. 2 HGB auch für die Partnerschaftsgesellschaft. Bei der GbR gilt gem. § 728 Abs. 2 S. 1 BGB regelmäßig das Gegenteil (soweit nicht vertraglich anderes bestimmt wurde), die Gesellschaft wird durch Eröffnung des Insolvenzverfahrens über das Vermögen eines Gesellschafters aufgelöst.

6 **c)** Nach §§ 728 Abs. 2, 727 Abs. 2 S. 2 BGB sind die geschäftsführenden Gesellschafter einer nach § 728 Abs. 2 S. 1 BGB aufgelösten GbR zur einstweiligen **Fortführung der Geschäfte** verpflichtet, wenn mit dem Aufschub Gefahr verbunden ist, bis der Insolvenzverwalter mit den übrigen Gesellschaftern anderweitige Fürsorge treffen kann (vgl. § 730 Abs. 2 S. 2 BGB, wonach der Insolvenzverwalter von der Auflösung an zusammen mit den übrigen Gesellschaftern die Geschäftsführung gemeinsam ausübt). Sieht der Gesellschaftsvertrag einer offenen Handelsgesellschaft, einer Kommanditgesellschaft oder einer Kommanditgesellschaft auf Aktien seit der Neufassung des § 131 HGB die Auflösung der Gesellschaft bei der Insolvenz eines Gesellschafters vor, ohne dass er eine Regelungen über die Fortführung der Geschäfte bei Gefahr in Verzug enthält (vgl. § 146 Abs. 1 HGB und § 10 Abs. 1 PartGG), kann auf die für die

---

[1] Vgl. § 11 Abs. 2 Nr. 1 InsO.

[2] *Uhlenbruck/Berscheid,* InsO, § 118 Rn. 4.

[3] *Palandt/Heinrichs,* BGB, § 54 Rn. 1.

[4] Vgl. §§ 131 Abs. 3 S. 1 Nr. 2; 161 Abs. 2 HGB; § 9 Abs. 1 PartGG; § 278 Abs. 2 AktG.

GbR geltenden Vorschriften sowie in besonderen Fällen auf die vor dem Inkrafttreten der Handelsrechtsreform (1. Juli 1998) geltende Rechtslage zurückgegriffen werden.[1]

d) Wird der **geschäftsführende Gesellschafter** nach Eröffnung des Insolvenzverfahrens **weiter tätig** und wäre **mit einem Aufschub Gefahr verbunden,** bestimmen die §§ 728 Abs. 2 S. 2, 727 Abs. 2 S. 2 und 3, 713 BGB, dass ihm Aufwendungsersatzansprüche entsprechend der §§ 664 bis 670 BGB, sowie etwaige Vergütungsansprüche auf Grund Gesellschaftsvertrag zustehen. Diese Ansprüche bestehen zunächst gegenüber der aufgelösten Gesellschaft und sind bei deren Abwicklung zu berücksichtigen. Soweit der Schuldner mit seinem Anteil am Gesellschaftsvermögen für die Schuld haftet, steht dem geschäftsführenden Gesellschafter gem. § 84 Abs. 1 S. 2 ein Absonderungsrecht zu. Soweit das Gesellschaftsvermögen nicht ausreicht, ist der Anspruch in Höhe des Ausfalls in dem Insolvenzverfahren des Gesellschafters gem. **§ 118 S. 1 Masseverbindlichkeit.** Obwohl der Verweis auf § 84 Abs. 1 als Halbs. an § 118 S. 2 angefügt wurde, soll er nach Sinn und Zweck auch für § 118 S. 1 gelten, so dass das Absonderungsrecht einem Massegläubiger wie einem Insolvenzgläubiger zusteht.[2, 3] 7

e) Führt der Gesellschafter in **unverschuldeter Unkenntnis** von der Eröffnung die nicht eilbedürftigen Geschäfte fort (§ 729 BGB), kann er gem. § 118 S. 2 seine Ansprüche aus der Geschäftsführung, wenn das Gesellschaftsvermögen nicht ausreicht, also auch das Absonderungsrecht gem. § 84 Abs. 1 nichts einbringt, nur als Insolvenzforderung geltend machen. 8

f) Ansprüche aus der Zeit vor Eröffnung des Insolvenzverfahrens über das Vermögen des Gesellschafters werden von § 118 nicht erfasst, können damit nur als Insolvenzforderungen geltend gemacht werden. 9

3. Unabdingbarkeit

§ 118 ist **zwingendes Recht** (§ 119). 10

§ 119 Unwirksamkeit abweichender Vereinbarungen

Vereinbarungen, durch die im voraus die Anwendung der §§ 103 bis 118 ausgeschlossen oder beschränkt wird, sind unwirksam.

Übersicht

[1] *Balz/Landfermann,* S. 346, Begründung RegE § 136; *Baumbach/Duden/Hopt,* HGB, § 131 Rn. 77, 79.

[2] Ggf. i. V. m. § 105 Abs. 3 HGB.

[3] Vgl. HK-*Marotzke,* InsO, § 118 Rn. 11 mwN; *Uhlenbruck/Berscheid,* InsO, § 118 Rn. 11.

1. Normzweck

1 Durch § 119 soll sichergestellt werden, dass die §§ 103 ff. nicht durch eine abweichende Vereinbarung außer Kraft gesetzt werden.[1] Die dem Insolvenzverwalter in §§ 103–118 eingeräumten Möglichkeiten sollen nicht vor Eröffnung des Insolvenzverfahrens beschränkt werden können.

2 Ergibt sich die Möglichkeit, sich von dem Vertrag zu lösen, allerdings aus dem Gesetz (z. B. § 323 BGB, § 649 BGB), so werden solche gesetzlichen Lösungsklauseln, da nicht auf einer Vereinbarung beruhend, von § 119 InsO nicht zu Fall gebracht.[2]

3 Unstreitig waren aber auch im Geltungsbereich der KO die Vorschriften über gegenseitige Verträge in §§ 17 ff. KO zwingender Natur. Unklar war jedoch die Reichweite des zwingenden Regelungsgehalts und daran anknüpfend die auch für die InsO streitige Frage der Zulässigkeit von Lösungsklauseln.[3] Diese Streitfrage ist weiterhin offen (siehe dazu unter 3.). Dies liegt zum einen an der Streichung des § 137 Abs. 2 RegE durch den Rechtsausschuss, zum anderen an der Entscheidung des BGH[4] zu § 8 Nr. 2 VOB/B, einem der Hauptanwendungsfälle des § 119 (vgl. dazu unter 3.).

2. Einzelheiten

4 **a)** Die Vereinbarung – der Begriff ist weit auszulegen – muss vor Verfahrenseröffnung zwischen den Parteien getroffen worden sein. Vereinbarungen mit dem Insolvenzverwalter werden nicht erfasst.

5 **b)** § 119 erfasst nicht den Fall des **Verzugs** oder einer **sonstigen Vertragsverletzung** des Schuldners. Dies sollte durch § 137 Abs. 3 RegE noch ausdrücklich normiert werden. Dieser Abs. 3 wurde aber am Ende des Gesetzgebungsverfahrens als selbstverständlich gestrichen. Ein Gläubiger kann in diesen Fällen nach den allgemeinen Regeln des BGB von seinen Rechten Gebrauch machen.

6 **c)** § 119 verhindert, dass **Rechte des Verwalters** im **Voraus,** also vor Eröffnung des Insolvenzverfahrens, **ausgeschlossen oder eingeschränkt** werden.[5] Abweichende Vereinbarungen sind absolut unwirksam, § 119 selbst ist unabdingbar. Eine unzulässige Beschränkung wäre u. a. gegeben, wenn eine gesetzlich

[1] Vgl. *Balz/Landfermann,* S. 346 f., Begründung RegE, § 137.
[2] *Marotzke,* KTS 2002, 1 ff., 19; HK-*Marotzke,* InsO, § 119 Rn. 2.
[3] Vgl. *Nerlich/Römermann/Balthasar,* InsO, § 119 Rn. 1; *Kübler/Prütting/Bork/Tintelnot,* InsO, § 119 Rn. 2; *Wortberg* ZInsO 2003, 1032 ff.
[4] BGHZ 96, 34, 36 f. und BGHZ 124, 76, 79.
[5] Vgl. auch *Graef* ZUM 2006, 104, 107 zum Problem im Rahmen der Insolvenz des Lizenzgebers.

bestimmte (Kündigungs-)Frist verändert würde, oder wenn der Eintritt der in den §§ 103–118 bestimmten Rechtsfolgen von zusätzlichen Voraussetzungen abhängig gemacht würde. Betroffen sind insbesondere folgende Rechte des Insolvenzverwalters: das Wahlrecht gem. § 103, die Kündigungsrechte gem. §§ 109 Abs. 1 S. 1, 113 Abs. 1 und das Rücktrittsrecht gem. § 109 Abs. 2 S. 1.

d) Ferner darf wegen § 119 ein in den §§ 103–118 festgelegter **Forderungsrang** im Insolvenzverfahren nicht zu Ungunsten der Insolvenzgläubiger verändert werden.[1] 7

e) Inwieweit § 119 die Vereinbarung einer **Vertragsstrafe** oder eines **pauschalierten Schadensersatzes** verbietet, wird unterschiedlich beurteilt. Zutreffend ist die Ansicht, nach der eine Vereinbarung dann unzulässig ist, wenn sie eingreift, sobald der Insolvenzverwalter im Fall des § 103 die Erfüllung ablehnt.[2] Das Wahlrecht des Insolvenzverwalters wäre durch eine solche Vereinbarung mittelbar eingeschränkt. Im Übrigen werden diese Vereinbarungen nur insoweit als zulässig erachtet, als dem Insolvenzverwalter der Nachweis eines geringeren Schadens möglich bleibt.[3] 8

3. Streitpunkte

a) Umstritten ist, ob § 119 **vertragliche Lösungsklauseln** erfasst, die der Schuldner mit einem Vertragspartner vereinbart hat. Eine Lösungsklausel bestimmt regelmäßig, dass die Insolvenz (Insolvenzgrund, Antrag/Eröffnung des Insolvenzverfahrens) eine auflösende Bedingung für den gegenseitigen Vertrag darstellt, oder dass dem Vertragspartner in diesem Fall ein Rücktritts- oder Kündigungsrecht zusteht.[4] 9

§ 137 Abs. 2 RegE regelte die Unwirksamkeit von Lösungsklauseln: „Vereinbarungen, die für den Fall der Eröffnung des Insolvenzverfahrens die Auflösung eines gegenseitigen Vertrages vorsehen oder der anderen Partei das Recht geben, sich einseitig vom Vertrag zu lösen, sind unwirksam. Ist in einem gegenseitigen Vertrag vereinbart, dass bei einer Verschlechterung der Vermögensverhältnisse einer Vertragspartei die andere Partei das Recht hat, sich einseitig vom Vertrag zu lösen, so kann dieses Recht nach der Eröffnung des Insolvenzverfahrens nicht mehr ausgeübt werden."[5] Der Rechtsausschuss hat diesen Absatz gestrichen, weil die Vertragsfreiheit schwerer wiege als das Wahlrecht. Zudem sei ein Verbot von Lösungsklauseln sanierungsfeindlich, weil potentielle Vertragspartner eines Schuldners, der in finanziellen Schwierigkeiten steckt, eher zum Vertragsschluss bereit seien, wenn sie sich davon auch wieder lösen können.[6] Diesem Argument 10

---

[1] AG Hamburg ZInsO 2005, 502 zur Unwirksamkeit einer Klausel in den AVB Warenkreditversicherung, wonach der Anspruch auf eine Mindestprämie bei Nichterfüllungswahl unberührt bleibt, eine Erstattung der anteilig auf die Zeit nach der Nichterfüllung des Versicherungsvertrages entfallenden Prämie ausgeschlossen ist. Vgl. auch BGH NZI 2006, 637 zum Erlöschen der Grundlage für Prämienansprüche des Kautionsversicherungsvereins, da mit Verfahrenseröffnung über das Vermögen des Versicherten der Versicherungsvertrag erlischt.

[2] Vgl. BGH NZI 2006, 231 ff.; vgl. *Nerlich/Römermann/Balthasar,* § 119 InsO, Rn. 9 mwN.

[3] Vgl. *Kübler/Prütting/Bork/Tintelnot,* § 119 InsO, Rn. 12 f.

[4] Zu gesellschaftsrechtlichen Konstellationen vgl. *Wälzholz*, GmbHR 2007, 1319 ff.

[5] Vgl. Begründung RegE, aaO.

[6] Vgl. *Balz/Landfermann,* Begründung Rechtsausschuss, § 137.

ist entgegenzuhalten, dass die Zulässigkeit von Lösungsklauseln in der Praxis sanierungsfeindlich wirken und eine Masseanreicherung verhindern kann, weil massegünstige Verträge dem Erfüllungswahlrecht des Insolvenzverwalters entzogen werden, der Vertragspartner auf jeden Fall sicher sein will, verhandeln zu können und nicht von der Verwalterentscheidung abhängig zu sein.[1] Ggf. sind auch schon Dritte vorhanden, die gerne und ggf. zu günstigeren Konditionen den „Markt" übernehmen, was dann das Ende jeder denkbaren Sanierung ist.[2] Die Behandlung der Lösungsklauseln durch den Rechtsausschuss stößt in der Literatur weitgehend auf Kritik.[3]

11 Die Stellungnahme des Rechtsausschusses zu § 137 Abs. 2 RegE und seine Entscheidung, die dazu geführt hat, dass die Fassung des RegE nicht Gesetz geworden ist, lässt aber gleichwohl nicht den Schluss zu, dass Lösungsklauseln generell zulässig sind. Wären sie zulässig, hätte es der Gesetzgeber versäumt, § 112 diesem Willen anzupassen: § 112 Nr. 2 verbietet ausdrücklich dem Vertragspartner des Insolvenzschuldners die Kündigung eines Miet- und Pachtverhältnisses wegen einer Vermögensverschlechterung des Insolvenzschuldners. Dieses Kündigungsverbot setzt nicht erst mit Eröffnung des Insolvenzverfahrens ein, sondern bereits mit dem Antrag auf Eröffnung des Insolvenzverfahrens. Die Zulässigkeit von Lösungsklauseln ist mit diesem Verbot unvereinbar.[4]

12 Nach dem Wortlaut des § 119, wonach Vereinbarungen unwirksam sind, wenn sie die Anwendung des §§ 103 ff. auch nur beschränken – der Gesetzgeber hat die Unwirksamkeit nicht nur für den Fall des vereinbarten Ausschlusses angeordnet – und der in §§ 103 ff. deutlich zum Ausdruck gekommene Wille des Gesetzgebers dem Insolvenzverwalters zur Realisierung der in § 1 normierten Ziele des Insolvenzverfahrens wirkungsvolle Gestaltungsrechte an die Hand zu geben, ist trotz der Stellungnahme des Rechtsausschusses und der Streichung des § 137 Abs. 2 RegE von der **Unwirksamkeit von Lösungsklauseln** auszugehen.[5]

13 **b) § 8 Nr. 2 VOB/B** gibt nach BGH, der die Vorschrift für wirksam hält, dem Auftraggeber kein Kündigungsrecht, sondern regelt nur die Rechtsfolgen einer Kündigung in der Insolvenz abweichend von der allgemeinen Regel des § 649 BGB.[6] Nicht geklärt ist damit nach der hier vertretenen Auffassung aber, ob die Rechtsfolge unter der Geltung der InsO zulässig ist. Soweit der Insolvenzverwalter am Vertrag festhalten will, spricht vieles dafür, den Auftraggeber

---

[1] AA: z. B. MünchKomm-*Huber,* InsO § 119 Rn. 28 ff. mwN.

[2] So auch Gravenbrucher Kreis, ZIP 94, 585 ff.

[3] Vgl. HK-*Marotzke,* InsO § 119, Rn. 3 f. mwN; *Wilmowsky* ZIP 2007, 553 ff.

[4] AA: z. B. MünchKomm-*Huber,* InsO § 119 Rn. 31, der aus § 112 gerade das Gegenteil schließt: wären Lösungsklauseln nach § 119 generell unwirksam, hätte es der Kündigungssperre wegen Vermögensverschlechterung nicht bedurft.

[5] *Nerlich/Römermann/Balthasar,* InsO, § 119 Rn. 15; *Kübler/Prütting/Bork/Tintelnot,* InsO, § 119 Rn. 16. Die Korrektur des Rechtsausschusses ist eine singuläre, systemwidrige und deswegen im Gesamtzusammenhang zu betrachtende Entscheidung. Der Rechtsausschuss hat an vielen Stellen Streichungen vorgenommen, um zu straffen, in dem im Bewusstsein, das Gestrichene gelte dennoch. Dies gilt auch hier, der Motivirrtum ist unbeachtlich. *Dahl,* NJW-Spezial 2008, 373; vgl. auch *Linnenbrink* NJW-Spezial 2008, 181; aA: z. B. *Wilmowsky* ZIP 2007, 553 ff.

[6] BGHZ 96, 34, 36; i. E. ebenso BGHZ 124, 76, 79 – eine Entscheidung des BGH zu § 8 Nr. 2 VOB/B, § 119 steht aber insoweit noch aus.

genauso wie andere Vertragspartner des Schuldners, auch an den Vertrag zu binden. Sonst würde § 8 Nr. 2 VOB/B zu einer Durchbrechung von § 119 führen.[1] Das Ergebnis der Rechtsprechung hierzu bleibt abzuwarten.[2] Fiele es für eine mögliche Lösungsklausel positiv aus, würde jede Fortführung in der Bauinsolvenz obsolet: Die „guten" Aufträge würden zu günstigeren Bedingungen an den ggf. derzeit nicht ausgelasteten Konkurrenten gegeben, die Möglichkeit der Fortführung mit den „Verlustverträgen" böte keine Sanierungschance.

§ 120 Kündigung von Betriebsvereinbarungen

(1) **Sind in Betriebsvereinbarungen Leistungen vorgesehen, welche die Insolvenzmasse belasten, so sollen Insolvenzverwalter und Betriebsrat über eine einvernehmliche Herabsetzung der Leistungen beraten. Diese Betriebsvereinbarungen können auch dann mit einer Frist von drei Monaten gekündigt werden, wenn eine längere Frist vereinbart ist.**

(2) **Unberührt bleibt das Recht, eine Betriebsvereinbarung aus wichtigem Grund ohne Einhaltung einer Kündigungsfrist zu kündigen.**

Übersicht

1. Normzweck

Betriebsvereinbarungen können Regelungen treffen, die das Unternehmen des Schuldners mit erheblichen Verbindlichkeiten belasten. Der Eintritt der Insolvenz zeigt, dass die wirtschaftliche Grundlage für eine derartige Betriebsvereinbarung zumindest in Frage gestellt ist. Zudem sind solche Betriebsvereinbarungen für einen Erwerbsinteressenten gem. § 613 a Abs. 1 S. 2 BGB verbindlich und können dazu führen, dass der Interessent von einer Betriebsübernahme Abstand nimmt. Ein Wegfall der Belastungen kann daher zum Erhalt von Arbeitsplätzen beitragen. § 120 ermöglicht es deshalb, das Unternehmen im Insolvenzverfahren kurzfristig von solchen Verbindlichkeiten zu entlasten, unabhängig davon, ob der betreffende Betrieb stillgelegt, im Rahmen des bisherigen Unternehmens fortgeführt oder an einen Dritten veräußert werden soll.[3] Eine vergleichbare Vorschrift gab es in der KO nicht. 1

---

[1] Vgl. HK-*Marotzke,* InsO § 119, Rn. 5 mwN.

[2] Nach BGH ZIP 2004, 176 ff. war das in § 14 VVG aF gesetzlich geregelte Kündigungsrecht des Versicherers in der Insolvenz des Versicherungsnehmers vorrangig gegenüber § 103. In dem seit 2008 in Kraft getretenen reformierten VVG ist dieses Kündigungsrecht nicht mehr enthalten.

[3] Begründung RegE, *Balz/Landfermann,* S. 349.

2. Voraussetzungen und Rechtsfolgen

a) Anwendungsbereich

2 § 120 ist auf Betriebsvereinbarungen und Regelungsabreden anwendbar,[1] die zu einer Belastung der Insolvenzmasse führen.

b) Ordentliche Kündigung, Abs. 1

3 **aa)** Es muss eine nach betriebsverfassungsrechtlichen Grundsätzen wirksame **Betriebsvereinbarung** vorliegen. Eine Betriebsvereinbarung ist ein schriftlicher Vertrag, in dem Arbeitgeber und Betriebsrat im Rahmen ihrer Zuständigkeit Rechtsnormen über betriebliche und betriebsverfassungsrechtliche Fragen sowie über den Inhalt, den Abschluss und die Beendigung von Arbeitsverhältnissen festsetzen. Wirksamkeitsvoraussetzungen einer Betriebsvereinbarung sind u. a., dass sie gem. § 77 Abs. 2 BetrVG schriftlich niederzulegen und von beiden Seiten zu unterzeichnen ist und dass sie nicht gegen höherrangiges Recht verstößt, insbesondere gem. § 77 Abs. 3 BetrVG keine Vereinbarungen enthält, die durch Tarifvertrag geregelt sind oder üblicherweise geregelt werden.[2] Die Eröffnung des Insolvenzverfahren wirkt sich nicht automatisch auf den Bestand der Betriebsvereinbarung aus. Abgesehen von den Möglichkeiten des § 120 kann die Betriebsvereinbarung auch aus anderen Gründen beendet werden, etwa indem der Insolvenzverwalter mit dem Betriebsrat eine neue Betriebsvereinbarung beschließt, die an die Stelle der alten tritt.

4 **bb)** Von Betriebsvereinbarungen sind **Regelungsabreden** zu unterscheiden, die nur formlos zwischen Arbeitgeber und Betriebsrat vereinbart werden.[3] Regelungsabreden haben im Gegensatz zu Betriebsvereinbarungen keine normative Wirkung, so dass sie sich auf Arbeitnehmer als Dritte nur auswirken, wenn sie Inhalt der Arbeitsverträge werden. Die Regelungsabrede ist wie eine Betriebsvereinbarung kündbar, entfaltet aber – soweit sie keine mitbestimmungspflichtige Angelegenheit zum Inhalt hat – keine Nachwirkung. Sie kann von § 120 dann erfasst werden, wenn sie den Arbeitgeber zu Leistungen verpflichtet, die die Insolvenzmasse belasten.

5 **cc) Sozialpläne** gelten zwar gem. § 112 Abs. 1 S. 3 BetrVG als Betriebsvereinbarungen, ihre Behandlung in der Insolvenz wird aber durch § 124 geregelt.

6 **dd) Leistungen** auf Grund einer Betriebsvereinbarung, **die die Insolvenzmasse belasten** können beispielsweise die Unterhaltung einer Kantine, eines Kindergartens oder eines Erholungsheims sein.[4] Darüber hinaus zählt hierzu auch die Vergütungspflicht, die sich aus § 87 Abs. 1 Nr. 10 und 11 BetrVG ergeben kann. Nach diesen Vorschriften steht dem Betriebsrat ein umfassendes Mitbestimmungsrecht in nahezu allen Fragen der betrieblichen Lohngestaltung zu. Auch wenn sich die Fragen der Lohngestaltung üblicherweise aus einem Tarifvertrag ergeben, bleibt ein weiter Regelungsspielraum für die Betriebspartner in Fällen, in denen keine Tarifbindung besteht, aber auch dort, wo der Tarifvertrag für betriebliche Regelungen offen ist (Tariföffnungsklauseln).

---

[1] Zu den Voraussetzungen nachfolgend im Text; FK-*Eisenbeis,* InsO, § 120 Rn. 5.
[2] Vgl. *Schaub/Koch,* Hdb., § 231 Rn. 4 ff.
[3] Vgl. *Richardi,* BetrVG, § 77 Rn. 224 ff.
[4] Vgl. § 88 Nr. 2 BetrVG.

ee) Der Insolvenzverwalter und der Betriebsrat sollen über eine Herabsetzung der Leistungen beraten. Eine „Soll"-Vorschrift weist nach allgemeinen rechtlichen Grundsätzen darauf hin, dass hier **keine Pflicht zur Beratung** statuiert wird. Zudem wäre eine solche Pflicht wenig zweckmäßig, da es das Gesetz völlig offenlässt und es im Übrigen auch schwierig festzustellen wäre, wie intensiv die Verhandlungen gewesen sein müssen, um der Pflicht Genüge zu tun. 7

ff) Die **Kündigungserklärung** muss hinreichend klar sein und ist mit Zugang wirksam. Erklärungsempfänger ist bei einer Kündigung des Insolvenzverwalters der Betriebsratsvorsitzende.[1] 8

gg) Eine **Teilkündigung** einer Betriebsvereinbarung ist möglich, wenn sie vereinbart wurde oder wenn der gekündigte Teil eine eigenständige Bedeutung besitzt.[2] Ist dies nicht der Fall, besteht lediglich die Möglichkeit, die Betriebsvereinbarung insgesamt zu kündigen. 9

hh) Die **Kündigungsfrist** beträgt gem. § 120 höchstens drei Monate. Ist die in der Betriebsvereinbarung vereinbarte Frist kürzer, gilt diese. Gegenstandslos sind damit Vereinbarungen der Betriebsparteien über längere Kündigungsfristen oder über einen Ausschluss der ordentlichen Kündigung. 10

ii) Im Rahmen der **Rechtsfolge** ist zwischen **erzwingbaren und freiwilligen Betriebsvereinbarungen** zu unterscheiden. Erzwingbare Betriebsvereinbarungen sind solche, die eine Angelegenheit regeln, in denen ein Spruch der Einigungsstelle die Einigung zwischen Arbeitgeber und Betriebsrat ersetzen kann.[3] Freiwillige Betriebsvereinbarungen liegen dann vor, wenn die Einigung nicht durch einen Spruch der Einigungsstelle ersetzt werden kann.[4] Letztere enden sofort mit Ablauf der Kündigungsfrist. Die erzwingbaren Betriebsvereinbarungen unterliegen dagegen der **Nachwirkung** gem. § 77 Abs. 6 BetrVG, so dass sie weitergelten, bis sie durch eine andere Abmachung ersetzt werden. Die Kündigung allein beseitigt in diesen Fällen also nicht die Betriebsvereinbarung, es bedarf vielmehr einer neuen Vereinbarung zwischen Insolvenzverwalter und Betriebsrat, die an die Stelle der gekündigten tritt. Die betriebsverfassungsrechtliche Nachwirkung sollte nach dem Willen des Gesetzgebers durch § 120 nicht beeinträchtigt werden. Die Nachwirkung entfällt nur dann, wenn sie in der Betriebsvereinbarung ausdrücklich ausgeschlossen wurde, denn dieser Ausschluss gilt dann auch im Insolvenzverfahren. Im umgekehrten Fall der vereinbarten Nachwirkung bei einer freiwilligen Betriebsvereinbarung beseitigt die Kündigung des Insolvenzverwalters die Nachwirkung. § 120 bezweckt gerade, dass sich der Insolvenzverwalter vorzeitig von belastenden Betriebsvereinbarungen lösen kann. Mit diesem Zweck wäre eine über das gesetzliche Maß hinausreichende Nachwirkung nicht vereinbar.[5] Soweit in einer Betriebsvereinbarung mitbestimmungspflichtige und -freie Angelegenheiten geregelt werden (sog. **teilmitbestimmte Betriebsvereinbarung**), tritt eine Nachwirkung nicht ein, soweit 11

---

[1] § 26 Abs. 2 S. 2 BetrVG.

[2] Vgl. *Richardi,* BetrVG, § 77 Rn. 206; LAG Baden-Württemberg, Beschluss vom 15. 6. 2005, 12 TaBV 6/04.

[3] Sog. mitbestimmungspflichtige Angelegenheit, vgl. §§ 77 Abs. 6, 87 Abs. 2 BetrVG.

[4] Vgl. § 88 BetrVG.

[5] *Kübler/Prütting/Bork/Moll,* InsO, § 120 Rn. 41 ff.; MünchKomm-*Löwisch/Caspers,* InsO § 120 Rn. 34.

die Kündigung das „Ob" der Leistung, also den mitbestimmungsfreien Teil betrifft. Soll mit der Kündigung nur die Leistung angepasst bzw. reduziert werden, geht es also um das mitbestimmungspflichtige „Wie" der Leistung, so wirkt die Betriebsvereinbarung nach.

c) Außerordentliche Kündigung, Abs. 2

12 Absatz 2 stellt klar, dass die in Rechtsprechung und Lehre entwickelten Grundsätze zur Kündigung einer Betriebsvereinbarung aus wichtigem Grund unberührt bleiben.[1] Ein Recht zur außerordentlichen Kündigung besteht nur dann, wenn ein **wichtiger Grund** vorliegt, d. h. wenn einer Partei **nicht zugemutet** werden kann, an der Betriebsvereinbarung festzuhalten und die ordentliche Kündigungsfrist von höchstens drei Monaten einzuhalten. Hierbei sind, entsprechend den Grundsätzen über die fristlose Kündigung eines Dauerschuldverhältnisses, alle **Umstände des Einzelfalles** zu berücksichtigen, und eine **Interessenabwägung** vorzunehmen. Weder die Eröffnung des Insolvenzverfahrens noch ein Mangel an Geld reichen für sich allein als wichtiger Grund aus. Ob die fristlose Kündigung einer Betriebsvereinbarung über eine mitbestimmungspflichtige Angelegenheit die Nachwirkung verhindert, ist umstritten. Nach Ansicht des BAG[2] entfällt bei der Kündigung aus wichtigem Grund nur die Bindung an die Frist, nicht auch die **Nachwirkung.** Mithin liegt der einzige Vorteil für den fristlos Kündigenden darin, dass er bereits früher als gesetzlich vorgesehen eine neue Vereinbarung aushandeln oder mit Hilfe der Einigungsstelle erwirken kann. Ferner ist zu prüfen, ob eine Kündigung als ultima ratio ausgeschlossen ist, weil eine **Anpassung der Betriebsvereinbarung** an die veränderten Verhältnisse bereits ausreicht. Zu erwähnen bleibt insoweit, dass die Möglichkeit einer Herabsetzung von Verpflichtungen aus einer Betriebsvereinbarung unter dem Gesichtspunkt des **Wegfalls der Geschäftsgrundlage** nach der Begründung des RegE nicht eingeschränkt werden sollte.

§ 121 Betriebsänderungen und Vermittlungsverfahren

Im Insolvenzverfahren über das Vermögen des Unternehmers gilt § 112 Abs. 2 Satz 1 des Betriebsverfassungsgesetzes mit der Maßgabe, daß dem Verfahren vor der Einigungsstelle nur dann ein Vermittlungsversuch vorangeht, wenn der Insolvenzverwalter und der Betriebsrat gemeinsam um eine solche Vermittlung ersuchen.

1. Normzweck

1 Das Insolvenzverfahren muss zügig durchgeführt werden können. Daher ändert § 121 für den Insolvenzfall den § 112 Abs. 2 BetrVG dahin ab, dass der Vermittlungsversuch des Vorstands der Bundesagentur für Arbeit nur durchzuführen ist, wenn sowohl der Insolvenzverwalter als auch der Betriebsrat darum ersuchen. Somit sind beide Parteien berechtigt, ohne einen solchen Vermittlungsversuch unmittelbar die Einigungsstelle anzurufen, wenn die Verhandlungen

[1] Vgl. BAGE 16, S. 58; *Richardi,* BetrVG, § 77 Rn. 201 mwN.
[2] BAG ZIP 1995, 1037.

zwischen ihnen über einen Interessenausgleich oder einen Sozialplan gescheitert sind.[1] § 121 entspricht § 139 RegE.

2. Einzelheiten

a) Grundsätzliches

Plant ein Unternehmer eine Betriebsänderung gem. § 111 BetrVG, muss er zunächst den Betriebsrat rechtzeitig und umfassend unterrichten und anschließend versuchen, mit dem Betriebsrat einen Interessenausgleich und eine Einigung über einen Sozialplan zu erreichen. Im **Interessenausgleich** einigen sich Unternehmer und Betriebsrat darüber, ob, wann und in welcher Weise die geplante Betriebsänderung durchgeführt werden soll.[2] Davon zu unterscheiden ist der **Sozialplan,** der die Einigung über den Ausgleich oder die Milderung der wirtschaftlichen Nachteile enthält, die den Arbeitnehmern infolge der Betriebsänderung entstehen.[3] Scheitern die Verhandlungen und kommt ein Interessenausgleich oder ein Sozialplan nicht zustande, können Unternehmer und Betriebsrat jeweils fakultativ zunächst den Vorstand der Bundesagentur für Arbeit um Vermittlung ersuchen und im Anschluss oder alternativ die Einigungsstelle anrufen.[4] Die Freiwilligkeit dieser Maßnahmen findet für den Interessenausgleich ihre Grenze in § 113 Abs. 3 BetrVG. Versucht ein Unternehmer nicht, mit dem Betriebsrat zu einem Interessenausgleich zu kommen, sieht er sich Nachteilsausgleichsansprüchen seiner Arbeitnehmer ausgesetzt. Hierbei ist anerkannt, dass der Unternehmer alle Möglichkeiten ausgeschöpft haben muss, um eine Einigung zu erzielen.[5] Es muss also – wenn entweder der Betriebsrat oder der Unternehmer dies wünscht, der Vorstand der Bundesagentur für Arbeit um Vermittlung ersucht werden. Erst wenn dessen Vermittlungsversuch scheitert, kann die Einigungsstelle angerufen werden. 2

Das Vorschalten des Vermittlungsversuches des Vorstands der Bundesagentur für Arbeit führt zu einer zeitlichen Verzögerung, die der Betriebsrat aus taktischen Gründen in sein Kalkül ziehen könnte. 3

In der Insolvenz des Unternehmens wäre der **Insolvenzverwalter** nach dem BetrVG in gleicher Weise wie der Unternehmer von diesem Mechanismus betroffen, da die Vorschriften des Betriebsverfassungsgesetzes über Interessenausgleich, Sozialplan und Nachteilsausgleich für Betriebsänderungen grundsätzlich auch im Insolvenzverfahren gelten und der Insolvenzverwalter an die Stelle des Arbeitgebers/Unternehmers tritt.[6] **Aufgrund der Vorschrift des § 121** kann nunmehr der Insolvenzverwalter **unmittelbar die Einigungsstelle anrufen,** ohne Nachteilsausgleichsansprüche befürchten zu müssen. 4

b) Verfahren

Zuständig ist der Vorstand der Bundesagentur für Arbeit, der die Vermittlungsaufgabe auf andere Bedienstete der Bundesagentur für Arbeit übertragen kann. Der Einigungsvorschlag des Vorstands ist für den Insolvenzverwalter und den 5

---

[1] Begründung RegE, *Balz/Landfermann,* S. 350.
[2] Vgl. BAGE 68, 227, 286 f.; BAG ZIP 2004, 235.
[3] § 112 Abs. 1 S. 2 BetrVG.
[4] § 112 Abs. 2 BetrVG.
[5] Vgl. *Schaub/Koch,* Hdb., § 244 Rn. 86.
[6] BAG ZIP 2004, 235 ff.; BAG ZIP 2003, 2216 ff.

Betriebsrat nicht verbindlich, sie können sich dem Vorschlag auch nicht im Vorhinein unterwerfen.[1] Die beschleunigende Wirkung von § 121 wird durch § 122 erweitert. Kommt eine Einigung während der dreiwöchigen Frist des § 122 nicht zustande, hat der Insolvenzverwalter die Möglichkeit, eine gerichtliche Entscheidung gem. § 122 zu beantragen. Parallel dazu kann er weiter versuchen, mit dem Betriebsrat eine Einigung zu erzielen, auch durch Anrufung der Einigungsstelle.

§ 122 Gerichtliche Zustimmung zur Durchführung einer Betriebsänderung

(1) **Ist eine Betriebsänderung geplant und kommt zwischen Insolvenzverwalter und Betriebsrat der Interessenausgleich nach § 112 des Betriebsverfassungsgesetzes nicht innerhalb von drei Wochen nach Verhandlungsbeginn oder schriftlicher Aufforderung zur Aufnahme von Verhandlungen zustande, obwohl der Verwalter den Betriebsrat rechtzeitig und umfassend unterrichtet hat, so kann der Verwalter die Zustimmung des Arbeitsgerichts dazu beantragen, daß die Betriebsänderung durchgeführt wird, ohne daß das Verfahren nach § 112 Abs. 2 des Betriebsverfassungsgesetzes vorangegangen ist. § 113 Abs. 3 des Betriebsverfassungsgesetzes ist insoweit nicht anzuwenden. Unberührt bleibt das Recht des Verwalters, einen Interessenausgleich nach § 125 zustande zu bringen oder einen Feststellungsantrag nach § 126 zu stellen.**

(2) **Das Gericht erteilt die Zustimmung, wenn die wirtschaftliche Lage des Unternehmens auch unter Berücksichtigung der sozialen Belange der Arbeitnehmer erfordert, daß die Betriebsänderung ohne vorheriges Verfahren nach § 112 Abs. 2 des Betriebsverfassungsgesetzes durchgeführt wird. Die Vorschriften des Arbeitsgerichtsgesetzes über das Beschlußverfahren gelten entsprechend; Beteiligte sind der Insolvenzverwalter und der Betriebsrat. Der Antrag ist nach Maßgabe des § 61 a Abs. 3 bis 6 des Arbeitsgerichtsgesetzes vorrangig zu erledigen.**

(3) **Gegen den Beschluß des Gerichts findet die Beschwerde an das Landesarbeitsgericht nicht statt. Die Rechtsbeschwerde an das Bundesarbeitsgericht findet statt, wenn sie in dem Beschluß des Arbeitsgerichts zugelassen wird; § 72 Abs. 2 und 3 des Arbeitsgerichtsgesetzes gilt entsprechend. Die Rechtsbeschwerde ist innerhalb eines Monats nach Zustellung der in vollständiger Form abgefaßten Entscheidung des Arbeitsgerichts beim Bundesarbeitsgericht einzulegen und zu begründen.**

Übersicht

[1] Vgl. *Nerlich/Römermann/Hamacher,* InsO, § 121 Rn. 7; aA: *Richardi,* BetrVG, § 112 BetrVG, Rn. 222 ff.

1. Normzweck

§ 122 dient dem Ziel einer zügigen Abwicklung des Insolvenzverfahrens. Nach dem Eintritt der Insolvenz sind häufig unverzüglich Betriebsänderungen, insbesondere eine Einstellung der Unternehmenstätigkeit, erforderlich. Das regelmäßig zeitaufwändige Einigungsverfahren gem. § 112 BetrVG kann selbst in der gemäß § 121 abgekürzten Form, einem eilbedürftigen Insolvenzfall nicht gerecht werden. Daher steht dem Insolvenzverwalter mit § 122 die Möglichkeit offen, die geplante Betriebsänderung durchzuführen, ohne das Einigungsverfahren ausgeschöpft zu haben. Um Missbräuchen vorzubeugen muss der Insolvenzverwalter hierfür allerdings die Zustimmung des Arbeitsgerichts einholen, die an eine Interessenabwägung gebunden ist.[1] § 122 entspricht mit einigen Änderungen RegE § 140. Eine vergleichbare Vorschrift gab es in der KO nicht. 1

2. Voraussetzungen und Rechtsfolgen

a) Der Insolvenzverwalter muss eine **Betriebsänderung** (i. S. v. § 111 BetrVG) **planen.** „Planen" hat hier eine rein zeitliche Bedeutung, es soll sicherstellen, dass der Betriebsrat beteiligt wird, bevor die Betriebsänderung umgesetzt ist. 2

b) Der **Betriebsrat** ist **rechtzeitig und umfassend zu unterrichten.** § 122 stellt insoweit klar, dass den Insolvenzverwalter die gleiche Unterrichtungspflicht trifft, wie gem. § 111 BetrVG den Unternehmer. Nur wenn der Betriebsrat objektiv betrachtet ausreichend informiert wurde, hat der Insolvenzverwalter seiner Pflicht genügt und auch nur dann beginnt die dreiwöchige Frist zu laufen.[2] Der Fristbeginn wird jedoch nicht dadurch verzögert, dass der Betriebsrat weitere Informationen oder entsprechende Unterlagen[3] verlangt. War die Unterrichtung nach Ansicht des Betriebsrats nicht umfassend, muss er den Insolvenzverwalter wegen § 2 Abs. 1 BetrVG darauf hinweisen.[4] Kommt der Betriebsrat dieser Obliegenheit nicht nach, kann er sich später auf eine mangelhafte Unterrichtung nicht berufen.[5] Eine bestimmte Form der Unterrichtung ist gesetzlich nicht vorgesehen. Fordert der Insolvenzverwalter den Betriebsrat schriftlich zur Aufnahme von Verhandlungen auf, wird die Unterrichtung wohl zweckmäßigerweise damit verbunden werden. 3

c) Seit Verhandlungsbeginn oder schriftlicher Aufforderung zur Aufnahme von Verhandlungen müssen **drei Wochen** vergangen sein, **ohne** dass ein **Interessenausgleich**[6] vereinbart wurde. Verhandlungen liegen nicht schon mit der Unterrichtung sondern erst dann vor, wenn beide Seiten miteinander über eine Einigung beraten. Fordert der Insolvenzverwalter schriftlich zur Aufnahme von Verhandlungen auf, beginnt die Frist mit Zugang (§ 130 BGB) beim Betriebsratsvorsitzenden.[7] Nach Sinn und Zweck des Gesetzes ist es ausreichend, wenn der Schuldner vor Eröffnung des Insolvenzverfahrens oder der vorläufige Insolvenz- 4

---

[1] Begründung RegE, *Balz/Landfermann,* S. 351.
[2] ArbG Gelsenkirchen, Beschluss vom 17. 5 2006 – 2 BV 15/06.
[3] § 80 Abs. 2 BetrVG.
[4] ArbG Lingen ZIP 1999, 1892.
[5] Vgl. *Kübler/Prütting/Bork/Moll,* InsO, § 122 Rn. 17; ArbG Lingen ZIP 1999, 1892.
[6] Zur Begriffsbestimmung s. unter § 121 InsO.
[7] § 26 Abs. 3 S. 2 BetrVG.

verwalter mit dem Betriebsrat bereits drei Wochen beraten haben.[1] Der Fristlauf berechnet sich gem. §§ 222 ZPO, 187 ff. BGB.

d) Verfahren vor dem Arbeitsgericht

5 Liegen diese Voraussetzungen vor, kann der Insolvenzverwalter bei dem Arbeitsgericht, in dessen Bezirk der Betrieb liegt[2] (§ 82 ArbGG) einen **Antrag auf Zustimmung** zur Durchführung der geplanten Betriebsänderung stellen, ohne dass das Verfahren nach § 112 Abs. 2 BetrVG vorangegangen ist. Das Arbeitsgericht entscheidet im Beschlussverfahren.[3] Der Antrag muss gem. § 253 ZPO bestimmt genug gefasst sein. Fehlen die Antragsvoraussetzungen, ist der Antrag durch Beschluss als unzulässig abzuweisen. Beteiligte des Verfahrens sind gem. § 122 Abs. 2 S. 2, 2. Halbs. der Insolvenzverwalter und der Betriebsrat. Im Beschlussverfahren ermittelt das Arbeitsgericht grundsätzlich von Amts wegen, die Beteiligten haben aber an der Aufklärung des Sachverhalts mitzuwirken.[4] Eine Ausnahme von diesem Untersuchungsgrundsatz ergibt sich auf Grund § 122 Abs. 2 S. 3 i. V. m. § 61 a ArbGG. Diese Norm beschleunigt nicht nur das Verfahren, sie macht auch deutlich, dass das Gericht regelmäßig dann nicht weiter ermitteln muss, wenn die Beteiligten an der Aufklärung nicht ausreichend mitwirken.[5]

6 Das Arbeitsgericht entscheidet nicht über die Zulässigkeit der geplanten Betriebsänderung sondern allein darüber, ob das Einigungsverfahren gem. § 112 Abs. 2 BetrVG abgeschlossen sein muss, bevor die Betriebsänderung durchgeführt wird.[6] Erteilt das Arbeitsgericht die Zustimmung, so wird der Insolvenzverwalter nicht nur vom Einigungsverfahren freigestellt sondern braucht den Arbeitnehmern des Schuldners wegen § 122 Abs. 1 S. 2 auch keinen Nachteilsausgleich gem. § 113 Abs. 3 BetrVG zu zahlen.

7 Das Arbeitsgericht muss bei seiner Entscheidung die **wirtschaftliche Lage des Unternehmens** gegen die **sozialen Belange der Arbeitnehmer** abwägen. Bei der Prüfung der wirtschaftlichen Lage eines insolventen Unternehmens kann es letztlich aber nur um die Interessen der Insolvenzgläubiger an einer Befriedigung aus der Insolvenzmasse gehen.[7] Das Gericht hat daher festzustellen, ob sich wesentliche Nachteile für die Insolvenzmasse daraus ergeben, dass die Betriebsänderung auf Grund des Einigungsverfahrens erst wesentlich später ausgeführt werden kann. Der Insolvenzverwalter muss insoweit konkret vortragen, welche Verluste für die Insolvenzmasse drohen. Die Insolvenz als solche reicht als Grund nicht aus, will man § 112 Abs. 2 BetrVG nicht leerlaufen lassen. Der Insolvenzverwalter muss angeben, welche künftigen Massebelastungen entstehen, wenn ein Einigungsstellenverfahren über den Interessenausgleich durchgeführt wird. Er muss diese Kosten und deren Relation zur Masse darlegen. Dem ist gegenüberzustellen, welche Ersparnisse von einer vorzeitigen Durchführung der in Aussicht genommenen Betriebsänderung unter substantiierter Beschreibung der geplanten Maßnahme zu erwarten sind. Wenn die Fortführung des Betriebs ohne Betriebs-

---

[1] Vgl. *Kübler/Prütting/Bork/Moll,* InsO, § 122 Rn. 21 a mwN; ArbG Lingen ZIP 1999, 1892.

[2] ArbG Bautzen ZIP 2006, 732.

[3] § 122 Abs. 2 S. 2 InsO i. V. m. §§ 80 ff. ArbGG.

[4] § 83 Abs. 1 ArbGG.

[5] Vgl. *Nerlich/Römermann/Hamacher,* InsO, § 122 Rn. 53.

[6] So ArbG Lingen ZIP 1999, 1892.

[7] Vgl. *Nerlich/Römermann/Hamacher,* InsO, § 122 Rn. 57 mwN.

änderung bis zur Durchführung des Verfahrens nach § 112 Abs. 2 BetrVG zu einer nicht unerheblichen Schmälerung der Masse führt, erfordert die wirtschaftliche Lage des Unternehmens eine frühzeitige Betriebsänderung, so dass die Zustimmung durch das Arbeitsgericht zu erteilen ist. Soweit der Betrieb nicht produktiv genug ist, seine laufenden Kosten einschließlich Personalkosten aus laufenden Einnahmen zu decken, ist von der Eilbedürftigkeit auszugehen.[1] Auf Seiten der Arbeitnehmer ist umgekehrt zu prüfen, welche sozialen Belange dafür sprechen, vorab das Einigungsstellenverfahren durchzuführen. Hierbei dürfen Vorteile, die sich lediglich aus der Verzögerung ergeben, etwa eine entsprechend spätere Kündigung, nicht berücksichtigt werden. Es muss sich um Vorteile oder Nachteile handeln, die sich aus dem Zweck des Einigungsverfahrens für den Arbeitnehmer ergeben.[2] Der Betriebsrat muss darlegen, dass durch Vermittlung der Einigungsstelle sozialverträglichere Lösungen gefunden werden können. Hierzu muss der Betriebsrat Alternativkonzepte zu der geplanten Betriebsänderung vortragen, die die sozialen Belange der Arbeitnehmer besser berücksichtigen, ohne die wirtschaftliche Lage des Unternehmens unangemessen mehr zu strapazieren.[3] Aufgrund dieser **Interessenabwägung** hat das Arbeitsgericht den Antrag per Beschluss als unbegründet abzuweisen oder die Zustimmung zu erteilen. Die Rechtskraft des Beschlusses tritt mit seiner Verkündung bzw. Zustellung ein, soweit ein Rechtsmittel dagegen nicht zulässig ist.[4]

e) Einzelheiten

aa) Der Insolvenzverwalter kann **parallel** zum Beschlussverfahren weiter versuchen, mit dem Betriebsrat zu einem **Interessenausgleich** zu kommen, er kann dafür auch die Einigungsstelle anrufen. Gelangen die Parteien zu einer Einigung, muss der Insolvenzverwalter das Beschlussverfahren für erledigt erklären, da sein Antrag sonst als unzulässig abzuweisen wäre. 8

bb) Parallel zum Beschlussverfahren hat der Insolvenzverwalter gem. § 122 Abs. 1 S. 3 auch das Recht, einen Interessenausgleich nach **§ 125** zustande zu bringen und ein Verfahren nach **§ 126** zu beantragen. 9

cc) Handelt es sich bei der geplanten Betriebsänderung um eine **Betriebsstilllegung,** so ist neben der Zustimmung des Arbeitsgerichts auch noch ggf. die Entscheidung der Gläubigerversammlung einzuholen (§§ 157 f.). 10

dd) Verstößt der **Insolvenzverwalter gegen** seine **betriebsverfassungsrechtlichen Pflichten,** so dass Ansprüche auf Nachteilsausgleich entstehen, sind diese Forderungen als Masseverbindlichkeiten zu berichtigen (§ 55 InsO).[5] 11

ee) Ob gegenüber dem Betriebsrat eine Rechtspflicht besteht, mit der Betriebsänderung zu warten, bis alle Einigungsmöglichkeiten ausgeschöpft sind, so dass im Falle des Verstoßes gegen diese Rechtspflicht dem Betriebsrat **vorbeugender Rechtsschutz auf Unterlassung** zusteht, ist umstritten.[6] Ein Unterlas- 12

[1] ArbG Lingen ZIP 1999, 1892.
[2] Vgl. *Kübler/Prütting/Bork/Moll,* InsO, § 122 Rn. 35 f.
[3] ArbG Lingen ZIP 1999, 1892.
[4] Vgl. *Nerlich/Römermann/Hamacher,* InsO, § 122 Rn. 75 mwN.
[5] BAG ZIP 2003, 2216 ff.; BAG ZIP 2004, 235 ff.; BAG ZIP 2006, 1745.
[6] Bejahend ArbG Kaiserslautern InVo 1997, 208; ArbG Hannover ZIP 1997, 474; verneinend: LAG Niedersachsen ZIP 1997, 1201.

sungsanspruch des Betriebsrates aus § 122 Abs. 1 ist abzulehnen. Sinn und Zweck des § 122 ist es, das Verfahren nach §§ 111 ff. BetrVG in der Insolvenz zu beschleunigen. Wird dem Betriebsrat ein Unterlassungsanspruch zuerkannt, wird dieser Gesetzeszweck in sein Gegenteil verkehrt. Der Betriebsrat hat dann die Möglichkeit, die Betriebsänderung zu verzögern. Im Übrigen wird die Nichtbeachtung der betriebsverfassungsrechtlichen Rechte des Betriebsrates bereits durch § 113 Abs. 3 BetrVG sanktioniert. Der Insolvenzverwalter, der die Rechte des Betriebsrates nach §§ 111 ff. verletzt, macht sich gegenüber den Arbeitnehmern nachteilsausgleichspflichtig.[1]

3. Rechtsmittel

13 Als einziges Rechtsmittel lässt § 122 Abs. 3 die **Rechtsbeschwerde** zum Bundesarbeitsgericht zu. Diese findet aber nur statt, wenn sie in dem Beschluss des Arbeitsgerichts zugelassen wird. Ein Verweis auf § 72 a ArbGG findet sich nicht, so dass eine Nichtzulassungsbeschwerde nicht eingelegt werden kann.[2] Die Rechtsbeschwerde ist gem. §§ 122 Abs. 3 S. 2, 2. Halbs. i. V. m. 72 Abs. 2 ArbGG nur zuzulassen, wenn die Rechtssache **grundsätzliche Bedeutung** hat oder ein Fall der **Divergenz** von einer obergerichtlichen Entscheidung vorliegt. Da im Beschlussverfahren nach § 122 InsO das Landesarbeitsgericht keine Zuständigkeit besitzt, ist anstatt dessen auch eine Divergenz zu einem anderen Arbeitsgericht ausreichend.[3] Im Unterschied zu § 74 ArbGG ist die Rechtsbeschwerde gem. § 122 Abs. 3 innerhalb eines Monats einzulegen und zu begründen.

§ 123 Umfang des Sozialplans

(1) **In einem Sozialplan, der nach der Eröffnung des Insolvenzverfahrens aufgestellt wird, kann für den Ausgleich oder die Milderung der wirtschaftlichen Nachteile, die den Arbeitnehmern infolge der geplanten Betriebsänderung entstehen, ein Gesamtbetrag von bis zu zweieinhalb Monatsverdiensten (§ 10 Abs. 3 des Kündigungsschutzgesetzes) der von einer Entlassung betroffenen Arbeitnehmer vorgesehen werden.**

(2) **Die Verbindlichkeiten aus einem solchen Sozialplan sind Masseverbindlichkeiten. Jedoch darf, wenn nicht ein Insolvenzplan zustande kommt, für die Berichtigung von Sozialplanforderungen nicht mehr als ein Drittel der Masse verwendet werden, die ohne einen Sozialplan für die Verteilung an die Insolvenzgläubiger zur Verfügung stünde. Übersteigt der Gesamtbetrag aller Sozialplanforderungen diese Grenze, so sind die einzelnen Forderungen anteilig zu kürzen.**

(3) **Sooft hinreichende Barmittel in der Masse vorhanden sind, soll der Insolvenzverwalter mit Zustimmung des Insolvenzgerichts Abschlagszahlungen auf die Sozialplanforderungen leisten. Eine Zwangsvollstreckung in die Masse wegen einer Sozialplanforderung ist unzulässig.**

---

[1] Wie hier LAG Niedersachsen ZIP 1997, 1201.
[2] BAG ZInsO 2001, 1071.
[3] Vgl. *Kübler/Prütting/Bork/Moll,* InsO, § 122 Rn. 40.

Übersicht

1. Normzweck

Die Neuregelung des Sozialplans im Insolvenzverfahren durch §§ 123, 124 löst das Gesetz über den Sozialplan im Konkurs- und Vergleichsverfahren ab. Letzteres war eingeführt worden, um den Rang und die Behandlung von Sozialplanansprüchen im Konkurs zu regeln. Die Neuregelung der InsO hält an dem Grundgedanken dieses Gesetzes fest, dass im Insolvenzverfahren die Belange der Arbeitnehmer und die Interessen der Gläubiger durch eine absolute und eine relative Begrenzung des zulässigen Sozialplanvolumens auszugleichen sind. Die Sozialplanansprüche werden zwar durch diese Obergrenzen eingeschränkt. Gleichzeitig wirkt die InsO aber auch durch eine Reihe von Maßnahmen der bisherigen Massearmut der Insolvenzen entgegen, so dass die Arbeitnehmer mit ihren Sozialplanansprüchen, die als letztrangige Masseverbindlichkeiten eingestuft sind, an dem größeren Umfang der Insolvenzmasse teilnehmen.[1] § 123 entspricht § 141 RegE. 1

2. Voraussetzungen und Rechtsfolgen

a) Sozialplan nach Eröffnung des Insolvenzverfahrens

Das BetrVG ist im Insolvenzverfahren grundsätzlich anwendbar. Auch in der Insolvenz ist für eine geplante Betriebsänderung gem. § 111 BetrVG ein Sozialplan gem. §§ 112, 112 a BetrVG aufzustellen. Bei der Errichtung der Einigungsstelle gem. § 76 BetrVG ist der Insolvenzverwalter nicht verpflichtet, Insolvenzgläubiger für die Einigungsstelle zu benennen.[2] Der Sozialplan muss nach Eröffnung des Insolvenzverfahrens (§ 27) aufgestellt werden. 2

b) Die **absolute Höchstgrenze** des Sozialplanvolumens ergibt sich aus der Summe von zweieinhalb Monatsverdiensten aller von einer Entlassung betroffenen Arbeitnehmer (§ 123 Abs. 1). 3

aa) In den Sozialplan können nur **Arbeitnehmer i. S. v. § 5 BetrVG** einbezogen werden. Von einer Entlassung bedroht sind nicht nur die Arbeitnehmer, denen gekündigt werden soll. Vielmehr fallen auch Aufhebungsverträge und Eigenkündigungen der Arbeitnehmer darunter, sofern sie in direktem Zusammenhang mit der geplanten Betriebsänderung stehen.[3] 4

bb) Als **Monatsverdienst** gilt gem. §§ 123 Abs. 1 i. V. m. 10 Abs. 3 KSchG, was dem Arbeitnehmer bei der für ihn maßgebenden regelmäßigen Arbeitszeit für den letzten Monat des Arbeitsverhältnisses an Geld und Sachbezügen zusteht. Zu berücksichtigen sind[4] alle Bezüge, auch Zulagen (z. B. Schicht-, Akkordzula- 5

[1] Begründung RegE, *Balz/Landfermann,* S. 354.
[2] Vgl. BAG ZIP 1986, 1202.
[3] Vgl. *Kübler/Prütting/Bork/Moll,* InsO, §§ 123, 124 Rn. 40 ff.
[4] *Schaub,* Hdb., § 141 Rn. 29.

gen) nicht aber Zuwendungen mit Aufwendungsersatzcharakter (z. B. Spesen). Jährliche Sonderzahlungen sind monatsanteilig einzubeziehen. Es ist vom Bruttoeinkommen auszugehen, ohne Abzug der Lohnsteuer und Sozialversicherungsbeiträge. Der für die Berechnung maßgebende Monat wird unterschiedlich bestimmt, vgl. hierzu unter 3 c). Entscheidend für die Berechnung der absoluten Grenze sind also die individuellen Vergütungen von den tatsächlich betroffenen Arbeitnehmern, nicht ein Durchschnittsverdienst. Die absolute Grenze darf nicht dahin missverstanden werden, dass in der Regel jeder von einer Entlassung betroffene Arbeitnehmer einen Betrag von **zweieinhalb Monatsverdiensten** als Sozialplanleistung erhalten soll. Der zweieinhalbfache Monatsverdienst der von der Entlassung betroffenen Arbeitnehmer ist lediglich eine Berechnungsgröße für die Bestimmung des Sozialplanvolumens. Ob und in welcher Weise die Nachteile, die den Arbeitnehmern entstehen, ausgeglichen werden, bleibt der Vereinbarung zwischen Insolvenzverwalter und Betriebsrat vorbehalten, denen dabei ein weiter Beurteilungsspielraum zusteht. Bei der Berechnung des dem Einzelnen zustehenden Abfindungsbetrages wird häufig auf ein Punktesystem oder auf Formeln wie Betriebszugehörigkeit, Lebensalter, Bruttovergütung: Divisor, anteilig gekürzt im Verhältnis zum Sozialplanvolumen, zurückgegriffen, um der Situation des einzelnen Arbeitnehmers gerecht zu werden.

6 **cc) Übersteigt** das **Sozialplanvolumen** die **absolute Höchstgrenze,** so ist der Sozialplan unwirksam. Zum Meinungsstreit über die Folgen siehe unter 3 d).

7 **c)** Als **relative Höchstgrenze** darf für die Berichtigung der Sozialplanforderungen nicht mehr als ein Drittel der zur Verteilung stehenden Masse verwendet werden (§ 123 Abs. 2).

8 **aa)** Die relative Grenze gilt nur, soweit die Verteilung der Insolvenzmasse **nicht** durch einen **Insolvenzplan** (§ 217) abweichend geregelt wird.

9 **bb)** Für die **Berechnung der relativen Grenze** ist zunächst festzustellen, welche Masse für die Verteilung an die Insolvenzgläubiger zur Verfügung stünde, wenn es keinen Sozialplan gäbe (relative Teilungsmasse). Dazu werden von der (um Aussonderungs- und Absonderungsrechte bereinigten) Insolvenzmasse gem. § 53 die Kosten des Insolvenzverfahrens und die sonstigen Masseverbindlichkeiten abgezogen. Übrig bleibt die relative Teilungsmasse, die unter den Insolvenzgläubigern zu verteilen wäre, gäbe es keinen Sozialplan. Von dieser relativen Teilungsmasse darf nicht mehr als ein Drittel zur Berichtigung der Sozialplanforderungen verwendet werden. Die relative Grenze gilt auch, wenn Forderungen aus **mehreren Sozialplänen** zusammenkommen.

10 **cc)** Wird die **relative Grenze überschritten,** führt dies gem. § 123 Abs. 2 S. 3 zu einer **anteiligen Kürzung** der einzelnen Sozialplanforderungen. Würde die Kürzung unverhältnismäßig stark ausfallen, weil das zur Verfügung stehende Drittel wesentlich geringer ist als das Sozialplanvolumen, ist zu prüfen, ob eine Anpassung nach den Grundsätzen des Wegfalls der Geschäftsgrundlage erforderlich ist.[1]

11 **dd) Beispiel:** Das Sozialplanvolumen beträgt 100 000,– €, die relative Teilungsmasse 150 000,– €. Ein Drittel der relativen Teilungsmasse ist damit 50 000,– € und nur in dieser Höhe dürfen die Sozialplanforderungen erfüllt

[1] Vgl. *Nerlich/Römermann/Hamacher,* InsO, § 123 Rn. 35 mwN.

werden. Das Sozialplanvolumen hat sich im Verhältnis 50 000,– zu 100 000,– (also um ½) reduziert. Ein Arbeitnehmer, der aus dem Sozialplan 3000,– € erhalten würde, muss eine Kürzung im selben Verhältnis hinnehmen, so dass er letztlich nur ½ der Forderung also 1500,– € bekommt.

d) Die Sozialplanforderungen rangieren als **letztrangige Masseverbindlichkeit.** Dieser Rang ist eine Konsequenz von § 123 Abs. 2 S. 1 und 2. Grundsätzlich handelt es sich um Masseverbindlichkeiten. Da aber die tatsächliche Höhe der Sozialplanansprüche erst festgestellt werden kann, wenn alle anderen Masseverbindlichkeiten berichtigt sind (denn erst dann lässt sich ein Drittel aus der fiktiven Teilungsmasse berechnen), ist es von Gesetzes wegen nur möglich, die Verbindlichkeiten aus einem Sozialplan nach den anderen Masseverbindlichkeiten zu berichtigen. Durch die Einstufung als Masseverbindlichkeit ergibt sich immerhin der praktische Vorteil, dass eine Anmeldung und Feststellung der Sozialplanforderungen entfällt.[1] 12

e) Durch § 123 Abs. 3 S. 1 sollen die Arbeitnehmer möglichst frühzeitig **Abschlagszahlungen** auf ihre Sozialplanforderungen erhalten. Das Erfordernis der **Zustimmung des Insolvenzgerichts** ist vorgesehen, damit die Befriedigung anderer Insolvenzgläubiger nicht durch zu hohe Abschlagszahlungen gefährdet wird. Insoweit lehnt sich die Vorschrift an § 170 KO an.[2] Bei der Berechnung der Abschlagszahlungen muss der Insolvenzverwalter immer die relative Grenze des § 123 Abs. 2 berücksichtigen, die sich endgültig erst bei der Schlussverteilung (§§ 196 ff.) herausstellt. In Anbetracht der Haftung aus § 60 muss der Insolvenzverwalter daher bei allen vorläufigen Berechnungen vorsichtig kalkulieren, um nicht zu hohe Abschlagszahlungen vorzunehmen. 13

f) Nach § 123 Abs. 3 S. 2 ist eine **Zwangsvollstreckung** in die Insolvenzmasse wegen einer Sozialplanforderung unzulässig. Die Regelung ist erforderlich, weil den Sozialplangläubigern die Zwangsvollstreckung nicht schon durch § 89 verboten ist, da sie keine Insolvenzgläubiger sind. Auch § 90 greift nicht, da es sich bei den Verpflichtungen aus § 123 um Masseverbindlichkeiten handelt, die durch eine Rechtshandlung des Insolvenzverwalters begründet worden sind. Das Vollstreckungsverbot führt andererseits dazu, dass der auf Zahlung der Sozialplanforderung gerichteten Leistungsklage das Rechtsschutzbedürfnis fehlt. **Geeignete Klageart** ist deshalb die **Feststellungsklage**.[3] 14

3. Streitpunkte

a) Es stellt sich die Frage, **welche Gesichtspunkte** die **Einigungsstelle** bei ihrem Spruch zu **beachten** hat. Teils wird angenommen, dass der Meinungsstreit bereits dadurch entschieden sei, dass der Gesetzgeber mit den §§ 123, 124 einen angemessenen Ausgleich zwischen den Interessen der Arbeitnehmer und der Gläubiger herbeigeführt habe. Der Einigungsstelle seien darüber hinaus keine Abwägungsgebote aufzuerlegen.[4] Teils wird argumentiert, dass in der Insolvenz 15

---

[1] Begründung RegE, *Balz/Landfermann,* S. 354.

[2] Begründung RegE, *Balz/Landfermann,* S. 354.

[3] BAG ZIP 2003, 1414 ff.; BAG NZA 2004, 1183 ff.; BAG ZIP 2006, 489; für den Sonderfall der Restzahlung auf einen Sozialplanabschlag vgl. ArbG Herne, Urt. vom 1. 7. 2004 – 4 Ca 16/04 (Zulässigkeit der Leistungsklage).

[4] Vgl. *Kübler/Prütting/Bork/Moll,* InsO, §§ 123, 124 Rn. 51 f. mwN.

die **Interessen der Insolvenzgläubiger** von der Einigungsstelle zu beachten sind, weil diese **an die Stelle der Interessen des Unternehmers** treten.[1] Der letzten Ansicht ist zu folgen, da Sozialpläne nur dann frei von Rechtsfehlern sind, wenn sie die durch die Insolvenz veränderte Sachlage berücksichtigen. Ein Sozialplan, der nicht an Stelle der wirtschaftlichen Vertretbarkeit auf die Interessen der Insolvenzgläubiger abstellt, könnte nur noch einseitig auf die Belange der Arbeitnehmer abstellen und würde somit die Arbeitnehmer als eine Gläubigergruppe einseitig bevorzugen. Das widerspricht dem Grundprinzip der InsO.[2]

16 **b)** § 123 Abs. 1 aE stellt bei der Berechnung der absoluten Grenze auf die von einer Entlassung bedrohten Arbeitnehmer ab. Dies führt zu der Interpretation eines Teils des Schrifttums dahingehend, dass § 123 nur solche Betriebsänderungen meint, die zur Entlassung von Arbeitnehmern führen. **Sozialpläne für andere als entlassene Arbeitnehmer** seien **von § 123 nicht erfasst.**[3] Nach anderer Ansicht finden sich keine Anhaltspunkte für diese Interpretation im Wortlaut des § 123.[4] Die erste Ansicht legt überzeugend dar, dass der Gesetzgeber bei dieser Norm nur Sozialpläne für entlassene Arbeitnehmer im Blick hatte, da in der Begründung des RegE immer nur auf diese Arbeitnehmer abgestellt wurde. Ein Sozialplan soll die mit der Betriebsänderung verbundenen wirtschaftlichen Nachteile abmildern. Damit ist es nicht vereinbar, wenn das Sozialplanvolumen nur an Hand der entlassenen Arbeitnehmer berechnet wird, das errechnete Volumen aber letztlich unter allen betroffenen Arbeitnehmern zu verteilen wäre. Daher kann § 123 seinem Zweck nach nur die (Teile der) Sozialpläne meinen, die sich auf entlassene Arbeitnehmer beziehen. Andererseits wird ein Insolvenzverwalter einem Sozialplan, der nicht von einer Entlassung sondern in sonstiger Weise von einer Betriebsänderung betroffenen Arbeitnehmern höhere Abfindungen oder Entschädigungsleistungen gewährt, nicht zustimmen, um einer weitergehenden u. U. haftungsrelevanten Masseschmälerung vorzubeugen.[5] Ggf. kann auch auf einen nur diesen Sachverhalt regelnden Insolvenzplan zurückgegriffen werden.[6]

17 **c) Der für die Berechnung maßgebende Monat** wird unterschiedlich bestimmt. Nach einer Ansicht wird entsprechend § 10 Abs. 3 KSchG auf den Zeitpunkt der Beendigung des Arbeitsverhältnisses abgestellt.[7] Andere stellen auf den Zeitpunkt der Betriebsänderung ab.[8] Zutreffend wird eingewandt, dass bei der Beratung über den Sozialplan häufig noch gar nicht feststeht, wann die Betriebsänderung tatsächlich durchgeführt wird. Eine verlässlichere Berechnungsgrundlage bietet der Zeitpunkt, in dem die Ansprüche entstehen, also der Abschlusszeitpunkt des Sozialplans.[9] Der Berechnung des Monatsverdienstes ist deshalb der Monat, in dem der Sozialplan aufgestellt wird, zugrunde zu legen.

---

[1] Vgl. *Nerlich/Römermann/Hamacher,* InsO, § 123 Rn. 9, Vor § 121 Rn. 72 mwN.
[2] BAG GS AP Nr. 6 zu § 112 BetrVG 1972.
[3] Vgl. *Kübler/Prütting/Bork/Moll,* InsO, §§ 123, 124 Rn. 29 ff. mwN.
[4] Vgl. *Nerlich/Römermann/Hamacher,* InsO, § 123 Rn. 13 mwN.
[5] Vgl. *Boemke/Tietze,* DB 1999, 1389.
[6] Vgl. § 123 Abs. 2 S. 2; Vor §§ 217–269 Anm. 5) e) zur Zulässigkeit von Teilplänen, § 217 Anm. 3) c) aa).
[7] Vgl. HK-*Linck,* InsO, § 123 Rn. 15.
[8] FK-*Eisenbeis,* InsO, § 123 Rn. 11.
[9] Vgl. *Nerlich/Römermann/Hamacher,* InsO, § 123 Rn. 17 mwN.

d) Ein **Sozialplan,** der die **absolute Höchstgrenze übersteigt,** ist den Gläubigern wie dem Schuldner gegenüber **unwirksam und nichtig.** Strittig ist, ob der Sozialplan mit dem nach Abs. 1 zulässigen Inhalt aufrechterhalten bleiben kann. Während eine Meinung bei der Überschreitung der Obergrenze eine anteilige Kürzung für sachgerecht hält,[1] soll nach anderer Auffassung eine solche geltungserhaltende Reduktion nur in Betracht kommen, wenn die Verteilungsmaßstäbe des Sozialplans eindeutig und klar sind, sie von einer Kürzung des Sozialplanvolumens unberührt bleiben und Hinweise dafür bestehen, dass die Parteien diesen Sozialplan bei einem reduzierten Volumen mit denselben Verteilungsmaßstäben abgeschlossen hätten.[2] Ansonsten wäre der Sozialplan neu zu vereinbaren bzw. müsste die Einigungsstelle eingeschaltet werden. Da die Überschreitung auf **unterschiedlichen Ursachen** beruhen kann, wird (worauf bereits die Begründung zum insoweit vergleichbaren Gesetz über den Sozialplan im Konkurs- und Vergleichsverfahren hingewiesen hat) letztlich im jeweiligen **Einzelfall** zu entscheiden sein, ob und wie der Sozialplan aufrechterhalten werden kann. Enthält der Sozialplan **für den Fall des Überschreitens eine Regelung** zur anteiligen Kürzung, so kann er in jedem Fall entsprechend dieser Kürzung aufrechterhalten werden. 18

e) Mit der Zulässigkeit (erstreikbarer) Abfindungstarifverträge[3] (auch als **Tarifsozialplan** bezeichnet) stellt sich die Frage der Geltung der relativen und absoluten Obergrenzen nach § 123 für solche Tarifverträge, die mit dem Insolvenzverwalter abgeschlossen werden. Das ist zu bejahen, da ansonsten das hohe Volumen eines Abfindungstarifvertrages das insolvenzrechtliche Verteilungssystem sowie zentrale Wertungen der InsO in Frage stellt.[4] 18a

4. Rechtsmittel

a) Wurde der Sozialplan von der **Einigungsstelle** aufgestellt, so kann im **Beschlussverfahren** gem. § 2a Abs. 1 Nr. 1 ArbGG überprüft werden, ob der Sozialplan wegen Überschreitens der absoluten Grenze unwirksam ist. Da es sich hierbei nicht um einen Ermessens- sondern um einen Rechtsfehler handelt, ist die zweiwöchige Frist gem. § 76 Abs. 5 S. 4 BetrVG nicht zu beachten. 19

b) Eine sofortige Beschwerde ist gegen die Erteilung oder Versagung der **Zustimmung durch das Insolvenzgericht** gem. § 123 Abs. 3 S. 1 nicht vorgesehen, so dass gem. § 6 Abs. 1 **kein Rechtsmittel** gegen diese Entscheidung gegeben ist. 20

§ 124 Sozialplan vor Verfahrenseröffnung

(1) **Ein Sozialplan, der vor der Eröffnung des Insolvenzverfahrens, jedoch nicht früher als drei Monate vor dem Eröffnungsantrag aufgestellt worden ist, kann sowohl vom Insolvenzverwalter als auch vom Betriebsrat widerrufen werden.**

---

[1] MünchKomm-*Löwisch/Caspers,* InsO § 123 Rn. 65; *Kübler/Prütting/Bork/Moll,* InsO, § 123, 124 Rn. 69.
[2] ArbG Düsseldorf, Beschluss vom 24. 4. 2006 – 2 BV 2/06.
[3] Siehe BAG NZA 2007, 987.
[4] MünchKomm-*Löwisch/Caspers,* InsO § 129 Rn. 17; aA: *Schmidt,* ZInsO 2008, 247 ff.

(2) **Wird der Sozialplan widerrufen, so können die Arbeitnehmer, denen Forderungen aus dem Sozialplan zustanden, bei der Aufstellung eines Sozialplans im Insolvenzverfahren berücksichtigt werden.**

(3) **Leistungen, die ein Arbeitnehmer vor der Eröffnung des Verfahrens auf seine Forderung aus dem widerrufenen Sozialplan erhalten hat, können nicht wegen des Widerrufs zurückgefordert werden. Bei der Aufstellung eines neuen Sozialplans sind derartige Leistungen an einen von einer Entlassung betroffenen Arbeitnehmer bei der Berechnung des Gesamtbetrags der Sozialplanforderungen nach § 123 Abs. 1 bis zur Höhe von zweieinhalb Monatsverdiensten abzusetzen.**

Übersicht

1. Normzweck

1 § 124 trägt zu einer besseren Abstimmung der Betriebsverfassung mit den Bedürfnissen des Insolvenzverfahrens bei. Sozialpläne, die vor der Eröffnung des Insolvenzverfahrens, jedoch nicht früher als drei Monate vor dem Eröffnungsantrag aufgestellt worden sind, sollen typischerweise bereits Nachteile ausgleichen, die mit dem Eintritt der Insolvenz in Zusammenhang stehen. Es erscheint daher angemessen, die durch solche Sozialpläne begünstigten Arbeitnehmer weitgehend den Arbeitnehmern gleichzustellen, denen Forderungen aus einem im Insolvenzverfahren aufgestellten Sozialplan zustehen. Aus diesem Grund gewährt § 124 ein Widerrufsrecht für Sozialpläne, die in der kritischen Zeit vor Verfahrenseröffnung zustande gekommen sind und regelt die weiteren Folgen.[1] § 124 entspricht § 142 RegE. Eine ähnliche Vorläuferregelung gab es in der KO nicht, aber in §§ 3, 4 des Gesetzes über den Sozialplan im Konkurs- und Vergleichsverfahren.

2. Voraussetzungen und Rechtsfolgen

2 **a) Maßgeblicher Zeitraum.** Der Sozialplan muss zum einen vor der Eröffnung des Insolvenzverfahrens und zum anderen nicht früher als drei Monate vor dem Eröffnungsantrag aufgestellt worden sein. Damit sind im Insolvenzverfahren insgesamt drei verschiedene Sozialpläne zu unterscheiden: (1) Ein Sozialplan, der in dem eben ausgeführten Zeitraum aufgestellt wurde. Seine Behandlung richtet sich nach § 124. (2) Ein Sozialplan der länger als drei Monate vor dem Eröffnungsantrag aufgestellt wurde. Die InsO regelt diesen Fall nicht. Noch nicht erfüllte Ansprüche stellen daher einfache Insolvenzforderungen gem. § 38 dar.[2]

[1] Begründung RegE, *Balz/Landfermann,* S. 355.
[2] Vgl. BAG ZIP 2002, 2051.

(3) Ein Sozialplan, der nach der Eröffnung des Insolvenzverfahrens aufgestellt wird. Er wird gem. § 123 behandelt.

Der Sozialplan ist im Falle einer Einigung zwischen Unternehmer und Betriebsrat aufgestellt, sobald er schriftlich vorliegt und von beiden Seiten unterzeichnet ist.[1] Im Falle eines Spruchs der Einigungsstelle ist der Sozialplan aufgestellt, wenn der Beschluss schriftlich niedergelegt, vom Vorsitzenden unterschrieben und dem Unternehmer sowie dem Betriebsrat zugeleitet wurde.[2] Die Eröffnung des Insolvenzverfahrens (§ 27) muss nach diesem Zeitpunkt liegen. Der Antrag auf Eröffnung des Insolvenzverfahrens (§ 13) ist gestellt, wenn er beim zuständigen Insolvenzgericht (§§ 2, 3) eingegangen ist. Der Sozialplan darf nicht früher als drei Monate vor dem Tag des Antragseingangs zustande gekommen sein. Die dreimonatige Frist berechnet sich gem. §§ 187 ff. BGB. 3

b) Der **Widerruf** eines solchen Sozialplans ist gem. § 124 Abs. 1 an keine Frist bzw. an keinen besonderen Grund gebunden und kann sowohl vom Insolvenzverwalter als auch vom Betriebsrat erklärt werden. Der Widerruf wird mit Zugang (§ 130 BGB) bei der jeweils anderen Betriebspartei wirksam. 4

c) Rechtsfolgen

aa) Der **Sozialplan entfällt** mit dem Widerruf **rückwirkend** und entfaltet keine Rechtswirkungen mehr. 5

bb) Mit dem Wegfall des Sozialplans lebt die Sozialplanpflicht wegen der Betriebsänderung wieder auf, selbst wenn die Betriebsänderung schon begonnen hat oder bereits durchgeführt wurde.[3] Der Insolvenzverwalter und der Betriebsrat müssen sich gem. § 112 BetrVG **erneut** über einen **Sozialplan** einigen, wobei für diesen Sozialplan die **Regeln des § 123** gelten, da er nach der Eröffnung des Insolvenzverfahrens aufgestellt wird. 6

cc) Bei der Aufstellung des neuen Sozialplans **können** gem. § 124 Abs. 2 **Arbeitnehmer berücksichtigt werden,** denen bereits aus dem früheren Sozialplan Leistungen zustanden. Aufgrund der wirtschaftlich schwierigen Lage in der Insolvenz kann es aber auch sein, dass diese Arbeitnehmer im neuen Sozialplan nicht mehr berücksichtigt werden können oder nur noch mit geringeren Ansprüchen. Die Inhalte des alten Sozialplans binden nicht. Es gebietet nur der betriebsverfassungsrechtliche Gleichbehandlungsgrundsatz gem. § 75 Abs. 1 BetrVG, dass Arbeitnehmer in gleicher Lage auch gleich behandelt werden.[4] Für eine unterschiedliche Behandlung der Arbeitnehmer muss daher ein sachlicher Grund bestehen. 7

dd) Mit dem Widerruf entfällt zwar auch der Rechtsgrund für **Leistungen,** die auf Grund des widerrufenen Sozialplans bereits **an Arbeitnehmer erbracht** wurden, aus Gründen der Rechtssicherheit bestimmt insoweit aber § 124 Abs. 3 S. 1, dass diese Zahlungen **nicht** wegen des Widerrufs **zurückgefordert** werden können. Allerdings müssen diese Zahlungen, soweit sie an einen von der Entlassung bedrohten Arbeitnehmer erfolgten, bei einem **neuen Sozialplan berücksichtigt** werden (§ 124 Abs. 3 **S.** 2). Diese Zahlungen sind bei der Berechnung der absoluten Grenze des § 123 Abs. 1 bis zur Höhe von zweieinhalb 8

[1] § 112 Abs. 1 S. 1 BetrVG.
[2] § 76 Abs. 3 BetrVG.
[3] Vgl. *Kübler/Prütting/Bork/Moll,* InsO, §§ 123, 124 Rn. 96.
[4] Vgl. ErfKomm-*Kania,* BetrVG, §§ 112, 112 a Rn. 47.

Monatsverdiensten abzusetzen. Ferner muss sich der Arbeitnehmer die Zahlungen, die er auf Grund des widerrufenen Sozialplans erhalten hat, auf seine Ansprüche aus dem neuen Sozialplan anrechnen lassen.[1] Leistungen aus dem widerrufenen Sozialplan können allerdings dann zurückgefordert werden, soweit die Rückforderung auf anderen Gründen als auf dem Widerruf basiert. Insbesondere soll § 124 Abs. 3 S. 2 nicht eine Rückforderung auf Grund des Rechts der Insolvenzanfechtung ausschließen.[2]

d) Rang der Sozialplanforderungen

9 Der nach einem Widerruf neu aufgestellte Sozialplan begründet für die Arbeitnehmer gem. § 123 Abs. 2 S. 1 Masseverbindlichkeiten. Unterbleibt ein Widerruf, so haben die (alten) Sozialplanforderungen nur den Rang von Insolvenzforderungen gem. § 38.[3] Der Insolvenzverwalter und der Betriebsrat werden daher bei der Prüfung eines Widerrufs das noch auszuzahlende Volumen des alten Sozialplans und das zu erwartende Volumen eines neuen Sozialplans (unter Beachtung der absoluten und relativen Grenze des § 123) im Zusammenhang mit dem entsprechenden Forderungsrang zu beachten haben.

3. Streitpunkte

10 Wird ein Sozialplan, der unter § 124 Abs. 1 fällt, nicht widerrufen, ist umstritten, welcher Rang den Ansprüchen aus diesem Sozialplan zukommt. Nach einer Ansicht stellt das **Unterlassen eines Widerrufs** durch den Insolvenzverwalter eine Handlung dar, so dass dadurch die Forderungen aus dem Sozialplan zu **Masseverbindlichkeiten** werden.[4]

11 Nach dem Sinn des § 124 haben Insolvenzverwalter und Betriebsrat aber ein Wahlrecht, ob sie widerrufen oder nicht, und gerade keine Pflicht zum Widerruf.[5] Das Unterlassen eines Widerrufs kann deshalb auch nicht einer Handlung gleichgesetzt werden. Vor allem würde es aber den Zweck des § 124 in sein Gegenteil verkehren, wenn die schwierige Lage des Unternehmens in der Insolvenz durch § 124 nicht gemindert, sondern dadurch verstärkt würde, dass ohne Grund neue Masseverbindlichkeiten geschaffen werden. Ansprüche aus einen Sozialplan vor Verfahrenseröffnung sind deshalb nur Insolvenzforderungen.[6]

§ 125 Interessenausgleich und Kündigungsschutz

(1) **Ist eine Betriebsänderung (§ 111 des Betriebsverfassungsgesetzes) geplant und kommt zwischen Insolvenzverwalter und Betriebsrat ein Interessenausgleich zustande, in dem die Arbeitnehmer, denen gekündigt werden soll, namentlich bezeichnet sind, so ist § 1 des Kündigungsschutzgesetzes mit folgenden Maßgaben anzuwenden:**

---

[1] Vgl. *Nerlich/Römermann/Hamacher,* InsO, § 124 Rn. 19.

[2] Vgl. Begründung RegE, aaO.

[3] BAG ZIP 2002, 2051 ff.

[4] *Lakies* BB 1999, 206 ff.; *Warrikoff* BB 1994, 2338 ff.

[5] Auf sein Recht zum Widerruf kann der Betriebsrat jedenfalls nach Insolvenzeintritt wirksam verzichten, so LAG Köln NZI 2003, 335.

[6] Vgl. *Kübler/Prütting/Bork/Moll,* InsO, §§ 123, 124 Rn. 105; LAG Köln ZIP 2001, 1070; so auch BAG ZIP 2002, 2051.

1. **es wird vermutet, daß die Kündigung der Arbeitsverhältnisse der bezeichneten Arbeitnehmer durch dringende betriebliche Erfordernisse, die einer Weiterbeschäftigung in diesem Betrieb oder einer Weiterbeschäftigung zu unveränderten Arbeitsbedingungen entgegenstehen, bedingt ist;**
2. **die soziale Auswahl der Arbeitnehmer kann nur im Hinblick auf die Dauer der Betriebszugehörigkeit, das Lebensalter und die Unterhaltspflichten und auch insoweit nur auf grobe Fehlerhaftigkeit nachgeprüft werden; sie ist nicht als grob fehlerhaft anzusehen, wenn eine ausgewogene Personalstruktur erhalten oder geschaffen wird.**

Satz 1 gilt nicht, soweit sich die Sachlage nach Zustandekommen des Interessenausgleichs wesentlich geändert hat.

(2) **Der Interessenausgleich nach Absatz 1 ersetzt die Stellungnahme des Betriebsrats nach § 17 Abs. 3 Satz 2 des Kündigungsschutzgesetzes.**

Übersicht

1. Normzweck

Im Insolvenzverfahren sind häufig Betriebsänderungen erforderlich, die mit der Entlassung einer größeren Zahl von Arbeitnehmern verbunden sind. Die zügige Durchführung derartiger Betriebsänderungen darf nicht dadurch in Frage gestellt werden, dass der Insolvenzverwalter einer Fülle von langwierigen Kündigungsschutzprozessen ausgesetzt ist. Auf der anderen Seite dürfen die Arbeitnehmer nicht rechtlos gestellt werden. § 125 ermöglicht einen Ausgleich. Wenn zwischen Insolvenzverwalter und Betriebsrat in einem Interessenausgleich Einigkeit darüber erzielt worden ist, welche Arbeitnehmer im Zusammenhang mit der geplanten Betriebsänderung entlassen werden müssen, ist es gerechtfertigt, die soziale Rechtfertigung der Kündigungen nur noch in Ausnahmefällen in Frage zu stellen. Denn es kann als Regelfall angenommen werden, dass der Betriebsrat seine Verantwortung gegenüber den Arbeitnehmern wahrnimmt, nur unvermeidbaren Entlassungen zustimmt und darauf achtet, dass bei der Auswahl der ausscheidenden Arbeitnehmer soziale Gesichtspunkte ausreichend berücksichtigt werden.[1] § 125 entspricht mit einigen Änderungen RegE § 128. Eine vergleichbare Vorschrift gab es in der KO nicht. 1

2. Voraussetzungen

a) Der Insolvenzverwalter muss eine **Betriebsänderung i. S. v. § 111 BetrVG planen.** „Planen" hat eine rein zeitliche Bedeutung. Es soll sicherstellen, dass der Betriebsrat beteiligt wird, bevor die Betriebsänderung umgesetzt 2

[1] Begründung RegE, *Balz/Landfermann,* S. 357.

ist.[1] Es folgt hieraus auch, dass die Vereinfachung des Kündigungsschutzes durch § 125 nur dann greift, wenn eine Betriebsänderung i. S. v. § 111 BetrVG vorliegt. Das hat der Insolvenvzerwalter darzulegen und zu beweisen.[2] Auf Vorgänge, die sich nicht als Betriebsänderung darstellen – wie z. B. ein Betriebsübergang – erstreckt sich § 125 nicht.[3] Ein Interessenausgleich zwischen Insolvenzverwalter und Betriebsrat auf freiwilliger Basis, ohne dass die Voraussetzungen des § 111 BetrVG vorliegen, führt nicht zu den Rechtsfolgen des § 125.[4]

3 **b)** Für das Zustandekommen des **Interessenausgleichs** gilt § 112 Abs. 1 bis 3 BetrVG.[5] Zum Inhalt eines Interessenausgleichs und dem davon zu unterscheidenden Sozialplan siehe § 121 Anm. 2 a). Der Interessenausgleich ist gem. § 112 Abs. 1 S. 1 BetrVG schriftlich niederzulegen und vom Insolvenzverwalter und Betriebsrat zu unterschreiben. Kommt ein Interessenausgleich nicht zustande, kann die fehlende Einigung nicht durch einen Spruch der Einigungsstelle ersetzt werden. Der Insolvenzverwalter kann eine schnelle Klärung der Wirksamkeit der Kündigungen nur über das Beschlussverfahren nach § 126 erreichen, indem er beim Arbeitsgericht die Feststellung beantragt, dass die Kündigung bestimmter, namentlich bezeichneter Arbeitnehmer betrieblich bedingt und sozial gerechtfertigt ist.

4 **c)** In dem Interessenausgleich müssen die zu entlassenden **Arbeitnehmer namentlich** und evtl. mit weiteren Individualisierungsmerkmalen (z. B.: Geburtsdatum, Personalnummer) eindeutig **bezeichnet** sein. Das Schriftformerfordernis ist gem. § 126 BGB gewahrt, wenn der Interessenausgleich und die Namensliste in einer Urkunde enthalten sind. Bestehen Interessenausgleich und Namensliste aus mehreren Blättern, so ist wegen des **Gebots der Urkundeneinheit** grundsätzlich eine feste Verbindung der Namensliste mit dem Interessenausgleich (z. B. mittels Heftmaschine) erforderlich.[6] Besteht der Text des Interessenausgleiches selbst aus mehreren Blättern, so liegt eine einheitliche Urkunde im Sinne des § 126 Abs. 2 S. 1 BGB allerdings schon dann vor, wenn sich aus dem Inhalt der Blätter und deren Einheit (etwa aus fortlaufender Paginierung, fortlaufender Nummerierung der einzelnen Bestimmungen, einheitlicher graphischer Gestaltung, inhaltlichem Zusammenhang des Textes oder vergleichbarer Merkmale) deren Zusammenhang zu einem einheitlichen Ganzen ergibt. Ist dies der Fall, so bedarf es zur Wahrung der Schriftform des § 112 Abs. 1 S. 1 BetrVG nicht zusätzlich der körperlichen Verbindung der einzelnen Blätter der Vereinbarung; die Unterschrift auf dem letzten Blatt der Vertragsurkunde genügt.[7] Wird die Namensliste getrennt erstellt, ist es ausreichend, wenn sie von den Betriebsparteien unterzeichnet und in ihr auf den Interessenausgleich oder im Interessenausgleich auf die Liste Bezug genommen ist.[8] Dabei ist es unschädlich, wenn ein bereits unterzeichneter Interessenausgleich nachträglich um eine Namensliste

---

[1] Vgl. *Richardi,* BetrVG, § 111 Rn. 34.

[2] BAG ZIP 2007, 2136; BAG, Urt. vom 13. 2. 2008, 2 AZR 79/06; BAG NZA 2007, 1307.

[3] BAG ZIP 2007, 2136; BAG NZA 2008, 1060 zu § 1 Abs. 5 KSchG.

[4] BAG ZInsO 2003, 43.

[5] Begründung RegE, *Balz/Landfermann,* S. 357.

[6] Vgl. BAG ZIP 1998, 1885; BAG NZA 2007, 266.

[7] Vgl. BAG ZIP 1998, 1885.

[8] BAG NZA 2007, 266; BAG NZA 2008, 103.

ergänzt wird, wenn in dieser auf den Interessenausgleich Bezug genommen wird und von den Betriebsparteien unterzeichnet wurde.[1]

Neben dem Gebot der Urkundeneinheit ist als weiteres Formprinzip das **Bezugnahmeverbot** zu beachten. Deshalb genügt zur Erfüllung des Schriftformerfordernisses der einseitige Hinweis im Interessenausgleich, also eine bloße Bezugnahme, auf eine „lose" beigefügte Anlage, die von den Betriebspartnern nicht unterzeichnet ist, nicht.[2] Ebensowenig reicht die Verwahrung der nicht gehefteten Blätter des Interessenausgleiches und der Namensliste in einer Plastikhülle innerhalb eines Ordners aus, weil die Namensliste unter solchen Umständen problemlos ausgetauscht werden könnte.[3] Ergibt sich der volle Geschäftsinhalt erst durch die Hinzuziehung einer Anlage, muss zur Wahrung der Schriftform die ergänzende Urkunde in der Hauptturkunde in Bezug genommen und mit dieser zu einer einheitlichen Urkunde verbunden sein, wobei die Verbindung einen Sinnzusammenhang erkennen lassen und erkennbar endgültig und dauerhaft gewollt sein muss. Dies ist der Fall, wenn die hergestellte Verbindung nur durch teilweise Substanzzerstörung oder mit Gewaltanwendung wieder aufgehoben werden kann, wie es beim Heften mit Faden, Anleimen oder Zusammenfügen mittels Heftmaschine erforderlich wäre.[4] Ist dies nicht der Fall, deckt die Unterschrift unter die Haupturkunde nicht den gesamten Inhalt der damit verbundenen Anlage. Gleiches gilt, wenn die ursprünglich vorhandene Gesamturkunde zerstört ist, beispielsweise die Heftklammern zum Zwecke der Fertigung von Kopien gelöst worden sind. Werden die Heftklammern einmal gelöst, so ist die vormalige Gesamturkunde dauerhaft und unwiederbringlich zerstört.[5] 5

Eine Negativliste mit den nicht zu kündigenden Arbeitnehmern reicht für § 125 nicht.[6] Bei den einzelnen Arbeitnehmern ist kenntlich zu machen, ob eine Beendigungs- oder eine Änderungskündigung vorliegt.[7] 6

Der Insolvenzverwalter muss die Möglichkeit des § 125 nicht nutzen, er kann auch eine „normale" Kündigung aussprechen. Es ist aber nicht zulässig eine bereits erfolgte Kündigung im Nachhinein durch einen Interessenausgleich mit Namensliste unter die Rechtsfolge des § 125 zu stellen. Dies ergibt sich bereits aus dem Wortlaut der Norm, denn es sollen die Arbeitnehmer namentlich bezeichnet werden, denen (erst noch) gekündigt werden soll. 7

3. Rechtsfolgen

Liegen diese Voraussetzungen vor, gilt eine entsprechende Kündigung als sozial gerechtfertigt, weshalb die gerichtliche Überprüfbarkeit stark eingeschränkt wird. 8

a) § 125 Abs. 1 Nr. 1 beinhaltet eine **gesetzliche Vermutung.** Die Beweislast in einem Kündigungsschutzprozess wird zugunsten des Insolvenzverwalters verändert. 9

---

[1] BAG NZA 2008, 103.
[2] LAG Rheinland-Pfalz InVo 1998, 70; BAG NZA 2007, 266.
[3] BAG ZInsO 2000, 351.
[4] LAG Hamm ZInsO 2001, 336; BAG NZA 2007, 266.
[5] LAG Hamm ZInsO 2001, 336.
[6] *Kübler/Prütting/Bork/Moll,* InsO, § 125 Rn. 26.
[7] *Kübler/Prütting/Bork/Moll,* InsO, § 125 Rn. 29.

10 **aa)** § 1 KSchG ist grundsätzlich anwendbar, so dass nach dessen Abs. 2 S. 4 eigentlich der Arbeitgeber die Tatsachen zu beweisen hätte, die die Kündigung bedingen. Aufgrund § 125 Abs. 1 Nr. 1 wird nun vermutet, dass die Kündigung durch dringende betriebliche Erfordernisse bedingt ist. Diese gesetzliche Vermutung (§ 292 S. 1 ZPO) bedeutet, dass nicht mehr der Arbeitgeber/Insolvenzverwalter beweispflichtig ist, sondern dass die gekündigten Arbeitnehmer die Vermutung widerlegen müssen, indem sie den **Beweis des Gegenteils** erbringen. Die Arbeitnehmer müssen darlegen und beweisen, dass es an einem dringenden betrieblichen Erfordernis für die Kündigung fehlt und eine Weiterbeschäftigung möglich ist.[1] Allerdings greift die Vermutung erst dann ein, wenn der Insolvenzverwalter dargelegt hat, dass die Voraussetzungen des § 125 Abs. 1 vorliegen (siehe oben Anm. 2).[2]

11 **bb)** Die Vermutung gilt gleichermaßen für eine **Beendigungs-** wie für eine **Änderungskündigung.**[3]

12 **b)** Zudem wird die **gerichtliche Nachprüfung** der **Sozialauswahl** auf drei Kriterien und auf grobe Fehlerhaftigkeit eingeschränkt.

13 **aa)** Das Arbeitsgericht kann die Sozialauswahl nur im Hinblick auf die Dauer der Betriebszugehörigkeit, das Lebensalter und die Unterhaltspflichten überprüfen. Damit verbietet das Gesetz dem Insolvenzverwalter und dem Betriebsrat nicht, in die Sozialauswahl auch andere als diese **drei Kriterien** einzubeziehen.[4] Es darf durch die Berücksichtigung anderer Kriterien nur nicht zu einer grob fehlerhaften und damit angreifbaren Gewichtung der gerichtlich nachprüfbaren drei Kriterien kommen. Zur Sozialauswahl gehört untrennbar die Festlegung des Kreises der vergleichbaren Arbeitnehmer. Auch die Gruppenbildung kann daher nur auf grobe Fehlerhaftigkeit überprüfbar sein.[5]

14 **bb)** Grob fehlerhaft ist eine soziale Auswahl, wenn ein evidenter, ins Auge springender, schwerer Fehler vorliegt und der Interessenausgleich, insbesondere bei der Gewichtung der Auswahlkriterien, jede Ausgewogenheit vermissen lässt.[6]

15 **cc)** Auch wenn die Sozialauswahl hiernach grob fehlerhaft wäre, ist sie es dann nicht, wenn sie das Ziel einer **ausgewogenen Personalstruktur** verfolgt. In diesem Rahmen können Aspekte wie Alter und Qualifikationen des Personals, Anzahl der Schwerbehinderten oder der Teilzeitbeschäftigten berücksichtigt werden.[7]

16 **dd)** Die gesetzliche Vermutung (Beweislastumkehr) in § 125 Abs. 1 Nr. 1 bezieht sich nicht auf **Abs. 1 Nr. 2,** so dass es insoweit bei der regulären **Beweislast** gem. § 1 Abs. 3 S. 3 KSchG bleibt. Mithin muss der Arbeitnehmer die grobe Fehlerhaftigkeit der Sozialauswahl im Hinblick auf die nachprüfbaren

---

[1] BAG NZA 2008, 633.

[2] BAG ZInsO 2003, 43; BAG ZIP 2007, 2136; BAG NZA 2008, 1060.

[3] BAG NZA 2008, 103 zu § 1 Abs. 5 KSchG.

[4] Vgl. *Kübler/Prütting/Bork/Moll,* InsO, § 125 Rn. 47 f.

[5] BAG ZIP 2004, 1271; BAG NZA 2006, 662.

[6] BAG ZIP 2006, 199; BAG ZIP 2004, 1271; BAG ZIP 2007, 595.; BAG NZA 2007, 504; BAG NZA 2008, 1060; BAG NZA-RR 2008, 571;

[7] BAG ZIP 2004, 1271; BAG, Urt. vom 21. 9. 2006 – 2 AZR 284/06; BAG, Urt. vom 6. 11. 2008 – 2 AZR 523/07; AP KSchG 1969 § 1 Namensliste Nr. 17.

Kriterien beweisen.[1] Der Arbeitnehmer kann aber vom Insolvenzverwalter verlangen, dass er ihm die Gründe angibt, die zu der getroffenen Auswahl geführt haben (vgl. § 1 Abs. 3 S. 1, 2. Halbs. KSchG).[2]

c) Im Falle eines neben der Betriebsänderung stattgefundenen **Betriebsübergangs** erstreckt sich die Vermutung nach § 125 Abs. 1 Nr. 1 auch darauf, dass die Kündigung der Arbeitsverhältnisse nicht wegen des Betriebsübergangs erfolgt ist (§ 128 Abs. 2).[3] 17

d) Auch in der Insolvenz des Arbeitgebers genießen Betriebsratsmitglieder den besonderen Kündigungsschutz. § 125 stellt gegenüber § 15 KSchG keine lex specialis dar.[4] 17a

4. Weitere Einzelheiten

a) Die Rechtsfolgen des § 125 entfallen, wenn sich nach dem Zustandekommen des Interessenausgleichs eine **wesentliche Änderung der Sachlage** ergibt. Eine wesentliche Änderung liegt in Anlehnung an die Grundsätze des Wegfalls der Geschäftsgrundlage vor, wenn nicht ernsthaft zu bezweifeln ist, dass eine der Parteien oder beide bei Kenntnis der Änderung den Vertrag nicht oder mit anderem Inhalt abgeschlossen hätten.[5] Nach richtiger Ansicht kann es nur auf Änderungen ankommen, die **zeitlich vor dem Zugang der Kündigung** eingetreten sind.[6] Bei einer Änderung nachdem die Kündigung ausgesprochen wurde, kann einem betroffenen Arbeitnehmer jedoch ein **Wiedereinstellungsanspruch** zustehen.[7] 18

b) Der Interessenausgleich ersetzt die **Stellungnahme des Betriebsrats** nach § 17 Abs. 3 S. 2 KSchG. Weder ersetzt noch erleichtert wird aber die **Betriebsratsanhörung** gem. § 102 BetrVG.[8] 19

5. Streitpunkte

Fraglich ist, ob die gesetzliche Vermutungswirkung des § 125 auch greift, wenn keine Betriebsänderung i. S. d. § 111 BetrVG vorliegt und eine Interessenausgleichspflicht nicht besteht, die Betriebspartner aber einen **freiwilligen Interessenausgleich** mit Namensliste vereinbart haben. Dies wird zum Teil in der Literatur bejaht.[9] Dieser Auffassung kann nicht gefolgt werden, da § 125 ausdrücklich auf § 111 BetrVG verweist und von einem Interessenausgleich spricht. Nur ein nach § 111 BetrVG rechtswirksamer Interessenausgleich kann die gesetzliche Vermutungsregelung des § 125 auslösen.[10] 20

---

[1] ArbG Darmstadt ZAP ERW 1998, 67.
[2] BAG NZA 2006, 662.
[3] BAG NZA 2003, 1027; BAG NZA 2007, 387.
[4] BAG ZIP 2006, 918.
[5] Vgl. § 313 BGB.
[6] ArbG Aachen ZIP 2000, 202; LAG Hamm ZInsO 2005, 616; BAG NZA 2002, 1360.
[7] Vgl. *Nerlich/Römermann/Hamacher,* InsO, § 125 Rn. 67 f. mwN; zum Wiedereinstellungsanspruch s. auch § 128 2 b) ee).
[8] LAG Düsseldorf ZIP 2003, 817; BAG ZIP 2004, 525; BAG, Urt. vom 26. 4. 2007 – 8 AZR 695/05.
[9] Vgl. zum Meinungsstand *Hess,* Insolvenzarbeitsrecht, § 125 Rn. 7.
[10] So BAG ZInsO 2003, 43; LAG Brandenburg, Urt. vom 14. 2. 2006 – 10 Sa 607/05.

§ 126 Beschlußverfahren zum Kündigungsschutz

(1) **Hat der Betrieb keinen Betriebsrat oder kommt aus anderen Gründen innerhalb von drei Wochen nach Verhandlungsbeginn oder schriftlicher Aufforderung zur Aufnahme von Verhandlungen ein Interessenausgleich nach § 125 Abs. 1 nicht zustande, obwohl der Verwalter den Betriebsrat rechtzeitig und umfassend unterrichtet hat, so kann der Insolvenzverwalter beim Arbeitsgericht beantragen festzustellen, daß die Kündigung der Arbeitsverhältnisse bestimmter, im Antrag bezeichneter Arbeitnehmer durch dringende betriebliche Erfordernisse bedingt und sozial gerechtfertigt ist. Die soziale Auswahl der Arbeitnehmer kann nur im Hinblick auf die Dauer der Betriebszugehörigkeit, das Lebensalter und die Unterhaltspflichten nachgeprüft werden.**

(2) **Die Vorschriften des Arbeitsgerichtsgesetzes über das Beschlußverfahren gelten entsprechend; Beteiligte sind der Insolvenzverwalter, der Betriebsrat und die bezeichneten Arbeitnehmer, soweit sie nicht mit der Beendigung der Arbeitsverhältnisse oder mit den geänderten Arbeitsbedingungen einverstanden sind. § 122 Abs. 2 Satz 3, Abs. 3 gilt entsprechend.**

(3) **Für die Kosten, die den Beteiligten im Verfahren des ersten Rechtszugs entstehen, gilt § 12 a Abs. 1 Satz 1 und 2 des Arbeitsgerichtsgesetzes entsprechend. Im Verfahren vor dem Bundesarbeitsgericht gelten die Vorschriften der Zivilprozeßordnung über die Erstattung der Kosten des Rechtsstreits entsprechend.**

Übersicht

1. Normzweck

1 § 126 ergänzt § 125. Ist eine umfassende Klärung der Rechtmäßigkeit von Kündigungen durch einen Interessenausgleich nach § 125 nicht möglich, kann der Insolvenzverwalter in den Fällen des § 126 die soziale Rechtfertigung der Entlassungen in einem besonderen Beschlussverfahren vor dem Arbeitsgericht feststellen lassen. Auf diese Weise kann eine schnelle Klärung der Wirksamkeit aller im Zusammenhang mit einer Betriebsänderung ausgesprochener Kündigungen geschaffen werden.[1] § 126 entspricht mit wenigen Änderungen RegE § 129. Eine vergleichbare Vorschrift gab es in der KO nicht.

[1] Begründung RegE, *Balz/Landfermann,* S. 359.

2. Voraussetzungen und Rechtsfolgen

2 **a)** Ein **Interessenausgleich** nach § 125 darf **nicht zustande gekommen** sein. Dies setzt mittelbar voraus, dass eine Betriebsänderung i. S. v. § 111 BetrVG geplant ist (siehe hierzu § 125 Anm. 2. a). Liegt ein Interessenausgleich im Sinne von § 125 vor, ist ein Antrag nach § 126 unzulässig.[1] Ein Interessenausgleich über einen Teil der Entlassungen hindert einen Antrag über einen anderen Teil nicht, da insoweit gerade keine Einigung über einen Interessenausgleich erzielt wurde.[2]

3 **aa)** Hat der Betrieb **keinen Betriebsrat,** kann der Insolvenzverwalter den Antrag sofort stellen.

4 **bb)** Aus § 126 ergibt sich nicht eindeutig, welche Betriebe ohne Betriebsrat erfasst werden sollen. § 126 setzt durch seine Bezugnahme auf die soziale Rechtfertigung voraus, dass das KSchG grundsätzlich anwendbar ist. Daraus ergibt sich, dass der Betrieb – nach der Zählweise des § 23 KSchG – jedenfalls mehr als zehn Arbeitnehmer haben muss, damit er in den Anwendungsbereich von § 126 fällt. Zudem macht der Verweis auf § 125 deutlich, dass zugleich auch die Voraussetzungen des § 111 BetrVG vorliegen müssen. Damit kann § 126 sich nur auf betriebsratslose Betriebe mit mehr als zwanzig wahlberechtigten Arbeitnehmern beziehen.[3]

5 **cc) Besteht** ein **Betriebsrat,** kann der Insolvenzverwalter den Antrag stellen, wenn drei Wochen (1) seit Verhandlungsbeginn oder (2) seit schriftlicher Aufforderung zur Aufnahme von Verhandlungen noch kein Interessenausgleich erzielt wurde. Verhandlungen liegen nicht schon mit der Unterrichtung durch den Insolvenzverwalter sondern erst dann vor, wenn beide Seiten miteinander über eine Einigung beraten. Fordert der Insolvenzverwalter schriftlich zur Aufnahme von Verhandlungen auf, beginnt die Frist mit Zugang (§ 130 BGB) beim Betriebsratsvorsitzenden (§ 26 Abs. 2 S. 2 BetrVG). Nur wenn der Betriebsrat objektiv betrachtet rechtzeitig und umfassend unterrichtet wurde, hat der Insolvenzverwalter seiner Pflicht genügt, so dass die dreiwöchige Frist zu laufen beginnt (vgl. hierzu auch § 122 Anm. 2. b). Rechtzeitig bedeutet, dass der Betriebsrat noch auf die Planung der Betriebsänderung Einfluss nehmen können muss. Scheitern die Verhandlungen vor Fristablauf endgültig, kann der Insolvenzverwalter gleich den Antrag stellen, denn ein weiteres Zuwarten erfüllt keinen Zweck mehr.[4] Nach allgemeinen prozessualen Erwägungen reicht es aus, wenn die dreiwöchige Frist im Zeitpunkt der mündlichen Verhandlung bzw. Anhörung abgelaufen ist.[5]

6 **b)** Liegen diese Voraussetzungen vor, kann der Insolvenzverwalter **beim Arbeitsgericht Feststellung beantragen,** dass die Kündigung der Arbeitsverhältnisse bestimmter, im Antrag bezeichneter Arbeitnehmer durch dringende betriebliche Erfordernisse bedingt und sozial gerechtfertigt ist. Der Zulässigkeit des

[1] BAG NZI 2000, 498 ff.

[2] Vgl. *Kübler/Prütting/Bork/Moll,* InsO, § 126 Rn. 40 f.

[3] Vgl. *Kübler/Prütting/Bork/Moll,* InsO, § 126 Rn. 9 ff.; aA: *Rieble* NZA 2007, 1393; MünchKomm-*Löwisch/Caspers,* InsO § 126 Rn. 6.

[4] Vgl. *Nerlich/Römermann/Hamacher,* InsO, § 126 Rn. 13.

[5] Vgl. *Kübler/Prütting/Bork/Moll,* InsO, § 126 Rn. 18.

Antrags steht nicht entgegen, dass die Feststellung für Kündigungen verlangt wird, die bereits ausgesprochen worden sind.[1]

7 **c)** Der Antrag ist nur dann bestimmt genug, wenn er eine **Namensliste** der Arbeitnehmer enthält, denen gekündigt werden soll oder bereits gekündigt wurde. § 127 Abs. 2, wonach das Klageverfahren auf Antrag des Insolvenzverwalters auszusetzen ist, wenn der Arbeitnehmer schon vor „Rechtskraft" der Entscheidung Klage erhoben hat, ermöglicht gerade auch Kündigungen vor Einleitung des Beschlussverfahrens.[2] Eine frühe Kündigung schont insbesondere die Insolvenzmasse, selbstverständlich nicht zum Preis der Nachteilsausgleichspflicht nach § 113 Abs. 3 BetrVG. Eine vorzeitige Kündigung verbietet sich deshalb, wenn kein Interessenausgleich nach § 112 BetrVG, kein Versuch eines Interessenausgleichs (Scheitern des Verfahrens nach § 112 Abs. 2 BetrVG) oder keine gerichtliche Zustimmung zur Durchführung der Betriebsänderung nach § 122 vorliegt.

8 Wie sich aus § 126 Abs. 2 S. 1 ergibt, werden Beendigung- und Änderungskündigungen erfasst. Der Insolvenzverwalter kann einen **Hilfsantrag** einreichen für den Fall, dass nicht hinsichtlich aller im Hauptantrag aufgeführten Arbeitnehmer die Kündigung als sozial gerechtfertigt angesehen wird.[3] Eine Kündigung der im Hilfsantrag bezeichneten Arbeitnehmer wird erst dann gerichtlich überprüft, wenn dem Hauptantrag nicht voll entsprochen wird.

9 **d)** Die Überprüfung, ob die Kündigungen durch dringende betriebliche Erfordernisse bedingt und sozial gerechtfertigt sind, erfolgt nach den **Grundsätzen von § 1 KSchG,** da in § 126 keine abweichende Regelung getroffen wurde. Über andere Unwirksamkeitsgründe kann das Arbeitsgericht in diesem Beschlussverfahren nicht entscheiden. Als sonstiger Unwirksamkeitsgrund wird vom BAG aber nicht die Kündigungsberechtigung angesehen, die immer zu prüfen ist.[4]

10 **aa)** Der Antrag kann sich ausdrücklich nur auf betriebsbedingte, nicht auch auf personen- oder verhaltensbedingte Kündigungen beziehen. Deren Wirksamkeit richtet sich allein nach § 1 KSchG.

11 **bb)** Auch die **Darlegungs- und Beweislast** richtet sich nach § 1 KSchG. Der Insolvenzverwalter hat hiernach die Tatsachen zu beweisen, die die Kündigung bedingen und der Arbeitnehmer die Tatsachen, die die Kündigung als sozial ungerechtfertigt erscheinen lassen. Auf Verlangen des Arbeitnehmers hat der Insolvenzverwalter die Gründe anzugeben, die zu der getroffenen Sozialauswahl geführt haben.

12 **cc)** Wie schon in § 125 ist auch in § 126 die **Überprüfung** der Sozialauswahl auf die **drei Kriterien** Dauer der Betriebszugehörigkeit, Lebensalter und Unterhaltspflichten beschränkt. Bei der Entscheidung nach § 126 wird im Unterschied zu § 125 indes nicht nur auf grobe Fehlerhaftigkeit nachgeprüft.

---

[1] BAG NZI 2000, 495.
[2] Vgl. BAG ZIP 2000, 1588 ff.; *Kübler/Prütting/Bork/Moll,* InsO, § 126 Rn. 22.
[3] Vgl. *Nerlich/Römermann/Hamacher,* InsO, § 126 Rn. 34.
[4] BAG ZIP 2000, 1588 ff.

e) Verfahren vor dem Arbeitsgericht

aa) Das Arbeitsgericht entscheidet im **Beschlussverfahren** (§ 126 Abs. 2 i. V. m. §§ 80 ff. ArbGG). Fehlen die Antragsvoraussetzungen, ist der Antrag als unzulässig zurückzuweisen. 13

bb) Beteiligte sind der Insolvenzverwalter, der Betriebsrat und die bezeichneten Arbeitnehmer. Es ist unerlässlich, die Namensliste bestimmt genug abzufassen. Arbeitnehmer, die sich mit der Beendigung des Arbeitsverhältnisses oder mit den geänderten Arbeitsbedingungen einverstanden erklärt haben, sind nicht zu beteiligen.[1] Die Erklärung muss eindeutig sein, denn der Arbeitnehmer verliert dadurch nicht nur seine Beteiligtenstellung, er kann insoweit auch keine Kündigungsschutzklage mehr erheben. Soweit ein Hilfsantrag gestellt wurde, sind die darin aufgeführten Arbeitnehmer von Anfang an ebenfalls Beteiligte.[2] Im Falle einer Betriebsveräußerung ist der Erwerber gem. § 128 Abs. 1 S. 2 zu beteiligen. 14

cc) Das **Rechtsschutzbedürfnis** für das Beschlussverfahren kann **entfallen,** etwa wenn ein Arbeitnehmer nach Antragstellung sein Einverständnis erklärt oder wenn er nach einer Kündigung nicht rechtzeitig Kündigungsschutzklage erhebt (mit der Folge des § 7 KSchG). Mithin wäre der Antrag insoweit als unzulässig zurückzuweisen, wenn ihn der Insolvenzverwalter nicht vorher zurücknimmt. Der Antrag wird auch dann unzulässig, wenn die Betriebsparteien nach Antragstellung noch einen Interessenausgleich nach § 125 erzielen.[3] Die Beteiligten können in solch einem Fall das Beschlussverfahren gem. § 83 a Abs. 2 ArbGG für erledigt erklären. 15

dd) Im Beschlussverfahren ermittelt das Arbeitsgericht grundsätzlich von Amts wegen. Durch den Verweis in § 126 Abs. 2 S. 2 auf § 122 Abs. 2 S. 3 i. V. m. **§ 61 a ArbGG** ergibt sich eine **Ausnahme** von diesem **Untersuchungsgrundsatz:** § 61 a Abs. 3 bis 6 ArbGG beschleunigt das Verfahren und macht zugleich deutlich, dass das Gericht regelmäßig dann nicht weiter ermitteln muss, wenn die Beteiligten an der Aufklärung nicht ausreichend mitwirken.[4] Soweit § 122 Abs. 2 S. 3 entsprechend gilt, vgl. auch die Ausführungen bei § 122 Anm. 3). 16

ee) Kosten: Gerichtskosten werden gem. § 12 Abs. 5 ArbGG nicht erhoben. **Außergerichtliche Kosten** werden im erstinstanzlichen Verfahren gem. § 12 a Abs. 1 S. 1 und 2 ArbGG nicht erstattet. Für das Rechtsbeschwerdeverfahren verweist § 126 Abs. 3 S. 2 auf die Vorschriften der ZPO, so dass eine Erstattung der außergerichtlichen Kosten gem. §§ 91 ff. ZPO möglich ist. Für die Berechnung der Gebühren des Prozessvertreters ist § 12 Abs. 7 ArbGG entsprechend anzuwenden.[5] Auch im Insolvenzverfahren gilt § 40 BetrVG, so dass der Arbeitgeber/Insolvenzverwalter die (Prozess-)Kosten des Betriebsrats zu tragen hat.[6] Diese sind Masseverbindlichkeiten gem. § 55.[7] 17

---

[1] BAG ZIP 2000, 1588 ff.
[2] Vgl. *Kübler/Prütting/Bork/Moll,* InsO, § 126 Rn. 49.
[3] Vgl. BAG NZI 2000, 498.
[4] Vgl. *Nerlich/Römermann/Hamacher,* InsO, § 126 Rn. 46 f.
[5] Begründung RegE, *Balz/Landfermann,* S. 360.
[6] Zur Kostenerstattung im Beschlussverfahren allgemein s. BAG NZA 2008, 372.
[7] Vgl. *Nerlich/Römermann/Hamacher,* InsO, § 126 Rn. 57 mwN.

3. Rechtsmittel

18 § 126 Abs. 2 S. 2 verweist auf § 122 Abs. 3. Damit ist die Beschwerde an das Landesarbeitsgericht ausgeschlossen. Nur bei Zulassung durch das Arbeitsgericht kann der Beschluss mit der Rechtsbeschwerde zum BAG angefochten werden. Die Nichtzulassung kann nicht mit einer Nichtzulassungsbeschwerde angegriffen werden.[1] Im Regelfall ist davon auszugehen, dass gegen den Beschluss des Arbeitsgerichts kein Rechtsmittel gegeben ist.

§ 127 Klage des Arbeitnehmers

(1) **Kündigt der Insolvenzverwalter einem Arbeitnehmer, der in dem Antrag nach § 126 Abs. 1 bezeichnet ist, und erhebt der Arbeitnehmer Klage auf Feststellung, daß das Arbeitsverhältnis durch die Kündigung nicht aufgelöst oder die Änderung der Arbeitsbedingungen sozial ungerechtfertigt ist, so ist die rechtskräftige Entscheidung im Verfahren nach § 126 für die Parteien bindend. Dies gilt nicht, soweit sich die Sachlage nach dem Schluß der letzten mündlichen Verhandlung wesentlich geändert hat.**

(2) **Hat der Arbeitnehmer schon vor der Rechtskraft der Entscheidung im Verfahren nach § 126 Klage erhoben, so ist die Verhandlung über die Klage auf Antrag des Verwalters bis zu diesem Zeitpunkt auszusetzen.**

Übersicht

1. Normzweck

1 Wie schon §§ 125 und 126 dient auch § 127 dem Ziel der schnellen Klärung, ob die im Zusammenhang mit einer Betriebsänderung ausgesprochenen Kündigungen wirksam sind. § 127 stellt klar, dass die rechtskräftige Entscheidung im Beschlussverfahren nach § 126 im Kündigungsschutzprozess des Arbeitnehmers grundsätzlich bindend ist. § 127 Abs. 2 behandelt die zeitliche Koordinierung von Beschlussverfahren und Individualverfahren: Der Insolvenzverwalter kann die Kündigungen, die er für erforderlich hält, schon vor der Antragstellung aussprechen. Er kann abwarten, welche Arbeitnehmer die Kündigungen nicht hinnehmen, sondern fristgerecht Klage erheben. Der Insolvenzverwalter hat dann die Möglichkeit, den Feststellungsantrag nach § 126 auf diese streitigen Fälle zu beschränken. Zudem sind die Individualprozesse auf Antrag des Insolvenzverwalter bis zur rechtskräftigen Entscheidung im Beschlussverfahren auszusetzen.[2] § 127 entspricht weitgehend RegE § 130. Eine vergleichbare Vorschrift gab es in der KO nicht.

[1] BAG ZInsO 2001, 1071.
[2] Begründung RegE, *Balz/Landfermann,* S. 361.

2. Voraussetzungen und Rechtsfolgen

a) Voraussetzungen

aa) Der Insolvenzverwalter muss **aus betriebsbedingten Gründen kündigen.** Eine Kündigung aus anderen Gründen kann die Rechtsfolge des § 127 nicht auslösen. Dies ergibt sich aus dem Verweis in Abs. 1 auf § 126 und aus der Begründung des Gesetzgebers.[1] Der Insolvenzverwalter hat bei der Kündigung alle üblichen und u. U. besondere Wirksamkeitsvoraussetzungen (Anhörung des Betriebsrats, Zustimmungsbedürftigkeit, Sonderkündigungsschutz) zu beachten. Diese Wirksamkeitserfordernisse können jedoch nur im Individualprozess überprüft werden, im Beschlussverfahren nach § 126 sind sie unbeachtlich. Erfasst werden sowohl **Änderungs-** als auch **Beendigungskündigungen** (§ 127 Abs. 1 S. 1). 2

bb) Die gekündigten **Arbeitnehmer** müssen **im Antrag nach § 126 bezeichnet** sein. Nur für die eindeutig in der Namensliste aufgeführten Arbeitnehmer, die somit auch Beteiligte im Beschlussverfahren nach § 126 waren, kann die Bindungswirkung des § 127 eintreten. 3

cc) Der Arbeitnehmer muss innerhalb der dreiwöchigen Frist (§ 4 KSchG) **Kündigungsschutzklage** erheben. 4

dd) Im **Beschlussverfahren** nach § 126 muss eine **rechtskräftige Entscheidung** vorliegen, die den Arbeitnehmer einbezieht, der die Kündigungsschutzklage erhoben hat. 5

b) Rechtsfolge

aa) Liegen diese Voraussetzungen vor, dann ist die rechtskräftige Entscheidung im Beschlussverfahren auch für den Kündigungsschutzprozess **bindend,** so dass die soziale Rechtfertigung der Kündigung im Individualprozess nicht noch einmal überprüft wird. Die Unwirksamkeit einer Kündigung kann dann im Individualprozess nur noch auf das Fehlen sonstiger Erfordernisse einer Kündigung (siehe Anm. 2. a) aa)) gestützt werden. Da diese im Beschlussverfahren nicht geprüft wurden, kann insoweit eine Bindungswirkung nicht eintreten.[2] 6

bb) Wurde das **Kündigungsschutzverfahren** bereits vor Rechtskraft der Entscheidung im Beschlussverfahren **abgeschlossen,** so kann die Entscheidung nach § 126 keine Bindung mehr entfalten. Das Ergebnis des Kündigungsschutzprozesses bleibt von der Entscheidung nach § 126 unberührt.[3] 7

c) Ausnahme von der Bindungswirkung

aa) Bei einer **wesentlichen Änderung** der Sachlage nach dem Schluss der Letzten mündlichen Verhandlung bzw. der Anhörung im Beschlussverfahren entfällt eine Bindung an die Entscheidung nach § 126. Eine wesentliche Änderung ist gegeben, wenn sich Tatsachen erheblich geändert haben, die das Arbeitsgericht zur Grundlage seiner Entscheidung gemacht hat. Eine wesentliche Änderung liegt u. a. dann vor, wenn eine völlig andere Betriebsänderung durch- 8

---

[1] Begründung RegE, *Balz/Landfermann,* S. 361.
[2] Vgl. *Nerlich/Römermann/Hamacher,* InsO, § 127 Rn. 3.
[3] Vgl. *Kübler/Prütting/Bork/Moll,* InsO, § 127 Rn. 26 mwN.

geführt werden soll, etwa statt einer Betriebsschließung der Betrieb veräußert werden soll.[1] Für die Beurteilung einer wesentlichen Änderung kommt es auf den **Zeitpunkt der Letzten mündlichen Verhandlung** (Anhörung gem. § 83 ArbGG) in erster Instanz an, denn es gibt als Rechtsmittel (vgl. § 126 Abs. 2 S. 2) nur die Rechtsbeschwerde (§ 93 ArbGG) an das BAG und somit keine weitere Tatsacheninstanz.

9 **bb)** Hat der Insolvenzverwalter bereits **vor Rechtskraft** der Entscheidung nach § 126 **gekündigt,** so kann es indes nicht auf den Zeitpunkt der Letzten mündlichen Verhandlung ankommen. Die grundsätzliche Möglichkeit dieser frühen Kündigung lässt sich aus § 127 Abs. 2 entnehmen.[2] Nach allgemeinen Grundsätzen können bei einer Kündigung nur solche **Umstände erheblich** sein, die **zur Zeit** des Wirksamwerdens **der Kündigung** vorgelegen haben. Nachträgliche Änderungen können die Wirksamkeit eines Gestaltungsrechts nicht mehr beeinflussen. Bei einer Änderung, nachdem die Kündigung erklärt wurde, kann einem betroffenen Arbeitnehmer jedoch ein **Wiedereinstellungsanspruch** zustehen.[3]

10 **d) § 127 Abs. 2** stellt klar, dass auch vor Rechtskraft der Entscheidung nach § 126 Kündigungen ausgesprochen werden können. Dies wird weitergehend dahin ausgelegt, dass der Insolvenzverwalter auch schon vor Stellung des Antrags nach § 126 kündigen kann.[4] Wurde einem Arbeitnehmer vor Rechtskraft der Entscheidung im Beschlussverfahren gekündigt und hat er eine Kündigungsschutzklage erhoben, dann hat der Insolvenzverwalter die Möglichkeit, die **Aussetzung** des Kündigungsschutzprozesses zu **beantragen.** Mittelbar setzt dies voraus, dass der klagende Arbeitnehmer auch im Beschlussverfahren beteiligt ist (Namensliste). Der Insolvenzverwalter hat es damit in der Hand, entweder beide Verfahren parallel laufen zu lassen oder dem Beschlussverfahren Priorität einzuräumen. Stellt der Insolvenzverwalter den Antrag, dann ist das Arbeitsgericht verpflichtet den Kündigungsschutzprozess auszusetzen.

3. Streitpunkte

11 **a)** Es ist umstritten, ob die Entscheidung im Beschlussverfahren auch dann **Bindungswirkung** entfaltet, wenn der **Antrag** des Insolvenzverwalter als unbegründet **abgewiesen** wird. Nach einer Ansicht würde dies nicht dem Gesetzeszweck entsprechen, insolvenzspezifische Belange zu fördern. Eine Abweisung könne nur bewirken, dass der Insolvenzverwalter nicht in den Genuss der Bindungswirkung käme. Eine weitergehende Wirkung zu Lasten des Insolvenzverwalters stehe dem Normzweck diametral gegenüber.[5] Nach anderer Ansicht ergibt sich aus § 127 nicht, dass die Antragstellung nach § 126 für den Insolvenz-

---

[1] Vgl. *Nerlich/Römermann/Hamacher,* InsO, § 127 Rn. 9 mwN.

[2] So auch BAG ZIP 2000, 1588.

[3] Vgl. BAG NJW 97, 2257 ff.; BAG DB 97, 1675; BAG ZIP 2000, 1781 ff.; zum Fortsetzungsanspruch bei einem Betriebsübergang BAG ZIP 1999, 670 ff. und BAG ZIP 1998, 167 f.; Fortsetzungsanspruch für Fälle der Betriebsübernahme im Insolvenzverfahren verneint BAG ZIP 1999, 320; s. auch § 128 Anm. 13.

[4] Vgl. BAG ZIP 2000, 1588 ff.; *Nerlich/Römermann/Hamacher,* InsO, § 127 Rn. 11, 14 mwN.

[5] Vgl. *Kübler/Prütting/Bork/Moll,* InsO, § 127 Rn. 22 mwN.

verwalter ohne Risiko sein soll.[1] Hat das Arbeitsgericht einmal festgestellt, dass die Kündigung nicht sozial gerechtfertigt war, sei kein Grund erkennbar, warum es diese Frage ein zweites Mal behandeln sollte. Dem RegE lässt sich entnehmen, dass die §§ 125–127 der schnellen Klärung von Kündigungen dienen sollen und, dass die zügige Durchführung von Betriebsänderungen nicht dadurch in Frage gestellt werden darf, dass der Insolvenzverwalter einer Fülle von langwierigen Kündigungsschutzprozessen ausgesetzt ist.[2] Solche Eile führt aber ggf. auch zu Fehlern, die korrigierbar sein müssen. Eine sachgerechte Klärung wird nur erreicht, wenn die Bindungswirkung des § 127 im Falle der Abweisung des Antrages nach § 126 verneint wird.

b) § 148 ZPO gibt dem Gericht die Möglichkeit, nach eigenem Ermessen die Aussetzung des Verfahrens anzuordnen. Teilweise wird vertreten, dass die Initiative zur Aussetzung nach § 127 Abs. 2 allein beim Insolvenzverwalter liegen soll.[3] Richtigerweise ist aber kein Grund erkennbar, wegen des Antragsrechts des Insolvenzverwalters von den allgemeinen zivilprozessualen Regeln abzuweichen. Das Gericht kann daher nach § 148 ZPO aussetzen, wenn es dafür Anlass sieht und der Insolvenzverwalter keinen Aussetzungsantrag stellt.[4] 12

4. Rechtsmittel

Gegen den Beschluss des Arbeitsgerichts über die Aussetzung bzw. deren Ablehnung nach § 127 Abs. 2 findet die **sofortige Beschwerde** statt (§ 46 Abs. 2 ArbGG, §§ 495, 252 ZPO). 13

§ 128 Betriebsveräußerung

(1) **Die Anwendung der §§ 125 bis 127 wird nicht dadurch ausgeschlossen, daß die Betriebsänderung, die dem Interessenausgleich oder dem Feststellungsantrag zugrundeliegt, erst nach einer Betriebsveräußerung durchgeführt werden soll. An dem Verfahren nach § 126 ist der Erwerber des Betriebs beteiligt.**

(2) **Im Falle eines Betriebsübergangs erstreckt sich die Vermutung nach § 125 Abs. 1 Satz 1 Nr. 1 oder die gerichtliche Feststellung nach § 126 Abs. 1 Satz 1 auch darauf, daß die Kündigung der Arbeitsverhältnisse nicht wegen des Betriebsübergangs erfolgt.**

Übersicht

---

[1] Vgl. *Nerlich/Römermann/Hamacher,* InsO, § 127 Rn. 4 mwN.
[2] Begründung RegE, *Balz/Landfermann,* S. 369.
[3] Vgl. *Kübler/Prütting/Bork/Moll,* InsO, § 127 Rn. 37 mwN.
[4] Im Ergebnis ebenso: *Nerlich/Römermann/Hamacher,* InsO, § 127 Rn. 15 mwN.

1. Normzweck

1 § 613 a BGB gilt als Sanierungshindernis ersten Grades. § 128 verringert die Schwierigkeiten, die sich nach § 613 a BGB – der auch in der Insolvenz gilt – aus dem zwingenden Übergang aller Arbeitsverhältnisse auf einen Betriebserwerber ergeben. Ein besonderes Bedürfnis für eine rasche Klärung von Kündigungsschutzstreitigkeiten besteht häufig, wenn eine Betriebsveräußerung geplant ist, bei der der Betrieb auf die Erfordernisse des Erwerbers umgestellt wird und ein Teil der Arbeitsplätze wegfallen soll. In diesem Fall soll der Insolvenzverwalter nicht darauf verwiesen werden, die Betriebsänderung selbst durchzuführen und den Betrieb erst anschließend zu veräußern. Um einen wirtschaftlich zweckmäßigen Ablauf nicht zu behindern ermöglicht § 128 daher, dass zwar erst der Erwerber die Betriebsänderung durchführt, der Insolvenzverwalter aber schon vor der Betriebsveräußerung nicht nur die erforderlichen Kündigungen ausspricht, sondern auch deren Wirksamkeit in den Verfahren nach §§ 125, 126 klärt. § 128 Abs. 2 ergänzt diese Wirkung, indem ein Arbeitnehmer, der auf Grund §§ 125, 126 die Wirksamkeit der betriebsbedingten Kündigung nicht mehr in Frage stellen kann, sich auch nicht mehr darauf berufen kann (§ 613 a Abs. 4 BGB), dass die Kündigung „wegen des Betriebsübergangs“ erfolgt sei.[1] § 128 entspricht RegE § 131. Eine vergleichbare Vorschrift gab es in der KO nicht.

2. Voraussetzungen und Rechtsfolgen

a) Interessenausgleich, § 125 oder Feststellungsantrag, § 126

2 Es muss eine Betriebsänderung i. S. v. § 111 BetrVG vorliegen über die ein **Interessensausgleich** gem. § 125 erzielt worden sein muss oder ein **Feststellungsantrag** gem. § 126 vorliegen. Kommt es in dieser Situation daneben zu einer Veräußerung des Betriebs oder eines Betriebsteils, d. h. zu einem **Betriebsübergang i. S. v. § 613 a BGB,** dann kommt der Erwerber an Stelle des Insolvenzverwalters in den Genuss der Wirkungen der §§ 125 bis 127. Sowohl dem Interessenausgleich wie dem Feststellungsantrag muss die Betriebsveräußerung inhaltlich zugrunde gelegt worden sein. Andernfalls würde ein Betriebsübergang eine wesentliche Änderung der Sachlage darstellen, so dass der Interessenausgleich bzw. die gerichtliche Feststellung nach § 126 ihre Wirkung verlieren würden.[2] Da die §§ 125 bis 127 ein Tätigwerden des Insolvenzverwalters voraussetzen, ist eine Anwendung der §§ 125 bis 127 ausgeschlossen, wenn erst der Betriebsübergang stattfindet, die Verwaltung also auf den Erwerber übergeht und dann eine Betriebsänderung geplant und durchgeführt wird. Hat der Insolvenzverwalter

[1] Begründung RegE, *Balz/Landfermann,* S. 362.
[2] Vgl. *Nerlich/Römermann/Hamacher,* InsO, § 128 Rn. 69.

von den Möglichkeiten der §§ 125, 126 keinen Gebrauch gemacht, greifen für den Erwerber die Erleichterungen nach § 128 nicht ein.[1] Es ist daher nicht zulässig, Kündigungen des Erwerbers im Nachhinein durch einen Interessenausgleich zwischen Insolvenzverwalter und Betriebsrat mit der Rechtsfolge des § 128 zu versehen.[2]

b) Betriebsübergang gem. § 613 a BGB

aa) Ein **Betriebsübergang** liegt vor, wenn ein neuer Rechtsträger die wirtschaftliche Einheit unter Wahrung von deren Identität fortführt. Den früheren Betriebsbegriff, wonach unter Betrieb jede organisatorische Einheit verstanden wurde, in der ein Unternehmer allein oder in Gemeinschaft mit seinen Mitarbeitern mit Hilfe persönlicher, sächlicher oder immaterieller Mittel bestimmte, arbeitstechnische Zwecke fortgesetzt verfolgt, hat das BAG im Anschluss an die Ayse-Süzen-Entscheidung des EuGH[3] aufgegeben. Im Einklang mit dem EuGH versteht das BAG nunmehr unter einem **Betrieb/wirtschaftlichen Einheit** eine organisatorische Gesamtheit von Personen und Sachen zur auf Dauer angelegten Ausübung einer wirtschaftlichen Tätigkeit mit eigener Zielsetzung.[4] Bei der Prüfung, ob eine Einheit übergegangen ist, müssen sämtliche den betreffenden Vorgang kennzeichnenden Tatsachen berücksichtigt werden. Dazu gehören als Teilaspekte der Gesamtwürdigung namentlich die Art des betreffenden Unternehmens oder Betriebs, der etwaige Übergang der materiellen Betriebsmittel wie Gebäude und bewegliche Güter, der Wert der immateriellen Aktiva im Zeitpunkt des Übergangs, die etwaige Übernahme der Hauptbelegschaft, der etwaige Übergang der Kundschaft sowie der Grad der Ähnlichkeit zwischen den vor und nach dem Übergang verrichteten Tätigkeiten und die Dauer einer eventuellen Unterbrechung dieser Tätigkeit. Eine Einheit darf allerdings nicht als bloße Tätigkeit verstanden werden. Die Identität der Einheit ergibt sich auch aus den anderen Merkmalen wie Personal, ihren Führungskräften, ihrer Arbeitsorganisation, ihren Betriebsmethoden und ggf. ihr zur Verfügung stehenden Betriebsmitteln. Den für das Vorliegen eines Übergangs maßgeblichen Kriterien kommt je nach der ausgeübten Tätigkeit und je nach den Produktions- oder Betriebsmethoden unterschiedliches Gewicht zu.[5] In Branchen, in denen es im Wesentlichen auf die menschliche Arbeitskraft ankommt, kann eine Gesamtheit von Arbeitnehmern, die durch eine gemeinsame Tätigkeit dauerhaft verbunden ist, eine wirtschaftliche Einheit darstellen. Die Wahrung ihrer Identität ist anzunehmen, wenn der neue Betriebsinhaber nicht nur die betreffende Tätigkeit weiterführt, sondern auch einen nach Zahl und Sachkunde wesentlichen Teil des Personals übernimmt, das sein Vorgänger gezielt bei dieser Tätigkeit eingesetzt hatte. Hingegen stellt die bloße Fortführung der Tätigkeit durch einen Auftragnehmer (Funktionsnachfolge) keinen Betriebsübergang dar.[6] Bei Arbeitsplätzen, die keine hohe Anforderung an die Qualifikation der Arbeitnehmer stellen, verlangt das BAG nahezu die vollständige Übernahme der Belegschaft. Ein Anteil 3

[1] Vgl. *Hess,* Insolvenzarbeitsrecht, § 128 Rn. 13 mwN.
[2] Vgl. *Kübler/Prütting/Bork/Moll,* InsO, § 128 Rn. 29.
[3] EuGH DB 1997, 628 ff.
[4] Vgl. etwa BAGE 86, 20 ff.; BAGE 87, 120 ff.; BAGE 87, 296 ff.
[5] Ständige Rechtsprechung des BAG, vgl. BAG NZA 2006, 668.
[6] Vgl. etwa BAG NZA 1998, 534 ff.

von 75% der früheren Beschäftigten genügt nicht.[1] In betriebsmittelgeprägten Betrieben kann ein Betriebsübergang auch ohne Übernahme von Personal vorliegen.[2]

4 Auch beim Erwerb eines **Betriebsteils** ist es erforderlich, dass die wirtschaftliche Einheit ihre Identität bewahrt. Betriebsteile sind Teileinheiten, Teilorganisationen des Betriebs. Es muss sich dabei um eine organisatorische Untergliederung des gesamten Betriebs handeln, mit der innerhalb des betrieblichen Gesamtzwecks ein Teilzweck verfolgt wird, auch wenn es sich hierbei nur um eine untergeordnete Hilfsfunktion handelt.[3]

5 Der Betriebsübergang tritt mit dem **Wechsel in der Person des Inhabers** des Betriebs ein. Der bisherige Inhaber muss seine wirtschaftliche Betätigung in dem Betrieb oder Betriebsteil einstellen. Einer besonderen Übertragung einer irgendwie gearteten Leitungsmacht bedarf es daneben nicht. Allerdings tritt kein Wechsel der Inhaberschaft ein, wenn der neue Inhaber den Betrieb gar nicht führt.[4] Die bloße **Möglichkeit zu einer unveränderten Fortsetzung** des Betriebes ist nach der Rechtsprechung des BAG für die Annahme eines Übergangs nicht mehr ausreichend.[5] So stellt der Rückfall der Pachtsache an den Verpächter nach Beendigung des Pachtverhältnisses keinen Betriebsübergang dar, wenn der Verpächter den Betrieb selbst nicht weiterführt.[6] Wesentliches Kriterium für den Übergang ist die tatsächliche Weiterführung oder Wiederaufnahme der Geschäftstätigkeit beim Wechsel der natürlichen oder juristischen Person, die für den Betrieb verantwortlich ist.[7]

6 Eine Betriebsstilllegung steht einem Betriebsübergang entgegen. Allerdings kann die **Wiederaufnahme der betrieblichen Tätigkeit** unter Ausnutzung der betrieblichen Strukturen für einen Betriebsübergang sprechen. Wie lange eine Betriebsunterbrechung dauern muss, um einen Betriebsübergang nach § 613 a BGB zu verhindern, ist unklar. Als wirtschaftlich erhebliche Zeitspanne, die der Annahme eines Betriebsübergangs entgegensteht, wurde bei einem Einzelhandelsgeschäft eine neun Monate währende, tatsächliche Einstellung jeder Verkaufstätigkeit angesehen.[8] Nach Ansicht des LAG Hamm kann in Anbetracht der gesetzlichen Höchstkündigungsfrist in der Insolvenz von drei Monaten zum Monatsende (§ 113 S. 2) von einer alsbaldigen Wiedereröffnung, die auf einen Betriebsübergang rückschließen ließe, dann keine Rede sein, wenn der Betrieb länger als sechs Monate geschlossen blieb.[9]

7 **bb)** Dem Betriebsübergang muss ein **Rechtsgeschäft** zugrunde liegen. Damit reichen ein Übergang durch Gesetz oder Hoheitsakt nicht aus.[10] Der Begriff des

---

[1] BAG ZIP 1999, 632 ff.

[2] BAG NZA 2004, 1383.

[3] Vgl. BAG NZA 2000, 144.

[4] BAG, Urt. vom 29. 6. 2000, 8 AZR 520/99 n. v.

[5] BAG NZA 1999, 705 ff.

[6] Dies ist für den Insolvenzverwalter, der den Geschäftsbetrieb verpachtet hat und der nach Ende der Pachtzeit den Geschäftsbetrieb nicht (neuerlich) fortführt, von erheblicher Bedeutung.

[7] NZA 1999, 704 ff.

[8] BAG ZInsO 1998, 93.

[9] LAG Hamm ZInsO 2000, 292 ff.

[10] ErfKomm-*Preis,* BGB, § 613 a Rn. 58.

Rechtsgeschäfts ist weit auszulegen. Es genügt eine Kette oder ein Bündel von Rechtsgeschäften, falls diese in ihrer Gesamtheit auf die Übernahme eines funktionsfähigen Betriebs oder Betriebsteils gerichtet sind.[1]

cc) Der Erwerber tritt im Zeitpunkt des Betriebsübergangs in der Weise in die bestehenden Arbeitsverhältnisse ein, dass die Vertragspartei auf Arbeitgeberseite ausgewechselt wird.[2] Eine Zustimmung des Arbeitnehmers zum Übergang seines Arbeitsverhältnisses auf den Erwerber bedarf es nicht. Der Arbeitnehmer kann jedoch dem Übergang seines Arbeitsverhältnisses auf den Erwerber widersprechen. Ein **Widerspruch** war nach bisheriger Rechtslage grundsätzlich bis zum Zeitpunkt des Betriebsübergangs möglich. Es bestand keine Pflicht des Arbeitnehmers, ab Kenntnis von dem bevorstehenden Betriebsübergang sich innerhalb eines bestimmten Zeitraumes zu erklären, wenn er dazu nicht aufgefordert wurde. Nach dem Betriebsübergang konnte nur noch unverzüglich widersprochen werden. Solange der Arbeitnehmer von dem Betriebsübergang allerdings keine Kenntnis hatte, blieb es in der Regel bei dem Widerspruchsrecht. Erst ab Kenntniserlangung, etwa durch eine entsprechende Unterrichtung seitens des Arbeitgebers, war der Arbeitnehmer verpflichtet, unverzüglich den Widerspruch zu erklären, wobei im Anschluss an die §§ 4, 7 KSchG eine Erklärungsfrist von höchstens drei Wochen angenommen wurde.[3] Ab dem 1. April 2002 hat jetzt der Arbeitnehmer dem Übergang seines Arbeitsverhältnisses auf den Betriebserwerber auf Grund der neu geschaffenen Vorschrift des § 613 a Abs. 6 BGB innerhalb eines Monats nach Zugang der Unterrichtung über den Betriebsübergang gegenüber dem Insolvenzverwalter oder dem Betriebserwerber zu widersprechen. Die Frist zur Erklärung des Widerspruches beginnt nur dann zu laufen, wenn der Arbeitnehmer gem. § 613 a Abs. 5 BGB über den Betriebsübergang ordnungsgemäß unterrichtet worden ist. Über Inhalt und Umfang der Unterrichtungspflicht gem. § 613 a Abs. 5 BGB als auch über die Rechtsfolgen einer fehlerhaften oder unterlassenen Unterrichtung besteht eine erhebliche Rechtsunsicherheit, die durch die bislang vorliegenden höchstrichterlichen Entscheidungen eher vertieft als beseitigt wurde.[4] 8

dd) Aufhebungsvereinbarungen im Zusammenhang mit einem Betriebsübergang sind nach Ansicht des BAG gem. § 134 BGB nichtig, wenn sie objektiv der Umgehung der zwingenden Rechtsfolgen des § 613 a Abs. 1 S. 1 BGB dienen. So sind Eigenkündigungen und Auflösungsverträge rechtsunwirksam, wenn sie nicht auf ein tatsächliches Ausscheiden des Arbeitnehmers gerichtet sind, sondern nur dazu dienen, mit dem Betriebserwerber neue Arbeitsverträge zu schlechteren Bedingungen abschließen zu können.[5] 9

Hiervon zu unterscheiden sind jedoch Vereinbarungen, die zwischen dem Arbeitnehmer und dem alten oder dem neuen Betriebsinhaber geschlossen werden und auf ein endgültiges Ausscheiden des Arbeitnehmers aus dem Betrieb gerichtet sind. Solche Verträge werden von der Rechtsprechung des Bundes- 10

---

[1] BAG DB 1998, 883; BAG NZA 2004, 1383.

[2] BAG DB 1978, 1453.

[3] BAG ZIP 1998, 1080–1083.

[4] *Schiefer/Worzalla* NJW 2009, 558; *Reinhard* NZA 2009, 63; s. auch BAG ZIP 2006, 2050; BAG NZA 2007, 793; BAG NZA 2008, 1294; BAG NZA 2008, 1354; BAG NZA 2006, 1273; BAG NZA 2007, 682; BAG NZA 2008, 1297, BAG NZA-RR 2009, 62.

[5] BAG ZIP 1988, 120.

arbeitsgerichts ohne Rücksicht auf ihre sachliche Berechtigung als wirksam angesehen.[1] Die Unwirksamkeit des Aufhebungsvertrages kann sich allenfalls aus allgemeinen Vorschriften wie Anfechtung, Wegfall der Geschäftsgrundlage oder aus einem anderen Grund ergeben. Zu beachten ist die Neuregelung des § 623 Halbs. 1 BGB, nach der Kündigung und Auflösungsvertrag nunmehr der Schriftform bedürfen.[2]

11 Die Integrierung des Verbraucherschutzrechtes in das BGB führt zu der Frage, ob ein am Arbeitsplatz ausgehandelter Aufhebungs- oder Abwicklungsvertrag nach den §§ 355, 312 BGB widerrufen werden kann.[3] Nach zutreffender Auffassung ist ein solches Widerrufsrecht abzulehnen.[4] Der Arbeitnehmer, der auf den Vertragsinhalt Einfluss nehmen kann, ist gegenüber dem Arbeitgeber nicht in gleicher Weise schutzbedürftig wie derjenige, der von einer fremden Person am Arbeitsplatz oder zu Hause aus heiterem Himmel mit einem Vertrag konfrontiert wird.

12 Besondere praktische Relevanz kommt der oben (Rn. 10) erwähnten Rechtsprechung im Falle von **Betriebsfortführungen** in der Insolvenz unter Einschaltung sogenannter **„Beschäftigungs- und Qualifizierungsgesellschaften"** zu. Ein solcher Fall lag auch der Entscheidung des BAG vom 10. Dezember 1998[5] zugrunde. Im Wege eines dreiseitigen Vertrages haben die Arbeitnehmer mit ihrem Arbeitgeber Aufhebungsverträge und gleichzeitig mit einer Beschäftigungsgesellschaft neue Arbeitsverträge abgeschlossen. Der seiner Mitarbeiter entkleidete Betrieb wurde dann von einer Auffanggesellschaft fortgeführt, das erforderliche Personal konnte sie, ohne an § 613 a BGB gebunden zu sein, aus der Beschäftigungsgesellschaft rekrutieren. Dies hat das BAG nicht als Verstoß gegen § 134 BGB gewürdigt. Solange bei Abschluss des Aufhebungsvertrages weder ein Arbeitsvertrag begründet noch ein solcher verbindlich in Aussicht gestellt oder versprochen wurde, liegt keine Umgehung des Kündigungsverbotes des § 613 a Abs. 4 S. 1 BGB vor.[6]

13 **ee)** Dem Arbeitnehmer steht grundsätzlich ein **Wiedereinstellungsanspruch** zu, wenn sich zwischen dem Ausspruch der Kündigung und dem Ablauf der Kündigungsfrist unvorhergesehen eine Weiterbeschäftigungsmöglichkeit ergibt, insbesondere dann, wenn es nach Ausspruch der Kündigung zu einem Betriebsübergang kommt. Der zweite und siebte Senat des BAG begründen den Wiedereinstellungsanspruch des Arbeitnehmers mit einer vertraglichen Nebenpflicht aus dem noch fortbestehenden Arbeitsverhältnis. Daraus folgt zugleich, dass der Arbeitnehmer jedenfalls für den Bereich der betriebsbedingten Kündigung eine Wiedereinstellung grundsätzlich nicht verlangen kann, wenn die Änderung der maßgeblichen Umstände erst nach Beendigung des Arbeitsver-

---

[1] Vgl. etwa BAG ZIP 1999, 320 ff.; BAG ZIP 2006, 148 ff.; BAG ZIP 2007, 643.

[2] Vgl. näher *Bauer* NZA 2002, 169 ff., 169, Verträge, die lediglich nach einer Kündigung die Abwicklung des gekündigten Arbeitsverhältnisses regeln (Abwicklungsverträge), sind nach zutreffender Auffassung formfrei wirksam, sofern in ihnen keine Elemente einer Kündigung enthalten sind, *Staudinger/Oetker,* § 623 Rn. 35 mwN.

[3] Bejahend, aber eine Gesetzesänderung fordernd: *Hümmerich/Holthausen* NZA 2002, 173 ff., 178.

[4] Ausführlich *Bauer/Kock* DB 2002, 42 ff., 44 f., ferner *Bauer* NZA 2002, 169, 171; jetzt auch BAG ZIP 2004, 1561 ff.

[5] BAG ZIP 1999, 320.

[6] BAG ZIP 2006, 148 ff.; BAG ZIP 2007, 643.

hältnisses eingetreten ist.[1] Dem gegenüber bejaht der für Fragen des Betriebsübergangs zuständige achte Senat des BAG, selbst für den Fall des erst nach dem Ende des Arbeitsverhältnisses überraschend erfolgenden Betriebsübergangs auf Grund europarechtlicher Vorgaben einen Wiedereinstellungsanspruch **(Fortsetzungsanspruch)** des Arbeitnehmers.[2] Allerdings hat der achte Senat seine Rechtsprechung zum Fortsetzungsanspruch für Fälle der Betriebsübernahme im Insolvenzverfahren des Veräußerers eingeschränkt. Gem. Art. 4 a Abs. 1 der Richtlinie 98/50/EG vom 29. Juni 1998[3] findet die Richtlinie im Insolvenzverfahren nur Anwendung, wenn die Mitgliedsstaaten dies vorsehen. Eine solche Regelung zum Fortsetzungsanspruch fehlt bislang, weshalb im Fall des im Insolvenzverfahren vollzogenen Betriebsübergangs keine Notwendigkeit besteht, einen Fortsetzungsanspruch anzuerkennen.[4] In Fortführung dieser Rechtsprechung hat der 8. Senat klargestellt, dass kein Anspruch auf Wiedereinstellung/Fortsetzung des Arbeitsverhältnisses besteht, wenn im Rahmen eines Insolvenzverfahrens nach Ablauf der Kündigungsfrist ein Betriebsübergang stattfindet.[5]

c) Hat der Insolvenzverwalter einen Antrag nach § 126 gestellt, so ist der **Erwerber im Beschlussverfahren** vor dem Arbeitsgericht **Beteiligter.** Befindet sich der Insolvenzverwalter mit mehreren Interessenten in Vertragsverhandlungen, entspricht es dem Zweck des § 128 solche Interessenten als mögliche Erwerber am Beschlussverfahren zu beteiligen, deren Kaufabsicht feststeht.[6] 14

d) Rechtsfolgen

aa) Die Vermutungswirkung eines Interessenausgleichs nach § 125 Abs. 1 S. 1 Nr. 1 und die gerichtliche Prüfung und Feststellung im Beschlussverfahren nach § 126 Abs. 1 S. 1 erstrecken sich gem. § 128 Abs. 2 auch darauf, dass kein Verstoß gegen § 613 a Abs. 4 BGB vorliegt. 15

bb) § 613 a Abs. 4 S. 1 BGB stellt ein eigenständiges, vom KSchG unabhängiges Kündigungsverbot auf, soweit eine Kündigung „wegen des Betriebsübergangs" erfolgte. Der Betriebsübergang muss der wesentliche Beweggrund für die Kündigung sein.[7] Daneben bleiben aber gem. § 613 a Abs. 4 S. 2 BGB Kündigungen aus anderen Gründen möglich. 16

cc) Will ein vom Insolvenzverwalter gekündigter Arbeitnehmer einen Verstoß gegen § 613 a Abs. 4 BGB geltend machen, so muss er wegen § 4 KSchG innerhalb von drei Wochen Klage erheben. Aufgrund der gesetzlichen Vermutung des § 128 Abs. 2 muss der Arbeitnehmer im Individualprozess den Beweis des Ge- 17

---

[1] BAG ZIP 2000, 1781 ff.

[2] BAG ZIP 1998, 167 ff.; BAG ZIP 1999, 670 ff.; diese europarechtliche Herleitung des Wiedereinstellungsanspruchs hat der 8. Senat im Urt. vom 13. 5. 2004, 8 AZR 198/03 (ZIP 2004, 1610 ff.) ausdrücklich aufgegeben.

[3] BAG ZIP 1998, 1328.

[4] BAG ZIP 1999, 320 ff.; so auch LAG Köln ZIP 2003, 592 ff.; LAG Hamburg ZIP 2003, 772 ff.; LAG Frankfurt, Urt. vom 8. 2. 2001, 11 Sa 925/99, LAG Frankfurt, Urt. vom 25. 1. 2001, 11 Sa 908/99; für eine zeitliche Begrenzung des Wiedereinstellungsanspruches spricht sich das LAG Hamm NZA-RR 2003, 652 aus; offengelassen BAG NZA 2003, 93 ff.

[5] BAG ZIP 2004, 1610 ff.; BAG NZA 2005, 405 ff.

[6] Vgl. *Nerlich/Römermann/Hamacher,* InsO, § 128 Rn. 72.

[7] ErfKomm-*Preis,* BGB, § 613 a Rn. 153.

genteils erbringen (§ 292 ZPO), d. h. er muss nachweisen, dass die Kündigung wegen des Betriebsübergangs erklärt wurde.[1]

18 **dd)** Die Wirkung des § 128 Abs. 2 endet ebenso wie in §§ 125 bis 127 nach einer wesentlichen Änderung der Sachlage.

19 **e)** Die **Klage des Arbeitnehmers** ist gegen denjenigen zu richten, der die Kündigung ausgesprochen hat. Kündigte der Insolvenzverwalter vor dem Betriebsübergang, bleibt er nach der Rechtsprechung auch danach **passivlegitimiert,** selbst wenn die Klage erst nach dem Betriebsübergang erhoben wurde.[2] In Fällen, bei denen der (Teil-)Betriebsübergang streitig oder unsicher ist, ob das Arbeitsverhältnis gerade des klagenden Arbeitnehmers vom Betriebsübergang erfasst wird, mag diese Rechtsprechung ihre Berechtigung haben. Wurde jedoch der Arbeitnehmer nach § 613 a Abs. 5 BGB über den Betriebsübergang und die sich daraus ergebenden Folgen informiert, ist die Klage ausschließlich gegen den Betriebserwerber zu richten, da zum Zeitpunkt der Klagerhebung der Insolvenzverwalter nicht mehr Arbeitgeber des Arbeitnehmers ist, der Erwerber kraft Gesetzes in die Position des Veräußerers/Insolvenzverwalters eingerückt ist.[3] Findet dagegen ein Betriebsübergang während des Prozesses statt, sind die §§ 265, 325 ZPO entsprechend anzuwenden.[4]

---

[1] Vgl. *Nerlich/Römermann/Hamacher,* InsO, § 128 Rn. 75.
[2] BAGE 43, 13; BAGE 47, 13.
[3] Im Ergebnis so bisher schon *Hess,* Insolvenzarbeitsrecht, § 128 Rn. 229 mwN.
[4] *Hess,* Insolvenzarbeitsrecht, § 128 Rn. 227 ff.

Dritter Abschnitt. Insolvenzanfechtung

§ 129 Grundsatz

(1) **Rechtshandlungen, die vor der Eröffnung des Insolvenzverfahrens vorgenommen worden sind und die Insolvenzgläubiger benachteiligen, kann der Insolvenzverwalter nach Maßgabe der §§ 130 bis 146 anfechten.**

(2) **Eine Unterlassung steht einer Rechtshandlung gleich.**

Übersicht

1. Normzweck

§ 129 enthält die Grundregel des Anfechtungsrechtes, das in den §§ 129 bis 147 geregelt ist. Das Anfechtungsrecht soll den Grundsatz der par condicio creditorum im Insolvenzverfahren dadurch sicherstellen, dass es Vermögensverschiebungen aus dem Zeitraum vor der Insolvenz rückgängig machen kann, wenn die Insolvenzgläubiger durch die Vermögensverschiebung benachteiligt werden. 1

Eine Anfechtung gläubigerbenachteiligender Vermögensverschiebungen findet auch außerhalb des Insolvenzverfahrens statt. Maßgebend sind insoweit die Regelungen des Anfechtungsgesetzes.[1] 2

Mit der Ermöglichung der Anfechtung von Rechtshandlungen, die der Schuldner zu einem Zeitpunkt vorgenommen hat, zu dem er noch verfügungsbefugt war, wird der Tatsache Rechnung getragen, dass im Vorfeld der Insolvenz oftmals versucht wird, Vermögen dem Gläubigerzugriff zu entziehen oder durch wirtschaftlich betrachtet unsinnige Maßnahmen (etwa Schleuderverkäufe) kurzfristig Liquidität zu erzielen.[2] 3

Die Sicherung der gleichmäßigen Gläubigerbefriedigung gegen Entziehung von Vermögen aus der (späteren) Insolvenzmasse einerseits und Bevorteilung einzelner Gläubiger andererseits wird also gegenüber dem Schutz des Vertrauens des Rechtsverkehrs auf das Verfügungsrecht des (späteren) Schuldners stärker 4

---

[1] Hierzu etwa *Nerlich/Niehus,* AnfG.

[2] Vgl. *Braun/Uhlenbruck,* Unternehmensinsolvenz, 1997, S. 352 f.

gewichtet. Dabei greifen umso mehr Anfechtungsgründe ein, je näher die Insolvenz rückt.[1]

2. Reformbestrebungen

5a Die Bundesregierung beabsichtigt, das Recht der Insolvenzanfechtung – vor allem zugunsten der Sozialversicherungsträger – stark einzuschränken. Der Regierungsentwurf eines „Gesetzes zum Pfändungsschutz der Altersvorsorge und zur Anpassung des Rechts der Insolvenzanfechtung" vom 12. August 2005[2] sah insbesondere vor, eine durch Zwangsvollstreckung erlangte Sicherung oder Befriedigung nicht mehr als inkongruent zu behandeln und die Anfechtung wegen Gläubigerbenachteiligungsvorsatzes (§ 133) – soweit kongruente Rechtshandlungen betroffen sind – künftig an ein „unlauteres Verhalten" des Schuldners zu knüpfen. Außerdem sollten vom Schuldner mit Zustimmung eines (schwachen) vorläufigen Insolvenzverwalters begründete Verbindlichkeiten gesetzlich als Masseverbindlichkeiten eingestuft und damit faktisch ebenfalls der Insolvenzanfechtung entzogen werden. Aufgrund der nahezu einhelligen Kritik an diesem Vorhaben[3] wurden die Bestimmungen zur Insolvenzanfechtung auf Beschlussempfehlung des Rechtsausschusses (BT-Drs. 16/3844) aus dem Entwurf gestrichen. Gleichwohl wurde in einem neuen Anlauf die im RegE vorgesehene Ergänzung des § 28 e Abs. 1 SGB IV um einen Satz 2 zum 1. 1. 2008 verwirklicht. Nach dieser Vorschrift gilt die Zahlung des vom Beschäftigten zu tragenden Teils des Gesamtsozialversicherungsbeitrages als aus dessen Vermögen erbracht.[4] Inwieweit darüber hinaus das Reformvorhaben weiterverfolgt wird, ist noch nicht absehbar.

3. Dogmatische Einordnung der Insolvenzanfechtung

6 Die Rechtsnatur der Insolvenzanfechtung war bereits in dem früheren Konkursrecht heftig umstritten. Dies hat sich auch mit der Geltung der neuen Rechtslage nicht geändert, da der Gesetzgeber bewusst von einer Stellungnahme abgesehen und nur der dinglichen Theorie, die der Anfechtungserklärung rechtsgestaltende Wirkung zumaß, eine Absage erteilt hat.[5] Weiterhin vertreten werden hingegen die schuldrechtliche und die haftungsrechtliche Theorie, und zwar in mehreren unterschiedlichen Ausformungen.[6] Dieser Theorienstreit ist nicht nur akademischer Natur.[7] Er hat Bedeutung für die Frage, ob dem Verwalter die Drittwiderspruchsklage nach § 771 ZPO zusteht, wenn ein Gläubiger in anfechtbarer Weise ein Pfändungspfandrecht an einem Gegenstand des schuldnerischen Vermögens erlangt hat. Ferner ist er von Bedeutung für die Frage der Durchsetzbarkeit des Anfechtungsanspruches im Insolvenzverfahren des Anfechtungsgegners.

---

[1] Vgl. die Darstellung bei *Dauernheim,* Das Anfechtungsrecht in der Insolvenz, S. 21 ff.
[2] BR-Drucks. 618/05.
[3] Vgl. statt aller etwa HK-*Kreft,* InsO, § 129 Rn. 4 mwN.
[4] Vgl. hierzu unten bei § 129 Rn. 31.
[5] Vgl. Begründung zu § 144 RegE, *Balz/Landfermann,* S. 365.
[6] Vgl. hierzu die Darstellung bei *Jaeger/Henckel,* InsO, § 129 Rn. 9, § 143 Rn. 3 ff.
[7] *Nerlich/Römermann/Nerlich,* InsO, § 129 Rn. 6.

Die schuldrechtlichen Theorien, die der wohl hM und der Rechtsprechung[1] entsprechen, laufen darauf hinaus, dass die Anfechtung gegenüber dem Anfechtungsgegner einen schuldrechtlichen Anspruch auf Rückgewähr des Empfangenen begründet.[2] Auch nach den haftungsrechtlichen Ansätzen geht das Eigentum anfechtbar übertragener Vermögensgegenstände auf den Anfechtungsgegner über, dieser muss sich aber so behandeln lassen, als gehöre der von ihm erworbene Gegenstand haftungsrechtlich noch zum Schuldnervermögen.[3] 7

Während die schuldrechtliche Theorie die Drittwiderspruchsklage gegen Pfändungen auf Grund eines in anfechtbarer Weise erlangten Pfändungspfandrechtes nicht oder nur in Anwendung des „Kunstgriffes", den schuldrechtlich wirkenden Anfechtungsanspruch wirtschaftlich einem Herausgabeanspruch gleichzustellen, für zulässig hält, befürworten die Vertreter der haftungsrechtlichen Theorie einhellig die Anwendbarkeit des § 771 ZPO, da das anfechtbar erworbene Pfändungspfandrecht haftungsrechtlich unwirksam sei.[4] 8

Im Falle der Insolvenz des Anfechtungsgegners gestatten die Vertreter der haftungsrechtlichen Lehren, die den Erwerb durch den Anfechtungsgegner als haftungsrechtlich unwirksam einordnen, dem Insolvenzverwalter die Aussonderung.[5] Die Vertreter der schuldrechtlichen Theorie müssten eigentlich zur Annahme einer gewöhnlichen Insolvenzforderung gelangen.[6] Mittlerweile bejaht jedoch auch der BGH unabhängig von der Rechtsnatur des Anfechtungsanspruchs im Ergebnis ein Aussonderungsrecht.[7] 9

Spricht für die schuldrechtliche Theorie auch der Wortlaut des § 143 sowie die Ungewöhnlichkeit der „haftungsrechtlichen Unwirksamkeit",[8] so vermag alleine die haftungsrechtliche Theorie in den „Grenzfällen" des § 771 ZPO sowie der Insolvenz des Anfechtungsgegners dem Anfechtungsrecht ohne dogmatische Klimmzüge zur Durchsetzung zu verhelfen. Im Anschluss an eine im Vordringen befindliche Auffassung[9] sollte ihr daher der Vorzug gegeben werden. 10

4. Rechtshandlung

a) Grundsatz

Ebenso wie nach der bisherigen Rechtslage ist der Begriff der „Rechtshandlung" weit auszulegen. Es fallen hierunter alle vom Willen getragenen Betätigungen, die in irgendeiner Weise Rechtswirkungen auslösen können, ohne dass der Wille auf deren Eintritt gerichtet sein müsste.[10] 11

Demgemäß sind als Rechtshandlungen einzuordnen: 12

– schuldrechtliche Verträge, nicht aber Arbeitsverträge, weil die Arbeitskraft nicht zur Masse gehört,[11]

---

[1] BGH NZI 2007, 42.

[2] Vgl. MünchKomm-*Kirchhof,* InsO, vor § 129 bis § 147 Rn. 17.

[3] FK-*Dauernheim,* InsO, § 129 Rn. 5 mwN.

[4] Vgl. hierzu HK-*Kreft,* InsO, § 129 Rn. 72 ff.

[5] Vgl. HK-*Kreft,* InsO, § 129 Rn. 75.

[6] So noch BGH NJW 1990, 992.

[7] BGH NJW 2004, 214.

[8] FK-*Dauernheim,* InsO, § 129 Rn. 9.

[9] Vgl. HK-*Kreft,* InsO, § 129 Rn. 71 ff.; *Jaeger/Henckel,* InsO, § 143 Rn. 10 ff., 23 ff. und zahlreiche w. N.

[10] *Kübler/Prütting/Bork/Ehricke,* InsO, § 129 Rn. 36 f.

[11] BGH WM 1964, 114 ff., 116.

– rechtsgeschäftliche Verfügungen,
– geschäftsähnliche Handlungen und Realakte;[1] hierzu gehört auch das „Werthaltigmachen" von (global) abgetretenen Forderungen, etwa durch Erfüllungshandlungen des Schuldners,[2]
– Prozesshandlungen,[3]
– Unterlassungen (§ 129 Abs. 2).

b) Einzelfälle

13 Umstritten ist das Anfechtungsrecht unter anderem in den nachgenannten Fällen:

14 Wie § 129 Abs. 2 klarstellt, sind auch – materiell-rechtliche wie prozessuale – Unterlassungen anfechtbar, sofern diese die Schmälerung der Haftungsmasse zur Folge haben. Auch Unterlassungen müssen auf einer Willensbetätigung beruhen, also bewusst und gewollt erfolgen.[4] Sie werden häufig in den Fällen des § 132 Abs. 2 eine Rolle spielen (siehe Beispiele dort), können aber grundsätzlich nach allen Anfechtungsvorschriften angefochten werden. In Betracht kommt beispielsweise die Unterlassung der Schuldnerin, gesellschaftsrechtliche Erstattungsansprüche geltend zu machen.[5] Gleiches kann etwa bei Nichteinlegung eines aussichtsreichen Rechtsbehelfs gelten. Dies kann im Falle von Zwangsvollstreckungsmaßnahmen ausnahmsweise zu einer Anfechtungsmöglichkeit gem. § 133 führen[6] (siehe § 133 Rn. 6). Ein Unterlassen der rechtzeitigen Stellung eines Insolvenzantrages in der Absicht, dadurch eine rechtzeitige Insolvenzanfechtung gegen einen Gläubiger zu verhindern, ist jedoch nicht anfechtbar, da die Insolvenzanfechtungstatbestände voraussetzen, dass eine andere Person *durch die Rechtshandlung* eine Vermögenszuwendung erhalten hat.[7]

15 Nichtige Rechtshandlungen können insoweit angefochten werden, als sie geeignet sind, den Zugriff auf das Schuldnervermögen zu erschweren.[8] Neben der Anfechtung ist auch die klagweise Feststellung der Nichtigkeit möglich.[9]

16 Die Teilanfechtung einer Rechtshandlung ist prinzipiell unzulässig, es sei denn, das Geschäft lässt sich in mehrere selbstständige Teile zerlegen.[10]

17 Zu trennen ist die Anfechtbarkeit des Grund- und des Erfüllungsgeschäftes, da das Abstraktionsprinzip auch im Rahmen des Insolvenzrechtes Beachtung findet.[11]

---

[1] Etwa die Herbeiführung des Vermieterpfandrechts durch Einbringen einer Sache (BGH, NZI 2007, 158, 158 f.) oder das zu einer Sachhaftung für Steuern führende Brauen von Bier (BGH, NZI 2009, 644).

[2] BGH NJW 2008, 430, 434 f.; BGH NZI 2008, 539, 540.

[3] Vgl. näher die Übersicht bei *Kübler/Prütting/Bork/Ehricke,* InsO, § 129 Rn. 41.

[4] BGH ZIP 1996, 2080 ff., 2081; BGH ZIP 2006, 243, 245.

[5] Vgl. etwa zum Freistellungs- oder Erstattungsanspruch nach den bislang geltenden Rechtsprechungsregeln zum Kapitalersatzrecht BGH ZIP 2006, 243.

[6] BGH ZIP 2005, 494, 498.

[7] BGH ZIP 2005, 494; aA *Rendels,* ZIP 2004, 1289, 1294 ff.

[8] BGH ZIP 1996, 1516 ff., 1518.

[9] Eingehend *Zeuner,* Die Anfechtung in der Insolvenz, Rn. 19, S. 14 f.

[10] Näher FK-*Dauernheim,* InsO, § 129 Rn. 35; s. auch BGH ZIP 2007, 1120, 1123.

[11] *Kübler/Prütting/Bork/Ehricke,* InsO, § 129 Rn. 38; FK-*Dauernheim,* InsO, § 129 Rn. 34.

Bei mehraktigen Rechtshandlungen ist darauf abzustellen, welcher Akt die Masse endgültig geschmälert hat, so dass nur der Letzte, das Rechtsgeschäft vollendende, Akt anzufechten ist.[1] 18

Mittelbare Zuwendungen, bei denen Bestandteile des Schuldnervermögens ohne Beteiligung des Schuldners über einen Mittelsmann an einen Dritten veräußert werden, werden so behandelt, als habe der Dritte direkt von dem Schuldner erworben, so dass die Anfechtung dem Leistungsempfänger gegenüber zu erklären ist, der sodann das Empfangene direkt – und nicht über die Mittelsperson – zurückzugewähren hat.[2] Allerdings muss für den Leistungsempfänger erkennbar gewesen sein, dass es sich um eine Leistung des Schuldners gehandelt hat.[3] Ferner ist bei der Deckungsanfechtung erforderlich, dass der Leistungsempfänger Insolvenzgläubiger ist.[4] Andernfalls liegt kein Fall der mittelbaren Zuwendung, sondern eine Leistungskette vor. Weist der Insolvenzschuldner den Mittelsmann mit Gläubigerbenachteiligungsvorsatz an, unmittelbar an seinen Gläubiger zu leisten, kommt auch die Vorsatzanfechtung gegen den Angewiesenen in Betracht.[5] Die Anfechtungsansprüche gegen den Angewiesenen und den Zuwendungsempfänger stehen dann im Verhältnis der Gesamtschuld zueinander.[6] 19

Prinzipiell bedarf es keiner Mitwirkung des Schuldners, auch Rechtshandlungen Dritter, die gläubigerbenachteiligend wirken, sind anfechtbar (wichtiger Fall: Gläubigerhandlungen in der Zwangsvollstreckung).[7] 20

Rechtshandlungen, an denen der vorläufige Insolvenzverwalter ohne allgemeine Verwaltungs- und Verfügungsbefugnis beteiligt war, sind in Anlehnung an die bezüglich des Sequesters geltenden Grundsätze grundsätzlich selbst dann anfechtbar, wenn der vorläufige Insolvenzverwalter auch zum „eigentlichen" Insolvenzverwalter ernannt wird und insofern eine Handlung anfechten muss, an der er selbst beteiligt war, sofern er nicht zuvor einen nach § 242 BGB zu beachtenden Vertrauenstatbestand (an dessen Vorliegen jedoch hohe Voraussetzungen geknüpft werden) geschaffen hatte.[8] Einen solchen Vertrauenstatbestand kann der vorläufige Verwalter insbes. durch Hinweis auf die beabsichtigte spätere Anfechtung verhindern.[9] 21

Etwas anderes gilt hinsichtlich des „starken" vorläufigen Insolvenzverwalters im Falle des § 21 Abs. 2 Ziff. 2 Alt. 1, dem die Verfügungsbefugnis über das Schuldnervermögen übertragen wurde. Aufgrund der großen Annäherung zu dem Amt des „eigentlichen" Insolvenzverwalters kann dieser seine Handlungen nicht anfechten, soweit dadurch Masseschulden betroffen sind.[10] Soweit ein vorläufiger Insolvenzverwalter Rechtshandlungen des Schuldners gem. § 21 Abs. 2 Ziff. 2 Alt. 2 vorbehaltlos zugestimmt hat, ist nach Auffassung des 22

[1] Vgl. BGHZ 41, 17 ff., 18; 86, 340 ff., 346; 113, 393 ff., 394; 128, 184 ff., 189 mwN.
[2] Vgl. näher FK-*Dauernheim,* InsO, § 129 Rn. 32 f.
[3] BGH NZI 2008, 733, 734.
[4] BGH ZIP 2009, 769, 769 f.
[5] BGH NZI 2008, 167, 168 f.
[6] BGH, aaO.
[7] Näher FK-*Dauernheim,* InsO, § 129 Rn. 27.
[8] BGH ZIP 1992, 1005, 1008; OLG Stuttgart ZIP 2002, 1900 ff.
[9] BGH, BeckRS 2009, 22727.
[10] BGH NZI 2005, 218; OLG Celle ZInsO 2003, 185; HK-*Kreft,* InsO, § 129 Rn. 32; eingehend *Zeuner,* aaO, S. 15 ff., differenzierend FK-*Dauernheim,* InsO, § 129 Rn. 30.

BGH[1] zu unterscheiden: Steht die Erfüllung der Altforderungen in Zusammenhang mit künftig zu erbringenden Leistungen des Gläubigers, soll grundsätzlich ein die Anfechtung ausschließender Vertrauenstatbestand geschaffen sein.[2] Behält der vorläufige Verwalter sich die Anfechtung ausdrücklich vor oder steht die Erfüllung nicht in Zusammenhang mit künftigen Leistungen des Gläubigers, ist hingegen i. d. R. eine Anfechtung nicht ausgeschlossen.

5. Gläubigerbenachteiligung

23 Eine Benachteiligung der Gläubiger ist gegeben, wenn – auf welche Weise auch immer – das Schuldnervermögen verkürzt wurde, wobei es weniger auf eine juristische, als vielmehr auf eine wirtschaftliche Betrachtung ankommt.[3] Die Benachteiligung kann demnach liegen in einer Verringerung der Aktiva, einer Vermehrung der Passiva, aber auch in einer bloßen Erschwerung des Zugriffs oder einer Erschwerung oder Verzögerung der Verwertbarkeit.[4]

24 Außer in den Fällen der §§ 132 Abs. 1, 133 Abs. 2 genügt es, wenn die Benachteiligung nicht durch das anzufechtende Rechtsgeschäft selbst, sondern durch bis spätestens zum Abschluss der Letzten mündlichen Tatsachenverhandlung hinzutretende Umstände (z. B.: Die Gegenleistung wird uneinbringlich) hervorgerufen wird **(mittelbare Benachteiligung).**

25 Nicht erforderlich ist ein Vorsatz des Schuldners, der auf eine Gläubigerbenachteiligung gerichtet ist; maßgeblich ist allein die Schädigung der Masse.[5] Anfechtbar sind auch nichtige Rechtsgeschäfte.[6]

26 Die Benachteiligung muss die Gläubiger in ihrer Gesamtheit betreffen.[7] Nach der InsO sind nun auch die nachrangigen Insolvenzgläubiger (§ 39)[8] und ferner die absonderungsberechtigten Gläubiger, soweit ihnen der Schuldner persönlich haftet (§ 52), zu berücksichtigen. Die Benachteiligung einzelner Gläubiger oder nur Gläubigergruppen ist hingegen unbeachtlich.

27 Fraglich ist, ob die „Insolvenzgläubiger" benachteiligt werden, wenn das Insolvenzverfahren masseunzulänglich ist. In diesem Falle käme die Rückabwicklung der angefochtenen Rechtsabwicklung lediglich den Massegläubigern zugute. Teilweise wird daraus gefolgert, dass hier eine Anfechtung mangels Benachteiligung der Insolvenzgläubiger ausscheide.[9] Eine solche Auslegung macht die Anfechtung jedoch vom Zufall abhängig und ist unpraktikabel. Dies zeigt sich deutlich, wenn bspw. zwei Anfechtungssachverhalte gegeben sind, die lediglich kumulativ geeignet sind, die Masseunzulänglichkeit zu beseitigen. Sollen dann in dem einen Anfechtungsprozess inzident die Erfolgsaussichten des anderen Anfechtungssachverhaltes geprüft werden? Im Übrigen sind in jedem Insolvenzverfahren die Masseverbindlichkeiten vorab zu berichtigen, so dass prozentual immer

---

[1] BGH NZI 2005, 218.

[2] Krit. wegen der offensichtlichen Missbrauchsmöglichkeiten *de Bra,* LMK 2005, 96.

[3] *Braun/Uhlenbruck,* Unternehmensinsolvenz, S. 357.

[4] Vgl. FK-*Dauernheim,* InsO, § 129 Rn. 36 m. zahlreichen wN aus der Rechtsprechung.

[5] *Hess,* InsO, § 129 Rn. 100.

[6] BGH ZIP 1996, 1516 ff., 1518 = NJW 1996, 3147 ff., 3148.

[7] BGH ZIP 1981, 1229 ff., 1231.

[8] Zur Berücksichtigung kapitalersetzender Gesellschafterdarlehen s. jetzt OLG München NZI 2002, 207, 208 f.

[9] Vgl. *Häsemeyer,* InsR, Rn. 21, 25.

ein Anteil auch der rückabgewickelten Anfechtungssachverhalte der Bestreitung der Masseverbindlichkeiten dient. Schließlich überlässt § 208 Abs. 3 dem Insolvenzverwalter auch im Falle der Masseunzulänglichkeit sämtliche Verwaltungs- und Verwertungsbefugnisse, also auch das Anfechtungsrecht.[1] Insoweit sollte auch in Fällen der Masseunzulänglichkeit grundsätzlich eine Anfechtungsmöglichkeit des Insolvenzverwalters bejaht werden.[2]

Nicht nur die Veräußerung einzelner Unternehmensbestandteile, sondern auch die Veräußerung eines gesamten Unternehmens ist anfechtbar, weil der Wert des Unternehmens als Einheit denjenigen seiner Bestandteile übersteigt.[3] 28

Wird eine freiberufliche Praxis (etwa eines Steuerberaters, Rechtsanwaltes oder Arztes) veräußert, so können die Einzelnen übertragenen Gegenstände, also Einrichtung und abgetretene Forderungen, im Wege der Anfechtung zurückgeholt werden.[4] Streitig ist jedoch, ob auch die Praxisveräußerung als solche – also inklusive des im Patienten- oder Klientenstamms enthaltenen „good wills" – angefochten werden kann. Nach herrschender Meinung ist dies nicht der Fall, da der Insolvenzverwalter zu einer Verwertung der Praxis als Ganzes ohne Einwilligung des Schuldners nicht in der Lage wäre.[5] 29

Nicht anfechtbar ist mangels eines Anfechtungsgegners der bloße Verzicht auf ein Patent (§ 12 PatG). Erfolgt der Verzicht freilich nur auf Grund des Willens, den Gläubigern zu schaden, so ist er nach § 138 BGB nichtig.[6] In Betracht kommt ferner Nichtigkeit nach § 134 i. V. m. § 288 StGB.[7] 30

Soweit Sozialversicherungsbeiträge an die Sozialversicherungsträger abgeführt werden, erfolgte nach der bisherigen Rechtsprechung des BGH auch die Zahlung des Arbeitnehmeranteils der Sozialversicherungsbeiträge idR[8] aus dem Vermögen des Arbeitgebers, so dass die Insolvenzgläubiger des Arbeitgebers auch durch diesen Teil der Zahlung benachteiligt wurden.[9] Dabei konnte der Verwalter den Anspruch auf Rückzahlung des Gesamtsozialversicherungsbeitrags gegenüber der Krankenkasse als Einzugsstelle geltend machen, auch soweit diese für die BfA bzw. die Rentenversicherung Beiträge entgegengenommen hatte.[10] Mittlerweile bestimmt der zum 1. 1. 2008 in Kraft getretene § 28 e Abs. 1 S. 2 SGB IV ausdrücklich, dass die Zahlung des Arbeitnehmeranteils der Sozialversicherungsbeiträge als aus dem Vermögen des Arbeitnehmers erbracht gilt. Ob hierdurch das gesetzgeberische Ziel,[11] in der Insolvenz des Arbeitgebers die Anfechtung des Arbeitnehmeranteils auszuschließen, erreicht wurde, ist zweifelhaft.[12] Jedenfalls findet die Vorschrift keine Anwendung auf Insolvenzverfahren, die vor dem 1. 1. 2008 eröffnet wur- 31

---

[1] Vgl. im Einzelnen zu der Problematik *Ahrendt/Struck,* ZInsO 2000, 264.

[2] Vgl. im Ergebnis so auch LG Hamburg ZIP 2001, 711 (713) und jetzt auch BGH ZIP 2001, 1641, 1643 f.

[3] Vgl. *Gerhardt,* FS Gaul, S. 139 ff, 148 f.; aA: wohl noch BGH WM 1964, 114 ff., 115.

[4] Vgl. etwa *Nerlich/Römermann/Nerlich,* InsO, § 129 Rn. 94.

[5] *Nerlich/Römermann/Nerlich,* InsO, § 129 Rn. 93; aA: *Gerhardt,* aaO, S. 139, 148 f.

[6] OLG Düsseldorf, JZ 1952, 752.

[7] Strittig, vgl. *Tetzner,* Anm. zu OLG Düsseldorf, aaO, JZ 1952, S. 752.

[8] Zu Ausnahmen s. BGH BB 2002, 590 f.

[9] BGH NJW 2000, 2993, 2995; BGH NZI 2005, 497; aA: OLG Köln NJW-RR 1997, 734, 735.

[10] OLG Hamburg ZIP 2001, 708.

[11] BT-Drucks. 16/6540, S. 2.

[12] Vgl. etwa *Kreft,* FS Samwer, S. 261 ff.; *Bauer,* ZInsO 2008, 119, 121 f.

den.[1] Für nach diesem Zeitpunkt eröffnete Verfahren hat der BGH die Frage bislang ausdrücklich offengelassen.[2] In der Instanzrechtsprechung wird teilweise die Anfechtung des Arbeitnehmeranteils weiterhin für möglich gehalten.[3] Hier bleibt die weitere Rechtsprechung abzuwarten. Da § 28 e Abs. 1 S. 2 SGB IV nur die Sozialversicherungsbeiträge betrifft, ist die Abführung von Lohnsteuer an das Finanzamt durch den Arbeitgeber weiterhin gläubigerbenachteiligend.[4]

31a Auch die Zahlung von Schulden unter Ausnutzung eines Dispositonskredites benachteiligt die Insolvenzgläubiger,[5] obwohl es dadurch bei formeller Betrachtung lediglich zu einem Austausch der Gläubiger kommt. Dies gilt nach neuer Auffassung des BGH selbst dann, wenn der Schuldner die Mittel lediglich aus einer geduldeten Kontoüberziehung schöpft.[6] In den Fällen, in denen die angefochtene Zahlung über ein Bankkonto erfolgt ist, gehört daher nunmehr auch nach Ansicht des BGH zur Schlüssigkeit des Klagevortrags des Insolvenzverwalters hinsichtlich der Gläubigerbenachteiligung nicht mehr die Darlegung, dass die Zahlung aus einem Guthaben oder im Rahmen einer eingeräumten Kreditlinie erbracht wurde.[7]

31b Auch die Aufrechnung gegen eine einem anderen Gläubiger zur Sicherheit abgetretene Forderung[8] sowie die Veräußerung von Gegenständen, die einem Absonderungsrecht unterliegen,[9] kann gläubigerbenachteiligend sein, wenn dafür kein voller Gegenwert in das Schuldnervermögen fließt, da es sich dabei nach Auffassung des BGH um „im Kern geschützte Vermögenswerte" der Insolvenzmasse handelt. Dies gilt allerdings nicht, wenn der Schuldner das Absonderungsrecht durch Zahlung ablöst, soweit deren Höhe den Erlös nicht überschreitet, den der Absonderungsberechtigte bei einer Verwertung hätte erzielen können oder das Absonderungsrecht von vornherein an einem Geldbetrag oder einem Bankguthaben besteht.[10] Keine Gläubigerbenachteiligung entsteht hingegen durch die bloße Vereitelung des Anfalls der Kostenpauschalen des § 171.[11] Ebenfalls nicht gläubigerbenachteiligend ist regelmäßig die Übertragung eines wertausschöpfend belasteten Grundstücks durch den Schuldner.[12] Ein anderes gilt jedoch dann, wenn die bei der Übertragung noch bestehenden Belastungen im Nachhinein vereinbarungsgemäß durch den Schuldner beseitigt werden.[13]

---

[1] BGH NJW 2008, 1535, 1536; BGH NZI 2009, 105, 106.

[2] BGH NJW 2008, 1535, 1536.

[3] AG Berlin-Tempelhof-Kreuzberg, NZI 2009, 439, 440; LG Schwerin, ZIP 2009, 43, 44; aA: LG Berlin, ZInsO 2009, 1398, 1399 f.

[4] BGH ZInsO 2004, 270.

[5] LG Hamburg ZIP 2001, 711, 714; BGH WM 2002, 561 ff., wohl auch BGH NJW 1990, 2687 (2688).

[6] BGH, Urteil vom 6. 10. 2009, IX ZR 191/05, anders noch BGH WM 2007, 508. Diese bisherige Auffassung führte allerdings zu nicht gerechtfertigten Zufallsergebnissen. AA: daher zurecht bereits etwa OLG Stuttgart ZIP 2005, 1837; OLG Hamburg ZIP 2006, 44; OLG Karlsruhe ZIP 2007, 286; *Bitter,* FS Fischer, S. 15 ff.

[7] So noch BGH NZI 2007, 283, 283 f.

[8] BGHZ 147, 233 (239).

[9] BGH NZI 2004, 82.

[10] BGH NZI 2004, 82, 83; BGH NZI 2009, 379, 380.

[11] BGH NZI 2004, 82.

[12] BGH NJW 2008, 292, 293 f.

[13] BGH NZI 2009, 512, 513.

31c Eine Vorpfändung allein begründet nach Auffassung des BGH noch kein Pfandrecht. Sie hindert daher nicht die Anfechtung einer nachfolgenden Hauptpfändung.[1] Verfügt der Schuldner nach Aussetzung der Vollziehung einer Pfändungs- und Einziehungsverfügung der Finanzverwaltung über sein Konto, werden die Insolvenzgläubiger hierdurch benachteiligt.[2]

32 Bei Verrechnung im Rahmen von Kontokorrentkrediten fehlt es an einer Gläubigerbenachteiligung, wenn die Bank – z. B. auf Grund des sich aus Nr. 14 Abs. 1 der Banken-AGB bzw. Nr. 21 Abs. 1 der Sparkassen-AGB ergebenden Pfandrechtes – ein Absonderungsrecht an der Forderung hat.[3]

33 Nach Auffassung des Bundesgerichtshofes[4] soll auch dann trotz Vorliegens der sonstigen Anfechtungsvoraussetzungen keine Gläubigerbenachteiligung vorliegen, wenn eine Bank Zahlungseingänge auf dem bei ihr geführten Konto des Schuldners unmittelbar vor Insolvenzantragstellung mit dem Debetsaldo auf dem Konto verrechnet, sofern der Bank[5] anfechtungsfrei im Wege der Globalzession diejenige Forderung des Schuldners gegenüber dem zahlenden Drittschuldner abgetreten worden war. Denn die Bank sei Gläubigerin der Forderung gegenüber dem (Dritt-)Schuldner gewesen. Aus dem Vermögen des Schuldners sei nichts in anfechtbarer Weise dadurch abgeflossen, dass die Bank den ihr als Gläubigerin der abgetretenen Forderung zustehenden Betrag vereinnahmt habe. Diese Auffassung verkennt jedoch, dass der (Dritt-)Schuldner gerade nicht an die Bank, sondern vielmehr – auf Grund der Einziehungsermächtigung und § 407 BGB der Bank gegenüber wirksam – an den Schuldner gezahlt hat. Die Bank fungierte insoweit lediglich als Zahlstelle. Sie war jedoch nicht selbst Empfängerin der Zahlung. Dann aber ist mit dem Eingang der Zahlung auf dem Konto des Schuldners die der Globalzession unterliegende, ursprüngliche Forderung des Schuldners gegenüber dem (Dritt-)Schuldner genauso untergegangen, wie dies bei dem Zahlungseingang auf einem Konto des Schuldners bei einer anderen Bank der Fall gewesen wäre. Die Verrechnung der Gutschrift mit dem Debetsaldo ist daher gläubigerbenachteiligend.[6] Auch auf Basis der Auffassung des BGH ist jedoch zu berücksichtigen, dass die Abtretung der Forderungen und ihre Werthaltigmachung ihrerseits anfechtbar sein können.[7] Hat im Übrigen der Schuldner selbst eine sicherungsabgetretene Forderung vereinnahmt und später an den Sicherungsnehmer weitergeleitet, so werden dadurch die Insolvenzgläubiger regelmäßig benachteiligt.[8]

33a Bei Leistungen Dritter auf Anweisung des Schuldners hängt die Gläubigerbenachteiligung davon ab, ob der Angewiesene durch die Zahlung gegenüber dem anweisenden Schuldner eine eigene bestehende Verbindlichkeit tilgt („Anweisung auf Schuld“) oder aber die Zahlung ohne eine Verpflichtung gegenüber dem Schuldner vornimmt („Anweisung auf Kredit“). Nur im ersteren Fall ist eine

---

[1] BGH NJW 2006, 1870, 1872 ff.

[2] BGH NZI 2009, 105, 105 f.

[3] *Steinhoff,* ZIP 2000, 1147.

[4] BGH NJW 1983, 2147, 2149; BGH ZIP 2002, 2182, 2183.

[5] Nicht: einer anderen Bank, die die zedierten Forderungen treuhänderisch auch für die kontoführende Bank hält, BGH WM 2005, 1790.

[6] Zutreffend daher OLG Hamm ZIP 1982, 1343, als Vorinstanz, das eine Gläubigerbenachteiligung bejaht.

[7] Vgl. BGH NZI 2008, 551, 553 f. und unten bei § 130 Rn. 11.

[8] BGH ZIP 2006, 959; 1009.

Gläubigerbenachteiligung gegeben.[1] Ein anderes gilt nur dann, wenn der Kredit für den Schuldner belastender als die mit seiner Hilfe getilgte Schuld ist, etwa weil er nur gegen Sicherheiten gewährt wurde.[2]

6. Kausalzusammenhang

34 Zwischen der Gläubigerbenachteiligung und der Rechtshandlung muss ein Kausalzusammenhang dergestalt bestehen, dass ohne die vorgenommene Rechtshandlung eine günstigere Befriedigungsmöglichkeit bestanden hätte.[3]

35 Es ist jeweils zu prüfen, ob das Gesetz eine unmittelbare Benachteiligung fordert.[4] In diesen Fällen muss die Benachteiligung direkt auf der anfechtbaren Handlung beruhen. In den Fällen, in denen eine mittelbare Benachteiligung ausreicht, genügt es, wenn die Schlechterstellung der Gläubiger auf Umständen beruht, die zu der anfechtbaren Handlung hinzutreten.[5]

36 Hypothetische Kausalverläufe, die ebenfalls zu einer Benachteiligung geführt hätten, sind unbeachtlich; nur tatsächliche Geschehensabläufe finden Berücksichtigung.[6] U. U. kann eine Anfechtung jedoch bei „wertender Betrachtung" entfallen, wenn dieselbe Masseschmälerung auch durch eine gesetzlich nicht mißbilligte Rechtshandlung hätte herbeigeführt werden können.[7]

7. Ausübung des Anfechtungsrechts

37 Wie aus §§ 129 Abs. 1 InsO, 16 Abs. 1 AnfG folgt, ist während der Dauer des Insolvenzverfahrens nur der Insolvenzverwalter berechtigt, Anfechtungsansprüche der Insolvenzgläubiger zu verfolgen. Hingegen sind Absonderungsberechtigte,[8] selbst wenn diesen der Schuldner auch persönlich haftet,[9] und Massegläubiger[10] weiterhin im Rahmen des AnfG zur Einzelanfechtung berechtigt, soweit ihr Recht durch entsprechende Rechtshandlungen beeinträchtigt wird.

38 Im Falle der Eigenverwaltung übt der Sachwalter das Anfechtungsrecht aus, § 280, im Falle des vereinfachten Insolvenzverfahrens verbleibt das Anfechtungsrecht in der Hand der einzelnen Gläubiger.[11]

39 Das Anfechtungsrecht des Insolvenzverwalters besteht nur für die Dauer des Insolvenzverfahrens. Besteht jedoch die Möglichkeit einer Nachtragsverteilung, so ist der Verwalter auch nach Beendigung des Insolvenzverfahrens zur Fortführung eines Anfechtungsprozesses berechtigt;[12] ferner kommt bei nachträgli-

[1] BGH NZG 2009, 102, 102.
[2] BGH aaO.
[3] BGH ZIP 1989, 785 ff, 786 mwN.
[4] §§ 132 Abs. 1, 133 Abs. 2 InsO.
[5] BGHZ 124, 76 ff., 79.
[6] BGH ZIP 1993, 1653 ff., 1655 mwN – keine Möglichkeit, gegen die Anfechtbarkeit der Weitergabe von Kundenschecks an Dritte einzuwenden, die Bank hätte bei Einreichung mit Gegenforderungen unanfechtbar aufrechnen können; BGH NZI 2005, 497; BGH NZI 2007, 718, 719.
[7] BGH NZI 2005, 497.
[8] BGH NJW 1990, 716 ff., 718.
[9] *Nerlich/Niehus,* AnfG, § 1 Rn. 22.
[10] Ebd.
[11] § 313 Abs. 2 InsO.
[12] BGHZ 83, 102 ff., 103.

cher Anordnung einer Nachtragsverteilung[1] die Einleitung eines Anfechtungsprozesses auch nach vollzogener Schlussverteilung in Betracht.[2] Ansonsten erlischt mit Aufhebung des Insolvenzverfahrens das Anfechtungsrecht des Insolvenzverwalters.[3]

Im Falle eines Insolvenzplanes kann die Befugnis des Insolvenzverwalters zur Fortführung des Anfechtungsprozesses auch nach Aufhebung des Verfahrens in dem gestaltenden Teil des Planes vorgesehen werden, § 259 Abs. 3. 40

Wird der Insolvenzverwalter nicht tätig, so bleibt den Gläubigern zur Erzwingung des Anfechtungsverfahrens nur der Weg über die §§ 58, 59.[4] 41

Der vorläufige Insolvenzverwalter hat kein Anfechtungsrecht.

Die Anfechtung ist grundsätzlich gegenüber dem Empfänger der anfechtbaren Leistung geltend zu machen, vgl. § 144 Abs. 1. Bei mittelbaren Zuwendungen ist darauf abzustellen, für wen die Leistung wirtschaftlich gesehen zum endgültigen Verbleib bestimmt ist.[5] Zwei rechtlich getrennte Geschäfte sind als Einheit zu bewerten, wenn der Schuldner von Anfang an auf diesem Wege dem letzten Leistungsempfänger das Zugewandte zukommen lassen wollte.[6] Auf die innere Einstellung der Mittelsperson kommt es nicht an. 42

Hat der Schuldner als Verkäufer nach Zahlungseinstellung oder dem Antrag auf Eröffnung des Insolvenzverfahrens mit seinem Vertragspartner nachträglich vereinbart, dass dieser den Kaufpreis an einen Dritten zahlt und hat der Käufer diese Verpflichtung erfüllt, richtet sich der Anfechtungsanspruch des Insolvenzverwalters in der Regel ausschließlich gegen den Dritten, sofern für diesen die Zuwendung als Leistung des Schuldners erkennbar war.[7] 43

Im Übrigen kommt auch eine Anfechtung gegenüber bestimmten Einzel- oder Gesamtrechtsnachfolgern nach § 145 in Betracht.[8] 44

Zur Ausübung des Anfechtungsrechts bedarf es – nach Ersetzung der früheren Ausschlussfrist des § 41 KO durch eine Verjährungsfrist (§ 146) – nicht zwingend einer prozessualen Geltendmachung durch Klage, Widerklage, Einrede oder Replik.[9] Vielmehr genügt jede erkennbare – auch konkludente – Willensäußerung, dass der Insolvenzverwalter die Gläubigerbenachteiligung nicht hinnimmt, sondern diese wenigstens wertmäßig auf Kosten des Anfechtungsgegners wieder auszugleichen sucht.[10] Hiervon zu unterscheiden ist die Frage, auf welche Weise erforderlichenfalls die Verjährung des Anfechtungsanspruchs gehemmt werden kann.[11] Dies richtet sich nach den allgemeinen Vorschriften der §§ 203 ff. BGB. Verfolgt der Verwalter im Rahmen einer Klage (§ 204 Abs. 1 Nr. 1 BGB) das Ziel, dass der Gegner einen erworbenen Gegenstand zumindest wertmäßig wie- 45

---

1 § 211 Abs. 3 InsO.

2 HK-*Kreft,* InsO, § 129 Rn. 85 mwN.

3 BGHZ 86, 102 ff., 106.

4 *Smid/Zeuner,* InsO, § 129 Rn. 25.

5 BGH ZIP 1985, 427 ff., 428 mwN.

6 BGH ZIP 1992, 124 ff., 125.

7 BGH NZI 1999, 448 ff., 449 mwN = ZInsO 1999, 640 ff., 641 mwN = ZIP 1999, 1764 ff., 1765 mwN.

8 Siehe hierzu die Ausführungen zu § 145 InsO.

9 MünchKomm-*Kirchhof,* InsO, § 129 Rn. 194; aA: *Nerlich/Römermann/Nerlich,* InsO, § 129 Rn. 108.

10 BGH NZI 2008, 372, 373; HK-*Kreft,* InsO, § 129 Rn. 82.

11 BGH aaO.

der der Masse zuführt, stützt er sein Begehren auf einen Sachverhalt, der geeignet sein kann, die Voraussetzungen einer Anfechtungsnorm zu erfüllen, und lässt der Vortrag erkennen, welche Rechtshandlungen angefochten werden, genügt dies für die Hemmung der Verjährung.[1]

46 Im Falle einer Anfechtungsklage mit erheblichem Streitwert hat der Insolvenzverwalter vor Klagerhebung die Zustimmung des Gläubigerausschusses, oder, wenn ein solcher nicht bestellt ist, der Gläubigerversammlung einzuholen, § 160 Abs. 2 Ziff. 3. Eine nicht eingeholte Zustimmung hat allerdings hinsichtlich der Wirksamkeit der Anfechtung keinerlei Bedeutung.[2]

47 Da Rechtsgrundlage des Anfechtungsanspruches stets die anfechtbare Rechtshandlung ist und der Anfechtungsanspruch originär in der Person des Insolvenzverwalters entsteht, ist der Anfechtungsrechtsstreit unabhängig von der Person des Anfechtungsgegners und unabhängig von dem Rechtsverhältnis zwischen Schuldner und Anfechtungsgegner stets bürgerlich-rechtlicher Natur und fällt nach § 13 GVG in die Zuständigkeit der ordentlichen Gerichtsbarkeit.[3]

48 Auch sind Anfechtungsrechtsstreitigkeiten keine Handelssachen nach § 95 GVG, selbst wenn die anfechtbare Handlung ein Handelsgeschäft ist,[4] mit der Folge, dass nie eine Zuständigkeit der Kammer für Handelssachen besteht[5].

49 Sachliche und örtliche Zuständigkeit richten sich nach den allgemeinen Regeln der ZPO; da der Rückgewähranspruch – auch im Falle des § 133 – nicht deliktischer Natur ist, scheidet eine Anwendbarkeit des § 32 ZPO (Gerichtsstand der unerlaubten Handlung) aus.[6]

50 Es besteht die Möglichkeit der Prozesskostenhilfe nach § 116 Satz 1 Nr. 1 ZPO. Zur Frage der Zumutbarkeit der Kostenaufbringung durch als wirtschaftlich Beteiligte anzusehende Gläubiger gibt es eine stark ausdifferenzierte Judikatur.[7] Tendenziell besteht jedoch eine Neigung der Gerichte, dem Insolvenzverwalter in solchen Fällen Prozesskostenhilfe zu gewähren. Nach Ansicht des BGH kann allerdings in der Regel keine Prozesskostenhilfe gewährt werden, wenn der durchzusehende Anfechtungsanspruch nicht dazu geeignet ist, eine bereits eingetretene Massekostenarmut zu beheben.[8]

51 Bleiben im Anfechtungsprozess Antrag, Anfechtungsgegenstand und Anfechtungsgrund gleich, liegt keine Klageänderung vor, wenn eine zunächst mit unmittelbarer Gläubigerbenachteiligung begründete Klage nachträglich auf Grund neuer Informationen auf eine nur mittelbare Gläubigerbenachteiligung gestützt wird.[9]

---

[1] BGH aaO.

[2] *Jaeger/Henckel,* InsO, § 129 Rn. 282.

[3] Vgl. eingehend *Hess,* InsO, § 129 Rn. 170ff., m. zahlreichen wN; BGH NZI 2005, 1335; aA: BAG NZI 2008, 455, 455 für Anfechtung von Lohnzahlungen gegenüber Arbeitnehmer: Rechtsweg zu den Arbeitsgerichten bestätigt durch Beschl. v. 15. 7. 2009 – GmS – OGB 1/09; ablehnend BGH, NZI 2009, 313; der die Frage dem Gemeinsamen Senat vorgelegt hat.

[4] *Hess,* InsO, § 129 Rn. 175.

[5] HK-*Kreft,* InsO, § 129 Rn. 100; aA für den Sonderfall des als insolvenzrechtliche Anfechtungsvorschrift angesehenen § 32b GmbHG LG Hamburg ZIP 1998, 480f.

[6] Näher HK-*Kreft,* InsO, § 129, Rn. 98.

[7] Vgl. ausführlich HK-*Kreft,* InsO, § 129 Rn. 100 mwN.

[8] BGH BeckRS 2009, 22030.

[9] BGH ZIP 1985, 427, 429.

Fehlerhafte Prozesshandlungen können innerhalb der Frist des § 146 geheilt werden.[1] 53

Die Beweislast für das Vorliegen der Gläubigerbenachteiligung liegt bei dem Insolvenzverwalter.[2] Dieser genügt der Beweislast, indem er vorträgt und ggf. beweist, dass der Anfechtungsgegner einen Gegenstand aus dem Vermögen des Schuldners ohne angemessene Gegenleistung erlangt hat. Es ist dann Sache des Anfechtungsgegners, im Einzelnen Tatsachen vorzubringen, aus denen er anfechtungsrechtlich beachtliche Einwände herleitet.[3] 54

Für die Annahme einer mittelbaren Gläubigerbenachteiligung genügt die Darlegung und notfalls der Beweis, dass eine Zwangsvollstreckung in den anfechtbar übertragenen Gegenstand nicht aussichtslos erscheint.[4] 55

Es spricht ein Anscheinsbeweis dafür, dass in einem eröffneten Verfahren die Insolvenzmasse nicht ausreicht, um alle Gläubigeransprüche zu befriedigen.[5] 56

Ist der Anfechtungsgegner zur Erbringung unentgeltlicher Leistungen verpflichtet und hat er gleichwohl für seine Tätigkeiten ein Honorar abgerechnet, ist er für den Vortrag, diese Leistungen seien überobligationsmäßig erfolgt, zum Beweis verpflichtet.[6] 57

8. Übersicht über die einzelnen Anfechtungstatbestände

Die Anfechtungstatbestände der §§ 130 ff. lassen sich aus Sicht des Insolvenzverwalters insbesondere nach den Zeiträumen gliedern, in denen die Rechtshandlung vor der Insolvenzantragstellung erfolgt ist. Dabei gilt die Regel, dass die Anforderungen an die Voraussetzungen der Anfechtung umso niedriger sind, je kürzer die Rechtshandlung zurückliegt: 58

a) Innerhalb eines Monates vor Insolvenzantragstellung erfolgte Rechtshandlungen sind – sofern es sich um eine inkongruente Deckung handelt – ohne jede weitere Voraussetzung anfechtbar, § 131 Abs. 1 Ziff. 1. 59

b) Innerhalb der Letzten drei Monate vor Insolvenzantragstellung vorgenommene Rechtshandlungen sind anfechtbar, wenn der Schuldner zurzeit der Handlung zahlungsunfähig war oder dem Gläubiger zurzeit der Handlung bekannt war, dass die Handlung die Insolvenzgläubiger benachteiligt (§ 131 Abs. 1 Ziff. 2 und 3), oder wenn zurzeit der Handlung der Schuldner zahlungsunfähig war und der Gläubiger zu dieser Zeit die Zahlungsunfähigkeit kannte (§ 130 Abs. 1 Ziff. 2, § 132 Abs. 1 Ziff. 1). 60

c) Innerhalb des letzten Jahres vor Insolvenzantragstellung vorgenommene Rechtshandlungen sind anfechtbar im Falle der Rückzahlung von Gesellschafterdarlehen oder Forderungen aus wirtschaftlich entsprechenden Rechtshandlungen (§§ 135 Abs. 1 Nr. 2, 39 Abs. 1 Nr. 5). 61

d) Innerhalb von zwei Jahren vor Insolvenzantragstellung vorgenommene Rechtshandlungen sind dann anfechtbar, wenn es sich dabei um einen ent- 62

---

[1] BGH ZIP 1996, 552 ff., 553 f; *Zeuner,* aaO, Rn. 306 m. zahlreichen w. N.
[2] BGH ZIP 1995, 1021 ff., 1024 mwN.
[3] BGH NZI 1999, 114 ff., 116 = ZInsO 1999, 181 (nur Leitsatz) = ZIP 1999, 196 ff., 198.
[4] BGH ZIP 1996, 1907 ff., 1909.
[5] BGH ZIP 1997, 853 ff., 854 mwN.
[6] BGH ZIP 1995, 297 ff., 301.

geltlichen Vertrag des Schuldners mit einer nahe stehenden Person handelt, durch den die Insolvenzgläubiger unmittelbar benachteiligt werden (§ 133 Abs. 2).

63 **e) Innerhalb von vier Jahren vor dem Antrag auf Eröffnung des Insolvenzverfahrens** vorgenommene Rechtshandlungen sind anfechtbar im Falle einer unentgeltlichen Leistung des Schuldners (§ 134).

64 **f) In den letzten zehn Jahren vor dem Antrag auf Eröffnung des Insolvenzverfahrens** vorgenommene Rechtshandlungen sind anfechtbar sowohl im Falle der vorsätzlichen Benachteiligung der Gläubiger (§ 133) als auch dann, wenn es sich um eine Rechtshandlung handelt, die der Forderung eines Gesellschafters auf Rückgewähr eines Darlehens bzw. einer wirtschaftlich entsprechenden Forderung Sicherung gewährt hat (§ 135 Abs. 1 Nr. 1).

9. Konkurrenzen

65 **a)** Die Anfechtungstatbestände gehen im Verhältnis zu den Insolvenzgläubigern den Nichtigkeitsbestimmungen der §§ 134, 138 BGB vor, sofern nicht über den Anfechtungstatbestand hinausgehende, erschwerende Umstände vorliegen.[1] Wendet der Insolvenzverwalter sowohl Nichtigkeit als auch Anfechtbarkeit ein und steht bereits fest, dass er mit dem einen oder anderen Einwand durchdringt, so kann für die Anfechtungseinrede die Wirksamkeit des Rechtsgeschäftes unterstellt werden, wenn dies auf das Ergebnis keinen Einfluss hat.[2]

66 **b)** Da deliktische Anspruchsgrundlagen über Anfechtungstatbestände hinausgehende, erschwerende Umstände voraussetzen, stehen sie zu diesen in Gesetzeskonkurrenz.[3]

67 Im Übrigen bestehen neben dem Anfechtungsrecht auch der Anspruch aus § 823 Abs. 2 BGB i. V. m. § 64 Abs. 1 GmbHG wegen Insolvenzverschleppung[4] und die Geschäftsführerhaftung aus § 64 Abs. 2 GmbHG.[5] Ob der in Anspruch genommene Geschäftsführer dem Insolvenzverwalter entgegenhalten kann, dieser müsse zunächst die Anfechtung erklären, wenn eine Anfechtungsmöglichkeit besteht, ist streitig. Diese Frage ist entgegen der herrschenden Meinung[6] zu verneinen.[7] Es ist nicht ersichtlich, warum der Insolvenzverwalter einen ihm leichter durchsetzbar erscheinenden Anspruch aus § 64 GmbHG allein aus Rücksicht auf die Interessen des Geschäftsführers hinter einen Anfechtungsprozess mit zweifelhaftem Ausgang zurückstellen sollte.[8] Für den Fall, dass ein Anfechtungsanspruch nicht mehr durchsetzbar ist, hat der BGH insoweit auch ausdrücklich entschieden, dass jedenfalls dann der Geschäftsführer nicht berechtigt sei, die Erfüllung seiner Verpflichtung gegenüber der Masse mit der Begründung zu

---

[1] BGH ZIP 1996, 1475 f., 1475; BGH WM 2002, 1186, 1188 f.

[2] BGH ZIP 1993, 521 f., 522 = NJW 1993, 1640 f., 1641 = WM 1993, 738 ff., 740; krit. hierzu *Häsemeyer,* ZIP 1994, 418 ff., 422 f.

[3] BGH ZIP 1996, 1178 ff., 1179.

[4] BGH NJW-RR 1986, 579 ff., 579 f.

[5] BGH ZIP 1996, 420 ff., 420.

[6] *Rowedder/Schmidt-Leithoff,* GmbHG, § 64, Rn. 35 mwN.

[7] Vgl. *Lutter/Hommelhoff/Lutter/Kleindiek,* GmbHG, § 64 Rn. 64, zweifelnd BGHZ 131, 325.

[8] Siehe insoweit auch BGHZ 131, 325, 328.

verweigern, der Insolvenzverwalter habe es unterlassen, Insolvenzanfechtungsrechte rechtzeitig geltend zu machen.[1]

c) Die gesetzliche Einschränkung anderer Vorschriften – etwa des § 91 – führt nicht automatisch auch zu einer Einschränkung der Anfechtbarkeit. Dies gilt insbesondere für die Vorschrift § 114 Abs. 3, die – als Ausnahme zu § 91 Abs. 1 – bestimmt, inwieweit die Zwangsvollstreckung in künftige Bezüge eines Arbeitnehmers nach Eröffnung des Insolvenzverfahrens noch wirksam ist. Die Anfechtung von Zwangsvollstreckungsmaßnahmen in die Bezüge eines Arbeitnehmers ist hierdurch nicht ausgeschlossen.[2] 68

10. Internationale Insolvenzanfechtung

Durch das Gesetz zur Neuregelung des Internationalen Insolvenzrechts[3] wurde das bislang nur lückenhaft in Art. 102 EGInsO geregelte, autonome internationale Insolvenzrecht in den §§ 335 ff. ausführlich kodifiziert. In Anlehnung an Art. 13 EUInsVO bestimmt § 339 nunmehr, dass in Fällen mit internationalem Bezug eine Rechtshandlung gem. den Insolvenzanfechtungsbestimmungen des Rechtes des Staates der Verfahrenseröffnung angefochten werden kann, es sei denn, dass der Anfechtungsgegner nachweist, dass für die Rechtshandlung das Recht eines anderen Staates maßgebend und die Rechtshandlung nach diesem Recht in keiner Weise angreifbar ist. Erforderlich ist somit, dass kumulativ sowohl ein Anfechtungstatbestand des Staats der Verfahrenseröffnung erfüllt ist und darüber hinaus die Rechtshandlung auch nach dem Recht des Staates, das für die Rechtshandlung maßgeblich ist, „angreifbar" ist. „Angreifbar" wird dabei regelmäßig ebenfalls das Vorliegen der Anfechtungsvoraussetzungen des Rechts des betreffenden Staates bedeuten, ausreichend ist aber jedwede, die rechtliche Wirkung der angegriffenen Rechtshandlung im Ergebnis beseitigende Rechtsnorm. Durch das Erfordernis der kumulativen „Angreifbarkeit" nach dem Recht des Staates, dessen Recht auf die Rechtshandlung anwendbar ist, soll unter Verkehrsschutzgesichtspunkten das Vertrauen auf den Bestand des Rechtserwerbs nach diesem Recht geschützt werden. Soweit der Rechtserwerb auch nach diesem Recht nicht bestandskräftig wäre, bedarf es einer Einschränkung der Anfechtbarkeit nach dem Recht des Insolvenzeröffnungsstaates nicht. 69

Bei der Regelung des § 139 handelt es sich – wie auch bei Art. 13 EuInsVO – um eine allseitige Kollisionsnorm, die sowohl für den Auslands- als auch für den Inlandskonkurs gilt. Vgl. im Übrigen näher die Kommentierung zu § 339. 70

Für internationale Anfechtungsklagen innerhalb der EU (mit Ausnahme von Dänemark) sind nach einer Entscheidung des EuGH die Gerichte des Staates der Verfahrenseröffnung gem. Art. 3 Abs. 1 EuInsVO international zuständig,[4] örtlich zuständig ist – in Ermangelung eines allgemeinen deutschen Gerichtsstands – der in entsprechender Anwendung des § 19 a ZPO des sachlich zuständige Streitgericht am Sitz des eröffnenden Insolvenzgerichts.[5] Im Übrigen ist die internationale Zuständigkeit bei Fehlen internationaler Abkommen nach den §§ 12 ff. ZPO zu bestimmen. 71

---

[1] BGHZ 131, 325.

[2] BGH NZI 2008, 563, 564 f.

[3] BT-Drucks. 15/16 vom 25. 10. 2002.

[4] EUGH NZI 2009, 199, 200.

[5] BGH NZI 2009, 532, 533 f.

§ 130 Kongruente Deckung

(1) **Anfechtbar ist eine Rechtshandlung, die einem Insolvenzgläubiger eine Sicherung oder Befriedigung gewährt oder ermöglicht hat,**

1. **wenn sie in den letzten drei Monaten vor dem Antrag auf Eröffnung des Insolvenzverfahrens vorgenommen worden ist, wenn zur Zeit der Handlung der Schuldner zahlungsunfähig war und wenn der Gläubiger zu dieser Zeit die Zahlungsunfähigkeit kannte oder**
2. **wenn sie nach dem Eröffnungsantrag vorgenommen worden ist und wenn der Gläubiger zur Zeit der Handlung die Zahlungsunfähigkeit oder den Eröffnungsantrag kannte.**

Dies gilt nicht, soweit die Rechtshandlung auf einer Sicherungsvereinbarung beruht, die die Verpflichtung enthält, eine Finanzsicherheit, eine andere oder eine zusätzliche Finanzsicherheit im Sinne des § 1 Abs. 17 des Kreditwesengesetzes zu bestellen, um das in der Sicherungsvereinbarung festgelegte Verhältnis zwischen dem Wert der gesicherten Verbindlichkeiten und dem Wert der geleisteten Sicherheiten wiederherzustellen (Margensicherheit).

(2) **Der Kenntnis der Zahlungsunfähigkeit oder des Eröffnungsantrags steht die Kenntnis von Umständen gleich, die zwingend auf die Zahlungsunfähigkeit oder den Eröffnungsantrag schließen lassen.**

(3) **Gegenüber einer Person, die dem Schuldner zur Zeit der Handlung nahestand (§ 138), wird vermutet, daß sie die Zahlungsunfähigkeit oder den Eröffnungsantrag kannte.**

Übersicht

1. Normzweck

1 § 130 lässt den Schutz des Grundsatzes der „par condicio creditorum" drei Monate vor Eröffnung des Insolvenzverfahrens beginnen, indem er eine Befriedigung oder Sicherung, auf die der Gläubiger in dieser Form und zu dieser Zeit einen Anspruch hatte („kongruente Deckung"), für anfechtbar erklärt. Voraussetzung ist, dass der Gläubiger Kenntnis von der Zahlungsunfähigkeit des Schuldners hatte oder sich nach Maßgabe des § 130 Abs. 2 dieser Kenntnis verschlossen hatte.

2. Objektiver Tatbestand

2 Anfechtbar ist eine Rechtshandlung, die einem Insolvenzgläubiger eine Sicherung oder Befriedigung gewährt oder ermöglicht hat. Ferner muss der Schuldner

zahlungsunfähig gewesen sein oder die Handlung muss nach dem Eröffnungsantrag vorgenommen worden sein.

Zum Begriff der Rechtshandlung wird auf die Erläuterungen zu § 129 verwiesen. 3

Insolvenzgläubiger sind die in den §§ 38, 39 genannten Personen, unabhängig davon, ob diese später an dem Insolvenzverfahren tatsächlich teilnehmen.[1] 4

Eine Anfechtung nach § 130 wird nicht dadurch ausgeschlossen, dass die Forderung, für die Sicherung oder Befriedigung gewährt wird, erst nach Eintritt der Zahlungsunfähigkeit des Schuldners begründet worden ist, sofern nicht ein Bargeschäft i. S. v. § 142 vorliegt.[2] Auch die Gläubiger nicht anmeldbarer (z. B. verjährter oder auf Naturalobligationen beruhender) Forderungen sind Insolvenzgläubiger.[3] 5

Eine Gläubigerbenachteiligung durch Ausübung eines Absonderungsrechtes ist nur nach § 133, nicht aber nach § 130 anfechtbar. Der Gesetzgeber hat trotz vorausgegangener Diskussion[4] von der Aufnahme der Absonderungsberechtigten in § 130 abgesehen, für die Annahme einer unbeabsichtigten Lücke ist daher kein Raum.[5] 6

Der Gläubiger muss eine Befriedigung oder eine Sicherung erhalten. Befriedigung bedeutet Erfüllung. Unter einer Sicherung versteht man die Einräumung einer Rechtsposition, die die Durchsetzung des gesicherten Anspruchs erleichtert und sich von der Leistung, die der Gläubiger kraft seines Anspruchs fordern darf, wesensmäßig unterscheidet.[6] 7

Wie aus dem Zusammenspiel der §§ 130, 131 deutlich wird, umfasst § 130 primär Leistungen, die kongruent erbracht wurden, auf die also der Gläubiger in dieser Art und zum nach § 140 maßgeblichen Zeitpunkt einen Rechtsanspruch hatte, sei es infolge vertraglicher Regelung oder (wie etwa bei der Pflicht zur Erbringung von Steuern) auf Grund direkter gesetzlicher Anordnung.[7] Die Anfechtungstatbestände des § 130 sind jedoch dem Wortlaut nach nicht auf kongruente Deckungen beschränkt, sondern erfassen auch inkongruente Deckungen, während § 131 insoweit nur eine Erleichterung der Voraussetzungen der Anfechtung für inkongruente Deckungen gewährt. Sofern also die Voraussetzungen des § 130 vorliegen, kann offenbleiben, ob eine Sicherung oder Befriedigung kongruent oder inkongruent war, da § 130 die Anforderungen des § 131 an die Anfechtung insoweit lediglich verschärft. 8

Die Sicherung stellt gegenüber der Befriedigung kein „minus", sondern ein „aliud" dar.[8] Die Sicherung eines Erfüllungsanspruches oder die Erfüllung eines Anspruchs auf Sicherheitsleistung ist daher als inkongruente Deckung anzusehen, so dass – auch – eine Anfechtbarkeit nach § 131 in Betracht kommt.[9] 9

Bei Sicherungen ist zu beachten, dass diese i. d. R. nur dann eine kongruente Deckung darstellen, wenn sie einzelvertraglich vereinbart wurden. Ergeben sie 10

[1] BGH ZIP 2006, 1591; HK-*Kreft,* InsO, § 130 Rn. 10.

[2] BGH NJW 1955, 709.

[3] *Kübler/Prütting/Bork/Schoppmeyer,* InsO, § 130 Rn. 48.

[4] Vgl. § 145 Abs. 2 RegE.

[5] *Henckel,* in Kölner Schrift, S. 813 ff., 819 Rn. 17; aA: HK-*Kreft,* InsO, § 130 Rn. 10.

[6] *Baur/Stürner,* Insolvenzrecht, S. 254.

[7] *Kübler/Prütting/Bork/Schoppmeyer,* InsO, § 130 Rn. 15.

[8] BGHZ 34, 254 ff., 258 f.

[9] Vgl. *Kübler/Prütting/Bork/Schoppmeyer,* InsO, § 131 Rn. 92.

sich lediglich aus allgemeinen Geschäftsbedingungen, die dem Gläubiger einen inhaltlich unbestimmten Anspruch auf Bestellung oder Verstärkung bankmäßiger Sicherheiten geben,[1] so kommt eine Anfechtung nach den erleichterten Grundsätzen der inkongruenten Deckung (§ 131) in Betracht.[2] Auch eine nachträgliche Individualvereinbarung zu einem Zeitpunkt, in dem sich der Vermögensverfall abzeichnet, ändert daran nichts.[3]

11 Nach Auffassung des BGH ist das Entstehen im Wege der Globalzession im Voraus abgetretener, zukünftiger Forderungen grundsätzlich nur als kongruente Deckung anfechtbar.[4] Dogmatisch zutreffender erschiene insoweit allerdings – vergleichbar der Rechtsprechung zu den AGB-Pfandrechten – eine Einstufung als inkongruente Deckung.[5] Denn mangels hinreichender Individualisierung besteht kein Anspruch auf Abtretung bestimmter Forderungen. Für die Praxis ist diese Frage der Anfechtbarkeit von Globalzessionen durch die Entscheidung des BGH jedoch entschieden. Folgt man dem BGH, scheitert die Anfechtung mangels gleichwertiger Gegenleistung des Anfechtungsgegners in engem zeitlichen Zusammenhang in aller Regel nicht am Vorliegen eines Bargeschäfts. Gleiches muss konsequenterweise für das selbstständig anfechtbare „Werthaltigmachen" solcher Forderungen gelten, etwa durch Erfüllungsleistungen des Schuldners, wenn es dem Vertragsschluss zeitlich nachfolgt.[6] In diesem Fall kommt nach Ansicht des BGH eine Anfechtung sowohl gegenüber dem Zessionar als auch gegen den Leistungsempfänger in Betracht; beide haften ggf. als Gesamtschuldner.[7]

12 Dem Gläubiger muss die Sicherung oder Befriedigung gewährt oder ermöglicht werden.

13 Ein „Gewähren" kommt auch in Form von Erfüllungssurrogaten in Betracht, z. B. durch Hinterlegung mit oder ohne Rücknahmemöglichkeit, Aufrechnung (im Falle der Aufrechnung entfällt auf Grund § 96 Ziff. 3 bei Vorliegen der Anfechtungsvoraussetzungen regelmäßig die Notwendigkeit, das Anfechtungsrecht auszuüben), Hingabe an Erfüllungs statt, Erlass, negatives Schuldanerkenntnis.

14 Die neu eingeführte Variante des „Ermöglichens" umfasst solche Rechtshandlungen, die zwar selbst keine Deckung gewähren, jedoch zu einer solchen führen können.[8] Der Gesetzgeber hatte hierbei vor allem Prozesshandlungen – etwa Anerkenntnisse[9] – im Auge.[10] In Betracht kommen auch andere, außergerichtliche Rechtshandlungen, etwa das Schuldversprechen in einer vollstreckbaren notariellen Urkunde.[11]

15 Weitere Voraussetzung ist, dass der Schuldner im Zeitpunkt der Vornahme der Handlung zahlungsunfähig war. Zur Feststellung der Zahlungsunfähigkeit

---

[1] Etwa Nr. 14 AGB Banken; Nr. 21 AGB Sparkassen.

[2] BGH ZIP 1995, 1078 ff., 1082.

[3] BGH, aaO.

[4] BGH NZI 2008, 89, 90 ff.; BGH NZI 2008, 236, 236.

[5] So OLG Karlsruhe ZIP 2005, 1249 m. zust. Anm. *Kirchhof,* WuB VI A § 131 InsO 1.06; OLG München NZI 2006, 530; MünchKommInsO-*Kirchhof,* § 131 Rn. 39 c.

[6] BGH NZI 2008, 89, 92; BGH NZI 2008, 236, 236.

[7] BGH NZI 2008, 236, 236 f.

[8] HK-*Kreft,* § 130 Rn. 12.

[9] Zum Anerkenntnis einer nicht bestehenden Schuld vgl. *Smid/Zeuner,* InsO, § 130 Rn. 18: Anfechtbarkeit nach § 131 InsO.

[10] Vgl. Begründung zu § 145 RegE, *Balz/Landfermann,* S. 230.

[11] HK-*Kreft,* InsO, § 130 Rn. 12.

kann auf die Legaldefinition des § 17 Abs. 2 zurückgegriffen werden.[1] Auf die dortigen Erläuterungen wird verwiesen.[2] Nach der – ebenfalls anwendbaren[3] – Vermutung des § 17 Abs. 2 S. 2 ist Zahlungsunfähigkeit in der Regel anzunehmen, wenn der Schuldner seine Zahlungen eingestellt hat. Auch wenn diese Vermutung nicht eingreift, ist zur Feststellung der Zahlungsunfähigkeit in einem Anfechtungsprozess die Aufstellung einer Liquiditätsbilanz nicht zwingend erforderlich. Haben im fraglichen Zeitpunkt fällige Verbindlichkeiten bestanden, die bis zur Verfahrenseröffnung nicht mehr beglichen worden sind, ist regelmäßig von der Zahlungsunfähigkeit zu diesem Zeitpunkt auszugehen.[4]

Nicht relevant ist die bloß drohende Zahlungsunfähigkeit.[5] Diese kann jedoch im Rahmen des § 130 Abs. 1 Ziff. 2 im Falle eines Eigenantrages des Schuldners nach § 18 Abs. 1 Bedeutung erlangen.[6] **16**

Ohne Relevanz ist auch die Überschuldung i. S. d. § 19 Abs. 2, da dieser Eröffnungsgrund auf Grund seiner schweren Erkennbarkeit zu Problemen im subjektiven Bereich führen würde.[7] **17**

Wann eine Handlung als vorgenommen gilt, bestimmt sich nach § 140, auf die dortigen Erläuterungen wird verwiesen. **18**

Die Rechtssicherheit gebietet eine Begrenzung der Anfechtbarkeit von vor dem Eröffnungsantrag vorgenommenen Rechtshandlungen.[8] § 130 Abs. 1 Ziff. 1 sieht insoweit einen Zeitraum von drei Monaten vor dem Eröffnungsantrag vor; allerdings können in Bezug auf weiter zurückliegende Rechtshandlungen andere Anfechtungstatbestände eingreifen. Zur Berechnung des Fristbeginns vgl. § 139 und die Erläuterungen daselbst. **19**

Nach dem Eröffnungsantrag sind bei Vorliegen der subjektiven Voraussetzungen alle nach diesem Zeitpunkt vorgenommenen Rechtshandlungen anfechtbar, § 130 Abs. 1 Ziff. 2. **20**

Dies gilt auch im Falle eines nach § 18 Abs. 1 erfolgenden Eigenantrages des Schuldners wegen drohender Zahlungsunfähigkeit. Dies führt dazu, dass auch ohne das Vorliegen von Zahlungsunfähigkeit eine Anfechtbarkeit begründet sein kann. Dies entspricht jedoch der klaren gesetzgeberischen Absicht, durch einen frühzeitigen Eigenantrag die Sanierungschancen des Unternehmens zu erhöhen. Dazu ist es erforderlich, ab Stellen des Eigenantrages masseminderndeVermögensverschiebungen zu verhindern.[9] **21**

Die Anfechtung nach der InsO setzt naturgemäß die Eröffnung eines Insolvenzverfahrens voraus. Im Falle mehrerer Eröffnungsanträge ist nach § 139 Abs. 2 stets der Erste zulässige und begründete Antrag maßgeblich.[10] **22**

---

[1] BGH NJW 2002, 515, 517.

[2] Ausführlich hierzu *Bork,* ZIP 2008, 1749; *Staufenbiel/Hoffmann,* ZInsO 2008, 785, 838.

[3] BGH NZI 2007, 515, 517.

[4] BGH ZIP 2006, 2222, 2224 f.

[5] HK-*Kreft,* InsO, § 130 Rn. 16.

[6] Vgl. auch *Gerhardt,* aaO, S. 616 f.

[7] Vgl. *Andres/Leithaus/Leithaus,* InsO, § 130 Rn. 7; krit. Gerhardt, aaO, S. 617 f.

[8] Begründung zu § 145 RegE, *Balz/Landfermann,* S. 231.

[9] Vgl. näher *Breutigam/Tanz,* ZIP 1998, 717 ff., 719 f.; aA: *Smid/Zeuner,* InsO, § 130 Rn. 28, nach dessen Auffassung eine Anfechtung auch im Falle der Ziff. 2 immer eine tatsächlich eingetretene Zahlungsunfähigkeit voraussetzt.

[10] Anders erledigte Anträge, insbesondere zurückgenommene, sind daher bedeutungslos, BGH ZInsO 2004, 270.

3. Verrechnung auf debitorischen Konten in der Krise

23 Verrechnungen von Kreditinstituten auf debitorischen Konten des späteren Schuldners während der Letzten drei Monate vor Insolvenzantragstellung stellen einen der wirtschaftlich bedeutendsten Anwendungsbereiche der Anfechtungstatbestände der §§ 130, 131 dar. Sie sind letztlich in fast jedem Insolvenzverfahren anzutreffen. Häufig entscheidende Frage ist dabei, ob es sich bei Zahlungseingängen auf dem Konto des Schuldners und die anschließende Verrechnung um kongruente oder inkongruente Deckungen handelt.

24 Im Falle von Kontokorrentverhältnissen sind Gutschriften dann kongruent, wenn die Bank einen fälligen Zahlungsanspruch gegen ihren Kunden hat. Dies ist dann der Fall, wenn das Konto einseitig überzogen bzw. ein eingeräumter Kontokorrentkredit (Dispositionskredit) überschritten wurde, soweit darin nicht eine konkludente vertragliche Vereinbarung zu sehen ist.[1] Eine Vereinbarung, wonach der Kontokorrentkredit „täglich fällig" sein soll, reicht i. d. R. ebenfalls nicht zur Begründung von Kongruenz aus, sondern ist i. d. R. als jederzeitige Kündigungsmöglichkeit zu verstehen.[2] Bis zur Höhe der Rückführung des Kontostandes auf den vertraglich zulässigen Rahmen ist die Verrechnung von Gutschriften daher nur nach § 130 anfechtbar.[3]

25 Ebenfalls einen Anspruch auf sofortige Kreditrückführung hat die Bank im Falle der Kündigung des Kontos, so dass hiernach erfolgende Zahlungen als kongruente Deckung anzusehen sind.[4] Keine Kündigung in diesem Sinne stellt ein „Einfrieren" der Kreditlinie oder die bloße Setzung einer Frist zur Rückführung eines ausgereichten Kontokorrentkredites dar.[5] Erfolgt die Kündigung freilich in Anbetracht der Krise des Schuldners, so ist eine Anfechtung der Kündigung selbst denkbar.[6]

26 Das Gleiche soll nach Auffassung des BGH dann gelten, wenn eine Bank in der Krise noch Verfügungen des Kunden über sein debitorisch im Rahmen des – ausdrücklich oder konkludent – eingeräumten Kreditrahmens geführtes Girokonto zur Zahlung an Dritte[7] zulässt.[8] In diesem Fall soll die Verrechnung auf Grund des bestehenden Kontokorrentverhältnisses kongruent und als Bargeschäft gem. § 142 nicht anfechtbar sein. Dies gilt auch dann, wenn das Kreditlimit ohne

---

[1] BGH ZIP 1999, 1271; BGH, NZI 2009, 436, 436 f.

[2] OLG Düsseldorf ZIP 2004, 1008.

[3] Vgl. *Jaeger/Henckel,* InsO, § 131 Rn. 19 ff.; *Kübler/Prütting/Bork/Schoppmeyer,* InsO, § 131 Rn. 71 ff.

[4] BGH WM 2002, 951, 953; *Kübler/Prütting/Bork/Schoppmeyer,* InsO, § 131 Rn. 72 f.; HambKomm-*Rogge,* InsO, § 130 Rn. 44.

[5] BGH ZInsO 2002, 200; ZIP 2002, 2182, 2183.

[6] BGH NZI 2009, 471, 472; *de Bra* NZI 1999, 249, 251; *Obermüller,* Insolvenzrecht in der Bankpraxis, Rn. 5195.

[7] Belastungsbuchungen, die eigene Forderungen der Bank betreffen, bleiben unberücksichtigt, BGH NZI 2005, 630. Ebenso bleiben unberücksichtigt Zahlungen auf Verbindlichkeiten des Schuldners, für die die Bank sich selbst verbürgt hatte, wenn und soweit die Bank durch die Zahlung endgültig von ihren Bürgschaftsverpflichtungen frei geworden ist, BGH NZI 2008, 175, 176.

[8] BGH ZIP 1999, 665, 668; WM 2001, 689, 691 f.; WM 2002, 951, 953 f.; ZIP 2005, 586. Nicht schädlich ist es dabei, wenn nicht alle, sondern nur „ausgewählte" Verfügungen der späteren Schuldnerin zugelassen werden, BGH ZIP 2002, 2181, 2184.

die Gutschriften zu keiner Zeit überschritten würde, der Schuldner den Kontokorrentkredit also nicht in voller Höhe ausgeschöpft hatte.[1] Voraussetzung dafür ist jedoch ein enger zeitlicher Zusammenhang zwischen Gutschriften und Belastungsbuchungen, wobei es unerheblich ist, ob die Deckung früher oder später entstanden ist als die Forderungen des Kreditinstitutes aus der Ausführung einer Überweisung oder Lastschrift. Welche Anforderungen dabei an den Begriff des „engen zeitlichen Zusammenhangs" zu stellen sind, ist noch ungeklärt. Ein Zeitraum von zwei Wochen zwischen Ein- und Auszahlungen soll noch im Rahmen liegen.[2] Ein Abstellen auf eine quartalsmäßige Abrechnungsperiode erscheint allerdings auch dem BGH zu lang.[3] Jedenfalls dürfen keine Vorgänge in die Betrachtung mit einbezogen werden, die außerhalb des von der Anfechtung erfassten Zeitraums liegen.[4]

4. Die subjektive Seite

a) Kenntnis von der Zahlungsunfähigkeit

Subjektiv wird aufseiten des Gläubigers Kenntnis der Zahlungsunfähigkeit oder im Falle des § 130 Abs. 1 Ziff. 2 alternativ von dem Eröffnungsantrag vorausgesetzt. Kenntnis ist als positives Wissen zu verstehen.[5] In Bezug auf die Kenntnis des Eröffnungsantrages ist es im Falle des Vorliegens mehrerer Eröffnungsanträge nicht erforderlich, dass der Anfechtungsgegner Kenntnis von dem Antrag hatte, der tatsächlich zur Verfahrenseröffnung geführt hatte.[6] Es genügt, wenn Kenntnis von irgendeinem zulässigen und begründeten Antrag bestand.[7] 27

Maßgeblicher Zeitpunkt für das Vorliegen der Kenntnis ist der Zeitpunkt der Vornahme der Rechtshandlung iSd. § 140.[8] Eine bereits vorher gegebene Kenntnis des Anfechtungsgegners von der Zahlungsunfähigkeit des Schuldners entfällt, wenn er auf Grund neuer, objektiv geeigneter Tatsachen zu der Ansicht gelangt, nun sei der Schuldner möglicherweise wieder zahlungsfähig.[9] 28

b) Kenntnis von Umständen i. S. d. § 130 Abs. 2

Ebenfalls ausreichend ist nach § 130 Abs. 2 die Kenntnis von Umständen, die zwingend auf die Zahlungsunfähigkeit oder den Eröffnungsantrag schließen lassen. 29

In der ursprünglichen Fassung des Regierungsentwurfes war die Anfechtbarkeit noch daran geknüpft worden, dass der Gläubiger die Zahlungsunfähigkeit **infolge grober Fahrlässigkeit** nicht kannte. Die endgültige Fassung wurde durch den Rechtsausschuss formuliert, da zum einen dem Rechtsausschuss der Begriff der „groben Fahrlässigkeit" zu unscharf erschien und zum anderen eine Anfechtung von kongruenten Leistungen, bei denen der Vertragspartner nichts 30

[1] BGH WM 2002, 951, 954 f.
[2] BGH WM 2002, 951, 954.
[3] BGH WM 2001, 689, 691; aA: wohl *Tappmeier,* EWiR 2000, 493, 494;
[4] BGH WM 2001, 689, 692.
[5] *Hess,* InsO, § 130 Rn. 53.
[6] Für den objektiven Tatbestand ist dieser allerdings maßgeblich.
[7] HK-*Kreft,* InsO, § 130 Rn. 32; *Kübler/Prütting/Bork/Schoppmeyer,* InsO, § 130 Rn. 123.
[8] BGH NZI 2008, 366, 367.
[9] BGH NZI 2008, 366, 367.

anderes als die geschuldete Leistung erhält, im Interesse der Rechtssicherheit nicht so weit ausgedehnt werden sollte.[1]

31 Die Kenntnis der besonderen Umstände reicht damit nur aus, wenn sich ein redlich und vernünftig Denkender angesichts der ihm bekannten Tatsachen der Einsicht nicht verschließen konnte, dass der Schuldner zahlungsunfähig war oder den Eröffnungsantrag gestellt hatte.[2] Dass der Anfechtungsgegner selbst den sich aus den Tatsachen zwingend ergebenden Schluss gezogen hat, ist nicht erforderlich.[3] Ein solcher Umstand kann – jedenfalls zusammen mit anderen Indizien – die Nichtzahlung strafbewehrter Forderungen (§ 266 a StGB) des Sozialversicherungsträgers sein.[4] Auch Presseberichte über wirtschaftliche Schwierigkeiten des Schuldners können jedenfalls bei Großgläubigern einen solchen Umstand darstellen und eine Erkundigungspflicht auslösen.[5] Allein die Kenntnis eines Arbeitnehmers von rückständigen Lohnforderungen auch anderer Arbeitnehmer genügt jedoch nicht.[6]

32 Da die grob fahrlässige Unkenntnis entsprechender Umstände nunmehr nicht mehr ausreicht, kann bei Kreditinstituten eine Anfechtbarkeit nicht allein damit begründet werden, dass entgegen § 18 KWG keine Prüfung der Kreditwürdigkeit bei Vergabe umfangreicher Kredite vorgenommen wurde. Andererseits darf eine kontoführende Bank Scheckrückgaben, Nichtzahlung von Löhnen und Sozialversicherungsbeträgen, die bisher unbar über das Konto abgewickelt wurden, vor dem Hintergrund des geänderten Begriffs der Zahlungsunfähigkeit auch nicht einfach übersehen.

c) Die Zurechnung der Kenntnis Dritter

33 Für die Wissenzurechnung gilt § 166 BGB; auf die entsprechenden Kommentierungen wird verwiesen.

34 Infolge dieser allgemeinen Grundsätze ist das Wissen des Vertreters dem Vertretenen zuzurechnen. Dies gilt auch bei Vertretern ohne Vertretungsmacht, wenn ihr Handeln später genehmigt wurde[7] und auch bei nicht vertretungsberechtigten Angestellten, die nach außen selbstständig Aufgaben wahrnehmen.[8]

35 Juristischen Personen ist das Wissen sämtlicher vertretungsberechtigter Organe zuzurechnen[9] auch wenn diese an dem Rechtsgeschäft nicht mitgewirkt, davon keine Kenntnis hatten, ausgeschieden oder verstorben sind. Bei Personengesellschaften kommt hingegen keine Zurechnung des Wissens verstorbener oder ausgeschiedener Gesellschafter in Betracht.

36 Nicht zuzurechnen ist ferner das Wissen des Gerichtsvollziehers oder des Vollziehungsbeamten des Finanzamtes,[10] wohl aber des zuständigen Sachbearbeiters

---

[1] Vgl. Beschluss-Empfehlung des Rechtsausschusses zu § 145 RegE, *Balz/Landfermann,* S. 231; krit. *Gerhardt,* aaO, S. 615 f.

[2] BGH NZI 2009, 228, 229; *Henckel,* in Kölner Schrift, S. 813 ff., 824 ff. Rn. 290.

[3] BGH ZInsO 2003, 180, 181.

[4] OLG Rostock ZInsO 2006, 1109.

[5] BGH, NZI 2001, 585, 586 f;, anders wohl für Kleingläubiger, vgl. LG Hamburg, BeckS 2009, 23508).

[6] BGH NZI 2009, 228, 229 f.

[7] BGH NJW-RR 1989, 650 f. mwN.

[8] BGH NJW 1996, 1205 f., 1205 – Gebrauchtwagenkäufer; BGH NJW 1984, 1953 ff., 1954 – Kassierer einer Großbank-Filiale.

[9] BGH NJW 1995, 2159 ff., 2160.

[10] *Smid/Zeuner,* InsO, § 130 Rn. 29 mwN.

der Finanzbehörde. Bei Beauftragung einer Anwaltssozietät ist nur das Wissen des Sachbearbeiters, nicht aber der Sozien zuzurechnen.[1]

5. Finanzsicherheiten gem. § 130 Abs. 1 S. 2

§ 130 Abs. 1 S. 2 wurde in Umsetzung der „Finanzsicherheiten-Richtlinie"[2] in den Text des § 130 eingefügt.[3] Ziel der Richtlinie ist eine gemeinschaftsweite Regelung für die Bereitstellung von Wertpapieren und Barguthaben als Sicherheit. Unter anderem ist dabei nach Art. 8 Abs. 3 der Finanzsicherheiten-Richtlinie sicherzustellen, dass die Bestellung, der Austausch oder die Erweiterung von Finanzsicherheiten nicht allein deshalb anfechtbar ist, weil die besicherte Verbindlichkeit vor der Bestellung oder der Erweiterung der Finanzsicherheit entstanden ist. 37

Die Vorschrift stellt einen Fremdkörper im System des Anfechtungsrechtes der InsO dar, da es Banken zu Lasten des Grundsatzes der par condicio creditorum teilweise dem Anwendungsbereich des § 130 entzieht.[4] Die Vorschrift sollte daher restriktiv interpretiert werden und ist nicht analogiefähig. 38

a) Begriff der Finanzsicherheit

§ 130 Abs. 1 S. 2 verweist insoweit auf § 1 Abs. 17 des Kreditwesengesetzes. Dieser lautet wie folgt: 39

> ... Finanzsicherheiten im Sinne dieses Gesetzes sind Barguthaben, Wertpapiere, Geldmarktinstrumente sowie sonstige Schuldscheindarlehen einschließlich jeglicher damit in Zusammenhang stehender Rechte oder Ansprüche, die als Sicherheit in Form eines beschränkten dinglichen Sicherungsrechts oder im Wege der Vollrechtsübertragung auf Grund einer Vereinbarung zwischen einem Sicherungsnehmer und einem Sicherungsgeber, die einer der in Artikel 1 Abs. 2 Buchstabe a bis e der Richtlinie 2002/47/EG des Europäischen Parlaments und des Rates vom 6. Juni 2002 über Finanzsicherheiten (ABl. EG Nr. L 168 S. 43) aufgeführten Kategorien angehören, bereitgestellt werden. Gehört der Sicherungsgeber zu den in Artikel 1 Abs. 2 Buchstabe e der Richtlinie 2002/47/EG genannten Personen oder Gesellschaften, so liegt eine Finanzsicherheit nur vor, wenn die Sicherheit der Besicherung von Verbindlichkeiten aus Verträgen oder aus der Vermittlung von Verträgen über
>
> a) die Anschaffung und die Veräußerung von Finanzinstrumenten
>
> b) Pensions-, Darlehens- sowie vergleichbare Geschäfte auf Finanzinstrumente oder
>
> c) Darlehen zur Finanzierung des Erwerbs von Finanzinstrumenten dient. Finanzinstrumente im Sinne dieser Vorschrift sind auch Termingeschäfte, deren Preis von anderen als den in Absatz 11 Satz 4 Nr. 1 bis 5 genannten Basiswerten abhängt. Gehört der Sicherungsgeber zu den in Art. 1 Abs. 2 Buchstabe e der Richtlinie 2002/47/EG genannten Personen oder Gesellschaften, so sind eigene Anteile des Sicherungsgebers oder Anteile an verbundenen Unternehmen im Sinne von § 290 Abs. 2 des Handelsgesetzbuches keine Finanzsicherheiten; maßgebend ist der Zeitpunkt der Bestellung der Sicherheit. Sicherungsgeber aus Drittstaaten stehen den in Satz 1 genannten Sicherungsgebern gleich, sofern sie im Wesentlichen den in Artikel 1 Abs. 2 Buchstabe a bis e aufgeführten Körperschaften, Finanzinstituten und Einrichtungen entsprechen.

Von vornherein von dem Begriff der Finanzsicherheit ausgeschlossen sind danach die in der Praxis wichtigen Sicherungsinstrumente der Globalzession und 40

---

[1] OLG Celle ZIP 1981, 467 f.; vgl. FK-*Dauernheim,* InsO, § 130 Rn. 55 m. zahlreichen w. N.

[2] „Gesetz zur Umsetzung der Richtlinie 2002/47/EG vom 6. 6. 2002 über Finanzsicherheiten und zur Änderung des Hypothekenbankgesetzes und anderer Gesetze" vom 5. 4. 2004 (BGBl. I, S. 502).

[3] Vgl. allgemein zu den durch die Finanzsicherheiten-Richtlinie bedingten Neuregelungen der Insolvenzordnung *Ehricke,* ZIP 2003, 1065 ff.; *Wimmer,* ZIP 2003, 1563 ff.; *Obermüller,* ZIP 2004, 187 ff.

[4] Siehe krit. dazu *Ehricke,* aaO, S. 1070.

des Sicherungseigentums.[1] Ferner unterscheidet § 1 Abs. 17 des Kreditwesengesetzes danach zwischen Geschäften, an denen ausschließlich dem Finanzsektor zugehörige Unternehmen beteiligt sind und solchen, an denen als Sicherungsgeber ein „sonstiges Unternehmen" i. S. d. Buchstaben e) der Richtlinie 2000/47/EG beteiligt ist. Im letzteren Fall liegt eine Finanzsicherheit nur vor, wenn die Sicherheit der Besicherung aus bestimmten Verträgen über „Finanzinstrumente" dient. Der Begriff des Finanzinstrumentes ist in § 1 Abs. 11 des Kreditwesengesetzes[2] legal definiert, wird jedoch durch § 1 Abs. 17 S. 3 im Hinblick auf Termingeschäfte erweitert. Zum anderen werden in diesen Fällen eigene Anteile des Sicherungsgebers und Anteile an vorhandenen Unternehmen vom Anwendungsbereich der Vorschrift ausgenommen.

41 **b) Voraussetzungen der Anfechtbarkeit**

Voraussetzung der Privilegierung des § 130 Abs. 1 S. 2 ist es, dass die Rechtshandlung gerade auf einer Sicherungsvereinbarung beruht, die die Verpflichtung enthält, eine Finanzsicherheit zu bestellen, **um** das in der Sicherungsvereinbarung festgelegte Verhältnis zwischen dem Wert der gesicherten Verbindlichkeiten und dem Wert der geleisteten Sicherheiten **wieder**herzustellen. Erforderlich ist daher der vertraglich vereinbarte Ausgleich für eine Schwankung des Wertes entweder der Sicherheit oder der gesicherten Verbindlichkeit („Margensicherheit"). Nicht privilegiert ist die von der Vorschrift vorausgesetzte, von Anfang an gewährte „Basissicherheit".[3] Mit der erfolgreichen Anfechtung der Basissicherheit und/oder der Sicherungsvereinbarung entfällt auch die Grundlage für die Privilegierung der Margensicherheiten.[4] Der Anwendungsbereich der Vorschrift ist damit stark eingeschränkt. Betroffen sind damit vor allem Fälle der Effektenlombardkredite und der Termingeschäfte.

42 Der persönliche Anwendungsbereich der Vorschrift wird durch den Verweis des § 1 (17) des Kreditwesengesetzes auf Art. 1 Abs. 2 a) – e) der Richtlinie 2002/47/EG bestimmt. Voraussetzung für die Anwendbarkeit ist danach, dass

---

[1] MünchKomm-*Kirchhof,* InsO § 123 Rn. 56.

[2] Finanzinstrumente im Sinne dieses Gesetzes sind Wertpapiere, Geldmarktinstrumente, Devisen oder Rechnungseinheiten sowie Derivate. Wertpapiere sind, auch wenn keine Urkunden über sie ausgestellt sind,

1. Aktien, Zertifikate, die Aktien vertreten, Schuldverschreibungen, Genussscheine, Optionsscheine und
2. andere Wertpapiere, die mit Aktien oder Schuldverschreibungen vergleichbar sind, wenn sie an einem Markt gehandelt werden können; Wertpapiere sind auch Anteilscheine, die von einer Kapitalanlagegesellschaft oder einer ausländischen Investmentgesellschaft ausgegeben werden.

Geldmarktinstrumente sind Forderungen, die nicht unter Satz 2 fallen und üblicherweise auf dem Geldmarkt gehandelt werden. Derivate sind als Festgeschäfte oder Optionsgeschäfte ausgestattete Termingeschäfte, deren Preis unmittelbar oder mittelbar abhängt von

1. dem Börsen- oder Marktpreis von Wertpapieren,
2. dem Börsen- oder Marktpreis von Geldmarktinstrumenten,
3. dem Kurs von Devisen oder Rechnungseinheiten,
4. Zinssätzen oder anderen Erträgen oder
5. dem Börsen- oder Marktpreis von Waren oder Edelmetallen.

[3] HK-*Kreft,* InsO § 130 Rn. 39.

[4] HK-*Kreft,* InsO, § 130 Rn. 39.

jedenfalls eine der Vertragsparteien „Bank" im weitesten Sinne des Art. 1 Abs. 2 Finanzsicherheiten-Richtlinie[1] und die andere Partei entweder Einzelkaufmann oder Personengesellschaft oder juristische Person im Sinne des Art. 1 Abs. 2 Buchstabe e) Finanzsicherheitenrichtlinie ist.[2] Ausgenommen sind daher entsprechende Geschäfte unter Beteiligung von anderen natürlichen Personen als Einzelkaufleuten. Betroffen ist im Wesentlichen der Geschäftsverkehr zwischen zwei Banken untereinander.

Ausgeschlossen ist ausdrücklich lediglich die Anfechtbarkeit gem. § 130. Eine Anfechtbarkeit nach anderen Vorschriften – insbesondere gem. § 133 – bleibt **43**

---

[1] (2) Sowohl der Sicherungsnehmer als auch der Sicherungsgeber muss einer der folgenden Kategorien angehören:

a) öffentlich-rechtliche Körperschaften, mit Ausnahme von Unternehmen, die mit einer öffentlichen Garantie ausgestattet sind, sofern sie nicht durch die Buchstaben b) bis e) erfasst werden, einschließlich

i) der öffentlichen Stellen der Mitgliedstaaten, die für die Verwaltung der Schulden der öffentlichen Hand zuständig sind oder daran mitwirken, und

ii) der öffentlichen Stellen der Mitgliedstaaten, die berechtigt sind, Konten für Kunden zu führen,

b) Zentralbanken, die Europäische Zentralbank, die Bank für Internationalen Zahlungsausgleich, multilaterale Entwicklungsbanken im Sinne von Artikel 1 Nummer 19 der Richtlinie 2000/12/EG des Europäischen Parlaments und des Rates vom 20. 3. 2000 über die Aufnahme und Ausübung der Tätigkeit der Kreditinstitute, der Internationalen Währungsfonds und die Europäische Investitionsbank,

c) beaufsichtigte Finanzinstitute, einschließlich der

i) Kreditinstitute im Sinne von Art. 1 Nr. 1 der Richtlinie 2000/12/EG einschließlich der in Art. 2 Abs. 3 der Richtlinie 2000/12/EG bezeichneten Institute,

ii) Wertpapierfirmen im Sinne von Art. 1 Nr. 2 der Richtlinie 93/22/EWG des Rates vom 10. 5. 1993 über Wertpapierdienstleistungen,

iii) Finanzinstitute im Sinne von Art. 1 Nr. 5 der Richtlinie 2000/12/EG,

iv) Versicherungsunternehmen i. S. v. Art. 1 Buchstabe a) der Richtlinie 92/49/EWG des Rates vom 18. 6. 1992 zur Koordinierung der Rechts- und Verwaltungsvorschriften für die Direktversicherung (mit Ausnahme der Lebensversicherung) und Lebensversicherungsunternehmen im Sinne von Art. 1 Buchstabe a) der Richtlinie 92/96/EWG des Rates vom 10. 11. 1992 zur Koordinierung der Rechts- und Verwaltungsvorschriften für die Direktversicherung (Lebensversicherung),

v) Organismen für gemeinsame Anlagen in Wertpapieren (OGAW) im Sinne von Art. 1 Abs. 2 der Richtlinie 85/611/EWG des Rates vom 20. 12. 1985 zur Koordinierung der Rechts- und Verwaltungsvorschriften betreffend bestimmte Organismen für gemeinsame Anlagen in Wertpapieren (OGAW),

vi) Verwaltungsgesellschaften im Sinne von Art. 1 a Abs. 2 der Richtlinie 85/611/EWG,

d) zentrale Vertragsparteien, Verrechnungsstellen und Clearingstellen im Sinne von Art. 2 Buchstabe c) bzw. Buchstabe d) bzw. Buchstabe e) der Richtlinie 98/26/EG und vergleichbare Einrichtungen, die einer Aufsicht nach dem Recht eines Mitgliedsstaates unterliegen und für Terminkontrakt-, Options- und Derivatemärkte fungieren, soweit sie nicht bereits von der genannten Richtlinie erfasst werden sowie juristische Personen, die als Treuhänder oder Vertreter für eine oder mehrere Personen tätig sind, insbesondere für Anleihegläubiger oder Inhaber sonstiger verbriefter Forderungen oder für eine Einrichtung im Sinne der Buchstaben a) bis d),

e) andere als natürliche Personen sowie Einzelkaufleute und Personengesellschaften, sofern die andere Vertragspartei eine Einrichtung im Sinne der Buchstaben a) bis d) ist.

[2] Die Erstreckung des Anwendungsbereiches auf „Nicht-Banken" ablehnend *Ehricke,* aaO.

unberührt.[1] Auch eine Anfechtbarkeit wegen inkongruenter Deckung gem. § 131 wird nicht ausgeschlossen. Allerdings ist hier bei der Einstufung der Finanzsicherheit als kongruente bzw. inkongruente Deckung der Sinn der Vorschrift zu beachten, die nicht durch „übertriebene" Anforderungen etwa an die Frage der Bestimmtheit der zu stellenden Sicherheit auf dem Umweg einer dann zugelassenen Anfechtung des § 131 ausgehöhlt werden darf.[2]

6. Beweislast

44 Entsprechend den allgemeinen Grundsätzen trägt der Insolvenzverwalter die Beweislast für die Anfechtungsvoraussetzungen. Die Anforderungen an den Nachweis der – bezüglich ihrer tatbestandsmäßigen Voraussetzungen durch § 17 neu und schärfer gefassten – Zahlungsunfähigkeit dürfen dabei nicht überspannt werden.[3] Ein Bestreiten der Gegenseite muss substantiiert sein.[4] Steht fest, dass der Schuldner einmal die Zahlungen eingestellt hat, so muss der Anfechtungsgegner zur Ausräumung der Vermutung des § 17 Abs. 2 S. 2 beweisen, dass der Schuldner seine Zahlungen allgemein wieder aufgenommen hat.[5]

45 Bezüglich dem Schuldner nahe stehender Personen (§ 138) wird die Kenntnis von Zahlungsunfähigkeit bzw. Eröffnungsantrag widerleglich vermutet. Diese Beweislastverteilung sollte auch für die Frage gelten, ob dem Gläubiger Umstände bekannt waren, die zwingend auf die Zahlungsunfähigkeit oder den Eröffnungsantrag schließen lassen (§ 130 Abs. 2). Die Begründung des Regierungsentwurfes hat die Frage, ob – worauf der Text des Regierungsentwurfes maßgeblich abstellte – grobe Fahrlässigkeit hinsichtlich der Nichtkenntnis der Zahlungsunfähigkeit bzw. Eröffnungsantrages vorliegt, ausdrücklich von der Vermutung ausgenommen wissen wollen.[6] Nach der Änderung des Gesetzestextes lässt sich die Einbeziehung der Fälle des § 130 Abs. 2 in den Anwendungsbereich der Vermutung nunmehr schon daraus herleiten, dass § 130 Abs. 2 die Kenntnis der besonderen Umstände der Kenntnis der Zahlungsunfähigkeit oder des Eröffnungsantrages gem. S. 1 gleichstellt. Dann sollte die Gleichstellung auch hinsichtlich der Vermutung des Abs. 3 gelten, zumal die für die Beweislastumkehr hinsichtlich der Zahlungsunfähigkeit bzw. Stellung des Insolvenzantrages gegebene Begründung, dass die nahe stehenden Personen besondere Informationsmöglichkeiten über die wirtschaftlichen Verhältnisse des Schuldners haben, genauso auf die in Abs. 2 genannten besonderen Umstände zutrifft.[7] Demgemäß besteht bei dem Schuldner nahe stehenden Personen auch eine Vermutung dafür, dass diese Kenntnis von Umständen gehabt haben, die zwingend auf die Zahlungsunfähigkeit oder den Eröffnungsantrag schließen lassen.

---

[1] Siehe Begründung des Entwurfes eines Gesetzes zur Umsetzung der Finanzsicherheiten-Richtlinie, abgedruckt bspw. ZIP 2003, 1566 ff., 1569 f.

[2] Siehe Begründung des Entwurfs eines Gesetzes zur Umsetzung der Finanzsicherheiten-Richtlinie, aaO; so auch *Kübler/Prütting/Bork/Schoppmeyer,* InsO, § 130 Rn. 33.

[3] FK-*Dauernheim,* InsO, § 130 Rn. 57; vgl. auch BGH NZI 2007, 722.

[4] Vgl. BGH ZIP 1997, 513 ff., 515.

[5] BGH NZI 2007, 518, 519.

[6] Vgl. Begründung des RegE, abgedruckt bei *Balz/Landfermann,* S. 367 zu § 130 InsO.

[7] Siehe so auch HK-*Kreft,* InsO, § 130 Rn. 35 ff.; *Kübler/Prütting/Bork/Schoppmeyer,* InsO, § 130 Rn. 162.

7. Praxishinweis

In der Praxis fällt auf, dass es vor dem Hintergrund der veränderten Anfechtungsvorschriften zunehmend Urkunden über Vereinbarungen gibt, die auffällig exakt drei Monate vor Antragstellung oder jedenfalls in einem sehr engen zeitlichen Zusammenhang mit dem Drei-Monats-Zeitraum vor Antragstellung geschlossen worden sein sollen. Sie sollten daher mit besonderer Aufmerksamkeit überprüft werden. 46

§ 131 Inkongruente Deckung

(1) **Anfechtbar ist eine Rechtshandlung, die einem Insolvenzgläubiger eine Sicherung oder Befriedigung gewährt oder ermöglicht hat, die er nicht oder nicht in der Art oder nicht zu der Zeit zu beanspruchen hatte,**

1. **wenn die Handlung im letzten Monat vor dem Antrag auf Eröffnung des Insolvenzverfahrens oder nach diesem Antrag vorgenommen worden ist,**
2. **wenn die Handlung innerhalb des zweiten oder dritten Monats vor dem Eröffnungsantrag vorgenommen worden ist und der Schuldner zur Zeit der Handlung zahlungsunfähig war oder**
3. **wenn die Handlung innerhalb des zweiten oder dritten Monats vor dem Eröffnungsantrag vorgenommen worden ist und dem Gläubiger zur Zeit der Handlung bekannt war, daß sie die Insolvenzgläubiger benachteiligte.**

(2) **Für die Anwendung des Absatzes 1 Nr. 3 steht der Kenntnis der Benachteiligung der Insolvenzgläubiger die Kenntnis von Umständen gleich, die zwingend auf die Benachteiligung schließen lassen. Gegenüber einer Person, die dem Schuldner zur Zeit der Handlung nahestand (§ 138), wird vermutet, daß sie die Benachteiligung der Insolvenzgläubiger kannte.**

Übersicht

1. Normzweck

§ 131 regelt die Anfechtung von Rechtshandlungen durch die ein Gläubiger eine ihm nicht zustehende, „inkongruente“ Leistung erhält. 1

Die Vorschrift erleichtert die Anfechtung gegenüber § 130, weil ein Gläubiger, der sich eine ihm nicht gebührende Sicherung oder Befriedigung gewähren lässt, weniger schutzwürdig erscheint. 2

2. Objektiver Tatbestand

3 § 131 setzt eine Rechtshandlung[1] voraus, die einem Insolvenzgläubiger[2] eine Sicherung[3] oder Befriedigung[4] gewährt[5] oder ermöglicht[6] hat, die er nicht, nicht in der Art oder nicht zu der Zeit zu beanspruchen hatte.

a) Inkongruente Befriedigung

4 **aa)** Eine **nicht zu beanspruchende Befriedigung** liegt vor bei Erfüllung unvollkommener Verbindlichkeiten (wie Ehrenschulden aus Spiel, Wette oder Differenzgeschäft), bei Erfüllung der einer Anfechtbarkeit nach den §§ 119ff. BGB unterliegenden oder mit einer dauernden Einrede, z.B. der Verjährung, behafteten Ansprüche sowie der Erfüllung von Forderungen aus formnichtigen, aber durch die Erfüllung zur Wirksamkeit erstarkten Rechtsgeschäften.[7]

5 Da es in diesen Fällen allein in der Hand des Schuldners liegt, ob er die Erfüllungshandlung vornehmen möchte, wird sogar in Erwägung gezogen,[8] auch eine Anfechtbarkeit als unentgeltliche Leistung nach § 134 zuzulassen. Auch eine Einordnung als unmittelbar nachteilige Rechtshandlung i.S.d. § 132[9] erscheint möglich, so dass eine Anfechtbarkeit u.U. nach allen drei Normen möglich ist.

6 Unter § 131 fällt weiterhin auch die Befriedigung aufschiebend bedingter Ansprüche vor Eintritt der Bedingung.

7 **bb) „Nicht in der Art"** ist eine Befriedigung, wenn sie von der nach dem Inhalt des Schuldverhältnisses geschuldeten Befriedigung abweicht,[10] wobei Abweichungen, die unter Berücksichtigung der Verkehrssitte und der Handelsbräuche als verkehrsüblich anzusehen sind, außer Betracht bleiben.[11] Beispiele sind Überweisung oder Scheckzahlung statt Barzahlung, aber auch unbedeutende Änderungen des Leistungsortes.[12] Gleiches gilt für die Erbringung von Teilleistungen iSd. § 266 BGB.[13]

8 Zu beachten ist aber, dass die Parteien **außerhalb des anfechtungsrelevanten Zeitraums des § 131** jederzeit den Vertragsinhalt ändern können.[14]

9 Inkongruent ist auch die Rückgabe von Waren statt Kaufpreiszahlung. Mangels Gläubigerbenachteiligung scheidet in einem solchen Fall jedoch die Anfechtung aus, sofern der Verkäufer sich das Eigentum an der Ware vorbehalten hatte.[15]

---

[1] Vgl. § 129 Rn. 11ff.
[2] Vgl. § 130 Rn. 4ff.
[3] § 130 Rn. 7f.
[4] § 130 Rn. 7.
[5] § 130 Rn. 13.
[6] § 130 Rn. 14.
[7] Vgl. *Jaeger/Henckel*, InsO, § 131 Rn. 8 mwN.
[8] *Häsemeyer*, Insolvenzrecht, Rn. 21.57.
[9] *Häsemeyer*, aaO.
[10] HK-*Kreft*, InsO, § 131 Rn. 9.
[11] *Andres/Leithaus*, InsO, § 131 Rn. 5; *Kübler/Prütting/Bork/Schoppmeyer*, InsO, § 131 Rn. 40f.
[12] FK-*Dauernheim*, InsO, § 131 Rn. 13; *Jaeger/Henckel*, InsO, § 131 Rn. 13; BGH NZI 2006, 287, 291.
[13] OLG Saarbrücken NZI 2008, 687, 688.
[14] *v. Campe*, S. 100.
[15] *Hess*, InsO, § 131 InsO Rn. 49.

Inkongruenz liegt im Falle der Warenrückgabe dann nicht vor, wenn sich das Kaufvertragsverhältnis – außerhalb des anfechtungsrelevanten Zeitraums – in ein Rückgewährschuldverhältnis auf Grund Rücktrittserklärung oder Wandlung umgewandelt hatte.

Zur Frage der Inkongruenz bei der Verrechnung im Rahmen von Konto- 10
korrentverhältnissen s. oben § 130 Rn. 23 ff.

Inkongruent sind beispielsweise die Zahlung durch Weitergabe von Kunden- 11
schecks[1] – im Gegensatz zu eigenen Schecks – oder direkt auf Anweisung des Schuldners durch Dritte an seine Gläubiger erbrachte Leistungen.[2] Insbesondere inkongruent sind die Zahlung von Sozialversicherungsbeiträgen durch Dritte[3] sowie Zahlungen, die der Auftraggeber nach Maßgabe des § 16 Ziff. 6 VOB/B wegen Zahlungsverzuges des Auftragnehmers direkt an dessen Subunternehmer leistet.[4] Dabei ist allerdings zu beachten, dass die Ermächtigung des § 16 Ziff. 6 VOB/B in der Insolvenz des Auftragnehmers ihre Wirkung verliert[5] und ferner auch erlischt, wenn gegen den Auftragnehmer ein Verfügungsverbot nach § 21 Abs. 2 Ziff. 2 ausgesprochen wird,[6] so dass der Auftraggeber durch die Zahlungen an die Subunternehmer nicht mehr frei wird, sondern die Forderungen des Auftragnehmers durch Leistung an die Insolvenzmasse (nochmals) befriedigen muss. Zahlt der Auftraggeber also vor Erlass eines Verfügungsverbotes an den Subunternehmer, so richtet sich (sofern die anfechtungsrechtlichen Voraussetzungen erfüllt sind) der Erstattungsanspruch gegen den Subunternehmer. Zahlt der Auftraggeber nach dem Erlass des Verfügungsverbotes an den Subunternehmer, so besteht (ausschließlich) nach wie vor der originäre Zahlungsanspruch gegenüber dem Auftraggeber.

Keiner Anfechtung bedarf es mehr im Falle von Aufrechnungen, da § 96 Ziff. 3 12
die Aufrechnung im Falle von anfechtbar erlangten Aufrechnungslagen ipso iure für unzulässig erklärt hat.[7] Das Entstehen einer Aufrechnungslage ist dabei regelmäßig – soweit nicht ausnahmsweise ein Anspruch darauf bestand – inkongruent.[8]

Die Befriedigung aus Zwangsvollstreckungsmaßnahmen ist stets inkongruent.[9] 13
Dies gilt – trotz der Vorschrift des § 815 Abs. 3 ZPO, wonach die Wegnahme des Geldes durch den Gerichtsvollzieher als Zahlung von Seiten des Schuldners gilt – auch im Falle der durch Zwangsvollstreckung beigetriebenen Barzahlung.[10] Es ist kein Grund ersichtlich, den Gläubiger, zu dessen Gunsten Geld beigetrieben wird, gegenüber demjenigen Gläubiger zu privilegieren, zu dessen Gunsten Sachpfändungen durchgeführt werden.[11] Bei der Zwangsvollstreckung in die Bezüge eines Arbeitnehmers ist die Anfechtung nicht durch § 114 Abs. 3 ausgeschlossen.[12]

---

[1] BGHZ 123, 320, 324 f.
[2] BGH ZIP 1998, 2008, 2011.
[3] BGH ZIP 2003, 358.
[4] BGH ZIP 2007, 1162; BGH NZI 2009, 55, 55 f.
[5] BGH ZIP 1999, 1269 ff., 1270 mwN.
[6] Vgl. BGH wie vor.
[7] Vgl. *Graf/Schlicker/Hofmann,* InsO, § 96 Rn. 19.
[8] BGHZ 159, 388, 393 f.; 147, 233, 240 f.
[9] Siehe näher und mwN *Jaeger/Henckel,* InsO, § 131 Rn. 49 ff.; aA: *Nerlich/Römermann/Nerlich,* InsO, § 131 Rn. 45.
[10] BGH WM 1997, 2093.
[11] BGH, aaO, *Jaeger/Henckel,* InsO, § 131 Rn. 50 ff., 55.
[12] BGH NZI 2008, 563, 564 f.

14 Im Falle von Pfändungs- und Überweisungsbeschlüssen stellen Pfändung und Überweisung einerseits und die nachfolgende Zahlung andererseits keinen einheitlichen Erwerbstatbestand dar. Es handelt sich vielmehr jeweils um selbstständige Rechtshandlungen.[1] Für die Frage der Anfechtbarkeit kommt es somit entscheidend auf den Zeitpunkt der Zustellung der Pfändungsverfügung an. Lagen zu diesem Zeitpunkt die Voraussetzungen der Anfechtung nicht vor, hat der Gläubiger ein insolvenzfestes Pfändungspfandrecht an der Forderung erlangt, so dass die spätere Zahlung des Drittschuldners die Insolvenzgläubiger nicht benachteiligt.

15 Auch die Zahlung des Schuldners zur Abwendung der Zwangsvollstreckung innerhalb des Dreimonatszeitraums des § 131 Abs. 1[2] ist inkongruent.[3] Gleiches gilt für die Zahlung zur Abwendung eines angedrohten Insolvenzantrages.[4] Ein sonstiger auf den Schuldner ausgeübte Druck führt dagegen grds, nicht zu einer inkongruenten Deckung.[5]

16 **cc) „Nicht zu der Zeit"** zu beanspruchen ist eine Befriedigung, die nicht fällig, befristet (insbesondere aufschiebend bedingt) oder betagt ist.[6] Dies gilt auch im Falle der Bewirkung einer Leistung, die der Schuldner zwar erbringen, der Gläubiger aber (noch) nicht fordern durfte (§ 271 Abs. 2 BGB), da gerade noch kein fälliger Anspruch auf die Leistung bestand.[7] Geringfügig verfrühte Leistungen können als kongruent angesehen werden, wenn sie sich auf Grund der geringen Abweichung zur geschuldeten Leistungszeit als unverdächtig erweisen.[8] Dies kann bei Überweisungen, die innerhalb von fünf Bankarbeitstagen vor Fälligkeit eingehen, der Fall sein.[9]

b) Inkongruente Sicherung

17 Die Sicherung[10] lässt den Leistungsanspruch fortbestehen, verstärkt aber seine Durchsetzbarkeit durch die Gewährung einer zusätzlichen Rechtsposition; sie ist gegenüber der Befriedigung kein „minus", sondern ein „aliud".[11]

18 Auch Sicherungen, also beispielsweise Pfandrechte, fiduziarische Sicherheiten (Sicherungsübereignung, Eigentumsvorbehalt, Sicherungszession) und Zurückbehaltungsrechte, sind anfechtbar, wenn auf sie nicht, nicht in der Art oder nicht zu der Zeit Anspruch bestand. Erforderlich ist also ein ausdrücklich auf Sicherstellung gerichteter Anspruch, der auf Grund der Wesensverschiedenheit von Sicherung und Leistung nicht bereits aus dem Leistungsanspruch folgt.[12]

---

[1] BGH ZIP 2000, 898 f.

[2] Anders aber außerhalb dieses Zeitraums, s. auch § 133 Rn. 15.

[3] BGH WM 1997, 2093, 2094; BGH ZIP 2002, 1159 f.; OLG Jena ZIP 2000, 1734; *Uhlenbruck/Hirte,* InsO, § 131 Rn. 20; *Jaeger/Henckel,* InsO, § 131 Rn. 61; aA: etwa *Nerlich/RömermannNerlich,* InsO, § 131 Rn. 45.

[4] BGHZ 157, 242; dies gilt insoweit auch außerhalb des Dreimonatszeitraumes.

[5] BGH, BeckRS 2009, 11943.

[6] *Zeuner,* Die Anfechtung in der Insolvenz, S. 85 Rn. 132.

[7] *Zeuner,* aaO, S. 85 Rn. 132.

[8] BGH NZI 2005, 497.

[9] BGH, aaO.

[10] Zum Begriff s. o. § 130 Rn. 9.

[11] Vgl. *Jaeger/Henckel,* InsO, § 131 Rn. 29.

[12] *Smid/Zeuner,* InsO, § 131 Rn. 25.

aa) Nicht zu beanspruchen ist daher eine Sicherung, wenn keine Sicherungsabrede bestand. Die Sicherungsabrede muss hinreichend bestimmt sein; Umfang und Art der Sicherheit und die Auswahl der Sicherungsgegenstände dürfen nicht offengelassen werden.[1] 19

Hieran mangelt es etwa bei den Nachbesicherungsansprüchen aus Nr. 13 AGB-Banken bzw. Nr. 22 AGB-Sparkassen.[2] Das gilt auch dann, wenn der Schuldner zuletzt nur noch über ein einziges, werthaltiges Sicherungsgut verfügte.[3] 20

Gleiches gilt hinsichtlich der AGB-Pfandrechte gem. § 14 AGB-Banken bzw. Nr. 21 AGB-Sparkassen.[4] Auch hier gibt es keinen konkreten Anspruch des Kreditinstitutes darauf, dass der Kunde Wertpapiere und Sachen einbringt oder auf Eingang von Gutschriften auf dem Konto des Kunden. Dadurch gelangt das Pfandrecht jedoch erst zur Entstehung. Soweit durch den Bundesgerichtshof das AGB-Pfandrecht einmal pauschal als „kongruent" bezeichnet wurde,[5] betraf dies einen Sonderfall, dem eine entsprechende, individuelle Konkretisierung durch die Beteiligten vorangegangen war und das Pfandrecht sich gerade nicht allein aus den allgemeinen Geschäftsbedingungen der Bank ergab.[6] 21

Im Wege der Globalzession im Voraus abgetretene, zukünftig entstehende Forderungen stellen nach Auffassung des BGH eine kongruente Deckung dar.[7] 21a

Bei der Absicherung mehrerer Ansprüche durch eine einheitliche Sicherung handelt es sich um ein einheitliches, insgesamt inkongruentes und in vollem Umfang anfechtbares Deckungsgeschäft,[8] wenn auch nur hinsichtlich eines der besicherten Ansprüche die Voraussetzungen einer inkongruenten Sicherung vorliegen. Dies spielt vor allem bei der nachträglichen Gewährung von Sanierungskrediten eine Rolle, wenn die für den Sanierungskredit gewährten Sicherheiten zugleich auch für die übrigen – älteren – Forderungen der Banken haften sollen. Anders liegt es jedoch dann, wenn durch Vereinbarung eines eindeutigen Rangverhältnisses klargestellt wird, dass die Sicherheit vorrangig die neu gewährten Kredite sichern soll.[9] Dann ist die Besicherung insoweit als Bargeschäft (§ 142) der Anfechtung entzogen. 22

Läßt sich ein Gläubiger mit nicht voll ausgeschöpftem Sicherungsumfang innerhalb der von § 131 abgedeckten Fristen ungesicherte Forderungen anderer Gläubiger abtreten, so ist dieses Unterstellen unter die Sicherungen als inkongruente Deckung anfechtbar.[10] 23

Ein Sicherheitenaustausch ist nur dann anfechtbar, wenn er zu einer höherwertigen Sicherung des Sicherungsnehmers führt.[11] So ist beispielsweise – mangels Gläubigerbenachteiligung – nicht anfechtbar, wenn beim Kauf unter verlängertem Eigentumsvorbehalt an die Stelle des Eigentums die im Voraus in Höhe des Materialwertes abgetretene Forderung gegen den Schuldner tritt. Ein 24

---

[1] BGH ZIP 1998, 249 ff., 250 mwN.
[2] BGH ZIP 1999, 76; FK-*Dauernheim,* InsO, § 131 Rn. 17 mwN.
[3] BGH ZIP 1999, 76.
[4] So klargestellt durch BGH WM 2002, 951.
[5] BGH ZIP 1998, 793, 798.
[6] BGH ZIP 1999, 76, 78.
[7] Vgl. oben § 130 Rn. 11.
[8] BGH ZIP 1993, 276 ff., 278.
[9] BGH ZIP 1993, 276, 278.
[10] *Kübler/Prütting/Bork/Schoppmeyer,* InsO, § 131 Rn. 104.
[11] Vgl. *Jaeger/Henckel,* InsO, § 129 Rn. 103.

anfechtungsrechtlich neutraler Sicherheitentausch kommt jedoch nicht mehr in Betracht, wenn das eine Recht bereits erloschen ist, bevor das andere Recht begründet wird.[1]

25 Ebenso wie die Befriedigung durch Zwangsvollstreckung[2] ist auch die Sicherung durch Zwangsvollstreckungsmaßnahmen stets als inkongruent anzusehen;[3] eine Anfechtung ist aber nur bei den im zweiten oder dritten Monat vor dem Eröffnungsantrag erlangten Sicherheiten erforderlich, da die durch Zwangsvollstreckung im ersten Monat vor dem Eröffnungsantrag erlangten Sicherheiten auf Grund der „Rückschlagsperre" des § 88 mit der Verfahrenseröffnung automatisch unwirksam werden.

26 Kraft Gesetzes entstehende Sicherungsrechte[4] sind – i. d. R. – nur als kongruente Deckungen anfechtbar, solange sie sich im Rahmen des üblichen halten und keine besonderen Umstände vorliegen.[5] Soweit gesetzliche Pfandrechte nicht nur die Forderung aus dem zugrunde liegenden Vertrag, sondern auch andere Forderungen des Pfandrechtinhabers sichern, kann nach der Rechtsprechung des Bundesgerichtshofes der Pfandrechtserweb auch insoweit kongruent sein.[6]

27 **bb)** Nicht in der Art zu beanspruchen ist eine Sicherung, wenn der Sicherungsgegenstand ein anderer als der vertraglich geschuldete ist.[7]

28 Geringfügige Abweichungen durch die Bestellung von Sicherheiten lediglich anderer rechtlicher Art (z. B. Grundschuld statt Hypothek) sind jedoch anfechtungsrechtlich unschädlich.[8]

29 **cc)** Nicht in der Zeit ist eine Sicherung zu beanspruchen, wenn der Anspruch auf Sicherung noch nicht fällig, aufschiebend bedingt oder befristet ist.[9]

3. Die Anfechtungszeiträume und ihre verschiedenen Voraussetzungen

30 **a)** Inkongruente Deckungshandlungen, die im letzten Monat vor dem Eröffnungsantrag oder später vorgenommen wurden, sind ohne weitere Voraussetzungen anfechtbar; auf die subjektive Seite beim Anfechtungsgegner kommt es nicht an – die Kenntnis von der Krise sowie die Krise selbst werden unwiderleglich vermutet.[10]

31 **b)** Nach § 131 Abs. 1 S. 2 bedarf es bei Rechtshandlungen innerhalb des zweiten und dritten Monats vor dem Eröffnungsantrag als weiterer objektiver

[1] BGH WM 2006, 915, 916 f.
[2] Siehe oben Rn. 13.
[3] *v. Campe,* aaO, S. 166 f.
[4] Etwa §§ 562, 647 BGB; 397, 441, 464, 475 b HGB.
[5] Näher und mwN HambKomm-*Rogge,* InsO, § 131 Rn. 26; *Nerlich/Römermann/Römermann,* InsO, § 131 Rn. 36 f.
[6] Siehe zum Erwerb des Frachtführerpfandrechts BGH ZIP 2002, 1204 ff.
[7] Z. B. Sicherheitsübereignung statt Hinterlegung von Geld oder Wertpapieren – FK-*Dauernheim,* InsO, § 131 Rn. 22.
[8] Näher *Jaeger/Henckel,* InsO, § 131 Rn. 47.
[9] HK-*Kreft,* InsO, § 131 Rn. 20.
[10] Begründung zu § 146 RegE, *Balz/Landfermann,* S. 233.

Voraussetzung der eingetretenen Zahlungsunfähigkeit. Auf subjektive Momente auf Seite des Anfechtungsgegners kommt es jedoch nicht an.

c) Alternativ hierzu besteht im zweiten und dritten Monat vor dem Eröffnungsantrag eine Anfechtungsmöglichkeit, wenn der Gläubiger Kenntnis davon hatte, dass die Handlung andere Gläubiger benachteiligte oder er sich einer solchen Kenntnis nach Maßgabe des Abs. 2 verschloss.[1] Auf das Vorliegen von Zahlungsunfähigkeit kommt es insoweit nicht an. **32**

Es handelt sich bei dieser Alternative praktisch um einen Unterfall der Anfechtung wegen vorsätzlicher Benachteiligung gem. § 133.[2] Ein wesentlicher Unterschied, der vor allem bei Zwangsvollstreckungsfällen[3] relevant wird, liegt jedoch darin, dass § 133 InsO nur Rechtshandlungen *des Schuldners*, § 131 Abs. 1 Nr. 3 auch Rechtshandlungen Dritter erfasst. Weitere Unterschiede zu § 131 liegen vom Wortlaut der Vorschrift her darin, dass § 131 Abs. 1 Nr. 3 auf den Vorsatz des Schuldners, seine Gläubiger zu benachteiligen, und die Kenntnis des anderen Teils um diesen Vorsatz verzichtet. Da jedoch die Gewährung einer inkongruenten Deckung als wesentlicher Anhaltspunkt für einen entsprechenden Vorsatz des Schuldners gesehen wird und das Wissen des anderen Teils um die Inkongruenz als starkes Beweisanzeichen dafür gewertet wird, dass dem Schuldner bewusst war, seine anderen Gläubiger zu benachteiligen,[4] wird regelmäßig dann, wenn der Tatbestand des § 131 Abs. 1 Ziff. 3 gegeben ist, auch der Tatbestand des § 133 erfüllt sein. Letztendlich dürften daher die tatsächlichen Unterschiede zu § 133 im Wesentlichen Zwangsvollstreckungsfälle und andere Fälle, in denen keine Rechtshandlung des Schuldners vorliegt, betreffen. Weiter kann dies in Fällen relevant werden, in denen der Gläubiger mehr wusste als der Schuldner. Denkbar erscheint dies beispielsweise bei Banken, die noch eine Sicherheit erhalten, während sie bereits über eine Kündigung der Kreditlinie nachdenken. **33**

4. Beweislast

Entsprechend den Ausführungen zu § 130 (Rn. 41 f.) trägt der Insolvenzverwalter die Beweislast für die Tatbestandsvoraussetzungen des § 131. Die Inkongruenz einer durch den Schuldner gewährten Leistung stellt im Rahmen des Abs. 1 Nr. 3 ein Beweisanzeichen für die Kenntnis des Anfechtungsgegners von der Gläubigerbenachteiligung dar, wenn – was vom Verwalter zu beweisen ist – dieser bei Vornahme der Handlung wusste, dass sich der Schuldner in einer finanziell beengten Lage befand.[5] Bezüglich nahe stehender Personen[6] ist auch in § 131 Abs. 2 S. 2 die Beweislast bezüglich der subjektiven Anfechtungsvoraussetzungen des Abs. 1 Ziff. 3 umgekehrt. Diese haben ggf. den Entlastungsbeweis zu führen. **34**

---

[1] Zu den Anforderungen an die „Rechtsblindheit" vgl. oben § 130, Rn. 29 ff.

[2] Vgl. Begründung RegE zu § 131; krit. dazu *Henckel,* in Kölner Schrift, S. 813 ff., 830 Rn. 40.

[3] Gegen eine Anfechtung von Zwangsvollstreckungsmaßnahmen nach § 131 Abs. 1 Nr. 3 aber *Schoppmeyer,* NZI 2005, 185, 194, da Zwangsvollstreckungsmaßnahmen ohne Zahlungsunfähigkeit des Schuldners nicht inkongruent seien.

[4] Vgl. Begründung RegE zu § 131 InsO; BGH ZIP 2000, 82; BGHZ 157, 242.

[5] BGHZ 157, 242.

[6] § 138.

§ 132 Unmittelbar nachteilige Rechtshandlungen

(1) **Anfechtbar ist ein Rechtsgeschäft des Schuldners, das die Insolvenzgläubiger unmittelbar benachteiligt,**

1. **wenn es in den letzten drei Monaten vor dem Antrag auf Eröffnung des Insolvenzverfahrens vorgenommen worden ist, wenn zur Zeit des Rechtsgeschäfts der Schuldner zahlungsunfähig war und wenn der andere Teil zu dieser Zeit die Zahlungsunfähigkeit kannte oder**
2. **wenn es nach dem Eröffnungsantrag vorgenommen worden ist und wenn der andere Teil zur Zeit des Rechtsgeschäfts die Zahlungsunfähigkeit oder den Eröffnungsantrag kannte.**

(2) **Einem Rechtsgeschäft, das die Insolvenzgläubiger unmittelbar benachteiligt, steht eine andere Rechtshandlung des Schuldners gleich, durch die der Schuldner ein Recht verliert oder nicht mehr geltend machen kann oder durch die ein vermögensrechtlicher Anspruch gegen ihn erhalten oder durchsetzbar wird.**

(3) **§ 130 Abs. 2 und 3 gilt entsprechend.**

Übersicht

1. Normzweck

1 § 132, der in seinen Absätzen 1 und 2 zwei unterschiedliche Anfechtungstatbestände normiert, ist als Auffangregel konzipiert, die eine Masseschmälerung durch Rechtsgeschäfte oder Rechtshandlungen des Schuldners gegenüber anderen Personen als den Insolvenzgläubigern erfassen soll. Im Unterschied zu den §§ 130, 131 genügt es folglich für § 132, wenn die Rechtsbeziehungen zu dem Anfechtungsgegner gerade durch das anfechtbare Rechtsgeschäft begründet werden.

3 Neben den §§ 130, 131 kommt § 132 nicht zur Anwendung; ist eine Anfechtung nach diesen Normen möglich, verdrängen sie als leges speciales den § 132.[1]

2. Anfechtungsvoraussetzungen nach § 132 Abs. 1 InsO

4 Die Anfechtungsvoraussetzungen des § 132 Abs. 1 entsprechen in zeitlicher und subjektiver Hinsicht denjenigen des § 130 Abs. 1, so dass auf die dortigen Erläuterungen[2] verwiesen werden kann.

5 Erforderlich für die Anfechtbarkeit nach § 132 Abs. 1 ist jedoch, dass die Gläubigerbenachteiligung **unmittelbar** ist, also bereits aus der Vornahme des Rechtsgeschäftes selbst ohne Hinzutreten weiterer Umstände folgt.[3] Dies ist bei Aus-

[1] Begründung zu § 147 RegE, *Balz/Landfermann,* S. 235.
[2] § 130 Rn. 4ff.
[3] Vgl. dazu HK-*Kreft,* InsO, § 129 Rn. 42ff. mit Beispielen aus der Rechtsprechung.

tauschverträgen immer dann der Fall, wenn die dem Schuldner versprochene Gegenleistung der Leistung des Schuldners nicht gleichwertig ist. Nach Durchführung des Austauschgeschäftes eintretende Wertverschiebungen bleiben außer Betracht. Leistet der Schuldner allerdings nicht in einem zur Bejahung eines Bargeschäftes i. S. v. § 142 ausreichend engen zeitlichen Zusammenhang mit der Gegenleistung, besteht für den Gläubiger weiterhin die Gefahr einer Anfechtung nach § 130.

An einer Benachteiligung der Insolvenzgläubiger fehlt es, wenn das Rechtsgeschäft die Insolvenzmasse nicht beeinträchtigt, etwa weil es sich auf Vermögensgüter bezieht, die nach § 36 dem Haftungszugriff entzogen sind.[1] **6**

Die Schädigung der Masse muss auf einem Rechtsgeschäft des Schuldners beruhen, wobei nunmehr nicht nur Verträge, sondern auch einseitige Rechtsgeschäfte (z. B. Kündigungen) erfasst sind.[2] **7**

Sind bei der Gewährung von Sanierungskrediten und Honoraren für Sanierungsberatung die ausgetauschten Leistungen (Sicherung für das Sanierungsdarlehen; angemessenes Honorar für Beratungsleistungen) zwar objektiv gleichwertig, bestehen aber von Anfang an keine Sanierungsaussichten, kann die Leistung – unabhängig von ihrem nominellen Wert – für den Schuldner wirtschaftlich nicht werthaltig und damit nach § 132 Abs. 1 anfechtbar sein.[3] **8**

Die Frage nach der Sanierungsmöglichkeit zu Beginn der Sanierungsversuche muss dabei aus ex ante Sicht beurteilt werden, nicht vom allwissenden Horizont des ex post Betrachtenden aus. Dabei ist auch zu bedenken, dass eine zu großzügige Zulassung der Anfechtung von Sanierungskrediten durch eine allzu schnelle Bejahung einer ex ante vorliegenden Sanierungsunmöglichkeit die Banken oftmals von ansonsten aussichtsreichen Sanierungsversuchen zurückschrecken lassen würde. **9**

Sozialpläne, die nicht früher als drei Monate vor dem Eröffnungsantrag aufgestellt sind, unterfallen der Spezialnorm des § 124 und sind daher nicht anfechtbar.[4] Die Anfechtung der Auszahlung von sich aus dem Sozialplan ergebenden Beträgen ist jedoch nach §§ 130, 131 möglich.[5] Hierbei bedarf es keiner Differenzierung danach, ob der Sozialplan innerhalb dreier Monate vor dem Eröffnungsantrag aufgestellt worden war oder noch älter ist, da auch im Falle des § 124 Abs. 3 trotz des Rückforderungsverbotes die Insolvenzanfechtung der ausgezahlten Beträge nicht ausgeschlossen ist.[6] **10**

3. Andere Rechtshandlungen, § 132 Abs. 2

Einen völlig neuen Tatbestand enthält § 132 Abs. 2, der bestimmte Rechtshandlungen des Schuldners den Rechtsgeschäften i. S. v. Abs. 1 gleichstellt. **11**

Innerhalb des § 132 ist Abs. 2 gegenüber Abs. 1 subsidiär.[7] **12**

Hauptanwendungsfall des § 132 Abs. 2 sind die in § 129 Abs. 2 den Rechtshandlungen gleichgestellten Unterlassungen. Demgemäß stammen auch sämtliche in der Begr. zu § 147 RegE[8] genannten Beispiele aus diesem Bereich: **13**

---

[1] *Kübler/Prütting/Bork/Ehricke,* InsO, § 129 Rn. 73.
[2] HK-*Kreft,* InsO, § 132 Rn. 6.
[3] HambKomm-*Rogge,* InsO, § 132 Rn. 11.
[4] Ausführlich *Jaeger/Henckel,* InsO, § 132 Rn. 7.
[5] Vgl. *Kübler/Prütting/Bork/Schoppmeyer,* InsO, § 132, Rn. 21.
[6] Begründung zu § 142 RegE, *Balz/Landfermann,* S. 219.
[7] *Zeuner,* Die Anfechtung in der Insolvenz, S. 92 Rn. 152.
[8] *Balz/Landfermann,* S. 238.

14 Für die Unterlassung, durch die der Schuldner „ein Recht verliert", wird beispielhaft der Fall genannt, dass der Schuldner den Protest nach Wechselrecht unterlässt und deshalb Rechte verliert, die den Protest voraussetzen. Ferner, dass er die Unterbrechung der Ersitzung unterlässt und deshalb sein Eigentum verliert.

15 Ein Unterlassen, durch das der Schuldner „ein Recht nicht mehr geltend machen kann", ist etwa gegeben, wenn durch Nichteinlegung von Rechtsmitteln oder Rechtsbehelfen ein aussichtsreicher Aktivprozess verlorengeht oder wenn der Schuldner die Unterbrechung der Verjährung unterlässt.

16 „Ein Anspruch erhalten" wird gegen den Schuldner beispielsweise, wenn dieser die rechtzeitige Irrtumsanfechtung nach §§ 119 ff. BGB unterlässt.

17 Ein Beispiel dafür, dass ein Anspruch gegen den Schuldner „durchsetzbar" wird, ist es danach schließlich, wenn es der Schuldner in einem Passivprozess unterlässt, die Einrede der Verjährung zu erheben.

18 Jedoch ist auch denkbar, dass positives Tun die Anfechtung nach § 132 Abs. 2 auslöst. In Betracht kommt dies bei der Herausgabe von Gegenständen, die mit Mobiliarsicherungsrechten behaftet sind, an den Sicherungsgeber.[1] Die Gläubigerbenachteiligung in solchen Fällen kann etwa darin liegen, dass die nur mit den herausgegebenen Gegenständen mögliche Unternehmensfortführung vereitelt wird.

19 Das Unterlassen der Geltendmachung eines Pflichtteilsanspruches berechtigt selbst dann nicht zur Gläubigeranfechtung, wenn der Schuldner zwecks Benachteiligung seiner Gläubiger den Erblasser bewogen hatte, ihn zu enterben und stattdessen seine – des Schuldners – Ehefrau als Erbin einzusetzen und so dem Schuldner mittelbar Vorteile aus der Erbschaft zufließen zu lassen. Denn auf Grund der familiären Beziehungen ist es allein Sache des Pflichtteilsberechtigten, über die Frage der Durchsetzung des Pflichtteilsrechtes den Erben gegenüber zu entscheiden.[2]

20 Streitig ist, ob auch eine Anfechtung nach Abs. 2 eine **unmittelbare** Gläubigerbenachteiligung voraussetzt.[3] Für das Erfordernis einer unmittelbaren Gläubigerbenachteiligung spricht die Überschrift des Paragrafen und die Problematik, dass ansonsten § 132 Abs. 2 Gefahr liefe, jegliche Kontur zu verlieren.[4] Zu welchen konkreten Unterschieden der Meinungsstreit in der Praxis führen wird, ist nicht absehbar, da anscheinend keine Übereinstimmung hinsichtlich der grundsätzlichen Wertung der in Abs. 2 genannten Alternativen besteht. Während Nerlich[5] darauf hinweist, „dass durch die in Abs. 2 genannten Handlungen die Benachteiligung in der Regel nicht unmittelbar auf Grund der Unterlassung, sondern erst durch später hinzutretende Umstände" eintrete, zeichnen sich nach Auffassung *Henckels*[6] die (oben wiedergegebenen) in der

[1] *Eckardt,* ZIP 1999, 1734 ff., 1742, jedenfalls für Fälle, in denen der Gläubiger auf die Verwertung der Forderung noch keinen Anspruch hatte.

[2] BGH NJW 1997, 2384 f., 2384.

[3] Dafür etwa *Häsemeyer,* Insolvenzrecht, Rn. 21.72; *Eckardt,* ZIP 1999, 1742, jeweils mwN; dagegen etwa HK-*Kreft,* InsO, § 132 Rn. 9; *Henckel,* in Kölner Schrift, S. 813 ff., 833 Rn. 45.

[4] *Eckardt,* aaO.

[5] *Nerlich/Römermann/Nerlich,* § 132 Rn. 37.

[6] In Kölner Schrift, S. 813 ff., 833 Rn. 45.

Begründung des RegE genannten Beispiele gerade „dadurch aus, dass der Verlust des Rechtes oder seiner Ausübungsmöglichkeit ohne weiteres Handeln, allenfalls nach Zeitablauf" eintrete. Es bestehen daher möglicherweise hinsichtlich des Ergebnisses – und damit der praktischen Auswirkungen des Meinungsstreites – keine gravierenden Unterschiede zwischen den Auffassungen der einzelnen Autoren.

Relevant werden könnte die Frage im Falle der Nichtzahlung des Mietzinses seitens des Schuldners. Eine darauf erfolgende Kündigung der gemieteten Flächen nach § 543 Abs. 2 BGB mag zwar gläubigerbenachteiligende Wirkung haben, wenn hierdurch die Betriebsfortführung vereitelt wird. Der Schuldner verliert sein Nutzungsrecht aber nicht auf Grund der unterlassenen Mietzinszahlungen, sondern auf Grund der Kündigungserklärung des Vermieters, so dass § 132 Abs. 2 nicht eingreift.[1] Verlangt man hier eine unmittelbare Gläubigerbenachteiligung, so dürfte eine Anfechtung ausscheiden. Auf Basis der Gegenansicht müsste eine Anfechtung möglich bleiben.[2] **21**

4. Kenntnis des Anfechtungsgegners

§ 132 Abs. 3 ordnet – für die Fälle des Abs. 1 und des Abs. 2 – die entsprechende Geltung des § 130 Abs. 2 und 3 an – mithin genügt es, wenn sich der Anfechtungsgegner der Kenntnis von Zahlungsunfähigkeit oder Eröffnungsantrag bewusst verschlossen hat; bei dem Schuldner nahe stehenden Personen[3] kommt es bezüglich der subjektiven Seite zu einer Umkehr der Beweislast.[4] **22**

§ 133 Vorsätzliche Benachteiligung

(1) **Anfechtbar ist eine Rechtshandlung, die der Schuldner in den letzten zehn Jahren vor dem Antrag auf Eröffnung des Insolvenzverfahrens oder nach diesem Antrag mit dem Vorsatz, seine Gläubiger zu benachteiligen, vorgenommen hat, wenn der andere Teil zur Zeit der Handlung den Vorsatz des Schuldners kannte. Diese Kenntnis wird vermutet, wenn der andere Teil wußte, daß die Zahlungsunfähigkeit des Schuldners drohte und daß die Handlung die Gläubiger benachteiligte.**

(2) **Anfechtbar ist ein vom Schuldner mit einer nahestehenden Person (§ 138) geschlossener entgeltlicher Vertrag, durch den die Insolvenzgläubiger unmittelbar benachteiligt werden. Die Anfechtung ist ausgeschlossen, wenn der Vertrag früher als zwei Jahre vor dem Eröffnungsantrag geschlossen worden ist oder wenn dem anderen Teil zur Zeit des Vertragsschlusses ein Vorsatz des Schuldners, die Gläubiger zu benachteiligen, nicht bekannt war.**

---

[1] *Henckel,* aaO, S. 834 Rn. 45; aA: *Smid/Zeuner,* InsO, § 132 Rn. 18.

[2] Siehe aber *Henckel,* aaO, der grundsätzlich eine mittelbare Benachteiligung ausreichen lässt, jedoch im genannten Beispielsfall eine Anfechtung ausschließen will, da „die Unterlassung des Schuldners nur mittelbar zum Rechtsverlust" führe.

[3] § 138.

[4] Näher § 130 Rn. 45.

Übersicht

1. Normzweck

1 § 133 ermöglicht die Anfechtung von Rechtshandlungen, die der Schuldner – regelmäßig in einverständlichem Zusammenwirken mit dem Anfechtungsgegner – zum Nachteil der Gläubiger vorgenommen hat.

2 Mit einem anfechtungsrelevanten Zeitraum von zehn Jahren vor dem Eröffnungsantrag stellt § 133 Abs. 1 – neben § 135 Abs. 1 Nr. 1 – den zeitlich weitreichendsten Anfechtungstatbestand dar.

3 Dies rechtfertigt sich aus der Überlegung, dass der Anfechtungsgegner, der den Benachteiligungsvorsatz seines Geschäftspartners kannte, keinen Schutz gegenüber der Gläubigergesamtheit verdient.

2. Die Anfechtungsvoraussetzungen des Abs. 1

4 Die Anfechtung einer Rechtshandlung nach Abs. 1 setzt kumulativ dreierlei voraus: in objektiver Hinsicht bedarf es einer Gläubigerbenachteiligung,[1] in subjektiver Hinsicht bedarf es aufseiten des Schuldners des Vorsatzes, die Gläubiger zu benachteiligen und aufseiten des Gläubigers der Kenntnis des schuldnerischen Benachteiligungsvorsatzes. Anfechtungsgegner ist grundsätzlich der durch die Rechtshandlung des Schuldners Begünstigte, regelmäßig der Leistungsempfänger. In Anweisungsfällen kommt jedoch auch – kumulativ – eine Vorsatzanfechtung gegen den Angewiesenen in Betracht.[2]

a) Begriff der Rechtshandlung

5 Zu dem Begriff der Rechtshandlung s. zunächst oben § 129 Rn. 11 ff.

6 Es muss sich um eine Rechtshandlung des **Schuldners** handeln. Zwangsvollstreckungsmaßnahmen eines Gläubigers fallen grundsätzlich nicht darunter.[3] Eine Anfechtung nach § 133 kommt ausnahmsweise in Betracht, wenn die Vollstreckung in einvernehmlichem Zusammenwirken zwischen Gläubiger und Schuldner betrieben worden ist. Dies ist etwa der Fall bei Unterlassen der Abwendung oder Aufhebung der Zwangsvollstreckung durch Nichteinlegung Erfolg versprechender Rechtsbehelfe[4] oder wenn der Schuldner ihm nahe stehenden Gläubi-

[1] Siehe hierzu § 129 Rn. 23 ff.

[2] BGH NZI 2008, 167, 168 f.; vgl. hierzu § 129 Rn. 19.

[3] BGH NZI 2005, 215; zweifelnd *Kreft,* KTS 2004, 205 (216 ff.), der – teleologisch wünschenswert – den Anwendungsbereich auf vorsätzlich gläubigerbenachteiligende Rechtshandlungen des Gläubigers ausdehnen will.

[4] FK-*Dauernheim,* InsO, § 133 Rn. 6 mwN.

gern die letzten greifbaren Werte in die Hände spielt.[1] Eine Rechtshandlung liegt auch dann nicht vor, wenn der Schuldner zahlt, weil er keine andere Wahl hat, als entweder zu zahlen oder die Zwangsvollstreckung (durch den bereits anwesenden Gerichtsvollzieher) zu dulden.[2] Ein solcher Fall ist jedoch nicht gegeben – eine Rechtshandlung also zu bejahen –, wenn der Pfändungsgläubiger die Verfügungsmacht des Schuldners über sein Geschäftskonto durch eine Erklärung gegenüber dem Drittschuldner zeitweise wieder herstellt und dieser daraufhin eine Überweisung an den Pfändungsgläubiger tätigt.[3] Handelt es sich um eine selbstbestimmte Leistung des Schuldners – sei es auch unter dem Druck und zur Abwendung einer angedrohten Zwangsvollstreckung – liegt grundsätzlich eine eigene Rechtshandlung des Schuldners vor.[4]

Durch Zuschlag in der Zwangsversteigerung erfolgter Eigentumserwerb ist 7
nicht anfechtbar, da der Zuschlag keine Rechtshandlung, sondern ein staatlicher Hoheitsakt ist;[5] jedoch kann sich die Berufung auf den Zuschlagsbeschluss als unzulässige Rechtsausübung darstellen, wenn Schuldner und Anfechtungsgegner in bewusstem und gewolltem Zusammenwirken den Vollstreckungstitel geschaffen haben.[6]

b) Objektive Gläubigerbenachteiligung

Die Gläubigerbenachteiligung[7] kann im Falle des § 133 Abs. 1 auch lediglich 8
mittelbarer Natur sein.[8]

c) Der Gläubigerbenachteiligungsvorsatz des Schuldners

Der Schuldner muss die Benachteiligung der Gläubiger zumindest billigend in 9
Kauf genommen, also wenigstens dolus eventualis bezüglich der Gläubigerbenachteiligung gehabt haben.[9] Ein unlauteres Handeln des Schuldners ist – auch bei kongruenten Deckungshandlungen – nicht Voraussetzung.[10]

Soweit der Schuldner, der sich eine Benachteiligung der Gläubiger als noch 10
möglich vorgestellt hat, deren Eintritt weder erwartet noch gewünscht hat,[11] fehlt es am Benachteilungsvorsatz.

So liegt es etwa dann, wenn der Schuldner die Möglichkeit der Benachteili- 11
gung erkannt hatte, aber hoffte, die Insolvenz noch abwenden zu können,[12] wofür etwa die Einbringung erheblicher privater Mittel zur Kreditabsicherung ein Indiz sein kann.[13]

Ebenso ist der Vorsatz zu verneinen, wenn der Schuldner irrtümlich meinte, 12
mit der Leistung einer – gesetzlichen oder vertraglichen – Pflicht nachzukom-

---

[1] Vgl. BGHZ 128, 196 ff., 199.
[2] BGH NZI 2005, 215.
[3] BGH NZI 2005, 215.
[4] BGH ZIP 2009, 728, 728 f.
[5] BGH ZIP 1986, 928.
[6] *Hess,* InsO, § 133 Rn. 19 mwN.
[7] Zu dem Begriff s. § 129 Rn. 23 ff.
[8] § 129 Rn. 24; *Smid/Zeuner,* InsO, § 133 Rn. 22.
[9] BGH NZI 2003, 597; HK-*Kreft,* InsO, § 133 Rn. 10 m zahlreichen wN.
[10] BGH ZIP 2003, 1799; ZInsO 2004, 859.
[11] *Nerlich/Römermann/Nerlich,* InsO, § 133 Rn. 21.
[12] BGH ZIP 1998, 793 ff., 800 mwN.
[13] BGH ZIP 1998, 248 ff., 252.

men.[1] Vorsatz liegt jedoch vor, wenn der Schuldner zwar in Erfüllung einer solchen Pflicht handelt, hierbei für ihn aber die Vereitelung gegen ihn gerichteter Ansprüche im Vordergrund steht.[2] Das Gericht hat mithin bei seiner nach § 286 ZPO erfolgenden Abwägung besonders die Beweggründe des Schuldners zu erforschen.[3]

13 In Anbetracht der schwierigen Beweissituation gewährt die Rechtsprechung eine erhebliche Beweiserleichterung, indem sie das Vorliegen einer inkongruenten Deckung als starkes Beweiszeichen für eine Gläubigerbenachteiligungsabsicht ansieht.[4]

14 Da es sich freilich nur um ein Beweiszeichen und nicht um eine Beweislastumkehr handelt, ist zu überprüfen, ob das Beweiszeichen nicht durch Umstände des Einzelfalles entkräftet wird; je schwächer die Inkongruenz ist, desto schwächer ist auch ihre den Benachteiligungsvorsatz indizierende Wirkung.[5] Sie kann ganz entfallen, wenn die Rechtshandlung zu einer Zeit vorgenommen wird, zu welcher der Schuldner zweifelsfrei liquide ist.[6] Auch inkongruente Leistungen, die im Rahmen eines ernsthaften Sanierungsplanes erfolgen, haben keinerlei Beweiswert. Voraussetzung ist freilich, dass der Sanierungsplan mindestens ein in sich schlüssiges Konzept aufweist, das von den erkannten und erkennbaren, tatsächlichen Gegebenheiten ausgeht und nicht offensichtlich undurchführbar ist.[7] Ob der Sanierungsplan dann gleichwohl scheitert, ist irrelevant. Unanwendbar sind diese Grundsätze jedoch auf im Rahmen der Anschubfinanzierung für neu gegründete Unternehmen (konkgruent) gewährte Leistungen.[8]

15 Soweit der Schuldner Leistungen zur Abwendung der Zwangsvollstreckung erbracht hat, sind diese nach der Rechtsprechung des BGH außerhalb des Dreimonatszeitraumes des § 131 nicht als inkongruent anzusehen.[9] Stets inkongruent soll jedoch die Leistung zur Abwendung eines Insolvenzantrages sein.[10]

16 Neben inkongruenten Leistungen ist auch die Verschleuderung von Massegegenständen ein Beweiszeichen für einen Gläubigerbenachteiligungsvorsatz.[11]

17 War der Schuldner zahlungsunfähig, ist in der Regel von einem Gläubigerbenachteiligungsvorsatz auszugehen.[12] Unabhängig von der Frage, ob eine kongruente oder eine inkongruente Deckung vorliegt, ist in allen Fällen bedingter Vorsatz ausreichend.[13]

18 Es kommt nicht darauf an, ob sich der Benachteiligungsvorsatz auf alle, einzelne, bestimmte oder unbestimmte Gläubiger richtet, nicht einmal das aktu-

---

[1] HK-*Kreft,* InsO, § 133 Rn. 1 m zahlreichen wN.

[2] Ebd.

[3] BGH ZIP 1997, 853 ff., 855.

[4] BGHZ 157, 242 mwN.; aA *Henckel,* in Kölner Schrift, S. 813 ff., 836 ff. Rn. 50, f.; hiergegen ausführlich *Smid/Zeuner,* InsO, § 133 Rn. 6 f.

[5] BGH ZIP 2005, 769, 771; HK-*Kreft,* InsO, § 133 Rn. 18.

[6] BGH ZIP 1999, 406.

[7] BGH ZIP 1998, 248 ff., 251 = BB 1998, 1023 ff., 1024 m. Anm. *Wiester,* 1025 f.

[8] BGH, NZI 2009, 1601, 1602 f.

[9] BGH ZIP 2003, 1505, OLG Stuttgart ZIP 2002, 2264; sehr streitig und aA: z. B. OLG Dresden ZInsO 2003, 659.

[10] BGHZ 157, 242; BGH, BeckRS 2009, 18904.

[11] *Smid/Zeuner,* InsO, § 133 Rn. 42, aA: *Henckel,* aaO, S. 813 ff., 838 Rn. 51.

[12] BGHZ 155, 75 (84).

[13] Siehe etwa BGH NZI 2003, 597; *Nerlich/Römermann/Nerlich,* InsO, § 133 Rn. 23.

elle Vorhandensein von Gläubigern ist vonnöten, da auch die Absicht, künftige Gläubiger zu benachteiligen, genügt.[1]

Der Vorsatz muss spätestens zu dem nach § 140 maßgeblichen Zeitpunkt vorliegen.[2] Dabei stellt ein im Zeitpunkt der Eingehung einer Verpflichtung bestehender Benachteiligungsvorsatz regelmäßig ein wesentliches Beweisanzeichen dafür dar, dass der Benachteiligungsvorsatz auch im Zeitpunkt der Erfüllung der Verpflichtung noch bestand.[3] 19

d) Die Kenntnis des anderen Teils

Der Anfechtungsgegner muss spätestens zu dem nach § 140 relevanten Zeitpunkt der Vornahme der Handlung positive Kenntnis von dem Gläubigerbenachteiligungsvorsatz des Schuldners gehabt haben. Ein eigener Gläubigerbenachteiligungsvorsatz ist hingegen nicht erforderlich. 20

Ihm müssen dabei mindestens die Tatsachen bekannt sein, die bei objektiver Betrachtung die Annahme des Vorsatzes rechtfertigen. 21

Die Beweislast trägt wiederum der Insolvenzverwalter. Das Gesetz erleichtert ihm die Beweisführung aber, indem es die – widerlegliche – Vermutung normiert, dass die Kenntnis von dem schuldnerischen Gläubigerbenachteiligungsvorsatz dann gegeben sei, wenn der Anfechtungsgegner wusste, dass die Zahlungsunfähigkeit des Schuldners drohte und die Handlung die Gläubiger benachteiligte (§ 133 Abs. 1 S. 2). Konnte der Gläubiger jedenfalls die Umstände, die zwingend auf eine (mindestens) drohende Zahlungsunfähigkeit hinweisen, handelt es sich nach neuer Rechtsprechung (nur) um ein durch den Tatrichter zu würdigendes Beweisanzeichen.[4] Solche Umstände können sich auch aus einer ungewöhnlichen, einen dringenden Liquiditätsbedarf des anderen Teils nahelegenden Vertragsgestaltung ergeben.[5] 22

Ferner gilt auch bezüglich der Kenntnis des Anfechtungsgegners die Entgegennahme einer inkongruenten Deckung als Beweiszeichen.[6] Diese Indizwirkung fällt allerdings umso weniger ins Gewicht, je länger die Handlung vor Verfahrenseröffnung liegt und kann ganz entfallen, wenn die Handlung zu einer Zeit vorgenommen wurde, in welcher – jedenfalls aus Sicht des Leistungsempfängers – keine ernsthaften Zweifel an der Liquidität des Schuldners bestanden.[7] 23

3. Verträge mit nahe stehenden Personen

§ 133 Abs. 2 erleichtert die Anfechtbarkeit entgeltlicher Verträge, die der Schuldner mit ihm nahe stehenden Personen innerhalb von zwei Jahren vor dem Eröffnungsantrag geschlossen hat, wenn durch den Vertrag – wenigstens einzelne oder zukünftige – Gläubiger benachteiligt wurden. 24

---

[1] *Nerlich/Römermann/Nerlich,* InsO, § 133 Rn. 37.
[2] FK-*Dauernheim,* InsO, § 133 Rn. 10.
[3] BGH NZI 2008, 233, 234.
[4] BGH IX ZR 159/06, Entscheidung vom 13. 8. 2009, BeckRS 2009, 25968.
[5] BGH NZI 2009, 239, 241 f.
[6] BGH ZIP 2000, 82 f., 83 mwN; s. auch oben § 131 Rn. 33 mwN.
[7] BGH WM 2004, 299.

a) Voraussetzungen

25 Der Begriff der „nahe stehenden Person“ ist in § 138 definiert. Auf die Erläuterungen dort wird verwiesen.

26 Der Begriff des „Vertrages“ ist weit auszulegen; es fallen hierunter nicht nur – schuld- und sachenrechtliche – Verträge des BGB, sondern alle auf wechselseitiger Willensübereinstimmung beruhenden Erwerbsvorgänge,[1] also etwa auch Zwangsvollstreckungsakte, die in kollusivem Zusammenwirken mit dem Schuldner erfolgen oder die Gewährung einer vollstreckbaren Urkunde für eine Forderung.[2]

27 Entgeltlichkeit ist bereits zu bejahen, wenn dem anderen ein – gleich wie gearteter – wirtschaftlicher Vorteil (etwa in Form einer Zahlungserleichterung, Stundung oder Kreditgewährung) zufließt.[3]

28 Durch den Vertrag muss eine **unmittelbare** Gläubigerbenachteiligung eingetreten sein, d. h., die Benachteiligung muss auf der Vornahme der Rechtshandlung selbst beruhen und nicht erst infolge erst später hinzutretender Umstände eingetreten sein.[4]

29 Der Vertrag muss innerhalb von zwei Jahren vor dem Eröffnungsantrag geschlossen worden sein. Maßgeblich ist die Regelung des § 140.

30 Ferner bedarf es des Gläubigerbenachteiligungsvorsatzes des Schuldners sowie der Kenntnis des Anfechtungsgegners hiervon.

b) Beweislast

31 Die Bedeutung des § 133 Abs. 2 liegt vor allem in der dort getroffenen Beweislastverteilung.

32 Aufgrund der bei nahe stehenden Personen zu erwartenden Kenntnis von den finanziellen Problemen des Schuldners beinhaltet § 133 Abs. 2 eine Vermutung für den Gläubigerbenachteiligungsvorsatz des Schuldners und die Kenntnis der nahe stehenden Person hiervon, die von dem **Anfechtungsgegner zu widerlegen** ist.[5] Desgleichen hat auf Grund der Gefahr, dass der Vertrag rückdatiert wurde, nunmehr der Anfechtungsgegner zu beweisen, dass der Vertragsschluss länger als zwei Jahre vor dem Eröffnungsantrag erfolgt ist.[6]

33 Der Insolvenzverwalter hat mithin nur zu beweisen, dass der Schuldner mit einer ihm gem. § 138 nahe stehenden Person einen Vertrag geschlossen hat und hierdurch eine unmittelbare Gläubigerbenachteiligung eingetreten ist. Es ist dann Sache des Anfechtungsgegners, seine fehlende Kenntnis von dem Gläubigerbenachteiligungsvorsatz oder den Vertragsschluss mehr als zwei Jahre vor dem Eröffnungsantrag nachweisen.

34 Gelingt dem Anfechtungsgegner der Beweis, dass der Vertrag mehr als zwei Jahre vor dem Eröffnungsantrag geschlossen wurde, so kann eine Anfechtung gleichwohl auf § 133 Abs. 1 gestützt werden, da § 133 Abs. 2 gegenüber Abs. 1 nur eine Beweiserleichterung enthält, nicht jedoch einen eigenständigen Spezial-

---

1 MünchKomm-*Kirchhof,* InsO § 133 Rn. 40.
2 FK-*Dauernheim,* InsO, § 133 Rn. 21 mwN zur Kasuistik.
3 FK-*Dauernheim,* InsO, § 133 Rn. 22 mwN.
4 Siehe oben § 129 Rn. 35.
5 *Hess,* InsO, § 133 Rn. 213 f.
6 *Henckel,* aaO, S. 839 Rn. 54; Begründung zu § 148 RegE, *Balz/Landfermann,* S. 237.

tatbestand bildet. Das Gleiche gilt für den Fall, dass lediglich eine mittelbare Gläubigerbenachteiligung vorliegt.[1]

§ 134 Unentgeltliche Leistung

(1) **Anfechtbar ist eine unentgeltliche Leistung des Schuldners, es sei denn, sie ist früher als vier Jahre vor dem Antrag auf Eröffnung des Insolvenzverfahrens vorgenommen worden.**

(2) **Richtet sich die Leistung auf ein gebräuchliches Gelegenheitsgeschenk geringen Werts, so ist sie nicht anfechtbar.**

Übersicht

1. Normzweck

1 § 134 erleichtert die Anfechtbarkeit unentgeltlicher Leistungen und ist eine Ausprägung des Grundsatzes, dass unentgeltliche Zuwendungen schwächeren Schutz genießen.[2] Niemand soll auf Kosten seiner Gläubiger freigiebig sein.

2. Der Begriff der Leistung

3 Der Begriff der Leistung i. S. d. § 134 ist weit auszulegen. Es fallen darunter nicht nur Schenkungen i. S. d. § 516 BGB.[3] Vielmehr fallen darunter alle Rechtshandlungen, durch die das Vermögen des Schuldners gemindert wird.[4]

4 So fallen unter den Leistungsbegriff auch Unterlassungen, die bei dem anderen Teil eine Vermögensmehrung zur Folge haben (z. B. Unterlassen der Unterbrechung einer Verjährung oder der Ersitzung) und nichtrechtsgeschäftliche Handlungen.[5]

5 Soweit Schenkungen betroffen sind, gilt Folgendes: Ist der geschenkte Gegenstand belastet oder steht die Schenkung unter einer Auflage, so führt dies nicht zur Entgeltlichkeit, sondern schränkt lediglich die Gläubigerbenachteiligung dem

[1] Vgl. HK-*Kreft,* InsO, § 133 Rn. 28.
[2] Vgl. Begründung zu § 134 RegE, *Balz/Landfermann,* S. 238.
[3] Vgl. Begründung zu § 134 RegE, *Balz/Landfermann,* S. 238.
[4] Vgl. näher HambKomm-*Rogge,* InsO, § 134 Rn. 3.
[5] Verbindung, Vermischung, Verarbeitung gem. §§ 946 ff. BGB.

Umfang nach ein.[1] Gemischte Schenkungen können nur dann in einen unentgeltlichen (Anfechtung nach § 134) und einen entgeltlichen (Anfechtung nach den §§ 130–133) Teil zerlegt werden, wenn die wirtschaftlichen Zwecke des Geschäftes und die berechtigten Interessen der Vertragspartner die Annahme eines zusammengesetzten Geschäftes rechtfertigen.[2]

6 Ist hiernach eine Zerlegung des Rechtsgeschäftes nicht möglich, so ist darauf abzustellen, ob der Hauptzweck des Geschäftes in der Freigiebigkeit liegt (dann greift § 134 ein) oder nicht (dann Anfechtung nach den für entgeltliche Verfügungen einschlägigen Anfechtungstatbeständen).[3]

7 Verschleierte Schenkungen, also Rechtsgeschäfte, die sich trotz des „Deckmantels" durch einen anderen Vertrag (z. B. aus steuerlichen Gründen) als Schenkungen darstellen, können als Schenkungen nach § 134 angefochten werden, während das vorgeschobene entgeltliche Rechtsgeschäft im Regelfall nach § 117 Abs. 1 BGB nichtig ist.[4]

8 Weiterhin erfasst sind Verpflichtungsgeschäfte (Schenkungsversprechen).[5] Ebenso sind auch Maßnahmen der Zwangsvollstreckung zur Durchsetzung solcher Verpflichtungsgeschäfte als schuldnerische Leistung anfechtbar, da es keinen Unterschied machen kann, ob der unentgeltliche Erwerb auf einer freiwilligen Handlung des Schuldners beruht oder infolge des zugrunde liegenden Kausalgeschäftes von dem Gläubiger zwangsweise durchgesetzt wurde.[6]

3. Der Begriff der Unentgeltlichkeit

9 Eine unentgeltliche Leistung liegt vor, wenn ein Vermögenswert des Verfügenden zugunsten einer anderen Person aufgegeben wird, ohne dass dem Verfügenden oder einem Dritten ein entsprechender Gegenwert zufließen soll.[7]

10 Für die Beantwortung der Frage, ob der andere Teil eine angemessene Gegenleistung erbracht hat, sind in erster Linie nicht die Vorstellungen der Parteien, sondern objektive Gesichtspunkte maßgeblich.[8]

11 Eine Einigung der Parteien über die Unentgeltlichkeit ist nicht erforderlich.[9]

12 Erst wenn feststeht, dass der Gemeinschuldner einen – irgendwie gearteten – Gegenwert oder wirtschaftlichen Vorteil für eine Zuwendung erhalten hat, ist zu prüfen, ob die Beteiligten diesen als Entgelt oder gleichwohl das Geschäft als Freigiebigkeit angesehen haben.[10]

13 Die subjektiven Vorstellungen der Parteien sind allerdings vor allem dann relevant, wenn der Wert der Begünstigung dem Gegenwert nicht entspricht. So

---

[1] *Kübler/Prütting/Bork/Bork,* InsO, § 134 Rn. 51 f.

[2] So für den Widerruf gemischter Schenkungen BGH NJW 1959, 1363 f. = BGHZ 30, S. 120 ff., 122 f.; vgl. auch eingehend *Huber,* AnfG, § 4 AnfG Rn. 29.

[3] Eingehend *Huber,* AnfG, § 4 Rn. 29; z. B. Eingreifen des § 134 InsO bei Veräußerung zum „Dumping-Preis"; LG Dresden ZInsO 2002, 146 f.

[4] *Huber,* aaO, AnfG, § 4 Rn. 30.

[5] Ausführlich *Smid/Zeuner,* InsO, § 134 Rn. 6 f., aA: offenbar *Henckel,* in Kölner Schrift, S. 813 ff., 840 Rn. 55.

[6] *v. Campe,* aaO, S. 204; HK-*Kreft,* InsO, § 134 Rn. 6; aA: *Smid/Zeuner,* § 134 Rn. 7.

[7] BGH ZIP 1992, 1089 ff., 1091.

[8] BGH ZIP 1997, 247 f., 248 mwN; BGH, InVo 1999, 167 ff., 167 = NJW 1999, 1033 ff., 1033.

[9] BGH NJW 1991, 1610, 1611.

[10] BGH InVo 1998, 167 f., 167 = NJW 1999, 1033 ff., 1033.

können etwa Notverkäufe unter Wert nicht nach § 134 Abs. 1 anfechtbar sein, weil die Beteiligten den Preis nach Sachlage als gleichwertig bzw. angemessen angesehen haben.[1] Auch ein Vergleich, durch den eine rechtliche oder tatsächliche Ungewissheit durch gegenseitiges Nachgeben beseitigt werden soll, enthält im Regelfall keine unentgeltlichen Leistungen.[2]

Die Bewertung der Parteien muss jedoch durch die objektiven Verhältnisse gedeckt gewesen sein; die subjektive Seite tritt nur neben die objektive Beurteilung, vermag aber diese nicht zu verdrängen.[3] Besteht die Gegenleistung in der Abtretung einer wertlosen Forderung, wird das Geschäft auch dann nicht zu einem entgeltlichen, wenn der andere Teil die Wertlosigkeit nicht gekannt hat.[4] **14**

Die Unentgeltlichkeit einer Zuwendung ergibt sich nicht bereits daraus, dass eine vereinbarte angemessene Gegenleistung ausgeblieben ist.[5] **15**

Irrelevant sind einseitige Vorstellungen über mögliche wirtschaftliche Vorteile, die in keinerlei rechtlicher Abhängigkeit zu den erhaltenen Leistungen stehen.[6] **16**

4. Einzelfälle

a) Unentgeltliche Leistungen

Eine unentgeltliche Leistung liegt etwa vor bei der Schenkung eines Lotterieloses. Sofern dieses einen Gewinn erbringt, ist der volle Gewinn zurückzugewähren.[7] Auch (Partei-)Spenden[8] und ausbezahlte Scheingewinne bei betrügerischen Kapitalanlagen in Form eines Schneeballsystems stellen eine unentgeltliche Leistung dar.[9] Besteht bei der Gewährung von Sicherheiten die Gegenleistung lediglich im Stehenlassen einer ungekündigten, aber kündbaren Darlehensforderung, so ist – parallel zu § 142 – ebenfalls von einer unentgeltlichen Leistung auszugehen.[10] **17**

Die Erfüllung oder Übernahme der Sicherung einer fremden Schuld ohne eine dementsprechende Verpflichtung oder ohne Erlangung eines Gegenwertes ist eine unentgeltliche Leistung.[11] Ist der erlangte Gegenwert wertlos, so ist gleichfalls § 134 anwendbar.[12] Tilgt der Insolvenzschuldner eine fremde Schuld, so ist grundsätzlich der – bisherige – Schuldner der getilgten Forderung Anfechtungsgegner[13]. Dies gilt auch dann, wenn der Leistungsempfänger seine Leistung an den Dritten erst noch zu erbringen hat und tatsächlich erbringt.[14] War die getilgte Forderung **18**

---

1 FK-*Dauernheim,* InsO, § 134 Rn. 12.
2 BGH ZIP 2006, 2391.
3 BGH ZIP 1993, 1170 ff., 1173.
4 RGZ 51, 412 ff., 416.
5 BGH NJW 1999, 1033 ff.,1033.
6 BGHZ 113, 99 ff., 104.
7 *Hess,* InsO, § 134 Rn. 40.
8 OLG Celle, ZIP 2009, 1531.
9 BGH NJW 2009, 363, 363; BGH NJW 1991, 560, 561 f. Ein Abzug der außerhalb des Anfechtungszeitraums erfolgten Auszahlungen oder des Agios ist dabei ausgeschlossen, BGH BeckRS 2009, 19758.
10 BGH NZI 2009, 435, 436.
11 BGH ZIP 1992, 1089, 1091; OLG Köln ZInsO 2004, 871.
12 BGHZ 41, 298 ff., 301 = KTS 1964, 182 ff., 183.
13 BGH NZI 2004, 374.
14 BGH NZI 2008, 556, 557.

jedoch wirtschaftlich wertlos, so ist deren bisheriger Gläubiger – unabhängig davon, ob dieser die Werthaltigkeit der Forderung kannte oder nicht – als Anfechtungsgegner anzusehen.[1]

19 Der Verzicht auf ein Pflichtteilsrecht ist in der Regel selbst dann nicht als entgeltliche Gegenleistung anzusehen, wenn der Schuldner dadurch die Testierfreiheit zurückgewinnt.[2]

20 Die Bezahlung von Überstunden, die nach dem Arbeitsvertrag durch das Gehalt abgegolten waren, ist eine unentgeltliche Leistung.[3] Das Gleiche gilt für Gratifikationen, die nicht auf der Arbeitsleistung beruhen, sondern nur einem Dankesgefühl entspringen.[4] Auch die unentgeltliche Überlassung der Arbeitskraft von Angestellten des Schuldners an Dritte kann gem § 134 anfechtbar sein.[5]

21 Sofern ein Dritter **unwiderruflich** Bezugsberechtigter eines vom Schuldner abgeschlossenen Lebensversicherungsvertrages ist, war bislang folgendermaßen zu differenzieren: war das Bezugsrecht **von Anfang an** eingeräumt, schloss die früher hM die Anfechtbarkeit mit der Begründung aus, der Anspruch auf die Versicherungssumme habe nie zum Vermögen des Versicherungsnehmers gehört; allenfalls komme in Betracht, die in den vergangenen vier Jahren vor dem Eröffnungsantrag geleisteten Prämienzahlungen anzufechten.[6] Vorzugswürdig erscheint jedoch die nunmehr auch vom BGH vertretene Gegenauffassung, die darauf abstellt, dass der Versicherungsnehmer in jedem Fall eigene Ansprüche opfert, weshalb eine Differenzierung zwischen anfänglichem und nachträglichem Bezugsrecht nicht sinnvoll sei.[7]

22 Bei **nachträglich** eingeräumter Bezugsberechtigung (und nach der nunmehr auch vom BGH vertretenen Auffassung auch bei einer von Anfang an eingeräumten Bezugsberechtigung) hat der Verwalter vor Eintritt des Versicherungsfalles die Möglichkeit, die Bezugsberechtigung ohne Weiteres zu widerrufen, da – mangels einer anderweitigen Bestimmung des Versicherungsnehmers – der Dritte gem. § 166 Abs. 2 VVG noch keinen Anspruch auf die Leistung erworben hatte.[8] Insoweit besteht kein Bedürfnis für eine Anfechtung.

23 Nach Eintritt des Versicherungsfalles ist die Einräumung des Bezugsrechts selbst anfechtbar, wenn sie innerhalb der Vierjahresfrist des § 134 Abs. 1 erfolgte.[9] Liegt die Einräumung mehr als vier Jahre zurück, so kommt die Anfechtbarkeit der Prämienzahlungen der vier vor dem Eröffnungsantrag liegenden Jahre in Betracht.[10]

---

[1] RGZ 51, 412, 416; BGH NZI 2005, 323; NZI 2005, 399; *Nerlich/Römermann/Nerlich,* InsO, § 134 Rn. 20; aA: etwa *Henckel,* ZIP 2004, 1671, 1674.

[2] BGHZ 113, 393.

[3] LAG Hamm ZIP 1998, 920f., 921.

[4] RGZ 94, 322ff., 324; RGZ 125, 380ff., 383.

[5] BGH ZInsO 2004, 149.

[6] OLG München ZIP 1991, 1505; *Nerlich/Römermann/Nerlich,* InsO, § 134 Rn. 32.

[7] BerlinerKomm-*Schwintowski,* VVG, § 166 Rn. 41 mwN; im Ergebnis so jetzt auch der BGH NJW 2004, 214.

[8] BerlinerKomm-*Schwintowski,* VVG, § 166 Rn. 42.

[9] BerlinerKomm-*Schwintowski,* VVG, § 166 Rn. 42; so wohl auch BGH NJW 2004, 214; aA: *Staudinger/Jagmann,* BGB, §§ 328–259 (2004) Rn. 52 mwN, der auch hier nur die Anfechtbarkeit der letzten Prämienzahlungen zulassen will.

[10] BerlinerKomm-*Schwintowski,* § 166 Rn. 42; s. auch näher *Thiel,* ZIP 2002, 1232ff.; aA: *Elfring,* NJW 2004, 484.

Genauso liegt es, wenn der Schuldner dem Dritten bereits eine **unwiderrufliche** Bezugsberechtigung eingeräumt hatte. Da in diesem Fall der Dritte eine gesicherte Rechtsstellung bereits unmittelbar durch die Einräumung des Bezugsrechts erwirkt,[1] ist diese gem. § 134 nur dann anfechtbar, wenn sie selbst nicht mehr als 4 Jahre vor dem Insolvenzantrag zurückliegt.[2] Andernfalls kommt auch hier lediglich die Anfechtung der in diesem Zeitraum erfolgten Prämienzahlungen in Betracht.[3] 24

Hat sich der Schuldner verpflichtet, die für die Forderung eines Dritten mithaftende Person von ihrer Ausgleichspflicht im Innenverhältnis schenkungshalber freizustellen, so nimmt der Schuldner mit der Leistung an den Dritten eine unentgeltliche Verfügung vor, obwohl er dadurch zugleich von einer eigenen Verbindlichkeit frei wird, da das Verhältnis zu der mithaftenden Person isoliert zu betrachten ist und er von dieser keine Gegenleistung erhalten hat.[4] 25

Als unentgeltliche Leistungen können auch die sogenannten unbenannten Zuwendungen unter Ehegatten (z. B. wegen Mitarbeit im Geschäft) angefochten werden.[5] 26

In der Doppelinsolvenz von Gesellschafter und Gesellschaft stellt ferner das zum Kapitalersatz führende „Stehenlassen" von Gesellschafterleistungen eine unentgeltliche Leistung dar.[6] Regelmäßig unentgeltlich wird auch die Übertragung von Vermögensgegenständen auf eine Tochtergesellschaft oder gar ein Joint-Venture-Unternehmen sein.[7] Allerdings dürfte es insoweit an einer Gläubigerbenachteiligung fehlen, solange sich der Wert der Beteiligung entsprechend erhöht. Dies ist nicht der Fall, wenn diese Gesellschaft bereits zum Zeitpunkt der Einbringung überschuldet ist, da in diesem Falle der Wert des eingelegten Vermögensgegenstandes zumindest teilweise den Gläubigern der Tochtergesellschaft zugutekäme.[8] 27

b) Entgeltliche Leistungen

Entgeltliche Leistung ist die Erfüllung einer Spiel- oder Wettschuld.[9] Ebenso ist der Abschluss eines Vergleichs mit einem Verzicht auf zuvor behauptete Rechtspositionen entgeltlich, solange er der Ausräumung objektiv nachvollziehbarer Zweifelsfragen dient.[10] Die – freiwillige – Bestellung einer Sicherheit für eine eigene, durch eine entgeltliche Gegenleistung begründete Verbindlichkeit soll nach herrschender Auffassung entgeltlich sein, da die bloße Sicherung einer bestehenden Forderung nicht in weitergehendem Umfange angefochten werden könne als die Erfüllung selbst.[11] Diese Auffassung überzeugt jedoch nicht. Wie 28

---

[1] BGH NJW 2003, 2079, 2080.

[2] BGH NJW 2004, 214; *Elfring,* NJW 2004, 484.

[3] AA: *Elfring,* aaO.

[4] BGH WM 1999, 820 ff., 821 f.

[5] BGH NJW 1999, 1033; *K. Schmidt,* JuS 1999, 1022; ausführlich *Jaeger/Henckel,* InsO, § 134 Rn. 23.

[6] BGH, NZI 2009, 429, 430.

[7] Siehe dazu *Meyer,* ZIP 2002, 250 ff. und BGHZ 121, 179 ff.

[8] Siehe *Meyer,* aaO, S. 253 f.

[9] So zutreffend die hM, vgl. *Hess,* InsO, § 134 Rn. 81; aA: im Hinblick auf deren fehlende Einklagbarkeit *Häsemeyer,* InsO, Rn. 21, 92.

[10] BGH NZI 2007, 101, 101 f.

[11] BGHZ 112, 136, 138 f.; BGHZ 137, 282; bestätigt durch BGH ZIP 2004, 1819.

bei der Anfechtung wegen inkongruenter Deckung (§ 131) allgemein anerkannt, ist die Sicherung einer Forderung etwas anderes als deren Erfüllung, und ein Anspruch auf Sicherstellung einer Forderung besteht ohne entsprechende Vereinbarung – wohl unstreitig – gerade nicht.[1] Daher unterliegt die – freiwillige – Besicherung eigener Verbindlichkeiten der Anfechtung nach § 134.[2] Auf Basis der hM kommt insoweit lediglich die Anfechtung nach anderen Vorschriften – insbesondere wegen inkongruenter Deckung – in Betracht.

29 Die freiwillige Sicherheitenbestellung für eine fremde Schuld ist grundsätzlich unentgeltlich. Sie kann jedoch entgeltlich sein, wenn dem Sicherungsgeber für seine Leistung die Kreditgewährung an den Dritten versprochen wird, an der er ein wirtschaftliches Interesse hat.[3] Im Verhältnis zwischen Konzerngesellschaften ist dies regelmäßig der Fall.[4] Insbesondere ist die Sicherheitenbestellung durch den Schuldner an eine Bank keine unentgeltliche Verfügung, wenn damit bezweckt wird, dass die Bank einer Gesellschaft, deren Geschäftsanteile dem Schuldner gehören, einen Kredit einräumt.[5] Entscheidend ist aber auch in diesen Fällen, dass der Sicherungsnehmer zugunsten des Sicherungsgebers oder eines Dritten ein Vermögensopfer erbringt. Das „Stehenlassen" eines bereits ausgezahlten Darlehens reicht dazu jedenfalls dann nicht mehr aus, wenn die Forderung zum Zeitpunkt der Besicherung nicht mehr durchsetzbar war.[6]

30 Entgeltlich und damit nicht nach § 134 Abs. 1 anfechtbar sind Weihnachts- und sonstige Gratifikationen, da sie freiwillige Vergütungen für erbrachte Dienstleistungen darstellen.[7] Allerdings muss die Gratifikation auch von derjenigen Person stammen, der die Arbeitsleistung zugutekam und nicht etwa aus dem Privatvermögen eines (Allein-)Gesellschafters. Denn dieses stellt eine andere Insolvenzmasse dar, der die Leistung des Empfängers der Gratifikation nicht zugutekam.[8]

c) Güterrechts- und Ausstattungsverträge

31 Verheiratete Schuldner versuchen mitunter, ihr Vermögen durch Übertragung auf den Ehegatten vor dem Zugriff durch den Insolvenzverwalter zu retten. Insoweit sind neben echten Schenkungen und „unbenannten Zuwendungen" auch Sachverhalte denkbar, in denen die Übertragung durch Güterrechtsvertrag vorgenommen wird. Insoweit sollten bei der Insolvenz von (ehemals) vermögenden, verheirateten Privatpersonen regelmäßig auch diese Verträge einer näheren Prüfung unterzogen werden. Verträge im Bereich des ehelichen Güterrechts un-

[1] Siehe § 131 Rn. 18 ff. In Fällen, in denen es um die Besicherung fremder Verbindlichkeiten geht, betont der BGH im Übrigen selbst dieses Argument, s. etwa BGH NZI 2006, 524, 525.

[2] Differenzierend: MünchKomm-*Kirchhof,* InsO § 134 Rn. 27 ff.

[3] BGH ZIP 1998, 793, 802.

[4] BGH, aaO; nach OLG Köln ZInsO 2000, 156, 157 fehlt es dann am eigenen wirtschaftlichen Interesse der Tochtergesellschaft an der Besicherung eines der Muttergesellschaft gewährten Kredites, wenn die Tochtergesellschaft den eigenen Geschäftsbetrieb eingestellt hat.

[5] OLG Brandenburg, InVo 1999, 230 f.

[6] BGH NZI 2006, 524, 525.

[7] Anders liegt der Fall freilich, wenn sie einem bloßen Dankesgefühl entspringen, s. o. Rn. 20; eingehend FK-*Dauernheim,* InsO, § 134 Rn. 18.

[8] So zutreffend *Smid/Zeuner,* InsO, § 134 Rn. 24; OLG Hamm ZIP 2002, 313 ff.; anders BGH ZIP 1997, 247 f., 248 = NJW 1997, 866 f., 867 m. abl. Anm. *Huber,* EWiR 1997, 267 f.

terliegen grundsätzlich in gleicher Weise der Anfechtung wie sonstige Verträge zwischen Ehegatten.[1] Dabei ist zwischen dem eigentlichen Ehevertrag und dem nachfolgenden Auseinandersetzungsvertrag zu unterscheiden. Der Ehevertrag als solcher ist nur dann anfechtbar, wenn dadurch bereits unmittelbar – und nicht erst durch die nachfolgende Auseinandersetzung – den anfechtungsberechtigten Gläubigern Vermögensgegenstände entzogen werden.[2] Sollen nach dem Willen der Ehegatten ein Güterrechtsvertrag und ein Auseinandersetzungsvertrag eine Einheit bilden und sich wechselseitig ergänzen, so ist die Anfechtbarkeit dennoch gesondert zu prüfen und es sind beide Verträge gesondert anfechtbar.[3]

Allerdings sind an die Qualifizierung solcher Verträge als Schenkungen im Sinne des § 134 hohe Anforderungen zu stellen, so dass der Nachweis wohl nur in Ausnahmefällen gelingen wird. So ist ein Vertrag über die Gründung einer Gütergemeinschaft grundsätzlich nicht als Schenkung zu qualifizieren, wiewohl derjenige Ehegatte, der bei Vereinbarung der Gütergemeinschaft im Gegensatz zu dem anderen Gatten kein oder nur geringfügiges eigenes Vermögen in das Gesamtgut einbringt, mit Abschluss des Ehevertrages eine unter Umständen beträchtliche Bereicherung erfährt.[4] Nur in Fällen, in denen die Eheleute über die Unentgeltlichkeit der Zuwendung einig waren **und** die Geschäftsabsichten der Eheleute nicht zwecks Verwirklichung der Ehe auf eine Ordnung der beiderseitigen Vermögen gerichtet waren, ist Raum für die Annahme eines Schenkungsvertrages.[5] Ein Indiz für diese Verfolgung „ehefremder Zwecke" kann es sein, wenn dem zunächst weniger begüterten Ehegatten ein höhere Quote eingeräumt wird, als § 1476 BGB vorsieht.[6] Die gleichen Grundsätze wird man anzuwenden haben, wenn der gesetzliche Güterstand vorzeitig beendet wird und dem Ehegatten im Wege des vorzeitigen Zugewinnausgleichs mehr zugewandt wird, als diesem nach den gesetzlichen Vorschriften zustünde. 32

Auseinandersetzungsverträge im ehelichen Güterrecht sind dabei nach denselben Grundsätzen anfechtbar wie (sonstige) gemischte Schenkungen.[7] Das bedeutet, dass eine Schenkungsanfechtung nur dann in Betracht kommt, wenn der Hauptzweck des Rechtsgeschäfts auf Freigiebigkeit gerichtet ist. 33

Grundsätzlich sind Neugläubiger, die ihre Forderung erst nach Vollzug der Güterrechtsänderung erworben haben, nicht geschützt, da sie keinen Anspruch darauf haben, dass ein einmal bestehender Güterstand für die Zukunft aufrechterhalten wird und ihnen damit eine Zugriffsmöglichkeit, die sie nur bei Fortbestand dieses Güterstandes gehabt hätten, erhalten bleibt.[8] Sind im Insolvenzverfahren daher sowohl „Altgläubiger" als auch „Neugläubiger" vorhanden, so wird der Insolvenzverwalter insoweit eine Sondermasse zugunsten der Altgläubiger zu bilden haben. 34

[1] BGH NJW 1972, 48.
[2] BGH NJW 1972, 48.
[3] BGH NJW 1972, 48 ff., 48 = BGHZ 57, 123 ff., 125 = KTS 1972, 91 ff., 92.
[4] BGHZ 116, 178, 180.
[5] BGHZ 116, 178, 182.
[6] BGH, aaO.
[7] Siehe hierzu oben Rn. 5; BGH NJW 1972, 48 ff., 49 = BGHZ 57, 123 ff., 127 f. = KTS 1972, 91 ff., 93.
[8] BGH NJW 1972, 48 ff., 49 zu AnfG § 3 aF.

35 Auch Ausstattungen im Sinne des § 1624 Abs. 1 BGB stellen anfechtungsrechtlich eine unentgeltliche Leistung dar.[1] Die familienrechtliche Regelung des § 1624 Abs. 1 BGB, die ihrem Wortlaut nach Ausstattungen weitgehend vom Anwendungsbereich des Schenkungsrechts ausnimmt, bezieht sich nur auf das Verhältnis zwischen Eltern und Kind. Das Kind hat auf die Ausstattung keinen Rechtsanspruch.[2] Es besteht keine Notwendigkeit, den unentgeltlichen Erwerb des Kindes zulasten der Gläubiger vom Anwendungsbereich des § 134 auszunehmen.[3] Eine andere Bewertung würde darüber hinaus den Missbrauch geradezu herausfordern.[4]

5. Frist

36 Der Anfechtungstatbestand des § 134 Abs. 1 erfasst unentgeltliche Leistungen, die nicht früher als vier Jahre vor dem Antrag auf Eröffnung des Insolvenzverfahrens vorgenommen wurden. Wann eine Handlung als vorgenommen gilt, bestimmt sich nach § 140, für die Fristberechnung ist § 139 maßgeblich. Auf die dortigen Erläuterungen wird verwiesen.

6. Beweislast

37 Der Insolvenzverwalter hat nur zu beweisen, dass eine unentgeltliche Leistung des Schuldners vorliegt.

38 Für die Frage der Unentgeltlichkeit von Zuwendungen unter Ehegatten greift zugunsten des Insolvenzverwalters die Vermutung des § 1362 Abs. 1 BGB ein.[5] Denn hinsichtlich einer etwaigen Gegenleistung muss nach dieser Vorschrift vermutet werden, dass sie ohnehin bereits zum Vermögen des zuwendenden Ehegatten gehörte.[6]

39 Aufgrund der Gefahr betrügerischer Rückdatierungen wurde die Beweislast hinsichtlich des Zeitpunktes des Rechtserwerbes umgekehrt und liegt somit bei dem Anfechtungsgegner.[7]

7. Unanfechtbarkeit gebräuchlicher Gelegenheitsgeschenke geringen Wertes

40 § 134 Abs. 2 nimmt gebräuchliche Gelegenheitsgeschenke von der Anfechtung aus; um einer allzu weiten Auslegung vorzubeugen, wurde zusätzlich das Erfordernis eingeführt, dass die Gegenstände nur einen „geringen Wert“ haben dürfen.

41 Gebräuchliche Gelegenheitsgeschenke sind solche, die nach der Verkehrssitte zu bestimmten Anlässen, z. B. Geburtstag, Namenstag, Verlöbnis, Hochzeit, Taufe, Konfirmation, Kommunion, Weihnachten, Ostern üblich sind oder zu wohltätigen oder gemeinnützigen Zwecken erbracht werden; die „Gebräuchlichkeit“ richtet sich danach, ob ein solches Geschenk in denjenigen Teilen der Gesell-

[1] LG Tübingen ZInsO 2005, 781 zu AnfG § 4 Abs. 1; MünchKomm-*Kirchhof,* InsO § 134 Rn. 37; dagegen etwa *Hess,* InsO, § 134 Rn. 86, sehr streitig, s. Nachweise pro und contra bei LG Tübingen, aaO.

[2] *Palandt/Diederichsen,* BGB, § 1624 Rn. 2.

[3] MünchKomm -*Kirchhof,*, InsO § 134 Rn. 37.

[4] Darauf weist zurecht *Malitz,* ZInsO 2005, 783 hin.

[5] Vgl. BGH NJW 1955, 20.

[6] MünchKomm-*Wacke,* BGB § 1362 Rn. 20.

[7] Begründung zu § 149 RegE, *Balz/Landfermann,* S. 238.

schaft, denen der Schenkende angehört, nach Anlass, Art und Maß üblich ist.[1] Dabei ist auch die Vermögenslage des Schuldners zum Zeitpunkt der Zuwendung maßgeblich.[2] Streitig ist, ob Parteispenden zu den „gebräuchlichen Gelegenheitsgeschenken" gehören. Nach hM ist dies nicht der Fall.[3] Sofern man hier das „gebräuchliche Gelegenheitsgeschenk" bejaht, dürfte allerdings regelmäßig die Größenordnung des „geringfügigen Wertes" überschritten werden.

Vor dem Hintergrund einer recht großzügigen Entscheidung des Reichsgerichts[4] hat der Gesetzgeber das zusätzliche Kriterium des „geringen Wertes" eingeführt, um allzu weitgehenden Ausweitungen für die Zukunft vorzubeugen.[5] Streitig ist insoweit noch die Frage, ob die Grenze des „geringen Wertes" objektiv im Sinne einer absoluten, betragsmäßig festgelegten Höchstgrenze zu bestimmen ist[6] oder ob auch die Geringwertigkeitsgrenze in Relation zu dem Vermögen des Schuldners zum Zeitpunkt der Vornahme der Freigiebigkeit zu bestimmen ist.[7] Wenngleich ein gewisses Unbehagen gegenüber der „Einführung eines bundesweit einheitlichen Maßes an bestandsfesten Geschenken" besteht, ist auf der anderen Seite nicht zu verkennen, dass eine Begrenzung des Schenkungswertes in Relation zum Schuldnervermögen bereits in dem Begriff „gebräuchliche Gelegenheitsgeschenke" enthalten ist und gerade diese Begrenzung dem Gesetzgeber nicht ausreichend erschien. Eine Klärung durch die Rechtsprechung bleibt abzuwarten. 42

§ 135 Gesellschafterdarlehen

(1) **Anfechtbar ist eine Rechtshandlung, die für die Forderung eines Gesellschafters auf Rückgewahr eines Darlehens im Sinne des § 39 Abs. 1 Nr. 5 oder für eine gleichgestellte Forderung**

1. **Sicherung gewährt hat, wenn die Handlung in den letzten zehn Jahren vor dem Antrag auf Eröffnung des Insolvenzverfahrens oder nach diesem Antrag vorgenommen worden ist, oder**
2. **Befriedigung gewährt hat, wenn die Handlung im letzten Jahr vor dem Eröffnungsantrag oder nach diesem Antrag vorgenommen worden ist.**

(2) **Anfechtbar ist eine Rechtshandlung, mit der eine Gesellschaft einem Dritten für eine Forderung auf Rückgewähr eines Darlehens innerhalb der in Absatz 1 Nr. 2 genannten Fristen Befriedigung gewährt hat, wenn ein Gesellschafter für die Forderung eine Sicherheit bestellt hatte oder als Bürge haftete; dies gilt sinngemäß für Leistungen auf Forderungen, die einem Darlehen wirtschaftlich entsprechen.**

---

[1] MünchKomm-*Kirchhof,* InsO § 134 Rn. 47.

[2] *Jaeger/Henckel,* InsO, § 134 Rn. 59.

[3] Vgl. etwa *Hess,* InsO, § 134 Rn. 99; aA: z. B. *Jaeger/Henckel,* InsO, § 134 Rn. 60; *Aden,* BB 1985, 366 ff., 369.

[4] RGZ 124, 59 f. – Zuwendung eines Nerz-Pelzmantels im Werte von 27 000,– RM im Jahre 1924 als Gelegenheitsgeschenk.

[5] Begründung zu § 149 RegE, *Balz/Landfermann,* S. 238.

[6] So *Hess,* Insolvenzrecht, § 134 Rn. 104: ca. 50,–€; *Nerlich/Römermann/Nerlich,* InsO, § 134 Rn. 43: 250–500,– €.

[7] So *Kübler/Prütting/Bork/Bork,* InsO, § 134 Rn. 84, der gleichzeitig jedoch eine absolute Obergrenze von 500,– € setzt: Relation von 0,3% angemessen; *Henckel,* aaO, S. 841 Rn. 57, HK-*Kreft,* InsO, § 134 Rn. 18.

(3) **Wurde dem Schuldner von einem Gesellschafter ein Gegenstand zum Gebrauch oder zur Ausüburig überlassen, so kann der Aussonderungsanspruch während der Dauer des Insolvenzverfahrens, höchstens aber für eine Zeit von einem Jahr ab der Eröffnung des Insolvenzverfahrens nicht geltend gemacht werden, wenn der Gegenstand für die Fortführung des Unternehmens des Schuldners von erheblicher Bedeutung ist. Für den Gebrauch oder die Ausübung des Gegenstandes gebührt dem Gesellschafter ein Ausgleich; bei der Berechnung ist der Durchschnitt der im letzten Jahr vor Verfahrenseröffnung geleisteten Vergütung in Ansatz zu bringen, bei kürzerer Dauer der Überlassung ist der Durchschnitt während dieses Zeitraums maßgeben.**

(4) **§ 39 Abs. 4 und 5 gilt entsprechend.**

Übersicht

1. Normzweck

1 § 135 ist Teil des **Rechts der Gesellschafterdarlehen** (früher „Kapitalersatzrecht“), das durch das zum 1. 11. 2008 in Kraft getretene Gesetz zur Modernisierung des GmbH-Rechts und zur Bekämpfung von Missbräuchen (MoMiG)[1] rechtsformneutral in die InsO verortet wurde. Gem. § 39 Abs. 1 Nr. 5 sind Gesellschafterdarlehen und Forderungen aus wirtschaftlich entsprechenden Rechtshandlungen in der Insolvenz generell und ohne Rücksicht auf die wirtschaftliche Lage der Gesellschaft im Zeitpunkt der Darlehensgewährung nachrangig, werden also erst nach den übrigen Forderungen der Insolvenzgläubiger und den in § 39 Abs. 1 Nr. 1 bis 4 genannten nachrangigen Forderungen berichtigt.

2 Da Gesellschafter, insbesondere Gesellschafter-Geschäftsführer, jedoch typischerweise früher als andere Gläubiger der Gesellschaft die Gefahren einer nahenden Insolvenz erkennen und zudem maßgeblichen Einfluss auf die Zahlungsströme der Gesellschaft haben, liegt das eigentliche Problem darin, dass in vielen Fällen Forderungen von Gesellschaftern noch vor Insolvenzantragstellung durch die Gesellschafter bezahlt oder besichert werden. Könnten die Gesellschafter in diesem Fall die zurückgezahlten Gelder behalten oder die von ihnen gestellten

[1] BGBl. I, 2008 S. 2026.

Sicherheiten ohne Weiteres verwerten, so würde dies die allenfalls nachrangige Befriedigung im Insolvenzverfahren gem. § 39 Abs. 1 Nr. 5 in der Praxis leer laufen lassen. Abs. 1 – entsprechend dem bisherigen § 135 – gibt daher dem Insolvenzverwalter das Recht, solche **Rückzahlungen** bzw. Sicherstellungen **anzufechten**. Daneben übernimmt Abs. 2 rechtsformneutral die bislang in § 32 b GmbHG enthaltene, ausdrückliche Regelung zur Behandlung gesellschafterbesicherter Drittdarlehen. Abs. 3 enthält erstmals eine Regelung zur Nutzungsüberlassung von Gegenständen durch den Gesellschafter an die Gesellschaft. Abs. 4 übernimmt das in § 39 Abs. 4 S. 2, Abs. 5 enthaltene Sanierungs- und Kleinbeteiligtenprivileg.

2. Das bisherige Eigenkapitalersatzrecht und die aktuelle Rechtslage

Bei dem Recht der Gesellschafterdarlehen geht es zentral um die Frage, wie durch die Gesellschafter der Gesellschaft zugeführtes Kapital, etwa in Form von Darlehen aber auch durch vergleichbare Rechtshandlungen, rechtlich zu behandeln ist. Um die aktuelle Rechtslage und die Vorschrift § 135 zu verstehen, sind Kenntnisse über das bisherige Eigenkapitalersatzrecht unverzichtbar. Die folgende Darstellung kann wegen der begrenzten Zielsetzung des Kommentars nur einen kurzen Überblick bieten. Bezüglich der Einzelheiten wird auf die Vorauflage und die entsprechende Kommentarliteratur zu den bislang geltenden §§ 32 a, 32 b GmbHG verwiesen.[1] 3

a) Überblick über das bisherige Eigenkapitalersatzrecht

Das bisherige Eigenkapitalersatzrecht war im Wesentlichen ein Recht der GmbH.[2] Dies hängt mit der typischerweise engen Beziehung der Gesellschafter zu ihrer Gesellschaft zusammen, insbesondere bei Gesellschafter-Geschäftsführern oder einer Verteilung der Rollen Gesellschafter und Geschäftsführer innerhalb ein und derselben Familie. Dementsprechend entstand vor allem im GmbH-Recht eine Rechtsprechung, die es den Gesellschaftern analog §§ 31, 31 GmbHG untersagte, in Krisenzeiten gewährte Darlehen vor Beendigung der Krise von den Gesellschaftern zurückzufordern.[3] Im Jahre 1980 wurden dann die durch den Gesetzgeber speziell für diese Fälle geschaffenen Vorschriften der §§ 32 a, 32 b in das GmbHG eingefügt. Die Rechtsprechung wandte die von ihr früher aufgestellten Regeln analog §§ 30, 31 GmbHG jedoch weiterhin neben den §§ 32 a, 32 b GmbHG an.[4] 4

---

[1] Siehe bspw. *Lutter/Hommelhoff*, GmbHG, §§ 32 a/b; *Scholz/K. Schmidt*, GmbHG, §§ 32 a, 32 b; zum Thema insgesamt siehe: *v. Gerkan/Hommelhoff*, Handbuch des Kapitalersatzrechts.

[2] Es fand daneben gem. §§ 129 a, 172 a HGB aber auch auf die OHG und die KG Anwendung, bei denen kein persönlich haftender Gesellschafter eine natürliche Person war. Nach der Rspr. des BGH zur AG waren die Eigenkapitalersatzregeln auch auf solche Aktionäre anzuwenden, die mit mehr als 25% an der AG beteiligt waren, BGHZ 90, 381 ff.

[3] Vgl. zur Entwicklungsgeschichte der „Rechtsprechungsregeln" und der gesetzlichen Regelungen der §§ 32 a, 32 b GmbHG etwa *Scholz/K. Schmidt*, GmbHG, §§ 32 a, 32 b Rn. 15 ff.

[4] Vgl. BGHZ 90, 370 ff.

5 Entsprechend war das frühere Eigenkapitalersatzrecht zweistufig ausgestaltet. Zum einen bestanden als sog. Novellenregeln ausdrückliche gesetzliche Vorschriften, insbesondere in den §§ 32a, 32b GmbHG, §§ 39 Abs. 1 Nr. 5, 135. Nach der Grundregel in § 32a Abs. 1 GmbHG wurden Darlehen, die ein Gesellschafter seiner Gesellschaft zu einem Zeitpunkt zugeführt hatte, in dem ihr die Gesellschafter als ordentliche Kaufleute Eigenkapital zugeführt hätten, als kapitalersetzend eingestuft. Ordentliche Kaufleute als Gesellschafter hätten der Gesellschaft jedenfalls immer dann Eigenkapital zugeführt, wenn die Gesellschaft nicht mehr kreditwürdig war und deshalb ohne das Gesellschafterdarlehen hätte liquidiert werden müssen.[1] Kreditunwürdig war die Gesellschaft dann, wenn ein wirtschaftlich vernünftig denkender, außenstehender Kreditgeber[2] der Gesellschaft keinen Kredit zu marktüblichen Bedingungen mehr gewährt hätte.[3] Daneben war der Zeitpunkt, ab dem Gesellschafterleistungen wie Eigenkapital behandelt wurden, immer dann erreicht, wenn die Gesellschaft überschuldet war.[4] Der Eigenkapitalersatzcharakter war also an das Bestehen einer wirtschaftlichen „Krise" der Gesellschaft geknüpft. Waren diese Voraussetzungen gegeben, konnte der Gesellschafter in der Insolvenz der Gesellschaft den Anspruch auf Rückgewähr des Darlehens nur als nachrangiger Insolvenzgläubiger geltend machen, §§ 32a Abs. 1 GmbHG, 39 Abs. 1 Nr. 5. Wurde das Darlehen an den Gesellschafter zurückbezahlt oder ihm eine Sicherung hierfür gewährt, so war die Befriedigung bzw. Sicherung gem. § 135 für die Dauer von einem (Befriedigung) bzw. zehn (Sicherung) Jahren vor dem Antrag auf Eröffnung des Insolvenzverfahrens oder danach durch den Verwalter anfechtbar. Daneben wurde Kapitalersatz gemäß § 32a Abs. 2 GmbHG auch dann angenommen, wenn ein Gesellschafter in der Krise die Darlehensgewährung durch einen Dritten besicherte. In diesem Fall war der Dritte im Insolvenzverfahren der Gesellschaft gehalten, zunächst die Sicherheit in Anspruch zu nehmen und nur mit seinem Ausfall am Insolvenzverfahren teilzunehmen. Wurde das gesellschafterbesicherte Darlehen im letzten Jahr vor dem Antrag auf Eröffnung des Insolvenzverfahrens oder danach an den Dritten zurückgezahlt, so hatte der Gesellschafter der Gesellschaft den zurückgezahlten Betrag zu erstatten, § 32b GmbHG.

6 Neben diesen Novellenregeln fand die vor Einführung der §§ 32a, 32b GmbHG entwickelte Rechtsprechung zur analogen Anwendung der **§§ 30, 31 GmbHG (sog. „Rechtsprechungsregeln")** weiterhin Anwendung.[5] Dabei waren die Kriterien zur Einstufung einer Gesellschafterleistung als kapitalersetzend identisch. Rechtsprechungsregeln und Novellenregeln unterschieden sich jedoch hinsichtlich der Rechtsfolgen. Nach den Rechtsprechungsregeln wurden kapitalersetzende Gesellschafterleistungen analog § 30 GmbHG („lediglich") insoweit verstrickt, als sie zur Aufrechterhaltung des Stammkapitals erforderlich waren. Allerdings griff die Bindungswirkung auch unabhängig von der Einleitung eines Insolvenzverfahrens. Dementsprechend bestand analog § 31 GmbHG auch unabhängig davon ein entsprechender Rückforderungsanspruch der Gesellschaft, sofern den Gesellschaftern entgegen § 30 GmbHG – auch im Stadium der Vor-

---

[1] Vgl. BGHZ 76, 326, 330; *Lutter/Hommelhoff*, GmbHG, §§ 32a/b Rn. 18.
[2] BGH ZIP 1992, 177, 178, mwN.
[3] BGHZ 76, 326ff., 330.
[4] BGHZ 109, 55, 59f., mwN.
[5] BGHZ 90, 370, 376ff.

GmbH –[1] kapitalersetzende Leistungen zurückgewährt wurden. Die Rechtsprechungsregeln gingen insoweit regelmäßig über die spezialgesetzlichen Regelungen der §§ 32a, b GmbHG hinaus und machten diese – von Ausnahmefällen abgesehen – weitgehend überflüssig.[2] Letztendlich wurde durch den fortbestehenden Rückerstattungsanspruch analog § 31 GmbHG auch die Anfechtungsvorschrift des § 135 weitgehend entwertet. Insbesondere konnten auf diese Weise Zahlungen an Gesellschafter regelmäßig bis zu einem Zeitraum von zehn Jahren nach der Zahlung zurückgeholt werden (Verjährung gem. § 31 Abs. 5 GmbHG). Dies ging regelmäßig über die dargestellte Anfechtungsfrist des § 135 Nr. 2 von einem Jahr vor Eröffnungsantrag hinaus.

b) Die aktuelle Rechtslage

Nach Inkrafttreten des **MoMiG** ist das **Recht der Gesellschafterdarlehen** 7 rechtsformneutral in der **InsO** verortet, die im Gesellschaftsrecht enthaltenen Einzelregelungen zum Eigenkapitalersatz, insbesondere die §§ 32a, 32b GmbHG wurden ersatzlos gestrichen. Gem. § 39 Abs. 1 Nr. 5 sind nunmehr sämtliche Forderungen auf Rückgewähr eines Gesellschafterdarlehens oder Forderungen aus wirtschaftlich entsprechenden Rechtshandlungen in der Insolvenz der Gesellschaft nachrangig. Das Merkmal „kapitalersetzend" ist im neuen Recht bewusst[3] nicht mehr enthalten, auf eine Kredit(un)würdigkeit der Gesellschaft und damit auf eine wirtschaftliche Krise kommt es somit nicht mehr an. Die Vorschrift findet Anwendung nicht nur auf die GmbH, sondern gilt gem. § 39 Abs. 4 S. 1 für alle Gesellschaften, die weder eine natürliche Person noch eine Gesellschaft als persönlich haftenden Gesellschafter haben, bei der ein persönlich haftender Gesellschafter eine natürliche Person ist.[4] Erfolgt gleichwohl eine Befriedigung oder Sicherung des Gesellschafters, so bleibt in denselben Fristen wie bislang die Insolvenzanfechtung gem. § 135 Abs. 1 möglich. Für gesellschafterbesicherte Drittdarlehen wurden die Regelungen §§ 32a Abs. 2, 32b GmbHG rechtsformneutral in die §§ 44a, 135 Abs. 2 übernommen. Neben diesen Vorschriften sollen nach dem Willen des Gesetzgebers die bisherigen Rechtsprechungsregeln keine Anwendung mehr finden.[5] § 30 Abs. 1 Satz 3 InsO bestimmt insoweit ausdrücklich, dass § 30 GmbHG als Grundlage der Rechtsprechungsregeln nicht anzuwenden ist auf die Rückgewähr eines Gesellschafterdarlehens und auf Leistungen auf Forderungen aus wirtschaftlich entsprechenden Rechtshandlungen.

3. Die Voraussetzungen einer Anfechtung, Abs. 1, Abs. 2

a) Anfechtung nach Abs. 1

Nach Abs. 1 Nr. 1 ist eine Rechtshandlung anfechtbar, die für die Forderung 8 eines Gesellschafters auf Rückgewähr eines Darlehens im Sinne des § 39 Abs. 1 Nr. 5 oder für eine gleichgestellte Forderung Sicherung gewährt hat, wenn die Handlung innerhalb der Letzten zehn Jahre vor dem Antrag auf Eröffnung des

---

[1] BGH NZG 2009, 782, 784.
[2] *Scholz/K. Schmidt*, GmbHG, §§ 32a, 32b Rn. 77.
[3] Begründung RegE, BT-Drucks. 16/6140, S. 56.
[4] Z. B. die AG, vgl. eingehend die Kommentierung zu § 39 Abs. 4 S. 1.
[5] Begründung RegE, BT-Drucks. 16/6140, S. 42, 56.

Insolvenzverfahrens oder nach diesem Antrag vorgenommen worden ist. Nach Abs. 1 Nr. 2 ist eine Rechtshandlung, die für eine solche Forderung Befriedigung gewährt hat, anfechtbar, wenn die Handlung im letzten Jahr vor dem Eröffnungsantrag oder nach diesem Antrag vorgenommen worden ist. Sowohl „Sicherung" als auch „Befriedigung" sollten dabei – wie im bisherigen Recht – weit ausgelegt werden, um Umgehungsversuche zu verhindern. Unter Befriedigung sind hierbei auch sämtliche Erfüllungssurrogate zu verstehen.[1] Soweit der Gesellschafter zur Herausgabe der Sicherheit nicht in der Lage sein sollte, weil er diese – ggf. zusammen mit der zugrunde liegenden Forderung – an einen Dritten weiter übertragen hat, haftet der Gesellschafter auf Wertersatz.[2]

9 Indem das Erfordernis einer Krise der Gesellschaft aufgegeben wurde, sind von der Anfechtbarkeit auch die Fälle erfasst, in denen die Darlehensrückzahlung bzw. Sicherung durch ein gesundes Unternehmen erfolgt, dieses anschließend jedoch innerhalb der Ein-Jahres- bzw. 10-Jahres-Frist in Insolvenz fällt.[3] Ferner stellt der Wortlaut des Abs. 1 allein darauf ab, ob im Zeitpunkt der Sicherung bzw. Befriedigung die betroffene Forderung die Voraussetzungen einer Gesellschafterleistung i. S. d. § 39 Abs. 1 Nr. 5 erfüllte; auf die Umstände im Zeitpunkt des Eröffnungsantrags kommt es nicht an. Wird also etwa ein Gesellschafterdarlehen innerhalb der Jahresfrist an den Gesellschafter zurückbezahlt, so ist die Befriedigungshandlung auch dann gem. Abs. 1 Nr. 2 anfechtbar, wenn der Gesellschafter danach seinen Anteil an einen Dritten veräußert hat.[4] Wird das Gesellschafterdarlehen von der Person des Gesellschafters „getrennt" (entweder durch isolierte Abtretung der Darlehensforderung an einen gesellschaftsfremden Dritten oder durch isolierte Übertragung des Geschäftsanteils), so behält dies über §§ 412, 404 BGB den Charakter als Gesellschafterdarlehen; die Rückzahlung des Darlehens an den Zessionar (im Falle der Abtretung) bzw. an den ehemaligen Gesellschafter (im Falle der isolierten Übertragung des Geschäftsanteils) ist daher innerhalb der Jahresfrist grob anfechtbar.[5] Zum Schutz des Zessionars bzw. des ehemaligen Gesellschafters sollte man jedoch in entsprechender Anmerkung des Abs. 1 Nr. 2 ein Jahr nach der Darlehenszession bzw. Anteilsübertragung den Charakter des Darlehens als (anfechtbares) Gesellschaftersdarlehen entfallen lassen.[6]

10 Neben der Forderung eines Gesellschafters auf Rückgewähr eines Darlehens wird von Abs. 1 auch eine „gleichgestellte Forderung" erfasst. Die Vorschrift bezieht sich dabei auf § 39 Abs. 1 Nr. 5, wonach Forderungen aus einem Gesellschafterdarlehen wirtschaftlich entsprechenden Rechtshandlungen in der Insolvenz ebenfalls nachrangig sind. Hiermit ist – wie bislang in § 32 a Abs. 3 GmbHG – eine Erweiterung sowohl in persönlicher als auch sachlicher Hinsicht verbunden.[7] Zum einen wird der Adressatenkreis über den eigentlichen Gesellschafter hinaus auf bestimmte Dritte erweitert. Die durch Rechtsprechung und

---

[1] *Uhlenbruck/Hirte*, InsO, § 135 Rn. 38.

[2] OLG Hamburg ZIP1986, 227.

[3] Vgl. *Gehrlein*, BB 2008, 846, 852, mwN; *Goette*, Einführung in das neue GmbH-Recht, Einführung Rn. 58.

[4] Vgl. *Altmeppen*, NJW 2008, 3601, 3603; *Dahl/Schmitz*, NZG 2009, 325, 326.

[5] Vgl. *Habersack*, ZIP 2007, 2145, 2149; *Gehrlein*, BB 2008, 846, 850.

[6] Vgl. Wicke, GmbHG, § 30 Rn. 24; *Dahl/Schmitz*, NZG 2009, 325, 326; ähnlich *Birkendahl*, Reform des GmbH-Rechts, S. 145 f.

[7] Begründung RegE, BT-Drucks. 16/6140, S. 56.

Literatur zum bisherigen Kapitalersatzrecht gefundenen Abgrenzungskriterien dürften weiterhin herangezogen werden können, insbesondere wurden hier verbundene Unternehmen i. S. d. §§ 15 ff. AktG Gesellschaften gleichgestellt.[1] Dabei sind die Einzelheiten umstritten. Überwiegend wird wohl eine „Finanzierungsverantwortung“[2] gefordert, was jedoch nicht ausschließt, auch „Schwestergesellschaften“ einem Gesellschafter gleichzustellen.[3] Daneben kommt beispielsweise die Einbeziehung eines Pfandgläubigers am Gesellschaftsanteil in Betracht, wenn dieser – als atypischer Pfandgläubiger – ähnlich wie ein Gesellschafter die Geschicke der Gesellschaft bestimmen kann.[4] Auch ein stiller Gesellschafter ist (nur) dann dem Recht der Gesellschafterdarlehen unterworfen, wenn er atypisch hinsichtlich seiner vermögensmäßigen Beteiligung und seines Einflusses auf die Geschicke der Gesellschaft weitgehend einem Gesellschafter gleichsteht.[5] Im Übrigen wird auf die Kommentierung zu § 39 verwiesen.

In sachlicher Hinsicht werden kreditähnliche Geschäfte wie insbesondere die 11
Stundung einer (Kaufpreis-) Forderung erfasst.[6] Auch eine „harte“ Patronatserklärung kann einer Darlehengewährung entsprechen.[7] Bei der Überlassung von Gegenständen zur Nutzung und zum Gebrauch – bislang bekannt unter dem Stichwort „eigenkapitalersetzende Nutzungsüberlassung“ – sind künftig allerdings die Besonderheiten durch die in Abs. 3 neu geschaffene Spezialregelung zu beachten.[8]

b) Anfechtung nach Abs. 2

Abs. 2 übernimmt rechtsformneutral die früher – systemwidrig – in § 32 b 12
GmbHG enthaltene Regelung zu gesellschafterbesicherten Drittdarlehen und wirtschaftlich entsprechenden Leistungen. Die Vorschrift erfasst den Sonderfall, dass der Gesellschafter gemäß § 44 a (früher: § 32 a Abs. 2 GmbHG) das Darlehen eines Dritten an die Gesellschaft besichert hatte und die Gesellschaft das Darlehen im letzten Jahr vor dem Antrag auf Eröffnung des Insolvenzverfahrens oder nach dem Antrag zurückgezahlt hat. Unerheblich ist dabei, ob neben dem Gesellschafter die Gesellschaft selbst oder ein Dritter eine weitere Sicherheit bestellt hat.[9] Auch hier ist der Begriff der Rückzahlung weit zu fassen. Er umfasst jede wirtschaftlich zulasten der Gesellschaft gehende Befriedigung des Kreditgebers.[10]

Erfasst wird beispielsweise auch der Fall, dass eine durch die Gesellschaft – 13
zusätzlich zu der durch den Gesellschafter gestellten Sicherheit – gestellte Sicher-

---

[1] Vgl. etwa BGHZ 105, 168 ff.; *Lutter/Hommelhoff,* GmbHG, §§ 32 a/b Rn. 63 ff., mwN.

[2] Siehe etwa BGHZ 105, 168 ff.

[3] Im Einzelnen streitig, vgl. zum Meinungsstand etwa *Fleischer,* in *v. Gerkan/Hommelhoff,* Handbuch des Kapitalersatzrechts, S. 416 ff., Rn. 12.20 ff.; zu weitgehend allerdings OLG Düsseldorf GmbHR 1997, 353 ff., das auch das Tochterunternehmen als Dritten i.S.d. § 32 a Abs. 3 GmbHG aF hinsichtlich der Muttergesellschaft gewährter Leistungen ansieht.

[4] BGH NJW 1992, 3035, 3036; *Scholz/K. Schmidt,* GmbHG, §§ 32 a, 32 b Rn. 152.

[5] BGH NZG 2006, 341, 343.

[6] Vgl. *Habersack,* ZIP 2007, 2145, 2150.

[7] OLG München ZIP 2004, 2102.

[8] Siehe hierzu unten bei Rn. 20 ff.

[9] Vgl. zum alten Recht BGH ZInsO 2009, 674, 676.

[10] Vgl. zum alten Recht etwa *Uhlenbruck/Hirte,* InsO, § 135 Rn. 46.

heit verwertet und der Gesellschafter dadurch von seiner eigenen Verpflichtung frei wird.[1]

14 Gegenstand der Anfechtung ist nicht die Tilgungsleistung als solche, sondern die Befreiung des Gesellschafters in seiner Eigenschaft als Sicherungsgeber.[2] Daher ist Anfechtungsgegner nicht der Dritte, sondern der Gesellschafter.

15 Die Rechtsfolgen richten sich nach der spezialgesetzlichen Regelung in § 143 Abs. 3. Der Gesellschafter haftet gegenüber der Insolvenzmasse in Höhe seiner Befreiung oder muss das Sicherungsgut der Masse zur Verfügung stellen.[3]

c) Weitere Anfechtungsvoraussetzungen

16 Weitere besondere Anfechtungsvoraussetzungen enthält Abs. 1 nicht. Wie bei jeder Insolvenzanfechtung muss eine – mittelbare[4] – Gläubigerbenachteiligung vorliegen. Hinsichtlich der Fristberechnung siehe § 139, hinsichtlich des Zeitpunkts der Vornahme der Handlung § 140.

d) Zur zeitlichen Anwendbarkeit

17 Wie dargestellt, lässt Abs. 1 die Anfechtbarkeit von Befriedigungshandlungen nur für die Dauer von einem Jahr vor Stellung des Insolvenzantrags zu. Dagegen war es nach der alten Rechtslage durch Anwendung der Rechtsprechungsregeln möglich, an den Gesellschafter zurückgewährte Leistungen für die Dauer von 10 Jahren seit der Rückgewähr zurückzufordern. Da nach dem Willen des Gesetzgebers die Rechtsprechungsregeln im neuen Recht nicht länger anwendbar sind, erlangt die Frage der zeitlichen Anwendbarkeit der neuen Vorschriften zentrale Bedeutung.

18 Auf Insolvenzverfahren, die vor dem 1. 11. 2008 eröffnet wurden, finden gemäß Art. 103 d S. 1 EGInsO unverändert die bislang geltenden „gesetzlichen Vorschriften" Anwendung. Dadurch sind nicht nur die bislang ausdrücklich kodifizierten Novellenregeln zur Anwendung berufen. Auch die Rechtsprechungsregeln zur analogen Anwendung der §§ 30, 31 GmbHG bleiben auf vor dem 1. 11. 2008 eröffnete Insolvenzverfahren anwendbar, wurden also durch § 30 Abs. 1 S. 3 GmbHG nicht mit rückwirkender Kraft aufgehoben.[5]

19 Auf ab dem 1. 11. 2008 eröffnete Insolvenzverfahren findet grundsätzlich das neue Recht Anwendung. Die Anwendung der Rechtsprechungsregeln ist durch die Vorschrift § 30 Abs. 1 S. 3 GmbHG grds. ausgeschlossen. Weiterhin anwenbar auch in vor dem 1. 11. 2008 eröffneten Verfahren sollen die Rechtsprechungsregeln dann sein, wenn die zum Erstattungsanspruch führende Rechtshandlung (z. B. Rückzahlung des Darlehens) bereits vor dem 1. 11. 2008 erfolgt ist.[6] Hinsichtlich der Anfechtbarkeit ist gemäß Art. 103 d S. 2 EGInsO zu differenzieren.[7] Sofern die maßgebliche Befriedigungs- oder Sicherungshandlung ab dem 1. 11. 2008 vorgenommen wurde, findet Abs. 1 in seiner neuen Fassung Anwendung; auf die Frage, ob die Gesellschafterleistung in der Krise der Gesell-

---

[1] Zum alten Recht *Uhlenbruck/Hirte*, InsO, § 135 Rn. 46.

[2] *Altmeppen*, NJW 2008, 3601, 3607.

[3] S. hierzu unten bei § 143.

[4] BGHZ 133, 306.

[5] BGH ZInsO 2009, 674, 676 f.

[6] *Gutmann/Nawroth*, ZInsO 2009, 174, 176 ff.; so wohl auch OLG Jena, WM 2009, 1034, 1035 f.

[7] Vgl. *Gutmann/Nawroth*, ZInsO 2009, 174, 175 f.

schaft gewährt wurde, kommt es daher nicht mehr an. Wurde die maßgebliche Rechtshandlung jedoch vor dem 1. 11. 2008 vorgenommen, greift gemäß Art. 103 d S. 2 EGInsO ein Vertrauensschutz zugunsten des Anfechtungsgegners. Soweit die Rechtshandlung nach dem alten Recht nicht oder nur eingeschränkt anfechtbar ist, gilt weiterhin das alte Recht. Bei Rechtshandlungen vor dem 1. 11. 2008 ist daher weiterhin zu prüfen, ob das Gesellschafterdarlehen gem. §§ 135 InsO aF, 32 a Abs. 1 GmbHG aF eigenkapitalersetzend war. Nur in diesem Fall ist auch nach altem Recht die Anfechtung zulässig.

4. Nutzungsüberlassung, Abs. 3

Abs. 3 enthält eine Regelung für die Fälle, in denen der Gesellschafter der Gesellschaft vor Eröffnung des Insolvenzverfahrens einen Gegenstand zur Nutzung überlassen hatte. Die Vorschrift soll die bisher im Eigenkapitalersatzrecht anerkannte Fallgruppe der sog. „eigenkapitalersetzenden Nutzungsüberlassung“ einer Regelung zuführen.[1] 20

a) Die bisherigen Grundsätze zur „eigenkapitalersetzenden Nutzungsüberlassung“

Bislang war in der Rechtsprechung des BGH anerkannt, dass die Überlassung von Anlagegegenständen, insbesondere von Sachen und Grundstücken, durch den Gesellschafter an die Gesellschaft zu Nutzung und Gebrauch den Eigenkapitalersatzregeln unterliegen konnte.[2] Die Voraussetzungen für die Qualifizierung einer solchen Überlassung als eigenkapitalersetzend entsprachen grundsätzlich denjenigen von Darlehen.[3] Gegenstand der Eigenkapitalersatzverstrickung war danach nur das Nutzungsrecht, nicht das überlassene Wirtschaftsgut im Sinne seiner Sachsubstanz selbst. In der Insolvenz der Gesellschaft führte dies dazu, dass der Insolvenzverwalter das Recht zur unentgeltlichen Nutzung des Gegenstands bis zum Ende der vorgesehenen Laufzeit des Vertrags (oder für eine angemessene Dauer) hatte. Vor Verfahrenseröffnung bezahlte Nutzungsentgelte konnten vom Insolvenzverwalter gem. § 135 Nr. 2 aF bis zu einem Jahr vor Verfahrenseröffnung zur Masse zurückgefordert werden. Darüber hinaus kam unter Zugrundelegung der Rechtsprechungsregeln eine Rückforderung bis 10 Jahre nach Zahlung in Betracht. Auch die Rückgewähr der Nutzungsmöglichkeit selbst an den Gesellschafter (durch Aufhebung des Gebrauchsüberlassungsvertrags und Rückgabe der Sache) war entsprechend anfechtbar bzw. unterstand den Rechtsprechungsregeln. 21

b) Die aktuelle Rechtslage

Das neue Recht bricht nicht kategorisch mit der Rechtsfigur der „eigenkapitalersetzenden Nutzungsüberlassung“. Die Nutzungsüberlassung kann als eine der Darlehensgewährung wirtschaftlich entsprechenden Rechtshandlung iSd § 39 Abs. 1 Nr. 5 angesehen werden, sodass nunmehr im Ausgangspunkt jede Nutzungsüberlassung durch den Gesellschafter – unabhängig von einer wirtschaftlichen 22

[1] Beschlussempfehlung und Bericht des Rechtsausschusses, BT-Drucks. 16/9737, S. 59.

[2] Std. Rspr., vgl. grundlegend BGH NJW 1990, 516, 516 f.; BGH NZG 2005, 346, 346.

[3] Eingehend zu Voraussetzungen und Rechtsfolgen der eigenkapitalersetzenden Nutzungsüberlassung vgl. etwa *Baumbach/Hueck/Hueck/Fastrich*, GmbHG, § 32 a Rn. 32 ff., 70 ff.

Krise der Gesellschaft – in der Insolvenz „eigenkapitalersetzend" wirkt.[1] Die Rechtsfolgen werden jedoch gegenüber der bisherigen Rechtslage durch Abs. 3 modifiziert. Dabei ist zwischen den Zeiträumen vor und nach Verfahrenseröffnung zu unterscheiden.

23 Für den Zeitraum vor Verfahrenseröffnung entfaltet Abs. 3 noch keine Rechtswirkungen. Die vor Verfahrenseröffnung erfolgte Zahlung von Nutzungsentgelten kann daher – nach nicht unbestrittener Ansicht –[2] wie bisher grds. gem. Abs. 1 Nr. 2 bis zu einem Jahr vor Stellung des Insolvenzantrags angefochten werden, da die Nutzungsentgeltansprüche gem. § 39 Abs. 1 Nr. 5 einem Darlehensrückzahlungsanspruch gleichgestellt und daher in der Insolvenz nachrangig sind.[3] Allerdings kann der Anfechtung der Einwand des Bargeschäfts gem. § 142 entgegenstehen, wenn die Nutzungsüberlassung eine „gleichwertige" Gegenleistung für die Entgeltzahlung darstellt und der durch das „Unmittelbarkeitsmerkmal" erforderliche enge zeitliche Zusammenhang zwischen Leistung und Gegenleistung gewahrt ist.[4] Im Einzelfall kommt jedoch eine Anfechtung gem. § 133 (insbesondere Abs. 2), für die der Bargeschäftseinwand nicht gilt, in Betracht.[5] Eine Anwendung der bisherigen Rechtsprechungsregeln, auf die § 142 zum Bargeschäft nicht anwendbar war, ist künftig – wie dargestellt – ausgeschlossen. Auch eine vor Verfahrenseröffnung erfolgte Rückgewähr der Nutzungsmöglichkeit selbst ist grds. wie bislang gem. Abs. 1 Nr. 2 anfechtbar.[6]

24 Für den Zeitraum nach Verfahrenseröffnung werden die Rechtsfolgen der Nutzungsüberlassung gegenüber der bisherigen Rechtslage durch Abs. 3 modifiziert. Der Gesellschafter kann gem. Abs. 3 S. 1 – anders als bislang – den Nutzungsgegenstand nur dann nicht aus der Masse aussondern, wenn dieser für die Fortführung des schuldnerischen Unternehmens von erheblicher Bedeutung ist. In diesem Fall besteht für die Dauer des Insolvenzverfahrens, höchstens jedoch für ein Jahr, eine „Aussonderungssperre".[7] Für die Frage der „erheblichen Bedeutung" für die Fortführung des Unternehmens ist nach der Gesetzesbegründung auf das Begriffsverständnis in § 21 Abs. 1 S. 1 Nr. 5 zurückzugreifen.[8] Ebenfalls im Unterschied zur bisherigen Rechtslage besteht in diesem Fall kein unentgeltliches Nutzungsrecht des Insolvenzverwalters. Vielmehr gebührt gem. Abs. 3 S. 2 dem Gesellschafter als Masseforderung[9] ein Ausgleich, der sich nach dem Durchschnitt der im letzten Jahr vor Verfahrenseröffnung geleisteten Vergütung, bei kürzerer Dauer der Überlassung nach dem Durchschnitt der während dieser Dauer geleisteten Vergütung berechnet. Da die Gesetzesbegründung nur auf „tatsächlich" dem Gesellschafter zugeflossene Zahlungen abstellt,[10] wird man die Zahlungen aus dem Jahr vor Verfahrenseröffnung, die gem. den obigen Ausführungen der Anfechtung

[1] Vgl. *Marotzke*, ZInsO 2008, 1281, 1284 f.; HK-*Kreft*, InsO, § 135 Rn. 17, mwN.

[2] AA: etwa *Rühle*, ZIP 2009, 1358, 1360; *Birkendahl*, Reform des GmbH-Rechts, S. 160 ff.

[3] Vgl. *Hirte*, ZInsO 2008, 689, 694; *Heinze*, ZIP 2008, 110, 111, jeweils mwN.

[4] Vgl. *Habersack*, ZIP 2007, 2145, 2150; aA: *Henkel*, ZInsO 2009, 1577, 1578 ff.

[5] Vgl. *Hirte*, ZInsO 2008, 689, 696; *Dahl/Schmitz*, NZG 2009, 325, 330.

[6] Zu möglichen Einschränkungen vgl. *Marotzke*, ZInsO 2008, 1281, 1285.

[7] *Marotzke*, ZInsO 2008, 1281, 1283.

[8] Beschlussempfehlung und Bericht des Rechtsausschusses, BT-Drucks. 16/9737, S. 59; s. hierzu die Kommentierung bei § 21.

[9] Beschlussempfehlung und Bericht des Rechtsausschusses, BT-Drucks. 16/9737, S. 59.

[10] Beschlussempfehlung und Bericht des Rechtsausschusses, BT-Drucks. 16/9737, S. 59.

nach Abs. 1 Nr. 2 unterliegen, nicht in die Berechnung des Ausgleichsanspruchs einstellen können.[1] Zweifelhaft ist ferner das Bestehen eines Ausgleichsanspruchs des Gesellschafters in den Fällen, in denen das Nutzungsverhältnis schon gem. § 108 Abs. 1 S. 1 im Insolvenzverfahren fortbesteht.[2] Denn in diesem Fall bleibt der Masse die Nutzung des Gegenstands auch ohne die „Aussonderungssperre“ des Abs. 3 S. 1 ohnehin erhalten und der Gesellschafter behält (anstatt der Masseforderung nach Abs. 3 S. 2) seinen vertraglichen Vergütungsanspruch.[3]

5. Sanierungs- und Kleinbeteiligtenprivileg, Abs. 4

Abs. 4 verweist insoweit auf das in § 39 Abs. 4 S. 2, Abs. 5 enthaltene Sanierungs- und Kleinbeteiligtenprivileg. Auf die dortige Kommentierung wird verwiesen.[4] 25

6. Praxishinweis

Da Sachverhalte, in denen noch vor Insolvenzantragstellung Rückzahlungen auf Gesellschafterleistungen im weitesten Sinne erfolgt sind, eine insbesondere für GmbH-Insolvenzen typische Erscheinung, sollte der Insolvenzverwalter die vorhandenen Unterlagen systematisch auf solche Sachverhalte überprüfen. Dabei sollten 26

a) ausgehend von Handelsbüchern (Bilanzen, Summen- und Saldenlisten) der Gesellschaft alle Rückzahlungen bzw. alle Zahlungsflüsse an Gesellschafter im letzten Jahr vor dem Eröffnungsantrag erfasst werden. Ausgehend von dieser Auflistung kann dann subsumiert werden, ob anfechtbare Sachverhalte vorhanden sind und ggf. geltend gemacht werden können. 27

b) Neben diesen aus den Handelsbüchern der Gesellschaft zu entnehmenden anfechtungsrelevanten Sachverhalten, die sich in Zahlungsflüssen abbilden, können verdeckte Sachverhalte auch in der treuhänderischen Übertragung von Vermögensgegenständen (Sicherungsübereignung, Sicherungsabtretung, sonstige Pfandrechtsbestellungen) liegen, die sich aus den Handelsbüchern nicht originär entnehmen lassen. Auch auf diese Sachverhalte hin sollte der Fall untersucht werden. 28

c) Weiter können anfechtungsrelevante Sachverhalte dadurch bewirkt worden sein, dass Dritte sowohl Sicherheiten der Gesellschaft als auch von Gesellschaftern erhalten haben und daraus Sachverhalte gem. Abs. 2 entstanden sind. 29

d) Schließlich sollten die gleichen systematischen Untersuchungen auch hinsichtlich nahe stehender Personen durchgeführt werden, weil diese u. U. einem Gesellschafter gleichzustellen sind. 30

Jedenfalls nach der nunmehr erfolgten, ausdrücklichen Aufnahme des Insolvenzverwalters in die Vorschrift des § 22 ZPO kann dieser auf § 135 gestützte Anfechtungsklagen am allgemeinen Gerichtsstand der Gesellschaft, d. h. grds. an deren Sitz (§ 17 ZPO), geltend machen.[5] 31

---

[1] Vgl. *Spliedt*, ZIP 2009, 149, 157; *Dahl/Schmitz*, NZG 2009, 325, 330.

[2] Vgl. *Marotzke*, ZInsO 2008, 1281, 1287 ff.; *Rühle*, ZIP 2009, 1358, 1361 f.

[3] Zur Frage, ob dieser vertragliche Anspruch Masseforderung oder gem. § 39 Abs. 1 Nr. 5 nachrangige Insolvenzforderung ist, vgl. *Marotzke*, ZInsO 2008, 1281, 1289.

[4] Siehe oben bei § 39.

[5] HK-*Kreft*, InsO, § 135 Rn. 20.

§ 136 Stille Gesellschaft

(1) **Anfechtbar ist eine Rechtshandlung, durch die einem stillen Gesellschafter die Einlage ganz oder teilweise zurückgewährt oder sein Anteil an dem entstandenen Verlust ganz oder teilweise erlassen wird, wenn die zugrundeliegende Vereinbarung im letzten Jahr vor dem Antrag auf Eröffnung des Insolvenzverfahrens über das Vermögen des Inhabers des Handelsgeschäfts oder nach diesem Antrag getroffen worden ist. Dies gilt auch dann, wenn im Zusammenhang mit der Vereinbarung die stille Gesellschaft aufgelöst worden ist.**

(2) **Die Anfechtung ist ausgeschlossen, wenn ein Eröffnungsgrund erst nach der Vereinbarung eingetreten ist.**

Literatur: *K. Schmidt,* Das Vollstreckungs- und Insolvenzrecht der stillen Gesellschaft, KTS 1977, 1 ff., 65 ff.; *Wagner,* Der atypische stille Gesellschafter im Konkurs der Massengesellschaft, KTS 1979, 53.

Übersicht

1. Normzweck

1 § 136 geht zurück auf die handelsrechtliche Anfechtungsnorm des § 237 HGB. Durch die Eingliederung in die §§ 129 ff. hat der Gesetzgeber den Streit um die systematische Einordnung dieses Tatbestandes[1] zugunsten von dessen Stellung als echtem Anfechtungstatbestand entschieden.[2]

2 Die Anfechtbarkeit besteht, weil auch der (echte) stille Gesellschafter, der gem. § 236 Abs. 1 HGB im Insolvenzfalle seine Einlage als nicht nachrangiger Insolvenzgläubiger geltend machen kann, seinen **Wissensvorsprung auf Grund seiner Informationsrechte**[3] und ggf. infolge der engen gesellschaftlichen Beziehungen zu dem Geschäftsinhaber nutzen kann, um angesichts einer sich abzeichnenden Krise der Masse seinen Gesellschaftsanteil zu entzie-

[1] Vgl. hierzu ausführlich *Killinger,* Insolvenzanfechtung gegen Insider, S. 78.

[2] *Balz/Landfermann,* S. 375, Begründung zu § 151 RegE; MünchKomm-*Bergmann,* InsO § 136 Rn. 2.

[3] § 233 HGB, vgl. hierzu ausführlich *Schlitt,* Die Informationsrechte des stillen Gesellschafters in der typischen stillen Gesellschaft und in der stillen Publikumspersonengesellschaft.

hen.[1] Da der (echte) stille Gesellschafter nicht nach den Kapitalersatzregeln haftet[2], kommt der Vorschrift des § 136 besondere Bedeutung zu. § 136 ist aber auch auf den unechten stillen Gesellschafter anwendbar.

2. Einzelheiten

a) Stille Gesellschaft 3

Es muss eine **echte oder unechte** (für letztere Mittragen des Unternehmerrisikos und die Möglichkeit der Entfaltung von Unternehmerinitiative maßgeblich) **stille Gesellschaft** i. S. d. §§ 230 ff. HGB bestehen, § 136 ist daher nicht einschlägig, sofern der Gesellschaftsvertrag[3] nichtig ist. Das Vorliegen einer sog. **fehlerhaften stillen Gesellschaft** ist jedoch hinreichend.[4]

Obgleich sog. „typische stille Beteiligungsverträge", bei denen der stille Gesellschafter nicht an Gewinn und Verlust der Gesellschaft beteiligt ist, sondern seine Einlage verzinst erhält, als Bankgeschäfte (in Form der Einlagegeschäfte) nach § 1 Abs. 1 Ziff. 1 KWG anzusehen sind und daher der Genehmigung nach § 32 Abs. 1 Ziff. 1 KWG bedürfen,[5] bleiben ohne Erlaubnis abgeschlossene Verträge gleichwohl wirksam. § 134 BGB ist, da sich das Verbot nur gegen den Kreditgeber, nicht gegen den Geschäftspartner richtet, nicht einschlägig.[6] 4

Desgleichen führt bei stillen Beteiligungen an einer AG, sofern man diese als Gewinnabführungsverträge nach § 292 Abs. 1 Ziff. 2 AktG klassifiziert, die gem. § 293 Abs. 3 AktG der Schriftform bedürfen,[7] ein Verstoß gegen das Schriftformerfordernis nicht zur Nichtigkeit. Vielmehr kommen zur Anwendung der Grundsätze über die fehlerhafte Gesellschaft,[8] so dass die stille Gesellschaft als wirksam behandelt wird.[9] Es erwächst dem stillen Gesellschafter allerdings hieraus ein Kündigungsrecht, dessen rechtzeitige Ausübung die Anwendbarkeit des § 136 auszuschließen vermag.[10] 5

Arglistige Täuschungen bei Abschluss des Gesellschaftsvertrages führen nur ausnahmsweise, nämlich wenn sie besonders schwerwiegende Folgen nach sich ziehen, zur Nichtigkeit; der Regelfall ist demgegenüber die Anwendbarkeit der Regeln über die fehlerhafte Gesellschaft.[11] 6

Die stille Gesellschaft ist von dem **partiarischen Darlehen** (Darlehen mit Gewinnbeteiligung) abzugrenzen, was durch eine Gesamtschau von Vertragszweck und -inhalt sowie der wirtschaftlichen Ziele der Beteiligten zu geschehen 7

---

[1] Vgl. *Killinger,* aaO, S. 86 ff.
[2] Vgl. die Kommentierung zu § 135 InsO.
[3] Etwa nach den §§ 105, 107, 134, 138 BGB.
[4] *Nerlich/Römermann/Nerlich,* InsO, § 136, Rn. 4; *Uhlenbruck/Hirte,* InsO, § 136 Rn. 5.
[5] OLG Celle NZG 2000, 85, 86; *Boos/Fischer/Schulte/Mattler/Fülbier,* KWG, § 1 Rn. 40.
[6] *Boos/Fischer/Schulte/Mattler/Fischer,* KWG, § 32, Rn. 12 mwN.
[7] So OLG Celle NZG 2000, 85, 86.
[8] Hierzu *Baumbach/Hopt,* HGB, § 105 Rn. 75 ff.
[9] OLG Celle, aaO.
[10] OLG Celle, aaO.
[11] OLG Hamm NZI 1999, 271, 273.

hat.[1] Auf das partiarische Darlehen finden die Anfechtungsregeln nach ganz herrschender Meinung keine entsprechende Anwendung.[2]

b) Vereinbarung

8 Die Rückgewähr der Einlage oder im Falle einer Verlustbeteiligung des stillen Gesellschafters **(unechte stille Gesellschaft)** der Erlass des Verlustes muss auf Grund einer Vereinbarung zwischen dem Geschäftsinhaber und dem stillen Gesellschafter erfolgt sein.

9 Fehlt es an einer Vereinbarung und ist die Gesellschaft aus anderen Gründen zur Rückgewähr der Einlage verpflichtet, scheidet die Anwendung des § 136 mangels Tatbestandsmäßigkeit aus. Keine Anwendung findet daher § 136, wenn die Rückzahlung auf Grund eines gesetzlichen oder vertraglichen[3] Kündigungsrechtes erfolgt. Dabei ist es bei einem sich aus dem Gesellschaftsverträge ergebenden Kündigungsrecht sogar unschädlich, dass dieser Vertrag innerhalb eines Jahres vor dem Antrag auf Eröffnung des Insolvenzverfahrens zustande gekommen ist.[4] Ist die Kündigung allerdings unwirksam und wird sie dennoch akzeptiert, so steht dies einer Vereinbarung gleich.[5] Weiterhin vermag eine Rückzahlungsverfügung des Bundesaufsichtsamtes für das Kreditwesen die Anfechtbarkeit auszuschließen, dies gilt jedoch nicht, wenn die Verfügung der Rückzahlung infolge einer Vereinbarung geschieht.[6]

10 Wird die Einlagenrückgewähr vertraglich vereinbart, obgleich ein Recht zur außerordentlichen Kündigung oder zur Anfechtung wegen arglistiger Täuschung vorlag, so hindert dies die Anfechtbarkeit nicht.[7] Das Gestaltungsrecht, das eine Rückgewähr auf einen nicht anfechtbaren Rechtsgrund gestattet hätte, wurde in diesem Falle nicht rechtzeitig ausgeübt.

c) Die Rechtshandlung: Einlagenrückgewähr bzw. Erlass von Verlustanteilen

11 § 136 nennt zwei Alternativen: anfechtbar ist zum einen die vollständige oder teilweise Rückgewähr der Einlage des stillen Gesellschafters und zum anderen der vollständige oder teilweise Erlass von auf diesen entfallenden Verlustanteilen.

12 **aa)** Unter einer **Rückgewähr** ist neben der Erfüllung des Rückgewähranspruches selbst auch jedes Erfüllungssurrogat zu verstehen, z. B. Leistung an Erfüllungs statt, Aufrechnung, befreiende Leistung an einen Dritten, außerdem die insolvenzfeste Sicherung des Rückgewähranspruches.[8] Schon vom Gesetzeswortlaut her („Rückgewähr") nicht erfasst ist der Erlass einer noch offenen

---

[1] Näher OLG Dresden NZG 2000, 302 ff.; *Sosnitza,* NZG 2000, 87 f. Siehe zur Abgrenzung zum Darlehen auch OLG Hamm NZI 2000, 544.

[2] OLG Dresden NZG 2000, 302 f.; eine eingehende Darstellung des Meinungsstandes findet sich in den Anmerkungen zu dieser Entscheidung von *Sosnitza,* NZG 2000, 303 f. sowie von *Haas,* DStR 2000, 649.

[3] Etwa des im Gesellschaftsvertrag selbst vereinbarten Kündigungsrechts – RGZ 84, 434, 438.

[4] Vgl. RGZ, aaO.

[5] *Sosnitza,* NZG 2000, 87 f.

[6] OLG Celle NZG 2000, 85 ff. Eine bloße Konkretisierung der Rückzahlung durch Vereinbarung ist unschädlich, vgl. OLG München NZI 2000, 180.

[7] OLG Hamm NZI 1999, 271, 273.

[8] *Nerlich/Römermann/Nerlich,* aaO, Rn. 7.

Einlageschuld.[1] Bei der Umwandlung der Einlage in ein Darlehen (Novation) fehlt es an einer Masseschmälerung.[2]

13 **bb)** Im Falle der unechten stillen Gesellschaft, bei der der Stille auch am Verlust beteiligt ist, greift die zweite Alternative ein – anfechtbar ist auch der **Erlass des Verlustanteiles.**

14 Anders als bei der echten stillen Gesellschaft kann sich der Erlass eines Anteils eines unechten stillen Gesellschafters dann als anfechtbar darstellen, wenn dieser zur Deckung von Verlusten nach § 236 Abs. 2 HGB benötigt worden wäre.[3]

d) Die Jahresfrist

15 Die Vereinbarung darf nicht früher als ein Jahr vor dem Antrag auf Eröffnung des Insolvenzverfahrens getroffen worden sein. Die frühere Konkursordnung knüpfte demgegenüber für die Fristberechnung an die Konkurseröffnung an.[4] Maßgeblich ist das Zustandekommen der Vereinbarung, nicht die Vornahme der anfechtbaren Handlung. Die Fristberechnung richtet sich nach § 139,[5] nicht nach §§ 187, 188 BGB.

e) Weitere Erfordernisse

16 Infolge der anfechtbaren Rechtshandlung muss eine – wenigstens mittelbare – Gläubigerbenachteiligung eingetreten sein.[6] Besondere subjektive Voraussetzungen in Form eines Gläubigerbenachteiligungsvorsatzes stellt das Gesetz auf Grund der Nähe des stillen Gesellschafters zu der Gesellschaft sowie dessen Informationsmöglichkeiten nicht auf.[7] Eine Anfechtung kann jedoch bei Vorliegen eines Bargeschäfts (§ 142) ausgeschlossen sein.

3. Der Ausschlussgrund des Abs. 2

17 § 136 Abs. 2 schließt die Anfechtbarkeit aus, wenn die Vereinbarung der Rückzahlung vorgenommen wurde, bevor ein Eröffnungsgrund[8] vorgelegen hat. In solchen Fällen liegt mangels einer wirtschaftlichen Krise eine Gläubigerbenachteiligungsabsicht fern.

18 Nach dem eindeutigen Wortlaut des § 136 Abs. 2 gilt dieser Ausschlussgrund nicht bei dem Erlass von Verlustanteilen.

4. Beweislast

19 Die Beweislast für die Voraussetzungen des Abs. 1 trägt der Insolvenzverwalter. Sofern sich der Anfechtungsgegner darauf beruft, die Rechtshandlung sei vor der Jahresfrist erfolgt, so ist er hierfür beweispflichtig.[9]

---

[1] *Smid/Zeuner,* InsO, § 136 Rn. 14.

[2] *Smid/Zeuner,* aaO, Rn. 12.

[3] *Nerlich/Römermann/Nerlich,* InsO, § 136 Rn. 9.

[4] Vgl. näher *Hess,* InsO, § 136, Rn. 16.

[5] AA: *Nerlich/Römermann/Nerlich,* InsO, § 136 Rn. 13, dessen Auffassung freilich auf Grund des klaren Wortlautes des § 139 InsO („Die in den §§ 88, 130 bis 136 bestimmten Fristen") nicht haltbar ist.

[6] *Nerlich/Römermann/Nerlich,* InsO, § 136 Rn. 11.

[7] *Smid/Zeuner,* InsO, § 136 Rn. 2.

[8] §§ 17–19 InsO.

[9] *Nerlich/Römermann/Nerlich,* InsO, § 136 Rn. 15; *Smid/Zeuner,* InsO, § 136 Rn. 19; aA: *Kübler/Prütting/Bork/Preuß,* InsO, § 136 Rn. 10.

20 Für die Voraussetzungen des Abs. 2 ist der Anfechtungsgegner nach dem Wortlaut („ist ausgeschlossen, wenn") beweispflichtig.

5. Analogien

21 Der ein Insolvenzverfahren voraussetzende § 136 ist bei der insolvenzfreien **Liquidation einer masselosen Handelsgesellschaft** nicht analog anwendbar. Zwar könnte durch eine analoge Anwendung eine ansonsten eintretende Besserstellung des stillen Gesellschafters im Falle der Abweisung des Insolvenzverfahrens vermieden werden.[1] Dies würde entgegen dem Willen des Gesetzgebers und des klaren Wortlauts dazu führen, dass die Analogie auch auf andere Anfechtungstatbestände – hier besteht die gleiche Interessenlage – ausgedehnt werden müsste. Hierbei kann es sich allenfalls um ein berechtigtes rechtspolitisches Anliegen handeln.

22 Bei Beteiligungen eines Dritten am Gesellschaftsanteil des Hauptgesellschafters **(Unterbeteiligungen)** ist § 136 in der Insolvenz des Hauptgesellschafters ebenfalls nicht analog anwendbar.

6. Praxishinweis

23 In der Praxis häufig ist die Konstellation, dass **ein Lieferant in der Krise des Kunden** einen noch offenen Forderungsbetrag in eine stille Beteiligung umgestaltet. Meistens ist der Kunde in Zahlungsschwierigkeiten, der Lieferant hofft auf eine Gewinnbeteiligung nach Besserung der wirtschaftlichen Situation. In solchen Fällen muss der Insolvenzverwalter prüfen, ob Leistungen an diesen Lieferanten im Rahmen regulärer Handelsverbindlichkeiten erfolgt sind oder einer (ggf. verdeckten) Rückgewähr der stillen Einlage. Der Insolvenzverwalter hat insoweit auch zu prüfen, ob sich nach Maßgabe der Ausgangsrechnungen Überzahlungen ergeben, die der Sache nach als verdeckte Rückzahlungen zu qualifizieren wären.

§ 137 Wechsel- und Scheckzahlungen

(1) **Wechselzahlungen des Schuldners können nicht auf Grund des § 130 vom Empfänger zurückgefordert werden, wenn nach Wechselrecht der Empfänger bei einer Verweigerung der Annahme der Zahlung den Wechselanspruch gegen andere Wechselverpflichtete verloren hätte.**

(2) **Die gezahlte Wechselsumme ist jedoch vom letzten Rückgriffsverpflichteten oder, wenn dieser den Wechsel für Rechnung eines Dritten begeben hatte, von dem Dritten zu erstatten, wenn der letzte Rückgriffsverpflichtete oder der Dritte zu der Zeit, als er den Wechsel begab oder begeben ließ, die Zahlungsunfähigkeit des Schuldners oder den Eröffnungsantrag kannte. § 130 Abs. 2 und 3 gilt entsprechend.**

(3) **Die Absätze 1 und 2 gelten entsprechend für Scheckzahlungen des Schuldners.**

---

[1] Für eine Analogie deshalb *Nerlich/Römermann/Nerlich,* InsO, § 136 Rn. 18, mwN.

Übersicht

1. Normzweck

§ 137 **ist eine Privilegierung** und trägt der Besonderheit Rechnung, dass bei Wechselverbindlichkeiten neben dem Bezogenen subsidiär auch der Aussteller sowie ggf. die Indossanten haften.[1] Wie aus Art. 44 WG folgt, ist aber ein Regress gegen diese Personen nur nach einem Wechselprotest möglich. Hat nun der Wechselgläubiger von dem Schuldner eine Wechselzahlung erhalten und müsste er diese auf Grund der Anfechtung wieder in die Insolvenzmasse zurückgewähren, so wäre ihm die Erhebung des Protestes (regelmäßig wäre dann Protesterhebung nicht mehr rechtzeitig) und damit der Regress ebenso versperrt wie im Falle der Ablehnung der Zahlung (Wechselprotest dann ausgeschlossen) durch den insolventen Schuldner. 1

§ 137, der im Wesentlichen § 34 KO entspricht, erlaubt dem Zahlungsempfänger daher, die Zahlung zu behalten und verlagert die Anfechtungsfolgen bei Vorliegen der entsprechenden subjektiven Voraussetzungen auf den letzten Rückgriffsverpflichteten, § 137 Abs. 2. 2

2. Einzelheiten

a) Ausgeschlossen ist nach dem Gesetzestext die Anfechtung nach § 130 – Gewährung einer **kongruenten Deckung.** Da der Gesetzgeber aber den Tatbestand des § 34 KO nicht einschränken wollte,[2] müssen also auch Tatbestände, die nach § 132 Abs. 1 (Anfechtung unmittelbar benachteiligender Rechtsgeschäfte) der Anfechtung unterliegen, von der Privilegierung des § 137 erfasst sein.[3] 3

Die **Zahlung** kann durch Barzahlung sowie aller der Barzahlung gleichstehenden Zahlungsformen (z. B. Überweisung) erfolgen; auch die Aufrechnung ab Verfall ist möglich.[4] 4

Der Zahlung durch den Bezogenen als eigentlichem Wechselschuldner steht die Zahlung durch einen Domiziliaten (Art. 27 WG) und – auf Grund Art 61 WG – durch den Ehrenzahlenden (Art. 55 ff. WG) gleich,[5] aufseiten des Empfängers schadet es nichts, wenn dieser nur Prokuraindossatar ist.[6] 5

Infolge des oben unter 1. erläuterten Normzwecks **scheidet die Privilegierung** von Wechselzahlungen nach § 137 dann **aus,** wenn keinerlei Regressmöglichkeiten des Leistungsempfängers bestehen, sei es, weil die Protestfrist versäumt wurde oder weil keine weiteren Regressverpflichteten existieren.[7] 6

---

[1] Vgl. Art. 9, 43 WG bzw. Art. 15, 43 WG.
[2] Begründung zu § 152 RegE, *Balz/Landfermann,* S. 376.
[3] FK-*Dauernheim,* InsO, § 137 Rn. 1; MünchKomm-*Kirchhof,* InsO § 137 Rn. 3.
[4] HK-*Kreft,* InsO, § 137 Rn. 5 mwN.
[5] *Kübler/Prütting/Bork/Schoppmeyer,* InsO, § 137 Rn. 2.
[6] *Kübler/Prütting/Bork/Schoppmeyer,* aaO.
[7] FK-*Dauernheim,* InsO, § 137 Rn. 4 mit weiterer Kasuistik.

7 Der Ausschluss der Anfechtbarkeit betrifft nur die Leistung auf die Wechselverbindlichkeit. Das Kausalgeschäft und auch ggf. die Eingehung der Wechselverbindlichkeit bleiben anfechtbar.[1]

8 **b)** Durch Abs. 2 soll vermieden werden, dass Verbindlichkeiten durch die Hingabe von Wechseln ausgeglichen werden, umso die Anfechtungsregeln zu umgehen. Infolgedessen wird der **letzte Rückgriffsverpflichtete,** oder, wenn dieser den Wechsel für Rechnung eines Dritten begeben hatte, der Dritte als **Anfechtungsgegner** gewertet.

9 Hatte der letzte Rückgriffsverpflichtete, als er den Wechsel begab (bzw. der Dritte, für dessen Rechnung der Wechsel begeben wurde) Kenntnis von der Zahlungsunfähigkeit des Schuldners oder von dem Eröffnungsantrag, so ist er verpflichtet, die Wechselsumme nebst Zinsen, Kosten und Provisionen[2] in die Insolvenzmasse zu erstatten. Der Kenntnis von Zahlungsunfähigkeit oder Eröffnungsantrag steht die Kenntnis von Umständen gleich, die hierauf schließen lassen; bezüglich nahe stehenden Personen wird die Kenntnis vermutet, § 137 Abs. 2 S. 2 i. V. m. § 130 Abs. 2.[3]

10 Da § 137 Abs. 2 keinen weitergehenden Anspruch geben möchte, als dieser sich aus den §§ 130, 132 Abs. 1 ergibt, müssen für die Anfechtung die Voraussetzungen dieser Vorschriften bei dem letzten Rückgriffsverpflichteten bzw. dem Dritten erfüllt sein.[4]

11 Infolge des eindeutigen Gesetzeswortlautes erfasst § 137 Abs. 2 nur den letzten Rückgriffsverpflichteten, also den Aussteller oder den ersten Indossanten, nicht weitere mithaftende Personen, etwa weitere Indossanten. Fällt der letzte Rückgriffsverpflichtete also aus, kann auf diesen nicht zurückgegriffen werden, der Schaden bleibt dann bei der Insolvenzmasse.[5]

12 **c)** § 137 Abs. 3 ordnet die entsprechende Geltung der vorstehenden Grundsätze auch für **Scheckzahlungen** des Schuldners an, da auch beim Scheck eine mit der Rechtslage beim Wechsel vergleichbare Regresslage besteht.

13 Da nach Art. 3 ScheckG der Bezogene nur ein Bankier i. S. d. § 54 ScheckG sein kann und eine Anfechtung von dessen Zahlung nur im Insolvenzfalle erfolgt, ist § 137 Abs. 3 nur bei Bankinsolvenzen einschlägig.[6]

14 Als Zahlung gilt auch die Verrechnung. Dies folgt beim Verrechnungsscheck direkt aus § 39 Abs. 2 S. 2 ScheckG, beim Barscheck aus der Verkehrssitte.[7]

3. Praxishinweis

15 § 137 hat in der Praxis nur eine **geringe Bedeutung:** Eine Anfechtung von empfangenen Wechselzahlungen des Schuldners scheitert häufig von vornherein daran, dass die Voraussetzungen der Anfechtung einer kongruenten Deckung (§ 130) nicht vorliegen. Denn oft handelt es sich beim Leistungsempfänger, aber auch beim letzten Rückgriffsverpflichteten nach § 137

[1] *Smid/Zeuner,* InsO, § 137 Rn. 3.
[2] *Kübler/Prütting/Bork/Schoppmeyer,* InsO, § 137 Rn. 4.
[3] Siehe näher die Kommentierung bei § 130 InsO.
[4] Näher *Smid/Zeuner,* InsO, § 137 Rn. 7.
[5] HK-*Kreft,* InsO, § 137 Rn. 9 mwN.
[6] FK-*Dauernheim,* InsO, § 137 Rn. 7 mwN.
[7] FK-*Dauernheim,* InsO, § 137 Rn. 8.

Abs. 2 um Außenstehende, die von der wirtschaftlichen Krise des Schuldners keine Kenntnis haben. Entsprechendes gilt für Scheckzahlungen nach § 137 Abs. 3.

§ 138 Nahestehende Personen

(1) **Ist der Schuldner eine natürliche Person, so sind nahestehende Personen:**

1. der Ehegatte des Schuldners, auch wenn die Ehe erst nach der Rechtshandlung geschlossen oder im letzten Jahr vor der Handlung aufgelöst worden ist;

1 a. der Lebenspartner des Schuldners, auch wenn die Lebenspartnerschaft erst nach der Rechtshandlung eingegangen oder im letzten Jahr vor der Handlung aufgelöst worden ist;

2. Verwandte des Schuldners oder des in Nummer 1 bezeichneten Ehegattens oder des in Nummer 1 a bezeichneten Lebenspartners in auf- und absteigender Linie und voll- und halbbürtige Geschwister des Schuldners oder des in Nummer 1 bezeichneten Ehegatten oder des in Nummer 1 a bezeichneten Lebenspartners sowie die Ehegatten oder Lebenspartner dieser Personen;

3. Personen, die in häuslicher Gemeinschaft mit dem Schuldner leben oder im letzten Jahr vor der Handlung in häuslicher Gemeinschaft mit dem Schuldner gelebt haben sowie Personen, die sich auf Grund einer dienstvertraglichen Verbindung zum Schuldner über dessen wirtschaftliche Verhältnisse unterrichten können;

4. eine juristische Person oder eine Gesellschaft ohne Rechtspersönlichkeit, wenn der Schuldner oder eine der in den Nummern 1 bis 3 genannten Personen Mitglied des Vertretungs- und Aufsichtsorgans, persönlich haftender Gesellschafter oder zu mehr als einem Viertel an deren Kapital beteiligt ist oder auf Grund einer vergleichbaren gesellschaftsrechtlichen oder dienstvertraglichen Verbindung die Möglichkeit hat, sich über die wirtschaftlichen Verhältnisse des Schuldners zu unterrichten.

(2) **Ist der Schuldner eine juristische Person oder eine Gesellschaft ohne Rechtspersönlichkeit, so sind nahestehende Personen:**

1. die Mitglieder des Vertretungs- oder Aufsichtsorgans und persönlich haftende Gesellschafter des Schuldners sowie Personen, die zu mehr als einem Viertel am Kapital des Schuldners beteiligt sind;

2. eine Person oder eine Gesellschaft, die auf Grund einer vergleichbaren gesellschaftsrechtlichen oder dienstvertraglichen Verbindung zum Schuldner die Möglichkeit haben, sich über dessen wirtschaftliche Verhältnisse zu unterrichten;

3. eine Person, die zu einer der in Nummer 1 oder 2 bezeichneten Personen in einer in Absatz 1 bezeichneten persönlichen Verbindung steht; dies gilt nicht, soweit die in Nummer 1 oder 2 bezeichneten Personen kraft Gesetzes in den Angelegenheiten des Schuldners zur Verschwiegenheit verpflichtet sind.

Literatur: *App,* „Nahestehende Personen“ im Sinne des neuen Insolvenzrechts und ihre Stellung im neuen Insolvenzrecht und Gläubigeranfechtungsrecht, FamRZ 1996, 1523; *Biel,* Insider im Insolvenzverfahren, 2000; *Ehricke,* Insolvenzrechtliche Anfechtung gegen Insider, KTS 1996, 209; *Hirte,* Nahestehende Personen (§ 138) – Klarheit oder Rückschritt, ZInsO 1999, 429; *Kirchhof,* Die neue Rechtsprechung des BGH in Insolvenzsachen – insbesondere zu Anfechtungsfragen gegenüber Gesellschaftern und nahen Angehörigen i. S. d. § 138 InsO, ZinsO 2001, 825.

Übersicht

1. Normzweck

1 Aufgrund der wirtschaftlichen Interessen an einer Erhaltung des Familienvermögens, der nahen persönlichen Verbundenheit, und des bei dieser Personengruppe zu erwartenden Informationsvorsprungs hat die Insolvenzordnung an eine Nähebeziehung Dritter zum Schuldner verschiedene Rechtsfolgen geknüpft, deren bedeutendste die Beweislastumkehrtatbestände des Anfechtungsrechtes sind, die aber auch als Tatbestandsvoraussetzungen Relevanz haben.[1]

2 Gegenüber § 31 Nr. 2 KO enthält § 138 zahlreiche Erweiterungen, insbesondere durch die Aufnahme und Ausweitung der Rechtsprechungsgrundsätze bezüglich der gesellschaftsrechtlich nahe stehenden Personen.

2. Normstruktur

3 § 138 differenziert die nahe stehenden Personen danach, ob der **Schuldner eine natürliche Person ist (§ 138 Abs. 1)** oder es sich um **eine Gesellschaft handelt (§ 138 Abs. 2).** Diese auf den ersten Blick übersichtliche Struktur leidet unter der Vielzahl der möglichen Nähebeziehungen. Nach der Neufassung des § 138 Abs. 1 können bei einem „natürlichen“ Schuldner nicht nur natürliche Personen als nahe stehend betrachtet werden, sondern wie bei § 138 Abs. 2 sowohl Gesellschaften wie auch natürliche Personen. Des Weiteren enthält nunmehr auch § 138 Abs. 1 (Schuldner ist natürliche Person) eine Generalklausel, nicht lediglich § 138 Abs. 2 (Schuldner ist Gesellschaft).

3. Persönlich nahe stehende Personen

4 **a)** Als persönlich nahe stehende Person wird zunächst der **Ehegatte** betrachtet und zwar auch dann, wenn die Ehe erst nach der (anfechtbaren) Rechtshandlung geschlossen oder im letzten Jahr vor der Handlung (egal auf welche Weise – Scheidung oder Aufhebung) aufgelöst wurde.

5 Ein Zusammenleben in einer wegen eines Eheschließungsmangels als Nichtehe anzusehenden Lebensgemeinschaft wird durch § 138 Abs. 1 Ziff. 3 erfasst.

[1] Siehe etwa § 133 Abs. 2 InsO, § 162 Abs. 1 Ziff. 1 InsO.

b) Persönlich nahe stehend sind auch **Verwandte,** wobei für die Ausfüllung dieses Begriffes nach Art. 51 EGBGB der § 1589 BGB heranzuziehen ist. Die Verwandtschaft kann durch Adoption begründet sein, § 1754 BGB, wobei sich im Falle der Volljährigenadoption die Verwandtschaft nicht auf die Verwandten[1] des Annehmenden erstreckt, § 1770 Abs. 1 BGB. Durch den Begriff „in auf- und absteigender Linie" wird klargestellt, dass sowohl Vorgeworfene (Eltern, Großeltern ...) als auch Nachgeworfene (Kinder, Enkel ...) erfasst sind. Aus der eigenständigen Aufführung der voll- und halbblütigen Geschwister ist zu folgern, dass **Seitenverwandte (Onkel, Tanten ...) nicht als persönlich nahe stehend eingeordnet** werden können. Verwandte des Ehegatten, sofern dieser nach § 138 Abs. 1 Ziff. 1 als nahe stehende Person gilt, sind in gleicher Weise zu berücksichtigen wie Verwandte des Schuldners selbst. Auch die Ehegatten der nach den vorstehenden Ausführungen relevanten Verwandten des Schuldners sowie dessen Ehegatten gelten als nahe stehende Personen. **6**

c) § 138 Abs. 1 Ziff. 3 bezieht in den Kreis der „nahe stehenden Personen" auch solche mit ein, die mit dem Schuldner in **häuslicher Gemeinschaft** leben oder im letzten Jahr vor der Handlung gelebt haben. Erfasst hiervon ist jede Art der Haus- und Lebensgemeinschaft, sofern diese zu einer persönlichen Nähe führt, auf Grund derer der Austausch von Informationen zu erwarten ist. Außen vor bleiben reine Zweckgemeinschaften wie etwa die studentische Wohngemeinschaft.[2] In der neuen Fassung des § 138 Abs. 1 Nr. 3 ist der Katalog der nahe stehenden Personen nunmehr erweitert auf solche Personen, die auf Grund einer dienstvertraglichen Bindung Kenntnisse über die wirtschaftlichen Verhältnisse des Schuldners haben. Hierdurch soll die Anfechtung in Fällen erleichtert werden, in welchen der Schuldner Vermögen auf Dritte überträgt, für die er auf Grund eines Dienstvertrages tätig ist. **7**

d) Durch den neu eingefügten § 138 Abs. 1 Nr. 4 gelten als nahe stehende Personen auch juristische Personen oder Personengesellschaften, in denen der Schuldner oder ihm nahe stehenden Personen der Nr. 1 bis 3 persönlich haftender Gesellschafter oder zu mehr als 25% am Kapital beteiligt oder Mitglied eines Vertretungs- oder Aufsichtsorgans sind. Als Generalklausel gleichgestellt sind vergleichbare gesellschaftsrechtliche bzw. dienstvertragliche Verbindungen, die eine Unterrichtung über die wirtschaftlichen Verhältnisse des Schuldners ermöglichen.[3] **8**

e) Im Zuge des **Lebenspartnerschaftsgesetzes** vom 16. Februar 2001 (BGBl. I 2001, S. 226) wurde § 138 Abs. 1 Ziff. 1 a eingefügt. Für den dort verwendeten Begriff „Lebenspartner" ist die Legaldefinition in § 1 Abs. 1 LPartG maßgeblich. Siehe zum Vorliegen einer wirksamen Lebenspartnerschaft auch § 1 Abs. 2 LPartG. Eine **analoge Anwendung** des § 138 Abs. 1 Ziff. 1 a auf unwirksame Lebenspartnerschaften ist ausgeschlossen. Durch das Gesetz zur Überarbeitung des Lebenspartnerrechts vom 15. Dezember 2004 ist § 138 Abs. 1 Nr. 2 insbesondere dahingehend ergänzt worden, dass auch Verwandte des Lebenspartners nahe stehende Personen sein können.

---

[1] BGB, § 1589.
[2] *Hess,* InsO, § 138 Rn. 32.
[3] Siehe hierzu auch die Ausführungen in Rn. 12 ff. entsprechend.

4. Gesellschaftsrechtlich nahe stehende Personen

9 **a)** Bei **Kapitalgesellschaften** und diesen gleichgestellten nichtrechtsfähigen Vereinen, vgl. § 11 Abs. 1 S. 2,[1] gelten die Mitglieder von Vertretungs- und Aufsichtsorganen als nahe stehende Personen. Dies gilt unabhängig davon, ob deren Einrichtung zwingend, nicht zwingend, gesetzlich vorgeschrieben oder auf freiwilliger Basis geschehen ist. Als „Insider" sind daher Vorstände, Aufsichtsräte, Geschäftsführer, Vereinsvorstände, Beiräte oder Verwaltungsräte mit Aufsichtsbefugnissen anzusehen.[2] Die Wirksamkeit der Organbestellung ist nicht erforderlich, es genügt das faktische Tätigwerden.[3]

10 **b)** Bei **Personengesellschaften**[4] sind außerdem die persönlich haftenden Gesellschafter als nahe stehende Personen zu betrachten. Auch wenn dieser nicht persönlich haftet, ist auch der Korrespondenzreeder auf Grund seiner weitgehenden Befugnisse[5] als nahe stehende Person anzusehen. Obgleich in § 154 RegE noch ausdrücklich genannt, geschah die Streichung nur zur redaktionellen Vereinfachung; eine Änderung in der Beurteilung sollte nicht eintreten.[6]

11 Ist der persönlich haftende Gesellschafter eine juristische Person **(z. B. GmbH & Co. KG)** so sind die Personen, die in der Insolvenz dieser juristischen Person nach § 138 als nahe stehende Personen anzusehen wären, auch gegenüber der Gesellschaft ohne Rechtspersönlichkeit als nahe stehend i. S. v. § 138 anzusehen.[7]

12 **c)** Nahestehende Personen sind auch solche, die an dem **Kapital des Schuldners mit mehr als 25% beteiligt** sind. Bei der Berechnung dieses Anteiles sind auch mittelbare Beteiligungen[8] einzubeziehen.[9] Bei der Festsetzung dieser Grenze hat sich der Gesetzgeber an der aktienrechtlichen Sperrminorität[10] orientiert; die Mitteilungspflichten nach den §§ 20 ff. AktG ermöglichen es dem Insolvenzverwalter, die betreffenden Aktionäre festzustellen.[11]

13 Einer Absenkung der Kapitalschwelle durch teleologische Auslegung[12] ist nach dem eindeutigen Wortlaut und der Entscheidung des BGH zum alten Recht[13] der Weg verbaut; im Einzelfall kann jedoch über die Anwendung des § 138 Abs. 2 Ziff. 2 (hierzu nachfolgend lit. d)) Abhilfe geschaffen werden.

---

[1] Ferner ist auch der als rechtsfähiger Verein anzusehende – vgl. *Pröls/Weigel,* VAG, 11. Aufl., 1997, § 15 Rn. 3 ff. – Versicherungsverein auf Gegenseitigkeit erfasst, *Kübler/Prütting/Bork/Ehricke,* InsO, § 138 Rn. 12.

[2] Vgl. *Smid/Zeuner,* InsO, § 138 Rn. 12; *Nerlich/Römermann/Nerlich,* InsO, § 138 Rn. 14 ff.

[3] *Hirte,* ZInsO 1999, 429.

[4] Vgl. die Aufzählung in § 11 Abs. 2 Ziff. 1 InsO.

[5] Vgl. § 493 HGB.

[6] *Balz/Landfermann,* S. 380 f.

[7] *Hirte,* aaO, S. 429 f.; *Uhlenbruck/Hirte,* InsO, § 138 Rn. 14.

[8] Z. B.: an einer AG ist ein Aktionär und auch ein von diesem beherrschtes Unternehmen beteiligt: auch der Anteil des Aktionärs an dem beherrschten Unternehmen ist zu berücksichtigen.

[9] Begründung zu § 154 RegE, *Balz/Landfermann,* S. 379.

[10] Vgl. §§ 179 Abs. 2, 182 Abs. 1 S. 1, 222 Abs. 1 S. 1 AktG.

[11] Begründung zu § 153 RegE, *Balz/Landfermann,* S. 379.

[12] Dafür *Hirte,* aaO, S. 430 f.

[13] NJW 1996, 461, 462.

d) § 138 Abs. 2 Ziff. 2 erfasst **als Generalklausel** alle weiteren – auch juristischen[1] – Personen, die in demselben Maße wie der aus § 138 Abs. 2 Ziff. 1 ersichtliche Personenkreis Informationsmöglichkeiten haben. Eine restriktive Auslegung ist nicht geboten.[2] 14

Bei den **natürlichen Nahestehenden** ist erforderlich, dass die in Betracht kommenden Personen durch ihre Tätigkeit eine besondere Informationsmöglichkeit über dessen wirtschaftliche Verhältnisse haben müssen. Bloße **geschäftliche Beziehungen** bei einem Anwalts- oder Steuerberatungsmandat zur rechtlichen, steuerlichen, wirtschaftlichen und unternehmerischen Beratung sollen nicht unter § 138 Abs. 2 Ziff. 2 fallen.[3] Dies überzeugt nicht. Der in der Krise beratende Rechtsanwalt kann außer der ggf. als Bargeschäft anfechtungsfreien Tätigkeit nicht Rückstände noch anfechtungsfrei uneingeschränkt tilgen lassen. Dass es sich insoweit typischerweise um Geschäftsbesorgungsverträge handelt, führt zu keinem abweichenden Ergebnis. Selbstständige Erledigung (als Tatbestandsmerkmal der Geschäftsbesorgung) heißt nicht, ggf. kein Näheverhältnis zu haben. Wenn weitergehend vertreten wird, eine dienstvertragliche Regelung könne jedoch im Einzelfall angenommen werden, wenn es sich um ein umfassendes Dauermandat zur rechtlichen, steuerlichen, wirtschaftlichen und unternehmerischen Beratung handele, um daraus dann die Anfechtbarkeit abzuleiten, geht dies fehl. Nicht die Frage der Geschäftsbesorgung einerseits oder des Dienstvertrages andererseits können die Subsumtion unter § 138 Abs. 2 Ziff. 2 begründen. Entscheidend ist vielmehr das Näheverhältnis. Auch Geschäftsbesorgungsverträge mit Dienstvertragscharakter fallen dann unter die Anfechtungsregeln, wenn Rechtsanwälte oder Steuerberater gerade in der Krise beraten haben und bestens informiert sind. 15

Dagegen fallen **Kreditinstitute,** auch bei Großkrediten von über 250 000,– € nicht in den Kreis der nahe stehenden Personen, auch wenn diese nach § 18 KWG die Pflicht haben, sich einen umfassenden Überblick über die wirtschaftlichen Verhältnisse des Schuldners zu verschaffen und ihre Position somit über die des außenstehenden Dritten hinausgeht. Es fehlt insoweit an der vom Gesetz geforderten gesellschaftsrechtlichen oder dienstvertraglichen Verbindung. 16

Als „Insider" nach § 138 Abs. 2 Ziff. 2 kommen nach dem Wortlaut auch **Personen- oder Kapitalgesellschaften** in Betracht. Für die Wissenszurechnung ist analog § 166 Abs. 1 BGB auf die Unterrichtungsmöglichkeiten der – nicht notwendig organschaftlichen – Vertreter abzustellen.[4] In Betracht kommen insoweit insbesondere **Obergesellschaften** des Schuldners, von denen dieser abhängig ist.[5] Ob auch **Tochtergesellschaften** des Schuldners von § 138 Abs. 2 Ziff. 2 erfasst wären, ist eine Frage des Einzelfalls.[6] Es kann nicht stets davon ausgegangen werden, dass die Tochtergesellschaft über die wirtschaftliche Situation der Muttergesellschaft informiert ist und daher die Möglichkeit hatte, sich hierüber zu unterrichten. Entsprechendes gilt für **Schwestergesellschaften.** 17

---

[1] HK-*Kreft,* InsO, § 138 Rn. 14.
[2] AA: OLG Düsseldorf DZWIR 2005, 154 ff.
[3] BGH WM 1998, 304 ff.
[4] *Hirte,* aaO.
[5] Vgl. insoweit auch *Balz/Landfermann,* S. 388, Begründung zu § 154 RegE.
[6] Siehe zu einer beherrschten Gesellschaft BGH NZI 2004, 449 f.

18 § 138 Abs. 2 Ziff. 2 dient aber ferner auch als **Auffangtatbestand** gegenüber § 138 Abs. 2 Ziff. 1, der auch Gesellschafter, deren Anteil 25% oder weniger an dem Gesellschaftsvermögen beträgt, erfasst. Voraussetzung ist jedoch, dass in der Person des Gesellschafters weitere – von dem Insolvenzverwalter zu beweisende – Tatsachen verwirklicht sind, die auf eine dem Personenkreis in § 138 Abs. 2 Ziff. 1 vergleichbare Informationsmöglichkeiten hinweisen.[1]

19 Soweit der BGH[2] für das alte Recht die Gegenauffassung vertritt, ist dem nicht zu folgen; die Auslegung des BGH widerspricht dem Wortlaut der Norm[3] und ihrem Charakter als Generalklausel. Auch wird durch die Auffassung des BGH das Ziel, einen besseren Schutz für die Gläubigergesamtheit zu gewährleisten, durch die Schaffung zu großer Freiräume unterlaufen.[4] Einer zu weiten Auslegung aus „institutionalisiertem Misstrauen" heraus[5] wird dadurch, dass der Insolvenzverwalter die weiteren, für den Informationsvorsprung sprechenden Tatsachen vorzutragen und zu beweisen hat, vorgebeugt.

20 **e)** § 138 Abs. 2 Ziff. 3 trägt der Tatsache Rechnung, dass die gesellschaftsrechtlich nach Abs. 2 Ziff. 1, 2 als nahe stehend zu betrachtenden Personen typischerweise Informationen an ihre Verwandten weitergeben. Bei einem Verwandtschaftsverhältnis einer Person nach § 138 Abs. 2 Ziff. 1 und 2 mit einer weiteren Person i. S. d. § 138 Abs. 1 ist daher auch dieser Dritte als nahe stehend zu betrachten. Eine Ausnahme macht der Gesetzgeber freilich für den Fall, dass der als „Bindeglied" fingierende Nahestehende in den Angelegenheiten des Schuldners kraft Gesetzes (also **nicht** kraft vertraglicher Regelungen) **zur Verschwiegenheit verpflichtet ist,** da ein gesetzwidriges Verhalten im Familienkreise nicht unterstellt werden sollte.[6]

21 **f)** Eine **analoge Anwendung** des § 138 Abs. 2 kommt in den Fällen in Betracht, wenn über sich nahe stehende natürliche Personen Gesellschaften untereinander als Insider zu betrachten sind. Fällt eine der vorbezeichneten Gesellschaften in die Insolvenz, so ist § 138 Abs. 1 nicht anwendbar, da dieser den Schuldner als natürliche Person voraussetzt. § 138 Abs. 2 ist nicht anwendbar, da die dort vorausgesetzte organschaftliche, gesellschaftsrechtliche oder dienstvertragliche Verbindung nicht besteht.[7] Eine Analogie z. B. kann entsprechend zum bisherigen Recht angenommen werden, wenn sich die jeweiligen Personen auf der Führungsebene einer Personen- oder Kapitalgesellschaft nahe stehen i. S. d. § 138 Abs. 1 oder gar personenidentisch sind.[8]

---

[1] So auch *Niehus,* Die Insolvenzanfechtung in der Bundesrepublik Deutschland und den Vereinigten Staaten von Amerika, S. 105 f.; *Smid/Zeuner,* InsO, § 138 Rn. 23.

[2] NJW 1996, 461, 462.

[3] *Smid/Zeuner,* aaO.

[4] FK-*Dauernheim,* InsO, § 138 Rn. 14.

[5] *Kübler/Prütting/Bork/Ehricke,* InsO, § 138 Rn. 1.

[6] *Balz/Landfermann,* S. 380, Begründung zu § 155 RegE.

[7] Auch § 138 Abs. 2 Ziff. 3 InsO setzt dieses voraus.

[8] OLG Hamm ZIP 1986, 1478 f.: Nahe Verwandtschaft von Gesellschafter und Geschäftsführer einer KG (spätere Schuldnerin) und einer GmbH (Anfechtungsgegnerin); OLG Hamm ZIP 1990, 1355 f.: GmbH Co. KG als nahe Angehörige einer GmbH bei Personenidentität des Gesellschafter-Geschäftsführers.

Die Einbeziehung ehemaliger, nach § 138 Abs. 2 als nahe stehend zu betrachtende Personen wurde von dem Gesetzgeber ausdrücklich abgelehnt;[1] diese Entscheidung ist mithin zu akzeptieren und kann nicht durch Analogie konterkariert werden. 22

g) Die **Treuhandanstalt** (THA/BVS) kann bei Schuldnern, an denen sie mehrheitlich beteiligt ist, als nahe stehende Person angesehen werden. Dies folgt aus ihrer Stellung als Mehrheitsgesellschafterin mit entsprechenden Informationsrechten und Einflussmöglichkeiten.[2] 23

5. Praxishinweis

§ 138 hat hohe Praxisrelevanz, da bei vielen Insolvenzverfahren durch den Schuldner oder seine Organe versucht wird, Vermögensgegenstände dem Zugriff der Gläubiger zu entziehen. Allerdings ist die Handhabung des § 138 nicht einfach. **Es empfiehlt sich folgende Prüfungsfolge:** 24

a) Ausgangspunkt ist die Frage, ob der Schuldner eine natürliche Person ist (dann § 138 Abs. 1) oder eine Gesellschaft (dann § 138 Abs. 2). 25

b) Ist keine der einzelnen Regelungen ersichtlich anwendbar, so sind die Generalklauseln der §§ 138 Abs. 1 Nr. 4 bzw. 138 Abs. 2 Ziff. 2 („vergleichbare gesellschaftsrechtliche oder dienstvertragliche Verbindungen") zu prüfen. 26

c) Schließlich ist zu prüfen, ob eine analoge Anwendung des § 138 in Betracht kommt (insbesondere auf Basis der bereits zum bisherigen Recht entschiedenen Fälle). Hauptbeispiel für eine Analogie ist insoweit das Näheverhältnis durch vermittelte Insiderkenntnisse zwischen Gesellschaften (§ 138 Abs. 2). 27

§ 139 Berechnung der Fristen vor dem Eröffnungsantrag

(1) **Die in den §§ 88, 130 bis 136 bestimmten Fristen beginnen mit dem Anfang des Tages, der durch seine Zahl dem Tag entspricht, an dem der Antrag auf Eröffnung des Insolvenzverfahrens beim Insolvenzgericht eingegangen ist. Fehlt ein solcher Tag, so beginnt die Frist mit dem Anfang des folgenden Tages.**

(2) **Sind mehrere Eröffnungsanträge gestellt worden, so ist der erste zulässige und begründete Antrag maßgeblich, auch wenn das Verfahren auf Grund eines späteren Antrags eröffnet worden ist. Ein rechtskräftig abgewiesener Antrag wird nur berücksichtigt, wenn er mangels Masse abgewiesen worden ist.**

Literatur: *Smid*, Zur zeitlichen Reichweite der Insolvenzanfechtung nach § 139 InsO, InVo 2002, 41.

Übersicht

[1] Ausschussbericht zu § 153 RegE, *Balz/Landfermann*, S. 381.

[2] *Hess*, InsO, § 138 Rn. 65; aA: mit Hinweis auf § 38 a Abs. 1 EGAktG *Hirte*, aaO, 433.

1. Normzweck

1 Für die Rückschlagssperre (§ 88), insbesondere aber für die insolvenzrechtlichen Regelungen der Anfechtung (§§ 130–136), ist von besonderer Bedeutung, ob eine Rechtshandlung trotz Zeitablaufs noch angefochten werden kann. Die einzelnen Anfechtungstatbestände differenzieren insoweit nach dem zeitlichen Zurückliegen der anfechtbaren Sachverhalte. § 139 stellt für den Bezugspunkt der Rückberechnung einheitlich auf den **Antrag auf Eröffnung des Insolvenzverfahrens** ab, eine subsidiäre Anwendung der §§ 186 ff. BGB zur Fristberechnung ist nicht mehr erforderlich. Des Weiteren regelt § 139 Abs. 2 den Sonderfall des Vorliegens mehrerer Eröffnungsanträge.[1]

2. Stellung nur eines Antrages

2 Wird nur ein Eröffnungsantrag gestellt, so ist für die Fristberechnung der Tag maßgeblich, an dem der Eröffnungsantrag bei dem Insolvenzgericht eingegangen ist.

3 Prinzipiell muss das Gericht sachlich und örtlich zuständig gewesen sein. Verweist jedoch ein **sachlich oder örtlich unzuständiges Gericht** gem. §§ 4 InsO, 281 Abs. 1, 495 ZPO die Sache an das zuständige Gericht, so beginnt der Fristablauf mit Eingang des Antrages bei dem unzuständigen Gericht. § 281 Abs. 2 S. 4 ZPO ist nicht einschlägig, da für den Insolvenzantrag keine Rechtshängigkeit maßgebend ist.[2]

4 Wird die **Formungültigkeit eines Antrages** später geheilt, so ist trotz der anfänglich bestehenden Fehlerhaftigkeit dessen Eingang bei Gericht maßgeblich.[3] Des Weiteren ist ein Antrag beachtlich, der zu einer eigentlich unzulässigen Verfahrenseröffnung geführt hat, wenn der Eröffnungsbeschluss rechtskräftig wurde und nicht ausnahmsweise als nichtig anzusehen ist.[4]

5 Die Fristen beginnen mit dem Anfang des Tages, der durch seine Zahl dem Tag entspricht, an dem der Antrag auf Eröffnung des Insolvenzverfahrens bei Gericht eingegangen ist. Ist also der Antrag z. B. am 15. Mai 2000 um 15.54 Uhr eingegangen, so beginnt eine Monatsfrist am 15. April 2000 um 0.00 Uhr, eine Jahresfrist am 15. Mai 1999 um 0.00 Uhr. Unerheblich ist, ob der Fristbeginn auf einen Feiertag fällt.

6 Hat der für den Fristbeginn maßgebliche Monat keine dem Eingangsmonat entsprechende Tageszahl, so ist nach § 139 Abs. 1 S. 2 der darauf folgende Tag maßgeblich.

Beispiel: Eingang des Antrages: 30. März 2000
Beginn des Fristlaufes: 1. März 2000

3. Mehrere Eröffnungsanträge

7 **a)** Bei mehreren Eröffnungsanträgen ist der Erste zulässige und begründete Antrag maßgeblich, auch wenn das Verfahren auf Grund eines späteren Antrages eröffnet worden ist, § 139 Abs. 2 S. 1.

[1] Siehe im Einzelnen bei der Kommentierung zu § 138 Abs. 1 und Abs. 2 InsO.
[2] *Hess,* InsO, § 139 Rn. 4; FK-*Dauernheim,* InsO, § 139 Rn. 3.
[3] *Smid/Zeuner,* InsO, § 139 Rn. 8.
[4] BGH ZIP 1998, 477 f.

In Betracht kommt z. B., dass das Insolvenzverfahren auf Grund eines späteren Antrages eröffnet wird, weil dieser Antrag im Gegensatz zu den früheren Anträgen ohne weitere Ermittlungen entscheidungsreif ist oder ein an sich zulässiger und begründeter Antrag allein wegen nicht ausreichender Masse abgewiesen worden ist. Aufgrund eines späteren Antrages wird das Verfahren doch noch eröffnet, nachdem ein Kostenvorschuss einbezahlt worden ist.[1] Unter § 139 Abs. 2 S. 1 muss auch fallen, wenn bei **mehreren zuständigen Insolvenzgerichten** Eröffnungsanträge eingehen.[2] 8

b) Hat der zuerst eingegangene Antrag nicht zur Eröffnung geführt, so muss das mit dem Anfechtungsrechtsstreit befasste Gericht inzidenter die Zulässigkeit und Begründetheit prüfen; beweispflichtig ist insoweit der Insolvenzverwalter.[3] Es genügt, wenn die **Zulässigkeit und Begründetheit überhaupt gegeben war,** nicht notwendigerweise zum Zeitpunkt der Verfahrenseröffnung auf Grund des anderen Antrages noch vorlag (siehe aber die Ausnahme unter nachfolgend cc)). 9

c) Im Einzelnen sind folgende Anforderungen an den ersten zulässigen und begründeten Antrag zu stellen: 10

aa) Wie sich aus dem Wortlaut des § 139 Abs. 2 S. 2 ergibt, ist ein rechtskräftig abgewiesener Antrag grundsätzlich nicht zu berücksichtigen. In diesem Fall steht bereits **rechtskräftig** fest, dass der Antrag nicht zulässig und begründet war.[4] Eine Ausnahme macht das Gesetz aber für den Fall, dass der Antrag **mangels Masse** abgewiesen wurde, denn in diesem Fall war der Schuldner als insolvent anzusehen.[5] 11

bb) Nicht ausdrücklich geregelt ist, wie mit **zurückgenommenen Anträgen** zu verfahren ist. Richtigerweise ist davon auszugehen, dass auch ein zurückgenommener Antrag ursprünglich zulässig und begründet gewesen sein kann.[6] Dabei ist ratio legis von § 139 Abs. 2, den einmal zulässigen und begründeten, vom Eröffnungsgrund dauerhaft getragenen (dazu nachfolgend cc)) Antrag maßgeblich sein zu lassen. Bei für **erledigt erklärten Anträgen** gilt, dass diese nicht von sich aus zu einer Verfahrenseröffnung hätten führen können. Sie ermöglichen deshalb auch keine Insolvenzanfechtung.[7] 12

cc) „Ungeschriebenes Tatbestandsmerkmal" des § 139 Abs. 2 ist jedoch, dass der Schuldner sich nach dem ersten zulässigen und begründeten Insolvenzantrag wirtschaftlich nicht mehr erholt hat **(zwischenzeitlicher Wegfall des Eröffnungsgrundes).** Andernfalls könnte die Insolvenzanfechtung noch auf Grundlage vieler Jahre zurückliegender, ursprünglich zulässiger und begründeter Anträge erfolgen und würden die Insolvenzanfechtungszeiträume in unangemessener Weise erweitert werden.[8] Umgekehrt gilt aber, dass bei fortlaufendem Vorliegen 13

---

[1] *Balz/Landfermann,* S. 381 f., Begründung zu § 156 RegE.

[2] AA: HK-*Kreft,* InsO, § 139 Rn. 6.

[3] *Kübler/Prütting/Bork/Ehricke,* InsO, § 139 Rn. 5.

[4] OLG Naumburg DZWIR 2002, 290, 293.

[5] Hierzu näher BGH ZInsO 2006, 1224, 1227.

[6] Wie hier OLG Celle InVo 2002, 54, 55; *Smid/Zeuner,* InsO, § 139 Rn. 11 ff., 14; aA: HK-*Kreft,* InsO, § 139 Rn. 12. Teilweise abweichend auch OLG Brandenburg NZI 2003, 649; OLG Köln ZInsO 2004, 99.

[7] BGH ZIP 2002, 87 ff.

[8] *Henkel,* in Kölner Schrift, S. 813, 847; BGH ZIP 1999, 1777 f.; BGH ZInsO 2006, 1224, 1227.

einer wirtschaftlichen Krise (Eröffnungsgrund) auch ein Zeitraum von vier Jahren einer Insolvenzanfechtung nicht entgegenstehen würde.[1]

4. Praxishinweis

14 § 139 hat in der Praxis besondere Bedeutung für sogenannte **Druckanträge** einzelner Gläubiger. Solche Druckanträge werden häufig gestellt, um den sich in der wirtschaftlichen Krise befindlichen Schuldner noch zu einer Zahlung zu bewegen. Die Rücknahme bzw. die Erledigterklärung des Antrags wird häufig stillschweigend angeboten.[2] Die Vorschrift des § 139 führt dazu, dass diese „Druckanträge" nicht mehr folgenlos bleiben, sondern insolvenzanfechtungsrechtlich Konsequenzen haben. Diejenigen Gläubiger, die durch den ausgeübten Druck Zahlungen erhalten, müssen diese Zuwendung am Recht der Insolvenzanfechtung messen lassen.

§ 140 Zeitpunkt der Vornahme einer Rechtshandlung

(1) **Eine Rechtshandlung gilt als in dem Zeitpunkt vorgenommen, in dem ihre rechtlichen Wirkungen eintreten.**

(2) **Ist für das Wirksamwerden eines Rechtsgeschäfts eine Eintragung im Grundbuch, im Schiffsregister, im Schiffsbauregister oder im Register für Pfandrechte an Luftfahrzeugen erforderlich, so gilt das Rechtsgeschäft als vorgenommen, sobald die übrigen Voraussetzungen für das Wirksamwerden erfüllt sind, die Willenserklärung des Schuldners für ihn bindend geworden ist und der andere Teil den Antrag auf Eintragung der Rechtsänderung gestellt hat. Ist der Antrag auf Eintragung einer Vormerkung zur Sicherung des Anspruchs auf die Rechtsänderung gestellt worden, so gilt Satz 1 mit der Maßgabe, daß dieser Antrag an die Stelle des Antrags auf Eintragung der Rechtsänderung tritt.**

(3) **Bei einer bedingten oder befristeten Rechtshandlung bleibt der Eintritt der Bedingung oder des Termins außer Betracht.**

Literatur: *Christiansen,* Bedingungen und Befristungen im Recht der Insolvenzanfechtung, KTS 2003, 353; *Eckert,* Aufrechnung im Mieterinsolvenzverfahren, NZM 2005, 330; *Fischer,* Der maßgebliche Zeitpunkt der anfechtbaren Rechtshandlung, ZIP 2004, 1679; *Scherer,* Insolvenzanfechtung bei eintragungspflichtigen Rechtsgeschäften, ZIP 2002, 341.

Übersicht

[1] BGH ZIP 2008, 235, 236.

[2] Siehe zu Rücknahme und Erledigterklärung *Nerlich/Römermann/Mönning,* InsO, § 13 Rn. 92 ff.

1. Normzweck

Unter weitgehender Übernahme der von Rechtsprechung und Lehre entwickelten Grundsätze regelt § 140, ab welchem Zeitpunkt den für die §§ 129 ff. InsO maßgeblichen Rechtshandlungen anfechtungsrechtlich Bedeutung beizumessen ist. Auch ist § 140 – mittelbar – bedeutsam für die Frage, zu welchem Zeitpunkt eine Person als „nahe stehend" nach § 139 anzusehen ist.[1] 1

2. Grundregel des § 140 Abs. 1 InsO

In § 140 Abs. 1 kommt der Grundgedanke zum Ausdruck, dass entscheidend der Zeitpunkt ist, in dem eine **Rechtsposition begründet wurde,** die im Falle der Eröffnung eines Insolvenzverfahrens beachtet werden müsste.[2] 2

Da für die Insolvenzanfechtung maßgeblich ist, dass infolge der Rechtshandlung eine Vermögensverschiebung von dem Schuldner auf den Gläubiger eintreten kann, ist bei mehraktigen Rechtsgeschäften auf den **letzten für die Wirksamkeit maßgeblichen Teilakt** abzustellen; im Falle der Zustimmungsbedürftigkeit kommt es auf die Zustimmungserteilung an, die Abtretung einer künftigen Forderung ist erst mit der Entstehung der Forderung vorgenommen.[3] Hängt das Rechtsgeschäft von einer privatrechtlichen Genehmigung eines Dritten ab, entscheidet der Zeitpunkt der Erteilung der Genehmigung.[4] Dagegen bleiben öffentlich-rechtliche Genehmigungen außer Betracht.[5] Unterlassungen gelten als vorgenommen, wenn ihre Rechtsfolgen nicht mehr durch eine positive Handlung abgewendet werden können. Bei einer vom Schuldner erteilten Einzugsermächtigung ist die eingezogene Forderung erst dann erfüllt, wenn der Schuldner den Einzug genehmigt hat.[6] Bei einer anfechtbaren **Werthaltigmachung** ist auf den Zeitpunkt der Handlung abzustellen, die zur Werthaltigmachung geführt hat.[7] 3

Im Falle des „Ermöglichens einer Sicherung und Befriedigung" i. S. d. §§ 130, 131 muss es stets darauf ankommen, **dass der Schuldner das seinerseits Erforderliche getan hat,** da er hierdurch begriffsnotwendig das „Ermöglichen" vollendet hat. Die Pfändung einer künftigen Forderung gilt anfechtungsrechtlich zu dem Zeitpunkt als vorgenommen, zu dem die Forderung entsteht.[8] Die Rechtshandlung der Pfändung der Ansprüche des Schuldners gegen das Kreditinstitut aus einem vereinbarten Dispositionskredit („offene Kreditlinie") gilt als vorgenommen, sobald und soweit der Schuldner den ihm zur Verfügung stehenden Kreditbetrag abberufen hat.[9] Bei einer **Globalzession** ist ebenfalls auf das Entstehen der jeweiligen Forderung abzustellen.[10] Dies ist bei einer **Raumsicherungsübereignung** in entsprechender Weise der Zeitpunkt, bei welchem die 4

[1] *Nerlich/Römermann/Nerlich,* InsO, § 140 Rn. 6.
[2] *Balz/Landfermann,* S. 383, Begründung zu § 159 RegE.
[3] *Balz/Landfermann,* S. 383, Begründung zu § 159 RegE.
[4] RGZ 88, 217.
[5] BGH WM 1958, 1417.
[6] BGH ZInsO 2008, 810 f.
[7] BGH ZInsO 2008, 810 f.
[8] BGH NJW 2003, 2171.
[9] BGH NZI 2004, 206; BGH NZI 2005, 690.
[10] BGH NZI 2003, 320.

Ware in den Sicherungsraum gelangt.[1] Ob für den Eintritt der Gläubigerbenachteiligung ggf. noch weitere Umstände hinzukommen müssen (etwa im Falle eines prozessualen Anerkenntnisses das Anerkenntnisurteil), ist irrelevant.[2]

3. Ausnahmeregel des Abs. 2

5 **a)** § 140 Abs. 2 weicht für eintragungspflichtige Rechtsgeschäfte von der Grundregel des Abs. 1, wonach bei einem Rechtsgeschäft Wirkungen bereits eingetreten sein müssen, ab. In deutlicher Abkehr von der zur Konkursordnung ergangenen Rechtsprechung, nach der bei eintragungsbedürftigen Rechtsgeschäften auf die Vornahme der Eintragung abzustellen war,[3] lässt § 140 Abs. 2 es genügen, wenn die Parteien alle sonstigen Voraussetzungen erfüllt haben und der Erwerb nur noch von der Registereintragung abhängt. Dieser Normierung liegt der in § 91 Abs. 2 zum Ausdruck kommende Gedanke zugrunde, dass in solchen Fällen der **andere Teil bereits eine gesicherte Rechtsposition** erlangt hat, die nicht durch mit dem Eintragungsverfahren verbundene und damit außerhalb des Erfüllungsbereiches der Parteien liegende Verzögerungen gefährdet werden soll.

6 Danach muss die Willenserklärung für den Schuldner bindend geworden sein; für Grundstücksgeschäfte müssen also beispielsweise die §§ 873–877, 925 BGB erfüllt sein. Fehlt es an einem dieser Erfordernisse, so kommt § 140 Abs. 2 nicht zur Anwendung.[4] Muss etwa ein Formmangel durch die vollzogene Eintragung geheilt werden, so ist der Eintragungszeitpunkt maßgeblich.

7 Außerdem ist die Stellung des Antrages auf Eintragung erforderlich. Nach dem eindeutigen Gesetzeswortlaut muss der **Antrag von dem andere Teil,** also dem Vertragspartner des Schuldners, gestellt worden sein. Dem liegt die Konzeption zugrunde, dass dieser Vertragspartner eine Position erlangt hat, die von dem Schuldner nicht mehr einseitig aufgehoben werden kann.[5] Da aber gerade die Erlangung einer solchen Position Grund für die Regelung des § 140 Abs. 2 war, kann man diese Ausnahmeregelung nicht auch dann anwenden, wenn der Antrag von dem Schuldner gestellt worden war, da dann dieser bis zur Vollendung der Eintragung das Recht hat, diesen Antrag wieder zurückzunehmen.[6] Dies muss selbst für den Fall eines schuldrechtlichen Verzichts auf das Rücknahmerecht gelten, da dieser keine unmittelbaren Verfahrenswirkungen zeitigt.[7] Dagegen wird gelegentlich auch unzutreffend vertreten, dass ein Eintragungsantrag des Schuldners ausreichen kann.[8]

8 Außerdem genügt es, wenn der Notar für den anderen Teil oder, was der Regelfall sein dürfte, für beide Parteien den Antrag auf Eintragung stellt.[9] Die

---

[1] Wie hier wohl auch *Molitor,* ZInsO 2006, 23, 29.

[2] So im Ergebnis auch *Smid/Zeuner,* InsO, § 140 Rn. 16; aA: *Henckel,* Insolvenzanfechtung, in Kölner Schrift, S. 813, 848; HK-*Kreft,* InsO, § 140 Rn. 6. Zu weiterer Kasuistik siehe *Kübler/Prütting/Bork/Ehricke,* InsO, § 140 Rn. 4.

[3] Näher und mwN *Smid/Zeuner,* InsO, § 140 Rn. 9.

[4] HK-*Kreft,* InsO, § 140 Rn. 9.

[5] *Kübler/Prütting/Bork/Ehricke,* InsO, § 140 Rn. 9.

[6] Vgl. *Bauer/von Oefele/Wilke,* § 13 Rn. 101 ff.

[7] *Bauer/von Oefele/Wilke,* aaO, Rn. 105.

[8] Vgl. *Breutigam/Tanz,* ZIP 1998, 717 ff.

[9] *Balz/Landfermann,* S. 383, Begründung zu § 159 RegE.

Kritik hieran von *Kreft*[1] überzeugt nicht, da der Notar, wenn er für beide Parteien den Eintragungsantrag gestellt hat, diesen nicht für nur eine Partei zurücknehmen wird.

b) Ist eine in ein Register einzutragende Rechtsänderung durch eine **Vormerkung** gesichert, so erhält der Erwerber bereits durch die Vormerkung eine gesicherte Rechtsposition, die nach § 106 auch im Insolvenzfalle zu beachten ist. Aus diesem Grunde gilt nach § 140 Abs. 2 S. 2 das durch die Vormerkung gesicherte Rechtsgeschäft bereits mit Stellung des Antrages auf Eintragung der Vormerkung als vorgenommen, sofern alle übrigen für die Wirksamkeit des Rechtsgeschäftes notwendigen Voraussetzungen erfüllt sind. 9

c) Wie bereits aus dem Wortlaut des Abs. 2, der auf Rechtsgeschäfte abstellt, deutlich wird, **erfasst er nicht Eintragungen im Zwangswege.**[2] Ist der Schuldner zur Abgabe des Eintragungsantrages verurteilt worden, so muss mit Rechtskraft dieses Urteils das Rechtsgeschäft als vorgenommen i. S. d. § 140 Abs. 2 gelten, da ihm dann keine Widerrufsmöglichkeit mehr offensteht. 10

4. Bedingte und befristete Rechtshandlungen

Auflösend und aufschiebend bedingte sowie befristete Rechtshandlungen gelten nach § 140 Abs. 3 bereits dann als vorgenommen, wenn die rechtsbegründenden Tatumstände abgeschlossen sind. Auf den Eintritt der Bedingung oder des Termines ist nicht abzustellen; die bedingten oder befristeten Rechtshandlungen werden also so behandelt, als wären sie unbedingt bzw. unbefristet. 11

Nicht anwendbar ist § 140 Abs. 3 auf die Abtretung künftiger Forderungen,[3] für die es auf das Entstehen der Forderung ankommt. Nach dem Willen des Gesetzgebers ist aber die Kündigung zu einem künftigen Termin als befristete Rechtshandlung anzusehen.[4] Besonderes gilt beim gesetzlichen Vermieterpfandrecht, weil Mietzinsforderungen gesichert werden, die als aufschiebend bedingte Ansprüche im Sinne der § 140 Abs. 3 anzusehen sind. Das der Sicherung eines Mietzinsanspruches dienende Vermieterpfandrecht kann nicht in weiterem Umfange der Insolvenzanfechtung unterliegen als die Erfüllung der Mietzinsforderung durch den Mieter.[5] 12

5. Praxishinweis

In der Praxis wird häufig durch Insolvenzverwalter übersehen, dass nicht nur das Vorliegen des letzten Teilaktes eines mehraktigen Rechtsgeschäfts zu prüfen ist. Diese Betrachtungsweise wird durch § 140 zwar gefördert, von gleicher Bedeutung ist aber das Bestehen der übrigen materiell-rechtlichen Voraussetzungen des Rechtsgeschäfts (an denen es häufig fehlt). Z. B. gibt es bei Verfügungen häufig Sachverhaltsgestaltungen, bei denen die Verfügungsbefugnis nachträglich wegfällt und der zeitlich spätere Rechtserwerb des Dritten aus diesem Grund scheitert. 13

---

[1] HK-*Kreft,* InsO, § 140 Rn. 10.

[2] Etwa einer **Zwangshypothek,** *Nerlich/Römermann/Nerlich,* InsO, § 140 Rn. 18.

[3] *Nerlich/Römermann/Nerlich,* InsO, § 140 Rn. 20.

[4] *Balz/Landfermann,* S. 384, Begründung zu § 159 RegE; so auch *Uhlenbruck/Hirte,* InsO, § 141 Rn. 18.

[5] BGH NZI 2007, 158, 160.

§ 141 Vollstreckbarer Titel

Die Anfechtung wird nicht dadurch ausgeschlossen, daß für die Rechtshandlung ein vollstreckbarer Schuldtitel erlangt oder daß die Handlung durch Zwangsvollstreckung erwirkt worden ist.

1. Normzweck

1 § 141, der die Regelung des bisherigen § 35 KO übernimmt, stellt klar, dass es für die Anfechtbarkeit von Rechtshandlungen nicht darauf ankommt, ob diese freiwillig erfolgen oder unter Zuhilfenahme einer Behörde. Es handelt sich hierbei nicht um einen eigenständigen Anfechtungstatbestand.

2. Vollstreckbare Schuldtitel

2 § 141 Alt. 1 betrifft den Fall, dass der Schuldner infolge des Ergehens des Schuldtitels freiwillig leistet; Vollstreckungsmaßnahmen aus dem Titel werden von § 141 Alt. 2 erfasst.[1] Die Titulierung der Forderung ändert nichts an der Anfechtbarkeit der Rechtshandlung. **Die Anfechtbarkeit von Leistungen auf titulierte Forderungen** erfolgt in der Weise, als hätte der Schuldner auf einen nicht titulierten Anspruch hin geleistet.

3 Vollstreckbare Schuldtitel sind außer den in den §§ 704, 794 Abs. 1 ZPO genannten auch Arrestbefehle, einstweilige Verfügungen,[2] der Zuschlagsbeschluss im Versteigerungsverfahren,[3] der Auszug aus der Insolvenztabelle,[4] die in § 168 VwGO genannten Vollstreckungstitel sowie vollziehbare Verwaltungsakte.[5] Bezüglich weiterer Beispiele für Vollstreckungstitel wird auf die Kommentarliteratur zu § 794 ZPO verwiesen.[6]

3. Vollstreckungshandlungen

4 Auch die Vorschrift des § 141 Alt. 2 hat nur klarstellende Funktion. Sie normiert, dass eine Leistung des Schuldners, die **im Wege der Zwangsvollstreckung beigetrieben** worden ist, genau so zu behandeln ist, als hätte sie der Schuldner freiwillig gewährt. § 141 Alt. 2 dehnt nicht die Anfechtbarkeit auch auf Zwangsvollstreckungshandlungen als solche aus.[7] In Übereinstimmung mit der Rechtslage unter der Konkursordnung betrachtet der Gesetzgeber als Zwangsvollstreckung auch die Vollziehung eines Arrestes oder einer einstweiligen Verfügung.[8]

---

[1] *Kübler/Prütting/Bork/Ehricke,* InsO, § 141 Rn. 2.
[2] §§ 928, 936 ZPO.
[3] § 93 ZVG.
[4] § 201 Abs. 2 InsO.
[5] § 3 Abs. 3 a) VwVG.
[6] Ausführlich etwa *Stein/Jonas/Münzberg,* ZPO, § 494 Rn. 100.
[7] *Henckel,* in Kölner Schrift, S. 813, 849.
[8] *Balz/Landfermann,* S. 384, Begründung zu § 160 RegE; MünchKomm-*Kirchhof,* InsO § 141 Rn. 8.

§ 142 Bargeschäft

Eine Leistung des Schuldners, für die unmittelbar eine gleichwertige Gegenleistung in sein Vermögen gelangt, ist nur anfechtbar, wenn die Voraussetzungen des § 133 Abs. 1 gegeben sind.

Literatur: *Lwowski/Wunderlich,* Aktuelle Probleme des insolvenzrechtlichen Bargeschäfts, WM 2004, 1511; *Riggert,* Zur dogmatischen Entwicklung des insolvenzrechtlichen Bargeschäfts, FS für Braun, S. 139 ff.

Übersicht

1. Normzweck

1 Während die §§ 130, 131 (kongruente bzw. inkongruente Deckung) auf das Verpflichtungsgeschäft und das Bestehen eines schuldrechtlichen Anspruchs abstellen, bezieht sich § 142 auf den **tatsächlichen dinglichen Leistungsaustausch.** Zwar setzt auch § 142 voraus, dass Leistung und Gegenleistung durch eine Parteivereinbarung miteinander verknüpft sind („für die"), entscheidend ist jedoch die Wertbetrachtung der ausgetauschten Vermögensgegenstände.

2 § 142 sieht eine Privilegierung bei Austausch wirtschaftlich gleichwertiger Leistungen vor, dieser soll nur bei Vorliegen einer vorsätzlichen Benachteiligung (§ 133) anfechtbar sein. Die Privilegierung ist berechtigt, da Gläubiger nicht durch Geschäfte benachteiligt werden, bei denen dem Vermögen des Schuldners ein entsprechender Gegenwert zufließt. Dem in der Krise befindlichen Schuldner wird auch nicht von vornherein jede Sanierungsmöglichkeit dadurch genommen, dass Geschäftspartner, die von der schwierigen Lage Kenntnis haben, wegen der Gefahr der Anfechtung von Verträgen mit dem Schuldner Abstand nehmen.[1] Damit werden die von der Rechtsprechung auf der Grundlage von § 30 Ziff. 1 1. Alt. KO wegen mangelnder Gläubigerbenachteiligung richterrechtlich ausgebildeten Grundsätze zum Bargeschäft als Norm festgeschrieben.

2. Die „gleichwertige" Gegenleistung

3 Infolge des Rechtsgeschäftes muss dem Schuldner im Gegenzug für seine Leistung eine gleichwertige Gegenleistung zugeflossen sein, wobei sich die Gleichwertigkeit nach objektiven **wirtschaftlichen Kriterien** bemisst. Abwei-

[1] Begründung zu § 161 RegE, *Balz/Landfermann,* S. 385.

chungen im Rahmen des Üblichen (z. B. ein „Drücken" des Kaufpreises auf Grund der Marktsituation) sind hinzunehmen.[1] Es sind sämtliche Umstände des konkreten Einzelfalles zu berücksichtigen. **Gleichartigkeit fordert § 142 nicht,** es ist deshalb auch unschädlich, wenn die Leistung an den Schuldner in Bargeld erfolgt, das gleich dem Zugriff der Gläubiger entzogen werden kann.[2] Überholt sind deshalb Entscheidungen zum alten Recht, wonach es an der objektiven Gleichwertigkeit im Einzelfall fehlen kann, wenn trotz fehlender Vermögensminderung die Gegenstände dem Zugriff der Gläubiger entzogen oder diesem wenigstens auf Grund von Verwertungsschwierigkeiten schwerer zugänglich sind.[3] In solchen Fällen kommt bei Vorliegen der subjektiven Voraussetzungen allenfalls eine Anfechtung nach § 133 in Betracht.

4 Bei der **Besicherung von Bankkrediten** ist als tatsächlicher Leistungsaustausch zu vergleichen, der wirtschaftliche Wert der bestellten Sicherheiten einerseits, die Höhe des gewährten Kredites andererseits.[4] Entsprechendes gilt für einen **Sicherheitentausch,** bei welchem ein Sicherungsgeber neue Sicherheiten bestellt, im Gegenzug bereits bestellte Sicherheiten vom Sicherungsnehmer freigegeben erhält. Dabei ist die Identität des Sicherheitenbestellers mit dem Freigabeempfänger erforderlich.[5]

Bei **Sanierungskrediten,** auch wenn es sich um echte Neukredite handelt, soll bei einer offensichtlichen Ausweglosigkeit des Sanierungsversuchs der wirtschaftliche Wert des Kredits für den Schuldner geringer als der nominelle Wert der gewährten Sicherheit sein.[6]

5 Kein Bargeschäft liegt regelmäßig vor, wenn eine ausgelaufene **Kreditlinie lediglich verlängert** oder die nicht vollständige Ausnutzung einer bereits zur Verfügung gestellten Kontokorrentkreditlinie gewährt wird. In beiden Fällen fließen dem Schuldner keine neuen Kreditmittel zu. Etwas anderes gilt, wenn der Schuldner zum Stichtag den Kredit vollständig zurückführen und der Gläubiger neu valutieren könnte. Ein Bargeschäft kann ausnahmsweise auch dann vorliegen, wenn die Gegenleistung für die Bank die geringere Wertigkeit der Bankleistung berücksichtigt.

6 Erhält der Schuldner einen **Neukredit** und sollen die bestellten Sicherheiten gleichrangig **auch einen alten Kredit absichern,** so liegt im Regelfall kein Bargeschäft vor.[7] Der Grund für die Verfehlung der Privilegierung des Bargeschäfts liegt hier in der fehlenden Gleichwertigkeit: Die bestellten Sicherheiten sind wirtschaftlich dem Neukredit angemessen, die Erweiterung des Sicherungszwecks auf Altkredite hebt die wirtschaftliche Äquivalenz auf. Eine schematische

[1] Ausführlich *Smid/Zeuner,* InsO, § 142 Rn. 2.

[2] *Nerlich/Römermann/Nerlich,* InsO, § 142 Rn. 6 mit Hinweis auf die Begründung zum RegE.

[3] BGH ZIP 1990, 1420 ff. – Bestellung eines Nießbrauches als Gegenleistung für eine Grundstücksübertragung bzw. BGH ZIP 1995, 134 ff. – Übertragung eines Gesellschaftsanteils als Gegenleistung für eine Grundstücksübereignung, hierzu zu Recht krit. *Kübler/Prütting/Bork/Ehricke,* InsO, § 142 Rn. 10.

[4] BGH NJW 1977, 718.

[5] Weitergehend offenbar BGH WM 2005, 179 ff., auch Identität Sicherungsnehmer und Sicherheitenfreigeber notwendig.

[6] OLG Rostock ZIP 2002, 1902, 1907 f.; *Nerlich/Römermann/Nerlich,* aaO, Rn. 7 mwN zum bisherigen Konkursrecht; kritisch *Riggert,* FS für Braun, S. 154 f.

[7] BGH WM 1993, 265; *Hess,* InsO, § 142 Rn. 23.

Betrachtungsweise verbietet sich jedoch: Im Einzelfall kann eine wirtschaftliche Gleichwertigkeit bestehen, wenn für den Neukredit weniger Sicherheiten als banküblich bestellt werden, dafür aber eine gleichrangige Besicherung der Altkreditlinien erfolgt. In den Fällen, bei welchen eine **vorrangige Besicherung des Neukredits,** eine nachrangige Besicherung der Altkreditlinien erfolgt, kommt nur hinsichtlich der nachrangigen Besicherung eine Teilanfechtung in Betracht.

Im Falle einer zu geringen, nicht mehr als gleichwertig anzusehenden Gegenleistung ist die Privilegierung nicht erfüllt; hier ist das Geschäft anfechtbar. Die zu geringe Gegenleistung ist aus der Insolvenzmasse zu erstatten, § 144 Abs. 2.[1] Eine Teilanfechtung kommt allerdings in Betracht, soweit sich das Rechtsgeschäft zerlegen lässt. 7

Die Gegenleistung muss in das Vermögen des Schuldners geflossen sein, jedoch nicht notwendig auch in die Haftungsmasse, da ansonsten die Lieferanten unpfändbarer Gegenstände[2] unberechtigt benachteiligt würden.[3] 8

Auch bei einer **Sicherheitenbestellung durch den Gesellschafter** für Kredite an „seine" Gesellschaft kann ein Bargeschäft vorliegen. Hierfür erforderlich ist die entsprechende Werterhöhung der Gesellschaftsanteile dieses Gesellschafters durch die Valutierung.[4] 9

Honorare für Sanierungskonzepte sind, sofern sie als angemessen anzusehen sind, auch dann als Bardeckungen anzusehen, wenn das Sanierungskonzept scheitert, solange es nicht von Anfang an ohne jede Erfolgsaussichten war.[5] Bei Entwürfen, Konzepten oder vorläufigen Leistungen kann die Wertigkeit zweifelhaft sein (z. B. Entwurf eines Insolvenzplans).[6] 10

Zum Vorliegen eines Bargeschäftes im Falle der **Verrechnung/Aufrechnung von Zahlungseingängen** im Kontokorrent siehe ausführlich die Kommentierung zu § 130. 11

3. Das Erfordernis des sachlichen Zusammenhanges zwischen Leistung und Gegenleistung

Die Gegenleistung muss „für die" schuldnerische Leistung geflossen sein, so dass eine vertragliche Verknüpfung vorausgesetzt wird. Obwohl § 142 im Kern auf die Bewertung des wirtschaftlichen Leistungsaustausches abstellt, bedarf es der Einbeziehung der Ebene des schuldrechtlichen Verpflichtungsgeschäfts: Dieses Erfordernis besteht zunächst schon deshalb, da festgestellt werden muss, welche ausgetauschten Leistungen zu vergleichen sind, d. h. welche von den Parteien als Leistung und Gegenleistung bestimmt wurden. Dabei wird man das Merkmal „für die" so auslegen müssen, dass Leistung und Gegenleistung dem Verpflichtungsgeschäft entsprechen muss, also keine inkongruente Deckung gegeben ist, bei welcher der Schuldner eine Sicherung oder Befriedigung gewährt oder 12

[1] Die Ausführungen von *Kübler/Prütting/Bork/Ehricke* InsO, § 142 Rn. 8 (Teilanfechtung, soweit eine Massebeeinträchtigung vorliegt) sind praeter legem.

[2] § 811 ZPO.

[3] *Kübler/Prütting/Bork/Ehricke,* InsO, § 142 Rn. 11.

[4] Siehe allgemein zu Rechtsfragen der Konzernfinanzierung BGH WM 1998, 968 ff.

[5] FK-*Dauernheim,* InsO, § 142 Rn. 3 mwN.

[6] Ebenso bei einer Leistung, die der Schuldner ohne Weiteres hätte selbst erbringen können, zum Ganzen BGH NZI 2008, 173 ff.

ermöglicht hat, die der Dritte nicht oder nicht in der Art oder nicht zu der Zeit zu beanspruchen hatte.[1]

Liegt bei der Bestellung einer **revolvierenden Sicherheit** zunächst ein **kongruentes** Bargeschäft vor, kann dieses Privileg hinsichtlich der per Vertragsschluss erlangten Sicherheiten nicht mehr verlorengehen. Unstreitig ist der sachenrechtliche Bestimmtheitsgrundsatz gewahrt. Der Sicherheitengläubiger ist durch das Bargeschäft geschützt. Bei den durch die Revolvierung nach Vertragsschluss erlangten Sicherheiten ging die inzwischen überholte Rechtsprechung einzelner OLG-Gerichte unzutreffend generell von einer (nachträglich) entstehenden Inkongruenz aus.[2] Der BGH[3] ist dieser Rechtsprechung zutreffend entgegengetreten. Es sind die Grundsätze der kongruenten Deckung anzuwenden.

12a Bei der **„inkongruenten Deckung"** fehlt es an einer Übereinstimmung zwischen dem tatsächlichen wirtschaftlichen Leistungsaustausch und dem Verpflichtungsgeschäft. Insoweit hat der Bundesgerichtshof nach altem Recht die inkongruente Deckung von dem Bargeschäftprivileg zu Recht ausgenommen.[4] Diese Rechtsprechung ist auch auf den § 142 anwendbar. Bei sogenannten Druckzahlungen führt dies dazu, dass eine Berufung auf die Privilegierung des § 142 ausscheidet, auch wenn Vertragsgrundlage der erzwungenen Leistung ein Bargeschäft war.[5]

13 Noch nicht eindeutig geklärt ist, inwieweit Vertragsänderungen einem **ursprünglich vorhandenen Bargeschäft** die Privilegierung entziehen. Im Anknüpfungspunkt zutreffend ist, dass hierdurch der ursprünglich sachliche Zusammenhang zwischen Leistung und Gegenleistung gestört werden kann. In der Praxis häufiges Beispiel ist, dass zwischen Kreditnehmer und Kreditinstitut eine Sicherheitenbestellung für die Vergabe eines Neukredits vereinbart wurde, später eine abweichende Sicherheit nach einvernehmlicher Abstimmung zur Bestellung gelangt. Nach der Rechtsprechung des Bundesgerichtshofs[6] kann der Bargeschäftcharakter verloren gehen, wenn die Vertragsänderung nach Erfolgen der Leistung einer Partei vorgenommen wird. Dies erscheint zweifelhaft, da es den Parteien unbenommen bleiben muss, den Rechtsgrund für den Leistungsaustausch zu ändern, eine Gläubigerbenachteiligung ist damit – wenn sich an der wirtschaftlichen Adäquanz des Leistungsaustausches nichts ändert – damit nicht verbunden. Richtiger dürfte der Ansatz sein, nachträglichen Vertragsänderungen (soweit diese tatsächlich erfolgt sind) nicht von vornherein die Privilegierung des Bargeschäfts zu entziehen.

4. Das Unmittelbarkeitserfordernis

14 Die Gegenleistung muss in unmittelbarem Zusammenhang mit der schuldnerischen Leistung stehen, was eine zeitliche Nähe bedeutet. Zwischen Leistung

---

[1] Vgl. § 131 InsO.

[2] OLG Karlsruhe WM 2005, 1762, 1764; OLG München NZI 2006, 530; OLG Dresden ZIP 2005, 2167.

[3] BGH NZI 2008, 89 ff. für die Globalzession, BGH ZInsO 2008, 1027 ff. für die Raumsicherungsübereignung, hierzu *Riggert,* NZI 2009, 137.

[4] BGHZ 123, 320 ff.; so im Ergebnis auch *Uhlenbruck/Hirte,* InsO, § 142 Rn. 4; MünchKomm-*Kirchhof,* InsO § 142 Rn. 7 mwN auch zur Gegenauffassung.

[5] BGH ZIP 2005, 494 (, 497) – Zwangsvollstreckung; BGH WM 2004, 299, 300 – Insolvenzantrag und Drohung mit Insolvenzantrag.

[6] BGHZ 123, 320, 328 f.

und Gegenleistung darf eine gewisse Zeitspanne liegen, die allerdings nicht so lang sein darf, dass das Rechtsgeschäft den Charakter eines Kreditgeschäftes annimmt.[1] Im Regelfall kann der **Rechtsgedanke des § 286 Abs. 3 BGB** (Verzugsfrist: 30 Tage) herangezogen werden.[2] Sonst sind für die Beurteilung die üblichen Zahlungsbräuche sowie sämtliche anderen Umstände des Einzelfalles, insbesondere Art des Geschäfts und die Verkehrsauffassung, zu berücksichtigen.[3]

So ist die Rechtslage bei einfachen Zahlungsvorgängen[4] anders zu beurteilen 15
als bei komplizierteren und zeitaufwändigeren Sachverhalten.[5] Bei **Sicherheitenbestellungen** dürfte aber eine Vier-Monats-Zeitspanne die äußerste Grenze darstellen.[6]

Als Grundregel kann gelten, dass **Verzögerungen, die durch Dritte** 16
(z. B. Grundbuchamt) **verursacht werden,** für die Einordnung als Bargeschäft unschädlich sind. Hierbei handelt es sich nämlich um Umstände, die – üblicherweise – zur Verzögerung aller Verkehrsgeschäfte führen. Eine andere Beurteilung ist auch dann nicht möglich, wenn die **Verzögerung durch den späteren Schuldner** erfolgt, sogenannte einseitige Krediterzwingung. Zwar ist bei Kreditgeschäften das Unmittelbarkeitserfordernis der ausgetauschten Leistungen gerade nicht gegeben, dies kann aber bei einer einseitigen Krediterzwingung nicht zulasten des Anfechtungsgegners gehen.[7]

5. Anfechtbarkeit trotz Vorliegen eines Bargeschäftes

Der Gesetzgeber hat durch den Verweis auf § 133 Abs. 1 Geschäfte, bei denen 17
subjektiv eine Gläubigerschädigung im Vordergrund steht,[8] trotz Vorliegens einer ausreichenden wirtschaftlichen Kompensation nicht dem Bargeschäft-Privileg unterstellt. Da stets auch eine Gläubigerbenachteiligung vorliegen muss, kommt eine Anfechtung stets dann in Betracht, wenn der Schuldner den Erlös beiseite bringen konnte.[9]

Nach hM stellt der Verweis nur auf § 133 Abs. 1 ein **Redaktionsversehen** 18
des Gesetzgebers dar, so dass auch § 133 Abs. 2, der keinen eigenständigen Insolvenzanfechtungstatbestand darstellt (Beweislastregel) von der Verweisung mit umfasst ist.[10]

---

[1] *Balz/Landfermann,* S. 384, Begründung zu § 161 RegE.

[2] BGH NZI 2006, 469 f.

[3] Ausführlich FK-*Dauernheim,* InsO, § 142 Rn. 5 ff. m. zahlreichen w. N.

[4] BGH ZIP 1980, 518, 519: Scheckbegebung eine Woche nach Rechnungsstellung.

[5] Eintragung einer Sicherheit bei Darlehensgewährung: Unschädlichkeit eines Zwischenraumes von zwei Monaten, sofern der Eintragungsantrag unverzüglich gestellt worden war, BGH WM 1955, 404, 406; BGH WM 1978, 133, 135 oder von vier Monaten zwischen Gewährung und Eintragung eines Grundpfandrechtes, OLG Hamburg ZIP 1984, 1373, 1376.

[6] *Niehus,* Die Insolvenzanfechtung in der Bundesrepublik Deutschland und den Vereinigten Staaten von Amerika, S. 60.

[7] AA: BGH WM 2002, 1808 f.

[8] *Kübler/Prütting/Bork/Ehricke,* InsO, § 142 Rn. 14.

[9] Vgl. den Fall bei BGH ZIP 1993, 1653, 1654.

[10] *Kübler/Prütting/Bork/Ehricke,* InsO, § 142 Rn. 15; *Nerlich/Römermann/Nerlich,* InsO, § 142 Rn. 14; aA: *Huber,* AnfG, § 3 Rn. 47: ein Rechtsgeschäft des Schuldners mit nahen Angehörigen würde dann kaum in den Genuss des Bargeschäftsprivilegs kommen.

6. Unerheblichkeit anderweitiger Kompensation

19 Eine Anrechenbarkeit sonstiger Vorteile als der vertraglichen Gegenleistung kommt schon auf Grund des Gesetzeswortlautes nicht in Betracht. Außerdem hat das Anfechtungsrecht keine Schadenersatzfunktion, so dass auch aus diesem Grunde der spezifisch schadenersatzrechtliche Grundsatz der **Vorteilsanrechnung** im Rahmen des § 142 unbeachtlich bleiben muss.[1] Im Übrigen gebietet auch der Normzweck nicht die Berücksichtigung sonstiger Vorteile, die dem Schuldner aus Anlass des Rechtsgeschäftes zufließen.

20 Aus diesen Gründen sind Rechtsgeschäfte, bei denen keine vertraglich vereinbarte Gegenleistung fließt, die aber dennoch Vermögensvorteile des Schuldners zur Folge haben, nach den §§ 130 ff. anfechtbar. § 142 greift nicht ein.

7. Beweislast

21 Weil 142 eine Privilegierung des Anfechtungsgegners darstellt, ist dieser – und nicht der Verwalter – für das Vorliegen eines Bargeschäftes beweispflichtig. Dagegen hat der Verwalter zu beweisen, dass § 133 eingreift.[2]

8. Praxishinweis

22 Die Regelung des § 142 entspricht den bereits zum Konkursrecht entwickelten richterrechtlichen Grundsätzen. Gleichwohl handelt es sich um eine Zentralvorschrift des Insolvenzanfechtungsrechts, die selbst noch im Zeitraum nach erfolgter Insolvenzantragsstellung eine Anfechtung hindert. Insbesondere seitens der finanzierenden Kreditinstitute ist darauf zu achten, dass die Besicherung den Grundsätzen des § 142 entspricht.

§ 143 Rechtsfolgen

(1) **Was durch die anfechtbare Handlung aus dem Vermögen des Schuldners veräußert, weggegeben oder aufgegeben ist, muß zur Insolvenzmasse zurückgewährt werden. Die Vorschriften über die Rechtsfolgen einer ungerechtfertigten Bereicherung, bei der dem Empfänger der Mangel des rechtlichen Grundes bekannt ist, gelten entsprechend.**

(2) **Der Empfänger einer unentgeltlichen Leistung hat diese nur zurückzugewähren, soweit er durch sie bereichert ist. Dies gilt nicht, sobald er weiß oder den Umständen nach wissen muß, daß die unentgeltliche Leistung die Gläubiger benachteiligt.**

(3) **Im Fall der Anfechtung nach § 135 Abs. 2 hat der Gesellschafter, der die Sicherheit bestellt hatte oder als Bürge haftete, die dem Dritten gewährte Leistung zur Insolvenzmasse zu erstatten. Die Verpflichtung besteht nur bis zur Höhe des Betrags, mit dem der Gesellschafter als Bürge haftete oder der dem Wert der von ihm bestellten Sicherheit im Zeitpunkt der Rückgewähr des Darlehens oder der Leistung auf die gleichgestellte Forderung entspricht. Der Gesellschafter wird von der Verpflichtung frei, wenn er die Gegenstände,**

[1] Ausführlich *Henckel,* FS Deutsch, S. 967, 979 ff. m zahlreichen wN.
[2] *Kübler/Prütting/Bork/Ehricke,* InsO, § 142 Rn. 17.

die dem Gläubiger als Sicherheit gedient hatten, der Insolvenzmasse zur Verfügung stellt.

Übersicht

1. Normzweck

1 § 143 normiert den Grundsatz, dass infolge der Anfechtung die Insolvenzmasse in die Lage zurückversetzt werden soll, in der sie sich befinden würde, wenn die anfechtbare Rechtshandlung unterblieben wäre. In Abs. 2 wird der gutgläubige Empfänger einer unentgeltlichen Leistung dadurch privilegiert, dass er den Entreicherungseinwand erheben kann.

2 § 143 übernimmt die Konzeption des § 37 KO, erweitert diese aber um eine auf die Vorschriften des bürgerlich-rechtlichen Bereicherungsrechtes verweisende Regelung der Rechtsfolgen des unverschuldeten Unterganges oder der unverschuldeten Verschlechterung des Anfechtungsgegenstandes. Damit wird die Haftung an die des bösgläubigen Bereicherungsschuldners angeglichen. Ein unverschuldeter Untergang sowie eine unverschuldete Verschlechterung haben für den Leistungsempfänger keine haftungsrechtlichen Konsequenzen mehr.

2. Allgemeines

3 Der Anfechtungsanspruch ist ein obligatorischer Rückgewähranspruch,[1] der stets und unabhängig von der Rechtsnatur der die Rückgewährpflicht auslösenden Rechtshandlung zivilrechtlicher Natur ist. Er richtet sich gegen denjenigen, der gegenüber der Gläubigergesamtheit bevorzugt worden ist durch Erlangung eines wirtschaftlichen Wertes. Treuhänder und nach § 185 BGB Ermächtigte sind deshalb nicht Rückgewährschuldner.[2]

Er ist kein Deliktsanspruch.[3] Für das Rückgewährverhältnis gelten die Normen des allgemeinen Schuldrechtes.[4] Der Verwalter kann über diesen Rückgewähranspruch umfassend verfügen.[5] Die angefochtene Handlung ist weder relativ noch absolut unwirksam, bis zur Rückgewähr ist der Anfechtungsgegner am

---

[1] BGH ZIP 2006, 2177.

[2] KG ZInsO 2002, 973 f.

[3] *Hess*, InsO, § 143 Rn. 14.

[4] *Smid/Zeuner*, InsO, § 143 Rn. 3.

[5] BGH ZIP 1995, 1204, 1205 mwN.

Erlangten dinglich Berechtigter. Etwas anderes gilt nur, wenn die – nach zivilrechtlichen Grundsätzen zu prüfenden – Voraussetzungen des § 134 BGB vorliegen.[1]

3. Der Primäranspruch auf Rückgewähr

4 Primär richtet sich der Rückgewähranspruch auf Naturalrestitution. Wertersatz ist nur bei Unmöglichkeit der Rückgewähr geschuldet.[2] Hieraus ergibt sich, dass der **Verwalter nicht die Wahl zwischen Naturalrestitution und Wertersatz hat.** Er ist aber frei, mit dem Anfechtungsgegner trotz bestehender Rückgewährmöglichkeiten einen Wertausgleich zu vereinbaren.[3]

5 Die Rückgewähr in Natur hat so zu erfolgen, dass der Anfechtungsgegenstand in dem Zustand wieder in die Masse zurückzugewähren ist, in der er bei der Ausgliederung aus dem schuldnerischen Vermögen war. Insofern bleiben alle Nebenrechte und Rechte Dritter bestehen, so dass etwa die Anfechtung eines Sicherheiten-Poolvertrages nichts an den bestellten Sicherheiten ändert, die vertragliche Risikoverteilung gewahrt bleibt und auch die Einrede des nichterfüllten Vertrages[4] weiterhin geltend gemacht werden kann.[5] Der Besitzer einer Bürgschaftsurkunde hat diese gem. § 143 Abs. 1 S. 1 an den Insolvenzverwalter herauszugeben, auch wenn die durch die Bürgschaft gesicherte Forderung zuvor abgetreten wurde. Für die Frage der Rückgewähr nach § 143 ist es unerheblich, ob der Besitzer durch die Herausgabe gegenüber Dritten ersatzpflichtig wird.[6]

6 Der Anspruch ist stets darauf zu richten, den **Anfechtungsgegenstand wieder in die Haftungsmasse einzugliedern.** Bei anfechtbaren **Übereignungen** ist dies problemlos. Dort ist der Gegenstand nach den allgemeinen bürgerlichrechtlichen Vorschriften zurückzuübertragen. Bei Grundstücken kommt daneben auch die Klage auf Duldung der Zwangsvollstreckung nach Maßgabe der §§ 180 ff. ZVG in Betracht.[7] Bei **Unterlassungen,** die angefochten werden,[8] ist bezüglich der Rechtsfolgen der Insolvenzverwalter so zu stellen, als wäre die unterlassene Handlung erfolgt.[9]

7 Befindet sich der anfechtbar veräußerte Gegenstand noch bei dem Schuldner (etwa im Falle einer Sicherungsübereignung), so bedarf es keiner Anfechtung; der Verwalter darf den Gegenstand verwerten und dem Anfechtungsgegner, wenn dieser Ansprüche geltend macht, die Anfechtbarkeit einredeweise entgegenhalten.

8 Bei **Hypotheken** kommt ein Verzicht des Gläubigers in Frage, so dass eine Eigentümergrundschuld entsteht, §§ 1168 Abs. 1 BGB, 1177 Abs. 1 BGB, oder

[1] Vgl. BGH ZIP 2006, 2177.
[2] FK-*Dauernheim,* InsO, § 143, Rn. 4.
[3] BGH ZIP 1995, 1204, 1205.
[4] BGB § 320.
[5] *Kübler/Prütting/Bork/Jacoby,* InsO, § 143 Rn. 36.
[6] BGH NZI 2005, 453.
[7] FK-*Dauernheim,* InsO, § 143 Rn. 6 m zahlreichen wN.; der Rückgewähranspruch kann durch Vormerkung gesichert werden, LG Dresden ZInsO 2002, 140 f.
[8] § 129 Abs. 2 InsO.
[9] Differenzierung bei *Smid/Zeuner,* InsO, § 143 Rn. 17; wie hier HK-*Kreft,* InsO, § 143 Rn. 18.

die Erteilung einer Löschungsbewilligung, mit der Folge, dass die nachrangigen Hypothekengläubiger nachrücken.[1] In Betracht kommt aber auch, dass der Insolvenzverwalter nur die Überlassung des im Zwangsversteigerungsverfahren auf den Hypothekengläubiger entfallenden Erlöses fordert.[2]

Angefochtene **Prozesshandlungen** bleiben bestehen; jedoch sind ihre Wirkungen als nicht existent zu betrachten, so dass etwa trotz eines prozessualen Anerkenntnisses aus dem Urteil nicht vollstreckt werden darf. Die Anfechtung der Nichteinlegung einer Berufung berechtigt jedoch nicht zur nachträglichen Berufungseinlegung.[3] 9

Der Rückgewähranspruch umfasst auch die **Nutzungen,** soweit der Schuldner sie hätte ziehen können;[4] sind die Nutzungen nicht mehr vorhanden oder ist ihre Ziehung schuldhaft unterlassen worden, ist nach den allgemeinen Vorschriften des BGB Schadensersatz zu leisten.[5] 10

Ist der zurückzugewährende Gegenstand bei dem Anfechtungsgegner nicht mehr vorhanden, so stellt sich die Frage, inwieweit auf **Surrogate** zugegriffen werden kann. Zu differenzieren ist hier zwischen rechtsgeschäftlichen und nichtrechtsgeschäftlichen Surrogaten. Während der Zugriff auf nicht rechtsgeschäftliche Surrogate, also solche, die infolge des Verlustes oder Unterganges der Sache fließen (Hauptanwendungsfall: Versicherungsleistungen), allgemein bejaht wird, wird der Zugriff auf rechtsgeschäftliche Surrogate (i. d. R. den Kaufpreis) überwiegend mit dem Hinweis verwehrt, dass in § 145 auch eine Anfechtung gegen Rechtsnachfolger zugelassen werde und daher der Insolvenzverwalter die Möglichkeit habe, sowohl den Gegenstand selbst als auch das Surrogat zur Masse zu ziehen.[6] Diese Auffassung übersieht, dass über § 145 nicht jedes Rechtsgeschäft angreifbar ist. Die vorbezeichnete Auffassung würde bedeuten, dass bei rechtsgeschäftlicher Surrogation im Falle des Nichteingreifens des § 145 die Masse unwiderbringlich geschmälert ist, während der Anfechtungsgegner, das Surrogat behalten darf. Hierdurch würde er unangemessen privilegiert. Da nunmehr von § 143 Abs. 1 S. 2 ausgehend über die §§ 819 Abs. 1, 818 Abs. 4 BGB auch der § 285 BGB nF anwendbar ist,[7] der auch rechtsgeschäftliche Surrogate umfasst,[8] ist im Rahmen des § 143 der Zugriff auch auf diese möglich. § 285 BGB nF ist dabei nur „entsprechend" anwendbar. Weil der Masse nicht mehr zukommen soll, als sie ohne die anfechtbare Handlung umfassen würde,[9] ist der Insolvenzverwalter darauf beschränkt, nach seiner Wahl entweder auf das Surrogat oder auf den Gegenstand selbst bei dem Rechtsnachfolger zuzugreifen. Wird auf das Surrogat zugegriffen, so ist dieser Zugriff in der Höhe beschränkt auf den Wert des Anfechtungsgegenstandes selbst. 11

---

[1] *Smid/Zeuner,* InsO, § 143 Rn. 15.

[2] RGZ 52, 82, 85.

[3] FK-*Dauernheim,* InsO, § 143 Rn. 13 mwN.

[4] §§ 819 Abs. 1, 818 Abs. 4, 292 Abs. 2, 987 BGB; s. auch *Dauernheim,* aaO, Rn. 24; *Nerlich/Römermann/Nerlich,* InsO, § 143 Rn. 13; Soweit der Schuldner diese Nutzungen tatsächlich gezogen hätte.

[5] Ausführlich *Dauernheim,* aaO, Rn. 24.

[6] *v. Campe,* Insolvenzanfechtung in Deutschland und Frankreich, S. 291 f., *Nerlich/Römermann/Nerlich,* InsO, § 143 Rn. 28, 29.

[7] *v. Campe,* aaO.

[8] *Staudinger/Löwisch,* BGB, § 281 Rn. 6.

[9] *Henckel,* in Kölner Schrift, S. 813, 850.

4. Der Sekundäranspruch

12 Durch die Regelung des § 143 Abs. 1 S. 2 wird der Anfechtungsgegner für den Fall des Unterganges oder der Verschlechterung des Anfechtungsgegenstandes einem **bösgläubigen Bereicherungsschuldner** bzw. einem unrechtmäßigen Besitzer gleichstellt. Für die Haftung sind demnach die §§ 819 Abs. 1, 818 Abs. 4, 292 Abs. 1, 989, 990 BGB sowie die Vorschriften, auf die diese Normen verweisen, maßgeblich.

13 Damit haftet der Anfechtungsgegner nur noch bei anfänglicher oder nachträglich eintretender Unmöglichkeit der Rückgewähr oder Verschlechterung des Anfechtungsgegenstandes, wenn ihn ein Verschulden trifft. Die Tatbestandsvoraussetzungen der Haftung richten sich somit nach § 989 BGB. Da der Anfechtungsanspruch nicht schadensersatzrechtlicher Natur ist, kommt eine Vorteilsanrechnung nicht in Betracht.[1] Der Rückgewähranspruch umfasst auch den in der gewährten Leistung enthaltenen Umsatzsteueranteil, wenn das Finanzamt dem Gemeinschuldner die Vorsteuer erstattet hat.[2] Ist als insolvenzrechtlicher Rückgewähranspruch die Zahlung einer Geldsumme geschuldet, so hat der Anfechtungsgegner auf den zurückzugewährenden Betrag Zinsen in Höhe von 5% über dem Basiszinssatz zu zahlen. Es kommt nicht darauf an, ob er tatsächlich Nutzungen in dieser Höhe gezogen hat oder hätte ziehen können. Zinsen, Herausgabe gezogener Nutzungen und Ersatz für schuldhaft nicht gezogene Nutzungen schuldet der Anfechtungsgegner erst ab Entstehung des Rückgewähranspruchs mit Insolvenzeröffnung. [3]

14 Der für die **Schadensberechnung maßgebliche Zeitpunkt** ist in Anlehnung an die Grundsätze des allgemeinen Schuldrechts prinzipiell die letzte mündliche Verhandlung in der Tatsacheninstanz.[4] Eine Ausnahme gilt dann, wenn die Rückgewähr in Natur bereits bei Eröffnung des Insolvenzverfahrens nicht mehr möglich war.[5]

15 Wird bei einem **Wechselgeschäft** dem Anfechtungsgegner die Ausstellerposition zugewandt, so bezieht sich der Rückgewähranspruch auf die dem Gemeinschuldner durch Wechselregress entzogenen Vermögenswerte.[6]

16 **Scheckgutschriften,** die die Bank des Schuldners zur Abdeckung des negativen Kontosaldos verwendet hatte, können heraus verlangt werden.[7]

5. Ansprüche des Anfechtungsgegners

17 **a)** Der Anfechtungsgegner hat einen Anspruch auf Ersatz seiner notwendigen Auslagen (Verwendungen und Lasten). Infolge der Gleichstellung des Anfechtungsgegners mit einem bösgläubigen Bereicherungsschuldner in § 143 Abs. 1 Satz 2 bestimmt sich der Umfang seiner Ansprüche nach den §§ 819 Abs. 1, 818 Abs. 2, 292 Abs. 1, 994 ff. BGB: Infolge der Verweisung sind ebenso wie beim

[1] FK-*Dauernheim,* InsO, § 143 Rn. 22 mwN.
[2] BGH ZIP 1995, 297, 300.
[3] OLG Karlsruhe ZIP 2004, 2054.
[4] Vgl. BGH NJW 1999, mwN.
[5] BGH WM 1987, 1082, 1084; kritisch: *Gerhardt,* ZIP 1987, 1429, 1432; HK-*Kreft,* InsO, § 143 Rn. 23 mwN.
[6] OLG Hamm ZIP 1990, 1355, 1357.
[7] OLG Hamm ZIP 1992, 1565.

Eigentümer-Besitzverhältnis neben den §§ 994 ff. BGB keine Ansprüche wegen ungerechtfertigter Bereicherung zuzulassen.[1]

18 Der Aufwendungsersatzanspruch begründet eine Masseschuld,[2] bis zu deren Befriedigung das Zurückbehaltungsrecht nach den §§ 143 Abs. 1 Satz 2 InsO, 819 Abs. 1, 818 Abs. 4, 292 Abs. 1, 1000 BGB ausgeübt werden kann.

19 **b)** Für den Fall, dass der Primäranspruch auf eine Geldleistung gerichtet ist oder bei Sekundäransprüchen kommt eine Aufrechnung durch den Anfechtungsgegner dann in Betracht, wenn seine Gegenforderung eine Masseforderung ist.[3] Ist die Gegenforderung nur eine Insolvenzforderung, so ist die Aufrechnung wegen § 96 Ziff. 3 ausgeschlossen.[4]

6. Die Privilegierung des gutgläubigen Empfängers einer unentgeltlichen Leistung

20 Für den gutgläubigen Empfänger einer unentgeltlichen Leistung gelten die oben stehenden Ausführungen zu § 143 Abs. 1 mit der Maßgabe, dass ihm die Berufung auf die Entreicherungseinrede des § 818 Abs. 3 BGB möglich ist, und zwar auch in Bezug auf die Herausgabe der Nutzungen.[5] Wann die **Gutgläubigkeit** ausgeschlossen ist und deshalb auch in Fällen unentgeltlicher Zuwendungen sich die Rückgabepflicht allein nach § 143 Abs. 1 richtet, bestimmt die Definition in § 143 Abs. 2 S. 2. Danach liegt Gutgläubigkeit nicht vor bei positiver Kenntnis von der Gläubigerbenachteiligung oder wenn der Zuwendungsempfänger von einer solchen „den Umständen nach" hätte „wissen müssen". Der Wortlaut könnte so verstanden werden, dass bereits das Vorliegen nur leichter Fahrlässigkeit zunichte macht. Vor dem Hintergrund, dass der Gesetzgeber ausdrücklich an die von grober Fahrlässigkeit ausgehende hM zur Konkursordnung[6] anknüpfen wollte[7] und auch kein Grund dafür ersichtlich ist, Gutgläubigkeit im Rahmen des § 143 Abs. 2 anders zu definieren als in § 932 Abs. 2 BGB,[8] ist mit der ganz hM davon auszugehen, dass auch bei § 143 Abs. 2 grob fahrlässige Unkenntnis vorliegen muss.[9]

7. Beweislast

21 Für behauptete Aufwendungen, die zu einer Ersatzpflicht führen, ist der Anfechtungsgegner beweispflichtig.[10] Für die Bösgläubigkeit des Empfängers

[1] Vgl. *Staudinger/Gursky,* BGB, Vorbemerkung zu §§ 994–1003 BGB, Rn. 39; fehlgehend, weil die Wertung des Gesetzgebers missachtend: FK-*Dauernheim,* InsO, § 143 Rn. 25.

[2] *Nerlich/Römermann/Nerlich,* InsO, § 143 Rn. 19.

[3] So zutreffend die hM, vgl. *v. Campe,* Insolvenzanfechtung in Deutschland und Frankreich, S. 299 mwN auch zur Gegenauffassung.

[4] v. *Campe,* aaO, mwN.

[5] HK-*Kreft,* InsO, § 143 Rn. 4.

[6] Vgl. *Kuhn/Uhlenbruck,* KO, § 37 Rn. 36 mwN.

[7] *Balz/Landfermann, S.* 386, Begründung zu § 162 RegE.

[8] *Henckel,* aaO, S. 851.

[9] Siehe hierzu auch die ausführliche Analyse bei *Smid/Zeuner,* InsO, § 143 Rn. 22 m zahlreichen wN.

[10] *Kübler/Prütting/Bork/Jacoby,* InsO, § 143 Rn. 36.

einer unentgeltlichen Leistung i. S. d. § 143 Abs. 2 wich der Gesetzgeber bewusst von der früheren hM ab und hat die Beweislast durch die Gesetzesformulierung dem Insolvenzverwalter auferlegt.[1]

22 Sofern sich der Anfechtungsgegner auf die Unmöglichkeit der Rückgewähr in natura beruft, hat er dies zu beweisen.[2] Der Nachweis aller übrigen Tatbestandsvoraussetzungen obliegt dem Insolvenzverwalter.

8. Auskunftsanspruch des Anfechtungsberechtigten

23 Steht der Rückgewähr- oder Wertersatzanspruch dem Grunde nach fest, so steht zur näheren Bestimmung von dessen Art und Umfang dem Anfechtungsberechtigten ein Auskunftsanspruch gegen den Anfechtungsgegner zu.[3]

9. Praxishinweis

24 Bei der prozessualen Geltendmachung der Anfechtung muss der Insolvenzverwalter besonders sorgfältig darauf achten, den richtigen Streitgegenstand zu bestimmen. Die prozessuale Geltendmachung des Rückgewähranspruchs auf Naturalrestitution ist unbegründet, wenn der Masse tatsächlich ein Wertersatzanspruch zusteht. Der Insolvenzverwalter muss auch prüfen, ob weitere Ansprüche gegen den Anfechtungsgegner bestehen. In Betracht kommt die Geltendmachung von Rechten aus den §§ 119, 134, 138, 826 BGB.[4]

§ 144 Ansprüche des Anfechtungsgegners

(1) **Gewährt der Empfänger einer anfechtbaren Leistung das Erlangte zurück, so lebt seine Forderung wieder auf.**

(2) **Eine Gegenleistung ist aus der Insolvenzmasse zu erstatten, soweit sie in dieser noch unterscheidbar vorhanden ist oder soweit die Masse um ihren Wert bereichert ist. Darüber hinaus kann der Empfänger der anfechtbaren Leistung die Forderung auf Rückgewähr der Gegenleistung nur als Insolvenzgläubiger geltend machen.**

Literatur: *Heidbrink,* Zum Wiederaufleben von Sicherheiten nach Insolvenzanfechtung, NZI 2005, 363.

Übersicht

[1] *Balz/Landfermann,* S. 386, Begründung zu § 162 RegE; nicht haltbar deshalb die – noch in der Vorauflage vertretene – Gegenauffassung von *Hess,* die dieser inzwischen aufgegeben hat, vgl. InsO, § 143 Rn. 151.

[2] *Smid/Zeuner,* InsO, § 143 Rn. 31.

[3] BGH NJW 1987, 1812, 1813; MünchKomm-*Kirchhof,* InsO § 143 Rn. 14.

[4] Vgl. BGH ZIP 2008, 478 f.; BGH ZIP 2000, 1539 zu § 826 BGB.

1. Normzweck

1 § 144, der die §§ 38, 39 KO in die Insolvenzordnung übernommen hat, regelt die Folgen einer erfolgreichen Anfechtung in Bezug auf die Ansprüche des Anfechtungsgegners aus dem angefochtenen Rechtsgeschäft. Indem die Norm den Anfechtungsgegner so stellt, als wäre die angefochtene Rechtshandlung nicht vorgenommen worden, ist dies Ausfluss des Prinzips, dass eine Anfechtung nicht eine ungerechtfertigte Bereicherung der Insolvenzmasse zur Folge haben darf.

2 Die beiden Absätze des § 144 regeln zwei unterschiedliche Fallgestaltungen. § 144 Abs. 1 betrifft die Rückabwicklung angefochtener Erfüllungsgeschäfte, § 144 Abs. 2 hingegen angefochtene Verpflichtungsgeschäfte.

2. Anfechtung des Erfüllungsgeschäfts

3 Weil bei der **isolierten Anfechtung nur des Erfüllungsgeschäftes** auf Grund des Abstraktionsprinzipes das Verpflichtungsgeschäft unberührt bleibt, normiert § 144 Abs. 1, dass in solchen Fällen der Gegenleistungsanspruch des Anfechtungsgegners als einfache Insolvenzforderung wieder auflebt, und zwar genau in der Form, in der er zum Zeitpunkt der Vornahme der anfechtbaren Handlung bestand. Voraussetzung für das Entstehen ist, dass die anfechtbar erhaltene Leistung tatsächlich zurückgewährt worden ist.[1]

4 Mit der Forderung leben rückwirkend und kraft Gesetzes auch deren Sicherungen wieder auf, sofern sie unanfechtbar begründet worden sind.[2] Dies gilt auch für nicht akzessorische Sicherungsrechte Dritter.[3] Auch Absonderungsrechte können wieder in Kraft treten;[4] Hypotheken sind in dem Rang wieder zu begründen, den sie im Zeitpunkt der Vornahme der anfechtbaren Rechtshandlung hatten, bei Löschung ist im Wege des Grundbuchberichtigungsanspruches vorzugehen.[5] Die Verjährung wird auf den Zeitpunkt der Vornahme der anfechtbaren Rechtshandlung zurückgerechnet, die danach bis zur Rückgewähr abgelaufene Zeit bleibt unberücksichtigt, so dass ein Fall der Verjährungshemmung[6] vorliegt.[7]

5 **Urkunden,** die rechtlich selbstständige Träger der verbrieften Forderungen sind, also Inhaber- und Orderpapiere, kann der Anfechtungsgegner von dem Insolvenzverwalter herausverlangen. Anspruchsgrundlage ist § 812 BGB. Verbriefende Urkunden fallen von selbst zurück in das Eigentum des Anfechtungsgeg-

[1] *Zeuner,* Die Anfechtung in der Insolvenz, S. 198.
[2] Begründung zu § 163 RegE, *Balz/Landfermann,* S. 386 f.
[3] OLG Frankfurt NZI 2004, 267.
[4] *Nerlich/Römermann/Nerlich,* InsO, § 144 Rn. 5 mwN.
[5] FK-*Dauernheim,* InsO, § 144 Rn. 3 mwN.
[6] BGB §§ 202–205.
[7] *Hess,* InsO, § 144 Rn. 7.

ners,[1] so dass der Insolvenzverwalter sie nach § 985 BGB herauszugeben hat. Soweit sie bereits vernichtet sind, muss sie der Schuldner neu ausstellen. Das Wiederaufleben der Forderung in ihrem ursprünglichen Zustande hat zur Folge, dass sie gem. § 177 nachträglich angemeldet werden kann.[2]

3. Anfechtung des Verpflichtungsgeschäfts

a) Allgemeines

6 Ist das **Verpflichtungsgeschäft selbst isoliert angefochten worden** (§ 144 Abs. 2), so besteht anders als bei der Anfechtung nur des Erfüllungsgeschäftes keine rechtliche Grundlage mehr für den Leistungsaustausch zwischen Schuldner und Anfechtungsgegner. Mangels eines Vertrages ist auch kein rechtlicher Grund dafür vorhanden, die von dem Anfechtungsgegner gewährte Gegenleistung der Insolvenzmasse zu belassen; diese ist um die Gegenleistung ungerechtfertigt bereichert. Deshalb statuiert § 144 Abs. 2 die grundsätzliche Verpflichtung, die Gegenleistung wieder an den Anfechtungsgegner zurückzugewähren.

7 Bei der Rückgewähr ist zu unterscheiden, ob die Leistung noch unterscheidbar in der Insolvenzmasse vorhanden ist oder nicht und ob die Insolvenzmasse noch durch die Gegenleistung bereichert ist.

b) Vorhandensein der Gegenleistung in Natura

8 Unproblematisch ist die Sachlage, wenn die Gegenleistung noch in der Masse vorhanden ist oder aber, wenn der Leistungsgegenstand sich zwar bei einem Dritten befindet, der Insolvenzverwalter aber dem Dritten gegenüber einen Herausgabeanspruch hat.[3]

9 In diesem Falle ist der Gegenstand in natura herauszugeben. Der Anspruch aus § 144 Abs. 2 ist als Bereicherungsanspruch einzuordnen.[4] Deshalb findet auch § 818 BGB Anwendung,[5] so dass auch Nutzungen mit auszukehren sind.

10 Im Falle der Unmöglichkeit einer Naturalrestitution gem. § 818 Abs. 1 BGB sind die rechtsgeschäftlichen oder nicht rechtsgeschäftlichen Surrogate herauszugeben. Soweit das Surrogat einen geringeren Wert als die Gegenleistung selbst hat, entsteht ein Anspruch gegen die Insolvenzmasse in Höhe des überschießenden Teiles. Es kann diesem aber ggf. die Einrede der Entreicherung entgegengesetzt werden, so dass der Anfechtungsgegner bezüglich des nicht abgedeckten Teiles auf die Geltendmachung als Insolvenzforderung nach § 144 Abs. 2 S. 2 verwiesen ist.

11 Der Gegenleistungsbegriff ist weit auszulegen; erfasst ist alles, was nach dem Willen der Parteien als Ausgleich anzusehen ist.[6] Allerdings ist im Falle nur der Anfechtung der Bereicherung eines Darlehens nicht die Hingabe des Darlehens als Gegenleistung anzusehen.[7]

---

[1] *Jaeger/Henckel,* KO, § 39 Rn. 7.
[2] *Kübler/Prütting/Bork/Jacoby,* InsO, § 144 Rn. 4.
[3] Hierzu *Kübler/Prütting/Bork/Jacoby,* InsO, § 144 Rn. 6.
[4] Vgl. FK-*Dauernheim,* InsO, § 144 Rn. 4.
[5] *Smid/Zeuner,* InsO, § 144 Rn. 6.
[6] Näher *Smid/Zeuner,* InsO, § 144 Rn. 4.
[7] *Zeuner,* aaO, mwN.

Der Anspruch auf Rückgewähr der Gegenleistung ist kein Aussonderungs-, sondern ein **Masseanspruch.**[1] 12

c) Herausgabe der Bereicherung der Insolvenzmasse

Ist mangels unterscheidbarem Vorhandensein eine Herausgabe in natura nicht möglich, ist aber die Insolvenzmasse um den Wert bereichert, so kann der Anfechtungsgegner den Gegenwert als Masseforderung geltend machen, § 144 Abs. 2 S. 1 2. Alt. Wichtige Anwendungsfälle dieser Alternative sind die Tatbestände der Verbindung (§ 946 BGB), Vermischung (§ 947 BGB) oder Verarbeitung (§ 950 BGB). Mit der hM ist davon auszugehen, dass die Bereicherung noch bis zum Zeitpunkt der Rückgewähr vorliegen muss,[2] da die Gegenauffassung, die auf den Zeitpunkt der Verfahrenseröffnung abstellt,[3] eine Schmälerung der Insolvenzmasse zur Folge hätte. Dies wollte der Gesetzgeber aber gerade verhindern, wie aus § 144 Abs. 2 S. 2 deutlich wird. 13

Daraus folgt, dass der Insolvenzverwalter bis zur tatsächlichen Rückgewähr den Entreicherungseinwand erheben kann. Verzögert er freilich schuldhaft die Rückgewähr und erfolgt erst daraufhin der Wertverlust, so macht er sich schadenersatzpflichtig. 14

Bestehen seitens der Insolvenzmasse ebenfalls Ansprüche gegen den Anfechtungsgegner, so können diese infolge des Grundsatzes „dolo facit, qui petit, quod statim redditurus est", sogleich mit dem Wertersatzanspruch verrechnet werden, eine Aufrechnung ist nicht erforderlich.[4] 15

Trotz Fälligwerdens des Erstattungsanspruches erst mit der Rückgewähr hat der Anfechtungsgegner das Recht, im Wege des Zurückbehaltungsrechtes nach § 273 BGB bis zur Auskehr des Gegenwertes des Leistungsgegenstandes mit der Rückübertrag des anfechtbar übereigneten Gutes gem. § 143 zuzuwarten.[5] 16

d) Die Geltendmachung als Insolvenzforderung

Ist weder eine Rückübertragung in natura noch eine Auskehr des Wertes des Leistungsgegenstandes möglich, so nimmt der Anfechtungsgegner in Höhe seines Ausfalles als Insolvenzgläubiger an dem Insolvenzverfahren teil, so dass er sich mit der Insolvenzquote bescheiden muss. Er hat dazu seine Forderung zur Tabelle anzumelden, was bereits während des Anfechtungsprozesses möglich ist.[6] 17

4. Anfechtung von Erfüllungs- und Verpflichtungsgeschäft

Die Rechtsfolgen, wenn der Insolvenzverwalter sowohl das Erfüllungsgeschäft als auch das Verpflichtungsgeschäft anficht, ist in § 144 nicht geregelt. Es fehlt für diese Konstellation dadurch an einer Anspruchsgrundlage des Anfechtungsgegners. Der Leistungsgegenstand ist ohne Ausgleich durch den Anfechtungsgegner zurückzugewähren.[7] 17a

[1] *Zeuner,* aaO, Rn. 5.
[2] So schon zum alten Recht: *Kuhn/Uhlenbruck,* KO, § 38 Rn. 2.
[3] *v. Campe,* Insolvenzanfechtung in Deutschland und Frankreich, S. 301 ff. mwN.
[4] *Smid/Zeuner,* InsO, § 144 Rn. 7.
[5] BGH ZIP 1986, 787, 789.
[6] *Smid/Zeuner,* InsO, § 144 Rn. 8.
[7] MünchKomm-*Kirchhof,* InsO, § 129 Rn. 58.

5. Besonderheiten bei Rechtsnachfolge

18 Der Gesamtrechtsnachfolger des Anfechtungsgegners[1] hat dieselben Rechte wie der Anfechtungsgegner selbst; bezüglich des Umfanges seiner Ansprüche gelten daher keine Besonderheiten.[2]

19 Die Einzelrechtsnachfolger (§ 145 Abs. 2) müssen sich hingegen an ihren jeweiligen Vordermann halten.[3]

6. Beweislast

20 Die Beweislast für die Bereicherung der Masse trägt der Anfechtungsgegner.[4] Das Gleiche muss für das Vorhandensein der Gegenleistung gelten.

7. Praxishinweis

21 Die Regelung des § 144 ist in der Praxis deshalb bedeutsam, weil sie entgegen den übrigen Vorschriften des Insolvenzanfechtungsrechts nicht zu einer Massemehrung sondern einer Masseminderung führen kann. Dies ist durch den Insolvenzverwalter vor Ausübung des Anfechtungsrechts zu berücksichtigen.

§ 145 Anfechtung gegen Rechtsnachfolger

(1) **Die Anfechtbarkeit kann gegen den Erben oder einen anderen Gesamtrechtsnachfolger des Anfechtungsgegners geltend gemacht werden.**

(2) **Gegen einen sonstigen Rechtsnachfolger kann die Anfechtbarkeit geltend gemacht werden:**

1. **wenn dem Rechtsnachfolger zur Zeit seines Erwerbs die Umstände bekannt waren, welche die Anfechtbarkeit des Erwerbs seines Rechtsvorgängers begründen;**
2. **wenn der Rechtsnachfolger zur Zeit seines Erwerbs zu den Personen gehörte, die dem Schuldner nahestehen (§ 138), es sei denn, daß ihm zu dieser Zeit die Umstände unbekannt waren, welche die Anfechtbarkeit des Erwerbs seines Rechtsvorgängers begründen;**
3. **wenn dem Rechtsnachfolger das Erlangte unentgeltlich zugewendet worden ist.**

Übersicht

[1] InsO § 145 Abs. 1.
[2] *Zeuner,* aaO, Rn. 10.
[3] *Zeuner,* aaO.
[4] *Zeuner,* aaO, Rn. 11.

1. Normzweck

In Anknüpfung an § 40 KO des alten Rechts sowie dessen Auslegung in Literatur und Rechtsprechung in Bezug auf andere Gesamtrechtsnachfolger als die Erben dehnt § 145 die Anfechtbarkeit auf alle Gesamtrechtsnachfolger sowie bestimmte Einzelrechtsnachfolger aus. 1

2. Anfechtung gegen Gesamtrechtsnachfolger

a) Erben 2

Da der Anfechtungsanspruch als gesetzliche Schuld unmittelbar mit der Verwirklichung eines Anfechtungstatbestandes entsteht und bereits nach den §§ 1922 Abs. 1, 1967 BGB auf den oder die Erben übergeht, hat § 145 Abs. 1 insofern nur deklaratorische Bedeutung: Er bestimmt, dass die Anfechtung auch dem Erben gegenüber geltend gemacht werden kann. Aus dem Eingreifen der §§ 1922, 1967 BGB folgt zugleich, dass der Erbe keine Kenntnis von den die Anfechtbarkeit begründenden Umständen haben muss. Es genügt, dass gegenüber dem Erblasser die Anfechtungsmöglichkeit eröffnet war.

Nach dem Wortlaut der Norm ist Voraussetzung, dass bereits der **Erblasser selbst einen Anfechtungsgrund verwirklicht hatte.** War dessen Erwerb unanfechtbar, etwa weil er im Falle des § 129 keine Kenntnis von Zahlungsunfähigkeit oder Eröffnungsantrag hatte, so entsteht gegenüber dem Erben keine eigene Anfechtungsmöglichkeit, auch wenn in seiner Person die Anfechtungsmerkmale erfüllt sind.[1] 3

Hat allerdings der gutgläubige Erblasser unanfechtbar das Verpflichtungsgeschäft abgeschlossen und der bösgläubige Erbe das Erfüllungsgeschäft vorgenommen, so kommt eine Anfechtung dieses – auf Grund des Abstraktionsprinzipes isoliert zu betrachtenden – Erfüllungsgeschäftes in Betracht. Grundlage hierfür wäre freilich nicht § 145, der, wie ausgeführt, eine bereits dem Rechtsvorgänger gegenüber bestehende Anfechtungslage voraussetzt, sondern die allgemeinen Anfechtungstatbestände der §§ 130 ff. 4

Die Anfechtung gegenüber Erben kommt immer (aber auch erst) dann in Betracht, wenn diese für die Erblasserverbindlichkeiten – beschränkt oder unbeschränkt – selbst haften, so dass der Nacherbe infolge der §§ 2100, 2139 BGB erst mit Eintritt der Nacherbschaft Anfechtungsfolgen tragen muss. Ansonsten gelten für den Umfang der Haftung der Erben und die Zwangsvollstreckung die allgemeinen Regeln im BGB und in der ZPO. Insbesondere sei auf die §§ 1975 ff. BGB (Nachlassverwaltung), §§ 2058 ff.[2] und die §§ 778 ff. ZPO hingewiesen. 5

---

[1] AA: *Huber,* AnfG, § 15 AnfG, Rn. 6.

[2] Haftung, wenn mehrere Erben vorhanden sind.

Ohne Relevanz für die Anfechtbarkeit nach § 145 ist es, ob das Insolvenzverfahren vor oder nach dem Erbfall eröffnet wurde.[1]

6 **Beerbt der Schuldner den Anfechtungsgegner,** so fällt der anfechtbar erworbene Gegenstand in die Insolvenzmasse, so dass es einer Anfechtung nicht bedarf. Dies gilt infolge der Änderung des § 35 gegenüber § 1 Abs. 1 KO auch für den Anfall der Erbschaft nach Eröffnung des Insolvenzverfahrens.[2] Hält allerdings der Schuldner infolge haftungsbeschränkender Maßnahmen[3] die Erbmasse von seinem eigenen Vermögen getrennt, so ist ein Fall des § 145 gegeben.[4] Da § 145 voraussetzt, dass die Rückgewährpflicht auf den Erben übergehen kann, greift § 145 nicht ein bei unvererblichen Rechten, die mit dem Tode des Erblassers erlöschen.[5] Die Haftung aus § 145 ist nicht auf den ersten Rechtsnachfolger beschränkt, so dass auch noch die Erben des Rechtsnachfolgers haften.[6]

b) Andere Gesamtrechtsnachfolger

7 Die vorstehenden Ausführungen gelten sinngemäß auch in allen anderen Fällen, in denen sämtliche Aktiva und Passiva eines Rechtssubjektes auf ein anderes Rechtssubjekt übergehen.

8 Die wichtigsten Anwendungsfälle sind Verschmelzung (§ 2 UmwG), Spaltung (§ 123 UmwG), Vermögensübertragung (§ 174 UmwG), Erbschaftskauf und ähnliche Verträge (§§ 2382, 2385 BGB), Vereinsauflösung (§ 45 BGB), Gütergemeinschaft, fortgesetzte Gütergemeinschaft (§§ 1415 ff., 1483 ff. BGB), Firmenfortführung (§ 25 HGB).

3. Anfechtung gegen Einzelrechtsnachfolger

a) Allgemeines

9 Rückgewährschuldner eines Anfechtungsanspruches kann auch ein Sonderrechtsnachfolger sein, jedoch bedarf es anders als bei der Gesamtrechtsnachfolge (Abs. 1) dann noch weiterer, in der Person des Sonderrechtsnachfolgers verwirklichter Kriterien.[7]

10 § 145 Abs. 2 begründet einen eigenständigen Anfechtungsanspruch.[8] **Rechtsnachfolge kann auf zweierlei Art und Weise** vorliegen: zum einen infolge der Übertragung des Vermögensgegenstandes in derselben Gestalt und mit demselben Inhalt wie bei dem ursprünglichen Erwerbsvorgang,[9] zum anderen durch Schaffung eines neuen, beschränkten Rechtes an dem anfechtbar erworbenen Gut, z. B. Begründung einer Hypothek[10] oder einer Grundschuld.[11] Die Rechtsnach-

[1] FK-*Dauernheim,* InsO, § 145 Rn. 3.

[2] AA: weil die Änderung der Rechtslage nicht beachtend daher FK-*Dauernheim,* InsO, § 145 Rn. 3.

[3] Insbesondere bei der Nachlassverwaltung: §§ 1975 ff. BGB.

[4] Vgl. *Huber,* AnfG, aaO, § 15 Rn. 6.

[5] Z. B. ein Wohnrecht, BGH NJW 1996, 3006, 3008.

[6] FK-*Dauernheim,* InsO, § 145 Rn. 3.

[7] Vgl. § 145 Abs. 2 Ziff. 1-3, InsO.

[8] Vgl. *Kübler/Prütting/Bork/Brinkmann,* InsO, § 145 Rn. 15.

[9] Vollübergang – auch bei Geld bedarf es der Weitergabe derselben Scheine oder Münzen – BGH NJW 1981, 522, 525.

[10] RGZ 9, 84, 86.

[11] RGZ 15, 368, 371.

folge setzt aber voraus, dass der Nachfolger den anfechtbar weggegebenen Gegenstand selbst erlangt; sie scheidet aus, wenn schon dem Ersterwerber die Rückgewähr in Natur vor Eintritt der „Rechtsnachfolge" unmöglich geworden ist.[1] Auch der Rechtsnachfolger muss den Gegenstand noch herausgeben können. Diese Voraussetzung liegt bei der Verrechnung von Geldforderungen auf einem kreditorischen Bankkonto nicht vor. Die zur Verrechnung gelangten Forderungen sind nicht mehr vorhanden.

Weitere **Einzelfälle** sind die Indossierung eines Wechsels und die Annahme eines Vermächtnisses bezüglich eines vom Erblasser anfechtbar erworbenen Gegenstandes. Der Bürge ist Rechtsnachfolger bezüglich der Hauptforderung, wenn diese auf ihn übergegangen ist, weil er den Gläubiger befriedigt hat.[2] Hat allerdings der Gläubiger einer durch Bürgschaft gesicherten Forderung von dem Hauptschuldner vor dessen Insolvenz auf nicht anfechtbare Weise Befriedigung erlangt, so kann der Insolvenzverwalter nicht im Wege der Anfechtung den Bürgen als Rechtsnachfolger des Gläubigers in Anspruch nehmen.[3] 11

Der Erwerbsvorgang selbst muss abgeschlossen sein. Hat der Rechtsnachfolger lediglich einen Anspruch (beispielsweise auf Übereignung) gegen den Rechtsvorgänger erlangt, so hat dies anfechtungsrechtlich keine Folgen für ihn.[4] Erfasst werden alle Erwerbsvorgänge, bei denen sich das Recht von dem des Vorgängers ableitet (derivativer Erwerb), unabhängig davon, ob diese rechtsgeschäftlicher Art sind (z. B. Übereignung, Abtretung) oder auf Grund Gesetzes erfolgen (z. B. Forderungsübergang kraft Gesetzes). 12

Ebenfalls erfasst sind **Erwerbsvorgänge im Wege der Zwangsvollstreckung,** da es keinen Unterschied machen kann, ob der Rechtsvorgänger den Gegenstand freiwillig übereignet oder hierzu gezwungen wird. Anders muss der Fall liegen, wenn der Vollstreckungstitel nicht auf einem Rechtsgeschäft mit dem Rechtsvorgänger beruht, da sich dann der Übereignungsanspruch nicht derivativ von dessen Recht ableitet.[5] 13

Ist der Erwerb allerdings in keiner Weise mit der Person des Rechtsvorgängers verknüpft (originärer Erwerb), so muss der Erwerber keine Anfechtung befürchten. Dies betrifft die Fälle der Aneignung, Ersitzung, Enteignung, Fund, Verbindung, Verarbeitung, Vermischung und auch den Erwerb durch Zuschlag in der Zwangsversteigerung.[6] Rechtsnachfolger i. S. d. § 145 kann auch der Schuldner selbst sein, etwa wenn er sich an dem von ihm anfechtbar übertragenen Grundeigentum ein Wohnrecht von dem Erwerber hat zurückübertragen lassen.[7] 14

---

[1] BGH NZI 2003, 537.

[2] FK-*Dauernheim,* InsO, § 145 Rn. 9.

[3] BGH NJW 1974, 57.

[4] *Kübler/Prütting/Bork/Brinkmann,* InsO, § 145 Rn. 9.

[5] AA: *Kübler/Prütting/Bork/Brinkmann,* InsO, § 145 Rn. 9, der Erwerb durch Zwangsvollstreckung stets von dem Anwendungsbereich des § 145 InsO ausnehmen will, weil es sich um originären Rechtserwerb handele. Ausdrücklich bejaht wird die Möglichkeit der Anfechtung gegen den Rechtsnachfolger, wenn dieser sich den Anfechtungsgegenstand im Wege der Zwangsvollstreckung beschafft hat, von RGZ 39, 83 unter ausdrücklicher Bezugnahme auf die Motive zu dem AnfG v. 1879.

[6] *Smid/Zeuner,* InsO, § 145 Rn. 6 mwN.

[7] BGH NJW 1995, 2846, 2876.

15 Kein Rechtsnachfolger ist derjenige Schuldner, der eine anfechtbar abgetretene Forderung durch Vereinbarung mit dem neuen Gläubiger – insbesondere durch Verrechnungs- oder Erlassvertrag – zum Erlöschen bringt.[1]

16 Kann der Insolvenzverwalter von dem Rechtsnachfolger die Herausgabe des Anfechtungsgegenstandes selbst und von dem Rechtsvorgänger Wertersatz verlangen, so bestehen beide Ansprüche nebeneinander, der Insolvenzverwalter hat die Wahl, auf welchen Anspruch er zugreifen möchte.[2]

17 Hat der Rechtsvorgänger allerdings den Anfechtungsgegenstand veräußert und den Veräußerungserlös an einen Dritten verschenkt, so kann der Dritte nicht in Anspruch genommen werden, da es **keine Rechtsnachfolge in die Wertersatzschuld** gibt.[3]

18 Eine Anfechtung kommt nur dann in Betracht, wenn sowohl der Erwerb des Ersterwerbers als auch der eines jeden Zwischenerwerbers anfechtbar waren. Unerheblich ist dabei, ob die Anfechtbarkeit stets auf denselben oder auf verschiedene Tatbeständen beruht. Ein unanfechtbarer Erwerbsvorgang schließt für alle folgenden Glieder der Kette die Anfechtbarkeit aus, selbst wenn diese bösgläubig waren.[4] Daher schließt etwa die Verjährung des Anfechtungsanspruches gegenüber einem Veräußerer die Anfechtbarkeit gegen alle diesem nachfolgenden Erwerber aus. Dabei ist zu beachten, dass diese nicht mit jedem Erwerbsvorgang neu zu laufen beginnt.[5]

19 Eine Berufung darauf, er habe dem Rechtsvorgänger eine gleichwertige Gegenleistung erbracht **(Grundsätze des Bargeschäfts),** vermag den Anspruch aus § 145 gegen den Rechtsnachfolger nicht zu verhindern, da § 142 auf dieses Rechtsverhältnis keine Anwendung findet, weil der Ausgleich nicht in die Haftungsmasse des Gemeinschuldners fällt.[6]

b) Das Vorliegen besonderer Voraussetzungen in der Person des Einzelrechtsnachfolgers

20 Eine Anfechtung gegenüber Einzelrechtsnachfolgern kann nur erfolgen, sofern neben der Anfechtbarkeit des Geschäfts des Rechtsvorgängers noch weitere, in der Person des Rechtsnachfolgers liegende Voraussetzungen erfüllt sind.

21 Erforderlich ist die Kenntnis der konkreten, sich aus dem jeweiligen Anfechtungstatbestand ergebenden Umstände, die die Anfechtung gegenüber dem Rechtsvorgänger begründen. Notwendig ist die positive Kenntnis, die rechtliche Folge hingegen, dass die Umstände eine Anfechtbarkeit begründen, muss dem Rechtsnachfolger nicht bekannt sein.[7] Die Kenntnis muss bereits zu dem Zeitpunkt der die Sonderrechtsnachfolge auslösenden Handlung gegeben sein.[8]

22 Ist der Rechtsnachfolger eine dem Schuldner nahe stehende Person (§ 138) wird die Kenntnis vermutet. Der Rechtsnachfolger hat aber die Möglichkeit, sich zu entlasten. Hat der Rechtsnachfolger den Gegenstand unentgeltlich erworben,

---

[1] BGH NJW 1987, 170, 1704: Durch Erlöschen erfolgt kein Rechtsübergang.
[2] BGH ZIP 1986, 787, 791.
[3] *Jaeger/Henckel,* KO, § 40 Rn. 26.
[4] FK-*Dauernheim,* InsO, § 145 Rn. 19 mwN.
[5] OLG Düsseldorf ZIP 1996, 185, 187.
[6] *Kübler/Prütting/Bork/Brinkmann,* InsO, § 145 Rn. 5.
[7] HK-*Kreft,* InsO, § 145 Rn. 10.
[8] FK-*Dauernheim,* InsO, § 145 Rn. 14.

kommt es auf eine Kenntnis der Anfechtbarkeit des Erwerbs durch den Rechtsvorgänger nicht an.

Nach zutreffender Ansicht ist dem unentgeltlichen Erwerber der **Entreicherungseinwand** nach § 143 Abs. 2 zu gestatten.[1] § 145 Abs. 2 Ziff. 3 ist nicht anzuwenden bei Gelegenheitsgeschenken geringen Wertes i. S. d. § 134 Abs. 2, wobei in solchen Fällen i. d. R. bereits der Vorerwerb nicht anfechtbar sein dürfte. 23

c) Ansprüche des Rechtsnachfolgers infolge der Rückgewähr

Nach zutreffender Auffassung ist auf das Verhältnis des Rechtsnachfolgers zu dem Rechtsvorgänger § 144 entsprechend anzuwenden.[2] 24

4. Beweislast

Die Beweislast für die Voraussetzungen des § 145 liegt bei dem Insolvenzverwalter. Im Falle des § 145 Abs. 2 Ziff. 2 hat er nur nachzuweisen, dass der Rechtsnachfolger eine nahe stehende Person i. S. d. § 138 ist, den Entlastungsbeweis hat der Anfechtungsgegner zu führen. 25

5. Prozessuales

Werden Rechtsvorgänger und -nachfolger gemeinsam verklagt, sind sie nur einfache Streitgenossen i. S. d. § 59 ZPO; für beide ist der Gerichtsstand individuell zu ermitteln; die Rechtskraft eines Urteils gegen einen von beiden hat keine Wirkung für das Verfahren gegen den anderen; eine Rechtskrafterstreckung findet nicht statt.[3] Hat der Insolvenzverwalter den Anfechtungsgegner zuerst als ursprünglichen Erwerber angesehen und nach den §§ 130 ff. in Anspruch genommen und hat sich während des Verfahrens herausgestellt, dass der Anfechtungsgegner als Rechtsnachfolger i. S. d. § 145 erworben hat, so ist durch den Verwalter eine Klageänderung vorzunehmen.[4] Auf Veräußerungen des Anfechtungsgegenstandes durch den Anfechtungsgegner nach Rechtshängigkeit ist § 265 ZPO nicht anwendbar.[5] 26

6. Praxishinweis

Für den Insolvenzverwalter stellt sich das Problem, festzustellen, wo sich der Gegenstand, auf den zugegriffen werden soll, überhaupt befindet. Klagt er auf Herausgabe gegenüber nur dem vermeintlichen Besitzer, so kann der Anspruch im Einzelfall verjährt sein. Der Insolvenzverwalter sollte deshalb prüfen, ob eine Klage gegen mehrere potentiell Verpflichtete in Erwägung zu ziehen ist. 27

---

[1] HK-*Kreft,* InsO, § 145 Rn. 12; *Uhlenbruck/Hirte,* InsO, § 146 Rn. 33.

[2] FK-*Dauernheim,* InsO, § 145 Rn. 21 mwN; aA: *Jaeger/Henckel,* KO, § 40 Rn. 63: Schadensersatzanspruch nach BGB.

[3] Ausführlich zu den angesprochenen Punkten *Jaeger/Henckel,* KO, § 40 Rn. 64 ff.

[4] RGZ 120, 189, 191; aA: *Jaeger/Henckel,* KO, § 40 Rn. 6: nur Tatbestandsberichtigung.

[5] *Jaeger/Henckel,* KO, § 40 Rn. 67; HK-*Kreft,* InsO, § 145 Rn. 13; FK-*Dauernheim,* InsO, § 145 Rn. 26.

§ 146 Verjährung des Anfechtungsanspruchs

(1) **Die Verjährung des Anfechtungsanspruchs richtet sich nach den Regelungen über die regelmäßige Verjährung nach dem Bürgerlichen Gestzbuch.**

(2) **Auch wenn der Anfechtungsanspruch verjährt ist, kann der Insolvenzverwalter die Erfüllung einer Leistungspflicht verweigern, die auf einer anfechtbaren Handlung beruht.**

Literatur: *Huber,* Neues Verjährungsrecht für Insolvenzanfechtungsanspruch, ZInsO 2005, 190 ff.; *Wagner,* Neues Verjährungsrecht in der zivilrechtlichen Beratungspraxis, ZIP 2005, 558 ff.

Übersicht

1. Normzweck

1 § 146 regelt die **Verjährung** des infolge der Anfechtbarkeit bestehenden Rückgewähranspruches. Die **Verjährung anderer Ansprüche,** z. B. aus Delikt, bleibt unberührt. Es handelt sich nicht mehr um eine materiell-rechtliche Ausschlussfrist wie im alten Recht (§ 41 Abs. 1 KO). Bisher sah die Insolvenzordnung eine zweijährige Verjährung vor, nunmehr gilt seit dem 15. Dezember 2004 die Regelverjährung nach § 195 BGB (drei Jahre). Abs. 2 gewährt dem Verwalter trotz des Eintrittes der Verjährung ein Leistungsverweigerungsrecht, wenn sich der Veräußerungsgegenstand noch in der Insolvenzmasse befindet. Die Vorschrift ist **analog anwendbar** auf (Haupt-)Forderungen, die durch den Insolvenzverwalter geltend gemacht werden können und gegen die gemäß § 96 Abs. 1 Nr. 3 InsO unwirksam aufgerechnet worden ist.[1]

2. Die Verjährung

2 Die Verjährung beginnt infolge der Verweisung auf die Regelungen des Bürgerlichen Gesetzbuches mit dem Schluss des Jahres, in welchem das zugrunde liegende Insolvenzverfahren eröffnet wurde (somit der Anfechtungsanspruch entstanden ist) und der Insolvenzverwalter von den den Anspruch begründenden Umständen und der Person des Anfechtungsgegners Kenntnis erlangt oder ohne grobe Fahrlässigkeit hätte erlangen müssen (§ 199 Abs. 1 Nr. 1 und 2 BGB).[2] Unabhängig von den subjektiven Elementen gilt die Verjährungsregelung des § 199 Abs. 3 BGB, wonach ohne Rücksicht auf die Kenntnis oder grob fahrlässige Unkenntnis (des Insolvenzverwalters) in 10 Jahren seit Entstehung des Insolvenzanfechtungsanspruches Verjährung eintritt. Dagegen ist § 199 Abs. 3

[1] BGH ZIP 2006, 2178 f.

[2] *Huber,* ZInsO 2005, 190, 191.

BGB (30-jährige Verjährungsfrist in Nr. 2) unanwendbar, da dieser sich nur auf Schadensersatzansprüche bezieht.[1]

Für Fristablauf, **Hemmung oder Neubeginn der Verjährung** ergebenden Fragen finden die §§ 205ff. BGB nF direkte Anwendung. Im Falle des Verwalterwechsels sind die §§ 210, 211 BGB anwendbar, so dass die Frist frühestens sechs Monate seit Bestellung des neuen Verwalters endet.[2] Eine Anwendung des § 207 BGB kommt hingegen nicht in Betracht, da im Falle der Insolvenz des Ehegatten der Insolvenzverwalter den Anfechtungsanspruch geltend macht. 3

Eine Änderung der Verjährungsfrist durch vertragliche Vereinbarungen ist nicht zulässig,[3] so dass etwa eine Verkürzung durch AGBs – z. B. § 64 ADSp – nicht in Betracht kommt. Für den Neubeginn der Verjährung gilt § 212 BGB ohne Einschränkungen, so dass dieser nur infolge eines Anerkenntnisses oder bei Antrag auf oder Vornahme einer (gerichtlichen oder behördlichen) Vollstreckungshandlung eintritt. Nicht ausreichend ist deshalb die außergerichtliche Geltendmachung der Anfechtung. 4

Eine **Klagschrift** muss alle Tatsachen enthalten, aus denen die Anfechtung hergeleitet wird.[4] Die Anfechtung muss nicht gesondert geltend gemacht werden. Es bedarf auch nicht des Zitates der einschlägigen gesetzlichen Bestimmungen. Die rechtzeitige Geltendmachung des Rückgewähranspruches in Natur wahrt zugleich die Frist für einen Wertersatzanspruch.[5] Zur Fristwahrung ist jedoch keine Klagerhebung erforderlich. Es genügt für die Ausübung des Anfechtungsrechts jede erkennbare – auch konkludente – Willensäußerung, dass der Insolvenzverwalter eine Gläubigerbenachteiligung in der Insolvenz nicht hinnimmt.[6] 5

Bei Abtretung des Anfechtungsanspruches durch den Insolvenzverwalter bewirkt eine von ihm veranlasste Unterbrechung auch zugunsten des Zessionars. Fehlt es an einer Verjährungsunterbrechung vor der Zession, so muss sich der Zessionar die verstrichenen Zeiten zurechnen lassen.[7] Für den Rechtsnachfolger gilt § 198 BGB. Die Frist ist auch dem Rechtsnachfolger gegenüber gewahrt, wenn der Vorerwerb rechtzeitig angefochten wurde.[8] 6

3. Das Übergangsrecht

Die aktuelle Regelung (dreijährige Verjährungsfrist) gilt für ab dem 15. Dezember 2004 eröffnete Insolvenzverfahren (Art. 229 § 6 EGBGB analog). Zu diesem Zeitpunkt trat die Neufassung des § 146 in Kraft. Für zu diesem Zeitpunkt noch nicht verjährte Anfechtungsansprüche bleibt es gem. Art. 229 § 6 Abs. 3 EGBGB bei der zweijährigen Verjährungsfrist der alten Fassung des § 146 7

[1] *Palandt/Heinrichs,* BGB, § 199 Rn. 41.

[2] *Nerlich/Römermann/Nerlich,* InsO, § 146 Rn. 5; noch zu §§ 206, 207 BGB aF MünchKomm-*Kirchhof,* InsO § 146 Rn. 12.

[3] *Kübler/Prütting/Bork/Jacoby,* InsO, § 146 Rn. 3.

[4] FK-*Dauernheim,* InsO, § 146 Rn. 10.

[5] BGH NJW 1999, 359, 360.

[6] BGH NZI 2008, 373f.

[7] HK-*Kreft,* InsO, § 146 Rn. 10.

[8] OLG Düsseldorf ZIP 1999, 185, 187 – auch zu der Frage des Feststellungsinteresses bei einer Feststellungsklage gegen den Vorerwerber.

Abs. 1. Dagegen ist Art. 106 EGInsO nicht (auch nicht analog) als Übergangsregelung in Altsachverhalten zur noch kürzeren Ausschlussfrist der Konkursordnung (§ 41 KO) anwendbar.[1]

4. Das Leistungsverweigerungsrecht

8 Nach § 146 Abs. 2 kann der Insolvenzverwalter die Erfüllung einer auf einer anfechtbaren Rechtshandlung beruhenden Leistungspflicht auch dann verweigern, wenn der Anfechtungsanspruch selbst bereits verjährt ist.

9 Erforderlich ist demnach, dass sich der Anfechtungsgegenstand noch in der Masse selbst befindet, etwa weil das Erfüllungsgeschäft noch nicht getätigt worden war. Es genügt ein mittelbarer Zusammenhang zwischen anfechtbarer Handlung und Leistungspflicht.[2] § 146 Abs. 2 greift sowohl bei schuldrechtlichen als auch bei sachenrechtlichen Leistungspflichten ein. Die Leistungspflicht muss nicht schon vor der Verfahrenseröffnung bei dem Schuldner bestanden haben. Aus § 146 Abs. 2 ergibt sich etwa das Recht, die Freigabe unwiderruflicher Versicherungsanwartschaften auch nach Ablauf der Anfechtungsfrist zu verweigern.[3]

10 Eine Rückforderung eines in Unkenntnis des Leistungsverweigerungsrechtes gem. § 146 Abs. 2 geleisteten Gegenstandes ist ausgeschlossen.[4] Vor diesem Hintergrund klärt sich auch der Streit um die Möglichkeit, den Anfechtungsgegner auf Zustimmung zur Freigabe eines in anfechtbarer Weise erlangten, hinterlegten Betrages zu verklagen.[5]

11 Hier ist zu differenzieren: Bei der Hinterlegung mit nicht ausgeschlossener Rücknahme ist eine Klage nicht erforderlich, der Verwalter kann auf das hinterlegte Gut ohne Weiteres zugreifen, § 376 Abs. 1 BGB. Ist nach § 376 Abs. 2 BGB die Rücknahme ausgeschlossen, so hat die Hinterlegung gem. § 378 BGB die Qualität eines Erfüllungssurrogates, so dass sie der Erfüllung durch direkte Leistung gleichzusetzen ist und so die Rückforderung ausschließt.[6]

5. Praxishinweis

12 § 146 hat zugunsten des Insolvenzverwalters die Anfechtungsfristen verlängert. Durch die dogmatische Ausgestaltung als Verjährungsfrist gewinnt der Insolvenzverwalter darüber hinaus im Einzelfall Zeit durch Hemmungen und Neubeginn der Frist. Von besonderer Bedeutung kann hierbei das ursprünglich richterrechtlich entwickelte Institut der **Fristhemmung durch Verhandlungen** gewinnen, soweit der Insolvenzverwalter in Verhandlungen mit dem Anfechtungsgegner eintritt.[7]

---

[1] BGH ZinsO 2007, 31 f.

[2] Begründung zu § 165 RegE, abgedruckt in *Balz/Landfermann,* S. 389.

[3] OLG Düsseldorf ZIP 1996, 1476 ff.

[4] *Kübler/Prütting/Bork/Jacoby,* InsO, § 146 Rn. 7.

[5] Hierzu ausführlich *Jaeger/Henckel,* KO, § 41 Rn. 56 ff.

[6] Im Ergebnis ebenso *Smid/Zeuner,* InsO, § 146 Rn. 13; *Hess,* InsO, § 146 Rn. 39 mwN.

[7] Siehe hierzu BGHZ 93, 66; inzwischen in § 203 BGB nF gesetzlich normiert.

§ 147 Rechtshandlungen nach Verfahrenseröffnung

Eine Rechtshandlung, die nach der Eröffnung des Insolvenzverfahrens vorgenommen worden ist und die nach § 81 Abs. 3 Satz 2, §§ 892, 893 des Bürgerlichen Gesetzbuchs, §§ 16, 17 des Gesetzes über Rechte an eingetragenen Schiffen und Schiffsbauwerken und §§ 16, 17 des Gesetzes über Rechte an Luftfahrzeugen wirksam ist, kann nach den Vorschriften angefochten werden, die für die Anfechtung einer vor der Verfahrenseröffnung vorgenommenen Rechtshandlung gelten. Satz 1 findet auf die den in § 96 Abs. 2 genannten Ansprüchen und Leistungen zugrunde liegenden Rechtshandlungen mit der Maßgabe Anwendung, dass durch die Anfechtung nicht die Verrechnung einschließlich des Saldenausgleichs rückgängig gemacht wird oder die betreffenden Zahlungsaufträge, Aufträge zwischen Zahlungsdienstleistern oder zwischengeschalteten Stellen oder Aufträge zur Übertragung von Wertpapieren unwirksam werden.

Übersicht

1. Normzweck

Generell ist eine Anfechtung von Rechtshandlungen des Schuldners nach Verfahrenseröffnung nicht erforderlich, da solche ohnehin nach § 81 Abs. 1 S. 1 unwirksam sind. Anders ist die Situation in den in § 81 Abs. 1 S. 2 genannten Fällen, die auch **nach Verfahrenseröffnung** einen gutgläubigen Erwerb ermöglichen. Für den Fall, dass der Geschäftspartner des Schuldners keine Kenntnis von der Verfahrenseröffnung hatte, aber die weiteren subjektiven und objektiven Voraussetzungen der Anfechtungstatbestände erfüllte, führt § 147 zu einer Überwindung des Gutglaubensschutzes. Durch das Gesetz zur Änderung insolvenzrechtlicher und kreditwesenrechtlicher Vorschriften vom 8. Dezember 1999[1] eingefügt wurde der § 147 S. 2, der eine allzu starke Entwertung des Anfechtungsrechtes durch § 96 Abs. 2 verhindern soll. § 147 S. 1 lehnt sich an § 42 S. 1 KO an. Durch das Gesetz zur Umsetzung der Finanzsicherheiten-Richtlinie[2] neu aufgenommen wurden Verweise auf § 81 Abs. 3 S. 2 sowie auf § 96 Abs. 2. Die Änderung wurde insbesondere dadurch erforderlich, da wegen der Einfügung des § 81 Abs. 3 S. 2 der Katalog der nach Verfahrenseröffnung wirksamen Rechtshandlungen erweitert wurde. 1

[1] BGBl. I, 1999, S. 2384.
[2] Siehe hierzu ausführlich *Wimmer,* ZIP 2003, 1563 ff.

2. Rechtshandlungen nach Verfahrenseröffnung

2 Voraussetzung für § 147 ist, dass eine Rechtshandlung nach der Eröffnung des Insolvenzverfahrens vorgenommen wurde und trotz § 81 Abs. 1 S. 1 wirksam werden konnte. Dies kann gegeben sein, wenn der **Erwerbsvorgang eine Registereintragung voraussetzt,** die Verfahrenseröffnung sich nicht aus dem Register ergibt und der Erwerber bzw. Anfechtungsgegner keine anderweitige Kenntnis von der Verfahrenseröffnung hatte. Ergab sich hingegen die Verfahrenseröffnung aus dem Register oder kannte sie der andere Teil, so fehlt es bereits an einem gutgläubigen Erwerb, so dass es bei der Unwirksamkeit über § 81 Abs. 1 S. 1 bleibt.

3 Anwendungsfälle des § 147 S. 1 sind mithin die Gutglaubensfälle der §§ 892, 893 BGB sowie die diesen nachgebildeten §§ 16, 17 des Gesetzes über Rechte an eingetragenen Schiffen und Schiffsbauwerken und die §§ 16, 17 des Gesetzes über Rechte an Luftfahrzeugen.

4 Ausdrücklich keine Anwendung sollte im Rahmen des § 147 S. 1 der § 878 BGB finden.[1] Der Gesetzgeber ließ sich hierbei von der Konzeption leiten, dass ein Rechtsgeschäft, das wegen § 140 Abs. 2 als wirksam zu betrachten ist, nicht doch noch über § 147 zu Fall gebracht werden darf, da ansonsten § 140 Abs. 2 bedeutungslos würde.

5 Dabei hat der Gesetzgeber aber offensichtlich übersehen, dass die Tatbestände des § 140 Abs. 2 und des § 878 BGB nicht deckungsgleich sind. Während es nämlich bei § 140 Abs. 2 nach zutreffender Auffassung prinzipiell des Eintragungsantrages „des anderen Teils" bedarf,[2] genügt für § 878 BGB nach ganz hM auch ein Antrag des Schuldners selbst.[3] Hätte der Gesetzgeber alle Fälle des § 878 BGB von der Anfechtbarkeit ausnehmen wollen, so hätte es der Beschränkung auf Anträge „des anderen Teils" in § 140 Abs. 2 nicht bedurft. Deshalb muss in den Fällen, in denen das Insolvenzverfahren nach § 878 BGB die rechtsgeschäftliche Erklärung des Schuldners wirksam bleiben lässt und deshalb nach Eröffnung des Insolvenzverfahrens das Rechtsgeschäft nach § 140 Abs. 1 mit der Eintragung wirksam wird, dieses über § 147 anfechtbar sein.[4] Als Anfechtungsgründe nach Verfahrenseröffnung kommen nur die §§ 130-134, 145 in Betracht, da bei den anderen Tatbeständen kein Gutglaubensschutz infolge einer Registereintragung denkbar ist.

6 Weiterer Anwendungsfall ist der § 81 Abs. 3 S. 2. Nach dieser Vorschrift bleibt die Verfügung des Schuldners über Finanzsicherheiten gem. § 1 Abs. 17 Kreditwesengesetz grundsätzlich wirksam, wenn diese am Tag der Eröffnung (zeitlich aber nach Wirksamwerden der Verfahrenseröffnung) erfolgt und der andere Teil nachweist, dass er die Eröffnung des Verfahrens weder kannte noch kennen musste. Eine Insolvenzanfechtung bleibt auch hier möglich.

---

[1] Begründung zu § 166 RegE, abgedruckt bei *Balz/Landfermann,* S. 390.

[2] Siehe Kommentierung zu § 140 InsO.

[3] *Soergel/Stürner,* BGB, § 878, Rn. 5 mwN.

[4] HK-*Kreft,* InsO, § 147 Rn. 5; *Nerlich/Römermann/Nerlich,* InsO, § 147 Rn. 6; *Niehus,* Die Insolvenzanfechtung in der Bundesrepublik Deutschland und den Vereinigten Staaten von Amerika, S. 48, aA: *Smid/Zeuner,* InsO, § 147 Rn. 2.

3. Besonderheiten bei Zahlungs- und Abrechnungssystemen

a) Vorbemerkung

Im nationalen und internationalen Zahlungsverkehr erringen die sogenannten „Netting-Verfahren" immer mehr an Bedeutung. In deren Rahmen wird nicht, wie beim „Brutto-Verfahren", jeder Überweisungs- oder Übertragungsauftrag einzeln abgerechnet, sondern nur ein zu einem späteren Zeitpunkt ermittelter Saldo aus ein- und ausgehenden Aufträgen.[1] Es liegt auf der Hand, dass solche Systeme, bei denen täglich eine Vielzahl an Zahlungsvorgängen vieler Teilnehmer saldiert werden, nur funktionieren können, wenn nicht stets einzelne Verrechnungsposten von der Unwirksamkeit bedroht sind. Um im Rahmen solcher Systeme ein möglichst reibungsloses Funktionieren zu ermöglichen, hat die EU die Richtlinie 98/26/EG vom 19. 5. 1998 erlassen,[2] die durch das Gesetz zur Änderung insolvenzrechtlicher und kreditwesenrechtlicher Vorschriften vom 8. Dezember 1999[3] in Deutschland umgesetzt wurde. Zur Vermeidung von „Sand im Getriebe" der Abrechnungssysteme wurde die Verrechnung in § 96 Abs. 2 auch dann für zulässig erklärt, wenn die der Verrechnung zugrunde liegende Rechtshandlung anfechtbar war. Insofern wurde § 96 Abs. 1 Ziff. 3 eingeschränkt. Der Begriff „Verrechnung" umfasst dabei den der „Aufrechnung" und geht gleichzeitig hierüber hinaus. Er soll das ganze Spektrum derjenigen Rechtsfiguren abdecken, mit denen das wirtschaftliche Phänomen des Netting rechtlich umgesetzt werden kann.[4] Die Legaldefinition des Systems im Sinne der Richtlinie erfolgt nunmehr in § 1 Abs. 16 Kreditwesengesetz. Durch das Gesetz zur Umsetzung der Finanzsicherheiten-Richtlinie wurde § 96 Abs. 2 InsO neu gefasst und die Verrechnung auch bei der Verfügung über Finanzsicherheiten im Sinne des § 17 Abs. 17 Kreditgewesengesetz ermöglicht. 7

b) Die Regelung des § 147 Satz 2

Die Wirksamkeit der Verrechnung soll nun nicht dazu führen, dass auf diese Weise die Gläubigerbenachteiligung folgenlos bleibt. Aus diesem Grunde ermöglicht § 147 S. 2 die Anfechtung der dem Leistungsaustausch zugrunde liegenden Rechtshandlung. Da auch hier die Vertragserfüllung nach der Eröffnung des Insolvenzverfahrens liegen kann, war die Eingliederung dieses selbstständigen Anfechtungstatbestandes in den § 147 gerechtfertigt.[5] Die Anfechtung darf jedoch keinerlei Auswirkungen auf die Verrechnung innerhalb des Zahlungssystemes haben. Deshalb hat sie nur einen Anspruch auf Wertersatz gegen den Anfechtungsgegner zur Folge.[6] 8

---

[1] Eingehend und mit Darstellung der verschiedenen Systeme BR-Drucks. 456/99, S. 6 ff.; vgl. auch *Boos/Fischer/Schulte-Mattler/Fischer,* Kreditwesengesetz, § 24 b Rn. 6, 7.

[2] ABl. EG Nr. L 166/45 v. 1998.

[3] BGBl. I, 1999, S. 2384, 2385.

[4] *Keller,* Die EG-Richtlinie 98/26 v. 19. 5. 1998 über die Wirksamkeit von Abrechnungen in Zahlungs- sowie Wertpapierliefer- und Abrechnungssystemen und ihre Umsetzung in Deutschland, WM 2000, 1269, 1278.

[5] Vgl. BR-Drucks. 456/99, S. 22.

[6] BR-Drucks. 456/99, S. 22.

4. Die Verjährungsfrist

9 Die besondere Verjährungsregelung des § 147 Abs. 2 der bisherigen Fassung ist aufgehoben worden.[1] Maßgeblich für § 147 ist durch die Verweisung des § 146 Abs. 1 die regelmäßige Verjährung des Bürgerlichen Gesetzbuches.[2] Nach § 199 Abs. 1 BGB beginnt die Verjährung mit dem Schluss des Jahres, in dem der Anspruch entstanden ist (nicht vor dem Wirksamwerden der anfechtbaren Handlung) und der Kenntniserlangung durch den Insolvenzverwalter.

5. Praxishinweis

10 § 147 ist eine eher versteckte Vorschrift, die in der Praxis häufig übersehen wird. Grund hierfür ist, dass man der Wertung der Insolvenzordnung über § 81 Abs. 1 eine eindeutige Zuordnung zugunsten des gutgläubigen Erwerbers entnimmt. Ohne die Regelung des § 147 wäre dieser Gutglaubenschutz umfassend verwirklicht, der gutgläubige Erwerber dürfte den Vermögensgegenstand behalten. § 147 durchbricht jedoch den Gutglaubenschutz und begründet einen Rückübertragungsanspruch nach Anfechtungsrecht auch gegenüber dem an sich gutgläubigen Erwerber.

---

[1] Durch das Gesetz zur Anpassung von Verjährungsvorschriften an das Gesetz zur Modernisierung des Schuldrechts v. 9. 12. 2004.

[2] Das Erfordernis einer Sonderregelung ist entfallen.

Vierter Teil. Verwaltung und Verwertung der Insolvenzmasse

Erster Abschnitt. Sicherung der Insolvenzmasse

§ 148 Übernahme der Insolvenzmasse

(1) **Nach der Eröffnung des Insolvenzverfahrens hat der Insolvenzverwalter das gesamte zur Insolvenzmasse gehörende Vermögen sofort in Besitz und Verwaltung zu nehmen.**

(2) **Der Verwalter kann auf Grund einer vollstreckbaren Ausfertigung des Eröffnungsbeschlusses die Herausgabe der Sachen, die sich im Gewahrsam des Schuldners befinden, im Wege der Zwangsvollstreckung durchsetzen. § 766 der Zivilprozeßordnung gilt mit der Maßgabe, daß an die Stelle des Vollstreckungsgerichts das Insolvenzgericht tritt.**

Übersicht

1. Normzweck

1 Mit der Verfahrenseröffnung geht gem. § 80 die Verwaltungs- und Verfügungsbefugnis über das zur Insolvenzmasse gehörende Vermögen vom Schuldner auf den Insolvenzverwalter über. Der Insolvenzverwalter muss das gesamte, dem Insolvenzbeschlag unterliegende Vermögen, die sog. Ist-Masse, sofort in Besitz nehmen und verwalten (Abs. 1). Insofern ist der Vermögensbegriff iSv. Abs. 1 weiter gefasst, als der der Insolvenzmasse iSv. § 35 (Soll-Masse), sodass hiervon auch solche Gegenstände umfasst sind, an denen Drittrechte bestehen. Der Insolvenzverwalter ist zwar nicht berechtigt, sich den Besitz auch gegen den Willen des Schuldners zu verschaffen. Er kann aber die Verpflichtung zur Inbesitznahme mittels einer vollstreckbaren Ausfertigung des Eröffnungsbeschlusses unmittelbar im Wege der Zwangsvollstreckung gegenüber dem Schuldner durchsetzen (Abs. 2 Satz 1). Für Einwendungen des Schuldners nach Abs. 2 Satz 2 ist das Insolvenzgericht zuständig.

2. Gebot der Inbesitznahme

2 Für die Inbesitznahme kommen nur **körperliche Gegenstände** (bewegliche und unbewegliche Sachen) in Betracht. Bei Grundstücken und grundstücksgleichen Rechten erfolgt die Inbesitznahme darüber hinaus durch Eintragung des Insolvenzvermerks in das Grundbuch, um die Verfügungsmacht des Insolvenzverwalters zu bewirken.[1] Letzteres erfolgt gem. § 32 durch das Insolvenzgericht. Ist der Schuldner Eigentümer von Geschäftsanteilen einer GmbH, so ist zu prüfen, ob der Schuldner auch als Gesellschafter im Handelsregister eingetragen ist, um ggf. einen (nunmehr) nach § 16 Abs. 3 GmbHG gutgläubigen Erwerb durch entsprechende Berichtigung/Eintragung auszuschließen. Da eine Besitzergreifung i. S. v. § 854 BGB bei **Forderungen** und Rechten nicht möglich ist, unterliegen diese bereits durch die Regelung im Eröffnungsbeschluss (§ 28 Abs. 3) einem offenen Arrest[2] und sind i. d. R. gem. § 82 hinreichend gesichert. Gleichwohl sollte auch insoweit die der Inbesitznahme ähnelnde Anzeige gegenüber den Drittschuldnern erfolgen.[3] Die Inbesitznahme verbriefter Forderungen und Rechte erfolgt demgegenüber durch die Inbesitznahme der entsprechenden Urkunden (Grundschuldbriefe, Sparkassenbücher, etc.).[4]

3 Gem. § 148 Abs. 1 hat der Insolvenzverwalter zunächst das „gesamte Schuldnervermögen", die sog. **Ist-Masse,** in Besitz zu nehmen. Erst im weiteren Verfahrensablauf ist diese zur sog. **Soll-Masse** (Teilungsmasse)[5] zu bereinigen. Da Letzteres auf Grund der vorzunehmenden Prüfung i. d. R. nicht unmittelbar möglich ist, erstreckt sich das Recht zur Inbesitznahme und Verwaltung auch auf solche Gegenstände, die sich bei Verfahrenseröffnung im schuldnerischen Besitz befinden, aber (z. B. auf Grund eines erst später feststellbaren Aussonderungsrechts) nicht zur Teilungsmasse gehören. Dieses gilt jedoch nicht für offensichtlich erkennbar massefremde Gegenstände. Eine Haftung des Verwalters (z. B. für Aussonderungskosten) durch die Inbesitznahme massefremder Sachen entsteht nur dann, wenn die Massefremdheit evident erkennbar war.[6]

4 Zur Insolvenzmasse zählt auch das Auslandsvermögen, sofern dies nach dem dortigen Recht der Zwangsvollstreckung unterliegt.[7] Es gilt das Universalitätsprinzip.[8] Der Insolvenzverwalter kann vor deutschen Gerichten Ansprüche geltend machen, die sich auf das im Ausland belegene Vermögen des Schuldners beziehen, und zwar unabhängig davon, ob der Vollstreckungstitel im Ausland durchgesetzt werden kann.[9] Den Schuldner trifft hierbei eine **Mitwirkungs-**

[1] FK-*Wegener,* InsO, § 148 Rn. 5; MünchKomm-*Füchsl/Weishäupl,* InsO § 148 Rn. 26.

[2] MünchKomm-*Füchsl/Weishäupl,* InsO § 148 Rn. 11.

[3] FK-*Wegener,* InsO, § 148 Rn. 4 a mwN.

[4] Vgl. *Uhlenbruck/ders.,* InsO, § 29 Rn. 7.

[5] Näher Rn. 7 zu § 35.

[6] BGHZ 127, 156 = ZIP 1994, 1700.

[7] *Uhlenbruck/ders.,* InsO, § 148 Rn. 17; FK-*Wegener,* InsO, § 148 Rn. 2.

[8] BGH NJW-RR 2004, 134 ff.; BGHZ 88, 147 ff.; 95, 256 ff.; 118, 151 ff.; *Kübler/Prütting/Bork/Kemper,* InsO, Art. 102 EGInsO Rn. 12; MünchKomm-*Reinhart,* Art. 102 EGInsO Rn. 62, 81; *Uhlenbruck/Lüer,* InsO, Art. 102 EGInsO Rn. 19.

[9] BGHZ 68, 16; BGH NJW 1983, 2147 mwN.

pflicht; er ist ggf. zur Erteilung von Vollmachten verpflichtet, die berechtigen, über die im Ausland befindlichen Vermögensgegenstände zu verfügen.[1] Verfassungsrechtliche Bedenken bestehen hiergegen nicht.[2]

Der Insolvenzverwalter erlangt an den massezugehörigen Sachen durch deren Inbesitznahme **unmittelbaren Fremdbesitz** gem. § 868 BGB. Der Schuldner hat **mittelbaren Eigenbesitz.** Der Insolvenzverwalter genießt insoweit Besitzschutzrechte nach §§ 859 ff., 1007 BGB.[3] 5

Die Besitzergreifung durch den Insolvenzverwalter muss **sofort** nach Verfahrenseröffnung erfolgen. Eine „unverzügliche" (also ohne schuldhaftes Zögern i. S. d. § 121 BGB) erfolgte Inbesitznahme ist ausreichend, da mehr als das unverzügliche und pflichtgemäße Bemühen um eine schnellstmögliche Inbesitznahme nicht verlangt werden kann.[4] Erfolgt die Besitzergreifung verspätet, so kann das zu Schadensersatzansprüchen gem. § 60 führen, sofern dadurch die Insolvenzmasse geschmälert wird.[5] 6

Wichtige Sofortmaßnahmen nach Besitzergreifung sind u. a. die Überprüfung der bestehenden Sach- und Haftpflichtversicherungen, die Anzeige der Verfahrenseröffnung gegenüber Banken u. Drittschuldnern, der ggf. zu erfolgende Lastschriftwiderruf sowie die Verwertung „verderblicher Waren" bereits vor dem Berichtstermin (§ 159). 7

3. Durchsetzung der Herausgabepflicht

Der Verwalter ist nicht berechtigt, die der Besitzergreifung unterliegenden Gegenstände eigenmächtig oder gegen den Willen des Schuldners in Besitz zu nehmen. Dies stellt eine verbotene Eigenmacht iSv. § 858 Abs. 1 BGB dar. Der Verwalter kann aber gem. § 90 GVGA einen Gerichtsvollzieher mit der Wegnahme beauftragen, da die vollstreckbare Ausfertigung des Eröffnungsbeschlusses gemäß Abs. 2 S. 1 einen **Herausgabetitel** iSv. § 794 Abs. 1 Nr. 3 ZPO beinhaltet.[6] Einer zusätzlichen richterlichen Anordnung für das Betreten und Durchsuchen der Privat- oder Geschäftsräume des Schuldners bedarf es nicht.[7] Diese Vollstreckungsmöglichkeit gilt allerdings erst im eröffneten Verfahren und nicht bereits für den vom Gericht bestellten Sachverständigen oder den (schwachen) vorläufigen Insolvenzverwalter.[8] Behindert der Schuldner die Arbeit des Sachverständigen, wird i. d. R. Veranlassung bestehen, einen vorläufigen „starken" Insolvenzverwalter zu bestellen. 8

Der Eröffnungsbeschluss ermächtigt den Insolvenzverwalter mithin, gemeinsam mit dem Gerichtsvollzieher die Wohnung des Schuldners zu betreten, um Gegenstände der Insolvenzmasse in Besitz zu nehmen.[9] Dies gilt auch dann, wenn

---

[1] BGH NZI 2004, 21 f. m. Anm. *Uhlenbruck*; OLG Koblenz ZIP 1993, 844.

[2] BVerfG ZIP 1986, 1336.

[3] Siehe weitergehend: *Uhlenbruck/ders.,* InsO, § 148 Rn. 8.

[4] MünchKomm-*Füchsl/Weishäupl,* InsO § 148 Rn. 24; einschränkend: *Kübler/Prütting/Bork/Holzer,* InsO, § 148 Rn. 7.

[5] *Andres/Leithaus,* InsO, § 148 Rn. 3 mwN.

[6] BGH ZInsO 2006, 1105 (st. Rspr.).

[7] HambKomm-*Schmidt,* § 148 Rn. 28; *Uhlenbruck/ders.*, InsO, § 148 Rn. 20; LG Berlin DGVZ 1981, 184.

[8] BGH ZInsO 2004, 550 f.

[9] Begründung RegE, abgedruckt in *Balz/Landfermann,* S. 256.

der Schuldner in einer Ehegemeinschaft, eheähnlichen Gemeinschaft oder einer sonstigen Wohngemeinschaft lebt.[1] Gegenüber Verheirateten oder in eheähnlichen Gemeinschaften lebenden Schuldnern greift zugunsten des Insolvenzverwalters die Vermutung der §§ 739 ZPO, 1362 BGB.[2] Befinden sich Teile der Insolvenzmasse im Besitz eines Dritten, so ist der Herausgabeanspruch im ordentlichen Verfahren geltend zu machen. Gegenüber Dritten ist der Eröffnungsbeschluss nach dem Wortlaut des Abs. 2 kein zur Wegnahme im Vollstreckungswege geeigneter Titel.[3]

Die einzelnen Vollstreckungsgegenstände müssen im Eröffnungsbeschluss auch nicht näher bezeichnet werden.

9 Der Insolvenzverwalter bzw. der Gerichtsvollzieher ist im Rahmen der Grenzen von § 811 ZPO zur Wegnahme auf Grund des Eröffnungsbeschlusses berechtigt.[4] Die Zulässigkeit der Art und Weise der Zwangsvollstreckung beurteilt sich nach den Vorschriften der ZPO, die zur Durchführung der Vollstreckung dienen.[5]

4. Freigabe von Vermögensgegenständen

10 Trotz der Verpflichtung zur Inbesitznahme der Insolvenzmasse ist der Insolvenzverwalter im Rahmen der Verwaltung der Insolvenzmasse berechtigt und ggf. auch verpflichtet, Gegenstände, die für die Masse **wertlos** sind und diese evtl. sogar noch mit weiteren Kosten belasten, aus dem Insolvenzbeschlag freizugeben. Zu beachten ist allerdings, dass die Freigabe eine anderweitig bestehende Räumungspflicht des Verwalters zumindest dann nicht ersetzt, wenn der Insolvenzverwalter nicht nur den allgemeinen, sichernden Besitz gemäß §§ 148, 80 begründet hat, sondern die Mietsache durch Betriebsfortführung in die Insolvenzmasse integriert hat.[6]

5. Verwaltung der Masse

11 § 148 statuiert nicht nur die Pflicht zur Inbesitznahme, sondern auch die Verpflichtung zur **Verwaltung** der Masse. Dies beinhaltet insbesondere die Sicherung und Feststellung der vorhandenen Masse bis zur deren Verwertung oder einer anderweitigen Beendigung des Insolvenzverfahrens.

Soweit im Zeitpunkt der Eröffnung des Insolvenzverfahrens ein laufender Geschäftsbetrieb vorhanden ist, ergeben sich die spezifischen Verwaltungsaufgaben bereits hieraus. Insbesondere muss der Insolvenzverwalter gem. § 158 Abs. 1 das schuldnerische Unternehmen grds. weiterführen. Sein Verantwortungsbereich ist dabei umfassend. Allerdings obliegt es dem Insolvenzverwalter auch **Planrechnungen** zu Gewinn und Verlust und zur Liquidität zu erstellen, diese beständig dem **Soll/Ist-Vergleich** anzupassen,[7] umso feststellen zu können, ob die ihm bis zum Berichtstermin (§ 156) gesetzlich auferlegte bzw. von

---

[1] *Nerlich/Römermann/Andres,* InsO, § 148 Rn. 45 mwN.
[2] *Zöller/Stöber,* ZPO, § 739 Rn. 5.
[3] *Uhlenbruck/ders.,* InsO, § 148 Rn. 9; so bereits OLG Düsseldorf ZIP 1982, 471.
[4] HK-*Depré,* InsO, § 148 Rn. 10.
[5] Begründung RegE, abgedruckt in *Balz/Landfermann,* S. 256; BGH ZInsO 2006, 1105.
[6] BGH NZI 2006, 293 f. m. Anm. *Henkel.*
[7] *Uhlenbruck/ders.,* InsO, § 148 Rn. 27.

der Gläubigerversammlung im Berichtstermin (§ 157 Satz 1) getroffene Fortführungsentscheidung noch tragfähig ist oder er (ggf. mit gerichtlicher Zustimmung bzw. einem einzuholenden Beschluss der Gläubigerversammlung) das schuldnerische Unternehmen stilllegen muss.

6. Zurückbehaltungsrechte/anderweitige Beschlagnahme

Soweit sich **Geschäftsunterlagen des Schuldners** bei Steuerberatern, Buch- 12
führungshelfern oder Rechtsanwälten befinden, sind diese Personen gegenüber dem Insolvenzverwalter zur Herausgabe der Unterlagen verpflichtet und können ihm gegenüber kein **Zurückbehaltungsrecht** wegen ausstehender Honorarforderungen geltend machen.[1] Dagegen hat der Insolvenzverwalter gegenüber dem anwaltlichen oder steuerlichen Berater keinen Anspruch auf Herausgabe der noch nicht vergüteten, durch diesen gefertigte eigene Aufzeichnungen und Berechnungen (z. B. der erstellten Bilanz, der BWA, dem Klageentwurf[2]). Solche Unterlagen sind i. d. R. das originäre Ergebnis der Beratertätigkeit und gehören auch zivilrechtlich nicht zu der Insolvenzmasse. Etwas anderes kann sich ggf. aber für die Handakten des Beraters ergeben, soweit es sich bei diesen nicht um eigene Arbeitsergebnisse des Beraters handelt.[3]

Für die Fälle, in denen Insolvenzbeschlag und strafprozessuale Beschlagnahme 13
nach § 98 StPO zusammentreffen, ist die Vorrangfrage streitig.[4] Die Rechtsprechung geht von einem Vorrang der strafprozessualen Beschlagnahme nach § 98 StPO aus.[5] Ist der Insolvenzverwalter bereits im Besitz der Unterlagen, so beschränkt sich der Anspruch der Staatsanwaltschaft grds. auf die Ablichtung der Unterlagen. Lediglich in den Fällen, in denen das Aktenmaterial zu umfangreich ist und sich die Staatsanwaltschaft erst einen Überblick verschaffen muss, kann ausnahmsweise etwas anderes gelten.[6] Grund für diese Einschränkung des Vorranges ist, dass das Sicherungsbedürfnis der Strafverfolgungsbehörden mit der insolvenzrechtlichen Inbesitznahme entfällt.[7]

7. Praxishinweis

Durch die Anordnung einer „starken" vorläufigen Insolvenzverwaltung wird 14
der Zeitpunkt, zu dem der Insolvenzverwalter Besitz ergreift, häufig zeitlich in das Insolvenzeröffnungsverfahren verlagert. Unabhängig, ob bereits in der vorläufigen Insolvenzverwaltung oder erst mit Eröffnung des Verfahrens, ist das praktische Problem der tatsächlichen Inbesitznahme bei größeren Industrieeinheiten nur **symbolisch** oder durch Ergreifen des Mitbesitzes (z. B. Übergabe eines Generalschlüssels) möglich. Die tatsächliche Inbesitznahme beweglicher

[1] LG Cottbus ZInsO 2002, 635; *Uhlenbruck/ders.* InsO, § 148 Rn. 9 mwN.

[2] BGH ZIP 2004, 1267 ff.; BGH ZIP 1988, 1474.

[3] Vgl. OLG Hamburg ZInsO 2005, 550.

[4] Für den Vorrang der strafprozessualen Beschlagnahme: MünchKomm-*Füchsl/Weishäupl,* InsO § 148 Rn. 14 f.; für den Vorrang des Insolvenzbeschlages: *Uhlenbruck/ders.,* § 148 Rn. 10 ff. (mwN).

[5] OLG Stuttgart wistra 1984, 240; aA: für die Beschlagnahme nach §§ 111 b StPO richtigerweise: LG Mannheim ZInsO 1998, 93.

[6] Ähnlich MünchKomm-*Füchsl/Weishäupl,* InsO § 148 Rn. 14.

[7] *Breuer,* KTS 1995, 1.

Gegenstände zum Zeitpunkt der Eröffnung des eigentlichen Insolvenzverfahrens ist für den Insolvenzverwalter gesetzlicher Auftrag und sichert ihm sein Verwertungsrecht gegenüber absonderungsberechtigten Gläubigern aus § 166 und ist damit ein nicht unerhebliches **Masseschöpfungspotential.**

15 Im Rahmen der Verwaltung der Masse ist es erforderlich – insbesondere bei Immobilien – die vorhandenen Versicherungsverträge einer genauen Überprüfung zu unterziehen und darauf zu achten, dass ein ausreichender Versicherungsschutz (z. B. Gebäudebrand-, Gebäudesach-, Grundeigentümerhaftpflicht-, Betriebshaftpflicht-, Kfz-Haftpflichtversicherungen etc.) besteht. Fehlender Versicherungsschutz stellt in der Regel eine Obliegenheitsverletzung dar, so dass insoweit ggf. auch die Vermögensschadenhaftpflichtversicherung des Insolvenzverwalters nicht für einen eventuellen Schaden aufkommt.

8. Rechtsmittel

16 Über Einwendungen des Schuldners gegen das Verfahren bei der Zwangsvollstreckung entscheidet entgegen § 766 ZPO nicht das Vollstreckungsgericht, sondern das Insolvenzgericht (Abs. 2 S. 2). Soweit das Insolvenzgericht als Vollstreckungsgericht kraft besonderer Zuweisung funktional entscheidet, richtet sich der weitere Rechtszug nicht nach insolvenzrechtlichen sondern nach allgemeinen, vollstreckungsrechtlichen Vorschriften.[1] Insofern ist auch gegen die Entscheidung des Insolvenzgerichts über eine Erinnerung im Hinblick auf Art und Weise der Herausgabevollstreckung aus einem Eröffnungsbeschluss das Rechtsmittel der sofortigen Beschwerde nach § 793 ZPO gegeben.[2] Eine weitere Rechtsbeschwerde findet nur auf Zulassung durch das Beschwerdegericht statt (§ 574 Abs. 1 Satz 1 Nr. 2 ZPO).[3] Vollstreckungsschutz analog § 765 a ZPO ist dem Schuldner bei Vorliegen der Voraussetzungen auf Antrag zu gewähren.[4]

§ 149 Wertgegenstände

(1) **Der Gläubigerausschuß kann bestimmen, bei welcher Stelle und zu welchen Bedingungen Geld, Wertpapiere und Kostbarkeiten hinterlegt oder angelegt werden sollen. Ist kein Gläubigerausschuß bestellt oder hat der Gläubigerausschuß noch keinen Beschluß gefaßt, so kann das Insolvenzgericht entsprechendes anordnen.**

(2) **Die Gläubigerversammlung kann abweichende Regelungen beschließen.**

Übersicht

[1] BGH ZIP 2006, 340 f.; BGH ZIP 2004, 1379.
[2] BGH ZInsO 2006, 1105.
[3] BGH WM 2004, 834 f.
[4] BGH ZIP 2008, 2441.

1. Normzweck

§ 149 regelt die Grundsätze zur Auswahl der Hinterlegungsstelle und zur Hinterlegung von Geld und Wertpapieren. Die Festlegung einer **Hinterlegungsstelle** und die Hinterlegung selbst obliegt grundsätzlich dem Insolvenzverwalter.[1] Der Gläubigerausschuss kann das Bestimmungsrecht jedoch an sich ziehen. Ist ein Gläubigerausschuss (noch) nicht bestellt oder hat dieser noch keinen Beschluss nach § 149 Abs. 1 gefasst, kann auch das Insolvenzgericht eine entsprechende Hinterlegungsstelle bestimmen. Damit gilt ein **Prinzip der gestaffelten Zuständigkeit**[2] wonach primär der Insolvenzverwalter nach seinem Ermessen eingehende Gelder, Wertpapiere und Kostbarkeiten zu hinterlegen hat.[3] Das Insolvenzgericht sollte von seinem Bestimmungsrecht im Hinblick auf eine etwaige Amtshaftung nur mit Zurückhaltung Gebrauch machen. 1

Nach zutreffender Ansicht bedarf die Ausübung des gerichtlichen Bestimmungsrechts keines Antrages des Verwalters,[4] während im umgekehrten Fall auch ein entsprechender Antrag des Verwalters das Insolvenzgericht nicht verpflichtet, von seinem Bestimmungsrecht Gebrauch zu machen.

Die vormals in Absatz 2 normierte Mitunterzeichnung von Quittungen durch ein Gläubigerausschussmitglied wurde mit dem Gesetz zur Vereinfachung des Insolvenzverfahrens vom 13. 4. 2007[5] ersatzlos gestrichen. Mit dieser Vereinfachung sind auch die besonderen Haftungsgefahren der Kreditinstitute im Hinblick auf die Prüfung der Berechtigung des Insolvenzverwalters über hinterlegte Gelder allein zu verfügen, nunmehr entfallen. 2

2. Hinterlegungsstelle

Die Hinterlegung von Geld, Wertpapieren und Kostbarkeiten muss nicht zwingend bei einer öffentlichen Hinterlegungsstelle erfolgen. Auch private Hinterlegungsstellen kommen in Betracht. Die Hinterlegungsstelle muss einzig und allein eine angemessene Gewähr dafür bieten, dass das Hinterlegungsgut nicht verloren geht und bankenüblich verzinst wird. Relevante Hinterlegungsstellen sind vornehmlich Kreditinstitute (Banken und Sparkassen), bei denen eine Einlagensicherung[6] in entsprechender Höhe vorhanden ist. 3

Die Auswahl der Hinterlegungsstelle steht – solange eine Bestimmung durch den Gläubigerausschuss oder das Insolvenzgericht nicht erfolgt ist – im freien Ermessen des Insolvenzverwalters.[7] 4

---

[1] Begründung RegE, abgedruckt bei *Balz/Landfermann,* S. 394; *Uhlenbruck/ders.,* InsO, § 149 Rn. 2.

[2] HambKomm-*Schmidt,* § 149 Rn. 2.

[3] *Hess/ders.,* InsO, § 149 Rn. 2 unter Hinweis auf die Begründung zu § 168 RegE.

[4] So auch *Uhlenbruck/ders.,* InsO, § 149 Rn. 4; aA: *Kübler/Prütting/Bork/Holzer,* InsO, § 149 Rn. 10.

[5] BGBl. I 2007, S. 509.

[6] Als Hinterlegungsstellen kommen vorzugswürdig sog. „mündelsichere Kreditinstitute" (§ 1807 Abs. 1 Nr. 5 BGB) also öffentliche Sparkassen, die von der Landesbehörde für mündelsicher erklärt worden sind, in Betracht. „Mündelsichere Anlagen" sind bei umfassender Sicherung der Einlagen nicht mehr erforderlich; hierzu auch *Uhlenbruck/ders.,* InsO, § 149 Rn. 15.

[7] *Hess/ders.,* InsO, § 149 Rn. 2; FK-*Wegener,* InsO, § 149 Rn. 3; *Uhlenbruck/ders.,* InsO, § 149 Rn. 2.

Dieser sollte, unabhängig davon ob das Hinterlegungskonto als Sonderkonto oder Anderkonto geführt wird, darauf achten, dieses Konto nicht bei einer Bank zu führen, die schon in Vertragsbeziehungen zum Schuldner stand (z. B.: Hausbank des Schuldners). Andernfalls könnten in besonders gelagerten Fällen Streitigkeiten darüber entstehen, ob dem Auszahlungsverlangen des Verwalters etwaige Gegenrechte der Bank entgegenstehen.[1] Demzufolge dürfte die Einschaltung einer anderen Bank oder Sparkasse als Hinterlegungsstelle in der Regel vorzugswürdig sein.[2]

Wird eine Hinterlegungsstelle vom Gläubigerausschuss oder Insolvenzgericht bestimmt, so ist der Verwalter daran gebunden und insbesondere nicht berechtigt, weitere Hinterlegungsstellen auszuwählen oder andere Konten bei weiteren Kreditinstituten zu unterhalten.[3] Dies gilt auch für die Einrichtung von (weiteren und/oder bei anderen Instituten unterhaltenen) Festgeldkonten.

5 Eine zur Hinterlegungsstelle von Insolvenzgeldern bestimmte Bank, Sparkasse oder sonstige Stelle erlangt dadurch die Eigenschaft einer Hinterlegungsstelle i. S. v. § 149, dass sie vom Gericht, durch Beschluss des Gläubigerausschusses oder durch die Gläubigerversammlung hierzu bestimmt wird. Andererseits kann durch einfache Hinterlegung bei einem Kreditinstitut nicht die Eigenschaft als Hinterlegungsstelle begründet werden, da der Verwalter das Verfügungsrecht über die Massegegenstände besitzt.[4]

6 Die Hinterlegungsstelle wird Beteiligter i. S. d. §§ 60 f., 71 und Erfüllungsgehilfe für die Durchführung des Verfahrens.[5] Die Pflichten der Hinterlegungsstelle enden mit Aufhebung des Insolvenzverfahrens auch im Rahmen eines Insolvenzplans (§ 258), sofern nicht der Insolvenzplan ausdrücklich etwas anderes vorsieht. Bei der Eigenverwaltung gem. §§ 270 ff. soll § 149 keine Anwendung finden.[6] Das Recht des Sachwalters gem. § 275 Abs. 2, schuldnerische Zahlungen entgegenzunehmen und zu leisten, kann zur entsprechenden Anwendung des § 149 führen.[7]

3. Art und Weise der Hinterlegung

7 Die insolvenzrechtliche Hinterlegung entspricht nicht der Hinterlegung nach §§ 372 ff. BGB.[8] Insofern stellt die insolvenzrechtliche Hinterlegung eine solche im „untechnischen“ Sinn dar, d. h. lediglich eine Sicherstellung vor der unbefugten Verfügung durch Dritte. In der Praxis werden regelmäßig sog. Anderkonten als Hinterlegungskonten angelegt. Das ist zwar nicht erforderlich, gleichwohl aber zulässig.[9] Die Gegenansicht, nach der sog. Sonderkonten auf Grund ihrer vermeintlich besseren Kontrollmöglichkeit durch das Gericht vorzugswürdiger sind,[10] verkennt, dass unabhängig von der Ausgestaltung der Konten als

---

[1] BGH ZIP 1995, 225.

[2] So auch: *Uhlenbruck/ders.*, InsO, § 149 Rn. 15: „nur in Ausnahmefällen“; FK-*Wegener*, InsO, § 149 Rn. 2; HambKomm-*Schmidt*, § 149 Rn. 2.

[3] FK-*Wegener*, InsO, § 149 Rn. 6. Ein häufiger Anlass für Verstöße in der Praxis sind später situativ eingerichtete Konten.

[4] BGH NJW 1962, 2203.

[5] RGZ 140, 185.

[6] *Uhlenbruck/ders.*, InsO, § 149 Rn. 16.

[7] Ebd.

[8] FK-*Wegener*, InsO, § 149 Rn. 1; *Uhlenbruck/ders.*, InsO, § 149 Rn. 10.

[9] MünchKomm-*Füchsl/Weishäupl*, InsO § 149 Rn. 27; *Hess/ders.*, InsO, § 149 Rn. 14.

[10] FK-*Wegener*, InsO, § 149 Rn. 1; *Uhlenbruck/ders.*, InsO, § 149 Rn. 10.

Sonder- oder Treuhandkonten die Kontrolle durch das Insolvenzgericht auch bei eingerichteten Anderkonten gewahrt bleibt. Insofern ist es dem Personenkreis, dem die Einrichtung von Anderkonten gestattet ist (Notare, Rechtsanwälte, Steuerberater, Wirtschaftsprüfer) auch insolvenzrechtlich erlaubt, als Hinterlegungskonten Anderkonten bei Banken oder Sparkassen anlegen zu lassen.

Der Beschluss des Gläubigerausschusses oder der Gläubigerversammlung, die eingehenden Gelder bei einem Kreditinstitut zu den üblichen Bedingungen anzulegen und die eingehenden Gelder auf das vom Insolvenzverwalter bezeichnete **Anderkonto** zu nehmen, ist keine Bestimmung der Hinterlegung i. S. d. § 149, sondern nur dessen Zustimmung zu den Maßnahmen des Insolvenzverwalters.[1] 8

4. Abweichende Beschlussfassung durch die Gläubigerversammlung

Gem. Abs. 2 kann die Gläubigerversammlung eine **abweichende Verfahrensweise** beschließen. Sie ist in ihrer Beschlussfassung nicht an die Regelungen in Abs. 1 gebunden. 9

§ 150 Siegelung

Der Insolvenzverwalter kann zur Sicherung der Sachen, die zur Insolvenzmasse gehören, durch den Gerichtsvollzieher oder eine andere dazu gesetzlich ermächtigte Person Siegel anbringen lassen. Das Protokoll über eine Siegelung oder Entsiegelung hat der Verwalter auf der Geschäftsstelle zur Einsicht der Beteiligten niederzulegen.

Übersicht

1. Normzweck

Als Ergänzung zu den Rechten aus § 148 kann der Insolvenzverwalter zur Sicherung der Insolvenzmasse nach seinem Ermessen alle oder einzelne zur Masse gehörende Gegenstände, Behältnisse und Räume mit einen Siegel versehen lassen. Damit dient die **Siegelung** iSv. § 150 S. 1 der Sicherung der Insolvenzmasse durch Kennzeichnung der Massezugehörigkeit. 1

2. Siegelung der Insolvenzmasse

Die Siegelung stellt keinen Vollstreckungsakt dar, sondern ist eine sichernde Maßnahme in der Insolvenzverwaltung.[2] Eine Pflicht des Insolvenzverwalters zur 2

---

[1] *Hess,* InsO, § 149 Rn. 12; *Nerlich/Römermann/Andres,* InsO, § 149 Rn. 12; *Kübler/Prütting/Bork/Holzer,* InsO, § 149 Rn. 7; aA: *Uhlenbruck/ders.,* InsO, § 149 Rn. 7.

[2] BGH NJW 1962, 1392.

Siegelung besteht nicht. Das Insolvenzgericht kann als Aufsichtsbehörde den Insolvenzverwalter zur Siegelung anhalten, soweit das Unterlassen der Siegelung pflichtwidrig wäre. Eine Siegelung empfiehlt sich u. a. dann, wenn die Gefahr der Manipulation besteht und andere Sicherungsmaßnahmen weniger geeignet erscheinen. Dies wird wohl nur in begründeten Ausnahmen der Fall sein. Auch dem **vorläufigen Insolvenzverwalter** steht die Befugnis zur Siegelung (entsprechend § 150) zu, sofern das zur Sicherung und Feststellung des dem künftigen Insolvenzbeschlag unterfallenden Schuldnervermögens erforderlich ist.[1] Einer gesonderten Anordnung durch das Insolvenzgericht bedarf es nicht. Der vorläufige Verwalter trifft die Entscheidung nach pflichtgemäßem Ermessen.[2] Auch der **Insolvenzrichter** kann im Eröffnungsverfahren nach § 21 Abs. 2 eine Siegelung anordnen.[3] Die Anordnung verdrängt die Siegelungsbefugnis des „starken" vorläufigen Verwalters.[4]

Die Siegelung ist grundsätzlich durch einen Gerichtsvollzieher vorzunehmen.[5] Wenn landesrechtliche Ermächtigungen Entsprechendes normieren, können auch andere Personen hierzu befugt sein.

3. Rechtsmittel

3 Ein **Rechtsmittel** gegen die Siegelung steht dem Schuldner nicht zu. Es fehlt an einer angreifbaren gerichtlichen Entscheidung.[6] Da die Siegelung keine Vollstreckungshandlung darstellt, ist eine Vollstreckungserinnerung gem. § 766 ZPO ausgeschlossen.[7] Einwendungen, die die Art und Weise der Siegelung betreffen, sind dem Vollstreckungsgericht gegenüber zu erheben.[8]

Die unberechtigte Entfernung, Beschädigung, Ablösung und das Unkenntlichmachen sind gem. § 136 Abs. 2 StGB **strafrechtlich sanktioniert** (sog. **Siegelbruch**). Zu beachten ist, dass sich auch der an sich zugriffsbefugte (vorläufige) Insolvenzverwalter streng an die förmlichen Regelungen der Entsiegelung halten muss, will er nicht seinerseits einen Siegelbruch, z. B. durch Betreten einer versiegelten Lagerhalle, begehen. Die Abnahme des Siegels **(Entsiegelung)** geschieht auf Anordnung des Insolvenzverwalters, wobei wieder der Gerichtsvollzieher bzw. eine besonders ermächtigte Person tätig werden muss.

4. Protokoll und Kosten

4 Über den Akt der Siegelung aber auch über die Entsiegelung ist ein **Protokoll** zu fertigen und vom Insolvenzverwalter in der Geschäftstelle des Gerichts zur Einsicht niederzulegen (§ 150 S. 2). Bei der Abnahme des Siegels ist zu untersuchen, ob die im Protokoll zur Siegelung aufgeführten Siegel noch vorhanden oder möglicherweise beschädigt sind.[9] Das Einsichtsrecht in das Protokoll steht

---

[1] LG Baden-Baden ZIP 1983, 345.
[2] *Uhlenbruck/Maus,* InsO, § 150 Rn. 3.
[3] *Kübler/Prütting/Bork/Pape,* InsO, § 21 Rn. 44.
[4] HambKomm-*Schmidt,* § 150 Rn. 3.
[5] *Holzer,* DGVZ 2003, 147.
[6] FK-*Wegener,* InsO, § 150 Rn. 5.
[7] FK-*Wegener,* InsO, § 150 Rn. 5 mwN; aA: MünchKomm-*Füchsl/Weishäupl,* InsO § 150 Rn. 7, für analoge Anwendung.
[8] LG Berlin KZW 1963, 55; FK-*Wegener,* InsO, § 150 Rn. 2 und 5.
[9] *Uhlenbruck/Maus,* InsO, § 150 Rn. 5.

dem Schuldner und den Gläubigern zu. Absonderungsberechtigte haben dieses Recht nur, sofern der Schuldner ihnen auch persönlich haftet. Bei den **Kosten der Siegelung** handelt es sich um Masseverbindlichkeiten (§ 55 Abs. 1 Nr. 1). Sie richten sich nach dem Wert der versiegelten Gegenstände. Siegelung und Entsiegelung gelten gebührenrechtlich als eine Angelegenheit.

5. Praxishinweis

Die Siegelung spielt in der Praxis nur eine untergeordnete Rolle. Sie bietet sich u. a. bei der Sicherstellung von **Geschäftspapieren** des Schuldners an, bei denen die Gefahr der Manipulation besteht, sowie bei Vermögensgegenständen, die sich durch ihre Größe und Unhandlichkeit faktisch einer Inbesitznahme verschließen.[1] In der Regel wird der Verwalter andere Vorkehrung zum Schutz der in Besitz genommenen Massegegenstände treffen, z. B. durch eine Fremdverwahrung oder die Einschaltung eines Bewachungsunternehmens. 5

§ 151 Verzeichnis der Massegegenstände

(1) **Der Insolvenzverwalter hat ein Verzeichnis der einzelnen Gegenstände der Insolvenzmasse aufzustellen. Der Schuldner ist hinzuzuziehen, wenn dies ohne eine nachteilige Verzögerung möglich ist.**

(2) **Bei jedem Gegenstand ist dessen Wert anzugeben. Hängt der Wert davon ab, ob das Unternehmen fortgeführt oder stillgelegt wird, sind beide Werte anzugeben. Besonders schwierige Bewertungen können einem Sachverständigen übertragen werden.**

(3) **Auf Antrag des Verwalters kann das Insolvenzgericht gestatten, daß die Aufstellung des Verzeichnisses unterbleibt; der Antrag ist zu begründen. Ist ein Gläubigerausschuß bestellt, so kann der Verwalter den Antrag nur mit Zustimmung des Gläubigerausschusses stellen.**

Übersicht

1. Normzweck

Zusammen mit dem Gläubigerverzeichnis (§ 152) bildet das Verzeichnis der Massegegenstände die Grundlage für die spätere Vermögensübersicht (§ 153) und damit auch die Basis für die insolvenzspezifische Rechnungslegung. Gesetzgeberisches Ziel ist es, einerseits der Gläubigerversammlung, die gem. § 157 über Fortführung oder Stilllegung des schuldnerischen Unternehmens zu ent- 1

[1] HambKomm-*Schmidt*, § 150 Rn. 4.

scheiden hat, eine fundierte Entscheidungsgrundlage zu geben,[1] andererseits aber auch die Tätigkeit des Insolvenzverwalters transparenter zu gestalten. Die Aufzeichnung der Massegegenstände umfasst die Insolvenzmasse im Ganzen und soll den Verfahrensbeteiligten einen Überblick über das Aktivvermögen des Schuldners verschaffen. Insbesondere muss auch das Insolvenzgericht anhand der vorgelegten Verzeichnisse in die Lage versetzt werden, seiner Pflicht zur Aufsicht über den Insolvenzverwalter (§ 58) nachzukommen, so dass es auch insoweit erforderlich ist, die insolvenzspezifische Rechnungslegung in einer standardisierten Form so zu erstellen, dass jederzeit der Nachweis über den Verbleib und die Realisierung der insolvenzspezifischen Vermögenswerte möglich ist.[2]

2. Pflicht zur Aufstellung der Massegegenstände

2 DIE Verpflichtung zur Aufstellung eines Verzeichnisses über die Massegegenstände betrifft sämtliche Vermögenswerte, die sich bei Verfahrenseröffnung im Besitz des Schuldners befinden und solche, die während des Verfahrens in dieses Vermögen gelangen. Die Aufstellung unterliegt dem Vollständigkeits- und Einzelerfassungsgebot. Grundlage des Masseverzeichnisses kann das Inventar gem. § 240 HGB sein. Allerdings sind in das Verzeichnis auch solche Gegenstände aufzunehmen, die handelsrechtlich nicht inventarpflichtig, weil sie entweder nicht aktivierungspflichtig oder nicht aktivierungsfähig sind, sofern ihnen im Insolvenzverfahren ein Vermögenswert zugemessen werden kann. Deshalb sind alle Vermögensgegenstände aufzunehmen, die die Aktiva der Masse bilden, also auch immaterielle Vermögensgegenstände sowie Ansprüche und Rechte des Schuldners, die ggf. nur auf Grund des Insolvenzverfahrens vom Insolvenzverwalter geltend gemacht werden können.

Gegenstände i. S. v. § 151 Abs. 1 S. 1 sind somit nicht nur Grundstücke, bewegliche Sachen, Forderungen und Rechte sondern auch Aktiva im weiteren Sinn. Daher sind beispielsweise auch Anfechtungsrechte[3] und die der Aufrechnung unterliegenden Forderungen im Verzeichnis anzugeben.[4] Aufzunehmen sind des Weiteren auch Haftungsansprüche (z. B. nach § 64 GmbHG; § 92 AktG; usw.) und sonstige Gesamtschadensansprüche.[5] Zweifelhafte Forderungen sind mit dem voraussichtlichen Realisierungswert anzusetzen[6] und – wie alle Forderungen – nach dem Niederstwertprinzip zu bewerten.[7]

---

[1] Begründung RegE, abgedruckt in *Balz/Landfermann,* S. 395; *Uhlenbruck/Maus,* InsO, § 151 Rn. 6.

[2] Hierzu auch *Mäusezahl,* ZInsO 2006, 580 f.; vgl. auch: im Gesetzesentwurf des Bundesrates für ein „Gesetz zur Verbesserung und Vereinfachung der Aufsicht in Insolvenzverfahren (GAVI)" (BR-Drucks. 566/07 vom 15. 8. 2007) vorgeschlagene Einführung eines § 151 Abs. 1 S. 3, der wie folgt lauten soll: *„Die einzelnen Massegegenstände sind so zu kennzeichnen, dass ihr Verbleib über den gesamten Verlauf des Insolvenzverfahrens nachvollzogen werden kann."* Hierzu auch *Frind,* ZInsO 2006, 1035; *ders,.* ZInsO 2007, 922 mwN.

[3] Begründung RegE, abgedruckt in *Balz/Landfermann,* S. 305.

[4] § 152 Abs. 3 S. 1.

[5] § 92 Abs. 1.

[6] Begründung RegE, abgedruckt in *Balz/Landfermann,* S. 305.

[7] *Salfer/Thies,* ZInsO 2006, 1040 ff.

Im Umkehrschluss aus § 151 Abs. 1 S. 2 folgt, dass der Insolvenzverwalter seiner Pflicht zur Aufstellung **zügig**[1] nachzukommen hat. Im Einzelfall hat sich die Aufstellung danach zu richten, dass es zu keiner unkontrollierten Veränderung der Vermögenslage kommen kann. Die Erstellung des Masseverzeichnisses ist zwar vom Wortlaut her nicht auf den Zeitpunkt der Verfahrenseröffnung bezogen; aus § 153 ergibt sich aber, dass das Verzeichnis der Massegegenstände sich auf diesen Zeitpunkt beziehen muss. 3

Verletzt ein Insolvenzverwalter seine Pflichten gem. § 151, so kann er unter Umständen seines Amtes enthoben werden.[2] Bereits in der ungeprüften Übernahme von Unterlagen des Schuldners durch den Verwalter soll eine Pflichtverletzung liegen.[3] Von der im Grundsatz auch im Verbraucherinsolvenzverfahren anwendbaren Norm wird in der Praxis gem. § 151 Abs. 3 befreit.

Zur **Form des Masseverzeichnisses** gibt es (bislang[4]) keine gesetzlichen Bestimmungen. In der Praxis üblich ist eine tabellarische Aufstellung, deren Gliederung sich an § 266 HGB orientiert. 4

3. Bewertung

Gem. § 151 Abs. 2 S. 1 hat der Insolvenzverwalter bei der Erfassung den tatsächlichen Wert eines jeden Gegenstandes, bezogen auf den Zeitpunkt der Insolvenzeröffnung, gesondert anzugeben;[5] und zwar gem. § 151 Abs. 2 S. 2 einerseits nach dem sog. **Fortführungswert,** andererseits nach dem **Stilllegungswert,** der auch als Zerschlagungs- oder Liquidationswert bezeichnet wird. Unterscheiden sich diese Werte, sind beide anzugeben. Gibt es keine Fortführung des Unternehmens (z. B. weil bei Antragstellung schon stillgelegt), entfällt regelmäßig die Doppelangabepflicht. 5

Die Ermittlung des Zerschlagungs- oder Liquidationswertes erfolgt auf den Zeitpunkt der Insolvenzeröffnung, und stellt dabei auf den geplanten Stilllegungszeitpunkt ab. Der insoweit zu ermittelnde Einzelveräußerungswert ist absatzmarktabhängig[6] und wird ggf. auch durch die Verwertungsstrategie im Hinblick auf Liquidationsgeschwindigkeit und -intensität geprägt. Insoweit ist von der für den Einzelfall jeweils wahrscheinlichsten Verwertungsmöglichkeit auszugehen.[7] 6

Die Ermittlung eines ggf. davon abweichenden **Fortführungswertes** ist in der Praxis schwierig. Grds. entspricht der Fortführungswert dem sog. Teilwert, analog § 6 EStG.[8] Gleichwohl ist die Ermittlung eines isolierten Fortführungswertes für einzelne Wirtschaftsgüter i. d. R. nicht möglich. Da eine Fortführung i. S. v. § 151 Abs. 2 auf die dauerhafte Fortführung des schuldnerischen Unternehmens aus der Insolvenz – sei es durch Erhaltung des Betriebes (im Rahmen einer sog. übertragenden Sanierung[9]) oder Erhaltung des insolventen Rechtsträgers (im Rahmen eines Insolvenzplanverfahrens) – gerichtet ist, lassen sich aussagekräftige, 7

[1] Weitergehend *Nerlich/Römermann/Andres,* InsO, § 151 Rn. 2 („unverzüglich").
[2] *Klasmeyer/Kübler* BB 1998, 369; BayOLG NJW-RR 1988, 645.
[3] *Nerlich/Römermann/Andres,* InsO, § 151 Rn. 2.
[4] Vgl. hierzu aber den Gesetzentwurf zum „GAVI", oben Rn. 1 (Fn).
[5] Begründung RegE, abgedruckt in *Balz/Landfermann,* S. 305.
[6] *Kübler/Prütting/Bork/Holzer,* InsO, § 151 Rn. 15; *Steffan,* ZInsO 2003, 106 ff., 107.
[7] FK-*Wegener,* InsO, § 151 Rn. 14.
[8] *Steffan,* ZInsO 2003, 106 ff., 110.
[9] Vgl. hierzu *Wellensiek,* NZI 2002, 233; *Menke,* BB 2003, 1133.

den einzelnen Massegegenständen zuzuordnende Fortführungswerte meist nur bei Vorliegen von Kaufpreisangeboten von Übernahmeinteressenten konkret ermitteln. Diese liegen in der Regel zum relevanten Zeitpunkt der Bewertung aber (noch) nicht vor. Auch die Bewertung der einzelnen Vermögensgegenstände als Bestandteil des Gesamtkaufpreises für das fortzuführende schuldnerische Unternehmen, wobei der Wert auf dem Beschaffungsmarkt ermittelt („rekonstruiert") wird[1], erscheint nicht zielführend, da insofern Kollisionen mit dem Einzelerfassungsgebot gem. § 151 Abs. 2 S. 1 auftreten (können).[2] Die zusätzliche Addition ersparter Aufwendungen (wie z. B. Demontage-, Transport- und Remontagekosten) zu den Liquidationswerten ist ebenfalls nur bedingt aussagekräftig. Für die Ermittlung des Fortführungswertes sind grundsätzlich die handelsrechtlichen Bilanzwerte maßgeblich. Da diese aber im Rahmen des § 151 um stille Reserven oder Lasten zu korrigieren sind und zudem nicht bilanzierungsfähige, v. a. immaterielle Vermögenswerte aufzuzeigen sind, kann nicht allein auf die handelsrechtlichen Buchwerte abgestellt werden.[3] Der Sinn der gesetzlichen Regelung liegt darin, den Mehrwert der Vermögenswerte bei Fortführung gegenüber der Liquidation aufzuzeigen, wobei dessen Bestimmung und Einzelzuteilung keine exakten mathematischen Verfahren sind, sondern als „modifiziertes Substanzwertkonzept" pragmatische, wirtschaftliche Erfahrungen widerspiegeln soll. Insofern kann auch auf Grund der eindeutigen gesetzlichen Vorgaben regelmäßig nicht auf den Ausweis eines gesonderten Fortführungswertes verzichtet werden.[4]

8 Der Insolvenzverwalter kann einen **Sachverständigen** zur Ermittlung des Liquidations- oder Fortführungswertes hinzuziehen, wenn er nicht in der Lage ist, den Wert des Vermögenswertes genau zu bestimmen (§ 151 Abs. 2 S. 3). Das wird regelmäßig dann der Fall sein, wenn ein funktionierender oder transparenter Markt, aus dem sich ein entsprechender Wert ableiten lässt, nicht besteht.

4. Entbindung des Insolvenzverwalters von der Verpflichtung zur Aufstellung des Verzeichnisses der Massegegenstände

9 Auf begründeten Antrag kann das Insolvenzgericht gem. § 151 Abs. 3 S. 1 den Insolvenzverwalter von seiner Pflicht zur Errichtung eines Inventarverzeichnisses **entbinden.** Bei Bestellung eines Gläubigerausschusses bedarf es zusätzlich dessen Zustimmung.[5]

Gründe, um auf ein Inventarverzeichnis zu verzichten, sind z. B. geringer, übersichtlicher Aktivbestand, Vorliegen einer zeitnahen und zuverlässigen Aufstellung aller Vermögenswerte oder Geringwertigkeit der Insolvenzmasse. Dies dürfte insbesondere bei gestundeten Regelinsolvenzverfahren sowie Verbraucherinsolvenzverfahren mit keiner oder nur geringer Masse der Fall sein.

---

[1] So *Hess/Weis/Wienberg,* InsO, § 151 Rn. 20; *Kübler/Prütting/Bork/Holzer,* InsO, § 151 Rn. 23; *Steffan,* ZInsO 2003, 106.

[2] FK-*Wegener,* InsO, § 151 Rn. 16.

[3] So jedoch *Nerlich/Römermann/Andres,* InsO, § 151 Rn. 15.

[4] Vgl. hierzu auch *Steffan,* ZInsO 2003, 106 ff., für den die Fortführungswerte auf Basis der Planrechnungen und dem sich daraus ergebenden Unternehmenswert/Wert der Aktivseite zu ermitteln sind. AA: HK-*Depré,* InsO, § 151, nach dem ein „doppelter Wertansatz in praxii ausscheidet". Ähnlich auch *Heni,* ZInsO 1999, 609, für den Ausweis von Fortführungswerten „theoretisch diffus und praktisch kaum zu ermitteln" ist.

[5] § 151 Abs. 3 S. 2.

5. Frist

Das Verzeichnis der Massegegenstände ist wie auch das Gläubigerverzeichnis und die Vermögensübersicht **spätestens eine Woche vor dem Berichtstermin gem. § 156** in der Geschäftsstelle des Insolvenzgerichts zur Einsicht der Verfahrensbeteiligten niederzulegen (§ 154), damit diese die Möglichkeit haben, sich vor dem Berichtstermin über die Vermögensverhältnisse des Insolvenzschuldners zu unterrichten. 10

§ 152 Gläubigerverzeichnis

(1) **Der Insolvenzverwalter hat ein Verzeichnis aller Gläubiger des Schuldners aufzustellen, die ihm aus den Büchern und Geschäftspapieren des Schuldners, durch sonstige Angaben des Schuldners, durch die Anmeldung ihrer Forderungen oder auf andere Weise bekannt geworden sind.**

(2) **In dem Verzeichnis sind die absonderungsberechtigten Gläubiger und die einzelnen Rangklassen der nachrangigen Insolvenzgläubiger gesondert aufzuführen. Bei jedem Gläubiger sind die Anschrift sowie der Grund und der Betrag seiner Forderung anzugeben. Bei den absonderungsberechtigten Gläubigern sind zusätzlich der Gegenstand, an dem das Absonderungsrecht besteht, und die Höhe des mutmaßlichen Ausfalls zu bezeichnen; § 151 Abs. 2 Satz 2 gilt entsprechend.**

(3) **Weiter ist anzugeben, welche Möglichkeiten der Aufrechnung bestehen. Die Höhe der Masseverbindlichkeiten im Falle einer zügigen Verwertung des Vermögens des Schuldners ist zu schätzen.**

Übersicht

1. Normzweck

Zusammen mit dem Verzeichnis der Massegegenstände (§ 151) bildet das Gläubigerverzeichnis die Grundlage für die Vermögensübersicht (§ 153) und damit die Basis für die insolvenzspezifische Rechnungslegung.[1] Im Gläubigerverzeichnis sind die Verbindlichkeiten des Insolvenzschuldners und dessen Belastung insbesondere mit Absonderungsrechten und Aufrechnungsmöglichkeiten einzeln und übersichtlich darzustellen.[2] Aus der Gegenüberstellung mit dem 1

[1] Vgl. hierzu auch den „IDW Rechnungslegungshinweis: Insolvenzspezifische Rechnungslegung im Insolvenzverfahren", ZInsO 2009, 130 ff.; Umfassend zur insolvenzspezifischen Rechnungslegung auch *Krüger,* FS Mössner, S. 131 ff.; *App,* StW 2005, 139.

[2] HK-*Depré,* InsO, § 152 Rn. 2.

Masseverzeichnis bildet das Gläubigerverzeichnis die Grundlage für die im weiteren Verfahren zu treffenden Entscheidungen.

1a Darüber hinaus kann das Gläubigerverzeichnis im Einzelfall auch Grundlage für die Bestimmung des Rechts zur Teilnahme in einer Gläubigerversammlung sein, da bei einer nicht bis zum Berichts- und Prüfungstermin angemeldeten Forderung dem Gericht bestehende Verbindlichkeiten des Schuldners, die im Gläubigerverzeichnis erfasst wurden, eine Prüfung der Gläubigerstellung ermöglichen.[1]

Ferner ist das Gläubigerverzeichnis auch die Grundlage für die vorzunehmenden Zustellungen[2], insbesondere des Eröffnungsbeschlusses.

2. Inhalt des Verzeichnisses

2 Das Gläubigerverzeichnis ist von der Insolvenztabelle (§ 175) zu unterscheiden, in die der Insolvenzverwalter die angemeldeten Forderungen der Insolvenzgläubiger einträgt.[3] Das Gläubigerverzeichnis beruht im Gegensatz zur Tabelle nicht auf den Forderungsanmeldungen der Gläubiger, sondern auf den vom Insolvenzverwalter aus den Büchern und Geschäftspapieren des Insolvenzschuldners, durch sonstige Angaben des Insolvenzschuldners, durch bereits eingegangene Forderungsanmeldungen oder auf in anderer Weise gewonnenen Erkenntnissen.

2a Nicht in das Verzeichnis aufzunehmen sind Forderungen, die auf Vornahme einer unvertretbaren Handlung gerichtet sind.

Um dem Informationszweck des Gläubigerverzeichnisses zu genügen, sind deshalb auch solche Forderungen zu berücksichtigen, die dem Grund und der Höhe nach ungewiss oder streitig sind.[4] Insofern ist das Gläubigerverzeichnis auch stets vorläufig und wird im Laufe des Verfahrens von der Tabelle abgelöst. An der späteren Verteilung nimmt nur die angemeldete und festgestellte Forderung teil.[5]

3. Gliederung des Verzeichnisses

3 Das Gläubigerverzeichnis ist entsprechend den Gläubigergruppen (Verfahrenskosten, sonstige Masseverbindlichkeiten, Insolvenzgläubiger, aufrechnungsberechtigte Gläubiger, absonderungsberechtigte Gläubiger, nachrangige Gläubiger und Aussonderungsgläubiger) zu gliedern. Für die einzelnen Gläubiger sollten neben der Forderungshöhe und dem Forderungsgrund auch die ladungsfähige Anschrift sowie etwaige Aufrechnungsmöglichkeiten oder Absonderungsrechte angegeben werden.

Bei absonderungsberechtigten Gläubigern sind zusätzlich Angaben zum abzusondernden Massegegenstand und dem mutmaßlichen Ausfall[6] zu machen (§ 152 Abs. 2 S. 3). Da die Höhe des mutmaßlichen Ausfalls vom zu erzielenden Verwertungserlös des Sicherungsgutes abhängt und dieser wiederum bei Stilllegung oder Fortführung des Schuldnerunternehmens (§ 152 Abs. 2 S. 3, HS 2 i. V. m.

[1] Vgl. hiezu AG Aurich ZInsO 2006, 782 f m. Anm. *Hanken.*
[2] MünchKomm-*Füchsl/Weishäupl* InsO § 152 Rn. 1.
[3] Näher hierzu: Rn. 2 ff. zu § 175.
[4] *Kübler/Prütting/Bork/Holzer*, InsO, § 152 Rn. 13; *Uhlenbruck/Maus*, InsO, § 152 Rn. 3.
[5] Vgl. §§ 174, 177, 178.
[6] Einschränkend FK-*Wegener,* InsO, § 152 Rn. 11.

§ 151 Abs. 2 S. 2) differieren kann, ist die Höhe des Ausfalls sowohl für die Stilllegung als auch für die Fortführung anzugeben.[1]

Bestehende Aufrechnungslagen sind gem. § 152 Abs. 3 S. 1 gesondert aufzunehmen. Darzustellen sind auch die vorhandenen Aufrechnungsmöglichkeiten der Insolvenzgläubiger mit Gegenansprüchen des Schuldners. Damit soll die Aussagekraft des Gläubigerverzeichnisses erhöht werden[2], da – ebenso wie bei einem Absonderungsrecht – eine Aufrechnung zur vollen Befriedigung des Gläubigers führen kann.[3] Eine Saldierung der wechselseitig bestehenden Forderungen findet gleichwohl nicht statt.[4] 4

4. Frist

Nach der Erstellung des Gläubigerverzeichnisses ist dieses nach § 154 **spätestens eine Woche vor dem Berichtstermin** in der Geschäftsstelle des Insolvenzgerichts zur Einsicht der Verfahrensbeteiligten niederzulegen (§ 154), damit diese die Möglichkeit haben, sich vor dem Berichtstermin auch über die angemeldeten Forderungen zu unterrichten und ggf. dadurch in die Lage versetzt werden, diese im Prüfungstermin zu bestreiten (§ 176). 5

5. Praxishinweis

Der Insolvenzverwalter kann die inhaltlichen Vorgaben zu dem in § 154 vorgesehenen Zeitpunkt oft nur **unvollständig** erfüllen, da ihm noch nicht alle erforderlichen Informationen zur Verfügung stehen. Den Anforderungen an Frist und Inhalt genügt der Insolvenzverwalter jedoch durch die fristgemäße Vorlage des Verzeichnisses mit dem bei ihm zu diesem Zeitpunkt vorhandenen Informationsstand. Insoweit bleibt das gesetzgeberische Ziel, die rechtzeitige Information der Gläubiger über die voraussichtlich zu berücksichtigenden Verbindlichkeiten, weitgehend gewahrt. 6

Auch wenn der Schuldner auf Aufforderung des Gerichts ein Gläubigerverzeichnisses erstellt hat, kann der Verwalter diese Angaben zwar seinem Verzeichnis zugrunde legen. Dies entbindet ihn aber nicht von seiner eigenen originären Sachverhaltsermittlungspflicht.

§ 153 Vermögensübersicht

(1) **Der Insolvenzverwalter hat auf den Zeitpunkt der Eröffnung des Insolvenzverfahrens eine geordnete Übersicht aufzustellen, in der die Gegenstände der Insolvenzmasse und die Verbindlichkeiten des Schuldners aufgeführt und einander gegenübergestellt werden. Für die Bewertung der Gegenstände gilt § 151 Abs. 2 entsprechend, für die Gliederung der Verbindlichkeiten § 152 Abs. 2 Satz 1.**

(2) **Nach der Aufstellung der Vermögensübersicht kann das Insolvenzgericht auf Antrag des Verwalters oder eines Gläubigers dem Schuldner auf-**

[1] So auch *Uhlenbruck/Maus,* InsO, § 152 Rn. 4.
[2] FK-*Wegener,* InsO, § 152 Rn. 12.
[3] Begründung RegE, abgedruckt in *Balz/Landfermann,* S. 397.
[4] *Uhlenbruck/Maus,* InsO, § 152 Rn. 5.

geben, die Vollständigkeit der Vermögensübersicht eidesstattlich zu versichern. Die §§ 98, 101 Abs. 1 Satz 1, 2 gelten entsprechend.

Übersicht

1. Normzweck

1 Die nach Abs. 1 aufzustellende Vermögensübersicht verpflichtet den Insolvenzverwalter ein auf den Zeitpunkt der Insolvenzeröffnung **verdichtetes Bild der Aktiva und Passiva** zu erstellen, welches auf der Aktivseite das Verzeichnis der Massegegenstände (§ 151) und auf der Passivseite das Gläubigerverzeichnis (§ 152) beinhaltet. Insoweit handelt es sich um eine konzentrierte Aufstellung der schuldnerischen Vermögenssituation in einer besonderen Bilanzform, deren Vollständigkeit auf Antrag des Insolvenzverwalters vom Schuldner eidesstattlich zu versichern ist, Abs. 2.

2. Geordnete Übersicht

2 Der Insolvenzverwalter ist verpflichtet, auf den Zeitpunkt der Verfahrenseröffnung die Massegegenstände den Verbindlichkeiten des Schuldners gegenüberzustellen, § 153 Abs. 1 S. 1. Die Vermögensübersicht ist als eine „geordnete Übersicht" aufzustellen. Die Vermögensübersicht ist wie die Handelsbilanz nach § 242 HGB in Kontoform („gegenüberstellen") aufzustellen und ist Teil der insolvenzspezifischen Rechnungslegung. Sie dient einerseits der gerichtlichen Kontrolle (§ 58), der Überwachung durch den Gläubigerausschuss (§ 69) und der Überprüfung einer ordnungsgemäßen Verfahrensabwicklung. Anderseits soll mit der Vermögensübersicht auch die Gläubigerversammlung in die Lage versetzt werden, eine Entscheidung über die Fortführung oder Einstellung der operativen Tätigkeit des schuldnerischen Unternehmens zu treffen.[1] Auszugehen ist vom Verzeichnis der Massegegenstände (§ 151) und dem Gläubigerverzeichnis (§ 152) unter Beachtung der dort geltenden Bewertungsvorschriften.[2] Die Vermögensübersicht ist – ebenso wie die Verzeichnisse nach den §§ 151, 152 – auf den Zeitpunkt der Verfahrenseröffnung aufzustellen. Es erfolgt keine Verrechnung oder Saldierung von Vermögens- und Schuldposten.

3 Auf der Aktivseite werden entsprechend § 151 Abs. 2 (Verzeichnis der Massegegenstände) die zur Insolvenzmasse gehörenden Gegenstände dargestellt. Die Unterscheidung zwischen Liquidations- und Fortführungswerten ist auch hier zu

[1] Dabei ist eine fundierte Aussage zur (verlustfreien bzw. mit qualifiziertem Verlust) Fortführungsmöglichkeit nur auf der Basis einer qualifizierten Planrechnung (Plan GuV/ Planbilanz) möglich.

[2] Begründung RegE, abgedruckt in *Balz/Landfermann,* S. 307.

beachten. Entsprechend § 152 Abs. 2 S. 1 (Gläubigerverzeichnis) werden auf der Passivseite die Verbindlichkeiten aufgeführt, wobei ggf., die einzelnen Gruppen der Gläubiger gesondert auszuweisen sind.

Weiter müssen in der Vermögensübersicht die geschätzten **Masseverbindlichkeiten**[1] unter Annahme einer zügigen Verwertung aufgeführt werden. Dies ist Voraussetzung, um aus dem vorhandenen Vermögen abzüglich der Masseverbindlichkeiten (vgl. § 53) die potentielle Quote für die angemeldeten und festzustellenden Gläubiger ermitteln zu können. 4

3. Frist

Der Verwalter muss gem. § 154 das Verzeichnis der Massegegenstände, das Gläubigerverzeichnis und die Vermögensübersicht **spätestens eine Woche vor dem Berichtstermin (§ 156)** in der Geschäftsstelle des Insolvenzgerichts zur Einsicht der Verfahrensbeteiligten niederlegen. 5

4. Eidesstattliche Versicherung des Schuldners

Ist die Vermögensübersicht erstellt, kann auf Antrag des Insolvenzverwalters oder eines Gläubigers i. S. d. § 38 der Schuldner durch das Insolvenzgericht verpflichtet werden, die Vollständigkeit der Übersicht an Eides statt zu versichern, § 153 Abs. 2 S. 1. Aussonderungsberechtigte sind nur antragsberechtigt, wenn ihnen neben dem Aussonderungsrecht ein weiterer vermögensrechtlicher Anspruch gegenüber dem Schuldner zusteht.[2] Gleiches gilt für absonderungsberechtigte Gläubiger, soweit sie mutmaßlich einen Ausfall erleiden. Da Massegläubiger keine Insolvenzgläubiger sind, steht ihnen kein Antragsrecht zu.[3] Nachrangige Gläubiger sind antragsberechtigt, wenn das Insolvenzgericht zur Anmeldung aufgefordert hat (§ 174 Abs. 3). Das Gericht entscheidet über den Antrag nach pflichtgemäßem Ermessen.[4] Konkrete Anhaltspunkte für etwaige wahrheitswidrige Auskünfte des Schuldners sind nicht erforderlich.[5] 6

Zuständig für die Abnahme der eidesstattlichen Versicherung ist das Insolvenzgericht.[6] Ist der Schuldner keine natürliche Person, werden gem. § 153 Abs. 2 S. 2 die aktuellen und die ehemaligen (d. h. vor nicht mehr als zwei Jahren ausgeschiedenen) Mitglieder des Vertretungs- oder Aufsichtsorgans bzw. die persönlich haftenden Gesellschafter zu entsprechenden Versicherungen verpflichtet.[7]

---

[1] § 152 Abs. 3 S. 2. Damit gibt es keine entsprechende Position bei der Angabe von „Fortführungswerten".

[2] FK-*Wegener,* InsO, § 153 Rn. 9; *Kübler/Prütting/Bork/Pape,* InsO, § 153 Rn. 27; aA: MünchKomm-*Füchsl/Wieshäupl,* InsO § 153 Rn. 19.

[3] FK-*Wegener,* InsO, § 153 Rn. 9; aA: MünchKomm-*Füchsl/Wieshäupl,* InsO § 153 Rn. 19.

[4] *Kübler/Prütting/Bork/Pape,* InsO, § 153 Rn. 30; *Uhlenbruck/Maus,* InsO, § 153 Rn. 3.

[5] FK-*App,* InsO, § 98 Rn. 2; *Uhlenbruck/Maus,* InsO, § 153 Rn. 3; aA: HambKomm-*Schmidt,* § 153 Rn. 20, wonach die Anordnung zur Abgabe der eidesstattlichen Versicherung nur bei „berechtigten Zweifeln" – sofern diese durch Tatsachenvortrag nachgewiesen sind – möglich sein soll. Einschränkend auch: *Nerlich/Römermann/Andres,* InsO, § 153 Rn. 16.

[6] *Uhlenbruck/Maus,* InsO, § 153 Rn. 6; FK-*Wegener,* InsO, § 153 Rn. 12; *Schmerbach,* NZI 2002, 538.

[7] § 101 Abs. 1 S. 1 und 2.

7 Die Verpflichtung zur eidesstattlichen Versicherung bezieht sich auf die gesamte Vermögensübersicht (Aktiv- und Passivvermögen) und damit auch auf etwaige Anfechtungstatbestände.[1] Ist die Vermögensübersicht nach Ansicht des Schuldners unrichtig/unvollständig, versichert er eine von ihm entsprechend ergänzte Fassung. Der Schuldner ist nicht berechtigt, insoweit die Versicherung zu verweigern. Der Schuldner ist darauf beschränkt, Bedenken durch Vermerke protokollieren zu lassen. Die Abgabe der eidesstattlichen Versicherung kann grds. nur einmal verlangt werden, so dass sich ggf. ein Zuwarten empfiehlt.

8 Kommt der Schuldner seiner Verpflichtung nicht nach kann das Gericht Zwangsmittel nach § 98 Abs. 2 anordnen, d. h. einen Vorführungsbefehl oder, nach Anhörung des Schuldners, einen Haftbefehl erlassen.[2]

5. Rechtsmittel

9 Die Anordnung zur Abgabe der eidesstattlichen Versicherung durch den Richter ist nicht anfechtbar (§ 6). Gegen die entsprechende Anordnung durch den Rechtspfleger ist die befristete Erinnerung (§ 11 Abs. 2 S. 1 RPflG) statthaft. Entsprechendes gilt für den Antragsteller im Fall der Nichtanordnung der Abgabe der eidesstattlichen Versicherung durch das Insolvenzgericht. Gegen die Anordnung der Haft ist das Rechtsmittel der sofortigen Beschwerde gegeben (§ 98 Abs. 3 S. 3).

6. Praxishinweise

10 Die in den §§ 151, 152 und 153 normierte Darlegungs- und Ermittlungspflicht des Verwalters ist Grundlage für die gesetzlich vorgesehene **Gläubigerautonomie.** Tatsächlich wird von der Möglichkeit der Einsichtnahme in die Verzeichnisse nach den §§ 151–153 durch die Gläubiger nur selten **Gebrauch** gemacht. Angesichts der oft mangelnden Präsenz der Gläubiger in der Gläubigerversammlung geht die gesetzgeberische Bemühung um bessere Informationen damit häufig ins Leere.

§ 154 Niederlegung in der Geschäftsstelle

Das Verzeichnis der Massegegenstände, das Gläubigerverzeichnis und die Vermögensübersicht sind spätestens eine Woche vor dem Berichtstermin in der Geschäftsstelle zur Einsicht der Beteiligten niederzulegen.

1. Normzweck

1 Nach § 154 hat der Insolvenzverwalter spätestens eine Woche vor dem Berichtstermin in der Geschäftsstelle Masseverzeichnis/Gläubigerverzeichnis/Vermögensübersicht zur Einsicht der Beteiligten niederzulegen. Damit erhalten die Beteiligten die Möglichkeit, sich detailliert über die Vermögensverhältnisse des Schuldners zu informieren. Der Verwalter hat demzufolge grundsätzlich gesichertes und aktuelles Zahlenmaterial vorzulegen und darf nur in Ausnahmefällen

---

[1] HK-*Depré,* InsO, § 153 Rn. 11.

[2] Näheres hierzu vgl. Erläuterungen zu § 98.

(insbesondere wenn eine vollständige Informationsbeschaffung ihm bis zu diesem Zeitpunkt nicht möglich oder zumutbar war) auch vorläufige Ergebnisse präsentieren. Ein ggf. bereits vorbereiteter Insolvenzplan (sog. „prepackaged plan") ist gem. § 154 nicht vorzulegen.[1] Es gelten ausschließlich die Vorschriften der §§ 217 ff.

2. Einsichtnahme

Bei den zur Einsichtnahme Berechtigten handelt es sich um den Schuldner, die Gläubiger sowie die Mitglieder des Gläubigerausschusses, auch wenn diese nicht Insolvenzgläubiger sind (§ 67 Abs. 3). Der Beteiligtenbegriff ist im Rahmen des § 154 weit auszulegen, so dass auch absonderungsberechtigten Gläubigern ein Einsichtsrecht zusteht.[2] Die Einsichtnahme in die Unterlagen kann nach dem eindeutigen Wortlaut des Gesetzes auch ausnahmsweise oder bei besorgter Gefahr des Missbrauchs nicht verweigert werden.[3] Verweigert das Gericht dem Gläubiger das Recht zur Einsichtnahme, steht diesem als Rechtsmittel die Rechtspflegererinnerung zur Verfügung (§ 11 RPflG). Eine Beschwerde gem. § 6 ist nicht zulässig. 2

3. Geschäftsstelle

Die Niederlegung hat in der Geschäftsstelle des Insolvenzgerichts zu erfolgen. 3
Die vereinzelt anzutreffende, abweichende Bestimmung von Insolvenzgerichten, dass die Niederlegung in den Büroräumen des Insolvenzverwalters zu erfolgen hat, mag zwar pragmatisch sein, ist aber als partielle **Verlegung der Geschäftsstelle** in die Büroräume des Insolvenzverwalters gesetzlich nicht zulässig. Zwar muss die Geschäftsstelle gem. § 153 GVG keine räumliche Verbindung zum Gericht aufweisen.[4] Sie muss aber durch Beamte der Justizverwaltung besetzt sein, welche auch als Urkundsbeamte tätig werden. Darüber hinaus soll § 154 den Gläubigern den erleichterten Zugang zu den Unterlagen ermöglichen, was bei einer Niederlegung im Insolvenzverwalterbüro nicht gleichermaßen sichergestellt ist. Letztlich wird nur durch die Niederlegung bei Gericht eine für die Gläubiger ausreichende Möglichkeit verschafft, die eingereichten Unterlagen zu sichten und den Berichtstermin entsprechend vorzubereiten.

4. Weitergehende Auskunftspflichten

§ 154 begrenzt die Pflicht zur Offenlegung relevanter Unternehmensdaten 4
auf die dort genannten Angaben und Verzeichnisse (§§ 151–153). Andere Unterlagen werden von der Offenlegungspflicht nicht erfasst. Geschäftsbücher oder externe Rechnungslegungsunterlagen sind nicht niederzulegen. Über die Ver-

---

[1] HambKomm-*Schmidt,* § 154 Rn. 2; *Kübler/Prütting/Bork/Holzer,* InsO, § 154 Rn. 2a; aA: *Uhlenbruck/Maus,* InsO, § 154 Rn 2.

[2] *Uhlenbruck/Maus,* InsO, § 154 Rn. 3. Dieses gilt aber nicht für Aussonderungsrechtsgläubiger, die nach Aussonderung am Verfahren nicht weiter beteiligt sind, es sei denn, sie sind darüber hinaus auch persönliche Gläubiger des Schuldners.

[3] Vgl. auch zur Kollision mit den Vorschriften des ZSGH AG Hamburg ZInsO 2004, 561 ff; einschränkend LG Hamburg Rpfleger 2004, 364.

[4] *Zöller/Gummer,* ZPO, § 153 GVG, Rn. 8.

pflichtung nach § 154 hinaus hat der Insolvenzverwalter in diesem Stadium des Verfahrens keine weiteren Auskunftspflichten gegenüber einzelnen Gläubigern.

§ 155 Handels- und steuerrechtliche Rechnungslegung

(1) **Handels- und steuerrechtliche Pflichten des Schuldners zur Buchführung und zur Rechnungslegung bleiben unberührt. In bezug auf die Insolvenzmasse hat der Insolvenzverwalter diese Pflichten zu erfüllen.**

(2) **Mit der Eröffnung des Insolvenzverfahrens beginnt ein neues Geschäftsjahr. Jedoch wird die Zeit bis zum Berichtstermin in gesetzliche Fristen für die Aufstellung oder die Offenlegung eines Jahresabschlusses nicht eingerechnet.**

(3) **Für die Bestellung des Abschlußprüfers im Insolvenzverfahren gilt § 318 des Handelsgesetzbuchs mit der Maßgabe, daß die Bestellung ausschließlich durch das Registergericht auf Antrag des Verwalters erfolgt. Ist für das Geschäftsjahr vor der Eröffnung des Verfahrens bereits ein Abschlußprüfer bestellt, so wird die Wirksamkeit dieser Bestellung durch die Eröffnung nicht berührt.**

Übersicht

1. Normzweck

1 Während die §§ 151–154 Regelungen für spezifisch insolvenzrechtliche Anforderungen enthalten, wiederholt bzw. gestaltet § 155 die **handelsrechtlichen (allgemeinen) Rechnungslegungspflichten** des Schuldners bzw. des Insolvenzverwalters. Damit gilt der Grundsatz der sog. dualen Betrachtungsweise, wonach der Insolvenzverwalter getrennte Rechenwerke mit unterschiedlichen Zielrichtungen zu erstellen hat.[1] Im Hinblick auf die externe Rechnungslegung gilt der Grundsatz, dass sich die handels- und steuerrechtlichen Pflichten des Schuldners zur Buchführung und Rechnungslegung durch das Insolvenzverfahren nicht ändern. Nach Eröffnung des Insolvenzverfahrens sind diese Pflichten

[1] Siehe *Kübler/Prütting/Bork/Kübler,* InsO, § 155 Rn. 3 ff.; *Nerlich/Römermann/Andres,* InsO, § 155 Rn. 1 f.

vom Insolvenzverwalter wahrzunehmen (Abs. 1). Weder die bereits vor Verfahrenseröffnung erfolgte Einstellung des Geschäftsbetriebes noch die Masseunzulänglichkeit des Verfahrens lassen diese Pflichten dem Grunde nach entfallen.[1] Entstehende Kosten zur Erfüllung dieser Pflichten gehen mithin zulasten der Masse.[2]

Insolvenzspezifische Sonderregelungen sind demgegenüber lediglich gem. Abs. 2 und Abs. 3 vorgesehen. Diese bestehen hinsichtlich des Geschäftsjahres (Abs. 2) und der Verpflichtung zur Prüfung des Jahresabschlusses sowie der Aufstellung des Lageberichtes gem. den §§ 316 ff. HGB (Abs. 3). 2

2. Handelsrechtliche Rechnungslegung

a) Allgemeines

Die handelsrechtlichen Buchführungs- und Rechnungslegungspflichten ergeben sich aus den §§ 238 ff. HGB. Sie gelten für Kaufleute i. S. d. §§ 1 ff. HGB. Der Insolvenzverwalter über das Vermögen eines Nichtkaufmannes wird durch § 155 nicht zur handelsrechtlichen Buchführung und Rechnungslegung verpflichtet. Bei Kapitalgesellschaften sind die für die außergerichtliche Liquidation geltenden Vorschriften (§§ 270 ff. AktG, 71 ff. GmbHG) anzuwenden.[3] 3

b) Handelsrechtliche Rechnungslegung im Insolvenzverfahren

Während der Dauer des Insolvenzverfahrens kommt dem Insolvenzverwalter die Aufgabe zu, nach den handelsrechtlichen Grundsätzen ordnungsgemäßer Buchführung die entsprechenden Bücher zu führen und einen Jahresabschluss zu erstellen. In zeitlicher Hinsicht beginnt die Pflicht mit der Eröffnung des Insolvenzverfahrens.[4] Auch für den ggf. eingestellten Geschäftsbetrieb müssen alle Abwicklungsgeschäfte/-vorfälle (Verkauf, Verschrottung, Verzicht und Uneinbringlichkeit von Forderungen) ordnungsgemäß gebucht und die Geschäftsjahre durch Jahresabschlüsse abgeschlossen werden. 4

Die Buchführungs- und Bilanzierungspflicht ist auch dann zu erfüllen, wenn die bestehende Rechnungslegung nicht behebbare **Mängel** aufweist.[5] Das Fehlen einer aktuellen Buchhaltung entbindet den Verwalter nicht, diese (zulasten der Masse) aufzustellen und weiterzuführen.[6] 5

c) Anzusetzende Bilanzpositionen und deren Bewertung

Für die außergerichtliche Liquidation schreiben die § 71 Abs. 2 S. 3 GmbHG, § 270 Abs. 2 S. 3 AktG die Umgliederung des Anlagevermögens in das Umlaufvermögen vor, sofern die Veräußerung der Vermögensgegenstände des Anlagevermögens innerhalb eines überschaubaren Zeitraums beabsichtigt ist oder diese 6

---

[1] *Haarmeyer/Wutzke/Förster,* Hdb. Präsenzkommentar, § 155 Rn. 10; aA: HambKomm-*Weitzmann,* § 155 Rn. 5.

[2] Begründung RegE, abgedruckt in *Balz/Landfermann,* S. 399 f.

[3] *Kübler/Prütting/Bork/Kübler,* InsO, § 155 Rn. 4 mwN.

[4] *Uhlenbruck/Maus,* InsO, § 155 Rn. 6; FK-*Boochs,* InsO, § 155 Rn. 5; aA: *Onusseit,* ZInsO 2000, 363.

[5] AA: *Uhlenbruck/Maus,* InsO, § 155 Rn. 6, sie muss dann aber ggf. neu und zutreffend erstellt werden.

[6] FK-*Boochs,* InsO, § 155 Rn. 16; ebenso *Uhlenbruck/Maus,* InsO, § 155 Rn. 10 („ergänzende Anwendung“).

Vermögensgegenstände nicht mehr dem Geschäftsbetrieb dienen.[1] Für die Insolvenz muss gleiches gelten, d. h. eine Umgliederung hat zu erfolgen, sofern der Geschäftsbetrieb bereits eingestellt wurde oder eine Verwertung des Anlagevermögens innerhalb der nächsten 1–2 Jahre[2] ansteht.

7 Die einzelnen Vermögens- und Schuldpositionen sind gem. § 252 Abs. 1 Nr. 2 HGB mit dem Fortführungswert (sog. **going-concern-Prinzip**) zu bewerten, „sofern dem nicht tatsächliche oder rechtliche Gegebenheiten entgegenstehen". Das bedeutet, dass im Insolvenzverfahren mit Zerschlagungswerten zu bewerten ist, es sei denn, es wird konkret ein den Rechtsträger erhaltender, die Fortführung des Geschäftsbetriebs enthaltender Plan beabsichtigt.

d) Neues Geschäftsjahr, Abs. 2

8 Nach § 155 Abs. 2 S. 1 beginnt mit der Verfahrenseröffnung ein neues Geschäftsjahr. Damit werden regelmäßig zwei sog. **Rumpfgeschäftsjahre** entstehen: (1) das Rumpfgeschäftsjahr bis zur Eröffnung des Verfahrens und (2) das Rumpfgeschäftsjahr ab Eröffnung bis zum Ende des regulären Geschäftsjahres. Der Insolvenzverwalter ist verpflichtet, auf das Ende des ersten und auf den Beginn des zweiten Rumpfgeschäftsjahres eine Schluss- bzw. Eröffnungsbilanz zu erstellen.

e) Verlängerung der Vorlagefristen, Abs. 2

9 § 155 Abs. 2 S. 2 gewährt dem Insolvenzverwalter eine **Verlängerung der Vorlagefristen** für die Aufstellung und Offenlegung von Jahresabschlüssen (z. B. nach §§ 264 Abs. 1 S. 2, 325 Abs. 1 S. 1, 336 Abs. 1 S. 2 HGB) und zwar bis zum Berichtstermin. Grund ist die ggf. bewertungserhebliche Entscheidung der Gläubigerversammlung über Fortführung oder Einstellung des Geschäftsbetriebes. Für jedes Geschäftsjahr ist der Jahresabschluss zu erstellen. Dieser umfasst die Bilanz, die Gewinn- und Verlustrechnung, Anhang und Lagebericht. Konzernrechnungslegungsverpflichtungen bestehen ggf. zusätzlich (§§ 242 ff., 264 ff., 290 ff. HGB). Nach zutreffender Ansicht ist das Registergericht aber weder verpflichtet noch berechtigt, den Insolvenzverwalter einer Personengesellschaft unter Androhung von Zwangsmitteln zur Abgabe der entsprechenden Erklärungen während des laufenden Insolvenzverfahrens anzuhalten. Der Insolvenzverwalter unterliegt insoweit ausschließlich der Aufsicht durch das Insolvenzgericht. Das Registergericht kann in die Befugnisse des Insolvenzgerichts nicht durch die Erteilung massewirksamer Auflagen oder die Androhung und Verhängung entsprechender Zwangs- oder Ordnungsgelder eingreifen.[3]

f) Prüfung des Jahresabschlusses und des Lageberichts

10 Die Insolvenzsituation berührt die Verpflichtung einer mittelgroßen oder großen Kapitalgesellschaft i. S. v. § 267 Abs. 2 u. 3 HGB, den Jahresabschluss sowie ggf. Lagebericht durch einen Abschlussprüfer gem. den §§ 316 ff. HGB prüfen zu lassen, grundsätzlich nicht. Aufgrund von § 155 Abs. 3 entfällt mit der Eröffnung des Insolvenzverfahrens über das Vermögen einer Kapitalgesellschaft allerdings die Befugnis der Gesellschaftsorgane zur Bestellung eines Abschlussprüfers gem. § 318 HGB. Die Bestellung des Abschlussprüfers obliegt nach § 155

[1] Vgl. auch § 247 Abs. 2 HGB.

[2] Für ein Jahr: *Bringewat/Waza/Grawe,* Insolvenzen und Steuern, Rn. 377; für zwei Jahre: FK-*Boochs,* InsO, § 155 Rn. 53.

[3] LG Mönchengladbach ZInsO 2005, 948 f.

Abs. 3 S 1 somit dem Registergericht, welches auf entsprechenden Antrag des Verwalters tätig wird.[1] Der Insolvenzverwalter kann sich jedoch in entsprechender Anwendung von § 270 Abs. 3 AktG bzw. § 71 Abs. 3 GmbHG durch das jeweilige Registergericht, von der Pflicht zur Prüfung der Jahresabschlüsse nach Insolvenzeröffnung befreien lassen.[2]

Ob dieses auch gilt, soweit es sich um die Prüfung von Jahresabschlüssen aus Zeiträumen vor Insolvenzeröffnung handelt, ist streitig.[3] 11

Eine vor Insolvenzeröffnung durch die Gesellschaftsorgane erfolgte Bestellung eines Abschlussprüfers wird auch durch die nachfolgende Insolvenzeröffnung nicht unwirksam. Der Prüfungsauftrag reduziert sich insoweit auf das mit Insolvenzeröffnung endende Wirtschaftsjahr.[4] Eine gerichtliche Ersetzung eines bereits bestellten Abschlussprüfers scheidet aus.[5]

Vorstehende Erwägungen gelten nach zutreffender Auffassung auch dann, wenn es sich eine prüfungspflichtige Kommanditgesellschaft handelt.[6]

3. Steuerrechtliche Pflichten

a) Buchführung und Rechnungslegung

Die steuerrechtlichen Buchführungs- und Rechnungslegungspflichten des Insolvenzverwalters ergeben sich aus den §§ 140 f. AO. Grundsätzlich wird gem. § 140 AO die Buchführung und Rechnungslegung des Handelsrechts gem. den §§ 238 ff. HGB herangezogen (sog. Maßgeblichkeitsprinzip). Fehlt es an einer Buchführungspflicht nach handelsrechtlichen Vorschriften, besteht gem. § 141 AO eine **originäre Buchführungspflicht,** wenn Einkünfte nach § 13 EStG (Einkünfte aus Land- und Forstwirtschaft) oder § 15 EStG (Einkünfte aus Gewerbebetrieb) erzielt werden und bestimmte Wertgrenzen überschritten werden.[7] Die steuerrechtlichen Pflichten des Insolvenzverwalters enden mit der Beendigung seines Amtes.[8] 12

b) Steuererklärungen und -anmeldungen

Der Insolvenzverwalter hat gem. § 34 Abs. 1 und 3 AO alle **steuerlichen Verpflichtungen des Schuldners** zu erfüllen, soweit die Insolvenzmasse betroffen ist. Gleiches gilt für den vorläufigen Insolvenzverwalter, auf den gem. §§ 21 Abs. 2 Nr. 2, 1. Alt., 22 Abs. 1 S. 1 die Verwaltungs- und Verfügungs- 13

---

[1] Zur Höhe der gerichtlichen Gebühr für die Bestellung des Abschlussprüfers: OLG Zweibrücken NZI 2007, 32 f.

[2] OLG München NZI 2008, 39; LG Paderborn ZInsO 2006, 840; MünchKomm-*Füchsl/Weishäupl*, InsO Bd. 2, § 155 Rn. 21; aA: *Haarmeyer/Wutzke/Förster*, Hdb. Präsenzkommentar, § 155 Rn. 8; *Kuntz/Mundt*, DStR 1997, 664 f.

[3] Abl.: OLG München ZIP 2005, 2068; zust. AG München ZIP 2004, 2110; nicht zwischen den Abschlüssen vor und nach Insolvenzeröffnung differenzierend: HambKomm-*Weitzmann*, § 155 Rn. 14.

[4] HK-*Depré*, InsO, § 153 Rn. 16.

[5] OLG Frankfurt (Main) ZIP 2004, 1114 = ZInsO 2004, 95 = ZInsO 2004, 95; vgl. aber den Umweg über die Nichtigkeit des Jahresabschlusses, LG Dresden, Beschluss vom 26. 2. 2009 – 41 HK T 3/08, BeckRS 2009, 09823.

[6] OLG München NZI 2008, 39; *Kind/Frank/Heinrich,* NZI, 2006, 205 ff.

[7] *Bringewat/Waza/Grawe,* aaO, Rn. 401 ff.

[8] BGH ZIP 1996, 430.

befugnis übergegangen ist.[1] Da die Insolvenzmasse auch das Vermögen des Schuldners umfasst, welches dieser erst im Laufe des Insolvenzverfahrens erlangt (§ 35), gelten die steuerrechtlichen Pflichten des Verwalters auch für den sog. Neuerwerb.[2] Folglich treffen den Insolvenzverwalter die gesamten steuerlichen Pflichten, wie die Pflicht zur Abgabe der Steuererklärungen und -anmeldungen, die Mitwirkungs-, Auskunfts- und Nachweispflichten zur Ermittlung des Steuersachverhalts, die Buchführungs- und Aufzeichnungspflichten (vgl. §§ 90, 93 ff., 137 ff., 140 ff., 149 ff. AO).

14 Die Verpflichtung zur Abgabe von **Steuerklärungen** soll nach der Rspr. des BFH grds. auch dann zu erfüllen sein, wenn die Masse nicht ausreicht, die Steuerberatungskosten zu decken.[3] Der Insolvenzverwalter sei verpflichtet, die entsprechenden Erklärungen notfalls selbst zu erstellen.[4] Erst wenn ein zulässigerweise beauftragter Steuerberater im Hinblick auf Massearmut die Erstellung ablehnt, soll die Pflicht zur Abgabe der Steuererklärung auch für den Insolvenzverwalter unzumutbar sein.[5]

15 Nach der Rechtsprechung des BGH[6] steht dem Insolvenzverwalter ein Anspruch auf Erstattung der den Umständen nach angemessenen Kosten für die Beauftragung eines Steuerberaters als Auslagen aus der Staatskasse zu, wenn der Fiskus trotz eines Hinweises des Insolvenzverwalters auf die bestehende Masseunzulänglichkeit an der Erstellungspflicht des Verwalters festhält.

16 Stellt der Insolvenzverwalter während des Verfahrens fest, dass der Schuldner vor Verfahrenseröffnung unrichtige oder unvollständige Steuererklärungen abgegeben hat, so hat er die entsprechenden Berichtigungen vorzunehmen.

c) Sanktionen bei Nichterfüllung

17 Die Finanzbehörde kann gegen den Insolvenzverwalter – wie gegen jeden anderen Steuerpflichtigen auch – bei Nichterfüllung der ihm obliegenden Verpflichtungen Zwangsmittel gem. den §§ 328 ff. AO oder einen Verspätungszuschlag gem. § 152 AO festsetzen.[7] Bei der Ermessensentscheidung über die Durchsetzung der dem Insolvenzverwalter obliegenden Verpflichtungen mittels Zwangsmitteln oder die Festsetzung eines Verspätungszuschlages hat die Finanzbehörde jedoch die besondere Situation des Insolvenzverwalters zu berücksichtigen. Verlangt sie etwas nicht Notwendiges, Unverhältnismäßiges, Unerfüllbares oder Unzumutbares, so ist der Verwaltungsakt, der ein Zwangsmittel festsetzt oder androht, im Regelfall ermessensfehlerhaft und damit rechtswidrig.[8] Von der Festsetzung eines Verspätungszuschlages ist bereits gem. § 152 Abs. 1 S. 2 AO abzusehen, wenn das Versäumnis entschuldbar erscheint.

18 Die gem. § 240 AO kraft Gesetzes entstehenden **Säumniszuschläge** können erlassen werden, wenn ihre Einziehung aus sachlichen oder persönlichen Gründen unbillig ist.[9] Übermaß und damit Ermessensfehlerhaftigkeit einer Ablehnung

[1] BFHE 55, 522 = BStBl. III 1951, S. 1212.
[2] *Uhlenbruck/Maus,* InsO, § 155 Rn. 18.
[3] BFH ZIP 1996, 430 ff.; BFH ZIP 1994, 1969.
[4] BFH ZIP 1994, 1969.
[5] BFH ebd.
[6] BGHZ 160, 176 ff. (Leitsatz 1 c) = ZInsO 2004, 970 ff.
[7] *Tipke/Kruse/Loose,* aaO, Rn. 39; *Kübler/Prütting/Bork/Kübler,* InsO, § 155 Rn. 85.
[8] *Tipke/Kruse/Loose,* AO, § 328 Rn. 6.
[9] § 227 AO.

des Erlasses der Säumniszuschläge liegt insoweit vor, wenn der Schuldner auch unter diesem Druck nicht pünktlich zahlen kann.[1]

d) Haftung

Die Haftung des Insolvenzverwalters folgt, was die Erfüllung der steuerlichen Pflichten angeht, dem „dualen" System. Insolvenzspezifische Pflichten werden von § 60 gedeckt. Der Insolvenzverwalter, als der die steuerlichen Pflichten des Schuldners erfüllende „Treuhänder", haftet nach § 69 AO. Insoweit verdrängt § 69 AO mit seinem Haftungsmaßstab auch § 60.[2] Gegenüber dem Steuerfiskus[3] ist die Haftung des Insolvenzverwalters somit auf Vorsatz und grobe Fahrlässigkeit beschränkt. 19

---

1 *Tipke/Kruse/Loose,* AO, § 240 Rn. 55 f.; s. aber auch: *Bringewat/Waza/Grawe,* aaO, Rn. 1091 ff., die wegen der anteiligen Zinsfunktion nur einen Erlass in hälftiger Höhe für geboten erachten.

2 OLG Frankfurt ZIP 1987, 456 ff.; vgl. auch § 60 Rn. 27 (mit Fn. 2).

3 Nicht aber auch gegenüber Dritten, vgl. hierzu: BGH ZIP 1980, 25 f.

Zweiter Abschnitt. Entscheidung über die Verwertung

§ 156 Berichtstermin

(1) **Im Berichtstermin hat der Insolvenzverwalter über die wirtschaftliche Lage des Schuldners und ihre Ursachen zu berichten. Er hat darzulegen, ob Aussichten bestehen, das Unternehmen des Schuldners im ganzen oder in Teilen zu erhalten, welche Möglichkeiten für einen Insolvenzplan bestehen und welche Auswirkungen jeweils für die Befriedigung der Gläubiger eintreten würden.**

(2) **Dem Schuldner, dem Gläubigerausschuß, dem Betriebsrat und dem Sprecherausschuß der leitenden Angestellten ist im Berichtstermin Gelegenheit zu geben, zu dem Bericht des Verwalters Stellung zu nehmen. Ist der Schuldner Handels- oder Gewerbetreibender oder Landwirt, so kann auch der zuständigen amtlichen Berufsvertretung der Industrie, des Handels, des Handwerks oder der Landwirtschaft im Termin Gelegenheit zur Äußerung gegeben werden.**

Übersicht

1. Normzweck

1 Der Berichtstermin ist die erste Gläubigerversammlung und damit die erste Möglichkeit der Gläubigergesamtheit, auf den Verfahrensgang Einfluss zu nehmen.[1] Der Berichtstermin soll der Gläubigerautonomie Rechnung tragen und gewährleisten, dass die Gläubigerversammlung auf Grundlage des Insolvenzverwalterberichts über den Fortgang des Verfahrens beschließen kann.[2] Das wird dadurch garantiert, dass der Insolvenzverwalter auch Vorschläge zum Unternehmenserhalt und zum Insolvenzplan zu unterbreiten hat und darlegen muss, welche Auswirkungen diese auf die Gläubigerbefriedigung haben. Der Berichtstermin kann mit dem Prüfungstermin verbunden werden (§ 29 Abs. 1 Nr. 1) und auch zu sonstigen Beschlüssen der Gläubigerversammlung genutzt werden.[3] § 156 ist zusammen mit der weitreichenden Entscheidungskompetenz der Gläu-

[1] *Uhlenbruck/ders.,* InsO, § 156 Rn. 2.
[2] § 29 Abs. 1 Nr. 1.
[3] Hierzu *Paulus,* DStR 2004, 605 ff., 608.

biger im Berichtstermin über den „Fortgang des Verfahrens“ Ausdruck der durch die InsO deutlich gestärkten Gläubigerautonomie.[1]

2. Berichtstermin

Der vom Gericht im Eröffnungsbeschluss festgelegte Berichtstermin kann allerdings durch einen nach Eröffnung zu bestimmenden Termin einer „außerordentlichen Gläubigerversammlung“ vorgezogen werden. Die Einberufung einer außerordentlichen Gläubigerversammlung (gem. §§ 74, 75) vor dem im Eröffnungsbeschluss anberaumten Berichtstermin ist wesentlicher Ausdruck der Gläubigerautonomie und gibt insbesondere der Möglichkeit der Insolvenzverwalterneuwahl eine realistische Chance. Zu den vom Gericht terminierten Berichtsterminen sind die Gläubigergestaltungsrechte bezüglich des Insolvenzverwalters häufig nicht mehr sinnvoll ausübbar, weil weitreichende Entscheidungen bereits getroffen wurden.[2] 2

3. Berichtspflicht

a) Persönliche Verpflichtung zur mündlichen Berichterstattung

Der Insolvenzverwalter ist verpflichtet den Berichtstermin **persönlich** wahrzunehmen.[3] Eine Vertretung ist nur in Ausnahmefällen zulässig. Ferner ist der Bericht **mündlich**[4] zu erstatten. Gleichwohl empfiehlt es sich, eine schriftliche Ausfertigung des Berichts zu den Insolvenzakten zu reichen. Zwar wird gem. § 76 Abs. 1 die Gläubigerversammlung vom Insolvenzgericht geleitet, so dass über deren Verlauf ein Protokoll entsprechend §§ 159 ff ZPO zu erstellen ist,[5] dieses bedeutet aber nicht, dass das Insolvenzgericht auch den Inhalt des Insolvenzverwalterberichts zu Protokoll nimmt.[6] Vielmehr wird das Gericht, sofern der Insolvenzverwalter keinen schriftlichen Bericht zu den Akten reicht, diesen idR gem. § 58 Abs. 1 zu einer entsprechenden Berichterstattung auffordern. Letztlich liegt die schriftliche Vorlage des mündlich zu erstattenden Berichts des Insolvenzverwalters und die (insbesondere in größeren Insolvenzverfahren) oft praktizierte Verteilung von Abschriften des Berichts an die anwesenden Gläubiger auch im Interesse des Insolvenzverwalters, der den Beteiligten (Insolvenzgericht, Gläubigerversammlung, Insolvenzverwalter) dadurch zeitaufwändige Rückfragen erspart.[7] 3

Außerhalb der Gläubigerversammlung(en) und der gesetzlich geregelten Fälle (z. B. §§ 167, 168) bestehen Informationspflichten des Insolvenzverwalters nur gegenüber dem Insolvenzgericht, nicht aber gegenüber einzelnen Betei- 4

---

[1] Kritisch zur Ausgestaltung der „Gläubigerautonomie“ im Hinblick auf die einfache Summenmehrheit des § 76 Abs. 2, *Marotzke,* ZInsO 2003, 726 ff. Vgl. auch Rn. 8 zu § 76.

[2] So auch MünchKomm-*Füchsl/Weishäupl,* InsO § 156 Rn. 4; FK-*Wegener,* InsO, § 156 Rn. 2.

[3] Kernbereich der „*persönlichen Leistungserbringung*“, FG Rheinland-Pfalz ZInsO 2007, 892 ff; vgl. auch FK-*Wegener,* InsO, § 149 Rn. 2; *Uhlenbruck/ders.,* InsO, § 156 Rn. 4.

[4] HK-*Flessner,* InsO, § 156 Rn. 5; FK-*Wegener,* InsO, § 156 Rn. 7; *Hess,* InsO, § 156 Rn. 7.

[5] Vgl. Rn. 4 zu § 76 (mwN).

[6] AA: HK-*Flessner,* InsO, § 156 Rn. 5.

[7] So auch *Uhlenbruck/ders.,* InsO, § 156 Rn. 4.

ligten.[1] Der Insolvenzverwalter ist im Berichtstermin aber grundsätzlich verpflichtet weitere, das Verfahren betreffende Einzelauskünfte den Gläubigern zu erteilen.[2] Zwar ergibt sich aus § 156 kein unmittelbares Fragerecht für einzelne Gläubiger. Lässt aber das Gericht die Frage eines Gläubigers im Berichtstermin zu, so ist entsprechend § 58 Abs. 1 S. 2 der Insolvenzverwalter im Grundsatz auch zur Beantwortung dieser Frage verpflichtet, soweit nicht aus Gründen des Schutzes der Masse (insbesondere bei Konkurrenten- oder Erwerberfragen) oder schützenswerter Rechte Dritter die Beantwortung im Einzelfall zu Recht unterbleibt. Der Insolvenzverwalter ist folgerichtig nicht verpflichtet, Gläubigern und sonstigen Verfahrensbeteiligten außerhalb des Berichtstermins Einzelauskünfte zu erteilen oder diesen gesondert Bericht zu erstatten.[3] Massegläubiger können darüber hinaus Auskunftsansprüche nach den allgemeinen Vorschriften (z. B.: §§ 260, 810 BGB) haben.

b) Inhalt des Berichts

5 Abs. 1 S. 1 und 2 beinhalten umfangreiche Vorgaben, die an den Insolvenzverwalterbericht zu stellen sind. Danach hat der Insolvenzverwalter die Gläubiger insbesondere über die wirtschaftliche Lage des Schuldners, die Ursachen für die eingetretene Krise, die Möglichkeiten eines ganzen oder teilweisen Erhaltes des schuldnerischen Unternehmens, die Möglichkeit zur Aufstellung eines Insolvenzplans und der (jeweils) daraus resultierenden Befriedigungsmöglichkeiten zu informieren. Insbesondere die Verpflichtung zur Berichterstattung über die Möglichkeiten der Befriedigung im Rahmen eines Insolvenzplanes zeigt deutlich, dass im Berichtstermin gerade auch die Zielsetzung des Gesetzgebers gestärkt wird, dass sich die Gläubiger ggf. auf „abweichende Regelungen (...) zum Erhalt des Unternehmens“ (§ 1) verständigen.

Der schriftliche Bericht sollte grundsätzlich alle Punkte berühren und näher erläutern, die der Verwalter auch in seinem mündlichen Bericht vorzutragen hat. Folgendes **Gliederungsschema** hat sich dafür in der Praxis bewährt:

I. Allgemeines
II. Rechtliche Grundlagen
III. Wirtschaftliche Entwicklung/Ursachen der Insolvenz
IV. Maßnahmen im Eröffnungsverfahren
V. Vermögenswerte
VI. Maßnahmen des Insolvenzverwalters
VII. Sanierungschancen/Insolvenzplan
VIII. Quotenaussicht

4. Verletzung der Berichtspflicht

6 Eine schuldhafte **Verletzung der Berichtspflicht,** z. B. durch fehlerhafte oder unvollständige Fortführungsprognosen, kann eine Haftung nach § 60 auslösen, wenn die Gläubigerversammlung hierauf basierend nachteilige Beschlüsse (§ 157) trifft. Ist der Bericht fehlerhaft oder unvollständig, kann das Insolvenzge-

---

[1] OLG Zweibrücken ZInsO 2006, 1285; BGHZ 62, 1 ff., 3; s. auch AG Köln ZInsO 2002, 595 ff.

[2] Vgl. zum ganzen *Bruder,* ZVI 2004, 332 ff.

[3] Vgl. auch BGH KTS 1974, 106.

richt auf Grund seines Aufsichtsrechts (§ 58) Ergänzungen und Nachbesserungen fordern, wozu der Berichtstermin auch vertagt werden kann.[1]

5. Anhörungsrechte

Um die umfassende Unterrichtung der Gläubigerversammlung im Hinblick auf die Entscheidung nach § 157 zu gewährleisten, ist neben dem Schuldner und dem Gläubigerausschuss auch dem Betriebsrat und dem Sprecherausschuss der leitenden Angestellten Gelegenheit zur Stellungnahme zu geben. Die weitere Anhörung von Berufsvertretungen gem. Abs. 2 Satz 2 ist in das Ermessen des Gerichts gestellt.[2] Eine besondere Ladung dieser Beteiligungsberechtigten ist nicht vorgesehen.[3] 7

6. Praxishinweis

Über die Erstellung eines schriftlichen Berichts hinaus sollte der Insolvenzverwalter dem Gericht, um die Protokollierung des Termins zu vereinfachen, bereits vor dem Berichtstermin schriftlich mitteilen, welche genauen Anträge er in der Gläubigerversammlung zur Abstimmung stellen will. Zweckmäßigerweise wird er dies mit der Übersendung eines schriftlichen Insolvenzverwalterberichts verbinden. 8

7. Rechtsmittel

Eine Anfechtungsmöglichkeit der im Berichtstermin getroffenen Beschlüsse besteht nur im Rahmen von § 78 Abs. 1. 9

§ 157 Entscheidung über den Fortgang des Verfahrens

Die Gläubigerversammlung beschließt im Berichtstermin, ob das Unternehmen des Schuldners stillgelegt oder vorläufig fortgeführt werden soll. Sie kann den Verwalter beauftragen, einen Insolvenzplan auszuarbeiten, und ihm das Ziel des Plans vorgeben. Sie kann ihre Entscheidungen in späteren Terminen ändern.

Übersicht

---

[1] FK-*Wegener,* InsO, § 156 Rn. 8 a.

[2] MünchKomm-*Görg,* InsO § 156 Rn. 42, *Kübler/Prütting/Bork/Onusseit,* InsO, § 156 Rn. 21; aA: FK-*Wegener,* InsO, § 156 Rn. 12 (Entscheidung obliegt der Gläubigerversammlung).

[3] FK-*Wegener,* InsO, § 156 Rn. 10.

1. Normzweck

1 Die Norm begründet die **umfassende Befugnis der Gläubigerversammlung** über das weitere Schicksal des schuldnerischen Unternehmens zu beschließen. So obliegt es – entsprechend dem Grundsatz der Gläubigerautonomie[1] – der Gläubigerversammlung, im Berichtstermin darüber zu entscheiden, ob das Unternehmen des Schuldners fortgeführt oder stillgelegt werden soll und ob und mit welcher Zielsetzung der Insolvenzverwalter vom Gläubigerausschuss beauftragt wird, einen Insolvenzplan auszuarbeiten. Die Gläubigerversammlung ist an ihre einmal getroffene Entscheidung nicht gebunden und kann diese in einem späteren Termin wieder abändern. § 157 legt damit die Entscheidung über das anzustrebende Verfahrensziel ausschließlich in die Hand der Gläubiger.

1a Die Entscheidung der Gläubigerversammlung ist von den Rechten der Gläubiger im Zusammenhang mit der Erklärung des Verwalters gem. § 35 Abs. 2 zur Frage der Zugehörigkeit einer selbstständigen Tätigkeit des Schuldners zur Masse zu unterscheiden. Dort bleibt dem Gläubiger der Antrag, die Entscheidung des Verwalters durch das Gericht korrigieren zu lassen, also ein mittelbares Vetorecht. Da eine „Stilllegung" oder „Fortführung" der selbstständigen Tätigkeit eines Schuldners gegen dessen Willen weder durch den Insolvenzverwalter noch durch die Gläubigerversammlung versagt oder erzwungen werden kann[2], ist insoweit auch keine Stilllegungs- oder Fortführungsentscheidung möglich.

2. Beschluss über die Stilllegung oder Fortführung, S. 1

a) Beschlussfähigkeit der Gläubigerversammlung

2 § 157 setzt die Beschlussfähigkeit der Gläubigerversammlung voraus. Diese ist vom Gericht im Berichtstermin festzustellen.[3] Die Beschlussfähigkeit liegt bereits dann vor, wenn nur ein stimmberechtigter Gläubiger anwesend ist.[4] Ist die Beschlussfähigkeit nicht gegeben, weil kein Gläubiger anwesend ist[5], so kann auch das Gericht nicht anstelle der Gläubigerversammlung die Bestimmung des Verfahrenszieles übernehmen.[6] In diesem Fall hat der Insolvenzverwalter das Vermögen des Schuldners bestmöglichst zu verwerten. Dies kann auch bedeuten, dass der Insolvenzverwalter zur Erzielung eines besseren Abwicklungsergebnisses das schuldnerische Unternehmen auf Zeit fortführt.

---

[1] Begründung RegE, BT-Drucks. 12/2443, S. 173.

[2] Vgl. zu den vollstreckungs- und berufsrechtlichen Problemen auch *Tetzlaff,* ZInsO 2005, 393 ff; *Schmittmann,* ZInsO 2004, 725 ff.

[3] Eine ausdrückliche Regelung über die Beschlussfähigkeit der Gläubigerversammlung enthält die InsO nicht, hierzu auch *Ehricke,* NZI 2000, 57 ff.

[4] LG Köln ZIP 1997, 2053 (zur KO); LG Neuruppin ZIP 1997, 2130 (zur GesO); hierzu auch *Ehricke* (aaO), 58 f.

[5] Nach *Pape,* Rpfleger 1993, 430 ff., handelt es sich insoweit um eine *„ausgefallene Gläubigerversammlung".*

[6] Vgl. oben Erläuterungen zu § 76 Rn. 8; *Uhlenbruck/ders.,* InsO, § 76 Rn. 19; FK-*Kind,* InsO, § 76 Rn. 8.

b) Beschlussfassung durch die Gläubigerversammlung

Auf Grundlage des Insolvenzverwalterberichtes (§ 156) hat die Gläubigerversammlung darüber zu entscheiden, ob das Unternehmen des Schuldners stillgelegt oder im Ganzen oder zum Teil durch den Insolvenzverwalter fortgeführt werden soll. Dabei entscheiden die Gläubiger nicht zwangsläufig über das endgültige Verfahrensziel, sondern zunächst nur darüber, ob das Unternehmen sofort liquidiert oder noch einstweilen fortgeführt werden soll. Einigt sich die Gläubigerversammlung nicht auf eine dieser Möglichkeiten, so hat der Insolvenzverwalter gem. § 159 die Masse zu verwerten.[1] Verwerten schließt „going concern"-Verwerten, also *übertragend sanieren* ein. So können in aller Regel höhere Beträge erzielt werden als bei einer Einzelliquidation. Dabei ist ein zulässiges Verwertungskonzept eine Fortführung auch mit Verlusten, die nach vernünftiger kaufmännischer Beurteilung durch einen höheren Veräußerungserlös als die sofortige, stilllegende Liquidation kompensiert wird.[2] Die Gläubigerversammlung ist in ihrer Entscheidung an nahezu **keine gesetzlichen Vorgaben** gebunden.[3] Auch über die Regelungen des § 157 hinaus, kann die Gläubigerversammlung alle Beschlüsse fassen, die in ihre Kompetenz fallen.[4] Grenzen ergeben sich aber auf Grund der **tatsächlichen wirtschaftlichen Gegebenheiten** des schuldnerischen Unternehmens. Der Verpflichtung des Insolvenzverwalters zur Berichterstattung kommt dabei eine besondere, praktische Bedeutung zu, da sich diese Gegebenheiten der Gläubigerversammlung in den meisten Fällen nahezu ausschließlich aus dem **Bericht des Insolvenzverwalters gem. § 156** erschließen. Insofern kommt der Darstellung der Handlungsoptionen einschließlich deren Vor- und Nachteile im Bericht des Insolvenzverwalters eine besondere Bedeutung zu. Eine wirtschaftlich tragfähige Entscheidung der Gläubigerversammlung kann regelmäßig nur dann getroffen werden, wenn die vom Insolvenzverwalter vorgelegten Verzeichnisse und Berichte dies auch ermöglichen. 3

Soweit im Berichtstermin **auf Grund fehlender Beteiligung** der Gläubiger kein Beschluss über die – vorläufige – Fortführung oder Stilllegung des schuldnerischen Unternehmens gefasst werden konnte, reduziert sich im Innenverhältnis zwischen Insolvenzverwalter und Gläubigern der **Haftungsmaßstab** des Insolvenzverwalters deutlich. Die Gläubiger legen in diesem Fall gleichsam ihre Entscheidungskompetenz konkludent in die Hände des Insolvenzverwalters.[5] Hat der Insolvenzverwalter dennoch ein Interesse daran, dass Beschlüsse gefasst werden und konnte er nicht bereits vor dem Berichtstermin dafür Sorge tragen, dass zumindest ein Gläubiger anwesend ist, kann er ggf. beantragen, dass der Termin vertagt werden soll. Die Vertagung bedarf keiner neuerlichen Veröffentlichung. Der Insolvenzverwalter gewinnt damit Zeit, einzelne Gläubiger gesondert aufzufordern, an dem Fortsetzungstermin teilzunehmen. 4

---

[1] Begründung RegE, BT-Drucks. 12/2443, S. 173; vgl. auch FK-*Wegener,* InsO, § 157 Rn. 8.

[2] Vgl. oben Rn. 7 zu § 159 Rn. 7.

[3] *Uhlenbruck/ders.,* InsO, § 157 Rn. 9.

[4] *Uhlenbruck/ders.,* InsO, § 157 Rn. 9.

[5] So auch *Nerlich/Römermann/Balthasar,* InsO, § 157 Rn. 20.

3. Beauftragung des Insolvenzverwalters zur Erstellung eines Insolvenzplans, S. 2.

5 Die Gläubigerversammlung kann nach S. 2 den Insolvenzverwalter mit der Ausarbeitung eines **Insolvenzplans** beauftragen und ihm das **Ziel des Plans** vorgeben.[1] Der Insolvenzverwalter hat dann nach § 218 Abs. 2 binnen angemessener Frist dem Gericht den ausgearbeiteten Plan vorzulegen. Die Gläubigerversammlung hat auch bei der Beauftragung des Insolvenzverwalters mit der Erstellung eines Insolvenzplans die Möglichkeit, ihre Entscheidung in einem späteren Termin abzuändern (S. 3); sie kann insbesondere die Beauftragung widerrufen oder die Planvorgaben korrigieren. Ferner kann sie **Auskunft** nach § 79 S. 1 über den jeweiligen Sachstand verlangen. Die Beauftragung antizipiert indes keine Zustimmung zu dem vom Insolvenzverwalter letztlich erarbeiteten Insolvenzplan. Der Insolvenzverwalter verliert durch die Beauftragung vonseiten der Gläubigerversammlung grundsätzlich nicht sein eigenes Planinitiativrecht nach § 218 Abs. 1. Ebenfalls ist auch der Schuldner noch berechtigt, einen eigenen Insolvenzplan vorzulegen.[2]

4. Rechtsmittel

6 Hinsichtlich der im Berichtstermin getroffenen Beschlüsse besteht zugunsten der (nicht nachrangigen) Insolvenzgläubiger, der absonderungsberechtigten Gläubiger und des Insolvenzverwalters die Möglichkeit der Überprüfung durch das Insolvenzgericht (§ 78 Abs. 1). Voraussetzung ist, dass bereits in der Gläubigerversammlung ein entsprechender Aufhebungsantrag von dem widersprechenden Gläubiger oder dem Insolvenzverwalter gestellt worden ist. Widerspricht der angefochtene Beschluss dem gemeinsamen Interesse der Insolvenzgläubiger, hebt das Gericht den ursprünglichen Beschluss durch Aufhebungsbeschluss auf.[3] Ein weiteres Rechtsmittel besteht nicht.[4]

5. Praxishinweis

7 Eine Entscheidung nach § 157 S. 1 erübrigt sich, wenn der Geschäftsbetrieb bereits vor dem Berichtstermin eingestellt worden ist. Abgesehen von den Fällen, in denen bereits vor Antragstellung der Geschäftsbetrieb eingestellt wurde, ist dies insbesondere dann der Fall, wenn der Geschäftsbetrieb im Insolvenzeröffnungsverfahren mit Zustimmung des vorläufigen („schwachen") Insolvenzverwalters oder vom „starken" vorläufigen Insolvenzverwalter mit Zustimmung des Gerichts (§ 22 Abs. 1 Nr. 2) stillgelegt worden ist. Entsprechendes gilt, wenn der Geschäftsbetrieb im eröffneten Verfahren, vor dem Berichtstermin, vom Insolvenzverwalter mit Zustimmung des Gläubigerausschusses (§ 158 Abs. 1) oder ggf. nach zustimmender Entscheidung des Gerichts (§ 158 Abs. 2) stillgelegt worden ist. Solche das Bestimmungsrecht der Gläubiger präjudizierende Maßnahmen sind

---

[1] Vgl. hierzu auch *Runkel/Frank,* Anwalts-Handbuch Insolvenzrecht, § 12 Rn. 69 ff.

[2] *Kübler/Prütting/Bork/Onusseit,* InsO, § 157 Rn. 16; *Nerlich/Römermann/Balthasar,* InsO, § 218 Rn. 37 ff.

[3] BGH NZI 2008, 490 f.

[4] HambKomm-*Decker,* § 157 Rn. 12.

– im Interesse der Wahrung der Gläubigerautonomie – deshalb sorgsam auf ihre Notwendigkeit zu untersuchen.

§ 158 Maßnahmen vor der Entscheidung

(1) **Will der Insolvenzverwalter vor dem Berichtstermin das Unternehmen des Schuldners stillegen oder veräußern, so hat er die Zustimmung des Gläubigerausschusses einzuholen, wenn ein solcher bestellt ist.**

(2) **Vor der Beschlußfassung des Gläubigerausschusses oder, wenn ein solcher nicht bestellt ist, vor der Stillegung oder Veräußerung des Unternehmens hat der Verwalter den Schuldner zu unterrichten. Das Insolvenzgericht untersagt auf Antrag des Schuldners und nach Anhörung des Verwalters die Stillegung oder Veräußerung, wenn diese ohne eine erhebliche Verminderung der Insolvenzmasse bis zum Berichtstermin aufgeschoben werden kann.**

Übersicht

1. Normzweck

1 Da die Entscheidung über die Stilllegung oder Fortführung des schuldnerischen Unternehmens grundsätzlich der Gläubigerversammlung vorbehalten ist (§ 157), regelt § 158 die Frage, wie zu verfahren ist, wenn es – insbesondere aus wirtschaftlichen Gründen – erforderlich ist, den Geschäftsbetrieb zwischen Verfahrenseröffnung und Berichtstermin einzustellen. In diesem Fall kann der Insolvenzverwalter zwar eine Stilllegung oder Veräußerung des schuldnerischen Unternehmens vornehmen, er unterliegt aber der **Zustimmung** des (vorläufigen) Gläubigerausschusses, sofern ein solcher bestellt ist.

1a Ferner hat der Verwalter den Schuldner über seine Stilllegungsabsicht zu unterrichten. Dieser kann beim Insolvenzgericht beantragen, dass dem Insolvenzverwalter die Stilllegung oder Veräußerung des schuldnerischen Unternehmens untersagt wird. Eine **Untersagung** hat zu erfolgen, wenn die Entscheidung bis zum Berichtstermin ohne eine erhebliche Verminderung der Insolvenzmasse aufgeschoben werden kann.

1b Die eingeführte Erweiterung[1] der Unterrichtungspflicht des Schuldners auch auf den Fall der Veräußerung führt mittelbar dazu, dass eine – in Ausnahmefällen zulässige – Verwertung vor dem Berichtstermin nicht ohne Kenntnis des Schuldners erfolgen kann. Sie gibt dem Schuldner Gelegenheit, darzulegen, dass die

[1] Eingefügt gem. „Gesetz zur Vereinfachung des Insolvenzverfahrens“ vom 13. 4. 2007, BGBl. I 2007, S. 509; vgl. hierzu auch *Sternal,* NZI 2006, 185ff; *Schmerbach,* ZInsO 2006, 400ff.

beabsichtigte, sofortige Veräußerung nicht die einzige Möglichkeit darstellt, eine ansonsten drohende „erhebliche Verminderung der Insolvenzmasse" zu verhindern.

2. Zustimmung durch den Gläubigerausschuss

2 Abs. 1 und 2 regeln im Einzelnen die Voraussetzungen der vorzeitigen Betriebsstilllegung oder Betriebsveräußerung. Die Norm schränkt dabei zugunsten der **Gläubigerautonomie** die **Handlungsfreiheit** des Insolvenzverwalters ein. Das schuldnerische Unternehmen ist grundsätzlich bis zur Entscheidung der Gläubigerversammlung gem. § 157 vom Insolvenzverwalter fortzuführen. Stellt sich zwischen Eröffnung und Berichtstermin heraus, dass die Fortführung zu einer nicht unerheblichen Verminderung des Haftungsvermögens führt oder eine frühzeitige Veräußerung des Geschäftsbetriebes aus vergleichbaren Gründen geboten ist, muss der Insolvenzverwalter handeln. Entscheidend ist somit, ob durch den Aufschub der Stilllegung oder Veräußerung eine erhebliche Verminderung der Insolvenzmasse iSd. Abs. 2 Satz 2 absehbar ist, wobei allein der Umstand, dass das Unternehmen nicht kostendeckend weitergeführt werden kann, hierfür nicht ausreichend ist.[1] Erst aus dem Vergleich zwischen sofortiger Stilllegung und der konkreten Verwertungsplanung lässt sich dieses ermitteln. Nur so können beispielsweise zusätzliche sonstige Masseverbindlichkeiten bei sofortiger Stilllegung den anderweitig entstehenden Fortführungsverlusten adäquat gegenübergestellt werden.[2]

Hat das Insolvenzgericht gem. § 67 bereits vor der ersten Gläubigerversammlung einen Gläubigerausschuss eingesetzt (vorläufiger Gläubigerausschuss), so hat der Insolvenzverwalter dessen Zustimmung einzuholen. Hierzu muss der Insolvenzverwalter den Gläubigerausschuss in die Lage versetzen, eine sachgerechte Entscheidung treffen zu können. Insofern hat der Verwalter dem Gläubigerausschuss alle für die Entscheidung notwendigen Informationen zu erteilen. Ein eigenes Initiativrecht des Gläubigerausschusses, selbstständig und ohne Zustimmungsersuchen durch den Insolvenzverwalter über eine Stilllegung oder Veräußerung zu beschließen, besteht hingegen nicht.[3]

3 Für die Beschlussfassung durch den vorläufigen Gläubigerausschuss gilt § 72. Danach gilt das Prinzip der einfachen Mehrheit, der an dem Beschluss mitwirkenden Mitglieder des Gläubigerausschusses. Bei einer fehlerhaften Zustimmung des Gläubigerausschusses kommt eine Haftung auf Schadenersatz gem. § 71 in Betracht. Dies setzt aber eine verschuldensabhängige Haftung voraus, die beispielsweise dann bestehen könnte, wenn die Fortführungs- oder anderweitigen Veräußerungschancen vorsätzlich oder fahrlässig unzureichend geprüft wurden. Ist ein Gläubigerausschuss nicht bestellt, so liegt die alleinige Entscheidungsbefugnis beim Insolvenzverwalter – dieser entscheidet nach pflichtgemäßem Ermessen.[4] Handelt der Insolvenzverwalter ohne die Zustimmung des Gläubigerausschusses, obwohl ein solcher bestellt wurde, oder liegt eine Zustimmung zur Stilllegung

---

[1] Missverständlich insoweit OLG Karlsruhe ZInsO 2003, 229 f, 2. LS: „Der Verwalter ist verpflichtet, das fortgeführte Unternehmen sofort zu liquidieren, wenn der Betrieb nicht wenigstens den Aufwand erwirtschaftet, den die Fortführung verursacht."

[2] Ausführlich zur Abwägung: MünchKomm-*Görg,* InsO § 158 Rn. 12 f.

[3] *Uhlenbruck/ders.,* InsO, § 158 Rn. 6; aA: *Hess/Pape,* InsO, Rn. 752.

[4] *Uhlenbruck/ders.,* InsO, § 157 Rn. 5; *Kübler/Prütting/Bork/Onusseit,* InsO, § 158 Rn. 6.

oder Veräußerung aus anderen Gründen nicht vor, so wird die Entscheidung im **Außenverhältnis** gleichwohl wirksam.[1] Der Verwalter setzt sich dann allerdings dem Haftungsrisiko gem. § 60 aus.[2]

3. Unterrichtungspflicht

Nach Abs. 2 hat der Insolvenzverwalter den Schuldner vor der Stilllegung oder Veräußerung zu unterrichten. Ist ein Gläubigerausschuss bestellt, so hat dies vor dessen Beschlussfassung zu erfolgen. Die Unterrichtung selbst ist an keine besondere Form oder Frist gebunden. Sie sollte jedoch so rechtzeitig erfolgen, dass dem Schuldner noch genügend Zeit bleibt, einen eventuellen Untersagungsantrag zu stellen und zu begründen.[3] Entsprechend § 10 Abs. 1 kann die Unterrichtung unterbleiben, wenn sich diese auf Grund des unbekannten oder im Ausland befindlichen Aufenthaltsortes des Schuldners übermäßig verzögern würde.[4] Eine „nachteilige Verzögerung" analog § 161 S 1 reicht hierfür alleine nicht aus.[5] 4

Bei einer unterlassenen oder fehlerhaften Anhörung des Schuldners kommt ein Schadensersatzanspruch nur des Schuldners, nicht aber auch der Gläubiger und sonstiger Dritter in Betracht, da insoweit nur die Interessen des Schuldners betroffen sind.[6]

4. Gerichtliche Untersagung der Stilllegung oder Veräußerung

Die Stilllegung oder Veräußerung ist auf Antrag des Schuldners vom zuständigen Insolvenzgericht durch Beschluss zu untersagen, wenn es zu der Überzeugung gelangt, dass eine bessere Verwertungsmöglichkeit oder eine Fortführung des Unternehmens möglich ist, ohne dass die Masse hierdurch erheblich vermindert werden wird. Ein eigenes gerichtliches Ermessen besteht insoweit nicht. Allerdings eröffnet der unbestimmte Rechtsbegriff der „erheblichen Verminderung der Insolvenzmasse" dem Gericht einen weiten Beurteilungsspielraum. Abzuwägen ist zwischen der zu erwartenden Masseminderung und dem Recht der Gläubiger selbstständig über die Fortführung und die Verwertung zu entscheiden. Insofern ist zwar anerkannt, dass eine vorherige Zustimmung des Gläubigerausschusses zur geplanten Stilllegung oder Veräußerung für das Gericht nicht bindend ist. Andererseits wird aber das Vorliegen einer Zustimmung des Gläubigerausschusses zu einer entsprechenden Reduzierung des gerichtlichen Beurteilungsspielraumes führen. 5

---

[1] BGH ZIP 1995, 290.

[2] Vgl. hierzu BGH ZIP 1985, 693ff.; LAG Hamm LAGReport 2005, 56; *Nerlich/Römermann/Balthasar,* InsO, § 158 Rn. 29; *Uhlenbruck/ders.,* InsO, § 158 Rn. 15; MünchKomm-*Görg,* InsO § 158 Rn. 16.

[3] MünchKomm-*Görg,* InsO § 158 Rn. 18; *Nerlich/Römermann/Balthasar,* InsO, § 158 Rn. 20.

[4] HambKomm-*Decker,* § 158 Rn. 8.

[5] *Uhlenbruck/ders.,* § 158 Rn. 9; HambKomm-*Decker,* § 158 Rn. 8; aA: MünchKomm-*Görg,* InsO § 158 Rn. 19.

[6] *Nerlich/Römermann/Balthasar,* InsO, § 158 Rn. 30; *Uhlenbruck/ders.,* InsO, § 158 Rn. 15.

5a Eine weitergehende, z. B. prozentuale Bestimmung der „erheblichen Verminderung“ ist nicht möglich. Die Festlegung solcher Werte (z. B.: 10%–25% der Insolvenzmasse[1]) ist gesetzlich nicht vorgesehen und lässt sich auch im Wege der Gesetzesauslegung nicht herleiten. Ableiten lässt sich lediglich, dass der Gesetzgeber eine gewisse Minderung der Insolvenzmasse im Hinblick auf die den Gläubigern belassene Entscheidung über den Fortgang des Verfahrens durchaus in Kauf nimmt. Insofern ist auch nicht ein isoliert zu betrachtender, etwaiger Verlust, der im Rahmen der Fortführung entsteht, maßgebend. Ausschlaggebend ist vielmehr, in welcher Höhe die Insolvenzmasse insgesamt und damit die Befriedigungsmöglichkeiten für den einzelnen Gläubiger durch die geplante Maßnahme Schaden nehmen und ob dieser im Hinblick auf die Aufrechterhaltung des Grundsatzes der Gläubigerautonomie noch hinzunehmen ist. Die Chance einer fortführungspositiven Gläubigerentscheidung gewährleistet das Gesetz mit der Hinnahme von Fortführungsverlusten.[2]

6 Eine Untersagung der Stilllegung oder Veräußerung kommt insbesondere dann nicht in Betracht, wenn sie dazu führen würde, dass durch den Insolvenzverwalter Masseverbindlichkeiten begründet werden, die von der vorhandenen Masse nicht gedeckt wären.

7 Vor der Entscheidung des Insolvenzgerichts ist der Insolvenzverwalter zum Antrag des Schuldners zu hören. Damit soll sichergestellt werden, dass das Gericht über die maßgeblichen Informationen im Hinblick auf die zu erlassende Entscheidung verfügt. Das Gericht entscheidet gem. § 158 Abs. 2 S. 2 durch Beschluss über die Untersagung der geplanten Maßnahme. Ist das Unternehmen zwischenzeitlich durch den Insolvenzverwalter bereits eingestellt worden, so kann das Gericht auch die Verpflichtung des Insolvenzverwalters zur Wiederaufnahme der Geschäfte beschließen.[3] Gleiches muss auch für die Rückabwicklung einer bereits – aufschiebend oder auflösend bedingten – vollständigen oder teilweise erfolgten Veräußerung des Unternehmens des Schuldners gelten.

5. Rechtsmittel

8 Ergeht der Untersagungsbeschluss nach § 3 Nr. 2 e RPflG durch den **Rechtspfleger,** steht das Rechtsmittel der befristeten **Erinnerung** nach § 11 Abs. 2 S. 1 RPflG zur Verfügung. Bei einer Entscheidung durch den Richter ist kein Rechtsmittel gegeben.

§ 159 Verwertung der Insolvenzmasse

Nach dem Berichtstermin hat der Insolvenzverwalter unverzüglich das zur Insolvenzmasse gehörende Vermögen zu verwerten, soweit die Beschlüsse der Gläubigerversammlung nicht entgegenstehen.

---

[1] So auch MünchKomm-*Görg,* InsO § 158 Rn. 17; *Uhlenbruck/ders.,* § 158 Rn. 12 mwN.

[2] Vgl. dazu auch *Braun,* Die Prüfung der Fortführungschancen im Eröffnungsverfahren nach der InsO, S. 53 ff.

[3] *Nerlich/Römermann/Balthasar,* InsO, § 158 Rn. 26; *Uhlenbruck/ders.,* InsO, § 158 Rn. 12.

1. Normzweck

1 Als Folge der umfassenden Befugnis der Gläubigerversammlung über den Fortgang des Verfahrens zu bestimmen, verlagert § 159 die Verwertungskompetenz des Insolvenzverwalters auf den Zeitpunkt nach dem Berichtstermin[1] und bindet den Insolvenzverwalter im Rahmen der Verwertung an die Weisungen der Gläubigerversammlung. Ziel ist es – im Hinblick auf die Gleichwertigkeit der Verfahrensziele von Liquidation und Sanierung (§ 1) – der Gläubigerversammlung nicht durch eine frühe Verwertung die Kompetenz zur Bestimmung des Verfahrensziels zu nehmen. Insofern ist der Insolvenzverwalter im Innenverhältnis auch erst nach dem Berichtstermin berechtigt, mit der Verwertung zu beginnen.

2. Verwertungspflicht

2 Haben die Gläubiger im Berichtstermin nichts Abweichendes beschlossen, so ist der Insolvenzverwalter nach dem Berichtstermin grundsätzlich zur Verwertung verpflichtet. Während bereits mit Eröffnung des Verfahrens gem. § 80 Abs. 1 die Verwaltungs- und Verfügungsbefugnis auf den Insolvenzverwalter im Außenverhältnis übergegangen ist, begründet § 159 eine entsprechende Verwertungspflicht nach dem Berichtstermin im Innenverhältnis zwischen dem Insolvenzverwalter und den Gläubigern. Die Verwertung umfasst dabei sämtliche Handlungen, die dazu dienen, das in der Insolvenzmasse gebundene Vermögen zu verflüssigen/liquidieren. Verwertung im Sinne dieser Vorschrift bedeutet die **Realisierung der Massewerte** durch den Insolvenzverwalter[2], also die „endgültige Umwandlung realen Schuldnervermögens in Geld unmittelbar zum Zwecke der Gläubigerbefriedigung“[3].

Die Verwertung obliegt dem Insolvenzverwalter, der sich allerdings je nach Umfang und Schwierigkeitsgrad bei den Verwertungshandlungen in einem angemessenen Umfang interner wie externer Hilfsfachkräfte bedienen kann.[4]

3. Arten der Verwertung

3 Der Insolvenzverwalter verwertet im Rahmen des **Verwaltungs- und Verfügungsrechtes,** das dem Schuldner durch die Verfahrenseröffnung gem. § 80 Abs. 1 entzogen wurde. Dabei steht die Wahl der günstigsten – und unter Berücksichtigung kaufmännischer Grundsätze – effizientesten Verwertungsart im **pflichtgemäßen Ermessen** des Insolvenzverwalters.[5] Unternehmerische Risiken muss der Insolvenzverwalter hierbei nicht eingehen, so dass eine sichere, aber eventuell weniger ertragreiche Unternehmerentscheidung nicht zu einer **Haftung nach**

---

[1] Zu der nur in Ausnahmefällen bestehenden Verwertungsbefugnis durch den vorläufigen Insolvenzverwalter vgl. auch *Kirchhof,* ZInsO 1999, 436 f.

[2] *Häsemeyer,* Insolvenzrecht, Rn. 13.35.

[3] BGH NZI 2003, 259 ff., 261; HambKomm-*Decker,* § 159 Rn. 3; MünchKomm-*Görg,* InsO § 159 Rn. 4.

[4] BGH ZInsO 2004, 1348; zur Vergütungsrelevanz der Einschaltung eines gewerblichen Verwerters vgl. BGH NZI 2008, 38 f.

[5] *Uhlenbruck/ders.,* InsO, § 159 Rn. 3; *Nerlich/Römermann/Balthasar,* InsO, § 159 Rn. 6.

§ 60 führt. Unternehmerische Risiken kann er aber eingehen, wenn diese kaufmännisch vertretbar sind.

4 **a)** Die Verwertung des **beweglichen Vermögens** erfolgt durch **freihändigen Verkauf** oder durch **private**[1] oder **öffentliche**[2] **Versteigerung**[3], wobei die Vorschriften der Zwangsvollstreckung (§§ 814 ff., 872 ZPO) durch den Gerichtsvollzieher und/oder die Vorschriften über den Pfandverkauf (§§ 1233, 1235 ff. ZPO) Anwendung finden. Der Insolvenzverwalter ist im Rahmen der §§ 165 ff. auch berechtigt, mit **Absonderungsrechten belastete, bewegliche Vermögensgegenstände** zu verwerten, wenn er diese in Besitz hat (§ 166); im Übrigen sind die §§ 167 ff., 172 zu beachten. Bei freihändigen Insolvenzräumungsverkäufen sind wettbewerbsrechtliche Vorschriften, insbesondere das **UWG,** zu beachten.[4] Ein Verkauf darf als **„Insolvenzräumungsverkauf"** oder dergleichen bezeichnet werden, wobei bei einem Insolvenzwarenverkauf die Vorschriften des UWG im Hinblick auf die vorzunehmende Gesamtverwertung ggf. nur eingeschränkt anwendbar sind.[5]. Die angebotenen Gegenstände müssen aber tatsächlich auch zur Masse gehören.[6]

5 **b) Grundstücke** werden durch **freihändigen Verkauf** oder durch **Zwangsverwaltung**[7] bzw. **Zwangsversteigerung**[8] verwertet.[9] Bei der Verwertung von Grundstückszubehör ist zu beachten, dass Zubehör, Erzeugnisse und Bestandteile des Grundstücks zum **Haftungsverband der Hypothek** oder Grundschuld gehören, § 1120 BGB, und soweit valutierende Belastungen gegeben sind, nicht dem Verwertungsrecht des Insolvenzverwalters unterfallen. Das gilt aber nur, soweit die Gegenstände in das Eigentum des Schuldners, als Grundstückeigentümers gelangt sind. Wurde das Zubehör unter Eigentumsvorbehalt erworben, so erstreckt sich die Hypothek oder Grundschuld auch auf das entsprechende Anwartschaftsrecht.[10] Unternehmenszubehör wird nur dann Grundstückszubehör, wenn das Betriebsgrundstück die Hauptsache im Verhältnis zum Betriebsinventar bildet.[11] Eine **Enthaftung** der Gegenstände tritt ein, sofern diese veräußert werden und vor der Beschlagnahme (Anordnung der Zwangsverwaltung oder Zwangsvollstreckung) vom Grundstück entfernt werden (§ 1121 Abs. 1 BGB). Zubehör wird von der Haftung auch ohne Veräußerung frei, wenn es im Rahmen „ordnungsgemäßer Wirtschaft" vom Grundstück getrennt und entfernt (§ 1122 Abs. 1 BGB) worden ist oder in den Grenzen der „ordnungsgemäßen Wirtschaft" die Zubehöreigenschaft auf-

---

[1] Hierzu FK-*Wegener,* InsO, § 159 Rn. 7; vgl. auch BGH ZIP 1991, 324, wonach solche Verwertungen über Firmen bedenklich sind, an denen der Insolvenzverwalter oder sein Ehegatte beteiligt ist.

[2] § 383 Abs. 3 BGB.

[3] *Bork,* Insolvenzrecht, Rn. 290 ff.

[4] Vgl. weitergehend *Baumbach/Hefermehl,* WettbR, § 6 Rn. 5 ff.

[5] Zur „Sonderveranstaltung" gem. §§ 7, 8 UWG (aF) vgl. auch BGH ZIP 2006, 1208 ff. sowie OLG Düsseldorf GRUR 1999, 1022 ff.

[6] OLG Koblenz ZInsO 2003, 569 ff.; vgl. auch FK-*Wegener,* InsO, § 159 Rn. 6.

[7] §§ 146 ff. ZVG.

[8] §§ 165 InsO, 172 ff. ZVG.

[9] Vgl. hierzu auch unter Rn. 1 ff. zu § 165.

[10] BGH ZIP 1984, 1456, 1458.

[11] BGHZ 85, 234 ff.

gehoben wird (§ 1122 Abs. 2 BGB). Der Fortfall der Zubehöreigenschaft tritt auch durch Entwidmung ein. Dazu muss der Zweck des Gegenstandes, der Hauptsache wirtschaftlich zu dienen, auf Dauer wegfallen.[1] Insoweit kommt es maßgeblich auf den Willen des tatsächlichen Nutzers an. Die bloße Betriebsstilllegung führt nicht zur Enthaftung des Zubehörs.[2] Denn die Grenzen einer „ordnungsgemäßen Wirtschaft" sind nicht mit den Grenzen einer „ordnungsgemäßen Insolvenzabwicklung" identisch. Somit kann auch nicht ohne weiteres die Verwertung von Grundstückszubehör zur Gläubigerbefriedigung als im Rahmen ordnungsgemäßer Wirtschaft angesehen werden, außer die Zubehörteile werden z. B. wegen einer notwendigen betrieblichen Umstellung frei und veräußert[3]. Unter den Voraussetzungen der §§ 166 ff. kann der Insolvenzverwalter Zubehör gleichwohl verwerten, wenn dieses im Rahmen einer „ordnungsgemäßen Wirtschaft" erfolgt. Andernfalls steht dem Grundpfandrechtsgläubiger ein Ersatzanspruch am erzielten Erlös gegenüber der Masse und ggf. gegenüber dem Insolvenzverwalter zu.[4]

c) Eine weitere Möglichkeit der Verwertung ist die **Unternehmensveräußerung** im ganzen („übertragende Sanierung"[5]). Der Insolvenzverwalter ist hierbei im Innenverhältnis von der Zustimmung der Gläubiger abhängig (§ 160), nicht jedoch von der des Schuldners, §§ 161–164 sind zu beachten. 6

d) Der Insolvenzverwalter ist weiterhin berechtigt einzelne Vermögensgegenstände[6] durch „Freigabe"[7] aus der Insolvenzmasse zu entlassen, wenn dies im Interesse der Insolvenzmasse liegt.[8] Dies ist insbesondere dann der Fall, wenn ein Gegenstand nicht veräußerbar ist, oder über den Realisierungswert hinaus mit Drittrechten belastet ist.[9] Auch die Freigabe eines Grundstücks ist möglich.[10] Dies gilt auch dann, wenn das freigegebene Grundstück mit Altlasten belastet ist.[11] Somit kann die Insolvenzmasse nach erfolgter Freigabe grundsätzlich nicht mehr für die Kosten der Sanierung in Form von Masseverbindlichkeiten in Anspruch genommen werden.[12] 7

---

[1] BGHZ 56, 298; BGHZ 60, 267; vgl. auch *Gundlach,* DZWIR 1998, 485 ff., 486, dort Fn. 12 mwN.

[2] BGH NJW 1996, 835 ff.; vgl. auch *Uhlenbruck/ders.,* InsO, § 159 Rn. 9 mwN.

[3] *Uhlenbruck/ders.,* ebd.

[4] Hierzu FK-*Wegener,* InsO, § 159 Rn. 14.

[5] Vgl. hierzu *Zipperer,* NZI 2008, 2006; *Wellensiek,* NZI 2002, 233.

[6] Zur Freigabe einer rechtshängigen Forderung: BGH NZI 2005, 387.

[7] Kritisch zur „Freigabe" u. a: *K. Schmidt,* KTS 1994, 309 ff; ZIP 2000, 1913, 1916 f; *Bork,* Insolvenzrecht, Rn. 133 ff; *Jaeger/H.-F. Müller,* InsO, § 35 Rn. 148.

[8] HM: BGH NZI 2005, 387; BVerwG ZIP 2004, 2145, 2147; OLG Naumburg ZInsO 2000, 154, 155; OLG Rostock ZInsO 2000, 604, 605; OLG Stuttgart OLGR 2004, 89, 90; *Kübler/Prütting/Bork/Lüke,* InsO, § 80 Rn. 9 f., § 85 Rn. 69 f.; MünchKomm-*Lwowski,* InsO § 35 Rn. 107 ff.; MünchKomm-*Schumacher,* InsO § 85 Rn. 26 ff.; *Pape/Uhlenbruck,* Insolvenzrecht, Rn. 494; *Smid,* InsO, § 80 Rn. 30, § 85 Rn. 18; *Henckel,* FS Kreft, S. 291, 300 ff.

[9] MünchKomm-*Görg,* InsO § 159 Rn. 4 (mwN).

[10] Vgl. hierzu aber auch: BGH NZI 2006, 293 f., wonach der Verwalter, der zur Räumung eines Grundstücks rechtskräftig verurteilt worden ist, durch Freigabe des Grundstücks nicht mehr bewirken kann, dass diese Masseverbindlichkeit erlischt.

[11] Eingehend zur Entwicklung der Rspr. auch BVerwG NZI 2005, 51, 52 ff.

[12] Zur Freigabe eines Grundstücks bei vorausgegangener, vereinbarter „kalter Zwangsverwaltung", *Molitor,* ZInsO 2009, 231.

§ 160 Besonders bedeutsame Rechtshandlungen

(1) Der Insolvenzverwalter hat die Zustimmung des Gläubigerausschusses einzuholen, wenn er Rechtshandlungen vornehmen will, die für das Insolvenzverfahren von besonderer Bedeutung sind. Ist ein Gläubigerausschuß nicht bestellt, so ist die Zustimmung der Gläubigerversammlung einzuholen. Ist die einberufene Gläubigerversammlung beschlussunfähig, gilt die Zustimmung als erteilt; auf diese Folgen sind die Gläubiger bei der Einladung zur Gläubigerversammlung hinzuweisen.

(2) Die Zustimmung nach Absatz 1 ist insbesondere erforderlich,

1. **wenn das Unternehmen oder ein Betrieb, das Warenlager im ganzen, ein unbeweglicher Gegenstand aus freier Hand, die Beteiligung des Schuldners an einem anderen Unternehmen, die der Herstellung einer dauernden Verbindung zu diesem Unternehmen dienen soll, oder das Recht auf den Bezug wiederkehrender Einkünfte veräußert werden soll;**
2. **wenn ein Darlehen aufgenommen werden soll, das die Insolvenzmasse erheblich belasten würde;**
3. **wenn ein Rechtsstreit mit erheblichem Streitwert anhängig gemacht oder aufgenommen, die Aufnahme eines solchen Rechtsstreits abgelehnt oder zur Beilegung oder zur Vermeidung eines solchen Rechtsstreits ein Vergleich oder ein Schiedsvertrag geschlossen werden soll.**

Übersicht

1. Normzweck

1 Die Vorschrift des § 160 soll gewährleisten, dass die Gläubiger auf Grund ihrer umfassenden Gläubigerautonomie an wesentlichen Entscheidungen des Insolvenzverwalters beteiligt werden. Dementsprechend bedürfen besonders bedeutsame Rechtshandlungen im Innenverhältnis vorrangig der Zustimmung des Gläubigerausschusses (Primärkompetenz) oder, wenn ein solcher nicht bestellt ist, der Zustimmung der dann zuständigen Gläubigerversammlung (Sekundärkompetenz). Weitergehend sieht § 160 Abs. 1 Satz 3 vor, dass, sofern kein Gläubiger im Berichtstermin anwesend ist, die Zustimmung zu den vom Insolvenzverwalter im Berichtstermin zur Abstimmung gestellten Beschlüssen fingiert wird.

Gesetzestechnisch beinhaltet § 160 Abs. 1 eine Generalklausel mit Zustimmungsfiktion, während § 160 Abs. 2 eine nicht abschließende, nur beispielhafte,

Aufzählung von besonders bedeutsamen Rechtshandlungen für das Verfahren enthält.

2. Zustimmungserteilung

a) Art und Weise der Zustimmung

2 Zustimmung i. S. v. § 160 ist die vorherige Einwilligung (§ 183 BGB) des Gläubigerausschusses oder der Gläubigerversammlung.[1] Die Frage, ob auch eine nachträgliche Zustimmung (Genehmigung i. S. v. § 184 Abs. 1 BGB) als Zustimmung i. S. v. § 160 angesehen werden kann,[2] dürfte im Ergebnis von geringer praktischer Relevanz sein, da die fehlende Einwilligung wegen § 164 im Außenverhältnis keine Auswirkung auf die Rechtswirksamkeit der Handlung hat. Holt der Insolvenzverwalter eine erforderliche Zustimmung nicht ein oder soll diese später nachgeholt werden, trägt dieser das Risiko, dass eine spätere Genehmigung verweigert wird. Damit trifft den Insolvenzverwalter das potentielle Haftungsrisiko. Die Haftung lässt sich einschränken, wenn die zustimmungspflichtige Rechtshandlung unter die aufschiebende oder auflösende Bedingung einer späteren Genehmigung durch die Gläubigerversammlung bzw. den Gläubigerausschuss gestellt wird.

3 Da die Einholung der Zustimmung der Gläubigerversammlung auf Grund der einzuhaltenden Formalien und Ladungsfristen oft nicht unerhebliche Zeit in Anspruch nimmt (und gerade in kleineren Verfahren das Interesse der Gläubiger an einer Mitwirkung im Laufe des Verfahrens deutlich abnimmt), behilft sich die Praxis gelegentlich damit, dass die Gläubigerversammlung für den Fall, dass kein Gläubigerausschuss bestellt wird, dem Insolvenzverwalter im Berichtstermin die **generelle Zustimmung** zu allen in Betracht kommenden Verwertungshandlungen erteilt. Gegen eine solche pauschale Zustimmungserteilung bestehen auch keine durchgreifenden rechtlichen Bedenken, da die Gläubigerversammlung als oberstes Organ der Gläubiger ihre grundsätzliche Entscheidungsbefugnis auch auf den Insolvenzverwalter verlagern darf.

b) Kompetenz zur Zustimmung

4 Die Kompetenz zur Erteilung der Zustimmung nach § 160 liegt grundsätzlich beim Gläubigerausschuss. Lediglich für den Fall, dass ein solcher nicht bestellt ist, entscheidet die Gläubigerversammlung. Diese Primärkompetenz des Gläubigerausschusses gilt unabhängig davon, ob es sich bei dem Gläubigerausschuss um einen vom Gericht eingesetzten vorläufigen Gläubigerausschuss handelt oder ein solcher im Berichtstermin von der Gläubigerversammlung eingesetzt wurde. Andererseits ist die Sekundärkompetenz der Gläubigerversammlung aber nicht auf die Fälle begrenzt, in denen kein Gläubigerausschuss bestellt worden ist. Auch dann, wenn ein Gläubigerausschuss bestellt worden ist, kann die Gläubigerversammlung um Zustimmung ersucht werden, insbesondere wenn bei wesentlichen Entscheidungen abschließende Sicherheit erstrebt wird. [3] Andererseits verhindert

[1] *Nerlich/Römermann/Balthasar,* InsO, § 160 Rn. 11; *Uhlenbruck/ders.,* InsO, § 160 Rn. 4.; FK-*Wegener,* InsO, § 160 Rn. 12.

[2] Verneinend: FK-*Wegener,* aaO; *Kübler/Prütting/Bork/Onusseit,* InsO, § 160 Rn. 3; *Nerlich/Römermann/Balthasar,* InsO, § 160 Rn. 11; Bejahend: HK-*Flessner,* InsO, § 160 Rn. 11.

[3] Anderseits soll nach LG Göttingen NZI 2000, 491 f. die Gläubigerversammlung nicht berechtigt sein, eine vom Gläubigerausschuss erteilte Zustimmung nachträglich abzuändern

die Zustimmung des Gläubigerausschusses potentielle Schadensersatzansprüche gegen den Insolvenzverwalter und/oder den Gläubigerausschuss nicht.

c) Bindung des Insolvenzverwalters an die Zustimmung

5 **aa)** Holt der Insolvenzverwalter einen Beschluss nach den §§ 160–163 nicht ein und nimmt ihn ein Gläubiger auf Schadenersatz in Anspruch, trägt der Insolvenzverwalter die Darlegungs- und Beweislast dafür, dass die konkrete Handlung als **Eil- oder Notverkaufsmaßnahme** zur Verhinderung einer erheblichen Schädigung der Masse erforderlich und ihm eine vorherige Anrufung des zuständigen Gläubigerorgans nicht möglich war.[1] Insoweit sind die allgemeinen Darlegungs- und Beweislastgrundsätze anwendbar. Der Gläubiger muss dartun und beweisen, dass die Verwertung zu seinem Nachteil ausgefallen ist[2] und der Insolvenzverwalter gegen seine Pflichten verstoßen hat. Ein gegenüber der Situation bei regelgerechter Verwertung eingetretener Schaden ist weitere Voraussetzung.

6 **bb)** Hat die Gläubigerversammlung oder der Gläubigerausschuss indes die **konkrete** Veräußerung eines Vermögensgegenstandes durch den Insolvenzverwalter **gebilligt,** haftet dieser grundsätzlich nicht mehr, sofern er das berufene Organ der Gläubigerschaft zuvor ausreichend und richtig über die beabsichtigte Rechtshandlung informiert hat und diese Handlung nicht offensichtlich masseschädigend war.[3]

7 **cc)** Hat die Gläubigerversammlung einen **Generalbeschluss** gefasst, ist dieser Beschluss i. d. R. eine wirksame pauschale Genehmigung, wenn sich das Gremium bewusst seiner Mitwirkung begeben und diese auf den Insolvenzverwalter übertragen hat.

d) Zustimmungsfiktion bei Beschlussunfähigkeit der Gläubigerversammlung

8 Kommt es, wie dies in kleineren Verfahren zunehmend der Fall ist, dazu, dass kein Gläubiger im Berichtstermin anwesend ist, kann die Erteilung der fehlenden Zustimmung auch nicht durch das Insolvenzgericht ersetzt werden. In diesen Fällen hatte sich der Insovenzverwalter bisher meist um eine Vertagung zur Beschlussfähigkeitsherstellung bemüht oder den zur Abstimmung gestellten Beschluss unter eigenem Haftungsrisiko ausgeführt. Nunmehr sieht § 160 Abs. 1 Satz 3 InsO eine sinnvolle Erleichterung vor,[4] wonach die Zustimmung zu den zur Abstimmung gestellten Beschlüssen fingiert wird *Voraussetzung* für die Zustimmungsfiktion der beschlussunfähigen Gläubigerversammlung ist, dass die vom Insolvenzverwalter zur Abstimmung gestellten Beschlüsse im Berichtstermin zu Protokoll genommen werden. Weiter muss auf diese Rechtsfolge in der Ladung hingewiesen worden sein. Letzlich kann sich die Zustimmungsfiktion nur auf die in der Ladung benannten und konkret dargestellten Anträge beziehen. Demzufolge empfiehlt es sich, die zur Abstimmung gestellten Anträge so konkret zu

---

– ein anderslautender Beschluss sei ein den Insolvenzverwalter „nicht bindendes Nullum". Zustimmend hierzu auch *Pape,* EWiR 2000, 827 (mwN).

[1] Dies kann z. B. dann der Fall sein, wenn kein Gläubigerausschuss eingesetzt wurde.

[2] So im Ergebnis auch *Nerlich/Römermann/Balthasar,* InsO, § 160 Rn. 23.

[3] *Nerlich/Römermann/Balthasar,* InsO, § 160 Rn. 13 f.

[4] AA: *Heukamp,* ZInsO 2007, 57 ff.

formulieren, dass deren genauer Inhalt im Rahmen einer Zustimmungsfiktion ausreichend festgestellt werden kann.

3. Besonders bedeutsame Rechtshandlungen

In Ermangelung einer gesetzlichen Definition für eine **„besonders bedeutsame Rechtshandlung"** ist dieser Begriff anhand der Bedeutsamkeit dieser Handlung für den jeweiligen Einzelfall zu bestimmen.[1] Zwar bieten die Regelbeispiele des Abs. 2 eine gewisse Leitvorstellung des Gesetzgebers, was in einem Normalverfahren unter einer „besonders bedeutsamen" Entscheidung oder Handlung für das Insolvenzverfahren zu verstehen ist, dies bedeutet aber nicht, dass der dortige Katalog der besonders bedeutsamen Rechtshandlungen seinerseits als abschließend angesehen werden kann. 9

Soweit es um die Verwertung von mit **Absonderungsrechten** belasteten Vermögensgegenständen geht, sind Zustimmungserfordernisse nur dann zu beachten, wenn die Masse dadurch überhaupt nennenswert betroffen wird.[2] 10

4. Regelbeispiele zustimmungspflichtiger Handlungen

Die in § 160 Abs. 2 als Regelbeispiele aufgezählten Rechtshandlungen enthalten beispielhafte Tatbestände. 11

a) § 160 Abs. 2 Nr. 1 schreibt die Zustimmungspflicht bei der Veräußerung des Unternehmens oder eines Betriebs, des Warenlagers im Ganzen, der freihändigen Veräußerung unbeweglicher Gegenstände, der Beteiligung des Schuldners an einem anderen Unternehmen sowie der Veräußerung eines Rechts auf den Bezug von wiederkehrenden Einkünften vor. Solche Handlungen schaffen regelmäßig grundlegende und schwer revidierbare Umstände, die u. U. der von den Gläubigern angestrebten Abwicklungsart entgegenstehen oder aber in besonderem Maße das Risiko der Verschleuderung der Masse bergen. Der Veräußerung eines **Betriebs oder Unternehmens** steht die Veräußerung eines Unternehmens- oder Betriebsteils gleich,[3] soweit es sich um einen wesentlichen Teil handelt.[4] Im Gegensatz zur Veräußerung des Warenlagers im Ganzen ist ein Ausverkauf nicht zustimmungspflichtig.[5] Gleiches gilt beim Verkauf von verderblicher oder gefährlicher Ware. In einem solchen Fall ist die Zustimmung jedoch nachzuholen.[6] Bei der Verwertung **unbeweglicher Gegenstände** (Immobilien) durch Zwangsversteigerung (§ 165) und durch öffentliche Versteigerung bedarf es keiner Zustimmung.[7] Gleiches gilt für die freihändige Veräußerung eines unbeweglichen Gegenstandes (Grundstücks), welches zweifelsfrei deutlich über 12

---

[1] Betragsgemäße Schwellenwerte sind insoweit kein taugliches Kriterium, HambKomm-*Decker,* § 160 Rn. 2.

[2] Durch Tragung von Lasten oder Auswirkungen auf die Passivmasse.

[3] Begründung RegE, abgedruckt in *Balz/Landfermann,* S. 405.

[4] FK-*Wegener,* InsO, § 158 Rn. 2 sowie § 160 Rn. 5.

[5] *Uhlenbruck/ders.,* InsO, § 160 Rn. 18; *Nerlich/Römermann/Balthasar,* InsO, § 160 Rn. 33; *Kübler/Prütting/Bork/Onusseit,* InsO, § 160 Rn. 14; vgl. hierzu auch § 159 Rn. 4.

[6] *Uhlenbruck/ders.,* ebd.

[7] *Uhlenbruck/ders.,* InsO, § 160 Rn. 19; *Nerlich/Römermann/Balthasar,* InsO, § 160 Rn. 35; *Kübler/Prütting/Bork/Onusseit,* InsO, § 160 Rn. 15; aA: für öffentliche Versteigerungen: HambKomm-*Decker,* § 160 Rn. 7.

den Verkehrswert hinaus mit Drittrechten dinglich belastet ist und an dem die Insolvenzmasse nur im Rahmen von einer vereinbarten „Verwertungspauschale" partizipiert. Hier kann die Veräußerung in Absprache mit dem grundpfandrechtlich gesicherten Gläubiger erfolgen, ohne dass einer gesonderten Zustimmung bedarf.[1]

12a Die Veräußerung von **Unternehmensbeteiligungen** zur dauerhaften Verbindung lehnt sich an § 271 HGB an.[2] Eine Beteiligung in diesem Sinne liegt bei einem nominellen Anteil von mehr als 20% am gesellschaftsvertraglichen (Stamm-)Kapital vor, so dass der Verkauf von Beteiligungen in geringerer Größenordnung zustimmungsfrei ist.[3] **Wiederkehrende Einkünfte** i. S. d. § 160 Abs. 2 Nr. 1 stellen u. a. Nießbrauch- und Rentenrechte dar. Da die Verwertung solcher Rechte zu ihrem abgezinsten Barwert wenig risikoreich ist, soll das Zustimmungserfordernis in diesen Fällen seine praktische Bedeutung verloren haben.[4]

13 **b) § 160 Abs. 2 Nr. 2** verlangt die Zustimmung bei einer Darlehensaufnahme, welche die Insolvenzmasse erheblich belastet. Wann eine Verbindlichkeit erheblich ist, hängt von dem jeweiligen Einzelfall ab.

14 **c)** Die gerichtliche Geltendmachung oder Aufnahme bzw. eine entsprechende Ablehnung von Rechtsstreitigkeiten mit erheblichen Streitwerten ist ebenfalls zustimmungspflichtig, **§ 160 Abs. 2 Nr. 3.** Das gilt für Prozesse, die vom Verwalter anhängig gemacht oder aufgenommen werden (sog. Aktivprozesse). Die Verteidigung gegenüber Klagen, die gegen die Insolvenzmasse erhoben werden, bedarf keiner Zustimmung, weil dem Insolvenzverwalter insoweit kein Wahlrecht zusteht. Zustimmungspflichtig sind zudem (gerichtliche und außergerichtliche) Vergleiche[5] und Schiedsverträge (§§ 2025 ff. ZPO) mit erheblichem Streitwert. Zu den Rechtstreitigkeiten i. S. d. § 160 Abs. 2 Nr. 3 zählen ferner alle vom Verwalter aufgenommene oder begonnene Rechtsstreitigkeiten aber auch etwaige Widerklagen in Passivprozessen. Ein Beschlussverfahren i. S. d. §§ 122, 126 ist nicht zustimmungsbedürftig. Ob ein „erheblicher" Streitwert vorliegt, richtet sich nach dem Umfang des Insolvenzverfahrens, der vorhandenen Masse sowie dem streitimmanenten Risiko.[6] Die Gläubigerversammlung kann im Berichtstermin auch eine Wertgrenze für die Zustimmungspflicht von Prozessen und ähnlichen Handlungen i. S. d. § 160 Abs. 2 Nr. 3 beschließen.[7]

5. Rechtsmittel

15 Hinsichtlich der im Berichtstermin getroffenen Beschlüsse besteht zugunsten der (nicht nachrangigen) Insolvenzgläubiger, der absonderungsberechtigten Gläubiger und des Insolvenzverwalters die Möglichkeit der Überprüfung durch das

[1] So auch HambKomm-*Decker*, § 160 Rn. 7.
[2] Begründung RegE, abgedruckt in *Balz/Landfermann*, S. 404.
[3] MünchKomm-*Görg*, InsO § 160 Rn. 18; aA: HambKomm-*Decker*, § 160 Rn. 2.
[4] So *Nerlich/Römermann/Balthasar*, InsO, § 160 Rn. 39; *Uhlenbruck/ders.*, InsO, § 160 Rn. 21.
[5] Auch eine Betriebsvereinbarung stellt einen Vergleich dar, BAG WM 1985, 546 ff.
[6] *Uhlenbruck/ders.*, InsO, § 160 Rn. 23.
[7] *Nerlich/Römermann/Balthasar*, InsO, § 160 Rn. 42.

Insolvenzgericht (§ 78 Abs. 1). Voraussetzung ist, dass bereits in der Gläubigerversammlung ein entsprechender Aufhebungsantrag von dem widersprechenden Gläubiger oder dem Insolvenzverwalter gestellt worden ist. Widerspricht der angefochtene Beschluss dem gemeinsamen Interesse der Insolvenzgläubiger, hebt das Gericht den ursprünglichen Beschluss durch Aufhebungsbeschluss auf.[1]

§ 161 Vorläufige Untersagung der Rechtshandlung

In den Fällen des § 160 hat der Insolvenzverwalter vor der Beschlußfassung des Gläubigerausschusses oder der Gläubigerversammlung den Schuldner zu unterrichten, wenn dies ohne nachteilige Verzögerung möglich ist. Sofern nicht die Gläubigerversammlung ihre Zustimmung erteilt hat, kann das Insolvenzgericht auf Antrag des Schuldners oder einer in § 75 Abs. 1 Nr. 3 bezeichneten Mehrzahl von Gläubigern und nach Anhörung des Verwalters die Vornahme der Rechtshandlung vorläufig untersagen und eine Gläubigerversammlung einberufen, die über die Vornahme beschließt.

Übersicht

1. Normzweck

Der Insolvenzverwalter hat den Schuldner von einer Beschlussfassung nach § 160 über die Vornahme besonders bedeutsamer Rechtshandlungen zu unterrichten, wenn dies ohne nachteilige Verzögerung möglich ist. Insofern soll die Vorschrift dem Schuldner ermöglichen, vor der Durchführung der für das weitere Verfahren bedeutsamen Maßnahmen Bedenken oder eigene Vorschläge dem Insolvenzverwalter oder den Gläubigern zu unterbreiten. Darüber hinaus hat **gem.** S. 2 der **Schuldner** (oder eine qualifizierte **Gläubigerminderheit** i. S. v. § 75 Abs. 1 Nr. 3) die Möglichkeit, beim Insolvenzgericht den Antrag auf vorläufige Untersagung der Maßnahme zu stellen, wenn nicht die Gläubigerversammlung ihre Zustimmung zu der Maßnahme erteilt hat. In diesem Fall kann das Insolvenzgericht die Maßnahme vorläufig untersagen und eine Gläubigerversammlung einberufen, die über die geplante Maßnahme abschließend zu entscheiden hat. 1

2. Unterrichtungspflicht

Die Unterrichtung des Schuldners hat **vor** der Beschlussfassung zu erfolgen. 2 Der Insolvenzverwalter ist im Rahmen der Unterrichtung an keine **Form** oder **Frist** gebunden. Die Unterrichtung muss so konkret sein, dass der Schuldner

[1] BGH NZI 2008, 490 f.

Inhalt und Umfang der beabsichtigten Maßnahme erkennen kann. Ist der Schuldner eine juristische Person, so besteht die Informationspflicht gegenüber dem vertretungsberechtigten Organ der Schuldnerin. In zeitlicher Hinsicht muss die Information so zeitnah erfolgen, dass der Schuldner seine Rechte aus § 161 S. 2 noch wahrnehmen kann.

3 Eine Information gegenüber dem Schuldner darf lediglich dann unterbleiben, wenn diese zu einer nachteiligen Verzögerung des Verfahrens führt. Dies dürfte im Hinblick auf die bloße Information regelmäßig ausgeschlossen sein. Etwas anderes gilt dann, wenn eine Information des Schuldners nur unter erschwerten Bedingungen möglich ist, z. B. wenn der Aufenthaltsort des Schuldners nicht bekannt ist und/oder der Insolvenzverwalter hierzu erst umfangreiche Nachforschungen anstellen müsste. Entsprechendes dürfte auch dann gelten, wenn der Schuldner im Rahmen der Durchführung des Insolvenzverfahrens seine Mitwirkung abschließend verweigert hat und dadurch den Verzicht auf die Wahrnehmung von etwaigen Beteiligungsrechten deutlich zum Ausdruck gebracht hat. In diesem Fall läuft die auf Nutzung des Sachverstandes des Schuldners angelegte Informationspflicht ins Leere, so dass die spätere Berufung auf die unterlassene Unterrichtung als rechtsmissbräuchlich *(venire contra factum proprium)* anzusehen ist.

3. Rechtsfolgen bei unterlassener Unterrichtung

4 Die unterlassene Unterrichtung des Schuldners durch den Insolvenzverwalter führt nicht zur Unwirksamkeit des Beschlusses (vgl. § 164). Sie kann aber ggf. zu einer **Haftung** des Insolvenzverwalters nach **§ 60** führen, wenn die Masse auf Grund der fehlenden Einbeziehung des Schuldners verkürzt oder nicht angemessen verwertet wird.[1] Die Haftung wegen Verletzung der Unterrichtungspflicht besteht allein gegenüber dem Schuldner, nicht aber gegenüber den Gläubigern,[2] da diese im Rahmen der speziellen Mitwirkungsmöglichkeiten nach § 160 ausreichend geschützt sind. Erachten die Gläubiger den Sachverstand des Schuldners bei einer durchzuführenden, bedeutsamen Rechtshandlung für erforderlich, steht es ihnen frei, den Insolvenzverwalter – unabhängig von der Vorschrift des § 161 – aufzufordern, eine entsprechende Stellungnahme des Schuldners einzuholen bzw. selbst den Kontakt zu knüpfen. Verzichtet das zur Zustimmung berufene Gläubigergremium auf eine Einbeziehung des Schuldners, so ist ein etwaiges Vertrauen auf die gleichwohl durch den Insolvenzverwalter erfolgte Unterrichtung des Schuldners im Rahmen von § 161 nicht schutzwürdig.

4. Gerichtliche Untersagung

5 Weitergehend regelt Abs. 2, dass der Schuldner oder eine in § 75 Abs. 1 Nr. 3 bezeichnete Zahl von Gläubigern einen **Antrag zur vorläufigen Untersagung** einer geplanten, besonders bedeutsamen Rechtshandlung i. S. d. § 160 stellen können. Eine besondere Form für den Antrag ist nicht vorgesehen. Um dem Gericht eine sachgerechte Entscheidung zu ermöglichen, bedarf es gleichwohl einer Begründung.

---

[1] FK-*Wegener,* InsO, § 161 Rn. 4.

[2] MünchKomm-*Görg,* InsO § 161 Rn. 6; aA: FK-*Wegener,* InsO, § 161 Rn. 4; *Uhlenbruck/ders.,* InsO, § 161 Rn. 11; *Nerlich/Römermann/Balthasar,* InsO, § 161 Rn. 24.

Das Gericht entscheidet über den Antrag auf vorläufige Untersagung durch **Beschluss,** dem eine aufschiebende Wirkung bis zur Entscheidung der Gläubigerversammlung zukommt[1]. Zuvor ist der **Insolvenzverwalter anzuhören.** Gibt das Gericht dem Antrag statt, so beruft es zugleich gem. § 161 S. 2 eine Gläubigerversammlung ein, wobei sich das Gericht an der Zwei-Wochen-Frist des § 75 Abs. 2 orientieren wird.[2] Eine etwaige vorläufige Untersagung ist begriffsnotwendig nur möglich, wenn die in Frage stehende Rechtshandlung noch nicht durchgeführt wurde. Insofern ist eine vorläufige Untersagung von Rechtshandlungen nach deren Vornahme nicht mehr möglich.[3] Eine Genehmigung der betroffenen Handlung durch den Gläubigerausschuss reicht demgegenüber nicht aus.[4] 6

Generell ist das Gericht bei der Entscheidung über den Antrag („kann") nicht auf die Prüfung der formalen Voraussetzungen begrenzt,[5] sondern muss das wirtschaftliche Interesse der Gläubigergesamtheit an einer sofortigen Umsetzung der Entscheidung gegenüber der erst zu einem späteren Zeitpunkt möglichen Zustimmung der Gläubigerversammlung zu der Entscheidung abwägen. Ein Versagungsgrund liegt regelmäßig nur dann vor, wenn die bei Durchführung der genehmigten Maßnahme drohenden Nachteile größer sind als der Schaden, der durch die zeitweilige Aussetzung der Rechtshandlung entsteht. Die Wirkung der Untersagung dauert bis zur Entscheidung der Gläubigerversammlung an. Die Entscheidung des Gerichts ist nicht rechtsmittelfähig. Lediglich wenn der Rechtspfleger über den Antrag entschieden hat, kann Erinnerung nach § 11 RPflG eingelegt werden.[6] 7

5. Praxishinweis

§ 161 stellt eine relativ einfache Möglichkeit des Schuldners oder einer qualifizierten Gläubigerminderheit dar, Verwertungshandlungen des Insolvenzverwalters zumindest zeitweilig zu verzögern. Da dies aber i. d. R. nur zu einem vorübergehenden Zeitgewinn führt, sind Anträge auf vorläufige Untersagung besonders bedeutsamer Rechtshandlungen in der Praxis selten geblieben. 8

§ 162 Betriebsveräußerung an besonders Interessierte

(1) **Die Veräußerung des Unternehmens oder eines Betriebs ist nur mit Zustimmung der Gläubigerversammlung zulässig, wenn der Erwerber oder eine Person, die an seinem Kapital zu mindestens einem Fünftel beteiligt ist,**

1. zu den Personen gehört, die dem Schuldner nahestehen (§ 138),

---

[1] *Uhlenbruck/ders.,* InsO, § 161 Rn. 9.

[2] HambKomm-*Decker,* § 161 Rn. 5; *Uhlenbruck/ders.,* InsO, § 161 Rn. 9.

[3] Vgl. hierzu *Hilzinger,* ZInsO 1999, 560.

[4] Etwas anderes ergibt sich nur dann, wenn die Gläubigerversammlung ihre Rechte nach den §§ 160–163 auf den Gläubigerausschuss übertragen hat, MünchKomm-*Görg,* InsO § 161 Rn. 10.

[5] AA: HK-*Flessner,* InsO, § 161 Rn. 4 mwN.

[6] *Uhlenbruck/ders.,* InsO, § 161 Rn. 10; FK-*Wegener,* InsO, § 161 Rn. 7; MünchKomm-*Görg,* InsO § 161 Rn. 16; aA: wohl *Nerlich/Römermann/Balthasar,* InsO, § 161 Rn. 20 („nur verfahrensleitende Maßnahme").

2. ein absonderungsberechtigter Gläubiger oder ein nicht nachrangiger Insolvenzgläubiger ist, dessen Absonderungsrechte und Forderungen nach der Schätzung des Insolvenzgerichts zusammen ein Fünftel der Summe erreichen, die sich aus dem Wert aller Absonderungsrechte und den Forderungsbeträgen aller nicht nachrangigen Insolvenzgläubiger ergibt.

(2) **Eine Person ist auch insoweit im Sinne des Absatzes 1 am Erwerber beteiligt, als ein von der Person abhängiges Unternehmen oder ein Dritter für Rechnung der Person oder des abhängigen Unternehmens am Erwerber beteiligt ist.**

1. Normzweck

1 § 162 schafft eine zusätzliche Kontrolle bei der Unternehmungsveräußerung an solche Personen **(„besonders Interessierte"** oder sog. **Insider),** die dem Schuldner besonders nahestehen und insofern einen Informationsvorsprung gegenüber Mitbewerbern haben (sog. **Informationsinsider,** Abs. 1 Nr. 1) oder die auf Grund ihrer Stellung auf das Insolvenzverfahren besonders Einfluss nehmen können (sog. **Verfahrensinsider,** Abs. 1 Nr. 2). Sinn und Zweck der Vorschrift ist es, den Gläubigern die Gewähr dafür zu geben, dass ein marktgerechter Kaufpreis für das schuldnerische Unternehmen auch dann erzielt wird, wenn an einen „besonders interessierten" Erwerber veräußert wird.[1] Die Norm ist insofern gläubigerschützend, als bei einem Verkauf an einen Insider die Gefahr besteht, dass der beabsichtigte Kaufpreis ggf. einem Drittvergleich nicht standhält.[2] Im Hinblick auf eine größtmögliche Transparenz einer solchen Rechtshandlung überträgt § 162 die Zustimmungskompetenz vom Gläubigerausschuss auf die Gläubigerversammlung.

1a Allerdings beinhaltet § 162 keine absolute Wirksamkeitsvoraussetzung für Veräußerungen an „besonders Interessierte" sondern ist – auch im Hinblick auf die Regelung des § 164 – vornehmlich eine „interne Verfahrensvorgabe" für den Insolvenzverwalter.[3]

2. Veräußerung Unternehmen/Betrieb

2 Terminologisch unterscheidet der Gesetzgeber zwischen der Veräußerung „des Unternehmens" oder „eines Betriebes". Die Verwendung dieser Begriffe ist missverständlich, wird doch der Eindruck erweckt, die Veräußerung **„des"** Unternehmens bzw. **„eines"** Betriebes ständen im Verhältnis von Gesamt- zu Einzelveräußerung. Richtig ist, dass es bei dem Begriff des Unternehmens um die vollständige Sachgesamtheit („organisatorische Einheit") geht, dem ein Betrieb oder mehrere miteinander verbundene Betriebe oder Betriebsteile desselben Unternehmens dienen. Insofern ist die in § 162 zugrunde gelegte Gesamt- oder Teilveräußerung der wesentlichen zu einem Betrieb oder Betriebsteil gehörenden

[1] Ähnlich auch die Rspr. zur Haftung des Konkursverwalters bei einer Betriebsveräußerung an eine der Schuldnerin nahe stehende Auffanggesellschaft, OLG München NZI 1998, 84 ff., wonach „stets eine besonders kritische Prüfung erforderlich ist".

[2] Zum Problem der *„suboptimalen"* Verwertung an Insider vgl. *Fröhlich/Köchling,* ZInsO 2003, 923 ff.; *dies.,* ZInsO 2005, 1128.

[3] *Gundlach/Frenzel/Jahn,* ZInsO 2008, 360 ff.

Wirtschaftsgüter begrifflich nicht mit dem „Erhalt des Unternehmens" zu verwechseln, wie er in § 1 zum Ausdruck kommt.

a) Informationsinsider i. S. v. § 161 Abs. 1 Nr. 1 sind Personen, die gem. § 138 dem Schuldner „nahe stehen" (§ 162 Abs. 1 Nr. 1). Insofern unterscheidet § 138 zwischen den **„persönlich nahe stehenden"** Personen, den Familienangehörigen i. w. S. und solchen Personen, die in häuslicher Gemeinschaft mit dem Schuldner zusammenleben (vgl. § 138 Abs. 1, § 1 Rn. 1–3)[1] und den **„gesellschaftsrechtlich nahe stehenden"**[2] Personen, d. h. bei juristischen Personen oder Personengesellschaften die Gesellschaftsorgane, die persönlich haftenden Gesellschafter und die mit einer sog. Sperrminorität (25%) Beteiligten (§ 138 Abs. 2 Nr. 1). Informationsinsider sind auch diejenigen, die auf Grundlage gesellschaftsrechtlicher oder dienstvertraglicher Verbindung in der Lage sind, sich über die wirtschaftlichen Verhältnisse des Schuldners zu unterrichten. Darüber hinaus werden gem. § 138 Abs. 2 Nr. 3 die den gesellschaftsrechtlichen Insidern nahe stehenden Personen in den Kreis der Insider miteinbezogen. Kein Insider ist demgegenüber eine zur Verschwiegenheit verpflichtete Person. 3

b) Verfahrensinsider i. S. v. § 162 Abs. 1 Nr. 2 sind demgegenüber Personen, die auf Grund der Höhe der Forderungen oder nach dem Umfang des Absonderungsrechtes als absonderungsberechtigte Gläubiger oder nicht nachrangige Gläubiger maßgeblichen Einfluss auf die Entscheidung über die Verwertung nehmen können. Die Schwelle für das Zustimmungserfordernis ist in Anlehnung an § 75 Abs. 1 Nr. 3 bei einem Fünftel (20%) aller nicht nachrangigen Forderungen bzw. des Wertes aller Absonderungsrechte erreicht. Das Gericht hat diesen Wert ggf. zu schätzen. 4

3. Mittelbar Beteiligte

§ 162 Abs. 2 dehnt den Beteiligungsbegriff auf mittelbare Beteiligungen eines Insiders am Erwerber (sog. **mittelbarer Insider**) aus. § 162 Abs. 2, 1. Alt. erfasst mehrstufige Abhängigkeitsverhältnisse, wobei die zwischengeschaltete Gesellschaft vom Insider abhängig und am Erwerber mit mindestens 20% kapitalistisch oder mitgliedschaftlich beteiligt sein muss. Zur Ermittlung des Abhängigkeitsverhältnisses finden die aktienrechtlichen Regelungen Anwendung:[3] Ein Unternehmen ist gem. § 17 Abs. 1 AktG von einem anderen abhängig, wenn jenes beherrschenden Einfluss ausüben kann, was bei einer Mehrheitsbeteiligung (50% + eine Aktie) vermutet wird, § 16 Abs. 1 AktG. Eine Abhängigkeit kann auch auf einem Beherrschungsvertrag i. S. d. § 18 Abs. 1 S. 2 AktG beruhen. § 162 Abs. 2, 2. Alt. stellt darüber hinaus sicher, dass die Zustimmungspflicht der Gläubigerversammlung nicht durch die Zwischenschaltung eines Dritten umgangen werden kann, der im Auftrag und für Rechnung des Insiders (Treuhand) tätig wird. § 162 Abs. 2, 3. Alt. bezieht solche Beteiligungsverhältnisse mit ein, bei denen ein Dritter am Erwerber herrschend beteiligt ist und der Dritte im Auftrag und für Rechnung einer vom Insider kontrollierten Gesellschaft handelt. 5

Soll der schuldnerische (Teil-)Betrieb an mehrere Erwerber veräußert werden, die charakteristische Insidermerkmale i. S. d. § 162 Abs. 1 Nr. 1 und 2 aufweisen, 6

[1] Siehe § 138 Rn. 4 ff.
[2] Siehe § 138 Rn. 9 ff.
[3] Begründung RegE, abgedruckt in *Balz/Landfermann,* S. 407 i. V. m. S. 379.

einzeln aber nicht die relevante Quote von 20% erreichen, so sind deren Gesellschaftsanteile bzw. Forderungen und Absonderungsrechte zu addieren.[1]

4. Verfahren

7 Normadressat ist der Insolvenzverwalter, der einen entsprechenden Antrag an das Gericht zu stellen hat, welches gem. § 75 Abs. 1 zur Einberufung der Gläubigerversammlung verpflichtet ist, sofern die Merkmale für ein Insidergeschäft gegeben sind.[2] Da § 162 gläubigerschützend ist, wird man auch die Verfahrensbeteiligten i. S. d. § 75 Abs. 1 Nr. 2–4 und das Insolvenzgericht als befugt ansehen müssen, eine Gläubigerversammlung zu beantragen bzw. einzuberufen.[3] Nur sofern das Insolvenzgericht die Voraussetzungen für ein Insidergeschäft nicht als gegeben ansieht, kann es die Einberufung der Gläubigerversammlung ablehnen. Gegen einen ablehnenden Beschluss steht als Rechtsmittel die sofortige Beschwerde gem. § 75 Abs. 3 zur Verfügung. Eine Veräußerung unter Verstoß gegen § 162 ist gleichwohl wirksam, § 164.

§ 163 Betriebsveräußerung unter Wert

(1) **Auf Antrag des Schuldners oder einer in § 75 Abs. 1 Nr. 3 bezeichneten Mehrzahl von Gläubigern und nach Anhörung des Insolvenzverwalters kann das Insolvenzgericht anordnen, daß die geplante Veräußerung des Unternehmens oder eines Betriebs nur mit Zustimmung der Gläubigerversammlung zulässig ist, wenn der Antragsteller glaubhaft macht, daß eine Veräußerung an einen anderen Erwerber für die Insolvenzmasse günstiger wäre.**

(2) **Sind dem Antragsteller durch den Antrag Kosten entstanden, so ist er berechtigt, die Erstattung dieser Kosten aus der Insolvenzmasse zu verlangen, sobald die Anordnung des Gerichts ergangen ist.**

1. Normzweck

1 § 163 steht im engen Zusammenhang mit §§ 161, 162 und stellt ebenfalls eine Erweiterung der an die Unternehmensveräußerung nach § 160 Abs. 2 Nr. 1 geknüpften Voraussetzungen dar. Danach kann das Insolvenzgericht auf Antrag des Schuldners oder einer qualifizierten Gläubigerminderheit anordnen, dass die geplante Veräußerung „des Unternehmens" oder „des Betriebes"[4] der Zustimmung der Gläubigerversammlung bedarf, wenn der Antragsteller glaubhaft macht, dass die Veräußerung an einen Dritten für die Insolvenzmasse günstiger wäre.

2 Grund für das Zustimmungserfordernis sind mögliche wirtschaftliche Nachteile für die Insolvenzmasse und die Gefahr, dass bestimmten Beteiligten auf Kosten anderer wirtschaftliche Werte (i. S. v. ungerechtfertigten Vorteilen) zufließen.[5]

---

[1] *Kübler/Prütting/Bork/Onusseit,* InsO, § 162 Rn. 6; *Uhlenbruck/ders.,* InsO, § 162 Rn. 6.

[2] *Uhlenbruck/ders.,* InsO, § 162 Rn. 7.

[3] FK-*Wegener,* InsO, § 162 Rn. 5; wohl auch *Kübler/Prütting/Bork/Onusseit,* InsO, § 162 Rn. 7; aA: MünchKomm-*Görg,* InsO § 162 Rn. 17 (nur Insolvenzverwalter).

[4] Begründung RegE, abgedruckt in *Balz/Landfermann,* S. 408; vgl. zum Begriff oben § 160 Rn. 11.

[5] Vgl. hierzu oben § 162 Rn. 1.

Die Gläubigerversammlung wird bei einer solchen Unternehmensveräußerung entscheidungszuständig, wenn das Gericht auf Antrag entsprechendes beschließt. Hierdurch kommt es zu einer **Stärkung** der Beteiligungsrechte **des Schuldners** und der Gläubiger.

2. Antrag

a) Voraussetzung für die gerichtliche Anordnung eines Zustimmungserfordernisses ist entweder ein **Schuldnerantrag** oder ein Antrag einer **Gläubigerminderheit** nach § 75 Abs. 1 Nr. 3. Der Antrag ist an keine **Form** oder **Frist** gebunden. Hat der Gläubigerausschuss der Veräußerung bereits zugestimmt, empfiehlt sich ein zusätzlicher Untersagungsantrag nach § 161. 3

b) Der Antragsteller muss eine andere **Veräußerungsmöglichkeit konkret** glaubhaft machen, d. h. es müssen umfassende Angaben zur Person des potentiellen Erwerbers und dem genauen Angebot einschließlich dessen Finanzierung gemacht werden. Allgemeine Umschreibungen reichen hierfür nicht aus. Andererseits dürfen die Anforderungen an das Alternativangebot auch nicht überspannt werden. 4

c) Ebenfalls ist glaubhaft zu machen, dass eine andere Veräußerungsmöglichkeit für die Insolvenzmasse **günstiger** ist, wobei die Höhe des Kaufpreises nicht das alleinige Kriterium darstellt. Entscheidend ist die Auswirkung auf die potentielle Insolvenzquote insgesamt, so dass auch die Entlastung von ansonsten gegebenen Masseverbindlichkeiten zu einer für die Gläubiger günstigeren Veräußerungsmöglichkeit führen kann. Insofern kann im Einzelfall eine Verwertung die hinter den Zerschlagungswerten zurückbleibt, für die Insolvenzgläubiger eine günstigere Verwertung als eine Einzelveräußerung sein.[1] Letztlich sind auch die Zahlungsbedingungen sowie die Absicherung der Finanzierung von Bedeutung. Das Gericht hat einen umfassenden **Vergleich** anzustellen. Da § 163 auf eine Gesamtveräußerung abstellt, ist der Verweis auf eine günstigere Einzelverwertung einzelner Vermögensgegenstände i. d. R. ausgeschlossen.[2] 5

d) Der Antragsteller kann sich aller nach § 294 ZPO zulässigen (präsenten) Beweismittel bedienen.[3] Gibt das Gericht dem Antrag statt, so steht dem Antragsteller ein Kostenerstattungsanspruch gegenüber der Masse zu. Der Erstattungsanspruch umfasst alle Kosten, die durch den Antrag entstanden sind, also auch Rechtsanwaltsgebühren und Auslagen. Diese können gegenüber der Masse abgerechnet werden, weil davon auszugehen ist, dass alle Gläubiger aus einem erfolgreichen Antrag Vorteile ziehen.[4] Kommt über die Erstattung der Kosten – für die kein gesondertes Verfahren normiert ist – keine Einigung zustande, ist der Antragsteller auf den Zivilrechtsweg zu verweisen.[5] 6

e) Das Gericht entscheidet nach Anhörung des Insolvenzverwalters durch Beschluss. Veräußert der Insolvenzverwalter trotz Zustimmungserfordernis der Gläubigerversammlung ohne oder abweichend von diesem Votum, ist die Veräußerung im Außenverhältnis gleichwohl wirksam (§ 164). Dies kann aber eine 7

[1] Krit. *Nerlich/Römermann/Balthasar,* InsO, § 163 Rn. 12 mwN.
[2] Vgl. auch HK-*Flessner,* InsO, § 163 Rn. 2.
[3] *Haarmeyer/Wutzke/Förster,* Hdb., Kap. 5 Rn. 351.
[4] *Nerlich/Römermann/Balthasar,* InsO, § 163 Rn. 19; FK-*Wegener,* InsO, § 163 Rn. 7.
[5] *Kübler/Prütting/Bork/Onusseit,* InsO, § 163 Rn. 8.

Haftung nach § 60 nach sich ziehen, wobei der Insolvenzverwalter die Darlegungs- und Beweislast dafür trägt, dass die erfolgte Veräußerung für die Masse gleichwohl günstiger war.

3. Rechtsmittel

8 Ein Rechtsmittel gegen die Entscheidung des Insolvenzgerichts besteht nicht (§ 6). Einzige Möglichkeit bei Entscheidung des Rechtspflegers ist die **Rechtspflegererinnerung** nach § 11 Abs. 2 RPflG. Der Antragsteller hat aber die Möglichkeit, bei ablehnender Entscheidung einen Antrag nach § 161 zu stellen.

§ 164 Wirksamkeit der Handlung

Durch einen Verstoß gegen die §§ 160 bis 163 wird die Wirksamkeit der Handlung des Insolvenzverwalters nicht berührt.

1. Normzweck

1 § 164 dient dem Schutz des Rechtsverkehrs. Zur Wahrung der Rechtssicherheit entfaltet die Nichtbeachtung der Vorschriften der §§ 160–163 durch den Insolvenzverwalter keine Außenwirkung.

2. Wirksamkeit zustimmungspflichtiger Rechtshandlungen

2 Rechtshandlungen des Insolvenzverwalters sind nach § 164 auch dann wirksam, wenn er eine erforderliche Zustimmung des Gläubigerausschusses oder der Gläubigerversammlung gem. § 160–163 nicht eingeholt hat. Dieses gilt sogar dann, wenn der Insolvenzverwalter entgegen einer ausdrücklichen Verweigerung der Zustimmung durch den Gläubigerausschuss oder die Gläubigerversammlung nach § 161 handelt. Weitergehend kommt es auch nicht darauf an, ob der Vertragspartner Kenntnis von der fehlenden Zustimmung oder der erfolgten Versagung hat. Geschützt wird nicht der gute Glaube an die Verfügungsbefugnis sondern die Wirksamkeit der Verfügungsbefugnis im Außenverhältnis.[1] Insoweit kommt den ggf. abweichenden Beschlüssen des Gläubigerausschusses oder der Gläubigerversammlung keine Bindungswirkung zu.[2]

Hiervon ausgenommen sind aber Rechtshandlungen des Insolvenzverwalters, die sich als evident insolvenzzweckwidrig erweisen. Diese fallen nicht unter den Anwendungsbereich des § 164 InsO.[3]

3. Rechtsfolgen im Innenverhältnis

3 Bei Verstößen des Insolvenzverwalters gegen die §§ 160–163 besteht vornehmlich die Gefahr der **Haftung nach § 60.** Eine etwaige Schadensersatzpflicht wird nicht schon deswegen dem Grunde nach ausgeschlossen, wenn sich der Insolvenzverwalter darauf berufen kann, er habe das Rechtsgeschäft ohne die

---

[1] KG OLGZ 35, 259; FK-*Wegener*, InsO, § 164 Rn. 2.

[2] Zur Bindungswirkung im Innenverhältnis und den Auswirkungen auf den Haftungsmaßstab nach § 60: *Leibner*, KTS 2005, 81 f.

[3] BGH NZI 2002, 375 ff., 377; HambKomm-*Decker*, § 164 Rn. 4.

erforderliche Zustimmung abgeschlossen, um aus einem für die Masse ungünstigerem anderen Rechtsgeschäft freizukommen.[1] Der gesetzliche Widerspruch zur Verpflichtung des Verwalters zu einer zügigen Verwertung nach § 159 lässt sich i. d. R. durch den Abschluss von genehmigungspflichtigen Rechtsgeschäften unter der aufschiebenden oder auflösenden Bedingung der Zustimmung oder deren Ablehnung durch den Gläubigerausschuss oder die Gläubigerversammlung lösen. Gleiches gilt für die Aufnahme eines vertraglichen Rücktrittsrechts, welches sich insbesondere bei bedingungsfeindlichen Rechtsgeschäften anbietet.

---

[1] *Uhlenbruck/ders.,* InsO, § 164 Rn. 4 mwN.

Dritter Abschnitt. Gegenstände mit Absonderungsrechten

§ 165 Verwertung unbeweglicher Gegenstände

Der Insolvenzverwalter kann beim zuständigen Gericht die Zwangsversteigerung oder die Zwangsverwaltung eines unbeweglichen Gegenstands der Insolvenzmasse betreiben, auch wenn an dem Gegenstand ein Absonderungsrecht besteht.

Übersicht

1. Normzweck

1 § 165 erweitert die **Verwertungskompetenz** des Insolvenzverwalters hinsichtlich des unbeweglichen Vermögens. Neben der freihändigen Verwertung erhält der Insolvenzverwalter damit die Befugnis beim zuständigen Vollstreckungsgericht auch die Zwangsversteigerung oder Zwangsverwaltung in diese Vermögensgegenstände zu betreiben. Es handelt sich um ein originäres, nicht vom Schuldner abgeleitetes (weil diesem nicht zustehendes) Verwertungsrecht des Insolvenzverwalters, welches auch dann besteht, wenn auf dem unbeweglichen Gegenstand Absonderungsrechte in den Verkehrswert übersteigender Höhe lasten. Die Verwertung im Rahmen der Zwangsversteigerung kann damit auch zu einer Sicherung der Verfahrenskostenbeiträge hinsichtlich des als Zubehör mit im Haftungsverbund stehenden Inventars genutzt werden, § 10 Abs. 1 Nr. 1 a ZVG.

2. Unbewegliche Gegenstände der Insolvenzmasse

Anknüpfungspunkt sind „unbewegliche Gegenstände", die der Zwangvollstreckung in das unbewegliche Vermögen unterliegen, § 49. Hierunter fallen vornehmlich Grundstücke einschließlich Zubehör, aber auch grundstücksgleiche Rechte, Schiffe und Flugzeuge.[1] Der unbewegliche Gegenstand muss Bestandteil der Insolvenzmasse (§ 35) sein, d. h. zum Zeitpunkt der Antragstellung im Eigentum des Schuldners gestanden haben oder von ihm während des Verfahrens erlangt worden sein. Nicht hierunter fallen die aus den „unbeweglichen Gegenständen" resultierenden Erträge. Diese kann der grundpfandrechtlich gesicherte Gläubiger lediglich im Rahmen der Zwangsverwaltung für sich beanspruchen, nicht aber auf Grund Einzelzwangsvollstreckungsmaßen beim Drittschuldner pfänden lassen.[2] 2

3. Verwertung von Grundstücken durch Zwangsversteigerung oder Zwangsverwaltung

Die Art der Verwertung, die der Insolvenzverwalter wählt, steht in seinem pflichtgemäßen **Ermessen.** Das Verwertungsrecht des Insolvenzverwalters geht dem der Absonderungsgläubiger nicht vor, sondern steht **gleichwertig** neben diesem. Einzelheiten hinsichtlich der Zwangsversteigerung und Zwangsverwaltung werden durch das ZVG geregelt. Für die Verwertung von Grundstücken durch Zwangsversteigerung oder Zwangsverwaltung gelten gem. § 172 ZVG in „entsprechender Anwendung" die allgemeinen Vorschriften des ZVG mit den Besonderheiten der § 173–§ 174 a ZVG. 3

a) Antrag auf Zwangsversteigerung oder -verwaltung

Das Verfahren der Zwangsversteigerung oder -verwaltung setzt einen Antrag des Insolvenzverwalters voraus (§ 172 i. V. m. § 16 ZVG). Der Insolvenzverwalter ist in seiner Funktion als **betreibender Gläubiger und Vollstreckungsschuldner** nicht verpflichtet, einen Vollstreckungstitel oder eine vollstreckbare Ausfertigung des Eröffnungsbeschlusses vorzulegen. Sein Antragsrecht und seine Eigenschaft als Insolvenzverwalter hat er vielmehr durch Vorlage der Bestallungsurkunde (§ 56 Abs. 2) nachzuweisen. Zum Nachweis, dass das Grundstück zur Insolvenzmasse gehört, genügt der im Grundbuch eingetragene Insolvenzvermerk, § 32.[3] 4

b) Zuständigkeit des Vollstreckungsgerichts

Zuständig für die Anordnung des Verfahrens ist das Amtsgericht der belegenen Sache als Vollstreckungsgericht. Es stellt den Anordnungsbeschluss (§ 15 ZVG) lediglich dem Insolvenzverwalter nach § 8 ZVG zu, da der Eigentümer nach § 80 Abs. 1 nicht mehr Beteiligter i. S. d. § 9 ZVG ist. Den Gläubigern steht ein Rechtsbehelf gegen den Anordnungsbeschluss nicht zu. 5

---

[1] Näher hierzu oben § 49 Rn. 2–12; zur Zwangsversteigerung von Schiffen und Schiffsbauwerken s. auch §§ 162 ff. ZVG, zur Zwangsversteigerung von Luftfahrzeugen s. auch §§ 171 a ff. ZVG.

[2] BGH NZI 2006, 577 ff.; AG Hamburg ZInsO 2005, 1058 f. zur Unzulässigkeit von Pfändung von Mietforderungen nach Insolvenzeröffnung.

[3] *Zeller/Stöber,* ZVG § 172 Rn. 5.

c) Besonderheiten der Zwangsversteigerung

6 **aa) Beitritt zu anhängigen Verfahren.** Anstelle eines eigenen Antrages auf Zwangsversteigerung kann der Insolvenzverwalter auch dem von einem absonderungsberechtigten Gläubiger bereits eingeleiteten Verfahren beitreten.[1] Gleiches gilt auch für einen absonderungsberechtigten Gläubiger, der einem vom Insolvenzverwalter betriebenen Verfahren beitreten kann. Der Beitrittsbeschluss hat jedoch nicht – wie bei zwei zeitlich aufeinander folgenden Gläubigeranträgen – qua Gesetz zu ergehen, § 27 ZVG, sondern nur bei ausdrücklicher Beantragung der Zulassung des Beitritts zu dem bereits anhängigen Verfahren. Es handelt sich um zwei zu unterscheidende Verfahren[2]: Die Vollstreckungsversteigerung eines absonderungsberechtigten Gläubigers und die Insolvenzverwalterversteigerung. Treffen diese beiden – nicht über einen Beitrittsbeschluss „verbundenen" – Verfahren zeitlich zusammen, geht Letzteres vor, soweit ein Massebeitrag nach § 10 Abs. 1 Nr. 1 a ZVG anfällt, da dieser dem Insolvenzverwalter zu dem bestrangigen Recht mit den besten Befriedigungschancen verhilft.[3]

7 **bb) Einstweilige Einstellung während eines Insolvenzverfahrens.** Hat ein Zwangsversteigerungsverfahren durch einen absonderungsberechtigten Gläubiger schon bei Insolvenzeröffnung begonnen,[4] so kann auf Antrag des Insolvenzverwalters die Fortsetzung nach den §§ 30 d–30 f ZVG durch einstweilige Einstellung des Verfahrens unterbunden werden. Voraussetzung für eine einstweilige Einstellung nach § 30 d ZVG ist es, dass der Berichtstermin noch aussteht, das Grundstück für eine beschlossene Fortführung benötigt wird oder die Durchführung eines vorgelegten Insolvenzplans oder die angemessene Verwertung der Masse gefährdet ist. Nach § 30 e ZVG ist die vorläufige Einstellung jedoch mit der Auflage zu versehen, dass dem betreibenden Gläubiger für die Zeit nach dem Berichtstermin laufend die geschuldeten Zinsen gezahlt werden.[5] Zusätzlich hat ein Ausgleich für den Wertverlust durch Nutzung für die Insolvenzmasse stattzufinden. § 30 f ZVG normiert für den Gläubiger unter den dort genannten Voraussetzungen eine Aufhebungsmöglichkeit der einstweiligen Einstellung.

d) Besonderheiten der Zwangsverwaltung

8 Beim **Zusammentreffen von Zwangsverwaltung und Insolvenzverfahren** wird das Besitz- und Verwaltungs- sowie das Nutzungsrecht des Zwangsverwalters nicht berührt (§§ 150, 148 ZVG, 80 Abs. 2 S. 2 InsO), sofern der Antrag vor Eröffnung des Insolvenzverfahrens gestellt wurde.[6] Der Insolvenzverwalter ist nicht berechtigt, dem Zwangsverwalter den Grundbesitz und das beschlagnahmte Zubehör zu entziehen. Dem Zwangsverwalter steht insoweit

---

[1] MünchKomm-*Lwowski,* InsO § 165 Rn. 135; *Uhlenbruck/ders.,* InsO, § 165 Rn. 8; aA: *Zeller/Stöber,* ZVG, § 172 Rn. 7.1; *Knees,* ZIP 2001, 1568 ff., 1579.

[2] So auch *Zeller/Stöber,* ZVG, § 172 Rn. 7.1.

[3] *Zeller/Stöber,* ZVG, § 10 Rn. 3 (Anm. 3.7 aE).

[4] Gem. § 30 d Abs. 4 ZVG unter weiteren Voraussetzungen auch schon für den vorläufigen Insolvenzverwalter nutzbar.

[5] Dabei sind nicht die dinglichen Zinsen, sondern die Vertragszinsen geschuldet AG Göttingen NZI 2000, 187; wie hier HK-*Landfermann,* § 166 Rn. 9; aA: *Stöber,* ZVG, 17. Aufl., § 30 e, Anm. 2.2; *Hintzen,* ZInsO 2004, 720.

[6] Vgl. hierzu § 81 Rn. 38; s. auch *Haarmeyer/Wutzke/Förster/Hintzen,* ZVG, Einleitung Rn. 26 ff.

ein Abwehrrecht zu.[1] Aufgrund der Beschlagnahmewirkung nach den §§ 20 Abs. 2, 148 Abs. 1 i. V. m. § 21 Abs. 2 ZVG ist der Zwangsverwalter berechtigt, die Betriebseinrichtung des schuldnerischen Unternehmens (Zubehör) zu benutzen, die Miete oder Pacht einzuziehen und aus den Einkünften der Zwangsverwaltung die dinglich gesicherten Gläubiger zu befriedigen. Für die **Zwangsverwaltung** enthalten die §§ 153 b f. ZVG entsprechende Regelungen, die den §§ 30 d ff. ZVG im Wesentlichen entsprechen. Der Verwalter hat ein Antragsrecht auf vollständige oder einstweilige Einstellung der Zwangsverwaltung, sofern ansonsten eine wirtschaftlich sinnvolle Nutzung wesentlich erschwert würde, § 153 b Abs. 1 ZVG. Wegen der Nachteile steht dem betroffenen Gläubiger ein Ausgleichsanspruch gem. § 153 b Abs. 2 ZVG zu. Gem. § 153 c ZVG kann die Einstellung auf Antrag des betreibenden Gläubigers wieder aufgehoben werden. Im Verhältnis von **eigenkapitalersetzender Nutzungsüberlassung zur Zwangsverwaltung** hat der dingliche Bestandsschutz grds. Vorrang vor dem Kapitalersatzrecht. Der Insolvenzverwalter kann dem Zwangsverwalter nicht entgegenhalten, dass es sich um eigenkapitalersetzende Nutzungsüberlassung handelt und er deshalb weiterhin zur unentgeltlichen Nutzung berechtigt sei. Nach der Rechtsprechung des BGH[2] endet die Wirkung der eigenkapitalersetzenden Gebrauchsüberlassung mit der Anordnung der Zwangsverwaltung.

4. Verfahren nach §§ 172–174 a ZVG

§ 173 ZVG regelt die Ausnahme, dass der gerichtliche Anordnungsbeschluss 9
zugunsten des Insolvenzverwalters[3] im Gegensatz zur Zwangsversteigerung oder -verwaltung **keine Beschlagnahme** darstellt, da schon die Anordnung des Insolvenzverfahrens die Beschlagnahme des gesamten Vermögens des Schuldners bewirkt. Dies hat für den Insolvenzverwalter den Vorteil, dass er bis zum Beginn der Zwangsversteigerung weiterhin über das Grundstück und dessen Zubehör verfügen kann.[4] Etwas anderes gilt nur für die Abgrenzung der laufenden, wiederkehrenden Leistungen von den Rückständen (§ 13 ZVG) und für die Gegenstände, auf die sich die Versteigerung erstreckt (§ 55 ZVG). Diesbezüglich wirkt die Zustellung des Anordnungsbeschlusses wie eine Beschlagnahme (§ 173 S. 2 ZVG).

§ 174 und § 174 a ZVG sind Sondervorschriften zum **geringsten Gebot** 10
(§ 44 ZVG). **§ 174** ermöglicht es Gläubigern, die in Bezug auf das Grundstück Absonderungsrechte besitzen, die Feststellung des geringsten Gebotes zu ihren Gunsten zu beeinflussen, obwohl sie das Zwangsversteigerungsverfahren nicht selbst betreiben. Danach können absonderungsberechtigte Gläubiger (z. B. Gläubiger einer Hypothek oder einer Sicherungsgrundschuld) bis zum Schluss des Versteigerungstermins beantragen, dass bei der Feststellung des geringsten Gebots nur die ihrem Anspruch vorgehenden Rechte berücksichtigt werden. Dies führt dazu, dass in der Versteigerung das Grundstück auch mit der verlangten Abweichung auszubieten ist. Je nach Rang des eigenen Anspruchs kann dies die Höhe

---

[1] *Zeller/Stöber,* ZVG, § 152 Rn. 3.17.

[2] BGH ZIP 1999, 65 ff. = ZInsO 1999, 173 ff.; BGHZ 109, 55 ff.; vgl. hierzu *Haarmeyer/Wutzke/Förster/Hintzen,* ZVG § 148 Rn. 14 und ZwVwV § 6 Rn. 38.

[3] Bei der gläubigergetriebenen Zwangsversteigerung verbleibt es bei der einmal eingetretenen allg. Beschlagnahmewirkung nach §§ 20, 22 ZVG.

[4] Der Anordnungsbeschluss enthält kein Veräußerungsverbot nach § 23 ZVG; vgl.: *Uhlenbruck/ders.,* InsO, § 165 Rn. 13; *Zeller/Stöber,* ZVG, § 173 Rn. 2. 3.

des Mindestgebotes entscheidend reduzieren und damit die Verwertungswahrscheinlichkeit deutlich erhöhen. Weitergehend gibt **§ 174 a ZVG** auch dem Insolvenzverwalter die Möglichkeit, durch besonderen Antrag bis zum Schluss des Versteigerungstermins zu verlangen, dass bei der Feststellung des geringsten Gebots nur die den Ansprüchen aus § 10 Abs. 1 Nr. 1 a ZVG vorgehende Rechte berücksichtigt werden. Das geringste Gebot umfasst in diesem Fall nur die Verfahrenskosten[1] und die Rechte nach § 10 Abs. 1 Nr. 1 a ZVG, d. h. die Feststellungskosten i. H. v. 4% des vom Vollstreckungsgericht gem. § 74 a Abs. 5 S. 2 ZVG festgesetzten Wertes für die beweglichen Gegenstände, auf die sich die Versteigerung erstreckt. Dadurch werden die Verwertungschancen deutlich verbessert. Durch den Zuschlag erwirbt der Ersteher das Grundstück nach §§ 52 Abs. 1 S. 2, 90 Abs. 1, 91 Abs. 1 ZVG frei von den Belastungen des § 10 Abs. 1 Nr. 2 bis 8 ZVG. Außerdem wird der Kostenbeitrag von 4% für die Masse gesichert. Gläubiger können das Erlöschen ihrer Rechte durch die Ablösung des Anspruches nach § 10 Abs. 1 Nr. 1 a ZVG abwenden. Zwischen den Ausgeboten der Gläubiger und des Insolvenzverwalters kann es zu Kollisionen kommen. Der Zuschlag wird in Fällen von Doppelausgeboten dem höchsten Gebot[2] erteilt.

5. Steuerrechtliche Aspekte

a) Einkommensteuerliche Berücksichtigung von Gewinnen und Verlusten bei privaten Veräußerungsgeschäften

11 Bei der Veräußerung eines Vermögenswertes – unabhängig davon, ob er dem betrieblichen oder privaten Vermögen zugehört – muss grundsätzlich geprüft werden, ob dieser Vorgang einen einkommensteuerlich relevanten Besteuerungsgegenstand darstellt.

Nach Änderung des EStG durch das StEntlG 199 bzw. StBereinG 199 können nämlich nach § 22 Nr. 2 EStG auch private Veräußerungsgewinne der Einkommensteuer unterliegen, wenn die in § 23 Abs. 1 EStG genannten Kriterien, insbesondere der Anschaffung und Veräußerung innerhalb einer bestimmten Frist, erfüllt sind.[3]

Das führt im Ergebnis dazu, dass nicht nur die Aufdeckung stiller Reserven bei Wirtschaftsgütern des Betriebsvermögens steuerlich erfasst wird, sondern auch in der privaten Vermögenssphäre durch Kauf und Verkauf realisierte Vermögensmehrungen der Einkommensteuer unterliegen, wenn die Veräußerung des privaten Vermögenswertes innerhalb einer bestimmten Frist nach seiner Anschaffung erfolgt.

Das Einkommensteuerrecht spricht insoweit auch von Wirtschaftsgütern des Privatvermögens und von einem Veräußerungsgewinn/-verlust. Davon betroffen sind alle (abnutzbaren und nicht abnutzbaren) Wirtschaftsgüter des Privatvermögens, auch Wirtschaftsgüter des täglichen Lebens.[4]

Im Gegenzug können dann auch private Veräußerungsverluste, allerdings beschränkt auf Gewinne dieser Einkunftsart, ausgleichend geltend gemacht werden.

---

[1] § 109 Abs. 1 ZVG.

[2] § 81 Abs. 1 ZVG.

[3] § 23 Abs. 1. S. 1 Nr. 2 EStG, neu gefasst durch Gesetz vom 14. 8. 2007; zur Anwendung s. § 52 a Abs. 1 S. 3 EStG.

[4] BFH NJW 2008, 3087.

Nach § 23 Abs. 1 Nr. 1 EStG gehören dazu auch Veräußerungsgeschäfte bei Grundstücken und Rechten, die den Vorschriften des bürgerlichen Rechts über Grundstücke unterliegen (z. B. Erbbaurecht, Mineralgewinnungsrecht), wenn der Zeitraum zwischen Anschaffung und Veräußerung nicht mehr als 10 Jahre beträgt.

Ausgenommen davon sind Grundstücke, die im Zeitraum zwischen ihrer Anschaffung/Fertigstellung und Veräußerung ausschließlich zu eigenen Wohnzwecken oder im Jahr der Veräußerung und in den beiden vorangegangenen Jahren zu eigenen Wohnzwecken genutzt wurden.

Beachtet werden muss, dass die Überführung eines Wirtschaftsgutes in das Privatvermögen durch Entnahme oder Betriebsaufgabe als Anschaffung gilt.[1]

§ 23 Abs. 3 EStG regelt, wie der Gewinn bei privaten Veräußerungsgeschäften zu ermitteln ist und enthält die Vorschriften zur Verlustausgleichsbeschränkung und zum Verlustvortrag/-rücktrag.[2]

Der Verwalter hat sorgfältig – ggf. durch Beiziehung eines Steuerberaters – diesen beachtlichen, häufig überraschenden Pflichten zu genügen.

b) Umsatzsteuerliche Behandlung der freihändigen Veräußerung von Grundstücken

Die umsatzsteuerrechtlichen Vorschriften zu Grundstücksumsätzen stellen für 12
den Nichtsteuerexperten eine schwierige Rechtsmaterie dar, die Fallstricke in sich birgt.

Umsatzsteuerrechtlich gilt: Erfolgt die Übertragung eines Grundstückes nicht im Zusammenhang mit einer Geschäftsveräußerung im Ganzen oder stellt das Grundstück selbst nicht einen Betrieb (i. S. v. umsatzsteuerlichem Unternehmen) oder Teilbetrieb (im umsatzsteuerlichen Sinne) dar, so erfolgt die Lieferung eines umsatzsteuerverhafteten Grundstücks durch den Veräußerer zwar umsatzsteuerbar (§ 1 Abs. 1 UStG) aber regelmäßig umsatzsteuerfrei (§ 4 Nr. 9 a UStG), wobei der Veräußerer allerdings auf die Steuerbefreiung verzichten kann, unter der Voraussetzung, dass der Erwerber Unternehmer (im umsatzsteuerlichen Sinne) ist und das Grundstück für sein (umsatzsteuerliches) Unternehmen verwenden will (§ 9 Abs. 1 UStG). Hierbei muss berücksichtigt werden, dass die ertragssteuerliche Differenzierung zwischen Betriebsvermögen und Privatvermögen nicht uneingeschränkt in das Umsatzsteuerrecht übertragen werden kann, da es umsatzsteuerlich durchaus unternehmerisches Vermögen gibt, das kein ertragssteuerliches Betriebsvermögen ist.

Die freihändige Veräußerung von Grundstücken unterliegt nach § 1 Abs. 1 Nr. 1–3 GrEStG der Grunderwerbssteuer und ist damit gem. § 4 Nr. 9 a UStG[3] umsatzsteuerfrei. Der umsatzsteuerfreie Verkauf eines Grundstückes kann jedoch für den Veräußerer, hier die Insolvenzmasse, die nachteilige Folge mit sich bringen, dass Vorsteuerbeträge, die innerhalb der Letzten 10 Jahre auf bestimmte Grundstückskosten[4] entfallen waren und die umsatzsteuermindernd geltend ge-

---

[1] Siehe § 23 Abs. 1 Satz 2 EStG.

[2] Zu Einzelheiten s. BMF-Schreiben betreffend Zweifelsfragen zur Neuregelung der Besteuerung privater Grundstücksveräußerungsgeschäfte nach § 23 EStG vom 5. 10. 2000, BStBl. I 2000, S. 1383.

[3] § 4 Nr. 9 a UStG lautet: „Von den unter § 1 Abs. 1 Nr. 1 fallenden Umsätzen sind steuerfrei: (9 a.) die Umsätze, die unter das Grunderwerbssteuergesetz fallen".

[4] Zu beachten ist hierbei, dass nach Neufassung des § 15 a UStG durch Art. 5 Nr. 12 des Gesetzes zur Umsetzung von EU-Richtlinien in nationales Steuerrecht vom 9. 12. 2004 in

macht wurden, nunmehr nach § 15a Abs. 8 und 9 UStG zeitanteilig berichtigt und an das FA zurückgezahlt werden müssen. Der Insolvenzverwalter kann allerdings bei Vorliegen bestimmter Voraussetzungen nach § 9 Abs. 1 UStG[1] zur Umsatzsteuerpflicht optieren und so die andernfalls sich für die Masse durch die Rückzahlungsverpflichtung der zu berichtigenden Vorsteuer ergebende Belastung vermeiden. Nach gefestigter BFH-Rechtsprechung zählt der Vorsteuerberichtigungsanspruch durch (vorsteuerschädliche) Veräußerung im eröffneten Verfahren zu den Masseverbindlichkeiten nach § 55 Abs. 1 Nr. 1 InsO.[2]

c) Ausübung des Optionsrechtes bei freihändiger Veräußerung

13 Neben der Voraussetzung, dass auf Erwerberseite ein (umsatzsteuerlicher) Unternehmer auftritt, der beabsichtigt, das Gründstück für sein umsatzsteuerliches Unternehmen zu erwerben, ist nach § 9 Abs. 3 UStG der Verzicht auf die Steuerbefreiung in dem gem. § 311 b Abs. 1 BGB notariell zu beurkundenden Grundstückskaufvertrag zu erklären.

d) Geschäftsveräußerung im Ganzen

14 Dem vorausgehend ist zu prüfen, ob der Verkauf des Grundstückes nicht möglicherweise eine Geschäftsveräußerung im Ganzen nach § 1 Abs. 1a UStG[3] darstellt und sich damit, da es sich dann um einen umsatzsteuerrechtlich nicht steuerbaren Vorgang handelt, Fragen der Umsatzsteuerfreiheit/Verzicht auf die Steuerbefreiung, Vorsteuerberichtigung erst gar nicht stellen. Auch bei der Veräußerung eines einzelnen Grundstücks kann i. d. R. davon ausgegangen werden, dass es sich um eine Geschäftsveräußerung im Ganzen handelt, wenn das verkaufte Grundstück entweder das gesamte Unternehmen bildete oder weil es einen innerhalb des Unternehmens gesondert geführten Betrieb darstellte.[4] Der Erwerber muss zum Zeitpunkt des Erwerbs die Absicht haben, die unternehmerische Verwendung des Grundstücks durch den Veräußerer der Art nach fortzusetzen. Die Veräußerung eines weder vermieteten noch verpachteten Grundstücks dürfte im Regelfall keine Geschäftsveräußerung nach § 1 Abs. 1a UStG darstellen.[5] Hat das

die Berichtigung des Vorsteuerabzuges neben Vorsteuern auf AK/HK-Kosten und nachträgliche AK/HK mit Wirkung ab 1. 1. 2005 weitere Berichtigungsobjekte (z. B. Vorsteuern auf Erhaltungsaufwand usw.) aufgenommen wurden.

[1] § 9 Abs. 1 UStG lautet: „(1) Der Unternehmer kann einen Umsatz, der nach § 4 Nr. 8 Buchstabe a bis g, Nr. 9 Buchstabe a, Nr. 12, 13 oder 19 steuerfrei ist, als steuerpflichtig behandeln, wenn der Umsatz an einen anderen Unternehmer für dessen Unternehmen ausgeführt wird."

[2] Die ständige Rspr. des BFH zur Konkursordnung ist auch auf das Insolvenzrecht zu übertragen: BFH, Urteil vom 9. 4. 1987–V R 23/80; BStBl. II 1987, S. 527; BFH, Urteil vom 6. 6. 1991–V R 115/87; BStBl. II 1991, S. 817.

[3] § 1 Abs. 1a UStG lautet: „(1a) Die Umsätze im Rahmen einer Geschäftsveräußerung an einen anderen Unternehmer für dessen Unternehmen unterliegen nicht der Umsatzsteuer. Eine Geschäftsveräußerung liegt vor, wenn ein Unternehmen oder ein in der Gliederung eines Unternehmens gesondert geführter Betrieb im Ganzen entgeltlich oder unentgeltlich übereignet oder in eine Gesellschaft eingebracht wird. Der erwerbende Unternehmer tritt an die Stelle des Veräußerers."

[4] OFD München vom 1. 8. 2000, GRUR 2001, 174; BFH vom 10. 12. 1992; BStBl. 1993 II, S. 700.

[5] BFH DStR 2008, 292.

Grundstück den Charakter von Vorratsvermögen,[1] dürfte in aller Regel keine Geschäftsveräußerung vorliegen.

Die Geschäftsveräußerung im Ganzen führt beim Veräußerer nicht zu einer Berichtigung des Vorsteuerabzuges § 15 a Abs. 10 UStG, der erwerbende Unternehmer tritt an die Stelle des Veräußerers (§ 1 Abs. 1 a Satz 3 UStG), die bisherige unternehmerische Verwendung des Grundstückes durch den Veräußerer (auch sein von ihm vorgenommener Abzug von Vorsteuer) wird dem Erwerber zugerechnet. Insofern besteht die Notwendigkeit, dem Erwerber die entsprechenden Angaben zu überlassen.[2]

e) Ausübung des Umsatzsteueroptionsrechts in der Zwangsversteigerung

Durch den Zuschlag im Rahmen der Zwangsversteigerung eines i. S. v. § 2 15
UStG unternehmerisch (=umsatzsteuerverhaftet) genutzten Grundstücks wird durch den Grundstückseigentümer eine umsatzsteuerbare Grundstückslieferung an den Ersteher gegen Entgelt ausgeführt.[3] Der Grundstückserwerb ist gem. § 1 Abs. 1 Nr. 4 GrEStG grunderwerbsteuerpflichtig und damit nach § 4 Nr. 9 a UStG umsatzsteuerfrei. § 9 gibt dem Veräußerer aber auch in der Zwangsversteigerung eine **Optionsmöglichkeit,** welche nach § 9 Abs. 3 S. 1 UStG[4] zeitlich bis zur Aufforderung zur Abgabe von Geboten im Versteigerungstermin befristet ist. Der Insolvenzverwalter kann also auch im Zwangsversteigerungsverfahren auf die Umsatzsteuerfreiheit verzichten, allerdings ist auch hier zwingende Voraussetzung dafür, dass die Option wirksam wird, dass der Ersteher Unternehmer im umsatzsteuerlichen Sinne ist und er das Grundstück für sein Unternehmen zu verwenden beabsichtigt.

f) Übergang der Steuerschuldnerschaft

Durch die Neuregelung des § 13 b Abs. 2 i. V. § 13 b Abs. 1 Nr. 1 Nr. 3 UStG 16
ist ab dem 1. 4. 2004 nunmehr geregelt, dass sowohl bei freihändiger Verwertung wie auch bei Zwangsversteigerung von Grundstücken, sofern wirksam zur Umsatzsteuer optiert wurde, der Erwerber Schuldner der Umsatzsteuer ist. Die Umsatzsteuerschuld wird dem Leistungsempfänger (Ersteher) als Steuerschuldner auferlegt. Eine tatsächliche Belastung der Masse mit Umsatzsteuer tritt somit nicht ein. Der Ersteher kann durch die Regelung die Zahllast mit einem ggf. gleichfalls (ohne entsprechende Rechnungsstellung mit gesondertem Vorsteuerausweis) begründeten Vorsteuererstattungsanspruch innerhalb derselben Voranmeldung verrechnen (§ 15 Abs. 1 S. 1 Nr. 4 UStG[5]).

---

[1] Bezogen auf den Ausweis in der für Steuerzwecke maßgeblichen Bilanz.

[2] Vorsicht ist bei nicht anwaltlichen/durch Steuerberater beratene Erwerber geboten, die später, vom Fiskus auf Rückzahlung in Anspruch genommen, nicht selten Schadensersatzansprüche wegen unterlassener Aufklärung besorgen.

[3] *Bringewat/Waza/Grawe,* Insolvenzen und Steuern, Rn. 1048.

[4] § 9 Abs. 3 S. 1 UStG lautet: „(3) Der Verzicht auf Steuerbefreiung nach Absatz 1 ist bei Lieferungen von Grundstücken (§ 4 Nr. 9 Buchstabe a) im Zwangsversteigerungsverfahren durch den Vollstreckungsschuldner an den Ersteher bis zur Aufforderung zur Abgabe von Geboten im Versteigerungstermin zulässig."

[5] § 15 Abs. 1 S. 1 Nr. 4 UStG lautet: „(1) 1) Der Unternehmer kann die folgenden Vorsteuerbeträge abziehen: (...) 4. die Steuer für Leistungen im Sinne des § 13 b Abs. 1, die für

g) Ausstellung von Rechnungen

17 Der leistende Unternehmer wird gem. § 14a Abs. 5 S. 1 und 2 UStG[1] zur Ausstellung einer auf die Steuerschuldnerschaft des Leistungsempfängers hinweisenden Rechnung verpflichtet. Mit Ausstellung der Rechnung entsteht die Steuerschuld beim Leistungsempfänger, spätestens jedoch mit Ablauf des der Ausführung der Leistung folgenden Monats (§ 13b Abs. 1 S. 1 UStG[2]).

h) Massebeteiligung bei freihändiger Veräußerung

18 Entgegen den §§ 170, 171 für bewegliche Gegenstände, schreibt die Insolvenzordnung für die Verwertung unbeweglicher Gegenstände keine Kostenbeiträge fest. Dennoch ist es in der Praxis üblich, dass der Insolvenzverwalter gegen eine Kostenbeitragspauschale von 3–5% eine massezugehörige Immobilie freihändig verwertet.[3] Die vorgenannte prozentuale Beteiligung ist ein Richtwert, der insbesondere auch durch den zu erzielenden Veräußerungswert beeinflusst wird.

Vereinbaren Insolvenzverwalter und Grundpfandgläubiger, dass die Insolvenzmasse für die freihändige Verwertung des Grundstückes einen Kostenbeitrag erhält, so unterliegt diese Erlösbeteiligung der Masse nach dem Urteil des BFH vom 18. 8. 2005 der Umsatzsteuer.[4] Insoweit ist umsatzsteuerrechtlich zwischen dem Kostenbeitrag bei Mobiliar- und der Immobiliarverwertung zu unterscheiden. Die gesetzliche Verwertungskostenpauschale bei Mobiliarverwertung nach § 171 Abs. 2 ist danach nicht Entgelt für eine vom Absonderungsberechtigten etwa beauftragte Verwertungsleistung und unterliegt damit nicht der Umsatzsteuer. Anders bei einer Massebeteiligung bei der freihändigen Verwertung einer Immobilie durch den Verwalter: Hier gibt es in der InsO keine gesetzliche Grundlage für eine Massekostenbeteiligung. Vereinbaren der Verwalter und der Grundpfandgläubiger eine Kostenbeteiligung der Masse für die Immobiliarverwertung, so ist die abgesprochene Massebeteiligung Gegenleistung für eine (beauftragte) umsatzsteuerpflichtige sonstige Leistung, die in der Verwertung der Immobilie besteht.

i) Freigabe

19 Im Falle der Freigabe einer Immobilie aus dem Insolvenzbeschlag begründet die Freigabe an den Schuldner selbst zwar keine umsatzsteuerlichen Folgen, jedoch kann die nachfolgende Verwertung durch den Schuldner zu einer Belastung der Insolvenzmasse mit Vorsteuerberichtigungsansprüchen dann führen, wenn der Schuldner vorsteuerschädlich verwertet und der Wert der freigegebenen Immobilie der Masse zugutekommt. Dies ist z. B. dann der Fall, wenn der

---

sein Unternehmen ausgeführt worden sind. Soweit die Steuer auf eine Zahlung vor Ausführung dieser Leistungen entfällt, ist sie abziehbar, wenn die Zahlung geleistet worden ist".

[1] § 14a Abs. 5 S. 1 u. 2 UStG lauten: „(5) Führt der Unternehmer eine Leistung im Sinne des § 13b Abs. 1 aus, für die der Leistungsempfänger nach § 13b Abs. 2 die Steuer schuldet, ist er zur Ausstellung einer Rechnung verpflichtet. In der Rechnung ist auch auf die Steuerschuldnerschaft des Leistungsempfängers hinzuweisen".

[2] § 13b Abs. 1 S. 1 Ziffer 3 UStG lautet: „(1) Für folgende steuerpflichtige Umsätze entsteht die Steuer mit Ausstellung der Rechnung, spätestens jedoch mit Ablauf des der Ausführung der Leistung folgenden Kalendermonats: (...) 3. Umsätze, die unter das Grunderwerbsteuergesetz fallen".

[3] Vgl. *Weis/Ristelhuber,* ZInsO 2002, 859 ff., 860; krit. Anm. *Förster,* ZInsO 2002, 864 ff.

[4] BFH, Urteil vom 18. 8. 2005 – V R 31/04.

Erlös an die Stelle des belasteten Grundstücks tritt und vereinbarungsgemäß an die absonderungsberechtigten Gläubiger ausgekehrt wird, weshalb es zur Entlastung der Masse in dieser Höhe kommt[1] (modifizierte Freigabe). Nach Auffassung des BFH[2] ist es umsatzsteuerrechtlich ohne Bedeutung, ob die Freigabeerklärung eine „echte" oder sog. „modifizierte" Freigabeerklärung darstellt. Entscheidend ist allein die spätere Verwertung und die Verwendung des Bruttoerlöses zur Befriedigung der absonderungsberechtigten Gläubiger. Dieses führt zur Umsatzsteuerbelastung der Masse, so dass die Freigabe „umsatzsteuerlich unmöglich" ist.[3]

6. Praxishinweis

Da die Verwertung der Insolvenzmasse originäre Aufgabe (§ 159) des Insolvenzverwalters ist, wird dieser in der Regel versuchen, eine entsprechende Verwertung in Abstimmung mit den Grundpfandgläubigern vorzunehmen. 20

Im Fall der Nutzung einer für die Fortführung des schuldnerischen Unternehmens notwendigen Immobilie empfiehlt sich der Abschluss einer entsprechenden Nutzungsvereinbarung mit dem absonderungsberechtigten Gläubiger. Bei fremdvermieteten Objekten wird der Insolvenzverwalter ggf. mit dem Grundpfandrechtsgläubiger eine Vereinbarung hinsichtlich einer „kalten", (d. h. durch den Insolvenzverwalter auszuführenden) Zwangsverwaltung abschließen. Bei der zu vereinbarenden Massebeteiligung ist aber zu berücksichtigen, dass sich die spätere Insolvenzverwaltervergütung hierauf nur zu einem geringen Bruchteil niederschlägt, so dass die Übernahme dieser zusätzlichen Aufgaben ggf. mit einer nicht kostendeckenden Vergütung einhergeht. Die Frage, welche konkrete vertragliche Vereinbarung zwischen dem Insolvenzverwalter und dem Grundpfandrechtsgläubiger getroffen wurde.[4] Sieht das Vertragsverhältnis den Übergang der Verfügungsberechtigung über das Grundstück auf den Grundpfandgläubiger vor und bekommt die Masse eine gesonderte Vergütung für die Verwaltung der Immobilie, wird man von einer umsatzsteuerpflichtigen Leistungsbeziehung zwischen Masse und Grundpfandgläubiger ausgehen müssen, so dass diese Vergütung der Umsatzsteuer unterliegt. 21

§ 166 Verwertung beweglicher Gegenstände

(1) **Der Insolvenzverwalter darf eine bewegliche Sache, an der ein Absonderungsrecht besteht, freihändig verwerten, wenn er die Sache in seinem Besitz hat.**

(2) **Der Verwalter darf eine Forderung, die der Schuldner zur Sicherung eines Anspruchs abgetreten hat, einziehen oder in anderer Weise verwerten.**

(3) **Die Absätze 1 und 2 finden keine Anwendung**

---

[1] BFHE 196, 341 f. = BStBl. II 2003, 208 f. = ZIP 2002, 230 f.; bestätigt durch BFHE 210, 156 f. = BStBl. II 2005, 848 = ZIP 2005, 1376 f.; aA: *Bringewat/Waza/Grawe,* aaO, Rn. 1054; *Maus,* ZIP 2000, 339 ff., 343.

[2] BFH, Urteil vom 16. 8. 2001 – V R 59/99.

[3] So *Onusseit,* ZIP 2002, 1344.

[4] *Onusseit,* Zwangsverwaltung und Umsatzsteuer, ZfIR 2005, 277.

1. auf Gegenstände, an denen eine Sicherheit zu Gunsten des Teilnehmers eines Systems nach § 1 Abs. 16 des Kreditwesengesetzes zur Sicherung seiner Ansprüche aus dem System besteht,

2. auf Gegenstände, an denen eine Sicherheit zu Gunsten der Zentralbank eines Mitgliedstaats der Europäischen Union oder Vertragsstaats des Europäischen Wirtschaftsraums oder zu Gunsten der Europäischen Zentralbank besteht, und

3. auf eine Finanzsicherheit im Sinne des § 1 Abs. 17 des Kreditwesengesetzes.

Übersicht

1. Normzweck

1 § 166 Abs. 1 gibt dem Insolvenzverwalter das Recht, mit Absonderungsrechten belastete, bewegliche Gegenstände freihändig zu verwerten, sofern sich diese in seinem Besitz befinden. Damit wird den Gläubigern die Möglichkeit genommen, nach Eröffnung des Verfahrens ihre Sicherheiten herauszuverlangen und eigenständig zu verwerten. Im Hinblick auf eine auf den Unternehmenserhalt ausgerichtete Unternehmensfortführung verhindert § 166 Abs. 1 eine Selbstverwertung durch die gesicherten Gläubiger und damit ein andernfalls drohendes Auseinanderfallen des betrieblichen Vermögens. Die Übertragung des Verwertungsrechts an den Mobiliarsicherheiten, die sich nicht im Besitz des Gläubigers befinden, auf den Insolvenzverwalter ist insofern als insolvenzrechtlich keine abweichenden Vereinbarungen möglich sind[1] zutreffend als „Kernstück der Reform der Mobiliarsicherheiten“[2] bezeichnet worden. Die Verwertung von Mobiliarsicherheiten gehört mithin zu einer der wesentlichen Aufgaben des Insolvenzverwalters, wobei die Masse gleichzeitig von den dabei anfallenden Kosten sowie der abzuführenden Umsatzsteuer entlastet wird. Weitergehend erhält der Insolvenzverwalter die Möglichkeit, zusammengehörige, aber für unterschiedliche Gläubiger belastete Gegenstände gemeinsam – ggf. im Rahmen der betrieblichen Einheit – zu verwerten und so u. U. einen höheren Erlös zu erzielen.

[1] Anders noch die Regelung des § 127 Abs. 2 S. 1 KO.

[2] *Gottwald/ders.*, InsHdb., § 42 Rn. 97.

2 Als Kompensation für den Verlust der Verwertungsmöglichkeit werden den absonderungsberechtigten Gläubigern im Rahmen der §§ 167 ff. verschiedene Rechte eingeräumt, insbesondere das „Eintrittsrecht“ nach § 168, sowie der Schutz vor einer verzögerten Verwertung gem. § 169.

3 § 166 ist auch im Nachlassinsolvenzverfahren anzuwenden.[1] Demgegenüber besteht im Verbraucherinsolvenzverfahren kein vorrangiges Verwertungsrecht für den Treuhänder (§ 313 Abs. 3). Ebenso hat auch der vorläufige Insolvenzverwalter kein Verwertungsrecht i. S. v. § 166, da diesem – unabhängig davon, ob ein allgemeines Verfügungsverbot erlassen ist oder nicht – (noch) nicht die Befugnis zukommt, das Schuldnervermögen zu verwerten.[2]

2. Verwertung beweglicher Sachen

4 Der Insolvenzverwalter kann bewegliche Sachen, die sich in seinem Besitz befinden, trotz bestehender Absonderungsrechte freihändig verwerten. Zu den Sachen i. S. d. Vorschrift zählen grundsätzlich alle beweglichen, körperlichen **Gegenstände i. S. v. § 90 BGB** mit Ausnahme derjenigen Gegenstände, die zum Haftungsverband der Hypothek oder der Grundschuld (§§ 1120, 1192 BGB) gehören. Dieser Haftungsverband wird auch durch die Insolvenz nicht aufgelöst,[3] so dass auch insoweit die Verwertung nach § 165 im Rahmen der Grundstücksveräußerung erfolgt.

a) Gegenstände mit Absonderungsrechten

5 **aa) Verwertungsrecht des Insolvenzverwalters.** Wichtigster Fall ist das **Sicherungseigentum,** das nach § 51 Nr. 1 wie ein gesetzlich normiertes Absonderungsrecht behandelt wird. Auch einen mit einem **Pfändungspfandrecht** belasteten Gegenstand, der dem Gläubiger ein Recht zur abgesonderten Befriedigung nach § 50 Abs. 1 gibt, kann der Insolvenzverwalter verwerten. Will er diese Sache freihändig veräußern, hat der Gerichtsvollzieher das Pfandsiegel zu entfernen, da das Verwertungsrecht nicht die öffentliche Verstrickung bricht.[4] Schließlich erfasst die Vorschrift auch **gesetzliche Pfandrechte,** wie das **Vermieterpfandrecht** nach § 562 BGB und den **erweiterten Eigentumsvorbehalt,**[5] der wirtschaftlich dem Sicherungseigentum nahe steht.

6 **bb) Kein Verwertungsrecht des Insolvenzverwalters.** Der **einfache Eigentumsvorbehalt** wird nicht von Abs. 1 erfasst, da dieser dem Gläubiger ein Aussonderungsrecht gibt. Auch Sachen, die der Schuldner vor der Verfahrenseröffnung verpfändet hat, kann der Insolvenzverwalter nicht verwerten, da nach

---

[1] LG Berlin ZInsO 2000, 459 ff.; bestätigt KG Berlin ZIP 2001, 2012 ff.: „Der Nachlassinsolvenzverwalter ist gem. InsO § 166 Abs. 2 berechtigt, die vom Verstorbenen zur Kreditsicherung abgetretenen Forderungen einzuziehen“; vgl. auch *Häcker,* NZI 2002, 409 ff.

[2] St. Rspr. BGH ZIP 2006, 1641 f.; BGHZ 154, 72, 79; BGHZ 146, 165, 172; ZInsO 2003, 318; HK-*Kirchhof,* InsO, § 22 Rn. 13; *Vallender,* DZWIR 1999, 268, 270); einschränkend für den vorläufig „starken“ Insolvenzverwalter: OLG Köln ZInsO 2000, 296.

[3] BGHZ 60, 270 ff.; FK-*Wegener,* InsO, § 166 Rn. 4.

[4] Begründung RegE, abgedruckt bei *Balz/Landfermann,* S. 411; *Uhlenbruck/ders.,* InsO, § 116 Rn. 10.

[5] Vgl. *Obermüller,* Insolvenzrecht in der Bankpraxis, Rn. 6.360; MünchKomm-*Lwowski/Tetzlaff,* InsO § 166 Rn. 46; differenzierend: *Uhlenbruck/ders.,* InsO, § 166 Rn. 3.

§§ 1205, 1253 BGB der dauerhafte Besitz des Pfandgläubigers Voraussetzung für den Bestand des Pfandrechtes ist. Für im Besitz des Pfandgläubigers befindliche Gegenstände besteht mithin kein Verwertungsrecht des Insolvenzverwalters, da diese Gegenstände bereits bei Insolvenzeröffnung aus dem Unternehmensverbund herausgelöst worden sind. Gleiches gilt auch für gepfändete Unternehmensbeteiligungen.[1]

b) Besitz des Insolvenzverwalters

7 **aa) Verwertungsrecht und mittelbarer Besitz.** Umstritten ist, ob § 166 Abs. 1 den unmittelbaren Besitz des Insolvenzverwalters voraussetzt,[2] oder ob auch der nur mittelbare Besitz ausreichend ist.[3] Nach dem Wortlaut wird durch § 166 jegliche Form des Besitzes umfasst. Teleologisch entscheidend ist, das auch beim mittelbaren Besitz die „Besitznähe" zum Insolvenzverwalter bzw. zum Schuldner und nicht zum absonderungsberechtigten Gläubiger besteht. Insofern kommt es im Wesentlichen darauf an, ob im Zeitpunkt der Insolvenzeröffnung der unmittelbare oder mittelbare Besitz beim Schuldner oder ggf. beim vorläufigen Insolvenzverwalter bestand oder für diesen vermittelt wurde. Der **mittelbare Besitz** an der Sache reicht zur Begründung des Verwertungsrechts aus[4], sofern dieser im Rahmen des normalen Geschäftsganges des schuldnerischen Unternehmens einem Dritten eingeräumt wird.[5] Dann sind diese Gegenstände nämlich – auch wenn sie sich nicht im unmittelbaren Besitz des Insolvenzverwalters befinden – von der Zielsetzung des § 166 erfasst; ihr Verbleib im Unternehmen ist Grundvoraussetzung einer möglichen Betriebsfortführung. Der Insolvenzverwalter kann daher regelmäßig gem. § 166 veräußern:

- gewerblich vermietete oder verpachtete Gegenstände
- an einen Werkunternehmer zur Reparatur gegebene Gegenstände
- fremd verwahrte Gegenstände; z. B. Gegenstände in einem von einem Fremdunternehmen betriebenen Vorratslager, Gemälde, die zur Einlagerung an ein Bildlagerhaus gegeben worden sind.

Ist der gesicherte Gläubiger selbst unmittelbarer Besitzer der zu veräußernden Sache, reicht der mittelbare Besitz nicht aus.[6]

8 **bb) Besitzwechsel in der Krise.** Hat ein Gläubiger vor Einleitung des Insolvenzverfahrens Sicherungsgut in Besitz genommen, um das Verwertungsrecht des Insolvenzverwalters und die gesetzliche Kostenpauschale gem. § 171 zu unterlaufen, kann sich der Verwalter den unmittelbaren Besitz gem. §§ 858, 861 BGB

---

[1] AG Karlsruhe ZIP 2009, 143.

[2] *Gottwald/ders.*, InsHdb., § 42 Rn. 97; *Haunschild*, DZWIR 1999, 60 f; *Kübler/Prütting/Bork/Flöther*, § 166 Rn. 4.

[3] AG Stuttgart-Bad Cannstatt ZIP 2005, 1523 f.; FK-*Wegener*, InsO, § 166 Rn. 4; *Uhlenbruck/ders.*, InsO, § 166 Rn. 4; Einschränkend für gewisse Arten des mittelbaren Besitzes: *Nerlich/Römermann/Becker*, InsO, § 166 Rn. 17.

[4] BGH ZIP 2006, 2390 f.; BGH ZIP 2006, 814 ff. – „FlowTex".

[5] Insbesondere im Rahmen einer gewerblichen Nutzungsüberlassung an einen Dritten (BGH ZIP 2006, 814 ff. – „FlowTex") oder durch einen Dritten im Namen des Schuldners (BGH ZIP 2006, 2390 f.); zust. auch *Gundlach/Frenzel/Schmidt*, NZI 2006, 96; vgl. auch *Schmidt/Schirrmeister*, EWiR 2006, 471; krit. *Zahn*, ZIP 2006, 365 ff.; *Nerlich/Römermann/Becker*, InsO, § 166 Rn. 17; FK-*Wegener*, InsO, § 166 Rn. 4.

[6] *Marotzke*, ZZP 1996, 443; im Ergebnis auch *Kübler/Prütting/Bork/Flöther*, InsO, § 166 Rn. 4.

wieder verschaffen, wenn der Schuldner den Besitz nicht freiwillig aufgegeben hat. Die gesamten besitzschutzrechtlichen Ansprüche um das Unternehmen in seinem bisherigen Besitzzustand zu erhalten, stehen zu Gebote. Selbst wenn der Insolvenzverwalter die Besitzerlangung im Wege der Insolvenzanfechtung nach den §§ 143, 129ff. verlangen kann, steht ihm wieder das Verwertungsrecht zu.[1] Das Verwertungsrecht des Insolvenzverwalters erlischt auch nicht dadurch, dass der absonderungsberechtigte Gläubiger den unmittelbaren Besitzer veranlasst, den Besitzmittlungswillen für den Insolvenzverwalter aufzugeben. Durch einen entsprechenden rechtswidrigen Eingriff in die Befugnisse des Insolvenzverwalters kann der Absonderungsgläubiger kein Verwertungsrecht erlangen.[2]

Hat allerdings ein absonderungsberechtigter Gläubiger vor Insolvenzeröffnung sicherungsübereignete Gegenstände in Besitz genommen und verwertet, kann die Inbesitznahme vom Insolvenzverwalter nicht mit der Begründung angefochten werden, der Masse sei die Feststellungskostenpauschale entgangen.[3] Bis zur Eröffnung des Insolvenzverfahrens ist der Sicherungsnehmer an der Ausübung seiner Rechte nicht gehindert. Mit den §§ 170, 171 wird lediglich die Mehrvergütung ausgeglichen, die durch die Bearbeitung von Absonderungsrechten während des Insolvenzverfahrens anfällt.[4] Deshalb sind insoweit Ansprüche der Masse auf eine Feststellungs- oder Verwertungspauschale zu verneinen.[5]

Etwas anderes soll nach einer Entscheidung des OLG Düsseldorf[6] aber dann 9
gelten, wenn die Masse bei einer Eigenverwertung des Gläubigers nach Insolvenzeröffnung mit Umsatzsteuer belastet wird, die, da keine Verwertung i. S. v. § 13b Abs. 1 Nr. 2 UstG vorliegt, auf Grund der Doppelumsatztheorie nicht kompensierbar ist. In diesem Fall soll der Masse aber ein Schadenersatzanspruch gem. § 143 Abs. 1 in entsprechender Höhe zustehen.[7]

c) Form der Verwertung

Die **Verwertung** durch den Insolvenzverwalter erfolgt in der Regel durch 10
freihändigen Verkauf. Es besteht auch die Möglichkeit der Verwertung durch Verbindung, Vermischung oder Verarbeitung nach § 172 Abs. 2.

d) Verwertung durch den vorläufigen Insolvenzverwalter

§ 166 gilt grundsätzlich nur für den Insolvenzverwalter ab Eröffnung des 11
Insolvenzverfahrens.[8] Dies folgt bereits aus der allgemeinen Systematik der InsO, wonach eine Verwertung auch im eröffneten Verfahren grds. erst nach dem Berichtstermin erfolgen soll (§ 159). Lediglich im Ausnahmefall kann es daher dem vorläufigen „starken“ Insolvenzverwalter, auf den gem. § 22 Abs. 1 die Verwaltungs- und Verfügungsbefugnis übergegangen ist, gestattet sein, Gegenstände, an denen ein Absonderungsrecht besteht, gem. § 166 Abs. 1 zu verwer-

---

[1] Vgl. FK-*Wegener,* InsO, § 166 Rn. 4; *Gundlach/Frenzel/Schmidt,* NZI 2002, 20ff.

[2] BGH NZI 2007, 95f.

[3] Ständige Rspr.: BGH ZIP 2005, 40ff.; BGH ZIP 2004, 42ff.; ZIP 2003, 2370. Voraussetzung ist aber deren rechtmäßiger Einzug, was i. d. R. eine fällige Forderung und eine einvernehmliche Besitzeinräumung voraussetzt.

[4] BGH ZIP 2003, 632ff.

[5] Vgl. bereits BGHZ 154, 72ff.

[6] OLG Düsseldorf ZInsO 2006, 154ff. (n. rkr. – Revision: BGH IX ZR 27/06).

[7] Krit. hierzu *Ries,* ZInsO 2006 162ff.

[8] BGH NJW 2001, 1496ff., 1497; s. auch ZIP 2003, 632ff., 634.

ten. Ein solcher Fall ist, wie die amtliche Begründung zu § 26 des Entwurfs einer Insolvenzordnung[1] anführt, bei einem „Notverkauf verderblicher Waren" gegeben.[2]

3. Verwertung von abgetretenen Forderungen

12 Gem. § 166 Abs. 2 hat der Insolvenzverwalter das Recht, **sicherungszedierte Forderungen** des Schuldners einzuziehen oder in einer anderen Weise zu verwerten. Mit Eröffnung verfügt der Insolvenzverwalter über die zur Geltendmachung erforderlichen Unterlagen des Schuldners.[3] Das entsprechende Verwertungsrecht steht dem Insolvenzverwalter unabhängig davon zu, ob der Gläubiger die Abtretung gegenüber dem Drittschuldner offengelegt hat oder nicht.[4] Für die Einzugsermächtigung ist lediglich erforderlich, dass die sicherungsabgetretene Forderung im Zeitpunkt der Eröffnung des Insolvenzverfahrens noch besteht.[5] Mit Insolvenzeröffnung unterliegt die sicherungsabgetretene Forderung ebenfalls einem „Verwertungsstopp"[6] durch den Sicherungszessionar, so dass das Verwertungsrecht des Insolvenzverwalters ein eigenes, darüber hinaus bestehendes Einzugsrecht des Sicherungszessionars ausschließt.[7, 8]

13 Für zur Sicherheit abgetretene **Forderungen, die nach Antragstellung aber noch vor Insolvenzeröffnung getilgt wurden,** fallen weder Feststellungs- noch Verwertungskosten an, da die §§ 166 ff. im Insolvenzeröffnungsverfahren keine Anwendung finden.[9] Auch dem vorläufigen Insolvenzverwalter sind auch insoweit Verwertungsmaßnahmen nicht gestattet (vgl. § 159).[10] Vor Verfahrenseröffnung eingezogene Forderungen und der dadurch erzielte Erlös werden somit nicht vom Verwertungsrecht erfasst.[11] Das vorrangige Verfügungs- und Einziehungsrecht des Verwalters beginnt erst mit Verfahrenseröffnung.[12] Ist zu diesem

---

[1] Begründung RegE, abgedruckt in *Balz/Landfermann,* S. 232.

[2] Die von der Bundesregierung beabsichtigte Novellierung vom 8. 2. 2006 will jetzt eine Erleichterung für Veräußerungen nach Eröffnung aber vor dem Berichtstermin schaffen, vgl. NZI 2006, 214, 222.

[3] Begründung RegE, abgedruckt bei *Balz/Landfermann,* S. 412.

[4] BGH NZI 2005, 384; ZIP 2002, 1630 ff.; KG ZIP 2001, 2012 ff.; KG NZI 1999, 501 ff.; *Uhlenbruck/ders.,* InsO, § 166 Rn. 13 mwN; vgl. auch *Gundlach/Frenzel/Schmidt,* ZInsO 2002, 352 ff., 354.

[5] *Uhlenbruck/ders.,* InsO, § 166 Rn. 13.

[6] Begründung RegE, abgedruckt in *Balz/Landfermann,* S. 232.

[7] BGH ZIP 2006, 91 ff.; OLG Rostock NZI 2008, 431 f.; OLG Celle ZIP 2004, 749.

[8] Zwischenzeitlich hat der BGH (BGH ZIP 2009, 1077) entschieden, dass der Sicherungszessionar aber berechtigt bleibt, die zur Sicherheit abgetretenen Forderungen nach Insolvenzeröffnung weiter abzuheben, auch wenn das Einziehungs- u. Verwertungsrecht beim Insolvenzverwalter liegt. Krit. hierzu: *Looft,* EWiR § 166 InsO 3/09.

[9] BGHZ 154, 72 ff. = ZIP 2003, 632 ff. = NZI 2003, 259; vgl. auch *Andersen/Freihalter/Niesert,* Aus- und Absonderungsrecht, Rn. 503.

[10] BGHZ 144, 192 ff.; BGHZ 146, 165 ff.

[11] Ohne Widerruf verliert der Zedent die ihm auf Grund einer Globalzession eingeräumte Einziehungsermächtigung i. d. R. auch im Insolvenzeröffnungsverfahren nicht, vgl. OLG Frankfurt (Main), Urteil vom 6. 12. 2006 (Az: 23 U 149/05) n. v.; BGH ZIP 2000, 895 f.

[12] BGH ZIP 2006, 91 ff.; BGH ZIP 2003, 1256 ff. Grdsätzlich hierzu auch *Ries,* ZInsO 2007, 62 ff.

Zeitpunkt die Verwertung einer sicherungszedierten Forderung durch den Gläubiger noch nicht abgeschlossen, so darf dieser den eigenen Einzug nicht fortsetzen.[1]

Die Einziehung einer Forderung vor Insolvenzeröffnung durch den absonderungsberechtigten Gläubiger kann nicht mit der Begründung gem. §§ 129 ff. angefochten werden, der Masse sei die Verwertungspauschale nach § 171 Abs. 2 S. 1 entgangen.[2] Eine Anfechtung scheidet aus, weil durch die Einziehung der Forderungen im Eröffnungsverfahren der Anspruch auf die Verwertungspauschale zwar entgeht, darin aber keine Gläubigerbenachteiligung im Sinne des § 129 zu erblicken ist.[3] Das Verwertungsrecht des Insolvenzverwalters aus § 166 Abs. 2 erstreckt sich auch nicht auf einen vor Eröffnung des Insolvenzverfahrens vom Drittschuldner unter Verzicht auf die Rücknahme hinterlegten Forderungserlös, weil der Schuldner durch die Hinterlegung von seiner Verbindlichkeit in gleicher Weise befreit wird, wie wenn er zurzeit der Hinterlegung an den Gläubiger geleistet hätte (§ 378 BGB).[4] Der Schuldner muss aber den richtigen Gläubiger als Empfangsberechtigten benennen.[5] Gleichzeitig erlischt die Forderung des Gläubigers.[6] 14

Ebenfalls ist der Insolvenzverwalter bei einer gekündigten Rückdeckungs-Lebensversicherung mit widerruflichem Bezugsrecht verwertungsbefugt. Hier hat nach der Rspr. des BGH[7] der Pfandrechtsgläubiger mangels Pfandreife keinen Zahlungsanspruch gegenüber dem Drittschuldner sondern nur einen Sicherstellungsanspruch gegen den Insolvenzverwalter und ist deshalb nicht befugt, den Anspruch selbst einzuziehen (§ 1282 Abs. 1, § 1228 Abs. 2 BGB). Insofern steht insoweit dem Insolvenzverwalter das Einzugsrecht und damit auch das Widerrufsrecht zu.[8]

Zur Durchsetzung des entsprechenden Einziehungsrechts steht dem Verwalter auch das uneingeschränkte Kündigungsrecht hinsichtlich der Geltendmachung der Forderung zu. So z. B. bei einer Lebensversicherung, bei der meist erst durch die Kündigung des Versicherungsverhältnisses nach § 165 I VVG, der Rückkaufswert fällig gestellt und zur Masse gezogen werden kann.[9]

Nicht unter den Anwendungsbereich der Vorschrift fällt die Forderungsabtretung, die unbedingt und nicht nur sicherungshalber erfolgt, da sie dem 15

---

[1] *Andersen/Freihalter/Niesert,* Aus- und Absonderungsrecht, Rn. 503; *Hess/Obermüller,* InsO, Rn. 773; *Uhlenbruck/ders.,* InsO, § 166 Rn. 13; FK-*Wegener,* InsO, § 166 Rn. 6 und 8.

[2] BGH ZIP 2004, 42 ff.

[3] BGH ZIP 2003, 2370 ff.; hierzu auch *Eckardt,* ZIP 1999, 1734 ff., 1739 f.; *Obermüller,* DZWIR 2000, 10 ff., 12; *Hess/Weis/Wienberg,* InsO, § 129 Rn. 67 a; HK-*Kreft,* InsO, § 129, Rn. 58; aA: *Gundlach/Frenzel/Schmidt,* NZI 2002, 20 ff., 21; *Häsemeyer,* Insolvenzrecht, Rn. 21.20 und Rn. 13.49; *Henckel,* in Kölner Schrift zur InsO, S. 813, 819 Rz. 14.

[4] BGH ZIP 2006, 91 ff.

[5] BGH NJW-RR 2005, 712 ff.

[6] BGH ebenda; vgl. auch BGH NJW-RR 1989, 200 ff.; MünchKomm-*Wenzel,* BGB § 378 Rn. 6; *Staudinger/Olzen,* BGB, § 378 Rn. 8; *Erman/H. P. Westermann,* BGB, § 378 Rn. 1.

[7] BGH NZI 2005, 384.

[8] BGH aaO.

[9] OLG Düsseldorf, Urteil vom 25. 8. 2006 – 16 U 187/05, BeckRS 2007, 04481.

Zessionar ein Aussonderungsrecht gibt.[1] Ebenfalls nicht unter den Anwendungsbereich des § 166 Abs. 2 fallen ver- oder gepfändete Forderungen. Der Pfandgläubiger kann die betroffene Forderung gem. § 173 Abs. 1 selbst verwerten.[2] Für eine entsprechende Anwendung von § 166 Abs. 2 ist kein Raum.[3] Die Begründung eines Pfandrechtes nach § 1280 BGB setzt die Anzeige der Verpfändung an den Drittschuldner durch den Gläubiger (Insolvenzschuldner) voraus. Da der Drittschuldner nunmehr seinen neuen Gläubiger kennt, muss er bei Fälligkeit der Forderung mit der Einziehung durch den Gläubiger rechnen.[4]

16 Die **Verwertung** der Forderung erfolgt in der Regel durch Einziehung. Eine Forderungsveräußerung oder -abtretung ist möglich. Ein eigenes Verwertungsrecht, neben dem des Insolvenzverwalters, besteht für die gesicherten Gläubiger nicht. Vollstreckungsmaßnahmen durch gesicherte Gläubiger sind unzulässig, begonnene Vollstreckungsmaßnahmen müssen eingestellt werden.[5]

17 Erfolgt gleichwohl ein **Forderungseinzug durch den Sicherungszessionar entgegen § 166,** wird der Forderungsschuldner durch die Leistung von seiner Verpflichtung entsprechend §§ 407, 408, 362 BGB nur frei, wenn ihm die Abtretung vor der Verfahrenseröffnung angezeigt wurde und er keine Kenntnis vom Übergang des Verwertungsrechtes auf den Insolvenzverwalter hatte.[6] Unabhängig davon wird der Sicherungsgläubiger mit den Feststellungskosten gem. § 171 Abs. 1 belastet.[7]

4. Verwertung sonstiger mit Absonderungsrechten belasteter Rechte

18 Auch **sonstige mit Absonderungsrechten belastete Rechte** (z. B.: Erbteil, Mitgliedschaften, Geschäftsanteile, Marken, Patente u. a.) unterliegen dem Verwertungsrecht des Verwalters analog § 166.[8] Insofern besteht eine gesetzliche Lücke, die entsprechend der allgemeinen insolvenzrechtlichen Regelungen, d. h. der grundsätzlichen Verwertungsbefugnis des Insolvenzverwalters für die mit Absonderungsrechten belasteten Gegenstände und Forderungen zu lösen ist. Sinn und Zweck der Vorschrift ist es, die mit Absonderungsrechten belasteten Gegenstände und Forderungen der Insolvenzmasse zur Wahrung der Chancen einer Betriebsfortführung, einer Planlösung oder übertragenden Sanierung[9] zusammenzuhalten und dem Verwertungsrecht des Insolvenzverwalters zu unterstellen. Dies muss auch für sonstige Rechte gelten.[10]

---

[1] Siehe § 47 Rn. 51 mwN; MünchKomm-*Ganter,* InsO § 47 Rn. 211.

[2] LG Tübingen NZI 2001, 263 ff.

[3] *Uhlenbruck/ders.,* InsO, § 166 Rn. 13.

[4] Begründung RegE, abgedruckt in *Balz/Landfermann,* S. 412.

[5] Begründung RegE, abgedruckt in *Balz/Landfermann,* S. 412.

[6] BGHZ 154, 72 (= ZIP 2003, 632 ff.); *Uhlenbruck/ders.,* InsO, § 166 Rn. 16; OLG Celle, ZIP 2008, 749; vgl. auch:

[7] BGH ZIP 2006, 2391, BGH ZIP 2002, 1630.

[8] So auch *Marotzke,* ZZP 109, 1996, 449 ff.; *Wallner,* ZInsO 1999, 453 ff.; zweifelnd HK-*Landfermann,* InsO, § 166 Rn. 25; *Uhlenbruck/ders.,* InsO, § 166 Rn. 14.

[9] Siehe hierzu auch *Müller-Feldhammer,* ZIP 2003, 2186 ff.

[10] Vgl. auch *Häcker,* Abgesonderte Befriedigung aus Rechten, Rn. 472 ff. und 705 ff., der jedoch zwischen den verschiedenen Rechten differenziert.

5. Ausnahmen vom Verwertungsrecht

Die in Abs. 3 geregelten Ausnahmen von dem Verwertungsrecht beruhen auf dem Gesetz zur Umsetzung der Richtlinie 2002/47/EG vom 6. 6. 2002 über Finanzsicherheiten und zur Änderung des Hypothekenbankgesetzes und anderer Gesetze.[1] 19

Gem. Abs. 3 ist der Insolvenzverwalter nicht berechtigt, die in dem abschließenden Katalog aufgezählten Sicherheiten zu verwerten. Somit schränkt die Vorschrift nicht nur das Recht zur Verwertung sicherungszedierter Forderungen gegenüber Teilnehmern eines Systems im Sinne der Finalitätsrichtlinie (Richtlinie 98/26/EG vom 19. 5. 1998) ein, sondern erweitert die Ausnahmeregelung auch auf körperliche Gegenstände sowie Finanzsicherheiten im Sinne der Richtlinie 2002/47/EG im Allgemeinen. Die Legaldefinition der ausgenommenen Sicherheiten bzw. begünstigten Gläubiger findet sich in der Regelung des § 1 Abs. 16 und 17 Kreditwesengesetz (KWG). 20

6. Praxishinweis

a) Sicherung der Massekostenbeiträge

Vor dem Hintergrund, dass die §§ 170, 171 unmittelbar an § 166 anknüpfen, sollte der (vorläufige) Insolvenzverwalter mit der Herausgabe von Gegenständen an absonderungsberechtigte Gläubiger – so er sich denn hierfür entschieden hat – bis nach der Eröffnung des Insolvenzverfahrens warten oder aber vertraglich entsprechende Kostenbeiträge vereinbaren. 21

b) Gestaltungsmöglichkeiten für Gläubiger

Absonderungsberechtigte Gläubiger werden einerseits zwar bemüht sein, bereits vor Insolvenzeröffnung Besitz an den sicherungsübereigneten Gegenständen zu erlangen. Andererseits liegt der potentielle Zusammenhalt des schuldnerischen Unternehmens oft aber auch im Verwertungsinteresse dieser Gläubiger. Darüber hinaus ist eine schnelle Inbesitznahme von beweglichen Gegenständen durch den Gläubiger meist nicht praktikabel und mit weiteren Kosten verbunden. Insbesondere die sich ergebende umsatzsteuerliche Haftung wird häufig übersehen.[2] 22

c) Internationales Insolvenzrecht

Aus- und Absonderungsrechte an im Inland belegenen Gegenständen werden durch die Eröffnung eines ausländischen Insolvenzverfahrens nicht berührt, vgl. § 351 Abs. 1. 23

§ 167 Unterrichtung des Gläubigers

(1) **Ist der Insolvenzverwalter nach § 166 Abs. 1 zur Verwertung einer beweglichen Sache berechtigt, so hat er dem absonderungsberechtigten Gläubiger auf dessen Verlangen Auskunft über den Zustand der Sache zu**

[1] Hierzu *Flöther/Bräuer,* DZWIR 2004, 89 ff.; *Kollmann,* WM 2004, 1012 ff.

[2] OLG Düsseldorf ZInsO 2006, 154 ff.

erteilen. Anstelle der Auskunft kann er dem Gläubiger gestatten, die Sache zu besichtigen.

(2) **Ist der Verwalter nach § 166 Abs. 2 zur Einziehung einer Forderung berechtigt, so hat er dem absonderungsberechtigten Gläubiger auf dessen Verlangen Auskunft über die Forderung zu erteilen. Anstelle der Auskunft kann er dem Gläubiger gestatten, Einsicht in die Bücher und Geschäftspapiere des Schuldners zu nehmen.**

1. Normzweck

1 Die Auskunftsrechte der Gläubiger gem. § 167 stellen im Zusammenhang mit den §§ 168 und 169 einen Ausgleich für den Übergang des Verwertungsrechts auf den Insolvenzverwalter dar. Damit soll den Gläubigern die Möglichkeit gegeben werden, sich über den Zustand des betroffenen Gegenstands (§ 167 Abs. 1 S. 1) bzw. über die betroffene Forderung (§ 167 Abs. 2 S. 1) zu informieren. Die Informationen dienen den absonderungsberechtigten Gläubigern zur Wahrnehmung der in §§ 168 ff. geregelten Eintrittsrechte und Zahlungsansprüche. Erst wenn sie den Zustand der Sache bzw. die Realisierbarkeit der Forderungen beurteilen können, ist ihnen eine optimale Rechtsausübung möglich. Die Rechte aus § 167 bestehen nur insoweit, als ein Verwertungsrecht des Verwalters an dem Gegenstand/Forderung besteht. Ein allgemeines Auskunfts- und Informationsrecht ergibt sich aus § 167 nicht. Der Insolvenzverwalter kann insoweit auf die allgemeinen Berichtspflichten verweisen.

2. Unterrichtungspflicht

2 Die Regelung des § 167 ist zwingend. Der Verwalter kann gleichwohl entscheiden, ob er die Auskünfte erteilt oder den Gläubiger auf die Besichtigung der Sache (§ 167 Abs. 1 S. 2) bzw. die Einsichtnahme in die Geschäftsunterlagen verweist (§ 167 Abs. 2 S. 2). Die Entscheidung ist unabhängig davon, inwieweit ein Zeit- und Arbeitsaufwand für die Erfüllung der Auskunftspflicht zumutbar ist. Damit besteht nur ein abgestuftes Informationsrecht. Bei **beweglichen Sachen** bezieht sich der Auskunftsanspruch gem. § 167 Abs. 1 auf die erheblichen Umstände der Verwertung, also insbesondere Art, Qualität, Menge und Lagerort des Gegenstandes. Auskünfte, die die eigene, uneingeschränkte Informationslage wiedergeben (Vorbehalte), sind zulässig. Im Übrigen ist der Verwalter berechtigt, die Auskunft so lange zu verweigern, bis über das Bestehen der Absonderungsrechte Gewissheit herrscht.

3 Die Auskunft hat innerhalb einer angemessenen Frist zu erfolgen; die Rechte des Gläubigers aus §§ 168 ff. sind dabei zu berücksichtigen. Wählt der Insolvenzverwalter die alternative Besichtigung gem. § 167 Abs. 1 S. 2, kann er nach freiem Ermessen Ort und Zeitpunkt bestimmen. Hat er bereits verwertet, setzt sich das Auskunftsrecht hinsichtlich des Erlöses fort; insoweit gilt § 167 Abs. 2. Das Auskunftsrecht in Bezug auf **Forderungen** gem. § 167 Abs. 2 erstreckt sich insbesondere auf die Höhe der Forderung, deren Fälligkeit und die (so bekannt) Bonität des Schuldners. Auch in diesem Zusammenhang darf der Verwalter alternativ auf die Einsicht in die Geschäftsbücher verweisen (§ 167 Abs. 2 S. 2). Er hat dabei allerdings auch auf den Schutz von Geschäftsgeheimnissen zu achten. Der Insolvenzverwalter kann auch die Einsichtnahme nur durch einen zur Ver-

schwiegenheit verpflichteten Dritten zulassen.[1] Ein Anspruch auf Überlassung von Unterlagen besteht nicht.

Die Pflicht gem. § 167 besteht auch, wenn der Insolvenzverwalter von einem absonderungsberechtigten Gläubiger zur Auskunft über einen Gegenstand aufgefordert wird, über den durch seinen Vorgänger verfügt wurde; so z. B. wenn der Vermieter vom Insolvenzverwalter auf Grund seines Vermieterpfandrechts Auskunft über den Warenbestand verlangt, den der vorherige, gem. § 59 entlassene Verwalter veräußert hatte.[2] Andererseits besteht bei streitigen Sachverhalten hinsichtlich des Bestehens des geltend gemachten Absonderungsrechtes keine Pflicht des Verwalters, eine Auskunft zu erteilen, um damit eine etwaige Klage erst zu ermöglichen.[3] 4

Das Auskunftsrecht ist weiterhin unter dem Gesichtspunkt der Zumutbarkeit eingeschränkt.[4] Danach kann der Verwalter eine Auskunft verweigern, sofern dadurch die Insolvenzverwaltung erheblich behindert würde. Im Einzelfall sind der Arbeits- und Zeitaufwand für den Insolvenzverwalter und die schutzwürdigen Sicherungsinteressen des Gläubigers abzuwägen.[5] Das Auskunftsrecht besteht nicht, soweit sich der Gläubiger die Auskünfte in zumutbarer Weise selbst beschaffen kann.[6] Weitergehende Auskunftspflichten können sich im Einzelfall aus zivil-, arbeits-, sozial- und steuerrechtlichen Vorschriften ergeben. 5

Die Vorschrift gewährt den Gläubigern aber kein generelles Auskunftsrecht hinsichtlich des Verfahrens oder anderer Massegegenstände. Dazu dient der Berichtstermin nach § 156. Dem Verwalter steht **kein Aufwendungsersatzanspruch** für pflichtgemäß zu erteilende Informationen zu.[7] Diese Aufwendungen sind im Rahmen der Kostenpauschalen nach §§ 170 Abs. 1, 171 Abs. 1 mit abgegolten.[8] 6

§ 168 Mitteilung der Veräußerungsabsicht

(1) **Bevor der Insolvenzverwalter einen Gegenstand, zu dessen Verwertung er nach § 166 berechtigt ist, an einen Dritten veräußert, hat er dem absonderungsberechtigten Gläubiger mitzuteilen, auf welche Weise der Gegenstand veräußert werden soll. Er hat dem Gläubiger Gelegenheit zu geben, binnen einer Woche auf eine andere, für den Gläubiger günstigere Möglichkeit der Verwertung des Gegenstands hinzuweisen.**

(2) **Erfolgt ein solcher Hinweis innerhalb der Wochenfrist oder rechtzeitig vor der Veräußerung, so hat der Verwalter die vom Gläubiger genannte Verwertungsmöglichkeit wahrzunehmen oder den Gläubiger so zu stellen, wie wenn er sie wahrgenommen hätte.**

---

[1] BGH ZIP 2000, 1061 ff.

[2] BGH ZIP 2004, 326 ff.

[3] Vgl. *Uhlenbruck/ders.,* InsO, § 167 Rn. 5.

[4] Vgl. *Uhlenbruck/ders.,* InsO, § 167 Rn. 2; MünchKomm-*Lwowski/Tetzlaff,* InsO § 167 Rn. 32 ff., 59 f., 66 ff.

[5] BGH ZIP 2000, 1061 ff.

[6] BGHZ 126, 113 ff. für Absonderungsberechtigte.

[7] BGH ZIP 1983, 839 ff.

[8] HK-*Landfermann,* InsO, § 167 Rn. 8.

(3) **Die andere Verwertungsmöglichkeit kann auch darin bestehen, daß der Gläubiger den Gegenstand selbst übernimmt. Günstiger ist eine Verwertungsmöglichkeit auch dann, wenn Kosten eingespart werden.**

Übersicht

1. Normzweck

1 Vor der geplanten Veräußerung des mit Absonderungsrechten behafteten beweglichen Gegenstandes hat der Insolvenzverwalter den absonderungsberechtigten Gläubiger darüber zu informieren, auf welche Weise er den Gegenstand veräußern will.[1] Dies soll dem Gläubiger Gelegenheit geben, ggf. eine bessere Veräußerungsmöglichkeit vorzuschlagen oder den Gegenstand zu den Bedingungen der beabsichtigten Verwertung selbst zu übernehmen. Damit bleiben – trotz des vorrangigen Verwertungsrechts des Insolvenzverwalters – die Gläubigerinteressen gewahrt. Letztlich ist der Gläubiger dadurch in der Lage zu verhindern, dass eine günstigere Verwertungsmöglichkeiten ungenutzt bleibt und damit der Gegenstand zu seinem Nachteil schlechter verwertet wird.[2] Nach erfolgter Mitteilung kann sich ein Gläubiger nicht mehr darauf berufen, dass die Verwertung zu besseren Konditionen möglich gewesen wäre.

2. Mitteilungspflicht des Insolvenzverwalters

2 Nach Abs. 1 S. 1 ist der Insolvenzverwalter verpflichtet, vor Veräußerung des Gegenstandes dem absonderungsberechtigten Gläubiger die Art und Weise der Veräußerung mitzuteilen. Die Mitteilungspflicht besteht nicht nur bei der Veräußerung von Sachen, sondern auch bei **Forderungsveräußerungen,** z. B. im Rahmen von Factoringverträgen, aber nur dann, wenn nicht der Nominalwert erlöst wird.[3] Bei einem reinen Forderungseinzug besteht keine Mitteilungspflicht, da insoweit keine Veräußerung vorliegt. Von § 168 mitumfasst wird auch eine Verwertung durch Verarbeitung, Vermischung oder Verbindung.[4] Dies gilt aber nicht für die vom Gesetz dem Insolvenzverwalter auferlegte Fortführungspflicht (vgl. §§ 29 Abs. 1 Nr. 1, 157). Wie § 158 Abs. 2 S. 2 zeigt, akzeptiert das Gesetz Wertminderungen im Umfange unterhalb „erheblicher Wertminderung". Das umfasst auch absonderungsrechtbelastetes Schuldnervermögen. Über das Gesetz braucht der Sicherungsgläubiger aber nicht informiert zu werden.

---

[1] Zum Ganzen *Gundlach/Frenzel/Schmidt,* DZWIR 2001, 18 ff.; *Haas/Scholl,* NZI 2002, 642 ff.

[2] Begründung RegE, abgedruckt in *Balz/Landfermann,* S. 414.

[3] FK-*Wegener,* InsO, § 168 Rn. 1; *Uhlenbruck/ders.,* InsO, § 168 Rn. 4.

[4] FK-*Wegener,* InsO, § 168 Rn. 8; *Uhlenbruck/ders.,* InsO, § 168 Rn. 5; aA: *Gundlach/Frenzel/Schmidt,* DZWIR 2001, 18 ff.; *Haas/Scholl,* NZI 2002, 642 ff.

Inhalt und Umfang der Mitteilungspflicht sind zwar nicht näher geregelt, die Mitteilung des Insolvenzverwalters muss aber den Gläubiger in die Lage versetzen, darüber entscheiden zu können, ob eine andere Veräußerungsmöglichkeit günstiger ist. Insofern hat der Insolvenzverwalter Auskunft über den Veräußerungspreis, die Zahlungskonditionen und die Kosten für die Masse, nicht aber Auskünfte über die Person des Käufers zu erteilen[1]. Überschreiten die Verwertungskosten die gesetzlichen Pauschalen, muss darauf gesondert hingewiesen werden.[2] Wird eine Sachgemeinschaft veräußert, zu der ein zur Absonderung berechtigender Gegenstand gehört, ist auch die geplante Erlösverteilung mitzuteilen. Soll dabei ein (Paket-)Nachlass gewährt werden, ist ebenfalls darauf hinzuweisen. Die Mitteilungspflicht ist an keine besondere Form gebunden. Allein zur Verhinderung eines Streites und aus Beweisgründen empfiehlt es sich aber, die Mitteilung mit Fristsetzung **schriftlich mit einem geeignetem Zugangsnachweis** zu erteilen.

Da auf Grund der Regelung des § 168 Verzögerungen bei der Verwertung 3
auftreten (können), steht es den absonderungsberechtigten Gläubigern und dem Insolvenzverwalter frei, eine **Rahmenvereinbarung** zu schließen. Inhaltlich kann sie den Verwalter ermächtigen, jede sich bietende Verwertungsmöglichkeit zu einem festzulegenden Mindestpreis zu ergreifen. Zudem besteht für den Verwalter die Möglichkeit, eine Verwertungshandlung unter die Bedingung zu stellen, dass ein Absonderungsberechtigter kein günstigeres Angebot i. S. v. § 168 nachweist oder von seinem Eintrittsrecht Gebrauch macht.

3. Hinweisrecht und -frist des Gläubigers

Der Insolvenzverwalter hat vor Veräußerung des Gegenstandes dem Gläubiger 4
die Möglichkeit zu geben, binnen **einer** Woche auf eine günstigere Verwertungsmöglichkeit hinzuweisen. Der Hinweis des Gläubigers ist eine empfangsbedürftige Willenserklärung gem. § 130 BGB. Das günstigere Drittangebot muss exakt dargelegt und nachgewiesen werden. Für den Insolvenzverwalter muss auch hinsichtlich der Finanzierung die gleiche Sicherheit bestehen. Es muss ihm insoweit möglich sein, sowohl die Verwertungskosten als auch den konkreten Verwertungserlös zu bestimmen. Eine günstigere Verwertungsmöglichkeit liegt nicht nur bei einem höheren Veräußerungserlös vor,[3] sondern auch dann, wenn die alternativen Verwertungskosten geringer ausfallen und sich damit die tatsächliche Befriedigungsaussicht des absonderungsberechtigten Gläubigers verbessert.[4]

Eine alternative Verwertungsmöglichkeit besteht in der **Übernahme** des Ge- 5
genstandes durch den Gläubiger nach **Abs. 3 S. 1.** Diese Möglichkeit wird der Gläubiger insbesondere dann erwägen, wenn er den Gegenstand zu einem höheren Preis weiterverkaufen kann.[5] Die Zahlungspflicht aus der Übernahme des Gegenstandes kann er mit seiner Forderung auf Auskehr des Verwertungserlöses verrechnen. Vom Verwertungserlös sind in diesem Fall die Feststellungs-

[1] HK-*Landfermann,* InsO, § 168 Rn. 4; FK-*Wegener,* InsO, § 168 Rn. 3.
[2] AG Duisburg ZInsO 2003, 190 ff.
[3] Ausführlich *Haas/Scholl,* NZI 2002, 642 ff.
[4] *Nerlich/Römermann/Becker,* InsO, § 168 Rn. 22.
[5] *Obermüller,* WM 1994, 1874 ff.

und Verwertungskosten abzusetzen.[1] Für den in die Verrechnung einzustellenden Betrag ist ausschließlich die Vereinbarung mit dem Insolvenzverwalter ausschlaggebend. Der Gläubiger braucht sich einen durch spätere Weiterveräußerung erzielten Erlös, der den gem. § 168 Abs. 3 mit dem Verwalter vereinbarten (vermeintlichen) Wert übersteigt, aus dem er vereinbarungsgemäß an den Insolvenzverwalter Feststellungs- und Verwertungspauschale abzuführen hat, nicht auf die Forderung gegen den Schuldner anrechnen zu lassen.[2] Die Verwertungskosten sind deshalb abzusetzen, weil es sich im Falle des Selbsteintritts nach Abs. 3 S. 1 um eine Verwertung durch den Insolvenzverwalter handelt und nicht um eine solche des Gläubigers nach § 172 Abs. 2, der für diesen Fall keine Verwertungskosten vorsieht.

6 Die dem Gläubiger eingeräumte **Hinweisfrist** von einer Woche wird von dem Leitgedanken der InsO nach zügiger Verfahrensabwicklung getragen. Es handelt sich aber nicht um eine **Ausschlussfrist.** Insofern sind Hinweise auch dann noch zu berücksichtigen, wenn sie zwar nach Ablauf der Frist, aber noch rechtzeitig vor Veräußerung beim Insolvenzverwalter eingehen (Abs. 2). Unter Veräußerung ist dabei der Abschluss des Vertrages (i. d. R. Kaufvertrag) mit dem Insolvenzverwalter zu verstehen, wobei eine Veräußerung unter der aufschiebenden Bedingung, dass der Gläubiger innerhalb der Wochenfrist nicht selbst eintritt oder einen abweichenden Verwertungshinweis gibt, mit Fristablauf bedingungsfest wird.

4. Rechtsfolge des Hinweises eines Gläubigers

7 Weist ein absonderungsberechtigter Gläubiger den Insolvenzverwalter **fristgemäß** auf eine günstigere Verwertungsmöglichkeit hin, so ist der Insolvenzverwalter zwar nicht gezwungen, diese auch zu realisieren. Tut er es nicht, so hat er nach Abs. 2 aber den Gläubiger so zu stellen, dass diesem durch die Unterlassung kein Nachteil entsteht. Diese Wahlmöglichkeit wird dem Insolvenzverwalter insbesondere für die Fälle eingeräumt, in denen die Veräußerung von **Sachgesamtheiten** der Masse Vorteile gegenüber Einzelverkäufen bringt. Besitzt der Gläubiger an einem der Gegenstände ein Absonderungsrecht, so könnte er nach Hinweis auf eine günstigere Veräußerungsmöglichkeit den für die Masse vorteilhaften Gesamtverkauf erschweren oder verhindern, wenn der einzelne Gegenstand der Sachgesamtheit entzogen würde. Der Insolvenzverwalter hat daher in diesen Fällen die Möglichkeit, dem Gläubiger den Betrag auszukehren, der ihm bei der günstigeren Verwertungsalternative zustände. Der geschuldete **Nachteilsausgleich** umfasst daher grds. nur die Differenz zwischen dem erzielten Erlös und der aufgezeigten besseren Verwertung – nicht aber auch den entgangenen Gewinn.[3] Die **Beweislast** dafür, dass die vom Insolvenzverwalter nicht wahrgenommene Verwertungsmöglichkeit tatsächlich bestand, trifft den Gläubiger.[4]

---

[1] Vgl. auch *Uhlenbruck/ders.,* InsO, § 168 Rn. 10.

[2] BGH ZIP 2005, 2214 ff. mit der Einschränkung für die Haftung des Bürgen. Hier muss sich der Gläubiger aber einen ggf. höheren Weiterveräußerungserlös anrechnen lassen, BGH aaO; vgl. hierzu auch: *Streit/Büchler,* BB 2006, 66 ff.; *Andersen/Freihalter/Niesert,* Aus- und Absonderungsrechte, Rn. 528; FK-*Wegener,* InsO, § 168 Rn. 7; HK-*Landfermann,* InsO, § 168 Rn. 15; MünchKomm-*Lwowski/Tetzlaff,* InsO § 168 Rn. 42; *Uhlenbruck/ders.,* InsO, § 168 Rn. 10; aA: *Nerlich/Römermann/Becker,* InsO, § 168 Rn. 28 ff.

[3] OLG Karlsruhe NZI 2008, 747.

[4] Begründung RegE, abgedruckt in *Balz/Landfermann,* S. 414.

Bei verspätetem Hinweis schuldet der Insolvenzverwalter keinen Nachteilsausgleich auch wenn er die Sache noch nicht veräußert hat.[1]

Ebenso bedarf es auch keiner erneuten Mitteilung des Insolvenzverwalters, wenn er nach einem Hinweis des absonderungsberechtigten Gläubigers auf eine günstigere Verwertung seinerseits eine noch bessere Verwertungsmöglichkeit bekommt.[2]

5. Praxishinweis

Die Verpflichtung zu einem etwaigen Nachteilsausgleich trifft den Insolvenzverwalter auch im Rahmen einer freiwilligen, öffentlichen Versteigerung des Sicherungsgutes. Bietet der Sicherungsgläubiger im Vorfeld einen bestimmten Kaufpreis an, so ist der Verwalter gehalten, diesen Betrag dem Auktionator als Mindestpreis aufzugeben. Unterlässt er dies und wird bei der Versteigerung nur ein geringerer Erlös erzielt, ist er dem Gläubiger zum Ausgleich verpflichtet.[3] 8

§ 168 gilt dem Wortlaut nach auch für die Veräußerung von Vermögensgegenständen (Waren etc.) im Rahmen einer Betriebsfortführung. Demgegenüber zeigt § 172 exemplarisch, dass eine Betriebsfortführung keine Verwertung im Sinne der Veräußerungsabsicht des § 168 ist. Im Rahmen einer teleologischen Reduktion der Vorschrift ist § 168 nicht auf den üblichen Warenabsatz im Rahmen einer Betriebsfortführung anwendbar. Etwas anderes mag für den „Sonder-" oder „Ausverkauf" gelten, soweit er insolvenzbelegt und nicht branchentypisch ist. Gleichwohl empfiehlt es sich, auch in den Fällen, in denen eine Unternehmensfortführung von der Weiterveräußerung der mit Absonderungsrechten belasteten Waren abhängig ist, eine Rahmenvereinbarung mit dem absonderungsberechtigten Gläubiger zu treffen.[4]

§ 169 Schutz des Gläubigers vor einer Verzögerung der Verwertung

Solange ein Gegenstand, zu dessen Verwertung der Insolvenzverwalter nach § 166 berechtigt ist, nicht verwertet wird, sind dem Gläubiger vom Berichtstermin an laufend die geschuldeten Zinsen aus der Insolvenzmasse zu zahlen. Ist der Gläubiger schon vor der Eröffnung des Insolvenzverfahrens auf Grund einer Anordnung nach § 21 an der Verwertung des Gegenstands gehindert worden, so sind die geschuldeten Zinsen spätestens von dem Zeitpunkt an zu zahlen, der drei Monate nach dieser Anordnung liegt. Die Sätze 1 und 2 gelten nicht, soweit nach der Höhe der Forderung sowie dem Wert und der sonstigen Belastung des Gegenstands nicht mit einer Befriedigung des Gläubigers aus dem Verwertungserlös zu rechnen ist.

---

[1] *Nerlich/Römermann/Becker,* InsO, § 168 Rn. 35.

[2] OLG Karlsruhe NZI 2008, 747 f.; LG Neubrandenburg ZIP 2006, 1143 f. Zust. MünchKomm-*Lwowski/Tetzlaff,* InsO § 168 Rn. 20; *Nerlich/Römermann/Becker,* InsO, § 168 Rn. 17/46; aA: *Kübler/Prütting/Kemper,* InsO, § 168 Rn. 12; *Hess/ders.,* InsO, § 168 Rn. 16; FK-*Wegener,* InsO, § 168 Rn. 10.

[3] OLG Celle ZInsO 2004, 445 f.

[4] Vgl. MünchKomm-*Lwowski/Tetzlaff,* InsO § 168 Rn. 35.

Übersicht

1. Normzweck

1 Als Ausgleich für das Vollstreckungsverbot des § 89 Abs. 1 und den Entzug der allgemeinen Verwertungsbefugnis gem. § 166 Abs. 1, gewährt § 169 Satz 1 dem absonderungsberechtigten Gläubiger einen Zinsanspruch für den Fall, dass die Verwertung des Sicherungsgutes nach dem Berichtstermin herausgeschoben wird. Dem absonderungsberechtigten Gläubiger soll kein Schaden dadurch entstehen, dass die Verwertung nach § 166 (z. B. im Interesse einer Unternehmensfortführung oder Gesamtveräußerung) verzögert wird.[1] Der Gläubiger kann daher ab dem Berichtstermin (§ 159) vom Insolvenzverwalter die Zahlung der laufenden Zinsen aus der Insolvenzmasse verlangen. Der Anspruch besteht verschuldensunabhängig.[2] § 169 betrifft nur solche Vermögensgegenstände, die der Insolvenzverwalter gem. § 166 verwerten darf, also bewegliche Gegenstände in seinem (ggf. nur mittelbaren) Besitz sowie Forderungen.

2. Allgemeine Voraussetzungen

2 Der Anwendungsbereich der Vorschrift beschränkt sich wie bei §§ 167, 168 ausschließlich auf die verzögerte Verwertung der in § 166 genannten **beweglichen Sachen und Forderungen,** an denen den Gläubigern ein Absonderungsrecht zusteht. Bei **Immobilien** leiten sich die entsprechenden Gläubigerrechte aus **§ 30 e ZVG** ab. Nach S. 1 der Vorschrift besteht die Zinszahlungspflicht zugunsten der absonderungsberechtigten Gläubiger grundsätzlich solange der Gegenstand nach dem Berichtstermin nicht verwertet wird. Soweit der Insolvenzverwalter gem. § 166 Abs. 2 S. 1 zedierte Forderungen einzieht, besteht die Zinszahlungspflicht allerdings erst ab dem Tage nach dem Zahlungseingang, sofern sich der Insolvenzverwalter vom Berichtstermin an ordnungsgemäß um den Forderungseinzug bemüht hat.[3] Dieser Aufschub ist sinnvoll, da Normzweck ist, dem Gläubiger für den mit der InsO eingeführten Entzug des Verwertungsrechtes einen Liquiditätsausgleich zu gewähren. Zedierte Forderungen stehen auch dem Sicherungsgläubiger liquiditätswirksam erst nach Zahlungseingang zur Verfügung.

Sinn und Zweck der Ausgleichspflicht ist die „marktkonforme" Insolvenzabwicklung, um damit zu verhindern, dass nicht marktkonforme Unternehmen (ggf. zum Schaden der Mitbewerber) fortgeführt werden. Insofern sieht § 169 eine

[1] Begründung RegE, abgedruckt in *Balz/Landfermann,* S. 416.
[2] BGHZ 154, 72 (= ZIP 2003, 632 ff.); S. auch FK-*Wegener,* InsO, § 169 Rn. 3.
[3] BGH ZIP 2003, 632 ff.

entsprechende Zinszahlungsverpflichtung vor, wonach ab dem Berichtstermin für den Fall einer Nichtverwertung dem absonderungsberechtigten Gläubiger, die dem Kapital seines Sicherungsrechts entsprechenden Zinsen zu zahlen sind.[1]

3. Nachteilsausgleich bei Verzögerung der Verwertung bzw. Verhinderung der Eigenverwertung

Entgegen der gewählten Überschrift der Vorschrift des § 169 „Schutz des Gläubigers vor einer Verzögerung der Verwertung" knüpft die Rechtsfolge des § 169 (= Zinszahlungspflicht) nicht nur an die verzögerte Verwertung sondern auch an den zu kompensierenden Verzicht auf die Versagung der Eigenverwertung durch den Gläubiger an. Insofern ist die Insolvenzmasse nämlich auch dann verpflichtet, dem absonderungsberechtigten Gläubiger einen Nachteilsausgleich zu zahlen, wenn der Insolvenzverwalter seinerseits (noch) gar nicht berechtigt ist, die mit Absonderungsrechten behafteten Gegenstände der Insolvenzmasse zu verwerten. Dieses wird insbesondere durch die Regelung des § 169 S. 2 deutlich. Danach ist der Insolvenzverwalter bereits dann verpflichtet an den absonderungsberechtigten Gläubiger Zinsen aus der Insolvenzmasse zu zahlen, wenn dieser auf Grund der vor Eröffnung ausgesprochenen Sicherungsmaßnahmen (vgl. nunmehr auch die ausdrückliche Anordnungsbefugnis des Insolvenzgerichts gem. § 21 Abs. 2 Satz 1 Ziffer 5 (nF)), für mehr als drei Monate gehindert war, seinerseits eine Verwertung des Sicherungsgutes vorzunehmen. Insofern beginnt die entsprechende Zinszahlungspflicht ggf. bereits vor dem Berichtstermin und damit der ersten Möglichkeit, zu der der Insolvenzverwalter seinerseits überhaupt mit der Verwertung beginnen darf. 3

a) Verzögerung der Verwertung im Eröffnungsverfahren

War der absonderungsberechtigte Gläubiger aufgrund einer Sicherungsmaßnahme des Insolvenzgerichts nach § 21 bereits vor Eröffnung des Insolvenzverfahrens daran gehindert, einen mit Absonderungsrechten belasteten, beweglichen Gegenstand entsprechend der nunmehr ausdrücklich normierten Anordnungsbefugnis des Insolvenzgerichts gem. § 21 Abs. 2 S. 1 Ziff. 5 (nF) zu verwerten, besteht die Zinszahlungspflicht bereits ab dem Zeitpunkt, der drei Monate nach der Anordnung der Maßnahme liegt – unabhängig davon, wann die Verwertungsbefugnis des Insolvenzverwalters überhaupt entstanden ist. 4

b) Verzögerung der Verwertung nach dem Berichtstermin

Grundsätzlich beginnt die Zinszahlungspflicht mit dem Berichtstermin, in dem die Gläubigerversammlung über den weiteren Ablauf des Verfahrens (z. B. Fortführung oder Liquidierung des schuldnerischen Unternehmens) entscheidet. Grund hierfür ist, dass erst mit dem Berichtstermin die grundsätzliche Verwertungspflicht und damit auch das Verwertungsrecht des Insolvenzverwalters beginnt. Verzögert sich die Verwertung auf Grund von Beschlüssen der Gläubigerversammlung oder wegen gestreckter Verwertungshandlungen des Insolvenzverwalters, so soll das nicht zulasten des absonderungsberechtigten Gläubigers gehen.[2] 5

---

[1] Begründung RegE, abgedruckt in *Balz/Landfermann,* S. 416.
[2] Begründung RegE, abgedruckt in *Balz/Landfermann,* S. 416.

Gem. S. 1 besteht eine Zinszahlungspflicht ab dem Berichtstermin bis zur endgültigen Verwertung und Erlösauskehr an den Gläubiger. Soweit der Insolvenzverwalter gem. § 166 Abs. 2 S. 1 eine sicherheitshalber abgetretene Forderung einzieht, besteht die Zahlungspflicht allerdings erst ab dem Zahlungseingang, sofern sich der Insolvenzverwalter vom Berichtstermin an ordnungsgemäß um den Forderungseinzug bemüht hat.[1] Die Schutzwürdigkeit des Gläubigers entfällt, wenn auch dieser im Fall einer eigenen Verwertung seine gesicherten Ansprüche nicht früher hätte realisieren können.[2] Gleiches gilt, wenn sich die Verwertung durch den Insolvenzverwalter aus nicht insolvenzspezifischen Gründen verzögert, z. B. die sich unmittelbar aus der Beschaffenheit des betreffenden Sicherungsgutes selbst ergeben.[3]

Ist es dem Insolvenzverwalter insoweit objektiv unmöglich, den Gegenstand einer schnelleren, erfolgsversprechenden Verwertung zuzuführen, führt dieses ebenfalls zu keiner Verzinsungspflicht.[4] Ist die Verwertung demgegenüber auf absehbare Zeit generell unmöglich, kann der Verwalter aber u. U. verpflichtet sein, den mit Absonderungsrechten belasteten Vermögensgegenstand unverzüglich aus dem Insolvenzbeschlag freizugeben. Auch in diesem Fall entfällt aber die Verzinsungspflicht, wenn auch dem Gläubiger bei unverzüglicher Freigabe keine frühere Verwertung möglich gewesen wäre.[5]

Besteht ein anderweitiges Verwertungshindernis, z. B. auf Grund der Beauftragung des Insolvenzverwalters einen Insolvenzplan aufzustellen, wird die Zinszahlungspflicht gleichwohl nicht unterbrochen.[6] Etwas anderes gilt lediglich dann, wenn der Insolvenzverwalter auf Grund einer gerichtlichen Aussetzung (z. B. auf Grund der insolvenzplanbedingten Aussetzung gem. § 233) an der Verwertung gehindert ist. Diese gerichtliche Entscheidung müssen auch die absonderungsberechtigten Gläubiger gegen sich gelten lassen.[7]

4. Art und Höhe der Zinsforderung

6 Der absonderungsberechtigte Gläubiger hat ab dem Berichtstermin einen Anspruch auf die laufend geschuldeten Zinsen. Dies sind die mit dem Gläubiger vertraglich vereinbarten Zinsen aus dem ungestörten Schuldverhältnis, mindestens jedoch der gesetzliche Zinssatz von 4% gem. § 246 BGB.[8] Der erhöhte gesetzliche Verzugszinssatz des § 288 BGB ist nach dieser Rechtsprechung des BGH nicht anzuwenden, da der Gesetzgeber bei Inkrafttreten des § 169 vom damals geltenden Verzugszinssatz von 4% gem. § 288 BGB aF ausgegangen ist und die Anwendung des erhöhten Zinssatzes ein Sanktionselement begründet, welches im Rahmen der verschuldensunabhängigen Zinszahlungspflicht gem. § 169 nicht angemessen ist.[9]

---

[1] BGHZ 154, 72 = ZIP 2003, 632 ff.

[2] MünchKomm-*Lwowski,* InsO § 169 Rn. 24; *Obermüller,* NZI 2003, 416 ff.

[3] BGH ZIP 2006, 814, 815 („FlowTex").

[4] Streitig wie hier: *Gottwald,* InsHdb, § 42 Rn. 12; *Nerlich/Römermann/Becker,* InsO, § 169 Rn. 12 ff.; aA: MünchKomm-*Lwowski,* InsO § 169 Rn. 31 f.; HK-*Landfermann,* InsO, § 169 Rn. 5; *Hellmich* ZInsO 2005, 678.

[5] BGH ZIP 2006, 814 ff.

[6] FK-*Wegener,* InsO, § 169 Rn. 3 a.

[7] *Uhlenbruck/ders.,* InsO, § 169 Rn. 8.

[8] BGH ZIP 2006, 814 ff.

[9] AA: MünchKomm-*Lwowski/Tetzlaff,* InsO § 169 Rn. 31.

Auch ist es nicht Sinn und Zweck des § 169 durch eine drohende, erhebliche Zinszahlungspflicht den Insolvenzverwalter von der Geltendmachung seines Verwertungsrechts abzuhalten.[1] Gem. § 169 S. 1 haben die Zinszahlungen „laufend“ zu erfolgen. Ein Aufschieben bis zum Zeitpunkt der Verwertung ist nicht zulässig.[2]. Der Zinsanspruch ist eine **Masseverbindlichkeit** gem. § 55. Die **Zinszahlungspflicht endet** erst mit der Auskehr des Erlöses an den Absonderungsberechtigten.[3]

Nach § 169 S. 3 **scheidet eine Zinszahlungspflicht aus,** soweit eine Befriedigung des absonderungsberechtigten Gläubigers nicht zu erwarten ist. Das ist der Fall, sofern das Absonderungsrecht z. B. wegen einer anderen, vorrangigen Belastung wirtschaftlich wertlos ist. Ist ein Teilausfall wahrscheinlich, besteht nur ein teilweiser Zinsanspruch. Der gleiche Grundsatz gilt auch für eine Untersicherung des Gläubigers.[4] Bei der Ermittlung des zu erwartenden Erlöses kommt es auf die Prognose des Insolvenzverwalters an. Dieser kann sich eines Sachverständigen bedienen. Ein Streit über die Befriedigungschance ist vor den ordentlichen Gerichten auszutragen. 7

Nach Inhalt und Funktion hat der Zinsanspruch den Charakter einer Entschädigung.[5] Die Verpflichtung des Insolvenzverwalters zur Zinszahlung entfällt daher auch, soweit sich die Verwertung aus Gründen verzögert, die nicht insolvenzrechtlicher Natur sind.[6] Solche Gründe sind bspw. Absatzschwierigkeiten wegen einer nicht marktgängigen Ausstattung des Sicherungsguts.[7]

5. Praxishinweis

§ 169 zeigt, dass die gem. § 151 ff. aufzustellenden **Verzeichnisse** nicht nur aus formellen Gründen aufzustellen sind, sondern bei der Bewertung der Vermögensgegenstände auch wirtschaftliche Konsequenzen beinhalten können. Denn die auf der Prognose der Verwertungserlöse (§ 151 Abs. 2 S. 1) beruhende Angabe der mutmaßlichen Befriedigung der absonderungsberechtigten Gläubiger (§ 152 Abs. 2 S. 3) ist im Ergebnis nichts anderes als eine Festlegung des Verwalters bezüglich der Einschätzung der Werthaltigkeit der Sicherheiten im Zeitpunkt des Berichtstermins, und damit die Grundlage für die spätere Zinsbemessungsgrundlage gem. § 169 S. 3. 8

Da die Verpflichtung nach § 169 unabhängig von einer Geltendmachung durch den absonderungsberechtigten Gläubiger besteht, sollte sich der Insolvenzverwalter vor Abschluss des Verfahrens vergewissern, dass die absonderungsberechtigten Gläubiger keine Forderungen nach § 169 mehr erheben. Dies kann er auch bereits in Form von **„Negativschreiben“** bei der Auskehr des Verwertungserlöses tun. 9

Der Insolvenzverwalter wird zu prüfen haben, in welchen Fällen eine frühzeitige Freigabe angezeigt ist, um den Gläubiger das Verwertungsrisiko allein tragen zu lassen und die Insolvenzmasse vor Zinszahlungspflichten zu schützen. 10

---

[1] BGH ZIP 2006, 814 ff.
[2] *Nerlich/Römermann/Becker,* InsO, § 169 Rn. 38.
[3] BGHZ InsO 2008, 915.
[4] *Uhlenbruck/ders.,* InsO, § 169 Rn. 11.
[5] BGH ZIP 2006, 814, 817.
[6] BGH ebd.
[7] BGH ebd.

6. Rechtsmittel

11 Lehnt der Insolvenzverwalter die Zahlung der Verzögerungszinsen ab, steht dem Gläubiger der Klageweg zu den **ordentlichen Gerichten** offen, da es sich bei seinem Zinsanspruch um eine Masseverbindlichkeiten nach § 55 Abs. 1 Nr. 1 handelt.

§ 170 Verteilung des Erlöses

(1) **Nach der Verwertung einer beweglichen Sache oder einer Forderung durch den Insolvenzverwalter sind aus dem Verwertungserlös die Kosten der Feststellung und der Verwertung des Gegenstands vorweg für die Insolvenzmasse zu entnehmen. Aus dem verbleibenden Betrag ist unverzüglich der absonderungsberechtigte Gläubiger zu befriedigen.**

(2) **Überlässt der Insolvenzverwalter einen Gegenstand, zu dessen Verwertung er nach § 166 berechtigt ist, dem Gläubiger zur Verwertung, so hat dieser aus dem von ihm erzielten Verwertungserlös einen Betrag in Höhe der Kosten der Feststellung sowie des Umsatzsteuerbetrages (§ 171 Abs. 2 Satz 3) vorweg an die Masse abzuführen.**

§ 171 Berechnung des Kostenbeitrags

(1) **Die Kosten der Feststellung umfassen die Kosten der tatsächlichen Feststellung des Gegenstands und der Feststellung der Rechte an diesem. Sie sind pauschal mit vier vom Hundert des Verwertungserlöses anzusetzen.**

(2) **Als Kosten der Verwertung sind pauschal fünf vom Hundert des Verwertungserlöses anzusetzen. Lagen die tatsächlich entstandenen, für die Verwertung erforderlichen Kosten erheblich niedriger oder erheblich höher, so sind diese Kosten anzusetzen. Führt die Verwertung zu einer Belastung der Masse mit Umsatzsteuer, so ist der Umsatzsteuerbetrag zusätzlich zu der Pauschale nach Satz 1 oder den tatsächlich entstandenen Kosten nach Satz 2 anzusetzen.**

Übersicht

1. Normzweck

1 Bei den **§§ 170, 171** handelt es sich um Regelungen, die eine **Kostenbeteiligung der absonderungsberechtigten Gläubiger** bei der Verwertung von

beweglichen Gegenständen und Forderungen vorsehen, die dem Verwertungsrecht des Insolvenzverwalters unterliegen. Während § 170 die Kostenbeteiligung der gesicherten Gläubiger dem Grunde und der Art nach festlegt, bestimmt § 171 Inhalt, Höhe und die genaue Berechnung der in § 170 genannten Kostenbeiträge.

Bei der Verwertung der mit Absonderungsrechten belasteten Vermögens- 2
gegenstände soll einerseits dem tatsächlich entstehenden Aufwand im Hinblick auf die Feststellung der Drittrechte und der Verwertung der Gegenstände durch den Insolvenzverwalter Rechnung getragen werden. Andererseits soll dem absonderungsberechtigten Gläubiger aber auch im Interesse der Eröffnungsfähigkeit des Verfahrens ein gewisser Kostenbeitrag auferlegt werden, da dieser von einer Verwertung im Rahmen des Insolvenzverfahrens besonders profitiert.

2. Allgemeine Voraussetzungen

Der Anwendungsbereich der §§ 170, 171 beschränkt sich auf die unter § 166 3
fallenden, mit Absonderungsrechten belasteten, beweglichen Sachen und Forderungen, die der Insolvenzverwalter im Besitz hat. Erweitern muss man diesen Anwendungsbereich um die Gegenstände, für die zwar kein vorrangiges Verwertungsrecht besteht, zu deren Verwertung aber der Insolvenzverwalter nach Fristsetzung durch das Insolvenzgericht berechtigt ist (§ 173 Abs. 2).[1] Weitergehend gelten die §§ 170, 171 entsprechend, wenn der vorläufige Insolvenzverwalter nach entsprechender Anordnungsbefugnis des Insolvenzgerichts eine zur Sicherheit abgetretene Forderung anstelle des Gläubigers einzieht (§ 21 Abs. 2 S. 1 Ziff. 5 (nF)).

Eine Kostenerstattung nach §§ 170, 171 entfällt, soweit der Gläubiger zur 4
Aussonderung (§ 47) berechtigt ist. Da dem Insolvenzverwalter an diesen Gegenständen kein Verwertungsrecht zusteht, kann der Gläubiger auch nicht mit Verwertungskosten belastet werden. Darüber hinaus fallen auch keine Feststellungskosten an, obwohl die Feststellung der Aussonderungsrechte ggf. auch erhebliche Schwierigkeiten bereiten kann. Nach der Intention des Gesetzgebers sind diese Schwierigkeiten aber deutlich geringer als bei Absonderungsrechten, so dass die Festlegung eines Kostenbeitrages zur Feststellung als nicht erforderlich angesehen wurde.[2] Ob dies auch immer mit den tatsächlichen Gegebenheiten in Übereinstimmung steht, erscheint fraglich,[3] da insbesondere beim **erweiterten Eigentumsvorbehalt** eine unterschiedliche Behandlung gegenüber dem einfachen Eigentumsvorbehalt nur schwer zu begründen ist.[4]

3. Verwertung durch den Insolvenzverwalter

Abs. 1 beinhaltet den Regelfall der Verwertung durch den Insolvenzverwalter. 5
Mit der Vereinnahmung des Verwertungserlöses entsteht eine Sondermasse. Der Insolvenzverwalter hat von dem erzielten **Bruttoerlös**[5] die Kosten der Feststel-

[1] *Nerlich/Römermann/Becker,* InsO, § 170 Rn. 4.
[2] Begründung RegE, abgedruckt in *Balz/Landfermann,* S. 420.
[3] Ähnlich FK-*Wegener,* InsO, §§ 170, 171 Rn. 3.
[4] So auch *Marotzke,* ZZP 1996, 457 ff.
[5] AG Köln ZIP 2000, 2216 ff.; *Uhlenbruck/ders.,* InsO, § 171 Rn. 2; MünchKomm-*Lwowski/Tetzlaff,* InsO § 170 Rn. 30; FK-*Wegener,* InsO, §§ 170/171 Rn. 4; *Nerlich/Römer-*

lung i. H. v. 4% (§ 171 Abs. 1) sowie die Kosten der Verwertung i. H. v. 5% (§ 171 Abs. 2 S. 1) sowie die ggf. entstandene Umsatzsteuer (§ 171 Abs. 2 S. 3) zu entnehmen und der Masse zuzuführen. An den gesicherten Gläubiger ist der verbleibende Betrag (d. h. der Nettoerlös abzüglich der Kostenpauschalen) gem. Abs. 1 S. 2 **unverzüglich,** d. h. ohne schuldhaftes Zögern i. S. v. § 121 Abs. 1 S. 1 BGB, auszukehren. In Fortführung seiner bisherigen Rechtsprechung hat der BGH zwischenzeitlich klargestellt, dass sich das Recht auf abgesonderte Befriedigung auch auf die nach Insolvenzeröffnung entstehenden Kosten und Zinsen erstreckt. Diese können somit auch nach § 171 Abs. 1 herausverlangt werden.[1]

4. Verwertung durch den Gläubiger

6 Der Insolvenzverwalter kann dem absonderungsberechtigten Gläubiger auch die Verwertung überlassen.[2] In diesem Fall hat der Gläubiger die Kosten der Feststellung und die ggf. anfallende Umsatzsteuer[3] an die Masse „vorweg" abzuführen. **Vorweg** i. S. v. § 170 Abs. 2 bedeutet dabei aber nicht, dass die Pauschale bereits bei der Herausgabe des Gegenstandes an den Gläubiger zu zahlen ist, sondern erst dann, wenn der Verwertungserlös realisiert wurde.[4] Damit trägt die Masse – so keine Sicherung vereinbart werden kann – das Insolvenzrisiko des absonderungsberechtigten Gläubigers. Verwertet der Gläubiger selbst, hat er lediglich die Feststellungspauschale und ggf. auch die Umsatzsteuer, nicht aber die **Verwertungskostenpauschale** zu leisten, da in diesen Fällen die Kosten der Verwertung unmittelbar beim Gläubiger entstehen.

7 Hiervon zu unterscheiden ist der **Selbsteintritt** nach § 168 Abs. 3. Dieser stellt immer eine Verwertung durch den Insolvenzverwalter dar, da der absonderungsberechtigte Gläubiger in den Kaufvertrag eintritt.[5] Insofern sind in diesem Fall auch die Kosten der Verwertung der Insolvenzmasse entstanden und müssen gem. § 170 Abs. 1 der Masse erstattet werden.

5. Kosten der Feststellung

8 Bei den Kosten der Feststellung wird zwischen den **tatsächlichen Kosten der Feststellung** des belasteten Gegenstandes und den **Kosten der Prüfung der an diesem bestehenden Rechtsverhältnisse** unterschieden. Konkret sind dies die Aufwendungen, die dadurch entstehen, dass der Insolvenzverwalter die Gegenstände ermittelt, trennt, inventarisiert und nach § 151 Abs. 2 bewertet. Die Kosten werden pauschal mit **4%** des Verwertungserlöses abgegolten, wobei die der

---

mann/Becker, InsO, § 171 Rn. 6 f.; *Kübler/Prütting/Bork/Flöther,* InsO, § 170 Rn. 3; *Mitlehner,* ZIP 2001, 677 ff., 681; *Onusseit,* ZIP 2000, 777 ff., 780; aA: *de Weerth,* ZInsO 2007, 70 ff.; *ders.,* BB 1999, 821; *Obermüller,* ZInsO 1999, 249 ff.; LG Halle (Saale) ZInsO 2001, 270 ff.

[1] BGH NZI 2008, 542 m. Anm. *Bäuerle,* FD-InsR 2008, 265279.

[2] Einen – ggf. gerichtsförmlichen durchsetzbaren – Anspruch hierauf hat der Gläubiger nicht; vgl. LG Halle (Saale) ZInsO 2001, 270 ff., 271.

[3] Siehe hierzu im Einzelnen Rn. 17 ff.

[4] So auch LG Halle (Saale) ZInsO 2001, 270 ff., 271.

[5] Begründung RegE, abgedruckt in *Balz/Landfermann,* S. 418.

Insolvenzmasse tatsächlich entstandenen Kosten unbeachtlich sind.[1] Die Pauschale wird grundsätzlich vom **Bruttoerlös,** d. h. vom Verwertungserlös inkl. Mehrwertsteuer berechnet.[2] Die Kostenbeiträge, die die Masse nach der Verwertung erhält, sind umsatzsteuerfrei, sofern der Verwalter mit dem Gläubiger keine vom gesetzlichen Leitbild abweichende Regelung trifft.[3]

6. Kosten der Verwertung

Bei den Kosten der Verwertung handelt es sich um die Aufwendungen, die im Rahmen der Verwertungshandlung üblicherweise entstehen. Hierunter fallen u. a. Transportkosten, Werbungskosten und Auktionskosten.[4] Weiterhin fällt hierunter auch die ggf. angefallene **Umsatzsteuer** (§ 171 Abs. 2 S. 3).[5] Verwertungskosten sind ebenso diejenigen Kosten, die auf Grund einer etwaigen Innenprovision des Verwerters beruhen.[6] Keine Verwertungskosten sind die **Erhaltungskosten,** die die Masse zu tragen hat.[7] Ebenfalls keine Verwertungskosten sind diejenigen, die im Hinblick auf einen Streit über den zutreffenden Ansatz für die Verwertungskosten entstehen.[8] 9

Unabhängig von den gesetzlich normierten, pauschalen Verwertungskosten kann der Verwalter aber auch mit dem absonderungsberechtigten Gläubiger eine individuelle Vereinbarung im Hinblick auf die der Masse zufließenden Feststellungs- und/oder Verwertungskosten schließen.[9] Nur in Ausnahmefällen wird darüber hinaus ein Kostenerstattungsanspruch auch gem. den §§ 683, 675, 670 BGB in Betracht kommen.[10]

Die Höhe der Verwertungskosten sind mit **5%** pauschal geregelt, wobei die Höhe der Pauschale auf dem von Kreditinstituten und Kreditversicherern ermittelten Durchschnittswert der tatsächlich entstehenden Verwertungskosten beruhen soll.[11] Anders als bei den Feststellungskosten handelt es sich bei der Höhe der Verwertungskostenpauschale aber um eine widerlegbare **Vermutung.** Da die Verwertungskosten im Einzelfall ein Mehrfaches oder nur einen Bruchteil der 5%igen Kostenpauschale betragen können, besteht für den Insolvenzverwalter nach § 171 Abs. 2 S. 2 die Möglichkeit – und bei erheblichen Minderkosten, wie etwa bei Kündigung und Einzug des Rückkaufswertes einer Lebensversicherung („einfaches Kündigungsschreiben“[12]), auch die Verpflichtung[13] –, die **tatsächlich entstandenen Kosten** zu veranschlagen. Die Beweislast für die tatsäch- 10

---

[1] BGH ZInsO 2002, 826, 829.

[2] Begründung RegE, abgedruckt in *Balz/Landfermann,* S. 420. Ebenso FK-*Wegener,* InsO, §§ 170, 171 Rn. 4 b; *Mitlehner,* ZIP 2001, 677 ff.

[3] BFH ZIP 2005, 1289 ff.

[4] BGH ZIP 2005, 1974 ff.; Zu den Grenzen der insoweit der Masse gläubigerseits zu erstattenden Kosten vgl. AG Duisburg ZInsO 2003, 190 f.; m. Anm. *Ehlenz,* ZInsO 2003, 165 ff.

[5] *Nerlich/Römermann/Becker,* InsO, § 171 Rn. 24.

[6] BGH ZIP 2005, 1974.

[7] FK-*Wegener,* InsO, § 170, 171 Rn. 4 a.; aA: *Smid,* InsO, § 170 Rn. 3.

[8] LG Flensburg NZI 2006, 709 f.; OLG Thüringen ZVI 2004, 687.

[9] Begründung RegE, abgedruckt in *Balz/Landfermann,* S. 419.

[10] FK-*Wegener,* InsO, § 170, 171 Rn. 4 a; aA: *Uhlenbruck/ders.,* InsO, § 171 Rn. 22.

[11] Begründung RegE, abgedruckt in *Balz/Landfermann,* S. 420.

[12] Vgl. AG Bonn NZI 2001, 50; vgl. hierzu auch AG Mainz ZInsO 2004, 1375 ff.

[13] Vgl. LG Meiningen ZInsO 2003, 810 ff.

lichen Kosten trifft den Verwalter.[1] Eine **erhebliche** Abweichung liegt insbesondere dann vor, wenn die tatsächlich entstandenen und erforderlichen Verwertungskosten um die Hälfte niedriger oder um das Doppelte höher waren als die 5% Pauschale.[2] Die Verwertung durch den Insolvenzverwalter – wie auch die Feststellung des Absonderungsrechts – stellt keine umsatzsteuerbare und umsatzsteuerpflichtige sonstige Leistung i. S. d. § 3 Abs. 9 UStG **an den absonderungsberechtigten Gläubiger** dar.[3] Die Verwertungskostenpauschale, bzw. die tatsächlichen Kosten der Verwertung wie auch die Feststellungskostenpauschale unterliegen deshalb **nicht** der Umsatzsteuer. So bereits Finanzverwaltung in Abschn. 2 Abs. 3 der Umsatzsteuer-Richtlinien. Bestätigt durch BFH-Urteil vom 18. 8. 2005.[4]

7. Umsatzsteuer, § 171 Abs. 2, S. 3 InsO

11 Die Verwertung zur Sicherheit übereigneter Sachen führt i. d. R. dann, wenn das Sicherungsgut dem (umsatzsteuerlichen) Unternehmensvermögen des Schuldners zugehört, zu einem umsatzsteuerbaren und meist auch umsatzsteuerpflichtigen Ausgangsumsatz bei der Insolvenzmasse, gleich, ob der Insolvenzverwalter oder der Sicherungsgläubiger die Verwertungshandlung vornimmt. Erfolgt die Verwertung durch den Sicherungsgläubiger, liegen zwei Lieferungen vor, insoweit wird von Doppelumsatztheorie gesprochen.[5]

12 **Theorie vom sog. Doppelumsatz.** Überlässt der Insolvenzverwalter die Verwertung der Sache dem Sicherungsgläubiger nach § 170 Abs. 2, liegen umsatzsteuerlich zwei Lieferungen vor (sog. doppelter Umsatz).[6]

Die eine Lieferung besteht in der Übergabe (das Verfügenlassen) über die Sache von der Insolvenzmasse an den Sicherungsnehmer, die andere erfolgt bei der Verwertung des Sicherungsgutes durch den Sicherungsnehmer als Lieferung an dessen Abnehmer. Hierbei ist es zweckmäßig, dass der Sicherungsnehmer nach erfolgter Verwertung mittels Gutschrift mit dem Sicherungsgeber abrechnet, da nur der Sicherungsnehmer über die Abrechnungsunterlagen verfügt. Nach § 14 Abs. 1 Satz 2 UStG ist dies zulässig, sofern dies vorher vereinbart wurde.

13 Die Umsatzsteuer, die auf den Ausgangsumsatz bei der Insolvenzmasse entfällt, stellt eine sonstige Masseverbindlichkeit gem. § 55 Abs. Nr. 1 dar.[7] Sie ist entsprechend vom Insolvenzverwalter im Voranmeldungszeitraum zu erklären und auf Rechnung der Insolvenzmasse abzuführen. § 171 Abs. 2 S. 3 regelt, dass die aus der Verwertung resultierende Umsatzsteuerbelastung der Insolvenzmasse zusätzlich zu den Verwertungskosten nach § 171 Abs. 2 anzusetzen ist.

14 Im Falle der Verwertung durch den Verwalter ist nach § 170 Abs. 1 neben der Verwertungskostenpauschale oder den tatsächlich entstandenen Kosten und den Kosten der Feststellung deshalb auch die Umsatzsteuer vom Bruttoverwertungs-

[1] OLG Jena ZInsO 2004, 509 ff.; LG Meiningen ZInsO 2003, 810 ff.
[2] OLG Jena ZInsO 2004, 509 ff.; vgl. auch *Haunschild,* DZWIR 1999, 60 ff.
[3] *Beck,* ZInsO 2003, 509 ff.; differenzierend: *Weber,* ZInsO 2003, 782 ff.; aA: *Onusseit,* ZIP 2000, 777 ff., 779.
[4] BFH, Urteil vom 18. 8. 2005 – V R 31/04.
[5] Ständige Rspr. des BFH zur KO, s. z. B. BFH ZIP 1987, 1134 ff.; ZIP 1993 1247 ff.
[6] Ständige Rspr. des BFH zur KO, s. z. B. BFH ZIP 1987, 1134 ff.; ZIP 1993 1247 ff.
[7] BFH ZIP 1987, 1134.

erlös abzuziehen und nur der danach verbleibende Betrag ist an den Sicherungsgläubiger auszukehren. Im Falle der Verwertung durch den Sicherungsnehmer hat dieser nach § 170 Abs. 2 den entsprechenden Umsatzsteuerbetrag an die Insolvenzmasse abzuführen.[1]

8. Praxishinweis

a) Unabhängig von den gesetzlichen Vorgaben sollte der Insolvenzverwalter ein auf das Insolvenzverfahren passendes Verwertungskonzept entwickeln. In vielen Fällen ist die geplante Betriebsfortführung und angestrebte Betriebs- oder Unternehmenserhaltung die Grundlage eines Verwertungskonzeptes, in der die Vereinbarung von Kostenbeiträgen in der Regel auf einer einzelvertraglichen Absprache beruht. Selbst dort, wo es kein Fortführungskonzept gibt, kann das Interesse an einer Gesamtverwertung und der damit verbundenen besseren Verwertung durch den Insolvenzverwalter eine Grundlage für eine Individualvereinbarung sein, die sich deutlich von den gesetzlichen Pauschalen unterscheidet. Ist ein spezielles Verwertungskonzept nicht vorhanden, so kann im Einzelfall auch die Verwertung durch den absonderungsberechtigten Gläubiger sinnvoll sein. In diesem Fall kann sich der Insolvenzverwalter ggf. sein **Verwertungsrecht** auch für die Masse **abgelten lassen,** so dass der absonderungsberechtigte Gläubiger – bei einem unter 5% liegenden Verwertungskostenbeitrag – sein eigenes Verwertungskonzept umsetzen kann. 15

b) Im Falle der Vereinbarung von Pauschalabfindungsbeträgen – insbesondere im Falle des Vergleiches über streitige Absonderungsrechte – sollte der Insolvenzverwalter darauf achten, dass er die Umsatzsteuerlast der Masse mitberücksichtigt, oder eine Regelung über eine Freistellung der Masse von Umsatzsteuerbelastungen durch den Sicherungsnehmer vereinbart, da andernfalls eine Inanspruchnahme der Masse für die abzuführende Umsatzsteuer entsteht, die nicht mehr nach § 171 Abs. 2 S. 3 ausgeglichen werden kann. 16

§ 172 Sonstige Verwendung beweglicher Sachen

(1) **Der Insolvenzverwalter darf eine bewegliche Sache, zu deren Verwertung er berechtigt ist, für die Insolvenzmasse benutzen, wenn er den dadurch entstehenden Wertverlust von der Eröffnung des Insolvenzverfahrens an durch laufende Zahlungen an den Gläubiger ausgleicht. Die Verpflichtung zu Ausgleichszahlungen besteht nur, soweit der durch die Nutzung entstehende Wertverlust die Sicherung des absonderungsberechtigten Gläubigers beeinträchtigt.**

(2) **Der Verwalter darf eine solche Sache verbinden, vermischen und verarbeiten, soweit dadurch die Sicherung des absonderungsberechtigten Gläubigers nicht beeinträchtigt wird. Setzt sich das Recht des Gläubigers an einer anderen Sache fort, so hat der Gläubiger die neue Sicherheit insoweit freizugeben, als sie den Wert der bisherigen Sicherheit übersteigt.**

---

[1] BGH, Urteil vom 29. 3. 2007, NZI 2007, 394 ff.

1. Normzweck

1 § 172 schützt die absonderungsberechtigten Gläubiger im Hinblick auf die Nichtverwertung oder Nutzung der mit Absonderungsrechten belasteten Gegenstände durch den Insolvenzverwalter. Als Ausgleich für die Nichtverwertung oder Nutzung der mit Absonderungsrechten belasteten Gegenstände durch den Insolvenzverwalter soll der Eingriff in die Rechtsstellung der Gläubiger (Verlust des eigenen Verwertungsrechtes) kompensiert werden, indem der Insolvenzverwalter verpflichtet wird, den durch die Nutzung der Sache eintretenden Wertverlust durch laufende Zahlungen an den Gläubiger auszugleichen. Die Vorschrift enthält zwingendes Recht, so dass der absonderungsberechtigte Gläubiger sich auch nicht durch abweichende, vorinsolvenzrechtliche Vereinbarungen mit dem Schuldner in Bezug auf die Nutzung, Verarbeitung, Vermischung, Verbindung oder des Verbrauchs vor dem Verwendungsrecht des Insolvenzverwalters schützen kann.

2. Nutzung des Sicherungsgutes

2 Abs. 1 erlaubt dem Insolvenzverwalter die Nutzung von beweglichen Sachen, die er in seinem Besitz hat. Den durch die Nutzung eingetretenen **Wertverlust** hat er dem absonderungsberechtigten Gläubiger durch laufende Zahlungen von der Eröffnung des Verfahrens an auszugleichen. Einen Wertverlust auf Grund höherer Gewalt oder mutwilliger Beschädigung durch Dritte braucht der Insolvenzverwalter nicht nach Abs. 1 auszugleichen.[1] Ob das schlichte Liegenlassen ohne eine weitere Form der Nutzung hingegen als Benutzung i. S. d. Norm einzuordnen ist, ist streitig.[2] Der Insolvenzverwalter kann sich durch Freigabe zur Verwertung an den gesicherten Gläubiger gem. § 170 Abs. 2 jederzeit von der Ausgleichspflicht des § 172 befreien. Tut er das nicht und belastet damit die Masse, so liegt ggf. ein Haftungsfall vor.

3 Eine Anwendung der §§ 170 Abs. 1, 172 auf den vorläufigen Insolvenzverwalter kommt insbesondere dann in Betracht, wenn der absonderungsberechtigte Gläubiger auf Grund entsprechender Anordnung des Insolvenzgerichts an einer eigenen Verwertung oder einem Einzug gehindert ist (§ 21 Abs. 2 S. 1 Ziff. 5 (nF)). Die Verpflichtung zur Ausgleichszahlung besteht in diesem Fall allerdings nur insoweit, als der durch die Nutzung entstehende Wertverlust die Sicherung des absonderungsberechtigten Gläubigers beeinträchtigt hat.[3] Eine eventuelle Ausgleichspflicht beginnt erst mit der Eröffnung des Verfahrens und endet i. d. R. mit der Verwertung der Sache.

Auch wenn § 172 auf das Verwertungsrecht des Insolvenzverwalters nach § 166 Bezug nimmt, ist es unerheblich, dass der Insolvenzverwalter erst nach dem Berichtstermin (§ 159) verpflichtet ist, das Vermögen unverzüglich zu verwerten.[4] Die während dieser Zeit zu erbringenden **laufenden Zahlungen** werden wie die Verzögerungszinsen nach § 169 S. 1 als insolvenzrechtlicher Anspruch

---

[1] *Kübler/Prütting/Bork/Flöther,* InsO, § 172 Rn. 4.

[2] So im Ergebnis auch *Nerlich/Römermann/Becker,* InsO, § 172 Rn. 11; aA: *Uhlenbruck/ders.,* InsO, § 172 Rn. 8.

[3] § 21 Abs. 2 S. 1 Ziff. 5 (nF); vgl. hierzu auch schon BGH WM 2006, 1636.

[4] Begründung RegE, abgedruckt in *Balz/Landfermann,* S. 423.

vom Insolvenzverwalter als Drittem bestimmt (zwischen Schuldner und Gläubiger) und nach billigem Ermessen (vgl. § 317 BGB) geschuldet.

Unterbleibt die Zahlung des Insolvenzverwalters trotz Nutzung, muss der Gläubiger dies nicht dulden. Ansprüche auf Zahlung von Rückständen kann er als **Masseforderung** geltend machen.[1] Ein Anspruch auf Unterlassung steht ihm aber nicht zu. 4

Die Zahlungspflicht nach Abs. 1 S. 1 besteht nur insoweit, als der Wertverlust die Sicherung des Gläubigers nach S. 2 beeinträchtigt. Das ist insbesondere dann nicht der Fall, wenn der genutzte Gegenstand trotz des Wertverlustes die Haupt- und Nebenforderung des Gläubigers deckt. Ebenfalls beeinträchtigt ein nur unwesentlicher Wertverlust die Befriedigungschancen des gesicherten Gläubigers nicht, so dass auch insoweit kein Ausgleichsanspruch gem. § 172 Abs. 1 besteht.[2] 5

3. Verbindung, Vermischung, Verarbeitung; Abs. 2

Neben der reinen Nutzung der beweglichen Sachen ist es dem Insolvenzverwalter auch gestattet, sie zu verbinden, zu vermischen oder zu verarbeiten, wenn dadurch die Sicherheiten des Gläubigers **nicht beeinträchtigt** werden. Die Rechtsfolgen der Vermischung, Verbindung und Verarbeitung ergeben sich aus **§§ 946–950 BGB.** Hierbei kann es auch zu Konstellationen kommen, in denen der Gläubiger hinsichtlich seiner Sicherungen einen Wertzuwachs erfährt. Dies ist bspw. der Fall, wenn die mit einem Absonderungsrecht belastete Sache mit einer anderen Sache verbunden wird und die belastete Sache als Hauptsache anzusehen ist.[3] Dieser Wertzuwachs darf nicht dem gesicherten Gläubiger zugutekommen. Nach **Abs. 2 S. 2** hat er in diesen Fällen die neue Sicherheit insoweit freizugeben, als sie den Wert der bisherigen Sicherheit übersteigt. 6

Wie bei der Nutzung der beweglichen Sachen nach Abs. 1 steht es dem Insolvenzverwalter frei, dem Gläubiger adäquate Ersatzsicherheiten zu stellen, oder sich durch Zahlung der Forderung des Gläubigers die uneingeschränkte Verfügungsmacht zu verschaffen. 7

Die Vorschrift zielt ursprünglich nur auf bewegliche Sachen. Im Rahmen der von §§ 166 ff. beabsichtigten Möglichkeit des Zusammenhalts des Geschäftsbetriebes zum Zwecke der Fortführung und ggf. Sanierung ist aber eine Betrachtung beschränkt auf bewegliche Sachen nicht ausreichend. Der Insolvenzverwalter darf gem. § 166 die beweglichen Sachen, an denen Absonderungsrechte bestehen und die er im Besitz (dem Betriebsverband) hat, verwerten und bis zur Verwertung diese unter Berücksichtigung von § 172 bei Gewährleistung des Sicherungsrechts des Absonderungsberechtigten nutzen. 8

Gem. § 166 Abs. 2 darf der Insolvenzverwalter auch die sicherungszedierten Forderungen einziehen. Dies ist eine der wesentlichen Funktionen der Finanzierung des zusammengehaltenen, fortzuführenden Geschäftsbetriebes. Wie oben[4] ausgeführt, muss der Insolvenzverwalter die Forderungen, die er auf Grund seines Einziehungsrechtes gem. § 166 Abs. 2 erlangt, in Übereinstimmung mit § 170 9

[1] *Nerlich/Römermann/Becker,* InsO, § 172 Rn. 27.
[2] *Kübler/Prütting/Bork/Flöther,* InsO, § 172 Rn. 5.
[3] §§ 947, 949 S. 3.
[4] Vgl. § 166 Rn. 12 f.

unverzüglich an die Absonderungsberechtigten unter Abzug des Kostenbeitrages auskehren. Unverzüglich bedeutet, entsprechend des Betriebskonzeptes (Betriebszusammenhang) **die Abführung im Zeitumschlag des Forderungsbestandes.** Insoweit besteht aber die Notwendigkeit, den Sicherungszessionaren den gleichen inhaltlichen Schutz zukommen zu lassen wie die Verwendung beweglicher Sachen in § 172 sie für den Sicherungseigentümer anordnet. § 172 Abs. 2 S. 1 bedeutet für den Sicherungszessionar, dass solange der Insolvenzverwalter Sicherungserlöse vereinnahmt und noch nicht ausgekehrt hat, sie vielmehr zur Fortführung des Geschäftsbetriebes finanzierungshalber nutzt, ein Anspruch auf entsprechende gleichwertige Besicherung besteht, die ihm beispielsweise durch nachwachsende, nicht zedierte Forderungen gewährleistet werden kann.

4. Praxishinweis

10 Wie bei § 169 besteht die Verpflichtung nach § 172 von Gesetzes wegen; der Insolvenzverwalter kann sich jedoch vor einer Geltendmachung nach erfolgter Verteilung der Masse und somit ggf. einer Haftung durch die Übersendung sog. **Negativschreiben** mit Auskehrung des Verwertungserlöses schützen. Weiterhin kann der Insolvenzverwalter auch hinsichtlich seiner Verpflichtungen aus § 172 **abweichende Vereinbarungen** mit den Gläubigern treffen.

§ 173 Verwertung durch den Gläubiger

(1) **Soweit der Insolvenzverwalter nicht zur Verwertung einer beweglichen Sache oder einer Forderung berechtigt ist, an denen ein Absonderungsrecht besteht, bleibt das Recht des Gläubigers zur Verwertung unberührt.**

(2) **Auf Antrag des Verwalters und nach Anhörung des Gläubigers kann das Insolvenzgericht eine Frist bestimmen, innerhalb welcher der Gläubiger den Gegenstand zu verwerten hat. Nach Ablauf der Frist ist der Verwalter zur Verwertung berechtigt.**

1. Normzweck

1 Abs. 1 der Vorschrift stellt klar, dass außerhalb der in § 166 geregelten Verwertungsbefugnisse des Insolvenzverwalters an beweglichen Sachen oder Forderungen, an denen Absonderungsrechte bestehen, dem Gläubiger das Recht zur **Eigenverwertung** zusteht. Im Interesse der **Verfahrensbeschleunigung** räumt Abs. 2 dem Insolvenzverwalter allerdings das Recht ein, dem Gläubiger auf seinen Antrag hin, gerichtlich eine Frist zur Verwertung setzen zu lassen, nach deren Ablauf der Insolvenzverwalter zur Verwertung berechtigt ist. Damit soll verhindert werden, dass durch das Verwertungsrecht des Insolvenzgläubigers eine Verzögerung des Verfahrens zum Schaden der Masse eintritt.

2. Verwertungsbefugnis des Gläubigers

2 Der Anwendungsbereich des § 173 Abs. 1 stellt den umgekehrten Anwendungsbereich des Verwertungsrechtes des Insolvenzverwalters nach § 166 dar. Insoweit kommt zunächst dem Gläubiger das grundsätzliche Verwertungsrecht an den mit **Absonderungsrechten** belasteten Sachen, die sich nicht im Besitz

des Insolvenzverwalters befinden, zu. Bei **Forderungen** besteht ein Verwertungsrecht des Gläubigers nur dann, wenn es sich um wirksam verpfändete Forderungen handelt. Insoweit räumt § 173 Abs. 2 dem Insolvenzverwalter damit das Recht ein, das aus § 50 Abs. 1, § 173 Abs. 1 folgende, grundsätzliche Verwertungsrecht des Pfandrechtsgläubigers auf sich überzuleiten.[1] Insoweit ist – nach Fristablauf – auch der Insolvenzverwalter zur Verwertung berechtigt.[2]

3. Verfahren zur Beschleunigung der Verwertung

Der Insolvenzverwalter kann dem Gläubiger eine Frist setzen lassen, binnen 3
derer er den Gegenstand zu verwerten hat. Lässt der Gläubiger diese Frist ungenutzt verstreichen, geht das Verwertungsrecht auf den Insolvenzverwalter über.[3] Voraussetzung hierfür ist ein **formloser Antrag** des Insolvenzverwalters beim zuständigen Insolvenzgericht. Nach schriftlicher **Anhörung** des Gläubigers, die nur in Ausnahmefällen (analog § 10) unterbleiben kann, setzt das Gericht eine Verwertungsfrist durch Beschluss fest. Die Länge der Verwertungsfrist richtet sich nach den besonderen Umständen des Einzelfalles, die sich an der Schwierigkeit der Verwertung durch den Gläubiger, der Dringlichkeit einer anderweitigen Verwertung durch den Insolvenzverwalter und den Auswirkungen auf das Insolvenzverfahren zu orientieren hat.[4] Nach Fristablauf ist der Insolvenzverwalter zur Verwertung des Gegenstandes berechtigt und gleichzeitig verpflichtet (§ 159), wobei vom Verwertungserlös sowohl die Feststellungs- als auch die Verwertungskosten (§§ 170, 171) in Abzug zu bringen sind. Der Gläubiger seinerseits ist verpflichtet, den in seinem Besitz befindlichen, mit Absonderungsrechten belasteten Gegenstand an den Insolvenzverwalter herauszugeben.

4. Rechtsmittel

Die Festsetzung der Frist zur Verwertung durch den Richter ist nicht anfecht- 4
bar (§ 6). Gegen die entsprechende Anordnung durch den Rechtspfleger ist die befristete Erinnerung (§ 11 Abs. 2 S. 1 RPflG) statthaft. Entsprechendes gilt für einen nach Fristablauf vom Insolvenzgericht ggf. zu erlassenden Beschluss, durch den dem Insolvenzverwalter das Verwertungsrecht übertragen wird.

---

[1] BGH NZI 2005, 384.
[2] BGH aaO; HK-*Landfermann,* InsO, § 173 Rn. 6.
[3] So auch *Nerlich/Römermann/Becker,* InsO, § 173 Rn. 32; HK-*Landfermann,* InsO, § 173 Rn. 5.
[4] *Kübler/Prütting/Bork/Flöther,* InsO, § 172 Rn. 5.

Fünfter Teil. Befriedigung der Insolvenzgläubiger. Einstellung des Verfahrens

Vorbemerkung vor §§ 174–216

Im fünften Teil regelt die Insolvenzordnung die Befriedigung der Insolvenzgläubiger von der Forderungsanmeldung bis zur Schlussverteilung ebenso wie die Beendigung des Verfahrens durch reguläre Aufhebung und durch vorzeitige Einstellung. 1

Der erste Abschnitt (§§ 174–186) regelt die Anmeldung, Prüfung und Feststellung der Forderungen der Gläubiger, der zweite Abschnitt (§§ 187–206) die Verteilung der Insolvenzmasse sowie die Aufhebung des Insolvenzverfahrens und Nachwirkungen nach erfolgter Beendigung. Im dritten Abschnitt (§§ 207–216) ist schließlich die vorzeitige Einstellung des Verfahrens – im Wesentlichen wegen Masseunzulänglichkeit – geregelt. 2

Erster Abschnitt. Feststellung der Forderungen

Vorbemerkung vor §§ 174–186

Der erste Abschnitt im fünften Teil regelt die Erfassung der Forderungen der Insolvenzgläubiger. Die abschließende Feststellung ist Grundlage für die nachfolgende Verteilung. Schließlich kann aus der zur Tabelle festgestellten Gläubigerforderung nach Aufhebung des Verfahrens gegen den Schuldner vollstreckt werden – soweit nicht die Vorschriften der Restschuldbefreiung entgegenstehen.

§ 174 Anmeldung der Forderungen

(1) **Die Insolvenzgläubiger haben ihre Forderungen schriftlich beim Insolvenzverwalter anzumelden. Der Anmeldung sollen die Urkunden, aus denen sich die Forderung ergibt, in Abdruck beigefügt werden. Zur Vertretung des Gläubigers im Verfahren nach diesem Abschnitt sind auch Personen befugt, die Inkassodienstleistungen erbringen (registrierte Personen nach § 10 Abs. 1 Satz 1 Nr. 1 des Rechtsdienstleistungsgesetzes).**

(2) **Bei der Anmeldung sind der Grund und der Betrag der Forderung anzugeben sowie die Tatsachen, aus denen sich nach Einschätzung des Gläubigers ergibt, dass ihr eine vorsätzlich begangene unerlaubte Handlung des Schuldners zugrunde liegt.**

(3) **Die Forderungen nachrangiger Gläubiger sind nur anzumelden, soweit das Insolvenzgericht besonders zur Anmeldung dieser Forderungen auffordert. Bei der Anmeldung solcher Forderungen ist auf den Nachrang hinzuweisen und die dem Gläubiger zustehende Rangstelle zu bezeichnen.**

(4) **Die Anmeldung kann durch Übermittlung eines elektronischen Dokuments erfolgen, wenn der Insolvenzverwalter der Übermittlung elektronischer Dokumente ausdrücklich zugestimmt hat. In diesem Fall sollen die Urkunden, aus denen sich die Forderung ergibt, unverzüglich nachgereicht werden.**

Übersicht

1. Normzweck

1 Die Vorschriften über die Feststellung der angemeldeten Insolvenzforderungen (§§ 174-186) entsprechen weitgehend der Regelung im Vierten Teil des Zweiten Buches der Konkursordnung.[1] So entspricht auch § 174 im Grundsatz dem § 139 KO, allerdings mit der Besonderheit, dass im Gegensatz zur Regelung in der KO jetzt nicht mehr das **Gericht** die Insolvenztabelle führt, sondern diese **Zuständigkeit** auf Beschlussempfehlung des Rechtsausschusses in Anlehnung an § 5 Nr. 3 GesO **auf den Verwalter übertragen** wurde.[2]

2 Die Forderungsanmeldungen erfolgen im Falle der Eigenverwaltung beim Sachwalter (§ 270 Abs. 3 S. 2), im vereinfachten Verfahren beim Treuhänder (§§ 174 Abs. 1 S. 1, 313 Abs. 1 S. 1).

3 **Allgemein** normiert § 174 die Anmeldung zur Insolvenztabelle als das für Insolvenzgläubiger einzig mögliche Verfahren, ihre persönlichen Vermögensansprüche gegen den Schuldner geltend zu machen. Nach Verfahrenseröffnung ist es dem Insolvenzgläubiger nicht mehr möglich, seine Forderungen im Wege der ordentlichen Gerichtsbarkeit durchzusetzen. Er kann nach § 87 seine Forderungen nur noch nach den Vorschriften über das Insolvenzverfahren verfolgen; dies gilt auch für die Geltendmachung von Entgeltansprüchen, die sich nicht mehr nach den tariflichen Ausschlussfristen richtet,[3] sowie für Ansprüche aus einem Abgabenschuldverhältnis[4] und für vor Verfahrenseröffnung begründete Steuerverbindlichkeiten. Ansprüche aus einem Steuerschuldverhältnis dürfen nach Eröffnung eines Insolvenzverfahrens von dem Finanzamt nicht mehr festgesetzt werden. Wird der Steuerbescheid dennoch erlassen, ist er unwirksam. Entsprechendes gilt auch für Grundlagenbescheide[5] und Besteuerungsgrundlagen, die einheitlich und gesondert festzustellen sind.[6] Die Vorschrift stellt insofern eine Konkretisierung des § 87 dar. Die Absätze 1 und 2 regeln die Zuständigkeit, die Form und den Inhalt der Forderungsanmeldung. Die Anmeldung nachrangiger Forderungen wird in Abs. 3 besonders geregelt.

4 Die Vorschrift wurde in veränderter Fassung von § 201 RegE übernommen. Lediglich die im RegE vorgesehene Gerichtszuständigkeit wurde auf den Verwalter verlagert.[7] Durch das InsOÄndG 2001[8] wurde Abs. 2 ergänzt, die VO (EG)-Nr. 1346/2000 des Rates vom 29. 5. 2000 hat die Anforderung an wirksame Forderungsanmeldungen verschärft und durch das am 1. 1. 2002 in Kraft getretene Gesetz zur Modernisierung des Schuldrechts[9] ergaben sich schließlich

---

[1] §§ 138–148 KO; vgl. auch § 11 Abs. 2 und 3 GesO.
[2] *Balz/Landfermann,* S. 425 ff.
[3] LAG Hamm ZInsO 2005, 2230 ff.
[4] Thüringer OGVB Juris, BeckRS 2007, 20 559.
[5] BFH NZI 2003, 456 f.
[6] BFH ZInsO 2005, 97 ff.
[7] *Balz/Landfermann,* S. 426 f.
[8] BGBl. I 2001 S. 2710, 2712.
[9] BGBl. I 2002 S. 3138 ff.

erhebliche Änderungen hinsichtlich der Verjährungshemmung.[1] Abs. 4 angefügt durch das Justizkommunikationsgesetz vom 22. 3. 2005.[2]

2. Voraussetzung und Form der Forderungsanmeldung

5 **a)** Zur Forderungsanmeldung berechtigt sind die **Insolvenzgläubiger nach § 38** und die **absonderungsberechtigten Gläubiger,** soweit ihnen der Schuldner auch persönlich haftet. **Aussonderungsberechtigte** nach § 47 und die übrigen Absonderungsberechtigten sind **keine** Insolvenzgläubiger. Sie nehmen am Feststellungsverfahren nicht teil. Die Aussonderungsberechtigten verfolgen ihre Ansprüche nicht durch Anmeldung zur Tabelle, sondern gem. § 47 S. 2 durch die Gesetze außerhalb des Insolvenzverfahrens. Für die übrigen absonderungsberechtigten Gläubiger steht ein gesondertes Verfahren der InsO nach §§ 165 ff. zur Verfügung.[3]

6 **Nachrangige Insolvenzgläubiger (§ 39)** sind nur dann anmeldeberechtigt, wenn nach Abs. 3, S. 1 das Gericht gesondert zur Anmeldung aufgefordert hat.

7 **Massegläubiger** nehmen am Feststellungsverfahren ebenfalls nicht teil, da sie vorab befriedigt werden. Auch durch die irrtümliche Anmeldung einer Masseforderung zur Insolvenztabelle wird diese nicht zu einer Insolvenzforderung.[4] Gleiches gilt für die **Aufrechnungsberechtigten** nach §§ 94, 95, da die Aufrechnungsmöglichkeit von der Verfahrenseröffnung nicht betroffen ist.

8 Gläubiger **nicht fälliger Forderungen** (§ 41), **auflösend bedingter Forderungen** (§ 42) und von Forderungen für die ihnen nach § 43 mehrere Personen haften **(Gesamtschuld),** können diese als normale Insolvenzforderungen anmelden. Auch **aufschiebend bedingte Forderungen** können angemeldet werden, da sie zunächst wie unbedingte Forderungen behandelt werden. Auswirkungen zeigen sich erst bei der Abschlags- und Schlussverteilung.

9 Bürgen oder mithaftende Gesamtschuldner können ihre Forderung, die sie durch eine Befriedigung des Gläubigers künftig gegen den Schuldner erwerben könnten, im Insolvenzverfahren nur dann anmelden, wenn der Gläubiger seine Forderung nicht geltend macht (§ 44). Nur wenn der Bürge oder Gesamtschuldner vor Eröffnung des Insolvenzverfahrens den Gläubiger bereits befriedigt hat, ist er zur Anmeldung berechtigt.[5]

10 In der Literatur umstritten ist die Behandlung der Haftungsansprüche des § 93 durch den Insolvenzverwalter der Gesellschaft in der Insolvenz des persönlich haftenden Gesellschafters. Nach dem von *Bitter*[6] vertretenen „Vollanmeldungsmodell" kann der Insolvenzverwalter über das Vermögen der Gesellschaft die Gläubigeransprüche gem. § 93 in voller Höhe im Insolvenzverfahren des Gesellschafters anmelden. Bestehen allerdings konkurrierende Haftungsverhältnisse des Gesellschafters aus Bürgschaft oder Schuldbeitritt, sind die Gläubiger nicht gehindert, diese Ansprüche direkt gegenüber dem Gesellschafter zu verfolgen und in der Gesellschafterinsolvenz anzumelden. In diesen Fällen soll die Anmeldebefugnis des Insolvenzverwalters der Gesellschaft analog § 44 beschränkt sein, um eine

[1] § 204 Abs. 1 Ziff. 10 BGB.
[2] BGBl. I, 2005 S. 837.
[3] *Breutigam/Blersch/Goetsch/Breutigam,* InsO, § 174 Rn. 5.
[4] OLG Schleswig ZInsO 2004, 687 ff.
[5] *Uhlenbruck/ders.,* InsO, § 174 Rn. 8.
[6] *K. Schmidt/Bitter,* ZIP 2000, 1077 ff.

Doppelanmeldung in der Gesellschafterinsolvenz zu vermeiden. Hat der Gesellschafter dem Gläubiger Sachsicherheiten gewährt, soll der Insolvenzverwalter auf den Ausfallbetrag beschränkt sein.

Karsten Schmidt vertritt dem gegenüber die Auffassung, dass der Verwalter im Gesellschaftsinsolvenzverfahren gegen die persönlich haftenden Gesellschafter als Gesamtschuldner nur den auf den Eröffnungsstichtag berechneten Unterdeckungsbetrag geltend machen kann. Damit wird das Ausfallprinzip des § 212 KO in das Innenverhältnis verlagert und die Berücksichtigung der Sicherungsrechte der Gesellschaftsgläubiger vermieden. **11**

Zur Forderungsanmeldung berechtigt, aber auch verpflichtet ist auch der Fiskus, wobei die Anmeldung von Abgabenansprüchen zur Tabelle keinen Verwaltungsakt darstellt.[1] Eine Änderung der Anmeldung ist daher grundsätzlich jederzeit möglich.[2] War bei Eröffnung des Insolvenzverfahrens allerdings bereits ein bestandskräftiger Steuerbescheid ergangen, kann das Finanzamt über den festgesetzten Betrag nur dann hinausgehen, wenn die Tatbestandsvoraussetzungen der §§ 172-177 AO vorliegen, es sei denn, die Steuer ist unter dem Vorbehalt der Nachprüfung oder lediglich vorläufig festgesetzt worden. Entsprechendes gilt auch für eine Herabsetzung der Steuerschuld.[3] Auch Ansprüche aus einem öffentlichrechtlichen Abgabenverhältnis sind zur Tabelle anzumelden, wenn sie vor Eröffnung des Insolvenzverfahrens begründet waren.[4] **12**

b) Die Forderungsanmeldungen erfolgen **beim Insolvenzverwalter,** dem nunmehr die Führung der Insolvenztabelle nach § 175 obliegt. Im Falle der Eigenverwaltung erfolgt die Anmeldung beim Sachwalter (§ 270 Abs. 3 S. 1), im vereinfachten Verfahren beim Treuhänder (§§ 174 Abs. 1 S. 1, 313 Abs. 1 S. 1). **13**

Forderungsanmeldungen, die vom Gläubiger unzutreffenderweise beim Insolvenzgericht vorgenommen worden sind, werden von diesem an den Insolvenzverwalter weitergeleitet. Sie entfalten ihre Wirksamkeit (zum Beispiel Verjährungshemmung) erst mit Eingang beim Insolvenzverwalter. Wird die Forderung erst nach Bestimmung des Schlusstermines angemeldet, ist sie als Einwendung gegen das Schlussverzeichnis zu werten und nicht in das Schlussverzeichnis aufzunehmen.[5] Wird die Forderung nach Abschluss des Schlusstermines angemeldet, ist sie nicht mehr zu berücksichtigen.[6] **14**

c) Die Anmeldung hat **schriftlich** zu erfolgen, wobei § 126 Abs. 1 BGB hierbei nicht eingehalten werden muss. Die Übermittlung der Forderungsanmeldung durch Telegrafie, Fernschreiben, Fernkopie ist ausreichend, obwohl sie dem Insolvenzverwalter keine vom Absender unterzeichnete Urkunde verschafft. **15**

Auch die Anmeldung durch **elektronische Datenübermittlung,** durch Übergabe eines Datenträgers oder Übermittlung eines elektronischen Dokumentes, soweit der Insolvenzverwalter der Übermittlung zugestimmt hat, ist zulässig. Der Insolvenzverwalter muss nur in der Lage sein, aus den übermittelten Daten selbst einen schriftlichen Ausdruck herzustellen, um der Offenlegungspflicht des **16**

---

1 BFH BStBl. III 1965, S. 491.

2 Vgl. hierzu die Kommentierung zu § 177.

3 Vgl. hierzu auch die Verfügung vom 7. 4. 2000 – S 0550 A-01 St 223 der OFD Erfurt ZInsO 2000, 275 f.

4 ThürOVG DZWIR 2007, 288 ff.

5 LG Verden ZInsO 2005, 949 f.

6 AG Potsdam ZIP 2006, 2230.

§ 175 Abs. 1 S. 2 genügen zu können. Die Anmeldung muss außerdem zweifelsfrei ihren Urheber erkennen lassen. Urkunden, aus denen sich die Forderung ergibt, sind unverzüglich nachzureichen (Abs. 4).

17 **d)** Obwohl die Anmeldung nicht mehr beim Insolvenzgericht erfolgt, ist sie **in deutscher Sprache** vorzunehmen;[1] § 184 GVG gilt insoweit analog. Zu berücksichtigen ist allerdings **Art. 42 der VO (EG) Nr. 1346/2000** des Rates vom 29. Mai 2000,[2] die am 31. Mai 2002 in Kraft getreten ist. Danach kann jeder Gläubiger, der seinen gewöhnlichen Aufenthalt, Wohnsitz oder Sitz in einem anderen Mitgliedsstaat als dem Staat der Verfahrenseröffnung hat, seine Forderung auch in der Amtssprache oder einer der Amtssprachen dieses anderen Staates anmelden. In diesem Fall muss die Anmeldung jedoch mindestens die Überschrift „Anmeldung einer Forderung" in der Amtssprache oder einer der Amtssprachen des Staates der Verfahrenseröffnung tragen. Vom Gläubiger kann eine Übersetzung der Anmeldung in die Amtssprache oder eine der Amtssprachen des Staates der Verfahrenseröffnung verlangt werden.

18 Die noch in § 139 S. 2 KO enthaltene Möglichkeit der Anmeldung zu **Protokoll der Geschäftsstelle** ist von der InsO nicht übernommen worden.

19 **e)** Die Anmeldung kann durch den Gläubiger selbst oder durch seinen Vertreter erfolgen. Erfolgt die Anmeldung durch ein Inkassounternehmen, stellt dies keinen Verstoß gegen das Rechtsberatungsgesetz dar.[3] Die bislang hier vertretene Meinung ist nun gesetzlich geregelt. Die Inkassounternehmen sind des Weiteren berechtigt, im Prüfungstermin den Gläubiger zu vertreten, Tabellenauszüge und andere Zustellungen nach diesem Verfahrensabschnitt entgegenzunehmen. Zur gerichtlichen Vertretung im Feststellungsprozess nach § 180 oder § 184 sind die Inkassounternehmen nicht berechtigt. Hier gelten die Vorschriften der jeweiligen Verfahrensordnungen weiter. Die Vorlage einer **Vollmachtsurkunde** ist dann erforderlich. Eine Ausnahme gilt nach § 88 Abs. 2 ZPO nur für Rechtsanwälte.

20 Die Anmeldung hat innerhalb der vom Gericht nach § 28 Abs. 1 S. 1 u. 2 im Eröffnungsbeschluss bestimmten Frist von höchstens 3 Monaten zu erfolgen. Hierbei handelt es sich jedoch nicht um eine **Ausschlussfrist** wie bei § 14 Abs. 2 GesO (vgl. § 177).

21 **f)** Der Forderungsanmeldung sind nach **Abs. 1, S. 2** die **Urkunden,** aus denen sich die Forderung ergibt in Abdruck beizufügen. Als Urkunden kommen hier jegliche Schriftstücke in Betracht, mit denen der Beweis für das Bestehen der Forderung zu führen ist, wie bspw. Verträge, Rechnungen, Schuldanerkenntnisse, Abtretungsurkunden u. ä. Die Vorlage nur von Rechnungen ohne Lieferscheine reicht nicht aus, da sich daraus nicht der Nachweis der erfolgten Lieferung ergibt. Fügt der Gläubiger seiner Forderungsanmeldung nur die Rechnung bei und kann der Verwalter auf Grund der eingereichten Unterlagen die Forderung nicht abschließend prüfen und feststellen, so trägt der Gläubiger, wenn er die Urkunden erst im Feststellungsverfahren vorlegt und der Verwalter daraufhin die Forde-

---

[1] *Kübler/Prütting/Bork/Pape,* InsO, § 174 Rn. 25.

[2] ABl. Nr. L 160/1 v. 30. 6. 2000; Formblätter in allen Amtssprachen der EU unterrichten die Gläubiger gem. Art. 40 i. V. m. Art. 42 Abs. 1 über ihre Rechte und Pflichten im Zusammenhang mit der Forderungsanmeldung.

[3] OLG Dresden ZInsO 2004, 810 f.

rung abschließend prüfen und feststellen kann, das Kostenrisiko.[1] Die Schuldurkunden sind grundsätzlich in **Kopie** vorzulegen.

Im Gegensatz zu § 139 KO handelt es sich bei Abs. 1, S. 2 lediglich um eine **Sollvorschrift.**[2] Fehlen die Unterlagen, so bleibt die Anmeldung gleichwohl wirksam. Der Verwalter ist gehalten, die fehlenden Unterlagen anzufordern, bevor er im Prüfungstermin die Forderung bestreitet. 22

Eine Verschärfung enthält aber die VO(EG) Nr. 1346/2000 des Rates vom 29. 5. 2000, die in Art. 40 vorsieht, dass Kopien ggf. vorhandener Belege beizufügen sind sowie Art, Entstehungszeitpunkt und Betrag der Forderung mitgeteilt werden müssen. Ferner ist nach dieser Vorschrift anzugeben, ob für die Forderung ein Vorrecht, eine dingliche Sicherheit oder ein Eigentumsvorbehalt beansprucht wird und welche Vermögenswerte Gegenstand der Sicherheit sind. Regelungen zur Forderungsanmeldung enthält für das Internationale Insolvenzrecht § 341. 23

Titel, Wechsel und sonstige Schuldurkunden müssen **nicht im Original** eingereicht werden. Die in den Vorauflagen vertretene, anderweitige Auffassung wird aufgegeben. Zur Vermeidung einer Doppeltitulierung kann das Insolvenzgericht die Erteilung des vollstreckbaren Tabellenauszuges von der Vorlage des Originaltitels zur Entwertung abhängig machen. Des Weiteren kann sich der Schuldner gegen eine Vollstreckung aus dem früheren Titel mit dem jeweils statthaften Rechtsbehelf wehren. Die Verpflichtung zur Vorlage von Originalen findet im Gesetz keine Stütze.[3] 24

3. Inhalt der Forderungsanmeldung

Nach Abs. 2 sind bei der Forderungsanmeldung Grund und Höhe der Forderung anzugeben. 25

a) Hinsichtlich des **Grundes** hat der Gläubiger lediglich den Lebenssachverhalt schlüssig darzustellen, aus dem sich die Forderung ergibt.[4] Die Darstellung hat so zu erfolgen, dass es dem Insolvenzverwalter und den Gläubigern möglich ist, über Berechtigung oder Nichtberechtigung der Forderung zu entscheiden. Eine rechtliche Würdigung findet nicht statt. Die Vorlage von Rechnungen ist daher bspw. nicht ausreichend.[5] Der Grund des Anspruchs bestimmt, soweit die Forderung anerkannt wird, den Umfang der Rechtskraft der Eintragung gegenüber den Gläubigern, im Falle des Bestreitens den Umfang der Rechtskraft des im Feststellungsprozess ergehenden Urteils. Wird der Grund des Anspruchs im Laufe des Verfahrens geändert, muss die Forderung neu angemeldet werden.[6] Die Forderungsanmeldung ohne hinreichenden Grund oder gänzlich ohne Angabe des Grundes ist unwirksam.[7] Der BGH hat bestätigt, dass die InsO keine besonderen Regeln für die Tabellenfeststellung einzelner Forderungsarten kennt. Auch die 26

---

[1] AG Köln ZInsO 2003, 1009.

[2] AA: LAG Hamm ZInsO 2005, 1120.

[3] BGH ZInsO 2006, 102 ff.

[4] BGH ZInsO 2009, 381 ff.

[5] BGH ZInsO 2009, 381 ff., 382.

[6] BGH NZI 2004, 214 ff.; BGH ZInsO 2009, 381 ff.

[7] *Breutigam/Blersch/Goetsch/Breutigam,* InsO, § 174 Rn. 15; vgl. auch nachfolgend Rn. 26 ff.; AG Köln ZInsO 2003, 1009.

Anmeldung einer Forderung aus Zahlungsversprechen auf erstes Anfordern ist feststellungsfähig.[1]

27 **b)** Der **Forderungsbetrag** ist grundsätzlich in Euro anzugeben. Mit Abschaffung der DM im Jahr 2002 hatte auch für Altverfahren eine Umstellung in Euro stattzufinden.[2] Ausländische Währungen sind gem. § 45 S. 2 nach dem Kurswert, der zurzeit der Verfahrenseröffnung für den Zahlungsort maßgeblich ist, in inländische Währung umzurechnen. Zinsen sind gesondert mit dem Beginn des Zinslaufs und dem geltend gemachten Prozentsatz anzumelden. Einer betragsmäßigen Errechnung durch den Gläubiger bedarf es nicht. Der Zinsbetrag ist ggf. vom Insolvenzverwalter selbst zu errechnen und in der errechneten Höhe in die Insolvenztabelle aufzunehmen. Macht der Gläubiger Verzugszinsen geltend, sind die Voraussetzungen des Verzuges sowie die Höhe der Zinsen, soweit sie über dem gesetzlichen Zinssatz liegen, nachzuweisen.[3] Forderungen auf Arbeitsentgelt sind grundsätzlich mit dem Bruttobetrag anzusetzen, da dies die vom Arbeitgeber geschuldete Leistung ist.[4]

28 **c)** Durch das InsOÄndG 2001[5] wurde Abs. 2 dergestalt ergänzt, dass an den bisherigen Wortlaut noch angefügt wurde: „sowie die Tatsachen, aus denen sich nach Einschätzung des Gläubigers ergibt, dass ihr eine vorsätzlich begangene, unerlaubte Handlung des Schuldners zugrunde liegt." Der Gläubiger hat daher bei der Forderungsanmeldung bereits die Tatsachen, ein bloßer Hinweis, die Forderung resultiere aus einer unerlaubten Handlung, ohne jeden Tatsachenvortrag, ist nicht ausreichend,[6] mitzuteilen, aus denen sich nach seiner Einschätzung ergibt, dass der Forderung eine vorsätzlich begangene, **unerlaubte Handlung** des Schuldners zugrunde liegt, da derartige Forderungen von der Restschuldbefreiung nicht erfasst werden (§ 302 Nr. 1). Für den Schuldner würde es eine erhebliche Härte bedeuten, wenn er erst nach erfolgreichem Durchlaufen der Wohlverhaltensperiode erfahren würde, dass eine derartige Forderung von der Restschuldbefreiung nicht erfasst wäre.[7] Durch die Regelung soll dem Schuldner rechtzeitig die Möglichkeit verschafft werden, die Gefahr einer nicht vollständigen Restschuldbefreiung abschätzen zu können, bzw. die Klärung dieser Frage noch während des Insolvenzverfahrens herbeizuführen und nicht erst nach Ablauf der Wohlverhaltensperiode. Ist die Forderung rechtskräftig festgestellt, kann der Gläubiger noch nachträglich die Tatsachen, aus denen sich eine vorsätzliche, unerlaubte Handlung des Schuldners ergibt, anmelden. Der nachträgliche Tatsachenvortrag ist als nachträgliche Anmeldung zu behandeln. Der Insolvenzverwalter ist verpflichtet, die nachträglich angemeldete Tatsache in die Tabelle einzutragen. Die Rechtskraft des § 178 Abs. 3 schließt eine solche Nachholung nicht aus. Widersprechen kann dieser Nachtragsanmeldung nur der Schuldner. Eine Tabellenbeschwerde in Gesetzesanalogie zur Verzeichnisbeschwerde ist unstatthaft. Den Rechtsgrund der unerlaubten Handlung kann der Gläubiger nur außerhalb

[1] BGH NZI 2008, 265 m. Anm. *Kießner*, FD-InsR 2008, 266102.

[2] *Bähr,* InVo 98, 205 ff., 207.

[3] HK-*Irschlinger,* InsO, § 174 Rn. 12.

[4] LAG Düsseldorf BB 75, 517; LAG Hamm ZInsO 2005, 1120; LG Köln NJOZ 2005, 4923.

[5] BGBl. I 2001, S. 2710.

[6] AG Straußberg VuR 2005, 33.

[7] BR-Drucks. 14/01 S. 62.

des Insolvenzverfahrens gegen den Schuldner im Klagewege geltend machen. Eine Tabellenfeststellungsklage gegen den Insolvenzverwalter ist unzulässig.[1] Die Prüfung des deliktischen Charakters der Forderung kann im schriftlichen Verfahren oder einem nachträglichen Prüfungstermin erfolgen.[2] Ein isoliertes Widerspruchsrecht des Verwalters gegen den Rechtsgrund der Forderung aus vorsätzlich begangener, unerlaubter Handlung steht dem Insolvenzverwalter jedoch nicht zu. Ein solcher Widerspruch des Insolvenzverwalters ist wirkungslos.[3]

Unterlässt der Gläubiger den Hinweis, wird die Forderung von der **Restschuldbefreiung** erfasst. Weist der Gläubiger darauf hin, dass die Forderung aus einer unerlaubten Handlung erwachsen ist, so wird der Vortrag des Gläubigers, die Forderung stamme aus einer unerlaubten Handlung, in die Tabelle eingetragen, was nach § 178 Abs. 3 wie ein rechtskräftiges Urteil gegenüber dem Insolvenzverwalter und den Insolvenzgläubigern wirkt. Will der Schuldner die Rechtsfolge des § 302 Nr. 1 vermeiden, so muss er im Prüfungstermin widersprechen. Fehlt die Feststellung hinsichtlich einer vorsätzlich begangenen, unerlaubten Handlung in der Tabelle, so kann sich der Gläubiger auf einen angeblichen Ausschluss seiner Forderung von der Restschuldbefreiung nicht mehr berufen (§ 302 Nr. 1).[4] 29

4. Fehlerhafte und unvollständige Anmeldungen

Bis zum Ablauf der Anmeldefrist kann der Gläubiger fehlerhafte und unvollständige Anmeldungen korrigieren und ggf. auch den angemeldeten Betrag erhöhen. Aber auch soweit Anmeldungen den formellen und materiellen Anforderungen nicht genügen, ist der Insolvenzverwalter nicht befugt, diese zurückzuweisen.[5] Nach Ablauf der Anmeldefrist werden derartige Änderungen wie nachträgliche Anmeldungen behandelt (§ 177 Abs. 1 S. 3). 30

Die Forderungsanmeldung muss allerdings den Mindestinhalt aufweisen, mithin den Gläubiger, den Forderungsgrund und den Betrag der angemeldeten Forderung erkennen lassen. Bis zum Ablauf der Anmeldefrist können Veränderungen vorgenommen werden. **Nach Ablauf der Anmeldefrist** führt eine Erhöhung des Forderungsbetrages immer zu einer nachträglichen Anmeldung, während eine Ermäßigung (vollständige oder teilweise Rücknahme) dann unproblematisch ist, wenn die Forderung noch nicht endgültig zur Tabelle festgestellt wurde. Der **Austausch des Grundes** der Forderung stellt dann eine nachträgliche Anmeldung dar, wenn sich der zugrunde liegende Lebenssachverhalt ändert. Eine Ergänzung des Rechtsgrundes oder das Nachschieben von weiteren Anspruchsgrundlagen ist dann unschädlich, wenn hierdurch keine Änderung des Streitgegenstandes eintritt. 31

Enthält die Anmeldung nicht einmal die **Mindestanforderungen,** so ist sie unwirksam.[6] Eine unwirksame Forderungsanmeldung kann auch nicht gem. 32

[1] BGH NZI 2008, 250 m. Anm. *Kießner,* FD-InsR 2008, 254756.
[2] AG Hamburg ZInsO 2005, 107; AG Münster 77 IK 35/01.
[3] BGH NJW 2008, 3285 ff. m. Anm. *Kießner,* FD-InsR 2008, 265409.
[4] Der BGH (InVo 2003, 70 f.) vertritt ebenfalls eine strenge Auffassung, wonach bei der Vollstreckung außerhalb des Titels liegende Umstände nicht berücksichtigt werden dürfen, wenn der Gläubiger es im Erkenntnisverfahren versäumt hat, den Schuldgrund der vorsätzlich begangenen, unerlaubten Handlung in die Verurteilung aufnehmen zu lassen.
[5] OLG Dresden ZInsO 2004, 810 f.: unschlüssiges ist ggf. zu bestreiten.
[6] MünchKommInsO-*Nowak,* § 174 Rn. 15.

§ 204 Abs. 1 Nr. 10 BGB die Verjährung hemmen. Selbstverständlich kann der Gläubiger im Rahmen des Insolvenzverfahrens eine Forderung noch zur Tabelle anmelden, sie ist dann ggf. in einem nachträglichen Prüfungstermin oder im schriftlichen Verfahren zu prüfen.

5. Anmeldung nachrangiger Forderungen

33 Nachrangige Gläubiger können nur in Ausnahmefällen mit einer Befriedigung ihrer Forderungen rechnen. Dies ist der Fall, wenn entweder bei der Befriedigung der nicht nachrangigen Gläubiger ein **Überschuss** verbleibt, oder wenn ein **Insolvenzplan** die Befriedigung auch der nachrangigen Gläubiger vorsieht. In den übrigen Fällen soll eine Belastung des Verfahrens durch Anmeldungsaufwand nicht erfolgen. Daher ist in Abs. 3 geregelt, dass eine Anmeldung von nachrangigen Forderungen nur dann stattfinden soll, wenn das Gericht dazu gesondert auffordert.[1] Das Gericht wird in der Praxis, abgesehen von dem Fall eines Insolvenzplanes, eine Aufforderung zur Anmeldung erst dann vornehmen, wenn abzusehen ist, dass Mittel zumindest für eine Teilbefriedigung der nachrangigen Gläubiger – möglicherweise auch erst im Restschuldbefreiungsverfahren – zur Verfügung stehen. Die Prüfung dieser nachträglich angemeldeten Forderungen wird daher in einem gesonderten Termin stattfinden. Bei einer Prüfung der nachrangigen Forderungen erst im Schlusstermin besteht auch die Möglichkeit, sämtliche den Gläubigern während des Verfahrens entstandenen Kosten, die nach § 39 Abs. 1, Nr. 2 mit Nachrang zu befriedigen sind, in die Prüfung und Feststellung der Forderungen einzubeziehen.[2]

34 Meldet der nachrangige Gläubiger seine Forderung an, ohne auf den Nachrang hinzuweisen und die Rangstelle mitzuteilen (Abs. 3 S. 2), so gilt dies als Anmeldung einer nicht nachrangigen Forderung, was zur Folge hat, dass der Insolvenzverwalter die Forderung im Prüfungstermin bestreiten wird. Zur Zurückweisung der Forderungsanmeldung ist er nicht berechtigt.[3]

6. Wirkung der Anmeldung

35 Nur durch die Anmeldung seiner Forderung nimmt der Insolvenzgläubiger überhaupt am Verfahren teil und erwirbt das Recht, im Prüfungstermin die Forderungen anderer Gläubiger zu bestreiten.[4] Festgestellte Forderungen gewähren ein Stimmrecht (§ 77 Abs. 1 S. 1), die Gläubiger bestrittener Forderungen sind stimmberechtigt, soweit sich in der Gläubigerversammlung Verwalter und Gläubiger über das Stimmrecht einigen oder das Insolvenzgericht dem Gläubiger ein Stimmrecht zubilligt (§ 77 Abs. 2).

36 Durch die Anmeldung der Forderung wird die **Verjährung** gem. § 204 Abs. 1 Nr. 10 BGB gehemmt.[5] Der Insolvenzverwalter hat daher dafür Sorge zu tragen, dass der Posteingang täglich auf Forderungsanmeldungen überprüft und mit dem

[1] Begründung zu § 201 RegE, abgedruckt in *Balz/Landfermann,* S. 426.
[2] Begründung zu § 201 RegE, abgedruckt in *Balz/Landfermann,* S. 426.
[3] LG Waldshut-Tiengen ZInsO 2005, 557.
[4] MünchKomm-*Nowak,* InsO § 176 Rn. 27 mwN.
[5] Vgl. näher *Vallender,* ZInsO 2002, 110 f.

Tagesstempel versehen wird.[1] Dies ist auch bei Anmeldungen im Wege der elektronischen Datenübertragung[2] sicherzustellen.

37 Nach Beendigung des Insolvenzverfahrens dauert die Hemmung der Verjährung weitere sechs Monate an (§ 204 Abs. 2 S. 1 BGB). Hat der Schuldner Restschuldbefreiung beantragt, so endet das Verfahren im Sinne des § 204 Abs. 2 S. 1 BGB erst mit der Entscheidung des Insolvenzgerichts über die Versagung.[3]

38 Die Hemmung der Verjährung wird nur durch eine ordnungsgemäße Anmeldung herbeigefügt. Fehlen der Anmeldung die Mindestanforderungen, führt dies zum einen dazu, dass der Insolvenzverwalter sie nicht in die Tabelle aufnimmt und zum anderen die Verjährungshemmung nicht eintritt. Eine Berichtigung oder Neuanmeldung müsste dann ggf. rechtzeitig vor Ablauf der Verjährung erfolgen, um diese noch zu verhindern. Eine bereits eingetretene Verjährung wird durch Behebung der Mängel nicht mehr beseitigt.[4]

7. Praxishinweise

39 Seit Inkrafttreten des InsOÄndG 2001 bereitet vor allem die Anmeldung von Gläubigerforderungen aus vorsätzlich begangener, unerlaubter Handlung Probleme. Insbesondere die Sozialversicherungsträger melden die Forderungsteile, die auf die einbehaltenen Arbeitnehmeranteile entfallen, grundsätzlich mit diesem Forderungsattribut an, ohne die Voraussetzungen der §§ 823 Abs. 2 BGB i. V. m. § 266 a StGB in der Regel im Einzelnen darzulegen. Soweit in Forderungsanmeldungen auf dem Formular lediglich das entsprechende Kästchen angekreuzt wird, ohne dass nähere Tatsachen mitgeteilt werden, aus denen sich insbesondere der Vorsatz ableiten lässt, liegt eine ordnungsgemäße Anmeldung im Sinne des Abs. 2 nicht vor.[5]

40 Das Gesetz verlangt nicht nur die Behauptung des Gläubigers, dass seiner Forderung eine vorsätzlich begangene, unerlaubte Handlung zugrunde liege, sondern den Vortrag von Tatsachen, aus denen sich diese Einschätzung des Gläubigers ergibt. Nur wenn diese Voraussetzungen erfüllt sind, ist die Forderung mit dem Attribut der vorsätzlich begangenen, unerlaubten Handlung in die Tabelle aufzunehmen. Fehlt der entsprechende Tatsachenvortrag, wird die Forderung lediglich als normale Insolvenzforderung ohne diesen Zusatz in die Tabelle aufgenommen. Eine nachträgliche Berichtigung ist allerdings bis zum Ablauf der Anmeldefrist durch den Gläubiger möglich.[6]

41 Trägt der Gläubiger vor, der Schuldner habe bei ihm noch zu einem Zeitpunkt Waren bestellt, der nach dem im Eigenantrag selbst vom Schuldner eingeräumten

---

[1] *Eckardt,* in Kölner Schrift, S. 750 Rn. 12.

[2] Vgl. Rn. 13.

[3] *Uhlenbruck/ders.,* InsO, § 174 Rn. 28; *Kübler/Prütting/Bork/Pape,* InsO, § 174 Rn. 1 b).

[4] RGZ 39, 47.

[5] *Kehe/Meyer/Schmerbach,* ZInsO 2002, 615, 617; aA: *Mäusezahl,* ZInsO 2002, 462, 463 f.

[6] Abzulehnen ist die Auffassung von *Riedel,* NZI 2002, 414 f., dass der Insolvenzverwalter den Gläubiger zur Ergänzung seines Vortrages aufzufordern hat, wenn lediglich die Behauptung einer vorsätzlich begangenen, unerlaubten Handlung mit der Forderungsanmeldung erfolgt, jedoch die zugrunde liegenden Tatsachen nicht mitgeteilt werden.

Stichtag der Zahlungsunfähigkeit gelegen hat, so genügt dieser Vortrag den Voraussetzungen des Abs. 2.[1]

42 Auch Gläubiger öffentlich-rechtlicher Forderungen können Tatsachen vortragen, aus denen sich Ansprüche im Sinne des Abs. 2 ergeben. Hat der Schuldner beispielsweise Sozialhilfe durch falsche oder unvollständige Angaben im Antrag erschlichen, wird die Kommune den Leistungsbescheid widerrufen und die zu Unrecht gewährten Beträge zurückverlangen. Dieser Anspruch kann dann zugleich auch mit dem Attribut nach Abs. 2 (§ 263 Abs. 1 StGB) zur Tabelle angemeldet werden.[2]

43 Macht der Schuldner gegenüber dem Finanzamt in seiner Steuererklärung falsche Angaben und verwirklicht damit den Straftatbestand der Steuerhinterziehung (§ 370 AO) liegt hingegen kein Anspruch aus vorsätzlich begangener, unerlaubter Handlung vor, da der Steueranspruch des Fiskus nicht aus der Steuerhinterziehung resultiert, sondern gem. § 38 AO durch Verwirklichung des gesetzlichen Besteuerungstatbestandes.[3] Einen Kausalzusammenhang zwischen der Steuerhinterziehung und dem Anspruch aus dem Steuerschuldverhältnis könnte man allenfalls hinsichtlich der Hinterziehungszinsen bejahen.[4] Darüber hinaus könnte die Restschuldbefreiung gem. § 290 Abs. 1 Nr. 2 versagt werden.

§ 175 Tabelle

(1) **Der Insolvenzverwalter hat jede angemeldete Forderung mit den in § 174 Abs. 2 und 3 genannten Angaben in eine Tabelle einzutragen. Die Tabelle ist mit den Anmeldungen sowie den beigefügten Urkunden innerhalb des ersten Drittels des Zeitraums, der zwischen dem Ablauf der Anmeldefrist und dem Prüfungstermin liegt, in der Geschäftsstelle des Insolvenzgerichts zur Einsicht der Beteiligten niederzulegen.**

(2) **Hat ein Gläubiger eine Forderung aus einer vorsätzlich begangenen unerlaubten Handlung angemeldet, so hat das Insolvenzgericht den Schuldner auf die Rechtsfolgen des § 302 und auf die Möglichkeit des Widerspruchs hinzuweisen.**

Übersicht

[1] Vgl. hierzu LG München II, ZVI 2002, 10 ff. zu den Voraussetzungen der Glaubhaftmachung einer vorsätzlich begangenen, unerlaubten Handlung des Schuldners gem. § 309.

[2] Vgl. hierzu *Wieser,* KKZ 2002, 253 ff.

[3] Vgl. BFH NJW 1997, 1725; dem steht die Entscheidung des AG Siegen ZInsO 2003, 478 f. nicht entgegen, da es sich um einen besonders gravierenden Fall des Zigarettenschmuggels gehandelt hatte, so dass eine entsprechende Anwendung gerechtfertigt erschien.

[4] Vgl. FG Baden-Württemberg wistra 1987, 353.

1. Normzweck

1 Die Vorschrift entspricht im Grundsatz § 140 Abs. 2 KO, berücksichtigt allerdings die Änderung, dass nunmehr der Insolvenzverwalter für die Führung der Insolvenztabelle zuständig ist. Die Norm schreibt dem Insolvenzverwalter Inhalt, Art und Weise der Tabellenführung vor und bestimmt die Frist, in der er die Tabelle zur Information der Beteiligten beim Insolvenzgericht niederlegen muss. Die Vorschrift wurde mit Änderungen von § 202 RegE übernommen, die sich auf die Anpassung an die Verwalterzuständigkeit beschränken.[1] Durch das InsOÄndG 2001[2] wurde Abs. 2 angefügt.

2. Führung der Tabelle

2 **a)** Der Insolvenzverwalter[3] hat jede angemeldete Forderung mit den in § 174 Abs. 2 und 3 genannten Angaben in die Tabelle einzutragen. Es sind der **Gläubiger,** der **Grund** und der **Betrag** der einzelnen Forderung aufzunehmen und bei **nachrangigen Forderungen** der Hinweis auf den Nachrang sowie ihre **Rangstelle.**

3 Des Weiteren hat der Insolvenzverwalter wegen der verjährungshemmenden Wirkung der Anmeldung zu vermerken, zu welchem **Zeitpunkt** die Forderungsanmeldung erfolgte und ob und ggf. in welcher Höhe er der angemeldeten Forderung widerspricht bzw. sie anerkennt. Bei der Eintragung der angemeldeten Forderungen hat der Insolvenzverwalter die Reihenfolge der eingehenden Anträge zu beachten und dabei die Frist des S. 2 einzuhalten.[4]

4 **b)** Die Tabelle wird vom Insolvenzverwalter lediglich bis zum Prüfungstermin geführt. Danach verbleibt sie grundsätzlich auf der Geschäftsstelle des Insolvenzgerichtes. Infolge der Beurkundungsfunktion des Gerichtes (§ 178 Abs. 3) sind nachträgliche **Änderungen** sowohl bei Rücknahme des Widerspruchs vom Insolvenzverwalter, vom Insolvenzgläubiger und vom Schuldner als auch nach Obsiegen im Feststellungsprozess (§ 183 Abs. 2) **durch das Insolvenzgericht** vorzunehmen. Eine Berichtigung der Tabelle durch den Insolvenzverwalter ist

[1] *Balz/Landfermann,* S. 427.
[2] BGBl. I 2001, S. 2710, 2712.
[3] Im Verfahren der Eigenverwaltung führt der Sachwalter die Tabelle, im vereinfachten Verfahren der Treuhänder.
[4] MünchKomm-*Nowak,* InsO § 175 Rn. 3–10.

nicht mehr möglich.[1] Die Forderungsanmeldungen werden an den Insolvenzverwalter wieder zurückgegeben und von diesem verwahrt.

5 **c)** Unabhängig hiervon ist die Frage, wer die Tabelle nach dem Prüfungstermin **pflegt,** eher pragmatisch zu beurteilen. Überwiegend scheint es so zu sein, dass die Tabelle auch nach dem Prüfungstermin vom Insolvenzverwalter weitergepflegt wird, insbesondere auch, weil die Anmeldungen – auch nachträgliche Anmeldungen – weiterhin bei ihm eingehen und überwiegend die Tabelle in EDV-Form vom Insolvenzverwalter bearbeitet wird.[2]

6 **d)** Die Tätigkeit des Insolvenzverwalters erschöpft sich bei der Führung der Tabelle nicht in einer rein beurkundenden Tätigkeit.[3] Dem Insolvenzverwalter steht vielmehr hinsichtlich der angemeldeten Forderungen ein eigenes **Vorprüfungs- und Zurückweisungsrecht** zu.[4] Dabei ist allerdings das Spannungsverhältnis zu berücksichtigen, in dem der Insolvenzverwalter dadurch steht, dass er einerseits die beurkundende Tätigkeit, die unter Geltung der Konkursordnung die Geschäftsstelle des Konkursgerichtes vorgenommen hatte, übertragen erhalten hat und zum anderen der Verfahrensbeteiligte ist, der die angemeldeten Forderungen zu prüfen hat. Damit rückt er in die Nähe der Stellung einer Partei.[5]

7 Dadurch ist einerseits der Insolvenzverwalter gehalten, seine Prüfungs- und Zurückweisungsbefugnis eher restriktiv und zurückhaltend auszuüben, andererseits kann ihm nicht auferlegt werden, jede noch so fehlerhafte Forderungsanmeldung in die Tabelle einzutragen. Es müssen zumindest die **Mindestvoraussetzungen** für eine ordnungsgemäße Anmeldung gewahrt sein, mithin aus der Anmeldung der Gläubiger, der Grund und der Betrag der Forderung ersichtlich sein. Fehlt eine dieser Mindestvoraussetzungen, so kann der Insolvenzverwalter die Eintragung der Anmeldung in die Tabelle verweigern.[6]

8 **e)** Aus dem **Grundsatz des rechtlichen Gehörs** wird teilweise in der Literatur gefolgert,[7] dass ein Bestreiten im Prüfungstermin voraussetzen würde, dass der Insolvenzverwalter den anmeldenden Gläubiger auf die unzulässige Anmeldung hingewiesen hat. Aus § 139 Abs. 2 ZPO solle folgen, dass die Forderung im Prüfungstermin nicht bestritten werden dürfe, wenn ein derartiger Hinweis durch das Insolvenzgericht unterblieben sei. Ein derart modifiziertes Prüfungsverfahren ist im Gesetz allerdings nicht vorgesehen und daher abzulehnen. Das Gesetz vertraut in Übertragung der Tabellenerrichtungsfunktion auf den Insolvenzverwalter als neutralen Dritten, dem wegen seiner nachfolgenden Prüfungshandlung nicht der Vorhalt der Parteistellung gemacht werden kann; im Übrigen kann der Gläubiger „nachbessern" und ggf. nachträglich anmelden.

9 **f)** Der Insolvenzverwalter hat die angemeldete Forderung in die Tabelle einzutragen, auch wenn er der Überzeugung ist, sie sei von ihm ohnehin zu bestreiten. Dies gilt sowohl für fälschlicherweise angemeldete Masseschuldforderungen, als auch für zur Tabelle angemeldete Nachrangforderungen, sofern der

[1] HK-*Depré,* InsO, § 175 Rn. 13.
[2] Vgl. auch die Anm. zu § 178.
[3] AA: *Eckardt,* in Kölner Schrift, S. 752, Rn. 18.
[4] *Uhlenbruck/ders.,* InsO, § 175 Rn. 3.
[5] So ausdrücklich *Eckardt,* in Kölner Schrift, S. 753 Rn. 18.
[6] MünchKomm-*Nowak,* InsO § 174 Rn. 27 ff.
[7] *Merkle,* Rpfleger 2001, 157 ff., 164.

Gläubiger bei der Anmeldung nicht auf den Nachrang hinweist. In diesen Fällen hat der Insolvenzverwalter die Forderung in die Tabelle aufzunehmen, im Rahmen der Forderungsprüfung kann er sie bestreiten, der Gläubiger kann dann seine Rechte im Feststellungsverfahren weiterverfolgen.

Weigert sich der Insolvenzverwalter, eine angemeldete Forderung in die Tabelle aufzunehmen, so steht dem Gläubiger hiergegen ein formelles Rechtsmittel nicht zur Verfügung. Er kann lediglich Mitteilung an das Insolvenzgericht machen und dort anregen, dass dieses im Wege der **Aufsicht** den Insolvenzverwalter anweist, die Anmeldung in die Tabelle aufzunehmen. Folgt das Gericht dieser Anregung nicht, steht dem Gläubiger kein Rechtsmittel zur Verfügung.[1] Es bleiben ihm dann lediglich Haftungsansprüche gegen den Insolvenzverwalter. Dies spricht dafür, die Prüfungs- und Zurückweisungskompetenz des Insolvenzverwalters restriktiv zu interpretieren. 10

g) Meldet der Gläubiger eine **Masseverbindlichkeit** mit ausdrücklicher Bezeichnung als Masseschuld zur Insolvenztabelle an, so ist der Insolvenzverwalter gehalten, diese Anmeldung nicht in die Tabelle aufzunehmen, sondern den Gläubiger auf die vorrangige Befriedigungsmöglichkeit nach § 53 hinzuweisen. Ist die Masseverbindlichkeit als Insolvenzforderung angemeldet und anerkannt oder auf Grund eines rechtskräftigen Feststellungsurteils zur Tabelle festgestellt worden, kann sie dennoch unter Berufung auf § 55 gegen die Masse eingeklagt werden.[2] 11

In gleicher Weise hat er zu verfahren, wenn Gläubiger **nachrangige Forderungen** unter ausdrücklichem Hinweis auf den Nachrang anmelden. Auch diese Forderungen sind dann nicht in die Tabelle einzutragen. Anders ist nur dann zu entscheiden, wenn der Gläubiger Forderungen anmeldet, ohne ausdrücklich den Masseschuld- oder Nachrangcharakter anzugeben, der Insolvenzverwalter jedoch erkennt, dass es sich um Masseverbindlichkeiten bzw. nachrangige Insolvenzforderungen handelt. In diesen Fällen hat der Insolvenzverwalter die Anmeldung in die Tabelle einzutragen und kann im Prüfungstermin dann die Forderung bestreiten. Zur Zurückweisung der Forderungsanmeldung ist der Insolvenzverwalter nicht berechtigt.[3] 12

Werden in der Insolvenz des persönlich haftenden Gesellschafters Ansprüche von Gläubigern angemeldet, die gem. § 93 während der Dauer des Insolvenzverfahrens über das Vermögen der Gesellschaft nicht direkt von den Gläubigern, sondern vom Insolvenzverwalter der Gesellschaft geltend zu machen sind, so sind diese Anmeldungen ebenfalls in die Tabelle aufzunehmen. Im Prüfungstermin wird der Insolvenzverwalter des persönlich haftenden Gesellschafters diese dann zu bestreiten haben.[4] 13

h) Berichtigungen offensichtlicher Tippp- oder Übertragungsfehler können vom Insolvenzverwalter gem. §§ 4 i. V. m. 319 ZPO ohne Weiteres vorgenommen werden.[5] Nach Abhaltung des Prüfungstermins geht die Zuständigkeit zur Tabellenführung auf das Insolvenzgericht über (§ 178 Abs. 2). Nachträgliche 14

[1] *Uhlenbruck/ders.,* InsO, § 175 Rn. 7.
[2] BGH NZI 2006, 522 ff.
[3] LG Waldshut-Tiengen ZInsO 2005, 557.
[4] Vgl. auch die Kommentierung zu § 93.
[5] MünchKomm-*Nowak,* InsO § 175 Rn. 14; *Uhlenbruck/ders.,* InsO, § 175 Rn. 10.

Änderungen wie auch Berichtigungen offensichtlicher Unrichtigkeiten erfolgen dann nur noch durch das Gericht.[1]

15 **i)** Aus § 5 Abs. 3 ergibt sich, dass der Insolvenzverwalter die Tabelle auch mit Hilfe einer **EDV-Anlage** erstellen und führen kann. Er kann sie dann dem Gericht auf einem Datenträger oder auch durch Datenfernübertragung übermitteln.

16 Für die **Niederlegung** ist dann allerdings erforderlich, dass ein Ausdruck angefertigt wird, was sinnvollerweise durch den Insolvenzverwalter erfolgt, der diesen Ausdruck dann zusammen mit den Forderungsanmeldungen bei Gericht einreicht, um die Niederlegung auf der Geschäftsstelle des Insolvenzgerichtes zu ermöglichen. Ob eine Niederlegung auch möglich ist durch Bereitstellung der EDV-Tabelle und eines Bildschirms, auf dem diese gelesen werden kann, erscheint zweifelhaft.[2]

3. Niederlegung der Insolvenztabelle

17 **a)** Innerhalb des ersten Drittels des Zeitraumes zwischen Ablauf der Anmeldefrist und dem Prüfungstermin hat der Insolvenzverwalter die Tabelle **beim Insolvenzgericht** niederzulegen. Die Niederlegungsfrist ist damit abhängig von der nach § 29 Abs. 1 Nr. 2 vom Insolvenzgericht getroffenen Terminsbestimmung, die zwischen einer Woche und drei Monaten liegen kann.

18 Die Tabelle ist anders als nach § 140 KO mit den **Anmeldungen** und den beigefügten **Urkunden** einzureichen, um damit dem Informationsbedürfnis der am Anmeldungsverfahren Beteiligten bestmöglich Rechnung zu tragen. Nur an Hand dieser Informationen können diese den Bestand der angemeldeten Forderungen überprüfen.

19 Die Übergabe der Tabelle an das Gericht kann auch in maschinenlesbarer Form, bspw. einer Diskette oder durch Übermittlung per Datenfernübertragung erfolgen, soweit das Insolvenzgericht über eine entsprechende Anbindung verfügt.

20 **b)** Die Niederlegung hat in der Geschäftsstelle des Insolvenzgerichts zur Einsicht der Beteiligten zu erfolgen.

21 **aa)** Die Praxis einzelner Insolvenzgerichte, als **Hinterlegungsstelle** die **Geschäftsräume des Insolvenzverwalters** zu bestimmen, ist durch die Vorschrift nicht gedeckt. Bei der Geschäftsstelle des Amtsgerichts (Insolvenzgerichts) handelt es sich um einen gesetzlich definierten Ort, der nicht beliebig für einzelne Maßnahmen verlagert werden kann. Auch in den bekannt gewordenen Fällen, in denen als Niederlegungsort die Büroräume des Insolvenzverwalters vom Insolvenzgericht bestimmt worden sind, ist damit nicht die Geschäftsstelle in die Räumlichkeiten des Insolvenzverwalters verlagert worden. Praktikabilitätsgründe allein können ein Abweichen vom Gesetzeswortlaut nicht rechtfertigen.

22 **bb)** Auch die Praxis einzelner Insolvenzgerichte, die Tabelle zur Niederlegung nicht mehr entgegenzunehmen, sondern dem Insolvenzverwalter aufzugeben, sie für die **Einsichtnahme** durch Gläubiger **in seinen eigenen Büroräumen** bereitzuhalten, ist abzulehnen. Der Gesetzeswortlaut ist eindeutig, die Tabelle ist

[1] LG Göttingen ZInsO 2003, 815 f.; AG Köln NZI 2005, 171.

[2] AA: *Nerlich/Römermann/Becker,* InsO, § 175 Rn. 11.

niederzulegen. Die von der Justizverwaltung benannten Gründe, dass die ersten Jahre der Erfahrung mit der InsO gezeigt hätten, dass die Gläubiger kein Interesse an einer Einsichtnahme hätten und daher es sich um eine Förmelei handle, können nicht überzeugen.

Den Gläubigern muss in einem gläubigeröffentlichen Verfahren die Möglichkeit gegeben werden, festzustellen, welche anderen Gläubiger am Verfahren beteiligt sind, um ggf. Informationen einzuholen, die im Prüfungstermin sodann die Gläubiger in die Lage versetzen, die Anmeldungen anderer Gläubiger zu bestreiten. Diese **Informationsmöglichkeit** hat die InsO lediglich dadurch eingeräumt, dass beim Insolvenzgericht innerhalb einer gesetzlich definierten Frist Einsicht in die niedergelegte Tabelle genommen wird. De lege lata lässt sich eine andersartige Handhabung in der Praxis nicht rechtfertigen. Die Tabelle ist daher zwingend zusammen mit den Anmeldungen und den weiteren urkundlichen Beweisstücken **in der Geschäftsstelle des Insolvenzgerichtes** niederzulegen. 23

4. Rechtsmittel

Gegen die Ablehnung der Eintragung einer angemeldeten Forderung in die Tabelle steht dem Insolvenzgläubiger gegen den Insolvenzverwalter kein Rechtsmittel zu.[1] Einziger **Rechtsbehelf** ist die Anrufung des Insolvenzgerichts, nach **§ 58 Abs. 2 S. 1** im Aufsichtswege gegen den Verwalter einzuschreiten. Das Gericht hat die Möglichkeit, den Insolvenzverwalter zur Eintragung in solchen Fällen anzuhalten, ggf. nach Androhung ein Zwangsgeld festzusetzen. 24

Ist der Insolvenzverwalter trotzdem noch der Auffassung, die Forderung nicht eintragen zu müssen, steht ihm hiergegen nach § 58 Abs. 2 S. 3 die **sofortige Beschwerde** zu.[2] 25

5. Hinweispflicht des Insolvenzgerichts

Durch das InsOÄndG 2001[3] ist der Vorschrift ein neuer Abs. 2 angefügt worden, der die Verpflichtung des Insolvenzgerichts enthält, den Schuldner darauf hinzuweisen, dass ein Gläubiger Forderungen mit der Behauptung angemeldet hat, ihnen läge eine vorsätzlich begangene, unerlaubte Handlung zugrunde. Der Gesetzgeber hielt diese Hinweispflicht wegen der existenziellen Bedeutung der hierdurch möglicherweise ausgeschlossenen Restschuldbefreiung für erforderlich. Insbesondere bei rechtsunkundigen Schuldnern bedürfe es wegen der besonderen Fürsorgepflicht des Insolvenzgerichts eines gesonderten Hinweises. Ggf. kann dem Schuldner auch gem. § 4 a Abs. 2 ein Rechtsanwalt beigeordnet werden.[4] Den Schuldner auf den Widerspruch zu verweisen und erst im anschließenden Klageverfahren Prozesskostenhilfe zu bewilligen, ist nicht zumutbar. Einer Klage und dem damit verbundenen Kostenrisiko wird sich der Schuldner nur aussetzen wollen, wenn zweifelhaft ist, ob die angemeldete Forderung aus einer vorsätzlich begangenen, unerlaubten Handlung herrührt. Diese Prüfung 26

---

[1] HK-*Depré,* InsO, § 175 Rn. 18.
[2] *Haarmeyer/Wutzke/Förster,* Hdb., Kap. 7 Rn. 27 und 28.
[3] BGBl. I 2001, S. 2710, 2712.
[4] BGH NZI 2004, 39 ff.; abl. AG Göttingen NZI 2003, 221 f.; AG Göttingen, InVo 2003, 234 ff.

kann der häufig rechtsunkundige Schuldner nicht selber vornehmen.[1] Richtet sich der Widerspruch des Schuldners, bei grundsätzlicher Anerkennung der Forderung, nur gegen diese Bewertung als auf vorsätzlich, unerlaubter Handlung beruhend, kann der Gläubiger sofort auf Feststellung klagen, dass die angemeldete Forderung wegen vorsätzlicher, unerlaubter Handlung begründet ist.[2] Nicht gesetzlich geregelt ist, innerhalb welcher Frist der Gläubiger den Widerspruch gegen die Qualifizierung der Forderung als aus vorsätzlicher, unerlaubter Handlung herrührend zu beseitigen hat. Der Wortlaut des § 184 sieht keine Frist vor. § 189 trifft eine Regelung nur für nicht festgestellte Forderungen, ist somit auf den Widerspruch des Schuldners nicht unmittelbar anwendbar.

Die Feststellungsklage nach § 184 kann auch nach Beendigung des Insolvenzverfahrens erhoben werden. Eine Ausschlussfrist zur Erhebung der Feststellungsklage besteht nicht. Der Widerspruch des Schuldners hat auf die Verteilung der Masse keinen Einfluss, unabhängig davon, ob er sich gegen die Anmeldung insgesamt oder nur gegen den behaupteten Rechtsgrund eines Vorsatzdeliktes richtet. Die Feststellungsklage gegen den nach § 175 Abs. 2 widersprechenden **Schuldner** ist daher außerhalb des Insolvenzverfahrens zu erheben. Ein verfahrensrechtlicher Zwang, den Streit über die Rechtsnatur der angemeldeten und trotz Widerspruchs des Schuldners zur Tabelle festgestellten Forderung vor dem Schlusstermin auszutragen, besteht daher, anders als bei einem Widerspruch des Verwalters, nicht.[3]

Bei einem Widerspruch des Schuldners hat der Gläubiger innerhalb der Ausschlussfrist des § 189 Abs. 1 die Erhebung der Feststellungsklage nachzureichen, ansonsten läuft er Gefahr, nach Aufhebung des Insolvenzverfahrens aus dem Tabellenauszug gegen den Schuldner nicht vollstrecken zu können.[4]

27 Wann dieser Hinweis durch das Insolvenzgericht zu erfolgen hat, ist im Gesetzgebungsverfahren nicht näher problematisiert worden. Da das Insolvenzgericht erst durch die Niederlegung der Tabelle zusammen mit den Forderungsanmeldungen und den beigefügten Unterlagen durch den Insolvenzverwalter auf der Geschäftsstelle des Insolvenzgerichts Kenntnis von den Forderungsanmeldungen erlangt, kann es erst danach dieser Verpflichtung nachkommen. In der Praxis würde sich anbieten, dass das Insolvenzgericht in derartigen Fällen den Schuldner zum Prüfungstermin lädt und in der Ladung auf die Forderungsanmeldungen einzeln und ausdrücklich hinweist, die die Behauptung enthalten, es läge ihnen eine vorsätzlich begangene, unerlaubte Handlung des Schuldners zugrunde.

28 Auch wenn das Gesetz eine entsprechende Verpflichtung des Insolvenzverwalters nicht enthält, sollte dieser gleichwohl den Schuldner ebenfalls auf entsprechende Forderungsanmeldungen hinweisen. In Insolvenzverfahren über das Vermögen natürlicher Personen – nur in solchen hat die entsprechende Forderungsanmeldung rechtliche Auswirkungen – wird in der Praxis die Forderungsprüfung ohnehin vom Insolvenzverwalter im angebotenen Mitwirken des Insolvenzschuldners durchgeführt. Die Information des Schuldners durch den Insolvenzverwalter ist in solchen Fällen zwanglos möglich.

---

[1] BGH NZI 2004, 39 ff.; aA: AG Göttingen NZI 2003, 221 f.; AG Göttingen InVo 2003, 234 ff.

[2] OLG Rostock ZInsO 2005, 1175 f.

[3] BGH ZInsO 2009, 278 ff.

[4] FK-*Kießner,* InsO, § 184 Rn. 10.

Insbesondere bei umfangreichen Insolvenztabellen bietet es sich darüber hinaus an, dass der Insolvenzverwalter seinerseits das Insolvenzgericht bei Einreichen der Insolvenztabelle zur Niederlegung auf der Geschäftsstelle auf derartige Forderungsanmeldungen hinweist. 29

Die durch das InsOÄndG 2001 eingefügte Hinweispflicht macht erneut deutlich, dass der Niederlegung der Insolvenztabelle in der Geschäftsstelle des Insolvenzgerichts eine über eine bloße Formvorschrift hinausgehende Bedeutung zukommt. Insbesondere die Kenntnisnahme des Insolvenzgerichts vom Inhalt der Insolvenztabelle rechtzeitig vor dem Prüfungstermin ist nur dann gewährleistet, wenn die Niederlegung beim Insolvenzgericht erfolgt und nicht – wie vereinzelt in der Praxis zu beobachten – auf Beschluss des Insolvenzgerichts hin in den Geschäftsräumen des Insolvenzverwalters.[1] 30

6. Praxishinweis

Die InsO hat – wie zuvor schon im Geltungsbereich der GesO – die Aufgabe, die Insolvenztabelle zu führen, dem Insolvenzverwalter auferlegt. In der Regel erfolgt diese Tätigkeit jedoch nicht höchstpersönlich durch den Insolvenzverwalter selbst, sondern durch seine Mitarbeiter. Diese sind für die besonderen Anforderungen der Tabellenführung entsprechend zu schulen. Dabei ist insbesondere der Tatsache Rechnung zu tragen, dass der Tabellenauszug einen vollstreckbaren Titel gewährleisten muss. Die genaue Bezeichnung der Rechtsform des Gläubigers und der Vertretungsverhältnisse ist hierfür Voraussetzung, die Eintragung in die Tabelle muss insoweit rubrumsfähig sein. 31

Da durch die Anmeldung beim Insolvenzverwalter die Verjährung gehemmt wird, muss durch organisatorische Vorkehrungen sichergestellt werden, dass der Eingang der Anmeldung beim Verwalter taggenau dokumentiert wird. Wann die Verarbeitung der Forderungsanmeldungen in die – in der Regel EDV-mäßig geführte – Insolvenztabelle erfolgt, ist dahingegen zweitrangig. Die Hemmungswirkung erfolgt durch die Anmeldung, nicht durch die Eintragung in die Tabelle. 32

Die Prüfung, ob Anmeldungen auch auf den Rechtsgrund der vorsätzlich begangenen, unerlaubten Handlung (Abs. 2) gestützt werden, muss ebenfalls sehr sorgfältig vorgenommen werden, da sich hieran für Gläubiger und Schuldner gleichermaßen entscheidende Rechtsfolgen knüpfen. 33

Liegen derartige Anmeldungen vor, ist das Insolvenzgericht hierüber gesondert zu informieren, damit es seiner Hinweispflicht nach Abs. 2 nachkommen kann. Eine ausdrückliche Hinweispflicht des Insolvenzverwalters besteht nicht, gleichwohl bietet sich natürlich an, den Schuldner im Rahmen der Vorbereitung der Forderungsprüfung ebenfalls zu informieren. 34

§ 176 Verlauf des Prüfungstermins

Im Prüfungstermin werden die angemeldeten Forderungen ihrem Betrag und ihrem Rang nach geprüft. Die Forderungen, die vom Insolvenzverwalter, vom Schuldner oder von einem Insolvenzgläubiger bestritten werden, sind einzeln zu erörtern.

[1] Vgl. oben Rn. 21–23.

Übersicht

1. Normzweck

1 Auf der Grundlage der vom Insolvenzverwalter erstellten (§§ 174, 175) und beim Insolvenzgericht niedergelegten (§ 175 Abs. 1 S. 2) Tabelle erfolgt im Gerichtstermin nach § 176 die Prüfung der angemeldeten Forderungen. Insoweit entspricht die Vorschrift § 141 KO, der aber eine einzelne Prüfung aller angemeldeten Forderungen vorsah. Die Vorschrift wurde dahingehend vereinfacht, dass nunmehr nur noch diejenigen Forderungen **einzeln erörtert** werden, die entweder vom **Insolvenzverwalter** oder von einem **Insolvenzgläubiger bestritten** werden. Dadurch kommt es zu einer Straffung des Prüfungstermins. Die Vorschrift schließt aber nicht aus, dass der Insolvenzverwalter oder ein Gläubiger erst im Verlauf des Prüfungstermins eine Forderung bestreiten; hierzu muss das Insolvenzgericht auch Gelegenheit geben.[1]

2 § 176 entspricht § 203 **Abs. 1** RegE. Dagegen wurde § 203 **Abs. 2** RegE, der entsprechend § 143 KO die Prüfung einer Forderung von dem Umstand unabhängig machte, dass der anmeldende Gläubiger im Prüfungstermin nicht erscheint, gestrichen, da sich dies nach Ansicht des Rechtsausschusses bereits aus § 203 Abs. 1 RegE ergibt.[2]

2. Teilnahmeberechtigte

3 Beim Prüfungstermin handelt es sich um eine **Gläubigerversammlung** (§ 29 Abs. 1 Nr. 2), die bereits im Eröffnungsbeschluss terminiert wird. Der Prüfungstermin kann gemeinsam mit dem Berichtstermin abgehalten werden (§ 29 Abs. 2). Im vereinfachten Verfahren entfällt der Berichtstermin und es wird nur der Prüfungstermin durchgeführt, der jedoch auch im schriftlichen Verfahren stattfinden kann.

4 Der **Prüfungstermin** ist nicht öffentlich;[3] zur Teilnahme daran sind der Insolvenzverwalter, Sachwalter oder Treuhänder, der Schuldner und die – auch nachrangigen – Insolvenzgläubiger sowie die absonderungsberechtigten Gläubiger berechtigt (§ 74 Abs. 1 S. 2). Teilnahmebefugt sind darüber hinaus alle Mitglieder des Gläubigerausschusses (§ 74 Abs. 1 S. 2). Die bereits erfolgte Forderungsanmeldung ist nicht Voraussetzung für die Teilnahmebefugnis der Insolvenzgläubiger. Teilnahmebefugt sind insbesondere auch nachrangige Insolvenz-

[1] Begründung RegE zu § 203, abgedruckt in *Balz/Landfermann,* S. 428.
[2] *Balz/Landfermann,* S. 428.
[3] AA: MünchKomm-*Nowak,* InsO § 176 Rn. 12.

gläubiger, wenn sie zur Anmeldung ihrer Forderung nicht aufgefordert worden sind (§ 74 Abs. 1 S. 2). Ist eine angemeldete Forderung vom Insolvenzverwalter bestritten worden, so bleibt die Teilnahmebefugnis des Insolvenzgläubigers gleichwohl bestehen, es sei denn, es hätte sich um eine willkürliche Anmeldung gehandelt und die Gläubigerstellung des Anmeldenden wäre offensichtlich nicht gegeben.

Der **Insolvenzverwalter** hat grundsätzlich am Prüfungstermin teilzunehmen. 5
Persönliches Erscheinen ist dabei zwingend erforderlich.[1] Der Insolvenzverwalter kann sich nicht durch einen Bevollmächtigten vertreten lassen, wohl aber Beistände wie Wirtschaftsprüfer und Steuerberater hinzuziehen. Die Praxis einiger Insolvenzgerichte, eine Vertretung des Insolvenzverwalters grundsätzlich zuzulassen,[2] kann nicht gebilligt werden. Das Amt des Insolvenzverwalters ist höchstpersönlich und erlaubt in seinem Kernbereich keine Vertretung.

Der **Schuldner** hat nicht notwendigerweise am Prüfungstermin teilzuneh- 6
men. Seine Teilnahme kann aber, wenn nötig, nach § 98 i. V. m. § 97 zwangsweise durchgesetzt werden. Voraussetzung ist aber, dass der Schuldner zu den angemeldeten Forderungen überhaupt Angaben machen kann. Dem schuldlos ausgebliebenen Schuldner gewährt das Gesetz die Möglichkeit der Wiedereinsetzung in den vorigen Stand (§ 186 Abs. 1). Er hat dadurch Gelegenheit, das versäumte Bestreiten von Forderungen nachzuholen. Anderen säumigen Verfahrensbeteiligten kann Wiedereinsetzung nicht gewährt werden.[3] Die **Gläubiger** haben ebenfalls nicht zwingend am Prüfungstermin teilzunehmen. Die Forderungen werden unabhängig von ihrem Erscheinen geprüft und, wenn kein Widerspruch erfolgt, festgestellt.

3. Umfang der Prüfung

Im Prüfungstermin werden die **angemeldeten Forderungen** geprüft. Die 7
Prüfung erstreckt sich auf den Grund, den Betrag und auf den Rang der Anmeldung. Es werden auf jeden Fall diejenigen Forderungen geprüft, die rechtzeitig angemeldet wurden, jedoch auch nach dem Ablauf der Anmeldefrist angemeldete Forderungen, soweit nicht der Insolvenzverwalter oder ein Insolvenzgläubiger der Prüfung widerspricht. In diesem Falle gilt dann das Verfahren nach § 177.

Eine Vorprüfung der **formellen Zulässigkeit** der angemeldeten Forderungen 8
ist vor dem Termin durch den Insolvenzverwalter zu erledigen.[4] Er hat festzustellen, ob die Voraussetzungen des § 174 Abs. 2 und 3 vorliegen, und ob der Gläubiger bei der Anmeldung seiner Forderung prozessfähig oder ordnungsgemäß vertreten war.

Lagen die Mindestvoraussetzungen einer wirksamen Anmeldung vor, ist die 9
Forderungsanmeldung jedoch gleichwohl unzulässig,[5] wird sie im Termin vom

---

[1] *Uhlenbruck/ders.,* InsO, § 176 Rn. 8. mwN.

[2] Vgl. auch *Breutigam/Blersch/Goetsch/Breutigam,* InsO, § 176 Rn. 9.

[3] *Nerlich/Römermann/Becker,* InsO, § 176 Rn. 11.

[4] Vgl. hierzu die Kommentierung zu § 175 Rn. 6–7; aA: *Eckardt,* aaO, S. 752 ff. Rn. 18 ff.

[5] Bspw. die Anmeldung des Haftungsanspruchs eines persönlich haftenden Gesellschafters in dessen Insolvenz während der Dauer des Insolvenzverfahrens über das Vermögen der Gesellschaft, vgl. hierzu § 175 Rn. 13.

Insolvenzverwalter bestritten. Eine **vorherige Information** des Gläubigers durch den Insolvenzverwalter oder das Gericht, wie sie teilweise unter Hinweis auf § 139 ZPO von der Literatur[1] gefordert wird, ist nicht notwendig und findet in der Insolvenzordnung auch keine Stütze.

10 Das Gericht **protokolliert,** ob und wer Widerspruch gegen eine Forderungsanmeldung erhebt. Erörtert werden im Prüfungstermin nur die Forderungen, die vom Insolvenzverwalter, vom Schuldner oder von einem Insolvenzgläubiger bestritten werden. Bei den übrigen angemeldeten Forderungen kann das Gericht ihre Feststellung protokollieren.

4. Bestreiten einer angemeldeten Forderung

11 Eine angemeldete Forderung kann im Prüfungstermin durch den Insolvenzverwalter, den Sachwalter (§ 283 Abs. 1 S. 1) oder den Treuhänder (§§ 176 S. 2, 313 Abs. 1 S. 1) sowie durch den Schuldner (§ 176 S. 2) bei der Eigenverwaltung auch durch den Schuldner als Eigenverwalter (§ 283 Abs. 1 S. 1) bestritten werden. Dies erfolgt durch Erhebung des Widerspruchs im Prüfungstermin (§ 178 Abs. 1).

12 **a)** Soweit Einwendungen gegen den Einspruch im Vorfeld bereits schriftlich angemeldet wurden, ist zu ihrer Wirksamkeit die **mündliche Erhebung des Widerspruches** im Prüfungstermin zwingend notwendig.[2] Das Gericht hat daher gesondert in dem Termin die Beteiligten zum Bestreiten der Forderung aufzufordern[3] und darauf hinzuweisen, dass ein Nichtbestreiten im Termin die Feststellung der Forderung nach § 178 Abs. 1 zur Folge hat. Der Widerspruch kann sich gegen die Anspruchsberechtigung, den Anspruchsgrund,[4] die Anspruchshöhe oder den geltend gemachten Rang richten. Der Widerspruch muss nicht **begründet** werden,[5] substantiierte Darlegungen sind erst im Feststellungsrechtsstreit erforderlich.

13 Der **Widerspruch** gegen eine Forderung kann für den Anmeldenden klageweise nur im ordentlichen Verfahren im Wege der besonderen Insolvenzfeststellungsklage beseitigt (§§ 179–185), jedoch jederzeit vom Verwalter bzw. den Widersprechenden zurückgenommen werden. Auch die Befugnis des nachrangigen Insolvenzgläubigers, im Prüfungstermin gegen eine angemeldete Forderung Widerspruch zu erheben, ist in einem Feststellungsprozess zu klären.[6]

14 **b)** Ein Bestreiten des **Insolvenzverwalters** oder eines **Insolvenzgläubigers** hat nach § 178 Abs. 1 zur Folge, dass die Forderung nicht zur Tabelle festgestellt werden kann. Wird der Widerspruch nicht rechtzeitig beseitigt, kann die Forderung nicht bei der Verteilung berücksichtigt werden (§ 189 Abs. 3).

15 **c)** Ein Bestreiten des **Schuldners** steht einer Feststellung der Forderung grundsätzlich nicht entgegen (§ 178 Abs. 1, S. 2). Sie nimmt am Verteilungsverfahren nach §§ 187 ff. teil, der Gläubiger erhält Zahlungen aus der Insolvenzmasse. Wird der Widerspruch des Schuldners aber bis zur Aufhebung des Verfahrens nicht beseitigt, so hat dies zur Folge, dass dem Gläubiger kein Auszug aus der Tabelle zum Zwecke der Zwangsvollstreckung erteilt werden kann (§ 201

[1] *Merkle,* Rpfleger 2001, 157 ff., 164 f.; vgl. hierzu § 175 Rn. 8.
[2] HK-*Depré,* InsO, § 176 Rn. 5; aA: *Nerlich/Römermann/Becker,* InsO, § 176 Rn. 21.
[3] BT-Drucks. 12/2443, S. 184.
[4] Insbesondere die Qualifikation nach § 174 Abs. 2.
[5] *Kilger/K. Schmidt,* KO, § 144, Anm. 1; aA: *Merkle,* Rpfleger 2001, 157 ff., 161.
[6] AG Köln NZI 2005, 171.

Abs. 2) und er sich für die restliche Forderung einen Titel auf dem ordentlichen Rechtsweg besorgen muss.

Etwas anderes gilt nur bei angeordneter **Eigenverwaltung.** In diesem Falle wird die Forderung, wenn der Schuldner als Eigenverwalter sie bestreitet, nicht zur Tabelle festgestellt und nicht in das Schlussverzeichnis aufgenommen (§ 283 Abs. 1 S. 2). 16

Hat der Gläubiger bei seiner Forderungsanmeldung darauf abgestellt, dass auch der Rechtsgrund der vorsätzlich begangenen, unerlaubten Handlung (§ 174 Abs. 2) vorliegt, führt das hierauf beschränkte Bestreiten des Schuldners dazu, dass die Forderung ohne diesen Zusatz in die Tabelle aufgenommen wird. Sie nimmt dann gem. § 302 an der Restschuldbefreiung teil. 17

d) Wird eine angemeldete Forderung im Prüfungstermin bestritten, wird sie **einzeln erörtert.** Dies bedeutet nicht, dass eine ausführliche Diskussion über den Grund des Bestreitens zu erfolgen hat. Der Insolvenzverwalter wird den anwesenden Gläubiger informieren, die dazu ggf. nötige Diskussion findet jedoch nicht im Prüfungstermin statt. Wer berechtigt ist, eine Forderung zu bestreiten, muss keinen Grund für sein Bestreiten angeben. Das Gesetz erfordert lediglich, dass im Prüfungstermin die Tatsache des Bestreitens für die jeweilige Forderung durch die Einzelerörterung ersichtlich wird. 18

5. Praxishinweise

Häufig wird insbesondere in Großverfahren der Insolvenzverwalter nicht in der Lage sein, alle zur Tabelle angemeldeten Forderungen rechtzeitig bis zum Prüfungstermin abschließend zu prüfen. In der Praxis hat sich hierfür das sogenannte **„vorläufige“ Bestreiten**[1] eingebürgert, das weder in der Konkursordnung noch in der InsO vorgesehen ist. Es stellt gleichwohl eine pragmatische Verfahrensweise dar, die einerseits dem Gesetz Rechnung trägt, dass alle rechtzeitig angemeldeten Forderungen im Prüftermin zu prüfen sind und andererseits unnötige Feststellungsrechtstreite vermeiden hilft. 19

Wollte man das vorläufige Bestreiten nicht zulassen, müsste der Insolvenzverwalter Forderungen, deren Bestehen er nicht zweifelsfrei bis zum Prüftermin feststellen kann, endgültig bestreiten. Der Gläubiger müsste dann zur Wahrung seiner Rechte die Gerichte bemühen, auch wenn der Insolvenzverwalter sich noch keine endgültige Meinung zum Bestehen der Forderung gebildet hat. Durch die Möglichkeit des vorläufigen Bestreitens werden derartige, unnötige Feststellungsrechtstreite vermieden. 20

Teilweise hat sich bei den Gerichten noch unter Geltung der Konkursordnung die Verfahrensweise eingebürgert, in solchen Fällen die Prüfungstermine gem. § 4 i. V. m. §§ 136 Abs. 3, 227 ZPO zu **vertagen.** Eine abschließende Prüfung der rechtzeitig angemeldeten Forderungen war daher im Prüfungstermin nicht erforderlich. Wurde der Prüfungstermin um mehrere Monate vertagt, stand auch in Großverfahren in der Regel ausreichend Zeit zur Verfügung, um eine abschließende Forderungsprüfung durchzuführen. 21

[1] In der Gerichtspraxis wird diese Handhabung allgemein anerkannt und gelegentlich hinsichtlich der Kostenfolge bei sofortigem Anerkenntnis im Feststellungsrechtsstreit problematisiert (vgl. LG Bonn ZIP 2000, 1310; LG Aachen NZI 2002, 389; LG Mönchengladbach ZInsO 2002, 1103).

22 Teilweise sind von Gerichten Prüftermine auch mehrfach vertagt worden, wobei eine öffentliche Bekanntmachung des Vertagungstermines gem. § 74 Abs. 2 S. 2 nicht erfolgen muss, wenn im Prüfungstermin vertagt wird. Auch diese pragmatische Handhabung ist zuzulassen und dient dem Vermeiden von unnötigen Feststellungsrechtstreiten, die andernfalls durch den Insolvenzverwalter provoziert werden müssten.

§ 177 Nachträgliche Anmeldungen

(1) **Im Prüfungstermin sind auch die Forderungen zu prüfen, die nach dem Ablauf der Anmeldefrist angemeldet worden sind. Widerspricht jedoch der Insolvenzverwalter oder ein Insolvenzgläubiger dieser Prüfung oder wird eine Forderung erst nach dem Prüfungstermin angemeldet, so hat das Insolvenzgericht auf Kosten des Säumigen entweder einen besonderen Prüfungstermin zu bestimmen oder die Prüfung im schriftlichen Verfahren anzuordnen. Für nachträgliche Änderungen der Anmeldung gelten die Sätze 1 und 2 entsprechend.**

(2) **Hat das Gericht nachrangige Gläubiger nach § 174 Abs. 3 zur Anmeldung ihrer Forderungen aufgefordert und läuft die für diese Anmeldung gesetzte Frist später als eine Woche vor dem Prüfungstermin ab, so ist auf Kosten der Insolvenzmasse entweder ein besonderer Prüfungstermin zu bestimmen oder die Prüfung im schriftlichen Verfahren anzuordnen.**

(3) **Der besondere Prüfungstermin ist öffentlich bekanntzumachen. Zu dem Termin sind die Insolvenzgläubiger, die eine Forderung angemeldet haben, der Verwalter und der Schuldner besonders zu laden. § 74 Abs. 2 Satz 2 gilt entsprechend.**

Übersicht

1. Normzweck

Die Vorschrift entspricht inhaltlich § 142 KO. Wie dort stellt § 177 klar, dass es sich bei der im Eröffnungsbeschluss nach § 28 Abs. 1 zu bestimmenden Anmeldefrist **nicht** um eine **Ausschlussfrist** handelt. Die in § 14 GesO enthaltene Regelung, nach der verspätete Anmeldungen nur dann berücksichtigt werden, wenn sie unverschuldet waren und das Gericht zugestimmt hat, wurde nicht übernommen. Den Gläubigern bleibt es daher unbenommen, ihre Forderungen nach Ablauf der Anmeldefrist oder sogar nach dem Prüfungstermin anzumelden (Abs. 1). Die Vorschrift regelt des Weiteren das **Verfahren,** wie die Prüfung der verspätet angemeldeten Forderungen zu erfolgen hat. Das Gericht hat hierbei nunmehr die Wahl zwischen einem besonderen Prüfungstermin und der neu eingeführten Prüfung in einem **schriftlichen Verfahren.** Das schriftliche Verfahren soll der Gerichtsentlastung dienen.[1] 1

Die Vorschrift wurde in veränderter Fassung von § 204 RegE übernommen. Lediglich das im RegE nicht vorgesehene schriftliche Prüfungsverfahren wurde in Abs. 1 und 2 ergänzt.[2] Durch EGInsOÄndG vom 19. Dezember 1998[3] wurde der Vorschrift Abs. 3 S. 3 angefügt. 2

2. Prüfung verspäteter Anmeldungen im Prüfungstermin

Das Gesetz regelt nicht, bis wann Gläubiger Forderungen zur Insolvenztabelle anmelden können, dies ist daher grundsätzlich bis zum Schlusstermin zulässig.[4] Solche Forderungen sind dann im Schlusstermin zu prüfen, soweit sie festgestellt werden, nehmen sie allerdings gem. § 189 Abs. 3 an der Schlussverteilung nicht teil. 3

Die Auffassung, dass das Rechtsschutzinteresse für eine Forderungsprüfung zu verneinen ist, wenn die festgestellte Forderung an der Schlussverteilung nicht teilnehmen kann,[5] ist abzulehnen. Der Gläubiger hat ein Rechtsschutzinteresse für einen Feststellungsrechtsstreit gegen den widersprechenden Verwalter auch dann, wenn seine festgestellte Forderung an der Verteilung nicht mehr teilnimmt.[6] Dies ergibt sich bereits daraus, dass festgestellte Forderungen wie ein rechtskräftiges Urteil gegenüber dem Insolvenzverwalter und allen Insolvenzgläubigern wirken (§ 178 Abs. 3). Eine Verbindung des Schlusstermins mit einem besonderen Prüfungstermin war unter Geltung der Konkursordnung von der Rechtsprechung ausdrücklich gebilligt.[7] Sie ist auch von der InsO nicht ausgeschlossen.[8] 4

Nach Abs. 1 S. 1 sind im Prüfungstermin grundsätzlich auch die erst nach dem Ablauf der Anmeldefrist des § 28 Abs. 1 verspätet angemeldeten Forderungen zu prüfen, solange kein **Widerspruch** dagegen erhoben wird. Auch Tatsachen, aus denen sich ergibt, dass einer Forderung eine vorsätzliche, unerlaubte Handlung 5

---

[1] *Balz/Landfermann,* S. 428 ff.
[2] *Balz/Landfermann,* S. 428 f.
[3] BGBl. I 1998, S. 3836.
[4] *Uhlenbruck/ders.,* InsO, § 177 Rn. 2.
[5] So z. B. *Eckhard,* in Kölner Schrift, S. 743, 759 Rn. 31.
[6] BGH ZIP 1998, 515.
[7] OLG Köln ZIP 1992, 949.
[8] *Kübler/Prütting/Bork/Pape,* InsO, § 177 Rn. 2.

zugrunde liegt, können nachträglich angegeben werden.[1] Die Vorschrift gewährt insoweit dem **Insolvenzverwalter** und den **Insolvenzgläubigern** (§ 38), einschließlich den nachrangigen Insolvenzgläubigern (§ 39), ein Widerspruchsrecht gegen die Prüfung solcher Forderungen. Ein Widerspruch des **Schuldners** verhindert eine Prüfung nur dann, wenn Eigenverwaltung angeordnet ist und der Schuldner in seiner Eigenschaft als Eigenverwalter einer Prüfung widerspricht. Das Widerspruchsrecht ist notwendig, da dem Insolvenzverwalter und den Gläubigern bei einer sofortigen Prüfung der verspätet angemeldeten Forderungen durch das Insolvenzgericht im Termin nicht die Möglichkeit bleibt, die Forderungen hinreichend selbst zu prüfen. Der Widerspruch richtet sich daher nur gegen die **Prüfung der Forderung im Termin,** nicht aber gegen die Forderung dem Grunde nach.

6 Der Widerspruch hat durch den Widerspruchsberechtigten **mündlich** im Termin zu erfolgen, ein nur schriftlich erklärter Widerspruch reicht nicht aus. Eine **Begründung** des Widerspruchs ist hingegen nicht erforderlich.[2] Ein Widerspruchsrecht besteht nicht, wenn die nachträglich angemeldete Forderung noch in die niedergelegte Tabelle aufgenommen worden war.[3]

7 Soweit kein Widerspruch erhoben wird, können die nach dem Ablauf der Anmeldefrist – und ggf. auch noch bis zum Ende des Prüfungstermins – angemeldeten Forderungen im Prüfungstermin geprüft werden. Sind die Forderungen nur kurz nach dem Ablauf der Frist angemeldet worden, sind sie möglicherweise noch in die Tabelle aufgenommen worden. Für kurz vor oder sogar noch im Prüfungstermin angemeldete Forderungen ist dies in der Regel nicht möglich. Für diese Anmeldungen konnte daher auch eine Niederlegung nach § 175 nicht erfolgen, gleichwohl können sie jedoch im Prüfungstermin geprüft werden. Insoweit ist auch keine **Nachtragstabelle** zu fertigen, vielmehr wird der Insolvenzverwalter die nachträglich angemeldeten Forderungen noch in die Insolvenztabelle aufnehmen, die nach dem Prüfungstermin vom Insolvenzgericht geführt[4] wird.

3. Der besondere Prüfungstermin und die Prüfung im schriftlichen Verfahren

8 **a)** Ist der Prüfung verspätet angemeldeter Forderungen widersprochen worden oder erfolgt die Anmeldung von Forderungen erst nach dem Prüfungstermin ist nach Abs. 1 S. 2 entweder die Bestimmung eines besonderen Prüfungstermins oder die Anordnung der Prüfung im schriftlichen Verfahren durch das Insolvenzgericht anzuordnen. Dem Gericht steht hierbei ein **Ermessen** zu, dass sich aber nach dem mit der Einführung des schriftlichen Prüfungsverfahrens verbundenen Zweck der **Gerichtsentlastung** richten sollte.

9 Ein besonderer Prüfungstermin wird der Prüfung im schriftlichen Verfahren daher immer dann vorzuziehen sein, wenn es sich um eine **Vielzahl** von nachträglichen Forderungsanmeldungen handelt, da es in solchen Fällen zu einem unangemessenen Verwaltungsaufwand kommen wird. Ist abzusehen, dass andere

[1] AG Hamburg ZInsO 2005, 113 f.
[2] *Uhlenbruck/ders.,* InsO, § 177 Rn. 3.
[3] *Nerlich/Römermann/Becker,* InsO, § 177 Rn. 9.
[4] AA: HK-*Depré,* InsO, § 177 Rn. 6.

Gläubiger und der Schuldner den nachträglichen Forderungsanmeldungen widersprechen werden und der besondere Termin zur Erörterung und allgemeinen Information genutzt werden kann, wird schon allein aus Zweckmäßigkeitsgesichtspunkten der besondere Prüfungstermin einer Prüfung im schriftlichen Verfahren vorzuziehen sein.

In der Literatur ist umstritten, ob das Insolvenzgericht berechtigt ist, den besonderen Prüfungstermin mit dem Schlusstermin zu verbinden und die Forderungsprüfung im Schlusstermin zuzulassen.[1] Diese unter Geltung der Konkursordnung verbreitete Praxis ist jedenfalls dann zulässig, wenn die Anmeldung so verspätet erfolgt ist, dass ein besonderer Prüfungstermin vor Ablauf der Ausschlussfrist des § 189 Abs. 1 nicht mehr angesetzt werden kann. Dann hat der anmeldende Gläubiger gleichwohl ein hinreichendes rechtliches Interesse an der Forderungsprüfung, um einen Vollstreckungstitel erlangen zu können, auch wenn er an der Verteilung nicht mehr teilnimmt. 10

b) Ablauf und Inhalt des besonderen Prüfungstermins sind identisch mit dem des allgemeinen Prüfungstermins. In entsprechender Anwendung des § 175 sind die nachträglich angemeldeten Forderungen durch den Insolvenzverwalter mit den in § 174 Abs. 2 und 3 genannten Angaben in eine Tabelle einzutragen. Die Ergänzungstabelle ist mit den Anmeldungen sowie den beigefügten Urkunden in der Geschäftsstelle des Insolvenzgerichtes zur Einsicht der Beteiligten rechtzeitig vor dem besonderen Prüfungstermin niederzulegen. Nach dem besonderen Prüfungstermin verbleibt auch diese Ergänzungstabelle beim Insolvenzgericht. Spätere Änderungen, Ergänzungen und Berichtigungen erfolgen nicht mehr durch den Insolvenzverwalter, sondern lediglich durch das Insolvenzgericht. 11

c) Die **Kosten** für den besonderen Prüfungstermin oder die Prüfung im schriftlichen Verfahren trägt der säumige Gläubiger selbst. Er ist Kostenschuldner, da er die Säumnis zu vertreten hat. Hierbei handelt es sich um eine Festgebühr von 15,– € je Gläubiger gem. Nr. 2340 des Kostenverzeichnisses. Kosten, die durch die öffentliche Bekanntmachung entstehen, sind nicht zu erstatten. Diese werden im Fall des § 177 von Nr. 2340 des Kostenverzeichnisses mitabgedeckt. Wird die Forderung jedoch nach Durchführung des Schlusstermines angemeldet, hat der Gläubiger sowohl die Kosten der öffentlichen Bekanntmachung als auch eine gesonderte Vergütung des Insolvenzverwalters zu tragen.[2] Auch nach Durchführung des Schlusstermines und vor Aufhebung des Verfahrens kann eine in diesem Zeitraum angemeldete Forderung in einem besonderen Prüftermin festgestellt werden.[3] Die Aussicht einen vollstreckbaren Auszug aus der Insolvenztabelle zu erhalten, aus dem nach Verfahrensaufhebung gegen den Schuldner die Zwangsvollstreckung betrieben werden kann, rechtfertigt dies. 12

d) Die Prüfung im **schriftlichen Verfahren** stellt die Alternative zum besonderen Prüfungstermin dar. Im vereinfachten Verfahren kann das schriftliche Ver- 13

---

[1] Dafür: *Uhlenbruck/ders.,* InsO, § 177 Rn. 5; *Kübler/Prütting/Bork/Pape,* InsO, § 177 Rn. 2; dagegen: *Eckhard,* in Kölner Schrift, S. 743 Rn. 29; *Gottwald/Eickmann,* Hdb., § 63 Rn. 52.

[2] AG Bamberg ZInsO 2004, 965 f.

[3] BGH ZIP 1998, 515 ff.; *Frege/Keller/Riedel,* HRP Band 3, Rn. 1602; aA: *Eckardt,* in Kölner Schrift, S. 743 ff.

fahren nicht nur zur nachträglichen Forderungsprüfung angeordnet werden (§ 312 Abs. 2 S. 1), da auch auf den Prüfungstermin verzichtet werden kann.

14 Die **Ausgestaltung des schriftlichen Prüfungsverfahrens** ist im Gesetz nicht geregelt, das Insolvenzgericht hat sie nach pflichtgemäßem Ermessen vorzunehmen. Der Kreis der Beteiligten ist identisch mit dem bei einem Prüfungstermin. Öffentliche Bekanntmachung ist für die Anordnung des schriftlichen Verfahrens nicht ausdrücklich vorgeschrieben, in entsprechender Anwendung von § 74 Abs. 2 S. 1 jedoch empfehlenswert.[1]

15 Ebenso wie durch die Niederlegung der Tabelle rechtzeitig vor dem Prüfungstermin (§ 175) ist auch beim schriftlichen Verfahren Sorge dafür zu tragen, dass die Insolvenzgläubiger die Möglichkeit haben, nachträglich angemeldete Forderungen zu prüfen und ggf. ihrer Feststellung zu widersprechen. Hierfür wird durch das Insolvenzgericht eine Frist gesetzt, die ebenfalls öffentlich bekannt zu machen ist. Nur in Verfahren mit wenigen Beteiligten bietet sich die Einzelzustellung als Alternative an. Rechtzeitig vor der vom Gericht gesetzten Frist ist die Tabelle mit den nachträglich angemeldeten Forderungen bei Gericht niederzulegen, damit die Gläubiger Gelegenheit erhalten, zu prüfen und ggf. rechtzeitig zu widersprechen.

16 Ist die vom Gericht gesetzte Frist abgelaufen, so ist ein schriftliches Bestreiten ausgeschlossen. In entsprechender Anwendung des § 186 kann bei Fristversäumnis durch den Schuldner Wiedereinsetzung in Betracht kommen.[2]

4. Nachträgliche Änderungen

17 Nach Abs. 1 S. 3 sind nachträgliche Änderungen der Anmeldung den nachträglichen Forderungsanmeldungen gleichgestellt. Insoweit gelten hierfür die S. 1 und 2 entsprechend. Als Änderungen der Anmeldung gelten – wie nach § 142 Abs. 2 KO – alle Umstände, die den **Betrag** und den **Grund** der angemeldeten Forderung betreffen. Hierunter fällt auch ein Wechsel in der **Person des Gläubigers.**[3]

18 **a)** Nachträgliche Änderungen können vor bzw. nach dem Prüfungstermin von Gläubigern vorgenommen werden.

19 **aa)** Erfolgen sie vor dem Prüfungstermin, so ist zu unterscheiden, ob sie noch **vor der Niederlegung der Tabelle** vorgenommen wurden und dann durch den Insolvenzverwalter bei Niederlegung der Tabelle noch berücksichtigt werden konnten und berücksichtigt worden sind. In diesem Falle ergeben sich keine Besonderheiten, die geänderten Forderungsanmeldungen werden im Prüfungstermin mit geprüft. Ein Widerspruchsrecht gegen die Prüfung besteht nicht.

20 **bb)** Sind die Änderungen **nach Niederlegung der Tabelle** vorgenommen worden, jedoch noch vor Beendigung des Prüfungstermins, so werden die geänderten Forderungen mit geprüft, wenn sich hiergegen kein Widerspruch erhebt.

21 **b)** Sind die Forderungsänderungen **nach Durchführung des Prüfungstermins** erfolgt, so wird entweder ein nachträglicher Prüfungstermin anberaumt

---

[1] So auch *Nerlich/Römermann/Becker,* InsO, § 177 Rn. 40.

[2] *Kübler/Prütting/Bork/Pape,* InsO, § 177 Rn. 6; MünchKomm-*Nowak,* InsO § 177 Rn. 8; HK-*Depré,* InsO, § 177 Rn. 8; *Uhlenbruck/ders.,* InsO, § 177 Rn. 10.

[3] *Uhlenbruck/ders.,* InsO, § 107 Rn. 6.

oder das schriftliche Verfahren für die Prüfung der geänderten Forderung angeordnet. Dabei ist zu unterscheiden, ob die Forderung im Prüfungstermin bestritten oder festgestellt worden ist.

aa) War die geänderte Forderung **im Prüfungstermin** vom Insolvenzverwalter oder einem anderen Insolvenzgläubiger **bestritten** worden, so muss der Gläubiger die Feststellung gegen die Widersprechenden betreiben. Dies erfolgt entweder durch Rücknahme des Widerspruchs oder durch gerichtliche Entscheidung im Feststellungsrechtsstreit. 22

Liegt die Änderung in einer ganzen oder teilweisen Rücknahme der Forderung, so bleibt es beim ganzen oder teilweisen Bestreiten. Prüfungsgegenstand ist weiterhin die ursprünglich angemeldete Forderung. 23

bb) War die Forderung **im Prüfungstermin festgestellt** worden und wird sie vom Gläubiger nach dem Prüfungstermin zurückgenommen, so ist streitig, ob diese Rücknahme noch Wirkungen entfalten kann. Die herrschende Meinung[1] geht davon aus, dass eine Anmeldung nur bis zur Feststellung der Forderung zurückgenommen werden kann. Nach Feststellung sei eine Rücknahme wegen der Rechtskraftwirkung des § 178 Abs. 3 ausgeschlossen. 24

Dieser Auffassung kann nicht gefolgt werden. Gem. § 178 Abs. 3 wirkt die Eintragung in die Tabelle für die festgestellten Forderungen ihrem Betrag und ihrem Rang nach wie ein rechtskräftiges Urteil gegenüber dem Insolvenzverwalter und allen Insolvenzgläubigern. Damit wird vom Gesetz bereits zum Ausdruck gebracht, dass die Titulierungswirkung nur in eingeschränktem Umfange – nämlich nur gegenüber Insolvenzverwalter und Insolvenzgläubigern – eintritt. Damit ist nicht zwingend gesagt, dass die Beseitigung der Titulierungswirkung nur in gleicher Weise möglich sein kann, wie bei einem rechtskräftigen Urteil. Der Tabelleneintrag wirkt eben nur gegenüber den Beteiligten wie ein rechtskräftiges Urteil, er stellt kein rechtskräftiges Urteil dar. 25

Die **Rücknahme durch den Gläubiger** ist daher auch nach dem Prüfungstermin, in dem die Forderung zur Tabelle festgestellt wurde, **möglich.**[2] Sie ist in der Tabelle (in der Berichtigungsspalte) zu vermerken mit der Folge, dass die zurückgenommene Forderung nicht in ein Schlussverzeichnis aufzunehmen ist und damit auch keine Zuteilung im Rahmen der Schlussverteilung auf sie entfallen wird. Weiterhin kann aus dem Eintrag in die Insolvenztabelle nach Abschluss des Verfahrens nicht gegen den Schuldner vollstreckt werden. 26

c) Der **Wechsel des Forderungsinhabers** – durch Einzel- oder Gesamtrechtsnachfolge – stellt ebenfalls eine Änderung der Forderungsanmeldung dar. 27

aa) Wie unter Geltung der Konkursordnung ist danach zu differenzieren, ob die **Rechtsnachfolge unstreitig** ist. In diesem Falle ist eine Neuanmeldung nicht notwendig, vielmehr kann der Tabelleneintrag entsprechend berichtigt werden.[3] Der Rechtsnachfolger hatte die Rechtsnachfolge nachzuweisen. Nach Feststellung der Forderung zur Tabelle ist der Nachweis durch öffentliche Urkunde zu führen.[4] Dies entspricht der Möglichkeit der Titelumschreibung nach 28

---

[1] *Gottwald/Eickmann,* InsHdb., § 63 Rn. 39 ff.; RGZ 112, 297; *Jaeger/Weber,* KO, § 139 Rn. 18; *Kilger/K. Schmidt,* KO, § 139 Anm. 2; *Kuhn/Uhlenbruck,* KO, § 139 Rn. 11.

[2] Wie hier auch *Beck/Depré/Ringstmeier,* Praxis der Insolvenz, § 11 Rn. 198 ff., S. 587 f.

[3] *Kuhn/Uhlenbruck,* KO, § 142 Rn. 3 c; *Uhlenbruck/ders.,* InsO, § 177 Rn. 6.

[4] *Uhlenbruck/ders.,* InsO, aaO; *Breutigam/Blersch/Goetsch/Breutigam,* InsO, § 177 Rn. 16.

§ 727 Abs. 1 ZPO, wobei der Nachweis der Rechtsnachfolge auch durch öffentlich beglaubigte Urkunde erfolgen kann. Zuständig für die Änderung der Insolvenztabelle ist nach dem Prüfungstermin das Insolvenzgericht. Ein gesonderter Prüfungstermin ist hierfür nicht erforderlich, da auch eine Titelumschreibung nach § 727 ZPO ohne mündliche Verhandlung möglich ist.

29 Für den Insolvenzgläubiger mag es allerdings häufig einfacher sein, die Forderung durch den ursprünglichen Gläubiger zurücknehmen zu lassen, um sie noch einmal neu anzumelden. Er hat dann lediglich die Kosten des nachträglichen Prüfungstermins (15,– €) gem. Nr. 2340 des Kostenverzeichnisses zu tragen.

30 **bb)** Ist die **Rechtsnachfolge streitig,** so ist auf jeden Fall eine Neuanmeldung erforderlich. Wird die erste Forderungsanmeldung nicht zurückgenommen, ist bei beiden Anmeldungen zu vermerken, dass es sich um die gleiche Forderung handelt. Sie kann dann lediglich einmal in das Schlussverzeichnis aufgenommen werden. Die beiden Forderungsprätendenten haben ggf. im Zivilverfahren zu klären, an wen die Quote letztendlich zur Ausschüttung gelangt.

5. Prüfung verspäteter, nachrangiger Forderungen

31 Für die Fälle, in denen das Insolvenzgericht während des Verfahrens die nachrangigen Gläubiger erst so spät zur Anmeldung ihrer Forderungen zur Tabelle auffordert, dass die **Anmeldefrist später als eine Woche vor dem Prüfungstermin** abläuft, ist die verspätete Anmeldung nicht auf ein Versäumnis der Gläubiger zurückzuführen. Daher ordnet Abs. 2 für diese Fälle an, dass die Kosten des besonderen Prüfungstermins oder die Kosten der Prüfung im schriftlichen Verfahren die Insolvenzmasse trägt.[1]

6. Bekanntmachung des besonderen Prüfungstermins

32 Nach Abs. 3 ist der **besondere Prüfungstermin** öffentlich bekannt zu machen. Dies erfolgt gem. § 9 Abs. 1 durch Veröffentlichung in dem für amtliche Bekanntmachungen des Gerichts bestimmten Blatt oder im Internet. Neben der Veröffentlichung sind die Insolvenzgläubiger, die eine Forderung angemeldet haben, der Insolvenzverwalter und der Schuldner besonders zu laden. Die Ladung erfolgt durch Zustellung von Amts wegen, nach § 8 Abs. 1 durch Aufgabe zur Post. Das Gericht kann jedoch auch den Insolvenzverwalter mit der Zustellung beauftragen (§ 8 Abs. 3).

33 Die Bekanntmachung der **Prüfung im schriftlichen Verfahren** ist gesetzlich nicht geregelt, erfolgt aber entsprechend der Regelung in Abs. 3. So hat das Gericht durch **öffentliche Bekanntmachung** die schriftliche Prüfung anzuordnen. Dies gebietet das **Rechtsschutzbedürfnis** der übrigen Insolvenzgläubiger, denen nur auf diesem Wege rechtliches Gehör und damit die Kenntnis von der nachträglichen Forderungsanmeldung gewährt werden kann, was Voraussetzung für die Ausübung ihres Widerspruchsrechtes nach § 176 S. 2 ist.

34 Um das Widerspruchsrecht auszuüben, ist es aber außerdem notwendig, dass die übrigen Insolvenzgläubiger die nachträglich angemeldeten Forderungen vorab prüfen können und Kenntnis erlangen, bis wann der Widerspruch erhoben werden kann. Daher wird das Gericht auch im schriftlichen Prüfungsverfahren

[1] *Balz/Landfermann,* S. 428 f.; *Uhlenbruck/ders.,* InsO, § 177 Rn. 13 mwN.

durch öffentliche Bekanntmachung mitteilen müssen, dass eine **Ergänzungstabelle** nebst beigefügten Urkunden zur Einsichtnahme der Beteiligten auf der Geschäftsstelle niedergelegt ist und an welchem Datum das Gericht das Prüfungsergebnis in die Tabelle einträgt, mithin in welcher Frist ein Widerspruch ggf. erhoben werden kann. Der **Widerspruch** ist hierbei im Gegensatz zum besonderen Prüfungstermin nicht mündlich, sondern **schriftlich** zu erheben.

Die öffentliche Bekanntmachung eines weiteren, besonderen Prüfungstermins kann entsprechend § 74 Abs. 2 S. 2 unterbleiben, wenn im besonderen Prüfungstermin die Verhandlung **vertagt** wird. Voraussetzung hierzu ist die Verkündung der Vertagung sowie die öffentliche Bekanntmachung des besonderen Prüfungstermins selbst.[1] 35

War der ordentliche Prüfungstermin gem. § 74 Abs. 2 S. 2 vertagt worden, können im Fortsetzungstermin auch nachträglich angemeldete Forderungen mitgeprüft werden, wenn hiergegen kein Widerspruch erhoben wird. 36

§ 178 Voraussetzungen und Wirkungen der Feststellung

(1) **Eine Forderung gilt als festgestellt, soweit gegen sie im Prüfungstermin oder im schriftlichen Verfahren (§ 177) ein Widerspruch weder vom Insolvenzverwalter noch von einem Insolvenzgläubiger erhoben wird oder soweit ein erhobener Widerspruch beseitigt ist. Ein Widerspruch des Schuldners steht der Feststellung der Forderung nicht entgegen.**

(2) **Das Insolvenzgericht trägt für jede angemeldete Forderung in die Tabelle ein, inwieweit die Forderung ihrem Betrag und ihrem Rang nach festgestellt ist oder wer der Feststellung widersprochen hat. Auch ein Widerspruch des Schuldners ist einzutragen. Auf Wechseln und sonstigen Schuldurkunden ist vom Urkundsbeamten der Geschäftsstelle die Feststellung zu vermerken.**

(3) **Die Eintragung in die Tabelle wirkt für die festgestellten Forderungen ihrem Betrag und ihrem Rang nach wie ein rechtskräftiges Urteil gegenüber dem Insolvenzverwalter und allen Insolvenzgläubigern.**

Übersicht

[1] *Uhlenbruck/ders.*, InsO, § 177 Rn. 15.

1. Normzweck

1 Die Vorschrift übernimmt im Wesentlichen die Regelungen der §§ 144 Abs. 1 und 145 KO. Voraussetzung für die **Teilnahme an der Schlussverteilung** ist die Feststellung der angemeldeten Forderung zur Tabelle. Ein im Prüfungstermin oder im schriftlichen Verfahren nach § 177 erhobener Widerspruch vom Insolvenzverwalter oder Insolvenzgläubiger hindert die Feststellung zur Tabelle. Der anmeldende Insolvenzgläubiger hat allerdings die Möglichkeit, bis zum Schlusstermin den Widerspruch im ordentlichen Gerichtsverfahren (§§ 179 ff.) beseitigen zu lassen. Wesentliche Rechtsfolge der Eintragung der festgestellten Forderungen in die Tabelle ist neben der Teilnahme an der Schlussverteilung die **Titulierungswirkung** des Eintragungsvermerks in Abs. 3. Neu ist hierbei der klarstellende Hinweis in Abs. 3, dass die Eintragung auch gegenüber dem Insolvenzverwalter wie ein rechtskräftiges Urteil wirkt. Obwohl in § 145 Abs. 2 KO nicht ausdrücklich genannt, war dies allerdings schon für das Konkursrecht anerkannt.[1]

2 Die Vorschrift wurde von §§ 205 und 206 RegE in zusammengefasster Form wenig verändert übernommen.[2]

2. Widerspruch gegen angemeldete Forderungen

3 **a)** Der Insolvenzverwalter, jeder Insolvenzgläubiger[3] und der Schuldner sind berechtigt, gegen die angemeldeten Forderungen **Widerspruch** zu erheben. Ein Widerspruch des Schuldners hindert die Feststellung der Forderung nicht (S. 2). Wird jedoch der Widerspruch des Schuldners bis zur Beendigung des Verfahrens nicht beseitigt, hat dies zur Folge, dass dem bestrittenen Tabelleneintrag nach § 201 Abs. 2 keine Titulierungsfunktion zukommt. Richtet sich der Widerspruch des Schuldners gegen das Forderungsattribut der vorsätzlich begangenen, unerlaubten Handlung, so nimmt diese Forderung gem. § 302 Ziff. 1 an der Restschuldbefreiung teil. Der Insolvenzverwalter kann, soweit die Forderung aus einem anderen Rechtsgrund besteht, einen isolierten Widerspruch gegen den Schuldgrund der unerlaubten Handlung nicht erheben.[4] Der Widerspruch des Insolvenzverwalters und der Insolvenzgläubiger führt zur Nichtfeststellung der Forderung (S. 1), ebenfalls der Widerspruch des Schuldners bei angeordneter Eigenverwaltung (§ 283 Abs. 1).

4 Der Widerspruch des Insolvenzverwalters kann auch in Form des **Anerkenntnisses unter Vorbehalt** erfolgen. Wurden z. B. Wechselforderungen angemeldet, kann der Insolvenzverwalter unter dem Vorbehalt der Legitimation durch Vorlage der Wechsel die Forderung anerkennen.[5]

5 **b)** Vor allem bei Großverfahren mit zahlreichen Forderungsanmeldungen hat sich in der Praxis eingebürgert, dass im Prüfungstermin die Forderungen nicht abschließend geprüft, sondern vom Insolvenzverwalter in erheblichem Umfange

---

[1] BGH WM 1984, 1548.

[2] *Balz/Landfermann,* S. 430 f.

[3] Auch der Nachranggläubiger, *Uhlenbruck/ders.,* InsO, § 178 Rn. 6; *Kübler/Prütting/Bork/Pape,* InsO, § 178 Rn. 11; MünchKomm-*Schumacher,* InsO § 178 Rn. 21; *Andres/Leithaus/Leithaus,* InsO, § 176 Rn. 6; aA: *Smid/ Smid,* InsO, § 178 Rn. 2.

[4] LG Trier NZI 2006, 243 f.

[5] *Kuhn/Uhlenbruck,* KO, § 144 Rn. 2 c.

„vorläufig bestritten" werden. Diese Praxis ist weder in der Konkursordnung vorgesehen gewesen, noch findet sie in der InsO eine Stütze. Gleichwohl ist sie aus Praktikabilitätsgründen zu bejahen, wenngleich die Insolvenzverwalter alle darüber hinaus von der InsO eingeräumten Möglichkeiten nutzen sollten, um ein im Gesetz nicht vorgesehenes „vorläufiges Bestreiten" zu vermeiden.[1]

Zunächst ist in Großverfahren davon auszugehen, dass diese nicht sofort 6 eröffnet werden, sondern der spätere Insolvenzverwalter zunächst zum vorläufigen Insolvenzverwalter bestellt wird. Wenn er absehen kann, dass in erheblichem Umfange Forderungsprüfungen vorzunehmen sind, kann er bei Gericht anregen, die gesetzlichen Fristen in vollem Umfange auszuschöpfen. Die **Höchstfrist** zwischen Eröffnung des Insolvenzverfahrens und Prüfungstermin beträgt **fünf Monate,** davon zwei Monate nach Ablauf der Anmeldefrist (§ 28 Abs. 1 S. 2, § 29 Abs. 1 Ziff. 2). Sind gleichwohl im ersten Prüfungstermin nicht alle Forderungen abschließend zu prüfen – was nicht nur in Großverfahren, sondern auch in kleinen und mittleren Verfahren ohne ordnungsgemäße Buchführung, insbesondere aber in Kriminalinsolvenzen häufiger vorkommen dürfte – besteht weiterhin die Möglichkeit, den Prüfungstermin im Termin zu vertagen. Eine erneute öffentliche Bekanntmachung des vertagten[2] Prüfungstermins ist gem. § 74 Abs. 2 S. 2 dann nicht erforderlich.

Auch das „vorläufige Bestreiten" stellt ein endgültiges Bestreiten dar. Es wird 7 zurecht darauf hingewiesen,[3] dass jedes Bestreiten in dem Sinne „vorläufig" ist, als der Widerspruch im Nachhinein wieder zurückgenommen werden kann. Allerdings besteht dann, wenn ohne den Zusatz „vorläufig" im Prüfungstermin bestritten wird und der Gläubiger die Mitteilung des Bestreitens erhält, die Gefahr, dass dieser sofort den **Feststellungsrechtsstreit** führt. Dem kann der Insolvenzverwalter dadurch begegnen, dass er unmittelbar nach dem Prüfungstermin den Gläubiger über die Gründe seines Bestreitens informiert, auf die Notwendigkeit längeren Prüfens verweist und beim Gläubiger anregt, – auch aus Kostengründen – von der Erhebung einer Feststellungsklage zunächst abzusehen.[4]

c) Der Widerspruch ist im Prüfungstermin mündlich zu erklären.[5] Ein schrift- 8 lich erhobener Widerspruch ist nur im schriftlichen Verfahren des § 177 Abs. 1 S. 2 bzw. im Verbraucherinsolvenzverfahren wirksam, wenn die gesamte Forderungsprüfung gem. § 312 Abs. 2 S. 1 schriftlich durchgeführt wird.

Der Widerspruch muss nicht begründet werden, anzugeben ist jedoch die Wi- 9 derspruchsrichtung. Der Widerspruch kann sich gegen die Anspruchsberechtigung des Anmeldenden richten, gegen den geltend gemachten Betrag, gegen das beanspruchte Vollrecht oder gegen die Anmeldung als Insolvenzforderung überhaupt.[6]

Zulässig ist ebenfalls ein „isolierter Widerspruch", der sich lediglich gegen den 10 Forderungsgrund der vorsätzlich begangenen, unerlaubten Handlung richtet.[7]

---

[1] Vgl. hierzu auch § 176 Rn. 18, 19; *Gottwald/Eickmann,* InsHdb., § 64 Rn. 7, 8; AG Mönchengladbach ZInsO 2003, 291.

[2] *Schrader/Uhlenbruck/Delhaes,* Rn. 470; *Senst/Eickmann/Mohn,* Rn. 309; *Kuhn/Uhlenbruck,* KO, § 144 Rn. 2 h; vgl. auch § 176 Rn. 19.

[3] *Gottwald/Eickmann,* InsHdb., § 64 Rn. 7.

[4] Vgl. auch OLG München ZInsO 2005, 778 f.

[5] MünchKomm*Schumacher,* InsO § 178 Rn. 40.

[6] *Uhlenbruck/ders.,* InsO, § 178 Rn. 7; *Eisner,* NZI 2003, 480 ff.

[7] *Heinze,* DZWIR 2002, 369, 370; *Kehe/Meyer/Schmerbach,* ZInsO 2002, 660, 662.

11 **d)** Eine **Beseitigung des erhobenen Widerspruchs** ist durch **Rücknahme** möglich. Der Widersprechende hat diese Erklärung vorbehaltlos dem Insolvenzgericht gegenüber als Verfahrenshandlung abzugeben.[1] Des Weiteren kann der Widerspruch durch **Feststellungsklage** vor den ordentlichen Gerichten nach §§ 179 ff. oder durch **Erlöschen der Forderung** des widersprechenden Gläubigers beseitigt werden.

12 Nimmt der **widersprechende Gläubiger** seine angemeldete Forderung wieder zurück, so kann der Gläubiger der bestrittenen Forderung Tabellenberichtigung beantragen.[2] Ein Feststellungsrechtsstreit ist dann vermeidbar. Von der Rücknahme erhält der Gläubiger allerdings nur dann Kenntnis, wenn das Insolvenzgericht ihm die Forderungsrücknahme mitteilt. Wird die Forderung des widersprechenden Gläubigers endgültig bestritten, so wird dessen Widerspruch ebenfalls unwirksam und die Tabelle ist zu berichtigen.

3. Inhalt der Eintragung

13 **a)** Nach Abs. 2 trägt das Insolvenzgericht für jede angemeldete Forderung das Prüfungsergebnis in die Tabelle ein. Die **Zuständigkeit zur Tabellenführung** geht insofern nach Abs. 2 S. 2 vom Insolvenzverwalter auf das Insolvenzgericht über. Zuständig ist hierbei nach § 18 RPflG der Rechtspfleger.

14 **b)** Eingetragen wird, inwieweit die Forderung ihrem **Betrag** und ihrem **Rang** (§§ 38, 39) nach festgestellt ist. Bei **Widerspruch** wird die Person des Widersprechenden und die Art des Widerspruchs eingetragen. Sinnvollerweise sollte auch bei den Gläubigern, die ihrerseits widersprechen, vermerkt werden, gegen welche Forderungen sie Widerspruch erhoben haben, um bei einer eventuellen Forderungsrücknahme dieser Gläubiger die anderen Gläubiger, deren Forderungen widersprochen worden war, informieren zu können. Auch eine **Rücknahme** des Widerspruchs ist zu vermerken.

15 **c)** Des Weiteren ist ein Widerspruch des **Schuldners** einzutragen (S. 2). Dies ist nötig, da ein nicht beseitigter Widerspruch des Schuldners nach § 201 Abs. 2 die Titulierungswirkung des Tabelleneintrags verhindert und damit eine nachinsolvenzliche Zwangsvollstreckung aus dem Tabelleneintrag gegen ihn persönlich ausschließt.[3] Der Schuldner kann der angemeldeten Forderung auch insoweit widersprechen, dass sich sein Widerspruch nur gegen die Behauptung des Gläubigers wendet, der angemeldeten Forderung liege eine vorsätzlich begangene, unerlaubte Handlung des Schuldners zugrunde (§ 174 Abs. 2).[4] Bestreitet der Schuldner insoweit nicht, wird diese Qualifikation der angemeldeten Forderung zur Tabelle festgestellt und die Forderung nimmt an der Restschuldbefreiung nicht teil (§ 302 Ziff. 1).

16 Schließlich ist auf **Wechseln** und sonstigen **Schuldurkunden** – insbesondere Titeln – die Feststellung zu vermerken (S. 3). Hierdurch soll verhindert werden, dass der Gläubiger neben dem vollstreckbaren Tabellenauszug (§ 201 Abs. 2) über weitere Urkunden verfügt, aus denen er die Vollstreckung betreiben könnte.

---

[1] AG Bremen NZI 2005, 339.
[2] *Gottwald/Eickmann,* InsHdb., § 64 Rn. 13.
[3] FG Berlin EFG 2005, 1713 f.
[4] Vgl. OLG Rostock ZInsO 2005, 1175 ff.

Teilweise wird in der Literatur[1] ausdrücklich gefordert, dass im Prüfungstermin die Schuldtitel im Original vorzulegen sind, damit die Feststellungsvermerke angebracht werden können und widrigenfalls der Insolvenzverwalter die Forderung zu bestreiten habe.[2] Diese Auffassung findet im Gesetz allerdings keine Stütze und ist abzulehnen.[3] Auch wenn es sinnvoll erscheint, die Originale im Termin vorzulegen, kann ein Bestreiten durch den Insolvenzverwalter nicht allein auf die Nichtvorlage gestützt werden. Die angemeldete Forderung ist tituliert, unabhängig davon, ob die Titel im Prüfungstermin vorlagen oder nicht. Ein Widerspruch ist daher ggf. vom Bestreitenden zu verfolgen. Geschieht dies nicht, ist die Forderung gleichwohl in das Verteilungsverzeichnis aufzunehmen, das bloße Bestreiten im Prüfungstermin hat bei titulierten Forderungen daher ohnehin keine dauerhafte Wirkung. 17

Der vom Gericht auf einem vollstreckbaren Titel anzubringende Feststellungsvermerk muss allerdings deutlich zum Ausdruck bringen, in welchem Umfange die gleiche Forderung durch Anmeldung und Feststellung zur Insolvenztabelle tituliert worden ist. Nur insoweit ist es berechtigt, den ursprünglichen Titel zu entwerten. Sind beispielsweise – wie häufig – Zinsansprüche tituliert, können die nach Insolvenzeröffnung aufgelaufenen Zinsen lediglich als nachrangige Forderung zur Tabelle angemeldet werden. Mit dem Auszug aus der Insolvenztabelle, der lediglich die Hauptforderung und die bis zur Eröffnung des Verfahrens aufgelaufenen Zinsen ausweist, kann der Gläubiger nach Beendigung des Insolvenzverfahrens die seither aufgelaufenen Zinsen nicht vollstrecken. Hat das Insolvenzgericht den ursprünglichen Titel vollständig entwertet, ohne die entsprechende Einschränkung vorzunehmen, wird der Gläubiger auch aus dem ursprünglichen Titel die Vollstreckung nicht mehr betreiben können. Dies ist jedoch nicht zu rechtfertigen. 18

d) Soweit **absonderungsberechtigte Gläubiger** auch persönliche Gläubiger des Schuldners sind und ihre volle Forderung zur Tabelle angemeldet haben, ist diese nicht uneingeschränkt festzustellen, sondern lediglich „für den Ausfall". In das Verteilungsverzeichnis werden diese Forderungen dann nur mit dem vom Gläubiger im Einzelnen nachzuweisenden Ausfall aufgenommen (§ 190). 19

Bei **Wechsel- und Scheckforderungen** ist ebenfalls nur unter Vorbehalt festzustellen.[4] **Aufschiebend bedingte Forderungen** sind mit dem Vermerk festzustellen: „Festgestellt als aufschiebend bedingt." Gleiches gilt für auflösend bedingte Forderungen. Sind die bedingten Forderungen gesichert und werden Absonderungsrechte geltend gemacht, kann der Feststellungsvermerk auch lauten: „Festgestellt als aufschiebend bedingte Forderung für den Ausfall." 20

4. Titulierungsfunktion des Tabelleneintrages

Nach Abs. 3 wirkt der Tabelleneintrag gegenüber dem **Insolvenzverwalter** und den **Insolvenzgläubigern** ihrem Betrag und ihrem Rang nach wie ein rechtskräftiges Urteil.[5] Als Folge dieser Rechtskraftwirkung ist der Austausch 21

---

[1] *Merkle,* Rpfleger 2001, 157 ff., 165.

[2] *Uhlenbruck/ders.,* InsO, § 178 Rn. 4.

[3] Vgl. BGH ZInsO 2006, 102 ff.

[4] Vgl. *Gottwald/Eickmann,* InsHdb., § 64 Rn. 20, 21; *Uhlenbruck/ders.,* InsO, § 178 Rn. 4.

[5] Daher kann die Anerkennung einer angemeldeten Schadensersatzforderung durch den Insolvenzverwalter ohne vorherige Zustimmung des Haftpflichtversicherers des Schuldners

des Grundes einer angemeldeten Forderung nach rechtskräftiger Feststellung der Forderung nicht zulässig.[6] Gegenüber dem Schuldner tritt diese Wirkung nur ein, wenn dieser keinen Widerspruch gegen die Forderung erhoben hat (§ 201 Abs. 2). Gegenüber **Dritten** hat der Tabelleneintrag keine rechtskraftähnliche Wirkung. Die Zessionarin einer Steuerforderung ist nicht Dritte in diesem Sinne. Die Feststellung der angemeldeten Forderung zur Insolvenztabelle genügt den Anforderungen, die ein wirksamer Berichtigungsbescheid erfüllen müsste und wirkt wegen § 27 Abs. 2 S. 2 AO auch gegen die Zessionarin.[7]

22 Die Rechtskraft des Tabelleneintrags erstreckt sich jedoch nur auf den **Umfang der Forderungsfeststellung** und geht nicht darüber hinaus. Wurde nur ein Teil der Forderung angemeldet, so erstreckt sich die Wirkung nicht auf den gesamten Anspruch. Insoweit erstreckt sich die rechtskraftähnliche Wirkung auch nicht auf etwaige **Sicherungsrechte.**[8]

23 Festgestellte **Steueransprüche** werden von der rechtskraftähnlichen Wirkung des Tabelleneintrags erfasst, so dass sie ohne Steuerbescheid durchgesetzt werden können.[9] Sofern der Insolvenzverwalter einen GmbH-Geschäftsführer, der keine Gelegenheit zu einem Widerspruch i. S. v. § 178 Abs. 1 hatte, aus Durchgriffshaftung in Anspruch nimmt, kann er sich diesem gegenüber nicht auf die Rechtskraftwirkung der Eintragung der Gläubigerforderung in die Insolvenztabelle berufen, da andernfalls Art. 103 Abs. 1 GG verletzt würde.[10]

24 Die Rechtskraftwirkung ist auf Insolvenzforderungen beschränkt. Die irrtümlich angemeldete Masseverbindlichkeit wird nicht dadurch zur Insolvenzforderung, dass sie im Prüfungstermin unbestritten geblieben ist.[11] Da der Feststellungsvermerk gegenstandslos ist, kann er von Amts wegen berichtigt werden.[12]

5. Rechtsbehelfe

25 Gegen die festgestellten Forderungen kommen alle Rechtsbehelfe in Betracht, die gegen rechtskräftige Urteile möglich sind, wie die **Nichtigkeitsklage** nach § 579 ZPO, die **Restitutionsklage** nach § 580 ZPO, sowie die Klage nach **§ 826 BGB,** sowie als wichtigster Behelf die **Vollstreckungsgegenklage** nach § 767 ZPO. Der Gläubiger – ebenso der Insolvenzverwalter – ist hierbei mit all den Einwendungen ausgeschlossen, die er im Prüfungstermin hätte vorbringen können (§ 767 Abs. 2 ZPO).

26 Bei offensichtlichen Unrichtigkeiten der Tabelle ist eine **Korrektur** nach § 4 i. V. m. §§ 319, 320 ZPO von Amts wegen oder auf Antrag möglich.[13] Gegen die Ablehnung der Berichtigung oder deren Vornahme ist die befristete Erinnerung (§ 6 I i. V. m. § 11 Abs. 1 S. 1, Abs. 2 RPflG) gegeben.

---

eine zur Leistungsfreiheit führende Obliegenheitsverletzung i. S. v. § 5 Nr. 5 AHB darstellen, OLG Dresden BauR 2006, 1328 ff.

[6] AG Marburg (Lahn) ZInsO 2005, 784.

[7] BFH BeckRS 2008, 24003451.

[8] *Kilger/K. Schmidt,* KO, § 145 Anm. 3.

[9] *Uhlenbruck/ders.,* InsO, § 178 Rn. 14.

[10] BGH NZI 2006, 366 ff.

[11] BGH NZI 2006, 520 ff.; *Kübler/Prütting/Bork/Pape,* InsO, § 178 Rn. 10; *Uhlenbruck/ders.,* InsO, § 178 Rn. 17 mwN.

[12] *Gottwald/Eickmann,* InsHdb., § 64 Rn. 31.

[13] *Uhlenbruck/ders.,* InsO, § 178 Rn. 22; AG Göttingen ZInsO 2003, 815 f.

§ 179 Streitige Forderungen

(1) **Ist eine Forderung vom Insolvenzverwalter oder von einem Insolvenzgläubiger bestritten worden, so bleibt es dem Gläubiger überlassen, die Feststellung gegen den Bestreitenden zu betreiben.**

(2) **Liegt für eine solche Forderung ein vollstreckbarer Schuldtitel oder ein Endurteil vor, so obliegt es dem Bestreitenden, den Widerspruch zu verfolgen.**

(3) **Das Insolvenzgericht erteilt dem Gläubiger, dessen Forderung bestritten worden ist, einen beglaubigten Auszug aus der Tabelle. Im Falle des Absatzes 2 erhält auch der Bestreitende einen solchen Auszug. Die Gläubiger, deren Forderungen festgestellt worden sind, werden nicht benachrichtigt; hierauf sollen die Gläubiger vor dem Prüfungstermin hingewiesen werden.**

§ 180 Zuständigkeit für die Feststellung

(1) **Auf die Feststellung ist im ordentlichen Verfahren Klage zu erheben. Für die Klage ist das Amtsgericht ausschließlich zuständig, bei dem das Insolvenzverfahren anhängig ist oder anhängig war. Gehört der Streitgegenstand nicht zur Zuständigkeit der Amtsgerichte, so ist das Landgericht ausschließlich zuständig, zu dessen Bezirk das Insolvenzgericht gehört.**

(2) **War zur Zeit der Eröffnung des Insolvenzverfahrens ein Rechtsstreit über die Forderung anhängig, so ist die Feststellung durch Aufnahme des Rechtsstreits zu betreiben.**

§ 181 Umfang der Feststellung

Die Feststellung kann nach Grund, Betrag und Rang der Forderung nur in der Weise begehrt werden, wie die Forderung in der Anmeldung oder im Prüfungstermin bezeichnet worden ist.

Übersicht

1. Normzweck

1 Die Vorschriften **entsprechen inhaltlich § 146 Abs. 1 bis 4 und 6 KO.** Wesentliche Änderungen hat die InsO nicht eingeführt.

2 Das Insolvenzverfahren ist aufgrund seines nichtstreitigen Charakters für die Klärung von streitigen Forderungen ungeeignet. **§ 179** stellt daher klar, dass vom Insolvenzverwalter oder den Gläubigern bestrittene Forderungen in einem außerhalb des Insolvenzverfahrens zu führenden **Feststellungsprozess** geklärt werden müssen, wobei die Abs. 1 und 2 zwischen titulierten und nicht titulierten Forderungen unterscheiden. Abs. 3 legt fest, welchen Verfahrensbeteiligten Tabellenauszüge erteilt werden.

3 **§ 180** enthält in Abs. 1 Regelungen zur örtlichen Zuständigkeit der besonderen Insolvenzfeststellungsklage und normiert in Abs. 2, dass die Feststellung durch Aufnahme des Rechtsstreits zu betreiben ist, wenn zurzeit der Verfahrenseröffnung ein Rechtsstreit über die Forderung anhängig war.

4 **§ 181** begrenzt den Feststellungsantrag des Klägers auf den Umfang, wie die Forderung zur Tabelle angemeldet wurde.

5 § 179 wurde unverändert von § 207 RegE übernommen und um Abs. 3 S. 3 ergänzt. § 180 wurde unverändert von § 208 RegE übernommen. § 181 wurde unverändert von § 209 RegE übernommen.[1]

2. Streitige Forderungen; § 179

6 Sind Forderungen im Prüfungstermin vom Insolvenzverwalter (Sachwalter, Eigenverwalter, Treuhänder) bestritten worden, so gelten sie nicht als festgestellt. Soweit nicht bereits ein vollstreckbarer Titel vorliegt, der spätestens im Prüftermin im Original vorzulegen ist,[2] werden sie nicht in ein Schlussverzeichnis aufgenommen und nehmen dann ggf. nicht an der Schlussverteilung teil. Die **Beseitigung des Widerspruchs** obliegt dem Gläubiger bzw. falls ein Titel bereits vorliegt dem Bestreitenden. Dies erfolgt in einem besonderen kontradiktorischen Verfahren.

7 Zulässigkeitsvoraussetzung für ein solches Prozessverfahren ist das – auch vorläufige[3] – Bestreiten der Forderung im Prüfungstermin, wobei der Widerspruch gegen die Prüfung einer nachträglich angemeldeten Forderung nicht ausreichend ist. Ist die verspätet angemeldete Forderung im Prüfungstermin nicht geprüft worden, so muss der Gläubiger zunächst den nachträglichen Prüfungstermin oder das Prüfungsergebnis im schriftlichen Verfahren abwarten, bevor er die Feststellung zur Tabelle betreiben kann.

8 Das Gesetz unterscheidet dabei – ebenso wie bereits die Konkursordnung – danach, ob für die vom Gläubiger angemeldete Forderung bereits ein Schuldtitel vorliegt oder die Forderung noch untituliert ist.

a) Nicht titulierte Forderungen

9 Bei nicht titulierten und vom Insolvenzverwalter oder einem Insolvenzgläubiger bestrittenen Forderungen überlässt es Abs. 1 dem Gläubiger, die Feststellung

---

[1] *Balz/Landfermann,* S. 431 f.

[2] AG Düsseldorf NZI 2006, 411 ff.

[3] BGH NZI 2006, 295 ff.; LArbG Niedersachsen NZA-RR 2004, 317 ff.; LG Berlin ZVI 2007, 383 f.; MünchKomm-*Schumacher,* InsO § 178 Rn. 37; differenzierender: OLG München ZInsO 2005, 778 f.

gegen den Bestreitenden im **ordentlichen Rechtsweg** zu betreiben. Der Gläubiger tritt entweder in ein schon zwischen dem Schuldner und ihm schwebendes Verfahren über die Forderung ein oder beginnt ein eigenes Verfahren. Ist bereits ein Verfahren anhängig, so ist dieses wieder aufzunehmen, wobei der Schuldner als Partei ausscheidet und der Insolvenzverwalter an seine Stelle tritt. Der Antrag ist auf Feststellung zur Tabelle zu richten.

Sieht das Landesrecht als weitere Zulässigkeitsvoraussetzung einen außergerichtlichen Schlichtungsversuch vor, so ist dieser durchzuführen, wenn der Gläubiger nicht riskieren will, dass seine Klage als unzulässig abgewiesen wird.[1] Ein obligatorisches Schlichtungsverfahren für kleine Gegenstandswerte haben die Länder Baden-Württemberg, Bayern, Brandenburg, Hessen, Nordrhein-Westfalen, Saarland, Sachsen-Anhalt und Schleswig-Holstein eingeführt, in Berlin, Mecklenburg-Vorpommern ist das Gesetzgebungsverfahren noch nicht abgeschlossen, in den übrigen Bundesländern bestehen derzeit keine diesbezüglichen Pläne.[2] 10

Bei nicht titulierten und bestrittenen **Steuerforderungen** verfolgt die Steuerbehörde ihre Forderung nicht klageweise, sondern setzt die Steuerforderung durch Bescheid[3] fest und stellt diesen dem widersprechenden Insolvenzverwalter oder Insolvenzgläubiger zu. Gegen diesen Bescheid steht dem Insolvenzgläubiger oder dem Insolvenzverwalter der Einspruch nach § 347 Abs. 1 Nr. 1 AO zu. Für das weitere Verfahren gilt sodann die FGO.[4] 11

Ähnliches gilt auch für rückständige Beiträge zur **Sozialversicherung.** Die Krankenkasse des Versicherten als zuständige Einzugsstelle erlässt nötigenfalls einen Verwaltungsakt über die Beitragsverpflichtung nach Grund und Höhe, der die Abgabeforderung durch Bescheid festsetzt. Die Initiative zur Beseitigung der Feststellungswirkung liegt dann wieder beim Bestreitenden, der ggf. im Widerspruchs- bzw. Klageverfahren sein Bestreiten weiterverfolgen muss. 12

Eine Regelung für den Widerspruch des Schuldners wurde bewusst nicht in die Formulierung des Abs. 1 aufgenommen, da ein Widerspruch des Schuldners ohnehin keinen Einfluss auf das Feststellungsverfahren hat. Soll der Widerspruch des Schuldners aber wegen der Vollstreckungsmöglichkeit nach § 201 Abs. 2 beseitigt werden, so steht dem Gläubiger die Feststellungsklage nach § 184 zu. 13

In entsprechender Anwendung des § 184 muss der Gläubiger gegen den Schuldner auch die Feststellung betreiben, wenn der Schuldner zwar nicht die Forderung insgesamt, wohl aber das Forderungsattribut der vorsätzlich begangenen, unerlaubten Handlung (§ 174 Abs. 2) bestritten hat.[5] Beseitigt der Gläubiger den Schuldnerwiderspruch insoweit nicht, nimmt die Forderung an der Restschuldbefreiung teil (§ 302 Nr. 1). 14

b) Titulierte Forderungen

Bei titulierten Forderungen wird durch Abs. 2 die Feststellungsinitiative vom Gläubiger auf den Bestreitenden verlagert. Der Widerspruch verhindert zwar zunächst die Feststellung ebenso wie bei nicht titulierten Forderungen. Verfolgt 15

---

[1] Vgl. AG Wuppertal ZInsO 2002, 91; m. Anm. *Förster,* EWiR 2002, 347 f.

[2] Siehe Beilage zu NJW 51/2001.

[3] § 251 Abs. 3 AO.

[4] *Uhlenbruck/ders.,* InsO, § 179 Rn. 21.

[5] BGH NZI 2004, 39 f.

der Widersprechende aber nicht bis zur Ausschlussfrist des § 189 klageweise seinen Widerspruch, so wird die Forderung bei Erstellung des Verteilungsverzeichnisses und bei der Schlussverteilung trotzdem berücksichtigt.

16 Eine titulierte Forderung i. S. d. Abs. 2 liegt vor, wenn für sie im Zeitpunkt der Verfahrenseröffnung ein Titel vorlag,[1] der allein wegen des Vollstreckungsverbotes des § 89 nicht vollstreckt werden kann. Ist nach Verfahrenseröffnung unter Verletzung der §§ 240, 249 ZPO ein Versäumnisurteil ergangen, so liegt keine titulierte Forderung im Sinne des Abs. 2 vor.[2] Als **Schuldtitel** kommen insbesondere rechtskräftige oder für vorläufig vollstreckbar erklärte[3] Endurteile aus Zivilprozessen,[4] Vollstreckungstitel nach § 794 ZPO, Titel nach § 801 ZPO, sowie Steuerbescheide oder sonstige Leistungsbescheide in Betracht, die dem Schuldner vor Verfahrenseröffnung zugestellt worden sind.

17 Ist ein im Klageverfahren ergangenes Endurteil noch nicht rechtskräftig, ist das Verfahren gem. § 240 ZPO unterbrochen. Es kann gem. § 250 ZPO in dem Stande vom Bestreitenden wieder aufgenommen werden, in dem es sich bei Eröffnung des Insolvenzverfahrens oder Bestellung eines vorläufigen Insolvenzverwalters unter Erlass eines Verfügungsverbotes befunden hat. Der Bestreitende kann die jeweils gegebenen Rechtsmittel[5] ergreifen, um den Titel wieder zu beseitigen.

18 Gegen rechtskräftige Titel stehen dem Bestreitenden ebenfalls nur die Rechtsbehelfe zur Verfügung, die auch der Schuldner selbst gehabt hätte, um den Titel bzw. das Endurteil anzugreifen. Namentlich handelt es sich hierbei in Zivilsachen um die Vollstreckungsabwehrklage (§ 767 Abs. 1 ZPO) oder die Wiederaufnahme des Verfahrens (§ 578 ZPO), ggf. auch die Möglichkeit, den Titel nach § 826 BGB zu beseitigen.

c) Tabellenauszüge

19 Wie nach § 146 Abs. 1 KO hat das Insolvenzgericht dem **Gläubiger, dessen Forderung bestritten wurde,** gem. Abs. 3 einen beglaubigten Auszug aus der Tabelle zu erteilen. Dies erleichtert dem Gläubiger den Nachweis von Anmeldung und Widerspruch für den von ihm zu führenden Forderungsfeststellungsstreit.

20 Da nach Abs. 2 die Feststellungsinitiative für titulierte Forderungen auf den **Bestreitenden** verlagert wurde, erhält auch dieser nach Abs. 3 S. 2 einen beglaubigten Tabellenauszug.

21 Die **Gläubiger, deren Forderungen festgestellt wurden,** haben einen solchen Feststellungsprozess nicht zu führen. Aus diesem Grunde sind sie nach S. 3 auch nicht über die Feststellung zu benachrichtigen. S. 3 der Vorschrift wurde durch den Rechtsausschuss angefügt. Er sieht vor, dass zur Vermeidung unnötiger Nachfragen beim Insolvenzgericht und beim Insolvenzverwalter, die Gläubiger vor dem Prüfungstermin auf diese Rechtslage hingewiesen werden.[6] Dies erfolgt in der Regel durch Zustellung des Eröffnungsbeschlusses zusammen mit einem umfangreichen Merkblatt. Die Erfahrung zeigt allerdings, dass diese

---

[1] *Uhlenbruck/ders.,* InsO, § 179 Rn. 14.

[2] OLG Köln NJW-RR 1988, 701.

[3] §§ 708 ff. ZPO.

[4] § 704 Abs. 1 ZPO.

[5] Einspruch gem. § 138 ZPO, falls es sich um ein Versäumnisurteil oder einen Vollstreckungsbescheid handelt; Berufung, § 511 ZPO oder Revision, § 545 Abs. 1 ZPO für streitige Endurteile.

[6] Ausschussbericht zu § 207 Abs. 3 RegE, abgedruckt in *Balz/Landfermann,* S. 432.

Informationen selten von den Gläubigern vollständig gelesen werden. Ist das schriftlich Prüfungsverfahren angeordnet, sollte der Hinweis mit dem Schreiben des Insolvenzgerichts erfolgen, wonach die nachträgliche Anmeldung im schriftlichen Verfahren (§ 177 Abs. 1 S. 2, Abs. 2) geprüft wird. Unterbleibt der Hinweis, hat dies allerdings keine Rechtsfolgen.[1]

Insolvenzgläubigern, die Absonderungsrechte geltend machen und deren For- 22
derung daher nur für den Ausfall festgestellt worden ist, steht der Feststellungsrechtsstreit nicht offen. Ihre Forderung ist nicht bestritten, es fehlt daher an der Zulässigkeitsvoraussetzung des Feststellungsbedürfnisses. Diese Gläubiger müssen ihren Ausfall nachweisen, damit sie in Höhe des Ausfalles ins Schlussverzeichnis aufgenommen werden können.

3. Die besondere Insolvenzfeststellungsklage; § 180

a) Die Feststellung einer bestrittenen, nichttitulierten Forderung kann nach 23
§ 180 Abs. 1 S. 1 nur außerhalb des Insolvenzverfahrens erfolgen. Hierzu ist Klage im **ordentlichen Verfahren** zu erheben. § 180 bezieht sich dabei aber direkt nur auf bürgerlich-rechtliche Forderungen, die im Wege des ordentlichen Verfahrens beizutreiben sind. Für alle anderen, wie arbeitsrechtliche, sozialrechtliche, oder finanz- und steuerrechtliche Forderungen gilt § 185 mit besonderen Zuständigkeitsregelungen.

Einzig mögliche Verfahrensart für bürgerlich-rechtliche Forderungen ist die 24
besondere Insolvenzfeststellungsklage nach § 180. Hierbei handelt es sich um eine **echte Feststellungsklage.** Streitig war bereits unter Geltung der Konkursordnung, ob die **besonderen Verfahrensarten** des Urkunden-, Wechsel- und Scheckprozesses (§§ 592, 602, 605 a ZPO) für die Insolvenzfeststellungsklage zulässig sind. In der Literatur war dies überwiegend bejaht worden.[2] Auch die Literatur zur InsO ist uneinheitlich.[3] Die Rechtsprechung hatte bereits früher die Feststellung im Wege des Urkunden-, Wechsel- oder Scheckprozesses auch aus konkursrechtlicher Sicht verneint.[4] Dieser Auffassung ist zuzustimmen, denn das Vorbehaltsurteil ist nicht geeignet, den Rechtsstreit abschließend zu erledigen. Beantragt werden könnte lediglich die Feststellung der Forderung unter dem Vorbehalt der Rechte (§ 599 ZPO), die dann erst noch im Nachverfahren geklärt werden müssten.[5] Das **Mahnverfahren** (§§ 688 ff. ZPO) ist ungeeignet, da ein Vollstreckungsbescheid nicht auf Feststellung zur Tabelle lauten kann. In einem Insolvenzverfahren kann auch ein Anspruch auf erstes Anfordern zur Tabelle angemeldet werden. Sinn des Zahlungsversprechens ist die rasche Titulierung und der schnelle Zugriff (Liquiditätsfunktion). Diese Beschleunigungsfunktion bleibt auch im Insolvenzverfahren, wenn auch in modifizierter Form, erhalten.[6]

---

[1] *Nerlich/Römermann/Becker,* InsO, § 179 Rn. 35.

[2] *Jaeger/Weber,* KO, § 146 Rn. 5, 6; *Kuhn/Uhlenbruck,* KO, § 146 Rn. 11; MünchKomm-*Schuhmacher,* InsO § 180 Rn. 7; aA: *Kilger/K. Schmidt,* KO, § 146 Anm. 2 a; *Kübler/Prütting/Bork/Pape,* InsO, § 180 Rn. 2.

[3] Bejahend: *Gottwald/Eickmann,* InsHdb., § 64 Rn. 40; HK-*Depré,* InsO, § 180 Rn. 2, *Uhlenbruck/ders.,* InsO, § 180 Rn. 5.

[4] RG 32, 231; OLG Hamm KTS 67, 169; OLG München ZIP 1985, 298.

[5] Wie hier auch *Breutigam/Blersch/Goetsch/Breutigam,* InsO, § 180 Rn. 2.

[6] BGH NZI 2008, 565 f.

25 Zu berücksichtigen ist auch, dass entsprechend der Sonderregelung in § 15a EGZPO zwischenzeitlich einige Länder für Zivilrechtstreite geringen Streitwertes ein obligatorisches Schlichtungsverfahren vorschreiben.[1] Die Feststellungsklage ist daher erst zulässig, wenn dieses obligatorische Schlichtungsverfahren durchlaufen ist. Eine Aussetzung eines anhängig gemachten Feststellungsverfahrens bis zur Durchführung des Schlichtungsverfahrens wird von der Rechtsprechung abgelehnt.[2]

26 **b) Örtlich zuständig** für die Feststellungsklage[3] ist nach **§ 180 Abs. 1 S. 2** das **Amtsgericht,** in dessen Bezirk das Insolvenzverfahren anhängig ist oder war. Bei einem höheren Streitwert, wobei sich dieser nach der voraussichtlichen Quote bemisst (vgl. § 182), als 5000,– € (§ 23 GVG) ist das **Landgericht** örtlich zuständig, zu dessen Bezirk das Insolvenzgericht gehört (§ 180 Abs. 1 S. 2). Bei der Zuständigkeit handelt es sich um eine ausschließliche, **Gerichtsstandsvereinbarungen** (§ 38 ZPO) sind daher unzulässig.

27 **c)** Ein besonderes **Feststellungsinteresse** ist nicht erforderlich. Das (allgemeine) Feststellungsinteresse fehlt aber, wenn die Forderung entweder nicht angemeldet und geprüft oder der Forderung nicht widersprochen wurde. Eine solche Klage ist als unzulässig abzuweisen.[4] Ein Feststellungsinteresse ist, sowohl auf Seiten des Insolvenzverwalters (Abwehranspruch) als auch aufseiten des Gläubigers dann zu bejahen, wenn die voraussichtliche Quote Null beträgt.[5] Zum Nachweis seines Feststellungsinteresses legt der Gläubiger den nach § 179 Abs. 3 vom Insolvenzgericht zu erteilenden, beglaubigten **Tabellenauszug** vor.

28 Hat der Insolvenzverwalter die angemeldete Forderung „vorläufig" bestritten, ist die Feststellungsklage zwar zulässig, der Gläubiger trägt aber das Kostenrisiko, wenn der Insolvenzverwalter noch vor der mündlichen Verhandlung die Forderung zur Tabelle feststellt und der Gläubiger es versäumt hat, vor Klagerhebung beim Insolvenzverwalter Rückfrage zu halten, ob das Bestreiten als endgültig zu betrachten sei.[6]

29 **d) Partei des Feststellungsverfahrens** kann nur derjenige sein, der der Forderung widersprochen hat, sowie der Insolvenzgläubiger. Der Schuldner hat jedoch die Möglichkeit, dem Rechtsstreit als Nebenintervenient (§ 63 ZPO) beizutreten.[7] Der Schuldner ist Partei, wenn er als Eigenverwalter widersprochen hat gem. § 180, wenn er als Schuldner widerspricht gem. § 184.

30 **e)** War ein Rechtsstreit über die Forderung bereits bei Insolvenzeröffnung anhängig, und wurde die Forderung im Insolvenzverfahren angemeldet, geprüft und bestritten, so ist nach **§ 180 Abs. 2** die Feststellung nur durch **Aufnahme des**

---

[1] Entsprechende Landesgesetze bestehen in Baden-Württemberg, Bayern, Brandenburg, Hessen, Nordrhein-Westfalen, Saarland, Sachsen-Anhalt und Schleswig-Holstein; Gesetzgebungsverfahren sind noch anhängig in Berlin und Mecklenburg-Vorpommern.

[2] AG Wuppertal ZInsO 2002, 91 f.

[3] Für alle anderen Klagen gegen den Insolvenzverwalter verbleibt es bei den allgemeinen Vorschriften, BayObLG NZI 2003, 230 f.

[4] BGH NZI 2004, 214 ff.; BAG NJW 2004, 3588 ff.

[5] BGH NZI 2008, 611 ff., Anm. *Kießner,* FD-InsR 2008, 265410.

[6] LAG Hamm ZIP 2002, 770 ff.; LG Bonn ZIP 2000, 1310; LG Aachen NZI 2002, 389; LG Mönchengladbach ZInsO 2002, 1103; OLG Karlsruhe ZIP 1989, 791; OLG Düsseldorf ZIP 1994, 638; OLG Hamm ZIP 1994, 1547; OLG Celle ZIP 1994, 1197.

[7] *Uhlenbruck/ders.,* InsO, § 179 Rn. 11.

Rechtsstreits durch den Gläubiger zu betreiben. Der Rechtsstreit wird in der Lage aufgenommen, in der er sich befindet. Der Verwalter muss daher die Prozessführung des Schuldners gegen sich gelten lassen.[1] Ist die Aufnahme des Rechtsstreits möglich, so ist die Erhebung einer neuen Klage unzulässig. Voraussetzung hierzu ist allerdings die **Identität** zwischen dem mit der ursprünglichen Klage verfolgten und dem zur Tabelle angemeldeten Anspruch.[2] Mit der Aufnahme einher geht die **notwendige Umstellung** des ursprünglichen Klageantrages auf Feststellung der Forderung zur Tabelle. Hierbei handelt es sich nicht um eine Klageänderung i. S. v. § 263 ZPO.[3] Die Zulässigkeit der Antragsumstellung ergibt sich daher nicht aus § 264 Nr. 3 ZPO, sondern aus § 180 Abs. 2 selbst. Sachlich und örtlich zuständig bleibt daher das Gericht, bei welchem der Rechtsstreit anhängig war. Ist durch die Eröffnung des Insolvenzverfahrens ein Kostenfestsetzungsverfahren unterbrochen worden und hat der Insolvenzverwalter den zur Tabelle angemeldeten Erstattungsanspruch bestritten, so kann das unterbrochene Kostenfestsetzungsverfahren entsprechend § 180 Abs. 2 aufgenommen werden.[4] Auch Gestaltungsprozesse werden nach § 240 ZPO unterbrochen, wenn sie unmittelbar oder mittelbar den Bestand der Insolvenzmasse berühren. Der BGH[5] entschied dies für die Frage, ob das Verfahren auf Vollstreckbarkeitserklärung eines ausländischen Titels trotz Insolvenzeröffnung weitergeführt werden kann. Dies sei nicht der Fall. Der Gläubiger könne seine Forderung zur Tabelle anmelden, der Insolvenzverwalter oder ein Insolvenzgläubiger das Verfahren nach Widerspruch durch Aufnahme des Rechtsstreits beim Berufungsgericht gemäß § 179 Abs. 2, § 180 Abs. 2 verfolgen.

f) Abgabenrechtliche Rechtsbehelfsverfahren, die durch die Insolvenzeröffnung analog § 240 ZPO unterbrochen worden sind, sind ebenfalls wieder aufzunehmen, wobei der Widersprechende das Verfahren fortzusetzen hat, da bereits ein Bescheid vorliegt.[6] 31

g) Aus dem **Grundsatz der Einheitlichkeit** der Kostenentscheidung wird gefolgert, dass die Partei, die letztlich unterliegt, die Kosten des gesamten wiederaufgenommenen Rechtsstreites zu tragen hat. Eine Differenzierung hinsichtlich der vor und nach der Unterbrechung des Verfahrens (§ 240 ZPO) entstandenen Kosten findet danach nicht statt. Im Falle des Unterliegens des Insolvenzverwalters würden dann die gesamten Kosten des Rechtsstreits den Rang einer Masseverbindlichkeit gem. § 55 auch insoweit haben, als dem Verwalter die vor der Prozessaufnahme entstandenen Kosten auferlegt werden.[7] 32

Dementsprechend wäre zwischen den Kosten, die bis zur Verfahrenseröffnung aufgefallen sind und den Kosten, die erst danach entstehen, zu unterscheiden. Dies würde zu einer Aufteilung der Kostenschulden in Insolvenzforderungen und Masseverbindlichkeiten führen, dem Rechtsgedanken des § 105 entsprechen und eine ungerechtfertigte Privilegierung der Kostengläubiger vermeiden.[8] Die 33

---

[1] BGH WM 2007, 91 f.; OLG Frankfurt ZInsO 2006, 272.

[2] BGH ZIP 1988, 979; WM 2001, 2180 f.

[3] *Uhlenbruck/ders.,* InsO, § 180 Rn. 12 mwN.

[4] OLG München ZIP 2003, 2318 ff.; OLG Brandenburg ZInsO 2007, 105 f.

[5] BGH NZI 2008, 681 ff. m. Anm. *Meyer,* 683 und Anm. *Kroth,* FD-InsR 2008, 266129.

[6] *Uhlenbruck/ders.,* InsO, § 180 Rn. 13; BFH ZIP 2005, 1184 ff.; BFH DZWIR 2008, 410.

[7] OLG Frankfurt ZIP 1981, 638; OLG Hamm Rpfleger 1990, 435.

[8] HambKomm-*Kuleisa,* InsO, § 85 Rn. 14; LAG Hamm ZIP 2002, 770; OLG Rostock ZIP 2001, 2145; LG Köln ZIP 2003, 1310, MünchKomm-*Schumacher,* InsO § 85 Rn. 20.

Rechtsprechung folgt dieser hier auch in der Vorauflage vertretenen Ansicht nicht.[1] Der Insolvenzverwalter hat mit der Fortführung des Prozesses zur Hauptsache das einheitliche Kostenrisiko des Schuldners auf die Masse übernommen. Des Weiteren decken Gerichts- und Anwaltsgebühren, soweit es sich um Verfahrensgebühren handelt, nicht einzelne, sondern eine Gesamtheit gleichartiger Tätigkeiten und Prozesshandlungen ab.

4. Umfang der Feststellung; § 181

34 Klageziel der besonderen Insolvenzfeststellungsklage ist die Beseitigung des im Prüfungstermin gegen die angemeldete Forderung erhobenen Widerspruchs, damit die Forderung zur Tabelle festgestellt werden kann. Für diese Feststellungsklage ist kein besonderes Feststellungsinteresse erforderlich. Voraussetzung ist nur, dass die Forderung angemeldet und bestritten wurde. Deshalb stellt § 181 sicher, dass das Feststellungsbegehren im Prozess dem Grunde, Betrag und der Höhe nach der Bezeichnung in der Anmeldung, bzw. im Prüfungstermin entspricht, da nur insoweit ein Feststellungsinteresse gegeben ist.[2] Gegenstand des Feststellungsprozesses und des Prüfungsverfahrens müssen daher identisch sein. Abweichungen dem **Grunde** nach führen zur Abweisung der Klage als unzulässig, da es sich um eine neue, nicht angemeldete Forderung handelt. Wird der Forderungsgrund ausgewechselt, bedarf es einer neuen Anmeldung, da ansonsten die Feststellungsklage ebenso unzulässig ist wie eine Klage ohne eine Anmeldung.[3] Wird ein **höherer** als der angemeldete Betrag geltend gemacht, ist die Klage hinsichtlich des Mehrbetrages als unzulässig abzuweisen.[4] Die Geltendmachung eines niedrigeren Teilbetrages der angemeldeten Forderung ist aber zulässig.

35 Bei Streitigkeiten über den **Rang** der Forderung (§§ 38, 39) kann der Gläubiger nur den Rang begehren, der zur Tabelle angemeldet wurde. Gleiches gilt auch, wenn der Gläubiger die Feststellung begehrt, die Forderung beruhe auf einer vorsätzlich begangenen, unerlaubten Handlung des Schuldners. Trägt er im Feststellungsrechtsstreit Tatsachen für einen anderen Rechtsgrund vor als in der Forderungsanmeldung, so ist die Klage als unzulässig abzuweisen.[5]

36 Für angemeldete und bestrittene **Steuerforderungen** kommt keine Klage, sondern nur die Steuerfestsetzung durch die Finanzbehörde in Betracht. Der Steuerbescheid kann sich daher nur auf den Steuersachverhalt, die Höhe der Steuern sowie den Rang stützen, wie es die Anmeldung vorsah.

5. Praxishinweise

37 In den Ländern, in denen bis zu bestimmten Streitwertgrenzen ein obligatorisches Schlichtungsverfahren vorgeschrieben ist,[6] ist die Feststellungsklage un-

[1] BGH BeckRS 2008, 06939 mwN.

[2] *Uhlenbruck/ders.,* InsO, § 182 Rn. 3; LAG Niedersachsen NZA-RR 2004, 317 ff.

[3] BGH NZI 2004, 214 ff.

[4] LAG Hamm 4 Sa 2037/03 juris.

[5] BGH InVo 2002, 99 f.

[6] Derzeit in Baden-Württemberg, Bayern, Brandenburg, Hessen, Nordrhein-Westfalen, Saarland, Sachsen-Anhalt und Schleswig-Holstein; Berlin und Mecklenburg-Vorpommern sind noch im Gesetzgebungsverfahren.

zulässig, wenn der Insolvenzgläubiger das außergerichtliche Schlichtungsverfahren nicht durchgeführt hat.

Hat der Insolvenzverwalter im Prüfungstermin die Forderung „vorläufig bestritten“, so ist die Feststellungsklage grundsätzlich zulässig, bei sofortigem Anerkenntnis durch den Insolvenzverwalter kann den Gläubiger jedoch die volle Kostenlast treffen, wenn er ohne vorherige Nachfrage beim Insolvenzverwalter Klage erhoben hat.[1] 38

Die Gläubiger, deren Forderungen bestritten worden sind, werden durch Übermittlung eines Tabellenauszugs hiervon informiert. Gläubiger, deren Forderungen festgestellt wurden, erhalten keine Nachricht. Hierauf werden sie zwar in der Regel durch das mit dem Eröffnungsbeschluss zugestellte Merkblatt informiert, allerdings sind in der Praxis Nachfragen nach dem Prüfungsergebnis gerade von solchen Gläubigern, die noch kurz vor dem Prüfungstermin angemeldet hatten, recht häufig. Sie lassen sich ggf. nur dadurch reduzieren, dass den Gläubigern die Möglichkeit eingeräumt wird, durch eine Internetanfrage ihr individuelles Prüfungsergebnis zu erfahren. 39

§ 182 Streitwert

Der Wert des Streitgegenstands einer Klage auf Feststellung einer Forderung, deren Bestand vom Insolvenzverwalter oder von einem Insolvenzgläubiger bestritten worden ist, bestimmt sich nach dem Betrag, der bei der Verteilung der Insolvenzmasse für die Forderung zu erwarten ist.

1. Normzweck

Die Vorschrift bestimmt den für die besondere Insolvenzfeststellungsklage nach § 180 maßgeblichen Streitwert. Die Streitwertbestimmung des § 148 KO nach **freiem Ermessen** (§ 3 ZPO) wurde aufgegeben und dadurch präzisiert, dass nunmehr der Betrag entscheidet, der bei der Schlussverteilung zu erwarten ist. Diese auch schon unter der KO von Rechtsprechung und Literatur angewandte Regelung orientiert sich nunmehr zwingend an den **Befriedigungschancen** des Gläubigers, und dient dazu, die Kosten des Feststellungsverfahrens möglichst niedrig zu halten. Dies ist in Anbetracht der oftmals nur gering ausfallenden Quote notwendig, wenn der Feststellungsprozess für den Gläubiger ein auch wirtschaftlich sinnvolles Verfahren sein soll. 1

Die Vorschrift wurde unverändert von § 210 RegE übernommen.[2] 2

2. Streitwertbestimmung

Der Streitwert bestimmt sich nach der Höhe der für die Forderung zu erwartenden Verteilungsquote.[3] Ist die Feststellungsklage gegen den Insolvenzverwalter oder einen bestreitenden Insolvenzgläubiger erhoben worden, gilt dies auch dann, wenn nach Aufhebung des Insolvenzverfahrens aus dem Tabellen- 3

---

[1] BGH NZI 2006, 295 f.

[2] *Balz/Landfermann,* S. 432.

[3] BGH NZI 2002, 549; BFH ZIP 2006, 2284 ff.; OLG Köln NZI 2003, 568; OLG Celle ZIP 2005, 1571 f.; LG Berlin BeckRS 2009, 20362.

auszug gegen den Schuldner, etwa wegen des Rechtsgrundes der unerlaubten Handlung, vollstreckt werden kann.[1] Dies gilt auch für den Rechtsmittelstreitwert.[2] Steht der Masse eine (aufrechenbare) Gegenforderung gegen den Kläger einer Feststellungsklage zu, so ist der Streitwert der Feststellungsklage grundsätzlich nach dem Betrag festzusetzen, der bei einer Verteilung der um die Gegenforderung erhöhten Masse auf die Klageforderung entfiele.[3] Maßgeblicher Zeitpunkt für die Streitwertfestsetzung[4] ist der Zeitpunkt der Klageerhebung (§ 253 ZPO), bzw. der Zeitpunkt der Aufnahme des Verfahrens (§§ 240, 250 ZPO).

4 Die voraussichtliche Quote ist vom Gericht gem. § 287 ZPO auf der Grundlage des Insolvenzverwalterberichtes (§ 156) zu schätzen. Erforderlichenfalls ist eine erneute Auskunft des Insolvenzverwalters einzuholen.[5] Eine angezeigte Masseunzulänglichkeit führt nicht zwangsläufig dazu, den Streitwert bei einer Feststellungsklage nach der niedrigsten Gebührenstufe zu bestimmen. In den Streitwert einzubeziehen sind die Chancen auf die Realisierung einer der Masse zustehenden Forderung.[6]

5 Ist eine Quote nicht zu erwarten, so ist der Streitwert nach der niedrigsten Gebührenstufe festzusetzen.[7]

6 In der Regel wird der Streitwert durch Aufnahme eines nach § 240 ZPO unterbrochenen Rechtsstreits gem. § 180 Abs. 2 sinken, da die Befriedigungsaussicht in der Insolvenz wohl immer hinter dem vollen Wert der Forderung zurückfällt.[8] Sinkt dadurch der Streitwert unter 5000,– €, bleibt gleichwohl das ursprünglich zuständig gewesene Landgericht gem. § 261 Abs. 3 Nr. 2 ZPO für den ersten Rechtszug weiterhin zuständig. Auch ein Berufungsverfahren wird vor dem Oberlandesgericht durchgeführt und nicht etwa erneut vor dem Landgericht verhandelt, als ob fiktiv erstinstanzlich das eigentlich auf Grund des gesunkenen Streitwertes zuständige Amtsgericht entschieden hätte.

7 Verändert sich die Quotenaussicht im Rahmen des Feststellungsrechtsstreites, so ändert sich die einmal begründete Zuständigkeit nicht mehr. Maßgeblich ist entweder der Zeitpunkt, an dem der Gläubiger seine Feststellungsklage einreicht oder das Verfahren gem. § 180 Abs. 2 aufnimmt.

8 Die Vorschrift gilt unmittelbar nur für die Fälle der Feststellung einer Forderung vor den ordentlichen Gerichten. Für alle anderen Rechtswege, z. B. § 2 ArbGG, § 51 SGG, § 40 VwGO, § 33 FGO, § 251 Abs. 3 AO ist sie über § 185 anzuwenden.

3. Analoge Anwendung

9 Die Vorschrift ist unmittelbar nur für den Rechtsstreit um die Forderung insgesamt konzipiert. Im Gesetzgebungsverfahren hatte man jedoch bereits gesehen, dass sie entsprechende Anwendung finden sollte, wenn lediglich ein Teil-

[1] OLG Celle ZIP 2005, 1571 f.
[2] BGH NZI 2002, 549.
[3] BGH NZI 2000, 115.
[4] *Uhlenbruck/ders.*, InsO, § 182 Rn. 3.
[5] BGH NZI 1999, 447; MünchKommInsO-*Schumacher*, § 182 Rn. 8.
[6] OLG Rostock NZI 2004, 320 f.
[7] BGH NZI 2000, 115; ZIP 1993, 50; *Uhlenbruck/ders.*, InsO, § 182 Rn. 9.
[8] AG Stuttgart ZInsO 2004, 283 f.

betrag oder der Rang der Forderung bestritten werden.[1] In diesen Fällen richtet sich der Streitwert nach dem Unterschied zwischen den Beträgen, die der Gläubiger bei einem Obsiegen oder bei einem Unterliegen gegenüber dem Bestreitenden erhalten würde.

Der Wortlaut der Vorschrift erfasst nicht das Verfahren, welches gem. § 179 Abs. 2 der Bestreitende auf Feststellung der Begründetheit seines Widerspruchs hin betreibt. Grundsätzlich bleibt es daher bei den allgemeinen Regeln der §§ 2, 3 ZPO, doch ist die Vorschrift insoweit entsprechend anzuwenden, als sie das freie Ermessen nach § 3 ZPO einschränkt. Auch für diese Fälle ist daher die voraussichtliche Befriedigungsaussicht für den Streitwert maßgeblich. 10

Hat der Insolvenzverwalter lediglich den Rechtsgrund der vorsätzlich begangenen, unerlaubten Handlung bestritten, so ist die Vorschrift nicht anwendbar. Das Feststellungsinteresse des Gläubigers richtet sich – ebenso wie beim Bestreiten des Rechtsgrundes durch den Schuldner – darauf, die Forderung von der Restschuldbefreiung auszunehmen. Nach einer Ansicht bemisst sich der Streitwert nach dem Nominalwert der Forderung, denn mit der Feststellung erhält der Kläger einen nach Ablauf der Wohlverhaltensperiode vollstreckbaren Titel.[2] Nach anderer Ansicht[3] ist nicht der Nominalwert der Insolvenzforderung maßgeblich, sondern auf die späteren Vollstreckungsaussichten des Insolvenzgläubigers abzustellen. Können diese nicht als günstig angesehen werden, sind deutliche Abschläge vom Nominalwert der Deliktsforderung sachlich gerechtfertigt. 11

4. Feststellungsbegehren gegenüber dem Schuldner

Die Vorschrift betrifft weder unmittelbar noch entsprechend die Feststellung gegenüber dem widersprechenden Schuldner nach § 184. Diese Feststellung ist nicht für die Verteilung maßgeblich, sondern für eine spätere Zwangsvollstreckung (§ 201 Abs. 2), bzw. die Teilnahme an der Restschuldbefreiung. Die voraussichtliche Quotenaussicht ist für die Streitwertbestimmung daher irrelevant. Das gegen den widersprechenden Schuldner zu führende Verfahren unterscheidet sich nicht von einer normalen Leistungsklage. Die Streitwertbestimmung folgt daher den allgemeinen Regeln (§§ 2, 3 ZPO), zu berücksichtigen ist allerdings die voraussichtliche Befriedigung im Insolvenzverfahren in deren Höhe sich der Streitwert ermäßigt. Hat der Schuldner lediglich den Rechtsgrund der unerlaubten Handlung bestritten, richtet sich der Streitwert nach dem Wert der Forderung.[4] 12

§ 183 Wirkung der Entscheidung

(1) **Eine rechtskräftige Entscheidung, durch die eine Forderung festgestellt oder ein Widerspruch für begründet erklärt wird, wirkt gegenüber dem Insolvenzverwalter und allen Insolvenzgläubigern.**

---

[1] Begründung RegE, abgedruckt in *Balz/Landfermann,* S. 432.

[2] OLG Hamm ZVJ 2007, 208 f.; OLG Karlsruhe JurBüro 2007, 648, HambKomm-*Herchen,* InsO, § 182 Rn. 3.

[3] BGH ZInsO 2009, 398; OLG Celle ZInsO 2007, 42; LG Kempten ZInsO 2006, 888.

[4] LG Mühlhausen ZInsO 2004, 1045 f.; aA: OLG München ZInsO 2004, 1318.

(2) **Der obsiegenden Partei obliegt es, beim Insolvenzgericht die Berichtigung der Tabelle zu beantragen.**

(3) **Haben nur einzelne Gläubiger, nicht der Verwalter, den Rechtsstreit geführt, so können diese Gläubiger die Erstattung ihrer Kosten aus der Insolvenzmasse insoweit verlangen, als der Masse durch die Entscheidung ein Vorteil erwachsen ist.**

1. Normzweck

1 Die Vorschrift entspricht den §§ 146 Abs. 7 und 147 KO; **Abs. 1** bestimmt die subjektive Rechtskrafterstreckung des Feststellungsurteils, wobei im Gegensatz zu § 147 S. 1 KO ergänzend klargestellt wird, dass die Wirkungen des Urteils auch im Verhältnis zum Insolvenzverwalter eintreten. **Abs. 2** regelt das Verfahren der Tabellenberichtigung. **Abs. 3** normiert für bestimmte Fälle eine Prozesskostenbeteiligung der Masse.

2 Die Vorschrift wurde unverändert von § 211 RegE übernommen.[1]

2. Subjektive Rechtskrafterstreckung

3 Die Vorschrift legt in ihrem Abs. 1 die Grenzen der subjektiven Rechtskrafterstreckung des Feststellungsurteils insoweit fest, als durch rechtskräftige Entscheidung die Forderung festgestellt oder der Widerspruch für begründet erklärt wurde. Sie regelt nicht den Fall, dass einer von mehreren Widersprüchen für unbegründet erachtet wurde. Eine Feststellung zur Tabelle kann in diesem Falle erst dann erfolgen, wenn auch der letzte Widerspruch beseitigt ist. Die Rechtskraftwirkung schließt die spätere Geltendmachung desselben Anspruchs als Masseforderung nicht aus.[2]

4 Die Entscheidung des Gerichts hinsichtlich der Feststellung einer Forderung oder der Begründetheit eines Widerspruches gilt in gleicher Weise für alle Insolvenzgläubiger und den Insolvenzverwalter. Hat also nur ein Gläubiger der Forderung eines anderen widersprochen und stellt das Gericht fest, dass dem klagenden Gläubiger die Forderung zusteht, so müssen sich alle übrigen Insolvenzgläubiger diese Entscheidung entgegenhalten lassen. Umgekehrt verhält es sich ebenso mit der Klageabweisung. Stellt das Gericht fest, dass der Widerspruch auch nur eines Insolvenzgläubigers begründet ist, so scheidet die Forderung zugunsten aller übrigen Insolvenzgläubiger aus.[3] Nach Abs. 1 gilt diese Wirkung nunmehr auch für den **Insolvenzverwalter,** wenn er nicht selbst Partei des Feststellungsprozesses war. Die Rechtskraft der Feststellung des **Nichtbestehens** einer Forderung zugunsten eines Gläubigers wirkt auch gegenüber dem **Schuldner.**[4] Dabei macht es keinen Unterschied, ob der Schuldner der Feststellung selbst widersprochen hat oder nicht. Bei der Feststellung des **Bestehens** einer Forderung zugunsten eines Gläubigers tritt die Rechtskraft gegenüber dem Schuldner allerdings nur nach § 201 Abs. 2 ein, wenn er der Forderung **nicht** widersprochen hat. Da die Wirkung der rechtskräftigen Entscheidung in einem

---

[1] *Balz/Landfermann,* S. 433.

[2] BGH NZI 2006, 520 ff.

[3] *Uhlenbruck/ders.,* InsO, § 183 Rn. 3; *Nerlich/Römermann/Becker,* InsO, § 183 Rn. 7.

[4] BGH WM 58, 696; *Uhlenbruck/ders.,* InsO, § 183 Rn. 3; aA: MünchKomm-*Schumacher,* InsO § 183 Rn. 6.

Forderungsfeststellungsprozess gegenüber allen Insolvenzgläubigern wirkt, steht das Recht der Nebenintervention auch einem nachrangigen Insolvenzgläubiger zu da dieser, wenn auch mit eingeschränkten Rechten, in das Insolvenzverfahren eingebunden und widerspruchsberechtigt ist.[1]

3. Berichtigung der Tabelle

Nach dem Prüfungstermin geht die **Zuständigkeit zur Tabellenführung** 5 vom Insolvenzverwalter auf das Insolvenzgericht über (§ 178 Abs. 2, S. 1). Die Tabelle verbleibt dort.[2] Berichtigungen werden nicht von Amts wegen durchgeführt, sondern müssen beantragt werden. Hat der anmeldende Gläubiger im Feststellungsrechtstreit obsiegt, wird auf seinen Antrag hin die von ihm angemeldete Forderung zur Tabelle festgestellt. War eine Verteilung bereits durchgeführt und der auf die Forderung entfallende Anteil gem. § 189 Abs. 2 bei der Verteilung zurückbehalten, so wird der auf die Forderung entfallende Erlösanteil an den Gläubiger jetzt ausbezahlt.

Auch die Feststellung, dass ein Widerspruch begründet sei, ist in die Tabelle 6 einzutragen.[3]

Schließlich ist auch die Berichtigung der Tabelle insoweit notwendig, dass 7 einzutragen ist, wenn der Bestreitende mit seinem Begehren scheiterte, die Begründetheit seines Widerspruchs feststellen zu lassen.[4]

Wird eine nicht titulierte Forderung bestritten, so muss der die Berichtigung 8 begehrende Anmelder gegen jeden Bestreiter ein rechtskräftiges Feststellungsurteil vorlegen oder es müssen die entsprechenden Widerspruchsrücknahmen vorliegen. Betreibt ein nach § 179 Abs. 1 Beklagter die Berichtigung, so genügt die Vorlage des von ihm erstrittenen, klageabweisenden Urteils; der Ausgang eventuell noch gegen andere Bestreiter anhängiger Feststellungsprozesse ist dann ohne Belang, denn wegen § 178 Abs. 1 S. 1 ist die Feststellung nicht mehr erreichbar.[5]

4. Erstattung von Prozesskosten

Gelingt es einem Insolvenzgläubiger, seinen Widerspruch im Feststellungspro- 9 zess bestätigen zu lassen, so nimmt der unterlegene Gläubiger mit seiner Forderung an dem Insolvenzverfahren nicht mehr teil. Dies führt zu einer Quotenerhöhung aller Insolvenzgläubiger und damit zu einem Vorteil für die Masse. Abs. 3 honoriert das Obsiegen des Insolvenzgläubigers dadurch, dass ihm in Höhe der Vorteile, die der Masse durch die Entscheidung erwachsen sind, ein Anspruch auf Prozesskostenerstattung gewährt wird. Bei dem Kostenerstattungsanspruch handelt es sich um eine Masseverbindlichkeit nach § 55 Abs. 1. Der Kostenerstattungsanspruch ist durch die Höhe der Dividende, die auf die ausgeschiedene Forderung entfallen wäre, begrenzt.[6] Der Kostenerstattungsanspruch gegenüber der Masse erlischt, wenn der erstattungspflichtige Anmelder die ihm

---

[1] LG Kiel ZInsO 2007, 1117.
[2] Wie hier auch HK-*Depré,* InsO, § 183 Rn. 4.
[3] *Nerlich/Römermann/Becker,* InsO, § 183 Rn. 13.
[4] *Nerlich/Römermann/Becker,* InsO, § 183 Rn. 16.
[5] *Gottwald/Eickmann,* InsHdb. § 64 Rn. 55 bis 58 mit Formulierungsvorschlägen.
[6] *Uhlenbruck/ders.,* InsO, § 183 Rn. 6; MünchKomm-*Schumacher,* InsO § 183 Rn. 11.

auferlegten Kosten erstattet hat. Wenn sofort Zahlung aus der Masse verlangt wird, hat der berechtigte Gläubiger den ihm gegen den Anmelder zustehenden Kostenerstattungsanspruch zugunsten der Masse abzutreten.[1]

10 Ein zusätzlicher Vorteil entsteht der Masse nicht, wenn ein Insolvenzgläubiger **neben** dem Insolvenzverwalter gegen die Forderung eines anderen Insolvenzgläubigers vorgeht. Insoweit stellt Abs. 3 nunmehr fest, dass der Kostenerstattungsanspruch nur dann ausgelöst wird, wenn der Rechtsstreit ausschließlich unter Insolvenzgläubigern geführt wurde, ohne Beteiligung des Insolvenzverwalters.[2]

§ 184 Klage gegen einen Widerspruch des Schuldners

(1) **Hat der Schuldner im Prüfungstermin oder im schriftlichen Verfahren (§ 177) eine Forderung bestritten, so kann der Gläubiger Klage auf Feststellung der Forderung gegen den Schuldner erheben. War zur Zeit der Eröffnung des Insolvenzverfahrens ein Rechtsstreit über die Forderung anhängig, so kann der Gläubiger diesen Rechtsstreit gegen den Schuldner aufnehmen.**

(2) **Liegt für eine solche Forderung ein vollstreckbarer Schuldtitel oder ein Endurteil vor, so obliegt es dem Schuldner binnen einer Frist von einem Monat, die mit dem Prüfungstermin oder im schriftlichen Verfahren mit dem Bestreiten der Forderung beginnt, den Widerspruch zu verfolgen. Nach fruchtlosem Ablauf dieser Frist gilt ein Widerspruch als nicht erhoben. Das Insolvenzgericht erteilt dem Schuldner und dem Gläubiger, dessen Forderung bestritten worden ist, einen beglaubigten Auszug aus der Tabelle und weist den Schuldner auf die Folgen einer Fristversäumung hin. Der Schuldner hat dem Gericht die Verfolgung des Anspruchs nachzuweisen.**

1. Normzweck

1 Die Vorschrift entspricht dem Grunde nach § 144 Abs. 2 KO. Hat der Schuldner im Prüfungstermin oder im schriftlichen Verfahren eine Forderung bestritten, so hindert dies grundsätzlich nicht die Feststellung der Forderung (§ 178 Abs. 1 S. 2). Hat der Schuldner lediglich der Qualifikation der angemeldeten Forderung als aus vorsätzlich begangener, unerlaubter Handlung herrührend widersprochen, so wird die Forderung ebenfalls zur Tabelle festgestellt, lediglich dieses Forderungsattribut nicht in die Tabelle aufgenommen. Etwas anderes gilt im Eigenverwaltungsverfahren. Dort hindert ein Widerspruch des Schuldners als Eigenverwalter nicht nur die spätere Vollstreckung, sondern gem. § 283 Abs. 1 S. 2 bereits die Feststellung der Forderung.

2 Wird der Widerspruch des Schuldners bis zum Ende des Verfahrens nicht beseitigt, so kann der Insolvenzgläubiger nach Verfahrensaufhebung nicht aus dem Tabelleneintrag gegen den Schuldner vollstrecken (§ 201 Abs. 2), bzw. die Erteilung der Restschuldbefreiung verhindern. Daher besteht für den Insolvenzgläubiger ein Interesse daran, den Widerspruch des Schuldners bis zur Verfahrensaufhebung zu beseitigen, oder einen durch die Verfahrenseröffnung unterbrochenen (§ 240 ZPO) Rechtsstreit wieder aufzunehmen. In der KO war nur der Fall

[1] *Gottwald/Eickmann,* InsHdb., § 64 Rn. 61; *Breutigam/Blersch/Goetsch/Breutigam,* InsO, § 183 Rn. 9.

[2] MünchKomm-*Schumacher,* InsO § 183 Rn. 12.

der **Prozessaufnahme** geregelt. § 189 Abs. 1 ist für die Frist zur Beseitigung des Widerspruchs entsprechend anwendbar.[1]

Die Vorschrift wurde mit einer Änderung von § 212 RegE übernommen. 3
Lediglich die Widerspruchsmöglichkeit des Schuldners auch im schriftlichen Verfahren wurde als Folgeänderung zur Schaffung einer Forderungsprüfung im schriftlichen Verfahren in § 177 ergänzt.[2]

2. Beseitigung eines Schuldnerwiderspruchs

Mit der Neuregelung erledigt sich die Frage, ob der Gläubiger bei Vorliegen 4
eines titulierten Anspruchs für eine weitere Klage überhaupt das erforderliche Feststellungsinteresse besitzt und es ist eine dem § 179 Abs. 2 vergleichbare Regelung getroffen worden.

Der Widerspruch verhindert zunächst die Vollstreckungsmöglichkeit nach § 201 Abs. 2. Um alsbald Rechtsklarheit über die Wirkung des Widerspruchs zu erhalten, ist eine Befristung der Widerspruchsklage vorgesehen. Verfolgt der Widersprechende nicht innerhalb eines Monats nach dem Prüftermin oder dem Bestreiten der Forderung im schriftlichen Verfahren den Widerspruch, gilt dieser als nicht erhoben. Auf diese Rechtsfolgen hat das Gericht den Schuldner hinzuweisen. Dieser ist dem Gericht gegenüber nachweispflichtig, dass er den Widerspruch verfolgt hat. Unterlässt er dies, ist die Forderung nach Ablauf der Frist anzuerkennen.

Die Beseitigung des Widerspruchs des Schuldners erreicht der Gläubiger durch Feststellungsklage oder durch Aufnahme eines nach § 240 ZPO unterbrochenen Rechtsstreits. Er kann während des laufenden Insolvenzverfahrens Feststellungsklage gegen den Schuldner erheben. Eine **Leistungsklage** scheidet wegen § 87 aus.

In gleicher Weise hat der Gläubiger den Widerspruch des Schuldners gegen die 6
Qualifizierung der angemeldeten Forderung als aus vorsätzlicher, unerlaubter Handlung herrührend zu beseitigen.[3] Die Beseitigung eines schuldnerischen Widerspruchs obliegt allein dem Gläubiger. Dem Schuldner fehlt für das Erheben einer negativen Feststellungsklage das Rechtsschutzbedürfnis, da der Gesetzgeber lediglich eine aktive Feststellungsklage des Gläubigers vorgesehen hat.[4]

Die Feststellungsklage ist gegen den Schuldner **persönlich** zu richten. Sämt- 7
liche Einwendungen des Schuldners gegen den Anspruch sind zu berücksichtigen.[5] Auch ein Widerspruch wegen Verjährung eines deliktischen Schadensersatzanspruchs gegen einen unanfechtbar gewordenen Haftungs- und Beitragsbescheid wegen rückständiger Gesamtsozialversicherungsbeiträge und Umlagebeiträgen.[6] Bei Aufnahme eines unterbrochenen Rechtsstreits bleibt es bei der Person des Schuldners auf Beklagtenseite.

Widerspricht der Schuldner gegen nicht titulierte **Steuerforderungen,** so 8
kann die Finanzbehörde einen Feststellungsbescheid gegen den Schuldner erlas-

[1] FK-*Kießner,* InsO, § 184 Rn. 10.
[2] *Balz/Landfermann,* S. 433 f.
[3] BGH ZInsO 2007, 265 ff.; BGH NZI 2006, 536 ff.; LG Potsdam ZInsO 2006, 615 f.; OLG Rostock ZInsO 2006, 1175 f.; vgl. *Eisner,* NZI 2003, 480, 483 f.; OLG Hamm ZInsO 2005, 1329 ff.
[4] OLG Hamm ZInsO 2004, 683; so auch in der Vorinstanz LG Bochum ZInsO 2003, 1051.
[5] OLG Naumburg NZI 2004, 630.
[6] LG Dresden ZInsO 2004, 988 ff.

sen oder ein unterbrochenes Steuerstreitverfahren wieder aufnehmen.[1] Gleiches gilt für sonstige Verwaltungsverfahren. So ist die zur Einziehung der Schwerbehindertenabgabe zuständige Fürsorgestelle befugt, ihre im Prüfungstermin streitig gebliebene Ausgleichsabgabenforderung durch Verwaltungsakt zur Tabelle festzustellen.[2]

3. Schuldnerwiderspruch und Restschuldbefreiung

9 Obsiegt der Gläubiger, so kann er während des andauernden Insolvenzverfahrens nicht gegen den Schuldner vollstrecken (§ 89 Abs. 1), auch wenn er auf eine Teilnahme am Insolvenzverfahren verzichtet hätte. Handelt es sich beim Schuldner um eine natürliche Person und schließt sich an die Aufhebung des Insolvenzverfahrens ein Restschuldbefreiungsverfahren (§§ 286 ff.) an, so besteht auch während der Dauer der Wohlverhaltensperiode gem. § 294 Abs. 1 für die Insolvenzgläubiger ein Zwangsvollstreckungsverbot. Nach erfolgreichem Durchlaufen des Restschuldbefreiungsverfahrens ist die Forderung des Gläubigers erledigt, eine Zwangsvollstreckung scheidet dann naturgemäß ebenfalls aus. Die Beseitigung des Schuldnerwiderspruchs hat für den Gläubiger dann keinen weitergehenden wirtschaftlichen Wert gehabt.

10 Etwas anderes gilt nur dann, wenn der Gläubiger durch den Feststellungsrechtsstreit den Rechtsgrund der vorsätzlich begangenen, unerlaubten Handlung durchgesetzt hat. In diesem Falle nimmt die Forderung gem. § 302 Ziff. 1 an der Restschuldbefreiung nicht teil. Der Gläubiger kann nach im Übrigen erteilter Restschuldbefreiung die Forderung gegen den Schuldner mit Hilfe des Tabellenauszugs vollstrecken.

4. Berichtigung der Tabelle

11 Obsiegt der Schuldner im Feststellungsrechtsstreit, ist nichts zu veranlassen; siegt der Gläubiger, so ist in entsprechender Anwendung von § 183 Abs. 2 die Tabelle auf seinen Antrag hin zu berichtigen. In diesem Falle ist in der Tabelle zu vermerken, dass der Schuldnerwiderspruch beseitigt worden ist.

12 Hat der Widerspruch des Schuldners sich nur gegen die Behauptung des Gläubigers in der Forderungsanmeldung gerichtet, die Forderung resultiere aus einer **unerlaubten Handlung,** so ist das Ergebnis des Feststellungsrechtsstreites ebenfalls in der Tabelle zu vermerken. Obsiegt der Schuldner, ist damit klargestellt, dass die Forderung ebenfalls vom Restschuldbefreiungsverfahren erfasst wird. Obsiegt der Gläubiger, kann er nach Ablauf der Wohlverhaltensperiode gegen den Schuldner aus dem Tabelleneintrag vollstrecken.

§ 185 Besondere Zuständigkeiten

Ist für die Feststellung einer Forderung der Rechtsweg zum ordentlichen Gericht nicht gegeben, so ist die Feststellung bei dem zuständigen anderen Gericht zu betreiben oder von der zuständigen Verwaltungsbehörde vorzunehmen. § 180 Abs. 2 und die §§ 181, 183 und 184 gelten entsprechend. Ist

[1] FG Düsseldorf EFG 2007, 13 ff.
[2] OVG Hamburg ZIP 1982, 473.

die Feststellung bei einem anderen Gericht zu betreiben, so gilt auch § 182 entsprechend.

1. Normzweck

Die §§ 180-184 regeln die Behandlung von Forderungen, die vom Verwalter, von einem anderen Insolvenzgläubiger oder vom Schuldner bestritten wurden. Dabei geht das Gesetz im Grundsatz davon aus, dass in der Regel die Verfolgung derartiger Ansprüche in die Kompetenz der Zivilgerichte fällt. Wegen aller anderen Forderungen enthält § 185 eine Regelung für die besonderen Zuständigkeiten, insbesondere die Klarstellung, dass die Feststellung bei den Fachgerichten oder Verwaltungsbehörden vorzunehmen ist. 1

Die Vorschrift entspricht dem § 146 Abs. 5 KO. Sie wurde unverändert von § 213 RegE übernommen.[1] 2

2. Besondere Zuständigkeiten

An besonderen Zuständigkeiten kommt insbesondere in Betracht: § 2 ArbGG für die Arbeitsgerichte, § 51 SGG für die Sozialgerichte, § 40 VWGO für die Verwaltungsgerichte, § 33 FGO für die Finanzgerichte, § 251 Abs. 3 AO für die Finanzbehörden und § 28 h) Abs. 2 S. 1 Halbs. 1 SGB IV für die Krankenkassen als Einzugsstellen. 3

Der Rechtsweg zu den Fachgerichten ist nur dann eröffnet, wenn nicht zunächst das Widerspruchsverfahren vor der zuständigen Verwaltungsbehörde vorzunehmen ist. Die Feststellung der bestrittenen Forderung durch die Verwaltungsbehörde geschieht durch Verwaltungsakt.[2] 4

So erteilt beispielsweise das **Finanzamt** dem bestreitenden Insolvenzverwalter oder Insolvenzgläubiger einen Feststellungsbescheid über die Steuerschuld gem. § 251 Abs. 3 AO und kann einen isolierten Widerspruch des Schuldners gegen den deliktischen Schuldgrund durch einen solchen Feststellungsbescheid beseitigen.[3] Aufgrund dieses Bescheides ist dann die Tabelle zu berichtigen (§ 183 Abs. 2), wenn nicht der Widerspruchsführer gegen den Feststellungsbescheid mit dem Einspruch vorgeht (§ 347 Abs. 1 S. 1 Nr. 1 AO) und hierauf eine bestätigende Einspruchsentscheidung des Finanzamtes (§ 367 Abs. 1 S. 1 AO) ergeht.[4] 5

In gleicher Weise erfolgt die Handhabung durch die **Krankenkasse** als Einzugsstelle. Sie erlässt einen Verwaltungsakt über rückständige Sozialversicherungsbeiträge (§ 28 h Abs. 2 S. 1 Halbs. 1 SGB IV) und ggf. auch einen Widerspruchsbescheid (§ 28 Abs. 2 S. 1 Halbs. 2 SGB IV). 6

Hat der Schuldner der Qualifikation der von der Krankenkasse angemeldeten Forderung als aus vorsätzlich begangener, unerlaubter Handlung (in der Regel § 266 a StGB) herrührend widersprochen, kann sie ebenfalls einen Feststellungsbescheid erlassen, der den Widerspruch des Schuldners aufhebt. Hiergegen hat der Schuldner dann das Widerspruchsverfahren durchzuführen und erst gegen den das Vorverfahren abschließenden Widerspruchsbescheid ggf. Klage zum Sozialgericht zu erheben. 7

---

[1] *Balz/Landfermann,* S. 434.
[2] BSG DZWIR 2005, 113 ff.
[3] AG Hamburg ZIP 2006, 1915 f.
[4] BFH ZInsO 2005, 810 ff.

8 Werden Einspruchsentscheidung bzw. Widerspruchsbescheid bestandskräftig, erfolgt die Berichtigung der Insolvenztabelle. Erst gegen die das Vorverfahren abschließenden Bescheide steht dem Widerspruchsführer bzw. dem Einspruchsführer die **Klage** zum Finanzgericht bzw. zum Sozialgericht offen.

9 Für die – mit oder ohne Vorverfahren – Feststellungsklagen vor den Fachgerichten gelten die §§ 180 Abs. 2, 181–184 entsprechend. Für das Vorverfahren soll § 182 nicht unmittelbar Anwendung finden, allerdings wird bei der **Streitwertfestsetzung** im Vorverfahren ebenfalls auf das wirtschaftliche Interesse des Anmeldenden an der Feststellung zur Tabelle und damit auf seine Quotenaussicht abzustellen sein.[1]

§ 186 Wiedereinsetzung in den vorigen Stand

(1) **Hat der Schuldner den Prüfungstermin versäumt, so hat ihm das Insolvenzgericht auf Antrag die Wiedereinsetzung in den vorigen Stand zu gewähren. § 51 Abs. 2, § 85 Abs. 2, §§ 233 bis 236 der Zivilprozeßordnung gelten entsprechend.**

(2) **Die den Antrag auf Wiedereinsetzung betreffenden Schriftsätze sind dem Gläubiger zuzustellen, dessen Forderung nachträglich bestritten werden soll. Das Bestreiten in diesen Schriftsätzen steht, wenn die Wiedereinsetzung erteilt wird, dem Bestreiten im Prüfungstermin gleich.**

1. Normzweck

1 Die Vorschrift stimmt inhaltlich mit § 165 KO überein. Hat der Schuldner unverschuldet den Prüfungstermin versäumt, so räumt ihm § 186 die Möglichkeit der Wiedereinsetzung in den vorigen Stand wegen der für den Schuldner nach § 201 Abs. 2 wichtigen Bedeutung des Widerspruchs ein.

2 § 186 wurde unverändert von § 214 RegE übernommen.[2]

2. Voraussetzungen für die Wiedereinsetzung

3 Hat der Schuldner den Prüfungstermin versäumt, so kann er beim Insolvenzgericht beantragen, ihm Wiedereinsetzung in den vorigen Stand zu gewähren. Allen übrigen Beteiligten (Insolvenzverwalter, Eigenverwalter, Treuhänder, übrige Insolvenzgläubiger) steht diese Möglichkeit nicht offen. Eine Wiedereinsetzung kommt nur in Frage, wenn der Schuldner im Termin tatsächlich nicht anwesend war. Eine Säumnis liegt nicht vor, wenn der Schuldner anwesend gewesen ist, jedoch nicht bestritten hat.[3]

4 Hat das Insolvenzgericht die Hinweispflicht nach § 175 Abs. 2 versäumt und ist der Schuldner dem Prüfungstermin ferngeblieben, so kommt ebenfalls die Wiedereinsetzung in Betracht, auch wenn der Schuldner lediglich das Forderungsattribut der vorsätzlichen, unerlaubten Handlung bestreiten will.[4]

---

[1] OVG Mecklenburg JurBüro 2004, 542 f.; HK-*Depré,* InsO, § 185 Rn. 3; *Nerlich/Römermann/Becker,* InsO, § 185 Rn. 18; *Breutigam/Blersch/Goetsch/Breutigam,* InsO, § 185 Rn. 10; MünchKomm-*Schumacher,* InsO § 185 Rn. 4.

[2] *Balz/Landfermann,* S. 434.

[3] AG Göttingen ZInsO 2004, 516 f.; *Uhlenbruck/ders.,* InsO, § 186 Rn. 1.

[4] So auch das AG Duisburg NZI 2008, 628, welches für diesen Fall auch die Ausschlussfrist von einem Jahr (§ 234 Abs. 3 ZPO) nicht angewendet hat. Der rechtsstaatliche Grund-

Die Wiedereinsetzung ist dann zu gewähren, wenn die Tatbestandsvoraussetzungen der §§ 51 Abs. 2, 85 Abs. 2 und 233–236 ZPO erfüllt sind. Für den Wiedereinsetzungsantrag ist das Insolvenzgericht und dort funktionell der Rechtspfleger[1] zuständig.[2] **5**

3. Verfahren

Der Antrag ist nach §§ 236 Abs. 1, 496 ZPO **schriftlich** oder zu **Protokoll** der Geschäftsstelle des Insolvenzgerichts zu stellen. **Inhaltlich** muss der Antrag die Wiedereinsetzungsgründe und die zu ihrer Glaubhaftmachung nötigen Tatsachen enthalten (§ 236 Abs. 2 ZPO). Des Weiteren muss innerhalb der Antragsfrist die **versäumte Prozesshandlung,** in diesem Fall der Widerspruch, nachgeholt werden (§ 236 Abs. 2 S. 2). Der Widerspruch kann in dem Antrag enthalten sein. Zwingend ist dies nicht. **6**

Der **Antrag** und die diesen betreffenden Schriftsätze sind nach Abs. 2 S. 1 sodann dem Gläubiger, dessen Forderung nachträglich bestritten wird, zuzustellen. Das nachträgliche Bestreiten ersetzt im Falle der Gewährung der Wiedereinsetzung nach Abs. 2 S. 2 den im Prüfungstermin unterbliebenen Widerspruch des Schuldners. **7**

Wird die Wiedereinsetzung durch den Rechtspfleger gewährt, steht dem Inhaber der bestrittenen Forderung gem. § 11 Abs. 2 S. 1 RPflG die **Erinnerung** zur Verfügung. Die Beschwerde gegen die richterlich erteilte Wiedereinsetzung sieht das Gesetz nicht eigens vor, weshalb sie gem. § 6 Abs. 1 unstatthaft ist. **8**

Lehnt das Insolvenzgericht durch den Rechtspfleger die Wiedereinsetzung ab, steht dem Schuldner dagegen die Erinnerung zu. Wird die Wiedereinsetzung vom Richter versagt, ist diese Entscheidung unangreifbar, da § 186 keine Beschwerde vorsieht. **9**

Ist die Wiedereinsetzung gewährt worden, wird das Bestreiten des Schuldners in der Tabelle vermerkt. Ein gesonderter Prüfungstermin ist hierfür nicht erforderlich, auch wenn im Prüfungstermin kein weiterer Widerspruch gegen die angemeldete Forderung erhoben worden war und daher eine einzelne Erörterung dieser Forderung bisher nicht erfolgt ist.[3] Durch den Schuldnerwiderspruch wird die Feststellung zur Tabelle und die Aufnahme ins Schlussverzeichnis nicht gehindert. **10**

Die **Kosten der Wiedereinsetzung** trägt nach § 4 i. V. m. § 238 Abs. 2 ZPO der säumige Schuldner. Die Verweisung auf die Voraussetzungen der Wiedereinsetzung in Abs. 1 S. 2 erfasst nicht die Kostenfolge, weshalb auf die allgemeine Verweisungsvorschrift des § 4 abzustellen ist. Da das gesamte Schuldnervermögen – einschließlich des Neuerwerbs (§§ 35, 36 Abs. 1) mit dem Insolvenzbeschlag belegt ist, sind die Kosten vom Schuldner aus dem insolvenzfreien Vermögen zu bedienen.[4] Sie stellen keine Masseverbindlichkeiten im Insolvenzverfahren dar. **11**

---

satz des fairen Verfahrens gebiete, dass Fehler, die einem Gericht bei einem gesetzlich vorgeschriebenen Hinweis unterlaufen, nicht zu einem verfahrensrechtlichen Nachteil der Partei führen dürfen, die durch den Hinweis geschützt werden soll.

[1] Vorbehaltlich der Ausübung des richterlichen Eintrittsrechts nach § 18 RPflG in der Fassung des Art. 14 Nr. 4 EGInsO.

[2] Vgl. hierzu *Breutigam/Blersch/Goetsch/Breutigam,* InsO, § 186 Rn. 2.

[3] *Uhlenbruck/ders.,* InsO, § 186, Rn. 7, aA: *Nerlich/Römermann/Becker,* InsO, § 186 Rn. 20.

[4] AA: *Nerlich/Römermann/Becker,* InsO, § 186 Rn. 30.

Zweiter Abschnitt. Verteilung

Vorbemerkung vor §§ 187-206

Der zweite Abschnitt des fünften Teils ist zum einen der Befriedigung der Insolvenzgläubiger durch Abschlagsverteilung, Schlussverteilung oder Nachtragsverteilung gewidmet. Darüber hinaus enthält der zweite Abschnitt Regelungen zur Verfahrensaufhebung und zu Nachwirkungen des Insolvenzverfahrens nach erfolgter Aufhebung oder Einstellung.

§ 187 Befriedigung der Insolvenzgläubiger

(1) **Mit der Befriedigung der Insolvenzgläubiger kann erst nach dem allgemeinen Prüfungstermin begonnen werden.**

(2) **Verteilungen an die Insolvenzgläubiger können stattfinden, sooft hinreichende Barmittel in der Insolvenzmasse vorhanden sind. Nachrangige Insolvenzgläubiger sollen bei Abschlagsverteilungen nicht berücksichtigt werden.**

(3) **Die Verteilungen werden vom Insolvenzverwalter vorgenommen. Vor jeder Verteilung hat er die Zustimmung des Gläubigerausschusses einzuholen, wenn ein solcher bestellt ist.**

Übersicht

1. Normzweck

1 Die Vorschrift stimmt inhaltlich mit den §§ 149, 150, 167 KO überein. Sie stellt klar, dass nach Abhaltung des allgemeinen Prüfungstermins Abschlagszahlungen an die Insolvenzgläubiger erfolgen können, sooft hinreichende Barmittel in der Masse vorhanden sind. Die Vorschrift gibt dem Insolvenzverwalter einen größeren Spielraum im Vergleich zur Regelung der Konkursordnung. Während früher Abschlagsverteilungen an die Gläubiger erfolgen **sollten,** spricht die Vorschrift nun davon, dass Verteilungen an die Gläubiger stattfinden **können.** Nachrangige Insolvenzgläubiger sollen grundsätzlich bei Abschlagszahlungen nicht berücksichtigt werden.

2 Die Vorschrift wurde unverändert von § 215 RegE übernommen.[1]

[1] *Balz/Landfermann,* S. 435.

2. Abschlagsverteilung

a) Wie auch das alte Recht, kennt die Insolvenzordnung verschiedene **Formen der Verteilung** der Masse an die Gläubiger: 3
- die Abschlagsverteilung (§ 187 Abs. 2)
- die Schlussverteilung (§ 196)
- die Nachtragsverteilung (§ 203)

Die Durchführung einer Abschlagsverteilung steht im Ermessen des Insolvenzverwalters. Sie kann aber erst nach Abhaltung des allgemeinen Prüfungstermins vorgenommen werden, da erst dann der voraussichtliche Umfang der bestrittenen und festgestellten Forderungen für den Insolvenzverwalter erkennbar ist. 4

b) Nach dem Prüfungstermin kann eine Abschlagsverteilung immer dann vorgenommen werden, wenn **genügend Barmittel** in der Insolvenzmasse vorhanden sind. Dies ist dann der Fall, wenn die Verfahrenskosten gem. § 54 und die Masseverbindlichkeiten gem. § 55 gedeckt sind und darüber hinaus auch die Sicherstellung der Absonderungsrechte gewährleistet ist. Dabei ist ggf. auch ein abgeschlossener **Sozialplan** zu berücksichtigen, da die Verbindlichkeiten hieraus als Masseverbindlichkeiten zu bedienen sind (§ 123 Abs. 2 S. 1). Für einen Sozialplan außerhalb eines Insolvenzplans darf jedoch nicht mehr als $^{1}/_{3}$ der Masse ausgeschüttet werden, die ohne Sozialplan für die Verteilung an die Insolvenzgläubiger zur Verfügung stünde (§ 123 Abs. 2 S. 2). Auch Abschlagsverteilungen auf Sozialplanforderungen soll der Insolvenzverwalter vornehmen, sooft hinreichende Barmittel in der Masse vorhanden sind. Hierzu muss er allerdings die Zustimmung des Insolvenzgerichts einholen (§ 123 Abs. 3 S. 1). Bei der Ermittlung der für eine Abschlagsverteilung grundsätzlich zur Verfügung stehenden Mittel sind daher auch diese für Sozialplanforderungen auszuschüttenden Beträge zu berücksichtigen. 5

c) Die Vornahme der Abschlagsverteilung liegt im pflichtgemäßen **Ermessen** des Insolvenzverwalters. Einen klagbaren Anspruch auf Durchführung einer Abschlagsverteilung besitzen Insolvenzgläubiger nicht,[1] sie können allenfalls beim Insolvenzgericht anregen, den Insolvenzverwalter im Wege der Aufsicht nach § 58 anzuhalten, eine Abschlagsverteilung durchzuführen. Ist dies erfolglos, bleibt ihnen ggf. nur die Möglichkeit, Schadensersatzansprüche geltend zu machen.[2] 6

Das Ermessen schützt den Insolvenzverwalter auch vor wirtschaftlich unsinnigen Verteilungen. Stehen die Kosten der Verteilung in keinem Verhältnis zu den auszahlbaren Beträgen, muss eine Abschlagsverteilung unterbleiben.[3] 7

Eine Abschlagsverteilung wird der Insolvenzverwalter auch dann nicht durchführen, wenn er die vorhandenen Barmittel für eine Betriebsfortführung benötigt. 8

d) Gem. § 187 Abs. 2 S. 2 sollen **nachrangige Insolvenzgläubiger** (§ 39) an der Abschlagsverteilung nicht teilnehmen. Dies ergibt sich allerdings schon aus der Gesetzessystematik, da die nachrangigen Insolvenzgläubiger immer nur dann Zahlungen erhalten, wenn entweder die übrigen Insolvenzgläubiger voll befrie- 9

---

[1] *Nerlich/Römermann/Westphal,* InsO, § 187 Rn. 23; *Graf-Schlicker/Mäusezahl,* InsO, § 187 Rn. 3.

[2] MünchKomm-*Füchsl/Weishäupl,* InsO § 187 Rn. 14.

[3] *Uhlenbruck/ders.,* InsO, § 187 Rn. 9.

digt worden sind, oder dies in einem Insolvenzplan gesondert geregelt wurde. Abs. 2, S. 2 kommt insofern kein eigener Regelungsgehalt zu.

10 e) **Zuständig** für die Abschlagsverteilung ist nach Abs. 3, S. 1 der **Insolvenzverwalter.** Er hat vor jeder Verteilung nach Abs. 3, S. 2 die **Zustimmung des Gläubigerausschusses** einzuholen, soweit ein solcher bestellt ist. Ist ein Gläubigerausschuss nicht bestellt, handelt der Insolvenzverwalter bei den Verteilungen nach eigenem pflichtgemäßem Ermessen und ausschließlich in eigener Verantwortung.

11 Lehnt der Gläubigerausschuss die Durchführung einer Abschlagsverteilung ab, kann die fehlende Zustimmung durch die Gläubigerversammlung nicht ersetzt werden.[1] Allerdings kann die Gläubigerversammlung diejenigen Mitglieder des Gläubigerausschusses, an deren Votum die Zustimmung gescheitert ist, abwählen und andere oder zusätzliche Mitglieder des Gläubigerausschusses wählen.[2] Einer **Zustimmung des Insolvenzgerichts** bedarf es zur Vornahme von Abschlagsverteilungen nach § 187 nicht.

12 Hat der Verwalter die Abschlagsverteilung durchgeführt, ohne die Zustimmung des Gläubigerausschusses einzuholen, so ist sie gleichwohl wirksam. Die Auszahlungen können von den Gläubigern nicht zurückverlangt werden.[3]

3. Genossenschaft und VVaG

13 Besonderheiten bestehen im Insolvenzverfahren über das Vermögen einer eingetragenen Erwerbs- oder Wirtschaftsgenossenschaft. Bei bestehender **Nachschusspflicht** (§ 105 GenG) sind die eingezogenen Beträge (§ 110 GenG) im Wege der Nachtragsverteilung an die Gläubiger zu verteilen (§ 115 Abs. 1 S. 1 GenG). Dauert die Abwicklung des Insolvenzverfahrens voraussichtlich längere Zeit, kann der Insolvenzverwalter die Verteilung aber auch schon vorher im Wege der Abschlagsverteilung vornehmen (§ 115 a Abs. 1 S. 1 GenG). Der Abschlagsverteilung hat ein ggf. bestehender Gläubigerausschuss ebenso zuzustimmen, wie – anders als im Regelfall – das Insolvenzgericht. Die Abschlagsverteilung soll unterbleiben, wenn voraussichtlich die Einziehung der Beträge im Endeffekt wieder zu einer Erstattung an die Genossen führt (§ 115 a Abs. 1 S. 2 GenG).

14 Für den Versicherungsverein auf Gegenseitigkeit gilt Entsprechendes (§ 52 Abs. 2 VAG).

§ 188 Verteilungsverzeichnis

Vor einer Verteilung hat der Insolvenzverwalter ein Verzeichnis der Forderungen aufzustellen, die bei der Verteilung zu berücksichtigen sind. Das Verzeichnis ist auf der Geschäftsstelle zur Einsicht der Beteiligten niederzulegen. Der Verwalter zeigt dem Gericht die Summe der Forderungen und den für die Verteilung verfügbaren Betrag aus der Insolvenzmasse an; das Gericht hat die angezeigte Summe der Forderungen und den für die Verteilung verfügbaren Betrag öffentlich bekannt zu machen.

---

[1] *Gottwald/Eickmann,* InsHdb., § 65 Rn. 3; *Uhlenbruck/ders.,* InsO, § 187 Rn. 10.
[2] *Nerlich/Römermann/Westphal,* InsO, § 187 Rn. 12.
[3] *Uhlenbruck/ders.,* InsO, § 187 Rn. 10; *Kübler/Prütting/Bork/Holzer,* InsO, § 187 Rn. 8.

Übersicht

1. Normzweck

Die Vorschrift entspricht inhaltlich § 151 KO. 1

Die Aufstellung des Verzeichnisses vor jeder Verteilung, unabhängig davon, ob 2 es sich um eine Abschlags-, Schluss-, oder Nachtragsverteilung handelt, sowie dessen Niederlegung und Bekanntmachung verfolgt vorrangig den Zweck der Gleichbehandlung aller Gläubiger bei der Verteilung durch Schaffung größtmöglicher Transparenz und Kontrolle.

Die Vorschrift wurde unverändert von § 216 RegE übernommen;[1] S. 3 ist 3 durch das Gesetz zur Vereinfachung des Insolvenzverfahrens[2] neu gefasst worden.

2. Verteilungsverzeichnis

Vor jeder Art der Verteilung (Abschlags-, Schluss-, Nachtragsverteilung) hat 4 der Insolvenzverwalter ein Verzeichnis der Forderungen aufzustellen, die bei der Verteilung zu berücksichtigen sind. Der Treuhänder im Restschuldbefreiungsverfahren hat einmal jährlich auf Grund des Schlussverzeichnisses eine Verteilung an die Insolvenzgläubiger durchzuführen (§ 292 Abs. 1 S. 2).

a) In das Verteilungsverzeichnis sind ausschließlich Forderungen aufzunehmen, 5 die bereits **geprüft** worden sind. Ungeprüfte Forderungen sind auch dann nicht aufzunehmen, wenn für sie bereits ein **vollstreckbarer Titel** vorliegt. In das Verteilungsverzeichnis aufzunehmen sind:

- Insolvenzforderungen, die nach § 178 Abs. 1 oder 183 Abs. 1 **festgestellt** wurden,[3]
- Insolvenzforderungen, die nach § 179 Abs. 2 **bestritten, aber tituliert** sind,[4]
- Insolvenzforderungen, die zwar **bestritten, aber nicht tituliert** sind (§ 179 Abs. 1), wenn der Gläubiger dem Insolvenzverwalter nach § 189 Abs. 1 die Erhebung der Feststellungsklage nachweist,
- **persönliche Forderungen absonderungsberechtigter Gläubiger,** wenn die Voraussetzungen des § 190 vorliegen,

---

[1] *Balz/Landfermann,* S. 435.

[2] BGBl. I 2007, S. 509.

[3] BGH ZIP 2009, 243; eine Ausnahme könnte nur dann bestehen, wenn der Insolvenzverwalter eine Vollstreckungsgegenklage erhoben hat.

[4] *Uhlenbruck/ders.,* InsO, § 188 Rn. 8; RGZ 85, 64, 69.

– **aufschiebend bedingte Insolvenzforderungen** nach § 191,
– **auflösend bedingte Forderungen,** solange die Bedingung nicht eingetreten ist (§ 42).

6 Beansprucht ein absonderungsberechtigter Gläubiger nur wegen eines Teils seiner Forderung abgesonderte Befriedigung, hat der Insolvenzverwalter den ungesicherten Teil der Forderung ohne den Nachweis des Ausfalls oder Verzichts in das Verzeichnis aufzunehmen.[1]

7 **b)** Soweit bestimmte Gläubiger wegen Fehlens der nach §§ 189 bis 191 geforderten Voraussetzungen mit ihrer Forderung in das Verteilungsverzeichnis für eine Abschlagsverteilung nicht aufgenommen werden können, wird ihre **Gleichstellung** mit den übrigen Gläubigern unter den Voraussetzungen des § 192 sichergestellt.

8 **c)** In das Verzeichnis sind die Forderungen mit ihrem **gesamten Betrag** aufzunehmen, auch wenn schon eine Abschlagsverteilung stattgefunden hat, oder die Anteile nicht zur Auszahlung gelangen bzw. zurückgehalten werden sollen.[2] In das Schlussverzeichnis sind auch diejenigen Gläubiger aufzunehmen, bei denen bei Erstellung des Verzeichnisses mit einer Quote nicht zu rechnen ist, weil nur die im Schlussverzeichnis aufgeführten Gläubiger auch an einer etwaigen Nachtragsverteilung teilnehmen können.

9 **d)** Haften dem Gläubiger neben dem Schuldner noch eine oder mehrere Personen für dieselbe Leistung **(Gesamtschuldnerschaft),** ist der Gläubiger nach § 43 berechtigt, bis zu seiner vollen Befriedigung den gesamten Betrag geltend zu machen. Teilzahlungen eines Mitverpflichteten nach Verfahrenseröffnung bleiben daher so lange außer Betracht, bis die Gesamtschuld des Gläubigers beglichen ist.[3] Der Insolvenzverwalter muss stets prüfen, ob der Gläubiger durch die Verteilung mehr als den gesamten Betrag erhält und ggf. die Auszahlungsquote entsprechend kürzen. Sollte gleichwohl mehr als der Gesamtbetrag ausgezahlt worden sein, ist die Differenz als ungerechtfertigte Bereicherung zurückzufordern.[4]

10 Ist die festgestellte und in das Schlussverzeichnis aufgenommene Forderung des Gläubigers durch einen Dritten ganz oder teilweise getilgt worden, bleibt die Forderung in voller Höhe im Schlussverzeichnis enthalten. Liegt kein Forderungsübergang vor, hat der Gläubiger in Höhe des erfüllten Teiles auf die Rechte aus der festgestellten Tabelleneintragung zu verzichten. Tut er dies nicht, muss der Insolvenzverwalter Vollstreckungsgegenklage (§ 767 ZPO) erheben. Schon nach Erhebung der Vollstreckungsgegenklage ist der Insolvenzverwalter bis zur rechtskräftigen Entscheidung analog §§ 189 Abs. 2, 198 zu einer Zurückhaltung und Hinterlegung des betroffenen Betrages befugt.[5]

11 **e)** Unterlässt es der Insolvenzverwalter **schuldhaft,** zu berücksichtigende Forderungen in das Verteilungsverzeichnis aufzunehmen, haftet er ggf. nach § 60, wobei jedoch ein mitwirkendes Verschulden des Gläubigers nach § 254 BGB zu

---

[1] BGH NJW-RR 1993, 255.
[2] *Uhlenbruck/ders.,* InsO, § 188 Rn. 5.
[3] *Uhlenbruck/ders.,* InsO, § 188 Rn. 12.
[4] BGH ZIP 84, 1509; NZI 2009, 167.
[5] BGH NZI 2009, 167.

berücksichtigen ist, wenn er berechtigte Einwendungen gegen das Verteilungsverzeichnis unterlässt.[1]

3. Niederlegung

Das Verzeichnis hat der Insolvenzverwalter bei der Geschäftsstelle des Insolvenzgerichts niederzulegen. Die beteiligten Insolvenzgläubiger und absonderungsberechtigten Gläubiger, die eine Forderung angemeldet haben und der Insolvenzschuldner können es dort einsehen. Danach können sie entscheiden, ob sie am Schlusstermin teilnehmen, um ggf. Einwendungen gegen das Schlussverzeichnis zu erheben. Eine Änderung des Verteilungsverzeichnisses haben sie gem. § 193 nur wegen der in §§ 189–192 enthaltenen Gründe zu gewärtigen. Eine nachträgliche Forderungsanmeldung kann nicht zu einer Änderung des Verteilungsverzeichnisses führen.[2] 12

Die Niederlegung muss vor der öffentlichen Bekanntmachung erfolgen, da andernfalls die Ausschlussfrist des § 189 Abs. 1 nicht zu laufen beginnt.[3] Ggf. ist die Bekanntmachung im Anschluss an die nachgeholte Niederlegung erneut zu veranlassen.[4] Die Niederlegung hat während des Zeitraums zu erfolgen, innerhalb dessen Einwendungen nach §§ 194 Abs. 1, 197 Abs. 1 Nr. 2 vorgebracht werden können. 13

4. Öffentliche Bekanntmachung

Die öffentliche Bekanntmachung erfolgt nach § 9 durch Veröffentlichung im Internet,[5] die das Insolvenzgericht zu veranlassen hat. Vom Verwalter wird der Veröffentlichungstext dem Gericht mitgeteilt, das daraufhin zeitnah die Veröffentlichung veranlasst.[6] Bei der öffentlichen Bekanntmachung hat der **Insolvenzverwalter** die Summe der nach dem Verteilungsverzeichnis zu berücksichtigenden Forderungen und den für die Verteilung verfügbaren Betrag aus der Insolvenzmasse anzugeben. Mit der Bekanntmachung, die vor der Niederlegung des Verteilungsverzeichnisses auf der Geschäftsstelle erfolgt sein muss, wird die 2-wöchige Ausschlussfrist des § 189 Abs. 1 in Gang gesetzt. 14

5. Rechtsmittel

Für die Gläubiger besteht die Möglichkeit, Einwendungen gegen das Verteilungsverzeichnis geltend zu machen. Das Insolvenzgericht entscheidet über Einwendungen gegen das Abschlagsverteilungsverzeichnis nach § 194. Hiergegen steht dem Gläubiger nach § 194 Abs. 2 die sofortige Beschwerde zu. Entsprechendes gilt für Einwendungen gegen das Schlussverzeichnis nach §§ 197 Abs. 3, 194 Abs. 2 und 3, die auch in einer nachträglichen Forderungsanmeldung liegen können.[7] 15

---

[1] *Uhlenbruck/ders.,* InsO, § 188 Rn. 22; MünchKomm-*Füchsl/Weishäupl,* InsO § 188 Rn. 8; OLG Celle ZIP 1993, 1720, 1722.

[2] BGH NZI 2007, 401.

[3] *Uhlenbruck/ders.,* InsO, § 188 Rn. 20.

[4] *Kilger/K. Schmidt,* KO, § 151 Anm. 3.

[5] www.insolvenzbekanntmachungen.de.

[6] *Graf-Schlicker/Mäusezahl,* InsO, § 188 Rn. 4.

[7] LG Frankfurt (Oder) ZInsO 2006, 1111 (LS).

6. Praxishinweis

16 Schwierigkeiten bereitet in der Praxis die Behandlung von Forderungen, die durch eine gem. § 114 auch über die Beendigung des Verfahrens hinaus wirksame Abtretung von Lohn- und Gehaltsansprüchen des Schuldners besichert sind. Insbesondere in Verbraucherinsolvenzverfahren oder Verfahren sonstiger natürlicher Personen ohne nennenswertes Vermögen stellt das Arbeitseinkommen oft den einzigen für die Gläubiger sowohl im Insolvenzverfahren, als auch während der Restschuldbefreiungsperiode realisierbaren Vermögenswert dar. Sind diese Ansprüche insolvenzfest abgetreten, bleibt die Abtretung gem. § 114 Abs. 1 für zwei Jahre über den Eröffnungsstichtag hinaus wirksam, mithin bei schneller Abwicklung des Insolvenzverfahrens auch noch längere Zeit während der Restschuldbefreiungsperiode.

17 Für das der Schlussverteilung zugrunde zu legende Schlussverzeichnis enthält § 190 i. V. m. § 52 die Regelung, dass der Gläubiger seinen Ausfall abschätzt, der sich bei vollständiger Realisierung des Sicherungsrecht ergeben wird. Mit dieser Ausfallforderung wird er in das Verteilungsverzeichnis aufgenommen.

18 Ergeben sich während der Dauer des Insolvenzverfahrens jedoch keine pfändbaren Anteile des Arbeitseinkommens, wird der Ausfall in Höhe der angemeldeten Forderung zu schätzen und in das Verteilungsverzeichnis aufzunehmen sein. Erzielt der Schuldner nach Beendigung des Insolvenzverfahrens in der ersten Zeit der Wohlverhaltensperiode dann jedoch pfändbare Arbeitseinkünfte, fließen diese ausschließlich dem absonderungsberechtigten Gläubiger zu, dessen gesicherte Forderung sich dadurch verringert.

19 Gem. § 292 Abs. 1 S. 2 verteilt der Treuhänder auf Grund des Schlussverzeichnisses einmal jährlich die von ihm eingesammelten Mittel. Da im Schlussverzeichnis die Forderung in voller Höhe enthalten ist, würde der Gläubiger – obwohl er nach Aufhebung des Verfahrens hierauf weitere Zahlungen erhalten hat – mit der vollen Forderung berücksichtigt und damit gegenüber den übrigen Gläubigern bevorzugt.[1]

20 Um dieses nicht zu rechtfertigende Ergebnis zu vermeiden, muss der Treuhänder daher das bei Abschluss des Insolvenzverfahrens erstellte und der Schlussverteilung ggf. zugrunde gelegte Schlussverzeichnis entsprechend anpassen und Zuflüsse, die einzelne Gläubiger zwischenzeitlich erhalten haben, dabei berücksichtigen.[2]

§ 189 Berücksichtigung bestrittener Forderungen

(1) **Ein Insolvenzgläubiger, dessen Forderung nicht festgestellt ist und für dessen Forderung ein vollstreckbarer Titel oder ein Endurteil nicht vorliegt, hat spätestens innerhalb einer Ausschlußfrist von zwei Wochen nach der öffentlichen Bekanntmachung dem Insolvenzverwalter nachzuweisen, daß und für welchen Betrag die Feststellungsklage erhoben oder das Verfahren in dem früher anhängigen Rechtsstreit aufgenommen ist.**

---

[1] Vgl. zur Gesamtproblematik *Grote,* ZInsO 1999, 31 ff.; *Moch,* NZI 1998, 68 ff.

[2] *Uhlenbruck/Vallender,* § 292 Rn. 36; s. auch die Kommentierung zu § 292.

(2) **Wird der Nachweis rechtzeitig geführt, so wird der auf die Forderung entfallende Anteil bei der Verteilung zurückbehalten, solange der Rechtsstreit anhängig ist.**

(3) **Wird der Nachweis nicht rechtzeitig geführt, so wird die Forderung bei der Verteilung nicht berücksichtigt.**

Übersicht

1. Normzweck

Die Vorschrift ist inhaltlich mit §§ 152, 168 Nr. 1 KO identisch. Sie regelt die Berücksichtigung von **nicht festgestellten, nicht titulierten Forderungen** bei der Verteilung. Die Aufnahme in das Verteilungsverzeichnis wird vom Nachweis der Klagerhebung abhängig gemacht. Eine Ausschüttung erfolgt nur bei endgültig festgestellten Forderungen. 1

Die Vorschrift wurde unverändert von § 217 RegE übernommen.[1] 2

2. Ausschlussfrist

Die Vorschrift regelt lediglich die Behandlung von Forderungen, die bereits **geprüft** worden sind. In das Verteilungsverzeichnis werden ungeprüfte Forderungen nicht aufgenommen, auch dann nicht, wenn sie tituliert sind.[2] Im Prüfungstermin **festgestellte Forderungen** nehmen ohne Weiteres an der Verteilung teil (§§ 178 Abs. 1, S. 1, 188 S. 1). **Titulierte Forderungen** nehmen selbst beim Widerspruch eines Beteiligten an der Verteilung teil, da dieser nach § 179 Abs. 2 vom Bestreitenden zu verfolgen ist.[3] Für Forderungen, die nicht tituliert sind und die im Prüfungstermin nicht zur Tabelle festgestellt wurden, ist Voraussetzung für eine Berücksichtigung bei der Verteilung der Nachweis, dass entweder Feststellungsklage (§§ 179, 180) erhoben, oder ein durch die Insolvenzeröffnung unterbrochenes Verfahren (§ 240 ZPO) aufgenommen wurde (§ 180 Abs. 2). 3

Der Nachweis hat innerhalb einer Frist von **zwei Wochen** zu erfolgen. Hierbei handelt es sich um eine **Ausschlussfrist.** Sie kann nicht durch Parteivereinbarung verlängert oder verkürzt werden. **Wiedereinsetzung** in den vorigen 4

---

[1] *Balz/Landfermann,* S. 436.

[2] Vgl. § 188 Rn. 4 ff.

[3] *Graf-Schlicker/Mäusezahl,* InsO, § 189 Rn. 8 mwN; aA: AG Düsseldorf NZI 2006, 411, das für erforderlich hält, dass bei titulierten Forderungen der Titel im Prüftermin vorgelegen haben muss; diese Auffassung hat der BGH (NZI 2006, 173) allerdings mit überzeugender Begründung abgelehnt.

Stand ist ausgeschlossen, da es sich insoweit nicht um eine gesetzliche Notfrist (§§ 223 Abs. 3, 233 ZPO) handelt.

5 Der **Fristbeginn** richtet sich nach § 9 Abs. 1 S. 3 i. V. m. § 187 Abs. 2 BGB. Die Ausschlussfrist beginnt, „sobald nach dem Tag der Veröffentlichung zwei weitere Tage verstrichen sind", d. h. mit Beginn des dritten Tages nach Veröffentlichung im Internet.

6 Das **Fristende** bestimmt sich nach § 188 Abs. 2 BGB. Danach ist es der Ablauf des dritten Tages, der zweiten Woche nach Veröffentlichung im Internet.

7 Der Nachweis selbst ist **formlos** möglich. In der Regel wird er dadurch erbracht, dass die Feststellungsklage dem Insolvenzverwalter zugestellt wird. Ist dies noch nicht erfolgt, muss der Gläubiger nachweisen, dass er die Klage bei Gericht eingereicht hat. Dieser Nachweis hat **gegenüber dem Insolvenzverwalter** zu erfolgen. Ein Nachweis gegenüber dem Gericht reicht nicht aus. Leitet das Gericht in diesem Fall den Nachweis an den Insolvenzverwalter weiter, ist das Eingangsdatum beim Insolvenzverwalter maßgeblich für den Fristablauf. Haben mehrere Personen Widerspruch erhoben, so hat der Gläubiger nachzuweisen, dass gegen alle Widersprechenden die Feststellung betrieben wird, da nur nach Beseitigung aller Widersprüche die Feststellung zur Tabelle erfolgen kann.[1]

3. Folge des rechtzeitigen Nachweises

8 Wird der Nachweis rechtzeitig geführt, so kommt es nicht zu einer Auszahlung der auf die Forderung entfallenden Quote an den Gläubiger, sondern lediglich zur **Zurückbehaltung** des entsprechenden Anteils bis zum Ausgang des Streitverfahrens. Bei einer **Schlussverteilung** ist der entsprechende Betrag zu **hinterlegen** (§ 198). Der Insolvenzverwalter hat bei rechtzeitigem Nachweis binnen drei Tagen nach Ablauf der zweiwöchigen Frist das Verteilungsverzeichnis durch Aufnahme der Forderung zu ergänzen (§ 193).

9 Kommt es in der Folge zu einem Obsiegen des Insolvenzverwalters im Feststellungsprozess, so fallen die zurückbehaltenen Beträge an die Masse zurück und können für eine weitere Verteilung oder **Nachtragsverteilung** verwendet werden. Obsiegt der Gläubiger, so ist mit Rechtskraft des Urteils der zurückbehaltene Betrag an ihn auszukehren.

10 Weigert sich der Insolvenzverwalter, den vom Insolvenzgläubiger geführten Nachweis als rechtzeitig oder ordnungsgemäß anzuerkennen und das Verteilungsverzeichnis entsprechend zu ergänzen, bleibt dem Insolvenzgläubiger nur die Möglichkeit, Einwendungen gegen das Verteilungsverzeichnis nach § 194 zu erheben. Die Frist hierfür beträgt 1 Woche und beginnt mit dem Ablauf der Ausschlussfrist des Abs. 1.

4. Verspäteter Nachweis

11 Wird der Nachweis nicht rechtzeitig geführt, so fällt der Gläubiger bei der Verteilung endgültig aus. **Wiedereinsetzung** in den vorigen Stand ist nicht möglich, da es sich nicht um eine gesetzliche Notfrist handelt. Erbringt der Gläubiger jedoch im Falle einer **Abschlagsverteilung** den Nachweis nachträglich, erhält er

---

[1] *Kilger/K. Schmidt,* KO, § 152 Anm. 3; *Uhlenbruck/ders.,* InsO, § 184 Rn. 3; BGH NJW 1998, 2364, 2365.

bei der folgenden Verteilung nach § 192 einen Betrag, der ihn mit den übrigen Gläubigern gleichstellt.

5. Entsprechende Anwendung

Auf **titulierte Forderungen,** die vom Insolvenzverwalter oder anderen Gläubigern **bestritten** werden, ist die Vorschrift nicht unmittelbar anwendbar. Diese Forderungen werden daher ins Verteilungsverzeichnis aufgenommen. Der Widerspruch ist vom Bestreitenden weiterzuverfolgen.[1] 12

Nicht ausdrücklich geregelt ist, ob auf solche Forderungen Ausschüttungen auch dann vorgenommen werden, wenn **Klageverfahren eingeleitet** oder wieder aufgenommen worden sind. Dies beruht ersichtlich auf einem Redaktionsversehen, da der Gesetzgeber die Regelungen der §§ 152, 168 Nr. 1 KO insgesamt übernehmen wollte und dies in der Begründung zum Regierungsentwurf auch zum Ausdruck gebracht hat.[2] Tatsächlich ist jedoch eine dem § 168 Nr. 1 KO entsprechende Regelung, wonach die im Feststellungsstreit befangenen Forderungen immer, also auch dann, wenn sie tituliert waren, zurückzubehalten sind, unterblieben. Die Vorschrift ist für diese Fälle daher entsprechend anzuwenden. Dies bedeutet, dass dann, wenn der Widersprechende die Widerspruchsverfolgung nach § 179 Abs. 2 unterlassen hat, auf die titulierte Forderungen Auszahlungen zu leisten sind. Hat der Widersprechende bis zur Durchführung der Auszahlung nachgewiesen, dass Klage erhoben worden ist oder ein anhängiges Verfahren wieder aufgenommen wurde, ist der auf die Forderung entfallende Betrag bis zum Ausgang des Verfahrens in entsprechender Anwendung des § 189 Abs. 2 zurückzubehalten.[3] Die Ausschlussfrist des § 189 Abs. 1 gilt für diese Fälle nicht.[4] 13

Die Vorschrift findet keine entsprechende Anwendung für Forderungen, die mit der Qualifikation der vorsätzlich begangenen, unerlaubten Handlung (§§ 174 Abs. 2, 175 Abs. 2) angemeldet worden sind und bei denen der Schuldner im Prüfungstermin widersprochen hat, so noch die Vorauflage. Sie werden zwar ohne diese Qualifikation zur Tabelle festgestellt und in das Schlussverzeichnis aufgenommen. Der Gläubiger muss den Schuldnerwiderspruch aber nicht während des Insolvenzverfahrens beseitigen, sondern kann dies auch noch während der Wohlverhaltensperiode nachholen. Durch die entsprechende Anwendung der Ausschlussfrist auf die vom Gläubiger gem. § 184 zu erhebende Feststellungsklage[5] wäre zwar dem Ziel des Gesetzgebers, innerhalb angemessener Zeiträume dem Schuldner die Sicherheit zu geben, ob die vom Gläubiger angemeldete Forderung an der Restschuldbefreiung teilnimmt oder nicht, Rechnung getragen worden, denn eine anderweitige Klärung dieser Frage ist dem Schuldner versagt, da ihm für eine negative Feststellungsklage das Rechtsschutzbedürfnis fehlt.[6] Auch die Ansicht des OLG Stuttgart,[7] der Gesetzgeber habe 13a

---

[1] *Nerlich/Römermann/Westphal,* InsO, § 189 Rn. 14.

[2] *Balz/Landfermann,* S. 436.

[3] *Breutigam/Blersch/Goetsch/Breutigam,* InsO, § 189 Rn. 8; *Nerlich/Römermann/Westphal,* InsO, § 189 Rn. 18; *Eckardt,* in Kölner Schrift, S. 779 Rn. 64.

[4] *Uhlenbruck/ders.,* InsO, § 189 Rn. 8.

[5] Zur Zulässigkeit der Feststellungsklage in analoger Anwendung des § 184 vgl. BGH ZVI 2006, 311; BGH NZI 2007, 416.

[6] OLG Hamm ZInsO 2004, 683.

[7] OLG Stuttgart NZI 2008, 617.

dadurch, dass er im Gesetz zur Vereinfachung des Insolvenzverfahrens vom 13. 4. 2007[1] eine Klagefrist nicht aufgenommen habe, zum Ausdruck gebracht, dass insoweit eine durch analoge Anwendung zu füllende Regelungslücke nicht bestehe, kann nicht wirklich überzeugen. Zwar ist in der Literatur[2] gefordert worden, bei anstehenden Änderungen der Insolvenzordnung eine Regelung aufzunehmen. Dass dies bisher nicht erfolgt ist, lässt aber nicht den zwingenden Schluss zu, der Gesetzgeber habe dies bewusst unterlassen. Gleichwohl hat der BGH[3] die entsprechende Anwendung abgelehnt und das Vorbringen einer Regelungslücke verneint.

13b Liegt bereits ein zivilrechtlicher – vollstreckbarer – Titel vor, der die vom Gläubiger angemeldete Forderung als vorsätzlich begangene, unerlaubte Handlung qualifiziert, muss eine schnelle Klärung erfolgen. Das Gesetz zur Vereinfachung des Insolvenzverfahrens[4] hat § 184 InsO mit einem neuen Abs. 2 versehen, der dem Schuldner auferlegt, das Bestreiten gegen titulierte Forderungen binnen Monatsfrist zu betreiben, andernfalls sein Widerspruch als nicht erhoben gilt. In gleicher Weise muss daher der Schuldner sich gegen die Qualifikation der vom Gläubiger angemeldeten Forderung als aus vorsätzlich begangener, unerlaubter Handlung herrührend, wehren. Tut er das nicht, wird die titulierte Forderung mit diesem Zusatz zur Tabelle festgestellt und nimmt an der Restschuldbefreiung nicht teil.

13c Ist die Titulierung des Zusatzes durch einen rechtskräftigen Vollstreckungsbescheid erfolgt, bindet dieser das Gericht des Feststellungsprozesses auch dann nicht, wenn er auf eine Anspruchsgrundlage Bezug nimmt, die eine vorsätzlich begangene, unerlaubte Handlung voraussetzt.[5]

6. Besonderheiten in der Insolvenz der Genossenschaft und des Versicherungsvereins

14 Gem. § 115 Abs. 2 S. 1 GenG sind im Insolvenzverfahren über das Vermögen einer eingetragenen Genossenschaft außer den Anteilen auf die in §§ 189–191 geregelten Forderungen weiterhin zurückzubehalten die Anteile auf Forderungen, die im Prüfungstermin vom Vorstand der Genossenschaft bestritten worden sind. Der Widerspruch des Vorstands muss vom Gläubiger durch Feststellungsklage beseitigt werden (§ 115 Abs. 2 S. 2 GenG). Obsiegt der Gläubiger im Feststellungsrechtsstreit, wird der zurückbehaltene Anteil an ihn ausgeschüttet. Wird der Widerspruch des Vorstandes rechtskräftig für begründet erklärt, werden die Anteile zur Verteilung unter die übrigen Gläubiger frei (§ 115 Abs. 2 S. 3 GenG).

7. Praxishinweis

15 Im Gesetz nicht eindeutig geregelt ist die Frage, wie mit Forderungen, die verspätet angemeldet werden, umzugehen ist. Erfolgt die Anmeldung nach dem Prüfungstermin ist sie vom Insolvenzverwalter in die Tabelle aufzunehmen. Das

---

[1] BGBl. I 2007, S. 509.
[2] *Hartwig,* ZInsO 2004, 636.
[3] BGH, NZI 2009, 189; Anm. *Lang,* FD-InsR 2009, 275579.
[4] BGBl. I 2007, S. 509.
[5] BGH ZVI 2006, 311.

Gericht hat einen nachträglichen Prüfungstermin oder das schriftliche Verfahren anzuordnen. Eines ausdrücklichen Gläubigerantrages bedarf es hierfür nicht.[1]

Geht die Forderungsanmeldung nach der öffentlichen Bekanntmachung ein, wird sie gleichwohl noch in die Tabelle aufgenommen. Eine Prüfung kann im Schlusstermin erfolgen. Allerdings wird diese Forderung bei der Schlussverteilung nicht berücksichtigt, da sie nicht ins Schlussverzeichnis nach § 188 aufzunehmen ist.[2] Der Gläubiger kann jedoch – falls die Forderung festgestellt wird – eine vollstreckbare Ausfertigung des Tabellenauszugs verlangen und nach Aufhebung des Insolvenzverfahrens gegen den Schuldner hieraus ggf. vollstrecken. 16

Ebenfalls nicht eindeutig geregelt ist die Frage, wie mit Schuldnerwidersprüchen gegen das Forderungsattribut der vorsätzlich begangenen, unerlaubten Handlung umzugehen ist. Sinnvollerweise würde die Vorschrift auch auf diese Sachverhalte entsprechend angewendet, da sich nur hierdurch eine zeitnahe, abschließende Klärung der Frage für den Schuldner erreichen ließe, ob solche Forderungen, denen er widersprochen hat, an der Restschuldbefreiung teilnehmen oder nicht. Der BGH[3] hat zwar in einer früheren Entscheidung darauf hingewiesen, dass kein sachlicher Grund dafür bestehe, den Streit über die Rechtsnatur der angemeldeten und trotz des Widerspruchs des Schuldners zur Tabelle festgestellten Forderung auf die Zeit nach Erteilung der Restschuldbefreiung zu verschieben. In einer neueren Entscheidung[4] wurde die entsprechende Anwendung mangels einer gesetzlichen Regelungslücke verneint. Liegt ein vollstreckbarer Titel vor, hat der Schuldner ohnehin den Widerspruch binnen Monatsfrist (§ 184 Abs. 2) selbst zu verfolgen. 17

§ 190 Berücksichtigung absonderungsberechtigter Gläubiger

(1) **Ein Gläubiger, der zur abgesonderten Befriedigung berechtigt ist, hat spätestens innerhalb der in § 189 Abs. 1 vorgesehenen Ausschlussfrist dem Insolvenzverwalter nachzuweisen, daß und für welchen Betrag er auf abgesonderte Befriedigung verzichtet hat oder bei ihr ausgefallen ist. Wird der Nachweis nicht rechtzeitig geführt, so wird die Forderung bei der Verteilung nicht berücksichtigt.**

(2) **Zur Berücksichtigung bei einer Abschlagsverteilung genügt es, wenn der Gläubiger spätestens innerhalb der Ausschlußfrist dem Verwalter nachweist, daß die Verwertung des Gegenstands betrieben wird, an dem das Absonderungsrecht besteht, und den Betrag des mutmaßlichen Ausfalls glaubhaft macht. In diesem Fall wird der auf die Forderung entfallende Anteil bei der Verteilung zurückbehalten. Sind die Voraussetzungen des Absatzes 1 bei der Schlußverteilung nicht erfüllt, so wird der zurückbehaltene Anteil für die Schlußverteilung frei.**

(3) **Ist nur der Verwalter zur Verwertung des Gegenstands berechtigt, an dem das Absonderungsrecht besteht, so sind die Absätze 1 und 2 nicht anzuwenden. Bei einer Abschlagsverteilung hat der Verwalter, wenn er den**

[1] LG Frankfurt (Oder) ZInsO 2006, 1111.
[2] BGH NZI 2007, 401.
[3] BGH NZI 2007, 416.
[4] BGH NZI 2009, 189.

Gegenstand noch nicht verwertet hat, den Ausfall des Gläubigers zu schätzen und den auf die Forderung entfallenden Anteil zurückzubehalten.

Übersicht

1. Normzweck

1 Nach § 52 sind die **absonderungsberechtigten Gläubiger,** denen der Schuldner auch persönlich haftet, Insolvenzgläubiger und zur Befriedigung aus der Insolvenzmasse berechtigt, soweit sie auf eine abgesonderte Befriedigung verzichten oder bei ihr ausgefallen sind. Dieser Grundregel trägt die Vorschrift Rechnung und normiert die Voraussetzungen, die absonderungsberechtigte Gläubiger erfüllen müssen, um bei einer Verteilung berücksichtigt zu werden.

2 Die Vorschrift entspricht im Wesentlichen den §§ 153, 156, 168 KO. Sie ist lediglich um das Verwertungsrecht[1] des Insolvenzverwalters in Abs. 3 angepasst.

3 Die Vorschrift ist nur für zur Tabelle angemeldete und festgestellte absonderungsberechtigte Forderungen anwendbar. Besteht über die Berechtigung der Forderung Streit, kann deren Berücksichtigung nur entsprechend § 189 erfolgen.

4 Die Vorschrift wurde unverändert von § 218 RegE übernommen.[2]

2. Der Nachweis nach Abs. 1

5 In das Verteilungsverzeichnis werden Forderungen aufgenommen, die bereits geprüft sind und die entweder festgestellt sind (§§ 178 Abs. 1, 183 Abs. 1) oder für die ein Titel vorliegt (§ 179 Abs. 2) bzw. die bestritten sind, für die aber der Nachweis nach § 189 Abs. 1 und 2 rechtzeitig geführt wurde. Absonderungsberechtigte Gläubiger, denen der Insolvenzschuldner auch persönlich haftet, sind Insolvenzgläubiger (§ 52 S. 1). Als solche können sie am Verfahren teilnehmen und melden ihre Forderungen in voller Höhe an. Sie können als Ausfallforderungen bzw. für den Ausfall anerkannt werden. Sie werden in voller Höhe in die Tabelle aufgenommen. Inwieweit auf sie bei Abschlags- oder Schlussverteilungen Auszahlungen erfolgen, hängt davon ab, ob die **Verwertung** des Sicherungsgegenstandes vom Gläubiger vorgenommen werden kann (§ 190 Abs. 1 und 2) oder ob zur Verwertung des Sicherungsgegenstandes der Insolvenzverwalter befugt ist (Abs. 3). Liegt das Verwertungsrecht beim Gläubiger, so hat dieser dem Insolvenzverwalter innerhalb der Ausschlussfrist des § 189 Abs. 1 entweder den konkreten Ausfall oder den Verzicht auf das Absonderungsrecht nachzuweisen. Nur wenn der Nachweis rechtzeitig geführt wird, wird die Forderung bei der Verteilung berücksichtigt und demzufolge in das Verteilungsverzeichnis aufgenommen.

---

[1] Vgl. § 166.

[2] *Balz/Landfermann,* S. 436.

3. Verzicht auf das Absonderungsrecht

a) Soweit der Gläubiger auf sein Absonderungsrecht verzichtet, kann er im Verteilungsverfahren berücksichtigt werden. Ein vollständiger Verzicht führt dazu, dass die Forderung in voller Höhe zu berücksichtigen ist. 6

Der **Verzicht ist unwiderruflich**[1] und für den Absonderungsberechtigten auch nach Abschluss des Insolvenzverfahrens bindend.[2] Die für die jeweilige Sicherheit einschlägigen Formvorschriften sind auch für den Verzicht maßgeblich.[3] 7

b) Der **Ausfall** ist derjenige Teil der Forderung des Gläubigers, der bei Realisierung der Sicherheit unbefriedigt bleibt. Endgültig ermitteln lässt sich der Ausfall erst nach erfolgter Verwertung und Abrechnung des Verwertungserlöses. 8

Verzicht und Nachweis des Ausfalls sind vom Absonderungsberechtigten gegenüber dem Insolvenzverwalter in der Ausschlussfrist des § 189 Abs. 1 vorzunehmen. Wird der **Nachweis des Verzichts oder des Ausfalls** nicht rechtzeitig geführt, wird die Forderung bei der Verteilung nicht berücksichtigt.[4] Handelt es sich um eine Abschlagsverteilung, so kann eine nachträgliche Berücksichtigung gem. § 192 ggf. noch erfolgen. Bei der Schlussverteilung ist die Nichtberücksichtigung endgültig. 9

4. Verwertung durch den Gläubiger

a) Ist die **Verwertung des Sicherungsgutes durch den absonderungsberechtigten Gläubiger** noch nicht erfolgt, so kann für eine durchzuführende Abschlagsverteilung der mutmaßliche Ausfall geschätzt werden. Der auf die angemeldete Forderung danach entfallende Auszahlungsbetrag wird zurückbehalten. Kann auch in der Folge bis zur Durchführung der Schlussverteilung der konkrete Ausfall nicht nachgewiesen werden, wird die Forderung bei der Verteilung nicht berücksichtigt und die zurückbehaltenen Beträge werden für die Schlussverteilung an die übrigen Gläubiger frei. 10

b) Die Vorschrift berücksichtigt in Abs. 2 den Umstand, dass die absonderungsberechtigten Gläubiger in der Praxis oft **bis zum Zeitpunkt einer Abschlagsverteilung** den tatsächlichen Ausfall ihrer Forderung nicht nachweisen können. Es reicht daher zur Berücksichtigung bei einer Abschlagsverteilung aus, dass der absonderungsberechtigte Gläubiger innerhalb der Ausschlussfrist des Abs. 1 dem Insolvenzverwalter nachweist, dass die **Verwertung betrieben** wird und er den Betrag des zu erwartenden Ausfalls i. S. v. § 294 ZPO glaubhaft macht. 11

Wegen der nur prognostizierten Ausfallhöhe bedeutet die Berücksichtigung bei der Abschlagsverteilung jedoch nicht eine quotale Befriedigung. Nach Abs. 2 S. 2 wird der auf die Forderung entfallende Anteil lediglich zurückbehalten. Eine Auszahlung kann erst nach Abhaltung des Schlusstermins erfolgen, wenn zu dem Zeitpunkt die Voraussetzungen des Abs. 1 vorliegen. 12

Der **Nachweis der laufenden,** noch nicht abgeschlossenen **Verwertung** ist gegenüber dem Insolvenzverwalter zu führen. Nachzuweisen ist der Beginn der 13

---

[1] RGZ 64, 425 ff., 428.
[2] *Kuhn/Uhlenbruck,* KO, § 64 Rn. 14; *Nerlich/Römermann/Westphal,* InsO, § 190 Rn. 21.
[3] LG Dessau-Roßlau ZInsO 2009, 335 m. w. N.
[4] BGH NZI 2009, 565.

Realisierung der Sicherheit durch konkrete Verwertungshandlungen. Lediglich die zukünftige Verwertungsabsicht ist nicht ausreichend.

14 Erfolgt der Nachweis der eingeleiteten Verwertung und die Glaubhaftmachung des voraussichtlichen Ausfalls rechtzeitig, hat der Insolvenzverwalter das Verteilungsverzeichnis innerhalb einer Frist von drei Tagen zu berichtigen (§ 193).

15 **c)** Ist bei bevorstehendem Abschluss des Insolvenzverfahrens die Verwertung des Sicherungsgutes durch den absonderungsberechtigten Gläubiger noch nicht erfolgt, was bei Gewerbegrundstücken mit Altlasten in der Praxis häufiger vorkommt, so kann er seinen Ausfall nicht ermitteln und droht bei der Schlussverteilung unberücksichtigt zu bleiben. In einem solchen Fall kann der Gläubiger lediglich den **Umfang des zukünftig zu realisierenden Absonderungsrechts schätzen** und in Höhe der Differenz zur angemeldeten Forderung auf sein Absonderungsrecht verzichten.[1] Er wird dann in das Schlussverzeichnis aufgenommen und entsprechend bei der Schlussverteilung berücksichtigt. Wird im Schlusstermin der unverwertete Gegenstand als unverwertbar freigegeben, steht ein später erzielter Übererlös dem Schuldner zu. Erfolgt keine Freigabe im Schlusstermin, kann ggf. für einen etwaigen Übererlös die Nachtragsverteilung in entsprechender Anwendung von § 203 Abs. 1 Ziff. 3 angeordnet werden.

5. Alleiniges Verwertungsrecht des Insolvenzverwalters

16 Durch die Regelung in § 166 ist dem Insolvenzverwalter das Verwertungsrecht von Sicherheiten teilweise übertragen worden. In diesen Fällen kann der Gläubiger zwar auf sein Absonderungsrecht gem. Abs. 1 verzichten, den Ausfall kann er jedoch nur dann berechnen, wenn der Insolvenzverwalter seinerseits über die durchgeführte Verwertung Abrechnung erteilt hat. Die Abs. 1 und 2 sind daher nicht anzuwenden. Der Insolvenzverwalter muss entsprechend der durchgeführten Sicherheitenrealisierung das **Verteilungsverzeichnis anpassen.** Hat der Insolvenzverwalter die Sicherheit noch nicht verwertet, so hat er den Ausfall des Gläubigers zu schätzen und bei einer Abschlagsverteilung den auf die Forderung entfallenden Anteil zurückzubehalten.

17 Bis zur Schlussverteilung hat der Insolvenzverwalter selbstverständlich das Sicherungsgut vollständig **zu verwerten,** so dass er auch **Abrechnung erteilen** und den **Ausfall** selbst **ermitteln** kann. Hat der Insolvenzverwalter das Sicherungsgut entgegen seiner Verpflichtung nicht verwertet, ist Abs. 3 für die Schlussverteilung nicht anwendbar. Dem Gläubiger bleibt dann nur die Möglichkeit, den voraussichtlichen Sicherheitenverwertungserlös zu schätzen und in entsprechender Höhe auf sein Absonderungsrecht zu verzichten. Gem. Abs. 1 muss der Insolvenzverwalter die angemeldete Forderung in entsprechender Höhe bei der Schlussverteilung berücksichtigen.[2]

6. Praxishinweis

18 Die praktische Bedeutung der Vorschrift ist nicht allzu hoch. In der Regel werden die Ausfallforderungen zwischen dem Insolvenzverwalter und dem ab-

---

[1] Zur Form des Verwalters vgl. LG Dessau-Roßlau ZInsO 2009, 335.

[2] *Nerlich/Römermann/Westphal,* InsO, § 190 Rn. 46.

sonderungsberechtigten Gläubiger – insbesondere dann, wenn das Verwertungsrecht beim Insolvenzverwalter gelegen hat – einvernehmlich festgelegt. Dafür wird rechtzeitig vor Erstellung des Schlussverzeichnisses mit den absonderungsberechtigten Gläubigern Kontakt aufgenommen, so dass es nur in Verbraucherinsolvenzverfahren darauf ankommen wird, dass der Gläubiger innerhalb der Ausschlussfrist seinen Ausfall von sich aus mitteilt.

Durch die Haftungsnorm des § 13 c UStG sind allerdings praktische Probleme 19
bei der abschließenden Ermittlung des Forderungsausfalls entstanden. Nach dieser Vorschrift haftet ein Zessionar für die in der abgetretenen Forderung rechnerisch enthaltene Umsatzsteuer. Bevor diese Haftung nicht zweifelsfrei ausgeschlossen oder der Höhe nach zweifelsfrei festgestellt ist, kann der Gläubiger seinen Ausfall nicht ermitteln, da immer noch die Inanspruchnahme durch die Finanzverwaltung droht. Auch hier behilft sich die Praxis mit einvernehmlicher Festlegung und Schätzung des mutmaßlichen Ausfalls.[1]

§ 191 Berücksichtigung aufschiebend bedingter Forderungen

(1) **Eine aufschiebend bedingte Forderung wird bei einer Abschlagsverteilung mit ihrem vollen Betrag berücksichtigt. Der auf die Forderung entfallende Anteil wird bei der Verteilung zurückbehalten.**

(2) **Bei der Schlußverteilung wird eine aufschiebend bedingte Forderung nicht berücksichtigt, wenn die Möglichkeit des Eintritts der Bedingung so fernliegt, daß die Forderung zur Zeit der Verteilung keinen Vermögenswert hat. In diesem Fall wird ein gemäß Absatz 1 Satz 2 zurückbehaltener Anteil für die Schlußverteilung frei.**

Übersicht

1. Normzweck

Die Vorschrift entspricht inhaltlich den §§ 154, 156, 168 Nr. 2 KO, die 1
nunmehr in einer Norm zusammengefasst sind. Für auflösend bedingte Forderungen ergibt sich aus § 42, dass diese bis zum Eintritt der Bedingung im gesamten Insolvenzverfahren wie unbedingte Forderungen zu berücksichtigen sind[2].

Mit der Vorschrift wurde § 219 RegE unverändert übernommen.[3] 2

[1] Vgl. hierzu *de Weerth,* Umsatzsteuerhaftung nach § 13 c UStG und Insolvenzrecht, NZI 2006, 501 ff.

[2] *Balz/Landfermann,* S. 437.

[3] *Balz/Landfermann,* S. 437.

2. Aufschiebend bedingte Forderungen

3 Bei aufschiebend bedingten Forderungen hängt es von einem zukünftigen Ereignis ab, ob dem Gläubiger die Forderung tatsächlich zusteht. Solche Forderungen sind – genauso wie auflösend bedingte Forderungen – vom Gläubiger **in voller Höhe beim Insolvenzverwalter anzumelden** und im Prüfungstermin zu prüfen. Ihre Feststellung erfolgt als „aufschiebend bedingte Insolvenzforderung".

4 Unter die Vorschrift fallen beispielsweise befristete Forderungen und Forderungen mit ungewissen Fälligkeitsterminen, Regress- und Erstattungsansprüche von Bürgen nach § 774 BGB oder ausgleichsberechtigten Mitschuldnern[1] sowie die in **Bauinsolvenzen** recht häufigen Gewährleistungsbürgschaften oder bei Bauträgerinsolvenzen Ansprüche aus Mietgarantie. Die Berücksichtigung bei durchzuführenden Verteilungen erfolgt bei der Abschlagsverteilung unabhängig von der Wahrscheinlichkeit des Bedingungseintritts, während bei der Schlussverteilung die Wahrscheinlichkeit eine entscheidende Rolle spielt.

3. Abschlagsverteilung

5 Aufschiebend bedingte Forderungen werden bei der **Abschlagsverteilung** mit ihrem vollen Betrag berücksichtigt. Der entsprechende Anteil wird wegen des ungewissen Bedingungseintritts zunächst zurückgehalten. Tritt die Bedingung aber während des Verfahrens ein, werden die Beträge frei und können ausgezahlt werden.

4. Schlussverteilung

6 Auch bei der **Schlussverteilung** werden aufschiebend bedingte Forderungen grundsätzlich mit ihrem vollen Betrag berücksichtigt und der entsprechende quotale Anteil zurückbehalten. Ist die Bedingung noch nicht eingetreten, hat der Insolvenzverwalter den Anteil zu hinterlegen (§ 198). Tritt die Bedingung endgültig nicht ein, erfolgt die Nachtragsverteilung (§ 203).[2]

7 Ist der aufschiebend bedingten Forderung bei der Schlussverteilung jedoch kein Vermögenswert beizumessen, weil die Möglichkeit, dass die Bedingung noch eintritt, verschwindend gering ist, wird der zurückbehaltene Anteil für die Schlussverteilung frei und kann an die übrigen Gläubiger ausgeschüttet werden. Dies ist notwendig, um die rasche Abwicklung des Insolvenzverfahrens nicht durch fortdauernde Hinterlegungen zu behindern. Nimmt der Verwalter die Forderung mangels Vermögenswertes nicht in das Schlussverzeichnis (§ 188 S. 2) auf und weist das Gericht Einwendungen des Gläubigers hiergegen zurück, steht diesem die **sofortige Beschwerde** nach §§ 197 Abs. 3, 194 Abs. 2 S. 2 zu.

8 Bei Ausbleiben der Bedingung ist hinsichtlich des hinterlegten und frei gewordenen Anteils eine **Nachtragsverteilung** (§ 203) anzuordnen.

5. Praxishinweis

9 Vor allem in Bauinsolvenzen werden häufig wegen noch laufender Gewährleistungsfristen bedingte Gewährleistungsansprüche zur Tabelle angemeldet. Die

[1] *Nerlich/Römermann/Westphal,* InsO, § 191 Rn. 3 mwN.

[2] *Uhlenbruck/ders.,* InsO, § 191 Rn. 6.

Organisation des Insolvenzverwalters muss sicherstellen, dass der Ablauf der Gewährleistungsfrist im Auge behalten und dann die frei gewordenen Beträge im Zuge der Nachtragsverteilung ausgeschüttet werden. Nicht erforderlich ist, dass das Insolvenzverfahren erst beendet wird, wenn auch die letzte Gewährleistungsfrist abgelaufen ist.

Hat – wie in Bauträgerinsolvenzen häufig – die Schuldnerin gegenüber den 10
Bauherren eine Mietgarantie abgegeben, so werden auch die hieraus resultierenden Ansprüche des Bauherren als bedingte Forderung zur Tabelle angemeldet. Solange das Objekt günstig vermietet ist und die Mietgarantie nicht in Anspruch genommen werden muss, reduziert sich der potentielle Anspruch bei befristeter Mietgarantie im Zuge der Abwicklung des Insolvenzverfahrens. Bei Erstellung der Schlussverteilung ist jede Forderung abschließend zu prüfen und die bedingte Forderung gem. Abs. 2 in voller Höhe zu berücksichtigen. Ergibt sich bis zum Ablauf der Bindungsfrist keine Inanspruchnahme, wird ebenfalls die Nachtragsverteilung durchgeführt, ergibt sich die Inanspruchnahme in Höhe eines Teilbetrages, wird die hierauf entfallende Quote an den Gläubiger ausgeschüttet und die Differenz im Wege der Nachtragsverteilung an alle Gläubiger verteilt.

Auch Ansprüche auf Altersruhegeld, Berufsunfähigkeitsrente und Hinterblie- 11
benenrente sind aufschiebend bedingte Ansprüche, solange der Versorgungsfall noch nicht eingetreten ist. Er stellt sich als aufschiebende Bedingung des gegen die Schuldnerin gerichteten Versorgungsanspruchs dar.[1] Ergibt sich im weiteren Verlauf, dass der Versorgungsfall nicht eintritt oder die Inanspruchnahme in Höhe eines geringeren Betrages nur erfolgt, sind die frei werdenden Beträge ebenfalls im Wege der Nachtragsverteilung an alle Gläubiger auszuschütten.

§ 192 Nachträgliche Berücksichtigung

Gläubiger, die bei einer Abschlagsverteilung nicht berücksichtigt worden sind und die Voraussetzungen der §§ 189, 190 nachträglich erfüllen, erhalten bei der folgenden Verteilung aus der restlichen Insolvenzmasse vorab einen Betrag, der sie mit den übrigen Gläubigern gleichstellt.

1. Normzweck

Abschlagsverteilungen (§ 187 Abs. 2 S. 1) dienen der möglichst zeitigen Betei- 1
ligung der Insolvenzgläubiger an den durch Verwertung der Insolvenzmasse erzielten Erlösen. Dies rechtfertigt es auch, bestrittene Forderungen oder Forderungen, deren genaue Höhe auf Grund noch nicht vollständig erfolgter Sicherheitenverwertung noch nicht feststeht, zu berücksichtigen, wobei bestimmte Voraussetzungen (§§ 189 Abs. 3, 190 Abs. 1 S. 2) rechtzeitig vorliegen müssen. Treten diese Voraussetzungen erst nach Durchführung der Abschlagsverteilung ein, sollen Gläubiger, die den Nachweis der Voraussetzungen erst nach der Abschlagsverteilung erbringen, den übrigen Gläubigern gleichgestellt werden. Dieser Grundsatz galt bereits in der Konkursordnung (§ 155 KO). Er wurde von der InsO übernommen.

[1] BGH NZI 2005, 384 f.

2 Die Vorschrift entspricht in ihrem Inhalt dem § 220 RegE.[1] Gegenüber der Regelung in § 155 KO unterscheidet sie sich dadurch, dass die nachträgliche Berücksichtigung nicht sofort, sondern erst bei der folgenden Verteilung erfolgt.[2]

2. Nachträgliche Berücksichtigung

3 Haben die Insolvenzgläubiger nach § 189 die Klageerhebung oder die Aufnahme des Rechtsstreits, oder nach § 190 ihren Ausfall oder Verzicht dem Verwalter nicht rechtzeitig nachgewiesen, werden sie bei der folgenden Verteilung nicht berücksichtigt. Hierdurch soll den Insolvenzgläubigern bei nachfolgenden Verteilungen kein Nachteil erwachsen, wenn sie diese Voraussetzungen nachträglich erfüllen. Dies wird dadurch verhindert, dass sie bei der folgenden Verteilung einen Betrag **vorab** aus der restlichen Masse erhalten, der dem Anteil entspricht, den sie bei der vorherigen Verteilung bei Vorliegen der Voraussetzungen der §§ 189, 190 erhalten hätten. Hierdurch werden sie mit den übrigen Gläubigern gleichgestellt.

4 Im Einzelnen bedeutet dies, dass bei **nachfolgender Abschlagsverteilung** die auf die Forderung entfallenden Anteile bei Erfüllung der Voraussetzungen des § 189 Abs. 1 und § 190 Abs. 2 zurückbehalten, bzw. bei Erfüllung der Voraussetzungen des § 190 Abs. 1 ausgezahlt werden.

5 Bei **nachfolgender Schlussverteilung** kommt ein Zurückbehalt jedoch nur im Falle der Erfüllung der Voraussetzungen des § 189 Abs. 1 in Betracht, da nach § 190 Abs. 2, S. 3 die zurückbehaltenen Anteile für die Masse frei werden, wenn die Voraussetzungen des § 190 Abs. 1 bis zur Schlussverteilung nicht erfüllt sind.

6 Die nachträglich zu berücksichtigenden Gläubiger tragen allerdings das **Risiko, dass die Insolvenzmasse zur Gleichstellung nicht ausreicht.** Erfolgt keine Verteilung mehr, bleiben die Gläubiger auch im Falle der nachträglichen Erfüllung der Voraussetzungen der §§ 189, 190 unberücksichtigt und können sich nach Aufhebung des Insolvenzverfahrens lediglich beim Schuldner versuchen, schadlos zu halten.[3] Reicht die Insolvenzmasse nur teilweise aus, die nachträglich zu berücksichtigenden Forderungen zu befriedigen, so erfolgt eine anteilsmäßige Berücksichtigung nach dem Verhältnis der Forderungen untereinander.[4]

3. Entsprechende Anwendung

7 Über den Wortlaut hinaus ist die Vorschrift entsprechend auf Gläubiger anzuwenden, die auf Grund eines Versehens des Verwalters – oder aus sonstigen Gründen – bei einer Verteilung nicht berücksichtigt wurden. Erfolgte die Nichtberücksichtigung auf Grund Nichtaufnahme ins Verteilungsverzeichnis, erfolgt die **Gleichstellung** – entsprechend dem Wortlaut der Vorschrift – bei der nächsten Verteilung. War die Forderung hingegen im Verteilungsverzeichnis aufgeführt, bei der Verteilung allerdings versehentlich nicht berücksichtigt worden, behält der Gläubiger seinen **Auszahlungsanspruch** gegen die Masse und kann diesen Anspruch jederzeit geltend machen, auf die nachfolgende Verteilung braucht er nicht zu warten.[5]

---

[1] *Balz/Landfermann,* S. 437.
[2] *Balz/Landfermann,* S. 437.
[3] *Häsemeyer,* Insolvenzrecht, Rn. 7.63; *Uhlenbruck/ders.,* InsO, § 192 Rn. 7.
[4] *Haarmeyer/Wutzke/Förster,* Hdb., Kap. 8 Rn. 38.
[5] *Nerlich/Römermann/Westphal,* InsO, § 192 Rn. 16.

Reicht die restliche Insolvenzmasse nicht aus, alle rechtswidrig oder versehentlich nicht berücksichtigten Gläubiger zu befriedigen, besteht **kein Rückforderungsanspruch** von Quoten gegen Insolvenzgläubiger, die im Rahmen der Abschlagsverteilung berücksichtigt worden sind.[1] Die unberücksichtigt gebliebenen Gläubiger können jedoch ggf. einen Schadensersatzanspruch gegen den Verwalter nach § 60 haben. 8

§ 193 Änderung des Verteilungsverzeichnisses

Der Insolvenzverwalter hat die Änderungen des Verzeichnisses, die auf Grund der §§ 189 bis 192 erforderlich werden, binnen drei Tagen nach Ablauf der in § 189 Abs. 1 vorgesehenen Ausschlußfrist vorzunehmen.

1. Normzweck

Das Verteilungsverzeichnis (§ 188) bildet die notwendige Voraussetzung und Grundlage jeglicher Verteilung an die Insolvenzgläubiger. Werden Forderungen unter den Voraussetzungen der §§ 189 bis 192 bei einer Verteilung berücksichtigt, so hat der Verwalter die dadurch notwendigen Änderungen des Verteilungsverzeichnisses binnen drei Tagen nach Ablauf der Zweiwochenfrist des § 189 Abs. 1 vorzunehmen. 1

Die Vorschrift entspricht § 157 KO. Sie wurde unverändert von § 221 RegE übernommen.[2] 2

2. Änderung des Verteilungsverzeichnisses

Die Vornahme der Änderungen erfolgt **ausschließlich durch den Insolvenzverwalter** durch Eintragung des Änderungsvermerkes in das auf der Geschäftsstelle des Insolvenzgerichts niedergelegte Exemplar des Teilungsverzeichnisses. Werden Insolvenztabelle und Verteilungsverzeichnis vom Insolvenzverwalter EDV-mäßig geführt, ist das bislang niedergelegte Exemplar durch einen neuen Ausdruck mit eingearbeiteten Änderungen zu ersetzen.[3] Einer erneuten öffentlichen Bekanntmachung der geänderten Summe der berücksichtigten Forderungen entsprechend § 188 S. 3 bedarf es nicht.[4] 3

Das Verteilungsverzeichnis ist zu ändern, wenn nachträglich Forderungen aufgenommen oder gestrichen werden. Als **Änderungsgründe** kommen in Frage: 4

- der Nachweis der Erhebung einer **Feststellungsklage** oder der Aufnahme eines früher anhängigen Verfahrens innerhalb der Ausschlussfrist durch den Inhaber einer nicht titulierten und nicht festgestellten Insolvenzforderung (§ 189 Abs. 1)
- der **Verzicht** auf das Recht zur abgesonderten Befriedigung oder der Nachweis des endgültigen Ausfalls (§ 190 Abs. 1)
- bei laufender, aber noch nicht abgeschlossener Verwertung die Glaubhaftmachung des **mutmaßlichen Ausfalls** durch einen absonderungsberechtigten Insolvenzgläubiger innerhalb der Ausschlussfrist (§ 190 Abs. 2)

---

[1] BGHZ 91, 198.

[2] *Balz/Landfermann,* S. 438. Es sind lediglich die Verweisungen angepasst worden.

[3] *Nerlich/Römermann/Westphal,* InsO, § 193 Rn. 11; *Uhlenbruck/ders.,* InsO, § 193 Rn. 4; *Graf-Schlicker/Mäusezahl,* InsO, § 193 Rn. 2.

[4] *Jaeger/Weber,* KO, § 157 Rn. 3 (Anm. III).

– der Wegfall einer berücksichtigten aufschiebend oder auflösend bedingten Forderung durch Ausfall der aufschiebenden Bedingung oder Eintritt der auflösenden Bedingung während der 2-Wochen-Frist des § 189 Abs. 1

5 Die **Frist,** innerhalb derer der Insolvenzverwalter die notwendigen Änderungen des Verteilungsverzeichnisses vorzunehmen hat, beträgt **drei Tage.** Sie ist so kurz bemessen, da Einwendungen gegen das Verteilungsverzeichnis bei Abschlagsverteilungen innerhalb einer Woche nach dem Ende der in § 189 Abs. 1 vorgesehenen Ausschlussfrist zu erheben sind (§ 194 Abs. 1 S. 1). Nach Ablauf der 3-Tages-Frist sind Änderungen des Verteilungsverzeichnisses nur noch zur Berichtigung von offensichtlichen Schreib- oder Rechenfehlern erlaubt.[1]

§ 194 Einwendungen gegen das Verteilungsverzeichnis

(1) **Bei einer Abschlagsverteilung sind Einwendungen eines Gläubigers gegen das Verzeichnis bis zum Ablauf einer Woche nach dem Ende der in § 189 Abs. 1 vorgesehenen Ausschlußfrist bei dem Insolvenzgericht zu erheben.**

(2) **Eine Entscheidung des Gerichts, durch die Einwendungen zurückgewiesen werden, ist dem Gläubiger und dem Insolvenzverwalter zuzustellen. Dem Gläubiger steht gegen den Beschluß die sofortige Beschwerde zu.**

(3) **Eine Entscheidung des Gerichts, durch die eine Berichtigung des Verzeichnisses angeordnet wird, ist dem Gläubiger und dem Verwalter zuzustellen und in der Geschäftsstelle zur Einsicht der Beteiligten niederzulegen. Dem Verwalter und den Insolvenzgläubigern steht gegen den Beschluß die sofortige Beschwerde zu. Die Beschwerdefrist beginnt mit dem Tag, an dem die Entscheidung niedergelegt worden ist.**

Übersicht

1. Normzweck

1 Die Regelung des § 158 KO für Abschlagsverteilungen wird sinngemäß übernommen. Zusätzlich wird klargestellt, wem die Entscheidungen des Gerichts zuzustellen sind und wem die sofortige Beschwerde gegen die Entscheidung zusteht (Abs. 2, 3 S. 1, 2). Die Vorschrift gilt unmittelbar **nur für Abschlagsverteilungen.** Für die Schlussverteilung sind § 194 Abs. 2 und 3 entsprechend anwendbar (§ 197 Abs. 3).

2 Die Vorschrift übernimmt § 222 RegE in veränderter und verkürzter Form.[2]

[1] *Haarmeyer/Wutzke/Förster,* Hdb., Kap. 8 Rn. 22.

[2] *Balz/Landfermann,* S. 438.

2. Einwendungsberechtigte und -frist

3 Einwendungsberechtigt ist grundsätzlich jeder **Insolvenzgläubiger** i. S. v. § 38, der seine Forderung angemeldet hat. Ob die Forderung festgestellt oder bestritten worden ist, spielt dabei keine Rolle.[1] Wurde die Forderung erst nach Bestimmung des Schlusstermins angemeldet, ist die Forderungsanmeldung als Einwendung gegen das Schlussverzeichnis zu werten.[2] Insoweit wird sie allerdings nur berücksichtigt, wenn der Gläubiger auch im Schlusstermin anwesend ist und diese Einwendung persönlich vorbringt.[3] **Massegläubiger** (§ 53) und **Gläubiger mit Aussonderungsansprüchen** sind nicht einwendungsberechtigt, da sie vorab aus der Insolvenzmasse befriedigt werden. Auch die **nachrangigen Insolvenzgläubiger** (§ 39) sind mit Einwendungen ausgeschlossen, da sie bei Abschlagsverteilungen nicht berücksichtigt werden sollen (§ 187 Abs. 2, S. 2) und daher in aller Regel durch eine Berichtigung des Verteilungsverzeichnisses für eine Abschlagsverteilung nicht beschwert sind.[4]

4 Der Insolvenzgläubiger kann im Rahmen der Einwendungen geltend machen, dass seine angemeldete Forderung trotz Feststellung nicht im Verteilungsverzeichnis berücksichtigt worden ist, oder dass trotz des rechtzeitigen oder nachträglichen (§ 192) Nachweises der in §§ 189 und 190 geforderten Voraussetzungen die Forderung unberücksichtigt geblieben ist. Er kann jedoch nicht geltend machen, in die Tabelle sei das Forderungsattribut der vorsätzlich begangenen, unerlaubten Handlung unzutreffenderweise vom Verwalter nicht aufgenommen und festgestellt worden. Eine derartige Einwendung betrifft nicht das Schlussverzeichnis.[5]

5 Insolvenzgläubiger, deren Forderung in das Verteilungsverzeichnis aufgenommen worden ist und deren Quote sich durch die Aufnahme einer anderen Forderung reduziert, können sich dagegen zum Beispiel mit dem Argument wenden, die Nachweise nach §§ 189 Abs. 1, 190 Abs. 1 seien nicht oder nicht rechtzeitig geführt oder der mutmaßliche Ausfall nicht glaubhaft gemacht worden (§ 190 Abs. 2 S. 1).

6 Die **Einwendungsfrist** beträgt eine Woche und beginnt mit Ablauf der Ausschlussfrist des § 189 Abs. 1. Bei der Wochenfrist handelt es sich entsprechend der Frist des § 189 Abs. 1 auch um eine Ausschlussfrist.[6] Der einwendungsberechtigte Gläubiger ist daher bei Säumnis mit seiner Einwendung endgültig ausgeschlossen.

3. Zurückweisung der Einwendung durch das Gericht

7 Das Insolvenzgericht entscheidet über die Einwendungen durch Beschluss (Abs. 2, S. 2). Funktionell zuständig ist hierzu der **Rechtspfleger** (§ 18 RPflG i. d. F. d. Art. 14 Nr. 5 EGInsO) oder im vorbehaltenen Verfahren nach § 18 Abs. 2 RPflG der Richter. Die Entscheidung wird dem Gläubiger, der die Einwendung erhoben hat und dem Insolvenzverwalter nach § 8 zugestellt. Eine **Zustellung** an die Insolvenzgläubiger erfolgt nicht, da sie durch die ablehnende Entscheidung nicht beschwert sind.[7]

---

[1] *Uhlenbruck/ders.*, InsO, § 194 Rn. 2.
[2] BGH NZI 2007, 401.
[3] LG Verden ZVI 2005, 321.
[4] *Uhlenbruck/ders.*, InsO, § 194 Rn. 3.
[5] BGH NZI 2008, 250.
[6] *Uhlenbruck/ders.*, InsO, § 194 Rn. 6.
[7] *Uhlenbruck/ders.*, InsO, § 194 Rn. 13.

4. Berichtigung des Verzeichnisses

8 Bei begründeten Einwendungen ordnet das Insolvenzgericht eine Berichtigung des Verteilungsverzeichnisses durch Beschluss an. Die Berichtigung kann **ausschließlich durch den Verwalter** erfolgen (§ 193), entweder durch Aufnahme der bisher nicht berücksichtigten oder durch Streichen einer in das Verteilungsverzeichnis aufgenommenen Forderung. Der Beschluss ist dem Gläubiger, der die Einwendung erhoben hat und dem Verwalter (§ 8) zuzustellen. Die Zustellung an die übrigen Gläubiger wird durch die Niederlegung des Beschlusses auf der Geschäftsstelle des Insolvenzgerichts ersetzt.

5. Rechtsmittel

9 Gegen den Beschluss, durch den die Einwendung eines Gläubigers zurückgewiesen worden ist, steht diesem die **sofortige Beschwerde** (§ 6) zu. Die Beschwerdefrist beginnt mit Verkündung des Beschlusses bzw. Zustellung an den Beschwerdeführer (§ 6 Abs. 2 S. 1). Das Insolvenzgericht ist nach § 572 ZPO befugt, der sofortigen Beschwerde abzuhelfen. Wird nicht abgeholfen, entscheidet das übergeordnete Landgericht.

10 Gegen die Entscheidung, mit der eine Berichtigung des Verzeichnisses angeordnet wird, ist ebenfalls die sofortige Beschwerde (§ 6) gegeben. Beschwerdeberechtigt sind der Verwalter und jeder Insolvenzgläubiger, dessen Quotenanspruch beeinträchtigt wird. Die Beschwerdefrist von zwei Wochen (§ 569 Abs. 1 ZPO) beginnt nicht mit der Verkündung bzw. der Zustellung der Entscheidung, sondern abweichend von § 6 Abs. 2 S. 1 mit dem Tag, an dem die Entscheidung gem. Abs. 3 S. 1 niedergelegt worden ist. Eine vorherige Zustellung verkürzt die Beschwerdefrist nicht.[1] Eine besondere Zustellung an alle Insolvenzgläubiger ist nicht erforderlich, auch nicht durch den Insolvenzverwalter.[2] Die Information der Gläubiger über das geänderte Verteilungsverzeichnis erfolgt durch die Niederlegung in der Geschäftsstelle.

6. Praxishinweis

11 Verteilungsfehler können zu Haftungsansprüchen gegen den Insolvenzverwalter führen, in der Regel jedoch nicht zu Bereicherungsansprüchen der unberücksichtigt gebliebenen Insolvenzgläubiger gegen diejenigen Gläubiger, die zu viel erhalten haben.

12 Hat der Insolvenzgläubiger seine Forderung angemeldet, ist sie geprüft, festgestellt und in das Verteilungsverzeichnis aufgenommen worden, hat der Insolvenzverwalter jedoch gleichwohl sie bei der Schlussverteilung nicht berücksichtigt, so liegt ein die Haftung des Insolvenzverwalters auslösender Sachverhalt nach § 60 vor. Der Insolvenzverwalter kann den den übrigen Insolvenzgläubigern zu viel ausbezahlten Quotenbetrag gem. § 812 Abs. 1 S. 1 1. Alternative BGB zurückfordern.[3]

13 Hat der Insolvenzverwalter eine festgestellte Forderung versehentlich in das Verteilungsverzeichnis nicht aufgenommen und der betroffene Gläubiger im

[1] *Nerlich/Römermann/Westphal,* InsO, § 194 Rn. 21.
[2] *Graf-Schlicker/Mäusezahl,* InsO, § 194 Rn. 12.
[3] *Uhlenbruck/ders.,* InsO, § 194 Rn. 19.

Schlusstermin Einwendungen nicht erhoben, ist er von der Schlussverteilung endgültig ausgeschlossen.[1] In diesem Falle ist eine Rückforderung nach Bereicherungsgrundsätzen ausgeschlossen, weil das Schlussverzeichnis die causa für die Auszahlung darstellt. Dem Gläubiger stehen wiederum Haftungsansprüche gegen den Insolvenzverwalter zu, wobei er sich allerdings ein Mitverschulden wegen der nicht genutzten Möglichkeit, Einwendungen zu erheben, anrechnen lassen muss.

§ 195 Festsetzung des Bruchteils

(1) **Für eine Abschlagsverteilung bestimmt der Gläubigerausschuß auf Vorschlag des Insolvenzverwalters den zu zahlenden Bruchteil. Ist kein Gläubigerausschuß bestellt, so bestimmt der Verwalter den Bruchteil.**

(2) **Der Verwalter hat den Bruchteil den berücksichtigten Gläubigern mitzuteilen.**

1. Normzweck

Die Vorschrift übernimmt sinngemäß § 159 KO. Sie entspricht § 223 RegE,[2] 1 und gilt nur für Abschlagsverteilungen. Zum Verfahren bei der Schlussverteilung vgl. § 196.

2. Festsetzung des Bruchteils

Die Festsetzung des Bruchteils für die Abschlagsverteilung ist eine reine Ver- 2 waltungsmaßnahme der Insolvenzverwaltung.[3] Das Insolvenzgerichts nimmt keinen Einfluss, sondern überwacht lediglich gem. § 58.

Ist ein **Gläubigerausschuss** bestellt, bestimmt dieser auf Vorschlag des Insol- 3 venzverwalters den zu zahlenden Bruchteil. Für den Vorschlag hat der Insolvenzverwalter zunächst den auf die einzelnen Forderungen der Gläubiger entfallenden Bruchteil zu berechnen. Grundlage hierzu ist das Verteilungsverzeichnis (§ 188), wie es sich nach Vornahme der Änderungen auf Grund der §§ 189 f. und ggf. nach Einwendungen gegen das Verzeichnis i. S. v. § 194 darstellt. Bei der Berechnung des Prozentsatzes darf kein höherer als der nach § 188 „für die Verteilung verfügbare Betrag" zugrunde gelegt werden.[4] Eine nach der Bekanntmachung gem. § 188 S. 3 eingetretene Reduzierung der zur Verteilung verfügbaren Mittel ist bei der Berechnung des Bruchteils zu berücksichtigen.

Ist **kein Gläubigerausschuss** bestellt, so bestimmt der Insolvenzverwalter den 4 Bruchteil nach eigenem Ermessen. Dies **Ermessen** steht allein unter der Aufsicht des Insolvenzgerichts (§ 58).

Den Gläubigern selbst steht **kein Rechtsmittel** gegen den Insolvenzverwalter 5 zur Verfügung, da es sich hierbei um eine reine Verwaltungsmaßnahme handelt. Ein Anspruch auf Festsetzung einer bestimmten Bruchteilshöhe besteht nicht. Hat der Gläubigerausschuss – in Abweichung vom Vorschlag des Insolvenzver-

---

[1] BGHZ 91, 198, 201.

[2] *Balz/Landfermann,* S. 439.

[3] *Uhlenbruck/ders.,* InsO, § 195 Rn. 4; *Nerlich/Römermann/Westphal,* InsO, § 195 Rn. 8.

[4] MünchKomm-*Füchsl/Weishäupl,* InsO § 195 Rn. 5.

walters – einen höheren Bruchteil festgesetzt und sind für die Erfüllung demzufolge mehr Mittel erforderlich als zur Verfügung stehen, ist der Insolvenzverwalter nicht verpflichtet, diesen Beschluss des Gläubigerausschusses zu vollziehen.[1] Massegläubiger, die nach der Festsetzung des Bruchteils bekannt werden, sind dabei allerdings außer Acht zu lassen (§ 206 Nr. 1).

6 Der Insolvenzverwalter hat den Prozentsatz des Bruchteils den Gläubigern mitzuteilen. Besondere **Formvorschriften** existieren hierzu nicht. Der Insolvenzverwalter kann sich hierzu der mündlichen, schriftlichen oder öffentlichen Bekanntgabe bedienen. Es reicht aus, wenn der Insolvenzverwalter den Gläubigern den Bruchteil auf dem Überweisungsformular mitteilt.

7 Die Festsetzung des Bruchteils wird wirksam, wenn der Bruchteil wenigstens einem der Gläubiger mitgeteilt wurde.[2] Eine **Änderung des Bruchteils** ist danach nur noch aus wichtigem Grund möglich. Dies ist bspw. der Fall bei offensichtlich fehlerhafter Berechnung, nicht jedoch bei nachträglich bekannt gewordenen Masseverbindlichkeiten (§ 206 Nr. 1).

8 Einen klagbaren Anspruch gegen die Insolvenzmasse erhalten die Gläubiger nicht. Weicht der Insolvenzverwalter bei der Durchführung der Abschlagsverteilung von der Festsetzung des Bruchteils ab und entsteht den Gläubigern hierdurch ein von ihm verschuldeter Schaden, können Haftungsansprüche gegen den Verwalter ggf. geltend zu machen sein.

§ 196 Schlußverteilung

(1) **Die Schlußverteilung erfolgt, sobald die Verwertung der Insolvenzmasse mit Ausnahme eines laufenden Einkommens beendet ist.**

(2) **Die Schlußverteilung darf nur mit Zustimmung des Insolvenzgerichts vorgenommen werden.**

Übersicht

[1] *Gottwald/Eickmann,* InsHdb., § 65 Rn. 9.
[2] MünchKomm-*Füchsl/Weishäupl,* InsO § 195 Rn. 7.

1. Normzweck

Das Insolvenzverfahren bezweckt eine schnelle Bereinigung der Vermögenssituation des Schuldners und eine möglichst zeitnahe Beteiligung der Insolvenzgläubiger an den erzielten Verwertungserlösen.[1] Der Insolvenzverwalter hat daher **Abschlagsverteilungen** während des laufenden Verfahrens vorzunehmen, sooft hinreichende Barmittel zur Verfügung stehen (§ 187 Abs. 3 S. 1) und das Verfahren durch Vornahme der Schlussverteilung zu beenden, sobald feststeht, dass weitere Barmittel zur Verteilung an die Insolvenzgläubiger aus der Verwertung der Insolvenzmasse in absehbarer Zeit nicht mehr zu erwirtschaften sind. 1

Die Schlussverteilung ist die Ausschüttung der gesamten restlichen Teilungsmasse an die Gläubiger, die nach der endgültigen Verwertung der Insolvenzmasse noch verbleibt. 2

Die allgemeinen Vorschriften über die Verteilung, wie §§ 187-189, 190 Abs. 1 und 3 S. 1, 191 Abs. 2, 192, 193, 194 Abs. 2 finden auch auf die Schlussverteilung Anwendung.[2] 3

Die Vorschrift entspricht § 161 KO und übernimmt § 224 RegE vollständig.[3] Die Vorschrift wurde durch das InsOÄndG[4] 2001 in Abs. 1 ergänzt. 4

2. Verwertung der Insolvenzmasse

Die Schlussverteilung erfolgt, sobald die Verwertung der Insolvenzmasse beendet ist (Abs. 1). 5

a) Dies ist grundsätzlich erst dann der Fall, wenn **sämtliche Vermögensgegenstände liquidiert** worden sind und sich gegebenenfalls nur noch unverwertbare Gegenstände in der Masse befinden. Hierdurch ist zum einen der Zeitpunkt definiert, zu dem frühestens die Schlussverteilung erfolgen kann und zum anderen auch festgelegt, dass der Insolvenzverwalter nach vollständiger Verwertung der Masse die Schlussverteilung durchführen muss. 6

b) Noch vorhandene, jedoch **unverwertbare Massegegenstände** hindern die Durchführung der Schlussverteilung nicht, da hiervon eine Erhöhung des Barmittelbestandes nicht mehr zu erwarten ist.[5] Sollten sie sich später als werthaltig bzw. verwertbar herausstellen (was sowohl für Sachen als auch Rechte denkbar ist), können die daraus resultierenden Zuflüsse einer Nachtragsverteilung in entsprechender Anwendung des § 203 Abs. 1 Nr. 3 zugeführt werden. 7

c) Sind noch Massegegenstände vorhanden, die grundsätzlich verwertbar sind, deren **Verwertung** allerdings aus rechtlichen oder tatsächlichen Gründen erst **in ferner Zukunft** möglich sein wird, so kann im Schlusstermin gem. § 197 Abs. 1 S. 2 Nr. 3 die Nachtragsverteilung vorbehalten bleiben. 8

Ist der Insolvenzschuldner beispielsweise Inhaber von Werklohnforderungen, so ist häufig das Problem anzutreffen, dass die Schuldner bei ansonsten abgeschlossenem Insolvenzverfahren noch nicht zur vollständigen Zahlung verpflich- 9

---

[1] *Nerlich/Römermann/Westphal,* InsO, § 196 Rn. 2 mwN; HK-*Depré,* InsO § 196 Rn. 4.

[2] MünchKomm-*Füchsl/Weishäupl,* InsO § 196 Rn. 1.

[3] *Balz/Landfermann,* S. 439.

[4] BGBl. I 2001, S. 2710, 2712.

[5] *Gottwald/Eickmann,* InsHdb., § 65 Rn. 11; MünchKomm-*Füchsl/Weishäupl,* InsO § 196 Rn. 2.

tet sind, weil **Gewährleistungsfristen** noch nicht abgelaufen sind. Den Insolvenzgläubigern gegenüber ist es nicht zu vertreten, mit dem Abschluss des Verfahrens und der Schlussverteilung ggf. noch Jahre zu warten, bis die Gewährleistungsfristen abgelaufen sind und geklärt ist, ob und in welchem Umfang derartige Werklohnforderungen noch zur Masse fließen. In derartigen Fällen sollte im Schlusstermin die **Nachtragsverteilung** vorbehalten bleiben, die dann in entsprechender Anwendung der §§ 203–205 durchzuführen ist.

10 **d)** In gleicher Weise ist auch bei **anhängigen Aktivprozessen** zu verfahren, bei denen mit langjähriger Verfahrensdauer zu rechnen ist.[1] Der Insolvenzverwalter bleibt aktiv legitimiert und prozessführungsbefugt.[2] Er muss allerdings durch ausreichende Rückstellungen das Kostenrisiko absichern.[3]

11 **e)** Da auch der **Neuerwerb** des Schuldners zur Insolvenzmasse gehört, fließt bei natürlichen Personen deren Arbeitseinkommen im pfändbaren Umfang während der Dauer des Insolvenzverfahrens zur Masse.

12 Durch das **InsOÄndG 2001**[4] ist in Abs. 1 klarstellend ergänzt worden, dass weiterhin **zufließendes, pfändbares Arbeitseinkommen** keinen Hinderungsgrund zur Durchführung der Schlussverteilung darstellt. Ansonsten wäre in derartigen Fällen – da die Masse, solange der Schuldner Arbeitseinkommen erzielt, nie vollständig verwertet wäre – ein Abschluss des Verfahrens bei strenger Beachtung des Wortlauts nicht möglich.[5]

13 Nach Aufhebung des Insolvenzverfahrens steht das Arbeitseinkommen – soweit nicht ein Restschuldbefreiungsverfahren sich anschließt – den Insolvenzgläubigern als Vollstreckungsobjekt nach § 201 uneingeschränkt zur Verfügung. Es gilt dann allerdings wieder das Prioritätsprinzip. War eine Abtretung gem. § 114 wirksam, bleibt sie es bis zum Ablauf der Zweijahresfrist auch nach Aufhebung des Insolvenzverfahrens.

14 **f)** Anhängige **Feststellungsprozesse** nach §§ 179 ff. hindern die Durchführung der Schlussverteilung nicht, denn sie betreffen nicht die Verwertung der Insolvenzmasse. Die auf die streitigen Forderungen entfallenden Quoten sind gem. § 189 Abs. 2 bis zum Abschluss der Rechtsstreite zurückzubehalten und nach dem Schlusstermin gem. § 189 zu hinterlegen. Werden die Beträge später frei, ist gem. § 203 Abs. 1 Nr. 1 eine Nachtragsverteilung durchzuführen.

15 **g)** Der Insolvenzverwalter ist zur zeitnahen Durchführung der Schlussverteilung verpflichtet. Unterlässt er trotz Vorliegen der Voraussetzungen des § 196 die Schlussverteilung pflichtwidrig, so kann das Insolvenzgericht im Wege der Aufsicht nach § 58 gegen ihn vorgehen und ggf. nach vorheriger Androhung ein Zwangsgeld gegen ihn festsetzen (§ 58 Abs. 2). Darüber hinaus setzt sich der Insolvenzverwalter einem **Haftungsrisiko** nach § 60 aus, wenn er pflichtwidrig die Schlussverteilung verzögert, oder eine solche vornimmt, obgleich die Voraussetzungen dazu nicht gegeben sind.

---

[1] So auch *Kübler/Prütting/Bork/Holzer,* InsO, § 196 Rn. 6; *Uhlenbruck/ders.,* InsO, § 196 Rn. 5; aA: *Nerlich/Römermann/Westphal,* InsO, § 196 Rn. 10.

[2] RGZ 28, 68 ff., 69 f.; *Uhlenbruck/ders.,* InsO, § 196 Rn. 5.

[3] *Breutigam/Blersch/Goetsch/Breutigam,* InsO, § 196 Rn. 3; HK-*Depré,* InsO, § 196 Rn. 1.

[4] BGBl. I 2001, S. 2710, 2712.

[5] So tatsächlich das AG Düsseldorf ZInsO 2001, 572 f. m. krit. Anm. von *Haarmeyer.*

3. Durchführung der Schlussverteilung

16 Die Vorbereitung und Durchführung der Schlussverteilung ist ausschließliche **Aufgabe des Insolvenzverwalters** (§ 187 Abs. 3 S. 1). Er steht dabei unter der Aufsicht des Gerichts, die sich durch das Zustimmungserfordernis des Abs. 2 konkretisiert.

17 Die Schlussverteilung ist vom Insolvenzverwalter zu beantragen. Dem **Antrag** ist, wenn es dem Gericht noch nicht vorliegt, das Schlussverzeichnis nach § 188 und die Schlussrechnung nach § 66 beizufügen.

18 Das Insolvenzgericht überprüft das Vorliegen der Voraussetzungen der Schlussverteilung und, falls ein **Gläubigerausschuss** bestellt ist, ob dessen Zustimmung nach § 187 Abs. 3 S. 2 erteilt wurde. Da die Schlussrechnung gem. § 66 Abs. 2 S. 2 mit den Bemerkungen des Gläubigerausschusses niederzulegen ist, empfiehlt es sich für den Insolvenzverwalter, die Stellungnahme des Gläubigerausschusses zur Schlussrechnung und dessen Zustimmung zur Schlussverteilung vorab einzuholen und gemeinsam dem Insolvenzgericht vorzulegen.[1]

19 Des Weiteren hat das Insolvenzgericht die Rechtmäßigkeit der **Schlussrechnung** nach § 66 zu überprüfen. Eine Prüfungskompetenz hinsichtlich der Zweckmäßigkeit und Wirtschaftlichkeit der Abwicklung des Verfahrens kommt dem Insolvenzgericht hierbei jedoch nicht zu.[2] Bedenken hiergegen können von den Gläubigern im Schlusstermin nach § 197 Abs. 1 S. 2 Nr. 1 vorgebracht und erörtert werden.

20 Vor Durchführung der Schlussverteilung hat der Insolvenzverwalter das **Schlussverzeichnis** (§§ 197 Abs. 1 Nr. 2, 188) aufzustellen und dessen Niederlegung auf der Geschäftsstelle des Insolvenzgerichts zu veranlassen. Darüber hinaus hat er die Summe der berücksichtigten Insolvenzforderungen und den für die Schlussverteilung verfügbaren Betrag bekannt zu machen (§ 188).

21 In das **Schlussverzeichnis** sind **alle geprüften und festgestellten** Forderungen aufzunehmen. Nachträglich angemeldete Forderungen,[3] die noch nicht geprüft sind, können in das Schlussverzeichnis nicht aufgenommen werden. Werden solche Forderungen – wie in der Praxis häufig anzutreffen – im Schlusstermin geprüft und festgestellt, nehmen sie an der Schlussverteilung und etwaigen Nachtragsverteilungen gleichwohl nicht teil.[4] Solchen Forderungen kommt jedoch die Titulierungswirkung des § 201 Abs. 2 zu. Bestrittene, absonderungsberechtigte und aufschiebend bedingte Forderungen sind gem. §§ 189–191 zu berücksichtigen. Änderungen des Schlussverzeichnisses auf Grund der §§ 189,

---

[1] *Haarmeyer/Wutzke/Förster,* Hdb., Kap. 8 Rn. 42.

[2] *Nerlich/Römermann/Westphal,* InsO, § 196 Rn. 33.

[3] BGH NZI 2006, 401: Forderungen, die nach Niederlegung und Bekanntmachung des Schlussverzeichnisses angemeldet worden sind, können in das Schlussverzeichnis nicht mehr aufgenommen werden.

[4] Die unter Geltung der KO häufig geübte Praxis, keine besonderen Prüfungstermine anzuordnen, wenn der Gläubiger dies nicht förmlich beantragte, bzw. ihn nach „Belehrung" über die Kostentragungspflicht zur Rücknahme des Antrages unter Hinweis auf die Prüfung im Schlusstermin zu veranlassen, ist allenfalls bei einer (damals häufigen) Null-Quote vertretbar. Unter Geltung der InsO ist wegen der Beseitigung der Vorrechte in massezulänglichen Verfahren mit einer Quote zu rechnen und deswegen der Gläubiger anzuhalten, seine Forderung rechtzeitig prüfen zu lassen, soweit sie nicht ohnehin verspätet, d. h. nach Niederlegung des Schlussverzeichnisses, angemeldet worden war.

190 hat der Insolvenzverwalter binnen drei Tagen nach Ablauf der Ausschlussfrist des § 189 Abs. 1 zu veranlassen (§ 193).

4. Zustimmung des Insolvenzgerichts

22 Die Schlussverteilung darf nur mit **Zustimmung des Gerichts** vorgenommen werden. Sie ist vom Gericht zu erteilen, wenn die Schlussrechnung und das Schlussverzeichnis geprüft worden sind. Zwar wird in der abschließenden Gläubigerversammlung die Schlussrechnung erörtert und den Gläubigern Gelegenheit gegeben, Einwendungen gegen das Schlussverzeichnis zu erheben (§ 197 Abs. 1 S. 2 Nr. 1 und 2), dies entbindet das Gericht jedoch nicht von der Pflicht, vor Abschluss Rechnung und Verzeichnis zu prüfen und etwa bestehende Mängel mit dem Insolvenzverwalter zu klären.

23 Die Zustimmung des Insolvenzgerichts oder die Verweigerung der Zustimmung erfolgt durch **Beschluss.** Er ist dem Insolvenzverwalter von Amts wegen (§§ 166 ff. ZPO nF, i. V. m. § 4) zuzustellen. Neben dem Beschluss hat das Insolvenzgericht nach § 197 Abs. 1 sogleich einen Termin für eine abschließende Gläubigerversammlung festzulegen. Dieser Termin ist öffentlich bekannt zu machen.

24 Die Durchführung der Schlussverteilung obliegt dem Insolvenzverwalter, der dabei vom Insolvenzgericht überwacht wird. Zu diesem Zweck hat der Insolvenzverwalter nach Durchführung der Schlussverteilung einen **Schlussverteilungsbericht** vorzulegen, der Auskunft über den Massebestand vor und nach der Schlussverteilung, die auf Masseansprüche entfallenden Beträge im Zeitpunkt zwischen der Vorlage der Schlussrechnung und dem Beginn der Schlussverteilung, die für Masse und Insolvenzgläubiger zurückbehaltenen Beträge, die noch vorhandene Masse und eventuell noch ermittelte Massegegenstände gibt.[1]

25 Nimmt der Insolvenzverwalter die Schlussverteilung ohne die Zustimmung des Insolvenzgerichts vor, so ist die Verteilung nicht unwirksam. Der Insolvenzverwalter setzt sich jedoch dem Haftungsrisiko nach § 60 aus.[2]

5. Rechtsmittel

26 Der Beschluss des Insolvenzgerichts kann mit der sofortigen Erinnerung nach § 11 Abs. 2 S. 1 RPflG angefochten werden, wenn die Entscheidung durch den Rechtspfleger erfolgt. Entscheidet hingegen der Richter selbst, so scheidet sowohl für den Fall der Ablehnung als auch den Fall der Zustimmung eine Beschwerdemöglichkeit nach § 6 aus.

27 In Ausnahmefällen ist allerdings der Widerruf der Zustimmung zur Schlussverteilung möglich, wenn zwingende Gründe des Gemeinwohls der Gläubiger dies erfordern. Dies ist der Fall, wenn verwertbare Massegegenstände noch in solch einem Umfang vorhanden sind, dass eine einfache Nachtragsverteilung unangebracht erscheint.[3]

---

[1] *Kübler/Prütting/Bork/Holzer,* InsO, § 196 Rn. 24; *Haarmeyer/Wutzke/Förster,* Hdb., Kap. 8 Rn. 94 ff.

[2] *Haarmeyer/Wutzke/Förster,* Hdb., Kap. 8 Rn. 42; *Uhlenbruck/ders.,* InsO, § 196 Rn. 15.

[3] *Jaeger/Weber,* KO, § 161 Rn. 9; *Uhlenbruck/ders.,* InsO, § 196 Rn. 12; MünchKomm-*Füchsl/Weishäupl,* InsO § 196 Rn. 6 ff.; *Breutigam/Blersch/Goetsch/Breutigam,* InsO, § 196 Rn. 15; AG Düsseldorf NZI 2006, 411.

6. Insolvenz der Genossenschaft und des Versicherungsvereins auf Gegenseitigkeit

Stellt sich im Insolvenzverfahren über das Vermögen einer eingetragenen Erwerbs- oder Wirtschaftsgenossenschaft beim Vollzug der Schlussverteilung heraus, dass ein Fehlbetrag verbleibt, so hat der Insolvenzverwalter schriftlich gegenüber dem Insolvenzgericht festzustellen, ob und in welcher Höhe dies der Fall ist und inwieweit dieser Fehlbetrag durch die bereits geleisteten Nachschüsse gedeckt ist. Die Feststellung des Insolvenzverwalters ist auf der Geschäftsstelle des Insolvenzgerichtes niederzulegen (§ 114 Abs. 1 S. 1 und 2 GenG). Verbleibt ein ungedeckter Fehlbetrag und besteht eine Nachschusspflicht der Genossen (§ 105 GenG), sind die Nachschüsse einzufordern und im Wege der Nachtragsverteilung an die Gläubiger zu verteilen[1] (§§ 114 Abs. 2, 3; 115 Abs. 1 GenG). 28

Im Insolvenzverfahren über das Vermögen eines Versicherungsvereins auf Gegenseitigkeit gelten diese Regelungen sinngemäß (§ 52 Abs. 2 S. 1 und 2 VAG). 29

7. Praxishinweis

Von einzelnen Insolvenzgerichten ist dem Insolvenzverwalter bei Abschluss des Verfahrens natürlicher Personen und Genehmigung der Schlussverteilung aufgegeben worden, eine Rückstellung für die im Restschuldbefreiungsverfahren voraussichtlich entstehenden Kosten zu bilden.[2] Für die Bildung einer derartigen Rückstellung fehlt es allerdings an einer gesetzlichen Grundlage. Wie das Landgericht Kleve[3] zurecht feststellt, ist die im Hauptverfahren erwirtschaftete Insolvenzmasse im Rahmen der Schlussverteilung vollständig auszukehren. Eine Rückstellung für Kosten, die nicht im Zusammenhang mit der Abwicklung des Hauptverfahrens stehen – wie beispielsweise die Führung eines die Masse betreffenden Rechtsstreits oder die Abgabe von Steuererklärungen – ist unzulässig. Sie kann zur Haftung des Insolvenzverwalters führen. 30

§ 197 Schlußtermin

(1) **Bei der Zustimmung zur Schlußverteilung bestimmt das Insolvenzgericht den Termin für eine abschließende Gläubigerversammlung. Dieser Termin dient**

1. **zur Erörterung der Schlußrechnung des Insolvenzverwalters,**
2. **zur Erhebung von Einwendungen gegen das Schlußverzeichnis und**
3. **zur Entscheidung der Gläubiger über die nicht verwertbaren Gegenstände der Insolvenzmasse.**

(2) **Zwischen der öffentlichen Bekanntmachung des Termins und dem Termin soll eine Frist von mindestens einem Monat und höchstens zwei Monaten liegen.**

---

[1] *Uhlenbruck/ders.*, InsO, § 196 Rn. 17 mwN.

[2] AG Duisburg NZI 2003, 508; LG Duisburg vom 23. 12. 2004 (7 T 282/04); LG Essen vom 19. 7. 2005 (16 aT 40/05).

[3] LG Kleve ZInsO 2006, 1002.

(3) **Für die Entscheidung des Gerichts über Einwendungen eines Gläubigers gilt § 194 Abs. 2 und 3 entsprechend.**

Übersicht

1. Normzweck

1 Der Schlusstermin stellt die **letzte Gläubigerversammlung** vor Ende des Insolvenzverfahrens dar. Er dient grundsätzlich der Erörterung und Abnahme der Schlussrechnung nach § 66 sowie der Erhebung von Einwendungen gegen das Schlussverzeichnis nach § 188. Außerdem wird endgültig darüber entschieden, was mit solchen massezugehörigen Gegenständen zu geschehen hat, die unverwertbar sind.

2 Die Vorschrift entspricht inhaltlich § 162 KO. Sie wurde zunächst unverändert von § 223 RegE übernommen.[1] Durch das EGInsOÄndG vom 19. Dezember 1998[2] wurde die Frist in Abs. 2 verlängert.

2. Anberaumung des Schlusstermins

3 Das Insolvenzgericht erteilt die **Zustimmung zur Schlussverteilung** gem. § 196 Abs. 2 und bestimmt gleichzeitig den Schlusstermin. Hierfür ist die Vorlage und **Prüfung von Schlussbericht und Schlussrechnung** des Insolvenzverwalters nicht zwingend erforderlich, gem. § 66 Abs. 2 S. 3 muss die Auslagefrist mindestens eine Woche vor dem Schlusstermin beginnen. Gleichwohl wird in der Praxis das Insolvenzgericht in der Regel einen Schlusstermin erst anberaumen und die Zustimmung zur Schlussverteilung erteilen, wenn es selbst Schlussrechnung (§ 66) und Schlussverzeichnis (§ 188) geprüft hat.[3]

4 Der Schlusstermin darf frühestens einen Monat und muss spätestens zwei Monate nach der für die Schlussverteilung geltenden öffentlichen Bekanntmachung gem. § 188 stattfinden (Abs. 2).

5 Der Termin ist öffentlich bekannt zu machen (§ 74 Abs. 2). Hierzu genügt die Veröffentlichung von Zeit, Ort und Tagesordnungspunkten im Internet (§ 9). Eine gesonderte Ladung der Gläubiger ist entbehrlich, die öffentliche Bekanntmachung ist hierzu ausreichend.

---

[1] *Balz/Landfermann,* S. 439.
[2] BGBl. I 1998, S. 3836.
[3] *Uhlenbruck/ders.,* InsO, § 197 Rn. 2.

3. Durchführung des Schlusstermins

Der Schlusstermin ist auf Grund seiner Wichtigkeit **zwingend vom Insolvenzverwalter persönlich** wahrzunehmen, er kann sich nicht vertreten lassen.[1] Im Falle seiner Verhinderung ist der Termin zu vertagen. 6

Der Schlusstermin dient insbesondere der 7

- **Erörterung der Schlussrechnung des Insolvenzverwalters,**
- der Erhebung von **Einwendungen gegen das Schlussverzeichnis** und
- der Entscheidung der Gläubiger über die **nicht verwertbaren Gegenstände** der Insolvenzmasse sowie
- der Anhörung der Insolvenzgläubiger und des Insolvenzverwalters zu einem **Antrag des Schuldners auf Restschuldbefreiung** (§ 289 Abs. 1).

Die Leitung des Schlusstermins obliegt dem Richter oder dem Rechtspfleger. Nach § 4 gelten hierbei die entsprechenden Verfahrensregeln der ZPO (§§ 136–144, 156). 8

Der Schlusstermin kann mit einem Termin zur Prüfung nachträglich angemeldeter Forderungen (§ 177 Abs. 1) verbunden werden. Da allerdings erst im Schlusstermin festgestellte Forderungen nicht in das Schlussverzeichnis aufgenommen werden können und demgemäß bei der Schlussverteilung auch nicht berücksichtigt werden, empfiehlt sich ein besonderer Prüfungstermin[2] oder die vorherige Prüfung im schriftlichen Verfahren. 9

4. Erörterung der Schlussrechnung

Nach § 66 Abs. 1 hat der Insolvenzverwalter bei Beendigung seines Amtes einer Gläubigerversammlung Rechnung zu legen. Vor der Gläubigerversammlung wird die **Schlussrechnung des Insolvenzverwalters** durch das Insolvenzgericht geprüft. Es legt die Schlussrechnung mit den Belegen, mit einem Vermerk über die Prüfung und, wenn ein Gläubigerausschuss bestellt ist, mit dessen Bemerkungen zur Einsicht der Beteiligten aus.[3] Dies dient der umfassenden **Information der Gläubiger** über den Ablauf des Insolvenzverfahrens und über vorgenommene Maßnahmen des Insolvenzverwalters in diesem Verfahren. In der Regel reicht die Schlussrechnung hierzu aus. Die Gläubiger haben jedoch die Möglichkeit, in der abschließenden Gläubigerversammlung einzelne Punkte der Schlussrechnung mit dem Insolvenzverwalter zu erörtern (Abs. 1 S. 2 Nr. 1) und näheren Aufschluss darüber zu erlangen. 10

Die Regelung des § 86 S. 4 KO ist von der InsO nicht übernommen worden. Damit tritt ein **Anerkenntnis der Schlussrechnung** nicht mehr automatisch dadurch ein, dass im Termin keine Einwendungen erhoben werden. Werden gegen das Schlussverzeichnis keine Einwendungen erhoben, hat dies jedoch zur Folge, dass der Gläubiger endgültig mit seiner Forderung ausgeschlossen ist und bei einer Verteilung nicht mehr berücksichtigt wird. 11

Ist ein Gläubiger der Ansicht, durch eine pflichtwidrige Verwaltermaßnahme geschädigt worden zu sein, so hat er außerhalb des Insolvenzverfahrens eine 12

---

[1] *Jaeger/Weber,* KO, § 162 Rn. 1; *Nerlich/Römermann/Westphal,* InsO, § 197 Rn. 2; *Uhlenbruck/ders.,* InsO, § 197 Rn. 1.

[2] *Uhlenbruck/ders.,* InsO, § 197 Rn. 1; OLG Köln ZIP 1992, 949 m. Anm. *Mohrbutter;* vgl. auch § 196 Rn. 21.

[3] Vgl. hierzu die Kommentierung des § 66.

Schadensersatzklage gegen den Insolvenzverwalter zu erheben.[1] Hierfür ist sachlich zuständig nicht das Insolvenzgericht, sondern das Prozessgericht.[2] Eine endgültige Entlastung des Insolvenzverwalters tritt erst mit Ablauf der in § 62 geregelten Frist ein.

5. Einwendungen gegen das Schlussverzeichnis

13 Einwendungen gegen das Schlussverzeichnis sind **mündlich** in der Gläubigerversammlung vorzutragen. Schriftliche Einwendungen oder mündliche Einwendungen zu Protokoll der Geschäftsstelle des Insolvenzgerichts sind zur Vorbereitung möglich, entbinden den Gläubiger aber nicht von der Pflicht, diese im Termin mündlich vorzutragen, andernfalls der Gläubiger mit ihnen nicht gehört wird.[3]

14 Die Ausschlussfrist des § 194 Abs. 1 für Einwendungen gegen das Verteilungsverzeichnis gilt anders als bei Abschlagsverteilungen nicht, die Einwendungen sind aber im Schlusstermin zu erheben. **Einwendungsberechtigt** sind die Insolvenzgläubiger, die ihre Forderung zur Tabelle angemeldet haben, unabhängig davon, ob die Forderungen bereits geprüft oder anerkannt worden sind. Auch Gläubiger, die ihre Forderung erst im Schlusstermin angemeldet haben, sind einwendungsberechtigt.[4]

15 Das Insolvenzgericht entscheidet über die Einwendungen noch in der Gläubigerversammlung durch **Beschluss** unter Berücksichtigung des Abs. 3. Insofern ist hinsichtlich der Zustellung, Niederlegung und Beschwerde § 194 Abs. 2 und 3 anzuwenden.

16 Versäumt ein Gläubiger die Erhebung von Einwendungen gegen das Verteilungsverzeichnis im Schlusstermin, so ist er mit seiner Forderung im Insolvenzverfahren – auch hinsichtlich einer eventuellen Nachtragsverteilung – **ausgeschlossen** und wird nicht mehr berücksichtigt. Versäumt er die Teilnahme am Schlusstermin überhaupt, so ist eine Wiedereinsetzung unzulässig.[5] Einen bereicherungsrechtlichen Anspruch gegen die Gläubiger, die durch das unvollständige Schlussverzeichnis begünstigt sind, lehnt die hM zu Recht ab.[6] Dem Gläubiger bleibt es aber unbenommen, nach Abschluss des Verfahrens seine Forderung gegen den Schuldner, vorbehaltlich einer Restschuldbefreiung nach §§ 286 f., geltend zu machen (§ 201 Abs. 1).

17 Da die verabsäumte Einwendung gegen das Verzeichnis **kein Anerkenntnis** der Vollständigkeit und Richtigkeit des Schlussverzeichnisses darstellt, bleibt dem Gläubiger im Übrigen auch die Möglichkeit einer Schadensersatzklage gegen den Insolvenzverwalter anzustrengen, wenn Anhaltspunkte für ein schuldhaftes Unterlassen der Aufnahme der Forderung in das Verzeichnis i. S. v. § 60 vorliegen. Ein mitwirkendes Verschulden i. S. v. § 254 BGB hat sich der Gläubiger anrechnen zu lassen.[7]

---

[1] *Jaeger/Weber,* KO, § 162 Rn. 3.

[2] AG Duisburg NZI 2006, 112; FK-*Kind,* InsO, § 66 Rn. 26.

[3] *Nerlich/Römermann/Westphal,* InsO, § 197 Rn. 8; *Uhlenbruck/ders.,* InsO, § 197 Rn. 4; AG Krefeld NZI 2001, 45.

[4] BGH NZI 2007, 401.

[5] *Uhlenbruck/ders.,* InsO, § 197 Rn. 7; MünchKomm-*Füchsl/Weishäupl,* InsO § 197 Rn. 6.

[6] BGHZ 91, 198 ff.; *Nerlich/Römermann/Westphal,* InsO, § 197 Rn. 9.

[7] RGZ 87, 151; *Breutigam/Blersch/Goetsch/Breutigam,* InsO, § 197 Rn. 18.

6. Entscheidung über nicht verwertbare Gegenstände

Die Verlegung der Entscheidung über die Verwendung nichtverwertbarer Massegegenstände in den Schlusstermin (Abs. 1, S. 2, Nr. 3) soll den Insolvenzverwalter von den möglichen Haftungsfolgen der Freigabe entlasten.[1] Die Gläubigerversammlung kann beschließen, dass bestimmte unverwertbare Gegenstände einzelnen Gläubigern gegen Zahlung eines angemessenen Entgeltes oder auch unentgeltlich überlassen werden. Kommt es zu keinem Verwendungsbeschluss durch die Gläubigerversammlung, ist der Gegenstand an den Schuldner herauszugeben.[2] 18

Handelt es sich um einen Vermögensgegenstand, der zwar nicht grundsätzlich 19 unverwertbar, **in absehbarer Zeit aber nicht zu verwerten** ist – zu denken ist beispielsweise an Forderungen in Bauinsolvenzen, die erst nach Ablauf der Gewährleistungsfrist ggf. realisierbar sind – kann die Gläubigerversammlung die zukünftige Realisierung durch den Insolvenzverwalter beschließen. Eine endgültige Freigabe erfolgt dann nicht, vielmehr ist durch das Insolvenzgericht die **Nachtragsverteilung** für diese Vermögensgegenstände anzuordnen, wodurch der Verwalter weiterhin verfügungsbefugt bleibt. Nicht verwertbare Gegenstände in diesem Sinne sind zur Insolvenzmasse zählende Vermögensgegenstände, die aus rechtlichen oder tatsächlichen Gründen derzeit nicht verwertbar sind, bei denen aber eine generelle Realisierbarkeit nicht ausgeschlossen werden kann. Gleiches gilt auch für Gegenstände, die der Verwalter zunächst für nicht verwertbar hielt und deswegen nicht zur Masse gezogen hat,[3] oder deren Verwertung versehentlich unterblieben war.[4]

7. Antrag auf Restschuldbefreiung und Insolvenzplan

Soweit § 197 den Inhalt des Schlusstermins festlegt, wird er durch § 289 20 Abs. 1 S. 1 ergänzt, der für den Fall eines **Antrags des Schuldners auf Restschuldbefreiung** vorschreibt, dass die Insolvenzgläubiger und der Insolvenzverwalter oder der Treuhänder im vereinfachten Verfahren im Schlusstermin zu dem Antrag zu hören sind.[5] Verzichtet das Insolvenzgericht auf die Durchführung eines mündlichen Schlusstermins und ordnet stattdessen die Durchführung eines Schlusstermins im schriftlichen Verfahren an, muss ein Versagungsantrag innerhalb der vom Gericht gesetzten Frist gestellt werden. Ein vor Anordnung des Schlusstermins gestellter Versagungsantrag wäre in einem solchen Falle wirkungslos.[6]

Aus § 218 Abs. 1 S. 3 folgt, dass ein **Insolvenzplan** noch im Schlusstermin 21 vorgelegt werden kann. Ein Plan, der erst nach dem Schlusstermin bei Gericht eingeht, wird nicht berücksichtigt. Ein Plan, der noch im Schlusstermin eingereicht wird, ist hingegen im Verfahren zu berücksichtigen.[7]

---

[1] *Uhlenbruck/ders.,* InsO, § 197 Rn. 8.
[2] *Kilger/K. Schmidt,* KO, § 162 Anm. 1. c); HambKomm-*Preß,* InsO, § 197 Rn. 14.
[3] BGH ZInsO 2006, 105.
[4] BGH WM 2008, 305.
[5] *Balz/Landfermann,* S. 439.
[6] LG Mönchengladbach NZI 2004, 514.
[7] *Braun/Uhlenbruck,* Unternehmensinsolvenz, S. 472 f.; *Nerlich/Römermann/Braun,* InsO, § 218 Rn. 53.

8. Fristen

22 Nach Abs. 2 ist zwischen der öffentlichen Bekanntmachung des Termins und dem Termin selbst eine Frist von mindestens einem Monat und höchstens zwei Monaten einzuhalten. Dieser Zeitraum stellt sicher, dass die Ausschlussfrist nach § 189 Abs. 1 eingehalten wird.

9. Rechtsmittel

23 Das Insolvenzgericht entscheidet über die Einwendungen gegen die Schlussrechnung oder gegen das Schlussverzeichnis durch Beschluss, der im Termin verkündet oder schriftlich abgesetzt wird. Dieser Beschluss ist nach Abs. 3 i. V. m. § 194 Abs. 2, S. 2 vom Gläubiger mit der **sofortigen Beschwerde** anfechtbar. Dem Schuldner stehen bei Erhebung von Einwendungen hingegen keine Rechtsmittel zu, da die Verweisung des Abs. 3 nur für Gläubiger gilt.

24 Ordnet das Gericht im Schlusstermin die Berichtigung des Verteilungsverzeichnisses durch sofort verkündeten Beschluss an, so ist diese Entscheidung auf der Geschäftsstelle des Insolvenzgerichts niederzulegen. Nach § 194 Abs. 3 S. 2 steht dem Insolvenzverwalter und den Insolvenzgläubigern gegen diesen Beschluss die sofortige Beschwerde zu.

10. Praxishinweis

25 Das Gläubigerinteresse an der Teilnahme am Schlusstermin ist in der Regel eher gering. Dies ist zum einen darauf zurückzuführen, dass Gläubiger, die während der Abwicklung des Verfahrens ausreichend informiert worden sind, keine Notwendigkeit sehen, an diesem Termin ebenfalls noch teilzunehmen.

26 Gläubiger, die Forderungen verspätet angemeldet haben und deren Forderungen erst im Schlusstermin geprüft werden, müssen allerdings erkennen, dass auch für den Fall der Feststellung der Forderung zur Tabelle diese nicht ins Schlussverzeichnis aufgenommen werden und daher weder an der Schlussverteilung noch an einer etwaigen Nachtragsverteilung oder einer Ausschüttung durch den Treuhänder im Restschuldbefreiungsverfahren teilnehmen.[1] Wenn sie diese Rechtsfolge vermeiden wollen, müssen auf einem nachträglichen Prüftermin bestehen.

27 Sind die Forderungen allerdings nach Ablauf der Ausschlussfrist des § 189 erst angemeldet worden, sind diese Gläubiger endgültig ausgeschlossen. Ihnen bleibt bei festgestellter Forderung dann lediglich die Vollstreckung gegen den Schuldner nach Abschluss des Insolvenzverfahrens, soweit nicht die Restschuldbefreiung entgegensteht.

§ 198 Hinterlegung zurückbehaltener Beträge

Beträge, die bei der Schlußverteilung zurückzubehalten sind, hat der Insolvenzverwalter für Rechnung der Beteiligten bei einer geeigneten Stelle zu hinterlegen.

---

[1] BGH NZI 2007, 401.

1. Normzweck

Sind Klagen, mit denen die Feststellung einer angemeldeten und bestrittenen Forderung zur Tabelle erstritten werden soll, noch nicht rechtskräftig beendet oder ist eine nicht gänzlich fern liegende, aufschiebende Bedingung noch nicht eingetreten, soll der Insolvenzverwalter das Insolvenzverfahren gleichwohl abschließen können. Den betreffenden Gläubigern droht hierdurch kein Nachteil, da sie in Höhe der ihnen zustehenden Quote durch den angeordneten Zurückbehalt gesichert sind. Die zurückzubehaltenden Anteile sollen hinterlegt werden. 1

Die Vorschrift entspricht im Wesentlichen § 169 KO. Sie wurde fast unverändert von § 226 RegE übernommen.[1] 2

2. Hinterlegung

Die Hinterlegung hat stattzufinden, wenn Gläubiger bestrittener Forderungen den Nachweis nach § 189 Abs. 1 rechtzeitig führen (§ 189 Abs. 2), oder wenn bei aufschiebend bedingten Forderungen zum Zeitpunkt der Schlussverteilung die Bedingung noch nicht eingetreten ist (§ 191). Die Vorschrift ist entsprechend anwendbar für streitige Masseverbindlichkeiten, die vom Insolvenzverwalter nicht anerkannt und daher nicht ausbezahlt worden sind. 3

Handelt es sich um einen der oben genannten Fälle nach §§ 189 Abs. 2 und 191, so bestimmt sich die **Hinterlegung** ausschließlich **nach insolvenzrechtlichen Regelungen.** In diesen Fällen erfolgt die Hinterlegung nämlich nicht zum Zwecke der Schuldbefreiung, sondern lediglich zur sicheren Aufbewahrung der Beträge, da noch nicht sicher ist, wem die Forderung zusteht. Die hinterlegten Beträge unterliegen nach wie vor dem Insolvenzbeschlag und müssen, falls sie frei werden, der Nachtragsverteilung (§ 203) zur Verfügung stehen. Die Kosten der Hinterlegung trägt der jeweils Begünstigte, also entweder die Masse oder der entsprechende Gläubiger. Nach Ansicht des Gesetzgebers ist es in diesen Fällen, in denen es zu einer Rückführung der hinterlegten Beträge zur Masse kommen kann daher auch gerechtfertigt, eine andere als die amtliche Hinterlegungsstelle nach § 372 BGB zu wählen, wenn sie hierzu geeignet ist, dies ist bspw. auch ein Sonderanderkonto des Insolvenzverwalters.[2] 4

Werden allerdings Beträge deshalb hinterlegt, weil sie von den berechtigten Gläubigern, die dem Insolvenzverwalter unbekannt sind, nicht erhoben werden, so richtet sich die **Hinterlegung nach §§ 372 ff. BGB.** Ein Gläubiger, der den ihm zustehenden Betrag nicht bis zur Schlussverteilung erhebt, befindet sich in Annahmeverzug. Der Insolvenzverwalter ist daher berechtigt, den entsprechenden Betrag unter Verzicht der Rücknahme mit schuldbefreiender Wirkung auf Kosten des Gläubigers zu hinterlegen.[3] Diese Hinterlegung hat in diesem Fall zwingend bei der amtlichen Hinterlegungsstelle zu erfolgen. Die Hinterlegung muss, damit die Insolvenzmasse befreit wird, unter Verzicht auf das Recht der Rücknahme (§§ 376, 378 BGB) erfolgen.[4] 5

---

[1] *Balz/Landfermann,* S. 440.
[2] HK-*Depré,* InsO, § 198 Rn. 1.
[3] *Uhlenbruck/ders.,* InsO, § 198 Rn. 5.
[4] HK-*Depré,* InsO, § 198 Rn. 2.

6 Mit Änderungsgesetz vom 19. 12. 1998[1] wurde zudem das **Zustimmungserfordernis** des Insolvenzgerichts aus der Vorschrift ersatzlos gestrichen. Mit der Streichung des Zustimmungserfordernisses soll eine Belastung des Insolvenzgerichts durch unnötige Verfahrensschritte verhindert werden. Die Interessen der Gläubiger, zu deren Gunsten die Hinterlegung erfolgt, sind durch die Haftungsmöglichkeit des Verwalters nach § 60 hinreichend geschützt.[2]

3. Praxishinweis

7 Der Bundesgerichtshof hat in seiner Entscheidung vom 7. April 2005[3] klargestellt, dass der Insolvenzverwalter zur Verwertung einer an den Gesellschafter/Geschäftsführer verpfändeten Rückdeckungsversicherung mit widerruflichem Bezugsrecht berechtigt ist. Der Anspruch aus der Versorgungszusage stellt eine aufschiebend bedingte Forderung dar, so dass die auf sie entfallende Quote bei der Schlussverteilung gem. § 191 zurückbehalten und gem. § 198 zu hinterlegen ist.

8 Liegt eine wirksame Verpfändung vor, hat der Versorgungsberechtigte ein Sicherstellungsrecht seiner aufschiebend bedingten Forderungen – nicht nur der Quote – an dem vom Insolvenzverwalter durch Kündigung eingezogenen Rückkaufswert, der daher in vollem Umfange zu hinterlegen ist. Stellt sich im Zuge der Abwicklung heraus, dass die hinterlegten Beträge nicht vollständig benötigt werden, werden sie über die Nachtragsverteilung an die Gläubiger verteilt.

9 Die Vorschrift kann auf streitige Masseverbindlichkeiten entsprechend angewandt werden, wenn der Insolvenzverwalter diese nicht anerkannt und daher nicht ausbezahlt hat. Werden diese Beträge später frei, entweder weil entsprechende Zahlungsklagen rechtskräftig abgewiesen worden sind oder ggf. die Ansprüche mangels gerichtlicher Geltendmachung verjährt sind, kann der vom Verwalter zurückbehaltene Betrag im Wege der Nachtragsverteilung ausgeschüttet werden.

10 Allerdings ist der Insolvenzverwalter nicht verpflichtet, derartige Beträge zu hinterlegen.[4] Er kann vielmehr die gesamte Masse ausschütten und das Risiko auf sich nehmen, dass er von Massegläubigern doch noch in Anspruch genommen werden kann.

§ 199 Überschuß bei der Schlußverteilung

Können bei der Schlußverteilung die Forderungen aller Insolvenzgläubiger in voller Höhe berichtigt werden, so hat der Insolvenzverwalter einen verbleibenden Überschuß dem Schuldner herauszugeben. Ist der Schuldner keine natürliche Person, so hat der Verwalter jeder am Schuldner beteiligten Person den Teil des Überschusses herauszugeben, der ihr bei einer Abwicklung außerhalb des Insolvenzverfahrens zustünde.

---

[1] BGBl. I 1998, S. 3836.
[2] *Balz/Landfermann,* S. 441.
[3] NZI 2005, 384 f.
[4] AG Tempelhof-Kreuzberg ZVI 2007, 479.

1. Normzweck

Die neu eingeführte Vorschrift regelt den praktisch seltenen Fall, dass nach Beendigung des Insolvenzverfahrens noch ein Überschuss verbleibt. Dieser steht dem Schuldner zu. Unter der Geltung der KO hat es eine solche Vorschrift nicht gegeben. Auch ohne eine konkrete Regelung war ein verbleibender Überschuss an den Gemeinschuldner auszukehren, der durch das Konkursverfahren schließlich nicht das Eigentum an den Gegenständen der Insolvenzmasse verloren hat, sondern nur die Befugnis, darüber zu verfügen. Die Vorschrift hat daher zumindest **in S. 1 lediglich klarstellenden Charakter.** 1

Die Hauptbedeutung ist daher in S. 2 der Vorschrift zu sehen. Verbleibt ein Überschuss im Insolvenzverfahren einer juristischen Person oder einer Gesellschaft, so hat der Insolvenzverwalter auch für die Verteilung des Überschusses an die einzelnen Beteiligten zu sorgen. Auf diese Weise wird vermieden, dass sich dem Insolvenzverfahren noch eine gesellschaftsrechtliche Liquidation anschließen muss.[1] 2

Die Vorschrift übernimmt § 227 RegE unverändert.[2] 3

2. Überschuss bei der Schlussverteilung

Die Vorschrift bezieht sich auf den Überschuss an Barmitteln nach vollzogener Schlussverteilung. Es kommt dabei nicht auf die **vollständige Befriedigung** aller Insolvenzgläubiger an, sondern auf die Befriedigung der bei der Schlussverteilung zu berücksichtigenden, d. h. **der im endgültigen Schlussverzeichnis aufgeführten Insolvenzgläubiger.** Die Forderung dieser Gläubiger müssen in voller Höhe mit der Schlussverteilung befriedigt worden sein. Auszuzahlende, aber nicht abgeholte Anteile müssen gem. § 372 BGB, Anteile, die bei der Schlussverteilung zurückzubehalten waren, gem. § 198 hinterlegt worden sein. Nachträglich, nach Ende des Schlusstermins, bekannt gewordene Masseverbindlichkeiten sind vorweg aus dem Überschuss zu befriedigen (§ 206 Nr. 2). 4

Inzident vorausgesetzt wird allerdings auch eine vollständige Verwertung der vom Insolvenzbeschlag erfassten Vermögensgegenstände, auch wenn sie zur Erfüllung der Insolvenzforderungen nicht mehr benötigt werden. Eine vollständige Liquidation der Gesellschaft ist nur dann möglich, wenn auch die Aktivseite vollständig liquidiert worden ist.[3] Etwas anderes gilt jedoch für den Anspruch aus § 93, wenn er bei seiner Realisierung lediglich dazu führen würde, dass der geltend gemachte Betrag wieder an den Gesellschafter auszukehren wäre. Nach allgemeiner – zutreffender – Auffassung ist der Verwalter im Insolvenzverfahren über das Vermögen einer Personengesellschaft nach § 242 BGB (dolo agit-Einwand) gehindert, die persönliche Haftung des Gesellschafters über § 93 in einer Höhe geltend zu machen, die über den zur Gläubigerbefriedigung erforderlichen Betrag hinausgeht.[4] 5

---

[1] Damit erfüllt der Gesetzgeber eine langjährige Forderung *Karsten Schmidts*, vgl. insbesondere *K. Schmidt,* in Kölner Schrift, S. 1199 ff., 1207 ff. Rn. 14 ff.

[2] *Balz/Landfermann,* S. 441.

[3] Vgl. hierzu *Schlinker,* ZIP 2007, 1937.

[4] OLG Hamm NZI 2007, 584 mwN.

3. Herausgabe des Überschusses

6 Handelt es sich beim Schuldner um eine natürliche Person, ist der Überschuss an ihn herauszugeben. Ist der Schuldner eine juristische Person, insbesondere eine Gesellschaft, wäre der Überschuss an den Liquidator, der durch die Eröffnung des Insolvenzverfahrens aufgelösten Gesellschaft herauszugeben. Eine solche **doppelte Liquidation** wollte der Gesetzgeber vermeiden. Durch das Insolvenzverfahren soll das Vermögen des Schuldners vollständig abgewickelt werden, so dass nach der Durchführung des Insolvenzverfahrens über das Vermögen einer Gesellschaft kein Gesellschaftsvermögen mehr vorhanden und die Löschung im Handelsregister von Amts wegen vorzunehmen ist (§ 141 a FGG).

7 Der Insolvenzverwalter hat den Überschuss jeweils der am Schuldner beteiligten Person anteilig herauszugeben, so als ob eine Liquidation nach Aufhebung des Insolvenzverfahrens durchzuführen wäre. Dabei ist auf die für die Liquidation der Gesellschaft geltenden gesetzlichen Bestimmungen[1] und ergänzend die vertraglichen Vereinbarungen abzustellen.

8 Der Insolvenzverwalter hat dabei die steuerrechtlichen Erfordernisse zu berücksichtigen, insbesondere die bei Ausschüttung an Gesellschafter entstehende Körperschaftsteuer zu erklären und ggf. abzuführen.

9 Die Verteilung des Überschusses zählt noch zu den Aufgaben des Insolvenzverwalters, er steht daher weiterhin unter der Aufsicht des Insolvenzgerichts und haftet bei schuldhafter Nichterfüllung der ihm gegenüber dem Schuldner bzw. der an ihm beteiligten Personen obliegenden Pflichten gem. § 60 auf Schadensersatz.

4. Praxishinweis

10 Auch wenn die Ausschüttung einer 100%-Quote an die Gläubiger eher selten ist, kann die Ausschüttung an die Gesellschafter einer GmbH steuerliche Haftungsrisiken für den Insolvenzverwalter mit sich bringen. Er muss daher berücksichtigen, dass bei Ausschüttung an Gesellschafter auch für die Gesellschaft steuerliche Implikationen zu beachten sind und insbesondere auch für den Zeitraum nach Abschluss des Insolvenzverfahrens noch Steuererklärungen abgegeben werden müssen. Die hierfür notwendigen Kosten sind aus den noch vorhandenen Mitteln zu decken.

11 Die Durchführung der Liquidation der Gesellschaft und die Ausschüttung des Übererlöses an die Gesellschafter rechtfertigt eine Vergütungserhöhung, da sie außerhalb der üblichen Abwicklungstätigkeiten liegt.

§ 200 Aufhebung des Insolvenzverfahrens

(1) **Sobald die Schlußverteilung vollzogen ist, beschließt das Insolvenzgericht die Aufhebung des Insolvenzverfahrens.**

(2) **Der Beschluß und der Grund der Aufhebung sind öffentlich bekanntzumachen. Die §§ 31–33 gelten entsprechend.**

---

[1] Für die Aktiengesellschaft § 271 AktG, für die GmbH § 72 GmbHG, für die OHG/KG § 155 HGB und für die GbR § 734 BGB.

Übersicht

1. Normzweck

Die Vorschrift regelt wie zuvor § 163 KO die **Voraussetzungen** und den **Zeitpunkt** der **Verfahrensaufhebung** sowie die entsprechend vorzunehmenden **Veröffentlichungen** des Aufhebungsbeschlusses. In Abweichung von § 163 Abs. 1 S. 1 KO sieht Abs. 1 der Vorschrift jedoch vor, dass die Aufhebung des Insolvenzverfahrens nicht schon dann ausgesprochen wird, wenn der Schlusstermin abgehalten worden ist, sondern erst nach dem Vollzug der Schlussverteilung, da das Amt des Insolvenzverwalters und die Aufsichtspflicht des Gerichts während der Schlussverteilung noch andauern.[1] 1

Die Regelungen in Abs. 2 über die Bekanntmachung der Aufhebung des Verfahrens entsprechen § 163 Abs. 2 und 3 KO. 2

Die Vorschrift wurde im Wesentlichen aus § 228 RegE übernommen. Abweichend vom RegE wurde noch die auszugsweise Bekanntmachung der Aufhebung des Insolvenzverfahrens im Bundesanzeiger in den Gesetzestext aufgenommen, um eine umfassende Unterrichtung des Geschäftsverkehrs sicherzustellen.[2] Durch das Gesetz zur Vereinfachung des Insolvenzverfahrens[3] wurde diese Regelung wieder gestrichen. 3

2. Aufhebungsbeschluss

Das Insolvenzverfahren ist durch Beschluss des Insolvenzgerichts aufzuheben, sobald die **Schlussverteilung vollzogen ist.** Dies ist dann der Fall, wenn der Insolvenzverwalter die entsprechenden Quoten an die Gläubiger ausgezahlt, die zurückbehaltenen Beträge (§ 198) hinterlegt und dem Gericht dies angezeigt hat. Einen Übererlös hat der Insolvenzverwalter an den Schuldner bzw. an den auf Grund seiner Beteiligung Berechtigten nach § 199 herauszugeben. 4

Mit der Aufhebung des Verfahrens sollte das Insolvenzgericht trotz vollzogener Schlussverteilung bis zur rechtskräftigen Entscheidung über Einwendungen gegen das Schlussverzeichnis nach § 197 Abs. 3 i. V. m. § 194 Abs. 2 und 3 warten,[4] da 5

[1] *Balz/Landfermann,* S. 442.
[2] *Balz/Landfermann,* S. 441 f.
[3] BGBl. I 2007, S. 509.
[4] *Uhlenbruck/ders.,* InsO, § 200 Rn. 2.

mit Rechtskraft des Aufhebungsbeschlusses (§ 9 Abs. 1, S. 3) Einwendungen der Gläubiger gegenstandslos werden[1].

3. Veröffentlichungen

6 Wie der Eröffnungsbeschluss (§ 30) ist auch der Aufhebungsbeschluss nach Abs. 2 S. 1 öffentlich bekannt zu machen. Neben dem Aufhebungsbeschluss ist auch der **Aufhebungsgrund** mit zu veröffentlichen. Die Bekanntmachung erfolgt nach § 9 durch Veröffentlichung im Internet durch das Insolvenzgericht.

4. Mitteilungen

7 Entsprechend der Verfahrenseröffnung normiert Abs. 2 S. 3 bestimmte Mitteilungspflichten nach §§ 31–33. Das Insolvenzgericht hat die **Handels-, Genossenschafts- und Vereinsregister** (§ 31), die **Grundbuchämter** (§ 32) sowie die **Register für Schiffe und Luftfahrzeuge** (§ 33) über die Verfahrensaufhebung durch Übersendung einer Ausfertigung des Aufhebungsbeschlusses zu informieren. Die Löschung des Insolvenzvermerks in den Registern und Grundbüchern erfolgt durch Löschungsersuchen des Insolvenzgerichts[2] (Abs. 2 S. 3 i. V. m. §§ 32 Abs. 3 S. 1, 33 S. 1), soweit dies nicht schon während des Verfahrens im Zuge der Verwertung erfolgt ist. Die Löschung kann auch vom Insolvenzverwalter selbst beantragt werden (§ 32 Abs. 3, S. 2).[3]

5. Rechtsfolgen der Verfahrensaufhebung

8 **a)** Mit der Aufhebung des Insolvenzverfahrens erhält der **Schuldner** seine Verwaltungs- und Verfügungsmacht über die Massebestandteile zurück. Die Befugnisse des Insolvenzverwalters enden. Ausgenommen hiervon sind allerdings die Massegegenstände, die vom Insolvenzverwalter für eine **Nachtragsverteilung** zurückbehalten oder hinterlegt worden sind (§ 203 Abs. 1, Nr. 1), bzw. für die die Anordnung der Nachtragsverteilung im Schlusstermin vorbehalten blieb (vgl. § 197 Abs. 1 S. 2 Nr. 3 i. V. m. § 203 Abs. 2). Deren Insolvenzbeschlag endet erst mit endgültiger Verwertung bzw. wenn das Insolvenzgericht mit Rücksicht auf die Geringfügigkeit des Betrages oder den geringen Wert des Gegenstandes beschließt, sie dem Schuldner zu überlassen (vgl. § 203 Abs. 3 S. 1).

9 **b)** Mit der Aufhebung des Verfahrens entfallen auch die Wirkungen des Vollstreckungsverbotes nach § 89. Sofern keine Restschuldbefreiung erfolgen soll (§ 201 Abs. 3), können nach Aufhebung des Verfahrens nicht befriedigte Insolvenzgläubiger, deren Forderungen festgestellt und vom Schuldner im Prüfungstermin nicht bestritten wurden, aus der Eintragung in der Tabelle wie aus einem vollstreckbaren Urteil die Zwangsvollstreckung gegen den Schuldner betreiben (§ 201 Abs. 2).

---

[1] OLG Frankfurt ZIP 1991, 1365, 1367.

[2] AA: *Breutigam/Blersch/Goetsch/Breutigam,* InsO, § 200 Rn. 9; zu den Mitteilungspflichten der Insolvenzgerichte vgl. auch Anordnung über Mitteilungen in Zivilsachen (MiZi) idF vom 10. 8. 1999, abgedruckt in NZI 1999, 405 f.

[3] Bei einer vollständigen Verwertung der Insolvenzmasse müsste regelmäßig kein Grundbuchamt bzw. Register für Schiffe und Luftfahrzeuge mehr unterrichtet werden, diese Vermögensgegenstände sollten verwertet sein.

c) Mit Verfahrensaufhebung endet auf materieller Seite die **Verjährungshemmung** durch Forderungsanmeldung (§ 204 BGB). Auf prozessualer Seite endet die Unterbrechung streitiger Verfahren nach **§ 240 ZPO.** Hat der Insolvenzverwalter während des Verfahrens diese Prozesse nicht aufgenommen, so erhält der Schuldner die Prozessführungsbefugnis zurück. 10

Dies gilt allerdings nicht für die Fortführung der vom Insolvenzverwalter begonnenen Prozesse, deren streitbefangene Vermögensgegenstände für eine **Nachtragsverteilung** zurückbehalten wurden. Da die Beschlagnahmewirkung noch andauert, bleibt der Insolvenzverwalter weiterhin prozessführungsbefugt. Dies gilt auch für die Fortführung von **Anfechtungsklagen,** da auch der Rückgewähranspruch nach Verfahrensaufhebung noch zur Insolvenzmasse gehört (§ 143 Abs. 1 S. 1). Anders verhält es sich jedoch, wenn der Streitgegenstand nicht einer Nachtragsverteilung vorbehalten wurde. In diesem Fall kommt es in analoger Anwendung des § 239 ZPO zu einer Unterbrechung des Prozesses wegen des Verlustes der Prozessführungsbefugnis des Insolvenzverwalters.[1] Wurde bei einer Anfechtungsklage des Insolvenzverwalters der streitbefangene Gegenstand nicht für eine Nachtragsverteilung zurückbehalten, so erlischt mit Verfahrensaufhebung das Anfechtungsrecht und es tritt Erledigung der Hauptsache ein. Eine Rechtsnachfolge des Schuldners tritt in diesem Fall nicht ein, so dass § 239 ZPO hier nicht analog anwendbar ist.[2] 11

d) Mit der Verfahrensaufhebung endet auch das Aufrechnungsverbot des § 96. Dies hat unter Umständen Konsequenzen für **Vorsteuererstattungsansprüche** der Insolvenzmasse, die aus der festgesetzten Insolvenzverwaltervergütung resultieren, ebenso wie für Erstattungsansprüche, die auf nach Eröffnung des Insolvenzverfahrens abgeführter Lohnsteuer beruhen.[3] Diese Erstattungsansprüche sollten entweder vor Aufhebung realisiert werden oder einer Nachtragsverteilung vorbehalten bleiben. 12

6. Rückgabe der Geschäftsunterlagen

Nach Aufhebung des Verfahrens hat der Insolvenzverwalter sämtliche ihm übergebenen und der Insolvenzmasse zugehörigen Geschäftsunterlagen (§ 36 Abs. 2 Nr. 1) zurückzugeben.[4] Der Schuldners ist verpflichtet, die Unterlagen wieder an sich zu nehmen.[5] 13

Bei Kapitalgesellschaften sind zwar die früheren Geschäftsführer oder Vorstände als Liquidatoren grundsätzlich verpflichtet, die Geschäftsunterlagen entgegenzunehmen.[6] Die Annahme der Geschäftsunterlagen kann vom Insolvenzgericht aber allenfalls gem. §§ 407, 273 Abs. 2 AktG bei einer AG oder KG aA erzwungen werden.[7] Ist die Gesellschaft wegen Vermögenslosigkeit im Handelsregister gelöscht, sind organschaftliche Vertreter ohnehin nicht mehr vorhanden. 14

---

[1] *Uhlenbruck/ders.,* InsO, § 200 Rn. 14; *Nerlich/Römermann/Westphal,* InsO, § 200 Rn. 11; *Breutigam/Blersch/Goetsch/Breutigam,* InsO, § 200 Rn. 17.

[2] *Nerlich/Römermann/Westphal,* InsO, § 200 Rn. 11.

[3] BFH DStRE 2006, 1159.

[4] OLG Stuttgart ZIP 1998, 1880.

[5] *Nerlich/Römermann/Westphal,* InsO, § 200 Rn. 13.

[6] OLG Hamm NJW 1964, 2355; LG Hannover KTS 1973, 191.

[7] OLG Stuttgart ZInsO 1998, 341; MünchKomm-*Hintzen,* InsO § 200 Rn. 42f. vertritt die etwas praxisfremde Auffassung, über das Finanzamt könne Druck auf den Schuldner

7. Rechtsmittel

15 Der Aufhebungsbeschluss des Insolvenzgericht ist unanfechtbar (§ 6 Abs. 1). Dies gilt auch für die Ablehnung der Verfahrensaufhebung durch das Gericht. Einzige Möglichkeit ist bei Entscheidung durch den Rechtspfleger die sofortige Erinnerung nach § 11 Abs. 2 S. 1 RPflG. Hilft der Rechtspfleger nicht ab, so entscheidet nach § 11 Abs. 2 S. 3 der Richter abschließend.

8. Praxishinweis

16 Die Verfahrensaufhebung soll erst erfolgen, wenn die Schlussverteilung durchgeführt ist. Da in der Regel im Schlusstermin die Vergütung des Insolvenzverwalters erst festgesetzt wird, hat der Verwalter erst dann die Möglichkeit, bei vorsteuerabzugsberechtigten Schuldnern für die Masse den Vorsteuererstattungsanspruch aus seiner Verwaltervergütung geltend zu machen. Werden Umsatzsteuervoranmeldungen nicht monatlich, sondern vierteljährlich abgegeben, vergehen bis zur Erstattung oftmals nicht unerhebliche Zeiträume.

17 Wird das Insolvenzverfahren aufgehoben, bevor der Vorsteuererstattungsanspruch zugeflossen ist, kann die Finanzverwaltung die Auszahlung verweigern und stattdessen mit vorkonkurslichen Steuerverbindlichkeiten verrechnen. Im Ergebnis würde damit den Gläubigern der Erstattungsanspruch entgehen, was – da vom Insolvenzverwalter unschwer vermeidbar – wiederum Haftungsansprüche auslösen könnte.

18 In gleicher Weise ist auch bei Einkommensteuererstattungsansprüchen zu verfahren. Soweit diese auf Steuervorauszahlungen – hierbei handelt es sich auch um den Abzug von Lohnsteuer bei abhängig beschäftigten Schuldnern – beruhen, ist der Erstattungsanspruch bereits unter der aufschiebenden Bedingung, dass am Ende des Besteuerungszeitraums die geschuldete Steuer geringer ist als die Vorauszahlung, entstanden.[1] Soweit ein Einkommensteuererstattungsanspruch daher auf Vorauszahlungen beruht, die vor Verfahrenseröffnung oder während der Dauer des Insolvenzverfahrens geleistet worden sind, steht der Erstattungsanspruch der Masse zu und ist vom Insolvenzverwalter zu realisieren.

19 Soweit dies nicht bis zur Verfahrensaufhebung umgesetzt werden kann, ist für derartige Ansprüche die Nachtragsverteilung vorzubehalten. Wird das Insolvenzverfahren aufgehoben, entfällt das Aufrechnungshindernis und die Finanzverwaltung kann mit vorkonkurslichen Ansprüchen verrechnen.[2]

20 Das vorstehend (Rn. 13 ff.) geschilderte Problem der Verwahrung der Geschäftsunterlagen wird in der Praxis in der Regel dadurch gelöst, dass die Einlagerung und anschließende Vernichtung der Geschäftsunterlagen vor Aufhebung des Insolvenzverfahrens durch den Verwalter geregelt wird.[3] Entsprechend spezialisierte Unternehmen, die eine ordnungsgemäße Vernichtung nach Ablauf der gesetzlichen Aufbewahrungsfristen sicherstellen, bieten diese Dienstleistung re-

---

ausgeübt werden, die Geschäftsunterlagen wieder in Besitz zu nehmen und ordnungsgemäß zu verwahren.

[1] BFH DStR 1996, 665.

[2] BFH DStRE 2006, 1159.

[3] *Gottwald/Klopp/Kluth,* InsHdb., § 75 Rn. 30, S. 924 f.; *Haarmeyer/Wutzke/Förster,* Hdb., Kap. 5 Rn. 180; *Uhlenbruck/ders.,* InsO, § 200 Rn. 16.

gelmäßig dem Insolvenzverwalter an. Ein Archivierungs- und anschließender Vernichtungsauftrag, der die gesamte Zeitdauer der gesetzlichen Aufbewahrungspflicht abdeckt, sollte daher vom Insolvenzverwalter rechtzeitig erteilt werden.

Um Haftungsrisiken auszuschließen, sollte spätestens im Schlusstermin die Gläubigerversammlung den Insolvenzverwalter ermächtigen, diese Masseverbindlichkeiten zu begründen und vor Durchführung der Schlussverteilung zu erfüllen. Ggf. – insbesondere bei länger dauernden Insolvenzverfahren und der Pflicht, das Geschäftslokal zu räumen – kann eine **Einlagerung** auch bereits **während der Abwicklung des Verfahrens** erforderlich werden. 21

§ 201 Rechte der Insolvenzgläubiger nach Verfahrensaufhebung

(1) **Die Insolvenzgläubiger können nach der Aufhebung des Insolvenzverfahrens ihre restlichen Forderungen gegen den Schuldner unbeschränkt geltend machen.**

(2) **Die Insolvenzgläubiger, deren Forderungen festgestellt und nicht vom Schuldner im Prüfungstermin bestritten worden sind, können aus der Eintragung in die Tabelle wie aus einem vollstreckbaren Urteil die Zwangsvollstreckung gegen den Schuldner betreiben. Einer nicht bestrittenen Forderung steht eine Forderung gleich, bei der ein erhobener Widerspruch beseitigt ist. Der Antrag auf Erteilung einer vollstreckbaren Ausfertigung aus der Tabelle kann erst nach Aufhebung des Insolvenzverfahrens gestellt werden.**

(3) **Die Vorschriften über die Restschuldbefreiung bleiben unberührt.**

Übersicht

1. Normzweck

Die Vorschrift regelt die Rechte der Gläubiger nach Aufhebung des Insolvenz- 1
verfahrens. Grundsätzlich haben diese ein Recht auf unbeschränkte Nachforderung der im Insolvenzverfahren nicht befriedigten Forderungen. Eine Ausnahme hiervon gilt nur für den Fall der Restschuldbefreiung für natürliche Personen (§§ 286 ff.). Nach Abs. 2 kann die Vollstreckung mit einem vollstreckbaren Auszug aus der Insolvenztabelle durchgeführt werden. Der nachträglich[1] eingefügte Abs. 2 S. 3 stellt klar, dass der Antrag auf Erteilung einer vollstreckbaren

[1] Gesetz zur Änderung des Einführungsgesetzes zur Insolvenzordnung und anderer Gesetze (EGInsOÄndG) vom 19. 12. 1998, BGBl. I 1998, S. 3836, 3839.

Ausfertigung frühestens nach Aufhebung des Insolvenzverfahrens gestellt werden kann.

2 Im Wesentlichen übernimmt § 201 die Regelungen des § 164 Abs. 1 u. 2 KO.

3 Die Vorschrift geht zurück auf § 229 RegE.[1] § 201 Abs. 2 S. 3 wurde durch Gesetz vom 19. Dezember 1998 eingefügt.

2. Das Recht auf unbeschränkte Nachforderung

4 Gemäß Abs. 1 können Gläubiger nach Aufhebung des Verfahrens ihre nicht oder nur teilweise befriedigten Forderungen ungehindert gegen den Schuldner geltend machen. Diese Vorschrift richtet sich nur an die **Insolvenzgläubiger,** die gemäß § 89 Abs. 1 während des Verfahrens dem Vollstreckungsverbot unterliegen.

5 Für Gläubiger der im Verfahren nicht erfüllten **Masseverbindlichkeiten** gilt die Vorschrift nicht. Dabei ist allerdings unbestritten, dass der Schuldner gleichwohl für solche Masseverbindlichkeiten haftet, **die bereits vor Eröffnung des Insolvenzverfahrens begründet waren.** Ebenso ist unstreitig die Haftung für Masseverbindlichkeiten, deren Erfüllung für die Zeit nach Eröffnung des Insolvenzverfahrens erfolgen muss[2] (§ 55 Abs. 1 Nr. 2 2. Alt.) oder für Verbindlichkeiten aus einem Sozialplan, die Masseverbindlichkeiten darstellen (§ 123 Abs. 2 S. 1), obwohl die den Ansprüchen zugrunde liegenden Arbeitsverhältnisse bereits vor Verfahrenseröffnung begründet waren.[3]

6 Bei erst **im Verfahren begründeten Masseverbindlichkeiten,** die unerfüllt geblieben sind, soll die Nachhaftung des Schuldners sich nach der herrschenden Meinung[4] auf die in der Insolvenzmasse verbleibenden Mittel, also einen ggf. an den Schuldner gem. § 199 herauszugebenden Überschuss und die ggf. gem. § 197 Abs. 1 Nr. 3 freigegebenen, unverwertbaren Gegenstände der Insolvenzmasse beschränken. Für diese Masseverbindlichkeiten haftet der Insolvenzverwalter im Wirkungsumfang gem. § 61, so dass dem Massegläubiger zumutbar ist, bei der nachrangigen Haftung auf die Restmasse beschränkt zu sein.

6a Auch der Bundesgerichtshof hat klargestellt, dass die Haftung des Schuldners für Masseverbindlichkeiten, die bereits vor Eröffnung des Insolvenzverfahrens begründet waren, nicht gegenständlich auf die dem Schuldner nach Aufhebung des Verfahrens überlassene restliche Masse beschränkt ist.[5] Allerdings ist die Nachhaftung auf den Zeitraum zu beschränken, der der frühestmöglichen Kündigungsmöglichkeit des Insolvenzverwalters entspricht.[6] In diesem Umfange haftet der Schuldner für im Insolvenzverfahren nicht erfüllte Masseverbindlichkeiten auch nach Aufhebung des Verfahrens und trotz laufender Wohlverhaltensperiode. Für den Gläubiger besteht ein Rechtsschutzbedürfnis zur Erlangung eines Vollstreckungstitels, da er keine Möglichkeit hatte, seine Masseforderung durch Anmeldung zur Tabelle titulieren zu lassen.[7]

---

[1] *Balz/Landfermann,* S. 443.

[2] Sog. oktroyierte Masseverbindlichkeiten.

[3] *Häsemeyer,* Insolvenzrecht, Rn. 25.29; *Nerlich/Römermann/Westphal,* § 201 Rn. 6.

[4] *Nerlich/Römermann/Westphal,* InsO, §§ 201, 202 Rn. 7 mwN; MünchKomm-*Hintzen,* InsO § 201 Rn. 16; noch unentschlossen *Uhlenbruck/ders.,* InsO, § 201 Rn. 2.

[5] BGH NZI 2007, 670.

[6] OLG Stuttgart NZI 2007, 527.

[7] BGH NZI 2008, 1440.

Ob die Wirkung der Restschuldbefreiung auch offengebliebene Masseverbindlichkeiten erfasst, ist streitig. Der Wortlaut des § 301 spricht dagegen, der Sinn der Restschuldbefreiung, dem Schuldner einen Neustart zu ermöglichen, setzt allerdings die Befreiung auch von offenen Masseverbindlichkeiten zwingend voraus. In der Literatur[1] wird die Frage kontrovers behandelt. Der Bundesgerichtshof hat die Frage bisher noch nicht entschieden und es ausdrücklich offengelassen, ob die im streitigen Fall geltend gemachten „Masseverbindlichkeiten entgegen dem Wortlaut des § 301 der Restschuldbefreiung unterfielen".[2] 6b

Da nach Aufhebung des Insolvenzverfahrens das Vollstreckungsverbot gem. § 89 Abs. 1 entfällt, können Insolvenzgläubiger ihre restlichen Ansprüche ungehindert gegen den Schuldner verfolgen. Eine ohne aufwändiges Restschuldbefreiungsverfahren eintretende **Entschuldung,** wie sie teilweise ausländische Rechte kennen,[3] hat der deutsche Gesetzgeber nicht eingeführt. 7

Vom Vollstreckungsverbot des § 89 Abs. 1 weiterhin geschützt bleiben nur Gegenstände, die für eine **Nachtragsverteilung** (§§ 203 ff.) zurückbehalten wurden oder nach Verfahrensaufhebung als Massegegenstände ermittelt werden (§ 203 Abs. 1 Nr. 3).[4] 8

3. Vollstreckung aus der Tabelle

Die Eintragung in die Tabelle wirkt für festgestellte Forderungen ihrem Betrag und Rang nach wie ein rechtskräftiges Urteil gegenüber dem Insolvenzverwalter und allen Insolvenzgläubigern (§ 178 Abs. 3). Hat der Schuldner im Prüfungstermin nicht widersprochen oder ist sein Widerspruch durch Rücknahme oder Feststellungsurteil beseitigt worden, so hat der Tabelleneintrag nach Aufhebung des Verfahrens dem Schuldner gegenüber die **Wirkung eines vollstreckbaren Titels** (Abs. 2). 9

Gläubiger, die auf Antrag einen vollstreckbaren Tabellenauszug erhalten haben, haben das Recht, daraus wie aus einem vollstreckbaren Urteil die Zwangsvollstreckung zu betreiben, sofern dem nicht die Restschuldbefreiung des Schuldners (§§ 286 ff.) entgegensteht.[5] Die Gesetzesformulierung ist jedoch irreführend. Da die InsO keine Sonderregeln zu den §§ 724 ff. ZPO enthält, muss der Tabellenauszug im entsprechenden Verfahren mit einer **Vollstreckungsklausel** versehen werden. Tatsächlich steht der Auszug damit lediglich einem rechtskräftigen Urteil gleich.[6] Zur Vollstreckung aus der Tabelle sind nur Insolvenzgläubiger berechtigt, die am Verfahren teilgenommen haben. Aus der Tabelle können nur festgestellte und nicht bestrittene Forderungen vollstreckt werden. Dem steht es gleich, wenn ein erhobener Widerspruch zwischenzeitlich beseitigt wurde. Hat der Schuldner der Forderung widersprochen und der Gläubiger nicht Klage gegen ihn einge- 10

[1] Dafür: HK-*Depré,* InsO, § 201 Rn. 10; abl. *Graf-Schlicker/Kekse1,* InsO, § 201 Rn. 5; *Kübler/Prütting/Bork/Wenzel,* InsO, § 301 Rn. 3; FK-*Ahrens,* InsO, § 301 Rn. 7; MünchKomm-*Stephan,* InsO § 301 Rn. 8; bejahend für den Fall, dass das Insolvenzverfahren nach § 211 eingestellt worden war: HK-*Landfermann,* § 301 Rn. 12.

[2] BGH NZI 2007, 670.

[3] Bspw. ist eine „discharge" für natürliche Personen im Insolvenzrecht der Vereinigten Staaten von Amerika in § 7 Bankruptcy Code vorgesehen.

[4] *Kübler/Prütting/Bork/Holzer,* InsO, § 201 Rn. 3 mwN.

[5] *Uhlenbruck/ders.,* InsO, § 201 Rn. 5.

[6] *Kübler/Prütting/Bork/Holzer,* InsO, § 201 Rn. 9 mwN.

reicht, so tritt die Rechtskraftwirkung auch dann nicht ein, wenn der Schuldner sein Bestreiten nach Verfahrensaufhebung aufgibt.

11 Nach ganz herrschender Meinung wird ein **früherer Vollstreckungstitel** wegen der Gleichstellung der Tabelle mit einem rechtskräftigen Titel von dieser „aufgezehrt", also verdrängt.[1] Dies gilt natürlich nur für Forderungen, die am Insolvenzverfahren durch Anmeldung zur Tabelle teilgenommen haben. Hat der Gläubiger am Insolvenzverfahren nicht teilgenommen, bleibt der alte Titel uneingeschränkt bestehen, während der Dauer des Insolvenzverfahrens ist der Gläubiger gem. § 89 Abs. 1 an der Vollstreckung gehindert. Nach Aufhebung des Insolvenzverfahrens kann aus dem alten Titel wieder vollstreckt werden.

12 Als Vollstreckungsgrundlage muss der frühere Titel auch erhalten bleiben, soweit die titulierten Ansprüche durch die Anmeldung zur Insolvenztabelle nicht erfasst worden sind. Dies betrifft in der Regel titulierte Zinsansprüche für den Zeitraum ab Verfahrenseröffnung. Im Insolvenzverfahren stellen diese Ansprüche nachrangige Insolvenzforderungen dar, die in der Regel nicht angemeldet werden können und für die deswegen auch kein Tabellenauszug nach Aufhebung des Insolvenzverfahrens zu erlangen ist. Wegen derartiger Ansprüche kann aus dem früheren Titel weiterhin vollstreckt werden.[2] Der Gläubiger muss allerdings darauf achten, dass der Titel durch die Geschäftsstelle nicht vollständig entwertet ist, sondern lediglich in dem Umfange, in dem eine Anmeldung zur Tabelle möglich ist. In diesem Zusammenhang hat der Bundesgerichtshof[3] zwischenzeitlich auch klargestellt, dass die Feststellung titulierter Forderungen zur Insolvenztabelle die Vorlage des Originaltitels weder im Prüfungstermin noch im Feststellungsrechtsstreit voraussetzt.

4. Inhaltsänderung zur Tabelle angemeldeter Forderungen

13 Einige Insolvenzforderungen erfahren durch die Anmeldung und Feststellung zur Insolvenztabelle eine Inhaltsänderung. So sind bspw. nicht fällige als fällige anzumelden (§ 41 Abs. 1) und nicht auf Geld gerichtete Forderungen mit ihrem Schätzwert anzumelden (§ 45 S. 1). In gleicher Weise werden Forderungen auf wiederkehrende Leistungen gem. § 46 umgestaltet.

14 Nach der herrschenden Meinung **verbleibt es** für diese Forderung auch **nach der Verfahrensaufhebung bei der Inhaltsänderung,** wenn die Forderungen in geänderter Form zur Tabelle festgestellt wurden.[4] Im Rahmen der Nachhaftung hat der Schuldner also eine ursprünglich nicht fällige Forderung sofort zu erfüllen. Eine ausländische Forderung muss er in inländische Währung auch dann erfüllen, wenn während der Dauer des Insolvenzverfahrens die Auslandswährung erheblich an Wert verloren hat.[5]

5. Erteilung des vollstreckbaren Tabellenauszugs

15 Der Antrag auf Erteilung eines vollstreckbaren Tabellenauszugs kann erst nach Aufhebung des Insolvenzverfahrens gestellt werden (Abs. 2 S. 3). Auch wenn

---

[1] BGH ZVI 2006, 311 mwN; *Uhlenbruck/ders.*, InsO, § 201 Rn. 9 mwN.
[2] MünchKomm-*Hintzen,* InsO § 201 Rn. 37.
[3] BGH ZInsO 2006, 102 f.
[4] RGZ 112, 297 ff., 300; *Kilger/K. Schmidt,* KO, § 164 Anm. 1. a).
[5] Zu Kritik an der hM vgl. insbesondere *Häsemeyer,* Insolvenzrecht, Rn. 25.15; *Nerlich/Römermann/Westphal,* InsO, §§ 201, 202 Rn. 13 f.

während der Restschuldbefreiungsphase die Vollstreckung für Insolvenzgläubiger unzulässig ist (§ 294 Abs. 1), kann der Insolvenzgläubiger doch bereits in dieser Zeit einen vollstreckbaren Tabellenauszug beantragen.[1] Zum einen tritt die Restschuldbefreiung erst durch die Entscheidung des Insolvenzgerichts nach Ende der Laufzeit der Abtretungserklärung ein (§ 300), zum anderen kann die Restschuldbefreiung unter den Voraussetzungen des § 303 widerrufen werden. In diesen Fällen sollen die Gläubiger die Möglichkeit haben, sofort im Wege der Einzelzwangsvollstreckung gegen den Schuldner vorgehen zu können.

Zuständig für den Antrag ist das **Insolvenzgericht,** das die Tabelle nach dem Prüfungstermin führt. In der Praxis wird der Tabellenauszug technisch vom Insolvenzverwalter herzustellen und dem Gericht einzureichen sein, das dann die Vollstreckungsklausel erteilt.[2] Gerichtskosten fallen hierfür nicht an.[3] Die bei den Verteilungen gezahlten Quoten sind auf dem Tabellenauszug zu vermerken. 15a

6. Vorbehalt der Restschuldbefreiung

Gemäß Abs. 3 besteht das Recht auf unbeschränkte Nachforderung für Insolvenzgläubiger nicht, sofern der Schuldner in den Genuss der Restschuldbefreiung kommt (§§ 201 Abs. 3, 286). Mit dem geltenden Restschuldbefreiungsverfahren hat der Gesetzgeber einen Mittelweg zwischen der freien Nachforderung und dem sehr schuldnerfreundlichen Weg z. B. des US-amerikanischen Chapter 7-Verfahrens gewählt.[4] 16

Von der Restschuldbefreiung können einzelne Forderungen allerdings ausgenommen sein (§ 302), insbesondere Verbindlichkeiten des Schuldners aus einer vorsätzlich begangenen, unerlaubten Handlung, sofern der Gläubiger die entsprechende Forderung unter Angabe dieses Rechtsgrundes zur Tabelle angemeldet hat und hiergegen kein Widerspruch erhoben worden war. 17

7. Praxishinweis

Die ganz herrschende Meinung geht davon aus, dass ein früher bereits bestehender rechtskräftiger Titel durch die Anmeldung und Feststellung zur Tabelle aufgezehrt wird. Aus diesem Grunde wird von der herrschenden Meinung gefordert, dass spätestens zur Forderungsprüfung der Originaltitel vorgelegt werden muss, damit er entwertet werden kann. Der Bundesgerichtshof[5] hat allerdings nunmehr klargestellt, dass die Feststellung der titulierten Forderung zur Insolvenztabelle weder die Vorlage des Originaltitels im Prüfungstermin, noch im Feststellungsrechtsstreit voraussetzt. Gleichwohl ist gem. § 178 Abs. 2 S. 3 die Feststellung auf Originaltiteln zu vermerken. 18

Die Gläubiger titulierter Zinsansprüche müssen berücksichtigen, dass die Geschäftsstelle bei der Entwertung des Titels die ab Verfahrenseröffnung anstehenden Zinsen ausdrücklich ausnimmt. Diese Ansprüche sind als nachrangige Insolvenzforderungen zur Tabelle in der Regel nicht anzumelden, mit dem Tabellen- 19

---

[1] LG Leipzig NZI 2006, 603; LG Göttingen NZI 2005, 689; LG Tübingen NZI 2006, 647; aA: *Graf-Schlicker/Mäusezahl,* InsO, § 201 Rn. 7.

[2] § 4 i. V. m. § 724 Abs. 2 ZPO.

[3] *Kuhn/Uhlenbruck,* KO, § 164 Rn. 10.

[4] Vgl. *Wittig,* WM 1998, 209 ff., 210 mwN.

[5] BGH ZInsO 2006, 102 f.

auszug lassen sich diese Forderungen nicht vollstrecken. Da sie auch bei einer Verteilung unberücksichtigt geblieben sind, kann ggf. aus dem alten Titel in vollem Umfang die Vollstreckung gegen den Schuldner nach Aufhebung des Verfahrens noch betrieben werden.

§ 202 Zuständigkeit bei der Vollstreckung

(1) **Im Falle des § 201 ist das Amtsgericht, bei dem das Insolvenzverfahren anhängig ist oder anhängig war, ausschließlich zuständig für Klagen:**

1. **auf Erteilung der Vollstreckungsklausel;**
2. **durch die nach der Erteilung der Vollstreckungsklausel bestritten wird, daß die Voraussetzungen für die Erteilung eingetreten waren;**
3. **durch die Einwendungen geltend gemacht werden, die den Anspruch selbst betreffen.**

(2) **Gehört der Streitgegenstand nicht zur Zuständigkeit der Amtsgerichte, so ist das Landgericht ausschließlich zuständig, zu dessen Bezirk das Insolvenzgericht gehört.**

1. Normzweck

1 Die Vorschrift bestimmt in Abs. 1 in Anlehnung an § 802 ZPO eine ausschließlich örtliche Zuständigkeit der Gerichte am Sitz des Insolvenzgerichts und wiederholt damit nur, was ZPO und GVG ohnehin regeln. Innerhalb des Amtsgerichts ist das Prozessgericht zuständig. Die Zuständigkeitsregelungen, die vormals in den §§ 164 Abs. 3, 146 Abs. 2 KO enthalten waren, wurden in § 202 zusammengefasst.

2 Die Vorschrift entspricht § 230 RegE.[1]

2. Vollstreckungsklagen

3 **a) Klage auf Erteilung der Vollstreckungsklausel.** Die Vorschrift regelt in Abs. 1 Nr. 1 die örtliche Zuständigkeit für Klagen auf Erteilung der Vollstreckungsklausel gem. § 731 ZPO. Die Klage kann der Gläubiger dann erheben, wenn er die für eine vollstreckbare Ausfertigung erforderlichen Nachweise (§§ 726 Abs. 1, 727–729 ZPO) nicht durch öffentliche (§ 415 ZPO) oder öffentlich beglaubigte (§ 129 BGB) Urkunden führen kann.[2]

4 Die Vollstreckungsklausel ist dann auch für den Rechtsnachfolger zu erteilen, wenn dieser die Rechtsnachfolge dem Insolvenzgericht mit dem Ziel, die Insolvenztabelle zu ändern, nicht nachgewiesen hatte.[3]

5 **b) Klage gegen die Erteilung der Vollstreckungsklausel.** In Abs. 1 Nr. 2 regelt die Vorschrift die örtliche Zuständigkeit für Klagen, mit denen der Schuldner nach Erteilung der Vollstreckungsklausel die Voraussetzungen der Erteilung bestreitet. Es handelt sich um Klagen nach § 768 ZPO, mit denen materielle Einwendungen erhoben werden. Es kann bspw. vorgebracht werden, eine erforderliche Vorleistung sei nicht erbracht worden (§ 726 Abs. 1 ZPO), die Rechts-

[1] *Balz/Landfermann*, S. 443.
[2] *Kübler/Prütting/Bork/Holzer*, InsO, § 202 Rn. 3.
[3] Vgl. hierzu § 177 Rn. 24 ff.

nachfolge sei durch Anfechtung entfallen (§ 727 Abs. 1 ZPO) oder infolge Gutgläubigkeit liege keine Rechtskrafterstreckung vor (§ 325 Abs. 2 ZPO). Der Schuldner kann seine Einwendungen gegen die Zulässigkeit der Vollstreckungsklausel auch durch Erinnerung gemäß § 732 ZPO geltend machen.

c) Vollstreckungsabwehrklage. In Abs. 1 Nr. 3 regelt die Vorschrift die Zuständigkeit für Vollstreckungsabwehrklagen (§ 767 Abs. 1 ZPO), mit denen Einwendungen gegen den in der Tabelle festgestellten Anspruch erhoben werden können. 6

3. Zuständigkeit

Für die Vollstreckungsklagen ist gem. Abs. 1 S. 1 das Amtsgericht (Prozessgericht),[1] bei dem das Insolvenzverfahren anhängig ist oder war, ausschließlich zuständig. Übersteigt der Streitwert 5000,– € (§ 23 Nr. 1 GVG) so ist das Landgericht zuständig. Anders als bei § 182 richtet sich der Streitwert nicht nach der bezahlten Quote, sondern nach der unter Berücksichtigung der Schlussverteilung noch offenen Restforderung des Gläubigers, wobei allerdings nach Auffassung des Bundesgerichtshofs[2] die späteren Vollstreckungsaussichten des Insolvenzgläubigers angemessen zu berücksichtigen sind. 7

4. Rechtsbehelfe

Verweigert der Urkundsbeamte der Geschäftsstelle die Klauselerteilung, ist die Erinnerung nach § 573 Abs. 1 S. 1 ZPO statthaft, über die das Prozessgericht entscheidet. Die hiergegen mögliche, sofortige Beschwerde richtet sich nach §§ 573 Abs. 2, 567 ff. ZPO. 8

Gegen eine Entscheidung des Rechtspflegers ist die unbefristete Rechtspflegererinnerung (§ 11 Abs. 1 RPflG) statthaft.[3] 9

§ 203 Anordnung der Nachtragsverteilung

(1) **Auf Antrag des Insolvenzverwalters oder eines Insolvenzgläubigers oder von Amts wegen ordnet das Insolvenzgericht eine Nachtragsverteilung an, wenn nach dem Schlußtermin**

1. **zurückbehaltene Beträge für die Verteilung frei werden,**
2. **Beträge, die aus der Insolvenzmasse gezahlt sind, zurückfließen oder**
3. **Gegenstände der Masse ermittelt werden.**

(2) **Die Aufhebung des Verfahrens steht der Anordnung einer Nachtragsverteilung nicht entgegen.**

(3) **Das Gericht kann von der Anordnung absehen und den zur Verfügung stehenden Betrag oder den ermittelten Gegenstand dem Schuldner überlas-**

---

[1] MünchKomm-*Hintzen,* InsO § 202, Rn. 6; *Nerlich/Römermann/Westphal,* InsO, §§ 201, 202 Rn. 25; *Kübler/Prütting/Bork/Holzer,* InsO, § 202 Rn. 1; HK-*Depré,* InsO, § 202 Rn. 3; aA: *Uhlenbruck/ders.,* InsO, § 202 Rn. 2, der wegen der sachlichen Nähe das Insolvenzgericht für zuständig hält.

[2] BGH NZI 2009, 255; aA: OLG Hamm NZI 2007, 249.

[3] *Kübler/Prütting/Bork/Holzer,* InsO, § 202 Rn. 13.

sen, wenn dies mit Rücksicht auf die Geringfügigkeit des Betrags oder den geringen Wert des Gegenstands und die Kosten einer Nachtragsverteilung angemessen erscheint. Es kann die Anordnung davon abhängig machen, daß ein Geldbetrag vorgeschossen wird, der die Kosten der Nachtragsverteilung deckt.

Übersicht

1. Normzweck

1 Die Nachtragsverteilung ermöglicht den Gläubigern den Zugriff auf Vermögensteile des Schuldners, die der Insolvenzmasse zuzuordnen sind, aber aus rechtlichen oder tatsächlichen Gründen in die Schlussverteilung nicht eingehen konnten. Soweit die Vermögensgegenstände im Schlusstermin bereits bekannt aber noch unverwertet sind, können sie der Nachtragsverteilung vorbehalten bleiben, wodurch der Insolvenzbeschlag diese Vermögensgegenstände weiterhin erfasst. Soweit sie nach dem Schlusstermin erst bekannt oder frei geworden sind, ist die Nachtragsverteilung vom Gericht anzuordnen, um die Vermögensgegenstände dem Insolvenzbeschlag wieder zu unterwerfen.

2 Die Vorschrift folgt § 231 RegE.[1] Sie entspricht den früheren Regelungen des § 166 KO, die sich nun in den §§ 203-205 wiederfinden und enthält darüber hinaus eine Neuregelung, die dem Insolvenzgericht die Möglichkeit eröffnet, die Anordnung der Nachtragsverteilung von der Einzahlung eines ausreichenden Kostenvorschusses abhängig zu machen.

2. Voraussetzungen der Nachtragsverteilung

3 Die Voraussetzungen der Nachtragsverteilung sind in Abs. 1 geregelt. Daneben besteht die Möglichkeit, im Schlusstermin für noch nicht verwertete Vermögensgegenstände den Vorbehalt der Nachtragsverteilung bereits anzuordnen.

---

[1] *Balz/Landfermann,* S. 444.

a) Keine vollständige Befriedigung der Gläubiger

Eine Nachtragsverteilung scheidet aus, wenn es bei der Schlussverteilung zu einem Überschuss (§ 199) gekommen ist oder ein solcher absehbar ist. Entsprechenden Anträgen fehlt das Rechtsschutzbedürfnis. Eine Nachtragsverteilung findet ebenfalls nicht statt, wenn das Verfahren nach rechtskräftig bestätigtem Insolvenzplan aufgehoben[1] (§ 258) oder nach §§ 211-213 eingestellt worden ist. In vereinfachten Insolvenzverfahren ist eine Nachtragsverteilung möglich.[2] 4

b) Beendigung des Schlusstermins

Massezuflüsse, die noch vor Beendigung des Schlusstermins erfolgen, können noch in die Schlussrechnung aufgenommen werden. Daher kann eine Nachtragsverteilung nur nach Beendigung angeordnet werden.[3] Gem. Abs. 2 ist die Nachtragsverteilung auch noch nach Verfahrensaufhebung (§ 200) möglich. 5

c) Aufnahme der Forderung in das Schlussverzeichnis

Eine Nachtragsverteilung erfolgt nur auf solche Forderungen, die in das Schlussverzeichnis aufgenommen wurden. Eine nachträgliche Änderung des Schlussverzeichnisses scheidet aus. 6

d) Massezufluss

Zur vom Insolvenzgericht angeordneten Nachtragsverteilung können nur die in Abs. 1 abschließend aufgezählten Massezuflüsse führen. Anwendung findet § 203 grundsätzlich nur für nachträglich ermittelte Zuflüsse, die der Schlussverteilung nicht unterworfen werden konnten.[4] 7

aa) Für die Verteilung frei gewordene, zurückbehaltene Beträge. Hierunter fallen zunächst diejenigen Beträge, die bei der Schlussverteilung zurückzubehalten und gem. § 198 zu hinterlegen waren. Nach § 189 Abs. 2 zurückbehaltene Beträge werden für die Verteilung frei, wenn der Gläubiger einer bestrittenen Forderung im Feststellungsprozess unterliegt oder seine Forderungsanmeldung zurücknimmt, bei bedingten Forderungen gem. § 191 Abs. 1 und 2, wenn die Bedingung endgültig wegfällt oder ihr Eintritt unmöglich wird. Im Wege der Schlussverteilung auszuzahlende, aber von den Insolvenzgläubigern nicht abgeholte Anteile sind ebenfalls hierunter zu fassen,[5] soweit sie der Insolvenzverwalter nicht nach § 372 BGB unter Verzicht auf das Rücknahmerecht hinterlegt hat. In diesem Falle können sie für die Insolvenzmasse nicht mehr nachträglich frei werden. 8

Im weiteren Sinne zurückbehalten sind auch die Gegenstände und Beträge, die die Gläubigerversammlung im Schlusstermin gem. § 197 Abs. 1 Nr. 3 ausdrück- 9

---

[1] OLG Celle ZIP 2006, 2394; *Uhlenbruck/Lüer,* InsO, § 259 Rn. 10; aA: *Schulte/Kaubrügger,* ZInsO 2009, 1321.

[2] BGH NZI 2006, 180; *Braun/Buck,* InsO, § 312 Rn. 13; aA: MünchKomm-*Hintzen,* InsO § 203 Rn. 2.

[3] BGH NZI 2005, 395.; *Uhlenbruck/ders.,* InsO, § 203 Rn. 3; MünchKomm-*Hintzen,* InsO § 203 Rn. 8.

[4] *Kübler/Prütting/Bork/Holzer,* InsO, § 203 Rn. 8 mwN.

[5] AA: *Nerlich/Römermann/Westphal,* InsO, §§ 203, 204, Rn. 5.

lich einer Nachtragsverteilung vorbehalten hat,[1] weil sie in absehbarer Zeit nicht zu Zuflüssen führen konnten.[2]

10 Im Gesellschaftsinsolvenzverfahren zählen hierzu auch die noch nicht realisierten Ansprüche nach § 93 sowie Schadenersatzansprüche, die als Gesamtschaden gem. § 92 zu verfolgen sind.[3] Wird für diese Ansprüche die Nachtragsverteilung angeordnet, bleiben sie insolvenzbefangen und das Gesellschaftsinsolvenzverfahren kann im Übrigen abgeschlossen werden.

11 **bb) Zurückfließende Beträge.** In Betracht kommen hier Fälle der ungerechtfertigten Bereicherung zulasten der Masse sowie auch vom Gericht gekürzte Vergütungen des Insolvenzverwalters oder der Mitglieder des Gläubigerausschusses, die von diesen zurückzuzahlen sind.[4]

12 **cc) Nachträglich ermittelte Massegegenstände.** Hierunter sind Gegenstände zu subsumieren, von deren Existenz oder Aufbewahrungsort der Insolvenzverwalter keine Kenntnis hatte und die er deshalb nicht der Verteilung zuführen konnte. Hierbei kann es sich um Gegenstände handeln, die der Schuldner verschwiegen, versteckt, beiseitegeschafft oder über die er entgegen § 81 Abs. 1 verbotswidrig verfügt hat. Ansprüche, die der Insolvenzverwalter bei der Verwertung vergessen[5] oder fälschlich als nicht werthaltig,[6] nicht verwertbar[7] oder durch Aufrechnung als erloschen angesehen hatte, fallen ebenso unter Abs. 1 Nr. 3. Des Weiteren erfasst werden Vermögenswerte, die auf Grund einer nachträglich bekannt gewordenen Möglichkeit zur Insolvenzanfechtung zur Masse gezogen werden können[8] oder die vom Verwalter irrtümlich als nicht zur Insolvenzmasse gehörend angesehen wurden. Auch ein Pflichtteilsanspruch gehört zur Masse, wenn der Todesfall während der laufenden Insolvenzverfahren erfolgt ist, auch wenn der Anspruch selbst erst später durchgesetzt wird.[9]

13 Auch Schadensersatzansprüche gegen den Insolvenzverwalter, die nach Verfahrensaufhebung zu Zuflüssen führen, fallen hierunter. Steuererstattungsansprüche,[10] die erst nach Beendigung des Insolvenzverfahrens entstehen, können der Nachtragsverteilung unterworfen werden. Soweit der Rechtsgrund für derartige Ansprüche bereits während des Insolvenzverfahrens oder vor Verfahrenseröffnung gelegt worden ist, zählen sie grundsätzlich zur Insolvenzmasse. Nur solche Erstattungsansprüche, die in Zeiträumen nach Aufhebung des Insolvenzverfahrens begründet worden sind, stellen wieder freie Masse des Schuldners dar, für sie ist daher eine Nachtragsverteilung nicht anzuordnen.

13a Eine Nachtragsverteilung kann insbesondere angeordnet werden für Körperschaftsteuerguthaben, die gem. § 37 Abs. 4 KStG letztmalig zum 31. Dezember 2006 ermittelt worden sind. Die Auszahlung der Guthaben erfolgt gem. § 37

---

[1] Ebenso *Nerlich/Römermann/Westphal,* InsO, §§ 203, 204 Rn. 6; *Uhlenbruck/ders.,* InsO, § 203 Rn. 5.

[2] Vgl. § 196 Rn. 8-10, § 197 Rn. 19.

[3] *Uhlenbruck/ders.,* InsO, § 203 Rn. 6.

[4] OLG Celle KTS 1972, 265 f., 265.

[5] BGH ZVI 2008, 23.

[6] BGH ZInsO 2006, 1105.

[7] BGH NZI 2006, 180.

[8] BGHZ 83, 102 ff., 103; *Häsemeyer,* Insolvenzrecht, Rn. 7.68.

[9] LG Münster NZI 2009, 657.

[10] BGH NZI 2006, 246; BFH DStRE 2006, 1159.

Abs. 5 KStG im Zeitraum von 2008 bis 2017 in zehn gleichen Jahresbeträgen. Soweit die Insolvenzverfahren am 1. Januar 2007 noch nicht aufgehoben waren – in diesem Falle könnte möglicherweise eine Aufrechnung durch die Finanzverwaltung erfolgt sein – sind die Auszahlungsansprüche der Nachtragsverteilung vorzubehalten. Die Verfahren können dann abgeschlossen, eine Aufrechnung durch die Finanzverwaltung vermieden werden.

Nicht erfasst sind hingegen Gegenstände und Beträge, über die der Schuldner 14
nach Verfahrensaufhebung oder Freigabe verfügt hat. Da der Schuldner die volle Verfügungsgewalt wiedererlangt hat, sind vorgenommene Verfügungen wirksam und die betroffenen Gegenstände und Beträge können nicht zum Zweck einer Nachtragsverteilung vom Empfänger herausverlangt werden.[1] Gegenleistungen im Vermögen des Schuldners unterliegen dann nicht Abs. 1 Nr. 3, weil eine dingliche Surrogation nur in den gesetzlich vorgesehen Ausnahmefällen stattfindet.[2]

Erklärt beispielsweise der Schuldner nach Verfahrensaufhebung die Auflassung 14a
über eine nicht verwertete Immobilie und stellt der Käufer beim Insolvenzgericht den Eintragungsantrag, so kommt eine dann erst angeordnete Nachtragsverteilung zu spät.[3]

Ebenfalls nicht der Nachtragsverteilung unterliegen Schadensersatzansprüche 14b
des Schuldners, die unpfändbar sind, weil sie keinen Gesamtschaden der Insolvenzmasse, sondern einen Einzelschaden des Schuldners darstellen. Im vom BGH[4] entschiedenen Fall hatte der Treuhänder unpfändbares Vermögen an die Gläubiger ausgeschüttet. Der dem Schuldner hierdurch entstandene Schaden stellte keinen Gesamtschaden der Masse dar und unterlag daher nicht der Nachtragsverteilung.[5]

3. Anordnung der Nachtragsverteilung

Gemäß Abs. 1 ist die Nachtragsverteilung auf Antrag des – noch amtierenden 15
oder ehemaligen – Insolvenzverwalters oder eines Gläubigers oder von Amts wegen[6] vom Insolvenzgericht anzuordnen. Teilweise wird dem Gericht die Möglichkeit eingeräumt, die Anordnung nach seinem Ermessen aufzuschieben, wenn dies interessengerecht erscheint.[7] Das Gericht ist zur Anordnung des Verfahrens verpflichtet, wenn ihm die in Abs. 1 Nr. 1–3 genannten Massezuflüsse bekannt werden oder wenn ein „Antrag" eines Antragsberechtigten als **Anregung einer Nachtragsverteilung** ausgelegt werden kann.[8] Massegläubiger haben kein Antragsrecht, können das Verfahren jedoch anregen. Der Insolvenzverwalter macht sich möglicherweise schadensersatzpflichtig, wenn er dem Gericht die Möglichkeit einer Nachtragsverteilung nicht zumindest formlos anzeigt.

---

[1] *Kübler/Prütting/Bork/Holzer,* InsO, § 203 Rn. 14 mwN.
[2] Ebd. Rn. 14 mwN.
[3] BGH ZVI 2008, 28.
[4] BGH NZI 2008, 560.
[5] Vgl. hierzu auch die Urteilsanmerkung von *Kind,* FD-InsR 2008, 265298.
[6] BGH ZIP 2006, 340 ff.; *Uhlenbruck/ders.,* InsO, § 203 Rn. 18.
[7] *Nerlich/Römermann/Westphal,* InsO, §§ 203, 204 Rn. 10 mwN.
[8] *Kübler/Prütting/Bork/Holzer,* InsO, § 203 Rn. 3 mwN.

16 Die Anordnung erfolgt durch Beschluss, in dem das Gericht einen Insolvenzverwalter zu bestellen hat, dem die Durchführung des Verfahrens übertragen wird. Der Anordnungsbeschluss ist nicht öffentlich bekannt zu machen, § 206 Nr. 3 bezieht sich lediglich auf die Bekanntmachung des zu verteilenden Betrages durch den Insolvenzverwalter.

17 Funktional zuständig ist der Rechtspfleger (§ 18 Abs. 1 RPflG), auch wenn das Verfahren bereits aufgehoben wurde.[1]

18 Die Rechtskraft der Anordnung gilt auch über die Verfahrensbeteiligten hinaus (inter-omnes-Wirkung).[2]

4. Durchführung der Nachtragsverteilung

19 Nach der Anordnung hat das Gericht den Insolvenzverwalter zu veranlassen, die Nachtragsverteilung nach §§ 205, 206 ff. vorzunehmen, also insbesondere aufgefundene Gegenstände zu sichern und zu verwerten, den Erlös an die laut Schlussverteilung zu berücksichtigenden Gläubiger zur verteilen und dem Gericht hierüber Rechnung zu legen. Ist ein Grundstück betroffen, sollte die Anordnung der Nachtragsverteilung in das Grundbuch eingetragen werden.

5. Folgen der Anordnung; Insolvenzbeschlag

20 Grundsätzlich endet der Insolvenzbeschlag (§ 80 Abs. 1) mit der Aufhebung des Verfahrens (§ 200). Jedoch wirkt der Beschlag für Beträge fort, die nach Abs. 1 S. 1 zurückbehalten wurden.[3]

21 Für die Gegenstände nach Abs. 1 Nr. 2 und 3 tritt die Beschlagswirkung mit der Anordnung – bei Abs. 1 Nr. 2 erneut – ein.[4] Das übrige Vermögen des Schuldners ist hiervon nicht betroffen. Ist der anordnende Beschluss entsprechend § 27 Abs. 2 nach Tag und Stunde datiert, tritt die Wirkung mit der Unterschrift des Richters oder Rechtspflegers ein, auf die Zustellung beim Schuldner kommt es dann nicht an.[5]

6. Absehen von der Anordnung bei Geringfügigkeit

22 Wenn ein angemessenes Verhältnis zwischen Nutzen und Kosten der Nachtragsverteilung nicht gegeben ist, kann das Insolvenzgericht von der Anordnung absehen und den Betrag oder den Gegenstand an den Schuldner freigeben (Abs. 3 S. 1). Bei der Entscheidung über ein Absehen von der Anordnung hat das Gericht den Wert der zu verteilenden Beträge einerseits und die Kosten des Verfahrens und der Abwicklung andererseits abzuwägen. Hierbei ist stets das Interesse der Gläubiger an vollständiger Befriedigung zu berücksichtigen. Für die Frage der Geringfügigkeit ist nur der insgesamt zu verteilende Betrag zu berücksichtigen,

---

[1] *Uhlenbruck/ders.*, InsO, § 203 Rn. 19; MünchKomm-*Hintzen*, InsO § 203 Rn. 10: aA: FK-*Schmerbach*, InsO, § 2 Rn. 23.

[2] *Nerlich/Römermann/Westphal*, InsO, §§ 203, 204 Rn. 20 mwN.

[3] *Uhlenbruck/ders.*, InsO, § 203 Rn. 12.

[4] *Nerlich/Römermann/Westphal*, InsO, §§ 203, 204 Rn. 13 mwN; aA: *Kübler/Prütting/Bork/Holzer*, InsO, § 203 Rn. 25 mwN, der bei zurückfließenden Vermögenswerten annimmt, der Beschlag trete mit Rückfluss automatisch ein.

[5] *Kübler/Prütting/Bork/Holzer*, InsO, § 203 Rn. 22 mwN; *Hess*, InsO, § 203 Rn. 26 mwN.

nicht der an die einzelnen Gläubiger auszuschüttende Betrag, der u. U. unter den Kosten der Überweisung oder der Benachrichtigung liegt. Dies entspricht dem Grundsatz der Gleichbehandlung der Gläubiger. Die **Grenze für die Geringfügigkeit** ist unklar, teilweise[1] wird die Ansicht vertreten, ein Vermögenswert von mehr als ca. 250,– € sei auch in einem Großverfahren nicht mehr als geringfügig anzusehen.

Die bisherige Praxis, die geringfügigen Vermögenswerte bei Unwirtschaftlichkeit einer Nachtragsverteilung dem Verwalter **als zusätzliche Vergütung** zuzubilligen oder einer gemeinnützigen Einrichtung als Spende zuzuführen, ist mit der neuen Gesetzeslage nicht mehr in Einklang zu bringen.[2] 23

Der Bundesgerichtshof[3] hat hierunter auch einen Fall subsumiert, in dem ein Zufluss zur Masse aus der Verwertung aus Rechtsgründen nicht mehr zu erwarten war. Der Insolvenzverwalter hatte zunächst eine Immobilie nicht verwertet, nach Aufhebung des Insolvenzverfahrens hatte der Schuldner sie verkauft und die Auflassung erklärt. Der Eintragungsantrag beim Grundbuchamt war bereits gestellt, als der Insolvenzverwalter von der Immobilie Kenntnis erlangt hat. Der Bundesgerichtshof hat nicht selbst entscheiden können, da die Vorinstanzen nicht aufgeklärt hatten, wer den Eintragungsantrag beim Grundbuchamt gestellt hat. Für den Fall, dass dies durch den Käufer erfolgt wäre, hätte er ein insolvenzfestes Anwartschaftsrecht erlangt und der Masse wäre aus der Verwertung des noch im Eigentum des Schuldners stehenden Grundstücks, für das grundsätzlich eine Nachtragsverteilung anzuordnen gewesen wäre, nichts zugeflossen. 23a

7. Kostenvorschuss

Erscheint die Durchführung des Verfahrens nicht möglich, etwa wegen sehr hoher Verwertungskosten oder bei Ungewissheit, welcher Erlös bei der Verwertung erzielbar ist, kann das Gericht die Anordnung nach freiem Ermessen von der Zahlung eines Kostenvorschusses abhängig machen. Der Vorschuss ist dem antragstellenden Gläubiger aufzugeben, § 26 Nr. 3 ist nicht entsprechend anwendbar.[4] 24

Die **praktische Relevanz** dieser neu geschaffenen Vorschrift erscheint gering, da der einzelne Insolvenzgläubiger kein Interesse daran hat, zugunsten der anderen Gläubiger einen Vorschuss zu leisten und stattdessen in solchen Fällen versuchen wird, in die betreffenden Vermögenswerte nach § 201 Abs. 2 S. 1 aus dem Tabellenauszug zu vollstrecken.[5] 25

8. Nachtragsverteilung bei Massearmut

Reicht die Insolvenzmasse nicht aus, um alle Masseverbindlichkeiten zu decken, so erfolgt die Einstellung des Verfahrens vor der Schlussverteilung. Sind nicht einmal die Verfahrenskosten gedeckt, so erfolgt die Einstellung mangels Masse nach § 207. Sind die Kosten gedeckt, jedoch nicht alle sonstigen Masseverbindlichkeiten, so erfolgt die Anzeige der Masseunzulänglichkeit nach § 208 26

---

[1] *Hess,* InsO, § 203 Rn. 21.
[2] BGH NZI 2005, 395; HK-*Depré,* InsO, § 203 Rn. 7 mwN.
[3] BGH ZVI 2008, 23.
[4] *Nerlich/Römermann/Westphal,* InsO, §§ 203, 204 Rn. 16 mwN.
[5] HK-*Depré,* InsO, § 203 Rn. 8.

und später die Einstellung des Verfahrens nach § 211. Lediglich für diesen Fall hat der Gesetzgeber die Anordnung der Nachtragsverteilung auf Antrag des Insolvenzverwalters oder eines Massegläubigers oder von Amts wegen vorgesehen (§ 211 Abs. 3 S. 1) und die Vorschriften für die Nachtragsverteilung (§§ 203 Abs. 3, 204, 205) für entsprechend anwendbar erklärt.

27 Für den Fall des § 207 fehlt eine entsprechende Vorschrift, wobei nicht auszuschließen ist, dass es sich um eine planwidrige **Regelungslücke** handelt,[1] die durch eine entsprechende Anwendung des § 211 Abs. 3 auch für den Fall der Einstellung des Verfahrens mangels Masse gem. § 207 geschlossen werden sollte.[2] Es ist kein sachlicher Grund ersichtlich, weshalb die Verfahrenskostengläubiger nicht auch in den Genuss einer Nachtragsverteilung kommen sollen, wenn sich nach Einstellung des Verfahrens herausstellt, dass doch Vermögenswerte vorhanden sind, die zugunsten dieser Ansprüche realisiert werden können. Soweit dabei allerdings nicht nur Masseverbindlichkeiten bedient werden, benötigt der Insolvenzverwalter zur ordnungsgemäßen Verteilung ein Schlussverzeichnis.

28 Ordnet das Gericht eine Nachtragsverteilung wegen Geringfügigkeit (Abs. 3 S. 1) oder wegen nicht bezahltem Kostenvorschuss (Abs. 3 S. 2) nicht an, so kann es den betreffenden Betrag oder Gegenstand dem Schuldner überlassen. Die Überlassung hat die Wirkung einer Freigabe, so dass der Schuldner hierüber wieder frei verfügen kann.

29 Bei Abweisung des Insolvenzverfahrens mangels Masse (§ 26) ist eine Nachtragsverteilung schon begrifflich ausgeschlossen, da eine Verteilung noch nicht stattgefunden hat. Es ist daher ein neues Insolvenzverfahren zu beantragen.

9. Nachtragverteilung in der Insolvenz der Genossenschaft und des Versicherungsvereins auf Gegenseitigkeit

30 Im Insolvenzverfahren über das Vermögen einer eingetragenen Erwerbs- oder Wirtschaftsgenossenschaft sind bei bestehender Nachschusspflicht (§ 105 GenG) die eingezogenen Beträge (§ 110 GenG) im Wege der Nachtragsverteilung an die Gläubiger zu verteilen (§ 115 Abs. 1 S. 1 GenG).[3]

31 Nach § 52 Abs. 2 S. 2 VAG gelten die §§ 115 bis 118 GenG entsprechend für die Verteilung der von Mitgliedern eines Versicherungsvereins a. G. endgültig zu leistenden Beiträge.

10. Praxishinweis

31a Körperschaftsteuerguthaben, die gem. § 37 Abs. 2 KStG letztmalig zum 31. Dezember 2006 ermittelt worden sind, werden in den nächsten 8 Jahren – die erste Rate war im September 2008 zur Auszahlung gelangt, die zweite im September 2009 – zur Auszahlung kommen. Für diese Erstattungsansprüche ist die Nachtragsverteilung anzuordnen, wenn die Steuerguthaben vor oder während des eröffneten Insolvenzverfahrens entstanden waren. Würde die Nachtragsverteilung nicht vorbehalten werden und das Insolvenzverfahren aufgehoben, könnte

[1] *Kübler/Prütting/Bork/Holzer,* InsO, § 203 Rn. 28 f.
[2] LG Darmstadt Rpfleger 2001, 512 m. Anm. *Keller.*
[3] Zu Einzelheiten vgl. *Kübler/Prütting/Bork/Holzer,* InsO, § 203 Rn. 32 f.; *Uhlenbruck/ders.,* InsO, § 203 Rn. 22.

die Finanzverwaltung mit vorkonkurslichem Stand an Steuerforderungen aufrechnen. Die Nichtrealisierung dieser Erstattungsansprüche könnte ggf. Schadensersatzansprüche gegen den Insolvenzverwalter begründen.

Der Anspruch auf Erstattung von Einkommensteuerzahlungen wird von der Abtretungserklärung gem. § 287 Abs. 2 S. 1 nicht erfasst.[1] Dieser Anspruch gehört aber zur Insolvenzmasse, wenn der die Erstattungsforderung begründende Sachverhalt vor oder während des Insolvenzverfahrens verwirklicht worden ist. Zur Realisierung dieser Ansprüche kann die Nachtragsverteilung vorbehalten werden.[2] 32

Die Anordnung der Nachtragsverteilung ist oft auch hinsichtlich noch nicht vollständig verwerteter Vermögensgegenstände sinnvoll, um das Verfahren im Übrigen abschließen zu können. So werden insbesondere in Bauinsolvenzen Gewährleistungseinbehalte oft Jahre nach Abwicklung des Insolvenzverfahrens zur Auszahlung frei und sollten dann sinnvollerweise im Wege einer Nachtragsverteilung ausgeschüttet werden, ohne dass die Notwendigkeit besteht, die Insolvenzverfahren bis zur vollständigen Verwertung dieser Vermögensgegenstände offenzuhalten. Teilweise wird die Vorschrift von Insolvenzgerichten allerdings enger ausgelegt und die Anberaumung eines Schlusstermins mit dem Hinweis auf die nicht vollständige Verwertung des schuldnerischen Vermögens verweigert. 32a

Auch bei der Ausschüttung von geringfügigen Beträgen muss eine wirtschaftliche Betrachtungsweise Platz greifen. *Uhlenbruck* weist zu Recht darauf hin, dass in Großverfahren auch die Ausschüttung eines Gesamtbetrages von beispielsweise 20 000,– € an über 1000 Gläubiger unverhältnismäßig sein kann. Berücksichtigt man, dass in solchen Fällen der Insolvenzverwalter zumindest durch ein Rundschreiben an die Gläubiger über diese weitere Ausschüttung informieren muss, damit eine ordnungsgemäße Verbuchung erfolgen kann, so würde durch die hierdurch ausgelösten Auslagen ein Großteil des auszuschüttenden Betrages bereits verbraucht. Unterlässt der Verwalter eine vorherige Information, so wird er mit einer Vielzahl von Nachfragen konfrontiert, deren Abarbeitung ebenfalls Korrespondenz und damit Kosten verursachen wird. Sinnvoll erscheint es in solchen Fällen, von der Anordnung der Nachtragsverteilung abzusehen und stattdessen die Verwertung des Vermögensgegenstandes im Rahmen der Einzelzwangsvollstreckung zuzulassen. 33

§ 204 Rechtsmittel

(1) **Der Beschluß, durch den der Antrag auf Nachtragsverteilung abgelehnt wird, ist dem Antragsteller zuzustellen. Gegen den Beschluß steht dem Antragsteller die sofortige Beschwerde zu.**

(2) **Der Beschluß, durch den eine Nachtragsverteilung angeordnet wird, ist dem Insolvenzverwalter, dem Schuldner und, wenn ein Gläubiger die Verteilung beantragt hatte, diesem Gläubiger zuzustellen. Gegen den Beschluß steht dem Schuldner die sofortige Beschwerde zu.**

---

[1] BGH ZVI 2005, 437.

[2] BGH ZIP 2006, 340 ff.

1. Normzweck

1 § 204 bringt die bisher herrschende Meinung zur KO bezüglich der Bekanntgabe des Beschlusses über die Anordnung der Nachtragsverteilung in gesetzliche Form. Geregelt wird auch der Rechtsweg für die beschwerten Personen.

2 Die Vorschrift entspricht § 232 RegE.[1]

2. Ablehnung der Anordnung der Nachtragsverteilung

3 Eine den Antrag auf Anordnung der Nachtragsverteilung ablehnende Entscheidung des Insolvenzgerichts ist nur dem Antragsteller zuzustellen, da nur dieser in einer Rechtsposition nachteilig betroffen ist. Durch die Ablehnung kann seine Forderung nicht mehr weitergehend im Insolvenzverfahren befriedigt werden. Dem Antragsteller ist gegen die Entscheidung die sofortige Beschwerde eröffnet.[2] Die Beschwerdefrist beträgt zwei Wochen (§ 4 i. V. m. § 569 Abs. 2 ZPO). Der Ablehnungsbeschluss ist nicht öffentlich bekannt zu machen.

3. Anordnung der Nachtragsverteilung

4 Obwohl durch die Anordnung weder der Gläubiger noch der Insolvenzverwalter einen rechtlichen Nachteil erleidet, muss ihnen der Beschluss wegen ihres besonderen Interesses an der Entscheidung und ihrer Mitwirkung im Verfahren ebenfalls zugestellt werden. Der Beschluss ist nicht öffentlich bekannt zu machen.[3] § 206 Nr. 3 bezieht sich ersichtlich auf die Veröffentlichung der für die Verteilung zur Verfügung stehenden Beträge, nicht auf die Anordnung der Nachtragsverteilung.

5 Das Rechtsmittel der sofortigen Beschwerde steht allein dem Schuldner zu, da er in seiner Verfügungsmöglichkeit über sein Vermögen durch den Anordnungsbeschluss beeinträchtigt wird.

§ 205 Vollzug der Nachtragsverteilung

Nach der Anordnung der Nachtragsverteilung hat der Insolvenzverwalter den zur Verfügung stehenden Betrag oder den Erlös aus der Verwertung des ermittelten Gegenstands auf Grund des Schlußverzeichnisses zu verteilen. Er hat dem Insolvenzgericht Rechnung zu legen.

1. Normzweck

1 Die Vorschrift regelt die Art und Weise der Durchführung der Nachtragsverteilung. Eine solche Regelung fehlte in der KO, so dass die allgemeine Vorschrift des § 167 KO zur Anwendung kam. Insofern stellt die gesetzliche Regelung eine Neuerung dar.

2 Die Vorschrift entspricht § 233 RegE.[4]

---

[1] *Balz/Landfermann,* S. 444.

[2] Krit. hierzu: HK-*Depré,* InsO, § 204 Rn. 1.

[3] *Uhlenbruck/ders.,* InsO, § 204 Rn. 2; aA: HK-*Depré,* InsO, § 204 Rn. 2; § 203 Rn. 9; MünchKomm-*Hintzen,* InsO § 203 Rn. 11.

[4] *Balz/Landfermann,* S. 444.

2. Vollzug der Nachtragsverteilung

Der Vollzug der Nachtragsverteilung durch den Insolvenzverwalter darf erst nach dem Beschluss des Gerichts über die Anordnung (§ 203 Abs. 1), ggf. erst nach der Entscheidung des Beschwerdegerichts (§ 204 Abs. 1) erfolgen, da erst dann feststeht, worauf sich der – neu eingetretene oder aufrechterhaltene – Insolvenzbeschlag erstreckt. 3

Regelmäßig wird der bisherige Insolvenzverwalter mit dem Vollzug der Nachtragsverteilung beauftragt. Immer dann, wenn es jedoch in der Nachtragsverteilung darum geht, Schadenersatzansprüche gegen den bisherigen Insolvenzverwalter gem. § 60 zu verfolgen und gem. § 202 Abs. 2 Nr. 3 zur Verteilung zu bringen, wird das Gericht einen neuen Insolvenzverwalter bestellen.[1] 4

Zur **Durchführung der Nachtragsverteilung** hat der Insolvenzverwalter die zu verteilenden Barmittel zu sichern und die betroffenen Vermögensgegenstände zu verwerten. Es gelten die allgemeinen Regeln über das Schlussverteilungsverfahren (§ 196). 5

Die Verteilung ist vom Insolvenzverwalter auf Grund des Schlussverzeichnisses vorzunehmen. Ein eigenes Verteilungsverzeichnis (§ 188 S. 1) wird nicht mehr erstellt. 6

An der Verteilung nehmen nur die in das **Schlussverzeichnis** aufgenommenen Gläubiger teil. Eine Anmeldung neuer Forderungen ist nicht möglich. Ebenso wenig findet eine erneute Gläubigerversammlung oder ein Schlusstermin statt, da es sich nicht um ein neues Verfahren handelt.[2] 7

Den zu verteilenden Bruchteil bestimmt allein der Insolvenzverwalter. Der für die Abschlagsverteilung gem. § 195 zuständige Gläubigerausschuss ist nach Aufhebung des Verfahrens nicht mehr im Amt, seine Zustimmung daher nicht mehr erforderlich.[3] Der Insolvenzverwalter teilt – wie bei jeder Verteilung – den Gläubigern den von ihm ermittelten Bruchteil – in der Praxis auf dem Überweisungsträger – mit. 8

3. Rechnungslegung

Der Insolvenzverwalter hat dem Insolvenzgericht gem. S. 2 über die durchgeführte Nachtragsverteilung Rechnung zu legen. Dies schließt einen Bericht über die Ermittlung, Verwaltung und Verwertung der betroffenen Vermögensgegenstände ebenso ein wie den Nachweis der zugeflossenen Beträge und die Art ihrer Verteilung auf Grund des Schlussverzeichnisses. Die Prüfung der Rechnungslegung erfolgt ausschließlich durch das Insolvenzgericht, auch wenn im ursprünglichen Verfahren ein Gläubigerausschuss bestellt war. 9

4. Haftung

Auch für die Nachtragsverteilung gilt § 60, der Insolvenzverwalter hat allen Beteiligten für die Sorgfalt eines ordentlichen und sorgfältigen Insolvenzverwalters einzustehen und ist im Falle ihrer Verletzung zum Schadenersatz verpflichtet. Etwaige Ansprüche verjähren in drei Jahren von dem Zeitpunkt an, in dem der 10

---

[1] *Nerlich/Römermann/Westphal,* InsO, § 205 Rn. 2.
[2] Ebd. Rn. 7 mwN.
[3] *Uhlenbruck/ders.,* InsO, § 205 Rn. 2.

Geschädigte von dem Schaden und den Umständen, welche die Ersatzpflicht des Insolvenzverwalters begründen, Kenntnis erlangt (§ 62 S. 1), spätestens aber drei Jahre nach Vollzug der Nachtragsverteilung (§ 62 S. 3).[1]

5. Vergütung

11 Für die Nachtragsverteilung erhält der Insolvenzverwalter eine **gesonderte Vergütung,** die unter Berücksichtigung des Werts der nachträglich verteilten Insolvenzmasse **nach billigem Ermessen** festzusetzen ist (§ 6 Abs. 1 S. 1 InsVV). Von einer gesonderten Vergütung kann abgesehen werden, wenn die Nachtragsverteilung voraussehbar war und schon bei der Festsetzung der Vergütung für das Insolvenzverfahren berücksichtigt worden ist (§ 6 Abs. 1 S. 2 InsVV).

12 Der Verordnungsgeber hat für die Vergütung keine festen Sätze aufgestellt. Ausgangspunkt ist der Regelsatz nach § 2 InsVV, wobei – abhängig vom Umfang der Tätigkeit – in der Regel Abschläge vorzunehmen sind.[2] Als **Untergrenze** ist die Vergleichsberechnung anzustellen, in welchem Umfange sich die Vergütung des Insolvenzverwalters erhöht hätte, falls die nachträglich verteilten Beträge bereits bei der Festsetzung der Vergütung des Insolvenzverwalters bekannt gewesen wären und die Berechnungsgrundlage entsprechend erhöht hätten. Die Festsetzung der Vergütung erfolgt durch das Insolvenzgericht nach durchgeführter Nachtragsverteilung und erfolgter Rechnungslegung.

13 Zusätzlich zur Vergütung sind dem Insolvenzverwalter die ihm entstandenen Auslagen zu erstatten.[3]

§ 206 Ausschluß von Massegläubigern

Massegläubiger, deren Ansprüche dem Insolvenzverwalter

1. **bei einer Abschlagsverteilung erst nach der Festsetzung des Bruchteils,**
2. **bei der Schlußverteilung erst nach der Beendigung des Schlußtermins oder**
3. **bei einer Nachtragsverteilung erst nach der öffentlichen Bekanntmachung**

bekanntgeworden sind, können Befriedigung nur aus den Mitteln verlangen, die nach der Verteilung in der Insolvenzmasse verbleiben.

1. Normzweck

1 Grundsätzlich sind Masseansprüche vorweg zu befriedigen (§ 53). Die Vorschrift regelt eine verfahrensrechtliche Präklusion nicht rechtzeitig dem Insolvenzverwalter bekannt gewordener Masseansprüche, um Bereicherungsansprüche gegen Insolvenzgläubiger auszuschließen, die entstünden, wenn Massegläubiger noch nach der Verteilung ihre Ansprüche geltend machen könnten.

[1] *Uhlenbruck/ders.,* InsO, § 205 Rn. 8.

[2] *Haarmeyer/Wutzke/Förster,* Hdb., Kap. 8 Rn. 120 gehen von 0,25 der Regelvergütung für den Regelfall der unvorhersehbaren Nachtragsverteilung aus.

[3] *Uhlenbruck/ders.,* InsO, § 205 Rn. 6.

Inhaltlich wurde in § 206 die Regelung des § 172 KO übernommen. Die Vorschrift entspricht § 234 RegE.[1] 2

2. Kenntnis des Insolvenzverwalters

Der Ausschluss findet nur statt, wenn die betroffenen Ansprüche dem Insolvenzverwalter nicht zu den in Nr. 1–3 genannten Zeitpunkten bekannt waren. Ausreichend ist, wenn er den Anspruchsgrund kannte, auch bei bedingten Ansprüchen.[2] Ein **Kennenmüssen** i. S. v. § 122 Abs. 2 BGB genügt dagegen nicht.[3] Woher der Insolvenzverwalter die Kenntnisse hatte, ist unerheblich, insbesondere ist eine Benachrichtigung durch die Gläubiger nicht erforderlich. 3

Zur Sicherstellung streitiger Masseverbindlichkeiten ist der Insolvenzverwalter gem. § 258 Abs. 2 bei Aufhebung des Insolvenzverfahrens nach bestätigtem Insolvenzplan verpflichtet. Wird das Insolvenzverfahren ohne einen Plan aufgehoben oder eingestellt, dient die Zurückbehaltung streitiger Beträge lediglich der Haftungsvermeidung des Verwalters, eine gesetzliche Verpflichtung, streitige Masseverbindlichkeiten sicherzustellen, besteht nicht.[4] 4

3. Präklusion

Massegläubiger, die nach § 206 ausgeschlossen sind, können Befriedigung nur aus den nach der Verteilung in der Masse verbliebenen Mitteln verlangen. Die Präklusionswirkung schützt nur die Masse und die Insolvenzgläubiger, gegen den Schuldner können die ausgeschlossenen Massegläubiger weiterhin vorgehen, seine Haftung ist jedoch auf die aus der Masse – z. B. durch Freigabe – zurückgewährten Gegenstände und den Überschuss (§ 199) beschränkt (hM).[5] 5

Der Ausschluss wirkt jedoch nur stufenweise. Wer bei der Abschlagsverteilung ausgeschlossen war, kann an der Schluss- oder Nachtragsverteilung teilnehmen, wer bei der Schlussverteilung ausgeschlossen war, immer noch an der Nachtragsverteilung.[6] Kommt es in einem Restschuldbefreiungsverfahren zu Verteilungen, sind ebenfalls zunächst die offengebliebenen Masseverbindlichkeiten zu erfüllen, auch soweit sie erst nachträglich bekannt geworden waren. 6

4. Maßgeblicher Zeitpunkt

Der für den Eintritt der Präklusionswirkung maßgebliche Zeitpunkt ist abhängig von der Art der Verteilung. Dies ist 7
- bei der Abschlagsverteilung der Zeitpunkt der Wirksamkeit der Festsetzung des Bruchteils durch den Gläubigerausschuss oder den Verwalter; diese tritt ein bei Bekanntgabe des Bruchteils an mindestens einen Insolvenzgläubiger,
- bei der Schlussverteilung die Beendigung des Schlusstermins durch Schließung der Gläubigerversammlung durch das Insolvenzgericht. Die Wiedereröffnung

[1] *Balz/Landfermann,* S. 444.
[2] *Nerlich/Römermann,* InsO, § 206 Rn. 6.
[3] *Kübler/Prütting/Bork/Holzer,* InsO, § 206 Rn. 2.
[4] AG Tempelhof-Kreuzberg ZVI 2007, 479: für das Verbraucherinsolvenzverfahren.
[5] Vgl. *Kübler/Prütting/Bork/Holzer,* InsO, § 206 Rn. 4 mwN; aA: *Häsemeyer,* Insolvenzrecht, Rn. 25.30.
[6] *Uhlenbruck/ders.,* InsO, § 206 Rn. 4.

der Verhandlung mit dem ausschließlichen Zweck der nachträglichen Zulassung einer Massegläubigerforderung ist unzulässig,[1]
– bei der Nachtragsverteilung die wirksame öffentliche Bekanntmachung des zur Verteilung anstehenden Betrages gem. §§ 205, 188 durch den Verwalter. Die Wirksamkeit tritt zwei Tage nach Veröffentlichung ein (§ 9 Abs. 1 S. 3).

8 Hat der Insolvenzverwalter im jeweiligen Zeitpunkt keine positive Kenntnis, so sind die Massegläubiger für die jeweils bevorstehende Verteilung präkludiert. Vor einer späteren Verteilung sind die dann bekannten Masseverbindlichkeiten jedoch durch den Verwalter zu erfüllen.

9 Die **Auswirkungen der Präklusion** nach § 206 Nr. 2 ist für Massegläubiger weniger einschneidend als die Versäumung der für die Schlussverteilung geltenden Ausschlussfrist des § 189 Abs. 1 sowie die einwendungslose Beendigung des Schlusstermins für Insolvenzgläubiger, denn diese sind mit ihren nicht in das Schlussverzeichnis aufgenommenen Forderungen auch für die Nachtragsverteilung ausgeschlossen.

5. Ansprüche unrechtmäßig ausgeschlossener Massegläubiger

10 Massegläubiger, die von der Verteilung ausgeschlossen waren obwohl ihre Ansprüche dem Insolvenzverwalter bekannt waren, können Schadenersatzansprüche gegen den Insolvenzverwalter gem. § 60 geltend machen oder gemäß §§ 812 ff. BGB gegen die ungerechtfertigt bereicherten Insolvenzgläubiger wegen der zu viel erhaltenen Quote vorgehen.[2]

---

[1] *Nerlich/Römermann/Westphal,* InsO, § 206 Rn. 4.

[2] *Kübler/Prütting/Bork/Holzer,* InsO, § 206 Rn. 6 mwN; aA: *Uhlenbruck/ders.,* InsO, § 206 Rn. 4.

Dritter Abschnitt. Einstellung des Verfahrens

Vorbemerkung vor §§ 207–216

Eines der wesentlichen **Ziele der Insolvenzrechtsreform** bestand darin, die hohe Zahl der mangels Masse nicht eröffneten Insolvenzverfahren zu reduzieren. Die Eröffnung eines Insolvenzverfahrens ist daher gem. § 26 Abs. 1 S. 1 nur noch von der Deckung der Kosten des Verfahrens abhängig. Ist der Schuldner eine natürliche Person und hat er einen Antrag auf Restschuldbefreiung gestellt, können nach dem durch das InsOÄndG 2001[1] eingeführten „Stundungsmodell" die Verfahrenskosten gestundet werden. Ist das Insolvenzverfahren eröffnet, sind aus der Insolvenzmasse die Kosten des Verfahrens und die sonstigen Masseverbindlichkeiten vorweg zu berichtigen (§ 53). Sind die Masseverbindlichkeiten wider Erwarten doch nicht gedeckt, ist das Verfahren vorzeitig wieder einzustellen. Sind die Verfahrenskosten gestundet, sind zunächst die sonstigen Masseverbindlichkeiten zu erfüllen, danach die gestundeten Verfahrenskosten.[2] 1

Das Gesetz spricht von der **Verfahrensaufhebung,** wenn das Verfahren vollständig und ordnungsgemäß durchgeführt worden ist und nach Schlussverteilung (§ 200) bzw. Bestätigung eines Insolvenzplans (§ 258) beendet werden kann. Wird das Verfahren vorzeitig beendet, weil die gemeinschaftliche Befriedigung der Insolvenzgläubiger nicht erreicht werden kann, spricht das Gesetz von der **Einstellung** des Verfahrens.[3] Der wichtigste Einstellungsgrund ist dann gegeben, wenn die vorhandene Masse nicht ausreicht, die Verfahrenskosten und/oder die Masseverbindlichkeiten zu decken. Weitere Einstellungsgründe sind darüber hinaus der Wegfall des Eröffnungsgrundes (§ 212) und die Zustimmung der Insolvenzgläubiger (§ 213). 2

Die **Abwicklung masseinsuffizienter Insolvenzverfahren** hat der Gesetzgeber im dritten Abschnitt des fünften Teils geregelt. Darüber hinaus hat er nach weiteren Maßnahmen gesucht, um die Zahl eröffneter Insolvenzverfahren zu erhöhen und möglichst viele Verfahren ordnungsgemäß und vollständig abwickeln zu lassen. Mit dem Ziel, die Masse anzureichern, hat er die Anfechtungsvorschriften verschärft und Kostenbeiträge dinglich gesicherter Gläubiger eingeführt. Durch den neuen Insolvenzgrund der drohenden Zahlungsunfähigkeit soll der Eröffnungszeitpunkt vorverlagert werden. Demselben Ziel dient die Verpflichtung der Organe juristischer Personen, die verspätete Insolvenzanträge stellen, etwaige Kostenvorschüsse zu erstatten. 3

Die Abwicklung masseunzureichender Verfahren war in den §§ 60, 204, 191 KO nur rudimentär geregelt. In der Gesamtvollstreckungsordnung fehlte jede eigenständige Regelung. Die gesetzlichen Defizite wurden durch die Rechtsprechung teilweise ausgefüllt. Die Erhöhung der Abwicklungsmasse unzureichender Insolvenzverfahren ist eines der Hauptanliegen des neuen Insolvenzrechts. 4

---

[1] BGBl. I 2001, S. 2710.
[2] Vgl. *Kießner,* FS Braun, S. 205 ff.
[3] Vgl. *App,* DGVZ 2001, 1 ff.

§ 207 Einstellung mangels Masse

(1) **Stellt sich nach der Eröffnung des Insolvenzverfahrens heraus, daß die Insolvenzmasse nicht ausreicht, um die Kosten des Verfahrens zu decken, so stellt das Insolvenzgericht das Verfahren ein. Die Einstellung unterbleibt, wenn ein ausreichender Geldbetrag vorgeschossen wird oder die Kosten nach § 4 a gestundet werden; § 26 Abs. 3 gilt entsprechend.**

(2) **Vor der Einstellung sind die Gläubigerversammlung, der Insolvenzverwalter und die Massegläubiger zu hören.**

(3) **Soweit Barmittel in der Masse vorhanden sind, hat der Verwalter vor der Einstellung die Kosten des Verfahrens, von diesen zuerst die Auslagen, nach dem Verhältnis ihrer Beträge zu berichtigen. Zur Verwertung von Massegegenständen ist er nicht mehr verpflichtet.**

Übersicht

1. Normzweck

1 Reicht die Insolvenzmasse schon nicht aus, um die Kosten des Insolvenzverfahrens zu decken, ist das Insolvenzverfahren nach § 207 mangels Masse einzustellen **(Massearmut/-losigkeit).**

2 In Anlehnung an die nur sehr unvollkommenen §§ 204, 205 KO versucht § 207 die Anzahl der bereits eröffneten Insolvenzverfahren, die aus Gründen der **Massearmut** wieder eingestellt werden müssen, zu reduzieren.[1] Eine nachträgliche Einstellung erfolgt nur, wenn das freie Schuldnervermögen nicht zur Deckung der vollständigen Kosten des Insolvenzverfahrens ausreicht, es gilt derselbe Maßstab wie für die Verfahrenseröffnung nach § 26 Abs. 1. Im Insolvenzverfahren einer natürlichen Person können darüber hinaus die Verfahrenskosten gestun-

[1] Begründung zu § 317 RegE, abgedruckt in *Balz/Landfermann,* S. 446.

det werden. Andererseits ist die Durchführung eines an **Massekostenarmut** leidenden Verfahrens mangels zu erstrebenden Ordnungs- und Regelungscharakters bezüglich der ohnehin unbefriedigt bleibenden Insolvenzgläubiger nicht sinnvoll.[1] Dagegen ist bei **Masseunzulänglichkeit** (d. h. die Verfahrenskosten sind gedeckt, nur die sonstigen Masseverbindlichkeiten bleiben (teilweise) ungedeckt), das Verfahren nach §§ 208 ff. bis zur Verwertung und Verteilung der zur Verfügung stehenden Masse fortzusetzen.[2]

§ 207 geht auf § 317 RegE zurück,[3] dessen Abs. 1 S. 2, der die Einstellung vor dem Berichtstermin nur zuließ, wenn die bis zu diesem Termin entstehenden Kosten nicht gedeckt waren, vom Rechtsausschuss gestrichen wurde. 3

Durch das InsOÄndG 2001[4] ist S. 2 dahingehend ergänzt worden, dass eine Einstellung auch dann unterbleibt, wenn die Verfahrenskosten nach § 4 a gestundet werden. Durch das Gesetz[5] zur Entschuldung völlig mittelloser Personen und zur Änderung des Verbraucherinsolvenzverfahrens soll die Verfahrenskostenstundung allerdings wieder aufgehoben werden. 4

2. Einstellung des Verfahrens mangels Masse

a) Voraussetzungen

In Abgrenzung zum Terminus der **Verfahrensaufhebung,** der die ordnungsgemäße Beendigung nach der Schlussverteilung des § 200 bzw. der Bestätigung eines Insolvenzplans i. S. d. § 258 umfasst, bezeichnet die **Verfahrenseinstellung** die vorzeitige Beendigung des Verfahrens, wenn die gemeinschaftliche Befriedigung der Insolvenzgläubiger mangels Masse nicht erreicht werden kann.[6] 5

Der Insolvenzverwalter hat die Kostendeckung kontinuierlich zu beobachten und bei bestehenden Zweifeln zu überprüfen.[7] Auf seine **Anzeige** der fehlenden Verfahrenskostendeckung hin hat das Insolvenzgericht von Amts wegen sorgfältig und umfassend zu klären, ob Masselosigkeit als Voraussetzung der Einstellung nach § 207 eingetreten ist.[8] Verbleiben dem Insolvenzgericht Zweifel, sind diese ggf. unter Hinzuziehung eines weiteren Sachverständigen zu klären.[9] 6

Die **fehlende Deckung der Verfahrenskosten** muss dem Gericht im Detail vorgetragen werden, da gem. § 216 Abs. 1 S. 1 gegen den Einstellungsbeschluss die **sofortige Beschwerde** zulässig ist und das Gericht nicht selbst mit der Feststellung der Massearmut belastet werden soll.[10] 7

Die Anzeige des Insolvenzverwalters hat nachvollziehbar darzulegen, dass die Verfahrenskosten durch die Aktivmasse nicht mehr gedeckt sind. Bei der Ermittlung des Werts der Masse ist der bei der Abwicklung voraussichtlich zu realisierende Liquidationswert unter Saldierung der dabei anfallenden Verwertungskos- 8

---

[1] *Eickmann,* ZIP 1984, 642.

[2] Zur begrifflichen Unterscheidung dieser Massearmut im engeren und im weiteren Sinne vergleiche *Kübler/Prütting/Bork/Pape,* InsO, § 207 Rn. 7.

[3] *Balz/Landfermann,* S. 446.

[4] BGBl. I 2001, S. 2710, 2712.

[5] Referentenentwurf, abgedruckt in ZVI 2007, Beilage 1 zu Heft 1.

[6] HK-*Landfermann,* InsO, Vorb. zu §§ 207–216 Rn. 1; *App,* DGVZ 2001, 1 ff.

[7] *Kübler/Prütting/Bork/Pape,* InsO, § 207 Rn. 9; *Uhlenbruck/ders.,* InsO, § 207 Rn. 4.

[8] MünchKomm-*Hefermehl,* InsO § 207 Rn. 16.

[9] Vgl. LG Berlin ZInsO 2000, 224.

[10] Dazu *Dinstühler,* ZIP 1998, 1701; abl. dagegen *Smid,* WM 1998, 1319.

ten zugrunde zu legen. Verwertungsrisiken müssen bei der Bewertung angemessen berücksichtigt werden. Dies muss insbesondere bei der Bewertung streitiger Forderungen häufig zu erheblichen Abschreibungen führen.

9 Der Wert der so festgestellten Aktivmasse beeinflusst dann auch wiederum den Umfang der voraussichtlichen Verfahrenskosten, die in § 54 festgelegt sind. Sie umfassen die Gerichtsgebühren sowie die Vergütung und die Auslagen des (vorläufigen) Insolvenzverwalters sowie eines etwaigen Gläubigerausschusses und die Auslagen des Gerichts. Sowohl die Gerichtskosten als auch die Verwaltervergütung ist abhängig vom Umfang der Aktivmasse.

b) Normative Verfahrenskosten

10 Auf den ersten Blick scheint die InsO eindeutig zu regeln, welche Aufwendungen unter den Begriff „Kosten des Verfahrens" zu subsumieren sind. Ebenso wie bei § 26 können allerdings bei § 207 hierunter nicht nur die Kosten des Insolvenzverfahrens gem. § 54 gezogen werden. Vielmehr ist zu berücksichtigen, dass nach Eröffnung des Insolvenzverfahrens **unausweichliche Verwaltungskosten** anfallen, die der Verwalter unabhängig von einer gesetzlichen Rangordnung kurzfristig zu erfüllen hat. Auch diese Aufwendungen sind daher bei der Auslegung des Begriffs der Verfahrenskosten zu berücksichtigen.[1]

11 Die Gerichte sind bei Prüfung der Eröffnungsfähigkeit von Insolvenzverfahren gem. § 26 auch mit der Frage befasst worden, wie derartige unausweichliche Verwaltungskosten für die Frage der **Verfahrenskostendeckung** zu berücksichtigen sind. Das Amtsgericht Charlottenburg hat in mehreren Entscheidungen[2] die Auffassung vertreten, Verfahren, die nach kurzer Zeit bereits wieder mangels Masse eingestellt werden müssten, sollten gar nicht erst eröffnet werden. Das Landgericht Berlin[3] hat in einer Beschwerdeentscheidung die gegenteilige Auffassung vertreten, ebenso wie andere Amtsgerichte,[4] die Verfahren ausdrücklich gegen die Empfehlung des beauftragten Sachverständigen eröffnet haben, obwohl von der freien Masse lediglich die Kosten des Insolvenzverfahrens gem. § 54 gedeckt waren.

12 In der Literatur wird vertreten, notwendige Abwicklungskosten unter den Begriff der **Auslagen** gem. § 54 Nr. 2 zu subsumieren.[5] Wenn hiergegen eingewandt wird, dass der Begriff der Auslagen zwingend beinhalte, dass es sich um den Insolvenzverwalter persönlich treffende Verbindlichkeiten handle,[6] ist dies im Ausgangspunkt zutreffend. Dieser Einwand verkennt aber, dass der Insolvenzverwalter – insbesondere wenn es um die Aufarbeitung der Buchhaltung geht – den erforderlichen Auftrag auch im eigenen Namen und nicht auf Kosten der Masse erteilen kann. In diesem Fall bestehen keine Einwände, die entsprechenden Aufwendungen als Auslagen vorrangig zu erstatten und ggf. bei der Prüfung nach § 207 ebenfalls als Inhalt der Verfahrenskosten zu berücksichtigen.

13 Die Rechtsprechung ist dieser Auffassung gefolgt und hatte insbesondere in Stundungsverfahren die Auslagen des Insolvenzverwalters zur Erfüllung steuer-

[1] HK-*Landfermann,* InsO, § 207 Rn. 5 ff.; *Uhlenbruck/ders.,* InsO, § 207 Rn. 3; aA: MünchKomm-*Hefermehl,* InsO § 207 Rn. 29.

[2] ZIP 1999, 1687, 1688, 1689.

[3] ZInsO 2000, 224 ff.

[4] Siehe bspw. AG Neuruppin ZIP 1999, 1687; AG Neu-Ulm NZI 2000, 386.

[5] *Wienberg/Voigt,* ZIP 1999, 1662 ff.

[6] *Breutigam/Blersch/Breutigam,* § 207 Rn. 6.

rechtlicher Pflichten der Staatskasse auferlegt, bzw. dem Insolvenzverwalter wegen dieser Auslagen einen gegen die Staatskasse gerichteten Anspruch auf Leistung eines Vorschusses zugesprochen.[1] Der Bundesgerichtshof[2] hat dies ausdrücklich gebilligt. Er hat dem Insolvenzverwalter in Fällen der Kostenstundung nach § 4a einen Anspruch gegen die Staatskasse auf Ersatz solcher, mit zumutbaren Maßnahmen nicht vermeidbarer Aufwendungen zugesprochen.

Allerdings lässt sich damit das **Problem der unausweichlichen Verwaltungskosten**[3] nur teilweise lösen. Wenn es um die dringende Lieferung von Energie geht, ist Vertragspartner zweifelsfrei die Masse und nicht der Insolvenzverwalter. Derartige Kosten als Auslagen erstattet zu erlangen, scheidet daher aus. Für den Insolvenzverwalter stellt sich eine nicht direkt lösbare Pflichtenkollision. Geht er derartige sonstige Masseverbindlichkeiten ein, die er, da die Masse lediglich die Verfahrenskosten deckt, nicht bedienen kann und fällt der Vertragspartner mit seinem Anspruch aus, haftet der Insolvenzverwalter nach § 61. Geht der Insolvenzverwalter die Verbindlichkeiten nicht ein, so macht er sich schadensersatzpflichtig, wenn der Masse hieraus ein Schaden entsteht.[4] Es ist offensichtlich, dass diese **Pflichtenkollision** verfassungskonform gelöst werden muss. Dies ist nur dadurch möglich, dass der Begriff der „Kosten des Verfahrens" i. S. d. Abs. 1 S. 1 auch diejenigen unausweichlichen Aufwendungen beinhaltet, die der Insolvenzverwalter eingehen muss, um eine eigene Haftung wegen Pflichtenverletzung zu vermeiden. Insoweit ist von einem **„normativen Verfahrenskostenbegriff"** bei § 207 ebenso wie bei § 26 auszugehen.[5] 14

Der Regierungsentwurf[6] eines Gesetzes zur Vereinfachung des Insolvenzverfahrens lehnte eine gesetzliche Regelung der Problematik ausdrücklich mit dem Argument ab, es bestünden Zweifel, ob es mit praxistauglichen Kriterien gelingen könnte, die unausweichlichen Verfahrenskosten von den sonstigen Kosten abzugrenzen, die in jedem Insolvenzverfahren anfallen. 14a

c) Verfahrensablauf

aa) Bevor das Gericht von Amts wegen die Einstellung beschließt, hat es nach § 207 Abs. 2 eine Gläubigerversammlung einzuberufen und diese ebenso wie den Insolvenzverwalter und die Massegläubiger anzuhören. Die **Anhörung** kann mit dem bei Beendigung des Amtes als Insolvenzverwalter anzuberaumenden Termin zur Abnahme der Schlussrechnung nach § 66 verbunden werden, um einen zügigen Verfahrensablauf zu gewährleisten.[7] 15

Die Gläubiger können in einer früheren Versammlung – ggf. auch bereits im Berichtstermin – vorsorglich auf ihr Anhörungsrecht und die Abnahme der Schlussrechnung **verzichten** und diese Entscheidung dem Insolvenzgericht überlassen.[8] Erforderlich ist insoweit allerdings, dass dieser Tagungsordnungspunkt bei 16

---

[1] AG Kassel ZVI 2002, 287 ff.

[2] ZInsO 2004, 970 ff.; vgl. auch zust. Anm. von *Pape,* ZInsO 2004, 1049 ff.

[3] Weitere Beispiele bei *Rattunde/Röder,* DZWIR 1999, 309, 312 f.

[4] *Rattunde/Röder,* DZWIR 1999, 313.

[5] HK-*Landfermann,* InsO, § 207 Rn. 5 ff.; vgl. hierzu auch die Kommentierung zu § 26, insbesondere Rn. 17 ff.

[6] RegE, S. 12, BT-Drucks. 16/3227.

[7] HK-*Landfermann,* InsO § 207 Rn. 18; MünchKomm-*Hefermehl,* InsO § 207 Rn. 44.

[8] Zum früheren Recht LG Göttingen ZIP 1997, 1039; so ebenfalls *Nerlich/Römermann/Westphal,* InsO, § 207 Rn. 32.

Terminierung der früheren Gläubigerversammlung ordnungsgemäß bekannt gemacht worden ist.[1]

17 **bb)** Die Einstellung des Verfahrens kann unterbleiben, wenn der zur vollständigen Deckung der Verfahrenskosten – einschließlich der unausweichlichen Verwaltungskosten[2] – erforderliche Betrag von dritter Seite der Insolvenzmasse zur Verfügung gestellt wird. Dies kann sowohl von Insolvenzgläubigern, auch von Massegläubigern oder auch von am Verfahren nicht beteiligten Dritten erfolgen. Die im Referentenentwurf noch enthaltene Möglichkeit, dass auch der Insolvenzverwalter einen **Kostenvorschuss** zur Abwendung der Einstellung des Verfahrens mangels Masse leisten kann, wurde nicht in den Regierungsentwurf übernommen.

18 Die herrschende Meinung geht daher davon aus, dass der Insolvenzverwalter von der Vorschussleistung ausgeschlossen ist, da sich der damit verbundene Rückzahlungsanspruch nicht mit seiner Unabhängigkeit gegenüber den Verfahrensbeteiligten vertrage.[3] Diese Auffassung kann allerdings nicht überzeugen, da sie nicht zur Kenntnis nimmt, dass der Insolvenzverwalter naturgemäß bei der Abwicklung von Verfahren auch eigene wirtschaftliche Interessen, nämlich diejenigen, nicht ohne Vergütung arbeiten zu wollen, verfolgt. Wenn der Insolvenzverwalter das Risiko eingeht, neben seiner ungesicherten Vergütung auch noch einen Kostenvorschuss zu leisten, um das Verfahren weiterbetreiben zu können, so wird er dies nur tun, wenn er überzeugt ist, hierdurch eine Masse zu generieren, die letztendlich dann wieder den übrigen Massegläubigern ebenso zugutekommt wie ggf. den Insolvenzgläubigern. Ihn generell von der Möglichkeit, einen Vorschuss zu leisten, auszuschließen, ist daher nicht gerechtfertigt.

19 Der Verfahrenskostenvorschuss, der sich der Höhe nach an der Verfahrenskostenunterdeckung orientiert, ist von einem Gläubiger gewährter **Prozesskostenhilfe** nicht gedeckt, da es sich nicht um Prozesskosten im engeren Sinne handelt.[4]

20 Wird von dritter Seite ein Vorschuss gewährt, bildet dieser eine zweckgebundene, vom Verwalter zu verwahrende **Sondermasse,** die ausschließlich zur Deckung der Verfahrenskosten verwandt werden darf.[5] Leistet der Schuldner den Vorschuss aus eigenem Vermögen, so wird er Insolvenzmasse,[6] wenn er nicht nachweisbar aus massefreiem Vermögen oder von Dritten stammt.

21 Kann durch die Fortführung des Insolvenzverfahrens eine ausreichende Masse erwirtschaftet werden und sind die Verfahrenskosten dann wieder vollständig aus der Masse gedeckt, wird der Vorschuss an den Leistenden **zurückerstattet.**[7]

22 Sind die Verfahrenskosten durch den Vorschuss sichergestellt, so kann die im Laufe der weiteren Abwicklung erwirtschaftete Masse zunächst Verwendung

---

[1] AA: *Kübler/Prütting/Bork/Pape,* § 207 Rn. 11, der aus Abs. 2 ableiten möchte, dass nach Anzeige der Massearmut auf jeden Fall eine Gläubigerversammlung durchzuführen ist; ebenso MünchKomm-*Hefermehl,* InsO § 207 Rn. 42; vermittelnd *Uhlenbruck/ders.,* InsO, § 207 Rn. 9.

[2] Vgl. vorstehend Rn. 10 ff.

[3] *Kübler/Prütting/Bork/Pape,* InsO, § 207 Rn. 19; MünchKomm-*Hefermehl,* InsO § 207 Rn. 33; *Uhlenbruck/ders.,* InsO, § 207 Rn. 5.

[4] *Nerlich/Römermann/Westphal,* InsO, § 207 Rn. 22.

[5] *Nerlich/Römermann/Westphal,* InsO, § 207 Rn. 24.

[6] MünchKomm-*Hefermehl,* InsO § 207 Rn. 39.

[7] OLG Frankfurt (Main) ZIP 1986, 931.

finden, um die neuen Masseverbindlichkeiten zu decken, die der Insolvenzverwalter durch die weitere Abwicklung des Verfahrens begründet hat. Erst bei Abschluss des Verfahrens wird dann entsprechend der Rangordnung des § 209 die Masse verteilt, so dass ggf. eine Rückzahlung erfolgen kann.

In gleicher Weise ist zu verfahren, wenn die Verfahrenskosten gestundet sind. In der weiteren Abwicklung erwirtschaftete Masse kann nicht vorrangig verwendet werden, um die gestundeten Verfahrenskosten sicherzustellen, weil sonst der Insolvenzverwalter sich bei der Begründung neuer Masseverbindlichkeiten schadensersatzpflichtig machen würde, wenn er diese dann nicht erfüllen kann, weil die erwirtschaftete Masse nur ausreicht, die gestundeten Verfahrenskosten zu decken. **23**

Durch die entsprechende Anwendung des § 26 Abs. 3, hat der den Vorschuss Leistende einen **Erstattungsanspruch** gegen das Organ einer juristischen Person für den Fall, dass dieser den Antrag auf Eröffnung des Insolvenzverfahrens pflichtwidrig und schuldhaft zu spät gestellt hat. **24**

cc) Die Einstellung des Verfahrens mangels Masse soll nach der Ergänzung des Abs. 1 S. 2 durch das InsOÄndG 2001 auch dann unterbleiben, wenn die Kosten des Insolvenzverfahrens nach § 4 a **gestundet** sind. Die Regelung entspricht der ebenfalls bei § 26 vorgenommenen Ergänzung, wonach eine Abweisung mangels Masse bei Stundung der Verfahrenskosten ausscheidet. Dies soll vor allem die Möglichkeit mittelloser natürlicher Personen zur Teilnahme am Restschuldbefreiungsverfahren sicherstellen. **25**

dd) Werden die Verfahrenskosten nicht gestundet und kein Vorschuss geleistet, beschränken sich die verbleibenden **Pflichten des Insolvenzverwalters** darauf, so weit wie möglich aus dem vorhandenen Barbestand die Verfahrenskosten aufzubringen, wobei von den Gerichtskosten und Vergütungen des Insolvenzverwalters und der Mitglieder des Gläubigerausschusses zunächst die Auslagen, und erst danach die übrigen Kosten zu begleichen sind. **26**

ee) Im Gesetz nicht ausdrücklich geregelt ist, ob im Falle der Massearmut Verfahrenskostengläubiger in die Insolvenzmasse vollstrecken können. Das Vollstreckungsverbot des § 210 gilt seinem Wortlaut nach nur für Altmasseverbindlichkeiten, nicht jedoch für Kostengläubiger. Der Bundesgerichtshof[1] hat allerdings eine entsprechende Anwendung auch für Verfahrenskostengläubiger bejaht, nachdem er zuvor[2] bereits ausgesprochen hatte, dass eine entsprechende Anwendung auch im Verhältnis zwischen Verfahrenskostengläubigern und Neumassegläubigern zu gelten hat. Reicht die vorhandene Masse daher nicht aus, um alle Verfahrenskosten – die bei unterschiedlichen Kostengläubiger bestehen können – zu erfüllen, kann nur eine anteilige Befriedigung erfolgen. In diesem Falle ist durch die entsprechende Anwendung des § 210 sicherzustellen, dass nicht einzelne Verfahrenskostengläubiger sich vorrangig von der nur noch unzureichend vorhandenen Masse befriedigen und die übrigen Kostengläubiger dann schlechtergestellt werden. Im bereits anhängigen Verfahren kann lediglich noch die Feststellung der Verbindlichkeiten erfolgen, ein Zahlungstitel ist ausgeschlossen. **26a**

Gegen eine Vollstreckung in die Insolvenzmasse steht dem Insolvenzverwalter die Vollstreckungserinnerung (§ 766 ZPO) zu. Über sie hat zwar grundsätzlich das Vollstreckungsgericht zu entscheiden. In entsprechender Anwendung des **26b**

---

[1] BGH NZI 2006, 697.
[2] BGH NZI 2006, 392.

§ 89 Abs. 3 ist funktionell zuständig zur Entscheidung über die Erinnerung das Insolvenzgericht.[1]

27 **ff)** Gem. Abs. 3 S. 2 ist der Insolvenzverwalter nicht mehr verpflichtet, weitere Massegegenstände zu **verwerten.** Dies ist ihm allerdings auch nicht verboten, wenn sich dadurch die zu verteilenden Barmittel noch vergrößern lassen.[2] Werden nach durchgeführter Verteilung noch weitere Barmittel oder sonstige Vermögenswerte bekannt, so kann – wenn das Verfahren noch nicht aufgehoben ist – der Insolvenzverwalter auch diese noch der Verwertung und Verteilung zuführen.

28 Ist das Verfahren bereits aufgehoben, ist streitig, ob in entsprechender Anwendung des § 211 Abs. 3 die **Nachtragsverteilung** angeordnet werden kann.[3] Gerade dann, wenn die Masse noch nicht einmal ausreicht, die Kosten des Verfahrens zu decken, sollte die Möglichkeit eingeräumt werden, den Ausfall der Kostengläubiger zu verringern. Das Fehlen einer ausdrücklichen Regelung – wie für die Masseunzulänglichkeit in § 211 Abs. 3 – schließt eine entsprechende Anwendung dieser Vorschrift nicht aus.[4]

Der Bundesgerichtshof[5] hat die Anordnung der Nachtragsverteilung in einem bereits aufgehobenen, vereinfachten Verfahren, bei dem die Verfahrenskosten nach §§ 4 a ff. gestundet waren, ausdrücklich zugelassen. Die vom Insolvenzverwalter noch zu realisierenden Steuererstattungsansprüche dienen in diesem Fall ausschließlich dazu, die verauslagten Verfahrenskosten an die Gerichtskasse – zumindest teilweise – zurückzuführen. In gleicher Weise wäre daher in Verfahren, in denen eine Kostenstundung entfällt und das deshalb nach § 207 eingestellt werden müsste, zu verfahren.

29 **gg)** Der Beschluss, mit dem das Insolvenzverfahren eingestellt wird, und der Grund der Einstellung sind nach § 215 **öffentlich bekannt zu machen.** Die Verfahrenseinstellung wird wirksam, wenn nach dem Veröffentlichungstage zwei weitere Tage verstrichen sind (§ 9 Abs. 1 S. 3).

29a Lehnt das Insolvenzgericht die Einstellung des Insolvenzverfahrens nach § 207 ab, steht dem Insolvenzverwalter hiergegen ein Rechtsmittel nicht zur Verfügung, da § 216 dieses lediglich den Insolvenzgläubigern und dem Schuldner gewährt.[6]

d) Wirkungen der Einstellung

30 **aa)** Gem. § 215 Abs. 2 S. 1 führt die Verfahrenseinstellung dazu, dass der Insolvenzschuldner seine **Verfügungsbefugnis** über die Masse **zurückerlangt.** Eine Eintragung des Schuldners ins Schuldnerverzeichnis, wie im Rahmen der

[1] BGH NZI 2006, 697.

[2] *Kübler/Prütting/Bork/Pape,* InsO, § 207 Rn. 25.

[3] Für die Zulässigkeit der Nachtragsverteilung *Kübler/Prütting/Bork/Pape,* InsO, § 207 Rn. 29; *Kübler/Prütting/Bork/Holzer,* InsO, § 203 Rn. 29; *Breutigam/Goetsch/Blersch/Breutigam,* InsO, § 207 Rn. 38; FK-*Kießner,* InsO, § 207 Rn. 32; aA: LG Marburg NZI 2003, 101 f.; HK-*Landfermann,* InsO, § 207 Rn. 24; MünchKomm-*Hefermehl,* InsO § 207 Rn. 85, 87; *Nerlich/Römermann/Westphal,* InsO, § 207 Rn. 39; für die Zulässigkeit, die Nachtragsverteilung durch gerichtlichen Beschluss vor Verfahrenseinstellung vorzubehalten: *Uhlenbruck/ders.,* InsO, § 207 Rn. 13.

[4] § 324 Abs. 2 S. 1 RegE hatte die Nachtragsverteilung noch ausdrücklich zugelassen, im weiteren Gesetzgebungsverfahren ist diese Vorschrift dann allerdings gestrichen worden.

[5] BGH ZIP 2006, 340 ff.

[6] BGH NZI 2007, 406; *Kießner,* FD-InsR 2007, 230134.

Abweisung eines Antrags auf Insolvenzeröffnung mangels Masse, unterbleibt.[1] Das unverwertete Vermögen ist dem Insolvenzschuldner zurückzugeben. Dem Insolvenzverwalter können Verwertungshandlungen auf Grund seiner in Frage stehenden Vergütung nicht zugemutet werden.[2]

Wird das Verfahren nach § 207 eingestellt, haftet der Schuldner weiterhin für **31** die nicht ausgeglichenen Masseverbindlichkeiten. Die Haftung beschränkt sich dabei auch nicht auf das insolvenzbefangene Vermögen, das an ihn herausgegeben wird, sondern erstreckt sich auch auf das Neuvermögen.[3]

bb) Wurde durch das Insolvenzverfahren ein anderer Rechtsstreit unterbro- **32** chen, der bereits bei Verfahrenseröffnung anhängig gewesen ist, so führt die Einstellung nach § 207 zur **Beendigung der Unterbrechung** nach § 240 ZPO.[4] Mit Wirksamkeit des Einstellungsbeschlusses geht die Prozessführungsbefugnis wieder auf den Schuldner über.

Vom Insolvenzverwalter aufgenommene oder anhängig gemachte Prozesse **33** werden wegen Wegfalls der Prozessführungsbefugnis entsprechend §§ 239, 242 ZPO unterbrochen.[5] Ist ein **Anfechtungsprozess** noch anhängig, so muss der Insolvenzverwalter bei Einstellung des Verfahrens den Rechtsstreit übereinstimmend für erledigt erklären, es sei denn, für den Anfechtungsanspruch ist die Nachtragsverteilung entsprechend § 211 Abs. 3 vorbehalten worden.[6] In der Literatur[7] wird die Meinung vertreten, die Insolvenzanfechtung setze tatbestandsmäßig eine Insolvenzgläubigerbenachteiligung voraus, was in masseunzulänglichen und noch viel mehr in massearmen Verfahren ausgeschlossen werden könne. Dem ist der Bundesgerichtshof[8] mit der zutreffenden Begründung entgegengetreten, dass eine Benachteiligung der Insolvenzgläubiger nicht nur deshalb entfalle, weil diese keine Quotenaussicht hätten und möglicherweise im konkreten Fall nur Massegläubiger vom Anfechtungsprozess profitieren würden. Diese Auffassung ist zutreffend, da das jede Anfechtung voraussetzende Tatbetandsmerkmal der Gläubigerbenachteiligung nicht gleichzusetzen ist mit der Frage, wer von der Anfechtung profitiert. Wenn durch die anfechtbare Rechtshandlung die Gläubiger benachteiligt sind, so ändert sich hieran nichts dadurch, dass bei der Abwicklung des Verfahrens noch nicht einmal die Massegläubiger Befriedigung erwarten können.[9]

Der Insolvenzverwalter kann als Partei kraft Amtes gem. § 116 S. 1 Nr. 1 **33a** ZPO Prozesskostenhilfe erhalten, wenn die Kosten des Rechtsstreits aus der verwalteten Vermögensmasse nicht aufgebracht werden können und den am Gegenstand des Rechtsstreits wirtschaftlich Beteiligten nicht zuzumuten ist, die Kosten aufzubringen. Voraussetzung der Bewilligung ist außerdem, dass die beabsichtigte Rechtsverfolgung hinreichende Aussicht auf Erfolg bietet und nicht

---

[1] *Kuhn/Uhlenbruck,* KO, § 204 Rn. 8; MünchKomm-*Hefermehl,* InsO § 207 Rn. 78.

[2] Begründung zu § 317 RegE, abgedruckt in *Balz/Landfermann,* S. 447.

[3] *Uhlenbruck/ders.,* InsO, § 207 Rn. 16.

[4] BGH ZIP 89, 1411.

[5] *Kübler/Prütting/Bork/Pape,* InsO, § 207 Rn. 43; *Nerlich/Römermann/Westphal,* InsO, § 215 Rn. 13 mwN.

[6] Vgl. *Kübler/Prütting/Bork/Pape,* InsO, § 207 Rn. 44 f.; *Pape,* ZIP 2001, 901 ff., 902 für Erledigterklärung; *Nerlich/Römermann/Westphal,* InsO, § 207 Rn. 44.

[7] *Häsemeyer,* Insolvenzrecht, Rn. 21.25; MünchKomm-*Hefermehl,* InsO § 208 Rn. 51; *Kübler/Prütting/Bork/Ehricke,* InsO, § 129 Rn. 22.

[8] BGH ZIP 2001, 1641 ff.

[9] Vgl. hierzu auch *Gundlach/Frenzel/Schmidt,* NZI 2004, 184 ff.

mutwillig erscheint.[1] Der Bundesgerichtshof[2] hat klargestellt, dass der Antrag eines Insolvenzverwalters auf Bewilligung von Prozesskostenhilfe nicht schon deshalb mutwillig ist, weil er Masseunzulänglichkeit angezeigt hat. Prozesskostenhilfe soll in der Regel aber nicht gewährt werden, wenn die Masse einschließlich des geltend zu machenden Anfechtungsanspruchs nicht einmal ausreicht, um die Kosten des Insolvenzverfahrens zu decken.[3]

34 **cc)** Die Verfahrenseinstellung nach § 207 nimmt dem Schuldner grundsätzlich die Möglichkeit zur **Restschuldbefreiung,** da nach § 289 Abs. 3 Restschuldbefreiung nur bei Einstellung des Verfahrens nach § 211 erteilt werden kann. Durch die Ergänzung des § 207 Abs. 1 S. 2 durch das InsOÄndG 2001, wonach die Einstellung nach § 207 dann unterbleibt, wenn die Kosten nach § 4 a gestundet werden, hat sich dieses Problem in der Praxis entschärft.

35 Sowohl das Restschuldbefreiungsverfahren, als auch die Stundung der Verfahrenskosten setzen einen rechtzeitigen Antrag des Schuldners voraus. Dadurch kann er sich, auch wenn die Verfahrenskosten durch die vorhandene Masse nicht gedeckt sind, die Möglichkeiten der Restschuldbefreiung erhalten. Das Verfahren wird dann nicht nach § 207 eingestellt, sondern – falls auch sonstige Masseverbindlichkeiten bestehen und nicht gedeckt sind – nach § 211 Abs. 1.

36 **dd)** Mit Inkrafttreten der Insolvenzordnung ist gem. Art. 2 Nr. 9 EGInsO das Löschungsgesetz außer Kraft getreten. Die **Auflösung der Gesellschaft** erfolgt entweder durch rechtskräftige Eröffnung des Insolvenzverfahrens oder Abweisung des Eröffnungsantrags mangels Masse.[4] Die **Löschung** ist nunmehr in dem durch Art. 23 Nr. 2 EGInsO neu eingefügten § 141 a FGG geregelt und erfolgt wie bisher **wegen Vermögenslosigkeit.** Entsprechend der bisherigen Rechtslage reicht daher die Auflösung der Gesellschaft für ihre Löschung nicht aus, vielmehr muss die Gesellschaft tatsächlich vermögenslos sein. Dies ist auch bei einer Einstellung des Verfahrens nach § 207 nicht zwingend der Fall, so dass eine gesellschaftsrechtliche Liquidation durch die Organe in der Regel noch zu erfolgen hat.[5]

3. Besonderheiten in der Insolvenz der Genossenschaft

37 Im Insolvenzverfahren über das Vermögen einer eingetragenen Erwerbs- oder Wirtschaftsgenossenschaft kommt eine Einstellung mangels Masse nur in Frage, wenn eine **Nachschusspflicht** der Genossen ausgeschlossen ist oder – falls sie besteht – die Nachschüsse nicht zu erlangen sind. In § 105 Abs. 1 GenG wird die Nachschusspflicht ausdrücklich auch auf die Ansprüche der Massegläubiger erweitert. Auf die in der Literatur vertretene Auffassung, die Nachschusspflicht bestehe nur bei Masseunzulänglichkeit, nicht jedoch bei Massearmut,[6] ist vom Gesetzeswortlaut nicht gedeckt und daher abzulehnen.[7]

---

[1] § 114 S. 1 ZPO.

[2] BGH NZI 2008, 431.

[3] BGH NZI 2009, 602, *Ries/Böhner,* FDInsR 2009, 287612.

[4] Vgl. für die GmbH § 60 Abs. 1 Nr. 4 und 5 GmbHG.

[5] Vgl. hierzu *Kübler/Prütting/Bork/Pape,* InsO, § 207 Rn. 50 ff.; *Uhlenbruck/ders.,* InsO, § 207 Rn. 18.

[6] *Beuthien,* GenG § 105 Rn. 6; *Beuthien/Titze,* ZIP 2002, 116, 119.

[7] Wie hier *Kübler/Prütting/Bork/Pape,* InsO, § 207 Rn. 55 a; MünchKomm-*Hefermehl,* InsO § 207 Rn. 51; *Uhlenbruck/ders.,* InsO, § 207 Rn. 19.

4. Praxishinweis

Ist das Insolvenzverfahren über das Vermögen einer natürlichen Person auf Grund der Kostenstundung eröffnet worden und besteht die Finanzverwaltung darauf, dass der Insolvenzverwalter rückständige Steuererklärungen erstellen muss, so kann er die hierfür notwendigen Aufwendungen als Auslagen von der Staatskasse ersetzt verlangen. Ggf. ist ihm hierfür ein angemessener Vorschuss zur Verfügung zu stellen. In gleicher Weise sollte auch in Insolvenzverfahren ohne Verfahrenskostenstundung verfahren werden, wenn die Finanzverwaltung auf Abgabe der Steuererklärungen besteht, obwohl keine ausreichende Masse vorhanden ist, um einen Steuerberater zu beauftragen. 38

Will der Insolvenzverwalter die Massearmut dem Insolvenzgericht anzeigen, so muss er dies nachvollziehbar begründen, da dem Gericht die Prüfungspflicht obliegt. Darüber hinaus hat er Schlussbericht und Schlussrechnung einzureichen, damit die einzuberufende Gläubigerversammlung hierüber beschließen kann. 38a

Nach Anzeige der Massearmut scheidet auch eine Vollstreckung von Verfahrenskostengläubigern gegen die Masse aus. § 210 ist für Verfahrenskostengläubiger ebenso entsprechend anwendbar[1] wie für Neumassegläubiger.[2] 38b

Die Erstellung eines Schlussverzeichnisses kann unterbleiben, auch die abschließende Forderungsprüfung – soweit nicht bereits erfolgt – muss nicht mehr durchgeführt werden, da hierfür keine Notwendigkeit mehr besteht. 39

Eine förmliche Ladung der Massegläubiger ebenso wie der Insolvenzgläubiger ist nicht erforderlich, die Mitteilung an die Massegläubiger kann durch Rundschreiben erfolgen, in dem allerdings auch auf die Möglichkeit der Einzahlung eines Vorschusses und ggf. dessen Höhe hingewiesen werden soll. 40

Hat die Gläubigerversammlung im Berichtstermin nicht bereits auf eine Anhörung verzichtet, ist sie vom Insolvenzgericht einzuberufen. Gem. § 74 Abs. 2 sind Zeit, Ort und die Tagesordnung öffentlich bekannt zu machen. Stellt das Insolvenzgericht das Verfahren nicht ein oder wird die Einstellung im Beschwerdeverfahren aufgehoben, hat der Insolvenzverwalter keine Beschwerdebefugnis.[3] 41

§ 208 Anzeige der Masseunzulänglichkeit

(1) **Sind die Kosten des Insolvenzverfahrens gedeckt, reicht die Insolvenzmasse jedoch nicht aus, um die fälligen sonstigen Masseverbindlichkeiten zu erfüllen, so hat der Insolvenzverwalter dem Insolvenzgericht anzuzeigen, daß Masseunzulänglichkeit vorliegt. Gleiches gilt, wenn die Masse voraussichtlich nicht ausreichen wird, um die bestehenden sonstigen Masseverbindlichkeiten im Zeitpunkt der Fälligkeit zu erfüllen.**

(2) **Das Gericht hat die Anzeige der Masseunzulänglichkeit öffentlich bekanntzumachen. Den Massegläubigern ist sie besonders zuzustellen.**

(3) **Die Pflicht des Verwalters zur Verwaltung und zur Verwertung der Masse besteht auch nach der Anzeige der Masseunzulänglichkeit fort.**

---

[1] BGH NZI 2006, 697.
[2] BGH NZI 2006, 392.
[3] BGH NZI 2007, 406.

Übersicht

1. Normzweck

1 Im Interesse der Massegläubiger ordnet § 208 **bei Vorliegen einer Masseunzulänglichkeit** – wenn die Verfahrenskosten gedeckt sind – die weitestgehende Verwertung und Verteilung des vorhandenen Schuldnervermögens an. Aus dem Fortführungszwang des Abs. 3 resultieren haftungsrechtliche Konsequenzen für den Insolvenzverwalter, der nach § 61 persönlich einzustehen hat, wenn er Masseverbindlichkeiten eingeht, die für ihn erkennbar keine Aussicht auf Befriedigung haben. Im Anwendungsbereich des § 60 KO war es dem Insolvenzverwalter kaum möglich gewesen, seine Pflichten zu erfüllen, ohne sich bei der Begründung neuer Verbindlichkeiten in das Risiko der eigenen Haftung zu bringen.[1] Um seine Handlungsfreiheit bei der Erfüllung der ihm verliehenen Pflichten nunmehr zu garantieren, stellt § 209 eine Rangordnung auf, nach der die nach Anzeige der Masseunzulänglichkeit entstandenen Neumasseverbindlichkeiten vorrangig vor anderen Masseverbindlichkeiten zu befriedigen sind.[2]

2 Die Vorschrift geht auf § 318 RegE zurück, wobei allerdings der Rechtsausschuss die ursprünglich vorgesehene Verpflichtung der Insolvenzgerichte zur Prüfung der die Masseunzulänglichkeit begründenden Tatsachen und zur Anhörung des Gläubigerausschusses und der Massegläubiger gestrichen hat.[3] Auch der Regierungsentwurf des Gesetzes zur Vereinfachung des Insolvenzverfahrens verzichtete ausdrücklich darauf, die noch im Referentenentwurf enthaltene Möglichkeit, eine gerichtliche Überprüfung auf Antrag eines Massegläubigers zuzulassen, doch noch einzuführen.

3 Die Vorschrift hat durch die durch das InsOÄndG 2001[4] eingefügte Möglichkeit der Verfahrenskostenstundung einen erheblichen Bedeutungszuwachs erfah-

[1] *Nerlich/Römermann/Westphal,* InsO, § 208 Rn. 1.
[2] HK-*Landfermann,* InsO, § 208 Rn. 3.
[3] Begründung des Rechtsausschusses, abgedruckt in *Balz/Landfermann,* S. 449.
[4] BGBl. I 2001, S. 2710.

ren. In einer Vielzahl von Insolvenzverfahren natürlicher Personen haben die Gerichte von dieser Möglichkeit Gebrauch gemacht, die Verfahren werden sofort eröffnet und nach § 208 ff. abgewickelt, auch wenn keine oder nur eine sehr geringe Masse vorhanden ist, die für sich gesehen nicht ausreichen würde, die Verfahrenskosten zu decken.

2. Masseunzulänglichkeit

In Abgrenzung zur **Massearmut,** die gem. § 207 dann vorliegt, wenn die Kosten des Insolvenzverfahrens[1] durch die Insolvenzmasse nicht gedeckt sind, liegt **Masseunzulänglichkeit** vor, wenn zwar die Kosten des Verfahrens, nicht aber die sonstigen Masseverbindlichkeiten (§ 55) bei Fälligkeit aus der liquiden Masse gedeckt sind (Abs. 1 S. 1). Reicht die aktuelle oder zukünftige liquide Insolvenzmasse nicht aus, die zukünftig fällig werdenden, sonstigen Masseverbindlichkeiten zu decken, so liegt drohende Masseunzulänglichkeit vor (Abs. 1 S. 2). 4

Zur Ermittlung der Masseunzulänglichkeit sind daher in Form eines Finanzplans die bereits vorhandenen flüssigen Mittel den fälligen Verbindlichkeiten gegenüberzustellen. Veränderungen sind dabei sowohl auf der Aktiv- wie auch auf der Passivseite möglich und bei einer Fortschreibung des Finanzplans in die Zukunft auf Grund sachgerechter Prognosen zu berücksichtigen. 5

Auf der Aktivseite einzusetzen ist nicht die gesamte, irgendwann einmal aus der Verwertung als Liquidität zur Verfügung stehende Insolvenzmasse, sondern nur die aktuell bzw. bezogen auf den Betrachtungszeitpunkt vorhandene Liquidität. Ihr sind in gleicher Weise nicht alle Masseverbindlichkeiten gegenüberzustellen, sondern die jeweils zum maßgeblichen Zeitpunkt fälligen. 6

Ergibt sich aus dieser Gegenüberstellung bereits zum Zeitpunkt der Aufstellung des Finanzplanes eine Unterdeckung, so liegt Masseunzulänglichkeit vor, ergibt sich die Unterdeckung erst bei Fortschreibung in der Zukunft und ist sie nicht nur kurzfristig zu befürchten, so liegt drohende Masseunzulänglichkeit vor. 7

Auch wenn das Gesetz nur von fälligen (und nicht auch vollstreckbaren) Masseverbindlichkeiten spricht, ist das Vollstreckungsverbot des § 90 gleichwohl zu berücksichtigen. Fällige Masseverbindlichkeiten, die in den ersten sechs Monaten nicht vollstreckt werden dürfen, sind daher erst nach Ablauf dieser Schonfrist in einem zur Ermittlung der drohenden Masseunzulänglichkeit aufzustellenden Finanzplan einzustellen. 8

a) Sonstige Masseverbindlichkeiten

Die **sonstigen Masseverbindlichkeiten,** die dabei zu berücksichtigen sind, sind in § 55 definiert und umfassen: 9

aa) Die durch **Handlungen des Insolvenzverwalters** oder in anderer Weise durch die Verwaltung, Verwertung oder Verteilung der Insolvenzmasse begründeten Verbindlichkeiten, die nicht zu den Kosten des Insolvenzverfahrens gehören (§ 55 Abs. 1 Nr. 1).[2] 10

[1] Zum normativen Verfahrenskostenbegriff vgl. § 207 Rn. 10 ff.
[2] Vgl. zum Begriff der normativen Verfahrenskosten § 207 Rn. 10 ff.

11 **bb)** Die Verbindlichkeiten aus **gegenseitigen Verträgen,** soweit deren Erfüllung zur Insolvenzmasse verlangt wird oder für die Zeit nach der Eröffnung des Insolvenzverfahrens erfolgen muss (§ 55 Abs. 1 Nr. 2).

12 **cc)** Die Verbindlichkeiten aus einer **ungerechtfertigten Bereicherung** der Masse (§ 55 Abs. 1 Nr. 3).

13 **dd)** Die Verbindlichkeiten, die von einem **vorläufigen Insolvenzverwalter** begründet worden sind, auf den die Verfügungsbefugnis über das Vermögen des Schuldners übergegangen ist (§ 55 Abs. 2 S. 1).

14 **ee)** Die Verbindlichkeiten aus einem **Dauerschuldverhältnis,** soweit der vorläufige Insolvenzverwalter, auf den die Verfügnisbefugnis über das Vermögen des Schuldners übergegangen ist, die Gegenleistung für das von ihm verwaltete Vermögen in Anspruch genommen hat (§ 55 Abs. 2 S. 2).

15 Hiervon nicht mehr erfasst sind die Ansprüche auf **Arbeitsentgelt,** die nach § 187 SGB III auf die Bundesanstalt für Arbeit übergegangen sind und von dieser nur noch als Insolvenzforderungen geltend gemacht werden können.[1] In gleicher Weise sind auch die auf die Arbeitnehmerforderungen entfallenden Sozialversicherungsansprüche ausgenommen.

16 **ff)** Dem Schuldner oder Organ gem. §§ 100, 101 zu gewährende **Unterhaltsleistungen** (§ 209 Abs. 1 Nr. 3 2. Halbs.).

17 **gg)** Ansprüche aus **Sozialplänen,** die gem. § 123 Abs. 2 S. 1 zwar ebenfalls Masseverbindlichkeiten sind, für die Ermittlung der Masseunzulänglichkeit aber nicht berücksichtigt werden, da auf Sozialplangläubiger nur ein Drittel der für die Insolvenzgläubiger zur Verfügung stehenden Masse entfällt, so dass eine Befriedigung nur dann stattfindet, wenn auch eine Verteilung an die Insolvenzgläubiger erfolgt.[2]

b) Drohende Masseunzulänglichkeit

18 Reicht die liquide Masse voraussichtlich nicht aus, um die bestehenden, sonstigen Masseverbindlichkeiten im Zeitpunkt der Fälligkeit zu erfüllen, so hat der Insolvenzverwalter dies ebenfalls dem Insolvenzgericht anzuzeigen, um sein Haftungsrisiko zu verringern. Dies war auch nach altem Recht bereits anerkannt.[3] Die Masseunzulänglichkeit droht dann, wenn zwar die aktuell fälligen, sonstigen Masseverbindlichkeiten gedeckt sind, aber zukünftig fällig werdende, sonstige Masseverbindlichkeiten zum Zeitpunkt ihrer Fälligkeit voraussichtlich nicht mehr erfüllt werden können.[4]

19 Die Vorschrift gleicht dem neuen Insolvenzgrund der **drohenden Zahlungsunfähigkeit** des Schuldners gem. § 18 Abs. 2. Hier wie dort ist eine Prognose anzustellen, die auf Grund eines Liquiditätsplans die bestehenden und zukünftigen Masseverbindlichkeiten mit ihren Fälligkeitsterminen der aktuell vorhandenen und zukünftig erwirtschafteten liquiden Masse gegenüberstellt. Ergibt sich aus einem derartigen Zahlungsplan eine (ggf. auch nur vorübergehende) Unterdeckung, kann hieraus die drohende Masseunzulänglichkeit abgeleitet werden.

---

[1] Vgl. § 55 Abs. 3; eingefügt durch InsOÄndG 2001, BGBl. I S. 2710.
[2] § 123 Abs. 2 S. 2.
[3] BAG KTS 1979, 305 ff., 308; BGH NJW-RR 1988, 1487 f.
[4] MünchKomm-*Hefermehl,* InsO § 208 Rn. 24.

c) Vorbeugende Anzeige

Die **vorbeugende Anzeige** der tatsächlich nicht drohenden Masseunzulänglichkeit bei der Betriebsfortführung, um Haftungsschäden zu minimieren, ist nicht von § 208 gedeckt.[1] 20

3. Anzeigepflicht des Insolvenzverwalters

Die eingetretene oder drohende Masseunzulänglichkeit ist vom Insolvenzverwalter dem Insolvenzgericht anzuzeigen (Abs. 1 S. 1). Die **Feststellung** der Masseunzulänglichkeit obliegt daher – ebenso wie bei § 207 – dem Insolvenzverwalter, ohne dass dem Insolvenzgericht oder auch den Massegläubigern im Gesetz eine Überprüfungsmöglichkeit eingeräumt worden wäre. Anders als im Falle der Massearmut ist eine Anhörung nicht vorgesehen.[2] 21

Die eingetretene Masseunzulänglichkeit verpflichtet den Insolvenzverwalter zur Anzeige. Eine verspätete Anzeige birgt Haftungsrisiken, da die Anzeige den Verteilungsschlüssel des § 209 in Kraft setzt. Die hierdurch nachrangig gewordenen Massegläubiger können unter Umständen durch eine verspätete Anzeige geschädigt sein, wenn sie bei rechtzeitiger Anzeige neue Massegläubiger mit besserer Erfüllungsaussicht geworden wären. 22

Gleichwohl muss dem Insolvenzverwalter ein gewisser Ermessensspielraum eingeräumt werden.[3] Zum einen benötigt er eine gewisse Zeit für die Feststellung der Masseunzulänglichkeit, zum anderen besteht die strenge Anzeigepflicht nur für die eingetretene Masseunzulänglichkeit. 23

Solange die Masseunzulänglichkeit lediglich droht, hat der Verwalter zwar das Recht, jedoch nicht die Pflicht, Masseunzulänglichkeit anzuzeigen. Auch insoweit besteht die Parallele zum Insolvenzgrund der drohenden Zahlungsunfähigkeit, die den Geschäftsführer einer GmbH lediglich zum Insolvenzantrag berechtigt, jedoch nicht strafbewehrt verpflichtet. In der Literatur wird daher auch die Auffassung vertreten, dass der Anzeigezeitraum bei der Masseunzulänglichkeit nach § 208 von der ersten Erkennbarkeit bis zum tatsächlichen Eintritt reicht.[4] 24

Form und Inhalt der Anzeige der Masseunzulänglichkeit sind vom Gesetz nicht vorgeschrieben, da dem Insolvenzgericht eine Prüfungskompetenz nicht zusteht, muss die Anzeige auch nicht begründet werden.[5] 25

Gleichwohl mag es sinnvoll sein, die eingetretene oder drohende Masseunzulänglichkeit nachvollziehbar darzulegen und insbesondere eine vollständige Liste aller Massegläubiger der Anzeige beizufügen. 26

Die vom Insolvenzverwalter übermittelte Anzeige der Masseunzulänglichkeit ist vom Insolvenzgericht **öffentlich bekannt zu machen** und den Massegläubi- 27

---

[1] *Kübler/Prütting/Bork/Pape,* InsO, § 208 Rn. 17; MünchKomm-*Hefermehl,* InsO § 208 Rn. 31; *Uhlenbruck,* NZI 2001, 408 f.

[2] Anders noch im RegE, der eine Versammlung der Massegläubiger vorgesehen hatte. Auch der RegE, eines Gesetzes zur Vereinfachung des Insolvenzverfahrens verzichtete ausdrücklich auf eine gerichtliche Überprüfungsmöglichkeit; BT-Drucks. 16/3227 S. 11.

[3] *Uhlenbruck/ders.,* InsO, § 208 Rn. 10.

[4] *Haarmeyer/Wutzke/Förster,* Hdb., Kap. 8, Rn. 163; *Pape/Hauser,* Rn. 334, 338; *Breutigam/Blersch/Goetsch/Breutigam,* InsO, § 208 Rn. 11; *Uhlenbruck/ders.,* InsO, § 208 Rn. 10; MünchKomm-*Hefermehl,* InsO § 208 Rn. 30.

[5] *Uhlenbruck/ders.,* InsO, § 208 Rn. 12.

gern besonders zuzustellen (Abs. 2). Gem. § 8 Abs. 3 kann der Insolvenzverwalter mit der Zustellung beauftragt werden.

28 Der **Anzeige** der Masseunzulänglichkeit wird nunmehr inter-omnes-Wirkung zuerkannt, indem statt einer Mitteilung an jeden Einzelnen ein einheitlicher Zeitpunkt der Massearmut im weiteren Sinne fixiert wird, zu dem diese jedem Massegläubiger gleichermaßen entgegengehalten werden kann.[1] Die vom Insolvenzverwalter formgerecht angezeigte Masseunzulänglichkeit ist auch für das Prozessgericht bindend,[2] eine Überprüfung und ggf. Beweiserhebung zu der Frage, ob tatsächlich Masseunzulänglichkeit eingetreten ist, findet nicht statt.

4. Folgen der Masseunzulänglichkeit

29 Nach Anzeige der Masseunzulänglichkeit beim Insolvenzgericht bleibt der Insolvenzverwalter nach Abs. 3 weiterhin zur Verwaltung und Verwertung der Masse verpflichtet, hat sich hierbei jedoch an einer möglichst zügigen Liquidation zu orientieren.[3] Dies schließt auch eine Betriebsfortführung nicht aus, wenngleich auch hier nicht unerhebliche Haftungsrisiken des Verwalters bestehen.[4] Mit der Anzeige der Masseunzulänglichkeit erfolgt eine **Rangrückstufung** der bis dahin entstandenen sonstigen Masseverbindlichkeiten gem. § 55 gegenüber denjenigen, die erst nach der Anzeige begründet werden. Maßgeblicher Zeitpunkt für diese Rechtsfolge ist der Eingang der Anzeige der Masseunzulänglichkeit beim Insolvenzgericht.[5]

30 Nach Anzeige der Masseunzulänglichkeit entfällt für Massegläubiger das Rechtsschutzinteresse für eine Leistungsklage, da sie aus einem Titel ohnehin gem. § 210 nicht mehr vollstrecken könnten. In anhängigen Rechtsstreiten hat der klagende Massegläubiger daher seine Leistungsklage auf eine Feststellungsklage umzustellen.[6] In entsprechender Anwendung von § 210 gilt dies auch für Neumassegläubiger, wenn der Insolvenzverwalter geltend macht, die Masse reiche nicht aus, entweder die vorrangigen Verfahrenskosten bei Leistung an Neumassegläubiger vollständig zu bedienen oder aber alle Neumassegläubiger vollständig befriedigen zu können. Für beide Fälle hat der Bundesgerichtshof[7] klargestellt, dass über den Wortlaut der Vorschrift hinaus § 210 auch für Neumassegläubiger – ebenso wie für Verfahrenskostengläubiger – ein Vollstreckungsverbot enthält und demzufolge auch das Rechtsschutzbedürfnis für Leistungsklagen entfällt.

31 Andererseits bleibt der Insolvenzverwalter auch nach Anzeige der Masseunzulänglichkeit berechtigt, zur Durchsetzung von Anfechtungsansprüchen Rechtsstreite zu führen. Der Bundesgerichtshof[8] hat klargestellt, dass das Vorliegen einer die Gläubiger benachteiligenden Rechtshandlung nicht dadurch im Nachhinein

---

[1] *Kübler,* in Kölner Schrift, S. 967 ff. Rn. 24; MünchKomm-*Hefermehl,* InsO § 208 Rn. 37.

[2] BGH NZI 2003, 369 ff.

[3] *Uhlenbruck/ders.,* InsO, § 208 Rn. 19 ff.

[4] Vgl. zum alten Recht BGH ZIP 1987, 115; 1989, 1584 ff.

[5] *Nerlich/Römermann/Westphal,* InsO, § 208 Rn. 22 mwN.

[6] *Uhlenbruck/ders.,* InsO, § 208 Rn. 27; *Kübler/Prütting/Bork/Pape,* InsO, § 210 Rn. 7; HK-*Landfermann,* InsO, § 210 Rn. 6; OLG Köln NZI 2001, 554; BAG NZI 2003, 273; BAG ZInsO 2005, 50 ff.; BGH ZIP 2003, 914 ff.

[7] BGH NZI 2007, 721; *Kießner,* FD-InsR 2007, 245070.

[8] BGH ZIP 2001, 1641.

entfällt, dass im Falle des Obsiegens des klagenden Insolvenzverwalters lediglich Massegläubiger einen Vorteil erlangen. Ebenso hat er klargestellt, dass der Antrag eines Insolvenzverwalters auf Bewilligung von Prozesskostenhilfe nicht schon deshalb mutwillig ist, weil Masseunzulänglichkeit angezeigt wurde.[1]

5. Rückkehr in das reguläre Insolvenzverfahren

Im Gesetz nicht geregelt ist die Frage, ob auch eine Rückkehr aus dem masseunzulänglichen Verfahren in das reguläre Insolvenzverfahren möglich ist. Dies folgt allerdings bereits zwanglos aus der im Gesetz vorgesehenen Möglichkeit, bereits die drohende Masseunzulänglichkeit anzuzeigen. Stellt sich die dabei erforderliche Prognose des Insolvenzverwalters im Nachhinein als unzutreffend heraus, besteht keine Veranlassung, dem Insolvenzverwalter die Rückkehr nicht zu gestatten, wenn er nunmehr in der Lage ist, alle Masseverbindlichkeiten zu erfüllen.[2] 32

Ebenfalls nicht erforderlich erscheint die Notwendigkeit, die Rückkehr ins reguläre Verfahren öffentlich bekannt zu machen oder gar einen Beschluss des Insolvenzgerichts herbeizuführen.[3] 33

Der Insolvenzverwalter, der gegenüber dem Gericht Masseunzulänglichkeit angezeigt hat, wird – soweit sich die Verhältnisse entscheidend verbessert haben und die Masseunzulänglichkeit nicht mehr vorliegt und auch nicht mehr droht – dem Insolvenzgericht dies – spätestens mit dem nächsten fälligen Zwischenbericht – mitteilen und ohnehin sobald als möglich die Masseverbindlichkeiten erfüllen. 34

Liegt keine Masseunzulänglichkeit mehr vor, kann der Insolvenzverwalter alle sonstigen Masseverbindlichkeiten erfüllen, den Massegläubigern droht dann kein Schaden, so dass auch weitere förmliche Voraussetzungen – wie sonst auch – nicht erforderlich sind.[4] 35

Stellt sich nach Rückkehr in das reguläre Insolvenzverfahren dann erneut die Masseunzulänglichkeit heraus, ist sie vom Insolvenzverwalter wie auch beim ersten Mal dem Gericht anzuzeigen und vom Insolvenzgericht öffentlich bekannt zu machen. Die Rechtsfolgen der Masseunzulänglichkeitsanzeige treten dann erneut ein. Hat der Insolvenzverwalter bis dahin allerdings bereits Haftungstatbestände verwirklicht, so fallen diese nicht ex tunc weg. Lediglich für die Zukunft greift die durch die Masseunzulänglichkeitsanzeige ausgelöste Haftungsbeschränkung. 36

Obwohl im Gesetz nicht ausdrücklich vorgesehen, ist auch die mehrmalige Anzeige der Masseunzulänglichkeit möglich, durch die erneut die Rechtsfolge der Rangänderung eintritt.[5] Der Bundesgerichtshof[6] hat allerdings auch mehrfach entschieden, dass im Falle der erneuten Masseunzulänglichkeit, die im Prozess geltend gemacht werden kann, es gegenüber den neuen Massegläubigern geboten ist, nur noch die Feststellungsklage zuzulassen. Der Insolvenzverwalter kann auch 37

---

[1] BGH NZI 2008, 431; *Baumert,* FD-InsR 2008, 257657.

[2] Grundlegend *Schmidt,* NZI 2000, 442 ff.; aA: AG Hamburg NZI 2000, 140 f.

[3] So aber im Anschluss an Schmidt auch *Kübler/Prütting/Bork/Pape,* InsO, § 208 Rn. 24; *Uhlenbruck/ders.,* InsO, § 208 Rn. 31.

[4] Wie hier wohl *Runkel/Schnurbusch,* NZI 2000, 49 ff., 53, Fn. 29.

[5] So etwa Arbeitsgericht Kiel m. abl. Anm. *Schmidt,* EWiR 2002, 1101 f.; *Dinstühler,* ZIP 1998, 1697, 1707; offengelassen in BGH WM 2003, 1027 und BGH NZI 2006, 392; krit. zur wiederholten Anzeige *Graf-Schlicker/Mäusezahl,* InsO, § 208 Rn. 23, OLG Frankfurt NZI 2005, 40.

[6] BGH DZWIR 2005, 116 ff.

die Erfüllung von Neumasseverbindlichkeiten verweigern, sobald sich herausstellt, dass die verfügbare Insolvenzmasse nicht zur Befriedigung aller Neumassegläubiger oder gar der absoluten Vorrang genießenden Verfahrenskosten ausreicht.[1]

6. Rechtsmittel

38 Gegen die Anzeige der Masseunzulänglichkeit gibt es kein Rechtsmittel.[2] Auch eine Feststellungsklage des Inhaltes, dass das Vollstreckungshindernis des § 210 nicht besteht, dürfte unzulässig sein, da ein solches Verfahren ebenfalls der Sache nach letztlich nur dazu dienen würde, zu überprüfen, ob die Masseunzulänglichkeit zurecht angezeigt wurde.[3]

7. Praxishinweis

39 Die Anzeige der Masseunzulänglichkeit löst die Rechtsfolge des § 209 und damit eine Rangordnung der sonstigen Masseverbindlichkeiten aus. Der richtige Zeitpunkt der Anzeige muss dabei – im Rahmen des dem Insolvenzverwalter eingeräumten Ermessens – für die Anzeige gewählt werden.

40 Eine verfrühte Anzeige – insbesondere der drohenden Masseunzulänglichkeit – kann dazu führen, dass Verbindlichkeiten aus Dauerschuldverhältnissen in stärkerem Umfange zu neuen Masseverbindlichkeiten werden, als dies bei einer späteren Anzeige der Fall gewesen wäre. Können dadurch nicht mehr alle neuen Masseverbindlichkeiten vollständig bedient werden, entstehen Haftungsgefahren für den Verwalter.

41 Gleichermaßen kann sich der Verwalter jedoch durch eine zu späte Anzeige der Masseunzulänglichkeit schadensersatzpflichtig machen, vor allem wenn er in diesem Zeitraum noch Masseverbindlichkeiten erfüllt und damit selbst eine Situation herbeiführt, wonach die nach Anzeige vorrangig gewordenen Neumasseverbindlichkeiten nicht mehr vollständig erfüllt werden können.

42 Andererseits kann die Wahl des richtigen Zeitpunkts der Anzeige der Masseunzulänglichkeit nicht ausschließlich nach taktischen Gesichtspunkten erfolgen. Ist die Masseunzulänglichkeit vom Insolvenzverwalter festgestellt worden, so hat er sie anzuzeigen. Hat er beispielsweise einem Massegläubiger gegenüber den Einwand der Masseunzulänglichkeit erhoben, so wird er in einem späteren Haftungsprozess nur schwer begründen können, warum er nicht bereits zu diesem Zeitpunkt die Anzeige an das Insolvenzgericht gefertigt hat.

43 Der Bundesgerichtshof[4] hat in mehreren Entscheidungen klargestellt, dass das Vollstreckungsverbot des § 210 über seinen Wortlaut hinaus auch dann für Neumassegläubiger und auch Verfahrenskostengläubiger entsprechend anzuwenden ist, wenn der Insolvenzverwalter geltend machen kann, die vorhandene Masse reiche nicht aus, um entweder alle Verfahrenskostengläubiger vollständig zu bedienen oder die absoluten Vorrang genießenden Verfahrenskosten dann vollständig zu bedienen, wenn die Neumasseverbindlichkeiten erfüllt würden.

---

[1] BGH NZI 2006, 392.

[2] Krit. insbesondere wegen der fehlenden Prüfungskompetenz des Gerichtes *Kübler/Prütting/Bork/Pape,* InsO, § 208 Rn. 3 f.

[3] *Breutigam/Blersch/Goetsch/Breutigam,* § 208 Rn. 33.

[4] BGH NZI 2006, 392; BGH NZI 2006, 697.

Soweit er sich in einem Prozess gegen die Leistungsklage wendet, muss er allerdings detailliert vortragen, dass ggf. (erneute) Masseunzulänglichkeit auch im Verhältnis zu Neumassegläubigern vorliegt, da insoweit von den Instanzgerichten die wiederholte Masseunzulänglichkeitsanzeige nicht mit der gleichen Rechtswirkung anerkannt wird, wie sie der ersten Anzeige zukommt. Ggf. wird es daher entscheidend darauf ankommen, ob der Insolvenzverwalter ausreichend vorgetragen hat, dass tatsächlich auch alle Neumasseverbindlichkeiten nicht mehr vollständig bedient werden können.[1] 44

Trotz angezeigter Masseunzulänglichkeit kann der Insolvenzverwalter Prozesskostenhilfe beantragen. Der Bundesgerichtshof geht in ständiger Rechtsprechung davon aus, dass bei angezeigter Masseunzulänglichkeit die Kosten eines Rechtsstreits nicht aus dem verwalteten Vermögen aufgebracht werden können.[2] Die beantragte Prozesskostenhilfe darf nicht als mutwillig abgelehnt werden, wenn die Voraussetzungen im Übrigen vorliegen.[3] 45

§ 209 Befriedigung der Massegläubiger

(1) **Der Insolvenzverwalter hat die Masseverbindlichkeiten nach folgender Rangordnung zu berichtigen, bei gleichem Rang nach dem Verhältnis ihrer Beträge:**

1. **die Kosten des Insolvenzverfahrens;**
2. **die Masseverbindlichkeiten, die nach der Anzeige der Masseunzulänglichkeit begründet worden sind, ohne zu den Kosten des Verfahrens zu gehören;**
3. **die übrigen Masseverbindlichkeiten, unter diesen zuletzt der nach den §§ 100, 101 Abs. 1 Satz 3 bewilligte Unterhalt.**

(2) **Als Masseverbindlichkeiten im Sinne des Absatzes 1 Nr. 2 gelten auch die Verbindlichkeiten**

1. **aus einem gegenseitigen Vertrag, dessen Erfüllung der Verwalter gewählt hat, nachdem er die Masseunzulänglichkeit angezeigt hatte;**
2. **aus einem Dauerschuldverhältnis für die Zeit nach dem ersten Termin, zu dem der Verwalter nach der Anzeige der Masseunzulänglichkeit kündigen konnte;**
3. **aus einem Dauerschuldverhältnis, soweit der Verwalter nach der Anzeige der Masseunzulänglichkeit für die Insolvenzmasse die Gegenleistung in Anspruch genommen hat.**

Übersicht

[1] OLG Düsseldorf NZI 2007, 50; vgl. hierzu auch OLG Frankfurt (Main) Beck RS 2007, 01550.

[2] BGH NZI 2008, 98; BGH ZIP 2008, 1035.

[3] BGH NZI 2008, 431.

1. Normzweck

1 Die Vorschrift enthält die zentralen Regelungen für die Abwicklung von masseunzureichenden Verfahren. Ihr Zweck liegt darin, das Insolvenzverfahren nach Anzeige der Masseunzulänglichkeit gem. § 208 zu ermöglichen, um zu vermeiden, dass das Verfahren eingestellt und die noch vorhandene und verwertbare Masse dem Schuldner wieder herausgegeben werden muss. § 209 soll auch bei geringem Schuldnervermögen die Verwertung im Rahmen eines Insolvenzverfahrens ermöglichen.[1]

2 Die Vorschrift korreliert dabei notwendig mit § 208, indem ein Vorrang der Verfahrenskosten vor den sonstigen Masseverbindlichkeiten angeordnet wird, um vor allem dem Insolvenzverwalter, der zur Verwertung der Masse verpflichtet ist, im Ausgleich dafür seine Vergütung zu sichern.[2]

3 Ferner wird der Gleichrang der vom Verwalter begründeten Masseverbindlichkeiten des § 60 KO aufgehoben und dem Insolvenzverwalter die Möglichkeit eingeräumt, nach Anzeige der Masseunzulänglichkeit Neumasseverbindlichkeiten einzugehen, die vorrangig voll zu befriedigen sind, während auf Altmasseverbindlichkeiten i. S. d. § 55 nur eine Quote entfällt, so dass sein Risiko, nach § 61 persönlich einstehen zu müssen, deutlich reduziert wird.

4 Die Vorschrift beruht auf § 321 RegE, der allerdings im Gesetzgebungsverfahren noch entscheidend verändert wurde. Der Rechtsausschuss hat den ausschlaggebenden Zeitpunkt des Antrags auf Feststellung der Masseunzulänglichkeit durch die Anzeige der Masseunzulänglichkeit ersetzt und darüber hinaus Abs. 1 Nr. 3 dahingehend ergänzt, dass die – ohnehin eher seltenen – Unterhaltsansprüche des Schuldners nachrangig hinter all den übrigen Masseverbindlichkeiten eingeordnet wurden.

[1] HK-*Landfermann,* InsO, § 209 Rn. 3.

[2] Dies war bezüglich der vor Eintritt der Masseunzulänglichkeit anfallenden Verwaltervergütung allerdings auch schon zuvor in BGHZ 116, 233 sowie vom BVerfG in ZIP 1993, 838 mittels einschränkender Gesetzesauslegung erreicht worden.

Seit dem durch das InsOÄndG 2001[1] die Stundungsregelung für die Verfahrenskosten eingeführt wurde, scheidet eine Einstellung nach § 207 im Insolvenzverfahren natürlicher Personen in der Regel aus und die Abwicklung nach §§ 208 ff. ist für eine Vielzahl von Verfahren mit wenig Masse die Regel geworden. Die Bedeutung der Vorschrift hat dadurch erheblich zugenommen, auch wenn es der Gesetzgeber versäumt hat, die Rechtsfolgen im Zusammenhang mit der Verfahrenskostenstundung zu regeln. 5

2. Rangordnung der Masseverbindlichkeiten

Nach Anzeige der Masseunzulänglichkeit (§ 208) hat der Insolvenzverwalter die Masseverbindlichkeiten nach der Rangordnung der Abs. 1 und 2 zu berichtigen, wobei zunächst alle Ansprüche einer Klasse vollständig befriedigt sein müssen, bevor eine Befriedigung innerhalb der nächsten Klasse zulässig ist. Nicht auf einen Geldbetrag lautende Forderungen sind im Hinblick auf die Rangordnung entsprechend § 45 in eine Geldforderung umzurechnen.[2] Können Masseansprüche einer Klasse nicht vollständig befriedigt werden, werden die Gläubiger im Verhältnis ihrer Ansprüche bedient. 6

a) Die **erste Rangklasse** bilden ohne Differenzierung nach dem Zeitpunkt ihres Entstehens gem. § 209 **Abs. 1 Nr. 1** die **Kosten des Insolvenzverfahrens.**[3] Nach § 54 sind hierunter die Gerichtskosten, Vergütung und Auslagen des vorläufigen Insolvenzverwalters, des Insolvenzverwalters und der Mitglieder des Gläubigerausschusses zu fassen. Sie genießen absoluten Vorrang vor allen anderen Masseverbindlichkeiten.[4] 7

Daneben sind in der gleichen Rangordnung auch diejenigen Verbindlichkeiten zu decken, die als **unausweichliche Verwaltungskosten** unter den normativen Verfahrenskostenbegriff[5] zu subsumieren sind. 8

Nicht geregelt ist, wie der Insolvenzverwalter zu verfahren hat, wenn die Verfahrenskosten nach § 4 a gestundet sind. In Rechtsprechung und Literatur wird hierzu die Auffassung vertreten, auch in diesem Fall habe der Insolvenzverwalter den absoluten Vorrang der Verfahrenskosten zu berücksichtigen.[6] Dieser Auffassung kann allerdings nicht gefolgt werden, da hierdurch die Absicht des Gesetzgebers, dem Insolvenzverwalter die Möglichkeit zu geben, von ihm nach Anzeige der Masseunzulänglichkeit begründete Neumasseverbindlichkeiten vorab befriedigen zu dürfen, nicht erreicht würde.[7] 9

Durch die Verfahrenskostenstundung nach § 4 a wird eine Vielzahl von Insolvenzverfahren eröffnet, bei denen keine oder allenfalls eine geringfügige Masse vorhanden ist, die gerade nicht ausreicht, die Verfahrenskosten zu decken. Aufgrund der Stundung wird der Antrag nicht mangels Masse abgewiesen und auch eine Einstellung nach § 207 scheidet aus. Vielmehr sind diese Verfahren masseun- 10

---

[1] BGBl. I 2001, S. 2710.

[2] *Nerlich/Römermann/Westphal,* InsO, § 209 Rn. 3.

[3] Krit. hierzu *Häsemeyer,* in *Leipold,* Insolvenzrecht im Umbruch, S. 104 f.

[4] BGH NZI 2006, 392.

[5] Vgl. hierzu § 207 Rn. 10.

[6] BGH, Beschluss vom 19. 11. 09 – IX ZB 261/08 – BeckRS 2009, 89130; *Uhlenbruck/ders.,* InsO, § 209 Rn. 2; *Kübler/Prütting/Bork/Pape,* InsO, § 209 Rn. 5 a; *Graf-Schlicker/Mäusezahl,* InsO, § 209 Rn. 2.

[7] Vgl. hierzu *Kießner,* FS Braun, S. 205 ff.

zulänglich nach § 208 mit der Folge, dass der Insolvenzverwalter das vorhandene geringfügige Vermögen zu verwerten und insbesondere das Verfahren im Übrigen vollständig abzuwickeln hat.

11 Erwirtschaftet der Insolvenzverwalter Masse und begründet er Neumasseverbindlichkeiten, reicht die Insolvenzmasse jedoch nicht aus, die Verfahrenskosten und die Neumasseverbindlichkeiten vollständig zu decken, so würde der Vorrang der gestundeten Verfahrenkosten bei der Verteilung nach § 209 die Konsequenz nach sich ziehen, dass der Insolvenzverwalter die von ihm begründeten Neumasseverbindlichkeiten nicht – oder zumindest nicht vollständig – erfüllen könnte. Da er diese Konsequenz in der Regel bewusst in Kauf genommen hat – wegen der Verpflichtung, das Verfahren vollständig abzuwickeln, er auch bewusst in Kauf nehmen musste – wird ihm auch die Entlastung nach § 61 kaum gelingen.

12 Dieses Dilemma lässt sich nur dadurch systemkonform lösen, dass man die gestundeten Verfahrenskosten vollständig aus der Verteilungsregel des § 209 ausklammert[1] und nur bei vollständiger Deckung aller Masseverbindlichkeiten – mithin vor einer durchzuführenden Schlussverteilung – auch die gestundeten Verfahrenskosten berücksichtigt. Hierdurch würden dann zwar auch die nachrangigen Massegläubiger in den Vorzug der gestundeten Verfahrenskosten gelangen, da die Stundung nach § 4a Abs. 3 S. 2 für jeden Verfahrensabschnitt besonders erfolgt, also für die Durchführung des gesamten Regelinsolvenzverfahrens bzw. vereinfachten Insolvenzverfahrens wirkt.

13 Gleiches folgt auch aus dem Rechtsgedanken des § 292 Abs. 1 S. 2. Hiernach hat der Treuhänder im Restschuldbefreiungsverfahren Ausschüttungen an die Insolvenzgläubiger erst vorzunehmen, wenn die gestundeten Verfahrenskosten berichtigt sind. Hieraus wird deutlich, dass auch nach der Intention des Gesetzgebers gestundete Verfahrenskosten erst vor einer etwaigen Verteilung an die Insolvenzgläubiger erfüllt werden sollen.

14 **b)** In der **zweiten Rangordnung** des Abs. 1 Nr. 2 werden die **neuen Masseverbindlichkeiten** eingruppiert. Maßgeblich für die Abgrenzung ist hierbei der Zeitpunkt, in dem die Verbindlichkeit begründet worden ist.[2] Liegt er nach dem Zeitpunkt der Anzeige der Masseunzulänglichkeit, so handelt es sich um Neumasseverbindlichkeiten. Entscheidend ist insoweit der Zugang der Anzeige des Insolvenzverwalters beim Insolvenzgericht.[3]

15 Der Insolvenzverwalter hat durch die Wahl des Zeitpunkts der Anzeige der Masseunzulänglichkeit daher erhebliche Gestaltungsmöglichkeiten, bestimmte Masseverbindlichkeiten entweder in den Nachrang einer Altmasseverbindlichkeit oder in den Vorrang einer Neumasseverbindlichkeit zu bringen.[4] Wie *Pape* zurecht feststellt, bleibt den Gläubigern hinsichtlich des Zeitpunktes der Anzeige der Masseunzulänglichkeit ohnehin nicht viel anderes übrig, als auf die Redlichkeit des Verwalters zu vertrauen.[5] Verletzt der Verwalter dabei schuldhaft seine

---

[1] So auch HK-*Landfermann,* InsO, § 209 Rn. 6; HambKomm-*Weitzmann,* InsO, § 209 Rn. 3.

[2] BGH NZI 2006, 392.

[3] HK-*Landfermann,* InsO, § 209 Rn. 10; *Kübler/Prütting/Bork/Pape,* InsO, § 209 Rn. 10.

[4] *Uhlenbruck/ders.,* InsO, § 209 Rn. 10.

[5] *Kübler/Prütting/Bork/Pape,* InsO, § 209 Rn. 10.

Verpflichtung zur rechtzeitigen Anzeige der Masseunzulänglichkeit, können unter Umständen Haftungsansprüche bestehen.[1]

Begründet ein Insolvenzverwalter nach Anzeige der Masseunzulänglichkeit durch betriebsverfassungswidriges Verhalten Ansprüche auf Nachteilsausgleich nach § 113 Abs. 3 BetrVG, handelt es sich um neue Masseverbindlichkeiten.[2] Im Einzelfall ist allerdings genau zu prüfen, ob mit der Betriebsänderung tatsächlich vor oder nach Anzeige der Masseunzulänglichkeit begonnen wurde bzw. möglicherweise doch erst nachdem über einen Interessenausgleich mit dem Betriebsrat verhandelt worden war. 15a

c) Masseverbindlichkeiten, die nicht unter Abs. 1 Nr. 1 oder Nr. 2 fallen, und auch nicht gem. Abs. 2 Nr. 1 bis 3 gleichgestellt sind, sind als **„Altmasseverbindlichkeiten"** nach Abs. 1 Nr. 3 drittrangig zu befriedigen. Entsprechend der herrschenden Meinung haben die Altmassegläubiger keinen Anspruch darauf, dass ihnen das zum Zeitpunkt der Anzeige der Masseunzulänglichkeit vorhandene Haftungsvermögen ungeschmälert erhalten bleibt. Der Verwalter darf daher die zur Verwertung und Verteilung der Masse notwendigen Kosten auslösen und diese als Neumasseverbindlichkeit erfüllen, auch wenn dadurch die für die Altmasseverbindlichkeiten vorhandenen Vermögenswerte sich reduzieren.[3] In gleicher Weise gilt dies auch für die gestundeten Verfahrenskosten. Auch hier können sich selbstverständlich durch die Begründung von Neumasseverbindlichkeiten die Vermögenswerte, die bei Anzeige der Masseunzulänglichkeit noch vorhanden gewesen waren, verringern. Aus der Verteilungsregel des § 209 sind die Verfahrenskosten, solange sie gestundet sind, vollständig herauszunehmen.[4] 16

d) In Schaffung einer weiterer Abstufung sind zuletzt nach den §§ 100, 101 Abs. 1 S. 3 bewilligte **Unterhaltsansprüche** zu berücksichtigen, die nicht zulasten der übrigen Massegläubiger geltend gemacht werden dürfen.[5] Reicht die vorhandene Masse nicht zur Berücksichtigung aller Altmasseverbindlichkeiten aus, gehen diese Unterhaltsberechtigten insofern leer aus und werden auch nicht quotal berücksichtigt. 17

3. Neumasseverbindlichkeiten

a) Nach vollständiger Befriedigung der Verfahrenskosten[6] – oder deren Stundung – sind zunächst die **durch** ein **Handeln des Insolvenzverwalters** entstandenen sonstigen Masseverbindlichkeiten zu berücksichtigen, die dieser **nach** dem Eingang der **Anzeige der Masseunzulänglichkeit** beim Insolvenzgericht **begründet** hat.[7] 18

Der Insolvenzverwalter haftet gem. § 61 für die Nichterfüllung von Masseverbindlichkeiten dann nicht, wenn er bei der Begründung der Verbindlichkeiten nicht erkennen konnte, dass die Masse voraussichtlich zur Erfüllung nicht aus- 19

[1] *Kübler/Prütting/Bork/Pape,* InsO, § 208 Rn. 6, 22.
[2] BAG NZI 2007, 126.
[3] *Uhlenbruck/ders.,* InsO, § 209 Rn. 11.
[4] Wie hier jetzt auch HK-*Landfermann,* InsO, § 209 Rn. 6.
[5] Hierzu allgemein *Kothe,* in Kölner Schrift, S. 781 ff.
[6] Zum absoluten Vorrang der Verfahrenskosten vgl. BGH NZI 2006, 392.
[7] Dazu *Kübler/Prütting/Bork/Pape,* InsO, § 209 Rn. 10, der auch auf eine die persönliche Haftung hervorrufende Manipulationsmöglichkeit des Verwalters eingeht, da dieser die Anzeige bewusst zulasten eines Massegläubigers hinauszögern könnte.

reichen würde.[1] Der Insolvenzverwalter muss daher bei Begründung von Masseverbindlichkeiten – ähnlich wie bei der Prüfung, ob Masseunzulänglichkeit droht – eine **Liquiditätsplanung** vornehmen, um erkennen zu können, ob er die begründeten Masseverbindlichkeiten bei Fälligkeit erfüllen kann.

20 Hat der Insolvenzverwalter bereits Masseunzulänglichkeit angezeigt, wird er diese Prüfung umso genauer durchführen, um sicherzustellen, dass keine Inanspruchnahme nach § 61 droht. Die in § 208 normierte, weitere Abwicklung des Insolvenzverfahrens auch nach Anzeige der Masseunzulänglichkeit deckt die Begründung von Neumasseverbindlichkeiten insoweit, als diese für eine zügige Liquidation erforderlich sind. Die bei Anzeige der Masseunzulänglichkeit noch vorhandene Masse soll möglichst im Interesse der Altmassegläubiger erhalten bleiben,[2] auch wenn diese keinen Rechtsanspruch darauf haben, dass ihnen das zum Zeitpunkt der Anzeige der Masseunzulänglichkeit vorhandene Haftungsvermögen ungeschmälert erhalten bleibt.[3]

21 Selbstverständlich muss auch eine Betriebsfortführung diesem Ziele dienen, sie ist ohnehin nie Selbstzweck, sondern Mittel zur bestmöglichen Verwertung der Insolvenzmasse einerseits sowie Maßnahme zum Erhalt des Unternehmens andererseits (§ 1 Abs. 1).

22 **b)** Macht der Insolvenzverwalter **nach Anzeige der Masseunzulänglichkeit** von seinem ihm nach § 103 zustehenden Wahlrecht über einen nicht erfüllten, gegenseitigen Vertrag Gebrauch und **wählt** dessen **Erfüllung,** so wird der Anspruch des Vertragspartners wie eine neu begründete Forderung behandelt und gem. Abs. 2 Nr. 1 i. V. m. Abs. 1 Nr. 2 ebenfalls an zweiter Rangstelle eingeordnet.[4] Hat er bereits vor Anzeige der Masseunzulänglichkeit Erfüllung gewählt, entsteht eine Altmasseverbindlichkeit i. S. d. Abs. 1 Nr. 3. Schadensersatzansprüche aus § 103 Abs. 2 Satz 1 sind immer Insolvenzforderungen, unabhängig, ob die Erfüllungsablehnung vor oder nach der Anzeige der Massearmut erfolgte.

23 Teilweise wird in der Literatur vertreten, die Anzeige der Masseunzulänglichkeit führe – entsprechend der Verfahrenseröffnung – zu einem **erneuten Wahlrecht** nach § 103. Dem Insolvenzverwalter soll daher die Möglichkeit der Erfüllungswahl auch für solche Verträge eingeräumt werden, die er selbst nach Eröffnung des Insolvenzverfahrens abgeschlossen hat.[5]

24 Die geltende gesetzliche Regelung ergibt aber keinerlei Anhaltspunkte dafür, dass der Anzeige der Masseunzulänglichkeit über die Regelung in § 208 hinaus weitere Rechtswirkung zukommen soll. Insbesondere eine Annahme, die Anzeige der Masseunzulänglichkeit habe entsprechende Wirkung wie die Eröffnung des Insolvenzverfahrens **(Konzeption des „Konkurses im Konkurs"),** kann im Gesetz keinerlei Stütze mehr finden. Diese Konzeption ist durch den Rechtsausschuss gestrichen worden.[6]

---

[1] BGH NZI 2004, 435 ff.

[2] *Kübler,* in Kölner Schrift, S. 967 Rn. 29 ff.

[3] Vgl. grundlegend *Henckel,* FS 100 Jahre Konkursordnung, 1977, S. 169 ff.

[4] *Uhlenbruck/ders.,* InsO, § 209 Rn. 2.

[5] HK-*Landfermann,* InsO, § 209 Rn. 12; *Kübler,* in Kölner Schrift, S. 977 f. Rn. 37; MünchKomm-*Hefermehl,* InsO § 209 Rn. 25.

[6] Wie hier bis zur 19. Ergänzungslieferung auch *Kübler/Prütting/Bork/Pape,* InsO, § 209 Rn. 12 ff.; *Uhlenbruck/ders.,* InsO, § 209 Rn. 12; aA: jetzt *Kübler/Prütting/Bork/Pape,* InsO, § 209 Rn. 12 a, 12 b.

25 **c)** Bei **Dauerschuldverhältnissen** muss differenziert werden. Der Insolvenzverwalter hat diesbezüglich nur sein ordentliches Kündigungsrecht, da die Anzeige der Masseunzulänglichkeit dem Verwalter kein außerordentliches Kündigungsrecht gibt.[1] Die aus dem bestehenden Dauerschuldverhältnis resultierenden Verbindlichkeiten stellen Masseverbindlichkeiten dar. Die Massegläubiger können aus ihnen wegen § 90 allerdings für die Dauer von sechs Monaten seit Eröffnung des Insolvenzverfahrens nicht in die Masse vollstrecken, um Betriebsfortführungen nicht zu gefährden.[2] Nur wenn der Verwalter diese Ansprüche dadurch nicht vermieden hat, dass er Erfüllung gewählt hat oder die mögliche Kündigung eines Dauerschuldverhältnisses nicht ausgesprochen bzw. die Gegenleistung in Anspruch genommen hat, greift das zeitlich begrenzte Vollstreckungsverbot gem. § 90 Abs. 2 nicht ein.

26 Entsprechend der Regelung in § 90 Abs. 2 qualifiziert § 209 Abs. 2 diese Verbindlichkeiten zu Neumasseverbindlichkeiten um. Wenn der Verwalter die Vollstreckung schon nicht vermeiden kann, so soll er auch bei Anzeige der Masseunzulänglichkeit berechtigt/verpflichtet sein, diese Verbindlichkeiten vorrangig zu befriedigen.

Die unterschiedlichen **Fallgruppen** sind daher wie folgt einzuordnen:

27 **aa)** Nimmt der Insolvenzverwalter die vom Vertragspartner geschuldete **Gegenleistung** für die Insolvenzmasse **in Anspruch,** entstehen Neumasseverbindlichkeiten, unabhängig davon, ob gekündigt wurde oder nicht (Abs. 2 Nr. 3 i. V. m. Abs. 1 Nr. 2). Allerdings ist eine willentliche Inanspruchnahme der Gegenleistung hierfür nicht Voraussetzung. Der BGH verlangt in ständiger Rechtsprechung[3] lediglich ein Verhalten des Insolvenzverwalters, mit dem er die Gegenleistung nach Anzeige der Masseunzulänglichkeit nutzt, obwohl er dies pflichtgemäß hätte verhindern können.

28 Bei der Abwicklung gekündigter Mietverhältnisse stellt sich in der Praxis oft die Problematik, dass der Verwalter die Mietsache zwar nicht nutzen will, andererseits jedoch auch nicht in der Lage ist, ordnungsgemäß zu räumen. Faktisch nutzt er damit die Mieträume, allerdings ohne dass er dies verhindern kann. Hierdurch können neue Masseverbindlichkeiten nicht begründet werden.[4]

29 **bb) Kündigt der Insolvenzverwalter das Dauerschuldverhältnis,** dessen **Gegenleistung** er **nicht in Anspruch** nimmt, ist der bis zur Beendigung des Vertragsverhältnisses zu erfüllende Anspruch des Vertragspartners Altmasseverbindlichkeit (Umkehrschluss aus Abs. 2 Nr. 2 i. V. m. Abs. 1 Nr. 2). Sind beispielsweise die Arbeitsverhältnisse gekündigt und die Arbeitnehmer freigestellt, haben sie hinsichtlich ihrer Lohn- und Gehaltsansprüche deshalb nur eine nachrangige Masseforderung.[5]

29a Stellt der Insolvenzverwalter die Arbeitnehmer „unter Anrechnung auf offenen Urlaub" von ihrer Arbeitsleistung frei, entsteht hinsichtlich der Ansprüche auf

---

[1] *Nerlich/Römermann/Westphal,* InsO, § 209 Rn. 8.

[2] Siehe dazu Begründung zu § 101 RegE, abgedruckt in *Balz/Landfermann,* S. 305.

[3] BGH ZIP 2004, 1277 ff.

[4] *Uhlenbruck/ders.,* InsO, § 209 Rn. 15; aA: die wohl hM, z. B. MünchKomm-*Hefermehl,* InsO § 209 Rn. 33; vgl. zum gekündigten Zwischenmietverhältnis: BGH WM 2003, 1027, 1030; BGH ZInsO 2004, 674 ff.

[5] Für die Bestimmung des frühest möglichen Kündigungstermins kommt es auf die objektive Rechtslage, nicht auf die subjektive Kenntnis des Insolvenzverwalters an.

Urlaubsentgelt und -geld keine neue Masseverbindlichkeit. Wird der Arbeitnehmer vom Insolvenzverwalter zu weiterer Arbeitsleistung herangezogen, begründen die offenen Urlaubsansprüche nicht ohne Weiteres in voller Höhe neue Masseverbindlichkeiten. Als neue Masseverbindlichkeit ist nur der anteilig auf die Beschäftigungszeit des Arbeitnehmers nach Anzeige der Masseunzulänglichkeit entfallende, in Geld ausgedrückte Urlaub zu berichtigen. Zeiten, in denen der herangezogene Arbeitnehmer nach Anzeige der Masseunzulänglichkeit wegen krankheitsbedingter Arbeitsunfähigkeit oder wegen Feiertagen ausfällt, begründen allerdings neue Masseverbindlichkeiten.[1]

29b Führt der Insolvenzverwalter nach Anzeige der Masseunzulänglichkeit eine Betriebsstilllegung durch, ohne die betriebsverfassungsrechtlichen Gegebenheiten zu berücksichtigen, können gem. § 113 Abs. 3 i.V.m. Abs. 1 BetrVG Abfindungsansprüche der Arbeitnehmer als Neumasseverbindlichkeiten dann entstehen, wenn der Insolvenzverwalter die geplante Betriebsänderung nach § 111 BetrVG durchführt, ohne zuvor einen Interessenausgleich mit dem Betriebsrat versucht zu haben.

29c Der Anspruch entsteht, sobald der Insolvenzverwalter mit der Durchführung der Betriebsänderung begonnen hat, ohne bis dahin einen Interessenausgleich mit dem Betriebsrat versucht zu haben.[2] Der Beginn der Durchführung einer Betriebsstilllegung liegt dann vor, wenn unumkehrbare Maßnahmen zur Auflösung der betrieblichen Organisation getroffen werden. Die bloße Einstellung der Produktion oder der sonstigen betrieblichen Tätigkeit und die wiederrufliche Freistellung der Arbeitnehmer sind nach Auffassung des Bundesarbeitsgerichts regelmäßig keine unumkehrbaren Maßnahmen und stellen daher keinen Beginn der Betriebsstilllegung dar.[3] Dadurch wird der Entstehungszeitpunkt für Neumasseverbindlichkeiten sehr spät angesetzt. Umso wichtiger ist es, alle betriebsverfassungsrechtlichen Notwendigkeiten zu berücksichtigen, da andernfalls für den Insolvenzverwalter erhebliche Haftungsrisiken entstehen können.

30 **cc) Kündigt der Insolvenzverwalter das Dauerschuldverhältnis nicht** und nimmt er die **Gegenleistung nicht in Anspruch,** so liegt eine nachrangige Masseverbindlichkeit nur bis zum fiktiven Ablauf der Ersten möglichen Kündigungsfrist nach Anzeige der Masseunzulänglichkeit vor.[4] Die danach entstehenden Masseverbindlichkeiten sind Neumasseverbindlichkeiten, da der Verwalter die Möglichkeit gehabt hätte, ihr Entstehen zu verhindern (Abs. 2 Nr. 2 i. V. m. Abs. 1 Nr. 2). Für die Bestimmung des frühest möglichen Kündigungstermins kommt es auf die objektive Rechtslage, nicht auf die subjektive Kenntnis des Insolvenzverwalters an.

31 **dd)** Keine Masseverbindlichkeiten sind die dem anderen Teil **wegen der Beendigung des Dauerschuldverhältnisses entstehenden Ansprüche,** deren Rechtsgrund aber bereits vor die Insolvenzeröffnung gelegt war. Derartige Ansprüche begründen lediglich eine Insolvenzforderung (§§ 109 Abs. 1 S. 2, Abs. 2 S. 2, 113 Abs. 1 S. 3). Insolvenzforderungen stellen auch die Entgeltansprüche der Arbeitnehmer bei Altersteilzeit dar, wenn bei Verfahrenseröffnung

[1] BAG NZA 2007, 696.
[2] BAG NZA 2006, 736.
[3] BAG NZA 2006, 1122.
[4] BAG ZIP 2004, 1323 ff.; BAG NZI 2005, 408 ff.

die Arbeitsphase (Blockmodell) bereits beendet gewesen ist.[1] Dauert die Arbeitsphase bei Eröffnung noch an, können teilweise Masseverbindlichkeiten entstehen.[2] Sie sind Neumasseverbindlichkeiten, soweit sie für die Zeit nach dem ersten Termin geschuldet werden, zu dem der Verwalter nach Anzeige der Masseunzulänglichkeit kündigen konnte.

ee) Im Insolvenzverfahren über das Vermögen eines Wohnungseigentümers sind **Wohngeldverbindlichkeiten,** die seit Eröffnung des Insolvenzverfahrens rückständig werden, Masseverbindlichkeiten. Als Altmasseverbindlichkeiten sind sie zu qualifizieren, soweit sie vor der Masseunzulänglichkeitsanzeige begründet worden sind.[3] Zweifelhaft erscheint allerdings, ob Wohngeldansprüche, die nach der Masseunzulänglichkeitsanzeige fällig werden, bereits Neumasseverbindlichkeiten darstellen,[4] oder vielmehr, weil bereits vor der Masseunzulänglichkeitsanzeige durch Inbesitznahme begründet, auch für die Folgezeit nur Altmasseverbindlichkeiten darstellen können. **31a**

In seiner Grundsatzentscheidung für Mietverhältnisse hat der Bundesgerichtshof[5] für das Mietverhältnis die „Inanspruchnahme der Gegenleistung" durch den Insolvenzverwalter bejaht, weil dieser nach der Masseunzulänglichkeitsanzeige den Vermietern das Recht hätte verschaffen können, die Miete einzuziehen. Der Insolvenzverwalter sei gehalten gewesen, von sich aus alles zu unternehmen, um die weitere Inanspruchnahme der Gegenleistung (Mietzins) zu verhindern. Überträgt man diesen Rechtsgedanken auf die nach der Masseunzulänglichkeitsanzeige entstandenen Wohngeldansprüche der Wohnungseigentümergemeinschaft, könnte man der Auffassung des OLG Düsseldorf folgen, wonach auf Grund der Tatsache, dass der Insolvenzverwalter die Wohnungen nicht aus der Masse freigegeben habe, ein hinreichender Anhaltspunkt für die „Inanspruchnahme" gesehen werden könnte. **31b**

Diese Auffassung ist jedoch abzulehnen. Auch der Bundesgerichtshof hat in einer jüngeren Entscheidung erneut darauf hingewiesen, dass es als Abgrenzungskriterium ausschließlich auf den Zeitpunkt ankommt, in dem der Rechtsgrund für die Masseverbindlichkeit geschaffen worden ist.[6] Auch die nach Anzeige der Masseunzulänglichkeit fällig werdenden Wohngeldansprüche sind daher als Altmasseverbindlichkeiten zu qualifizieren. **31c**

Ist der Insolvenzverwalter nicht in der Lage, die auf Grund der nicht erfolgten Freigabe entstandenen Masseverbindlichkeiten zu erfüllen, haftet er allerdings hierfür nach Auffassung des LG Stuttgart[7] weder nach § 60 noch nach § 61, da die Insolvenzgläubiger keinen Anspruch auf Freigabe eines Gegenstands aus der Masse hätten und demzufolge auch die unterlassene Freigabe den Verwalter nicht zu Schadensersatz verpflichten könne. **31d**

d) Für Ansprüche aus **ungerechtfertigter Bereicherung** der Masse (§ 55 Abs. 1 Nr. 3) enthält die Vorschrift keine Sonderregelung. Insoweit gilt der Grundsatz, wonach der Zeitpunkt der Anzeige der Masseunzulänglichkeit über **32**

---

[1] BAG ZIP 2005, 457 ff.
[2] BAG ZIP 2005, 873 ff.
[3] OLG Düsseldorf NZI 2007, 50.
[4] OLG Düsseldorf aaO.
[5] BGH NZI 2003, 369.
[6] BGH NZI 2006, 392.
[7] LG Stuttgart NZI 2008, 442.

den Rang als Neu- oder Altmasseverbindlichkeit entscheidet.[1] In der Literatur wird der Nachrang der Bereicherungsansprüche teilweise als verfassungsrechtlich bedenklich beurteilt.[2]

4. Sonderregelung des § 123 Abs. 2

33 Eine Besonderheit ist für Ansprüche zu beachten, die sich aus einem **Sozialplan** ergeben. Solche sind gem. § 123 Abs. 2 zwar Masseverbindlichkeiten, jedoch darf zu ihrer Befriedigung nur ein Drittel der Masse verwendet werden, die ohne einen Sozialplan für die Verteilung an die Insolvenzgläubiger zur Verfügung stünde, so dass sie bei Masseunzulänglichkeit gänzlich unberücksichtigt bleiben. Eine Nennung in § 209 Abs. 1 Nr. 3 ist somit nicht erforderlich.[3]

5. Rückforderung

34 Die Rangordnung des § 209 greift erst mit Anzeige der Massearmut nach § 208. Soweit vor Anzeige der Masseunzulänglichkeit Ansprüche von Massegläubigern entsprechend deren Fälligkeit beglichen worden sind, kommt eine **Rückforderung** nicht in Betracht.[4] Hat der Insolvenzverwalter nach Anzeige versehentlich nachrangige Masseverbindlichkeiten erfüllt, die bei Beachtung der Rangordnung keine oder nur teilweise Befriedigung hätten erlangen dürfen, kann er die überschießenden Beträge bis zur Einstellung des Verfahrens gem. § 812 Abs. 1 Satz 1 1. Fall BGB zurückfordern.[5] Nach erfolgter Verfahrenseinstellung scheidet auch diese Möglichkeit aus und der Insolvenzverwalter haftet dem unbefriedigt gebliebenen Gläubiger nach § 61.

6. Aufrechnung

35 Haben Altmassegläubiger die **Aufrechnung** erklärt und dadurch eine Befriedigung erlangt, die der Rangordnung des § 209 widerspricht, ist diese unzulässig. Die in § 320 RegE vorgesehene Verweisung auf die für die Insolvenzgläubiger geltenden Regelungen wurde zwar im Rechtsausschuss gestrichen.[6] Der darin zum Ausdruck gekommene Rechtsgedanke der Absicherung der Rangordnung des § 209 ist jedoch auch unter dem geltenden Recht zu berücksichtigen.[7]

36 Teilweise wird hierfür auch die entsprechende Anwendung der §§ 95 ff. angenommen.[8] Danach soll entsprechend § 96 Nr. 1 die Aufrechnung unzulässig sein, wenn der Massegläubiger erst nach Anzeige der Masseunzulänglichkeit etwas zur Masse schuldig geworden ist. Gleiches soll entsprechend § 96 Nr. 2 gelten, wenn der Gläubiger die Masseforderung erst nach Anzeige der Masseinsuffizienz von einem anderen Gläubiger erworben hat.

Abgeleitet aus dem Vollstreckungsverbot des § 210 InsO ist eine Aufrechnungsbefugnis Altmassegläubigern insgesamt abzusprechen. Wenn schon eine

---

[1] BGH NZI 2006, 392.
[2] *Nerlich/Römermann/Westphal,* InsO, § 209 Rn. 14.
[3] Begründung zu § 321 RegE, abgedruckt in *Balz/Landfermann,* S. 451.
[4] *Dinstühler,* ZIP 1998, 1697, 1705; *Uhlenbruck/ders.,* InsO, § 209 Rn. 20.
[5] *Breutigam/Blersch/Goetsch/Breutigam,* InsO, § 209 Rn. 28.
[6] Vgl. § 320 RegE.
[7] So auch AG Ottweiler ZInsO 2000, 520.
[8] *Uhlenbruck/ders.,* InsO, § 208 Rn. 22; *Kübler/Prütting/Bork/Pape,* InsO, § 210 Rn. 11.

Vollstreckung gegen die Insolvenzmasse ausscheidet, dann erst recht eine Aufrechnung.[1]

7. Praxishinweis

Die Verfahrenskostenstundung nach § 4a hat dazu geführt, dass eine Vielzahl von Insolvenzverfahren natürlicher Personen eröffnet worden sind und unter den Bedingungen der Masseunzulänglichkeit abgewickelt werden müssen. Für diese Verfahren ist § 209 zur zentralen Vorschrift geworden. 37

Umso bedauerlicher ist es, dass der Gesetzgeber die Rangordnung hinsichtlich der gestundeten Verfahrenskosten nicht ausdrücklich geregelt hat. Wie vorstehend ausgeführt,[2] müssen bei der Verteilung nach § 209 die gestundeten Verfahrenskosten jedoch vollständig unberücksichtigt bleiben. Erst wenn durch die Abwicklung des Insolvenzverfahrens ausreichende Masse erwirtschaftet worden ist, um alle Masseverbindlichkeiten zu decken, werden die gestundeten Verfahrenskosten bedient. Eine Berücksichtigung hat wie bei § 292 Abs. 1 S. 2 erst vor Ausschüttungen an die Insolvenzgläubiger zu erfolgen. 38

Haftungsrisiken bestehen für den Insolvenzverwalter insbesondere dann, wenn er unmittelbar nach Verfahrenseröffnung Masseunzulänglichkeit anzeigt und eine Betriebsstilllegung vornimmt, ohne die betriebsverfassungsrechtlichen Gegebenheiten zu berücksichtigen. Nach § 113 Abs. 3 i. V. m. Abs. 1 BetrVG kann ein Arbeitnehmer vom Unternehmer die Zahlung einer Abfindung verlangen, wenn der Unternehmer eine geplante Betriebsänderung nach § 111 BetrVG durchführt, ohne zuvor einen Interessenausgleich mit dem Betriebsrat versucht zu haben und infolge der Maßnahme Arbeitnehmer entlassen werden oder andere wirtschaftliche Nachteile erleiden. Dieser Regelung findet auch im Insolvenzverfahren uneingeschränkt Anwendung.[3] Der Anspruch entsteht, sobald der Unternehmer mit der Durchführung der Betriebsänderung begonnen hat, ohne bis dahin einen Interessenausgleich mit dem Betriebsrat versucht zu haben.[4] Der Unternehmer beginnt mit der Durchführung einer Betriebsänderung, wenn er unumkehrbare Maßnahmen ergreift und damit vollendete Tatsachen schafft. Lagen diese anspruchsbegründenden Maßnahmen nach der Anzeige der Masseunzulänglichkeit, werden neue Masseverbindlichkeiten hierdurch ausgelöst. 39

Höchstrichterlich ungeklärt ist auch die Frage, wie Wohngeldansprüche zu qualifizieren sind, die zwar nach Verfahrenseröffnung entstehen und damit unzweifelhaft Masseverbindlichkeiten darstellen. Werden sie erst nach Anzeige der Masseunzulänglichkeit fällig, soll dies zu neuen Masseverbindlichkeiten führen,[5] obwohl auch in diesem Falle die Ansprüche bereits vor Anzeige der Masseunzulänglichkeit begründet waren. Im Zweifelsfalle sollte man erwägen, derartige Wohnungen, für die keine Nutzung gezogen werden kann und daher aus Massezuflüssen diese Verbindlichkeiten nicht gedeckt sind, aus der Masse freizugeben. Soweit allerdings die Chance eines Übererlöses bei freihändiger Verwertung besteht, könnte dies wiederum Haftungsrisiken in sich bergen. 40

---

[1] OLG Karlsruhe ZInsO 2003, 856 ff.

[2] Siehe oben Rn. 9 ff. und *Kießner,* FS Braun, S. 205 ff.; a. A. BGH, BeckRS 2009, 89130.

[3] BAG NZI 2004, 99.

[4] BAG NZA 2006, 736.

[5] OLG Düsseldorf NZI 2007, 50.

§ 210 Vollstreckungsverbot

Sobald der Insolvenzverwalter die Masseunzulänglichkeit angezeigt hat, ist die Vollstreckung wegen einer Masseverbindlichkeit im Sinne des § 209 Abs. 1 Nr. 3 unzulässig.

Übersicht

1. Normzweck

1 Während das Vollstreckungsverbot des § 89 sich nur gegen Insolvenzgläubiger richtet, versagt § 90 Abs. 1 Massegläubigern begrenzt auf die schwierige Anfangsphase der Insolvenz die Vollstreckung, soweit der Anspruch nicht durch eine Rechtshandlung des Insolvenzverwalters begründet wurde. Reicht das Schuldnervermögen jedoch nicht zur Befriedigung sämtlicher Massegläubiger aus, muss eine Reduzierung der Masse verhindert werden, die dem Insolvenzverwalter die Verteilung unter Einhaltung der in § 209 begründeten Rangordnung unmöglich machen würde.[1] Das Vollstreckungsverbot endet mit Aufhebung des Verfahrens.

2 § 210 verwirklicht den bereits in der KO[2] anerkannten Gedanken der Unzulässigkeit der Vollstreckungsmaßnahmen der Massegläubiger im Verfahren der Masseunzulänglichkeit und die mit Anzeige der Masseunzulänglichkeit entstehende Zäsur zwischen Alt- und Neumasseverbindlichkeiten. Mit der Anzeige der Masseunzulänglichkeit tritt die **Unzulässigkeit noch anhängiger Zwangsvollstreckungsmaßnahmen der Altmassegläubiger** ein, die noch nicht zu einer Sicherung oder Befriedigung dieser Gläubiger geführt haben, während bereits begründete Pfändungspfandrechte fortbestehen und zur abgesonderten Befriedigung berechtigen.

3 Vollstreckungstitel wegen Neumasseverbindlichkeiten können hingegen erst nach Anzeige der Massearmut entstehen, wenn der Insolvenzverwalter seinen Verpflichtungen nicht nachkommt[3] und können in Ausprägung ihrer Vorrangstellung grundsätzlich durchgesetzt werden, solange der Verwalter nicht einwendet, die Masse reiche auch zur Bedienung aller Neumasseverbindlichkeiten nicht aus.

[1] Begründung zu § 322 RegE, abgedruckt in *Balz/Landfermann,* S. 453.
[2] *Kuhn/Uhlenbruck,* KO, § 60 Rn. 3 h.
[3] *Nerlich/Römermann/Westphal,* InsO, § 210 Rn. 1.

2. Vollstreckung wegen „Altmasseverbindlichkeiten“

§ 210 untersagt **nach Anzeige der Masseunzulänglichkeit** die Zwangsvollstreckung wegen einer Masseverbindlichkeit i. S. d. § 209 Abs. 1 Nr. 3. Vom Vollstreckungsverbot sind daher nur Altmasseverbindlichkeiten betroffen. Das von Amts wegen zu beachtende Vollstreckungsverbot für Altmassegläubiger greift ab der Anzeige der (drohenden) Masseunzulänglichkeit ein. Damit hat der Insolvenzverwalter einen weiten Ermessensspielraum, um „unliebsame Vollstreckungen von Massegläubigern zu unterbinden“.[1] 4

a) Unabhängig vom tatsächlichen Eintritt der Masseunzulänglichkeit erfasst das **Vollstreckungsverbot** des § 210 mit Anzeige der Masseinsuffizienz jede noch nicht abgeschlossene Vollstreckung wegen einer nach § 209 Abs. 1 Nr. 3 nur drittrangig zu befriedigenden Altmasseforderung sowie gem. § 123 Abs. 3 S. 2 wegen einer Sozialplanforderung. Es ist von Amts wegen zu beachten und kann mit dem Rechtsbehelf der Vollstreckungserinnerung des § 766 ZPO durchgesetzt werden.[2] Entsprechend angewandt kann ein Vollstreckungsverbot allerdings auch für Neumassegläubiger[3] sowie für Verfahrenskostengläubiger[4] bestehen. 5

Für die **Zuständigkeit** fehlt eine ausdrückliche Regelung. Im Interesse einer einheitlichen Behandlung der insolvenzrechtlichen Vollstreckungsverbote erscheint es jedoch sachgerecht, § 89 Abs. 3 auch auf § 210 entsprechend anzuwenden, so dass das **Insolvenzgericht** zu entscheiden hat.[5] 6

b) Auch im Geltungsbereich der InsO ist der **Einfluss der Masseinsuffizienz auf das Erkenntnisverfahren** ungeregelt geblieben. Für eine Leistungsklage fehlt den Altmassegläubiger hierbei das Rechtsschutzbedürfnis,[6] so dass diese nach Anzeige der Masseunzulänglichkeit in eine Feststellungsklage umgestellt werden muss.[7] Dies gilt auch für das Kostenfestsetzungsverfahren. Nach Anzeige der Masseunzulänglichkeit darf ein Kostenfestsetzungsbeschluss gegen den Insolvenzverwalter nicht mehr ergehen. Es kann lediglich die Feststellung der Zahlungspflicht erfolgen.[8] 7

3. Vollstreckung wegen „Neumasseverbindlichkeiten“

Neumassegläubiger können ihre titulierten Forderungen gegen die Masse grundsätzlich ungehindert zwangsweise durchsetzen. Reicht die Masse jedoch 8

---

[1] *Kübler,* in Kölner Schrift, S. 979 Rn. 43.

[2] *Kübler/Prütting/Bork/Pape,* InsO, § 210 Rn. 4; aA: *Nerlich/Römermann/Westphal,* InsO, § 210 Rn. 6, wonach eine Vollstreckungsabwehrklage nach § 767 ZPO zu erheben ist, was jedoch angesichts fehlenden Rechtsschutzbedürfnisses zweifelhaft erscheint, da die Erinnerung das einfachere und billigere Rechtsmittel darstellt.

[3] BGH NZI 2003, 369; NZI 2006, 392.

[4] BGH NZI 2006, 697.

[5] HK-*Landfermann,* InsO, § 210 Rn. 5; *Uhlenbruck/ders.,* InsO, § 210 Rn. 4; MünchKomm-*Hefermehl,* InsO § 210 Rn. 15; aA: *Smid/Smid,* InsO, § 210 Rn. 2, der die Zuständigkeit des Vollstreckungsgerichts annimmt; jetzt geklärt durch BGH NZI 2006, 697.

[6] BAG ZIP 2002, 628; BGH ZIP 2003, 914 ff.

[7] *Pape,* KTS 1995, 214; *Kübler,* in Kölner Schrift, S. 967 Rn. 42; MünchKomm-*Hefermehl,* InsO § 210 Rn. 23; *Uhlenbruck/ders.,* InsO, § 210 Rn. 6; *Kübler/Prütting/Bork/Pape,* InsO, § 210 Rn. 7; *Nerlich/Römermann/Westphal,* InsO, § 209 Rn. 18.

[8] BGH ZInsO 2005, 430.

nicht aus, um allen Verbindlichkeiten des § 209 Abs. 1 Nr. 2 nachzukommen, kann ausnahmsweise ein Bedürfnis bestehen, die Vollstreckung mittels Vollstreckungsabwehrklage zu verhindern[1] bzw. eine einstweilige Einstellung der Zwangsvollstreckung nach § 769 ZPO zu erwirken. Zeichnet sich die bloße quotale Befriedigung bereits im Erkenntnisverfahren ab, ist dementsprechend auch nur eine Feststellungsklage zulässig.[2] Dem Insolvenzverwalter obliegen im Prozess die Darlegung und der Nachweis der erneuten Masseunzulänglichkeit.

8a Würde eine Vollstreckung der Neumasseverbindlichkeit dazu führen, dass die absoluten Vorrang genießenden Verfahrenskosten dann nicht mehr vollständig gedeckt wären, ist die Vorschrift ebenfalls entsprechend anzuwenden. Konkurrieren im massearmen Insolvenzverfahren die im ersten Rang zu berichtigenden Kosten mit den im zweiten Rang zu berichtigenden Neumasseverbindlichkeiten, gilt die Vorschrift entsprechend.[3]

8b Reicht die Insolvenzmasse nicht aus, den Neumassegläubiger unter vorrangiger Berichtigung der Kosten des Insolvenzverfahrens zu befriedigen, fehlt der hierauf gerichteten Zahlungsklage des Neumassegläubigers das erforderliche Rechtsschutzbedürfnis. Es kann dann nur die Feststellung der Masseverbindlichkeit erfolgen. Ein Kostenfeststellungsbeschluss darf nicht mehr ergehen.[4]

4. Entsprechende Anwendung

9 Der Rechtsausschuss hat die in § 320 RegE[5] vorgesehene Übernahme der Aufrechnungsvorschriften der §§ 94–96 gestrichen. Gleichwohl ist allerdings von der Wirkung der **Aufrechnungsverbote** für das Verfahren bei Masseunzulänglichkeit auszugehen.[6] Die entsprechende Anwendung hatte zum alten Recht auch der Bundesgerichtshof bereits bestätigt.[7] Die Gründe dieser Rechtsprechung gelten auch heute noch mit der Folge, dass die Aufrechnung nur dann möglich ist, wenn die Aufrechnungslage bei Anzeige der Masseunzulänglichkeit bereits bestanden hat (§ 94 analog).[8] Die Rangordnung des § 209 ist allerdings einzuhalten.[9]

9a Eine entsprechende Anwendung des Vollstreckungsverbotes kommt auch für Verfahrenskostengläubiger in Frage, wenn die Masse nicht ausreicht, alle Verfahrenskosten zu bedienen.[10] Die Vorschrift findet ebenfalls entsprechend Anwendung, wenn der Insolvenzverwalter nicht mehr alle Neumasseverbindlich-

---

[1] So OLG Hamm ZIP 1993, 523; MünchKomm-*Hefermehl,* InsO § 210 Rn. 20.

[2] *Kübler/Prütting/Bork/Pape,* InsO, § 210 Rn. 8 ff.; LAG Düsseldorf ZIP 2000, 2034 f., 2035; ebenso LAG Stuttgart ZIP 2001, 657 f.; BGH ZIP 2003, 914, 918; BGH ZIP 2004, 1277 ff.

[3] BGH NZI 2006, 392; NZI 2007, 721.

[4] BGH NZI 2003, 369; NZI 2006, 392; NZI 2007, 721; NZI 2008, 735; *Kießner,* FD-InsR 2008, 269673.

[5] Begründung zu § 320 RegE, abgedruckt in *Balz/Landfermann,* S. 449.

[6] *Kübler/Prütting/Bork/Pape,* InsO, § 210 Rn. 10; *Uhlenbruck/ders.,* InsO, § 210 Rn. 7; aA: *Runkel/Schnurbusch,* NZI 2002, 49 ff.

[7] BGH ZIP 1995, 1204.

[8] Wie hier *Dinstühler,* ZIP 1998, 1697 ff., 1705; *Smid,* WM 1998, 1313 ff., 1319; mit anderer Begründung auch *Runkel/Schnurbusch,* NZI 2000, 49 ff., 54 f.; vgl. auch OLG Karlsruhe ZIP 2003, 2082 ff.

[9] Vgl. hierzu § 209 Rn. 4.

[10] BGH NZI 2006, 697.

keiten erfüllen kann. Er trägt hierfür allerdings die volle Beweislast.[1] Funktionell ist in diesem Falle für die auf Massearmut gestützte Erinnerung des Insolvenzverwalters gegen den Erlass eines Pfändungs- und Überweisungsbeschlusses das Insolvenzgericht zuständig.[2]

Nicht entsprechend anwendbar sind die Vorschriften der §§ 103 ff. auf die Anzeige der Masseunzulänglichkeit.[3] 10

5. Masseunzulänglichkeit und Restschuldbefreiung

Anders als bei einer Einstellung nach § 207 ist bei einer Einstellung des Insolvenzverfahrens gem. § 211 die Durchführung eines Restschuldbefreiungsverfahrens nicht ausgeschlossen (§ 289 Abs. 3). 11

Durch das InsOÄndG 2001[4] wurde die Möglichkeit der Stundung der Verfahrenskosten eingeführt mit der Folge, dass bei Insolvenzverfahren natürlicher Personen die Einstellung nach § 207 kaum mehr vorkommt. Diese Verfahren sind in der Regel allerdings masseunzulänglich gem. § 208, so dass – wenn die Voraussetzungen im Übrigen vorliegen – auch insoweit ein Restschuldbefreiungsverfahren sich anschließen kann.

6. Masseunzulänglichkeit und Insolvenzplan

Umstritten ist, ob bei Masseunzulänglichkeit durch einen Insolvenzplan auch in die Rechte von Massegläubigern eingegriffen werden kann. Dies ist zu bejahen.[5] Zwar geht das Gesetz im Ausgangspunkt davon aus, dass Masseverbindlichkeiten vorab zu befriedigen sind[6] (§ 53). Im Insolvenzplanverfahren hat vor der Aufhebung des Verfahrens der Verwalter die unstreitigen Masseansprüche zu berichtigen und für die streitigen Sicherheit zu leisten (258 Abs. 2). Gleichwohl können in einem Insolvenzplan Ansprüche der Arbeitnehmer aus einem Insolvenzsozialplan (§ 123) abweichend geregelt werden.[7] 12

Hat der Insolvenzverwalter Masseunzulänglichkeit angezeigt, ist gleichwohl eine Plangestaltung denkbar und sinnvoll, die einerseits die Rechtsstellung der Massegläubiger regelt, andererseits jedoch auch die Insolvenzgläubiger in die Entscheidung einbeziehen muss.

7. Praxishinweis

Für die Vielzahl von massearmen Insolvenzverfahren, die – da die Verfahrenskosten gestundet sind – gleichwohl nach § 211 zu behandeln sind, stellt sich die Frage, wie das Verfahren weiter zu gestalten ist. Da sich ein Restschuldbefreiungsverfahren anschließen wird, in dem möglicherweise – wenn pfändbares Arbeitseinkommen vorhanden ist – Massezuflüsse erfolgen, stellt sich die Frage, wie der 13

---

[1] BGH NZI 2007, 721.

[2] BGH NZI 2006, 697.

[3] Vgl. hierzu § 209 Rn. 13.

[4] BGBl. I 2001, S. 2710.

[5] HK-*Flessner,* InsO, § 217 Rn. 10; *Kübler/Prütting/Bork/Pape,* InsO, § 210 Rn. 14 ff.; MünchKomm-*Eidenmüller,* InsO § 217 Rn. 81; aA: wohl LG Dresden ZVI 2005, 610 f.

[6] *Nerlich/Römermann/Braun,* InsO, § 217 Rn. 25.

[7] AA HK-*Flessner,* InsO, § 217 Rn. 8; vgl. hierzu auch zu § 217, Rn. 7 mwN.

Treuhänder diese Zuflüsse – nach Abzug der entstandenen Kosten – zu verteilen hat.

14 Nach dem Wortlaut des § 292 Abs. 1 S. 2 hat der Treuhänder nur die Insolvenzgläubiger zu berücksichtigen, wonach jedoch zunächst die gestundeten Verfahrenskosten zu berichtigen sind. Der Bundesgerichtshof[1] hat zwischenzeitlich sich der Auffassung angeschlossen, dass zunächst nicht nur die gestundeten Verfahrenskosten, sondern alle Masseverbindlichkeiten zu erfüllen sind, bevor Ausschüttungen an Insolvenzgläubiger erfolgen können.

15 Dies setzt allerdings voraus, dass vor Einstellung des Verfahrens ein Schlussverzeichnis erstellt wird. Dies wird wiederum nur dann möglich sein, wenn – insbesondere dann, wenn unmittelbar nach Eröffnung des Verfahrens die Anzeige nach § 208 erfolgt ist – sowohl der Berichts- als auch der Prüfungstermin durchgeführt und die abschließende Forderungsprüfung durch den Insolvenzverwalter erfolgt ist.[2]

16 Weiterhin wird auch in diesem Verfahren das Insolvenzgericht einen Schlusstermin anberaumen, damit Einwendungen gegen das vom Verwalter zu erstellende Schlussverzeichnis erhoben werden können. Nur anhand dieses Schlussverzeichnisses ist der Treuhänder dann in der Lage, Ausschüttungen an die Insolvenzgläubiger gem. § 292 Abs. 1 S. 2 vorzunehmen.

17 Um Ausschüttungen an die Massegläubiger vornehmen zu können, wird der Insolvenzverwalter zusammen mit dem Schlussverzeichnis auch ein Verzeichnis der offengebliebenen Masseverbindlichkeiten einreichen und auf der Grundlage dieses Verzeichnisses dann Ausschüttungen an die Massegläubiger vornehmen.

18 Etwaige Verteilungen durch den Treuhänder im Restschuldbefreiungsverfahren sind daher nach folgender Rangordnung vorzunehmen:

- zunächst auf die offengebliebenen Masseverbindlichkeiten in der Rangordnung des § 209,
- sodann gem. § 292 Abs. 1 S. 2 auf die gestundeten Verfahrenskosten,
- schließlich an die Insolvenzgläubiger auf Grund des Schlussverzeichnisses.

Entsprechend ist durch den Insolvenzverwalter auch zu verfahren, wenn gem. § 211 Abs. 3 die Nachtragsverteilung angeordnet ist.

§ 211 Einstellung nach Anzeige der Masseunzulänglichkeit

(1) **Sobald der Insolvenzverwalter die Insolvenzmasse nach Maßgabe des § 209 verteilt hat, stellt das Insolvenzgericht das Insolvenzverfahren ein.**

(2) **Der Verwalter hat für seine Tätigkeit nach der Anzeige der Masseunzulänglichkeit gesondert Rechnung zu legen.**

(3) **Werden nach der Einstellung des Verfahrens Gegenstände der Insolvenzmasse ermittelt, so ordnet das Gericht auf Antrag des Verwalters oder eines Massegläubigers oder von Amts wegen eine Nachtragsverteilung an. § 203 Abs. 3 und die §§ 204 und 205 gelten entsprechend.**

---

[1] BGH NZI 2005, 399 ff.; aA: FK-*Jaffé,* InsO, § 217 Rn. 30 a.

[2] Entgegen der hier vertretenen Auffassung geht Uhlenbruck (NZI 2001, 408 ff.; *Uhlenbruck/ders.,* InsO, § 211 Rn. 5) davon aus, dass weder das Insolvenzgericht noch der Verwalter verpflichtet seien, den Berichts- und Prüfungstermin durchzuführen oder ein Verteilungsverzeichnis zu erstellen.

Übersicht

1. Normzweck

§ 211 tritt inhaltlich an die Stelle des § 204 KO unter Verwendung von Elementen des § 191 KO. Eine Verfahrenseinstellung ist nach § 211 nach Anzeige der Masseunzulänglichkeit erst dann zulässig und gleichermaßen zwingend erforderlich, wenn der Insolvenzverwalter die Masse verwertet und i. S. d. § 209 verteilt hat. Dies entspricht dem Grundsatz, im Insolvenzverfahren die geordnete Abwicklung des gesamten Schuldnervermögens zu erreichen.[1] Im Unterschied zur Massearmut des § 207 ist dem Verwalter die Aufrechterhaltung seiner Pflichten zuzumuten, da seine Vergütung im Rahmen der Verfahrenskosten gesichert ist. Sind die Verfahrenskosten nach §§ 4 a ff. gestundet, dürfte die Vergütung sich allerdings häufig nur im untersten Bereich der Skala der InsVV bewegen. 1

Aus Abs. 3 ergibt sich die Zulässigkeit einer Nachtragsverteilung, soweit Gegenstände der Insolvenzmasse noch ermittelt werden. Dies war in der KO nicht geregelt, von der Rechtsprechung[2] jedoch angenommen worden. 2

Die Vorschrift entspricht im Wesentlichen § 324 RegE.[3] 3

2. Pflichten des Insolvenzverwalters

a) Der Insolvenzverwalter ist in Fortdauer all seiner Pflichten und Befugnisse gem. § 208 Abs. 3 auch nach Anzeige der Masseunzulänglichkeit verpflichtet, die Insolvenzmasse zu verwalten, zu verwerten und sie in der Rangfolge des § 209 an die Massegläubiger zu verteilen, so dass jeder in den Besitz der ihm zustehenden Masseanteile gelangt.[4] Der Beschluss zur Verfahrenseinstellung darf vorher nach Abs. 1 nicht ergehen, so dass eine entsprechende **Mitteilung des Verwalters** verlangt werden muss, um dem Insolvenzgericht die **Beendigung der Verteilung** kundzutun und die Einstellung einzuleiten.[5] 4

---

[1] *Balz,* in Kölner Schrift, S. 3 Rn. 30 ff.

[2] LG Oldenburg ZIP 1992, 200; AG Göttingen ZIP 1995, 145.

[3] *Balz/Landfermann,* S. 454.

[4] *Nerlich/Römermann/Westphal,* InsO, § 211 Rn. 5.

[5] *Kübler/Prütting/Bork/Pape,* InsO, § 211 Rn. 4.

5 **b)** Ferner muss der Verwalter gem. Abs. 2 **gesondert Rechnung legen;** er hat folglich im Rahmen seiner Schlussrechnung nach § 66 zwischen der Zeit vor Anzeige der Masseinsuffizienz und der danach zu differenzieren, da hiervon der Rang der einzelnen Verbindlichkeiten abhängt. Nur so kann eine Kontrolle durch das Insolvenzgericht erfolgen, ob der Verwalter seiner an § 209 orientierten Verteilungspflicht ordnungsgemäß nachgekommen ist.[1]

6 **c)** Im Gesetz ungeklärt ist auch die Frage, ob vor Einstellung des Verfahrens zumindest **Berichts- und Prüfungstermin** durchgeführt werden müssen und zusätzlich ein **Schlusstermin** erforderlich ist. Darüber hinaus lässt das Gesetz Regelungen vermissen, ob im Rahmen einer Nachtragsverteilung zunächst die offenen Masseverbindlichkeiten noch zu erfüllen sind oder lediglich auf die im Schlussverzeichnis enthaltenen Insolvenzforderungen Ausschüttungen erfolgen dürfen. Letztlich ist auch die Verteilungssystematik bei gestundeten Verfahrenskosten unklar geblieben.

7 In der Literatur wird die Auffassung vertreten, dass es weder dem Gericht noch dem Insolvenzverwalter zumutbar wäre, in einem massearmen Verfahren – insbesondere dann, wenn die Massearmut bereits unmittelbar nach Verfahrenseröffnung angezeigt werden musste – Berichts- und Prüfungstermin noch durchzuführen.[2]

8 Diese Auffassung vermag allerdings nicht zu überzeugen. In Insolvenzverfahren über das Vermögen natürlicher Personen, die gleichzeitig einen Restschuldbefreiungsantrag gestellt haben, schließt sich an das nach § 211 eingestellte Insolvenzverfahren das Restschuldbefreiungsverfahren an. In ihm hat der Treuhänder – soweit er Massemittel aggregieren konnte – Ausschüttungen an die Insolvenzgläubiger vorzunehmen. Diese Ausschüttungen erfordern ein **Schlussverzeichnis,** das im Restschuldbefreiungsverfahren nicht mehr erstellt werden kann, sondern während des abzuwickelnden Insolvenzverfahrens erstellt werden muss.

9 Bereits hieraus wird deutlich, dass auch in einem massearmen Verfahren – zumindest dann, wenn ein Restschuldbefreiungsverfahren sich anschließen wird – die Erstellung der Tabelle, die Prüfung der angemeldeten Forderungen in einem Prüfungstermin und die Erstellung eines Schlussverzeichnisses zwingend sind.

10 Die Praxis geht davon aus, dass diese Maßnahmen in jedem nach § 211 eingestellten Insolvenzverfahren durchzuführen sind,[3] da andernfalls auch die Möglichkeit der Nachtragsverteilung nicht gegeben ist. Auch die Nachtragsverteilung kann nur auf Grund eines Schlussverzeichnisses erfolgen, setzt mithin Forderungsanmeldung, Tabellenerstellung, Prüfungstermin und Erstellung des Schlussverzeichnisses voraus.

11 Entgegen einzelner Auffassungen in der Literatur[4] beschränken sich diese Aufgaben allerdings auf die Forderungen von Insolvenzgläubigern. Der Insolvenzverwalter hat für die Durchführung der Verteilung an die Massegläubiger ein entsprechendes Verteilungsverzeichnis nicht zu erstellen.

---

[1] Krit. zur Rechnungslegungspflicht: *Kluth,* ZInsO 2000, 177 ff., 183.

[2] *Uhlenbruck,* NZI 2001, 408 ff., 410; *Uhlenbruck/ders.,* InsO, § 211 Rn. 5.

[3] Für Unternehmensinsolvenzen auch *Keller,* Rpfleger 2008, 1.

[4] *Smid,* Grundsätze des neuen Insolvenzrechts, 3. Aufl., S. 293.

Tut er dies gleichwohl – und dies wird in der Regel der Fall sein – handelt es sich dabei um „sinnvolle und zweckvolle, aber unverbindliche und nicht überprüfbare Arbeitspapiere“[1] des Insolvenzverwalters. 12

Zur **Abnahme der Schlussrechnung** des Insolvenzverwalters ist ein Schlusstermin durchzuführen. Ist in Insolvenzverfahren über das Vermögen natürlicher Personen ein Restschuldbefreiungsantrag gestellt, so ergibt sich die Notwendigkeit des Schlusstermins bereits aus der Tatsache, dass die Beteiligten gem. § 289 Abs. 1 zu diesem Antrag zu hören sind.[2] 13

In allen anderen Verfahren kann allerdings die erste Gläubigerversammlung bereits auf die Einberufung einer weiteren Gläubigerversammlung für den Fall der Masselosigkeit verzichten und das Recht zur Schlussrechnungsprüfung dem Insolvenzgericht übertragen.[3] 14

d) Obwohl die Vorschrift die Möglichkeit einer **Sicherstellung streitiger Masseverbindlichkeiten** – anders als § 214 Abs. 3 – nicht erwähnt, ist die Erfüllung streitiger Masseverbindlichkeiten durch Zurückbehaltung der auf sie entfallenden Auszahlungsbeträge sicherzustellen. Eine entsprechende Anwendung des § 189, wie teilweise vorgeschlagen[4] bietet sich allerdings nicht an, da § 189 Teil des förmlichen Anmeldeverfahrens ist und dies für Masseverbindlichkeiten gerade nicht erforderlich ist. 15

Soweit der Insolvenzverwalter Masseverbindlichkeiten nicht erfüllt, weil er der Auffassung ist, sie bestünden nicht, diese Auffassung sich im Nachhinein jedoch als unzutreffend herausstellt, kann seine Haftung nach § 61 gegeben sein. Der Annahme besonderer Ausschlussfristen wie in § 189 vorgesehen, bedarf es hierfür nicht. 16

3. Nachtragsverteilung

Werden nach der Einstellung des Verfahrens Gegenstände der Insolvenzmasse ermittelt, so kann das Insolvenzgericht auf Antrag des Verwalters oder eines Massegläubigers oder aber auch von Amts wegen eine **Nachtragsverteilung** anordnen (Abs. 3). Dies ist auch im vereinfachten Verfahren möglich.[5] 17

a) Nach dem Wortlaut der Vorschrift ist die Nachtragsverteilung nur bei **nachträglich ermittelten** Massegegenständen möglich. Alle vorher bekannten Vermögensgegenstände soll der Insolvenzverwalter bis zur Einstellung des Verfahrens vollständig verwertet haben.[6] 18

b) Entsprechend der Möglichkeit, die Nachtragsverteilung für derzeit unverwertbare Gegenstände im Schlusstermin vorzubehalten,[7] sollte es dem Gericht jedoch auch möglich sein, die Nachtragsverteilung für solche Vermögensgegenstände vorzubehalten, die **derzeit nicht verwertbar** sind, jedoch grundsätzlich 19

---

1 *Gottwald/Klopp/Kluth,* InsHdb., § 74 Rn. 42.

2 Wie hier HK-*Landfermann,* InsO, § 211 Rn. 6.

3 *Uhlenbruck,* InsO, § 211 Rn. 5, der allerdings in jedem Fall von der Prüfungskompetenz des Insolvenzgerichts und nicht der Gläubigerversammlung für die Schlussrechnung ausgeht.

4 *Kübler/Prütting/Bork/Pape,* InsO, § 211 Rn. 5.

5 BGH NZI 2006, 180.

6 *Nerlich/Römermann/Westphal,* InsO, § 211 Rn. 15.

7 Vgl. § 197 Rn. 19.

zugunsten der Massegläubiger noch verwertet werden können. Zu denken ist an Immobilienvermögen oder Bauforderungen oder auch frei werdende Einbehalte, die erst nach Ablauf der Gewährleistungsfrist zur Masse gezogen werden können.

20 Es wäre unsinnig, für derartige Vermögensgegenstände das Verfahren in vollem Umfange weiterzubetreiben, ohne eine Verteilung gem. § 209 vornehmen zu können. Stattdessen kann die Verteilung der vorhandenen Masse durchgeführt und die Nachtragsverteilung für diesen Vermögenswert angeordnet werden, auch wenn die Vermögenswerte im strengen Sinne nicht erst nach der Einstellung des Verfahrens ermittelt worden sind.

21 **c)** In gleicher Weise ist mit Anfechtungsansprüchen zu verfahren, zu deren Realisierung die Nachtragsverteilung angeordnet werden kann, auch wenn die Anfechtungsklage bereis rechtshängig ist.

22 Der Insolvenzverwalter kann für einen derartigen Prozess auch Prozesskostenhilfe beantragen, die nicht als mutwillig abgelehnt werden darf.[1]

23 Das an die Anzeige der Masseunzulänglichkeit sich anschließende Verfahren dient nach Auffassung des Bundesgerichtshofs[2] mittelbar den Interessen sämtlicher Gläubiger; die vorrangige Befriedigung der Massegläubiger ist nur als Vorstufe zu einer potentiellen späteren Berücksichtigung anderer Insolvenzgläubiger gedacht.

24 Nur bei angezeigter Massearmut wird die Prozesskostenhilfe in der Regel abgelehnt werden, wenn der Anfechtungsanspruch nicht dazu geeignet ist, die bereits eingetretene Massearmut zu beheben.[3]

25 **d)** Vom Gesetz ebenfalls nicht geregelt ist die Behandlung von Beträgen, die vom Insolvenzverwalter ausbezahlt worden sind, später jedoch wieder zurückfließen – etwa bei irrtümlicher Zahlung eines Anteils an einen Nichtberechtigten[4] – oder wenn zurückbehaltene, auf streitige Masseforderungen entfallende Beträge nachträglich frei werden. Auch für diese Fälle sollte in entsprechender Anwendung des Abs. 3 die Nachtragsverteilung vom Insolvenzgericht angeordnet werden können.[5] Gleiches gilt, wenn ein absonderungsberechtigter Gläubiger einen zunächst nicht erwarteten Übererlös erzielt.[6] Die Nachtragsverteilung kann auch angeordnet werden für versehentlich vom Insolvenzverwalter nicht verwertete Vermögensgegenstände.[7]

26 **e)** Die §§ 203 Abs. 3 bis 205 gelten hierbei nach Abs. 3 S. 2 entsprechend, so dass insbesondere geringwertige Gegenstände in Absehung einer Nachtragsverteilung dem Insolvenzschuldner überlassen werden können.

27 **f)** Zur Durchführung der Nachtragsverteilung ist ein **Schlussverzeichnis** gem. § 188 zu erstellen. Auch in massearmen Insolvenzverfahren ist daher grundsätzlich das Forderungsanmelde- und Prüfungsverfahren vollständig durchzuführen.

28 Bevor allerdings an die Insolvenzgläubiger Ausschüttungen erfolgen, sind zunächst alle offengebliebenen sonstigen Masseverbindlichkeiten zu erfüllen. Hierzu kann der Insolvenzverwalter auf das dem Gericht zusammen mit der Schluss-

[1] BGH NZI 2008, 431.
[2] BGH WM 2001, 1777.
[3] BGH NZI 2009, 602.
[4] *Kuhn/Uhlenbruck,* KO, § 166 Rn. 3.
[5] Wie hier *Nerlich/Römermann/Westphal,* InsO, § 211 Rn. 15.
[6] BGH NZI 2006, 180.
[7] BGH ZVI 2008, 28.

rechnung eingereichte Verzeichnis der offengebliebenen Masseverbindlichkeiten zurückgreifen.

Sind die Verfahrenskosten gestundet, so sind – abweichend von der zwingenden Rangordnung des § 209 – auf die Verfahrenskosten zunächst keine Ausschüttungen vorzunehmen, sondern lediglich die sonstigen Masseverbindlichkeiten zu decken. Erst wenn diese vollständig gedeckt sind, werden – bevor an die Insolvenzgläubiger Ausschüttungen erfolgen – zunächst die Verfahrenskosten bedient. Dem § 292 ist die gesetzliche Wertung zu entnehmen, dass vor Ausschüttungen des Treuhänders an die Insolvenzgläubiger zunächst die gestundeten Verfahrenskosten zu erfüllen sind. Dies ist auch im Wege der Nachtragsverteilung zu berücksichtigen. 29

4. Einstellung des Verfahrens

Auf die Mitteilung über die Beendigung der Verteilung ergeht ein Einstellungsbeschluss, der als bloße Vollzugsentscheidung und mangels Auflistung in § 216 unanfechtbar ist.[1] Der Gesetzgeber war der Auffassung, es bedürfe zur Wahrung der Rechte der Beteiligten keines Rechtsmittels, da die Einstellung nach Feststellung der Masseunzulänglichkeit erst nach der Verteilung des Schuldnervermögens erfolge.[2] Hat der Rechtspfleger entschieden, ist lediglich die befristete Rechtspflegererinnerung nach § 11 Abs. 2 RPflG gegeben. Die danach ergehende Entscheidung des Richters ist unanfechtbar. 30

Auch wenn diese Begründung nicht überzeugen kann – denn über die Frage, ob die Masse wirklich vollständig verwertet und verteilt ist, kann im Einzelfall füglich gestritten werden – ist das Versagen eines Rechtsmittels gegen den Einstellungsbeschluss durchaus konsequent. Die Beteiligung der Massegläubiger im masseunzulänglichen Verfahren findet auch sonst nicht statt. Die Anzeige der Masseunzulänglichkeit erfolgt durch den Verwalter, ohne dass das Insolvenzgericht dies überprüft. Die durchgeführte Verteilung zeigt der Insolvenzverwalter dem Gericht an, das im Rahmen der Prüfung der Rechnungslegung eine gewisse Kontrolle ausübt. Die Massegläubiger sind im Verfahren weitgehend ausgeschlossen.[3] 31

Der Einstellungsbeschluss wird gem. § 215 vom Insolvenzgericht den unmittelbar Beteiligten vorab kundgetan und öffentlich bekannt gemacht. Mit Wirksamwerden des Beschlusses nach Ablauf zweier weiterer Tage gem. § 9 Abs. 1 S. 3, ist der Schuldner wieder verwaltungs- und verfügungsbefugt. 32

5. Praxishinweis

Durch die Einführung der Verfahrenskostenstundung hat die Anzahl der masseunzulänglichen Verfahren nach § 208 sprunghaft zugenommen. Da eine Einstellung nach § 207 nicht erfolgen kann, ist das Verfahren vollständig abzuwickeln. Vor Einstellung hat daher die Forderungsprüfung zu erfolgen, es ist ein Schlussverzeichnis zu erstellen und zusammen mit Schlussbericht und Schlussrechnung beim Gericht einzureichen. Beizufügen ist ein Verzeichnis der offengebliebenen Masseverbindlichkeiten. 33

---

[1] *Gottwald/Klopp/Kluth,* InsHdb., § 74 Rn. 23 f.; BGH NZI 2007, 243; *Buck,* FD-InsR 2007, 216935.

[2] Begründung zu § 330 RegE, abgedruckt in *Balz/Landfermann,* S. 459.

[3] Zu Kritik an der gesetzlichen Regelung vgl. *Kübler/Prütting/Bork/Pape,* InsO, § 211 Rn. 10 f. m. zahlreichen wN.

34 Ist zuteilungsfähige Masse vorhanden, erfolgt die Ausschüttung entgegen § 209 zunächst nicht auf die – gestundeten – Verfahrenskosten, sondern auf die sonstigen Masseverbindlichkeiten, dabei zuerst die neuen Masseverbindlichkeiten. Erst wenn auch die Altmasseverbindlichkeiten gedeckt sind, werden, bevor Ausschüttungen auf Grund des Schlussverzeichnisses an Insolvenzgläubiger vorzunehmen wären, Zahlungen auf die Verfahrenskosten durchgeführt. Nur hierdurch kann sichergestellt werden, dass die nach Anzeige der Masseunzulänglichkeit begründeten Neumasseverbindlichkeiten vom Insolvenzverwalter auch bedient werden dürfen.

§ 212 Einstellung wegen Wegfalls des Eröffnungsgrunds

Das Insolvenzverfahren ist auf Antrag des Schuldners einzustellen, wenn gewährleistet ist, daß nach der Einstellung beim Schuldner weder Zahlungsunfähigkeit noch drohende Zahlungsunfähigkeit noch, soweit die Überschuldung Grund für die Eröffnung des Insolvenzverfahrens ist, Überschuldung vorliegt. Der Antrag ist nur zulässig, wenn das Fehlen der Eröffnungsgründe glaubhaft gemacht wird.

1. Normzweck

1 In der Konkursordnung war der Wegfall des Eröffnungsgrundes nicht geregelt. § 19 Abs. 1 Nr. 4 Alt. 2 GesO sah die Einstellung wegen Beseitigung des Eröffnungsgrundes vor. Der Gesetzgeber[1] hat diesen Mangel der Konkursordnung erkannt und deshalb eine Regelung geschaffen, nach der das Insolvenzverfahren auf Antrag des Schuldners einzustellen ist, wenn gewährleistet ist, dass nach der Einstellung weder Zahlungsunfähigkeit oder drohende Zahlungsunfähigkeit noch Überschuldung des Schuldners vorliegen, der Eröffnungsgrund also nachträglich entfallen ist. Die Vorschrift trägt dem Gedanken Rechnung, dass Eingriffe in die Freiheitsrechte des Insolvenzschuldners nicht länger tragbar sind, wenn der Eröffnungsgrund wegfällt.[2] Die Vorschrift entspricht § 325 Abs. 1 RegE.

2. Voraussetzungen

2 **a)** Die Verfahrenseinstellung nach § 212 erfolgt nur **auf Antrag** des Schuldners.[3] Auch juristischen Personen steht die Verfahrenseinstellung offen, muss bei diesen jedoch von sämtlichen organschaftlichen Vertretern beantragt werden.[4]

3 **b)** Voraussetzung für die Einstellung des Insolvenzverfahrens nach § 212 ist die Glaubhaftmachung der nachhaltigen Beseitigung aller Insolvenzgründe, bei der insbesondere auch ausgeschlossen sein muss, dass auf absehbare Zeit nach Einstellung des Insolvenzverfahrens ein neues Verfahren in Betracht kommt. Bei

---

[1] Begründung zu § 325 RegE, abgedruckt in *Balz/Landfermann,* S. 455.

[2] Begründung zu § 325 RegE, abgedruckt in *Balz/Landfermann,* S. 455; vgl. *Kilger/K. Schmidt,* KO, § 202 Anm. 2 b) bb), der bereits nach alter Rechtslage bei Beseitigung des Konkursgrundes dem Schuldner das Recht zusprach, die Zustimmung der Gläubiger zu verlangen.

[3] Dazu *Nerlich/Römermann/Westphal,* InsO, § 212 Rn. 6.

[4] *Kübler/Prütting/Bork/Pape,* InsO, § 212 Rn. 3; einschränkend *Uhlenbruck/ders.,* InsO, § 212 Rn. 3; AG Hamburg ZIP 2006, 1688.

juristischen Personen muss ausgeschlossen sein, dass in absehbarer Zeit eine Überschuldungssituation wieder eintritt.[1]

Der Insolvenzschuldner kann die Einstellung des Insolvenzverfahrens nur dann verlangen, wenn er mit Hilfe geeigneter Beweismittel i. S. d. § 294 ZPO **glaubhaft machen** kann, dass der **Eröffnungsgrund** entweder nachträglich **weggefallen** ist, **oder von Anfang an fehlte** und vom Insolvenzgericht nur irrtümlich angenommen wurde. Die Eröffnungsprüfung muss hierbei von Amts wegen unter Berücksichtigung auch der später fällig werdenden Verbindlichkeiten wiederholt werden,[2] wobei es für das Vorliegen eines Eröffnungsgrundes auf den Zeitpunkt der Eröffnung ankommt.[3] 4

Zwar regelt die Vorschrift nicht eindeutig, ob lediglich der Wegfall des Eröffnungsgrundes, der zur konkreten Verfahrenseröffnung geführt hatte, oder jeder mögliche Insolvenzgrund ausgeschlossen sein muss. Der Bundesgerichtshof[4] hatte dies zwar offengelassen, gleichwohl erscheint nur der Wegfall aller potentiellen Insolvenzgründe die einzig sinnvolle Voraussetzung für die Einstellung des Verfahrens. Es reicht nicht aus, wenn bei Wegfall eines Eröffnungsgrundes das Insolvenzverfahren sofort wieder wegen eines anderen eröffnet werden müsste.[5] Weder Zahlungsunfähigkeit nach § 17, noch drohende Zahlungsunfähigkeit i. S. d. § 18, noch Überschuldung nach § 19 dürfen somit vorliegen.[6] Ist die Fortführung des Unternehmens wahrscheinlicher als die Stilllegung, können Fortführungswerte angesetzt werden.[7] 5

Durch das Finanzmarktstabilisierungsgesetz – FMStG – vom 17. Oktober 2008[8] ist § 19 Abs. 2 dahingehend geändert worden, dass Überschuldung vorliegt, wenn das Vermögen des Schuldners die bestehenden Verbindlichkeiten nicht mehr deckt, es sei denn, die Fortführung des Unternehmens ist nach den Umständen überwiegend wahrscheinlich. Für diesen zunächst bis 31. Dezember 2010 geltenden Überschuldungsbegriff ist daher anhand einer Prognoserechnung darzulegen und zu überprüfen, ob das Unternehmen fortgeführt werden kann. Kann dies bejaht werden, liegt keine Überschuldung vor, auch wenn rechnersich die Vermögenswerte die Verbindlichkeiten nicht decken. Ist daher der Insolvenzgrund der Zahlungsunfähigkeit nachhaltig beseitigt, kann in der Regel auch dargelegt werden, dass eine positive Fortbestehensprognose besteht, so dass auch die Überschuldung nach dem für die Übergangsfrist geltenden, modifizierten Überschuldungsbegriff nicht mehr vorliegt. 5a

3. Verfahren

Für den Verfahrensablauf gelten die §§ 214–216. Der Antrag auf Einstellung des Verfahrens ist gem. § 14 Abs. 1 S. 1 öffentlich bekannt zu machen, die Insolvenzgläubiger können ihm binnen einer Woche widersprechen. Der Insolvenzverwalter, ein etwaig bestehender Gläubigerausschuss und widersprechende 6

[1] OLG Dresden DZWIR 2004, 476 f.
[2] OLG Celle NZI 2001, 28 ff.
[3] BGH NZI 2006, 693.
[4] BGH ZInsO 2003, 216 f.
[5] *Nerlich/Römermann/Westphal,* InsO, § 213 Rn. 4.
[6] *Uhlenbruck/ders.,* InsO, § 212 Rn. 2; HK-*Landfermann,* InsO, § 212 Rn. 4.
[7] HK-*Landfermann,* InsO, § 212 Rn. 4; aA: MünchKomm-*Hefermehl,* InsO § 212 Rn. 6.
[8] BGBl. I 2008, S. 1982.

Gläubiger sind gem. § 214 Abs. 2 zwingend anzuhören. Gem. § 214 Abs. 3 hat der Insolvenzverwalter die unstreitigen Masseansprüche zu befriedigen und die streitigen sicherzustellen.

7 Der Beschluss über die Einstellung des Verfahrens ist gem. § 215 Abs. 2 öffentlich bekannt zu machen. Mit Wirksamwerden des Beschlusses geht die Verwaltungs- und Verfügungsbefugnis wieder auf den Schuldner über. Eine Nachtragsverteilung im Anschluss an die Einstellung des Verfahrens nach § 212 scheidet aus, ebenfalls ist die Durchführung eines Restschuldbefreiungsverfahrens ausgeschlossen.

8 Rechtsmittel gegen den Einstellungsbeschluss richten sich nach § 216, wobei dem Insolvenzverwalter ein Beschwerderecht nicht zusteht.

4. Praxishinweis

9 Vor allem bei **Nachlassinsolvenzen** ist gelegentlich zu beobachten, dass trotz Wegfalls des Eröffnungsgrundes ein solcher Antrag von den Erben nicht gestellt wird. Vor allem bei streitigen, komplizierten Erbauseinandersetzungen ist die Abwicklung eines Nachlassinsolvenzverfahrens oft die einfachere und auch kostengünstigere Lösung, auch wenn sie im Gesetz hierfür eigentlich nicht vorgesehen ist.

9a Anträge nach § 212 sind relativ selten, sie können allerdings von Schuldnerseite durchaus zur Verzögerung der Abwicklung des Insolvenzverfahrens missbraucht werden. So kann beispielsweise der Schuldner gegen die Eröffnung des Insolvenzverfahrens zunächst die Rechtsmittel ausschöpfen – was auf Grund der Belastung des BGH mit Rechtsbeschwerden sicherlich bereits einige Monate Ungewissheit nach sich ziehen wird, um dann über einen Antrag nach § 212 erneut die Gerichte zu beschäftigen. Der Entscheidung des Bundesgerichtshofes vom 27. Juli 2006[1] lag immerhin eine Eröffnungsentscheidung vom 4. Mai 2004 zugrunde. Das Rechtsmittelverfahren hatte daher länger als zwei Jahre gedauert, der Bundesgerichtshof hat zurückverwiesen.

10 Erfolgt die Verfahrenseinstellung nach § 212, fällt mit Wirksamkeit des Einstellungsbeschlusses die Verwaltungs- und Verfügungsbefugnis an den Schuldner zurück. Diese Wirkungen treten bereits mit der Wirksamkeit des Beschlusses (§ 9 Abs. 1 S. 3), nicht erst mit der Rechtskraft ein. Sämtliche Rechtshandlungen des Insolvenzverwalters, die dieser während des eröffneten Insolvenzverfahrens vorgenommen hat, bleiben wirksam, auch Verpflichtungsgeschäfte des Verwalters binden den Schuldner.

11 War der Prüfungstermin bereits durchgeführt, können die Gläubiger zur Tabelle festgestellter Forderungen in entsprechender Anwendung von § 201 Abs. 2 S. 3 einen Antrag auf Erteilung einer vollstreckbaren Ausfertigung stellen und aus dem Tabellenauszug gegen den Schuldner vollstrecken.

§ 213 Einstellung mit Zustimmung der Gläubiger

(1) **Das Insolvenzverfahren ist auf Antrag des Schuldners einzustellen, wenn er nach Ablauf der Anmeldefrist die Zustimmung aller Insolvenzgläubiger beibringt, die Forderungen angemeldet haben. Bei Gläubigern, deren Forderungen vom Schuldner oder vom Insolvenzverwalter bestritten werden, und bei absonderungsberechtigten Gläubigern entscheidet das Insol-**

[1] BGH NZI 2006, 693.

venzgericht nach freiem Ermessen, inwieweit es einer Zustimmung dieser Gläubiger oder einer Sicherheitsleistung gegenüber ihnen bedarf.

(2) **Das Verfahren kann auf Antrag des Schuldners vor dem Ablauf der Anmeldefrist eingestellt werden, wenn außer den Gläubigern, deren Zustimmung der Schuldner beibringt, andere Gläubiger nicht bekannt sind.**

Übersicht

1. Normzweck

In Nachfolge des § 202 KO sowie des § 19 Abs. 1 Nr. 4 Alt. 1 GesO ermöglicht § 213 dem Insolvenzschuldner die Einstellung des Insolvenzverfahrens mit Zustimmung der Gläubiger. 1

Das Insolvenzverfahren wird nicht im öffentlichen Interesse, sondern im Interesse der Gläubiger abgewickelt. Die Durchführung erscheint auch nur dann sachgerecht, wenn die Beteiligten dies selbst wollen, so dass das Verfahren mit Zustimmung der Gläubiger eingestellt werden kann. Dem Gericht obliegt es ferner, einzelnen Gläubigern ein berechtigtes Interesse an der zeitweiligen Verfahrensfortsetzung abzuerkennen,[1] wenn die Fortsetzung eine gravierende, nicht hinnehmbare Einschränkung der Verfügungsfreiheit des Schuldners bedeuten würde. 2

Die Vorschrift entspricht § 326 RegE. [2] 3

2. Einstellung nach Ablauf der Anmeldefrist

Das Insolvenzverfahren ist auf Antrag des Schuldners einzustellen, wenn er nach Ablauf der Anmeldefrist die Zustimmung aller Insolvenzgläubiger beibringt, die Forderungen angemeldet haben (Abs. 1 S. 1). Der Zustimmung der Massegläubiger bedarf es nicht, gem. § 214 Abs. 3 wird das Verfahren jedoch erst eingestellt, wenn die unstreitigen Masseansprüche berichtigt sind und für die streitigen Sicherheit geleistet ist. 4

a) Die Einstellung setzt einen **Antrag des Schuldners** voraus, der ebenso wie bei § 212 bei einer Schuldnermehrheit (Personengesellschaft, Gesamtgutsinsolvenz) von allen Schuldnern und bei einer juristischen Person von allen gesetzlichen Vertretern gestellt werden muss.[3] 5

---

[1] Begründung zu § 326 RegE, abgedruckt in *Balz/Landfermann,* S. 456.

[2] *Balz/Landfermann,* S. 456.

[3] *Nerlich/Römermann/Westphal,* InsO, § 213 Rn. 28; einschränkend *Uhlenbruck/ders.,* InsO, § 212 Rn. 3; aA: HK-*Landfermann,* InsO, § 212 Rn. 3.

6 **b)** Weiterhin müssen sämtliche Insolvenzgläubiger, die eine Forderung angemeldet und nicht wieder zurückgenommen haben, den **Verzicht auf die Durchführung des Insolvenzverfahrens,** nicht jedoch auf die Forderung selbst, unwiderruflich und bedingungsfrei erklärt haben.[1] Eine Anfechtung nach §§ 119 ff. BGB scheidet für die Zustimmung als Prozesshandlung aus.[2]

7 Das Insolvenzgericht ist befugt, das Zustimmungserfordernis oder die Sicherheitsleistung den Gläubigern, die eine durch den Insolvenzverwalter bzw. den Insolvenzschuldner **bestrittene Forderung** innehaben, nach freiem Ermessen durch Beschluss, der im Beschwerdeverfahren über die Einstellung bzw. deren Ablehnung nach § 216 überprüft werden kann, abzuerkennen. Um ein willkürliches Bestreiten der Forderung zu verhindern, hat es hierbei von Amts wegen zu prüfen, ob die Forderung begründet ist.[3]

8 Die Ermessensentscheidung wird auch auf **absonderungsberechtigte Gläubiger** erweitert, sofern ihre Ausfallforderungen vollständig gesichert sind und auch keine vom Insolvenzverwalter begonnene Verwertung zu Ende geführt werden soll.[4] Bei berechtigtem Interesse kann dadurch das Zustimmungserfordernis eines Absonderungsberechtigten angeordnet werden, selbst wenn der Insolvenzschuldner diesem nicht zugleich persönlich haftet.[5]

9 Einer Zustimmung der **Massegläubiger** bedarf es nicht, da deren Rechte über § 214 Abs. 3 gewahrt sind. Der Insolvenzverwalter hat vor der Einstellung die unstreitigen Masseverbindlichkeiten zu berichtigen und für die streitigen Sicherheit zu leisten.

3. Einstellung vor Ablauf der Anmeldefrist

10 Auf Antrag des Schuldners kann das Verfahren vor dem Ablauf der Anmeldefrist eingestellt werden, wenn außer den Gläubigern, deren Zustimmung der Schuldner beibringt, andere Gläubiger nicht bekannt sind (Abs. 2). Das Gericht hat **von Amts wegen** (§ 5 Abs. 1) zu ermitteln, ob weitere Gläubiger vorhanden sind. Es kann sich dabei aus dem nach § 152 zu erstellenden Gläubigerverzeichnis oder der nach § 153 anzufertigenden Vermögensübersicht unterrichten. Im Zweifel wird es die Stellungnahme des Insolvenzverwalters einholen.

11 Im Rahmen des Abs. 2 hat das Insolvenzgericht keine Möglichkeit, nach billigem Ermessen darüber zu entscheiden, ob die Zustimmung einzelner Gläubiger erforderlich ist. Eine Einstellung setzt daher zwingend voraus, dass der Schuldner die **Zustimmung aller bekannten Gläubiger** beibringt.[6]

12 Auch eine Ersetzung der Zustimmungserklärung, wenn der Schuldner einzelne Gläubigerforderungen bestritten hat, ist vor Ablauf der Anmeldefrist nicht möglich.

13 Haben alle bekannten Gläubiger der Einstellung des Insolvenzverfahrens zugestimmt, liegt diese doch – anders als im Falle des Abs. 1 – im Ermessen des Gerichts, das auch dann den Ablauf der Anmeldefrist noch abwarten kann.[7]

---

[1] MünchKomm-*Hefermehl,* InsO, § 213 Rn. 8.
[2] *Uhlenbruck/ders.,* InsO, § 213 Rn. 6.
[3] *Kübler/Prütting/Bork/Pape,* InsO, § 213 Rn. 6.
[4] *Kübler/Prütting/Bork/Pape,* InsO, § 213 Rn. 7; *Uhlenbruck/ders.,* InsO, § 213 Rn. 10.
[5] *Nerlich/Römermann/Westphal,* InsO, § 213 Rn. 4; MünchKomm-*Hefermehl,* InsO § 213 Rn. 13.
[6] *Nerlich/Römermann/Westphal,* InsO, § 213 Rn. 23.
[7] *Uhlenbruck/ders.,* InsO, § 213 Rn. 11.

4. Verfahren

Liegen die Voraussetzungen des Abs. 1 vor, **muss** das Insolvenzgericht das Insolvenzverfahren unter Berücksichtigung des in § 214 geregelten Ablaufs einstellen. Ihm steht insoweit kein Ermessen zu. 14

Ist die Anmeldefrist noch nicht abgelaufen (Abs. 2), liegt die Einstellung des Insolvenzverfahrens im **Ermessen** des Gerichts. 15

Ebenso wie bei § 212 ist auch bei der Einstellung nach § 213 ein **Restschuldbefreiungsverfahren** nicht möglich. Ist das Insolvenzverfahren bereits beendet und befindet sich der Schuldner bereits in der Restschuldbefreiungsphase, ist eine vorzeitige Erteilung der Restschuldbefreiung vor Ende der Laufzeit der Abtretungserklärung bei Zustimmung der Gläubiger ebenfalls möglich.[1] 16

Ergeben sich Probleme bei der außerinsolvenzlichen Befriedigung, kann erneut ein Insolvenzantrag gestellt werden, da die vorherige Zustimmung diesen nicht hindert. Dementsprechend kann auch ein Rechtsmittel nach § 216 Abs. 1 gegen den Einstellungsbeschluss erhoben werden. 17

5. Einstellung in der Insolvenz der Genossenschaft und des Versicherungsvereins auf Gegenseitigkeit

Im Insolvenzverfahren über das Vermögen einer Genossenschaft gilt Abs. 2 nicht, da nach § 116 GenG eine Einstellung auf Antrag des Vorstandes erst nach Ablauf der Anmeldefrist möglich ist.[2] Zusätzlich ist weiterhin der Nachweis zu führen, dass weitere Gläubiger nicht bekannt sind. Dies kann durch eine Bescheinigung des zuständigen Prüfungsverbandes oder auch unter Vorlage der Bücher der Genossenschaft erfolgen.[3] 18

Gem. § 52 Abs. 2 VAG i. V. m. § 116 GenG gelten diese Regelungen auch für das Insolvenzverfahren über das Vermögen eines Versicherungsvereins auf Gegenseitigkeit. 19

§ 214 Verfahren bei der Einstellung

(1) **Der Antrag auf Einstellung des Insolvenzverfahrens nach § 212 oder § 213 ist öffentlich bekanntzumachen. Er ist in der Geschäftsstelle zur Einsicht der Beteiligten niederzulegen; im Falle des § 213 sind die zustimmenden Erklärungen der Gläubiger beizufügen. Die Insolvenzgläubiger können binnen einer Woche nach der öffentlichen Bekanntmachung schriftlich oder zu Protokoll der Geschäftsstelle Widerspruch gegen den Antrag erheben.**

(2) **Das Insolvenzgericht beschließt über die Einstellung nach Anhörung des Antragstellers, des Insolvenzverwalters und des Gläubigerausschusses, wenn ein solcher bestellt ist. Im Falle eines Widerspruchs ist auch der widersprechende Gläubiger zu hören.**

(3) **Vor der Einstellung hat der Verwalter die unstreitigen Masseansprüche zu berichtigen und für die streitigen Sicherheit zu leisten.**

---

[1] BGH NZI 2005, 399 ff.
[2] MünchKomm-*Hefermehl,* InsO, § 213 Rn. 20.
[3] *Nerlich/Römermann/Westphal,* InsO, § 213 Rn. 26.

Übersicht

1. Normzweck

1 Die Vorschrift ordnet im Interesse der Verfahrensbeteiligten deren Anhörung an, um beim Bestehen von Bedenken die vorschnelle Einstellung des Insolvenzverfahrens zu verhindern.[1] Anzuhören ist nunmehr auch der Gläubigerausschuss.

2 Zum Widerspruch gegen den Einstellungsantrag sind auch jene Insolvenzgläubiger berechtigt, die ihre Forderung bis zum Ende der Anmeldefrist nicht zur Tabelle angemeldet haben, da die Einstellungsvoraussetzungen ohnehin von Amts wegen zu prüfen sind.[2]

3 Durch Abs. 3 werden die Massegläubiger davor bewahrt, sich nach der Verfahrenseinstellung mit dem Schuldner auseinandersetzen zu müssen, indem der Insolvenzverwalter Gelegenheit hat, unstreitige Masseansprüche zu befriedigen und für streitige Sicherheit zu leisten.

4 Die Vorschrift übernimmt im Wesentlichen die Regelungen der §§ 203, 205 Abs. 2 KO. Sie entspricht § 327 RegE.[3]

2. Verfahren bei der Einstellung

5 Die Vorschrift findet Anwendung sowohl für die Einstellung des Insolvenzverfahrens wegen Wegfall des Eröffnungsgrundes (§ 212), als auch für die Einstellung mit Zustimmung der Gläubiger (§ 213).

6 **a)** In beiden Fällen hat das Insolvenzgericht **von Amts wegen** alle für die Einstellung erheblichen Umstände zu ermitteln. Wurde im Rahmen des § 212 der Wegfall des Eröffnungsgrundes nicht hinreichend glaubhaft gemacht oder fehlt es an der Beifügung der Zustimmung aller Insolvenzgläubiger bzgl. § 213, hat es den Antrag ohne Bekanntmachung als unzulässig zu verwerfen.[4]

7 **b)** Bei Zulässigkeit des Antrags erfolgt die **öffentliche Bekanntmachung** nach § 9 und die **Niederlegung** auf der Geschäftsstelle zur Einsichtnahme durch die Beteiligten.

8 Erfolgt die Einstellung nach § 213, sind die Zustimmungserklärungen der Gläubiger bzw. der Beschluss des Gerichts, wenn auf eine Zustimmung verzichtet wurde, gem. Abs. 1 S. 2 2. Halbs. beizufügen.[5] Durch die öffentliche Bekannt-

---

[1] *Kübler/Prütting/Bork/Pape,* InsO, § 214 Rn. 2.
[2] Begründung zu § 327 RegE, abgedruckt in *Balz/Landfermann,* S. 457.
[3] *Balz/Landfermann,* S. 457.
[4] OLG Celle ZIP 2000, 1945; *Uhlenbruck/ders.,* InsO, § 214 Rn. 2.
[5] *Nerlich/Römermann/Westphal,* InsO, § 214 Rn. 3.

machung und die Auslegung erhalten die Beteiligten Gelegenheit, sich über die dem Einstellungsantrag zugrunde liegenden Umstände zu informieren und ihre Rechte zu wahren.

Die öffentliche Bekanntmachung gilt gem. § 9 Abs. 1 S. 3 zwei Tage nach dem Tag der Veröffentlichung im Internet als erfolgt. 9

c) Das **Widerspruchsrecht** steht ausnahmslos allen Insolvenzgläubigern offen, solange nur ihre Insolvenzforderung fortbesteht.[1] Es dient ausschließlich dazu, die Argumente, die aus Sicht des Widersprechenden die Einstellung tatsächlich oder rechtlich hindern, dem Gericht nach Abs. 1 S. 3 binnen einer Woche schriftlich oder zu Protokoll der Geschäftsstelle vorzutragen.[2] Die Angabe von Gründen ist jedoch nicht zwingend erforderlich.[3] Kein Widerspruchsrecht haben der Insolvenzverwalter und die Massegläubiger[4] sowie im Unterschied zu § 213 Abs. 1 S. 2 Absonderungsberechtigte, denen kein persönlicher Anspruch ggf. den Insolvenzschuldner zusteht. 10

Ein **verspätet eingelegter Widerspruch** ist nicht automatisch unbeachtlich, da das Gericht von Amts wegen zum Prüfen der Einstellungsvoraussetzungen verpflichtet ist,[5] solange das Gericht nicht nach Abs. 2 bereits entschieden hat. Eine Entscheidung vor Ablauf der Wochenfrist ist allerdings unzulässig. 11

Auch eine **Rücknahme des Widerspruchs** ist zwar möglich, sind in ihm beachtliche Gründe enthalten gewesen, hat das Insolvenzgericht sie von Amts wegen zu berücksichtigen, auch wenn der Widersprechende seinen Widerspruch nicht weiterverfolgt. 12

d) Der Insolvenzschuldner, der Insolvenzverwalter und ein eventuell bestehender Gläubigerausschuss, sowie Gläubiger, die von ihrem Widerspruchsrecht Gebrauch gemacht haben, sind vor der Einstellung nach Abs. 2 **anzuhören.** 13

e) Vor der Einstellung hat der Insolvenzverwalter die unstreitigen **Masseansprüche** zu berichtigen und für die streitigen Sicherheit zu leisten (Abs. 3), was voraussetzt, dass Vergütung und Auslagen des Insolvenzverwalters und ggf. der Mitglieder des Gläubigerausschusses zuvor festzusetzen sind. Dies wiederum setzt die Beantragung durch den Insolvenzverwalter und die Mitglieder des Gläubigerausschusses voraus. Ebenso sind die Gerichtskosten einschließlich der Auslagen festzusetzen und vom Insolvenzverwalter zu berichtigen. Für nach dem Einstellungsbeschluss anfallende, weitere Gerichtskosten sind entsprechende Beträge vorzusehen. 14

Im Gesetz nicht geregelt ist, wie mit den gestundeten Verfahrenskosten zu verfahren ist. Da die Einstellung nach § 214 weder eine Nachtragsverteilung noch ein Restschuldbefreiungsverfahren zulässt, sind alle im Verfahren entstandenen Kosten – auch soweit sie gestundet waren – vom Verwalter zu berücksichtigen, also entweder zu erfüllen oder sicherzustellen. Dies muss daher auch für die gestundeten Verfahrenskosten gelten.[6] 15

---

[1] Zum Erlöschen OLG Dresden LZ 1925, Sp. 53 f.
[2] *Uhlenbruck/ders.,* InsO, § 214 Rn. 7.
[3] *Nerlich/Römermann/Westphal,* InsO, § 214 Rn. 7.
[4] RG JW 1898, 359; MünchKomm-*Hefermehl,* InsO § 214 Rn. 6.
[5] *Uhlenbruck/ders.,* InsO, § 214 Rn. 6.
[6] Wie hier *Uhlenbruck/ders.,* InsO, § 214 Rn. 10.

3. Rechtsmittel

16 Gegen den Beschluss, mit dem das Verfahren eingestellt oder der Antrag des Schuldners abgelehnt wird, kann nach § 216 die **sofortige Beschwerde** erhoben werden.

§ 215 Bekanntmachung und Wirkungen der Einstellung

(1) **Der Beschluß, durch den das Insolvenzverfahren nach §§ 207, 211, 212 oder 213 eingestellt wird, und der Grund der Einstellung sind öffentlich bekanntzumachen. Der Schuldner, der Insolvenzverwalter und die Mitglieder des Gläubigerausschusses sind vorab über den Zeitpunkt des Wirksamwerdens der Einstellung (§ 9 Abs. 1 Satz 3) zu unterrichten. § 200 Abs. 2 Satz 2 gilt entsprechend.**

(2) **Mit der Einstellung des Insolvenzverfahrens erhält der Schuldner das Recht zurück, über die Insolvenzmasse frei zu verfügen. Die §§ 201, 202 gelten entsprechend.**

Übersicht

1. Normzweck

1 Mit der Einstellung des Insolvenzverfahrens entfallen die Verwaltungs- und Verfügungsbeschränkungen des Schuldners und damit auch die entsprechenden Befugnisse des Insolvenzverwalters und der Mitglieder des Gläubigerausschusses. Darüber hinaus ist die Öffentlichkeit über die Einstellung des Insolvenzverfahrens zu informieren, wobei – anders als bei der Eröffnung des Insolvenzverfahrens – der Einstellungsgrund ebenfalls zu veröffentlichen ist. Gerade die Bekanntmachung des Wegfalls des Insolvenzgrundes oder der Zustimmung der Gläubiger zur Einstellung des Insolvenzverfahrens ist wichtiger Bestandteil für die Wiederherstellung der Kreditwürdigkeit des Schuldners.[1]

2 Die Vorschrift entspricht den Regelungen der §§ 205, 206 KO sowie 19 Abs. 2 und 4 GesO, wobei die Vorabbenachrichtigung des Schuldners, des Verwalters und der Mitglieder des Gläubigerausschusses neu ist. Die Vorschrift fasst

[1] *Nerlich/Römermann/Westphal,* InsO, § 215 Rn. 2.

§§ 328 und 329 Abs. 1 RegE zusammen.[1] Sie ist durch das Gesetz zur Vereinfachung des Insolvenzverfahrens an die geänderte Vorschrift des § 200 redaktionell angepasst worden.

2. Öffentliche Bekanntmachung und Vorabinformation

Der Beschluss, durch den das Insolvenzverfahren nach §§ 207, 211, 212 oder 213 eingestellt wird und der Grund der Einstellung sind öffentlich bekannt zu machen (Abs. 1 S. 1). 3

a) Die **Form der Bekanntmachung** richtet sich nach § 9, sie erfolgt durch Veröffentlichung im Internet unter genauer Bezeichnung des Schuldners, seiner Anschrift und seines Geschäftszweiges. Zwei Tage nach der Veröffentlichung gilt die Bekanntmachung als bewirkt.[2] Erst mit der öffentlichen Bekanntmachung, also um 24.00 Uhr des auf den Tag der Veröffentlichung folgenden, zweiten Tages, tritt die Wirksamkeit des Einstellungsbeschlusses ein. Es gelten somit nicht die Grundsätze, die für die Wirksamkeit des Eröffnungsbeschlusses entwickelt worden sind.[3] 4

b) Die **unmittelbar Beteiligten** des Insolvenzverfahrens, näher bezeichnet als der Insolvenzschuldner, der Insolvenzverwalter und die Mitglieder des Gläubigerausschusses, sind auf Veranlassung des Insolvenzgerichts **vorab** über den Zeitpunkt zu **informieren,** an dem der Schuldner seine Verwaltungs- und Verfügungsbefugnis zurückerlangt.[4] 5

c) Den **Registergerichten und** dem **Grundbuchamt** ist die Verfahrenseinstellung nach § 200 Abs. 2 S. 2 i. V. m. §§ 31 ff. mitzuteilen, sobald der diesbezügliche Beschluss rechtskräftig geworden ist. 6

3. Rechtsfolgen der Einstellung

Wie bei Aufhebung des Insolvenzverfahrens nach § 200 darf der Schuldner auch bei rechtskräftiger Einstellung des Insolvenzverfahrens wieder frei über die Insolvenzmasse verfügen. Gleichzeitig entfallen die Befugnisse des Insolvenzverwalters und des Gläubigerausschusses. 7

a) Mit der Einstellung des Insolvenzverfahrens enden der Insolvenzbeschlag und die mit ihm einhergehenden Wirkungen der §§ 80 ff. einschließlich der Befugnisse des Insolvenzverwalters und des Gläubigerausschusses. Der Schuldner erhält nach Abs. 2 S. 1 mit dem Wirksamwerden der Einstellung ex nunc[5] die **Verwaltungs- und Verfügungsbefugnis** über sein Vermögen zurück.[6] Umgekehrt erlöschen die aus § 80 resultierenden Rechte des Insolvenzverwalters und er wird ebenso wie die Mitglieder des Gläubigerausschusses von seinem Amt entbunden. Die Insolvenzgläubiger sind nunmehr wieder befugt, ihre Ansprüche persönlich gegen den Schuldner geltend zu machen und in Fortfall des § 89 etwa auch aus einem Tabellenauszug nach §§ 201, 202 zu vollstrecken. 8

---

[1] *Balz/Landfermann,* S. 457.
[2] § 9 Abs. 1 S. 3.
[3] *Uhlenbruck/ders.,* InsO, § 215 Rn. 2.
[4] Eine Frist enthält das Gesetz nicht, vgl. hierzu *Uhlenbruck/ders.,* InsO, § 215 Rn. 3.
[5] *Baur,* FS Weber, S. 43.
[6] OLG Frankfurt BB 1975, 1279.

9 **b)** Rechtshängige Anfechtungsklagen sind im Fall der Verfahrenseinstellung abzuweisen.[1] Laufende anderweitige Prozesse werden entsprechend §§ 239, 242 ZPO unterbrochen und können vom Schuldner gem. § 240 ZPO im eigenen Namen fortgeführt werden.

10 Ausnahmsweise bleibt der Insolvenzverwalter trotz Verfahrenseinstellung nach § 207 oder § 211 prozessführungsbefugt, soweit es um **Rechtsstreitigkeiten zur** Realisierung weiterer Masse im Rahmen einer **Nachtragsverteilung** geht, nicht aber bei einer Einstellung nach §§ 212, 213, da die Masseansprüche in diesem Fall noch vor der Einstellung befriedigt oder zumindest sichergestellt werden müssen.[2]

11 **c)** Eine **Restschuldbefreiung** kommt nur im Anschluss an eine Einstellung nach § 211 in Betracht, da § 207 wegen § 289 Abs. 3 ausgeschlossen ist.[3] Die hiergegen insbesondere rechtspolitisch erhobenen Einwendungen[4] wurden durch das InsOÄndG 2001 obsolet. Bis dahin scheiterte die Restschuldbefreiung bei Einstellungen gem. § 207 jedoch am klaren Gesetzeswortlaut.[5] Das Gleiche gilt bei Einstellungen gem. §§ 212, 213, die Ausdruck dessen sind, dass der Schuldner seine Verbindlichkeiten auch ohne Insolvenzverfahren zu tilgen in der Lage ist.

12 **d)** Mit der Einstellung des Insolvenzverfahrens erhält der Schuldner das Recht zurück, über die Insolvenzmasse frei zu verfügen (Abs. 2 S. 1). Zwischen dem Insolvenzverwalter und dem Schuldner entsteht ein **Abwicklungsverhältnis,** welches den Insolvenzverwalter verpflichtet, alle erforderlichen Maßnahmen zu treffen, damit dem bisherigen Schuldner die rechtlich wiedererlangte Verfügungsgewalt über sein Vermögen auch tatsächlich eingeräumt wird.[6] Rechtshandlungen des Insolvenzverwalters während des Insolvenzverfahrens bleiben wirksam und gegenüber dem Schuldner bindend.

4. Praxishinweis

13 Die Rechtsfolgen der Einstellung treten erst mit Rechtskraft ein. Wird in der Beschwerdeentscheidung das Rechtsmittel zurückgewiesen, wirkt dies ex tunc. Bis dahin bleibt der Verwalter daher verwaltungs- und verfügungsbefugt. Bis dahin vorgenommene Rechtshandlungen des Verwalters bleiben auch nach rechtskräftiger Verfahrenseinstellung wirksam und binden den Schuldner. Verfügungen des Schuldners, die dieser entgegen § 81 Abs. 1 S. 1 vorgenommen hat, erlangen mit der Verfahrenseinstellung keine Wirksamkeit.[7]

14 Nach rechtskräftiger Einstellung können die Gläubiger im Verfahren festgestellte Forderungen gegen den Schuldner geltend machen und ggf. aus dem Tabellenauszug gegen ihn vollstrecken.

---

[1] BGH NJW 1982, 1766.
[2] *Kübler/Prütting/Bork/Pape,* InsO, § 215 Rn. 2.
[3] Vgl. oben § 207 Rn. 26.
[4] *Kübler/Prütting/Bork/Pape,* InsO, § 207 Rn. 46 ff.
[5] Wie hier *Haarmeyer/Wutzke/Förster,* Hdb., Kap. 10 Rn. 63.
[6] *Nerlich/Römermann/Westphal,* InsO, § 215 Rn. 15; *Uhlenbruck/ders.,* InsO, § 215 Rn. 6.
[7] *Uhlenbruck/ders.,* InsO, § 215 Rn. 7; aA: *Breutigam/Blersch/Goetsch/Breutigam,* InsO, § 215 Rn. 9.

§ 216 Rechtsmittel

(1) **Wird das Insolvenzverfahren nach § 207, 212 oder 213 eingestellt, so steht jedem Insolvenzgläubiger und, wenn die Einstellung nach § 207 erfolgt, dem Schuldner die sofortige Beschwerde zu.**

(2) **Wird ein Antrag nach § 212 oder § 213 abgelehnt, so steht dem Schuldner die sofortige Beschwerde zu.**

1. Normzweck

Die Vorschrift steht im Zusammenhang mit der Einführung einer Zulassungsbeschwerde durch § 6 Abs. 1 und regelt die gegen die Entscheidung des Gerichts bestehenden Rechtsmittel. Wegen § 73 Abs. 3 KO war eine solche Regelung im alten Recht entbehrlich gewesen. 1

Die Vorschrift entspricht § 330 RegE.[1] 2

2. Aktivlegitimation

Die sofortige Beschwerde steht den **Insolvenzgläubigern** zu, wenn das Insolvenzverfahren von Amts wegen auf Grund Masselosigkeit (§ 207) oder auf Antrag des Schuldners wegen Wegfalls des Eröffnungsgrundes (§ 212) oder mit Zustimmung der Gläubiger (§ 213) eingestellt wird (Abs. 1). Wird das Insolvenzverfahren nach Anzeige der Masseunzulänglichkeit (§ 211) vom Insolvenzgericht eingestellt, ist die sofortige Beschwerde nicht statthaft.[2] Nach § 11 RPflG[3] sind Einstellungsbeschlüsse des Rechtspflegers, die nach der Insolvenzordnung unanfechtbar sind, durch die befristete Rechtspflegererinnerung nach § 11 Abs. 2 RPflG überprüfbar. Der Rechtspfleger hat gem. § 11 Abs. 2 S. 2 RPflG die Möglichkeit, der Erinnerung abzuhelfen oder dem Abteilungsrichter zur Entscheidung vorzulegen. Gegen die Entscheidung des Richters ist kein Rechtsmittel gegeben. 3

Absonderungsberechtigte Gläubiger haben kein Beschwerderecht. Dies gilt selbst dann, wenn sie gleichzeitig Insolvenzgläubiger sind, und das Insolvenzgericht nach § 213 Abs. 1 S. 2 entschieden hat, dass es ihrer Zustimmung zur beantragten Einstellung nicht bedarf,[4] insoweit sind sie als Absonderungsrechtsinhaber betroffen. 4

Dem **Schuldner** steht die sofortige Beschwerde zu, wenn das Verfahren wegen Masselosigkeit (§ 207) eingestellt wird sowie wenn die von ihm beantragte Einstellung des Verfahrens nach §§ 212, 213 abgelehnt wird. 5

Massegläubiger haben keine Beschwerdebefugnis, unabhängig davon, ob die Einstellung nach §§ 207 oder 208 ff. erfolgt. Ihre Rechte sollen durch die Möglichkeit zur Erbringung eines Massekostenvorschusses (§ 207 Abs. 1 S. 2) bzw. durch die Verpflichtung des Insolvenzverwalters geschützt sein, die Masseansprüche vor der Einstellung zu befriedigen bzw. sicherzustellen (§ 214 Abs. 3). 6

---

[1] *Balz/Landfermann,* S. 459.

[2] BGH BB 2007, 520.

[3] Vgl. das 3. Gesetz zur Änderung des Rechtspflegergesetzes und anderer Gesetze vom 6. 8. 1998, BGBl. I S. 2030.

[4] *Nerlich/Römermann/Westphal,* InsO, § 216 Rn. 4.

7 Der **Insolvenzverwalter** ist ebenfalls nicht beschwerdebefugt, und zwar auch nicht wenn das Insolvenzgericht seinen Einstellungsantrag abgelehnt hat.[1]

3. Sofortige Beschwerde

8 Die sofortige Beschwerde hat **keine aufschiebende Wirkung**[2] und ist binnen zweier Wochen ab Verkündung der Entscheidung, bzw. ihrer Zustellung nach § 6 Abs. 2, bei dem Insolvenzgericht oder dem Beschwerdegericht zu erheben.[3] Zum Nachweis der Zustellung an die Beteiligten genügt die ordnungsgemäß bewirkte öffentliche Bekanntmachung (§ 9 Abs. 3).[4]

9 Die Entscheidung des Beschwerdegerichts wird erst mit der Rechtskraft wirksam, es sei denn, die **sofortige Wirksamkeit** wird gleichzeitig angeordnet (§ 6 Abs. 3).

10 Ist die Beschwerdefrist verstrichen oder die Beschwerde rechtskräftig abgewiesen, bleibt für die Insolvenzgläubiger nur die Möglichkeit eines erneuten Insolvenzantrages.

4. Praxishinweis

11 Für die Einstellungsfälle nach den §§ 208–211 ist die sofortige Beschwerde nicht vorgesehen.[5] Damit entfällt bei den zahlenmäßig häufigsten Einstellungsfällen die Möglichkeit, die Entscheidung des Insolvenzgerichts durch das Beschwerdegericht überprüfen zu lassen. Auch das Gesetz zur Vereinfachung des Insolvenzverfahrens hat eine Überprüfbarkeit der Masseunzulänglichkeitsanzeige durch das Insolvenzgericht und ggf. dessen Entscheidung durch die sofortige Beschwerde nicht eingeführt. Der Referentenentwurf hatte noch eine entsprechende Regelung enthalten.

12 Als einzige Möglichkeit bleibt die befristete Erinnerung nach § 11 Abs. 2 RPflG. Der Rechtspfleger kann der Erinnerung abhelfen oder sie dem Abteilungsrichter vorlegen. Dessen Entscheidung ist sodann unanfechtbar.

---

[1] BGH NZI 2007, 406.

[2] § 570 ZPO. Das Rechtsbeschwerdegericht kann jedoch im Wege der einstweiligen Anordnung die Vollziehung der Entscheidung erster Instanz aussetzen (BGH NZI 2006, 693). Eine solche Entscheidung kann auch von Amts wegen erfolgen.

[3] §§ 216, Rn. 6, 4; § 569 ZPO.

[4] *Nerlich/Römermann/Westphal,* InsO, § 216 Rn. 8; *Uhlenbruck/ders.,* InsO, § 216 Rn. 3.

[5] *Kübler/Prütting/Bork/Pape,* InsO, § 211 Rn. 10; HK-*Landfermann,* InsO, § 216 Rn. 5; *Uhlenbruck/ders.,* InsO, § 216 Rn. 4.

Sechster Teil. Insolvenzplan

Vorbemerkung vor §§ 217 bis 269

Übersicht

1. Zielsetzung und Rechtsnatur des Planverfahrens der InsO

1 Das an das US-amerikanische Reorganisationsverfahren nach Chapter 11 des Bankruptcy Code angelehnte Insolvenzplanverfahren ist ein Kernstück des neuen Insolvenzrechts.[1] Das Insolvenzplanverfahren orientiert sich – ebenso wie die Insolvenzordnung als Ganzes – am Ziel marktkonformer Insolvenzbewältigung.[2] Die Gesetzmäßigkeiten des Marktes sollen auch die gerichtliche Insolvenzabwicklung steuern.[3] Den Beteiligten soll weitgehende Autonomie für die Bereinigung der Insolvenz eingeräumt werden. Sie sollen die für sie beste Lösung möglichst ungehindert durch inhaltsbestimmende, gesetzliche Vorgaben aushandeln und in einem geordneten Verfahren verbindlich machen können. Die grundlegende Funktion des Insolvenzplans besteht darin, innerhalb des Insolvenzverfahrens auch die Verwertungsform der Sanierung zu ermöglichen.[4] Ohne das Insolvenzplanverfahren stünden zur Abwicklung der Insolvenz nur die §§ 159 ff. zur Verfügung, die als Verwertungsformen nur die Liquidation (§ 159) einzelner Vermögensgegenstände und die Liquidation von (Teil-)Betriebsgesamtheiten in Form der übertragenden Sanierung[5] ermöglichen. Der Insolvenzplan ist

---

[1] *Kübler/Prütting/Bork/Otte,* InsO, § 217 Rn. 1 mwN.

[2] Ausführlich *Schiessler,* Der Insolvenzplan, S. 27 ff.

[3] BT-Drucks. 1/92, S. 77; zur außergerichtlichen („freien") Sanierung s. ausführlich *Eidenmüller,* Unternehmenssanierung zwischen Markt und Gesetz, S. 124 ff.

[4] Vgl. auch § 1 S. 1 InsO.

[5] Vgl. §§ 160 Abs. 2 Nr. 1, 162, 163 InsO.

daher das einzige Instrument, mit dem innerhalb des Verfahrens die Insolvenz unter Nutzung/Fortführung desselben Unternehmensträgers bereinigt werden kann.[1] Gegenstand des Insolvenzplans können jedoch auch Liquidation und übertragende Sanierung sein.[2] Diese weitgehende inhaltliche Gestaltungsfreiheit soll den Beteiligten ermöglichen, die im Einzelfall günstigste Art der Insolvenzbewältigung zu wählen. Streitig ist die Frage der Rechtsnatur des Insolvenzplans und der damit verbundenen Frage der Anwendbarkeit allgemeiner schuldrechtlicher Vorschriften[3] auf den Insolvenzplan.[4] Nach zutreffender Auffassung ist der Insolvenzplan eine mehrseitige Verwertungsvereinbarung der Gläubiger bezogen auf das Schuldnervermögen, das ihrer Gesamtvollstreckung unterliegt.[5]

2. Hauptunterschiede zum Vergleich der VglO und zum Zwangsvergleich der KO

2 **a)** Das deutsche Insolvenzverfahren war bisher zweigeteilt[6]: Die KO sah nur ein Verfahren zur zerschlagenden Verwertung und Verteilung des Schuldnervermögens vor. Nach der Konkurseröffnung stand der Zwangsvergleich[7] zur Verfügung, wenn Schuldner und Gläubigermehrheit von der Zwangsverwertung abweichen wollten. Es bestand jedoch die Möglichkeit, dem Verfahren nach der KO einen Vergleich nach den Regeln der VglO vorzuschalten und für den Fall dessen Scheiterns zum sog. Anschlusskonkurs nach der KO überzugehen. Diese Zweiteilung des Verfahrens ist durch das einheitliche Insolvenzverfahren der InsO ersetzt worden. Der Ausgang dieses einheitlichen Verfahrens ist – anders als der des Verfahrens nach der KO – offen: Die Verwertung kann nach den gesetzlich vorgegebenen Regeln erfolgen[8]; denkbar ist jedoch auch eine abweichende Lösung durch einen Insolvenzplan[9].

3 **b)** Der Insolvenzplan stellt ein marktwirtschaftlich orientiertes, wettbewerbsoffenes Gläubigerinstrument zur **Haftungsverwirklichung** dar.[10] Das Vergleichsverfahren hingegen war primär ein Instrument der Schuldnerseite zur Abwendung des Konkurses und zur Kürzung oder Stundung von Verbindlich-

[1] *Schiessler,* Der Insolvenzplan, S. 31.

[2] Siehe dazu vor § 217 Rn. 10 ff.

[3] Z. B. der §§ 119 ff., 123 ff., 133, 157 BGB.

[4] *Nerlich/Römermann/Braun,* InsO, vor § 217 Rn. 71 ff., 82 ff.; *Kübler/Prütting/Bork/Otte,* InsO, § 217 Rn. 62 ff.; MünchKomm-*Eidenmüller,* InsO § 217 Rn. 4 ff.

[5] Der BGH hält den Insolvenzplan in einem Beschluss vom 6. 10. 2005, abgedruckt in WM 2006, 44 = ZIP 2006, 39 = NZI 2006, 100 = ZInsO 2006, 38 = EWiR 2006, 87 (m. zust. Anm. *Bähr/Landry),* für ein „spezifisch insolvenzrechtliches Instrument“, bei dem es sich gerade nicht um einen Vertrag im herkömmlichen Sinne handele, da der Wille des einzelnen Gläubigers durch Mehrheitsentscheidung überwunden werden könne (§§ 244 ff. InsO) und der überstimmte Gläubiger dennoch an den Plan gebunden sei. Gleichwohl soll – zumindest für die Auslegung des nicht vollstreckbaren Teils des Insolvenzplansplans – das individuelle Verständnis der Gläubiger und nicht etwa eine objektive Sichtweise maßgeblich sein.

[6] *Kübler/Prütting/Bork/Otte,* InsO, § 217 Rn. 2 ff.

[7] §§ 173–201 KO.

[8] Vgl. insbesondere §§ 148 ff. InsO.

[9] §§ 217 ff. InsO.

[10] *Nerlich/Römermann/Braun,* InsO, vor § 217 Rn. 70.

keiten auf Grund von Mehrheitsentscheidungen[1]. Dementsprechend ist es im Planverfahren möglich (wenn auch nicht die Regel, vgl. § 227 Abs. 1), dass der Schuldner auch nach der im gestaltenden Teil vorgesehenen Befriedigung der Insolvenzgläubiger für seine restlichen Verbindlichkeiten weiterhaftet.

c) Vergleich und Zwangsvergleich wurden nur auf Antrag des Gemeinschuldners eröffnet.[2] Die Insolvenzordnung gibt neben dem Schuldner auch dem Insolvenzverwalter ein Planvorlagerecht (§ 218 Abs. 1 S. 1). Außerdem kann gem. § 157 S. 2 die Gläubigerversammlung den Insolvenzverwalter mit der Ausarbeitung eines Plans beauftragen. Die Insolvenzordnung verspricht sich von den erweiterten Vorlagerechten einen Wettbewerb zwischen den Vorlageberechtigten um die beste Verwertungsart. 4

d) Zur Bestätigung eines Vergleichs war es erforderlich, dass dieser dem „gemeinsamen Interesse" der Vergleichsgläubiger nicht widersprach, § 79 Nr. 4 VglO. Ein solches gemeinsames Interesse aller Planverfahrensbeteiligten kennt die InsO nicht.[3] Dies zeigt sich vor allem in der obligatorischen Bildung unterschiedlicher Gruppen (§ 222 Abs. 1). Nur innerhalb der Gruppen sind gleiche Rechte zu gewähren (§ 226 Abs. 1). 5

3. Verlauf des Insolvenzplanverfahrens

Der Verlauf des Insolvenzplanverfahrens lässt sich entsprechend der gesetzlichen Unterteilung der §§ 217 bis 269 in drei Abschnitte gliedern: Die Aufstellung des Plans (§§ 217-234), die Annahme und Bestätigung des Plans (§§ 235-253) und die Wirkungen des bestätigten Plans mit anschließender Überwachung der Planerfüllung (§§ 254-269). 6

Das Verfahren wird mit der Vorlage eines Insolvenzplans an das Insolvenzgericht eingeleitet. Vorlageberechtigt sind der Insolvenzverwalter und der Schuldner (§ 218 Abs. 1). Bei der Festlegung der Gläubigerrechte werden die Gläubiger abhängig von ihrer Rechtsstellung und (fakultativ) ihrer wirtschaftlichen Interessenlage in verschiedene Gruppen zusammengefasst (§ 222). Falls das Gericht den Insolvenzplan nicht von Amts wegen zurückweist (§ 231), bestimmt es einen Termin, in dem der Plan und das Stimmrecht der Gläubiger erörtert werden und anschließend über den Plan abgestimmt wird (Erörterungs- und Abstimmungstermin, § 235). Jede Gruppe der stimmberechtigten Gläubiger stimmt gesondert über den Plan ab (§ 243). Zur Annahme des Insolvenzplans durch die Gläubiger ist erforderlich, dass jede an der Abstimmung teilnehmende Gruppe mit Kopf- und Summenmehrheit zustimmt (§ 244 Abs. 1 Nr. 1, 2). Eine missbräuchliche Ablehnung des Plans findet auf Grund des sog. „Obstruktionsverbots" keine Beachtung durch das Gericht (§ 245). Neben der Annahme des Plans durch die Gläubiger ist die Zustimmung des Schuldners (§ 247) und die Bestätigung durch das Gericht (§ 248) erforderlich. Das Gericht versagt die Bestätigung, wenn Verfahrensvorschriften nicht eingehalten wurden (§ 250) oder wenn die Rechte von dem Plan widersprechenden Gläubigern nicht hinreichend gewahrt werden (§ 251). Mit Rechtskraft der Bestätigung treten die im gestaltenden Teil des Plans festgelegten Wirkungen (§ 221) für und gegen alle Beteiligten ein (§ 254 Abs. 1 S. 1). Dies gilt auch für Insolvenzgläubiger, die ihre 7

[1] *Nerlich/Römermann/Braun,* InsO, vor § 217 Rn. 23.
[2] § 2 Abs. 1 S. 2 VglO, § 173 KO.
[3] *Nerlich/Römermann/Braun,* InsO, vor § 217 Rn. 15 ff.

Forderungen nicht angemeldet haben, und für Beteiligte, die dem Plan widersprochen haben (§ 254 Abs. 1 S. 3). Der bestätigte Plan ist Vollstreckungstitel (§ 257). Das Insolvenzgericht beschließt nun die Aufhebung des Verfahrens (§ 258 Abs. 1). Die §§ 260 bis 269 treffen schließlich Regelungen für den Fall, dass der Plan eine Überwachung der Planerfüllung vorsieht.

4. Verhältnis der §§ 217 ff. zu den anderen Vorschriften der InsO

8 Sämtliche Vorschriften, die nicht der Disposition der Beteiligten im Insolvenzplan unterliegen, sind auch dann anwendbar, wenn ein Insolvenzplan vorgelegt wurde und über ihn beraten wird. Dies sind insbesondere die Vorschriften des Ersten bis Dritten Teils (§§ 1–147).

9 Die §§ 217 ff. sind gem. § 312 Abs. 2 im vereinfachten Insolvenzverfahren (als Teil des Verbraucherinsolvenzverfahrens nach §§ 304 ff.) nicht anwendbar. In diesem Verfahren wird eine einvernehmliche Regelung mit den Gläubigern durch einen Schuldenbereinigungsplan ermöglicht (§§ 305 ff.). Ob ein Verbraucherinsolvenzverfahren vorliegt, ergibt sich aus § 304.[1]

5. Mögliche Inhalte und Gestaltungen des Insolvenzplans

10 Inhalt des Plans kann jede Regelung sein, die individualvertraglich auch außerhalb des Insolvenzverfahrens getroffen werden könnte.[2] Bezüglich der wirtschaftlichen Gestaltung kann zwischen Liquidationsplänen, Sanierungsplänen, Übertragungsplänen, Mischformen und sonstigen Plänen unterschieden werden.[3]

11 **a)** Der Gegenstand eines **Liquidationsplans** ist die Veräußerung der einzelnen Vermögensgegenstände und die Verteilung der Erlöse. Die vom Gesetz abweichende Regelung (vgl. § 217) kann beispielsweise darin bestehen, dass der Insolvenzverwalter die Masse nicht – wie in § 159 für das Regelverfahren vorgesehen – „unverzüglich" verwertet, sondern den Betrieb zeitweilig fortführt, um einen günstigeren Verwertungszeitpunkt abzuwarten. Auch ist eine von den §§ 165 ff. abweichende Verwertung der Vermögensgegenstände, an denen Absonderungsrechte bestehen, oder eine von der gesetzlichen Ordnung abweichende Verteilung des Verkaufserlöses durch einen Liquidationsplan denkbar.

12 **b)** Von (Eigen-)**Sanierungsplänen** kann gesprochen werden, wenn Ziel die Erhaltung und Fortführung des schuldnerischen Unternehmens unter Beibehaltung des alten Unternehmensträgers ist. Dieses Planziel nennt § 1 S. 1 aE ausdrücklich. Zur Erreichung dieses Ziels ist i. d. R. eine Reduzierung der Verbindlichkeiten, z. B. durch den Erlass oder die Stundung von Insolvenzforderungen,

---

[1] *Uhlenbruck/Lüer,* InsO, § 217 Rn. 2, vertreten die Auffassung, für Selbstständige sei immer das Planverfahren eröffnet, da § 304 nur für (klein-)gewerbliche Anwendungen einschlägig sei; aus dem Gesetz ergibt sich dies nicht. *Uhlenbruck/Vallender,* InsO § 304 Rn. 1 ff., folgt dem auch nicht.

[2] HK-*Flessner,* InsO, vor §§ 217–269 Rn. 9, § 217 Rn. 17; enger insoweit *Eidenmüller,* ZGR 2001, 691, der nur Regelungen mit Bezug zum Ziel des Insolvenzverfahrens für zulässig hält; vgl. auch LG München ZInsO 2004, 72, keine Beschränkung des Planverfahrens auf Sanierungspläne laufender Geschäftsbetriebe.

[3] *Braun/Uhlenbruck,* Unternehmensinsolvenz, S. 563 ff.; *Maus,* Der Insolvenzplan, in Kölner Schrift, S. 934 ff.

nötig.[1] Die vom Gesetz abweichende Regelung (vgl. § 217) besteht beispielsweise darin, dass eine Verwertung gemäß §§ 159 ff. entfällt, dass die Verteilung eines Barerlöses (§§ 187 ff.) durch Zahlungen, die aus der Zuführung neuer Mittel stammen, oder durch die Begründung neuer Ansprüche und Anteilsrechte für die Gläubiger ersetzt wird und dass die Weiterhaftung des Schuldners (§ 201) entfällt.

c) Ziel eines **Übertragungsplans** ist die Übertragung des schuldnerischen Unternehmens auf eine dritte Person, wobei im Grundsatz jeder einzelne Vermögensgegenstand aus der Sicht des Schuldners liquidiert wird. Der Unterschied zur Einzelvermögensgegenstand-Verwertung liegt in der zugleich, quasi parallel erfolgenden Veräußerung aller zum (Teil-)Betrieb gehörenden Vermögensgegenstände, angereichert um den vereinbarten Übergang auch personeller Ressourcen und immaterieller Werte, eben der Werte im Betriebszusammenhang. Denkbar ist zum einen der Verkauf des Unternehmens an einen außenstehenden Dritten, z. B. ein Konkurrenzunternehmen. Die Gegenleistung des Erwerbers kann in der Zahlung eines Geldbetrags in die Insolvenzmasse oder in der Begründung von Forderungsrechten für die Gläubiger gegen den neuen Unternehmensträger/Erwerber bestehen. Im letzteren Fall können die Forderungen nach und nach aus den erwirtschafteten Erträgen beglichen werden. Möglich ist zum zweiten die Übertragung auf eine neugegründete Auffanggesellschaft. In diesem Fall wird der Erwerb häufig durch die Ausgabe von Anteilsrechten (Zustimmung des betroffenen Gläubigers erforderlich, § 230 Abs. 2) oder die Abgabe von Verpflichtungserklärungen (vgl. § 230 Abs. 3) an die Gläubiger finanziert. Für beide Fälle wird der Begriff der „übertragenden Sanierung" verwendet. Gemeint ist eine Sanierung, bei der ein Unternehmen, Betrieb oder Betriebsteil von dem insolventen Träger auf einen anderen, bereits bestehenden oder neu zu gründenden Rechtsträger übertragen wird.[2] 13

Die Regelungen eines Übertragungsplans führen insofern zu einer Abweichung von den gesetzlichen Vorschriften (vgl. § 217), als die §§ 160 Abs. 2 Nr. 1, 161, 162 und 163, die die übertragende Sanierung betreffen, und die Regelungen über die Verteilung (§§ 187 ff.), soweit sie einen Gelderlös voraussetzen, nicht zur Anwendung gelangen. 14

d) Neben den drei genannten Planvarianten sind verschiedene **Mischformen** denkbar. So kommt beispielsweise die Liquidation eines verlustreichen Teilbetriebs in Kombination mit der Sanierung des überlebensfähigen Restbetriebs in Betracht.[3] 15

e) Außerdem können **sonstige Pläne** entworfen werden, die nicht auf die Verwertung des Vermögens bezogen sind, sondern beispielsweise die Aufteilung und Auszahlung eines Gelderlöses abweichend von der gesetzlichen Regelung 16

---

[1] Zur Besteuerung von Sanierungsgewinnen: BMF-Schreiben vom 27. 3. 2003 – IV A6-S 2140 – 8/03 und Arbeitspapier des Beirats für Kommunalabgaben und Steuern des Deutschen Städtetages zur Handhabung des BMF-Schreibens in den Städten und Gemeinden, Stand August 2006, sowie *Schmittmann,* ZInsO 2003, 505 ff.; vgl. auch *Rattunde,* ZIP 2003, 596 ff., 599 f.

[2] So die Definition des Gesetzes zur Reform des Insolvenzrechts, 1989, Allgemeine Begründung, S. 78; zur übertragenden Sanierung s. z. B. *Balz,* Sanierung von Unternehmen oder von Unternehmensträgern?, S. 71 ff.; *Groß,* Sanierung durch Fortführungsgesellschaften; *K. Schmidt,* Die übertragende Sanierung, in *Leipold,* Insolvenzrecht im Umbruch, S. 67 ff.; zu arbeitsrechtlichen Aspekten in diesem Zusammenhang s. *Hanau/Berscheid,* Übertragende Sanierung vor und in der Insolvenz, in Kölner Schrift, S. 1541 ff.

[3] *Braun/Uhlenbruck,* Unternehmensinsolvenz, S. 566.

lösen, die Auszahlung durch Einräumung von anderen Vorteilen ersetzen oder dem Schuldner eine Befreiung von Restverbindlichkeiten ohne das Restschuldbefreiungsverfahren (§§ 286 ff.) gewähren.

17 Ein Plan, der bereits vor Einleitung des Insolvenzverfahrens vereinbart worden ist wird als **„prepackaged plan"** bezeichnet.[1]

18 **f)** Der Insolvenzplan muss nicht materiell insolvenzüberwindend sein, er kann auch **verfahrens-/abwicklungstechnische Regelungen** innerhalb des Verfahrens regeln[2], soweit diese der Gläubigerautonomie unterliegen. Beispiel hierfür ist eine Änderung der Verpflichtung zur sofortigen Verwertung gem. § 159. Unzweifelhaft kann ein insolvenzüberwindender Plan bestimmen, den schuldnerischen Betrieb für z. B. drei Jahre fortzuführen und erst dann nach Beendigung eines langlaufenden Auftrags (Schiffsbau) durch Liquidation stillzulegen. Gem. § 157 beschließt die Gläubigerversammlung über die Fortführung oder Stilllegung. Eine modifizierende, zeitweise Fortführung, z. B. insbesondere um Zeit zu gewinnen und ein leistungswirtschaftliches Sanierungskonzept zu erarbeiten, kann aber durch einen nicht insolvenzüberwindenden Plan beschlossen werden. Dieser hat wegen seiner minderheitenschützenden Funktion eine deutlich bessere Rechtfertigung als ein nur mit Summenmehrheit gefasster Beschluss der Gläubigerversammlung, der in dieser Konstellation weder definitiv stilllegt noch definitiv insolvenzüberwindend fortführt, was § 157 aber eigentlich erfordert.[3]

6. Praxishinweis

19 Das Planverfahren hat bisher nur langsam – wie für ein neues Rechtsinstrument nicht untypisch – an Bedeutung gewonnen. Eigensanierende Ansätze, die betriebswirtschaftliche Kenntnisse erfordern, scheitern häufig an der Komplexität der verfahrensrechtlichen Anforderungen oder an der mangelnden Kooperationsbereitschaft einzelner Verfahrensbeteiligter. Dennoch gibt es auch bekannt gewordene, gelungene Planverfahren mit interessanten Lösungsmodellen. Insbesondere Fälle, in denen die Beibehaltung des Rechtsträgers Voraussetzung der Realisierung eines Mehrwerts für die Gläubiger gegenüber einer Liquidation ist, belegen dies.[4]

20 Die Frage der Feststellung der Berechnungsgrundlage für die Vergütung des Insolvenzverwalters im Planverfahren (insbes. bei Unternehmensfortführung) ist streitig.[5] Allgemein zur Vergütung des Insolvenzverwalters s. Kommentierung zu § 65 sowie die Insolvenzrechtliche Vergütungsverordnung.[6]

---

[1] Näher *Braun/Uhlenbruck,* Unternehmensinsolvenz, S. 566 ff.; *Eidenmüller,* Unternehmenssanierung zwischen Markt und Gesetz, S. 437 ff.

[2] Wie hier *Frank,* FS Braun, S. 219 ff.; *Heinrich,* NZI 2008, 74 ff. sowie HK-*Flessner,* § 258 Rn. 4; offengelassen BGH NZI 2009, 480; abl. LG Frankfurt NZI 2008, 110 ff.

[3] Zum umgekehrten Fall, bei dem die gesicherten Summenmehrheitsgläubiger stilllegen, die übrigen Kopfmehrheitsgläubiger aber fortführen wollen, AG Neubrandenburg ZIP 2000, 111 m. Anm. von *Förster.* Das dortige Beispiel, bei dem das AG die Durchführung des Beschlusses mit § 78 verhindert, zeigt, dass von der sofortigen Liquidation abweichende Entscheidungen auch im Insolvenzverfahren selbst einer Planregelung zugänglich sind.

[4] Aufrechterhaltung eines Profi-Fußballvereins, Teilnahme an der gleichen Spielklasse wie zuvor, OLG Dresden ZIP 2000, 1203 ff., leistungswirtschaftliche Reorganisationspläne, vgl. *Braun,* NZI 1999, 473 ff.

[5] Siehe LG Traunstein, Beschluss vom 18. 10. 2000, 4 T 4212/99, ZInsO 2000, 510 ff. sowie *Haarmeyer,* ZInsO 2000, 241 ff.

[6] InsVV.

Erster Abschnitt. Aufstellung des Plans

§ 217 Grundsatz

Die Befriedigung der absonderungsberechtigten Gläubiger und der Insolvenzgläubiger, die Verwertung der Insolvenzmasse und deren Verteilung an die Beteiligten sowie die Haftung des Schuldners nach der Beendigung des Insolvenzverfahrens können in einem Insolvenzplan abweichend von den Vorschriften dieses Gesetzes geregelt werden.

1. Normzweck

Der Insolvenzplan eröffnet den Beteiligten im Rahmen eines Insolvenzverfahrens[1] die Möglichkeit, eine Regelung treffen zu können, die, insbesondere bezüglich der Verwertung und Verteilung der Insolvenzmasse, von den gesetzlichen Bestimmungen abweicht. Gegenstand des Insolvenzplans können somit sowohl verschiedene Formen der Sanierung, als auch besondere Formen der Liquidation oder übertragenden Sanierung sein.[2] Der Plan kann dabei insolvenzüberwindend sein oder Verfahrensabläufe – soweit diese der Gläubigerhoheit zugänglich sind – regeln. § 217 gibt an, inwieweit eine Abweichung von Vorschriften der InsO bei der Plangestaltung möglich ist. Daraus ergeben sich (im Umkehrschluss) auch die Vorschriften, die nicht zur Disposition des Planverfassers stehen. 1

2. Plangemäße Abweichung von der Regelabwicklung

Die plangemäße Abweichung von der Regelabwicklung bezieht sich auf verfahrensrechtliche und materiell-rechtliche Sachverhalte. 2

a) Verfahrensrechtlich gelten zwingend alle Vorschriften der Insolvenzordnung mit der Maßgabe, dass ein Planvorlageberechtigter schon mit Einreichung des Antrags und bis zum Schlusstermin eine Abweichung verfahrensrechtlich durch den dann vorrangig zu behandelnden, ggf. zu beschließenden Plan erzwingen kann. Die grundsätzlichen Vorschriften – wie beispielsweise die Verpflichtung zur Rechnungslegung bei Beendigung des Amtes, § 66 – gelten auch, wenn das Verfahren durch einen Plan endet. Verfahrensrechtlich kann im Plan nur dort von der Insolvenzordnung abgewichen werden, wo die Verfahrensvorschrift der Disposition eines Gläubigerbeschlusses unterliegt oder Sondervorschriften bestehen.

b) Materiell-rechtlich kann der Plan die Befriedigung von (absonderungsberechtigten) Insolvenzgläubigern, die Verwertungsmodalitäten bezüglich der Insolvenzmasse sowie die Verteilung dessen, was aus der Verwertung (ggf. plangemäß) erlangt wird, abweichend von der Regelabwicklung (der sofortigen Liquidierung des gesamten Vermögens in Geld und Ausschüttung an die Insolvenzgläubiger unter Beachtung von Absonderungsrechten) regeln. 3

---

[1] Soweit ein Insolvenzverfahren unzulässig ist oder die Eröffnung abgelehnt wird, kommt auch ein Planverfahren nicht in Betracht, *Uhlenbruck/Lüer,* InsO, § 217 Rn. 2.

[2] Siehe dazu vor § 217 Rn. 10.

3. Probleme

4 Dieser abstrakt einfache Ansatz wirft folgende Probleme auf:

a) Die Bestimmung planunterworfener Absonderungsberechtigter, insbesondere bei fiduziarischen Rechtsverhältnissen.[1]

5 **b)** Bei der Bestimmung des Massebegriffes, soweit die Sollmasse des Insolvenzverfahrens auch auf dingliche Rechtspositionen Dritter rekurriert, die dennoch planunterworfen sind.[2]

6 **c)** Die Frage, ob und wann Masseforderungen entgegen dem reinen Wortlaut doch planunterworfen sind. Dabei gilt im Ausgangspunkt, dass Masseverbindlichkeiten (§§ 53–55) vom Planverfahren nicht erfasst werden.[3] Es gelten jedoch zwei Ausnahmen:

7 **aa)** Dem Willen des Gesetzgebers[4] entspricht es, dass Regelungen eines Insolvenzsozialplanes trotz ihrer Einordnung als Masseschuld (vgl. § 123 Abs. 2 S. 1 InsO) in einem Insolvenzplan abgeändert werden können.[5] Sieht der Sozialplan Regelungen vor, die nicht zur Disposition der Arbeitnehmer stehen, sondern wegen des Vorliegens einer Tarifbindung oder einer Betriebsvereinbarung die Zustimmung der Tarifvertragsparteien bzw. des Betriebsrates erforderlich ist (vgl. § 4 Abs. 3 Satz 1 TVG, § 77 abs. 4 Satz 2 BetrVG), so muss der Plan dies gem. § 249 InsO als Bedingung ausgestalten oder gem. dem Gedanken von § 230 Abs. 3 InsO als entsprechend zustimmende Erklärung dem Plan beifügen.[6]

8 **bb)** Eine Planlösung für Massegläubiger wird jedoch für den Fall vertreten, dass der Insolvenzverwalter die Masseunzulänglichkeit angezeigt habe, da in diesem Falle eine gemeinschaftliche Befriedigung der Massegläubiger erfolge.[7]

9 **d)** Einen Eingriff erlaubt das Gesetz in die Rechte der Gesellschafter des Schuldners (Unternehmensträgers) durch einen Insolvenzplan grundsätzlich nicht.[8]

---

[1] *Nerlich/Römermann/Braun,* InsO, § 217 Rn. 8 ff.

[2] *Nerlich/Römermann/Braun,* InsO, § 217 Rn. 13 ff., insbesondere Rn. 19 ff.

[3] Krit. hierzu *Rattunde,* ZIP 2003, 596 ff., 600.

[4] Begründung zu § 141 RegE, abgedruckt in *Balz/Landfermann,* Die neuen Insolvenzgesetze, 2. Aufl., § 123 S. 353.

[5] *Nerlich/Römermann/Braun,* InsO, § 217 Rn. 30 ff.; abweichend HK-*Flessner,* InsO, § 217 Rn. 8 mit der Erwägung, § 123 wolle nur begünstigen; dies würde dann aber immer noch Massesozialplanforderungen dem Planeingriff öffnen.

[6] Wenn eine Betriebsvereinbarung vorliegt, löst sich das Problem ggf. auch, wenn diese nach § 120 Abs. 1 S. 2 und Abs. 2 InsO gekündigt wird, MünchKomm-*Breuer,* InsO § 224 Rn. 5.

[7] HK-*Flessner,* InsO, § 217 Rn. 9; vgl. auch MünchKomm-*Eidenmüller,* InsO § 217 Rn. 81: bei Masseunzulänglichkeit Zwangsunterwerfung auch der Massegläubiger unter den Insolvenzplan; ähnlich *Smid/Rattunde,* Der Insolvenzplan, Rn. 2.121; vgl. auch LG Dresden ZIP 2005, 1607: Danach komme ein Insolvenzplanverfahren grundsätzlich insofern nicht in Betracht, wenn die Massegläubiger im Planverfahren nicht beteiligt werden und ihre Forderungen – auch nur teilweise – ausfallen.

[8] Vgl. aber § 227 Rn. 7; auch folgt aus § 105 Abs. 1 S. 2 GenG, dass in dem gestaltenden Teil des Insolvenzplanes die Nachschusspflicht eines Genossen geregelt werden kann; näher zu der Problematik MünchKomm-*Eidenmüller,* InsO § 217 Rn. 64 ff.; *Uhlenbruck/Lüer,*

Diese empfindliche Regelungslücke kann in der Praxis nur durch kreative Verhandlungen und rasche Weichenstellung teilweise ausgeglichen werden. Erkennt ein potentieller Planersteller die Notwendigkeit von Veränderungen auf der gesellschaftsrechtlichen Ebene, bedarf es der unverzüglichen Abstimmung mit den Gesellschaftern. Häufig sind treuhänderische Übertragungen von Gesellschaftsanteilen auf den Planersteller oder eine sonstige geeignete Person die Voraussetzung dafür, sicherstellen zu können, dass in einem Plan auch Änderungen auf der Gesellschafterseite bewerkstelligt werden können.[1] Ansonsten bleibt in diesem Zusammenhang nur ein bedingter Plan, bei dem nach Planbestätigung die Veränderung auf der gesellschaftsrechtlichen Seite als Bedingung für das Wirksamwerden des Plans Wirkung entfaltet.[2] 10

§ 218 Vorlage des Insolvenzplans

(1) **Zur Vorlage eines Insolvenzplans an das Insolvenzgericht sind der Insolvenzverwalter und der Schuldner berechtigt. Die Vorlage durch den Schuldner kann mit dem Antrag auf Eröffnung des Insolvenzverfahrens verbunden werden. Ein Plan, der erst nach dem Schlußtermin beim Gericht eingeht, wird nicht berücksichtigt.**

(2) **Hat die Gläubigerversammlung den Verwalter beauftragt, einen Insolvenzplan auszuarbeiten, so hat der Verwalter den Plan binnen angemessener Frist dem Gericht vorzulegen.**

(3) **Bei der Aufstellung des Plans durch den Verwalter wirken der Gläubigerausschuß, wenn ein solcher bestellt ist, der Betriebsrat, der Sprecherausschuß der leitenden Angestellten und der Schuldner beratend mit.**

Übersicht

InsO, vor §§ 217–269 Rn. 40, § 217 Rn. 18 (die gesetzliche Regelung begrüßend); *Nerlich/Römermann/Braun,* InsO, § 217 Rn. 35–44; *Balz,* Sanierung von Unternehmen oder von Unternehmensträgern?, S. 45 ff.; *Eidenmüller,* ZGR 2001, 689 ff.; kritisch: *Braun/Uhlenbruck,* Unternehmensinsolvenz, S. 581–584; *Ulmer,* in *Kübler,* Die gesellschaftsrechtlichen Aspekte der neuen Insolvenzordnung, S. 119 ff. Zur Frage, ob ein gegen das Vermögen der Schuldnerin gerichteter Geldanspruch der Gesellschafter eine Insolvenzforderung i. S. v. § 38 ist, OLG Düsseldorf GwR 2009, 455 (n. rkr.) m. Anm. *Frank,* Vorinstanz LG Düsseldorf NZI 2009, 322 f. (n. rkr.); *Thonfeld* NZI 2009, 323 f.

[1] Zur Erhaltung von Verlustvorträgen beim Gesellschafterwechsel im Sanierungsfall, *Siebert/Frank,* GmbH-StB 2008, 243 ff.; aA: BMF BStBl I 2008, S. 736 Rn. 31.

[2] Vgl. zu einer solchen Konstruktion *Braun/Uhlenbruck,* Insolvenzplan, S. 74 ff.

1. Planvorlage- und Planinitiativrechte

1 § 218 regelt, wer das Recht hat, das Planverfahren durch Vorlage eines Insolvenzplans in Gang zu setzen.[1] § 218 Abs. 1 S. 1 gibt neben dem Schuldner auch dem Insolvenzverwalter ein Planinitiativ- und Planvorlagerecht.[2]

2 **a)** Der **Schuldner** kann den Plan gemäß § 218 Abs. 1 S. 2 schon zusammen mit seinem eigenen Eröffnungsantrag vorlegen (spätestmöglicher Vorlagezeitpunkt: s. § 218 Abs. 1 S. 3). Damit ist die Möglichkeit des Einsatzes eines sog. „prepackaged plan“ (d. h. vorbereiteten Plan) gegeben.[3] Für den Planvorschlag durch den Schuldner kommt es nicht darauf an, ob zuvor ein Eigeninsolvenzantrag gestellt wurde.[4] Die Vorlageberechtigung wird durch die Antragstellung eines Gläubigers nicht eingeschränkt, vergleichbar dem Antrag auf Eigenverwaltung gemäß § 274 Abs. 1 Nr. 2. Das Vorlagerecht wird bei juristischen Personen, bei denen kein Gesellschafter/Mitglied persönlich haftet, vom Vertretungsorgan ausgeübt.[5] Ist der Schuldner eine Gesellschaft ohne Rechtspersönlichkeit i. S. d. § 11 Abs. 2 Nr. 1, so steht das Planvorlagerecht allen Gesellschaftern gemeinschaftlich zu.[6] Auch wenn bei Versicherungsunternehmen das Aufsichtsamt[7] alleine zur Stellung des Insolvenzantrages berechtigt ist, § 88 Abs. 1 VAG, folgt daraus nicht, dass es planvorlageberechtigt wäre.[8] Dies folgt unmittelbar aus § 218 Abs. 1 S. 1 InsO. Es ist kein Grund dafür ersichtlich, infolge der fehlenden Befugnis zur Antragstellung das Planinitiativrecht des Schuldners zu verneinen. Die Rechtslage bezüglich Kreditinstituten ist (infolge § 46 b KWG) identisch zu beurteilen.[9] Der Geschäftsführer einer GmbH ist infolge seiner Sanierungspflicht der Gesellschaft gegenüber u. U. zur Planvorlage verpflichtet.[10] Da der Schuldner zwar ein Recht zur Planvorlage hat, dies aber keine Pflichtaufgabe ist, hat er insoweit keinen Anspruch auf Beiordnung eines Rechtsanwaltes.[11]

---

[1] Dies gilt auch für die Ergänzung eines rechtskräftigen Insolvenzplans, vgl. AG Frankfurt (Oder) DZWIR 2006, 87.

[2] Zur abweichenden Regelung in der VglO und KO s. vor §§ 217 bis 269, Punkt 2) c).

[3] Näher *Braun/Uhlenbruck,* Unternehmensinsolvenz, S. 560 ff., 566 ff.; *Eidenmüller,* Unternehmenssanierung zwischen Markt und Gesetz, S. 437 ff.

[4] Vgl. dazu *Nerlich/Römermann/Braun,* InsO, § 218 Rn. 3 ff., sowie MünchKomm-*Eidenmüller,* InsO § 218 Rn. 88 ff.

[5] § 15 InsO ist nach hM auf das Planvorlagerecht nicht entsprechend anwendbar; *Nerlich/Römermann/Braun,* InsO, § 218 Rn. 8 ff.; HK-*Flessner,* InsO, § 218 Rn. 5; ausführlich zu dieser Frage *Uhlenbruck/Lüer,* InsO, § 218 Rn. 11 ff.

[6] *Kübler/Prütting/Bork/Otte,* InsO, § 218 Rn. 26; HK-*Flessner,* InsO, § 218 Rn. 5; MünchKomm-*Eidenmüller,* InsO § 218 Rn. 81.

[7] Das durch das Gesetz über die integrierte Finanzdienstleistungsaufsicht neu organisiert wurde, Aufsichtsbehörde ist seit dem 1. 5. 2002 die Bundesanstalt für Finanzdienstleistungsaufsicht (BaFin) mit Sitz in Bonn.

[8] Das ergibt sich auch nicht daraus, dass ein ansonsten Antragsberechtigter mit dem Antrag einen Plan verbinden kann, § 218 I S. 2, geschweige denn, dass dies das Schuldnerrecht verdrängt. So aber MünchKomm-*Eidenmüller,* InsO § 218 Rn. 79; zutr: alleiniges Vorlagerecht der Versicherung wie hier *Uhlenbruck/Lüer,* InsO, § 218 Rn. 15.

[9] *Uhlenbruck/Lüer,* ebd.

[10] *Maus,* DStR 2002, 1104 ff., 1105 mwN. Dies schließt die Vorbereitung eines „prepackaged plans“ ausdrücklich ein.

[11] LG Bochum ZInsO 2003, 89 ff., 91.

b) Der **Insolvenzverwalter** kann dem Insolvenzgericht aus eigener Initiative einen Plan vorlegen,[1] und zwar auch dann, wenn dieser in Konkurrenz zu einem im Auftrag der Gläubigerversammlung ausgearbeiteten Plan steht.[2] Es ist daher denkbar, dass ein nach § 22 Abs. 1 Nr. 3, 2. Hs. vom Gericht bestellter und mit der Prüfung der Fortführungsaussichten beauftragter vorläufiger Verwalter bereits in dieser frühen Phase mit der Ausarbeitung eines Plans beginnt und diesen vorlegt, sobald seine Bestellung gem. §§ 27, 56 f. erfolgt ist.[3] 3

c) Die **Gläubigerversammlung** hat ein Planinitiativrecht, da sie den Insolvenzverwalter gemäß § 157 S. 2 mit der Ausarbeitung eines Plans beauftragen kann. Ein eigenes Planvorlagerecht steht ihr nicht zu. Jedoch besteht die Möglichkeit, dass die Gläubigerversammlung den Verwalter durch Beschluss mit der Vorlage eines von den Gläubigern bereits ausgearbeiteten Plans beauftragt[4] oder Einzelheiten für den Planinhalt vorgibt.[5] 4

2. Pflicht des Verwalters zur Planvorlage

Gemäß § 218 Abs. 2 besteht eine Pflicht des Verwalters zur Planvorlage binnen angemessener Frist, wenn er nach § 157 S. 2 von der Gläubigerversammlung mit der Planausarbeitung beauftragt worden ist. Die Angemessenheit der Frist hängt von der konkreten Verfahrens- und Unternehmenssituation ab.[6] Kommt der Verwalter der Pflicht zur Planvorlage nicht in angemessener Frist nach, so kann das Insolvenzgericht Aufsichtsmaßnahmen ergreifen (§§ 58 f.).[7] Hat das Insolvenzgericht die Eigenverwaltung angeordnet (§§ 270 ff.), so ist gemäß § 284 Abs. 1 der Auftrag der Gläubigerversammlung zur Planausarbeitung an den Sachwalter oder den Schuldner zu richten. 5

3. Mitwirkungsrechte gem. Abs. 3

§ 218 Abs. 3 normiert für die dort genannten Gremien und den Schuldner ein Recht (keine Pflicht) zur beratenden Mitwirkung bei der Aufstellung des Insol- 6

---

[1] AA: *Schiessler,* Insolvenzplan, S. 98 f.; wie hier ausführlich *Herzig,* Das Insolvenzplanverfahren, S. 116 ff. m zahlreichen wN; *Binz,* Konkurrierende Insolvenzpläne, S. 23 ff., 38 ff.; *Uhlenbruck/Lüer,* InsO, § 217 Rn. 4 ff.; § 218 Rn. 8, der die Befugnis des vorläufigen Insolvenzverwalters, einen Insolvenzplan bei Gericht vorzulegen und das Planverfahren zu initiieren, verneint, Rn. 9.

[2] Ausführlich *Herzig,* ebd., wie vor, S. 123 ff.

[3] Näher *Kübler/Prütting/Bork/Otte,* InsO, § 218 Rn. 11 f.; krit.: *Smid/Rattunde,* Der Insolvenzplan, Rn. 3.6–3.11; wie hier auch *Binz,* S. 45 ff., 54; abl. HambKomm-*Thies,* InsO, § 218 Rn. 3.

[4] *Kübler/Prütting/Bork/Otte,* InsO, § 218 Rn. 33 ff.; vgl. auch *Smid/Rattunde,* InsO, § 218 Rn. 15, aA: *Uhlenbruck/Lüer,* InsO, § 218 Rn. 16.

[5] *Herzig,* Das Insolvenzplanverfahren, S. 128 f.; da der Plan auf der Initiative der Gläubigerversammlung beruht, muss der Verwalter deren Vorstellungen auch dann verwirklichen, wenn er sie für falsch hält. Eine Abwehr der Einflussnahme über § 78 I InsO kann ihm daher nicht zugestanden werden, aA: *Binz,* Konkurrierende Insolvenzpläne, S. 44. Hier zeigt sich die Bedeutung des verwalterlichen Eigeninitiativrechts: Der Verwalter kann versuchen, die Gläubiger mit seinem Plan für die in seinen Augen bessere Lösung zu überzeugen.

[6] Näher *Maus,* Der Insolvenzplan, in Kölner Schrift, S. 940.

[7] *Hess,* InsO, § 218 Rn. 10, 16.

venzplans durch den Verwalter.[1] Eine Mitwirkungspflicht kann sich lediglich für den Schuldner aus § 97 ergeben.

7 Beratende Mitwirkung i. S. d. Abs. 3 bedeutet, dass der Verwalter den benannten Kreis immer wieder über den Fortgang der Bemühungen unterrichtet und konsultiert,[2] die Bereitschaft zur Diskussion besteht und ggf. im Wege des Kompromisses gemeinsame Änderungen der ursprünglichen Vorlage möglich werden.

8 Mitwirkungsberechtigt ist jeder Einzelne, der als Vertretungsorgan mitwirkt oder alle Gesellschafter, die das Mitwirkungsrecht des Schuldners wahrnehmen, gemeinsam.

9 Aufgrund der Mitwirkungstätigkeit entsteht für keine der mitwirkenden Gruppen ein eigener Vergütungs- und Entschädigungsanspruch.[3]

4. Verletzung der Mitwirkungsrechte

10 Die Verletzung der Mitwirkungsrechte des Schuldners ist weniger gravierend, da der Schuldner jederzeit durch einen eigenen Plan initiativ werden kann.[4] Auch eine Verletzung der Rechte der übrigen in § 218 Abs. 3 bezeichneten Mitwirkungsberechtigten führt nicht dazu, dass im Rahmen von §§ 231, 250 InsO diese Verstöße gegen die Mitwirkungsberechtigung als „Verfahrensverstöße" die Durchführung des Planverfahrens bzw. seine Bestätigung hindern.[5]

11 Die Betreffenden haben es in der Hand, im Erörterungs- und Abstimmungstermin entweder auf eine Änderung des Plans hinzuwirken oder durch ihr Abstimmungsverhalten ihre Ablehnung zum Ausdruck zu bringen. Diese Auslegung beruht auch auf Sinn und Zweck des Insolvenzplanverfahrens, in dem in aller Regel unter erheblichem Zeitdruck die Koordination einer Vielzahl von Beteiligten unmöglich ist. Könnten einzelne Beteiligte die Mitwirkung in der Weise verlangen, dass sie für den Fall der Nichtmitwirkung rechtsmittelhalber den Plan verhindern können, wäre ein Insolvenzplanverfahren durch den Verwalter bzw. im Auftrag der Gläubigerversammlung durch den Verwalter weitestgehend Illusion.[6]

5. Vorlage mehrerer Pläne

12 Eine gesetzliche Regelung der Situation bei Vorlage konkurrierender Pläne findet sich nicht. Aufgrund des originären Rechts des Verwalters zur Planvorlage

[1] Zur Beteiligung des Betriebsrats s. *Berscheid,* ZInsO 1999, 27, 28 f.

[2] Näher zu Inhalt und Grenzen des Mitwirkungsrechts *Kübler/Prütting/Bork/Otte,* InsO, § 218 Rn. 56 ff.; *Uhlenbruck/Lüer,* InsO, § 218 Rn. 46 ff.

[3] S. a. *Smid/Rattunde,* InsO, § 218 Rn. 11; ausführlich MünchKomm-*Eidenmüller,* InsO § 218 Rn. 63.

[4] *Nerlich/Römermann/Braun,* InsO, § 218 Rn. 64.

[5] Die konkrete Erfahrung, dass ein sanktioniertes Mitwirkungsrecht auch als Obstruktions- und Verzögerungswaffe eingesetzt werden kann, veranlasst zur Aufgabe der in *Braun/Uhlenbruck,* Unternehmensinsolvenz, C. II. 1. a), S. 477 noch vertretenen Auffassung.

[6] Ob im Übrigen während der Planausarbeitungsphase die Mitwirkungsberechtigten ihr Recht mit Hilfe des Insolvenzgerichts durchsetzen können, das den Verwalter im Notfall auch mit Zwangsgeld zwingen können soll, die Mitwirkungsrechte zu respektieren, schlimmstenfalls den Verwalter zu entlassen hätte, erscheint zweifelhaft; so aber *Herzig,* Das Insolvenzplanverfahren, S. 43 f.

ist die Vorlage (maximal)[1] dreier konkurrierender Pläne, nämlich eines Schuldnerplans, eines vom Verwalter aus eigenem Recht erstellten Plans und eines vom Verwalter im Auftrag der Gläubigerversammlung erstellten Plans, denkbar.[2] Die Gegenauffassung[3] spricht sich für ein Erlöschen des Planinitiativrechts des Insolvenzverwalters aus, wenn ihn die Gläubigerversammlung mit der Ausarbeitung eines Planes beauftragt oder einen Insolvenzplan ablehnt. Dies wird mit der Gläubigerautonomie begründet. Diese Auffassung übersieht, dass damit der reinen Summenmehrheit in der Gläubigerversammlung ein Vetorecht gegen die Planinitiative eingeräumt wird (Negativ-Beschluss), was gegen die Grundkonzeption des Planverfahrens verstößt, durch Einsatz des Obstruktionsverbotes und der Gruppenbildung keine Erpressungskosten entstehen zu lassen. Die Pläne gehen alle in gleicher Weise in das Erörterungs- und Abstimmungsverfahren (§§ 235 ff.) ein.[4] Scheitert ein Plan, so steht der Vorlage eines neuen Planes nichts im Wege. Die gleichzeitige Vorlage mehrerer Alternativpläne eines Berechtigten ist dagegen unzulässig,[5] ebenso Eventualpläne. Bei der Annahme zweier Pläne durch die Gläubiger entscheidet das Gericht[6] auf der Basis der Gruppenmehrheit.[7] Kommt es dort zu seiner Pattsituation, so entscheidet die Mehrheit der Kopf- und Summenzahlen.[8]

6. Zuständigkeit, Verfahren, Kosten

a) Da der Richtervorbehalt des § 18 Abs. 1 RPflG nicht eingreift, ist für die Behandlung des Insolvenzplans beim Insolvenzgericht der Rechtspfleger zuständig,[9] es sei denn, der Richter hätte, was in großen Insolvenzplanverfahren durchaus erwägenswert ist, falls kein berufserfahrener Rechtspfleger zuständig sein sollte, sich gem. § 18 Abs. 2 RPflG das Verfahren insoweit vorbehalten. 13

b) An die Vorlage des Plans schließt sich das Prüfungs- und Beschlussverfahren an.[10] Auf den sonstigen Verlauf des Insolvenzverfahrens (insbesondere auf die Feststellung der Forderungen, die Verwaltung und Verwertung der Insolvenzmasse und auf das Verteilungsverfahren) hat die Planvorlage grundsätzlich keinen 14

---

[1] Denn jedem Planinitiator steht nur das Recht auf Vorlage eines Planes, nicht mehrerer alternativer Pläne zu, *Herzig,* ebd., S. 203 ff.

[2] *Nerlich/Römermann/Braun,* InsO, § 218 Rn. 48 f.; *Maus,* Der Insolvenzplan, in Kölner Schrift, S. 940; *Uhlenbruck/Lüer,* InsO, § 218 Rn. 7; *Hess,* InsO, § 218 Rn. 4; *Gietl,* Handbuch des Fachanwalts Insolvenzrecht, S. 876 Rn. 74 ff.; *Uhlenbruck/Lüer,* InsO, § 218 Rn. 7.

[3] *Kübler/Prütting/Bork/Ott,* InsO, § 218 Rn. 30; HK-*Flessner,* InsO, § 218 Rn. 10; ausführlich MünchKomm-*Eidenmüller,* InsO § 218 Rn. 28 ff.; FK-*Jaffé,* InsO, § 218 Rn. 38 ff., jeweils mwN.

[4] Näher *Braun/Uhlenbruck,* Unternehmensinsolvenz, S. 640 ff.; s. auch § 235, Punkt 5), *Uhlenbruck/Lüer,* InsO, § 218 Rn. 25 ff.

[5] Vgl. näher MünchKomm-*Eidenmüller,* InsO § 218 Rn. 116 ff. mwN.

[6] *Herzig,* Das Insolvenzplanverfahren, S. 211 ff.

[7] *Braun/Uhlenbruck,* Unternehmensinsolvenz, S. 643; aA: *Herzig,* ebd., S. 213 ff.; Entscheidung nach Summen- oder Kopfmehrheit; eine ausführliche Darstellung des Meinungsspektrums findet sich bei *Binz,* Konkurrierende Insolvenzpläne, S. 184 ff.

[8] Wie hier ausführlich und mit zahlreichen Beispielen *Binz,* Konkurrierende Insolvenzpläne, S. 203 ff.

[9] § 3 Nr. 2 e RPflG.

[10] Vgl. §§ 231, 232, 234, 235 ff.

Einfluss.[1] Jedoch kann das Insolvenzgericht gem. § 233 zur Sicherung der Durchführung eines vorgelegten Insolvenzplans auf Antrag die Aussetzung der Verwertung und Verteilung anordnen. Ist der Schuldner eine juristische Person, so bedarf es, wenn der Plan die Fortführung des Unternehmens vorsieht, eines Fortführungsbeschlusses der Gesellschafter.[2]

15 **c)** Die dem Schuldner durch die Planerstellung entstehenden Kosten kann dieser nicht ersetzt verlangen; für den Verwalter sind die Kosten der Planerstellung im Rahmen seiner Vergütung mit abzugelten, ggf. durch Erhöhung der Vergütungsfaktoren.[3] Der Schuldner hat keinen Anspruch auf Beiordnung eines Rechtsanwalts zwecks Unterstützung im Verfahren bzw. Fertigung eines Insolvenzplanes.[4] Allerdings kann ein Plan Regelungen über die Erstattung von Planerstellungskosten des Schuldners enthalten.[5]

7. Spätestmögliche Planvorlage

16 Die Planvorlage muss spätestens zum Schlusstermin erfolgen, § 218 Abs. 1 S. 3 InsO. Für eingetragene Genossenschaften gilt die Sonderregelung des § 116 Nr. 1 GenG, der die Vorlage eines Insolvenzplanes bis zum Abschluss des Nachschussverfahrens (das nach dem Schlusstermin ablaufen kann, § 115 Abs. 1 Satz 1 GenG) ermöglicht.[6]

8. Praxishinweis

17 **a)** In den – nicht zu häufigen – Sachverhalten, bei denen aus Schuldnersicht ein Insolvenzplan aussichtsreich erscheint, steht und fällt der Erfolg mit der Nutzung des Zeitvorteils. Der optionale Insolvenzantragsgrund der drohenden Zahlungsunfähigkeit (§ 18) und die Möglichkeit der Fertigung eines „prepackeged plan" sind fundamentale Vorteile. Allerdings wird ein Schuldnerplan nur dann erfolgreich sein, wenn er sich neben Nutzung des zeitlichen Vorteils auch rechtzeitig der Unterstützung einer maßgeblichen Mehrheit im Planverfahren durch Absprache mit geeigneten Gläubigergruppen versichert hat. Öfter als erwartet sind solche Konstellationen bei unterschiedlichen Gläubigerinteressen durchaus denkbar. Hauptproblem der meisten Schuldner: kein Berater bringt sie auf diese Idee, die Zeit verstreicht und mit der Insolvenz kommt lähmende, die letzte verbleibende Chance nicht nutzende Lethargie.

18 **b)** Falls der Verwalter – wie nicht zu häufig – seinen Blick von der faszinierenden, schnellen „übertragenden Sanierung", wo sie denn möglich ist, löst, bietet das Planverfahren eine Fülle von Optionen für kreative Verwalter. Was vordergründig als Mehraufwand betrachtet wird, ist häufig gesteigerter Vorteil der

[1] HK-*Flessner,* InsO, § 218 Rn. 15.

[2] Ausführlich hierzu *Uhlenbruck/Lüer,* InsO, § 218 Rn. 18 ff.; ggf. kann ein bedingter Plan vorgelegt werden, vgl. LG Dessau ZInsO 2001, 1167; sowie MünchKomm-*Eidenmüller,* InsO § 230 Rn. 38 ff.

[3] Näher: *Kübler/Prütting/Bork/Otte,* InsO, § 218 Rn. 10; abzulehnen: Erstattungsansprüche für Gesellschafter aus GoA oder gem. § 110 HGB, so aber *Uhlenbruck/Lüer,* InsO, § 218 Rn. 59.

[4] LG Bochum ZInsO 2003, 89 ff., 91; zur Frage der Beiordnung eines Rechtsanwaltes im Insolvenzverfahren allgemein vgl. oben § 4 Rn. 19 ff. Folgt man dieser Überzeugung, ist die Entscheidung zum Plan konsequent.

[5] FK-*Jaffé,* InsO, § 218 Rn. 22 ff.; *Nerlich/Römermann/Braun,* InsO, § 218 Rn. 22 a.

[6] Vgl. näher *Beuthien/Titze,* ZIP 2002, 1116 ff., 1122.

Gläubiger und ggf. des Schuldners. Das Entdecken geeigneter Sachverhalte stellt für den Verwalter der Zukunft die Herausforderung dar, wie die übertragende Sanierung vor 20 Jahren, als sie selten oder kaum geübt wurde. Veräußern, ob einzeln oder im Ensemble, ist „state of the art", nichts, was den kreativen vom braven Verwalter heute noch unterscheidet.

c) Gegen den schlichten Wortlaut haben auch Gläubiger mit dem Planverfahren eine strategische Option, die nicht zu unterschätzen ist. Der Großgläubiger, der sich von anderen Gläubigern behindert sieht, die Bank, die in der Pooleinbindung außer stundenlangen Diskussionen keinen Fortschritt erkennen kann, die Lieferanten, die besser wissen, was an Potential in „ihrem" Schuldnerunternehmen steckt – sie alle können entweder alleine oder durch kluge Mehrheitsbildung beherzt bestimmen, wohin die Entwicklung geht. Der Gesetzgeber hat bewusst seinen Regulierungszwang der Vergleichsordnung zurückgefahren, diesen Freiraum zu nutzen ist ein Stück unternehmerische Grundhaltung, auch in der Insolvenz. 19

Dies gilt umso mehr, als derzeit in einem Planverfahren derjenige, der agiert, der Einäugige unter den Blinden, will sagen der Durchsetzungsfähige schlechthin ist. 20

§ 219 Gliederung des Plans

Der Insolvenzplan besteht aus dem darstellenden Teil und dem gestaltenden Teil. Ihm sind die in den §§ 229 und 230 genannten Anlagen beizufügen.

§ 220 Darstellender Teil

(1) **Im darstellenden Teil des Insolvenzplans wird beschrieben, welche Maßnahmen nach der Eröffnung des Insolvenzverfahrens getroffen worden sind oder noch getroffen werden sollen, um die Grundlagen für die geplante Gestaltung der Rechte der Beteiligten zu schaffen.**

(2) **Der darstellende Teil soll alle sonstigen Angaben zu den Grundlagen und den Auswirkungen des Plans enthalten, die für die Entscheidung der Gläubiger über die Zustimmung zum Plan und für dessen gerichtliche Bestätigung erheblich sind.**

§ 221 Gestaltender Teil

Im gestaltenden Teil des Insolvenzplans wird festgelegt, wie die Rechtsstellung der Beteiligten durch den Plan geändert werden soll.

Übersicht

1 Der Insolvenzplan besteht gemäß § 219 aus dem darstellenden und dem gestaltenden Teil sowie den Anlagen, was das Gesetz in § 220 für den darstellenden, in § 221 für den gestaltenden und §§ 229, 230 für die Anlagen näher ausführt.[1]

1. Zweck der Trennung in einen darstellenden und gestalteten Teil

2 Die **Trennung in einen darstellenden und gestaltenden Teil** scheidet sinnvoll in eine Informations- und in eine Vollzugsebene.

3 Die **Informationsebene des darstellenden Teils will** – wie auch das amerikanische Recht im Chapter 11-Bankruptcy Code-Verfahren – dem Gläubiger die Chance bieten, informiert über den Vorschlag des Planvorlegenden zu entscheiden. Der Plan zielt auf eine von der Regelabwicklung abweichende, alternative Lösung. Er soll eine selbstständige, unabhängige Entscheidung finden lassen.[2] Das Vehikel des US-amerikanischen Rechts ist dabei das „disclosure statement". Dem entspricht der darstellende Teil des deutschen Insolvenzplanverfahrens.[3] Die zweite inhaltliche Überlegung des Gesetzgebers zum darstellenden Teil ist die Ermöglichung einer Investitionsentscheidung anstelle der (Regel-)Desinvestitionsentscheidung. Das Vermögen des Schuldners wird an die Gläubiger entsprechend der par conditio creditorum desinvestiert. Auf Vorschlag des Planvorlageberechtigten entscheiden die Gläubiger darüber, ob sie anstelle dieser Desinvestition eine Investionsentscheidung (bezogen auf ihre Insolvenzquote), insbesondere zum Zwecke des Erhalts des Unternehmens, vornehmen wollen. Der Darstellung, inwieweit sich die Position der Gläubiger gegenüber der Liquidation verbessert, kommt daher eine große Bedeutung zu.[4]

4 In der deutschen Praxis sind bisher im Wesentlichen Befürchtungen vor zu „umfangreichen" Plänen bekannt geworden. Diese Kritik übersieht, dass Gläubiger nie durch ein Zuviel an Information, sehr wohl aber durch ein Zuwenig an Information manipuliert oder getäuscht werden können. Damit ist nicht gesagt, dass es keine Pläne gibt, die mit einem deutlich reduzierten Konzept der Informationsvermittlung erfolgreich sein können. Der „Plan light" ist überall dort angezeigt, wo die grundsätzlichen Zusammenhänge für alle Beteiligten klar, wo die Alternativentscheidung im Wesentlichen nur einen überschaubaren Sachbereich als änderungsnotwendig kennzeichnet. Im Übrigen gilt ganz grundsätzlich, dass, wer komplexe Informationen prägnant und kurz darstellen kann – was immer schwieriger ist, als viel und lang zu schreiben – unzweifelhaft das notwendige Talent hat, das die Gläubiger überzeugen wird.

2. Gestaltender Teil

5 **Der gestaltende Teil ist der Vollzugsteil.** Wurde der Plan angenommen, so enthält der gestaltende Teil diejenigen rechtlichen Regelungen, die unmittelbar wirksam werden. Der gestaltende Teil muss die schuldrechtlichen Verpflichtungen/

---

[1] Das GenG beinhaltet einige bemerkenswerte, von den §§ 217 ff. InsO abweichende Regelungen. Zu den Insolvenzplänen betreffend eingetragener Genossenschaften, vgl. *Terbrack,* ZInsO 2001, 1027 ff.; sowie *Beuthien/Titze,* ZIP 2002, 1116 ff., 1122 ff.

[2] *Gottwald/Braun,* InsHdb., § 67 Rn. 26 zum „informed judgement".

[3] Vgl. hierzu auch *Braun/Uhlenbruck,* Unternehmensinsolvenz, S. 502 ff.

[4] MünchKomm-*Eilenberger,* InsO § 220 Rn. 4; näher zum Inhalt einer solchen Vergleichsrechnung ebd., Rn. 27 ff.

Vereinbarungen, er kann die dinglichen Rechtsänderungen enthalten. Schon aus Kostengründen wird der Planersteller – mit den Gerichtskosten des Insolvenzplanverfahrens sind alle ansonsten zu notarieller Urkunde zu erklärenden und zu bezahlenden, ggf. beurkundungspflichtigen Sachverhalte nach Form und Recht erfasst – sämtliche beurkundungspflichtigen Erklärungen einbeziehen und erledigen.

Der gestaltende Teil des Insolvenzplans darf keine Eventualklauseln enthalten,[1] 6
er darf aber Wahlklauseln vorsehen. Danach kann den Gläubigern einer Gruppe eine Alternative, die sie frei wählen können (z. B. kurzfristig weniger, langfristig mehr Abfindung) angeboten werden. Der gestaltende Teil sollte auch Minderheitenschutzklauseln, also salvatorische Regelungen, enthalten.[2] Da der Insolvenzplan als Grundlage zur Zwangsvollstreckung dienen kann (vgl. § 257 Abs. 1 S. 1 InsO), muss er auch die für die Vollstreckbarkeit notwendige Bestimmtheit aufweisen.[3] Nicht möglich ist es, in dem Plan arbeitsrechtliche Gestaltungsmaßnahmen zu treffen, also etwa Kündigungsvorschriften zu verkürzen.[4]

Soweit § 221 von den Beteiligten spricht, ist dies spiegelbildlich bezogen auf 7
die Rechtsträger, die planunterworfene Rechtspositionen halten.

3. Gestaltungsvorschläge

Während der Gesetzentwurf noch relativ detailliert die Gliederungsvorstel- 7
lungen für den darstellenden Teil enthielt, sind diese im Rechtsausschuss aus Vereinfachungsgründen – und ohne dass deswegen die Entwurfsbeispiele gegenstandslos wären – gestrichen worden.[5]

Gliederungsvorschläge sind immer dem Einzelfall anzupassen. Das Institut 9
der Wirtschaftsprüfer hat als IDW-Standard – also das, was der Berufsstand der Wirtschaftsprüfer insoweit für sachgerecht hält – Anforderungen an Insolvenzpläne verabschiedet.[6]

Eine solche Gliederung des darstellenden und gestaltenden Teils sowie der 10
Plananlagen kann in seiner Grundstruktur wie folgt aussehen:[7]

Darstellender Teil

A. Grundsätzliche Ziele und Regelungsstruktur des Planes
 I. Art und Ziel des Plans
 II. Regelungsansatz für
  1. Absonderungsberechtigte Gläubiger mit gesicherten Finanzkreditforderungen
  2. Absonderungsberechtigte Gläubiger mit gesicherten Forderungen aus Lieferungen und Leistungen
  3. Nicht nachrangige Gläubiger
  4. Arbeitnehmer
 III. Gesellschaftsrechtliche Regelungen

---

[1] Vgl. hierzu im Einzelnen *Nerlich/Römermann/Braun,* InsO, § 219 Rn. 83.
[2] Dies hat bereits § 251 RegE vorgesehen, vgl. *Balz/Landfermann,* S. 369.
[3] MünchKomm-*Eidenmüller,* InsO § 221 Rn. 14; vgl. hierzu auch § 257 2. b), Rn. 3.
[4] *Uhlenbruck/Maus,* InsO, § 221 Rn. 11.
[5] *Balz/Landfermann,* Ausschussbericht § 220 S. 470.
[6] Vgl. IDWES 2 WP 99, 253, später unverändert als IDW-Standard beschlossen, vgl. in der Grundstruktur identisch *Braun/Uhlenbruck,* Insolvenzplan; *Lauscher/Weßling/Bange,* ZInsO 1999, 5 ff.; *Maus,* Der Insolvenzplan, in Kölner Schrift, S. 944 ff.
[7] Nachfolgend ausgehend von einem konkreten Beispiel.

B. Gruppenbildung: Zahl, Art und Abgrenzung der im Plan vorgesehenen Gruppen
C. Beschreibung und Offenlegung der für die Beurteilung des Planes notwendigen Unternehmensdaten
  I. Zeitraum bis zur Stellung des Insolvenzantrages
    1. Bisherige Unternehmensentwicklung bis …
    2. Rechtliche Verhältnisse
    3. Finanzwirtschaftliche Verhältnisse
    4. Leistungswirtschaftliche Verhältnisse
    5. Organisatorische Grundlagen
    6. Umweltrelevante Sachverhalte
  II. Zeitraum nach Stellung des Insolvenzantrages
D. Analyse des Unternehmens
  I. Insolvenzursachenanalyse
  II. Lagebeurteilung
E. Leitbild für das durch den Insolvenzplan umzugestaltende Unternehmen
F. Zusammenfassung der für die Realisierung des Planes notwendigen Maßnahmen
  I. Seit Antragstellung bereits ergriffene Maßnahmen
  II. Durch und mit dem Plan beabsichtigte Maßnahmen
    1. Allgemeines (Gesellschafterebene, Raumfragen)
    2. Gruppenbildung – Behandlung der Gruppenbeteiligten
    3. Sonstige Maßnahmen (Überwachung der Planerfüllung, Kreditrahmen, Investitionsmaßnahmen)
    4. Hinweise zum Obstruktionsverbot und Minderheitenschutz
G. Zusammenfassung der Ergebnisse für die Gläubiger bei Annahme des Planvorschlages
  I. Ergebnisse für Inhaber von Absonderungsrechten
  II. Ergebnisse für nicht nachrangige Gläubiger
  III. Ergebnisse für Kleingläubiger
  IV. Ergebnisse für Arbeitnehmer
H. Antrag für den Abstimmungstermin zur Beschlussfassung der Gläubiger über eine abweichende Regelung zum Erhalt des Unternehmens (vgl. §§ 1 S. 1, 2. Hs., 217 ff. InsO)

Gestaltender Teil

A. Gruppenbildung
B. Schuldrechtliche und dingliche Willenserklärungen zur Herabsetzung und nachfolgenden Erhöhung des Stammkapitals
C. Planregelung für Gläubiger der Gruppe 1: Regelung für absonderungsberechtigte Gläubiger, deren Absonderungsrechte Finanzkreditforderungen sichern
D. Planregelung für Gläubiger der Gruppe 2: Regelung für absonderungsberechtigte Gläubiger, deren Absonderungsrechte Forderungen aus Lieferung und Leistung sichern
E. Planregelung für Gläubiger der Gruppe 3: Regelung für nicht nachrangige Gläubiger, soweit sie nicht als Kleingläubiger unter Lit. F. einzuordnen sind und keine Arbeitnehmer sind
F. Planregelung für Gläubiger der Gruppe 4: Regelung für nicht nachrangige Gläubiger mit Forderungen kleiner als oder ermäßigt auf EUR 5000,–, soweit sie nicht Arbeitnehmer sind
G. Planregelung für Gläubiger der Gruppe 5: Regelung für nicht nachrangige Gläubiger, die Arbeitnehmer des Schuldnerunternehmens sind
  I. Interessenausgleich und Sozialplan für die Arbeitnehmer der Gesellschaft, deren Arbeitsverhältnis auf Grund betriebsbedingter Kündigung endet
  II. Umgestaltung der arbeitsvertraglichen Grundlagen für Arbeitnehmer, die weiterhin beschäftigt sind

H. Investitions-/Geschäftsführungsmaßnahmen
I. Minderheitenschutzregelung
J. Wirksamkeitszeitpunkt/Allgemeine Regelungen
K. Bestellung eines Sachwalters
L. Einräumung eines Kreditrahmens (§ 264)
M. Überwachung der Planerfüllung (§ 260)

Plananlagen

A. Allgemeine Anlagen:
Jahresabschlüsse, Satzung der Gesellschaft, Interessenausgleich, Sozialplan
B. Plananlagen (s. näher § 229)
    I. Vermögensübersicht (Planbilanz), ergänzt um Zerschlagungswerte, Plan-GuV, Plan-Liquiditätsrechnung (Finanzplan)
    II. Vermögensübersicht auf den Zeitpunkt der Verfahrenseröffnung gem. § 153 InsO mit Zerschlagungswerten
    III. Gläubigerverzeichnisse (mit Adressen) für alle Gruppen
C. Anlagen gemäß § 230

Zusammenfassend ist im darstellenden Teil – auch vom Gericht zu prüfen – 11
die Sach- und Rechtslage so zu beschreiben, dass ein unbefangener, unbeteiligter Gläubiger aus dem darstellenden Teil des Plans selbst alle wesentlichen, für das Verständnis des Unternehmens erforderlichen Daten und Strukturen erkennen, den Regelungsansatz des Plans nachvollziehen und sich vor diesem Hintergrund ein eigenes Urteil bilden kann, ob er dem abweichenden Vorschlag, gemessen an der Regelabwicklung und bezogen auf seine eigenen Interessen, wird folgen können und wollen[1].

In der praktischen Abwicklung wird der darstellende Teil vom „Planarchitek- 12
ten", der für die Konzeption verantwortlich ist, gestaltet werden. Für den gestaltenden Teil, der die Umsetzung dessen darstellt, was konzipiert worden ist, wird zwingend der Jurist, der Erfahrung in der Gestaltung rechtserheblicher Urkunden hat, gefordert sein.

§ 222 Bildung von Gruppen

(1) **Bei der Festlegung der Rechte der Beteiligten im Insolvenzplan sind Gruppen zu bilden, soweit Gläubiger mit unterschiedlicher Rechtsstellung betroffen sind. Es ist zu unterscheiden zwischen**

1. **den absonderungsberechtigten Gläubigern, wenn durch den Plan in deren Rechte eingegriffen wird;**
2. **den nicht nachrangigen Insolvenzgläubigern;**
3. **den einzelnen Rangklassen der nachrangigen Insolvenzgläubiger, soweit deren Forderungen nicht nach § 225 als erlassen gelten sollen.**

---

[1] Zu weitgehend LG Berlin ZIP 2008, 324 ff., wonach losgelöst von der konkreten Plangestaltung allein auf Grund möglicher Anträge zur Versagung der Restschuldbefreiung im darstellenden Teil Angaben zur Verurteilung des Schuldners wegen Insolvenzstraftaten aufgenommen werden müssen. Offengelassen BGH NZI 2009, 515 ff. Eine Verpflichtung etwaige Versagungsgründe für die Restschuldbefreiung natürlicher Personen vorzulegen, besteht indes nicht, BGH ebd. Zur Frage, ob die Versagung der Restschuldbefreiung gem. § 290 und § 302 Teil der vergleichenden Betrachtung i. S. v. § 245 Abs. 1 Nr. 1 ist, vgl. § 245 Rn. 5 a.

(2) **Aus den Gläubigern mit gleicher Rechtsstellung können Gruppen gebildet werden, in denen Gläubiger mit gleichartigen wirtschaftlichen Interessen zusammengefaßt werden. Die Gruppen müssen sachgerecht voneinander abgegrenzt werden. Die Kriterien für die Abgrenzung sind im Plan anzugeben.**

(3) **Die Arbeitnehmer sollen eine besondere Gruppe bilden, wenn sie als Insolvenzgläubiger mit nicht unerheblichen Forderungen beteiligt sind. Für Kleingläubiger können besondere Gruppen gebildet werden.**

Übersicht

1. Normzweck

1 Der Insolvenzplan soll durch Abweichen von der Regelabwicklung nach Möglichkeit die vermögensrechtliche Stellung aller Beteiligten verbessern, jedenfalls keinen Beteiligten gegen seinen Willen schlechter stellen, als er im Falle der Verwertung des Schuldnervermögens nach den gesetzlichen Vorschriften stünde. Dieses Ziel kann der Plan nur erreichen, wenn er die unterschiedliche rechtliche oder wirtschaftliche Betroffenheit der Beteiligten berücksichtigt.[1] Die Regelung im Plan und die Beschlussfassung über den Plan muss für jede Gruppe getrennt erfolgen. Durch die strikt rechtliche Gruppenbildung gem. **Abs. 1** wird gewährleistet, dass im Rahmen der anstehenden Mehrheitsentscheidung jede Gruppe individuell entscheidet (vgl. § 243). Stimmen so alle Gruppen zu, ist der Plan akzeptiert. Versagt auch nur eine Gruppe ihre Zustimmung, wird geprüft, ob die Zustimmung im Rahmen des Obstruktionsverbotsverfahrens (§ 245) ersetzt werden kann.

2 **Abs. 2** lässt die Berücksichtigung unterschiedlicher wirtschaftlicher Interessen innerhalb der Gläubiger zu, die gemäß Abs. 1 in die gleiche Gruppe einzuordnen wären. Dies soll die wirtschaftliche Effektivität des Plans steigern[2] und die Koordinierung der Interessen der Beteiligten in den Verhandlungen erleichtern.

3 **Abs. 3 S. 1** weist auf die besondere Interessenlage der Arbeitnehmer hin. **Abs. 3 S. 2** stellt klar, dass Forderungen auch durch ihre geringe Höhe[3] ein „gleichartiges wirtschaftliches Interesse" der Gläubiger i. S. v. Abs. 2 S. 1 und damit die Bildung besonderer Gruppen rechtfertigen können.

[1] Begründung zu § 265 RegE, abgedruckt in *Balz/Landfermann,* S. 471.

[2] Begründung zu § 265 RegE, abgedruckt in *Balz/Landfermann,* S. 417.

[3] Grenzziehung abhängig von Größe und Struktur des Verfahrens; näher *Nerlich/Römermann/Braun,* InsO, § 222 Rn. 83; MünchKomm-*Eidenmüller,* InsO § 222 Rn. 124.

2. Gruppenbildung gem. Abs. 1: Gläubiger mit unterschiedlicher Rechtsstellung

a) Abs. 1 S. 1 verlangt die Bildung von Gruppen für Gläubiger „mit unterschiedlicher Rechtsstellung". Gemeint ist damit die Unterscheidung zwischen absonderungsberechtigten Gläubigern (Abs. 1 S. 2 Nr. 1, §§ 49–51), nicht nachrangigen Insolvenzgläubigern (Abs. 1 S. 2 Nr. 2, § 38) und nachrangigen Insolvenzgläubigern (Abs. 1 S. 2 Nr. 3, § 39). Dies schließt nicht aus, dass die Gläubiger innerhalb dieser Gruppen unterschiedliche Rechtsstellungen innehaben können.[1] So gewährleistet das Gesetz, dass Rechtsinhaber nicht von Forderungsgläubigern zu ihren Lasten beeinträchtigt werden können. Mischgruppen aus den in Abs. 1 genannten, zu trennenden Rechtsstellungen sind unzulässig.[2] Liegt kein Eingriff in ein Absonderungsrecht vor und gelten die Forderungen der nachrangigen Gläubiger als erlassen (vgl. Abs. 1 S. 2 Nr. 1, 2. Hs. und Nr. 3, 2. Hs.), kann im Insolvenzplan ganz auf die Bildung von Gruppen verzichtet werden, da durch den Plan nur Gläubiger mit gleicher Rechtsstellung betroffen sind.[3] 4

b) Ein Eingriff in Rechte der absonderungsberechtigten Gläubiger i. S. v. **Abs. 1 S. 2 Nr. 1** und eine Notwendigkeit eine Gläubigergruppe zu bilden[4] liegt nur vor, wenn das Recht gem. § 223 Abs. 2 berührt ist. Der Plan kann auch in das zugrunde liegende Recht selbst eingreifen (z. B. ein Grundpfandrecht im Betrag herabsetzen). Kein Eingriff in das Absonderungsrecht ist hingegen die Stundung oder der Erlass der persönlichen Forderung, solange die Restforderung noch vom Absonderungsrecht gedeckt ist. Nur wenn das Forderungsrecht stärker gekürzt wird als der Wert der Sicherheit (Absonderungsrecht) liegt ein Eingriff in diese Position vor. Dies macht zur sachgerechten Gruppierung eine Bestimmung des Wertes des Absonderungsrechtes nötig. 5

3. Gruppenbildung gem. Abs. 2: Gläubiger mit gleichartigen wirtschaftlichen Interessen

a) Wer einen Plan vorlegt, kann Gläubiger mit gleicher Rechtsstellung, aber unterschiedlichen wirtschaftlichen Interessen verschiedenen Gruppen zuteilen.[5] Zwingend ist dies jedoch, auch bei Gläubigern mit sehr unterschiedlichen wirtschaftlichen Interessen, nicht.[6] Allerdings ist eine Einteilung in verschiedene 6

---

[1] So fallen in die Gruppe der absonderungsberechtigten Gläubiger bspw. Grundpfandgläubiger (§ 49), aber auch Sicherungseigentümer/-zessionare (§ 51 Nr. 1) und Gläubiger mit Zurückbehaltungsrechten (§ 51 Nr. 2 und 3); das Gesetz fordert keine feinere Gruppeneinteilung (s. aber Gliederungspunkt 3): Einteilung in verschiedene Gruppen bei unterschiedlicher Behandlung der Gläubiger; MünchKomm-*Eidenmüller,* InsO § 222 Rn. 27.

[2] BGH WM 2005, 1852, 1854; so auch schon bisher *Nerlich/Römermann/Braun,* InsO, § 222 Rn. 55;

[3] Vgl. Abs. 1 S. 1 (sind Gruppen zu bilden, soweit…); der Rechtsausschuss hielt diesen Fall für häufig, s. Ausschussbericht zu § 265 RegE, abgedruckt in *Balz/Landfermann,* S. 473.

[4] *Uhlenbruck/Lüer,* InsO, § 222 Rn. 17, 19.

[5] Ob, in welcher Zahl und mit welcher Abgrenzung Gruppen nach Abs. 2 gebildet werden, obliegt ausschließlich dem Planverfasser; vgl. auch LG Mühlhausen NZI 2007, 724 ff.

[6] Bericht des Rechtsausschusses zu § 265 RegE, abgedruckt bei *Balz/Landfermann,* S. 473; aA: *Binz,* Konkurrierende Insolvenzpläne, S. 11, in besonderen Fällen gebiete der verfassungsrechtliche Gleichheitssatz eine Differenzierung.

Gruppen wegen des Gleichbehandlungsgebots des § 226 Abs. 1 dann zwingend (Ausnahme: § 226 Abs. 2), wenn Gläubiger, die nach Abs. 1 der gleichen Gruppe zuzuordnen wären, unterschiedlich behandelt werden sollen.

7 **b)** Die Möglichkeit, Gläubiger nach ihren wirtschaftlichen Interessen zu gruppieren, in Verbindung mit dem Mehrheitskonzept und der Ersetzungsbefugnis in § 245 stellt die Weichen für ein differenziertes, strategisch taktisches Verhandlungskalkül, das auch die „Pflicht zum Kompromiss“ in sich trägt und damit das Planverfahren erheblich dynamisieren kann.[1] Die Gliederung nach wirtschaftlichen Interessen kann formal oder materiell erfolgen. Formale Anknüpfungspunkte sind Differenzierungen von Forderungen, wie sie in gesetzlichen Vorgaben (beispielsweise in den Ausweisvorschriften des HGB) vorhanden sind. Materiell ist eine Untergliederung in Gruppen, bezogen auf die jeweilige wirtschaftliche Situation im individuellen Plan möglich. Die US-amerikanische Praxis kennzeichnet dies als „reasonable business justification for segregation“.[2]

8 Unzweifelhaft immer in unterschiedliche wirtschaftliche Gruppen einzuordnen sind folgende Forderungstypen: Finanzkreditforderungen, Lieferantenkreditforderungen, Steuerforderungen, Forderungen der Bundesagentur für Arbeit, Forderungen des Pensions-Sicherungs-Vereins,[3] aber auch Ausfallforderungen, d. h. der nicht gesicherte Teil einer Forderung, die im Übrigen durch Absonderungsrechte und sonstige Sicherungsrechte gedeckt ist.[4] Eigene Gruppen können auch die Bundesagentur für Arbeit und Fiskalgläubiger bilden.[5]

4. Gruppenbildung gem. Abs. 3 S. 1: Arbeitnehmer

9 Grundsätzlich nicht zu den Forderungen nach Abs. 3 S. 1 gehören die Masseforderungen nach § 55 Abs. 1 Nr. 2 und § 123 Abs. 2 S. 1 (vgl. den Wortlaut des Abs. 3: „als Insolvenzgläubiger“). Aufgrund der Insolvenzgeldversicherung der Bundesagentur für Arbeit werden Arbeitnehmer in der Regel auch keine oder nur geringe Insolvenzforderungen haben. Dennoch sollen Arbeitnehmer[6] wegen ihrer durch den Arbeitsplatz vermittelten, besonderen Betroffenheit zu

---

[1] Das Konzept ist nicht unumstritten, vgl. zur Darstellung des Meinungsstandes *Gottwald/Braun,* § 67 Rn. 43 ff.

[2] *Nerlich/Römermann/Braun,* InsO, § 222 Rn. 22.

[3] Gem. §§ 7 Abs. 4, 9 Abs. 4 Satz 1 BetrAVG eine gesetzliche Vorgabe (als Regelfall: soll) zur Bildung einer eigenen Gruppe, MünchKomm-*Eidenmüller,* InsO § 222 Rn. 30, 139 ff.

[4] Vgl. im Übrigen ausführlich zur Möglichkeit der Gruppenbildung *Nerlich/Römermann/Braun,* InsO, § 222 Rn. 55 ff. und zur Frage der Ausfallforderungen Rn. 101 ff. Zu beachten ist aber, dass bei der wirtschaftlichen Bewertung der Sicherungsrechte streng danach unterschieden wird, ob sich der Insolvenzplan auf die Fortführung oder auf die Liquidation des Unternehmens bezieht. Je nachdem ist das Sicherungsrecht mit seinem Wert bei Fortführung bzw. bei Zerschlagung anzusetzen. Dies kann bei Grundpfandrechten z. B. insofern relevant werden, als der Sicherungsnehmer bei Fortführung des Unternehmens – bei der Vergleichsbetrachtung – im Wege der Zwangsverwaltung des Grundstücks mittelfristig mehr erhalten könnte als bei unmittelbarer Zwangsversteigerung. Vgl. hierzu BGH WM 2005, 1852, 1854 f.

[5] *Uhlenbruck/Lüer,* InsO, § 222 Rn. 35, 36.

[6] Im Einzelfall und bei gleicher Interessenlage können auch freiberufliche Mitarbeiter in diese Gruppe eingeordnet werden, vgl. *Nerlich/Römermann/Braun,* InsO, § 222 Rn. 88; aA: *Uhlenbruck/Lüer,* InsO, § 222 Rn. 23: Für diese soll nach § 222 Abs. 2 InsO eine eigene Gruppe gebildet werden.

einer wirtschaftlich gesonderte Gruppe zusammengefasst werden.[1] Denn das Gelingen einer Sanierung hängt häufig auch von der Lösung allgemeiner Arbeitnehmerfragen ab.

Entsprechend darf die Frage, ob eine Arbeitnehmerforderung „nicht unerheblich" ist, auch nicht im Vergleich zu den übrigen Insolvenzgläubigerforderungen ermittelt werden, da sonst die Arbeitnehmerforderungen zumeist diese Schwelle unterschreiten werden. Das Gesetz will die eigene Gruppenstellung aber gerade ermöglichen.[2] Der Begriff der „Wesentlichkeit" ist deshalb bei Arbeitnehmerforderungen subjektiv zu verstehen.[3] Mit Zeitkontenrückständen oder Urlaubsabfindungsansprüchen, die subjektiv erheblich sind, kann häufig eine Arbeitnehmergruppe gebildet werden.[4] 10

5. Praxishinweise

a) Die Gruppenbildung ist eines der wesentlichsten Elemente bei der Bearbeitung eines Plans. Gruppenbildung bedeutet mehrheitsorientiert denken und planen. Der Planarchitekt muss wissen, ob er davon ausgeht, dass er die Zustimmung aller Gruppen erlangen kann oder ob er eine Durchsetzung des Plans nur mit Hilfe von § 245 InsO ins Auge fasst. Der Planverfasser sollte, wenn es nicht völlig ausgeschlossen ist, eine Plangruppe oder eine Regelung, welche Plangruppe für unbekannte Gläubiger gelten soll, bedenken. Übersehene oder unbekannte Gläubiger können das Planziel gefährden.[5] Eine Auffangregelung in einer gesonderten Gruppe ist zulässig.[6] 11

Ein mit den Großgläubigern abgestimmter Plan ist leichter in einer einzigen Gruppe (Summenmehrheit) umzusetzen durch Gewinnung einer entsprechenden Kopfmehrheit, als eine hochdifferenzierte Planregelung mit vielen Gruppen. 12

Wegen des Mehrheitserfordernisses des § 245 Abs. 1 Nr. 3 ist eine gerade Anzahl von Gruppen tendenziell nachteilig. 13

Großer Sorgfalt bedarf es bei der Gestaltung von Gruppen, die besicherte Forderungen regeln. Die Abstimmung zwischen besicherter Forderung, Absonderungsrecht und Ausfallforderung kann bei fiduziarischem Zusammenhang häufig ohne Eingriff in das Absonderungsrecht durch Kürzung der Forderungen auf den beabsichtigten Restverpflichtungsumfang gewährleistet werden, was Gruppenbildung und damit Planregelung vereinfacht. 14

b) Die Gruppenbildung wird vom Insolvenzgericht gem. §§ 231 Abs. 1 Nr. 1, 222 im Rahmen der Vorprüfung[7] und gem. §§ 250, 222 für die Bestätigung des 15

[1] Siehe auch *Smid/Rattunde,* InsO, § 222 Rn. 11, in Betracht kommt auch die Bildung mehrerer Gruppen, MünchKomm-*Eidenmüller,* InsO § 222 Rn. 112 ff.; ausführlich ferner *Herzig,* Das Insolvenzplanverfahren, S. 259 ff.

[2] Es bedarf auch keiner Mindestbeträge bezogen auf das Jahreseinkommen, um eine Gruppenbildung zu ermöglichen, so aber MünchKomm-*Eidenmüller,* InsO § 222 Rn. 119.

[3] *Nerlich/Römermann/Braun,* InsO, § 222 Rn. 93; so auch LG Mühlhausen NZI 2007, 724: Lohnrückstände von einem bis sieben Monaten können bereits erheblich sein.

[4] Möglicherweise aA: *Uhlenbruck/Lüer,* InsO, § 222 Rn. 27.

[5] Vgl. MünchKomm-*Huber,* InsO § 254 Rn. 23 zum Stichwort „Nachzügler".

[6] Vgl. auch unter § 254 Rn. 7; sowie *Nerlich/Römermann/Braun,* InsO, § 222 Rn. 115.

[7] Der Prüfungsumfang ist im Einzelnen streitig; vgl. ausführlich *Binz,* Konkurrierende Insolvenzpläne, S. 132 ff. mwN. Zutreffenderweise ist die Prüfung auf Missbrauchsfälle zu beschränken, so auch *Binz,* aaO, S. 138 f.

Insolvenzplans geprüft. Innerhalb des durch § 222 gesetzten Rahmens besitzt der Planverfasser eine weite Bandbreite von Gliederungsmöglichkeiten und daraus resultierende strategischen Optionen.[1] Das Gesetz gewährleistet mit § 245 Abs. 2 Ziff. 3, dass keine Manipulation zulasten einzelner, rechtlich gleichgestellter Gruppen möglich ist. Gerichte können deswegen die Gruppenbildung auf Fehler (Mischgruppen, Differenzierung der Mussgruppe gem. Abs. 1) und ansonsten auf grobe Unplausibilitäten in der wirtschaftlichen Differenzierung beschränken. Ansonsten bleibt dem Planarchitekten aber ein weiter Gestaltungsspielraum.

§ 223 Rechte der Absonderungsberechtigten

(1) **Ist im Insolvenzplan nichts anderes bestimmt, so wird das Recht der absonderungsberechtigten Gläubiger zur Befriedigung aus den Gegenständen, an denen Absonderungsrechte bestehen, vom Plan nicht berührt. Eine abweichende Bestimmung ist hinsichtlich der Finanzsicherheiten im Sinne von § 1 Abs. 17 des Kreditwesengesetzes[2] sowie der Sicherheiten ausgeschlossen, die**

1. **dem Teilnehmer eines Systems nach § 1 Abs. 16 des Kreditwesengesetzes zur Sicherung seiner Ansprüche aus dem System oder**
2. **der Zentralbank eines Mitgliedstaats der Europäischen Union oder der Europäischen Zentralbank**

gestellt wurden.

(2) **Soweit im Plan eine abweichende Regelung getroffen wird, ist im gestaltenden Teil für die absonderungsberechtigten Gläubiger anzugeben, um welchen Bruchteil die Rechte gekürzt, für welchen Zeitraum sie gestundet oder welchen sonstigen Regelungen sie unterworfen werden sollen.**

1. Normzweck

1 § 223 enthält in **Abs. 1 S. 1 und Abs. 2** die **Klarstellung,** dass eine vom Gesetz abweichende Regelung der Absonderungsrechte im Insolvenzplan ausdrücklich und detailliert[3] für die einzelnen Absonderungsrechte getroffen werden muss. Die Tatsache, dass überhaupt in Absonderungsrechte eingegriffen werden kann (vgl. auch § 217), stellt eine grundlegende Neuerung gegenüber dem Vergleichsrecht dar. Da die Absonderungsberechtigten ohne einen Plan grundsätzlich voll befriedigt werden (vgl. §§ 49, 50 InsO) und da kein Gläubiger, der dem Plan widerspricht, durch den Plan schlechter gestellt werden darf, als er (voraussichtlich) ohne einen Plan stünde (§ 251), fragt sich, in welchen Fällen ein Eingriff in ein Absonderungsrecht überhaupt möglich ist. Denkbar ist, dass ein Gläubiger bei Liquidation im Regelverfahren nicht mit voller Befriedigung rechnen kann, dass er jedoch bei Fortführung des Unternehmens nach einem Insol-

---

[1] Siehe näher *Braun/Uhlenbruck,* Unternehmensinsolvenz, S. 592 ff.; zum strategischen Einsatz der Gruppenbildung als „Mehrheitsbeschaffer" s. auch *Binz,* Konkurrierende Insolvenzpläne, S. 24 ff. und ausführlich S. 111 ff.

[2] § 1 Abs. 16, 17 KWG, hier abgedruckt in § 166 Rdn. 18.

[3] Fehlende Detailliertheit soll dazu führen, dass die anderweitige Bestimmung im Plan unbeachtlich sein können, vgl. MünchKomm-*Breuer,* InsO § 223 Rn. 7, zutr. wäre bei Mangelhaftigkeit § 231 Abs. 1 Nr. 1 anzuwenden.

venzplan mit einer höheren Quote rechnen kann, da der Wert seiner Sicherheit bei Unternehmensfortführung („going concern-Wert") höher ist. In einem solchen Fall wird ein absonderungsberechtigter Gläubiger an einer Fortführung interessiert sein und daher bereit sein, in einem Sanierungsplan Zugeständnisse zu machen.

Ausgenommen von der Eingriffsmöglichkeit in Absonderungsrechte sind nach dem mit Gesetz vom 8. 12. 1999 eingefügten und mit Gesetz vom 5. 4. 2004 (BGBl. I S. 502) geänderten **Abs. 1 S. 2** dort genannte Sicherheiten und Finanzsicherheiten i. S. v. § 1 Abs. 17 KWG. Die zunächst vorgenommene Ergänzung als Umsetzung der EU-Richtlinie zur Mindestharmonisierung multilateraler Aufrechnungsysteme sah eine Beschränkung des persönlichen Anwendungsbereiches der Ausnahmevorschrift Abs. 1 S. 2 auf Systemteilnehmer des internationalen Bankensektors vor.[1] Mit der nun vorgenommenen Änderung, die Folge der EU-Finanzierungsrichtlinie ist, werden durch Abs. 1 S. 2 auch gestellte Sicherheiten nicht dem Finanzsektor zugehöriger Unternehmen[2] dem Eingriff entzogen, soweit zumindest der Sicherungsnehmer dem Finanzsektor angehört und es sich um eine Besicherung von Verbindlichkeiten aus Verträgen zum Erwerb von näher bestimmten Finanzinstrumenten handelt.[3] Der Gesetzgeber hat sich damit gegen die von der Richtlinie vorgesehene Möglichkeit ausgesprochen, den Anwendungsbereich auf den Interbankenverkehr zu beschränken (sog. „opt-out"). 2

2. Begriff des „absonderungsberechtigten Gläubigers"

Mit dem Begriff des „absonderungsberechtigten Gläubigers" in § 223 sind die Inhaber von Absonderungsrechten nach §§ 49-51 gemeint. Absonderungsberechtigte Gläubiger sind nur dann Insolvenzgläubiger (§ 38), wenn ihnen der Schuldner auch persönlich haftet (s. § 52 S. 1). Ein Absonderungsrecht ist auch ohne eine persönliche Forderung denkbar (z. B. wenn dem Gläubiger eines Dritten vom Schuldner an einem Massegegenstand zur Sicherung des Anspruchs des Gläubigers gegen den Dritten ein Absonderungsrecht eingeräumt wurde). Die Ausführungen zu den §§ 165–173 enthalten nähere Angaben zum Inhalt des Absonderungsrechts. 3

3. Abweichende Regelungen im Insolvenzplan

Eine „abweichende Regelung" (s. Abs. 2) hinsichtlich des Recht(s) der absonderungsberechtigten Gläubiger zur Befriedigung aus den Gegenständen, an denen Absonderungsrechte bestehen (Abs. 1), liegt vor, wenn bezogen auf das Insolvenzverfahren einerseits und den konkreten Planvorschlag andererseits, das materielle Sicherungs(absonderungs)recht oder mittelbar die gesicherte persönliche Forderung über den Wert des Absonderungsrechtes hinaus beeinträchtigt wird. Eine Planregelung, die nur das Befriedigungsrecht[4] der Regelabwicklung der Insol- 4

[1] Richtlinie 98/26/EG vom 19. 5. 1998, ABl. EG Nr. L 166 S. 45 ff.; ausführlich zu der Richtlinie *Nerlich/Römermann/Braun,* InsO, § 223 Rn. 5 a)-d).

[2] Art. 1 Abs. 2 e) der Finanzierungsrichtlinie: andere als natürliche Personen sowie Einzelkaufleute und Personengesellschaften, sofern die andere Vertragspartei (meint ein Unternehmen aus dem Finanzsektor) eine Einrichtung im Sinne der Buchstaben a) bis d) ist.

[3] Sicherheiten im „normalen" Kreditgeschäft bleiben hingegen für Plangestaltungen offen; vgl. im Einzelnen Richtlinie 2002/47/EG vom 6. 6. 2002, ABl. EG Nr. L 168 S. 43 ff.

[4] Beispiele bei *Nerlich/Römermann/Braun,* InsO, § 223 Rn. 8 ff.

venzordnung regelt, also bei im Besitz des Schuldners befindlichem (unverwertetem) Absonderungsgegenstand den potentiellen Erlös aus unverzüglicher Verwertung nach dem Berichtstermin abzüglich Kostenbeiträgen und ggf. Zinsen (§§ 166, 169, 171) zur Verfügung stellt, greift nicht in das Absonderungsrecht ein.

5 Da von einem Absonderungsrecht nur teilweise gesicherte Forderungen in den Ausfallforderungsteil (i. S. v. § 222 Abs. 1 Nr. 2) und in Rechte der Absonderungsberechtigten geteilt werden, ist eine Wertbestimmung der Absonderungsrechte notwendig.[1] Der Eingriff muss auch **bestimmt** sein, wie § 223 Abs. 2 ausdrücklich fordert.

6 Die Einbringung von bestehenden Sicherheiten (Absonderungsrechten) in einen neuen Pool, an dem die absonderungsberechtigten Gläubiger anteilig beteiligt werden, ist eine in der Praxis häufig und effizient eingesetzte Besicherungstechnik. Diese Möglichkeit besteht[2] nach wie vor. Ist die Werthaltigkeit des Altabsonderungsrechtes und des Neuabsonderungsrechtes gegeben, liegt gleichfalls kein Eingriff in das Absonderungsrecht vor. Das Wesen des Sicherungs(absonderungs)rechtes ist nicht die Spezialität des Gegenstandes oder Rechtes, sondern die Sicherheit.[3]

7 Einer Planregelung können auch anfechtbar gewährte Sicherheiten unterworfen werden.[4]

4. Praxishinweise

8 Ein Schuldnerplan, der in Absonderungsrechte eingreifen will, ist nicht leicht zu bewerkstelligen. In aller Regel wird ein Plan, der Sicherungsrechte nicht tangiert und ungesicherte Forderungsteile zum Gegenstand der Planregelung macht, – in Verbindung ggf. mit neuen, zusätzlichen Mitteln – eher aussichtsreich sein.

9 Werden Sicherungsrechte dem Werte nach weiter belassen, nur inhaltlich – wie zum Beispiel durch einen neuen Sicherungspool – gewährleistet, ist dies schon einfacher.

10 Die Bedeutung der Vorschrift liegt deswegen zu einem erheblichen Teil darin, dass auch innerhalb einer Gruppe von Absonderungsberechtigten, bei der ein Teil der Absonderungsberechtigten zu Eingriffsmaßnahmen im Zuge einer Gesamtregelung bereit ist, obstruierende Minderheiten majorisiert werden können.

11 Die auf den ersten Blick einfache Aufgabe des § 223 ist die gefährlichste Gestaltungsstelle für Angriffe im Rahmen von dissentierenden Gruppen unter Anwendung des § 245 Abs. 2. Das Wechselspiel zwischen der gesicherten Forderung unter dem Absonderungsrecht und dem ungesicherten Ausfallforderungsteil macht insbesondere Probleme bei der Wertbestimmung.

12 Zusammengefasst erfüllt die Bestimmung vor allem ihre Funktion als „Verhandlungstool“, weil der Absonderungsberechtigte nach der Insolvenzordnung immerhin beeinträchtigt werden könnte, was ihn verhandlungsbereit machen sollte, während er nach der Konkursordnung nicht angreifbar war und sich häufig entsprechend verhielt.

---

[1] Vgl. zu dieser schwierigen Thematik *Nerlich/Römermann/Braun,* InsO, § 223 Rn. 14 ff.

[2] Trotz Streichung des § 266 Abs. 3 RegE der InsO; näher *Nerlich/Römermann/Braun,* InsO, § 223 Rn. 23.

[3] Wer Inhaber einer Zession ist, ist in seinem Sicherungsrecht nicht beeinträchtigt, wenn er eine Bankbürgschaft bekommt, die den identischen Wert sichert.

[4] *Uhlenbruck/Lüer,* InsO, § 223 Rn. 3.

§ 224 Rechte der Insolvenzgläubiger

Für die nicht nachrangigen Gläubiger ist im gestaltenden Teil des Insolvenzplans anzugeben, um welchen Bruchteil die Forderungen gekürzt, für welchen Zeitraum sie gestundet, wie sie gesichert oder welchen sonstigen Regelungen sie unterworfen werden sollen.

1. Normzweck

Die Gestaltung der Rechte der nicht nachrangigen Insolvenzgläubiger (§ 38) 1 ist im Regelfall Kern des Insolvenzplans. Die vorgesehenen Rechtsänderungen müssen im gestaltenden Teil bestimmt bezeichnet sein, der sonst für schuldrechtliche Regelungen (die dingliche Seite regelt § 223) nicht geltende Bestimmtheitsgrundsatz gilt hier. Dabei muss zwischen den verschiedenen Gruppen der nicht nachrangigen Insolvenzgläubiger differenziert werden, wenn im Plan solche Gruppen gebildet werden. Für die nachrangigen Insolvenzgläubiger (§ 39) gelten die vereinfachenden Bestimmungen des § 225 Abs. 1 und 2.

2. Planregelungen hinsichtlich der Rechte der nicht nachrangigen Insolvenzgläubiger

§ 224 nennt die Hauptgestaltungsmöglichkeiten hinsichtlich der Rechte der 2 (nicht nachrangigen) Insolvenzgläubiger:
- die anteilige Kürzung der Forderungen;[1] auch ein vollständiger Erlass ist denkbar,
- die Stundung,
- die Sicherung des dem Gläubiger im Plan eingeräumten Anspruchs; das dingliche Sicherungsgeschäft kann zum Teil des Plans gemacht (§ 228) und sogar zur Voraussetzung seiner Bestätigung erklärt werden (§ 249),
- sonstige Regelungen;[2] gem. § 1 S. 1 können die Gläubiger frei Vereinbarungen treffen;[3] bei Übernahme von Anteils- oder Mitgliedschaftsrechten oder Beteiligen durch Gläubiger ist § 230 Abs. 2 zu beachten.

3. Praxishinweis – Gesamtabgeltungsklauseln

Die Festlegung von Gesamtabgeltungsbeträgen für die Insolvenzgläubiger einer 3 Gruppe, die proportional auf die festgestellten Forderungen aufzuteilen sind, ist bei feststehender, unstreitiger Höhe der berechtigten Forderungen denkbar.[4] Sind

---

[1] Dies kann auch ohne Ausweis einer Quote vollzogen werden. Zustimmend MünchKomm-*Breuer,* InsO § 224 Rn. 1, 3; sowie FK-*Jaffé,* InsO, § 224 Rn. 3; aA: HambKomm-*Thies*, InsO, § 224 Rn. 2, 3; zur Vollstreckung aus dem Plan vgl. § 257 Rn. 2 a.

[2] MünchKomm-*Breuer,* InsO § 224 Rn. 12 ff.

[3] Nach BGH NZI 2009, 480 ff. sollen die Vorschriften über die Feststellung der Forderungen (§§ 174 ff.) nicht abbedungen werden können. Dabei hat die Tabelle im Regelverfahren nur Zuteilungs- und Titulierungsfunktion, was für das Planverfahren gerade der Insolvenzplan übernimmt; ebenso *Baumert/Frank*, FD-InsR 2009, 277437; *Heinrich*, NZI 2009, 546 ff.

[4] Näher *Nerlich/Römermann/Braun,* InsO, § 224 Rn. 7; *Uhlenbruck/Lüer,* InsO, § 224 Rn. 6.

Forderungen bestritten, kann sich die Verteilung auch an die Gläubiger mit anerkannten Forderungen wegen der Regelung in § 256 sehr lange hinziehen. Um sicher zu gehen, wird der Schuldner die streitige Forderung in der Verteilungsberechnung (zurückstellend) einbeziehen, also nachzahlen, wenn der Gläubiger im Streit obsiegt. Damit wartet der Gläubiger ggf. jahrelang und trägt dabei das Verzögerungsrisiko.

§ 225 Rechte der nachrangigen Insolvenzgläubiger

(1) **Die Forderungen nachrangiger Insolvenzgläubiger gelten, wenn im Insolvenzplan nichts anderes bestimmt ist, als erlassen.**

(2) **Soweit im Plan eine abweichende Regelung getroffen wird, sind im gestaltenden Teil für jede Gruppe der nachrangigen Gläubiger die in § 224 vorgeschriebenen Angaben zu machen.**

(3) **Die Haftung des Schuldners nach der Beendigung des Insolvenzverfahrens für Geldstrafen und die diesen in § 39 Abs. 1 Nr. 3 gleichgestellten Verbindlichkeiten kann durch einen Plan weder ausgeschlossen noch eingeschränkt werden.**

1. Normzweck

1 Durch § 225 wird die uneinheitliche Regelung der nachrangigen Forderungen im Konkurs- und Vergleichsrecht aufgegeben.[1]

2 **a)** Die Bestimmung des **Abs. 1** beruht auf dem Gedanken, dass der auf die Gläubiger zu verteilende Unternehmenswert (unabhängig von der Verwertungsart, also z. B. Liquidation oder Sanierung) in aller Regel nicht einmal ausreichen wird, die nicht nachrangigen Insolvenzgläubiger voll zu befriedigen. In diesem Regelfall steht den nachrangigen Insolvenzgläubigern auf Grund ihrer Rechtsstellung kein Anteil am Verwertungserlös zu, so dass ihre Forderungen als erlassen gelten können (§ 225 Abs. 1). Dies hat zur Folge, dass bei der Abstimmung der Gruppen über den Insolvenzplan die Zustimmung bestimmter nachrangiger Insolvenzgläubiger unter den Voraussetzungen des § 246 Nr. 1 als erteilt gilt. § 225 Abs. 1 dient der Erleichterung der Planaufstellung.

3 **b)** Gem. **Abs. 2** kann im Plan eine abweichende Regelung bzgl. der nachrangigen Insolvenzgläubiger getroffen werden. Dies kann in dem praktisch sehr seltenen Fall von Bedeutung sein, dass nach voller Befriedigung der nicht nachrangigen Insolvenzgläubiger noch etwas zur Verteilung auf die nachrangigen Insolvenzgläubiger übrig bleibt. Denkbar ist auch, dass es aus taktischen Gründen (z. B. zur Zeitersparnis bei Annahme und Bestätigung des Plans) sinnvoll ist, auch die nachrangigen Insolvenzgläubiger am durch den Plan erzielbaren Mehrwert zu beteiligen. Gemäß Abs. 2 sind für jede einzelne – gemäß § 222 Abs. 1 S. 2 Nr. 3 auch tatsächlich zu bildende[2] – Gruppe der nachrangigen Insolvenzgläubiger die in § 224 vorgeschriebenen Angaben zu machen. Wird im Plan eine Regelung hinsichtlich der nachrangigen Insolvenzgläubiger getroffen, so müssen

[1] Vgl. §§ 29, 83 VglO, §§ 63, 173 KO; näher die Begründung zu § 268 RegE, abgedruckt in *Balz/Landfermann,* S. 476.

[2] Vgl. *Nerlich/Römermann/Braun,* InsO, § 225 Rn. 6.

diese zuvor zur Anmeldung ihrer Forderungen aufgefordert werden (§ 174 Abs. 3 InsO).[1]

c) Abs. 3 kann entnommen werden, dass Geldstrafen und die diesen in § 39 Abs. 1 Nr. 3 gleichgestellten Verbindlichkeiten nicht als erlassen gelten (insofern ist Abs. 3 eine Ausnahme zu Abs. 1)[2] und im Plan nicht beschränkt werden können.[3] Entgegen § 227 kann die Haftung des Schuldners für die in Abs. 3 genannten Verbindlichkeiten durch einen Plan weder ausgeschlossen noch eingeschränkt werden. Wegen ihrer besonderen Natur sollen diese Verbindlichkeiten nicht der Disposition der Gläubigergruppen unterliegen. 4

2. Praxishinweis

Eine wesentliche Bedeutung hat die Vorschrift für die nach Eröffnung des Verfahrens laufenden Zinsansprüche, für die dem betreffenden Kreditgläubiger ein Absonderungsrecht bestellt ist. Ist das Absonderungsrecht so ausreichend bemessen, dass für diesen Gläubiger nicht nur sein gewährtes Darlehen und die Zinsen bis zum Zeitpunkt der Eröffnung des Verfahrens gedeckt sind (dies sind durch ein Absonderungsrecht gesicherte, nicht nachrangige Insolvenzforderungen) ergibt sich ein spezielles Problem. Die nach Eröffnung des Verfahrens laufenden Zinsen und Säumniszuschläge sind nachrangige Forderungen gem. § 39 Abs. 1 Ziff. 1. Diese gelten gem. Abs. 1 als erlassen, wenn der Insolvenzplan nicht Abweichendes bestimmt. Gelten sie als erlassen, kann der Gläubiger auch aus dem Absonderungsrechte keine Befriedigung mehr suchen, da die Absonderungsrechte in aller Regel fiduziarisch bestellt sind, also nur im Umfang des Bestands der Forderung haften. Die Lösung kann in der Bildung einer entsprechenden Gruppe bestehen, die lediglich das Recht des absonderungsberechtigten Gläubigers aufrecht erhält, also den Regelerlass ausschließt, ohne dass der Plan auf diese Forderung etwas zuteilt und damit ggf. mit § 245 Abs. 2 Nr. 2 kollidiert. Denn der Erhalt der Forderungen ist keine Zuteilung eines Vermögenswertes und damit auch kein wirtschaftlicher Wert im Sinne des § 245 Abs. 2 Nr. 2.[4] 5

§ 226 Gleichbehandlung der Beteiligten

(1) **Innerhalb jeder Gruppe sind allen Beteiligten gleiche Rechte anzubieten.**

(2) **Eine unterschiedliche Behandlung der Beteiligten einer Gruppe ist nur mit Zustimmung aller betroffenen Beteiligten zulässig. In diesem Fall ist dem Insolvenzplan die zustimmende Erklärung eines jeden betroffenen Beteiligten beizufügen.**

(3) **Jedes Abkommen des Insolvenzverwalters, des Schuldners oder anderer Personen mit einzelnen Beteiligten, durch das diesen für ihr Verhalten bei Abstimmungen oder sonst im Zusammenhang mit dem Insolvenzverfahren ein nicht im Plan vorgesehener Vorteil gewährt wird, ist nichtig.**

---

[1] *Uhlenbruck/Lüer,* InsO, § 225 Rn. 2.
[2] *Uhlenbruck/Lüer,* InsO, § 225 Rn. 9.
[3] Vgl. demgegenüber § 63 Nr. 3 KO, § 29 Nr. 3 VglO.
[4] Vgl. hierzu *Nerlich/Römermann/Braun,* InsO, § 225 Rn. 4.

1. Normzweck

1 **a) Abs. 1** stellt eine Einschränkung des das Insolvenzrecht als Gesamtvollstreckungsrecht kennzeichnenden und in § 1 S. 1 1. Halbs. zum Ausdruck kommenden Grundsatzes der „par condicio creditorum" dar: Nur in der Grenze der Gleichbehandlung **innerhalb der gem. §§ 222–225 gebildeten Gruppen** wird der „par condicio" - Grundsatz im Planverfahren aufrecht erhalten.[1]

2 **b) Abs. 2** nennt die Bedingungen, unter denen auch innerhalb einer Gruppe eine Ungleichbehandlung möglich ist.

3 **c) Abs. 3** erklärt jede im Plan nicht offengelegte Vereinbarung, die für das Verhalten bei der Abstimmung oder sonst im Zusammenhang mit dem Verfahren einen im Plan nicht vorgesehenen Vorteil gewährt, für nichtig. Die Bestimmung entspricht im Wesentlichen dem bisherigen Recht.[2] Ein Abkommen i. S. v. Abs. 3 kann zur Versagung der Planbestätigung durch das Insolvenzgericht führen, § 250 Nr. 2.

2. „Gleiche Rechte" gem. Abs. 1

4 Gem. Abs. 1 sind den Beteiligten innerhalb einer Gruppe **„gleiche Rechte"** anzubieten.

5 **a)** Teilweise wird vertreten, es reiche[3] nicht aus, die Beteiligten innerhalb einer Gruppe zwar verschiedenen, aber **wirtschaftlich gleichwertigen** Regelungen zu unterwerfen. Bei unterschiedlichen Regelungen seien daher – auch bei wirtschaftlicher Gleichwertigkeit – verschiedene Gruppen zu bilden.[4]

6 **b)** Nach aA können die Beteiligten innerhalb einer Gruppe durchaus unterschiedlichen Regelungen unterworfen werden (z. B. alsbaldige Zahlung mit niedrigerer Quote und spätere Zahlung mit höherer Quote), wenn die wirtschaftliche Gleichwertigkeit gewährleistet ist. Ob wirtschaftliche Gleichwertigkeit vorliegt, ist dann rechnerisch zu ermitteln.[5] Ist dies nicht der Fall, dann ist die Zustimmung der betroffenen Beteiligten einzuholen, § 226 Abs. 2. Ist ein rechnerischer Vergleich nicht möglich (z. B. bei rechnerisch nicht erfassbaren Elementen wie Sicherheitsleistungen), dann müssen alle Beteiligten der Ungleichbehandlung zustimmen.

3. „Betroffener Beteiligter" gem. Abs. 2

7 „Betroffen" sind nur diejenigen Beteiligten, die ungünstiger als andere Gruppenmitglieder behandelt werden, nicht aber die bessergestellten Beteiligten. Zur Feststellung der ungünstigeren Behandlung s. bereits 2. b).

---

[1] Begründung zu § 269 RegE, abgedruckt in *Balz/Landfermann,* S. 477.
[2] Vgl. § 181 S. 3 KO; § 8 Abs. 3 VglO.
[3] Entgegen der Auffassung zum bisherigen Recht, § 181 S. 1 KO; § 8 Abs. 1 VglO.
[4] Zur Begründung s. HK-*Flessner,* InsO, § 226 Rn. 2.
[5] Etwa durch Ermittlung des Barwerts späterer Zahlungen durch Abzinsung mit dem gesetzlichen Zinssatz; näher *Nerlich/Römermann/Braun,* InsO, § 226 Rn. 5.

4. Praxishinweis

Es verstößt nicht gegen den Gleichbehandlungsgrundsatz, den Beteiligten innerhalb einer Gruppe ein **Wahlrecht** anzubieten: So kann bspw. denjenigen, die einer Fortführungslösung nicht zustimmen wollen eine Barabfindung angeboten werden, während denjenigen, die für die Fortführungslösung plädieren, eine andere Regelung vorbehalten wird. Da der Plan jedem in der Gruppe die Wahl ermöglicht, stimmt letztlich nur derjenige negativ, welcher den Plan generell ablehnt.[1] 8

§ 227 Haftung des Schuldners

(1) **Ist im Insolvenzplan nichts anderes bestimmt, so wird der Schuldner mit der im gestaltenden Teil vorgesehenen Befriedigung der Insolvenzgläubiger von seinen restlichen Verbindlichkeiten gegenüber diesen Gläubigern befreit.**

(2) **Ist der Schuldner eine Gesellschaft ohne Rechtspersönlichkeit oder eine Kommanditgesellschaft auf Aktien, so gilt Absatz 1 entsprechend für die persönliche Haftung der Gesellschafter.**

Übersicht

1. Normzweck

a) Hauptinteresse des Schuldners im Insolvenzplanverfahren ist in der Regel die Befreiung von seinen Verbindlichkeiten. **Abs. 1** begrenzt daher die Nachhaftung des Schuldners dahingehend, dass dieser nur in dem im gestaltenden Teil des Plans vorgesehenen Umfang haften muss und im Übrigen befreit ist. Dabei überlässt Abs. 1 1. Halbs. es den Beteiligten, im Insolvenzplan von dieser Regel abweichende Lösungen zu finden. 1

§ 334 Abs. 2 verweist für die persönliche Haftung der Ehegatten in einem Insolvenzverfahren über das gemeinschaftlich verwaltete Gesamtgut einer Gütergemeinschaft auf § 227 Abs. 1. 2

b) Abs. 2 erstreckt die Regelung des Abs. 1 – entsprechend der alten Gesetzeslage, vgl. § 211 Abs. 2 KO, 109 Abs. 1 Nr. 3 VglO – auf die persönliche Haftung der Gesellschafter von Gesellschaften ohne Rechtspersönlichkeit[2] und Kommanditgesellschaften auf Aktien. Erfasst sind alle Gesellschaften, bei denen Gesellschafter dem Kollektiv der Gesellschaftsgläubiger persönlich haften, also 3

[1] *Nerlich/Römermann/Braun,* InsO, § 226 Rn. 10.
[2] Vgl. § 11 Abs. 2 Nr. 1.

auch die Vorgründungsgesellschaft und die Vorgesellschaft.[1] Mit umfasst sind auch schuldrechtliche Mitverpflichtungen von Gesellschaftern, die ihre Ursache in dem Gesellschaftsvertrag haben.[2]

2. Eintritt der in Abs. 1 vorgesehenen Befreiung

4 Die in Abs. 1 vorgesehene Befreiungswirkung tritt – entgegen des irreführenden Wortlauts – bereits mit Rechtskraft der Bestätigung des Insolvenzplans ein, § 254 Abs. 1 S. 1.[3] Die Haftung lebt unter den Voraussetzungen des § 255 wieder auf, wenn der Schuldner die im Plan vorgesehenen Verpflichtungen nicht oder nicht rechtzeitig erfüllt.[4]

Mit dem Erlass der restlichen Forderungen, die durch § 254 Abs. 3 den Charakter einer erfüllbaren, aber nicht erzwingbaren Naturalobligation erhält, entfällt die Aufrechnungsmöglichkeit gemäß § 94 endgültig. Mit Rechtskraft der Bestätigung des Insolvenzplans erstreckt sich die Aufrechnungsbefugnis nur auf durch den Insolvenzplan belassene Hauptforderung.[5]

3. Akzessorische Sicherungsrechte

5 Da die Forderung als undurchsetzbare, aber jederzeit erfüllbare, unvollständige Verbindlichkeit bestehen bleibt, gehen akzessorische Sicherungsrechte, falls diese nicht im Plan schon „eingreifend" geregelt wurden, nicht unter. [6]

4. Andere Bestimmung durch den Insolvenzplan, Abs. 1 1. Halbs.

6 Als andere Bestimmung i. S. v. Abs. 1 1. Hs. kommt insbesondere eine Vereinbarung in Betracht, die die (ggf. begrenzte) Weiterhaftung des Schuldners vorsieht. Dabei schützt den Schuldner sein Widerspruchsrecht gem. § 247, das gewährleistet, dass er durch den Plan (voraussichtlich) nicht schlechter gestellt wird, als er ohne einen Plan stünde, § 247 Abs. 2 Nr. 2. Dies bewahrt den Schuldner davor, durch den Plan schlechter gestellt zu werden als es die §§ 286 ff. über die Restschuldbefreiung vorsehen. Denn ohne Plan stünde dem Schuldner, der eine natürliche Person ist, die Möglichkeit der Restschuldbefreiung offen.[7]

---

[1] Vgl. näher MünchKomm-*Eidenmüller,* InsO § 217 Rn. 135.

[2] Vgl. ausführlich *Nerlich/Römermann/Braun,* InsO, § 254 Rn. 7 und § 254 Rn. 7.

[3] AA: ohne Begründung *Kübler/Prütting/Bork/Otte,* InsO, § 227 Rn. 6, 8: „Haftungsbefreiung nach Planerfüllung"; *Uhlenbruck/Lüer,* InsO, § 227 Rn. 3.

[4] Wie hier auch HK-*Flessner,* InsO, § 227 Rn. 3 und MünchKomm-*Breuer,* InsO § 227 Rn. 8.

[5] Vgl. auch *Braun,* NZI 2009, 409 ff. und im Ergebnis gleichfalls zustimmend *Flöther-Wehner,* ZInsO 2009, 503 ff. Wie hier OLG Celle NZI 2009, 59 (n. rkr.); in diese Richtung auch BGH ZInsO 2007, 491 mit dem Hinweis, auf eine für die Aufrechnung fehlende Forderung; Abl. dagegen OLG Celle NZI 2009, 140 (n. rkr., Revision gemäß § 543 Abs. 2 Satz 1 Nr. 2 ZPO zugelassen); *Flöther-Wehner,* ZInsO 2009, 503 ff.

[6] *Uhlenbruck/Lüer,* InsO, § 227 Rn. 4.

[7] Allerdings hat das Insolvenzplanverfahren gegenüber der Restschuldbefreiung nach den §§ 286 ff. InsO erhebliche Vorteile: Die Vorschriften des §§ 290 und 302 InsO finden keine Anwendung, so dass auch der unredliche Schuldner Restschuldbefreiung erhalten kann und auch eine Wohlverhaltensperiode ist nicht vorgesehen. Siehe näher *Uhlenbruck/Maus,* InsO, § 221 Rn. 6; *Maus,* DStR 2002, 1004 ff.; sowie *Frind,* NZI 2007, 374 und LG Hannover ZInsO 2003, 719 ff., für Forderungserlass auch bei unerlaubter

Allerdings ist der Fall, dass eine natürliche Person insolvenzplanfähig ist, praktisch selten.[1] Ist der Schuldner eine Gesellschaft (und gelten die §§ 286 ff. daher nicht), dann kommt eine Weiterhaftung ohnehin nur in Betracht, wenn die Gesellschafter die Fortsetzung der Gesellschaft beschließen.[2] Des Schutzes des § 247 bedarf es in diesem Fall nicht.[3]

5. Persönliche Haftung der Gesellschafter, Abs. 2

Die durch Abs. 2 i. V. m. Abs. 1 gewährte Haftungsbefreiung gilt nur für die Gesellschafterhaftung, nicht aber für die Haftung der Gesellschafter aus anderen Rechtsgründen. Sie gilt auch für bereits ausgeschiedene Gesellschafter, da nach dem klaren Wortlaut **die** Gesellschafterhaftung entfällt, was Differenzierung nach noch Gesellschaftern oder früheren Gesellschaftern verbietet.[4] Im Insolvenzplan kann die Haftung persönlich haftender Gesellschafter auch differenziert geregelt werden.[5] 7

6. Praxishinweise

Für natürliche Personen, die in den Anwendungsbereich der Unternehmensinsolvenz fallen, ist die Regelentscheidung des § 227 das Hauptmotiv für ein Planverfahren. Hier ist insbesondere auch an Liquidationsplanvarianten (vergleichbar dem früheren Liquidationsvergleich) zu denken. 8

In der Insolvenz von Körperschaften oder einer Gesellschaft ohne Rechtspersönlichkeit ist § 227 die Voraussetzung für eine beabsichtigte Fortführung, also in aller Regel das Gelingen der Sanierung. Dabei ist weniger die Frage der automatischen Erlasswirkung der restlichen Verbindlichkeiten das Problem, als die Frage der Bestimmung der Grenze dessen, was geregelt und was erlassen wird. In der bisherigen Praxis zeigt sich, dass sehr häufig extrem geringe Quoten (also sehr hohe Entlastungsbeträge) für nicht nachrangige Forderungen geboten werden, wobei im Wesentlichen vor dem Hintergrund von noch niedrigeren Quoten in der Regelabwicklung (vgl. § 245 Abs. 1 Nr. 1) argumentiert wird. Damit wird – obwohl wirtschaftlich und rechnerisch nicht zu beanstanden – häufig eine psychologische Widerstandsgrenze der Gläubiger berührt, die solch hohe Definitiventlastungen nur schwer akzeptieren. Ggf. kann der Plan hier mit zeitlich beschränkten Nachhaftungsklauseln (der Sache nach Besserungsscheine) helfen. 9

Handlung. Es ist allerdings möglich, entsprechende Regelungen in dem Insolvenzplan zu treffen. AA: wohl AG Düsseldorf ZInsO 2008, 463 im Rahmen des Schlechterstellungsverbots bei den §§ 245, 251 sowie LG Berlin ZIP 2008, 324; s. dazu auch oben § 221 Rn. 11 und Fn. 1.

[1] Vgl. §§ 304 ff., 312 Abs. 3; sowie *Nerlich/Römermann/Braun,* InsO, § 227 Rn. 3.

[2] Vgl. § 144 Abs. 1 HGB; § 274 Abs. 2 Nr. 1 i. V. m. Abs. 1 AktG; § 60 Abs. 1 Nr. 4 GmbHG.

[3] HK-*Flessner,* InsO, § 227 Rn. 6.

[4] Die Gegenmeinung MünchKomm-*Breuer,* InsO § 227 Rn. 13 argumentiert, dass ausgeschiedene Gesellschafter keinen Einfluss auf das Ziel der Unternehmenssanierung hätten, was sein mag; warum ihnen die Befreiung nicht gewährt werden soll, überzeugt nicht, wie hier *Uhlenbruck/Lüer,* InsO, § 227 Rn. 10.

[5] *Maus,* DStR 2002, 1004 ff., 1006, MünchKomm-*Eidenmüller,* InsO § 217 Rn. 64.

§ 228 Änderung sachenrechtlicher Verhältnisse

Sollen Rechte an Gegenständen begründet, geändert, übertragen oder aufgehoben werden, so können die erforderlichen Willenserklärungen der Beteiligten in den gestaltenden Teil des Insolvenzplans aufgenommen werden. Sind im Grundbuch eingetragene Rechte an einem Grundstück oder an eingetragenen Rechten betroffen, so sind diese Rechte unter Beachtung des § 28 der Grundbuchordnung genau zu bezeichnen. Für Rechte, die im Schiffsregister, im Schiffsbauregister oder im Register für Pfandrechte an Luftfahrzeugen eingetragen sind, gilt Satz 2 entsprechend.

1. Normzweck

1 **a) S. 1** der Vorschrift erlaubt es, die Änderung sachenrechtlicher Verhältnisse unmittelbar zum Gegenstand des Plans zu machen.[1] Dabei bleibt die Pflicht, schuldrechtliche Regelungen zu treffen, wie sie sich aus den §§ 223, 224, 225 ergibt, unberührt. S. 1 dient der Beschleunigung der plangemäßen Insolvenzbereinigung und der Kostenreduzierung.[2]

2 **b) S. 2** schreibt vor, dass die vom Plan betroffenen Grundstücksrechte so genau zu bezeichnen sind, dass die Eintragung der Rechtsänderung im Grundbuch vollziehbar ist.[3]

2. Willenserklärungen gem. S. 1 und ihre Wirksamkeit

3 **a)** Zu den Willenserklärungen gem. S. 1 gehören bspw. die Einigungserklärungen im Rahmen der §§ 873, 929, 1205 BGB, die Aufhebungserklärungen im Rahmen des § 875 BGB und die Abtretungs-/Übertragungserklärungen bei §§ 398, 413 BGB sowie auch die Auffassung vgl. § 925 Abs. 1 S. 3 BGB. Die Erklärungen können sich auf Gegenstände der Insolvenzmasse und auf massefremde Gegenstände – dann unter zusätzlicher Willenserklärung des Dritten – beziehen (Bsp.: ein Sicherungsrecht für einen Neugläubiger soll bestellt werden; ein Dritter sichert zur Unterstützung des Insolvenzplans mit seinem Vermögensgegenstand die Restforderung eines Insolvenzgläubigers). Auch die Übertragung (oder Verpfändung) von Forderungen ist denkbar, ebenso diejenige von Gesellschaftsanteilen oder Immaterialgüterrechten.[4]

4 **b)** Die gem. S. 1 zum Gegenstand des Plans gemachten Willenserklärungen werden gleichzeitig mit den anderen Planbestimmungen mit Rechtskraft der Bestätigung des Insolvenzplans wirksam, § 254 Abs. 1 S. 2 1. Halbs.: Die rechtskräftige Planbestätigung ist aufschiebende Bedingung gem. § 158 Abs. 1 BGB für die Wirksamkeit der Willenserklärung, was auf Grund der Regelung[5] in § 925

[1] Begründung zu § 271 RegE, abgedruckt in *Balz/Landfermann,* S. 479.

[2] Letzteres insbesondere durch die Ersparnis einer gesonderten notariellen Beurkundung bei Grundstücksübertragungen und -belastungen u. a., vgl. § 228 S. 1 i. V. m. § 254 Abs. 1 S. 2; speziell für die Auflassung s. § 925 Abs. 1 S. 3 BGB.

[3] Begründung zu § 271 RegE, abgedruckt in *Balz/Landfermann,* S. 480.

[4] Der Wortlaut der Überschrift des § 228 ist insofern zu eng; vgl. HK-*Flessner,* InsO, § 228 Rn. 2–4.

[5] Art. 33 Nr. 26 EGInsO.

Abs. 1 S. 3 BGB auch für die Auffassung klargestellt wurde. Weitere für die Rechtsänderung ggf. erforderliche Akte (z. B. ein Registereintrag oder die Übergabe gem. § 929 S. 1 BGB) werden durch den Plan nicht ersetzt (sie sind also gesondert vorzunehmen). Auch kann die Abgabe der Willenserklärung nach zutreffender Auffassung durch den Plan nicht ersetzt werden.[1]

3. Praxishinweis

Bei Grundstücksgeschäften i. S. d. § 873 BGB kann auch die Eintragungsbewilligung nach § 19 GBO in den gestaltenden Teil des Plans aufgenommen und durch die rechtskräftige Bestätigung des Plans ersetzt werden. Der Eintragungsantrag (§ 13 GBO) ist hingegen gesondert zu stellen.[2] 5

§ 229 Vermögensübersicht. Ergebnis- und Finanzplan

Sollen die Gläubiger aus den Erträgen des vom Schuldner oder von einem Dritten fortgeführten Unternehmens befriedigt werden, so ist dem Insolvenzplan eine Vermögensübersicht beizufügen, in der die Vermögensgegenstände und die Verbindlichkeiten, die sich bei einem Wirksamwerden des Plans gegenüberstünden, mit ihren Werten aufgeführt werden. Ergänzend ist darzustellen, welche Aufwendungen und Erträge für den Zeitraum, während dessen die Gläubiger befriedigt werden sollen, zu erwarten sind und durch welche Abfolge von Einnahmen und Ausgaben die Zahlungsfähigkeit des Unternehmens während dieses Zeitraums gewährleistet werden soll.

Übersicht

1. Normzweck

§ 229 schreibt – ergänzend zu den nach § 220 erforderlichen Informationen – die Erstellung einer Vermögensübersicht (Planbilanz), eines Ergebnisplans (Plan-GuV) und eines Finanzplans (Plan-Liquiditätsrechnung) vor, wenn das Schuldnerunternehmen ganz oder in Teilen fortgeführt und die Gläubiger aus den künftigen Einnahmen befriedigt werden sollen. Dabei ist unerheblich, ob die Fortführung durch den Schuldner (d. h. unter Beibehaltung des alten Rechtsträgers) oder durch einen Dritten[3] erfolgen soll. 1

[1] MünchKomm-*Breuer,* InsO § 228 Rn. 6.
[2] Str.; vgl. *Nerlich/Römermann/Braun,* InsO, § 228 Rn. 7 f.
[3] Im Wege der übertragenden Sanierung; vgl. vor § 217 Rn. 13.

2. Wertansätze in der Vermögensübersicht gem. S. 1

2 Die Vermögensübersicht ist keine Handelsbilanz, sondern eine Vermögensrechnung.[1] Die Aktiva und Passiva sind in der Vermögensübersicht nach § 229 mit Werten anzusetzen, die den Vermögensgegenständen und Verbindlichkeiten beizulegen wären, wenn der Plan wirksam wird. Die Vermögensübersicht hat also ein konkretes Planszenario vor Augen. Enthält der Plan bspw. die Teilstilllegung eines Betriebsbereichs, so sind für die diesem Bereich dienenden Vermögensgegenstände Liquidationswerte anzusetzen, wird das Unternehmen fortgeführt, ist „going concern" zu bewerten. Bei der Höhe des Wertansatzes ist dabei – anders als bei der Vermögensübersicht nach § 153 Abs. 1 – auf den (voraussichtlichen) Zeitpunkt des Wirksamwerdens des Plans (s. dazu § 254 Abs. 1) abzustellen.[2] Die Vermögensübersicht dient primär dazu, die Bilanzsanierung durch den Plan nachzuweisen.

3. Notwendigkeit einer Vergleichsrechnung mit Zerschlagungswerten

3 Die Gläubiger benötigen für die Entscheidung darüber, ob der Plan für sie vorteilhafter ist als die gesetzliche Regelverwertung, eine vergleichende Rechnung darüber, in welchem Umfang sie voraussichtlich bei einer Verwertung der Insolvenzmasse ohne Plan befriedigt werden können. Auch das Gericht benötigt bei seiner Entscheidung gem. §§ 245 Abs. 1 Nr. 1, 247 Abs. 2 Nr. 1, 251 Abs. 1 Nr. 2, 248 eine solche Entscheidungsgrundlage. § 259 RegE der InsO, der eine Vergleichsrechnung vorsah, wurde nur zur redaktionellen Straffung gestrichen.[3] Daher muss in der mit Planprämissen erstellten Vermögensübersicht eine weitere Spalte mit den Werten der Regelabwicklung (idR Zerschlagungswerte) erstellt werden.[4]

4. Ergebnis- und Finanzplan gem. S. 2

4 **a)** Der Ergebnisplan (Plan-GuV) gem. S. 2, 1. Hs. muss darstellen, welche Aufwendungen und Erträge für den gesamten Zeitraum, während dessen die Gläubiger befriedigt werden sollen, zu erwarten sind. Ist der Planzeitraum länger als ein Jahr, so ist – nach einer Rechnung auf Monatsbasis für das erste Jahr – eine Einteilung der Plan-GuV in Jahresperioden empfehlenswert.[5] Die Plan-Gewinn- und Verlustrechnung dient dazu, das Ertragspotential darzustellen, das der Plan für seine konzeptionelle Lösung benötigt. In Verbindung mit den Prämissen, die sich aus dem darstellenden Teil ergeben müssen, muss ein sachkundiger Leser sich ein informiertes Urteil über die Chance des Plans und damit seiner Stimmentscheidung machen können.

---

[1] *Nerlich/Römermann/Braun,* § 229 Rn. 6.

[2] Ausführlich zum Ganzen, auch zum Verhältnis von § 229 S. 1 zu § 153 *Braun/Uhlenbruck,* Unternehmensinsolvenz, S. 528 ff.

[3] Ausschussbericht zu den §§ 258-262 des RegE, abgedruckt in *Balz/Landfermann,* S. 470.

[4] *Braun/Uhlenbruck,* Unternehmensinsolvenz, S. 538 f.; MünchKomm-*Eidenmüller,* InsO § 229 Rn. 9.

[5] *Braun/Uhlenbruck,* Unternehmensinsolvenz, S. 542 f.

Die Plan-Gewinn- und Verlustrechnung setzt auf einer Vermögensübersicht/Status auf. Dafür eignet sich die gem. § 229 als Vermögensrechnung zu erstellende Rechnung nicht, vielmehr ist insoweit ein handelsbilanzieller Status nötig.[1] 5

b) Im Finanzplan (Plan-Liquiditätsrechnung) gem. S. 2, 2. Hs. ist die Abfolge von Ein- und Auszahlungen, also die Änderungen des Zahlungsmittelbestands, während des Planzeitraums anzugeben. Der Finanzplan wird aus der Plan-GuV entwickelt und hat demnach den gleichen Zeitraum wie der Ergebnisplan abzudecken.[2] Da sich die Liquiditätslage eines Unternehmens durch das Fälligwerden von Forderungen und Verbindlichkeiten innerhalb kürzester Zeit stark verändern kann, ist dem Plan ein möglichst enges zeitliches Raster zugrunde zu legen.[3] 6

5. Praxishinweise

In der Praxis macht die Erarbeitung der Plananlagen nach § 229 in mehrfacher Hinsicht Schwierigkeiten: 7

a) Die Erarbeitung der Vermögensübersicht für einen Plan, der während des Verfahrens eingereicht wird, kann auf die Vermögensübersicht gem. § 153 aufgesetzt werden, wobei Fortrechnungen sogar vernachlässigt werden können, wenn Eröffnung und potentieller Planwirksamkeitszeitpunkt zeitlich nicht stark auseinanderfallen bzw. in dem Zeitraum dazwischen keine wesentlichen Veränderungen der Vermögens- und Schuldposten gegeben sind. Wird allerdings ein prepackaged-plan aufgestellt,[4] so erschwert dieser Umstand die Planrechnung. Nicht nur, dass der Planersteller einen Insolvenzeröffnungszeitpunkt plantechnisch annehmen muss, er muss darüber hinaus auch noch abschätzen, bis wann der Plan wirksam wird. Er muss in seiner Planvermögensübersicht antizipieren, welche Auswirkungen die Insolvenzeröffnung insbesondere auf der Passiv-Seite ggf. zusätzlich haben wird. Dies bedeutet, dass insbesondere bei Dauerschuldverhältnissen, die sich bisher in der Handelsbilanz als schwebende Geschäfte nicht abgebildet haben, wegen der Insolvenzeröffnung aber gekündigt werden bzw. daraus Schadenersatzansprüche entstehen, eine Annahme zu treffen ist, was nicht einfach ist. 8

Der Planersteller (und kritisierende Beteiligte) sind gut damit beraten, sich immer wieder klar zu machen, dass Planrechnung keine Buchhaltung darstellt und dass es darum geht, den Gläubigern im Wesentlichen die Struktur der Planvermögensübersicht bei einem Wirksamwerden des Plans zu liefern. 9

b) Plan-Gewinn- und Verlustrechnungen für einen Zeitraum ab dem Wirksamwerden des Plans sind isoliert betrachtet nicht allzu schwierig. Da aber verlangt wird, dass die Plan-Gewinn- und Verlustrechnung mit einem handelsbilanziellen Status auf den Tag des Wirksamwerdens des Plans beginnt – weil sonst keine integrierte, in sich geschlossene Ertrags- und Liquiditätsplanung möglich ist – 10

---

[1] Vgl. zu Einzelheiten *Nerlich/Römermann/Braun,* InsO, § 229 Rn. 26 ff.; *Braun/Uhlenbruck,* Unternehmensinsolvenz, § 539 ff.

[2] Es kommt auf die konkrete Planregelung an, die den Planungszeitraum vorgibt. Insoweit unzutreffend *Andres/Leithaus,* InsO, § 229 Rn. 6, der den Planungshorizont des Finanzplans auf mindestens 12 Monate festmachen will.

[3] *Braun/Uhlenbruck,* Unternehmensinsolvenz, S. 543 f.

[4] Näher zum „prepackaged plan“: *Braun/Uhlenbruck,* Unternehmensinsolvenz, S. 560 ff., 566 ff.; *Eidenmüller,* Unternehmenssanierung zwischen Markt und Gesetz, S. 437 ff.

ergeben sich die gleichen Probleme wie bei der Vermögensübersicht. Der handelsrechtliche Status/die unbewertete Vermögensübersicht auf Wirksamwerden des Plans setzt eine davor gelagerte Planrechnung des Zeitraums bis zur Insolvenzeröffnung und dann bis zum Planwirksamwerden voraus. Dies ist vor allem auch von Bedeutung, um den in dieser Zeit (ggf. noch) erzielten Verlust im Wesentlichen bestimmen zu können bzw. um abschätzen zu können, wieviel des bereits vorhandenen Auftragsbestandes bis zu diesem Zeitpunkt bereits abgearbeitet und zu Umsatz geworden ist, welche Aufträge ab Wirksamwerden des Plans konkret noch vorhanden sind und welcher in der Planrechnung berücksichtigte, künftige Umsatz erst noch hereingeholt werden muss; ein Umstand, der für die Plausibilität der Plan-Gewinn- und Verlustrechnung häufig entscheidend sein kann.

11 **c)** Die Plan-Liquiditätsrechnung ist aus der Plan-Gewinn- und Verlustrechnung abzuleiten. Hier zeigt sich am nachdrücklichsten, dass die Liquiditätsrechnung ohne exakten Status zum Beginn der Planrechnung ohne Aussagewert ist. Die Einzahlungen aus dem Bestand aus Forderungen aus Lieferungen und Leistungen, wie sie die Vermögensübersicht auf den Zeitpunkt des Wirksamwerdens des Plans ausweist, stellen zum Beginn den Bestand dar, aus dem die primären Einzahlungen fließen. Ist im Verfahren fortgeführt worden, ist auf die als Masseverbindlichkeiten zu qualifizierenden Verbindlichkeiten aus Lieferungen und Leistungen zeitgerecht Zahlung zu leisten.

12 **d)** Plananlagen gem. § 229 sind konzeptionell eine hervorragende gesetzgeberische Idee, praktisch aber nicht ganz einfach zu realisieren. Daraus versteht sich zum Teil die Aversion der Praxis gegen das Planverfahren.

13 Deswegen ist wichtig zu erwähnen, dass die Plananlagen gem. § 229 nicht gefertigt werden brauchen, wenn bspw. Einmalzahlungen oder auch laufende Zahlungen, aber nicht aus den Erträgen des Unternehmens, sondern von einem Dritten, bspw. den Gesellschaftern, im Plan geboten werden.

§ 230 Weitere Anlagen

(1) **Ist im Insolvenzplan vorgesehen, daß der Schuldner sein Unternehmen fortführt, und ist der Schuldner eine natürliche Person, so ist dem Plan die Erklärung des Schuldners beizufügen, daß er zur Fortführung des Unternehmens auf der Grundlage des Plans bereit ist. Ist der Schuldner eine Gesellschaft ohne Rechtspersönlichkeit oder eine Kommanditgesellschaft auf Aktien, so ist dem Plan eine entsprechende Erklärung der persönlich haftenden Gesellschafter beizufügen. Die Erklärung des Schuldners nach Satz 1 ist nicht erforderlich, wenn dieser selbst den Plan vorlegt.**

(2) **Sollen Gläubiger Anteils- oder Mitgliedschaftsrechte oder Beteiligungen an einer juristischen Person, einem nicht rechtsfähigen Verein oder einer Gesellschaft ohne Rechtspersönlichkeit übernehmen, so ist dem Plan die zustimmende Erklärung eines jeden dieser Gläubiger beizufügen.**

(3) **Hat ein Dritter für den Fall der Bestätigung des Plans Verpflichtungen gegenüber den Gläubigern übernommen, so ist dem Plan die Erklärung des Dritten beizufügen.**

1. Normzweck

Die Vorschrift verfolgt in ihren drei Absätzen drei isolierte Anliegen, deren verbindendes Element die Beifügung einer zustimmenden Erklärung zum Plan ist. 1

Die Erklärung nach **Abs. 1** soll die Fortführungsbereitschaft des Schuldners, der eine natürliche Person ist, bzw. die Haftungsbereitschaft der persönlich haftenden Gesellschafter der Schuldnergesellschaft klarstellen. Die Erklärung nach **Abs. 2** soll verhindern, dass Gläubigern durch die Zuteilung von Anteils-, Mitgliedschafts- oder Beteiligungsrechten durch die bei der Planabstimmung erfolgende Mehrheitsentscheidung (vgl. §§ 244 ff.) unternehmerisches Risiko aufgezwungen werden kann. Die Bestimmung ist Folge der rechtspolitischen Überzeugung, dass keinem Gläubiger gegen seinen Willen die genannten Rechte anstelle einer Befriedigung in Geld aufgedrängt werden können, selbst wenn die zugeteilte Position keine persönliche Haftung beinhaltet.[1] Die Erklärung nach **Abs. 3** sorgt dafür, dass bei der Entscheidung über die Annahme des Plans Klarheit darüber besteht, ob und inwieweit ein Dritter, der Verpflichtungen zur Unterstützung des Plans übernommen hat, auch tatsächlich bindungswillig ist. 2

2. Abs. 1

a) Gem. **Abs. 1 S. 1** ist dem Plan grundsätzlich die Erklärung über die Fortführungsbereitschaft des Schuldners beizufügen, wenn dieser eine natürliche Person ist. 3

aa) Abs. 1 S. 3 enthält eine Ausnahme von diesem Grundsatz für den Fall, dass der Schuldner selbst den Fortführungsplan vorlegt und damit seine Bereitschaft zur Fortführung des finanziell und leistungswirtschaftlich sanierten Unternehmens dokumentiert. Abs. 1 S. 3 gilt nicht für die persönlich haftenden Gesellschafter gem. Abs. 1 S. 2. Des Weiteren soll es der Einverständniserklärung des Schuldners bedürfen, wenn dieser bei Eigenverwaltung den Plan im Auftrag der Gläubiger vorlegt (§ 284 Abs. 1 InsO), da in diesem Falle die Planvorgaben nicht dem Willen des Schuldners entsprechen müssten.[2] 4

bb) Die Erklärung der Fortführungsbereitschaft ist auch dann nicht erforderlich, wenn der Schuldner eine juristische Person ist. Bei diesen Schuldnern ist zur Fortsetzung ein Beschluss der Gesellschafter bzw. Mitglieder erforderlich, der erst nach Bestätigung des Insolvenzplans und Aufhebung des Insolvenzverfahrens gefasst werden kann.[3] 5

---

[1] Vgl. zum „spiegelbildlichen Fall" des Eingriffs in Gesellschafterrechte durch den Insolvenzplan § 217, 3. d); aA: den wirtschaftlichen Hintergrund des § 230 Abs. 2 verkennend, MünchKomm-*Eidenmüller,* InsO § 230 Rn. 43 ff.: Der Normzweck liege im Schutz vor Zwangsbeteiligung in einem Verband.

[2] MünchKomm-*Eidenmüller,* InsO § 230 Rn. 7. Bei einem insoweit unwilligen, eigenverwaltenden Schuldner wird wohl eher die Eigenverwaltung beendet, als dessen Zustimmung zur Voraussetzung des Planverfahrens gemacht wird.

[3] Vgl. § 728 Abs. 1 BGB; § 144 Abs. 1 HGB; § 274 Abs. 2 Nr. 1 i. V. m. Abs. 1 AktG § 60 Abs. 1 Nr. 4 GmbHG; näher HK-*Flessner,* InsO, § 230 Rn. 2; *Uhlenbruck/Lüer,* InsO, § 218 Rn. 18 ff.

6 **b) Abs. 1 S. 2** verlangt eine „entsprechende Erklärung" der persönlich haftenden Gesellschafter für den Fall, dass der Schuldner eine Gesellschaft ohne Rechtspersönlichkeit oder eine Kommanditgesellschaft auf Aktien ist. Diese Erklärung soll das Einverständnis der Gesellschafter mit der Entstehung der persönlichen Haftung bei planmäßiger Fortführung des Unternehmens dokumentieren.[1] Handelt es sich bei dem persönlich haftenden Gesellschafter um eine juristische Person, so ist die Erklärung nicht erforderlich.[2]

3. Abs. 2

7 **a)** „Übernahme" i. S. v. Abs. 2 meint – dem Normzweck entsprechend, S. 1 – neben dem Erwerb bereits bestehender Gesellschaftsanteile aus der Hand bisheriger Gesellschafter auch den Ersterwerb der Anteile bei Gesellschaftsneugründung und jeden anderen im Plan vorgesehenen Anteilserwerb.

8 **b)** Abs. 2 gilt entsprechend für die Inhaber von Absonderungsrechten.[3]

9 **c)** Darüber hinaus ist Abs. 2 sogar allgemein dahingehend zu verstehen, dass Gläubiger, denen anstelle einer Befriedigung in Geld eine abweichende Lösung angeboten wird (z. B. das Angebot, als Arbeitnehmer oder Geschäftsführer beschäftigt zu werden), eine Zustimmungserklärung zur Bar-Abgeltungsabweichung erteilen müssen.[4]

4. Abs. 3

10 **a)** Die Vorschrift dient der Informationsgewährleistung. Der Gläubiger soll sich von der Ernsthaftigkeit des – behaupteten – Drittengagements überzeugen können. Die Bestimmung schließt aber nicht aus, dass ein Dritter noch nachträglich (d. h. nach Planeinreichung), etwa im Zusammenhang mit dem Erörterungstermin (§ 235), eine Verpflichtungserklärung abgibt.[5] Auch steht es dem Dritten frei, über die in der Plananlage schriftlich festgelegten Verpflichtungen hinaus, weitergehende Verpflichtungen gegenüber den Gläubigern einzugehen (z. B. im Erörterungstermin).

11 **b) Praktisch relevant** wird die Vorschrift vor allem, wenn im Rahmen einer übertragenden Sanierung der Erwerb des Unternehmens durch einen Dritten (z. B. eine neu gegründete Auffanggesellschaft) durch die Abgabe von Verpflichtungserklärungen ermöglicht wird[6] oder wenn die Muttergesellschaft der Schuldnerin (außerhalb einer ggf. konzernrechtlich bestehenden Pflicht zur Haftungsübernahme) Verpflichtungen gegenüber den Gläubigern übernimmt.

12 **c)** Die Norm ist nicht verletzt, wenn ein bedingter Plan (§ 249) vorliegt; dort wird die Bedingung gerade erst nach Planannahme, aber vor Planbestätigung erforderlich.

---

[1] Vgl. HK-*Flessner,* InsO, § 230 Rn. 3.

[2] Zur Begründung s. *Nerlich/Römermann/Braun,* InsO, § 230 Rn. 3; aA: *Uhlenbruck/Maus,* InsO, § 230 Rn. 2; wie hier MünchKomm-*Eidenmüller,* InsO § 230 Rn. 23.

[3] *Uhlenbruck/Maus,* InsO, § 230 Rn. 4.

[4] *Nerlich/Römermann/Braun,* InsO, § 230 Rn. 12 ff.

[5] Begründung zu § 274 des RegE, abgedruckt in *Balz/Landfermann,* S. 482.

[6] Vgl. vor §§ 217 bis 269, Rn. 13.

§ 231 Zurückweisung des Plans

(1) Das Insolvenzgericht weist den Insolvenzplan von Amts wegen zurück,

1. **wenn die Vorschriften über das Recht zur Vorlage und den Inhalt des Plans nicht beachtet sind und der Vorlegende den Mangel nicht beheben kann oder innerhalb einer angemessenen, vom Gericht gesetzten Frist nicht behebt,**
2. **wenn ein vom Schuldner vorgelegter Plan offensichtlich keine Aussicht auf Annahme durch die Gläubiger oder auf Bestätigung durch das Gericht hat oder**
3. **wenn die Ansprüche, die den Beteiligten nach dem gestaltenden Teil eines vom Schuldner vorgelegten Plans zustehen, offensichtlich nicht erfüllt werden können.**

(2) Hatte der Schuldner in dem Insolvenzverfahren bereits einen Plan vorgelegt, der von den Gläubigern abgelehnt, vom Gericht nicht bestätigt oder vom Schuldner nach der öffentlichen Bekanntmachung des Erörterungstermins zurückgezogen worden ist, so hat das Gericht einen neuen Plan des Schuldners zurückzuweisen, wenn der Insolvenzverwalter mit Zustimmung des Gläubigerausschusses, wenn ein solcher bestellt ist, die Zurückweisung beantragt.

(3) Gegen den Beschluß, durch den der Plan zurückgewiesen wird, steht dem Vorlegenden die sofortige Beschwerde zu.

Übersicht

1. Normzweck

1 **a) Abs. 1** der Vorschrift verlangt eine von Amts wegen durchzuführende Vorprüfung des vorgelegten Insolvenzplans durch das Insolvenzgericht (§§ 2 f.). Durch die Zurückweisung eines rechtswidrigen (Abs. 1 Nr. 1) oder aussichtslosen (Abs. 1 Nr. 2 und Nr. 3) Plans durch das Gericht werden Zeit und Kosten gespart, da sich die Beteiligten dann nicht mit einem solchen Plan auseinandersetzen müssen. Die Vorprüfung wird dadurch beschleunigt, dass das Gericht weder die beteiligten Gläubiger anhören, noch sonstige eigene Ermittlungen anstellen darf.[1] Die Entscheidung erfolgt nur anhand der vorliegenden Urkunden.[2]

2 **b)** Die an § 176 KO (Zwangsvergleich) angelehnte Regelung des **Abs. 2** zielt darauf ab zu vermeiden, dass das Recht des Schuldners zur Planvorlage nach § 218 Abs. 1 von diesem zur Verfahrensverschleppung missbraucht wird.[3]

---

[1] *Braun/Uhlenbruck,* Unternehmensinsolvenz, S. 478 f.; HK-*Flessner,* InsO, § 231 Rn. 11.
[2] MünchKomm-*Breuer,* InsO § 231 Rn. 5.
[3] Begründung zu § 275 des RegE, abgedruckt in *Balz/Landfermann,* S. 483.

2. Zurückweisung des Plans gem. Abs. 1

3 **a)** Gem. **Abs. 1 Nr. 1** ist vom Insolvenzgericht zu prüfen, ob die Vorschriften über das Vorlagerecht (§ 218) und den Inhalt des Plans (§§ 217, 219 bis 230) beachtet sind.[1] Das „und“ ist hierbei als „oder“ zu lesen. Es genügt mithin, wenn nur gegen die Vorschriften über den Inhalt verstoßen wurde.[2] Durch die inhaltliche Prüfung soll gewährleistet werden, dass der Plan es den Beteiligten ermöglicht, sich ein Urteil über seine Realisierbarkeit zu bilden. Die Vorprüfung soll lediglich gewährleisten, dass völlig ungeeignete (rechtswidrige oder aussichtslose) Pläne bereits im Vorfeld aussortiert werden. Dabei hat das Gericht zu berücksichtigen, dass der Planvorlegende gem. § 240 noch im Erörterungstermin Änderungen vornehmen kann. Nur die Prüfung der Sachgerechtigkeit der Gruppenbildung (§ 222) muss strengeren Anforderungen genügen, da die Gruppenbildung für das Abstimmungsergebnis entscheidend sein kann (vgl. §§ 243 ff.) und bis zur Abstimmung insoweit keine Überprüfung mehr stattfindet.[3]

4 Entdeckt das Gericht behebbare Mängel, so hat es durch Verfügung unter Fristsetzung zu ihrer Beseitigung aufzufordern. Dabei sind die Mängel detailliert aufzulisten und Wege zu ihrer Beseitigung aufzuzeigen.[4]

5 **b)** Die gerichtliche Prüfung der Planaussichten gem. **Abs. 1 Nr. 2** ist nur bei vom Schuldner vorgelegten Plänen erforderlich. Der Plan ist nur zurückzuweisen, wenn die Erfolgsaussichten „offensichtlich“ fehlen. An der Erfüllbarkeit eines vom Schuldner vorgelegten Plans fehlt es offensichtlich nur dann, wenn sich bei einem Vergleich der Planregelungen mit den Angaben über die wirtschaftliche Lage des Schuldners die Unerfüllbarkeit aufdrängt. An dieser Offensichtlichkeit fehlt es auch dann, wenn die Finanzverwaltung „nur“ wohlwollende Prüfung des Erlasses des Sanierungsgewinns zusagt (obwohl dies wirtschaftliche Bedingung des Plankonzeptes war).[5] Das Gericht darf, um der Gläubigerentscheidung nicht in unzulässiger Weise vorzugreifen, von seiner Zurückweisungsbefugnis nur in eindeutigen Fällen Gebrauch machen, in denen bei objektiver Betrachtung feststeht, dass ein Plan nicht akzeptiert wird.[6] Nach zutreffender Auffassung ist wegen der gebotenen Zurückhaltung die frühere Ablehnung einer vorgesehenen Planmaßnahme durch die Gläubigerversammlung kein Ablehnungsgrund, da eine andere Entscheidung infolge neuer Tatsachen möglich ist.[7] Offensichtlich unzutreffend ist deswegen, wenn „Wahrscheinlichkeit“ der Annahme[8] statt „keine Aussicht“ gefordert wird. Eine Nachbesserungsmöglichkeit besteht – anders als bei Abs. 1 Nr. 1 – nicht. Reicht der Schuldner einen Insolvenzplan ein, ohne dabei die Deckung der Massekosten explizit zu berücksichtigen, so ist dies ein

[1] Beispiele für Verstöße gegen diese Vorschriften finden sich bei *Nerlich/Römermann/Braun,* InsO, § 231 Rn. 6 ff.

[2] MünchKomm-*Breuer,* InsO § 231 Rn. 7.

[3] Vgl. ausführlich MünchKomm-*Breuer,* InsO § 231 Rn. 11.

[4] *Evers/Möhlmann,* ZInsO 1999, 21, 22 unter Hinweis auf § 4 i. V. m. § 139 ZPO.

[5] LG Bielefeld ZInsO 2002, 198 f. „allgemeines Prognoserisiko eines Plans“; ZIP 2002, 951 ff.; hierzu *Olbing,* EWiR 2002, 1103 f.; vgl. auch *Maus,* ZIP 2002, 589 ff.

[6] Beispiele finden sich in der Begründung zu § 275 RegE, abgedruckt in *Balz/Landfermann,* S. 483.

[7] So MünchKomm-*Breuer,* InsO § 231 Rn. 18 mwN zur Gegenauffassung.

[8] So LG München I ZInsO 2001, 1018 f.

Anwendungsfall von Nr. 3, da die Kosten vom Schuldner nach Aufhebung zu tragen sind. Ist dafür finanzieller Raum, ist der Plan zuzulassen.[1]

6 **c)** Auch **Abs. 1 Nr. 3** betrifft nur vom Schuldner vorgelegte Pläne. Eine Zurückweisung ist wiederum nur in „offensichtlichen" Fällen möglich (vgl. bereits oben b). Da das Insolvenzgericht bei seiner Entscheidung die Angaben über die wirtschaftliche Lage des Schuldners im darstellenden Teil und in den Anlagen (§§ 220, 229) zu beurteilen hat und daher wirtschaftliche Entwicklungen prognostizieren muss, ist umso mehr Zurückhaltung geboten. Kein „offensichtlicher" Fall liegt vor, wenn der Schuldner die eidesstattliche Versicherung abgegeben hat und ergänzend Erwägungen hypothetischer Verfahrensverläufe (denkbare, noch nicht erfolgte Gewerbeuntersagung) angestellt werden, um daraus eine künftige „rechtliche" Unerfüllbarkeit zu besorgen.[2] Das Gericht hat allerdings einen Plan zurückzuweisen, wenn sich aus den eingereichten Unterlagen schon rechnerisch die mangelnde Erfüllbarkeit ergibt, der Plan dem Schuldner nicht einmal das Existenzminimum lässt[3] oder dem vorgelegten Zahlenwerk mit vermeintlich durchzusetzenden Ansprüchen offensichtlich der Wirklichkeitsbezug fehlt.[4]

3. Zurückweisung des Plans gem. Abs. 2

7 Im Fall des **Abs. 2** muss[5] das Insolvenzgericht einen Zweitplan des Schuldners auf Antrag des Insolvenzverwalters ohne sachliche Prüfung zurückweisen. Abs. 2 findet keine Anwendung auf Pläne, die bereits bei der Vorprüfung durch das Gericht nach § 231 Abs. 1 gescheitert sind. Einschränkend findet die Vorschrift auch keine Anwendung auf einen Zweitplan, wenn der Schuldner sachliche Gründe für die Rücknahme geltend machen kann, bspw. um einer veränderten Sach- oder Rechtslage Rechnung tragen zu können oder Planlücken eines bereits rechtskräftig bestätigten Insolvenzplans zu schließen.[6]

4. Rechtsmittel

8 Die Entscheidung über die Zurückweisung trifft grundsätzlich der Rechtspfleger, §§ 3 Nr. 2e, 18 RPflG. §§ 231 **Abs. 3,** 6 Abs. 1 InsO lassen wegen der Bedeutung der Entscheidung über die Zurückweisung gegen den Zurückweisungsbeschluss das Rechtsmittel der sofortigen Beschwerde zu[7]. Gegen die Zulassung des Plans existiert kein Rechtsmittel, s. § 6 Abs. 1. Die sofortige Beschwerde wird gem. § 4 i. V. m. § 569 Abs. 1 ZPO beim Amtsgericht als Insolvenzgericht (vgl. § 2) eingelegt. Das Insolvenzgericht kann der sofortigen Beschwerde – jetzt allgemein in § 572 Abs. 1 ZPO nF geregelt – abhelfen; § 6

---

[1] Eines „ungeschriebenen Tatbestandsmerkmals" bedarf es nicht, Nr. 3 erfasst die Sachverhaltsgestaltung, so aber LG Neubrandenburg ZInsO 2002, 269.

[2] So aber AG Siegen, Beschluss vom 28. 12. 1999, NZI 2000, 236 f.

[3] Begründung zu § 275 RegE, abgedruckt in *Balz/Landfermann,* S. 483.

[4] BGH BeckRS 2006, 05020.

[5] Es handelt sich insoweit um eine gebundene Entscheidung ohne Ermessensspielraum, *Herzig,* Das Insolvenzplanverfahren, S. 48.

[6] Vgl. hierzu näher *Nerlich/Römermann/Braun,* InsO, § 231 Rn. 32; zust. MünchKomm-*Breuer,* InsO § 231 Rn. 21; AG Frankfurt (Oder) DZWIR 2006, 87.

[7] Siehe auch § 11 Abs. 1 RPflG.

Abs. 2 S. 2 aF, der dies für nach der InsO anzugreifende Entscheidungen schon immer vorsah, ist dadurch obsolet geworden. Über die Abhilfe entscheidet der Rechtspfleger. Hilft er nicht ab, so entscheidet das Landgericht über die sofortige Beschwerde, § 4 i. V. m. § 572 Abs. 1 S. 1 Halbs. 2 ZPO nF. Die Beschwerdefrist von zwei Wochen beginnt mit der Zustellung des Zurückweisungsbeschlusses, §§ 6 Abs. 2 S. 1, 4 i. V. m. § 569 Abs. 1 S. 2 ZPO nF.

5. Praxishinweis

9 Zwar ergibt sich aus dem Zusammenspiel der §§ 236, 235 Abs. 1 S. 2, 232 Abs. 3 InsO, dass die weitere Durchführung des Insolvenzplanverfahrens ein eröffnetes Insolvenzverfahren voraussetzt. Dennoch sollte bei einem zusammen mit dem Eröffnungsantrag eingereichten Plan die Vorprüfung nach § 231 InsO noch vor Verfahrenseröffnung erfolgen, umso schnell wie möglich die Beseitigung behebbarer Mängel veranlassen zu können.[1] Ein solches Vorgehen ist auf Grund des Zeitgewinns verfahrensnotwendig.

10 Angesichts der gesetzlichen Wertungen erscheint es allerdings zweifelhaft, ob vor Eröffnung des Insolvenzverfahrens auch bereits eine Zurückweisung des Planes erfolgen kann.[2] Die Zuleitung des – ggf. geänderten – Planes ist erst nach dem Eröffnungsbeschluss möglich.[3]

§ 232 Stellungnahmen zum Plan

(1) **Wird der Insolvenzplan nicht zurückgewiesen, so leitet das Insolvenzgericht ihn zur Stellungnahme zu:**

1. **dem Gläubigerausschuß, wenn ein solcher bestellt ist, dem Betriebsrat und dem Sprecherausschuß der leitenden Angestellten;**
2. **dem Schuldner, wenn der Insolvenzverwalter den Plan vorgelegt hat;**
3. **dem Verwalter, wenn der Schuldner den Plan vorgelegt hat.**

(2) **Das Gericht kann auch der für den Schuldner zuständigen amtlichen Berufsvertretung der Industrie, des Handels, des Handwerks oder der Landwirtschaft oder anderen sachkundigen Stellen Gelegenheit zur Äußerung geben.**

(3) **Das Gericht bestimmt eine Frist für die Abgabe der Stellungnahmen.**

1. Normzweck

1 § 232 ist Ausdruck der organisatorischen Mitwirkung aller wesentlichen, vom Plan betroffenen Gruppen. Die Vorschrift dient zum einen dem Informationsrecht der in Abs. 1 genannten Gruppen bzw. Personen, indem sie sicherstellt, dass diesen der komplette Plan einschließlich aller notwendigen Anlagen zur Verfügung gestellt wird. Zum anderen gibt § 232 Gelegenheit zur Stellungnahme zum Zwecke der Vorbereitung des Erörterungs- und Abstimmungstermins (§ 235). Die Bestimmung lehnt sich zum Teil an § 177 KO und § 14 VglO an.

[1] Ebenso *Uhlenbruck/Lüer,* InsO, § 231 Rn. 4.
[2] Bejahend *Uhlenbruck/Lüer,* InsO, § 231 Rn. 4.
[3] *Uhlenbruck/Lüer,* InsO, § 231 Rn. 4.

2. Zwingende und dispositive Stellungnahmen gem. Abs. 1 und Abs. 2

a) Abs. 1 Nr. 1 erweitert die Mitwirkungsrechte, die dem Gläubigerausschuss, dem Betriebsrat und dem Sprecherausschuss der leitenden Angestellten nach § 218 Abs. 3[1] und nach BetrVG und SprAuG zustehen, um das Recht, eine Stellungnahme zum Insolvenzplan abzugeben. Gem. **Abs. 1 Nr. 2 und 3** muss das Gericht auch dem Schuldner und dem Verwalter den Plan zur Stellungnahme zuleiten, wenn der jeweils andere ihn vorgelegt hat. Verstößt das Gericht gegen seine Verpflichtung aus Abs. 1, so ist dies sanktionslos; spätestens mit der Ladung zum Erörterungs- und Abstimmungstermin ist allen Beteiligten die Planabsicht bekannt und der gem. § 232 niedergelegte Plan auch zugänglich. Nehmen die Berechtigten ihr Recht zu Stellungnahme nicht wahr, so beeinflusst dies das weitere Verfahren nicht. 2

b) Die Einholung der Stellungnahmen der zuständigen Berufsvertretung und anderer sachkundiger Stellen gem. Abs. 2 liegt, anders als noch die Anhörung der Berufsvertretung gem. § 14 VglO, im Ermessen des Gerichts. 3

3. Praxishinweise

Die Stellungnahmen sind schriftlich abzugeben. Das Insolvenzgericht hat dem Planvorlegenden Ablichtungen eingehender Stellungnahmen zur Verfügung zu stellen, damit dieser ggf. Änderungen an seinem Plan vornehmen kann. Da es sich bei Abs. 2 um eine Kannbestimmung handelt, sollte es i. d. R. genügen, wenn das Gericht den betreffenden Stellen von der Einreichung des Plans Kenntnis gibt und es diesen überlässt, zu entscheiden, ob sie Stellung nehmen wollen. Die Frist nach Abs. 3 sollte auf Grund des zeitlichen Abwicklungsdrucks, unter dem das Insolvenzplanverfahren steht, nicht länger als zwei Wochen sein. Eine Frist von mindestens einer Woche ist geboten. Dabei ist zu bedenken, dass eine 2-Wochen-Frist zur Stellungnahme ab Zugang zuzüglich Rücklauf und Berücksichtigung beim Planersteller leicht vier Wochen ausmacht! Die in der Literatur vertretene 4-Wochen-Frist zur Stellungnahme ist planfeindlich, da Zeit das höchste Gut im Planverfahren ist. Um Zeit zu sparen, kann der Planvorlegende die notwendigen Stellungnahmen aber bereits vor Planerreichung einholen. Bleibt der Plan danach unverändert, bedarf es keiner erneuten Einholung durch das Gericht.[2] 4

§ 233 Aussetzung von Verwertung und Verteilung

Soweit die Durchführung eines vorgelegten Insolvenzplans durch die Fortsetzung der Verwertung und Verteilung der Insolvenzmasse gefährdet würde, ordnet das Insolvenzgericht auf Antrag des Schuldners oder des Insolvenzverwalters die Aussetzung der Verwertung und Verteilung an. Das Gericht sieht von der Aussetzung ab oder hebt sie auf, soweit mit ihr die Gefahr erheblicher Nachteile für die Masse verbunden ist oder soweit der Verwalter mit Zustimmung des Gläubigerausschusses oder der Gläubigerversammlung die Fortsetzung der Verwertung und Verteilung beantragt.

---

[1] Siehe oben § 218, Rn. 6.

[2] FK-*Jaffé,* InsO, § 232 Rn. 8; *Nerlich/Römermann/Braun,* InsO, § 232 Rn. 5; zweifelnd *Uhlenbruck/Lüer,* InsO, § 232 Rn. 4.

1. Normzweck

1 **a) S. 1** der Norm erlaubt die gerichtliche Aussetzung der Verwertung und Verteilung der Insolvenzmasse, um die Realisierung eines Insolvenzplans abzusichern. Es soll verhindert werden, dass einem Plan, der die Vorprüfung nach § 231 bestanden hat und sich noch im Beschlussverfahren befindet, durch die Schaffung von (abweichenden) Fakten durch Masseverwertung und/oder -verteilung die wirtschaftliche Grundlage entzogen wird. Eine S. 1 entsprechende Regelung für den Fall der Zwangsversteigerung in ein Grundstück durch einen Gläubiger enthält § 30 d Abs. 1 Nr. 3, Abs. 2 ZVG. Die Norm kann auch dann Bedeutung gewinnen, wenn der Verwalter vor einer Verwertung die Entscheidung über den Plan abwarten möchte, die Gläubiger aber auf die Verwertung drängen.

2 **b) S. 2** soll gegen die Gefahr schützen, dass die Aussetzung der Masseverwertung/-verteilung für die Beteiligten zu ungünstigen Verzögerungen führt. Das Insolvenzgericht sieht daher unter den Voraussetzungen des S. 2 von der Aussetzung ab oder hebt den Aussetzungsbeschluss auf.

2. Aussetzung der Masseverwertung und -verteilung gem. S. 1

3 **a)** Da die Aussetzung der Verwertung und Verteilung nur zu erfolgen hat „soweit“ die Plandurchführung gefährdet würde, kann die Aussetzung auf Teile der Insolvenzmasse beschränkt werden.

4 **b)** Ausnahmsweise kann der Antrag auf Aussetzung der Verwertung bereits im Eröffnungsverfahren gestellt werden, wenn der vorläufige starke Insolvenzverwalter das Unternehmen bereits in diesem Verfahrensstadium stilllegen will und erkennen lässt, dass er unverzüglich mit der Verwertung beginnen will.[1] Insoweit stellt sich § 233 als Ausprägung der in §§ 22 Abs. 1 S. 2 Nr. 2, 158 enthaltenen Grundsätze dar.

5 **c)** Entgegen dem Wortlaut („Durchführung“) reicht es im Rahmen des S. 1 bereits aus, wenn die **Annahme** des Plans durch die Gläubiger durch die Fortsetzung der Verwertung und Verteilung gefährdet wird.

6 **d)** Es kommt – wiederum entgegen dem Wortlaut – auch nicht auf eine „Fortsetzung“ einer bereits begonnenen Verwertung oder Verteilung an; es genügt, dass eine solche bevorsteht.[2]

7 **e)** Ein Aussetzungsantrag gem. S. 1 ist praktisch nur in den Fällen des vom Schuldner vorgelegten Plans relevant. Legt der Insolvenzverwalter einen eigenen oder einen im Auftrag der Gläubigerversammlung erstellten (§ 157 S. 2) Plan vor, so braucht er – als derjenige dem die Verwertung obliegt – keinen Aussetzungsantrag zu stellen, um zu verhindern, dass die Durchführung seines Plans durch die Verwertung gefährdet wird. Die gegenteilige – sehr formale – Auffassung führt lediglich zur Beschäftigung der Gerichte.[3]

---

[1] *Hess,* InsO, § 233 Rn. 10.

[2] MünchKomm-*Breuer,* InsO § 233 Rn. 5.

[3] *Nerlich/Römermann/Braun,* InsO, § 233 Rn. 2; MünchKomm-*Breuer,* InsO § 233 Rn. 3; *Uhlenbruck/Lüer,* InsO, § 233 Rn. 2 ff. mwN; aA: für eigene Pläne des Verwalters *Kübler/Prütting/Bork/Otte,* InsO, § 233 Rn. 10.

3. Ablehnung oder Aufhebung der Aussetzung gem. S. 2

a) Nach **S. 2 1. Alt.** lehnt das Insolvenzgericht die Aussetzung ab oder hebt sie auf, soweit sich durch sie erhebliche Nachteile für die Masse ergeben können. Die Prüfung, ob ein Aussetzungsbeschluss aufzuheben ist, erfolgt von Amts wegen. Die Gefahr eines **„erheblichen Nachteils"** für die Masse durch die Aussetzung ist nicht schon deshalb zu bejahen, weil der vorgelegte Plan möglicherweise scheitert und es dadurch zu einer Verzögerung der Verwertung – und damit zu Zinsnachteilen durch den verspäteten Zufluss einer Verwertungsquote – kommen könnte. Ob die Gefahr eines „erheblichen Nachteils" droht, ist von einer Gegenüberstellung und Abwägung des Nutzens eines Plans in Unterstellung seiner Annahme und den durch die Aussetzung der Verwertung sich ergebenden Nachteilen abhängig zu machen. Dabei ist zugunsten der Aussetzung zu berücksichtigen, dass diese nur eine einstweilige Maßnahme darstellt, gegen die zudem gem. S. 2 2. Alt. auch der Verwalter mit Zustimmung des Gläubigerausschusses oder der Gläubigerversammlung vorgehen kann. Bei einem Erstplan muss die Ablehnung der Aussetzung eine seltene Ausnahme sein.[1] Ein „erheblicher Nachteil" kann bspw. zu bejahen sein, wenn eine für die Gläubiger günstige Unternehmensveräußerung durch die (weitere) Aussetzung mit hoher Wahrscheinlichkeit zu scheitern droht.[2] 8

b) Die Fortsetzung der gesetzlichen Verwertung und Verteilung **muss** gem. **S. 2 2. Alt.** vom Gericht beschlossen werden, soweit dies von Verwalter mit Zustimmung des Gläubigerausschusses oder der Gläubigerversammlung gefordert wird. 9

c) Einen „alleinigen" Antrag der Gläubigerversammlung, wie in der Literatur erörtert, kennt das Gesetz nicht.[3] Der „Antrag" der Gläubigerversammlung ist daher nichts anderes als ein Hinweis auf behauptete, erhebliche Nachteile für die Masse i. S. d. § 233 S. 2 1. Alt. Das Gesetz kennt die gerichtliche Ermessensentscheidung auf Antrag des Verwalters oder Schuldners gem. S. 1. Dagegen sieht S. 2 die Kassation oder sofortige Verweigerung, die bezüglich der erheblichen Nachteile eine Ermessensentscheidung ist, auf Grund des Antrages von Verwalter und Ausschuss oder der Gläubigerversammlung als eine gebundene (Nur-Vollzugs-)Entscheidung vor. 10

4. Rechtsmittel

Die Entscheidungen des Insolvenzgerichts über die Aussetzung der Verwertung bzw. Verteilung oder deren Ablehnung oder Aufhebung unterliegen gem. § 6 Abs. 1 keinem Rechtsmittel, da § 233 die sofortige Beschwerde nicht vorsieht (lediglich die sofortige Erinnerung gem. § 11 Abs. 2 RPflG ist möglich); hingegen ist die Entscheidung des Vollstreckungsgerichtes über die Einstellung der Zwangsversteigerung beschwerdefähig gem. §§ 95 ff. ZVG. 11

---

[1] Vgl. *Nerlich/Römermann/Braun,* InsO, § 233 Rn. 12.

[2] Vgl. die Begründung zu § 277 RegE, abgedruckt in *Balz/Landfermann,* S. 485.

[3] MünchKomm-*Breuer,* InsO § 233 Rn. 9.

§ 234 Niederlegung des Plans

Der Insolvenzplan ist mit seinen Anlagen und den eingegangen Stellungnahmen in der Geschäftsstelle zur Einsicht der Beteiligten niederzulegen.

1. Normzweck

1 Die Niederlegung des Plans mit Anlagen und Stellungnahmen ermöglicht es allen Beteiligten, sich über den Inhalt des Plans genau zu unterrichten, damit sie über ihn beschließen können. Die öffentliche Bekanntmachung der Niederlegung gibt unbekannten Gläubigern eine hinreichende Gelegenheit, von dem Plan Kenntnis zu erhalten, so dass diese gegen die Planbestätigung nicht die fehlende Bekanntmachung ihnen gegenüber einwenden können.[1] Den Beteiligten sollen auf diese Weise alle für die Planbeurteilung notwendigen – teilweise hoch vertraulichen – Informationen zugänglich gemacht werden, während Nichtbeteiligten der Zugang zu sensiblen Informationen verwehrt werden soll.[2] In den Zugriff einer weiteren Öffentlichkeit dürfen die Informationen gelangen, die gem. § 235 Abs. 3 S. 2 zu übersenden sind.

2 Aus dem Zusammenhang von § 234 und § 235 Abs. 2 S. 2 sowie der Verpflichtung zur zügigen Behandlung des Verfahrens folgt, dass spätestens mit Niederlegung des Plans auch der Erörterungs- und Abstimmungstermin festgesetzt werden muss.[3]

2. Zeitpunkt und öffentliche Bekanntmachung der Niederlegung

3 Die Niederlegung erfolgt, sobald die Frist für die Abgabe der Stellungnahmen gem. § 232 Abs. 3 abgelaufen ist.[4] Sie ist zusammen mit dem Erörterungs- und Abstimmungstermin öffentlich bekannt zu machen, § 235 Abs. 2 S. 1 und 2.

3. Beteiligtenbegriff

4 Die InsO enthält keine ausdrückliche Definition des Beteiligtenbegriffs. Aufgrund des Zugangs zu u. U. hoch vertraulichen Informationen (vgl. 1) ist der Begriff in § 234 restriktiver auszulegen als in § 60 Abs. 1 S. 1 und auch noch restriktiver als vormals in § 178 KO.[5] Beteiligt sind die vom Insolvenzplan betroffenen Personen (vgl. zu diesen § 217), also die in Gruppen eingeteilten Abstimmungsberechtigten.[6] Existiert bspw. keine Gruppe für die Absonderungsberechtigten, weil in ihre Rechte nicht eingegriffen wird, dann sind sie vom Plan nicht betroffen und demnach auch keine Beteiligten. Aussonderungsberechtigte

---

[1] LG Hannover ZInsO 2003, 719 f.

[2] Näher *Nerlich/Römermann/Braun,* InsO, § 234 Rn. 12 ff.

[3] HK-*Flessner,* InsO, § 235 Rn. 5.

[4] *Uhlenbruck/Lüer,* InsO, § 234 Rn. 3; aA: MünchKomm-*Breuer,* InsO § 234 Rn. 4: Niederlegung bereits am Tag der Weiterleitung zur Stellungnahme.

[5] Dies verkennen *Uhlenbruck/Lüer,* InsO § 234 Rn. 4 sowie MünchKomm-*Breuer,* InsO, § 234 Rn. 6, wenn sie als Beteiligte Personen ansehen, die zum Erörterungs- und Abstimmungstermin zu laden sind.

[6] Wenn infolge des Plans der Schuldner die Realisierung der Rechte der Absonderungsberechtigten gewährleisten soll, gehören auch diese zu den Beteiligten.

sind nie Beteiligte. Zu den Beteiligten gehören außerdem diejenigen, die im Insolvenzplanverfahren Mitwirkungsrechte haben, so (beim Schuldnerplan) der Insolvenzverwalter und die Anhörungsberechtigten.

4. Praxishinweise

Die bisherige Handhabung der Gerichte ist häufig von einer unreflektierten Informationsbereitschaft geprägt. Dabei werden diese Entscheidungen häufig eher auf der Geschäftsstelle als durch das Insolvenzgericht getroffen. Die Chancen eines beliebigen Dritten, der sich zur Geschäftsstelle begibt, sich als Beteiligter bezeichnet und Einsicht in den Insolvenzplan begehrt, diese auch zu erhalten, sind relativ groß. Mit dem Gesetz ist dies nicht in Übereinstimmung zu bringen. 5

Gleichermaßen zu beanstanden ist aber, wenn ein – echter – Beteiligter, der den Insolvenzplan in der niedergelegten Form einsehen möchte, mit einem (bereits vorher versandten) Abdruck versehen nach Hause geschickt wird. Der Abdruck enthält nur Auszüge, der niedergelegte Plan die kompletten Informationen. Die Gerichtsorganisation hat zu gewährleisten, dass Pläne in Ruhe gelesen und eingesehen werden können. 6

Zweiter Abschnitt. Annahme und Bestätigung des Plans

§ 235 Erörterungs- und Abstimmungstermin

(1) **Das Insolvenzgericht bestimmt einen Termin, in dem der Insolvenzplan und das Stimmrecht der Gläubiger erörtert werden und anschließend über den Plan abgestimmt wird (Erörterungs- und Abstimmungstermin). Der Termin soll nicht über einen Monat hinaus angesetzt werden.**

(2) **Der Erörterungs- und Abstimmungstermin ist öffentlich bekanntzumachen. Dabei ist darauf hinzuweisen, daß der Plan und die eingegangenen Stellungnahmen in der Geschäftsstelle eingesehen werden können. § 74 Abs. 2 Satz 2 gilt entsprechend.**

(3) **Die Insolvenzgläubiger, die Forderungen angemeldet haben, die absonderungsberechtigten Gläubiger, der Insolvenzverwalter, der Schuldner, der Betriebsrat und der Sprecherausschuß der leitenden Angestellten sind besonders zu laden. Mit der Ladung ist ein Abdruck des Plans oder eine Zusammenfassung seines wesentlichen Inhalts, die der Vorlegende auf Aufforderung einzureichen hat, zu übersenden.**

Übersicht

1. Normzweck

1 Der zweite Abschnitt (§§ 235–253) regelt die Annahme des Plans durch die Verfahrensbeteiligten und seine Bestätigung durch das Insolvenzgericht. Das Verfahren der Beschlussfassung der Beteiligten beginnt mit der in § 235 **Abs. 1** geregelten Festsetzung des Erörterungs- und Abstimmungstermins durch das Gericht. Der Erörterungs- und Abstimmungstermin ist eine besondere Gläubigerversammlung, zu der **Abs. 3** die Ladung bestimmter Beteiligter vorschreibt. **Abs. 2** regelt die öffentliche Bekanntmachung dieses Termins.

2. Bestimmung eines einheitlichen Erörterungs- und Abstimmungstermins, Abs. 1

2 **a)** Gem. Abs. 1 S. 1 bestimmt das Gericht einen einheitlichen Termin für Erörterung und Abstimmung. Der Termin muss spätestens mit Niederlegung des Plans zur Einsicht der Beteiligten festgesetzt werden.[1] Das Gericht kann – und dies ist wegen des Zeitproblems in Planverfahren empfehlenswert – auch schon

[1] Vgl. bereits § 234, Rn. 2.

bei der Weiterleitung des Plans nach § 232 einen Termin bestimmen und öffentlich bekannt machen.[1] Auch eine vorsorgliche Terminierung eines angekündigten, noch nicht eingereichten, also auch nicht gem. § 231 vorgeprüften Plans ist zulässig. Wenn nötig – weil kein (zulässiger) Plan vorliegt – wird der Termin wieder aufgehoben. Andererseits hilft ein solch zügiger Termin nicht, das Planvorhaben zu organisieren. Nur ausnahmsweise kann ein gesonderter Abstimmungstermin anberaumt werden.[2]

b) Die Monatsfrist nach **Abs. 1 S. 2** berechnet sich ab der Bewirkung der öffentlichen Bekanntmachung des Termins (vgl. § 9 Abs. 1 S. 3).[3] Wird der Termin bereits vor Niederlegung des Plans festgesetzt, so beginnt die Monatsfrist mit dem Ende der Frist für die Stellungnahmen.[4] 3

c) Auf den **Ablauf des Termins** nach § 235 (und ggf. § 241) finden ergänzend zu den besonderen Vorschriften der §§ 235 ff.[5] die allgemeinen Verfahrensvorschriften für Gläubigerversammlungen (§§ 74 ff.) Anwendung. Der Termin hat eine inhaltliche Dreiteilung: Er beginnt mit der Erörterung des Plans, danach wird das Stimmrechtsverfahren durchgeführt, gefolgt vom Abstimmungsteil. Im Erörterungsteil des Termins sollte der Vorlegende zunächst die wesentlichen Planinhalte zusammenfassen und begründen. Nach der Erörterung der Stimmrechte der Gläubiger (§§ 237–239) folgt die Abstimmung über den Plan, §§ 243 ff. Erörterung und Abstimmung werden vom Insolvenzgericht geleitet, § 76 Abs. 1. Schließlich sind das Ergebnis der Abstimmung und das Vorliegen der Zustimmung des Schuldners (§ 247) festzustellen. 4

3. Öffentliche Bekanntmachung des Termins, Abs. 2

Für die öffentliche Bekanntmachung nach Abs. 2 gilt § 9. Gem. Abs. 2 S. 3 i. V. m. § 74 Abs. 2 S. 2 kann die öffentliche Bekanntmachung unterbleiben, wenn die Verhandlung in einer früheren Gläubigerversammlung oder im Erörterungs- und Abstimmungstermin vertagt wird.[6] 5

4. Ladung der Verfahrensbeteiligten, Abs. 3

Abs. 3 bestimmt, dass die wesentlichen Beteiligten unbeschadet der öffentlichen Bekanntmachung gesondert zu laden sind. Unterbleibt die Ladung eines wesentlichen Beteiligten, so soll das einen Verstoß gegen Verfahrensvorschriften i. S. v. § 250 darstellen, der eine Bestätigung des Plans ausschließt.[7] Dies kann 6

---

[1] So auch HK-*Flessner,* InsO, § 235 Rn. 5.

[2] Siehe § 241 Rn. 2.

[3] *Uhlenbruck/Lüer,* InsO, § 235 Rn. 4 mwN auch zur Gegenauffassung; wie hier MünchKomm-*Hintzen,* InsO § 235 Rn. 8 und *Gietl,* Handbuch des Fachanwalts Insolvenzrecht, S. 883 Rn. 105; *Herzig,* Das Insolvenzplanverfahren, S. 51.

[4] Vgl. § 232 Abs. 3 sowie HK-*Flessner,* InsO, § 235 Rn. 6 f.; MünchKomm-*Hintzen,* InsO § 235 Rn. 9.

[5] Insbesondere über die Stimmrechtsfestsetzung, §§ 237, 238, und den Abstimmungsmodus, §§ 242 ff.

[6] Näher s. Bericht des BT-Rechtsausschusses zu Art. 2 Nr. 11 EG InsOÄndG, abgedruckt in *Balz/Landfermann,* S. 489.

[7] So *Gareis,* NZI 2001, 238 berichtend über eine Hinweisverfügung der LG Hanau 8 T 212/00.

allerdings nur erörtert werden, wo dieser Mangel unstreitig ist, ansonsten wirkt gerade § 9 Abs. 3. Der Termin ist nicht öffentlich, § 74 Abs. 1 S. 2. Teilnahmeberechtigt sind neben den in Abs. 3 S. 1 genannten Personen/Gruppen[1] auch Personen, denen das Gericht den Zutritt gestattet, § 175 Abs. 2 S. 1 GVG. Die Gläubiger können sich im Termin vertreten lassen, aber nicht schriftlich abstimmen (vgl. § 242 Abs. 1).

5. Behandlung einer Mehrzahl vorgelegter Pläne

7 Wird mehr als ein Plan zugelassen,[2] so ist für jeden Plan ein eigenständiger Termin anzuberaumen. Nur ausnahmsweise findet ein gemeinsamer Termin statt, sofern dieser Termin für den zuerst eingereichten Plan nicht zu Verzögerungen führt.[3] Die Reihenfolge der Abstimmung bestimmt das Insolvenzgericht nach seinem Ermessen, § 76 Abs. 1.[4] Probleme ergeben sich, wenn mehr als ein Plan die gem. § 244 Abs. 1 erforderlichen Mehrheiten findet.[5]

6. Praxishinweise

8 **a)** Die sorgfältige Erarbeitung der gem. § 235 Abs. 3 gesondert zu ladenden Beteiligten ist wegen der bei Unterlassen drohenden Angreifbarkeit von besonderer Bedeutung. Dabei sind insbesondere Gläubiger, die nicht unmittelbar aus der Bilanz als Handelsgläubiger ersichtlich sind, „gefährlich". Der PSV, aber auch (behauptete) Schadensersatzgläubiger (Patentverletzungen) sind Musterbeispiele hierfür. Nur gesonderte Befragung stellt dies sicher.

9 **b)** Erörterungs- und Abstimmungstermine sind wesentliche Entscheidungspunkte in einem Insolvenzplanverfahren. Dies gilt vor allem, wenn noch Gruppen opponieren, deren Zustimmung zum Gelingen des Plans notwendig ist. Häufig zeigt sich, dass in der konkreten Situation des in der Gläubigerversammlung miteinander Diskutierens in bisher geltend gemachte Positionen doch Bewegung kommt und bei geeignetem Entgegenkommen des Planarchitekten eine Lösung möglich wird. In einer ganzen Reihe von Planverfahren, die bis zum Abstimmungs- und Erörterungstermin wenig erfolgreich zu verlaufen schienen, sind nach der Diskussion und nach der gemeinsamen Bemühung einstimmige Planannahmen erfolgt. Eine kluge Verhandlungsleitung des Gerichts und eine mediative Funktion des Insolvenzverwalters sind häufig Schlüssel dafür.

§ 236 Verbindung mit dem Prüfungstermin

Der Erörterungs- und Abstimmungstermin darf nicht vor dem Prüfungstermin stattfinden. Beide Termine können jedoch verbunden werden.

---

[1] Vgl. auch § 74 Abs. 1 S. 2.

[2] Vgl. § 218, Rn. 3.

[3] *Nerlich/Römermann/Braun,* InsO, § 235 Rn. 13; MünchKomm-*Hintzen,* InsO § 235 Rn. 30; aA: *Uhlenbruck/Lüer,* InsO, § 235 Rn. 7: immer gesonderte Termine.

[4] MünchKomm-*Hintzen,* InsO § 235 Rn. 31; es muss über jeden Plan abgestimmt werden. Hierzu näher HK-*Flessner,* InsO, § 235 Rn. 10 ff.

[5] Hierzu näher § 248 Rn. 7.

1. Normzweck

a) S. 1 bestimmt zwingend den zeitlichen Vorrang des Prüfungstermins vor dem Erörterungs- und Abstimmungstermin. Hierdurch wird zum einen eine Vorklärung der Stimmrechte erreicht, die den Gläubigern bei der Abstimmung über den Plan zustehen.[1] Zum Zweiten ist zumindest eine ungefähre Kenntnis der Verbindlichkeiten des Schuldners zur Beurteilung des finanzwirtschaftlichen Sanierungskonzepts eines Insolvenzplans oder zur Beurteilung eines anderweitigen Planvorschlags durch die Gläubiger unerlässlich. 1

b) S. 2 trägt dem Ziel der Beschleunigung des Planverfahrens Rechnung, das auch bereits in der Zusammenfassung des Erörterungs- und Abstimmungstermins in § 235 zum Ausdruck kommt. 2

c) Zum alten Recht vgl. §§ 173, 180 KO. 3

2. Zeitlicher Vorrang des Prüfungstermins, S. 1

Die Frist zwischen der Verfahrenseröffnung und dem Prüfungstermin beträgt gem. §§ 28 Abs. 1 S. 2, 29 Abs. 1 Nr. 2 2. Halbs. zwischen drei Wochen und fünf Monaten. Vorher darf gem. S. 1 auch der Erörterungs- und Abstimmungstermin nicht stattfinden. Dies darf allerdings für das Planverfahren nicht wörtlich genommen werden. Pläne, für die kein Erörterungs- und Abstimmungstermin anberaumt werden kann, weil der Prüfungstermin erst fünf Monate nach Eröffnung angesetzt wird, sind in aller Regel zum Scheitern verurteilt. Weiß das Gericht zum Zeitpunkt der Terminierung des allgemeinen Prüfungstermins, dass ein Insolvenzplanverfahren ansteht, so ist es aus dem Grundsatz des fairen Verfahrens heraus verpflichtet, diesen abweichenden Vorschlag durch die Gläubigerversammlung auch entscheiden zu lassen, was fünf Monate später gar nicht mehr möglich ist. Das bedeutet, es muss kürzestmöglich terminieren (Amtspflicht). Aus diesem Grund zwingt auch der Eingang nachträglicher Forderungsanmeldungen nicht etwa zur Vertagung des Erörterungs- und Abstimmungstermins.[2] 4

Da der Erörterungs- und Abstimmungstermin ein eigenes Stimmrechtserteilungsverfahren kennt, ist der allgemeine Prüfungstermin nur eine generelle Voraussetzung, bei dem weder Vollständigkeit der Forderungsanmeldungen noch abschließende Prüfung inhaltliche Voraussetzung für die Durchführung des Erörterungs- und Abstimmungstermins sind. Ist der allgemeine Prüfungstermin durchgeführt, hindern nachträgliche Anmeldungen – falls sie nicht sowieso mit Zustimmung der Verfahrensbeteiligten im Prüfungstermin mit erledigt werden – nicht an der Durchführung des Erörterungs- und Abstimmungstermins. 5

3. Verbindung der Termine, S. 2

Die Möglichkeit der Verbindung der Termine gem. S. 2 kommt aus Beschleunigungsgründen in Betracht und sollte von den Gerichten bei der Terminierung genutzt werden. Zur weiteren Verfahrensbeschleunigung kann sogar eine Verbindung des Berichtstermins mit dem Prüfungstermin und dem Erörterungs- 6

---

[1] Vgl. §§ 237 f., 77, 176 ff.

[2] Jetzt auch HK-*Flessner,* InsO § 236 Rn. 2.

und Abstimmungstermin stattfinden, vgl. § 29 Abs. 2.[1] Dies wird v. a. dann möglich sein, wenn der Schuldner gem. § 218 Abs. 1 S. 2 bereits bei Stellung des Eröffnungsantrags einen Insolvenzplan vorlegt.

4. Praxishinweis

7 Erfreulicherweise sind die Gerichte weitaus konstruktiver und sensibler im Umgang mit der Terminierung des Erörterungs- und Abstimmungstermins, als die juristische Literatur Glauben macht. Während dort sehr formal argumentiert wird, haben Gerichte in den gesamten bekannt gewordenen, erfolgreichen Planverfahren sehr zügig und praktisch immer unter Verbindung von allgemeinem Prüfungstermin und Erörterungs- und Abstimmungstermin, gelegentlich sogar unter Konzentration aller drei Termine auf einen Termin die Verfahren beschleunigt. Auf diese Weise sind Durchlaufzeiten für Insolvenzplanverfahren zwischen zwei und fünf Monaten möglich geworden, was den konstruktiven Umgang der Insolvenzgerichte mit dem Insolvenzplan nachhaltig belegt.

§ 237 Stimmrecht der Insolvenzgläubiger

(1) **Für das Stimmrecht der Insolvenzgläubiger bei der Abstimmung über den Insolvenzplan gilt § 77 Abs. 1 Satz 1, Abs. 2 und 3 Nr. 1 entsprechend. Absonderungsberechtigte Gläubiger sind nur insoweit zur Abstimmung als Insolvenzgläubiger berechtigt, als ihnen der Schuldner auch persönlich haftet und sie auf die abgesonderte Befriedigung verzichten oder bei ihr ausfallen; solange der Ausfall nicht feststeht, sind sie mit dem mutmaßlichen Ausfall zu berücksichtigen.**

(2) **Gläubiger, deren Forderungen durch den Plan nicht beeinträchtigt werden, haben kein Stimmrecht.**

Übersicht

1. Normzweck

1 **a)** Die §§ 237 bis 239 regeln die Zuteilung der Stimmrechte der Beteiligten für die Abstimmung über den Insolvenzplan. § 237 betrifft die Insolvenzgläubiger (§ 38), § 238 die absonderungsberechtigten Gläubiger (§§ 49–51). Die Vorschrif-

[1] Vgl. zum Beispiel *Kussmaul/Steffan,* DB 2000, 1849 f.

ten gewähren Stimmrechte für diejenigen Rechte, die durch den Plan beeinträchtigt werden, vgl. §§ 237 Abs. 2, 238 Abs. 2. Das Ergebnis der Stimmrechtszuteilung wird gem. § 239 vom Urkundsbeamten der Geschäftsstelle in einem Verzeichnis, der „Stimmliste", festgehalten.

b) Die Regelung in § 237 entspricht im Wesentlichen derjenigen nach altem Recht, vgl. §§ 27, 71, 72 Abs. 1 VglO, §§ 64, 95, 96 KO. 2

2. Stimmrecht der Insolvenzgläubiger gem. Abs. 1 S. 1 i. V. m. § 77 Abs. 1 S. 1, Abs. 2 und Abs. 3 Nr. 1 (analog)

Für das Stimmrecht der Insolvenzgläubiger verweist Abs. 1 S. 1 auf die allgemeine Regelung des Stimmrechts in der Gläubigerversammlung nach § 77. Das Gesetz geht bei diesem Verweis davon aus, dass die Forderungen der Insolvenzgläubiger gem. §§ 174 ff. angemeldet und geprüft worden sind.[1] 3

a) Gemäß **§ 77 Abs. 1 S. 1** hat der Insolvenzgläubiger ein Stimmrecht, wenn seine angemeldete Forderung weder vom Insolvenzverwalter noch von einem stimmberechtigten Gläubiger bestritten worden ist. Ein Bestreiten der Forderung durch den Schuldner ist für das Stimmrecht belanglos.[2] 4

b) Wurde die Forderung bestritten, so besteht ein Stimmrecht, wenn sich der Insolvenzverwalter und die erschienenen stimmberechtigten Gläubiger über das Stimmrecht geeinigt haben, **§ 77 Abs. 2 S. 1.** Einigung bedeutet, dass von keinem stimmberechtigten Gläubiger eine Gegenstimme und vom Insolvenzverwalter kein Widerspruch gegen die Gewährung des Stimmrechts in dem in der Erörterung schlussendlich geltend gemachten Umfang mehr erhoben wird. Kommt es nicht zu einer Einigung, so entscheidet das Insolvenzgericht, **§ 77 Abs. 2 S. 2.** Es ist dabei nicht an frühere Stimmrechtsfestsetzungen in Gläubigerversammlungen gebunden. Die Stimmrechte für die Abstimmung über den Plan sind also neu zu erörtern. Die bereits vorliegende Tabelle mit den entsprechenden Prüfungsfeststellungen (vgl. § 236) erleichtert allerdings die Feststellung der Stimmrechte.[3] 5

c) Aus dem Verweis in § 237 Abs. 1 S. 1 auf **§ 77 Abs. 3 Nr. 1** ergibt sich, dass auch aufschiebend bedingte Forderungen stimmberechtigt sein können. 6

3. Stimmrecht (auch) absonderungsberechtigter Gläubiger als Insolvenzgläubiger gem. Abs. 1 S. 2

Gem. § 237 Abs. 1 S. 2 sind Gläubiger, die neben ihrer Forderung auch ein Absonderungsrecht haben, zur Abstimmung als Insolvenzgläubiger nur insoweit berechtigt, als sie auf die abgesonderte Befriedigung verzichten oder bei ihr ausfallen. Damit wird das Stimmrecht der absonderungsberechtigten Gläubiger im Gleichklang mit der Behandlung der absonderungsberechtigten Gläubiger nach § 52 geregelt. So kann bspw. ein teilgesicherter Gläubiger in mehreren Gruppen abstimmen, wenn er gem. § 238 als Absonderungsberechtigter und gem. § 237 7

---

[1] *Nerlich/Römermann/Braun,* InsO, § 237 Rn. 5 f.; zum Umgang mit bis zum Abstimmungstermin nicht angemeldeten oder nicht geprüften Forderungen s. *Nerlich/Römermann/Braun,* InsO, § 237 Rn. 22 ff.

[2] Vgl. auch § 178 Abs. 1 S. 2.

[3] Näher *Nerlich/Römermann/Braun,* InsO, § 237 Rn. 14.

Abs. 1 S. 2 als Insolvenzgläubiger, dessen Forderung durch das Absonderungsrecht teilweise nicht gedeckt ist, Stimmrechte erhält. Solange die Höhe der nicht durch das Absonderungsrecht gedeckten Ausfallforderung nicht feststeht – dies wird im Insolvenzplanverfahren die Regel sein –, ist der Ausfall für Zwecke der Stimmrechtsfeststellung gem. Abs. 1 S. 2 2. Halbs. im mutmaßlichen Umfang zu berücksichtigen. Schwierigkeiten können sich schnell ergeben bei der Feststellung des Umfangs der Ausfallforderung durch das Insolvenzgericht, wenn darüber keine Einigung gem. § 77 Abs. 2 S. 1 erfolgt.[1] Die Interdependenz zwischen dem Wert des Absonderungsrechts und der Ausfallforderung ist offensichtlich. Ist eine gesicherte Forderung unzweifelhaft größer als der Wert des Absonderungsrechts, entsteht in jedem Falle eine Ausfallforderung. Deckt der Wert des Absonderungsrechts möglicherweise die Insolvenzforderung, entstünde keine. In jedem Fall kann sich ein Abstimmungsverhältnis in der Gruppe der Insolvenzgläubiger, in die die Ausfallforderung eingeordnet ist, ggf. verändern. Während im Rahmen von § 237 der Insolvenzgläubiger gegen die Höhe der Ausfallforderung opponieren kann, ist bei § 238, der Stimmrechtszuteilung für das Absonderungsrecht, eine Möglichkeit des Insolvenzgläubigers gegen den Wert des Absonderungsrechts zu opponieren, nicht gegeben.[2] Das Gericht muss identifizieren, ob es hier Konfliktpotential gibt. Die Stimmrechtszuteilung auf Ausfallforderung und Absonderungsrecht muss vom gleichen Wertbemessungsmaßstab ausgehen. Das Gericht kann Stimmrechte auch vorläufig und vorbehaltlich einer nachfolgenden Erörterung der Stimmrechte für Absonderungsrechte zuteilen, um damit die im Rahmen der Stimmrechtszuteilung für Absonderungsrechte ggf. vorgebrachten Informationen und Erkenntnisse einheitlich verwerten zu können.

4. Stimmrecht der nachrangigen Gläubiger

8 § 237 Abs. 1 S. 1 verweist nicht auf § 77 Abs. 1 S. 2, der das Stimmrecht für nachrangige Insolvenzgläubiger (§ 39) ausschließt. Da Insolvenzgläubiger i. S. v. § 237 Abs. 1 S. 1 auch die nachrangigen Insolvenzgläubiger sind, ist also davon auszugehen, dass im Rahmen der Abstimmung über den Insolvenzplan auch diesen grundsätzlich ein Stimmrecht zusteht. Allerdings soll nach der Begr. zu § 281 des RegE der InsO[3] für die nachrangigen Gläubiger ein Stimmrecht nur dann festzustellen sein, wenn ihre Zustimmung nicht ohnehin schon nach § 246 als erteilt gilt. Außerdem ist das Stimmrecht nur festzustellen, sofern überhaupt eine Gruppe für die nachrangigen Gläubiger gem. § 222 Abs. 1 Nr. 3 gebildet worden ist.[4] In der Regel wird das nicht der Fall sein, weil keine Aussicht auf Bedienung der Forderungen nachrangiger Insolvenzgläubiger besteht und diese daher nach § 225 als erlassen gelten sollen.[5] Dem Schutz der nachrangigen Insolvenzgläubiger dienen dann die §§ 250, 251.[6]

---

[1] *Nerlich/Römermann/Braun,* InsO, § 237 Rn. 19 ff.; vgl. auch § 238 Rn. 5.

[2] Vgl. § 238 Rn. 6.

[3] Jetzt § 237; abgedruckt in *Balz/Landfermann,* S. 490 f.

[4] AA: wohl HK-*Flessner,* InsO, § 246 Rn. 2.

[5] In diesem Fall ist trotz der – als Redaktionsversehen einzustufenden – Regelung des § 237 Abs. 1 S. 1 InsO eine Gruppenbildung nicht erforderlich, vgl. MünchKomm-*Eidenmüller,* InsO § 222 Rn. 60, 61.

[6] Insoweit auch wieder zustimmend HK-*Flessner,* InsO, § 237 Rn. 12.

5. Stimmrechtsausschluss wegen Nichtbeeinträchtigung der Forderung, Abs. 2

Gläubiger, deren Forderungen durch den Plan nicht beeinträchtigt werden, haben gem. § 237 Abs. 2 kein Stimmrecht. Eine Beeinträchtigung ist zu bejahen, wenn der Plan final in die Forderung eingreift.[1] Beeinträchtigungen sind Gestaltungen jeder Art im Rahmen von § 224.[2] Eine Beeinträchtigung kann dabei trotz wirtschaftlicher Gleichwertigkeit des für die Forderung gewährten Surrogats bestehen.[3] 9

Verzögerungen bei der Tilgung der Forderungen, die durch das Planverfahren[4] entstehen, stellen für sich genommen noch keine Beeinträchtigung dar. Da diese Verzögerungen immer eintreten, wäre eine Beeinträchtigung sonst nie zu verneinen.[5] 10

6. Rechtsmittel

Die Entscheidung des Insolvenzgerichts über ein Stimmrecht,[6] wozu auch die Feststellung der Abstimmungsberechtigung als zu klärende Vorfrage gehört, unterliegt nicht dem Rechtsmittel der sofortigen Beschwerde, vgl. § 6 Abs. 1.[7] Gleiches gilt für die Entscheidung des Insolvenzgerichts über den mutmaßlichen Ausfall eines absonderungsberechtigten Insolvenzgläubigers,[8] die Auswirkungen auf das Stimmgewicht hat, mit dem der Gläubiger an der Abstimmung teilnimmt. Hat der Rechtspfleger die Entscheidung getroffen – dies wird regelmäßig der Fall sein, vgl. §§ 3 Nr. 2 e, 18 RPflG –, so lässt § 11 Abs. 3 S. 2 RPflG kein Rechtsmittel zu; allerdings kann jedoch der Richter gem. § 18 Abs. 3 S. 2 RPflG auf Antrag eines Gläubigers oder des Insolvenzverwalters das Stimmrecht neu festsetzen und die Wiederholung der Abstimmung anordnen, wenn sich die Stimmrechtsfestsetzung des Rechtspflegers auf das Ergebnis der Abstimmung ausgewirkt hat. Der Antrag kann nur bis zum Schluss des Abstimmungstermins gestellt werden. 11

7. Praxishinweise

Bestimmt das Gericht einen einheitlichen Erörterungs- und Abstimmungstermin (vgl. § 235), so muss auf eine klare Strukturierung geachtet werden: Den 12

---

1 *Nerlich/Römermann/Braun,* InsO, § 237 Rn. 36.

2 Näher *Herzig,* Das Insolvenzplanverfahren, S. 263 ff. und *Binz,* Konkurrierende Insolvenzpläne, S. 76 ff.: Verminderung des gesetzlichen Gehaltes einer Forderung.

3 HK-*Flessner,* InsO, § 237 Rn. 7.

4 Und die evtl. mit ihm verbundene Aussetzung der Verwertung und Verteilung, § 233.

5 Näher *Braun/Uhlenbruck,* Unternehmensinsolvenz, S. 592 ff.

6 Vgl. oben 2. b) Rn. 5.

7 BVerfG BeckRS 2009, 42310; BGH NZI 2009, 106 ff. Die Vorinstanz LG Hamburg ZInsO 2007, 277, kommt wenig überzeugend zur Unwirksamkeit einer Stimmrechtsvollmacht nach §§ 134, 139 BGB wegen widerstreitender Interessen gemäß § 43 a BRAO, soweit die Sozietät des Schuldnervertreters zugleich Gläubiger bei der Stimmabgabe vertritt. Stimmt der Gläubiger dem Plan zu, können schon keine widerstreitenden Interessen bei einem Schuldnerplan vorliegen. Nur wenn der Gläubiger den Plan ablehnt, wird bei Interessenwiderstreit der Mandatsvertrag nichtig sein (so *Kleine-Cosack,* BRAO, § 43 a Rn. 131) und auch die Vollmacht das Schicksal der Unwirksamkeit teilen. Ansonsten gilt bei der im Termin vorgelegten Vollmachtsurkunde der Rechtsschein analog § 171 BGB, soweit nicht Bösgläubigkeit gegeben ist, § 173 BGB.

8 Vgl. Abs. 1 S. 2 sowie oben 3, Rn. 7.

Beteiligten sollte nur im Erörterungsteil Gelegenheit zur Stellungnahme und Meinungsäußerung gegeben werden. Bei der anschließenden Stimmrechtszuteilung sollten nur noch Stellungnahmen zulässig sein, die sich auf diesen Sachverhalt beziehen. Im Abstimmungsteil wird nur abgestimmt. Ist in einem Erörterungs- und Abstimmungstermin der Plan umstritten, so kann die Stimmrechtsentscheidung häufig die Vorentscheidung über das Zustandekommen oder das Scheitern des Plans darstellen. Das Gericht muss sich über diese Problematik bei der Würdigung der Stellungnahmen der Betroffenen im Klaren sein. An zwei Brennpunkten bestehen besondere Entscheidungssituationen:

13 **a)** Die Frage der Bestimmung des Ausfallwerts der Forderung kann, je nachdem in welcher Gruppe die Entscheidung kritisch ist, entweder in einer Absonderungsrechtsgruppe oder in einer Gruppe nicht nachrangiger Forderungen entscheidend sein. Entsprechend interessenorientiert sind mündliche Vorträge. Ein sorgfältiger Gläubiger/Planarchitekt wird das Gericht durch weitere Beweismittel (Urkunden, Sachverständigengutachten) in die Lage eines entsprechend Unterrichteten versetzen.

14 **b)** Der Kampf für oder gegen einen Plan wird gelegentlich auch mit behaupteten Ansprüchen geführt, die von anderen Beteiligten vehement bestritten werden. Steht oder fällt der Plan mit der Stimmrechtszuteilung, so kann das Gericht in einem solchen Falle ausnahmsweise den Parteien auch Gelegenheit zur schriftlichen Stellungnahme geben und – kurzfristig – vertagen. So gewinnt das Gericht Zeit, einen ggf. rechtlich schwierigen Komplex im Tatsächlichen zu durchdringen und im Rechtlichen angemessen zu würdigen.

§ 238 Stimmrecht der absonderungsberechtigten Gläubiger

(1) **Soweit im Insolvenzplan auch die Rechtsstellung absonderungsberechtigter Gläubiger geregelt wird, sind im Termin die Rechte dieser Gläubiger einzeln zu erörtern. Ein Stimmrecht gewähren die Absonderungsrechte, die weder vom Insolvenzverwalter noch von einem absonderungsberechtigten Gläubiger noch von einem Insolvenzgläubiger bestritten werden. Für das Stimmrecht bei streitigen, aufschiebend bedingten oder nicht fälligen Rechten gelten die §§ 41, 77 Abs. 2, 3 Nr. 1 entsprechend.**

(2) **§ 237 Abs. 2 gilt entsprechend.**

1. Normzweck

1 **a)** Da ein Insolvenzplan auch die Rechte der absonderungsberechtigten Gläubiger[1] regeln kann (§§ 217, 223), räumt § 238 diesen ein Mitbestimmungsrecht über den Plan ein. Durch die Bildung von Gruppen mit absonderungsberechtigten Gläubigern[2] wird die Teilnahme dieser Gläubiger an der Abstimmung über den Plan ermöglicht.[3]

[1] Zu diesem Begriff s. § 223 Rn. 3.
[2] Vgl. § 222 Abs. 1 Nr. 1.
[3] Vgl. §§ 243, 244.

b) Ist ein absonderungsberechtigter Gläubiger gleichzeitig Insolvenzgläubiger, weil ihm eine persönliche Forderung gegen den Schuldner zusteht, so kann es zu einer Aufspaltung des Stimmrechts kommen.[1] § 238 betrifft nur das Stimmrecht des absonderungsberechtigten Gläubigers in eben dieser Eigenschaft. 2

c) Die Regelung findet, anders als diejenige des § 237, keine Entsprechung im bisherigen Recht: Die Absonderungsberechtigten waren als solche nicht am Vergleichsverfahren beteiligt. 3

2. Erörterung der Rechte absonderungsberechtigter Gläubiger gem. Abs. 1 S. 1

a) Gem. § 238 Abs. 1 S. 1 sind die Absonderungsrechte der absonderungsberechtigten Gläubiger einzeln zu erörtern, soweit der Plan eine Regelung dieser Rechte enthält. Die Einzelerörterung im Termin zum Zwecke der Stimmrechtsfestsetzung ist schon deswegen erforderlich, weil Absonderungsrechte nicht im Forderungsfeststellungsverfahren (§§ 174 ff.) angemeldet und geprüft werden. 4

b) Jedes Absonderungsrecht ist mit einem Geldbetrag zu bewerten. Dies ist zum einen erforderlich, weil für die Stimmengewichtung zur Ermittlung der Mehrheit nach § 244 Abs. 1 Nr. 2 in einer Gruppe mit mehreren absonderungsberechtigten Gläubigern der Wert des Absonderungsrechts entscheidend ist.[2] Zum anderen muss der Wert des Absonderungsrechts zur Bestimmung des „mutmaßlichen Ausfalls" nach § 237 Abs. 1 S. 2 2. Halbs. ermittelt werden.[3] Ob das Absonderungsrecht mit dem Fortführungswert oder mit dem geschätzten Veräußerungserlös anzusetzen ist, hängt davon ab, welche Behandlung der betreffenden Sicherheiten der Plan vorsieht.[4] 5

3. Stimmrechtsverteilung gem. Abs. 1 S. 2 und 3

a) Abs. 1 S. 2 entspricht in etwa der Regelung in § 237 Abs. 1 S. 1 i. V. m. § 77 Abs. 1 S. 1. Insolvenzgläubiger können bei der Stimmrechtszuteilung für das Absonderungsrecht nicht widersprechen, es sei denn, es handelt sich um den durch das Absonderungsrecht gesicherten Gläubiger (Einheitsentscheidung).[5] Indirekt können die Insolvenzgläubiger aber einer ggf. geltend gemachten Ausfallforderung im Rahmen von § 237 entgegentreten. 6

Die Vorschrift gibt den anderen absonderungsberechtigten Gläubigern die Möglichkeit, ein Absonderungsrecht direkt zu bestreiten. Wegen der Auswirkungen auf die Abstimmung können – unabhängig davon, ob sich daraus positive Auswirkungen auf das eigene Absonderungsrecht ergeben – alle Absonderungsberechtigten der Stimmrechtzuteilung an andere Absonderungsberechtigten widersprechen und ggf. ein Einigungsverfahren oder fürsorglich eine gerichtliche Entscheidung erzwingen.[6] 7

---

[1] Vgl. § 237 Abs. 1 S. 2 und § 237 Rn. 7.

[2] Vgl. § 76 Abs. 2 2. Halbs.

[3] Vgl. § 237 Rn. 7.

[4] Begründung zu § 281 RegE, abgedruckt in *Balz/Landfermann,* S. 490 f.; näher *Braun/Uhlenbruck,* Unternehmensinsolvenz, S. 598.

[5] Vgl. oben § 237 Rn. 7.

[6] Nunmehr auch HK-*Flessner,* InsO, § 238 Rn. 8.

8 **b)** Erhebt sich Widerspruch gegen Bestehen oder Umfang eines Absonderungsrechts, so verweist **Abs. 1 S. 3** – wie schon § 237 Abs. 1 S. 1 – auf § 77 Abs. 2. Auch bei aufschiebend bedingten Rechten wird das Stimmrecht entsprechend den Vorschriften über die Gläubigerversammlung festgelegt.[1] Für nicht fällige Absonderungsrechte verweist Abs. 1 S. 3 auf § 41.

4. Stimmrechtsausschluss wegen Nichtbeeinträchtigung des Absonderungsrechts, Abs. 2

9 Gem. Abs. 2 i. V. m. § 237 Abs. 2 haben Absonderungsberechtigte, deren Rechte durch den Plan nicht beeinträchtigt werden, kein Stimmrecht. Davon ist zu unterscheiden, ob der Plan nichts anderes bestimmt und das Absonderungsrecht vom Plan gar nicht berührt wird, § 223 Abs. 1 S. 1. Enthält der Plan eine Gruppe, so ist nicht automatisch eine Beeinträchtigung zu bejahen. Die Gruppe kann auch gebildet sein, um Klarheit zu haben. Wird z. B. dann festgestellt, dass Einigkeit über Bewertung von Absonderungsrechten besteht, braucht es keinen Eingriff.[2]

5. Rechtsmittel

10 Für die Rechtsmittel gegen die Entscheidungen des Insolvenzgerichts über das Stimmrecht[3] und den Geldbetrag, mit dem das Absonderungsrecht anzusetzen ist,[4] gilt dasselbe wie zu § 237.[5] Bei der Stimmrechtsgewährung bezüglich Ausfallforderungen und Absonderungsrechten muss das Gericht beachten, dass es sich um eine Entscheidung handelt, die im Rahmen von § 237 und § 238 nur einheitlich getroffen werden kann. Setzt das Gericht also ein Stimmrecht neu fest, weil es den mutmaßlichen Ausfall[6] anders einschätzt, so ist auch die Korrespondenzentscheidung über das auf Grund des Absonderungsrechts gewährte Stimmrecht (§ 238) zu ändern.[7]

§ 239 Stimmliste

Der Urkundsbeamte der Geschäftsstelle hält in einem Verzeichnis fest, welche Stimmrechte den Gläubigern nach dem Ergebnis der Erörterung im Termin zustehen.

1 Wie schon für die Vergleichsordnung führt das Gericht eine Stimmliste, die das Ergebnis der Erörterung im Termin nachzeichnet.[8] In der heutigen Praxis dürfte

---

[1] Abs. 1 S. 3 i. V. m. § 77 Abs. 3 Nr. 1.

[2] Zu eng deswegen HK-*Flessner,* InsO, § 238 Rn. 4; vgl. auch § 237 Rn. 9.

[3] § 238 Abs. 1 S. 3 i. V. m. § 77 Abs. 2 S. 2.

[4] Vgl. oben Rn. 5.

[5] Siehe § 237 Rn. 11.

[6] § 237 Abs. 1 S. 2, 2. Halbs.

[7] Vgl. *Nerlich/Römermann/Braun,* InsO, § 237 Rn. 31.

[8] Vgl. zur Vergleichsordnung *Kilger/K. Schmidt,* VglO. § 66 Anm. 1 b; Muster bei *Breutigam/Blersch/Goetsch/Breutigam,* Muster zu § 239. Ist eine Entscheidung des Insolvenzgerichtes über die Gewährung des Stimmrechtes erforderlich, so müssen neben der Entscheidung selbst auch der Widerspruch und die darin vorgetragenen Gründe protokolliert werden, MünchKomm-*Hintzen,* InsO § 239 Rn. 1.

der Insolvenzverwalter auf der Basis der Forderungsprüfungstabelle und des von ihm gegenüber dem Gericht ansonsten auch zu bezeichnenden Verzeichnisses der Absonderungsrechte[1] ein EDV-gestütztes Formular vorbereiten, in das auch im Termin die entsprechenden Entscheidungen eingegeben werden, so dass vorab schon eine entsprechende, ausgedruckte Stimmliste produziert werden kann.[2]

§ 240 Änderung des Plans

Der Vorlegende ist berechtigt, einzelne Regelungen des Insolvenzplans auf Grund der Erörterung im Termin inhaltlich zu ändern. Über den geänderten Plan kann noch in demselben Termin abgestimmt werden.

1. Normzweck

a) Die Vorschrift erlaubt es dem Planvorlegenden (§ 218), den Insolvenzplan auf Grund der Ergebnisse des Erörterungstermins inhaltlich zu ändern, z. B. um neueren Erkenntnissen Rechnung zu tragen, aber auch um ein drohendes Scheitern in der Abstimmung zu verhindern oder die Aussichten auf die gerichtliche Bestätigung zu verbessern. Um einen zügigen Verfahrensablauf zu erreichen, soll die Änderung möglich sein, ohne dass erneut eine gerichtliche Vorprüfung (§ 231) erfolgen muss oder die Stellungnahmen der Beteiligten (§ 232) eingeholt werden müssen. 1

b) Zum Zwecke der Verfahrensvereinfachung wurde die ursprüngliche Fassung der Vorschrift[3] durch den Rechtsausschuss des Bundestages erheblich verkürzt. 2

2. Änderung einzelner Regelungen gem. S. 1

a) Das Änderungsrecht bezieht sich primär auf den gestaltenden Teil (§ 221). Jedoch kann auch der darstellende Teil (§ 220) verändert werden, soweit dies zur Erläuterung der Änderungen des gestaltenden Teils oder zur Vornahme sonstiger Ergänzungen erforderlich ist.[4] 3

b) Der Rechtsausschuss hat die Änderungsmöglichkeit auf „einzelne Regelungen" beschränkt. Der „Kern" des Plans müsse erhalten bleiben.[5] Diese Aussage darf nicht dahingehend missverstanden werden, dass nicht einzelne Planregelungen substantiell geändert werden dürften. Eine Planänderung, die vorsieht, dass die Insolvenzgläubiger statt einer Quote von 75 Prozent nur noch 35 Prozent erhalten, ist also durchaus denkbar. Vielmehr soll durch die Beschränkung der Änderungsmöglichkeit auf einzelne Regelungen die Nachvollziehbarkeit der vorgenommenen Änderungen gewährleistet werden. Der Plan darf nicht durch eine Vielzahl (auch kleinerer) Änderungen undurchsichtig werden.[6] Den Betei- 4

---

[1] Vgl. HK-*Flessner,* InsO, § 238 Rn. 5.

[2] Zur Berichtigung unrichtiger Stimmrechtsvermerke in der Stimmliste s. *Hess,* InsO, § 239 Rn. 6 ff.

[3] § 284 des RegE, abgedruckt in *Balz/Landfermann,* S. 493.

[4] HK-*Flessner,* InsO, § 240 Rn. 4.

[5] Ausschussbericht zu § 284 RegE, abgedruckt in *Balz/Landfermann,* S. 493.

[6] Vgl. *Braun/Uhlenbruck,* Unternehmensinsolvenz, S. 633 f.; MünchKomm-*Hintzen,* InsO § 240 Rn. 8.

ligten muss die sachgerechte Ausübung ihrer Rechte möglich bleiben. Insbesondere muss nachvollziehbar sein, welche Auswirkung die Änderungen auf die eigene Rechtsposition haben. Sofern jedoch dem Kriterium der Nachvollziehbarkeit Rechnung getragen wird und der Grundsatz des fairen Verfahrens gewährleistet ist, können auch wesentliche Änderungen – bis hin zur Gruppenänderung – erfolgen.[1] Denn auch bisher vom Plan nicht Betroffene müssen grundsätzlich mit Eingriffen rechnen. Das Planverfahren ist ein gerichtliches Gestaltungsverfahren. Das Gesetz sagt ausdrücklich, dass der Plan geändert werden kann. Das Vertrauen eines Betroffenen darauf, der Plan werde sich nicht zu seinen Lasten, eines bisher nicht oder nicht stark Betroffenen, ändern, ist deshalb nicht schutzwürdig.

3. Zulässigkeit der Änderung und Terminierung

5 **a)** Änderungen des Plans sind zulässig. Ob ein geänderter Plan vorgelegt wird, entscheidet allein der Planverfasser. Dies ergibt sich aus § 240.[2] Das Gericht hat lediglich die Zulässigkeit in Form der „einzelnen Regeln" zu prüfen. Liegt dieses Kriterium vor, muss das Gericht den geänderten Plan zur Abstimmung stellen, und auch – alle streitigen Erfordernisse unterstellt – später bestätigen. Wird die Änderung nicht zugelassen, so wird der unveränderte Plan zur Abstimmung gestellt.

6 **b)** Erkennt der Planersteller, dass eine notwendige Planänderung nicht zulässig ist, kann er zur Vermeidung einer ablehnenden Entscheidung den vorgelegten Insolvenzplan zurücknehmen und einen neuen Plan, beginnend mit dem Vorprüfungsverfahren, vorlegen. Die hM geht davon aus, dass der Planverfasser den Plan bis zum Beginn der Abstimmung zurücknehmen kann.[3]

7 **c)** Gem. S. 2 kann über den geänderten Plan noch in demselben Termin abgestimmt werden. Zuvor muss jedoch eine Erörterung des geänderten Planvorschlags erfolgen. Wenn dies zeitlich in demselben Termin nicht mehr möglich ist, müssen der Erörterungs- und damit auch der Abstimmungstermin vertagt werden (§ 4 InsO i. V. m. § 227 ZPO). Dies ist eine Ausnahme, die eng auszulegen ist. Den Verfahrensbeteiligten liegt im Planverfahren an einer raschen Entscheidung und weniger an der Einhaltung der Dienststunden.

---

[1] Vgl. *Nerlich/Römermann/Braun,* InsO, § 240 Rn. 4 ff.; im Grundsatz zustimmend, im Detail aber zurückhaltender HK-*Flessner,* InsO, § 240 Rn. 5 ff.; näher zu möglichen Änderungen auch MünchKomm-*Hintzen,* InsO § 240 Rn. 9.

[2] Irreführend HK-*Flessner,* InsO, § 240 Rn. 7, der eine Zustimmungspflicht aller Beteiligten vertritt.

[3] *Nerlich/Römermann/Braun,* InsO, § 235 Rn. 14 ff.; HK-*Flessner,* InsO, § 240 Rn. 12; *Schiessler,* Der Insolvenzplan, S. 152 f.; aA: *Uhlenbruck/Lüer,* InsO, § 218 Rn. 54 und HambKomm-*Thies,* InsO, § 218 Rn. 15, jeweils bis zur Rechtskraft des bestätigten Insolvenzplans. Offengelassen BGH ZInsO 2007, 713 ff.: Der Insolvenzplan wurde, nachdem zwei Mal über ihn abgestimmt worden ist, „zurückgenommen" und durch einen dem „Diskussionsstand" angepassten Planentwurf zu einem neu anberaumten Erörterungs- und Abstimmungstermin ersetzt. Dem Grunde nach ist dies nichts anderes als ein „Zweitplan", der als konkurrierender Plan im laufenden Verfahren vorlegt wird (vgl. zur Plankonkurrenz oben § 218 Rn. 12 ff.).

d) Eine wiederholte gerichtliche Prüfung i. S. d. § 231 findet bezüglich des geänderten Planes nicht mehr statt.[1] 8

4. Rechtsmittel

Lehnt das Insolvenzgericht die Planänderung ab, so ist gem. § 6 Abs. 1 ein Rechtsmittel gegen diese Entscheidung nicht gegeben. Jedoch ist die sofortige Erinnerung gem. § 11 Abs. 2 RPflG möglich. 9

§ 241 Gesonderter Abstimmungstermin

(1) **Das Insolvenzgericht kann einen gesonderten Termin zur Abstimmung über den Insolvenzplan bestimmen. In diesem Fall soll der Zeitraum zwischen dem Erörterungstermin und dem Abstimmungstermin nicht mehr als einen Monat betragen.**

(2) **Zum Abstimmungstermin sind die stimmberechtigten Gläubiger und der Schuldner zu laden. Im Falle einer Änderung des Plans ist auf die Änderung besonders hinzuweisen.**

1. Normzweck

§ 241 InsO stellt eine Ausnahmeregelung zur grundsätzlichen gesetzgeberischen Zielvorgabe eines einheitlichen Erörterungs- und Abstimmungstermins[2] dar. Das Gericht darf von der Möglichkeit, einen gesonderten Abstimmungstermin zu bestimmen, nur sehr zurückhaltend Gebrauch machen (s. Rn. 2 f.). Zur Möglichkeit der schriftlichen Abstimmung im gesonderten Abstimmungstermin s. § 242. 1

2. Bestimmung eines gesonderten Abstimmungstermins, Abs. 1

a) Das Gericht wird nur dann gem. **Abs. 1 S. 1** einen gesonderten Abstimmungstermin bestimmen, wenn: 2
- der Planvorschlagende dies selbst beantragt. Er ist in der Lage zu entscheiden, ob die Verzögerung mit dem Planvorschlag vereinbar ist oder nicht,
- dies aus Gründen der Verfahrensgerechtigkeit erforderlich ist.[3]

Anträge sonstiger Verfahrensbeteiligter bleiben unberücksichtigt.

Die Bestimmung eines gesonderten Abstimmungstermins bringt wegen der Ladungspflichten gem. Abs. 2 S. 1 schon aus gerichtsorganisatorischen Gründen Verzögerungen mit sich. Ggf. sollte das Gericht daher stattdessen eine Vertagung des Termins gem. § 4 i. V. m. § 227 ZPO in Betracht ziehen.[4] 3

---

[1] *Gietl,* Handbuch des Fachanwalts Insolvenzrecht, S. 885 Rn. 121.

[2] §§ 235, 240 S. 2 InsO.

[3] Näher *Nerlich/Römermann/Braun,* InsO, § 241 Rn. 3, § 240 Rn. 7; *Braun/Uhlenbruck,* Unternehmensinsolvenz, S. 628 f.; *Gietl,* Handbuch des Fachanwalts Insolvenzrecht, S. 884 Rn. 111, etwa wenn infolge einer tiefgreifenden Planänderung im Erörterungstermin eine „Überrumpelung" der Gläubiger droht; *Maus,* Schuldnerstrategie in der Unternehmerinsolvenz (Teil II), DStR 2002, 1104 ff., 1106.

[4] Näher hierzu MünchKomm-*Hintzen,* InsO § 241 Rn. 6 f.

4 **b)** Der Zeitraum von einem Monat zwischen dem Erörterungs- und Abstimmungstermin **(Abs. 1 S. 2)** darf auf Grund des Beschleunigungsbedürfnisses nur dann ausnahmsweise überschritten werden, wenn der Planvorschlagende selbst als Herr des Insolvenzplanverfahrens eine entsprechende Anregung geäußert hat. Der Abstimmungstermin dient, wie der Name sagt, nur der Abstimmung und bietet keinen Raum für erneute Erörterungen.[1]

3. Ladungspflichten und Änderungsmitteilung gem. Abs. 2

5 **a)** Gem. **Abs. 2 S. 1** hat das Gericht die im Abstimmungstermin stimmberechtigten Gläubiger (vgl. §§ 237–239) und den Schuldner zu laden. Gläubiger, deren Forderungen oder Rechte gem. §§ 237 Abs. 2, 238 Abs. 2 nicht beeinträchtigt werden, müssen ebenso wenig geladen werden, wie der Insolvenzverwalter, der Betriebsrat und der Sprecherausschuss der leitenden Angestellten. Die Ladung des Schuldners ist auf Grund seines Widerspruchsrechts nach § 247 erforderlich.[2] Ist der Schuldner keine natürliche Person, so werden die an ihm beteiligten Personen nicht von Amts wegen geladen.[3]

6 **b)** Die Ladungspflicht gem. Abs. 2 S. 1 bezieht sich auch auf diejenigen stimmberechtigten Gläubiger, die im Erörterungstermin nicht anwesend waren. Daher ist ein Hinweis auf Planänderungen, die nach der Niederlegung des Plans in der Geschäftsstelle (§ 234) erfolgt sind, erforderlich, **Abs. 2 S. 2.**

4. Rechtsmittel

7 Gegen die Bestimmung eines gesonderten Abstimmungstermins ist gem. § 6 Abs. 1 kein Rechtsmittel gegeben. Jedoch ist die sofortige Erinnerung gem. § 11 Abs. 2 RPflG möglich.

5. Praxishinweis

8 Die Anordnung eines gesonderten Abstimmungstermins sollte die seltene Ausnahme bleiben. Insbesondere Gläubigervertreter sollten nicht die Möglichkeit haben, den einheitlichen Abstimmungs- und Erörterungstermin wegen fehlender Entscheidungsbefugnis (häufige Beispiele bei Banken: Gremienvorbehalt; bei der Finanzverwaltung: keine Weisung) zu konterkarieren.

§ 242 Schriftliche Abstimmung

(1) **Ist ein gesonderter Abstimmungstermin bestimmt, so kann das Stimmrecht schriftlich ausgeübt werden.**

(2) **Das Insolvenzgericht übersendet den stimmberechtigten Gläubigern nach dem Erörterungstermin den Stimmzettel und teilt ihnen dabei ihr Stimmrecht mit. Die schriftliche Stimmabgabe wird nur berücksichtigt, wenn sie dem Gericht spätestens am Tag vor dem Abstimmungstermin zugegangen ist; darauf ist bei der Übersendung des Stimmzettels hinzuweisen.**

[1] Vgl. oben § 237 Rn. 12ff.; *Herzig,* Das Insolvenzplanverfahren, S. 56.
[2] Vgl. Begründung zu § 285 RegE, abgedruckt in *Balz/Landfermann,* S. 494f.
[3] Vgl. Begründung zu § 285 RegE, abgedruckt in *Balz/Landfermann,* S. 494f.

1. Normzweck

In einem gesonderten Abstimmungstermin erfolgt nur die Abstimmung, eine Erörterung findet zwingend nicht mehr statt.[1] Daher erlaubt § 242 InsO für diesen Fall die schriftliche Ausübung des Stimmrechts. Das Gericht ist verpflichtet – hat es denn einen gesonderten Abstimmungstermin angeordnet – diese zuzulassen und zu organisieren.[2] 1

2. Verfahren, Abs. 2

Das Insolvenzgericht übersendet den stimmberechtigten Gläubigern auf Grund der Stimmliste (§ 239 InsO) Stimmzettel, die eine eindeutige Stimmabgabe für oder gegen den Plan ermöglichen, **Abs. 2 S. 1.** Die Übersendung kann mit einfachem Brief erfolgen.[3] Es ist zweckmäßig, die Übersendung der Stimmzettel (einschließlich der Mitteilung über das Stimmrecht) mit der Ladung zum Abstimmungstermin (§ 241 Abs. 2 S. 1 InsO) zu verbinden. **Abs. 2 S. 2, 1. Halbs.** dient der Vermeidung von praktischen Schwierigkeiten bei der Stimmauszählung, die durch die Zulassung der schriftlichen Stimmabgabe bis zum Schluss der Abstimmung[4] verursacht würden. Wie sich aus dem Gesetzestext ergibt, ist allein maßgeblich der Eingang bei Gericht, auf den Zugang bei dem Versammlungsleiter kommt es nicht an.[5] Ist der gem. **Abs. 2 S. 2, 2. Halbs.** erforderliche Hinweis auf die Notwendigkeit der rechtzeitigen Stimmabgabe unterblieben, so muss das Gericht auch die nachträglich, bis zum Abschluss der Abstimmung eingegangenen Stimmen noch berücksichtigen.[6] 2

§ 243 Abstimmung in Gruppen

Jede Gruppe der stimmberechtigten Gläubiger stimmt gesondert über den Insolvenzplan ab.

1. Normzweck

a) Die in § 222 vorgeschriebene Bildung von Gruppen mit unterschiedlicher (§ 222 Abs. 1) und gleicher (§ 222 Abs. 2) Rechtsstellung ergibt nur dann einen Sinn, wenn anschließend auch in den gebildeten Gruppen gesondert abgestimmt wird. Dies bestimmt § 243. Eine Gesamtabstimmung aller stimmberechtigten Gläubiger sieht das Gesetz nicht vor. Die Mehrheitserfordernisse für die Abstimmung innerhalb der einzelnen Gruppen legt § 244 fest. 1

---

[1] Zu eng: Eine Erörterung des Planes oder seiner Veränderungen soll eine Verletzung des Anspruches auf rechtliches Gehör (Art. 103 Abs. 1 GG) und ein faires Verfahren (Art. 20 Abs. 3 GG) der nicht anwesenden Stimmberechtigten sein, so MünchKomm-*Hintzen,* InsO § 242 Rn. 3. Es darf wohl diskutiert, aber nicht mehr abgeändert werden. Abgestimmt wird über das Ergebnis des letzten Termins.

[2] HK-*Flessner,* InsO, § 242 Rn. 1.

[3] MünchKomm-*Hintzen,* InsO § 242 Rn. 4.

[4] So noch § 73 Abs. 1 2. Halbs. VglO.

[5] Näher MünchKomm-*Hintzen,* InsO § 242 Rn. 6.

[6] *Hess/Obermüller,* Insolvenzplan, Restschuldbefreiung und Verbraucherinsolvenz, Rn. 128.

2 **b)** § 243 InsO fand im bisherigen Recht nur in § 8 Abs. 2 S. 1 VglO eine gewisse Entsprechung. Dort war eine Abstimmung nach Gruppen in der Weise vorgesehen, dass bei unterschiedlicher Behandlung der Vergleichsgläubiger im Vergleichsvorschlag die zurückgesetzten Gläubiger gesondert über den Plan abstimmen mussten.

2. Gesonderte Abstimmung in Gruppen

3 **a)** Stimmberechtigter Gläubiger i. S. v. § 243 ist jeder Gruppenzugehörigkeitsberechtigte, also auch ein Absonderungsberechtigter, der nicht Insolvenzgläubiger ist.[1]

4 **b)** Über den genauen Ablauf des Abstimmungsverfahrens gibt das Gesetz keine Auskunft. Die Abstimmung ist Gruppe für Gruppe durchzuführen. Das Insolvenzgericht hat auf Grund seiner verfahrensleitenden Funktion (§ 76 Abs. 1) die Aufgabe, die Reihenfolge der Abstimmung durch die und innerhalb der jeweiligen Gruppen (und – bei mehreren Plänen – die Reihenfolge der Abstimmung über die Pläne) zu bestimmen. Die Gläubigerversammlung kann dies abweichend beschließen, mit der Mehrheit des § 76 Abs. 2.[2] Ein entsprechender Antrag ist vor Durchführung der Abstimmungen zur Entscheidung durch die Gläubigerversammlung zu bringen.

5 Die Stimmabgabe geschieht mündlich.[3] Mit Abgabe der Stimme ist das Stimmrecht verbraucht, eine Möglichkeit des Widerrufs der Stimmabgabe bis zum Ende der Abstimmung ist abzulehnen.[4] Die Abgabe der einzelnen Stimmen, die Abstimmungsergebnisse der einzelnen Gruppen und das Gesamtergebnis der Abstimmung werden im Protokoll festgehalten, § 4 i. V. m. §§ 159, 160 ZPO.[5] Die Stimmen der abstimmungsberechtigten Gläubiger sind bezüglich des Summenanteils und bezüglich der Kopfzahl zu erfassen, da beides für die Berechnung der erforderlichen Mehrheiten (§ 244) relevant ist.[6]

6 **c)** Die Abstimmung erfolgt Forderungs-/Rechteorientiert, entsprechend der Gruppenzugehörigkeit. Daraus folgt, dass ein Gläubiger, der z. B. Absonderungsrechtsinhaber und Ausfallinsolvenzgläubiger ist, in beiden Gruppen abstimmt, also für die Kopfzahl in jeder Gruppe gezählt wird.[7]

3. Praxishinweis

7 Aus Praktikabilitätsgründen kann das Abstimmungsergebnis durch Ergänzung der Stimmliste (§ 239) protokolliert und diese sodann dem Protokoll als Anlage beigefügt werden.

---

[1] *Nerlich/Römermann/Braun,* InsO, § 243 Rn. 9.

[2] Zutreffend HK-*Flessner,* InsO, § 243 Rn. 3.

[3] Zum Verfahren der schriftlichen Stimmabgabe s. § 242 Rn. 2.

[4] HK-*Flessner,* InsO, § 243 Rn. 5; MünchKomm-*Hintzen,* InsO § 243 Rn. 4, 6.

[5] Der Erörterungs- und Abstimmungstermin stellt eine mündliche Verhandlung i. S. d. ZPO dar.

[6] Näher *Nerlich/Römermann/Braun,* InsO, § 243 Rn. 14 f.

[7] Vgl. *Nerlich/Römermann/Braun,* InsO, § 243 Rn. 15.

§ 244 Erforderliche Mehrheiten

(1) **Zur Annahme des Insolvenzplans durch die Gläubiger ist erforderlich, daß in jeder Gruppe**

1. **die Mehrheit der abstimmenden Gläubiger dem Plan zustimmt und**
2. **die Summe der Ansprüche der zustimmenden Gläubiger mehr als die Hälfte der Summe der Ansprüche der abstimmenden Gläubiger beträgt.**

(2) **Gläubiger, denen ein Recht gemeinschaftlich zusteht oder deren Rechte bis zum Eintritt des Eröffnungsgrunds ein einheitliches Recht gebildet haben, werden bei der Abstimmung als ein Gläubiger gerechnet. Entsprechendes gilt, wenn an einem Recht ein Pfandrecht oder ein Nießbrauch besteht.**

1. Normzweck

a) § 244 Abs. 1 legt das Abstimmungsmodell fest, nach dem sich bestimmt, ob ein Insolvenzplan von den Gläubigern angenommen ist. Die Regelung wird durch die §§ 245, 246 ergänzt. Zu § 244 Abs. 2 s. unten Rn. 7 ff. 1

b) Abs. 1 stimmt im Ausgangspunkt mit dem bisherigen Recht des gerichtlichen Vergleichs, des Zwangsvergleichs im Konkurs und des Vergleichs im Gesamtvollstreckungsverfahren überein.[1] Allerdings legt die InsO andere Mehrheitserfordernisse fest. Abs. 2 findet sich in ähnlicher Form in dem bisherigen § 72 Abs. 2 VglO. 2

2. Annahme durch alle Gruppen gem. Abs. 1

a) Abs. 1 verlangt für die Planannahme, dass in jeder Gruppe die in Abs. 1 Nr. 1 und Nr. 2 aufgestellten Mehrheitserfordernisse erreicht werden. Gruppen, in denen kein Stimmberechtigter an der Abstimmung teilnimmt, sind hier, zumindest solange es Gruppen gibt, in denen abgestimmt wird, nicht zu berücksichtigen, da laut Begründung zu § 289 des RegE der InsO[2] passives Verhalten von Gläubigern bei der Abstimmung über den Plan nicht den Ausschlag geben soll. Insoweit können nicht abstimmende Gläubiger nicht bewirken, dass die Anforderungen für die Planannahme entsprechend den Anforderungen zu prüfen sind, die bei negativer Abstimmung anzuwenden wären. 3

b) Zu den sich ergebenden Problemen, wenn mehr als ein Plan die gem. § 244 Abs. 1 erforderlichen Mehrheiten findet, s. § 248 Rn. 7. 4

3. Mehrheitserfordernisse in den Gruppen gem. Abs. 1 Nr. 1 und Nr. 2

a) Für die Zustimmung der Gläubiger zum Plan verlangt § 244 eine doppelte Mehrheit, nämlich eine Mehrheit nach der Zahl der Gläubiger (Kopfmehrheit, Abs. 1 Nr. 1) und eine Mehrheit nach der Höhe der Anspruchsbeträge (Summenmehrheit, Abs. 1 Nr. 2). Anders als im bisherigen Recht, das eine Summenmehrheit von 75 Prozent verlangte, genügt nun die einfache Mehrheit der abstimmenden Gläubiger nach Köpfen und die einfache Summenmehrheit. Bei 5

[1] § 74 Abs. 1 VglO; § 182 Abs. 1 KO; § 16 Abs. 4 S. 3 GesO.

[2] Abgedruckt in *Balz/Landfermann,* S. 498.

der Berechnung der Mehrheiten wird nur auf die abstimmenden Gläubiger (nicht auf die im Termin Anwesenden oder auf alle Stimmberechtigten) abgestellt. Wer sich an der Abstimmung nicht beteiligt, bleibt außer Betracht. Dies gilt auch für eine „ausdrückliche" Enthaltung.[1]

6 **b)** Für die Erfassung der Kopfstimmen (Abs. 1 Nr. 1) ist zu beachten, dass ein Gläubiger mehrere Kopfstimmen hat, wenn er in mehreren Gruppen stimmberechtigt ist. Bspw. kann der Gläubiger einer teilgesicherten Forderung mit seinem Absonderungsrecht in einer Gruppe und mit seiner (nicht durch das Absonderungsrecht gedeckten) Ausfallforderung in einer anderen Gruppe stimmberechtigt sein. Es wird für zulässig gehalten, dass ein solcher Gläubiger in beiden Gruppen unterschiedlich (einmal positiv und einmal negativ) votiert (Individualstimmrechtsmodell).[2] Innerhalb einer Gruppe zählt allerdings auch derjenige Gläubiger nur mit einer Kopfstimme, der gegen den Schuldner mehrere Forderungen, u. U. aus unterschiedlichen Rechtsgründen, hat.[3] Insoweit ist entscheidend, dass der Gläubiger mit seiner – wie auch immer zusammengesetzten – Forderung nur einfach zählt.

4. Abs. 2

7 Abs. 2 hat Bedeutung für die Berechnung der nach Abs. 1 Nr. 1 erforderlichen Kopfmehrheit.

8 **a)** Wenn ein Recht mehreren Personen „gemeinschaftlich zusteht" oder wenn deren Rechte bis zum Eintritt des Eröffnungsgrunds ein einheitliches Recht gebildet haben, sollen diese Personen bei der Berechnung der Mehrheit nur mit einer Kopfstimme gezählt werden **(Abs. 2 S. 1).**

9 **aa)** Typische Fälle in denen Gläubigern ein Recht gemeinschaftlich zusteht[4] sind die (praktisch seltene) Gesamtgläubigerschaft[5] und die Gesamthandsgläubigerschaft. Gesamthandsgemeinschaften sind die BGB-Gesellschaft, die OHG, die KG, die eheliche Gütergemeinschaft und die Erbengemeinschaft. Praktische Bedeutung erlangt die Vorschrift insbes. bei der Bildung sog. Sicherheitenverwertungsgemeinschaften (Pools). Haben sich also verschiedene Gläubiger (Banken, Lieferanten) bezüglich ihrer Absonderungsrechte gepoolt und sind diese Rechte in eine BGB-Gesellschaft eingebracht worden, so werden sie bei einer Abstimmung in einer Absonderungsrechtsgruppe nur mit einem Kopf gezählt.[6]

10 **bb)** Abs. 2 S. 1, 2. Alt. will der missbräuchlichen Vermehrung der Kopfstimmen durch Forderungsteilungen (vgl. § 420 BGB) in der Krise vorbeugen.[7]

11 **b)** Anders als noch § 72 Abs. 2 VglO setzt § 244 Abs. 2 nicht schon beim Stimmrecht, sondern erst bei der Berechnung der Mehrheit an. Daher bestimmt das materielle Recht, ob die Rechtsinhaber allein oder nur gemeinschaftlich, für

---

[1] So auch MünchKomm-*Hintzen,* InsO § 244 Rn. 9.

[2] Näher *Nerlich/Römermann/Braun,* InsO, § 244 Rn. 10, auch mit Hinweisen zu abweichenden Gestaltungen, MünchKomm-*Hintzen,* InsO § 244 Rn. 10; ausführlich *Uhlenbruck/Lüer,* InsO, § 244 Rn. 5.

[3] HK-*Flessner,* InsO, § 244 Rn. 5; MünchKomm-*Hintzen,* InsO § 244 Rn. 10.

[4] Abs. 2 S. 1, 1. Alt.

[5] §§ 428 ff. BGB.

[6] *Nerlich/Römermann/Braun,* InsO, § 244 Rn. 15 ff.

[7] FK-*Jaffé,* InsO, § 244 Rn. 18 ff.

das ganze Recht oder nur für einen Teil desselben das Stimmrecht ausüben können. Lediglich für die Mehrheitsberechnung wird dann nur eine (einheitliche) Stimme gezählt. Dies hat zur Konsequenz, dass eine wirksame Stimmabgabe bspw. dann nicht zustandekommt, wenn sich mehrere Berechtigte, die nach materiellem Recht nur gemeinschaftlich handeln können (z. B. gem. § 2040 BGB), nicht einigen können.[1]

c) Abs. 2 S. 2 bestimmt, dass auch der Forderungsinhaber und der Pfandrechtsgläubiger bzw. Nießbrauchsberechtigte für die belastete Forderung bei der Abstimmung nur mit einer Kopfstimme gezählt werden. Sie müssen auf Grund der materiellen Rechtslage einheitlich abstimmen.[2] 12

5. Weiteres Verfahren

Vom Ergebnis der Abstimmung hängt der weitere Verfahrensverlauf ab:[3] 13

- Haben alle Abstimmungsgruppen dem Plan mit den erforderlichen Mehrheiten zugestimmt, muss das Gericht prüfen, ob auch der Schuldner dem Plan zugestimmt hat (§ 247) und ob der Plan zu bestätigen ist (§ 248).
- Hat (lediglich) die Mehrheit der Gruppen dem Plan zugestimmt, muss das Gericht prüfen, ob die Zustimmung der anderen Gruppen gem. § 245 als erteilt gilt (vgl. § 245 Abs. 1 Nr. 3) und ob in diesem Fall der Plan zu bestätigen ist.
- Hat der Planvorschlag nicht die Zustimmung der Mehrheit der Gruppen gefunden, ist das Verfahren für den abgelehnten Plan beendet. Das Gericht kann den Plan nicht bestätigen. Ist kein weiterer Planvorschlag anhängig, so ist die gesetzliche Regelverwertung fortzuführen (vgl. § 159). Bis zum Ende des Schlusstermins kann erneut ein Plan vorgelegt werden, § 218 Abs. 1 S. 3.

§ 245 Obstruktionsverbot

(1) **Auch wenn die erforderlichen Mehrheiten nicht erreicht worden sind, gilt die Zustimmung einer Abstimmungsgruppe als erteilt, wenn**

1. **die Gläubiger dieser Gruppe durch den Insolvenzplan voraussichtlich nicht schlechter gestellt werden, als sie ohne einen Plan stünden,**
2. **die Gläubiger dieser Gruppe angemessen an dem wirtschaftlichen Wert beteiligt werden, der auf der Grundlage des Plans den Beteiligten zufließen soll, und**
3. **die Mehrheit der abstimmenden Gruppen dem Plan mit den erforderlichen Mehrheiten zugestimmt hat.**

(2) **Eine angemessene Beteiligung der Gläubiger einer Gruppe im Sinne des Absatzes 1 Nr. 2 liegt vor, wenn nach dem Plan**

1. **kein anderer Gläubiger wirtschaftliche Werte erhält, die den vollen Betrag seines Anspruchs übersteigen,**
2. **weder ein Gläubiger, der ohne einen Plan mit Nachrang gegenüber den Gläubigern der Gruppe zu befriedigen wäre, noch der Schuldner oder eine an ihm Beteiligte Person einen wirtschaftlichen Wert erhält und**

---

[1] Näher HK-*Flessner,* InsO, § 244 Rn. 9.
[2] §§ 1071, 1077, 1276, 1281 BGB.
[3] Vgl. HK-*Flessner,* InsO, § 244 Rn. 11.

3. kein Gläubiger, der ohne einen Plan gleichrangig mit den Gläubigern der Gruppe zu befriedigen wäre, besser gestellt wird als diese Gläubiger.

Übersicht

1. Normzweck

1 Das sog. Obstruktionsverbot in § 245 verfolgt das Ziel, das Störpotential einzelner Gläubigergruppen, die die Annahme eines Insolvenzplans aus eigennützigen Erwägungen verhindern wollen, zu verringern.[1] Die Durchsetzung konsensfähiger Pläne soll erleichtert werden. Andererseits sollen die ablehnenden Gläubigergruppen durch die in § 245 normierten Voraussetzungen für eine Zustimmungsfiktion angemessen geschützt werden.

2 Die Bestimmung ist den cram down-Regelungen des US-amerikanischen Rechts nachempfunden (s. 11 US C § 1129 (b)).[2]

2. Keine Schlechterstellung als ohne Plan, Abs. 1 Nr. 1

3 **a)** Gemäß Abs. 1 Nr. 1 ist für das Eingreifen der Zustimmungsfiktion zunächst erforderlich, dass die Gläubiger der ablehnenden Gruppe durch den Plan voraussichtlich nicht schlechter gestellt werden, als sie ohne Plan stünden. Es muss also die Position der Gläubiger im Falle der Planlösung mit der hypothetischen Position im Falle der Regelabwicklung (§§ 156–173, 187–216) verglichen werden.[3] Entscheidend für diesen Vergleich ist das wirtschaftliche Endergebnis. So wird

[1] Vgl. Begründung zu § 290 RegE, abgedruckt in *Balz/Landfermann,* S. 499 f.

[2] Vgl. hierzu ausführlich *Braun/Uhlenbruck,* Unternehmensinsolvenz, S. 609 ff. sowie MünchKomm-*Drukarczyk,* InsO § 245 Rn. 31 f.

[3] Dies entspricht dem im US-amerikanischen Recht bekannten „best (interest of) creditor's test", vgl. *Braun/Uhlenbruck,* Unternehmensinsolvenz, S. 605 ff.

eine Schlechterstellung bspw. zu verneinen sein, wenn der Plan zwar Absonderungsrechte zur Masse zieht, aber gleichzeitig eine Barzahlung in Höhe des Verkehrswertes der betreffenden Sicherungsgegenstände verspricht.[1] Die Gläubiger stehen ohne Plan sogar schlechter, das Obstruktionsverbot des § 245 InsO greift also ein, wenn der Schuldner ohne Plan beschäftigungslos würde, so dass keinerlei Zahlungen zu erwarten wären.[2] Ebenfalls nicht schlechter, sondern sogar bessergestellt wird ein ungesicherter Gläubiger, der infolge der Belastung des größten Teiles des schuldnerischen Vermögens mit Sicherungsrechten im Insolvenzverfahren weniger als die im Insolvenzplan vorgesehen Quote erhielte.[3] Für den Vergleich der Gläubigerpositionen mit und ohne Plan sind gerichtliche Bewertungsentscheidungen erforderlich: Sieht der Plan Ratenzahlungen an die Gläubiger vor, so muss durch Abzinsung mit einem geeigneten Zinssatz[4] deren Gegenwartswert (Barwert) ermittelt werden. Ist die Zuteilung von Anteilsrechten an dem zu sanierenden Unternehmen vorgesehen, so muss deren Wert im Wege der Unternehmensbewertung ermittelt werden. Die Vergleichsposition eines Gläubigers im Falle der hypothetischen Masseverwertung ohne Plan ist davon abhängig, welche Form der Verwertung in diesem Fall gewählt würde. Maßstab für den Vergleich ist nämlich der zu erwartende Erlös für die betroffenen Gläubiger im konkreten Fall.[5] Das Gericht hat also die Frage zu beantworten, auf welche Art und Weise das schuldnerische Unternehmen ohne Plan bestmöglich verwertbar wäre. Liegen konkrete Anhaltspunkte dafür vor, dass eine going-concern-Veräußerung (vgl. §§ 160–164) möglich ist, z. B. weil ein entsprechendes Kaufangebot existiert, so ist der Betrag zugrunde zu legen, den der potentielle Käufer konkret zu zahlen bereit ist. Existieren solche Anhaltspunkte nicht, so können lediglich Zerschlagungswerte für die einzelnen Gegenstände des schuldnerischen Unternehmens angesetzt werden.[6]

b) Das Gericht kann für den Vergleich die im Plan ausgewiesenen Werte und Zahlungen nicht unkritisch heranziehen, da dies dem Schutzzweck des Abs. 1 Nr. 1 nicht gerecht würde. Allerdings erleichtert das „voraussichtlich“ dem Gericht die Entscheidung; vgl. auch nachfolgend lit. c). Es muss mehr gegen eine Realisierung sprechen als dafür, wobei der reine Sachvortrag aus dem Plan und dem Erörterungstermin maßgeblich ist.[7] Kommt das Gericht nicht zu der Überzeugung, dass der Plan in der dargebotenen Form „machbar“ ist, so gehen seine Zweifel zulasten des Planbefürworters. Die „Machbarkeit“[8] ist insoweit im Zusammenhang mit Abs. 1 Nr. 1 zu prüfen, als Gläubiger bei offensichtlich nicht machbaren Plänen zwar auf dem Papier nicht schlechter stehen, faktisch aber eine Schlechterstellung eintritt.[9] 4

---

[1] *Nerlich/Römermann/Braun,* InsO, § 245 Rn. 3.

[2] AG Göttingen ZIP 2002, 953 m. Anm. *Otte,* EWiR 2002, 877 f.

[3] LG Bielefeld ZIP 2002, 951 ff., 953 = ZInsO 2002, 198 f., 199.

[4] Dazu ausführlich *Nerlich/Römermann/Braun,* InsO, § 245 Rn. 8 ff.

[5] LG Mühlhausen NZI 2007, 724.

[6] Näher *Nerlich/Römermann/Braun,* InsO, § 245 Rn. 7.

[7] HK-*Flessner,* InsO, § 245 Rn. 14, keine zusätzliche Tatsachenermittlung durch das Gericht.

[8] In der amerikanischen Terminologie „feasibility“.

[9] Näher *Nerlich/Römermann/Braun,* InsO, § 245 Rn. 13 ff.; ähnlich *Uhlenbruck/Lüer,* InsO, § 245 Rn. 10 ff., 12: Machbarkeitsprüfung nur, wenn konkret Tatsachen gegen die Realisierbarkeit sprechen.

Der Plan kann dann nicht bestätigt werden. Die Bestätigung muss auch unterbleiben, wenn das Gericht den Plan zwar für „machbar" hält, sich aber ansonsten nicht von der voraussichtlichen Nichtschlechterstellung der Gläubiger der ablehnenden Gruppe überzeugen kann.

5 **c)** Zur Erleichterung, der mit dem Vergleich verbundenen gerichtlichen Bewertungsentscheidungen, hat der Bundestags-Rechtsausschuss noch kurz vor Inkrafttreten der InsO am 19. 12. 1998 das Wort „voraussichtlich" in Abs. 1 Nr. 1[1] eingefügt. Eine „voraussichtliche" Schlechterstellung soll – entsprechend der Auslegung in § 18 Abs. 2 – dann vorliegen, wenn die Schlechterstellung wahrscheinlicher ist als die Nichtschlechterstellung.[2] Die Insolvenzgerichte sollen grundsätzlich nicht gehalten sein, im Rahmen ihrer Amtsermittlungspflicht (§ 5 Abs. 1) für die Prognoseentscheidung einen Sachverständigen hinzuzuziehen. Es soll nur um eine „Einschätzung" durch das Gericht gehen.[3]

5a **d)** Maßgeblich für die vergleichende Betrachtung ist, was die Gläubiger im Regelverfahren bis zur Aufhebung, ggf. per Nachtragsverteilung konkret erhalten können. Nicht in die vergleichende Betrachtung einzubeziehen ist bspw. die Phase danach, also was die Gläubiger nach Abschluss des Insolvenzverfahrens natürlicher Personen während der Wohlverhaltensperiode (Restschuldbefreiung §§ 286 ff. InsO) noch erlangen können. Wird kein Antrag auf Restschuldbefreiung gestellt, werden die im Regelverfahren quotal nicht erfüllten Verbindlichkeiten, oder solche, von denen trotz Restschuldbefreiungsverfahren gemäß § 302 nicht befreit wird, nicht zur vergleichenden Betrachtung herangezogen. Entscheidend ist allein die Erlösverteilung zum Abschluss des Regelverfahrens.[4]

3. Angemessene Beteiligung, Abs. 1 Nr. 2 i. V. m. Abs. 2

6 Für eine „angemessene Beteiligung" an dem wirtschaftlichen Wert i. S. v. Abs. 1 Nr. 2 bestehen gem. Abs. 2 Nrn. 1 bis 3 drei Voraussetzungen, die abschließend sind[5] und kumulativ vorliegen müssen:[6]

7 **a)** Keine vom Plan betroffene Gläubigergruppe muss es hinnehmen, dass sie zwar nicht schlechter steht, als ohne einen Plan, dass jedoch andere Gläubiger wirtschaftliche Werte erhalten, die den Betrag der Ansprüche dieser Gläubiger übersteigen, **Abs. 2 Nr. 1.** Auch diese Vorschrift verlangt u. U. Berechnungen durch das Insolvenzgericht: Sieht der Insolvenzplan bspw. zukünftige Geldleistungen vor, so sind diese abzuzinsen[7]. Der abgezinste Wert ist sodann mit dem Anspruch des jeweiligen Gläubigers zu vergleichen.

[1] Ebenso wie in § 247 Abs. 2 Nr. 1 und in § 251 Abs. 1 Nr. 2.

[2] MünchKomm-*Drukarczyk,* InsO § 245 Rn. 50; BGH ZInsO 2007, 442.

[3] Bericht des BT-Rechtsausschusses zu Art. 1 Nr. 12, 13 und 14 EG InsOÄndG, abgedruckt in *Balz/Landfermann,* S. 500 f.; sehr krit. *Eidenmüller,* NJW 1999, 1837 ff.

[4] Damit unterliegen bspw. auch Forderungen aus unerlaubter Handlung der Erlasswirkung des § 227, vgl. oben § 227 Rn. 6. Wie hier *Frank* in *Runkel,* Anwaltshandbuch Insolvenzrecht, Rn. 45; AA: wohl AG Düsseldorf ZInsO 2008, 463, im Rahmen des Schlechterstellungsverbots des § 251, nicht hingegen bei § 245.

[5] HK-*Flessner,* InsO § 245 Rn. 18; *Braun/Uhlenbruck,* Unternehmensinsolvenz, S. 617.

[6] OLG Köln NZI 2001, 660 ff., 661 f. = ZInsO 2002, 330 f., 331; krit. MünchKomm-*Drukarczyk,* InsO § 245 Rn. 86.

[7] *Nerlich/Römermann/Braun,* InsO, § 245 Rn. 19.

b) Gem. **Abs. 2 Nr. 2** muss keine Gläubigergruppe es hinnehmen, dass der Plan ihre Rechte beeinträchtigt, wenn andere Beteiligte, die ohne einen Plan mit Nachrang gegenüber den Gläubigern dieser Gruppe zu befriedigen wären, wirtschaftliche Werte erhalten sollen. 8

aa) Ein Rangverhältnis i. S. dieser Vorschrift besteht lediglich zwischen den in § 222 Abs. 1 S. 2 Nrn. 2 und 3 aufgeführten Gläubigerforderungen, d. h. zwischen den nicht nachrangigen Insolvenzgläubigern (§ 38) und den fünf Klassen nachrangiger Insolvenzgläubiger (§ 39). Ein Absonderungsrecht hingegen ist ein rechtliches Aliud zu einer Insolvenzforderung: Ein Rangverhältnis zwischen ihm und den Insolvenzforderungen besteht nicht.[1] 9

bb) Mit Abs. 2 Nr. 2 ist die sog. absolute Vorrangregel (absolute priority rule) aus dem US-amerikanischen Reorganisationsrecht[2] übernommen worden. Grundgedanke dieser Regelung ist, dass bei der Befriedigung der Kapitalgeber ihre rechtliche Rangfolge streng zu beachten ist. Die Zustimmungsfiktion des § 245 greift folgerichtig gem. Abs. 2 Nr. 2 nicht, wenn ein nachrangiger Gläubiger oder der Schuldner wirtschaftliche Werte erhält, obwohl ein diesen Personen vorrangiger Gläubiger nicht voll befriedigt wird. 10

Die in Abs. 2 Nr. 2 normierte Voraussetzung, kann das Insolvenzgericht i. d. R. ohne die Vornahme von wirtschaftlichen Bewertungen prüfen. Schwierigkeiten können sich jedoch ergeben, wenn im Rahmen einer Sanierung des schuldnerischen Unternehmens Gesellschaftsanteile in der Hand der bisherigen Gesellschafter verbleiben sollen. Ist hierin die Zuwendung eines wirtschaftlichen Werts zu sehen, so kann ein Insolvenzplan gemäß § 245 Abs. 2 Nr. 2 gegen den Willen der Gläubigergruppe, deren Rechte durch den Plan beeinträchtigt werden, nicht verabschiedet werden. Das Gericht muss also die Frage beantworten, ob in der Fortführung des Unternehmens durch die Gesellschafter des Schuldners im konkreten Fall die Zuwendung eines wirtschaftlichen Werts zu sehen ist. Bereits die Begr. zu § 290 des RegE der InsO[3] betont, dass diese Frage einzelfallabhängig zu beantworten sei und dass es insbesondere darauf ankomme, „[...] ob die Leistungen, die der Schuldner nach dem Plan zu erbringen hat, den noch vorhandenen Wert des Unternehmens aufwiegen." Der oft angebrachte Hinweis, solange jedenfalls kein fremder Dritter bereit sei, das Unternehmen an Stelle des Schuldners oder ihrer Eigner fortzuführen, stelle das Belassen der ursprünglichen Beteiligungsstruktur bzw. die reine Fortführungsmöglichkeit keine Wertzuwendung dar,[4] begründet zunächst den Ansatz von Zerschlagungswerten (§ 245 Abs. 1 Nr. 1), klärt die Frage nach der Wertzuwendung an den Gesellschafter oder das schuldnerische Unternehmen aber nicht wirklich. Im Einzelnen ist hier noch vieles unklar.[5] 11

---

[1] *Nerlich/Römermann/Braun,* InsO, § 245 Rn. 22; aA: *Smid,* InVo 2000, 7 f.; *ders.,* WM 2002, 1035 f.; so wie hier LG Traunstein ZInsO 1999, 577, 581 = NZI 1999, 461, 464 = WM 2000, 680, 685 = DZWIR 1999, 464, 469; ferner AG Mühldorf (Vorinstanz) Rpfleger 1999, 561, 563 = NZI 1999, 421, 424; zu beiden Entscheidungen *Braun,* NZI 1999, 473 ff.

[2] 11 U. S. C. § 1129 (b) (2) (B) (ii).

[3] Abgedruckt in *Balz/Landfermann,* S. 499 f.

[4] LG Mühlhausen NZI 2007, 724 ff.

[5] Näher *Nerlich/Römermann/Braun,* InsO, § 245 Rn. 25 ff.; *Eidenmüller,* ZGR 2001, 699 ff.; *Smid,* InVo 2000, 8 f.; *Wittig,* ZInsO 1999, 373 ff.; LG Traunstein ZInsO 1999, 577 ff.; Vorinstanz: AG Mühldorf/Inn NZI 1999, 422 ff.

12 Um die Problematik handhabbar zu machen, ist die Frage, was eine „Wertzuwendung“ ist, anhand einer Bilanz zu beurteilen.[1] Keinesfalls stellt jeder Fortführung des Unternehmens durch den Schuldner zwangsläufig die Zuwendung eines wirtschaftlichen Wertes dar. Nur wenn sich in einer Handelsbilanz nach Plandurchführung allein auf Grund des Plans ein positiver Kapitalsaldo ergibt, besteht ein zugewandter Vermögenswert.[2]

In diesem Fall muss der Plan diejenigen Gläubiger, deren Verzicht zu dem positiven Saldo geführt hat, an dem neu geschaffenen Vermögenswert beteiligen (z. B. in Form einer stillen Gesellschaft). Daraus versteht sich aber auch, dass sich ein Gläubiger dann nicht auf § 245 Abs. 2 Nr. 2 berufen kann, wenn er zu einem solchen positiven Saldo überhaupt nichts beigetragen hat, z. B. weil er nicht verzichtet, sondern nur gegen Zinszahlung gestundet hat.[3]

13 Entsteht ein positiver Saldo hingegen nur infolge von Kapitalzufuhr von dritter Seite oder steht am Ende der plangemäßen Sanierung nur ein Kapitalsaldo von Null, so liegt schon keine Zuwendung eines Vermögenswertes seitens der Gläubiger vor.

14 Die Frage, wann eine Zuwendung wirtschaftlicher Werte vorliegt, ist auch in der US-amerikanischen Praxis heftig umstritten.[4] Tendenziell gibt der Gesetzgeber mit seiner Einschätzung den Hinweis, dass er Eigensanierungen ermöglichen will.

15 **c)** Eine Gläubigergruppe kann schließlich auch dadurch unangemessen benachteiligt werden, dass andere Gläubiger besser gestellt werden als die Gläubiger dieser Gruppe, obwohl sie ohne einen Plan gleichrangig mit ihnen zu befriedigen wären, **Abs. 2 Nr. 3.** Die Feststellung einer Ungleichbehandlung macht richterliche Bewertungsentscheidungen erforderlich, wenn verschiedenen Gruppen von Gläubigern mit gleichem Rang nicht einheitlich ein bestimmter Geldbetrag/Planquote geboten wird, sondern unterschiedliche Vermögensgegenstände[5]. Geringe Befriedigungsquoten für Großgläubiger gegenüber Kleingläubigern mit der Begründung, letzteren seien im Verhältnis höhere Kosten entstanden, stellen einen Verstoß gegen Abs. 2 Nr. 3 dar.[6] Von der gruppenübergreifenden Betrachtung des § 245 ist die gruppeninterne Gleichbehandlung zu unterscheiden, die über § 226 gewährleistet wird.[7]

16 **d)** Da die Befriedigung der Massegläubiger nicht Gegenstand des Insolvenzplans ist, vgl. § 217, kann eine angemessene Beteiligung einer Gruppe nicht mit der Begründung verneint werden, dass die Rechte dieser Gläubiger/Rechtein-

---

[1] *Uhlenbruck/Lüer,* InsO, § 245 Rn. 27.

[2] Einzelheiten bei *Nerlich/Römermann/Braun,* InsO, § 245 Rn. 26.

[3] Vgl. zu diesem einengenden Verständnis der teleologischen Reduktion *Nerlich/Römermann/Braun,* InsO, § 245 Rn. 25 aE.

[4] Vgl. dazu US-Supreme Court in Sachen Bank of America National Trust Sailings Association v. 203 North LaSalle Street Partnership Nr. 97/1418, 119 S. Ct. 141 1, 67 U. S. L. W. 4275 (1999, May 3rd); vgl. hierzu *Wittig,* ZInsO 1999, 373 ff.; *Nerlich/Römermann/Braun,* InsO, § 245 Rn. 25.

[5] Näher *Nerlich/Römermann/Braun,* InsO, § 245 Rn. 31 f.

[6] AG Saarbrücken ZInsO 2002, 340.

[7] LG Göttingen NZI 2005, 41 ff.; der Plan hätte bereits mangels vorliegenden Erklärungen nach § 226 Abs. 2 der ungleich behandelten Gruppengläubiger scheitern müssen.

haber gekürzt, die Massegläubiger aber voll befriedigt würden.[1] Die Massegläubiger bleiben im Zusammenhang des Abs. 2 also außer Betracht.

4. Zustimmung der Mehrheit der abstimmenden Gruppen, Abs. 1 Nr. 3

Schließlich greift das Obstruktionsverbot nur dann ein, wenn auch die Voraussetzung des Abs. 1 Nr. 3 erfüllt ist, dass die Mehrheit der abstimmenden Gläubigergruppen dem Plan zugestimmt hat.[2] Zu den „abstimmenden Gläubigergruppen" zählen nicht diejenigen Gruppen, die zwar zur Abstimmung aufgerufen waren, in denen aber niemand abgestimmt hat.[3] Für Abs. 1 Nr. 3 ist eine Zustimmung „[...] mit den erforderlichen Mehrheiten [...]" notwendig; die fingierte Zustimmung einer Gruppe[4] reicht also nicht aus. Sieht der Insolvenzplan weniger als drei Gläubigergruppen vor, so ist schon begrifflich eine Anwendung des Obstruktionsverbots nicht möglich. Bestehen nur bis zu zwei Gruppen, so gelten die allgemeinen Regeln: Dem Plan muss jeweils die erforderliche Kopf- und Stimmenmehrheit zustimmen.[5] 17

5. Praxishinweise

a) Als Kunstfehler muss ein Plan bezeichnet werden, der keine „Zerschlagungsrechnung" enthält. Zwar verlangt § 229 dies nicht. Im Rahmen von § 245 – und kein Planarchitekt kann zuvor sicher sein, die Zustimmung aller Gruppen zu erlangen – ist dies aber von erheblicher Bedeutung. Das Gericht muss nicht von Amts wegen ermitteln.[6] Der Planvorlegende trägt also die Darlegungslast dafür, dass das Gericht die Entscheidung, dass eine opponierende Gruppe nicht schlechter steht als in der Regelabwicklung, sachgerecht beurteilen kann.[7] 18

b) In jedem Falle empfehlenswert ist es, eine salvatorische Klausel aufzunehmen, in der für den Fall, dass das Gericht die im Plan gebotenen Leistungen für die opponierende Gruppe nicht für ausreichend hält, insoweit eine Auffangposition geschaffen wird.[8] In der Begründung zu § 298 des RegE der InsO[9] ist ausdrücklich darauf hingewiesen, „dass im Plan zusätzliche Leistungen an solche Beteiligte vorgesehen werden, die dem Plan widersprechen und den Nachweis führen, dass sie ohne solche Zusatzleistungen durch den Plan schlechter gestellt 19

---

[1] Begründung zu § 290 RegE, abgedruckt in *Balz/Landfermann,* S. 499 f.

[2] Dabei ist dies nicht etwa die zentrale Idee von § 245 wie HK-*Flessner,* InsO, § 245 Rn. 3 meint; ähnlich auch *Smid,* FS Pawlowski, S. 387 ff.; vielmehr liegt eine unsystematische Änderung des Rechtsausschusses vor, der den pareto-optimalen Ansatz des Gesetzgebers nicht nachvollzogen hat; vgl. dazu *Nerlich/Römermann/Braun,* InsO, Vor § 217 Rn. 126, 127.

[3] Vgl. § 244 Rn. 3; *Herzig,* Das Insolvenzplanverfahren, S. 278.

[4] Etwa aufgrund von § 246 InsO.

[5] AG Duisburg NZI 2001, 605 f.

[6] Vgl. HK-*Flessner,* InsO, § 245 Rn. 14; *Braun/Uhlenbruck,* Unternehmensinsolvenz, S. 623 f.; krit. *Eidenmüller,* ZGR 2001, 697 f.

[7] Vgl. *Braun/Uhlenbruck,* Unternehmensinsolvenz, S. 538 f.

[8] Ausführlich zu dem möglichen Inhalt solcher Klauseln MünchKomm-*Eidenmüller,* InsO § 221 Rn. 41 ff.; *Binz,* Konkurrierende Insolvenzpläne, S. 165 ff.

[9] Heute § 251 InsO, Begründung abgedruckt in *Balz/Landfermann,* S. 507 f.

werden als ohne einen Plan". Dies ist in der Praxis auch zunehmend in Plänen feststellbar und leicht zu handhaben.[1] Solche salvatorischen Klauseln sollten zeitlich befristet sein, damit eine klare Basis besteht, wie lange ein solcher Anspruch evtl. geltend gemacht werden kann.[2]

20 **c)** Der Planarchitekt muss bei der strategischen Konzeption seines Plans immer § 245 vollständig präsent haben. Entweder erfolgte das Ziel einer Mehrheitsgewinnung in allen Gruppen, so dass der Plan nur noch an § 251 (insoweit inhaltsgleich mit § 245 Abs. 1 Nr. 1) gemessen werden muss oder er muss für den Fall, dass eine Gruppe opponiert, § 245 berücksichtigen. Dabei ist Eingangsvoraussetzung, dass er dann so viel Gruppen bildet, dass er annehmen kann, dass er eine Mehrheit der Gruppen für sich gewinnt, § 245 Abs. 1 Nr. 3. Dies wird in aller Regel mit weniger Gruppen leichter möglich sein als mit einer Vielzahl von Gruppen, mit zunehmender Zahl steigt die Imponderabilität von Prognoseentscheidungen.

21 Denkbar ist auch, einen etwaigen Verstoß gegen § 245 Abs. 1 Nr. 2 i. V. m. § 245 Abs. 2 Nr. 3 konzeptionell vorzusehen, wenn bspw. Arbeitnehmer oder Kleingläubiger besser behandelt werden als andere Gläubiger. Ist im Erörterungs- und Abstimmungstermin dann offensichtlich, dass rechtlich gleichrangige Gläubiger nicht zustimmen, so kann durch eine Änderung der Quotenverhältnisse im Plan Konvergenz mit § 245 Abs. 2 Nr. 3 hergestellt werden. Die betroffenen Gläubiger werden in aller Regel den Plan lieber erfolgreich sehen als ihn an der Bevorzugung scheitern zu lassen.

6. Rechtsmittel

22 Die selbstständige Anfechtung der gerichtlichen Feststellung über das Eingreifen der Zustimmungsfiktion des § 245 ist nicht möglich. Anzufechten ist die Bestätigungsentscheidung des Insolvenzgerichts (s. § 253).

§ 246 Zustimmung nachrangiger Insolvenzgläubiger

Für die Annahme des Insolvenzplans durch die nachrangigen Insolvenzgläubiger gelten ergänzend folgende Bestimmungen:

1. **Die Zustimmung der Gruppen mit dem Rang des § 39 Abs. 1 Nr. 1 oder 2 gilt als erteilt, wenn die entsprechenden Zins- oder Kostenforderungen im Plan erlassen werden oder nach § 225 Abs. 1 als erlassen gelten und wenn schon die Hauptforderungen der Insolvenzgläubiger nach dem Plan nicht voll berichtigt werden.**
2. **Die Zustimmung der Gruppen mit einem Rang hinter § 39 Abs. 1 Nr. 3 gilt als erteilt, wenn kein Insolvenzgläubiger durch den Plan besser gestellt wird als die Gläubiger dieser Gruppen.**

---

[1] Vgl. als Beispiel *Braun/Uhlenbruck,* Insolvenzplan, S. 85; krit. *Smid/Rattunde,* InsO, § 251 Rn. 7 ff.

[2] Vgl. im Übrigen *Nerlich/Römermann/Braun,* InsO, § 245 Rn. 17; aA: *Smid/Rattunde,* Der Insolvenzplan, Rn. 8.4 ff.; *Smid,* ZInsO 1998, 347, Hauptargument ist die Annahme, solche Klauseln verletzten § 226, was jedoch ersichtlich auf einer petitio principii beruht. Die Klausel steht jedem zu, behandelt also gleich. Gegen die Planregelung wehrt sich aber nur einer/die Widersprechenden. Ob bei einer Vielzahl von Widersprechenden das dann noch finanzierbar ist, ist Tatfrage und trägt nichts zur Überlegung der Zulässigkeit von Klauseln bei.

3. Beteiligt sich kein Gläubiger einer Gruppe an der Abstimmung, so gilt die Zustimmung der Gruppe als erteilt.

1. Normzweck

1 Die Möglichkeit, die Rechtsstellung der nachrangigen Insolvenzgläubiger in einem Insolvenzplan zu regeln (vgl. § 217), soll nicht dazu führen, dass die Abstimmung über den Plan in all den Fällen unnötig belastet wird, in denen die nachrangigen Gläubiger von vornherein keine Befriedigung erwarten können. Daher stellt § 246 Voraussetzungen auf, unter denen von einer Abstimmung dieser Gläubiger unter bestimmten Voraussetzungen abgesehen werden kann.[1]

2. Nr. 1: Nachrangige Gläubiger mit einem Rang gem. § 39 Abs. 1 Nr. 1 und 2

2 Der denkbare Anwendungsbereich des § 246 Nr. 1 ist sehr gering: Gelten die nachrangigen Forderungen nach § 39 Abs. 1 Nr. 1 und 2 – wie im Regelfall – gem. § 225 als erlassen, so ist gem. § 222 Abs. 1 Nr. 3 keine eigene Gruppe für sie zu bilden. Die Zustimmungsfiktion des § 246 Nr. 1 ist dann bedeutungslos. Gelten die nachrangigen Forderungen nach § 39 Abs. 1 Nr. 1 und 2 nicht nach § 225 als erlassen, weil der Insolvenzplan etwas anderes bestimmt, und ist deshalb nach § 222 Abs. 1 Nr. 3 eine eigene Gruppe zu bilden, dann ist § 246 Nr. 1 tatbestandlich („... im Plan erlassen werden oder nach § 225 Abs. 1 als erlassen gelten ...") in aller Regel nicht erfüllt. Die Vorschrift kann relevant werden, wenn gem. § 222 Abs. 2 fakultativ eine Gruppe für die nachrangigen Insolvenzgläubiger gebildet wird.

3. Nr. 2: Nachrangige Gläubiger mit einem Rang gem. § 39 Abs. 1 Nr. 4 und 5, Abs. 2

3 Gem. § 246 Nr. 2 ist eine Zustimmung der nachrangigen Insolvenzgläubiger mit einem Rang gem. § 39 Abs. 1 Nr. 4, 5 und Abs. 2 entbehrlich, wenn sie den höherrangigen Insolvenzgläubigern gleichgestellt werden, also bei einer quotalen Befriedigung der nicht nachrangigen Insolvenzgläubiger die gleiche Quote erhalten wie diese. Soweit der Plan einzelnen Gruppen nicht nachrangiger Insolvenzgläubiger unterschiedliche Werte zuweist, greift die Fiktion der Nr. 2 nur dann ein, wenn die in Nr. 2 genannte Gruppe, der Gruppe zumindest gleichgestellt ist, die den höchsten wirtschaftlichen Wert erhält.[2] Auch diese Vorschrift hat – wie schon § 246 Nr. 1[3] – keine Bedeutung, wenn die in ihr benannten nachrangigen Insolvenzforderungen gem. § 225 Abs. 1 als erlassen gelten, und somit gem. § 222 Abs. 1 Nr. 3 keine eigene Gruppe zu bilden ist. Der Sinn der Regelung bleibt vor dem Hintergrund, dass eine Gruppe gem. §§ 222 Abs. 1 Nr. 3, 225 Abs. 1 überhaupt nicht gebildet werden muss, unklar.[4]

---

[1] Begründung zu § 291 RegE, abgedruckt in *Balz/Landfermann,* S. 502 f.
[2] Begründung zu § 291 RegE, abgedruckt in *Balz/Landfermann,* S. 502 f.
[3] Vgl. oben 2. Rn. 2.
[4] Näher *Nerlich/Römermann/Braun,* InsO, § 246 Rn. 3; MünchKomm-*Eidenmüller,* InsO § 222 Rn. 59.

4. Nr. 3: Keine Beteiligung an der Abstimmung

4 Der Bestimmung liegt der Gedanke zugrunde, dass von einem nachrangigen Insolvenzgläubiger, der bei einer Verwertung ohne Plan in aller Regel leer ausgeht, die Teilnahme an der Abstimmung verlangt werden kann, wenn er mit dem Plan nicht einverstanden ist. Die Regelung verhindert, dass die Nichtteilnahme der Mitglieder einer Gruppe von nachrangigen Gläubigern an der Abstimmung dazu führt, dass die Gruppe wegen Nichterreichung der gem. § 244 erforderlichen Mehrheiten als nicht zustimmende Gruppe gewertet wird und somit die Zustimmung aller Gruppen (§ 244 Abs. 1) bzw. der Mehrheit der Gruppen (§ 245 Abs. 1 Nr. 3) verfehlt wird.[1]

5. Nachrangige Gläubiger mit dem Rang gem. § 39 Abs. 1 Nr. 3

5 § 246 behandelt die nachrangigen Gläubiger gem. § 39 Abs. 1 Nr. 3 nicht. Da sie durch den Plan nicht beeinträchtigt werden (vgl. § 225 Abs. 3), haben sie gem. § 237 Abs. 2 auch kein Stimmrecht. Einer Zustimmungsfiktion bedarf es nicht.

§ 247 Zustimmung des Schuldners

(1) **Die Zustimmung des Schuldners zum Plan gilt als erteilt, wenn der Schuldner dem Plan nicht spätestens im Abstimmungstermin schriftlich oder zu Protokoll der Geschäftsstelle widerspricht.**

(2) **Ein Widerspruch ist im Rahmen des Absatzes 1 unbeachtlich, wenn**

1. **der Schuldner durch den Plan voraussichtlich nicht schlechter gestellt wird, als er ohne einen Plan stünde, und**
2. **kein Gläubiger einen wirtschaftlichen Wert erhält, der den vollen Betrag seines Anspruchs übersteigt.**

1. Normzweck

1 § 247 soll den Schuldner in die Lage versetzen, das Wirksamwerden eines Plans zu verhindern, wenn dieser seine Rechte unangemessen beeinträchtigt.[2] Abs. 1 räumt dem Schuldner daher das Recht ein, dem Plan bis zum Schluss des Abstimmungstermins zu widersprechen.[3] Die Regelung geht davon aus, dass der Schuldner in aller Regel von den Planregelungen nicht betroffen sein wird, da sein gesamtes vollstreckungsfähiges Vermögen seine Verbindlichkeiten nicht deckt. Das Gesetz fingiert daher seine Zustimmung, falls kein (rechtzeitiger) Widerspruch

[1] AA: für § 245 Abs. 1 Nr. 3 der Ausschussbericht, abgedruckt in *Balz/Landfermann,* S. 500.

[2] Begründung zu § 293 RegE, abgedruckt in *Balz/Landfermann,* S. 504.

[3] Bei juristischen Personen üben die Vertretungsberechtigten das Widerspruchsrecht aus, vgl. näher MünchKomm-*Sinz,* InsO § 247 Rn. 7 ff. Kein Widerspruchsrecht haben Gesellschafter, diese sollen den Insolvenzplan allerdings scheitern lassen können, indem sie den Fortführungsbeschluss verweigern, falls der Plan die Fortführung der Gesellschaft vorsieht, *Uhlenbruck/Lüer,* InsO, § 247 Rn. 3. Die Erwägung ist nicht zwingend. Die planentschuldete Gesellschaft wäre gesellschaftsrechtlich „nur" zu liquidieren, was Planerfüllung nicht per se ausschließt.

erfolgt. Abs. 2 legt fest, unter welchen Voraussetzungen eine unangemessene Benachteiligung des Schuldners vorliegt. Ist sein Widerspruch nach diesen Regeln beachtlich, so darf das Insolvenzgericht den Plan nicht bestätigen (§ 248).

2. Unbeachtlichkeit des Widerspruchs, Abs. 2

a) Anders als im Falle der gleich lautenden Regelung des § 245 Abs. 1 Nr. 1, ist bei **Abs. 2 Nr. 1** nicht auf das wirtschaftliche Endergebnis der Situation mit und ohne Plan abzustellen.[1] Da die InsO dem Schuldner einen Mindeststandard an Rechten gewährleistet, in die gegen seinen Willen nicht eingegriffen werden kann, ist stattdessen entscheidend, ob eine Verschlechterung der Rechtsstellung des Schuldners gegeben ist.[2] Dies wird in drei Fällen zu bejahen sein[3] 2

- Der Plan verweigert oder erschwert die Restschuldbefreiung (§§ 286 ff.). Ein derartiger Eingriff in die Rechtsstellung des Schuldners ist nur ausnahmsweise bei Vorliegen eines Versagungsgrundes gem. § 290 möglich.
- Dem Schuldner wird der Übererlös (§ 199) verweigert. In der Praxis wird das Verbleiben eines Überschusses nach der Schlussverteilung in aller Regel von vornherein ausgeschlossen werden können, so dass dieser Fall eher theoretischer Natur ist.
- Der Plan greift in das insolvenzfreie Vermögen des Schuldners ein, indem er Zuzahlungen aus dem der Zwangsvollstreckung nicht unterworfenen Vermögen fordert.

Durch Einfügen des Wortes „voraussichtlich" in Abs. 2 Nr. 1 kurz vor Inkrafttreten der InsO am 19. 12. 1998 durch den BT-Rechtsausschuss sollte zum Ausdruck gebracht werden, dass die Insolvenzgerichte lediglich eine „Einschätzung" vornehmen sollen, ob eine Schlechterstellung des Schuldners wahrscheinlicher ist als eine Nichtschlechterstellung.[4] 3

b) Die Voraussetzung in **Abs. 2 Nr. 2** entspricht der Regelung in § 245 Abs. 2 Nr. 1.[5] 4

c) Das Widerspruchsrecht des Schuldners ist im Falle seiner eigenen Planinitiative[6] einzuschränken.[7] Er hat nur die Möglichkeit, den Plan bis zum Beginn der Abstimmung zu ändern oder zurückzunehmen.[8] Ansonsten könnte der Schuldner, anders als der Verwalter, dessen Recht auf Rücknahme des Planantrages mit dem Beginn der Abstimmung endet, qua Widerspruch noch eine Rückgängigmachung des Plans erreichen.[9] 5

---

[1] AA: FK-*Jaffé*, InsO, § 247 Rn. 5; HambKomm-*Thies*, InsO, § 247 Rn. 7.

[2] Vgl. die Begründung zu § 293 RegE, abgedruckt in *Balz/Landfermann,* S. 504.

[3] Näher *Nerlich/Römermann/Braun,* InsO, § 247 Rn. 3 ff.

[4] Bericht des BT-Rechtsausschusses zu Art. 1 Nr. 12, 13 und 14 EG InsOÄndG, abgedruckt in *Balz/Landfermann,* S. 500 f.; vgl. auch § 245 Rn. 5.

[5] Vgl. § 245 Rn. 7.

[6] Vgl. § 218 Abs. 1.

[7] Näher *Smid/Rattunde,* Der Insolvenzplan, Rn. 14.10 ff.; *Gietl,* Handbuch des Fachanwalts Insolvenzrecht, S. 894 Rn. 149: Widerspruch des Schuldners gegen eigenen Plan wäre treuwidrig.

[8] Vgl. § 240 Rn. 6.

[9] So auch HK-*Flessner,* InsO, § 247 Rn. 4; abweichend *Smid/Rattunde,* InsO, § 247 Rn. 13.

3. Rechtsmittel

6 Die gerichtliche Feststellung über die Ersetzung der Zustimmung ist nicht selbstständig anfechtbar. In Betracht kommt allerdings die sofortige Beschwerde gegen die Bestätigung des Insolvenzplanes (§ 253).[1]

§ 248 Gerichtliche Bestätigung

(1) **Nach der Annahme des Insolvenzplans durch die Gläubiger (§§ 244 bis 246) und der Zustimmung des Schuldners bedarf der Plan der Bestätigung durch das Insolvenzgericht.**

(2) **Das Gericht soll vor der Entscheidung über die Bestätigung den Insolvenzverwalter, den Gläubigerausschuß, wenn ein solcher bestellt ist, und den Schuldner hören.**

1. Normzweck

1 **a)** Die Notwendigkeit der gerichtlichen Bestätigung des Insolvenzplans gem. Abs. 1 dient dem Schutz der am Planverfahren Beteiligten. Die gerichtliche Kontrolle soll gewährleisten, dass nur ein Plan die in den §§ 254 ff. normierten Wirkungen entfaltet, der in dem gesetzlich vorgeschriebenen Verfahren zustandegekommen ist und dessen Inhalt den gesetzlichen Anforderungen genügt. Abs. 2 dient der Gewährung rechtlichen Gehörs.

2 **b)** Die Vorschrift entspricht im Wesentlichen dem bisherigen Recht.[2]

2. Gerichtliche Planbestätigung

3 **a)** Der Hinweis in Abs. 1 auf die §§ 244 bis 246 dient der Klarstellung, dass über das Vorliegen der Voraussetzungen dieser Vorschriften, ebenso wie über das Vorliegen der Zustimmung des Schuldners (§ 247), im Rahmen der Planbestätigung entschieden wird.[3] Das Gericht hat im Bestätigungsverfahren außerdem zu prüfen, ob es gem. §§ 249 bis 251 Gründe für die Versagung der Bestätigung gibt.

4 **b)** Das Gericht stellt das Vorliegen der Voraussetzungen für die Planbestätigung durch Beschluss fest. Dies ist auch dann erforderlich, wenn sämtliche Gläubiger dem Plan zugestimmt haben. Der Beschluss ist zu verkünden, § 252 Abs. 1.

5 **c)** Durch den Bestätigungsbeschluss werden alle Willens- und Verfahrensmängel des Planverfahrens geheilt. Sie können nach rechtskräftiger Bestätigung nicht mehr geltend gemacht werden.

6 **d)** Das Gesetz sieht, kommt das Gericht zur Überzeugung, den Plan nicht bestätigen zu können, keine Entscheidung vor. Aus § 253 ergibt sich aber mittelbar, dass diese Versagung der Bestätigung rechtsmittelfähig ist. Das Gericht sollte deswegen – schon aus Gründen der Klarheit, wenn es nicht bestätigt, warum auch immer – einen Versagungsbeschluss fassen.[4]

---

[1] MünchKomm-*Sinz,* InsO § 247 Rn. 41.
[2] Vgl. § 78 Abs. 1 und 2 VglO; § 184 KO; § 16 Abs. 5 S. 1 GesO.
[3] Ausschussbericht zu § 295 RegE, abgedruckt in *Balz/Landfermann,* S. 505.
[4] So auch HK-*Flessner,* InsO, § 248 Rn. 3.

3. Bestätigungsentscheidung bei Annahme mehrerer Pläne

Fraglich ist, nach welchen Regeln die gerichtliche Bestätigung zu erfolgen hat, wenn im Abstimmungstermin mehr als ein Plan angenommen wird.[1] In der Literatur finden sich verschiedene Lösungsvorschläge.[2] Fest steht, dass das Insolvenzgericht wegen der Wirkungen, die dem rechtskräftig bestätigten Insolvenzplan gem. §§ 254, 257 beigemessen werden, nur einen Plan bestätigen kann.[3] Es dürfte dem Plan der Vorzug gebühren, der insgesamt die größere Kopf- und Summenmehrheit gefunden hat. Hat einem Insolvenzplan die größere Kopfmehrheit, dem anderen die größere Summenmehrheit zugestimmt, so ist die Summenmehrheit entscheidend.[4] 7

4. Anhörung gem. Abs. 2

Der Entscheidung über die Planbestätigung soll eine Anhörung aller Beteiligten[5] vorausgehen. Zusätzlich sind gem. Abs. 2 der Insolvenzverwalter und ggf. der Gläubigerausschuss zu hören; dass auch der Schuldner zu hören ist, ergibt sich bereits aus seiner Stellung als Beteiligter.[6] Es genügt, wenn die Gelegenheit zur Äußerung bestand.[7] Infolge der Fassung des § 248 Abs. 2 als Soll-Bestimmung kann eine unterbliebene Anhörung nicht im Beschwerdeverfahren zu der Aufhebung einer Bestätigungsentscheidung führen.[8] Da dort – und auch zuvor bereits im Erörterungstermin – die Möglichkeit zur Äußerung bestand, ist der Anspruch auf Gewährung rechtlichen Gehörs gewahrt.[9] 8

Nach der Begr. zu § 295 des RegE der InsO[10] soll die in Abs. 2 vorgesehene Anhörung regelmäßig noch im Abstimmungstermin erfolgen.[11] Sie kann allerdings erst stattfinden, sobald sämtliche Voraussetzungen für die gerichtliche Entscheidung vorliegen. In denjenigen Fällen, in denen nach dem Abstimmungstermin – bspw. zur Feststellung der Voraussetzungen des § 245 – die Notwendigkeit zur Einholung von Sachverständigengutachten besteht, darf die Anhörung somit erst nach Vorliegen des Gutachtens erfolgen (oder muss ggf. danach wiederholt werden). 9

---

[1] Vgl. bereits oben § 218 Rn. 12; § 235 Rn. 7.

[2] Vgl. z. B. FK-*Jaffé,* InsO, § 244 Rn. 29 ff. mwN; HK-*Flessner,* InsO, § 248 Rn. 4 f. mwN; *Hess,* InsO, § 243 Rn. 5 ff.

[3] Dies verkennt *Uhlenbruck/Lüer,* InsO, § 249 Rn. 7, der eine Pflicht zur Bestätigung – in zeitlichem Abstand – aller angenommenen Pläne befürwortet.

[4] Vgl. *Braun/Riggert/Kind,* S. 167.

[5] Zum Beteiligtenbegriff s. § 234 Rn. 4.

[6] HK-*Flessner,* InsO, § 248 Rn. 6.

[7] LG Traunstein ZInsO 1999, 577, 582 = NZI 1999, 461, 464 = DZWIR 1999, 464, 470; WM 2000, 680 ff., 686.

[8] *Uhlenbruck/Lüer,* InsO, § 248 Rn. 4; differenzierend: MünchKomm-*Sinz,* InsO § 248 Rn. 11 ff., 13: Anhörung zwingend für den Fall nachträglich hinzugekommener Beteiligter.

[9] *Uhlenbruck/Lüer,* InsO, § 248 Rn. 4; aA: *Gietl,* Handbuch des Fachanwalts Insolvenzrecht, S. 895 Rn. 153 mwN: Anhörung muss erfolgen.

[10] Abgedruckt in *Balz/Landfermann,* S. 505.

[11] Vgl. auch § 252 Abs. 1 S. 1.

§ 249 Bedingter Plan

Ist im Insolvenzplan vorgesehen, daß vor der Bestätigung bestimmte Leistungen erbracht oder andere Maßnahmen verwirklicht werden sollen, so darf der Plan nur bestätigt werden, wenn diese Voraussetzungen erfüllt sind. Die Bestätigung ist von Amts wegen zu versagen, wenn die Voraussetzungen auch nach Ablauf einer angemessenen, vom Insolvenzgericht gesetzten Frist nicht erfüllt sind.

1. Normzweck

1 S. 1 der Vorschrift ermöglicht es, das Wirksamwerden des Planes in Form seiner Bestätigung und damit die Rechtsänderungen, die im gestaltenden Teil des Plans vorgesehen sind, davon abhängig zu machen, dass bestimmte Leistungen erbracht oder andere Maßnahmen verwirklicht werden. S. 2 soll eine längere Ungewissheit über die Bestätigung des Plans vermeiden helfen.

2. Voraussetzungen der Planbestätigung gem. S. 1

2 **a)** Beispiele für „Leistungen", die gem. S. 1 Voraussetzung für die Planbestätigung sein sollen, sind: Bestellung neuer Sicherheiten, Gewährung von Sanierungskrediten, Ausführung von Arbeiten, Gewinnung von staatlichen Beihilfen. Dabei ist es gleichgültig, ob die Leistungen von Dritten oder vom Insolvenzbeteiligten erbracht werden.[1]

3 „Andere Maßnahmen" i. S. v. S. 1 sind vor allem gesellschaftsrechtliche Beschlüsse, z. B. über die Durchführung einer Kapitalherabsetzung mit anschließender Kapitalerhöhung, die Gründung einer Übernahmegesellschaft oder über eine Satzungsänderung.[2] In diesem Bereich liegt die Hauptbedeutung von S. 1: Zwar kann in die Rechtsstellung Dritter, insbes. der Gesellschafter, durch den Insolvenzplan nicht unmittelbar eingegriffen werden. Die Erbringung der von Dritten in Aussicht gestellten Maßnahmen kann jedoch zur Voraussetzung der Planbestätigung gemacht werden. S. 1 ermöglicht es, die Annahme des Plans in der Abstimmung und die erwarteten Leistungen oder Maßnahmen von Beteiligten oder Dritten miteinander zu verzahnen. So müssen bspw. – zwingend gegenüber der Gesellschaft verpflichtende – gesellschaftsrechtliche Beschlüsse erst gefasst werden, wenn die Annahme des Plans durch die Gläubiger feststeht. Andererseits laufen die annehmenden Gläubiger nicht Gefahr, dass der Plan bestätigt wird, wenn die Gesellschafter die im Plan vorgesehenen Beschlüsse nicht fassen.

4 **b)** § 249 unterscheidet sich von § 230 Abs. 3 dadurch, dass die (ggf. bedingte) Willenserklärung des Dritten außerhalb des Planes, aber vor Bestätigung abgegeben werden muss. Bei § 230 Abs. 3 ist die Verpflichtung eines Dritten dann wirksam, wenn der Plan zustandekommt und sich die Verpflichtung nicht auf die

---

[1] HK-*Flessner,* InsO, § 249 Rn. 3.

[2] Ein Insolvenzplan kann bspw. auch unter die Bedingung eines von der Generalversammlung einer Genossenschaft wirksam gefassten Fortsetzungsbeschlusses gestellt werden, s. LG Dessau Rpfleger 2000, 512; vgl. näher zu fortsetzungsbezogenen Beschlüssen *Eidenmüller,* ZGR 2001, 681 ff., 692 ff. = DZWIR 2001, 390 ff., 391 m. Anm. *Scheibner* = ZInsO 2001, 1167 f.

Insolvenzmasse bezieht.[1] Für Sachverhalte, die unter § 249 fallen, können – rechtlich unverbindliche – Bereitschaftserklärungen gem. § 230 Abs. 3 beigefügt werden. § 228 hingegen regelt (ggf. bedingte) Willenserklärungen, die sich auf Gegenstände der Insolvenzmasse beziehen (Planregelungen), die mit der Planbestätigung wirksam werden.[2]

3. Setzung einer angemessenen Frist gem. S. 2

Gem. S. 2 ist das Insolvenzgericht verpflichtet, für die Erfüllung der Bestätigungsvoraussetzungen eine Frist zu setzen. Die Angemessenheit der Frist bestimmt sich nach dem jeweiligen Einzelfall, insbesondere nach den noch zu erfüllenden Voraussetzungen. Keinesfalls darf jedoch eine erhebliche Verzögerung des Verfahrens (über vier Wochen hinaus) eintreten.[3] 5

4. Praxishinweise

Ein bedingter Plan kann in der Praxis erhebliche Vorteile haben: Dritte erbringen ihre Verpflichtungen nur auf gesicherter Basis. Dem Schuldner, dem Mitwirkungshandlungen für weitreichende Eingriffe in die Unternehmensstruktur abverlangt werden, bietet ein bedingter Plan die Gewissheit, dass der Plan nach Vornahme dieser Handlungen auch wirklich umgesetzt wird. 6

Die Alternative in der Gestaltung sind mittels Vollmacht der Dritten in den Plan integrierte Erklärungen für den Fall der Planbestätigung. Wird der Plan nicht bestätigt, ist die Verpflichtung gegenstandslos. Der Weg ist bei gegenüber einer Gesellschaft verpflichtend abzugebenden Übernahmeerklärungen bezüglich einer Kapitalerhöhung aber verbaut; hier hilft nur der bedingte Plan. 7

§ 250 Verstoß gegen Verfahrensvorschriften

Die Bestätigung ist von Amts wegen zu versagen,

1. **wenn die Vorschriften über den Inhalt und die verfahrensmäßige Behandlung des Insolvenzplans sowie über die Annahme durch die Gläubiger und die Zustimmung des Schuldners in einem wesentlichen Punkt nicht beachtet worden sind und der Mangel nicht behoben werden kann oder**
2. **wenn die Annahme des Plans unlauter, insbesondere durch Begünstigung eines Gläubigers, herbeigeführt worden ist.**

1. Normzweck

a) § 250 nennt die vom Insolvenzgericht von Amts wegen zu beachtenden Gründe, die zu einer Versagung der Bestätigung des Insolvenzplans führen müssen. Sie dient der Gewährleistung eines rechtsstaatlichen Verfahrens, bei dem sich die Gläubiger darauf verlassen können, dass sie ihre Zustimmung zum Insolvenzplan in einem unter Beachtung der Vorschriften der InsO durchgeführten Verfahren gegeben haben und dass der Plan nicht unlauter zustandegekommen ist. Aus diesem Grunde sind diese Formvorschriften keine Soll-Vorschriften.[4] 1

---

[1] Vgl. *Nerlich/Römermann/Braun,* InsO, § 230 Rn. 18 ff.
[2] Vgl. auch hierzu HK-*Flessner,* InsO, § 249 Rn. 7.
[3] Vgl. auch den durch § 252 Abs. 1 S. 1 vorgegebenen Zeitrahmen.
[4] So aber *Rattunde,* ZIP 2003, 596 ff., 600.

2 **b)** Die Vorschrift entspricht fast wörtlich der bisherigen Regelung in § 79 Nr. 1 und Nr. 3 VglO.[1]

2. Versagung der Bestätigung gem. Nr. 1

3 **a) Vorschriften über den Inhalt** des Plans sind die §§ 217, 219 bis 230. Bei Verstößen gegen § 222 (Bildung von Gruppen)[2] und § 226 Abs. 1 (Gleichbehandlungsgrundsatz) ist der Einfluss auf das Zustandekommen der Planannahme durch die Gläubiger und damit die Wesentlichkeit des Verstoßes (s. unten d), Rn. 7) immer zu bejahen.[3] Bei Verstößen gegen die anderen Vorschriften ist dies vom jeweiligen Einzelfall abhängig.[4]

4 Die gem. § 231 Nr. 1 bereits erfolgte gerichtliche Vorprüfung der Vorschriften über den Inhalt des Plans kann die Prüfung im Rahmen des § 250 Nr. 1 erleichtern, macht diese jedoch nicht entbehrlich, da sich aus der Erörterung mit den Beteiligten (§ 235) und den eingeholten Stellungnahmen (§§ 232, 248 Abs. 2) möglicherweise neue Gesichtspunkte ergeben haben. Auch kann zwischenzeitlich eine Planänderung (§ 240) erfolgt sein.[5] In keinem Fall unterliegt das Gericht einer Selbstbindung an seine Entscheidung gemäß § 231.

5 **b) Vorschriften über die verfahrensmäßige Behandlung** des Insolvenzplans sind die §§ 218, 231, 232, 234 bis 243. Hierbei kommt es grundsätzlich auf den Einzelfall an. Allerdings hat das Gericht im Rahmen des § 250 Nr. 1 keine Überprüfung der Stimmrechtsfestsetzung gem. §§ 237, 238 vorzunehmen.[6] Zur Anfechtung von gerichtlichen Stimmrechtsentscheidungen s. oben § 237, 6. Rn. 11, § 238, 5. Rn. 10.[7] Eine erste gerichtliche Befassung mit solch einem Sachverhalt stellt eine Hinweisverfügung des LG Hanau (8 T 212/00) dar. Das Gericht vertritt die Auffassung, dass eine unterbliebene Ladung gem. § 235 Abs. 3 einen die Bestätigung des Plans hindernden Grund darstelle.[8] Für die Versagung der Bestätigung genügt auch ein Verstoß nur gegen die Vorschriften über den Inhalt des Insolvenzplans oder über dessen verfahrensmäßige Behandlung für sich allein, das „und“ ist insofern als „oder“ zu lesen.[9]

6 **c)** Die Versagung der Bestätigung nach § 250 Nr. 1 auf Grund eines Verstoßes gegen die **Vorschriften über die Planannahme durch die Gläubiger (§§ 244 bis 246) und die Zustimmung des Schuldners (§ 247)** hat keine eigenständige Bedeutung, da das Gericht erst im Rahmen der Bestätigungsentscheidung über das Vorliegen der Voraussetzungen der §§ 244 bis 247 entscheidet[10]

---

[1] Vgl. außerdem §§ 186 Nr. 1, 188 Abs. 1 Nr. 1 KO; § 16 Abs. 5 S. 3 GesO.

[2] Siehe auch MünchKomm-*Eidenmüller,* InsO § 222 Rn. 143, 144.

[3] MünchKomm-*Sinz,* InsO § 250 Rn. 6.

[4] Weder der Schuldner noch der Insolvenzverwalter, der einen Insolvenzplan vorlegt, ist verpflichtet, in dem darstellenden Teil die möglichen Versagungsgründe für die Restschuldbefreiung darzulegen, so: BGH NZI 2009, 515 m. Anm. *Frank* in FD-InsR 2009, 284371.

[5] HK-*Flessner,* InsO, § 250 Rn. 2.

[6] *Uhlenbruck/Lüer,* InsO, § 250 Rn. 22.

[7] Zur (umstr.) Vorgehensweise für den Fall, dass der wesentliche und unbehebbare Verfahrensfehler ausschließlich durch das Insolvenzgericht selbst verursacht wurde, vgl. *Nerlich/Römermann/Braun,* InsO, § 250 Rn. 3.

[8] Vgl. *Gareis,* NZI 2001, 238.

[9] MünchKomm-*Breuer,* InsO § 231 Rn. 7.

[10] Vgl. oben § 248 Rn. 3.

und somit nicht im selben Atemzug einen Verstoß gegen diese Vorschriften feststellen kann. Die Fehlerhaftigkeit der gerichtlichen Entscheidung kann im Rahmen des Rechtsmittelverfahrens nach § 253 geltend gemacht werden.[1]

d) Wesentlich sind Verstöße gegen die in § 250 Nr. 1 genannten Vorschriften, wenn sie auf das Zustandekommen der Annahme des Insolvenzplans von Einfluss gewesen sein können. 7

Ein Mangel ist **nicht behebbar,** wenn das Fehlende bis zur Verkündung des Bestätigungsbeschlusses nicht nachgeholt werden kann. Wird ein wesentlicher Mangel erst nach Durchführung des Erörterungs- und Abstimmungstermins entdeckt, so hat er sich potentiell auf die Entscheidungsfindung ausgewirkt. Die Behebbarkeit ist dann zu verneinen.[2] Allerdings hat § 18 Abs. 3 S. 2 RPflG Vorrang vor § 250 Nr. 1 InsO.[3] 8

3. Versagung der Bestätigung gem. Nr. 2

Unlauter i. S. d. § 250 Nr. 2 ist jedes gegen Treu und Glauben verstoßende Verhalten, gleich, ob es vom Schuldner, einem Gläubiger, dem Insolvenzverwalter oder einem Vierten ausgegangen ist.[4] Erforderlich ist die Kausalität des Verhaltens für die Annahme des Plans.[5] Als Bsp. für die im Gesetz besonders genannte Begünstigung von Gläubigern wird der Fall des Stimmenkaufs genannt.[6] Der BGH[7] hält jeden Stimmenkauf zu einem Betrag, der die Planquote übersteigt und der damit eine Mehrheitsentscheidung im Sinne des Forderungserwerbers ermöglicht, für nichtig.[8] 9

4. Das Gericht versagt ggf. „von Amts wegen". Dabei ist auch das Einholen von schriftlichen Auskünften bei den Gläubigern eine zulässige Maßnahme durch das Insolvenzgericht. Das Gericht ist auch befugt, den Gläubigern eine Erklärung – mit den Konsequenzen des § 156 StGB – abzunehmen, in der sie die Richtigkeit und Vollständigkeit ihrer Angaben an Eides statt versichern. Gegen ihre Zulässigkeit spricht nicht, dass die Gläubiger zu einer solchen Versicherung nicht gezwungen werden können.[9] 10

---

[1] Ausführlich *Uhlenbruck/Lüer,* InsO, § 250 Rn. 27.

[2] *Nerlich/Römermann/Braun,* InsO, § 250 Rn. 4; MünchKomm-*Sinz,* InsO § 250 Rn. 16.

[3] AG Duisburg ZInsO 2002, 736 f., 737 = NZI 2002, 52 f., 503.

[4] *Uhlenbruck/Lüer,* InsO, § 250 Rn. 30.

[5] *Uhlenbruck/Lüer,* InsO, § 250 Rn. 31.

[6] Dabei betreffen die in der Lit. genannten Fälle Entscheidungen zur VglO oder zum Zwangsvergleich der KO, die überholt sind. Für weitere Beispiele s. *Nerlich/Römermann/Braun,* InsO, § 250 Rn. 12 f. und MünchKomm-*Sinz,* InsO § 250 Rn. 23 ff.

[7] BGH NZI 2005, 325 ff. = ZIP 2005, 719 ff.

[8] Andere, planoffengelegte Forderungskäufe sind dennoch denkbar. Die vom BGH wegen Gläubigerbenachteiligung statuierte „Nichtigkeit" des Stimmenkaufes ist indessen dogmatisch fragwürdig. § 251 InsO ist eine Verfahrensvorschrift des Planrechtes. Warum der Stimmrechtskauf (mit dem unterstellten Ziel) nichtig sein soll (§ 242 BGB) bleibt dunkel. Die vom BGH zu Recht beabsichtigte Verhinderung der Manipulation der Abstimmung durch teilweisen Stimmaufkauf „über Plan pari" verhindert § 245 Abs. 2 Nr. 3 im Mehrgruppenplan, ansonsten § 226 Abs. 2; unterschiedlich behandelt ist – deswegen im Plan offenzulegen – auch die außergerichtliche Besserbehandlung.

[9] AG Duisburg ZInsO 2002, 736 f., 737 = NZI 2002, 52 f., 503.

§ 251 Minderheitenschutz

(1) **Auf Antrag eines Gläubigers ist die Bestätigung des Insolvenzplans zu versagen, wenn der Gläubiger**

1. **dem Plan spätestens im Abstimmungstermin schriftlich oder zu Protokoll der Geschäftsstelle widersprochen hat und**
2. **durch den Plan voraussichtlich schlechter gestellt wird, als er ohne einen Plan stünde.**

(2) **Der Antrag ist nur zulässig, wenn der Gläubiger glaubhaft macht, daß er durch den Plan schlechter gestellt wird.**

1. Normzweck

1 **a)** Die Vorschrift schützt den einzelnen Gläubiger innerhalb einer Gruppe davor, dass er von den anderen Gläubigern in seiner Gruppe überstimmt wird, und es so gem. § 244 zu einer ihm nachteiligen Annahme des Insolvenzplans durch seine Gruppe kommt. Dies ist bspw. denkbar, wenn die Mehrheit innerhalb einer Gruppe für einen Sanierungsplan stimmt, weil sie sich Vorteile aus künftigen Geschäftsbeziehungen mit dem Schuldner verspricht, während für die überstimmte Minderheit diese Erwartungen nicht gegeben sind. § 251 soll dem einzelnen Gläubiger den Wert garantieren, den er ohne Plan im gesetzlichen Regelverfahren zugewiesen bekäme. Eine angemessene Beteiligung an dem durch den Plan realisierten Wert, wie sie der insoweit weitergehende § 245 Abs. 1 Nr. 2 i. V. m. Abs. 2 vorsieht, wird ihm hingegen nicht garantiert. Anders als § 245, der eine von Amts wegen durchzuführende Prüfung der voraussichtlichen Schlechterstellung und unangemessenen Beteiligung vorsieht, wenn eine ganze Gläubigergruppe den Plan ablehnt, soll § 251 dem einzelnen Gläubiger (nur) auf seinen Antrag hin Schutz gewähren.

2 **b)** Vergleichbar mit dem Minderheitenschutz durch Abs. 1 Nr. 2 gewährleistete das bisherige Recht durch das Erfordernis, dass der (Zwangs-)Vergleich dem „gemeinsamen Interesse“ der Gläubiger nicht widersprechen dürfe[1] bzw. nicht einen Teil der Gläubiger „unangemessen benachteiligen“ dürfe,[2] einen gewissen Schutz. Die Regelung des Abs. 1 Nr. 2 findet sich in sehr ähnlicher Form im US-amerikanischen Reorganisationsrecht.[3]

2. Widerspruch, Abs. 1 Nr. 1

3 Das Recht, dem Plan gem. Abs. 1 Nr. 1 spätestens im Abstimmungstermin zu widersprechen, hat ein Gläubiger auch dann, wenn er nicht stimmberechtigt ist[4] oder an der Abstimmung nicht teilgenommen hat.[5] Der Widerspruch i. S. d. § 251 ist auch dann erforderlich, wenn der Gläubiger zuvor gegen den Plan votiert hat.[6] Wird im Termin bereits der Antrag auf Versagung der Bestätigung

---

[1] § 79 Nr. 4 VglO; § 188 Abs. 1 Nr. 2 KO.

[2] § 16 Abs. 5 S. 2 GesO.

[3] 11 U. S. C. § 1129 (a) (7) (A) (ii); sog. „best interests of creditors test“.

[4] *Uhlenbruck/Lüer,* InsO, § 251 Rn. 11.

[5] *Binz,* Konkurrierende Insolvenzpläne, S. 95.

[6] LG Neubrandenburg ZInsO 2000, 628.

gestellt,[1] ist der grundsätzlich vorzuschaltende Widerspruch entbehrlich.[2] Die übrigen Beteiligten wissen damit, ob der Plan am Widerstand eines anderen scheitern kann. Damit besteht ausreichende Rechtssicherheit, ein zusätzlich zu erklärender Widerspruch wäre Förmelei.

3. Verbot der Schlechterstellung, Abs. 1 Nr. 2

a) Das Verbot der Schlechterstellung des widersprechenden Gläubigers in Abs. 1 Nr. 2 entspricht konzeptionell der Regelung in § 245 Abs. 1 Nr. 1. Zu den Schwierigkeiten, die mit dem Vergleich der Gläubigerposition im Falle der Planlösung mit der hypothetischen Position im Falle der Regelabwicklung verbunden sind, kann auf die Ausführungen unter § 245, 2. a) (Rn. 3) verwiesen werden. Auch für die Prüfung der Voraussetzungen des § 250 Abs. 1 Nr. 2 kann die Gegenüberstellung von Planwerten und Regelabwicklungswerten, diese bezogen auf den Stichtag der Aufhebung des Regelverfahrens unter Berücksichtigung einer etwaigen Nachtragsverteilung, in einer Vergleichsrechnung hilfreich sein.[3] Nicht einzubeziehen ist hierbei, was die Gläubiger während der Wohlverhaltensperiode im Rahmen der Restschuldbefreiungsphase einer natürlichen Person erlangen können oder von welchen Verbindlichkeiten der Schuldner zum Abschluss dieser Phase nicht befreit wird.[4] Zur Bedeutung des Wortes „voraussichtlich" in Abs. 1 Nr. 2 s. oben § 245, 2. c) (Rn. 5). In gleicher Weise wie bei § 245 stellt sich hier die Frage, ob sog. „salvatorische Klauseln" in Insolvenzplänen, um die gerichtliche Planbestätigung zu erleichtern, möglich und empfehlenswert sind bzw. welchen inhaltlichen Anforderungen sie entsprechen müssen. Vgl. insoweit oben § 245, 5. b) (Rn. 19).[5] Im Gegensatz zu § 245 gewährt § 251 Abs. 1 dem einzelnen Gläubiger aber nur den Mindeststandard der Regelabwicklung, hingegen keinen Anspruch auf angemessene wirtschaftliche Beteiligung. 4

4. Zulässigkeit und Beweislast des Gläubigerantrags, Abs. 2

a) Der Antrag des Gläubigers auf Versagung der Bestätigung ist nur zulässig, wenn er glaubhaft macht, dass er durch den Plan schlechter gestellt wird als ohne Plan[6] und wenn der Antrag bis zur rechtskräftigen Bestätigung des Plans erfolgt.[7] Nachdem das Insolvenzgericht den Plan aber einmal bestätigt hat, bleibt für den Antrag auf Versagung nur der Weg über § 253, denn dem Ausgangsgericht fehlt in diesem Fall die Abänderungsbefugnis.[8] Das Erfordernis der Glaubhaftma- 5

[1] Vgl. hierzu Rn. 5.

[2] BGH NZI 2007, 522 ff.

[3] Vgl. oben § 245 5. a) Rn. 18.

[4] Vgl. oben § 245 Rn. 5 a; AA: wohl AG Düsseldorf ZInsO 2008, 463 ff. für den Anwendungsbereich des § 251.

[5] Ausführlich zu dieser Problematik auch MünchKomm-*Sinz,* InsO § 251 Rn. 18 ff.

[6] Gemäß BGH vom 17. 12. 2009 (Az.: IX ZB 124/09) kann sich der Gläubiger der Obliegenheit der Glaubhaftmachung einer Schlechterstellung durch den Insolvenzplan nicht durch den Antrag auf Aussetzung des Verfahrens während der Dauer eines gegen den Schuldner geführten staatsanwaltschaftlichen Ermittlungsverfahrens entziehen.

[7] So jetzt BGH NZI 2007, 522 ff.; aA: HK-*Flessner,* InsO, § 251 Rn. 4: Antrag nur zulässig bis zur Verkündung der Bestätigungsentscheidung.

[8] MünchKomm-*Sinz,* InsO § 251 Rn. 7.

chung[1] soll das Insolvenzgericht davor bewahren, auf Grund eines Antrags, der auf bloße Vermutungen oder auf die abstrakte Möglichkeit künftiger Entwicklungen gestützt wird[2], aufwändige Ermittlungen durchführen zu müssen.[3]

6 **b)** Der Gläubiger trägt die Beweislast, was sich aus der gegenüber § 245 Abs. 1 Nr. 1 gerade negativ formulierten Voraussetzung „nur zu versagen wenn“ gegenüber „der Plan wird bestätigt, wenn die Gläubiger ...“ ergibt.[4]

§ 252 Bekanntgabe der Entscheidung

(1) **Der Beschluß, durch den der Insolvenzplan bestätigt oder seine Bestätigung versagt wird, ist im Abstimmungstermin oder in einem alsbald zu bestimmenden besonderen Termin zu verkünden. § 74 Abs. 2 Satz 2 gilt entsprechend.**

(2) **Wird der Plan bestätigt, so ist den Insolvenzgläubigern, die Forderungen angemeldet haben, und den absonderungsberechtigten Gläubigern unter Hinweis auf die Bestätigung ein Abdruck des Plans oder eine Zusammenfassung seines wesentlichen Inhalts zu übersenden.**

1. Normzweck[5]

1 **a) Abs. 1** der Vorschrift bestimmt den Termin und die Form („[...] zu verkünden“) der Bekanntgabe der gerichtlichen Entscheidung über die Planbestätigung. **Abs. 2** regelt die Bekanntgabe des Planinhalts gegenüber den Gläubigern für den Fall seiner Bestätigung.

2 **b)** Die Vorschrift entspricht im Wesentlichen dem bisherigen Recht.

2. Termin und Form der Bekanntgabe, Abs. 1

3 **a)** Gem. Abs. 1 S. 1 ist der Beschluss des Insolvenzgerichts im Abstimmungstermin (§§ 235, 241) oder in einem alsbald zu bestimmenden, besonderen Verkündungstermin bekannt zu geben. Eine Bekanntgabe noch im Abstimmungstermin wird regelmäßig nur dann möglich sein, wenn alle Gläubigergruppen und der Schuldner dem Plan zugestimmt haben und kein Gläubiger einen Antrag gem. § 251 gestellt hat. Wird ein besonderer Verkündungstermin bestimmt, so sind die stimmberechtigten Gläubiger und der Schuldner entsprechend § 241 Abs. 2 zu laden.[6] Gem. Abs. 1 S. 2 i. V. m. § 74 Abs. 2 S. 2 muss der besondere Verkündungstermin nicht öffentlich bekannt gemacht werden, wenn er im Abstimmungstermin sofort bekannt gemacht wird. Geschieht dies nicht, so ist unklar, ob neuerlich alle Beteiligten zu laden wären – wie das der Entwurf

[1] § 4 InsO i. V. m. § 294 ZPO; BGH ZInsO 2007, 491 f.: Glaubhaft gemacht ist eine Behauptung, wenn sie überwiegend wahrscheinlich ist; vgl. hierzu auch *Baumbach/Lauterbach/Albers/Hartmann,* ZPO, § 294 Rn. 1.

[2] BGH ZInsO 2007, 491 f.; BGH NZI 2009, 515 ff.

[3] Begründung zu § 298 des RegE, abgedruckt in *Balz/Landfermann,* S. 507 f.

[4] *Nerlich/Römermann/Braun,* InsO, § 251 Rn. 8; HK-*Flessner,* InsO, § 251 Rn. 7; MünchKomm-*Sinz,* InsO, § 251 Rn. 29.

[5] § 78 Abs. 3 und 4 VglO; § 185 KO.

[6] Vgl. auch HK-*Flessner,* InsO, § 252 Rn. 2.

vorsah[1] – oder ob neben § 74 Abs. 2 S. 2 auch S. 1 anwendbar ist, also eine öffentliche Bekanntmachung ausreicht. Letzterem ist zuzustimmen, da es sich bei dem Verkündungstermin auch um eine Gläubigerversammlung handelt.[2]

b) Die Bekanntgabe des Beschlusses erfolgt gem. Abs. 1 S. 1 durch (mündliche) Verkündung, § 4 i. V. m. § 329 ZPO. Der – begründete[3] – Beschluss ist zu protokollieren, § 4 i. V. m. § 160 Abs. 3 Nr. 6 ZPO. Er braucht jedoch bei der Verkündung noch nicht schriftlich abgefasst zu sein.[4] Mit der Verkündung beginnt der Lauf der Beschwerdefrist, § 6 Abs. 2 S. 1. Dies gilt auch dann, wenn vom Gericht hierüber falsch belehrt worden ist.[5] 4

3. Bekanntgabe des Planinhalts, Abs. 2

Die Übersendung des Planabdrucks oder der Zusammenfassung des wesentlichen Planinhalts erfolgt ohne Rücksicht darauf, ob sich die Gläubiger an der Abstimmung beteiligt hatten oder ob diesen ein Stimmrecht gewährt wurde. Der Informationspflicht gem. § 252 kann auch Genüge getan werden, indem der wesentliche Planinhalt in die Gründe des Bestätigungsbeschlusses aufgenommen und dieser den Gläubigern anschließend zugesandt wird. 5

§ 253 Rechtsmittel

Gegen den Beschluß, durch den der Insolvenzplan bestätigt oder die Bestätigung versagt wird, steht den Gläubigern und dem Schuldner die sofortige Beschwerde zu.

1. Normzweck

a) Die Norm ermöglicht die Anfechtung des Beschlusses des Insolvenzgerichts, durch den der Insolvenzplan bestätigt oder die Bestätigung versagt wird, durch das Rechtsmittel der sofortigen Beschwerde. Die sofortige Beschwerde ist darauf zu stützen, dass das Gericht durch seinen Beschluss die Vorschriften über die Bestätigung des Insolvenzplans (§§ 248 bis 252) verletzt hat. Somit bilden auch die Vorschriften über den Inhalt und die verfahrensmäßige Behandlung des Plans, über die Annahme durch die Gläubiger und die Zustimmung des Schuldners im Rahmen der Beschwerdeentscheidung den Überprüfungsmaßstab.[6] Auf die sofortige Beschwerde finden die §§ 567 ff. ZPO nF, modifiziert durch die §§ 6 und 7, Anwendung. 1

b) § 253 entstand in Anlehnung an § 189 Abs. 1 KO.[7] 2

---

[1] § 299 RegE, abgedruckt in *Balz/Landfermann,* S. 509.

[2] HK-*Flessner,* InsO, § 252 Rn. 2, wegen der Einfügung des Abs. 1 S. 2 genüge die öffentliche Bekanntmachung des Termines; MünchKomm-*Sinz,* InsO § 252 Rn. 12: es genüge, den Terminsbeschluss im Abstimmungstermin ordnungsgemäß zu verkünden.

[3] MünchKomm-*Sinz,* InsO § 252 Rn. 7 mwN.

[4] § 329 Abs. 1 ZPO verweist nicht auf §§ 310 Abs. 2, 311 Abs. 2 und 3 ZPO.

[5] BGH DZWIR 2004, 79.

[6] Vgl. § 250 Nr. 1.

[7] Beschwerderecht gegen den Beschluss, durch den der Zwangsvergleich im Konkurs bestätigt oder verworfen wurde.

2. Zulässigkeit der sofortigen Beschwerde

3 Die sofortige Beschwerde ist unabhängig davon **statthaft,** ob der Richter oder der Rechtspfleger über die Bestätigung des Insolvenzplans entschieden hat.[1] Dies ergibt sich aus dem neugefassten § 11 Abs. 1 RPflG, wonach gegen Entscheidungen des Rechtspflegers das Rechtsmittel gegeben ist, das nach den allgemeinen verfahrensrechtlichen Vorschriften zulässig ist.[2] Die **Beschwerdefrist** beginnt mit Verkündung des Beschlusses, § 6 Abs. 2 S. 1. Sie ist eine Notfrist und beträgt zwei Wochen, § 4 i. V. m. § 569 Abs. 1 S. 1 ZPO nF **Beschwerdeberechtigt** sind neben dem Schuldner[3] alle Gläubiger, d. h. auch diejenigen, denen das Gericht kein Stimmrecht zuerkannt hat.[4] Nicht beschwerdeberechtigt ist der Insolvenzverwalter, abweichend von § 231 Abs. 3 ist der Wortlaut des Gesetzes eindeutig.[5] Jedoch können nur solche Beschwerdebefugte den Beschluss des Insolvenzgerichts anfechten, die durch den Beschluss **beschwert** sind. Eine Beschwer ist zu bejahen, wenn der Beteiligte durch die Bestätigung oder die Versagung der Bestätigung des Plans in seiner Rechtsstellung beeinträchtigt wird. Dabei kommt sowohl eine formelle als auch eine materielle Beschwer in Betracht. Formell beschwert ist der Schuldner, der den Plan vorlegt, wenn ein Versagungsbeschluss ergeht. Das Gleiche gilt, wenn der Schuldner nach § 247 oder ein Gläubiger nach § 251 widersprochen hat und der Plan gleichwohl bestätigt wird. Materiell beschwert ist derjenige, welcher geltend macht, durch den gerügten Rechtsverstoß sei ihm eine (weitere) Verbesserung[6] seiner Stellung vorenthalten worden. Dabei kommt es nicht darauf an, ob der jeweilige Beschwerdeführer durch den Plan auch so schon bessersteht als ohne Plan oder ob er dem Plan ursprünglich zugestimmt hat. Denn Ersteres ist ein Wesensmerkmal aller Insolvenzpläne und auf Letztes kann es wegen § 571 Abs. 2 ZPO nicht ankommen.

4 Inhaltlich beschwert sind Gläubiger und Absonderungsberechtigte dann nicht, wenn ihre Rechte vom Plan nicht berührt werden oder wenn dem Gläubiger wie in der Regelabwicklung alsbaldige Befriedigung zusteht. Eine Versagungsentscheidung beschwert auch Gläubiger, die im Plan mit Leistungen begünstigt waren.

5 Nicht beschwert sind nachrangige Gläubiger, deren Forderungen durch den Plan erlöschen, da dies auf § 225 Abs. 1 zurückgeht. Das Entsprechende gilt für Absonderungsberechtigte, für die gem. § 222 Abs. 1 S. 2 Nr. 1 keine Gruppe gebildet wurde, weil in ihre Rechte nicht eingegriffen wurde.[7]

6 Sachlich **zuständig** für die Entscheidung über die sofortige Beschwerde ist gem. § 4 i. V. m. § 572 Abs. 1 S. 1 ZPO nF das Insolvenzgericht (iudex a quo) bzw. – falls das Insolvenzgericht nicht abhilft – das Beschwerdegericht, also das Landgericht.

---

[1] Vgl. §§ 3 Nr. 2 e), 18 Abs. 2 RPflG.

[2] Näher *Nerlich/Römermann/Braun,* InsO, § 253 Rn. 2.

[3] Ist der Schuldner eine juristische Person, so üben die Vertretungsberechtigten den Widerspruch aus; nicht widerspruchsberechtigt sind Gesellschafter als solche, MünchKomm-*Sinz,* InsO § 253 Rn. 9.

[4] MünchKomm-*Eidenmüller,* InsO § 253 Rn. 6.

[5] BGH NZI 2009, 480.

[6] BGH WM 2005, 1852, 1854.

[7] Näher HK-*Flessner,* InsO, § 253 Rn. 7.

3. Einlegung der sofortigen Beschwerde und Beteiligteneigenschaft des Schuldners

a) Gem. § 569 Abs. 1 ZPO wird die sofortige Beschwerde beim Insolvenzgericht bzw. beim Beschwerdegericht eingelegt. Die Einlegung der sofortigen Beschwerde hat aufschiebende Wirkung, da sie den Eintritt der Rechtskraft der Planbestätigung – und damit den Eintritt der im gestaltenden Teil festgelegten Planwirkungen (vgl. § 254) – aufschiebt. 7

b) Aus dem eigenständigen Initiativrecht des Schuldners zur Vorlage eines Plans (§ 218 Abs. 1) folgt auch dessen **Beteiligteneigenschaft** in einem von einem Gläubiger angestrengten Beschwerdeverfahren gegen die Bestätigung des Insolvenzplans. Der Schuldner ist daher berechtigt, den von ihm vorgelegten Plan zu verteidigen.[1] 8

4. Beschwerdeentscheidung

Hebt das Insolvenzgericht bzw. Beschwerdegericht den planbestätigenden Beschluss des Insolvenzgerichts auf, so ist damit nicht auch die Abstimmung über den Insolvenzplan hinfällig.[2] Vielmehr befindet sich das Verfahren nach der Aufhebung sachlich wieder auf dem Stand von § 248[3]. Entscheidet das Beschwerdegericht, hat es (entsprechend §§ 538 bis 540, 572 Abs. 3 ZPO nF) darüber zu befinden, ob es die Sache zurückverweist oder selbst (gem. §§ 248 bis 251) über den Plan entscheidet. Letzteres ist – wenn irgend möglich – wegen des Zeitproblems höchst wünschenswert. Stellt das Beschwerdegericht einen Gesetzesverstoß fest, der bereits vor der Bestätigung durch das Insolvenzgericht liegt, so kann es (auch) das Verfahren des Insolvenzgerichts aufheben (entsprechend § 538 Abs. 2 ZPO nF) und damit die Sache auf einen Stand vor der Erörterung und Abstimmung zurückversetzen. Wird der Plan vom Planverfasser aufrechterhalten, so müssen Erörterung und Abstimmung dann erneut durchgeführt werden.[4] 9

5. Rechtsbeschwerde

Nach § 7 i. V. m. § 574 Abs. 1 Nr. 1 ZPO nF ist gegen die Beschwerdeentscheidung die Rechtsbeschwerde statthaft. 10

---

[1] AG Mühldorf (Inn) ZInsO 2000, 112 f.; dort auch zur Kostentragungspflicht des unterliegenden Beschwerdeführers gem. § 91 ZPO.

[2] AA: *Kübler/Prütting/Bork/Otte,* InsO, § 253 Rn. 11; *Haarmeyer/Wutzke/Förster,* Hdb., Rn. 9.37.

[3] MünchKomm-*Sinz,* InsO § 253 Rn. 33.

[4] Vgl. zum Ganzen HK-*Flessner,* InsO, § 253 Rn. 11.

Dritter Abschnitt. Wirkungen des bestätigten Plans. Überwachung der Planerfüllung

§ 254 Allgemeine Wirkungen des Plans

(1) **Mit der Rechtskraft der Bestätigung des Insolvenzplans treten die im gestaltenden Teil festgelegten Wirkungen für und gegen alle Beteiligten ein. Soweit Rechte an Gegenständen begründet, geändert, übertragen oder aufgehoben oder Geschäftsanteile einer Gesellschaft mit beschränkter Haftung abgetreten werden sollen, gelten die in den Plan aufgenommenen Willenserklärungen der Beteiligten als in der vorgeschriebenen Form abgegeben; entsprechendes gilt für die in den Plan aufgenommenen Verpflichtungserklärungen, die einer Begründung, Änderung, Übertragung oder Aufhebung von Rechten an Gegenständen oder einer Abtretung von Geschäftsanteilen zugrunde liegen. Die Sätze 1 und 2 gelten auch für Insolvenzgläubiger, die ihre Forderungen nicht angemeldet haben, und auch für Beteiligte, die dem Plan widersprochen haben.**

(2) **Die Rechte der Insolvenzgläubiger gegen Mitschuldner und Bürgen des Schuldners sowie die Rechte dieser Gläubiger an Gegenständen, die nicht zur Insolvenzmasse gehören, oder aus einer Vormerkung, die sich auf solche Gegenstände bezieht, werden durch den Plan nicht berührt. Der Schuldner wird jedoch durch den Plan gegenüber dem Mitschuldner, dem Bürgen oder anderen Rückgriffsberechtigten in gleicher Weise befreit wie gegenüber dem Gläubiger.**

(3) **Ist ein Gläubiger weitergehend befriedigt worden, als er nach dem Plan zu beanspruchen hat, so begründet dies keine Pflicht zur Rückgewähr des Erlangten.**

Übersicht

1. Normzweck

1 § 254 dient der Umsetzung der Regelungen im gestaltenden Teil des Plans (§ 221) und entfaltet seine materiellen Rechtswirkungen ab rechtskräftiger Bestätigung des Insolvenzplanes und zwar für alle (formell) Beteiligten und unabhängig von ihrer tatsächlichen Verfahrensteilnahme (Abs. 1 S. 1 und 3). Flankiert wird § 254 von § 257 (Vollstreckungstitel) und §§ 258, 259 (Verfahrensaufhebung) bzw. § 260 (Planüberwachung). Die Vorschrift ist im Wesentlichen ange-

lehnt an das bisherige Recht,[1] bezieht aber als Konsequenz der weiterreichenden Funktion des neuen Rechtsinstituts in Abs. 1 S. 2 sog. unterstützende Rechtsgeschäfte mit ein.[2] Abs. 2 entspricht den insolvenzrechtlichen Regeln aus § 82 Abs. 2 VglO und § 193 S. 2 KO. § 254 Abs. 3 stellt klar, dass (teilweise) erlassene Ansprüche der Gläubiger als natürliche Verbindlichkeiten fortbestehen und insoweit einen Rechtsgrund für eine volle Befriedigung bilden.[3]

2. Wirkungen

a) Abs. 1 S. 1 greift ab Rechtskraft der Bestätigung, d. h. nach Unanfechtbarkeit wegen Ablaufs der zweiwöchigen Beschwerdefrist oder Abweisung der sofortigen Beschwerde;[4] entgegen § 570 Abs. 1 ZPO nF hat die Beschwerde gegen die Planbestätigung aufschiebende Wirkung, da die Gestaltungswirkung erst mit Rechtskraft eintritt.[5] Die Wirksamkeit des Insolvenzplans selbst wird im Übrigen nicht gerichtlich festgestellt.[6] Das im gestaltenden Teil Festgelegte (§ 221) erlangt materielle Wirksamkeit, insbesondere die Stundungen, Begrenzung sämtlicher Insolvenzforderungen und (bei entsprechender Vereinbarung) Absonderungsrechte (§ 223) sowie Erlass der nachrangigen Forderungen (§ 225 Abs. 1), ohne dass es noch weiterer Vollzugsakte bedarf;[7] die Befriedigung erfolgt aber nur nach den §§ 257 ff. Es findet keine Forderungsersetzung statt.[8] Die Insolvenzforderungen sind umfassend betroffen. Soweit allerdings Dritte Verpflichtungserklärungen abgegeben haben oder aus ihrem Vermögen Insolvenzgläubigern Sicherungsrechte bestellt haben, bleibt, soweit nicht § 227 Abs. 2 eingreift, deren Verpflichtung bzw. der Zugriff auf die Sicherungsrechte trotz ggf. reduzierter gesicherter Forderung bestehen.[9] Damit bleibt bspw. auch weiterhin die Haftung der Muttergesellschaft aus einer „harten" Patronatserklärung[10] neben der schuldnerischen Haftung bestehen.[11] 2

Die Wirkungen treten ein für und gegen alle Beteiligten, also gegenüber nicht- und nachrangigen Insolvenzgläubigern, dem Schuldner (und u. U. an der juristischen Person Beteiligten für die Gesellschaft) sowie den noch nicht (voll) befriedigten Absonderungsberechtigten.[12] Eine Abänderung des bestätigenden Beschlusses auf Grund veränderter Sachlage kommt wegen fehlender Berechtigung des Insolvenzgerichts nach Verfahrensaufhebung (§ 258) nicht in Betracht.[13] 3

[1] § 193 KO, § 82 VglO, § 16 Abs. 5 S. 2 GesO; § 254 entspricht § 301 RegE mit Ausnahme der Erweiterung in Abs. 1 S. 2.

[2] HK-*Flessner,* InsO, § 254 Rn. 2.

[3] Begründung RegE § 301, abgedruckt in *Balz/Landfermann,* S. 511.

[4] §§ 253 6 Abs. 2 S. 1, 4 InsO i. V. m. § 577 Abs. 2 S. 1 ZPO oder § 18 Abs. 2 RPflG; näher *Kübler/Prütting/Bork/Otte,* InsO, § 254 Rn. 4.

[5] Vgl. oben § 253, 3. Rn. 7 f.; so auch HK-*Flessner,* InsO, § 254 Rn. 3.

[6] *Hess,* InsO, § 254 Rn. 9.

[7] *Bork,* in *Leipold,* Insolvenzrecht im Umbruch, S. 51, 52.

[8] *Hess,* InsO, § 254 Rn. 11; vgl. auch *Kuhn/Uhlenbruck,* KO, § 193 Rn. 1.

[9] Vgl. *Nerlich/Römermann/Braun,* InsO, § 254 Rn. 7; HK-*Flessner,* InsO, § 254 Rn. 7 ff.

[10] Zur Wirksamkeit s. LG München I WM 1998, 1285.

[11] BGHZ 117, 127; *Uhlenbruck/Lüer,* InsO, § 254 Rn. 16.

[12] Vgl. §§ 217, 222, 223.

[13] *Smid/Rattunde,* Der Insolvenzplan, Rn. 5.12.

4 Nicht betroffen sind Masseansprüche,[1] persönliche Ansprüche und dingliche Sicherungsrechte gegenüber Dritten,[2] Wirkungen einer Vormerkung (§ 254 Abs. 2 S. 2), Geldstrafen und gleichgestellte Forderungen,[3] das Absonderungsrecht, soweit nichts anderes vereinbart ist.[4]

5 **b) Abs. 1 S. 2** regelt die unmittelbare Wirkung bezüglich der sog. unterstützenden Rechtsgeschäfte dahingehend, dass für die dinglichen Rechtsänderungen und die korrespondierenden Verpflichtungsgeschäfte, soweit in den Plan aufgenommen die formgemäße Abgabe der Willenserklärung fingiert wird. Konstitutive Publizitätsakte, wie die Grundbucheintragung[5] oder die Besitzverschaffung bei Pfandrechtsbestellung (§ 1205 BGB), werden nicht ersetzt,[6] jedoch kann die Eintragungsbewilligung nach § 29 GBO aufgenommen werden.[7] Der Eintragungsantrag als reine Verfahrenshandlung entfaltet mit seiner Aufnahme und Bestätigung im Plan noch keine Wirkung. Dazu bedarf es noch der Antragstellung bei der zuständigen Stelle.[8]

6 Abs. 1 S. 2 setzt § 228 in doppelter Weise um: Verdrängung der Formvorschriften für die sachenrechtlichen Verfügungserklärung[9] und Eintretenlassen der aufschiebenden Bedingung i. F. d. rechtskräftigen Planbestätigung: Abs. 1 S. 2, 2. Halbs. bezieht aus Zweckmäßigkeitsgründen ferner die den sachenrechtlichen Änderungen zugrunde liegenden Verpflichtungserklärungen mit ein.[10] Gemeint sind auch Verpflichtungserklärungen Dritter i. S. d. § 230 Abs. 3, des Insolvenzverwalters für die Insolvenzmasse oder Gläubiger gegenüber der Masse. Die Ersetzung der Erklärung durch den Insolvenzplan findet bezüglich Dritter nicht statt, vielmehr hängt ihre Wirksamkeit von der Zustimmung des Vertretenen ab, deren Vorliegen das Insolvenzgericht i. R. d. Planbestätigung (§§ 249, 230 Abs. 3) zu prüfen hat.[11] Die Fiktion der Abgabe erübrigt auch eine Individualvollstreckung nach § 894 ZPO, es findet allein Geldvollstreckung auf der Grundlage des Plans i. V. m. dem Tabelleneintrag als Titel nach § 257 Abs. 1 statt. Abs. 1 S. 2 sagt klarstellend, dass auch Verfügungen zur Übertragung von GmbH-Anteilen gemeint seien.[12]

7 **c) Abs. 1 S. 3** entspricht dem bisherigen Recht, dass Gläubiger sich nicht durch Nichtteilnahme der Wirkung entziehen können und auch unbekannte

---

[1] § 258 Abs. 2.

[2] § 254 Abs. 2.

[3] §§ 225 Abs. 3, 39 Abs. 1 Nr. 3.

[4] Vgl. § 223 Abs. 1 S. 1.

[5] § 873 Abs. 1 BGB.

[6] Vgl. nur *Jauernig,* Zwangsvollstreckungs- und Insolvenzrecht, S. 282 f.

[7] *Haarmeyer/Wutzke/Förster,* Hdb., Kap. 9 Rn. 39.

[8] Vgl. oben § 228 Rn. 5; *Nerlich/Römermann/Braun,* InsO, § 228 Rn. 7 ff.; HK-*Flessner,* InsO, § 228 Rn. 6 ff. hält die Willenserklärung für wirksam, betont aber auch die Notwendigkeit ihrer Übermittlung an die registerführende Stelle. Die „Antrags"-Wirkung tritt also grundsätzlich nicht gem. § 254 InsO ein.

[9] Siehe hierzu Änderung in § 925 Abs. 1 S. 3 BGB durch Art. 33 EGInsO.

[10] Unter Verdrängung der Formvorschriften v. A. aus § 311 b BGB, § 15 Abs. 4 GmbHG.

[11] HK-*Flessner,* InsO, § 254 Rn. 4; aA: *Bork,* Einführung in das neue Insolvenzrecht, Rn. 325.

[12] Samt Formwahrung gem. § 15 Abs. 3 GmbHG.

Gläubiger ihr unterworfen sind.[1] Gebunden sind auch Gläubiger trotz Widerspruchs in der Gruppe als ergänzende Folge des Obstruktionsverbots (§ 245) bzw. einer negativen Entscheidung gem. § 251. Ob und ggf. wie einer möglichen Gefährdung der Planziele durch Nachzügler begegnet wird, ist umstritten. Einerseits wird gesagt, es sei weder durch Präklusions- noch durch Vollstreckungsschutz- oder Verjährungsvorschriften vorzubeugen.[2] Andererseits sucht die Praxis zulässige Hilfe vor Überraschungen (durch unbekannte oder nicht teilnehmende Forderungen), die den Plan später ggf. scheitern lassen können.[3] Der Lösungsweg einer Auffanggruppe (vgl. oben § 222 Rn. 11) ist tauglich, solange die für § 222 Abs. 2 geforderte, im Plan als geregelte Forderung auch vorhandenen Strukturen betroffen sind.[4]

d) Abs. 2 lässt persönliche Ansprüche der Gläubiger gegen Dritte sowie etwaige Vormerkungswirkungen unberührt. Entsprechend dazu die korrespondierenden Regelungen in §§ 44, 301 Abs. 1 InsO, was bisherigem Recht entspricht.[5] Zwar bewirkt ein Erlassvertrag üblicherweise das Erlöschen akzessorischer Sicherungsrechte bzw. das Entstehen obligatorischer Aufhebungsansprüche gegenüber nicht-akzessorischen Sicherungsmitteln. Im Planverfahren besteht aber der erlassene Forderungsteil rechtlich fort und es entsteht eine tilgungsfähige Naturalobligation,[6] die dem Fortbestand der akzessorischen Sicherungsrechte als Grundlage dient.[7] Auch die Entlassung der Gesellschafter aus ihrer persönlichen Haftung[8] entspricht den alten Regelungen.[9] Nach Abs. 2 S. 2 muss der Schuldner, wie bisher, die Regressansprüche der Mitschuldner, Bürgen und Anderer nur noch in der Höhe bedienen, in der der Gläubiger seine Quote nicht in Anspruch genommen hat.[10] Die Befreiung des Schuldners gegenüber den Rückgriffsberechtigten erfasst auch vertragliche Freistellungsansprüche eines Bürgen oder 8

[1] RGZ 87, 82, 85; zum ZwVgl *Kuhn/Uhlenbruck,* KO, § 193 Rn. 1 a; zur VglO *Kilger/K. Schmidt,* Insolvenzgesetze, § 82 VglO Anm. 1; zur Rechtfertigung des Mehrheitsprinzips *Häsemeyer,* Insolvenzrecht, Rn. 28.68.

[2] MünchKomm-*Huber,* InsO § 254 Rn. 23.

[3] Vgl. auch *Bork,* in *Leipold,* Insolvenzrecht im Umbruch, S. 51, 52; vgl. *Frank* in Runkel, Anwaltshandbuch Insolvenzrecht, Rn. 313; *Otto/Wiester,* NZI 2005, 70 ff.

[4] Eine Plangruppe aller unbekannten Forderungen, die als erlassen gelten, ist denkbar und zulässig. Voraussetzung ist allerdings, dass es sich ausschließlich um Insolvenzforderungen handelt, die im Sinne von § 222 Abs. 2 als Gläubiger gleicher Rechtsstellung auch in unterschiedliche Gruppen hätten eingeordnet werden können. In jeder Gruppe zu regeln, dass alle nicht im Verzeichnis der Forderungen aufgenommenen Gläubiger präkludiert sind, ist möglich. Dies in einer Gruppe zusammenzufassen, ist deswegen ebenso möglich, wie im Eingruppenplan der Ausschluss nicht teilnehmender Forderungen denkbar ist. Ausgeschlossen sind lediglich Gläubiger nicht gleicher Rechtsstellung, wenn der Plan überhaupt keine Regelungen für sie enthielt. *Otte/Wieser,* NZI 2005, 70 ff. halten grundsätzlich eine separate Ausschlussklausel für zulässig, wenn dadurch nur solche Schuldner ausgeschlossen werden, die ihre Forderung nicht spätestens bis zum Erörterungs- und Abstimmungstermin angemeldet haben.

[5] § 193 S. 2 KO; § 82 Abs. 2 VglO.

[6] BGH WM 1968, 39; *Kuhn/Uhlenbruck,* KO, § 193 Rn. 8 mwN.

[7] MünchKomm-*Huber,* InsO § 254 Rn. 27.

[8] § 227 Abs. 2.

[9] § 211 Abs. 2 KO; § 109 Abs. 1 Nr. 3 VglO.

[10] BGHZ 55, 117, 119 ff.; *Bley/Mohrbutter,* VglO, § 82 Rn. 22 a; eingehend MünchKomm-*Huber,* InsO § 254 Rn. 32.

Sicherungszedenten.[1] Umstritten ist insoweit, ob der durch vertragliche Mitverpflichtung für die Schuld der Personengesellschaft haftende Gesellschafter dem Konzept von § 227 Abs. 2 folgend befreit oder der Regelung von § 254 Abs. 2 unterworfen wäre und weiterhaftet in der Insolvenz der Gesellschaft. § 227 Abs. 2 gebührt hier der Vorrang, soweit es sich um Mitverpflichtungen handelt, die ihren Grund in der Gesellschafterstellung hatte.[2] Die Wirkungen des Abs. 2 können eingeschränkt werden, aber nur durch Individualabrede, nicht per Mehrheitsentscheid,[3] weil Dritte nicht planunterworfen sind.

9 **e) Abs. 3** stellt klar, dass Rückgewähransprüche bei überquotaler Befriedigung nach Aufhebung des Verfahrens ausgeschlossen sind, ausgehend vom Weiterbestehen einer natürlichen Verbindlichkeit trotz Planquote, die als Rechtsgrund für die weitergehende bis vollständige Befriedigung dient,[4] freilich begrenzt auf die erfüllbare Höhe der Forderung.[5] Bei vollständiger Befriedigung von Gläubigern während des Verfahrens durch den Insolvenzverwalter scheiden diese Gläubiger aus; erfasst von der Regelung des Abs. 3 werden nur die teilweise befriedigten Insolvenzgläubiger und die vom Zugriff auf ihre Sicherheiten gem. § 165 und § 166 Abs. 1 ausgeschlossenen Absonderungsberechtigten.[6] Abs. 3 trifft keine Aussage über das Verhältnis der Gläubiger untereinander. Nach der Rechtsprechung zum Vergleich nach VglO[7] und dem Gleichbehandlungsgrundsatz (§ 226) sind die Gläubiger auch untereinander allseitig haftungsrechtlich durch die Quote gebunden, so dass bei überquotaler Befriedigung auf die natürliche Verbindlichkeit bis zur vollständigen Planerfüllung Ausgleichsansprüche entstehen.[8] Dabei können wohl nur dort Ansprüche geltend gemacht werden, wo Gläubiger versehentlich (teil-)befriedigt werden und dies im Plan tatsächlich/irrtümlich nicht berücksichtigt wurde. Der Plan setzt grundsätzlich auf den zuvor vom Verwalter ggf. geleisteten (Teil-)Beträgen auf, danach geregelte Planquoten sind dann nicht ausgleichspflichtig.[9]

3. Praxishinweise

10 Soweit die Notwendigkeit besteht, einer veränderten Sach- oder Rechtslage Rechnung zu tragen, ist dies wegen der grundsätzlichen Rechtskrafterstreckung für und gegen alle Beteiligten nicht ohne Weiteres möglich. Die Wirkungen eines Insolvenzplans können jedoch mit einem zweiten, den ersten Plan ergänzenden oder modifiziertenden Insolvenzplan, verändert werden. So gesehen können mehrere Insolvenzpläne nacheinander eingebracht werden.[10]

---

[1] BGHZ 55, 117 = NJW 1971, 382; *Kilger/K. Schmidt,* Insolvenzgesetze, § 82 VglO Anm. 5.

[2] Vgl. eingehend *Nerlich/Römermann/Braun,* InsO, § 254 Rn. 7.

[3] *Hess,* InsO, § 254 Rn. 27; im Einzelnen BGH WM 1989, 1186; WM 1992, 501; WM 92, 619.

[4] BGH KTS 1979, 81, 83; *Bley/Mohrbutter,* VglO, § 82 Anm. 16.

[5] Vgl. § 256 Abs. 3.

[6] *Smid/Rattunde,* InsO, § 254 Rn. 11; MünchKomm-*Huber,* InsO § 255 Rn. 34.

[7] BGHZ 41, 98; 71 309.

[8] *Kilger/K. Schmidt,* Insolvenzgesetze, § 193 KO Anm. 5; *Häsemeyer,* Insolvenzrecht, Rn. 28.80; BGH KTS 79, 81, 83 für den Liquidationsvergleich mit Treuhänderbestellung.

[9] HK-*Flessner,* InsO, § 254 Rn. 10.

[10] AG Frankfurt (Oder) DZWIR 2006, 87.

Die Folgen des rechtskräftigen Insolvenzplans werden oftmals unterschätzt: Zwar werden formale wie auch materielle Fehler geheilt, umgekehrt kann die gestaltende Wirkung auch unliebsame Überraschungen bringen.[1]

Mit dem Erlass der Forderung verbleibt nur eine erfüllbare, aber nicht erzwingbare Naturalobligation. Damit entfällt die Aufrechnungsmöglichkeit gemäß § 94 InsO endgültig. Mit Rechtskraft der Bestätigung des Insolvenzplans erstreckt sich die Aufrechnungsbefugnis nur auf durch den Insolvenzplan belassene Hauptforderung.[2]

§ 255 Wiederauflebensklausel

(1) **Sind auf Grund des gestaltenden Teils des Insolvenzplans Forderungen von Insolvenzgläubigern gestundet oder teilweise erlassen worden, so wird die Stundung oder der Erlaß für den Gläubiger hinfällig, gegenüber dem der Schuldner mit der Erfüllung des Plans erheblich in Rückstand gerät. Ein erheblicher Rückstand ist erst anzunehmen, wenn der Schuldner eine fällige Verbindlichkeit nicht bezahlt hat, obwohl der Gläubiger ihn schriftlich gemahnt und ihm dabei eine mindestens zweiwöchige Nachfrist gesetzt hat.**

(2) **Wird vor vollständiger Erfüllung des Plans über das Vermögen des Schuldners ein neues Insolvenzverfahren eröffnet, so ist die Stundung oder der Erlaß für alle Insolvenzgläubiger hinfällig.**

(3) **Im Plan kann etwas anderes vorgesehen werden. Jedoch kann von Absatz 1 nicht zum Nachteil des Schuldners abgewichen werden.**

Übersicht

1. Normzweck

1 Die §§ 255-257 regeln abschließend die Rechtsfolgen der Nichterfüllung von Planverpflichtungen bezüglich der Planwirkungen, wodurch Stundungen und Teilerlasse von Gläubigern bei erheblichem Erfüllungsrückstand hinfällig werden. § 255 entspricht § 302 RegE bei redaktioneller Änderung des Abs. 1 S. 1. Die

[1] Unzutreffend allerdings OLG Düsseldorf NZI 2008, 689 (n. rkr.) mit dem Hinweis des Verzichts auf laufende Unterhaltszahlungen, die gem. § 40 InsO nicht am Verfahren teilnehmen. An der Richtigkeit der Entscheidung bestehen Zweifel, die der veröffentlichte Sachverhalt und die Begründung nicht auszuräumen vermögen.

[2] Vgl. auch *Braun,* NZI, 2009, 409 ff.; im Ergebnis gleichfalls zustimmend *Flöther-Wehner,* ZInsO 2009, 503 ff.; wie hier OLG Celle NZI 2009, 59 (n. rkr.); in diese Richtung auch BGH ZInsO 2007, 491 mit dem Hinweis auf eine für die Aufrechnung fehlende Forderung; ablehnend dagegen OLG Celle NZI 2009, 140 (n. rkr., Revision gemäß § 543 Abs. 2 S. 1 Nr. 2 ZPO zugelassen).

Regelung entstammt im Wesentlichen dem Vergleichsrecht,[1] schreibt nunmehr aber eine wenigstens zweiwöchige Nachfrist vor und spricht nicht mehr von „Verzug", da für diesen nach allgemeinem Zivilrecht geringere Anforderungen gelten.[2] Bezweckt wird zum einen die Abschreckung des Schuldners vor Schlechterfüllung und zum anderen der Schutz des Gläubigervertrauens in die Planerfüllung, indem bei tatbestandlichem Vorliegen des § 255 ihre Bindung an den Plan kraft Gesetzes entfällt. Eine Klage auf Aufhebung des Plans wegen Nichterfüllung kommt daneben nach wie vor nicht in Betracht.[3] Das Recht der allgemeinen Leistungsstörungen des BGB findet ebenfalls keine Anwendung.[4]

2. Geltungsbereich

2 Erfasst werden alle von § 254 betroffenen, vom Schuldner zu erfüllenden[5] Forderungen der Insolvenzgläubiger (§ 38), welche im Prüfungstermin unbestritten oder gem. § 256 Abs. 1 zu berücksichtigen sind, und wie sie sich nach dem gestaltenden Teil des Insolvenzplans darstellen.

3 **a)** Sachlich beschränkt sich die Wirkung auf den Wegfall der Stundung/des Teilerlasses durch automatisches Wiederaufleben der nunmehr titulierten Forderungen.[6] Es findet weder ein neues Verfahren statt, noch wird das aufgehobene fortgesetzt.[7] § 255 muss nicht ausdrücklich im Plan vorgesehen sein, und es bedarf keiner „Rücktrittserklärungen" der Gläubiger, sondern die Wirkung tritt kraft Gesetz ein.[8] Auf Pläne mit Vorbehalt des Wegfalls der Stundungen/Teilerlasse wegen Erfüllungsrückstandes findet § 255 keine Anwendung.[9]

4 **b)** Persönlich treten die Wirkungen des § 255 nur gegenüber denjenigen Gläubigern ein, die einen (erheblichen) Rückstand geltend machen können, nicht aber gegenüber den Übrigen (Abs. 1 S. 1).

5 **c)** Nicht von § 255 betroffen sind Forderungen in Plänen, die die Befriedigung durch Dritte (z. B. Übernahmegesellschaft) vorsehen oder reine Verwertungspläne darstellen;[10] ferner die neu eingeräumten Rechte (auch Ersatzrechte) und Verfügungen über Massegegenstände; die für die Planerfüllung gewährten persönlichen und dinglichen Sicherheiten, abgesehen von der Bürgschaft, die im Zweifel nicht für den wiederauflebenden Betrag haftet, sondern auf die Planquote beschränkt bleibt.[11] Ebenfalls unberührt bleibt die Erfüllung der Ansprüche gegenüber den absonderungsberechtigten Gläubigern, soweit es sich nicht um ihre endgültig festgestellten Ausfallforderungen han-

---

[1] § 9 Abs. 1, 2 und 4 VglO.

[2] Begründung RegE, abgedruckt in *Balz/Landfermann,* S. 514.

[3] Vgl. zum alten Recht § 195 KO, § 82 Abs. 2 VglO.

[4] *Kübler/Prütting/Bork/Otte,* InsO, § 255 Rn. 2.

[5] Das Amt des Insolvenzverwalters ist erloschen, § 259 Abs. 1 S. 1.

[6] § 257 Abs. 1.

[7] Vgl. auch Abs. 2.

[8] Die Bezeichnung als „Wiederauflebensklausel" ist insofern missverständlich, vgl. MünchKomm-*Huber,* InsO § 255 Rn. 28.

[9] *Hess,* InsO, § 255 Rn. 6.

[10] Begründung zu § 302 RegE, abgedruckt in *Balz/Landfermann,* S. 515.

[11] BGH NJW 1957, 1319; BGH WM 1963, 916; bejahend auch für dingliche Sicherheiten *Hess,* InsO, § 255 Rn. 24.

delt.[1] Insbesondere ist kein Wiederaufleben von dinglichen Rechten vorgesehen, auf die plangemäß verzichtet wird, da dies nach Ansicht des Gesetzgebers praktische Schwierigkeiten bereite.[2] Dies ist unzutreffend. Auch auf dingliche Rechte kann unter auflösender Bedingung verzichtet, der künftige Eintragungsanspruch sogar durch Vormerkung gesichert werden.[3] Des Weiteren unbetroffen sind unbeschränkte Insolvenzforderungen (bei Erfüllungsrückstand reguläre Vollstreckung) und vollständig erlassene Forderungen; letztere bleiben erlassen.[4] Schließlich ist auch der Insolvenzplan an sich nicht betroffen, hinfällig nach § 255 wird nur das konkrete Rechtsverhältnis zwischen betroffenem Gläubiger und Schuldner.[5]

3. Rückstand

a) Der Tatbestand des erheblichen Rückstandes gem. § 255 Abs. 1 S. 2 ist erfüllt bei Nichtzahlung trotz Fälligkeit (ergibt sich aus der Planvereinbarung) und schriftlicher (§ 126 BGB) Mahnung nach den bürgerlichrechtlichen Vorschriften (§ 286 BGB), verbunden mit einer gläubigerindividuellen zweiwöchigen Nachfristsetzung. § 255 stellt damit strengere Voraussetzungen auf als § 286 BGB nF; Verschulden ist nicht erforderlich, das Gesetz spricht vom Rückstand, meint keinen Verzug, unabhängig von den Grundsätzen über die Geldschuld (§§ 286 Abs. 4, 276 Abs. 1 S. 1 BGB). Die Rechtzeitigkeit der Erfüllung hängt wiederum von der Plan-Zahlungsmodalität ab.[6] Ein Rückstand (auch mit nur einer Rate) kommt nur in Bezug auf die Hauptverpflichtungen, nicht auch in Bezug auf die Erfüllung von Nebenpflichten infrage.[7] Eine kürzere Nachfristsetzung löst nicht automatisch die gesetzliche Zwei-Wochen-Frist aus,[8] und sie kann nicht i. S. d. § 286 Abs. 1 S. 2 BGB ersetzt werden durch Mahnbescheid oder Klage.[9] Gleichfalls kommt § 286 Abs. 3 BGB nicht zur Anwendung, da es an der nötigen, gläubigerindividuellen Nachfristsetzung fehlt.[10] Die Mahnung muss dem Schuldner zugehen.[11] Bei teil- 6

---

[1] Anderenfalls § 256.

[2] Begründung zu § 302 RegE, abgedruckt in *Balz/Landfermann,* S. 515.

[3] Vgl. dazu ausführlich *Braun/Uhlenbruck,* Unternehmensinsolvenz, S. 490.

[4] Z. B. nachrangige Zinsen gem. § 225 Abs. 1, § 39 Abs. 1 Nr. 1; abzulehnen: MünchKomm-*Eidenmüller,* InsO § 221 Rn. 29, der das Absonderungsrecht wiederaufleben lassen will, wenn ein erheblicher Verzug bei den anstelle des Absonderungsrechtes eingeräumten Zahlungsansprüchen eintrifft. Hier liegt ein Verstoß gegen den Bestimmtheitsgrundsatz vor, es sei denn, der Plan konstruiert dies als auflösende Bedingung. Krit. insoweit auch MünchKomm-*Huber,* InsO § 255 Rn. 15. Für Absonderungsberechtigte empfiehlt es sich, wegen dieser Unsicherheiten das Wiederaufleben des Absonderungsrechtes bei einem Rückstand i. S. d. § 255 InsO in dem Insolvenzplan fortschreiben zu lassen.

[5] *Häsemeyer,* Insolvenzrecht, Rn. 28.76.

[6] Näher *Hess,* InsO, § 255 Rn. 8 ff.

[7] So *Nerlich/Römermann/Braun,* InsO, § 255 Rn. 4 entsprechend dem Wortlaut; aA: *Smid/Rattunde,* InsO, § 255 Rn. 3.

[8] BGH NJW 1956, 1200.

[9] OLG Hamburg MDR 1978, 577; MünchKomm-*Huber,* InsO § 255 Rn. 23.

[10] Näher *Kübler/Prütting/Bork/Otte,* InsO, § 255 Rn. 19.

[11] Vgl. § 259 Abs. 1 S. 2.

weiser Erfüllung findet die Auslegungsregel des § 366 BGB keine Anwendung,[1] wohl aber § 367 BGB.[2]

7 **b)** Rechtsfolge ist die Hinfälligkeit der Stundungen und Kürzungen nach dem gestaltenden Teil des Insolvenzplans. Sie werden unwirksam und die ursprünglichen Forderungen (sowie die mit der Hauptforderung verbundenen Nebenansprüche, soweit diese plangegenständlich geregelt wurden, z. B. Zinsen, die nach Eröffnung des Verfahrens gem. § 225 Abs. 1 als erlassen galten) leben wieder auf in Form einer (Wieder-)Durchsetzbarkeit der vorherigen Naturalobligation in Höhe des aktuellen Bestandes.[3]

4. Neues Insolvenzverfahren gem. Abs. 2

8 Eine neue Verfahrenseröffnung (§ 27) vor vollständiger Planerfüllung bewirkt kollektiv die Hinfälligkeit aller noch nicht erfüllten Stundungen bzw. Teilerlasse, da die Erfüllung endgültig gescheitert ist. Auch Abs. 2 meint wie Abs. 1 nur den Teilerlass trotz der Undeutlichkeit im Wortlaut („der Erlass").[4] Eine Sonderregelung enthält § 9 Abs. 4 S. 2 BetrAVG für den Pensions-Sicherungs-Verein, der in Höhe der erbrachten Leistungen in dem neuen Insolvenzverfahren Insolvenzgläubiger wird.[5]

9 **a)** Im neuen Insolvenzverfahren leben (nur) die nicht plangerecht befriedigten Insolvenzforderungen wieder auf, nicht aber dingliche Verzichte (außer bei abweichender Vereinbarung). Die Insolvenzgläubiger bleiben damit nicht auf die Quote des noch fortbestehenden Forderungsteils verwiesen. Dies kann aber zu einer Schlechterstellung derjenigen Gläubiger führen, die auf Absonderungsrechte verzichtet haben. Insofern lässt die Regelung einen Vorteilsausgleich vermissen.[6] Soweit plangemäß erfüllt wurde, verbleibt es beim plangemäßen Restverzicht.[7]

10 **b)** Das Merkmal „vollständige Erfüllung" in Abs. 2 meint nur die im Plan gestalteten Insolvenzforderungen; sofern bei Verfahrensneueröffnung nur Neuverpflichtungen nicht erfüllt wurden, ist der Tatbestand des § 255 nicht gegeben.[8]

11 **c)** Nach Auffassung des BSG wird durch den Insolvenzplan allein das erste Insolvenzereignis nicht beseitigt, so dass in einem erneuten Insolvenzverfahren keine neuen Ansprüche auf Insolvenzgeld entstehen.[9] Ob deswegen den Arbeitnehmern nur empfohlen werden kann, bei erneutem Zahlungsrückstand fristlos zu kündigen, um Arbeitslosengeld zu erhalten, mag dahinstehen.[10] Der Entschei-

---

[1] *Kilger/K. Schmidt,* Insolvenzgesetze, § 9 VglO Rn. 2 a; aA: *Uhlenbruck/Lüer,* InsO, § 255 Rn. 7.

[2] Zum Vergleichsverfahren (VglO) BGH NJW 1956, 1594 f.; *Uhlenbruck/Lüer,* InsO, § 255 Rn. 7.

[3] *Kübler/Prütting/Bork/Otte,* InsO, § 255 Rn. 6.

[4] MünchKomm-*Huber,* InsO § 255 Rn. 31.

[5] *Uhlenbruck/Lüer,* InsO, § 255 Rn. 13 mwN.

[6] Dazu *Häsemeyer,* Insolvenzrecht, Rn. 28.78 f.

[7] HK-*Flessner,* InsO, § 255 Rn. 10; MünchKomm-*Huber,* InsO § 255 Rn. 38.

[8] HK-*Flessner,* InsO, § 255 Rn. 11; zum bisherigen Recht *Kilger/K. Schmidt,* Insolvenzgesetze, § 9 VglO Anm. 3.

[9] BSG NZI 2003, 337 ff.; BSG ZInsO 2008, 1325 ff.

[10] *Berscheid,* ArbRB 2003, S. 111 f., 112.

dung des BSG ist nicht beizupflichten. Die Aufhebung des Insolvenzverfahrens beendet das Insolvenzereignis.

5. Abweichende Regelungen

Gem. Abs. 3 sind Abweichungen von Abs. 1 und 2 möglich, jedoch im Falle des Abs. 1 nicht zum Nachteil des Schuldners; es können die Rückstandsvoraussetzungen erschwert werden, ein Verkürzen oder Entfallen lassen der Nachfrist ist nicht möglich. Die Gläubiger können im Plan auf das Recht gem. § 255 Abs. 1 verzichten. Diese Abbedingung muss nicht ausdrücklich erfolgen, sondern kann auch aus dem Sinnzusammenhang erschlossen werden.[1] 12

§ 256 Streitige Forderungen. Ausfallforderungen

(1) **Ist eine Forderung im Prüfungstermin bestritten worden oder steht die Höhe der Ausfallforderung eines absonderungsberechtigten Gläubigers noch nicht fest, so ist ein Rückstand mit der Erfüllung des Insolvenzplans im Sinne des § 255 Abs. 1 nicht anzunehmen, wenn der Schuldner die Forderung bis zur endgültigen Feststellung ihrer Höhe in dem Ausmaß berücksichtigt, das der Entscheidung des Insolvenzgerichts über das Stimmrecht des Gläubigers bei der Abstimmung über den Plan entspricht. Ist keine Entscheidung über das Stimmrecht getroffen worden, so hat das Gericht auf Antrag des Schuldners oder des Gläubigers nachträglich festzustellen, in welchem Ausmaß der Schuldner vorläufig die Forderung zu berücksichtigen hat.**

(2) **Ergibt die endgültige Feststellung, daß der Schuldner zuwenig gezahlt hat, so hat er das Fehlende nachzuzahlen. Ein erheblicher Rückstand mit der Erfüllung des Plans ist erst anzunehmen, wenn der Schuldner das Fehlende nicht nachzahlt, obwohl der Gläubiger ihn schriftlich gemahnt und ihm dabei eine mindestens zweiwöchige Nachfrist gesetzt hat.**

(3) **Ergibt die endgültige Feststellung, daß der Schuldner zuviel gezahlt hat, so kann er den Mehrbetrag nur insoweit zurückfordern, als dieser auch den nicht fälligen Teil der Forderung übersteigt, die dem Gläubiger nach dem Insolvenzplan zusteht.**

1. Normzweck

Mit der Regelung wurde weitestgehend § 97 VglO in das Planverfahrensrecht übernommen, die Norm entspricht § 303 RegE. In Ergänzung zu § 255 wird die Behandlung von im Prüfungstermin bestrittenen Insolvenzforderungen (§ 179) bzw. noch nicht feststehender Ausfallforderungen von absonderungsberechtigten Gläubigern (§ 52) bis zur endgültigen Feststellung/Klärung geregelt. Verfolgt wird zum einen der Schutz des Schuldners vor der Rechtsfolge des § 255, zum anderen das Gläubigerinteresse auf (wenigstens vorläufige) Befriedigung. Mit § 256 ist der Zeitraum der Ungewissheit zwischen rechtskräftiger Planbestätigung und endgültigem Feststehen bzw. Feststellen der Forderungen einer Zwischenregelung unterworfen.[2] 1

---

[1] *Hess,* InsO, § 255 Rn. 2.
[2] HK-*Flessner,* InsO, § 256 Rn. 1.

2. Anwendungsbereich

2 Der Anwendungsbereich des § 256 ist eröffnet bei Forderungen, deren Bestand oder deren Höhe noch nicht feststehen.[1] Abs. 1 S. 1 entzieht diese Forderungen den Wirkungen des § 255, sofern der Schuldner wenigstens denjenigen Betrag vorläufig berücksichtigt, der der Festsetzung des Stimmrechts nach §§ 237, 238 zugrunde gelegt wurde. „Berücksichtigen" meint dabei Erfüllung unter Vorbehalt i. S. d. § 362 BGB.[2]

3 **a)** Streitige Forderungen sind die mit Widerspruch des Insolvenzverwalters oder Insolvenzgläubigers[3] behafteten. Daneben ist § 189 bzw. § 190 nicht anwendbar.[4] Diese Vorschriften des Verteilungsverfahrens werden durch die Spezialvorschrift des § 256 verdrängt. Bezüglich der bestrittenen Forderung hat es der Schuldner durch Erhebung der negativen Feststellungsklage in der Hand, eine endgültige Entscheidung über das Bestreiten herbeizuführen. Bis zur rechtskräftigen Entscheidung gilt die der Stimmrechtsentscheidung im Erörterungs- und Abstimmungstermin zugrunde gelegte Forderungshöhe, die sich aus dem Protokoll des Erörterungs- und Abstimmungstermins ergibt. Ist keine Entscheidung getroffen, gilt § 256 Abs. 1 S. 2, das Gericht hat auf Antrag nachträglich festzustellen, mit welchem Ausmaß der Schuldner vorläufig die Forderung zu berücksichtigen hat.

4 **b)** Das Entsprechende gilt für die Ausfallforderung, die dem Wert des Absonderungsrechts korrespondiert. Wie oben bereits ausgeführt,[5] müssen die Stimmrechtszuteilungen für das Absonderungsrecht und die gesicherte Forderung korrespondieren bezüglich des Wertes des Absonderungsrechts und der sich daraus ergebenden Ausfallforderung. Im Rahmen von § 256 ist die Stimmrechtsgewährung für die Ausfallforderung maßgeblich.[6] Der Wortlaut des Gesetzes im Rahmen von § 256 ist eindeutig. Die materiell dauerhafte Klärung findet entweder durch Verwertung oder, falls der Plan die Verwertung gerade nicht vorsieht, durch gesonderten Feststellungsrechtsstreit, wie hoch der Wert des Absonderungsrechts sei, statt. Mit rechtskräftiger Entscheidung über den Wert des Absonderungsrechts steht auch der Wert der Ausfallforderung fest.

5 **c)** Als (vorläufige) Entscheidung des Insolvenzgerichts gem. Abs. 1 S. 1 sind jedenfalls die Entscheidungen nach § 237 Abs. 1 S. 1 i. V. m. § 77 Abs. 2 S. 2, 3 (für streitige Forderungen) und § 237 Abs. 1 S. 2 (für ungewisse Ausfall-

---

[1] Näher *Kübler/Prütting/Bork/Otte,* InsO, § 256 Rn. 3, 4.

[2] HK-*Flessner,* InsO, § 256 Rn. 3.

[3] Nicht Schuldner; § 178 Abs. 1 S. 2.

[4] So abweichend jedoch *Kübler/Prütting/Bork/Otte,* § 256 Rn. 3 ff.; MünchKomm-*Huber,* InsO § 256 Rn. 7, 8; *Uhlenbruck/Lüer,* InsO, § 256 Rn. 2, 3. Die Ansichten verkennen, dass den Gläubigern ein Stimmrecht bei der Abstimmung zugebilligt wurde, in diesem Umfange sind sie – jenseits von §§ 189, 190 – planberechtigt und rückstandsfähig. Allerdings dürfte im Regelfall wegen § 18 Abs. 3 S. 1 RPflG ein Antrag gem. § 256 Abs. 1 S. 2 nötig sein.

[5] § 238 Rn. 5.

[6] AA: *Hess,* InsO, § 256 Rn. 8, 10, der die vom Insolvenzverwalter anerkannte, vermutete Ausfallforderung für maßgeblich hält, weil eine gerichtliche Feststellung der Ausfallhöhe nicht stattfinde.

forderungen) zu verstehen und zwar nur die richterlichen Entscheidungen.[1] Streitig ist, ob auch die Einigung gem. § 77 Abs. 2 S. 1 eine „Entscheidung" und damit eine ausreichende Grundlage darstellt.[2] Dies ist zu verneinen.[3] Eine Einigung der Parteien ist keine gerichtliche Entscheidung. Sie kann auch verfahrenstaktische Gründe haben, z. B. weil es in der Gruppe auf diese Stimmrechte nicht ankommt und die Atmosphäre im Termin nicht belastet werden sollte.

d) Sofern keine Entscheidung i. S. d. Abs. 1 S. 1 gegeben ist, ist gem. Abs. 1 6
S. 2 ein Antrag auf nachträgliche Feststellung (auch nach Verfahrensaufhebung) zulässig. Hierzu ist der Schuldner[4] aber nicht verpflichtet. Folglich gerät er auch nicht schon deshalb in einen erheblichen Rückstand i. S. d. § 255 Abs. 1, weil er von einem Feststellungsantrag absieht.[5] Aber auch wenn man den Schuldner für verpflichtet hält, einen solchen Antrag zu stellen[6], reicht jedenfalls zur Vermeidung des Rückstandes die Antragstellung binnen der Zwei-Wochen-Nachfrist aus.

e) Rechtsmittel gegen die (vorläufigen) Entscheidungen nach Abs. 1 S. 1 7
und 2 sind nicht gegeben (§ 6 Abs. 1).

3. Nachzahlung

Ergibt die endgültige Feststellung eine zu geringe vorläufige Zahlung des 8
Schuldners, so entsteht gem. Abs. 2 S. 1 ab diesem Zeitpunkt eine Nachzahlungspflicht, mit der der Schuldner nur wiederum unter den Voraussetzungen des § 255 Abs. 1 erheblich in Rückstand geraten kann.[7]

4. Zuvielzahlung

Bei vorläufiger Zuvielzahlung steht dem Schuldner nach endgültiger Feststel- 9
lung gem. Abs. 3 ein Rückforderungsanspruch auf dasjenige zu, was den Teil der Forderung, wie sie dem Gläubiger insgesamt nach dem Insolvenzplan zusteht, übersteigt. Die nach Teilerlass fortbestehende Naturalobligation ist nicht zugrunde zu legen, da anders als bei § 254 Abs. 3 hier auf einen ungewissen Forderungsbestand bzw. -höhe geleistet wurde.[8]

---

[1] Vgl. § 18 Abs. 3 S. 1 RPflG; hat sich der Richter das Verfahren nicht vorbehalten, muss daher um eine richterliche Entscheidung gem. § 256 Abs. 1 S. 2 InsO nachgesucht werden, MünchKomm-*Huber,* InsO § 256 Rn. 13, 15 ff.; BGH NZI 2009, 106 ff. BVerfG BeckRS 2009, 42310.

[2] Abl. *Kübler/Prütting/Bork/Otte,* InsO, § 256 Rn. 6; zum bisherigen Recht BGH NJW 1996, 1058; bejahend HK-*Flessner,* InsO, § 256 Rn. 5.

[3] MünchKomm-*Huber,* InsO § 256 Rn. 11; aA: *Uhlenbruck/Lüer,* InsO, § 256 Rn. 7.

[4] MünchKomm-*Huber,* InsO § 256 Rn. 17 hält auch den Gläubiger für antragsbefugt. Dagegen spricht aber, dass das Beschlussverfahren dem Gläubiger kein zusätzliches Druckinstrument (die Gefahr, in einen erheblichen Rückstand zu geraten) für Vergleiche über die Höhe von Zahlungen geben soll.

[5] *Smid/Rattunde,* InsO, § 256 Rn. 5.

[6] So *Kübler/Prütting/Bork/Otte,* InsO, § 256 Rn. 7.

[7] Abs. 2 S. 2 ist insoweit überflüssig.

[8] MünchKomm-*Huber,* InsO § 256 Rn. 27; *Uhlenbruck/Lüer,* InsO, § 256 Rn. 13.

§ 257 Vollstreckung aus dem Plan

(1) **Aus dem rechtskräftig bestätigten Insolvenzplan in Verbindung mit der Eintragung in die Tabelle können die Insolvenzgläubiger, deren Forderungen festgestellt und nicht vom Schuldner im Prüfungstermin bestritten worden sind, wie aus einem vollstreckbaren Urteil die Zwangsvollstreckung gegen den Schuldner betreiben. Einer nicht bestrittenen Forderung steht eine Forderung gleich, bei der ein erhobener Widerspruch beseitigt ist. § 202 gilt entsprechend.**

(2) **Gleiches gilt für die Zwangsvollstreckung gegen einen Dritten, der durch eine dem Insolvenzgericht eingereichte schriftliche Erklärung für die Erfüllung des Plans neben dem Schuldner ohne Vorbehalt der Einrede der Vorausklage Verpflichtungen übernommen hat.**

(3) **Macht ein Gläubiger die Rechte geltend, die ihm im Falle eines erheblichen Rückstands des Schuldners mit der Erfüllung des Plans zustehen, so hat er zur Erteilung der Vollstreckungsklausel für diese Rechte und zur Durchführung der Vollstreckung die Mahnung und den Ablauf der Nachfrist glaubhaft zu machen, jedoch keinen weiteren Beweis für den Rückstand des Schuldners zu führen.**

Übersicht

1. Normzweck

1 § 257 – der § 304 des RegE bei Anpassung der Verweisung entspricht – dient der nachkonkurslichen Durchsetzung der nicht (mehr) bestrittenen Planforderungen, ohne dass zusätzlich der Klageweg beschritten werden muss. Abs. 1 stellt die Voraussetzungen für das Verhältnis Insolvenzgläubiger/Schuldner auf; Abs. 2 erweitert die Titulierungswirkung auf Forderungen gegen Plangaranten. Abs. 3 regelt die besonderen Vollstreckungsvoraussetzungen in Fällen der §§ 255, 256. Ohne wesentliche Änderungen wurde bestehendes Vergleichsrecht übernommen.[1] Die Forderungen müssen aber festgestellt sein, dürfen mithin auch nicht mehr bestritten sein; insoweit wurde § 194 KO gefolgt, da auch das Insolvenzplanverfahren die förmliche Forderungsprüfung voraussetzt.[2] Nicht angemeldete oder nicht festgestellte Forderungen sind zwar den Wirkungen des § 254 unterworfen,[3] werden aber wegen fehlender gerichtlicher Feststellung nicht nach § 257 tituliert.[4]

---

[1] §§ 85, 86 VglO; § 194 KO; § 16 Abs. 6 GesO.

[2] Begründung zu RegE, abgedruckt in *Balz/Landfermann,* S. 516.

[3] § 254 Abs. 1 S. 3.

[4] Zum alten Recht RGZ 22, 155; *Kuhn/Uhlenbruck,* KO, § 194 Rn. 4.

2. Vollstreckung

a) Vollstreckungsvoraussetzungen sind die rechtskräftige Planbestätigung,[1] die Feststellung der Forderung (§ 178 Abs. 1), die Beseitigung des Gläubiger- oder Schuldnerwiderspruchs (Abs. 1 S. 2).[2] Abs. 1 S. 3 i. V. m. § 202 bestimmt eine ausschließliche örtliche Zuständigkeit des Amtsgerichts (oder LG nach § 202 Abs. 2) als Insolvenzgericht und verdrängt damit §§ 764, 802 ZPO. 2

b) Ein zulässiger und ausreichender Inhalt des Plans liegt vor, wenn Regelungen im gestaltenden Teil des Plans aufgenommen sind, die hinreichend bestimmbar sind. Ein abschließende Bestimmtheit schon durch die Zuweisung einer bestimmten Quote zum Zeitpunkt der Abstimmung über den Plan ist nicht erforderlich. § 257 Abs. 1 soll den Gläubigern die beschleunigte und erleichterte Durchsetzbarkeit plangeregelter Forderungen ermöglichen, nicht aber darauf beschränken, so dass der ordentliche Klageweg daneben (für nicht angemeldete Forderungen als einzige Möglichkeit) bestehen bleibt. 2a

c) Vollstreckungstitel ist der entsprechende Tabellenauszug i. V. m. dem rechtskräftig bestätigten Insolvenzplan (Abs. 1 S. 1), nicht der Plan allein oder der Bestätigungsbeschluss.[3] Es bedarf also einer Ausfertigung des Tabellenauszugs nebst angesiegeltem Plan mit Rechtskraftvermerk samt Vollstreckungsklausel.[4] Der Plan ist vergleichbar mit einer notariellen Urkunde i. S. d. § 794 Abs. 1 Nr. 5 ZPO[5] und hat i. V. m. dem Tabelleneintrag die Wirkung eines rechtskräftigen Urteils.[6] Er verdrängt frühere Vollstreckungstitel des Gläubigers.[7] 3

d) Die Klauselerteilung richtet sich gem. § 4 nach den §§ 706, 724 ff. ZPO. Der Urkundsbeamte oder Rechtspfleger (bei qualifizierter Klauselerteilung) prüft vor Erteilung der vollstreckbaren Ausfertigung des Tabellenauszugs die Rechtskraft der Bestätigung und trägt die Erteilung in die Tabelle ein. Die Klausel ist auf den Tabellenauszug zu setzen mit dem Hinweis der Beschränkung auf die durch den Insolvenzplan modifizierten Forderungen.[8] Sie kann vor Verfahrensaufhebung erteilt werden, da dies nicht den Beginn von Zwangsvollstreckungsmaßnahmen darstellt. 4

---

[1] §§ 248, 253, 254.

[2] Unter „deren Forderung festgestellt ist" fallen die nicht vom Gläubiger oder dem Verwalter bestrittenen Forderungen. Dieser ggf. vorliegende Widerspruch muss auch beseitigt sein; HK-*Flessner,* InsO, § 257 Rn. 4.

[3] Vgl. *Kilger/K. Schmidt,* Insolvenzgesetze, § 85 VglO Anm. 1; HK-*Flessner,* InsO, § 257 Rn. 6; MünchKomm-*Huber,* InsO § 257 Rn. 21 f.

[4] Näher *Hess,* InsO, § 257 Rn. 9, 31; HK-*Flessner,* InsO, § 257 Rn. 6; *Nerlich/Römermann/Braun,* InsO, § 257 Rn. 2; *App,* DGVZ 2003, 49 f., 50.

[5] *Häsemeyer,* Insolvenzrecht, Rn. 28.67.

[6] § 178 Abs. 3.

[7] Näher MünchKomm-*Huber,* InsO § 257 Rn. 25 f.; dies gilt auch nach zutreffender Auffassung auch für öffentlich-rechtliche Leistungsbescheide, vgl. näher *Uhlenbruck/Lüer,* InsO, § 257 Rn. 20; anders für Steuerforderungen – hier kann sowohl nach der ZPO als auch nach der AO vollstreckt werden, *Uhlenbruck/Lüer,* ebenda.

[8] Vgl. *Häsemeyer,* Insolvenzrecht, Rn. 28.84, ausführlich MünchKomm-*Huber,* InsO § 257 Rn. 27 ff.

3. Vollstreckung gegen Plangarant und im Falle von §§ 255, 256

5 Die Vollstreckung ist auf den Planinhalt beschränkt mit Ausnahme des Abs. 3. Bei Vollstreckung gegen Garanten[1] nach Abs. 2 bedarf es zusätzlich einer Ausfertigung der Verpflichtungserklärung.

6 Abs. 3 übernimmt die bisherige Regelung in § 85 Abs. 3 VglO und erleichtert die Klauselerteilung und Vollstreckung nach Abs. 1 für die Fälle der §§ 255, 256. Die wiederaufgelebten Forderungen können im ganzen Umfang nach Abs. 1 beigetrieben werden, sofern der Gläubiger die Mahnung und den Nachfristablauf glaubhaft (§ 294 ZPO) macht. Wenn dies nicht gelingt, kann Feststellungsklage nach § 731 ZPO auf Klauselerteilung erhoben werden.

4. Vollstreckungsgläubiger

7 Die Vollstreckung findet zugunsten der Insolvenzgläubiger, auch der nachrangigen, wenn sie im Plan berücksichtigt sind (vgl. im Einzelnen § 225), statt. Ferner kann der absonderungsberechtigte Gläubiger bei nachgewiesenem Verzicht oder Ausfall, sofern nicht aus der Tabelle ersichtlich, als Insolvenzgläubiger (§ 52 S. 2) vollstrecken; schließlich auch die Nachfolger der Forderungen (§§ 726 ff. ZPO). Die absonderungsberechtigten Gläubiger sind ansonsten nicht erfasst von § 257, da die Erteilung des Stimmrechts mangels Prüfung keine ausreichende Titulierungsgrundlage darstellt;[2] im Übrigen beinhaltet ihr Absonderungsrecht meist keinen vollstreckbaren Inhalt in Form eines Leistungsgebotes. Der Schuldner kann auf Grund von Leistungsverpflichtungen der Gläubiger im Plan nicht gegen diese vollstrecken.[3]

5. Vollstreckungsschuldner

8 Die Zwangsvollstreckung findet statt gegen den Schuldner[4] und die Plangaranten, die sich nach Abs. 2 neben oder anstelle des Schuldners auf Grund von Bürgschaft, Schuldübernahme oder Garantievertrag zur Planerfüllung verpflichtet haben. Bei einem Vorgehen nach Abs. 2 ist die schriftliche Erklärung des Garanten zur Übernahme der Verpflichtung i. S. v. § 230 Abs. 3 Voraussetzung, die auch später eingereicht werden kann, wie es schon § 85 Abs. 2, 2. Halbs. VglO zuließ. Im Gegensatz zu §§ 771–773 BGB muss der Verzicht auf die Einrede der Vorausklage (gemeint ist die Haftung für die Ausfallforderung bei unternommenen Vollstreckungsversuch) nach Abs. 2 ausdrücklich erklärt worden sein; ist dies nicht der Fall, muss ein Titel gegen den Garanten eigens erwirkt werden.[5] Im Übrigen müssen bei einem Vorgehen nach Abs. 2 wiederum die Voraussetzungen des Abs. 1 erfüllt sein. Bei fehlenden formellen Voraussetzungen für eine Garan-

---

[1] Zum Begriff und den Voraussetzungen der Haftung *Nerlich/Römermann/Braun,* InsO, § 257 Rn. 8.

[2] Begründung zu § 304 RegE, abgedruckt in *Balz/Landfermann,* S. 516; MünchKomm-*Huber,* InsO § 257 Rn. 14 f.

[3] *Bork,* Einführung in das neue Insolvenzrecht, Rn. 348.

[4] *Hess,* InsO, § 257 Rn. 14 ff., nicht gegen persönlich haftende Gesellschafter, außer im Falle des § 257 Abs. 2 InsO, MünchKomm-*Huber,* InsO § 257 Rn. 11; *Uhlenbruck/Lüer,* InsO, § 257 Rn. 15.

[5] *Kuhn/Uhlenbruck,* KO, § 194 Rn. 8 mwN.

tenhaftung nach Abs. 2 kommt eine Behandlung als Plangarant dennoch in Betracht, wenn die Verpflichtungserklärung Voraussetzung für den Insolvenzplan war.[1] Die Garantenhaftung ist umfassend für alle Beteiligten, die der Wirkung des § 254 Abs. 1 unterworfen sind; bei Teilverpflichtungsübernahmen gilt für die vollstreckenden Gläubiger der Prioritätsgrundsatz.[2] Die Grenzen der Garantenhaftung werden durch den Plan und die enthaltenen Forderungen bestimmt: Auch nach Wiederaufleben gem. § 255 beschränkt sich die Haftung des Garanten auf den ermäßigten Betrag, jedoch sind auch Verzugszinsen und weitergehender Schadensersatz[3] erfasst;[4] nur auf Grund der titulierten Forderung gem. Abs. 2 kann gegen den Garanten vollstreckt werden.

6. Rechtsmittel

Den Beteiligten stehen die regulären Rechtsmittel der ZPO zur Verfügung. 9
Dem Vollstreckungsschuldner stehen gegen die Klauselerteilung die Erinnerung nach § 732 ZPO und bei drohender Vollstreckung aus der Klausel die Klauselgegenklage gem. § 768 ZPO[5] zu. Der Vollstreckungsgläubiger wehrt sich gegen die Klauselversagung mit der Erinnerung nach § 576 Abs. 1 ZPO bzw. bei qualifizierten Klauseln mit der Rechtspflegererinnerung gem. § 11 Abs. 2 S. 1 RPflG. Gegen Vollstreckungshandlungen ist dem Schuldner insbesondere die Vollstreckungsgegenklage mit einer umfassenden materiellen Überprüfung des Vollstreckungsanspruchs gem. § 767 ZPO eröffnet. Der Schuldner ist aber i. R. d. § 257 genauso der Präklusionswirkung des § 767 Abs. 2 ZPO unterworfen, obwohl eine „mündliche Verhandlung" i. S. d. Norm und § 137 ZPO fehlt.[6] Schließlich können Dritte i. S. d. Abs. 2 mit der Drittwiderspruchsklage nach § 771 Abs. 1 ZPO geltend machen, sie seien nicht am Verfahren beteiligt gewesen.

Vollstreckt ein Gläubiger aus einem durch den Plan verdrängten Titel 10
(s. o. Rn. 3 aE), so kann sich der Schuldner über § 766 ZPO wehren.[7]

§ 258 Aufhebung des Insolvenzverfahrens

(1) **Sobald die Bestätigung des Insolvenzplans rechtskräftig ist, beschließt das Insolvenzgericht die Aufhebung des Insolvenzverfahrens.**

(2) **Vor der Aufhebung hat der Verwalter die unstreitigen Masseansprüche zu berichtigen und für die streitigen Sicherheit zu leisten.**

(3) **Der Beschluß und der Grund der Aufhebung sind öffentlich bekanntzumachen. Der Schuldner, der Insolvenzverwalter und die Mitglieder des Gläubigerausschusses sind vorab über den Zeitpunkt des Wirksamwerdens der Aufhebung (§ 9 Abs. 1 Satz 3) zu unterrichten. § 200 Abs. 2 Satz 2 gilt entsprechend.**

---

[1] BGH WM 1961, 1048.
[2] Zum alten Recht *Kuhn/Uhlenbruck,* KO, § 194 Rn. 7.
[3] § 767 Abs. 1 S. 2 BGB.
[4] *Hess,* InsO, § 257 Rn. 24.
[5] Ggf. mit anschließender einfacher Beschwerde gem. § 567 ZPO.
[6] *Hess,* InsO, § 257 Rn. 11; krit. *Bork,* in *Leipold,* Insolvenzrecht im Umbruch, S. 51, 56 f.
[7] MünchKomm-*Huber,* InsO § 257 Rn. 39.

1. Normzweck

1 Nach Erledigung der Restaufgaben des Insolvenzverwalters und des Gläubigerausschusses beendet der Aufhebungsbeschluss das Insolvenzverfahren. Voraussetzungen und der Zeitpunkt des Beschlusses werden von § 258 bestimmt, § 259 regelt die Rechtswirkungen. Im Wesentlichen ist § 258 aus bisherigem Zwangsvergleichsrecht[1] hervorgegangen.[2] Neu ist die Vorabbenachrichtigung in Abs. 3 S. 2.

2. Voraussetzungen

2 Es bedarf des Vorliegens eines rechtskräftigen Bestätigungsbeschlusses;[3] wegen Abs. 2 ist eine Verbindung der Aufhebung mit dem Bestätigungsbeschluss nicht möglich.

3 **a)** Als Restaufgaben verbleiben dem Insolvenzverwalter die Vorlage der Schlussrechnung (§ 66)[4], dem Insolvenzgericht die Festsetzung der Vergütung und Auslagen des Insolvenzverwalters[5] und der Mitglieder des Gläubigerausschusses.

4 **b)** Ferner steht die Berichtigung der Masseansprüche (Abs. 2) in Parallele zu § 53 an.

5 **aa)** Unstreitige Masseansprüche, die dem Insolvenzverwalter bekannt sind, auch wenn erst nach Planbestätigung bekannt geworden oder entstanden, sind zu erfüllen. Unter die vor Aufhebung zu berichtigenden Masseansprüche fallen nicht die aus der über die anstehende Aufhebung hinausdauernden Fortführung eines Unternehmens fortlaufend weiterentstehenden Ansprüche.[6] Ansonsten könnte ein Verfahren nie aufgehoben werden.

6 **bb)** Hinsichtlich der streitigen Masseansprüche ist für jede Forderung getrennt Sicherheit zu leisten.[7] Zu den streitigen Masseansprüchen zählen auch nicht anerkannte oder aufschiebend bedingte und betagte Ansprüche;[8] ihre Glaubhaftmachung ist nicht erforderlich.

---

[1] § 190 f. KO; Abs. 1 und 2 entspricht § 305 RegE; Abs. 3 wurde der Änderung in § 9 angepasst.

[2] Vgl. auch § 90 VglO; § 19 Abs. 1 Nr. 2, Abs. 2 bis 4 GesO.

[3] § 254 Abs. 1.

[4] AA: *Grub,* DZWIR 2004, 317, wonach der Schlussrechnung keine Bedeutung zukomme.

[5] BGH BeckRS 2007, 06022 zur Frage der Bindung des Insolvenzverwalters an einen im Insolvenzplan ausgewiesenen Vergütungsansatz.

[6] Vgl. *Nerlich/Römermann/Braun,* InsO, § 258 Rn. 3; zust. HK-*Flessner,* InsO, § 258 Rn. 6; so jetzt auch LG Stuttgart DZWIR 2003, 171 ff. m. Anm. von *Busch;* aA: MünchKomm-*Huber,* InsO § 258 Rn. 11 mwN; die Gegenauffassung wird inzwischen mehrheitlich abgelehnt; wie in der Kommentierung auch LG Stuttgart DZWIR 2003, 171 f.; *Busch,* DZWIR 2003, 172 ff.; *Hess,* InsO, § 258 Rn. 13; FK-*Jaffé,* InsO, § 258 Rn. 13; aA: nur MünchKomm-*Huber,* InsO § 258 Rn. 11 mwN; *Uhlenbruck/Lüer,* InsO, § 258 Rn. 5.

[7] §§ 232 ff. BGB.

[8] *Kuhn/Uhlenbruck,* KO, § 191 Rn. 1; MünchKomm-*Huber,* InsO § 258 Rn. 12 ff.

cc) Streitigkeiten über das Bestehen der gesicherten Forderungen sind nach der Aufhebung mit dem Schuldner zu führen; es fehlen insofern Regelungen über eine Nachtragsverteilung i. S. d. §§ 203 ff.[1] 7

3. Zeitpunkt

Die Aufhebung kann erst nach Rechtskraft des Bestätigungsbeschlusses erfolgen, danach aber baldmöglichst zwecks Wiedereinräumung der Verwaltungs- und Verfügungsbefugnis beim Schuldner[2] ohne Schädigung seiner Interessen; das Insolvenzgericht ist verpflichtet, auf eine beschleunigte Schlussabwicklung hinzuwirken.[3] Voraussetzung hierfür ist, dass alle Aufgaben des Insolvenzverfahrens erledigt sind, die der Insolvenzplan selbst vorgibt oder die sich aus den Vorschriften zum Plan- wie auch ergänzend aus dem Regelverfahren ergeben. „Sobald“ ist deshalb nicht gleichzusetzen mit „sofort/unmittelbar“, sondern „frühestmöglich“ und ist vom jeweiligen Einzelfall abhängig.[4] Der Zeitpunkt des Wirksamwerdens der Aufhebung ist dem Schuldner, Insolvenzverwalter und den Mitgliedern des Gläubigerausschusses vorab rechtzeitig mitzuteilen (Abs. 3), um die Beteiligten auf die Rückübertragung der Verfügungsgewalt auf den Schuldner vorzubereiten. Zweckmäßigerweise sollte die Terminsbestimmung in Abstimmung mit dem Verwalter erfolgen.[5] 8

4. Beschluss

Die Aufhebung erfolgt auf Grund gerichtlichen Beschlusses (Abs. 1),[6] womit das Verfahren endet und auch in den Fällen der Nichterfüllung des Planes nicht wieder fortgesetzt wird.[7] 9

a) Der Beschluss ist nicht anfechtbar (§ 6 Abs. 1); sofern eine Entscheidung durch den Rechtspfleger vorliegt, ist die befristete Erinnerung gem. § 11 Abs. 2 RPflG gegeben. 10

b) Der Beschluss und der Grund der Aufhebung sind öffentlich bekannt zu machen (Abs. 3 S. 1) mit auszugsweiser Veröffentlichung im Bundesanzeiger.[8] Ist eine Planüberwachung (§ 260 ff. InsO) vorgesehen, so ist dies ebenfalls zu veröffentlichen.[9] Zeitpunkt der Wirksamkeit des Beschlusses ist der Ablauf des 11

---

[1] *Häsemeyer,* Insolvenzrecht, Rn. 28.51; *Uhlenbruck/Lüer,* InsO, § 258 Rn. 8 mwN auch zu der Gegenauffassung, die den Insolvenzverwalter weiterhin als aktiv legitimiert betrachtet, was allerdings mit der Regelung in § 259 Abs. 1 und Abs. 3 InsO nicht vereinbar ist (vgl. auch OLG Celle ZInsO 2006, 1327 f. zur Aktivlegitimation und Nachtragsverteilung).

[2] § 259 Abs. 1 S. 2.

[3] RGZ 56, 70, 72.

[4] Solche Aufgaben können über einen verfahrensleitenden Insolvenzplan, der die Insolvenz nicht überwindet, sondern die Gestaltung innerhalb des Insolvenzverfahrens vornimmt, vorgegeben werden. *Frank,* FS Braun, S. 219 ff.; *Heinrich,* NZI 2008, 74; sowie HK-*Flessner,* InsO, § 258 Rn. 4; offengelassen BGH NZI 2009, 480; abl. LG Frankfurt NZI 2008, 110 ff.

[5] *Haarmeyer/Wutzke/Förster,* Hdb., Kap. 9 Rn. 41.

[6] Der ohne Begründung ergehen kann, MünchKomm-*Huber,* InsO § 258 Rn. 9.

[7] Vgl. auch § 255 Abs. 2.

[8] Abs. 3 S. 3 i. V. m. § 200 Abs. 2 S. 2.

[9] *Uhlenbruck/Lüer,* InsO, § 258 Rn. 14.

zweiten Tages nach dem Tag der Veröffentlichung des Blattes, das die Bekanntmachung enthält.[1]

5. Praxishinweis

12 In der Praxis – insbesondere in größeren Verfahren – bei denen erhebliche Zahlungsbewegungen auch der Insolvenzmasse (nicht des fortgeführten Geschäftsbetriebes) gegeben sind, verzögert die Schlussrechnungsprüfung die Aufhebung des Verfahrens oft unerträglich.[2] Ob man § 259 – so *Grub* – entnehmen kann, im Planverfahren sei keine Schlussrechnung geschuldet, erscheint eher fragwürdig. Die Verwaltung fremden Vermögens muss am Ende – wie auch immer das Ende kommt – Rechnung legen. Das Ziel **sofortiger** Aufhebung kann der Verwalter durch vom Gläubigerausschuss beschlossene, externe, von unabhängigen Dritten erledigte permanente Kassenprüfung erreichen, die das Insolvenzgericht von einer eigenen Schlussrechnungsprüfung weitestgehend entlastet.

§ 259 Wirkungen der Aufhebung

(1) **Mit der Aufhebung des Insolvenzverfahrens erlöschen die Ämter des Insolvenzverwalters und der Mitglieder des Gläubigerausschusses. Der Schuldner erhält das Recht zurück, über die Insolvenzmasse frei zu verfügen.**

(2) **Die Vorschriften über die Überwachung der Planerfüllung bleiben unberührt.**

(3) **Einen anhängigen Rechtsstreit, der die Insolvenzanfechtung zum Gegenstand hat, kann der Verwalter auch nach der Aufhebung des Verfahrens fortführen, wenn dies im gestaltenden Teil des Plans vorgesehen ist. In diesem Fall wird der Rechtsstreit für Rechnung des Schuldners geführt, wenn im Plan keine abweichende Regelung getroffen wird.**

1. Normzweck

1 § 259 legt die Rechtswirkungen des Aufhebungsbeschlusses i. F. d. Ämtererlöschens und der Wiedererlangung der Verfügungsbefugnis des Schuldners fest (Abs. 1). Die Überwachung der Planerfüllung, und damit ein eingeschränktes Fortbestehen der Ämter,[3] wird in Abs. 2 vorbehalten.[4] Ein Novum stellt Abs. 3 dar, der das Weiterführen von Anfechtungsprozessen bei entsprechender Planregelung über die Aufhebung hinaus erlaubt. Abs. 1 entstammt dem bisherigen Recht.[5]

2. Wirkungen

2 **a)** Die Ämter des Insolvenzverwalters und der Mitglieder des Gläubigerausschusses erlöschen, sofern keine Überwachung im Plan vorgesehen ist.[6]

---

[1] Abs. 3 S. 2 i. V. m. § 9 Abs. 1 S. 3.
[2] Vgl. *Grub,* DZWiR 2004, 317 ff. und LG Stuttgart DZWiR 2003, 171 ff.
[3] § 261 Abs. 1 S. 2 (vgl. hierzu auch OLG Celle ZInsO 2006, 1327 f.).
[4] Anders noch VglO, die regelmäßig von einer Überwachung ausging, § 96 VglO.
[5] § 192 KO, § 98 Abs. 1 VglO; vgl. auch § 306 RegE.
[6] Abs. 2, § 261 Abs. 1 S. 2 (vgl. hierzu auch OLG Celle ZInsO 2006, 1327 f.).

b) Der Schuldner erlangt die Verfügungsbefugnis über die Insolvenzmasse uneingeschränkt zurück, sofern nicht die Überwachung im Plan bestimmt ist[1] oder der Insolvenzplan die Berechtigung an Vermögensgegenständen der Insolvenzmasse, bspw. zur nachträglichen Befriedigung der Gläubiger im Wege einer Treuhandschaft, einem Dritten zuweist.[2] Die Verfügungsbefugnis darf durch den Plan ansonsten nicht eingeschränkt werden.[3] Mit der Aufhebung entsteht dem Schuldner ein Anspruch auf Herausgabe der Insolvenzmasse, dem der Insolvenzverwalter kein Recht zum Besitz (§ 986 BGB) mehr entgegenhalten kann. 3

c) Der Aufhebung kommt keine rückwirkende Kraft zu (insbesondere bezüglich der Rechtsverluste); die Masse steht dem Schuldner im status quo zurzeit der Aufhebung zur Verfügung, auch hinsichtlich der Rechtshandlungen des Insolvenzverwalters.[4] Für die Gesellschaft gilt, dass sie aufgelöst bleibt; eine Fortsetzung ist nur bei entsprechender Beschlussfassung möglich.[5] Die Unwirksamkeit eigener Verfügungen über Massegegenstände während des Verfahrens[6] kann der Schuldner nach der Aufhebung aber heilen (§ 185 BGB).[7] 4

3. Prozesse

a) Nach § 240 ZPO durch die Verfahrenseröffnung unterbrochene Prozesse, die nicht vom Insolvenzverwalter aufgenommen wurden, fallen wieder an den prozessführungsbefugten Schuldner zurück, ohne dass es einer gesonderten Aufnahme bedarf.[8] Bestehende Ansprüche, die zur Insolvenzmasse gehören, können nun mit Berücksichtigung bis zur Revisionsinstanz von ihm selbst verfolgt werden.[9] 5

b) Anhängige Prozesse des Insolvenzverwalters als Partei kraft Amtes – mit Ausnahme der Insolvenzanfechtung (dazu sogleich) – werden durch die Aufhebung unterbrochen; anders aber, wenn der Insolvenzverwalter anwaltlich vertreten wurde. In diesem Fall bleibt die Vollmachtserteilung als wirksame Rechts- 6

---

[1] §§ 261, 263.

[2] BGH ZIP 2008, 546.

[3] Vgl. § 247 Abs. 2 Ziff. 1 und Umkehrschluss aus § 255 Abs. 3 S. 1; anders noch bisheriges Recht, vgl. *Kuhn/Uhlenbruck,* KO, § 192 Rn. 6.

[4] Vgl. auch § 34 Abs. 3 S. 3.

[5] Vgl. § 144 Abs. 1; § 161 Abs. 2 HGB; § 274 Abs. 2 Nr. 1; § 278 Abs. 3 AktG; § 60 Abs. 1 Nr. 4 GmbHG; § 117 GenG, ausführlich *Uhlenbruck/Lüer,* InsO, § 218 Rn. 19 ff.; warum dieser Fortsetzungsbeschluss nur möglich sein soll, wenn der Insolvenzplan dies vorsieht (so HK-*Flessner,* InsO, § 259 Rn. 5; *Kübler/Prütting/Bork/Otte,* InsO, § 259 Rn. 7 jeweils ohne Begründung) ist nicht einsichtig; vgl. auch AG Frankfurt (Oder) DZWIR 2006, 87. Nach Aufhebung gilt allgemeines Zivil- und Handelsrecht. Soweit dort der aufgelösten Gesellschaft (besser: Versammlung) keine Grenzen gesetzt sind, kann der Fortsetzungsbeschluss gefasst werden.

[6] § 81 Abs. 1 S. 1.

[7] So schon §§ 7, 8 KO für das alte Recht; eingehend zu dieser Frage *Uhlenbruck/Lüer,* InsO, § 259 Rn. 8; aA: *Kübler/Prütting/Bork/Otte,* InsO, § 259 Rn. 9. Wenn der Insolvenzverwalter jedoch bereits – wirksam – anderweitig über den Gegenstand verfügt hat, behält dessen Verfügung ihre Wirksamkeit.

[8] *Hess,* InsO, § 259 Rn. 8; *Uhlenbruck/Lüer,* InsO, § 259 Rn. 12.

[9] BGHZ 28, 13.

handlung[1] bestehen und das Verfahren wird nur auf Antrag entsprechend § 246 ZPO unterbrochen.[2]

7 **c)** Galt nach bisherigem Recht die Anfechtungsklage des Insolvenzverwalters nach Verfahrensaufhebung als in der Hauptsache erledigt, da mit seinem Amt auch der spezifisch insolvenzrechtliche Anfechtungsanspruch erloschen war, so eröffnet Abs. 3 S. 1 nunmehr die Möglichkeit, im Insolvenzplan die Weiterführung des Rechtsstreits für die Masse durch den Insolvenzverwalter als Prozessstandschafter vorzusehen[3]. Voraussetzung hierfür ist eine entsprechende Klausel im Insolvenzplan.[4] Hierfür genügt es, wenn der Insolvenzplan die Regelung „§ 259 Abs. 3 InsO findet Anwendung" enthält.[5] Dem Anfechtungsgegner wird damit die Prozessverschleppung erschwert.[6] Da der darstellende Teil des Insolvenzplans lediglich informatorischen Charakter hat, ist für das Fortbestehen der Aktivlegitimation unbeachtlich, dass dort eine niedrigere Forderung genannt ist.[7] Wird der Anfechtungsprozess fortgeführt, trägt bei fehlender anderweitiger Regelung im Plan gem. Abs. 3 S. 2 der Schuldner das Kostenrisiko.

§ 260 Überwachung der Planerfüllung

(1) **Im gestaltenden Teil des Insolvenzplans kann vorgesehen werden, daß die Erfüllung des Plans überwacht wird.**

(2) **Im Falle des Absatzes 1 wird nach der Aufhebung des Insolvenzverfahrens überwacht, ob die Ansprüche erfüllt werden, die den Gläubigern nach dem gestaltenden Teil gegen den Schuldner zustehen.**

(3) **Wenn dies im gestaltenden Teil vorgesehen ist, erstreckt sich die Überwachung auf die Erfüllung der Ansprüche, die den Gläubigern nach dem gestaltenden Teil gegen eine juristische Person oder Gesellschaft ohne Rechtspersönlichkeit zustehen, die nach der Eröffnung des Insolvenzverfahrens gegründet worden ist, um das Unternehmen oder einen Betrieb des Schuldners zu übernehmen und weiterzuführen (Übernahmegesellschaft).**

---

[1] § 34 Abs. 3 S. 3.

[2] Siehe auch *Kuhn/Uhlenbruck,* KO, § 192 Rn. 3; *Uhlenbruck/Lüer,* InsO, § 259 Rn. 13.

[3] Sieht der Plan eine solche Regelung nicht vor, ist nicht etwa der Schuldner zur Geltendmachung der Anfechtungssprüche berechtigt, vielmehr ist die Einzelgläubigeranfechtung gemäß § 18 AnfG statthaft, vgl. *Graf-Schlicker/Kebekus,* InsO, § 259 Rn. 2; MünchKomm-*Huber*, InsO § 259 Rn. 25 mwN.

[4] Eine solche Befugnis kann dagegen dem Insolvenzverwalter nicht durch eine Entscheidung des Gerichts eingeräumt werden, BGH BeckRS 2009, 89446.

[5] Eine solche Regelung ist ausreichend verständlich und eindeutig, so jetzt auch der BGH ZInsO 2006, 38, 40 f. = WM 2006, 44 ff. = ZIP 2006, 39 ff. = NZI 2006, 100 ff., m. zust. Anm. von *Bähr/Landry,* EWiR 2006, 87; die Entscheidung des OLG Jena ZIP 2002, 538 ff. = ZInsO 2002, 233 ff. = NZI 2002, 453 ff. m. zust. Anm. von *Michels,* EWiR 2002, 293 f., insoweit bestätigend; aA: (detaillierte Bezeichnung der betreffenden Rechtsstreite erforderlich) die Vorinstanz LG Erfurt ZIP 2001, 1646 f. = ZInsO 2001, 812; m. krit. Anm. von *Neußner,* EWiR 2001, 1067 f.

[6] Begründung zu § 306 RegE, abgedruckt in *Balz/Landfermann,* S. 517.

[7] LG Wuppertal ZInsO 2002, 337, 338.

1. Normzweck

1 § 260[1] erlaubt es, im gestaltenden Teil fakultativ die Überwachung der Planerfüllung durch den Schuldner oder eine Übernahmegesellschaft (Abs. 3) für einen begrenzten Zeitraum mit den in §§ 261–269 zur Verfügung gestellten Mitteln anzuordnen, um in erster Linie die Haftungsverwirklichung für die Gläubiger, nach Wiedereinräumung der Verfügungsmacht beim Schuldner[2] zu schützen. Die Überwachung findet nunmehr außerhalb des Insolvenzverfahrens statt (Abs. 2), so dass von ihr kein Einfluss auf die Verfahrensaufhebung ausgeht;[3] die Ämter des Insolvenzverwalters und der Mitglieder des Gläubigerausschusses; die Aufsicht des Insolvenzgerichts bestehen aber über die Aufhebung hinaus insoweit fort. Regelmäßig führt der Insolvenzverwalter die Überwachung durch;[4] auf Grund der Privatautonomie ist aber die Art und Form der Überwachung insgesamt einer anderweitigen Vereinbarung im gestaltenden Teil zugänglich, solange nicht zum Nachteil des Schuldners von den gesetzlichen Rechtsfolgen abgewichen wird oder der Schuldner einer solchen Abweichung zustimmt.[5] Die Überwachung kann sowohl die Erfüllung eines Sanierungs- als auch eines Liquidationsplanes beinhalten.[6] Ferner bedarf es der öffentlichen Bekanntmachung (§ 267).

2 Nach altem Recht kannte nur die VglO eine Überwachung der Erfüllung bei einer Vergleichssumme von mehr als damals 20 000,– DM;[7] in diesem Fall war die Überwachung noch als gesetzliche Regelfolge[8] bis zur Erfüllung und anschließender Verfahrensaufhebung vorgesehen, sofern nicht eine Gläubigermehrheit der Aufhebung ohne Überwachung zustimmte[9] oder der Schuldner sich einer Sachwalterüberwachung[10] bei gleichzeitiger Aufhebung[11] unterwarf.

2. Überwachung

3 Durch die Überwachung ist die Planerfüllung einer begrenzten Kontrolle zugänglich[12] und über den Zustimmungsvorbehalt (§ 263) sowie die Kreditrahmenregelung (§§ 264–266) beeinflussbar.

4 **a)** Die Überwachung schließt sich unmittelbar an die rechtskräftige Verfahrensaufhebung (§ 258) an; es ist kein Überwachungsbeschluss erforderlich.[13]

5 **b)** Gegenstand der Überwachung ist allein die Erfüllung der Ansprüche der Insolvenzgläubiger sowie der absonderungsberechtigten Gläubiger,[14] die diesen

---

1 § 260 entspricht § 307 RegE mit Ausnahme der Straffung in Abs. 3 aE.
2 § 259 Abs. 1 S. 2.
3 §§ 258 Abs. 1, 259 Abs. 1.
4 § 261 Abs. 1 S. 3.
5 Vgl. *Nerlich/Römermann/Braun,* InsO, § 260 Rn. 3; OLG Düsseldorf NZI 2006, 240.
6 *Kübler/Prütting/Bork/Otte,* InsO, § 260 Rn. 8; *Uhlenbruck/Lüer,* InsO, § 260 Rn. 5; aA: *Smid/Rattunde,* InsO, § 260 Rn. 3.
7 § 90 Abs. 1 Nr. 2 VglO.
8 § 96 Abs. 2 VglO.
9 § 90 Abs. 1 Nr. 1 VglO.
10 §§ 91-95 VglO.
11 § 91 Abs. 1 VglO.
12 §§ 260 Abs. 2 und 3, §§ 261, 262.
13 HK-*Flessner,* InsO, § 260 Rn. 2; MünchKomm-*Stephan,* InsO § 260 Rn. 14.
14 Vgl. „Gläubiger" gem. Abs. 2.

nach dem Plan zustehen (§ 223 Abs. 2), nicht aber die Durchführung organisatorischer Maßnahmen, die übrige Geschäftsführung des Schuldners oder (bei natürlichen Personen) ihre Lebensführung.[1] So fällt auch die Prozessführungsbefugnis dem Schuldner zu, es sei denn, der Insolvenzplan regelt dies gemäß § 259 Abs. 3 InsO oder individualvertraglich abweichend.[2]

6 **c)** Abweichende Vereinbarungen sind aus der allgemeinen Vertragsfreiheit der Beteiligten möglich und denkbar hinsichtlich eines vom Insolvenzverwalter verschiedenen Sachwalters,[3] dem Umfang der Berichtspflichten und der Überwachungsdauer. Jedoch sollen an eine abweichende Überwachung nicht die gesetzlichen Rechtsfolgen (§§ 261 ff.) geknüpft werden können.[4] Dies gilt allerdings nicht für die Überwachung im Anschluss an ein Planverfahren mit Eigenverwaltung, § 284 Abs. 2. Dort rückt der Sachwalter kraft Gesetzes in die Überwachungsposition, die §§ 260 ff. dem Insolvenzverwalter zuweisen.[5] Die Zulassung einer erweiterten Überwachung zulasten des Schuldners kommt in Form einer Ausweitung der Kontrollrechte, die auch kostenerhöhend sein kann, in Betracht.[6]

7 **d)** Die Kosten der Überwachung treffen nach § 269 den Schuldner bzw. die Übernahmegesellschaft (Abs. 3); eine hierfür haftende Insolvenzmasse besteht wegen Verfahrensaufhebung (§ 258 Abs. 1) nicht mehr.

3. Übernahmegesellschaften

8 Wird das schuldnerische Unternehmen durch eine juristische Person (regelmäßig GmbH) oder Gesellschaft ohne Rechtspersönlichkeit (GbR, OHG, KG) fortgeführt, so kann die Überwachung nach Abs. 3 gem. dem gestaltenden Teil auch auf sie erstreckt werden; Sinn und Zweck ist die Umgehung der Überwachung durch eine übertragende Sanierung auszuschließen und die Kontrolle des Schuldners, gleich ob er oder Dritte die neugegründete Übernahmegesellschaft führen, zu gewährleisten. Nach der Legaldefinition des Abs. 3 sind jedoch nur diejenigen Gesellschaften erfasst, die zum Zwecke der Übernahme und Fortführung des Unternehmens gegründet wurden und zwar nach Verfahrenseröffnung.[7] Die fakultative Überwachung soll keinen Hemmschuh für die Unternehmenssanierung bei bereits bestehenden Übernahmegesellschaften darstellen[8] bzw. die mit der Überwachung einhergehenden Einschränkungen sollen in diesem Fall nicht zu-

[1] Anders noch §§ 56, 39 VglO.

[2] Siehe hierzu auch BGH DZWIR 2008, 471.

[3] Der nicht die für einen Insolvenzverwalter nach § 56 InsO erforderliche Qualifikation haben muss, MünchKomm-*Stephan,* InsO § 260 Rn. 13; ausführlich zu der gewillkürten Überwachung durch Sachwalter *Uhlenbruck/Lüer,* InsO, § 260 Rn. 18 ff.

[4] Begründung RegE, abgedruckt in *Balz/Landfermann,* S. 520; aA: *Smid/Rattunde,* InsO, § 260 Rn. 5; wie hier MünchKomm-*Stephan,* InsO § 260 Rn. 13.

[5] Vgl. *Nerlich/Römermann/Braun,* InsO, § 261 Rn. 3.

[6] *Kübler/Prütting/Bork/Otte,* InsO, § 260 Rn. 7. Das dort erwogene Widerspruchsrecht des Schuldners überzeugt nicht. Das Gericht hat im Rahmen der Planbestätigung gem. § 248 die Übereinstimmung der Regelungen des gestaltenden Teils mit dem Gesetz, also auch den Planvorschriften zu prüfen; dem Schuldner steht das Recht gem. § 247 zu.

[7] HK-*Flessner,* InsO, § 260 Rn. 6; MünchKomm-*Stephan,* InsO § 260 Rn. 17, 18, mwN zu der Kritik an § 260 Abs. 3.

[8] *Smid/Rattunde,* InsO, § 260 Rn. 6.

mutbar, da nicht erkennbar, sein.[1] Entscheidend ist also, dass die Gründung nach Verfahrenseröffnung erfolgte und dass der Zweck die Fortführung des (Teil-) Betriebes ist. Dies muss nicht ausschließlicher Gesellschaftszweck sein. Der Neugründung steht der Erwerb einer – ggf. schon früher gegründeten, bis dahin keine werbende Tätigkeit ausübenden – Vorratsgesellschaft zu diesem Zwecke gleich.[2]

§ 261 Aufgaben und Befugnisse des Insolvenzverwalters

(1) **Die Überwachung ist Aufgabe des Insolvenzverwalters. Die Ämter des Verwalters und der Mitglieder des Gläubigerausschusses und die Aufsicht des Insolvenzgerichts bestehen insoweit fort. § 22 Abs. 3 gilt entsprechend.**

(2) **Während der Zeit der Überwachung hat der Verwalter dem Gläubigerausschuß, wenn ein solcher bestellt ist, und dem Gericht jährlich über den jeweiligen Stand und die weiteren Aussichten der Erfüllung des Insolvenzplans zu berichten. Unberührt bleibt das Recht des Gläubigerausschusses und des Gerichts, jederzeit einzelne Auskünfte oder einen Zwischenbericht zu verlangen.**

1. Normzweck

Die Vorschrift legt die Überwachung in die Hände des Insolvenzverwalters, lässt 1 die Ämter der beteiligten Organe insoweit fortbestehen und regelt die Eingriffsbefugnisse sowie die Berichtspflichten des Insolvenzverwalters. Trotz Verfahrensaufhebung[3] bleiben bestimmte Verfahrenswirkungen i. R. d. Überwachung erhalten, wie § 259 Abs. 2 es ausdrücklich vorbehält. Aufgrund seines dispositiven Charakters[4] kann auch eine andere Person zur Überwachung gewählt werden. Wird jedoch von der gesetzlichen Regelform der Überwachung auf Grund privatautonomer Entscheidung abgewichen, so steht der gesamte Regelungsrahmen der §§ 260 ff. nicht zur Verfügung[5]. Ein solchermaßen im Plan bestellter Sachwalter steht in einem privatrechtlichen Geschäftsbesorgungsverhältnis zum Schuldner.[6]

Eine vergleichbare Regelung findet sich im alten Recht allenfalls in § 92 2 Abs. 1 VglO, der dem Sachwalter i. R. d. vereinbarten Überwachung die Kompetenzen eines Vergleichsverwalters zugestand.

---

[1] Begründung RegE, abgedruckt in *Balz/Landfermann,* S. 520; krit. zur Bedeutung des Gründungszeitpunktes *Kübler/Prütting/Bork/Otte,* InsO, § 260 Rn. 14–16. Jedenfalls findet § 260 Abs. 3 im Wege praxisgerechter Auslegung auch auf solche Gesellschaften Anwendung, deren Gründungsverfahren zwar bereits vor Eröffnung des Insolvenzverfahrens eingeleitet, aber erst nach Eröffnung abgeschlossen wurde. „Gründung" i. S. d. Norm ist also dahingehend zu verstehen, dass der Abschluss der Gründung während des Insolvenzverfahrens genügt, vgl. näher *Uhlenbruck/Lüer,* InsO, § 260 Rn. 15 und *Nerlich/Römermann/Braun,* InsO, § 260 Rn. 16; vgl. auch *Kluth,* NZI 2003, S. 361 ff., wonach infolge der Parteiautonomie auch die Vereinbarung der Überwachung einer bereits bestehenden Übernahmegesellschaft zuzulassen sei.

[2] *Uhlenbruck/Lüer,* InsO, § 260 Rn. 16.

[3] § 259 Abs. 1.

[4] Arg. §§ 217, 260 Abs. 1.

[5] MünchKomm-*Stephan,* InsO § 261 Rn. 4.

[6] Vgl. zur Ausgestaltung und der damit verbundenen Möglichkeiten ausführlich *Kübler/Prütting/Bork/Otte,* § 261 Rn. 3 ff.

2. Beteiligte

3 **a)** In der gesetzlichen Regelung übt der Insolvenzverwalter die Überwachung aus (Abs. 1 S. 1), dessen Sachnähe zum Planinhalt oder auch zur Planausarbeitung ausschlaggebend für diese Zweckmäßigkeitserwägung war.[1]

4 **b)** Der Gläubigerausschuss, auch ein eigens für die Überwachung gebildeter,[2] nimmt jährlich den Verwalterbericht entgegen (Abs. 2 S. 1) bzw. die Zwischenberichte und Einzelauskünfte gem. Abs. 2 S. 2.[3]

5 **c)** Das Insolvenzgericht übt weiterhin vornehmlich die Aufsicht über den Insolvenzverwalter (Abs. 1 S. 2) und den Gläubigerausschuss aus. Ein vertraglich zur Geschäftsbesorgung bestellter Sachwalter unterliegt nicht der gerichtlichen Aufsicht.

3. Aufgaben und Befugnisse

6 **a)** Dem überwachenden[4] Insolvenzverwalter sind zum Zwecke seiner beobachtenden[5] Kontrolle die eingeschränkten Befugnisse eines vorläufigen Insolvenzverwalters eingeräumt,[6] mithin die Erlaubnis zum Betreten der Geschäftsräume, zur Einsichtnahme in Bücher und Geschäftspapiere sowie ein Anspruch auf erforderliche Auskunftserteilung. Ihm stehen über § 22 Abs. 3 S. 3 aE die Mitwirkungspflichten des Schuldners (§ 97) sowie der organschaftlichen Vertreter und Angestellten (§ 101) zur Seite. Die für den Schuldner geltenden Pflichten treffen auch eine Übernahmegesellschaft.[7] Den Insolvenzverwalter als Überwacher trifft zum einen die allgemeine Berichtspflicht (Abs. 2 S. 2), zum anderen die Pflicht, dem Insolvenzgericht und dem Gläubigerausschuss jährlich den Stand der Erfüllung mitzuteilen und die weitere Entwicklung zu prognostizieren (Abs. 2 S. 1). Bei Nichterfüllung seitens des Schuldners entsteht die Anzeigepflicht nach § 262.

7 **b)** Neben der Aufsicht bleibt das Insolvenzgericht zuständig für die Durchführung von Zwangsmaßnahmen nach § 98.[8] Das Auskunftsrecht des Gläubigerausschusses richtet sich allein gegen den Insolvenzverwalter. Ein eigenes Informationsbeschaffungsrecht hat er nicht unmittelbar; Abs. 1 S. 3 kann nicht auf den Gläubigerausschuss erstreckt werden.[9]

8 **c)** Das Auskunftsrecht wird jeweils durch den Überwachungsgegenstand beschränkt, der sich in der Erfüllung der Ansprüche erschöpft. Sofern von der gesetzlichen Regelüberwachung abgewichen wird, insbesondere ein Sachwalter

---

[1] Begründung zu § 308 RegE, abgedruckt in *Balz/Landfermann,* S. 520.

[2] *Kübler/Prütting/Bork/Otte,* InsO, § 261 Rn. 13.

[3] Krit. zu dieser eingeschränkten Befugnis des Verwalters in der Überwachungsphase FK-*Jaffé,* InsO, § 261 Rn. 9 ff.

[4] Zum Umfang der Überwachung vgl. im Einzelnen *Uhlenbruck/Lüer,* InsO, § 261 Rn. 3 ff.

[5] Eingriffsrechte, z. B. in die Geschäftsleitung, bestehen nicht, *Uhlenbruck/Lüer,* InsO, § 261 Rn. 3.

[6] Abs. 1 S. 3 i. V. m. § 22 Abs. 3.

[7] *Uhlenbruck/Lüer,* InsO, § 261 Rn. 15.

[8] Abs. 1 S. 3 i. V. m. § 22 Abs. 3.

[9] AA: wohl HK-*Flessner,* InsO, § 261 Rn. 4.

auf privatrechtlicher Basis eingesetzt wird, bestehen keine Ämter mehr i. S. v. Abs. 1 S. 2, und die §§ 260 ff. finden insgesamt keine Anwendung.

4. Vergütung

Für die Vergütung des Planüberwachers gilt § 6 Abs. 2 InsVV; bei einem Sachwalter ist die Parteivereinbarung maßgeblich.[1] 9

5. Schadensersatz bei Pflichtverletzungen

Da § 261 Abs. 1 S. 2 das Fortbestehen des Verwalteramtes regelt, ist § 60 anwendbar.[2] 10

§ 262 Anzeigepflicht des Insolvenzverwalters

Stellt der Insolvenzverwalter fest, daß Ansprüche, deren Erfüllung überwacht wird, nicht erfüllt werden oder nicht erfüllt werden können, so hat er dies unverzüglich dem Gläubigerausschuß und dem Insolvenzgericht anzuzeigen. Ist ein Gläubigerausschuß nicht bestellt, so hat der Verwalter an dessen Stelle alle Gläubiger zu unterrichten, denen nach dem gestaltenden Teil des Insolvenzplans Ansprüche gegen den Schuldner oder die Übernahmegesellschaft zustehen.

1. Normzweck

Die Anzeigepflicht des Insolvenzverwalters soll den Schuldner zusätzlich zur plangemäßen Erfüllung motivieren und einen effektiven Gläubigerschutz ermöglichen durch schnelles Bekanntwerden der eingetretenen Umstände, damit Sanktionen rechtzeitig eingeleitet werden können. 1

Lediglich § 40 Abs. 2 VglO sah nach altem Recht eine solche Benachrichtigungspflicht gegenüber dem Gericht vor und zwar nur für den Fall der Überwachung im fortgesetzten, nicht aufgehobenen Vergleichsverfahren (§ 96 VglO). 2

2. Anzeigepflicht

a) Gegenstand der Anzeigepflicht ist gem. S. 1 die Nichterfüllung der Ansprüche bei Fälligkeit sowie ihre Nichterfüllbarkeit auf Grund von Unvermögen[3] oder Unwilligkeit vor Fälligkeit. Die Nichterfüllung eines einzigen Anspruchs genügt. Die Informationsrechte aus § 261 müssen eine solche prognostische Überwachung ermöglichen.[4] 3

b) Die Anzeige muss unverzüglich erfolgen, also ohne schuldhaftes Zögern ab positiver Kenntnis; die Form der Anzeige ist frei. 4

---

[1] MünchKomm-*Stephan,* InsO § 261 Rn. 14; ausführlich *Haarmeyer/Wutzke/Förster,* InsVV, § 6 Rn. 13 ff.

[2] *Uhlenbruck/Lüer,* InsO, § 261 Rn. 18.

[3] Ein Indiz für Unvermögen ist eine zögerliche Zahlungsmoral, vgl. auch MünchKomm-*Stephan,* InsO § 262 Rn. 4.

[4] Zum Mindestkontrollumfang der Überwachung vgl. FK-*Jaffé,* InsO, § 262 Rn. 6 ff.

5 **c)** Die Anzeige erfolgt gegenüber dem Gläubigerausschuss und dem Insolvenzgericht (S. 1); sie löst aber keine unmittelbaren Rechtswirkungen aus, insbesondere keine Verfahrensneueröffnung von Amts wegen. Vielmehr ist ein Vorgehen nach § 257, das Prüfen des Wiederauflebens von Forderungen (§§ 255, 256) oder ein Antrag auf Verfahrenseröffnung (§§ 11, 13) in das Benehmen der Gläubiger gestellt.[1] Trotz der Anzeige besteht die Überwachungspflicht fort.[2]

6 **d)** Besteht kein Gläubigerausschuss, so hat der Insolvenzverwalter alle Gläubiger zu unterrichten, die Inhaber von Ansprüchen nach dem gestaltenden Teil des Planes sind (S. 2), unabhängig davon, ob diese Ansprüche i. S. v. S. 1 betroffen sind; geschützt wird das Informationsinteresse aller Gläubiger.

7 **e)** Um späteren Auseinandersetzungen vorzubeugen, ob der Pflicht genüge getan wurde, oder gleichermaßen, ob ohne zureichende Gründe insbesondere bei der prognostischen Aussage bezüglich der Erfüllbarkeit verfahren wurde, empfiehlt sich eine möglichst detaillierte Regelung der Kontrollpflichten, aber auch des Warnauslösers, wann Nichterfüllung droht, im gestaltenden Teil des Insolvenzplans.

§ 263 Zustimmungsbedürftige Geschäfte

Im gestaltenden Teil des Insolvenzplans kann vorgesehen werden, daß bestimmte Rechtsgeschäfte des Schuldners oder der Übernahmegesellschaft während der Zeit der Überwachung nur wirksam sind, wenn der Insolvenzverwalter ihnen zustimmt. § 81 Abs. 1 und § 82 gelten entsprechend.

1. Normzweck

1 Wird der Schuldner oder die Übernahmegesellschaft (wieder) verfügungsbefugt (§ 259 Abs. 1 S. 2), so besteht die Gefahr, dass dem Insolvenzplan durch planzuwiderlaufende Geschäftsführung die wirtschaftliche Grundlage entzogen wird. Um dem entgegenzusteuern, kann die Überwachung durch Schaffung eines Zustimmungsvorbehalts für bestimmte Rechtsgeschäfte nach § 263 verschärft werden.

2 § 263 findet im alten Recht eine Parallele in § 94 Abs. 1 S. 1, Abs. 2 i. V. m. §§ 58 ff. VglO, jedoch war das Zustimmungserfordernis durch den Sachwalter dort obligatorisch angeordnet, aber auch nur als relatives Veräußerungsverbot konstruiert.

2. Betroffene Rechtsgeschäfte

3 **a)** Vom Zustimmungserfordernis können Rechtsgeschäfte aller Art erfasst werden, seien sie verpflichtenden oder verfügenden Inhalts; regelmäßig werden dies besonders bedeutsame oder Geschäfte mit einem besonders hohen wirtschaftlichen Wert sein.[3] Denkbar ist bspw. – ähnlich wie bei einem Geschäfts-

[1] MünchKomm-*Stephan,* InsO § 262 Rn. 9.
[2] MünchKomm-*Stephan,* InsO § 262 Rn. 9.
[3] Begründung zu § 309 RegE, abgedruckt in *Balz/Landfermann,* S. 521.

führungsvorbehalt in Organdienstverträgen alle Grundstücksgeschäfte, alle Bürgschaften und Garantien und alle Verpflichtungsgeschäfte, bei denen der Schuldner sich zu einem Wert von 50 000,– € einmalig oder jährlich 25 000,– € verpflichten will, zu bezeichnen. Der Wortlaut der Vorschrift („bestimmte") fordert aber zum einen eine eindeutige Bezeichnung der betroffenen Geschäfte im gestaltenden Teil des Insolvenzplans, zum anderen verbietet sich eine pauschale Abhängigkeit aller Rechtsgeschäfte von einer etwaigen Zustimmung des Insolvenzverwalters.[1]

b) Die Zustimmungskompetenz liegt allein beim Insolvenzverwalter und kann nicht bei Abweichen vom gesetzlich vorgegebenen Rahmen in die Hände eines Sachwalters auf privatrechtlicher Basis gelegt werden. 4

c) Eine konkrete und vollständige Angabe der zustimmungspflichtigen Rechtsgeschäfte muss auch i. R. d. öffentlichen Bekanntmachung[2] erfolgen. 5

3. Zustimmung

Die Zustimmung folgt den Vorschriften der §§ 182 ff. BGB, so dass ein Rechtsgeschäft ohne Einwilligung (§ 183 BGB) oder Genehmigung[3] endgültig unwirksam wird. Diese Unwirksamkeit wirkt absolut, wie sich aus der Verweisung auf §§ 81 Abs. 1, 82 ergibt.[4] Der gute Glaube an die unbeschränkte Verfügungsbefugnis wird nur im Anwendungsbereich dieser Vorschriften geschützt (i. V. m. S. 2). 6

§ 264 Kreditrahmen

(1) **Im gestaltenden Teil des Insolvenzplans kann vorgesehen werden, daß die Insolvenzgläubiger nachrangig sind gegenüber Gläubigern mit Forderungen aus Darlehen und sonstigen Krediten, die der Schuldner oder die Übernahmegesellschaft während der Zeit der Überwachung aufnimmt oder die ein Massegläubiger in die Zeit der Überwachung hinein stehen läßt. In diesem Fall ist zugleich ein Gesamtbetrag für derartige Kredite festzulegen (Kreditrahmen). Dieser darf den Wert der Vermögensgegenstände nicht übersteigen, die in der Vermögensübersicht des Plans (§ 229 Satz 1) aufgeführt sind.**

(2) **Der Nachrang der Insolvenzgläubiger gemäß Absatz 1 besteht nur gegenüber Gläubigern, mit denen vereinbart wird, daß und in welcher Höhe der von ihnen gewährte Kredit nach Hauptforderung, Zinsen und Kosten innerhalb des Kreditrahmens liegt, und gegenüber denen der Insolvenzverwalter diese Vereinbarung schriftlich bestätigt.**

(3) **§ 39 Abs. 1 Nr. 5 bleibt unberührt.**

---

[1] *Haarmeyer/Wutzke/Förster,* Hdb., Kap. 9 Rn. 54; HK-*Flessner,* InsO, § 263 Anm. 2 f.; aA: *Breutigam/Blersch/Goetsch,* InsO, § 263 Rn. 3, der einen pauschalen Zustimmungsvorbehalt bei Zustimmung des Schuldners für denkbar hält; wie hier auch MünchKomm-*Stephan,* InsO § 263 Rn. 2, 6; *Uhlenbruck/Lüer,* InsO, § 263 Rn. 2.

[2] § 267 Abs. 2 Nr. 2.

[3] § 184 BGB, § 185 BGB analog.

[4] Begründung zu § 310 RegE, abgedruckt in *Balz/Landfermann,* S. 521.

1. Normzweck

1 § 264, der in Zusammenhang mit §§ 265, 266 steht,[1] beabsichtigt, die Aufnahme von Neukrediten (sowie Stundungen von Massegläubigern in die Überwachung hinein) während der überwachten Sanierungsphase nach Planbestätigung und Verfahrensaufhebung sanierungserleichternd zu gewährleisten. Beschränkte sich § 106 VglO noch auf Fortführungsdarlehen und solche zur Vergleichsermöglichung, so gilt § 264 nunmehr für jede Art von Krediten.

2 Die Norm erweist sich jedoch bei näherer Betrachtung aus verschiedenen Gründen als problematisch und der Planverfasser muss deshalb teilweise korrigierend tätig werden:

3 Zum einen knüpft das Gesetz mit der Kreditrahmengrenze (§ 264 Abs. 1 S. 3, Wert der Vermögensgegenstände, die in der Vermögensübersicht gem. § 229 angesetzt waren) an einen untauglichen Maßstab an. Die Werte gem. § 229 sind Going-concern-Werte für den Fall des Gelingens und keine realistischerweise im Fall der Zerschlagung erzielbaren Werte. Der Kreditrahmen bei § 264 soll sich mit seinem Vorrang aber gerade bei der Folgeinsolvenz bewähren – und dabei wird es sich dann in aller Regel um eine Liquidationsinsolvenz handeln. § 264 Abs. 1 S. 3 gewährt also einen zu weiten Kreditrahmen, den der Planverfasser – will er das Vertrauen potentieller Neukreditoren erwerben – nicht ausschöpfen, sondern auf den Zerschlagungswert begrenzen sollte.

4 Zum anderen sind die Kreditrahmenkredite zwar gegenüber anderen Krediten privilegiert, sie gehen aber nicht auch dinglichen Sicherungsrechten vor. Neukreditoren kann damit zwar als (regelmäßig einzig verbliebene) Sicherungsmöglichkeit von Neukrediten im gestaltenden Teil des Insolvenzplans eine vorrangige Befriedigung im Fall der Anschlussinsolvenz vor Überwachungsaufhebung (§ 266) eingeräumt werden. Auf ein solches Vorrecht allein wird ein Dritter regelmäßig aber nur dann Kredit geben, wenn das Vermögen des Schuldners nicht anderweitig mit Sicherungsrechten belastet ist (selten) oder die gem. § 264 privilegierten Kredite diesen Sicherungsrechten vorrangig wären, was nach § 264 eben nicht der Fall ist.[2] Um also Neukredite zu sichern, müssen im Rahmen des Plans – sofern durchsetzbar – Regelungen dahingehend getroffen werden, dass Sicherungsrechtsinhaber mit ihren Rechten hinter den Neukreditoren zurücktreten.

5 Schließlich ist es das Ziel von § 264 Abs. 3, dass die Nachrangigkeit von Gesellschafterdarlehen oder gleichgestellten Forderungen[3] zum Schutz der ordnungsgemäßen Kapitalausstattung nicht durch ihre Aufnahme in den Kreditrahmen umgangen werden kann. Es ist zweifelhaft, ob die Norm insofern ihren Zweck erfüllt. Denn ein Sanierungsdarlehen im Rahmen von § 39 Abs. 4 S. 2 ist nicht kapitalersetzend und fällt also auch nicht in den Regelungsbereich von Abs. 3.[4]

---

[1] § 264 entspricht § 311 RegE bei Anpassung der Verweisungen und Präzisierung der Verweisung auf § 229 sowie terminologischer Anpassung in Abs. 2.

[2] Vgl. hierzu ausführlich *Braun,* in Kölner Schrift, S. 1137 ff.

[3] § 39 Abs. 1 Nr. 5 nF durch das Gesetz zur Modernisierung des GmbH-Rechts und zur Bekämpfung von Mißbräuchen (MoMiG) zum 1. 11. 2008, BGBl I 2008, S. 2026 ff.

[4] Vgl. noch zum Eigenkapitalersatzrecht der §§ 32 a, b GmbHG *Hirte,* ZInsO 1998, 150 f.; krit. zu § 264 Abs. 3 MünchKomm-*Drukarczyk,* InsO § 264 Rn. 16.

2. Kumulative Voraussetzungen

6 **a)** Die Insolvenzgläubiger müssen im gestaltenden Teil des Insolvenzplans für den Fall der Kreditaufnahme ihren Rangrücktritt erklären (Abs. 1 S. 1). Die absonderungsberechtigten Gläubiger sind nicht erfasst;[1] für ihre Rechte gelten in einem späteren Insolvenzverfahren weiterhin die §§ 49 ff., 165 ff.

7 **b)** Privilegiert werden können alle Arten von Darlehen, auch sich aus der Stundung einzelner Massegläubiger ergebende Forderungen.

8 **c)** Zum Schutz vor einer übermäßigen – privilegierten – Kreditaufnahme bedarf es aber der Festlegung eines Kreditrahmens im gestaltenden Teil, in dessen Grenzen sich diese Kredite bewegen müssen (Abs. 1 S. 2). Geht die Kreditaufnahme über die Obergrenze hinaus, so ist der überschießende Teil durch die Privilegierung nach § 264 nicht mehr abgedeckt.[2] Diese Kreditrahmenregelung ist auf längstens drei Jahre beschränkt[3] und bedarf der öffentlichen Bekanntmachung.[4]

9 **d)** Die Vereinbarung über eine Kreditgewährung muss ausdrücklich erfolgen und bedarf der (wenigstens nachträglichen) schriftlichen Bestätigung durch den Insolvenzverwalter (Abs. 2); der Schutz der benachteiligten Neugläubiger (§ 265) und die Rechtssicherheit verlangen Eindeutigkeit und Bestimmtheit, sowohl bei der Planregelung als auch hinsichtlich der Kreditvereinbarung. Hierbei obliegt dem Insolvenzverwalter nur eine Deckungs- und Eindeutigkeitsprüfung, nicht aber eine Zweckmäßigkeitsprüfung des Kredits,[5] sofern nicht § 262 oder § 263 einschlägig sind. Die Bestätigung ist nicht widerruflich.[6]

3. Wirkungen

10 In einem neuen Insolvenzverfahren vor Aufhebung der Überwachung (§ 266) kommt es zum „automatischen" Rangrücktritt gem. der Planregelung bei Gleichrangigkeit der privilegierten Kreditforderungen;[7] diese werden aber nicht mehr als Masseschulden behandelt.[8] Die Ansprüche der Massegläubiger bleiben also vorrangig. Der Vorrang besteht außer im Verhältnis zu den Insolvenzgläubigern i. S. d. Abs. 2 auch gegenüber den vertraglichen Neugläubigern gem. § 265,

---

[1] *Nerlich/Römermann/Braun,* InsO, § 264 Rn. 12; *Smid/Rattunde,* InsO, § 264 Rn. 6 f.; MünchKomm-*Drukarczyk,* InsO § 264 Rn. 11.

[2] Näher MünchKomm-*Drukarczyk,* InsO § 264 Rn. 7.

[3] § 268 Abs. 1 Nr. 2.

[4] § 267 Abs. 2 Nr. 3.

[5] Begründung zu § 311 RegE, abgedruckt in *Balz/Landfermann,* S. 522.

[6] *Uhlenbruck/Lüer,* InsO, § 264 Rn. 23; aA: für den Fall einer Überschreitung des Kreditrahmens FK-*Jaffé,* InsO, § 264 Rn. 15, was allerdings aus Gründen der Rechtssicherheit für den Gläubiger unhaltbar ist. Allerdings kommen Schadensersatzansprüche gegen den Verwalter aus § 60 InsO in Betracht, denn der überschießende Teil ist trotz der fehlerhaften Bestätigung nicht privilegiert, vgl. *Uhlenbruck/Lüer,* InsO, § 264 Rn. 23 mwN auch zur Gegenauffassung.

[7] *Haarmeyer/Wutzke/Förster,* Handbuch zur InsO, Kap. 9 Rn. 58.

[8] So noch § 106 VglO; aA: *Fink,* Maßnahmen des Verwalters zur Finanzierung in der Unternehmensinsolvenz, S. 175 ff.

da ansonsten beliebig neue, gleichrangige Forderungen außerhalb der Kreditrahmenregelung entstehen könnten.

4. Anfechtungsproblem

11 Eine Vorschrift, die einem eben mit Hilfe eines Insolvenzplans aus der Insolvenz entlassenen Unternehmen Kredit verschaffen soll, konterkariert sich selbst, wenn diese Kreditgewährung der Insolvenzanfechtung unterläge. Die für die Anwendung der §§ 129 ff. notwendige Krise wird in aller Regel zu konstatieren sein. Wie es der Rechtslage des bisherigen Vergleichsrechts entsprach, ist deshalb davon auszugehen, dass die Anfechtungsregeln unanwendbar sind.[1] Wird für den Kreditrahmenkredit eine Sicherheit aus dem Vermögen der Gesellschaft bestellt, so ist dieser der Anfechtung gleichermaßen entzogen, wenn der Insolvenzverwalter auch der Sicherheitenbestellung zustimmt.[2] Dies mag für einen grundsätzlich finanzierungswilligen Gläubiger noch die attraktivste Auswirkung der Kreditrahmenregelung sein.

§ 265 Nachrang von Neugläubigern

Gegenüber den Gläubigern mit Forderungen aus Krediten, die nach Maßgabe des § 264 aufgenommen oder stehen gelassen werden, sind nachrangig auch die Gläubiger mit sonstigen vertraglichen Ansprüchen, die während der Zeit der Überwachung begründet werden. Als solche Ansprüche gelten auch die Ansprüche aus einem vor der Überwachung vertraglich begründeten Dauerschuldverhältnis für die Zeit nach dem ersten Termin, zu dem der Gläubiger nach Beginn der Überwachung kündigen konnte.

1. Normzweck

1 § 265 regelt das Rangverhältnis zwischen privilegierten Gläubigern i. S. d. § 264 und vertraglichen Neugläubigern aus der Überwachungsphase, die kraft Gesetzes nachrangig behandelt werden, ohne dass ein Rangrücktritt vereinbart wurde oder diese an der Kreditrahmenregelung beteiligt wurden. Angestrebt wird der Schutz der Rangprivilegierung vor neu entstehenden Forderungen und dadurch eine Stärkung des Konzeptes zur Neukreditvergabe. Die Regelung ist den Neugläubigern zumutbar, da Überwachung und Kreditrahmen öffentlich bekannt gemacht werden und aus der Eintragung im Handelsregister[3] der Umfang der Vorrangigkeit ersichtlich ist.[4] § 265 findet im alten Recht keine Entsprechung.

---

[1] Vgl. zum alten Recht *Kilger/K. Schmidt,* § 106 VglO Ziff. 3.

[2] *Nerlich/Römermann/Braun,* InsO, § 264 Rn. 13; *Uhlenbruck/Lüer,* InsO, § 264 Rn. 32; aA: *T. Frank,* Die Überwachung der Insolvenzplanerfüllung, Rn. 493 f.

[3] § 267 Abs. 1, 2 Nr. 3, 3 S. 1.

[4] Begründung zu § 312 RegE, abgedruckt in *Balz/Landfermann,* S. 523; MünchKomm-*Wittig/Tetzlaff,* InsO § 265 Rn. 5 ff.

2. Nachrang

a) S. 1 ordnet für neue, außerhalb des Kreditrahmens stehende, vertragliche Verbindlichkeiten einschließlich der daraus resultierenden Gewährleistungs- und Schadensersatzansprüche (z. B. §§ 280 ff. BGB) gesetzlich den Nachrang an[1], wenn sie aus der Überwachungsphase resultieren und in einer Folgeinsolvenz gleichrangig gegenüber den privilegierten Kreditforderungen i. S. d. § 264 wären. Die Regelung ist längstens auf drei Jahre begrenzt.[2] Jedoch kann mit dem Schuldner unter Zustimmung des Insolvenzverwalters (§ 264 Abs. 2) die Aufnahme in den Kreditrahmen zwecks Vermeidung des Nachranges vereinbart werden.[3] 2

b) Forderungen aus gesetzlichen Schuldverhältnissen (z. B. Delikts- oder Konditionsgläubiger) sind nicht vom angeordneten Nachrang erfasst,[4] da diese nicht auf privatautonomer Grundlage samt Informationsmöglichkeit entstanden sind. 3

c) Gläubiger, die nach Beginn der ihnen bekannten Überwachung die Entstehung von Forderungen aus einem vor der Überwachung vertraglich begründeten Dauerschuldverhältnis durch (ordentliche oder außerordentliche) Kündigung nicht verhindert haben, werden insoweit gem. S. 2 den nachrangigen Neugläubigern i. S. d. S. 1 gleichgestellt. Dies gilt auch für Arbeitnehmer oder Mieter mit Kündigungsschutz. Der Wortlaut des Gesetzes ist eindeutig, wer sich der Konsequenz des § 265 entziehen will, kann und muss handeln.[5] 4

§ 266 Berücksichtigung des Nachrangs

(1) **Der Nachrang der Insolvenzgläubiger und der in § 265 bezeichneten Gläubiger wird nur in einem Insolvenzverfahren berücksichtigt, das vor der Aufhebung der Überwachung eröffnet wird.**

(2) **In diesem neuen Insolvenzverfahren gehen diese Gläubiger den übrigen nachrangigen Gläubigern im Range vor.**

1. Wirkung im Folgeverfahren

Die Vorschrift hat keinen Vorgänger im bisherigen Recht. Ihr Normzweck liegt in der Überwindung von Startschwierigkeiten des Unternehmens während der überwachten Sanierungsphase, keinesfalls aber darf dauerhaft in die Chancengleichheit des Wettbewerbs durch das Insolvenzrecht eingegriffen werden.[6] Daher wirkt sich der gesetzliche Rangrücktritt nach Abs. 1 nur in einem zweiten Insolvenzverfahren aus, das noch während der Überwachung gem. § 27 eröffnet 1

---

[1] Krit. bezüglich Privatgläubigern *Häsemeyer,* Insolvenzrecht, Rn. 28.62.

[2] § 268 Abs. 1 Nr. 2.

[3] MünchKomm-*Wittig/Tetzlaff,* InsO § 265 Rn. 1.

[4] Begründung zu § 312 RegE, abgedruckt in *Balz/Landfermann,* S. 523.

[5] So auch MünchKomm-*Wittig/Tetzlaff,* InsO § 265 Rn. 13. Ob es der Bemühungen des § 613 a BGB bedarf, mag dahinstehen. Kündigen oder aufheben und neu begründen führt immer auch in den Nachrang, § 265 S. 1; vgl. dazu *Breutigam/Blesch/Goetsch,* InsO, § 265 Rn. 11.

[6] Begründung zu § 312 RegE, abgedruckt in *Balz/Landfermann,* S. 524.

wird (der Eröffnungsantrag oder die Anordnung von Sicherungsmaßnahmen gem. § 21 erfüllen dieses Merkmal nicht). Ferner stellt die maximale (vgl. § 268) Überwachungsdauer von drei Jahren eine angemessene zeitliche Begrenzung der Auswirkungen des Kreditrahmens dar.

2. Struktur der Gläubiger in der Zweitinsolvenz

2 Im Folgeinsolvenzverfahren gibt es die mit Vorrang ausgestatteten Gläubiger gem. §§ 264, 265 sowie gleichrangig die Gläubiger aus gesetzlichen Schuldverhältnissen. Danach folgen – § 266 Abs. 2 nennt sie missverständlich nachrangig – die nicht nachrangigen Gläubiger dieses Verfahrens, die auf derselben Stufe stehen mit den nach §§ 264, 265 zurückgesetzten Altgläubigern.[1] Diesen folgen die nachrangigen Gläubiger dieses Verfahrens. Nicht beeinträchtigt wird durch die §§ 264 ff. die Stellung der Massegläubiger sowie der absonderungsberechtigten Gläubiger des Neuverfahrens.[2]

§ 267 Bekanntmachung der Überwachung

(1) **Wird die Erfüllung des Insolvenzplans überwacht, so ist dies zusammen mit dem Beschluß über die Aufhebung des Insolvenzverfahrens öffentlich bekannt zu machen.**

(2) **Ebenso ist bekanntzumachen:**

1. **im Falle des § 260 Abs. 3 die Erstreckung der Überwachung auf die Übernahmegesellschaft;**
2. **im Falle des § 263, welche Rechtsgeschäfte an die Zustimmung des Insolvenzverwalters gebunden werden;**
3. **im Falle des § 264, in welcher Höhe ein Kreditrahmen vorgesehen ist.**

(3) **§ 31 gilt entsprechend. Soweit im Falle des § 263 das Recht zur Verfügung über ein Grundstück, ein eingetragenes Schiff, Schiffsbauwerk oder Luftfahrzeug, ein Recht an einem solchen Gegenstand oder ein Recht an einem solchen Recht beschränkt wird, gelten die §§ 32 und 33 entsprechend.**

1. Normzweck

1 Die Norm gewährleistet Publizität der für die Sicherheit des Rechtsverkehrs relevanten Tatsachen im Zusammenhang mit der Anordnung der Überwachung. Beteiligte können sich auf die angeordnete Überwachung des Schuldners oder der Übernahmegesellschaft einstellen, insbesondere mit Blick auf die mit einer Überwachung regelmäßig einhergehenden Zustimmungsvorbehalte für bestimmte Rechtsgeschäfte und Rangprivilegierungen bestimmter Kreditforderungen. Neugläubigern wäre es ohne die öffentliche Bekanntmachung – auch der

[1] Näher MünchKomm-*Wittig/Tetzlaff,* InsO § 266 Rn. 12 ff.; die von *Wittig,* aaO (Rn. 15 ff.) geforderte Ausgleichspflicht der Gläubiger aus gesetzlichen Schuldverhältnissen würde faktisch den Fortfall von deren – sachlich gerechtfertigten, s. o. § 265 Rn. 3 – Privilegierung bedeuten und ist daher abzulehnen.

[2] *Braun,* in Kölner Schrift, S. 1137 ff.; MünchKomm-*Wittig/Tetzlaff,* InsO § 266 Rn. 11 ff. mwN.

Art und des Umfangs der Überwachung – nicht zumutbar, von den weitreichenden Wirkungen der Planüberwachung automatisch erfasst zu werden.

§ 267 ist Teil der Regelungen der §§ 264–266 und ordnet die öffentliche Bekanntmachung (Abs. 1 und 2) sowie die registergerichtliche Eintragung (Abs. 3) an. 2

2. Bekanntmachungen

Zusammen mit dem Aufhebungsbeschluss erfolgt die Bekanntmachung[1] der Überwachung.[2] Der Veröffentlichung im Bundesanzeiger bedarf es eigentlich nicht. Wegen der Bundesanzeigerpflicht für die Aufhebung des Verfahrens erfolgt diese faktisch doch.[3] Sofern angeordnet, ist auch die Überwachung der Übernahmegesellschaft bekannt zu machen (Abs. 2 Nr. 1). Hinsichtlich der Art und des Umfanges der Überwachung müssen die zustimmungsbedürftigen Rechtsgeschäfte sowie die Existenz und Höhe eines Kreditrahmens angegeben werden (Abs. 2 Nr. 2 und 3). 3

3. Register

Neben der Bekanntmachung übermittelt die Geschäftsstelle des Insolvenzgerichts dem Registergericht eine Ausfertigung[4] des Überwachungsbeschlusses,[5] falls der Schuldner in einem Register des § 31 eingetragen ist. In das Register eingetragen wird nur die Überwachung bzw. deren Aufhebung. Informationen über Art und Umfang müssen daher bei dem Insolvenzgericht erfragt werden. In Betracht kommt außerdem die Einsicht in die Registerakten, die den vollständigen Überwachungsbeschluss erhalten.[6] Sollten Zustimmungsvorbehalte (§ 263) Immobilien und immobiliengleiche Gegenstände berühren, so müssen diese Verfügungsbeschränkungen gem. Abs. 3 S. 2 in das Grundbuch oder ein vergleichbares Register eingetragen werden.[7] 4

§ 268 Aufhebung der Überwachung

(1) **Das Insolvenzgericht beschließt die Aufhebung der Überwachung,**

1. **wenn die Ansprüche, deren Erfüllung überwacht wird, erfüllt sind oder die Erfüllung dieser Ansprüche gewährleistet ist oder**
2. **wenn seit der Aufhebung des Insolvenzverfahrens drei Jahre verstrichen sind und kein Antrag auf Eröffnung eines neuen Insolvenzverfahrens vorliegt.**

(2) **Der Beschluß ist öffentlich bekanntzumachen. § 267 Abs. 3 gilt entsprechend.**

---

[1] § 9.

[2] Abs. 1 i. V. m. § 258 Abs. 1, 3 S. 1.

[3] §§ 258 Abs. 3 S. 3, 200 Abs. 2 S. 2; HK-*Flessner,* InsO, § 267 Rn. 3; MünchKomm-*Stephan,* InsO § 267 Rn. 8.

[4] Eine „beglaubigte Abschrift" genügt, MünchKomm-*Stephan,* InsO § 267 Rn. 10.

[5] Abs. 3 S. 1 i. V. m. § 31.

[6] MünchKomm-*Stephan,* InsO § 267 Rn. 10.

[7] Im Einzelnen FK-*Jaffé,* InsO, § 267 Rn. 4 ff.

1. Normzweck

1 Die förmliche Aufhebung der Überwachung durch Beschluss des Insolvenzgerichts dient der Rechtsklarheit. Längstens nach Ablauf von drei Jahren seit Verfahrensaufhebung wird bei Nichtvorliegen eines neuen Eröffnungsantrags die Überwachung aufgehoben. Enthält der Plan eine Überwachungsperiode, die mehr als drei Jahre dauert, so ist dies unzulässig.[1] Der Beschluss ist aus Gründen der Rechtssicherheit öffentlich bekannt zu machen.

2 Nach § 95 VglO war die Überwachungsbeendigung noch abhängig von einem Antrag des Schuldners oder Sachwalters und nur möglich bei vollständiger Erfüllung des Vergleichs oder Eintritt der festgesetzten Bedingung.

2. Aufhebung

3 Die Aufhebung erfolgt nunmehr durch förmlichen[2] Beschluss des Insolvenzgerichts nach Prüfung der Aufhebungsvoraussetzungen von Amts wegen nach drei Jahren, bzw. auf entsprechenden Antrag, soweit Abs. 1 Ziff. 1 eingreifen soll.[3]

4 **a)** Sind die Ansprüche erfüllt,[4] so ist der Überwachungszweck beendet und nach Berichterstattung durch den Insolvenzverwalter erfolgt die Aufhebung.

5 **b)** Gleiches gilt bei Gewährleistung der Erfüllung[5], wobei Hinterlegung, Bürgschaft oder eine sonstige Sicherung denkbar sind, eine Planregelung über die Modalität aber empfehlenswert ist.

6 **c)** Ferner erfolgt die Aufhebung, wenn drei Jahre seit Verfahrensaufhebung (§ 258 Abs. 1) vergangen sind und (kumulativ) kein neuer Eröffnungsantrag (§ 13) gestellt ist (Abs. 1 Nr. 2); es findet aber keine Prüfung etwaiger Eröffnungsgründe von Amts wegen statt.[6] Aus Gründen der Chancengleichheit im Wettbewerb darf die Überwachung kein Dauerzustand sein, wodurch sich die Höchstfrist von drei Jahren rechtfertigt. Von dieser Frist darf nicht abgewichen werden. Liegt ein Eröffnungsantrag vor, so dauert die Überwachung bis zur rechtskräftigen Entscheidung über ihn fort.

7 **d)** Die Aufhebung braucht zeitlich nicht erst nach vollständiger Begleichung der Kosten der Überwachung durch den Schuldner oder die Übernahmegesellschaft erfolgen (§ 269), wie es für die unstreitigen Massekosten in § 258 Abs. 2 vorgeschrieben ist.[7] Die Kosten werden entsprechend der Vergütungsverordnung festgesetzt und ggf. vollstreckt.[8]

---

[1] Anders aber AG Duisburg NZI 2003, 447 f., das mit „Privatautonomie" argumentiert, die aber das Gesetz hier nicht überwindet.

[2] Nicht notwendig zu begründen, MünchKomm-*Stephan,* InsO § 268 Rn. 10.

[3] Anders offenbar MünchKomm-*Stephan,* InsO § 268 Rn. 3: Anzeige der (sichergestellten) Befriedigung durch Insolvenzverwalter genügt.

[4] Abs. 1 Nr. 1, 1. Alt.

[5] Abs. 1 Nr. 1, 2. Alt.

[6] AA: wohl *Haarmeyer/Wutzke/Förster,* Hdb., Kap. 9 Rn. 60.

[7] So aber *Haarmeyer/Wutzke/Förster,* Hdb., Kap. 9 Rn. 63.

[8] So auch HK-*Flessner,* InsO, § 269 Rn. 1.

3. Wirkungen

Mit dem Aufhebungsbeschluss entfallen die gegenüber dem Schuldner noch bestehenden Überwachungsbeschränkungen ex nunc. Die Löschung der Eintragungen in den Registern ist nunmehr zu veranlassen.[1] Die Befugnisse des Insolvenzverwalters während der Überwachung enden. Die Nachrangwirkung des § 266 bezüglich der Forderungen der Insolvenzgläubiger und der Gläubiger i. S. d. § 265 besteht nicht mehr. Ist die Erfüllung der Verpflichtungen aus dem Insolvenzplan im Zeitpunkt der Aufhebung noch nicht vollständig abgeschlossen, gelten die §§ 254–257 fort. 8

4. Bekanntmachung

Die Bekanntmachung der Aufhebung braucht gem. §§ 268 Abs. 2, 9 nicht im Bundesanzeiger erfolgen. Da die Überwachung selbst wegen der gleichzeitigen Veröffentlichung mit der Aufhebung des Insolvenzverfahrens (§ 267 Abs. 1) und deren zwingender Veröffentlichung im Bundesanzeiger (§ 258 Abs. 3, 200 Abs. 2 S. 2) erfolgen muss, wird auch vertreten, dies aus Gründen der Klarheit auch für die Aufhebung so zu handhaben. Rechtlich zwingend ist dies nicht.[2] Die Registerübermittlung gem. Abs. 2 S. 2 i. V. m. § 31 geschieht von Amts wegen. 9

5. Rechtsmittel

Rechtsmittel gegen den Aufhebungsbeschluss sind nicht gegeben (vgl. § 6 Abs. 1); allerdings kann bei Entscheidung durch den Rechtspfleger nach § 11 Abs. 2 RPflG Erinnerung eingelegt werden. 10

§ 269 Kosten der Überwachung

Die Kosten der Überwachung trägt der Schuldner. Im Falle des § 260 Abs. 3 trägt die Übernahmegesellschaft die durch ihre Überwachung entstehenden Kosten.

Die Vorschrift regelt die Kostentragung im gesetzlichen Regelfall der Überwachung. Es steht den Beteiligten aber frei, abweichende Regelungen für die Kostentragung zu vereinbaren. Die Vergütung eines privatrechtlich beauftragten Sachwalters (§ 675 BGB) ist sowieso nicht von § 269 erfasst.[3] Der insoweit bestehende Geschäftsbesorgungsvertrag schafft Rechts- und Entgeltbeziehungen nur nach materiellem Recht. 1

Die Kostentragungspflicht trifft mangels haftender Masse[4] den Schuldner bzw. die Übernahmegesellschaft im Fall des § 260 Abs. 3. Sie setzt sich aus den während der Überwachungsphase entstandenen Vergütungsansprüchen des Insolvenzverwalters, des Gläubigerausschusses und der Gerichtskosten sowie den Ver- 2

---

[1] Abs. 2 S. 2 i. V. m. § 267 Abs. 3.

[2] Vgl. HK-*Flessner,* InsO, § 268 Rn. 1; *Breutigam/Blersch/Goetsch,* InsO, § 268 Rn. 10.

[3] FK-*Jaffé,* InsO, § 269 Rn. 4.

[4] Vgl. § 259 Abs. 1 S. 2.

öffentlichungskosten und sonstigen Auslagen zusammen. Regelmäßige Zwischenabrechnungen des Insolvenzverwalters zwecks Sicherstellung der Deckung von Kosten und Vergütungen sind möglich,[1] aber nur bei erheblichem Aufwand zweckmäßig.

3 Die Überwachungskosten werden durch Beschluss gem. §§ 64, 73 nach Maßgabe des § 6 Abs. 2 InsVV festgesetzt.[2]

---

[1] *Haarmeyer/Wutzke/Förster,* Hdb., Kap. 9 Rn. 63.

[2] Zugleich Vollstreckungstitel gem. § 794 Abs. 1 Nr. 2 ZPO; aA: MünchKomm-*Stephan,* InsO, § 269 Rn. 12; wie hier: *Uhlenbruck/Lüer,* InsO, § 269 Rn. 3.

Siebter Teil. Eigenverwaltung

§ 270 Voraussetzungen

(1) **Der Schuldner ist berechtigt, unter der Aufsicht eines Sachwalters die Insolvenzmasse zu verwalten und über sie zu verfügen, wenn das Insolvenzgericht in dem Beschluß über die Eröffnung des Insolvenzverfahrens die Eigenverwaltung anordnet. Für das Verfahren gelten die allgemeinen Vorschriften, soweit in diesem Teil nichts anderes bestimmt ist.**

(2) **Die Anordnung setzt voraus,**

1. **daß sie vom Schuldner beantragt worden ist,**
2. **wenn der Eröffnungsantrag von einem Gläubiger gestellt worden ist, daß der Gläubiger dem Antrag des Schuldners zugestimmt hat und**
3. **daß nach den Umständen zu erwarten ist, daß die Anordnung nicht zu einer Verzögerung des Verfahrens oder zu sonstigen Nachteilen für die Gläubiger führen wird.**

(3) **Im Falle des Absatzes 1 wird anstelle des Insolvenzverwalters ein Sachwalter bestellt. Die Forderungen der Insolvenzgläubiger sind beim Sachwalter anzumelden. Die §§ 32 und 33 sind nicht anzuwenden.**

Literatur: *Flessner,* Sanierung und Reorganisation, Tübingen 1982; *Flöther/Smid/Wehdeking,* Die Eigenverwaltung in der Insolvenz, 2005; *Grub,* Überjustizialisierung und die Eigenverwaltung des Pleitiers, WM 1994, 880; *Gulde,* Die Anordnung der Eigenverwaltung durch das Insolvenzgericht im Eröffnungsbeschluß, 2005; *Huhn,* Voraussetzungen und Kompetenzverteilung bei der Eigenverwaltung im Insolvenzrecht, Diss. Köln 2002; *Huntemann/Dietrich,* Eigenverwaltung und Sanierungsplan, ZInsO 2001, 13; *Kranzusch,* Die Eigenverwaltung im Insolvenzverfahren – Anwendung und Hindernisse, ZInsO 2008, 1346; *Kruse,* Die Eigenverwaltung in der Insolvenz mit ihren gesellschaftsrechtlichen Bezügen, 2004; *Leipold,* Die Eigenverwaltung mit Sachwalter und die Eigenverwaltung bei Kleinverfahren, ders. (Hrsg.), Insolvenzrecht im Umbruch, S. 165; *Prütting/Huhn,* Kollision von Gesellschaftsrecht und Insolvenzrecht bei der Eigenverwaltung?, ZIP 2002, 777; *Vallender,* Eigenverwaltung im Spannungsfeld zwischen Schuldner- und Gläubigerautonomie, WM 1998, 2129.

Übersicht

1. Normzweck und Grundprinzipien

Die **Eigenverwaltung** durch den Schuldner unter der Aufsicht eines 1
Sachwalters soll der Verfahrensvereinfachung sowie der Kostensenkung die-

nen.[1] **„Schuldner"** ist bei einer Gesellschaft die Gesellschaft selbst, sind nicht deren Organe. Auch bei personellen Wechseln innerhalb der Organe, etwa der Geschäftsführung, liegt somit begrifflich stets Eigenverwaltung vor. Während die Insolvenzordnung für den Regelfall vorsieht, dass der Schuldner die Verwaltungs- und Verfügungsbefugnis über sein Vermögen verliert (§ 80), unterbleibt dies bei der Eigenverwaltung. Die Verwaltungs- und Verfügungsbefugnis, die dem Schuldner bis zur Verfahrenseröffnung kraft seiner Parteiautonomie zusteht, wird ihm danach kraft Gesetzes zugewiesen. Wie der Insolvenzverwalter im allgemeinen Verfahren, handelt der Schuldner im Eigenverwaltungsverfahren dann als Amtswalter mit gesetzlich bestimmten Rechten und Pflichten. Die gesellschaftsrechtlichen Rechte und Verpflichtungen bestehen dabei fort, die Regelungen der §§ 270 ff. InsO sind jedoch vorrangig.[2]

2 In der Praxis erlangt die **Eigenverwaltung zunehmend Bedeutung.** In den Insolvenzverfahren Babcock Borsig und KirchMedia erfolgte die Anordnung – bei bestehenden Sonderbedingungen: Die Organe der schuldnerischen Gesellschaften waren im Vorfeld der Insolvenzeröffnung durch Dritte ersetzt bzw. ergänzt worden, die besondere Sachkunde auf den Gebieten des Insolvenzrechts und der Sanierung vorweisen konnten.[3] Auch in Sekundärinsolvenzverfahren findet die Eigenverwaltung Anwendung.[4]

2. Die Anordnungsvoraussetzungen

3 **a)** Die Anordnung der Eigenverwaltung setzt in formeller Hinsicht zunächst den Antrag des Schuldners voraus (Abs. 2 Nr. 1). Der Antrag des Schuldners muss zum Zeitpunkt der Eröffnung des Insolvenzverfahrens vorliegen und bis zur gerichtlichen Entscheidung aufrechterhalten sein.

4 **b)** § 270 Abs. 2 Nr. 2 regelt den Fall, dass der Eröffnungsantrag von einem Gläubiger gestellt wurde. In diesem Fall muss dessen Zustimmung eingeholt werden. Nicht ausdrücklich geregelt ist, wie bei **Eröffnungsanträgen mehrerer Gläubiger** zu verfahren ist. Es ist hier anzunehmen, dass in diesem Fall nur die Zustimmung des Gläubigers zum Antrag des Schuldners auf Anordnung der Eigenverwaltung erforderlich ist, auf dessen Antrag das Verfahren eröffnet werden

[1] *Balz/Landfermann,* S. 528; ausführlich hierzu MünchKomm-*Wittig/Tetzlaff,* InsO vor §§ 270–285 Rn. 6 f.

[2] Wie hier auch *Uhlenbruck/ders.,* InsO, § 270 Rn. 3; anders unzutreffend *Ringstmeier/Homann,* NZI 2002, 406 ff.; dies bedeutet z. B., dass die Geschäftsführung das Vermögen der schuldnerischen Gesellschaft auch einzeln verwerten darf, wenn dies zur Gläubigerbefriedigung geboten ist – ohne sich dabei gegenüber der Gesellschafterseite schadenersatzpflichtig zu machen. Siehe zur Gesamtproblematik auch *Prütting/Huhn,* ZIP 2002, 777, 782; *Hess/Ruppe,* NZI 2002, 577, 579 ff.; einschränkend *Noack,* ZIP 2002, 1873, 1875 ff.; ferner auch *Häsemeyer,* Rn. 8.04, 8.13 f.

[3] Im Insolvenzverfahren Babcock Borsig ordnete das Insolvenzgericht die Eigenverwaltung an. Unter Zurückstellung eigener rechtlicher Bedenken siehe AG Duisburg ZIP 2002, 1636 ff. und nachfolgend Rn. 3 ff.; zum Fall Arbed-Saarstahl *Uhlenbruck/ders.,* InsO, § 270 Rn. 5; zu Grundig *Braun,* NZI 2003, 588 ff.

[4] AG Köln NZI 2004, 151; AG Köln NZI 2005, 633; *Nerlich/Römermann/Riggert,* InsO, § 270 Rn. 29.

soll.[1] Entsprechendes gilt, wenn Schuldner und Gläubiger Insolvenzantrag gestellt haben.[2]

5 Die Zustimmung kann noch bis zur Entscheidung des Insolvenzgerichts über die Anordnung der Eigenverwaltung widerrufen werden. Ein Einfluss auf die nähere Ausgestaltung des Eigenverwaltungsverfahrens (Abhängigmachung der Zustimmung von Bedingungen) ist ausgeschlossen.[3]

6 **c)** Wesentliche Bedeutung kommt den materiellen Voraussetzungen des Abs. 2 Nr. 3 zu. Danach müssen die Umstände erwarten lassen, dass die Eigenverwaltung nicht zu einer Verfahrensverzögerung führt und keine **sonstigen Nachteile** für die Gläubiger mit sich bringt. Hierbei handelt es sich um eine Prognoseentscheidung des Insolvenzgerichts, das den voraussichtlichen Verlauf des Insolvenzverfahrens ohne und mit Anordnung der Eigenverwaltung zu vergleichen hat.[4] Weitere materielle Voraussetzungen hat das Insolvenzgericht nicht zu prüfen. Unerheblich ist insbesondere, aus welchen Gründen eine Benachteiligung der Gläubiger oder eine Verfahrensverzögerung nicht in Betracht kommt. Die **Besetzung von Führungspositionen** durch Insolvenzfachleute – auch noch nach Insolvenzantragstellung – ist insoweit eine rechtlich unbedenkliche Maßnahme, um die Voraussetzungen für die Anordnung der Eigenverwaltung zu erfüllen.[5]

7 Unter den Oberbegriff des sonstigen Nachteils (bei der Verzögerung handelt es sich lediglich um ein gesetzliches Regelbeispiel) fallen alle Umstände, welche die Gläubiger gegenüber einem Regelinsolvenzverfahren mit Insolvenzverwalter schlechter stellen.[6] Anhaltspunkte für das Vorliegen solcher Nachteile können häufig dem Bericht des vorläufigen Insolvenzverwalters entnommen werden, z. B. mangelnde Kooperation des Schuldners, Verstoß gegen Regelungen der Insolvenzordnung etc. Nicht ausreichend für einen Nachteil ist, dass voraussichtlich keine Fortführungslösung (z. B. auf Grundlage eines Insolvenzplans) erfolgen wird. Die Insolvenzordnung gibt keine Hinweise darauf, dass eine Eigenverwaltung nur im Falle der Fortführung des schuldnerischen Unternehmens angeordnet werden darf.

8 Nach dem Wortlaut des Abs. 2 Nr. 3 ist es für eine Ablehnung der Eigenverwaltung durch ein Insolvenzgericht allerdings nicht erforderlich, dass Anhaltspunkte für eine Verzögerung des Verfahrens oder sonstige Nachteile für die Gläubiger zu erwarten sind. Vielmehr ist umgekehrt Voraussetzung für die Anordnung der Eigenverwaltung, dass derartige Umstände nicht vorliegen, die

---

[1] *Nerlich/Römermann/Riggert,* InsO, § 270 Rn. 21; aA: FK-*Foltis,* InsO, § 270 Rn. 46.

[2] AG Köln ZIP 2005, 1975 ff.

[3] So zu Recht HK-*Landfermann,* InsO, § 270 Rn. 6; aA: *Vallender,* WM 1998, 2129, 2131.

[4] AG Köln ZIP 1999, 1656; MünchKomm-*Wittig/Tetzlaff,* InsO § 270 Rn. 35. Eigene Ermittlungspflichten hat das Insolvenzgericht nicht (AG Potsdam DZWIR 2000, 343); aA: *Huntemann/Dietrich,* ZInsO 2001, 13, 16 mwN.

[5] Anders unzutreffend: AG Duisburg ZIP 2002, 1636 ff., welches eine planmäßige Umgehung eines gesetzlichen „Insolvenzverwalterernennungsrechts“ annimmt. Ein solches Ernennungsrecht besteht bei Vorliegen der materiellen Anordnungsvoraussetzungen der Eigenverwaltung nicht, dem Insolvenzgericht verbleibt jedoch die Ernennung eines Sachwalters (§ 274 InsO). Wie hier im Ergebnis auch *Uhlenbruck,* NJW 2002, 3219, 3220.

[6] So im Ergebnis nunmehr auch LG Cottbus ZIP 2001, 2188.

Darlegungslast liegt insoweit beim Antragsteller.[1] Umgekehrt ist durch den Antragsteller nicht darzulegen, dass das Eigenverwaltungsverfahren Vorteile für die Gläubiger mit sich bringt. Bei der Auswechslung von Geschäftsführung und/oder anderen Organen mag der Vorteil der Ersparnis der Einarbeitungszeit nicht gegeben sein, die Anordnung der Eigenverwaltung bleibt gleichwohl rechtlich möglich. Sind aber die beiden Tatbestandsmerkmale „keine Verfahrensverzögerung“ und „keine sonstigen Nachteile“ behauptet und hat das Gericht keine abweichenden Erkenntnisse, ist es gebunden, hat es insoweit keine Ermessensentscheidung, Eigenverwaltung anzuordnen.

3. Die Grundstruktur des Eigenverwaltungsverfahrens

9 Das Eigenverwaltungsverfahren ist ein **verwalterloses Verfahren.** Als Kontrollorgan zur Überwachung des Schuldners wird jedoch ein Sachwalter tätig. Wesentliche Bedeutung kommt deshalb der Verteilung der Aufgaben zwischen Schuldner und Sachwalter zu, welche das Gesetz in den §§ 274 ff. regelt.

10 Die Abgrenzung der Aufgabenbereiche richtet sich nach dem Grundsatz, dass der Schuldner die laufenden Geschäfte führt, dem Sachwalter hingegen die Kontrolle der Geschäftsführung übertragen ist, §§ 270 Abs. 1 Nr. 1, 274 Abs. 2. Grundsätzlich ist damit der Schuldner für die Durchführung des Insolvenzverfahrens zuständig.[2] Er bleibt verfügungsberechtigt über sein Vermögen, das nunmehr die Insolvenzmasse bildet.[3] Ihm obliegt – bei Prüfung und Stellungnahme durch den Sachverwalter – auch die Erstellung des Vermögensverzeichnisses (§ 281 Abs. 1) und die Berichterstattung im Berichtstermin (§ 281 Abs. 2): er kann einen Insolvenzplan aufstellen (§ 284); er entscheidet gem. § 279 über die Fortsetzung beiderseits nicht erfüllter Vertragsverhältnisse und über die Aufnahme von Prozessen. Auch die Verwaltung fällt in den Aufgabenbereich des Schuldners. Der Schuldner ist – im Einvernehmen mit dem Sachwalter – für die Verwertung zuständig, auch wenn es sich bei den Gegenständen um Sicherungsgut handelt, § 282. Für Aufgaben, die dem Insolvenzverwalter im Interesse der Gläubiger übertragen sind, wie insbesondere die Anfechtung von gläubigerschädigenden Rechtshandlungen, ist hingegen der Sachwalter zuständig.

4. Geltung der allgemeinen Vorschriften

11 Nach § 270 Abs. 1 Satz 2 gelten die allgemeinen Vorschriften der Insolvenzordnung nur insoweit, als in den §§ 270 ff. keine spezielle Regelung enthalten ist. Anwendbar sind die Regelungen über das Eröffnungsverfahren, insbesondere wenn das Insolvenzgericht einen vorläufigen Insolvenzverwalter bestellt. Ein **vorläufiges Eigenverwaltungsverfahren** bzw. einen „vorläufigen“ Sachwalter kennt die Insolvenzordnung dagegen nicht.[4] Die Vorschriften über das Insolvenz-

[1] Zutr. AG Potsdam DZWIR 2000, 343.

[2] *Bork,* Einführung in das neue Insolvenzrecht, Rn. 406.

[3] Siehe §§ 270 Abs. 1 2, 34 ff. InsO.

[4] Wie hier auch *Gulde,* S. 12; teilweise abweichend *Uhlenbruck,* NZI 2001, 632; anders auch *Ehricke,* ZIP 2002, 782, 789. Zutreffend sind allerdings die Ausführungen von *Ehricke,* aaO, S. 783 zum sog. **Frustrationsverbot:** Das Gericht darf im Eröffnungsverfahren keine Maßnahmen treffen, die eine spätere Eigenverwaltung unmöglich machen. Etwas anderes gilt nur, wenn die Anordnung einer Eigenverwaltung von vornherein nicht in Betracht

planverfahren (§§ 217 ff.) sind neben den Regelungen über die Eigenverwaltung anwendbar (vgl. hierzu die Kommentierung unter § 284). Neben den Vorschriften über das Verbraucherinsolvenzverfahren (§§ 304 ff.) und über die Restschuldbefreiung (§§ 286 ff.) sind die Regelungen über die Eigenverwaltung nicht anwendbar. Ein analoger Rückgriff kommt jedoch in Betracht bei den Vorschriften über die besonderen Arten des Insolvenzverfahrens (§§ 315 ff.). Schließlich stellt die Zivilprozessordnung eine für das Eigenverwaltungsverfahren subsidiäre Regelungsebene dar, soweit keine vorrangigen Regelungen der Insolvenzordnung Anwendung finden können.

5. Praxishinweis

Die Eigenverwaltung ist nach gegenwärtigem Stand der Praxis nur im Einzel- 12
fall durch den Schuldner durchsetzbar. Als Vorbereitungsmaßnahmen des Schuldners unerlässlich ist die **Vorabstimmung der Eigenverwaltung** mit wesentlichen Gläubigern, die Einholung deren schriftlicher Zustimmung, die Darlegung von Sanierungsmaßnahmen und die persönliche Erörterung mit dem Insolvenzgericht. Bedenken des Insolvenzgerichts können möglicherweise dann entkräftet werden, wenn das schuldnerische Leitungsorgan (Geschäftsführer, Vorstand) neu bestellt wurde und nicht für die wirtschaftliche Krise verantwortlich gemacht werden kann. Auf andere Weise werden Vorbehalte des Insolvenzgerichts, das durch eine Fehlentscheidung möglicherweise selbst einen Haftungstatbestand verwirklicht, nicht zerstreut werden können. Damit verlangt die Gerichtspraxis derzeit mehr als die gesetzlichen Voraussetzungen, nämlich die Überwindung einer gerichtspsychologischen Hürde. Dies ist auch deshalb von besonderer Bedeutung, weil bei Nichtanordnung der Eigenverwaltung durch das Insolvenzgericht **keine Rechtsmittelmöglichkeit** für den Schuldner besteht.[1]

§ 271 Nachträgliche Anordnung

Hatte das Insolvenzgericht den Antrag des Schuldners auf Eigenverwaltung abgelehnt, beantragt die erste Gläubigerversammlung jedoch die Eigenverwaltung, so ordnet das Gericht diese an. Zum Sachwalter kann der bisherige Insolvenzverwalter bestellt werden.

Literatur: *Flöther/Smid/Wehdeking,* Die Eigenverwaltung in der Insolvenz, 2005.

Übersicht

kommt (vgl. LG Bonn ZIP 2003, 1412 ff.). Siehe zur Anwendbarkeit der allgemeinen Vorschriften sowie der Vorschriften über das Regelabwicklungsverfahren im Einzelnen näher *Nerlich/Römermann/Riggert,* InsO, § 270 Rn. 4 ff.; zur Anwendbarkeit des § 240 ZPO BGH ZInsO 2007, 100 f.

[1] BGH ZInsO 2007, 207 ff.

1. Normzweck

1 Die Vorschrift ist Ausdruck der **Gläubigerautonomie.** Den Gläubigern wird in Form eines Antrags der Gläubigerversammlung das Recht eingeräumt, die Entscheidung des Insolvenzgerichts über die (fehlende) Anordnung der Eigenverwaltung zu korrigieren.

2. Im Einzelnen

2 **a)** Der Antrag kann nur von der **ersten Gläubigerversammlung** gestellt werden, ein späterer Wechsel vom Regelverfahren zur Eigenverwaltung soll nicht möglich sein.

3 Der Antrag der Gläubigerversammlung setzt einen Mehrheitsbeschluss voraus, wobei die (einfache) Mehrheit nach Forderungsbeträgen bestimmt wird, § 76 Abs. 2. Das Gericht muss dem Antrag entsprechen. Die Entscheidung des Gerichts (Rechtspfleger) ergeht in Form eines Beschlusses (§ 273), der – anders als der Aufhebungsbeschluss gem. § 272 – nicht rechtsmittelfähig ist.

4 **b)** Ist ein einzelner Gläubiger der Auffassung, dass der von der Mehrheit der Gläubigerversammlung gefasste Beschluss dem gemeinsamen Interesse der Insolvenzgläubiger widerspricht, hat er nach § 78 die Möglichkeit, die Aufhebung des Beschlusses zu beantragen. Im Erfolgsfall kann die Eigenverwaltung nicht angeordnet werden. Der Schutz des einzelnen Gläubigers wird auch über die Möglichkeit, nach § 272 die Aufhebung der Eigenverwaltung zu beantragen, gewährleistet.

5 Da § 271 nur die Korrektur der vom Gericht im Eröffnungsbeschluss getroffenen Entscheidung betrifft, setzt auch die nachträgliche Anordnung der Eigenverwaltung einen entsprechenden Antrag des Schuldners vor Verfahrenseröffnung (§ 270 Abs. 2 Nr. 1) voraus.

6 **c)** Im Falle der nachträglichen Anordnung der Eigenverwaltung nach § 271 ist es zweckmäßig, den zunächst eingesetzten **Insolvenzverwalter als Sachwalter** zu bestellen, vgl. S. 2. Die Person des Sachwalters wird von der Gläubigerversammlung ausgewählt. Das Insolvenzgericht hat lediglich das Recht, die Bestellung bei Nichteignung zu versagen, §§ 270 Abs. 1 Nr. 2, 57 S. 2. Im Antrag der Gläubigerversammlung muss die Person des Sachwalters nicht benannt werden.[1]

3. Praxishinweis

7 Gläubiger, die von der Gläubigerversammlung überstimmt wurden und sich gegen die Anordnung der Eigenverwaltung zur Wehr setzen wollen, sollten parallel nach § 78 (Antrag auf Aufhebung eines Beschlusses der Gläubigerversammlung) und nach § 272 Abs. 1 Ziff. 2 (Aufhebung der Eigenverwaltung auf Antrag eines Gläubigers) vorgehen. Zu den näheren Voraussetzungen siehe die Kommentierungen unter § 78 sowie § 272.

[1] *Uhlenbruck/ders.,* InsO, § 271 Rn. 6; MünchKomm-*Wittig/Tetzlaff,* InsO § 271 Rn. 17; *Nerlich/Römermann/Riggert,* InsO, § 271 Rn. 3; aA: FK-*Foltis,* InsO § 271, Rn. 8.

§ 272 Aufhebung der Anordnung

(1) **Das Insolvenzgericht hebt die Anordnung der Eigenverwaltung auf,**

1. **wenn dies von der Gläubigerversammlung beantragt wird;**
2. **wenn dies von einem absonderungsberechtigten Gläubiger oder von einem Insolvenzgläubiger beantragt wird und die Voraussetzung des § 270 Abs. 2 Nr. 3 weggefallen ist;**
3. **wenn dies vom Schuldner beantragt wird.**

(2) **Der Antrag eines Gläubigers ist nur zulässig, wenn der Wegfall der Voraussetzung glaubhaft gemacht wird. Vor der Entscheidung über den Antrag ist der Schuldner zu hören. Gegen die Entscheidung steht dem Gläubiger und dem Schuldner die sofortige Beschwerde zu.**

(3) **Zum Insolvenzverwalter kann der bisherige Sachwalter bestellt werden.**

Literatur: *Flöther/Smid/Wehdeking,* Die Eigenverwaltung in der Insolvenz, 2005.

Übersicht

1. Antrag der Gläubigerversammlung, Abs. 1 Nr. 1

Die Gläubigerversammlung hat das Recht, die Eigenverwaltung zur Aufhebung zu bringen. Bei entsprechendem Antrag hat das Gericht (Rechtspfleger) entsprechend zu verfahren, § 272 Abs. 1 Nr. 1. Dabei kann nicht nur, wie im Falle des § 271, die erste Gläubigerversammlung sondern auch jede weitere den Antrag stellen.[1] 1

2. Antrag eines Gläubigers, Abs. 1 Nr. 2

a) Die dem einzelnen Gläubiger gem. Abs. 1 Nr. 2 eingeräumte Möglichkeit, die Aufhebung der Eigenverwaltung zu beantragen, trägt dem Gedanken Rechnung, dass die Eigenverwaltung trotz der Aufsicht durch den Sachwalter mit Risiken für die Gläubiger verbunden ist. Wenn also aus der Sicht einzelner Gläubiger Nachteile durch die Fortdauer der Eigenverwaltung zu befürchten sind, kann jeder einzelne Gläubiger unabhängig vom Zusammentreten einer Gläubigerversammlung ihre Beendigung beantragen.[2] 2

b) Nach seinem Wortlaut erfasst Abs. 1 Nr. 2 nur die Situation, dass die Voraussetzungen des § 270 Abs. 2 Nr. 3 weggefallen sind. Der Fall, dass die 3

[1] *Balz/Landfermann,* S. 530 f.
[2] *Balz/Landfermann,* S. 530 f.

materiellen Anordnungsvoraussetzungen von vornherein fehlten, ist jedoch wegen gleicher Interessenlage analog zu behandeln.[1]

4 **c)** Ausdrücklich erfasst Abs. 1 Nr. 2 nur den Fall des Fehlens bzw. des Wegfalls der materiellen Anordnungsvoraussetzungen für die Eigenverwaltung. Die Anwendung des Abs. 1 Nr. 2 ist aber **analog** auch möglich, wenn **formelle Voraussetzungen** der Anordnung, bspw. die Zustimmung eines Gläubigers nach § 270 Abs. 2 Nr. 2, nicht vorgelegen haben.[2]

5 **d)** In formeller Hinsicht verlangt § 272 Abs. 2 für den Fall des Abs. 1 Nr. 2 die Glaubhaftmachung des Wegfalls der Anordnungsvoraussetzungen (siehe näher bei § 270).[3] Nach Anhörung des Schuldners, § 272 Abs. 2 S. 2, entscheidet das Gericht über die Begründetheit des Aufhebungsantrags.

3. Antrag des Schuldners, Abs. 1 Nr. 3

6 Nur wenn der Schuldner bereit ist, sich für seine Aufgaben ganz einzusetzen, kann die Eigenverwaltung Erfolg haben. Entfällt diese Bereitschaft des Schuldners, so hat er nach Abs. 1 Nr. 3 die Möglichkeit, die vorzeitige Beendigung der Eigenverwaltung herbeizuführen.

4. Rechtsfolgen

7 Mit der Beendigung der Eigenverwaltung wird ein Insolvenzverwalter eingesetzt. Dies kann der bisherige Sachwalter sein – das Gesetz legt diese Lösung in Abs. 3 nahe – die Entscheidung liegt jedoch im Ermessen des Gerichts.

5. Rechtsmittel

8 Bei Vorliegen einer Entscheidung des Insolvenzgerichts gem. § 272 Abs. 1 Ziff. 2 ist gegen die Entscheidung des Insolvenzgerichts ein Rechtsmittel vorgesehen. Dieses steht dem antragstellenden Gläubiger bzw. dem Schuldner zu, soweit eine Beschwer vorliegt. In allen sonstigen Fällen ist die sofortige Beschwerde gem. § 6 Abs. 1 ausgeschlossen.

6. Praxishinweis

9 Die Regelung des § 272 ermöglicht es auch einzelnen Gläubigern gegen die Anordnung der Eigenverwaltung vorzugehen. Gläubiger sollten davon Gebrauch machen, soweit das Vertrauen zum Schuldner verlorengegangen ist und eine effektive Überwachung durch den Sachwalter nicht gewährleistet erscheint. Daneben kommt ein Vorgehen nach § 78 (Antrag auf Aufhebung des Beschlusses der Gläubigerversammlung) in Betracht, soweit die Eigenverwaltung auf Grundlage des § 271 angeordnet wurde.

---

[1] HK-*Landfermann,* InsO, § 272 Rn. 4; *Nerlich/Römermann/Riggert,* InsO, § 272 Rn. 3.
[2] Wie hier *Häsemeyer,* Insolvenzrecht, Rn. 8.09.
[3] Hierzu LG Potsdam DZWIR 2001, 525; *Uhlenbruck/ders.,* InsO, § 272 Rn. 4.

§ 273 Öffentliche Bekanntmachung

Der Beschluß des Insolvenzgerichts, durch den nach der Eröffnung des Insolvenzverfahrens die Eigenverwaltung angeordnet oder die Anordnung aufgehoben wird, ist öffentlich bekanntzumachen.

Literatur: *Koch,* Die Eigenverwaltung nach der Insolvenzordnung, 1998.

1. Inhalt der Regelung

Die Vorschrift kommt nur bei nachträglicher Anordnung und bei Aufhebung 1
der Eigenverwaltung zum Tragen. Wird die Eigenverwaltung schon im Eröffnungsbeschluss angeordnet, so wird sie gleichzeitig mit diesem nach § 30 bekannt gemacht. Das Gesetz sieht die öffentliche Bekanntmachung der Anordnung der Eigenverwaltung im Interesse des Geschäftsverkehrs, der Klarheit über die Verfügungs- und Verwertungsbefugnis verlangt, vor.

2. Praxishinweis

In der Praxis ist die Vorschrift insbesondere bedeutsam für Dritte, die nach 2
Eröffnung des Insolvenzverfahrens ein Rechtsgeschäft mit dem Schuldner bzw. dem Insolvenzverwalter abschließen wollen. Adressat rechtsgeschäftlicher Willenserklärungen ist nach Anordnung der Eigenverwaltung der Schuldner, nicht der Insolvenzverwalter. Dies kann insbesondere bei der Einhaltung von Fristen bedeutsam sein, soweit eine solche Erklärung dem falschen Adressaten zugeht.

§ 274 Rechtsstellung des Sachwalters

(1) **Für die Bestellung des Sachwalters, für die Aufsicht des Insolvenzgerichts sowie für die Haftung und die Vergütung des Sachwalters gelten § 54 Nr. 2 und die §§ 56 bis 60, 62 bis 65 entsprechend.**

(2) **Der Sachwalter hat die wirtschaftliche Lage des Schuldners zu prüfen und die Geschäftsführung sowie die Ausgaben für die Lebensführung zu überwachen. § 22 Abs. 3 gilt entsprechend.**

(3) **Stellt der Sachwalter Umstände fest, die erwarten lassen, daß die Fortsetzung der Eigenverwaltung zu Nachteilen für die Gläubiger führen wird, so hat er dies unverzüglich dem Gläubigerausschuß und dem Insolvenzgericht anzuzeigen. Ist ein Gläubigerausschuß nicht bestellt, so hat der Sachwalter an dessen Stelle die Insolvenzgläubiger, die Forderungen angemeldet haben, und die absonderungsberechtigten Gläubiger zu unterrichten.**

Literatur: *Westrich,* Chancen und Risiken der Eigenverwaltung nach der Insolvenzordnung, NZI 2003, 65 ff.

Übersicht

1. Normzweck

1 Die Vorschrift verweist für die **Bestellung des Sachwalters,** für seine **Haftung** und für die **Aufsicht** des Insolvenzgerichts über den Sachwalter auf die für den Insolvenzverwalter geltenden Vorschriften. Hierin kommt die insolvenzverwalterähnliche Stellung des Sachwalters zum Ausdruck.[1] Die Vorschriften für den Insolvenzverwalter gelten auch hinsichtlich der Vergütung, die für den Sachwalter allerdings niedriger festgesetzt wird.

2 Abs. 2 und 3 regeln die Pflichten des Sachwalters zur Prüfung der wirtschaftlichen Lage des Schuldners, zur Überwachung seiner Geschäftsführung und seiner Ausgaben für die Lebensführung (die der Schuldner gem. § 278 selbst aus der Insolvenzmasse entnehmen darf) sowie seine Pflicht zur Unterrichtung des Gläubigerausschusses und des Insolvenzgerichts. Nach dieser Grundregel werden die Befugnisse des Sachwalters von denen des Schuldners abgegrenzt.

2. Rechtsstellung und Bestellung des Sachwalters

3 Anders als der Insolvenzverwalter ist der Sachwalter wie der Vergleichsverwalter des bisherigen Rechts grundsätzlich (Ausnahme § 275 Abs. 2) nicht gesetzlicher Vertreter, sondern ein „sachkundiger und unparteiischer Gehilfe des Insolvenzgerichts".[2]

4 Gem. den §§ 274 Abs. 1, 56 ist als Sachwalter nur eine geschäftskundige und von Gläubigern und Schuldner unabhängige Person geeignet. Die erforderliche Unabhängigkeit ist in der Regel nicht gegeben bei Personen, die den Schuldner vor Eintritt der Insolvenz rechtlich und wirtschaftlich beraten haben.[3] Nicht von vornherein ungeeignet ist jedoch der **Planersteller des Schuldners,** wenn er nach Überzeugung des Gerichts die erforderliche Neutralität aufweist.[4] Dafür kann insbesondere entscheidend sein, ob sich der Planersteller als Rechtsanwalt ausschließlich im Interesse eines Mandanten beauftragen ließ. Anders ist dies, wenn der Betreffende die Beratungsaufgabe als neutraler Dritter übernahm, auch um einen Ausgleich mittels Plan zwischen Schuldner und Gläubigern zu fördern. Er kann auch Sachwalter werden. Die gerichtliche Aufsicht bestimmt sich wie beim Insolvenzverwalter nach den §§ 58, 59.

3. Haftung des Sachwalters

5 Der Sachwalter ist für eine schuldhafte Verletzung seiner Pflichten in der Eigenverwaltung persönlich haftbar. Hierzu gehören die in Abs. 2 normierten Grundpflichten, die Unterrichtungspflicht nach Abs. 3 sowie die weiteren Pflichten, die

---

[1] FK-*Foltis,* InsO, § 274 Rn. 4.
[2] *Hess,* InsO, § 274 Rn. 9 ff.
[3] Vgl. *Vallender,* WM 1998, 2129, 2133 f.
[4] Zum Streitstand *Nerlich/Römermann/Riggert,* InsO, § 274 Rn. 13.

ihm in den §§ 270 ff. im Einzelnen übertragen sind. Zum **Kernbereich der Pflichten des Sachwalters** gehört es, die Ausübung des Verwaltungs- und Verfügungsrechts durch den Schuldner zu überwachen (Abs. 2). Ein Fehlverhalten des Schuldners bei der Verwaltung und Verfügung kann deshalb zugleich ein Fehlverhalten des Sachwalters durch unzureichende Überwachung darstellen. Zur Überwachungspflicht des Sachwalters gehört weiter, dass er das Insolvenzgericht rechtzeitig und vollständig informiert, so dass dieses nach § 21 geeignete Maßnahmen treffen kann, die Funktionsfähigkeit der Eigenverwaltung zu erhalten.[1]

Der Sorgfaltsmaßstab ergibt sich aus § 60 Abs. 2 Nr. 2. Der Sachwalter haftet 6 dabei für Vorsatz und Fahrlässigkeit. Für Verschulden seiner Erfüllungsgehilfen haftet er gem. § 278 BGB wie für eigenes Verschulden. Bedient sich der Sachwalter allerdings zur Erfüllung seiner Aufgaben Angestellter des Schuldners, so haftet er nicht für deren Verschulden wie für eigenes, sondern lediglich für eigenes Überwachungsverschulden und für Entscheidungen von besonderer Bedeutung, § 60 Abs. 2.

Auch für ein Fehlverhalten des Schuldners haftet der Sachwalter grundsätzlich 7 nur, sofern ihn ein Überwachungsverschulden trifft. Dies ergibt sich aus der Struktur der Eigenverwaltung mit ihrer Aufgabenverteilung zwischen Schuldner und Sachwalter.

Die Frage, ob der Sachwalter für die **Nichterfüllung von Verbindlichkeiten** 8 im Falle der Masseunzulänglichkeit einzustehen hat, wird vom Gesetz nicht ausdrücklich beantwortet. Sie ist abzulehnen, da § 274 Abs. 1 nicht auf § 61 verweist.[2]

4. Die Vergütung des Sachwalters

Gem. Abs. 1 kommen hinsichtlich der Vergütung die insolvenzrechtlichen 9 Vorschriften der §§ 63 bis 65 zur Anwendung. Nach § 12 Abs. 1 der InsVV, die über § 65 auch für den Sachwalter gilt, erhält dieser in der Regel **60% der Vergütung** des Insolvenzverwalters. Eine den Regelsatz übersteigende Vergütung kommt gem. § 12 Abs. 2 InsVV insbesondere dann in Betracht, wenn die Zustimmungsbedürftigkeit für bestimmte Rechtsgeschäfte nach § 277 angeordnet ist. In diesem Fall nämlich nähern sich die Aufgaben des Sachwalters denjenigen des Insolvenzverwalters an. Im Übrigen findet auch § 3 InsVV (Zu- und Abschläge) auf den Sachwalter Anwendung.[3] Eine analoge Anwendung auf die Vergütung von Gesellschaftsorganen ist ausgeschlossen, Rechtsgrundlage hierfür ist der jeweilige Anstellungsvertrag.[4]

5. Die Prüfung der wirtschaftlichen Lage des Schuldners und die Überwachung

Der Gesetzgeber hat in § 274 Abs. 2 S. 1 InsO den § 39 VglO fast wörtlich 10 übernommen. Der Aufgabenkreis des Sachwalters entspricht damit weitgehend demjenigen des Vergleichsverwalters des bisherigen Rechts. Der Sachwalter soll verhindern, dass der Schuldner zum Nachteil der Insolvenzgläubiger Vermögens-

[1] FK-*Foltis,* InsO, § 274 Rn. 17.
[2] *Nerlich/Römermann/Riggert,* InsO, § 270 Rn. 6; einschränkend MünchKomm-*Wittig/Tetzlaff,* InsO, § 274 Rn. 46 f.
[3] Vgl. Wortlaut § 12 Abs. 2 InsVV.
[4] AG Duisburg ZIP 2005, 2335–2336 = NZI 2006, 112–114.

werte beiseiteschafft oder in anderer Weise den Grundsätzen einer ordnungsgemäßen Wirtschaftsführung zuwiderhandelt.[1] Die **Prüfungs- und Überwachungspflicht** dient damit auch der Information des Sachwalters über Umstände, die für einen Aufhebungsantrag nach § 272 bedeutsam sein können und über die die Insolvenzgläubiger dementsprechend unterrichtet sein müssen. Die Prüfung der wirtschaftlichen Lage erfolgt durch Einsichtnahme des Sachwalters in die Bücher des Schuldners, in seine Konten und Forderungsbestände. Gemäß Abs. 2 S. 2 i. V. m. § 22 Abs. 3 hat der Sachwalter zu diesem Zweck Zugang zu allen Geschäftsräumen und allen Unterlagen des Schuldners und es stehen ihm die gleichen Auskunftsrechte wie einem Insolvenzverwalter zu. Das Insolvenzgericht kann gem. § 98 Abs. 1 die Abgabe einer eidesstattlichen Versicherung anordnen und gem. § 98 Abs. 2 die zwangsweise Vorführung des Schuldners, wenn dieser seine Mitwirkung verweigert.

6. Die Unterrichtungspflicht

11 Ergeben sich für den Sachwalter Anhaltspunkte dafür, dass die Fortführung der Eigenverwaltung zu Nachteilen für die Gläubiger führen wird, trifft ihn nach Abs. 3 die Pflicht, den Gläubigerausschuss – hilfsweise die einzelnen Insolvenzgläubiger sowie die absonderungsberechtigten Gläubiger – und das Insolvenzgericht umgehend hiervon zu unterrichten. Die Gläubiger sind dann in der Lage, über eine Aufhebung, § 272, oder über Verfügungsbeschränkungen, § 277, zu entscheiden. Gegenstand der Unterrichtungspflicht sind dementsprechend alle Tatsachen, die auf die Beibehaltung des Verwaltungs- und Verfügungsrechts des Schuldners Einfluss haben bzw. zu seiner Einschränkung gem. § 277 führen können.

7. Praxishinweis

12 Da dem Schuldner die Verwaltungs- und Verfügungsbefugnis über die Masse verbleibt, stehen die Überwachungspflichten des Sachwalters im Vordergrund. Der Sachwalter hat zur Vermeidung einer eigenen Haftung eine effektive Kontrolle zu organisieren, da eine lückenlose Überwachung weder möglich ist noch geschuldet wäre. Er sollte hierüber die Beteiligten möglichst umfassend unterrichten. Das Gesetz schreibt hierzu eine bestimmte Form zwar nicht vor. Die Kontrolle (controlling) muss der Sachwalter so ordnen, dass er jederzeit – auch überraschend – Prüfungshandlungen vornehmen kann, die nach kaufmännischer Sicht eine verlässliche Beurteilung des Wirtschaftens des Schuldners ermöglichen. Die Prüfungshandlungen entsprechend der Prüfungsplanung muss der Sachwalter dokumentieren. Die Unterrichtungspflicht des Gesetzes setzt nur im Falle der erheblichen Negativabweichung (vgl. Abs. 2 von § 274) ein. Empfehlenswert ist zumindest gegenüber dem Gericht laufend zu berichten, so dass Gläubiger durch Akteneinsicht die Entwicklung verfolgen können. Aus Beweisgründen empfehlen sich für den Sachwalter in jedem Fall jedoch **schriftliche Anzeigen,** wenn diese gem. § 274 Abs. 3 erfolgen. Hat die Anzeige gegenüber jedem einzelnen Insolvenzgläubiger und gegenüber den absonderungsberechtigten Gläubigern zu erfolgen, Abs. 3 S. 2, so kann dies mit einem erheblichen Zeit- und Kostenaufwand verbunden sein, da der Sachwalter sich über den Kreis der Betroffenen

[1] Vgl. OLG Celle KTS 1971, 216.

vollständig zu informieren hat und die Mitteilung an die Gläubiger in nachweisbarer Form vornehmen muss, was mit Kosten verbunden ist. Es besteht deshalb die Gefahr, dass die lediglich drohende Schädigung in einen Schaden umschlägt, bevor die Unterrichtung der Gläubiger erfolgen konnte, es sei denn, der Sachwalter hätte – wie oben vorgeschlagen – laufend berichtet. Da dies nicht dem Sinn der Unterrichtungspflicht nach Abs. 3 entsprechen kann, ist im Einzelfall eine Anzeige an das Insolvenzgericht sowie deren öffentliche Bekanntmachung entsprechend § 274 Abs. 3 für ausreichend zu erachten.

§ 275 Mitwirkung des Sachwalters

(1) **Verbindlichkeiten, die nicht zum gewöhnlichen Geschäftsbetrieb gehören, soll der Schuldner nur mit Zustimmung des Sachwalters eingehen. Auch Verbindlichkeiten, die zum gewöhnlichen Geschäftsbetrieb gehören, soll er nicht eingehen, wenn der Sachwalter widerspricht.**

(2) **Der Sachwalter kann vom Schuldner verlangen, daß alle eingehenden Gelder nur vom Sachwalter entgegengenommen und Zahlungen nur vom Sachwalter geleistet werden.**

Literatur: *Koch,* Die Eigenverwaltung nach der Insolvenzordnung, 1998.

Übersicht

1. Normzweck

Die Regelung des Abs. 1 stellt einen Ausgleich her zwischen dem Bedürfnis, **1**
eine Kontrolle über den verwaltungs- und verfügungsbefugten Schuldner auszuüben und der Notwendigkeit, den gewöhnlichen Geschäftsbetrieb nicht durch enge Zustimmungserfordernisse übermäßig zu belasten.[1] In der Aufteilung der Befugnisse und Verantwortlichkeiten zwischen Schuldner und Sachwalter, wie sie insbesondere in der Regelung des § 275 zum Ausdruck kommt, ist die Voraussetzung dafür zu sehen, dass das **Vertrauen der Gläubiger und Kunden** in das schuldnerische Unternehmen wiederhergestellt wird.

2. Verbindlichkeiten und Geschäftsbetrieb

Die Vorschrift erfasst die Eingehung von Verpflichtungsgeschäften aller Art. **2**
Bei Hand- und Bargeschäften des Schuldners ist zu differenzieren.[2]

---

[1] Vgl. *Hess,* InsO, § 275 Rn. 3.
[2] Näher *Nerlich/Römermann/Riggert,* InsO, § 275 Rn. 2.

3 Verbindlichkeiten, die für den **gewöhnlichen Geschäftsbetrieb des Schuldners** eingegangen werden, sind abzugrenzen von solchen für die Lebensführung nach § 278. Dabei kann die Begriffsbestimmung zu § 343 HGB herangezogen werden. Danach fallen unter den gewöhnlichen Geschäftsbetrieb alle Geschäfte, die im Rahmen der Ermöglichung, Förderung, Erhaltung eines Handelsgeschäftes anfallen können sowie deren Hilfsgeschäfte.[1]

4 Die zum Geschäftsbetrieb gehörenden Verbindlichkeiten werden nach Abs. 1 weiter in gewöhnliche und nicht gewöhnliche unterteilt. Während bei ersteren lediglich ein Widerspruchsrecht des Sachwalters besteht (Abs. 1 S. 2), sieht Abs. 1 S. 1 für letztere ein Zustimmungserfordernis vor. Die Abgrenzung zwischen gewöhnlichen und nicht gewöhnlichen Verbindlichkeiten bestimmt sich nach Art und Umfang der Verbindlichkeit gemessen an Art und Umfang des bisherigen Geschäftsbetriebes des Schuldners.[2] Bei Personengesellschaften und juristischen Personen kann hierfür auch der Satzungszweck herangezogen werden.[3]

3. Zustimmungserfordernis

5 S. 1 gibt dem Schuldner auf, die Zustimmung des Sachwalters einzuholen. Der Schuldner ist hier der „aktive Teil der Unternehmensleitung".[4] Der Sachwalter entscheidet über die Zustimmung nach pflichtgemäßem Ermessen. Sie bedarf nicht einer bestimmten Form und kann auch konkludent erteilt werden. Bis zur Eingehung der Verbindlichkeit ist sie frei widerruflich.[5]

6 Bereits aus dem Wortlaut des Abs. 1 Nr. 1 ergibt sich, dass das Fehlen der Zustimmung, ebenso wie auch ein vorliegender Widerspruch des Sachwalters im Falle des S. 2, **auf die Wirksamkeit der gleichwohl eingegangenen Verbindlichkeit ohne Einfluss** ist („Sollvorschrift"). Der Geschäftsverkehr soll auf die Handlungsfähigkeit des Schuldners vertrauen dürfen.[6] Dies gilt selbst dann, wenn dem anderen Teil das Fehlen der Zustimmung oder das Vorliegen eines Widerspruchs bekannt war. Bei kollusivem Zusammenwirken zwischen Schuldner und dem Vertragspartner kommt allerdings eine Nichtigkeit nach allgemeinen Grundsätzen (§ 138 BGB) in Betracht.[7]

7 Geht der Schuldner ohne Zustimmung des Sachwalters Verbindlichkeiten ein, so kann dies allerdings ein Einschreiten des Sachwalters nach § 274 Abs. 3 zur Folge haben. Auch kann sich der Schuldner einem Schadenersatzanspruch nach § 92 aussetzen.

4. Das Widerspruchsrecht des Sachwalters

8 Anders als im Falle des S. 1 ist der Schuldner nach S. 2 nicht zu einem Handeln verpflichtet.[8] Vielmehr legt es das Gesetz dem Sachwalter auf, sich über die

---

[1] HK-*Stephan,* § 343 HGB, Anm. 2 b; *Uhlenbruck/ders.,* InsO, § 275 Rn. 3.

[2] Vgl. *Kilger/K. Schmidt,* VglO § 57 Anm. 2 b für das frühere Vergleichsrecht.

[3] *Smid/Smid,* InsO, § 275 Rn. 6.

[4] FK-*Foltis,* InsO, § 275 Rn. 12.

[5] FK-*Foltis,* InsO, § 275 Rn. 9 f.

[6] Vgl. auch zum alten Recht *Bley/Mohrbutter,* VglO § 57 Rn. 23.

[7] *Palandt/Heinrichs,* BGB § 138 Rn. 61 ff.

[8] AA: *Smid/Smid,* InsO, § 275 Rn. 2, der eine besondere Mitteilungspflicht des Schuldners aus Abs. 1 entnimmt, da der Sachwalter, um seiner Prüfungspflicht nachkommen zu können, der vorherigen Unterrichtung durch den Schuldner bedürfe.

Geschäftsführung des Schuldners zu informieren und der Eingehung von Verbindlichkeiten gegebenenfalls zu widersprechen. Dies entspricht seiner gem. § 274 Abs. 2 bestehenden Überwachungspflicht.

Der Sachwalter darf sein Widerspruchsrecht nur ausüben, wenn ein hinreichender Grund besteht, das Verpflichtungsgeschäft zu untersagen.[1] Widerspricht er jedoch nicht, obwohl dies angezeigt wäre, so macht er sich gegebenenfalls wegen Verletzung seiner Überwachungspflicht (§ 274 Abs. 2) nach den §§ 60 ff. schadenersatzpflichtig. 9

5. Das Kassenführungsrecht des Sachwalters

Aus der Verfügungsbefugnis des Schuldners über die Geldmittel ergeben sich für die Gläubiger in der Eigenverwaltung besondere Gefahren. Abs. 2 räumt dem Sachwalter deshalb das Recht ein, dem Schuldner die Kassenführung zu entziehen und damit gläubigerschädigende Bargeschäfte zu verhindern. Vorbild dieser Regelung ist VglO § 57 Abs. 2 des alten Rechts. 10

Die Verfügungsbefugnis des Schuldners bleibt dabei jedoch bestehen.[2] Der Sachwalter erhält kein eigenes Verfügungsrecht, sondern tritt lediglich als **gesetzlicher Vertreter** auf.[3] Im Innenverhältnis darf der Schuldner jedoch Verfügungen über die Geldmittel nicht mehr vornehmen. Die Verpflichtungsfähigkeit des Schuldners wird durch Abs. 2 hingegen nicht eingeschränkt. 11

Da dem Schuldner die Rechtsmacht zur Kassenführung durch Abs. 2 nicht entzogen wird, hindert das Kassenführungsrecht nicht den Eintritt der Erfüllungswirkung bei Zahlungen, die der Schuldner gleichwohl vornimmt oder die Dritte ihm gegenüber vornehmen.[4] 12

Die Übernahme der Kassenführung durch den Sachwalter bedarf keiner Anordnung des Gerichts, vielmehr räumt das Gesetz dem Sachwalter unmittelbar einen Anspruch gegen den Schuldner ein. 13

6. Praxishinweis

Die Vorschrift zielt auf den Einzelkaufmann und wirkt in ihrer Struktur recht antiquiert. Wer das Vertrauen in die Eigenverwaltung nicht hat, wird es durch den „Kassenwart" kaum gewinnen. Die Übernahme der Kassenprüfung durch den Sachwalter ist in der Praxis immer noch ein wesentliches Instrument, um Bedenken der Gläubiger gegenüber dem Institut der Eigenverwaltung zu zerstreuen. Einer Schädigung der Gläubiger durch unbefugte Entnahmen soll hierdurch entgegengetreten werden. Unter Berücksichtigung des Umstandes, dass die Eigenverwaltung bislang in der Praxis nicht die erforderliche Bedeutung gewonnen hat – insbesondere im Hinblick auf befürchtete Risiken für die Gläubiger – sollte im Zweifel die Kassenführung durch den Sachwalter übernommen werden, wenn es sich um überschaubare Verhältnisse handelt. 14

Eigenverwaltungen bei einem größeren oder gar Großunternehmen, bei dem Eigenverwaltung nahezu sicher mit einem neuen Management verbunden ist, 15

---

[1] Vgl. *Hess,* InsO, § 275 Rn. 21; zum alten Recht *Bley/Mohrbutter,* VglO § 57 Rn. 21.

[2] AA: *Smid/Smid,* InsO, § 275 Rn. 11.

[3] Siehe zum alten Recht: *Kilger/K. Schmidt,* VglO § 57 Anm. 3 b; BGH WM 1988, 1222.

[4] Vgl. zum alten Recht *Böhle/Stamschräder/Kilger,* VglO § 57 Anm. 3 d.

gewinnt kaum dadurch Vertrauen, dass Tausende von Zahlungsvorfällen über Anderkonten gezogen werden.

§ 276 Mitwirkung des Gläubigerausschusses

Der Schuldner hat die Zustimmung des Gläubigerausschusses einzuholen, wenn er Rechtshandlungen vornehmen will, die für das Insolvenzverfahren von besonderer Bedeutung sind. § 160 Abs. 1 Satz 2, Abs. 2, § 161 Satz 2 und § 164 gelten entsprechend.

Literatur: *Pape,* Schwierigkeiten und Risiken der Mitwirkung im Gläubigerausschuss, WM 2006, 19 ff.

Übersicht

1. Normzweck

1 Die Vorschrift stellt klar, dass Rechtshandlungen von besonderer Bedeutung auch in der Eigenverwaltung der Zustimmung des Gläubigerausschusses bedürfen.

2. Im Einzelnen

2 **a)** Der Begriff „Rechtshandlung" umfasst jede Willensbetätigung des Schuldners mit rechtlichem Erfolg.[1] Erfasst sind deshalb auch Erfüllungshandlungen, die Entgegennahme empfangsbedürftiger Willenserklärungen und Prozesshandlungen.

3 **b)** § 160 Abs. 2 zählt besonders **bedeutsame Rechtshandlungen** nur beispielhaft auf.[2] Hieraus ergibt sich bei der Eigenverwaltung das Problem der Abgrenzung der besonders bedeutsamen Rechtshandlungen nach § 276 von den ungewöhnlichen Verbindlichkeiten, für deren Begründung das Gesetz in § 275 Abs. 1 Nr. 1 nur die Zustimmung des Sachwalters vorsieht. Denn ungewöhnliche Verbindlichkeiten i. S. d. § 275 Abs. 1 Nr. 1 können gleichzeitig zustimmungsbedürftige Gläubigerausschussangelegenheiten i. S. d. § 276 sein, so dass es um die Frage der Abgrenzung der Kompetenzen des Sachwalters von denen des Gläubigerausschusses geht. Soweit es sich nicht um Rechtshandlungen von besonderer Bedeutung handelt, soll der Gläubigerausschuss keinen Einfluss auf die Geschäftsführung haben.[3] Dies gilt bereits für das Insolvenzregelverfahren. Eine in § 160 Abs. 2 nicht ausdrücklich aufgezählte Rechtshandlung kann deshalb nur dann als zustimmungsbedürftige Gläubigerausschussangelegenheit angesehen werden, wenn es sich um eine besonders bedeutsame Verpflichtung des Schuldners handelt.

[1] RGZ 59, 53, 57.
[2] *Balz/Landfermann,* S. 404 f.
[3] *Balz/Landfermann,* S. 404 f.

Es genügt nicht jede ungewöhnliche Verbindlichkeit i. S. d. § 275 Abs. 1 Nr. 1. Als Beispiele hierfür werden genannt die Eingehung von Verpflichtungen für ungewöhnlich hohe Investitionen oder langfristig bindende Verträge.[1] In Zweifelsfällen sollte eine Zustimmungsbedürftigkeit des Gläubigerausschusses nicht angenommen werden.

c) Die Zustimmung nach § 160 Abs. 1 hat in der Eigenverwaltung der Schuldner einzuholen. Nach dem Wortlaut ist eine vorherige Zustimmung verlangt.[2] Die Gesetzesbegründung[3] ist der zum bisherigen Konkursrecht vertretenen Auffassung, wonach die **(nachträgliche) Genehmigung** möglich war, jedoch nicht entgegengetreten, so dass sie auch nach geltendem Recht ausreicht. 4

Wird sie nicht eingeholt oder wird sie versagt, so ist das im Außenverhältnis ohne Bedeutung, die Rechtshandlung bleibt wirksam. Soweit der Schuldner die Zustimmung nicht einholt, kommen neben einer sorgfältigen Überwachung des Schuldners nach § 274 Abs. 2 als mögliche Rechtsfolgen die Anordnung von Verfügungsbeschränkungen gem. § 277 oder ein Aufhebungsantrag gem. § 272 Abs. 1 Nr. 2 in Betracht. 5

3. Praxishinweis

Die Einsetzung eines Gläubigerausschusses ist in der Eigenverwaltung als ergänzendes Überwachungsorgan zum Sachwalter von besonderer Bedeutung. Seine Bestellung kann auch dazu dienen, Bedenken der Gläubigerschaft gegen die Anordnung der Eigenverwaltung zu zerstreuen. Allerdings ist nicht zu verkennen, dass die Gläubigerausschussmitglieder besonders gefährdet sind, in Haftung genommen zu werden, falls der Schuldner die Eigenverwaltung missbraucht. 6

§ 277 Anordnung der Zustimmungsbedürftigkeit

(1) **Auf Antrag der Gläubigerversammlung ordnet das Insolvenzgericht an, daß bestimmte Rechtsgeschäfte des Schuldners nur wirksam sind, wenn der Sachwalter ihnen zustimmt. § 81 Abs. 1 Satz 2 und 3 und § 82 gelten entsprechend. Stimmt der Sachwalter der Begründung einer Masseverbindlichkeit zu, so gilt § 61 entsprechend.**

(2) **Die Anordnung kann auch auf den Antrag eines absonderungsberechtigten Gläubigers oder eines Insolvenzgläubigers ergehen, wenn sie unaufschiebbar erforderlich ist, um Nachteile für die Gläubiger zu vermeiden. Der Antrag ist nur zulässig, wenn diese Voraussetzung der Anordnung glaubhaft gemacht wird.**

(3) **Die Anordnung ist öffentlich bekanntzumachen. § 31 gilt entsprechend. Soweit das Recht zur Verfügung über ein Grundstück, ein eingetragenes Schiff, Schiffsbauwerk oder Luftfahrzeug, ein Recht an einem solchen Gegenstand oder ein Recht an einem solchen Recht beschränkt wird, gelten die §§ 32 und 33 entsprechend.**

Literatur: *Kluth,* Eigenverwaltung in der Insolvenz oder ein „Fall mit Sturz", ZInsO 2002, 1001.

---

[1] FK-*Foltis,* InsO, § 276 Rn. 6.

[2] Vgl. zum alten Recht *Jaeger/Weber,* KO, §§ 133, 134 Rn. 3.

[3] *Balz/Landfermann,* S. 404 f.

Übersicht

1. Normzweck

1 Ähnlich wie nach den §§ 58–65 VglO des bisherigen Rechts ist es nach dieser Vorschrift ausnahmsweise möglich, den Schuldner in seinem Verwaltungs- und Verfügungsrecht zu beschränken, indem die Wirksamkeit bestimmter Rechtsgeschäfte von der Zustimmung des Sachwalters abhängig gemacht wird. Anders als in den Fällen der §§ 275, 276 **hat diese Beschränkung Drittwirkung.** Ein Rechtsgeschäft des Schuldners, für welches auf Grund gerichtlicher Anordnung ein Zustimmungserfordernis gem. § 277 besteht, ist deshalb im Außenverhältnis nur wirksam, wenn die Zustimmung des Sachwalters dafür vorliegt. Dem Schuldner wird das Verfügungs- und Verwaltungsrecht durch § 277 allerdings nicht entzogen.

2. Im Einzelnen

2 **a)** Dem die Insolvenzordnung beherrschenden Grundsatz der Gläubigerautonomie entsprechend ergeht die Anordnung nach Abs. 1 auf **Antrag der Gläubigerversammlung.** Eine Anordnung von Amts wegen ist ausgeschlossen.[1] Das Gericht muss die Anordnung erlassen; ein Ermessen steht ihm, anders als in Eilfällen nach § 277 Abs. 2 („kann"), nicht zu. Wie sich aus § 6 ergibt, ist die Anordnung nicht anfechtbar. Mit der öffentlichen Bekanntmachung gem. Abs. 3 tritt ihre Rechtswirkung ein.

3 **b)** Wie bereits aus dem **Begriff des Rechtsgeschäfts**[2] ersichtlich, werden von § 277 nicht nur Verfügungen des Schuldners über sein Vermögen, sondern auch Verpflichtungsgeschäfte erfasst. Auch einseitige Rechtsgeschäfte wie z. B. Kündigungen fallen darunter. Der Schuldner soll durch das Zustimmungserfordernis dazu angehalten werden, sich mit dem Sachwalter vor dem Abschluss eines Rechtsgeschäfts über dessen wirtschaftliche Zweckmäßigkeit abzusprechen und somit die Gläubigerinteressen mit einzubeziehen. Gemäß dem Zweck des Zustimmungserfordernisses ist eine vorherige Zustimmung, also eine Einwilligung zu verlangen. Unter den Voraussetzungen des § 61 haftet der Sachwalter, wenn er der Eingehung einer Verbindlichkeit durch den Schuldner zugestimmt hat, den Massegläubigern auf Schadensersatz, § 277 Abs. 1 Nr. 3.

4 Die Rechtsgeschäfte, die der Zustimmungsbedürftigkeit unterfallen sollen, müssen einzeln bezeichnet werden.[3] Aus dem Wortlaut **„bestimmte Rechtsgeschäfte"** ergibt sich außerdem, dass die Zustimmungsbedürftigkeit die Ausnahme bleiben muss. Andernfalls würde keine Eigenverwaltung mehr vorliegen,

---

[1] Eine „Analogie" ist ausgeschlossen, da es an einer Regelungslücke fehlt, wie hier *Kluth,* ZInsO 2002, 1001, 1003; MünchKomm-*Wittig/Tetzlaff,* InsO, § 277 Rn. 7. Anders aber AG Duisburg ZIP 2002, 1636 ff.

[2] Vgl. Kommentierung zu § 276 InsO, dort Rechtshandlung.

[3] *Nerlich/Römermann/Riggert,* InsO, § 277 Rn. 2.

sondern eine vom Gesetzgeber nicht vorgesehene Fortschreibung des Eröffnungsverfahrens mit einem „Sachwalter mit Zustimmungsvorbehalt".

Abs. 1 S. 2 regelt mit der Verweisung auf die §§ 81 Abs. 1 S. 2, 3 und 82 den Schutz gutgläubiger Dritter. Der gute Glaube an die Verfügungsbefugnis wird damit in den dort umschriebenen Fällen geschützt. 5

c) In **Eilfällen** ist die Anordnung einer Verfügungsbeschränkung auch auf Antrag eines einzelnen Gläubigers zulässig; sie steht allerdings im Ermessen des Gerichts, Abs. 2. Die Eilbedürftigkeit ist gem. Abs. 2 S. 2 glaubhaft zu machen. Die Unaufschiebbarkeit der Anordnung ist gegeben, wenn ein nachteiliges Rechtsgeschäft des Schuldners unmittelbar bevorsteht, so dass keine Zeit mehr ist, die Gläubigerversammlung einzuberufen. Dabei genügt es, wenn das bevorstehende Rechtsgeschäft objektiv nachteilig ist, eine Kenntnis des Schuldners hiervon, also seine Unredlichkeit, ist nicht erforderlich.[1] 6

Die Anordnung der Zustimmungsbedürftigkeit bestimmter Rechtsgeschäfte ist öffentlich bekannt zu machen (§ 277 Abs. 3 S. 1). Hierdurch wird der Rechtsverkehr geschützt, der sonst möglicherweise zu Unrecht auf eine unbeschränkte Verfügungs- und Verpflichtungsbefugnis des Schuldners vertraut.[2] 7

3. Praxishinweis

Für Abs. 2 (Anordnung einer Verfügungsbeschränkung im Eilfall) ist in der Praxis nur ein geringer Anwendungsbereich ersichtlich, nämlich nur für den Fall, dass sich die Nachteilsbefürchtung des Gläubigers auf ein einzelnes Rechtsgeschäft bezieht. Wird hingegen allgemein die unternehmerische Unfähigkeit des Schuldners oder seine Vertrauensunwürdigkeit angenommen, so kommt stattdessen ein Aufhebungsantrag nach § 272 Abs. 1 Nr. 2 in Betracht.[3] 8

§ 278 Mittel zur Lebensführung des Schuldners

(1) **Der Schuldner ist berechtigt, für sich und die in § 100 Abs. 2 Satz 2 genannten Familienangehörigen aus der Insolvenzmasse die Mittel zu entnehmen, die unter Berücksichtigung der bisherigen Lebensverhältnisse des Schuldners eine bescheidene Lebensführung gestatten.**

(2) **Ist der Schuldner keine natürliche Person, so gilt Absatz 1 entsprechend für die vertretungsberechtigten persönlich haftenden Gesellschafter des Schuldners.**

Literatur: *Koch,* Die Eigenverwaltung nach der Insolvenzordnung, 1998.

Übersicht

[1] Vgl. *Koch,* Die Eigenverwaltung nach der Insolvenzordnung, S. 225 f.
[2] Siehe *Nerlich/Römermann/Riggert,* InsO, § 277 Rn. 10.
[3] *Koch,* aaO, S. 226.

1. Normzweck

1 Die Vorschrift gibt dem Schuldner im Eigenverwaltungsverfahren das Recht, die Mittel zu einer bescheidenen Lebensführung selbst der Insolvenzmasse zu entnehmen. Er benötigt hierfür weder die Zustimmung der Gläubigerversammlung noch die des Sachwalters. Das Entnahmerecht entspricht seiner im Eigenverwaltungsverfahren fortbestehenden Verwaltungs- und Verfügungsbefugnis (vgl. § 100 Abs. 1). Der ihm zustehende höhere Unterhalt rechtfertigt sich daraus, dass der Schuldner hier im Unternehmen weiterarbeitet und seine Fähigkeiten und Kenntnisse in den Dienst der Gläubigerbefriedigung stellt.[1]

2. Im Einzelnen

2 Dem Schuldner und seinen in § 100 Abs. 2 abschließend aufgezählten Familienangehörigen werden die Mittel für eine **bescheidene Lebensführung** zugestanden.[2] Dabei sind als Maßstab die bisherigen Lebensverhältnisse zu berücksichtigen. Dem Schuldner muss jedenfalls mehr verbleiben als der notwendige Unterhalt.[3]

3 Handelt es sich bei dem Schuldner nicht um eine natürliche Person, sondern um eine Gesellschaft, so steht das Entnahmerecht den vertretungsberechtigten, persönlich haftenden Gesellschaftern zu, Abs. 2. Zum Teil wird geltend gemacht, dass das dem Schuldner nach dieser Vorschrift zustehende Entgelt einen zu geringen Anreiz bietet, sich in der Eigenverwaltung einzusetzen. Dem kann dadurch abgeholfen werden, indem das Entgelt für den Schuldner vertraglich vereinbart wird, was gem. § 270 Abs. 1 Nr. 2 i. V. m. § 100 (Unterhalt) möglich ist.[4] Erforderlich hierfür ist ein Beschluss der Gläubigerversammlung.

4 Bei einem Verstoß des Schuldners gegen die Entnahmegrenzen des § 278 muss der Sachwalter nach § 274 Abs. 2, durch eine Anzeige nach § 274 Abs. 3 oder durch Übernahme der Kassenführung gem. § 275 tätig werden.

3. Praxishinweis

5 Wie bei der Regelung des § 100 kommt dem Entnahmerecht – anders als nach der alten Rechtslage (KO) – eine größere Bedeutung zu: Dies insbesondere vor dem Hintergrund, dass der Neuerwerb in die Masse fällt. Im Falle der Eigenverwaltung wird man dem Schuldner eine angemessene Entnahme schon deshalb nicht versagen dürfen, da er für die Verwaltung der Masse und ggfs. auch für die Fortführung des schuldnerischen Unternehmens die Verantwortung trägt und seine Arbeitskraft hierfür zur Verfügung stellt.

§ 279 Gegenseitige Verträge

Die Vorschriften über die Erfüllung der Rechtsgeschäfte und die Mitwirkung des Betriebsrats (§§ 103 bis 128) gelten mit der Maßgabe, daß an die

[1] Vgl. Begründung zum RegE, abgedruckt in *Balz/Landfermann,* S. 526 f.
[2] Begründung zum RegE, abgedruckt in *Balz/Landfermann,* S. 535 f.
[3] HM, zum Streitstand: *Nerlich/Römermann/Riggert,* InsO, § 278 Rn. 3.
[4] FK-*Foltis,* InsO, § 278 Rn. 6 f.

Stelle des Insolvenzverwalters der Schuldner tritt. Der Schuldner soll seine Rechte nach diesen Vorschriften im Einvernehmen mit dem Sachwalter ausüben. Die Rechte nach den §§ 120, 122 und 126 kann er wirksam nur mit Zustimmung des Sachwalters ausüben.

Literatur: *Koch,* Die Eigenverwaltung nach der Insolvenzordnung, 1998.

Übersicht

1. Normzweck

1 Die Vorschrift stellt klar, dass die §§ 103–128, die den Fortbestand von gegenseitigen Verträgen im Regelinsolvenzverfahren betreffen, auch in der Eigenverwaltung gelten. Die Entscheidung für das eine oder das andere Verfahren soll nämlich nicht dadurch beeinflusst werden, dass unterschiedliche materiellrechtliche Regeln zur Anwendung kommen.[1] Dabei tritt jedoch der Schuldner an die Stelle des Insolvenzverwalters. Dies entspricht der in § 270 vorgesehenen Rollenverteilung in der Eigenverwaltung.

2. Im Einzelnen

2 **a)** Nach S. 2 hat der Schuldner die Rechte nach den §§ 103 ff. im Einvernehmen mit dem Sachwalter auszuüben. Besondere Bedeutung kommt dabei dem Wahlrecht nach § 103 bei der Erfüllung von gegenseitigen Verträgen zu. Eine Neubegründung erfolgt durch ein Erfüllungsverlangen des Schuldners. Des Weiteren sind zu nennen das Kündigungsrecht als Mieter und Pächter nach § 109 Abs. 1 sowie das Sonderkündigungsrecht von Dienstverhältnissen nach § 113 Abs. 1. Ein Verstoß gegen die Abstimmungspflicht ist jedoch im **Außenverhältnis ohne Bedeutung.** Dies macht bereits der Wortlaut des S. 2 („soll") deutlich, es ergibt sich aber auch aus der dem Schuldner in der Eigenverwaltung zustehenden Verfügungsbefugnis. Eine vom Schuldner vorgenommene Rechtshandlung ist demnach wirksam, auch wenn der Sachwalter nicht zugestimmt hat.[2] Dies gilt für die Ausübung der Rechte aus den §§ 120, 122 und 126 nicht (s. hierzu nachfolgend b)). Mögliche Sanktion ist bei einem Verstoß gegen die Abstimmungspflicht des S. 2 ein Aufhebungsantrag gem. § 272 oder eine Anordnung der Zustimmungsbedürftigkeit nach § 277.[3] Der Sachwalter kann mit einer Anzeige gem. § 274 Abs. 3 reagieren, wenn er auf Grund der Verstöße des Schuldners gegen die Abstimmungspflicht der Auffassung ist, dass die Fortsetzung der Eigenverwaltung zu Nachteilen für die Gläubiger führen wird, oder er kann von seinem Widerspruchsrecht nach § 275 Abs. 1 Nr. 2 Gebrauch machen.

[1] Begründung zum RegE, abgedruckt in *Balz/Landfermann,* S. 536 f.
[2] Begründung zum RegE, abgedruckt in *Balz/Landfermann,* S. 536 f.
[3] Vgl. Begründung zum RegE, abgedruckt in *Balz/Landfermann,* S. 536 f.

3 **b)** Die Rechte nach den §§ 120, 122, 126 werden vom Gesetzgeber als besonders wichtig angesehen.[1] Sie können deshalb nach S. 3 nur mit Zustimmung des Sachwalters wirksam ausgeübt werden. Dies betrifft die Kündigung von Betriebsvereinbarungen nach § 120, die Beantragung der Zustimmung des Arbeitsgerichts zur Durchführung einer Betriebsänderung nach § 122 sowie der gerichtlichen Feststellung der wirksamen Kündigung bestimmter Arbeitsverhältnisse nach § 126. In diesen Fällen ist das Handeln des Schuldners auch im Außenverhältnis nur mit Zustimmung wirksam („kann ... nur").

3. Praxishinweis

4 Die Anwendung der dem Schuldner nach § 279 zustehenden Befugnisse setzen erhebliche insolvenzrechtliche Kenntnisse voraus. Hier muss in der Praxis davon ausgegangen werden, dass der Schuldner zu einer Ausübung nur mit einer erheblichen Mithilfe des Sachwalters in der Lage ist, es sei denn, die Organe des Schuldners sind um Personen mit insolvenzrechtlichen Kenntnissen und Erfahrungen ergänzt worden.

§ 280 Haftung. Insolvenzanfechtung

Nur der Sachwalter kann die Haftung nach den §§ 92 und 93 für die Insolvenzmasse geltend machen und Rechtshandlungen nach den §§ 129 bis 147 anfechten.

Literatur: *Flöther/Smid/Wehdeking,* Die Eigenverwaltung in der Insolvenz, 2005.

Übersicht

1. Normzweck

1 Für die Geltendmachung der Ansprüche der Insolvenzgläubiger auf Ersatz eines Gesamtschadens (§ 92) oder der persönlichen Haftung eines Gesellschafters (§ 93) ist – in Durchbrechung des Grundsatzes der Ausübung des Verwaltungs- und Verfügungsrechtes durch den Schuldner – nicht dieser, sondern der Sachwalter zuständig. Der Schuldner, gegen den sich ein solcher Anspruch häufig richtet, soll diesen nicht gegen sich selbst geltend machen müssen. Auch die Ausübung der Anfechtungsrechte gem. den §§ 129 ff. wird nach dieser Vorschrift allein dem Sachwalter zugewiesen. Da Gegenstand der Anfechtung i. d. R. eine Rechtshandlung des Schuldners ist, die zu einer Bevorzugung einzelner Gläubiger geführt hat, können die Interessen der Gläubiger hierdurch besser gewahrt werden.

2 Darüber hinaus hat die Vorschrift klarstellende Funktion. Sie macht deutlich, dass das Recht der Insolvenzanfechtung – insoweit in Abweichung von der

[1] Vgl. Begründung zum RegE, abgedruckt in *Balz/Landfermann,* S. 536 f.

Rechtslage nach der Vergleichsordnung – in der Eigenverwaltung uneingeschränkt anwendbar ist.[1]

2. Im Einzelnen

Die vom Sachwalter im Rahmen der ihm nach dieser Vorschrift übertragenen Rechte vorgenommenen rechtsgeschäftlichen Handlungen wirken unmittelbar für und gegen den Schuldner. Letzterer ist von der Ausübung des Verwaltungs- und Verfügungsrechts insoweit ausgeschlossen. Jedoch ist er zur Zusammenarbeit mit dem Sachwalter verpflichtet. 3

3. Praxishinweis

Eine etwaige Haftung des Sachwalters ergibt sich im Fall des § 280 unmittelbar, nicht über die Verweisung des § 274 Abs. 1, aus den §§ 60–62, so dass auch § 61 anwendbar ist. Denn der Sachwalter wird im Rahmen des § 280 wie ein Insolvenzverwalter tätig. Er ist hier selbst der Handelnde, während § 274 Abs. 1 seine Rechtsstellung als Überwacher betrifft. 4

§ 281 Unterrichtung der Gläubiger

(1) **Das Verzeichnis der Massegegenstände, das Gläubigerverzeichnis und die Vermögensübersicht (§§ 151 bis 153) hat der Schuldner zu erstellen. Der Sachwalter hat die Verzeichnisse und die Vermögensübersicht zu prüfen und jeweils schriftlich zu erklären, ob nach dem Ergebnis seiner Prüfung Einwendungen zu erheben sind.**

(2) **Im Berichtstermin hat der Schuldner den Bericht zu erstatten. Der Sachwalter hat zu dem Bericht Stellung zu nehmen.**

(3) **Zur Rechnungslegung (§§ 66, 155) ist der Schuldner verpflichtet. Für die Schlußrechnung des Schuldners gilt Absatz 1 Satz 2 entsprechend.**

Literatur: *Koch,* Die Eigenverwaltung nach der Insolvenzordnung, 1998.

Übersicht

1. Normzweck

Die Vorschrift verpflichtet den Schuldner zur Erstellung, den Sachwalter zur Prüfung der Verzeichnisse und Übersichten, welche die Gläubiger über die wirtschaftliche Lage des Schuldners unterrichten sollen, Abs. 1. Dies entspricht der Aufgabenverteilung zwischen Schuldner (Verwaltung) und Sachwalter (Kontrolle) in der Eigenverwaltung.[2] Des Weiteren wird der Schuldner zur Rechnungslegung, Abs. 3, sowie zur Berichterstattung im Berichtstermin der Gläubiger- 1

[1] Vgl. Begründung zum RegE, abgedruckt in *Balz/Landfermann,* S. 537.

[2] Vgl. Begründung zum RegE, abgedruckt in *Balz/Landfermann,* S. 537 f.

versammlung verpflichtet, Abs. 2. Im Interesse der Gläubiger an einer objektiven Unterrichtung ist auch hierfür eine Kontrolle und Stellungnahme durch den Sachwalter vorgesehen, Abs. 2 S. 2, Abs. 3 S. 2.

2. Im Einzelnen

2 Das Gesetz legt dem Schuldner in dieser Vorschrift die Verpflichtung zur Unterrichtung der Gläubiger auf. Er hat gem. § 151 ein Verzeichnis der Einzelnen zur Masse gehörenden Gegenstände zu erstellen. Für jeden Gegenstand ist der Wert anzugeben (§ 151 Abs. 2). Besteht die Möglichkeit der Unternehmensfortführung, so sind nach § 151 Abs. 2 Nr. 2 **Fortführungswert und Einzelveräußerungswert** nebeneinander zu bezeichnen, damit nicht die Entscheidung der Gläubiger für die eine oder die andere Verfahrensart durch die Angabe nur eines Wertes vorweggenommen wird.

3 Das Gläubigerverzeichnis hat der Schuldner gem. § 152 zu erstellen. Bei der Vermögensübersicht kann auf Antrag des Sachwalters oder eines Gläubigers dem Schuldner aufgegeben werden, die Richtigkeit und Vollständigkeit der gemachten Angaben eidesstattlich zu versichern, §§ 281, 153 Abs. 2. Die gem. §§ 151–153 erstellten Unterlagen werden nach § 154 zur Einsicht der Beteiligten in der Geschäftsstelle niedergelegt. Im Interesse einer vollständigen und korrekten Unterrichtung der Gläubiger[1] gilt § 154 auch für den schriftlichen Prüfungsbericht des Sachwalters nach § 281 Abs. 1 Nr. 2.

3. Praxishinweis

4 Entsprechend wie bei den nach § 279 dem Schuldner obliegenden Aufgaben setzt auch § 281 erheblichen insolvenzrechtlichen Sachverstand voraus. Es ist zu erwarten, dass der Sachwalter in vielen Fällen dem Schuldner Hilfestellung leisten muss.

§ 282 Verwertung von Sicherungsgut

(1) **Das Recht des Insolvenzverwalters zur Verwertung von Gegenständen, an denen Absonderungsrechte bestehen, steht dem Schuldner zu. Kosten der Feststellung der Gegenstände und der Rechte an diesen werden jedoch nicht erhoben. Als Kosten der Verwertung können nur die tatsächlich entstandenen, für die Verwertung erforderlichen Kosten und der Umsatzsteuerbetrag angesetzt werden.**

(2) **Der Schuldner soll sein Verwertungsrecht im Einvernehmen mit dem Sachwalter ausüben.**

Literatur: *Koch,* Die Eigenverwaltung nach der Insolvenzordnung, 1998.

Übersicht

[1] Siehe Begründung zum RegE, abgedruckt in *Balz/Landfermann,* S. 537 f.

1. Normzweck

Wie im Insolvenzregelverfahren steht auch in der Eigenverwaltung das Verwertungsrecht an den **mit Absonderungsrechten belasteten Gegenständen** soweit es ansonsten dem Verwalter zustünde nicht den gesicherten Gläubigern zu. Der Gesetzgeber geht davon aus, dass die Eigenverwaltung in der Regel in den Fällen angeordnet wird, in denen die Aussicht besteht, das Unternehmen des Schuldners auf der Grundlage eines Insolvenzplans zu sanieren.[1] Ein ungehinderter Zugriff der Sicherungsgläubiger auf ihre Sicherheiten ist deshalb nicht wünschenswert. 1

Zur Verwertung der Sicherheiten ist in der Eigenverwaltung der Schuldner berechtigt. Er hat sein Verwertungsrecht gem. Abs. 2 im Einvernehmen mit dem Sachwalter auszuüben. Eine **Verwertung durch den Schuldner** ermöglicht es, verschieden belastete Gegenstände gemeinsam zu veräußern.[2] Dadurch besteht die Chance, einen besseren Erlös zu erzielen als dies bei einer Verwertung durch die einzelnen Gläubiger der Fall wäre. Diese denken bei der Verwertung auch in erster Linie an die Befriedigung ihrer eigenen Forderung und haben nicht notwendigerweise die Interessen der Gesamtheit der Gläubiger an einer möglichst gewinnbringenden Art der Verwertung im Auge.[3] 2

2. Im Einzelnen

a) Die §§ 165 ff. gelten – mit den in § 282 vorgesehenen Abweichungen – auch in der Eigenverwaltung. 3

Gemäß Abs. 1 S. 2 werden Feststellungskosten, die bei einer Verwertung durch den Insolvenzverwalter im Insolvenzregelverfahren gem. § 171 Abs. 1 Nr. 2 mit einer Pauschale von 4% dem Sicherungsgläubiger auferlegt werden, nicht erhoben. Der Gesetzgeber geht davon aus, dass der Schuldner die bestehenden Sicherheiten kennt, so dass typischerweise gar keine Kosten der Feststellung (§ 170 Abs. 1 Nr. 1) entstehen.[4] Als Kosten der Verwertung können anders als nach § 171 Abs. 2 nur die tatsächlich entstandenen Kosten in Abzug gebracht werden. Für den Umsatzsteuerbetrag gilt dasselbe wie im Regelverfahren. 4

Die gesicherten Gläubiger werden damit in der Eigenverwaltung mit **geringeren Kosten** belastet. Dieser Gesichtspunkt wird bei der Entscheidung über ihre Anordnung eine Rolle spielen. 5

b) Aus der Pflicht des Schuldners, sein Verwertungsrecht im Einvernehmen mit dem Sachwalter auszuüben (Abs. 2), ergibt sich, dass er diesen vor der Durchführung von Verwertungsmaßnahmen informieren muss. Ein Widerspruch des Sachwalters ist für den Schuldner beachtlich, der in diesem Fall die Verwertung nicht vornehmen darf. Aus dem Charakter der Norm als einer „Soll-Vorschrift" ergibt sich jedoch, dass die Rechtshandlung des Schuldners trotz des Widerspruchs im Außenverhältnis wirksam ist. Der Widerspruch hat wie bei den §§ 275, 279 nur im Innenverhältnis Bedeutung. 6

---

[1] Begründung zum RegE, abgedruckt in *Balz/Landfermann,* S. 538 f.
[2] Begründung zum RegE, abgedruckt in *Balz/Landfermann,* S. 538 f.
[3] Vgl. Begründung zum RegE, abgedruckt in *Balz/Landfermann,* S. 157.
[4] Begründung zum RegE, abgedruckt in *Balz/Landfermann,* S. 538 f.

7 Ist der Sachwalter auf Grund überlegener Rechtskenntnisse besser als der Schuldner in der Lage, die Absonderungsrechte festzustellen, so kann die Regelung des Abs. 2 in der Weise gehandhabt werden, dass der Schuldner dem Sachwalter die Feststellung und auch die Verwertung im Wesentlichen überlässt. § 282 als dispositives Recht gestattet dies.

3. Praxishinweis

8 Besonders ist darauf zu achten, dass das Sicherungsgut nicht nur verwertet, sondern der **Erlös auch separiert** und nicht untrennbar mit der Masse vermengt wird. Es ist anzunehmen, dass ein entsprechender Hinweis durch den Sachwalter an den Schuldner ergehen muss, andernfalls ist eine Verletzung der Aufsichtspflichten anzunehmen.

§ 283 Befriedigung der Insolvenzgläubiger

(1) **Bei der Prüfung der Forderungen können außer den Insolvenzgläubigern der Schuldner und der Sachwalter angemeldete Forderungen bestreiten. Eine Forderung, die ein Insolvenzgläubiger, der Schuldner oder der Sachwalter bestritten hat, gilt nicht als festgestellt.**

(2) **Die Verteilungen werden vom Schuldner vorgenommen. Der Sachwalter hat die Verteilungsverzeichnisse zu prüfen und jeweils schriftlich zu erklären, ob nach dem Ergebnis seiner Prüfung Einwendungen zu erheben sind.**

Literatur: *Eckardt,* Die Feststellung und Befriedigung des Insolvenzgläubigerrechtes, in Kölner Schrift zur Insolvenzordnung, 2. Aufl. 2000, S. 895 ff.

Übersicht

1. Normzweck

1 Die Vorschrift regelt in Abweichung von § 178, dass auch der **Widerspruch des Schuldners** im Forderungsfeststellungsverfahren die Wirkung hat, dass eine Forderung nicht festgestellt wird. Ihm wird ebenso wie dem Sachwalter ein Widerspruchsrecht gewährt. Für den Schuldner folgt dieses Widerspruchsrecht bereits aus seiner fortbestehenden Verwaltungs- und Verfügungsbefugnis, für den Sachwalter entspricht es seiner Rechtsstellung als Beschützer der Gläubigerinteressen.

2 Abs. 2 knüpft an die Regelung des § 281 an und weist auch die Aufgabe der Verteilung dem Schuldner zu. Dem Sachwalter ist hierbei die Pflicht zur Prüfung auferlegt.

2. Im Einzelnen

a) Als Rechtsfolge eines Widerspruchs des Schuldners oder des Sachwalters sieht Abs. 1 S. 2 vor, dass die Forderung nicht festgestellt wird. 3

Somit muss ein Gläubiger, wenn er dagegen vorgehen will, ebenso wie im Fall des Widerspruchs eines Insolvenzgläubigers, das Feststellungsverfahren gem. den §§ 179 ff. betreiben, ggf. nach § 184 Feststellungsklage erheben. 4

Im Rahmen des § 201 Abs. 2 steht auch ein Widerspruch des Sachwalters einer Zwangsvollstreckung aus der Eintragung in die Tabelle entgegen. 5

b) Die Verteilung ist als Aufgabe in der Eigenverwaltung gem. Abs. 2 dem Schuldner zugewiesen, entsprechend der grundsätzlichen Zuordnung nach § 270 Abs. 1. Den Schuldner treffen danach die Rechte und Pflichten nach den §§ 188 ff. Er hat insbesondere das Verteilungsverzeichnis aufzustellen, das auf der Geschäftsstelle niederzulegen ist und die Forderungssummen öffentlich bekannt zu machen. Der Sachwalter hat gem. Abs. 2 S. 2 das vom Schuldner aufgestellte Verteilungsverzeichnis zu prüfen und dazu schriftlich Stellung zu nehmen. Im Hinblick auf das Recht der Insolvenzgläubiger auf vollständige und korrekte Information[1] ist auch diese schriftliche Erklärung des Sachwalters auf der Geschäftsstelle zur Einsicht der Beteiligten niederzulegen (§ 188 S. 2). 6

3. Praxishinweis

Die Prüfung der Forderungen und die Verteilung setzen eine enge Abstimmung zwischen Schuldner und Sachwalter voraus. Auch hierbei handelt es sich um eine Aufgabe, die im überkommenen Verständnis von Insolvenzabwicklung von einem neutralen Dritten verantwortet wurde, in der Eigenverwaltung jedoch dem Schuldner zugeordnet ist. Der Sachwalter kann insoweit nur dann davon ausgehen, dass der Schuldner ohne Weiteres in der Lage ist, diese Pflichten sachgerecht zu erfüllen, wenn dieser entsprechend beruflich qualifiziert ist und die gebotene Distanz zu ggf. eigenen, früheren Erklärungen hat. Die Erfahrung im Verfahren kann hierfür wichtige Hinweise geben. 7

§ 284 Insolvenzplan

(1) **Ein Auftrag der Gläubigerversammlung zur Ausarbeitung eines Insolvenzplans ist an den Sachwalter oder an den Schuldner zu richten. Wird der Auftrag an den Schuldner gerichtet, so wirkt der Sachwalter beratend mit.**

(2) **Eine Überwachung der Planerfüllung ist Aufgabe des Sachwalters.**

Literatur: *Bales,* Insolvenzplan und Eigenverwaltung – Chancen für einen Neustart im Rahmen der Sanierung und Insolvenz, NZI 2008, 216; *Ehricke,* Zur gemeinschaftlichen Sanierung insolventer Unternehmen eines Konzerns, ZInsO 2002, 393; *Friedhoff,* Sanierung einer Firma durch Eigenverwaltung und Insolvenzplan, ZIP 2002, 497; *Huntemann/Dietrich,* Eigenverwaltung und Sanierungsplan, ZInsO 2001, 13; *Smid/Rattunde,* Der Insolvenzplan, 2. Aufl. 2005.

[1] Siehe Begründung zum RegE, abgedruckt in *Balz/Landfermann,* S. 537 f.

Übersicht

1. Normzweck

1 Die Gläubigerversammlung kann einen Auftrag zur Aufstellung eines Insolvenzplans wahlweise an den Sachwalter oder an den Schuldner richten. In letzterem Fall wirkt der Sachwalter beratend mit, Abs. 1 S. 2. Dies entspricht der allgemeinen Aufgabenverteilung zwischen Schuldner und Sachwalter in der Eigenverwaltung.[1] Der Gesetzgeber hat die Möglichkeit zur Beauftragung des Sachwalters vorgesehen, weil dieser auf Grund seiner Unabhängigkeit besser geeignet sein kann, die widerstreitenden Interessen zum Ausgleich zu bringen.[2] Die Überwachung der Planerfüllung – für den Fall, dass sie im Insolvenzplan vorgesehen und vom Insolvenzgericht angeordnet wird (§§ 260, 267) – ist nach Abs. 2 ebenfalls Aufgabe des Sachwalters.

2. Im Einzelnen

2 **a)** Die Vorschrift des § 218 ist gem. § 270 Abs. 1 Nr. 2 auch in der Eigenverwaltung anwendbar. Daraus ergibt sich, dass der Schuldner auch ohne einen entsprechenden Auftrag der Gläubigerversammlung das Recht hat, einen Insolvenzplan vorzulegen. **Der Sachwalter hat ein solches originäres Recht jedoch nicht.**[3]

3 **b)** Eine Pflicht zur Überwachung der Planerfüllung nach Abs. 2 trifft den Sachwalter, wenn eine solche im gestaltenden Teil des Insolvenzplanes gem. § 260 Abs. 1 vorgesehen ist. Es besteht die Möglichkeit, dem Sachwalter hierfür gem. § 3 Abs. 1 lit. a) InsVV einen Vergütungszuschlag zu gewähren. Das Gleiche gilt für die beratende Mitwirkung bei der Planerstellung gem. Abs. 1 S. 1.[4]

4 Der Auftrag zur Planerstellung an den Sachwalter oder an den Schuldner kann in der ersten Gläubigerversammlung (Berichtstermin), in der gem. § 157 die Entscheidung über den Fortgang des Verfahrens getroffen wird, aber auch in einer späteren Gläubigerversammlung ergehen.[5]

3. Praxishinweis

5 § 284 dürfte in der Praxis der **Hauptanwendungsfall der Eigenverwaltung** sein In einem Insolvenzplan wird geregelt, dass das schuldnerische Unternehmen fortgeführt und die Gläubiger aus den Erträgen des Unternehmens befriedigt

---

[1] Begründung zum RegE, abgedruckt in *Balz/Landfermann,* S. 540.

[2] Beschlussempfehlung und Bericht des Rechtsausschusses, abgedruckt in *Balz/Landfermann,* S. 493.

[3] HK-*Landfermann,* InsO, § 284 Rn. 2; *Nerlich/Römermann/Riggert,* InsO, § 284 Rn. 2; näher zur Streitstand MünchKomm-*Wittig/Tetzlaff,* InsO, § 284 Rn. 12.

[4] *Hess,* InsVV, § 12 Rn. 7.

[5] Vgl. § 157 S. 3 InsO.

werden. Da auf Basis der Perspektive des Insolvenzplans ohnehin auch nach Beendigung des Insolvenzverfahrens eine Fortführung des schuldnerischen Unternehmens angestrebt wird, sollte der Schuldner in diesen Fällen von vornherein die Verwaltungs- und Verfügungsbefugnis behalten.

§ 285 Masseunzulänglichkeit

Masseunzulänglichkeit ist vom Sachwalter dem Insolvenzgericht anzuzeigen.

Literatur: *Koch,* Die Eigenverwaltung nach der Insolvenzordnung, 1998.

Im Regelverfahren trifft die Anzeigepflicht bei Masseunzulänglichkeit gem. 1
§ 208 den Insolvenzverwalter, im Eigenverwaltungsverfahren den Sachwalter. Kommt er dieser Pflicht nicht nach, so haftet er nach § 60. § 285 betrifft einen Spezialfall der allgemeinen Anzeigepflicht nach § 274 Abs. 3. Eine Anzeigepflicht des Schuldners besteht nicht.[1]

[1] *Uhlenbruck/ders.,* InsO, § 285 Rn. 1; *Nerlich/Römermann/Riggert,* InsO, § 285 Rn. 1; aA: *Smid/Smid,* InsO, § 285 Rn. 3.

Achter Teil. Restschuldbefreiung

§ 286 Grundsatz

Ist der Schuldner eine natürliche Person, so wird er nach Maßgabe der §§ 287 bis 303 von den im Insolvenzverfahren nicht erfüllten Verbindlichkeiten gegenüber den Insolvenzgläubigern befreit.

Literatur: Verbraucher- und Privatinsolvenz

Ahnert, Verbraucherinsolvenz- und Restschuldbefreiung, 2. Aufl., 2003; *Farr,* Der Fiskus als Steuer- und Insolvenzgläubiger im Restschuldbefreiungsverfahren, BB 2003, 2324; *Fuchs,* Verbraucherinsolvenzverfahren und Restschuldbefreiung, Kölner Schrift zur Insolvenzordnung, 2. Aufl. 2000, S. 1679; *Göbel,* Bericht der Bund-Länder-Arbeitsgruppe – Anmerkungen aus der Sicht der Schuldnerberatung, ZInsO 2000, 383; *Graf-Schlicker,* Analysen und Änderungsvorschläge zum neuen Insolvenzrecht – Eine zusammenfassende Darstellung des Berichtes der Bund-Länder-Arbeitsgruppe zur 71. Konferenz der Justizministerinnen und -minister in Potsdam, WM 2000, 1984; *Graf-Schlicker/Remmert,* Das neue Insolvenzrecht auf dem Prüfstand. Zum Bericht der Bund-Länder-Arbeitsgruppe „Insolvenzrecht", ZInsO 2000, 321; *Grote,* Ein Jahr Verbraucherinsolvenz und Restschuldbefreiung – Chance oder Farce für überschuldete Verbraucher, VuR 2000, 3; *ders.,* Die Änderung des Insolvenzrechts durch das Insolvenzänderungsgesetz, NJW 2001, 3665; *Grote/Weinhold,* Arbeitshilfe InsO, 2001; *Hartmann,* Verfügungen von Todes wegen zugunsten verschuldeter und insolventer Personen, ZNotP 2005, 82; *Henning,* Aktuelles zu Überschuldung und Insolvenzen natürlicher Personen, ZInsO 2004, 585; *Hess/Obermüller,* Insolvenzplan, Restschuldbefreiung und Verbraucherinsolvenz, 3. Aufl. 2003; *Hoffmann,* Verbraucherinsolvenz und Restschuldbefreiung, 2. Aufl. 2002; *Knees,* Das Girokonto im Verbraucherinsolvenz- und Restschuldbefreiungsverfahren, ZVI 2002, 89; *Laroche,* Entschuldung natürlicher Personen und Restschuldbefreiung nach deutschem und niederländischem Recht, 2003; *Ley,* Verbraucherinsolvenzverfahren für unter Vormundschaft der Betreuung stehende Personen, ZVI 2003, 101; *Neuner/Raab,* Verbraucherinsolvenz und Restschuldbefreiung, 2001; *Oberer,* Der deutsche Insolvenzschuldner im Ausland, ZVI 2009, 49; *Pape, G.,* Zulässigkeit von Insolvenzverfahren mit nur einem Gläubiger, ZVI 2003, 624; *ders.,* Entwicklung des Verbraucherinsolvenz- und Restschuldbefreiungsverfahrens im Jahre 2002, NJW 2003, 2951; *Preuß,* Verbraucherinsolvenzverfahren und Restschuldbefreiung, 2. Aufl. 2003; *Schulte,* Vorsätzliche Insolvenz und Flucht in das Verbraucherinsolvenzverfahren mit dem Ziel der Restschuldbefreiung, ZInsO 2002, 265; *Stephan,* § 850f. Abs. 1 ZPO im Verbraucherinsolvenz- und Restschuldbefreiungsverfahren – Kein gesetzgeberischer Handlungsbedarf?, ZInsO 2000, 376; *Vallender,* Das Schicksal nicht berücksichtigter Forderungen im Verbraucherinsolvenz- und Restschuldbefreiungsverfahren, ZIP 2000, 1288.

Literatur: Restschuldbefreiung

Adams, Die Klage des Treuhänders im RSB-Verfahren, ZInsO 2007, 198; *Ahrens,* Das Restschuldbefreiungsverfahren – Systematisierende Vorüberlegungen, Jahrbuch Junger Zivilrechtswissenschaftler, 1999, S. 189; *ders.,* Innenbeziehungen der Gläubiger bei Versagungsanträgen nach §§ 290, 295ff. InsO, NZI 2001, 113; *ders.,* Konkrete Normenkontrollverfahren zur Restschuldbefreiung unzulässig, ZInsO 2003, 197; *ders.,* Verfassungsgerichtliche Kontrolle und insolvenzrechtliches Redlichkeitspostulat, ZVI 2003, 509; *Gerigk,* Die Berücksichtigung der Schuldnerinteressen an einer zügigen Aufhebung des Insolvenzverfahrens und die Aufgaben des Treuhänders in der Wohlverhaltensperiode, ZInsO 2001, 931; *Grote,* Zur Abführungspflicht des Selbstständigen gem. § 295 Abs. 2 InsO in der Wohlverhaltensperiode, ZInsO 2004, 1105; *Hackländer:* Die Schranken für den zweiten Antrag auf Restschuldbefreiung ZInsO 2008, 1308; *Heyer,* Restschuldbefreiung im Insolvenzverfahren, 2004; *Hoes/Peters,* Verbraucherinsolvenz: Restschuldbefreiung ohne Schuldenbereinigungsverfahren?, WM 2000, 901; *Hölzle,* Wege in die Restschuldbefreiung und Schuldenerlass im Exil – Oder: Lohnt die Flucht nach Frankreich wirklich?, ZVI 2007, 1; *Knof,* Europäisches Insolvenzrecht und Schuldbefreiungs-Tourismus, ZInsO 2005, 1017; *Kocher,* Die Restschuldbefreiung vor dem Bundesverfassungsgericht, DZWIR 2004, 187; *Loof,* Die Haftung des Treuhänders im Restschuldbefreiungsverfahren, ZVI 2009, 9; *Mock,* Die Quotenbestimmung des Treuhänders während der Wohlverhaltensperiode, NZI 1999, 68; *Müller, H.-F.,* Restschuldbefreiung und materielles Recht, KTS 2000, 57; *Pape, G.,* Ein Gespenst geht um, ZVI 2003, 97; *Prütting/Stickelbrock,* Ist die Restschuldbefreiung verfassungswidrig?, ZVI 2002, 305; *Rothammer,* Die insolvenzrechtliche Restschuldbefreiung – Probleme und Lösungen, Frankfurt/M. 2008; *Schulte,* Die europäische Restschuldbefreiung, 2001; *Trendelenburg,* Restschuldbefreiung, 2000; *Vallender,* Ein redlicher Schuldner, ZVI 2003, 253; *ders.,* Restschuldbefreiung, JuS 2004, 665; *ders.,* Wirkungen und Anerkennung einer im Ausland erteilten Restschuldbefreiung, ZInsO 2009, 616.

Literatur: Reformansätze seit 2002 und aktuelle Diskussion

Ahrens, Schuldbefreiung durch absolute Anspruchsverjährung – 12 Antithesen, ZVI 2005, 1; *App,* Zum geplanten Entschuldungsverfahren, ZKF 2008, 107; *Busch/Mäusezahl,* Restschuldbefreiungsverfahren – was kostet es wirklich?, ZVI 2005, 398; *Förster,* Restschuldbefreiung – das geht auch anders!, ZInsO 2002, 1105; *Frind,* Sicherstellung von Effizienz und Gerechtigkeit der InsO – Notwendige Korrekturen der InsO unter Berücksichtigung der Erkenntnisse aus den Massenverfahren natürlicher Personen aus Sicht der Praxis, ZInsO 2003, 341; *ders.,* Verbraucherinsolvenzverfahren: Dauerbaustelle?, ZInsO 2003, 549; *ders.,* InsO-Reform – mit der Praxis und für die Praxis?, ZInsO 2004, 1064; *Grote,* Insolvenzverfahren und Restschuldbefreiung: Nullösungen von unnötigen Verfahrensaufwänden befreien, ZInsO 2003, 207; *ders.,* Fresh start für natürliche Personen – materiellrechtliche oder insolvenzrechtliche Lösung, Festschrift für Kirchhof, S. 149; *Grote/Heyer,* Gesetzesentwurf – Alternativentwurf zur Änderung der Insolvenzordnung zur Regelung der Entschuldung mittelloser Personen, ZVI 2006, 528; *Grote/Pape,* Stellungnahme zum Referentenentwurf eines Gesetzes zur Änderung der Insolvenzordnung, des Kreditwesengesetzes und anderer Gesetze, ZInsO 2004, 993; *Hartenbach,* Verbraucherinsolvenz und Restschuldbefreiung, ZVI 2003, 62; *Heyer,* Reform des Restschuldbefreiungssystems nach §§ 286 ff. InsO – Restschuldbefreiung bei Masselosigkeit ohne Eröffnung des Insolvenzverfahrens, ZInsO 2003, 201; *ders.,* Endlich auf dem richtigen Weg: Gesetzentwurf zur Entschuldung völlig mittelloser Personen und zur Änderung des Verbraucherinsolvenzverfahrens, NZI 2007, Heft 3, VII f.; *Heyer/Grote,* Alternativmodell zum Entschuldungsmodell bei Masselosigkeit, ZInsO 2006, 1121; *Heyrath,* Änderung der Insolvenzordnung, ZInsO 2004, 135; *Jäger,* Gläubigerbeteiligung und Gläubigerinteressen im Insolvenzverfahren natürlicher Personen, ZVI 2003, 55; *ders.,* Masselose Verbraucherinsolvenzverfahren ohne Verfahrenseröffnung – eine Neubelebung einer „alten" Idee, ZVI 2005, 15; *Klaas,* Fünf Jahre Verbraucherinsolvenz – fünf Jahre sind genug, ZInsO 2004, 577; *Kohte,* Forderungen und Anforderungen an ein vereinfachtes Restschuldbefreiungsverfahren, ZVI 2005, 9; *Mäusezahl,* DAV-Workshop zu Verfahrensvereinfachungen in den Insolvenzverfahren natürlicher Personen, ZVI 2003, 49; *ders.,* Schriftliches Verfahren und Ausschlußfristen nach dem Diskussionsentwurf zur Änderung der Insolvenzordnung, ZVI 2003, 202; *Ohle/Jäger,* Der Referentenentwurf zur Änderung der InsO aus Gläubigersicht, ZVI 2004, 714; *Ohle/Schatz/Jäger,* Zur Reform des Verbraucherinsolvenzverfahrens – ein schlechtes Entschuldungsmodell und eine gute Alternative, ZVI 2006, 480; *Pape, G.,* Entwurf eines Gesetzes zur Änderung der Insolvenzordnung, ZInsO 2003, 389; *ders.,* Zulässigkeit von Restschuldbefreiungsversagungsanträgen vor Durchführung des Schlußtermins nach DiskE InsOÄndG April 2003, ZVI 2003, 377; *Pape, I.,* Referentenentwurf eines Gesetzes zur Änderung der InsO – Anmerkungen zu den geplanten Neuregelungen, NZI 2004, 601; *ders.,* Ende der Restschuldbefreiung für alle?, ZInsO 2006, 897; *Pfeffer,* Restschuldbefreiungsantrag und Amtsermittlungspflicht des Insolvenzgerichts, ZVI 2004, 232; *Schmerbach,* InsO-

Änderungsgesetz 2005 – ein Ausblick, ZInsO 2004, 697; *ders.*, Strukturreform InsO, ZInsO 2005, 77; *Schmidt,* Null-Plan und die Versagung der Restschuldbefreiung vor dem Aus – eine Lösungsmöglichkeit?, ZInsO 2003, 64; *Stephan,* Das InsO-Änderungsgesetz 2005, NZI 2004, 521; *ders.,* InsO-Änderungsgesetz 2005, ZVI 2004, 505; *ders.,* Die Reform des Verbraucherinsolvenz- und Restschuldbefreiungsverfahrens, NZI 2006, 671; *ders.,* Der Weg vom „treuhänderlosen Entschuldungsverfahren" zum „vereinfachten Restschuldbefreiungsverfahren", NZI 2006, Heft 11, VII f.; *Vallender/Fuchs,* Ein großer Wurf? Anmerkungen zum Diskussionsentwurf des BMJ, NZI 2003, 292; *Wagner,* Überlegungen zur Struktur eines Entschuldungsverfahrens, ZVI 2005, 173; *Wiedemann,* Brauchen wir eine Reform der Verbraucherentschuldung?, ZVI 2004, 645; *Zypries,* Aktuelles Insolvenzrecht, ZVI 2005, 157.

Übersicht

1. Normzweck

1 Mit dieser **Grundnorm des Abschnitts über die Restschuldbefreiung** wird das in § 1 S. 2 festgesetzte Verfahrensziel aufgegriffen, welches durch die Verweisung auf die §§ 287-303 einen festen Inhalt erhält und damit zu einem eigenständigen Rechtsinstitut wird.[1]

2 Anders als viele ausländische Rechtsordnungen – insbesondere des anglo-amerikanischen Rechtskreises – aber auch im Gegensatz zu Regelungen in früheren deutschen Partikularrechten, im gemeinen Recht und in neuerer Zeit in der Gesamtvollstreckungsordnung (GesO) kannte die Konkursordnung keine gesetzliche Restschuldbefreiung. Im Gesetzgebungsverfahren zur InsO haben sich die Befürworter dieses Rechtsinstituts durchgesetzt.

[1] Das Bundeskabinett beabsichtigte im Rahmen der Reform des Verbraucherinsolvenz- und Restschuldbefreiungsverfahrens die Abschaffung der Stundung der Verfahrenskosten. Stattdessen sollte nach dem Gesetzentwurf zur Entschuldung völlig mittelloser Personen und zur Änderung des Verbraucherinsolvenzverfahrens vom 5. 12. 2007 (BT-Drucks. 16/7416) nach Ableistung einer eidesstattlichen Versicherung über die Vermögensverhältnisse ein treuhänderloses Entschuldungsverfahren eingeführt werden. Dem mittellosen Schuldner sollte ohne Durchführung eines Insolvenzverfahrens Restschuldbefreiung erteilt werden, wenn er seine Obliegenheiten erfüllt und keine Versagungsgründe vorliegen. Vgl. auch NZI, Beilage zu Heft 10/2007. Nachdem die Beratungen im Rechtsausschuss des Bundestages im Herbst 2008 noch andauerten und da zwischen Verkündung und Inkrafttreten eine Frist von sechs Monaten vorgesehen ist, ist mit einem Inkrafttreten der Gesetzesänderung frühestens in der anstehenden Legislaturperiode 2009–2013 zu rechnen.

3 Bei Erfüllung der vom Gesetz aufgestellten Voraussetzungen haben nunmehr redliche Schuldner die Möglichkeit, von den im Insolvenzverfahren[1] noch nicht erfüllten Verbindlichkeiten, für die sie sonst dem unbeschränkten Nachforderungsrecht gem. § 201 ausgesetzt wären, befreit zu werden. Es handelt sich hierbei um ein **subjektives Recht des Schuldners.**[2] Die darin liegende Einschränkung der Gläubigerrechte rechtfertigt sich durch die Achtung vor der Person des Schuldners, dem ein wirtschaftlicher Neuanfang *(fresh start)* ermöglicht werden soll.[3]

2. Verfassungsmäßigkeit der Restschuldbefreiung

4 Die Frage nach der Verfassungsmäßigkeit der Restschuldbefreiung, die einen erheblichen Eingriff in die Rechtsposition der Gläubiger bedeutet, wurde im Laufe des Gesetzgebungsverfahrens ausführlich diskutiert und vor dem Hintergrund des Sozialstaatsgebots und der Menschenwürde als zulässige Inhalts- und Schrankenbestimmung der Eigentumsgarantie (Art. 14 Abs. 1 S. 2 GG) bewertet.[4] Neu belebt wurde die Diskussion hierzu durch insgesamt fünf Vorlagebeschlüsse des AG München zum BVerfG.[5] Anlässlich verschiedener Kostenstundungsanträge gem. § 4 a und eines „Ankündigungsbeschlusses“ gem. § 291 wurde vorgebracht, die Bestimmungen über die Restschuldbefreiung verstießen gegen Art. 14 Abs. 1 GG sowie gegen den Grundsatz des rechtlichen Gehörs gem. Art. 103 GG. Parallel zu der aus formalen Gründen erfolgten Abweisung der Richtervorlage als unzulässig[6] ist der Vorstoß des AG München auch in der insolvenzrechtlichen Literatur weitgehend auf Ablehnung gestoßen, seine Begründung als eher prozessökonomisch denn inhaltlich schwerwiegend angesehen worden.[7] Der Kritik, dass auch uninformierte Gläubiger von den Wirkungen des § 301 Abs. 1 betroffen sind, kann die bereits vom BVerfG festgestellte Verfassungsmäßigkeit der Ausschlussfrist gem. § 14 Abs. 1 S. 1 GesO[8] entgegnet werden. Auch weitere Versuche des AG München, die Verfassungswidrigkeit der Restschuldbefreiung bzw. der sog. „Nullpläne“ im gerichtlichen Schuldenbereinigungsverfahren feststellen zu lassen,[9] scheiterten bereits an der Zulässigkeit, insbesondere an einer unzureichenden Darlegung zur Verfassungswidrigkeit der zur Überprüfung gestellten Normen sowie ihrer mangelnden Entscheidungserheblichkeit.[10]

---

[1] Nicht genügend ist ein vorangegangenes Konkursverfahren, vgl. LG Duisburg NZI 2000, 29.

[2] FK-*Ahrens,* InsO, § 286 Rn. 4.

[3] *Häsemeyer,* Insolvenzrecht, Rn. 26.03.

[4] *Uhlenbruck/Vallender,* InsO, Vor § 286 Rn. 54 ff. mwN; FK-*Ahrens,* InsO, § 286 Rn. 5 e mwN.

[5] AG München NZI 2002, 676.

[6] BVerfG ZInsO 2003, 176 f.

[7] Vgl. hierzu *Ahrens,* ZInsO 2002, 1010 ff.; *ders.,* ZInsO 2003, 197 ff.; *Pape,* ZInsO 2002, 951 ff.; *Kocher,* DZWIR 2004, 187 f.; *Pape,* ZVI 2003, 97 f.

[8] BVerfGE 92, 263, 272 ff.

[9] AG München ZVI 2003, 546; dazu *Ahrens,* ZVI 2003, 509; AG München NZI 2004, 456 m. Anm. *Sesemann,* zuletzt AG München, ZVI 2008, 474.

[10] BVerfG NJW 2004, 1233; *Ahrens,* ZVI 2004, 69; *Pape,* ZInsO 2004, 314; BVerfG, Beschluss vom 7. 7. 2004 – 1 BvL 3/04 – nicht veröffentlicht; jüngst BVerfG ZInsO 2006, 317 m. Anm. *Grote,* ausführlich zum Ganzen: FK-*Ahrens,* InsO, § 286 Rn. 5 b.

3. Kommentierung der Einzelheiten

a) Anwendungsbereich – natürliche Personen

Die Vorschrift beschränkt ihren Anwendungsbereich auf **natürliche Personen,** um hiermit die frühere Ungleichbehandlung zwischen natürlichen Personen und juristischen Personen sowie Personenhandelsgesellschaften, bei denen kein Gesellschafter eine natürliche Person ist, zu beseitigen.[1] Die beiden letztgenannten Gruppen werden mit der Eröffnung des Insolvenzverfahrens aufgelöst und i. d. R. anschließend im Handelsregister gelöscht; sie sind deshalb von vornherein keinem Nachforderungsrecht ausgesetzt.[2] 5

Die **Möglichkeit, Restschuldbefreiung zu erlangen, steht allen Schuldnern offen** und schließt nicht solche Personen aus, die zum Zeitpunkt der Antragstellung über kein pfändbares Einkommen verfügen oder die aus Alters- oder Krankheitsgründen nicht mehr aktiv am Wirtschaftsleben teilnehmen können und die somit der gesetzgeberischen Zielvorstellung (Reintegration des Schuldners als Marktteilnehmer) nicht entsprechen. 6

Ebenso ist eine bestimmte Mindestquote zugunsten der Gemeinschaft der Insolvenzgläubiger nicht erforderlich, so dass ein sog. Null-Plan der Gewährung einer Restschuldbefreiung nach den §§ 286 ff. grundsätzlich nicht entgegensteht.[3] Das Rechtschutzbedürfnis für das Restschuldbefreiungsverfahren ist grundsätzlich auch bei einem einzigen Gläubiger zu bejahen.[4] 7

b) Ausgenommene Forderungen

Bereits aus dem Wortlaut des § 286 ergibt sich, dass lediglich Insolvenzforderungen i. S. d. § 38 von der Restschuldbefreiung erfasst werden. Ausgenommen von den Wirkungen der Restschuldbefreiung sind somit neben den in § 302 explizit aufgeführten Forderungen auch solche, die nach der Eröffnung des Insolvenzverfahrens begründet worden und nicht in das Verfahren einbezogen sind.[5] Hierzu gehören insbesondere die sog. oktroyierten Masseverbindlichkeiten, die sich etwa aus der Pflicht zur Einhaltung von Kündigungsfristen hinsichtlich Miet- oder Arbeitsverhältnissen gem. §§ 109, 113, 55 Abs. 2 ergeben. Hinzuzusetzen sind die Aufwendungen, die der Verwalter eingehen muss, um eine persönliche Inanspruchnahme zu verhindern, wie etwa Altlastenbeseitigungskosten, Steuern oder Buchhaltungsaufwendungen.[6] 8

c) Eigenständiges Verfahren

aa) Das Restschuldbefreiungsverfahren wird als eigenständiges Verfahren **im Anschluss an das (Regel- bzw. Verbraucher-)Insolvenzverfahren** durchgeführt. Es ist jedoch eng mit diesem verbunden: Der Antrag auf Restschuldbe- 9

---

[1] Vgl. *Balz/Landfermann,* S. 541 f., Begründung zum RegE; *Arnold,* DGVZ 1996, 65, 66.

[2] Vgl. *Balz/Landfermann,* S. 541 f., Begründung zum RegE.

[3] So auch OLG Stuttgart NZI 2002, 563; vgl. auch § 289 Rn. 12.

[4] Vgl. LG Koblenz ZInsO 2004, 101 f.; AG Köln ZInsO 2003, 912; Ist die Verbindlichkeit geringer als die Verfahrenskosten, kann das Rechtschutzbedürfnis entfallen, AG Dresden ZVI 2005, 384.

[5] *Uhlenbruck/Vallender,* InsO, § 286 Rn. 20.

[6] Krit. hierzu *Voigt,* ZInsO 2002, 569 ff., 570.

freiung wird gem. § 287 im Insolvenzverfahren gestellt. Im Falle eines vorgeschalteten Verbraucherinsolvenzverfahrens ist insofern § 305 Abs. 1 Nr. 2 zu beachten. Nur wenn das gesamte Vermögen des Schuldners bereits zur Befriedigung der Gläubiger verwertet worden ist, hierfür jedoch nicht ausgereicht hat, sei, nach Ansicht der Gesetzesbegründung, den Gläubigern die gesetzliche Restschuldbefreiung zuzumuten.[1] Dies gilt nicht nur für inländisches, sondern auch für das im europäischen Ausland belegene Vermögen des Schuldners. Wird in einem Restschuldbefreiungsverfahren, das im Geltungsraum der Europäischen Union eröffnet worden ist, lediglich das ausländische Vermögen erfasst (sog. Partikularverfahren), so bestimmt die durch Art. 2 des Gesetzes zur Neuregelung des Internationalen Insolvenzrechts neu eingeführte Bestimmung des § 355 insoweit folgerichtig, dass die Vorschriften über die Restschuldbefreiung nicht anzuwenden sind.[2] § 355 Abs. 2 nF überträgt diesen Gedanken auf einen Insolvenzplan, durch den Rechte der Gläubiger eingeschränkt werden. Auch ein solcher Plan kann im Sonderinsolvenzverfahren nicht gegen den Willen der betroffenen Gläubigen. Da das Verfahren nur einen Teil des Vermögens des Schuldners erfasst, sollen keinem Gläubiger allgemein wirkende Beschränkungen seiner Rechte auferlegt werden.[3] Zur Erlangung der Restschuldbefreiung muss der Schuldner mithin sein pfändbares Einkommen sowie sein gesamtes sonstiges Vermögen[4] den Insolvenzgläubigern zur Verfügung stellen, §§ 287 Abs. 2, 295.

10 **bb)** Das Restschuldbefreiungsverfahren setzt jedoch, wie sich aus § 289 Abs. 3 ergibt, nicht die Durchführung des Insolvenzverfahrens bis zur Schlussverteilung voraus, sondern kann **auch bei Masseunzulänglichkeit** erfolgen.

11 **cc)** Das Restschuldbefreiungsverfahren gliedert sich in **drei Verfahrensabschnitte.**[5] Der erste Abschnitt beginnt mit dem Antrag des Schuldners gem. § 287 und endet nach Durchführung des Insolvenzverfahrens mit der (beschwerdefähigen) Entscheidung des Insolvenzgerichts gem. § 289 Abs. 1 S. 2, in der – falls Versagungsgründe nach § 290 nicht vorliegen – die Restschuldbefreiung in Aussicht gestellt wird, § 291 Abs. 1.

12 Der zweite Verfahrensabschnitt ist die Wohlverhaltensperiode, die dadurch gekennzeichnet ist, dass der Schuldner sein pfändbares Arbeitseinkommen oder diesem gleichgestellte Bezüge[6] gem. § 287 Abs. 2 an einen Treuhänder abtritt, sich um die Erfüllung der ihn gem. § 295 treffenden Obliegenheiten bemüht und keinen Versagungsgrund gem. §§ 296, 297 oder 298 begründet.

---

[1] *Balz/Landfermann,* S. 542 ff., Begründung zum RegE. Dies ist indessen nicht zwingend. Da Restschuldbefreiung auch im masseunzulänglichen Verfahren – vgl. Anmerkung bb) – möglich ist und der Verwalter auch Gegenstände freigeben kann, ist in diesem Gesichtspunkt kein konstitutives Element der Restschuldbefreiung zu sehen.

[2] Mit dem Gesetz zur Neuregelung des Internationalen Insolvenzrechts wurde die EG-Verordnung Nr. 1346/2000 des Rates vom 29. 5. 2000 über Insolvenzverfahren (abgedruckt in ZInsO 2001, 111 ff.) mit Wirkung zum 31. 5. 2002 in das deutsche Recht eingepasst, nachdem das Europäische Insolvenzübereinkommen zuvor gescheitert war; zu Verfahren mit Auslandsbezug vgl. auch FK-*Ahrens,* InsO, § 286 Rn. 57.

[3] Allg. Begründung, BT-Drucks. 15/16 zu § 355.

[4] Siehe § 295 Abs. 1 Nr. 2.

[5] *Häsemeyer,* Insolvenzrecht, Rn. 26.10 ff.; aA: zwei Verfahrensabschnitte: FK-*Ahrens,* InsO, § 286 Rn. 20 ff.

[6] Siehe im Einzelnen zu § 287.

13 Mit der Entscheidung des Insolvenzgerichts gem. § 300 wird, nach einer erneuten Prüfung der Versagungsgründe, die endgültige Entscheidung über die Restschuldbefreiung getroffen und damit die Rechtsfolge des § 301 ausgelöst. Werden Versagungsgründe nach diesem Zeitpunkt bekannt, so besteht die Möglichkeit eines Widerrufs gem. § 303.

4. Praxishinweis

14 Alternative zur Durchführung des gesetzlichen Restschuldbefreiungsverfahrens ist eine **einvernehmliche Schuldenbereinigung** auf Grund eines **Insolvenzplanes (§ 254),** die eines Mehrheitswillens bedarf. Dieser Weg führt **zügiger** an das gewünschte Ziel der Restschuldbefreiung. Im Einzelfall kann dieses Ziel bspw. auch über ein **französisches Verbraucherinsolvenzverfahren** erreicht werden. Das deutsche und das französische Restschuldbefreiungsverfahren unterscheiden sich vor allem in der Verfahrensdauer. Je nach Komplexität des Verfahrens kann in Frankreich die Restschuldbefreiung bereits nach 9 bis 18 Monaten erlangt werden. Das Ziel der Restschuldbefreiung in Frankreich kann aber nur dann rechtskonform und risikolos erreicht werden, wenn der Lebensmittelpunkt tatsächlich vollständig nach Frankreich verlegt wird. Dies darf zwar mit dem Zweck geschehen, das Verbraucherinsolvenz- und Entschuldungsverfahren dort durchzuführen; der sofortige Rückzug nach Deutschland nach Eröffnung des Insolvenzverfahrens in Frankreich löst jedoch (indiziell) Zweifel daran aus, ob eine Verlagerung des Lebensmittelpunktes tatsächlich vollzogen worden ist.[1]

15 Die Restschuldbefreiung lässt das **Recht zur abgesonderten Befriedigung unberührt,** § 301 Abs. 2. Das Gleiche gilt für Forderungen, die erst nach der Eröffnung des Insolvenzverfahrens begründet worden sind, §§ 301 Abs. 1, 38.

16 Die **allgemeinen Gebühren** für das Insolvenzverfahren decken grundsätzlich auch die Kosten für das Restschuldbefreiungsverfahren. Bei Gläubigeranträgen nach den §§ 296, 297, 300, 303 wird allerdings wegen der hiermit verbundenen zusätzlichen Belastung des Gerichts eine weitere Gebühr erhoben.[2] Für die **Rechtsanwaltsgebühren** gilt § 28 RVG.

§ 287 Antrag des Schuldners

(1) **Die Restschuldbefreiung setzt einen Antrag des Schuldners voraus, der mit seinem Antrag auf Eröffnung des Insolvenzverfahrens verbunden werden soll. Wird er nicht mit diesem verbunden, so ist er innerhalb von zwei Wochen nach dem Hinweis gemäß § 20 Abs. 2 zu stellen.**

(2) **Dem Antrag ist die Erklärung beizufügen, daß der Schuldner seine pfändbaren Forderungen auf Bezüge aus einem Dienstverhältnis oder an deren Stelle tretende laufende Bezüge für die Zeit von sechs Jahren nach der Eröffnung des Insolvenzverfahrens an einen vom Gericht zu bestimmenden Treuhänder abtritt. Hatte der Schuldner diese Forderungen bereits vorher an einen Dritten abgetreten oder verpfändet, so ist in der Erklärung darauf hinzuweisen.**

---

[1] Vgl. hierzu *Hölzle,* ZVI 2007, 1 ff.

[2] *Balz/Landfermann,* S. 662, Begründung zum RegE, EGInsO; zu Kosten und RA-Gebühren vgl. FK-*Ahrens,* InsO, § 286 Rn. 50 f.

(3) **Vereinbarungen, die eine Abtretung der Forderungen des Schuldners auf Bezüge aus einem Dienstverhältnis oder an deren Stelle tretende laufende Bezüge ausschließen, von einer Bedingung abhängig machen oder sonst einschränken, sind insoweit unwirksam, als sie die Abtretungserklärung nach Absatz 2 Satz 1 vereiteln oder beeinträchtigen würden.**

Literatur: *Ahrens*, Prozeßabtretung im Restschuldbefreiungsverfahren – Anmerkungen zur Konzeption von § 287 Abs. 2 Satz 1 InsO, DZWIR 1999, 45; *Delhaes*, Zur Zulässigkeit des Restschuldbefreiungsantrags in einem durch Gläubigerantrag eingeleiteten Verbraucherinsolvenzverfahren, ZInsO 2000, 358; *Grote,* Restschuldbefreiungsantrag des Verbraucherschuldners im Insolvenzverfahren, das auf Gläubigerantrag eröffnet wurde, ZInsO 2000, 146; *Hackenberg,* Rechtsschutzbedürfnis für weiteren Insolvenzantrag mit Restschuldbefreiung?, ZVI 2005, 468; *Pape,* Erforderlichkeit eines Eigenantrags des Schuldners im Fall des Antrags auf Restschuldbefreiung bei Anschließung an einen Gläubigerantrag?, NZI 2002, 186; *ders.,* Zulässigkeit von Insolvenzverfahren mit nur einem Gläubiger, ZVI 2003, 624; *ders.,* Vorzeitige Erteilung der Restschuldbefreiung bei fehlenden Forderungsanmeldungen, NZI 2004, 1; *ders.,* Eröffnungsantrag des Schuldners als Voraussetzung für die Restschuldbefreiung, NZI 2004, 543; *Schäferhoff,* Die Frist des § 287 Abs. 1 Satz 2 InsO zur Stellung eines Restschuldbefreiungsantrags: Ohne Bedeutung, ZInsO 2002, 962; *Schmahl,* Keine Restschuldbefreiung ohne Eigenantrag, ZInsO 2002, 212; *Stephan,* § 850f. Abs. 1 ZPO im Verbraucherinsolvenz- und Restschuldbefreiungsverfahren – Kein gesetzgeberischer Handlungsbedarf?, ZInsO 2000, 376; *v. Gleichenstein,* Der Steuererstattungsanspruch als Bestandteil der Insolvenzmasse?, NZI 2006, 624f.

Übersicht

1. Normzweck

1 Restschuldbefreiung soll nur ein Schuldner erlangen, der bereit ist, die Voraussetzungen zu erfüllen und die dafür notwendigen Opfer zu bringen. Mit dem Antragserfordernis legt die Vorschrift des § 287 die Initiative deshalb allein in die Hände des Schuldners. Auch die Abtretungserklärung gem. § 287 Abs. 2 gehört

in diesen Zusammenhang. Der Schuldner bringt darin unmittelbar seine Bereitschaft zum Ausdruck, den pfändbaren Teil seines Einkommens zur Befriedigung seiner Gläubiger zur Verfügung zu stellen.

2. Kommentierung der Einzelheiten

a) Der Antrag des Schuldners, § 287 Abs. 1

Der Antrag auf Restschuldbefreiung ist auch dann vom Schuldner zu stellen, wenn ein Gläubiger die Eröffnung des Insolvenzverfahrens beantragt hat.[1] Das alleinige Antragsrecht des Schuldners lässt sich begründen mit den persönlichen Anforderungen, die vor allem in § 295 an ihn gestellt werden. Eine Antragsobliegenheit auf Eröffnung eines Verbraucherinsolvenzverfahren sowie auf Durchführung eines Restschuldbefreiungsverfahrens kann für einen Schuldner bei einem Mangelfall im Rahmen der gesteigerten Unterhaltspflicht gegenüber seinen minderjährigen Kindern gem. § 1603 Abs. 2 BGB bestehen.[2] 2

aa) Der **Antrag** ist **schriftlich** zu stellen **oder zu Protokoll der Geschäftsstelle** zu erklären. **Im Verbraucherinsolvenzverfahren** nach §§ 304 ff. steht für den Restschuldbefreiungsantrag **allein die Schriftform** zur Verfügung, § 305 Abs. 1 Nr. 2. Liegt kein zulässiger Insolvenzantrag vor, ist auch der Restschuldbefreiungsantrag unzulässig.[3] 3

bb) Im Anwendungsbereich des Regelinsolvenzverfahrens konnte der Antrag bis zum Inkrafttreten des InsOÄndG 2001 bereits zusammen mit dem Eröffnungsantrag gestellt werden, **spätestens aber im Berichtstermin** (§ 156). 4

Durch die Neuregelung wurde § 287 Abs. 1 S. 2 aF ersatzlos gestrichen. Damit **entfiel die für das Regelinsolvenzverfahren gegebene Möglichkeit, den Restschuldbefreiungsantrag noch im Berichtstermin zu stellen.** Die Rechtslage wurde damit an diejenige des Verbraucherinsolvenzerfahrens, wonach die Restschuldbefreiung nach § 305 Abs. 1 Nr. 2 bereits mit der Eröffnung beantragt werden muss, angeglichen. Bei ordnungsgemäßer Belehrung des Schuldners durch das Insolvenzgericht ist bei Versäumen der Antragsfrist für die Restschuldbefreiung eine Wiedereinsetzung nicht zu gewähren. Die Antragsfrist ist keine Notfrist, eine analoge Anwendung benötigt eine planwidrige Regelungslücke, die hier nicht vorliegt: dort wo der Gesetzgeber dies als erforderlich erachtete, hat er diese gerade wegen der Möglichkeit der Wiedereinsetzung als Notfrist ausgestaltet.[4] 5

Unklar war, ob im Regelinsolvenzverfahren für die Erteilung der Restschuldbefreiung ein **Eigenantrag des Schuldners erforderlich** ist, oder ob insoweit die Erteilung der Restschuldbefreiung auch isoliert beantragt werden konnte. Das in der Gesetzesbegründung zu § 287 Abs. 1 nF angeführte Argument gegen einen isolierten Restschuldbefreiungsantrag, die Erforderlichkeit des Schuldenbereinigungsplanverfahrens solle nicht durch den Insolvenzantrag eines dem Schuldner wohlgesonnenen Gläubigers umgangen und dieses damit entwertet 6

---

[1] AG Bielefeld ZIP 1999, 1180; *Hess/Obermüller,* Insolvenzplan, Restschuldbefreiung und Verbraucherinsolvenz, Rn. 1082 f., aA: AG Hamburg ZVI 2002, 475.

[2] BGH NJW 2005, 1279; FK-*Ahrens,* InsO, § 286 Rn. 13 aF; *Bayer/Schützeberg,* ZVI 2005, 393; *Fischer,* ZVI 2005, 357.

[3] AG Dresden ZVI 2005, 50; ZVI 2005, 384.

[4] *Uhlenbruck/Vallender,* InsO, § 287 Rn. 19, aA: LG Dresden ZInsO 2008, 48.

werden,[1] geht im Regelinsolvenzverfahren fehl, da der außergerichtliche Einigungsversuch hier nicht vorgesehen ist und damit auch nicht umgangen werden muss. Daher wurde teilweise in Frage gestellt, ob auch hier die Erteilung der Restschuldbefreiung einen Eigenantrag auf Eröffnung des Insolvenzverfahrens voraussetzt.[2] Zwischenzeitlich wurde vom BGH[3] festgestellt, dass der Antrag auf Restschuldbefreiung auch im Regelinsolvenzverfahren stets einen Eigenantrag des Schuldners voraussetzt. Ebenso beginnt die zweiwöchige Frist des § 287 Abs. 1 S. 2 erst mit der Stellung des Eigenantrags zu laufen.[4] Denn die Obliegenheit des Schuldners, einen zusätzlichen Eigenantrag zu stellen, dient nicht zuletzt dazu, dass der Schuldner seine Zahlungsunfähigkeit offen und ehrlich eingesteht und seine Bereitschaft erklärt, seinen Gläubigern sein verbliebenes Vermögen zur gemeinschaftlichen Befriedigung zu überlassen. Damit erfährt die geforderte Redlichkeit des Schuldners erstmalig eine nach außen dokumentierte Bewährungsprobe. Das Erfordernis eines Eigenantrags beugt weiter einer ansonsten bestehenden Rechtsunsicherheit vor.[5]

Aus der dargestellten Rechtsprechung des BGH ergibt sich für das gläubigerbetriebene Regelinsolvenzverfahren somit die Konsequenz, dass der Schuldner über die Belehrung gem. § 20 Abs. 2 betreffend die Erlangung der Restschuldbefreiung hinaus auch auf das Erfordernis der Eigenantragstellung unter Setzung einer richterlichen Frist hingewiesen werden muss.[6] Stellt er hierauf rechtzeitig Eigenantrag, so beginnt die Frist des § 287 Abs. 1 S. 2 zu laufen und der Schuldner hat spätestens innerhalb von zwei Wochen die Restschuldbefreiung zu beantragen.[7]

7 Stellt er den Eigenantrag erst verspätet und hat der Gläubigerantrag bereits zur Verfahrenseröffnung geführt, ist bis zum Abschluss des Insolvenzverfahrens der Eigenantrag grundsätzlich nicht mehr zulässig. Nach AG Hannover[8] kann eine weitere Verfahrenseröffnung abgelehnt und der im Übrigen zulässige Restschuldbefreiungsantrag zu dem bereits laufenden Verfahren verbunden werden. Gleichfalls unzulässig ist es, wenn der ordnungsgemäß belehrte Schuldner die Antragstellung verabsäumt und diese nach Aufhebung des Erstverfahrens im Rahmen eines **Zweitverfahrens** nachholen möchte, ohne dass neue Gläubiger hinzugekommen sind.[9] Einem erneuten Antrag auf Eröffnung des Insolvenzverfahrens fehlt jedenfalls dann das Rechtsschutzinteresse, wenn der im Erstverfahren rechtskräftig versagte Restschuldbefreiungsantrag wiederholt werden soll, wenn

---

[1] BT-Drucks. 14/5680 S. 28 (zu Nr. 15); s. dazu unten 2 a, cc.

[2] AG Hamburg ZVI 2002, 475; *Heyer,* ZInsO 2002, 59 ff., 61; *Pape,* NZI 2002, 186 ff, 187; *Pape,* ZVI 2002, 225 ff., 231; *Fuchs,* NZI 2002, 298 ff., 300 (Eigenantrag als „Formalie"); *Fuchs,* ZInsO 2002, 298 ff., 305.

[3] BGH ZVI 2004, 492; *Pape,* EWiR 2005, 481; vgl. auch BGH NZI 2004, 511.

[4] BGH ZVI 2004, 492; BGH NZI 2006, 181; krit. dazu *Pape,* NZI 2004, 543 ff.

[5] *Schmahl,* ZInsO 2002, 212 ff.; *Uhlenbruck/Vallender,* InsO, § 287 Rn. 9, 10.

[6] BGH NZI 2005, 271; FK-*Ahrens,* InsO, § 286 Rn. 11 b.

[7] Krit. dazu *Pape,* NZI 2004, 543 ff. Nach BGH NZI 2004, 511 ist ein 9 Monate nach einem Gläubigerantrag gestellter Antrag des Insolvenzschuldners auf Restschuldbefreiung allerdings unzulässig.

[8] AG Hannover NZI 2003, 669; *Pape,* NZI 2004, 543, 544.

[9] BGH NZI 2006, 601 f.; BGH, NZI 2008, 45 m. Anm. *Lang,* FD-InsR 2007, 248558, gegen das formale Erfordernis neu hinzutretender Gläubiger *Pape/Wenzel,* ZInsO 2008, 287 ff.

er also allein dem Ziel der Restschuldbefreiung dient und kein neuer Gläubiger hinzugekommen ist.[1]

Sind die erforderlichen Hinweise des Gerichts auf den Eigenantrag oder den Restschuldbefreiungsantrag unterblieben, so beginnt die Frist für den Restschuldbefreiungsantrag nicht zu laufen. Eine Präklusion ist mit der gesetzlichen Regelung und dem Anspruch auf rechtliches Gehör gem. Art. 103 GG nicht vereinbar, wenn ein richterliches Fehlverhalten die verspätete Handlung mit verursacht hat.[2] Dies kann im Einzelfall sogar die Zulässigkeit eines **isoliert gestellten Restschuldbefreiungsantrages** nach sich ziehen.[3]

cc) Im Anwendungsbereich des Verbraucherinsolvenzverfahrens war 8
bis zum Inkrafttreten des InsOÄndG 2001 hinsichtlich der Stellung des Restschuldbefreiungsantrages zu differenzieren: Im Falle eines **Eigenantrages des Schuldners** galt § 305 Abs. 1 Nr. 2, d. h. der Restschuldbefreiungsantrag war mit dem Eröffnungsantrag zu stellen. Im Falle eines **Gläubigerantrages** war zum einen streitig, ob sich der Schuldner auch ohne Durchführung des außergerichtlichen Einigungsversuchs mit einem Eigenantrag anschließen konnte,[4] zum anderen, ob dem Schuldner die Restschuldbefreiung auch dann möglich war, wenn er sich dem Gläubigerantrag nicht angeschlossen hatte, sondern das Insolvenzverfahren auf Grund des alleine vorliegenden Gläubigerantrags unmittelbar eröffnet wurde (§§ 311 ff.).[5]

Beide Fragen wurden durch das InsOÄndG 2001 mit der Neufassung des 9
§ 287 Abs. 1 gelöst: Entgegen der Annahme einer überwiegenden Literaturmeinung, welche die Auffassung vertreten hatte, das Restschuldbefreiungsverfahren könne auch ohne einen eigenen Schuldnerantrag auf Eröffnung des Insolvenzverfahrens stattfinden,[6] geht der Reformgesetzgeber davon aus, dass jenes die Durchführung des vollständigen Schuldenbereinigungsverfahrens voraussetzt. **Nach der Neuregelung bedarf es stets eines eigenen Eröffnungsantrages des Schuldners.**[7] Hat der Schuldner einen Antrag nach § 287 gestellt, ist dies **ebenfalls öffentlich bekannt zu machen,** sofern kein Hinweis im Insolvenzeröffnungsbeschluss (§ 27 Abs. 2 Nr. 4) erfolgt ist, § 30 Abs. 1 S. 2.

dd) Zusammenfassend bleibt festzuhalten, dass sowohl im Regelin- 10
solvenzverfahren als auch im Verbraucherinsolvenzverfahren der Schuldner, der die Restschuldbefreiung anstrebt, auf einen Eigenantrag nicht verzichten

---

[1] BGH NZI 2008, 45 m. Anm. *Lang,* FD-InsR 2007, 248558; vgl. auch BGH NZI 2006, 601 m. Anm. *Lang,* FD-InsR 2006, 193179.

[2] AG Hamburg ZVI 2002, 475; FK-*Ahrens,* InsO, § 287 Rn. 12; *Uhlenbruck/Vallender,* InsO, § 287 Rn. 17; *Fuchs,* NZI 2002, 298 ff., 301; vgl. auch OLG Zweibrücken NZI 2002, 670 für die Abtretungserklärung gem. Abs. 2.

[3] BGH NZI 2005, 271; BGH NZI 2008, 609 m. Anm. *Lang,* FD-InsR 2008, 266120.

[4] *Pape,* ZIP 1999, 2043 f.; *Kirchhof,* ZInsO 1998, 60; HK-*Landfermann,* InsO, § 306 Rn. 6.

[5] Verneinend: OLG Köln ZInsO 2000, 334; AG Düsseldorf ZInsO 2000, 111; AG Oldenburg ZInsO 2000, 411; bejahend: AG Bielefeld ZIP 1999, 1180 und *Grote,* ZInsO 2000, 147; *Delhaes,* ZInsO 2000, 358; *Pape,* ZIP 1999, 2044, wonach ohne Insolvenzeigenantrag im Verbraucherinsolvenzverfahren der Restschuldbefreiungsantrag spätestens im Prüfungstermin, § 312 Abs. 1, hätte gestellt werden müssen.

[6] Vgl. bspw. *Grote,* ZInsO 2000, 146; FK-*Grote,* InsO, § 306 Rn. 23.

[7] Begründung RegE, BR-Drucks. 14/01 S. 59; LG Dresden ZVI 2002, 472.

darf.[1] Hat bereits ein Gläubigerantrag zur Insolvenzeröffnung geführt, ist bis zum Abschluss des Verfahrens ein Eigenantrag des Schuldners nicht mehr zulässig. In einem Verbraucherinsolvenzverfahren kann in diesem Fall weder das außergerichtliche noch das gerichtliche Schuldenbereinigungsverfahren nachgeholt werden.[2] Nach Eingang eines Gläubigerantrags auf Eröffnung eines Insolvenzverfahrens hat das Insolvenzgericht den Schuldner darauf hinzuweisen,[3] dass er zur Erreichung der Restschuldbefreiung nicht nur einen entsprechenden Antrag, sondern darüber hinaus auch einen Eigenantrag auf Insolvenzeröffnung stellen muss, wofür dem Schuldner eine richterliche Frist zu setzen ist. Diese ist keine Ausschlussfrist (§ 230 ZPO analog), vielmehr kann der Schuldner auch nach Ablauf bis zur Eröffnung des Insolvenzverfahrens einen Eigenantrag stellen.[4] Hat das Insolvenzgericht die erforderlichen Hinweise zur Erlangung der Restschuldbefreiung fehlerhaft, unvollständig oder verspätet erteilt und ist das Insolvenzverfahren auf den Gläubigerantrag hin eröffnet worden, bevor der Schuldner den Eigenantrag stellt, genügt ein – isolierter – Antrag auf Restschuldbefreiung, um dem Schuldner die dahingehende Aussicht zu erhalten.[5] Nach Eröffnung des Insolvenzverfahrens sind weitere Anträge über das bereits insolvenzbefangene Vermögen unzulässig, unabhängig ob es sich um Gläubiger- oder Eigenanträge handelt.[6]

11 **ee)** Im ersten Verfahrensabschnitt bis zum Beschluss über die Ankündigung oder Versagung der Restschuldbefreiung gem. §§ 289 Abs. 1 S. 2, 291 kann der **Antrag** uneingeschränkt,[7] danach unter der Voraussetzung **zurückgenommen werden,** dass noch kein Versagungsverfahren gem. §§ 296 oder 297 eingeleitet ist.[8] Denn der Gläubiger hat im Entschuldungsverfahren grundsätzlich keinen Anspruch auf eine Sachentscheidung. Bei Rücknahme des Antrags treten die Rechtsfolgen des § 299 ein. In der Rücknahme wird zugleich ein Widerruf der Abtretungserklärung gesehen.

Bei wiederholten Anträgen ist zwischen den Anträgen auf Insolvenz- und Restschuldbefreiungsverfahren zu differenzieren. Grundsätzlich hindert die Anhängigkeit eines vom Schuldner gestellten Erstantrags einen zweiten Insolvenzantrag. Nach der Eröffnung des ersten Insolvenzverfahrens besteht kein Rechtsschutzinteresse der Neugläubiger an der Eröffnung eines weiteren Insolvenzverfahrens, solange das erste Verfahren nicht abgeschlossen ist. Denn das gesamte vom Schuldner nach Eröffnung des Insolvenzverfahrens erworbene Vermögen gehört zur Insolvenzmasse.[9] Stellt der Schuldner aber keinen Antrag auf Restschuldbefreiung in einem Erstverfahren, fehlt es nach Abschluss des

[1] BGH NZI 2004, 511; NZI 2004, 593; *Pape,* EWiR 2005, 481; LG Köln NZI 2004, 159.

[2] AG Duisburg NZI 2003, 159; AG Oldenburg ZInsO 2004, 1154 f.; vgl. ferner BGH NZI 2004, 444; OLG Köln NZI 2003, 99 f.

[3] Zur Hinweiszustellung durch Niederlegung BGH ZInsO 2009, 535.

[4] BGH NZI 2008, 509 m. Anm. *Lang,* FD-InsR 2008, 266120.

[5] BGH NZI 2008, 509 m. Anm. *Lang,* FD-InsR 2008, 266 120; BGH NZI 2005, 271 (Ergänzung zu BGH NZI 2004, 511 und NZI 2004, 593); ausführlich FK-*Ahrens,* InsO, § 287 Rn. 11 a ff.

[6] BGH NZI 2008, 509 m. Anm. *Lang,* FD-InsR 2008, 266 120.

[7] LG Freiburg NZI 2004, 98

[8] *Uhlenbruck/Vallender,* § 287 Rn. 20, FK-*Ahrens,* § 287 Rn. 15.

[9] FK-*Ahrens,* InsO, § 287 Rn. 18 a; BGH ZInsO 2004, 739.

Erstverfahrens für die Durchführung eines erneuten Verfahrens unter Stellung eines Restschuldbefreiungsantrages nicht am Rechtschutzbedürfnis. Ist das Erstverfahren gem. § 207 mangels Masse eingestellt worden, kann das Zweitverfahren sofort eröffnet werden, ohne dass ein Gutachten eingeholt wird oder der Schuldner weitere Angaben zu seinem Vermögensverhältnissen macht.[1] Bei Abweisung des Erstantrags mangels Masse gem. § 26 ist ein Eigenantrag des Schuldners verbunden mit einem Restschuldbefreiungsantrag weiterhin möglich.[2]

ff) Mit dem Schutz des Persönlichkeitsrechts des Schuldners erklärt sich, dass zum Zeitpunkt der Antragstellung **fehlendes pfändbares Einkommen** das **Rechtsschutzbedürfnis** für einen solchen Antrag nicht ausschließt.[3] 12

b) Die Abtretungserklärung, § 287 Abs. 2

aa) Zusammen mit dem Antrag auf Erteilung der Restschuldbefreiung[4] muss der Schuldner gem. § 287 Abs. 2 erklären, dass er seine pfändbaren Forderungen auf Bezüge aus einem Dienstverhältnis oder an deren Stelle tretende, laufende Bezüge für die Zeit von sechs Jahren (Ausnahme: vgl. Art. 103 a, 107 EGInsO[5]) nach der Eröffnung des Insolvenzverfahrens an den zu bestellenden Treuhänder (§ 291 Abs. 2) abtritt, unabhängig davon, ob er über derartige Bezüge im Abtretungszeitpunkt verfügt oder während der Abtretungsdauer verfügen wird.[6] **Steuererstattungsansprüche** sind hiervon allerdings nicht erfasst.[7] 13

Stellt sich im eröffneten Verbraucherinsolvenzverfahren heraus, dass die Abtretungserklärung dem Antrag nicht beigefügt war, darf die für die Nachreichung gesetzte Frist nicht kürzer als einen Monat sein, da § 305 Abs. 3 S. 2 lex specialis gegenüber der Zweiwochenfrist des § 287 Abs. 1 S. 1 ist.[8]

Die durch das InsOÄndG 2001 erfolgte Verkürzung der Wohlverhaltensperiode von sieben auf sechs Jahre und die Festlegung des Beginns der Laufzeit auf die Verfahrenseröffnung[9] beseitigt die für den Schuldner völlig unbefriedigende Situation, dass sich in Einzelfällen das Insolvenzverfahren über einen Zeitraum von zwei Jahren erstreckt, ohne dass nennenswerte Vermögenswerte des Schuldners feststellbar wären oder er für diese Verfahrensverzögerung verantwortlich 14

---

[1] AG Göttingen NZI 2005, 398; vgl. hierzu: *Hackenberg,* ZVI 2005, 468; aA: LG Koblenz ZVI 2005, 91; LG Koblenz NZI 2004, 679: keine Wiederholung des Eigenantrags wegen derselben Verbindlichkeiten bei Versäumung des Antrags auf Restschuldbefreiung im ersten Verfahren möglich.

[2] BGH ZInsO 2006, 99.

[3] AG Dortmund ZInsO 1999, 118, 119; *Hess/Obermüller,* Insolvenzplan, Restschuldbefreiung und Verbraucherinsolvenz, Rn. 1087 a.

[4] OLG Celle NZI 2002, 323; zum Verstoß gegen die richterliche Hinweispflicht vgl. OLG Zweibrücken NZI 2002, 670; AG Duisburg NZI 2002, 566.

[5] Eine Verkürzung der Wohlverhaltensphase auf 5 Jahre nach der Übergangsvorschrift des Art. 107 EGInsO ist in Insolvenzverfahren, die ab dem 1. 12. 2001 eröffnet worden sind, nicht mehr möglich, vgl. BGH WM 2004, 1479 sowie BGH NJW-RR 2004, 1192, bestätigt durch BGH ZVI 2006, 466.

[6] AG Hamburg ZInsO 1999, 236, 237; Zur Wiederzulassung eines Rechtsanwalts nach Insolvenzverfahren bei angekündigter Restschuldbefreiung vgl. BGH NJW 2005, 1271.

[7] BGH NZI 2006, 246 f.; *v. Gleichenstein,* NZI 2006, 624 f.

[8] BGH NZI 2009, 120 m. Anm. *Buck,* FD-InsR 2009, 273604.

[9] AA: AG Mönchengladbach NZI 2005, 174, Wohlverhaltenszeit beginnt mit Beendigung des Insolvenzverfahrens, nicht mit Eröffnung.

wäre.[1] Die Überleitungsvorschrift des Art. 103 a EGInsO, wonach die Wohlverhaltensperiode bei Insolvenzverfahren, die vor dem 1. 12. 2001 eröffnet wurden, mit der Aufhebung des Insolvenzverfahrens beginnt und sieben Jahre dauert, stellt keine unwillkürliche Ungleichbehandlung dar.[2]

15 Die Pflicht zur Abtretung trifft damit auch einen **wirtschaftlich selbstständigen Schuldner.** § 295 Abs. 2 steht seiner Abtretungsverpflichtung nicht entgegen. Nach dieser Vorschrift muss zwar der wirtschaftlich Selbstständige selbst Zahlungen an den Treuhänder erbringen. Die Vorschrift schließt jedoch nicht eine Abtretung aus, sondern befasst sich allein mit den Einkünften des Schuldners aus der selbstständigen Tätigkeit. Aus dem Charakter der Abtretungserklärung als einer besonderen Verfahrensvoraussetzung ergibt sich vielmehr, dass *jeder* Schuldner, also auch der wirtschaftlich selbstständige, die Abtretung erklären muss.[3] Von der Abtretungserklärung sind die Einkünfte des selbstständig tätigen Schuldners in vollem Umfang und ohne Abzug für beruflich bedingte Ausgaben erfasst. Diese fallen somit zunächst in die Insolvenzmasse und sind danach – auf entsprechenden Antrag des Schuldners hin – durch Beschluss zur Sicherung des Existenzminimums gem. § 850 i ZPO freizugeben,[4] sofern nicht Treuhänder und Schuldner Regelungen zur Freigabe des Einkommens bzw. bestimmter Teile des Einkommens bei entsprechenden Dokumentations- und Nachweispflichten vereinbaren,[5] was wirtschaftlicher Vernunft entspricht. Eine pragmatische Lösung, die der BGH in dieser Entscheidung aufzeigt. Ein Fehlen der erforderlichen Abtretungserklärung bis zum Ende des Berichtstermins (im Regelinsolvenzverfahren) führte auch vor Inkrafttreten des InsOÄndG 2001 bereits zur Unzulässigkeit des Restschuldbefreiungsantrages.[6]

16 **bb)** Für die **Form der Abtretungserklärung** gilt – da sie ja zusammen mit dem Antrag abzugeben ist – ebenfalls Schriftform oder Erklärung zu Protokoll der Geschäftsstelle. Da die Vorschrift keine höchstpersönliche Erklärung des Schuldners verlangt, gelten für die Verfügung die allgemeinen Grundsätze insbesondere des Stellvertretungsrechts, so dass die Abtretung ggf. auch durch den Verfahrensbevollmächtigten des Schuldners erklärt werden kann.[7] Wird das Restschuldbefreiungsverfahren nicht im Anschluss an das Regelinsolvenzverfahren, sondern anschließend an ein Verbraucherinsolvenzverfahren durchgeführt, richtet sich die Form nach § 305 Abs. 1 Nr. 2.

17 **cc)** Von der Abtretung werden **alle Vergütungsansprüche** aus – bestehenden oder künftigen – Arbeitsverhältnissen **sowie Ruhestands-, Arbeitslosigkeits- und Erwerbsunfähigkeitsbezüge,** sofern es sich nicht um einmalige Geldleistungen handelt, erfasst.[8] Auch abgetreten sind Abfindungen, die an die

[1] *Pape,* ZInsO 2001, 587, 593.

[2] BGH NZI 2008, 49 m. Anm. *Buck,* FD-InsR 2007, 247356.

[3] Anm. zu LG Münster (ZInsO 1999, 724) ZInsO 2000, 87; FK-*Ahrens,* InsO, § 287 Rn. 20, 50: § 295 Abs. 2 steht einer Abtretung nicht entgegen; diese Vorschrift zieht nur die Konsequenzen aus den im Einzelfall fehlenden abtretbaren Einkünften, vgl. *Balz/Landfermann,* S. 299, 544, Begründung zum RegE.

[4] BGH NZI 2003, 389 m. Anm. *Kohte.*

[5] *Kohte,* NZI 2003, 394.

[6] OLG Köln ZInsO 2000, 608.

[7] OLG Zweibrücken NZI 2002, 670.

[8] *Balz/Landfermann,* S. 299, 544 f., Begründung zum RegE; vgl. auch *Fuchs/Vallender,* ZInsO 2001, 681.

Stelle laufender Bezüge treten, insbesondere Kündigungsschutzabfindungen gem. §§ 9, 10 KSchG.[1] Die Pfändungsgrenzen der §§ 850 ff. ZPO finden über §§ 292 Abs. 1 S. 3, 36 Abs. 1 S. 2 Anwendung. Die Abtretung der Forderungen auf Bezüge aus einem Dienstverhältnis erfasst nicht den Anspruch auf Erstattung von Lohn- und Einkommenssteuerzahlungen, da diese keine Forderungen aus Arbeitsverhältnis darstellen, sondern sich in solche öffentlich-rechtlicher Natur umwandeln (§ 37 Abs. 2 AO).[2] Nicht von der Abtretung erfasst ist auch zufließendes Vermögen aus Schenkungen, Lotteriegewinnen oder von Todes wegen. Letzteres ist allein nach Maßgabe des § 295 Abs. 1 Nr. 2 herauszugeben.[3]

dd) Die **materiellrechtliche Theorie** geht von der Vorstellung aus, dass die Abtretungserklärung des Schuldners eine materiellrechtliche Erklärung im Sinne des § 398 BGB ist. Der Abtretungsvertrag im Sinne dieser Vorschrift kommt zustande, wenn das Gericht einen Treuhänder benennt, der durch die Übernahme des Amtes konkludent auch sein Einverständnis mit der Abtretung erklärt.[4] Diese Vorstellung findet in der Vorschrift des § 291 Abs. 2 eine Stütze, die den Übergang der Forderungen auf den Treuhänder vorsieht, ohne dessen (ausdrückliche) Annahmeerklärung zu verlangen. 18

Die Gegenauffassung, die, wie nun auch der BGH,[5] in der **Abtretungserklärung** nach § 287 Abs. 2 eine **Prozesshandlung** sieht, hält der materiellrechtlichen Theorie entgegen, dass ein Abtretungsvertrag im Sinne des Zivilrechts auf diese Weise nicht zu konstruieren sei. So könne ein Zugang der Abtretungserklärung des Schuldners gegenüber dem Treuhänder ebenso wie dessen Annahmeerklärung allenfalls fingiert werden.[6] Auch aus § 299 ergebe sich, dass es sich bei der Abtretungserklärung im Restschuldbefreiungsverfahren nicht um eine Erklärung i. S. d. BGB handele, da die dort vorgesehene Rechtsfolge (Ende der Laufzeit der Abtretungserklärung) nicht den bürgerlich-rechtlichen Grundsätzen entspricht.[7] Die Einordnung der Abtretungserklärung als Prozesshandlung wird damit begründet, dass es sich nach Abs. 2 um eine gesetzliche Voraussetzung des Restschuldbefreiungsverfahrens handelt.[8] Richtigerweise wird dadurch jedoch eine materiellrechtliche Abtretungserklärung nicht ausgeschlossen. Allerdings muss auch die materiellrechtliche Theorie einräumen, dass die Forderung nach der gesetzlichen Regelung im Wege einer richterlichen Gestaltung – das Gericht bestimmt den Treuhänder gem. § 291 Abs. 2 – übergeht. 19

ee) Für die Abtretung war für vor Inkrafttreten des InsOÄndG 2001 eröffnete Insolvenzverfahren (vgl. Art. 103 a EGInsO) eine **Zeitdauer von sieben Jahren** vorgesehen. Sie begann mit der Aufhebung des Insolvenzverfahrens gem. §§ 200, 289 Abs. 2 S. 2. Nach Art. 107 EGInsO verkürzte sich die Periode auf fünf Jahre, 20

---

[1] FK-*Ahrens,* § 287 Rn. 65.

[2] BGH NZI 2005, 565; BGH NZI 2006, 246; *Stahlschmidt,* ZInsO 2006, 629 f.

[3] FK-*Ahrens,* InsO, § 287 Rn. 37; ferner *Hartmann,* Verfügungen von Todes wegen zugunsten verschuldeter und insolventer Personen, ZNotP 2005, 82 f.

[4] So die wohl überwiegende Auffassung: s. *Balz/Landfermann,* S. 544, Begründung zum RegE; *Braun/Uhlenbruck,* Unternehmensinsolvenz, S. 698 f.; *Hess/Obermüller,* Insolvenzplan, Restschuldbefreiung und Verbraucherinsolvenz, Rn. 1087.

[5] BGH NZI 2006, 599 f. m. Anm. *Buck,* FD-InsR 2006, 191354.

[6] *Ahrens,* DZWIR 1999, 45, 47.

[7] FK-*Ahrens,* InsO, § 287 Rn. 30.

[8] *Ahrens,* DZWIR 1999, 45, 50; FK-*Ahrens,* InsO, § 287 Rn. 19, 50.

wenn der Schuldner bereits vor dem 1. 1. 1997 mit Stichtag 31. 12. 1996 zahlungsunfähig war.

21 Für nach Inkrafttreten des InsOÄndG 2001 eröffnete Insolvenzverfahren beträgt die Wahlverhaltensperiode dagegen lediglich sechs Jahre, wobei die Laufzeit der Abtretung mit Verfahrenseröffnung bereits beginnt, § 287 Abs. 2 S. 1. In Verfahren, die ab dem 1. Dezember 2001 eröffnet worden sind, ist eine Verkürzung auf 5 Jahre nicht mehr möglich.[1]

22 **ff)** Abs. 2 S. 2 begründet eine **Hinweispflicht des Schuldners** für den Fall, dass dieser die gem. S. 1 **abzutretenden Forderungen bereits zuvor** an einen Dritten **abgetreten oder verpfändet** hat. Diese vorherige Abtretung oder Verpfändung ist unter den Voraussetzungen des § 114 Abs. 1 unwirksam. Kommt er dieser Verpflichtung vorsätzlich oder grob fahrlässig nicht nach, so droht eine Sanktion gem. § 290 Abs. 1 Nr. 5.

23 **gg)** Gem. Abs. 3 sind **Abtretungsverbote relativ,** d. h. für das Restschuldbefreiungsverfahren **unwirksam.**

24 **hh)** Die Restschuldbefreiung ist von Amts wegen durch das Insolvenzgericht zu versagen, wenn der **Schuldner** während der Wohlverhaltensperiode **stirbt.**[2]

§ 288 Vorschlagsrecht

Der Schuldner und die Gläubiger können dem Insolvenzgericht als Treuhänder eine für den jeweiligen Einzelfall geeignete natürliche Person vorschlagen.

Literatur: *Pape,* Der Treuhänder in Teufels Küche, ZInsO 2001, 1025; s. a. § 286.

1 Sowohl der Schuldner als auch die Gläubiger haben nach dieser Vorschrift ein Vorschlagsrecht.

2 Als Treuhänder kann der bisherige Insolvenzverwalter bei vorangegangenem Regelinsolvenzverfahren bzw. der bisherige Treuhänder bei vorangegangenem Verbraucherinsolvenzverfahren vorgeschlagen werden.[3] Für die **Benennung eines Freundes oder Verwandten des Schuldners** spricht der Gesichtspunkt, dass diese wahrscheinlich bereit sind, das **Amt unentgeltlich auszuüben.**[4] Bei der **Auswahl einer geeigneten Person** ist auch das Ziel der Restschuldbefreiung, die wirtschaftliche Reintegration des Schuldners mit zu berücksichtigen: dem Schuldner soll in der Person des Treuhänders ein Ansprechpartner und Berater zur Seite gestellt werden.

3 Das **Bestimmungsrecht steht dem Gericht zu.** Es ist an die Vorschläge selbst dann nicht gebunden, wenn Gläubiger und Schuldner sich auf eine bestimmte Person einigen, der Vorgeschlagene ist aber in der Ermessenenschei-

---

[1] BGH NJW-RR 2004, 1192.

[2] AG Bielefeld ZVI 2005, 505.

[3] AG Göttingen NZI 2005, 117: Aus Gründen der Unabhängigkeit von Gläubiger und Schuldner gem. § 56 Abs. 1 kann ein Rechtsanwalt, der einen Gläubiger vertritt, nicht zum Treuhänder bestimmt werden; ebenso kommen sonstige Personen mit Eigeninteresse, wie etwa Mitarbeiter von Inkassobüros, nicht in Betracht, vgl. FK-*Grote,* § 288 Rn. 10.

[4] *Balz/Landfermann,* S. 546, Bericht des Rechtsausschusses.

dung zu berücksichtigen. Die Ermessensentscheidung des Gerichts ist unanfechtbar.[1]

4 Soweit ersichtlich, geht die **überwiegende Gerichtspraxis** dahin, den bisherigen Insolvenzverwalter bzw. Treuhänder auch im Rahmen des Restschuldbefreiungsverfahren auf Grund der bereits erfolgten Vorbefassung beizubehalten. Dies trägt auch dem vorgenannten Ziel der Restschuldbefreiung Rechnung, zwingend ist die Personenidentität des Verwalters/Treuhänders im Eröffnungsverfahren und desjenigen im eröffneten Verfahren indessen nicht.[2] Eine nach § 305 Abs. 1 Nr. 1 als geeignet anzusehende Person oder Stelle, z. B. eine anerkannte Verbraucherberatungsstelle, ist nur berechtigt, den Schuldner im gerichtlichen Schuldenbereinigungsplanverfahren zu vertreten. Eine weitere Vertretung im vereinfachten Insolvenzverfahren ist nicht zulässig.[3]

§ 289 Entscheidung des Insolvenzgerichts

(1) **Die Insolvenzgläubiger und der Insolvenzverwalter sind im Schlußtermin zu dem Antrag des Schuldners zu hören. Das Insolvenzgericht entscheidet über den Antrag des Schuldners durch Beschluß.**

(2) **Gegen den Beschluß steht dem Schuldner und jedem Insolvenzgläubiger, der im Schlußtermin die Versagung der Restschuldbefreiung beantragt hat, die sofortige Beschwerde zu. Das Insolvenzverfahren wird erst nach Rechtskraft des Beschlusses aufgehoben. Der rechtskräftige Beschluß ist zusammen mit dem Beschluß über die Aufhebung des Insolvenzverfahrens öffentlich bekanntzumachen.**

(3) **Im Falle der Einstellung des Insolvenzverfahrens kann Restschuldbefreiung nur erteilt werden, wenn nach Anzeige der Masseunzulänglichkeit die Insolvenzmasse nach § 209 verteilt worden ist und die Einstellung nach § 211 erfolgt. Absatz 2 gilt mit der Maßgabe, daß an die Stelle der Aufhebung des Verfahrens die Einstellung tritt.**

Literatur: *Lüke/Schmittmann,* Zur Unzulässigkeit eines Restschuldbefreiungsantrags, ZInsO 2000, 87; s. a. § 286; *Wischemeyer,* Haftung und Restschuldbefreiung für Forderungen der Massegläubiger, KTS 2008, 495.

Übersicht

[1] AG Göttingen NZI 2005, 117.
[2] *Uhlenbruck/Vallender,* InsO, § 288 Rn. 6.
[3] BGH NZI 2004, 510 f.

1. Normzweck

1 Mit der rechtskräftigen Entscheidung des Gerichts über den Antrag des Schuldners endet der erste Verfahrensabschnitt des Restschuldbefreiungsverfahrens. Das Insolvenzverfahren, das bis zu diesem Zeitpunkt parallel zum Restschuldbefreiungsverfahren verläuft, wird erst danach aufgehoben, Abs. 2 S. 2. Die gerichtliche Entscheidung, deren Inhalt sich nach § 291 richtet, kündigt nach dem gesetzlichen Regelfall die Restschuldbefreiung an, wenn nicht ein zulässiger und begründeter Versagungsantrag nach § 290 gestellt wurde. Vor seiner Entscheidung hat das Gericht den Insolvenzgläubigern und dem Insolvenzverwalter in einer Anhörung Gelegenheit zu geben, die für und gegen eine Restschuldbefreiung sprechenden Gründe vorzubringen und zu erörtern, Abs. 1 S. 1.

2. Kommentierung der Einzelheiten

a) Anhörung, § 289 Abs. 1

2 Die Anhörung erfolgt – ebenso wie die Stellung des Versagungsantrags durch den Gläubiger (s. § 290 Rn. 34) – grundsätzlich **nur im Schlusstermin** des Insolvenzverfahrens gem. § 197.[1] Etwas anderes gilt nur dann, wenn das Insolvenzgericht in masseunzulänglichen Verfahren auf die Durchführung eines Schlusstermins verzichtet **oder** das **schriftliche Verfahren gem. § 5 Abs. 2 angeordnet** hat.[2] Die Anordnung des schriftlichen Verfahrens hat dabei grundsätzlich in einem Beschluss, der den Beteiligten bekannt zu geben ist, zu erfolgen.

Dieser späte Zeitpunkt wurde vom Gesetzgeber gewählt, damit für die gesamte Dauer des Insolvenzverfahrens festgestellt werden kann, ob der Schuldner seinen Auskunfts- und Mitwirkungspflichten genügt hat.[3] Der Schuldner hat im Schlusstermin das Recht zur Stellungnahme. Seine Abwesenheit hindert das Gericht jedoch nicht, gleichwohl über den Antrag auf Restschuldbefreiung zu entscheiden. Es genügt, dass dem Schuldner durch ordnungsgemäße Ladung, die einen Hinweis auf die beabsichtigte Erörterung enthält, Gelegenheit zur Stellungnahme gegeben wurde.

b) Entscheidung des Gerichts

3 **aa)** Dem Gericht steht bei seiner Entscheidung über die Ankündigung oder Versagung der Restschuldbefreiung **kein Ermessensspielraum** zu. Die Restschuldbefreiung kann nur versagt werden, **wenn** ein Gläubiger einen **zulässigen und begründeten Versagungsantrag gestellt** hat.[4] Hier ist zu beachten, dass der Versagungsantragsteller sich nicht ohne Weiteres hilfsweise die von den anderen Versagungsantragstellern vorgebrachten Gründe zu eigen macht, da es sich nicht um Beweisergebnisse, sondern um das Vorbringen eines anderen

---

[1] Überlegungen des Gesetzgebers, die Gläubigerbeteiligung zu erhöhen, indem Versagungsanträge auch außerhalb des Schlusstermins und in schriftlicher Form zugelassen würden, wurden aus Kostengründen bislang nicht umgesetzt, vgl. *Stephan,* ZVI 2004, 501. Zur Zulässigkeit von Versagungsanträgen vor Durchführung des Schlusstermins nach DiskE InsO-ÄndG April 2003 vgl. *Pape,* ZVI 2003, 377.

[2] BGH NZI 2003, 389 (m. Anm. *Kohte*); BGH NZI 2006, 481; vgl. auch § 312 Rn. 150.

[3] *Balz/Landfermann,* S. 546 f., Begründung zum RegE.

[4] BGH NJW 2003, 2167 ff.

Verfahrensbeteiligten handelt. Der die Versagung der Restschuldbefreiung anstrebende Gläubiger muss sich somit im Schlusstermin die Versagungsanträge anderer Antragsteller ausdrücklich hilfsweise zu eigen machen.[1] Die Versagungsgründe des § 290 sind demnach nicht von Amts wegen zu prüfen.[2] Auch wenn der Schuldner die Voraussetzungen eines Versagungsgrundes erfüllt hat, bleibt dies vom Gericht unberücksichtigt, wenn nicht ein Gläubiger einen Versagungsantrag stellt. Unabhängig hiervon darf die Versagung der Restschuldbefreiung durch das Insolvenzgericht nur dann ausgesprochen werden, wenn der vom Gläubiger behauptete und dargelegte Versagungsgrund zur **vollen Überzeugung des Gerichts (§ 286 Abs. 1 ZPO)** tatsächlich vorliegt.[3]

Aus den Entscheidungsgründen des Versagungsbeschlusses bzw. des Beschlusses auf Ankündigung der Restschuldbefreiung muss sich ergeben, auf Grund welcher Versagungsanträge das Insolvenzgericht (und ggf. das Beschwerdegericht) über den Antrag auf Restschuldbefreiung entschieden hat. Weiter ergibt sich daraus, dass der oder die antragstellenden Gläubiger und der Schuldner als Partei eines („quasi-“)streitig ausgestalteten Verfahrens beteiligt sind, die Beteiligten in dem Beschluss über den Antrag auf Versagung der Restschuldbefreiung im Rubrum entsprechend aufzuführen sind.[4] 4

Der **Versagungsantrag ist begründet,** wenn der Schuldner eine der in § 290 umschriebenen Verhaltensweisen erfüllt hat, siehe im Einzelnen zu § 290. In diesem Fall endet mit der die Restschuldbefreiung versagenden Entscheidung das Restschuldbefreiungsverfahren. Erlässt das Gericht hingegen einen positiven Beschluss, in dem es die Restschuldbefreiung in Aussicht stellt, § 291 Abs. 1, so wird damit das Verfahren in seinen zweiten Abschnitt, die grundsätzlich mit Verfahrenseröffnung bereits laufende, sechsjährige Wohlverhaltensperiode (Ausnahme: vgl. Art. 107, 103a EGInsO), übergeleitet. Ein solcher **„Ankündigungsbeschluss“** ergeht, wenn ein Versagungsantrag entweder nicht gestellt wurde oder nicht zulässig bzw. nicht begründet ist.[5] 5

Haben keine Insolvenzgläubiger Forderungen zur Tabelle angemeldet, kann dem Schuldner die Restschuldbefreiung bereits im Schlusstermin erteilt werden, sofern er belegt, dass die Verfahrenskosten und die sonstigen Masseverbindlichkeiten getilgt sind.[6] Werden vor Ablauf der Wohlverhaltensphase die Verfahrenskosten berichtigt und sämtliche Gläubiger befriedigt, ist auf Antrag des Schuldners die Wohlverhaltensphase vorzeitig zu beenden und die Restschuldbefreiung auszusprechen.[7]

bb) Zuständig für die Entscheidung ist, wenn ein Versagungsantrag gestellt wurde, der Richter, andernfalls, d. h. wenn kein Versagungsantrag gestellt wird, der Rechtspfleger, § 18 Abs. 1 Nr. 2 RPflG i. d. F. des Art. 14 Nr. 5 EGInsO.[8] 6

---

[1] BGH NZI 2009, 327 m. Anm. *Lang,* FD-InsR 2009, 278308.

[2] OLG Celle NZI 2001, 597.

[3] LG Kaiserslautern ZInsO 2006, 1172f.; BGH NZI 2003, 662.

[4] OLG Celle DZWIR 2001, 516; OLG Celle InVo 2002, 316.

[5] BGH ZVI 2003, 389.

[6] BGH ZInsO 2005, 597 m. Anm. *Pape;* BGH NZI 2005 399 m. Anm. *Ahrens.*

[7] BGH NZI 2005, 399 f.

[8] OLG Zweibrücken ZInsO 2002, 287; LG Göttingen KTS 2002, 728; ein Beschluss über einen Versagungsantrag durch den funktionell unzuständigen Rechtspfleger ist stets aufzuheben, LG Berlin ZVI 2005, 98.

Auch bereits vor dem Schlusstermin ist nach inzwischen überwiegender Meinung eine diesbezügliche Entscheidung auch bei mangelhaftem, jedoch zulässigem Antrag möglich.[1]

c) Rechtsmittel und Rechtskraft

7 Jeder Gläubiger, der die Versagung der Restschuldbefreiung beantragt hat, kann, wenn das Gericht einen Ankündigungsbeschluss erlässt, dagegen die **sofortige Beschwerde** einlegen, Abs. 2 S. 1. Gegen die Entscheidung über die sofortige Beschwerde ist eine **Rechtsbeschwerde** allerdings dann unzulässig, wenn diese lediglich auf eine Verletzung der Hinweispflicht des Gerichts (§ 139 ZPO) gestützt wird.[2] Dem Schuldner steht für den Fall der Versagung die sofortige Beschwerde zu. Auch wenn das Gericht die Restschuldbefreiung zwar ankündigt, dabei jedoch nicht die verkürzte Frist des Art. 107 EGInsO für vor Inkrafttreten des InsOÄndG 2001 bereits eröffnete Verfahren zugrunde legt, kann der Schuldner die sofortige Beschwerde einlegen. In der Beschwerdeentscheidung ist stets eine Sachverhaltsdarstellung erforderlich, andernfalls ist die Entscheidung aufzuheben.[3] Als Streitwert der Beschwerde ist in einem Durchschnittsfall, in dem der Schuldner auf einen hohen Forderungsbestand keine oder nur geringfügige Zahlungen leisten kann, mangels greifbarer Schätzgrundlage ein „Regelstreitwert" in Höhe von 4000,– € nach § 23 Abs. 3 S. 2 RVG festzusetzen.[4]

8 Die **Beendigung des Insolvenzverfahrens** tritt nicht automatisch mit der Rechtskraft des Beschlusses über die Restschuldbefreiung ein, sondern es bedarf hierfür nach Abs. 2 S. 2 eines **eigenen Aufhebungsbeschlusses.**

9 Der **Zeitpunkt der Aufhebung des Insolvenzverfahrens** wird nach Abs. 2 S. 2 entgegen § 200 bis zur Rechtskraft der Entscheidung über die Restschuldbefreiung hinausgeschoben. Die Aufhebung des Insolvenzverfahrens beendet das Amt des Insolvenzverwalters/Treuhänders im Verbraucherinsolvenzverfahren sowie die Tätigkeit des Gläubigerausschusses. Das Verwaltungs- und Verfügungsrecht fällt wieder auf den Schuldner zurück. Wurde die Restschuldbefreiung versagt, so können die Gläubiger als Folge der Aufhebung des Insolvenzverfahrens ihre Forderungen wieder unbeschränkt gegen den Schuldner geltend machen, § 201.

10 Der **rechtskräftige Beschluss über die Versagung oder Ankündigung der Restschuldbefreiung** ist ebenso wie der **Beschluss über die Aufhebung des Insolvenzverfahrens** nach Abs. 2 S. 3 **öffentlich bekannt zu machen.**

11 Die Aufhebung des Verfahrens steht der **Anordnung einer Nachtragsverteilung** nicht entgegen, § 203 Abs. 2, sofern beispielsweise nachträglich Vermögen aufgefunden wird.

d) Masseunzulänglichkeit

12 Eine Restschuldbefreiung setzt nicht nur voraus, dass der Schuldner sein künftiges Einkommen zur Befriedigung seiner Gläubiger zur Verfügung stellt, sondern

[1] FK-*Ahrens,* InsO, § 289 Rn. 6a mwN.

[2] Vgl. BGH ZVI 2006, 351 f.

[3] OLG Celle NZI 2001, 597.

[4] Vgl. BGH ZVI 2003, 91 f; OLG Düsseldorf NZI 2008, 252; OLG Rostock FD-InsR 2007, 245882; OLG Celle ZInsO 2002, 32; zu Rechtsanwaltskosten und Gerichtsgebühren vgl. FK-*Ahrens,* InsO, § 289 Rn. 19.

auch das vorhandene Vermögen muss zugunsten der Gläubiger verwertet sein.[1] Das Insolvenzverfahren dient zumindest dazu, eine Übersicht über das Vermögen und die Verbindlichkeiten des Schuldners zu schaffen. Dementsprechend verlangt Abs. 3 für den Fall der Masseunzulänglichkeit, dass das Insolvenzverfahren zumindest eröffnet worden ist, wenn auch anschließend eine **Einstellung nach § 211** erfolgt. Bis zu diesem Zeitpunkt muss aber, damit Restschuldbefreiung erfolgen kann, eine Verteilung der vorhandenen Insolvenzmasse vorgenommen worden sein. Hierzu muss – entsprechend der Zulässigkeit eines sog. Null-Planes[2] – folgerichtig auch die „Null-Verteilung eines Null-Vermögens" ausreichen.[3]

Aus Abs. 3 S. 2 ergibt sich, dass die Einstellung des Insolvenzverfahrens (§ 211) **13** erst nach der Rechtskraft des Beschlusses über die Versagung oder Ankündigung der Restschuldbefreiung erfolgt und dieser zusammen mit dem Einstellungsbeschluss (§ 211) öffentlich bekannt zu machen ist.

Vor dem Einstellungsbeschluss hat eine Gläubigerversammlung stattzufinden, **14** im Rahmen derer die Gläubiger anzuhören sind. Diese ersetzt den Schlusstermin und gibt den Gläubigern auch die Rechte aus § 289 Abs. 2.[4]

Im Anschluss hieran hat der Treuhänder Verteilungen während der Laufzeit **15** der Abtretungserklärung zunächst bis zur vollen Befriedigung zugunsten der Massegläubiger vorzunehmen. Für den möglichen Fall, dass – während der Dauer der Laufzeit der Abtretungserklärung – Ausschüttungen an Insolvenzgläubiger möglich erscheinen, sollten auch deren Forderungen abschließend geprüft, § 178, und in ein **Schlussverzeichnis** aufgenommen werden. Aufgrund der Dauer der Wohlverhaltensperiode von sechs Jahren abzüglich der Dauer des durchgeführten Insolvenzverfahrens ist diese Vorgehensweise auch bei einer Einstellung des Insolvenzverfahrens wegen Masseunzulänglichkeit anzuraten.

§ 290 Versagung der Restschuldbefreiung

(1) **In dem Beschluß ist die Restschuldbefreiung zu versagen, wenn dies im Schlußtermin von einem Insolvenzgläubiger beantragt worden ist und wenn**

1. **der Schuldner wegen einer Straftat nach den §§ 283 bis 283 c des Strafgesetzbuchs rechtskräftig verurteilt worden ist,**
2. **der Schuldner in den letzten drei Jahren vor dem Antrag auf Eröffnung des Insolvenzverfahrens oder nach diesem Antrag vorsätzlich oder grob fahrlässig schriftlich unrichtige oder unvollständige Angaben über seine wirtschaftlichen Verhältnisse gemacht hat, um einen Kredit zu erhalten, Leistungen aus öffentlichen Mitteln zu beziehen oder Leistungen an öffentliche Kassen zu vermeiden,**
3. **in den letzten zehn Jahren vor dem Antrag auf Eröffnung des Insolvenzverfahrens oder nach diesem Antrag dem Schuldner Restschuldbefreiung erteilt oder nach § 296 oder § 297 versagt worden ist,**

---

[1] Vgl. aber oben § 289 Anm. 2 Fn. 3.

[2] Vgl. BGH NJW 2002, 690.

[3] So OLG Stuttgart NZI 2002, 563.

[4] *Häsemeyer,* Insolvenzrecht, Rn. 26.25; aA: FK-*Ahrens,* InsO, § 289 Rn. 5, 23, § 290 Rn. 60, wonach eine schriftliche Anhörung der Gläubiger ausreichend sein soll, auch wenn § 312 Abs. 2, d. h. die Voraussetzungen für ein schriftliches Verfahren, nicht erfüllt sind.

4. **der Schuldner im letzten Jahr vor dem Antrag auf Eröffnung des Insolvenzverfahrens oder nach diesem Antrag vorsätzlich oder grob fahrlässig die Befriedigung der Insolvenzgläubiger dadurch beeinträchtigt hat, daß er unangemessene Verbindlichkeiten begründet oder Vermögen verschwendet oder ohne Aussicht auf eine Besserung seiner wirtschaftlichen Lage die Eröffnung des Insolvenzverfahrens verzögert hat,**
5. **der Schuldner während des Insolvenzverfahrens Auskunfts- oder Mitwirkungspflichten nach diesem Gesetz vorsätzlich oder grob fahrlässig verletzt hat oder**
6. **der Schuldner in den nach § 305 Abs. 1 Nr. 3 vorzulegenden Verzeichnissen seines Vermögens und seines Einkommens, seiner Gläubiger und der gegen ihn gerichteten Forderungen vorsätzlich oder grob fahrlässig unrichtige oder unvollständige Angaben gemacht hat.**

(2) **Der Antrag des Gläubigers ist nur zulässig, wenn ein Versagungsgrund glaubhaft gemacht wird.**

Literatur: *Ahrens,* Innenbeziehungen der Gläubiger bei Versagungsanträgen nach §§ 290, 295 ff. InsO, NZI 2001, 113; *Fischer/Hempler,* Kampf dem unredlichen Schuldner oder Versagung der Kostenstundung analog § 290 Abs. 1 InsO, ZInsO 2005, 351; *Homann,* Rückforderung sozialrechtlicher Leistungen und Versagung der Restschuldbefreiung, ZVI 2006, 425; *Pape/Wenzel,* Das Zweitinsolvenzverfahren als Weg von der Vollstreckungsbeschränkung zur Restschuldbefreiung, ZInsO 2008, 287; *Röhm,* Die Versagung der Restschuldbefreiung wegen einer Insolvenzstraftat nach § 290 Abs. 1 Nr. 1 InsO, DZWIR 2003, 143; *Schmerbach,* Die Versagung der Restschuldbefreiung nach §§ 290 und 295 InsO, NZI 2005, 521; *Schulte,* Vorsätzliche Insolvenz und Flucht in das Verbraucherinsolvenzverfahren mit dem Ziel der Restschuldbefreiung, ZInsO 2002, 265; *Urban,* Versagung der Restschuldbefreiung bei unredlichem Steuerverhalten, ZVI 2003, 386; s. a. § 286.

Übersicht

1. Normzweck

1 Die gesetzliche Schuldbefreiung dient nicht allein dem Schuldner, sondern soll auch für die Insolvenzgläubiger von Vorteil sein. Im Gläubigerinteresse schließen bestimmte Verhaltensweisen des Schuldners, sofern sich ein Gläubiger auf sie beruft, die Restschuldbefreiung aus.

Anhand der in der Vorschrift umschriebenen Verhaltensweisen wird das vom Gesetzgeber vorgesehene Leitbild eines redlichen Schuldners gezeichnet, dem zur Erlangung der Restschuldbefreiung gegenüber den allgemein zivilrechtlichen Maßstäben deutlich gesteigerte Sorgfaltspflichten in eigenen Angelegenheiten abverlangt werden.[1] 2

Ob es sich hierbei um eine **abschließende Aufzählung**[2] handelt oder ob auch die Versagungsgründe der §§ 295, 296 herangezogen werden können, wurde durch die Veränderungen des InsOÄndG 2001 infrage gestellt. Insbesondere das AG Göttingen[3] hat darauf verwiesen, dass die Bestimmungen der §§ 294 bis 297 jeweils auf die Laufzeit der Abtretung der laufenden Bezüge (§ 287 Abs. 2) rekurrieren. Da die Laufzeit der Abtretungen – im Gegensatz zur alten Rechtslage – nicht mehr nach der Ankündigung der Restschuldbefreiung, sondern bereits im Zeitpunkt der Eröffnung des Insolvenzverfahrens beginnt, sollen einzelne der bisher der Wohlverhaltensperiode vorbehaltenen Bestimmungen der §§ 294 bis 297 (Bsp. Erwerbsobliegenheit) daher bereits ab Verfahrenseröffnung Geltung entfalten können. 3

Dieser am Wortlaut orientierten Auslegung muss entgegengehalten werden, dass sie entgegen der Intention des InsOÄndG 2001, dem Schuldner die Restschuldbefreiung deutlich zu erleichtern,[4] diesem erheblich gesteigerte Verhaltenspflichten auferlegen und er damit eine Schlechterstellung erfährt. Die Diskrepanz wird beispielsweise bei dem vom Gesetzgeber für den erwerbstätigen Schuldner vorgesehenen sog. Motivationsrabatt gem. § 292 Abs. 1 S. 4 deutlich, der im eröffneten Verfahren unstreitig keine Anwendung findet. Auch die als Ausnahmetatbestand gestaltete Erwerbsobliegenheit im Rahmen der Kostenstundung gem. § 4 c Nr. 4 würde mit einer extensiven Anwendung des § 295 Abs. 1 Nr. 1 obsolet.[5] Damit erscheint fraglich, ob die offensichtlich fehlende „Feinabstimmung" im Gesetzgebungsverfahren dazu führt, dass die Trennung zwischen den verschiedenen Normenkomplexen (eröffnetes Insolvenzverfahren und Wohlverhaltensperiode) aufgegeben werden muss. Dies wird auch vom BGH abgelehnt, der darauf hinweist, dass die verschiedenen Verfahrensabschnitte des Restschuldbefreiungsverfahrens nicht vermischt werden dürfen und die Verletzung einer in § 295 Abs. 1 aufgeführten Obliegenheit die Versagung der Restschuldbefreiung im Schlusstermin nicht rechtfertigt.[6] Stattdessen erscheint die Suspendierung der verfahrensrechtlichen Wirkungen[7] – etwa im Wege der teleologischen Reduktion der einschlägigen Bestimmungen – ein vertretbarer Weg, um die sorgfältig konstruierte Konzeption der 4

[1] Zur „Sorgfalt eines redlichen Schuldners" s. *Schmahl,* ZZP Band 114 (2001), 261 ff, 262; *Vallender,* ZVI 2003, 253 ff.

[2] So FK-*Ahrens,* InsO, § 290 Rn. 5; BGH NZI 2003, 449 f.

[3] AG Göttingen NZI 2003, 217 m. Anm. *Ahrens;* ähnlich bereits LG Hannover ZInsO 2002, 449 – „Strafgefangenen-Entscheidung" – m. Anm. *Wilhelm;* vgl. dagegen noch AG Göttingen InVo 2002, 232; krit. auch LG Göttingen KTS 2002, 728.

[4] BT-Drucks. 14/6468, S. 18.

[5] FK-*Ahrens,* InsO, § 287 Rn. 89 o; *Uhlenbruck/Vallender,* InsO, § 295 Rn. 1.

[6] BGH NZI 2009, 191 m. Anm. *Lang,* FD-InsR 2009, 275 580; BGH, ZEV 2007, 281; vgl. noch AG Duisburg, NZI 2004, 516: Obliegenheit zu angemessener Erwerbsstreitigkeit bereits im eröffneten Insolvenzverfahren, zu prüfen in § 290 Abs. 1 Nr. 5.

[7] So *Vallender,* NZI 2001, 561; dies aufgreifend *Ahrens,* NZI 2003, 220.

verschiedenen Verfahrensabschnitte des Restschuldbefreiungsverfahrens zu erhalten.[1]

Die Restschuldbefreiung darf nur auf Grund eines zulässigen Antrags eines Insolvenzgläubigers, der sich durch die Forderungsanmeldung an dem Verfahren beteiligt und dessen Beschränkungen unterworfen hat, versagt werden,[2] der grundsätzlich im Schlusstermin[3] zu stellen ist. Ohne solchen Antrag ist das Insolvenzgericht selbst bei Vorliegen eines Versagungsgrundes von Amts wegen nicht zur Versagung berechtigt.[4]

5 Weiterhin gilt, dass nach der gesetzlichen Regelung die **Schuldbefreiung der Regelfall, die Versagung die Ausnahme** bildet. Verhaltensweisen, die von der Vorschrift nicht erfasst werden, bleiben sanktionslos, auch wenn sie als unredlich zu charakterisieren sind.[5] Im Verfahren der Entscheidung über die Ankündigung der Restschuldbefreiung sind Obliegenheitsverstöße, die eine Versagung nach § 296 Abs. 1 nach sich ziehen können, nicht zu prüfen.[6]

2. Kommentierung der Einzelheiten

a) Beeinträchtigung der Gläubigerbefriedigung

6 **Zum Teil** wird **als ungeschriebenes Merkmal** für die Anwendung der Vorschrift ähnlich wie für § 296 eine Beeinträchtigung der Befriedigung der Gläubiger verlangt.[7] Dies ergibt sich nach dem LG Hamburg als allgemeine Konsequenz aus dem Verbot einer missbräuchlichen Rechtsausübung.[8] Eine gewisse Stütze für diese Auffassung kann im Wortlaut des Abs. 1 Nr. 4 gefunden werden, der eine Beeinträchtigung der Gläubigerbefriedigung vorauszusetzen scheint, für welche die Nr. 4 eine bestimmte Verhaltensweise nennt („die Befriedigung der Insolvenzgläubiger dadurch beeinträchtigt ...“). Die Streitfrage lässt sich vermeiden, wenn in **Anwendung** des allgemeinen **Verhältnismäßigkeitgrundsatzes** von vornherein **ganz unwesentliche Verstöße** aus dem Anwendungsbereich der Vorschrift **ausgenommen** werden.[9] Dementsprechend hat etwa das AG Göttingen die unterlassene Angabe eines Vermögensgegenstandes im Wert von rd. 150,– € als Versagungsgrund unberücksichtigt

---

[1] Klargestellt durch BGH NZI 2004, 635; BGH BeckRS 2008, 21 307; im Ergebnis auch LG Göttingen NZI 2004, 596; AG Göttingen InVo 2002, 232; AG Potsdam ZInsO 2003, 96; AG Oldenburg NZI 2002, 327; AG Köln NZI 2004, 331.

[2] *Ahrens,* NZI 2005, 42; BGH NZI 2005, 399; BGH NZI 2007, 357 m. Anm. *Buck,* FD-InsR 2007, 220808; MünchKomm-*Stephan,* InsO § 290 Rn. 14.

[3] Ausnahme gem. § 312 Abs. 2: Verzicht auf Schlusstermin bei schriftlichem Verfahren im Verbraucherinsolvenzverfahren bei überschaubaren Vermögensverhältnissen und Zahl der Gläubiger, BGH NZI 2003, 389 f.; Zur Zulässigkeit von Restschuldbefreiungsversagungsanträgen vor Durchführung des Schlusstermins nach DisE InsO-ÄndG, April 2003, vgl. *Pape,* ZVI 2003, 377.

[4] BGH NZI 2003, 389 ff.

[5] BGH NZI 2003, 449; LG Göttingen ZInsO 2002, 682.

[6] BGH NZI 2004, 635.

[7] So FK-*Ahrens,* InsO, § 290 Rn. 7; aA: AG Offenburg ZVI 2007, 34; AG Wetzlar NZI 2007, 57 f.

[8] LG Hamburg ZVI 2002, 33; aA: LG Krefeld ZVI 2002, 132; LG Heilbronn InVo 2002, 417; offen lassend AG Göttingen ZInsO 2002, 544.

[9] BGH BeckRS 2007, 18 927; BGH NZI 2005, 233; BGH NZI 2003, 389; LG Frankfurt NZI 2002, 673.

gelassen.[1] Eine die Gläubigerbefriedigung (tatsächlich) beeinträchtigende Wirkung der falschen oder unvollständigen Angaben ist hingegen nicht nötig, es genügt, dass die falschen oder unvollständigen Angaben ihrer Art nach geeignet sind, die Befriedigung der Insolvenzgläubiger zu gefährden.[2]

Auf die Versagungsgründe des § 290 kann die Ablehnung der Restschuldbefreiung nur während des ersten Verfahrensabschnittes gestützt werden, eine erneute Prüfung bei der endgültigen Entscheidung gem. § 300 findet nicht statt.[3] 7

b) Verurteilung wegen einer Insolvenzstraftat, § 290 Abs. 1 Nr. 1[4]

Verlangt wird eine rechtskräftige[5] Verurteilung des Schuldners nach einem der 8 **Straftatbestände der §§ 283–283 c StGB.** Fehlt es daran zum Zeitpunkt der Entscheidung über den Restschuldbefreiungsantrag nach § 289 Abs. 1 S. 2, kommt eine Versagung aus diesem Grunde nicht in Betracht.[6] Kommt es im Zeitraum **nach Abschluss des ersten Verfahrensabschnitts** des Restschuldbefreiungsverfahrens zu einer rechtskräftigen Verurteilung, kann dies nach **§ 297** Berücksichtigung finden. Eine **Verurteilung wegen Versuchs** eines der genannten Strafgesetze genügt.

Wurde eine Verurteilung nach Ablauf der dafür in den §§ 46 ff. BZRG 9 vorgesehenen Fristen **im Bundeszentralregister getilgt,** kann eine Versagung hierauf nicht mehr gestützt werden.[7] Wurde eine Gesamtstrafe gebildet, so dürfen darin eingeflossene Verurteilungen wegen anderer als in § 290 Abs. 1 Nr. 1 genannter Delikte bei der Fristenberechnung von vornherein nicht berücksichtigt werden.[8] Darüber hinaus wird vertreten, die Frist auf zehn Jahre zu verkürzen, weil nach Nr. 3 eine frühere Verurteilung wegen einer Insolvenzstraftat und eine darauf gestützte Versagung gem. § 297 nur dann einen Versagungsgrund darstellt, wenn sie in den letzten zehn Jahren vor dem Antrag auf Eröffnung des jetzigen Insolvenzverfahrens erfolgt ist.[9] Entgegen einer teilweise verbreiteten Ansicht[10] kann die Restschuldbefreiung auch wegen einer Insolvenzstraftat versagt werden, die mit dem gegenständlichen Insolvenzverfahren nicht in direktem sachlichem Zusammenhang steht.[11] Dies ergibt sich neben der Erwägung, das Insolvenzgericht von einer inhaltlichen Auseinandersetzung mit dem Strafurteil weitgehend freizuhalten, auch aus der uneingeschränkten Ver-

---

[1] AG Göttingen VuR 2000, 358; so auch *Ahrens,* aaO.

[2] BGH BeckRS 2007, 18 927.

[3] *Ahrens,* aaO, Rn. 2; vgl. den insoweit eindeutigen Wortlaut des § 300 Abs. 1.

[4] Eine Übersicht zur Rechtsprechung 1999 bis August 2005 über die Versagungsgründe gibt *Schmerbach,* NZI 2005, 521 ff.

[5] Vgl. LG Rottweil, ZVI 2008, 541: Führen von Ermittlungs- oder Strafverfahren nicht ausreichend.

[6] Strenger AG Lüneburg ZVI 2004, 56: bereits Versagung möglich, wenn mit an Sicherheit grenzender Wahrscheinlichkeit eine Verurteilung nach §§ 283–283 c StGB zu erwarten ist.

[7] OLG Celle NJW-RR 2002, 196; LG Düsseldorf NZI 2002, 674; vgl. BGH ZVI 2003, 34; *Häsemeyer,* Insolvenzrecht, Rn. 26.19.

[8] AG Stuttgart NZI 2005, 641; OLG Celle NJW-RR 2002, 196; LG Düsseldorf NZI 2002, 674; aA: AG Duisburg NZI 2001, 669.

[9] FK-*Ahrens,* InsO, § 290 Rn. 13, 15; vgl. auch OLG Celle NZI 2001, 155.

[10] AG Göttingen NZI 2002, 446; FK-*Ahrens,* InsO, § 290 Rn. 13; HK-*Landfermann,* InsO, § 290 Rn. 4.

[11] BGH ZVI 2003, 34; OLG Celle ZInsO 2001, 414, 417; BayObLG ZVI 2002, 28; AG Duisburg NZI 2001, 669.

weisung des § 290 Abs. 1 Nr. 1 auf die Straftatbestände der §§ 283 bis 283 c StGB. Ebenso wie in § 283 b Abs. 3 i. V. m. § 283 Abs. 2 StGB wird danach ein Bezug der Pflichtverletzung gerade zu der konkret eingetretenen Insolvenz nicht vorausgesetzt. Vielmehr schließt bereits die abstrakte Gefährdung der Kreditwirtschaft, welche neben der Gläubigergemeinschaft Schutzgut der insolvenzstrafrechtlichen Bestimmungen und damit auch des § 290 Abs. 1 Nr. 1 ist, die Redlichkeit des Schuldners aus.[1]

c) Unrichtige oder unvollständige Angaben, § 290 Abs. 1 Nr. 2

10 Falsche Angaben, die der Schuldner im Vorfeld des Insolvenzverfahrens (zu Falschangaben während des Insolvenzverfahrens vgl. Nrn. 5 und 6 der Versagungsgründe) über seine wirtschaftlichen Verhältnisse gemacht hat, um Leistungen zu erhalten oder zu vermeiden, stellen einen Versagungsgrund dar. Der relevante Zeitraum beginnt strikt drei Jahre vor Insolvenzantragstellung. Nach Auffassung des BGH soll dies auf Grund der in der Bestimmung klar zum Ausdruck gekommenen Absicht des Gesetzgebers, Rechtssicherheit zu gewährleisten, auch dann gelten, wenn die Falschaussage zwar außerhalb des Dreijahreszeitraums gemacht, aber trotz Bestehens einer Rechtspflicht zur Richtigstellung (z. B. aus § 60 SGB I) vom Schuldner innerhalb der Frist nicht korrigiert worden war.[2] Ebenfalls aus Gründen der Rechtssicherheit und um das Verfahren von Beweisaufnahmen hinsichtlich solcher Angaben des Schuldners zu entlasten, deren Abgabe zwischen Schuldner und Gläubiger streitig sind, müssen die Angaben **schriftlich** erfolgt sein.[3] Hierzu gehört insbesondere die vom Schuldner eigenhändig unterschriebene Erklärung über die Einkommens- und Vermögensverhältnisse.[4] Somit reicht es für die Versagung nicht aus, wenn der Schuldner im Rahmen von Kreditverhandlungen eine vom Steuerberater gefertigte BWA überreicht.[5] Entgegen § 126 BGB genügt es nicht, wenn der Schuldner auf einem Formblatt/Kreditantrag lediglich unterschreibt.[6] Weiterhin können auch unrichtige schriftliche Angaben, die der Schuldner zwar nicht persönlich niedergelegt und auch nicht unterzeichnet hat, die jedoch mit seinem Wissen und seiner Billigung an den Empfänger weitergeleitet worden sind, auf Grund des identischen Unrechtsgehalts zur Versagung der Restschuldbefreiung gem. § 290 Abs. 1 Nr. 2 führen.[7] Gleiches gilt für die in seinem Beisein und mit seiner Billigung von einer Urkundsperson im Rahmen ihrer Zuständigkeit in einer öffentlichen Urkunde niedergelegten Erklärungen des Schuldners.[8] Ein Ausschluss der Verfahrenskostenstundung war auf Grund des enumerativen Verweises in § 4 a Abs. 1 S. 3 auf die Versagungsgründe des § 290 Abs. 1 Nr. 1

[1] BGH ZVI 2003, 34.

[2] BGH ZVI 2003, 421; zust. *Urban,* ZVI 2003, 386 ff.; zur Versagung der Restschuldbefreiung bei unredlichem Steuerverhalten auch OLG Köln ZInsO 2001, 229 (Nichtabgabe einer Steuererklärung) gegen LG Traunstein ZVI 2002, 473.

[3] BGH ZVI 2003, 421; LG Göttingen InVo 2002, 326; AG Göttingen NZI 2002, 171.

[4] LG Göttingen NZI 2002, 326; vgl. auch AG Hamburg ZVI 2002, 382.

[5] AG Göttingen ZVI 2002, 385; vgl. auch AG Göttingen NZI 2002, 171.

[6] LG Düsseldorf ZVI 2006, 470 f.

[7] BGH NZI 2003, 662 m. Anm. *Fuchs.* Hierzu gehört insbesondere das Vollstreckungsformular „Feststellung über die persönlichen und wirtschaftlichen Verhältnisse des Vollstreckungsschuldners“ bei Vollstreckungsversuchen des Finanzamts.

[8] BGH NZI 2006, 414.

und 3 zunächst nicht mit dem hiesigen Versagungsgrund möglich [1] Zwischenzeitlich wurde vom BGH im Wege der richterlichen Rechtsfortbildung (analoge Anwendung von § 290 I Nr. 3) festgestellt, dass auch die Verletzung von Auskunfts- und Mitwirkungspflichten gem. § 290 I Nr. 5 und 6 zu einer auf drei Jahre befristeten Präklusion eines neuerlichen Restschuldbefreiungsantrags führt, damit die Unredlichkeit des Schuldners in einem erneuten Verfahren nicht folgenlos bleibt.[2]

Die wirtschaftlichen sind abzugrenzen von den persönlichen Verhältnissen. 11
Letztere können aber u. U. die wirtschaftlichen Verhältnisse mitbestimmen;[3] umgekehrt führen auch fehlerhafte oder unvollständige Angaben über eine Personengesellschaft, für deren Verbindlichkeiten der Schuldner unbeschränkt haftet, zur Versagung gem. § 290 Abs. 1 Nr. 2, da in diesem Fall auch seine eigenen wirtschaftlichen Verhältnisse unmittelbar betroffen sind.[4]

Die unzutreffende Erklärung des Schuldners muss aus einem der drei genann- 12
ten Gründe (Erlangung eines Kredits oder Erlangung von öffentlichen Leistungen oder Vermeidung von Leistungen an öffentliche Kassen) abgegeben sein. Unrichtige Angaben, die zu anderen Zwecken gemacht werden, rechtfertigen eine Versagung nicht.

Der Wortlaut („um ... zu") macht deutlich, **dass der Schuldner sein** 13
Handeln auf die genannten Ziele ausgerichtet haben muss. Er verlangt jedoch nicht, dass der Schuldner sein Ziel auch tatsächlich erreicht, also den Kredit oder die Leistung erhalten bzw. letztere vermieden hat. Die **bloße Absicht des Schuldners** ist jedoch deshalb **nicht** für **ausreichend** zu halten, weil es sich bei der Vorschrift nicht um eine Norm mit Strafcharakter handelt.[5] Bezüglich des Finalzusammenhangs müssen die unrichtigen oder unvollständigen Angaben zu seinen wirtschaftlichen Verhältnissen für die Kredit-/Leistungsgewährung bzw. Vermeidung von Leistungen an öffentliche Kassen nicht ursächlich sein, es genügt, dass der Schuldner sein Handeln auf die genannten Ziele ausgerichtet hat. Nicht verlangt wird also, dass der Schuldner sein Ziel auch tatsächlich erreicht hat, also den Kredit oder die Leistung erhalten bzw. letztere vermieden hat.[6] Nicht die Absicht des Schuldners ist zu sanktionieren, sondern seine gläubigerschädigende Handlungsweise. Nach dem so verstandenen Finalzusammenhang schließt die Berichtigung unrichtiger Angaben vor dem Schlusstermin die Anwendung des Versagungsgrundes nicht immer aus, andernfalls könnte sein Zweck nicht erfüllt werden, den Kreis der Schuldner vom Privileg der Restschuldbefreiung auszuschließen, die innerhalb der Dreijahresfrist vor dem Eröffnungsantrag durch falsche schriftliche Erklärungen zumindest versucht haben, sich einen Kredit zu erschleichen.[7]

---

[1] BGH NZI 2008, 318 m. Anm. *Lang,* FD-InsR 2008, 266515.

[2] BGH, BeckRS 2009, 24320, m. Anm. *Buck,* FD-InsR 2009, 289651.

[3] Siehe MünchKomm-*Wax,* ZPO § 114 Rn. 45.

[4] BGH, Beschluss vom 11. 9. 2003, IX ZB 37/03, bei Beteiligungen des Schuldners an Kapitalgesellschaften sowie beschränkt haftenden Personengesellschaften ausdrücklich offengelassen.

[5] So *Baur/Stürner,* Zwangsvollstreckungs-, Konkurs- und Vergleichsrecht, Bd. II, Rn. 26.9 hinsichtlich §§ 17 f. VglO.

[6] BGH NZI 2008, 195 m. Anm. *Lang,* FD-InsR 2008, 252 397.

[7] BGH BeckRS 2008, 12738.

14 Der Vorsatz des Schuldners muss sich auf alle Merkmale des Tatbestandes beziehen. Grobe Fahrlässigkeit verlangt einen objektiv und subjektiv besonders schweren Verstoß gegen die erforderliche Sorgfalt.[1]

15 Es wird erwogen, die **Antragsberechtigung** auf Gläubiger zu begrenzen, denen gegenüber die unrichtige Erklärung erfolgt ist.[2] Von großer praktischer Relevanz ist die Frage jedoch nicht, weil einem Gläubiger, der nicht Erklärungsgegner ist, i. d. R. die Handlungsweise nicht bekannt sein wird.

16 **Beispiele für Nr. 2:** falsch ausgefülltes Formular für einen Bankkredit, Verschweigen von Lohnabtretungen,[3] Abgabe einer unrichtigen oder unvollständigen – nicht aber das Fehlen einer – Steuererklärung,[4] falsche Angaben zum Nebeneinkommen,[5] nicht aber bei Blankounterschrift von Kreditunterlagen, die einem Kreditvermittler übergeben wurden, sofern seitens des Schuldners kein Anlass zur Befürchtung stand, der Vermittler werde die Angaben nicht ordnungsgemäß in das Vertragsformular eintragen.[6]

d) Früherer Antrag auf Restschuldbefreiung, § 290 Abs. 1 Nr. 3

17 Ein früheres Restschuldbefreiungsverfahren, das in den letzten zehn Jahren vor dem jetzigen Antrag durchgeführt wurde und das entweder zu einer Erteilung oder aus den Gründen der §§ 296, 297 zu einer Versagung der Restschuldbefreiung geführt hat, stellt einen Versagungsgrund dar. **Rechtsmissbräuchlich wiederholte Antragstellungen sollen** damit **verhindert werden,** komplizierte Beweiserhebungen umgangen werden. Das gesetzliche Restschuldbefreiungsverfahren soll nach dem Willen des Gesetzgebers unverschuldet in Not geratenen Schuldnern dienen und nicht als Mittel der wiederholten Reduzierung der Schuldenlast eingesetzt werden.[7] Die zehnjährige Sperrfrist beginnt mit der Rechtskraft der früheren Entscheidung.[8] Ferner ist der Restschuldbefreiungsantrag unzulässig, wenn er innerhalb von drei Jahren nach rechtskräftiger Versagung der Restschuldbefreiung in einem früheren Verfahren wegen einer vorsätzlichen/grob fahrlässigen Verletzung seiner Auskunfts- und Mitteilungspflichten gestellt worden ist, § 290 I Nr. 3 analog.[9] Nicht einheitlich beurteilt wird, ob **Nr. 3 auch im Falle eines Widerrufs nach § 303 anwendbar** ist. Dafür spricht, dass dem Widerruf eine Erteilung der Restschuldbefreiung vorausgeht, wodurch die Voraussetzungen der Nr. 3 erfüllt werden.[10] Die Gegenauffassung führt an, dass bei einem Widerruf nicht mehr von einer Erteilung gesprochen werden könne.[11]

---

[1] RGZ 141, 129, 131; BGHZ 89, 153, 161; BGH NJW 1997, 1012, 1013; MünchKommBGB-*Hanau,* § 277 Rn. 2, 10.

[2] FK-*Ahrens,* InsO, § 290 Rn. 27.

[3] AG Landau ZVI 2004, 629.

[4] BGH NZI 2006, 249; BGH NZI 2003, 449.

[5] LG Stuttgart ZInsO 2001, 134, obgleich nur durch Kopie glaubhaft gemachte Angaben.

[6] BGH NZI 2005, 687.

[7] *Balz/Landfermann,* S. 548 ff., Begründung zum RegE.

[8] HK-*Landfermann,* InsO, § 290 Rn. 7.

[9] Jüngst BGH, BeckRS 2009, 24320 m. Anm. *Buck,* FS-InsR 2009, 289651, Rechtsprechungsanwendung, vgl. noch BGH, NZI 2008, 314.

[10] So HK-*Landfermann,* InsO, § 290 Rn. 9.

[11] FK-*Ahrens,* § 290 Rn. 31; *Döbereiner,* Restschuldbefreiung, S. 130, der sich allerdings für eine Anwendung der 2. Alt. mit der Begründung ausspricht, dass auch der Widerruf

e) Beeinträchtigung der Befriedigung der Gläubiger, § 290 Abs. 1 Nr. 4

Ein Schuldner, der seinen Gläubigern dadurch Schaden zufügt, dass er in missbräuchlicher Weise sein Vermögen vermindert oder eine Verzögerung des Insolvenzverfahrens herbeiführt, verdient keine Restschuldbefreiung.[1] Die Vorschrift ist **keine Generalklausel,** sondern zählt die missbräuchlichen Verhaltensweisen abschließend auf. Als weiteres objektives Tatbestandselement wird eine Beeinträchtigung der Befriedigung der Gläubiger (s. § 296) verlangt. Die Unredlichkeit ergibt sich jedoch ohne Hinzutreten besonderer Unwertmerkmale nicht allein aus dem Umstand, dass das Verhalten des Schuldners im Falle der Eröffnung des Insolvenzverfahrens Veranlassung für (Deckungs- oder Vorsatz-) Anfechtung böte[2]; in subjektiver Hinsicht müssen Vorsatz oder grobe Fahrlässigkeit vorliegen. Das rechtliche Gehör des Schuldners wird nicht verwehrt, wenn die Vorinstanzen zwar sein Vorbringen zur Kenntnis nehmen, aber andere rechtliche Schlüsse daraus ziehen. So kann der subjektive Tatbestand auch dann gegeben sein, wenn sich dem Schuldner geradezu hätte aufdrängen müssen, dass sein Verhalten mit Blick auf die Gläubiger missbräuchlich und geeignet war, den Gläubigerinteressen zu schaden.[3] 18

Die erste Tatbestandsalternative sanktioniert die **Begründung unangemessener Verbindlichkeiten,** die der Schuldner unter Umständen sogar im Hinblick auf eine Restschuldbefreiung eingeht.[4] Die Angemessenheit richtet sich nach der konkreten Lebenssituation des Schuldners. Dabei sind auch seine sich aus der beruflichen Tätigkeit ergebenden Bedürfnisse zu berücksichtigen.[5] 19

Hierzu gehört auch, wenn es der Schuldner nach Beginn des außergerichtlichen Einigungsversuches unterlässt, in zumutbarem Umfang Rücklagen für die Kosten des auf ihn zukommenden Insolvenzverfahrens zu bilden. Bei Verstoß gegen diese Obliegenheit muss sich der Schuldner hinsichtlich seines Stundungsantrages so behandeln lassen, als seien die verbrauchten Finanzmittel noch vorhanden.[6] Eine Kreditaufnahme des Schuldners, die vor Antragstellung etwa im Rahmen einer Umschuldungsmaßnahme erfolgt, stellt hingegen nicht stets eine Unredlichkeit des Schuldners dar.[7] Die Gesetzesbegründung nennt daneben ausdrücklich Verbindlichkeiten aus einer vorsätzlichen, unerlaubten Handlung. 20

Luxusaufwendungen erfüllen das Merkmal der **Vermögensverschwendung** ebenso wie jede Verwendung des Vermögens, die außerhalb des Nachvollziehbaren liegt,[8] wie z. B. die Fortsetzung eines der Situation des Schuldners 21

---

nach § 303 – wie die Versagung nach § 296 – auf einem Verstoß gegen die Schuldnerobliegenheiten des § 295 beruhe.

[1] *Balz/Landfermann,* S. 548 f., Begründung zum RegE.

[2] BGH, NZI 2009, 325 m. Anm. *Lang,* FD-InsR 2009, 280798.

[3] BGH BeckRS 2008, 06235; zur Lastschriftgenehmigung vor Insolvenzantrag vgl. AG München, NZI 2009, 482 und LG Hamburg NZI 2008, 570 m. Anm. *Hofmann.*

[4] *Balz/Landfermann,* S. 548 f., Begründung zum RegE.

[5] LG Berlin ZVI 2002, 288 (m. Anm. *Ernst*); *Heyer,* Verbraucherinsolvenzverfahren und Restschuldbefreiung, S. 45 f.

[6] LG Duisburg ZInsO 2004, 1044.

[7] AG Hamburg ZInsO 2002, 339; vgl. auch AG Hamburg ZVI 2002, 34.

[8] BGH, NZI 2009, 325 m. Anm. *Lang,* FD-InsR 2009, 280798. Vgl. FK-*Ahrens,* InsO, § 290 Rn. 36.

unangemessenen Lebensstils.[1] Eine Flugreise, die der Schuldner aus seinem unpfändbaren Einkommen bestreitet, stellt ebenso wie die Anmietung einer geräumigen Wohnung nicht automatisch eine Luxusaufwendung dar, die die Versagung der Restschuldbefreiung gem. § 290 Abs. 1 Nr. 4 rechtfertigt.[2] Weiterhin ergibt sich aus der Wertung des § 83, dass das Recht zur Ausschlagung einer Erbschaft ein höchstpersönliches ist, das dem Zugriff der Gläubigergemeinschaft entzogen ist und somit nicht als Vermögensverschwendung gem. § 290 Abs. 4 zur Versagung der Restschuldbefreiung führen kann.[3]

22 Die dritte Tatbestandsvariante begründet keine Pflicht des Schuldners zur Stellung des Eröffnungsantrages, sondern soll den Schuldner davon abhalten, die Gläubiger an einer rechtzeitigen Antragstellung zu hindern. Diese Regelung dient dem Erhalt der Insolvenzmasse.[4]

f) Verletzung von Auskunfts- und Mitwirkungspflichten, § 290 Abs. 1 Nr. 5

23 Bei schuldhafter Verletzung seiner ihn bereits ab Insolvenzantragstellung treffenden Auskunfts- und Mitwirkungspflichten kann die Restschuldbefreiung ebenfalls versagt werden.[5] Eine (tatsächliche) Beeinträchtigung der Gläubigerbefriedigung muss nicht vorliegen. Nach Sinn und Zweck der Norm, den Schuldner zur uneingeschränkten und vorbehaltlosen Erfüllung seiner sich aus den §§ 97, 20 Abs. 1 ergehenden Pflichten anzuhalten, genügt es, dass die Verletzung der Auskunfts- und Mitteilungspflichten ihrer Art nach geeignet ist, die Gläubigerbefriedigung zu gefährden.[6] Dabei muss es sich um **die in der InsO normierten Pflichten** handeln, vertragliche Auskunfts- oder Mitwirkungspflichten, etwa die Vereinbarung mit dem Insolvenzverwalter über die Abführung einer monatlichen Pauschale, genügen ebenso wenig wie gerichtliche Anordnungen, die ihrerseits der InsO widersprechen.[7] Setzt der Schuldner jedoch trotz Verbots durch den Treuhänder seine Geschäftstätigkeit fort, so stellt dies eine direkte und vorsätzliche Zuwiderhandlung gegen eine zentrale Verfahrenentscheidung des Treuhänders dar, die zur Versagung der Rechtschuldbefreiung gem. § 290 Abs. 1 Nr. 5 InsO führt.[8] Auch kann sich aus der Sorgfalt eines redlichen Schuldners[9] eine aktive Pflicht zur Mitteilung hinsichtlich solcher Umstände ergeben, die erkennbar nicht Gegenstand von gezielten Nachfragen des Gerichts, der Gläubiger oder des Treuhänders sein können, weil sie den übrigen Verfahrensbeteiligten nicht bekannt sind.[10] Es steht nicht im Ermessen des Schuldners, welche Forde-

---

[1] BGH ZInsO 2005, 146.

[2] AG Bonn ZInsO 2001, 1070; Luxusaufwendung bejaht bei Finanzierung einer Urlaubsreise aus Teilen des Entgelts der Veräußerung eines Geschäftsbetriebs: LG Düsseldorf NZI 2004, 390.

[3] LG Mainz ZInsO 2003, 525; vgl. § 295 Abs. 1 Nr. 2.

[4] *Balz/Landfermann,* S. 548 f., Begründung zum RegE.

[5] BGH ZVI 2005, 514; *Pape,* EWiR 2005, 397; *Vallender,* ZVI 2003, 253 ff., 255.

[6] BGH NZI 2009, 253 m. Anm. *Buck,* FD-InsR 2009, 276470, NJW-Spezial 2009, 213.

[7] BGH NZI 2003, 389 m. Anm. *Kohte; Runkel,* FS Uhlenbruck, 2000, S. 315 ff., 331; *Vallender,* ZVI 2003, 253; AG Regensburg ZInsO 2004, 1214.

[8] LG Cottbus, ZVI 2002, 218.

[9] Hierzu *Schmahl,* ZZP, Band 114 (2001), 261 ff., 262.

[10] AG Erfurt, ZInsO 2006, 1173; AG Oldenburg ZInsO 2001, 1170. Vgl. BGH, NJW-Spezial 2009, 454 m. Anm. *Buck,* FD-InsR 2009, 280025.

rungen er für unbegründet hält und daher nicht angibt.[1] In zeitlicher Hinsicht wird **das gesamte Insolvenzverfahren einschließlich des Eröffnungsverfahrens** erfasst.[2] Im Insolvenzantrag gemachte, unrichtige Angaben muss der Schuldner auch ohne gerichtliche Anforderung korrigieren oder ergänzen, etwa wenn nach Einreichung des Verzeichnisses weitere Gläubiger erkennbar werden.[3] Damit geht es um die Erfüllung der gesetzlichen Verpflichtungen aus den §§ 20, 21 Abs. 2 Nr. 2, 22 Abs. 3 S. 2 und 3, 97, 98, 101, 287 Abs. 2 S. 2, die von einem Schuldner, der Restschuldbefreiung erlangen will, verlangt werden kann.

Beispiele für Nr. 5: Die Rechtsprechung bejaht einen Verstoß u. a. bei **Verschweigen eines Treuhandkontos,**[4] der **Nichtangabe von Einkünften unterhalb der Pfändungsgrenze,**[5] der **Nichtangabe einer streitigen oder vom Schuldner bestrittenen Forderung,**[6] beim **Unterlassen der Meldung einer selbstständigen Tätigkeit,**[7] der Nichtauskunft eines Artzes über seine Einnahmen aus der Behandlung von Privatpatienten,[8] der **Nichtangabe** erzielter Einnahmeerlöse mittels **geleastem Kfz,**[9] beim **Unterlassen** der **Information** über eine **Erbschaft**[10] und wahrheitswidriger Erklärung gegenüber dem Treuhänder, **Steuererklärungen** in Kürze abzusenden.[11] Auch das **Verschweigen** von unstreitigen, nach Auffassung des Schuldners lediglich **schwierig beitreibbaren Forderungen** stellt einen Verstoß gegen die Auskunfts- und Mitwirkungspflichten dar.[12] Auch auf eine Handlung des Schuldners vor Eröffnung des Insolvenzverfahrens **(Wahl der Steuerklasse V)** kann eine Verletzung der Mitwirkungspflichten nach § 290 Abs. 1 Nr. 5 gestützt werden.[13] Die Bezifferung einer streitigen Forderung mit 0,00 € rechtfertigt die Versagung hingegen nicht, da häufig die exakte Höhe erst im Prüfungs- und Feststellungsverfahren oder mittels Tabellenfeststellungsklage rechtsgültig angegeben werden kann.[14]

In der Praxis besonders bedeutsam sind die Fälle, dass der Schuldner dem Verwalter/Treuhänder/Insolvenzgericht einen **Wohnungswechsel nicht anzeigt** bzw. einen **Nachweis** für seine **Arbeitslosigkeit** trotz Aufforderung nicht vorlegt und auch die **Aufnahme** eines **neuen Arbeitsverhältnisses** nicht mit-

---

[1] BGH NZI 2008, 506 m. Anm. *Lang,* FD-InsR 2008, 263090; BGH BeckRS 2009, 20300.

[2] BGH NZI 2005, 232; BGH NJW-Spezial 2008, 214; BGH, NZI 2009, 65 m. Anm. *Kind,* FS-InsO 2008, 270722; *Pape,* EWiR 2005, 397; vgl. *Balz/Landfermann,* S. 548 f., Begründung zum RegE; zum Verhältnis zu § 4 a vgl. dort Rn. 22.

[3] BGH NZI 2009, 65 m. Anm. *Kind,* FD-InsR 2009, 270722.

[4] BGH ZVI 2005, 551.

[5] OLG Celle NZI 2002, 323 sowie AG Göttingen ZVI 2007, 34 f.

[6] AG Göttingen FD-InsR 2006, 191371; BGH NZI 2008, 506 m. Anm. *Lang,* FD-InsR 2008, 263090; BGH, NZI 2009, 562 m. Anm. *Buck,* FS-InsR 2009, 285981.

[7] LG Krefeld ZVI 2002, 132 sowie AG Offenburg ZVI 2007, 34; AG Oldenburg ZInsO 2001, 1170.

[8] BGH, NJW 2009, 1603 m. Anm. *Lang,* FD-InsR 2009, 279413; NJW-Spezial 2009, 421.

[9] AG Göttingen ZInsO 2002, 992.

[10] LG Göttingen NZI 2004, 678.

[11] LG Mönchengladbach NZI 2005, 173.

[12] BGH ZInsO 2007, 96 f.

[13] BGH ZVI 2006, 596 f.

[14] BGH ZInsO 2008, 860 = BeckRS 2008, 14006.

teilt.[1] Der Schuldner ist hinsichtlich der zur Fertigung der Steuererklärung benötigten Unterlagen nur dazu verpflichtet, den Insolvenzverwalter durch Überlassung der notwendigen Unterlagen in den Stand zu versetzen, gegenüber dem Finanzamt eine Steuererklärung abgeben zu können, ansonsten kommt eine Versagung der Restschuldbefreiung in Betracht.[2]

24 Die in der Begründung des Rechtsausschusses zu § 296 verlangte Überschreitung einer Wesentlichkeitsgrenze soll auch hier gelten.[3] Der Vorwurf vorsätzlichen oder grob fahrlässigen Verhaltens kann nicht nur bei einer vorhergehenden Aufforderung zur Pflichtenerfüllung begründet werden,[4] die fehlende Mitwirkung und Auskunftserteilung müssen sich über einen längeren Zeitraum erstrecken und nennenswerte Auswirkungen auf das Verfahren haben.[5] Er entfällt allerdings bei fehlerhafter Information durch das Gericht.[6]

g) Fehlerhafte Verzeichnisse, § 290 Abs. 1 Nr. 6

25 Macht der Schuldner in dem in einem Verbraucher- oder Kleininsolvenzverfahren vorzulegenden Einkommens-, Vermögens-, Gläubiger oder Forderungsverzeichnis (z. B. § 305 Abs. 1 Nr. 3) vorsätzlich oder grob fahrlässig falsche Angaben, führt das zur Versagung der Restschuldbefreiung. Grundsätzlich setzt daher eine Versagung der Restschuldbefreiung gem. § 290 Abs. 1 Nr. 6 eine die Befriedigung der Insolvenzgläubiger beeinträchtigende Wirkung der falschen oder unvollständigen Angaben nicht voraus.[7] Es kommt allein darauf an, dass der Schuldner in den von ihm vorzulegenden Verzeichnissen, z. B. nach § 305 Abs. 1 Nr. 3 falsche Angaben gemacht hat. Spätere, unzutreffende Angaben des Schuldners, z. B. im Rahmen der Stellungnahme zum Versagungsantrag des Gläubigers, sind für diesen Versagungsgrund unerheblich.[8]

Im Unterschied zu Nr. 5 genügt eine mündlich unrichtige Erklärung nicht, denn die unrichtigen Angaben müssen in den Verzeichnissen und damit schriftlich gemacht sein. Die Vorlage des Vermögens- und Gläubigerverzeichnisses nach § 305 Abs. 1 Nr. 3 soll der Entlastung des Insolvenzgerichts und der Information der Gläubiger über die Grundlagen der geplanten Schuldenbereinigung dienen und nicht lediglich buchhalterischen Zwecken. Eine Versagung der Restschuldbefreiung kann daher nicht auf Mängel der mit dem Antrag auf Eröffnung des Verbraucherinsolvenzverfahrens und auf Restschuldbefreiung eingereichten Unterlagen gestützt werden, wenn der Schuldner noch im Eröffnungsverfahren seine ursprünglichen, nicht vorsätzlich falschen Angaben gem. § 305 Abs. 3 S. 1 oder § 307 Abs. 1 korrekt ergänzt oder berichtigt.[9] Vom Schuldner im Vermögensverzeichnis nicht erwähnte Ausgleichsansprüche gegen einen anderen Gesamtschuldner sind für ihn während des Insolvenzverfahrens

---

[1] LG Verden ZVI 2006, 496 f.

[2] BGH NJW 2008, 3500 m. Anm. *Lang,* FD-InsR 2009, 276413; NJW-Spzial 2009, 214.

[3] BGH ZInsO 2008, 975 = BeckRS, 17096; FK-*Ahrens,* InsO, § 290 Rn. 47.

[4] LG Mönchengladbach NZI 2005, 173; AG Hamburg ZInsO 2001, 330, schon bei gezieltem Nachtragen und objektiver Unrichtigkeit der Auskünfte tatbestandsmäßiger Verstoß; aA: *Ahrens,* aaO.

[5] BGH ZInsO 2008, 975.

[6] BGH NZI 2006, 299.

[7] BGH NZI 2004, 633.

[8] BGH NZI 2005, 404.

[9] BGH NZI 2005, 461.

bereits aus Rechtsgründen wirtschaftlich wertlos, weil er einen Ausgleichsanspruch nicht zum Nachteil des Gläubigers geltend machen könnte, § 426 Abs. 2 S. 2 BGB.[1]

Das Fehlen schriftlicher Darlehensunterlagen kann als Indiz für begründete Zweifel am Bestand der **Forderung eines Verwandten (Mutter)** gewertet werden; die **nachträgliche Titulierung durch notarielles Anerkenntnis** muss nicht für die Forderung sprechen.[2] Wenn der Schuldner über die Schulden unrichtige Angaben gemacht hat, soll dies nach dem LG Saarbrücken[3] den Antrag auf Versagung der Restschuldbefreiung nur dann rechtfertigen können, wenn der den Antrag stellende Gläubiger dadurch benachteiligt wurde. Dies erscheint aber zweifelhaft, da die vom LG Saarbrücken gemachte Einschränkung im Gesetz keine Stütze findet. Ausreichend ist grundsätzlich, dass die Angaben falsch oder unvollständig sind.[4] Ein Recht des Schuldners auf Zurückhalten solcher Informationen, die für die Gläubigerbefriedigung unerheblich sind oder sein könnten, ist schon deshalb abzulehnen, weil dies eine Einschätzungsprärogative des Schuldners bedeuten würde, die das Risiko von Fehleinschätzungen in sich birgt und dem Interesse der Gläubiger an einer umfassenden und objektiven Prüfung der Vermögenslage durch den Insolvenzverwalter/Treuhänder zuwiderliefe. Ob bei objektiv unwesentlichen Verstößen ausnahmsweise auf fehlendes Verschulden geschlossen werden kann, ist im Rahmen des jeweiligen Einzelfalls zu prüfen.[5] **Einkommen** müssen jedoch stets vollständig angegeben werden, auch wenn diese **unterhalb der Pfändungsfreigrenze** liegen.[6] Gleiches gilt jedenfalls für eine erhebliche **Forderung** des Schuldners, auch wenn diese **streitig** ist, im Klageweg bislang nicht durchgesetzt werden konnte und bei Stellung des Antrags auf Erteilung der Restschuldbefreiung im zweiten Berufungsverfahren anhängig ist.[7] Auch die Angabe im Vermögensverzeichnis für einen **Pkw** mit **„nein"** ist eine **Falschangabe,** selbst wenn das Fahrzeug nur einen Erinnerungswert von 1,– € hat. Allerdings können Falschangaben über Umstände, die **keine Auswirkung auf die Insolvenzmasse** haben, nicht zur Versagung der Restschuldbefreiung führen.[8] Jeder Insolvenzgläubiger, der seine Forderung angemeldet hat, nicht etwa nur der im Einzelfall durch die unvollständige Angabe betroffene Gläubiger, ist **antragsberechtigt.**[9]

Die **subjektiven Voraussetzungen** des Vorliegens eines Versagungsgrundes 26
i. S. d. § 290 Abs. 1 Nr. 6 sind im Rahmen einer Gesamtwürdigung festzustellen, bei der das beiderseits glaubhaft gemachte Vorbringen umfassend zu würdigen

[1] BGH ZVI 2004, 696.
[2] OLG Köln, Beschluss vom 26. 6. 2000 – 2 W 82/00 –, Leitsätze abgedruckt bei *Pape,* ZInsO 2000, 657.
[3] LG Saarbrücken NZI 2000, 380.
[4] BGH NZI 2004, 633 f.
[5] BGH NZI 2005, 233.
[6] OLG Celle NZI 2002, 323.
[7] LG Krefeld ZVI 2002, 132; vgl. auch BGH, NZI 2009, 562 m. Anm. *Buck,* FD-InsR 2009, 285981; AG Göttingen ZVI 2003, 610.
[8] LG Kleve ZVI 2007, 33; BGH ZVI 2005, 641.
[9] BGH NZI 2007, 357 m. Anm. *Buck,* FD-InsR 2007, 220808; OLG Celle ZInsO 2000, 456 f.; aA: AG Mönchengladbach ZInsO 2001, 674; AG Memmingen ZInsO 2004, 52 zu § 290 Abs. 1 Nr. 5.

und auf den Zeitpunkt der Erstellung der unvollständigen oder unrichtigen Verzeichnisse abzustellen ist.[1]

27 Ein **Irrtum des Schuldners** über die Richtigkeit der Angaben, etwa weil irrig die Nichtigkeit einer Forderung auf Grund Sittenwidrigkeit oder Verstoßes gegen § 307 BGB angenommen wird, schließt den Tatbestand aus. Anders allerdings beim Vorliegen von grober Fahrlässigkeit, welche angesichts der dem Schuldner bekannten Anforderungen an dessen Redlichkeit für die Erlangung der begehrten Restschuldbefreiung nicht zu eng ausgelegt werden sollte.[2] Bei der Beurteilung der dem Schuldner zur Last zu legenden, groben Fahrlässigkeit ist das beidseits glaubhaft gemachte Vorbringen im Zeitpunkt der Erstellung oder unvollständigen oder unrichtigen Verzeichnisse umfassend zu würdigen, auch bei dem dem Schuldner gemachten Vorwurf auf individuelle Umstände wie dessen persönlicher Geschäftserfahrung abzustellen.[3] So wird der Schuldner nicht ohne Weiteres dadurch entlastet, dass er ein ihm von anwaltlicher Seite zur Verfügung gestelltes Formular ausgefüllt hat, in dem Angaben zu seinen Einkommensverhältnissen nicht vorgesehen waren.[4] Der Schuldner darf hingegen grundsätzlich darauf vertrauen, dass sein Verweis auf eine zuvor abgegebene eidesstattliche Versicherung die subjektiven Voraussetzungen des Versagungsgrundes nicht erfüllt.[5] Hatte der Schuldner in Unkenntnis der genauen Forderungshöhe eines Gläubigers lediglich einen symbolischen Betrag eingesetzt, so muss dies unmissverständlich zum Ausdruck gebracht werden und nach Antragstellung unverzüglich beim Gläubiger abgefragt werden.[6] Nicht grob fahrlässig im Sinne einer subjektiv schlechthin unentschuldbaren Pflichtverletzung sind unrichtige oder unvollständige Angaben etwa zum „sonstigen Lebensunterhalt" dann, wenn die gestellte Frage unklar formuliert ist.[7] Ergänzt oder berichtigt der Schuldner seine ursprünglichen, nicht vorsätzlich falschen Angaben, im Antrag auf Eröffnung des Verbraucherinsolvenzverfahrens und auf Restschuldbefreiung noch im Laufe des Eröffnungsverfahrens, so kann die Restschuldbefreiung nicht wegen der eingereichten Unterlagen versagt werden.[8]

h) Glaubhaftmachung des Versagungsgrundes, § 290 Abs. 2

28 In verfahrensrechtlicher Hinsicht ist für einen zulässigen Gläubigerantrag auf Versagung der Restschuldbefreiung – neben dem Antrag selbst (Abs. 1 1. Halbs.) – erforderlich, dass ein Versagungsgrund glaubhaft gemacht wird. Damit muss der Gläubiger nicht den Vollbeweis für das Vorliegen des von ihm geltend gemachten Versagungsgrundes führen. Es **genügt gem. § 4 i. V. m. § 294 ZO** anstelle der vollen richterlichen Überzeugung (vgl. § 286 ZPO) die Darlegung der **überwiegenden Wahrscheinlichkeit** für das Vorliegen des geltend gemachten Ver-

---

[1] OLG Celle DZWIR 2001, 516.

[2] LG Göttingen ZInsO 2002, 733; aA: FK-*Ahrens,* InsO, § 290 Rn. 55; AG Hamburg NZI 2002, 46.

[3] BGH NZI 2007, 733 = BGH NJW-Spezial 2007, 581 m. Anm. *Buck,* FD-InsR 2007, 246149; LG Stuttgart ZInsO 2001, 134; ähnlich OLG Celle NZI 2002, 323.

[4] OLG Celle NZI 2001, 597.

[5] Vgl. *Rauschenbusch,* ZInsO 2007, 1151.

[6] AG Göttingen ZInsO 2002, 544.

[7] BGH NZI 2008, 506 m. Anm. *Lang,* FD-InsR 2008, 263090.

[8] BGH NZI 2005, 461; BayObLG NZI 2002, 392; einschränkend AG Göttingen ZInsO 2002, 1150.

sagungsgrundes.[1] Da die Amtsermittlungspflicht des Insolvenzgerichts gem. § 5 Abs. 1 in diesem Verfahrensabschnitt noch nicht eingreift, ist es ausschließlich Sache des Gläubigers, die zur Glaubhaftmachung notwendigen Beweismittel bei Antragstellung, d. h. im Schlusstermin beizubringen.[2] Dabei darf sich der Gläubiger bei der Glaubhaftmachtung auf die vom Insolvenzverwalter etwa in seinem Schlussbericht mitgeteilten Verstöße des Schuldners gegen seine Mitwirkungspflichten berufen.[3] Überdies kann die Glaubhaftmachung auch durch die Vorlage einer schriftlichen Erklärung eines Insolvenzverwalters oder Treuhänders erfolgen.[4] Die von anderen Versagungsantragstellern geltend gemachten, bislang ggf. unbekannten Gründe muss sich der Antragteller jedoch ausdrücklich – wenigstens hilfsweise – zu eigen machen, da er sie andernfalls nicht verwenden kann.[5] Lediglich dann, wenn ein Versagungsantrag auf unstreitige Sachen gestützt wird, ergibt sich aus allgemeinen Grundsätzen des quasi-streitigen Parteiverfahrens, dass eine schlüssige Darlegung dieser Tatsache genügt. Der gesonderten Glaubhaftmachung gem. § 290 Abs. 2 bedarf es in diesem Falle nicht.[6]

Entgegen einer zum Teil vertretenen Ansicht[7] greift – ähnlich der Prüfung der 29
Zulässigkeit eines Insolvenzeröffnungsantrages[8] – **nach gelungener Glaubhaftmachung** des Versagungsgrundes durch den Gläubiger im Rahmen der weiteren Prüfung des Antrags (Begründetheit) der **Amtsermittlungsgrundsatz gem. § 5 Abs. 1** ein.[9] Damit wird der Schutzzweck des § 290 Abs. 2 gewahrt, dem Gericht zunächst aufwändige Ermittlungen durch völlig haltlose Anträge „ins Blaue hinein“ zu ersparen. Nunmehr sind seitens des Insolvenzgerichts die gebotenen Ermittlungsmaßnahmen auszuschöpfen, um die für eine Versagung der Restschuldbefreiung erforderliche Überzeugung des Gerichts, d. h. das Regelbeweismaß der „Gewissheit“ i. S. d. § 286 ZPO über das Vorliegen des Versagungsgrundes zu gewinnen.[10] Die kontradiktorische Ausprägung des Versagungsverfahrens hat somit nicht etwa zur Folge, dass über die Begründetheit des Antrags allein nach den Regeln der Dispositionsmaxime zu entscheiden wären.

Der nunmehr hinzugetretene Amtsermittlungsgrundsatz ändert allerdings 30
nichts daran, dass den Gläubiger im Versagungsverfahren die sog. Feststellungslast trifft. Verbleiben nach Ausschöpfung der gem. § 5 Abs. 1 gebotenen Maßnahmen

[1] BGH NJW-Spezial 2008, 214 = FD-InsR 2008, 251079; BGH NZI 2003, 662 m. Anm. *Fuchs;* OLG Celle ZInsO 2001, 852; LG München ZInsO 2001, 767; aA: AG Kaiserslautern ZInsO 2006, 1172 f.

[2] BGH NJW Spezial 2008, 214 = FD-InsR 2008, 251 079; BGH NZI 2003, 662 m. Anm. *Fuchs; Fuchs,* NZI 2004, 664; *Kohte,* NZI 2003, 393; AG Duisburg NZI 2002, 328.

[3] BGH, Beschluss vom 12. 6. 2008 – IX ZB 61/06, BeckRS 2008, 13007.

[4] BGH BeckRS 2009, 05 598 m. Anm. *Buck,* FD-InsR 2009, 276470.

[5] BGH, NZI 2009, 327 m. Anm. *Lang,* FD-InsR 2009, 278308.

[6] BGH NZI 2003, 662 m. Anm. *Fuchs;* AG Göttingen NZI 2002, 61; MünchKomm-*Stephan,* InsO § 290 Rn. 20; *Kübler/Prütting/Bork/Wenzel,* InsO, § 290 Rn. 4 b.

[7] FK-*Ahrens,* InsO, § 290 Rn. 57 a.

[8] Vgl. hierzu BGH NJW 2003, 1187.

[9] BGH NZI 2003, 662 m. Anm. *Fuchs;* BGH NZI 2005, 404; BGH NZI 2005, 119; zum rechtsstaatlichen Anspruch auf ein faires Verfahren bei tatrichterlicher Überzeugung der Verschleierung von Vermögensverhältnissen in einer Limited vgl. BGH, Beschluss vom 3. 3. 2005 – IX ZB 277/03 – BeckRS 2005, 03945.

[10] BGH NZI 2006, 249; BGH NZI 2005, 687.

Zweifel am Vorliegen des geltend gemachten Versagungstatbestandes, so ist der Antrag zurückzuweisen, da ein non liquet stets zu Lasten des Antragstellers geht.[1]

31 Da die Versagung der Restschuldbefreiung nur auf einen Antrag hin zulässig ist, darf das Gericht sie nur auf den von dem Gläubiger selbst geltend und glaubhaft gemachten Grund stützen,[2] wegen in der Bindung an den Verfahrensantrag gem. §§ 4 InsO, 308 Abs. 1 ZPO zum Ausdruck kommenden gläubigerautonomen Ausgestaltung des Insolvenzverfahrens, nicht hingegen aus einem anderen, ebenfalls vorliegenden Versagungsgrund des § 290 die Restschuldbefreiung versagen. Ein **Nachschieben von Versagungsgründen** nach dem Schlusstermin ist auch dann ausgeschlossen, wenn der Versagungsgrund überhaupt erst nach dem Schlusstermin bekannt geworden ist.[3] Umgekehrt ist es dem Schuldner nach dem Schlusstermin ausgeschlossen, den vorgebrachten Versagungsgrund nachträglich zu bestreiten.[4] Dem Schlusstermin kommt somit als Verfahrenszäsur eine erhebliche Bedeutung für Gläubiger und Schuldner zu.

Wird ein Versagungsantrag auf unstreitige Tatsachen gestützt, so ergibt sich aus allgemeinen Grundsätzen des quasi-streitigen Parteiverfahrens, dass eine schlüssige Darlegung dieser Tatsache genügt. Der gesonderten Glaubhaftmachung gem. § 290 Abs. 2 bedarf es in diesem Falle nicht.[5] Nimmt ein Gläubiger zur Begründung seines Antrags auf Versagung der Restschuldbefreiung lediglich Bezug auf ein mit Datum und Aktenzeichen benanntes Urteil, so ist das keine ausreichende Begründung. Auch reicht eine – im Schlusstermin überreichte – Gerichtsentscheidung zur Begründung eines Versagungsgrundes nicht aus, sofern der Schuldner an diesem Verfahren nicht beteiligt war.[6]

3. Praxishinweise

32 **In der täglichen Praxis ist anzuraten,** den Schuldner bereits in einem frühen Stadium, d. h. bereits im Rahmen des außergerichtlichen Schuldenbereinigungsverfahrens insbesondere auf die Versagungsgründe der Nrn. 4–6 eingehend hinzuweisen, da oftmals versucht wird, Vermögen bspw. durch fingierte Pfändungsbeträge der Insolvenzmasse zu entziehen. Wichtig erscheint auch der – lapidar klingende – Hinweis an den Schuldner, Wohnsitzwechsel unverzüglich sowohl dem Verwalter bzw. Treuhänder als auch dem Insolvenzgericht zu melden. Vergißt dies der Schuldner, riskiert er – einfach zu begründende – Versagungsanträge.

Schließlich sollte zu Beginn einer jeden Beratung beim Schuldner abgefragt werden, ob Leistungen nach dem SGB II oder SGB XII bezogen werden. Laufen Ermittlungen wegen Leistungserschleichung oder wurde bspw. ein entsprechender Verwaltungsakt zur Aufhebung des Ursprungsbescheides bereits erlassen, droht der Versagungstatbestand des § 290 Abs. 1 Nr. 2.[7]

---

[1] BGH NZI 2003, 662 m. Anm. *Fuchs; Huber,* LMK 2004, 39 f.; HK-*Landfermann,* InsO, § 290 Rn. 16; *Uhlenbruck/Vallender,* InsO, § 290 Rn. 46.

[2] Vgl. OLG Köln ZInsO 2001, 807.

[3] BGH NZI 2008, 48 m. Anm. *Lang,* FD-InsR 2007, 247347; BGH, NZI 2009, 327 m. Anm. *Lang,* FD-InsR 2009, 278308; HK-*Landfermann,* InsO, § 289 Rn. 13.

[4] BGH NZI 2009, 256 m. Anm. *Lang,* FD-InsR 2009, 277454.

[5] AG Göttingen NZI 2002, 61.

[6] LG Stade ZVI 2006, 352 f.

[7] Ausführlich hierzu *Homann,* ZVI 2006, 425 f.

4. Gerichtskosten

Gerichtskosten werden für einen Antrag nach § 290 nicht erhoben; anders dagegen bei § 296; vgl. § 23 Abs. 2 GKG und Nr. 2350 des Kostenverzeichnisses. 33

5. Verfahrensrechtliches

Versagungsgründe können grundsätzlich nur mündlich **im Schlusstermin** 34
und **nicht nachträglich**[1] schriftlich geltend gemacht werden. Unter den engen Voraussetzungen des **§ 5 Abs. 2** kann über die Versagung der Restschuldbefreiung auch im **schriftlichen Verfahren** entschieden werden.[2] Ordnet das Insolvenzgericht für die Beendigung des Verfahrens das schriftliche Verfahren an und bestimmt eine Frist, innerhalb derer die Gläubiger Einwendungen gegen die Ankündigung der Restschuldbefreiung erheben können, müssen die entsprechenden Anträge innerhalb dieser Frist beim Insolvenzgericht eingehen.[3] Begehrt ein Gläubiger bereits vor dem Schlusstermin die Versagung der Restschuldbefreiung und liegt auch keine Fallgestaltung vor, bei der ausnahmsweise von dem Erfordernis der Antragstellung in einem Schlusstermin abgesehen wird,[4] so handelt es sich lediglich um die Ankündigung eines Antrags nach § 290 Abs. 1, der für sich genommen noch nicht zur Versagung der Restschuldbefreiung führt.[5] Wird der Antrag nicht mündlich im Termin gestellt, so ist die Restschuldbefreiung mangels zulässigen Versagungsantrages auch dann zu erteilen, wenn das Gericht vom Vorliegen eines Versagungsgrundes überzeugt ist.

Entsprechendes gilt für die vom Antragsteller vorgebrachten Versagungsgrün- 35
de. Diese müssen ebenfalls im Schlusstermin glaubhaft gemacht werden (§ 290 Abs. 2), ein **Nachschieben von Versagungsgründen,** etwa im Beschwerdeverfahren, kommt somit nicht in Betracht,[6] auch dann nicht, wenn der Gläubiger von dem Fehlverhalten des Schuldners erst nach dem Schlusstermin erfahren hat. Ansonsten könnten zwecks Fristverlängerung auch erkennbar unzulässige Versagungsanträge gestellt werden, um bis zum Ablauf des Beschwerdeverfahrens ein Fehlverhalten des Schuldners ermitteln zu können.[7] Aufgrund des bestehenden Änderungsbedarfs sieht der Gesetzentwurf zur Entschuldung Mittelloser

[1] BGH NZI 2006, 538; LG Göttingen NZI 2007, 120 f.; LG Kaiserslautern ZInsO 2006, 1172 f.

[2] BGH NZI 2006, 481 f. unter Bezugnahme auf § 312 Abs. 2 aF; gerade in masselosen Verfahren zwischenzeitlich Regelfall, s. *Schmerbach,* NZI 2009, 226.

[3] LG Göttingen NZI 2007, 121 f.; weitergehend: LG Magdeburg BeckRS 2007, 14840 = ZInsO 2007, 998 m. Anm. *Heinze.*

[4] BGH NZI 2003, 389 m. Anm. *Kohte*; LG Mönchengladbach NZI 2004, 514; LG Göttingen NZI 2002, 564; LG Göttingen NZI 2002, 326; vgl. hierzu auch § 289 Rn. 2.

[5] Klargestellt durch BGH NZI 2003, 389 m. Anm. *Kohte;* ebenso LG Nürnberg-Fürth ZVI 2002, 287; LG Kleve ZInsO 2003, 577; differenzierend LG Göttingen KTS 2002, 728; vgl. dagegen LG Hannover ZInsO 2003, 382 und AG Kleve, ZInsO 2003, 338.

[6] BGH ZVI 2003, 538; BGH ZVI 2006, 596; offen lassend BGH NZI 2003, 449; *Uhlenbruck/Vallender,* InsO, § 290 Rn. 5, 11; MünchKomm-*Stephan,* § 290 Rn. 20; aA: FK-*Ahrens,* InsO, § 290 Rn. 59.

[7] BGH NZI 2009, 64 m. Anm. *Lang,* FD-InsR 2008, 271 667.

(EntSchG) u. a. die Einfügung eines neuen § 297 a vor, der nachträglich bekannt gewordene Versagungsgründe gem. § 290 Abs. 1 binnen sechs Monaten nach Kenntnis nachgeschoben werden können.[1]

36 Weist der Rechtspfleger nachträglich geltend gemachte Versagungsgründe zurück, so ist für die Ankündigung der Restschuldbefreiung gem. § 291 Abs. 1 nicht der Richter, sondern auch in diesem Fall der Rechtspfleger funktionell zuständig. Dies ergibt sich aus dem Sinn und Zweck des Richtervorbehalts gem. § 18 Abs. 1 Nr. 2 RPflG, wonach lediglich Entscheidungen der Rechtsprechung gem. Art. 92 GG dem Richter vorbehalten bleiben sollen, zu welcher die Ankündigung der Restschuldbefreiung nicht zu zählen hat.[2] Dagegen ist nur die **befristete Rechtspflegererinnerung nach § 11 Abs. 2 RPflG,** über die das Insolvenzgericht abschließend entscheidet, statthaft.[3] Im Übrigen ist der **Rechtspfleger** auch dann **funktionell zuständig,** wenn es um die **Versagung der Restschuldbefreiung aus formellen Gründen** (Fehlen der erforderlichen Abtretungserklärung bis zum Ende des Berichtstermins im Regelinsolvenzverfahren) geht.[4] In diesem Falle darf das Gericht auch schon vor dem Schlusstermin über die Restschuldbefreiung entscheiden, wenn der **Antrag unzulässig** ist.[5] Für die Versagungsentscheidung ist grundsätzlich der **Richter funktional zuständig.**

37 Auch die **Verwerfung des Antrags auf Restschuldbefreiung als unzulässig** kann mit der **sofortigen Beschwerde** nach §§ 6, 289 Abs. 2 angegriffen werden.[6] Eine kraft Gesetzes statthafte Rechtsbeschwerde ist unzulässig, wenn mit ihrer Begründung nur gegen einen von zwei selbstständig tragenden Gründen der angefochtenen Entscheidung die Zulässigkeitsvoraussetzungen dargelegt werden.[7] Eine Rücknahme des Versagungsantrages ist dem Antragsteller in Anlehnung an den gesetzlichen Regelfall der §§ 269 Abs. 3 ZPO, 13 Abs. 2 InsO bis zur Rechtskraft der Entscheidung über die Ankündigung oder Versagung der Restschuldbefreiung möglich.[8]

§ 291 Ankündigung der Restschuldbefreiung

(1) **Sind die Voraussetzungen des § 290 nicht gegeben, so stellt das Gericht in dem Beschluß fest, daß der Schuldner Restschuldbefreiung erlangt, wenn er den Obliegenheiten nach § 295 nachkommt und die Voraussetzungen für eine Versagung nach § 297 oder § 298 nicht vorliegen.**

(2) **Im gleichen Beschluß bestimmt das Gericht den Treuhänder, auf den die pfändbaren Bezüge des Schuldners nach Maßgabe der Abtretungserklärung (§ 287 Abs. 2) übergehen.**

---

[1] Vgl. *Schmerbach,* NZI 2009, 42.

[2] AG Göttingen ZInsO 2002, 784; aA: LG Göttingen ZInsO 2002, 682.

[3] LG München I ZInsO 2000, 519 (Leitsatz).

[4] OLG Köln ZInsO 2000, 608.

[5] OLG Köln NZI 2000, 367.

[6] OLG Köln ZInsO 2000, 608.

[7] BGH NZI 2006, 48.

[8] LG Dresden BeckRS 2007, 09 596 = ZINsO 2007, 557; LG Krefeld ZVI 2008, 86; *Uhlenbruck/Vallender,* InsO, § 296 Rn. 3; enger: MünchKomm-*Stephan,* InsO § 290 Rn. 15.

1. Entscheidung des Gerichts, Abs. 1

a) Die Vorschrift regelt den Inhalt der gerichtlichen Entscheidung über den Antrag des Schuldners auf Restschuldbefreiung. Das Gericht versagt die Restschuldbefreiung, wenn ein Gläubiger einen zulässigen und begründeten Versagungsantrag nach § 290 gestellt hat. Obliegenheitsverstöße, die eine Versagung der Restschuldbefreiung nach den §§ 295, 296 nach sich ziehen, sind nicht zu berücksichtigen.[1] 1

Andernfalls stellt es dem Schuldner Restschuldbefreiung nach dem Ende der Wohlverhaltensperiode in Aussicht, in welcher dieser seine Obliegenheiten erfüllt haben muss. Hinsichtlich dieser beiden Entscheidungsalternativen steht dem Gericht **kein Ermessensspielraum** zu. Eine Versagung darf es nur aussprechen, wenn ein Versagungsantrag in der zulässigen Form gestellt und ein Versagungsgrund gegeben ist. **Die Ankündigung der Restschuldbefreiung stellt demnach den gesetzlichen Regelfall dar.**[2] In vor dem 1. Dezember 2001 eröffneten Insolvenzverfahren ist das Insolvenzgericht im Hinblick auf **Art. 107 EGInsO** gehalten, die **Laufzeit der Abtretungserklärung** im Beschluss über die Ankündigung der Restschuldbefreiung zu bestimmen. Wird die Laufzeit der Abtretungserklärung dabei fehlerhafterweise auf sieben Jahre festgesetzt und ist der Beschluss rechtskräftig, ist eine nachträgliche Abänderung durch das Insolvenzgericht ausgeschlossen.[3]

b) Das Gericht weist in dem Beschluss auf die Folgen eines Verstoßes gegen die gesetzlich normierten Obliegenheiten hin. Eine Verletzung dieser **gerichtlichen Hinweispflicht,** die dem Wortlaut der Vorschrift („wenn er den Obliegenheiten nach § 295 nachkommt und die Voraussetzungen für eine Versagung nach § 297 oder § 298 nicht vorliegen") entnommen wird, hindert das Gericht jedoch nicht an einer späteren Versagung der Restschuldbefreiung.[4] 2

c) Gegen den Beschluss steht jedem Gläubiger, der die Versagung beantragt hat und bei Versagung der Restschuldbefreiung dem Schuldner – der durch eine ablehnende Entscheidung beschwert ist – die **sofortige Beschwerde** zu, § 289 Abs. 2 S. 1. Der **Ankündigungsbeschluss** ergeht **gerichtskostenfrei.** 3

2. Bestimmung des Treuhänders, Abs. 2

a) Mit der Entscheidung des Gerichts gem. Abs. 1 endet der erste Verfahrensabschnitt des Restschuldbefreiungsverfahrens. Im Falle einer positiven Entscheidung wird hiermit die Wohlverhaltensperiode eingeleitet. Ein die Restschuldbefreiung ankündigender Beschluss enthält deshalb zugleich die Bestimmung des Treuhänders. Die vom Schuldner abzutretenden Bezüge (§ 287 Abs. 2) gehen mit der Ernennung des Treuhänders auf diesen über. 4

Die **Anforderungen an die Person des Treuhänders** normiert das Gesetz in **§ 288.**[5] Der Gesetzgeber hat bewusst darauf verzichtet, die für die Bestimmung 5

[1] BGH NZI 2004, 635; BGH ZVI 2006, 596.

[2] Zur Wiederzulassung eines Rechtsanwalts nach Insolvenzverfahren bei angekündigter Restschuldbefreiung vgl. BGH NJW 2005, 1271 sowie BGH NJW 2005, 1944.

[3] Vgl. AG Göttingen ZVI 2006, 597 f.

[4] FK-*Ahrens,* InsO, § 291 Rn. 6.

[5] Weitere Nachweise s. dort.

des Insolvenzverwalters maßgeblichen Kriterien der Geschäftskundigkeit und Unabhängigkeit aufzustellen, sondern sich auf das **Merkmal der Geeignetheit** beschränkt.[1] Damit sollte ein gewisser Freiraum für die Auswahl einer geeigneten Person geschaffen werden. Die Geeignetheit ist dabei anhand der Aufgaben zu bestimmen, die der Treuhänder nach § 292 zu erfüllen hat. Der Treuhänder ist darüber hinaus als Berater bzw. Betreuer des Schuldners anzusehen.[2] Richtig dürfte es deshalb sein, **neben der fachlichen auch die persönliche Eignung der auszuwählenden Person mit zu berücksichtigen.** Der Gesetzgeber hat auch an die Möglichkeit gedacht, dass ein Verwandter oder Freund des Schuldners unentgeltlich das Amt des Treuhänders übernimmt und damit der Insolvenzmasse Kosten spart,[3] insbesondere, wenn die Restschuldbefreiung im Hinblick auf § 298 zu scheitern droht. Letzteres dürfte allerdings nach Inkrafttreten der Stundungsvorschriften der §§ 4 a f. nach dem InsOÄndG 2001 ein vernachlässigbares Risiko sein. Unabhängig hiervon wird im Rahmen der Geeignetheitsprüfung zu fordern sein, dass der Treuhänder mit den grundsätzlichen Verfahrensabläufen vertraut ist, was er bspw. durch den Nachweis einer Teilnahme an einer entsprechenden Lehrgangsveranstaltung dokumentieren kann.

6 **b)** Ein **Abwahlrecht** der Gläubiger, wie es § 57 für das Insolvenzverfahren vorsieht, besteht hier nicht.

7 **c)** Die abzutretenden Forderungen gehen nach der oben dargestellten prozessrechtlichen Theorie durch die rechtsgestaltende, gerichtliche Entscheidung der Ernennung des Treuhänders auf diesen über. Nach der materiell-rechtlichen Theorie überbringt das Gericht als Bote die Abtretungserklärungen des Schuldners.[4]

3. Übergang der Bezüge

8 Nur soweit die Bezüge des Schuldners pfändbar i. S. v. § 36 sind, gehen sie auf den Treuhänder über. Von **besonderer praktischer Relevanz** sind die **Fragen über die Erweiterung des Insolvenzbeschlages durch Entscheidungen gem. §§ 850 ff. ZPO,** insbesondere durch §§ 850 c Abs. 4, 850 e Nr. 2 und 2 a, 850 f Abs. 3 ZPO sowie der Einschränkung der pfändbaren Beträge gem. § 850 f Abs. 1 ZPO.[5]

9 Geklärt ist inzwischen, dass Steuererstattungsansprüche des Schuldners während des Restschuldbefreiungsverfahrens von der Abtretung nicht umfasst sind.[6]

[1] Siehe *Fuchs,* in Kölner Schrift, Rn. 186; aA: HK-*Landfermann,* InsO, § 291 Rn. 2.

[2] *Döbereiner,* Restschuldbefreiung, S. 337, 339.

[3] *Balz/Landfermann,* S. 551 f.

[4] Siehe oben zu § 287 Rn. 18.

[5] OLG Frankfurt NZI 2000, 531; OLG Köln NZI 2000, 529; OLG Köln ZIP 2000, 2074; LG Dortmund NZI 2000, 182; LG Offenburg NZI 2000, 277; LG München I ZInsO 2000, 410; LG Wuppertal NZI 2000, 327; LG München I ZInsO 2000, 410 (Leitsatz) und 628 (Leitsatz); AG Memmingen und AG Solingen ZInsO 2000, 240; AG München ZInsO 2000, 407; *Steder,* ZIP 1999, 1874; *Vallender,* InVo 1999, 334; *Mäusezahl,* ZInsO 2000, 193; *Hintzen,* Rpfleger 2000, 312; *Stephan,* ZInsO 2000, 376; *Ott/Zimmermann,* ZInsO 2000, 421; vgl. zu diesem Themenkreis die Kommentierung zu § 36 Abs. 2 Nr. 2.

[6] BGH NJW 2005, 2988.

In § 36 Abs. 4 ist im Zuge des Inkrafttretens des InsOÄndG 2001 fixiert worden, dass für Entscheidungen, ob ein Gegenstand der Zwangsvollstreckung und damit dem Insolvenzbeschlag unterliegt, das Insolvenzgericht zuständig ist. Anstelle eines Gläubigers ist der Insolvenzverwalter bzw. der Treuhänder antragsberechtigt. 10

§ 292 Rechtsstellung des Treuhänders

(1) **Der Treuhänder hat den zur Zahlung der Bezüge Verpflichteten über die Abtretung zu unterrichten. Er hat die Beträge, die er durch die Abtretung erlangt, und sonstige Leistungen des Schuldners oder Dritter von seinem Vermögen getrennt zu halten und einmal jährlich auf Grund des Schlußverzeichnisses an die Insolvenzgläubiger zu verteilen, sofern die nach § 4 a gestundeten Verfahrenskosten abzüglich der Kosten für die Beiordnung eines Rechtsanwalts berichtigt sind. § 36 Abs. 1 S. 2, Abs. 4 gilt entsprechend. Von den Beträgen, die er durch die Abtretung erlangt, und den sonstigen Leistungen hat er an den Schuldner nach Ablauf von vier Jahren seit der Aufhebung des Insolvenzverfahrens zehn vom Hundert und, nach Ablauf von fünf Jahren seit der Aufhebung fünfzehn vom Hundert abzuführen. Sind die nach § 4 a gestundeten Verfahrenskosten noch nicht berichtigt, werden Gelder an den Schuldner nur abgeführt, sofern sein Einkommen nicht den sich nach § 115 Abs. 1 der Zivilprozessordnung errechnenden Betrag übersteigt.**

(2) **Die Gläubigerversammlung kann dem Treuhänder zusätzlich die Aufgabe übertragen, die Erfüllung der Obliegenheiten des Schuldners zu überwachen. In diesem Fall hat der Treuhänder die Gläubiger unverzüglich zu benachrichtigen, wenn er einen Verstoß gegen diese Obliegenheiten feststellt. Der Treuhänder ist nur zur Überwachung verpflichtet, soweit die ihm dafür zustehende zusätzliche Vergütung gedeckt ist oder vorgeschossen wird.**

(3) **Der Treuhänder hat bei der Beendigung seines Amtes dem Insolvenzgericht Rechnung zu legen. Die §§ 58 und 59 gelten entsprechend, § 59 jedoch mit der Maßgabe, daß die Entlassung von jedem Insolvenzgläubiger beantragt werden kann und daß die sofortige Beschwerde jedem Insolvenzgläubiger zusteht.**

Übersicht

1. Normzweck

1 Die Vorschrift weist dem Treuhänder die Aufgabe zu, die auf Grund der abgetretenen Forderungen erlangten Gelder zu verwalten und an die Gläubiger, zu einem Teil auch an den Schuldner, zu verteilen. Darüber hinaus kann die Gläubigerversammlung den Treuhänder – gegen zusätzliche Vergütung – mit der Überwachung des Schuldners beauftragen (Abs. 2). In diesem Fall hat er zu überprüfen, ob der Schuldner seinen Obliegenheiten nachkommt. Der Treuhänder untersteht der Aufsicht des Insolvenzgerichts und ist diesem am Ende der Wohlverhaltensperiode zur Rechnungslegung verpflichtet (Abs. 3).

2. Kommentierung der Einzelheiten

a) Unterrichtungspflicht, § 292 Abs. 1 S. 1

2 Die Verwaltungstätigkeit des Treuhänders besteht **zunächst** darin, **die Zession gegenüber dem Drittschuldner offenzulegen,** Abs. 1 S. 1. Die Unterrichtung erfolgt zweckmäßigerweise durch eine Übersendung der Kopie der Abtretungserklärung und des Beschlusses über die Ankündigung der Restschuldbefreiung.[1]

b) Verwaltung und Verteilung eingehender Gelder, § 292 Abs. 1 S. 2, Klagebefugnis

3 Der Treuhänder hat die abgetretenen Forderungen gegebenenfalls gerichtlich geltend zu machen.[2] Dass er dazu berechtigt ist, ergibt sich aus seiner Verfügungsbefugnis, die er mit der Abtretung erlangt.[3]

4 **aa)** Die erhaltenen Beträge hat er von seinem eigenen Vermögen getrennt zu halten, Abs. 1 S. 2. Hierfür empfiehlt sich **zwingend** die **Einrichtung eines Treuhandkontos.**

5 **bb)** Aus dem Wesen des Treuhandverhältnisses lässt sich begründen, dass der Treuhänder die **Beträge zinsbringend anzulegen** hat. In der Insolvenz des Treuhänders steht dem Treugeber, also in erster Linie den Insolvenzgläubigern, subsidiär dem Schuldner[4] ein Aussonderungsrecht zu, da das Treugut wirtschaftlich dem Vermögen des Treuhänders zuzurechnen ist.[5]

6 Nach § 292 Abs. 1 S. 2 der Neufassung findet während der Wohlverhaltensperiode eine Verteilung der beim Treuhänder eingegangenen Gelder an die Gläubiger nur statt, wenn zuvor die Staatskasse wegen der dem Schuldner nach § 4 a gestundeten Verfahrenskosten abzüglich der Kosten für die Beiordnung eines Rechtsanwalts befriedigt worden ist. Über den Wortlaut hinaus besteht das Vorwegbefriedigungsrecht in der Wohlverhaltensperiode auch für die sonstigen

[1] *Smid/Haarmeyer,* InsO, § 292 Rn. 4; wonach der zu übersendende Beschluss noch mit einem Rechtskraftvermerk versehen sein soll.

[2] FK-*Grote,* InsO, § 292 Rn. 6; *Häsemeyer,* Insolvenzrecht, Rn. 26.33.

[3] Zur Klage des Treuhänders im RSB-Verfahren vgl. *Adam,* ZInsO 2007, 198 f.

[4] *Hess/Obermüller,* Insolvenzplan, Restschuldbefreiung und Verbraucherinsolvenz, Rn. 1171.

[5] Siehe im Einzelnen aaO Rn. 1170.

Massegläubiger.[1] Denn Sinn der Regelung ist es, die nach § 53 bevorrechtigten Massegläubiger auch im Restschuldbefreiungsverfahren bei der Verteilung vorrangig zu berücksichtigen.[2] Im Falle der Stundung der Verfahrenskosten gem. § 4a Abs. 1 zählt zu den Massegläubigern auch die Staatskasse, die der Treuhänder nach dem in S. 2 eingeschobenen Halbsatz wegen ihrer Kostenforderung vor der Verteilung an die Gläubiger befriedigen muss.[3] Begründet wird die Bevorzugung der Massegläubiger auch im Restschuldbefreiungsverfahren mit der bestehenden engen Verbindung zum Regelinsolvenzverfahren, wodurch auch ersteres von insolvenzrechtlichen Grundsätzen geprägt werde.[4]

cc) Hinsichtlich der anschließenden **Verteilung** sieht das Gesetz aus Gründen der Verwaltungsvereinfachung – und damit Kostensenkung – vor, dass sie **einmal jährlich** zu erfolgen hat.[5] Der Treuhänder ist jedoch nicht daran gehindert, in kürzeren Abständen Ausschüttungen vorzunehmen. In der überwiegenden Anzahl der Fälle dürfte dieser Möglichkeit auf Grund der Geringfügigkeit der verwalteten Mittel keine größere Bedeutung zukommen. Der Verteilung der eingegangenen Beträge an die Gläubiger wird das **Schlussverzeichnis**[6] zugrunde gelegt. Berücksichtigt werden damit nur diejenigen Insolvenzgläubiger, die ihre Forderungen im Insolvenzverfahren angemeldet hatten.[7] **Sicherungsgläubiger,** zu deren Gunsten Sicherungsabtretungen vorgenommen wurden, die nach § 114 wirksam sind, werden bei der Verteilung **nur insoweit berücksichtigt, als sie entweder auf abgesonderte Befriedigung verzichtet haben oder hierbei ausgefallen sind. § 190 Abs. 1 wird hierbei analog angewandt.**[8] Vor der Verteilung ist die **Vergütung des Treuhänders** abzuziehen.[9] Werden vor Ablauf der Wohlverhaltensphase die Verfahrenskosten berichtigt und sämtliche Gläubiger befriedigt, ist auf Antrag des Schuldners die Wohlverhaltensphase vorzeitig zu beenden und die Restschuldbefreiung auszusprechen.[10] 7

c) „Selbstbehalt" des Schuldners, § 292 Abs. 1 S. 4

Nach Ablauf von vier Jahren der Treuhandzeit ist der Schuldner nicht mehr auf das Existenzminimum beschränkt. Die aus den abgetretenen Forderungen beim Treuhänder eingehenden Beträge werden ab diesem Zeitpunkt nicht mehr ausschließlich unter den Gläubigern verteilt. Durch die an den Schuldner ab dem fünften Jahr zu zahlenden Teilbeträge sollte für ihn ein **zusätzlicher Anreiz** geschaffen werden, die Wohlverhaltensperiode durchzustehen.[11] 8

[1] BGH ZInsO 2005, 597 m. Anm. *Pape*; BGH NZI 2005, 399 m. Anm. *Ahrens; Uhlenbruck/Vallender,* InsO, § 286 Rn. 40.

[2] Vgl. Begründung RegE, BR-Drucks. 14/10 S. 60; *Graf-Schlicker/Remmert,* ZInsO 2000, 321, 326).

[3] Die Stundung der Kostenforderung hindert nicht ihre Erfüllbarkeit, Begründung RegE, BR-Drucks. 14/10, S. 60.

[4] Begründung RegE, BR-Drucks. 14/01, S. 60.

[5] Bericht des Rechtsausschusses, abgedruckt in *Balz/Landfermann,* S. 554.

[6] § 197 Abs. 1 Nr. 2.

[7] Begründung zum RegE, abgedruckt in *Balz/Landfermann,* S. 553 f.

[8] HK-*Landfermann,* InsO, § 292 Rn. 6; *Grote,* ZInsO 1999, 31.

[9] FK-*Grote,* InsO, § 292 Rn. 14.

[10] BGH NJW-RR 2005, 1363.

[11] *Balz/Landfermann,* S. 200.

9 Gleichzeitig ergibt sich hieraus, dass auch nach den Änderungen zum 1. Dezember 2001 die Abrechnungsjahre mit der Aufhebung des Verfahrens beginnen und sich hieran ggf. ein Rumpfgeschäftsjahr anschließt. Für die Abrechnung, die der Treuhänder in der Wohlverhaltensperiode vorzunehmen hat, ist somit der Zeitpunkt der Verfahrensaufhebung und nicht derjenige der Verfahrenseröffnung maßgeblicher Ausgangspunkt der jeweiligen Jahresfristen.

10 Während nach S. 2 nF eine Verteilung an die Gläubiger vor einer Berichtigung der Verfahrenskosten generell ausgeschlossen ist, lässt S. 4 nF das Auszahlen des Selbstbehalts an den Schuldner gem. S. 5 unter Einschränkungen zu. Jedoch stellt S. 5 den Vorrang des Kostengläubigers insoweit sicher, als der Selbstbehalt vor dessen Befriedigung nur bis zur Höhe des nach § 115 Abs. 1 ZPO bestimmten Betrages abgeführt werden darf.[1] Der Treuhänder muss dabei eine komplizierte Berechnung vornehmen, wenn die gestundeten Kosten noch nicht bezahlt sind und der Schuldner nach Ablauf von vier Jahren Anspruch auf Beteiligung an den eingehenden Geldern hat. Dann darf der Schuldner Zahlung nur erhalten, wenn sein Einkommen den in § 115 Abs. 1 ZPO genannten Betrag nicht übersteigt.[2] Mit dieser Einschränkung soll erreicht werden, dass der Schuldner zwar den sog. Motivationsrabatt erhält, dieser jedoch nicht über das hinausgeht, was ihm bei Ratenzahlungen nach § 115 ZPO verbleiben würde.[3]

Für vor Inkrafttreten des InsOÄndG 2001 bereits eröffnete Insolvenzverfahren ist zu beachten, dass insofern dem Schuldner ab dem siebten Jahr seit der Aufhebung des Verfahrens zwanzig vom Hundert der durch die Abtretung erlangten Beträge zu bezahlen sind.

d) Rechtsstellung des Treuhänders

11 Der Treuhänder ist in seiner Rechtsstellung derjenigen des Insolvenzverwalters angenähert.[4] Zwar besteht in formell-rechtlicher Hinsicht ein Unterschied insofern, als der Treuhänder nicht die Verwaltungs- und Verfügungsbefugnis über das Vermögen des Schuldners erhält, diese vielmehr nach Beendigung des Insolvenzverfahrens auf den Schuldner zurückfällt. Inhaltlich verfügt er jedoch als Forderungsinhaber[5] über das gesamte pfändbare Vermögen des Schuldners. Enthält die Treuhänderbestellung im Eröffnungsbeschluss keine Einschränkung, so bezieht sie sich im Zweifel auch auf die Treuhänderbestellung im Restschuldbefreiungsverfahren.[6] Das Amt des im vereinfachten Insolvenzverfahren bestellten Treuhänders wirkt für die Dauer der Wohlverhaltensperiode.[7]

---

[1] Siehe Begründung RegE, BR-Drucks. 14/10, S. 60; *Graf-Schlicker/Remmert,* aaO, S. 321, 326.

[2] Krit. zur Reform *Bruckmann,* InVo 2001, 44.

[3] Begründung RegE, BR-Drucks. 14/10, S. 61; s. auch *Graf-Schlicker/Remmert,* aaO, S. 321, 327: Nach Erteilung der Restschuldbefreiung soll § 115 ZPO entsprechend angewandt werden, so dass der Schuldner die noch nicht beglichenen Verfahrenskosten in Raten zurückzahlen kann.

[4] *Haarmeyer/Wutzke/Förster,* Hdb., Rn. 10/69.

[5] §§ 287 Abs. 2, 291 Abs. 2.

[6] BGH ZVI 2004, 129.

[7] BGH, Beschluss vom 17. 6. 2004 – IX ZB 92/03.

e) Überwachung des Schuldners, § 292 Abs. 2

Die Überwachung des Schuldners ist **grundsätzlich nicht Aufgabe des Treuhänders.** Die Gläubigerversammlung kann den Treuhänder jedoch hiermit beauftragen. Dies muss spätestens im Schlusstermin (§ 197) geschehen, da eine Gläubigerversammlung nach Beendigung des Insolvenzverfahrens nicht mehr einberufen wird.[1] Dem einzelnen Gläubiger oder einer Mehrheit von Gläubigern steht das Recht zur Übertragung der Überwachungsaufgabe hingegen nicht zu, da das Gesetz hier nicht wie in Abs. 3 (hinsichtlich des Antragsrechts zur Entlassung) die Befugnisse von der Gläubigerversammlung auf die Gläubiger übertragen hat. Indem über die Überwachung spätestens im Schlusstermin entschieden wird, steht vor der Ernennung des Treuhänders gem. § 291 Abs. 2 fest, ob er diese zusätzliche Aufgabe zu erfüllen hat, so dass dieser Gesichtspunkt bei seiner Auswahl mit berücksichtigt werden kann. 12

Ein Treuhänder, dem die Aufgabe der Überwachung übertragen ist, muss die Gläubiger unverzüglich benachrichtigen, wenn er feststellt, dass der Schuldner gegen seine Obliegenheiten verstößt. Damit wird den Gläubigern Gelegenheit gegeben, einen Antrag auf Versagung der Restschuldbefreiung nach § 296 zu stellen. Das Benachrichtigungsmittel wählt der Treuhänder nach seinem Ermessen aus. Der **Umfang der Überwachung** hängt zum einen ab von den hierfür zur Verfügung stehenden Mitteln. Neben den **Kosten** der zusätzlichen Vergütung des Treuhänders (Abs. 2 S. 3) müssen auch die durch die Überwachungstätigkeit entstehenden, notwendigen Auslagen gedeckt sein. Insofern ist dem Treuhänder zu gestatten, einen **Kostenvorschuss** in angemessener Höhe bei der Gläubigerschaft anzufordern. Sind die Mittel für die zusätzliche Vergütung nicht vorhanden bzw. werden sie auf Antrag des Treuhänders auch nicht vorgeschossen, so hat der Treuhänder das Recht, die Überwachungsaufgabe abzulehnen, § 292 Abs. 2 S. 3. Zum anderen richtet sich der Überwachungsumfang nach der **konkreten Situation des Schuldners.** Geht dieser einer **regelmäßigen Erwerbstätigkeit** nach, so besteht für eine intensive Überwachung kein Bedürfnis; in diesem Fall genügt es, wenn der Treuhänder einmal jährlich Auskünfte einholt.[2] Der Verpflichtung des Treuhänders zur Einholung von Auskünften korrespondiert eine Auskunftspflicht des Schuldners, § 295 Abs. 1 Nr. 3. 13

Der Treuhänder muss sorgfältig prüfen, ob hinreichende Anhaltspunkte für eine Obliegenheitsverletzung des Schuldners vorliegen. Verletzt er diese Prüfungspflicht schuldhaft, so ist er haftbar. 14

Der Treuhänder ist nur dann verpflichtet, die Aufgabe der Überwachung zu übernehmen, sofern die Mittel für seine zusätzliche Vergütung vorhanden sind. 15

f) Haftung des Treuhänders

Für die Haftung des Treuhänders wird zum Teil eine **analoge Anwendung des § 60** vertreten.[3] Mangels planwidriger Regelungslücke ist eine Analogie jedoch **abzulehnen.**[4] Der Gesetzgeber hat – anders als in § 313 Abs. 1 S. 3 – in den §§ 292 Abs. 3 und 293 Abs. 2 nur auf ganz bestimmte Vorschriften ver- 16

[1] *Smid/Haarmeyer,* InsO, § 292 Rn. 7.
[2] FK-*Grote,* InsO, § 292 Rn. 20.
[3] *Häsemeyer,* Insolvenzrecht, Rn. 26.32; *Maier/Kraft,* BB 1997, 2173, 2187; *HK-Landfermann,* InsO, § 292 Rn. 14.
[4] OLG Celle NZI 2008, 52 = NJW-Spezial 2007, 581.

wiesen und § 60 hierbei ausgelassen. Daraus ist zu entnehmen, dass er diese auf den Aufgaben- und Verantwortungsbereich des Insolvenzverwalters zugeschnittene Haftungsnorm für den Treuhänder nicht übernehmen wollte.[1] Damit ist der Treuhänder jedoch nicht von jeglicher Haftung freigestellt. **Vielmehr kommen die allgemeinen zivilrechtlichen Grundsätze zur Anwendung.**[2] Soweit die Verwaltungstätigkeit nach Abs. 1 betroffen ist, handelt es sich um ein gesetzliches Schuldverhältnis. Als durch Hoheitsakt bestellter Treuhänder fremden Vermögens haftet dieser nach einem Grundsatz des deutschen Rechts dem Inhaber für nicht ordnungsgemäße Verwaltung.[3] Die Verpflichtung zur ordnungsgemäßen Verwaltung besteht dabei sowohl gegenüber den Gläubigern als den potentiellen Empfängern des Vermögens als auch gegenüber dem Schuldner, welcher subsidiär als Treugeber anzusehen ist.[4]

17 Insbesondere dann, wenn der Treuhänder unentgeltlich tätig wird, rechtfertigt sich eine Einschränkung des Verschuldensmaßstabes auf Vorsatz und grobe Fahrlässigkeit entsprechend den §§ 521, 599 BGB.[5] Für schuldhafte Pflichtverletzungen haftet der Treuhänder auch deliktsrechtlich gem. §§ 823 ff. BGB.

18 Im Falle der Überwachungstätigkeit nach Abs. 2 besteht ein durch Rechtsgeschäft begründetes Rechtsverhältnis. Eine Haftung kann sich hier aus positiver Forderungsverletzung ergeben.

g) Steuerrechtliche Stellung des Treuhänders

19 Der Treuhänder erhält keine uneingeschränkte Verfügungsbefugnis über das von ihm verwaltete Schuldnervermögen, vielmehr ist seine Verfügungsbefugnis durch § 292 Abs. 1 S. 1 und 2 auf die Verteilung des Vermögens, also der künftigen Bezüge des Schuldners sowie auf die sonstigen Leistungen des Schuldners oder Dritter begrenzt. Da der Treuhänder somit weder die Voraussetzungen eines Vermögensverwalters gem. § 34 AO noch die eines Verfügungsberechtigten gem. § 35 AO erfüllt, treffen ihn die steuerrechtlichen Verpflichtungen des Schuldners nicht. Auch hier unterscheidet sich der Treuhänder vom Insolvenzverwalter, dem kraft seiner verfahrensrechtlichen Stellung als Vermögensverwalter (§ 34 AO) die Abgabe der Steuererklärungen obliegt.[6]

Umgekehrt besteht grundsätzlich auch kein Auskunftsanspruch des Treuhänders gegenüber der Finanzverwaltung.[7] Ebenso sind Erstattungsansprüche betreffend Einkommens- oder Lohnsteuer nicht von der Forderungsabtretung gem. § 287 Abs. 2 erfasst.[8]

h) Rechnungslegung und Aufsicht des Gerichts; Rechtsmittel, § 292 Abs. 3

20 Die Rechnungslegung erfolgt gegenüber dem Insolvenzgericht, das die Schlussrechnung zu überprüfen und den Gläubigern Einsicht zu gewähren hat.

[1] So FK-*Grote,* InsO, § 292 Rn. 29; *Hess/Obermüller,* Insolvenzplan, Restschuldbefreiung und Verbraucherinsolvenz, Rn. 1161.
[2] Vgl. *Kuhn/Uhlenbruck,* KO, § 78 Rn. 7.
[3] BGHZ 24, 393, 395 f.
[4] Siehe oben Anm. II. 2.
[5] FK-*Grote,* InsO, § 292 Rn. 33.
[6] BGH NJW 2008, 35000 m. Anm. *Lang,* FD-InsR 2009, 276 413.
[7] *Uhlenbruck/Vallender,* InsO, § 292 Rn. 14 mwN.
[8] BGH NZI 2005, 565; vgl. oben § 287 Rn. 13.

Für die Aufsicht des Gerichts über den Treuhänder und dessen Entlassung gelten nach Abs. 3 S. 2 die §§ 58, 59. Das Gericht hat die Möglichkeit, gegen den Treuhänder ein **Zwangsgeld** festzusetzen, falls dieser seiner Pflicht zur Rechnungslegung nicht innerhalb angemessener Zeit nachkommt. Voraussetzung hierfür ist eine vorhergehende Aufforderung unter Androhung der Zwangsgeldfestsetzung (§ 58 Abs. 2). Das Antragsrecht zur Entlassung des Treuhänders sowie die sofortige Beschwerde gem. § 59 Abs. 2 stehen anstelle der Gläubigerversammlung und des Gläubigerausschusses dem einzelnen Gläubiger zu (Abs. 3 S. 2, 2. Halbs.). Die Entlassung des Treuhänders bedarf auch dann, wenn er sie selbst beantragt hat, eines wichtigen Grundes.[1]

Ein **wichtiger Grund zur Entlassung i. S. d. § 59** ist bspw. Unfähigkeit, 21
Ungeeignetheit, Krankheit oder schuldhafte Pflichtverletzung des Treuhänders.[2]

§ 293 Vergütung des Treuhänders

(1) **Der Treuhänder hat Anspruch auf Vergütung für seine Tätigkeit und auf Erstattung angemessener Auslagen. Dabei ist dem Zeitaufwand des Treuhänders und dem Umfang seiner Tätigkeit Rechnung zu tragen.**

(2) **§ 63 Abs. 2 sowie die §§ 64 und 65 gelten entsprechend.**

Übersicht

1. Normzweck

Der Treuhänder hat für seine Tätigkeit Anspruch auf Vergütung. Obwohl der 1
Gesetzgeber die Möglichkeit ins Auge gefasst hat, dass insbesondere Freunde oder Verwandte des Schuldners das Amt unentgeltlich übernehmen, besteht hierzu keine Verpflichtung des Treuhänders. **Angemessene Auslagen** werden dem Treuhänder **zusätzlich vergütet.** Eine nähere Ausgestaltung hat die Vergütungsregelung in den **§§ 14–16 der Insolvenzrechtlichen Vergütungsverordnung (InsVV) v. 19. 8. 1998** erfahren, die auf Grund der Ermächtigung des § 65 Abs. 2 ergangen ist.

[1] BGH ZVI 2004, 129.

[2] *Hess/Obermüller,* Insolvenzplan, Restschuldbefreiung und Verbraucherinsolvenz, Rn. 1156.

2 Die Kosten des Treuhänders hat der Schuldner zu tragen. Ist er nicht in der Lage, die nach § 14 Abs. 3 InsVV auf 100,– € festgesetzte Mindestvergütung (aus dem unpfändbaren Teil seines Einkommens) aufzubringen, so kann ihm die Restschuldbefreiung gem. § 298 versagt werden. Da für diesen Fall nur dem Treuhänder das Antragsrecht zusteht, hat er es allerdings in der Hand, dem Schuldner die Restschuldbefreiung trotz fehlender Vergütung zu ermöglichen. Nach Inkrafttreten des InsOÄndG 2001 mit den Stundungsvorschriften der §§ 4 a, 4 b wird § 298 allerdings keine substantielle Bedeutung mehr zukommen. Vor einer Entscheidung des Insolvenzgerichts gem. § 291 Abs. 2 über die Bestellung als Treuhänder steht dem Insolvenzverwalter eine Treuhändervergütung nicht zu.[1]

2. Kommentierung der Einzelheiten

a) Festsetzung der Vergütung durch das Gericht

3 **aa)** Die Höhe der Vergütung des Treuhänders wird durch **gerichtlichen Beschluss durch den Rechtspfleger** festgesetzt. Gegen den Beschluss steht dem Treuhänder, dem Schuldner und jedem Insolvenzgläubiger die **sofortige Beschwerde** zu, §§ 293 Abs. 2, 64 Abs. 1, 3, soweit der Gegenstandswert 100,– € übersteigt, § 567 Abs. 2 S. 1 ZPO nF.

4 **bb)** § 16 InsVV bestimmt den **Zeitpunkt,** in welchem die Entscheidung über die Vergütung getroffen wird: Ist der Treuhänder nach § 292 Abs. 2 auch mit der Aufgabe der Überwachung des Schuldners betraut, so erfolgt die Vergütungsfestsetzung bereits in dem die Restschuldbefreiung ankündigenden Beschluss nach § 291;[2] andernfalls wird über die Vergütung erst am Ende der Treuhandzeit entschieden.[3]

5 **cc)** Der Treuhänder ist unter den Voraussetzungen der § 16 Abs. 2 InsVV berechtigt, einen **Vorschuss auf seine Vergütung** den bei ihm eingegangenen Beträgen zu entnehmen. Fraglich ist, ob hierfür analog § 9 S. 2 InsVV die Zustimmung des Gerichts einzuholen ist.[4] Eine vorherige Abstimmung mit dem Gericht ist anzuraten. Zu den Einzelheiten der öffentlichen Bekanntmachung des Beschlusses siehe Kommentierung zu § 64.

6 **dd)** Über die **Bemessung der Vergütung** findet sich im Gesetz in § 293 Abs. 1 S. 2 eine Aussage. Danach sind die vom Treuhänder aufgewandte Zeit und der Umfang seiner Tätigkeit zu berücksichtigen. Im Unterschied zu der für die Vergütung des Insolvenzverwalters geltenden Vorschrift des § 63 wird hier für die Berechnung nicht auf einen Regelsatz verwiesen. In der Ausgestaltung, die die Vergütungsregelung für den Treuhänder in **§ 14 InsVV** erfahren hat, wird jedoch – ebenso wie hinsichtlich der Vergütung des Insolvenzverwalters in § 2 InsVV – an die Höhe der Vermögensmasse angeknüpft, aus welcher die Kosten aufzubringen sind. Der Treuhänder erhält einen von der Summe der Beträge, die er auf Grund der abgetretenen Forderungen einzieht oder die sonst zum Treuhandvermögen gelangen,[5] abhängigen Prozentsatz als Vergütung. Hierin liegt

[1] BGH NZI 2004, 156.
[2] § 16 Abs. 1 S. 1 InsVV.
[3] § 16 Abs. 1 S. 2 InsVV.
[4] FK-*Grote,* InsO, § 293 Rn. 19.
[5] S. § 295 Abs. 1 Nr. 2, Abs. 2.

eine gewisse Abweichung von der Vorgabe des § 293 Abs. 1 S. 2, die aber auf Grund der damit ermöglichten einfacheren Anwendung gerechtfertigt erscheint.[1] Eine andere Auffassung sieht § 14 Abs. 1 u. 2 InsVV sogar als Konkretisierung des § 293 Abs. 1 S. 2, da sich der Umfang der Verwaltungstätigkeit nach der Höhe der eingegangenen Beträge richte.[2] Eine solche Abhängigkeit wird sich wohl in der Regel nicht feststellen lassen. Von praktischer Bedeutung ist die Frage, welche Ansicht vorzugswürdig ist, allerdings nicht.

Mit der in § 293 Abs. 2 erfolgten Änderung, welche gem. Art. 103 a EGInsO allein für die nach Inkrafttreten des InsOÄndG 2001 eröffnete Verfahren maßgeblich ist, wurde neben den §§ 64 und 65 auch § 63 Abs. 2 nF für entsprechend anwendbar erklärt. Nach dieser Vorschrift steht dem Insolvenzverwalter – und damit bei entsprechender Anwendung dem Treuhänder – für den Fall der Stundung der Verfahrenskosten gem. § 4 a ein Vergütungsanspruch sowie ein Anspruch auf Auslagenerstattung gegen die Staatskasse zu, wenn die Insolvenzmasse für deren Erfüllung nicht ausreicht. 7

Mit dieser Regelung wurde auch der Kostenanspruch des Treuhänders in das Stundungsmodell mit einbezogen. Anders als für den Anspruch auf die Verfahrenskosten kommt eine Stundung des Vergütungs- und Auslagenerstattungsanspruchs des Insolvenzverwalters/Treuhänders unmittelbar durch das Insolvenzgericht nicht in Betracht, da es sich hierbei um Ansprüche eines Dritten handelt. Aus diesem Grunde gewährt § 63 Abs. 2 nF dem Insolvenzverwalter bzw. Treuhänder für den Fall, dass seine Vergütung aus der Masse nicht gezahlt werden kann, einen Sekundäranspruch gegen die Staatskasse, der bei Erfüllung im Wege des gesetzlichen Forderungsübergangs auf diese übergeht und damit ebenfalls gestundet werden kann.[3] 8

b) Vergütung bei Überwachung des Schuldners, § 292 Abs. 2

Für den Fall, dass dem Treuhänder die Aufgabe übertragen wurde, die Erfüllung der Obliegenheiten des Schuldners zu überwachen, ist eine zusätzliche Vergütung vorgesehen. Sie beträgt nach **§ 15 Abs. 1 S. 2 InsVV** 15,– € pro Stunde. Hierbei handelt es sich jedoch nur um eine Vorgabe, von der nach **Ermessen des Gerichts** abgewichen werden kann. Ein **höherer Stundensatz** rechtfertigt sich bspw. bei der Überwachung eines selbstständigen Schuldners, die sich i. d. R. als komplizierter erweist als die Überwachung eines im Angestelltenverhältnis stehenden Schuldners.[4] Eine Höchstgrenze (von der nur die Gläubigerversammlung abweichen kann) sieht allerdings § 15 Abs. 2 InsVV vor. 9

Sind die Mittel für die zusätzliche Vergütung nicht vorhanden bzw. werden sie auf Antrag des Treuhänders auch nicht vorgeschossen, so hat der Treuhänder das Recht, die Überwachungsaufgabe abzulehnen, § 292 Abs. 2 S. 3. Eine Versagung der Restschuldbefreiung aus diesem Grunde kommt dagegen nicht in Betracht. 10

---

[1] So FK-*Grote,* InsO, § 293 Rn. 6.

[2] *Smid/Haarmeyer,* InsO, § 293 Rn. 2.

[3] *Graf-Schlicker/Remmert,* ZInsO 2000, 321, 326; vgl. Begründung RegE, BR-Drucks. 14/01, S. 61; zur Möglichkeit bei Verfahrenskostenstundung einen Vorschuss in Höhe der Mindestvergütung nebst Auslagen zu verlangen vgl. LG Chemnitz ZVI 2004, 558.

[4] *Smid/Haarmeyer,* InsO, § 293 Rn. 4.

c) Erstattung angemessener Auslagen, Umsatzsteuer

11 Neben seinem Vergütungsanspruch steht dem Treuhänder ein Anspruch auf Erstattung besonderer Auslagen zu, sofern diese angemessen sind. Er hat sie einzeln aufzuführen und zu belegen, § 16 Abs. 1 S. 3 InsVV. Abzugrenzen sind die erstattungsfähigen Auslagen von den allgemeinen Unkosten des Treuhänders, die bereits mit der Vergütung abgegolten werden. Reisekosten,[1] Kosten für Porto, Telefon oder Telefax sind als erstattungsfähige Auslagen anerkannt.[2] Ist der Treuhänder umsatzsteuerpflichtig, ist der auf die Vergütung und die Auslagen anfallende **Umsatzsteueranteil ebenfalls erstattungsfähig,** § 16 Abs. 1 S. 4 i. V. m. § 7 InsVV.

d) Vergütung des vorläufigen Treuhänders

12 Zuständig für deren Festsetzung ist in diesem Falle der Richter und nicht der Rechtspfleger.[3] Die Festsetzung der Vergütung erfolgt analog § 11 InsVV, wobei jedoch ein Bruchteil der Vergütung des Insolvenzverwalters (§ 2 InsVV) und nicht des Treuhänders (§ 13 InsVV) festzusetzen ist. Der Bruchteil der Verwaltervergütung ist im Hinblick darauf, dass es sich um ein Kleinverfahren handelt, niedriger zu wählen als beim vorläufigen Insolvenzverwalter (15% statt 25%).[4]

§ 294 Gleichbehandlung der Gläubiger

(1) **Zwangsvollstreckungen für einzelne Insolvenzgläubiger in das Vermögen des Schuldners sind während der Laufzeit der Abtretungserklärung nicht zulässig.**

(2) **Jedes Abkommen des Schuldners oder anderer Personen mit einzelnen Insolvenzgläubigern, durch das diesen ein Sondervorteil verschafft wird, ist nichtig.**

(3) **Gegen die Forderung auf die Bezüge, die von der Abtretungserklärung erfaßt werden, kann der Verpflichtete eine Forderung gegen den Schuldner nur aufrechnen, soweit er bei einer Fortdauer des Insolvenzverfahrens nach § 114 Abs. 2 zur Aufrechnung berechtigt wäre.**

Literatur: *Adam,* Sondervorteile und Restschuldbefreiung, ZInsO 2006, 1132; *Bielau,* Anmerkung zu dem Beitrag von Rechtsbeistand Bernd Schmidt, Schwäbisch Hall, in der Ausgabe 4/2004 zum Thema „Vollstreckungsverbot während der Wohlverhaltensphase“, DGVZ, 2004, 133; *Grote,* Aufrechnung des Finanzamtes mit Einkommensteuererstattungsansprüchen des Schuldners im Insolvenz- und Restschuldbefreiungsverfahren, ZInsO 2001, 452; *Häsemeyer,* Die Aufrechnung nach der Insolvenzordnung, Kölner Schrift zur Insolvenzordnung, 2. Aufl. 2000, S. 645; *Kohte,* Die Behandlung von Unterhaltsansprüchen nach der Insolvenzordnung, Kölner Schrift zur Insolvenzordnung, 2. Aufl. 2000, S. 781; *Onusseit,* Aufrechnung des Finanzamts in der Insolvenz, ZInsO 2005, 638; *Schmidt,* Vollstreckungsverbot während der Wohlverhaltensphase?, DGVZ 2004, 49; *Wagner,* Das rechtliche Gehör vom Schuldner übersehener oder weggelassener Insolvenzgläubiger in Verfahren mit Restschuldbefreiung, ZVI 2007, 9 f.; s. a. § 286.

---

[1] Vgl. § 4 Abs. 2 InsVV.
[2] Siehe hierzu FK-*Grote,* InsO, § 293 Rn. 15.
[3] AG Kaiserslautern ZInsO 2000, 624; AG Köln NZI 2000, 143.
[4] AG Köln NZI 2000, 143; abw. AG Kaiserslautern ZInsO 2000, 624.

Übersicht

1. Normzweck

Die Vorschrift bestimmt, dass Zwangsvollstreckungen ebenso wie Sonderabkommen zugunsten einzelner Gläubiger während der Wohlverhaltensperiode nicht zulässig sind, Abs. 1 u. 2. Abs. 3 schränkt die Möglichkeit der Aufrechnung gegen die von der Abtretung erfassten Forderungen ein. § 294 soll **gleiche Befriedigungsaussichten für alle Insolvenzgläubiger** gewährleisten und ist damit Ausdruck des insolvenzrechtlichen Grundsatzes der Gleichbehandlung. 1

Abs. 1 wiederholt für das Restschuldbefreiungsverfahren das insolvenzrechtliche Vollstreckungsverbot des § 89, das mit der Aufhebung des Insolvenzverfahrens gem. § 289 Abs. 2 S. 2 endet. 2

2. Kommentierung der Einzelheiten

a) Vollstreckungsverbot, § 294 Abs. 1

Die Insolvenzgläubiger werden aus den Beträgen, die beim Treuhänder aus den abgetretenen Forderungen eingehen, sowie aus dem Teil des während der Wohlverhaltensperiode erworbenen Vermögens, welches der Schuldner gem. § 295 Abs. 1 Nr. 2 und Abs. 2 an den Treuhänder herauszugeben hat, befriedigt. Das übrige während der Wohlverhaltensperiode vom Schuldner erworbene Vermögen[1] kann zur **Befriedigung der Neugläubiger**[2] eingesetzt werden. Dementsprechend gilt das Vollstreckungsverbot des § 294 Abs. 1 nicht für die Neugläubiger. Für die **Insolvenzgläubiger** hingegen scheidet eine Zwangsvollstreckung in das Vermögen des Schuldners, das nicht nach den Vorschriften des Restschuldbefreiungsverfahrens zu ihrer Befriedigung vorgesehen ist – das also nicht Treuhandvermögen ist – aus. Abs. 1 trifft damit auch eine vom bisherigen Recht abweichende Aussage über die Abgrenzung der Befriedigungsmöglichkeiten der Insolvenzgläubiger von denen der Neugläubiger.[3] Ist streitig, ob ein Gegenstand des Schuldnervermögens zum Treuhandvermögen oder zum freien Vermögen des Schuldners gehört, so hat der Treuhänder die Möglichkeit der **Drittwiderspruchsklage, § 771 ZPO.**[4] 3

---

[1] Hierzu zählt etwa die vom Schuldner nach § 295 Abs. 1 Nr. 2 nicht herauszugebende Hälfte der Erbschaft oder die an den Schuldner nach dem Ende von vier Jahren gem. § 292 Abs. 1 S. 4 abzuführenden Beträge.

[2] Also derjenigen Gläubiger, deren Forderungen erst nach der Eröffnung des Insolvenzverfahrens entstanden sind, vgl. § 38.

[3] FK-*Ahrens,* InsO, § 294 Rn. 1, 5.

[4] *Häsemeyer,* Insolvenzrecht, Rn. 26.54.

4 Dem **Vollstreckungsverbot** unterliegen **alle Gläubiger,** die im vorangegangenen Insolvenzverfahren die Rechtsstellung von Insolvenzgläubigern hatten.[1] Wie auch nach § 301 Abs. 1 S. 2 kommt es nicht darauf an, ob sie ihre Forderungen zur Tabelle angemeldet hatten, auch wenn sie vom Schuldner übersehen oder weggelassen wurden.[2] Vielmehr gilt ein **umfassendes Zwangsvollstreckungsverbot.**[3] Gem. § 404 BGB gilt das Vollstreckungsverbot auch für die **Rechtsnachfolger der Insolvenzgläubiger.** Strittig ist, ob eine Vollstreckung auch wegen solcher Forderungen ausscheidet, die gem. § 302 von der Restschuldbefreiung ausgenommen sind.[4] Wird eine Zwangsvollstreckung entgegen dem Verbot des Abs. 1 durchgeführt, können sowohl der Schuldner als auch der Treuhänder nach **§ 766 ZPO Erinnerung** einlegen, über die das Vollstreckungsgericht entscheidet.[5]

5 Das **Recht zur Zwangsvollstreckung lebt wieder auf,** wenn das Restschuldbefreiungsverfahren nach den §§ 296, 297 oder 298 vorzeitig beendet wird. Denn in diesem Fall endet gem. § 299 die Laufzeit der Abtretungserklärung, so dass die tatbestandlichen Voraussetzungen des § 294 nicht länger gegeben sind. Im Übrigen endet das Vollstreckungsverbot mit der Erteilung bzw. Versagung der Restschuldbefreiung nach Ablauf der Wohlverhaltensperiode gem. § 300 Abs. 1 u. 2.

b) Verbot von Sonderabkommen, § 294 Abs. 2[6]

6 Die Vorschrift erklärt Abkommen, durch die einzelnen Insolvenzgläubigern ein Sondervorteil verschafft wird, für **nichtig.** Sie ist Ausdruck des insolvenzrechtlichen Grundsatzes der Gleichbehandlung, will aber darüber hinaus auch verhindern, dass einzelne Gläubiger durch die Gewährung von Sonderleistungen davon abgehalten werden, ihre Antragsrechte nach den gesetzlichen Vorschriften geltend zu machen.[7] Unter den Begriff des Abkommens fallen **Verpflichtungs- und Verfügungsgeschäfte,** aber auch **einseitige Rechtsgeschäfte** wie bspw. eine Ermächtigung.[8] Das Abkommen muss zu einem Sondervorteil geführt haben. Hierunter ist eine nicht gerechtfertigte Bevorzugung, die zu einer Verkürzung der Haftungsmasse führt, zu verstehen. Es genügt, wenn diese objektiv gegeben ist, auf ein subjektives Element kommt es – anders als nach § 181 S. 3 KO – nicht an.

---

[1] Zur Problematik „vergessener Unterhaltsschuldner" vgl. LG Erfurt ZVI 2004, 549; *Schmidt,* DGVZ 2004, 49 und *Bielau,* DGVZ 2004, 133.

[2] BGH NZI 2006, 602.

[3] BGH NZI 2005, 565 f.

[4] Bejahend HK-*Landfermann,* InsO, § 294 Rn. 3; aA: *Vallender,* VuR 1997, 155, 158; teilweise offengelassen AG Göttingen ZVI 2005, 327; vgl. LG Göttingen NZI 2005, 689; LG Leipzig NZI 2006, 603.

[5] *Häsemeyer,* Insolvenzrecht, Rn. 26.44; aA: FK-*Ahrens,* InsO, § 294 Rn. 25, der analog § 89 Abs. 3 S. 1 das Insolvenzgericht für zuständig erklärt.

[6] Vgl. hierzu *Adam,* ZInsO 2006, 1132 f.

[7] FK-*Ahrens,* InsO, § 294 Rn. 2; zur Anwendbarkeit des § 294 Abs. 2 vor dem Ankündigungsbeschluss s. AG Potsdam ZInsO 2003, 96.

[8] *Uhlenbruck/Vallender,* InsO, § 294 Rn. 22; aA: *Ahrens,* aaO, Rn. 26, der sich auf § 295 Abs. 1 Nr. 4 stützt, wonach die Gewährung von Sondervorteilen durch **einseitige Rechtshandlung** des Schuldners als Obliegenheitsverletzung gewertet wird. Daraus ergibt sich jedoch nicht zwingend der Schluss, dass § 294 Abs. 2 nicht auf einseitige Rechtsakte, die zu einem Sondervorteil führen, erweitert werden kann.

Aus der Nichtigkeit des im Widerspruch zu dem von Abs. 2 geschützten Grundsatz der Gläubigergleichbehandlung vorgenommenen Rechtsgeschäfts folgt, dass der Schuldner nach § 985 BGB die Herausgabe erbrachter Sachleistungen verlangen kann.[1] Daneben ist eine Rückforderung nach Bereicherungsrecht möglich. Eine Anwendung des § 817 S. 2 BGB ist dabei jedoch abzulehnen, da zum einen die Folgen einer gegen das Verbot der Gewährung eines Sondervorteils verstoßenden Leistung in § 295 Abs. 1 Nr. 4 (und der damit geschaffenen Möglichkeit der Versagung der Restschuldbefreiung wegen Obliegenheitsverletzung) geregelt werden, zum anderen dadurch die Erfüllung der gewährten Leistung endgültig festgeschrieben würde – ein Ergebnis, das mit der in § 294 Abs. 2 getroffenen gesetzlichen Wertung gerade nicht vereinbar ist.[2] 7

c) Aufrechnungsverbot, § 294 Abs. 3

aa) Abs. 3 enthält kein allgemeines Aufrechnungsverbot für die Insolvenzgläubiger in der Wohlverhaltensperiode,[3] sondern regelt nur die **Aufrechnung durch den aus den abgetretenen Forderungen Verpflichteten.** Dieser kann mit einer Gegenforderung gegen den Schuldner nur insoweit aufrechnen, als er im Insolvenzverfahren nach **§ 114 Abs. 2** dazu berechtigt wäre. Damit wird die **Aufrechnungsbefugnis auf drei Jahre** bzw. auf zwei Jahre für nach Inkrafttreten des InsOÄndG 2001 eröffnete Verfahren (vgl. Art. 103 a EGInsO) zwei Jahre (bzw. auf drei Jahre für vor Inkrafttreten des InsO-ÄndG 2001 eröffnete Verfahren, vgl. Art. 103 a EGInsO) **befristet:** nur gegen die Hauptforderungen, die sich auf die Bezüge für die Zeit vor Ablauf von drei bzw. zwei Jahren nach dem Ende des zurzeit der Eröffnung des Insolvenzverfahrens laufenden Monats beziehen, kann aufgerechnet werden. Mit der Verweisung auf § 114 Abs. 2 wird insbesondere auch auf die **Aufrechnungsverbote des § 96 Abs. 1 Nr. 2–4** verwiesen. 8

Die **Aufrechnung durch den Verpflichteten** ist **möglich,** obwohl der Schuldner – auf Grund der Abtretung an den Treuhänder – nicht mehr Forderungsinhaber ist. Denn Abs. 3 lässt die zivilrechtlichen Vorschriften über die Aufrechnung unberührt. Damit ist für die Wirksamkeit der Aufrechnung **neben der allgemeinen Vorschrift des § 387 BGB** insbesondere § 406 BGB zu beachten. Soweit nach § 406 BGB die fehlende Gegenseitigkeit der Forderungen als weiterbestehend behandelt wird, ist die Aufrechnung möglich. Zusätzlich zu den Voraussetzungen des § 406 BGB gelten dann die von Abs. 3 genannten, weiteren Einschränkungen. 9

Die **Einschränkung hinsichtlich der Aufrechnungsmöglichkeit** bezieht sich nach Abs. 2 **nur auf die von der Abtretungserklärung des Schuldners erfassten Ansprüche auf Arbeitsentgelt oder an deren Stelle tretende laufende Bezüge (§ 287 Abs. 2).** Eine Aufrechnung gegen andere Forderungen des Schuldners während der Wohlverhaltensperiode unterliegt demnach nach der gesetzlichen Regelung keiner Beschränkung.[4] Handelt es 10

---

[1] So die Ansicht der Rspr., BGH NJW 1951, 643; *Gottwald/Eickmann,* Hdb., § 66 Rn. 17; aA: *Larenz/Canaris,* Schuldrecht, Bd. II/2, § 68 Abs. 3 Nr. 3 e: Ausschluss des Vindikationsanspruchs.

[2] FK-*Ahrens,* InsO, § 294 Rn. 34 m N zum früheren Konkursrecht.

[3] BGH NZI 2005, 565.

[4] Zu Steuererstattungsansprüchen vgl. BGH NZI 2005, 565; zur Fälligkeit der zur Aufrechnung gestellten Ansprüche aus dem Steuerschuldverhältnis vgl. BFH ZInsO 2004, 862.

sich bei dieser Gruppe der nicht von Abs. 3 erfassten Forderungen des Schuldners um solche, die dieser an den Treuhänder nach § 295 Abs. 1 Nr. 2 „herauszugeben" hat, wie etwa einen Vermächtnisanspruch, so wird im Falle einer Aufrechnung – ebenso wie bei den Lohnansprüchen – die Befriedigungsaussicht der Insolvenzgläubiger geschmälert. Bei einer Aufrechnung gegen sonstige Forderungen, die nicht zum Treuhandvermögen gehören, lässt sich anführen, dass hierdurch jedenfalls gegen den Grundsatz der Gläubigergleichbehandlung verstoßen wird. In der Literatur wird deshalb de lege ferenda auch vertreten, eine Aufrechnung durch Insolvenzgläubiger gegen Forderungen des Schuldners generell auszuschließen.[1]

11 **bb)** Eine **Aufrechnung durch den Schuldner** (über die Abs. 3 sich nicht äußert) mit seinen Forderungen auf die Bezüge (§ 287 Abs. 2) scheidet aus, weil der Schuldner nicht mehr Inhaber dieser Forderungen ist. Eine Aufrechnung des Schuldners mit sonstigen, ihm zustehenden Forderungen ist zwar möglich, sie begründet aber eine Obliegenheitsverletzung nach § 295 Abs. 1 Nr. 4, gegebenenfalls auch nach Nr. 2, falls der Schuldner bspw. mit einem Vermächtnisanspruch aufrechnet, und stellt einen Grund für eine Versagung der Restschuldbefreiung nach § 296 dar.[2]

3. Praxishinweis

12 Vom Schuldner **übersehene** oder **bewusst weggelassene Insolvenzgläubiger** können am Verfahren nur teilnehmen, wenn sie vor Ankündigung der Restschuldbefreiung ihre Forderungen an- oder nachmelden. Erfahren sie von dem Verfahren erst später oder überhaupt nicht, sind sie weder an einem etwaigen Verteilungserlös beteiligt, noch können sie Verfahrensrechte wahrnehmen. Eine erteilte Restschuldbefreiung wirkt auch gegen sie, § 301 Abs. 1 S. 2. Angesichts des Umstandes, dass seit 1999 für natürliche Personen die Möglichkeit der Restschuldbefreiung gem. §§ 286 ff. besteht, müssen Gläubiger seither verstärkt damit rechnen, dass auch ihr Schuldner einen Insolvenzantrag stellt. Jedenfalls für die Inhaber einer titulierten Forderung erscheint es nicht unzumutbar, die in Verbraucher- und Regelinsolvenzverfahren vorgesehenen Bekanntmachungen *(www.insolvenzbekanntmachungen.de)* zu verfolgen.[3]

§ 295 Obliegenheiten des Schuldners

(1) **Dem Schuldner obliegt es, während der Laufzeit der Abtretungserklärung**

1. **eine angemessene Erwerbstätigkeit auszuüben und, wenn er ohne Beschäftigung ist, sich um eine solche zu bemühen und keine zumutbare Tätigkeit abzulehnen;**

---

[1] *Döbereiner,* Restschuldbefreiung, S. 271 ff.

[2] *Döbereiner,* Restschuldbefreiung, S. 273; nicht ganz deutlich insoweit *Hess,* InsO, § 294 Rn. 24, der formuliert, dass die Aufrechnung ausscheidet.

[3] Hierauf weist der BGH ausdrücklich hin, BGH NZI 2006, 602; krit. hierzu *Wagner,* ZVI 2007, 9 f.

2. **Vermögen, das er von Todes wegen oder mit Rücksicht auf ein künftiges Erbrecht erwirbt, zur Hälfte des Wertes an den Treuhänder herauszugeben;**
3. **jeden Wechsel des Wohnsitzes oder der Beschäftigungsstelle unverzüglich dem Insolvenzgericht und dem Treuhänder anzuzeigen, keine von der Abtretungserklärung erfaßten Bezüge und kein von Nummer 2 erfaßtes Vermögen zu verheimlichen und dem Gericht und dem Treuhänder auf Verlangen Auskunft über seine Erwerbstätigkeit oder seine Bemühungen um eine solche sowie über seine Bezüge und sein Vermögen zu erteilen;**
4. **Zahlungen zur Befriedigung der Insolvenzgläubiger nur an den Treuhänder zu leisten und keinem Insolvenzgläubiger einen Sondervorteil zu verschaffen.**

(2) **Soweit der Schuldner eine selbstständige Tätigkeit ausübt, obliegt es ihm, die Insolvenzgläubiger durch Zahlungen an den Treuhänder so zu stellen, wie wenn er ein angemessenes Dienstverhältnis eingegangen wäre.**

Literatur: *Adam,* Sondervorteile und Restschuldbefreiung, ZInsO 2006, 1132; *Ahrens,* Innenbeziehungen der Gläubiger bei Versagungsanträgen nach §§ 290, 295 ff. InsO, NZI 2001, 113; *Andres/Pape,* Die Freigabe des Neuerwerbs als Mittel zur Bewältigung der Probleme einer selbstständigen Tätigkeit des Schuldners, NZI 2005, 141; *Bartels,* Der erbrechtliche Erwerb des Insolvenzschuldners, KTS 2003, 43; *Enzensberger/Roth,* Der Pflichtteilsanspruch in der Pfändung und Insolvenz, NJW-Spezial 2009, 263; *Grote,* Zur Abführungspflicht des Selbstständigen gem. § 295 Abs. 2 InsO in der Wohlverhaltensperiode, ZInsO 2004, 1105; *Hartmann,* Verfügungen von Todes wegen zugunsten verschuldeter und insolventer Personen, ZNotP 2005, 82; *Kesseler,* Erwerb von Todes wegen im Restschuldbefreiungsverfahren nach der InsO, RNotZ 2003, 557; Erwerb und Zugewinnausgleich im Insolvenzverfahren und bei der Restschuldbefreiung, FS Gaul, S. 367; *Leibner,* Das Verhältnis des § 295 Abs. 2 InsO zu § 35 GewO, ZInsO, 2002, 61; *Messner,* Dissonanzen zwischen Insolvenz- und Erbrecht, ZVI 2004, 433; *Schmerbach,* Die Versagung der Restschuldbefreiung nach §§ 290 und 295 InsO, NZI 2005, 521; *Thora,* Die Obliegenheit der Erbschaftsannahme in der Wohlverhaltensperiode, ZInsO 2002, 176; *Trendelenburg,* Die Abführung eines angemessenen Betrages durch Selbstständige gem. § 295 Abs. 2 InsO, ZInsO 2000, 437; *Warrikoff,* Mehrfacheinkünfte während der Wohlverhaltensphase, ZInsO 2004, 1331; *Wenzel,* Die Erwerbsobliegenheit des Schuldners während der Wohlverhaltensperiode, NZI 1999, 15; s. a. § 286.

Übersicht

1. Normzweck

1 § 295 normiert die Obliegenheiten,[1] die den Schuldner während der Laufzeit der Abtretungserklärung, also in der Wohlverhaltensperiode, nach Aufhebung des Insolvenzverfahrens und Ankündigung der Restschuldbefreiung, treffen.[2] Die Norm ist damit **eine zentrale Vorschrift für das Restschuldbefreiungsverfahren.** Abgestellt wird allein auf das Verhalten des Schuldners während der Wohlverhaltensperiode, die strikt vom Verfahrensabschnitt „eröffnetes Insolvenzverfahren" zu trennen ist. Die §§ 295, 296 dürfen somit nicht im Insolvenzverfahren zusätzlich zur abschließenden Aufzählung des § 290 herangezogen werden.[3] Der Schuldner hat es damit in der Hand, ob er die Restschuldbefreiung erreicht. Gegenüber der Vorschrift des § 290, die für den ersten Verfahrensabschnitt bis zur vorläufigen Entscheidung über die Restschuldbefreiung gilt und deren Versagungsgründe mit der Ankündigung der Restschuldbefreiung gem. § 291 für den weiteren Verfahrensablauf präkludiert sind,[4] enthält § 295 **höhere, i. S. v. erschwerten Anforderungen an die Möglichkeit einer Versagung,** da der Schuldner in diesem Verfahrensabschnitt auf Grund des Ankündigungsbeschlusses einen größeren Vertrauensschutz genießt.[5] Der **Vertrauensschutzgesichtspunkt** ist auch bei der Anwendung der Vorschrift zu berücksichtigen. Gegen Ende der Wohlverhaltensperiode kann etwa aus diesem Grunde eine Versagung wegen einer geringfügigen Obliegenheitsverletzung ausgeschlossen sein.[6]

2 Wie § 290 enthält auch § 295 keine Regelbeispiele. Die **Aufzählung der Obliegenheiten** ist vielmehr **abschließend.** Die Entscheidung über die Restschuldbefreiung ist damit nicht ins Ermessen des Gerichts gestellt. § 295 schafft erst für die Zeit nach der Ankündigung der Restschuldbefreiung Versagungsgründe.[7]

3 Die Erfüllung der Obliegenheiten ist rechtliche Voraussetzung für die Erteilung der Restschuldbefreiung. Allerdings ist die Erteilung auch bei Nichterfüllung möglich, falls den Schuldner kein Verschulden trifft oder kein Versagungsantrag gestellt wurde.

2. Kommentierung der Einzelheiten

a) Angemessene Erwerbstätigkeit, § 295 Abs. 1 Nr. 1

4 Die **wichtigste Obliegenheit** des Schuldners besteht in der **Ausübung bzw. Suche nach einer angemessenen Erwerbstätigkeit,** Abs. 1 Nr. 1. Denn er hat die Aufgabe, sich während der Wohlverhaltensperiode um eine Befriedigung

[1] Zum Begriff der Obliegenheit s. *Larenz/Wolf,* BGB Allgemeiner Teil, 8. Aufl., § 13 Rn. 48.

[2] BGH NZI 2009, 191 m. Anm. *Lang,* FD-InsR 2009, 275580; zu den Abgrenzungsschwierigkeiten vgl. § 290 Rn. 3 f.

[3] BGH NZI 2009, 191 m. Anm. *Lang,* FD-InsR 2009, 27558.

[4] FK-*Ahrens,* InsO, § 291 Rn. 3; *Kübler/Prütting/Bork/Wenzel,* InsO, § 295 Rn. 6.

[5] So auch AG Oldenburg NZI 2002, 327; AG Mönchengladbach ZInsO 2002, 45; gegen die strikte Abgrenzung gegenüber der Versagungsgründe des § 290 LG Hannover ZInsO 2002, 449.

[6] FK-*Ahrens,* InsO, § 295 Rn. 4.

[7] BGH NZI 2004, 635.

der Gläubiger zu bemühen. Diese soll in erster Linie aus den abgetretenen Forderungen erfolgen; die Abtretung würde aber ins Leere gehen, wenn mangels Erwerbstätigkeit Ansprüche auf Arbeitsentgelt nicht gegeben wären.

aa) Der **erwerbstätige Schuldner** muss nach dieser ersten Variante der Nr. 1 im Zeitraum nach Ankündigung der Restschuldbefreiung[1] eine **angemessene** Tätigkeit ausüben.[2] Zum Begriff der angemessenen Erwerbstätigkeit kann auf die Rechtsprechung zu § 1574 Abs. 2 BGB zurückgegriffen werden.[3] Es besteht eine Vermutung dafür, dass die vom Schuldner ausgeübte Tätigkeit angemessen ist,[4] so dass die Darlegung- und Beweislast den Gläubiger trifft.[5] Mit der Obliegenheit zur angemessenen Erwerbstätigkeit korrespondiert auch die Pflicht des Schuldners, die für seinen Lohnsteuerabzug während des Verfahrens zur Restschuldbefreiung zu einem günstigeren Nettoeinkommen führende Steuerklasse zu wählen.[6] Wählt er ohne sachlichen Grund allein deshalb eine andere Steuerklasse, um sein Nettoeinkommen und damit seine Tilgungspflicht zu mindern, so ist er so zu behandeln, als hätte die Wahl nicht stattgefunden. Allerdings geht damit nicht Pflicht des anderen Ehegatten einher, im Interesse der Gläubiger des Schuldners/Ehegatten eine vom Regelfall des § 38 b Abs. 1 Nr. 4 EStG abweichende Steuerklasse zu wählen, wenn dies zu einer eigenen steuerlichen Benachteiligung führen würde.[7] 5

Nicht einheitlich beurteilt wird, ob auch der Strafgefangene Restschuldbefreiung erlangen kann. Da das aus der Arbeit im Strafvollzug bezogene sogenannte Eigengeld des Häftlings (§ 52 StVollzG) nach Bildung des Überbrückungsgeldes ohne Bindung an die §§ 850 ff. ZPO pfändbar ist[8] und somit – zumindest begrenzt – Leistungen an die Gläubiger erfolgen können, sollte die Verminderung bisherigen pfändbaren Einkommens durch die Inhaftierung nicht als Obliegenheitsverletzung im Sinne des § 295 qualifiziert werden.[9] Anders ist der Fall zu beurteilen, wenn der Schuldner während der Wohlverhaltensperiode eine Straftat begeht, deretwegen er eine Haftstrafe zu verbüßen hat und hierdurch nicht in der Lage ist, eine „angemessene Erwerbstätigkeit" auszuüben.[10] 6

bb) Die 2. und 3. Variante der Nr. 1 richten sich allein an den **beschäftigungslosen Schuldner.** Die 2. Variante, das Sichbemühen um eine angemessene Tätigkeit, verlangt, dass der Schuldner bei der Suche nach einer Arbeitsstelle selbst aktiv wird. Allein eine Meldung beim Arbeitsamt genügt ebenso wenig[11] 7

---

[1] FK-*Ahrens,* InsO, § 295 Rn. 10; AG Köln NZI 2004, 331.

[2] Zur Differenzierung der Gründe bei Beendigung der Erwerbstätigkeit vgl. FK-*Ahrens,* InsO, § 295 Rn. 15 ff.; zur Altersteilzeit vgl. OLG Hamm NJW 2005, 161 f.

[3] Siehe auch näher FK-*Ahrens,* InsO, § 295 Rn. 12–14.

[4] MünchKomm-*Richter,* § 1574 BGB Rn. 4.

[5] Zur Teilzeitarbeit des Schuldners vgl. AG Hamburg ZVI 2009, 43.

[6] BGH NZI 2009, 326.

[7] AG Duisburg NZI 2002, 328; vgl. auch BGH NZI 2006, 114.

[8] BGH NJW 2004, 3714.

[9] LG Koblenz VuR 2008, 348; *Kohte,* EWiR, § 295 InsO, 1/02, S. 491; *Wilhelm,* ZInsO 2002, 450 f.; vgl. *Riedel,* ZVI 2002, 131 f.; aA: LG Hannover ZInsO 2002, 449.

[10] AG Dresden, ZVI 2008, 310; vgl. auch HK-*Landfermann,* § 295 Rn. 6.

[11] *Balz/Landfermann,* S. 556 f., Begründung zum RegE; AG Hamburg NZI 2001, 103, 104, auch bloße Teilzeitbeschäftigung, obgleich Vollzeitbeschäftigung möglich wäre, genügt nicht.

wie das bloße Studium von Stellenangeboten in Zeitschriften.[1] Ein Erfolg der Bemühungen ist allerdings nicht Voraussetzung.

8 Der beschäftigungslose Schuldner muss sich um eine angemessene Tätigkeit **bemühen.** Findet er eine solche nicht, so darf er allerdings auch eine lediglich zumutbare Tätigkeit nicht ablehnen, 3. Variante der Nr. 1[2]. Seine Bemühungen müssen sich allerdings nur auf eine **angemessene Tätigkeit** richten; unterlassene Bemühungen um eine zumutbare Arbeit begründen keine Obliegenheitsverletzung. Der Begriff der Zumutbarkeit wird – im Interesse der Gläubigerbefriedigung – weit ausgelegt. Zumutbar ist auch eine **berufsfremde Tätigkeit oder eine solche mit geringerer Vergütung.** Selbst Aushilfs- und Nebentätigkeiten werden für zumutbar gehalten.[3] Eine unzulässige Einschränkung der Berufsfreiheit ist hierin nicht zu sehen. Der Schuldner erstrebt ja einen rechtlichen Vorteil, dessen Gewährung der Gesetzgeber von der Erfüllung bestimmter Voraussetzungen abhängig machen kann.[4]

9 Ein Verstoß gegen seine Erwerbsobliegenheit kann im Einzelfall dann vorliegen, wenn der Schuldner ein Studium aufnimmt und somit u. U. während der gesamten Laufzeit der Abtretung keinerlei pfändbaren Einkünfte erzielt. Dies gebietet bereits das in den §§ 290, 295 zum Ausdruck gekommene Bestreben des Gesetzgebers, Missbräuche – etwa der „Flucht in ein Studium"[5] – weitestmöglich auszuschließen. Jedenfalls können jahrelange Nichteinkünfte durch die unsichere Aussicht der Gläubiger, der Schuldner werde nach Abschluss des Studiums höhere Einkünfte erwirtschaften als bei Aufnahme einer Erwerbstätigkeit als ungelernte Hilfskraft, nicht kompensiert werden.[6]

10 Nicht zumutbar wäre es dem Schuldner aber, betteln zu gehen.[7] Eine **Unzumutbarkeit** kann sich auch im Einzelfall ergeben, überhaupt eine Tätigkeit auszuüben, wie bspw. im **Falle einer Mutter von Kleinkinder,**[8] **oder auf Grund Berufsunfähigkeit.**[9] Welche Beschäftigung grundsätzlich zumutbar ist, wird in § 121 SGB III umrissen.

b) Vermögenserwerb, § 295 Abs. 1 Nr. 2

11 Nr. 2 regelt, inwieweit der Schuldner auch sein während der Wohlverhaltensperiode erworbenes Vermögen zur Befriedigung der Gläubiger zur Verfügung stellen muss.[10] Der Gesetzgeber sah es als unbillig an, einem Schuldner Restschuldbefreiung zu gewähren, ohne dass dieser sein Vermögen antasten muss. An den Treuhänder herausgeben muss der Schuldner die Hälfte des Wertes einer ihm auf Grund gesetzlicher, testamentarischer oder erbvertragli-

---

[1] LG Kiel ZVI 2002, 474.

[2] Vgl. zur zumutbaren Beschäftigung von Arbeitslosen auch § 121 SGB III, zu erwerbsfähigen Hilfebedürftigen § 10 SGB II.

[3] *Wenzel,* NZI 1999, 15, 17.

[4] *Döbereiner,* Restschuldbefreiung, S. 153 ff.

[5] *Uhlenbruck/Vallender,* InsO, § 295 Rn. 15.

[6] So aber AG Göttingen ZInsO 2002, 385.

[7] *Döbereiner,* Restschuldbefreiung, S. 152; im Einzelnen zu den Anforderungen an die Zumutbarkeit *Smid/Haarmeyer,* InsO, § 295 Rn. 5.

[8] Weitere Beispiele bei FK-*Ahrens,* InsO, § 295 Rn. 35.

[9] LG Göttingen ZInsO 2005, 154.

[10] AG Mönchengladbach ZInsO 2002, 45.

cher Erbfolge zugefallenen Erbschaft oder eines sonstigen Erwerbs von Todes wegen – worunter **Pflichtteils- oder Vermächtnisansprüche** oder eine sonstige Übertragung von Vermögensgegenständen in Vorwegnahme der Erbschaft fallen.[1] Die **Information** an den **Treuhänder** hat **unverzüglich** und **unaufgefordert** zu erfolgen.[2] **Schenkungen von Todes wegen (§ 2301 BGB)** sollen hingegen nicht darunter fallen.[3] Ob der **Zugewinnausgleich** im Fall des Todes eines Ehegatten unter die Vorschrift fällt, ist umstritten.[4] **Sonstige Schenkungen oder Lotteriegewinne** werden von der Herausgabepflicht nicht erfasst. Eine analoge Anwendung der Vorschrift auf diese Fälle scheidet aus, da der Gesetzgeber bewusst nur den Erwerb von Todes wegen aufgenommen hat.[5]

Maßgeblich für die Berechnung der Hälfte ist das Nettovermögen, also das 12
Vermögen nach Abzug der Nachlassverbindlichkeiten.[6]

Unter der Herausgabe ist nicht lediglich die Besitzverschaffung, sondern auch 13
die Eigentumsübertragung auf den Treuhänder zu verstehen.[7] Damit soll ein Zugriff der Neugläubiger auf die Erbschaftsgegenstände ausgeschlossen werden. Ist der **Schuldner Miterbe,** ist eine **Erbauseinandersetzung** auch dann möglich, wenn der Erblasser (§ 2044 BGB) oder die Erben sie ausgeschlossen haben. § 84 Abs. 2 S. 2 wird analog auf das Restschuldbefreiungsverfahren angewandt.

Das höchstpersönliche **Recht des Schuldners,** eine angefallene **Erbschaft** 14
auszuschlagen, s. a. § 83 Abs. 1 S. 1 oder auf die Geltendmachung eines Pflichtteilsanspruchs zu verzichten[8], wird durch die Vorschrift nicht berührt.[9] Durch die Beschränkung der Obliegenheit auf die Herausgabe der Hälfte des Wertes der Erbschaft soll erreicht werden, dass der Schuldner bei voller Dispositionsbefugnis davon absieht, die Erbschaft auszuschlagen.[10]

c) Aufklärungs- und Mitwirkungspflichten, § 295 Abs. 1 Nr. 3

Die Vorschrift normiert eine **umfassende Aufklärungs- und Mitwirkungs-** 15
pflicht des Schuldners in der Wohlverhaltensperiode. Den Gläubigern und gegebenenfalls dem Treuhänder (falls dieser nach § 292 Abs. 2 mit dieser Aufgabe

[1] Siehe hierzu *Hess/Obermüller,* Insolvenzplan, Restschuldbefreiung und Verbraucherinsolvenz, Rn. 986; auf die Auslegung zu § 1374 Abs. 2 BGB kann zurückgegriffen werden, *Balz/Landfermann,* S. 556 f., Begründung zum RegE; Fällt die Erbschaft hingegen während des Insolvenzverfahrens an, so gehört diese mit Annahme vollumfänglich zur Insolvenzmasse, LG Göttingen NZI 2004, 678; vgl. auch LG Dortmund ZVI 2008, 32: bis Rechtskraft des Ankündigungsbeschlusses.

[2] AG Göttingen ZInsO 2004, 757; aA: AG Neubrandenburg NZI 2006, 647.

[3] FK-*Ahrens,* InsO, § 295 Rn. 38; s. MünchKomm-*Gernhuber,* BGB § 1374 Rn. 18.

[4] Bejahend *Leipold,* FS Gaul, S. 367, 374 aA: FK-*Ahrens*, InsO, § 295 Rn. 40.

[5] Dem gegenüber wollte der RefE von 1989 (§ 234) eine Herausgabepflicht überhaupt nicht begründen.

[6] *Döbereiner,* Restschuldbefreiung, S. 160.

[7] Abweichend AG Neubrandenburg NZI 2006, 647.

[8] BGH, NZI 2009, 563 m. Anm. *Lang* FD-InsR 2009, 285890.

[9] LG Mainz ZInsO 2003, 525; *Uhlenbruck/Vallender,* InsO, § 295 Rn. 34; krit. dazu *Thora,* ZInsO 2002, 176 ff.

[10] Zu möglichen erbrechtlichen Gestaltungsmöglichkeiten vgl. FK-*Ahrens,* InsO, § 295 Rn. 38 a; zum Erwerb von Todes wegen im Restschuldbefreiungsverfahren nach der InsO vgl. *Kesseler,* RNotZ 2003, 557 f.

betraut ist) soll damit die Überwachung des Schuldners erleichtert werden. **Bagatellverstöße** können allerdings nicht zu einer Versagung der Restschuldbefreiung führen, da die Obliegenheitsverletzung nach § 296 für eine Beeinträchtigung der Befriedigung der Gläubiger kausal sein muss. Der Schuldner muss über jeden Wechsel seines Wohnsitzes und seiner Beschäftigungsstelle von sich aus das Gericht[1] und den Treuhänder informieren. Die Mitteilung muss unverzüglich, d. h. ohne schuldhaftes Zögern i. S. d. § 121 Abs. 1 S. 1 BGB, erfolgen. Des Weiteren darf er keine von der Abtretungserklärung erfassten Bezüge und kein nach Nr. 2 an den Treuhänder herauszugebendes Vermögen verheimlichen. Zur Auslegung des **Begriffs des Verheimlichens** kann auf die strafrechtlichen Bestimmungen der §§ 283, 283 b, 283 d StGB zurückgegriffen werden,[2] insbesondere erfordert es kein ausdrückliches Handeln des Schuldners gegenüber dem Treuhänder, ein bloßes Verschweigen genügt.[3] Zeigt der Schuldner sein pfändbares Einkommen nicht an, ist die Obliegenheitsverletzung durch Nachentrichtung jedenfalls dann nicht mehr zu heilen, wenn ein Versagungsantrag gestellt wurde.[4] Auskunftspflichtig ist der Schuldner über seine Erwerbstätigkeit bzw. seine darauf gerichteten Bemühungen. Insoweit wird auch die Pflicht zur Mitteilung von Änderungen sowie zur Vorlage des Arbeitsvertrages umfasst.[5] Diese Obliegenheit trifft gleichermaßen den **selbstständigen Schuldner,** da nicht nach der Art der Erwerbstätigkeit unterschieden wird. Schließlich hat der Schuldner **über sein Vermögen Auskunft zu erteilen.** Da für das Insolvenzverfahren ein Vermögensverzeichnis bereits nach § 151 bzw. § 305 Abs. 1 Nr. 3 (für das Verbraucherinsolvenzverfahren) vorliegt, bezieht sich die Auskunft hier auf den **Neuerwerb.**

d) Gleichbehandlung der Gläubiger, § 295 Abs. 1 Nr. 4

16 Die Obliegenheiten der Nr. 4 bestehen im Interesse einer **gleichmäßigen Gläubigerbefriedigung.**

17 Die **1. Alt.,** das Gebot, Zahlungen zur Befriedigung der Insolvenzgläubiger ausschließlich an den Treuhänder zu erbringen, dient dabei als **Auffangtatbestand.** Kann der den Versagungsantrag stellende Gläubiger nicht glaubhaft machen (§ 296 Abs. 1 S. 3), dass einem Gläubiger i. S. d. 2. Alt. ein Sondervorteil gewährt wurde, weil der Schuldner sich darauf beruft, alle Gläubiger entsprechend ihrer Quote berücksichtigt zu haben, ist das Verhalten jedenfalls als Obliegenheitsverletzung gem. der 1. Alt. erfasst.[6]

Das **Gebot der 1. Alt.** bezieht sich allerdings **nicht** auf das **freie Vermögen des Schuldners,** weil eine Benachteiligung von Gläubigern (§ 296 Abs. 1 S. 1) hier ausgeschlossen ist. Eine Ausnahme gilt für den Einsatz der **Arbeitskraft des Schuldners** in Dienstverhältnissen mit laufenden Bezügen.[7]

---

[1] Dazu LG Göttingen NZI 2008, 54.

[2] FK-*Ahrens,* InsO, § 295 Rn. 49.

[3] AG Göttingen ZInsO 2008, 49 m. Anm. *Marotzke,* EWiR 2008, 117; aA: AG Neubrandenburg NZI 2006, 647.

[4] BGH NZI 2008, 623 m. Anm. *Lang,* FD-InsR 2008, 266122.

[5] AG München ZVI 2003, 366; AG Mannheim ZVI 2005, 383; aA: AG Leipzig ZVI 2004, 758.

[6] Vgl. AG Passau ZInsO 2009, 493.

[7] Vgl. *Adam,* ZInsO 2006, 1132 f.

e) Selbstständige Tätigkeit, § 295 Abs. 2

Der Schuldner ist berechtigt, in der Wohlverhaltensperiode einer selbstständigen Tätigkeit nachzugehen, sofern dies mit den Bestimmungen des Gewerberechts, insbesondere § 12 GewO zu vereinbaren ist.[1] Da nach Auffassung des Gesetzgebers eine Vorausabtretung seiner Einkünfte ausgeschlossen ist,[2] ist der Schuldner stattdessen verpflichtet, Zahlungen an den Treuhänder für die Gläubiger zu erbringen. Die Höhe der insgesamt zu leistenden Zahlungen richtet sich danach, **was der Schuldner bei unselbstständiger Tätigkeit an die Gläubiger abführen würde,** so bereits der Wortlaut des Abs. 2. Maßstab ist demnach nicht der wirtschaftliche Erfolg.[3] Die wirtschaftliche Lage des schuldnerischen Unternehmens findet jedoch insofern Berücksichtigung als sie den Zeitpunkt der Zahlungen mitbestimmt. So werden vom Schuldner nicht unbedingt regelmäßige Zahlungen in gleicher Höhe verlangt, sie können vielmehr je nach seiner momentanen wirtschaftlichen Leistungsfähigkeit variieren. Am Ende der Wohlverhaltensperiode muss der Schuldner jedoch die ihm obliegenden Zahlungen vollständig erbracht haben, andernfalls riskiert er eine Versagung der Restschuldbefreiung.[4] 18

Problematisch ist Abs. 2 in der **Konstellation, dass der Selbstständige mehr verdient, als er bei abhängiger Tätigkeit erzielt hätte** und damit im Ergebnis abführen muss. Der Selbstständige ist dann nicht verpflichtet, den Betrag abzuführen, den er tatsächlich verdient.[5] Es ist denkbar, dass der Selbstständige hohe Gewinne behalten darf, während er z. B. gegenüber seinen Unterhaltsberechtigten, denen es möglicherweise schlechter geht als ihm, Restschuldbefreiung von aufgelaufenen Unterhaltsforderungen erlangen kann. 19

Als Beispiel ist der Selbstständige mit abgebrochenem Studium zu nennen. Aufgrund mangelnder formaler Qualifikation würde es ihm schwer fallen, eine qualifizierte, abhängige Tätigkeit zu finden. Als Selbstständiger kann er gleichwohl wirtschaftlich erfolgreich sein. Aufgrund dessen wird eine Änderung des § 295 Abs. 2 gefordert,[6] was jedoch bislang von der Bundesregierung aus Gründen der Verfahrensvereinfachung nicht aufgegriffen wurde.[7] Übt der Schuldner neben seiner abhängigen Beschäftigung eine selbstständige Tätigkeit aus, aus der er **lediglich Verluste erwirtschaftet,** sind die Insolvenzgläubiger nicht beeinträchtigt, wenn der Schuldner keine Möglichkeit hat, anstelle der selbstständigen Tätigkeit ein weiteres Arbeitsverhältnis einzugehen. Besteht allerdings diese Möglichkeit, muss er die dem Treuhänder auf Grund der Abtretung zustehenden 20

---

[1] Hierzu OVG Bremen GewA 2004, 163; OVG Nordrhein-Westfalen ZInsO 2001, 478; *Leibner,* ZInsO 2002, 61 ff.; *Hahn,* GewArch 2000, 361 ff.; zur Zulassung eines Rechtsanwalts vgl. BGH NZI 2005, 274.

[2] BT-Drucks. 12/2443, s. 192; krit. FK-*Ahrens,* § 295 Rn. 63; MünchKomm-*Ehricke,* InsO § 295 Rn. 103.

[3] S. zum unangemessen geringen Verdienst des Selbstständigen auch BGH, NZI 2009, 482 m. Anm. *Buck,* FD-InsR 2009, 284332.

[4] *Balz/Landfermann,* S. 556 f., Begründung zum RegE.

[5] *Schmerbach,* ZVI 2003, 256 ff., 263; *Uhlenbruck/Vallender,* InsO, § 29 Rn. 76; MünchKomm-*Ehricke,* InsO § 295 Rn. 109, FK-*Ahrens,* InsO, § 295 Rn. 64.

[6] *Trendelenburg,* ZInsO 2000, 437 f.

[7] *Schmerbach,* aaO.

Beträge um den Betrag aufstocken, der den Gläubigern zugeflossen wäre, wenn er anstelle der selbstständigen Tätigkeit auch insoweit abhängig beschäftigt gewesen wäre.[1]

§ 296 Verstoß gegen Obliegenheiten

(1) **Das Insolvenzgericht versagt die Restschuldbefreiung auf Antrag eines Insolvenzgläubigers, wenn der Schuldner während der Laufzeit der Abtretungserklärung eine seiner Obliegenheiten verletzt und dadurch die Befriedigung der Insolvenzgläubiger beeinträchtigt; dies gilt nicht, wenn den Schuldner kein Verschulden trifft. Der Antrag kann nur binnen eines Jahres nach dem Zeitpunkt gestellt werden, in dem die Obliegenheitsverletzung dem Gläubiger bekanntgeworden ist. Er ist nur zulässig, wenn die Voraussetzungen der Sätze 1 und 2 glaubhaft gemacht werden.**

(2) **Vor der Entscheidung über den Antrag sind der Treuhänder, der Schuldner und die Insolvenzgläubiger zu hören. Der Schuldner hat über die Erfüllung seiner Obliegenheiten Auskunft zu erteilen und, wenn es der Gläubiger beantragt, die Richtigkeit dieser Auskunft an Eides Statt zu versichern. Gibt er die Auskunft oder die eidesstattliche Versicherung ohne hinreichende Entschuldigung nicht innerhalb der ihm gesetzten Frist ab oder erscheint er trotz ordnungsgemäßer Ladung ohne hinreichende Entschuldigung nicht zu einem Termin, den das Gericht für die Erteilung der Auskunft oder die eidesstattliche Versicherung anberaumt hat, so ist die Restschuldbefreiung zu versagen.**

(3) **Gegen die Entscheidung steht dem Antragsteller und dem Schuldner die sofortige Beschwerde zu. Die Versagung der Restschuldbefreiung ist öffentlich bekanntzumachen.**

Übersicht

1. Normzweck

1 Die Vorschrift bestimmt, unter welchen Voraussetzungen eine Obliegenheitsverletzung zu einer Versagung der Restschuldbefreiung führt. Haben keine Insolvenzgläubiger Forderungen zur Tabelle angemeldet, kann dem Schuldner die Restschuldbefreiung bereits im Schlusstermin erteilt werden, sofern er belegt,

[1] BGH NZI 2006, 413.

dass die Verfahrenskosten und die sonstigen Masseverbindlichkeiten getilgt sind.[1] Zwar soll nach dem Grundgedanken der gesetzlichen Regelung nur dem redlichen Schuldner[2] der Vorteil der Restschuldbefreiung zuteil werden. Für eine Versagung genügt die Unredlichkeit, d. h. die Obliegenheitsverletzung, allein jedoch nicht, sondern der Gläubiger muss die an ihn in dieser Vorschrift gestellten verfahrensrechtlichen Anforderungen erfüllen.

Indem § 296 als Sanktion für eine Obliegenheitsverletzung die Möglichkeit der Versagung der Restschuldbefreiung vorsieht, kann der Schuldner zur Erfüllung seiner Obliegenheiten angehalten werden. Es werden nur Obliegenheitsverletzungen nach Ankündigung der Restschuldbefreiung von § 296 Abs. 1 erfasst.[3] Sofern im Verfahren über die Ankündigung der Restschuldbefreiung nach § 291 entschieden wird sind allerdings Obliegenheitsverstöße, die eine Versagung der Restschuldbefreiung nach § 296 Abs. 1 rechtfertigen, nicht zu berücksichtigen.[4] 2

2. Kommentierung der Einzelheiten

a) Beeinträchtigung der Gläubigerbefriedigung

Eine Obliegenheitsverletzung bildet nur dann einen Versagungsgrund, wenn 3 sie zu einer Beeinträchtigung der Befriedigung der Gläubiger geführt hat. Mit dieser Voraussetzung werden **unwesentliche Verstöße** aus dem Anwendungsbereich der Vorschrift ausgenommen.[5] Die Restschuldbefreiung ist trotz Obliegenheitsverletzung nicht zu versagen, wenn eine Gläubigerbenachteiligung nur pauschal vermutet und vom Insolvenzgläubiger nicht glaubhaft gemacht wird.[6] Eine Beeinträchtigung der Gläubigerbefriedigung liegt nur vor, wenn die Insolvenzgläubiger auf Grund des Verhaltens des Schuldners in der Erfüllung ihrer Forderungen eine **wirtschaftlich messbare Einbuße** erlitten haben. Somit muss zwischen der **Obliegenheitsverletzung** und der **Gläubigerbeeinträchtigung** ein **Kausalzusammenhang** bestehen. Eine bloße Gefährdung der Befriedigung der Insolvenzgläubiger reicht nicht aus.[7] Führt ein Schuldner Zahlungen nicht an den Treuhänder ab und befriedigt er Forderungen einzelner Insolvenzgläubiger im vollem Umfang, Forderungen anderer Insolvenzgläubiger jedoch nur teilweise, liegt darin ein Verstoß gegen die Obliegenheit des § 295 Abs. 1 Nr. 4, der eine Versagung gem. § 296 Abs. 1 begründet.[8] Eine Beeinträchtigung kann auch schon vor dem Zeitpunkt der Verteilung durch den Treuhänder – welche gem. § 292 Abs. 1 S. 2 nur einmal jährlich erfolgt – gegeben sein, da die

[1] BGH ZVI 2005, 322.

[2] Auch bei einer schuldhaften Obliegenheitsverletzung kommt eine Versagung der Restschuldbefreiung nicht in Betracht, wenn eine messbare Beeinträchtigung der Gläubigerbefriedigung nicht stattgefunden hat, vgl. BGH NZI 2006, 413.

[3] LG Göttingen NZI 2004, 678.

[4] BGH NZI 2004, 635.

[5] *Balz/Landfermann,* S. 559, Begründung Rechtsausschuss; *Uhlenbruck/Vallender,* InsO, § 296 Rn. 18; zur Frage, ob Mitwirkungspflichten verletzt wurden vgl. ferner AG Karlsruhe ZVI 2004, 551.

[6] LG Hamburg ZVI 2004, 259; LG Göttingen NZI 2005, 346.

[7] BGH NZI 2006, 413 m. Anm. *Buck,* FD-InsR 2006, 184337.

[8] AG Göttingen ZVI 2003, 295. Eine Anpassung an die Nichterfüllung der Abführungspflicht des Schuldners aus der freigegebenen, selbstständigen Tätigkeit gem. § 35 Abs. 2 nF ist unterblieben, vgl. *Zipperer* ZVI 2007, 541 ff.

zu ihrer Befriedigung bestimmten Beträge den Gläubigern bereits vor diesem Zeitpunkt wirtschaftlich zugewiesen sind.[1] Ergibt die Vergleichsberechnung jedoch, dass die Erfüllung der Obliegenheit ausschließlich zu einer erhöhten Tilgung der Verfahrenskosten und Masseverbindlichkeiten geführt hätte, fehlt eine Beeinträchtigung der Insolvenzgläubiger.[2]

b) Verschulden

4 In subjektiver Hinsicht muss den Schuldner an der Obliegenheitsverletzung ein Verschulden treffen. Hierbei handelt es sich um ein **Verschulden gegen sich selbst,** da die Obliegenheiten Verhaltensanforderungen im eigenen Interesse des Schuldners sind. Die **Beweislast** hinsichtlich des Verschuldens trifft nach dem Wortlaut des Abs. 1 S. 1, 2. Halbs. den Schuldner.[3] Ist offen, ob den Schuldner ein Verschulden trifft, geht dies zu seinen Lasten.[4] An den **Entlastungsbeweis** sind allerdings **keine allzu hohen Anforderungen** zu stellen.[5]

c) Antrag eines Gläubigers, § 296 Abs. 1

5 In formeller Hinsicht kann das Gericht die Restschuldbefreiung nur versagen, wenn ein Gläubiger dies beantragt.[6] Hierzu sind – wie beim Antrag gem. § 290 – nur diejenigen Insolvenzgläubiger berechtigt, die am Insolvenzverfahren teilnehmen.[7] Hat der Schuldner die Restschuldbefreiung in unredlicher Weise durch bewusstes Verschweigen einer Forderung erlangt, kann der betroffene Gläubiger seinen Anspruch unter Berufung auf § 826 BGB nur im streitigen Verfahren verfolgen.[8] Der Antrag muss **innerhalb eines Jahres nach dem Bekanntwerden der Obliegenheitsverletzung** gestellt werden, Abs. 1 S. 2. Dabei kommt es auf die **Kenntnis des antragstellenden Gläubigers** an. Hiermit besteht eine gewisse Missbrauchsmöglichkeit, indem einem einzelnen Gläubiger maßgebliche Tatsachen für eine gewisse Zeit vorenthalten werden können, so dass dieser den Antrag auch zu einem späten Zeitpunkt noch als Berechtigter stellt, wodurch die Jahresfrist außer Kraft gesetzt werden kann. Allerdings kann in einem solchen Fall mit dem Gedanken des Rechtsmissbrauchs, § 242 BGB, geholfen werden, falls eine entsprechende Umgehungsabsicht festzustellen ist.

d) Glaubhaftmachung, § 296 Abs. 1 S. 3

6 Der Versagungsantrag ist wie im Fall des § 290 nur zulässig, wenn der Versagungsgrund glaubhaft gemacht wird.[9] Der Gläubiger kann sich damit aller

---

[1] §§ 287 Abs. 2, 292 Abs. 1.

[2] FK-*Ahrens,* InsO § 296 Rn. 13; AG Regensburg ZVI 2004, 499.

[3] Anders in § 290, wo der antragstellende Gläubiger die Voraussetzungen des Verschuldens darlegen und beweisen muss.

[4] Vgl. *Balz/Landfermann,* S. 558, Begründung zu § 245 RegE.

[5] Für § 282 BGB vgl. MünchKomm-*Emmerich,* BGB § 282 Rn. 17.

[6] Der Antrag ist schriftlich, in elektronischer Form oder zu Protokoll der Geschäftsstelle eines jeden Amtsgerichts zu stellen, §§ 4 InsO, 129 a Abs. 1, 130 a, 496 ZPO; Nach FK-*Ahrens,* InsO, § 296 Rn. 18 unter Hinweis auf die konkurrierende Regelung des Widerrufsrechts aus § 303 Abs. 1 kann der Antrag letztmalig im Termin zur Restschuldbefreiung nach § 300 Abs. 2 gestellt werden.

[7] BGH NZI 2005, 399 m. Anm. *Ahrens.*

[8] BGH BeckRS 2008, 22930.

[9] Der Vortrag bloßer Vermutungen genügt nicht, vgl. LG Göttingen NZI 2005, 346.

Beweismittel einschließlich der eidesstattlichen Versicherung bedienen **(§ 294 ZPO).** Die mit der Glaubhaftmachung verbundene Abstufung des Regelbeweismaßes[1] betrifft auch die richterliche Überzeugungsbildung. Anstelle der vollen richterlichen Überzeugung **genügt die überwiegende Wahrscheinlichkeit** für das Vorliegen der zu beweisenden Tatsache.[2] Teilt der Treuhänder dem Insolvenzgericht eine Obliegenheitsverletzung des Schuldners während der Wohlverhaltensperiode mit, dann kann der darauf gestützte Antrag eines Gläubigers auf Versagung der Restschuldbefreiung nicht als unzureichend glaubhaft gemacht zurückgewiesen werden. Selbst wenn die **Mitteilung des Treuhänders** hinsichtlich einer **Obliegenheitsverletzung** nicht hinreichend bestimmt sein sollte, kann das die Zurückweisung eines Versagungsantrages nicht rechtfertigen, da dem Insolvenzgericht bereits eine **Ermittlung von Amts wegen** auferlegt ist.[3] Allerdings darf das Insolvenzgericht die Entscheidung über die Versagung der Restschuldbefreiung nicht von Amts wegen auf andere als die vom Antragsteller geltend gemachten Versagungsgründe stützen.[4]

Glaubhaft zu machen hat der antragstellende Gläubiger die Obliegenheits- 7
verletzung, die dadurch kausal entstandene, konkret messbare Beeinträchtigung der Befriedigung der Gläubiger,[5] den Umstand, dass ihm die Obliegenheitsverletzung innerhalb des letzten Jahres bekannt geworden ist sowie auch das Verschulden.[6] Dafür, dass auch das Verschulden vom Erfordernis des Glaubhaftmachens erfasst wird, spricht bereits der Wortlaut. Noch zwingender ist das von *Ahrens*[7] angeführte Argument der Entstehungsgeschichte: die Bestimmung über die Glaubhaftmachung wurde an die erst später in § 235 Abs. 1 RefE eingefügte Verschuldensregelung des Abs. 1 S. 1 2. Halbs. systematisch und inhaltlich angepasst. Der Entlastungsbeweis, den der Schuldner nach Abs. 1 S. 1 2. Halbs. zu führen hat, wird damit erleichtert. Mit der Glaubhaftmachung des Verschuldens gibt der Gläubiger den konkreten Rahmen vor, innerhalb dessen der Schuldner sich zu entlasten hat.[8] Da Sachvortrag auch mittels konkreter Bezugnahme auf andere Schriftstücke erfolgen kann, ist die Glaubhaftmachung durch Vorlage einer schriftlichen Erklärung des Treuhänders möglich.[9] Hierzu gehören insbesondere die vom Treuhänder jährlich erstellten Sachstandsberichte für das Insolvenzgericht, mit welchen die teilweise von ihm ermittelten Obliegenheitsverletzungen zur Stellung entsprechender Versagungsanträge verwendet werden können.

---

[1] Siehe oben zu § 290 Rn. 28.

[2] *Döbereiner,* Restschuldbefreiung, S. 207 f., 205; MünchKomm-*Prütting,* ZPO § 294 Rn. 1 ff., 23; abzulehnen ist die Auffassung von FK-*Ahrens,* InsO, § 296 Rn. 27, der für die Begründetheit des Versagungsantrags verlangt, dass der Gläubiger, ausgenommen für das Verschulden, den vollen Beweis erbringt.

[3] LG Fulda ZVI 2006, 597.

[4] BGH NZI 2007, 297 m. Anm. *Buck,* FD-InsR 2007, 219830.

[5] BGH BeckRS 2008, 13006 m. Anm. *Lang,* FD-InsR 2008, 263090; BGH NZI 2006, 1138 m. Anm. *Buck,* FD-InsR 2006 184337 – pauschal vermutete Gläubigerbenachteiligung unzureichend.

[6] Abweichend hinsichtlich des Verschuldens *Hess,* InsO, § 296 Rn. 23; *Smid/Haarmeyer,* InsO, § 296 Rn. 2; HK-*Landfermann* § 296 Rn. 7.

[7] FK-*Ahrens,* InsO, § 296 Rn. 26.

[8] FK-*Ahrens,* InsO, § 296 Rn. 26.

[9] BGH NZI 2008, 623 m Anm. *Lang,* FD-InsR 2008, 266122.

e) Versagungsverfahren, § 296 Abs. 2

8 Das Gericht hat die Wahl, ob es das **Verfahren mündlich oder schriftlich** durchführt (vgl. § 5 Abs. 2).

9 **aa) Im ersten Fall** bestimmt es einen Termin, in welchem der Schuldner, der Treuhänder sowie die Gläubiger anzuhören sind, S. 1. Unter den Voraussetzungen eines zulässigen Verfahrensantrags werden dem Schuldner gem. § 296 Abs. 2 S. 2 drei zusätzliche Verfahrensobliegenheiten auferlegt, die Erscheinenspflicht, soweit diese angeordnet wird, die Auskunftserteilungspflicht und die Verpflichtung, die erteilten Auskünfte an Eides statt zu versichern.[1] Erfüllt der Schuldner diese Obliegenheiten nicht, ist ihm gem. § 296 Abs. 2 S. 3 die Restschuldbefreiung zu versagen, auf eine Schlechterstellung der Insolvenzgläubiger kommt es insoweit nicht an.[2] Damit werden die Sanktionen aus § 98 durch die Spezialregelung aus § 296 Abs. 2 S. 3 ersetzt, ein Haftbefehl wie beim Gläubigerantrag gegen einen Verbraucher dürfte somit ausgeschlossen sein. Spiegelbildlich wird durch den Verweis auf die Norm in § 4 c Nr. 4 ein weiterer, selbstständiger Versagungsgrund statuiert, das Insolvenzgericht kann die Verfahrenskostenstundung aufheben, wenn der Schuldner schuldhaft seine Auskunftspflicht nicht erfüllt.[3]

10 Somit bestärkt die Bestimmung des § 296 Abs. 2 die Anforderungen aus § 295 und entfaltet darüber hinaus auch eine eigenständige, verfahrensbezogene Wirkung, durch die eine ordnungsgemäße Durchführung des Restschuldbefreiungsverfahrens sichergestellt werden soll. Eine Verletzung des Verhältnismäßigkeitsgrundsatzes ist hierin nicht zu sehen. Beruht die fehlende Mitwirkung des Schuldners ausnahmsweise nicht auf seinem mangelnden Interesse, seiner Unredlichkeit (die er zu verbergen sucht) oder auf seinem unbekannten Verzug[4], sondern auf reiner Nachlässigkeit, so ist jedenfalls das Restschuldbefreiungsverfahren auf eine aktive Mitwirkung des Schuldners angewiesen, so dass die Rechtsverweigerung nicht als unverhältnismäßig anzusehen ist.[5] In der Ladung sollte allerdings auf die bei **unentschuldigter Auskunftsverweigerung oder unentschuldigtem Fehlen** vorgesehene Rechtsfolge der Versagung hingewiesen werden. Gleichwohl ist eine Versagung auch ohne einen solchen Hinweis möglich, da das Gesetz anders als in § 298 eine Hinweispflicht nicht vorsieht. Das tatsächliche Vorliegen eines Entschuldigungsgrundes ist ausreichend, nicht entscheidend ist, ob der Schuldner ihn rechtzeitig vorgetragen hat oder ob er dem Gericht bekannt war.[6]

11 **bb)** Ein **schriftliches Verfahren** empfiehlt sich nur dann, wenn die Obliegenheitsverletzung eindeutig ist, so dass nicht mit einer widersprechenden Stellungnahme des Schuldners, die dann den anderen Beteiligten ebenfalls zuzuleiten wäre, zu rechnen ist.[7]

---

[1] Zu den anzusetzenden Maßstäben der eidesstattlichen Versicherung vgl. FK-*Ahrens,* InsO, § 296 Rn. 34.

[2] BGH NZI 2009, 481 m. Anm. *Lang,* FD-InsR 2009, 284338.

[3] BGH NZI 2008, 507 m. Anm. *Buck,* FD-InsR 2008, 263088.

[4] AG Dresden ZVI 2007, 331.

[5] *Döbereiner,* Restschuldbefreiung, S. 206.

[6] *Döbereiner,* Restschuldbefreiung, S. 207.

[7] *Smid/Haarmeyer,* InsO, § 296 Rn. 8.

f) Rechtsmittel, § 296 Abs. 3

Zuständig für die Entscheidung über die Erteilung oder Versagung ist der Richter; bei einer Versagung von Amts wegen gem. Abs. 2 S. 3 kann jedoch der Rechtspfleger entscheiden, § 18 Abs. 1 Nr. 2 RPflG i. d. F. des Art. 14 EGInsO. Sie ergeht durch Beschluss, gegen den im Falle einer Versagung dem Schuldner, im Falle einer Ablehnung seines Antrags und einer Erteilung der Restschuldbefreiung dem Gläubiger die **sofortige Beschwerde** zusteht. Im Falle einer Versagung ist die Entscheidung nach ihrer Rechtskraft[1] öffentlich bekannt zu machen, Abs. 3 S. 2. Mit der Rechtskraft treten auch die Wirkungen des § 299 ein. 12

g) Kosten

Für den **Versagungsantrag** – unabhängig von seiner Begründetheit oder Zurückweisung[2] – wird gem. KV Nr. 2350 eine **Gebühr** in Höhe von 30,– € erhoben, da wegen der damit verbundenen zusätzlichen Belastung des Gerichts die allgemeinen Gebühren für die Durchführung des Insolvenzverfahrens, die grundsätzlich auch das Restschuldbefreiungsverfahren mit abdecken, nicht ausreichen. **Kostenschuldner** ist wie auch im Fall des **§ 297 der Insolvenzgläubiger, § 23 Abs. 2 GKG nF, Kosten der Veröffentlichung der Entscheidung** entstehen gem. **KV Nr. 9004.** Der für die Gebühren der anwaltlichen Tätigkeit im Zusammenhang mit einem Versagungsantrag nach § 296 maßgebliche Gegenstandswert ist unter Berücksichtigung des wirtschaftlichen Interesses der Beteiligten an der beantragten, gerichtlichen Entscheidung zu bemessen und in der Regel identisch mit dem Betrag der restlichen Forderung, die dem Versagungsantragsteller bei dem Erfolg seines Antrags erhalten bleibt.[3] 13

§ 297 Insolvenzstraftaten

(1) **Das Insolvenzgericht versagt die Restschuldbefreiung auf Antrag eines Insolvenzgläubigers, wenn der Schuldner in dem Zeitraum zwischen Schlußtermin und Aufhebung des Insolvenzverfahrens oder während der Laufzeit der Abtretungserklärung wegen einer Straftat nach den §§ 283 bis 283 c des Strafgesetzbuchs rechtskräftig verurteilt wird.**

(2) **§ 296 Abs. 1 Satz 2 und 3, Abs. 3 gilt entsprechend.**

Übersicht

---

[1] *Haarmeyer/Wutzke/Förster,* Hdb., Rn. 10/80/1.

[2] LG Göttingen ZVI 2008, 121.

[3] AG Duisburg NZI 2002, 619; bei Fehlen greifbarer Schätzungsgrundlagen soll der Wert des Beschwerdeverfahrens 4000,– € betragen, vgl. BGH ZVI 2003, 91 f.

1. Normzweck

1 Ist der Schuldner nach dem Schlusstermin des Insolvenzverfahrens, aber vor dem Ende der Wohlverhaltensperiode wegen einer Insolvenzstraftat nach den §§ 283 ff. StGB rechtskräftig verurteilt worden, so stellt dies einen Versagungsgrund dar. Einer weiteren Voraussetzung, etwa einer beeinträchtigten Gläubigerbefriedigung, bedarf es hier nicht, einer rechtskräftigen Verurteilung liegt ein Verstoß zugrunde, der ausreichend schwer wiegt. Der Anwendungsbereich der Vorschrift grenzt sich von der entsprechenden Regelung des **§ 290 Abs. 1 Nr. 1** durch den Zeitraum ab, in welchen die rechtskräftige Verurteilung fällt. Abzustellen ist dabei auf den Zeitpunkt der Rechtskraft.[1] Die Vorschrift ermöglicht es also, ein **strafrechtliches Verhalten des Schuldners,** das nicht schon zum Zeitpunkt der vorläufigen Entscheidung über die Restschuldbefreiung gem. § 291 zu einer rechtskräftigen Verurteilung geführt hat, noch bis zum **Ende der Wohlverhaltensperiode** (eine **Verurteilung nach diesem Zeitpunkt** bleibt ohne Sanktion) zu erfassen.

2 Aus der **systematischen Abgrenzung zu § 295** ergibt sich, dass § 297 keine Obliegenheitsverletzung sanktioniert. Es gehört nicht zu den Obliegenheiten des Schuldners, während der Wohlverhaltensperiode nicht strafrechtlich verurteilt zu werden. Die strafrechtliche Verurteilung knüpft auch an ein Verhalten des Schuldners vor der Wohlverhaltensperiode an. Jede rechtskräftige Verurteilung nach den § 283 bis 283 c StGB, unabhängig von einem konkreten Zusammenhang der Straftat mit dem Insolvenzverfahren, kann den Versagungsgrund erfüllen.[2]

2. Antrag des Gläubigers

3 Der **Antrag des Gläubigers** ist innerhalb eines Jahres, nachdem ihm die Verurteilung bekannt geworden ist, zu stellen, Abs. 2 i. V. m. § 296 Abs. 1 S. 2. Ein Gläubiger, der von einem Insolvenzverfahren und dem Schlusstermin erst nachträglich im Rahmen eines Zivilrechtsstreits erfährt, ist mangels Forderungsanmeldung nicht berechtigt, einen Antrag auf Versagung der Restschuldbefreiung zu stellen.[3] Die **Jahresfrist beginnt** mit der **Kenntnis von der Verurteilung,** nicht mit der Rechtskraft zu laufen, da die Rechtskraft als solche dem Gläubiger, von dem eine zutreffende rechtliche Würdigung nicht verlangt wird, nicht bekannt gewesen sein muss.[4] Der Gläubiger muss den Versagungsgrund sowie die Tatsache der rechtzeitigen Kenntniserlangung **glaubhaft machen,** Abs. 2 i. V. m. § 296 Abs. 1 S. 3. Für ersteres genügt i. d. R. die Angabe des zuständigen Gerichts, des Aktenzeichens; der Gläubiger kann auch eine Urteilsabschrift überreichen.[5] Das Gericht kann dann das Urteil beiziehen. Eine Verpflichtung des Strafrichters, von Amts wegen das Insolvenzgericht zu unterrichten, besteht nicht.[6]

---

[1] *Haarmeyer/Wutzke/Förster,* Hdb., Rn. 10/80/2.

[2] BGH NJW 2003, 974; aA: dieser Kommentar bis zur 2. Aufl.

[3] AG Bremen ZVI 2003, 609.

[4] FK-*Ahrens,* InsO, § 297 Rn. 7; unter Hinweis auf die konkurrierende Regelung des Widerrufsrechts aus § 303 Abs. 1 soll der Antrag letztmalig im Termin zur Restschuldbefreiung nach § 300 Abs. 2 gestellt werden können, FK-*Ahrens,* aaO.

[5] *Haarmeyer/Wutzke/Förster,* Hdb., Rn. 10/80/2.

[6] HK-*Landfermann,* InsO, § 297 Rn. 3; aA: *Maier/Krafft,* BB 1997, S. 2179.

3. Anhörung der Beteiligten

Eine **Anhörung der Beteiligten,** insbesondere des Schuldners, hat der Gesetzgeber anders als in den Fällen der §§ 296, 298 für **entbehrlich** gehalten.[1] 4

4. Verfahrensrechtliches, Kosten

Die **Entscheidung über den Versagungsantrag** erfolgt durch den Richter, § 18 Abs. 1 Nr. 2 RPflG, da es sich um ein kontradiktorisches Verfahren handelt. Gegen die Entscheidung steht dem antragstellenden Gläubiger sowie dem Schuldner die **sofortige Beschwerde** zu, Abs. 2 i. V. m. § 296 Abs. 3. Für den Versagungsantrag nach § 297 wird gem. KV Nr. 2350 eine **Gebühr** in Höhe von 30,– € erhoben.[2] 5

§ 298 Deckung der Mindestvergütung des Treuhänders

(1) **Das Insolvenzgericht versagt die Restschuldbefreiung auf Antrag des Treuhänders, wenn die an diesen abgeführten Beträge für das vorangegangene Jahr seiner Tätigkeit die Mindestvergütung nicht decken und der Schuldner den fehlenden Betrag nicht einzahlt, obwohl ihn der Treuhänder schriftlich zur Zahlung binnen einer Frist von mindestens zwei Wochen aufgefordert und ihn dabei auf die Möglichkeit der Versagung der Restschuldbefreiung hingewiesen hat. Dies gilt nicht, wenn die Kosten des Insolvenzverfahrens nach § 4 a gestundet wurden.**

(2) **Vor der Entscheidung ist der Schuldner zu hören. Die Versagung unterbleibt, wenn der Schuldner binnen zwei Wochen nach Aufforderung durch das Gericht den fehlenden Betrag einzahlt oder ihm dieser entsprechend § 4 a gestundet wird.**

(3) **§ 296 Abs. 3 gilt entsprechend.**

1. Normzweck

Zwischen dem Interesse des Schuldners, bei Erfüllung seiner Obliegenheiten Restschuldbefreiung zu erlangen, und dem Interesse des Treuhänders, nicht unentgeltlich tätig werden zu müssen, stellt die Vorschrift einen Ausgleich her, indem sie dem Treuhänder die Mindestvergütung[3] sichert. Nach der Begründung des Gesetzgebers ist es dem Treuhänder nicht zuzumuten, über einen längeren Zeitraum hinweg ohne Vergütung zu arbeiten.[4] Der Schuldner hatte die Mindestvergütung notfalls aus seinem unpfändbaren Vermögen – etwa aus einer Arbeitslosen- oder Sozialhilfe – aufzubringen. Darin wird z. T. ein Verstoß gegen das Sozialstaatsprinzip sowie die vom BVerfG[5] angenommene Schutz- 1

[1] Siehe Begründung des Rechtsausschusses zu § 346 l, *Balz/Landfermann,* S. 559; für eine Anhörung des Schuldners dagegen FK-*Ahrens,* InsO, § 297 Rn. 8.

[2] Zu weiteren Gebühren im Beschwerdeverfahren sowie des Rechtsanwalts vgl. FK-*Ahrens,* InsO, § 297 Rn. 10.

[3] § 14 Abs. 3 InsVV: 100,– € jährlich.

[4] *Balz/Landfermann,* S. 561.

[5] NJW 1992, 3153, 3154.

pflicht zur Sicherung des Existenzminimums gesehen, zumal die Versagung – die hier nicht ein unredliches Verhalten sanktioniert, sondern lediglich der Sicherung der Mindestvergütung dient – unabhängig von einem Verschulden des Schuldners an seiner Unfähigkeit, für die Vergütung des Treuhänders aufzukommen, ausgesprochen wird.[1] Dem ist jedoch zunächst entgegenzuhalten, dass es dem Schuldner hier um einen rechtlichen Vorteil, die Befreiung von seinen Verbindlichkeiten, geht. Dafür können bestimmte Opfer von ihm verlangt werden; es besteht kein Grund, sie auf den Treuhänder abzuwälzen. Für eine Übernahme der Treuhändervergütung durch die Sozialhilfebehörde spricht die Überlegung, dass die Restschuldbefreiung dem Wiederaufbau einer wirtschaftlichen und sozialen Existenz dient – und damit dem Grundgedanken des § 73 SGB XII (vor dem 1. 1. 2005: §§ 27, 30 BSHG) entspricht. Durch die Einführung des Stundungsmodells durch das InsOÄndG 2001 hat die Diskussion stark an Bedeutung verloren und ist heute noch in Ausnahmefällen – etwa bei unterlassenem und nicht nachgeholtem Stundungsantrag des Schuldners – von Relevanz.

2. Im Einzelnen

2 **a)** Ist die **Mindestvergütung** des Treuhänders **nur teilweise nicht gedeckt,** so hat der Schuldner, um der Versagungsfolge zu entgehen, den Fehlbetrag zu zahlen. Die Jahresfrist, innerhalb derer die Mindestvergütung nicht vollständig gedeckt ist, beginnt – wie sich dem Wortlaut entnehmen lässt – mit dem Amt des Treuhänders („für das vorangegangene Jahr seiner Tätigkeit"). Fehlte die Mindestvergütung für einen früheren Zeitraum, so kann dies nach Ablauf des jeweiligen Jahres nicht mehr geltend gemacht werden.

3 **b)** Die **Versagung** wird auch im Falle des § 298 nicht von Amts wegen ausgesprochen, sondern nur dann, wenn der **Treuhänder** dies **beantragt.** Dieser hat es also in der Hand, den Schuldner trotz des Fehlens seiner Mindestvergütung in den Genuss der Restschuldbefreiung kommen zu lassen.

4 **c)** Die Versagung setzt nach Abs. 1 voraus, dass der Treuhänder den Schuldner **schriftlich unter Fristsetzung von mindestens zwei Wochen zur Zahlung des fehlenden Betrages aufgefordert** hat. Die Aufforderung muss einen Hinweis auf die Möglichkeit der Versagung enthalten. Zahlt der Schuldner trotz der Aufforderung nicht, ist er vor der gerichtlichen Entscheidung anzuhören. Das **Gericht** hat ihn dabei nochmals zur Zahlung unter **erneuter Fristsetzung von zwei Wochen**[2] aufzufordern, so dass der Schuldner die Möglichkeit hat, die Rechtsfolge der Versagung durch eine fristgerechte Zahlung noch abzuwenden. Die gerichtliche Frist beginnt im Falle einer mündlichen Anhörung und entsprechender mündlicher Aufforderung mit der Aufforderung, im Falle schriftlicher Anhörung und Aufforderung mit der Zustellung, wobei sich die Fristberechnung nach den §§ 187, 188, 193 BGB richtet.[3] Bis zur gerichtlichen Entscheidung **kann der Treuhänder den Antrag zurücknehmen,** so etwa wenn der Schuldner gezahlt hat. Die Entscheidung steht

---

[1] *Hess,* InsO, § 298 Rn. 4; krit. auch *Häsemeyer,* Insolvenzrecht, Rn. 26.42; *Haarmeyer/Wutzke/Förster,* Hdb., Rn. 10/80; *Döbereiner,* Restschuldbefreiung, S. 214 f., 217, 378.

[2] Für eine Frist von **mindestens** zwei Wochen auch hier: FK-*Grote,* InsO, § 298 Rn. 13.

[3] *Smid/Haarmeyer,* InsO, § 298 Rn. 7; *Grote,* aaO, Rn. 13.

unter dem **Grundsatz der Verhältnismäßigkeit.** Zwar hat das Gericht nach der eindeutigen gesetzlichen Regelung kein Ermessen. Eine Versagung der Restschuldbefreiung aus dem Grund des § 298 kann jedoch etwa dann unverhältnismäßig sein, wenn der Treuhänder in dem betreffenden Jahr überhaupt nicht tätig geworden ist. Diese Auffassung kann sich auf § 14 Abs. 3 InsVV stützen, wonach die Mindestvergütung für jedes Jahr der Tätigkeit des Treuhänders vorgesehen ist.

Der durch das InsOÄndG 2001 in § 298 Abs. 1 eingefügte S. 2 schließt für den Fall der Stundung der Verfahrenskosten (§ 4 a) eine Versagung der Restschuldbefreiung gem. S. 1 aus, auch wenn der Schuldner die Mindestvergütung des Treuhänders nicht aufbringen kann. Nach § 293 Abs. 2 i. V. m. § 63 Abs. 2 wird die Vergütung des Treuhänders nämlich, falls sie nicht aus der Masse aufgebracht werden kann, durch die Staatskasse beglichen.[1] Der Vergütungsanspruch des Treuhänders geht damit im Wege der Legalzession auf diese über. Er wird jedoch wie die übrigen Verfahrenskosten gestundet, so dass der Vergütungsanspruch gegen den Schuldner erst zu einem späteren Zeitpunkt geltend gemacht werden kann (s. §§ 4 a, 4 b). Die Mindestvergütung des Treuhänders ist – auf Grund der Zahlung der Staatskasse – gedeckt, so dass eine Versagung der Restschuldbefreiung nach S. 1 nicht mehr in Betracht kommt. Dies wird durch die Vorschrift des S. 2 klargestellt.[2] 5

Nach der Gesetzesbegründung soll dem Schuldner durch S. 2 nF auch die Möglichkeit eingeräumt werden, die Stundung noch während der Wohlverhaltensperiode zu beantragen.[3] Der Wortlaut des Abs. 1 S. 2 bringt dies allerdings nicht klar zum Ausdruck. Die Verwendung des Präsens („gestundet werden" statt „gestundet wurden") wäre hier deutlicher gewesen. 6

d) Zuständig für die Entscheidung ist hier nach § 18 Abs. 1 Nr. 2 RPflG i. V. m. Art. 14 EGInsO der Rechtspfleger.[4] § 296 Abs. 3 gilt entsprechend, so dass die Möglichkeit der **sofortigen Beschwerde** gegeben ist. Im Falle der Versagung ist die Entscheidung öffentlich bekannt zu machen. 7

§ 299 Vorzeitige Beendigung

Wird die Restschuldbefreiung nach §§ 296, 297 oder 298 versagt, so enden die Laufzeit der Abtretungserklärung, das Amt des Treuhänders und die Beschränkung der Rechte der Gläubiger mit der Rechtskraft der Entscheidung.

Literatur: *Durani,* Zur Frage der vorzeitigen Beendigung des Restschuldbefreiungsverfahrens analog § 299, ZInsO 2003, 1037; *Pape,* Vorzeitige Erteilung der Restschuldbefreiung bei fehlenden Forderungsanmeldungen, NZI 2004, 1; *Winter,* Die vorzeitige Erteilung der Restschuldbefreiung vor Ablauf der Wohlverhaltenszeit, ZVI 2003, 211; *ders.,* Vorzeitige Erteilung der Restschuldbefreiung vor Ablauf der Wohlverhaltenszeit, ZVI 2003, 451; s. a. § 286.

---

[1] Die Vorschrift greift bereits dann ein, wenn die Vergütung aus der Masse nicht gedeckt werden kann, so dass es im Falle der Stundung der Verfahrenskosten nicht mehr darauf ankommt, ob der Schuldner sie aus seinem persönlichen Vermögen aufbringen kann oder nicht. Die Nichtzahlung kann deshalb auch nicht nach S. 1 zu einer Versagung der Restschuldbefreiung führen.

[2] Begründung RegE, BR-Drucks. 14/01, S. 61.

[3] Begründung RegE, BR-Drucks. 14/01, S. 61.

[4] Krit. hierzu *Smid/Haarmeyer,* InsO, § 298 Rn. 8.

1. Normzweck

1 Die Vorschrift nennt die Rechtsfolgen, die im Falle einer Versagung der Restschuldbefreiung nach den §§ 296 bis 298 und der damit einhergehenden, vorzeitigen Beendigung des zweiten Verfahrensabschnitts, der Wohlverhaltensperiode, eintreten. Sie hat dabei klarstellende Funktion.

2 Während eine positive Entscheidung über die Restschuldbefreiung erst nach dem Ablauf der Wohlverhaltensperiode getroffen werden kann, führt eine negative Entscheidung zu deren vorzeitigem Ende.

2. Im Einzelnen

3 **a)** Die Vorschrift bezieht sich ausdrücklich nur auf die Versagungsgründe der §§ 296 bis 298. Eine vorzeitige Beendigung der Wohlverhaltensperiode ist aber auch aus **anderen Gründen,** wie etwa einer **Rücknahme des Antrags** des Schuldners auf Restschuldbefreiung, einer **Einigung zwischen Schuldner und Gläubiger** über eine endgültige Gläubigerbefriedigung, die nur teilweise Befriedigung und der Erlass der übrigen Restforderungen,[1] der Tilgung sämtlicher Verbindlichkeiten, etwa durch eine Erbschaft oder durch schenkweise überlassene Mittel Dritter,[2] sowie durch den **Tod des Schuldners**[3] möglich. Weiter kommt eine vorzeitige Beendigung, verbunden mit der Erteilung der Restschuldbefreiung bereits im Schlusstermin in Betracht, wenn überhaupt keine Gläubiger ihre Forderungen zur Insolvenztabelle anmelden oder die angemeldeten Forderungen vollumfänglich zurückgenommen werden, sofern der Schuldner belegt, dass die Verfahrens- und sonstigen Massekosten getilgt sind.[4] **§ 299** kann auf solche ungeregelten Fälle einer vorzeitigen Beendigung **entsprechend** angewandt werden, ein Abwarten der mehrjährigen Wohlverhaltensperiode wäre reiner Formalismus.[5] Es bedarf in diesem Fall eines **gerichtlichen Einstellungsbeschlusses.**[6]

4 **b)** Die Vorschrift ist in ihrem Regelungsbereich auf die im Hinblick auf das Verfahren eintretenden Rechtsfolgen beschränkt. Genannt werden das Ende der

---

[1] LG Berlin ZInsO 2009, 443.

[2] *Hess/Weis/Wienberg,* InsO, § 299 Rn. 2; AG Köln NZI 2002, 218, nicht jedoch bei Ablösung der Alt- durch Begründung von Neuverbindlichkeiten, da hier „kein schuldenfreier Neuanfang beginnt, sondern eine Neuverschuldung erfolgt", so MünchKomm-*Ehricke,* InsO § 299 Rn. 14, 15; vgl. auch AG Köln NZI 2002, 218.

[3] Eine Fortführung des Restschuldbefreiungsverfahrens mit den Erben wäre an sich denkbar. Diese Möglichkeit verliert jedoch den Zweck der Restschuldbefreiung aus den Augen, der darin besteht, dem konkreten Schuldner einen Neuanfang zu ermöglichen; die Restschuldbefreiung stellt ein höchstpersönliches Angebot an den Schuldner dar, s. *Döbereiner,* Restschuldbefreiung, S. 218 f.; so auch *Uhlenbruck/Vallender,* InsO, § 299 Rn. 9; AG Bielefeld ZVI 2005, 505; für Fortführung des Verfahrens mit den Erben FK-*Ahrens,* InsO, § 299 Rn. 9; *ders.,* NZI 2005, 401 ff., 402.

[4] BGH FD-InsR 2007, 247418; BGH NZI 2005, 399; BGH NZI 2006, 608; *Pape,* ZInsO 2005, 599; *Ahrens,* NZI 2005, 401; AG Münster ZVI 2003, 230, FK-*Ahrens,* InsO, § 300 Rn. 12 a; vgl. auch *Pape,* NZI 2004, 1; *Winter,* ZVI 2003, 211; *ders.,* ZVI 2003, 451; dagegen noch LG Traunstein DZWiR 2004, 173 m. Anm. *Heinze.*

[5] *Winter,* ZVI 2003, 211 ff.; FK-*Ahrens,* InsO, § 299 Rn. 3.

[6] *Döbereiner,* Restschuldbefreiung, S. 222 f.; *Ahrens,* aaO, Rn. 10; aA: *Hess,* InsO, § 299 Rn. 2: Eintritt des erledigenden Ereignisses genügt; aA: *Nerlich/Römermann,* InsO, § 299 Rn. 9.

Laufzeit der Abtretungserklärung, des Amtes des Treuhänders und der Beschränkung der Gläubigerrechte.[1]

Mit der Laufzeit der Abtretungserklärung endet nach der prozessualen Theorie die verfahrensrechtliche Überleitung der Forderungen auf den Treuhänder. Die materiellrechtliche Theorie nimmt eine auflösende Bedingung i. S. v. § 158 Abs. 2 BGB an. Der Schuldner wird wieder Forderungsinhaber. 5

c) Das **Amt des Treuhänders** kann während der Wohlverhaltensperiode nur durch eine Entlassung aus wichtigem Grund nach §§ 292 Abs. 3 S. 2, 59 – oder aber eine vorzeitige Beendigung auf Grund einer Versagung der Restschuldbefreiung enden. Mit der Beendigung seines Amtes entsteht seine Rechnungslegungspflicht gem. § 292 Abs. 3 S. 1. Er ist zu einer vollständigen Abwicklung verpflichtet; Beträge, die auf Grund der Abtretung noch bei ihm eingehen, an die Gläubiger zu verteilen, falls er sie vor dem Ende der Abtretung erlangt hat; andernfalls hat er sie an den Schuldner als den Forderungsinhaber auszuzahlen. Er hat Anspruch auf Vergütung und Erstattung angemessener Auslagen nach § 293. 6

d) Mit dem **Wegfall der Beschränkung der Rechte der Gläubiger** unterliegen diese nicht länger den Einschränkungen des § 294. Eine **Zwangsvollstreckung** ist damit **wieder möglich.** Des Weiteren lebt das unbeschränkte **Nachforderungsrecht gem. § 201** mit der Rechtskraft der Versagungsentscheidung wieder auf. Der Schuldner ist damit erneut zu einer vollständigen Erfüllung seiner Verbindlichkeiten verpflichtet. Vollstreckungstitel für die Forderungen der Gläubiger ist allein die Eintragung in die Tabelle, § 201 Abs. 2 S. 1. Die **Beschränkungen des § 114 entfallen hingegen nicht;** der Wortlaut der Vorschrift knüpft die dort hinsichtlich der vorrangigen Verpfändungen, Sicherungsabtretungen und Pfändungen geregelten Folgen allein an den Zeitpunkt der Eröffnung des Insolvenzverfahrens an, eine Versagung der Restschuldbefreiung hat darauf keinen Einfluss. 7

§ 300 Entscheidung über die Restschuldbefreiung

(1) **Ist die Laufzeit der Abtretungserklärung ohne eine vorzeitige Beendigung verstrichen, so entscheidet das Insolvenzgericht nach Anhörung der Insolvenzgläubiger, des Treuhänders und des Schuldners durch Beschluß über die Erteilung der Restschuldbefreiung.**

(2) **Das Insolvenzgericht versagt die Restschuldbefreiung auf Antrag eines Insolvenzgläubigers, wenn die Voraussetzungen des § 296 Abs. 1 oder 2 Satz 3 oder des § 297 vorliegen, oder auf Antrag des Treuhänders, wenn die Voraussetzungen des § 298 vorliegen.**

(3) **Der Beschluß ist öffentlich bekanntzumachen. Gegen den Beschluß steht dem Schuldner und jedem Insolvenzgläubiger, der bei der Anhörung nach Absatz 1 die Versagung der Restschuldbefreiung beantragt hat, die sofortige Beschwerde zu.**

---

[1] Für eine analoge Anwendung auf weitere Beendigungsgründe: FK-*Ahrens*, InsO, § 299 Rn. 3.

Literatur: *Lohmann,* Die erste?! Restschuldbefreiung im IK-Verfahren, ZInsO 2000, 445; *Winter,* Vorzeitige Erteilung der Restschuldbefreiung vor Ablauf der Wohlverhaltenszeit, ZVI 2003, 451; s. a. § 286.

Übersicht

1. Normzweck

1 Die Vorschrift regelt das Verfahren der endgültigen Entscheidung über die Restschuldbefreiung, mit welcher der zweite Abschnitt des Restschuldbefreiungsverfahrens endet. Ob dem Schuldner die Restschuldbefreiung gewährt oder aber versagt wird, bleibt bis zum Ende der Wohlverhaltensperiode offen.[1] Die Gläubiger und der Treuhänder können – wie sich aus Abs. 2 ergibt – auch noch zu diesem späten Zeitpunkt des Verfahrens, nachdem die Wohlverhaltensperiode schon abgelaufen ist, einen Versagungsantrag stellen. Geschieht dies jedoch nicht oder ist ein Versagungsantrag nicht begründet, muss das Gericht – wie sich aus dem Zusammenspiel von Abs. 1 und Abs. 2 ergibt – die Restschuldbefreiung erteilen. Insoweit steht ihm ein Ermessensspielraum nicht zu; insbesondere ist eine Restschuldbefreiung unabhängig davon zu erteilen, ob und in welcher Höhe die Gläubiger während der Wohlverhaltensperiode befriedigt wurden.[2]

2. Kommentierung der Einzelheiten

2 **a)** Ist die Wohlverhaltensperiode verstrichen, ohne dass es zu einer vorzeitigen Beendigung gekommen ist, muss das **Gericht über die Restschuldbefreiung entscheiden.** Zuvor hat es den **Beteiligten** in einer **Anhörung** eine letzte Gelegenheit zur Stellungnahme und auch zu Beantragung der Versagung zu geben. Die Anhörung muss nicht mündlich erfolgen. Das Gericht kann die Beteiligten schriftlich auf die bevorstehende Restschuldbefreiung mit der Aufforderung, sich innerhalb einer bestimmten Frist zu äußern, hinweisen. Verletzt der Schuldner hierbei seine nach § 296 Abs. 2 S. 3 begründeten Obliegenheiten zur Erteilung einer Auskunft oder Abgabe einer eidesstattlichen Versicherung sowie zum Erscheinen in einem mündlichen Anhörungstermin, so stellt dies auch hier einen Versagungsgrund dar, Abs. 2.

[1] Zur Möglichkeit der vorzeitigen Beendigung der Wohlverhaltensperiode mit Erteilung der Restschuldbefreiung vgl. BGH ZVI 2005, 322; *Winter,* ZVI 2003, 451.

[2] Siehe *Döbereiner,* Restschuldbefreiung, S. 225 ff. – für *Döbereiner* ist entscheidend, dass die Restschuldbefreiung allen redlichen Schuldnern zukommen soll, die Redlichkeit aber nicht in einem inneren Zusammenhang mit einer Befriedigungsquote steht.

b) Abs. 2 verweist auf die **Versagungsgründe** der §§ 296 Abs. 1 (Obliegenheitsverletzung), 297, 298. Da die Gläubiger und der Treuhänder vor der endgültigen Entscheidung des Gerichts nochmals angehört werden, haben sie die Gelegenheit, jetzt noch die Versagung der Restschuldbefreiung zu beantragen. Das bedeutet, **dass die Rechtsunsicherheit für den Schuldner selbst nach dem Ablauf der sieben bzw. sechs Jahre** (vgl. Art. 103 a EGInsO) **noch fortdauert.** Dies ist ihm jedoch **zuzumuten,** begehrt er doch mit der Restschuldbefreiung einen rechtlichen Vorteil, der für die Gläubiger einen Eingriff in ihre Rechte bedeutet, so dass deren Interessen nicht unberücksichtigt bleiben können.[1] Wie sich aus der Verweisung auf § 296 Abs. 1 ergibt, hat der antragstellende Gläubiger den Versagungsgrund sowie den Umstand, dass er innerhalb der vorgegebenen Jahresfrist nach dem Bekanntwerden der Obliegenheitsverletzung oder der rechtskräftigen Verurteilung den Versagungsantrag gestellt hat, glaubhaft zu machen. Für den teilweise geforderten Vollbeweis des Versagungsgrundes[2] bietet die klare gesetzliche Regelung keinen Raum. 3

c) Die Gebühr für einen Versagungsantrag nach § 300 beträgt gem. KV Nr. 2350 30,– €. 4

d) Die **Rechtsfolgen einer Versagung** richten sich nicht nach § 299, der allein die vorzeitige Beendigung der Treuhandzeit betrifft.[3] Es ergeben sich aber die gleichen Rechtsfolgen: das Ende des Forderungsübergangs auf den Treuhänder (§ 287 Abs. 2), das seines Amtes[4] und das der Beschränkung der Gläubigerrechte.[5] 5

e) Eine **positive Entscheidung über die Restschuldbefreiung** ergeht, wenn die Wohlverhaltensperiode abgelaufen ist und ein Versagungsantrag entweder nicht gestellt wird oder nicht begründet ist. Weitere Überlegungen dürfen das Gericht bei seiner Entscheidung nicht leiten, ein Ermessensspielraum besteht nicht. Mit der erteilten Restschuldbefreiung wandeln sich die erzwingbaren Verbindlichkeiten des Schuldners in **unvollkommene,** also **nicht mehr durchsetzbare Verbindlichkeiten** um.[6] 6

Zwangsvollstreckungen der Gläubiger sind nach erteilter Restschuldbefreiung zwar **nicht länger nach § 294,**[7] **wohl aber nach den Rechtsfolgen des § 301** ausgeschlossen. 7

f) Für die Entscheidung **zuständig** ist, falls ein Versagungsantrag von einem Insolvenzgläubiger gestellt wurde, der Richter.[8] Andernfalls kann die Entscheidung vom Rechtspfleger getroffen werden. Sie ergeht durch Beschluss, gegen 8

---

[1] Wie hier z. B. *Döbereiner,* Restschuldbefreiung, S. 259; zur – allerdings unberechtigten – Kritik hieran *Smid/Haarmeyer,* InsO, § 300 Rn. 1.

[2] So noch *Hess,* InsO (1. Aufl. Heidelberg 1999), § 300 Rn. 17; *Hess/Obermüller,* Insolvenzplan, Restschuldbefreiung und Verbraucherinsolvenz, Rn. 1198.

[3] FK-*Ahrens,* InsO, § 300 Rn. 11.

[4] Siehe § 291 Abs. 2.

[5] Nach dem Wortlaut des § 294 würde die Beschränkung bereits mit dem Ablauf der Treuhandzeit enden, § 294 ist jedoch darüber hinaus bis zu dem Zeitpunkt, wo eine Erteilung nicht mehr möglich ist, also bis zur rechtskräftigen Versagung der Restschuldbefreiung anzuwenden, *Ahrens,* aaO, Rn. 11.

[6] Hierzu näher zu § 301.

[7] Die Wirkungen des § 294 enden mit der rechtskräftigen Entscheidung über die Restschuldbefreiung, s. vorherige Rn.

[8] § 18 Abs. 1 Nr. 2 RPflG.

den im Falle der Versagung der Schuldner, im Falle der Ablehnung eines Versagungsantrags der antragstellende Gläubiger mit der **sofortigen Beschwerde** vorgehen kann, Abs. 3 S. 2.

9 Für den Treuhänder, der einen Versagungsantrag gestellt hat, sieht Abs. 3 die Möglichkeit der sofortigen Beschwerde nicht vor. Gemäß § 11 Abs. 2 RPflG steht dem Treuhänder gegen eine ablehnende Entscheidung des Rechtspflegers jedoch die sofortige Erinnerung zu.

10 **g)** Sowohl im Falle der Erteilung als auch der Versagung ist die Entscheidung gem. § 9 **öffentlich bekannt zu machen.** Für den die Restschuldbefreiung erteilenden Beschluss gilt für **vor Inkrafttreten des InsOÄndG 2001** eröffnete Verfahren über Art. 103 a EGInsO die Besonderheit, dass er nicht nur in dem für amtliche Bekanntmachungen des Gerichts bestimmten Blatt (§ 9), sondern **zusätzlich im Bundesanzeiger zu veröffentlichen** ist, Abs. 3 S. 2 aF.

11 Vor dem Hintergrund, dass es ein zentrales Anliegen des InsOÄndG 2001 war, mittellosen Schuldnern den Zugang zum Verfahren zu ebnen, wurde mit dessen Inkrafttreten § 300 Abs. 3 S. 2 aufgehoben. Flankiert durch die den §§ 4 a ff. zugrunde liegende Stundungslösung sollte dieses Ziel mit der Reduzierung der Kosten des einzelnen Verfahrens erreicht werden.

12 Ein wesentliches Einsparpotential lag hier bei den Auslagen für die Veröffentlichungen. § 9 Abs. 1 S. 1 sieht daher die – auszugsweise – Veröffentlichung im Internet *(www.insolvenzbekanntmachungen.de)* vor. Eine Ausnahme ist lediglich für die Veröffentlichungen vorgesehen, bei denen zwingend eine bundeseinheitliche Unterrichtung (vgl. insofern § 9 Abs. 2 S. 1, 2) sichergestellt werden muss. Dies gilt für die Eröffnung und für die Aufhebung des Insolvenzverfahrens. Da eine Restschuldbefreiung schwerwiegend in die Rechte der Gläubiger eingreift, ist auch insofern eine bundeseinheitliche Veröffentlichung angezeigt. Dies wird durch § 289 Abs. 2 S. 3 i. V. m. § 200 Abs. 2 S. 2 gewährleistet. Die Gläubiger sind somit unterrichtet, dass der Schuldner in die Wohlverhaltensperiode entlassen wurde. Sie können sich deshalb über den Ausgang des Restschuldbefreiungsverfahrens in den Bekanntmachungsmedien des jeweiligen Bundeslandes informieren. Eine bundesweite Veröffentlichung der Erteilung der Restschuldbefreiung ist deshalb entbehrlich.[1]

13 Die Bekanntmachung erfolgt sinnvollerweise erst, wenn sofortige Beschwerde nicht mehr eingelegt werden kann.[2]

§ 301 Wirkung der Restschuldbefreiung

(1) **Wird die Restschuldbefreiung erteilt, so wirkt sie gegen alle Insolvenzgläubiger. Dies gilt auch für Gläubiger, die ihre Forderungen nicht angemeldet haben.**

(2) **Die Rechte der Insolvenzgläubiger gegen Mitschuldner und Bürgen des Schuldners sowie die Rechte dieser Gläubiger aus einer zu ihrer Sicherung eingetragenen Vormerkung oder aus einem Recht, das im Insolvenzverfahren zur abgesonderten Befriedigung berechtigt, werden durch die Restschuldbefreiung nicht berührt. Der Schuldner wird jedoch gegenüber dem Mitschuldner, dem Bürgen oder anderen Rückgriffsberechtigten in gleicher Weise befreit wie gegenüber den Insolvenzgläubigern.**

---

[1] Begründung RegE, BR-Drucks. 14/01, S. 62.

[2] HK-*Landfermann,* InsO, § 300 Rn. 5.

(3) **Wird ein Gläubiger befriedigt, obwohl er auf Grund der Restschuldbefreiung keine Befriedigung zu beanspruchen hat, so begründet dies keine Pflicht zur Rückgewähr des Erlangten.**

Literatur: *Voigt,* Weiter im Schuldturm trotz Restschuldbefreiung? Gedanken zur Auslegung von §§ 286, 301 InsO, ZInsO 2002, 569; *Wagner,* Das rechtliche Gehör vom Schuldner übersehener oder weggelassener Insolvenzgläubiger, ZVI 2007, 9; *Wissmann,* Persönliche Mithaft in der Insolvenz, 2. Aufl. 1998; s. a. § 286.

Übersicht

1. Normzweck

1 Die Vorschrift regelt die rechtliche Wirkung des die Restschuldbefreiung erteilenden Beschlusses.[1] Durch die Restschuldbefreiung wird der Schuldner von seinen im Insolvenzverfahren nicht erfüllten Verbindlichkeiten befreit, § 286. § 301 Abs. 1 erstreckt diese **Wirkung auf alle Gläubiger,** auch diejenigen, die ihre Forderungen im Insolvenzverfahren nicht angemeldet hatten. Von der Restschuldbefreiung nicht betroffen werden hingegen die Ansprüche der Gläubiger gegen „Mitschuldner"[2] und Bürgen sowie die Sicherungsrechte, Abs. 2, S. 1. Eine Regressforderung des vom Gläubiger in Anspruch genommenen Mitschuldners oder Bürgen unterfällt hingegen wiederum der Restschuldbefreiung, Abs. 2 S. 2, so dass im Innenverhältnis nicht der Schuldner, sondern der Bürge bzw. Mitschuldner aufzukommen hat. Aus Abs. 3 wird die Einwirkung der Restschuldbefreiung auf die von ihr betroffenen Forderungen deutlich: Diese werden zu zwar noch erfüllbaren, aber nicht mehr erzwingbaren – **sog. unvollkommenen – Verbindlichkeiten (Naturalobligationen).**[3]

2. Kommentierung der Einzelheiten

a) Wirkung gegenüber allen Insolvenzgläubigern, § 301 Abs. 1

2 Mit der Restschuldbefreiung verlieren grundsätzlich alle – einfachen und nachrangigen Insolvenzforderungen, also die persönlichen Forderungen der Insol-

[1] Begr. zum RegE, *Balz/Landfermann,* S. 563.
[2] Gesamtschuldner § 421 BGB.
[3] Begründung zum RegE, abgedruckt in *Balz/Landfermann,* S. 563.

venzgläubiger mit vermögensrechtlichem Charakter gem. §§ 38, 39,[1] ihre Durchsetzbarkeit; sie werden in Naturalobligationen umgewandelt.[2]

3 **aa)** Hiervon werden auch **aufschiebend bedingte Forderungen,** etwa eine gegen den Schuldner gerichtete Bürgschaftsforderung, erfasst. Für **Zinsforderungen,** die während des Restschuldbefreiungsverfahrens entstanden sind, ist § 39 analog anzuwenden, mit der Folge, dass sich die Restschuldbefreiung auf diese ebenfalls erstreckt.[3]

4 **bb) Ausgenommen von der Wirkung der Restschuldbefreiung** sind neben den in § 302 genannten persönlichen Forderungen auch die von Abs. 2 erfassten Ansprüche sowie die Forderungen der Neugläubiger (also derjenigen Gläubiger, die ihre Forderung erst nach der Eröffnung des Insolvenzverfahrens erworben haben). Der Nachhaftung unterliegen insbesondere auch Ansprüche aus einer Kostenstundung nach § 4 a.

5 **cc)** Auch diejenigen **Gläubiger, die ihre Forderungen im Insolvenzverfahren nicht angemeldet hatten,** können diese nach Abs. 1 S. 2 nicht mehr durchsetzen. Hiermit soll verhindert werden, dass die Gläubiger die Restschuldbefreiung dadurch umgehen, dass sie ihre Forderungen nicht anmelden. Um den Bedenken an der Verfassungsmäßigkeit (Art. 14 GG, Art. 103 GG) zu entgegnen, wird zum Teil erwogen, in verfassungskonformer Auslegung des § 301 Abs. 1 S. 2 diejenigen Insolvenzgläubiger auszunehmen, die unverschuldet keine Kenntnis vom Insolvenzverfahren über das Vermögen des Schuldners hatten.[4] Dies dürfte jedoch dem Zweck des Restschuldbefreiungsverfahrens widersprechen, dem redlichen Schuldner eine klare Aussicht auf umfängliche Enthaftung zu bieten.[5] Über seinen Wortlaut hinaus soll Abs. 1 S. 2 auch dann angewandt werden, wenn die **Forderungsanmeldung** so **spät erfolgt** ist, dass sie keine Berücksichtigung mehr finden konnte.[6]

6 **dd)** Gegen eine Vollstreckung aus der in eine Naturalobligation umgewandelten, titulierten Forderung steht dem Schuldner die **Vollstreckungsgegenklage des § 767 ZPO** zu, mit welcher er die fehlende Durchsetzbarkeit der Forderung wegen Erteilung der Restschuldbefreiung geltend machen kann.[7]

---

[1] BT-Drs. 12/2443, siehe 123 f.; lediglich nachrangige Forderungen gem. § 39 Abs. 1 Nr. 3 (Geldstrafen etc.) sind von der Restschuldbefreiung ausgenommen, § 302 Nr. 2.

[2] Siehe *Döbereiner,* Restschuldbefreiung, siehe 227 ff., *Forsblad,* Restschuldbefreiung, S. 225; zum Fall des gesetzlichen Forderungsübergangs nach § 130 BRAGO vgl. OLG Koblenz Rpfleger 2005, 369.

[3] MünchKomm-*Stephan,* InsO, § 301 Rn. 13; *Hess,* InsO, § 301 Rn. 7; HK-*Landfermann,* InsO, § 301 Rn. 4.

[4] *Döbereiner,* Restschuldbefreiung, S. 241 f., 251; *Prütting/Stickelbrock,* ZVI 2002, 305 ff., 308; vgl. insofern auch *Wagner,* ZVI 2007, 9 f., wonach § 301 Abs. 1 insofern mit Art. 103 GG unvereinbar sein soll, als er die Wirkung der Restschuldbefreiung auch auf übersehene oder weggelassene Insolvenzgläubiger erstreckt.

[5] *Nerlich/Römermann,* InsO, § 301 Rn. 14, FK-*Ahrens,* InsO, § 301 Rn. 4; HK-*Landfermann,* InsO, § 301 Rn. 5.

[6] *Döbereiner,* Restschuldbefreiung, S. 240.

[7] BGH NZI 2008, 737 m. Anm. *Baumert,* FD-InsR 2008, 270589; *Hess,* InsO, § 303 Rn. 15.

b) Wirkung auf Sicherheiten, § 301 Abs. 2

aa) Durch die Restschuldbefreiung werden die Gläubiger nicht gehindert, auf **Mitschuldner und Bürgen** Zugriff zu nehmen und sich auf diesem Wege für ihre gegen den Schuldner nicht mehr durchsetzbare Forderung Befriedigung zu verschaffen. Dies gilt auch dann, wenn der Mitschuldner oder Bürge mit dem Schuldner in häuslicher Gemeinschaft lebt.[1] Eine insoweit vom Bundesrat angestrebte Einschränkung hat sich nicht durchgesetzt.[2] Der Schutz dieses Personenkreises lässt sich aber nach der neuen Rechtsprechung mit Hilfe des § 138 BGB verwirklichen. Systematisch würde eine solche Einschränkung mit den Vorschriften über die Restschuldbefreiung auch nicht vereinbar sein, denn sie würde in diesem Falle den Vorteil einer Restschuldbefreiung auch denjenigen zugutekommen lassen, die sich nicht gem. den §§ 286 ff. verhalten haben.[3] 7

bb) Die Gläubiger verlieren auch nicht ihre **Ansprüche aus dinglichen Sicherheiten.** Diese sind ja gerade für den Fall eingeräumt, dass der Schuldner die persönliche Forderung nicht erfüllen kann.[4] Hierzu zählen die Grundpfandrechte (§ 47), gesetzliche und rechtsgeschäftliche Pfandrechte (§ 50), Sicherungsübereignung und Sicherungszession (§ 51 Nr. 1) sowie die anderen in § 51 aufgeführten Rechte. Die Rechte der Gläubiger aus einer zu ihrer Sicherung eingetragenen Vormerkung werden in S. 1 ausdrücklich erwähnt. Die Folgen der Restschuldbefreiung werden somit für einen gesicherten Gläubiger abgemildert. 8

cc) Da die **Regressforderungen des Mitschuldners oder Bürgen** nach Abs. 2 S. 2 ebenfalls von der Restschuldbefreiung erfasst werden, ihre Haftung gegenüber dem Gläubiger hingegen nicht ausgeschlossen wird, tragen sie das Risiko einer Insolvenz des Schuldners. Abs. 2 S. 2 kommt allerdings nur dann zum Zuge, wenn der Regressberechtigte den Gläubiger nicht schon während des Insolvenz- und Restschuldbefreiungsverfahrens, sondern erst danach vollständig befriedigt hat. Der **Anwendungsbereich** der Vorschrift ist also **auf erst nach diesem Zeitpunkt entstandene Regressforderungen beschränkt.** Dies erklärt sich daraus, dass der Mithaftende bei einer vollständigen Befriedigung noch während des Verfahrens selbst mit seiner Regressforderung am Insolvenzverfahren gegen den Schuldner teilnehmen kann; § 43 steht in diesem Fall nicht entgegen. Bis zu einer vollständigen Befriedigung des Gläubigers ist hingegen allein dieser zur Geltendmachung des gesamten Betrages der Forderung im Insolvenzverfahren berechtigt, § 43, während nach Abschluss des Verfahrens und erteilter Restschuldbefreiung Abs. 2 S. 2 eingreift und einer Durchsetzung der Regressforderung entgegensteht. 9

c) Umwandlung der Forderungen in Naturalobligationen, § 301 Abs. 3

Abs. 3 macht die **Umwandlung der Forderungen in Naturalobligationen** deutlich.[5] Die Naturalobligation stellt einen Rechtsgrund für das Behaltendürfen 10

---

[1] *Wittig,* WM 1998, 219.

[2] Stellungnahme des Bundesrates und Gegenäußerung der Bundesregierung zu § 250 RegE, BT-Drucks. 12/2443, S. 258.

[3] Siehe *Smid/Haarmeyer,* InsO, § 301 Rn. 7; BT-Drucks. 12/2443, S. 258 f. und S. 267 f.

[4] Vgl. *Bley/Mohrbutter,* VglO, zu der vergleichbaren Vorschrift des § 82, Rn. 20.

[5] Begründung zum RegE, abgedruckt in *Balz/Landfermann,* S. 563.

der Leistung dar, so dass eine **Rückforderung ausgeschlossen** ist.[1] Zum Teil wird angenommen, dass die Befriedigung eines Gläubigers nach erteilter Restschuldbefreiung zum Widerruf gem. den §§ 303 Abs. 1, 295 Abs. 1 Nr. 4 berechtigen kann.[2] Aus der Regelung des Abs. 3 ergibt sich jedoch eindeutig, dass nach dem Ende der Wohlverhaltensperiode eine Befriedigung einzelner Gläubiger wieder möglich ist. Das Gleichbehandlungsgebot des § 294 Abs. 2 wirkt nach Erteilung der Restschuldbefreiung nicht fort.[3] Dies ist bei der Anwendung des § 303 zu berücksichtigen.

11 Sog. **reaffirmation agreements** – wie sie in den USA nach gewährter Restschuldbefreiung **(discharge)** zwischen Gläubiger und Schuldner häufig sind –, durch welche die unvollkommene Verbindlichkeit im Wege der Novation wieder in eine durchsetzbare umgewandelt wird, werden nach deutschem Recht nicht für zulässig gehalten. Solche Vereinbarungen sollen nach § 134 BGB nichtig sein, da hiermit die zwingenden Vorschriften über die Restschuldbefreiung umgangen werden.[4] Auch soll eine Nichtigkeit nach § 138 BGB oder § 307 Abs. 1 u. 2 BGB nF in Betracht kommen. Entscheidend ist hierbei, was Anlass und wirtschaftlicher Beweggrund für den Schuldner ist. Entschließt er sich – ggf. nur neuer wirtschaftlicher Vorteile wegen – zu einer Neubegründung, ist wenig einsichtig, warum die Privatautonomie für ihn nicht gelten soll.

§ 302 Ausgenommene Forderungen

Von der Erteilung der Restschuldbefreiung werden nicht berührt:

1. **Verbindlichkeiten des Schuldners aus einer vorsätzlich begangenen unerlaubten Handlung, sofern der Gläubiger die entsprechende Forderung unter Angabe dieses Rechtsgrundes nach § 174 Abs. 2 angemeldet hatte;**
2. **Geldstrafen und die diesen in § 39 Abs. 1 Nr. 3 gleichgestellten Verbindlichkeiten des Schuldners;**
3. **Verbindlichkeiten aus zinslosen Darlehen, die dem Schuldner zur Begleichung der Kosten des Insolvenzverfahrens gewährt wurden.**

Literatur: *Bils,* Forderungen aus vorsätzlich begangener unerlaubter Handlung – Der richtige Feststellungsantrag des Gläubigers nach § 184 InsO, ZInsO 2006, 1082; *Brückl,* Die Forderung aus vorsätzlich begangener unerlaubter Handlung in der Insolvenz des Schuldners, ZInsO 2005, 16; *Eisner,* Der isolierte Widerspruch des Schuldners gegen eine Forderung aus unerlaubter Handlung, NZI 2003, 480; *Gaul,* Die Privilegierung des vorsätzlich geschädigten Deliktsgläubigers in der Insolvenz durch „Restschuldbefreiungsdispens“, Gedächtnisschrift Heinze, S. 193; *Hattwig,* Ungewißheit für Schuldner deliktischer Forderungen – Überlegungen zu § 184 InsO, ZInsO 2004, 636; *Hartwig/Richter,* Die Behandlung

[1] Vgl. die entsprechenden Bestimmungen der §§ 656, 762 BGB; ungenau insoweit FK-*Ahrens,* § 301 Rn. 24, denn Abs. 3 begründet keinen eigenen Tatbestand eines Kondiktionsausschlusses.

[2] *Smid/Haarmeyer,* InsO, § 301 Rn. 8.

[3] So auch *Hess,* InsO, § 301 Rn. 17.

[4] *Döbereiner,* Restschuldbefreiung, S. 237 f.; aA: FK-*Ahrens,* § 301 Rn. 11, der eine Neubegründung der Schuld grundsätzlich für zulässig hält.

von Widersprüchen des Schuldners gegen eine durch Vollstreckungsbescheid titulierte Forderung aus vorsätzlich begangener unerlaubter Handlung, ZVI 2006, 373; *Heinze,* Behandlung von Forderungen aus Vorsatzdelikt im Insolvenzverfahren über das Vermögen natürlicher Personen, DZWIR 2002, 369; *Kahlert,* Verjährungseinrede gegenüber Klagen auf Feststellung des Haftungsgrundes der vorsätzlichen unerlaubten Handlung, ZInsO 2005, 192; *Kehe/Meyer/Schmerbach,* Anmeldung und Feststellung einer Forderung aus vorsätzlich begangener unerlaubter Handlung, ZInsO 2002, 615, 660; *Klaproth,* Forderungen aus Steuerhinterziehung als von der Restschuldbefreiung ausgenommene Deliktforderungen i. S. v. § 302 Nr. 1 InsO?, ZInsO 2006, 1078; *Kolbe,* Delitische Forderungen und Restschuldbefreiung, Baden-Baden 2009; *Mäusezahl,* Die unerlaubte Handlung in der Insolvenz der natürlichen Person, ZInsO 2002, 462; *Pape,* Ersatzfreiheitsstrafe und Alternativen bei offenen Geldstrafen im Insolvenzverfahren, ZVI 2007, 7; *Schlie,* Die Steuerhinterziehung als Fallstrick der Restschuldbefreiung?, ZInsO 2006, 1126; *Schoppe,* Nachhaftung für Deliktforderungen im Anschluß an das Restschuldbefreiungsverfahren, ZVI 2004, 377; *Wieser,* Anmeldung kommunaler Forderungen aus unerlaubter Handlung zur Insolvenztabelle, KKZ 2002, 253; s. a. § 286.

Übersicht

1. Normzweck

Schadensersatzforderungen aus vorsätzlicher, unerlaubter Handlung sowie Geldstrafen und vergleichbare Verbindlichkeiten[1] sind von der Restschuldbefreiung ausgenommen, da es unbillig wäre, wenn sich der Schuldner der Erfüllung einer solchen Forderung entziehen könnte.[2] Anders als in den anglo-amerikanischen Rechtsordnungen[3] werden hingegen **Unterhaltsansprüche nicht privilegiert.** Keine Sonderstellung haben die nach Nr. 1 ausgenommenen Forderungen während des Insolvenz- und Restschuldbefreiungsverfahrens, dort werden sie wie die anderen Insolvenzforderungen anteilig erfüllt. Bei den in Nr. 2 genannten Forderungen handelt es sich gem. § 39 um nachrangige Insolvenzforderungen.[4] 1

Die Privilegierung der in § 302 genannten Forderungsgruppen ist auch im Rahmen des § 309 Abs. 1 Nr. 2 zu berücksichtigen. 2

---

[1] § 39 Abs. 1 Nr. 3; vgl. allgemein zum Thema auch *Brückl,* ZInsO, 216; *Schoppe,* ZVI 2004, 377.

[2] Begründung zum RegE, abgedruckt in *Balz/Landfermann,* S. 564; s. a. *Döbereiner,* Restschuldbefreiung, S. 251; vgl. die entsprechende Bestimmung in § 225 Abs. 3.

[3] Siehe hierzu *Döbereiner,* Restschuldbefreiung, S. 250 ff.

[4] HK-*Landfermann,* InsO, § 302 Rn. 4.

2. Kommentierung der Einzelheiten

a) Vorsätzlich begangene, unerlaubte Handlungen, Nr. 1

3 **aa) Einzelfälle.** Begünstigt werden nach **Nr. 1** zunächst **Ansprüche aus einer vorsätzlich begangenen, unerlaubten Handlung i. S. d. §§ 823 ff. BGB,** also insbesondere solche Ansprüche, denen der Schuldner auf Grund der Verletzung eines absolut geschützten Rechtsguts i. S. d. § 823 Abs. 1 BGB oder auf Grund der Verletzung eines Schutzgesetzes nach § 823 Abs. 2 BGB ausgesetzt ist.[1] Nicht erfasst sind Verzugszinsen und Prozesskosten, die im Zusammenhang mit ihnen entstehen, da sie als prozessuale Ansprüche nicht die Rechtsnatur der Hauptansprüche teilen und damit nicht unter § 302 Nr. 1 fallen.[2] Im insolvenzrechtlichen Zusammenhang sind hier insbesondere **Betrugsstraftatbestände** sowie **Beitragspflichtverletzungen** ehemaliger Geschäftsführer insolventer Gesellschaften gegenüber den Sozialversicherungsträgern **gem. § 266 a StGB** von praktischer Bedeutung. In ständiger Rechtsprechung zur Haftung des GmbH-Geschäftsführers wegen Vorenthaltens von Arbeitnehmeranteilen zur Sozialversicherung ist festzustellen, dass die über § 823 Abs. 2 BGB i. V. m. § 266 a StGB haftungsrechtlich gegebene Verantwortlichkeit bereits dann besteht, wenn die GmbH zwar zum Fälligkeitszeitpunkt nicht über die erforderlichen Mittel verfügt, der Geschäftsführer es jedoch pflichtwidrig unterlassen hat, die Erfüllung dieser Verpflichtung durch Bildung von Rücklagen sicherzustellen.[3]

4 Mit dem Argument, Sinn und Zweck der Vorschrift sei es, lediglich dem redlichen Schuldner (vgl. § 1 S. 2) die Restschuldbefreiung zu eröffnen, wird darüber hinaus diskutiert, den Begriff der „unerlaubten Handlungen" erweiternd auf solche Verhaltensweisen auszudehnen, die strafbar sind, jedoch kein Schutzgesetz im engeren Sinne des § 823 Abs. 2 BGB verletzen. So wird teilweise vertreten, dass bspw. auch Forderungen der Finanzverwaltung wegen **Steuerhinterziehung gem. § 370 AO** von der Restschuldbefreiung ausgenommen seien, um dem Schuldner nicht die durch die Straftat gezogenen Früchte zu erhalten.[4] Dem dürften weniger dogmatische Bedenken (§ 302 stellt keine Rechtsgrundverweisung auf §§ 823 ff. BGB dar) als vielmehr Praktikabilitätserwägungen entgegenstehen. § 302 kommt allerdings nicht zum Tragen, wenn dem Schuldner gegen den Anspruch bereits eine materiellrechtliche Einrede zusteht.[5] Zwischenzeitlich wurde höchstrichterlich bestätigt, dass Steuerhinterziehung keine vorsätzlich begangene, unerlaubte Handlung ist, da Steuer- und Haftungsansprüche dem öffentlichen Recht zugehörige Ansprüche aus dem Steuerschuldverhältnis sind, daran ändert auch die Strafbewehrtheit aus Präventions- und Sanktionsgründen nichts. Eine erweiternde Auslegung ist nicht mög-

---

[1] Hierzu gehört auch das Einbehalten von Honorarleistungen aus einer privaten Krankenversicherung, AG Göttingen ZInsO 2002, 642; weitere Beispiele bei FK-*Ahrens,* InsO, § 302 Rn. 5.

[2] KG NZI 2009, 121.

[3] BGHZ 134, 304, 308; BGH NJW 2006, 3573 f.; BGHSt 47, 318, 320 f.; BGH, Urteil vom 18. 1 2007 – IX ZR 176/05; vgl. auch OLG Celle ZInsO 2006, 1269 f.

[4] So AG Siegen, NZI 2003, 43; *Klaproth,* ZInsO 2006, 1078 f.; aA: *Uhlenbruck/Vallender,* InsO, § 302 Rn. 12; FK-*Ahrens,* InsO, § 302 Rn. 5; *Urban,* ZVI 2003, 387; *Schlie,* ZInsO 2006, 1126 f.

[5] Siehe FK-*Ahrens,* InsO, § 302 Rn. 6; vgl. auch OLG Frankfurt ZInsO 2005, 714.

lich, da der Gesetzgeber die Redlichkeit nicht als Generalklausel, sondern mit § 290 einen abschließenden Katalog von Versagungsgründen aufgestellt hat.[1] Auch die nach Anfechtung einer Steuerhinterziehung bestandskräftig festgestellte Steuerschuld ist keine Forderung aus unerlaubter Handlung, wie die Steuerhinterziehung allenfalls zum Vermögensschaden führt, das Vermögen aber kein deliktisch erfasstes, absolut geschütztes Rechtsgut ist.[2]

bb) Verfahrensrechtliches. Durch das InsOÄndG 2001 wurde § 302 Nr. 1 5
dahingehend geändert, dass Verbindlichkeiten des Schuldners aus einer vorsätzlich begangenen, unerlaubten Handlung nur dann von der Restschuldbefreiung nicht erfasst werden, sofern der Gläubiger die entsprechende **Forderung unter Angabe dieses Rechtsgrundes nach § 174 Abs. 2 angemeldet** hatte.[3] Die Feststellung, dass die angemeldete Forderung aus einer vorsätzlich begangenen, unerlaubten Handlung des Schuldners resultiert, kann dabei nicht mehr im Schlusstermin nachgeholt werden, wenn der Gläubiger dies bei der Anmeldung gem. §§ 302 Nr. 1, 174 Abs. 2 versäumt hatte.[4]

Mit der Änderung von Nr. 1 soll dem Interesse des Schuldners Rechnung 6
getragen werden, möglichst frühzeitig darüber informiert zu werden, welche Forderungen nicht von einer Restschuldbefreiung erfasst werden.[5] Diese Änderung stellt somit eine notwendige Ergänzung der in § 174 Abs. 2 vorgesehenen Verpflichtung des Gläubigers dar, bereits bei der Anmeldung darauf hinzuweisen, wenn er der Auffassung ist, seiner Forderung liege eine unerlaubte Handlung zugrunde. Legt der Insolvenzschuldner in Hinblick auf die spätere Restschuldbefreiung (beschränkten) **Widerspruch** gegen die Anmeldung einer Forderung zur Tabelle als auf vorsätzlich unerlaubter Handlung beruhend ein, ohne im Übrigen die Forderung zu bestreiten,[6] so kann der Gläubiger **gem. § 184 auf Feststellung klagen,** dass die angemeldete Forderung wegen vorsätzlich, unerlaubter Handlung begründet ist.[7] Die zweiwöchige Ausschlussfrist nach Bekanntmachung des Schlussverzeichnisses gem. § 189 Abs. 1 analog soll mangels planwidriger Regelungslücke nicht gelten: dass der Streit um den Forderungsgrund eines Vorsatzdelikts bis zum Schlusstermin auszutragen sein müsse, würde die Parallele zum Vorrechtsstreit (§ 14 GKO analog) überziehen.[8]

Im Falle des beschränkten Widerspruchs des Schuldners gegen eine bereits durch einen Vollstreckungsbescheid rechtskräftig **titulierte Forderung** obliegt es[9] gem.

---

[1] BFH NZI 2008, 764 m. Anm. *Lang,* FD-InsR 2008, 269684; vgl. auch *Urban,* ZVI 2003, 987; *Schlie,* ZInsO 2006, 1126; FK-*Ahrens,* InsO, § 302 Rn. 7.

[2] FG Hamburg NZI 2007, 738 m Anm. *Farr* (n. rkr.).

[3] *Rinjes,* DZWIR 2002, 415 ff.; *Riedel,* NZI 2002, 414.

[4] LG Oldenburg ZVI 2002, 427; aA: FK-*Ahrens,* InsO, § 302 Rn. 10 b.

[5] *Riedel,* NZI 2002, 414.

[6] Dies ist unproblematisch möglich, vgl. BGH, Urteil vom 18. 1. 2007 – IX ZR 176/05.

[7] BGH, Urteil vom 18. 1. 2007, IX ZR 176/05; BGH WM 2003, 2342 f.; BGH NZI 2006, 536 f.; OLG Rostock ZVI 2005, 433; LG Köln NZI 2005, 406; vgl. ferner auch zum Streitwert: (100% der festzustellenden Forderung) AG Mühlhausen ZVI 2004, 504; zur Beiordnung eines Rechtsanwaltes für den Schuldner vgl. BGH NZI 2004, 39.

[8] BGH NZI 2009, 189 m. Anm. *Lang,* FD-InsR 2009, 275579; MünchKomm-*Schumacher,* InsO § 184 Rn. 3; aA: FK-*Kießner,* InsO, § 184 Rn. 10, § 186 Nr. 36; *Braun/Specovius,* InsO, § 184 Rn. 2.

[9] BGH NZI 2006, 536 f.; OLG Hamm ZVI 2006, 396 f.; *Hattwig/Richter,* ZVI 2006, 373 f.

§ 184 Abs. 2 nF allerdings dem Schuldner, binnen einer Frist von einem Monat, die mit dem Prüfungstermin oder im schriftlichen Verfahren mit dem Bestreiten der Forderung beginnt, den Widerspruch zu verfolgen. Nach fruchtlosem Ablauf dieser Frist gilt ein Widerspruch als nicht erhoben. Das Insolvenzgericht erteilt dem Schuldner und dem Gläubiger, dessen Forderung bestritten worden ist, einen beglaubigten Auszug aus der Tabelle und weist den Schuldner auf die Folgen einer Fristversäumung hin. Der Schuldner hat dem Gericht sodann die Verfolgung des Anspruchs nachzuweisen. Dies bedeutet, dass beim Schuldnerwiderspruch gegen titulierte Forderungen künftig dieser und nicht mehr der Gläubiger Klage erheben muss. Damit wird die Klagelast entsprechend der Regelung des § 179 Abs. 2, die dies auch bisher schon für den Widerspruch durch Insolvenzverwalter oder Insolvenzgläubiger vorsah, umgekehrt.

Der **Streitwert** „unerlaubte Handlung" ergibt sich aus der wirtschaftlichen Bedeutung der Feststellung, eine Forderung im Insolvenzverfahren resultiere aus einer unerlaubten Handlung, dass diese an der Restschuldbefreiung nicht teilnimmt. Dieses Interesse ist im Rahmen der Streitwertbestimmung mit einem Fünftel der Forderung zu berücksichtigen.[1]

Wird die jeweilige Forderung überhaupt nicht im Insolvenzverfahren angemeldet oder wird sie ohne den Hinweis nach § 174 Abs. 2 angemeldet, so kann der Gläubiger nach Erteilung der Restschuldbefreiung seine Forderung nicht mehr zwangsweise gegenüber dem Schuldner durchsetzen. Für eine Klage auf Feststellung, dass es sich bei der zur Insolvenztabelle angemeldeten Forderung um einen Anspruch aus vorsätzlich begangener, unerlaubter Handlung handelt, ist das Rechtsschutzinteresse im Hinblick auf § 302 Nr. 1 zu bejahen.[2]

6a **cc) Praxishinweise.** Hinsichtlich **noch nicht titulierter Forderungen** ist dem Schuldner grundsätzlich anzuraten, zum Prüftermin zu erscheinen und einen **Widerspruch** – zumindest gegen den Rechtsgrund der vorsätzlich begangenen, unerlaubten Handlung – anzubringen. In der Regel führt dies dazu, dass der Gläubiger zunächst versuchen wird, sich mit dem Schuldner außergerichtlich zu einigen; der Schuldner kann sodann den Widerspruch wieder zurücknehmen. Für die rechtlich schwierige Frage, ob der Schuldner unabhängig von taktischen Überlegungen einen Widerspruch einlegen soll, kann ihm im Rahmen der Kostenstundung ein **Rechtsanwalt begeordnet werden,**[3] der dann auch **prüfen** wird, ob der Vorwurf der vorsätzlich begangenen, unerlaubten Handlung nicht bereits **verjährt** ist. Denn dieser verjährt nach altem (§ 852 BGB) wie nach neuem Recht (§§ 195, 199 BGB) innerhalb von drei Jahren nachdem der Gläubiger von dem Anspruch Kenntnis erlangt hat.[4] Im Hinblick auf die **Klagefrist für eine Feststellungsklage** war bislang unklar, welche Frist besteht. Von zwei Wochen (analog § 189), über spätestens zum Schlusstermin[5] bis hin zu der Auffassung, dass es keine eigene insolvenzspezifische Frist für die Klageeinreichung gibt und der Gläubiger auch noch nach erteilter Restschuld-

---

[1] LG Kempten ZInsO 2006, 888; abweichend OLG Hamm NZI 2007, 249; OLG Rostock NZI 2007, 358.

[2] OLG Celle ZVI 2004, 46.

[3] BGH ZInsO 2003, 1044 f.

[4] Vgl. hierzu auch OLG Dresden ZInsO 2004, 622 f.

[5] *Pape,* ZVI 2002, 225, 236.

befreiung aus seinem alten Titel vorgehen kann,[1] wird in der Literatur alles vertreten. Jedenfalls ist klar, dass der Gläubiger bei einem Widerspruch sofort auf Feststellung klagen kann.[2] Der BGH[3] hat nochmals klargestellt, dass die Klärung der Rechtsnatur der Forderung noch vor der Entscheidung über die Ankündigung der Restschuldbefreiung (§ 291) im Interesse sowohl des Gläubigers als auch des Schuldners liegt. Intention des InsOÄndG 2001, welches es dem Schuldner ermöglichen wollte, frühzeitig Klarheit darüber zu erlangen, welchen Forderungen er sich nach Erhalt der Restschuldbefreiung noch ausgesetzt sieht, würde es widersprechen, wenn der Gläubiger einer Deliktsforderung mit der Feststellungsklage bis zum Ablauf der Wohlverhaltensperiode warten könnte.[4] Zu bedenken ist weiter, dass der Schuldner, gegen den die Feststellungsklage bezüglich einer hohen Forderung aus einer vorsätzlich begangenen, unerlaubten Handlung erhoben wird, ein berechtigtes Interesse daran haben kann, von einer Fortsetzung des Restschuldbefreiungsverfahrens möglicherweise abzusehen.[5] Im Hinblick auf **§ 184 Abs. 2 nF** sollten die Gläubiger darauf bedacht sein, **titulierte Forderungen,** insbesondere solche mit dem Rechtsgrund der vorsätzlich begangenen, unerlaubten Handlung, zur Insolvenztabelle anzumelden. Wie der rechtsunkundige Schuldner damit umgehen wird, bleibt abzuwarten. Der Rechtskundige weiß dagegen um die bisher schon bestehende Möglichkeit, PKH im Feststellungsrechtsstreit nach § 184 zu beantragen.[6] Zu beachten ist darüber hinaus, dass die **Beiordnung eines Rechtsanwalts** im Rahmen der PKH großzügiger geregelt ist, als nach § 4 a Abs. 1 vorgesehen.

b) Geldstrafen und gem. § 39 Abs. 1 Nr. 3 gleichgestellte Verbindlichkeiten, Nr. 2

Aus dem Wortlaut der **Nr. 2** geht nicht deutlich hervor, ob mit der Verwei- 7
sung auf § 39 Abs. 1 Nr. 3 sämtliche dort genannten Verbindlichkeiten erfasst sind, oder ob eine Einschränkung auf gleichgestellte Verbindlichkeiten gemeint ist. Aus der Entstehungsgeschichte ergibt sich jedoch die erstere Auslegung.[7] Fraglich ist, ob die Vorschrift Bedeutung erlangen wird, da für Geldstrafen und ähnliche Verbindlichkeiten bei Uneinbringlichkeit regelmäßig eine **Ersatzfreiheitsstrafe** eintritt.[8] Letzteres vor dem Hintergrund, dass das BVerfG entschieden hat, dass die Vollstreckung von Geldstrafen als nachrangige Insolvenzforderungen gem. § 39 Abs. 1 Nr. 3 durch Anordnung und Vollziehung der Ersatzfreiheitsstrafe während des Insolvenzverfahrens zulässig ist und auch nicht gegen das GG verstößt.[9]

---

[1] *Uhlenbruck/Vallender,* InsO, § 302 Rn. 24.
[2] OLG Rostock ZVI 2005, 433 f.
[3] Urteil vom 18. 1. 2007, IX ZR 176/05.
[4] BGH NZI 2006, 536 f. mwN.
[5] BGH NZI 2006, 536 f.; OLG Rostock ZInsO 2005, 1175 f.; *Hattwig,* ZInsO 2004, 636 f.
[6] Vgl. z. B. AG Göttingen ZIP 2003, 132 f.
[7] Siehe FK-*Ahrens,* InsO, § 302 Rn. 15 f.; *Hess/Obermüller,* Insolvenzplan, Restschuldbefreiung und Verbraucherinsolvenz, Rn. 1204.
[8] HK-*Landfermann,* InsO, § 302 Rn. 3.
[9] BVerfG NZI 2006, 711 f.; hierzu *Pape,* ZVI 2007, 7 f.

c) Zinslose Darlehen, Nr. 3

8 Des Weiteren wurde durch das InsOÄndG 2001 dem § 302 eine **Nr. 3** angefügt, wonach ebenfalls Verbindlichkeiten aus zinslosen Darlehen ausgenommen sind, die dem Schuldner zur Begleichung der Kosten des Insolvenzverfahrens gewährt wurden. Hintergrund hierfür ist, dass es in einzelnen Bundesländern Stiftungen, öffentliche oder karitative Einrichtungen gibt, die den Schuldner bei der Aufbringung der Verfahrenskosten unterstützen, ohne die Verfahrenskosten endgültig zu übernehmen. Durch diese Fördermaßnahmen wird auch die Staatskasse entlastet, da eine Stundung der Verfahrenskosten nicht mehr erforderlich ist. Ob dieser Regelung große Bedeutung zukommen wird, erscheint fraglich, weil derartige Darlehen angesichts der mit Inkrafttreten des InsOÄndG 2001 möglich gewordenen Stundung der Kosten eher selten sein werden.[1]

3. Rechtsfolgen

9 Die nach § 302 ausgenommenen Verbindlichkeiten werden durch die Restschuldbefreiung nicht verändert. Der Gläubiger kann wegen einer solchen Forderung nach der endgültigen Entscheidung (§ 300) vollstrecken. Vollstreckungstitel ist allein die Eintragung der Forderung in die Tabelle, § 201 Abs. 2,[2] sofern die Forderung gem. ihrer Eintragung in die Tabelle auch als solche aus einer vorsätzlichen, unerlaubten Handlung ersichtlich ist.[3]

§ 303 Widerruf der Restschuldbefreiung

(1) **Auf Antrag eines Insolvenzgläubigers widerruft das Insolvenzgericht die Erteilung der Restschuldbefreiung, wenn sich nachträglich herausstellt, daß der Schuldner eine seiner Obliegenheiten vorsätzlich verletzt und dadurch die Befriedigung der Insolvenzgläubiger erheblich beeinträchtigt hat.**

(2) **Der Antrag des Gläubigers ist nur zulässig, wenn er innerhalb eines Jahres nach der Rechtskraft der Entscheidung über die Restschuldbefreiung gestellt wird und wenn glaubhaft gemacht wird, daß die Voraussetzungen des Absatzes 1 vorliegen und daß der Gläubiger bis zur Rechtskraft der Entscheidung keine Kenntnis von ihnen hatte.**

(3) **Vor der Entscheidung sind der Schuldner und der Treuhänder zu hören. Gegen die Entscheidung steht dem Antragsteller und dem Schuldner die sofortige Beschwerde zu. Die Entscheidung, durch welche die Restschuldbefreiung widerrufen wird, ist öffentlich bekanntzumachen.**

Literatur: *App,* Zum Antrag auf Widerruf einer Restschuldbefreiung, KKZ 2009, 154; s. a. § 286.

1. Normzweck

1 Die Vorschrift stellt eine Ausnahme von dem Grundsatz dar, dass Obliegenheitsverletzungen nach der Rechtskraft des Beschlusses über die Restschuldbefrei-

[1] Vgl. *Bruckmann,* InVo 2001, 45.
[2] Vgl. RGZ 112, 297, 300; *Kuhn/Uhlenbruck,* KO, § 164 Rn. 1 d.
[3] FK-*Ahrens,* InsO, § 302 Rn. 10–14, 17–19.

ung gem. § 300 nicht mehr geltend gemacht werden können. Um nur dem redlichen Schuldner den Vorteil der Restschuldbefreiung zuteilwerdenzulassen und einen Missbrauch (die Verheimlichung von Obliegenheitsverletzung bis zur Erteilung der Restschuldbefreiung) zu verhindern, ist **bei besonders schwerwiegenden Verstößen** ein Widerruf der rechtskräftigen Entscheidung möglich.[1] Mit der Gewährung der Restschuldbefreiung nach § 300 erlangt demnach der Schuldner noch nicht endgültig die Befreiung von seinen Verbindlichkeiten. **Für die Dauer eines Jahres besteht noch die Möglichkeit der Aufhebung der Entscheidung. Aufgrund des erhöhten Vertrauensschutzes,** den der Schuldner zu diesem Zeitpunkt bereits genießt, werden hierfür allerdings enge Voraussetzungen aufgestellt. Eine lediglich fahrlässig begangene Obliegenheitsverletzung ist hierfür ebenso wenig ausreichend wie eine vorsätzliche, welche aber nur zu einer unerheblichen Beeinträchtigung der Befriedigung der Gläubiger geführt haben darf.

2. Im Einzelnen

a) Anknüpfungspunkt für einen Widerruf ist ein Verhalten des Schuldners während der Wohlverhaltensperiode, das aber erst nachträglich – nach der Rechtskraft der Entscheidung über die Restschuldbefreiung – bekannt wird, Abs. 1 u. 2. Dabei muss es sich um die **Verletzung einer Obliegenheit gem. § 295** handeln.[2] Diese Einschränkung ergibt sich neben dem Wortlaut auch aus dem Zweck der Vorschrift, eine korrekte Erfüllung der Obliegenheiten während der Wohlverhaltensperiode sicherzustellen.[3] Eine rechtskräftige Verurteilung in diesem Zeitraum, welche erst später bekannt wird, genügt deshalb für einen Widerruf trotz der vergleichbaren Schwere der Verfehlung nicht.[4] Auch die verfahrensrechtlichen Obliegenheiten des § 296 Abs. 2 S. 2 sind im Rahmen des § 303 unerheblich.[5] 2

b) Anders als für eine Versagung nach § 296 oder § 300 reicht eine **grob fahrlässige Obliegenheitsverletzung** nicht aus. Diese Beschränkung rechtfertigt sich mit dem erhöhten Vertrauensschutz, den der Schuldner nach Erteilung der Restschuldbefreiung genießt.[6] Bezugspunkt des Vorsatzes ist allein die Obliegenheitsverletzung; die Beeinträchtigung der Gläubigerbefriedigung muss hingegen nicht vom Vorsatz umfasst sein.[7] Erfahrungen aus der Praxis zum Vorsatz i. S. d. § 303 werden sich frühestens ab dem 1. Januar 2004 einstellen, es sei denn, die Restschuldbefreiung wurde vorzeitig erteilt. 3

c) Die vorsätzliche Obliegenheitsverletzung muss zu einer **erheblichen Beeinträchtigung der Befriedigung der Gläubiger** geführt haben. Auch in 4

---

[1] *Döbereiner,* Restschuldbefreiung, S. 258 f., 267.

[2] *Döbereiner,* Restschuldbefreiung, S. 259, 262.

[3] *Döbereiner,* Restschuldbefreiung, S. 259; *Hess/Obermüller,* Insolvenzplan, Restschuldbefreiung und Verbraucherinsolvenz, Rn. 1208.

[4] *Döbereiner,* Restschuldbefreiung, S. 261 f.; FK-*Ahrens,* InsO, § 303 Rn. 8.

[5] FK-*Ahrens,* InsO, § 303 Rn. 8 aE; *Smid/Haarmeyer,* InsO, § 303 Rn. 3.

[6] *Döbereiner,* Restschuldbefreiung, S. 260, der sich allerdings im Hinblick auf den Zweck des Widerrufsrechts de lege ferenda für eine Einbeziehung auch der groben Fahrlässigkeit ausspricht.

[7] *Häsemeyer,* Insolvenzrecht, Rn. 26.60.

diesem Tatbestandsmerkmal sind die Anforderungen gegenüber dem Versagungstatbestand des § 296 erhöht. Wann Erheblichkeit anzunehmen ist, sagt das Gesetz jedoch nicht, es ergibt sich auch nicht aus der Begr. zum RefE oder zum RegE. **Maßgebend** sind die **Umstände des Einzelfalles.** Als Anhaltspunkt wird eine Abweichung von 5%[1] oder 10%[2] zwischen der tatsächlich erreichten Befriedigungsquote und derjenigen, die ohne die Obliegenheitsverletzung erzielt worden wäre, angenommen.

5 **d)** In **verfahrensrechtlicher Hinsicht** ist zunächst ein **Antrag eines Gläubigers** erforderlich. Von Amts wegen darf das Gericht selbst dann das Widerrufsverfahren nicht einleiten und einen Widerruf nicht aussprechen, wenn die materiellen Voraussetzungen erfüllt sind und das Gericht hiervon Kenntnis hat.[3] Der Antrag ist **innerhalb eines Jahres seit der Rechtskraft der Entscheidung über die Erteilung der Restschuldbefreiung** zu stellen. Hiermit wird die Rechtsunsicherheit für den Schuldner zeitlich begrenzt.

6 Der antragstellende Gläubiger darf von der Obliegenheitsverletzung erst nach der Rechtskraft der Entscheidung Kenntnis erlangt haben, Abs. 1 u. 2. Diese **materielle Voraussetzung** hat er ebenso wie die vorsätzliche Obliegenheitsverletzung und die dadurch herbeigeführte Beeinträchtigung der Gläubigerbefriedigung nach Abs. 2 glaubhaft zu machen. Unterlässt er dies, so ist sein Antrag selbst dann unzulässig, wenn er von der Obliegenheitsverletzung tatsächlich erst nach der rechtskräftigen Entscheidung erfahren hat. Umgekehrt führt es zur **Unbegründetheit des Widerrufsantrags,** wenn der Gläubiger die nachträgliche Kenntnis zwar glaubhaft machen kann, sich aber – etwa auf Grund der Anhörung – das Gegenteil herausstellt.[4]

7 Der Gläubiger, der bereits vor der Rechtskraft der Entscheidung von der vorsätzlichen Obliegenheitsverletzung Kenntnis hatte, ist mit seinem **Antrag ausgeschlossen.** Die Präklusion bezieht sich immer nur auf den einzelnen Gläubiger. Ein Widerrufsantrag ist also nicht bereits dann generell ausgeschlossen, wenn lediglich ein Gläubiger bereits zu diesem frühen Zeitpunkt Kenntnis hatte. Dies ergibt sich aus dem Wortlaut zwar nicht eindeutig, wird aber nahegelegt („Der Antrag des Gläubigers ...").[5]

8 Vor der Entscheidung über den Antrag hat das Gericht den Schuldner und den Treuhänder **anzuhören,** Abs. 3 S. 1. Eine Anhörung der Gläubiger ist hier nicht vorgeschrieben, sie ist allerdings möglich.[6] Sie kann schriftlich oder mündlich erfolgen.[7]

e) Gerichtliche Entscheidung

9 Liegen die gesetzlichen Voraussetzungen für einen Widerruf vor, hat das Gericht ihn auszusprechen. Ebensowenig wie bei der Entscheidung nach §§ 296, 300 steht ihm ein Ermessensspielraum zu.

---

[1] So *Döbereiner,* Restschuldbefreiung, S. 259 ff., 261.
[2] So *Smid/Haarmeyer,* InsO, § 303 Rn. 4.
[3] *Döbereiner,* Restschuldbefreiung, S. 262 f.
[4] *Döbereiner,* Restschuldbefreiung, S. 262 f.
[5] *Döbereiner,* Restschuldbefreiung, S. 263 f.
[6] FK-*Ahrens,* InsO, § 303 Rn. 19.
[7] Begründung des Rechtsausschusses, abgedruckt in *Balz/Landfermann,* S. 559 f.

Die **Widerrufsentscheidung** enthält **zwei Elemente:** die Aufhebung der die Restschuldbefreiung erteilenden Entscheidung, also des Beschlusses gem. § 300, sowie die Versagung der Restschuldbefreiung.[1] Mit dem ersten Teil der Entscheidung enden die Wirkungen des § 301. Das freie Nachforderungsrecht des § 201 lebt wieder auf.[2] Um das Restschuldbefreiungsverfahren zu einem Abschluss zu bringen, ist neben der Aufhebung des Beschlusses nach § 300 eine Versagung der Restschuldbefreiung erforderlich.[3] Dieser zweite Entscheidungsteil löst die Versagungswirkungen aus. Diese Folgen treten nicht lediglich ex nunc, sondern rückwirkend ein.[4] Die Wirkung der Entscheidung erstreckt sich auf alle Insolvenzgläubiger, auch auf diejenigen, die keinen Antrag auf Widerruf gestellt haben. **10**

Die Entscheidung **trifft gem. § 18 Abs. 1 Nr. 2 RPflG der Richter.** **11**

f) Rechtsmittel

Dem antragstellenden Gläubiger sowie dem Schuldner stehen gegen die Entscheidung nach Abs. 3 S. 2 die **sofortige Beschwerde** zu. Die Widerrufsentscheidung ist im Gegensatz zu der den Widerruf ablehnenden Entscheidung nach Abs. 3 S. 3 öffentlich bekannt zu machen. **12**

Erst nach der Rechtskraft des Widerrufsbeschlusses sind Einzelzwangsvollstreckungen wieder zulässig.[5] **13**

---

[1] Siehe FK-*Ahrens,* InsO, § 303 Rn. 20 f. mwN.

[2] Begründung zum RegE, abgedruckt in *Balz/Landfermann,* S. 364 f.

[3] FK-*Ahrens,* InsO, § 303 Rn. 20.

[4] *Döbereiner,* Restschuldbefreiung, S. 266 f.: dies entspricht dem Gebrauch des Widerrufsbegriffs in anderen Vorschriften, etwa § 130 BGB, § 7 VerbrKrG und verhindert eine ungerechtfertigte Begünstigung des unredlichen Schuldners hinsichtlich der Entstehung von Verzugszinsen in dem Zeitraum bis zur rechtskräftigen Widerrufsentscheidung.

[5] FK-*Ahrens,* InsO, § 303 Rn. 22, § 294 Rn. 17.

Neunter Teil. Verbraucherinsolvenzverfahren und sonstige Kleinverfahren

Erster Abschnitt. Anwendungsbereich

§ 304 Grundsatz

(1) **Ist der Schuldner eine natürliche Person, die keine selbständige wirtschaftliche Tätigkeit ausübt oder ausgeübt hat, so gelten für das Verfahren die allgemeinen Vorschriften, soweit in diesem Teil nichts anderes bestimmt ist. Hat der Schuldner eine selbständige wirtschaftliche Tätigkeit ausgeübt, so findet Satz 1 Anwendung, wenn seine Vermögensverhältnisse überschaubar sind und gegen ihn keine Forderungen aus Arbeitsverhältnissen bestehen.**

(2) **Überschaubar sind die Vermögensverhältnisse im Sinne von Absatz 1 Satz 2 nur, wenn der Schuldner zu dem Zeitpunkt, zu dem der Antrag auf Eröffnung des Insolvenzverfahrens gestellt wird, weniger als 20 Gläubiger hat.**

Literatur: *Behr,* Auswirkungen des Insolvenzverfahrens auf die Einzelzwangsvollstreckung, JurBüro 1999, 66; *Beicht,* Kann ein Fonds die Anzahl außergerichtlicher Einigungen erhöhen?, ZVI 2003, 388; *Bork,* Ex-Unternehmer als Verbraucher?, ZIP 1999, 301; *Busch/Mäusezahl,* Restschuldbefreiungsverfahren – was kostet es wirklich?, ZVI 2005, 398; *Fischer,* Die Obliegenheit zur Einleitung eines Verbraucherinsolvenzverfahrens bei Unterhaltspflicht aus dem Blickwinkel der Unterhaltsberechtigten, ZVI 2005, 357; *Fuchs,* Behandlung und Abgrenzung von Insolvenzanträgen nach §§ 304 ff. InsO, ZInsO 1999, 185; *Hartenbach,* Verbraucherinsolvenz und Restschuldbefreiung, ZVI 2005, 62; *Hess/Röpke,* Forderungen aus Arbeitsverhältnissen i. S. d. § 304 Abs. 1 S. 2 InsO, InVo 2003, 89; *Hofmeister,* Top oder Flop?, ZVI 2003, 12; *Jäger,* Masselose Verbraucherinsolvenzverfahren ohne Verfahrenseröffnung – eine Neubelebung einer „alten" Idee, ZVI 2005, 15; *Klaas,* Maßgeblicher Zeitpunkt für die Abgrenzung Regelinsolvenzverfahren zum Verbraucherinsolvenzverfahren, ZInsO 1999, 545; *Kögel,* Der Zugang von Unternehmen zum Verbraucherinsolvenzverfahren, DZWIR 1999, 235, *Korczak,* Überschuldungslösungen europäischer Staaten und Lehren für Deutschland, ZVI 2005, 471; *Ley,* Verbraucherinsolvenzverfahren für unter Vormundschaft oder Betreuung stehende Schuldner, ZVI 2003, 101; *ders.,* Checkliste: Verfahrensvoraussetzungen für das Verbraucherinsolvenzverfahren, MDR 2003, 205; *Lunkenheimer/Zimmermann,* Reformbedarf zur Stärkung der außergerichtlichen Einigung, ZVI 2004, 317; *Mesch,* Auswirkungen der InsO-Änderungen auf Verbraucherinsolvenzfälle im Jahre 2002, ZVI 2003, 435; *Müller,* Der „Verbraucher" in der neuen Insolvenzordnung, NZI 1999, 172; *Munz,* Die Anwendung des Verbraucherinsolvenzverfahrens auf ehemals selbständige natürliche Personen, ZInsO 2000, 84; *Pape,* Entwicklung des Verbraucherinsolvenz- und Restschuldbefreiungsverfahrens im Jahre 2002, NJW 2003, 2951; *ders.,* Entwicklung des Verbraucherinsolvenzverfahrens im Jahre 2003, NJW 2004, 2492; *ders.,* Entwicklung des Verbraucherinsolvenzverfahren im Jahre 2004, NJW 2005, 2755; *Paulus,* Grundlagen des neuen Insolvenzrechts – Sonderverfahren, DStR 2005, 160; *Senff,* Wer ist Verbraucher im internationalen Zivilprozess?, Frankfurt/M., 2001; *Sternal,* Die Rechtsprechung zum Verbraucherinsolvenz- und Restschuldbefreiungsverfahren im Jahre 2004, NZI 2005, 129; *ders.,* Die Rechtsprechung zum Verbraucherinsolvenz- und Restschuldbefreiungsverfahren im Jahre 2005, NZI 2006, 129; *ders.,* Die Rechtsprechung zum Verbraucherinsolvenz- und Restschuldbefreiungsverfahren im Jahre 2006, NZI 2007, 257; *Wiedemann,* Brauchen wir eine Reform der Verbraucherentschuldung?, ZVI 2004, 645; *Winter,* Anwaltliche Tätigkeit im Rahmen der vorgerichtlichen Einigung und des Insolvenzverfahrens, ZVI 2005, 346; *Wieser,* Das Scheitern des Verbraucherinsolvenzverfahrens als Kleinverfahren, KKZ 2004, 233.

Übersicht

1. Normzweck

1 **Durch das InsOÄndG 2001 wurde § 304 völlig neu gefasst** und in zweierlei Hinsicht geändert. Zum einen wurde die Gruppe der gegenwärtig noch selbstständig wirtschaftlich Tätigen insgesamt aus dem Anwendungsbereich des Verbraucherinsolvenzverfahrens ausgenommen. Zum anderen wird die Geringfügigkeit der selbstständigen wirtschaftlichen Tätigkeit nunmehr anhand konkreter Kriterien im Einzelnen bestimmt.

2 **a)** Während nach bisherigem Recht auch Schuldner, die **gegenwärtig noch eine selbstständige Tätigkeit ausübten,** dem Verbraucherinsolvenzverfahren zugeordnet werden konnten – nämlich dann, wenn die Tätigkeit geringfügig war –, ist **diese Personengruppe nach der Neuregelung durch das InsOÄndG 2001 generell ausgeschlossen.** Selbst bei **geringfügiger wirtschaftlicher Tätigkeit** kommt in diesem Falle **immer** das **Regelinsolvenzverfahren** zur Anwendung.[1] Am **Verbraucherinsolvenzverfahren** können **ehemalige Unternehmer** teilnehmen. Die Frage der Geringfügigkeit spielt deshalb nach der Neuregelung lediglich für diejenigen Schuldner eine Rolle, die in der Vergangenheit selbstständig tätig waren. Die Geringfügigkeit ist auf die Tätigkeit in der Vergangenheit zu beziehen. Eine zum Beurteilungszeitraum geringfügige Tätigkeit genügt – im Unterschied zum bisherigen Recht – nicht mehr. Dies kommt in der Vorschrift durch den Gebrauch des Perfekts (gegenüber dem Präsens nach der bisherigen Regelung), zum Ausdruck.

3 **b)** Abs. 1 S. 1 weist nach der Gesetzesbegründung die **aktuell selbstständig wirtschaftlich Tätigen (Unternehmer)** grundsätzlich dem **Regelinsolvenz-**

[1] Vgl. BGH NZI 2003, 105.

verfahren zu.[1] **Maßgeblich** ist insoweit der **Zeitpunkt der Insolvenzantragstellung.** Auch **ehemalige Unternehmer** unterliegen **grundsätzlich** dem Anwendungsbereich des **Regelinsolvenzverfahrens.** Tatsächlich bereiten der gerichtlichen Praxis allerdings Verfahren mit ehemaligen Gewerbetreibenden, die ihr Gewerbe aufgegeben haben oder aufgeben mussten, erhebliche Probleme, wenn diese den Ansprüchen einer großen Zahl von Gläubigern ausgesetzt waren.[2] Diese Praxis wurde als unerfreulich empfunden, weil das Verbraucherinsolvenzverfahren an sich ein einfaches Verfahren darstellen sollte.[3]

c) Wie im Folgenden deutlich zu machen ist, ist die **Vorschrift** jedoch **in mehrfacher Hinsicht missglückt.** Der Wortlaut des Abs. 1 S. 1 stimmt hinsichtlich der Rechtsfolge mit § 304 aF überein. Mit der Umschreibung „so gelten für das Verfahren die allgemeinen Vorschriften, soweit in diesem Teil nichts anderes bestimmt ist" werden die Verbraucher und die diesen vor der Gesetzesänderung gleichgestellten Kleingewerbetreibende dem Verbraucherinsolvenzverfahren unterstellt. Der Reformgesetzgeber hat diese Formulierung der Rechtsfolge beibehalten, sodass die Möglichkeit, ihr einen anderen Inhalt zu geben, nicht naheliegt. Soll Abs. 1 S. 1 jedoch, wovon die Gesetzesbegründung ausgeht, den Grundsatz enthalten, dass die Gruppe der Unternehmer dem Regelinsolvenzverfahren zugewiesen wird,[4] so muss die Rechtsfolge gerade im gegenteiligen Sinn, mit der Betonung auf der Geltung der allgemeinen Vorschriften, verstanden werden. Diese Lesart würde auch das mit S. 2 bestehende Regel-Ausnahmeverhältnis gut zum Ausdruck bringen: eine Geltung der allgemeinen Vorschriften für das Regelinsolvenzverfahren, „soweit in diesem Teil nichts anderes bestimmt ist". Eine anderweitige Bestimmung in diesem Sinne trifft S. 2, der für diejenigen (ehemaligen) Unternehmer, welche die dort genannten Kriterien erfüllen, das Verbraucherinsolvenzverfahren für anwendbar erklärt. 4

Dass für die Gruppe der Unternehmer aus S. 1 nicht die Geltung der besonderen Vorschriften für das Verbraucherinsolvenzverfahren, sondern der allgemeinen Vorschriften für das Regelinsolvenzverfahren erfolgt, ergibt sich damit auch aus dem Zusammenspiel von S. 1 und S. 2: Die Ausnahme des S. 2 wäre sinnlos, wenn das Verbraucherinsolvenzverfahren für die Unternehmer bereits nach dem Grundsatz des S. 1 einschlägig wäre. 5

Die Verweisung in S. 2 auf die Rechtsfolge des S. 1 („so findet S. 1 Anwendung") ergibt allerdings nur dann einen Sinn, wenn man die Rechtsfolge des S. 1 – wie nach bisherigem Recht – in der Geltung der besonderen Vorschriften für das Verbraucherinsolvenzverfahren sieht. Dass ein solches Verständnis zwar hinsichtlich der Verbraucher zutreffend ist, für die Unternehmer jedoch ausscheidet, wurde bereits gesagt. Auch insoweit wäre eine größere Klarheit des Gesetzgebers begrüßenswert gewesen. Um die für die Unternehmer beabsichtigte Regelung dem Abs. 1 entnehmen zu können, müssen also für die beiden in Abs. 1 S. 1 genannten Personengruppen (nämlich die natürlichen Personen, die niemals selbstständig wirtschaftlich tätig waren, einerseits[5] und die Unter- 6

---

[1] Begr. RegE, BR-Drucks. 14/01, S. 63.
[2] Vgl. LG Frankfurt (Oder) ZInsO 2000, 290 m. Anm. *Förster.*
[3] Vgl. *Bruckmann,* InVo 2001, 41, 42.
[4] Begr. RegE, BR-Drucks. 14/01, S. 63.
[5] „... natürliche Person, die keine selbstständige wirtschaftliche Tätigkeit ... ausgeübt hat".

nehmer[1] andererseits) aus S. 1 jeweils unterschiedliche Rechtsfolgen entnommen werden. Während für die Verbraucher die Rechtsfolge des S. 1 in der Geltung der besonderen Vorschriften für das Verbraucherinsolvenzverfahren zu sehen ist, liegt für die Unternehmer die Betonung auf der Geltung der allgemeinen Vorschriften, also der Anwendung des Regelinsolvenzverfahrens. Damit wird die zweite Unstimmigkeit, die die Vorschrift des § 304 Abs. 1 nF aufweist, deutlich: die Anwendung unterschiedlicher Rechtsfolgen innerhalb des S. 1.

7 **d)** Die **Neuregelung vermeidet** die nach bisherigem Recht bestehenden **Schwierigkeiten,** die sogenannten **Kleingewerbetreibenden,** die dem Anwendungsbereich des § 304 unterfielen, von den übrigen Unternehmern abzugrenzen, und erleichtert damit die Arbeit des Gerichts. Der Gesetzgeber geht davon aus, dass auf Grund der Nennung konkreter Kriterien die Zuordnung zum Verbraucherinsolvenzverfahren in der Praxis relativ leicht vorgenommen werden kann. Sind dem Gericht keine Umstände bekannt, die die Abgrenzungskriterien erfüllen, so wird das Regelinsolvenzverfahren eröffnet.[2] Dies gilt insbesondere dann, wenn der Schuldner im maßgeblichen Zeitpunkt der Antragstellung noch eine selbstständige wirtschaftliche Tätigkeit ausgeübt hat. Dieser fällt weder unter Abs. 1 S. 1 noch unter S. 2.[3]

8 Die Kriterien für die Eröffnung des Verbraucherinsolvenzverfahrens müssen **kumulativ** erfüllt sein. Nur in diesem Fall ähnelt die Verschuldensstruktur der ehemaligen Unternehmer derjenigen von Verbrauchern.[4] Die **Überschaubarkeit der Vermögensverhältnisse** genügt also für sich genommen ebenso wenig wie das **Fehlen von gegen den Schuldner gerichteten Forderungen aus Arbeitsverhältnissen. Dabei kommt dem Begriff der Überschaubarkeit der Vermögensverhältnisse eine über die Definition in Abs. 2 hinausgehende selbstständige Bedeutung zu.**[5] Auch bei geringer Gläubigerzahl (unter 20) kann im Einzelfall die Überschaubarkeit zu verneinen sein, so etwa, wenn zahlreiche Forderungen streitig sind.[6] Damit ist die geringe Gläubigerzahl[7] zwar grundsätzlich notwendig, aber nicht hinreichende Bedingung für die Überschaubarkeit der Vermögensverhältnisse.[8]

---

[1] „... natürliche Person, die keine selbstständige wirtschaftliche Tätigkeit ausübt“. Mit dieser Umschreibung werden auch die (ehemaligen) Unternehmer erfasst, da sie die selbstständige wirtschaftliche Tätigkeit für die Vergangenheit nicht ausschließt.

[2] Begr. RegE, BR-Drucks. 14/01, S. 64, vgl. auch OLG Celle NZI 2000, 229; OLG Rostock NZI 2001, 213–215; offen lassend, ob Antrags- oder Eröffnungszeitpunkt maßgeblich, zur alten Rechtslage z. B. OLG Oldenburg ZInsO 2001, 560; OLG Frankfurt NZI 2000, 219.

[3] Vgl. BGH NJW 2003, 591, 592.

[4] Begr. RegE, BR-Drucks. 14/01, S. 64; *Graf-Schlicker/Remmert,* ZInsO 2000, 321, 322.

[5] Zur Darlegung der Überschaubarkeit der Vermögensverhältnisse vgl. BGH NZI 2003, 647.

[6] Begr. RegE, BR-Drucks. 14/01, S. 64, 65.

[7] HM: Auch bei nur einem Gläubiger ist die Durchführung eines Verbraucherinsolvenzverfahrens zulässig, vgl. LG Koblenz NZI 2004, 157; AG Köln NZI 2003, 560; aA: AG Koblenz NZI 2004, 47.

[8] Dieses Verständnis wird vom Wortlaut des Abs. 2 („... nur, wenn ...“) gedeckt, da diese Formulierung im oben genannten Sinn verstanden werden kann. Vgl. insofern auch LG Göttingen ZInsO 2002, 244, 245; AG Göttingen ZInsO 2002, 147, 148.

e) Abs. 2 bestimmt als **maßgeblichen Zeitpunkt** die **Antragstellung.** Die gesetzliche Normierung beseitigt die unter dem bisherigen Recht bestehende diesbezügliche Streitfrage.[1] 9

Aufgrund der nach bisherigem Recht bestehenden Möglichkeit, auch wirtschaftlich selbstständige Schuldner mit hoher Gläubigerzahl dem Verbraucherinsolvenzverfahren zu unterstellen, sofern sie nur in die Kategorie der sogenannten Kleingewerbetreibenden fielen, kam es in der Praxis zu Anwendungsschwierigkeiten. Denn das Verbraucherinsolvenzverfahren, mit der Betonung des Versuchs einer einvernehmlichen Schuldenregulierung im außergerichtlichen und gerichtlichen Verfahren, ist auf Schuldner, bei denen die hohe Gläubigerzahl eine Einigung erschwert, nicht zugeschnitten. Die Neuregelung vermeidet diese Schwierigkeiten durch den grundsätzlichen Ausschluss der Unternehmer aus dem Verbraucherinsolvenzverfahren. Für Schuldner, deren Vermögensverhältnisse (insbesondere auf Grund hoher Gläubigerzahlen) nicht mehr überschaubar sind und deren Verschuldensstruktur somit derjenigen von Verbrauchern nicht entspricht, steht nur noch das Regelinsolvenzverfahren offen.[2] 10

2. Im Einzelnen

a) Anwendungsbereich

Während die Bestimmung der von § 304 erfassten natürlichen Personen ohne selbstständige wirtschaftliche Tätigkeit keine Schwierigkeiten bereitete, bestanden in der Praxis bis zum Inkrafttreten von § 304 nF durch das InsOÄndG 2001 erhebliche Abgrenzungsprobleme hinsichtlich der Frage, wann eine selbstständige wirtschaftliche Tätigkeit noch als geringfügig i. S. d. Vorschrift angesehen werden konnte.[3] Zwar befand sich in Abs. 2 aF eine Auslegungshilfe, die dort verwendeten Begriffe waren jedoch selbst auslegungsbedürftig, sodass hiermit nur auf die zum HGB ergangene, umfangreiche Rechtsprechung verwiesen wurde. 11

Durch die Neufassung des § 304 wird nunmehr klargestellt, dass der Schuldner, der eine **selbstständige wirtschaftliche Tätigkeit ausgeübt hat,** dem Verbraucherinsolvenzverfahren unterfällt, wenn er im **Zeitpunkt der Antragstellung weniger als 20 Gläubiger** hat und gegen ihn **keine Forderungen aus gegenwärtigen oder früheren Arbeitsverhältnissen** mehr bestehen. 12

aa) Natürliche Personen ohne selbstständige wirtschaftliche Tätigkeit, Abs. 1 S. 1.[4] In den Anwendungsbereich der Norm fallen zunächst alle natürlichen Personen, **d. h. keine Gesellschaften und auch keine Gesellschaften ohne Rechtspersönlichkeit** (BGB-Gesellschaft), die keine selbstständige wirtschaftliche Tätigkeit ausüben. In Bezug genommen sind insbesondere Arbeitnehmer, also alle abhängigen und weisungsgebundenen Beschäftigten, mithin **natürliche Personen, die ihre Tätigkeit nicht im eigenen Namen, für eigene Rechnung, in eigener Verantwortung ausüben.**[5] Dies gilt auch für Personen, die einer Nebentätigkeit nachgehen, die sich noch nicht zu einer eigenen Organi- 13

---

[1] Begr. RegE, BR-Drucks. 14/01, S. 64.
[2] Begr. RegE, BR-Drucks. 14/01, S. 64; *Graf-Schlicker/Remmert,* ZInsO 2000, 321, 322.
[3] Vgl. *Graf-Schlicker/Remmert,* ZInsO 2000, 321.
[4] Vgl. auch FK-*Kohte,* InsO, § 304 Rn. 8 ff.
[5] Vgl. *Arnold,* DGVZ 1996, 129, 131.

sation verdichtet hat.[1] Mangels selbstständiger wirtschaftlicher Tätigkeit unterfallen unproblematisch dem Anwendungsbereich des § 304 Rentner, Arbeitslose, Sozialhilfeempfänger, Beamte, Studenten, Schüler, Auszubildende, Wehr- und Zivildienstleistende. Gleiches gilt für den **Geschäftsführer einer GmbH,** der eine angestellte berufliche, d. h. keine selbstständige wirtschaftliche Tätigkeit ausübt.[2] Auch aus dem Usmtand, dass der Schuldner Miteigentümer von drei Immobilien ist und Einnahmen aus Vermietung erzielt, kann nicht auf eine selbstständige wirtschaftliche Tätigkeit geschlossen werden.[3] Eine Strafbarkeit nach § 283 StGB setzt keine selbstständige wirtschaftliche, insbesondere auch keine unternehmerische Tätigkeit voraus.[4] Die nunmehr geltenden ausdrücklichen Regelungen des Insolvenzverfahrens über das Vermögen von natürlichen Personen (§§ 11 Abs. 1, 304 Abs. 1) lassen keinen Rückschluss auf den Anwendungsbereich des § 283 StGB zu. Mit der Einführung des Verbraucherinsolvenzverfahrens ist vielmehr lediglich faktisch eine Erweiterung des Täterkreises verbunden.[5]

14 **bb) Natürliche Personen mit früherer selbstständiger wirtschaftlicher Tätigkeit, Abs. 1 S. 2.**[6] Diese unterfallen dem Anwendungsbereich des Verbraucherinsolvenzverfahrens gem. der Neufassung des § 304 dann, wenn ihre **Vermögensverhältnisse überschaubar** sind und gegen sie **keine Forderungen aus Arbeitsverhältnissen** bestehen. Nur wenn beide Voraussetzungen erfüllt sind, findet eine Zuordnung zum Verbraucherinsolvenzverfahren statt. Ein **Wahlrecht zwischen den beiden Verfahren** (Verbraucherinsolvenzverfahren – Regelinsolvenzverfahren) **besteht nicht.**[7] Zum einen müssen die Vermögensverhältnisse im maßgebenden Zeitpunkt überschaubar sein. Die **Festlegung des maßgeblichen Zeitpunktes,** für den die Voraussetzungen für die Abgrenzung zwischen Regel- und Verbraucherinsolvenzverfahren geprüft werden mussten, **war im Anwendungsbereich des § 304 aF streitig** gewesen.[8]

15 Für die **Überschaubarkeit der Vermögensverhältnisse** und des **Nichtbestehens von Forderungen aus Arbeitsverhältnissen** i. S. v. **§ 304 nF** ist nach dem Wortlaut der Gesetzesbegründung nunmehr **auf den Antragszeitpunkt abzustellen.**[9] Im maßgeblichen Zeitpunkt der Insolvenzantragstellung müssen die Vermögensverhältnisse des früher selbstständig wirtschaftlich tätigen Schuldners überschaubar sein. Überschaubarkeit in diesem Sinne ist nur dann zu bejahen, wenn der Schuldner zum maßgeblichen Zeitpunkt der Insolvenzantrag-

---

[1] Vgl. LG Rostock NJW-RR 1994, 1015.

[2] Vgl. OLG Brandenburg ZInsO 2002, 283.

[3] LG Göttingen ZVI 2007, 367 f.

[4] Vgl. BGH NZI 2001, 496, 497.

[5] Vgl. BGH, aaO; zum **Verbraucherbankrott** vgl. *Röhm,* ZInsO 2003, 535 f.

[6] Nach AG Hamburg NZI 2004, 675, soll auch unabhängig vom Umfang der Tätigkeit bei einem ehemals nur **nebenberuflich selbstständig Tätigen** eine selbstständige Tätigkeit i. S. v. § 304 Abs. 1 vorliegen.

[7] FK-*Kohte,* InsO, § 304 Rn. 2.

[8] LG Kassel NZI 2000, 34; LG Leipzig DZWIR 2002, 79; AG Hamburg ZIP 2000, 323, nach deren Formulierung allerdings der Zeitraum entscheidend ist, „aus dem die Schulden stammen"; in diesem Sinne auch *Munz,* ZInsO 2000, 84; aA: *Vallender,* ZIP 1999, 125; OLG Oldenburg ZInsO 2001, 60; OLG Rostock NZI 2001, 213; LG Göttingen NZI 2001, 218; LG Frankfurt (Oder) ZIP 2000, 1067; LG Dessau ZIP 2000, 1502; AG Köln NZI 1999, 241; *Bork,* ZIP 1999, 301; *Fuchs,* ZInsO 1999, 185.

[9] BGH NJW 2003, 591.

stellung weniger als 20 Gläubiger hat. Ist dies nicht der Fall, ist zwingend ein Regelinsolvenzverfahren durchzuführen, auch wenn die frühere selbstständige wirtschaftliche Tätigkeit viele Jahre zurückliegt[1] oder die Verbindlichkeiten überwiegend aus Verbrauchergeschäften stammen.[2]

Anders kann es sich allerdings verhalten bei einem Schuldner, der eine selbstständige wirtschaftliche Tätigkeit ausgeübt und weniger als 20 Gläubiger hat. In diesem Falle kann das Gericht gleichwohl ein Regelinsolvenzverfahren eröffnen, wenn ungeachtet der geringen Gläubigerzahl die Vermögensverhältnisse aus sonstigen Gründen nicht überschaubar sind.[3] Bei dieser Ausgangssituation ist im Einzelfall zu entscheiden, ob die **Verschuldensstruktur des Schuldners** sich von ihrem – objektiv betrachtetem – **Gesamterscheinungsbild** so darstellt, dass sie den Verhältnissen eines Schuldners entspricht, der in das Regelinsolvenzverfahren fällt.[4] Dies kann insbesondere auch dann gegeben sein, wenn sich **Anhaltspunkte für Anfechtungssachverhalte** ergeben, welche erfahrungsgemäß nur im Rahmen der Abwicklung eines Regelinsolvenzverfahrens adäquat bearbeitet werden, unabhängig von der in § 313 nunmehr gegebenen Möglichkeit, dass die Gläubigerversammlung den Treuhänder oder einen Gläubiger mit der Anfechtung beauftragen kann. Letzteres hat in der Praxis bislang wenig Bedeutung erfahren. Bei früherer selbstständiger wirtschaftlicher Tätigkeit ist der Anwendungsbereich des Verbraucherinsolvenzverfahrens nur dann gegeben, wenn nicht nur die Vermögensverhältnisse überschaubar sind, sondern darüber hinaus im Zeitpunkt der Insolvenzantragstellung Forderungen aus Arbeitsverhältnissen gegen den Schuldner nicht bestehen. Andernfalls ist zwingend ein Regelinsolvenzverfahren durchzuführen, wobei die Kriterien für die Eröffnung des Verbraucherinsolvenzverfahrens kumulativ erfüllt sein müssen. Denn nur in diesem Falle ähnelt die Verschuldensstruktur der ehemaligen Unternehmen derjenigen von Verbrauchern.[5] **„Forderungen aus Arbeitsverhältnissen" ist dabei weit auszulegen;** hierzu zählen nicht nur die Forderungen der (ehemaligen) Arbeitnehmer des Schuldners, sondern **auch rückständige Sozialversicherungsbeiträge**[6] und **Forderungen der Finanzverwaltung gegen den Schuldner, soweit sie einem Arbeitsverhältnis entspringen** und nicht lediglich den Schuldner selbst betreffen.[7] Bei **Beitragsforderungen der Berufsgenossen-** 16

---

[1] Vgl. *Fuchs,* NZI 2002, 239, 241; aA: *Kohte,* ZInsO 2002, 53, 55 ff.

[2] Vgl. LG Landau/Pfalz in der Entscheidung v. 9. 10. 2002, Az. 3 T 302/02.

[3] Vgl. LG Göttingen, ZInsO 2002, 244, 245; AG Göttingen ZInsO 2002, 147, 148.

[4] Vgl. LG Göttingen, aaO; BGH NZI 2003, 647.

[5] Begr. RegE, BR-Drucks. 14/01, S. 64; *Graf-Schlicker/Remmert,* ZInsO 2000, 321, 322.

[6] Vgl. BGH NZG 2005, 1005 f.; AG Dresden ZVI 2005, 50; aA: FK-*Kohte,* InsO, § 304 Rn. 43; für den Fall, dass lediglich deliktische Ansprüche von Sozialversicherungsträgern geltend gemacht werden, vgl. LG Dresden ZVI 2004, 19.

[7] Vgl. BGH NZG 2005, 1005 f. für derartige Forderungen, die gegen einen ehememaligen Alleingesellschafter einer GmbH im Wege der Durchgriffshaftung geltend gemacht werden; FG Köln EFG 2003, 1062; *Graf-Schlicker,* WM 2000, 1984, 1986; *Schmerbach,* ZVI 2002, 38, 40, BMF-Schreiben vom 11. 1. 2002, BStBl. I S. 132; abweichend *Kohte,* ZInsO 2002, 53, 57 ff., der die Ansicht vertritt, unter „Forderungen aus Arbeitsverhältnissen" seien nur Verbindlichkeiten aus der privatrechtlichen Rechtsbeziehung zwischen Arbeitgeber und Arbeitnehmer, nicht aber öffentlich-rechtliche Beitragsforderungen zu verstehen; so auch LG Düsseldorf NZI 2004, 160; nach LG Dresden ZVI 2004, 19, stellt der Anspruch eines Sozialversicherungsträgers aus unerlaubter Handlung (§ 823 Abs. 2 BGB i. V. m.

schaft gegen einen Arbeitgeber handelt es sich – soweit diese auf der Beschäftigung von Arbeitnehmern beruhen – ebenso wie Beitragsforderungen von Sozialversicherungsträgern um Forderungen aus einem Arbeitsverhältnis i. S. v. § 304 Abs. 1 S. 2.[1]

17 cc) **Sonderfälle:**[2] **Gesellschafter. Persönlich haftende Gesellschafter einer OHG und einer KG** sind vom Anwendungsbereich des § 304 ausgenommen. Ihnen ist die Tätigkeit der Gesellschaft – wie die enge Verklammerung von Gesellschaftsinsolvenz und Gesellschafterhaftung in §§ 93, 227 zeigt – zuzurechnen.[3] Entsprechendes gilt für **Mitgesellschafter einer BGB-Gesellschaft.**[4] Bei **Gesellschaftern einer Kapitalgesellschaft** ist danach zu **differenzieren,** ob sie Mehrheits- oder Minderheitsgesellschafter sind. Im Falle der Stellung eines Mehrheitsgesellschafters unterliegen sie den Bestimmungen des Regelinsolvenzverfahrens.[5] Mehrheitsgesellschaftern ist regelmäßig die Tätigkeit der Kapitalgesellschaft zuzurechnen, sodass von einer selbstständigen wirtschaftlichen Tätigkeit auszugehen ist. Erst recht gilt dies für den **geschäftsführenden Alleingesellschafter einer GmbH.**[6] Dass der Geschäftsführer für bestimmte öffentlich-rechtliche Gesellschaftsschulden kraft Gesetzes mithaftet, begründet für sich aber noch keine Selbstständigkeit i. S. d. § 304.[7] Mangels wirtschaftlichen Einflusses des Minderheitsgesellschafters ist dieser dagegen nur dem Anwendungsbereich des Verbraucherinsolvenzverfahrens ausgesetzt.[8]

18 **Unterhaltsschuldner.** Den Unterhaltsschuldner trifft grundsätzlich eine Obliegenheit zur Einleitung der Verbraucherinsolvenz, wenn dieses Verfahren zulässig und geeignet ist, den laufenden Unterhalt seiner minderjährigen Kinder dadurch sicherzustellen, dass ihm Vorrang vor sonstigen Verbindlichkeiten eingeräumt wird. Das gilt nur dann nicht, wenn der Unterhaltsschuldner Umstände vorträgt und ggf. beweist, die eine solche Obliegenheit im Einzelfall als unzumutbar darstellen.[9] Im Rahmen des Trennungsunterhalts trifft den Schuldner dagegen grundsätzlich keine Obliegenheit zur Einleitung der Verbraucherinsolvenz. Eine

---

§ 266 a StGB) keinen Anspruch aus einem Arbeitsverhältnis dar; gem. AG Berlin-Charlottenburg ZVI 2003, 362, handelt es sich bei Beitragsforderungen der SOKA-Bau für das Wintergeld nicht um Forderungen aus Arbeitsverhältnissen.

[1] AG Hamburg NZI 2003, 330; aA: LG Düsseldorf ZVI 2002, 324 f. m. Anm. *Kohte,* LG Köln NZI 2002, 505; Forderungen sind lediglich durch das Arbeitsverhältnis veranlasst.

[2] Zu Verbraucherinsolvenzverfahren für **unter Vormundschaft oder Betreuung stehende Schuldner** vgl. *Ley,* ZVI 2003, 101 f.

[3] Vgl. *Kohte,* ZInsO 2002, 53, 55; HK-*Landfermann,* InsO, § 304 Rn. 6.

[4] LG Göttingen ZInsO 2002, 244; AG Köln ZVI 2002, 69; AG Göttingen ZVI 2002, 24.

[5] Vgl. *Kohte,* ZInsO 2002, 53, 56; HK-*Landfermann,* InsO, § 304 Rn. 6; aA: *Schmidt/Uhlenbruck/Vallender,* Die GmbH in der Krise, Rn. 1773; *Preuss,* Verbraucherinsolvenz, S. 28.

[6] Vgl. BGH NZI 2005, 676 f.; LG Köln NZI 2004, 673.

[7] AG Duisburg ZVI 2008, 114 f.

[8] Zur Einschlägigkeit des Verbraucher- oder Regelinsolvenzverfahrens für organschaftliche Vertreter einer Kapitalgesellschaft vgl. auch *Schmittmann,* ZInsO 2002, 742 ff. und 926.

[9] BGH NZI 2005, 343 f.; *Fischer,* ZVI 2005, 357 f.; keine Obliegenheit zur Einleitung eines Verbraucherinsolvenzverfahrens bei ausreichender Neukreditierung sieht OLG Hamm NZI 2007, 299.

Obliegenheit des Unterhaltsschuldners zur Einleitung der Verbraucherinsolvenz zur Sicherung des Ehegattenunterhalts besteht damit nicht.[1]

b) Verfahrensabschnitte

Das Insolvenzverfahren für die von § 304 erfasste Personengruppe gliedert sich in drei Abschnitte: das **außergerichtliche Schuldenbereinigungsverfahren** (§ 305 Abs. 1 Nr. 1), das **gerichtliche Schuldenbereinigungsverfahren** (§§ 305 Abs. 1 Nr. 4, 306) und das sich hieran bei Scheitern einer Einigung anschließende **vereinfachte Insolvenzverfahren** (§§ 311 ff.) mit eventuell folgendem Restschuldbefreiungsverfahren (s. Kommentierung zu § 305). 19

c) Verfahrensrechtliche Besonderheiten

Das **Gericht** hat **von Amts wegen** die **zulässige Verfahrensart zu ermitteln** 20 und festzustellen.[2] Ein Wahlrecht zwischen dem Regel- und dem Verbraucherinsolvenzverfahren hat der Schuldner nicht, da es sich um zwei unterschiedlich strukturierte, sich gegenseitig ausschließende Verfahren handelt.[3] Die **Entscheidung des Insolvenzgerichts,** mit der über die Zuordnung zum Verbraucher- oder Regelinsolvenzverfahren entschieden wird, ist **unanfechtbar.**[4]

aa) Stellt der Schuldner einen Eigeninsolvenzantrag, so sollte dieser 21 nähere Angaben zu seinen persönlichen und wirtschaftlichen Verhältnissen enthalten, die dem Gericht erlauben, abschließend zu beurteilen, ob der Anwendungsbereich des § 304 eröffnet ist.[5] Insbesondere bei einer früheren unternehmerischen Tätigkeit ist die Anzahl der Gläubiger anzugeben sowie weiterhin, ob gegen den Schuldner Forderungen aus Arbeitsverhältnissen noch bestehen. Sind diese Angaben dem Insolvenzeigenantrag nicht zu entnehmen, hat der Schuldner auf Forderung des Gerichts ergänzend Stellung zu nehmen.[6] Zur weiteren Aufklärung des Sachverhaltes kann das Gericht auch einen Sachverständigen beauftragen. Bleiben die Informationen des Schuldners allerdings entweder gegenüber dem Gericht oder dem beauftragten Sachverständigen lückenhaft, so ist der Antrag des Schuldners als unzulässig ohne Beschwerdemöglichkeit zurückzuweisen.[7]

---

[1] BGH NZI 2008, 193 f.

[2] FK-*Kohte,* InsO, § 304 Rn. 48; LG Frankfurt ZIP 2000, 1067; LG Traunstein ZInsO 2001, 525, 526; *Preuss,* Verbraucherinsolvenz, S. 37; *Fuchs,* NZI 2002, 239, 243. Zur Darlegung der Überschaubarkeit der Vermögensverhältnisse und zum Beginn der Amtsermittlungspflicht vgl. BGH NZI 2003, 647.

[3] OLG Köln ZIP 2000, 172, 174; OLG Celle ZIP 2000, 802, 803; LG Halle ZInsO 2000, 227; LG Göttingen ZInsO 2002, 244.

[4] Vgl. LG Göttingen NZI 2002, 322.

[5] Es besteht jedoch keine Verpflichtung des Schuldners, mit dem Eigenantrag das Vorliegen der Eröffnungsgründe glaubhaft zu machen, weshalb weder ein Gläubigerverzeichnis noch eine Vermögensübersicht notwendig vorzulegen sind; entsprechende Unterlagen sind vielmehr im Rahmen der diesem obliegenden Auskunftspflicht gem. § 20 zu fordern, vgl. auch LG Göttingen NZI 2004, 149.

[6] BGH ZVI 2004, 281.

[7] BGH NZI 2004, 67; nach LG Göttingen NZI 2004, 149, kann ein wegen unvollständiger Unterlagen zurückgewiesener Eigenantrag im Beschwerdeverfahren durch Nachreichen von Unterlagen zulässig werden.

22 Geht der Schuldner bei Stellung seines Insolvenzeigenantrages allerdings **fälschlicherweise** davon aus, dem **Regelinsolvenzverfahren** zu unterliegen, während nach Prüfung des Gerichts der Anwendungsbereich des § 304 eröffnet ist oder umgekehrt, so ist dem Schuldner Gelegenheit zu geben, seinen Antrag entsprechend umzustellen.[1] Das **Gericht** trifft insoweit eine **Hinweispflicht** nach § 139 Abs. 2 ZPO i. V. m. § 4.[2] Ändert der Schuldner seinen Antrag nicht, ist dieser durch beschwerdefähigen Beschluss gem. § 34 als unzulässig abzuweisen.[3]

23 **bb) Stellt dagegen ein Gläubiger einen Antrag auf Eröffnung eines Insolvenzverfahrens** über das Vermögen des Schuldners, sind insofern allein die Voraussetzungen des **§ 14 Abs. 1** zu **beachten.** Der Gläubiger ist nicht verpflichtet, in seinem Antrag anzugeben, ob er die Eröffnung eines Regel- oder Verbraucherinsolvenzverfahrens anstrebt.[4] Das **Gericht** hat **von Amts wegen zu ermitteln,** ob der Anwendungsbereich für ein **Regel- oder** ein **Verbraucherinsolvenzverfahren** eröffnet ist. Letzteres, weil das Gericht bei Vorliegen der Voraussetzungen für ein Verbraucherinsolvenzverfahren dem Schuldner Gelegenheit zu geben hat, selbst einen Antrag zu stellen (§ 306 Abs. 3 S. 1).[5] Nach Eingang eines Gläubigerantrages auf Eröffnung eines Insolvenzverfahrens hat das Insolvenzgericht den Schuldner unter richterlicher Fristsetzung darauf hinzuweisen, dass er zur Erreichung der Restschuldbefreiung nicht nur einen entsprechenden Antrag, sondern darüber hinaus auch einen Eigenantrag auf Insolvenzeröffnung stellen muss. Hat ein Gläubigerantrag zur Eröffnung des Insolvenzverfahrens geführt, kann der Schuldner keinen Eigenantrag mehr stellen. In einem Verbraucherinsolvenzverfahren kann in diesem Fall weder das außergerichtliche noch das gerichtliche Schuldenbereinigungsverfahren nachgeholt werden.[6]

24 **cc)** Ergeben sich **nach Insolvenzantragstellung Sachverhalte,** welche im Ergebnis dazu führen, dass **nicht der Anwendungsbereich des Verbraucherinsolvenzverfahrens, sondern vielmehr der Anwendungsbereich eines Regelinsolvenzverfahrens eröffnet** ist, wenn beispielsweise sich herausstellt, dass Forderungen gegen den Schuldner aus Arbeitsverhältnissen bestehen, so führt dieser Umstand zwingend dazu, dass der Anwendungsbereich des Verbraucherinsolvenzverfahrens nicht mehr eröffnet ist, so hat das Gericht dem Schuldner Gelegenheit zu geben, seinen Antrag entsprechend umzustellen. Stellt der Schuldner seinen Antrag auf Eröffnung eines Verbraucherinsolvenzverfahrens nicht innerhalb der ihm vom Gericht gesetzten Frist in einen Antrag auf Eröffnung eines Regelinsolvenzverfahrens um, ist sein Antrag als unzulässig zurückzuweisen. Ist dagegen ein Regelinsolvenzverfahren bereits eröffnet worden und stellen sich nach Verfahrenseröffnung Sachverhalte heraus, nach Berücksichtigung derer der Anwendungsbereich des § 304 gegeben ist, so beispielsweise, wenn sich die Zahl der Gläubiger auf weniger als 20 reduziert, finden direkt die Vorschriften des Verbraucherinsolvenzverfahrens Anwendung, da es sich beim Regel- und

[1] LG Göttingen NZI 2001, 218, 219; LG Mannheim NZI 2000, 490, 491.
[2] BGH NJW-RR 1986, 1119.
[3] OLG Celle NZI 2000, 229; OLG Schleswig NZI 2000, 164; AG Köln NZI 2000, 231, 243; *Henckel,* ZIP 2000, 2051, 2052; abweichend AG Hamburg ZVI 2002, 26, 27.
[4] Vgl. *Vallender,* ZIP 1999, 125.
[5] Abweichend insofern LG Mannheim ZInsO 2000, 679, 680.
[6] BGH NZI 2005, 271 f.

beim Verbraucherinsolvenzverfahren um zwei unterschiedlich strukturierte und sich gegenseitig ausschließende Verfahrensarten handelt.[1] Das Gericht hat den Schuldner darauf hinzuweisen, dass sich die Verfahrensart geändert hat. Nach dem Tod des Schuldners wird ein Verbraucher- oder Kleininsolvenzverfahren ohne Unterbrechung als allgemeines Nachlassinsolvenzverfahren fortgesetzt.[2]

dd) Nach der **Überleitungsvorschrift des Art. 103a EGInsO** sind auf 25
Insolvenzverfahren, die vor dem Inkrafttreten des InsOÄndG am 1. Dezember 2001 eröffnet worden sind, die bis dahin geltenden Vorschriften weiter anzuwenden. Verbraucherinsolvenzverfahren, in denen bis zum 1. Dezember 2001 noch keine Ersetzung der Zustimmung der Gläubiger zum Schuldenbereinigungsplan angeordnet wurde, sind **von Amts wegen ins Regelinsolvenzverfahren überzuleiten,** wenn der Schuldner nicht – mehr – Verbraucher i. S. v. § 304 nF ist.[3] Dies hat zur Folge, dass das Gericht jedes zum Zeitpunkt des Inkrafttretens des InsOÄndG noch nicht eröffnete Verbraucherinsolvenzverfahren darauf zu überprüfen hat, ob die Voraussetzungen des § 304 vorliegen oder nicht. Im letzteren Falle ist das Verbraucherinsolvenzverfahren von Amts wegen in ein Regelinsolvenzverfahren überzuleiten.[4]

---

[1] OLG Köln ZIP 2000, 172, 174; OLG Celle ZIP 2000, 802, 803; LG Halle ZInsO 2000, 227; AG Köln NZI 1999, 241, 242.

[2] BGH NZI 2008, 382 f.

[3] BGH ZInsO 2002, 766; BGH ZVI 2002, 360; OLG Celle NZI 2002, 268, LG Hannover ZVI 2002, 66: Eine Zustimmungsersetzung kommt im Hinblick auf Art. 103 EGInsO nach Inkrafttreten des InsOÄndG 2001 nicht mehr in Betracht, wenn der Schuldner als ehemals Selbstständiger nach neuem Recht in das Regelinsolvenzverfahren gehört.

[4] Zur Überleitungsvorschrift des Art. 103a EGInsO vgl. auch *Bork,* ZVI 2002, 2 ff.

Zweiter Abschnitt. Schuldenbereinigungsplan

§ 305 Eröffnungsantrag des Schuldners

(1) Mit dem schriftlich einzureichenden Antrag auf Eröffnung des Insolvenzverfahrens (§ 311) oder unverzüglich nach diesem Antrag hat der Schuldner vorzulegen:

1. eine Bescheinigung, die von einer geeigneten Person oder Stelle ausgestellt ist und aus der sich ergibt, daß eine außergerichtliche Einigung mit den Gläubigern über die Schuldenbereinigung auf der Grundlage eines Plans innerhalb der letzten sechs Monate vor dem Eröffnungsantrag erfolglos versucht worden ist; der Plan ist beizufügen und die wesentlichen Gründe für sein Scheitern sind darzulegen; die Länder können bestimmen, welche Personen oder Stellen als geeignet anzusehen sind;
2. den Antrag auf Erteilung von Restschuldbefreiung (§ 287) oder die Erklärung, daß Restschuldbefreiung nicht beantragt werden soll;
3. ein Verzeichnis des vorhandenen Vermögens und des Einkommens (Vermögensverzeichnis), eine Zusammenfassung des wesentlichen Inhalts dieses Verzeichnisses (Vermögensübersicht), ein Verzeichnis der Gläubiger und ein Verzeichnis der gegen ihn gerichteten Forderungen; den Verzeichnissen und der Vermögensübersicht ist die Erklärung beizufügen, dass die enthaltenen Angaben richtig und vollständig sind;
4. einen Schuldenbereinigungsplan; dieser kann alle Regelungen enthalten, die unter Berücksichtigung der Gläubigerinteressen sowie der Vermögens-, Einkommens- und Familienverhältnisse des Schuldners geeignet sind, zu einer angemessenen Schuldenbereinigung zu führen; in den Plan ist aufzunehmen, ob und inwieweit Bürgschaften, Pfandrechte und andere Sicherheiten der Gläubiger vom Plan berührt werden sollen.

(2) In dem Verzeichnis der Forderungen nach Absatz 1 Nr. 3 kann auch auf beigefügte Forderungsaufstellungen der Gläubiger Bezug genommen werden. Auf Aufforderung des Schuldners sind die Gläubiger verpflichtet, auf ihre Kosten dem Schuldner zur Vorbereitung des Forderungsverzeichnisses eine schriftliche Aufstellung ihrer gegen diesen gerichteten Forderungen zu erteilen; insbesondere haben sie ihm die Höhe ihrer Forderungen und deren Aufgliederung in Hauptforderung, Zinsen und Kosten anzugeben. Die Aufforderung des Schuldners muß einen Hinweis auf einen bereits bei Gericht eingereichten oder in naher Zukunft beabsichtigten Antrag auf Eröffnung eines Insolvenzverfahrens enthalten.

(3) Hat der Schuldner die in Absatz 1 genannten Erklärungen und Unterlagen nicht vollständig abgegeben, so fordert ihn das Insolvenzgericht auf, das Fehlende unverzüglich zu ergänzen. Kommt der Schuldner dieser Aufforderung nicht binnen eines Monats nach, so gilt sein Antrag auf Eröffnung des Insolvenzverfahrens als zurückgenommen. Im Falle des § 306 Abs. 3 Satz 3 beträgt die Frist drei Monate.

(4) Der Schuldner kann sich im Verfahren nach diesem Abschnitt vor dem Insolvenzgericht von einer geeigneten Person oder einem Angehörigen einer als geeignet anerkannten Stelle im Sinne des Absatzes 1 Nr. 1 vertreten lassen. Für die Vertretung des Gläubigers gilt § 174 Abs. 1 Satz 3 entsprechend.

(5) **Das Bundesministerium der Justiz wird ermächtigt, durch Rechtsverordnung mit Zustimmung des Bundesrates zur Vereinfachung des Verbraucherinsolvenzverfahrens für die Beteiligten Formulare für die nach Absatz 1 Nr. 1 bis 4 vorzulegenden Bescheinigungen, Anträge, Verzeichnisse und Pläne einzuführen. Soweit nach Satz 1 Formulare eingeführt sind, muß sich der Schuldner ihrer bedienen. Für Verfahren bei Gerichten, die die Verfahren maschinell bearbeiten, und für Verfahren bei Gerichten, die die Verfahren nicht maschinell bearbeiten, können unterschiedliche Formulare eingeführt werden.**

Literatur: *Beicht,* Beratungshilfe bei außergerichtlichem Einigungsversuch durch eine gemeinnützige geeignete Stelle, ZVI 2005, 71; *Beicht/Schmitz-Winnenthal,* Beratungshilfe für das außergerichtliche Insolvenzverfahren, ZVI 2006, 265; *Hergenröder,* Die gewerbliche Schuldnerberatung im Spannungsfeld zwischen Insolvenzordnung, Rechtsberatungsgesetz und Verfassungsrecht, ZVI 2003, 577, *Hofmeister/Richter,* Vertretungsbefugnis geeigneter Stellen im Verbraucherinsolvenz- und Restschuldbefreiungsverfahren, ZVI 2003, 588; *Schmitz-Winnenthal,* Das Institut der anerkannten Stelle nach § 305 Abs. 1 Nr. 1 InsO – Aufgaben, Möglichkeiten, Grenzen und Finanzierung, ZVI 2004, 582.

Übersicht

1. Normzweck

Nach dem Scheitern des außergerichtlichen Einigungsverfahrens stellt das Gesetz ein gerichtliches Verfahren zur Verfügung, in welchem nochmals eine Einigung angestrebt wird. Das (vereinfachte) Insolvenzverfahren kann erst durchgeführt werden, wenn auch der Versuch einer gerichtlichen Einigung gescheitert ist. Dem Schuldner und den Gläubigern werden in diesem Verfahrensabschnitt eine Reihe 1 von **Mitwirkungspflichten** auferlegt. **Im Mittelpunkt** steht die Pflicht des Schuldners nach § 305 Abs. 1 Nr. 4, einen **Schuldenbereinigungsplan aufzustellen,** über den die Gläubiger zu entscheiden haben (§§ 307, 308). **§ 305** soll zur **Verfahrensbeschleunigung** und **Entlastung der Gerichte** beitragen.[1]

2. Im Einzelnen

2 Im Unterschied zum Regelinsolvenzverfahren, bei dem die Vermögensverwertung im Vordergrund steht, wird das Verbraucherinsolvenzverfahren von dem Gedanken einer einvernehmlichen Schuldenbereinigung getragen. So dienen zwei Verfahrensabschnitte diesem Ziel.

a) Außergerichtliches Schuldenbereinigungsverfahren

3 Bevor der Schuldner einen Antrag auf Eröffnung des (Verbraucher-)Insolvenzverfahrens stellen kann, hat er sich um eine außergerichtliche Einigung mit seinen Gläubigern zu bemühen, § 305 Abs. 1 Nr. 1. Dies soll die Justiz entlasten.[2] Der erforderliche außergerichtliche Schuldenbereinigungsversuch muss mit Unterstützung einer geeigneten Person oder Stelle durchgeführt werden. Die isolierte Ausstellung der Bescheinigung durch diese genügt jedoch nicht den gesetzlichen Erfordernissen.[3]

4 **aa)** Um die **Ernstlichkeit des Einigungsversuchs,** der **sämtliche Gläubiger** mit einzubeziehen hat,[4] sicherzustellen, sieht das Gesetz vor, dass die Einigung auf Grund eines Plans zu erfolgen hat.[5] Den Nachweis des außergerichtlichen Einigungsversuchs hat der Schuldner spätestens einen Monat nach Stellung des Eröffnungsantrags zu erbringen, § 305 Abs. 3 S. 2. Die „geeignete Person oder Stelle", die nach Abs. 1 Nr. 1 den Einigungsversuch zu bescheinigen hat, ist sinnvollerweise auch bei der Ausfertigung des Plans zu beteiligen.[6] Die **Bestimmung der geeigneten Personen oder Stellen** i. S. d. Vorschrift ist nach § 305 Abs. 1 Nr. 1 Hs. 2. den Ländern überlassen.[7] Für die Aufgabe kommen Rechtsanwälte, Notare, Steuerberater, Wirtschaftsprüfer,[8] auch Gerichtsvollzieher[9] sowie die von Gemeinden und Wohlfahrtsverbänden/Kirchen eingerichteten Schuldnerberatungsstellen in Betracht.[10] Rechtsanwälte kommen auch dann als geeig-

---

[1] Vgl. *Uhlenbruck,* Das neue Insolvenzrecht, S. 706; FK-*Grote,* InsO, § 305 Rn. 1.

[2] *Häsemeyer,* Insolvenzrecht, Rn. 29.19.

[3] AG Hamburg ZVI 2008, 211.

[4] AG Nürnberg ZVI 2004, 185; aA: AG Köln ZVI 2002, 69, *Pape,* ZIP 1999, 2040.

[5] *Balz/Landfermann,* S. 567; zu den Anforderungen an einen außergerichtlichen Schuldenbereinigungsplan vgl. *Glomski,* DZWIR 2000, 485 f.; krit. hierzu: *Grote,* ZInsO 2001, 17 ff.

[6] *Hess,* InsO, § 305 Rn. 51.

[7] Zur Frage, ob die Länder verpflichtet sind, ein ausreichendes Angebot geeigneter Stellen für die Schuldnerberatung vorzuhalten bzw. einzurichten, vgl. VG München ZInsO 2001, 724 f.

[8] *Balz/Landfermann,* S. 568; aA: *Smid/Haarmeyer,* InsO, § 305 Rn. 27.

[9] *Arnold,* DGVZ 1996, 132 f.; *Vallender,* DGVZ 1997, 54.

[10] Die Berechtigung zur Schuldnervertretung endet nach dem gerichtlichen Schuldenbereinigungsverfahren, sofern kein RA vertritt oder Erlaubnis zur Besorgung fremder Rechtsangelegenheiten vorliegt, vgl. BGH NZI 2004, 510; zur **Zulässigkeit von Rechtsanwaltsrundschreiben** zur Mitwirkung bei Schuldenbereinigung vgl. OLG Jena NZI 2006, 358.

nete Personen i. S. v. § 305 Abs. 1 Nr. 1 in Betracht, wenn sie gleichzeitig als Betreuer des Schludners bestellt sind.[1] Die in einem Bundesland anerkannte Stelle für Verbraucherinsolvenzberatung ist nach § 3 Nr. 9 RBerG befugt, Schuldner in außergerichtlichen Verhandlungen mit Gläubigern und im gerichtlichen Schuldenbereinigungsverfahren nach der InsO rechtlich zu beraten und zu vertreten.[2] Eine geeignete Stelle liegt allerdings nicht vor, wenn die **gebotene wirtschaftliche Leistungsfähigkeit** fehlt. Der Träger einer solchen Stelle ist unzuverlässig, wenn er nicht darlegen kann, wie er die geordnete Finanzierung seiner Aufgaben sicherstellen will.[3] Die Anerkennung als geeignete Schuldnerberatungsstelle i. S. v. § 305 Abs. 1 ist auch dann zu versagen, wenn entweder der Träger der Stelle oder auch die leitenden und mitarbeitenden Personen nach dem Gesamtbild ihres Verhaltens nicht die Gewähr dafür bieten, dass sie die Aufgaben gem. § 2 HAGInsO künftig ordnungsgemäß wahrnehmen, vgl. § 3 Abs. 1 Nr. 1 HAG InsO. Von der Zuverlässigkeit ist dann nicht auszugehen, wenn der Geschäftsführer der Schuldnerberatungsstelle keine wahrheitsgemäßen Angaben in Bezug auf geschäftliche Angelegenheiten macht.[4] Ein Anspruch einer anerkannten Beratungsstelle auf Weiterförderung durch das Land besteht dabei grundsätzlich nicht.[5] Unzulässig ist auch die Schuldnerberatung durch eine ausländische Stiftung, die nicht über eine Zulassung nach dem Rechtsberatungsgesetz verfügt.[6] Entsprechende Werbeschreiben verstoßen gegen § 5 UWG.[7] Von der in § 305 Abs. 1 Nr. 1 Hs. 2 enthaltenen Ermächtigung der Länder zur näheren Festlegung, welche Personen oder Stellen als geeignet anzusehen sind, haben sämtliche Bundesländer Gebrauch gemacht und entsprechende Ausführungsgesetze erlassen.[8] Die Vorschrift des § 3 Abs. 1 S. 1 Nr. 1 Nds. AGInsO, welche die Anerkennung einer Bescheinigung nach § 305 Abs. 1 Nr. 1 davon abhängig macht, dass sie ausschließlich und unmittelbar gemeinnützige oder mildtätige Zwecke verfolgt, verstößt nicht gegen höherrangiges Recht.[9]

Lässt sich der Schuldner im gerichtlichen Schuldenbereinigungsverfahren 5
wirksam von einer Schuldnerberatungsstelle vertreten, so sind rechtsmittelfähige Beschlüsse an diese zuzustellen.[10] Der Schuldner muss sich das Verschulden eines Schuldnerberaters, der ihn bei der Vorbereitung des Eröffnungsantrages fehlerhaft rechtlich berät, im Insolvenzverfahren in gleichem Umfang wie eigenes Verschulden zurechnen lassen.[11] Durch das Gesetz zur Neuregelung des Rechtsberatungsrechts (RDG) vom 12. 12. 2007[12] wurde § 305 Abs. 4 S. 2 wie folgt geändert:

---

[1] LG Verden ZVI 2008, 22.

[2] LG Landau ZInsO 2005, 386.

[3] VG Mainz ZInsO 2000, 462, vgl. ferner auch: VG Aachen ZVI 2005, 264; VG Düsseldorf ZVI 2005, 266.

[4] LG Göttingen ZVI 2008, 472.

[5] VG Frankfurt (Main) ZVI 2004, 522.

[6] OLG Köln ZVI 2004, 89; vgl. hierzu auch BGH ZVI 2007, 17 f. („Schulden Hulp").

[7] Vgl. OLG Oldenburg NZI 2006, 359.

[8] Vgl. hierzu *Becker,* KTS 2000, 157 ff. Die einzelnen Ausführungsgesetze sind abgedruckt in NZI 1998, 69 ff., 115 ff.; NZI 1999, 18 ff.; NZI 2000, 70 ff.; NJW 2000, Beilageheft 7.

[9] VG Hannover ZVI 2007, 471 f.

[10] LG München ZInsO 2000, 506.

[11] AG Duisburg NZI 2005, 462.

[12] BGBl. I 2007 S. 2840.

„Für die Vertretung des Gläubigers gilt § 174 Abs. 1 S. 3 entsprechend.“ Der neue S. 2 wird die Vertretungsbefugnisse der Inkassounternehmen auf das gerichtliche Schuldenbereinigungsverfahren erstrecken.

6 **bb)** Dem Schuldner steht hinsichtlich der **Kosten eines hinzugezogenen Rechtsanwaltes** gem. § 1 Abs. 1 Nr. 2 BerHG nur **ausnahmsweise** ein Anspruch auf **Beratungshilfe**[1] zu. Beratungshilfe ist zur Klärung nicht unerheblicher Rechtsfragen zu gewähren.[2] Dem um Beratungshilfe nachsuchenden Antragsteller steht ein uneingeschränktes Wahlrecht zu, ob er einen Rechtsanwalt oder eine Schuldnerberatungsstelle zur Vorbereitung eines Verbraucherinsolvenzverfahrens in Anspruch nehmen möchte. Dieses freie Wahlrecht schließt es aus, ihm Beratungshilfe für die Inanspruchnahme anwaltlicher Hilfe mit der Begründung zu verweigern, er müsse sich an eine Schuldnerberatungsstelle wenden.[3] Eine Muslimin darf die Betreuung des außergerichtlichen Schuldenbereinigungsversuchs nach § 305 Abs. 1 Nr. 1 durch eine Beratungsstelle in christlicher Trägerschaft nicht ablehnen. Vielmehr ist Beratungshilfe in diesem Falle dann nicht zu gewähren, wenn eine Beratung durch eine geeignete Stelle in christlicher Trägerschaft erfolgen kann.[4] Für die Beratungstätigkeit zur Herbeiführung einer außergerichtlichen Einigung mit den Gläubigern über die Schuldenbereinigung auf der Grundlage eines Plans erhält dieser gem. § 44 RVG i. V. m. VV Nr. 2502 ff. eine Gebühr i. H. v. 60,– €; für die Tätigkeit mit dem Ziel einer außergerichtlichen Einigung mit den Gläubigern eine Gebühr i. H. v. 224,– €. Bei mehr als fünf, mehr als zehn und mehr als fünfzehn Gläubigern erhöht sich die Gebühr um jeweils 112,– €. Ohne Beratungshilfe gilt § 28 RVG i. V. m. VV Nr. 3313 f. In der Praxis haben sich an die wirtschaftliche Leistungsfähigkeit des Schuldners angepasste **Vergütungsvereinbarungen,** welche auch in Ansehung der Zahl der Gläubiger abzuschließen sind, bewährt. Anerkannte **Verbrauchsinsolvenzberatungsstellen** haben allerdings keinen Anspruch auf Beratungshilfe.[5]

7 Erst nach dem Scheitern der außergerichtlichen Einigung kann der Antrag auf Eröffnung des Insolvenzverfahrens gestellt werden, § 305 Abs. 1. Bevor jedoch über diesen entschieden wird, ist in einem weiteren Schritt grundsätzlich eine gerichtliche Einigung über den Plan anzustreben; währenddessen ruht das Insolvenzverfahren, wobei dieser Zeitraum drei Monate nicht überschreiten soll, § 306 Abs. 1.

b) Gerichtliches Schuldenbereinigungsverfahren

8 Mit dem zweiten, **nicht mehr zwingend** (vgl. § 306 Abs. 1) vorgeschriebenen Verfahrensabschnitt beginnt der gerichtliche Teil, für den zunächst der Versuch einer Schuldenbereinigung in Form einer Entscheidung über den Schulden-

[1] Nach dem Beratungshilfegesetz v. 18. 6. 1980 idF vom 14. 9. 1994, BGBl. I, S. 2323; s. hierzu auch BVerfG NZI 2007, 119 f.: Es ist nicht willkürlich, § 1 Abs. 1 Nr. 2 BerHG dahin auszulegen, dass das Aufsuchen einer Schuldnerberatungsstelle grundsätzlich eine andere Möglichkeit für eine Hilfe darstellt und Beratungshilfe im Rahmen des außergerichtlichen Schuldenbereinigungsversuchs erst zu gewähren, wenn die Schuldnerberatungsstellen wegen Überlastung keine Hilfe leisten können, vgl. hierzu auch *Beicht/Schmitz-Winnenthal,* ZVI 2006, 265 mwN.

[2] AG Kaiserslautern ZInsO 2007, 896.

[3] AG Stendal ZInsO 2007, 1203.

[4] AG Rheinberg ZVI 2008, 172.

[5] OLG Düsseldorf ZVI 2006, 290; BVerfG NZI 2007, 181 f.

bereinigungsplan vorgesehen ist. Für diesen Abschnitt ist nach § 306 Abs. 1 S. 2 ein **Zeitraum von drei Monaten** vorgesehen. Wird der Eröffnungsantrag von einem Gläubiger gestellt, so wird das gerichtliche sowie das außergerichtliche Schuldenbereinigungsverfahren nur dann durchgeführt, wenn der Schuldner ebenfalls einen Antrag stellt, § 306 Abs. 3.[1] **Zuständig** für das gerichtliche Verfahren ist **der Richter,** § 18 Abs. 1 Nr. 1 RPflG idF von Art. 14 Nr. 5 EGInsO.

c) Vereinfachtes Insolvenzverfahren

Führt auch das gerichtliche Schuldenbereinigungsverfahren nicht zu einer 9
Einigung, so wird nunmehr das bis dahin ruhende Verfahren über den Eröffnungsantrag wieder aufgenommen. Nach den §§ 311 ff. sind für das Insolvenzverfahren jedoch Vereinfachungen vorgesehen.[2]

d) Der Schuldenbereinigungsplan

aa) Bereits für den **außergerichtlichen Einigungsversuch** hat der Schuld- 10
ner einen Plan vorzulegen (Abs. 1 Nr. 1). Dieser hat, wie der für die gerichtliche Schuldenbereinigung nach Abs. 1 Nr. 4 vorzulegende Plan, die **Gläubigerinteressen sowie die Vermögens- und Familienverhältnisse des Schuldners zu berücksichtigen.**[3] Eine Berücksichtigung der Familienverhältnisse liegt in der Weise nahe, dass die (teilweise) Übernahme von Verbindlichkeiten durch wirtschaftlich gut gestellte Familienangehörige erfolgt.[4] An der Planaufstellung kann die geeignete Person oder Stelle, die nach Abs. 1 Nr. 1 die Bescheinigung auszustellen hat, beteiligt werden. Nach dem Scheitern der außergerichtlichen Einigung ist der Schuldner nicht gehindert, den **Plan erneut für das gerichtliche Schuldenbereinigungsverfahren zu verwenden.**[5] Oftmals werden allerdings Änderungen oder Ergänzungen des Plans sinnvoll sein, um damit widersprechende Gläubiger zur Zustimmung zu bewegen. Nimmt der Schuldner nur einen Teil der vorhandenen Gläubiger in den außergerichtlichen Schuldenbereinigungsplan auf, sind entsprechende außergerichtliche Bemühungen im Hinblick auf eine **umfassende Schuldenbereinigung** gem. Abs. 1 Nr. 1 ausgeschlossen. Dies gilt allerdings dann nicht, wenn der Schuldner die **mangelnde Einbeziehung eines Gläubigers** nicht zu vertreten hat.[6] Die außergerichtliche Schuldenregulierung muss auf der Grundlage eines Planes **innerhalb der Letzten sechs**

---

[1] *Balz/Landfermann,* S. 570; ohne einen Schuldnerantrag entfällt nicht nur das gerichtliche Schuldenbereinigungsverfahren, sondern auch das außergerichtliche, *Bork,* Einführung in das Insolvenzrecht, Rn. 413, 417; *Hess/Obermüller,* Insolvenzplan, Restschuldbefreiung und Verbraucherinsolvenz, Rn. 904; *Smid/Haarmeyer,* InsO, § 305 Rn. 26, § 306 Rn. 8; hierfür spricht, dass die Anforderungen des § 305 Abs. 1 nur für den Schuldnerantrag gelten.

[2] Siehe insbes. § 312: Wegfall des Berichtstermins, Möglichkeit, im schriftlichen Verfahren zu entscheiden, Unanwendbarkeit der Vorschriften über den Insolvenzplan und die Eigenverwaltung; § 313: Treuhänder statt Insolvenzverwalter; § 314: Vereinfachungen bei der Verteilung.

[3] *Smid/Haarmeyer,* InsO, § 305 Rn. 9; vgl. hierzu auch *Glomski,* DZWIR 2000, 485 f.

[4] *Vallender,* DGVZ 1997, 97, 100; HK-*Landfermann,* InsO, § 305 Rn. 47.

[5] *Balz/Landfermann,* S. 568; *Vallender,* DGVZ 1997, 97, 100; *Kirchhof,* ZInsO 1998, 56; *Wittig,* WM 1998, 160.

[6] Vgl. *Smid/Haarmeyer,* InsO, § 305 Rn. 32.

Monate vor dem Eröffnungsantrag erfolglos versucht worden sein. **Maßgeblicher Zeitpunkt für die Fristberechnung** ist der Zeitpunkt der letzten Ablehnung oder Zustimmung, wobei dieser Zeitpunkt bei keinem der Gläubiger länger als sechs Monate zurückliegen darf.[1] Der Insolvenzantrag muss innerhalb der 6-Monats-Frist beim zuständigen Insolvenzgericht eingegangen sein. Der Eingang des Insolvenzantrags bei einem unzuständigen Gericht ist nicht fristwahrend.[2] Stellt das Gericht fest, dass die **6-Monats-Frist** bei Eingang des Insolvenzantrages **überschritten** ist, hat es den Schuldner gem. § 305 Abs. 3 S. 1 aufzufordern, den außergerichtlichen Einigungsversuch binnen eines Monats nachzuholen.

11 **bb) Darlegung der Gründe für das Scheitern, Abs. 1 Nr. 1.** Die Durchführung eines gerichtlichen Schuldenbereinigungsplanverfahrens ist nach der Neuregelung nicht mehr zwingend vorgeschrieben. Der durch das InsOÄndG 2001 neu eingefügte § 306 Abs. 1 S. 3 stellt die Entscheidung vielmehr in das pflichtgemäße Ermessen des Gerichts (s. Kommentierung zu § 306). Um beurteilen zu können, ob im Einzelfall das gerichtliche Schuldenbereinigungsverfahren entbehrlich ist, weil der Plan keine Aussicht auf Annahme hat, muss das Gericht die Gründe für das Scheitern des außergerichtlichen Einigungsversuchs kennen. Nr. 1 sieht nunmehr auch die Vorlage des Plans für das außergerichtliche Einigungsverfahren sowie eine Darlegung der wesentlichen Gründe für sein Scheitern vor.[3] Hiermit wird dem **Gericht** allerdings **keine Kompetenz zur inhaltlichen Überprüfung des Plans** eingeräumt. Die Vorlage soll **allein** die **Prognoseentscheidung** ermöglichen.[4]

12 Es besteht allerdings die Gefahr, dass die Gerichte an die Darstellung unterschiedliche Anforderungen stellen, mit der Folge, dass auch die **Ergänzungsaufforderung nach § 305 Abs. 3** mit der hieran für den Schuldner geknüpften weitreichenden Konsequenz der Antragsrücknahmefiktion nicht einheitlich gehandhabt wird.[5] Es wird deshalb vertreten, die Entscheidung über eine Durchführung des gerichtlichen Schuldenbereinigungsverfahrens nicht – wie § 306 nun vorsieht – dem Gericht, sondern dem Schuldner selbst zu überlassen. Das gerichtliche Schuldenbereinigungsverfahren liegt dann, wenn die Wahrscheinlichkeit einer Einigung gegeben ist, im Interesse des Schuldners, der hiermit die Chance einer endgültigen Schuldenregulierung erhält, ohne den Nachteil der für ihn negativen Publizität eines Insolvenzverfahrens und des Durchhaltens der anschließenden Wohlverhaltensperiode ausgesetzt zu sein. Es kann deshalb angenommen werden, dass der Schuldner genau wie das Gericht sich einsetzt für die Durchführung des gerichtlichen Einigungsverfahrens, sofern nur eine hinreichende Erfolgsaussicht besteht.[6] Eine Übertragung der Entscheidung auf den Schuldner würde somit die Pflicht zur Vorlage des Planes und der Erläuterung gem. § 305 Abs. 1 Nr. 1 entfallen lassen sowie das Gericht

[1] Vgl. AG Göttingen NZI 2005, 510; AG Köln NZI 2007, 57.
[2] Vgl. OLG Köln NJW-RR 1989, 572 f.
[3] Vgl. Begr. RegE, BR-Drucks. 14/01, S. 65.
[4] Vgl. Begr. RegE, BR-Drucks. 14/01, S. 65; aA: AG Nürnberg ZVI 2004, S. 185.
[5] *Fuchs,* NZI 2001, 15, 16.
[6] *Fuchs,* NZI 2001, 15, 16; *Pape,* ZIP 2000, 1553, 1558; *Schmerbach/Stephan,* ZInsO 2000, 541, 544.

von seiner Prüfungspflicht entbinden, womit dem Ziel der Gerichtsentlastung gedient wäre.[1]

cc) Der **Inhalt des außergerichtlichen sowie des gerichtlichen Plans** unterliegt weitgehend[2] der **Privatautonomie.**[3] Das Gesetz gibt lediglich für den gerichtlichen Schuldenbereinigungsplan, der der **Schriftform** bedarf, sodass **§ 126 BGB anzuwenden** ist,[4] vor, dass neben den Interessen und Möglichkeiten des Schuldners auch die Gläubigerinteressen in einer angemessenen Regelung zu berücksichtigen sind (Abs. 1 Nr. 4). Nach der Rechtsprechung des OLG Celle[5] müssen **Angaben zu den Sicherheiten** der Gläubiger und der Frage, ob und wie weit diese Sicherheiten durch den Schuldenbereinigungsplan berührt werden, zwingend in den nach § 305 Abs. 1 Nr. 4 vorzulegenden Schuldenbereinigungsplan aufgenommen werden. Es ist empfehlenswert, den **Inhalt des außergerichtlichen Plans an dieser weitergehenden Voraussetzung für den gerichtlichen Plan zu orientieren. Geeignete und häufige Regelungen** sind Stundungen, Teilerlasse, Ratenzahlungen, Begründung neuer Sicherheiten, Vereinbarungen hinsichtlich der Verwertung, Anpassungs- und Verfallklauseln.[6] Die **Anpassung des Planinhalts für den Fall einer Änderung** der wirtschaftlichen Verhältnisse des Schuldners erscheint sowohl für die Gläubiger als auch für den Schuldner ratsam.[7] Den Gläubigern können Pläne mit **festen oder variablen Ratenzahlungen** und einmalige Restschulderlasse angeboten werden.[8] Ein Schuldenbereinigungsplan muss allerdings im Falle von beabsichtigten Zahlungen als Mindestvoraussetzung enthalten, wann die Gläubiger mit welchen (Teil-)Zahlungen rechnen können. Ist es dem Schuldner etwa wegen Ungewissheit über die Höhe seines künftigen Lohnes nicht möglich, konkrete zeitliche Zusagen zu machen, muss bei mehreren Gläubigern wenigstens abstrakt festgelegt werden, in welcher Reihenfolge die Gläubiger bedient werden sollen oder ob die zu erbringenden Teilzahlungen verhältnismäßig unter den Gläubigern aufgeteilt werden.[9] Auch ist möglich, dass der Schuldner seinen Gläubigern eine **Einmalzahlung** anbietet.[10] Aufgrund der Privatautonomie ist der Schuldner gleichfalls nicht gehindert, **Gläubiger mit geringeren Forderungsbeträgen** beispielsweise vollständig zu befriedigen und Gläubigern mit größeren Forderungsbeträgen moderate Vergleichsbeträge oder Ratenzahlungen anzubieten. Im Hinblick auf § 309 hat er allerdings darauf zu achten, dass bei einem solchen Angebot die quotale Befriedigung der Gläubiger bei wirtschaftlicher Betrachtungsweise gleich bleibt.[11] Der Plan kann auch Hinweise auf bereits früher erfolgte Tilgungsleistungen enthalten.[12] 13

---

[1] Vgl. *Fuchs,* aaO; aA: *Graf-Schlicker/Remmert,* ZInsO 2000, 321, 324.

[2] Die Grenze bilden gesetzes- und sittenwidrige Regelungen, *Vallender,* DGVZ 1997, 97, 98.

[3] *Balz/Landfermann,* S. 568 f.; OLG Celle ZInsO 2000, 601; OLG Köln ZInsO 2001, 230, 231; LG Oldenburg NZI 2000, 487; LG Traunstein ZInsO 2001, 525, 526.

[4] Vgl. AG Gießen ZInsO 2000, 231, 232.

[5] OLG Celle ZInsO 2002, 285, 286.

[6] Siehe *Vallender,* DGVZ 1997, 97, 98.

[7] Vgl. OLG Frankfurt ZInsO 2000, 288 f.

[8] Vgl. *Bindemann,* Verbraucherkonkurs, 35.

[9] Vgl. LG Oldenburg NdsRpfl 2001, 355 f.

[10] Vgl. OLG Köln ZInsO 2001, 230, 231.

[11] Vgl. OLG Celle ZInsO 2001, 374, 376.

[12] Vgl. OLG Köln NZI 2002, 58, 59.

Auch ein **sog. Nullplan,** in dem die Gläubiger vollständig auf ihre Forderungen verzichten, wird nach hM für **zulässig** gehalten.[1] Dafür spricht, dass das Gesetz keine Mindestquote verlangt und die Gläubiger, wenn verteilbare Masse nicht vorhanden ist, ohnehin nichts zu erwarten haben. Das BayObLG hat allerdings eine **Einschränkung** gemacht, dass der Plan aus sich heraus nachvollziehbar sein müsse; dies sei nicht der Fall, wenn sich der Plan in dem Satz erschöpfe: „Ich zahle nichts." Auch muss der Schuldenbereinigungsplan **keinen vollstreckungsfähigen Inhalt** haben. **Zulässig** sind daher **insbesondere auch sog. „flexible Nullpläne"**, die nur die Ausschüttung bestimmter Quoten ohne Angabe von konkreten Beträgen vorsehen.[2] Die Bereitschaft der Gläubiger zur Zustimmung wird allerdings davon abhängen, dass sie durch den Plan nicht schlechter stehen als bei Durchführung der gesetzlichen Restschuldbefreiung,[3] sodass ein flexibler Nullplan größere Aussichten hat, angenommen zu werden als ein **statischer Nullplan.**[4] Auch hat die **Finanzverwaltung** ihre bisherige ablehnende Haltung zum Nullplan aufgegeben. Eine angemessene Schuldenbereinigung ist nunmehr auch nach Auffassung der Finanzverwaltung nicht alleine deshalb ausgeschlossen, weil der Plan Zahlungen des Schuldners nicht vorsieht. Ebenso kann auch von der Finanzverwaltung ein Vorschlag einer einmaligen Zahlung im Rahmen der außergerichtlichen Einigung akzeptiert werden.[5] Aufgrund des **BMF-Schreibens vom 10. Dezember 1998**[6] sind die Finanzverwaltungen dazu übergegangen, ihrer Prüfung der Voraussetzungen der Erlassbedürftigkeit eine verbraucherfreundlichere Auslegung des Begriffs „persönliche Unbilligkeit" zugrunde zu legen. Die Finanzverwaltung hat primär zu prüfen, ob ein gerichtliches Schuldenbereinigungs- bzw. ein Verbraucherinsolvenzverfahren mit anschließendem Restschuldbefreiungsverfahren Erfolg versprechend wäre. In diesem Falle kann angenommen werden, dass der Erlass gem. §§ 222, 227 AO entsprechend der BFH-Rechtsprechung dem Schuldner und nicht den Gläubigern zugute kommt.[7]

14 Da eine § 255 entsprechende Vorschrift fehlt (eine analoge Anwendung scheidet aus, weil der Schuldenbereinigungsplan in seinen Wirkungen dem Prozessvergleich, nicht dem Insolvenzplan gleichgestellt ist), kann die dort geregelte Rechtswirkung nur durch die **Aufnahme einer Verfallklausel** erreicht werden.[8]

15 **dd)** Das **Gericht prüft** den Plan **auf Vollständigkeit** (Abs. 3), eine **inhaltliche Kontrolle i. S. e. materiellen Prüfungskompetenz bezüglich der**

---

[1] BayObLG NZI 1999, 451; BayObLG NZI 2000, 129; OLG Köln NZI 1999, 494; OLG Karlsruhe NZI 2000, 163; OLG Celle ZInsO 2000, 601; vgl. deswegen FK-*Grote,* InsO, § 305 Rn. 29; *Wittig,* WM 1998, 157, 160; *Smid/Haarmeyer,* InsO, § 305 Rn. 13 f.; aA: *Heyer,* Verbraucherinsolvenzverfahren und Restschuldbefreiung, S. 19 ff.: kein ernsthafter Einigungsversuch; *Arnold,* DGVZ 129, 133 f.; *Kübler/Prütting/Bork/Wenzel,* InsO, § 286 Rn. 78–80: fehlende Angemessenheit (§ 305 Abs. 1 Nr. 4) im Hinblick auf die Gläubigerinteressen.

[2] Vgl. z. B. OLG Celle ZInsO 2000, 601; LG Oldenburg NZI 2000, 486.

[3] Vgl. § 309 Abs. 1 S. 2 Nr. 2.

[4] Vgl. *Hess,* InsO, § 304 Rn. 128 ff.

[5] BStBl. I 2000 S. 117.

[6] BStBl. 1998 S. 1497 ff.

[7] BMF-Schreiben vom 10. 12. 1998, S. 1498.

[8] HK-*Landfermann,* InsO, § 308 Rn. 14.

Angemessenheit des Schuldenbereinigungsplans besteht nicht.[1] Das Gericht hat ausnahmsweise die Regelungen im vorgelegten Schuldenbereinigungsplan dann zu überprüfen, wenn ein Gläubiger Gründe und Tatsachen i. S. v. § 309 Abs. 1 S. 2 Nr. 1, Nr. 2, Abs. 3 benennt und nach § 309 Abs. 2 und Abs. 3 glaubhaft macht, die einer Ersetzung entgegenstehen.[2] Bei einem auf mehrere Jahre angelegten **„flexiblen Fast-Nullplan"** erlauben jedoch die vergleichbare Lage der Beteiligten wie in der Wohlverhaltensperiode und die Verfahrensökonomie die gerichtliche Anregung eines vorgelegten Planes mit dem Ziel der Aufnahme von Obliegenheiten und Auskunftspflichten des Schuldners sowie Verfallklauseln.[3] Die Aufnahme von Anpassungsklauseln ist nicht zu verlangen.[4] Nach Auffassung des Bayerischen Obersten Landesgerichts[5] hatte das Insolvenzgericht zu überprüfen, ob die Bescheinigung hinsichtlich der materiellen Anforderungen des § 305 Abs. 1 Nrn. 1-4 wenigstens insgesamt schlüssige Erklärungen enthält. Das Bayerische Oberste Landesgericht hat allerdings mit einer weiteren Entscheidung[6] seine Auffassung dahingehend eingeschränkt, dass eine inhaltliche Überprüfung der vom Schuldner vorzulegenden Unterlagen nicht vorzunehmen ist. **Das Gericht hat lediglich zu prüfen, ob die vorgelegten Schriftstücke die im Gesetz angeführten Unterlagen darstellen.** Eine inhaltliche Prüfung der bescheinigten Tatsachen findet nicht statt.[7] Durch das Merkmal der „Geeignetheit" hat der Gesetzgeber die Insolvenzgerichte von einer inhaltlichen Prüfung entbunden.[8] Entgegen der hM in Rechtsprechung und Literatur vertritt das AG München neuerlich die wenig überzeugende Auffassung, wonach sog. Nullpläne unzulässig seien und weiterhin das Gericht zur Prüfung der Angemessenheit von Schuldenbereinigungsplänen berufen sei.[9]

Hat ein Rechtsanwalt dem Schuldner die erfolglose außergerichtliche Einigung bescheinigt, besteht im Hinblick auf die Stellung des Rechtsanwalts als unabhängiges Organ der Rechtspflege grundsätzlich kein Anlass, weitere Nachweise zu fordern.[10] **16**

ee) Im **Unterschied** zum **Insolvenzplan (§§ 248, 254)** können auch nach der gerichtlichen Feststellung des Schuldenbereinigungsplans nach allgemeinem Zivilrecht (§§ 119 ff., 123 BGB) bestehende Handlungsoptionen noch geltend gemacht werden.[11] Dabei gelten die Maßstäbe des § 779 BGB.[12] **17**

---

[1] FK-*Grote,* InsO, § 305 Rn. 9; BayObLG NZI 1999, 451; BayObLG NZI 2000, 219; OLG Celle ZInsO 2000, 601; OLG Karlsruhe NZI 2000, 163; LG Oldenburg NZI 2000, 486; AG Hamburg NZI 2000, 336; differenzierend *Glomski,* DZWIR 2000, 485, 487.

[2] Vgl. OLG Köln ZInsO 2001, 230, 231.

[3] Vgl. *Glomski,* DZWIR 2000, 485, 489 mit einem entsprechenden Formulierungsvorschlag, wo von „Beanstandungen" gesprochen wird, was mangels Prüfungskompetenz problematisch ist; OLG Köln NZI 2001, 211.

[4] Vgl. hierzu auch OLG Frankfurt NZI 2000, 473.

[5] BayObLG NZI 1999, 412.

[6] BayObLG ZIP 2000, 320.

[7] Vgl. *Vallender/Fuchs/Rey,* NZI 1999, 218, 220.

[8] Vgl. OLG Schleswig ZInsO 2000, 170.

[9] AG München ZVI 2008, 474.

[10] OLG Schleswig ZInsO, 2000, 170; LG Verden ZInsO 2007, 168.

[11] *Häsemeyer,* Insolvenzrecht, Rn. 29.41; *Balz/Landfermann,* S. 572.

[12] *Wittig,* WM 1998, 157, 166; s. MünchKomm-*Habersack,* § 779 BGB Rn. 60.

18 **ff)** Das **Gleichbehandlungsgebot** des § 294 Abs. 2 **gilt** für den Schuldenbereinigungsplan **nicht.** Der Schuldner ist nicht gehindert, einzelne Gläubiger besser zu behandeln als andere,[1] wobei **allerdings** zumindest eine **„angemessene Beteiligung"** (§ 309 Abs. 1 S. 2 Nr. 1) verlangt werden muss.[2]

19 **gg)** § 305 Abs. 1 Nr. 4 Hs. 2 sieht, um Irrtümer der Beteiligten über die Wirkungen des Plans zu vermeiden,[3] vor, dass sich der Plan zu den **Sicherungsrechten** äußert. Enthält der Plan insoweit keine Bestimmungen, ist er unvollständig i. S. v. § 305 Abs. 3 S. 1.[4] Der Schuldner kommt der zwingenden Vorschrift des § 305 Abs. 1 Nr. 4[5] nicht dadurch nach, dass er auf die Sicherheiten und deren Behandlung unsystematisch in einem anderen Zusammenhang hinweist.[6] **Im Schuldenbereinigungsplan sind hierzu zwingend Angaben zu machen;** der amtliche Vordruck ist hier unter der lfd. Nr. 72 in Anlage 7 B auszufüllen. Eine Erklärungspflicht des Schuldners besteht auch dann, wenn Sicherheiten vom Plan nicht berührt werden sollen.[7] Da eine den §§ 254 Abs. 2, 301 Abs. 2 entsprechende Regelung fehlt, werden die Sicherungsrechte durch einen im Plan vereinbarten Forderungserlass berührt. Dabei kommt für **akzessorische Sicherheiten** (Bürgschaft, Hypothek) der Akzessorietätsgrundsatz zur Anwendung, für **nichtakzessorische Sicherheiten** (z. B. Grundschuld, Sicherungsübereignung, Sicherungsabtretung) besteht ein Anspruch auf Freigabe, wenn die Sicherheit von ihrem Wert her die gesicherten Restforderungen erheblich übersteigt.[8] Bürgschaften erlöschen durch den Vergleich des Hauptschuldners mit dem Gläubiger in dem Umfange, in dem die Schuld erlassen wird, sofern mit dem Sicherungsnehmer nicht ausdrücklich etwas anderes vereinbart wird.[9] Zulässig ist beispielsweise eine vertragliche Abrede, dass der Bürge sich auf einen Vergleich zwischen dem Gläubiger und dem Hauptschuldner nicht berufen kann.[10] Hierzu bedarf es allerdings der Mitwirkung des Bürgen.

20 **hh)** Während der für das **gerichtliche Schuldenbereinigungsverfahren vorzulegende Plan** gem. § 308 Abs. 1 S. 2 die **Wirkung eines gerichtlichen Vergleichs** i. S. d. § 794 Abs. 1 Nr. 1 ZPO hat und damit Vollstreckungstitel ist, ist der **Plan für die außergerichtliche Einigung** ausschließlich ein **zivilrechtlicher Vergleich** nach § 779 Abs. 2 BGB. Titelfunktion hat er nur dann, wenn der Schuldner sich gem. § 794 Abs. 1 Nr. 5 ZPO der sofortigen Zwangsvollstreckung unterwirft.[11] Verlangen wesentlich geänderte Verhältnisse eine

---

[1] *Hess,* InsO, § 304 Rn. 141.

[2] Strenger: HK-*Landfermann,* InsO, § 305 Rn. 43; *Schmidt-Räntsch,* in Kölner Schrift, S. 1197.

[3] *Balz/Landfermann,* S. 569.

[4] AG Duisburg NZI 2001, 105, 106.

[5] OLG Celle ZInsO 2002, 285, 286.

[6] Vgl. HK-*Landfermann,* InsO, § 305 Rn. 49; *Nerlich/Römermann/Römermann,* InsO, § 305 Rn. 54.

[7] OLG Celle ZInsO, aaO; unter Aufgabe der Ansicht im Beschluss vom 16. 10. 2000, ZInsO 2000, 601; *Fuchs,* EWiR 2001, 539 f.

[8] *Haarmeyer/Wutzke/Förster,* Hdb., Rn. 10/37; *Hess/Obermüller,* Insolvenzplan, Restschuldbefreiung und Verbraucherinsolvenz, Rn. 932.

[9] LG Traunstein ZInsO 2001, 525, 526.

[10] OLG Frankfurt DB 1974, 2245 f.

[11] *Hess,* InsO, § 304 Rn. 152.

Anpassung des Plans, so kommt eine Klage nach § 323 Abs. 1, 4 ZPO in Betracht.[1] Für die Dauer des außergerichtlichen Schuldenbereinigungsverfahrens kann dem Schuldner gem. § 765 a ZPO Vollstreckungsschutz gewährt werden.[2]

e) Antrag auf Restschuldbefreiung, Abs. 1 Nr. 2

Der Schuldner muss bereits mit dem Eröffnungsantrag nach Abs. 1 einen den Voraussetzungen des § 287 entsprechenden Antrag auf Restschuldbefreiung bzw. eine Erklärung, dass Restschuldbefreiung nicht beantragt wird, vorlegen. Damit wird erreicht, dass die Gläubiger frühzeitig den weiteren Verfahrensfortgang absehen können, was für ihre Entscheidung über die Annahme oder Ablehnung des Schuldenbereinigungsplans wichtig ist.[3] Die Verwerfung eines solchen Antrags kann durch den Rechtspfleger erfolgen.[4] **§ 305 Abs. 1 Nr. 2 ist lex specialis zu § 287 Abs. 1,**[5] d. h., der Schuldner kann sich nicht auf § 287 Abs. 1 S. 2 berufen, der im Regelinsolvenzverfahren den Antrag auf Restschuldbefreiung nur innerhalb von zwei Wochen nach dem Hinweis gem. § 20 Abs. 2 zulässt.[6] Hat ein Gläubigerantrag zur Eröffnung des Insolvenzverfahrens geführt, kann der Schuldner keinen Eigenantrag mehr stellen. In einem Verbraucherinsolvenzverfahren kann in diesem Fall weder das außergerichtliche noch das gerichtliche Schuldenbereinigungsverfahren nachgeholt werden. Hat das Insolvenzgericht die erforderlichen Hinweise zur Erlangung der Restschuldbefreiung fehlerhaft, unvollständig oder verspätet erteilt und ist das Insolvenzverfahren auf den Gläubigerantrag hin eröffnet worden, bevor der Schuldner den Eigenantrag stellt, genügt ein Antrag auf Restschuldbefreiung, um dem Schuldner die dahingehende Aussicht zu erhalten.[7] 21

f) Verzeichnisse, Abs. 1 Nr. 3

Die in Abs. 1 Nr. 3 begründete Pflicht des Schuldners zur Vorlage des **Vermögens-, des Gläubiger- und des Forderungsverzeichnisses** sowie einer **Vermögensübersicht** dient der Entlastung des Gerichts.[8] Die Angaben sind unter **Verwendung der Antragsformulare** des § 1 Abs. 1 Nr. 2 e)–g) VbrInsVV zu machen. Im Gläubiger- und Forderungsverzeichnis sind die Höhe und der voraussichtliche Zeitpunkt der Fälligkeit von Ansprüchen aus bestehenden Schuldverhältnissen anzugeben, auch wenn die Forderung gestundet ist oder sie erst nach Verfahrenseröffnung entsteht; dies gilt auch für Ansprüche des Verfahrensbevollmächtigten des Schuldners auf vereinbarte Vorschüsse und auf Anwaltshonorar.[9] Die Gläubiger – die ihre Forderungen ohnehin für die Anmeldung im Insolvenzverfahren genau zu bezeichnen haben[10] – trifft gem. Abs. 2 22

---

[1] *Vallender,* DGVZ 1997, 97, 101.

[2] LG Itzehoe NZI 2001, 100, AG Elmshorn NZI 2000, 329; *Winter,* Rpfleger 2002, 119 f.; krit. *Bruckmann,* InVo 2001, 1 f.

[3] AG Köln InVo 2000, 127, 130.

[4] LG Rostock NZI 2001, 266; *Balz/Landfermann,* S. 568.

[5] AG Düsseldorf ZInsO 2000, 111, 112.

[6] Siehe hierzu aber auch BGH NZI 2004, 593.

[7] BGH NZI 2005, 271.

[8] *Schmidt-Räntsch,* MDR 1994, 321, 323.

[9] BGH ZVI 2005, 364; zu den Anforderungen an den Inhalt des Gläubigerverzeichnisses nach § 305 vgl. deswegen BGH ZInsO 2005, 537.

[10] *Balz/Landfermann,* S. 569; bei einer Firma ist der Inhaber bzw. die Gesellschaftsform anzugeben, AG Gießen ZInsO 2000, 232.

S. 2 die Pflicht, den Schuldner bei der Aufstellung des Forderungsverzeichnisses zu unterstützen. **§ 305 Abs. 2 gibt einen klagbaren Anspruch auf Auskunftserteilung.**[1] Der Anspruch auf Auskunftserteilung ist erst dann erfüllt, wenn die – schriftliche – Auskunft den aktuellen Stand bezüglich Hauptforderung, Zinsen und Kosten wiedergibt[2] und unmissverständlich deutlich macht, dass darüber hinaus keine Ansprüche gegen den Schuldner geltend gemacht werden.[3] Eine Verweigerung der Mitwirkung führt jedoch weder zu einem Ausschluss des Gläubigers vom Verfahren noch zu Schadensersatzansprüchen.[4] Der Schuldner muss die **Richtigkeit und Vollständigkeit der Verzeichnisse schriftlich versichern,** Nr. 3, Hs. 2. Unrichtige Angaben können, sofern sie auf Vorsatz oder grober Fahrlässigkeit beruhen, gem. § 290 Abs. 1 Nr. 6 mit der Versagung der Restschuldbefreiung sanktioniert werden.[5] Die fehlende exakte Bestimmung der Höhe einer streitigen Forderung durch den Schuldner rechtfertigt weder die Versagung der Stundung noch die Restschuldbefreiung. Führt der Schuldner hingegen Gläubiger streitiger Forderungen gar nicht auf, kann dies eine andere Beurteilung rechtfertigen.[6] Spätere unzutreffende Angaben des Schuldners sind für die Versagung der Restschuldbefreiung gem. § 290 Abs. 1 Nr. 6 unerheblich, da es für diesen Versagungsgrund allein darauf ankommt, ob in den vom Schuldner gem. § 305 Abs. 1 Nr. 3 vorzulegenden Verzeichnissen falsche Angaben gemacht wurden.[7] Auch ist der Schuldner verpflichtet, in seinen nach § 305 Abs. 1 Nr. 3 aufzustellenden Verzeichnissen seine **Einkünfte vollständig anzugeben.**[8] Dem Schuldner ist eine grobe Fahrlässigkeit wegen unrichtiger oder unvollständiger Angaben über den „sonstigen Lebensunterhalt" nicht vorzuwerfen, wenn sich die entsprechende Frage im Verzeichnis als unklar darstellt.[9] Die Nichtangabe von Einkünften, die unterhalb der Pfändungsfreigrenze liegen, kann ein Versagungsgrund gem. § 290 Abs. 1 Nr. 6 darstellen.[10] Offen bleibt allerdings, ob der Schuldner nach dem Gesetz verpflichtet ist, die Forderungen sämtlicher Gläubiger im Forderungsverzeichnis nach § 305 Abs. 1 Nr. 3 aufgeschlüsselt nach Hauptforderung, Zinsen und Kosten anzugeben.[11] Diese stehen gleichrangig nebeneinander.[12]

g) Nachträgliche Ergänzung der Erklärungen und Unterlagen; Rücknahmefiktion, Abs. 3

23 **aa)** Mit dem Zugang der Aufforderung an den Schuldner, unvollständige Erklärungen und Unterlagen zu ergänzen, Abs. 3 S. 1, setzt das Gericht die Monatsfrist in Gang, nach deren Ablauf der Eröffnungsantrag des Schuldners,

---

[1] LG Düsseldorf ZInsO 2000, 519 (Leitsatz).
[2] Vgl. *Batge,* InVo 2001, 390, 391.
[3] LG Düsseldorf, aaO.
[4] *Hess,* InsO, § 305 Rn. 84.
[5] BGH NZI 2005, 404; AG Mönchengladbach ZInsO 2001, 674.
[6] BGH ZInsO 2008, 860 f.
[7] BGH NZI 2005, 404.
[8] Unvollständigkeit wird z. B. angenommen bei fehlender Angabe einer Lebensversicherung mit geringem Rückkaufswert (426,15 €), AG Baden-Baden ZVI 2005, 440.
[9] BGH NZI 2008, 506.
[10] Vgl. OLG Celle ZInsO 2002, 230 f.
[11] Vgl. OLG Celle ZInsO 2002, 285, 286.
[12] Vgl. AG Stuttgart NZI 2001, 328 f.

wenn er der Aufforderung nicht nachkommt, als zurückgenommen gilt, Abs. 3 S. 2. Dies allerdings nur, wenn die Zwischenverfügung des Gerichts, die förmlich zuzustellen ist,[1] ohne substanziellen Widerspruch hingenommen wurde. Auch in einem Verbraucherinsolvenzverfahren hat das Insolvenzgericht den gestellten Insolvenzantrag auf seine Zulässigkeit hin zu untersuchen und – falls erforderlich – auf eine Ergänzung der unvollständigen Aufgaben hinzuwirken.[2] Stellt sich im eröffneten Verbraucherinsolvenzverfahren heraus, dass die dem Antrag auf Restschuldbefreiung beizufügende Abtretungserklärung nicht vorliegt, so darf das Insolvenzgericht dem Schuldner für die Nachreichung der Abtretungserklärung keine Frist setzen, die kürzer als ein Monat ist. Die Frist zur Ergänzung der dem Restschuldbefreiungsantrag beizufügenden Unterlagen richtet sich im Verbraucherinsolvenzverfahren allein nach § 305 Abs. 3 S. 2. Sie beträgt demnach einen Monat.[3] Hatte der Schuldner **die Forderungshöhe vor Einreichung des Planes nicht gem. § 305 Abs. 2 S. 2 beim Gläubiger abgefragt** und in Unkenntnis der genauen Forderungshöhe lediglich einen **symbolischen Betrag in dem Plan eingesetzt,** so muss er dies zum einen im Plan unmissverständlich zum Ausdruck bringen und ist zum anderen verpflichtet, unverzüglich nach Antragstellung die exakte Forderungshöhe beim Gläubiger zu erfragen.[4] Ein mit dem Eröffnungsantrag vorgelegtes Gläubiger- und Forderungsverzeichnis, das **Gläubiger ohne Zuordnung einer Forderungssumme auflistet,** ist **offenkundig unzutreffend** und löst deshalb die **Rücknahmefiktion** des § 305 Abs. 3 S. 2 aus.[5] Die Restschuldbefreiung kann auch nicht wegen Mängeln der mit dem Antrag auf Eröffnung des Verbraucherinsolvenzverfahrens und auf Restschuldbefreiung eingereichten Unterlagen versagt werden, wenn der Schuldner noch im Eröffnungsverfahren seine ursprünglichen, nicht vorsätzlich falschen Angaben gem. § 305 Abs. 3 S. 1 oder § 307 Abs. 3 S. 1 korrekt ergänzt oder berichtigt.[6] Ziel der Regelung ist die **Verfahrensbeschleunigung.**[7] Im Falle des § 306 Abs. 3 – wenn der Schuldner nach einem Gläubigerantrag seinerseits einen Eröffnungsantrag stellt, dem die nach § 305 Abs. 1 verlangten Unterlagen beizufügen sind – konnte die Einhaltung der Monatsfrist des Abs. 3 aF Schwierigkeiten bereiten. Da es sich nicht um eine Notfrist handelt, kommt eine **entsprechende Anwendung des § 233 ZPO nicht** in Betracht.[8] Das Gericht konnte jedoch über den Zeitpunkt entscheiden, zu dem es die Frist mit der Aufforderung in Gang setzt. Sein diesbezügliches Ermessen hatte es so auszuüben, dass die vom BVerfG[9] entwickelten Grundsätze des fairen Verfahrens gewahrt waren und der Schuldner seine Rechte wahrnehmen konnte.

bb) Die **Rechtsfolge der Fiktion der Antragsrücknahme** tritt ohne Rücksicht auf ein Verschulden des Schuldners an der Fristüberschreitung ein. Der 24

[1] Vgl. BayObLG NZI 2001, 236 f.
[2] BGH ZVI 2004, 281; BGH ZVI 2003, 64.
[3] BGH, Beschluss vom 23. 10. 2008, Az. IX ZB 112/08; m. Anm. *Renge,* NZI 2009, 99 f.
[4] Vgl. AG Göttingen ZInsO 2002, 544, 545.
[5] Vgl. LG Kassel ZVI 2003, 25 f.
[6] Vgl. BGH NZI 2005, 461; BayObLG NZI 2002, 392 f.
[7] *Balz/Landfermann,* S. 569; AG Duisburg NZI 2001, 205.
[8] AG Stuttgart NZI 2000, 386, 387.
[9] BVerfGE 46, 325, 334; BVerfGE 51, 150, 156.

Schuldner ist allerdings nicht gehindert, erneut einen Eröffnungsantrag zu stellen.[1] Allerdings steht die Anhängigkeit eines Rechtsmittels gegen die Mitteilung des Insolvenzgerichts, ein Antrag gelte auf Grund der Fiktion des § 305 Abs. 3 S. 2 als zurückgenommen, einer erneuten Antragstellung so lange entgegen, bis das Rechtsmittelverfahren abgeschlossen ist.[2] Das Gericht sollte auf die Rechtsfolge des Abs. 3 S. 2 ausdrücklich hinweisen.

25 Auf den Fall, dass der **Schuldner überhaupt keine Unterlagen und Erklärungen abgibt,** kann Abs. 3 entsprechend angewandt werden.[3]

26 Die **Mitteilung** des Insolvenzgerichts über das Eingreifen der gesetzlichen **Rücknahmefiktion** ist **nicht rechtsmittelfähig.**[4] Auch eine Anfechtung analog § 269 Abs. 3 S. 5 ZPO aF findet nicht statt.[5] Hat das Insolvenzgericht dem Schuldner allerdings inhaltliche Auflagen gemacht, die durch das Gesetz nicht gedeckt sind, ist die Feststellung der Rücknahmefiktion des § 305 Abs. 3 S. 2 ausnahmsweise analog § 34 Abs. 1 mit der sofortigen Beschwerde anfechtbar.[6] Hatte der Schuldner auf die Aufforderung des Insolvenzgerichts, seinen Insolvenzantrag unverzüglich zu ergänzen, innerhalb der Monatsfrist allerdings reagiert, ist die Entscheidung des Gerichts, der Antrag gelte gem. § 305 Abs. 3 S. 2 als zurückgenommen, weil einzelne Ergänzungen des Schuldners unzulänglich seien, mit der sofortigen Beschwerde anfechtbar.[7]

27 Die Rücknahmefiktion des § 305 Abs. 3 wurde teilweise entsprechend auf Fälle angewandt, in denen der Schuldner der Aufforderung des Gerichts zur Einzahlung des Auslagenvorschusses (§ 68 GKG) nicht nachgekommen war.[8] Nach der Neufassung des § 68 Abs. 3 S. 2 GKG ist dies nicht mehr möglich.

h) Formularzwang, Abs. 5

28 Der in § 305 Abs. 5 normierte Formularzwang soll dem Gericht eine **zügige Prüfung des Antrages** insbesondere auf **Vollständigkeit** erleichtern und die Entwicklung einheitlicher Software fördern. Mit der Verordnung zur Einführung von Formularen für das Verbraucherinsolvenzverfahren und das Restschuldbefreiungsverfahren **(VbrInsVV)** hat das Bundesministerium der Justiz von der Ermächtigung Gebrauch gemacht und zum **1. März 2002 bundesweit einheitli-**

---

[1] *Hess,* InsO, § 305 Rn. 111; OLG Köln ZIP 2000, 1732, 1734; OLG Köln ZIP 2000, 1449, 1450; BayObLG ZIP 2000, 1767, 1768; AG Göttingen InVo 2001, 413, 414.

[2] AG Potsdam ZVI 2002, 71 f.

[3] *Smid/Haarmeyer,* InsO, § 305 Rn. 49.

[4] BGH ZVI 2005, 364; BGH ZVI 2004, 15; OLG Köln NZI 2000, 317; OLG Frankfurt NZI 2000, 137; OLG Köln NZI 2000, 434 (Leitsatz); OLG Braunschweig DZWIR 2001, 467, 468; LG Schwerin ZInsO 1999, 413, LG Potsdam DZWIR 2002, 173, wonach der Schuldner aber verlangen kann, dass das Gericht die Wirkung der Antragsrücknahme durch einen beschwerdefähigen Beschluss ausspricht.

[5] LG Berlin NZI 2000, 546; LG Berlin ZInsO 2003, 286 f.; LG Göttingen ZInsO 2000, 118; LG Göttingen NZI 2000, 280; BayObLG ZInsO 2000, 161; OLG Frankfurt NZI 2000, 137, 138; aA: *Hoffmann,* NZI 1999, 425, 431.

[6] OLG Celle ZInsO 2000, 601; OLG Celle NZI 2001, 254; vgl. auch OLG Celle NZI 2002, 270, 271; zur Anfechtbarkeit bei greifbarer Gesetzeswidrigkeit wegen Verletzung des Grundsatzes des fairen Verfahrens und des rechtlichen Gehörs vgl. LG Göttingen NZI 2000, 280; keine greifbare Gesetzeswidrigkeit bei Nichtvorlage eines vollständigen Antrages, vgl. OLG Köln NZI 2000, 538.

[7] Vgl. OLG Frankfurt ZVI 2002, 165 f.

[8] AG Stuttgart NZI 2000, 386.

che Antragsformulare (veröffentlicht am 22. Februar 2002)[1] eingeführt. Die VbrInsVV ist abrufbar unter *www.bmj.de.*

Gegen die Aufforderung des Insolvenzgerichts nach § 305 Abs. 3 S. 1, für den dem Eröffnungsantrag beizufügenden Schuldenbereinigungsplan das von § 1 Abs. 1 Nr. 2h VbrInsVV vom 17. Februar 2002 vorgeschriebene amtliche Formular zu verwenden, ist die **sofortige Beschwerde nicht statthaft.** § 34 ist weder direkt noch entsprechend anwendbar. Eine außerordentliche Beschwerde scheidet mangels greifbarer Gesetzeswidrigkeit aus.[2] 29

Der **Insolvenzantrag** ist als **unzulässig** zu verwerfen, wenn er nicht unter Benutzung des Formulars der VbrInsVV gestellt wird und der Schuldner auch auf einen entsprechenden Hinweis nicht das amtliche Formular benutzt.[3] Auch die Verwendung eines mit einem Firmenlogo versehenen Antrags, der im Übrigen dem amtlichen Formular entspricht, führt zur Auslösung der Rücknahmefiktion.[4] 30

§ 305 a Scheitern der außergerichtlichen Schuldenbereinigung

Der Versuch, eine außergerichtliche Einigung mit den Gläubigern über die Schuldenbereinigung herbeizuführen, gilt als gescheitert, wenn ein Gläubiger die Zwangsvollstreckung betreibt, nachdem die Verhandlungen über die außergerichtliche Schuldenbereinigung aufgenommen wurden.

1. Normzweck

Mit der Vorschrift des § 305 a[5] steht ein weiteres Mittel zur Verfügung, um Einzelzwangsvollstreckungen – die dem Schuldner die für das Verfahren notwendigen Vermögenswerte entziehen – einzugrenzen. Grund hierfür ist die Neuregelung in § 312 Abs. 1 S. 2, die zum Schutz vor Zwangsvollstreckungen einzelner Gläubiger im außergerichtlichen Schuldenbereinigungsverfahren die **Ausdehnung der Rückschlagssperre des § 88** auf drei Monate normiert. Dieser Schutz ist jedoch dann unzureichend, wenn sich der außergerichtliche Einigungsversuch über einen längeren Zeitraum als drei Monate hinzieht. 1

2. Fiktion des Scheiterns der außergerichtlichen Schuldenbereinigung

Nach § 305 a wird das **Scheitern des außergerichtlichen Einigungsversuchs im Falle der Zwangsvollstreckung** eines an dem Verfahren beteiligten Gläubigers **fingiert.**[6] Das Gesetz nennt als **maßgeblichen Zeitpunkt,** von dem 2

---

[1] BGBl. I 2002, 703.

[2] LG Kleve ZVI 2002, 200, 201 m. Anm. *Mäusezahl;* LG Kleve ZInsO 2002, 841; LG Köln ZInsO 2003, 93; zu der Problematik vgl. auch *Pape,* ZInsO 2002, 806 f.

[3] Vgl. AG Dresden ZVI 2002, 415.

[4] Vgl. AG Köln NZI 2002, 679.

[5] Vgl. hierzu auch *Grote,* ZInsO 2001, 17 f.; *Göbel,* ZInsO 2000, 383 f.

[6] Begr. RegE, BR-Drucks. 14/01, S. 66.

an Zwangsvollstreckungen die Fiktion auslösen, die **Aufnahme der Verhandlungen über den Schuldenbereinigungsplan.**

3 Die Begründung hierzu ist hierbei allerdings **nicht widerspruchsfrei,** wenn sie für die Ausfüllung dieses Rechtsbegriffs einmal darauf abstellt, dass die Beratungen bereits begonnen haben, an anderer Stelle hingegen die Unterrichtung des Gläubigers von dem Einigungsversuch (also die Zustellung des Planes) als entscheidend ansieht. Im Hinblick darauf, dass von der Regelung auch diejenigen Fälle mit erfasst werden sollen, in denen der Gläubiger erst durch die Übersendung des Plans und der weiteren Unterlagen wieder an seine Forderung erinnert wird, ist jedoch davon auszugehen, **dass alle nach dem Zeitpunkt der Unterrichtung erfolgenden Zwangsvollstreckungen die Rechtsfolge des § 305 a auslösen.** Vor Aufnahme der Verhandlungen über den außergerichtlichen Schuldenbereinigungsplan eingeleitete Zwangsvollstreckungsmaßnahmen lösen damit die Fiktion des § 305 a nicht aus. Nach Sinn und Zweck der Vorschrift sollen erst neue Vollstreckungsmaßnahmen die Einigung als gescheitert erscheinen lassen, d. h., wenn ein Gläubiger in Kenntnis des Planinhalts die Vollstreckung betreibt.[1]

§ 306 Ruhen des Verfahrens

(1) **Das Verfahren über den Antrag auf Eröffnung des Insolvenzverfahrens ruht bis zur Entscheidung über den Schuldenbereinigungsplan. Dieser Zeitraum soll drei Monate nicht überschreiten. Das Gericht ordnet nach Anhörung des Schuldners die Fortsetzung des Verfahrens über den Eröffnungsantrag an, wenn nach seiner freien Überzeugung der Schuldenbereinigungsplan voraussichtlich nicht angenommen wird.**

(2) **Absatz 1 steht der Anordnung von Sicherungsmaßnahmen nicht entgegen. Ruht das Verfahren, so hat der Schuldner in der für die Zustellung erforderlichen Zahl Abschriften des Schuldenbereinigungsplans und der Vermögensübersicht innerhalb von zwei Wochen nach Aufforderung durch das Gericht nachzureichen. § 305 Abs. 3 Satz 2 gilt entsprechend.**

(3) **Beantragt ein Gläubiger die Eröffnung des Verfahrens, so hat das Insolvenzgericht vor der Entscheidung über die Eröffnung dem Schuldner Gelegenheit zu geben, ebenfalls einen Antrag zu stellen. Stellt der Schuldner einen Antrag, so gilt Absatz 1 auch für den Antrag des Gläubigers. In diesem Fall hat der Schuldner zunächst eine außergerichtliche Einigung nach § 305 Abs. 1 Nr. 1 zu versuchen.**

Übersicht

[1] Vgl. *Bruckmann,* InVo 2001, 4.

1. Normzweck

Bevor über den Antrag auf Eröffnung des Insolvenzverfahrens entschieden wird, **ist grundsätzlich das gerichtliche Schuldenbereinigungsverfahren durchzuführen.**[1] Nur wenn es dabei nicht zu einer Einigung kommt, findet das vereinfachte Insolvenzverfahren nach §§ 311 ff. statt.[2] 1

Die gesetzlichen Vorschriften zum Schutz der Insolvenzmasse (§§ 88 ff.) greifen vor der Verfahrenseröffnung nicht ein, sodass Abs. 2 die Möglichkeit der gerichtlichen Anordnung von Sicherungsmaßnahmen nach § 21 vorsieht. 2

Abs. 3 stellt sicher, dass das Schuldenbereinigungsverfahren auch dann stattfinden kann, wenn ein Gläubiger dem Schuldner mit einem Insolvenzantrag zuvorkommt. 3

2. Im Einzelnen

a) Ruhen des Verfahrens; gerichtliche Schuldenbereinigung, Abs. 1

aa) Nach Abs. 1 ruht das Verfahren über den **Eröffnungsantrag des Schuldners** für die Dauer des gerichtlichen Schuldenbereinigungsverfahrens von Gesetzes wegen.[3] Dabei ist der Beginn des Ruhens des Verfahrens § 306 Abs. 1 nicht eindeutig zu entnehmen. Aus der Systematik zu § 305 ist jedoch zu schließen, dass **mit dem Eingang des Eröffnungsantrages des Schuldners bei Gericht** das Ruhen des Verfahrens beginnt.[4] Das Insolvenzgericht prüft demgemäß nicht die Zulässigkeit des Insolvenzantrages.[5] Auch eine Begründetheitsprüfung findet nicht statt.[6] Ob ein **Insolvenzgrund** und eine die **Kosten des Verfahrens deckende Insolvenzmasse** vorhanden ist, **hat das Gericht erst nach Aufnahme des Verfahrens über den Eröffnungsantrag gem. § 311 zu prüfen,**[7] da diese Voraussetzungen erst zum Zeitpunkt der Eröffnung des Insolvenzverfahrens vorliegen müssen. Der von *Pape*[8] befürchtete Missbrauch lässt sich im Rahmen der Prüfung der Schlechterstellung der widersprechenden Gläubiger auffangen.[9] 4

Der **Zeitraum des Ruhens** und damit auch des gerichtlichen Schuldenbereinigungsverfahrens soll nach Abs. 1 S. 2 **nicht länger als drei Monate** betragen. 5

---

[1] AA: für den Fall, dass der Mehrheitsgläubiger, dem über 50% der Forderungen zustehen, schon im Vorfeld des Verfahrens unmissverständlich zu verstehen gegeben hat, dass er mit der vom Schuldner vorgeschlagenen Quote nicht einverstanden ist: AG Hamburg NZI 1999, 419, sowie in ZInsO 2000, 119 (Leitsatz).

[2] *Balz/Landfermann,* S. 570.

[3] Anders § 251 ZPO; eine Einschränkung der **Amtsermittlungspflicht nach § 5 Abs. 1** lässt sich aus § 306 jedoch nicht ableiten, vgl. BGH ZVI 2004, 281.

[4] *Braun/Riggert/Kind,* S. 243; aA: *Bruckmann,* Verbraucherinsolvenz, § 3 Rn. 62.

[5] Vgl. auch *Kohte/Ahrens/Grote,* § 306 Rn. 7; aA: *Henckel,* ZIP 2000, 2045, 2051.

[6] Vgl. *Wittig,* WM 1998, 157, 162; *Nerlich/Römermann/Römermann,* § 306 Rn. 5, einschränkend *Pape,* WM 1998, 2125 ff.; aA: d. h., eine Prüfung der Insolvenzgründe wird für erforderlich gehalten durch AG Göttingen ZIP 1999, 1365; vgl. ferner OLG Stuttgart ZInsO 2002, 140.

[7] *Vallender,* EWiR 1999, 847 f.; *Uhlenbruck,* NZI 2000, 15, 17.

[8] *Pape,* WM 1998, 2125.

[9] HK-*Landfermann,* InsO, § 306 Rn. 6, Fn. 4.

Dabei handelt es sich jedoch um eine **bloße Ordnungsvorschrift,**[1] an deren Überschreitung keine Sanktionen geknüpft sind. Insbesondere bei einer **größeren Anzahl von Gläubigern** werden oftmals Rückfragen beim Schuldner erforderlich sein, um im Einzelfall die Zustelladressen zu erhalten, was **i. d. R.** zu **Fristüberschreitungen** führt.

6 Nach der Neuregelung des § 306 Abs. 1 S. 3 ist die **Durchführung des gerichtlichen Schuldenbereinigungsverfahrens nicht mehr zwingend.** Die Vorschrift bringt diese Rechtsfolge eher mittelbar zum Ausdruck mit der Einfügung des Satzes 3 entfällt das Ruhen des Verfahrens während des gerichtlichen Einigungsversuchs und dieses damit als solches. Der Gesetzgeber hat mit dieser Änderung in der Literatur und Rechtsprechung geäußerte Bedenken aufgegriffen.[2] Steht die **Aussichtslosigkeit des gerichtlichen Einigungsversuches von vornherein** fest, wenn etwa ein Hauptgläubiger – dessen Zustimmung auch nicht nach § 309 ersetzt werden kann – dem Plan widerspricht, oder weil in der Praxis sog. **Nullplan-Vorschläge** häufig sind, die keine Aussicht auf Annahme haben,[3] so werden durch eine zwingende Anordnung dieses Verfahrensabschnittes, wie sie nach der bisherigen Regelung bestand, unnötig Zeit und Kosten vertan.[4] Eine fakultative Ausgestaltung des gerichtlichen Schuldenbereinigungsverfahrens ermöglicht hingegen eine sachgerechte Entscheidung im Einzelfall. **Gleichwohl** wird auch nach der Neuregelung durch das InsOÄndG 2001 am **gerichtlichen Schuldenbereinigungsverfahren** als dem **Regelfall** festgehalten. Hierfür sprechen die Vorteile, die das gerichtliche gegenüber dem außergerichtlichen Einigungsverfahren bietet: Durch die Mitwirkung des Gerichts kann sich die Einigungsbereitschaft der Gläubiger erhöhen.[5] Daneben bestehen die **gesetzlichen Zustimmungserleichterungen des § 307 Abs. 2** (Schweigen gilt als Zustimmung) und des **§ 309 (Möglichkeit der gerichtlichen Ersetzung der Zustimmung),** die allein für das gerichtliche Einigungsverfahren vorgesehen sind. Für den Fall, dass das Scheitern des Plans wahrscheinlich ist, kann dieses jedoch nunmehr unterbleiben. Hierüber hat das **Gericht**[6] anhand des nach § 305 Abs. 1 Nr. 1 der Neufassung einzureichenden Plans für das außergerichtliche Verfahren sowie der Gründe für sein Scheitern eine **Prognoseentscheidung** zu treffen.[7]

7 Die **Durchführung eines gerichtlichen Schuldenbereinigungsverfahrens** scheint mithin nur dann **sinnvoll,** wenn für das Gericht auf Grund des vom Schuldner vorgelegten außergerichtlichen Schuldenbereinigungsplans unter Darlegung der wesentlichen Gründe für das Scheitern des Einigungsversuchs **kon-**

---

[1] *Arnold,* DGVZ 1996, 129, 134.

[2] Z. B. *Grote,* ZInsO 1999, 383, 384; *Wehr,* ZIP 1999, 2000, 2002; *Pape,* ZIP 1999, 2037, 2041; s. auch AG Hamburg NZI 1999, 419, sowie ZInsO 2000, 119 (Leitsatz).

[3] *Pape,* ZIP 1999, 237, 241; AG Hamburg, aaO; AG Göttingen ZVI 2002, 69, 70.

[4] *Pape,* ZIP 1999, 2037, 2042; AG Hamburg, aaO, hielt aus diesem Grunde das gerichtliche Schuldenbereinigungsverfahren bereits vor Inkrafttreten des InsOÄndG 2001 für entbehrlich, wenn mit an Sicherheit grenzender Wahrscheinlichkeit das Scheitern des Planes feststand.

[5] Krit. hierzu allerdings *Wehr,* ZIP 1999, 2000, 2002.

[6] Zur Kritik an dieser Entscheidung des Gesetzgebers s. bereits oben zu § 305; ausdrücklich befürwortet wird die Entscheidungskompetenz des Gerichts jedoch etwa von *Graf-Schlicker/Remmert,* ZInsO 2000, 321, 324.

[7] FK-*Grote,* InsO, § 306 Rn. 7 b ff.; AG Köln NZI 2002, 329, 330.

krete Anhaltspunkte dafür vorhanden sind, dass eine **Mehrheit der Gläubiger nach Summen und Köpfen dem Schuldenbereinigungsplan zustimmen** könnte und damit die Chance besteht, die Minderheit zwangsweise in die Schuldenbereinigung einzubinden.[1] Wie bereits dargelegt, dürfte dies insbesondere bei einem Nullplan regelmäßig nicht der Fall sein.[2] Entsprechendes gilt, wenn Mehrheitsgläubiger, deren Zustimmung gem. § 309 nicht ersetzt werden kann, schon während des außergerichtlichen Einigungsversuchs eindeutig und unmissverständlich den ihnen zuletzt angebotenen Vorschlag zur Schuldenbereinigung abgelehnt haben und ein hiervon abweichender Schuldenbereinigungsplan nicht vorgelegt wird.[3] Ergänzend ist der Schuldner zwingend durch das Gericht anzuhören.

Sieht das Gericht von der Durchführung des gerichtlichen Schuldenbereinigungsverfahrens ab, hat es die Fortsetzung des Verfahrens über den Eröffnungsantrag anzuordnen. Diese Maßnahme ergeht in Gestalt eines Beschlusses. Einer Begründung bedarf diese einem Rechtsmittel nicht zugängliche Entscheidung nicht. 8

bb) Stellt ein Gläubiger den Antrag auf Eröffnung des Insolvenzverfahrens (Abs. 3), ruht auch die Entscheidung über diesen Antrag, **wenn der Schuldner ebenfalls einen Eröffnungsantrag stellt,** Abs. 3 S. 2. Dem Antrag des Schuldners sind die nach § 305 Abs. 1 verlangten Unterlagen beizufügen, d. h. insbesondere sämtliche Unterlagen betreffend die Durchführung eines außergerichtlichen Einigungsversuches. Die insofern abweichende Entscheidung des LG Ulm,[4] wonach es in dieser Ausgangskonstellation der Vorlage einer Bescheinigung über das Scheitern eines außergerichtlichen Schuldenbereinigungsverfahrens nicht bedarf, weil bereits ein gerichtliches Verfahren in Gang gesetzt sei, findet im Gesetz keine Stütze. 9

Nach der Neuregelung in § 306 Abs. 3 S. 3 ist nunmehr, wenn der Schuldner von der Möglichkeit des Abs. 3 Gebrauch macht und ebenfalls einen Eröffnungsantrag stellt, nicht nur (wie dies nach S. 2 bereits für das bisherige Recht vor Inkrafttreten des InsOÄndG 2001 feststand) das **gerichtliche, sondern nach S. 3 auch das außergerichtliche Einigungsverfahren durchzuführen.** Die Einfügung des S. 3 entscheidet damit diese nach bisherigem Recht offene Frage. Die überwiegende Auffassung in der Literatur nahm zur bisherigen Rechtslage an, dass das außergerichtliche Verfahren nicht durchzuführen sei.[5] Der einvernehmlichen Schuldenbereinigung kommt im Verbraucherinsolvenzverfahren – auch im Hinblick auf eine Entlastung der Gerichte – eine vorrangige Stellung zu.[6] Aus diesem Grunde ist auch eine Restschuldbefreiung nur auf Antrag des Schuldners unter Wahrung der **Hinweispflicht des Gerichts** gem. 10

---

[1] *Pape,* ZIP 2002, 1553, 1558.

[2] Vgl. AG Göttingen NZI 2002, 567, 568.

[3] *Vallender,* NZI 2001, 561, 564.

[4] LG Ulm DZWIR 1999, 391; so auch *Pape,* ZIP 1999, 2043.

[5] *Hess/Obermüller,* Insolvenzplan, Restschuldbefreiung und Verbraucherinsolvenz, Rn. 905; *Forsblad,* Restschuldbefreiung, S. 202; *Vallender,* InVo 1998, 173; aA: FK-*Grote,* InsO, § 306 Rn. 19–21; *Henckel,* FS Gaul, S. 202; uneingeschränkt HK-*Landfermann,* InsO, § 306 Rn. 6.

[6] Aus diesem Grunde für die Durchführung des außergerichtlichen Einigungsverfahrens nach bisherigem Recht HK-*Landfermann,* InsO, § 306 Rn. 6; *Balz/Landfermann,* S. 570.

§ 20 InsO[1] bei Durchführung des vollständigen Schuldenbereinigungsverfahrens möglich.[2]

Um die für den außergerichtlichen Schuldenbereinigungsversuch erforderliche Zeit zur Verfügung zu stellen, verlängert der neu eingefügte § 305 Abs. 3 S. 3 die Ergänzungsfrist auf drei Monate. Es handelt sich hierbei um eine **gesetzliche Ausschlussfrist,** eine Verlängerung der Frist ist nicht möglich (§ 4 i. V. m. § 224 Abs. 2 ZPO). Bei Fristversäumnis kommt eine Wiedereinsetzung in den vorigen Stand nicht in Betracht, weil die Regelungen der §§ 233 ff. ZPO bei gesetzlichen Ausschlussfristen keine Anwendung finden.[3] **Nach fruchtlosem Ablauf der gesetzlichen Ausschlussfrist** wird die **Rücknahme des Insolvenzantrages** des Schuldners durch Gesetz **fingiert,** wobei das Gesetz weder eine ausdrückliche Mitteilung an den Schuldner von dem Eintritt der Wirkung fordert,[4] noch dem Insolvenzgericht oder den Rechtsmittelinstanzen die Möglichkeit einräumt, nach Ablauf der Frist die einmal eingetretene Wirkung wieder abzuändern.[5] Selbstverständlich steht es dem Schuldner frei, durch **Einreichung eines neuen Insolvenzantrages** wiederum eine Verfahrenseröffnung anzustreben, weil § 305 Abs. 3 nicht im Sinne einer Notfrist einen erneuten Antrag ausschließt.[6]

11 **cc) Stellt der Schuldner nach Abs. 3 keinen Antrag,** entfällt nicht nur das außergerichtliche und gerichtliche Schuldenbereinigungsverfahren; in diesem Fall ist vielmehr auch ein **Antrag auf Restschuldbefreiung nicht mehr möglich.**[7] Denn dieser **kann nach § 305 Abs. 1 Nr. 2 nur im Zusammenhang mit einem Eröffnungsantrag des Schuldners gestellt werden.** Entscheidender als dieses formale Argument ist die Überlegung, dass der Schuldner sonst in missbräuchlichem Zusammenwirken mit einem Gläubiger die Möglichkeit hätte, das vom Gesetzgeber vorgesehene Schuldenbereinigungsverfahren zu umgehen.[8]

b) Sicherungsmaßnahmen durch das Gericht, Abs. 2 S. 1

12 Abs. 2 S. 1 macht deutlich, dass das Ruhen des Verfahrens der Anordnung von Sicherungsmaßnahmen nach § 21[9] nicht entgegensteht.[10] So kann nach § 21

[1] BGH ZInsO 2004, 974; zur Möglichkeit der **Nachholung des Restschuldbefreiungsantrages** innerhalb angemessener Frist bei **Verletzung der Hinweispflicht**, vgl. BGH ZInsO 2005, 310.

[2] Begr. RegE, BR-Drucks. 14/01, S. 67, 68. Die Gesetzesbegründung widerspricht damit der Auffassung von *Grote* (ZInsO 2000, 146); wonach ein Restschuldbefreiungsverfahren auch möglich sein soll, wenn der Schuldner nach Abs. 3 keinen eigenen Antrag stellt (und demnach ein gerichtliches und außergerichtliches Einigungsverfahren nicht durchgeführt wird).

[3] AG Stuttgart NZI 2000, 386, 387.

[4] LG Göttingen DZWIR 2000, 119, 120.

[5] OLG Köln ZIP 2000, 1732, 1733; OLG Köln NZI 2000, 317, 318.

[6] OLG Köln ZIP 2000, 1732, 1734; OLG Köln ZIP 2000, 1449, 1450; BayObLG NZI 1999, 412, 413; LG Schwerin DZWIR 1999, 341, 342.

[7] Vgl. jedoch BGH ZInsO 2005, 310 f.

[8] HK-*Landfermann,* InsO, § 306 Rn. 7; OLG Köln ZInsO 2000, 334, m. abl. Anm. *Delhaes,* ZInsO 2000, 358.

[9] Der gem. § 304 Abs. 1 Anwendung findet; ausführlich zu Sicherungsmaßnahmen FK-*Grote,* InsO, § 306 Rn. 9 ff.

[10] *Balz/Landfermann,* S. 570.

Abs. 2 Nr. 2 dem Schuldner ein **Verfügungsverbot** auferlegt, nach Nr. 3 können **Zwangsvollstreckungsmaßnahmen untersagt oder eingestellt** werden. Die Sicherungsmaßnahme des § 21 Abs. 2 Nr. 1 scheidet dagegen aus, da die Befugnisse des für das vereinfachte Insolvenzverfahren einzusetzenden Treuhänders auch hinter denen des vorläufigen Insolvenzverwalters zurückbleiben.[1] Wird von der Möglichkeit des Abs. 2, Sicherungsmaßnahmen anzuordnen, kein Gebrauch gemacht, so sind Zwangsvollstreckungen der Gläubiger und die Verwertung von Sicherheiten möglich. Die **Bestellung eines vorläufigen Treuhänders** (§ 21 Abs. 2 Nr. 1, § 313 Abs. 1) wird i. d. R. nicht erforderlich sein.[2]

Sicherungsmaßnahmen im Eröffnungsverfahren waren bis zum Inkraft- 13
treten des InsOÄndG 2001 unanfechtbar.[3] Hinzuweisen ist insofern auf die Neuregelung des § 21 Abs. 1, wonach gegen die Anordnung der Maßnahme dem Schuldner die **sofortige Beschwerde** nunmehr allerdings zusteht.[4]

c) Vorlage der zuzustellenden Unterlagen, Abs. 2 S. 2 und S. 3

Die durch das InsOÄndG 2001 insofern eingefügte Änderung dient der 14
Senkung der im Verbraucherinsolvenzverfahren entstehenden Kosten, die sich nach bisherigem Recht als tatsächliche Zugangshürde auswirkten. Nunmehr ist der **Schuldner verpflichtet, die nach § 307 Abs. 1 S. 1 zuzustellenden Unterlagen** entsprechend § 253 Abs. 5 ZPO **in der erforderlichen Anzahl einzureichen,** sodass das Gericht Kopier- und Beglaubigungskosten sparen kann.[5] Hier wird allerdings eingewandt, dass die Verringerung der Kopierkosten mit einer erhöhten Belastung bei der Überprüfung einhergehe. Während das Gericht bislang die Unterlagen vor der Beglaubigung lediglich auf ihre Vollständigkeit überprüfen musste, sei nunmehr auch die inhaltliche Übereinstimmung der Abschriften mit dem Original festzustellen.[6] Der Urkundsbeamte der Geschäftsstelle ist demnach verpflichtet, im Rahmen der ordnungsgemäßen Beglaubigung Blatt für Blatt die Identität von Original und Abschriften zu überprüfen.[7]

Da zum Zeitpunkt der Stellung des Eröffnungsantrages noch nicht feststeht, 15
ob das gerichtliche Schuldenbereinigungsverfahren stattfindet, heißt es in S. 2, dass die zuzustellenden Unterlagen in der erforderlichen Anzahl **innerhalb von zwei Wochen nach Aufforderung durch das Gericht nachzureichen** sind.[8] Die Frist beginnt mit dem Zugang der entsprechenden Aufforderung durch das Gericht. Sie ist nach § 4 i. V. m. § 222 ZPO i. V. m. § 187 Abs. 1, 188 Abs. 2 BGB zu berechnen. Die Frist kann weder abgekürzt noch verlängert werden (§ 4 i. V. m. § 224 ZPO). Überschreitet der Schuldner die gesetzliche Frist zur Nachreichung der Unterlagen, gilt sein Antrag auf Eröffnung des Insolvenzverfahrens als zurückgenommen. Da eine Verlängerung der

---

[1] *Hess,* InsO, § 306 Rn. 18.

[2] HK-*Landfermann,* InsO, § 306 Rn. 11; aA: *Maier/Krafft,* BB 1997, 2175; vgl. hierzu auch AG Köln ZIP 2000, 418, 420; dazu *Grub,* EWiR 2000, 403.

[3] OLG Köln NZI 2000, 130; LG Hamburg NZI 2000, 188; LG Göttingen NZI 2000, 383.

[4] Vgl. Begr. RegE, BR-Drucks. 14/01, S. 50, 51.

[5] Begr. RegE, BR-Drucks. 14/01, S. 67.

[6] *Fuchs,* NZI 2001, 15, 17.

[7] *Schmerbach/Stephan,* ZInsO 2000, 541, 546.

[8] Begr. RegE, BR-Drucks. 14/01, S. 67.

Frist nicht möglich ist, greift die Rücknahmefiktion auch dann ein, wenn der Schuldner bis zum Ablauf der Frist die Unterlagen nur unvollständig eingereicht hat.[1] Greift die Rücknahmefiktion, bleibt es dem Schuldner allerdings unbenommen, einen neuerlichen Antrag auf Eröffnung eines Insolvenzverfahrens zu stellen.

§ 307 Zustellung an die Gläubiger

(1) **Das Insolvenzgericht stellt den vom Schuldner genannten Gläubigern den Schuldenbereinigungsplan sowie die Vermögensübersicht zu und fordert die Gläubiger zugleich auf, binnen einer Notfrist von einem Monat zu den in § 305 Abs. 1 Nr. 3 genannten Verzeichnissen und zu dem Schuldenbereinigungsplan Stellung zu nehmen; die Gläubiger sind darauf hinzuweisen, daß die Verzeichnisse beim Insolvenzgericht zur Einsicht niedergelegt sind. Zugleich ist jedem Gläubiger mit ausdrücklichem Hinweis auf die Rechtsfolgen des § 308 Abs. 3 Satz 2 Gelegenheit zu geben, binnen der Frist nach Satz 1 die Angaben über seine Forderungen in dem beim Insolvenzgericht zur Einsicht niedergelegten Forderungsverzeichnis zu überprüfen und erforderlichenfalls zu ergänzen. Auf die Zustellung nach Satz 1 ist § 8 Abs. 1 Satz 2, 3, Abs. 2 und 3 nicht anzuwenden.**

(2) **Geht binnen der Frist nach Absatz 1 Satz 1 bei Gericht die Stellungnahme eines Gläubigers nicht ein, so gilt dies als Einverständnis mit dem Schuldenbereinigungsplan. Darauf ist in der Aufforderung hinzuweisen.**

(3) **Nach Ablauf der Frist nach Absatz 1 Satz 1 ist dem Schuldner Gelegenheit zu geben, den Schuldenbereinigungsplan binnen einer vom Gericht zu bestimmenden Frist zu ändern oder zu ergänzen, wenn dies auf Grund der Stellungnahme eines Gläubigers erforderlich oder zur Förderung einer einverständlichen Schuldenbereinigung sinnvoll erscheint. Die Änderungen oder Ergänzungen sind den Gläubigern zuzustellen, soweit dies erforderlich ist. Absatz 1 Satz 1, 3 und Absatz 2 gelten entsprechend.**

Übersicht

[1] *Vallender,* NZI 2001, 561, 565.

1. Normzweck

1 Die Vorschrift regelt das schriftlich durchführbare Verfahren der gerichtlichen Schuldenbereinigung. Eine Einigung über den Schuldenbereinigungsplan soll möglichst schnell erzielt werden. Zu diesem Zweck gibt das Gesetz den Beteiligten bestimmte Vorgaben wie die **nicht verlängerbare Monatsfrist** (Notfrist) zur Stellungnahme und Überprüfung des Abs. 1, die **Veranlassung der Gläubiger zur Mitwirkung** durch die Sanktion der **Zustimmungsfiktion bei Schweigen** nach Abs. 2 sowie die Möglichkeit der **Planänderung oder Ergänzung,** die ebenfalls innerhalb einer an dem Ziel der zügigen Durchführung des Verfahrens zu orientierenden gerichtlichen Frist zu erfolgen hat, in Abs. 3.

2 Die **Neuregelung des Abs. 1 S. 1**, wonach neben dem Schuldenbereinigungsplan für eine **Zustellung an die Gläubiger anstelle des Vermögens-, des Gläubiger- und des Forderungsverzeichnisses nur noch** eine **Vermögensübersicht** verlangt wird, dient der Verfahrenserleichterung.[1] Das Gläubigerinteresse verlangt nach Ansicht des Gesetzgebers nicht die Übersendung aller nach der alten Rechtslage notwendigen Verzeichnisse. Bereits durch den Schuldenbereinigungsplan werden die Gläubiger über ihre Mitgläubiger und deren Forderungen hinreichend unterrichtet.[2] Anstelle eines lückenlosen Verzeichnisses genügt eine **Übersicht über das Schuldnervermögen,** zumal die Gläubiger die Möglichkeit haben, die vollständigen Unterlagen bei Gericht einzusehen (s. die Neufassung des § 307 Abs. 1 S. 1 aE). Die Rechte der Gläubiger werden durch diese Verfahrenserleichterung nicht beschnitten.

2. Im Einzelnen

a) Zustellungen, Abs. 1 S. 1

3 Im Vorfeld der Zustellung des Schuldenbereinigungsplans sowie der Vermögensübersicht hat der Schuldner innerhalb von zwei Wochen nach Aufforderung durch das Gericht die **erforderliche Zahl der Abschriften** vorzulegen (§ 306 Abs. 2 S. 2). Die genannten Unterlagen sind **von Amts wegen zuzustellen** (§ 8 Abs. 1 S. 1 i.V.m. § 307 Abs. 1 S. 3). Die Zustellung **an alle Gläubiger** hat die Funktion, möglichst schnell festzustellen, ob der Schuldenbereinigungsplan Grundlage für eine einvernehmliche Lösung sein kann.[3] Abzulehnen ist daher auch die Auffassung von *Späth,*[4] wonach zur Vermeidung von Kosten eine sukzessive Zustellung dergestalt möglich sein soll, dass zunächst eine Zustellung an die Gläubiger erfolgt, mit deren Widerspruch aller Voraussicht nach zu rechnen ist bzw. deren Zustimmung mangels Erreichbarkeit der Summenmehrheit nicht ersetzt werden kann.

---

[1] Die Gesetzesbegründung, RegE, BR-Drucks. 14/01, S. 68, verweist hier auch auf den Gesichtspunkt der Kostenersparnis. Zustellungskosten können durch die Gesetzesänderung jedoch nicht gespart werden, da diese unabhängig vom Gewicht der zu übersendenden Unterlagen anfallen. Eine Einsparung bei den Kopier- und Beglaubigungskosten wäre durch die Reduzierung der Unterlagen an sich möglich. Sie wird jedoch nicht relevant, da durch die Änderung des § 306 Abs. 2 S. 2 die Verpflichtung zur Vervielfältigung auf den Schuldner übertragen wird.

[2] Begr. RegE, BR-Drucks. 14/01, S. 68.

[3] OLG Frankfurt NZI 2000, 536, 537.

[4] *Späth,* ZInsO 2000, 483 f.

4 **aa) Zustelladressaten.** Soweit ein **Gläubigervertreter** selbst oder der Gläubiger dem Gericht gegenüber angezeigt hat, dass ein Vertreter für ihn tätig werde, ist gem. § 176 ZPO **an diesen im weiteren Verfahren zuzustellen.**[1] Allerdings muss der Vertreter dem Gericht eine **schriftliche Vollmacht** gem. § 4 i. V. m. §§ 80 Abs. 1, 88 Abs. 2 ZPO vorlegen, **soweit dieser kein Rechtsanwalt ist.**[2]

5 **bb) Sonderfall:[3] Zustellung an im Handelsregister gelöschte GmbH.** Nach Auffassung des OLG Frankfurt[4] kann von einer förmlichen Zustellung der in Abs. 1 S. 1 genannten Unterlagen selbst dann nicht abgesehen werden, wenn es sich bei dem Gläubiger um eine im Handelsregister gelöschte GmbH handelt. Nach Auffassung des OLG Frankfurt hat der Schuldner in diesem Falle beim zuständigen Registergericht einen **Antrag auf Bestellung eines Nachtragsliquidators** zu stellen.

6 Dies dürfte **in der Praxis** allerdings regelmäßig zu **erheblichen Schwierigkeiten** führen, welche zwangsläufig Verfahrensverzögerungen mit sich bringen. Nach dem Normzweck soll eine Einigung über den Schuldenbereinigungsplan allerdings möglichst schnell erzielt werden. So sind die Gläubiger nach Abs. 2 auch verpflichtet, zu dem Schuldenbereinigungsplan innerhalb einer nicht verlängerbaren Notfrist von einem Monat Stellung zu beziehen. Allein für den Fall, dass im Schuldenbereinigungsplan eine Quote angeboten wird, mithin auch die Forderung der gelöschten GmbH zumindest teilweise als werthaltig anzusehen, und damit auch die Gesellschaft nicht de facto als vermögenslos zu betrachten ist, hätte die Löschung im Handelsregister nicht die liquidationsmäßige Beendigung zur Folge. Allein in dieser Konstellation ist der Schuldner gehalten, bei dem für den Sitz der GmbH zuständigen Registergericht sich um die Bestellung eines Nachtragsliquidators zu bemühen, an den die erforderliche Zustellung sodann zu erfolgen hat.

7 Liegt dem gerichtlichen Schuldenbereinigungsverfahren allerdings – wie in der Praxis sehr häufig – ein sog. **Nullplan** zugrunde, besteht mangels Werthaltigkeit der Forderung der im Handelsregister gelöschten GmbH auch ein Restvermögen nicht mehr, weswegen auch die **Bestellung eines Nachtragsliquidators entbehrlich** ist.

8 **cc) Sonderfall: Zustellung an Gläubiger unbekannten Aufenthaltes** ist durch öffentliche Bekanntmachung gem. § 4 i. V. m. § 185 ZPO möglich.[5] Eine öffentliche Bekanntmachung gem. § 185 ZPO ist allerdings nur dann als zulässig zu erachten, wenn der Schuldner dem Gericht darlegen kann, dass trotz durchgeführter, eingehender Ermittlungen eine ladungsfähige Anschrift des Gläubigers innerhalb der vom Gericht dem Schuldner insofern gesetzten Frist nicht in Erfahrung zu bringen war. Der Amtsermittlungsgrundsatz des § 5 gilt nicht.[6]

---

[1] AG Regensburg ZInsO 2000, 516.

[2] Hierzu auch *Vallender/Caliebe,* ZInsO 2000, 301 f.; abweichend *Bruckmann,* Verbraucherinsolvenz, § 3 Rn. 67.

[3] Zu Zustellungen an ein Inkassobüro vgl. FK-*Grote,* InsO, § 307 Rn. 4 a.

[4] OLG Frankfurt NZI 2000, 536 f.

[5] AG Saarbrücken ZInsO 2002, 247; *Nerlich/Römermann/Römermann,* InsO, § 307 Rn. 3; *Kohte/Ahrens/Grote,* InsO, § 307 Rn. 7; abweichend *Späth,* ZInsO 2000, 484, wonach eine öffentliche Bekanntmachung gem. § 9 zulässig sein soll.

[6] *Späth,* ZInsO 2000, 483, 484; aA: *Bruckmann,* InVo 2000, 196 f.

dd) Aufforderung an Gläubiger und Hinweise, Abs. 1 S. 2, Abs. 2 S. 2. Die Gläubiger haben sich innerhalb eines Monats darüber zu äußern, ob sie mit den Verzeichnissen und dem Schuldenbereinigungsplan einverstanden sind. **Lehnen sie den Plan ab,** müssen sie hierfür keine Begründung angeben.[1] Dennoch ist eine **Begründung sinnvoll,** da das Gericht dann erkennen kann, ob es dem Schuldner die Nachbesserung des Plans aufgeben soll (Abs. 3). Die **Frist zur Stellungnahme,** die mit der Zustellung beginnt, ist vom Gesetzgeber als **Notfrist** ausgestaltet, damit die Vorschriften über die Wiedereinsetzung in den vorigen Stand, **§§ 233 ff. ZPO,** zur Anwendung kommen.[2] Eine Heilung der Fristversäumnis ist damit nur bei unverschuldeter Säumnis unter den dort genannten Voraussetzungen möglich. Wird Wiedereinsetzung in den vorherigen Stand gewährt, wird der die Annahme des Schuldenbereinigungsplans feststellende Beschluss gem. § 308 Abs. 1 rückwirkend gegenstandslos.[3] 9

Hinsichtlich des Forderungsverzeichnisses sieht Abs. 1 S. 2 ausdrücklich eine **Prüfungsobliegenheit der Gläubiger** vor, deren Verletzung mit der Rechtsfolge des **§ 308 Abs. 3 S. 2** (Erlöschen der Forderung) sanktioniert ist. Hierauf sind die **Gläubiger ausdrücklich hinzuweisen.** 10

ee) Erklärungen der Gläubiger. Gibt ein Gläubiger trotz Aufforderung zur Stellungnahme und dem ausdrücklichen Hinweis auf die Rechtsfolgen des § 308 Abs. 3 S. 2 **innerhalb der Monatsfrist keinerlei Stellungnahme** ab, muss er die daraus folgende **Nichtberücksichtigung seiner Forderung** selbst verantworten.[4] Eine **widersprüchliche Stellungnahme** des Gläubigers ist der **Auslegung als Einverständnis** des Gläubigers mit dem Schuldenbereinigungsplan **nicht zugänglich.**[5] Ein Gläubiger, der dem Schuldenbereinigungsplan innerhalb der Frist zur Stellungnahme widersprochen hat, kann allerdings auch nach Ablauf der Frist noch **nachträglich** seine **Zustimmung** erklären.[6] Die **Stellungnahme** hat durch den Gläubiger **in schriftlicher Form** zu erfolgen, eigenständige und **handschriftliche Unterzeichnung ist erforderlich.**[7] Ist der Gläubiger im gerichtlichen Schuldenbereinigungsverfahren durch einen Rechtsanwalt vertreten und liegt eine schriftliche Vollmacht gem. §§ 4 i. V. m. §§ 80 Abs. 1, 88 Abs. 2 ZPO vor, vertritt dieser den Gläubiger im gerichtlichen Schuldenbereinigungsverfahren.[8] Entsprechendes gilt für **anwaltlich vertretene Inkassounternehmen.** Werden hierbei von dem Inkassounternehmen mehrere Gläubiger vertreten, besteht die Möglichkeit, dazu im Schuldenbereinigungsplan für jeden Gläubiger unterschiedlich Stellung zu beziehen.[9] Eine eigene, vom Inkassounternehmen ohne entsprechende Bevollmächtigung eines anwaltlichen Vertreters 11

[1] OLG Celle ZIP 2001, 385.
[2] *Balz/Landfermann,* S. 571; OLG Köln NZI 1999, 458; OLG Köln ZIP 2000, 281.
[3] AG Hamburg NZI 2000, 446.
[4] LG Göttingen ZInsO 2002, 41, 42.
[5] LG Berlin ZVI 2002, 12, 13; vgl. hierzu auch *Vallender,* ZInsO 2000, 441, 442.
[6] Vgl. BGH NZI 2006, 248.
[7] LG Münster NZI 2002, 215.
[8] Vgl. hierzu auch OLG Köln ZIP 2000, 2312 f.
[9] OLG Köln ZIP 2000, 2312, 2314.

abgegebene Stellungnahme zum Schuldenbereinigungsplan ist dagegen unwirksam.[1]

12 Bei einer **modifizierten Planannahme** durch einen Gläubiger handelt es sich entsprechend § 150 Abs. 2 BGB um eine **Planablehnung,** verbunden mit einem neuen Angebot.[2] Behält sich der Gläubiger in seiner Stellungnahme zum Schuldenbereinigungsplan die Zustimmungserklärung zunächst vor und macht er dies von der Erfüllung bestimmter Auflagen abhängig, so ist hierin eine Zustimmung zum Schuldenbereinigungsplan nicht zu sehen.[3] **Anzuraten** ist, dass die gerichtlichen Schuldenbereinigungspläne auch nach Vorlage des Schuldenbereinigungsplanes **weiterlaufende Zinsansprüche berücksichtigen** sollten, insbesondere dann, wenn der Plan Aussicht auf Annahme ggf. über eine Zustimmungsersetzung hat.[4]

b) Fiktion des Einverständnisses, Abs. 2

13 Das Schweigen eines Gläubigers gilt nach Ablauf der Monatsfrist des Abs. 1 S. 1 als Zustimmung zum Plan, Abs. 2 S. 1.[5] Hiermit soll eine **zügige Durchführung des Verfahrens** gewährleistet und die **Gläubiger** zur **aktiven Mitwirkung** angehalten werden.[6] **Die Gläubiger sind nach Abs. 2 S. 2 auf diese Rechtsfolge hinzuweisen.** Ein fehlender Hinweis lässt jedoch ein Verschulden des Gläubigers an der Fristversäumnis nicht entfallen, da er in diesem Fall mit nachteiligen Konsequenzen rechnen muss.[7] Lässt sich allerdings eine **wirksame Zustellung** der in § 307 Abs. 1 S. 1 Hs. 1 genannten Unterlagen an einen Gläubiger nicht feststellen, kann dessen fehlende Stellungnahme nicht gem. § 307 Abs. 2 S. 1 als fiktives Einverständnis gewertet werden. Teilt ein Gläubiger innerhalb der Notfrist des § 307 Abs. 1 S. 1 Hs. 1 mit, dass ihm eine höhere Forderung als die im Schuldenbereinigungsplan angeführte zusteht, kann gleichfalls kein fiktives Einverständnis gem. § 307 Abs. 2 S. 1 angenommen werden.[8]

14 Die **Einverständnisfiktion** des Abs. 2 wird auch dann ausgelöst, wenn die **Ablehnung eines Gläubigers** verspätet, also erst nach Ablauf der Monatsfrist eingeht.

c) Ergänzung oder Änderung des Plans, Abs. 3; Beiordnung eines Rechtsanwalts

15 Findet der Plan in der zunächst vorgelegten Fassung nicht die Zustimmung der Mehrheit der Gläubiger, so bedeutet das noch nicht das Scheitern des gerichtlichen Schuldenbereinigungsverfahrens. Liegt auf Grund der Stellungnahme der Gläubiger für das Gericht eine Ergänzung oder Änderung des Planes nahe, ist das Insolvenzgericht nach dem eindeutigen Wortlaut des § 307 Abs. 3 S. 1 verpflichtet, dem Schuldner Gelegenheit zu geben, den **Schuldenbereinigungsplan binnen einer bestimmten Frist zu ändern oder zu ergän-**

[1] OLG Köln ZIP 2000, 2312, 2314; AG Köln NZI 2000, 492; AG Regensburg ZInsO 2000, 516; aA: *Bernett,* NZI 2001, 73 f.
[2] AG Regensburg, ZInsO 2000, 516.
[3] OLG Köln ZInsO 2001, 855, 856.
[4] AG Mönchengladbach ZInsO 2000, 232; *Pape/Pape,* ZIP 2000, 1553, 1559.
[5] Schweigen mit Erklärungswirkung, s. *Palandt/Heinrichs,* Einführung vor § 116 Rn. 8 f.
[6] *Balz/Landfermann,* S. 571; vgl. auch OLG Celle NZI 2001, 27.
[7] *Nerlich/Römermann,* InsO, § 307 Rn. 14.
[8] Vgl. LG Berlin ZVI 2002, 12 f.

zen, wenn dies auf Grund der Stellungnahme eines Gläubigers erforderlich erscheint.[1] Ergänzt oder berichtigt der Schuldner daraufhin seine ursprünglich nicht vorsätzlich falschen Angaben, kann die Restschuldbefreiung nicht wegen Mängeln der mit dem Antrag auf Eröffnung des Verbraucherinsolvenzverfahrens und auf Restschuldbefreiung eingereichten Unterlagen versagt werden.[2] **Der Schuldner kann allerdings zu einer Änderung nicht gezwungen werden.** Das **Planinitiativrecht** steht ihm weiterhin zu.[3] Bei seiner nach pflichtgemäßem Ermessen zu treffenden Entscheidung,[4] ob es dem Schuldner Gelegenheit zur Neubearbeitung des Plans gibt, hat das Gericht die **Vorrangigkeit einer gerichtlichen Schuldenbereinigung** vor der Durchführung des Insolvenzverfahrens einerseits, das **Gebot der Verfahrensbeschleunigung** andererseits zu berücksichtigen. Seine Aufgabe hierbei ist es, eine **einvernehmliche Regelung zwischen den Beteiligten** zu **fördern.**[5] In diesem Zusammenhang wird das Gericht insbesondere berücksichtigen, ob Mehrheiten deutlich verfehlt wurden und welche Einwendungen die den Plan ablehnenden Gläubiger erhoben haben.[6] Erklärt ein Gläubiger im Schuldenbereinigungsverfahren, dass er den Vorschlag des Schuldners nur unter zusätzlichen Bedingungen annehme, und hängt von dessen Zustimmung ab, ob eine Zustimmungsersetzung der übrigen Gläubiger möglich ist, so hat das Gericht dem Schuldner eine einmalige[7] Gelegenheit zur Ergänzung des Plans zu geben.[8] Gleiches gilt in dem Fall, wenn sich die Forderungen der im Schuldenbereinigungsplan berücksichtigten Gläubiger nicht nur geringfügig erhöhen. In diesem Falle ist dem Schuldner die Möglichkeit zur erneuten Änderung und Stellungnahme zu gewähren, wenn die Annahme des geänderten Schuldenbereinigungsplans hinreichend wahrscheinlich ist, weil der Schuldner eine unveränderte Quote anbietet und die Notwendigkeit der Nachbesserung nicht zu vertreten hat, da ihm die Erhöhung der Gläubigerforderungen erst nachträglich bekannt wurde.[9] Kommt der Schuldner dem Vorschlag des Gerichts zur Änderung des Plans nach, ist der geänderte Teil erneut allen Gläubigern gem. Abs. 3 S. 2 förmlich zuzustellen.[10] Nicht erforderlich i. S. d. Vorschrift ist eine erneute Zustellung allerdings dann,

---

[1] Vgl. BGH NZI 2006, 248; OLG Celle NZI 2002, 213.

[2] BayObLG ZInsO 2002, 489, 490.

[3] *Hess,* InsO, § 307 Rn. 39; aA: *Smid/Haarmeyer,* InsO, § 307 Rn. 10f., der für eine entsprechende Anwendung des Abs. 2 in der Weise eintritt, dass die Zustimmung des Schuldners zu Änderungsvorschlägen fingiert werden kann, wenn er innerhalb der gesetzlichen Frist die Änderungen nicht vornimmt.

[4] BayObLG ZVI 2002, 8, 9; LG Hannover ZIP 2001, 208, 209.

[5] FK-*Grote,* InsO, § 307 Rn. 10, 16f.; vgl. auch LG Mainz JurBüro 2002, 214, 215 m. Anm. *Ernst,* abzulehnen ist insoweit die von einem Teil der Lit. (s. bspw. *Smid/Haarmeyer,* InsO, § 307 Rn. 7ff.) dem Wortlaut des Abs. 3 entnommene Unterscheidung zwischen dem Fall, in welchem eine Ergänzungsaufforderung erforderlich, und dem anderen Fall, in dem eine Änderung des Plans lediglich sinnvoll erscheint; hierbei handelt es sich nicht um Alternativen, vielmehr umschreiben die beiden Adjektive gemeinsam die Situation, dass das Gericht eine Planänderung für sinnvoll hält, weil dies auf Grund der Stellungnahme eines Gläubigers naheliegt; so *Grote,* aaO, Rn. 15.

[6] *Kohte/Ahrens/Grote,* § 307 Rn. 15.

[7] LG Münster InVo 2001, 325, 326.

[8] OLG Karlsruhe ZInsO 2000, 238.

[9] LG Traunstein ZInsO 2002, 781, 782; LG Hannover ZIP 2001, 208.

[10] LG Münster InVo 2001, 325, 326.

wenn ein Gläubiger schon im Voraus sein Einverständnis mit den Änderungen erklärt hat.[1] **Verzögert der Schuldner die Nachbesserung des Plans grundlos,** kann das Gericht in analoger Anwendung des § 311 das Eröffnungsverfahren fortsetzen.[2] Entsprechendes gilt, wenn der Schuldner, nachdem ihm gem. § 307 Abs. 3 Gelegenheit zur Änderung oder Ergänzung des Schuldenbereinigungsplans gegeben worden ist, keinen neu gefassten Plan vorlegt und die Voraussetzungen für eine Zustimmungsersetzung nicht gegeben sind. Im Interesse eines zügigen Verfahrensfortgangs ist das Verfahren über den Eröffnungsantrag von Amts wegen als vereinfachtes Insolvenzverfahren sodann fortzusetzen.[3]

16 Dem Schuldner ist ein **Rechtsanwalt beizuordnen,** wenn sich die Erforderlichkeit einer Änderung oder Ergänzung des vorgelegten Schuldenbereinigungsplans abzeichnet.[4] Eine Beiordnung soll nur dann unterbleiben, wenn auf Grund der bereits vorliegenden Ablehnungen eine Zustimmungsersetzung ohnehin ausscheidet.[5]

17 Gem. Abs. 3 S. 3 gelten die Notfrist des Abs. 1 und die Zustimmungsfiktion des Abs. 2 auch für den erneuten Einigungsversuch über den geänderten Schuldenbereinigungsplan. Da auf Abs. 1 S. 2 nicht verwiesen wird, können die Gläubiger Forderungsergänzungen nicht mehr vornehmen.[6]

18 Kommt es auch über den vom Schuldner nachgebesserten Plan nicht zu einer Einigung, ist das gerichtliche Schuldenbereinigungsverfahren gescheitert und das Verfahren über den Eröffnungsantrag wiederaufzunehmen.

§ 308 Annahme des Schuldenbereinigungsplans

(1) **Hat kein Gläubiger Einwendungen gegen den Schuldenbereinigungsplan erhoben oder wird die Zustimmung nach § 309 ersetzt, so gilt der Schuldenbereinigungsplan als angenommen; das Insolvenzgericht stellt dies durch Beschluß fest. Der Schuldenbereinigungsplan hat die Wirkung eines Vergleichs im Sinne des § 794 Abs. 1 Nr. 1 der Zivilprozeßordnung. Den Gläubigern und dem Schuldner ist eine Ausfertigung des Schuldenbereinigungsplans und des Beschlusses nach Satz 1 zuzustellen.**

(2) **Die Anträge auf Eröffnung des Insolvenzverfahrens und auf Erteilung von Restschuldbefreiung gelten als zurückgenommen.**

(3) **Soweit Forderungen in dem Verzeichnis des Schuldners nicht enthalten sind und auch nicht nachträglich bei dem Zustandekommen des Schuldenbereinigungsplans berücksichtigt worden sind, können die Gläubiger von dem Schuldner Erfüllung verlangen. Dies gilt nicht, soweit ein Gläubiger die Angaben über seine Forderung in dem beim Insolvenzgericht zur Einsicht niedergelegten Forderungsverzeichnis nicht innerhalb der gesetzten Frist**

[1] *Balz/Landfermann,* S. 571.

[2] *Kübler/Prütting/Bork/Wenzel,* InsO, § 307 Rn. 13.

[3] OLG Köln InVo 2001, 403 f.

[4] LG Göttingen NZI 1999, 277.

[5] LG Göttingen NZI 2000, 187; weiter einschränkend LG München I ZInsO 1999, 300 (Leitsatz): Beiordnung grundsätzlich nur dann, wenn auch der Gläubiger anwaltlich vertreten ist; so auch AG München NZI 1999, 31; vgl. hierzu auch AG Oldenburg ZInsO 1999, 415.

[6] *Kübler/Prütting/Bork/Wenzel,* InsO, § 307 Rn. 16.

ergänzt hat, obwohl ihm der Schuldenbereinigungsplan übersandt wurde und die Forderung vor dem Ablauf der Frist entstanden war; insoweit erlischt die Forderung.

Übersicht

1. Normzweck

Wird der Schuldenbereinigungsplan von den Gläubigern angenommen, so stellt das Insolvenzgericht dies durch Beschluss fest.[1] Hiermit wird das gerichtliche Schuldenbereinigungsverfahren beendet, Abs. 2. Nach Abs. 1 S. 2 ist der Plan hinsichtlich seiner **Wirkung** einem **Prozessvergleich i. S. d. § 794 Abs. 1 Nr. 2 ZPO** gleichgestellt.[2] Normzweck von Abs. 3 ist der Gläubigerschutz; über diese Vorschrift soll die aktive Beteiligung an dem Schuldenbereinigungsverfahren gewährleistet sein.[3] 1

2. Im Einzelnen

a) Annahme und Rechtsfolgen des Plans, Abs. 1 und 2

aa) Eine **Einigung über den Plan** als **Vertrag sui generis** zwischen dem Schuldner und seinen Gläubigern im Sinne der Vorschrift kann auf drei verschiedene Weisen zustande kommen. Zunächst ist der Fall denkbar, dass **alle Gläubiger ausdrücklich zustimmen.** Sodann kann die **Zustimmung einzelner Gläubiger gem. § 307 Abs. 2 fingiert** werden. Schließlich kann das Gericht – sofern eine Mehrheit der Gläubiger dem Plan zugestimmt hat – die **Zustimmung der übrigen gem. § 309 ersetzen.** 2

Es gilt grundsätzlich das Einstimmigkeitsprinzip.[4] Ist der Plan durch eine arglistige Täuschung oder Drohung zustande gekommen, können die Beteiligten ihre Willenserklärung anfechten.[5] 3

Die **gerichtliche Feststellung** erfolgt in Form eines **Beschlusses.** Dieser ergeht **ohne** eine **inhaltliche Prüfung.**[6] Insbesondere kommt es nicht darauf 4

---

[1] Abs. 1 S. 1, Hs. 2.

[2] Vgl. auch FK-*Kohte,* InsO, § 308 Rn. 2.

[3] LG Göttingen ZInsO 2002, 41, 42.

[4] BayObLG NZI 2001, 145 f.

[5] *Arnold,* DGVZ 1996, 129, 135; *Kirchhof,* ZInsO 1998, 54, 59; *Wittig,* WM 1998, 167; *Schäferhoff,* ZInsO 2001, 687, 690.

[6] Abweichend LG Traunstein ZInsO 2001, 525 f., wonach das Gericht zu prüfen hat, ob die Regelungen hinreichend bestimmt sind.

an, ob der Plan nach Auffassung des Gerichts angemessen ist. Was als angemessen gilt, bestimmen allein die Parteien.[1] Auch ein **Nullplan** kann damit **zulässig** sein.[2] Bei **Gesetzes- oder Sittenwidrigkeit** kann bzw. muss das Gericht jedoch die **Feststellung des Planes verweigern.**[3] Die **gem.** Abs. 1 S. 2 erforderliche **Zustellung des Plans**[4] und des Beschlusses kann durch Aufgabe zur Post erfolgen. § 8 **gilt hier uneingeschränkt.**

5 **bb)** Der Plan hat nach Abs. 1 S. 2 die **Wirkung eines Prozessvergleichs.** Nach der herrschenden Theorie von der Doppelnatur[5] ist er damit sowohl materiellrechtlicher Vergleich i. S. d. § 779 BGB als auch Prozesshandlung. Die prozessuale Wirkung besteht in der Beendigung des gerichtlichen Schuldenbereinigungsverfahrens (Abs. 2) sowie in seiner Vollstreckbarkeit.

6 Den **Titel** bildet **der gerichtliche Feststellungsbeschluss zusammen mit einem Auszug aus dem Schuldenbereinigungsplan.**[6] Er kann nach § 795 ZPO vollstreckt werden, wenn und soweit er einen zur Vollstreckung geeigneten Inhalt hat.[7] Die Vollstreckungsklausel erteilt der Urkundsbeamte der Geschäftsstelle, § 4 i. V. m. §§ 724 Abs. 2, 795 ZPO.

7 Als materiellrechtlicher Vergleich unterliegt er den zivilrechtlichen Vorschriften über Willensmängel.[8]

8 Der Schuldenbereinigungsplan gestaltet die von ihm erfassten Forderungen materiellrechtlich um, die **Forderungen bestehen nur noch nach Maßgabe des Plans.** Entsprechendes gilt für Sicherheiten. Wenn beispielsweise in einem Schuldenbereinigungsplan nur eine teilweise Befriedigung einer Darlehensforderung vorgesehen ist und dieser Plan gem. § 308 als angenommen gilt, kann der Gläubiger auch aus Sicherheiten (z. B. einer Bürgschaft) nicht mehr in voller Höhe vorgehen.[9] Die Pfändung von Bezügen aus einem Dienstverhältnis verliert im gerichtlichen Schuldenbereinigungsverfahren in dem Zeitpunkt ihre Wirksamkeit, in dem das Insolvenzgericht gem. § 308 Abs. 1 die Annahme des Schuldenbereinigungsplanes durch Beschluss feststellt.[10] Nach Bestätigung des Schuldenbereinigungsplans **ist es einem Gläubiger verboten, gegen den Schuldner einen Betrag zu vollstrecken, der über den im Plan vorgegebenen Betrag hinausgeht;** der Gläubiger hat mit der Zustimmung zu dem Plan auf seine weitergehende Forderung verzichtet.[11] Betreibt ein Gläubiger nach der An-

[1] Vgl. bspw. OLG Köln NZI 1999, 494.

[2] BayObLG NZI 1999, 451; BayObLG NZI 2000, 129; OLG Köln NZI 1999, 494; OLG Karlsruhe NZI 2000, 163; OLG Celle ZInsO 2000, 601; aA: *Arnold,* DGVZ 1996, 129, 133 f.; *Kübler/Prütting/Bork/Wenzel,* InsO, § 286 Rn. 78–80.

[3] *Krug,* Der Verbraucherkonkurs, S. 128 f.; FK-*Kohte,* InsO, § 308 Rn. 20 unter Hinweis auf die Wertung des § 4 BeurkG; *Smid/Haarmeyer,* InsO, § 308 Rn. 7; zur Wirksamkeitskontrolle von Verfallklauseln s. FK-*Kohte,* InsO, § 308 Rn. 11–14.

[4] Vgl. hierzu *Vallender,* ZInsO 2000, 441 f.

[5] MünchKomm-*Pecher,* § 779 BGB Rn. 71.

[6] *Balz/Landfermann,* S. 572.

[7] FK-*Kohte,* InsO, § 308 Rn. 3 f.; LG Schwerin DZWIR 1999, 341, 342; *Kirchhof,* ZInsO 1998, 54, 59.

[8] *Balz/Landfermann,* S. 572, zur Unwirksamkeit einzelner Bestimmungen im Schuldenbereinigungsplan vgl. FK-*Kohte,* InsO, § 308 Rn. 9 ff.

[9] LG Hamburg NZI 2002, 114, 115.

[10] LG Trier NZI 2005, 405.

[11] Vgl. LG Trier NZI 2002, 565.

nahme des Plans gleichwohl die Zwangsvollstreckung auf Grund der ursprünglichen Forderung, steht dem Schuldner insoweit die **Vollstreckungsgegenklage nach § 767 ZPO** zu.[1] Eine **Löschung der Eintragung im Schuldenverzeichnung** kommt allerdings nur unter den Voraussetzungen des **§ 915 a ZPO** in Betracht.[2]

9 Gem. § 306 Abs. 2 angeordnete Sicherungsmaßnahmen sind nach der Annahme des Planes aufzuheben. Wie die Anordnung der Sicherungsmaßnahmen ist auch ihre Aufhebung öffentlich bekannt zu machen (§§ 25, 23).

10 **cc) Rücknahmefiktion, Abs. 2.** Mit der Bestätigung des Plans gelten die Anträge auf Eröffnung des Insolvenzverfahrens und auf Erteilung der Restschuldbefreiung als zurückgenommen. Die Regelung stellt sicher, dass bei Zustandekommen einer Schuldenbereinigung das Insolvenzverfahren nicht weiter betrieben wird.[3] Ein **Rücktritt nach § 323 BGB** von einem Schuldenbereinigungsplan gem. §§ 306 f. ist nicht möglich.[4]

11 **dd)** Eine **Anpassung des Plans an geänderte wirtschaftliche Verhältnisse** ist im Wege der **Abänderungsklage nach § 323 Abs. 4 ZPO** möglich.[5] Vorgelagert ist jedoch die **Auslegung des Vertrages,**[6] insbesondere wenn der Schuldner im Schuldenbereinigungsplan für den Fall einer nachträglichen, wesentlichen Veränderung der wirtschaftlichen Verhältnisse eine entsprechende **Anpassungsklausel** aufgenommen hat. Im Wege der **ergänzenden Vertragsauslegung** ist zu verfahren, wenn im Schuldenbereinigungsplan vorgesehene **Zahlungstermine bei Bestätigung des Plans teilweise verstrichen** sind. Sie können dann im Wege der ergänzenden Vertragsauslegung entsprechend dem Zeitablauf zwischen Antragstellung und Annahme des Schuldenbereinigungsplans umgerechnet werden.[7]

b) Nicht berücksichtigte Gläubiger, Abs. 3

12 Von den Wirkungen des Schuldenbereinigungsplans werden diejenigen Gläubiger, die im Gläubigerverzeichnis nach § 305 Abs. 1 Nr. 3 nicht aufgeführt und auch im Plan nicht berücksichtigt sind bzw. denen dieser nicht zugestellt wurde, nicht erfasst, Abs. 3 S. 1.[8] Diese Gläubiger können vom Schuldner **uneingeschränkt Erfüllung verlangen.**[9] Eine **Ausnahme** gilt nach Abs. 3 S. 2 hinsichtlich zwar berücksichtigter Gläubiger, die unvollständige Angaben im Forderungsverzeichnis nicht **innerhalb der Frist des § 307 Abs. 1 ergänzt** haben. In diesem Fall erlischt die nicht aufgeführte Forderung oder der nicht berichtigte Forderungsteil.[10] Dies gilt auch für gesicherte Forderungen.[11] Voraussetzung ist

---

[1] *Hess,* InsO, § 308 Rn. 10.
[2] Vgl. hierzu AG Duisburg ZInsO 2001, 573; *Robrecht,* KTS 2000, 529 f.
[3] *Smid/Haarmeyer,* § 308 Rn. 3.
[4] LG Hechingen ZInsO 2005, 49; vgl. hierzu auch *Theiß,* ZInsO 2005, 29 f.
[5] HK-*Landfermann,* InsO, § 308 Rn. 13; *Vallender,* DGVZ 1997, 97, 101; aA: OLG Karlsruhe NZI 2001, 422, 423.
[6] FK-*Kohte,* InsO, § 308 Rn. 23.
[7] AG Regensburg ZInsO 2000, 516, 517.
[8] Zu dem Schuldner unbekanntem Forderungskauf vgl. FK-*Kohte,* InsO, § 308 Rn. 15.
[9] Zu prüfen ist aber Verjährung und ggf. Verwirkung des Anspruchs.
[10] Zur Frage der Berücksichtigung von Teilforderungen vgl. AG Köln ZIP 2000, 83 f.
[11] *Marotzke,* ZZP 1996, S. 440; vgl. auch *Kirchhof,* ZInsO 1998, 58.

selbstverständlich, dass die Forderung vor dem Ablauf der Überprüfungsfrist des § 307 Abs. 1 S. 2 entstanden war. Diese Sanktion soll die Mitwirkung aller Gläubiger am Verfahren sichern.[1]

13 **Ergänzt der Gläubiger innerhalb der Frist,** die ihm im Rahmen des § 308 Abs. 3 gesetzt wurde, die Angaben über seine Forderung und **lehnt der Schuldner** daraufhin eine **Änderung des Schuldenbereinigungsplans** ab, liegt der Fall einer **streitigen Forderung** i. S. v. § 309 Abs. 3 vor; § 308 Abs. 3 kann in diesem Falle nicht gelten.[2]

14 **Ergänzt der Gläubiger allerdings nicht,** so kann er nicht mit Erfolg die Nichtberücksichtigung seiner Forderung geltend machen.[3] Beschränkt sich das Finanzamt in seiner Stellungnahme zum Schuldenbereinigungsplan darauf, auf die bisher unterbliebene Festsetzung der weiteren Steuerschuld hinzuweisen, reicht dies nicht als Ergänzung der Angaben über die Steuerforderung in dem Forderungsverzeichnis i. S. v. § 308 Abs. 3 S. 2 aus. Eine die Angaben im Schuldenbereinigungsplan überschreitende Steuerforderung erlischt deshalb.[4]

15 Die Sanktion des Abs. 3 S. 2 erfasst allerdings nur Forderungen, die bereits bestanden, als der Gläubiger Gelegenheit zur Stellungnahme hatte.[5] **Außenstehende Gläubiger, deren Forderungen nicht im Forderungsverzeichnis aufgeführt sind,** werden von einem Schuldenbereinigungsplan nicht erfasst und können ihre Forderung weiterhin gegen den Schuldner geltend machen.

c) Verfahrensrechtliches

16 **Gegen die Bestätigung des Schuldenbereinigungsplans** nach § 308 Abs. 1 ist eine **sofortige Beschwerde nicht zulässig;** die unzulässige Beschwerde kann aber als **Antrag auf Wiedereinsetzung in die Frist zur Erhebung von Einwendungen nach § 307 Abs. 1 S. 1** ausgelegt werden.[6] Eine außerordentliche Beschwerde kommt allenfalls bei einer greifbaren Gesetzeswidrigkeit der Entscheidung in Betracht.[7] Letzteres ist im Falle der Verletzung des rechtlichen Gehörs nicht gegeben.[8] In diesen Fällen wird allerdings zulässig sein, dass das Gericht im Wege der **Gegenvorstellung** die Korrektur des Beschlusses vornimmt.[9] Für den Fall, dass ein gerichtlich festgestellter Schuldenbereinigungsplan die Abtretung der pfändbaren Dienstbezüge des Schuldners an einen Gläubiger vorsieht, ist das Insolvenzgericht zur Entscheidung über Anträge

---

[1] *Balz/Landfermann,* S. 572.

[2] HK-*Landfermann,* InsO, § 308 Rn. 118; AG Köln ZIP 2000, 83.

[3] LG Göttingen ZInsO 2002, 41, 42.

[4] AG Mannheim VuR 2002, 106 f. m. Anm. *Kohte.*

[5] HK-*Landfermann,* InsO, § 308 Rn. 119.

[6] AG Hamburg NZI 2000, 446; vgl. auch LG München I NZI 2002, 325, wonach es nicht greifbar gesetzeswidrig ist, wenn das Insolvenzgericht die **Beschwerde gegen den Feststellungsbeschluss als Gegenvorstellung behandelt** und das Verfahren über den Insolvenzantrag wieder aufnimmt.

[7] BGH NJW 1998, 1715; OLG Köln NZI 1999, 415; OLG Köln NZI 2000, 131, 132.

[8] Differenzierend: FK-*Kohte,* InsO, § 308 Rn. 19: formlose Unterrichtung der Gläubiger von der Rechtsauffassung des Gerichts zur Sicherung des rechtlichen Gehörs.

[9] BGH NJW 1995, 403 und 2000, 497; vgl. auch LG München I NZI 2002, 325; *Vallender,* ZInsO 2000, 441, 443; *Hoffmann,* Verbraucheinsolvenz, S. 97 f.

der Beteiligten zuständig, in welchem Umfang Arbeitseinkommen Pfändungsschutz genießt.[1]

§ 309 Ersetzung der Zustimmung

(1) **Hat dem Schuldenbereinigungsplan mehr als die Hälfte der benannten Gläubiger zugestimmt und beträgt die Summe der Ansprüche der zustimmenden Gläubiger mehr als die Hälfte der Summe der Ansprüche der benannten Gläubiger, so ersetzt das Insolvenzgericht auf Antrag eines Gläubigers oder des Schuldners die Einwendungen eines Gläubigers gegen den Schuldenbereinigungsplan durch eine Zustimmung. Dies gilt nicht, wenn**

1. **der Gläubiger, der Einwendungen erhoben hat, im Verhältnis zu den übrigen Gläubigern nicht angemessen beteiligt wird oder**
2. **dieser Gläubiger durch den Schuldenbereinigungsplan voraussichtlich wirtschaftlich schlechter gestellt wird, als er bei Durchführung des Verfahrens über die Anträge auf Eröffnung des Insolvenzverfahrens und Erteilung von Restschuldbefreiung stünde; hierbei ist im Zweifel zugrunde zu legen, daß die Einkommens-, Vermögens- und Familienverhältnisse des Schuldners zum Zeitpunkt des Antrags nach Satz 1 während der gesamten Dauer des Verfahrens maßgeblich bleiben.**

(2) **Vor der Entscheidung ist der Gläubiger zu hören. Die Gründe, die gemäß Absatz 1 Satz 2 einer Ersetzung seiner Einwendungen durch eine Zustimmung entgegenstehen, hat er glaubhaft zu machen. Gegen den Beschluß steht dem Antragsteller und dem Gläubiger, dessen Zustimmung ersetzt wird, die sofortige Beschwerde zu. § 4 a Abs. 2 gilt entsprechend.**

(3) **Macht ein Gläubiger Tatsachen glaubhaft, aus denen sich ernsthafte Zweifel ergeben, ob eine vom Schuldner angegebene Forderung besteht oder sich auf einen höheren oder niedrigeren Betrag richtet als angegeben, und hängt vom Ausgang des Streits ab, ob der Gläubiger im Verhältnis zu den übrigen Gläubigern angemessen beteiligt wird (Absatz 1 Satz 2 Nr. 1), so kann die Zustimmung dieses Gläubigers nicht ersetzt werden.**

Übersicht

[1] BGH NZI 2008, 384 f.

1. Normzweck

1 Das Gericht hat die Möglichkeit, die fehlende Zustimmung einer Minderheit von Gläubigern gegen den Plan zu ersetzen, umso zu verhindern, dass die gerichtliche Schuldenbereinigung am grundlosen Widerspruch einzelner Gläubiger scheitert.[1] Vorausgesetzt, der widersprechende Gläubiger ist durch den Plan angemessen beteiligt und nicht schlechter gestellt als bei Durchführung des Verbraucherinsolvenzverfahrens mit anschließender Restschuldbefreiung, kann der Plan trotz der Ablehnung durch einzelne Gläubiger zustande kommen, § 308 Abs. 1 S. 1. Kann die Zustimmung auch nur eines widersprechenden Gläubigers zum Schuldenbereinigungsplan nicht ersetzt werden, so ist im vereinfachten Verfahren nach § 311 InsO fortzufahren.[2] Nach einem Forderungsverzicht von Gläubigern im gerichtlichen Schuldenbereinigungsplanverfahren ist eine Ersetzungsentscheidung nach § 309 grundsätzlich nur dann zulässig, wenn der Schuldner einen neuen Plan unter Berücksichtigung der Forderungsverzichte vorlegt.[3]

2. Im Einzelnen

a) Voraussetzung der Ersetzung, Abs. 1

2 **aa)** Die Zustimmung eines Gläubigers zum Schuldenbereinigungsplan ist entweder ausdrücklich zu erklären (§ 307 Abs. 1),[4] bei Schweigen zu fingieren (§ 307 Abs. 2) oder durch gerichtlichen Beschluss nach § 309 zu ersetzen. Voraussetzung für eine Zustimmungsersetzung ist nach § 309 Abs. 1 S. 1 zunächst, dass sowohl eine **Kopf- als auch eine Summenmehrheit** für den Plan besteht. Die für den Plan stimmenden Gläubiger müssen also nicht nur zahlenmäßig überwiegen, sie müssen auch mehr als die Hälfte der im Plan berücksichtigten Forderungen innehaben.[5] Für die **Ermittlung der Summenmehrheit** kommt es allein auf die vom Schuldner im Plan genannten Forderungen an.[6] Im Ergebnis muss eine Summenmehrheit von **über 50 %** dem Plan zugestimmt haben.[7]

---

[1] *Balz/Landfermann,* S. 573; FK-*Grote,* InsO, § 309 Rn. 1.

[2] BayObLG ZIP 2001, 204, 205.

[3] AG Köln NZI 2007, 735.

[4] Antragstellung durch Gläubiger oder Schuldner ist erforderlich; vgl. BayObLG ZIP 2001, 204, 206; LG Koblenz ZInsO 2000, 171; *Schäferhoff,* ZInsO 2001, 687, 689.

[5] *Hess/Weis,* InVo 1996, 115; vgl. zur Berechnung: AG Köln ZIP 2000, 85.

[6] LG Berlin ZInsO 2000, 404; AG Köln ZIP 2000, 83, 85; AG Regensburg ZInsO 2000, 516.

[7] Zur Zustimmungersetzung eines Großgläubigers mit Auswirkung auf die Verteilbeträge anderer Gläubiger bei Vorliegen von Verteilungsalternativen abhängig vom Ausgang einer Feststellungsklage vgl. LG Aachen ZVI 2004, 18.

3 Die **Kopfmehrheit** bestimmt sich dagegen nach der **Zahl der Gläubigerrechte;**[1] auf die Grundsätze für den Abschluss eines Zwangsvergleichs nach der Konkursordnung, eines Vergleichs nach der Vergleichsordnung bzw. nach der Gesamtvollstreckungsordnung ist zurückzugreifen.[2] Dabei hat **ein Gläubiger mit mehreren Forderungen** nur **eine Stimme.**[3] Abweichendes gilt dann, wenn **mehrere Finanzämter** im Schuldenbereinigungsplan aufgeführt sind.[4] Vom Gläubiger beauftragte **Inkassounternehmen,** welche anwaltlich vertreten sind, haben entsprechend zur Anzahl der vertretenen Gläubiger Gläubigerrechte, wobei auch die Möglichkeit besteht, zu dem Schuldenbereinigungsplan für jeden Gläubiger unterschiedlich Stellung zu beziehen.[5]

4 **Zustimmende Gläubiger** in diesem Sinne sind dabei auch diejenigen, deren **Einverständnis nach § 307 Abs. 2 fingiert** wird.[6]

5 **Stimmberechtigt** sind die vom Schuldner im Gläubigerverzeichnis benannten bzw. im Plan berücksichtigten Gläubiger. Gläubiger, die schon außergerichtlich auf ihre Forderung verzichtet haben, spielen dagegen für die Zustimmungsersetzung keine Rolle.[7] Die Angaben des Schuldners hinsichtlich der Anzahl der Gläubiger werden dabei nicht gerichtlich überprüft, sondern als wahr unterstellt (Einschränkung durch Abs. 3).[8] Ersetzt der Schuldner einen Schuldenbereinigungsplan, so sind Gläubiger i. S. d. § 309 Abs. 1 S. 1 nur die vom Schuldner im neuen Plan Aufgeführten.[9]

6 **Gesicherte Gläubiger** sind auch dann mit zu berücksichtigen, wenn sich die gesicherte Forderung nicht gegen den Schuldner, sondern gegen einen Dritten richtet.[10] Gesicherte Gläubiger sind jedoch nur mit ihrem voraussichtlichen Forderungsausfall an der Abstimmung über die Annahme des Plans zu beteiligen. Gläubiger nachrangiger Forderungen können bei der Abstimmung über die Annahme des Schuldenbereinigungsplans nur mit einem Erinnerungswert beteiligt werden, solange nicht glaubhaft gemacht ist, dass die gewöhnlichen Insolvenzgläubiger voll befriedigt werden.[11]

7 Nimmt der Antragsteller seinen **Antrag auf Zustimmungsersetzung wieder zurück,** wird das gerichtliche Schuldenbereinigungsverfahren fortgeführt. Erforderlich ist allerdings, dass alle Einwendungsgläubiger zustimmen.[12]

8 **bb)** Abs. 1 S. 2 nennt die **Gründe, die einer Ersetzung der Zustimmung entgegenstehen,** und dient damit dem Schutz der Gläubiger, die die Zustimmung aus berechtigten Gründen verweigert haben.[13] Wie sich aus Abs. 2 S. 2

---

[1] Vgl. *Gerhardt,* ZIP 1988, 490 ff.

[2] OLG Köln NZI 2001, 88, 89.

[3] OLG Köln ZIP 2000, 2312, 2314; *Schäferhoff,* ZInsO 2001, 687, 688.

[4] *Zipperer,* Insolvenzrechtsreport Nr. 11, Juni 2001.

[5] OLG Köln NZI 2001, 88, 90.

[6] OLG Köln ZIP 2000, 2312, 2314.

[7] OLG Karlsruhe NZI 2000, 375, 376; OLG Köln NZI 2001, 88, 90; OLG Braunschweig ZInsO 2001, 227; LG München ZInsO 2001, 720; *Schäferhoff,* ZInsO 2001, 587, 688.

[8] FK-*Grote,* InsO, § 309 Rn. 9.

[9] BayObLG ZInsO 2001, 849.

[10] HK-*Landfermann,* InsO, § 309 Rn. 8.

[11] BGH NZI 2008, 316.

[12] AG Hamburg NZI 2000, 445.

[13] *Balz/Landfermann,* S. 573.

ergibt, werden die Einwendungen vom Gericht allerdings nicht von Amts wegen, sondern nur dann berücksichtigt, wenn ein **Gläubiger** die **entsprechenden Tatsachen konkret vorträgt und glaubhaft macht.**[1] Nur in diesem Fall hat sich das Gericht mit den einer Zustimmungsersetzung entgegenstehenden Gründen auseinanderzusetzen.[2] Dies bedeutet auch, dass das Gericht nur die **unangemessene Beteiligung (Nr. 1)** bzw. **die Schlechterstellung (Nr. 2)** desjenigen Gläubigers zu prüfen hat, der Einwendungen erhoben hat, nicht bloß die allgemeine Unzufriedenheit des Gläubigers.[1]

9 **§ 309 Abs. 1 S. 2** ist als **Ausnahmevorschrift** eng auszulegen. Nur wenn die Ausnahmetatbestände von Nr. 1 oder Nr. 2 vorliegen, ist eine Zustimmungsersetzung zu verweigern; die **Ausschlussgründe** sind in Nr. 1 und Nr. 2 **abschließend** aufgeführt.[2]

10 Die Gründe, die nach Abs. 1 S. 2 Nr. 1 und Nr. 2 einer Zustimmungsersetzung entgegenstehen können, beruhen auf dem **Grundsatz der Gleichbehandlung der Gläubiger** und dem **Verbot ihrer Benachteiligung.** Es kommt nicht zusätzlich darauf an, ob der Schuldner „erlasswürdig" i. S. d. AO ist.[3]

11 **cc)** Die **Angemessenheit der Beteiligung eines Gläubigers (Nr. 1)** bezieht sich auf sein Verhältnis zu den übrigen. Dabei sind **Quoten zugrunde zu legen,** die nach dem Verhältnis der jeweiligen Gesamtforderungen der Gläubiger errechnet sind.[4] Es ist allerdings **keine mathematische Gleichheit erforderlich.** Entscheidend ist, dass die Verteilung im Übrigen ausgewogen ist.[5] Dem **Gericht** steht vielmehr ein – wenn auch eng begrenzter – **Bewertungsspielraum** zu.[6] **Zulässig** ist es, die Gläubiger entsprechend dem Rechtsgedanken des § 222 **in Gruppen zu unterteilen** und eine gewisse **Gleichbehandlung innerhalb der Gruppe** zu verlangen.[7] So können etwa gesicherte Gläubiger anders behandelt werden als ungesicherte oder Gläubiger unstreitiger Forderungen besser gestellt werden als die Gläubiger streitiger Forderungen.[8] Kriterium der Berücksichtigung der Gläubiger bei der Verteilung kann auch die **Höhe ihrer**

---

[1] Glaubhaftmachung entbehrlich, wenn sich Schlechterstellung bereits aus den tatsächlichen Angaben des Schuldners ergibt, vgl. AG Hameln ZVI 2004, 468.

[2] BayObLG ZIP 2001, 204, 206 m. Anm. *Fuchs,* EWiR 2001, 681; OLG Köln ZInsO 2001, 230, 231; OLG Köln NZI 2002, 58; OLG Celle NZI 2001, 385; OLG Zweibrücken ZInsO 2001, 970; AG Mannheim VuR 2002, 108 f. m. Anm. *Kohte; Balz/Landfermann,* S. 573 f.; FK-*Grote,* InsO, § 309 Rn. 37.

[1] BayObLG ZIP 2000, 254, 256; *Kübler/Prütting/Bork/Wenzel,* InsO, § 309 Rn. 4.

[2] LG Memmingen NZI 2000, 233, 234; LG Bonn ZInsO 2000, 341.

[3] OLG Köln ZInsO 2000, 519 (Leitsatz); OLG Zweibrücken ZInsO 2001, 970, 971, 517; LG Bonn ZInsO 2000, 341; LG Memmingen NZI 2000, 233, 234.

[4] AG Mönchengladbach ZInsO 2000, 232; AG Stuttgart NZI 2001, 328.

[5] OLG Köln ZInsO 2001, 807, 808; LG Berlin ZInsO 2000, 404, 405; AG Mönchengladbach ZInsO 2000, 232, 233; AG Hamburg NZI 2000, 283; AG Göttingen DZWIR 2000, 526: keine unangemessene Benachteiligung der Quotenabweichung von bis zu 0,5 %; LG Potsdam ZInsO 2002, 941, 942.

[6] *Balz/Landfermann,* S. 578; *Wittig,* WM 1998, 157, 166; *Nerlich/Römermann,* InsO, § 309 Rn. 20; aA: HK-*Landfermann,* InsO, § 309 Rn. 15 und 16; OLG Celle ZInsO 2001, 374, 376; LG Berlin ZInsO 2001, 857.

[7] *Krug,* Der Verbraucherkonkurs, S. 126.

[8] *Nerlich/Römermann,* InsO, § 309 Rn. 21.

Forderungen sein.[1] Insofern können beispielsweise Gläubiger mit geringeren Forderungen Einmalbeträge und Gläubiger mit größeren Forderungen Ratenzahlungen angeboten werden. Auch ist möglich, dass **Kleingläubiger** vorab vollständig befriedigt werden.[2] Allein die Tatsache, dass Kleingläubiger des Schuldners voll befriedigt werden, führt noch nicht zu einer Ungleichbehandlung i. S. d. § 309 Abs. 1 S. 2 Nr. 1 gegenüber denjenigen Gläubigern, die nur eine teilweise Zahlung auf ihre Forderungen erhalten. Der Schuldner muss diese Kleingläubiger im Schuldenbereinigungsplan aber aufführen, um den Gläubigern die Beurteilung zu ermöglichen, ob die Privilegierung der Kleingläubiger sachlich gerechtfertigt ist.[3] Bei der Prüfung der Frage nach einer angemessenen Beteiligung des widersprechenden Gläubigers im Verhältnis zu den übrigen Gläubigern ist die Behauptung des widersprechenden Gläubigers, seine Forderung sei höher als im Plan angegeben, dann irrelevant, wenn der Gläubiger durch die niedrigere Angabe seiner Forderung voraussichtlich wirtschaftlich nicht schlechter gestellt wird, als er bei Durchführung des Verbraucherinsolvenzverfahrens und Erteilung der Restschuldbefreiung stünde.[4]

Es ist mit dem **Gleichbehandlungsgrundsatz** vereinbar, wenn die **quotale** 12
Befriedigung der Gläubiger **bei wirtschaftlicher Betrachtung praktisch gleich** ist.[5]

Eine unangemessene Beteiligung liegt allerdings dann vor, wenn der Plan für 13
einen Großgläubiger im Verhältnis zu Kleingläubigern eine geringere Befriedigungsquote vorsieht.[6]

Ausnahmsweise ist **bei Vorliegen sachlicher Gründe** auch eine **Ungleich-** 14
behandlung innerhalb einer Gruppe möglich, etwa wenn der Schuldner gegen eine Forderung des widersprechenden Gläubigers aufrechnen konnte und dieser deshalb im Plan weniger berücksichtigt ist; dem Schuldner soll gerade eine flexible Gestaltung ermöglicht werden. Insbesondere besteht keine Pflicht zur Bildung homogener Gläubigergruppen.[7]

Ersetzt der Schuldner einen Schuldenbereinigungsplan durch einen **neuen** 15
Plan, so sind benannte Gläubiger i. S. d. § 309 Abs. 1 S. 1 nunmehr die vom Schuldner in seinem allein noch zur Prüfung gestellten neuen Schuldenbereinigungsplan aufgeführten Gläubiger. Dementsprechend ist bei der Prüfung des § 309 Abs. 1 S. 2 Nr. 1 nur noch von Bedeutung, ob der (benannte) Gläubiger, der Einwendungen erhoben hat, im Verhältnis zu den übrigen im aktuellen Schuldenbereinigungsplan benannten Gläubigern nicht angemessen beteiligt wird. Ob der widersprechende Gläubiger im Verhältnis zu anderen im Schuldenbereinigungsplan nicht benannten Gläubigern benachteiligt wird, ist bei der Frage der Zustimmungsersetzung im Rahmen des § 309 Abs. 1 S. 2 Nr. 1 nicht zu prüfen.[8]

---

[1] *Hess/Obermüller,* Insolvenzplan, Restschuldbefreiung und Verbraucherinsolvenz, Rn. 877; AG Göttingen ZIP 1999, 1365, 1366.
[2] AG Göttingen NZI 2002, 171.
[3] OLG Frankfurt NZI 2002, 266 f.
[4] BGH NZI 2008, 316.
[5] OLG Celle ZInsO 2001, 374, 376; OLG Köln ZInsO 2001, 807, 808.
[6] AG Saarbrücken ZInsO 2002, 340.
[7] *Smid/Haarmeyer,* InsO, § 309 Rn. 7; OLG Celle NZI 2001, 321.
[8] BayObLG NZI 2001, 553, 554.

16 Im Rahmen der Prüfung einer angemessenen Beteiligung nach § 309 Abs. 1 S. 2 Nr. 1 sind **vorgerichtlich erfolgte Teilzahlungen** selbst dann nicht zu berücksichtigen, wenn auf diese Leistungen im Schuldenbereinigungsplan hingewiesen wird. Ein widersprechender Gläubiger kann gegen einen Schuldenbereinigungsplan im Übrigen nur geltend machen, dass er im Verhältnis zu den übrigen Schuldnern schlechter gestellt wird. Auf eine Ungleichbehandlung anderer Gläubiger kann er sich nicht berufen.[1]

17 Dass eine **Besserstellung gesicherter Gläubiger gegenüber ungesicherten Gläubigern gerechtfertigt** ist, ergibt sich auch aus **Abs. 1 S. 2 Nr. 2:** Würde der Wert der Sicherheit im Plan nicht berücksichtigt, so würde der Gläubiger schlechter als bei Durchführung des Verbraucherinsolvenz- und Restschuldbefreiungsverfahrens gestellt, in denen er seine Sicherheit verwerten könnte.[2] Die Zustimmung eines gesicherten Gläubigers kann deshalb dann nicht ersetzt werden, wenn dieser durch den Plan weniger erhält als im Falle einer Verwertung.[3] Bei einem gesicherten Gläubiger ist regelmäßiger Vergleichsmaßstab, welchen Betrag die Verwertung der Sicherheit erbracht hätte. Für **absonderungsberechtigte Gläubiger** i. S. v. §§ 166 f. ist wegen § 313 Abs. 3 zu beachten, dass die §§ 170, 171 nicht gelten. Ist eine Forderung durch eine **Lohnabtretung** gesichert, ist zu berücksichtigen, dass diese Abtretung nach Verfahrenseröffnung nur in der Frist des § 114 Abs. 1 Bestand hat.[4]

18 Allerdings ist das Zustimmungsersetzungsverfahren nicht geeignet, Zweifel an der **Wirksamkeit von Sicherheitenbestellungen** zu klären.[5]

19 Eine **Bewertung der Forderungen,** sodass etwa Mietforderungen oder Unterhaltsforderungen besser zu stellen wären, **findet nicht statt.**[6] Allerdings bleibt die Möglichkeit des Finanzamtes zur Aufrechnung gegen nach Eröffnung des Insolvenzverfahrens entstandene Steuererstattungsansprüche des Schuldners grundsätzlich erhalten, da diese Ansprüche von der Abtretung gem. § 287 Abs. 2 nicht erfasst werden. Eine Schlechterstellung des Finanzamtes kann sich daher dann ergeben, wenn dem Finanzamt im Plan nicht vorbehalten wird, gegen spätere Steuererstattungsansprüche des Schuldners aufzurechnen. Im Rahmen des Ersetzungsverfahrens ist es jedoch nicht angemessen, diese Schlechterstellung zum Anlass zu nehmen, von der Ersetzung der Zustimmung des Finanzamtes abzusehen oder sie mit einem – zugunsten anderer Gläubiger nicht vorgesehenen – Aufrechnungsvorbehalt zu versehen.[7]

---

[1] OLG Köln NZI 2002, 58, 59.

[2] *Smid/Haarmeyer,* InsO, § 309 Rn. 15; FK-*Grote,* InsO, § 309 Rn. 13; zur Beurteilung der Sittenwidrigkeit einer Angehörigenbürgschaft vgl. ferner OLG Celle ZIP 2005, 1911.

[3] Abl. bei fehlender Wiederauflebensklausel bzw. Verfallklausel für den Fall, dass durch ein Handeln des Schuldners Gründe eintreten, die zu einer Versagung der Restschuldbefreiung führen würde: AG Bremen NZI 2004, 277; aA: AG Neubrandenburg ZVI 2004, 23; LG Köln NZI 2003, 559; differenzierend LG Hannover NZI 2004, 389.

[4] Vgl. hierzu das Berechnungsbeispiel von *Pape,* ZInsO 1998, 126 f.

[5] LG München I NZI 2000, 382; AG Duisburg ZInsO 2000, 347; AG Köln NZI 2000, 492; aA: AG Köln NZI 2000, 441, m. zust. Anm. von *Kind,* EWiR 2001, 923; AG Göttingen, NdsRpfl. 2000, 139; *Bernet,* NZI 2001, 73, 74; LG Köln NZI 2001, 43.

[6] HK-*Landfermann,* InsO, § 309 Rn. 16; aA: FK-*Grote,* InsO, § 309 Rn. 17.

[7] LG Kiel ZVI 2004, 401; LG Traunstein ZVI 2003, 345; LG Hildesheim ZVI 2005, 96.

Gläubiger, die sich einer Forderung gegen den Schuldner aus **einer vorsätzlich begangenen unerlaubten Handlung** berühmen und damit die Privilegierung des § 302 beanspruchen, können die Zustimmungsersetzung nicht verhindern, wenn die Straftatbestände nur abstrakt dargelegt werden.[1] 20

dd) Für den **Einwand nach S. 2 Nr. 2** ist die wirtschaftliche Position des widersprechenden Gläubigers nach dem Schuldenbereinigungsplan mit derjenigen zu vergleichen, die sich für ihn bei Durchführung der Verfahren ergibt. Das Gericht hat bei der Zustimmungsersetzungsentscheidung einen Ermessensspielraum, der ihm das Recht einräumt, **geringfügige Quotenabweichungen nicht** als **wirtschaftliche Schlechterstellung** anzusehen.[2] Im Zweifel, wenn also Veränderungen nicht konkret absehbar sind (vgl. „voraussichtlich"), ist hierbei davon auszugehen, dass sich die für die wirtschaftliche Leistungsfähigkeit des Schuldners maßgeblichen Umstände während der gesamten Verfahrensdauer nicht ändern. Dies gilt auch dann, wenn feststeht, dass der Schuldner infolge des Wegfalls von Steuervorteilen nur ein erheblich vermindertes Nettoeinkommen zur Verfügung haben wird.[3] 21

Da diese **Vermutung nur „im Zweifel"** gilt, ist im Einzelfall zu prüfen, ob – wie beim bevorstehenden Ende einer Ausbildung – **konkrete Anhaltspunkte für eine Änderung der wirtschaftlichen Verhältnisse des Schuldners** gegeben sind.[4] Allein die abstrakte Möglichkeit, dass der Schuldner durch die Aufnahme einer Erwerbstätigkeit unter Umständen in Zukunft ein höheres Einkommen erzielen könnte, ist unerheblich.[5] Im Rahmen eines gerichtlichen Schuldenbereinigungsplans kann sich ein Gläubiger nicht darauf berufen, wirtschaftlich schlechter gestellt zu sein als die anderen (§ 309 Abs. 1 S. 2 Nr. 2), wenn er sich hierbei auf Einkünfte des Schuldners bezieht, welche diesem erst nach Erteilung der Restschuldbefreiung zufließen. Eine wirtschaftliche Schlechterstellung eines Gläubigers kann nur aus der im Zeitpunkt der Insolvenzantragstellung konkret gegebenen wirtschaftlichen Situation des Schuldners und nicht aus eventuell künftig entstehenden Einkommensänderungen des Schuldners begründet werden.[6] Die Berücksichtigung der erst bevorstehenden Geburt eines unterhaltsberechtigten Kindes im Schuldenbereinigungsplan begründet für die Gläubiger keine voraussichtliche Schlechterstellung i. S. d. § 309 Abs. 1 S. 2 Nr. 2.[7] Trägt dagegen der Schuldenbereinigungsplan einer **absehbaren, nicht unwesentlichen Änderung** der Einkommensverhältnisse des Schuldners nicht Rechnung und wird dadurch der Gläubiger schlechter gestellt, als er bei Durchführung des Verfahrens über die Anträge auf Eröffnung des Insolvenzverfahrens und des Rest- 22

---

[1] OLG Zweibrücken NZI 2001, 663; für den Fall, dass der Gläubiger Straftatbestände konkret darlegt und glaubhaft macht: LG München ZInsO 2001, 720, 721; LG Münster InVo 2001, 324.

[2] Vgl. OLG Celle NZI 2002, 213, 214.

[3] LG Traunstein ZInsO 2001, 525 f.

[4] HK-*Landfermann,* InsO, § 309 Rn. 17; OLG Frankfurt NZI 2000, 473; LG Heilbronn NZI 2001, 434, nicht ausreichend ist die rein theoretische Möglichkeit einer künftigen Obliegenheitsverletzung i. S. d. § 295 seitens des Schuldners; OLG Karlsruhe NZI 2001, 422 zum künftigen Erbfall.

[5] OLG Köln ZInsO 2001, 230, 232.

[6] LG Kaiserslautern NZI 2008, 694.

[7] AG Kaiserslautern ZVI 2004, 183 und 468.

schuldbefreiungsverfahrens stünde, kommt eine Zustimmungsersetzung nicht in Betracht.[1] Gleiches kann gelten beim Ausfall des den Krankenkassen zustehenden Anteils an den Gesamtsozialversicherungsbeiträgen nach § 183 Abs. 1 i. V. m. § 208 Abs. 1 SGB III bei Annahme des Schuldenbereinigungsplans. Im Einzelfall kann es hier zu einer wirtschaftlichen Schlechterstellung des anspruchsberechtigten Gläubigers kommen.[2]

23 Befindet sich ein Schuldner in finanzieller Not und schließt er einen längerfristigen Behandlungsvertrag (z. B. Psychotherapie) ab, so begeht er eine vorsätzliche unerlaubte Handlung, wenn er das ihm von der Versicherung ausbezahlte Honorar nicht an die Gläubiger weiterleitet. Dass die Weiterleitung aus vom Schuldner nicht zu vertretenden Umständen (z. B. Kontopfändung) unterblieb, muss der Schuldner darlegen und ggf. beweisen. Eine Zustimmungsersetzung kann bei dieser Sachlage wegen wirtschaftlicher Benachteiligung des Gläubigers gem. § 309 Abs. 1 S. 2 Nr. 2 nicht erfolgen.[3]

24 Das Gericht hat auf die **Gegebenheiten zum Entscheidungszeitpunkt** abzustellen.[4] Entsprechendes gilt, wenn der Gläubiger dadurch eine Bürgschaftsforderung verlieren würde.[5]

25 **ee)** Uneinheitlich beurteilt wird die **Frage, ob der Ausgang des Verfahrens im konkreten Fall mit zu berücksichtigen ist** oder ob die Rechtsstellung der Gläubiger nur abstrakt zu bestimmen ist. Nur in ersterem Fall könnte etwa berücksichtigt werden, wenn wegen eines **Versagungsgrundes nach § 290** oder auf Grund von **Obliegenheitsverletzungen** eine Versagung der Restschuldbefreiung wahrscheinlich ist, sodass der Gläubiger bei Durchführung des gesetzlichen Entschuldungsverfahrens besser gestellt wäre. Für diese Auffassung spricht der Wortlaut von Nr. 2, der auf die Entscheidung über die Anträge abstellt.[6] Versagungsgründe gem. § 290 Abs. 1 sind demgemäß mit zu berücksichtigen, sofern ein Versagungsgrund objektiv vorhanden ist. Eine **wirtschaftliche Schlechterstellung** des Gläubigers liegt gleichfalls dann vor, wenn im Schuldenbereinigungsplan eine **Obliegenheit zur Erwerbstätigkeit** (§ 295 Abs. 1 Nr. 1) **nicht vorgesehen** ist.[7]

26 **ff)** Fraglich erscheint zudem, ob das Insolvenzgericht **vor der Zustimmungsersetzung** nach § 309 vom **Vorliegen eines Insolvenzgrundes** überzeugt sein muss. Nachdem das Ruhen des Verfahrens nach § 306 Abs. 1 S. 1 ohne vorherige

[1] OLG Frankfurt ZInsO 2000, 288, 290.

[2] BayObLG NZI 2002, 110.

[3] AG Göttingen ZInsO 2002, 642, 643.

[4] LG Heilbronn NZI 2001, 434, 435; *Nerlich/Römermann/Römermann,* InsO, § 309 Rn. 20.

[5] Vgl. AG Paderborn ZVI 2006, 210.

[6] HK-*Landfermann,* InsO, § 309 Rn. 1120; *Häsemeyer,* Insolvenzrecht, Rn. 29.35; OLG Celle ZInsO 2000, 456; differenzierend: FK-*Grote,* InsO, § 309 Rn. 28 ff., und LG Saarbrücken NZI 2000, 380; OLG Köln ZInsO 2001, 807, 809; LG Göttingen NZI 2001, 327, 328; AG Göttingen NZI 2001, 605; AG Mönchengladbach ZInsO 2001, 674 (Leitsatz).

[7] LG Heilbronn InVo 2002, 414 ff.; aA: *Schulte-Kaubrügge,* DZWIR 1999, 95, 98, wonach im Zustimmungsersetzungsverfahren nicht zu berücksichtigen ist, ob und inwieweit der Schuldner seinen Obliegenheiten während der Wohlverhaltensperiode nachkommen wird; verneinend auch AG Mönchengladbach ZInsO 2001, 773.

Prüfung des Insolvenzgrundes eintritt und das Gericht die notwendigen Feststellungen zum Eröffnungsgrund erst nach Wiederaufnahme des Verfahrens gem. § 311 zu treffen hat, ist dies nicht zu fordern.[1] Der von *Pape*[2] befürchtete Missbrauch lässt sich im Rahmen der Prüfung der Schlechterstellung der widersprechenden Gläubiger auffangen.[3]

gg) Möglichkeit der **Zustimmungsersetzung bei Nullplänen und flexiblen Nullplänen?** Die Frage, ob auch bei (flexiblen) Nullplänen eine gerichtliche Ersetzung der fehlenden Zustimmung möglich ist, wird nicht einheitlich beantwortet. Die überwiegende Meinung lässt eine Zustimmungsersetzung jedoch zu.[4] Das Problem wird in der Praxis dadurch abgemildert, dass der Schuldner, um die notwendige Mehrheit der Gläubiger für den Plan zu gewinnen, gezwungen sein wird, sog. flexible Nullpläne vorzulegen, bei welchen eine Zustimmungsersetzung nicht infrage gestellt ist.[5] Die Zustimmung eines Gläubigers zu einem Fast-Nullplan darf dann nicht ersetzt werden, wenn der widersprechende Gläubiger Tatsachen glaubhaft macht, aus denen sich ernsthafte Zweifel ergeben, ob eine vom Schuldner angegebene Forderung besteht oder sich auf einen höheren oder niedrigeren Betrag richtet als angegeben, und vom Ausgang des Streits abhängt, ob die Kopf- und Summenmehrheit der zustimmenden Gläubiger erreicht wird.[6] 27

hh) Zustimmungsersetzung bei Fehlen von Besserungs- und Anpassungsklauseln? Fehlt in einem Nullplan eine **Besserungsklausel, benachteiligt dies den widersprechenden Gläubiger.** Eine Ersetzung der fehlenden Zustimmung ist nicht möglich.[7] Entsprechendes gilt für eine Klausel im Schuldenbereinigungsplan, nach der die Verpflichtung des Bürgen in voller Höhe erhalten bleibt, während gleichzeitig der Schuldner nur zur teilweisen Befriedigung des Gläubigers verpflichtet sein soll.[8] Gleiches gilt schließlich für einen Schuldenbereinigungsplan, der **kein Wiederaufleben der Ansprüche** der Gläubiger dann vorsieht, wenn durch das Verschulden des Schuldners Gründe eintreten, die im Ergebnis zu einer **Versagung der Restschuldbefreiung** führen würden.[9] 28

---

[1] Vgl. *Nerlich/Römermann,* InsO, § 309 Rn. 38; *Vallender,* EWiR 1999, 849; aA: *Pape,* WM 1998, 2125 ff.; *Wittig,* WM 1998, 157, 167: für uneingeschränkte Anwendung §§ 16 f. zum gerichtlichen Schuldenbereinigungsverfahren; aA: AG Göttingen ZIP 1999, 1365; *Uhlenbruck,* NZI 2000, 15, 17: für Anwendung der §§ 16 f. im Zeitpunkt der Beschlussfassung nach § 309.

[2] *Pape,* WM 1998, 2125.

[3] HK-*Landfermann,* InsO, § 306 Rn. 7, Fn. 4.

[4] OLG Frankfurt NZI 2000, 473; LG Memmingen NZI 2000, 233, 234; LG Neubrandenburg ZInsO 2001, 1120; AG Göttingen ZInsO 2001, 974 (LS); AG Göttingen NZI 1999, 468; aA: LG Mönchengladbach ZInsO 2001, 1115 m. Anm. *Grote; Haarmeyer/Wutzke/Förster,* Hdb. InsO, Rn. 10/34, 10/40; *Wittig,* WM 1998, 157, 164; FK-*Grote,* InsO, § 309 Rn. 33–36; *Nerlich/Römermann,* InsO, § 309 Rn. 30 f.; anders *Pape,* Rpfleger 1997, 237, 242, der mithilfe einer restriktiven Auslegung des Hs. 1 eine Schlechterstellung i. S. d. Nr. 2 als gegeben ansieht.

[5] AG Göttingen NZI 1999, 468, 469; AG Göttingen ZInsO 2001, 974.

[6] BGH NZI 2005, 46.

[7] AG Göttingen ZInsO 2000, 628.

[8] AG Saarbrücken ZInsO 2002, 151.

[9] Abl. AG Bremen NZI 2004, 277; LG Dortmund ZVI 2002, 32; aA: AG Neubrandenburg ZVI 2004, 23; LG Köln NZI 2003, 559; LG Memmingen NZI 2000, 233, 235; LG

29 Eine **Schlechterstellung** des widersprechenden Gläubigers liegt auch in Bezug auf einen Plan vor, welcher eine Klausel beinhaltet, nach der **nur Einkommenssteigerungen des Schuldners, die 10 % übersteigen,** den Gläubigern zugutekommen, da der Schuldner sämtliche pfändbaren Bezüge an den Treuhänder abzuführen hat.[1] Eine **Zustimmungsersetzung** ist auch dann **nicht** möglich, wenn der Schuldner auch bei einem **vorzeitigen Scheitern des Plans** für jedes Jahr der Planerfüllung einen **Teilerlass** auf die Gesamtforderung beansprucht.[2] Entsprechendes gilt, wenn der Schuldenbereinigungsplan vorsieht, dass für den Fall des **Zahlungsverzugs des Schuldners** den Gläubigern zwar ein Kündigungsrecht zusteht, gleichwohl jedoch die Forderung je nach bisherigem Verhalten des Schuldners als erlassen gilt.[3]

30 Sieht der Plan dagegen vor, dass im Falle eines Zahlungsverzuges erst nach Kündigung durch den Gläubiger dessen Forderung wieder auflebt, ist dies im Rahmen der Zustimmungsersetzung eine unbeachtliche Schlechterstellung.[4] Hiervon ist auch auszugehen, wenn der Schuldenbereinigungsplan eine Klausel enthält, die es den Gläubigern erlaubt, auf unbegrenzte Zeit in später durch **Erbschaft** erworbenes Vermögen vollstrecken zu können.[5] Etwas anderes gilt dann, wenn der Gläubiger konkrete Umstände darlegt und glaubhaft macht, die eine Erbschaft als in dem relevanten Zeitraum absehbar erscheinen lassen.[6]

31 Die **Aufnahme einer Anpassungsklausel** in den Schuldenbereinigungsplan kann nur dann verlangt werden, wenn **konkrete Anhaltspunkte** für eine wahrscheinlich eintretende Änderung der Einkommensverhältnisse vorhanden sind.[7]

b) Anhörung der Gläubiger; Glaubhaftmachung der Einwendungen, Abs. 2, S. 1 und 2

32 Der Gläubiger, der Einwendungen gegen den Schuldenbereinigungsplan vorgebracht hat, ist grundsätzlich anzuhören.[8] Der Gläubiger hat die Gründe, die gem. Abs. 1 S. 2 einer Ersetzung seiner Einwendungen durch eine Zustimmung entgegenstehen, glaubhaft zu machen. Der **Amtsermittlungsgrundsatz** des § 5 Abs. 1 S. 1 **gilt nicht.**[9]

33 Für eine schlüssige Darlegung durch den Gläubiger ist ausreichend, wenn die Gründe, die einer Ersetzung seiner Einwendungen durch eine Zustimmung entgegenstehen, vom Schuldner nicht bestritten werden.[10] Trägt der Gläubiger dagegen vor, dass die Zustimmungsersetzung deshalb zu versagen sei, weil ihm gegen den Schuldner eine Forderung aus einer vorsätzlich begangenen, unerlaubten Handlung zustehe, muss er schlüssig darlegen, dass ein solcher Anspruch gegeben

---

Lübeck ZVI 2002, 10; differenzierend LG Hannover NZI 2004, 389; AG Bremerhafen ZVI 2007, 21 f.

[1] LG Göttingen ZInsO 2001, 325, 326.

[2] LG Münster InVo 2001, 324; LG Berlin ZVI 2002, 12 f.

[3] LG Göttingen NZI 2000, 487.

[4] AG Köln NZI 2002, 116.

[5] LG Saarbrücken NZI 2000, 380, 382.

[6] OLG Karlsruhe NZI 2001, 422.

[7] OLG Frankfurt ZInsO 2000, 288, 289; *Schäferhoff,* ZInsO 2001, 687, 690.

[8] OLG Köln ZInsO 2001, 807, 809; aA: AG Göttingen ZIP 1999, 1365.

[9] OLG Köln ZInsO 2001, 807, 809; LG Berlin ZInsO 2000, 404.

[10] LG München ZInsO 2001, 720, 721.

ist und eine Benachteiligung durch den Schuldenbereinigungsplan eintritt.[1] Für den Widerspruch eines Gläubigers gegen den Schuldenbereinigungsplan reicht es nicht aus, abstrakte Straftatbestände zu nennen, um die Zustimmungsersetzung zu verhindern.[2] Es wird vorgeschlagen, dem Gläubiger, der als einziger und grundlos ablehnt, die Kosten des Zustimmungsverfahrens aufzuerlegen. Dadurch wäre es unattraktiv, außergerichtliche Angebote grundsätzlich zu verweigern. [3]

c) Ausschluss der Ersetzung, Abs. 3

§ 309 Abs. 3 betrifft den **Sonderfall der unangemessenen Benachteiligung eines Gläubigers.** Forderungen, die der Schuldner im Forderungsverzeichnis ganz oder zum Teil unrichtig angegeben hat, können den Anteil des widersprechenden Gläubigers an der Verteilung herabsetzen. Bei der streitigen **Forderung** kann es sich um eine solche **des widersprechenden Gläubigers** selbst (die der Schuldner **zu niedrig bewertet** hat) oder auch um die **Forderung eines anderen Gläubigers** handeln, die der widersprechende Gläubiger als **fingierte Forderung** etwa eines Freundes oder Verwandten des Schuldners ansieht.[4] 34

Bspw. scheidet eine Zustimmungsersetzung trotz vorgelegter notarieller Schuldanerkenntnisse dann aus, wenn über die Hälfte der vom Schuldner angegebenen Forderungen Verbindlichkeiten gegenüber seiner **Ehefrau** und seiner Mutter sind, zu denen er sich weigert, nähere Angaben zu machen.[5] Allerdings ist allein der Umstand, dass der Schuldner im Schuldenbereinigungsplan eine Forderung seiner **Lebensgefährtin** aufgenommen hat, noch keine Tatsache, die ernsthaft Zweifel am Bestehen der Forderung begründet.[6] 35

Ist der Schuldner allerdings nach Aufforderung durch das Gericht nicht in der Lage, **die den Bestand der Forderung dokumentierenden Verträge vorzulegen,** verstärkt dies die Annahme, dass die Forderung gleichwohl nicht besteht.[7] 36

Ernsthafte Zweifel über die Höhe der Forderung sind dann anzunehmen, wenn die Änderung des Schuldenbereinigungsplanes durch den Schuldner nach § 307 Abs. 3 nicht zu einer Einigung über die Höhe der bestehenden Forderung gegenüber dem widersprechenden Gläubiger geführt hat.[8] 37

Abs. 3 ordnet für diesen Fall an, dass die Zustimmung eines Gläubigers nicht ersetzt werden kann, wenn er die entsprechenden Tatsachen glaubhaft macht, von denen die Frage der angemessenen Beteiligung abhängt. Der **Streit über das Bestehen oder die Höhe der Forderung** soll damit nicht vor dem Insolvenzgericht im Rahmen der Entscheidung über die Zustimmungsersetzung ausgetragen werden, sondern der **Zuständigkeit des Prozessgerichts** vorbehalten bleiben.[9] 38

---

[1] OLG Dresden ZInsO 2001, 805; LG Göttingen ZInsO 2001, 859, 860.
[2] OLG Celle NZI 2001, 369 f.
[3] *Hornung,* ZVI 2008, 105, 106.
[4] BGH ZVI 2004, 748 ff.; *Hess,* InsO, § 309 Rn. 84.
[5] LG Bielefeld ZIP 1999, 1275; vgl. auch AG Aschaffenburg ZInsO 1999, 482 (Leitsatz).
[6] LG Memmingen NZI 2000, 233, 235.
[7] OLG Celle ZInsO 2000, 456; LG Bielefeld ZIP 1999, 1275; AG Aschaffenburg ZInsO 1999, 482 (Leitsatz).
[8] AG Aschaffenburg ZInsO 1999, 482; vgl. weiterhin LG Berlin ZInsO 2000, 404, 405.
[9] *Balz/Landfermann,* S. 573 f.

39 Wenn sich der Streit allerdings nur auf einen geringfügigen Betrag bezieht, so ist in der Regel der Einfluss auf die Frage der angemessenen Beteiligung zu verneinen.[1]

40 Die **Rechtsfolge des Abs. 3 kann dadurch vermieden werden,** dass der Plan die verschiedenen Möglichkeiten des Ausgangs des Rechtsstreits berücksichtigt.[2] Z.B. kann im Plan für eine dem Grunde nach streitige Forderung festgelegt werden, dass der Gläubiger auf den vollen Betrag seiner Forderung die gleiche Quote erhält wie die anderen rechtlich gleichgestellten Gläubiger, wenn er vor dem ordentlichen Gericht mit einer Feststellungsklage obsiegt, dass er aber leer ausgeht, wenn er dort unterliegt. In diesem Fall kann der Widerspruch eines Gläubigers gegen den Plan trotz des noch offenen Streits durch eine Zustimmung ersetzt werden.[3]

d) Verfahrensrechtliches

41 **aa) Rechtsmittel, Abs. 2 S. 3.** Die gerichtliche Ersetzung der Zustimmung erfolgt durch Beschluss, gegen den der Schuldner, wenn sein Antrag auf Ersetzung der Zustimmung abgelehnt wird, oder ein Gläubiger, dessen Zustimmung ersetzt wird, die sofortige Beschwerde einlegen kann, Abs. 2 S. 3. Unschädlich ist dabei, wenn der Beschwerdeführer die sofortige Beschwerde als „Einspruch" bezeichnet hat.[4]

42 Für die Entscheidung über die Zustimmungsersetzung ist nach § 18 Abs. 1 S. 1 RPflG **der Richter zuständig.** Vor der Entscheidung ist der Gläubiger und auch der Schuldner[5] zu hören. Fasst das Insolvenzgericht die eingegangenen Stellungnahmen der Gläubiger zu einem vom Schuldner vorgelegten Schuldenbereinigungsplan in einem Beschluss dahin zusammen, dass mehr als die Hälfte der benannten Gläubiger dem Plan zugestimmt haben und die Summe der Ansprüche der zustimmenden Gläubiger mehr als die Hälfte der Summe der Ansprüche der benannten Gläubiger beträgt, so steht damit noch nicht rechtskräftig fest, dass der Schuldenbereinigungsplan die erforderliche Mehrheit erreicht hat.[6]

43 **bb) Beiordnung eines Rechtsanwaltes, Abs. 2 S. 4.**[7] § 309 Abs. 2 S. 4 verweist auf § 4a Abs. 2, wonach dem Schuldner im Falle der Stundung der Verfahrenskosten ein Rechtsanwalt beigeordnet wird, **sofern dies zu seinem Schutz erforderlich ist.**[8] Damit ist auch im Verfahren über die sofortige Beschwerde gegen den die Zustimmung eines Gläubigers ersetzenden oder die Zustimmungsersetzung ablehnenden Beschluss[9] die Beiordnung eines Rechtsanwaltes möglich. § 4a Abs. 2 kann deshalb nicht unmittelbar angewandt werden,

---

[1] *Balz/Landfermann,* S. 573f.

[2] *Balz/Landfermann,* S. 567ff.

[3] HK-*Landfermann,* InsO, § 309 Rn. 32.

[4] BayObLG ZIP 2001, 204, 205.

[5] OLG Köln ZIP 2001, 807.

[6] BGH NZI 2008, 316.

[7] Vgl. hierzu auch LG Göttingen DZWIR 2001, 481, 482; LG Göttingen ZInsO 2001, 627.

[8] Vgl. wegen der Einzelheiten die Kommentierung zu § 4a Abs. 2.

[9] Die Begründung des RegE, BR-Drucks. 14/01, S. 69, erwähnt hier allein die sofortige Beschwerde gegen den die Zustimmungsersetzung ablehnenden Beschluss. Eine solche Einschränkung ergibt sich jedoch weder aus dem Wortlaut noch aus dem Sinn der Vorschrift. Auch in dem Fall, wenn ein Gläubiger nach Abs. 2 S. 3 gegen den die Zustimmung

weil nach dieser Vorschrift eine Beiordnung die Stundung der Verfahrenskosten gem. § 4 a Abs. 1 voraussetzt. Über diese wird aber erst im (vereinfachten) Insolvenzverfahren und nicht bereits im Schuldenbereinigungsverfahren entschieden, § 4 a Abs. 2 ist in diesem Verfahrensstadium daher entsprechend anzuwenden.[1]

Für die Gebühren des Rechtsanwalts im Schuldenbereinigungsverfahren gilt 44
§ 28 RVG i. V. m. VV Nr. 3315 bzw. 3316.

§ 310 Kosten

Die Gläubiger haben gegen den Schuldner keinen Anspruch auf Erstattung der Kosten, die ihnen im Zusammenhang mit dem Schuldenbereinigungsplan entstehen.

Die Gläubiger haben für die ihnen im gerichtlichen Schuldenbereinigungs- 1
verfahren entstehenden Kosten keinen Anspruch auf Erstattung gegen den Schuldner. Hiermit wird **ausgeschlossen, dass die Gläubiger die Kosten als Verzugsschaden** geltend machen. Die Regelung soll den Schuldner vor übermäßigen Belastungen bewahren und das Interesse der Gläubiger an einer gerichtlichen Einigung erhöhen.[2]

Die Rechtsfolge der Vorschrift kann auch nicht durch vertragliche Regelung 2
zwischen Schuldner und Gläubiger, die die Übernahme der Kosten durch den Schuldner vorsieht, umgangen werden. Solche Vereinbarungen sind nach § 134 BGB nichtig.[3] Ebenso **verbietet § 310** auch **Entgeltregelungen,** die als Aufwendungsersatz bezeichnet werden.[4]

---

ersetzenden Beschluss sofortige Beschwerde einlegt, kann die Beiordnung eines Rechtsanwalts im Interesse des Schuldners geboten sein.

[1] Begr. RegE, BR-Drucks. 14/01, S. 69.

[2] *Balz/Landfermann,* S. 575; ausführlicher zu einzelnen kostenrechtlichen Regelungen: FK-*Kohte,* InsO, § 310 Rn. 8 ff.

[3] *Nerlich/Römermann,* InsO, § 310 Rn. 5; FK-*Kohte,* InsO, § 310 Rn. 6.

[4] *Kohte/Ahrens/Grote,* InsO, § 310 Rn. 5.

Dritter Abschnitt. Vereinfachtes Insolvenzverfahren

§ 311 Aufnahme des Verfahrens über den Eröffnungsantrag

Werden Einwendungen gegen den Schuldenbereinigungsplan erhoben, die nicht gemäß § 309 durch gerichtliche Zustimmung ersetzt werden, so wird das Verfahren über den Eröffnungsantrag von Amts wegen wieder aufgenommen.

1. Normzweck

1 Wenn der **Schuldenbereinigungsplan scheitert,** wird das Verfahren über den vom Schuldner gestellten Antrag auf Eröffnung des Insolvenzverfahrens von Amts wegen[1] wieder aufgenommen und damit das Ruhen des Verfahrens (§ 306) beendet. **War nach § 306 Abs. 3 lediglich ein Gläubigerantrag gestellt,** so wird hierüber **sogleich** im vereinfachten **Insolvenzverfahren** entschieden, ohne dass zuerst das gerichtliche Schuldenbereinigungsverfahren durchzuführen wäre, **sofern der Schuldner davon absieht, selbst einen Insolvenzantrag zu stellen.** Das Gericht hat von Amts wegen gem. § 5 zu prüfen, welche **Verfahrensart** (Verbraucherinsolvenzverfahren oder Regelinsolvenzverfahren) anzuwenden ist.[2]

2 Der Inhalt der Entscheidung richtet sich danach, ob die Eröffnungsvoraussetzungen gegeben sind. Liegt drohende oder schon eingetretene Zahlungsunfähigkeit des Schuldners vor (§§ 17, 18) und sind die Kosten des Verfahrens gedeckt (vgl. § 26), eröffnet das Gericht das Insolvenzverfahren durch Beschluss. Im anderen Fall weist es den Antrag ab. In diesem Fall kann auch ein Restschuldbefreiungsverfahren nicht mehr durchgeführt werden, das nach § 286 ein vorheriges Insolvenzverfahren voraussetzt. Entsprechendes gilt, wenn das Insolvenzverfahren auf Antrag eines Gläubigers eröffnet wurde und der Schuldner nicht gem. § 306 Abs. 3 selbst einen Eröffnungsantrag nebst Restschuldbefreiungsantrag (§ 287 Abs. 1) gestellt hat.

2. Im Einzelnen

3 **a)** Soweit sich aus den §§ 311 ff. nichts anderes ergibt, gelten für das Verfahren die Vorschriften über das Regelinsolvenzverfahren. So muss insbesondere ein **Eröffnungsgrund nach §§ 17 oder 18**[3] gegeben sein, dessen Voraussetzungen das Gericht anhand der gem. § 305 einzureichenden Unterlagen feststellen kann.[4] Stellt ein wirtschaftlich leistungsunfähiger Schuldner einen auf Erteilung der Restschuldbefreiung gerichteten Antrag auf Eröffnung des Insolvenzverfahrens und wird das vereinfachte Verfahren eröffnet, so können allein darin noch keine Anzeichen für eine Besserung der Situation gesehen werden.[5] Ist dies wider Erwarten nicht der Fall, kann das Gericht ausnahmsweise einen **Sachverständi-**

---

[1] Abweichend von den allgemeinen Vorschriften der §§ 4 InsO, 251, 250 ZPO.

[2] AG Köln NZI 1999, 241; *Vallender,* ZIP 1999, 125, 130; *Kögel,* DZWIR 1999, 235, 240.

[3] § 19 scheidet für das Verbraucherinsolvenzverfahren aus, FK-*Kohte,* InsO, § 312 Rn. 5.

[4] *Vallender,* ZIP 1999, 125, 130.

[5] OVG Münster NVwZ-RR 2004, 746.

gen damit beauftragen, zu prüfen, ob die Kosten des Verfahrens deckende Insolvenzmasse vorhanden ist und ob ein Insolvenzeröffnungsgrund vorliegt. Dabei trifft den Schuldner eine umfassende Auskunftspflicht gem. §§ 20 Abs. 1 S. 2, 97 Abs. 1.[1] Vor der Beauftragung eines Sachverständigen sollte dem Schuldner allerdings unter Fristsetzung Gelegenheit gegeben werden, umfassende Auskünfte – soweit diese noch erforderlich sind – direkt gegenüber dem Gericht zu erteilen, um eine weitere kostenmäßige Belastung, welche mit der Beauftragung eines Sachverständigen einhergeht, zu vermeiden.

b) Durch **Stundungsvereinbarungen** kann eine eingetretene **Zahlungsunfähigkeit ausgeschlossen,** eine **drohende Zahlungsunfähigkeit beseitigt** werden, wenn der Schuldner die gestundeten Verbindlichkeiten voraussichtlich auf Dauer wird erfüllen können.[2] Wird eine bereits eingetretene oder drohende Zahlungsunfähigkeit auf diese Weise oder auch auf Grund eines **Forderungserlasses** oder durch **Befriedigung des Gläubigers** wieder beseitigt, kann der Eröffnungsantrag unter den Voraussetzungen des § 13 Abs. 2 zurückgenommen werden. Die **Rücknahme des Insolvenzantrages** durch den Schuldner ist bis zum Erlass des Eröffnungsbeschlusses gem. § 27 möglich.[3] Aufgrund der Rücknahme hat der Antragsteller die **Kosten** des Eröffnungsverfahrens gem. § 4 i. V. m. § 269 Abs. 3 S. 2 ZPO zu tragen. 4

Hatte ein Gläubiger den Insolvenzantrag gestellt, kann dieser die **Hauptsache für erledigt erklären** und beantragen, eine Entscheidung über die Kostentragungspflicht zu treffen. Die Erledigungserklärung kann gleichfalls bis zur Eröffnung des Insolvenzverfahrens abgegeben werden.[4] Nach Verfahrenseröffnung ist eine Erledigungserklärung dagegen nicht mehr möglich; aus dem Parteienstreit ist mit der Verfahrenseröffnung ein Offizialverfahren geworden.[5] 5

Hatte sich der Schuldner dem Gläubigerantrag mit einem Eigenantrag angeschlossen (§ 306 Abs. 3 S. 2), hat das Gericht über den Antrag des Schuldners auf Eröffnung eines Insolvenzverfahrens eine gesonderte Entscheidung zu treffen. Liegen die Insolvenzgründe nicht mehr vor und nimmt der Schuldner den Eröffnungsantrag nicht selbst zurück, weist das Gericht den Antrag als unbegründet zurück. Die **Feststellung,** ob **Zahlungsunfähigkeit** oder bei einem Eigenantrag **drohende Zahlungsunfähigkeit** vorliegt und eine die **Kosten des Verfahrens deckende Masse** vorhanden ist, hat das Gericht **erst nach Aufnahme des Verfahrens** über einen Eröffnungsantrag gem. § 311 zu treffen.[6] Eine Begründetheitsprüfung im gerichtlichen Schuldenbereinigungsverfahren findet dagegen nicht statt.[7] 6

---

[1] OLG Celle ZVI 2002, 21, 22; LG Arnsberg ZVI 2002, 278.

[2] *Hess/Obermüller,* Insolvenzplan, Restschuldbefreiung und Verbraucherinsolvenz, Rn. 1009 f.; *Wittig,* WM 1998, 167; zur Gefahr eines Missbrauchs des Verfahrens durch solvente Schuldner vgl. *Pape,* WM 1998, 2125.

[3] OLG Brandenburg ZInsO 1998, 138, 139.

[4] OLG Brandenburg, aaO; OLG Köln NZI 2002, 157; vgl. deswegen LG Frankenthal ZVI 2002, 296.

[5] Vgl. LG Potsdam ZInsO, 778.

[6] *Uhlenbruck,* NZI 2000, 15, 17.

[7] *Mittig,* WM 1998, 157, 162; *Nerlich/Römermann/Römermann,* InsO, § 306 Rn. 5; einschränkend *Pape,* WM 1998, 2125 f.; aA: AG Göttingen ZIP 1999, 1365; vgl. weiterhin OLG Stuttgart ZInsO 2002, 140.

7 Liegt dagegen ein Insolvenzgrund vor, **reicht allerdings das Vermögen des Schuldners** voraussichtlich **nicht aus, um die Kosten des Verfahrens zu decken,** weist das Insolvenzgericht den Antrag auf Eröffnung gem. § 26 Abs. 1, der auch im Verbraucherinsolvenzverfahren Anwendung findet,[1] zurück. Im Vorfeld einer Abweisung mangels Masse hat das **Gericht prognostisch zu entscheiden,** ob eine zur Kostendeckung erforderliche Masse zeitnah zur Verfügung steht bzw. erwirtschaftet werden kann. Dabei ist nicht mehr von einer **zeitnahen Kostendeckung** auszugehen, wenn erst nach mehr als zwei Monaten die zur Kostendeckung erforderliche Masse geriert werden kann.[2] Nur wenn mit hinreichender Wahrscheinlichkeit zu erwarten ist, dass der zu bestellende Treuhänder nach Verfahrenseröffnung innerhalb einer Zeit von ca. einem Jahr die für die Kostendeckung erforderlichen Beträge zur Masse wird realisieren können, erscheint eine Verfahrenseröffnung vertretbar.[3] Die Problematik der Verfahrenskostendeckung ist allerdings auf Grund der durch das InsOÄndG 2001 eingeführten **Stundungsvorschriften** (§§ 4 a ff.) im Wesentlichen entschärft.

8 **c)** Zu den **Kosten des Verfahrens,** die nach § 26 gedeckt sein müssen, gehören gem. § 54 neben den Gerichtskosten (§ 3 GKG i. V. m. KV Nrn. 2320 bis 2322 zzgl. KV Nr. 9002 und 9004) auch die Vergütung und die Auslagen des Treuhänders (§ 13 InsVV).[4] Damit der Schuldner die auf ihn zukommenden Kosten abschätzen und sich, falls notwendig, um die Hilfe Dritter[5] bemühen kann, **setzt das Gericht durch Beschluss[6] einen Kostenvorschuss fest,** dessen Zahlung innerhalb einer vom Gericht bestimmten angemessenen Frist nach § 26 S. 2 eine – für den Schuldner nachteilige (s. § 26 Abs. 2) – Abweisung mangels Masse verhindert.[7] Dabei ist eine **Fristsetzung von drei Wochen** zur Einzahlung des Kostenvorschusses i. d. R. angemessen.[8] Was die Höhe des einzuzahlenden Kostenvorschusses anbelangt, sollte das Gericht nach dem Vorsichtigkeitsprinzip eine großzügige Schätzung vornehmen.[9] Ein **vom Schuldner geleisteter Kostenvorschuss** ist nur dann **treuhänderisches Sondervermögen,** wenn die Mittel nachweislich nicht dem Insolvenzbeschlag unterliegen, insbesondere wenn sie **von einem Dritten zur Verfügung gestellt** worden sind.

9 Es wird vertreten, gegen den Beschluss zum Kostenvorschuss die **sofortige Beschwerde** nach § 34 zuzulassen.[10] Diese Meinung ist abzulehnen, da § 34 die Rechtsmittel im Eröffnungsverfahren auf die sofortige Beschwerde gegen den

---

[1] BayObLG NZI 2000, 434; OLG Köln NZI 2000, 217; AG Duisburg NZI 1999, 373, 375.

[2] OLG Köln ZInsO 2000, 605, 607; aA: AG Göttingen ZVI 2002, 69, 70.

[3] LG Kaiserslautern ZInsO 2001, 628, 629; zur Feststellung der Massekostendeckung vgl. auch BGH ZIP 2003, 2171.

[4] Vgl. hierzu auch OLG Köln NZI 2002, 211; LG Göttingen NZI 2000, 438, 439.

[5] Nahestehender Personen oder öffentlicher Leistungsträger, zu Letzterem *Häsemeyer,* Insolvenzrecht, Rn. 29.19 f.

[6] AA: HK-*Kirchhof,* InsO, § 26 Rn. 23: formlose Anforderung.

[7] *Balz/Landfermann,* S. 235 f. unter ausdrücklicher Bezugnahme auf die gerichtliche Praxis zum früheren Recht; OLG Köln NZI 2000, 217; FK-*Kohte,* InsO, § 311 Rn. 26–29; *Haarmeyer/Wutzke/Förster,* Hdb., Rn. 3/292.

[8] OLG Köln ZIP 2000, 548, 551.

[9] LG Berlin ZInsO 2001, 718, 719; HK-*Kirchhof,* InsO, § 26 Rn. 22; aA: LG Traunstein NZI 2000, 439: Eine genaue Berechnung ist erforderlich.

[10] *Häsemeyer,* Insolvenzrecht, Rn. 7.33; *Haarmeyer/Wutzke/Förster,* Hdb., Rn. 3/293 f.; aA: HK-*Kirchhof,* InsO, § 26 Rn. 27.

Beschluss über die Verfahrenseröffnung und die Abweisung des Eröffnungsantrages beschränkt. Erst wenn das Gericht den Antrag des Schuldners auf Eröffnung des Insolvenzverfahrens mangels Masse abweist, kann im Wege der sofortigen Beschwerde die Frage der zutreffenden Berechnung des Vorschusses überprüft werden.[1]

d) Ob dem Schuldner, der die Verfahrenskosten nicht aufbringen kann, ein Anspruch auf **Prozesskostenhilfe** zustehen sollte, wurde in Rechtsprechung und Literatur nicht einheitlich beurteilt.[2] Der Bundesgerichtshof[3] bejahte die Ablehnung der Prozesskostenhilfebewilligung für das Verbraucherinsolvenzverfahren, wobei es in dieser Entscheidung allerdings unmittelbar um die Zulässigkeit der sofortigen weiteren Beschwerde gegen die Versagung von Prozesskostenhilfe gegangen war. **Durch die mit Inkrafttreten des InsOÄndG 2001 neu eingefügten §§ 4 a–4 d (Stundung der Kosten des Insolvenzverfahrens), hat sich dieser Meinungsstreit erledigt.**[4] Die Praxis zeigt, dass von der Möglichkeit der Kostenstundung gem. § 4 a rege Gebrauch gemacht wird; eine Vielzahl von eröffneten Regel- und Verbraucherinsolvenzverfahren, betreffend natürliche Personen, sind seit Inkrafttreten des InsOÄndG 2001 zu verzeichnen. 10

Die Bewilligung von Mitteln der **Sozialhilfe** für die Kosten des Verbraucherinsolvenzverfahrens steht dagegen im Ermessen der Behörde; als mögliche Anspruchsgrundlage kommt allenfalls § 73 SGB XII in Betracht.[5] 11

e) Gegen die **Nichteröffnung des Verbraucherinsolvenzverfahrens** ist die **sofortige Beschwerde** gem. § 34 Abs. 2 zulässig.[6] Der Schuldner kann hierbei rügen, statt eines Verbraucher- habe ein Regelinsolvenzverfahren oder umgekehrt eröffnet werden müssen.[7] Hat der Schuldner dagegen selbst einen Insolvenzeröffnungsantrag gestellt, ist seine Beschwerde mit dem Ziel, eine Abweisung mangels Masse zu erreichen, unzulässig.[8] 12

f) Ein **vorläufiger Insolvenzverwalter** (§ 21 Abs. 2 Nr. 1) wird im Verbraucherinsolvenzverfahren nicht bestellt, da dessen Befugnisse über die des Treuhänders hinausgehen.[9] Im Übrigen kann das Gericht, sofern dies nicht bereits im gerichtlichen Schuldenbereinigungsverfahren erfolgt ist, **Sicherungsmaßnahmen nach § 21** anordnen. 13

Mit der Eröffnung des Insolvenzverfahrens **ernennt das Gericht** einen vom Schuldner unabhängigen[10] **Treuhänder** (§ 313 Abs. 1 S. 2). Für dessen Auswahl 14

---

[1] LG Göttingen NZI 2000, 438; FK-*Schmerbach,* InsO, § 26 Rn. 24, 76.

[2] Vgl. die Zusammenfassungen zu diesem Themenkreis – etwa von *Heinze,* DZWIR 2000, 183 f.; *Bruckmann,* InVo 2000, 185 f.; *Pape,* VuR 2000, 13 f.; *Bruns,* NJW 1999, 3445 f., sowie den Rechtsprechungsüberblick bei *Pape,* ZInsO 2000, 652 f.; ausführlich auch FK-*Kohte,* InsO, § 311 Rn. 14 ff.

[3] BGH NZI 2000, 260.

[4] Zur aktuell diskutierten Abschaffung der Verfahrenskostenstundung in masselosen Verfahren vgl. Fn. 1 zu § 4 a.

[5] BayVGH München ZInsO 1999, 723 (Leitsatz).

[6] OLG Frankfurt NZI 2000, 536.

[7] OLG Köln ZInsO 2001, 422; HK-*Kirchhof,* InsO, § 34 Rn. 8; FK-*Schmerbach,* InsO, § 6 Rn. 10 f.

[8] OLG Celle ZInsO 2000, 600; OLG Stuttgart NZI 1999, 491.

[9] *Hess,* InsO, § 311 Rn. 16; vgl. hierzu auch BGH ZVI 2003, 289.

[10] Vgl. OLG Celle NZI 2002, 169; vgl. hierzu auch *Pape,* ZInsO 2001, 1025 f.

gelten die in § 56 genannten Kriterien. Im Übrigen enthält der Eröffnungsbeschluss die in den §§ 27, 28 normierten Inhalte.

15 Die Vertretung des Schuldners durch eine nach § 305 Abs. 1 Nr. 1 als geeignet anzusehende Person oder Stelle im vereinfachten Insolvenzverfahren ist nicht zulässig, sofern diese kein Rechtsanwalt ist oder die Erlaubnis zur Besorgung fremder Rechtsangelegenheiten besitzt.[1]

§ 312 Allgemeine Verfahrensvereinfachungen

(1) **Öffentliche Bekanntmachungen erfolgen auszugsweise; § 9 Abs. 2 ist nicht anzuwenden. Bei der Eröffnung des Insolvenzverfahrens wird abweichend von § 29 nur der Prüfungstermin bestimmt. Wird das Verfahren auf Antrag des Schuldners eröffnet, so beträgt die in § 88 genannte Frist drei Monate.**

(2) **Die Vorschriften über den Insolvenzplan (§§ 217 bis 269) und über die Eigenverwaltung (§§ 270 bis 285) sind nicht anzuwenden.**

Übersicht

1. Normzweck

1 Die Vorschrift nennt die für das Verbraucherinsolvenzverfahren aus Gründen der Kostenersparnis und der Gerichtsentlastung bestehenden **Verfahrensvereinfachungen.**[2] Hierzu gehören der **Wegfall des Berichtstermins** nach § 156 (Abs. 1), die **Unanwendbarkeit der Vorschriften über den Insolvenzplan und die Eigenverwaltung** (Abs. 2), die **Bestellung eines Treuhänders** anstelle eines Insolvenzverwalters (§ 313) und der **mögliche Verzicht auf eine Verwertung** (§ 314).

2. Kommentierung der Einzelheiten

a) Öffentliche Bekanntmachung und Zustellung, Abs. 1 S. 1

2 Nach Verfahrenseröffnung ist der Eröffnungsbeschluss öffentlich bekannt zu machen und dem Schuldner sowie dessen Gläubigern und Schuldnern zuzustellen, § 30.

[1] *Balz/Landfermann*, S. 575 f.
[2] BGH NZI 2004, 510.

Da die Publizität in diesem Verfahren nicht den Stellenwert wie in einem Regelinsolvenzverfahren hat, soll bei der Eröffnung des vereinfachten Verfahrens die **Veröffentlichung nur auszugsweise** erfolgen und auf eine weitere und **wiederholte Veröffentlichung nach § 9 Abs. 2 verzichtet** werden. Im Vorfeld der Eröffnung des Insolvenzverfahrens wurden die Gläubiger bereits beim außergerichtlichen Einigungsversuch – oftmals auch mehrfach – angeschrieben. Nach dem Scheitern dieses Versuches wurden ihnen die erforderlichen Unterlagen im Schuldenbereinigungsplanverfahren zugestellt. Eine **öffentliche Bekanntmachung** ist somit **nur für die Gläubiger** geboten, **die in einem Schuldenbereinigungsplan** bisher **nicht aufgeführt** wurden. 3

Da jedoch davon auszugehen ist, dass der Schuldner nach bestem Wissen und Gewissen seine Gläubiger benennen wird, um von all seinen Verbindlichkeiten befreit zu werden, wird neben der regelmäßigen Bekanntmachung des Eröffnungsbeschlusses eine weitere und wiederholte Veröffentlichung nicht für erforderlich gehalten. Auf diesem Wege werden die gerichtlichen Auslagen gesenkt; die Bekanntmachungskosten verringern sich zudem durch eine nur noch auszugsweise Bekanntmachung.[1] 4

Für den Fall, dass der **Schuldner Eigentümer eines Grundstücks** ist, ist **§ 32** zu **beachten.**[2] 5

b) Bestimmung des Prüfungstermins, Abs. 1 S. 2

Nach dem Scheitern des Schuldenbereinigungsplans geht es nicht mehr um eine Entscheidung zwischen Liquidation und Reorganisation, sodass für einen Erörterungstermin nach § 156 kein Bedarf besteht.[3] Im **Prüfungstermin** (§ 176), in welchem der **Treuhänder anwesend sein muss,**[4] kann auch die Entscheidung getroffen werden, einzelne Gläubiger bzw. den Treuhänder mit der **Anfechtung** zu beauftragen (§ 313 Abs. 2 S. 2, 3) oder eine **vereinfachte Verteilung** (§ 314) durchzuführen.[5] 6

Ein Prüfungstermin soll nach einer Literaturauffassung entbehrlich sein, wenn im vorausgehenden gerichtlichen Schuldenbereinigungsverfahren die Forderungen schon umfassend erörtert wurden und insoweit eine Einigung erzielt werden konnte.[6] Dabei ist allerdings Zurückhaltung geboten. Eine mit dem Ziel einer einvernehmlichen Schuldenbereinigung erzielte „Einigung" kann im Interesse des Schuldners nicht zur Grundlage titulierender Feststellungen der Tabelle ohne Prüfungstermin gemacht werden. Zumindest das schriftliche Verfahren für den Prüfungstermin ist dann zu wahren. 7

Vor dem Prüfungstermin kann das Gericht einen **Gläubigerausschuss** (§ 67) einsetzen, soweit dies in **Ausnahmefällen** geboten erscheint. Dass § 313 Abs. 1 S. 3 lediglich § 66 für anwendbar erklärt, steht dem nicht entgegen.[7] 8

---

[1] Zur Nutzung des Internets zu Bekanntmachungen in der Insolvenz vgl. Verordnung vom 12. 2. 2002 (BGBl. I S. 677 ff.).

[2] Vgl. LG Neubrandenburg NZI 2001, 325; LG Dessau ZInsO 2001, 626; LG Neuruppin ZInsO 2002, 145 zur Frage der Eintragung eines Insolvenzvermerks in das Grundbuch bei Insolvenz eines Gesamthänders.

[3] *Balz/Landfermann,* S. 575 f.

[4] AG Hohenschönhausen NZI 2000, 139.

[5] *Haarmeyer/Wutzke/Förster,* Hdb., Rn. 49 f.

[6] FK-*Kohte,* InsO, § 312 Rn. 71.

[7] *Braun/Riggert/Kind,* S. 228.

c) Erweiterte Rückschlagsperre, Abs. 1 S. 3

9 Um Störungen des außergerichtlichen Einigungsversuchs durch den Vollstreckungszugriff einzelner Gläubiger zu unterbinden, wurde durch das InsOÄndG 2001 die Rückschlagsperre in Abs. 1 S. 3 auf einen Zeitraum von **drei Monaten vor einem Antrag nach § 305** ausgedehnt. Diese Drei-Monatsfrist orientiert sich an § 131 Abs. 1 Nrn 2, 3, der für eine inkongruente Deckung darauf abstellt, ob die inkriminierte Rechtshandlung innerhalb des 2. oder 3. Monats vor dem Eröffnungsantrag vorgenommen wurde. Eine Anpassung der Rückschlagsperre an diese Frist scheint gerechtfertigt, da sowohl § 88 als auch die §§ 129 ff. die Gläubigergesamtheit schützen und dem Grundsatz der Gleichbehandlung bereits in der Zeit der Krise vor Verfahrenseröffnung Rechnung tragen sollen. Gegenüber der Anfechtung hat die erweiterte Rückschlagsperre zudem den Vorteil, dass ein möglicherweise langwieriger Rechtsstreit vermieden wird.[1]

d) Schlusstermin; Aufhebung des Verfahrens

10 Nach Prüfung der Schlussrechnung hat das Insolvenzgericht von Amts wegen die Gläubigerversammlung für den Schlusstermin einzuberufen (§ 197), in dem die Schlussrechnung des Treuhänders erörtert wird und Einwendungen gegen das Schlussverzeichnis erhoben werden können.

11 Eine **besondere Bedeutung** kommt dem **Schlusstermin** im Verbraucherinsolvenzverfahren insofern zu, als dass im Schlusstermin noch über den vom Schuldner gestellten **Antrag auf Restschuldbefreiung** entschieden wird, § 289.

12 Eine **Entscheidung** des Insolvenzgerichts über diesen Antrag **vor dem Schlusstermin** ist bei einem **unzulässigen** Antrag zulässig und i. d. R. auch geboten.[2]

13 Sind dagegen die **Vermögensverhältnisse** des Schuldners **überschaubar** und die Zahl der Gläubiger oder die Höhe der Verbindlichkeiten gering, kann das Gericht auf die Abhaltung eines **Schlusstermines verzichten.** Die Entscheidung über den Antrag des Schuldners auf Erteilung der Restschuldbefreiung ist dann im **schriftlichen Verfahren** zu treffen. Eine Gläubigerversammlung ist nicht einzuberufen. Entsprechendes gilt, wenn der Treuhänder die **Masseunzulänglichkeit** nach § 208 angezeigt hat und nach Verteilung der Insolvenzmasse das vereinfachte Verfahren gem. § 211 wegen Masseunzulänglichkeit eingestellt wird. Allerdings ist die Anordnung einer **Nachtragsverteilung** auch im Verbraucherinsolvenzverfahren zulässig.[3]

14 Ergeben sich allerdings qualifizierte **Anhaltspunkte** dafür, dass **Versagungsanträge** einzelner Gläubiger gegen den Antrag des Schuldners auf Erteilung der Restschuldbefreiung als wahrscheinlich erachtet werden müssen, empfiehlt sich, durch entsprechende Beschlussfassung den Versagungsantrag auf das mündliche oder schriftliche Anhörungsverfahren zu befristen.[4]

---

[1] Begr. RegE, BR-Drucks. 14/01, S. 70; krit. hierzu: *Grote,* KTS 2001, 205, 239.

[2] OLG Köln NZI 2000, 587; AG Köln InVo 2000, 127, 128; aA: LG Münster ZInsO 1999, 724 (Leitsatz); FK-*Ahrens,* InsO, § 289 Rn. 6 a mwN.

[3] Vgl. BGH NZI 2006, 180.

[4] *Kohte/Ahrens/Grote,* InsO, § 290 Rn. 60.

e) Schriftliches Verfahren, Abs. 2

Sind die **Vermögensverhältnisse** des Schuldners **überschaubar und** die **Zahl der Gläubiger oder die Höhe der Verbindlichkeiten gering,** so kann das Insolvenzgericht anordnen, dass das Verfahren oder einzelne Teile schriftlich durchgeführt werden, § 5 Abs. 2 S. 1.[1] Dies gilt auch für die Entscheidung über einen Antrag auf Versagung der Restschuldbefreiung.[2] Die Anordnung des schriftlichen Verfahrens ist öffentlich bekannt zu machen, § 5 Abs. 2 S. 3.[3] Die Anordnung des schriftlichen Verfahrens erscheint dann sinnvoll, wenn der Schuldner – wie so oft – vermögenslos ist oder jedenfalls nicht über nennenswerte Vermögensgegenstände verfügt und die Anzahl von 10 Gläubigern nicht überschritten wird.[4] 15

§ 5 Abs. 2 bietet der Praxis einen sinnvollen Rahmen für eine ökonomische Verfahrensabwicklung.[5] 16

Das Gericht kann die Anordnung des schriftlichen Verfahrens jederzeit aufheben oder abändern, § 5 Abs. 2 S. 2. Eine solche Aufhebung kommt beispielsweise dann in Betracht, wenn Gläubiger Forderungen aus vorsätzlich begangener unerlaubter Handlung anmelden und das Gericht nach Belehrung des Schuldners gem. § 175 Abs. 2 einen mündlichen Erörterungsbedarf sieht.[6] 17

f) Insolvenzplan; Eigenverwaltung, Abs. 2

An die Stelle eines **Insolvenzplans,** dessen Vorschriften Abs. 2 für unanwendbar erklärt, tritt im Verbraucherinsolvenzverfahren der – dann schon gescheiterte – Schuldenbereinigungsplan.[7] Die Regelungen über den Insolvenzplan sind, nach Ansicht des Rechtsausschusses des Deutschen Bundestages, der insoweit den konzeptionellen Ansatz des Regierungsentwurfes abänderte, der eine Eigenverwaltung gerade für Kleinverfahren vorsah,[8] auf Unternehmensinsolvenzen begrenzt worden. 18

§ 313 Treuhänder

(1) **Die Aufgaben des Insolvenzverwalters werden von dem Treuhänder (§ 292) wahrgenommen. Dieser wird abweichend von § 291 Abs. 2 bereits bei der Eröffnung des Insolvenzverfahrens bestimmt. Die §§ 56 bis 66 gelten entsprechend.**

(2) **Zur Anfechtung von Rechtshandlungen nach den §§ 129 bis 147 ist nicht der Treuhänder, sondern jeder Insolvenzgläubiger berechtigt. Aus dem Erlangten sind dem Gläubiger die ihm entstandenen Kosten vorweg zu erstatten. Die Gläubigerversammlung kann den Treuhänder oder einen Gläubiger mit der Anfechtung beauftragen. Hat die Gläubigerversammlung einen**

---

[1] Vgl. hierzu auch AG Hamburg NZI 2000, 336, 337.
[2] Vgl. BGH NZI 2006, 481.
[3] Vgl. BGH NZI 2003, 389 f.; ergangen zu § 312 Abs. 2 aF.
[4] AG Hamburg NZI 2000, 336, 337.
[5] AG Göttingen ZInsO 2002, 292 m. zust. Anm. *Schmerbach,* betreffend die **analoge Anwendung von § 312 Abs. 2 aF** auf Regelinsolvenzverfahren.
[6] *Schmerbach,* ZInsO 2002, 292, 293.
[7] *Balz/Landfermann,* S. 575 f.
[8] Vgl. Begr. Rechtsausschuss zu § 312, abgedruckt in *Balz/Landfermann,* S. 435, 436.

Gläubiger mit der Anfechtung beauftragt, so sind diesem die entstandenen Kosten, soweit sie nicht aus dem Erlangten gedeckt werden können, aus der Insolvenzmasse zu erstatten.

(3) **Der Treuhänder ist nicht zur Verwertung von Gegenständen berechtigt, an denen Pfandrechte oder andere Absonderungsrechte bestehen. Das Verwertungsrecht steht dem Gläubiger zu. § 173 Abs. 2 gilt entsprechend.**

Übersicht

1. Normzweck

1 Im Verbraucherinsolvenzverfahren werden die Aufgaben des Insolvenzverwalters von einem Treuhänder wahrgenommen, der sowohl für das vereinfachte Insolvenzverfahren als auch für das sich ggf. anschließende Restschuldbefreiungsverfahren bestellt wird, wodurch das Verfahren vereinfacht und die Kosten reduziert werden sollen.[1] Diesem Ziel dient auch die Reduzierung des Aufgabenbereiches des Treuhänders durch die Absätze 2 und 3, welche auch in der Vergütungsregelung nach § 13 InsVV entsprechend berücksichtigt ist. Die Übertragung des Anfechtungs- und Verwertungsrechts auf die Gläubiger soll diese zur aktiven Mitwirkung am Verfahren motivieren.[2]

2. Im Einzelnen

a) Bestimmung des Treuhänders

2 Das Gericht bestimmt den Treuhänder nach Abs. 1 S. 2 bereits im Eröffnungsbeschluss. Enthält die Bestellung im Eröffnungsbeschluss keine Einschränkung, so bezieht sie sich im Zweifel auch auf die Treuhänderbestellung im Restschuldbefreiungsverfahren.[3] Für die Rechtsstellung des Treuhänders wird auf die für den Insolvenzverwalter geltenden Vorschriften der §§ 56–66 verwiesen. Die als Treuhänder zu bestimmende Person muss **fachlich und persönlich für die Aufgabe geeignet** sein[4] und die **notwendige Unabhängigkeit** von Gläubiger- und Schuldnerseite aufweisen.[5] Die Bestellung des Vertreters des Schuldners im außergerichtlichen und gerichtlichen Schuldenbereinigungsplanverfahren und im

---

[1] *Balz/Landfermann,* S. 576 f.

[2] *Balz/Landfermann,* S. 576 f.

[3] BGH ZVI 2004, 129.

[4] FK-*Kohte,* InsO, § 313 Rn. 7; OLG Celle NZI 2002, 169 f.; *Müller,* ZInsO 1999, 335, 336.

[5] Vgl. OLG Celle NZI 2002, 169 f.; *Pape,* ZIP 1993, 737, 738; vgl. a. *Baur/Stürner,* Insolvenzrecht, S. 129 f.; *Pape,* ZInsO 200, 1025, 1026.

Insolvenzeröffnungsverfahren zum Treuhänder im vereinfachten Insolvenzverfahren ist mit §§ 313 Abs. 1 S. 3, 56 Abs. 1 nicht zu vereinbaren und verstößt gegen die Verpflichtung des Gerichts, einen vom Schuldner unabhängigen Treuhänder zu bestellen.[1] Das Amt des im vereinfachten Insolvenzverfahren bestellten Treuhänders wirkt für die Dauer der „Wohlverhaltensphase“ mit den in § 292 beschriebenen Aufgaben fort. Will dieser sein Amt nicht weiter ausüben, muss er gem. § 313 Abs. 1 S. 3 i. V. m. § 59 einen Antrag auf Entlassung aus dem Amt stellen, der auch dann einen wichtigen Grund voraussetzt, wenn er vom Treuhänder selbst gestellt wird.[2]

Die InsO sieht **kein Rechtsmittel gegen die Bestellung des Treuhänders** vor;[3] folgt das Gericht den Anregungen des Schuldners, einen anderen Treuhänder zu bestellen nicht, ist dagegen ein Rechtsmittel nicht zulässig.[4] 3

Obwohl eine ausdrückliche Bezugnahme in § 313 fehlt, soll das **Vorschlagsrecht nach § 288** auch hier bestehen.[5] Dafür spricht, dass der Treuhänder zugleich auch für das Restschuldbefreiungsverfahren bestellt werden kann. Soweit ersichtlich, entspricht es gängiger Gerichtspraxis, den Treuhänder auch für die Durchführung des Restschuldbefreiungsverfahrens beizubehalten. Aus § 313 Abs. 1 folgt, dass die einheitliche Bestellung des Treuhänders für beide Abschnitte der Regelfall sein soll.[6] **Zuständig für die Bestellung des Treuhänders** ist der **Richter,** nicht der Rechtspfleger.[7] Nach § 18 Abs. 1 Nr. 1 RPflG bleibt dem Richter das Verfahren bis zur Entscheidung über den Eröffnungsantrag unter Einschluss dieser Entscheidung vorbehalten. Da der Treuhänder anstelle des Insolvenzverwalters bestimmt wird, ergibt sich eine abweichende funktionelle Zuständigkeit auch nicht daraus, dass sowohl in § 27 als auch in § 18 RPflG nur der Insolvenzverwalter und nicht zugleich auch der Treuhänder genannt ist. 4

Ein anderer Treuhänder kann in der ersten Gläubigerversammlung, welche grundsätzlich der **Prüfungstermin** ist (§ 312 Abs. 1 S. 2), gewählt werden, was allerdings die absolute Ausnahme sein dürfte, zumal sich die Gläubigerversammlungen im Prüfungstermin in der Praxis dadurch auszeichnen, dass mit Ausnahme des Rechtspflegers und des Treuhänders niemand anwesend ist; allenfalls noch der Schuldner auf Hinweis des Gerichts gem. § 175 Abs. 2. Sofern die Gläubigerversammlung einen zur Annahme des Amtes auch bereiten neuen Treuhänder wählt, unterliegt dieser Beschluss nicht der Aufhebung nach § 78 Abs. 1, sondern nur der gerichtlichen Kontrolle im Rahmen der Entscheidung über die Bestellung des Gewählten nach § 57 S. 2.[8] 5

Schon **vor Verfahrenseröffnung** kann im Einzelfall ein **vorläufiger Treuhänder** eingesetzt werden,[9] §§ 306 Abs. 2 S. 1 i. V. m. 21 Abs. 2 Nr. 1. 6

---

[1] OLG Celle NZI 2002, 169 f.

[2] BGH ZVI 2004, 544.

[3] Vgl. hierzu auch LG Halle DZWIR 2004, 526.

[4] Vgl. LG Münster NZI 2002, 445.

[5] HK-*Landfermann,* InsO, § 313 Rn. 3.

[6] Vgl. BGH ZInsO 2003, 750; krit. hierzu *Kohte/Ahrens/Grote,* InsO, § 313 Rn. 5; *Müller,* ZInsO 1999, 335.

[7] *Vallender,* InVo 1999, 335.

[8] OLG Naumburg NZI 2000, 428 f.

[9] Vgl. Kommentierung bei § 306.

b) Aufgaben des Treuhänders

7 Nach der Eröffnung des Verbraucherinsolvenzverfahrens hat der Treuhänder auch bei selbstständig tätigen Schuldnern[1] das gesamte zur Insolvenzmasse gehörende **Vermögen des Schuldners sofort in Besitz und Verwaltung zu nehmen.** Der Treuhänder kann, vorbehaltlich einer Stilllegungsentscheidung gem. § 157, dem Schuldner die für die **Fortführung seiner selbstständigen Tätigkeit** erforderlichen Mittel aus der Insolvenzmasse zur Verfügung stellen.[2] Bei **im Ausland belegenem Vermögen** ist der Schuldner grds. verpflichtet, dem Treuhänder eine entsprechende Vollmacht zu erteilen, wenn die Verfahrenseröffnung im Ausland nicht ohne Weiteres anerkannt wird.[3] Insofern bietet sich an, mit dem Schuldner einen **kurzfristigen Besprechungstermin** abzustimmen, im Zuge dessen insbesondere die Richtigkeit der Angaben des Schuldners in den mit dem Insolvenzeröffnungsantrag vorgelegten Verzeichnissen im Einzelnen überprüft werden muss. Im Rahmen dieses ersten Besprechungstermines können praktischerweise auch Informationen und Auskünfte des Schuldners erhoben werden, welche im Rahmen der schriftlichen Berichterstattung gegenüber dem Insolvenzgericht Einfluss finden. Dies bezieht sich insbesondere auf den Werdegang des Schuldners sowie Hintergründe für die eingetretene Insolvenz, da diese Angaben oftmals nicht oder nur unzureichend den bei Insolvenzeröffnung eingereichten Verzeichnissen zu entnehmen sind.

8 Soweit dem Insolvenzbeschlag unterliegende Vermögensgegenstände überhaupt vorhanden sind, sind **mögliche Pfandrechte oder Absonderungsrechte** hieran **kurzfristig zu überprüfen.** Insofern bietet sich in der Praxis an, beteiligte Gläubigerbanken, welche oftmals Absonderungsrechte an Vermögensgegenständen haben, kurzfristig nochmals schriftlich über die erfolgte Eröffnung des Verbraucherinsolvenzverfahrens zu informieren und entsprechende Informationen im Hinblick auf mögliche Absonderungsrechte zu erfragen. Letzteres insbesondere vor dem Hintergrund, dass gem. Abs. 3 das Verwertungsrecht grundsätzlich beim gesicherten Gläubiger liegt.

9 Verwertet der Treuhänder eine bewegliche Sache oder eine Forderung, an der sich **nachträglich ein Absonderungsrecht herausstellen** sollte, erlangt der Gläubiger insofern ein **Ersatzabsonderungsrecht,** sofern sich keine Verwertungsbefugnis des Treuhänders über § 173 Abs. 2 ergibt.[4]

10 **Weigert sich der Schuldner** zur Herausgabe der sich in seinem Besitz befindenden, dem Insolvenzbeschlag unterliegenden Vermögenswerte, so kann der Treuhänder mithilfe des **Eröffnungsbeschlusses** die Herausgabe erzwingen. Der Eröffnungsbeschluss, der gegen den Schuldner vollstreckbar ausgefertigt werden kann, stellt einen **Vollstreckungstitel** dar, § 148 Abs. 2 S. 1 i. V. m. § 794 Abs. 1 Nr. 3 ZPO. Verweigert der Schuldner die Inbesitznahme, ist ein richterlicher Durchsuchungsbefehl erforderlich.

11 **Verweigert ein Dritter die Herausgabe,** so ist der Treuhänder auf gerichtliche Geltendmachung seines Rechtes zum Besitz angewiesen. Der **Ehegatte des Schuldners** gilt dabei nicht als Dritter. Insofern gelten die Eigentums- und

---

[1] Vgl. BGH ZVI 2003, 170, sowie § 313 Rn. 13.
[2] Vgl. BGH ZVI 2003, 170, sowie § 313 Rn. 13.
[3] Vgl. BGH ZIP 2003, 2123.
[4] *Nerlich/Römermann/Becker,* InsO, § 173 Rn. 4.

Gewahrsamsvermutungen der §§ 1362 BGB, 739 ZPO zugunsten der Insolvenzgläubiger.

Für den Fall, dass der **Schuldner in einem Arbeitsverhältnis** steht, hat der Treuhänder unverzüglich nach dem Erlass des Eröffnungsbeschlusses den Arbeitgeber darüber zu informieren, dass dieser den pfändbaren Teil des Arbeitseinkommens des Schuldners an ihn zu zahlen hat.[1] Bedenklich sind dagegen Vereinbarungen zwischen Schuldner und Treuhänder dergestalt, dass der Treuhänder den Arbeitgeber über die erfolgte Verfahrenseröffnung nicht informiert, um das vom Schuldner möglicherweise erst kurzfristig begründete Arbeitsverhältnis nicht zu gefährden. Der Treuhänder ist dann entsprechend der mit dem Schuldner getroffenen Vereinbarung darauf angewiesen, dass dieser den pfändbaren Teil seines Arbeitseinkommens ordnungsgemäß an den Treuhänder abführt, was erhebliche Risiken in sich birgt. Die unterlassene Anzeige des Treuhänders gegenüber dem Arbeitgeber führt im Übrigen grundsätzlich dazu, dass der Arbeitgeber nicht mit schuldbefreiender Wirkung an den Schuldner bezahlen kann, da ab dem Zeitpunkt der öffentlichen Bekanntmachung der Verfahrenseröffnung vermutet wird, dass der Arbeitgeber die Eröffnung kannte, § 82 S. 2. Nur wenn diese Vermutung nicht eingreift, erfolgt eine Zahlung des Arbeitgebers mit schuldbefreiender Wirkung.[2] 12

Für den Fall, dass der **Schuldner selbstständig tätig** ist, gehören die Einkünfte, die er nach Insolvenzeröffnung erzielt, in vollem Umfange ohne einen Abzug für beruflich bedingte Ausgaben zur Insolvenzmasse. Der Schuldner kann jedoch gem. § 850 i ZPO beantragen, dass ihm von seinen durch Vergütungsansprüche gegen Dritte erzielten Einkünfte ein pfandfreier Anteil belassen wird. Hierzu muss der Schuldner aber einen Antrag beim Insolvenzgericht nach **§ 850 i ZPO** stellen (vgl. § 36 Abs. 1 und 3) und in dem Verfahren im eigenen Interesse belegen, welche Werbungskosten und anderen Kosten ihm notwendigerweise im Zusammenhang mit der Erzielung des Arbeitseinkommens entstehen. Weist er keine Werbungskosten nach, so verstößt er damit in erster Linie gegen eigene Interessen; eine Versagung der Restschuldbefreiung gem. § 290 lässt sich hieraus nicht ableiten. Auch bei selbstständig tätigen Schuldnern hat der Treuhänder grundsätzlich das gesamte zur Insolvenzmasse gehörende Vermögen sofort in Besitz und Verwaltung zu nehmen,[3] insbesondere hat er bereits entstandene sowie künftige Vergütungsansprüche des Schuldners gegen Dritte bei Fälligkeit einzuziehen. Der Treuhänder kann – vorbehaltlich einer Stilllegungsentscheidung gem. § 157 – dem Schuldner die für die Fortführung seiner selbstständigen Tätigkeit erforderlichen Mittel aus der Insolvenzmasse zur Verfügung stellen.[4] 13

Zu Recht weist Kohte in seiner Urteilsanmerkung[5] darauf hin, dass es wirtschaftlicher Vernunft entspricht, **wenn Treuhänder und Schuldner Regelungen zur Freigabe des Einkommens bzw. bestimmter Teile des Einkommens und entsprechende Dokumentations- und Nachweispflichten vereinbaren.** Denn das Verfahren nach § 850 i ZPO ist aufwändig und oft nicht 14

---

[1] *Bott/Zimmermann,* ZInsO 2000, 421, 423; *Kohte/Ahrens/Grothe,* InsO, § 313 Rn. 10.

[2] *Hoffmann,* Verbraucherinsolvenz, S. 113.

[3] Vgl. BGH ZVI 2003, 170.

[4] Vgl. BGH NZI 2003, 389 (sog. Psychologinnenentscheidung des BGH) m. Anm. *Kohte;* vgl. auch die Urteilsanmerkung von *Grote,* ZInsO 2003, 416 f.

[5] *Kohte,* NZI 2003, 394.

effizient, sodass es ohne solche Vereinbarungen durch Unterhaltsgewährung nach § 100 ergänzt werden müsste. Eine insofern alternativ zwischen Treuhänder und Schuldner wählbare Vereinbarung ist **verfahrensökonomisch,** entlastet alle Beteiligten und ist zugleich geeignet, Schuldner zu motivieren, bereits während des Verfahrens am Arbeitsmarkt tätig zu werden. Damit öffnet der BGH den Weg zu pragmatischen Lösungen und erleichtert auf diese Weise die für alle Seiten akzeptable Durchführung solcher Insolvenzverfahren.[1] **Alternativ** hierzu besteht nach **§ 35 Abs. 2** für den Insolvenzverwalter die Möglichkeit, gegenüber dem Schuldner zu erklären, ob Vermögen aus der selbstständigen Tägigkeit zur Insolvenzmasse gehört und ob Ansprüche aus dieser Tätigkeit im Insolvenzverfahren geltend gemacht werden können. Andernfalls obliegt es dem Schuldner, entsprechend **§ 295 Abs. 2** die Insolvenzgläubiger durch Zahlung an den Treuhänder so zu stellen, wie wenn er ein angemessenes Dienstverhältnis eingegangen wäre.

15 I. d. R. hat der Schuldner ein **Wohnraummietverhältnis** begründet.[2] Insofern ist der Treuhänder gehalten, kurzfristig nach Verfahrenseröffnung gegenüber dem Vermieter eine **Erklärung gem. § 109 Abs. 1 S. 2 abzugeben,** wonach Ansprüche, die nach Ablauf der in § 109 Abs. 1 S. 1 genannten Frist fällig werden, nicht im Insolvenzverfahren geltend gemacht werden können. Die vom Verwalter beabsichtigte Kündigung der Mitgliedschaft des Schuldners in einer Wohnungsgenossenschaft kann analog § 109 Abs. 1 S. 2 i. V. m. § 148 Abs. 2, § 766 ZPO für unzulässig erklärt werden, wenn dies zur Vermeidung einer Vermieterkündigung der Wohnungsgenossenschaft erforderlich erscheint.[3] Nach Ablauf der maximalen Kündigungsfrist von drei Monaten zum Monatsende kann der Vermieter die Mietzinsforderungen daher nur noch als Insolvenzforderung geltend machen. Bis zum Ablauf der Kündigungsfrist handelt es sich dagegen um Masseverbindlichkeiten gem. § 55 Abs. 1 Nr. 2. Die Anzeige der Masseunzulänglichkeit durch den Treuhänder bleibt erforderlich; sie hat zur Folge, dass Masseverbindlichkeiten nur noch nach Maßgabe des § 209 anteilig erfüllt werden.

16 **Alternativ hierzu** besteht für den Treuhänder die **Möglichkeit der „Freigabe“ der Mietwohnung,** mit der Folge, dass die Insolvenzmasse nicht mehr für die laufende Miete haftet. Die „Freigabe“ bedarf jedoch der **Einwilligung des Vermieters,** dem der Treuhänder nicht einseitig die Ansprüche entziehen kann.[4] Da die Vermieter häufig nicht bereit sind, eine entsprechende Einwilligung zu geben, bleibt es in der Praxis grundsätzlich bei der Abgabe der Treuhändererklärung gem. § 109 Abs. 1 S. 2. Unabhängig hiervon sehen sich die Schuldner in der Praxis zunehmend damit konfrontiert, dass **Energieversorgungsunternehmen** die Weiterbelieferung vom Einbau eines Münzzählers **(CPS-Zählsystem)** abhängig machen.[5]

17 Zu den **kurzfristig durchzuführenden Aufgaben des Treuhänders** gehört es auch, mit gesondertem Schreiben **Kreditinstitute** über die erfolgte Verfahrenseröffnung zu **informieren,** mit welchen der Schuldner in Verbindung steht, nicht zuletzt, um – wie vorher ausgeführt – mögliche Absonderungsrechtspositionen in

---

[1] Zur umsatzsteuerlichen Gestaltung vgl. BFH ZIP 2005, 1376, und die Urteilsanmerkung von *Dahms,* ZInsO 2005, 794.

[2] Ausführlich hierzu *Eckert,* ZVI 2006, 133 f.; *Hain,* ZInsO 2007, 192 f.

[3] LG Dresden ZVI 2008, 493.

[4] *Eckhard,* NZM 2000, 260, 262.

[5] Vgl. hierzu *Hackenberg,* ZVI 2006, 549 f.

Erfahrung zu bringen. Auch hat der Treuhänder die Verpflichtung, noch nicht genehmigten Latschriftabbuchungen vom Konto des Schuldners seine Genehmigung innerhalb der Genehmigungsfiktionsfrist zu versagen, sofern dies für die übrigen Gläubiger vorteilhaft ist. Dabei tritt der Treuhänders nicht im Pflichtenverhältnis zum abbuchenden Gläubiger in die „Fußstapfen“ des Schuldners. Eine Haftung aus § 826 BGB wegen Lastschrift-„Widerrufs“ ist nicht ersichtlich.[1] Der Treuhänder ist gehalten, sämtliche Lastschriften – auch Mietlastschriften – mit denen ein schuldnerisches Guthabenkonto vor Eröffnung des Verfahrens im Wege der Einziehungsermächtigungsverfahrens belastet worden ist, zu widerrufen.[2] Mit dieser Entscheidung stimmt das AG München[3] nur insoweit überein, als dieses Treuhänder und Insolvenzverwalter, was deren Berechtigung zum Lastsschriftenwiderruf betrifft, gleich behandelt. Im Übrigen folgt es weder der Rechtsauffassung des AG Hamburg noch der des BGH in drei weitgehend gleich lautenden Entscheidungen zum Lastschriftenwiderruf im Insolvenzeröffnungsverfahren und im Insolvenzverfahren.[4] Vielmehr kommt das AG München in der nicht rechtskräftigen Entscheidung zu dem Ergebnis, dass zum Widerruf einer Lastschrift, die ein Gläubiger vor Eröffnung des Insolvenzverfahrens berechtigt eingezogen hat, ein Treuhänder nicht befugt sei. Für Entscheidungen darüber, ob der Treuhäner Lastschriften widerrufen darf, ist das Insolvenzgericht nicht zuständig.

Die von dem Schuldner zur Klärung gestellte Frage, ob der Treuhänder grundsätzlich berechtigt war, die Genehmigung von Lastschriften zu verweigern, lässt sich nicht unter Anwendung der Pfändungsschutzvorschriften beantworten. Vielmehr ist ein Streit zwischen dem Treuhänder und dem Schuldner darüber, ob ein Vermögensgegenstand massezugehörig ist – von den in der Insolvenzordnung ausdrücklich abweichend geregelten Fällen abgesehen –, ausschließlich vor dem Prozessgericht auszutragen.[5] Soweit der Schuldner der Auffassung ist, der Treuhänder verstoße gegen seine Pflichten, kann er darüber hinaus Aufsichtsmaßnahmen des Insolvenzgerichts anregen, § 58. Gegen die Entscheidung des Insolvenzgerichts, dem Treuhänder keine Weisung zu erteilen, ist jedoch ein Rechtsmittel nicht gegeben.[6] Gem. §§ 115, 116 **endet** mit der Eröffnung des Insolvenzverfahrens der zwischen dem Schuldner und der Bank bestehende Bankvertrag; mit Beendigung des Vertrages erlischt auch das Beste hende **Kontokorrentverhältnis.**[7] Die Bank muss einen außerordentlichen Rechnungsabschluss durchführen, um den Saldo zu ermitteln. Vereinzelt wird die Auffassung vertreten, bei einem Guthabenkonto, das zur Entgegennahme unpfändbarer Zahlungen eingerichtet wurde, erlösche der Kontoführungsvertrag nicht, weil sich dieser Vertrag nicht auf das zur Insolvenzmasse gehörende Vermögen beziehe.[8] Dem ist nicht zuzustimmen. Auch über ein Guthabenkonto können pfändbare Leistungen abgerechnet werden. Ein Guthabenkonto zeichnet sich dadurch aus, dass mit dem 17a

[1] AG Hamburg ZVI 2009, 35.

[2] AG Hamburg NZI 2007, 598 f.

[3] AG München ZVI 2008, 174.

[4] BGHZ 116, 49 f; BGH ZIP 2007, 2273.

[5] BGH NZI 008, 753.

[6] BGH NZI 2006, 543.

[7] *Obermüller,* ZInsO 1999, 690, 695; *Knees,* ZVI 2002, 89, 96; *Obermüller,* ZInsO 2002, 97; *Fischer,* ZInsO 2003, 101, 102.

[8] Vgl. *Bork,* Zahlungsverkehr in der Insolvenz, 2002, Rn. 57 aE; FK-*Kohte,* InsO, § 313 Rn. 41.

Kontoführungsvertrag keine Kreditzusage der Bank verbunden ist. Es kann nicht Gegenstand eines Kontoführungsvertrages sein, festzulegen, dass die auf dem Konto eingehenden Zahlungen unpfändbar sind bzw. nicht zur Insolvenzmasse gehören.[1] Die Bank kann jedoch, ohne rechtliche Nachteile fürchten zu müssen, nahtlos ein neues Girokonto für den Kunden einrichten. Unabhängig von diesen rechtlichen Erwägungen genügt in der Praxis den kontoführenden Kreditinstituten oftmals eine schriftliche Bestätigung des Treuhänders, dass hinsichtlich der unpfändbaren Gehaltsansprüche das Verfügungsrecht des Schuldners uneingeschränkt weiter bestehen kann.

18 Zu den **weiteren wesentlichen Aufgaben des Treuhänders** gehört die **Verwertung der Insolvenzmasse** (§ 159). Sie erfolgt im Regelfall durch freihändigen Verkauf, von dem der Schuldner, sofern es sich um wichtige Gegenstände handelt oder der Verkehrswert bei der Verwertung unterschritten werden sollte, rechtzeitig zu unterrichten ist.[2] Nur bei vorheriger Information des Schuldners ist in einem solchen Falle auch sein Schutz durch Maßnahmen der Aufsicht des Insolvenzgerichts über den Treuhänder zu gewährleisten.[3] Der Schuldner hat das Recht, Aufsichtsmaßnahmen zu beantragen. Das Gericht hat hierüber durch Beschluss zu entscheiden.[4]

19 Da der **Treuhänder Vermögensverwalter i. S. v. § 34 Abs. 3 AO** und Verfügungsberechtigter i. S. v. § 35 AO ist, sind **steuerliche Pflichten** des Schuldners in Bezug auf das verwaltete Vermögen in vollem Umfange vom Treuhänder zu erfüllen. Er hat daher, ebenso wie der Insolvenzverwalter, die steuerlichen Pflichten zu erfüllen, die während der Zeit seiner Treuhandstellung fällig werden und das von ihm treuhänderisch verwaltete Vermögen des Schuldners betreffen.[5] Es besteht die Verpflichtung des Treuhänders eines insolventen Ehegatten zur Erteilung der Zustimmung zur Zusammenveranlagung.[6] Bezieht der Schuldner Einkünfte aus nicht selbstständiger Arbeit, so trifft allerdings die Steuererklärungspflicht alleine den Schuldner und nicht den Treuhänder. Nur der pfändbare Teil des Arbeitseinkommens unterliegt dem Insolvenzbeschlag; dieser bezieht sich aber ausschließlich auf den Netto-Neuerwerb, während die Besteuerungsgrundlagen gem. § 19 EStG die Brutto-Einkünfte des Schuldners sind. In der Praxis reichen daher die Schuldner ihre Einkommensteuererklärungen selbst ein. Anders verhält es sich dagegen für die Einkommensteuererklärungen für aus der Insolvenzmasse erwirtschaftete Einkünfte, wie Einkünfte aus Kapitalvermögen oder Vermietung und Verpachtung. Insofern trifft den Treuhänder die Steuererklärungspflicht, sofern die Grundlage der Besteuerung zur Insolvenzmasse gehört.[7]

---

[1] Vgl. *Fischer,* ZInsO 2003, 101 f.; *Knees,* ZVI 2002, 96 f.

[2] FK-*Kohte,* InsO, § 313 Rn. 23 f.; BVerfG NJW 1978, 368, 369; vgl. § 160; einschränkend: AG Duisburg NZI 2000, 385, wonach Aufsichtsmaßnahmen gegen den Treuhänder nur bei offenkundig und grob rechtswidrigem Verhalten in Betracht kommen.

[3] Vgl. BGHZ 113, 262, 276 f.; *Nerlich/Römermann,* InsO, § 161 Rn. 6 ff.

[4] Begr. RegE, BR-Drucks. 14/01, S. 71; s. auch *Fuchs,* NZI 2001, 15, 18; einschränkend: AG Duisburg NZI 2000, 385, wonach Aufsichtsmaßnahmen gegen den Treuhänder nur bei offenkundig und grob rechtswidrigem Verhalten in Betracht kommen.

[5] *Frotscher,* Besteuerung bei Insolvenz, S. 48, 49.

[6] OLG Brandenburg ZVI 2008, 30 f.

[7] Zu den steuerlichen Pflichten des Treuhänders vgl. weiterhin BMF-Schreiben ZIP 1999, 775 f.; OFD Nürnberg ZInsO 2000, 148 f.; OFD Frankfurt (Main) ZInsO 2001,

c) Anfechtung, Abs. 2

Nach Abs. 2 wird das Anfechtungsrecht nicht, wie im Regelinsolvenzverfahren, vom Treuhänder ausgeübt; zur Anfechtung berechtigt ist vielmehr der einzelne Gläubiger. Dieser muss das, was er durch die Anfechtung erlangt, an die Masse herausgeben. Denn mit der Anfechtung macht er kein eigenes Recht geltend, das Anfechtungsrecht ist vielmehr Bestandteil der Insolvenzmasse.[1] Er darf jedoch nach Abs. 2 S. 2 den Betrag der ihm entstandenen Kosten einbehalten. Können die Kosten aus dem Erlangten nicht gedeckt werden, hat er allerdings nur für den Fall einen Kostenerstattungsanspruch gegen die Insolvenzmasse, dass er von der Gläubigerversammlung mit der Anfechtung beauftragt war, Abs. 2 S. 3. Vor dem Hintergrund der Schwierigkeiten, die bei der Ausübung des Anfechtungsrechts durch einen einzelnen Gläubiger entstehen, wurde es auch vor Inkrafttreten des InsOÄndG 2001 als für zulässig erachtet, dass die Gläubigerversammlung den **Treuhänder mit der Anfechtung beauftragt.**[2] 20

Entsprechendes hat nunmehr der Reformgesetzgeber in Abs. 2 S. 3 normiert. Grund für die Gesetzesänderung waren die Erfahrungen der Praxis, wonach sich die Übertragung des Anfechtungsrechts auf die Gläubiger nicht bewährt hatte. Die Annahme des Gesetzgebers, dass die Gläubiger im Verbraucherinsolvenzverfahren motiviert seien, die Anfechtung gläubigerschädigender Handlungen selbst in die Hand zu nehmen, hat sich im Ergebnis als unzutreffend erwiesen.[3] 21

Die Ursache hierfür ist in den mit der Ausübung des Anfechtungsrechts für den Gläubiger verbundenen Unsicherheiten und Nachteilen zu ersehen. Die Aufnahme des Anfechtungsprozesses bedeutet einen erheblichen Zeit- und Arbeitsaufwand, ohne dass der Erfolg – in Form der Erhöhung einer Insolvenzquote – sicher ist. War der Gläubiger nicht mit der Anfechtung beauftragt, hatte er zudem die Kosten, sofern sie nicht aus dem Wiedererlangten gedeckt waren, selbst zu tragen. Als nachteilig hatte sich auch das Fehlen eines Informationsrechts des einzelnen Gläubigers gegenüber dem Schuldner sowie das Auseinanderfallen von Prozessführungsbefugnis (die dem einzelnen Gläubiger zustand) und Verfügungsbefugnis über das Anfechtungsrecht (das Bestandteil der Insolvenzmasse war) ausgewirkt. 22

Aufgrund der infolge der geschilderten Nachteile von den Gläubigern geübten Zurückhaltung bei der Ausübung des Anfechtungsrechts kam es häufig zu Abweisungen oder Verfahrenseinstellungen mangels Masse, obwohl möglicherweise Vermögenswerte im Wege der Anfechtung hätten zurückerlangt werden können.[4] 23

Anders als im Regelinsolvenzverfahren schließt dabei das bloße Bestehen eines Anfechtungsrechts die Masseunzulänglichkeit nicht aus, weil dessen Ausübung – anders als beim Insolvenzverwalter – nicht zu den Aufgaben des Treuhänders gehörte, sondern dem einzelnen Gläubiger überlassen war.[5] Hier schafft die neue 24

---

747 f.; *Onusseit,* ZInsO 2000, 363 f., und FG Hannover ZVI 2003, 479 für den selbstständig tätigen Schuldner.

[1] *Henckel,* FS Gaul, S. 212: arg. ex § 313 Abs. 2 S. 2; abweichend *Wagner,* ZIP 1999, 689, der einen Beschluss der Gläubigerversammlung verlangt.

[2] *Wagner,* ZIP 1999, 699 f.; HK-*Landfermann,* InsO, § 313 Rn. 14; abweichend: *Gundlach/Frenzel/Schmidt,* ZVI 2002 5 ff.; krit. hierzu *Fuchs,* ZInsO 2002, 358 f.

[3] Begr. RegE, BR-Drucks. 14/01, S. 71; s. auch *Fuchs,* NZI 2001, 15, 18.

[4] Begr. RegE, BR-Drucks. 14/01, S. 71.

[5] *Fuchs,* NZI 2001, 15, 18.

Regelung mit der Möglichkeit der Beauftragung des Treuhänders nur zum Teil Abhilfe. Zwar wird damit vom Grundsatz her der Weg für eine effektivere Ausübung des Anfechtungsrechts eröffnet, indem nunmehr derjenige zuständig ist, der das Verwaltungs- und Verfügungsrecht über die Masse im Interesse der Gesamtheit der Gläubiger ausübt.[1] Besser wäre es jedoch gewesen, die Anfechtungsberechtigung des Treuhänders wie im Regelinsolvenzverfahren von einer Beauftragung unabhängig zu machen, damit bereits durch die bloße Existenz von Anfechtungsansprüchen eine Einstellung wegen Masseunzulänglichkeit nach § 211 bzw. eine Abweisung des Eröffnungsantrags mangels Masse nach § 26 verhindert werden kann.[2] Insofern hätte man auch das Problem umgangen, dass in der Praxis mangels Gläubigerinteresse die Gläubigerversammlung überhaupt nicht beschlussfähig ist, da sie oftmals von keinem einzigen Gläubiger besucht wird.[3] Die insofern teilweise geübte Gerichtspraxis, aus dem Nichterscheinen der Gläubiger auf deren mutmaßlichen Willen zu schließen, verfahrensfördernde Maßnahmen in das pflichtgemäße Ermessen des Gerichts zu stellen, erscheint zumindest nicht unbedenklich.[4]

25 Die Gläubigerversammlung hat stets durch Beschluss zu entscheiden, ob der Treuhänder mit der Anfechtung beauftragt werden soll. Dies gilt dabei auch für ein vereinfachtes Verfahren, an dem nur ein Gläubiger beteiligt ist.[5] In der Praxis sollte daher der **Treuhänder dafür Sorge tragen,** dass er die **Beschlussfähigkeit der Gläubigerversammlung** dadurch **gewährleistet,** dass er dafür Sorge trägt, dass wenigstens ein Gläubiger anwesend ist, der dann darüber Beschluss fassen kann, den Treuhänder mit der Anfechtung zu beauftragen.

26 Soweit ersichtlich, hat in der Praxis die über Abs. 2 S. 1 eröffnete Möglichkeit der Anfechtung durch Insolvenzgläubiger keinerlei Bedeutung; die durch das InsOÄndG 2001 neu gegebene Möglichkeit der Anfechtung durch den Treuhänder nach entsprechender Beauftragung durch die Gläubigerversammlung hat gleichfalls nur sehr geringe Bedeutung.

27 Der **Gläubiger** wird im Rahmen der Anfechtungsklage insofern als **Prozessstandschafter** tätig.[6] Die Voraussetzungen der Anfechtung richten sich nach den §§ 129 ff.[7] Für den Treuhänder bleibt im Zusammenhang mit der Anfechtung weiterhin die Aufgabe, die Gläubiger auf Anfechtungsgründe hinzuweisen, von denen er im Rahmen seiner Tätigkeit Kenntnis erlangt.

d) Verwertung bei bestehenden Absonderungsrechten, Abs. 3

28 Nach Abs. 3 sind die absonderungsberechtigten Gläubiger – anders als grundsätzlich im Regelinsolvenzverfahren – selbst zur Verwertung berechtigt. Die Gründe, die bei einer Unternehmensinsolvenz für eine Verwertung durch den Insolvenzverwalter sprechen – die Erleichterung der Sanierung und Unternehmensveräußerung durch einheitliche Verwertung[8] –, liegen hier nicht

---

[1] Vgl. Begr. RegE, BR-Drucks. 14/01, S. 71.

[2] *Fuchs,* NZI 2001, 15, 18.

[3] Vgl. hierzu *Ehricke,* NZI 2001, 59, 60.

[4] Vgl. insofern auch *Gundlach/Frenzel/Schmidt,* ZVI 2002, 5 f., wonach das Insolvenzgericht auf Antrag des Treuhänders diesen mit der Anfechtung von Rechtshandlungen beauftragen kann, wenn kein Gläubiger erscheint; dagegen: *Fuchs,* ZInsO 2002, 358 f.

[5] BGH NZI 2007, 732 f.

[6] *Henckel,* FS Gaul, S. 211 f.

[7] Siehe näher *Hess,* InsO, § 313 Rn. 48; FK-*Kohte,* InsO, § 313 Rn. 67 ff.

[8] *Balz/Landfermann,* S. 157 f.

vor.[1] Da dem Treuhänder ein Verwertungsrecht nicht zusteht, fallen auch **keine Kostenbeiträge nach den §§ 170 f.** an.[2] Der Ausschluss des Verwertungsrechts des Treuhänders am Absonderungsgut in § 313 Abs. 3 schließt es allerdings nicht mehr aus, dem Gläubiger analog § 173 Abs. 2 durch das Gericht auf Antrag des Treuhänders eine Frist zur Vornahme der Verwertung setzen zu lassen, § 313 Abs. 3 S. 3. Dies gilt allerdings nach dem klaren Wortlaut des § 173 nur für mit Absonderungsrechten belastete bewegliche Sachen und Forderungen, mithin **nicht für die Verwertung von Immobilien.** Ein Verwertungsrecht des Treuhänders besteht insofern nicht.[3] **Problematisch** ist daher, ob aus dem Zusammenspiel der §§ 49, 165 und 313 Abs. 3 hergeleitet werden kann, dass **der Gläubiger** nach § 313 Abs. 3 S. 2 nicht nur zu einer **Verwertung des mit einem Absonderungsrecht belasteten unbeweglichen Gegenstandes** im Wege der Zwangsversteigerung oder der Zwangsverwaltung berechtigt ist, sondern auch zu einem **freihändigen Verkauf.**[4] Die dies bejahende Entscheidung des LG Hamburg dürfte auf einem Missverständnis des § 313 Abs. 3 beruhen, der lediglich das Antragsrecht des Treuhänders nach § 165 einschränkt, nicht jedoch das von den Gläubigern nach § 49 einzuhaltende Verfahren.[5]

e) Haftung des Treuhänders. Vergütung

Die **Haftung** des Treuhänders richtet sich nach den §§ 60–62 und 66. 29

Gem. **§ 13 InsVV** erhält der Treuhänder im vereinfachten Insolvenzverfahren 30
in der Regel 15% der Insolvenzmasse, mindestens jedoch 250,– €, als **Vergütung.** Hinter diesem Regelsatz kann etwa bei vorzeitiger Verfahrensbeendigung zurückgeblieben werden, wobei 100,– € nicht unterschritten werden dürfen (§ 13 Abs. 1 S. 2 und 3 InsVV).[6] Die Neuregelung der Mindestvergütung des Treuhänders im vereinfachten Insolvenzverfahren hält sich im Rahmen der Ermächtigungsgrundlage und ist nicht verfassungswidrig. Die nach Inkrafttreten der Änderungsverordnung vom 4. 10. 2004 angefallenen sächlichen Kosten, die dem Treuhänder im vereinfachten Insolvenzverfahren infolge der Übertragung des Zustellwesens durch das Insolvenzgericht entstanden sind, können neben der allgemeinen Auslagenpauschale geltend gemacht werden.[7] Im Verbraucherinsolvenzverfahren mit ungewöhnlich hoher Masse ist anstelle der linearen Vergütung des § 13 Abs. 1 InsVV die Staffelvergütung des § 2 Abs. 1 InsVV als Regelvergütung zugrunde zu legen. Unabhängig davon kommt auch die Zuordnung von Erhöhungs- und Änderungsfaktoren in Betracht.[8] In dem Falle, dass der Treuhänder von dem Insolvenzgericht nach dem Tod des Schuldners nicht zum Nachlassinsolvenzverwalter ernannt wird, kann dieser dann lediglich die Ver-

---

[1] *Balz/Landfermann,* S. 576 f.

[2] *Haarmeyer/Wutzke/Förster,* Hdb., Rn. 5/292 ff.; *Wittig,* WM 1998, 218.

[3] AG Leipzig DZWIR 2000, 216 m. zust. Anm. *Gundlach;* aA: LG Kiel Rpfleger 2004, 730; *Uhlenbruck/Vallender,* InsO, § 313 Rn. 111, 112; *Kesseler,* ZInsO 2006, 1029 f.; vgl. zur Problematik auch *Hintzen,* ZInsO 2003, 586 f.

[4] Bejahend: LG Hamburg NZI 1999, 504; HK-*Landfermann,* InsO, § 313 Rn. 18; FK-*Kohte,* InsO, § 313 Rn. 66 d f.

[5] So auch *Pape,* ZInsO 2001, 28 Fn. 53.

[6] LG Koblenz NZI 2001, 99; OLG Schleswig ZInsO 2001, 180 f.; BGH NZI 2007, 55 f.

[7] BGH NZI 2008, 444.

[8] AG Düsseldorf NZI 2008, 380.

gütung eines Treuhänders beanspruchen. Eine den Regelsatz übersteigende Vergütung des Treuhänders kommt dabei in Betracht, wenn er nach dem Tod des Schuldners Tätigkeiten entfaltet hat, die typischerweise in den Aufgabenbereich des Nachlassinsolvenzverwalters fallen.[1]

31 Die **Erhöhung der Vergütung des Treuhänders** über den in § 13 Abs. 1 S. 1 vorgesehenen Regelsatz von 15 % hinaus erfordert eine deutlich gesteigerte Tätigkeit des Treuhänders.[2] Hierfür soll jedoch allein der Umstand, dass ein Kleinunternehmen abzuwickeln ist, nicht ausreichen. Nur Erschwernisse, die über das bei Kleingewerbetreibenden Übliche hinausgehen, sind als vergütungserhöhend zu berücksichtigen. Die Entscheidungen verkennen, dass die Abwicklung der hier infrage stehenden Kleingewerbebetriebe, deren Buchhaltung bis auf wenige Fälle doch eher ungeordnet ist, weit aufwändiger ist als für ein Gericht mit geordneter Geschäftsstelle vorstellbar; vor förmelnder Kleinlichkeit sei gewarnt.[3]

32 War ausnahmsweise ein **vorläufiger Treuhänder** schon vor Verfahrenseröffnung eingesetzt worden (§§ 306 Abs. 2 S. 1 i. V. m. mit 21 Abs. 2 Nr. 1), so ist dessen Vergütung nach § 11 Abs. 1 InsVV zu bestimmen und gem. § 2 Abs. 1 InsVV gestaffelt zu berechnen. Ihm steht auch ein pauschaler Auslagenersatz nach § 8 Abs. 3 InsVV zu. Liegt die Zahl der Gläubiger über 80 und liegt ein Zufluss von insgesamt 80 000,– DM vor, so rechtfertigt dies die Zuerkennung eines Satzes von 25 %.[4]

3. Weiterer Praxishinweis

33 Aufgrund der dargestellten Vergütungsstruktur wird normalerweise niemand bereit sein, die Übernahme einer Treuhänderstellung im Verbraucherinsolvenzverfahren zu übernehmen, da i. d. R. auch nicht ansatzweise kostendeckend. Oftmals führt der Weg über die Treuhänderstellung in Verbraucherinsolvenzverfahren jedoch zur Bestellung als Insolvenzverwalter in einem kleineren Regelinsolvenzverfahren, welches über das Vermögen einer juristischen Person, ggf. noch mit laufendem Geschäftsbetrieb, eröffnet worden ist. Die insofern bei der Abwicklung von Verbraucherinsolvenzverfahren gezeigte Qualifikation kann den Richter bei der Auswahl des Insolvenzverwalters daher in die Lage versetzen, nunmehr eine Bestellung zum Insolvenzverwalter vorzunehmen. Dies sollte offen zwischen Treuhänder und Insolvenzrichter kommuniziert werden, da oftmals auch für erfahrene Insolvenzverwalter der Einstieg bei einem Insolvenzgericht über die Bestellung zum Treuhänder in Verbraucherinsolvenzverfahren erfolgt.

§ 314 Vereinfachte Verteilung

(1) **Auf Antrag des Treuhänders ordnet das Insolvenzgericht an, daß von einer Verwertung der Insolvenzmasse ganz oder teilweise abgesehen wird. In diesem Fall hat es dem Schuldner zusätzlich aufzugeben, binnen einer vom Gericht festgesetzten Frist an den Treuhänder einen Betrag zu zahlen, der**

---

[1] BGH NZI 2008, 382.
[2] OLG Schleswig ZInsO 2001, 180.
[3] LG Bonn ZInsO 2001, 612, 613.
[4] AG Rosenheim ZInsO 2001, 218 Leitsatz, in Abgrenzung zu AG Köln DZWIR 2000, 125.

dem Wert der Masse entspricht, die an die Insolvenzgläubiger zu verteilen wäre. Von der Anordnung soll abgesehen werden, wenn die Verwertung der Insolvenzmasse insbesondere im Interesse der Gläubiger geboten erscheint.

(2) **Vor der Entscheidung sind die Insolvenzgläubiger zu hören.**

(3) **Die Entscheidung über einen Antrag des Schuldners auf Erteilung von Restschuldbefreiung (§§ 289 bis 291) ist erst nach Ablauf der nach Absatz 1 Satz 2 festgesetzten Frist zu treffen. Das Gericht versagt die Restschuldbefreiung auf Antrag eines Insolvenzgläubigers, wenn der nach Absatz 1 Satz 2 zu zahlende Betrag auch nach Ablauf einer weiteren Frist von zwei Wochen, die das Gericht unter Hinweis auf die Möglichkeit der Versagung der Restschuldbefreiung gesetzt hat, nicht gezahlt ist. Vor der Entscheidung ist der Schuldner zu hören.**

Übersicht

1. Normzweck

Die Vorschrift gestattet, auf Antrag des Treuhänders von einer Verwertung der 1 Insolvenzmasse gegen Zahlung eines Ablösebetrages abzusehen. Damit ist nicht nur beabsichtigt, das Verfahren auch in diesem Abschnitt der **Verteilung zu vereinfachen,**[1] die Anordnung kann gleichermaßen dem Interesse des Schuldners am Erhalt der Massegegenstände[2] sowie dem Gläubigerinteresse an einer zügigen Verfahrensabwicklung[3] entgegenkommen.

2. Im Einzelnen

a) Antrag des Treuhänders

Da das Verwertungsrecht der absonderungsberechtigten Gläubiger gem. § 313 2 Abs. 3 durch die Anordnung nicht beeinträchtigt werden darf, bezieht sie sich **nur** auf diejenigen **Massegegenstände, zu deren Verwertung der Treuhänder berechtigt** und verpflichtet ist. Dementsprechend steht das Antragsrecht allein dem Treuhänder zu.[4] Das Gericht kann nicht von Amts wegen, sondern nur auf dessen Antrag hin die Entscheidung über die vereinfachte Verteilung treffen.

[1] *Balz/Landfermann,* S. 577.
[2] *Schmidt-Räntsch,* MDR 1994, 321, 326; vgl. § 36 Abs. 3.
[3] *Balz/Landfermann,* S. 577; *Krug,* Der Verbraucherkonkurs, S. 57.
[4] *Hess,* InsO, § 314 Rn. 8.

3 **Im Vorfeld der Antragstellung** empfiehlt sich, dass der **Treuhänder** sich mit **dem Schuldner in Verbindung setzt** und abklärt, ob dieser überhaupt in der Lage ist, den **Ablösungsbetrag** aus seinem pfändungsfreien Vermögen oder über zur Verfügung gestellte Drittmittel aufzubringen.[1] Im Hinblick darauf wird vorgeschlagen, über den Wortlaut des Abs. 2 hinaus auch den Schuldner anzuhören.[2] Der Gesetzgeber stellt sich vor, dass der Schuldner den Betrag entweder aus seinem pfändungsfreien Vermögen oder aus Zuwendungen Dritter aufbringt.[3] Das **Gericht sollte dann genau angeben, welchen Betrag der Schuldner binnen welcher Frist an den Treuhänder zu zahlen hat.**[4] Da vor der Entscheidung die Insolvenzgläubiger gem. § 314 Abs. 2 zu hören sind, sollte der **Antrag** des Treuhänders im Einzelnen **begründet** werden.

4 In der Praxis besonders häufig anzutreffen ist der Fall, dass der Schuldner ein dem Insolvenzbeschlag unterliegendes **Kraftfahrzeug** aus der Insolvenzmasse herauskaufen möchte. In diesem Zusammenhang bietet sich an, eine Schwacke-Bewertung herbeizuführen, um zu dokumentieren, dass der Ablösebetrag dem Wert des der Insolvenzmasse zugehörigen Kraftfahrzeuges entspricht.

5 Im Vorfeld der Antragstellung ist zwingend zu prüfen, ob die in Rede stehenden Gegenstände überhaupt zur Insolvenzmasse gehören, mithin § 36 Abs. 1 bis Abs. 3 nicht einschlägig sind. In Bezug genommen sind hier sehr oft wiederum Kraftfahrzeuge über § 36 Abs. 2 Nr. 2 i. V. m. § 811 Abs. 1 Nr. 5 ZPO.

6 Als weiteres praxisrelevantes Beispiel zu nennen ist das Anliegen des Schuldners, etwaig bestehende **Lebensversicherungen** auf der Basis der von der Versicherungsgesellschaft mitgeteilten Rückkaufswerte aus der Insolvenzmasse käuflich zu übernehmen. Der Treuhänder hat hier allerdings zu bedenken, dass auf die käufliche Übernahme von Kapital-Lebensversicherungen spezialisierte Unternehmen (z. B.: *www.cashlife.de* oder *www.partnerinlife.com*) in Einzelfällen bis zu 15 % über dem Auszahlungsbetrag liegende Kaufpreise bieten. Der Treuhänder hat daher in diesen Fällen zwingend ein Alternativangebot einzuholen bzw. zu dokumentieren, dass eine Drittveräußerung in diesem Sinne nicht möglich ist, weswegen auf der Basis des mitgeteilten Rückkaufswertes dem Schuldner die Lebensversicherung zur käuflichen Übernahme angeboten werden sollte.

b) Schuldner- und Gläubigerinteresse an der vereinfachten Verteilung; Entscheidung des Gerichts

7 **aa) Schuldnerinteressen.** Die Interessen des Schuldners sind bei der Verwertung angemessen zu berücksichtigen. Insbesondere ist er vor einer Verschleuderung seines Vermögens zu schützen. Aus diesem Grunde war bereits für das bisherige Konkursrecht anerkannt, dass der Schuldner einen Gegenstand der Masse durch Zahlung ablösen konnte.[5] Solche **vertraglichen Freigabevereinbarungen** sind auch nach geltendem Recht weiterhin zulässig.[6] **Daneben** tritt die **in § 314 speziell geregelte Möglichkeit der qualifizierten Freigabe,** die es erlaubt, das Insolvenzverfahren zügig zum Abschluss zu bringen, indem die

[1] *Vallender,* NZI 1999, 385, 386.
[2] *Smid/Haarmeyer,* InsO, § 314 Rn. 2.
[3] *Balz/Landfermann,* S. 577.
[4] HK-*Landfermann,* InsO, § 314 Rn. 5.
[5] Siehe bereits RGZ 152, 125, 127; BGH ZIP 1985, 423, 425; *Hess,* KO, § 82 Rn. 70 b.
[6] FK-*Kohte,* InsO, § 314 Rn. 4 ff.

Zahlung des Ablösebetrages an genaue Voraussetzungen geknüpft ist, bei deren Nichteinhaltung dem Schuldner eine Versagung der Restschuldbefreiung droht.

bb) Gläubigerinteressen. Nach Abs. 1 S. 3 soll die Anordnung unterbleiben, wenn sie dem Gläubigerinteresse nicht entspricht. Das Gericht hat jedoch Gründe, die im Gläubigerinteresse gegen eine vereinfachte Verteilung und für eine Verwertung sprechen, nicht von Amts wegen festzustellen, sondern nur dann zu berücksichtigen, wenn die **Gläubiger** sie im Rahmen der nach Abs. 2 vorgesehenen **Anhörung** vortragen.[1] **Auf welche Weise** das Gericht die Anhörung durchführt, entscheidet es nach **pflichtgemäßem Ermessen.** Insbesondere bedarf es nicht grundsätzlich einer mündlichen Verhandlung, § 5 Abs. 2. Die Anhörung der Insolvenzgläubiger wird i. d. R. entweder schon im Prüfungstermin oder schriftlich erfolgen können.[2] Die Gläubiger können etwa geltend machen, dass sich bei einer bestimmten Verwertungsart besonders hohe Erlöse erzielen lassen, sodass eine vereinfachte Verteilung nicht in ihrem Interesse läge. Als Beispiel ist hier nochmals zu nennen: Verkauf einer Kapital-Lebensversicherung im Verhältnis zur Realisierung des bloßen Rückkaufswertes. 8

Nicht gläubigerinteressengerecht ist weiterhin, wenn der Ablösebetrag nicht dem Wert der Insolvenzmasse entspricht.[3] Insofern bietet sich insbesondere bei in der Praxis oft vorkommenden Meinungsverschiedenheiten zwischen dem Treuhänder und dem Schuldner über den Wert des in Bezug genommenen Gegenstandes an, ein Wertgutachten einzuholen. 9

Das Gericht ordnet mit Beschluss an, dass von einer Verwertung der Insolvenzmasse bzw. einzelner Gegenstände derselben abgesehen wird. In diesem Falle hat es dem Schuldner zusätzlich im Beschluss aufzugeben, binnen einer gesetzten Frist an den Treuhänder einen Betrag zu zahlen, der dem Wert der Masse entspricht. Wird in diesem Zusammenhang von einer Verwertung der Insolvenzmasse im Ganzen abgesehen, führt dies dazu, dass der Schuldner das Verwaltungs- und Verfügungsrecht über sein gesamtes, dem ursprünglichen Insolvenzbeschlag unterliegendes Vermögen zurückerlangt.[4] 10

cc) Rechtsmittel. Die Entscheidung über den Antrag des Treuhänders gehört nach § 18 RPflG zur Zuständigkeit des Rechtspflegers. Nach § 11 Abs. 2 RPflG haben Gläubiger und Schuldner den Rechtsbehelf der Erinnerung. Hat dagegen der Richter entschieden, weil er sich das Verfahren vorbehalten hat, ist kein Rechtsmittel vorgesehen.[5] 11

c) Freigabe der Massegegenstände

Wird auf eine Verwertung der Insolvenzmasse verzichtet, werden die Vermögensgegenstände des Schuldners von der Beschlagnahme frei. Das **Verwaltungs- und Verfügungsrecht des Treuhänders endet;** der Schuldner kann wieder frei verfügen. In dogmatischer Hinsicht bedarf es für die Freigabe einer **einseitigen empfangsbedürftigen Willenserklärung des Treuhänders,** mit 12

[1] *Smid/Haarmeyer,* InsO, § 314 Rn. 3.
[2] HK-*Landfermann,* InsO, § 314 Rn. 4.
[3] *Trendelenburg,* Restschuldbefreiung, S. 183.
[4] § 34 Abs. 3 AO wird dann durch den Treuhänder nicht mehr erfüllt. Vgl. hierzu auch *Maus,* ZInsO 1999, 683, 689; *Onusseit,* ZInsO 2000, 363, 365; *Schulz/Gleissner,* InVo 2000, 365 f.; OFD Nürnberg ZInsO 2000, 148 f.
[5] Krit. dazu: *Hoffmann,* NZI 1999, 433.

der dieser seinen Willen, die Massezugehörigkeit des Gegenstandes auf Dauer aufzugeben, zum Ausdruck bringt.[1] Dem Schuldner wird hiermit seine Verfügungsbefugnis zurückgewährt; eine **Eigentumsübertragung** ist hingegen **nicht erforderlich,** da der Schuldner das Eigentum zu keinem Zeitpunkt verloren hat. Das schuldrechtliche Rechtsgeschäft ist als Kaufvertrag (Rechtskauf, Verfügungsbefugnis) zu qualifizieren mit der Besonderheit, dass die Verpflichtung des Käufers/Schuldners zur Zahlung des vom Gericht bestimmten Betrages bei Nichterfüllung gem. Abs. 3 S. 2 mit einer Versagung der Restschuldbefreiung sanktioniert werden kann.[2]

d) Entscheidung über den Antrag auf Restschuldbefreiung, Abs. 3

13 Über den Antrag des Schuldners auf Restschuldbefreiung kann erst entschieden werden, wenn die vom Gericht gem. Abs. 1 S. 2 für die Zahlung des Ablösebetrages bestimmte Frist abgelaufen ist, Abs. 3 S. 1. Der Antrag wird abgelehnt, wenn ein Versagungsgrund nach §§ 296, 297 gegeben ist, sodass es eines Versagungsantrags eines Gläubigers bedarf. Hingegen gilt § 298 hier nicht, da für den Fall, dass die Kosten des Treuhänders nicht gedeckt sind, bereits die Eröffnung des Verfahrens nach § 26 abgelehnt wird.

14 **Abs. 3 S. 2 gewährt einen weiteren Versagungsgrund** für den Fall, dass der vom Gericht für die Ablösung bestimmte Betrag auch nach dem Ablauf einer weiteren zweiwöchigen Frist, die dem Schuldner unter Hinweis auf die Rechtsfolge der Versagung gesetzt wurde, nicht gezahlt wird. Auch dieser wird, wie die Versagungsgründe nach den §§ 296 ff., nur auf Antrag eines Gläubigers berücksichtigt.[3] Vor einer Versagung ist der Schuldner nach Abs. 3 S. 3 zu hören.

15 **Zahlt der Schuldner** vor dem Ablauf der Frist des Abs. 1 S. 2, so kann unmittelbar der **Schlusstermin** abgehalten werden, in dem auch über den Antrag auf Restschuldbefreiung entschieden wird (§ 289). Auf diese Weise **dient § 314 der Verfahrensbeschleunigung.**[4]

16 Als weitere im Gesetz nicht genannte Folge ergibt sich **bei Nichtzahlung,** dass die Anordnung der **vereinfachten Verteilung wieder aufzuheben** ist und der Treuhänder mit der Verwertung fortfährt.[5]

17 Über die Erteilung oder Versagung der Restschuldbefreiung wegen Nichterfüllung der gerichtlichen Zahlungsauflage **entscheidet der Richter,**[6] wenn ein Insolvenzgläubiger die Versagung beantragt hat, durch Beschluss, gegen den gem. § 289 Abs. 2 S. 1 die **sofortige Beschwerde** statthaft ist.

---

[1] Siehe BGHZ 127, 156, 163.
[2] Siehe FK-*Kohte,* InsO, § 314 Rn. 14.
[3] Insoweit missverständlich *Smid/Haarmeyer,* InsO, § 314 Rn. 6.
[4] *Krug,* Der Verbraucherkonkurs, S. 57.
[5] HK-*Landfermann,* InsO, § 314 Rn. 9.
[6] *Kohte/Ahrens/Grote,* InsO, § 314 Rn. 36; aA: *Uhlenbruck/Vallender,* InsO, § 314 Rn. 35.

Zehnter Teil. Besondere Arten des Insolvenzverfahrens

Vorbemerkung vor § 315

Übersicht

Im Nachfolgenden (§§ 315-331) werden die besonderen gesetzlichen Regelungen hinsichtlich des Nachlassinsolvenzverfahrens behandelt. 1

Schlüssel zum Verständnis der besonderen Regelungen des Nachlassinsolvenzverfahrens sind die verschiedenen **Arten von Nachlassverbindlichkeiten** sowie die gesetzlichen Ansätze hinsichtlich der **Beschränkung der Erbenhaftung.**[1] 2

1. Nachlassverbindlichkeiten

Im Nachlassinsolvenzverfahren sind fünf Arten an Nachlassverbindlichkeiten zu unterscheiden, nämlich 3

a) Erblasserschulden,
b) Erbfallschulden,
c) Nachlasskosten- und Nachlassverwaltungsschulden,
d) Nachlasserbenschulden oder Nachlasseigenschulden des Erben und
e) Erben- oder Eigenschulden des Erben.

a) Erblasserschulden

Bei Erblasserschulden handelt es sich um zu Lebzeiten des Verstorbenen begründete Schulden, § 1967 Abs. 1 BGB. Entscheidend ist dabei, dass der Entstehungsgrund aus der Person des Erblassers vor oder mit dem Erbfall entstanden ist. Der Erbe hat hier grundsätzlich die Verbindlichkeit nur als Verbindlichkeit des Nachlasses zu erfüllen, ausnahmsweise kann er jedoch auch aus anderem Rechtsgrund für die gleiche Forderung persönlich verpflichtet sein. 4

---

[1] Aktuell dazu: *Schönert*, BWNotZ 2008, 81 ff.; umfassend: *Lettmann*, RNotZ 2002, 538 ff.

b) Erbfallschulden

5 Erbfallschulden entstehen (frühestens) mit dem Erbfall. Es handelt sich dabei um Pflichtteilsrechte, testamentarische und gesetzliche Vermächtnisse, Vorausvermächtnisse, Auflagen, Zugewinnausgleichsforderungen (§ 1371 BGB) und die Kosten der Beerdigung (§ 1968 BGB).

c) Nachlasskosten und Nachlassverwaltungsschulden

6 Diese Verbindlichkeiten entstehen nach dem Erbfall und werden durch die Verwaltung und Abwicklung des Nachlasses bzw. durch den Erben veranlasst.

7 Bei **Nachlasskosten** handelt es sich um die Kosten für die Eröffnung der Verfügung von Todes wegen, die Kosten der Nachlasssicherung durch Nachlasspflegschaft oder Nachlassverwaltung, der Inventarerrichtung sowie der Nachlassinsolvenz. Auch das Nachlassvermögen, hinsichtlich dessen Testamentsvollstreckung angeordnet wurde, ist der Insolvenzmasse zuzurechnen. § 331 Abs. 1 gilt entsprechend in der Erbeninsolvenz, wenn über den Nachlass zwar nicht das Nachlassinsolvenzverfahren eröffnet, aber Testamentsvollstreckung angeordnet ist.[1]

8 **Verbindlichkeiten der Nachlassverwaltung** sind solche, die aus der **ordnungsgemäßen** Verwaltungshandlung erwachsen, einschließlich der Handlungen des vorläufigen Erben, des Nachlasspflegers, des Nachlassverwalters sowie des Nachlassinsolvenzverwalters.

9 Bei nicht ordnungsgemäßem Verwaltungshandeln des Erben handelt es sich bei den daraus resultierenden Verpflichtungen um persönliche Verbindlichkeiten des Erben.

d) Nachlasserbenschulden oder Nachlasseigenschulden

10 Auch diese Verbindlichkeiten entstehen nach dem Erbfall. Es handelt sich um eine Mischform von Nachlass- und Eigenschulden, da diese Nachlassverbindlichkeiten zugleich auch den Erben persönlich und damit dessen Eigenvermögen treffen.

11 Es handelt sich dabei um die Rechtsgeschäfte des Erben, bei denen nicht erkennbar nur für den Nachlass gehandelt wird (vgl. § 164 Abs. 2 BGB) und die zur ordnungsgemäßen Verwaltung des Nachlasses gehören.

12 Bei der Miterbengemeinschaft handelt es sich um ein Gesamtschuldverhältnis. Bei Dauerschuldverhältnissen, die der Erbe übernimmt (z. B. Miete ab Erbfall), haftet er dafür unbeschränkt.

e) Erbenschulden oder Eigenschulden des Erben

13 Es handelt sich hierbei nicht um Nachlassschulden. Die Verbindlichkeiten betreffen allein das Eigenvermögen des Erben. Der Entstehungszeitpunkt kann vor oder nach dem Erbfall liegen, auch im Zusammenhang mit dem Nachlass, z. B. Verbindlichkeiten aus nicht ordnungsgemäßer Verwaltung (siehe oben c). Die ordnungsgemäße Inventarerrichtung begrenzt die Herausgabepflicht des Erben bei der Vollstreckung, §§ 1973 Abs. 2 S. 1, 1974, 1989, 1990 Abs. 1 S. 2, 1992 BGB.

[1] OLG Köln ZInsO, 2005 601 ff.

2. Erbenhaftung

Der – bis zum Ablauf der Ausschlagungsfrist – vorläufige Erbe unterliegt keiner persönlichen Haftung. Der Alleinerbe haftet für Nachlassverbindlichkeiten unbeschränkt, aber beschränkbar. 14

Die Erbengemeinschaft haftet unbeschränkt gesamtschuldnerisch mit der Möglichkeit der Beschränkung. Bei der Erbengemeinschaft ist zu unterscheiden zwischen dem ungeteilten und dem geteilten Nachlass. 15

a) Vorläufiger Erbe

Grundsatz ist die Gesamtrechtsnachfolge, der Anfall der Erbschaft erfolgt beim vorläufigen Erben unbeschadet der Möglichkeit der Ausschlagung (§ 1922 Abs. 1, § 1942 Abs. 1 BGB). 16

Bis zum Ablauf der Ausschlagungsmöglichkeit handelt es sich um noch getrennte Vermögen; es besteht noch keine Eigenhaftung des vorläufigen Erben. 17

Eine bereits gegen den Erblasser begonnene Zwangsvollstreckung in den Nachlass kann ohne Titelumschreibung fortgesetzt werden, § 779 Abs. 1 ZPO. Der vorläufige Erbe vermag dies nicht zu verhindern. Eine Vollstreckung von Eigengläubigern des vorläufigen Erben in den Nachlass findet nicht statt, § 778 Abs. 2 ZPO. 18

Neu begonnene Zwangsvollstreckungen wegen Nachlassverbindlichkeiten sind in diesem Fall nur in den Nachlass zulässig, § 778 Abs. 1 ZPO, unter der Voraussetzung, dass ein Nachlasspfleger, Testamentsvollstrecker oder Nachlassverwalter bestellt ist. 19

In diesem Fall ist der Titel auf den Nachlasspfleger, -verwalter oder Testamentsvollstrecker umzuschreiben. 20

Eine gerichtliche Geltendmachung von Nachlassverbindlichkeiten gegen den vorläufigen Erben findet nicht statt, § 1958 BGB. 21

Rechtsgeschäfte, die gegenüber den Erben vorzunehmen sind, können wirksam gegenüber dem vorläufigen Erben vorgenommen werden, § 1959 Abs. 3 BGB. Dazu zählen beispielsweise die Kündigung, die Mahnung, der Rücktritt, die Aufrechnung etc. 22

b) Alleinerbe

Der Alleinerbe haftet im Grundsatz unbeschränkt, aber beschränkbar. Beschränkbar heißt, dass er nach der Annahme der Erbschaft für Nachlassverbindlichkeiten mit dem Nachlass wie dem Eigenvermögen vorläufig unbeschränkt, aber zukünftig beschränkbar haftet. 23

aa) Möglichkeiten der zeitweisen Haftungsbeschränkung. aaa) Drei-Monats-Einrede, § 2014 BGB. Der Erbe kann die Berichtigung von Nachlassverbindlichkeiten bis zu drei Monate lang verweigern. Dabei handelt es sich nach allgemeiner Meinung nur um eine prozessuale und vollstreckungsrechtliche Wirkung, d. h., die Verurteilung des Erben wegen Nachlassverbindlichkeiten ist möglich, der Erbe hat die Beschränkung der Haftung in dem Prozess einredeweise geltend zu machen, § 780 Abs. 1 ZPO. Die Zwangsvollstreckung in das gesamte Vermögen bleibt trotz des Vorbehalts nach § 781 ZPO möglich, der Erbe muss die Vollstreckungsabwehrklage nach § 785 ZPO erheben. Eine solche Vollstreckungsabwehrklage ist nur begründet, wenn ein entsprechender Vorbehalt der beschränkten Erbenhaftung tenoriert worden ist. 24

25 Die Rechtsfolge ist, dass für Nachlassgläubiger nur die Sicherungsvollstreckung nach § 782 ZPO in das gesamte Vermögen des Erben möglich ist. Für Eigengläubiger des Erben besteht nur die Möglichkeit der Sicherungsvollstreckung in das Nachlassvermögen nach § 783 ZPO.

26 **bbb) Einrede des Aufgebotsverfahrens, § 2015 BGB.** Die materiellrechtlichen Regelungen zum Aufgebotsverfahren finden sich in den §§ 1970-1973 BGB, die dazugehörigen verfahrensrechtlichen Vorschriften in den §§ 946-959, 989-1000 ZPO.

27 Antragsberechtigt ist nach § 991 Abs. 1 ZPO der Erbe, bereits vor der Annahme der Erbschaft der Nachlasspfleger, der Nachlassverwalter und der Testamentsvollstrecker mit Vorlage eines Verzeichnisses der ihm bekannten Nachlassgläubiger. Der Antrag ist nicht befristet.

28 Der Erlass des Aufgebots erfolgt mit öffentlicher Bekanntmachung. Die Aufgebotsfrist beträgt sechs Wochen bis sechs Monate. Das Ausschlussurteil wird mit Verkündung rechtskräftig, § 957 Abs. 1 ZPO; dagegen ist die Anfechtungsklage nach § 957 Abs. 2 ZPO möglich.

29 Rechtsfolge ist nach § 1973 BGB die Zurücksetzung der ausgeschlossenen Gläubiger; dies bedeutet die Rücksetzung im **Rang** im Verhältnis zu den nicht ausgeschlossenen Gläubigern.

30 Vom Aufgebotsverfahren werden nicht alle Nachlassgläubiger erfasst, §§ 1971, 1972 BGB. Hinzu kommen Nachlassschulden, die erst nach öffentlicher Bekanntmachung oder Erlass des Aufgebotsurteils entstanden sind (Zeitpunkt streitig).

31 Nur bei Antragstellung des Erben innerhalb eines Jahres nach Erbschaftsannahme gilt die vorläufige Haftungsbeschränkung.

32 Rechtsfolge ist die vorläufige Haftungsbeschränkung bis zur Beendigung des Aufgebotsverfahrens nach § 2015 BGB (Wirkung wie nach §§ 2014 BGB, 780 ff. ZPO).

33 **ccc) Versäumungs- oder Verschweigungseinrede, § 1974 BGB.** Später als fünf Jahre nach dem Erbfall geltend gemachte Forderungen, die dem Erben nicht bekannt sind, werden Forderungen ausgeschlossener Gläubiger im Aufgebotsverfahren gleichgestellt.

34 **ddd) Privataufgebot des Miterben vor der Teilung des Nachlasses, § 2061 BGB.** Rechtsfolge dieses Privataufgebots ist der Erhalt der Teilhaftung nach Teilung des Nachlasses für nicht angemeldete Gläubiger. **Hinweis für die Praxis:** Die Inventarerrichtung nach §§ 1993 ff. BGB ist kein uneingeschränktes Mittel zur Haftungsbeschränkung. Sie kann zur unbeschränkten Erbenhaftung führen, §§ 2005, 2006 Abs. 3 BGB.

35 Jedoch bedarf es grundsätzlich bei jeder auf Dauer angelegten Haftungsbeschränkung einer Gütersonderung zwischen dem Nachlass und dem Eigenvermögen des Erben, sodass für die Haftungsbeschränkung letztlich die Erstellung eines Inventars Voraussetzung ist. Soweit kein Inventar erstellt wird, bleibt dauerhaft unklar, welcher ursprünglichen Vermögenssphäre der einzelne Vermögensgegenstand zuzurechnen ist, eine Haftungsbeschränkung kann dann regelmäßig nicht mehr stattfinden.[1]

---

[1] *Schlüter,* Erbrecht, Rn. 1048.

bb) Möglichkeiten der endgültigen Haftungsbeschränkung. aaa) Nachlassverwaltung. Antrag auf Nachlassverwaltung kann nur bei zureichendem, aber unübersichtlichem Nachlass gestellt werden. Bei Überschuldung besteht grundsätzlich die Pflicht zur Beantragung eines Nachlassinsolvenzverfahrens, §§ 1980, 1985 BGB. Zuständig ist das Nachlassgericht, dort der Rechtspfleger, § 1981 BGB. 36

Antragsberechtigt ist der Erbe, Miterben nur gemeinschaftlich vor der Teilung, § 2062 BGB. (**Hinweis für die Praxis:** Trotz der Nachlassverwaltung besteht unbeschränkte Haftung gegenüber allen Nachlassgläubigern nach § 2013 Abs. 1 BGB bei Unrichtigkeit eines etwaig aufgestellten Inventars!) 37

Antragsberechtigt ist ebenfalls der den Nachlass verwaltende Testamentsvollstrecker sowie der Erbschaftskäufer. 38

Streitig ist, ob der Nachlasspfleger gem. § 1960 ein Antragsrecht hat (nach herrschender Meinung nein, trotz Antragsrechts nach § 317 InsO!). 39

Ebenso antragsberechtigt sind die Nachlassgläubiger nach § 1981 Abs. 2 BGB unter der Voraussetzung der Glaubhaftmachung der Gefährdung der Befriedigung durch Verhalten des Erben oder durch seine Vermögenslage; der Antrag ist zu stellen innerhalb von zwei Jahren nach Erbschaftsannahme des Erben. 40

Die Entscheidung erfolgt entweder mangels Masse nach § 982 BGB oder durch Anordnung der Nachlassverwaltung mit öffentlicher Bekanntmachung, § 1983 BGB. 41

Wirkung der Anordnung der Nachlassverwaltung: Der Erbe bzw. Testamentsvollstrecker verliert die Verwaltungs- und Verfügungsbefugnis, § 1984 Abs. 1 BGB, §§ 81, 82 InsO entsprechend. 42

Die Zwangsvollstreckung von Eigengläubigern des Erben in den Nachlass ist ausgeschlossen, § 1984 Abs. 2 BGB. Jedoch ist die Zwangsvollstreckung von Nachlassgläubigern e contrario zulässig. 43

Der Erbe verliert die Prozessführungsbefugnis. Nur das pfändbare Vermögen unterliegt der Nachlassverwaltung (herrschende Meinung). Der Nachlassverwalter bedarf der nachlassgerichtlichen Genehmigung nach §§ 1821, 1822 BGB. 44

bbb) Nachlassinsolvenz. Das Nachlassinsolvenzverfahren eröffnet wie die Nachlassverwaltung gem. § 1975 BGB die Möglichkeit, den Nachlass vom Eigenvermögen des Erben haftungsrechtlich zu trennen und damit die Haftung des Erben für die Nachlassverbindlichkeiten auf den Nachlass zu beschränken. Aus der Sicht der Nachlassgläubiger dient die Eröffnung des Nachlassinsolvenzverfahrens dem Zweck, die Nachlassmasse ihrem alleinigen Zugriff zur Verfügung zu stellen und somit die Eigengläubiger des Erben auszuschließen. Gleichzeitig wird den Nachlassgläubigern der Zugriff auf das Eigenvermögen des Erben verwehrt. Die Nachlassinsolvenz unterbricht gem. § 240 S. 1 ZPO auch die Prozesse der Erben, die diese als solche führen, d. h. im Fall eines Passivprozesses Klagen, mit denen Masseverbindlichkeiten i. S. v. § 1967 BGB gegen die Erben geltend gemacht werden.[1] 45

Haftet der Erbe bereits aus anderen Gründen unbeschränkt, wie bspw. wegen Ablaufs der Inventarfrist nach § 1994 BGB, hat das Nachlassinsolvenzverfahren 46

[1] BGH, Hinweisbeschluss vom 17. 7. 2008 – IX ZR 150/05.

zwar keine haftungsbeschränkende Wirkung mehr für den Erben, jedoch trennt es die Nachlassmasse vom Eigenvermögen des Schuldners und schließt Eigengläubiger des Erben vom Zugriff auf die Nachlassmasse aus.

47 **ccc) Einreden.** Dürftigkeitseinrede, Unzulänglichkeitseinrede, Erschöpfungseinrede, Überbeschwerungseinrede, §§ 1973, 1989, 1990, 1992 BGB.

48 Zur endgültigen Beschränkung der Haftung können auch diese Einreden erhoben werden, wenn der Nachlass nicht ausreicht, die Kosten einer amtlichen Verwaltung zu decken, ohne dass der Nachlass dabei überschuldet ist (Dürftigkeitseinrede). Die Unzulänglichkeitseinrede ist möglich, wenn der Nachlass dürftig und überschuldet ist. Die Erschöpfungseinrede ist zu erheben, wenn kein Nachlassgegenstand mehr vorhanden ist. Die Überbeschwerungseinrede ist anwendbar auf den Fall, dass die Überschuldung des Nachlasses auf Vermächtnissen und Auflagen beruht.

49 **cc) Rechtsfolgen:** Die **Dürftigkeitseinrede** führt zur rechtlichen Trennung von Nachlass und Eigenvermögen. Nachlassgläubiger können nicht mehr auf das Eigenvermögen des Erben zugreifen, Eigengläubiger nicht auf das Nachlassvermögen.

50 Nach Erhebung der **Unzulänglichkeitseinrede** kann der Erbe die volle Befriedigung der Nachlassgläubiger aus dem Nachlass verweigern. Er muss allerdings noch die vorhandenen Nachlassgegenstände an die Gläubiger herausgeben. Grundsätzlich ist der Erbe nicht zur gleichmäßigen Befriedigung der Gläubiger verpflichtet. Er sollte aber, zur Vermeidung von Schadensersatzansprüchen, den Vorrang von titulierten Forderungen (§ 1991 Abs. 3 BGB) und den Nachrang nachlassbeteiligter Gläubiger (§ 1991 Abs. 4 BGB) beachten.

51 Nach der **Erschöpfungseinrede** haftet der Erbe nicht mehr, wenn kein Nachlassgegenstand mehr vorhanden ist und eine ordnungsgemäße Erbenverwaltung vorlag.

c) Miterben

52 **aa) Vor der Teilung des Nachlasses.** Vor Annahme der Erbschaft bestehen keine Besonderheiten im Vergleich zum vorläufigen Erben, § 1958 BGB.

53 Nach Annahme, aber vor Teilung des Nachlasses besteht grundsätzlich gesamtschuldnerische Haftung aller Miterben für Nachlassverbindlichkeiten, § 2058 BGB, d. h., der Gläubiger hat eine Gesamtschuldklage gegen die Miterben zu erheben. Ziel ist die Befriedigung aus dem Eigenvermögen des Miterben oder die Gesamthandsklage gegen alle Miterben, § 2039 Abs. 2 BGB. Dabei ist die Erbengemeinschaft weder rechts- noch parteifähig, die Grundsätze zur Rechtshängigkeit der Gesellschaft bürgerlichen Rechts und zur Rechtsfähigkeit der Gemeinschaft der Wohnungseigentümer sind nicht auf die Erbengemeinschaft zu übertragen.[1]

54 Gegen die Befriedigung aus dem ungeteilten Nachlass hat jeder Miterbe die vorläufige Beschränkungsmöglichkeit nach §§ 2014, 2015 BGB, zusätzlich nach § 2059 Abs. 1 BGB bis zur Teilung beschränkt auf die Haftung mit seinem Anteil am Nachlass.

---

[1] BGH, Beschluss vom 17. 10. 2006 – VIII ZB 94/05.

bb) Nach der Teilung des Nachlasses. Grundsätzlich hat die Gläubigerbefriedigung vor der Teilung zu erfolgen, §§ 2045 ff. BGB. Für diesen Fall entfällt die gesamthänderische Haftung. **55**

Die gesamtschuldnerische Haftung bleibt jedoch bestehen, jeder Miterbe hat die Einrede eines Alleinerben (§§ 2015, 1990-1992, 1973-1974, 1989 BGB). **56**

Die Nachlassverwaltung ist ausgeschlossen, die Nachlassinsolvenz ist auch noch nach Teilung möglich, § 316 Abs. 2 InsO. **57**

Im Übrigen gelten die Ausführungen zur Haftung des Alleinerben. **58**

Erster Abschnitt. Nachlaßinsolvenzverfahren

§ 315 Örtliche Zuständigkeit

Für das Insolvenzverfahren über einen Nachlaß ist ausschließlich das Insolvenzgericht örtlich zuständig, in dessen Bezirk der Erblasser zur Zeit seines Todes seinen allgemeinen Gerichtsstand hatte. Lag der Mittelpunkt einer selbstständigen wirtschaftlichen Tätigkeit des Erblassers an einem anderen Ort, so ist ausschließlich das Insolvenzgericht zuständig, in dessen Bezirk dieser Ort liegt.

Übersicht

1. Normzweck

1 Der Nachlass kann Gegenstand eines eigenständigen Insolvenzverfahrens sein, § 11 Abs. 2 Nr. 2. Die §§ 315–331 betreffen die für das Nachlassinsolvenzverfahren bestehenden Abweichungen vom Regelinsolvenzverfahren. Soweit nach diesem Abschnitt keine Besonderheiten gelten, kommen die allgemeinen Regelungen zur Anwendung.[1]

2 Die Vorschrift bestimmt die örtliche Zuständigkeit des Insolvenzgerichts für das Nachlassinsolvenzverfahren, in Einklang mit der allgemeinen Vorschrift des § 3 und in Entsprechung zu § 27 ZPO, durch Anknüpfung an den allgemeinen Gerichtsstand des Erblassers zum Zeitpunkt seines Todes. Dieser § 214 KO entsprechenden Regelung des S. 1 wird in S. 2 eine dem bisherigen Recht nicht bekannte Neuerung hinzugefügt. Hat der Erblasser eine selbstständige wirtschaftliche Tätigkeit ausgeübt, ist der Gerichtsstand durch Anknüpfung an den Ort dieser Tätigkeit zu bestimmen.

2. Im Einzelnen

a) Schuldner

3 Der Nachlass als nicht rechtsfähiges Sondervermögen kann nicht Schuldner des Nachlassinsolvenzverfahrens sein.[2] Da der oder die Erben nach bürgerlich-rechtlichen Grundsätzen Träger der zum Nachlass gehörenden Rechte und Pflichten

---

[1] *Balz/Landfermann,* S. 577 f.; zur Anwendung des Anfechtungsrechts: KG Berlin ZIP 2001, 2012–2014.

[2] Insoweit irreführend Begr. zum RegE, abgedruckt in *Balz/Landfermann,* S. 582 f.

und damit Träger des Sondervermögens sind, fällt ihnen die Schuldnerrolle zu.[1] Rechtsstreitigkeiten wegen des Nachlasses, beispielsweise auch wegen der Bewilligung einer Nachlasspflegervergütung, können nur noch vom Insolvenzverwalter des Nachlasses geführt werden.[2]

Bei mehreren Erben fällt die Schuldnerrolle der Erbengemeinschaft zu.[3] Dabei 4
wird eine wegen gemeinsamer wirtschaftlicher Nutzung des Nachlasses auf Dauer angelegte Erbengemeinschaft nicht ohne Weiteres zu einer Gesellschaft des bürgerlichen Rechts. Die Erbengemeinschaft als solche ist nicht insolvenzfähig, ihre Insolvenz ist durch ein Nachlassverfahren abzuwickeln.[4] Der Feststellung einer Forderung im Prüfungstermin kann jedoch jeder Miterbe widersprechen.[5]

b) Insolvenzmasse

Insolvenzmasse ist das Vermögen des Erblassers zum Zeitpunkt der Verfahrenser- 5
öffnung, nicht – wie auch vertreten wird – zum Zeitpunkt des Erbfalls.[6] Da nach beiden Auffassungen zum Nachlass hinzugerechnet wird, was zwischen Erbfall und Verfahrenseröffnung in den Nachlass gelangte, ist der Streit nicht von praktischer Bedeutung. Hierzu gehört etwa, was der Erbe durch Veräußerung von Nachlassgegenständen oder auf sonstige Weise bei der Verwaltung des Nachlasses erwirbt.[7] Des Weiteren fallen darunter Ersatzansprüche gegen den Erben wegen der Verwaltung des Nachlasses (§ 1978 Abs. 1, 2 BGB) oder wegen Verletzung seiner Pflicht zur Stellung des Insolvenzantrages (§ 1980 BGB) als Gesamtschaden (§ 93). Auch was auf Grund der Regeln der Anfechtung (§§ 129 ff.) in den Nachlass zurückgelangt, ist bei der Ermittlung des Umfangs zu berücksichtigen. Gegenstände, die der Erbe in dem maßgeblichen Zeitraum bis zur Verfahrenseröffnung der Insolvenzmasse durch Verfügung entzogen hat, scheiden hingegen endgültig aus. Eine Surrogation findet nicht statt; die §§ 2019 und 2041 BGB betreffen ausschließlich das Verhältnis zum Erbschaftsbesitzer bzw. das Verhältnis der Erben untereinander. Im Falle eines Alleinerben tritt damit lediglich der schuldrechtliche Anspruch aus § 1978 BGB an die Stelle des entzogenen Nachlassgegenstandes.[8] Haftet der Erbe vor der Eröffnung des Nachlassinsolvenzverfahrens unbeschränkt, so finden die §§ 1978–1980 BGB gem. § 2013 BGB keine Anwendung. Zur Insolvenzmasse gehören damit nur die tatsächlich vorhandenen Gegenstände.[9]

Gehört zum Nachlass ein Unternehmen, das durch den (oder die) Erben 6
fortgeführt wird, ist umstritten, ob die hiermit erwirtschafteten Erträge uneingeschränkt in den Nachlass fallen.[10]

---

[1] *Hess,* InsO, § 315 Rn. 6, 26 ff.; FK-*Schallenberg/Rafiqpoor,* InsO, § 315 Rn. 22; *Kuhn/Uhlenbruck,* KO, § 214 Rn. 6; aA: *Wolff,* KO, § 214 Anm. 2: Dem Erben werde lediglich die Rechtsstellung eines Schuldners eingeräumt.

[2] OLG Köln ZIP 2005, 1435 f.

[3] FK-*Schallenberg/Rafiqpoor,* InsO, § 315 Rn. 22.

[4] AG Duisburg NZI 2004, 97 f.

[5] *Kilger/K. Schmidt,* KO, § 214 Anm. 3 b.

[6] *Kuhn/Uhlenbruck,* InsO, § 315 Rn. 6; *Kilger/K. Schmidt,* KO, § 216 Anm. 2; *Nerlich/Römermann/Piering,* § 315 Rn. 23; aA: *Hess,* InsO, § 315 Rn. 14: Zeitpunkt des Erbfalls.

[7] *Kuhn/Uhlenbruck,* InsO, § 315 Rn. 6.

[8] *Kilger/K. Schmidt,* KO, § 214 Anm. 2.

[9] *Kilger/K. Schmidt,* KO, § 214 Anm. 2.

[10] So *Kilger/K. Schmidt,* KO, § 214 Anm. 2; aA: OLG Braunschweig OLGZ 19, 232; *Nerlich/Römermann/Riering,* § 315 Rn. 36: Bei jahrelanger Unternehmensfortführung

c) Gerichtsstand

7 § 315 ist gegenüber § 3 lex specialis. Damit ist für die Bestimmung der örtlichen Zuständigkeit nicht auf den allgemeinen Gerichtsstand des Schuldners, also des Erben, abzustellen, sondern maßgeblich ist die Person des Erblassers. Unter mehreren allgemeinen Gerichtsständen kann ausgewählt werden, vgl. § 35 ZPO. Werden hierbei mehrere Gerichte angerufen, so gilt das Prioritätsprinzip; maßgeblich ist der zuerst eingegangene Eröffnungsantrag, § 3 Abs. 2. Die Bestimmung der Zuständigkeit nach S. 2, die bezweckt, das Insolvenzverfahren über den Nachlass eines Einzelkaufmanns am Ort des Unternehmenssitzes durchzuführen,[1] geht derjenigen nach S. 1 vor.

8 Stirbt während eines (Regel-)Insolvenzverfahrens der Schuldner, geht das Verfahren in das Nachlassinsolvenzverfahren über, dessen Regeln ex nunc Anwendung finden.[2] Der Erbe tritt in die Schuldnerstellung ein. Denkbar ist, dass der Schuldner (Erbe) in diesem Verfahren zugleich Gläubiger ist.

9 Die örtliche Zuständigkeit bestimmt sich für diesen Fall nicht nach § 315. Vielmehr wird die für das Regelinsolvenzverfahren begründete Zuständigkeit des Gerichts durch den Tod des Schuldners/Erblassers nicht berührt.[3] Dies soll selbst dann gelten, wenn das vor dem Erbfall beantragte Regelinsolvenzverfahren erst nach dem Erbfall eröffnet wurde.[4]

d) Beschränkung der Erbenhaftung durch das Nachlassinsolvenzverfahren

10 Unmittelbar mit dem Erbfall tritt der Erbe gem. §§ 1922, 1967 BGB in die Rechtsstellung des Erblassers ein. Er wird Träger der Rechte und haftet für die Verbindlichkeiten des Erblassers mit seinem gesamten Vermögen.[5] Einer ausdrücklichen Annahme der Erbschaft bedarf es hierfür nicht, vgl. §§ 1943, 1944 BGB. Hier eröffnet nun das Nachlassinsolvenzverfahren ebenso wie die Nachlassverwaltung gem. § 1975 BGB die Möglichkeit, den Nachlass vom Eigenvermögen des Erben haftungsrechtlich zu trennen und damit die Haftung des Erben für die Nachlassverbindlichkeiten auf den Nachlass zu beschränken.[6] Aus der Sicht der Nachlassgläubiger dient die Eröffnung des Nachlassinsolvenzverfahrens dem Zweck, die Nachlassmasse ihrem alleinigen Zugriff zur Verfügung zu stellen, die Eigengläubiger des Erben hingegen hiervon auszuschließen.[7] Gleichzeitig wird hiermit den Nachlassgläubigern der Zugriff auf das Eigenvermögen des Erben verwehrt.

11 Haftet der Erbe vor der Eröffnung des Nachlassinsolvenzverfahrens – etwa wegen Ablaufs der Inventarfrist nach § 1994 Abs. 1 S. 2 BGB – bereits unbeschränkt, so kann das Nachlassinsolvenzverfahren zwar die in der Haftungs-

---

durch den Erben kann das Unternehmen nicht mehr als das Ererbte angesehen werden und haben die Nachlassgläubiger keinen Anspruch mehr auf die Erträge. Zusammenfassend: *Messink,* Die unternehmenstragende Erbengemeinschaft in der Insolvenz.

[1] Begr. zum RegE, abgedruckt in *Balz/Landfermann,* S. 578 f.

[2] FK-*Schallenberg/Rafiqpoor,* InsO, § 315 Rn. 30.

[3] *Hess,* InsO, § 315 Rn. 37.

[4] *Kilger/K. Schmidt,* KO, § 214 Anm. 7.

[5] Vgl. FK-*Schallenberg/Rafiqpoor,* InsO, § 315 Rn. 3.

[6] *Staudinger-Marotzke,* BGB, § 1975 Rn. 1 f.

[7] Begr. zum RegE, abgedruckt in *Balz/Landfermann,* S. 578 f.; *Kilger/K. Schmidt,* KO, § 214 Anm. 1.

beschränkung liegende Bedeutung für den Erben nicht mehr haben, gleichwohl ist gem. § 316 Abs. 1 die Eröffnung des Verfahrens noch zulässig. Ihr Zweck besteht in diesem Fall in der im Interesse der Nachlassgläubiger liegenden Trennung der Haftungsmassen.[1]

Über das (Eigen-)Vermögen des Erben kann ein eigenes Insolvenzverfahren eröffnet werden, s. § 331. 12

Streitig ist, ob dem Antragsteller und Erben im Nachlassinsolvenzverfahren unter Beiordnung eines Rechtsanwalts für das Antragsverfahren Prozesskostenhilfe bewilligt werden kann. Unter Hinweis auf das rechtliche Interesse des Erben an der Einrede der Unzulänglichkeit des Nachlasses nach § 1990 BGB wird dies z. T. bejaht,[2] z. T. abgelehnt.[3] Nach dem obiter dictum des BGH[4] wird man einen Anspruch des Erben auf Bewilligung von Prozesskostenhilfe verneinen müssen. 13

e) Verfahrensrechtliches

Mit der Eröffnung des Nachlassinsolvenzverfahrens erhält der Erbe, der nicht aus anderen Gründen unbeschränkt haftet, gem. § 1975 BGB die Einrede der beschränkten Erbenhaftung, die er nach § 785 ZPO unter den Voraussetzungen der §§ 780, 781 ZPO im Wege der Vollstreckungsgegenklage nach §§ 767, 769 f. ZPO geltend machen kann. Die Eröffnung des Nachlassinsolvenzverfahrens führt auch zu einer Unterbrechung aller Aktiv- und Passivprozesse der Erben, die diese als solche führen. Dies gilt beispielsweise auch hinsichtlich einer Beschwerde des Erben gegen die Bewilligung von Nachlasspflegervergütung.[5] Die Wirkung des § 240 ZPO tritt nur hinsichtlich solcher Prozesse nicht ein, die ausschließlich das nicht zum Nachlass gehörende persönliche Vermögen des Erben betreffen.[6] 14

Nachlass- und Insolvenzgericht sind häufig nicht identisch, sondern können auf Grund der speziellen Anknüpfung in § 315 S. 2 auseinanderfallen. Dieser Nachteil wurde jedoch vom Gesetzgeber ausdrücklich in Kauf genommen.[7] Auch aus § 2 Abs. 2 ergibt sich, dass eine Identität häufig nicht gegeben ist. Demgemäß fehlt eine dem § 229 KO entsprechende Vorschrift.[8] 15

Stirbt der Schuldner nach Eingang des Insolvenzantrags beim Gericht, bleibt dieser Antrag maßgeblich für die Entscheidung über die Eröffnung des Nachlassinsolvenzverfahrens.[9] Ist bereits ein Insolvenzverfahren über das Vermögen eines Schuldners eröffnet als Regelinsolvenzverfahren, geht dieses in ein Nachlassinsolvenzverfahren über, wenn der Schuldner während der Dauer des Verfahrens verstirbt. Dies gilt auch, wenn über das Vermögen des Schuldners zuvor ein Verbraucher- oder Kleininsolvenzverfahren eröffnet war. Auch dieses wird ohne Unterbrechung als allgemeines Nachlassinsolvenzverfahren fortgesetzt; der Insolvenzverwalter ist nach § 2 InsVV zu vergüten und nicht nach § 13 InsVV.[10] 16

[1] *Kuhn/Uhlenbruck,* InsO, § 315 Rn. 2; *Staudinger/Marotzke,* BGB, § 1975 Rn. 6 f.
[2] LG Göttingen ZInsO 2000, 612 f.
[3] OLG Köln InsO 2000, 220; AG Flensburg, ZInsO 1999, 422.
[4] BGH ZIP 2000, 755, 757.
[5] OLG Köln NZI 2005, 472
[6] OLG Köln ZInsO 2002, 1142.
[7] Begr. zum RegE, abgedruckt in *Balz/Landfermann,* S. 578 f.
[8] *Balz/Landfermann,* S. 579.
[9] BGH NZI 2004, 206 ff.; zusammenfassend *Heyrath/Jahnke/Kühn* ZInsO 2007, 1202 ff.; *Köke/Schmerbach,* ZVI 2007, 497 ff.
[10] BGH EWiR 2008, 573 f. m. zust. Anm. *Floeth.*

Voraussetzung ist dabei jedoch, dass der bisherige Treuhänder nach dem Tod des Schuldners vom Insolvenzgericht zum Nachlassinsolvenzverwalter bestellt wird. Ansonsten kann der rechtsbeständig ernannte Treuhänder nur die Vergütung eines Treuhänders beanspruchen, selbst wenn das Verfahren richtigerweise als Regelinsolvenzverfahren hätte durchgeführt werden müssen. Vom Zeitpunkt des Todes des Schuldners an finden ohne Weiteres die Regeln des Nachlassinsolvenzverfahrens Anwendung. Sofern der Schuldner einen Antrag auf Restschuldbefreiung gestellt hatte, wird dieser höchstpersönliche Antrag obsolet. Der Tod des Schuldners beendet gleichfalls eine etwaige Eigenverwaltung. In diesem Fall ist entsprechend §§ 56 ff. ein Insolvenzverwalter zu wählen. Der bisherige Sachwalter im Eigenverwaltungsverfahren rückt nicht automatisch in das Amt des Insolvenzverwalters ein.

16a Ein nicht abgeschlossenes Insolvenzplanverfahren über das Vermögen einer natürlichen Person kann nach deren Ableben mangels der erforderlichen Zustimmung nach § 247 nicht mehr umgesetzt werden, es verbleibt insoweit nur die Regelabwicklung. Da ein Restschuldbefreiungsverfahren nicht mehr in Betracht kommt, entfällt auch der Grund für eine etwaige Verfahrenskostenstundung gem. §§ 4 a ff. In der Praxis werden die dann als Nachlassinsolvenzverfahren weiterzubehandelnden, ehemals gestundeten Verfahren regelmäßig nach § 207 als massearm einzustellen sein.

16b Schuldner des Verfahrens ist anschließend der Erbe bzw. die Erbengemeinschaft, vgl. oben Rn. 3. Die ursprünglich begründete Zuständigkeit des Insolvenzgerichtes bleibt bestehen. Früher zu § 314 KO existierende Problemsituationen existieren wegen der Aufnahme der Zahlungsunfähigkeit als Insolvenzgrund, vgl. § 320, nicht mehr.[1]

3. Praxishinweis

17 Vor Eröffnung eines Nachlassinsolvenzverfahrens wird es sich oftmals anbieten, einen vorläufigen Insolvenzverwalter zu bestellen und dem Schuldner ein allgemeines Verfügungsverbot – für diese Vermögensmasse „Nachlass“ – aufzuerlegen, §§ 21 Abs. 2 Ziffern 1, 2, 22 Abs. 1.

18 Grund dafür ist, dass es für den Nachlass häufig keine handlungsbefugten/verfügungsbefugten Personen geben wird, beispielsweise bei unbekannten oder untereinander zerstrittenen Erben.

19 Verstirbt der Schuldner eines Verbraucher- oder Kleininsolvenzverfahrens, sollte der bisherige Treuhänder schon aus seinem Vergütungsinteresse heraus – siehe vorne Rn. 16 – darauf achten, nunmehr formal als Nachlassinsolvenzverwalter bestellt zu werden.

§ 316 Zulässigkeit der Eröffnung

(1) **Die Eröffnung des Insolvenzverfahrens wird nicht dadurch ausgeschlossen, daß der Erbe die Erbschaft noch nicht angenommen hat oder daß er für die Nachlaßverbindlichkeiten unbeschränkt haftet.**

(2) **Sind mehrere Erben vorhanden, so ist die Eröffnung des Verfahrens auch nach der Teilung des Nachlasses zulässig.**

(3) **Über einen Erbteil findet ein Insolvenzverfahren nicht statt.**

---

[1] FK-*Schallenberg/Rafiqpoor,* § 315 Rn. 30.

1. Normzweck

Die vorläufige Erbenstellung, die unbeschränkte Erbenhaftung oder die Teilung des Nachlasses hindern die Eröffnung des Insolvenzverfahrens nicht. Dies entspricht der materiellen Rechtslage, die Vorschrift hat eine klarstellende Funktion.[1] 1

Die Abs. 1 und 2 stimmen inhaltlich vollständig mit § 216 KO überein. Abs. 3 entspricht § 235 KO. 2

a) Abs. 1, 1. Alt.

Nach §§ 1922, 1942 BGB geht die Erbschaft unmittelbar mit dem Erbfall auf den Erben über. Es bedarf hierfür keiner Annahme der Erbschaft. Auch die Haftung für die Nachlassverbindlichkeiten gem. § 1967 BGB tritt unmittelbar mit dem Erbfall ein. Der Erbe hat jedoch gem. § 1942 BGB das Recht, die Erbschaft innerhalb der gesetzlichen Frist des § 1944 BGB auszuschlagen. Die Annahme oder die Versäumung der Ausschlagungsfrist ist nach §§ 1955, 1956 BGB anfechtbar. 3

Die materielle Unabhängigkeit der Erbenhaftung von der Annahme setzt sich im Insolvenzverfahren fort. Auch hier ist die Beschränkung der Erbenhaftung durch die Eröffnung des Verfahrens von der Annahme unabhängig und kann deshalb auch vor der Annahme erfolgen.[2] 4

Auch der vorläufige Erbe ist berechtigt, den Eröffnungsantrag zu stellen (§ 317). Eine (konkludente) Annahme ist hierin nicht zu sehen.[3] 5

b) Abs. 1, 2. Alt.

Die Rechtsfolge des § 1975 BGB, die Erbenhaftung auf den Nachlass zu beschränken, kann durch die Eröffnung des Insolvenzverfahrens nicht mehr eintreten, wenn der Erbe bereits unbeschränkt haftet.[4] Dem Nachlassinsolvenzverfahren kommt in diesem Fall allein die Funktion zu, den Nachlass vom Eigenvermögen des Erben zu trennen und zur alleinigen bzw. vorrangigen Befriedigung der Nachlassgläubiger zu verwenden.[5] Dagegen werden die Nachlassgläubiger in der Situation der unbeschränkten Erbenhaftung durch die Verfahrenseröffnung nicht vom Zugriff auf das Eigenvermögen des Erben ausgeschlossen.[6] 6

c) Abs. 2 und 3

Wie schon nach bisherigem Recht (§ 216 Abs. 2 KO) steht die Nachlassteilung der Eröffnung des Insolvenzverfahrens nicht entgegen (Abs. 2). Um den Gläubigern des Nachlasses den Zugriff auf den Nachlass als Haftungsmasse zu erhalten, behandelt ihn das Insolvenzrecht auch noch als einheitliche Masse, wenn die Teilung entgegen § 2046 BGB schon vor der Berichtigung der Nachlassverbindlichkeiten stattgefunden hat.[7] Ein Insolvenzverfahren kann immer nur 7

---

[1] Vgl. § 1942 BGB und 2013 Abs. 1 S. 1, Hs. 2 BGB.

[2] Siehe FK-*Schallenberg*, InsO, § 316 Rn. 3; *Rafiqpoor*, InsO, § 316 Rn. 3.

[3] *Kuhn/Uhlenbruck*, InsO, § 316 Rn. 4; *Jaeger/Weber*, KO, § 216 Rn. 1.

[4] Nach §§ 1994 Abs. 1 S. 2, 2005 oder 2006 BGB.

[5] *Kuhn/Uhlenbruck*, InsO, § 316 Rn. 4; *Jaeger/Weber*, KO, § 216 Rn. 2; *Nerlich/Römermann/Riering*, § 316 Rn. 4; s. oben zu § 315 II. 4.

[6] *Kuhn/Uhlenbruck*, InsO, § 316 Rn. 4; vgl. auch oben zu § 315 Anm. II. 4.

[7] FK-*Schallenberg/Rafiqpoor*, InsO, § 316 Rn. 7.

über den Nachlass als Ganzes eröffnet werden. Über einen einzelnen Erbteil findet ein Insolvenzverfahren nicht statt (Abs. 3). Die Absätze 2 und 3 sind im Zusammenhang zu sehen.[1]

8 Die Miterben trifft die Pflicht, die schon verteilten Nachlassgegenstände gem. §§ 80, 148 an den Insolvenzverwalter zurückzugeben. Gegenstände, die ein Dritter aus dem Nachlass erworben hat, können nur nach den Regeln der Anfechtung zurückgefordert werden.[2] Hinsichtlich des Zweckes der Regelung des Abs. 3 wird auch auf die gesamthänderische Natur der Erbengemeinschaft (§§ 2032 ff. BGB) verwiesen.[3] Hiergegen wäre jedoch einzuwenden, dass damit nur ein Anteil der Miterben an den einzelnen Nachlassgegenständen rechtlich ausgeschlossen wird, s. §§ 2033 Abs. 2, 2039, 2040 BGB. Der Erbteil hingegen kann Gegenstand einer Verfügung sein.[4]

9 Auch über einzelne Nachlassgegenstände findet ein gesondertes Insolvenzverfahren nicht statt. Gehört zum Nachlass ein Unternehmen in Form einer Ein-Mann-GmbH, kann über die Gesellschaft zwar ein selbstständiges Verfahren eröffnet werden, s. § 11 Abs. 1. Hierbei handelt es sich jedoch nur um eine scheinbare Ausnahme, da nicht die GmbH, sondern die Gesellschaftsanteile des Erblassers den Nachlassgegenstand ausmachen.[5]

§ 317 Antragsberechtigte

(1) **Zum Antrag auf Eröffnung des Insolvenzverfahrens über einen Nachlaß ist jeder Erbe, der Nachlaßverwalter sowie ein anderer Nachlaßpfleger, ein Testamentsvollstrecker, dem die Verwaltung des Nachlasses zusteht, und jeder Nachlaßgläubiger berechtigt.**

(2) **Wird der Antrag nicht von allen Erben gestellt, so ist er zulässig, wenn der Eröffnungsgrund glaubhaft gemacht wird. Das Insolvenzgericht hat die übrigen Erben zu hören.**

(3) **Steht die Verwaltung des Nachlasses einem Testamentsvollstrecker zu, so ist, wenn der Erbe die Eröffnung beantragt, der Testamentsvollstrecker, wenn der Testamentsvollstrecker den Antrag stellt, der Erbe zu hören.**

Übersicht

[1] Vgl. FK-*Schallenberg/Rafiqpoor,* InsO, § 316 Rn. 14; *Hess,* InsO, § 316 Rn. 18.

[2] *Kuhn/Uhlenbruck,* InsO, § 316 Rn. 5.

[3] *Kilger/K. Schmidt,* KO, § 235 Anm. 1; FK-*Schallenberg/Rafiqpoor,* InsO, § 316 Rn. 13.

[4] § 2033 Abs. 1 BGB; vgl. auch die Regeln des Einzelzwangsvollstreckungsrechts – nach § 859 Abs. 2 ZPO ist die Zwangsvollstreckung in einen Erbteil möglich –, wenn diese wegen der entgegenstehenden gesetzlichen Regelung des § 316 Abs. 3 auch nicht auf das Insolvenzrecht zu übertragen sind.

[5] *Kilger/K. Schmidt,* KO, § 235 Anm. 2.

1. Normzweck

1 Die Vorschrift regelt die Antragsberechtigung. Sie entspricht § 217 KO. Jedoch wird der Kreis der Antragsberechtigten durch das Fehlen einer dem § 219 KO entsprechenden Regelung in der InsO erweitert.

2. Im Einzelnen

a) Antragspflicht

2 Dem in der Vorschrift geregelten Antragsrecht liegt für einzelne der genannten Antragsberechtigten eine gegenüber den Gläubigern bestehende materiellrechtliche Antragspflicht zugrunde. Sie ergibt sich für den Erben aus § 1980 BGB,[1] für den Nachlassverwalter aus der Verweisung des § 1985 Abs. 2 S. 2 BGB auf die Vorschrift des § 1980 BGB. Hingegen ergibt sich für den Nachlasspfleger i. S. d. § 1960 BGB sowie für den Testamentsvollstrecker eine Antragspflicht nur gegenüber den Erben, nicht gegenüber den Nachlassgläubigern.[2] Der Erbe ist daher trotz eines verwaltenden Testamentsvollstreckers antragspflichtig,[3] auch im Fall eines schwebenden Erbprätendentenstreits und deswegen angeordneter Nachlasspflegschaft.[4]

b) Antragsrecht des Erben

3 Antragsberechtigt ist jeder Erbe. Bei mehreren Erben steht das Recht, wie sich aus den Abs. 1 und 2 ergibt, jedem einzelnen Miterben zu. Stellen die Miterben den Antrag gemeinschaftlich, entfällt allerdings das Erfordernis der Glaubhaftmachung gem. Abs. 2. Wie sich aus § 316 ergibt, ist es für das Antragsrecht des Erben unerheblich, ob dieser die Erbschaft bereits angenommen hat oder ob er für die Nachlassverbindlichkeiten unbeschränkt haftet. Mit der Ausschlagung der Erbschaft erlischt das Antragsrecht des (vorläufigen) Erben. Ebenso verliert der Erbe dieses Recht durch Verkauf der Erbschaft, § 330 Abs. 1. Ist durch letztwillige Verfügung Vor- und Nacherbschaft angeordnet, geht entsprechend der Vorschrift des § 2139 BGB das Antragsrecht des Vorerben mit Eintritt des Nacherbfalls auf den Nacherben über.[5]

---

[1] Bei nur drohender Zahlungsunfähigkeit des Erben besteht keine Antragspflicht gem. § 1980 BGB, s. zu § 320.

[2] Siehe für den Testamentsvollstrecker § 2219 Abs. 1, 1. Alt. BGB; BGH ZInsO 2005, 375 ff.

[3] MünchKomm-*Siegmann,* BGB, § 1980 Rn. 11.

[4] BGH, aaO.

[5] FK-*Schallenberg/Rafiqpoor,* InsO, § 317 Rn. 12; HK-*Marotzke,* InsO, § 317 Rn. 4; aA: *Kilger/K. Schmidt,* KO, § 217 Anm. 1 a, die dem Vorerben das Antragsrecht geben, solange er im Erbschaftsbesitz ist; s. die Gegenargumentation von FK-*Schallenberg/Rafiqpoor,* aaO, Rn. 14–17.

c) Antragsrecht des Nachlassverwalters und des Nachlasspflegers

4 Die Nachlassverwaltung ist nach § 1975 BGB eine spezielle Form der Nachlasspflegschaft. Ihr Zweck ist die Befriedigung der Nachlassgläubiger. Dementsprechend wird das Antragsrecht des Nachlassverwalters gem. Abs. 1 ergänzt durch eine gegenüber den Nachlassgläubigern bestehende materiellrechtliche Antragspflicht nach §§ 1985 Abs. 2 S. 2, 1980 BGB. Den Nachlasspfleger (§ 1960 BGB), der in erster Linie im Interesse des Erben bestellt wird, trifft hingegen eine Antragspflicht nur diesem gegenüber.[1] Der Eröffnungsantrag eines Nachlasspflegers ist zulässig, wenn er eine Überschuldung des Nachlasses in substanziierter, nachvollziehbarer Form darlegt, eine Schlüssigkeit im technischen Sinne ist nicht erforderlich.[2]

5 Das Antragsrecht des Erben wird durch das Antragsrecht des Nachlassverwalters und des Nachlasspflegers nicht berührt.[3]

6 Mehrere Nachlassverwalter oder Nachlasspfleger müssen den Insolvenzantrag gemeinschaftlich stellen. Abs. 2 findet insoweit keine entsprechende Anwendung.[4]

7 Im Hinblick darauf, dass auch der Nachlassverwalter wie der verwaltende Testamentsvollstrecker eine den Erben ausschließende Verfügungsmacht über den Nachlass erhält, wird eine entsprechende Anwendung des Abs. 3 vertreten.[5]

d) Antragsrecht des nachlassverwaltenden Testamentsvollstreckers

8 Ein Testamentsvollstrecker kann die Eröffnung des Nachlassinsolvenzverfahrens beantragen, wenn ihm gem. § 2205 BGB die Verwaltung des Nachlasses zusteht, er also nicht gem. § 2208 BGB in seiner Rechtsstellung eingeschränkt ist. Für das Bestehen eines Antragsrechts ist eine den gesamten Nachlass umfassende Verwaltungsbefugnis entscheidend, sodass ein solches auch im Fall des § 2209 BGB gegeben ist.[6] Mehrere nachlassverwaltende Testamentsvollstrecker haben den Antrag gemeinsam zu stellen.[7]

e) Antragsrecht der Nachlassgläubiger

9 Zur Antragstellung ist jeder Nachlassgläubiger, nicht aber ein Eigengläubiger des Erben berechtigt. Eine Beschränkung des Antragsrechts eines Nachlassgläubigers durch eine dem § 219 KO entsprechende Vorschrift besteht hingegen nicht. Durch die Erweiterung der Eröffnungsgründe nach der InsO gegenüber § 215 KO (s. § 320) könne nicht mehr wie bisher angenommen werden, dass den in § 219 KO genannten Gläubigern, die auf Grund ihrer schlechten Rangstellung keine Befriedigung zu erwarten hatten, das Rechtsschutzbedürfnis für einen Eröffnungsantrag fehle.[8] Die Frage des Rechtsschutzbedürfnisses beurteilt sich nunmehr allein nach § 14.

---

[1] FK-*Schallenberg/Rafiqpoor,* InsO, § 317 Rn. 19.
[2] BGH, Beschluss vom 12. 7. 2007 – IX ZB 82/04 = BeckRS 2007, 13222.
[3] *Staudinger/Marotzke,* BGB, § 1980 Rn. 14; HK-*Marotzke,* InsO, § 317 Rn. 9, 12.
[4] *Hess,* InsO, § 317 Rn. 18 f.
[5] HK-*Marotzke,* InsO, § 317 Rn. 9, 11 f.
[6] FK-*Schallenberg/Rafiqpoor,* InsO, § 317 Rn. 21.
[7] FK-*Schallenberg/Rafiqpoor,* InsO, § 317 Rn. 22; *Kilger/K. Schmidt,* KO, § 217 Anm. 1 c.
[8] Begr. zum RegE, abgedruckt in *Balz/Landfermann,* S. 580 f.; kritisch zur Streichung auch der Einschränkungen, die für das Antragsrecht des Vermächtnis- und Auflagengläubigers nach altem Recht bestanden, HK-*Marotzke,* InsO, § 317 Rn. 19.

f) Doppelinsolvenz: Aufeinandertreffen von Erben- und Nachlassinsolvenz

Ist der Erbe selbst insolvent, verbleibt bei ihm das Recht, die Erbschaft 10
anzunehmen oder auszuschlagen, vgl. § 83. Erklärt der Erbe die Annahme oder lässt er die Ausschlagungsfrist gem. § 1944 Abs. 1 BGB verstreichen, fällt der Nachlass in seine Insolvenzmasse. Die Forderungen der Nachlassgläubiger sind in dem Verfahren des insolventen Erben dann Insolvenzforderungen, nicht Masseverbindlichkeiten, und werden auch von einer etwaigen Restschuldbefreiung umfasst. Sowohl das Antragstellungsrecht als auch die Antragstellungspflicht des Erben stehen dem Insolvenzverwalter des Erben zu bzw. obliegen diesem, nicht dem Erben selbst.[1]

g) Abs. 2 und 3

Abs. 2 S. 1 verlangt für die Zulässigkeit eines nicht von allen Miterben 11
gestellten Antrags die Glaubhaftmachung des Eröffnungsgrundes. S. 2 sieht eine Anhörung im Gegensatz zum bisherigen Recht nunmehr zwingend vor.[2]

Abs. 3 verknüpft die an sich unabhängig voneinander bestehenden Antrags- 12
rechte des Erben und des Testamentsvollstreckers durch die vorgesehene wechselseitige Anhörung.

§ 318 Antragsrecht beim Gesamtgut

(1) **Gehört der Nachlaß zum Gesamtgut einer Gütergemeinschaft, so kann sowohl der Ehegatte, der Erbe ist, als auch der Ehegatte, der nicht Erbe ist, aber das Gesamtgut allein oder mit seinem Ehegatten gemeinschaftlich verwaltet, die Eröffnung des Insolvenzverfahrens über den Nachlaß beantragen. Die Zustimmung des anderen Ehegatten ist nicht erforderlich. Die Ehegatten behalten das Antragsrecht, wenn die Gütergemeinschaft endet.**

(2) **Wird der Antrag nicht von beiden Ehegatten gestellt, so ist er zulässig, wenn der Eröffnungsgrund glaubhaft gemacht wird. Das Insolvenzgericht hat den anderen Ehegatten zu hören.**

(3) **Die Absätze 1 und 2 gelten für Lebenspartner entsprechend.**

Die Vorschrift ergänzt § 317. Sie betrifft die Situation der in Gütergemein- 1
schaft lebenden Ehegatten oder Lebenspartner (Abs. 3), von denen einer während des Güterstandes Erbe wird, wobei der Nachlass gem. § 1416 Abs. 1 S. 2 BGB zum Gesamtgut und nicht nach § 1418 Abs. 2 Nr. 2 BGB zum Vorbehaltsgut gehört. Das Antragsrecht des Erben erstreckt sich auch auf dessen Ehegatten, wenn die Ehegatten entweder das Gesamtgut gemeinschaftlich verwalten oder das Verwaltungsrecht allein dem Ehegatten zusteht, der nicht Erbe wird. Die Regelungsbedürftigkeit dieser Situation ergibt sich daraus, dass dem Erben das Verwaltungsrecht über den Nachlass in den genannten Fällen entweder überhaupt

[1] Vgl. zu allem: *Vallender,* Doppelinsolvenz: Erben- und Nachlassinsolvenz, NZI 2005, 318 ff.

[2] Einschränkend: *Hess,* InsO, § 317 Rn. 15.

nicht oder jedenfalls nicht ausschließlich zusteht.[1] Für den in § 318 nicht geregelten Fall der Verwaltung allein durch den Erben-Ehegatten ergibt sich dessen Antragsrecht bereits aus § 317.

2 Das Antragsrecht steht unter den Voraussetzungen des § 318 jedem Ehegatten gesondert zu. Der Antragsteller bedarf auch keiner Zustimmung des anderen Ehegatten (Abs. 1 S. 2), wie auch das Antragsrecht nicht mit dem Ende der Gütergemeinschaft entfällt (Abs. 1 S. 3).

3 Abs. 2 verlangt für die Zulässigkeit eines nicht von beiden Ehegatten gestellten Antrags die Glaubhaftmachung des Eröffnungsgrundes. Der jeweils andere Ehegatte ist zwingend anzuhören, S. 2.

4 Gem. Abs. 3 gelten die Regelungen entsprechend auch für eingetragene Lebenspartnerschaften.

§ 319 Antragsfrist

Der Antrag eines Nachlaßgläubigers auf Eröffnung des Insolvenzverfahrens ist unzulässig, wenn seit der Annahme der Erbschaft zwei Jahre verstrichen sind.

1 Die mit § 220 KO übereinstimmende Vorschrift beschränkt das Antragsrecht der Nachlassgläubiger in zeitlicher Hinsicht. Für die Bestimmung einer Ausschlussfrist sind die Gründe maßgebend, die auch zu der entsprechenden Einschränkung des Antragsrechts der Nachlassgläubiger auf Anordnung der Nachlassverwaltung gem. § 1981 Abs. 2 S. 2 BGB geführt haben.[2]

2 Die Frist beginnt mit der Annahme der Erbschaft. Diese kann ausdrücklich, konkludent oder gem. § 1943 Hs. 2 BGB (Ablauf der Annahmefrist) oder § 1957 BGB (Anfechtung der Ausschlagung) erfolgen. Bei mehreren Erben ist der Zeitpunkt der zuletzt erfolgten Annahme maßgebend, wobei naturgemäß diejenigen Erben außer Betracht bleiben, die bereits ausgeschlagen haben oder für die die Annahmefrist abgelaufen ist.[3] Bei Vor- und Nacherbfolge kommt es auf die Annahme der Nacherbschaft oder, für den Fall, dass diese schon vor Eintritt des Nacherbfalls erfolgte, auf den Zeitpunkt des Nacherbfalls an.[4]

§ 320 Eröffnungsgründe

Gründe für die Eröffnung des Insolvenzverfahrens über einen Nachlaß sind die Zahlungsunfähigkeit und die Überschuldung. Beantragt der Erbe, der Nachlaßverwalter oder ein anderer Nachlaßpfleger oder ein Testamentsvollstrecker die Eröffnung des Verfahrens, so ist auch die drohende Zahlungsunfähigkeit Eröffnungsgrund.

---

[1] Siehe FK-*Schallenberg/Rafiqpoor,* InsO, § 318 Rn. 3.

[2] Siehe Begr. KO-Novelle 1898, S. 49, zitiert nach *Hahn/Mugdan,* Die gesamten Materialien zu den Reichsjustizgesetzen, Bd. VII, S. 253 zu § 220 KO.

[3] *Kuhn/Uhlenbruck,* InsO, § 319 Rn. 3.

[4] *Kuhn/Uhlenbruck,* aaO; *Staudinger/Behrends/Avenarius,* BGB, § 2144 Rn. 11, § 2142 Rn. 14.

Übersicht

1. Normzweck

Die Vorschrift bestimmt als Eröffnungsgründe für das Nachlassinsolvenzverfahren neben der nach bisherigem Konkurs- und Vergleichsrecht allein maßgeblichen Überschuldung auch die Zahlungsunfähigkeit sowie die drohende Zahlungsunfähigkeit. Diese Erweiterung der Eröffnungsgründe dient dem Ziel, die Verfahrenseröffnung zu erleichtern und damit die gleichmäßige Befriedigung der Gläubiger zu gewährleisten.[1] 1

Nach der Gesamtvollstreckungsordnung war die Zahlungsunfähigkeit des Nachlasses bereits Eröffnungsgrund (§ 1 Abs. 1 S. 1 GesO). 2

2. Im Einzelnen

a) Eröffnungsgrund

Das Vorliegen eines Eröffnungsgrundes ist Voraussetzung der Begründetheit des Eröffnungsantrags und damit der Verfahrenseröffnung (§ 16). Die Tatbestandselemente eines Eröffnungsgrundes müssen zur Überzeugung des Gerichts feststehen. 3

Auch wenn der Schuldner der Erbe und nicht der Nachlass ist, sind die Eröffnungsgründe auf den Nachlass zu beziehen.[2] 4

b) Überschuldung

Die Überschuldung des Nachlasses ist, wie im Regelinsolvenzverfahren die Überschuldung juristischer Personen, Eröffnungsgrund. Nach der Legaldefinition des § 19 Abs. 2 liegt Überschuldung vor, wenn die Verbindlichkeiten (Passiva) die bestehenden Vermögenswerte (Aktiva) übersteigen. Die Aktiva sind mit den jeweiligen Liquidationswerten anzusetzen.[3] Maßgeblich ist dabei allein der Nachlass als Vermögensmasse, das Eigenvermögen des Erben bleibt außer Betracht.[4] In zeitlicher Hinsicht ist abzustellen auf den Augenblick der gerichtlichen Entscheidung über den Eröffnungsantrag.[5] 5

---

[1] *Balz/Landfermann,* S. 153, 582 f., Begr. RegE.

[2] HK-*Marotzke,* InsO, § 320 Rn. 2; s. zur Parallele im Insolvenzverfahren über das Gesamtgut einer Gütergemeinschaft die Kommentierung zu § 333.

[3] BayObLG NJW-RR 1999, 590 ff.

[4] Vgl. *Balz/Landfermann,* S. 582 f., Begr. RegE.

[5] FK-*Schallenberg/Rafiqpoor,* InsO, § 320 Rn. 14.

c) Zahlungsunfähigkeit

6 Wie nach § 17 für das Regelinsolvenzverfahren stellt die Zahlungsunfähigkeit auch für das Nachlassinsolvenzverfahren einen Eröffnungsgrund dar. Mit der Einbeziehung der Zahlungsunfähigkeit wie auch der drohenden Zahlungsunfähigkeit wird der Zeitpunkt einer möglichen Verfahrenseröffnung erheblich vorverlegt und das Ziel der möglichst gleichmäßigen Gläubigerbefriedigung besser verwirklicht.[1] Bis zur Feststellung des Eröffnungsgrundes der Überschuldung und damit der Verfahrenseröffnung nach früherem Recht verging häufig einige Zeit, die einzelne Nachlassgläubiger zur Vollstreckung, die selbst im Falle einer Nachlassverwaltung zulässig war, in den Nachlass nutzen konnten. Dadurch trat eine Schmälerung der Haftungsmasse zum Nachteil der übrigen Gläubiger ein, wenn die Vermögensverschiebung nicht im Wege der Anfechtung rückgängig gemacht werden konnte.[2]

7 Zudem wird mit der Anerkennung der Zahlungsunfähigkeit als Eröffnungsgrund auch für das Nachlassinsolvenzverfahren der Übergang vom Regelinsolvenzverfahren in dieses, für den Fall, dass der Schuldner während des Verfahrens stirbt, erleichtert. Damit entfällt die nach bisherigem Konkursrecht streitige Frage, ob das Verfahren auch dann weitergeführt werden kann, wenn der Eröffnungsgrund der Überschuldung (der allein nach § 215 KO für das Nachlassinsolvenzverfahren in Betracht kam) nicht vorliegt.[3]

8 Zahlungsunfähigkeit ist anzunehmen, wenn der Schuldner nicht in der Lage ist, seine fälligen Verbindlichkeiten zu erfüllen. Dabei ist eine bloß vorübergehende Zahlungsunfähigkeit im Sinne einer bloßen Zahlungsstockung kein Eröffnungsgrund.[4] Nach § 17 Abs. 2 S. 2 kommt der Zahlungseinstellung Indizwirkung zu. Sie begründet eine widerlegbare Vermutung für den Eintritt der Zahlungsunfähigkeit.[5]

d) Drohende Zahlungsunfähigkeit

9 Die drohende Zahlungsunfähigkeit ist im Nachlassinsolvenzverfahren dann Eröffnungsgrund, wenn der Erbe, der Nachlassverwalter oder ein sonstiger Nachlasspfleger oder der Testamtensvollstreckung die Eröffnung beantragen, der Antrag also wie im Falle des § 18 von Schuldnerseite gestellt wird. Ein Nachlassgläubiger hingegen kann hierauf einen Eröffnungsgrund nicht stützen, wie eine nur drohende Zahlungsunfähigkeit auch die Antragspflicht des Erben gem. § 1980 BGB nicht begründet.[6]

10 Dem Schuldner droht Zahlungsunfähigkeit, wenn er voraussichtlich nicht in der Lage sein wird, die Verbindlichkeiten im Zeitpunkt ihrer Fälligkeit zu erfüllen, § 18 Abs. 2. Im Unterschied zur Zahlungsunfähigkeit wird somit hier auf die noch nicht fälligen Verbindlichkeiten abgestellt. Bei der in dem Merkmal „voraussichtlich" angesprochene Frage nach der Wahrscheinlichkeit des Eintritts der Zahlungsunfähigkeit sind auch die noch nicht begründeten, aber zu erwartenden

---

[1] *Balz/Landfermann,* S. 153, Begr. RegE.
[2] *Balz/Landfermann,* S. 582 f., Begr. RegE.
[3] *Balz/Landfermann,* S. 582 f., Begr. RegE.
[4] *Balz/Landfermann,* S. 223 f., Begr. RegE.
[5] *Balz/Landfermann,* S. 223 f., Begr. RegE; HK-*Kirchhof,* InsO, § 17 Rn. 15; FK-*Schmerbach,* InsO, § 17 Rn. 27.
[6] *Balz/Landfermann,* S. 223 f., S. 582 f., Begr. RegE.

Zahlungsverpflichtungen mit zu berücksichtigen.[1] Denn auch von diesen künftigen Zahlungsverpflichtungen wird es abhängen, ob der Erbe zur Erfüllung der bereits begründeten, aber noch nicht fälligen Verbindlichkeiten in der Lage sein wird.

Zweck dieser erheblichen Vorverlagerung einer möglichen Verfahrenseröffnung ist es, dem Schuldner eine weitgehende Bereinigung seiner Verbindlichkeiten und den Gläubigern eine umfangreiche Befriedigung zu ermöglichen.[2] 11

Ob (drohende) Zahlungsunfähigkeit vorliegt, bestimmt sich allein nach objektiven Kriterien; der Zahlungswille des Schuldners bleibt dabei außer Betracht.[3] 12

e) Massekostendeckung

Hinsichtlich der Massekostendeckung gelten die allgemeinen Regeln. Die Verfahrenskostensstundung gem. § 4a ff. kommt nicht in Betracht, da diese die Möglichkeit der Restschuldbefreiung im Insolvenzverfahren über das Vermögen einer natürlichen Person voraussetzt. Ein Restschuldbefreiungsantrag kommt im Nachlassinsolvenzverfahren nicht in Betracht. Ob Prozesskostenhilfe für ein Nachlassinsolvenzverfahren gewährt werden kann, ist streitig.[4] 13

3. Praxishinweis

Die Anzahl der Nachlassinsolvenzverfahren mit einer ungewöhnlich hohen Quote (bis 100% auf Forderungen nach § 38 InsO) ist relativ hoch. Daraus wird man schlussfolgern können, dass relativ häufig verdeckte Erbauseinandersetzungen mithilfe des Insolvenzrechts betrieben werden. Insbesondere die sonst nach Durchführung eines gescheiterten FGG-Verfahrens notwendige Klage auf Zustimmung zum Teilungsplan ist mit einem erheblichen Prozesskostenrisiko behaftet. Der Weg in die Insolvenzabwicklung ist deshalb vorgezeichnet. Das Recht der Insolvenzordnung (das anders als in der Konkursordnung nicht mehr ausschließlich an die Überschuldung anknüpft) eröffnet insbesondere auch bei Verfahren mit hohen Überschüssen bei behaupteter oder gar drohender Zahlungsunfähigkeit die Wahl eines Insolvenzantrags des Erben als Verfahrensoption. 14

§ 321 Zwangsvollstreckung nach Erbfall

Maßnahmen der Zwangsvollstreckung in den Nachlaß, die nach dem Eintritt des Erbfalls erfolgt sind, gewähren kein Recht zur abgesonderten Befriedigung.

---

[1] *Balz/Landfermann,* S. 224.

[2] *Balz/Landfermann,* S. 153.

[3] *Bork,* Einführung in das Insolvenzrecht, Rn. 84; vgl. FK-*Schallenberg/Rafiqpoor,* InsO, § 320 Rn. 24.

[4] LG Neuruppin ZVI 2005, 40ff.; AG Hildesheim ZInsO 2004, 1154; aA: LG Göttingen ZInsO 2000, 619ff.; LG Fulda ZVI 2007, 129f.

Übersicht

1. Normzweck

1 Die inhaltlich mit § 221 KO übereinstimmende Vorschrift soll den zum Zeitpunkt des Erbfalls bestehenden Rechtszustand so weit wie möglich wieder herstellen.[1] Statt des für die Einzelzwangsvollstreckung geltenden Prioritätsprinzips, das den Vorteil einzelner Gläubiger begründet, soll das insolvenzrechtliche Prinzip der gleichmäßigen Gläubigerbefriedigung zum Zuge kommen.[2] Die Regelungen des § 89 InsO sind erweitert, nämlich zeitlich vorverlagert.

2. Im Einzelnen

a) Maßnahmen der Zwangsvollstreckung

2 Zu den „Maßnahmen der Zwangsvollstreckung" gehören Pfändungen, Anordnungen der Zwangsversteigerung oder der Zwangsverwaltung und die Eintragung von Zwangs- und Arresthypotheken.[3] Vom Wortlaut der jetzigen Normfassung werden auch Arrest und einstweilige Verfügung erfasst. Dies ergibt sich aus dem Sprachgebrauch der ZPO, die im 8. Buch unter der Bezeichnung „Zwangsvollstreckung" sowohl die Einzelzwangsvollstreckung als auch den Arrest und die einstweilige Verfügung abhandelt. Der Wortlaut konnte daher gegenüber § 221 KO vereinfacht werden.[4] Rechtsgeschäftlich begründete und gesetzliche Pfandrechte bleiben hiervon unberührt, § 50 InsO.[5]

3 Die Rechtsfolge des § 321 („kein Absonderungsrecht") passt eigentlich nicht für die nach dem Erbfall (im Wege einstweiliger Verfügung erlangte) Vormerkung, für die § 221 Abs. 2 KO ausdrücklich die Unwirksamkeit vorsah. Um die Rechtsfolge des § 106 auszuschließen, wäre eine § 221 Abs. 2 KO vergleichbare Formulierung vorzuziehen gewesen. Dennoch schließt § 321 die Anwendung des § 106, ebenso wie jene Vorschrift die Anwendung des § 24 KO, aus. Zu diesem Ergebnis gelangt man im Wege eines Erst-recht-Schlusses: Was nach dem eindeutigen Gesetzeswortlaut schon einem Recht zur abgesonderten Befriedigung entgegensteht, kann erst recht nicht zu den noch weitergehenden Wirkungen des § 106 führen.[6]

---

[1] *Balz/Landfermann,* S. 583.

[2] *Kuhn/Uhlenbruck,* InsO, § 321 Rn. 1.

[3] *Kuhn/Uhlenbruck,* InsO, § 321 Rn. 2; FK-*Schallenberg/Rafiqpoor,* InsO, § 321 Rn. 2.

[4] *Balz/Landfermann,* S. 583; *Smid,* InsO, § 321 Rn. 1, 5.

[5] *Nerlich/Römermann/Riering,* § 321 Rn. 9.

[6] HK-*Marotzke,* InsO, § 321 Rn. 4; s. auch FK-*Schallenberg/Rafiqpoor,* InsO, § 321 Rn. 13–15.

b) Fallgruppen

4 **aa) Vollstreckungsmaßnahme.** Aus dem Wortlaut sowie aus Sinn und Zweck des § 321 ergibt sich der Zeitraum, in welchen eine der Vorschrift unterliegende Zwangsvollstreckungsmaßnahme fallen muss. Der Wortlaut scheidet zunächst *vor* dem Erbfall vorgenommene Zwangsvollstreckungen aus dem Anwendungsbereich aus. Ein hierdurch entstandenes Absonderungsrecht kann aber nach § 88 unwirksam sein oder auf Grund der Insolvenzanfechtung nach §§ 129 ff. seine Wirksamkeit verlieren. Letzteres gilt auch für den Fall, dass die vor dem Erbfall eingeleitete Zwangsvollstreckung nicht nur zu einer Sicherung, sondern bereits zu einer Befriedigung des Gläubigers geführt hat.[1]

5 Da sich die Unwirksamkeit von Zwangsvollstreckungsmaßnahmen, die *nach* Verfahrenseröffnung erfolgt sind, aus § 89 ergibt, bleiben für den Anwendungsbereich des § 321 nur bis zur Verfahrenseröffnung vorgenommene Vollstreckungen. Aus einem in diesem Zeitraum entstandenen Recht kann nach Verfahrenseröffnung abgesonderte Befriedigung nicht mehr verlangt werden.

6 Eine in dem maßgeblichen Zeitraum vorgenommene Zwangsvollstreckungsmaßnahme, die nicht nur zu einer Sicherung (Absonderungsrecht), sondern bereits zur vollständigen Befriedigung des Gläubigers führt, fällt allerdings nicht unter die Vorschrift.[2] Insoweit bleibt insbesondere die Möglichkeit der Anfechtung nach § 131.

7 Eine Sondersituation bildet der Fall, dass neben einer im Wege der Zwangsvollstreckung erlangten Sicherung bereits ein gesetzliches oder rechtsgeschäftliches Pfandrecht besteht. Hierauf findet § 321 keine Anwendung. So kann etwa ein Hypothekengläubiger gem. §§ 1113, 1147 BGB in das belastete Grundstück vollstrecken.[3]

8 Wird in eine zum Nachlass gehörende Forderung vollstreckt, ist im Falle einer Vorpfändung nach § 845 ZPO auf den Zeitpunkt der Zustellung des gerichtlichen Pfändungsbeschlusses abzustellen. Erfolgt diese nach dem Erbfall, so ist § 321 anwendbar, auch wenn die Vorpfändung schon vor dem Erbfall stattgefunden hat.[4]

9 **bb) Vollstreckender Gläubiger.** Die Vorschrift betrifft Nachlassgläubiger und Eigengläubiger des Erben gleichermaßen. Für die Nachlassgläubiger ersetzt sie das Prioritätsprinzip der Einzelzwangsvollstreckung durch das insolvenzrechtliche Prinzip der anteilsmäßigen Befriedigung. Für die Eigengläubiger liegt die Bedeutung des § 321 darin, dass Eigenvermögen und Nachlass trotz der mit dem Erbfall erfolgten Vereinigung der beiden Vermögensmassen als getrennt behandelt werden.[5] Hat deshalb ein Eigengläubiger durch eine Zwangsvollstreckung in den Nachlass nach dem Erbfall ein Absonderungsrecht erlangt, ist dieses nach § 321 unwirksam. Im Falle seiner vollständigen Befriedigung kann zwar nicht die Unwirksamkeit des Erlangten nach § 321 angenommen werden. Aus dem Rechtsgedanken der Vorschrift ergibt sich jedoch, dass der Eigengläubiger gegen-

[1] Vgl. HK-*Marotzke,* InsO, § 321 Rn. 5, 8; FK-*Schallenberg/Rafiqpoor,* InsO, § 321 Rn. 4.

[2] Siehe *Kuhn/Uhlenbruck,* InsO, § 321 Rn. 2; sie ist jedoch unter den Voraussetzungen der §§ 129 ff. anfechtbar: HK-*Marotzke,* InsO, § 321 Rn. 8; s. BGH NJW 1997, 3445 f.

[3] HK-*Marotzke,* InsO, § 321 Rn. 6; FK-*Schallenberg/Rafiqpoor,* InsO, § 321 Rn. 6.

[4] *Kuhn/Uhlenbruck,* InsO, § 321 Rn. 4; FK-*Schallenberg/Rafiqpoor,* InsO, § 321 Rn. 7.

[5] *Kuhn/Uhlenbruck,* InsO, § 321 Rn. 1.

über der Insolvenzmasse/Nachlassmasse aus ungerechtfertigter Bereicherung haftet.[1] Dies gilt für einen Nachlassgläubiger, der durch die Vollstreckung Befriedigung erlangt hat, nicht. Die unterschiedliche Behandlung dieser beiden Fälle ergibt sich daraus, dass dem Eigengläubiger auf Grund der ihm gegenüber im Falle des Nachlassinsolvenzverfahrens fortbestehenden Trennung der beiden Vermögensmassen ein Recht zur Befriedigung aus dem Nachlass fehlt, sodass er so zu behandeln ist, als habe er Befriedigung nicht von seinem Schuldner (dem Erben) erlangt.[2]

3. Praxishinweis

10 Die Vorschrift schließt für die Dauer des Nachlassinsolvenzverfahrens ein Recht zur abgesonderten Befriedigung aus. Rechtlich gelangt ein Absonderungsrecht zwar zur Entstehung. Es kann jedoch nicht durchgesetzt werden, sondern ist zunächst relativ, nämlich der Insolvenzmasse bzw. den Nachlassgläubigern gegenüber, unwirksam. Das weitere Schicksal des Rechts hängt davon ab, wie der Insolvenzverwalter mit dem Nachlassgegenstand verfährt: Verwertet er ihn, wird aus der relativen Unwirksamkeit eine absolute; gibt er den Gegenstand aus dem Insolvenzbeschlag frei, erhält der vollstreckende Gläubiger wieder die volle Rechtsposition. Mit der Beendigung des Insolvenzverfahrens steht dem Gläubiger das Absonderungsrecht wieder zu, falls eine Verwertung der Sache nicht stattgefunden hat.[3]

11 Die Kehrseite des Ausschlusses des Absonderungsrechts des vollstreckenden Gläubigers bildet das Verwertungsrecht des Insolvenzverwalters.[4] Verwertet der Gläubiger entgegen § 321 den Gegenstand, steht dem Verwalter die Erinnerung gem. § 766 ZPO zu.[5] Ist zugunsten des Gläubigers eine Zwangssicherungshypothek eingetragen, kann der Verwalter die Löschung verlangen, wenn er das Grundstück verwertet.

12 Da die Vollstreckung in das bewegliche Vermögen des Schuldners häufig zu einer schnellen Befriedigung des pfändenden Gläubigers führt und damit § 88 keine Anwendung mehr findet, ist die Vollstreckung in das Immobiliarvermögen des Schuldners regelmäßig zeitaufwändiger. Sie führt zu einer Sicherung, die erst nach Monaten oder gar Jahren zur Befriedigung des Gläubigers führt. Hieraus ergibt sich einer der wesentlichen Anwendungsfälle des § 88.

13 Erfolgt die Eintragung einer Zwangssicherungshypothek in das Grundbuch im Zeitraum der §§ 88, 321, kann der Verwalter unter Nachweis seiner Verwalterstellung sowie der maßgeblichen Fristen in der Form des § 29 GBO die Berichtigung des Grundbuchs nach § 22 GBO verlangen, ohne den grundpfandrechtlich gesicherten Pfändungsgläubiger auf Abgabe der Löschungsbewilligung verklagen zu müssen.[6]

---

[1] *Kuhn/Uhlenbruck,* InsO, § 321 Rn. 2.

[2] *Kuhn/Uhlenbruck,* aaO; vgl. *Nerlich/Römermann,* InsO, § 321 Rn. 7.

[3] *Kuhn/Uhlenbruck,* InsO, § 321 Rn. 5; *Nerlich/Römermann,* InsO, § 321 Rn. 6.

[4] Sog. materiellrechtlicher Gehalt der Vorschrift des § 321, *Kuhn/Uhlenbruck,* aaO; *Smid/Fehl,* InsO, § 321 Rn. 4.

[5] *Kuhn/Uhlenbruck,* aaO.

[6] BayObLG NZI 2000, 427 ff.; zum bisherigen Recht (§ 7 Abs. 3 GesO) BGH ZIP 2000, 931 ff.

§ 322 Anfechtbare Rechtshandlungen des Erben

Hat der Erbe vor der Eröffnung des Insolvenzverfahrens aus dem Nachlaß Pflichtteilsansprüche, Vermächtnisse oder Auflagen erfüllt, so ist diese Rechtshandlung in gleicher Weise anfechtbar wie eine unentgeltliche Leistung des Erben.

1. Normzweck

Die § 222 KO entsprechende Vorschrift enthält einen Anfechtungstatbestand. 1
Sie stellt die Erfüllung der genannten Nachlassverbindlichkeiten (§ 1967 Abs. 2 BGB) einer unentgeltlichen Verfügung des Erben gleich und verweist dementsprechend auf die Rechtsfolgen der §§ 134 i. V. m. 143 Abs. 2, 146. In dieser Regelung zeigt sich die geringere Schutzwürdigkeit der genannten, nach § 327 nachrangigen Ansprüche. Sie sind im Nachlassinsolvenzverfahren erst nach der Befriedigung aller übrigen Forderungen zu erfüllen.

2. Tatbestandsvoraussetzungen

Verlangt wird die Befriedigung der genannten Ansprüche, die Erfüllung gem. 2
§ 362 BGB. Dabei genügen auch Erfüllungssurrogate wie eine Annahme an Erfüllungs statt, § 364 BGB, oder eine Aufrechnung.[1] Die Erfüllung muss „aus dem Nachlass" bewirkt werden. Nach allgemeiner Auffassung kommt es dabei jedoch nicht darauf an, ob der Erbe die Gläubiger mit Mitteln des Nachlasses oder aus seinem Eigenvermögen befriedigt hat, sofern § 1979 BGB eingreift, oder ihm nach § 1978 Abs. 3 BGB ein Aufwendungsersatzanspruch gegen den Nachlass zusteht.[2]

Aus der Verweisung auf das Insolvenzanfechtungsrecht ergibt sich, dass eine 3
Anfechtung gem. § 322 auch eine Gläubigerbenachteiligung voraussetzt, § 129.

3. Praxishinweis

Von besonderer Bedeutung ist das nach § 322 bestehende Anfechtungsrecht in 4
den Fällen, in denen die Nachlassgläubiger die Erfüllung der Nachlassverbindlichkeiten nach § 1979 BGB gegen sich gelten lassen müssen. Im anderen Fall der Verantwortlichkeit den Erben gegenüber Nachlassgläubigern wegen der Berichtigung von Nachlassverbindlichkeiten ist das Anfechtungsrecht insofern von Bedeutung, als der Wert eines Anspruchs gegen den Erben von dessen Durchsetzbarkeit abhängt.[3]

---

[1] *Kilger/K. Schmidt,* KO, § 222 Anm. 1.

[2] *Kilger/K. Schmidt,* KO, § 222 Anm. 1; *Kuhn/Uhlenbruck,* InsO, § 322 Rn. 3; HK-*Marotzke,* InsO, § 322 Rn. 3.

[3] HK-*Marotzke,* InsO, § 322 Rn. 5 unter Berufung auf Begr. zur KO-Novelle von 1898, S. 49 = *Hahn/Mugdan,* Die gesamten Materialien zu den Reichsjustizgesetzen, Bd. VII, S. 253.

§ 323 Aufwendungen des Erben

Dem Erben steht wegen der Aufwendungen, die ihm nach den §§ 1978, 1979 des Bürgerlichen Gesetzbuchs aus dem Nachlaß zu ersetzen sind, ein Zurückbehaltungsrecht nicht zu.

1 Die § 223 KO entsprechende Vorschrift schließt ein Zurückbehaltungsrecht, das dem Erben wegen seiner Aufwendungsersatzansprüche nach den §§ 1978, 1979 BGB zustehen könnte, aus. Damit soll vermieden werden, dass es zu erheblichen Verzögerungen bei der Verwertung des Nachlasses kommt.[1] Stattdessen muss der Erbe seinen Aufwendungsersatzanspruch als Masseanspruch gem. § 324 Abs. 1 Nr. 1 geltend machen. Nach Einschätzung des Gesetzgebers hat er insoweit, auf Grund der bevorrechtigten Rangstelle seiner Forderung, hinreichende Aussicht auf Befriedigung.[2]

2 Ein Aufwendungsersatzanspruch nach § 1978 Abs. 3 BGB steht, wie sich aus § 2013 BGB ergibt, nur dem nicht unbeschränkt haftenden Erben zu. Dabei können sowohl die vor der Annahme der Erbschaft als auch die nach diesem Zeitpunkt gemachten Aufwendungen ersetzt werden, § 1978 Abs. 3 BGB i. V. m. § 683 BGB bzw. i. V. m. § 670 BGB.

3 Ein Zurückbehaltungsrecht des Erben wird jedoch durch die Vorschrift dann nicht ausgeschlossen, wenn dieser Nachlassgegenstände unabhängig von seiner Eigenschaft als Erbe, beispielsweise auf Grund eines Vertrages mit dem Erblasser, in Besitz hat. Ein in diesem Fall begründetes kaufmännisches Zurückbehaltungsrecht oder aus vertraglicher Vereinbarung kann geltend gemacht werden.[3]

4 § 323 findet keine Anwendung auf die Aufrechnung. Hierfür bleibt es bei den Regeln der §§ 94, 96.[4]

5 Wie dem Erben, so steht auch einem Vormund, Nachlasspfleger oder Testamentsvollstrecker ein Zurückbehaltungsrecht aus § 273 BGB grundsätzlich nicht zu. Etwas anderes gilt nur, falls die genannten Personen ein Zurückbehaltungsrecht aus eigenem Recht geltend machen können.[5]

6 **Praxishinweis.** Hat der Erbe Befriedigung für seine etwaigen Masseforderungen erhalten und wird das Verfahren später masseunzulänglich, besteht die Möglichkeit der Anfechtung der Befriedigungshandlung.

7 Bereits unter der Geltung der Konkursordnung (§ 59 Abs. 1 Ziffer 3 KO) war anerkannt, dass die Befriedigung von Masseforderungen, die nur durch eine gesetzliche Umqualifizierung überhaupt zu Masseforderungen wurden, angefochten werden konnte.

---

[1] Begr. zur KO-Novelle von 1898, S. 49; siehe näher *Jaeger/Weber,* KO, § 223 Rn. 1: Die Vorschrift hat insoweit mehr als nur klarstellende Funktion, als der Wortlaut nicht auf den Anspruch gegen den Erben auf Herausgabe der Insolvenzmasse, § 148, beschränkt ist, sondern für alle sonstigen Ansprüche gegen den Erben eingreift, etwa aus § 1978 Abs. 1 BGB wegen nicht ordnungsgemäßer Verwaltung, s. näher *Jaeger/Weber,* KO, § 223 Rn. 1.

[2] Siehe Begr. zur KO-Novelle, S. 50.

[3] FK-*Schallenberg/Rafiqpoor,* InsO, § 323 Rn. 4.

[4] *Nerlich/Römermann/Riering,* InsO, § 323 Rn. 2; *Smid/Fehl,* InsO, § 323 Rn. 2.

[5] *Nerlich/Römermann/Riering,* InsO, § 323 Rn. 2.

§ 324 Masseverbindlichkeiten

(1) **Masseverbindlichkeiten sind außer den in den §§ 54, 55 bezeichneten Verbindlichkeiten:**

1. **die Aufwendungen, die dem Erben nach den §§ 1978, 1979 des Bürgerlichen Gesetzbuchs aus dem Nachlaß zu ersetzen sind;**
2. **die Kosten der Beerdigung des Erblassers;**
3. **die im Falle der Todeserklärung des Erblassers dem Nachlaß zur Last fallenden Kosten des Verfahrens;**
4. **die Kosten der Eröffnung einer Verfügung des Erblassers von Todes wegen, der gerichtlichen Sicherung des Nachlasses, einer Nachlaßpflegschaft, des Aufgebots der Nachlaßgläubiger und der Inventarerrichtung;**
5. **die Verbindlichkeiten aus den von einem Nachlaßpfleger oder einem Testamentsvollstrecker vorgenommenen Rechtsgeschäften;**
6. **die Verbindlichkeiten, die für den Erben gegenüber einem Nachlaßpfleger, einem Testamentsvollstrecker oder einem Erben, der die Erbschaft ausgeschlagen hat, aus der Geschäftsführung dieser Personen entstanden sind, soweit die Nachlaßgläubiger verpflichtet wären, wenn die bezeichneten Personen die Geschäfte für sie zu besorgen gehabt hätten.**

(2) **Im Falle der Masseunzulänglichkeit haben die in Absatz 1 bezeichneten Verbindlichkeiten den Rang des § 209 Abs. 1 Nr. 3.**

Übersicht

1. Normzweck

1 Die § 224 KO entsprechende Vorschrift erweitert gegenüber den §§ 54, 55 den Kreis der Masseverbindlichkeiten für das Nachlassinsolvenzverfahren. Damit sollen Aufwendungsersatzansprüche, die typischerweise nach dem Erbfall im Rahmen ordnungsgemäßer Verwaltung des Nachlasses entstehen, begünstigt werden.[1] Abs. 2 bestimmt das Rangverhältnis im Fall der Massearmut durch Verweisung auf § 209 Abs. 1 Nr. 3.

2. Im Einzelnen

a) Abs. 1 Nr. 1

2 Die Vorschrift nennt in Nr. 1 zunächst Aufwendungsersatzansprüche des Erben aus der Nachlassverwaltung.[2] In diesem Fall ist also der Erbe Gläubiger einer

---

[1] *Balz/Landfermann*, S. 584.

[2] §§ 1978 Abs. 3, 1979 BGB; ein Anspruch aus § 1979 BGB i. V. m. § 1978 Abs. 3 BGB ist gegeben für den Fall, dass der Erbe eine Nachlassverbindlichkeit mit eigenen Mitteln berichtigt hat.

Masseverbindlichkeit. Er kann im Rahmen seiner Geschäftstätigkeit für den Nachlass Verbindlichkeiten eingehen. Die auf diese Weise begründete Nachlassverbindlichkeit[1] ist abzugrenzen von einer im eigenen Namen eingegangenen Verbindlichkeit des Erben. Für die Abgrenzung soll es nicht (in Anwendung des § 164 Abs. 2 BGB) darauf ankommen, ob der Erbe ein Handeln für den Nachlass offenkundig gemacht hat. Das maßgebliche Abgrenzungskriterium ergibt sich vielmehr aus dem Zweck der Vorschrift, solche Nachlassverbindlichkeiten zu privilegieren, die im Rahmen ordnungsgemäßer Nachlassverwaltung erfolgt sind. Eine Qualifikation als Nachlassverbindlichkeit i. S. d. Nr. 1 kann dementsprechend dann erfolgen, wenn sich das Rechtsgeschäft im Rahmen ordnungsgemäßer Nachlassverwaltung hält, das Rechtsgeschäft zu einer ordnungsgemäßen Nachlassverwaltung erforderlich war.[2]

3 Der Erbe kann in diesem Fall gem. § 257 BGB statt des Aufwendungsersatzes ggf. auch Befreiung von der Verbindlichkeit verlangen.[3]

b) Abs. 1 Nr. 2

4 Im Unterschied zu § 224 Abs. 1 Nr. 2 KO wird nach dem Wortlaut nicht mehr auf eine „standesgemäße" Beerdigung abgestellt. Inhaltlich soll jedoch damit keine Abweichung zum früheren Recht ausgedrückt sein.[4] Zu den Kosten einer Beerdigung gehören auch die Aufwendungen für ein Grabmal.[5] Die Kosten für die Grabpflege sollen hingegen nicht erfasst werden.[6] Massegläubiger sind diejenigen, die die von Nr. 2 erfassten Kosten zu fordern haben.[7]

c) Abs. 1 Nr. 3

5 Die Kosten der Todeserklärung nach den §§ 1 ff., 13 ff., 34 Abs. 2 VerschollenheitsG sind deshalb von der Masse zu tragen, weil ein Nachlassinsolvenzverfahren die Todeserklärung voraussetzt.[8]

d) Abs. 1 Nr. 4

6 Nr. 4 nennt die Kosten der Eröffnung einer letztwilligen Verfügung (§§ 2060 ff. BGB), die Kosten der gerichtlichen Sicherung des Nachlasses (§ 1960 Abs. 1 BGB), die Kosten einer Nachlasspflegschaft und einer Nachlassverwaltung (§§ 1960 ff., 1981 ff. BGB) sowie die Kosten des Aufgebotsverfahrens (§§ 1970 ff. BGB, 989 ff. ZPO) und der Inventarerrichtung (§§ 1993 ff. BGB).

e) Abs. 1 Nr. 5

7 Schließen die in Nr. 5 genannten Personen im Namen des Erben Verträge, so wird hierdurch der Nachlass verpflichtet. Diese Rechtsgeschäfte beziehen sich auf die Verwaltung des Nachlasses, nur in diesem Rahmen besteht die Vertretungs-

[1] § 1967 Abs. 2 BGB, sog. Nachlasserbenschuld, *Leipold,* Erbrecht, Rn. 703.
[2] FK-*Schallenberg/Rafiqpoor,* InsO, § 324 Rn. 8 f.
[3] Vgl. FK-*Schallenberg/Rafiqpoor,* InsO, § 324 Rn. 10.
[4] *Balz/Landfermann,* S. 692.
[5] RGZ 139, 393, 395; *Wacke,* DGVZ 1986, 161, 165.
[6] RGZ 160, 255, 256; s. FK-*Schallenberg/Rafiqpoor,* InsO, § 324 Rn. 13 f. zu weiteren Einzelheiten.
[7] *Kuhn/Uhlenbruck,* InsO, § 324 Rn. 3.
[8] FK-*Schallenberg/Rafiqpoor,* InsO, § 324 Rn. 15.

macht. Sie werden deshalb als Masseverbindlichkeiten eingeordnet.[1] Vom Erben selbst begründete Verbindlichkeiten sind hingegen, sofern Nr. 1 nicht eingreift, lediglich Insolvenzforderungen. Es wird die Frage erörtert, ob bei den von einem Testamentsvollstrecker vorgenommenen Rechtsgeschäften gem. dem Wortlaut der Nr. 5 sämtliche hierdurch begründete Verbindlichkeiten als Masseverbindlichkeiten einzuordnen sind oder vielmehr solche Rechtsgeschäfte, die nicht im Interesse der Nachlassgläubiger (in ihrer Gesamtheit) liegen, vom Anwendungsbereich der Nr. 5 ausgenommen sein sollen.[2] Die in § 2206 BGB enthaltene Einschränkung der Vertretungsmacht auf Rechtsgeschäfte, die zur ordnungsgemäßen Verwaltung erforderlich sind, soll auch für die Nr. 5 übernommen werden.[3] Angesichts des eindeutigen Wortlauts der Nr. 5 sowie der Überlegung, dass die Beschränkung des § 2206 BGB in den Fällen der §§ 2207 und 2209 S. 2 BGB nicht besteht, und schließlich des Umstandes, dass der Testamentsvollstrecker noch für den Erblasser handelt und dessen Willen erfüllt, sodass die Nachlassmasse noch nicht ihr endgültiges Stadium erreicht hat, und damit ein Vertrauensschutz der Gläubiger nicht besteht, ist eine solche Einschränkung jedoch abzulehnen.[4]

f) Abs. 1 Nr. 6

Nr. 6 betrifft Ansprüche aus der Geschäftsführung eines Nachlasspflegers, eines Testamentsvollstreckers oder eines vorläufigen Erben gegen den endgültigen Erben. Sie sind dann Masseverbindlichkeiten, wenn die Geschäftsführung dem wirklichen oder dem mutmaßlichen Willen der Nachlassgläubiger entsprochen hat. Insoweit verweist der Hs. 2 auf die Kriterien der §§ 670, 677 BGB.[5] Zu den von Nr. 6 erfassten Forderungen gehört auch der Vergütungsanspruch des Testamentsvollstreckers in angemessener Höhe (§ 2221 BGB). Wird diese nach der letztwilligen Verfügung überschritten, liegt insoweit ein Vermächtnisanspruch mit dem in § 327 Abs. 1 Nr. 2 bestimmten Rang vor. 8

g) Abs. 2

Der Rang der in Abs. 1 aufgeführten Masseverbindlichkeiten bestimmt sich im Fall des § 208 nach § 209 Abs. 1 Nr. 3. Untereinander sind dabei die Masseverbindlichkeiten gem. § 324 Abs. 1 gleichrangig. Im Fall der Masseunzulänglichkeit ist der Nachlassverwalter gehindert, wegen seines Vergütungsanspruchs gegenüber dem Nachlassinsolvenzverwalter aufzurechnen oder ein Zurückbehaltungsrecht geltend zu machen.[6] 9

3. Praxishinweis

Die Qualifizierung der in § 324 genannten Verbindlichkeiten als Masseverbindlichkeiten ist für den Nachlassinsolvenzverwalter ein latentes Haftungsrisiko. Beachtet er hier lediglich die aus dem Regelinsolvenzverfahren bekann- 10

[1] *Jaeger/Weber,* KO, § 224 Rn. 13; FK-*Schallenberg/Rafiqpoor,* InsO, § 324 Rn. 18.
[2] RGZ 60, 30, 31; zum Ganzen FK-*Schallenberg/Rafiqpoor,* InsO, § 324 Rn. 20 f.
[3] *Hahn/Mugdan,* Die gesamten Materialien zu den Reichsjustizgesetzen, Bd. VII, S. 254 zu § 224 KO.
[4] FK-*Schallenberg/Rafiqpoor,* InsO, § 324 Rn. 20 f.
[5] Siehe BGHZ 94, 313, 315.
[6] AG Ottweiler ZInsO 2000, 526.

ten Masseverbindlichkeiten und lässt außer Acht, dass ansonsten als nicht nachrangige Forderungen gem. § 38 zu qualifizierende Verbindlichkeiten hier auch Masseverbindlichkeiten darstellen können, haftet er ggf. nach § 61 InsO für den Fall der ungedeckten Masseverbindlichkeiten bei Masseunzulänglichkeit.

11 In der Praxis lassen es Banken häufig zu, dass das Nachlasskonto belastet wird zur Bezahlung der Beerdigungskosten i. S. v. Abs. 1 Nr. 2. Dies wird von der Bank häufig ohne Auftrag eines Berechtigten ausgeführt. Die Kreditinstitute begeben sich in eine erhebliche Haftungssituation, insbesondere wenn im Nachhinein festzustellen ist, dass bei vollständigem Kontoguthaben die vorrangigen Verbindlichkeiten des Nachlassinsolvenzverfahrens gedeckt gewesen wären, jedoch auf Eigenveranlassung der Bank hin Mittel zur Zahlung – im Nachlassinsolvenzverfahren nachrangiger – Masseverbindlichkeiten nach § 324 bezahlt werden.[1]

§ 325 Nachlaßverbindlichkeiten

Im Insolvenzverfahren über einen Nachlaß können nur die Nachlaßverbindlichkeiten geltend gemacht werden.

1. Normzweck

1 Die Vorschrift stellt klar, dass das Nachlassinsolvenzverfahren nur der Befriedigung der Nachlassgläubiger dient, die Eigengläubiger – e contrario – hingegen von der Teilnahme ausgeschlossen sind. Verwertet wird im Nachlassinsolvenzverfahren nur der Nachlass, nicht das gesamte Vermögen des Schuldners.[2] Über das Eigenvermögen des Erben ist die Eröffnung eines eigenständigen Insolvenzverfahrens möglich, § 331. Zur Terminologie siehe auch vor § 315.

2. Im Einzelnen

2 Gegenüber der Vorgängerregelung des § 226 KO stellt § 325 darauf ab, dass *ausschließlich* Nachlassverbindlichkeiten geltend gemacht werden können. Die Aussage des bisherigen Rechts, wonach *alle* Nachlassverbindlichkeiten erfasst wurden, gilt jedoch gleichermaßen.[3]

3 Da § 325 nur die Geltendmachung von Forderungen *im* Nachlassinsolvenzverfahren betrifft, schließt die Vorschrift die Durchsetzung der Forderungen der Eigengläubiger außerhalb des Insolvenzverfahrens nicht aus.[4] Eine Vollstreckung der Eigengläubiger in den Nachlass unterliegt jedoch den Grenzen der §§ 321, 88 und 89. Die beiden letztgenannten Vorschriften, welche die Insolvenzgläubiger betreffen, sind insoweit analog anzuwenden, da die Eigengläubiger hinsichtlich des Nachlasses eine noch geringere Berechtigung haben.[5]

4 Was als Nachlassverbindlichkeit anzusehen ist, bestimmt sich nach § 1967 Abs. 2 BGB. Dazu zählen zunächst die vom Erblasser begründeten Schulden (sog. Erblasserschulden). Dabei werden nicht nur die zum Zeitpunkt des Erbfalls bereits

---

[1] Zum Ganzen: *Jacoby,* WM 2003, 368 ff.
[2] *Balz/Landfermann,* S. 585.
[3] *Balz/Landfermann,* S. 585.
[4] HK-*Marotzke,* InsO, § 325 Rn. 6.
[5] HK-*Marotzke,* InsO, § 325 Rn. 6; *Staudinger/Marotzke,* BGB, § 1975 Rn. 2.

entstandenen Ansprüche, sondern auch diejenigen erfasst, deren wesentliche Entstehungsgrundlage zu diesem Zeitpunkt schon gegeben war.[1] Des Weiteren gehören hierzu die aus Anlass des Erbfalls entstandenen Schulden, die den Erben als solchen treffen.[2] Dies sind neben den in § 324 Abs. 1 Nrn. 2, 3 und 4 genannten Kosten und den in § 324 Abs. 1 Nrn. 5 und 6 aufgezählten Verbindlichkeiten auch die Vermächtnis-, Pflichtteils- und Auflagenansprüche einschließlich der gesetzlichen Vermächtnisse (Voraus, Dreißigster).[3] Die letzte Gruppe bilden die in § 1967 Abs. 2 BGB nicht ausdrücklich genannten Nachlasserbenschulden. Hierbei handelt es sich um Verbindlichkeiten, die der Erbe in ordnungsgemäßer Verwaltung des Nachlasses eingegangen ist (s. auch vor § 315).[4]

§ 326 Ansprüche des Erben

(1) **Der Erbe kann die ihm gegen den Erblasser zustehenden Ansprüche geltend machen.**

(2) **Hat der Erbe eine Nachlaßverbindlichkeit erfüllt, so tritt er, soweit nicht die Erfüllung nach § 1979 des Bürgerlichen Gesetzbuchs als für Rechnung des Nachlasses erfolgt gilt, an die Stelle des Gläubigers, es sei denn, daß er für die Nachlaßverbindlichkeiten unbeschränkt haftet.**

(3) **Haftet der Erbe einem einzelnen Gläubiger gegenüber unbeschränkt, so kann er dessen Forderung für den Fall geltend machen, daß der Gläubiger sie nicht geltend macht.**

1. Normzweck

Die Vorschrift entspricht dem bisherigen § 225 KO. Abs. 1 ist Ausdruck der in § 1976 BGB ausgesprochenen Rechtsfolge. Der Erbe kann seine ihm gegen den Erblasser zustehenden Forderungen auch nach dem Erbfall und dementsprechend auch im Insolvenzverfahren geltend machen, ohne dass die durch den Erbfall eingetretene Konfusion eine Rolle spielt (§ 1976 BGB). 1

Die Abs. 2 und 3 betreffen den Fall der Erfüllung einer Nachlassverbindlichkeit durch den Erben. Sie regeln, inwieweit er hierdurch die Stellung eines Nachlassgläubigers erlangt.[5] 2

2. Im Einzelnen

a) Abs. 1

Zweck der Regelung ist es, den Erben im Fall des Nachlassinsolvenzverfahrens mit seinen gegen den Erblasser gerichteten Forderungen nicht gegenüber den übrigen Nachlassgläubigern zu benachteiligen. 3

---

[1] Siehe *Hess,* KO, § 226 Rn. 2; *Leipold,* Erbrecht, Rn. 700 ff.

[2] § 1967 Abs. 2, 2. Alt. BGB, sog. Erbfallschulden.

[3] *Leipold,* Erbrecht, Rn. 702; MünchKomm-*Siegmann,* BGB § 1967 Rn. 13.

[4] *Leipold,* Erbrecht, Rn. 703; MünchKomm-*Siegmann,* BGB § 1967 Rn. 26 f.; s. RGZ 146, 343, 346; zum Teil werden diese Schulden auch zu den Erbfallschulden gezählt, so MünchKommBGB-*Siegmann,* § 1967 Rn. 26 f.; s. auch FK-*Schallenberg/Rafiqpoor,* InsO, § 325 Rn. 7.

[5] *Balz/Landfermann,* S. 585.

b) Abs. 2

4 Während Abs. 1 eigene Ansprüche des Erben betrifft, die diesem bereits gegen den Erblasser zustanden, geht es in Abs. 2 um einen Regress des Erben nach der Erfüllung einer Nachlassverbindlichkeit. Dabei sind folgende Situationen zu unterscheiden:

5 **aa)** In Abs. 2 nur angedeutet, aber nicht geregelt wird der Fall des § 1979 BGB. Hat der Erbe vor der Verfahrenseröffnung eine Nachlassverbindlichkeit erfüllt, müssen die Nachlassgläubiger dies unter der Voraussetzung, dass der Erbe den Umständen nach annehmen durfte, der Nachlass werde zur Befriedigung sämtlicher Nachlassverbindlichkeiten ausreichen, gegen sich gelten lassen. Das heißt, dass der Erbe wegen der Erfüllung keinem Ersatzanspruch der Nachlassgläubiger etwa aus § 1978 Abs. 1 BGB ausgesetzt ist.[1] § 1979 BGB bedeutet für diesen Fall weiter, dass der Erbe, der die Befriedigung mit Mitteln des Nachlasses vorgenommen hat, nicht verpflichtet ist, den dem Nachlass entnommenen Wert zu ersetzen.[2] Für den Fall, dass er die Berichtigung der Nachlassverbindlichkeit aus seinem Eigenvermögen vorgenommen hat, steht ihm unter den Voraussetzungen des § 1979 BGB ein Aufwendungsersatzanspruch nach § 1978 Abs. 3 BGB zu.[3]

6 **bb)** Liegen die Voraussetzungen des § 1979 BGB nicht vor, so hat der Erbe, der eine Nachlassverbindlichkeit erfüllt hat, zwar keinen Anspruch nach § 1978 Abs. 3 BGB, insoweit fehlt es an der Berechtigung der Geschäftsführung im Verhältnis zu den Nachlassgläubigern.[4] Unter den Voraussetzungen des § 326 Abs. 2 kann er jedoch gegen den Nachlass Regress nehmen. Dies geschieht im Wege einer Legalzession, wodurch der Erbe an die Stelle des befriedigten Nachlassgläubigers tritt. Mit der Forderung gehen auch etwaige für sie bestehende Sicherheiten entsprechend §§ 412, 401 BGB auf den Erben über, so wie der Erbe gegen die Forderungen gerichtete Einwendungen gegen sich gelten lassen muss, §§ 412, 404 BGB.[5] Auch im Übrigen erwirbt der Erbe die Forderung so, wie sie dem befriedigten Nachlassgläubiger zugestanden hat, als bevorrechtigte Masseforderung oder als Insolvenzforderung.

7 Der Forderungsübergang auf den Erben nach Abs. 2 findet nur statt, wenn dieser nicht bereits unbeschränkt haftet und er die Forderung entweder mit eigenen Mitteln getilgt oder zumindest das hierfür dem Nachlass Entnommene aus dem Eigenvermögen wieder erstattet hat. Haftet er unbeschränkt, hat er auch im Falle des Einsatzes von Eigenmitteln keinen Ausgleich zu beanspruchen. Die zweite Einschränkung des Anwendungsbereichs des Abs. 2 ergibt sich aus dem Normzweck.[6]

---

[1] *Staudinger/Marotzke,* BGB, § 1979 Rn. 1.

[2] *Jaeger/Weber,* KO, § 225 Rn. 4; *Kuhn/Uhlenbruck,* InsO, § 326 Rn. 4.

[3] *Staudinger/Marotzke,* BGB, § 1979 Rn. 1; *Kuhn/Uhlenbruck,* aaO.

[4] *Staudinger/Marotzke,* BGB, § 1979 Rn. 1.

[5] FK-*Schallenberg/Rafiqpoor,* InsO, § 326 Rn. 6.

[6] HK-*Marotzke,* InsO, § 326 Rn. 4; FK-*Schallenberg/Rafiqpoor,* InsO, § 326 Rn. 8, scheinbar widersprüchlich Rn. 6; der Widerspruch lässt sich auflösen, wenn man berücksichtigt, dass der Erbe für den Fall, dass er die Nachlassverbindlichkeit *mit Nachlassmitteln* erfüllt hat, ohne hierzu nach § 1979 BGB berechtigt zu sein, auf Grund dieser Vorschrift einem Erstattungsanspruch ausgesetzt ist, siehe *Kuhn/Uhlenbruck,* InsO, § 326 Rn. 4; vgl. auch FK-*Schallenberg/Rafiqpoor,* InsO, § 326 Rn. 7.

Ohne den Forderungsübergang bestünde in diesem Fall eine nicht zu rechtfertigende Bereicherung der übrigen Nachlassgläubiger auf Kosten des Erben. Als Bereicherung wäre die Differenz zwischen dem Betrag der befriedigten Forderung und demjenigen Betrag, den der befriedigte Nachlassgläubiger bei seiner Teilnahme am Insolvenzverfahren erhalten hätte, anzusehen.[1] 8

Auch wenn die Voraussetzungen des § 1979 BGB gegeben sind mit der Folge, dass der Erbe Aufwendungsersatz nach § 1978 Abs. 3 BGB verlangen könnte, hat er die Möglichkeit, den Weg des § 326 Abs. 2 zu beschreiten.[2] 9

c) Abs. 3

Besteht die unbeschränkte Haftung des Erben nur gegenüber einem einzelnen Gläubiger, so bestimmt Abs. 3, dass der Erbe die auf ihn übergegangene Forderung nur für den Fall geltend machen kann, dass der Gläubiger hiervon absieht. Hierbei handelt es sich um eine gesetzliche Einziehungsermächtigung, die allerdings unter der (aufschiebenden) Bedingung steht, dass der Nachlassgläubiger die Forderung bis zur Schlussverteilung nicht geltend macht.[3] Der Umstand, dass dieser Gläubiger die Befriedigung nicht im Nachlassinsolvenzverfahren sucht, sondern stattdessen aus dem Eigenvermögen befriedigt wird, soll nicht den übrigen Nachlassgläubigern, die nur zur Befriedigung aus dem Nachlass berechtigt sind, zugute kommen.[4] Die Vorschrift greift hier zugunsten des Erben. 10

Der Erbe macht die Forderung des Nachlassgläubigers auf Grund der Einziehungsermächtigung als fremde Forderung, wenn auch für eigene Rechnung, geltend.[5] Deshalb können die sich gegen den Nachlassgläubiger richtenden Einwendungen auch ihm gegenüber geltend gemacht werden.[6] 11

3. Praxishinweis

Die Regelungen des § 326 Abs. 3 entsprechen der Regelung des § 189. 12

Ist die Forderungen ganz oder teilweise anzuerkennen, lautet der Prüfungsvermerk „aufschiebend bedingt anerkannt". 13

§ 327 Nachrangige Verbindlichkeiten

(1) **Im Rang nach den in § 39 bezeichneten Verbindlichkeiten und in folgender Rangfolge, bei gleichem Rang nach dem Verhältnis ihrer Beträge, werden erfüllt:**

---

[1] HK-*Marotzke,* InsO, § 326 Rn. 4; vgl. Begr. KO-Novelle, *Hahn/Mugdan,* Bd. VII, S. 254 f.

[2] HK-*Marotzke,* InsO, § 326 Rn. 6; *Staudinger/Marotzke,* BGB, § 1979 Rn. 15; s. dort auch zur Gegenansicht.

[3] *Jaeger/Weber,* KO, § 225 Rn. 12; andere sehen ungenauerweise die auf den Erben übergegangene Forderung bis zur Schlussverteilung als aufschiebend bedingte an, so z. B. *Smid/Fehl,* InsO, § 326 Rn. 4; FK-*Schallenberg/Rafiqpoor,* InsO, § 326 Rn. 12; diese Vorstellung ist auch deshalb nicht überzeugend, weil hiermit nicht erklärt werden kann, weshalb der Gläubiger bis zur Schlussverteilung noch selbst zur Geltendmachung der Forderung berechtigt ist.

[4] Vgl. *Kuhn/Uhlenbruck,* InsO, § 326 Rn. 5.

[5] *Jaeger/Weber,* KO, § 225 Rn. 12; *Kilger/K. Schmidt,* KO, § 225 Anm. 3.

[6] *Kuhn/Uhlenbruck,* aaO.

1. die Verbindlichkeiten gegenüber Pflichtteilsberechtigten;

2. die Verbindlichkeiten aus den vom Erblasser angeordneten Vermächtnissen und Auflagen.

(2) **Ein Vermächtnis, durch welches das Recht des bedachten auf den Pflichtteil nach § 2307 des Bürgerlichen Gesetzbuchs ausgeschlossen wird, steht, soweit es den Pflichtteil nicht übersteigt, im Rang den Pflichtteilsrechten gleich. Hat der Erblasser durch Verfügung von Todes wegen angeordnet, daß ein Vermächtnis oder eine Auflage vor einem anderen Vermächtnis oder einer anderen Auflage erfüllt werden soll, so hat das Vermächtnis oder die Auflage den Vorrang.**

(3) **Eine Verbindlichkeit, deren Gläubiger im Wege des Aufgebotsverfahrens ausgeschlossen ist oder nach § 1974 des Bürgerlichen Gesetzbuchs einem ausgeschlossenen Gläubiger gleichsteht, wird erst nach den in § 39 bezeichneten Verbindlichkeiten und, soweit sie zu den in Absatz 1 bezeichneten Verbindlichkeiten gehört, erst nach den Verbindlichkeiten erfüllt, mit denen sie ohne die Beschränkung gleichen Rang hätte. Im übrigen wird durch die Beschränkungen an der Rangordnung nichts geändert.**

Übersicht

1. Normzweck

1 Abs. 1 ordnet die Pflichtteils-, Vermächtnis- und Auflagenansprüche im Rang noch nach den in § 39 genannten nachrangigen Nachlassverbindlichkeiten ein. Des Weiteren bestimmt die Vorschrift den Rang innerhalb der zu dieser Gruppe gehörenden gegenüber allen anderen nachrangigen Forderungen. Die in Nr. 1 genannten Pflichtteilsansprüche nehmen gegenüber den Ansprüchen aus Vermächtnissen und Auflagen die bessere Rangstelle ein. Mehrere Forderungen gleichen Rangs werden, falls die Nachlassmasse nicht zur vollständigen Befriedigung ausreicht, ihrem Betrag entsprechend anteilig berücksichtigt.[1]

2 Abs. 2 stellt in S. 1 ein den Pflichtteil ersetzendes Vermächtnis i. S. d. § 2307 BGB im Rang dem Pflichtteilsanspruch gleich. S. 2 lässt eine vom Erblasser bestimmte Rangordnung auch für das Insolvenzverfahren gelten.

3 In Abs. 3 werden Regelungen für den Fall getroffen, dass eine Forderung im Aufgebotsverfahren ausgeschlossen ist bzw. nach § 1974 BGB einer ausgeschlossenen Forderung gleichsteht.

[1] *Smid/Fehl,* InsO, § 327 Rn. 2.

2. Im Einzelnen

a) Abs. 1

Die dem früheren § 226 Abs. 2 Nrn. 4 und 5 KO entsprechende Regelung in Abs. 1 trägt dem Umstand Rechnung, dass die Gläubiger der genannten Verbindlichkeiten rechtlich nicht besser stehen als der Erbe selbst. Diese Verbindlichkeiten sind deshalb im Rang nach allen anderen Nachlassverbindlichkeiten eingeordnet.[1] 4

Die von § 226 Abs. 2 Nrn. 1-3 KO erfassten Verbindlichkeiten sind nunmehr in § 39 enthalten. Damit sind sie nicht nur, wie bisher im Nachlassinsolvenzverfahren, sondern in jedem Insolvenzverfahren nachrangige Verbindlichkeiten. Sie können andererseits auch, anders als nach der KO, in jedem Insolvenzverfahren geltend gemacht werden.[2] 5

Zins- und Kostenforderungen der in § 327 Abs. 1 genannten Gläubiger haben nach § 39 Abs. 3 den gleichen Rang wie die entsprechenden Hauptforderungen.[3] 6

aa) Pflichtteilsanspruch. Nr. 1 betrifft die Pflichtteilsansprüche gem. §§ 2303 ff. BGB. Nicht hierher gehört die Zugewinnausgleichsforderung des überlebenden Ehegatten gem. §§ 1371 Abs. 2, 1374 ff. BGB; sie ist normale Insolvenzforderung.[4] Abs. 2 S. 1 ergänzt die Regelung der Nr. 1. Ein Pflichtteilsberechtigter, der vom Erblasser ausschließlich mit einem Vermächtnis bedacht ist, kann nach § 2307 BGB den Pflichtteil nur verlangen, wenn er das Vermächtnis ausschlägt. Für den Fall, dass dies nicht erfolgt, bestimmt Abs. 2 S. 1 für den Vermächtnisanspruch den Rang eines Pflichtteilsanspruchs nach Abs. 1 Nr. 1, soweit das Vermächtnis den Pflichtteil nicht übersteigt. Für den darüber hinausgehenden Betrag bleibt es hingegen bei der durch Abs. 1 Nr. 2 bestimmten Rangstelle. Die Regelung des Abs. 2 S. 1 rechtfertigt sich aus der Überlegung, dass andernfalls der Pflichtteilsberechtigte gezwungen wäre, das Vermächtnis nach § 2307 BGB auszuschlagen und den Pflichtteil zu verlangen, um die bessere Rangstelle zu erhalten.[5] Dies ist nicht Sinn der Regelung des § 2307 BGB. 7

Verfolgen die Pflichtteilsberechtigten den Anspruch bereits gerichtlich gegen Erben und Testamentsvollstrecker, können sie einen anhängigen Rechtsstreit nach Eröffnung des Insolvenzverfahrens über das Vermögen des Erben gegen dessen Insolvenzverwalter wegen bestrittener Beträge weiterführen. 7a

Der Zahlungstitel ist dabei auf den Nachlass zu beschränken.[6]

bb) Vermächtnis und Auflage. Nr. 2 ordnet für Vermächtnis- und Auflagenforderungen den Rang noch nach den Pflichtteilsansprüchen an. Neben den durch letztwillige Verfügung angeordneten Vermächtnissen werden über den Wortlaut hinaus auch die gesetzlichen Vermächtnisse, Voraus und Dreißigster (§§ 1932, 1969 BGB), erfasst. Auflagengläubiger und damit Insolvenzgläubiger 8

[1] *Balz/Landfermann,* S. 586.
[2] HK-*Marotzke,* InsO, § 327 Rn. 1.
[3] *Balz/Landfermann,* S. 586.
[4] *Kuhn/Uhlenbruck,* KO, § 226 Rn. 9.
[5] FK-*Schallenberg/Rafiqpoor,* InsO, § 327 Rn. 4, 13.
[6] BGH, Entscheidung vom 11. 5. 2006 – IX ZR 42/05 = ZInsO 2006, 705 f.; dazu krit. *Schindler,* ZInsO 2007, 484 ff.

ist derjenige, der nach § 2194 BGB die Vollziehung der Auflage verlangen kann. Er muss nicht mit dem Begünstigten identisch sein.[1]

9 **cc) Erbersatzanspruch.** Durch die Art. 5 und 6 des Gesetzes zur erbrechtlichen Gleichstellung nichtehelicher Kinder v. 16. 12. 1997[2] wurde die für § 327 Abs. 1 vorgesehene Nr. 3, wonach der Anspruch des Erbersatzberechtigten an dritter Rangstelle nach den Pflichtteils-, Vermächtnis- und Auflageansprüchen stehen sollte, aufgehoben. Denn mit der Gleichstellung des nichtehelichen Kindes mit dem ehelichen durch die Aufhebung der §§ 1934 a–1934 e, 2328 a BGB entfällt auch die Notwendigkeit einer besonderen Berücksichtigung im Nachlassinsolvenzverfahren. Das nichteheliche Kind hat die Rechtsstellung eines Erben. Soweit es pflichtteilsberechtigt ist, kommt § 327 Abs. 1 Nr. 1 zur Anwendung.[3]

10 Besonderer Berücksichtigung bedarf jedoch der Fall der *vor* der Aufhebung der genannten Vorschriften entstandenen, noch unerfüllten und unverjährten Erbersatzansprüche. Hierfür ist in analoger Anwendung des Art. 227 EGBGB eine übergangsrechtliche Fortwirkung des § 226 Abs. 1 Nr. 6 KO (für vor dem 1. 1. 1999 beantragte Konkursverfahren) bzw. des weggefallenen § 327 Abs. 1 Nr. 3 InsO (für nach dem 31. 12. 1998 beantragte Insolvenzverfahren) anzunehmen.[4] Für den insolvenzrechtlichen Rang der Erbersatzansprüche ist dabei nicht maßgebend, dass § 1934 b Abs. 2 S. 1 BGB auf die für den Pflichtteil geltenden Vorschriften verweist. Zum Ausgleich dafür, dass der Erbersatzberechtigte eine gegenüber dem Pflichtteilsberechtigten schlechtere Rangstelle innehat, wird ihm in analoger Anwendung des § 2306 Abs. 1 S. 2 BGB jedoch die Möglichkeit eingeräumt, nach Ausschlagung eines mit Vermächtnissen und/oder Auflagen beschwerten Erbersatzanspruchs den Pflichtteil zu verlangen.[5]

b) Abs. 2

11 Zur Regelung des Abs. 1 S. 1 siehe bereits zu 1 a).

§ 327 Abs. 2 S. 2 behält eine vom Erblasser gem. § 2189 BGB für Vermächtnisse und Auflagen angeordneten Rangfolge auch für das Nachlassinsolvenzverfahren Gültigkeit. Die Vorschrift schränkt dies allerdings insoweit ein, als die Rangfolge nur hinsichtlich einzelner Vermächtnisse und Auflagen bestimmt werden kann. Der Erblasser kann für das Nachlassinsolvenzverfahren nicht, wie nach § 2189 BGB im Übrigen zulässig, den Vorrang etwa eines Vermächtnisanspruchs vor einem Pflichtteilsanspruch anordnen.

c) Abs. 3

12 Abs. 3 enthält zwei Teilregelungen. Der 1. Halbs betrifft die im Aufgebotsverfahren gem. §§ 1970 ff. BGB, 989 ff. ZPO ausgeschlossenen Gläubiger, deren Forderung (der Gesetzeswortlaut spricht insoweit ungenauerweise von „Verbind-

---

[1] Vgl. *Kilger/K. Schmidt,* KO, § 226 Anm. 3 e.

[2] BGBl. I, S. 2968.

[3] Siehe bei FK-*Schallenberg/Rafiqpoor,* InsO, § 327 Rn. 11 f.

[4] HK-*Marotzke,* InsO, § 327 Rn. 8; vgl. auch *Rauscher,* ZEV 1998, 41, 45 und *Balz/Landfermann,* S. 586.

[5] *Staudinger/Werner,* BGB, § 1934 b Rn. 20; MünchKomm-*Leipold,* BGB § 1934 b Rn. 42; vgl. auch Begr. RegE, § 2338 a BGB, BT-Drucks. 5/2370, S. 100; HK-*Marotzke,* InsO, § 327 Rn. 10.

lichkeit“) nicht eine der in Abs. 1 genannten ist. Die Forderungen dieser Gläubiger verlieren auf Grund des Ausschlusses ihre ursprüngliche Rangstelle und erhalten den Rang *nach* den in § 39 genannten Ansprüchen. Der Hs. 2 regelt den Fall, dass die ausgeschlossenen Gläubiger zu den Pflichtteils-, Vermächtnis- oder Auflagengläubigern zählen. Diese können nach § 1972 BGB zwar nicht im Aufgebotsverfahren ausgeschlossen werden, sie können aber einem ausgeschlossenen Gläubiger nach § 1974 BGB gleichstehen.[1] Ihre Forderungen stehen auch den in Abs. 1 genannten noch im Range nach.

§ 328 Zurückgewährte Gegenstände

(1) **Was infolge der Anfechtung einer vom Erblasser oder ihm gegenüber vorgenommenen Rechtshandlung zur Insolvenzmasse zurückgewährt wird, darf nicht zur Erfüllung der in § 327 Abs. 1 bezeichneten Verbindlichkeiten verwendet werden.**

(2) **Was der Erbe auf Grund der §§ 1978 bis 1980 des Bürgerlichen Gesetzbuchs zur Masse zu ersetzen hat, kann von den Gläubigern, die im Wege des Aufgebotsverfahrens ausgeschlossen sind oder nach § 1974 des Bürgerlichen Gesetzbuchs einem ausgeschlossenen Gläubiger gleichstehen, nur insoweit beansprucht werden, als der Erbe auch nach den Vorschriften über die Herausgabe einer ungerechtfertigten Bereicherung ersatzpflichtig wäre.**

1. Normzweck

Die § 228 KO entsprechende Vorschrift bezweckt den Schutz derjenigen, die bereits im Zeitpunkt des Erbfalls Gläubiger des Erblassers waren.[2] Dasjenige, was auf Grund der Insolvenzanfechtung in den Nachlass zurückgelangt ist, soll nicht den in § 327 Abs. 1 genannten Pflichtteils-, Vermächtnis- und Auflagengläubigern zugute kommen. Auf diese Weise werden die Rechte dieser bereits nach § 327 nachrangigen Gläubiger noch weiter eingeschränkt. Abs. 2 betrifft die Rechte der im Aufgebotsverfahren ausgeschlossenen oder diesen gleichstehenden Gläubiger. 1

2. Im Einzelnen

a) Abs. 1

Abs. 1 bezieht sich allein auf die insolvenzrechtliche Anfechtung nach den §§ 129 ff. Im Falle einer zivilrechtlichen Anfechtung nach den §§ 119 ff. BGB greift die Vorschrift nicht ein, da es hierbei um die Beseitigung von Willenserklärungen, nicht um die Beseitigung von Rechtsgeschäften geht, die zu einer Benachteiligung der Nachlassgläubiger geführt haben.[3] 2

Da dasjenige, was auf Grund der Anfechtung in den Nachlass zurückgelangt, nicht zur Befriedigung der in § 327 genannten Ansprüche verwendet werden darf, beschränkt sich das Zugriffsrecht der betroffenen Gläubiger auf die übrige Masse.[4] Hiermit trifft das Gesetz eine Wertentscheidung zugunsten der Gläubiger 3

---

[1] MünchKomm-*Siegmann,* BGB § 1974 Rn. 1.

[2] Begr. zur KO-Novelle vom 1898, S. 53 = *Hahn/Mugdan,* Bd. VII, S. 256.

[3] FK-*Schallenberg/Rafiqpoor,* InsO, § 328 Rn. 5; HK-*Marotzke,* InsO, § 328 Rn. 2.

[4] *Jaeger/Weber,* KO, § 228 Einl.

des Erblassers und zum Nachteil derjenigen, die erst mit dem Erbfall einen Anspruch erworben haben.[1] Für den Fall, dass nach Verteilung der Masse an die Altgläubiger noch ein Überschuss verbleibt, ist dieser an den Anfechtungsgegner zurückzuerstatten.[2]

b) Abs. 2

4 Abs. 2 bestimmt in Übereinstimmung mit § 1973 Abs. 2 BGB, dass ein im Aufgebotsverfahren ausgeschlossener und ein diesem gem. § 1974 BGB gleichstehender Gläubiger auf dasjenige, was auf Grund der Haftung des Erben nach den §§ 1978-1980 BGB in die Nachlassmasse gelangt ist, nur insoweit zugreifen darf, als der Erbe nach den Vorschriften über die Herausgabe einer ungerechtfertigten Bereicherung ersatzpflichtig wäre. Da § 1973 BGB nach § 2013 BGB im Fall der unbeschränkten Erbenhaftung keine Anwendung findet, ist auch der Anwendungsbereich des § 328 Abs. 2 entsprechend einzuschränken, sodass der Erbe dann nicht lediglich nach Bereicherungsgrundsätzen haftet.[3]

§ 329 Nacherbfolge

Die §§ 323, 324 Abs. 1 Nr. 1 und § 326 Abs. 2, 3 gelten für den Vorerben auch nach dem Eintritt der Nacherbfolge.

1. Eintritt des Nacherbfalls während des laufenden Nachlassinsolvenzverfahrens

1 Die Vorschrift des § 329, die § 231 KO entspricht, betrifft die Situation, dass der Nacherbfall während des laufenden Nachlassinsolvenzverfahrens eintritt.

2 Die Erbenstellung des Vorerben endet mit dem Eintritt des Nacherbfalles, § 2139 BGB. Der Nacherbe tritt nunmehr in die Erbenstellung mit allen Rechten und Pflichten ein, er wird damit auch Schuldner des Nachlassinsolvenzverfahrens. Die Vorschrift erhält dem Vorerben jedoch diejenigen Rechte, die er während seiner „Vorerbenzeit" bereits erworben hatte. So kann er einen Aufwendungsersatzanspruch nach den §§ 1978, 1979 BGB weiterhin gem. § 324 Abs. 1 Nr. 1 als Masseverbindlichkeit geltend machen. Im Falle der Erfüllung einer Nachlassverbindlichkeit in der Situation des § 326 Abs. 2 und 3 kann der Vorerbe auch nach Eintritt des Nacherbfalls eine auf ihn gem. diesen Vorschriften übergegangene Forderung geltend machen. Auf der anderen Seite trifft ihn die Einschränkung des § 323 auch noch für den Zeitraum, in dem er nicht mehr Erbe ist. Ihm steht wegen der Aufwendungen, die ihm aus dem Nachlass zu ersetzen sind, kein Zurückbehaltungsrecht zu. Auf Abs. 1 des § 326 musste nicht verwiesen werden. Denn da mit dem Eintritt des Nacherbfalls die Erbenstellung des Vorerben endet, steht, wie sich auch aus § 2143 BGB ergibt, einer Geltendmachung seiner gegen den Erblasser gerichteten Forderungen nichts mehr im Wege. Er ist hierzu wie jeder andere Nachlassgläubiger berechtigt.[4]

---

[1] So aber FK-*Schallenberg/Rafiqpoor,* InsO, § 328 Rn. 3.

[2] *Hess,* KO, § 228 Rn. 2; *Nerlich/Römermann/Riering,* § 328 Rn. 3.

[3] FK-*Schallenberg/Rafiqpoor,* InsO, § 328 Rn. 9.

[4] Begr. zur KO-Novelle von 1898, S. 53 = *Hahn/Mugdan,* Bd. VII, S. 257 zu § 231 KO; HK-*Marotzke,* InsO, § 329 Rn. 5.

2. Eröffnung des Nachlassinsolvenzverfahrens erst nach Eintritt des Nacherbfalls

In diesem Fall stellen sich die von § 329 geregelten Fragen nicht, da der Nacherbe von Anfang an Schuldner des Verfahrens wird.[1] 3

§ 330 Erbschaftskauf

(1) **Hat der Erbe die Erbschaft verkauft, so tritt für das Insolvenzverfahren der Käufer an seine Stelle.**

(2) **Der Erbe ist wegen einer Nachlaßverbindlichkeit, die im Verhältnis zwischen ihm und dem Käufer diesem zur Last fällt, wie ein Nachlaßgläubiger zum Antrag auf Eröffnung des Verfahrens berechtigt. Das gleiche Recht steht ihm auch wegen einer anderen Nachlaßverbindlichkeit zu, es sei denn, daß er unbeschränkt haftet oder daß eine Nachlaßverwaltung angeordnet ist. Die §§ 323, 324 Abs. 1 Nr. 1 und § 326 gelten für den Erben auch nach dem Verkauf der Erbschaft.**

(3) **Die Absätze 1 und 2 gelten entsprechend für den Fall, daß jemand eine durch Vertrag erworbene Erbschaft verkauft oder sich in sonstiger Weise zur Veräußerung einer ihm angefallenen oder anderweitig von ihm erworbenen Erbschaft verpflichtet hat.**

1. Normzweck

Bei einem Verkauf der Erbschaft (§ 2371 BGB) tritt der Käufer hinsichtlich des 1
Nachlasses in die Rechtsstellung der Erben ein. Er wird infolge des dinglichen Vollzugsgeschäfts nach § 2033 BGB Eigentümer bzw. Gläubiger der Nachlassgegenstände. Nach § 2382 BGB haftet er vom Zeitpunkt des Kaufabschlusses, nicht erst ab Erfüllung des Kaufvertrages,[2] den Nachlassgläubigern neben dem Erben für die Erfüllung der Nachlassverbindlichkeiten. Er tritt also auch insoweit in die Rechtsstellung des Verkäufers ein. Auf diese materielle Rechtslage nimmt die Vorschrift Bezug. Der Käufer tritt auch hinsichtlich eines Insolvenzverfahrens an die Stelle des Verkäufers. Die Rechte und Pflichten des Schuldners treffen damit mit Abschluss des Kaufvertrages nur noch den Käufer. Abs. 1 hat jedoch mehr als nur klarstellende Funktion und geht damit über die materielle Rechtslage, wie sie nach § 2382 BGB besteht, hinaus. Da durch den Erbschaftskauf lediglich die Vermögensrechte übertragen werden, nicht jedoch die Erbenstellung als solche, bliebe der Verkäufer ohne die Regelung Schuldner eines Nachlassinsolvenzverfahrens.

Abs. 2 erhält dem Verkäufer, der als Erbe weiterhin für die Nachlassverbind- 2
lichkeiten haftet, unter bestimmten Voraussetzungen das Recht, die Eröffnung des Insolvenzverfahrens zu beantragen.

Abs. 3 folgt aus der materiellrechtlichen Vorschrift des § 2385 BGB. 3

[1] *Kuhn/Uhlenbruck,* InsO, § 329 Rn. 1; FK-*Schallenberg/Rafiqpoor,* InsO, § 329 Rn. 8; aA: *Smid/Fehl,* InsO, § 329 Rn. 3, der davon ausgeht, dass § 329 auch für diesen Fall die Geltung der genannten Vorschriften für den Vorerben anordnet.

[2] MünchKomm-*Musielak,* BGB § 2382 Rn. 4.

2. Im Einzelnen

a) Abs. 1

4 Durch den Haftungseintritt des Käufers gem. § 2382 BGB entsteht zwischen Verkäufer und Käufer eine gesamtschuldnerische Haftung nach §§ 421 ff. BGB.[1] Im Hinblick auf ein etwaiges Nachlassinsolvenzverfahren ordnet Abs. 1 jedoch an, dass allein der Käufer Schuldner des Verfahrens wird. Abs. 1 ermöglicht damit die Eröffnung des Nachlassinsolvenzverfahrens gegen den Käufer, der nach § 2382 BGB auch materiellrechtlich für die Nachlassverbindlichkeiten haftet.

5 Diese Rechtsfolge ergibt sich allerdings nicht allein aus der durch den Erbschaftskauf entstehenden materiellen Rechtslage.[2] Denn der Käufer tritt nicht in die Erbenstellung als solche ein, sondern wird lediglich in vermögensrechtlicher Hinsicht Rechtsnachfolger des Erben.[3]

6 Abs. 1 kommt sowohl für den Fall des Verkaufs während des laufenden Nachlassinsolvenzverfahrens als auch für den häufigeren[4] Fall eines Verkaufs vor Verfahrenseröffnung zur Anwendung (vgl. Abs. 2). Für den letztgenannten Fall ergibt sich aus der Vorschrift des Abs. 1, dass ausschließlich der Käufer als Gesamtschuldner antragsberechtigt ist. Der Verkäufer ist nur als Nachlassgläubiger antragsberechtigt, s. auch Abs. 2.[5]

b) Abs. 2

7 Mit dem Verkauf der Erbschaft enden nach Abs. 1 die verfahrensrechtlichen Rechte des Erben. Nicht er, sondern der Käufer ist als Schuldner antragsberechtigt gem. § 317. Unter der Voraussetzung, dass für die Erfüllung der Nachlassverbindlichkeit im Innenverhältnis der Käufer haftet, ist der Verkäufer jedoch nach Abs. 2 S. 1 weiterhin zur Stellung des Eröffnungsantrags berechtigt. Nach § 2378 BGB haftet im Innenverhältnis grundsätzlich[6] der Käufer für die Erfüllung der Nachlassverbindlichkeit. Der Verkäufer, der im Außenverhältnis den Gläubiger befriedigt hat, ist also zum Regress berechtigt.[7] Der Verkäufer hat insoweit die Stellung eines Gläubigers, weshalb ihn Abs. 2 S. 1 einem Nachlassgläubiger gleichstellt („wie ein Nachlassgläubiger").[8] Hieraus folgt dann weiter, dass auch der Antrag des Erbschaftverkäufers der Frist des § 319 unterliegt und nach § 14 nur bei Glaubhaftmachung des Eröffnungsgrundes zulässig ist.[9]

8 Eine abweichende Haftung im Innenverhältnis ergibt sich für den Fall, dass der Verkäufer gegenüber dem Käufer für das Nichtbestehen der in der Vorschrift

---

[1] Siehe *Erman-Schlüter,* BGB, § 2382 Rn. 1; *Palandt/Edenhofer,* § 2382 Rn. 1.

[2] So jedoch häufig die Begr., s. HK-*Marotzke,* InsO, § 330 Rn. 2; *Smid/Fehl,* InsO, § 330 Rn. 2.

[3] Siehe FK-*Schallenberg/Rafiqpoor,* InsO, § 330 Rn. 2.

[4] Siehe FK-*Schallenberg/Rafiqpoor,* InsO, § 330 Rn. 4.

[5] *Kuhn/Uhlenbruck,* InsO, § 330 Rn. 5.

[6] Etwas anderes gilt nicht nur im Fall des § 2376 BGB, sondern auch bei abweichender Parteivereinbarung, die allerdings nur für das Innenverhältnis getroffen werden kann.

[7] Vgl. § 2378 Abs. 2 BGB.

[8] Begr. zur KO-Novelle von 1898, S. 54 f. = *Hahn/Mugdan,* Bd. VII, S. 258.

[9] Vgl. *Kuhn/Uhlenbruck,* KO, § 232 Rn. 4; HK-*Marotzke,* InsO, § 330 Rn. 3.

genannten Nachlassverbindlichkeiten haftet und sie dementsprechend im Außenverhältnis zu erfüllen hat.[1] Auch in diesem Fall bleibt dem Verkäufer jedoch (obwohl er keine Gläubigerstellung nach § 2378 BGB gegenüber dem Käufer einnimmt) das Antragsrecht für das Nachlassinsolvenzverfahren unter den Voraussetzungen des Abs. 2 S. 2 erhalten. Er darf also nicht bereits unbeschränkt haften und es darf keine Nachlassverwaltung angeordnet sei. In beiden Fällen entfällt sein rechtliches Interesse an einer Antragstellung, weil er durch die Verfahrenseröffnung eine Haftungsbeschränkung nicht mehr herbeiführen kann (§ 1975 BGB).[2]

Abs. 2 S. 3 enthält eine § 329 entsprechende Regelung. Im Unterschied zu 9 diesem verweist S. 3 jedoch auch auf Abs. 1 des § 326. Dies hat seinen Grund darin, dass die Erbenstellung des Verkäufers, anders als diejenige des Vorerben bei Eintritt des Nacherbfalls, materiellrechtlich nicht endet, sodass es der klarstellenden Regelung des § 326 Abs. 1 bedarf.

c) Abs. 3

§ 2371 BGB definiert den Erbschaftskauf als einen Verkauf der Erbschaft durch 10 den Erben. Nach § 2385 BGB werden dem Erbschaftskauf jedoch ähnliche Verträge, die die Weiterveräußerung der Erbschaft zum Gegenstand haben, gleichgestellt. Hierunter fallen der (Weiter-)Verkauf der Erbschaft durch den Käufer, eine Schenkung, Tausch oder auch ein Vertrag, durch den ein zunächst abgeschlossener Erbschaftsverkauf wieder rückgängig gemacht wird.[3] Für diese Verträge gelten gem. Abs. 3 die Regelungen der Abs. 1 und 2 entsprechend. Auch der weitere Erwerber, Beschenkte usw. tritt damit in die Rechtsstellung des Gesamtschuldners ein und ist gem. Abs. 1 zur Stellung des Insolvenzantrags berechtigt.

Hinsichtlich eines Erbschaftserwerbs durch Schenkung ist deren Formwirk- 11 samkeit (§§ 2385 Abs., 2371 BGB) nur im Fall der notariellen Beurkundung gewahrt.

Auch die gleichzeitige oder nachträgliche Erfüllung, d. h. Übertragung aller 12 zum Nachlass gehörenden Gegenstände, bewirkt die formunwirksame Schenkung des Nachlasses trotz § 516 BGB nicht.[4]

§ 331 Gleichzeitige Insolvenz des Erben

(1) **Im Insolvenzverfahren über das Vermögen des Erben gelten, wenn auch über den Nachlaß das Insolvenzverfahren eröffnet oder wenn eine Nachlaßverwaltung angeordnet ist, die §§ 52, 190, 192, 198, 237 Abs. 1 S. 2 entsprechend für Nachlaßgläubiger, denen gegenüber der Erbe unbeschränkt haftet.**

(2) **Gleiches gilt, wenn ein Ehegatte der Erbe ist und der Nachlaß zum Gesamtgut gehört, das vom anderen Ehegatten allein verwaltet wird, auch im Insolvenzverfahren über das Vermögen des anderen Ehegatten und, wenn das Gesamtgut von den Ehegatten gemeinschaftlich verwaltet wird, auch im Insolvenzverfahren über das Gesamtgut und im Insolvenzverfahren über das sonstige Vermögen des Ehegatten, der nicht Erbe ist.**

---

[1] Vgl. BGB § 2378 Abs. 1 2. Hs.
[2] Vgl. FK-*Schallenberg/Rafiqpoor,* InsO, § 330 Rn. 9.
[3] Vgl. *Hess,* KO, § 233 Rn. 1; *Hess,* InsO, § 330 Rn. 13.
[4] OLG Köln NZI 2001, 98 f. mwN.

Übersicht

1. Normzweck

1 Die Vorschrift regelt, wie bislang § 234 KO, die Berechtigung der Nachlassgläubiger, am Insolvenzverfahren über das Vermögen des Erben bzw. im Fall des Abs. 2 auch am Insolvenzverfahren über das Vermögen des Ehegatten, der nicht Erbe ist, und über das Gesamtgut teilzunehmen. Während die Eigengläubiger gem. § 325 von der Teilnahme am Nachlassinsolvenzverfahren ausgeschlossen sind, können die Nachlassgläubiger, denen gegenüber der Erbe unbeschränkt haftet, ihre Forderungen sowohl im Nachlassinsolvenzverfahren als auch im Insolvenzverfahren über das Vermögen des Erben (sog. Eigeninsolvenzverfahren) geltend machen, auch in letzterem bis zur vollen Höhe ihrer Forderung. Um die Gefahr einer doppelten Befriedigung auszuschließen, ordnet die Vorschrift an, dass die Nachlassgläubiger nur insoweit zur anteilsmäßigen Befriedigung im Eigeninsolvenzverfahren berechtigt sind, als sie im Nachlassinsolvenzverfahren mit ihrer Forderung ausgefallen sind oder auf sie verzichtet haben. Ihre Situation entspricht insoweit derjenigen der absonderungsberechtigten Gläubiger, weshalb grundsätzlich auf die hierfür geltenden Vorschriften verwiesen wird.[1]

2. Im Einzelnen

a) Abs. 1

2 Die Eröffnung eines Nachlassinsolvenzverfahrens schließt, ebenso wie die Anordnung der Nachlassverwaltung, die gleichzeitige oder spätere Eröffnung eines Insolvenzverfahrens über das (sonstige) Vermögen des Erben nicht aus.[2] Haftet der Erbe gegenüber einem Nachlassgläubiger unbeschränkt, so ist dieser zum Zugriff auf das Eigenvermögen und dementsprechend auch zur Teilnahme am Eigeninsolvenzverfahren berechtigt. Damit ist er einem absonderungsberechtigten Gläubiger vergleichbar, der aus dem Absonderungsrecht einerseits, aus der persönlichen Forderung andererseits vorgehen kann. Dass der Nachlassgläubiger damit an sich berechtigt wäre (s. § 43), seine Forderung in voller Höhe im Eigeninsolvenzverfahren geltend zu machen, während der Eigengläubiger gem. § 325 von der Teilnahme am Nachlassinsolvenzverfahren vollständig ausgeschlossen ist, wird jedoch als unbillig empfunden.[3] In entsprechender Anwendung des § 52 S. 2 sind die Nachlassgläubiger des unbeschränkt haftenden Erben deshalb nur dann berechtigt, im Eigeninsolvenzverfahren Befriedigung zu

---

[1] *Balz/Landfermann,* S. 588 f.

[2] Siehe näher *Gottwald/Döbereiner,* InsHdb., § 177 Rn. 1 ff.; *Kübler/Prütting/Bork/Kemper,* InsO, § 331 Rn. 3.

[3] *Gottwald/Döbereiner,* InsHdb., § 117 Rn. 10; FK-*Schallenberg/Rafiqpoor,* InsO, § 331 Rn. 8; HK-*Marotzke,* InsO, § 331 Rn. 4; *Hess,* InsO, § 331 Rn. 6.

suchen,[1] wenn sie im Nachlassinsolvenzverfahren mit ihrer Forderung ausgefallen sind oder dort auf ihre Geltendmachung[2] verzichtet haben.[3] § 331 schließt damit den Zugriff der Nachlassgläubiger auf das Eigenvermögen nicht vollständig, sondern nur insoweit aus, als diese bereits im Nachlassinsolvenzverfahren Befriedigung erlangt haben.[4]

Nicht für entsprechend anwendbar erklärt sind die Vorschriften über das Stimmrecht der absonderungsberechtigten Gläubiger, das in voller Höhe des Absonderungsrechts besteht.[5] Ein Nachlassgläubiger ist daher im Eigeninsolvenzverfahren nur in Höhe der Ausfallforderung stimmberechtigt. Dies gilt sowohl in der Gläubigerversammlung als auch bei der Abstimmung über einen Insolvenzplan.[6] 3

Die Regelung des Abs. 1 gilt nicht für den Fall der beschränkten Erbenhaftung. Denn in diesem Fall sind die Nachlassgläubiger von vornherein von der Teilnahme am Eigeninsolvenzverfahren ausgeschlossen.[7] 4

§ 331 Abs. 1 gilt auch dann nicht, wenn die Forderungen der Nachlassgläubiger zugleich Eigenverbindlichkeiten des Erben sind, für welche dieser also nicht nur auf Grund seiner Erbenstellung (§ 1967 BGB) haftet. Hier bleibt es bei der Regelung des § 43.[8] 5

b) Abs. 2

Abs. 2 betrifft das Verhältnis der Nachlassgläubiger zu den Eigengläubigern des Ehegatten des Erben, wenn dieser im Güterstand der Gütergemeinschaft lebt und der Nachlass zum Gesamtgut gehört (also kein Fall des § 1418 Abs. 2 Nr. 2 BGB vorliegt). Da in diesem Fall das Gesamtgut als Teil des Vermögens des persönlich haftenden Erben bzw. der andere Ehegatte (§ 1437 Abs. 2 BGB i. V. m. § 1439 BGB[9] im Falle seines Alleinverwaltungsrecht; § 1459 Abs. 2 BGB bei gemeinschaftlicher Verwaltung) auch für die Nachlassverbindlichkeiten haftet, besteht eine derjenigen des Abs. 1 vergleichbare Situation, für welche die Vorschrift entsprechend zur Anwendung kommt.[10] Wird das Gesamtgut von dem Ehegatten, der nicht Erbe ist, allein verwaltet, so ist es in einem Insolvenzverfahren über dessen Vermögen nach § 37 Abs. 1 Bestandteil der Insolvenzmasse, während es bei gemeinschaftlicher Verwaltung durch ein solches Verfahren nicht berührt 6

---

[1] § 52 S. 2 schreibt im Unterschied zu § 43 vor, dass der Gläubiger die Forderung im anderen Verfahren nur in Höhe des Ausfalls bzw. Verzichts geltend machen kann. Dass er nur einmal Befriedigung erlangen kann, gilt, wie sich schon aus dem Wortlaut ergibt, auch im Fall des § 43.

[2] Verzichtet wird nicht auf die Forderung als solche (andernfalls wäre auch eine Geltendmachung im Eigeninsolvenzverfahren nicht mehr möglich), sondern nur auf ihre Geltendmachung im Nachlassinsolvenzverfahren, *Kübler/Prütting/Bork/Kemper,* InsO, § 331 Rn. 6.

[3] *Balz/Landfermann,* S. 588 f.

[4] FK-*Schallenberg/Rafiqpoor,* InsO, § 331 Rn. 8.

[5] §§ 74 Abs. 1 S. 2, 76 Abs. 2, Hs. 2 InsO.

[6] *Balz/Landfermann,* S. 588 f.

[7] Siehe *Hess,* InsO, § 331 Rn. 8.

[8] *Gottwald/Döbereiner,* InsHdb., § 117 Rn. 13; HK-*Marotzke,* InsO, § 331 Rn. 6.

[9] Hiernach haftet das Gesamtgut auch bei Alleinverwaltung durch den anderen Ehegatten dann für die Nachlassverbindlichkeiten, wenn die Erbschaft nicht in das Vorbehalts- oder Sondergut des Erben-Ehegatten fällt.

[10] Hierzu näher FK-*Schallenberg/Rafiqpoor,* InsO, § 331 Rn. 20.

wird, § 37 Abs. 1. § 331 Abs. 2 unterscheidet deshalb die beiden Fälle des Alleinverwaltungsrechts des Ehegatten, der nicht Erbe ist (1. Halbs.), und der gemeinschaftlichen Verwaltung des Gesamtguts durch beide Ehegatten, wobei im letzteren Fall neben dem Insolvenzverfahren über das (sonstige) Vermögen des anderen Ehegatten auch ein Insolvenzverfahren über das Gesamtgut in Betracht kommt (Hs. 2).

7 Die Nachlassgläubiger sind zur Teilnahme am Insolvenzverfahren über das Eigenvermögen des Erben-Ehegatten nur nach Maßgabe des § 52 S. 2 berechtigt; insoweit kommt Abs. 1 unmittelbar zur Anwendung.[1]

8 Aufgrund der persönlichen Haftung des anderen Ehegatten[2] sind sie auch im Insolvenzverfahren über dessen Vermögen teilnahmeberechtigt. Zum Schutz der persönlichen Gläubiger dieses Ehegatten bestimmt Abs. 2 Hs. 1 i. V. m. Abs. 1, dass die Nachlassgläubiger mit ihrer Forderung in diesem Verfahren nur in Höhe des Ausfalls oder des Verzichts im Nachlassinsolvenzverfahren Berücksichtigung finden.[3]

9 Nach Abs. 2 Hs. 2 gilt diese Beschränkung für die Nachlassgläubiger auch, wenn über das Gesamtgut das Insolvenzverfahren stattfindet,[4] sowie hinsichtlich des Insolvenzverfahrens über das sonstige Vermögen des nicht erbenden Ehegatten, in welchem die Nachlassgläubiger auf Grund seiner persönlichen Haftung nach § 1459 Abs. 2 BGB teilnahmeberechtigt sind.[5]

---

[1] FK-*Schallenberg/Rafiqpoor,* InsO, § 331 Rn. 21.
[2] Nach § 1437 Abs. 1 i. V. m. § 1439 BGB.
[3] *Gottwald/Döbereiner,* InsHdb., § 117 Rn. 17.
[4] Dies ist bei gemeinschaftlicher Verwaltung des Gesamtguts möglich, § 37 Abs. 2 i. V. m. § 333.
[5] Näher *Gottwald/Döbereiner,* InsHdb., § 117 Rn. 18 f.

Zweiter Abschnitt. Insolvenzverfahren über das Gesamtgut einer fortgesetzten Gütergemeinschaft

§ 332 Verweisung auf das Nachlaßinsolvenzverfahren

(1) **Im Falle der fortgesetzten Gütergemeinschaft gelten die §§ 315-331 entsprechend für das Insolvenzverfahren über das Gesamtgut.**

(2) **Insolvenzgläubiger sind nur die Gläubiger, deren Forderungen schon zur Zeit des Eintritts der fortgesetzten Gütergemeinschaft als Gesamtgutsverbindlichkeiten bestanden.**

(3) **Die anteilsberechtigten Abkömmlinge sind nicht berechtigt, die Eröffnung des Verfahrens zu beantragen. Sie sind jedoch vom Insolvenzgericht zu einem Eröffnungsantrag zu hören.**

Übersicht

1. Normzweck

Das Gesamtgut einer fortgesetzten Gütergemeinschaft kann Gegenstand eines 1 selbstständigen Insolvenzverfahrens sein. Dies ergibt sich bereits aus § 11 Abs. 2 Nr. 2. § 332 erklärt hierauf die Vorschriften über das Nachlassinsolvenzverfahren für entsprechend anwendbar. Die eheliche Gütergemeinschaft (§§ 1415 ff. BGB) kann im Falle des Todes eines Ehegatten bei entsprechender Vereinbarung im Ehevertrag mit den gemeinschaftlichen Abkömmlingen fortgesetzt werden, § 1483 BGB. Nach § 1489 Abs. 1 BGB entsteht mit dem Eintritt der fortgesetzten Gütergemeinschaft eine persönliche Haftung des überlebenden Ehegatten für die Gesamtgutsverbindlichkeiten, die der mit dem Erbfall eintretenden persönlichen Haftung des Erben für die Nachlassverbindlichkeiten nach § 1967 BGB vergleichbar ist. Aus diesem Grunde bestimmt bereits § 1489 Abs. 2 BGB, dass die für die persönliche Haftung des Erben geltenden Vorschriften der §§ 1975 ff. BGB entsprechende Anwendung finden. Wie das Nachlassinsolvenzverfahren, so verfolgt auch das Insolvenzverfahren über das Gesamtgut der fortgesetzten Gütergemeinschaft zum einen den Zweck, die persönliche Haftung auf die Sondervermögensmasse – hier das Gesamtgut – zu beschränken.[1] Zum anderen soll das Gesamtgut dem Zugriff der persönlichen Gläubiger des Ehegatten[2] entzogen und

---

[1] § 1489 Abs. 2 i. V. m. § 1975 BGB.

[2] Sofern sie nicht die Voraussetzungen des § 332 Abs. 2 erfüllen. Dies richtet sich nach § 1437 Abs. 1 BGB, die persönlichen Gläubiger des nichtverwaltenden Ehegatten sind nur

der abgesonderten Befriedigung der Gesamtgutsgläubiger zur Verfügung gestellt werden.[3]

2. Im Einzelnen

a) Materiellrechtliche Haftungslage

2 Das Insolvenzverfahren über das Gesamtgut der fortgesetzten Gütergemeinschaft bietet die Möglichkeit, die persönliche Haftung des Ehegatten, die mit dem Eintritt der fortgesetzten Gütergemeinschaft gem. § 1489 Abs. 1 BGB entsteht, wieder zu beschränken.

3 Während einer bestehenden Gütergemeinschaft haftet nur derjenige Ehegatte für die Gesamtgutsverbindlichkeiten persönlich, der das Gesamtgut verwaltet, § 1437 Abs. 2 BGB.[4] Im Falle gemeinschaftlicher Verwaltung haften die Ehegatten gem. § 1459 BGB als Gesamtschuldner. Diese Anknüpfung der persönlichen Haftung an die Verwaltungsbefugnis besteht auch bei der fortgesetzten Gütergemeinschaft. Mit ihrem Eintritt erhält der überlebende Ehegatte nach § 1487 Abs. 1 Hs. 2 BGB das Alleinverwaltungsrecht und haftet dementsprechend für die Gesamtgutsverbindlichkeiten nach § 1489 Abs. 1 BGB persönlich. Es liegt folglich in seinem Interesse, durch ein Insolvenzverfahren eine Haftungsbeschränkung zu erreichen. Da das Gesamtgut im Falle der fortgesetzten Gütergemeinschaft gem. § 1483 Abs. 1 S. 3 BGB nicht in den Nachlass fällt, scheidet ein Nachlassinsolvenzverfahren zu diesem Zweck jedoch aus.[5] Das Gesetz sieht stattdessen die Möglichkeit eines Insolvenzverfahrens über das Gesamtgut vor.

4 Auch das Interesse derjenigen Gläubiger, die schon während einer bestehenden Gütergemeinschaft Gesamtgutsgläubiger waren,[6] spricht hierfür. Durch das Hinzutreten der persönlichen Gläubiger des überlebenden Ehegatten, die gem. § 1488 BGB mit Eintritt der fortgesetzten Gütergemeinschaft Gesamtgutsgläubiger werden, kann sich ihre Rechtsposition verschlechtern.[7] War der überlebende Ehegatte während bestehender Ehe von der Verwaltung des Gesamtguts ausgeschlossen, haftet dieses nämlich nach § 1437 Abs. 1 BGB nur dann für seine Verbindlichkeiten, wenn sich aus den §§ 1438–1440 BGB nichts anderes ergibt. Den bisherigen Gesamtgutsgläubigern (§ 1437 Abs. 1 BGB) stehen deshalb diejenigen gegenüber, die erst durch den Eintritt der fortgesetzten Gütergemeinschaft (§ 1488 1. Alt. BGB) zu solchen werden.

b) Insolvenzgläubiger

5 Dieser Situation entsprechend bestimmt § 332 Abs. 2 den Kreis der Insolvenzgläubiger. Abweichend von allgemeinen Grundsätzen (s. § 38) kommt es für die Insolvenzgläubigerstellung nicht auf den Zeitpunkt der Verfahrenseröffnung an. Insolvenzgläubiger sind vielmehr nur diejenigen Gläubiger, deren

---

unter den Voraussetzungen der §§ 1438–1440 BGB schon während bestehender Gütergemeinschaft Gesamtgutsgläubiger.

[3] *Kuhn/Uhlenbruck,* InsO, § 332 Rn. 2; FK-*Schallenberg/Rafiqpoor,* InsO, § 332 Rn. 32; *Nerlich/Römermann/Riering,* InsO, § 332 Rn. 2.

[4] Näher FK-*Schallenberg/Rafiqpoor,* InsO, § 332 Rn. 12 ff.

[5] FK-*Schallenberg/Rafiqpoor,* InsO, § 332 Rn. 32.

[6] § 1437 Abs. 1 BGB.

[7] FK-*Schallenberg/Rafiqpoor,* InsO, § 332 Rn. 29; *Jaeger/Weber,* KO, § 236 Rn. 4.

Forderungen schon „zurzeit des Eintritts der fortgesetzten Gütergemeinschaft", also während einer bestehenden Gütergemeinschaft, Gesamtgutsforderungen waren. Damit scheiden Pflichtteils- und Vermächtnisgläubiger, deren Anspruch erst *mit* Eintritt der fortgesetzten Gütergemeinschaft entsteht, als teilnahmeberechtigt aus. Des Weiteren werden die Gläubiger des überlebenden Ehegatten, deren Forderungen zu diesem Zeitpunkt erst zu Gesamtgutsverbindlichkeiten werden, § 1488 1. Alt. BGB, sowie alle späteren Gesamtgutsgläubiger von der Teilnahme am Gesamtgutsinsolvenzverfahren ausgeschlossen.[1] Dabei kommt es auch nicht darauf an, ob die Forderung zum maßgeblichen Zeitpunkt des Eintritts der fortgesetzten Gütergemeinschaft als solche bestand; allein entscheidend ist, wann sie zur Gesamtgutsverbindlichkeit wurde.[2] Dies steht mit dem Zweck des auf das Gesamtgut beschränkten Insolvenzverfahrens in Einklang, diejenigen Gläubiger vom Zugriff auf das Gesamtgut auszuschließen, denen dieses zum Zeitpunkt des Eintritts der fortgesetzten Gütergemeinschaft noch nicht haftete.[3]

c) Schuldner; Antragsberechtigung

Schuldner des Verfahrens ist allein der überlebende Ehegatte. Da die Abkömm- 6
linge nach § 1489 Abs. 3 BGB nicht persönlich haften, kommen sie auch nicht als zusätzliche Schuldner in Betracht.[4] Aus demselben Grund fehlt ihnen auch ein eigenes schutzwürdiges Interesse an der Verfahrenseröffnung, sodass sie nach Abs. 3 zur Stellung des Eröffnungsantrags nicht berechtigt sind. Ihre Beteiligung beschränkt sich nach Abs. 3 S. 2 auf ein Anhörungsrecht.[5] Etwas anderes gilt nur, soweit ein Abkömmling selbst Insolvenzgläubiger ist.

Der überlebende Ehegatte ist als Schuldner zur Stellung des Eröffnungsantrags 7
berechtigt, § 317 Abs. 1 entsprechend. Ist er gleichzeitig Insolvenzgläubiger, so ist er auch in dieser Rolle antragsberechtigt.[6] Dies setzt voraus, dass ihm zum Zeitpunkt des Eintritts der fortgesetzten Gütergemeinschaft eine Gesamtgutsforderung zustand, etwa auf Grund eines aus seinem persönlichen Vermögen dem Gesamtgut gewährten Darlehens.

Anders als nach bisherigem Recht (§ 236 S. 3 KO) ist nunmehr auch ein 8
Gläubiger, dem der überlebende Ehegatte bereits *bei Eintritt* der fortgesetzten Gütergemeinschaft persönlich haftete, berechtigt, die Eröffnung des Insolvenzverfahrens über das Gesamtgut zu beantragen. Der Gesetzgeber spricht diesen Gläubigern ein rechtliches Interesse an der Verfahrenseröffnung nicht mehr ab. Dieses ist darauf gerichtet, das Gesamtgut dem Zugriff neu hinzutretender Gesamtgutsgläubiger zu entziehen. Einem im Einzelfall fehlenden rechtlichen Interesse kann durch Anwendung des § 14 Rechnung getragen werden.[7]

---

[1] *Kuhn/Uhlenbruck,* InsO, § 332 Rn. 6; *Kilger/K. Schmidt,* KO, § 236 Anm. 2; HK-*Marotzke,* InsO, § 332 Rn. 4.

[2] Nämlich nicht erst mit Eintritt der fortgesetzten Gütergemeinschaft gem. § 1488 1. Alt. BGB; s. den nunmehr gegenüber § 236 KO verdeutlichten Wortlaut des Abs. 2; HK-*Marotzke,* InsO, § 332 Rn. 4; FK-*Schallenberg/Rafiqpoor,* InsO, § 332 Rn. 45 f.

[3] *Balz/Landfermann,* S. 389 f.

[4] *Nerlich/Römermann,* InsO, § 332 Rn. 7.

[5] *Balz/Landfermann,* S. 389 f.

[6] FK-*Schallenberg/Rafiqpoor,* InsO, § 332 Rn. 48.

[7] *Balz/Landfermann,* S. 389 f.

d) Insolvenzmasse

9 Die Insolvenzmasse bildet das Gesamtgut in dem Bestand, den es zum Zeitpunkt des Eintritts der fortgesetzten Gütergemeinschaft hat.[1] Insoweit wird abgewichen von der allgemeinen, auch für das Nachlassinsolvenzverfahren geltenden Regel des § 35, wonach sich die Insolvenzmasse nach dem Zeitpunkt der Verfahrenseröffnung bestimmt.[2] Auch der Zuwachs, den das Gesamtgut ohne Zutun des überlebenden Ehegatten erhält, sowie Ersatzansprüche gegen diesen aus der Verwaltung des Gesamtgutes[3] und Ansprüche aus anfechtbaren Rechtshandlungen nach den §§ 129 ff.[4] gehören zur Insolvenzmasse. Nicht einheitlich beurteilt wird, ob auch der Neuerwerb (§ 35 2. Alt.) hierunter fällt.[5] Dem ist zuzustimmen im Hinblick auf die gesetzgeberische Grundentscheidung des § 35, in ausdrücklicher Abweichung zur bisherigen Rechtslage, den Neuerwerb in den Insolvenzbeschlag fallen zu lassen.

e) Eröffnungsgründe

10 Aufgrund der Verweisung auf die Vorschrift des § 320 kommt auch im Insolvenzverfahren über das Gesamtgut der fortgesetzten Gütergemeinschaft neben dem allgemeinen Eröffnungsgrund der Zahlungsunfähigkeit (§ 17) und der drohenden Zahlungsunfähigkeit[6] die Überschuldung als Eröffnungsgrund in Betracht.[7] Maßgeblicher Zeitpunkt für das Vorliegen des Eröffnungsgrundes ist die Verfahrenseröffnung, nicht der Eintritt der fortgesetzten Gütergemeinschaft.[8]

11 Die Eröffnung des Insolvenzverfahrens ist auch nach der Auseinandersetzung der fortgesetzten Gütergemeinschaft noch möglich. Das folgt aus der Verweisung auf § 316 Abs. 2. Damit soll verhindert werden, dass den Gesamtgutsgläubigern durch eine schnelle Auseinandersetzung das Recht auf abgesonderte Befriedigung aus dem Gesamtgut genommen wird.[9]

---

[1] § 1489 Abs. 2 Hs. 2 BGB.

[2] Siehe *Hess,* InsO, § 332 Rn. 13; FK-*Schallenberg/Rafiqpoor,* InsO, § 332 Rn. 40; s. auch *Kuhn/Uhlenbruck,* InsO, § 332 Rn. 5; *Jaeger/Weber,* KO, § 236 Rn. 22.

[3] §§ 1489 Abs. 2, 1987 Abs. 1, 2 BGB.

[4] Dabei ist vor Eintritt der fortgesetzten Gütergemeinschaft auf Handlungen des verwaltenden Ehegatten, danach auf Handlungen des überlebenden Ehegatten abzustellen, s. *Kuhn/Uhlenbruck,* InsO, § 332 Rn. 5.

[5] Bejahend *Hess,* InsO, § 332 Rn. 13; *Nerlich/Römermann,* InsO, § 332 Rn. 10 unter Berufung auf § 35; aA: jedoch FK-*Schallenberg/Rafiqpoor,* InsO, § 332 Rn. 41; *Kilger/K. Schmidt,* KO, § 236 Rn. 2.

[6] Für den Fall, dass der Antrag von Schuldnerseite gestellt wird, § 18.

[7] FK-*Schallenberg/Rafiqpoor,* InsO, § 332 Rn. 43.

[8] *Balz/Landfermann,* S. 389 f.

[9] FK-*Schallenberg/Rafiqpoor,* InsO, § 332 Rn. 55; *Kuhn/Uhlenbruck,* InsO, § 332 Rn. 11.

Dritter Abschnitt. Insolvenzverfahren über das gemeinschaftlich verwaltete Gesamtgut einer Gütergemeinschaft

§ 333 Antragsrecht. Eröffnungsgründe

(1) **Zum Antrag auf Eröffnung des Insolvenzverfahrens über das Gesamtgut einer Gütergemeinschaft, das von den Ehegatten gemeinschaftlich verwaltet wird, ist jeder Gläubiger berechtigt, der die Erfüllung einer Verbindlichkeit aus dem Gesamtgut verlangen kann.**

(2) **Antragsberechtigt ist auch jeder Ehegatte. Wird der Antrag nicht von beiden Ehegatten gestellt, so ist er zulässig, wenn die Zahlungsunfähigkeit des Gesamtguts glaubhaft gemacht wird; das Insolvenzgericht hat den anderen Ehegatten zu hören. Wird der Antrag von beiden Ehegatten gestellt, so ist auch die drohende Zahlungsunfähigkeit Eröffnungsgrund.**

1. Normzweck

Über das gemeinschaftlich verwaltete Gesamtgut einer ehelichen Gütergemeinschaft ist, auch wenn es keine Rechtspersönlichkeit besitzt, ein selbstständiges Insolvenzverfahren zulässig. Dies wird bereits in § 11 Abs. 2 Nr. 2 festgehalten und in § 37 Abs. 2 vorausgesetzt, in § 333 allerdings im Unterschied zu § 236 a Abs. 1 KO nicht mehr ausdrücklich ausgesprochen. **1**

Im Gegensatz zu § 236 a KO stellt § 333 nicht mehr auf die Zahlungsunfähigkeit der Ehegatten, sondern auf die Zahlungsunfähigkeit des Gesamtguts ab. **2**

Der Gesamtgutsanteil des nicht verwaltenden Ehegatten gehört nicht zu dessen Insolvenzmasse. Rechtsträger des Gesamtgutes ist der verwaltende Ehegatte. Wird über das Vermögen des nicht verwaltenden Ehegatten das Insolvenzverfahren eröffnet, kann der verwaltende Ehegatte im Insolvenzverfahren des nicht Verwaltenden die Gegenstände des Gesamtguts aussondern.[1] **2a**

2. Im Einzelnen

a) Eröffnungsgründe und Antragsberechtigung

Im Unterschied zu der für das Insolvenzverfahren über das Gesamtgut im Fall der fortgesetzten Gütergemeinschaft geltenden Norm des § 332 verweist § 333 nicht auf die Vorschriften für das Nachlassinsolvenzverfahren. Die Eröffnungsgründe bestimmen sich, ebenso wie der Gerichtsstand, nach § 333 und nach den allgemeinen Vorschriften. Die Überschuldung kommt danach als Eröffnungsgrund nicht in Betracht.[2] **3**

Die Vorschrift sieht als Eröffnungsgrund zunächst die Zahlungsunfähigkeit des Gesamtguts vor. Der hierauf gestützte Eröffnungsantrag muss nach Abs. 2 S. 2 Hs. 1 nicht von beiden Ehegatten gestellt werden. Die Zahlungsunfähigkeit ist in diesem Fall jedoch glaubhaft zu machen. Eine Zustimmung des anderen Ehegatten ist hingegen nicht erforderlich. Seine Interessen werden mit der in Abs. 2 S. 2 **4**

---

[1] BGH, Beschluss vom 4. 5. 2006 – IV ZB 285/04 = NZI 2006, 402.

[2] Vgl. auch § 19.

Hs. 2 vorgesehenen Anhörung gewahrt.[1] Die drohende Zahlungsunfähigkeit gem. § 18 ist nur dann Eröffnungsgrund, wenn der Eröffnungsantrag von beiden Ehegatten gestellt wird, Abs. 2 S. 3.

5 Die Zahlungsunfähigkeit muss, wie bereits aus dem Wortlaut der Vorschrift deutlich wird, im Hinblick auf das Gesamtgut vorliegen. Auf eine Zahlungsunfähigkeit der Ehegatten wird nicht mehr abgestellt.[2] Während nach bisherigem Recht[3] eine Zahlungsunfähigkeit des Gesamtguts nicht ausreichte, sondern der Eröffnungsgrund nur bei Zahlungsunfähigkeit beider Ehegatten gegeben war, genügt diese nunmehr umgekehrt für eine Verfahrenseröffnung nicht, sofern die Zahlungen noch aus dem Gesamtgut erbracht werden können. Ist dieses jedoch zahlungsunfähig, so kann das Verfahren eröffnet werden, auch wenn die Zahlungsunfähigkeit der Ehegatten nicht gegeben ist. Die persönliche Haftung der Ehegatten bleibt hiervon unberührt, s. § 334.[4]

6 Antragsberechtigt ist nach Abs. 1 jeder Gesamtgutsgläubiger, nach Abs. 2 jeder Ehegatte.

b) Schuldner

7 Schuldner des Verfahrens sind, entsprechend ihrer gesamtschuldnerischen persönlichen Haftung nach § 1459 Abs. 2 BGB, beide Ehegatten. Das Gesamtgut kann hingegen mangels eigener Rechtspersönlichkeit nicht Schuldner sein. An dessen Stelle treten die Ehegatten als gesamthänderische Träger des Vermögens.[5] Die insolvenzrechtlichen Rechte und Pflichten treffen beide Ehegatten. Damit steht allerdings noch nicht fest, ob sie von ihnen nur gemeinsam ausgeübt werden können oder ob sie dem Ehegatten auch einzeln zustehen. Letzteres ist etwa anzunehmen hinsichtlich des Rechts zur sofortigen Beschwerde nach § 34.[6] Auch das Recht zum Bestreiten der angemeldeten Forderungen nach § 176 S. 2 sowie das Einwendungsrecht nach § 197 Abs. 2 Nr. 2 steht den Ehegatten einzeln zu.[7] Für eine Verfahrenseinstellung nach den §§ 212, 213 ist hingegen ein Antrag beider Ehegatten erforderlich.[8] Eine Anhörung nach § 14 Abs. 2 oder § 21 Abs. 3 hat gegenüber beiden Ehegatten zu erfolgen, wie auch Zustellungen und sonstige Mitteilungen gegenüber beiden vorzunehmen sind, sofern nicht ein Ehegatte dem anderen Vollmacht erteilt hat. In letzterem Fall genügt die Zustellung gegenüber dem bevollmächtigten Ehegatten.[9]

c) Anfechtung

8 Für die Anfechtung von Rechtshandlungen kommt es für die Erfüllung der Tatbestandsvoraussetzungen der §§ 130 ff. auf die Zahlungseinstellung beider

[1] Siehe näher FK-*Schallenberg/Rafiqpoor,* InsO, § 333 Rn. 19 f.
[2] Unzutreffend daher *Hess,* InsO, § 333 Rn. 7, und *Smid/Fehl,* InsO, § 333 Rn. 3.
[3] § 236 a Abs. 1 KO.
[4] Siehe näher bei FK-*Schallenberg/Rafiqpoor,* InsO, § 333 Rn. 25–27.
[5] FK-*Schallenberg/Rafiqpoor,* InsO, § 333 Rn. 12.
[6] Vgl. *Jaeger/Weber,* KO, §§ 236 a–c Rn. 13; FK-*Schallenberg/Rafiqpoor,* InsO, § 333 Rn. 13, 21; *Nerlich/Römermann,* InsO, § 333 Rn. 4.
[7] FK-*Schallenberg/Rafiqpoor,* aaO; *Kuhn/Uhlenbruck,* KO, § 236 a Rn. 3.
[8] Vgl. *Kilger/K. Schmidt,* KO, § 202 Anm. 2 a cc; *Hess,* InsO, § 333 Rn. 5.
[9] FK-*Schallenberg/Rafiqpoor,* InsO, § 333 Rn. 14.

Ehegatten an. Eine Benachteiligungsabsicht nach § 133 muss hingegen nur bei einem Ehegatten vorliegen.[1]

d) Insolvenzverfahren über das Gesamtgut einer beendeten, aber noch nicht auseinandergesetzten Gütergemeinschaft

Im Regierungsentwurf (§ 13 Abs. 3) war für den Fall der beendeten, aber noch nicht auseinandergesetzten Gütergemeinschaft eine ausdrückliche Regelung vorgesehen. Diese wurde in § 11 Abs. 3 für die Gütergemeinschaft jedoch nicht mehr übernommen, da der Rechtsausschuss der Auffassung war, diese Fallgruppe könne wie bisher der Rechtsprechung überlassen werden.[2] Da auch für diese Situation das Recht der Gesamtgutsgläubiger auf eine vorzugsweise Befriedigung aus dem Gesamtgut besteht, s. § 1475 BGB, ist eine entsprechende Anwendung des § 333 gerechtfertigt.[3] 9

Wird die Gütergemeinschaft während des laufenden Insolvenzverfahrens beendet, indem z. B. einer Aufhebungsklage nach § 1469 Nr. 4 BGB stattgegeben wird, so berührt dies das Verfahren nicht. Die auf die Beendigung der Gütergemeinschaft folgende Auseinandersetzung betrifft in diesem Fall nur das vom Insolvenzverfahren nicht erfasste Vermögen.[4] 10

§ 334 Persönliche Haftung der Ehegatten

(1) **Die persönliche Haftung der Ehegatten für die Verbindlichkeiten, deren Erfüllung aus dem Gesamtgut verlangt werden kann, kann während der Dauer des Insolvenzverfahrens nur vom Insolvenzverwalter oder vom Sachwalter geltend gemacht werden.**

(2) **Im Falle eines Insolvenzplans gilt für die persönliche Haftung der Ehegatten § 227 Abs. 1 entsprechend.**

1. Normzweck

Die Vorschrift hat die nach materiellem Recht (§ 1459 Abs. 2 BGB) bestehende persönliche Haftung der Ehegatten für die Gesamtgutsverbindlichkeiten zum Gegenstand. Hierfür bestimmt Abs. 1 abweichend vom bisherigen Recht,[5] jedoch in Übereinstimmung mit der für die persönliche Haftung der Gesellschafter geltenden Vorschrift des § 93, dass die Forderungen nicht von den Gläubigern selbst, sondern nur vom Insolvenzverwalter oder (im Falle der Eigenverwaltung nach §§ 270 ff.) vom Sachwalter geltend gemacht werden können. Hiermit soll im Interesse einer möglichst gleichmäßigen Befriedigung der Gläubiger verhindert werden, dass sich ein Gläubiger durch einen schnellen Zugriff auf das persönliche Vermögen der Ehegatten (Vorbehalts- und Sondergut) Sondervorteile verschafft.[6] 1

---

[1] *Nerlich/Römermann,* InsO, § 333 Rn. 7.

[2] *Balz/Landfermann,* S. 591; zum bisherigen Recht *Jaeger/Weber,* KO, §§ 236 a–c Rn. 8 f.

[3] FK-*Schallenberg/Rafiqpoor,* InsO, § 333 Rn. 30 f.; *Kübler/Prütting/Bork/Kemper,* InsO, § 333 Rn. 11 f.

[4] S. *Jaeger/Weber,* KO, §§ 236 a–c Rn. 16.

[5] § 236 c KO, § 114 b VglO.

[6] *Hess,* InsO, § 334 Rn. 3; FK-*Schallenberg/Rafiqpoor,* InsO, § 334 Rn. 6; *Nerlich/Römermann/Riering,* InsO, § 334 Rn. 2.

2 Nach Abs. 2 gilt § 227 Abs. 1 für die persönliche Haftung im Falle eines Insolvenzplans entsprechend.

2. Im Einzelnen

a) Abs. 1

3 Die Vorschrift des Abs. 1 macht deutlich, dass das Insolvenzverfahren über das Gesamtgut einer Gütergemeinschaft die persönliche Haftung der Ehegatten für die Gesamtgutsverbindlichkeiten nicht ausschließt.[1] Für die Dauer des Insolvenzverfahrens über das Gesamtgut wird den Gläubigern jedoch das Recht genommen, die persönliche Haftung selbst geltend zu machen. Sie können sich insoweit nur an das Gesamtgut halten.[2] Hat ein Ehegatte entgegen dieser Bestimmung an den Gläubiger gezahlt, hat dieser, sofern die Zahlung *nach* Verfahrenseröffnung erfolgte, das Erlangte nach den Vorschriften über die Herausgabe einer ungerechtfertigten Bereicherung, §§ 812 ff. BGB, zurückzugewähren. Im Falle einer Zahlung *vor* Verfahrenseröffnung kommen lediglich die §§ 129 ff. zur Anwendung.[3] Ein Gesamtgutsgläubiger kann nach Verfahrenseröffnung auch nicht mehr mit einer gegen die Ehegatten gerichteten Forderung aufrechnen. Insoweit wird § 94 durch Abs. 1 verdrängt.[4]

4 Der Insolvenzverwalter bzw. Sachwalter erhält durch die Vorschrift des Abs. 1 lediglich die Ausübungsbefugnis über die Forderungen, ohne selbst Rechtsinhaber zu werden. Er macht die persönliche Haftung für die Gläubiger im eigenen Namen geltend. Für den Fall einer gerichtlichen Geltendmachung der Forderung ergibt sich aus Abs. 1 eine gesetzliche **Prozessstandschaft.**[5]

b) Abs. 2

5 Die Vorschrift erklärt § 227 Abs. 1 für entsprechend anwendbar. Damit können die Ehegatten für den Fall, dass die Rechte und Pflichten der Beteiligten einvernehmlich durch einen **Insolvenzplan** bestimmt werden, unter den Voraussetzungen des § 227 Abs. 1 von ihrer persönlichen Haftung befreit werden. Hierfür bedarf es einer Regelung der Befriedigung der Gläubiger im gestaltenden Teil des Planes. Trifft dieser darüber hinaus keine anderweitige Bestimmung, so tritt im Übrigen eine Restschuldbefreiung ein.[6]

---

[1] § 1459 Abs. 2 BGB.

[2] Vgl. *Kübler/Prütting/Bork/Kemper,* InsO, § 334 Rn. 4.

[3] *Nerlich/Römermann/Riering,* InsO, § 334 Rn. 3; weitergehend *Kübler/Prütting/Bork,* InsO, § 334 Rn. 4: keine Erfüllungswirkung gem. § 362 BGB. Dessen bedarf es jedoch für das Eingreifen der §§ 812 ff. BGB nicht, da der Gläubiger jedenfalls den Besitz erlangt hat. Entscheidend ist, dass dies auf Grund der Bestimmung des § 334 Abs. 1 ohne Rechtsgrund erfolgt ist.

[4] Vgl. *Kübler/Prütting/Bork/Kemper,* InsO, § 334 Rn. 4.

[5] *Kübler/Prütting/Bork/Kemper,* InsO, § 334 Rn. 5 f.

[6] Vgl. FK-*Schallenberg/Rafiqpoor,* InsO, § 334 Rn. 14.

Elfter Teil. Internationales Insolvenzrecht

Vorbemerkung vor §§ 335–358

Übersicht

1. Normzweck

a) Kollisions- und Sachrecht

1 Das internationale Insolvenzrecht hat die Aufgabe, die Regelungsziele des Insolvenzrechts in Insolvenzsachverhalten mit Auslandsbezug zu verwirklichen.[1] internationales Insolvenzrecht ist deshalb zunächst Kollisionsrecht und damit ein Teil des internationalen Privatrechts (IPR). Ergänzend kennt das internationale Insolvenzrecht jedoch auch sachrechtliche Normen (vgl. z. B. § 351 Abs. 1), die eine inhaltliche Ausgestaltung des Rechts in grenzüberschreitenden Sachverhalten vornehmen.

b) Einheit des nationalen und internationalen Insolvenzrechts

2 Die Ziele des Insolvenzverfahrens, wie sie in § 1 für das deutsche Recht normiert sind, sollten vom Grundsatz auch in grenzüberschreitenden Insolvenzverfahren, ebenso wie in rein innerstaatlichen Verfahren, unverändert zur Anwen-

[1] *Trunk,* Internationales Insolvenzrecht, S. 12.

dung gelangen. Dieser Grundsatz wird vom deutschen Recht jedoch nur unzureichend berücksichtigt, da der deutsche Gesetzgeber aus Gründen des Verkehrsschutzes interessengeleitet in das internationale Insolvenzrecht eine Reihe von Sonderbestimmungen aufgenommen hat, die insbesondere hinter den Ideen der Insolvenzrechtsreform von 1999 zurückbleiben. Dies betrifft insbesondere die Behandlung von dinglichen Rechten in § 351 Abs. 1 und den Insolvenzplan in grenzüberschreitenden Sachverhalten in § 355 Abs. 2.

2. Grundsätze des internationalen Insolvenzrechts

a) Universalität und Territorialität

3 In der Literatur wurde lange über die sachgerechte Struktur eines Insolvenzverfahrens mit Auslandsbezug gestritten. Hier standen sich die Grundsätze der Universalität und der Territorialität gegenüber. Hinter diesen Begriffen verbirgt sich die Frage, ob ein Insolvenzverfahren das weltweite Vermögen umfassen soll oder ob, nach Staatsgrenzen gegliedert, mehrere Insolvenzverfahren über das gleiche Rechtssubjekt eröffnet werden sollten.

4 Inzwischen ist es fast überall allgemein anerkannt, dass ein Insolvenzverfahren zunächst den Anspruch erhebt, eine **weltweite Geltung** zu erlangen. Dies bedeutet, dass etwa ein in Deutschland eröffnetes Verfahren sämtliche auf der Welt befindlichen Vermögenswerte eines Schuldners erfassen soll. Ebenso sollen auch alle Gläubiger ihre Forderungen in diesem Insolvenzverfahren geltend machen dürfen, unabhängig davon, wo der Gläubiger seinen Sitz hat oder welchem Recht seine Forderung unterliegt.

5 Anders als dieser Anspruch nach weltweiter Geltung wird die Anerkennung dieser Wirkung im jeweiligen Inland weiterhin sehr unterschiedlich geregelt. Zum Teil wird das ausländische Insolvenzverfahren gar nicht anerkannt, zum Teil werden Sondervorschriften aufgestellt, die die Wirkung des ausländischen Insolvenzverfahrens begrenzen oder ändern. Solche Vorschriften sind im deutschen Recht im zweiten Abschnitt in den §§ 343-353 geschaffen worden.

6 Der weltweite Geltungsanspruch eines Insolvenzverfahrens wird darüber hinaus durch die Zulässigkeit von **Sekundär- bzw. Partikularinsolvenzverfahren** eingeschränkt. Bei diesen Verfahren handelt es sich um Insolvenzverfahren, die nur einen Teil des Vermögens des Schuldners umfassen, i. d. R. das Vermögen, das in dem Staat belegen ist, in dem dieses Verfahren eröffnet wurde. Die Wirkung des universalen (Haupt-)Insolvenzverfahrens wird nach Eröffnung eines Sekundärinsolvenzverfahrens dort nicht mehr anerkannt. Es ist sehr fraglich, ob Sekundär- oder Partikularinsolvenzverfahren notwendig sind oder ob sie nicht sogar grenzüberschreitende Sanierungen eher verhindern, da es zu einer Aufteilung von Vermögensmassen kommt, die ggf. insgesamt für eine Fortführung und Sanierung benötigt werden.[1] Das deutsche Recht lässt dessen ungeachtet diese Verfahren grundsätzlich zu und hat hierzu im dritten Abschnitt in den §§ 354-358 Regelungen geschaffen.

b) Anwendbares Recht

7 Neben der Frage der Universalität ist die Frage, welches Recht auf ein Insolvenzverfahren anwendbar sein soll, der wesentliche Regelungsgegenstand des

[1] *Wilmowsky, v.,* Europäisches Kreditsicherungsrecht, S. 315 f.

internationalen Insolvenzrechts. Es ist zunächst weitgehend anerkannt, dass als die nächste Rechtsordnung vom Grundsatz das Insolvenzrecht des Staates gilt, in dem das Insolvenzverfahren eröffnet wird. Diese Rechtsordnung wird als **lex fori concursus** bezeichnet. Sie gilt sowohl für das insolvenzrechtliche Verfahren als auch für das materielle Recht, soweit keine andere Regelung getroffen wird. In Deutschland wird dieser Grundsatz inzwischen in § 335 kodifiziert.

Andere denkbare Rechtsordnungen sind insbesondere das Recht des Staates, in dem ein Vermögensgegenstand belegen ist **(lex rei sitae),** oder das Recht, nach dem ein bestimmter Sachverhalt auch außerhalb der Insolvenz behandelt wird **(lex causae).** Diese anderen Rechtsordnungen werden in bestimmten Fallgruppen alternativ oder kumulativ neben die lex fori concursus gestellt. Diese Ausnahmen vom Grundsatz des § 335 finden sich im deutschen Recht in den §§ 336, 337, 339, 340, 351 Abs. 2 und § 354 Abs. 3. 8

Neben diesen kollisionsrechtlichen Regelungen existieren **Sachnormen,** die statt einer Verweisung auf eine anzuwendende Rechtsordnung eigene verfahrensrechtliche und auch materielle Regeln treffen, die in Abweichung vom nationalen Insolvenzrecht ausschließlich in grenzüberschreitenden Sachverhalten zur Anwendung gelangen. Zu den wichtigsten materiellen Sachnormen des deutschen Internationalen Insolvenzrechts gehören § 338 bezüglich der Aufrechnung in der Insolvenz, § 351 Abs. 1 bezüglich dinglicher Rechte, § 355 Abs. 1 zur Frage der Restschuldbefreiung und § 355 Abs. 2 zur Behandlung von Insolvenzplänen. 9

3. Entstehungsgeschichte

a) Internationales Konkursrecht

Das internationale Insolvenzrecht war in Deutschland, wie in vielen anderen Staaten auch, über Jahrzehnte fast ausschließlich durch Lehre und Rechtsprechung geprägt. Außer in den USA, die in den §§ 303-305 Bankruptcy Code (BC) bereits eigene Regeln des internationalen Insolvenzrechts kannten,[1] sowie in der Schweiz (Art. 166 bis 175 IPRG) existierten keine umfassenden Kodifikationen. 10

Die §§ 237, 238 KO enthielten rudimentäre Regeln, die jedoch erst durch eine umfassende Auslegung durch die Rechtsprechung für die Praxis handhabbar wurden. 1985 hat der BGH durch eine Wende seiner Rechtsprechung dem **Universalitätsprinzip** auch in Deutschland die Grundlage bereitet.[2] 11

b) Regierungsentwurf 1992

Im Rahmen der Insolvenzrechtsreform war zunächst vorgesehen, bereits mit Inkrafttreten der Insolvenzordnung im Elften Titel auch ein umfassend kodifiziertes deutsches Internationales Insolvenzrecht zu schaffen. Dies sah auch der RegE von 1992 noch in den §§ 379-399 vor. Diese Regelungen wurden auf Beschluss des Rechtsausschusses des Deutschen Bundestages aus der Insolvenzordnung gestrichen. Begründet wurde dies mit der bevorstehenden Verabschiedung eines Europäischen Insolvenzübereinkommens (EuInsÜ).[3] 12

---

[1] Vgl. zum neuen Internationalen Insolvenzrecht der USA, *Paulus,* NZI 2005, 439.
[2] BGHZ 95, 256 ff.
[3] BT-Drucks. 12/7302, S. 143.

c) Internationales Insolvenzrecht seit 1999

13 Der Gesetzgeber hat aus dieser Erwägung heraus zunächst auf eine umfassende Kodifikation verzichtet und in Art. 102 EGInsO aF nur rudimentäre Regelungen zum Internationalen Insolvenzrecht geschaffen. **Art. 102 Abs. 1 EGInsO aF** brachte das Universalitätsprinzip des deutschen Rechts als Grundnorm zum Ausdruck. Abs. 2 enthielt eine Sonderanknüpfung zum Anfechtungsrecht, Abs. 3 ließ Partikularinsolvenzverfahren in Deutschland zu. Dieses deutsche Internationale Insolvenzrecht galt vom 1. 1. 1999 bis zum **19. 3. 2003.** Durch Gesetz vom 8. 12. 1999 war noch Abs. 4 angefügt worden, der eine Kollisionsnorm für die Wirkung des Insolvenzverfahrens auf Systeme gem. § 96 Abs. 2, Satz 2 oder 3 enthält. Der Gesetzestext des Art. 102 EGInsO aF für sich war für die Praxis wenig aussagekräftig, da weiterhin eine umfassende Auslegung durch die Rechtsprechung notwendig war.[1]

14 Die Neufassung von Art. 102 EGInsO zum **20. 3. 2003**[2] hat mit der früheren Norm nichts mehr gemein. An dieser Stelle befinden sich nunmehr Bestimmungen zur Durchführung der EuInsVO.

d) Inkrafttreten und Anwendbarkeit des neuen Rechts

15 Das neue deutsche Internationale Insolvenzrecht ist mit dem **Gesetz zur Neuordnung des Internationalen Insolvenzrechts vom 14. 3. 2003,** das u. a. die Insolvenzordnung entsprechend ändert und die §§ 335-358 einfügt, am **20. 3. 2003** in Kraft getreten.

16 Maßgeblich für die Anwendbarkeit der Regeln des Elften Teils ist jedoch, dass das Insolvenzverfahren nach deren Inkrafttreten am **20. 3. 2003** eröffnet wurde. Für Insolvenzverfahren, die vorher eröffnet worden sind, gilt weiterhin Art. 102 EGInsO aF. Dies ist so zwar nicht ausdrücklich geregelt, ergibt sich jedoch aus einer analogen Anwendung von Art. 103 a EGInsO, wo eine entsprechende Regelung zum Inkrafttreten des InsOÄndG 2001 besteht.[3]

4. Europäische Insolvenzverordnung

a) Zeitliche und örtliche Anwendbarkeit

17 Seit dem 31. 5. 2002 gilt die **Europäische Insolvenzverordnung.**[4] Gem. Art. 43 EuInsVO ist sie jedoch nur auf solche Insolvenzverfahren anzuwenden, die nach ihrem Inkrafttreten eröffnet worden sind. Das Inkrafttreten regelt Art. 47 EuInsVO.[5]

Mit Beitritt der mittel- und osteuropäischen Staaten zum 1. Mai 2004 bzw. 1. Januar 2007 zur EU gilt die EuInsVO jeweils ab diesem Stichtag auch in diesen

---

[1] Vgl. zum alten Recht *Häsemeyer,* Insolvenzrecht, Rn. 35.14 ff.; *Uhlenbruck/Lüer,* InsO, Art. 102 EGInsO, wobei dort Abs. 4 übersehen wurde.

[2] BGBl. I 2003, S. 345.

[3] *Liersch,* NZI 2003, 302, 303; HambKomm-*Undritz,* InsO, Vor §§ 335 ff. Rn. 15; *Andres/Leithaus/Dahl,* InsO, Vor §§ 335 ff. Rn. 13.

[4] Verordnung des Rates (EG) Nr. 1346/2000 vom 29. 5. 2000 über Insolvenzverfahren, ABl. L 160 vom 30. 6. 2000.

[5] Vgl. auch LG Wuppertal ZInsO 2002, 1099; hierzu *Prütting,* Praktische Fälle nach der EuInsVO, in Insolvenzrecht 2003, S. 59–93, 82.

Staaten. Es kommt nicht darauf an, inwiefern die Anhänge zur EuInsVO ggf. erst später verändert werden.

Sie findet im Verhältnis der Mitgliedstaaten der EU untereinander Anwendung, mit der **Ausnahme von Dänemark,** das sich an der Annahme der Verordnung nicht beteiligt und die deshalb diesen Mitgliedstaat nicht bindet und auf ihn keine Anwendung findet.[1] Die Verordnung bedarf keiner Umsetzung. **18**

b) Entstehung der EuInsVO

Die EuInsVO steht am Ende einer langen Debatte um ein einheitliches internationales Insolvenzrecht in der EU, die 1960 begann und in der EuInsVO mündete, die schließlich am 31. 5. 2002 in Kraft trat.[2] **19**

c) Wesentlicher Inhalt

Die EuInsVO stellt eine umfassende Kodifizierung des internationalen Insolvenzrechts dar. Sie enthält Regelungen zur internationalen Zuständigkeit, zu Fragen des anwendbaren Rechts und zur Anerkennung von Insolvenzverfahren. Weiter lässt auch die Verordnung Sekundär- oder Partikularinsolvenzverfahren zu und regelt die Zusammenarbeit der Insolvenzverwalter im Haupt- und Sekundärinsolvenzverfahren. Daneben bestehen eine Reihe verfahrensrechtlicher Vorschriften. Die Regelungen der EuInsVO sind auch nach Inkrafttreten des Gesetzes zur Neuregelung des Internationalen Insolvenzrechts insgesamt detaillierter als die des deutschen Internationalen Insolvenzrechts. **20**

d) Auslegung und Vorlageverfahren

Die EuInsVO ist auf Art. 61 lit. c, Art. 65, Art. 67 Abs. 1 EGV gestützt.[3] Um eine einheitliche Anwendung des Europarechts in den Mitgliedstaaten sicherzustellen, sehen Art. 68, Art. 234 EGV vor, dass Fragen der Gültigkeit und Auslegung von den letztinstanzlichen Gerichten der Mitgliedstaaten dem EuGH vorgelegt werden können bzw. müssen. Ferner ist darauf hinzuweisen, dass die EuInsVO eine umfangreiche Präambel enthält sowie in Art. 2 EuInsVO eine Vielzahl von Legaldefinitionen normiert sind. Die Definitionen machen manche Auslegung entbehrlich. Soweit diese trotzdem erforderlich ist, ist diese autonom, unabhängig von der nationalen Begrifflichkeit, vorzunehmen. Behilflich können hierbei die Präambel sowie der Erläuternde Bericht von *Virgós/Schmitt*[4] zum fast wortgleichen EuInsÜ sein. Das EuInsÜ war als Vorläufer der EuInsVO nicht in Kraft getreten. **21**

---

[1] Vgl. Abs. 33 der Erwägungsgründe zur EuInsVO, vgl. auch OLG Frankfurt (Main) OLGR 2005, 804. Im Gegensatz zu Dänemark haben Großbritannien und Irland, denen gegenüber auch ein entsprechender europarechtlicher Vorbehalt besteht, erklärt, dass sie sich an der Annahme und Anwendung dieser Verordnung beteiligen (vgl. Abs. 32 der Erwägungsgründe).

[2] Zur Entwicklungsgeschichte vgl. *Duursma-Keppliner/Duursma,* Europäische Insolvenzverordnung, S. 1 ff.; *Wimmer,* ZInsO 2001, 97 f.

[3] Ausführlich *Eidenmüller,* IPRax 2001, 2, 3 f.

[4] *Virgós/Schmitt,* Erläuternder Bericht zum EuInsÜ vom 3. 5. 1996, abgedruckt u. a. in *Stoll* (Hrsg.), Vorschläge und Gutachten zur Umsetzung des EU-Übereinkommens über Insolvenzverfahren im deutschen Recht, S. 32–134.

5. Verhältnis von deutschem und europäischem Recht

a) Rechtsquellen

22 In Deutschland gilt heute das autonome deutsche Internationale Insolvenzrecht der §§ 335-358. Hier besteht ein weltweiter Geltungsanspruch. Der Begriff des autonomen Rechts bezeichnet die Geltung unabhängig von gemeinschaftsrechtlichen Rechtssetzungen. Die EuInsVO ist gleichfalls Teil des deutschen Rechts, jedoch gerade nicht Gegenstand autonomer Rechtssetzung. Die EuInsVO findet in den Mitgliedstaaten der EU mit der Ausnahme von Dänemark Anwendung. Darüber hinaus bestehen in Art. 102 EGInsO nF in den dortigen §§ 1-11 Regelungen zur Durchführung der EuInsVO. Bei der Lösung grenzüberschreitender Fragestellungen in Insolvenzverfahren müssen alle diese Normen berücksichtigt werden. Wichtig ist daher das Verhältnis der Regelungen zueinander.

b) Sachverhalte außerhalb der EU

23 Bei Rechtsbeziehungen zwischen Deutschland und Staaten außerhalb der EU oder zu Dänemark gilt allein das autonome deutsche Internationale Insolvenzrecht. Die EuInsVO bleibt unberücksichtigt.[1] Allein der Mittelpunkt der hauptsächlichen Interessen des Schuldners innerhalb des Anwendungsbereiches der EuInsVO genügt nicht zur Anwendbarkeit der Verordnung, wenn alle Auslandsbeziehungen des Schuldners zu Staaten außerhalb des Anwendungsbereichs der EuInsVO bestehen. Der Verordnungsgeber hatte weder die Kompetenz noch das Ziel, weitergehende Regelungen für Insolvenzverfahren mit Auslandsbezug zu schaffen. Es verbleibt somit allein beim jeweiligen autonomen Internationalen Insolvenzrecht. Die EuInsVO kann jedoch als Hilfe bei der Auslegung des deutschen Internationalen Insolvenzrechts herangezogen werden, da der Gesetzgeber sich bei der Schaffung des autonomen deutschen Internationalen Insolvenzrechts stark an der EuInsVO orientiert hat.

c) Sachverhalte innerhalb der EU

24 Innerhalb der EU (außer Dänemark) verdrängt die EuInsVO das autonome deutsche Internationale Insolvenzrecht, wo sie vom deutschen Recht abweichende Regelungen trifft. Enthält die EuInsVO zu einem Regelungsgegenstand keine kollisionsrechtliche Bestimmung und handelt es sich dabei um eine bewusste Regelungslücke, so kann jedoch auch das autonome deutsche Internationale Insolvenzrecht ergänzend herangezogen werden.[2] Entsprechendes gilt auch für Art. 102 EGInsO nF. Dieser enthält ergänzende Regelungen zur EuInsVO. Die Regelungen der EuInsVO gehen denen des Art. 102 EGInsO nF jedoch im Konfliktfall immer vor.[3]

---

[1] Ebenso AG Hamburg NZI 2006, 652; *Vallender,* KTS 2005, 283, 289 f.; *Smid,* DZWIR 2003, 397, 402; HambKomm-*Undritz,* InsO, Anhang zu §§ 335 ff.; Art. 1 EuInsVO Rn. 7; aA: High Court of Justice Leeds (Ci4net) ZIP 2004, 1769 m. Anm.; *Westpfahl/Wilkens,* EWiR 2004, 847; *Herchen,* ZInsO 2003, 742, 743 ff.; *Huber,* in *Hass/Huber/Gruber/Heiderhoff,* EU-Insolvenzverordnung, Art. 1 Rn. 19; *Graf-Schlicker/Kebekus/Sabel,* InsO, Art. 1 EuInsVO Rn. 7; *Mohrbutter/Ringstmeier/Wenner,* Insolvenzverwaltung, § 20 Rn. 7.

[2] MünchKomm-*Reinhart,* InsO Vor §§ 335 ff. Rn. 85.

[3] Vgl. auch HambKomm-*Undritz,* InsO, Vor §§ 335 ff. Rn. 13; *Mohrbutter/Ringstmeier/Wenner,* Insolvenzverwaltung, § 20 Rn. 14.

Die EuInsVO verdrängt auch das nationale deutsche Insolvenzrecht, soweit dies Sachnormen enthält, die in grenzüberschreitenden Sachverhalten eine abschließende Regelung treffen, die im Widerspruch zum deutschen Recht stehen. 25

6. Weitere Kodifikationen

a) Verträge mit der Schweiz und Österreich

Bereits vor Inkrafttreten der EuInsVO gab es staatsvertragliche bilaterale Übereinkommen zum Internationalen Insolvenzrecht, zu nennen sind der Deutsch-österreichische Vertrag auf dem Gebiet des Konkurs- und Vergleichs-(Ausgleichs-)rechts (DöKV) vom 25. 5. 1979,[1] sowie die schweizerisch-deutschen Staatsverträge. Es handelt sich hier um den Vertrag Württembergs mit 19 Schweizerischen Kantonen vom 12. 12. 1825/13. 5. 1826, den Vertrag Bayerns mit einigen Schweizerischen Kantonen vom 11. 5./27. 6. 1834, den Vertrag mit Sachsen vom 18. 2./26. 4. 1837 und den Vertrag zwischen der Hansestadt Hamburg und dem Kanton St. Gallen von 1861. Ob der Vertrag mit Sachsen wieder Gültigkeit besitzt, ist streitig.[2] Die anderen schweizerisch-deutschen Staatsverträge sind geltendes Recht.[3] Der Deutsch-österreichische Vertrag ist mit Geltung der EuInsVO gem. Art. 44 Abs. 1 e) EuInsVO am 31. 5. 2002 hinter dieser zurückgetreten. 26

b) Istanbuler Übereinkommen

Parallel zur EU hat auch der Europarat an Regeln zum Internationalen Insolvenzrecht gearbeitet. Im Februar 1990 wurde das **Europäische Übereinkommen über bestimmte internationale Aspekte des Konkurses (Istanbuler Übereinkommen)** verabschiedet und am 5. 6. 1990 u. a. von Deutschland unterzeichnet. Eine Ratifikation erfolgte bislang jedoch nicht. Gem. Art. 44 Abs. 1 k) EuInsVO tritt das Istanbuler Übereinkommen im Anwendungsbereich der EuInsVO hinter dieser zurück. 27

c) UNCITRAL-Modellgesetz

Die Kommission der Vereinten Nationen für Internationales Handelsrecht (UNCITRAL) hat während ihrer Sitzung vom 12. bis 30. 5. 1997 in Wien ein **Modellgesetz über grenzüberschreitende Insolvenzen** beschlossen. Dieses hat die UN-Vollversammlung am 15. 12. 1997 gebilligt. Das Modellgesetz soll den nationalen Gesetzgebern als Muster bei der Schaffung eines Internationalen Insolvenzrechts dienen. Es beschränkt sich im Wesentlichen auf die Fragen der Anerkennung ausländischer Insolvenzverfahren, der justiziellen Zusammenarbeit und des Gerichtszugangs für ausländische Insolvenzverwalter.[4] 28

---

[1] Vgl. zum österreichischen Internationalen Insolvenzrecht *Schumacher,* Neues Internationales Insolvenzrecht in Österreich, in Grenzüberschreitendes Insolvenzrecht, 2004, S. 21–46.

[2] *Gottwald/Arnold,* Nachtrag „Gesamtvollstreckungsordnung" zum Insolvenzrechtshandbuch, XI A Rn. 38 ff.

[3] Vgl. BG ZInsO 2007, 608 m. Anm.; *Liersch/Walther,* ZInsO 2007, 582; Entscheid der Aufsichtsbehörde des Kantons Schaffhausen über das Schuldbetreibungs- und Konkurswesen vom 16. 7. 1982, ZIP 1983, 200; OLG München KTS 1982, 313; *Blaschczok,* ZIP 1983, 141; *Habscheid,* KTS 1989, 253, 255; *Walther,* Grundlagen des Internationalen Insolvenzrechts der Schweiz, in Grenzüberschreitendes Insolvenzrecht, 2004, S. 47–77, 70 f.

[4] *Benning/Wehling,* EuZW 1997, 618; *Wimmer,* ZIP 1997, 2220.

d) RL über Sanierung und Liquidation von Kreditinstituten und Versicherungsunternehmen

29 Darüber hinaus sind die **Richtlinie 2001/24/EG** des Europäischen Parlaments und des Rates vom 4. 4. 2001 über die Sanierung und Liquidation von Kreditinstituten[1] sowie die **Richtlinie 2001/17/EG** des Europäischen Parlamentes und des Rates vom 19. 3. 2001 über die Sanierung und Liquidation von Versicherungsunternehmen[2] zu nennen.[3] Hierbei handelt es sich um Sonderregelungen insbesondere auch für die **Insolvenz von Kreditinstituten und Versicherungsunternehmen.** Diese sind gem. Art. 1 Abs. 2 EuInsVO von der Wirkung dieser Verordnung ausgenommen.[4]

30 Der Gesetzgeber meint, diese durch die Schaffung des autonomen deutschen Internationalen Insolvenzrechts ausreichend umgesetzt zu haben, ohne dass hierfür in der Insolvenzordnung spezielle Regelungen über Kreditinstitute oder Versicherungsunternehmen erforderlich wären.[5] Die Umsetzung erfolgte ergänzend durch Änderungen im KWG bzw. VAG. So wurde etwa das Verbot von Sekundärinsolvenzverfahren gem. Art. 9 ff. der RL 2001/24/EG für Einlagenkreditinstitute oder E-Geld-Institute in § 46 e Abs. 2 KWG verankert.[6] Eine entsprechende Regelung findet sich in § 88 Abs. 1 a, Abs. 1 b VAG. Es kann bezweifelt werden, dass die Richtlinien ausreichend umgesetzt sind.[7]

---

[1] ABl. EG L 125/15; vgl. hierzu *Stürner,* Die europäische Sanierungs- und Liquidationsrichtlinie für Banken und die deutschen Hypothekenbanken, in FS für Kirchhof, 2003, S. 467–478.

[2] ABl. EG L 110/28.

[3] Vgl. *Wimmer,* ZInsO 2002, 897.

[4] Vgl. bezüglich einer Regelungslücke bei Insolvenz von Wertpapierhandelsunternehmen und Wertpapierhandelsbanken *Braun/Heinrich,* NZI 2005, 578.

[5] Begründung des RegE, BR-Drucks. 715/02, S. 15; krit. zur Umsetzung der RL 2001/17/EG *Heiss/Gölz,* NZI 2006, 1.

[6] Vgl. auch *Kokemoor,* WM 2005, 1881, 1883.

[7] Ebenso *Andres/Leithaus/Dahl,* InsO, Vor §§ 335 ff. Rn. 19; *Mohrbutter/Ringstmeier/Wenner,* Insolvenzverwaltung, § 20 Rn. 255.

Erster Abschnitt. Allgemeine Vorschriften

§ 335 Grundsatz

Das Insolvenzverfahren und seine Wirkungen unterliegen, soweit nichts anderes bestimmt ist, dem Recht des Staats, in dem das Verfahren eröffnet worden ist.

Übersicht

1. Normzweck

Es handelt sich um die **Grundnorm des deutschen Internationalen Insolvenzrechts.** Durch diese kollisionsrechte Bestimmung wird festgelegt, welche Rechtsordnung auf ein Insolvenzverfahren und seine Wirkungen Anwendung findet. Die Norm ist als **allseitige Kollisionsnorm** ausgestaltet. Dies bedeutet, dass sowohl eine Regelung dahingehend getroffen wird, dass bei Eröffnung eines Verfahrens im Inland deutsches Recht zur Anwendung kommt, als auch, dass bei Eröffnung eines Verfahrens im Ausland auch im Inland anerkannt wird, dass dieses Verfahren und seine Wirkungen nach dem jeweiligen ausländischen Recht durchgeführt werden, soweit dieses ausländische Recht dies so vorsieht.[1] 1

Dieser Grundsatz ist mehrfach eingeschränkt. In den §§ 336, 337, 339, 340, 351 Abs. 2 und § 354 Abs. 3 finden sich verschiedene abweichende Bestimmungen.

[1] *Gottwald,* Insolvenzrechtshandbuch, § 131 Rn. 4.

2. Lex fori concursus

2 In der Bestimmung wird auf das Recht des Staates, in dem das Verfahren eröffnet worden ist, zurückgegriffen. Dieses Recht wird als lex fori concursus bezeichnet. Die Wahl dieser Rechtsordnung beruht auf ihrer größten Nähe zum Schuldner und mit ihm in Zusammenhang stehenden Rechtsfragen. Hierbei wird unterstellt, dass das Insolvenzverfahren über das Vermögen des Schuldners in dem Staat eröffnet wird, zu dem der Schuldner die engste Beziehung hat. Dies ist eine Frage der internationalen Zuständigkeit, die im autonomen deutschen Internationalen Insolvenzrecht nicht ausdrücklich geregelt wird (vgl. unten Rn. 9).

3. Begriff des Insolvenzverfahrens

3 Um überhaupt zu einer Anwendung des Internationalen Insolvenzrechts und damit der lex fori concursus zu gelangen, muss zunächst festgestellt werden, ob ein Insolvenzverfahren vorliegt. Eine Definition, was das deutsche Recht hierunter versteht, findet sich in § 1. Verfahren nach ausländischem Recht müssen entsprechend ihrer Zielsetzung hieran gemessen werden.

4 Während die §§ 335-358 auf Konkurs-, Vergleichs- oder Gesamtvollstreckungsverfahren nicht anwendbar sind, gelten sie auch in Verbraucherinsolvenzverfahren.[1]

5 Unter den Begriff eines Insolvenzverfahrens i. S. d. Vorschrift fallen sowohl Haupt- als auch Sekundär- und Partikularinsolvenzverfahren i. S. d. §§ 354, 356. Bei Sekundärinsolvenzverfahren findet das Recht des Staates, in dem das Sekundärverfahren eröffnet wurde (lex fori concursus secundariae), Anwendung.

4. Insolvenzverfahren und seine Wirkungen

6 Die lex fori concursus soll für das Insolvenzverfahren und seine Wirkungen gelten. Hierzu gehören die Eröffnung, die Durchführung und die Beendigung eines Insolvenzverfahrens. Auch auf ein Insolvenzantragsverfahren ist die lex fori concursus anwendbar. Sie gilt ferner sowohl für das Verfahrensrecht als auch das materielle Insolvenzrecht.

7 Die Norm erfasst damit jegliche insolvenzrechtliche Bestimmung. Schwieriger ist die Qualifikation, welche Regeln insolvenzrechtlicher Art sind.[2] Soweit dies nicht gegeben ist, gilt nicht das internationale Insolvenzrecht, sondern allgemeines Kollisionsrecht (IPR).

8 Maßgeblich ist, ob die Norm auch außerhalb der Insolvenz gilt oder ob sie eine spezielle Regelung für den Fall der Insolvenz darstellt. Es kann umgekehrt auch nicht allein davon ausgegangen werden, dass insolvenzrechtliche Regelungen ausschließlich in der Insolvenzordnung zu finden sind. Neben der InsVV oder dem EGInsO sind etwa im deutschen Recht auch § 30 d ZVG oder § 153 b ZVG als insolvenzrechtliche Normen zu qualifizieren.[3] Durch das zum 1. 11. 2008 in Kraft gesetzte Gesetz zur Modernisierung des GmbH-Rechts

---

[1] Vgl. hierzu *Hergenröder,* ZVI 2005, 233.

[2] Vgl. näher MünchKomm-*Reinhart,* InsO, § 335 Rn. 16 ff.

[3] *Liersch,* Sicherungsrechte im Internationalen Insolvenzrecht, S. 127.

und zur Bekämpfung von Missbräuchen (MoMiG)[1] wurde das bislang insbesondere in den §§ 32 a, 32 b GmbHG geregelte Eigenkapitalersatzrecht rechtsformneutral als „Recht der Gesellschafterdarlehen“ in die InsO verortet.[2] Die frühere Streitfrage[3] über die Qualifizierung der Vorschriften des Eigenkapitalersatzrechts hat sich daher zugunsten einer insolvenzrechtlichen Qualifizierung erledigt.[4]

Auch die Insolvenzantragspflicht ist als insolvenzrechtlich zu qualifizieren. Dies folgt aus der Wertung des Gesetzgebers, die Antragspflicht rechtsformneutral in § 15 a neu zu fassen.[5] Anerkannt dürfte sein, dass die Insolvenzantragspflicht auch als erfüllt anzusehen ist, wenn der Antrag über das Vermögen einer inländischen Kapitalgesellschaft bei einem zuständigen ausländischen Gericht eingereicht ist.[6]

5. Internationale Zuständigkeit

Die internationale Zuständigkeit ist im autonomen deutschen Internationalen Insolvenzrecht anders als in der EuInsVO nicht ausdrücklich geregelt.[7] Entsprechend dem allgemeinen Prozessrecht ist auch im Insolvenzrecht deshalb auf die Regeln der örtlichen Zuständigkeit in § 3 zurückzugreifen. 9

Inländische Insolvenzgerichte sind international zuständig, wenn der **Mittelpunkt der selbstständigen wirtschaftlichen Tätigkeit** des Schuldners im Inland liegt. Übt der Schuldner keine selbstständige wirtschaftliche Betätigung aus, ist maßgeblich, ob der Schuldner seinen allgemeinen Gerichtsstand im Inland hat. Der Vollzug der Untersuchungshaft gegen den Schuldner führt weder zur Verlagerung des Mittelpunktes seiner hauptsächlichen Interessen noch zur Begründung eines neuen Wohnsitzes.[8] 10

Auch § 3 Abs. 2 ist entsprechend auf die Frage der internationalen Zuständigkeit anzuwenden. Ist bereits bei einem zuständigen Gericht im Ausland die Eröffnung eines Insolvenzverfahrens beantragt worden, schließt dies inländische Gerichte, die ansonsten auch zuständig wären, aus. Diese entsprechende Anwendung von § 3 Abs. 2 ergibt sich aus dem Gedanken des § 343 Abs. 2, wonach auch Maßnahmen in ausländischen Insolvenzantragsverfahren anerkannt werden. 11

Eine Sonderregelung zur Zuständigkeit befindet sich in § 348. Dies betrifft jedoch nur die Zuständigkeit für Entscheidungen nach §§ 344-346. 12

---

[1] BGBl. I 2008 S. 2026.

[2] Vgl. hierzu die Kommentierung bei § 39 und § 135.

[3] Vgl. zum alten Recht etwa *Wienberg/Sommer,* NZI 2005, 353.

[4] Vgl. AG Hamburg NZI 2009, 197, 197 zu § 135 Abs. 1.

[5] So bereits auch zuvor LG Kiel NZI 2006, 482 m. Anm. *Mock,* hierzu auch *Just,* ZIP 2006, 1251, ferner *Schmidt,* ZInsO 2006, 737; *Eidenmüller,* NJW 2005, 1618, 1620; *Paulus,* ZIP 2002, 729, 734; *Lieder,* DZWIR 2005, 399; *Vallender,* ZGR 2006, 425, 440.

[6] So AG Köln NZI 2005, 564; *Vallender/Fuchs,* ZIP 2004, 829, 830 ff.; *Paulus,* Über den Einfluss des europäischen Insolvenzrechts auf das deutsche Insolvenzwesen, in FS für Kreft, S. 461–481, S. 475; *Smid,* DZWIR 2006, 45, 48; differenzierend *Mock,* NZI 2006, 24; aA: jedoch *Wagner,* ZIP 2006, 1934.

[7] Vgl. auch die Kommentierung unter Rn. 19.

[8] BGH NZI 2008, 121.

6. Besonderheiten im europäischen Recht

a) Lex fori concursus

13 Die § 335 entsprechende Norm des europäischen Rechts ist Art. 4 Abs. 1 EuInsVO. Der Wortlaut ist fast identisch. Auch hier handelt es sich um eine allseitige Kollisionsnorm. Ein inhaltlicher Unterschied besteht bezüglich dieser Grundnorm zwischen deutschem und europäischem Recht nicht.

14 Eine Besonderheit des europäischen Rechts stellt hingegen die Aufzählung von nicht abschließenden Beispielen dar, wie sie in Art. 4 Abs. 2 EuInsVO aufgeführt sind.[1] Hier sind Regelungsbereiche genannt, die sich nach der lex fori concursus bestimmen. Das Insolvenzantragsverfahren ist dort zwar nicht ausdrücklich genannt, aus Art. 25 Abs. 1, Unterabs. 3 EuInsVO ergibt sich jedoch, dass die lex fori concursus auch in Antragsverfahren Geltung haben muss.[2]

15 Die EuInsVO enthält ferner im Anhang A eine Auflistung der Verfahren, die als Insolvenzverfahren zu qualifizieren sind. Für Deutschland sind dort das Konkursverfahren, das gerichtliche Vergleichsverfahren, das Gesamtvollstreckungsverfahren sowie das Insolvenzverfahren genannt. Angesichts der Definition des Geltungsbereiches der EuInsVO gem. Art. 43 EuInsVO, nämlich dass die Verordnung nur auf solche Verfahren Anwendung findet, die nach ihrem Inkrafttreten eröffnet worden sind, und heute nur noch Insolvenzverfahren eröffnet werden können, ist die Nennung der anderen Verfahren entbehrlich.

16 Für den Praktiker erleichtert die Aufzählung die Anwendbarkeit des ausländischen Rechts. In Anhang C sind zudem die Bezeichnungen für Verwalter in Insolvenzverfahren in den EU-Mitgliedstaaten aufgeführt.

b) Begriff des Insolvenzverfahrens

17 Art. 1 Abs. 1 EuInsVO enthält eine Definition der Verfahren, die in den sachlichen Anwendungsbereich der Verordnung fallen. Maßgeblich ist jedoch die abschließende Aufzählung der von der EuInsVO erfassten Verfahren in Anhang A der Verordnung.[3] Dies gilt auch dann, wenn sich das nationale Recht bezüglich eines aufgelisteten Verfahrens zwischenzeitlich geändert hat. Änderungen in Anhang A sind gem. Art. 45 EuInsVO möglich. Diese Änderungen sind an der Definition des Art. 1 Abs. 1 EuInsVO zu messen.

18 Gem. Art. 1 Abs. 2 EuInsVO findet die Verordnung keine Anwendung auf Insolvenzverfahren über das Vermögen von Versicherungsunternehmen oder Kreditinstituten, von Wertpapierfirmen, die Dienstleistungen erbringen, welche die Haltung von Geldern oder Wertpapieren Dritter umfassen, sowie von Organismen für gemeinsame Anlagen.

c) Internationale Zuständigkeit

19 **aa) Gesetzliche Regelung.** Das europäische Recht hat in Art. 3 Abs. 1 EuInsVO eine eigene Regelung der internationalen Zuständigkeit, die auch von § 3 Abs. 1 abweicht. Art. 3 Abs. 1 EuInsVO ist damit eine Sonderregelung, die in grenzüberschreitenden Sachverhalten innerhalb der EU das deutsche Recht gem. § 3 Abs. 1 insoweit verdrängt. Nach Art. 3 Abs. 1 EuInsVO sind für die

---

[1] *Duursma-Kepplinger,* Europäische Insolvenzverordnung, Art. 4 Rn. 12 ff.

[2] So auch *Vallender,* KTS 2005, 283, 306.

[3] *Huber,* in *Hass/Huber/Gruber/Heiderhoff,* EU-Insolvenzverordnung, Art. 1 Rn. 4.

Eröffnung des Insolvenzverfahrens die Gerichte des Mitgliedstaats zuständig, in dessen Gebiet der Schuldner den **Mittelpunkt seiner hauptsächlichen Interessen** (COMI – Center of Main Interests) hat.[1] Anders als § 3, der auf die selbstständigen wirtschaftlichen Interessen abstellt, findet die Definition des Art. 3 Abs. 1 EuInsVO auch auf Schuldner Anwendung, die keine selbstständige wirtschaftliche Tätigkeit ausüben.[2] § 3 Abs. 1 greift für diesen Personenkreis stattdessen auf den allgemeinen Gerichtsstand zurück. Art. 3 Abs. 1 S. 2 EuInsVO enthält noch die **Vermutung,** dass bei Gesellschaften und juristischen Personen bis zum Beweis des Gegenteils vermutet wird, dass der Mittelpunkt ihrer hauptsächlichen Interessen der Ort des satzungsmäßigen Sitzes ist. Die Vermutungsregelung entbindet das Insolvenzgericht nicht von seiner Amtsermittlungspflicht hinsichtlich der Voraussetzungen der internationalen Zuständigkeit.[3] Andererseits hat der Antragsteller alle die Zuständigkeit des angerufenen Gerichts begründenden Umstände anzugeben.[4]

bb) Auslegung des Begriffs des „Center of Main Interest" (COMI). 20
Der Tatbestand des „Mittelpunktes der hauptsächlichen Interessen" (engl. „Center of Main Interest") ist auslegungsbedürftig. Erwägungsgrund 13 zur EuInsVO definiert ihn als den Ort, an dem der Schuldner gewöhnlich der Verwaltung seiner Interessen nachgeht und damit für Dritte feststellbar ist.

Erste Rechtsprechung englischer Gerichte zu Art. 3 EuInsVO nahm trotz der Vermutungsregelung in Art. 3 Abs. 1 S. 2 EuInsVO an, dass allein eine Konzernbindung und der Sitz der Muttergesellschaft im Staat der Verfahrenseröffnung ausreichen würden, um auch eine Zuständigkeit zur Eröffnung des Verfahrens über die Tochtergesellschaft dort anzunehmen.[5] Dies wurde maßgeblich mit der Leitungsmacht der Muttergesellschaft bezüglich der Geschäftstätigkeit der Tochtergesellschaft begründet. Diese weite Auslegung ist abzulehnen. Der EuGH hat inzwischen festgestellt, dass die Tatsache, dass die wirtschaftlichen Entscheidungen der Schuldnerin von einer Muttergesellschaft mit Sitz in einem anderen Mitgliedstaat kontrolliert werden oder kontrolliert werden können, nicht ausreicht, um die mit der Verordnung aufgestellte Vermutung der Zuständigkeit am Sitz der Schuldnerin zu entkräften.[6] Der EuGH hat festgestellt, dass die gesetzliche Ver-

---

[1] Vgl. auch AG Duisburg NZI 2003, 160.

[2] *Duursma-Kepplinger,* Europäische Insolvenzverordnung, Art. 3 Rn. 18.

[3] Ebenso *Smid,* DZWIR 2004, 397, 401; *Herchen,* ZInsO 2004, 825, 827; *Vallender,* KTS 2005, 283, 294; aA: *Duursma-Kepplinger,* Europäische Insolvenzverordnung, Art. 3 Rn. 24.

[4] BGH NZI 2008, 121; AG Köln NZI 2006, 57, m. Anm. *Mankowski,* EWiR 2006, 109; ebenso *Huber,* Inländische Insolvenzverfahren über Auslandsgesellschaften nach der Europäischen Insolvenzverordnung, in FS für Gerhardt, S. 397–431, S. 406 f.

[5] High Court of Justice (Enron Directo S L), (n. v.); High Court of Justice (BRAC-Budget) ZIP 2003, 818; hierzu *Sabel/Schlegel,* EWiR 2003, 367; *Herchen,* ZInsO 2003, 742; High Court of Justice Leeds (ISA Deutschland GmbH/Supplies Team GmbH/PAR Beteiligungs-GmbH) ZIP 2003, 1362; hierzu *Paulus,* EWiR 2003, 709; *ders.,* ZIP 2003, 1725; High Court of Justice (Crisscross), BAnz vom 9. 7. 2003; High Court of Justice (Rover) ZIP 2005, 1610; m. Anm. *Mankowski,* EWiR 2005, 637; zumindest zweifelhaft auch die sich daran orientierende Rechtsprechung des AG München (Hettlage) ZIP 2004, 962; m. Anm. *Paulus,* EWiR 2004, 493; ebenso AG Siegen (Zenith) NZI 2004, 673; m. Anm. *Mankowski,* EWiR 2005, 175; AG Offenburg (Hukla-Werke) (n. v.), m. Anm. *Pannen/Riedemann,* EWiR 2005, 73.

[6] EuGH NZI 2006, 360, 361, hierzu *Poertz/Adam,* ZInsO 2006, 505.

mutung nur widerlegt werden kann, sofern objektive und für Dritte feststellbare Elemente belegen, dass in Wirklichkeit die Lage nicht derjenigen entspricht, die die Verordnung am satzungsmäßigen Sitz widerspiegeln soll. Dies soll etwa bei einer „Briefkastenfirma" der Fall sein, die im Gebiet des Mitgliedstaates, in dem sich ihr satzungsmäßiger Sitz befindet, keiner Tätigkeit nachgeht.[1] Der EuGH folgt damit der auch bislang herrschenden Auffassung der deutschen und österreichischen Rechtsprechung und Literatur.[2] Es zeichnet sich ab, dass englische Gerichte dieser Auslegung nunmehr offener gegenüberstehen.[3] Für eine überschießende Interpretation der Entscheidung des EuGH, wonach eine Widerlegung der Vermutung nur erfolgen kann, wenn die Aktivitäten des Schuldners in dem anderen Mitgliedstaat diejenigen in dem Sitzstaat umfangmäßig ganz erheblich übersteigen, ist jedoch kein Raum.[4] In diesem Sinne hat das AG Köln entschieden, dass untergeordnete Tätigkeiten der Schuldnerin im Sitzland einer Widerlegung der Vermutung nicht entgegenstehen.[5]

Auch nach Einstellung der werbenden Tätigkeit ist die Abwicklungstätigkeit an einem dritten Ort daran zu messen, inwiefern objektive und für Dritte feststellbare Elementen diese erkennen lassen.[6]

21 **cc) Maßgeblicher Zeitpunkt.** Insbesondere bei natürlichen Personen ist es möglich, dass sich durch eine Veränderung des Ortes des gewöhnlichen Aufenthaltes des Schuldners[7] auch der Mittelpunkt der hauptsächlichen Interessen des Schuldners verändern kann.[8] Es war zunächst streitig, inwiefern der Zeitpunkt der Insolvenzantragstellung[9] oder der Zeitpunkt der Eröffnung des Verfahrens[10] maßgeblich sein soll. Inzwischen hat der EuGH auf Grund einer Vorlage des

---

[1] EuGH NZI 2006, 360, 361.

[2] So LG Innsbruck KTS 2005, 223 m. Anm. *Schopper;* ebenso AG Weilheim i. OB ZIP 2005, 1611, hierzu *Pannen/Riedemann;* EWiR 2005, 791; AG Mönchengladbach ZIP 2004, 1064 m. Anm. *Bähr/Riedemann;* hierzu auch *Kebekus,* EWiR 2004, 705; für die Annahme einer „engen" Auslegung auch *von der Fecht,* Die Insolvenzverfahren nach der neuen EG-Verordnung, in FS für Metzeler, S. 121–135, S. 125, *Weller,* IPRax 2004, 412, 415 f.; *ders.,* ZHR 169 2005, 570, 581 ff.; *Kübler,* Der Mittelpunkt der hauptsächlichen Interessen nach Art. 3 Abs. 1 EuInsVO, in FS für Gerhardt, S. 527–562, 550 ff.; *Pannen/Riedemann,* NZI 2004, 646, 651; nunmehr auch BGH BeckRS 2006, 08542, sowie AG Nürnberg ZIP 2006, 83 m. Anm. *Kebekus.*

[3] High Court of Justice (Brochier Ltd.) NZI 2007, 187; vgl. hierzu *Andres/Grund,* NZI 2007, 137; zum Standortwettbewerb zwischen Deutschland und England unter Einbeziehung der Sanierungsmöglichkeiten vgl. *Vallender,* NZI 2007, 129; s. auch *Eidenmüller,* ZGR 2006, 467.

[4] So jedoch Arrondissementsgericht Amsterdam ZIP 2007, 492; krit. hierzu ebenfalls *Paulus,* EWiR 2007, 143.

[5] AG Köln NZI 2008, 257, 259 ff.

[6] AG Hamburg NZI 2006, 652 m. Anm. *Klöhn.*

[7] Vgl. hierzu *Mankowski,* NZI 2005, 368, 369 f.

[8] Grundlegend hierzu *Klöhn,* KTS 2006, 259.

[9] AG Celle NZI 2005, 410, m. Anm. *Mankowski,* NZI 2005, 368, 369, sowie *Knof,* ZInsO 2005, 1071, 103 f.; *Liersch,* NZI 2004, 141; *Weller,* IPRax 2004, 412, 416; *Laukemann,* RIW 2005, 104, 107 ff.; *Virgós/Garcimartin,* The European Insolvency Regulation: Law and Practice 2004, 49; *Haubold,* Europäische Insolvenzverordnung, in *Gebauer/Wiedmann* (Hrsg.), Zivilrecht unter europäischem Einfluss, Kap. 30 Rn. 51.

[10] Court of Appeal NZI 2005, 571 m. Anm. *Mankowski*; LG Wuppertal ZInsO 2002, 1099; wohl auch *Wessels,* Current Topics of International Insolvency Law, 2004, S. 254 f.

BGH[1] diese Rechtsfrage zutreffend zugunsten des Zeitpunktes der Insolvenzantragstellung entschieden.[2] Auch die Verlagerung der Aktivitäten und damit die Verschiebung des COMI kurz vor Antragsstellung ändert daran grundsätzlich nichts.[3] Ein anderes mag allenfalls in (evidenten) Missbrauchsfällen gelten.[4] Daraus kann jedoch nicht geschlossen werden, dass die Zuständigkeit zum Zeitpunkt eines ersten Insolvenzantrages auch für spätere Insolvenzanträge über das Vermögen des Schuldners fortgilt, wenn die zuständigkeitsbegründenden Merkmale bereits vor den späteren Insolvenzanträgen weggefallen sind und der erste Insolvenzantrag zur Erledigung gekommen ist.[5]

dd) Zuständigkeit bei inländischer Tätigkeit einer EU-Kapitalgesellschaft. Eine Zuständigkeit deutscher Gerichte zur Eröffnung eines Hauptinsolvenzverfahrens über das Vermögen einer ausländischen EU-Kapitalgesellschaft – etwa einer englischen Limited (Ltd.) – ist jedenfalls dann gegeben, wenn sich deren Geschäftstätigkeit allein auf Deutschland beschränkt. Dies gilt auch dann, wenn die werbende Tätigkeit bereits vor Insolvenzantragstellung vollständig eingestellt ist.[6] Auch die Rechtsmissbräuchlichkeit der Gründung der EU-Auslandsgesellschaft ändert nichts an der Zuständigkeit.[7] Die Zuständigkeit besteht jedoch nicht mehr, wenn die Gesellschaft bereits aufgelöst und keine vertretungsberechtigte Person in Deutschland auffindbar ist.[8] 22

ee) Negativer Kompetenzkonflikt. Das Auseinanderfallen der Anknüpfung der Zuständigkeit in Art. 3 Abs. 1 EuInsVO und § 3 Abs. 1 kann zu einem negativen Kompetenzkonflikt führen, wenn die EuInsVO zur Zuständigkeit eines deutschen Gerichts käme, nach § 3 Abs. 1 jedoch kein deutsches Gericht örtlich zuständig wäre. Aus diesem Grund hat der deutsche Gesetzgeber in den Bestimmungen zur Durchführung der EuInsVO in Art. 102 § 1 Abs. 1 EGInsO nF geregelt, dass in diesen Fällen abweichend von § 3 Abs. 1 das Gericht örtlich zuständig ist, in dessen Bezirk der Schuldner den Mittelpunkt seiner hauptsächlichen Interessen hat. 23

ff) Positiver Kompetenzkonflikt. Zur Vermeidung von Kompetenzkonflikten gilt das Prioritätsprinzip. Dieses folgt im deutschen Recht aus § 3 Abs. 2. Weitergehende Regelungen für grenzüberschreitende Insolvenzverfahren normiert Art. 102 §§ 3f. EGInsO. Hat etwa das Gericht eines anderen Mitgliedstaates der EU ein Hauptinsolvenzverfahren eröffnet, so ist gem. Art. 102 § 3 Abs. 1 EGInsO, solange dieses Insolvenzverfahren anhängig ist, ein bei einem inländischen Insolvenzgericht gestellter Antrag auf Eröffnung 24

[1] BGH NZI 2004, 139 m. Anm. *Liersch;* hierzu auch *Mankowski,* EWiR 2004, 229.

[2] EuGH ZIP 2006, 188 m. Anm. *Knof/Mock;* hierzu auch *Schmidt,* ZInsO 2006, 88; dem folgend: BGH ZIP 2006, 529; *Duursma-Kepplinger,* DZWIR 2006, 177.

[3] AG Köln NZI 2008, 257, 259 ff.

[4] AG Köln NZI 2008, 257, 260.

[5] Ebenso *Knof,* ZInsO 2006, 754; *Mankowski,* EWiR 2006, 397; aA: BGH ZIP 2006, 767; *Graf-Schlicker/Kebekus/Sabel,* InsO, Art. 3 EuInsVO Rn. 9.

[6] AG Hamburg ZIP 2005, 2275; m. Anm. *Herweg/Tschauner,* EWiR 2006, 169; vgl. auch *Klöhn,* NZI 2006, 383.

[7] AG Saarbrücken, ZIP 2005, 2027; m. Anm. *Pannen/Riedemann,* EWiR 2005, 701.

[8] AA: AG Hamburg ZIP 2003, 1008; m. Anm. *Brenner,* EWiR 2003, 925; *Mock/Schildt,* ZInsO 2003, 396; *Müller,* NZG 2003, 414.

eines solchen Verfahrens über das zur Insolvenzmasse gehörende Vermögen unzulässig.[1]

24a Die EuInsVO hat das Prioritätsprinzip nicht ausdrücklich normiert, setzt es in Art. 16 Abs. 2 sowie Art. 3 Abs. 3 EuInsVO jedoch voraus.[2]

24b Im Anwendungsbereich der EuInsVO war es zunächst streitig, inwiefern der maßgebliche Anknüpfungspunkt für die Entscheidung der Priorität der Zeitpunkt der Antragstellung[3] oder der der Eröffnung[4] ist. Nach einer Vorlage durch den Supreme Court of Ireland[5] liegt inzwischen eine Entscheidung des EuGH[6] vor.

24c Nach Ansicht des EuGH ist bei der Entscheidung über die Priorität der Zeitpunkt der Eröffnung des Insolvenzverfahrens maßgeblich. Das Erste eröffnete Insolvenzverfahren hat Priorität. Der EuGH hat sich in dieser Frage somit nicht den Schlussanträgen des Generalanwaltes angeschlossen, der für den Zeitpunkt der Antragstellung plädiert hatte.[7] Im Ergebnis kommt jedoch auch der EuGH zu einer zeitlichen Vorverlagerung des maßgeblichen Zeitpunkts im Hinblick auf die Prüfung der Priorität, da der EuGH in dem genannten Urteil auch Entscheidungen des Insolvenzgerichts im Insolvenzantragsverfahren als Eröffnungsentscheidungen i. S. v. Art. 16 EuInsVO betrachtet. Nach Ansicht des EuGH genügt eine Entscheidung im Insolvenzantragsverfahren, soweit hierdurch zum einen das schuldnerische Vermögen in Beschlag genommen wird und zum anderen es zur Bestellung eines in Anhang C der Verordnung genannten Verwalters kommt.

24d Bei der Entscheidung über die Priorität bleibt kein Raum zur Anwendung nationaler Regelungen, die eine Rückwirkung der Eröffnungsentscheidung auf das Datum der Antragstellung ermöglichen,[8] da sich die Priorität bereits aus europäischem Recht ergibt. Der EuGH hat in seiner Entscheidung vom 2. Mai

---

[1] Unrichtig daher AG Düsseldorf ZIP 2003, 1363; vgl. hierzu *Mankowski,* EWiR 2003, 767 sowie *Paulus,* ZIP 2003, 1725. Richtig jedoch La Cour d'appel de Versailles ZIP 2004, 377; m. Anm. *Mankowski,* EWiR 2003, 1239.

[2] HM, vgl. nur *Duursma-Kepplinger/Duursma/Chalupsky,* Europäische Insolvenzverordnung, 2002, Art. 16 Rn. 15; *Moss/Fletcher/Isaacs,* The EC Regulation on Insolvency Proceedings, 2002, Rn. 8.47 S. 171.

[3] High Court Dublin ZIP 2004, 1223; m. Anm. *Herweg/Tschauner,* EWiR 2004, 599; Stadtgericht Prag ZIP 2005, 1431.

[4] Tribunale Civile di Parma ZIP 2004, 1220; m. Anm. *Riera/Wagner,* EWiR 2004, 597; AG Mönchengladbach NZI 2004, 383 m. Anm. *Lautenbach,* LG Hamburg NZI 2005, 645; m. Anm. *Schilling/Schmidt,* EWiR 2006, 15; *Herchen,* ZInsO 2004, 61, 63 ff.; *ders.,* ZInsO 2004, 825; 829; *ders.,* ZIP 2005, 1401, 1403 ff.; *Wimmer,* ZInsO 2005, 119, 125 ff.; *Eidenmüller,* NJW 2004, 3455, 3457 f.

[5] The Supreme Court of Ireland ZIP 2004, 1969; m. Anm. *Smid,* DZWIR 2005, 64; sowie *Herweg/Tschauner,* EWiR 2004, 973.

[6] EuGH ZIP 2006, 907 m. Anm. *Knof/Mock;* hierzu auch *Poertzgen/Adam,* ZInsO 2006, 505; *Kammel,* NZI 2006, 334.

[7] EuGH GA, Schlussanträge, ZIP 2005, 1878; m. Anm. *Pannen/Riedemann,* EWiR 2005, 725.

[8] Ebenso *Hass/Herweg,* in *Hass/Huber/Gruber/Heiderhoff,* EU-Insolvenzverordnung, Art. 3 Rn. 37; *Virgós/Garcimartin,* The European Insolvency Regulation: Law and Practice, 2004, S. 57; *Haubold,* Europäische Insolvenzverordnung, in *Gebauer/Wiedmann (Hrsg.),* Zivilrecht unter europäischem Einfluss, Kap. 30 Rn. 76; *Paulus,* EuInsVO, Art. 3 Rn. 14; anders jedoch High Court of Dublin ZIP 2004, 1223; m. Anm. *Herweg/Tschauner,* EWiR 2004, 599.

2006 daher zu Recht auch nicht auf die Rückwirkungsfiktion Bezug genommen.

Zwar bleiben Zweifel, inwiefern in der Entscheidung über die Anordnung von sichernden Maßnahmen im Antragsverfahren bereits eine Eröffnungsentscheidung i. S. v. Art. 16 EuInsVO gesehen werden kann, zumal die EuInsVO bereits selbst zwischen Maßnahmen im Antragsverfahren und der Verfahrenseröffnung selbst unterscheidet.[1] Die Praxis wird sich jedoch an der Rechtsprechung des EuGH orientieren. Fraglich bleibt, inwiefern die Anordnung einer vorläufigen Insolvenzverwaltung im deutschen Recht als Eröffnungsentscheidung i. S. d. Art. 16 EuInsVO verstanden werden kann. Die vom EuGH aufgestellte zweite Voraussetzung, wonach eine Eröffnung dann vorliegen kann, wenn ein Verwalter i. S. d. Anhangs C der Verordnung bestellt ist, ist erfüllt, da der deutsche vorläufige Insolvenzverwalter dort ausdrücklich genannt ist. Fraglich bleibt daher allein, inwiefern in der Anordnung der vorläufigen Insolvenzverwaltung ein Vermögensbeschlag entsprechend den Ausführungen des EuGH gesehen werden kann. Hier bestehen zunächst Zweifel, zumal das deutsche Insolvenzantragsverfahren als Parteiverfahren der Dispositionsbefugnis des Antragstellers unterliegt und bis zur Insolvenzeröffnung nach deutschem Recht eine Rücknahme des Insolvenzantrags jederzeit möglich ist. Ein endgültiger Verlust der Verfügungsbefugnis tritt daher noch nicht ein.[2] Dennoch ist anzuerkennen, dass zumindest bei Anordnung der vorläufigen Insolvenzverwaltung mit Übergang der Verfügungsbefugnis auf den vorläufigen Insolvenzverwalter eine der Eröffnung des Insolvenzverfahrens fast gleichgestellte Rechtsposition erlangt wird. Daher stellt nach in der Literatur nahezu einhelliger Auffassung jedenfalls die Anordnung der vorläufigen Insolvenzverwaltung mit Übergang der Verfügungsbefugnis auf den vorläufigen Insolvenzverwalter eine Eröffnungsentscheidung i. S. d. Art. 16 EuInsVO dar.[3] Diese Rechtsauffassung wird – soweit ersichtlich – bislang auch uneingeschränkt von ausländischen Gerichten geteilt.[4] Die Anordnung der vorläufigen Insolvenzverwaltung mit Zustimmungsvorbehalt ist hingegen nicht als Eröffnungsentscheidung i. S. d. Art. 16 EuInsVO zu betrachten.[5] **24e**

Art. 102 § 3 Abs. 1 S. 1 EGInsO ist im Lichte der Entscheidung des EuGH dahingehend auszulegen, als dass unter einem eröffneten Hauptinsolvenzverfahren eine Eröffnung nach Art. 16 EuInsVO zu verstehen ist. Es kann sich somit auch um ein Insolvenzantragsverfahren handeln, das die Voraussetzungen für eine Anerkennung als eröffnetes Verfahren i. S. v. Art. 16 EuInsVO erfüllt. Ein entgegen dem Prioritätsprinzip eröffnetes Verfahren ist gem. Art. 102 § 3 Abs. 1 S. 2 EGInsO nicht fortzusetzen. Gegen eine Eröffnung des inländischen Verfah- **24f**

[1] Krit. auch *Rauscher/Mäsch,* EuInsVO, Art. 16 Rn. 6; *Oberhammer,* Aktuelle Probleme des europäischen Insolvenzrechts, in Internationales Zivilprozess- und Verfahrensrecht IV, 2005, S. 117–138, S. 131 f.

[2] Gegen eine Anwendung der Rechtsprechung des EuGH auch auf dem vorläufigen Insolvenzverwalter mit Verfügungsbefugnis daher *Smid,* DZWIR 2006, 325.

[3] Vgl. Nachweise bei *Schmidt,* ZIP 2007, 405, 406; aA: *Smid* DZWIR 2006, 325, 326 f.

[4] Vgl. OLG Innsbruck NZI 2008, 700, 702 f.; County Court Craydon NZI 2009, 136, 136.

[5] *Paulus,* NZG 2006, 609; vgl. auch High Court of Justice (Brochier Ltd.) NZI 2007, 187; sowie *Moss,* 19 Insolvency Intelligence 2006, S. 97; i. d. S. auch AG Köln NZI 2009, 133, 135; aA: *Herchen,* NZI 2006, 435; *Pannen/Riedemann,* EWiR 2005, 725; *Graf-Schlicker/Kebekus/Sabel,* InsO, Art. 3 EuInsVO Rn. 20; *Schmidt,* ZIP 2007, 405.

rens ist auch der Verwalter des ausländischen Hauptinsolvenzverfahrens beschwerdebefugt. Die Einstellung eines solchen Verfahrens regelt Art. 102 § 4 EGInsO.[1] Die Einstellung des Verfahrens, die gem. § 19a Nr. 1 RPflG dem Richter vorbehalten ist, beendet dieses nicht mit rückwirkender Kraft. Sämtliche vor Einstellung getätigten Handlungen des Verwalters bleiben grundsätzlich gemäß Art. 102 § 4 Abs. 2 EGInsO wirksam. Dies gilt allerdings nach Auffassung des BGH dann nicht, wenn das (deutsche) Insolvenzgericht in Kenntnis des in einem anderen Staat bereits eröffneten Hauptinsolvenzverfahrens die Eröffnung eines inländischen (Haupt-)Insolvenzverfahrens beschließt; in diesem Fall ist das inländische Verfahren zumindest schwebend unwirksam.[2]

24g Grundsätzlich gilt, dass solange im Ausland lediglich ein Antragsverfahren anhängig ist, ein danach im Inland gestellter Antrag nicht als unzulässig abgewiesen werden darf.[3] Dies ist dann anders, wenn das ausländische Antragsverfahren im Inland als Eröffnungsentscheidung i. S. d. Art. 16 EuInsVO anzusehen ist. Zwar kann auch in dieser Konstellation die Situation eintreten, dass es in dem ausländischen Verfahren nicht zur Eröffnung kommt, dennoch kann dies nicht dazu führen, dass im Hinblick auf die Folgen der Anerkennungswirkung des Art. 16 EuInsVO danach differenziert wird, inwiefern nach dem ausländischen nationalen Recht lediglich ein Antragsverfahren bzw. ein eröffnetes Verfahren anhängig ist. Für die Wirkungen auf das nationale inländische Verfahren kommt es allein darauf an, dass eine Eröffnungsentscheidung i. S. d. Art. 16 EuInsVO vorliegt.

25 Gem. Art. 102 § 3 Abs. 2 EGInsO darf umgekehrt ein deutsches Insolvenzgericht die Eröffnung des Insolvenzverfahrens nicht mit der Begründung ablehnen, die Gerichte eines anderen Mitgliedstaates seien zuständig, wenn zuvor bereits das Gericht eines anderen Mitgliedstaates die Eröffnung des Insolvenzverfahrens abgelehnt hat, weil die deutschen Gerichte zuständig seien. Andererseits darf ein deutsches Gericht die Eröffnung eines Hauptverfahrens ablehnen, wenn es annimmt, dass sich der Mittelpunkt der hauptsächlichen Interessen in einem dritten Mitgliedstaat befindet.[4] Die grenzüberschreitende Verweisung eines Antragsverfahrens ist nicht möglich.[5]

d) Internationales Konzerninsolvenzrecht

26 Die EuInsVO enthält – wie das autonome deutsche Internationale Insolvenzrecht – keine Regelungen zur Behandlung grenzüberschreitender Konzerninsolvenzen. Insbesondere die weite Ausdehnung der COMI-Zuständigkeit durch englische Gerichte wurde in einen Zusammenhang mit konzerninsolvenzrechtlichen Regelungen gebracht.[6] Auch der europäische Gesetzgeber wollte jedoch gerade kein Konzerninsolvenzrecht schaffen.[7] Dies in Art. 3

---

[1] Vgl. hierzu AG Düsseldorf NZI 2004, 269 m. Anm. *Liersch.*

[2] BGH NZI 2008, 572, 574f.

[3] *Vallender,* KTS 2005, 283, 297.

[4] Begr. BT-Drucks. 15/16; HK-*Stephan,* Art. 102 § 3 Rn. 7.

[5] Ebenso *Mankowski,* NZI 2006, 87; *Wagner,* EWiR 2006, 433; aA: AG Hamburg NZI 2006, 486.

[6] Vgl. hierzu *Braun,* NZI 2004, Heft 1, V.

[7] *Virgós/Schmitt,* Erläuternder Bericht zum EuInsÜ vom 3. 5. 2996, abgedruckt u. a. in *Stoll* (Hrsg.), Vorschläge und Gutachten zur Umsetzung des EU-Übereinkommens über Insolvenzverfahren im deutschen Recht, S. 32–134, Nr. 76.

EuInsVO hineininterpretieren zu wollen geht fehl.[1] Insbesondere stellt eine juristisch selbstständige Tochtergesellschaft keine Niederlassung i. S. v. Art. 2 h) EuInsVO dar.[2]

De lege ferenda wäre ein internationales Konzerninsolvenzrecht zu begrüßen. Förderungswürdig sind Überlegungen dahingehend, die Koordinierung zwischen Insolvenzverfahren von Konzerngesellschaften an den Kriterien der Zusammenarbeit von Haupt- und Sekundärinsolvenzverwalter über das Vermögen der gleichen juristischen Person zu orientieren.[3] Hierzu liegen interessante Vorschläge vor.[4] Bedenken bestehen hinsichtlich einer materiellen Konsolidierung der Insolvenzmassen von insolventen Unternehmen eines Konzerns.[5]

e) Pflicht zur Begründung von Eröffnungsbeschlüssen

Hat der Insolvenzrichter Kenntnis davon oder ist anzunehmen, dass sich in einem anderen Mitgliedstaat der EU Vermögen des Schuldners befindet, sollen gem. Art. 102 § 2 EGInsO im Eröffnungsbeschluss die tatsächlichen Feststellungen und rechtlichen Erwägungen kurz dargestellt werden, aus denen sich eine Zuständigkeit für die deutschen Gerichte gem. Art. 3 EuInsVO ergeben. 27

7. Praxishinweis

a) Rechte und Pflichten des Insolvenzverwalters

Die Eröffnung eines Insolvenzverfahrens nach dem Recht des Staates der Verfahrenseröffnung über das weltweite Vermögen des Schuldners eröffnet dem Insolvenzverwalter einen umfangreichen Gestaltungsspielraum, den es zu nutzen gilt bzw. den der Insolvenzverwalter im Interesse der Gläubiger verpflichtet ist, auszufüllen. Der Insolvenzverwalter ist befugt, alle ihm durch den Eröffnungsbeschluss verliehenen Rechte gleichermaßen im In- wie im Ausland einzusetzen. Dazu gehört auch das Recht, Gegenstände aus anderen Staaten ins Inland zu verbringen.[6] Innerhalb der EU gilt dies gem. Art. 18 EuInsVO ohne ein Recht des ausländischen Staates, dem Insolvenzverwalter die verliehenen Rechte zu beschneiden. Grenzen stellen nur die Regeln der EuInsVO selbst dar. Soweit eine zwangsweise Durchsetzung der Befugnisse des Insolvenzverwalters im EU-Ausland notwendig ist, erfolgt dies gem. Art. 25 EuInsVO nach dem vereinfachten Exequatur-Verfahren gem. Art. 38-52 EuGVVO. Außerhalb der EU kann der Verwalter nur soweit agieren, wie das Recht des jeweiligen Staates die Befugnisse des Verwalters anerkennt. 28

---

[1] So auch *Lüer,* Art. 3 Abs. 1 EuInsVO – Grundlage für ein europäisches Konzerninsolvenzrecht oder Instrumentarium eines „Insolvenzimperialismus"?, in FS Greiner, 2005, S. 201–214, S. 212 f.

[2] *Vallender,* KTS 2005, 283, 303; *Eidenmüller,* ZHR 169 2005, 528, 562.

[3] *Liersch,* Das neue deutsche Internationale Insolvenzrecht – erste Erfahrungen aus der Praxis, in Grenzüberschreitendes Insolvenzrecht, 2004, S. 1–19, S. 18.

[4] *Van Galen,* The European Insolvency Regulation and Groups of Companies, erhältlich beim Internationl Insolvency Institute, *www.iiiglobal.org;* vgl. auch *Eidenmüller,* ZHR 169 2005, 528, 560 ff.; *Wittinghofer,* Der nationale und internationale Insolvenzverwaltungsvertrag, 2004, S. 339 ff.

[5] So aber *Paulus,* ZIP 2005, 1948.

[6] *Pannen/Kühnle/Riedemann,* NZI 2003, 72, 74.

Im Anwendungsbereich der EuInsVO ist für die in der Rechtspraxis wichtige Insolvenzanfechtung ferner von Bedeutung, dass nach der Rechtsprechung des EuGH die Gerichte des Eröffnungsstaates für solche Anfechtungsklagen international zuständig sind.[1] Zu Befugnissen des vorläufigen Insolvenzverwalters vergleiche § 344. An dieser Stelle wird auch auf die Rechte des inländischen vorläufigen Insolvenzverwalters gem. Art. 38 EuInsVO Bezug genommen.

b) Pflichten des Richters bzw. Sachverständigen

29 Gem. Art. 102 § 2 EGInsO sind Insolvenzrichter verpflichtet, im Eröffnungsbeschluss eine Begründung der internationalen Zuständigkeit vorzunehmen, auch wenn nur anzunehmen ist, dass sich Vermögen des Schuldners in einem anderen Mitgliedstaat der EU befindet. Dies setzt voraus, dass der Insolvenzrichter hiervon Kenntnis erlangt. Es gehört deshalb zu den Pflichten des Sachverständigen, im Rahmen des Insolvenzantragsverfahrens auch die internationale Zuständigkeit der deutschen Gerichte zu prüfen und insbesondere Angaben über Hinweise auf die Belegenheit von Vermögen im Ausland in seinem Sachverständigengutachten zu vermerken.[2] Ohne eine Prüfung der internationalen Zuständigkeit darf der Sachverständige nicht anregen, das Insolvenzverfahren zu eröffnen. Ausführungen zur internationalen Zuständigkeit sind im Gutachten jedoch auch nur dann erforderlich, wenn überhaupt Hinweise auf Auslandsberührungen bestehen.[3] Der Umfang der Darstellung der Vermögenswerte im Eröffnungsbeschluss hat seine Grenze dort, wo weitergehende Ausführungen den Verhältnismäßigkeitsgrundsatz verletzen. Angaben über Gegenstände im Ausland können Hinweise auf Unternehmensinterna darstellen, die dem Wettbewerbsinteresse des schuldnerischen Unternehmens widersprechen können.

30 Ein Verstoß gegen die Begründungspflicht lässt die Wirksamkeit der Eröffnungsentscheidung unberührt.[4]

§ 336 Vertrag über einen unbeweglichen Gegenstand

Die Wirkungen des Insolvenzverfahrens auf einen Vertrag, der ein dingliches Recht an einem unbeweglichen Gegenstand oder ein Recht zur Nutzung eines unbeweglichen Gegenstandes betrifft, unterliegen dem Recht des Staats, in dem der Gegenstand belegen ist. Bei einem im Schiffsregister, Schiffsbauregister oder Register für Pfandrechte an Luftfahrzeugen eingetragenen Gegenstand ist das Recht des Staates maßgebend, unter dessen Aufsicht das Register geführt wird.

---

[1] EuGH NZI 2009, 199, 200, BeckRS 2009, 709146.

[2] Vgl. auch *Vallender,* KTS 2005, 283, 286 f.

[3] Ebenso zum Prüfungsumfang des Insolvenzgerichts *Paulus,* ZIP 2002, 729, 731 f.; hilfreich für den ersten Überblick ist auch die Checkliste von *Duursma-Kepplinger,* NZI 2003, 87.

[4] *Wehdeking,* DZWIR 2003, 133, 136; *Vallender,* KTS 2005, 283, 312; *Wimmer,* Einpassung der EU-Insolvenzverordnung in das deutsche Recht durch das Gesetz zur Neuregelung des Internationalen Insolvenzrechts, in FS Kirchhof, S. 521–531, S. 525; aA: AG Nürnberg ZIP 2007, 81.

Übersicht

1. Normzweck

Die Norm enthält eine von § 335 abweichende **Sonderanknüpfung** bei Verträgen über einen unbeweglichen Gegenstand. Sie ist eine Kollisionsnorm, die eine bestimmte (abweichende) Rechtsnorm zur Anwendung bringt (im Gegensatz zu z. B. § 351, der jegliche „Berührung" des dinglichen Rechts ausschließt). Statt der lex fori concursus soll in den bezeichneten Fällen das Recht des Lageortes der unbeweglichen Sache, die **lex rei sitae,** zur Anwendung kommen, bei Schiffen und Luftfahrzeugen das Recht des Staates, unter dessen Aufsicht das jeweilige Register geführt wird. Diese Sonderanknüpfung wird mit sozialen Schutzbedürfnissen gerechtfertigt, wobei sehr fraglich ist, worin dieses Schutzbedürfnis etwa bei einem Kaufvertrag über ein Grundstück zwischen Kaufleuten oder auch bei einem Mietvertrag über Geschäftsräume bestehen soll. 1

Die Anwendung der Norm hat zur Folge, dass die Wirkung eines Insolvenzverfahrens, unabhängig davon, ob dieses im In- oder Ausland eröffnet wurde, auf schuldrechtliche[1] Verträge über unbewegliche Gegenstände jeweils nach dem Recht des Staates der Belegenheit bestimmt wird. Dies betrifft sowohl die Frage, ob ein Wahlrecht bei gegenseitigen Verträgen besteht, als auch, inwiefern Eingriffe des Insolvenzrechts bezüglich der vertraglichen oder gesetzlichen Kündigungsfristen bestehen. Hierbei ist es gleichgültig, ob der Schuldner oder die andere Vertragspartei Eigentümer des unbeweglichen Gegenstandes ist. 2

---

[1] Die Vorschrift § 336 beschreibt nicht ausdrücklich, ob nur schuldrechtliche oder auch dingliche Verträge gemeint sind. Das Pendant zu § 336, Art. 8 EuInsVO, soll nach *Smid*, EuInsVO, Art. 8, Rn. 5, sowohl obligatorische als auch dingliche Verträge, soweit nach den jeweiligen Rechtsordnungen eine Unterscheidung vorgenommen wird, erfassen. HK-*Stephan*, § 336 Rn. 6, und *Kübler/Prütting/Bork/Kemper,* § 336, Rn. 5, gehen jedoch davon aus, dass § 336 nur schuldrechtliche Verträge – wenn auch über die Änderung sachenrechtlicher Verhältnisse – betrifft. Verfügungsgeschäfte des Schuldners fielen jedoch nicht unter § 336. Dem ist zuzustimmen. Andererseits, könnte die Bestimmung der Rechtsordnung nach § 336 bzgl. der Verfügung des Schuldners mit der Bestimmung der Nichtberührung des dinglichen Rechts – weder durch das *lex fori concursus* noch durch das *lex rei sitae* – des verfügungsempfangenden Dritten aus § 351 Abs. 1 kollidieren. Unklar ist, ob *von Bismarck/Schümann-Kleber,* NZI, 2005, 89, 94, und NZI 2005, 147, 151, mit der Subsumtion der „Bestellung von Sicherheiten" unter § 336 den schuldrechtlichen Sicherheitenvertrag meinen, wie der Verweis auf Rn. 5 und 12 in dieser Kommentierung vermuten lässt, oder das dingliche Verfügungsgeschäft meinen, wie der Wortlaut vermuten lässt.

3 Es wird dabei unmittelbar auf die lex rei sitae verwiesen und nicht auf das internationale Vertragsrecht, wie dies noch eine entsprechende Regelung in § 380 RegE InsO 1992[1] vorgesehen hat. § 336 hat deshalb nun zur Folge, dass sich die Wirkungen eines Insolvenzverfahrens auf einen Vertrag etwa über das Eigentum an einem Grundstück, das in Deutschland belegen ist, immer nach deutschem Recht (§§ 103 ff.) bestimmen, selbst wenn das Insolvenzverfahren in Frankreich eröffnet wurde, beide Vertragspartner in Frankreich sitzen und der Vertrag vereinbarungsgemäß französischem Recht unterliegt. Umgekehrt ist die spanische Rechtsordnung einschließlich des spanischen Insolvenzrechts anwendbar, wenn der unbewegliche Gegenstand in Spanien belegen ist.

4 Die Norm stellt einen erheblichen **Eingriff in die Vertragsfreiheit** dar. Der Eingriff des Gesetzgebers lässt sich auch nicht mit allgemeinen sozialen Schutzbedürfnissen rechtfertigen.

2. Verträge über dingliche Rechte an einem unbeweglichen Gegenstand

5 § 336 S. 1 1. Alt. behandelt sämtliche Verträge, die ein dingliches Recht an einem unbeweglichen Gegenstand betreffen. Der Begriff des unbeweglichen Gegenstandes ist in § 49 legaldefiniert. Der Begriff der dinglichen Rechte ergibt sich aus dem Sachenrecht, wobei die hier maßgeblichen und normzweckentsprechend erfassten das Eigentum, die Grundpfandrechte sowie die Vormerkung sind.

6 Besonders in dieser Alternative, die in § 380 RegE InsO 1992 noch nicht vorgesehen war, führt die Norm zu unverständlichen Eingriffen in vertragliche Wettbewerbsbeziehungen. Es ist nicht ersichtlich, warum bei Grundstücksgeschäften, die sich auf im Inland belegenes Grundvermögen beziehen, ein größeres Schutzbedürfnis besteht als bei Verträgen über bewegliche Gegenstände.[2] Es ist insbesondere ein Irrtum, zu glauben, durch Anwendung der lex rei sitae würde ein geringerer Eingriff in das Vertragsrecht erfolgen. Es hängt von der Ausgestaltung des jeweils anwendbaren Insolvenzrechts ab, in welchem Umfang durch eine Insolvenzeröffnung ein Eingriff in das Vertragsrecht erfolgt. Unter Umständen wäre es auch möglich, dass die ausländische Insolvenzrechtsordnung weit weniger in das Vertragsrecht eingreift, als dies bei Geltung der lex rei sitae der Fall ist.

3. Verträge über Rechte zur Nutzung eines unbeweglichen Gegenstandes

7 § 336 S. 1 2. Alt. behandelt sämtliche Verträge, die ein Recht zur Nutzung eines unbeweglichen Gegenstandes betreffen. Solche Nutzungsverträge sind insbesondere die **Miete oder die Pacht von unbeweglichen Gegenständen,** d. h. i. d. R. von Grundstücken oder Räumen. Auch hier soll das Recht des Lageortes maßgeblich dafür sein, welche Wirkungen ein Insolvenzverfahren auf diese Verträge hat.

8 Während bei Verträgen über Wohnraum der Schutzzweck der Norm nachvollziehbar ist, bleiben bei sonstigen Miet- oder Pachtverhältnissen die gleichen

---

[1] RegE InsO, BR-Drucks. 1/92.

[2] Ebenso *Uhlenbruck/Lüer,* InsO, Art. 102 EGInsO Rn. 173.

Bedenken, wie sie bereits oben geäußert wurden. Ein ausreichender Schutz bestünde zudem, auch bei Verträgen über Wohnraum, durch eine Anknüpfung an das Recht, dem auch der Nutzungsvertrag unterliegt.

4. Schiffe und Luftfahrzeuge

Bei im Schiffsregister, Schiffsbauregister oder Register für Pfandrechte an Luftfahrzeugen eingetragenen Gegenständen gilt statt der lex rei sitae das Recht des Staates, unter dessen Aufsicht das Register geführt wird. Die lex rei sitae ließe sich aufgrund der regelmäßigen Änderungen des Lageortes kaum vorherbestimmen. 9

Wer Verträge über Schiffe oder Luftfahrzeuge schließt, die in Registern eingetragen sind, sollte deshalb im Rahmen der Vertragsverhandlungen auch das Insolvenzrecht des Staates prüfen, unter dessen Aufsicht das jeweilige Register geführt wird. Dieses Recht wird im Insolvenzverfahren über das Vermögen einer Vertragspartei hinsichtlich der Wirkungen dieses Insolvenzverfahrens auf den Vertrag maßgeblich sein, ganz gleich, wo das Insolvenzverfahren eröffnet wurde oder welchem Recht der Vertrag unterliegt. 10

5. Zeitliche Geltung

§ 336 findet nur auf solche Verträge Anwendung, die zum Zeitpunkt der Insolvenzeröffnung bereits abgeschlossen waren. Verträge, die der Insolvenzverwalter nach Eröffnung über unbewegliche Gegenstände schließt, werden nicht erfasst.[1] Dies kann aus der Entstehungsgeschichte der Norm[2] und aus dem Sinn und Zweck der Norm hergeleitet werden.[3] Eine Differenzierung danach, ob der Vertrag bereits vor Inkrafttreten des § 336 abgeschlossen war oder nicht, erfolgt hier nicht, da durch die Norm gerade eine Schutzvorschrift geschaffen wird, die keine unbillige Härte für Altverträge darstellt. 11

6. Besonderheiten im europäischen Recht

a) Art. 8 EuInsVO

Das europäische Recht enthält in Art. 8 EuInsVO eine zu § 336 fast identische Norm. Auch hier wird auf die lex rei sitae verwiesen. Im Anwendungsbereich unterscheiden sich die Bestimmungen dadurch, dass Art. 8 EuInsVO neben Verträgen über die Nutzung nur den Erwerb von unbeweglichen Gegenständen regelt und nicht wie § 336 Verträge über sämtliche dingliche Rechte an unbeweglichen Gegenständen. Verträge über Grundpfandrechte oder Vormerkungen werden daher von Art. 8 EuInsVO nicht erfasst. 12

Diese Differenz schließt auch Art. 11 EuInsVO nur zum Teil. Danach bestimmen sich die Wirkungen des Insolvenzverfahrens auf Rechte des Schuldners an 13

---

[1] So auch HK-*Stephan,* InsO, § 336 Rn. 5; *Kübler/Prütting/Bork/Kemper,* InsO, § 336 Rn. 7; anders jedoch *von Bismarck/Schümann-Kleber,* NZI 2005, 89, 94, und NZI 2005, 147, 151.

[2] *Virgós/Schmitt,* Erläuternder Bericht zum EuInsÜ vom 3. 5. 1996, abgedruckt u.a. in *Stoll* (Hrsg.), Vorschläge und Gutachten zur Umsetzung des EU-Übereinkommens über Insolvenzverfahren im deutschen Recht, S. 32–134, Nr. 116.

[3] *Duursma-Kepplinger,* Europäische Insolvenzverordnung, Art. 8 Rn. 3.

einem unbeweglichen Gegenstand, einem Schiff oder einem Luftfahrzeug, die der Eintragung in ein öffentliches Register unterliegen, dem Recht des Staates, unter dessen Aufsicht das Register geführt wird. Art. 11 EuInsVO betrifft jedoch ausschließlich Rechte des Schuldners, nicht Rechte Dritter.

14 Bei Verträgen über Grundpfandrechte oder Vormerkungen, die sich auf Rechte Dritter beziehen, bleibt es somit ausschließlich bei der Geltung des Art. 4 EuInsVO und damit der Geltung der lex fori concursus, da die EuInsVO keine spezielle Regelung trifft. § 336 kann Art. 4 EuInsVO nicht verdrängen.

b) Schiffe und Luftfahrzeuge

15 Art. 8 EuInsVO enthält ferner im Gegensatz zu § 336 keine Bestimmung über die Behandlung von Verträgen über Schiffe und Luftfahrzeuge. Da § 49 InsO auch Schiffe und Luftfahrzeuge als unbewegliche Gegenstände qualifiziert, enthält § 336 diese Sonderbestimmung im Rahmen dieser Vorschrift über unbewegliche Gegenstände. Ob die allgemeine Regel des Art. 8 EuInsVO, nämlich die Geltung der lex rei sitae, dadurch auch auf Schiffe und Luftfahrzeuge Anwendung findet, hängt von der Auslegung des Begriffes „unbewegliche Gegenstände" im europäischen Recht ab. Vor dem Hintergrund von Art. 11 EuInsVO muss angenommen werden, dass Schiffe und Luftfahrzeuge dort nicht als unbewegliche Gegenstände zu qualifizieren sind. In Art. 11 EuInsVO werden unbewegliche Gegenstände, Schiffe und Luftfahrzeuge nebeneinander aufgezählt. Daraus ist zu folgern, dass Schiffe und Luftfahrzeuge gerade keine unbeweglichen Gegenstände sein sollen. Ansonsten wäre ihre Nennung in Art. 11 EuInsVO nicht erforderlich.

7. Praxishinweis

a) Hinweise für die Beratungspraxis

16 Die Geltung der lex rei sitae bei sämtlichen Verträgen über unbewegliche Gegenstände erfordert in der Beratungspraxis bei Grundstücksgeschäften, Sicherungsverträgen unter Beteiligung von Grundvermögen sowie Miet- und Pachtverträgen mit Auslandsberührung jeweils die Prüfung der Wirkung des Insolvenzrechts des Lageortes auf diesen Vertrag. Dies gilt insbesondere auch dann, wenn der Vertrag einer anderen Rechtsordnung unterstellt wird.

b) Grundstücke in Deutschland

17 § 336 hat zur Folge, dass sich die Wirkungen eines Insolvenzverfahrens, gleich ob das Verfahren im In- oder Ausland eröffnet wurde, auf Verträge über einen unbeweglichen Gegenstand, der in Deutschland belegen ist, immer nach den §§ 103 ff. bestimmen. Dies gilt insbesondere für die Insolvenzfestigkeit der Vormerkung gem. § 106 sowie die Regeln über Miet- und Pachtverträge in den §§ 108-112, soweit sie sich auf unbewegliche Gegenstände beziehen.

c) Insolvenzantragsverfahren

18 Da die Grundnorm des § 335 auch im Insolvenzantragsverfahren gilt, muss entsprechend auch deren Einschränkung in § 336 im Antragsverfahren gelten. Dies hat im deutschen Recht etwa im Hinblick auf die Kündigungssperre in § 112 zur Folge, dass diese regelmäßig bei allen Verträgen über Miet- und Pachtverhältnisse bei Grundstücken in Deutschland zur Anwendung kommt.

§ 337 Arbeitsverhältnis

Die Wirkungen des Insolvenzverfahrens auf ein Arbeitsverhältnis unterliegen dem Recht, das nach dem Einführungsgesetz zum Bürgerlichen Gesetzbuche für das Arbeitsverhältnis maßgebend ist.

Übersicht

1. Normzweck

§ 337 enthält eine von § 335 abweichende Sonderanknüpfung für die Wirkungen des Insolvenzverfahrens auf ein Arbeitsverhältnis. Die Norm stellt eine **Schutznorm** zugunsten des Arbeitnehmers in der Insolvenz dar. So soll das Recht des Staates, dem das Arbeitsverhältnis außerhalb der Insolvenz unterliegt, auch über Wirkungen des Insolvenzverfahrens auf das Arbeitsverhältnis befinden. 1

Die Norm enthält keine unmittelbare Anknüpfung, sondern verweist auf das EGBGB. Nach Art. 30 EGBGB unterliegen Arbeitsverhältnisse i. d. R. dem Recht des Staates, in dem der Arbeitnehmer in Erfüllung seines Vertrages gewöhnlich seine Arbeit verrichtet. Eine abweichende Rechtswahl wird zugelassen, soweit diese nicht eine Umgehung der arbeitsrechtlichen Schutzvorschriften darstellt.[1] 2

Es ist systematisch richtig, in der Insolvenz dieses Schutzstatut zur Anwendung zu bringen, da es keinen Grund gibt, nur aufgrund des Insolvenzverfahrens einen Wechsel des Schutzstatuts vorzunehmen.[2] Für den Arbeitnehmer ergibt sich daraus die Verlässlichkeit, auch in der Insolvenz keiner anderen Rechtsordnung zu unterstehen, als dies außerhalb der Insolvenz der Fall war. 3

§ 337 als Ausnahme zu § 335 kommt jedoch nicht zur Anwendung, wenn es sich um insolvenz(verfahrens)rechtliche Fragen, soweit sie nur mittelbar auf dem arbeitsrechtlichen Ausgangspunkt beruhen, handelt. Sodann bleibt es, insbesondere bezüglich der Frage, wie die Insolvenzforderungen des Arbeitnehmers zu behandeln sind, bei der lex fori concursus.[3]

---

[1] *Palandt/Heldrich,* BGB, Art. 30 EGBGB, Rn. 4 ff.; *Junker,* Internationales Arbeitsrecht im Konzern, S. 109 f.; HK-*Stephan,* InsO, § 337 Rn. 6 f.

[2] *Wilmowsky, v.* WM 1997, 1461.

[3] Beispiele dafür finden sich bei HK-*Stephan,* InsO, § 337 Rn. 12.1; *Kübler/Prütting/Bork/Kemper,* InsO, § 337 Rn. 7.

2. Begriff des Arbeitsverhältnisses

4 Die Qualifikation des Begriffes des Arbeitsverhältnisses ist dem deutschen IPR in Art. 30 EGBGB zu entnehmen. Das Insolvenzrecht kennt keine eigene abweichende Definition.

5 Der Hauptanwendungsfall der Norm ist die Insolvenz des Arbeitgebers. Insbesondere hier sind Regelungen erforderlich, inwiefern die Insolvenz des Arbeitgebers auf das Arbeitsverhältnis des Arbeitnehmers einwirkt. Solche Regeln kennt das deutsche Recht in § 113 sowie §§ 120-128.

6 Die Kollisionsnorm umfasst neben der Insolvenz des Arbeitgebers auch das Arbeitsverhältnis eines insolventen Arbeitnehmers.[1] Soweit das relevante Insolvenzarbeitsrecht eines Staates Eingriffe kennt, bringt § 337 auch diese Regeln zur Anwendung. § 114 für die deutschen Arbeitsverhältnisse stellt keine solche Norm dar, da sie keine Wirkung auf das Arbeitsverhältnis, sondern nur einen Eingriff in Gläubigerrechte normiert.

3. Besonderheiten im europäischen Recht

a) Autonome Auslegung

7 Art. 10 EuInsVO enthält eine zu § 337 fast identische Norm. Auch hier kommt das Recht zur Anwendung, das auf den Arbeitsvertrag anzuwenden ist. Die Begriffe „Arbeitsverhältnis" im deutschen Recht und „Arbeitsvertrag" im europäischen Recht sind als sich entsprechend anzusehen. Eine Unterscheidung besteht jedoch bei der Frage der Auslegung dieses Begriffes. Das europäische Recht verlangt eine autonome Auslegung i. S. e. europäischen Durchschnittsbetrachtung. Maßstab ist die Rechtsprechung des EuGH.[2]

b) Anwendbares Recht

8 Das anwendbare Recht ergibt sich, anders als unter Geltung von § 337, aus dem europäischen Kollisionsrecht, hier insbesondere aus Art. 6 und 7 EVÜ. Art. 30 EGBGB kommt nicht zur Anwendung, wobei Art. 30 EGBGB Art. 6 EVÜ entspricht und sich daher in der Praxis keine bedeutsamen Unterschiede ergeben.

c) „Ausschließliche Geltung"

9 Art. 10 EuInsVO enthält darüber hinaus noch die Bestimmung, dass das Recht, das auf den Arbeitsvertrag – einschließlich seines Insolvenzarbeitsrechts – anzuwenden ist, „ausschließlich" gelten soll. Das sind vor allem die Bestimmungen über Fortsetzung und Beendigung des Arbeitsverhältnisses in der Insolvenz sowie die rechtlichen Konsequenzen einer Betriebsänderung. Das (Insolvenz-)Arbeitsrecht des Eröffnungsstaates bleibt unberücksichtigt.[3] Aus dem Zusatz „ausschließlich" darf aber nicht geschlossen werden, dass andere Regelungen, die nicht das Arbeitsverhältnis selbst betreffen, ebenfalls unter Art. 10 EuInsVO fallen sollen. So ist etwa die Verpfändung von Arbeitseinkommen hier nicht erfasst.[4]

---

[1] Vgl. auch *Duursma-Kepplinger,* Europäische Insolvenzverordnung, Art. 10 Rn. 2; HK-*Stephan,* InsO, § 337 Rn. 4.

[2] Vgl. EuGH Rs 66/85, Lawrie Blum Slg. 1986, 2121 Rn. 17 f.

[3] Vgl. auch *Smid,* EuInsVO, Art. 10 Rn. 4.

[4] *Duursma-Kepplinger,* Europäische Insolvenzverordnung, Art. 10 Rn. 13.

4. Praxishinweis

Sowohl das autonome deutsche Internationale Insolvenzrecht als auch die EuInsVO enthalten **keine Regeln zur Entgeltsicherung,** wie sie in Deutschland mit dem Insolvenzgeld gem. SGB III bekannt sind. Auch aus der Nichterwähnung kann nicht geschlossen werden, dass sich die Frage der Entgeltsicherung gem. § 335 nach der lex fori concursus bestimmt. Auch § 337 bestimmt nicht die Anwendung des Arbeitsstatuts auf die Frage der Entgeltsicherung. Ebenso wenig enthält die Richtlinie 80/987/EWG zur Angleichung der Rechtsvorschriften der Mitgliedstaaten über den Schutz der Arbeitnehmer bei Zahlungsunfähigkeit des Arbeitgebers kollisionsrechtliche Regeln. **10**

In grenzüberschreitenden Sachverhalten innerhalb der EU ist mit dem EuGH davon auszugehen, dass die Regeln des Staates zur Insolvenzgeldsicherung maßgeblich sind, in dem der Arbeitnehmer gewöhnlich arbeitet.[1] Eine entsprechende Regelung sieht ein Vorschlag zur Änderung der Richtlinie 80/987/EWG vor. **11**

Mit Urteil vom 15. 5. 2003 hat der EuGH entschieden, dass § 183 I SGB III die Richtlinie 80/987/EWG nicht ausreichend umsetzt.[2] Das Europarecht verlangt eine Entgeltsicherung für die drei Monate vor Insolvenzantragstellung, während § 183 I SGB III eine Sicherung für die drei Monate vor Insolvenzeröffnung gewährt. § 183 I SGB III ist trotzdem weiterhin anwendbar. Auch eine Insolvenzgeldvorfinanzierung ist weiterhin möglich. Es ist jedoch davon auszugehen, dass Arbeitnehmer, deren Entgelt über die drei Monate vor Insolvenzeröffnung hinaus auch vor Insolvenzantragstellung rückständig war, darüber hinaus einen Anspruch aus Staatshaftung geltend machen können, da die Richtlinie nicht ausreichend umgesetzt ist.[3] **12**

§ 338 Aufrechnung

Das Recht eines Insolvenzgläubigers zur Aufrechnung wird von der Eröffnung des Insolvenzverfahrens nicht berührt, wenn er nach dem für die Forderung des Schuldners maßgebenden Recht zur Zeit der Eröffnung des Insolvenzverfahrens zur Aufrechnung berechtigt ist.

Übersicht

[1] EuGH Rs C-117/96, Mosbaek, Slg. 1997, I-5017; EuGH Rs C-198/98, *Everson/Barras/Bell,* Lines Ltd, Slg. 1999, I-8903.
[2] EuGH NZI 2003, 394.
[3] *Andres/Motz,* NZI 2003, 396.

1. Normzweck

1 Die Aufrechnung gewährt dem Gläubiger in der Insolvenz des Schuldners eine bevorrechtigte Befriedigung, müsste er seine Forderung sonst als Insolvenzforderung geltend machen. In welchem Umfang die Zulässigkeit einer Aufrechnung im Insolvenzverfahren gewährleistet ist, bestimmt das nationale Insolvenzrecht, im deutschen Recht §§ 94-96. Ohne die Sonderregel des § 338 würde nach dem Grundsatz des § 335 allein die lex fori concursus über die Zulässigkeit der Aufrechnung im Insolvenzverfahren befinden. Der deutsche Gesetzgeber hielt dies jedoch aus Gründen des Vertrauensschutzes für nicht ausreichend. Die Rechtsprechung prüfte vor Einführung des § 338 die Zulässigkeit der Aufrechnung sowohl nach dem Recht der Hauptforderung als auch nach dem Insolvenzstatut.[1] Diese „alte" Doppelprüfung ist hinfällig geworden. Im Interesse eines weiteren Gläubigerschutzes wird nunmehr durch § 338 eine Sachregelung dahingehend getroffen, dass entgegen einer möglichen Unzulässigkeit der Aufrechnung nach der lex fori concursus eine Aufrechnung zulässig sein soll, wenn dies nach dem Recht, dem die Forderung des Schuldners untersteht, in der Insolvenz zulässig wäre. § 338 schützt eine einmal eingetretene Aufrechnungslage, auf die der Insolvenzgläubiger vertrauen darf.

2. Begründung der Aufrechnungslage

2 § 338 enthält keine Regelung zur Frage der Begründung der Aufrechnungslage, d. h. dem **Begründungsstatut.** Die zivilrechtliche Frage, ob ein Recht zur Aufrechnung besteht, auf das der Gläubiger vertrauen können soll, bestimmt sich außerhalb wie innerhalb der Insolvenz gleichermaßen nach den **allgemeinen kollisionsrechtlichen Regeln**, nach deutschem internationalen Privatrecht gem. Art. 32 Abs. 1, Nr. 4 EGBGB. Im Zweifel gilt das Statut der Hauptforderung.[2]

3 Es ist richtig, das zivilrechtliche Aufrechnungsstatut nicht durch die Eröffnung eines Insolvenzverfahrens einem Wechsel zu unterziehen, da eine Insolvenzeröffnung in vertragliche Beziehungen außerhalb der Insolvenz nur eingreifen soll, wo dies der Zweck des Insolvenzverfahrens erfordert. Dies ist hinsichtlich der Frage der Begründung der Aufrechnung nicht gegeben.[3]

3. Zulässigkeit der Aufrechnung in der Insolvenz

a) Grundsatz der lex fori concursus

4 § 338 enthält keine kollisionsrechtliche Regelung. Es bleibt somit zunächst bei dem Grundsatz des § 335 und der Anwendung der lex fori concursus. Die Frage, inwiefern das Insolvenzrecht auf eine bereits bestehende Aufrechnungslage einwirkt, d. h. die Aufrechnung untersagt oder einschränkt, bestimmt sich somit primär nach dem Recht des Staates der Verfahrenseröffnung. Führt die Verweisung der lex fori concursus letztlich zu dem Ergebnis, dass die Aufrechnung auch in der Insolvenz zulässig bleibt, hat § 338 keine weitere Bedeutung. Nur in den

[1] BGHZ 95, 256, 273.
[2] BGH NJW 1994, 1413.
[3] Vgl. BGHZ 95, 256; *Wilmowsky, v.,* KTS 1998, 343; *Bork,* ZIP 2002, 690.

Fällen, wo die Anwendung der lex fori concursus zur Einschränkung oder Untersagung der Aufrechnung in der Insolvenz führt, kommt § 338 zum Tragen. D. h., § 338 geht davon aus, dass die lex fori concursus und die lex causae als die Rechte, denen die Forderung des Insolvenzschuldners unterliegen, differieren, um ihre Wirkungen zu entfalten.

b) Ausnahmenorm § 338 aus Gründen des Rechtschutzes

Die Ausnahme von der umfassenden Geltung der lex fori concursus für die Frage des Eingriffs in die Aufrechnungslage wird vom Gesetzgeber mit Gründen des **Vertrauens- und Rechtsschutzes** gerechtfertigt. Lässt das Recht, dem die Forderung des Insolvenzschuldners untersteht (lex causae), die Aufrechnung zu, so soll die Aufrechnung in der Insolvenz zulässig bleiben, auch wenn dies nach der lex fori concursus nicht gewährleistet wäre. Voraussetzung ist, dass nach dem Recht der Forderung des Schuldners sowohl eine zivilrechtliche Aufrechnungslage besteht als auch die Aufrechnung in der Insolvenz zulässig wäre.[1] 5

De lege ferenda ist es fraglich, ob ein solcher Vertrauensschutz, wie ihn § 338 gewährt, gerechtfertigt ist. Der Vertrauensschutz ist mit einer **Einschränkung der Gläubigergleichbehandlung** verbunden. Die Aufrechnungsbeschränkungen der lex fori concursus können gegenüber den Gläubigern nicht einheitlich durchgesetzt werden, sondern bedürfen einer Prüfung im Einzelfall nach dem Recht, dem die Forderung des Schuldners unterliegt. Auch eine Umkehrung der Darlegungs- und Beweislast, wie in § 339 vorgesehen, existiert hier nicht. Die Zweckmäßigkeit des Vertrauensschutzes muss daher infrage gestellt werden.[2] Die Zweifel, ob der weite Rechtsschutz zugunsten der Gläubiger erforderlich ist, sind auf europäischer Ebene noch eher gegeben, wenn man Erwägungsgrund 13 der EuInsVO ernst nimmt und der Mittelpunkt der hauptsächlichen Interessen und damit die Jurisdiktion der Verfahrenseröffnung für Dritte erkennbar sein soll. Dann könnte sich der Gläubiger auch im Vorhinein ausrechnen, welche Beschränkungen die lex fori concursus für seinen Anfechtungswunsch bereit hält. Solange aber Forum Shopping durch Gestaltung bzw. Argumentation zum Mittelpunkt der hauptsächlichen Interessen „verfügbar" ist und der Gläubiger diesen dann gerade nicht erkennen und feststellen kann, wird das Bedürfnis nach diesem Vertrauensschutz bleiben. Stärker wirkt das Argument außerhalb der EuInsVO, wo nach § 3 der Mittelpunkt der selbstständigen wirtschaftlichen Tätigkeit des Schuldners für Dritte (Gläubiger) nicht erkennbar zu sein braucht. Sobald die Gläubiger aber auf die zukünftige lex fori concursus vertrauen könnten, wäre ein solcher Schutz wie in § 338 nicht mehr zwingend. 6

c) Zeitliche Grenze

Die Aufrechnung kann entgegen der lex fori concursus nach dem Recht des Staates der Forderung des Schuldners jedoch nur dann in der Insolvenz zugelassen werden, wenn die Aufrechnungslage zurzeit der Eröffnung des Insolvenzverfahrens bereits bestand. Ansonsten besteht kein Vertrauensschutz. Der Gesetzgeber hat dies in der Formulierung der Norm berücksichtigt. 7

---

[1] So auch *Wilmowsky, v.,* KTS 1998, 343; *Bork,* ZIP 2002, 690; *Liersch,* NZI 2003, 302, 305.

[2] *Wilmowsky, v.,* KTS 1998, 343; *Bork,* ZIP 2002, 690; *Trunk,* Internationales Insolvenzrecht, S. 392; aA: *Taupitz,* ZZP 111 (1998), 315.

4. Besonderheiten im europäischen Recht

8 Art. 4 Abs. 2 d) i. V. m. Art. 6 EuInsVO entsprechen § 339. Der Wortlaut der Normen ist zwar etwas verschieden, ein materieller Unterschied ergibt sich daraus jedoch nicht. Insbesondere kann aus Art. 4 Abs. 2 d) EuInsVO nicht herausgelesen werden, dass auch die Begründung der Aufrechnung der lex fori concursus unterstellt sein soll.[1] Es bleibt bei der Differenzierung zwischen der Begründung der Aufrechnungslage und der Frage des Eingriffs durch die Insolvenzeröffnung. Nur letztere Fragestellung ist insolvenzrechtlicher Natur und stellt eine „Wirkung des Insolvenzverfahrens" i. S. d. Art. 4 Abs. 1 EuInsVO dar, auf den Art. 4 Abs. 2 EuInsVO Bezug nimmt.

5. Praxishinweis

9 Anders als bei der Frage der Insolvenzanfechtung gem. § 339 bestehen für Gläubiger bei Vertragsgestaltungen im Vorfeld der Insolvenz hinsichtlich der Erhaltung der Aufrechnungslage nur wenige Gestaltungsmöglichkeiten. Grundsätzlich wird ein Gläubiger daran interessiert sein, die Aufrechnungslage in der Insolvenz zu erhalten, um sich nicht dem Risiko einer (Un-)Befriedigung als Insolvenzgläubiger ausgesetzt zu sehen. Dies kann der Gläubiger im Einzelfall dann fördern, wenn er Einfluss darauf nehmen kann, welcher Rechtsordnung die Forderung seiner Schuldner gegen ihn unterliegt. Er sollte aus insolvenzrechtlicher Sicht dann im Rahmen einer zulässigen Rechtswahl eine Rechtsordnung wählen, die auch in der Insolvenz des Schuldners Aufrechnungen großzügig zulässt.

§ 339 Insolvenzanfechtung

Eine Rechtshandlung kann angefochten werden, wenn die Voraussetzungen der Insolvenzanfechtung nach dem Recht des Staats der Verfahrenseröffnung erfüllt sind, es sei denn, der Anfechtungsgegner weist nach, dass für die Rechtshandlung das Recht eines anderen Staats maßgebend und die Rechtshandlung nach diesem Recht in keiner Weise angreifbar ist.

Übersicht

[1] *Wilmowsky, v.,* KTS 1998, 343; *Bork,* ZIP 2002, 690; *Herchen,* Das Übereinkommen über Insolvenzverfahren der Mitgliedstaaten der Europäischen Union, S. 172; aA: *Balz,* ZIP 1996, 950; *Leible/Staudinger,* KTS 2000, 555; *Duursma-Kepplinger,* Europäische Insolvenzverordnung, Art. 6, Rn. 3; *Eidenmüller,* IPRax 2001, 2.

1. Normzweck

1 Insolvenzanfechtung soll Vermögensverschiebungen in der Krise und nach Insolvenzantragstellung im **Interesse einer Gläubigergleichbehandlung** rückgängig machen. Eine Anfechtung greift deshalb in ansonsten rechtmäßige vertragliche Rechtshandlungen ein. Ein solcher Eingriff kann nur dann gerechtfertigt sein, wenn beteiligte Vertragspartner das jeweilige Risiko in der Insolvenz kennen. In rein nationalen Sachverhalten ist dies durch Prüfung des jeweiligen Insolvenzanfechtungsrechts möglich. Käme jedoch entsprechend dem § 335 bei einer Insolvenzeröffnung im Ausland jeweils auch im Anfechtungsrecht ausschließlich die lex fori concursus zur Anwendung, so wäre es für Handlungen im Vorfeld einer möglichen Insolvenz nicht mehr kalkulierbar, welches Recht auf diesen Sachverhalt zur Anwendung käme, und ebenso wenig, unter welchen Voraussetzungen eine Anfechtbarkeit gegeben ist, da man kaum vorhersehen kann, in welchem Staat ein Haupt- oder auch ein Sekundärinsolvenzverfahren eröffnet werden könnte. Dieser Problematik tritt § 339 entgegen und schafft durch eine Kumulationslösung Rechtssicherheit.[1]

2. Anfechtbarkeit nach der lex fori concursus

2 Es muss nach dem Recht des Staates der Verfahrenseröffnung eine Anfechtbarkeit gegeben sein.

a) Begriff des Anfechtungsrechts

3 Zunächst ist zu definieren, was unter einem Anfechtungsrecht i. S. v. § 339 zu verstehen ist.

4 **aa) Insolvenzanfechtung durch Insolvenzverwalter.** Anfechtung ist zunächst die Insolvenzanfechtung durch den Insolvenzverwalter nach Eröffnung eines Insolvenzverfahrens, wie sie im deutschen Recht in den §§ 129 ff. normiert ist. Dabei ist es gleichgültig, ob ein Haupt- oder ein Sekundärinsolvenzverfahren eröffnet ist. Eine Anwendung auf eine Anfechtung nach dem Anfechtungsgesetz (AnfG) ist nicht geboten, da es sich hier nicht um einen insolvenz-

[1] Zur historischen Entwicklung des Ansatzes des § 339 bzw. der europäischen Variante vgl. ausführlich *Zeeck,* ZInsO 2005, 281 ff.

rechtlichen Tatbestand handelt und daher das Internationale Insolvenzrecht keine Geltung erlangt. Eine Anfechtbarkeit durch Gläubiger nach § 313 Abs. 2 im vereinfachten Insolvenzverfahren ist jedoch tatbestandlich ebenso erfasst wie die Anfechtung durch Sachwalter gem. § 280 in der Eigenverwaltung. Ausländische Rechte zur Anfechtung sind ebenso danach zu qualifizieren, ob es sich um insolvenzrechtliche Regeln handelt. Ferner wird man – aufgrund des eindeutigen Wortlautes der Norm – die Eröffnung eines Insolvenzverfahrens voraussetzen.[1]

5 **bb) Rückschlagsperre gem. § 88.** Außerhalb des deutschen Insolvenzanfechtungsrechts existiert mit § 88 eine der Anfechtung vergleichbare Regel für Zwangsvollstreckungsmaßnahmen im Vorfeld der Insolvenz. Auch hier besteht der Zweck der Norm darin, einer Minderung des Vermögens des Schuldners in der Krise im Interesse der Gläubigergesamtheit entgegenzutreten. Auch wenn die Rechtsfolgen unterschiedlich sind, ist § 88 von der Zielsetzung mit § 131 Abs. 1 Nr. 1 gleichzusetzen. Es ist deshalb sachgerecht, auch § 88 sowie entsprechende ausländische Regelungen unter die Geltung von § 339 zu fassen. Hierdurch ist gewährleistet, dass die notwendige Rechtssicherheit, die § 339 für den Rechtsverkehr schaffen möchte, nicht durch § 88 umgangen wird.[2]

6 **cc) Anfechtbare Aufrechnung gem. § 96 Abs. 1 Nr. 3.** Die Zulässigkeit der Aufrechnung in grenzüberschreitenden Insolvenzverfahren regelt § 338. Insoweit besteht eine differenzierte Anknüpfung zwischen Aufrechnungsstatut und Anfechtungsstatut. Knüpft das Aufrechnungsrecht jedoch am Anfechtungsrecht an, wie dies im deutschen Recht in § 96 Abs. 1 Nr. 3 der Fall ist, ist zunächst nach § 339 zu prüfen, inwiefern eine anfechtbare Rechtshandlung gegeben ist, und anschließend nach § 338 die Aufrechenbarkeit zu bewerten. § 96 Abs. 1 Nr. 3 erweitert im Ergebnis somit nicht das unter § 339 fallende Anfechtungsrecht, sondern wendet das internationale Anfechtungsrecht des § 339 nur als Vorfrage an.

b) Prüfung nach der lex fori concursus

7 Vor der Prüfung einer ausländischen Rechtsordnung ist auch in grenzüberschreitenden Sachverhalten zunächst zu prüfen, ob nach dem Recht des Staates der Verfahrenseröffnung eine Anfechtbarkeit gegeben ist. Hier ist eine vollständige Prüfung des Anfechtungsrechts im objektiven wie subjektiven Tatbestand vorzunehmen und auch der Einwand der Verjährung des Anfechtungsanspruchs ist zu prüfen.

8 Nur wenn nach der lex fori concursus eine Anfechtbarkeit gegeben wäre, kann die Rechtshandlung überhaupt anfechtbar sein. Ansonsten erübrigt sich die weitere Prüfung.

3. Gültigkeit einer anderen Rechtsordnung

9 Eine Anfechtbarkeit, die nach der lex fori concursus gegeben ist, könnte wieder ausscheiden, wenn die anzufechtende Rechtshandlung dem Recht eines anderen Staates **(lex causae)** unterliegt. Dies bestimmt das IPR und es ist keine

[1] AA: *Kranemann,* Insolvenzanfechtung im deutschen Internationalen Insolvenzrecht und nach der Europäischen Insolvenzrechtsverordnung, S. 131.

[2] Ebenso *Kranemann,* Insolvenzanfechtung im deutschen Internationalen Insolvenzrecht und nach der Europäischen Insolvenzrechtsverordnung, S. 150 ff.

Frage des internationalen Insolvenzrechts. Fallen lex fori concursus und lex causae auseinander, ist die Prüfung der Anfechtbarkeit nach § 339 überhaupt relevant.

4. „In keiner Weise angreifbar"

Die Kumulationslösung bedeutet nicht eine vollständige Kumulation der lex fori concursus und der lex causae. Es kommt lediglich zu einer Kumulation der Anfechtungsvoraussetzungen im Kern – auch wenn der genaue Umfang noch der Diskussion unterliegt, die das Gericht nicht von Amts wegen zu prüfen hat. Vielmehr muss der Anfechtungsgegner einredeweise geltend machen (siehe unten 5.), dass die angefochtene Rechtshandlung nach der lex causae in keiner Weise materiell angreifbar ist.[1] 10

a) Keine Beschränkung auf Insolvenzanfechtungsrecht

Dabei ist nicht allein auf das Anfechtungsrecht der lex causae abzustellen. Der Umfang der **„Angreifbarkeit"** bleibt aus dem Wortlaut unklar. Die Begründung des Regierungsentwurfs spricht davon, dass die Rechtshandlung „weder anfechtbar noch nichtig, noch sonst unwirksam" sein dürfte. Hierzu gehören alle Regeln, die die Unantastbarkeit der Rechtshandlung berühren könnten, etwa auch Regeln des materiellen Rechts über Willensmängel oder Sittenwidrigkeit im allgemeinen Zivilrecht.[2] 11

b) Kumulation bei Prüfung der Anfechtungsfristen

Es müssen nicht nur die materiellen Anfechtungsvoraussetzungen der lex causae vorliegen, sondern auch die Anfechtungsfristen müssen eingehalten sein. Bei ansonsten identischen Voraussetzungen wirkt die Kumulation der lex fori concursus und der lex cause daher immer zugunsten einer kürzeren Anfechtungsfrist als dem kleinsten gemeinsamen Nenner. 12

c) Keine Kumulation der Verfahrensvoraussetzungen

Nach dem Wortlaut der Norm könnte man zu dem Ergebnis kommen, dass eine Anfechtbarkeit nach der lex causae nur dann gegeben ist, wenn es nach dieser Rechtsordnung überhaupt zu einer Verfahrenseröffnung gekommen wäre, und daher die Verfahrensvoraussetzungen hier inzidenter zu prüfen wären.[3] Diese Ansicht ist abzulehnen. Der Anfechtungsgegner soll zwar vor Anfechtungsrechten, die der lex causae fremd sind, geschützt werden, es gibt jedoch keinen Vertrauensschutz dafür, dass entgegen der lex causae die Eröffnungsvoraussetzun- 13

---

[1] Zur Frage, ob es sich hierbei tatsächlich um eine Kumulation handelt oder doch eher um eine bloße Ausnahmeregel, s. *Kübler/Prütting/Bork/Kemper,* InsO, § 339 Rn. 1, 8, der eine Kumulationslösung an sich ablehnt. I. S. d. praktischen Verständnisses sollte jedoch der Begriff der Kumulation nicht verbannt werden. Für eine Kumulation auch HK-*Stephan,* InsO, § 339 Rn. 5, sowie Art. 13 EuInsVO Rn. 4; *Zeeck,* ZInsO 2005, 281, 286 mwN; *Beissenhirtz,* Die Insolvenzanfechtung in Deutschland und England, S. 204; *Geimer/Schütze/Gruber,* EU-Insolvenzverordnung, Art. 13 Rn. 2.

[2] *Balz,* ZIP 1996, 951; *Pannen/Kühnle/Riedemann,* NZI 2003, 72, 75; aA: *Herchen,* Das Übereinkommen über Insolvenzverfahren der Mitgliedstaaten der Europäischen Union, S. 172; *Kübler/Prütting/Bork/Kemper,* InsO, § 339 Rn. 7.

[3] So *Kranemann,* Insolvenzanfechtung im deutschen Internationalen Insolvenzrecht und nach der Europäischen Insolvenzrechtsverordnung, S. 144.

gen gegeben sind. Dies widerspräche zudem dem Grundsatz der Anerkennung ausländischer Eröffnungsentscheidungen gem. § 343.

d) Keine Kumulation bei Verjährung

14 Fraglich ist, welche Verjährungsregelung bei der Kumulation von lex fori concursus und lex causae zur Anwendung kommt. Vereinzelt wird die Kumulation der Verjährungsfristen mit dem Ergebnis der Anwendbarkeit der kürzeren Frist vertreten.[1] Mit der hM ist dieser Ansicht nicht zu folgen. Es ist allein auf die Verjährung nach der lex fori concursus abzustellen.[2] Die Verjährung als Einrede unterliegt nicht der Kumulation der Tatbestandsvoraussetzungen, außerdem wird zwar umfassend auf die allgemeinen Regeln der „Unwirksamkeit" des Zivilrechts verwiesen, hierzu gehören jedoch keine verfahrensrechtlichen Bestimmungen.

e) Keine Kumulation der Rechtsfolge

15 Auch die Rechtsfolgen einer Anfechtung unterliegen nicht der Kumulation. Letztere beschränkt sich allein auf die Tatbestandsvoraussetzungen.

5. Darlegungs- und Beweislast

16 § 339 enthält eine **Umkehr der Darlegungs- und Beweislast.** Der Anfechtungsgegner hat darzulegen und zu beweisen, dass auf die Rechtshandlung eine von der lex fori concursus abweichende Rechtsordnung zur Anwendung kommt und dass nach der lex causae keine Angreifbarkeit der Rechtshandlung gegeben wäre. Die Beweislastumkehr gilt auch für eine Angreifbarkeit außerhalb der Regeln über die Insolvenzanfechtung,[3] wobei hier vom Insolvenzverwalter zumindest Bedenken zu einer Angreifbarkeit vorgetragen werden müssen.

6. Verhältnis zu anderen Anknüpfungsregelungen

17 Das Anfechtungsrecht ist ein zentrales Element des Insolvenzverfahrens. Es betrifft sehr unterschiedliche Gegenstände und kann in Verträge oder Sicherungsrechte eingreifen oder z. B. unbewegliche Gegenstände betreffen. Dies hat zur Folge, dass im internationalen Insolvenzrecht die Kollisionsnorm des Anfechtungsrechts von den Kollisionsnormen der Materien, in die ggf. Eingriffe durch das Anfechtungsrecht erfolgen könnten, abzugrenzen ist. Die Abgrenzung ist am Regelungszweck des Anfechtungsrechts vorzunehmen. Es dient der Gläubigergleichbehandlung und soll Vermögensverschiebungen in der Krise rückgängig machen. Dabei muss es gleichgültig sein, ob unbewegliche Gegenstände betroffen sind oder Sicherungsrechte gewährt wurden. Das Kollisionsrecht der Anfechtung gem. § 339 geht daher etwa § 336 oder § 351 vor. Im

---

[1] *Kranemann,* Insolvenzanfechtung im deutschen Internationalen Insolvenzrecht und nach der Europäischen Insolvenzrechtsverordnung, S. 145; so wohl auch im Ergebnis *Geimer/Schütze/Gruber,* EU-Insolvenzverordnung, Art. 13 Rn. 5, 6, der die Verjährungseinrede gem. der lex causae zulassen will.

[2] *Duursma-Kepplinger,* Europäische Insolvenzverordnung, Art. 13 Rn. 18; *Balz,* ZIP 1996, 951.

[3] *Pannen/Kühnle/Riedemann,* NZI 2003, 72, 75.

europäischen Recht ist dieser Grundsatz z. B. in Art. 5 Abs. 4 EuInsVO ausdrücklich normiert.

7. Keine „vis attractiva concursus"

In verschiedenen ausländischen Insolvenzrechtsordnungen besteht eine Zuständigkeit des Insolvenzgerichts für sämtliche Rechtsstreitigkeiten, die das Insolvenzverfahren betreffen, so insbesondere auch den Anfechtungsprozess („vis attractiva concursus"). In diesem Zusammenhang stellt sich die Frage, ob mit der Anerkennung einer ausländischen Eröffnungsentscheidung auch die Zuständigkeitsbestimmung des Staates der Verfahrenseröffnung anerkannt wird, d. h., ob der Insolvenzverwalter einen Anfechtungsprozess am Sitz des Insolvenzgerichtes führen kann. 18

Der BGH hat dies unter Geltung der KO für den deutschen Insolvenzverwalter zunächst abgelehnt und die Bestimmung der Zuständigkeit für sich daraus ergebende Rechtsstreitigkeiten dem Kollisionsrecht überlassen.[1]

In dieser Folge haben das LG Marburg und nachfolgend das OLG Frankfurt[2] kürzlich ihre Zuständigkeit für eine Insolvenzanfechtung durch den deutschen Insolvenzverwalter gegen eine Gesellschaft belgischen Rechts verneint. Der BGH[3] hat die Frage der internationalen Zuständigkeit dem EuGH zur Vorabentscheidung vorgelegt.

Die Frage war, ob die internationale Zuständigkeit entweder nach Art. 3 EuInsVO[4] analog oder nach Art. 1 Abs. 2 Buchst. B EuGVVO[5] oder nach nationalem Recht zum internationalen Privatrecht zu beurteilen ist. Der Generalanwalt des EuGH sprach sich für eine direkte Anwendung des Art. 3 EuInsVO aus, da es sich bei der Subsumtion der Insolvenzanfechtungsklage unter den Wortlaut des Art. 3 EuInsVO lediglich um eine Auslegungsfrage handele und somit keiner Analogie bedürfe.[6]

Der EuGH führt in seinem Urteil vom 12. 2. 2009[7] dem Generalanwalt folgend aus, dass Art. 3 Abs. 1 EuInsVO dahingehend auszulegen sei, dass die Gerichte des Mitgliedstaats, in dem das Insolvenzverfahren eröffnet wurde, für eine Insolvenzanfechtungsklage gegen einen Anfechtungsgegner, der seinen satzungsmäßigen Sitz in einem anderen Mitgliedstaat hat, zuständig sind.

Zur Begründung heißt es, dass dem Eröffnungsstaat für Klagen, die unmittelbar aus einem Insolvenzverfahren hervorgehen und in engem Zusammenhang mit diesem stehen, eine internationale Zuständigkeit zugewiesen wird.

Eine solche Bündelung sämtlicher sich unmittelbar aus der Insolvenz eines Unternehmens ergebenden Klagen vor den Gerichten des für die Eröffnung des Insolvenzverfahrens zuständigen Mitgliedstaats entspricht sowohl dem 2. als auch

---

[1] BGH ZIP 1997, 39.

[2] NZI 2006, 648.

[3] NZI 2007, 538, m. Anm. *Tashiro,* FD-InsR 2007, 238199.

[4] Verordnung (EG) Nr. 1346/2000 des Rates vom 29. 5. 2000 über Insolvenzverfahren (ABl. L 160, S. 1).

[5] Verordnung (EG) Nr. 44/2001 des Rates vom 22. 12. 2000 über die gerichtliche Zuständigkeit und die Anerkennung und Vollstreckung von Entscheidungen in Zivil- und Handelssachen (ABl. 2001, L 12, S. 1).

[6] Schlussantrag des Generalanwalts v. 16. 10. 2008, Rechtssache C-339/07.

[7] Urteil des EuGH vom 12. 2. 2009, Az. C-339/07.

dem 8. Erwägungsgrund der EuInsVO, die die Verbesserung der Effizienz und der Beschleunigung der Insolvenzverfahren bezwecken.

19 Der BGH[1] hat anschließend erkannt, dass § 19 a ZPO nun doch subsidiär für Anfechtungsklagen durch den Insolvenzverwalter in Verfahren nach Art. 3 Abs. 1 EuInsVO anwendbar ist.

Anschließend wird die Diskussion aufkommen, ob die neue Rechtssicherheit und Schaffung des „vis attractiva concursus" auch für außereuropäische Fälle gelten soll oder ob es dann bei der gegenwärtigen Rechtslage bleibt. Die Konsequenzen wären in der ZPO zu ziehen.[2]

8. Besonderheiten im europäischen Recht

20 Art. 4 Abs. 2 m) i. V. m. Art. 13 EuInsVO entspricht § 339. Das europäische Recht war Vorbild für den deutschen Gesetzgeber. Ein scheinbarer Unterschied könnte aus dem Wortlaut insofern gelesen werden, als dass Art. 4 Abs. 2 m) nicht nur vom Anfechtungsrecht spricht, sondern auch die Nichtigkeit und relative Unwirksamkeit im Rahmen der lex fori concursus dem gleichstellt. Da es jedoch in Art. 4 EuInsVO nur um Wirkungen des Insolvenzrechts geht, wird hier nur kodifiziert, dass etwa eine Unwirksamkeit der Zwangsvollstreckung, wie sie das deutsche Recht in § 88 InsO kennt, unter die Anwendbarkeit von Art. 4 Abs. 2 m) i. V. m. Art. 13 EuInsVO fällt. Gleiches wurde bereits für § 339 im autonomen deutschen Internationalen Insolvenzrecht festgestellt. Im Ergebnis bleibt es somit bei der Parallelität von deutschem und europäischem Recht. Mit Ausnahme der verschiedenen Auslegungsregeln bestehen keine Unterschiede. Zu beachten ist jedoch die Sonderanknüpfung in Art. 9 Abs. 2 EuInsVO.

9. Praxishinweise

a) Prüfung ausländischer Rechtsordnungen

21 § 339 setzt die umfängliche Prüfung des Anfechtungsrechts ausländischer Rechtsordnungen voraus. Dies gilt für die Vertragsgestaltung außerhalb der Insolvenz ebenso wie für die Prüfung von Anfechtungsansprüchen im Insolvenzverfahren. Bis heute existieren Darstellungen des Anfechtungsrechts ausländischer Staaten in deutscher Sprache nur in sehr geringem Umfang, meist bestehen Kommentierungen nur in der jeweiligen Landessprache. Die Verfolgung der ausländischen Rechtsprechung ist meist noch viel weniger möglich. Eine **Konsultation ausländischer Anwälte** ist daher für eine sachgerechte Prüfung des Insolvenzanfechtungsrechts kaum vermeidbar. Insolvenzverwalter sollten bei umfangreicheren Anfechtungsansprüchen mit Auslandsbezug hierauf schon aus Haftungsgründen nicht verzichten.

b) Gestaltungsmöglichkeiten

22 Für die Vertragsgestaltung im Vorfeld der Insolvenz, insbesondere in der Krise des Schuldners, bot § 339 vor der Entscheidung des EuGH vom 12. 2. 2009 erhebliche Gestaltungsmöglichkeiten. Durch die Kumulation von lex fori concursus und lex causae sollte der Gläubiger bei Rechtshandlungen in der Krise

[1] BGH ZIP 2009, 1287.
[2] BGH WM 2003, 1542.

darauf drängen, durch Rechtswahl eine lex causae zur Anwendung zu bringen, die ein möglichst „schwaches" Insolvenzanfechtungsrecht kennt **(Forum Shopping)**.

In der Begründung der Entscheidung des EuGH vom 12. 2. 2009 wird der 4. Erwägungsgrund der EuInsVO angeführt, der besagt, dass im Interesse eines ordnungsgemäßen Funktionierens des Binnenmarkts verhindert werden muss, dass es für die Parteien vorteilhafter ist, Vermögensgegenstände oder Rechtsstreitigkeiten von einem Mitgliedstaat in einen anderen zu verlagern, um auf diese Weise eine verbesserte Rechtsstellung anzustreben.

Die alte Gestaltungsfreiheit bleibt zunächst aber für außereuropäische Sachverhalte bestehen.

c) Probleme der Praxis

Für den Insolvenzverwalter erleichtert insbesondere die Beweislastumkehr die Anfechtung in grenzüberschreitenden Sachverhalten. Probleme ergeben sich in der Praxis jedoch trotzdem, wenn im Anfechtungsprozess mit Auslandsbezug immer zwei Rechtsordnungen zu prüfen sind und das Prozessgericht Schwierigkeiten in der Anwendung der jeweils ausländischen Rechtsordnung haben dürfte. Daran ändert auch die Umkehr der Beweislast nichts. Der Anfechtungsrechtsstreit wird daher weiterhin langwierig sein. Ferner können sich Probleme ergeben, wenn der erlangte Titel im Ausland vollstreckt werden muss. Diesbezüglich gelten die allgemeinen Regeln des EuGVVO bzw. außerhalb der EU andere staatsvertragliche Regeln. Für den Anfechtungsprozess bestehen keine Sonderregelungen. 23

§ 340 Organisierte Märkte. Pensionsgeschäfte

(1) **Die Wirkungen des Insolenzverfahrens auf die Rechte und Pflichten der Teilnehmer an einem organisierten Markt nach § 2 Abs. 5 des Wertpapierhandelsgesetzes unterliegen dem Recht des Staats, das für diesen Markt gilt.**

(2) **Die Wirkungen des Insolvenzverfahrens auf Pensionsgeschäfte im Sinne des § 340 b des Handelsgesetzbuchs sowie auf Schuldumwandlungsverträge und Aufrechnungsvereinbarungen unterliegen dem Recht des Staats, das für diese Verträge maßgebend ist.**

(3) **Für die Teilnehmer an einem System im Sinne von § 1 Abs. 16 des Kreditwesengesetzes[1] gilt Absatz 1 entsprechend.**

Übersicht

[1] § 1 Abs. 16, 17 KWG hier abgedruckt bei § 166 Rn. 18.

1. Normzweck

1 § 340 bestimmt in Abweichung von § 335 **Sonderanknüpfungen für die Behandlung bestimmter Finanzgeschäfte** in der Insolvenz. Eine Abweichung von der lex fori concursus erfolgt aus Gründen des Verkehrsschutzes. Die Regeln sind insbesondere in der Insolvenz von Kreditinstituten oder auch von Versicherungsunternehmen von Bedeutung. Durch sie werden zugleich die Richtlinien 2001/24/EG vom 4. 4. 2001 über die Sanierung und Liquidation von Kreditinstituten[1] bzw. 2001/17/EG vom 19. 3. 2001 über die Sanierung und Liquidation von Versicherungsunternehmen[2] zum Teil umgesetzt.[3] § 340 gilt jedoch darüber hinaus uneingeschränkt in allen Insolvenzverfahren.

2. Organisierte Märkte, Abs. 1

2 Entsprechend Art. 23 RL 2001/17/EG und Art. 27 RL 2001/24/EG bestimmt Abs. 1, dass sich die Wirkungen des Insolvenzverfahrens auf die Rechte und Pflichten der Teilnehmer an einem zum Zeitpunkt der Verfahrenseröffnung bereits bestehenden organisierten Markt nach dem Recht bestimmen, das für diesen Markt gilt. Der Begriff des organisierten Marktes ergibt sich aus § 2 Abs. 5 WpHG. Es handelt sich um Märkte für Finanzinstrumente, die in einem Verzeichnis eingetragen sind, regelmäßig funktionieren und in einem bestimmten Umfang reglementiert sein müssen. Der Begriff „organisierter Markt" entspricht dem „geregelten Markt" i. S. d. RL 93/22/EWG. Aus Gründen des Verkehrsschutzes sollen sich auch die Wirkungen eines Insolvenzverfahrens auf diese Märkte nach dem Recht des Staates bestimmen, dem dieser Markt unterliegt. Hierdurch soll sichergestellt werden, dass die Anwendung mehrerer Rechtsordnungen auf diesen Märkten verhindert wird. Dies würde nach Auffassung des Gesetzgebers aufgrund der Vielzahl der Geschäftsvorfälle zu einer Behinderung der Märkte führen.

3. Pensionsgeschäfte, Schuldumwandlungsverträge, Aufrechnungsvereinbarungen, Abs. 2

3 Abs. 2 1. Alt. dient der Umsetzung von Art. 26 RL 2001/24/EG. Danach sollen **Pensionsgeschäfte,** die zum Zeitpunkt der Verfahrenseröffnung bereits zustande gekommen sind, einer Sonderanknüpfung unterstellt werden, wonach sich die Wirkungen des Insolvenzverfahrens auf diese Geschäfte nach dem Recht des Staates bestimmen, das für diese Verträge maßgeblich ist. Das bestimmt sich nach dem IPR. Pensionsgeschäfte sind gem. § 340 b HGB Verträge, durch die ein Kreditinstitut oder der Kunde eines Kreditinstituts ihm gehörende Vermögensgegenstände einem anderen Kreditinstitut oder einem seiner Kunden gegen Zahlung eines Betrags überträgt und in dem gleichzeitig eine Rückkaufsvereinbarung getroffen wird. Auch diese Verträge sollen nach Ansicht des europäischen Gesetzgebers durch den Einfluss der lex fori concursus nicht zu sehr

[1] ABl. EG L 125/15.
[2] ABl. EG L 110/28.
[3] Zur Umsetzung beider Richtlinien vgl. *Heiss,* NZI 2006, 1 ff.; *Ehricke,* ZIP 2003, 1065 ff., und *Braun/Heinrich,* NZI 2005, 578 ff.

gestört werden, weshalb eine Sonderanknüpfung geboten sei. Dies erscheint bei Pensionsgeschäften jedoch nicht gerechtfertigt.

Abs. 2 2. Alt. enthält eine **Sonderanknüpfung für Netting-Vereinbarungen.** Zugleich erfolgt die Umsetzung von Art. 25 RL 2001/24/EG. Unter Schuldumwandlungsverträgen und Aufrechnungsvereinbarungen sind ausschließlich Netting-Vereinbarungen zu verstehen, d. h. Vereinbarungen, bei denen verschiedene Zahlungsströme oder Zahlungsansprüche auf einen Saldobetrag zurückgeführt werden. Diese Vereinbarungen dienen der Liquidität der Kreditinstitute und der Kostensenkung im Zahlungsverkehr der Banken. Sie haben ferner aufsichtsrechtliche Bedeutung, da sie gem. RL 96/10/EG die Eigenkapitalkosten senken. Die Wirkungen eines Insolvenzverfahrens auf Netting-Vereinbarungen sollen sich nach dem Recht des Staates bestimmen, dem diese Netting-Vereinbarungen unterliegen.[1] Die Wirkungen des Insolvenzverfahrens auf Netting-Vereinbarungen, die deutschem Recht unterliegen, bestimmen sich somit nach deutschem Insolvenzrecht, insbesondere kommt § 104 Abs. 2 S. 3 zur Anwendung. Soweit durch die Netting-Vereinbarung ein Recht zur Aufrechnung gewährt wird, bestimmt sich die Frage, inwiefern in dieses Aufrechnungsrecht in der Insolvenz eingegriffen wird, nach § 338.[2] 4

4. Systeme gem. § 1 Abs. 16 des Kreditwesengesetzes

Die Wirkungen des Insolenzverfahrens auf die Rechte und Pflichten der Teilnehmer an einem System gem. § 1 Abs. 16 des Kreditwesengesetzes bestimmen sich nach dem Recht des Staats, das für dieses System gilt. Die Kollisionsnorm entspricht der Regelung des Art. 102 Abs. 4 EGInsO aF, die zur Umsetzung von RL 98/26/EG durch das Gesetz vom 8. 12. 1999 eingefügt wurde. Eine Änderung des Wortlautes erfolgte durch das Gesetz zur Umsetzung der Finanzsicherheiten-Richtlinie.[3] Diese Kollisionsnorm soll die in § 96 Abs. 2 normierte Insolvenzfestigkeit von Verrechnungen von Ansprüchen und Leistungen aus Überweisungs-, Zahlungs- oder Übertragungsverträgen auch in grenzüberschreitenden Sachverhalten gewährleisten. Hierbei handelt es sich im Gegensatz zu den Netting-Vereinbarungen nach Abs. 2 um geschlossene System mit mindestens drei Teilnehmern. 5

5. Besonderheiten im europäischen Recht

In Art. 9 Abs. 1 EuInsVO werden entsprechend § 340 die Wirkungen des Insolvenzverfahrens auf die Rechte und Pflichten der Mitglieder eines Zahlungs- oder Abwicklungssystems oder eines Finanzmarktes ausschließlich dem Recht des Staates unterstellt, das für das betreffende System oder den Markt gilt. 6

Trotz der unterschiedlichen Wortwahl ist davon auszugehen, dass der Umfang der erfassten Systeme und Märkte dem des § 340 entspricht, beruht § 340 doch fast vollständig auf europarechtlichen Vorgaben. Es ist jedoch zu beachten, dass Art. 9 EuInsVO aufgrund des eingeschränkten Anwendungsbereichs gem. Art. 1 Abs. 2 EuInsVO nicht auf Insolvenzverfahren über das 7

[1] So auch *Wilmowsky, v.,* WM 2002, 2264, 2275; *Kübler/Prütting/Bork/Kemper,* InsO, § 340 Rn. 12.

[2] Vgl. zu dieser Differenzierung auch *Wilmowsky, v.,* WM 2002, 2264, 2277.

[3] Vgl. *Ehricke,* ZIP 2003, 1065; *Wimmer,* ZIP 2003, 1563.

Vermögen von **Versicherungsunternehmen und Kreditinstituten** anwendbar ist, sodass die Bedeutung von Art. 9 EuInsVO entsprechend gering ist. Für Versicherungsunternehmen und Kreditinstitute gilt auch innerhalb der EU § 340, der eine Umsetzung der entsprechenden Richtlinien darstellt. Dass aus dem Zusammenspiel des eingeschränkten Anwendungsbereichs der EuInsVO in Art. 1 Abs. 2 EuInsVO und der Umsetzung der Richtlinien 2001/24/EG vom 4. April 2001 über die Sanierung und Liquidation von Kreditinstituten eine Lücke allerdings hinsichtlich Wertpapierhandelsunternehmen und -banken gem. § 1 Abs. 3d S. 2 und 3 KWG geblieben ist, ist eine überraschende Situation.[1] Die konsequente Frage muss aber sein, ob bei einer europäische Grenzen überschreitenden Insolvenz solcher Wertpapierfirmen der in Umsetzung der Richtlinie geschaffene § 340 überhaupt Anwendung finden kann, auch wenn er primäres deutsches Recht darstellt. Dogmatisch richtig wäre wohl eine Bejahung dieser Frage. Ob diese Dogmatik dem Zweck des Verkehrsschutzes dieser Vorschrift entspricht, darf bezweifelt werden. Allerdings gilt § 340 uneingeschränkt in allen Insolvenzverfahren. Solange Wertpapierhandelsunternehmen nicht bewusst und zielgerichtet von der Umsetzung der Richtlinie ausgenommen sind, sondern aus Gründen rechtlicher Subsumtion und Schlussfolgerung herausgefallen sind, bliebe der Anwendungsbereich des § 340 offen. Andernfalls muss der Zweck des Verkehrschutzes ihn trotzdem eröffnen.

8 Art. 9 Abs. 1 EuInsVO enthält noch einen Einschub, wonach die dort vorgenommene Anknüpfung unbeschadet des Art. 5 EuInsVO gilt. Hierin ist nur eine Klarstellung dahingehend zu sehen, dass im Ausland belegene, dingliche Rechte gem. Art. 5 EuInsVO umfassend von den Wirkungen des Insolvenzverfahrens unberührt bleiben sollen.[2]

9 Art. 9 Abs. 2 EuInsVO enthält hingegen eine weitere Sonderanknüpfung für das Anfechtungsrecht. Entgegen Art. 13 EuInsVO soll sich im Anwendungsbereich von Art. 9 Abs. 1 EuInsVO das Anfechtungsrecht ebenfalls ausschließlich nach dem Recht des Staates bestimmen, das für das betreffende System oder den Markt gilt.

§ 341 Ausübung von Gläubigerrechten

(1) **Jeder Gläubiger kann seine Forderungen im Hauptinsolvenzverfahren und in jedem Sekundärinsolvenzverfahren anmelden.**

(2) **Der Insolvenzverwalter ist berechtigt, eine in dem Verfahren, für das er bestellt ist, angemeldete Forderung in einem anderen Insolvenzverfahren über das Vermögen des Schuldners anzumelden. Das Recht des Gläubigers, die Anmeldung abzulehnen oder zurückzunehmen, bleibt unberührt.**

(3) **Der Verwalter gilt als bevollmächtigt, das Stimmrecht aus einer Forderung, die in dem Verfahren, für das er bestellt ist, angemeldet worden ist, in einem anderen Insolvenzverfahren über das Vermögen des Schuldners auszuüben, sofern der Gläubiger keine anderweitige Bestimmung trifft.**

---

[1] *Braun/Heinrich,* NZI 2005, 578 ff.

[2] *Duursma-Kepplinger/Duursma,* Europäische Insolvenzverordnung, Art. 9 Rn. 9.

Übersicht

1. Normzweck

§ 341 enthält Sachnormen über die Ausübung von Gläubigerrechten im internationalen Insolvenzrecht. Dabei trifft die Norm vor allem Regeln für den Fall, dass neben einem Hauptinsolvenzverfahren auch ein Sekundärinsolvenzverfahren gem. § 356 eröffnet wird. Von diesen Sonderregeln abgesehen, bestimmen sich die Gläubigerrechte sowie das Verfahren der Forderungsanmeldung im Insolvenzverfahren entsprechend § 335 nach der lex fori concursus. 1

2. Anmeldung von Forderungen durch Gläubiger, Abs. 1

Das Recht, Forderungen im Insolvenzverfahren anzumelden, bestimmt sich nach der lex fori concursus. Da fast jedes Insolvenzrecht das Recht zur Forderungsanmeldung dem jeweiligen Gläubiger zusprechen dürfte, hat § 341 Abs. 1 insofern nur klarstellenden Charakter. Dies gilt insbesondere auch für den Fall, dass neben einem Hauptinsolvenzverfahren ein oder mehrere Sekundärinsolvenzverfahren über das Vermögen eines Schuldners eröffnet wurden. Da es sich hier um zunächst jeweils getrennte und unabhängige Verfahren handelt, hat der Gläubiger das Recht, seine Forderungen in jedem Verfahren anzumelden. Inwiefern eine Befriedigung des Gläubigers in einem Verfahren Auswirkungen auf das andere Verfahren hat, bestimmt sich nach § 342 Abs. 2. 2

Alle Gläubiger, die eine Forderung gegen den Schuldner haben, können diese Forderung in allen Verfahren anmelden. Eine **Beschränkung der Passivmasse** danach, ob die Forderung dem Hauptverfahren oder einer Niederlassung in Sekundärverfahren zuzurechnen ist, **besteht nicht.**[1] 3

[1] *Balz,* ZIP 1996, 953; *Wilmowsky, v.,* WM 1997, 1470; *Wimmer,* ZIP 1998, 987; aA: *Thieme,* Partikularkonkurs, S. 212 ff.

3. Anmeldung von Forderungen durch den Insolvenzverwalter, Abs. 2

4 Neben dem Gläubiger kann gem. Abs. 2 auch der Insolvenzverwalter die in seinem Verfahren bereits angemeldeten Forderungen von Gläubigern in anderen Insolvenzverfahren über das Vermögen dieses Schuldners anmelden. Hierbei ist es gleichgültig, welches Verfahren das Haupt- bzw. das Sekundärinsolvenzverfahren ist. Der Insolvenzverwalter hat ein Wahlrecht. Eine Pflicht zur Anmeldung besteht auch dann nicht, wenn bestimmte Interessen des Gläubigers dafür sprächen, auch noch eine weitere Forderungsanmeldung vorzunehmen.[1] Die Anmeldung durch den Insolvenzverwalter von bei ihm angemeldeten Forderungen in einem anderen Verfahren dient lediglich der Vereinfachung des Verfahrens und der Erleichterung zugunsten der Gläubiger.

a) Anmeldung durch den Insolvenzverwalter

5 **aa)** Möchte der Insolvenzverwalter von seinem Recht Gebrauch machen, so hat er zunächst **abzuwägen,** ob diese Anmeldung für den Gläubiger von Vorteil ist. Die Quotenaussicht ist den möglichen Kosten einer Forderungsanmeldung gegenüberzustellen. Kostenschuldner ist der Gläubiger.[2]

6 **bb)** Ferner hat der Insolvenzverwalter zu berücksichtigen, ob der Gläubiger die Anmeldung seiner Forderung in einem anderen Verfahren bereits abgelehnt hat. In diesem Fall ist der Insolvenzverwalter gem. Abs. 2 S. 2 nicht mehr zur Forderungsanmeldung berechtigt. Meldet der Insolvenzverwalter die Forderung trotzdem an, haftet er für ggf. entstehende Kosten.

7 **cc)** Die **Form der Forderungsanmeldung** durch den Insolvenzverwalter unterscheidet sich nicht von einer Forderungsanmeldung eines Gläubigers. Die Form der Forderungsanmeldung bestimmt sich nach dem Recht des Staates, in dem das jeweilige Insolvenzverfahren eröffnet wurde, in Deutschland nach § 174. Die Übermittlung einer Tabelle gem. § 175 würde nach deutschem Recht zur Forderungsanmeldung genügen. Soweit der andere Insolvenzverwalter zur selbstständigen Prüfung der Forderungen weitere Unterlagen benötigt, ist zwischen den Verwaltern die Einsicht in die vorliegenden Originalforderungsanmeldungen des Gläubigers abzustimmen.

8 **dd)** Abs. 2 S. 2 bestimmt ferner, dass der Gläubiger auch nach einer Forderungsanmeldung durch den Verwalter diese Anmeldung zurücknehmen kann. Dies gilt jedoch nur dann, wenn das Recht des Staates, in dem die zurückzunehmende Forderung angemeldet ist, ein Recht zur **Forderungsrücknahme** kennt.

b) Keine Anmeldung durch den Insolvenzverwalter

9 Meldet der Insolvenzverwalter keine Forderungen an, so hat er jedoch sicherzustellen, dass die Gläubiger in seinem Insolvenzverfahren überhaupt Kenntnis von dem anderen Insolvenzverfahren erhalten.[3] Hierzu genügt die Weitergabe

[1] So aber *Kübler/Prütting/Bork/Kemper,* InsO, § 341 Rn. 10; wie hier HK-*Stephan,* InsO, § 341 Rn. 5.

[2] *Pannen/Kühnle/Riedemann,* NZI 2003, 72, 76.

[3] So auch HK-*Stephan,* InsO, § 341 Rn. 10 Fn. 17; mit Verweis auf § 341 Abs. 2 S. 1; abl. *Kübler/Prütting/Bork/Kemper,* InsO, § 341 Rn. 10, Fn. 15.

einer Gläubigerliste gem. § 152 an den anderen Insolvenzverwalter. Das Recht zur Weitergabe dieser Informationen ergibt sich aus § 357.

4. Bevollmächtigung des Insolvenzverwalters, Abs. 3

a) Gesetzliche Fiktion

Abs. 3 enthält die gesetzliche Fiktion, dass der Verwalter bevollmächtigt ist, die 10
Interessen von Gläubigern, die Forderungen in seinem Insolvenzverfahren angemeldet haben, in einem anderen Insolvenzverfahren über das Vermögen des Schuldners zu vertreten.

b) Voraussetzungen

Voraussetzung für die Annahme der Bevollmächtigung ist, dass eine Forde- 11
rungsanmeldung des Gläubigers in dem Insolvenzverfahren, in dem der Insolvenzverwalter bestellt ist, vorliegt. Ferner darf der Gläubiger keine anderweitige Bestimmung treffen. Eine solche anderweitige Bestimmung kann ausdrücklich oder konkludent getroffen werden. So genügt die unmittelbare Forderungsanmeldung des Gläubigers in dem anderen Insolvenzverfahren, also ohne Forderungsanmeldung durch den Insolvenzverwalter i. S. d. Abs. 2, um anzunehmen, dass der Gläubiger keine Bevollmächtigung durch den Insolvenzverwalter wünscht. Eine Bevollmächtigung ist deshalb nur anzunehmen, wenn der Insolvenzverwalter zuvor auch die Forderungsanmeldung gem. Abs. 2 selbst vorgenommen hat. Eine Annahme einer weitergehenden Fiktion widerspräche der Gläubigerautonomie im Insolvenzverfahren.

Unberührt von Abs. 3 bleibt eine rechtsgeschäftliche Bevollmächtigung des 12
Insolvenzverwalters durch den Gläubiger möglich.

c) Umfang der Bevollmächtigung

Über den Wortlaut der Norm hinaus ist anzunehmen, dass der Umfang der 13
Bevollmächtigung über die reine Ausübung des Stimmrechts reicht. Aus der Systematik und dem Zweck von Abs. 2 und Abs. 3 ergibt sich, dass der Gesetzgeber für den Fall, dass der Gläubiger über seine Forderungsanmeldung in einem Insolvenzverfahren hinaus keine Beteiligung zeigt, dem Insolvenzverwalter die Möglichkeit geben möchte, auch im Interesse des Fortgangs in seinem Insolvenzverfahren die Gläubigerrechte auszuüben. Hierzu gehören über das **Stimmrecht** hinaus alle Rechte, die das Recht, dem das andere Verfahren unterliegt, innerhalb wie außerhalb einer Gläubigerversammlung für einen Gläubiger vorsieht. Eine Bevollmächtigung zum Führen eines Feststellungsprozesses im Falle des Bestreitens ist hier jedoch nicht erfasst.

Inwiefern der Insolvenzverwalter diese Rechte jedoch in dem anderen 14
Insolvenzverfahren ausüben darf, bestimmt sich nach dem Recht, dem dieses zweite Verfahren unterliegt. So ist im deutschen Recht etwa § 77 zu beachten.

Das Recht des Insolvenzverwalters, auch an **Gläubigerversammlungen** in 15
anderen Verfahren teilzunehmen, ergibt sich – unabhängig von der Fiktion einer Bevollmächtigung – zudem aus § 357 Abs. 2.

5. Besonderheiten im europäischen Recht

16 Das europäische Recht kennt in Art. 32, 39 und 42 Abs. 2 EuInsVO ähnliche Bestimmungen. Art. 32 Abs. 1 EuInsVO ist mit § 341 Abs. 1 sogar identisch.

a) Anmeldepflicht des Insolvenzverwalters (Art. 32 Abs. 2 EuInsVO)

17 Abweichend von § 341 Abs. 2 enthält Art. 32 Abs. 2 EuInsVO die Pflicht des Insolvenzverwalters, Forderungen von Gläubigern, die in seinem Insolvenzverfahren angemeldet wurden, in anderen Verfahren über das Vermögen des Schuldners anzumelden. Diese **Pflicht zur Anmeldung** besteht, soweit dies für die Gläubiger in seinem Insolvenzverfahren zweckmäßig ist und – entsprechend zu § 341 Abs. 2 S. 2 – der Gläubiger dies nicht ablehnt.

18 Bei der Prüfung der **Zweckmäßigkeit** hat der Verwalter auch hier eine Interessenabwägung zwischen Quotenaussicht und Kosten der Forderungsanmeldung vorzunehmen. Aus dem Wortlaut von Art. 32 Abs. 2 EuInsVO ist jedoch zu entnehmen, dass der Insolvenzverwalter diese Prüfung der Zweckmäßigkeit nicht für jede einzelne Forderung vorzunehmen hat, sondern für die Gesamtheit der Gläubiger, was zur Folge hat, dass er alle Forderungen anzumelden hat. Darüber hinaus ist eine Prüfung der Zweckmäßigkeit nach Gläubigergruppen erforderlich, wenn das Recht des Staates, in dem angemeldet werden soll, eine Bevorrechtigung bestimmter Gläubigergruppen kennt.[1]

b) Bevollmächtigung des Insolvenzverwalters

19 Eine Fiktion der Bevollmächtigung entsprechend § 341 Abs. 3 kennt das europäische Recht nicht. § 341 Abs. 3 gilt daher auch innerhalb der EU, da die EuInsVO keine abweichende Bestimmung enthält. Das Teilnahmerecht des Insolvenzverwalters gem. Art. 32 Abs. 3 EuInsVO enthält keine Bevollmächtigung entsprechend § 341 Abs. 3, sondern entspricht dem Teilnahmerecht gem. § 357 Abs. 2.

c) Recht zur Anmeldung von Forderungen (Art. 39 EuInsVO)

20 Art. 39 EuInsVO stellt eine Ergänzung zu Art. 32 Abs. 1 EuInsVO dar. Hier wird klargestellt, dass jeder Gläubiger, der seinen gewöhnlichen Aufenthalt, Wohnsitz oder Sitz in der EU hat, einschließlich der Steuerbehörden und der Sozialversicherungsträger der Mitgliedstaaten[2] seine Forderungen in einem Insolvenzverfahren schriftlich anmelden kann.

21 Materiell erweitert Art. 39 EuInsVO den Kreis der anmeldeberechtigten Gläubiger über Art. 32 EuInsVO bzw. § 341 Abs. 1 hinaus insoweit, als dass eine lex fori concursus ausländische Steuerbehörden oder Sozialversicherungsträger als Gläubiger nicht anerkennen würde. Für das deutsche Recht ergeben sich keine Änderungen.

22 Die Schriftlichkeit der Anmeldung stellt eine Höchstgrenze der Formvorschrift dar, die im Gläubigerinteresse im nationalen Recht unterschritten werden kann. Ansonsten bestimmen sich **Form und Frist der Anmeldung** nach der lex fori concursus.

---

[1] *Duursma-Kepplinger/Chalupsky,* Europäische Insolvenzverordnung, Art. 32 Rn. 11; *Kemper,* ZIP 2001, 1609, 1620.

[2] Hierzu *Paulus,* EWS 2002, 497, 505.

Art. 39 EuInsVO enthält keine Regelung zum Erhalt einer bevorrechtigten Stellung von ausländischen Steuerbehörden oder Sozialversicherungsträgern im Insolvenzverfahren, die diesen möglicherweise nach ihrem Heimatrecht zusteht. Die **Rangordnung** von Forderungen regelt gem. Art. 4 EuInsVO zunächst die **lex fori concursus,** soweit nicht eine andere Sonderanknüpfung besteht. 23

d) Forderungsanmeldung in einer Fremdsprache (Art. 42 Abs. 2 EuInsVO)

Art. 42 Abs. 2 EuInsVO erlaubt die Forderungsanmeldung eines Gläubigers mit gewöhnlichem Aufenthalt, Wohnsitz oder Sitz in einem Staat der EU in der **Amtssprache** dieses Staates, unabhängig davon, in welchem anderen Staat der EU das Verfahren eröffnet wurde. Um dem Insolvenzverwalter jedoch die Möglichkeit zu geben, die Anmeldung als solche zu erkennen, muss die Anmeldung gem. Art. 42 Abs. 2 S. 2 EuInsVO die **Überschrift „Anmeldung einer Forderung"** in der Amtssprache des Staates der Verfahrenseröffnung enthalten. 24

Art. 42 Abs. 2 S. 3 EuInsVO gibt dem Insolvenzverwalter zudem das Recht, von dem Gläubiger eine **Übersetzung** der Anmeldung in die Amtssprache des Staates der Verfahrenseröffnung zu verlangen. Hiervon wird der Verwalter i. d. R. nur dann Gebrauch machen, wenn ihm sowie seinen Mitarbeitern die Sprache fremd ist und die festzustellende Forderung des Gläubigers nicht ohnehin auch aus der Buchhaltung des Schuldners ersichtlich ist. Zur etwaigen Fristwahrung genügt jedoch die Anmeldung in der Amtssprache des Gläubigers.[1] Eine rechtzeitige Übersetzung ist nicht erforderlich.[2] Die **Kosten der Übersetzung** hat der Gläubiger zu tragen. Dies ergibt sich aus der Formulierung, dass der Insolvenzverwalter vom Gläubiger „eine Übersetzung verlangen" kann.[3] 25

Enthält die Forderungsanmeldung über die eigentliche Anmeldung hinaus noch weitergehende Informationen, die der Verwalter aufgrund der Fremdsprache übersieht, und er von der Übersetzung abgesehen hatte, kann ihm dies nicht angelastet werden, da sich das Recht der Korrespondenz in einer Fremdsprache gem. Art. 42 Abs. 2 EuInsVO allein auf die Anmeldung von Forderungen beschränkt. Ansonsten bleibt es bei der Geltung der lex fori concursus und daher bei Eröffnung des Verfahrens in Deutschland über die Verweisung gem. § 4 bei § 184 GVG und damit der ausschließlichen **Anwendung der deutschen Sprache im Insolvenzverfahren.** 26

6. Praxishinweis

Sowohl das autonome deutsche Internationale Insolvenzrecht als auch die EuInsVO stellen den Insolvenzverwalter vor die Aufgabe, sich mit der Frage zu befassen, inwiefern er Forderungen von Gläubigern, die in seinem Verfahren angemeldet sind, in anderen Verfahren anzumelden hat. Insbesondere die Pflicht zur Anmeldung nach der EuInsVO einerseits sowie das Recht des Gläubigers, hiervon abweichende Bestimmungen zu treffen andererseits, können in der Praxis zu aufwändigen Prüfungen der Anmeldepflichten und der Vertretungsrechte 27

[1] *Pannen/Riedemann/Kühnle,* NZI 2002, 303, 304.

[2] *Kemper,* ZIP 2001, 1620.

[3] Ebenso wohl auch *Duursma-Kepplinger/Duursma,* Europäische Insolvenzverordnung, Art. 42 Rn. 14.

führen. Es empfiehlt sich daher, dass der Insolvenzverwalter in Insolvenzverfahren mit Auslandsbezug, in denen ein zweites Insolvenzverfahren über das Vermögen des Schuldners möglich ist, bereits gleichzeitig mit der Aufforderung an die Gläubiger zur Forderungsanmeldung ein Informationsblatt samt Fragebogen beifügt, um von dem Gläubiger zu erfahren, inwiefern eine Anmeldung und Vertretung der Forderung des Gläubigers in anderen Verfahren durch den Insolvenzverwalter erwünscht wird.[1]

28 Meldet ein Insolvenzverwalter eine Forderung eines Gläubigers gem. § 341 Abs. 2 bzw. Art. 32 Abs. 2 EuInsVO in einem anderen Verfahren an, so ist im dortigen Verfahren zumindest unter Geltung des deutschen Rechts in der Tabelle gem. § 175 der Insolvenzverwalter als gesetzlicher Vertreter des Gläubigers einzutragen. Nur so ist es dem Insolvenzgericht möglich, die Bevollmächtigung des Verwalters gem. § 341 Abs. 3 festzustellen.

Hat sowohl der Insolvenzverwalter die Forderung eines Gläubigers im anderen Verfahren angemeldet als auch der Gläubiger die gleiche Forderung selbst, so führt dies nicht zu einer zweifachen Berücksichtigung dieser Forderung in dem anderen Verfahren.[2] Die Forderungsanmeldung durch den Insolvenzverwalter ist als unzulässig zurückzuweisen, die die Gläubigeranmeldung als Anmelderecht des Verwalters hindert.

§ 342 Herausgabepflicht. Anrechnung

(1) **Erlangt ein Insolvenzgläubiger durch Zwangsvollstreckung, durch eine Leistung des Schuldners oder in sonstiger Weise etwas auf Kosten der Insolvenzmasse aus dem Vermögen, das nicht im Staat der Verfahrenseröffnung belegen ist, so hat er das Erlangte dem Insolvenzverwalter herauszugeben. Die Vorschriften über die Rechtsfolgen einer ungerechtfertigten Bereicherung gelten entsprechend.**

(2) **Der Insolvenzgläubiger darf behalten, was er in einem Insolvenzverfahren erlangt hat, das in einem anderen Staat eröffnet worden ist. Er wird jedoch bei den Verteilungen erst berücksichtigt, wenn die übrigen Gläubiger mit ihm gleichgestellt sind.**

(3) **Der Insolvenzgläubiger hat auf Verlangen des Insolvenzverwalters Auskunft über das Erlangte zu geben.**

Übersicht

[1] Ähnlich *Pannen/Kühnle/Riedemann,* NZI 2003, 72, 77.
[2] AA: offenbar *Paulus,* ZIP 2002, 729.

1. Normzweck

Die Norm dient der Verwirklichung der Gläubigergleichbehandlung in grenzüberschreitenden Insolvenzverfahren. Sie enthält Sachregelungen, die in die lex fori concursus eingreifen, und gehen dieser im Zweifel vor. Hierdurch soll unabhängig von der Ausgestaltung der lex fori concursus sichergestellt werden, dass Mindeststandards der Gleichbehandlung auch grenzüberschreitend gewährleistet sind. 1

2. Befriedigung durch Zwangsvollstreckung oder durch Leistung des Schuldners, Abs. 1

a) Grundsatz

Das Insolvenzverfahren umfasst, soweit es sich nicht um Sekundär- oder Partikularinsolvenzverfahren handelt, das weltweite Vermögen des Schuldners. Daraus ergibt sich, dass sämtliches Vermögen des Schuldners zur Befriedigung der Gläubigergesamtheit nach dem Grundsatz der Gläubigergleichbehandlung zur Verfügung stehen soll, es sei denn, es bestehen dingliche Rechte daran. Aus diesem Grund soll eine Befriedigung einzelner Gläubiger durch Einzelzwangsvollstreckungsmaßnahmen ausgeschlossen werden. Dies gilt ausschließlich für eine Befriedigung nach Insolvenzeröffnung. Bei Anwendung des deutschen Rechts wäre dies durch § 89 bereits umfassend gewährleistet. Der deutsche Gesetzgeber möchte durch § 342 jedoch sicherstellen, dass auch bei Insolvenzeröffnung im Ausland Zwangsvollstreckungsmaßnahmen im Inland nicht zu einer Befriedigung des Gläubigers führen. § 342 Abs. 1 untersagt im Gegensatz zu § 89 jedoch nicht die Zwangsvollstreckung, sondern verlangt nur die Herausgabe des Erlangten an den Insolvenzverwalter. 2

b) Voraussetzungen

Bei § 342 Abs. 1 handelt es sich um einen Anspruch aus ungerechtfertigter Bereicherung, der im Aufbau den §§ 812 ff. BGB entspricht. 3

aa) Befriedigung erlangen. Ein Insolvenzgläubiger muss durch Zwangsvollstreckung, durch eine Leistung des Schuldners oder in sonstiger Weise eine Befriedigung erlangt haben. Da es sich hier um eine Sachnorm handelt, sind diese Begriffe entsprechend ihrer Definition nach deutschem Zivil- bzw. Prozessrecht auszulegen. 4

bb) Aus dem Vermögen außerhalb des Verfahrensstaates. Die Befriedigung muss aus dem Vermögen des Schuldners erlangt worden sein, das außerhalb 5 des Staates der Verfahrenseröffnung belegen war. Bei einer entsprechenden Befriedigung innerhalb des Verfahrensstaates bleibt es bei der Anwendung der lex fori concursus.

6 **cc) Auf Kosten der Insolvenzmasse.** Befriedigung muss auf Kosten der Insolvenzmasse erfolgt sein. Da die Insolvenzmasse nur das zum Zeitpunkt der Eröffnung vorhandene Vermögen des Schuldners bzw. den Neuerwerb umfasst, ist eine Befriedigung vor Eröffnung des Insolvenzverfahrens tatbestandlich nicht erfasst.

7 Aus dem Zweck der Norm ergibt sich ferner, dass § 342 Abs. 1 keine Anwendung auf Partikular- oder Sekundärinsolvenzverfahren findet, da eine Befriedigung aus Vermögen außerhalb dieses Verfahrensstaates gerade nicht zu einer Befriedigung aus einem Vermögenswert der Masse dieses Verfahrens führen kann.

8 Die Befriedigung eines Gläubigers aus einem Gegenstand, an dem er ein Sicherungsrecht hat, ist ebenfalls nicht vom Tatbestand erfasst, da nach § 351 dingliche Rechte außerhalb des Staates der Verfahrenseröffnung ohnehin nicht eingeschränkt werden dürfen und insoweit der Masse durch diese Vollstreckungsmaßnahme nichts entzogen wird.[1] Dies gilt jedoch nur insoweit, als dass der Erlös aus der Vollstreckung die Forderung des Gläubigers nicht übersteigt. Ein Übererlös ist an den Insolvenzverwalter herauszugeben.

c) Rechtsfolge

9 Der Gläubiger hat das Erlangte an den Insolvenzverwalter herauszugeben. Ferner verweist § 342 Abs. 1 S. 2 auf die **Rechtsfolgen der ungerechtfertigten Bereicherung.** Dies betrifft auch die Einrede der Entreicherung. Dieser kann jedoch die Kenntnis vom Insolvenzverfahren und die damit verbundene Pflicht zur Herausgabe entgegenstehen. In diesem Zusammenhang ist deshalb auf die Möglichkeiten einer öffentlichen Bekanntmachung im Ausland gem. § 345 hinzuweisen.[2] Die Beweislastregel des § 350 S. 2 gilt hier entsprechend.

3. Befriedigung durch Insolvenzverfahren, Abs. 2

a) Anerkennung einer Befriedigung

10 Abs. 2 regelt die Befriedigung von Insolvenzgläubigern, über deren Vermögen mehr als ein Insolvenzverfahren eröffnet wurde. Ein Insolvenzgläubiger, der sich an einem anderen Insolvenzverfahren über das Vermögen des gleichen Schuldners beteiligt hat und dort eine Befriedigung erlangt hat, hat sich in diesem Verfahren der Gläubigergleichbehandlung unterworfen. Ein Eingriff in diese Befriedigung entsprechend Abs. 1 etwa bei Einzelzwangsvollstreckungsmaßnahmen wäre daher unangebracht. § 342 Abs. 2 S. 1 schreibt daher fest, dass eine einmal in einem Insolvenzverfahren erlangte Befriedigung nicht durch ein weiteres Insolvenzverfahren über das Vermögen des gleichen Schuldners beeinträchtigt werden kann.

---

[1] Mit Verweis auf die Gesetzesbegründung so auch *Kübler/Prütting/Bork/Kemper,* InsO, § 342 Rn. 9.

[2] Ebenso *Pannen/Kühnle/Riedemann,* NZI 2003, 72, 74.

b) Anrechnung im anderen Insolvenzverfahren

11 Nach § 342 Abs. 2 S. 2 wird der Insolvenzgläubiger, der bereits in einem anderen Insolvenzverfahren eine Befriedigung erlangt hat, bei der Verteilung erst berücksichtigt, wenn die übrigen Gläubiger gleichen Ranges gleichgestellt sind.

12 **aa) Befriedigung im anderen Insolvenzverfahren.** Der Insolvenzgläubiger muss in einem anderen Insolvenzverfahren über das Vermögen des Schuldners eine Befriedigung erlangt haben. Der Begriff des anderen Insolvenzverfahrens ist dabei insoweit einschränkt auszulegen, dass damit nur parallele Insolvenzverfahren über das Vermögen des Schuldners i. S. v. Haupt-, Sekundär- oder Partikularinsolvenzverfahren gemeint sind. Ist etwa über das Vermögen einer natürlichen Person bereits ein Insolvenzverfahren abgeschlossen worden und kommt es später noch einmal zur Eröffnung eines Insolvenzverfahrens über das Vermögen dieser Person, so ist die Befriedigung aus dem ersten Insolvenzverfahren nicht im zweiten Insolvenzverfahren anzurechnen.

13 **bb) Forderungsanmeldung und Feststellung.** § 342 Abs. 2 enthält keine Einschränkung hinsichtlich einer Höhe der Forderungsanmeldung oder der Feststellung der Forderung zur Insolvenztabelle. Der Insolvenzgläubiger kann seine Forderung in jedem Insolvenzverfahren über das Vermögen des Schuldners in voller Höhe anmelden. Ist die Forderung berechtigt, so ist sie auch in jedem Insolvenzverfahren in voller Höhe uneingeschränkt festzustellen. Eine Feststellung für den Ausfall in einem anderen Insolvenzverfahren erfolgt nicht.

14 **cc) Eingriff bei der Verteilung.** Erst im Rahmen der Verteilung wird eine Befriedigung in einem anderen Verfahren berücksichtigt. Der Insolvenzgläubiger soll in dem zweiten Verfahren erst dann eine Befriedigung erlangen, wenn ihm gleichgestellte Gläubiger in der Summe die gleiche Befriedigung erlangt haben. Man spricht daher von einer **konsolidierten Quotenberücksichtigung** oder auch Quotenanrechnung.[1] Eine ähnliche Regelung hatte bereits der BGH entwickelt.[2]

15 Hat der Gläubiger X in dem anderen Verfahren z. B. eine Befriedigung in Höhe von 10 % seiner Forderung erlangt und würde er in diesem Verfahren eigentlich eine Quote von 15 % erhalten, so erhält er aufgrund der Anrechnung nur 5 %. Der verbleibende Betrag kommt wieder quotenerhöhend sämtlichen Gläubigern zugute.

16 Welchem Rang die Forderung eines Gläubigers ggf. zuzurechnen ist, bestimmt die lex fori concursus. Es ist daher möglich, dass dieselbe Forderung in verschiedenen Insolvenzverfahren mit einem unterschiedlichen Rang zu versehen ist.

17 Hat ein im Verfahren A bevorrechtigter Gläubiger Y eine Quote von 25 % erhalten, während die anderen Gläubiger nur eine Quote von 5 % erhalten haben, und erhalten bevorrechtigte Gläubiger im Verfahren B eine Quote von 50 %, alle anderen nur von 10 %, und wird der Gläubiger Y in diesem Verfahren nicht als bevorrechtigt angesehen, so bleibt er im Verfahren B bei der Verteilung unberücksichtigt, da er durch seine Befriedigung in Höhe von 25 % bereits mehr erhalten hat als die ihm hier gleichgestellten Gläubiger, die nur 10 % erhalten.

---

[1] HK-*Stephan,* InsO, § 342 Rn. 11.
[2] BGH ZIP 1983, 961.

18 Der Gläubiger Y hat die über die Quote von 10% hinausgehende Befriedigung jedoch nicht herauszugeben.[1] Dies ergibt sich aus S. 1.

4. Auskunftsanspruch, Abs. 3

19 Der Insolvenzverwalter hat einen Auskunftsanspruch gegen den Insolvenzgläubiger. Dieser richtet sich auf Auskunft über das durch Zwangsvollstreckung, Leistung des Schuldners oder auf sonstige Weise sowie durch ein anderes Insolvenzverfahren über das Vermögen des Schuldners Erlangte i. S. v. Abs. 1 und 2. Der Auskunftsanspruch ist ggf. nach den allgemeinen zivilprozessualen Regeln durchzusetzen.

20 Die Information über das Erlangte in einem anderen Insolvenzverfahren kann der Insolvenzverwalter alternativ auch durch Auskunft des dortigen Insolvenzverwalters erlangen. Das Recht zu dieser Auskunft ergibt sich aus § 357 Abs. 1 S. 1.

5. Besonderheiten im europäischen Recht

21 Art. 20 EuInsVO entspricht § 342 Abs. 1 und 2. Allein ein Verweis auf die Rechtsfolgen der ungerechtfertigten Bereicherung entsprechend § 342 Abs. 1 fehlt, sodass es im europäischen Recht unklar bleibt, worauf die Herausgabe gerichtet ist, insbesondere wenn das Erlangte als solches nicht mehr vorhanden ist. Auch hier ist eine autonome Auslegung des europäischen Rechts vorzunehmen. Ein Rückgriff auf das deutsche Recht bzw. die lex fori concursus ist unzulässig.

22 Eine § 342 Abs. 3 entsprechende Regel fehlt im europäischen Recht, sodass dieser mangels einer entgegenstehenden Regel auch innerhalb der EU Anwendung findet.[2]

6. Praxishinweis

23 Möchte der Insolvenzverwalter eine Verteilung vornehmen und weiß er, dass über das Vermögen des Schuldners weitere Insolvenzverfahren eröffnet sind, so sollte der Insolvenzverwalter die **Absicht einer Verteilung rechtzeitig den anderen Insolvenzverwaltern anzeigen.** Nach der ersten Verteilung in einem dieser Verfahren ist bei späteren Verteilungen immer die bisherige Befriedigung der Gläubiger in den anderen Verfahren zu prüfen. Zwischen den Verteilungen in den verschiedenen Verfahren sollte daher ein ausreichend großer Zeitraum liegen, um diese Prüfung sachgerecht vornehmen zu können. Die Insolvenzverwalter sollten untereinander nach einer Verteilung unverzüglich immer ein Verteilungsverzeichnis an die anderen Verwalter übermitteln.

---

[1] Dem zustimmend HK-*Stephan,* InsO, § 342 Rn. 12.

[2] So auch *Geimer/Schütze/Gruber,* EuInsVO, Art. 20, Rn. 15.

Zweiter Abschnitt. Ausländisches Insolvenzverfahren

§ 343 Anerkennung

(1) **Die Eröffnung eines ausländischen Insolvenzverfahrens wird anerkannt. Dies gilt nicht,**

1. **wenn die Gerichte des Staats der Verfahrenseröffnung nach deutschem Recht nicht zuständig sind;**
2. **soweit die Anerkennung zu einem Ergebnis führt, das mit wesentlichen Grundsätzen des deutschen Rechts offensichtlich unvereinbar ist, insbesondere soweit sie mit den Grundrechten unvereinbar ist.**

(2) **Absatz 1 gilt entsprechend für Sicherungsmaßnahmen, die nach dem Antrag auf Eröffnung des Insolvenzverfahrens getroffen werden, sowie für Entscheidungen, die zur Durchführung oder Beendigung des anerkannten Insolvenzverfahrens ergangen sind.**

Übersicht

1. Normzweck

Die Norm ist Ausfluss des Universalitätsprinzips. Da ein Insolvenzverfahren grundsätzlich das weltweite Vermögen des Schuldners umfassen soll, muss sichergestellt sein, dass auch ein im Ausland eröffnetes Insolvenzverfahren **im Inland anerkannt** wird. Diese Anerkennung wird in Bezug auf Deutschland mit § 343 Abs. 1 S. 1 gewährleistet. 1

Gem. § 335 ergibt sich ferner, dass dieses im Ausland eröffnete Insolvenzverfahren der **lex fori concursus,** also dem Recht dieses ausländischen Staates der Verfahrenseröffnung, unterliegt. Die Wirkungen des Insolvenzverfahrens in Deutschland bestimmen sich zunächst allein nach diesem Recht, soweit nicht die **§§ 344-353 abweichende Bestimmungen** treffen. Darüber hinaus sind die Sonderanknüpfungen der §§ 336-342 auch hier zu beachten.

2. Grundsatz der Anerkennung der Eröffnung, Abs. 1 S. 1

2 Die Eröffnung eines ausländischen Insolvenzverfahrens wird in Deutschland anerkannt, soweit nicht eine Ausnahme gem. Satz 2 greift.

a) Voraussetzungen

3 **aa) Insolvenzverfahren.** Es muss sich bei dem ausländischen Verfahren um ein Insolvenzverfahren handeln. Die Qualifikation, welche Verfahren als Insolvenzverfahren zu definieren sind, bestimmt sich nach der Zielsetzung des § 1. Wesentliches Kriterium ist die gemeinschaftliche Befriedigung von Gläubigern. Für Staaten innerhalb der EU sind die anzuerkennenden Verfahren in **Anhang A zur EuInsVO** abschließend aufgezählt.[1] Gegenüber Drittstaaten ist eine entsprechende Auslegung vorzunehmen.

4 **bb) Wirksamkeit der Eröffnung.** Die Eröffnung des ausländischen Insolvenzverfahrens muss wirksam sein. Wann eine Eröffnungsentscheidung wirksam ist, entscheidet sich nach der lex fori concursus. Eine Überprüfung des Eröffnungsbeschlusses ist nur mit im Eröffnungsstaat vorgesehenen Rechtsmitteln möglich.[2]

b) Rechtsfolge

5 Die Eröffnung eines ausländischen Insolvenzverfahrens wird unmittelbar in Deutschland anerkannt. Es bedarf hierzu keiner weiteren Entscheidung. Welche Wirkung die Anerkennungsentscheidung hat, bestimmt sich jedoch zunächst danach, welche Wirkung die lex fori concursus einer Insolvenzeröffnung zuschreibt. Von den Sonderregeln im deutschen Internationalen Insolvenzrecht abgesehen, werden diese **Wirkungen des ausländischen Verfahrens anerkannt.**

6 Auch die Eröffnung eines ausländischen Partikularinsolvenzverfahrens über das in dem Staat der Verfahrenseröffnung belegene Vermögen des Schuldners wird in Deutschland erkannt. Da die Wirkung dieses Verfahrens nur einen Vermögensbeschlag im jeweiligen Staat der Verfahrenseröffnung zur Folge hat, umfasst auch die Anerkennung in Deutschland nur diese Wirkung. Wird etwa in Deutschland ein universal geltendes (Haupt-)Insolvenzverfahren eröffnet, so bewirkt dieses Verfahren keinen Vermögensbeschlag in dem Staat, in dem das anzuerkennende Partikularverfahren eröffnet wurde.[3]

3. Ausnahmen, Abs. 1 S. 2

a) Unzuständigkeit des Insolvenzgerichts, Nr. 1

7 Die Eröffnung des ausländischen Insolvenzverfahrens wird nicht anerkannt, wenn die Gerichte des Staates der Verfahrenseröffnung nach deutschem Recht nicht zuständig sind. Diese Einschränkung der Anerkennung entspricht der bisherigen Rechtsprechung, wonach nach dem Spiegelbildprinzip die internationale Zuständigkeit des Insolvenzeröffnungsstaates anerkannt wird, wenn bei

[1] *Liersch/Kind,* EWiR 2003, 707.
[2] *Duursma/Duursma-Kepplinger,* DZWIR 2003, 447, 450.
[3] Vgl. *Homann,* KTS 2000, 343.

hypothetischer Anwendung der deutschen Normen die internationale Zuständigkeit des ausländischen Gerichts gegeben wäre.[1]

Die Ausnahme der Anerkennung ist vor dem Hintergrund des Insolvenzverfahrens als Eilverfahren, das eine kurzfristige Sicherung des Vermögens des Schuldners vorzunehmen hat, einschränkend auszulegen. Die internationale Zuständigkeit ist nicht ausdrücklich geregelt, sie ergibt sich aus einer entsprechenden Anwendung der Regeln über die örtliche Zuständigkeit. Legt man nur das deutsche Recht zugrunde, so können sich etwa bei der Bestimmung des Mittelpunktes einer selbstständigen wirtschaftlichen Tätigkeit in Abgrenzung zum allgemeinen Gerichtsstand schwierige Feststellung schon bei der Ermittlung des Sachverhaltes ergeben. Diese Unsicherheit darf keine Auswirkungen auf die Anerkennung eines ausländischen Insolvenzverfahrens haben. 8

In Anwendung des Grundsatzes aus § 3 Abs. 2, dass das zuerst eröffnete Insolvenzverfahren eine Priorität besitzt und spätere Entscheidungen über die Zuständigkeit verdrängt, genügt es daher, wenn sich die internationale Zuständigkeit des ausländischen Gerichtes nach Regeln bestimmt, die grundsätzlich auch die Zuständigkeit nach deutschem Recht begründen könnten.[2] 9

b) Verstoß gegen den ordre public, Nr. 2

Die zweite Ausnahme vom Grundsatz der Anerkennung der Eröffnung ausländischer Insolvenzverfahren greift dann ein, soweit die Anerkennung zu einem Ergebnis führt, das mit wesentlichen Grundsätzen des deutschen Rechts offensichtlich unvereinbar ist. Namentlich wird eine Unvereinbarkeit mit Grundrechten genannt. Durch diese Regel sollen nur **grobe Verletzungen des deutschen Rechts** durch die Anerkennung und Anwendung ausländischer Rechtsordnungen abgewehrt werden können. Keinesfalls genügt ein anderer Umfang des Eingriffs der ausländischen Insolvenzrechtsordnung in Vermögensrechte, wie sie außerhalb des Insolvenzverfahrens bestehen, oder eine andere Rangordnung bei der Verteilung im Insolvenzverfahren. Ab wann ein Verstoß gegen den ordre public anzunehmen ist, bestimmt sich nach den allgemeinen Grundsätzen des IPR gem. Art. 6 EGBGB. Eine fehlerhafte Beurteilung der internationalen Zuständigkeit genügt regelmäßig nicht.[3] 10

4. Anerkennung von Sicherungsmaßnahmen und anderen Entscheidungen, Abs. 2

Abs. 1 beschränkt sich zunächst auf die Anerkennung der Entscheidung über die Eröffnung des Insolvenzverfahrens im Ausland. Im Rahmen eines Insolvenzantrags- sowie eines Insolvenzverfahrens ergehen jedoch weitere Entscheidungen des ausländischen Insolvenzgerichtes, die gleichfalls in Deutschland anzuerkennen sind. Dies betrifft insbesondere Sicherungsmaßnahmen im Insolvenzantragsverfahren und auch alle weiteren Entscheidungen des Insolvenzgerichts. 11

---

[1] BGHZ 122, 373; vgl. auch *Uhlenbruck/Lüer,* InsO, Art. 102 EGInsO Rn. 135.

[2] Im Ergebnis ebenso *Andres/Leithaus/Dahl,* InsO, § 343 Rn. 14.

[3] *Herchen,* ZInsO 2004, 61, 65; *Vallender,* KTS 2005, 283, 317; *Oberhammer,* ZInsO 2004, 761, 768.

a) Sicherungsmaßnahmen

12 Es sind alle Entscheidungen eines ausländischen Insolvenzgerichts anzuerkennen, die Maßnahmen zur Sicherung im Zeitraum zwischen Insolvenzantragstellung und Insolvenzeröffnung treffen. Die anzuerkennenden Maßnahmen beschränken sich nicht auf die Maßnahmen, die auch das deutsche Recht kennt. Die Zuständigkeit des Insolvenzgerichts für Maßnahmen im Vorfeld der Insolvenzeröffnung ist danach zu bestimmen, ob für dieses Gericht auch eine internationale Zuständigkeit für eine spätere Eröffnung bestünde.

13 Die Anerkennung von Sicherungsmaßnahmen in Deutschland bewirkt, dass die Wirkungen, die die lex fori concursus vorschreibt, gleichermaßen im Aus- und Inland gelten.[1] Daneben können weitere Sicherungsmaßnahmen nach den Regeln des § 344 nach deutschem Recht ergehen.

Sind im In- und Ausland zwei verschiedene Insolvenzantragsverfahren über das Vermögen des Schuldners anhängig, so wird die Anerkennung der ausländischen Sicherungsmaßnahme jedoch durch die Anordnung von konkurrierenden Maßnahmen im Inland gehindert. Auf die zeitliche Reihenfolge der ergangenen Maßnahmen kommt es dabei nicht an.[2] Dies gilt nur dann nicht, wenn die ausländische Entscheidung im Insolvenzantragsverfahren als Eröffnungsentscheidung i. S. d. Art. 16 EuInsVO gilt. In diesem Fall darf eine im Inland ergangene Sicherungsmaßnahme im Antragsverfahren den Anordnungen des ausländischen Verfahrens nicht widersprechen. Ansonsten geht die ausländische Entscheidung vor.

b) Andere Entscheidungen

14 Auch andere Entscheidungen des Insolvenzgerichtes werden anerkannt. Eine Einschränkung der anzuerkennenden Entscheidungen ergibt sich nur insofern, als dass diese Entscheidungen zur Durchführung oder Beendigung des anerkannten Insolvenzverfahrens ergangen sein müssen. Ergeben sich etwa aus der Eröffnung des Insolvenzverfahrens heraus weitergehende Zuständigkeiten, die darüber hinausgehen, so wird dies von der Anerkennung gem. § 343 nicht mehr erfasst, sondern bestimmt sich nach den allgemeinen Regeln der Anerkennung ausländischer Entscheidungen.

5. Besonderheiten im europäischen Recht

15 Diese Grundsätze der automatischen Anerkennung ausländischer Entscheidungen, insbesondere die Anerkennung der Eröffnung eines Insolvenzverfahrens, finden sich auch im europäischen Recht, insbesondere in den Art. 16 Abs. 1, Art. 17 Abs. 1, Art. 25 Abs. 1 Unterabs. 1 S. 1, Unterabs. 2 und 3 EuInsVO. Die Anerkennung erfolgt ohne weitere Förmlichkeiten.[3] Ein Unterschied besteht insofern, als dass innerhalb der EU darüber hinaus der **Grundsatz des Gemeinschaftsvertrauens** besteht. Die Anerkennung ausländischer Entscheidungen ist daher innerhalb der EU noch sehr viel großzügiger vorzunehmen. Die internationale Zuständigkeit des Gerichts, das das Insolvenzverfahren eröffnet hatte, ist

---

[1] So auch *Martini,* ZInsO 2002, 905, 910.

[2] So *Vallender,* KTS 2005, 283, 307 zur EuInsVO.

[3] Vgl. AG Duisburg NZI 2003, 160. Für die Einführung fakultativer förmlicher Anerkennungsverfahren in nationalen Ausführungsgesetzen bleibt kein Raum, aA: offenbar *Smid,* Europäisches Internationales Insolvenzrecht, 2002.

nicht nachzuprüfen.[1] Den Vorbehalt des ordre public kennt jedoch auch das europäische Recht in Art. 26 EuInsVO. Ein Verstoß gegen die Pflicht zur Begründung der internationalen Zuständigkeit im Eröffnungsbeschluss (vgl. Art. 102 § 2 EGInsO) stellt keinen Verstoß gegen den ordre public dar.[2] Es bestehen auch Zweifel, ob die Täuschung der Antragsgegner über die Zuständigkeit des angerufenen Gerichts oder die fehlende Unabhängigkeit der bestellten Verwalter im ausländischen Verfahren die Annahme eines Verstoßes gegen den ordre public rechtfertigen.[3]

Auch im Anwendungsbereich der EuInsVO erfolgt eine Überprüfung des Eröffnungsbeschlusses nur, soweit hierfür im Eröffnungsstaat Rechtsmittel vorgesehen sind. Ein Gläubiger, der im Ausland selbst einen Antrag über das Vermögen des Schuldners gestellt hat, ist bezüglich der Eröffnung eines Hauptinsolvenzverfahrens im Inland nicht beschwerdebefugt.[4]

Das europäische Recht kennt in Art. 25 Abs. 1 Unterabs. 1 S. 2 EuInsVO **16**
spezielle Regeln über die Vollstreckung der Eröffnungsentscheidung, von Sicherungsmaßnahmen und anderen Entscheidungen über die Durchführung und Beendigung eines Insolvenzverfahrens im europäischen Ausland. Danach sind diese Entscheidungen durch ein **vereinfachtes Exequaturverfahren gem. Art. 38-52 EuGVVO** im Ausland vollstreckbar.

Diese Regel wird in Art. 102 § 8 EGInsO nF noch einmal für die Anwendung in Deutschland wiederholt. Art. 102 § 8 EGInsO nF hat jedoch nur klarstellenden Charakter.

§ 344 Sicherungsmaßnahmen

(1) **Wurde im Ausland vor Eröffnung eines Hauptinsolvenzverfahrens ein vorläufiger Verwalter bestellt, so kann auf seinen Antrag das zuständige Insolvenzgericht die Maßnahmen nach § 21 anordnen, die zur Sicherung des von einem inländischen Sekundärinsolvenzverfahren erfaßten Vermögens erforderlich erscheinen.**

(2) **Gegen den Beschluß steht auch dem vorläufigen Verwalter die sofortige Beschwerde zu.**

Übersicht

---

[1] OLG Wien NZI 2005, 56 m. Anm. *Paulus;* OGH NZI 2005, 465; LG Innsbruck KTS 2005, 223 m. Anm. *Schopper; Sabel,* NZI 2004, 126, 127; *Duursma/Duursma-Kepplinger,* DZWIR 2003, 447, 450.

[2] Vgl. aus österreichischer Sicht OGH NZI 2005, 465; aA: AG Nürnberg ZIP 2007, 81, m. Anm. *Duursma-Kepplinger,* EWiR 2007, 81.

[3] AA: AG Nürnberg ZIP 2007, 81.

[4] LG Hamburg ZIP 2005, 1697, m. Anm. *Schilling/Schmidt,* EWiR 2006, 15.

1. Normzweck

1 Die Norm dient der Sicherung des Vermögens des Schuldners in einem Insolvenzantragsverfahren. Durch § 343 Abs. 2 ist bereits gewährleistet, dass Sicherungsmaßnahmen, die in einem ausländischen Insolvenzantragsverfahren angeordnet werden, auch in Deutschland anerkannt werden. Es handelt sich dabei jedoch um Maßnahmen nach dem jeweiligen ausländischen Recht. Diese Sicherungsmöglichkeiten werden durch § 344 erweitert. Entsprechend zur Eröffnung von Sekundärinsolvenzverfahren parallel zu einem Hauptinsolvenzverfahren soll es nach § 344 auch im Insolvenzantragsverfahren möglich sein, Sicherungsmaßnahmen nach dem Recht des Staates durchzuführen, in dem das zu sichernde Vermögen belegen ist.[1] § 344 hat eine große praktische Bedeutung, da sich hierdurch wesentliche Gestaltungsmöglichkeiten im Insolvenzantragsverfahren ergeben.

2. Vorläufige Verwaltung im Ausland

2 Voraussetzung für die Anwendung von § 344 ist zunächst die **Bestellung eines vorläufigen Verwalters im Ausland.** Die Bestellung dieses vorläufigen Verwalters bestimmt sich nach dem Recht des Staates, in dem das Insolvenzverfahren beantragt wurde (lex fori concursus). Gleiches gilt für die Frage der Zuständigkeit des dortigen Insolvenzgerichtes. Die Entscheidung des ausländischen Gerichtes über die Anordnung von Sicherungsmaßnahmen wird nach § 343 Abs. 2 in Deutschland anerkannt. Der Begriff des vorläufigen Verwalters ist im Rahmen der Anerkennung weit auszulegen. Insbesondere darf nicht allein auf die Vergleichbarkeit mit dem deutschen Recht abgestellt werden. Hierunter fallen alle Maßnahmen, die dem Zweck der Sicherung von Vermögen des Schuldners dienen und in deren Rahmen eine dritte Person zur Wahrnehmung dieser Aufgaben betraut wird.

3 Die Anwendung von § 344 ist ausgeschlossen, sobald über das Vermögen des Schuldners im Ausland das Insolvenzverfahren eröffnet ist. Mögliche Anordnungen des inländischen Gerichts, die bereits getroffen waren, sind dann aufzuheben.[2] Die Eröffnung des ausländischen Verfahrens und seine Wirkung werden in Deutschland anerkannt. Ggf. kann der ausländische Verwalter ein Sekundärverfahren nach § 356 beantragen.

3. Antrag des Verwalters

4 Eine Anordnung von Sicherungsmaßnahmen nach § 344 setzt einen **Antrag des im Ausland bestellten vorläufigen Verwalters** voraus. Eine Anordnung von Amts wegen, indem das ausländische Gericht Kontakt zum zuständigen

[1] Entsprechend zum europäischen Recht *Duursma-Kepplinger/Chalupsky,* Europäische Insolvenzverordnung, Art. 38 Rn. 13.

[2] Ebenso *Andres/Leithaus/Dahl,* InsO, § 344 Rn. 3.

inländischen Gericht aufnimmt, ist nicht möglich. Der vorläufige Verwalter soll in der Entscheidung frei sein, inwiefern eine Sicherung des Vermögens über die Anerkennung von Sicherungsmaßnahmen nach § 343 Abs. 2 oder über Maßnahmen nach § 344 sachgerechter möglich ist. Das deutsche Insolvenzgericht ist daher bei seiner Entscheidung an den Antrag des ausländischen Verwalters gebunden.[1]

Davon unberührt bleibt das Recht der Gläubiger, auch im Inland ein Insolvenzverfahren zu beantragen. Dies ergibt sich aus § 354 Abs. 1. Das inländische Gericht kann auf den Gläubigerantrag hin ein **vorläufiges Sekundärinsolvenzverfahren** anordnen. 5

Das Antragsrecht des vorläufigen Verwalters nach § 344 korrespondiert mit dem Recht des ausländischen Insolvenzverwalters nach § 356 Abs. 2, ein Sekundärinsolvenzverfahren beantragen zu können. Während das Antragsrecht nach § 356 Abs. 2 nur dem endgültigen Verwalter zusteht, gibt § 344 dem ausländischen vorläufigen Verwalter das Recht, Sicherungsmaßnahmen zu beantragen. 6

Das Antragsrecht des ausländischen vorläufigen Verwalters besteht jedoch nur dann, wenn nach dem Recht, dem sein Verfahren untersteht, überhaupt ein universaler Geltungsanspruch besteht. Handelt es sich um ein vorläufiges Partikularverfahren, das auch nach Eröffnung gar keine Wirkung im Ausland beansprucht, kann dieser vorläufige Verwalter auch keinen Antrag nach § 344 stellen. 7

4. Sicherung des von einem inländischen Sekundärinsolvenzverfahren erfassten Vermögens

Die Anordnung von Sicherungsmaßnahmen soll das von einem inländischen Sekundärinsolvenzverfahren erfasste Vermögen vor Zugriffen Dritter schützen. Dies bedeutet, dass implizit zu prüfen ist, ob über das zu sichernde Vermögen überhaupt ein Sekundärinsolvenzverfahren eröffnet werden kann. Dies setzt nach § 354 Abs. 1 eine Niederlassung oder auch nur Vermögen des Schuldners im Inland voraus. Da hiernach Vermögen im Inland ausreicht, wird grundsätzlich immer ein Sekundärverfahren möglich sein.[2] Wäre kein Vermögen im Inland vorhanden, gäbe es für den ausländischen Verwalter kein Interesse, einen Antrag nach § 344 zu stellen. In diesem Punkt besteht ein wesentlicher Unterschied des autonomen deutschen Internationalen Insolvenzrechts zum europäischen Recht. 8

Die Voraussetzungen des § 354 Abs. 2 sind hier unerheblich, da die Möglichkeit einer Eröffnung eines Sekundärverfahrens ausreichend ist und keine hypothetische Prüfung anzustellen ist. 9

Eine Sicherung des inländischen Vermögens durch Maßnahmen nach § 344 ist nicht geboten, wenn ein Insolvenzverfahren über das Inlandsvermögen eröffnet oder in Deutschland bereits vor einem Antrag nach § 344 auf Gläubiger- oder Schuldnerantrag hin ein vorläufiges Sekundärinsolvenzverfahren angeordnet ist.[3] 10

5. Zuständiges Insolvenzgericht

Der Antrag des ausländischen Verwalters ist bei dem zuständigen Insolvenzgericht zu stellen. § 348 enthält hierfür eine gesonderte Zuständigkeitsregelung. Danach ist grundsätzlich das Insolvenzgericht zuständig, in dessen Bezirk die 11

[1] *Vallender,* KTS 2005, 283, 309.
[2] Ebenso *Bismarck, v., /Schümann-Kleber,* NZI 2005, 147, 151.
[3] Ebenso *Andres/Leithaus/Dahl,* InsO, § 344 Rn. 7.

Niederlassung des Schuldners im Inland belegen ist. Auf die Belegenheit nur von Vermögen im Inland ist bei Anträgen nach § 344 nicht abzustellen. § 348 lässt jedoch **abweichende Zuständigkeitsregelungen** für Entscheidungen nach § 344 durch die Länder zu.

12 Die gesonderte Zuständigkeitsregelung betrifft – von den Anträgen nach § 345 und § 346 abgesehen – nur Entscheidungen über Anträge des ausländischen vorläufigen Verwalters i. S. d. § 344. Anträge von Gläubigern auf Eröffnung von Sekundärinsolvenzverfahren, in deren Rahmen ggf. Sicherungsmaßnahmen nach §§ 21 f. anzuordnen sind, unterliegen der allgemeinen Zuständigkeitsregel des § 3. Liegen Anträge des ausländischen vorläufigen Verwalters und eines Gläubigers bei verschiedenen Gerichten vor, die beide jeweils zuständig sind, so ist das zuerst angerufene Gericht gem. § 3 Abs. 2 zuständig.

13 Entscheidungen gem. § 344 sind, wie andere Sicherungsmaßnahmen auch, nach § 18 Abs. 1 Nr. 3 RPflG dem Richter vorbehalten.

6. Maßnahmen nach § 21

14 Das zuständige Insolvenzgericht kann alle Maßnahmen treffen, die nach § 21 möglich sind. Maßnahmen, die dem deutschen Recht fremd sind, sind unzulässig.[1] Die Anordnung dieser Maßnahmen unterliegt deutschem Recht und erfasst nur das in Deutschland belegene Vermögen des Schuldners. Die Anordnung unterliegt der Voraussetzung der Erforderlichkeit der Maßnahme, wobei dies nur eine entsprechende Einschränkung zu § 21 ist.

15 Das zuständige Gericht kann insbesondere auch einen **vorläufigen Insolvenzverwalter** nach § 21 Abs. 2 Nr. 1 bestellen.[2] Es kann dem Schuldner zugleich ein **allgemeines Verfügungsverbot** auferlegt werden oder ein **Zustimmungsvorbehalt** angeordnet werden. Bei Bestellung eines vorläufigen Insolvenzverwalters über das Inlandvermögen hat dieser mit dem vorläufigen Verwalter, der im Ausland bestellt ist, analog § 357 Abs. 1 zusammenzuarbeiten. Insbesondere sollte die Anregung der Eröffnung des Insolvenzverfahrens eng abgestimmt werden.

Es ist nicht ausgeschlossen, den ausländischen vorläufigen Verwalter auch zum vorläufigen Verwalter im Inland zu bestellen.[3]

7. Sofortige Beschwerde

16 Der im ausländischen Verfahren bestellte vorläufiger Verwalter hat das Recht zur sofortigen Beschwerde gegen Entscheidungen des Insolvenzgerichts nach § 344. Insbesondere die Anordnung einer vorläufigen Insolvenzverwaltung im Inland schränkt die Wirkungserstreckung der Rechte des ausländischen vorläufigen Verwalters ein. Der Gesetzgeber hat ihm daher das Recht zur sofortigen Beschwerde gewährt. § 6 gilt entsprechend.

8. Besonderheiten im europäischen Recht

17 Im europäischen Recht besteht mit Art. 38 EuInsVO eine mit § 344 vergleichbare Norm. Es ist jedoch zu beachten, dass für die Anwendung von Art. 38

---

[1] Weniger streng offenbar *Vallender,* KTS 2005, 283, 308 f.

[2] *Liersch,* NZI 2003, 302, 306; *Andres/Leithaus/Dahl,* InsO, § 344 Rn. 8.

[3] Einschränkend HK-*Stephan,* InsO, § 344 Rn. 14.

EuInsVO nur dann Raum bleibt, soweit die Anordnung von Sicherungsmaßnahmen im ausländischen Verfahren nicht als Eröffnungsentscheidung i. S. d. Art. 16 EuInsVO anzusehen ist. Von dieser Einschränkung abgesehen, ist der Regelungsgehalt von Art. 38 EuInsVO mit dem von § 344 im Grundsatz vergleichbar. Auch nach Art. 38 EuInsVO kann der ausländische vorläufige Verwalter Sicherungsmaßnahmen im Inland beantragen. Insoweit besteht kein Unterschied.

Es ist jedoch zu beachten, dass Art. 38 EuInsVO Sicherungsmaßnahmen zum Zweck der „Sicherung des Schuldnervermögens" ermöglicht, während § 344 die „Sicherung des von einem inländischen Sekundärinsolvenzverfahren erfassten Vermögens" als Voraussetzung hat. Es ist streitig, ob diese unterschiedliche Formulierung dahingehend auszulegen ist, dass nach Art. 38 EuInsVO auch eine Sicherung von Vermögenswerten möglich ist, wenn in dem Staat, in dem dieses Vermögen belegen ist, ein Sekundärinsolvenzverfahren gar nicht eröffnet werden kann.[1] Dies ist insofern von Bedeutung, als dass Art. 3 Abs. 2 EuInsVO im Gegensatz zu § 354 für die Eröffnung eines Sekundärinsolvenzverfahrens eine Niederlassung vorschreibt und allein Vermögen in diesem Staat nicht als ausreichend betrachtet. 18

Würde man Art. 38 EuInsVO entsprechend der Regelung des § 344 auslegen, so könnte zunächst der Eindruck entstehen, in Staaten ohne Niederlassung des Schuldners würde der Sicherungszweck des Insolvenzantragsverfahrens versagen. Dies ist jedoch nicht so. Durch die Anerkennung der ausländischen Sicherungsmaßnahmen gem. Art. 25 Abs. 1 Unterabs. 3 EuInsVO ist dies bereits gewährleistet. Im Gegenteil würde die Anordnung einer vorläufigen Insolvenzverwaltung im Inland nach Art. 38 EuInsVO, §§ 21, 22 zu dem widersprüchlichen Ergebnis führen, dass zwar ein vorläufiger Insolvenzverwalter bestellt werden könnte, dieser jedoch bei fehlender Niederlassung nie zu dem Ergebnis gelangen könnte, das Insolvenzverfahren über das Insolvenzvermögen auch zu eröffnen. Darüber hinaus spricht auch die systematische Stellung von Art. 38 EuInsVO im Kapitel über Sekundärinsolvenzverfahren dafür, das Niederlassungserfordernis des Art. 3 Abs. 2 EuInsVO auch bei Art. 38 EuInsVO zu beachten und die Anwendung von Art. 38 EuInsVO daran zu koppeln, dass ein Sekundärinsolvenzverfahren über das zu sichernde Vermögen in entsprechender Auslegung zu § 344 auch eröffnet werden könnte.[2] 19

9. Praxishinweis

§ 344 und entsprechend Art. 38 EuInsVO geben dem vorläufigen Insolvenzverwalter ein Instrumentarium an die Hand, mit dem er in gestaltender Weise das Insolvenzantragsverfahren prägen kann. Dabei hat er jedoch eine **Abwägung** zwischen der Wirkung der Anerkennung von Sicherungsmaßnahmen nach der lex fori concursus gem. § 343 Abs. 2 und den Folgen eines Antrags nach § 344 und damit verbundener Anordnungen im Staat der Belegenheit von Schuldnervermögen vorzunehmen. Hierzu ist es erforderlich, dass der vorläufige Insol- 20

---

[1] Vgl. zum Streitstand *Duursma-Kepplinger/Chalupsky,* Europäische Insolvenzverordnung, Art. 38 Rn. 9 f.

[2] Ebenso *Duursma-Kepplinger/Chalupsky,* Europäische Insolvenzverordnung, Art. 38 Rn. 10; *Fritz/Bähr,* DZWIR 2001, 226; *Vallender,* KTS 2005, 283, 307 f.; aA: *Herchen,* Das Übereinkommen über Insolvenzverfahren der Mitgliedstaaten der Europäischen Union vom 23. 11. 1995.

venzverwalter vor einem Antrag nach § 344 die fremde Rechtsordnung geprüft hat, in welcher Weise in dem anderen Staat nach seinem Antrag Sicherungsmaßnahmen über das jeweilige Vermögen angeordnet werden können. Wird etwa nach einem Antrag eines ausländischen vorläufigen Insolvenzverwalters nach § 344 in Deutschland eine vorläufige Insolvenzverwaltung nach § 21 angeordnet, so kann die vorangegangene ausländische Entscheidung über die Anordnung von Sicherungsmaßnahmen gem. § 343 Abs. 2 keine Wirkung mehr in Deutschland entfalten. Vor einem Antrag nach § 344 ist daher immer zu prüfen, auf welchem Weg ein besserer Schutz des Vermögens des Schuldners erfolgen kann.

21 Der **Vorteil von Sicherungsmaßnahmen nach § 344 bzw. Art. 38 EuInsVO** liegt zweifelsfrei darin, dass diese im Staat ihrer Anordnung unverzüglich zwangsweise durchgesetzt werden können, ohne dass es einer förmlichen Vollstreckbarerklärung bedarf.[1]

§ 345 Öffentliche Bekanntmachung

(1) **Sind die Voraussetzungen für die Anerkennung der Verfahrenseröffnung gegeben, so hat das Insolvenzgericht auf Antrag des ausländischen Insolvenzverwalters den wesentlichen Inhalt der Entscheidung über die Verfahrenseröffnung und der Entscheidung über die Bestellung des Insolvenzverwalters im Inland bekannt zu machen. § 9 Abs. 1 und 2 und § 30 Abs. 1 Satz 1 gelten entsprechend. Ist die Eröffnung des Insolvenzverfahrens bekannt gemacht worden, so ist die Beendigung in gleicher Weise bekannt zu machen.**

(2) **Hat der Schuldner im Inland eine Niederlassung, so erfolgt die öffentliche Bekanntmachung von Amts wegen. Der Insolvenzverwalter oder ein ständiger Vertreter nach § 13 e Abs. 2 Satz 5 Nr. 3 des Handelsgesetzbuchs unterrichtet das nach § 348 Abs. 1 zuständige Insolvenzgericht.**

(3) **Der Antrag ist nur zulässig, wenn glaubhaft gemacht wird, dass die tatsächlichen Voraussetzungen für die Anerkennung der Verfahrenseröffnung vorliegen. Dem Verwalter ist eine Ausfertigung des Beschlusses, durch den die Bekanntmachung angeordnet wird, zu erteilen. Gegen die Entscheidung des Insolvenzgerichts, mit der die öffentliche Bekanntmachung abgelehnt wird, steht dem ausländischen Verwalter die sofortige Beschwerde zu.**

Übersicht

[1] Ebenso *Paulus,* ZIP 2002, 729, 733.

1. Normzweck

1 Die öffentliche Bekanntmachung dient der Publizität und auch der **Beseitigung einer Gutgläubigkeit bei Handlungen Dritter.**[1] Insofern ist auf die §§ 23, 30 zu verweisen. Die öffentliche Bekanntmachung erfolgt nach der lex fori concursus und damit regelmäßig nur im Staat der Verfahrenseröffnung. § 345 soll sicherstellen, dass trotz Eröffnung eines Insolvenzverfahrens im Ausland auch in Deutschland eine öffentliche Bekanntmachung erfolgt oder erfolgen kann.

2. Voraussetzungen

a) Anerkennung der Verfahrenseröffnung

2 Das inländische Gericht hat vor einer Anordnung der Bekanntmachung zu prüfen, ob die Verfahrenseröffnung nach § 343 Abs. 1 anzuerkennen ist.

b) Antrag des ausländischen Verwalters bzw. Bekanntmachung von Amts wegen

3 Das Insolvenzgericht hat eine Bekanntmachung auf Antrag des ausländischen Verwalters vorzunehmen. Das Gericht ist insofern nicht frei in seiner Entscheidung. Der ausländische Verwalter hat am ehesten einen Einblick, inwiefern Gläubiger oder Drittschuldner ihren Sitz im Inland haben und deshalb eine Bekanntmachung erforderlich ist. Aus diesem Grund steht es grundsätzlich im **Ermessen des ausländischen Insolvenzverwalters,** inwiefern er die Bekanntmachung beantragt. Wenn er sie beantragt, hat der Verwalter gem. Abs. 3 Satz 1 die Voraussetzungen der Anerkennung nach § 343 Abs. 1 glaubhaft zu machen.

4 Eine **Ausnahme** von der Ermessensentscheidung des Verwalters macht Abs. 2 nur in dem Fall, dass eine **Niederlassung im Inland** vorliegt. Dann ist die Bekanntmachung von Amts wegen anzuordnen. In diesem Fall wird unterstellt, dass eine größere Zahl inländischer Gläubiger oder Drittschuldner betroffen sind. Der ausländische Verwalter hat gem. Abs. 2 Satz 2 dem inländischen Insolvenzgericht mitzuteilen, dass eine Niederlassung im Inland vorliegt. Andernfalls wäre es dem Gericht nicht möglich, von seiner Pflicht zur Bekanntmachung Kenntnis zu erlangen. Die gleiche Pflicht trifft den ständigen Vertreter des Schuldners bei insolventen ausländischen Kapitalgesellschaften nach § 13 e Abs. 2 S. 5 Nr. 3 HGB.

Die Vornahme der Bekanntmachung ist jedoch nicht Anerkennungsvoraussetzung hinsichtlich des ausländischen Verfahrens.[2]

[1] Vgl. *Pannen/Kühnle/Riedemann,* NZI 2003, 72, 73.
[2] *Pannen/Riedemann,* NZI 2004, 301, 303 ff.

c) Sicherungsmaßnahmen

5 § 345 gilt über den Wortlaut der Norm hinaus entsprechend für Sicherungsmaßnahmen des ausländischen Insolvenzgerichts im Rahmen des Insolvenzantragsverfahrens. Insbesondere die Kenntnis von der Anordnung einer vorläufigen Insolvenzverwaltung ist für Gläubiger und Drittschuldner durchaus vergleichbar mit der späteren Kenntnis von der Eröffnung. Es gibt deshalb keinen Grund, ausländische Sicherungsmaßnahmen, die nach § 343 Abs. 2 in Deutschland anerkannt werden, nicht auch entsprechend in Deutschland bekannt zu machen.

3. Rechtsfolge

6 Das Insolvenzgericht hat die **Bekanntmachung in Deutschland nach den Regelungen des deutschen Rechts** vorzunehmen. Die Bekanntmachung soll den wesentlichen Inhalt der Entscheidung über die Verfahrenseröffnung und der Entscheidung über die Bestellung des Insolvenzverwalters beinhalten. § 9 Abs. 1 und 2, § 30 sind entsprechend anzuwenden. Für die Bekanntmachung von Sicherungsmaßnahmen gilt § 23 entsprechend.

7 Dem ausländischen Insolvenzverwalter ist nach Abs. 3 S. 2 eine Ausfertigung des Beschlusses, durch den die Bekanntmachung angeordnet wird, zu erteilen.

8 Wurde die Insolvenzeröffnung in Deutschland bekannt gemacht, so ist nach Abs. 1 S. 3 auch die Beendigung des Insolvenzverfahrens entsprechend bekannt zu machen. § 200 Abs. 2 gilt entsprechend.

4. Zuständigkeit

9 Die Bekanntmachung erfolgt durch das zuständige inländische Insolvenzgericht. Die Zuständigkeit bestimmt sich nach § 348 Abs. 1. Der ausländische Verwalter hat seinen Antrag bzw. die Mitteilung über die inländische Niederlassung an dieses Gericht zu richten.

10 Entscheidungen gem. § 345 sind nach § 18 Abs. 1 Nr. 3 RPflG **dem Richter vorbehalten,** da eine Prüfung der Voraussetzungen der Anerkennung nach § 343 vorgenommen werden muss.

5. Kosten

11 Die Bekanntmachung im Inland löst Kosten gem. § 24 GKG aus, deren Zuordnung im autonomen deutschen Internationalen Insolvenzrecht nicht geregelt ist. Soweit § 345 die Bekanntmachung von Amts wegen vorschreibt, sind diese Kosten unzweifelhaft als **Kosten des Verfahrens** zu qualifizieren, wobei hiermit das ausländische Verfahren gemeint ist.[1] Auch die Eröffnung eines Sekundärinsolvenzverfahrens im Inland ändert an dieser Kostenzuordnung nichts, da es hier um die Bekanntmachung der ausländischen Entscheidung geht. Inwiefern diese Kosten des Verfahrens im Insolvenzverfahren zu befriedigen sind, bestimmt die lex fori concursus, in Deutschland etwa § 54.

---

[1] Ebenso *Gruber,* in *Hass/Huber/Gruber/Heiderhoff,* EU-Insolvenzverordnung, Art. 23 Rn. 1; *Andres/Leithaus/Dahl,* InsO, § 345 Rn. 15.

Auch bei Beantragung der Veröffentlichung durch den ausländischen Verwalter kann nichts anderes gelten. Auch diese Kosten sind als Kosten des Verfahrens zu qualifizieren.[1] 12

6. Sofortige Beschwerde

Nach Abs. 3 S. 3 steht dem ausländischen Verwalter das Recht zur sofortigen Beschwerde gegen den Beschluss zu, mit dem die öffentliche Bekanntmachung abgelehnt wird. Dies ist unabhängig davon, ob die Ablehnung auf einen Antrag des Verwalters oder auf eine Mitteilung über eine inländische Niederlassung ergangen ist. Die Ablehnung wird i. d. R. nur dann zulässig sein, wenn die Voraussetzungen der Anerkennung gem. § 343 nach Überzeugung des Gerichts nicht vorliegen bzw. nicht ausreichend glaubhaft gemacht sind. 13

7. Besonderheiten im europäischen Recht

a) Entsprechende Regeln in Art. 21 und 23 EuInsVO

Art. 21 EuInsVO enthält eine mit § 345 vergleichbare Regelung der öffentlichen Bekanntmachung. Art. 102 § 5 EGInsO nF regelt ergänzend die Zuständigkeit und folgt im Ergebnis der Regelung des § 345. Unterschiede bestehen insoweit nicht. Art. 102 § 7 EGInsO nF ordnet die Zulässigkeit der sofortigen Beschwerde an und entspricht damit ebenfalls § 345. 14

Art. 23 EuInsVO enthält eine Regelung über die Kostentragung bei Bekanntmachungen im Ausland. Entsprechend der hier vertretenen Auffassung zum autonomen deutschen Recht wird auch im europäischen Recht davon ausgegangen, dass es sich im Kosten des Verfahrens handelt. 15

b) Pflicht zur Unterrichtung der Gläubiger nach Art. 40, 42 Abs. 1 EuInsVO

Art. 40 EuInsVO normiert die Pflicht des Gerichtes bzw. des von diesem Gericht bestellten Verwalters, unverzüglich die bekannten Gläubiger im EU-Ausland über die Verfahrenseröffnung und seine Wirkungen, insbesondere über Fristen und Folgen von Fristversäumnissen, zu unterrichten. Bei Insolvenzeröffnung in Deutschland wird dies durch Anwendung der §§ 28, 30 Abs. 2 bereits weitgehend gewährleistet. Auf die Folgen einer nachträglichen Forderungsanmeldung nach § 177 sind die Gläubiger im EU-Ausland nach Art. 102 § 11 EGInsO nF gesondert hinzuweisen. 16

Die Form der Unterrichtung erfolgt vom Grundsatz nach den Regeln der lex fori concursus. Nach deutschem Recht genügt die Aufgabe zur Post gem. § 8 Abs. 1 S. 2. Ein einfacher Brief genügt. Ein Einschreiben ist auch für internationale Postsendungen nicht erforderlich.[2] 17

Eine Besonderheit des europäischen Rechts besteht darin, dass Art. 42 Abs. 1 EuInsVO die **Verwendung eines Formblattes zur Unterrichtung der Gläubiger** vorschreibt. Zwar soll die Unterrichtung in der Amtssprache des Staates der Verfahrenseröffnung erfolgen, jedoch muss ein Formblatt genutzt werden, das in sämtlichen **Amtssprachen der Organe der Europäischen Union** mit den 18

---

[1] Ebenso im europäischen Recht Art. 23 EuInsVO.

[2] *Pannen/Kühnle/Riedemann,* NZI 2003, 72, 73.

Worten **„Aufforderung zur Anmeldung einer Forderung. Etwaige Fristen beachten!“** überschrieben ist. Das Bundesministerium der Justiz stellt inzwischen ein entsprechendes Formblatt zur Verfügung. Dieses Formblatt ist der Aufforderung zur Forderungsanmeldung beizufügen, soweit der Gläubiger in einem anderen Staat der EU außer Dänemark seinen Sitz hat.

8. Praxishinweis

19 Der Insolvenzverwalter sollte bei einem Auslandsbezug zu einzelnen Staaten der EU im Zweifel immer kurzfristig die öffentliche Bekanntmachung beim zuständigen Gericht beantragen. Das **Risiko,** dass ein Vermögenswert der Masse durch **gutgläubigen Erwerb** oder **schuldbefreiende Handlungen** verloren geht, ist in aller Regel größer als der Nachteil durch die zusätzlichen Kosten des Verfahrens, die mit der Bekanntmachung verbunden sind.

20 Die Verwendung des Formblattes nach Art. 42 Abs. 1 EuInsVO sollte vom Insolvenzverwalter über die Erfüllung einer gesetzlichen Norm als Chance verstanden werden, rechtzeitig und ohne sprachliche Missverständnisse mit den Gläubigern des Schuldners in Kontakt zu treten. Es ist deshalb zu empfehlen, auch Gläubiger in Staaten außerhalb der EU entsprechend zu unterrichten.

21 Ferner ist darauf hinzuweisen, dass das Formblatt beim Bundesministerium der Justiz in nichtamtlicher Form auch in den EU-Amtssprachen vorliegt, d. h., dass darin nicht nur die Überschrift entsprechend übersetzt ist. Zwar schreibt die EuInsVO nur die Übersendung eines Formblattes vor, sodass die deutschsprachige Fassung genügen würde, jedoch ist es zweckmäßig, das Formblatt in der Sprache des Staates des jeweiligen Sitzes des Gläubigers zu versenden.

§ 346 Grundbuch

(1) **Wird durch die Verfahrenseröffnung oder durch Anordnung von Sicherungsmaßnahmen nach § 343 Abs. 2 oder § 344 Abs. 1 die Verfügungsbefugnis des Schuldners eingeschränkt, so hat das Insolvenzgericht auf Antrag des ausländischen Insolvenzverwalters das Grundbuchamt zu ersuchen, die Eröffnung des Insolvenzverfahrens und die Art der Einschränkung der Verfügungsbefugnis des Schuldners in das Grundbuch einzutragen:**

1. **bei Grundstücken, als deren Eigentümer der Schuldner eingetragen ist;**
2. **bei den für den Schuldner eingetragenen Rechten an Grundstücken und an eingetragenen Rechten, wenn nach der Art des Rechts und den Umständen zu befürchten ist, dass ohne die Eintragung die Insolvenzgläubiger benachteiligt würden.**

(2) **Der Antrag nach Absatz 1 ist nur zulässig, wenn glaubhaft gemacht wird, dass die tatsächlichen Voraussetzungen für die Anerkennung der Verfahrenseröffnung vorliegen. Gegen die Entscheidung des Insolvenzgerichts steht dem ausländischen Verwalter die sofortige Beschwerde zu. Für die Löschung der Eintragung gilt § 32 Abs. 3 Satz 1 entsprechend.**

(3) **Für die Eintragung der Verfahrenseröffnung in das Schiffsregister, das Schiffsbauregister und das Register für Pfandrechte an Luftfahrzeugen gelten die Absätze 1 und 2 entsprechend.**

Übersicht

1. Normzweck

Entsprechend zu § 345 soll durch § 346 auch im Grundbuch eine **Publizität** über die Eröffnung des Insolvenzverfahrens bzw. die Anordnung von Verfügungsbeschränkungen hergestellt werden. Die Wirksamkeit des gutgläubigen Erwerbs ergibt sich durch die Sachnorm des § 349 ansonsten unmittelbar. Die Bedeutung einer kurzfristigen Eintragung im Grundbuch ist daher entsprechend hoch.[1] 1

2. Voraussetzungen

a) Anerkennung der Verfahrenseröffnung

Vor dem Ersuchen des Grundbuchamtes hat das Insolvenzgericht die Anerkennung der Eröffnung des ausländischen Insolvenzverfahrens nach § 343 Abs. 1 zu prüfen. Gleiches gilt auch für Sicherungsmaßnahmen nach § 343 Abs. 2. Sie sind vom Wortlaut der Norm ausdrücklich mit erfasst. 2

b) Einschränkung der Verfügungsbefugnis

Durch die Eröffnung oder die Anordnung von Sicherungsmaßnahmen im Insolvenzantragsverfahren muss es zur Einschränkung der Verfügungsbefugnis gekommen sein. Es ist somit gleichgültig, ob die Verfügungsbeschränkung vor oder mit Eröffnung des Verfahrens angeordnet wurde. Als Einschränkung der Verfügungsbefugnis ist nicht nur ein allgemeines Verfügungsverbot anzusehen, sondern jede Beschränkung, etwa auch die Anordnung eines Zustimmungsvorbehaltes, wie sie das deutsche Recht in § 21 Abs. 2 Nr. 2 2. Alt. kennt. Auch die Anordnung von Sicherungsmaßnahmen nach deutschem Recht gem. § 344 Abs. 1 werden hier erfasst. 3

c) Antrag des ausländischen Verwalters

Das Ersuchen des Grundbuchamtes erfolgt nur auf Antrag des ausländischen Verwalters, ein Ersuchen von Amts wegen, wie dies in § 345 Abs. 2 bei Niederlassungen vorgesehen ist, ist hier nicht möglich. Der ausländische Verwalter hat nach Abs. 2 Satz 1 die Voraussetzungen der Anerkennung glaubhaft zu machen. 4

---

[1] Ebenso *Leible/Staudinger,* KTS 2000, 533, 564 f.

3. Rechtsfolge

a) Ersuchen des Grundbuchamtes

5 Das Insolvenzgericht hat das Grundbuchamt zu ersuchen, die Eröffnung des Insolvenzverfahrens bzw. die Art der Einschränkung der Verfügungsbefugnis im Grundbuch einzutragen.[1] Dies geschieht bei allen Grundstücken, als deren Eigentümer der Schuldner eingetragen ist bzw. an denen für den Schuldner Rechte bzw. Rechte an eingetragenen Rechten eingetragen sind. Die **Form der Eintragung** unterliegt deutschem Recht.

6 Ein **Ermessen** des Insolvenzgerichtes besteht nur insoweit, als dass bei Rechten des Schuldners zu prüfen ist, inwiefern die Nichteintragung die Insolvenzgläubiger benachteiligen würde. Vor dem Hintergrund, dass kurzfristige Entscheidungen notwendig sind und zum Zeitpunkt der Eintragung deren Auswirkung häufig noch gar nicht abgeschätzt werden kann, sollte im Zweifel immer eine Eintragung vorgenommen werden.

7 Um die kurzfristige Eintragung zu ermöglichen, sollte der ausländische Verwalter mit dem Antrag bereits die entsprechenden Grundbücher benennen.

b) Schiffe und Luftfahrzeuge

8 Für die Eintragung in das Schiffsregister, das Schiffsbauregister und das Register für Pfandrechte an Luftfahrzeugen gelten nach Abs. 3 die gleichen Bestimmungen, wie sie für das Grundbuch vorgesehen sind. Über den Wortlaut der Norm hinaus sind auch Beschränkungen im Insolvenzantragsverfahren entsprechend einzutragen.

c) Löschung der Eintragung

9 Nach Abs. 2 S. 3 gilt für die Löschung der Eintragung § 32 Abs. 3 S. 1 entsprechend. Danach kann sowohl das inländische Insolvenzgericht das Grundbuchamt auf Antrag des ausländischen Verwalters ersuchen, die Löschung der Eintragung vorzunehmen, als auch der ausländische Verwalter unmittelbar die Löschung beim Grundbuchamt beantragen.

4. Zuständigkeit

10 Das Ersuchen des Grundbuchamtes erfolgt durch das zuständige inländische Insolvenzgericht. Die Zuständigkeit bestimmt sich nach § 348 Abs. 1. Der ausländische Verwalter hat seinen Antrag an dieses Gericht zu richten.

11 Entscheidungen gem. § 346 sind nach § 18 Abs. 1 Nr. 3 RPflG dem Richter vorbehalten.

5. Sofortige Beschwerde

12 Dem ausländischen Insolvenzverwalter steht nach Abs. 2 S. 2 gegen Entscheidungen des Insolvenzgerichts im Hinblick auf ein Ersuchen der Eintragung die sofortige Beschwerde zu. § 6 gilt entsprechend.

---

[1] Vgl. Begr. RegE, BR-Drucks. 715/02 S. 27.

6. Besonderheiten im europäischen Recht

Das europäische Recht enthält mit Art. 22 EuInsVO eine mit § 346 vergleichbare Regelung. Der wesentliche Unterschied besteht darin, dass der ausländische Verwalter die Eintragung grundsätzlich unmittelbar bei der registerführenden Stelle zu beantragen hat. Die mit Art. 102 § 6 EGInsO nF geschaffene Durchführungsanweisung weicht für Eintragungen in Deutschland jedoch von dieser Rechtslage ab und erlaubt dem ausländischen Verwalter, entsprechend § 346 den Antrag an das inländische Insolvenzgericht zu stellen. Die Zuständigkeit ergibt sich aus Art. 102 § 1 EGInsO nF. Das inländische Insolvenzgericht hat dann die registerführenden Stellen zu ersuchen. 13

Da Art. 102 § 6 EGInsO nF von Art. 22 EuInsVO abweicht, wird man den Antrag des ausländischen Verwalters bei der registerführenden Stelle trotzdem für zulässig erachten müssen. 14

Eine sachliche Erweiterung trifft Art. 22 EuInsVO dahingehend, dass neben einer Eintragung in das Grundbuch auch **Eintragungen in das Handelsregister** und alle sonstigen öffentlichen Register veranlasst werden können. Letztere allgemeine Erweiterung auf sonstige Register ist dahingehend einzugrenzen, dass nur solche Eintragungen vorzunehmen sind, die auch das Recht des Staates der registerführenden Stelle kennt. 15

§ 347 Nachweis der Verwalterbestellung. Unterrichtung des Gerichts

(1) **Der ausländische Insolvenzverwalter weist seine Bestellung durch eine beglaubigte Abschrift der Entscheidung, durch die er bestellt worden ist, oder durch eine andere von der zuständigen Stelle ausgestellte Bescheinigung nach. Das Insolvenzgericht kann eine Übersetzung verlangen, die von einer hierzu im Staat der Verfahrenseröffnung befugten Person zu beglaubigen ist.**

(2) **Der ausländische Insolvenzverwalter, der einen Antrag nach den §§ 344-346 gestellt hat, unterrichtet das Insolvenzgericht über alle wesentlichen Änderungen in dem ausländischen Verfahren und über alle ihm bekannten weiteren ausländischen Insolvenzverfahren über das Vermögen des Schuldners.**

Übersicht

1. Normzweck

§ 347 fasst in den Abs. 1 und 2 zwei verschiedene Regelungsanliegen zusammen. Abs. 1 betrifft den **Nachweis der Verwalterbestellung.** Hier stellt sich in 1 grenzüberschreitenden Verfahren die Frage, welche Anforderungen an diesen Nachweis zu stellen sind. Um Rechtssicherheit zu erlangen, trifft Abs. 1 hier eine abschließende Regelung. Dabei geht es nicht allein um den Nachweis beim Stellen von Anträgen nach § 344. Die Norm ist als allgemeine Regelung des Nachweises der Verwalterbestellung anzusehen.

2 Abs. 2 betrifft die **Unterrichtung des inländischen Insolvenzgerichts** über den Fortgang des Verfahrens, nachdem der Insolvenzverwalter Anträge nach §§ 344-346 gestellt hatte. Das inländische Insolvenzgericht wäre ohne diese Unterrichtung von Informationen abgeschnitten. Dies ist insofern bedeutsam, als dass die auf Anträge nach §§ 344-346 veranlassten Maßnahmen ggf. wieder aufzuheben sind.

2. Nachweis der Bestellung, Abs. 1

3 Die Bestellung wird durch eine **beglaubigte Abschrift** der Entscheidung, durch die er bestellt worden ist, oder durch eine andere von der zuständigen Stelle ausgestellte Bescheinigung nachgewiesen. Der ausländische Verwalter kann seine Stellung danach auch in Deutschland allein mit der beglaubigten Entscheidung über die Bestellung nachweisen. Gleiches gilt für den vorläufigen Verwalter. Einer Übersetzung bedarf es im Grundsatz nicht.

4 Allein gegenüber dem inländischen Insolvenzgericht, das auf Antrag des ausländischen Verwalters etwa über Maßnahmen nach §§ 344-346 zu entscheiden hat, bedarf es einer **Übersetzung** der ausländischen Entscheidung, soweit das inländische Insolvenzgericht dies verlangt. Diese Übersetzung ist von einer im Staat der Verfahrenseröffnung befugten Person zu beglaubigen. Die Übersetzung kann vom ausländischen Insolvenzgericht oder vom Insolvenzverwalter veranlasst werden. Die Beglaubigung richtet sich nach dem Recht des Staates der Verfahrenseröffnung, ggf. kann die Beglaubigung auch vom ausländischen Insolvenzgericht vorgenommen werden.

5 Die **Kosten** der Übersetzung und der Beglaubigung sind als Kosten des Verfahrens zu qualifizieren. Über die Begleichung dieser Kosten entscheidet die lex fori concursus.

3. Unterrichtung des Insolvenzgerichts, Abs. 2

6 Hat der ausländische Verwalter Anträge nach §§ 344-346 im Inland gestellt, so hat er in der Folge das inländische Insolvenzgericht über alle wesentlichen Änderungen im ausländischen Insolvenzverfahren zu unterrichten. Dies betrifft insbesondere die Änderung der Rechtsposition des ausländischen Verwalters, die Eröffnung des Insolvenzverfahrens, die Abweisung mangels Masse, die Aufhebung des Insolvenzverfahrens und auch die Einstellung des Geschäftsbetriebs oder die Vorlage eines Insolvenzplans.

7 Der ausländische Insolvenzverwalter hat darüber hinaus das inländische Insolvenzgericht über alle ihm bekannten weiteren Insolvenzverfahren über das Vermögen des Schuldners in Drittstaaten zu unterrichten.[1]

[1] Abs. 2 ist Art. 18 UNCITRAL-Modellgesetz nachgebildet. Vgl. Begr. RegE, BR-Drucks. 715/02, S. 27 f.

4. Besonderheiten im europäischen Recht

Art. 19 EuInsVO entspricht weitgehend § 347 Abs. 1. Wesentliche Unterschiede bestehen nicht. Eine mit § 347 Abs. 2 vergleichbare Regelung kennt die EuInsVO nicht. § 347 Abs. 2 ist daher auch innerhalb der EU anzuwenden. 8

5. Praxishinweis

Die Übersetzung der Entscheidung über die Insolvenzeröffnung bzw. auch der Entscheidung über die Anordnung von Sicherungsmaßnahmen wird in Zukunft regelmäßig notwendig sein, wenn grenzüberschreitende Tatbestände vorliegen. Da die genannten Entscheidungen regelmäßig einen ähnlichen Wortlaut haben und häufig nur in einzelnen Textbausteinen voneinander abweichen, sollte im Zusammenwirken von Verwaltern und Insolvenzgerichten ein Fundus fremdsprachiger Übersetzungen geschaffen werden. Dies erspart die Übersetzung im Einzelfall und damit verbundene Kosten. Ferner kann das Insolvenzgericht dann unmittelbar mit der Entscheidung selbst auch beglaubigte fremdsprachige Abschriften erteilen, was für ein schnelles Handeln des Verwalters im Ausland von großer Bedeutung ist. 9

§ 348 Zuständiges Insolvenzgericht

(1) **Für die Entscheidung nach den §§ 344-346 ist ausschließlich das Insolvenzgericht zuständig, in dessen Bezirk die Niederlassung oder, wenn eine Niederlassung fehlt, Vermögen des Schuldners belegen ist. § 3 Abs. 2 gilt entsprechend.**

(2) **Die Landesregierungen werden ermächtigt, zur sachdienlichen Förderung oder schnelleren Erledigung der Verfahren durch Rechtsverordnung die Entscheidungen nach den §§ 344 -346 für die Bezirke mehrerer Insolvenzgerichte einem von diesen zuzuweisen. Die Landesregierungen können die Ermächtigungen auf die Landesjustizverwaltungen übertragen.**

(3) **Die Länder können vereinbaren, daß die Entscheidungen nach den §§ 344-346 für mehrere Länder den Gerichten eines Landes zugewiesen werden. Geht ein Antrag nach den §§ 344-346 bei einem unzuständigen Gericht ein, so leitet dieses den Antrag unverzüglich an das zuständige Gericht weiter und unterrichtet hierüber den Antragsteller.**

Übersicht

1. Normzweck

Die §§ 344-346 sehen Entscheidungen inländischer Insolvenzgerichte vor, 1
ohne dass ein Insolvenzverfahren im Inland beantragt oder gar eröffnet wurde. Es

stellt sich daher die Frage, welches Insolvenzgericht in Deutschland hierfür zuständig sein soll. § 348 enthält insofern eine Regelung über die **örtliche Zuständigkeit.**

2 Darüber hinaus ermöglicht die Norm eine **Konzentration** der Zuständigkeit bei wenigen Insolvenzgerichten. Dahinter steht die Überlegung, bei einzelnen Insolvenzgerichten spezielle Kompetenzen für Fragen der grenzüberschreitenden Insolvenzverwaltung zu schaffen.

2. Zuständigkeit für Entscheidungen nach §§ 344-346

3 Nach Abs. 1 ist für Entscheidungen nach den §§ 344-346 das Insolvenzgericht ausschließlich zuständig, in dessen Bezirk die **Niederlassung** des Schuldners im Inland belegen ist. Sind mehrere Niederlassungen im Inland vorhanden, bestimmt § 3 Abs. 2 in entsprechender Anwendung, dass das zuerst angerufene Gericht zuständig ist. Ist keine Niederlassung im Inland vorhanden, so bestimmt sich die Zuständigkeit danach, wo Vermögen des Schuldners belegen ist. Auch hier gilt § 3 Abs. 2 entsprechend. Es ist daher keine Prüfung dahingehend vorzunehmen, an welchem Ort im Inland größere Vermögenswerte vorhanden sind. Allein das erste Anrufen eines Insolvenzgerichts, in dessen Bezirk Vermögen vorhanden ist, bestimmt die Zuständigkeit.

3. Konzentration der Zuständigkeit

4 Der Gesetzgeber ermächtigt die Landesregierungen bzw. die Landesjustizverwaltungen gem. Abs. 2 und Abs. 3 S. 1, für Entscheidungen nach §§ 344-346 **abweichende Zuständigkeitsregelungen** zu treffen. So kann die Zuständigkeit für mehrere Insolvenzgerichtsbezirke bei einem Insolvenzgericht gebündelt werden, wobei sich die Zuständigkeit eines Insolvenzgerichts auch über die Grenzen der Bundesländer hinweg erstrecken kann.

5 Bislang haben die Länder von dieser Ermächtigung nicht Gebrauch gemacht.

4. Besonderheiten im europäischen Recht

6 Das europäische Recht kennt eine solche Zuständigkeitsregelung nicht. Soweit die Art. 21, 22, 38 EuInsVO mit den §§ 344-346 vergleichbare Regelungen treffen, verbleibt es zunächst bei der allgemeinen Zuständigkeitsregelung des Art. 3 EuInsVO. Ergänzend verweisen die Durchführungsbestimmungen in Art. 102 §§ 5 f. EGInsO nF auf das nach Art. 102 § 1 EGInsO nF zuständige Gericht. Nach Art. 102 § 1 Abs. 3 EGInsO nF ist die Niederlassung kein Zuständigkeitserfordernis, es wird allein auf das Vorhandensein von Vermögen abgestellt. Eine mit Abs. 2, Abs. 3 S. 1 entsprechende Ermächtigung zur Konzentration enthält auch Art. 102 § 1 Abs. 3 S. 2 und 3 EGInsO nF.

5. Praxishinweis

7 Der im Ausland bestellte Verwalter wird in Zukunft ein kompliziertes Zuständigkeitssystem in Deutschland vorfinden.

8 Er hat zunächst zu beachten, dass nicht alle Amtsgerichte Insolvenzgerichte sind. Deren Zuständigkeit bleibt auch in grenzüberschreitenden Sachverhalten grundsätzlich erhalten, etwa wenn es darum geht, dass der ausländische Insolvenz-

verwalter nach § 356 Abs. 2 ein Sekundärinsolvenzverfahren in Deutschland beantragt.

Daneben muss er jedoch berücksichtigen, dass für Entscheidungen nach §§ 344-346 wiederum eine Konzentration möglich sein kann und er hier zu prüfen hat, inwiefern die Länder von der Ermächtigung Gebrauch gemacht haben. 9

Inländische Verwalter und Insolvenzgerichte sollten sich darauf einstellen, dass vermehrt Fragen nach der Zuständigkeit auftreten werden. Im Anwendungsbereich der EuInsVO besteht insofern eine Erleichterung, als dass ein bei einem unzulässigen Gericht eingegangener Antrag gem. Art. 102 § 6 Abs. 3 EGInsO unverzüglich an das zuständige Gericht weiterzuleiten ist. 10

§ 349 Verfügungen über unbewegliche Gegenstände

(1) **Hat der Schuldner über einen Gegenstand der Insolvenzmasse, der im Inland im Grundbuch, Schiffsregister, Schiffsbauregister oder Register für Pfandrechte an Luftfahrzeugen eingetragen ist, oder über ein Recht an einem solchen Gegenstand verfügt, so sind die §§ 878, 892, 893 des Bürgerlichen Gesetzbuchs, § 3 Abs. 3, §§ 16, 17 des Gesetzes über Rechte an eingetragenen Schiffen und Schiffsbauwerken und § 5 Abs. 3, §§ 16, 17 des Gesetzes über Rechte an Luftfahrzeugen anzuwenden.**

(2) **Ist zur Sicherung eines Anspruchs im Inland eine Vormerkung im Grundbuch, Schiffsregister, Schiffsbauregister oder Register für Pfandrechte an Luftfahrzeugen eingetragen, so bleibt § 106 unberührt.**

Übersicht

1. Normzweck

In aller Regel wird nach der lex fori concursus mit Verfahrenseröffnung dem Schuldner die Verfügungsbefugnis über sein Vermögen entzogen oder zumindest eingeschränkt. Verfügt der Schuldner trotzdem über einen Gegenstand der Insolvenzmasse, stellt sich die Frage, inwiefern ein Dritter im Insolvenzverfahren **gutgläubig erwerben** kann. Nach dem Grundsatz des § 335 würde hierüber die lex fori concursus entscheiden, soweit man die Frage des gutgläubigen Erwerbs als insolvenzrechtlich qualifiziert.[1] Bei Insolvenzeröffnung in Deutschland und Anwendung deutschen Rechts kämen § 81 Abs. 1 S. 2, § 91 Abs. 2 zur Geltung, wonach die §§ 878, 892, 893 BGB unberührt bleiben. Danach ist ein gutgläubiger Erwerb möglich, wenn sich der gute Glaube aus dem Grundbuch ergibt, d. h. 1

[1] So *Duursma-Kepplinger,* Europäische Insolvenzverordnung, Art. 14 Rn. 8.

kein Insolvenzvermerk eingetragen ist. Für Schiffe und Luftfahrzeuge gelten entsprechende Regeln. Ein gutgläubiger Erwerb von Mobilien ist ausgeschlossen.

2 Bei Verfahrenseröffnung im Ausland kommt nach § 335 zunächst die Rechtsordnung des Staates der Verfahrenseröffnung zur Anwendung. Diese Rechtsordnung würde vom Grundsatz her auch darüber entscheiden, inwiefern ein gutgläubiger Erwerb bei Verfügungen über Immobilien bzw. Rechte an diesen im Insolvenzverfahren zulässig ist. Da sich die Frage des gutgläubigen Erwerbs im Ergebnis nach einer für den Erwerber zum Zeitpunkt der Verfügung noch unbekannten ausländischen Rechtsordnung bestimmt, soll durch § 349 durch eine von § 335 abweichende **Sonderanknüpfung aus Gründen des Verkehrsschutzes** gewährleistet werden, dass bei Verfügungen über Gegenstände, die im Grundbuch oder einem anderen Register eingetragen sind, unabhängig davon, wo das Insolvenzverfahren eröffnet worden ist, die §§ 878, 892, 893 BGB Anwendung finden. Entsprechendes soll für die **Insolvenzfestigkeit der Vormerkung** gelten.

2. Verfügungen über unbewegliche Gegenstände

a) Voraussetzungen

3 Der Schuldner muss eine Verfügung über einen Gegenstand der Insolvenzmasse vorgenommen haben. Hinsichtlich dieser Tatbestandsvoraussetzungen kann auf die Kommentierung zu § 81 verwiesen werden. Die Verfügung muss auch nach Insolvenzeröffnung erfolgt sein. Dies ist zwar im Gegensatz zu § 81 nicht ausdrücklich im Wortlaut des § 349 bestimmt, ergibt sich jedoch daraus, dass ansonsten keine Verfügung über einen Gegenstand der Insolvenzmasse vorliegen kann. Der Begriff der Insolvenzmasse ergibt sich aus § 35.

4 Der Gegenstand, über den verfügt wurde, muss im Inland im Grundbuch, Schiffsregister, Schiffsbauregister oder Register für Pfandrechte an Luftfahrzeugen eingetragen sein. Gleiches gilt für Verfügungen über Rechte an diesen Gegenständen. Inwiefern dies gegeben ist, bestimmt sich nach den allgemeinen Regeln des deutschen Rechts.

b) Rechtsfolge

5 § 349 verweist nicht allgemein auf eine Rechtsordnung, sondern bringt unmittelbar die Regelungen der §§ 878, 892, 893 BGB, § 3 Abs. 3, §§ 16, 17 des Gesetzes über Rechte an eingetragenen Schiffen und Schiffsbauwerken und § 5 Abs. 3, §§ 16, 17 des Gesetzes über Rechte an Luftfahrzeugen zur Anwendung. Die Konsequenz dieser Anwendung entspricht der Rechtsfolge der § 81 Abs. 1 S. 2, § 91 Abs. 2. Insofern kann hier verwiesen werden. Die Geltung der lex fori concursus gem. § 335 tritt zurück.

3. Vormerkung

6 Das deutsche Recht kennt in § 106 eine Regelung, wonach die Sicherung eines Anspruchs durch eine Vormerkung auch im Insolvenzverfahren anzuerkennen ist. Bei Anwendung der lex fori concursus und Insolvenzeröffnung im Ausland käme § 106 nicht zur Anwendung. Die **Insolvenzfestigkeit** der Vormerkung wäre infrage gestellt. Aus Verkehrsschutzgründen bestimmt § 349 Abs. 2 daher bei Sicherung eines Anspruchs durch eine Vormerkung im Inland

unabhängig von der ansonsten anwendbaren Rechtsordnung die Anwendbarkeit des § 106. Die Vormerkung muss in Deutschland im Grundbuch, Schiffregister, Schiffsbauregister oder Register für Pfandrechte an Luftfahrzeugen eingetragen sein. Die Qualifizierung der Vormerkung erfolgt nach deutschem Recht.

4. Besonderheiten im europäischen Recht

Art. 14 EuInsVO enthält eine zu § 349 Abs. 1 ähnliche Regelung. Ein 7
Unterschied besteht in tatbestandlicher Hinsicht insofern, als dass Art. 14 EuInsVO nur **entgeltliche Verfügungen** erfasst. Der Gutglaubensschutz bei unentgeltlichen Verfügungen bestimmt sich gem. Art. 4 EuInsVO nach der lex fori concursus.[1]

Die **Rechtsfolge** des Art. 14 EuInsVO ist **kollisionsrechtlicher Art.** Bei 8
Verfügungen über unbewegliche Gegenstände gilt die lex rei sitae, bei Verfügungen über eingetragene Schiffe oder Luftfahrzeuge sowie Wertpapiere, deren Eintragung in ein gesetzlich vorgeschriebenes Register Voraussetzung für ihre Existenz ist, kommt das Recht des Staates zur Anwendung, unter dessen Aufsicht das Register geführt wird.

Der Schutz der Vormerkung wird im europäischen Recht durch Art. 5 Abs. 3 9
EuInsVO gewährleistet. Hierbei handelt es sich jedoch nicht um eine kollisionsrechtliche Bestimmung. Art. 5 Abs. 3 EuInsVO bestimmt, dass bei Verfahrenseröffnung im Ausland die im Inland eingetragene Vormerkung von der Eröffnung des Verfahrens nicht berührt wird. Diese Sachnorm hat zur Folge, dass die Vormerkung im Insolvenzverfahren von keiner Rechtsordnung beeinträchtigt werden kann.[2]

§ 350 Leistung an den Schuldner

Ist im Inland zur Erfüllung einer Verbindlichkeit an den Schuldner geleistet worden, obwohl die Verbindlichkeit zur Insolvenzmasse des ausländischen Insolvenzverfahrens zu erfüllen war, so wird der Leistende befreit, wenn er zur Zeit der Leistung die Eröffnung des Verfahrens nicht kannte. Hat er vor der öffentlichen Bekanntmachung nach § 345 geleistet, so wird vermutet, dass er die Eröffnung nicht kannte.

Übersicht

[1] *Duursma-Kepplinger,* Europäische Insolvenzverordnung, Art. 14 Rn. 8.
[2] Vgl. *Liersch,* Sicherungsrechte im Internationalen Insolvenzrecht, S. 42 und 48 mwN.

1. Normzweck

1 Der Zweck des § 350 ist mit der des § 349 vergleichbar. Auch hier soll ein **Vertrauenstatbestand** des deutschen Rechts zur Anwendung kommen, auch wenn das Insolvenzverfahren im Ausland eröffnet wurde und nach § 335 grundsätzlich der lex fori concursus unterliegt.

2 Das deutsche Recht gewährt gem. § 82 einem Dritten eine **Leistung mit schuldbefreiender Wirkung,** wenn dieser nach Eröffnung des Insolvenzverfahrens an den Schuldner geleistet hatte und er zurzeit der Leistung die Eröffnung des Insolvenzverfahrens nicht kannte. Einzelheiten sind § 82 zu entnehmen.

3 Durch § 350 wird gewährleistet, dass die Erfüllung einer Verbindlichkeit im Inland auch dann zu einer Schuldbefreiung führt, wenn das Insolvenzverfahren im Ausland eröffnet ist und durch Anwendung der lex fori concursus § 82 nicht zur Anwendung kommt. Bei § 350 handelt es sich nicht um eine kollisionsrechtliche Bestimmung, sondern um eine **Sachnorm.**

2. Voraussetzungen

4 Ein Dritter muss nach Insolvenzeröffnung zur Erfüllung einer Verbindlichkeit an den Schuldner geleistet haben, obwohl die Verbindlichkeit zur Insolvenzmasse zu erfüllen war und er zurzeit der Leistung die **Eröffnung des Verfahrens nicht kannte.** Diese Voraussetzungen decken sich mit denen des § 82. Insoweit wird auf diese Kommentierung verwiesen.

5 Es muss sich ferner um ein im Ausland eröffnetes Insolvenzverfahren handeln. Hierunter fallen nur im Ausland eröffnete Hauptinsolvenzverfahren. Partikularverfahren erfassen nicht Vermögenswerte außerhalb des Staates und damit auch keine Forderungen, die in anderen Staaten zu erfüllen sind.

6 Die Leistung des Dritten muss im Inland erfolgt sein. Die Bestimmung des Leistungsortes erfolgt gem. § 269 BGB.[1]

3. Rechtsfolge

7 § 350 verweist in der Rechtsfolge auf keine andere Rechtsordnung, sondern ordnet unmittelbar an, dass der Leistende von seiner Verbindlichkeit befreit wird.

4. Umkehr der Beweislast

8 S. 2 enthält eine Beweislastregel. Es besteht eine widerlegliche **Vermutung der Unkenntnis** von der Eröffnung, wenn die Leistung vor der öffentlichen Bekanntmachung nach § 345 erfolgt ist. Die öffentliche Bekanntmachung erfolgt auf Antrag des ausländischen Insolvenzverwalters oder gem. § 345 Abs. 2 von Amts wegen und bewirkt die Bekanntmachung der ausländischen Entscheidung im Inland. Der im Inland Leistende muss sich folglich keine Bekanntmachung im Ausland zurechnen lassen. Darüber hinaus bleibt es bei den allgemeinen Beweislastregeln.

9 § 350 S. 2 entspricht ansonsten § 82 S. 2. Auf dessen Kommentierung wird hier verwiesen.

---

[1] *Andres/Leithaus/Dahl,* InsO, § 350 Rn. 4; *Mohrbutter/Ringstmeier/Wenner,* Insolvenzverwaltung, § 20 Rn. 283.

5. Besonderheiten im europäischen Recht

Art. 24 EuInsVO enthält eine mit § 350 vergleichbare Regelung. Auch hier wird durch eine Sachnorm unmittelbar die Leistung des Schuldners im Inland als schuldbefreiend angesehen, wenn im Ausland das Insolvenzverfahren eröffnet ist und wenn dem Leistenden die Eröffnung des Verfahrens nicht bekannt war. Insoweit sind die Regelungen identisch. 10

Ein **Unterschied** besteht im Hinblick auf die **Beweislastregelung** des Art. 24 Abs. 2 EuInsVO. Zunächst wird in S. 1 entsprechend zu § 350 S. 2 die Vermutung ausgesprochen, dass dem Leistenden die Eröffnung zum Zeitpunkt der Leistung nicht bekannt war, wenn die Leistung vor der öffentlichen Bekanntmachung nach Art. 21 EuInsVO erfolgt ist. 11

In S. 2 wird darüber hinaus jedoch auch vermutet, dass dem Leistenden die Eröffnung bekannt war, wenn die Leistung nach der Bekanntmachung gem. Art. 21 EuInsVO erfolgt ist. Der Leistende hat dann die negative Tatsache zu beweisen, dass er keine Kenntnis von der Verfahrenseröffnung hatte.[1] 12

Letztere Beweislastregel weicht von § 350 ab, der hier keine Regelung trifft und daher allgemeine Beweislastregeln zur Anwendung bringt. Es handelt sich entsprechend zu § 350 auch im europäischen Recht um widerlegbare Vermutungen. 13

6. Praxishinweis

Die Beweislastregeln des § 350 S. 2 sowie Art. 24 Abs. 2 EuInsVO, bei Letzterem insbesondere auch S. 2, zeigen die Bedeutung einer schnellen Bekanntmachung der Entscheidung über die Insolvenzeröffnung auch in Staaten außerhalb der Verfahrenseröffnung. Der Insolvenzverwalter sollte daher auch nur bei Verdacht von Vermögenswerten oder auch nur Drittschuldnern im Ausland unverzüglich die Bekanntmachung nach § 345 bzw. Art. 21 EuInsVO veranlassen. 14

§ 351 Dingliche Rechte

(1) **Das Recht eines Dritten an einem Gegenstand der Insolvenzmasse, der zur Zeit der Eröffnung des ausländischen Insolvenzverfahrens im Inland belegen war, und das nach inländischem Recht einen Anspruch auf Aussonderung oder auf abgesonderte Befriedigung gewährt, wird von der Eröffnung des ausländischen Insolvenzverfahrens nicht berührt.**

(2) **Die Wirkungen des ausländischen Insolvenzverfahrens auf Rechte des Schuldners an unbeweglichen Gegenständen, die im Inland belegen sind, bestimmen sich, unbeschadet des § 336 S. 2, nach deutschem Recht.**

Übersicht

[1] *Lehr,* KTS 2000, 577, 582.

1. Normzweck

1 Durch die Vorschrift des § 351 Abs. 1 möchte der Gesetzgeber Sicherungsrechte an Gegenständen, die sich im Inland befinden, vor Eingriffen des Insolvenzrechts schützen, wenn das Insolvenzverfahren im Ausland eröffnet ist. Die Norm enthält **keine kollisionsrechtliche Bestimmung,** welches Recht die Wirkung des Insolvenzverfahrens auf Sicherungsrechte bestimmt, insoweit bleibt es bei dem Grundsatz des § 335 und der Geltung der lex fori concursus; § 351 Abs. 1 enthält stattdessen eine Sachnorm, wonach Sicherungsrechte an inländischen Gegenständen von der Eröffnung **„nicht berührt"** werden.

2 Diese Regelung ist bereits zu Recht **stark kritisiert** worden, kann sie doch über den eigentlichen Schutz von Sicherungsrechten hinaus Sanierungsbemühungen verhindern.[1] Einzelheiten hierzu werden ausgeführt. Trotz einer entsprechenden Regelung in Art. 5 und 7 EuInsVO und darin geäußerter Kritik hat der deutsche Gesetzgeber diesen Missstand bei Schaffung des § 351 Abs. 1 jedoch nicht beseitigt.[2]

3 Nur klarstellend ist darauf hinzuweisen, dass § 351 Abs. 1 keine Regelung enthält, ob ein Sicherungsrecht wirksam begründet worden oder zwischenzeitlich untergegangen ist. Dies bestimmt sich allein nach allgemeinem Kollisionsrecht.[3]

§ 351 Abs. 1 findet nur Anwendung auf Sicherungsrechte, die bereits zum Zeitpunkt der Eröffnung des Verfahrens entstanden sind.[4]

4 Der Zweck des § 351 Abs. 2 liegt darin, vor dem Hintergrund des **numerus clausus der Sachenrechte** und des **Typenzwangs der Einträge im Grundbuchrecht** bei Eröffnung eines Insolvenzverfahrens im Ausland nicht solche Wirkungen an Rechten des Schuldners an unbeweglichen Gegenständen zu ermöglichen, die das deutsche Sachenrecht oder das Grundbuchrecht nicht kennt.

[1] *Liersch,* Sicherungsrechte im Internationalen Insolvenzrecht; *ders.,* NZI 2002, 15; *Wilmowsky, v.,* EWS 1997, 295, *Balz,* ZIP 1996, 950; *Leible/Staudinger,* KTS 2000, 532, 550; *Taupitz,* ZZP 1998, 315, 325.

[2] Vgl. den Vorschlag zur Behandlung von Sicherungsrechten de lege ferenda *Liersch,* NZI 2002, 15.

[3] Statt vieler *Liersch,* NZI 2002, 15; *Pannen/Kühnle/Riedemann,* NZI 2003, 72, 75; *Moss/Fletcher/Isaacs,* The EC Regulation on Insolvency Proceedings, Rn. 6.40 (S. 103).

[4] *Bismarck, v./Schümann-Kleber,* NZI 2005, 89, 92; *Moss/Fletcher/Isaacs,* The EC Regulation on Insolvency Proceedings, Rn. 4.18 (S. 54); Rn. 6.38 (S. 103).

2. Dingliche Rechte Dritter, Abs. 1

a) Regelungssystematik

Das Insolvenzverfahren und seine Wirkung unterliegen im Grundsatz gem. § 335 der lex fori concursus. Von diesem Grundsatz werden verschiedene Ausnahmen gemacht, so etwa bei unbeweglichen Gegenständen gem. § 336 oder der Anfechtung gem. § 339. In diesen Normen finden sich abweichende kollisionsrechtliche Bestimmungen, die eine andere Rechtsordnung als die alleinige Geltung der lex fori concursus zur Anwendung bringen. 5

Eine solche abweichende Anknüpfung liegt in § 351 Abs. 1 nicht vor. Es handelt sich nicht um eine Kollisionsnorm.[1] Statt dessen sollen unter bestimmten Voraussetzungen dingliche Rechte Dritter von der Eröffnung eines Insolvenzverfahrens „nicht berührt" werden. § 351 Abs. 1 enthält damit eine sachrechtliche Bestimmung, die zur Anwendung kommen soll, ganz gleich nach welcher Rechtsordnung sich die Wirkungen des Insolvenzverfahrens bestimmen. Mangels einer abweichenden Kollisionsnorm bleibt es bei **Geltung der lex fori concursus,** deren Wirkung nur dahingehend eingeschränkt wird, dass Sicherungsrechte auch von der lex fori concursus „nicht berührt" werden dürfen. 6

b) Betroffene dingliche Rechte Dritter

aa) Recht zur Aus- oder Absonderung eines Dritten. Es muss ein dingliches Recht eines Dritten vorliegen, das nach deutschem Recht ein Recht zur Aus- oder Absonderung gewähren würde. Hier ist eine Prüfung entsprechend den §§ 47-51 vorzunehmen. Auf deren Kommentierung wird verwiesen. 7

bb) An Gegenstand der Insolvenzmasse. Das dingliche Recht muss an einem Gegenstand der Insolvenzmasse bestehen. Welche Gegenstände der Insolvenzmasse zuzurechnen sind, bestimmt die lex fori concursus.[2] Es erfolgt keine Differenzierung zwischen unbeweglichen Sachen, beweglichen Sachen und Rechten. 8

cc) Zurzeit der Eröffnung im Inland belegen. Der Gegenstand, an dem das Recht besteht, muss zum Zeitpunkt der Eröffnung des ausländischen Insolvenzverfahrens **im Inland belegen** sein. Es ist daher eine örtliche und eine zeitliche Bestimmung vorzunehmen. Maßgeblich ist in zeitlicher Hinsicht allein der Zeitpunkt der Insolvenzeröffnung. Es ist unerheblich, wo sich der Gegenstand, insbesondere die bewegliche Sache, zum Zeitpunkt der Insolvenzantragstellung befand bzw. wohin der Gegenstand nach Insolvenzeröffnung verbracht wurde. Es ist allein eine **zeitpunktbezogene Betrachtung** zur Insolvenzeröffnung vorzunehmen.[3] Wo ein Gegenstand zu diesem Zeitpunkt belegen war, kann ggf. bei Rechten unklar sein. Diese Bestimmung ist nach dem Recht vorzunehmen, dem dieses Recht unterliegt. 9

---

[1] *Liersch,* Sicherungsrechte im Internationalen Insolvenzrecht, S. 43 ff.; *ders.,* NZI 2002, 15, 16; *Wilmowsky, v.,* EWS 1997, 295, 297; *Balz,* ZIP 1996, 948, 950; aA: *Flessner,* IPRax 1998, 1, 7 f.

[2] *Andres/Leithaus/Dahl,* InsO, § 351 Rn. 7.

[3] Ebenso *Pannen/Riedemann/Kühnle,* NZI 2002, 303, 305.

c) Rechtsfolge

10 § 351 Abs. 1 ordnet an, dass ein solches Recht von der Eröffnung des Insolvenzverfahrens „nicht berührt“ wird. „Nicht berühren“ bedeutet, dass durch das Insolvenzverfahren **keine Einschränkung des Sicherungsrechtes** gegenüber dem Zustand außerhalb der Insolvenz erfolgen darf. Der gesicherte Gläubiger muss auch nach Insolvenzeröffnung seine Rechte so ausüben dürfen, als bestünde kein Insolvenzverfahren.[1] Regeln der lex fori concursus, die diese Rechte des gesicherten Gläubigers einschränken würden, finden keine Anwendung. Das Sicherungsrecht darf **weder in seinem Verwertungs- noch in seinem Verteilungsrecht eingeschränkt** werden.[2] Dies bedeutet, dass Einschränkungen der Einzelzwangsvollstreckung für gesicherte Gläubiger nicht greifen und Eingriffe in die Vermögenssubstanz, etwa durch eine **Kostenbeteiligung der Masse,** wie sie das deutsche Recht in den §§ 170f. kennt, ebenfalls **unzulässig** sind. Die §§ 166ff. kommen auch bei Vermögensgegenständen im Inland nicht zur Anwendung.[3]

d) Konsequenzen und Gestaltungsmöglichkeiten

11 Die Wirkungen des Insolvenzverfahrens auf Sicherungsrechte werden durch § 351 Abs. 1 **vollständig abgeschirmt.** Das Ziel des Gesetzgebers, die Vermögenssubstanz des Sicherungsrechtes zu gewährleisten, wird erreicht, jedoch entzieht der Gesetzgeber durch diese Regelung dem Insolvenzverwalter zugleich den Zugriff auf das Absonderungsgut, wie dies im deutschen Recht etwa durch die §§ 166ff. gewährleistet ist. Der **gesicherte Gläubiger** hat das **alleinige Recht zur Verwertung** des Gegenstandes. Er kann damit auch Gegenstände, die für die Fortführung des schuldnerischen Unternehmens notwendig sind, durch Einzelzwangsvollstreckung verwerten. Nur ein etwaiger Übererlös ist an die Masse abzuführen.

12 § 351 Abs. 1 stellt daher ein **erhebliches Sanierungshindernis** dar. Dem Insolvenzverwalter verbleiben nur wenige Gestaltungsmöglichkeiten. Im Einzelfall wird zu prüfen sein, ob eine Ablösung des Sicherungsrechtes möglich ist, um den Gegenstand der Einzelzwangsvollstreckung zu entziehen und im Rahmen einer Fortführung zu nutzen.[4]

13 Eine weitere Möglichkeit des ausländischen Verwalters besteht darin, in Deutschland gem. § 356 Abs. 2 ein **Sekundärinsolvenzverfahren** zu beantra-

---

[1] So auch *Moss/Fletcher/Isaacs,* The EC Regulation on Insolvency Proceedings, Rn. 6.40, S. 103.

[2] *Liersch,* NZI 2002, 15, 16; *Wilmowsky, v.,* EWS 1997, 295; *Duursma-Kepplinger,* Europäische Insolvenzverordnung, Art. 5 Rn. 36ff.; im Ergebnis auch *Wimmer,* ZInsO 2002, 897, 903ff.

[3] *Martini,* ZInsO 2002, 905, 910; *Pannen/Riedemann/Kühnle,* NZI 2002, 303, 306; *Vallender,* Die Aussetzung der Verwertung nach Art. 33 EuInsVO in einem deutschen Sekundärinsolvenzverfahren, in FS Kreft, S. 565–579, S. 571f.; HK-*Stephan,* InsO, § 351 Rn. 6.; *Andres/Leithaus/Dahl,* InsO, § 351 Rn. 9; *Graf-Schlicker/Kebekus/Sabel,* InsO, Art. 5 EuInsVO Rn. 3; *Rauscher/Mäsch,* EuInsVO, Art. 5 Rn. 21; *Gottwald/Gottwald,* InsHdb., § 131 Rn. 26; aA: *Paulus,* EWS 2002, 497, 499f.; *ders.,* EuInsVO, Art. 5 Rn. 25; *Geimer/Schütze/Huber,* EuInsVO, Art. 5 Rn. 25. Unklar *Smid,* Deutsches und Europäisches Internationales Insolvenzrecht, 2004, EuInsVO, Art. 5 Rn. 22f. einerseits, andererseits die Kommentierung zu § 351 InsO Rn. 3.

[4] Ebenso *Wimmer,* ZInsO 2002, 897, 904.

gen. Bei einem Sekundärinsolvenzverfahren in Deutschland handelt es sich um ein inländisches Insolvenzverfahren, für das § 351 Abs. 1 keine Anwendung findet. Es bleibt bei der lex fori concursus secundariae und damit dem deutschen Recht. Die §§ 166 ff. kämen zur Anwendung. Für die Eröffnung dieses Partikularverfahrens müssen die Voraussetzungen des § 354 vorliegen, d. h., es muss eine Niederlassung oder Vermögen in Deutschland vorhanden sein. Ist nur Vermögen vorhanden, so hat der ausländische Insolvenzverwalter analog § 354 Abs. 2 ein besonderes Interesse an der Eröffnung dieses Verfahrens glaubhaft zu machen.[1] Dieses besondere Interesse liegt immer dann vor, wenn nur durch ein Sekundärinsolvenzverfahren Vermögensgegenstände, die zur Fortführung benötigt werden, vor dem Zugriff des gesicherten Gläubigers im Wege der Einzelzwangsvollstreckung geschützt werden können, und zugleich die Gläubigergesamtheit durch die Fortführung besser gestellt wird als durch eine sofortige Liquidation.

3. Rechte des Schuldners, Abs. 2

a) Rechte des Schuldners an unbeweglichen Gegenständen

Betroffen von der Regelung des Abs. 2 sind Rechte des Schuldners an unbeweglichen Gegenständen, insbesondere das Eigentum an einem Grundstück oder Grundpfandrechte des Schuldners an dem Grundstück eines Dritten. Inwiefern solche Rechte des Schuldners vorliegen, bestimmt sich nach deutschem Recht. 14

b) Im Inland belegen

Entsprechend zu Abs. 1 muss auch hier bei Insolvenzeröffnung im Ausland der Gegenstand, an dem die Rechte des Schuldners bestehen, selbst im Inland belegen sein. Bei Insolvenzeröffnung im Inland kommt über die lex fori concursus ohnehin deutsches Recht zur Anwendung, sodass es dieser Regelung nicht bedarf. 15

c) Anwendbarkeit des deutschen Rechts

Die Wirkungen des ausländischen Insolvenzverfahrens bestimmen sich nach deutschem Recht. Allein das deutsche Recht entscheidet somit etwa, welche Eintragungen in das Grundbuch aufgrund der Insolvenzeröffnung vorzunehmen sind. Das deutsches Recht kommt nicht kumulativ neben der lex fori concursus zur Anwendung, sodass etwa ausländische Wirkungen nur so weit zu beachten wären, wie sie mit dem deutschen Recht vereinbar wären.[2] Hätte der Gesetzgeber eine Kumulationslösung gewollt, hätte er entsprechend dem § 339 dies auch im Gesetzestext zum Ausdruck bringen müssen. 16

Neben den Eintragungen im Grundbuch bestimmt sich durch § 351 Abs. 2 auch die Art und Weise der Verwertung des Rechtes des Schuldners nach deutschem Recht. Der ausländische Insolvenzverwalter hat sich der Verwertungsmöglichkeiten des deutschen Rechtes zu bedienen. § 30 d ZVG kann er nicht nutzen, da dies das Verwertungsrecht des Gläubigers entgegen § 351 Abs. 1 einschränken würde.[3] 17

---

[1] AA: *Bismarck, v./Schümann-Kleber,* NZI 2005, 147, 150.

[2] So jedoch Begr. RegE, BR-Drucks. 715/02, S. 29; ebenso *Wimmer,* ZInsO 2001, 97, 100.

[3] AA: *Bismarck, v./Schümann-Kleber,* NZI 2005, 147, 151.

d) Gültigkeit des § 336 S. 2

18 § 351 Abs. 2 enthält ferner den Einschub, dass die Geltung des deutschen Rechts unbeschadet des § 336 S. 2 erfolgt. Diese Bestimmung wurde erst spät im Gesetzgebungsverfahren auf Vorschlag des Rechtsausschusses des Bundestags zugefügt.[1] Durch den Einschub wird gewährleistet, dass sich die Wirkung des Insolvenzverfahrens auf Rechte des Schuldners an eingetragenen Schiffen oder Luftfahrzeugen nach dem Recht des Staates bestimmt, unter dessen Aufsicht das Register geführt wird, auch wenn sich das Schiff bzw. das Luftfahrzeug im Inland befindet.

4. Besonderheiten im europäischen Recht

a) Dingliche Rechte Dritter, Art. 5 und 7 Abs. 1 EuInsVO

19 In Art. 5 und 7 Abs. 1 EuInsVO finden sich mit § 351 Abs. 1 vergleichbare Regeln über die Wirkung der Insolvenzeröffnung auf dingliche Rechte Dritter. Während Art. 5 EuInsVO dingliche Rechte Dritter im Allgemeinen betrifft, findet sich in Art. 7 Abs. 1 EuInsVO eine spezielle Regelung für den Eigentumsvorbehalt in der Insolvenz des Käufers. Von wenigen Ausnahmen abgesehen, ist die Wirkung dieser Normen mit der des § 351 Abs. 1 vergleichbar. Auf diese Unterschiede wird im Folgenden hingewiesen.

20 **aa) Allseitige Regelung.** Wie die anderen Regeln der EuInsVO auch, gelten die Art. 5 und 7 Abs. 1 EuInsVO sowohl für den Fall der Insolvenzeröffnung im Ausland wie auch im Inland. Betroffen sind jeweils die in einem anderen Staat als dem der Verfahrenseröffnung belegenen Gegenstände. Der Schutz von Sicherungsrechten durch Art. 5 EuInsVO reicht so weit, dass auch Einschränkungen von gesicherten Forderungen in einem deutschen Insolvenzplan unzulässig sind, soweit dadurch die Befriedigung des gesicherten Gläubigers aus einem im EU-Ausland belegenen Gegenstand eingeschränkt wird.[2] Innerhalb der EU gehen Art. 5 und 7 Abs. 1 EuInsVO dem autonomen deutschen Recht vor, sodass für § 351 Abs. 1 nur für die Fälle einer Verfahrenseröffnung in Staaten außerhalb der EU (bzw. in Dänemark) Raum bleibt. Für den Fall einer Verfahrenseröffnung in Deutschland und der Belegenheit von Gegenständen, an denen Sicherungsrechte bestehen, außerhalb der EU fehlt eine gesonderte Bestimmung, sodass es im Grundsatz bei § 335 und der Anwendung der lex fori concursus bleibt. Ggf. sind jedoch Einschränkungen durch die jeweilige lex rei sitae zu beachten.

21 **bb) Begriff des dinglichen Rechts.** Die Auslegung des Tatbestandsmerkmals der EuInsVO erfolgt nach europäischem Recht. Durch Art. 7 Abs. 1 EuInsVO wird der Eigentumsvorbehalt in der Insolvenz des Käufers einem Sicherungsrecht gleichgestellt. Da gem. Art. 5 Abs. 1 EuInsVO auch Rechte an einer Mehrheit von nicht bestimmten Gegenständen mit wechselnder Zusammensetzung erfasst sind, ist auch die englische **floating charge** erfasst. Gem. Art. 5 Abs. 3 EuInsVO wird auch die deutsche **Vormerkung** erfasst, da es sich um ein in einem öffentlichen Register eingetragenes und gegen jedermann wirksames Recht, ein dingliches Recht zu erlangen, handelt.

---

[1] Beschlussempfehlung und Bericht des Rechtsausschusses, BT-Drucks. 15/323.

[2] So auch *Moss/Fletcher/Isaacs,* The EC Regulation on Insolvency Proceedings, Rn. 6.41 S. 103; aA: *Pannen,* Internationales Insolvenzrecht, in *Runkel* (Hrsg.), AHB-Insolvenzrecht, § 16 Rn. 179; *Mohrbutter/Ringstmeier/Wenner,* Insolvenzverwaltung, § 20 Rn. 374.

cc) Niederlassungserfordernis. Zu § 351 Abs. 1 wurde ausgeführt, dass die Nachteile durch die mangelnde Einbeziehbarkeit von Sicherungsgut bei Unternehmensfortführungen durch die Eröffnung von Sekundärinsolvenzverfahren gem. § 356 zum Teil kompensiert werden kann. Diese Möglichkeit besteht unter Geltung der EuInsVO nur eingeschränkt, da Art. 3 Abs. 2 EuInsVO die Eröffnung eines Sekundärinsolvenzverfahrens vom Vorhandensein einer Niederlassung des Schuldners in diesem Staat abhängig macht. § 354 lässt die Eröffnung bei Vermögen des Schuldners in diesem Staat zu. Es verbleibt daher eine **Lücke,** die der Insolvenzverwalter nur durch eine Ablösung des Sicherungsrechtes lösen kann. In Staaten ohne eine Niederlassung des Schuldners kann ein gesicherter Gläubiger dort belegenes Sicherungsgut im Wege der Einzelzwangsvollstreckung verwerten, ohne dass der Verwalter dies im Hinblick auf eine positive Fortführungsprognose verhindern kann.[1] 22

b) Rechte des Schuldners, Art. 11 EuInsVO

Art. 11 EuInsVO ist mit § 351 Abs. 2 fast identisch. Ein Unterschied besteht bei unbeweglichen Gegenständen nur insoweit, als dass sich die Wirkung des Insolvenzverfahrens nicht nach dem Recht des Staates der Belegenheit der unbeweglichen Sache, sondern nach dem Recht des Staates, unter dessen Aufsicht das Register geführt wird, in dem das Recht an der unbeweglichen Sache eingetragen ist, ergibt. Die zwei Rechtsordnungen dürften in aller Regel identisch sein, sodass im Ergebnis im europäischen Recht keine Besonderheit besteht. 23

5. Praxishinweis

§ 351 Abs. 1 erfordert vom Insolvenzverwalter ein hohes Maß an Gestaltungsbereitschaft, um trotz dieses Sanierungshindernisses Unternehmensfortführungen in grenzüberschreitenden Insolvenzverfahren erfolgreich zu realisieren. Hierzu gehört ggf. die Eröffnung von Sekundärinsolvenzverfahren, um hierdurch Gegenstände, an denen Sicherungsrechte bestehen, in das Verfahren einbeziehen zu können, wobei dann wiederum die zusätzliche Abstimmung zwischen den Insolvenzverwaltern hinzukommt. Im Einzelfall wird man in Verhandlungen mit dem gesicherten Gläubiger jedoch bereits mit dem Hinweis auf die Option des Sekundärinsolvenzantrags eine einvernehmliche Lösung herbeiführen können. All dies nützt nichts, wenn ein Sekundärinsolvenzverfahren unter Geltung der EuInsVO mangels Niederlassung nicht eröffnet werden kann. Hinzuweisen ist auf Art. 2 h) EuInsVO, in dem ein weiter Niederlassungsbegriff definiert ist. 24

Eine weitere Option sind **Gestaltungsmöglichkeiten im Insolvenzantragsverfahren,** soweit die Anordnung von Sicherungsmaßnahmen im ausländischen Insolvenzantragsverfahren nicht als Eröffnungsentscheidung i. S. d. Art. 16 EuInsVO anzuerkennen ist. § 351 Abs. 1 stellt nämlich ebenso wie Art. 5 EuInsVO auf die Belegenheit von Gegenständen zum Zeitpunkt der Insolvenzeröffnung ab. Zumindest bei beweglichen Sachen besteht die Möglichkeit, im Rahmen einer Fortführung im Insolvenzantragsverfahren Gegenstände auch in andere Staaten zu verbringen. Dies ist zunächst auch nicht rechtsmissbräuchlich, 25

---

[1] Ebenso *Duursma-Kepplinger,* Europäische Insolvenzverordnung, Art. 5 Rn. 46; aA: ohne weitere Begründung *Wimmer,* ZInsO 2002, 897, 904 f.

soweit dies nicht allein dem Zweck dient, Gegenstände der Wirkung des § 351 Abs. 1 bzw. des Art. 5 EuInsVO zu entziehen.[1]

§ 352 Unterbrechung und Aufnahme eines Rechtsstreits

(1) **Durch die Eröffnung des ausländischen Insolvenzverfahrens wird ein Rechtsstreit unterbrochen, der zur Zeit der Eröffnung anhängig ist und die Insolvenzmasse betrifft. Die Unterbrechung dauert an, bis der Rechtsstreit von einer Person aufgenommen wird, die nach dem Recht des Staats der Verfahrenseröffnung zur Fortführung des Rechtsstreits berechtigt ist, oder bis das Insolvenzverfahren beendet ist.**

(2) **Absatz 1 gilt entsprechend, wenn die Verwaltungs- und Verfügungsbefugnis über das Vermögen des Schuldners durch die Anordnung von Sicherungsmaßnahmen nach § 343 Abs. 2 auf einen vorläufigen Insolvenzverwalter übergeht.**

Übersicht

1. Normzweck

1 Nach § 335 würde die lex fori concursus grundsätzlich auch darüber befinden, welche Wirkungen die Eröffnung eines Insolvenzverfahrens auf anhängige Rechtsstreitigkeiten in anderen Staaten hat. Bei Eröffnung eines Verfahrens in Deutschland und Anwendung der lex fori concursus würde über § 240 ZPO die Unterbrechung eines Rechtsstreits erfolgen. Da § 240 ZPO bei Insolvenzeröffnung im Ausland nicht zur Anwendung kommen könnte, wäre es fraglich und im Einzelnen vom ausländischen Recht des Staates der Verfahrenseröffnung abhängig, inwiefern eine Unterbrechung erfolgt. Durch die **Sachnorm** des § 352 soll gewährleistet werden, dass inländische Rechtsstreitigkeiten bei Eröffnung eines Insolvenzverfahrens im Ausland immer unterbrochen werden.

2. Unterbrechung eines Rechtsstreits

a) Durch Insolvenzeröffnung, Abs. 1

2 Nach Abs. 1 S. 1 wird durch die Eröffnung eines Insolvenzverfahrens im Ausland ein im Inland anhängiger Rechtsstreit unterbrochen. Dabei ist es gleichgültig, ob das Recht des Staates der Verfahrenseröffnung ebenfalls eine solche

[1] AA: offenbar *Haas,* Die Verwertung der im Ausland belegenen Insolvenzmasse im Anwendungsbereich der EuInsVO, in FS für Gerhardt, S. 319–340, S. 334 ff.

Unterbrechungswirkung kennt oder nicht. Auch ein Rückgriff auf § 240 ZPO ist nicht erforderlich. § 352 weist die Rechtsfolge der Unterbrechung unmittelbar zu. Die Qualifizierung eines Rechtsstreits als im Inland anhängig bestimmt sich nach deutschem Recht. Ebenso die Frage, inwiefern besondere Streitverfahren von der Unterbrechungswirkung erfasst sind. Diesbezüglich wird auf die Kommentierung zu den §§ 85-87 verwiesen.

Das ausländische Insolvenzverfahren muss ein universales Hauptinsolvenzver- 3
fahren sein. Hierzu gehört auch das US-amerikanische Reorganisationsverfahren gemäß Chapter 11 US Bankruptcy Code.[1] Dagegen kann ein ausländisches Partikularverfahren keine Rechtswirkungen im Inland erzeugen und führt daher auch nicht zu einer Unterbrechung i. S. d. § 352.

b) Durch Übergang der Verwaltungs- und Verfügungsbefugnis, Abs. 2

Nach Abs. 2 erfolgt die Unterbrechung eines inländischen Rechtsstreits auch 4
dann, wenn im Ausland ein **vorläufiger Insolvenzverwalter** bestellt ist und auf diesen die Verwaltungs- und Verfügungsbefugnis über das Vermögen des Schuldners übergegangen ist. Auch diese Norm gilt unmittelbar. Sie ist mit § 240 S. 2 ZPO vergleichbar.

c) Rechtsfolge

§ 352 ordnet die Unterbrechung des im Inland anhängigen Rechtsstreits an. 5
Die Folgen einer Unterbrechung bestimmen sich nach den allgemeinen Regeln des deutschen Prozessrechts. Insbesondere gilt § 249 ZPO.

d) Beendigung mit Beendigung des Insolvenzverfahrens

Die Unterbrechung endet gem. Abs. 1 S. 2 2. Alt. mit Beendigung des Insol- 6
venzverfahrens bzw. mit Aufhebung der Verwaltungs- und Verfügungsbefugnis im vorläufigen Insolvenzverfahren. Die Folgen der Beendigung der Unterbrechung eines inländischen Rechtsstreits bestimmen sich nach den allgemeinen Regeln des deutschen Prozessrechts.

3. Aufnahme des Rechtsstreits

Abs. 1 S. 2 1. Alt. regelt die Aufnahme eines unterbrochenen Rechtsstreits. 7
Wer zur **Aufnahme** eines inländischen unterbrochenen Rechtsstreits befugt ist, bestimmt die lex fori concursus, d. h. das ausländische Recht des Staates der Verfahrenseröffnung. Nach diesen Regeln bestimmt sich, ob bzw. wann der Insolvenzverwalter oder auch der Prozessgegner einen unterbrochenen Rechtsstreit aufnehmen darf. Bei Insolvenzeröffnung im Ausland kommen die §§ 85-87 diesbezüglich nicht zur Anwendung. Für den Kündigungsschutzprozess in der Insolvenz des Arbeitgebers[2] gelangt allerdings das BAG in bedenklicher Weise unter Rückgriff auf § 337 und verfassungsrechtliche Erwägungen zu der Anwendung deutschen Rechts mit der Folge, dass der Arbeitnehmer den Rechtsstreit gemäß § 86 Abs. 1 gegen den Insolvenzverwalter aufnehmen könne.[3]

---

[1] OLG Frankfurt ZIP 2007, 932, 933 f.; BAG ZIP 2007, 2047, 2048 ff. zum inländischen Kündigungsschutzprozess; m. Anm. *Mankowski,* EWiR 2007, 759.

[2] Hier ein US-amerikanisches Chapter-11-Verfahren.

[3] BAG ZIP 2007, 2047, 2051.

8 Von der Berechtigung zur Aufnahme eines unterbrochenen Rechtsstreits ist die **Wirkung der Aufnahme** auf den Rechtsstreit zu unterscheiden. Diese Wirkung bestimmt sich allein nach den allgemeinen Regeln des deutschen Prozessrechts.

4. Besonderheiten im europäischen Recht

9 Art. 15 EuInsVO enthält ebenfalls eine Regelung über die Unterbrechung von Rechtsstreitigkeiten. Diese Norm stellt jedoch im Gegensatz zu § 352 eine **kollisionsrechtliche Bestimmung** dar, wonach das Recht des Staates, in dem der Rechtsstreit anhängig ist, über die Wirkung eines Insolvenzverfahrens auf diesen Rechtsstreit entscheidet. Unabhängig davon, ob das Insolvenzverfahren im In- oder Ausland eröffnet ist, entscheidet bei **inländischen Rechtsstreitigkeiten allein das deutsche Recht,** inwiefern es zu einer Unterbrechung des Rechtsstreits kommt. Gleiches gilt für etwaige Unterbrechungswirkungen im Insolvenzantragsverfahren. § 240 ZPO kommt zur Anwendung. Ebenso findet das deutsche Recht auch hinsichtlich der Frage Anwendung, inwiefern eine **Aufnahme des Rechtsstreits** möglich ist.[1] Im Gegensatz zur Rechtsfolge des § 352 kommen im europäischen Recht die §§ 85-87 zur Anwendung. Die lex fori concursus wird durch Art. 15 EuInsVO verdrängt.[2]

10 Ein weiterer Unterschied zwischen deutschem und europäischem Recht besteht hinsichtlich der **Auslegung des Begriffs der anhängigen Rechtstreitigkeit.** Während sich der Begriff des anhängigen Rechtsstreits in § 352 nach deutschem Recht bestimmt, ist der Begriff des Art. 15 EuInsVO nach autonomer Auslegung im europäischen Recht zu ermitteln. Die Anhängigkeit ist danach weit auszulegen und erfasst jeden eingeleiteten Rechtsstreit. Dabei wird auf den Zeitpunkt, in dem das verfahrenseinleitende Schriftstück bei Gericht eingereicht wird, abgestellt.[3] Die Reichweite des Begriffs des Rechtsstreits ist hingegen noch unscharf und bedarf einer richterlichen Auslegung. Es ist anzunehmen, dass alle Aktiv- und Passivprozesse im zivilrechtlichen Erkenntnisverfahren erfasst sind, während Vollstreckungsmaßnahmen nicht erfasst sind. Letzteres ergibt sich aus Art. 4 Abs. 2 S. 2 f), wonach sich die Wirkung auf Rechtsverfolgungsmaßnahmen nach der lex fori concursus bestimmen soll. Die Frage der Zulässigkeit von Einzelzwangsvollstreckungsmaßnahmen im Insolvenzverfahren bestimmt sich somit allein nach dem Recht des Staates der Verfahrenseröffnung und wird von Art. 15 EuInsVO nicht erfasst. Unklar bleibt, ob der Verwaltungsprozess als Rechtsstreit im Sinne dieser Vorschrift anzusehen ist.[4]

§ 353 Vollstreckbarkeit ausländischer Entscheidungen

(1) **Aus einer Entscheidung, die in dem ausländischen Insolvenzverfahren ergeht, findet die Zwangsvollstreckung nur statt, wenn ihre Zulässigkeit durch ein Vollstreckungsurteil ausgesprochen ist. § 722 Abs. 2 und § 723 Abs. 1 der Zivilprozessordnung gelten entsprechend.**

(2) **Für die in § 343 Abs. 2 genannten Sicherungsmaßnahmen gilt Absatz 1 entsprechend.**

---

[1] *Duursma-Kepplinger,* Europäische Insolvenzverordnung, Art. 15 Rn. 35.
[2] Vgl. *Liersch/Kind,* EWiR 2003, 707.
[3] *Rugullis,* Litispendenz im Europäischen Insolvenzrecht, S. 54.
[4] Letzteres bejahend HambKomm-*Undritz,* § 354 Rn. 2.

Übersicht

1. Normzweck

1 Mit der Norm soll ein Schutz vor Vollstreckungsmaßnahmen im Inland gewährleistet werden, die auf Entscheidungen beruhen, die mit Grundsätzen des deutschen Rechts nicht vereinbar sind. Die Vollstreckbarkeit muss durch ein **Vollstreckungsurteil** ausgesprochen werden. Die Entscheidungen des ausländischen Gerichts im Insolvenzverfahren werden somit ausländischen Urteilen i. S. v. § 722 Abs. 1 ZPO gleichgestellt.

2. Entscheidung im ausländischen Insolvenzverfahren

2 Es muss eine Entscheidung des ausländischen Gerichtes im dortigen Insolvenzverfahren vorliegen. Erfasst sind u. a. die Entscheidung über die **Eröffnung** des Insolvenzverfahrens sowie gem. Abs. 2 die Anordnung von **Sicherungsmaßnahmen** im Insolvenzantragsverfahren. Diese Sicherungsmaßnahmen des ausländischen Gerichts sind von den Sicherungsmaßnahmen gem. § 344 zu unterscheiden. Letztere ergehen vom inländischen Insolvenzgericht und bedürfen daher keines Vollstreckungsurteils.

3. Vollstreckung im Inland

3 Möchte der ausländische Insolvenzverwalter die Entscheidung des ausländischen Gerichtes vollstrecken, so bedarf es eines Vollstreckungsurteils. Dabei ist gem. S. 2 i. V. m. § 723 Abs. 1 ZPO keine Prüfung der Gesetzmäßigkeit der Entscheidung vorzunehmen. Es ist jedoch inzident die Anerkennung der Entscheidung im Inland gem. § 343 zu prüfen. Die Eröffnung eines deutschen Sekundärinsolvenzverfahrens steht der Vollstreckbarerklärung der ausländischen Entscheidung über die Eröffnung des Hauptinsolvenzverfahrens nicht entgegen.[1]

Eine **Rechtskraft der ausländischen Entscheidung ist nicht erforderlich,** da § 723 Abs. 2 ZPO nicht anwendbar ist. Die Zuständigkeit des Vollstreckungsgerichts besteht gem. S. 2 i. V. m. § 722 Abs. 2, § 23 ZPO am Vermögensgerichtsstand.

4. Besonderheiten im europäischen Recht

4 Das europäische Recht lässt gem. Art. 25 EuInsVO eine erleichterte Vollstreckung der ausländischen Entscheidung im Inland durch ein **vereinfachtes Exequaturverfahren** gem. Art. 38-52 EuGVVO zu. Gegenstand des Exequaturverfahrens ist nicht die Vollstreckung, sondern die für die Vollstreckung erforderliche Genehmigung.[2]

---

[1] OLG Düsseldorf NZI 2004, 628; m. Anm. *Pannen/Riedemann,* EWiR 2005, 177.

[2] *Pannen/Riedemann,* NZI 2004, 301, 304.

Dritter Abschnitt. Partikularverfahren über das Inlandsvermögen

§ 354 Voraussetzungen des Partikularverfahrens

(1) **Ist die Zuständigkeit eines deutschen Gerichts zur Eröffnung eines Insolvenzverfahrens über das gesamte Vermögen des Schuldners nicht gegeben, hat der Schuldner jedoch im Inland eine Niederlassung oder sonstiges Vermögen, so ist auf Antrag eines Gläubigers ein besonderes Insolvenzverfahren über das inländische Vermögen des Schuldners (Partikularverfahren) zulässig.**

(2) **Hat der Schuldner im Inland keine Niederlassung, so ist der Antrag eines Gläubigers auf Eröffnung eines Partikularverfahrens nur zulässig, wenn dieser ein besonderes Interesse an der Eröffnung des Verfahrens hat, insbesondere, wenn er in einem ausländischen Verfahren voraussichtlich erheblich schlechter stehen wird als in einem inländischen Verfahren. Das besondere Interesse ist vom Antragsteller glaubhaft zu machen.**

(3) **Für das Verfahren ist ausschließlich das Insolvenzgericht zuständig, in dessen Bezirk die Niederlassung oder, wenn eine Niederlassung fehlt, Vermögen des Schuldners belegen ist. § 3 Abs. 2 gilt entsprechend.**

Übersicht

1. Normzweck

1 § 354 lässt Partikularverfahren über das Inlandsvermögen des Schuldners zu. Die Norm steht im Widerspruch zum Grundsatz der Universalität des Insolvenzverfahrens, wonach das weltweite Vermögen durch ein Insolvenzverfahren erfasst werden soll. Partikularverfahren sind ebenso in Form **isolierter Partikularverfahren** zulässig, d. h., ohne dass zuvor im Ausland ein Hauptinsolvenzverfahren eröffnet wurde, wie in Form eines **Sekundärinsolvenzverfahrens** zulässig, d. h.

Eröffnung eines Partikularverfahrens nach Eröffnung eines Hauptverfahrens im Ausland, wie § 356 Abs. 1 feststellt.[1] Für Sekundärinsolvenzverfahren gelten neben den §§ 354 f. die §§ 356-358 ergänzend.

2 Im Gegensatz zum Sekundärinsolvenzverfahren, das durch andere Anknüpfungen Gestaltungsmöglichkeiten bei der Gesamtverwaltung und -verwertung des schuldnerischen Vermögens eröffnet, bleibt der Zweck eines isolierten Partikularinsolvenzverfahrens unklar.[2] Der Gesetzgeber meint, im Interesse eines umfassenden Gläubigerschutzes auch diese Option bereitstellen zu müssen. Eine isolierte Betrachtung des inländischen Vermögens des Schuldners kann i. d. R. jedoch nie das Ziel eines Insolvenzverfahrens, nämlich die bestmögliche Befriedigung der Gläubigergesamtheit durch Sanierung oder Fortführung, erreichen. Die Sanierungsmöglichkeiten sind in Partikularverfahren stark eingeschränkt, wenn nicht unmöglich.[3]

2. Voraussetzungen

a) Hauptinsolvenzverfahren im Inland nicht möglich

3 Ein Partikularverfahren soll im Inland nur dann eröffnet werden, wenn die Eröffnung eines universalen Hauptinsolvenzverfahrens im Inland nicht möglich ist. Es ist daher gem. § 3 Abs. 1 die internationale Zuständigkeit der deutschen Gerichte für ein Hauptinsolvenzverfahren zu prüfen. Liegt der Mittelpunkt der selbstständigen wirtschaftlichen Tätigkeit des Schuldners bzw. auch der allgemeine Gerichtsstand im Ausland, so sind deutsche Gerichte für die Eröffnung eines Hauptinsolvenzverfahrens nicht zuständig.

4 Wäre zwar der allgemeine Gerichtsstand im Inland gegeben, der Mittelpunkt der selbstständigen wirtschaftlichen Tätigkeit des Schuldners jedoch im Ausland, ist vor Feststellung der Zulässigkeit eines Partikularverfahrens jedoch ergänzend zu prüfen, ob am Ort des Mittelpunktes der selbstständigen wirtschaftlichen Tätigkeit die Eröffnung eines Hauptinsolvenzverfahrens überhaupt möglich wäre. Ist Letzteres nicht gegeben, so muss in Vermeidung eines negativen Kompetenzkonfliktes im Inland ein Hauptinsolvenzverfahren am Ort des allgemeinen Gerichtsstands möglich sein. Ein Partikularinsolvenzverfahren ist dann unzulässig.

b) Niederlassung im Inland

5 Ist ein Hauptinsolvenzverfahren nicht möglich, so muss im Inland zumindest eine Niederlassung des Schuldners bzw. Vermögen vorhanden sein. Der Begriff der Niederlassung ist nach deutschem Recht zu bestimmen.[4]

---

[1] Bei der Insolvenz von Kreditinstituten und Versicherungsunternehmen sind Partikularinsolvenzverfahren nach dem Gesetz zur Umsetzung aufsichtsrechtlicher Bestimmungen zur Sanierung und Liquidation von Versicherungsunternehmen und Kreditinstituten vom 10. 12. 2003, das die Richtlinien 2001/24/EG und 2001/17/EG in das deutsche Recht umsetzt, unzulässig.

[2] Vgl. *Wilmowsky, v.,* Europäisches Kreditsicherungsrecht, S. 315 f. Er bezweifelt de lege ferenda auch die Notwendigkeit von Sekundärinsolvenzverfahren; ähnliche Bedenken äußert *Lüer,* Art. 102 Abs. 3 EGInsO – eine verpasste Chance, in FS Uhlenbruck, S. 843 ff.

[3] *Reinhart,* Sanierungsverfahren im internationalen Insolvenzrecht, S. 285 ff., *Wilmowsky, v.,* WM 1997, 1461.

[4] Ebenso FK-*Wenner/Schuster,* InsO, § 354 Rn. 4; aA: *Andres/Leithaus/Dahl,* InsO, § 354 Rn. 6, nach denen der Niederlassungsbegriff wie in Art. 2 h) EuInsVO auszulegen ist.

Die Zulässigkeit eines Insolvenzantrages hinsichtlich der Zweigniederlassung einer ausländischen Gesellschaft setzt voraus, dass der Antragsteller alle die Zuständigkeit des angerufenen Gerichts begründenden Umstände angibt, insbesondere auch, ob bereits ein Hauptinsolvenzverfahren im Ausland eröffnet wurde. Ohne diese Angaben ist es dem angerufenen Gericht im Hinblick auf die Zulässigkeitsvoraussetzungen des § 354 nicht ohne Weiteres möglich, seine internationale Zuständigkeit zu überprüfen.[1]

c) Vermögen im Inland

6 Alternativ genügt auch die Belegenheit von Vermögen des Schuldners im Inland. Diese weite Zuständigkeit allein der Belegenheit von Vermögen wurde vielfach kritisiert. Gerade bei isolierten Partikularverfahren eröffnet dies die **Zerfaserung der Insolvenzverwaltung** auf eine Vielzahl von Insolvenzverfahren über das Vermögen des Schuldners.

7 Dabei ist es unerheblich, ob das inländische Vermögen frei von Rechten Dritter ist oder ob es vollständig belastet ist,[2] da der Zweck eines Insolvenzverfahrens über eine Befriedigung der gesicherten Gläubiger hinaus auch darin besteht, das Vermögen des Schuldners einstweilen zu sichern und vor Vollstreckungsmaßnahmen zu schützen, um auch die Sanierungsoption im Interesse der Gläubigergesamtheit zu bewahren.

8 Der Gesetzgeber knüpft die Zulässigkeit eines Partikularverfahrens im Inland, wenn dort lediglich Vermögen, jedoch keine Niederlassung vorhanden ist, gem. Abs. 2 an ein **besonderes Interesse an der Eröffnung** dieses Verfahrens. Dies soll insbesondere dann vorliegen, wenn er in einem ausländischen Verfahren voraussichtlich erheblich schlechter stehen wird als in einem inländischen Verfahren. Es bleibt unklar, was der Gesetzgeber unter einer Schlechterstellung verstanden hat. Es wird kaum möglich sein, eine hypothetische Quote im ausländischen Verfahren zu ermitteln. Auch nicht jede vom deutschen Recht abweichende Rangordnung kann ein solches Interesse rechtfertigen. Ein besonderes Interesse ist daher nur dann anzunehmen, wenn ein **evidenter Widerspruch zu den Grundsätzen des deutschen Insolvenzrechts** vorliegt, etwa wenn Gläubiger mit Sitz in dem Staat der Verfahrenseröffnung oder aufgrund ihrer Nationalität gegenüber anderen Gläubigern bei der Verteilung bevorzugt werden. Gleiches gilt, wenn die Rechtsordnung des ausländischen Staates eine sachgerechte Insolvenzverwaltung gar nicht zulässt.

9 Das besondere Interesse ist vom Antragsteller glaubhaft zu machen. Trotz des **Erfordernisses der Glaubhaftmachung** hat das Insolvenzgericht gem. § 5 auch hier eine Pflicht zur **Amtsermittlung.** Ein beauftragter Sachverständiger hat im Rahmen seiner Begutachtung auf der Grundlage der Darlegung des Antragstellers das besondere Interesse zu prüfen.[3]

d) Antrag eines Gläubigers

10 Ein Partikularinsolvenzverfahren ist nur bei Antrag eines Gläubigers zulässig. Insofern besteht eine von § 13 abweichende Regelung. Der Gläubiger muss speziell ein Partikularinsolvenzverfahren beantragen. Ein Insolvenzantrag über das

[1] AG Köln NZI 2006, 57.
[2] AA: OLG Karlsruhe NZI 2002, 387; m. zust. Anm. *Mankowski,* EWiR 2002, 677.
[3] Vgl. zur Amtsermittlungspflicht des Insolvenzgerichts *Vallender,* KTS 2005, 283, 293 f.

gesamte Vermögen des Schuldners, der im Einzelfall unzulässig ist, beinhaltet nicht als Minus den Hilfsantrag auf Eröffnung eines Partikularinsolvenzverfahrens.[1] Der Schuldner wird auf das Hauptinsolvenzverfahren verwiesen. Gründe zur Rechtfertigung eines Partikularverfahrens im Interesse des Schuldners finden sich nicht.

Neben dem Gläubiger kann der **Verwalter eines ausländischen Hauptinsolvenzverfahrens** gem. § 356 Abs. 2 ein Partikularverfahren in Form eines Sekundärinsolvenzverfahrens beantragen. 11

3. Rechtsfolge

a) Zulässigkeit eines Partikularinsolvenzverfahrens

Sind die Voraussetzungen des § 354 erfüllt, ist ein Partikularinsolvenzverfahren im Inland zulässig. Dieses Verfahren unterliegt gem. § 335 der **lex fori concursus** und damit deutschem Recht. Soweit durch die §§ 354 f. bzw. bei Sekundärinsolvenzverfahren ergänzend auch durch die §§ 356-358 keine abweichenden Bestimmungen getroffen werden, gelten die allgemeinen Vorschriften über das Insolvenzverfahren. 12

aa) Insolvenzbeschlag über das inländische Vermögen. Die Wirkung eines Partikularverfahrens besteht im Insolvenzbeschlag über das im Inland belegene Vermögen des Schuldners. Die **Insolvenzmasse** gem. § 35 beschränkt sich auf die Vermögensgegenstände, die zum Zeitpunkt der Insolvenzeröffnung **im Inland belegen** waren, sowie den Neuerwerb. Der Verwalter hat diese Vermögensgegenstände zu verwalten und zu verwerten. Insofern bestehen keine Unterschiede zu einem universal wirkenden Verfahren. 13

Auch die Anordnung von Sicherungsmaßnahmen ist in einem Partikularantragsverfahren zulässig. Gleiches gilt für die **Bestellung eines vorläufigen Verwalters** über das inländische Vermögen. Dies gilt nur dann nicht, wenn es sich um ein Partikularverfahren i. S. e. Sekundärinsolvenzverfahrens handelt und im Ausland bereits ein Hauptinsolvenzverfahren eröffnet ist. Diesbezüglich wird auf die Kommentierung zu § 356 Abs. 2 verwiesen. 14

bb) Keine Beschränkung der Passivmasse. Im Partikularverfahren erfolgt keine Beschränkung der Passivmasse. Es steht allen Gläubigern des Schuldners frei, sich an diesem Verfahren zu beteiligen, unabhängig davon, ob der Gläubiger seinen Sitz im In- oder Ausland hat bzw. welchem Recht seine Forderung unterliegt. Für das Sekundärverfahren wird dies durch § 341 ausdrücklich normiert. Gleiches gilt jedoch auch für das isolierte Partikularverfahren, da auch das Antragsrecht nach § 354 Abs. 1 nicht auf Gläubiger mit Sitz im Inland beschränkt ist.[2] 15

cc) Prüfung der Insolvenzgründe. Auch ein Partikularverfahren kann nur dann eröffnet werden, wenn ein Insolvenzgrund vorliegt. Für **Sekundärinsolvenzverfahren** enthält § 356 Abs. 3 eine Sonderregelung, da nach Eröffnung eines Hauptinsolvenzverfahrens die Insolvenzgründe dort bereits geprüft wurden und daher nicht noch einmal festzustellen sind. Dies ist bei isolierten Partikularin- 16

---

[1] OLG Köln NZI 2001, 380.

[2] Vgl. auch *Balz,* ZIP 1996, 953; *Wilmowsky, v.,* WM 1997, 1470; *Wimmer,* ZIP 1998, 987; aA: *Thieme,* Partikularkonkurs, S. 212 ff.

solvenzverfahren anders. Um ein isoliertes Partikularverfahren in Deutschland eröffnen zu können, muss entsprechend § 16 ein Insolvenzgrund i. S. d. §§ 17 oder 19 vorliegen. Der Insolvenzgrund der drohenden Zahlungsunfähigkeit scheidet aus, da ein Antrag des Schuldners auf Eröffnung eines Partikularverfahrens unzulässig ist. Bei der Prüfung der Insolvenzgründe ergeben sich aufgrund der Beschränkung des Verfahrens auf die Vermögenswerte im Inland jedoch Schwierigkeiten.

17 **aaa) Überschuldung.** Würde im Rahmen der Prüfung der Überschuldung des Schuldners nur das im Inland belegene Vermögen den weltweiten Verbindlichkeiten gegenübergestellt, so könnte eine Überschuldung i. S. d. § 19 festgestellt werden, ohne dass der Schuldner bei weltweiter Betrachtung überschuldet ist. Dieses Ergebnis kann nicht richtig sein. Obwohl sich das Partikularverfahren in seiner Wirkung nur auf das inländische Vermögen erstreckt, ist **bei der Prüfung des Insolvenzgrundes der Überschuldung das weltweite Vermögen anzusetzen.**[1]

18 **bbb) Zahlungsunfähigkeit.** Bei der Prüfung der Zahlungsunfähigkeit dürfen liquide Mittel des Schuldners, die sich im Ausland befinden, etwa auf dortigen Konten, ebenfalls nicht unberücksichtigt bleiben.[2] Den fälligen Verbindlichkeiten sind daher bei der Prüfung der Zahlungsunfähigkeit als Insolvenzgrund im Partikularverfahren auch die **weltweit zur Verfügung stehenden liquiden Mittel** gegenüberzustellen.[3]

19 **dd) Massekostendeckung.** Auch ein Partikularverfahren darf nur dann eröffnet werden, wenn die Verfahrenskosten gem. § 54 gedeckt werden können. Zur Deckung der Verfahrenskosten kann aufgrund der Beschränkung des Verfahrens **nur das im Inland befindliche Vermögen** des Schuldners herangezogen werden. Inwiefern der Schuldner im Ausland weitere Vermögensgegenstände hat, ist hier unerheblich. Die Frage der Verfahrenskostendeckung ist daher im Gegensatz zu den Insolvenzgründen allein im Hinblick auf das inländische Vermögen zu bewerten. Nur dieses Vermögen kann vom Verwalter im Partikularverfahren verwertet werden.

b) Einschränkung des Hauptinsolvenzverfahrens

20 Soweit vor oder nach Eröffnung eines inländischen Partikularverfahrens im Ausland ein Hauptinsolvenzverfahren eröffnet wurde bzw. wird, wird die Wirkung des Hauptinsolvenzverfahrens durch das Partikularinsolvenzverfahren, das dann ein Sekundärinsolvenzverfahren ist, beeinträchtigt. Vermögensgegenstände, die im Staat der Eröffnung des Partikularverfahrens belegen sind, sind von der Wirkung des Hauptinsolvenzverfahrens nicht erfasst. Diesbezüglich besteht keine Verwaltungs- und Verfügungsbefugnis des Hauptinsolvenzverwalters. Die Eröffnung eines Partikularinsolvenzverfahrens steht jedoch der Vollstreckbarkeitserklärung der ausländischen Eröffnungsentscheidung im Hauptinsolvenzverfahren nicht entgegen.[4] Einzelheiten der Zusammenarbeit zwischen den Verwaltern regeln die §§ 357 f.

---

[1] *Uhlenbruck/Lüer,* InsO, Art. 102 EGInsO Rn. 204; *Mankowski,* ZIP 1995, 1650.

[2] BGH ZIP 1991, 1014; *Mankowski,* ZIP 1995, 1650; FK-*Wenner/Schuster,* InsO, § 354 Rn. 13; aA: die Vorauflage (4. Aufl.) FK-*Wimmer,* InsO, § 354 Rn. 9.

[3] *Uhlenbruck/Lüer,* InsO, Art. 102 EGInsO Rn. 205.

[4] OLG Düsseldorf NZI 2004, 628; dazu zust. Anm. *Pannen/Riedemann,* EWiR 2005, 177.

Ist zum Zeitpunkt der Eröffnung eines Hauptinsolvenzverfahrens im Ausland im Inland ein Partikularantragsverfahren anhängig, so ist dieses Verfahren, soweit die sonstigen Voraussetzungen vorliegen, unverzüglich zu eröffnen bzw. mangels Masse abzuweisen. Die Insolvenzgründe sind in diesem Verfahren gem. § 356 Abs. 3 nicht mehr zu prüfen. Solange das Partikularantragsverfahren nicht eröffnet ist und in diesem Verfahren die Verwaltungs- und Verfügungsbefugnis nicht gem. § 22 Abs. 1 auf den Verwalter des Partikularantragsverfahrens übergegangen ist, wird dieses Antragsverfahren vom Hauptinsolvenzverfahren überlagert. Der Hauptinsolvenzverwalter ist auch über das Inlandsvermögen verfügungsbefugt, bedarf diesbezüglich jedoch ggf. der Zustimmung des Verwalters im Partikularantragsverfahren. Um diesen Zustand möglichst kurz zu halten, sollte das Partikularantragsverfahren kurzfristig einer Entscheidung zugeführt werden. 21

4. Zuständigkeit

Da eine Zuständigkeit gem. § 3 gerade nicht gegeben ist, bedarf es einer gesonderten Zuständigkeitsregelung, die durch § 354 Abs. 3 geschaffen wurde. Danach besteht eine ausschließliche Zuständigkeit des Insolvenzgerichtes, in dessen Bezirk die **Niederlassung** bzw., wenn keine Niederlassung im Inland besteht, **Vermögen des Schuldners** belegen ist. Diese Anknüpfung wird, insbesondere wenn keine Niederlassung vorhanden ist, regelmäßig zur Zuständigkeit mehrerer Insolvenzgerichte im Inland führen, da nicht auf den Umfang des jeweiligen Vermögens im Bezirk des Insolvenzgerichtes abzustellen ist. Gem. § 354 Abs. 3 S. 2 i. V. m. § 3 Abs. 2 ist ausschließlich das Gericht zuständig, bei dem der erste Antrag auf Eröffnung eines Partikularverfahrens eingegangen ist. Die Zuständigkeit anderer Gerichte ist dadurch ausgeschlossen. 22

5. Besonderheiten im europäischen Recht

Art. 3 Abs. 2 EuInsVO erlaubt ebenfalls die Eröffnung von Partikularinsolvenzverfahren, wobei gleichfalls isolierte Partikularverfahren und Sekundärinsolvenzverfahren zulässig sind. Die **Antragstellung** ist im Gegensatz zu § 354 auch **durch den Schuldner zulässig.**[1] Nach europäischem Recht besteht jedoch ein **Niederlassungserfordernis.** Die Eröffnung von Partikularverfahren nur bei Belegenheit von Vermögen ist unzulässig. Der Niederlassungsbegriff ist in Art. 2 h) EuInsVO definiert. Danach ist eine Niederlassung jeder Tätigkeitsort, an dem der Schuldner eine wirtschaftliche Aktivität von nicht bloß vorübergehender Art nachgeht, die den Einsatz von Personal[2] und Vermögenswerten voraussetzt. Dabei muss der Schuldner als Arbeitgeber oder Auftraggeber für die eingesetzten Personen verantwortlich sein.[3] Notwendig ist eine nach außen hin wahrnehmbare Aktivität, wobei die bloße eigene Tätigkeit des Schuldners nicht 23

---

[1] AG Köln NZI 2004, 151; aA: *Sabel,* NZI 2004, 126, 128; *Paulus,* DStR 2005, 334, 339; *ders.,* EuInsVO, Art. 29 Rn. 6 f.; *Eidenmüller,* NJW 2004, 3455, 3458.

[2] AG München NZI 2007, 358 m. Anm. *Mankowski.*

[3] Zu weitgehend LG Hannover NZI 2008, 631 m. Anm. *Vallender.* Das LG Hannover sieht allein die Tätigkeit des Schuldners für einen Arbeitgeber in einem anderen Mitgliedstaat als Niederlassung an.

ausreicht.[1] Der Begriff der Niederlassung ist bewusst weit gefasst, da die Definition als Kompromiss für den Verzicht auf eine Vermögenszuständigkeit gewählt wurde. Die Eröffnung eines Hauptinsolvenzverfahrens hindert nicht die Eröffnung eines Sekundärinsolvenzverfahrens in dem Mitgliedstaat, in dem der Schuldner seinen satzungsmäßigen Sitz hat, soweit die weiteren Eröffnungsvoraussetzungen gegeben sind.[2] Die rechtlich selbstständige Tochtergesellschaft in einem Konzern ist jedoch keine Niederlassung i. S. d. Art. 2 h) EuInsVO, da es sich um eine rechtlich selbstständige Vermögensmasse handelt.[3]

24 Zu beachten ist ferner, dass Art. 3 Abs. 2 EuInsVO auch bei Beantragung eines Partikularverfahrens in einem Staat der EU überhaupt nur dann zur Anwendung gelangt, wenn der Mittelpunkt der hauptsächlichen Interessen innerhalb der EU liegt.[4] Ansonsten verbleibt es bei den allgemeinen Regeln. § 354 bleibt dann anwendbar.

25 Die **Eröffnung von isolierten Partikularverfahren** ohne vorherige Eröffnung eines Hauptverfahrens wird durch Art. 3 Abs. 4 EuInsVO weiter eingeschränkt. Ein solches Verfahren wird nur in zwei Fällen für zulässig erachtet:

26 Ein isoliertes Partikularverfahren kann eröffnet werden, wenn in dem Staat, in dem der Schuldner den Mittelpunkt seiner hauptsächlichen Interessen hat, die Eröffnung eines Insolvenzverfahrens nach der dortigen lex fori concursus nicht möglich ist.

27 Ein solches Verfahren kann ferner dann eröffnet werden, wenn der Antrag von einem Gläubiger gestellt wurde, der seinen Wohnsitz, gewöhnlichen Aufenthalt oder Sitz in dem Staat hat, in dem das Partikularverfahren eröffnet werden soll, oder dessen Forderung auf einer sich aus dem Betrieb der Niederlassung in diesem Staat ergebenden Verbindlichkeit beruht.[5]

28 Eine weitere Besonderheit des europäischen Rechts besteht darin, dass gem. Art. 12 EuInsVO **Gemeinschaftspatente und -marken** nur in einem universalen (Haupt-)Insolvenzverfahren einbezogen werden können. Eine Verwertung dieser Rechte ist in einem Partikularverfahren nicht möglich.

6. Praxishinweis

29 Gläubiger werden in Zukunft vor Insolvenzantragstellung zu prüfen haben, ob im Einzelfall die Eröffnung eines Partikularverfahrens in ihrem Interesse ist und ob dieses Verfahren durchgeführt werden kann. Dies könnte regelmäßig dann der Fall sein, wenn ein Gläubiger durch dingliche Rechte ausreichend gesichert ist und diese Gegenstände in einem einzigen Staat belegen sind. Das Partikularverfahren in diesem Staat dürfte ggf. schneller abgewickelt werden können, als wenn ein universales Verfahren eröffnet ist und auch in anderen Staaten noch viele

---

[1] OLG Wien NZI 2005, 56 m. Anm. *Paulus.* Das OLG Wien lässt ein Büro samt Bürokraft zur Begründung einer Niederlassung ausreichen.

[2] AG Düsseldorf NZI 2004, 269, 271 m. Anm. *Liersch;* AG Köln NZI 2004, 151; insoweit dem Urteil des AG Köln zustimmend *Sabel,* NZI 2004, 126, 127; *Eidenmüller,* NJW 2004, 3455, 3458; *Herchen,* ZInsO 2004, 825, 829.

[3] *Vallender,* KTS 2005, 283, 303; *Ehricke,* EWS 2002, 101, 105; aA: *Paulus,* ZIP 2002, 729, 730.

[4] *Wimmer,* ZInsO 2001, 97, 99.

[5] Zu Recht krit. zu letzterer Verfahrensvoraussetzung *Paulus,* EWS 2002, 497, 502.

weitere Gegenstände des Schuldners belegen sind, an denen der antragstellende Gläubiger gar kein Interesse hat.

§ 355 Restschuldbefreiung. Insolvenzplan

(1) **Im Partikularverfahren sind die Vorschriften über die Restschuldbefreiung nicht anzuwenden.**

(2) **Ein Insolvenzplan, in dem eine Stundung, ein Erlaß oder sonstige Einschränkungen der Rechte der Gläubiger vorgesehen sind, kann in diesem Verfahren nur bestätigt werden, wenn alle betroffenen Gläubiger dem Plan zugestimmt haben.**

Übersicht

1. Normzweck

1 § 355 erfasst mit der **Restschuldbefreiung** und dem **Insolvenzplan** zwei Institute, durch die Forderungen von Gläubigern in ihrem Umfang ganz oder zum Teil beschnitten werden können. Diese Eingriffe in Gläubigerrechte sollen nur dann gerechtfertigt sein, wenn das weltweite Vermögen des Schuldners in ein Insolvenzverfahren einbezogen wird, was bei Partikularinsolvenzverfahren regelmäßig gerade nicht der Fall ist. In der Regelungstechnik unterscheidet sich die Behandlung der Restschuldbefreiung und des Insolvenzplans im Partikularverfahren jedoch erheblich. Während Erstere im Partikularverfahren nicht angeordnet werden darf, soll die **Bestätigung eines Insolvenzplans im Partikularverfahren** davon abhängig gemacht werden, dass diesem alle betroffenen Gläubiger ihre Zustimmung erteilt haben. Letzteres schließt vom Wortlaut insbesondere das Mehrheitserfordernis des § 244 sowie die Anwendbarkeit des Obstruktionsverbotes gem. § 245 aus. Abs. 2 verlangt eine **Einstimmigkeit** aller betroffenen Gläubiger.

2 Die Norm gilt gleichermaßen für isolierte Partikularverfahren wie auch für Sekundärinsolvenzverfahren. Zur Geltung der §§ 354 f. im Sekundärinsolvenzverfahren vergleiche die Kommentierung zu § 356.

2. Restschuldbefreiung

3 Abs. 1 erklärt die Vorschriften über die Restschuldbefreiung im Partikularverfahren für nicht anwendbar. Auf ein im Inland eröffnetes Partikularverfahren, gleich ob es sich um ein isoliertes Partikularverfahren oder ein Sekundärinsolvenzverfahren handelt, finden die §§ 286-303 keine Anwendung.

4 Die Erlangung einer Restschuldbefreiung nach deutschem Recht ist daher nur durch Eröffnung eines Hauptinsolvenzverfahrens im Inland möglich. Soweit die Eröffnung eines Hauptinsolvenzverfahrens im Inland nicht möglich ist, kann eine Restschuldbefreiung ggf. nur nach dem Recht eines anderen Staates erfolgen.

5 Die Befreiung von den Verbindlichkeiten durch einen Insolvenzplan ist von Abs. 1 unberührt. Der Insolvenzplan wird abschließend in Abs. 2 behandelt.

6 Nicht geregelt ist, ob die Entschuldung durch einen gerichtlichen Schuldenbereinigungsplan gem. §§ 305-310 im Partikularinsolvenzverfahren möglich sein soll. Aus der systematischen Nähe des Schuldenbereinigungsplans zum Insolvenzplan ist das Schuldenbereinigungsplanverfahren nicht in analoger Anwendung von Abs. 1 für unanwendbar zu erklären, sondern analog Abs. 2 ist nur die Zustimmung aller Gläubiger im Partikularverfahren notwendig. § 309 findet keine Anwendung.

3. Insolvenzplan

a) Bedeutung der Norm

7 Abs. 2 enthält eine Sachnorm, wonach die allgemeinen Regelungen zum Insolvenzplan i. S. d. §§ 217 ff., soweit es sich um ein Planverfahren in einer Partikularinsolvenz handelt, abgewandelt werden. Eine kollisionsrechtliche Bestimmung wird nicht getroffen. Dem Wortlaut des Abs. 2 ist zu entnehmen, dass in diesem Fall ein Plan, der eine Stundung, einen Erlass oder sonstige Einschränkungen der Rechte der Gläubiger vorsieht, nur bestätigt werden kann, wenn alle betroffenen Gläubiger dem Plan zugestimmt haben.

8 Bedeutung hat diese Einschränkung insbesondere für Partikularverfahren in Form von Sekundärinsolvenzverfahren. Sind über das Vermögen des Schuldners mehrere **parallele Insolvenzverfahren** in Form eines Haupt- und eines oder mehrerer Sekundärinsolvenzverfahren eröffnet, so kann ein in einem Verfahren vorgelegter Insolvenzplan aufgrund der eingeschränkten Wirkung dieses Verfahrens die Rechte der Gläubiger nur insofern beschränken, als diese sich auf das Vermögen des Schuldners in den Staaten beziehen, die von dem Insolvenzbeschlag erfasst werden. Soweit ein Insolvenzplan etwa einen Eingriff in eine Forderung eines Gläubigers vorsieht, wirkt sich dieser Eingriff auf die Befriedigung des Gläubigers aus, soweit diese Befriedigung aus Gegenständen erfolgt, die in Staaten belegen sind, die von diesem Verfahren erfasst sind. Die Durchsetzung der Rechte des Gläubigers in Bezug auf eine Befriedigung aus Gegenständen, die in anderen Staaten außerhalb des Insolvenzbeschlags belegen sind, bleibt vom Insolvenzplan unbeschränkt.[1] Der Insolvenzverwalter des Hauptinsolvenzverfahrens wird daher bei mehreren Insolvenzverfahren über das Vermögen des Schuldners neben einer Planvorlage im Hauptinsolvenzverfahren selbst, regelmäßig auch in allen Sekundärinsolvenzverfahren einen Insolvenzplan vorlegen, wobei die

[1] Ebenso *Eidenmüller,* IPRax 2001, 2, 9 f.

Pläne inhaltlich aufeinander abgestimmt sind und die gleichen Einschränkungen in die Rechte der Gläubiger vorsehen. Auf diese Weise kann eine Sanierung des Rechtsträgers durch Insolvenzplanverfahren unter Einbeziehung des gesamten Vermögens des Schuldners ermöglicht werden, auch wenn dieses auf verschiedene Insolvenzverfahren verteilt ist.

Vor diesem Hintergrund ist die abweichende Bestimmung des Abs. 2 zu lesen. 9
Diese Norm greift ein, wenn die im Folgenden aufgeführten Voraussetzungen vorliegen.

b) Voraussetzungen

aa) Partikularverfahren. Im Inland muss ein Partikularverfahren eröffnet 10
sein. Darunter fallen gleichermaßen isolierte Partikularverfahren wie auch Sekundärinsolvenzverfahren.

bb) Insolvenzplan. In diesem Partikularverfahren muss ein Insolvenzplan 11
vorgelegt werden. Vorlageberechtigt sind gem. § 218 der Insolvenzverwalter des Partikularverfahrens sowie der Schuldner. Ferner ist in einem Sekundärinsolvenzverfahren gem. § 357 Abs. 3 S. 2 der ausländische Verwalter des Hauptinsolvenzverfahrens vorlagebefugt. Die Gliederung des Plans und die Verfahrensvoraussetzungen richten sich nach deutschem Recht. Die §§ 217 ff. gelten unmittelbar. Auf deren Kommentierung kann hier verwiesen werden.

cc) Stundung, Erlass oder sonstige Einschränkungen. In diesem Insol- 12
venzplan müsste eine Stundung, ein Erlass oder eine sonstige Einschränkung der Rechte der Gläubiger vorgesehen sein. Es ist gerade die Wesensart eines Insolvenzplans, dass im gestaltenden Teil des Plans unmittelbar eine Änderung der Rechtsstellung der Gläubiger sowie anderer Beteiligter vorgenommen wird. Ein Insolvenzplan ohne jegliche Einschränkungen der Rechte von Gläubigern ist kaum denkbar und in jedem Fall wenig sachgerecht, sodass diese Voraussetzung, die § 355 Abs. 2 normiert, in jedem Insolvenzplanverfahren erfüllt sein dürfte.

c) Rechtsfolge

aa) Wortlaut der Norm. Nach dem Wortlaut soll für eine Bestätigung des 13
Plans eine Zustimmung aller betroffenen Gläubiger erforderlich sein. Würde man es bei dieser Auslegung am Wortlaut belassen, würde dies bedeuten, dass das Rechtsinstitut des Insolvenzplans in Partikularverfahren seinen Sinn verlieren würde, da eine außergerichtliche vergleichsweise Regelung, der alle Gläubiger zustimmen, die gleiche Wirkung hätte. Ein Insolvenzplan, dem alle Gläubiger uneingeschränkt ihre Zustimmung geben, ist in der Praxis zudem überaus selten. Es würde nicht ausreichen, dass gem. § 344 in jeder Gruppe die Mehrheit der abstimmenden Gläubiger zustimmt. Ferner wäre das Obstruktionsverbot des § 245 nicht anwendbar und keine Zustimmungsersetzung möglich. Dies ist weder sachgerecht, noch entspricht dies der Absicht des Gesetzgebers.

bb) Entstehungsgeschichte. § 355 Abs. 2 steht in seiner Entwicklung in 14
engem Bezug zu Art. 34 Abs. 2 EuInsVO, der bereits seit dem 31. 5. 2002 gültig ist und daher vor dem Gesetzentwurf der Bundesregierung zu § 355 Abs. 2 vom 6. 9. 2002 existierte. In Art. 34 Abs. 2 EuInsVO ist eine von § 355 Abs. 2 abweichende Bestimmung getroffen worden, die vorsieht, dass Einschränkungen der Rechte von Gläubigern durch einen Plan, der in einem Sekundärverfahren bestätigt wurde, nur dann Auswirkungen auf das nicht von diesem Sekundärin-

solvenzverfahren betroffene Vermögen des Schuldners hat, wenn alle betroffenen Gläubiger dieser Einschränkung zustimmen. Hier wird also nicht die Bestätigung des Plans im Sekundärverfahren von der Zustimmung aller Gläubiger abhängig gemacht, sondern nur die Auswirkung dieses Plans auf Vermögen außerhalb des Insolvenzbeschlags des Sekundärverfahrens. Diese Rechtsfolge wurde bereits eingangs dargelegt. Die Lösung besteht darin, mehrere abgestimmte Insolvenzpläne in den Verfahren vorzulegen.

15 Der deutsche Gesetzgeber hielt diese Regelung für das deutsche Recht für nicht sachgerecht.[1] Er hat daher in Art. 102 § 9 EGInsO nF. eine abweichende Normierung in den Durchführungsbestimmungen zur EuInsVO vorgesehen. Diese Norm entspricht § 355 Abs. 2. Inwiefern diese abweichende Regelung mit der unmittelbar geltenden Verordnung in Einklang steht, soll an dieser Stelle zunächst außen vor bleiben, interessant ist jedoch die Begründung des Regierungsentwurfes zu Art. 102 § 9 EGInsO nF.[2] Der Gesetzgeber stellt zunächst die Rechtsfolge des Art. 34 Abs. 2 EuInsVO richtig dar und folgert, dass „zumindest die Gläubiger, die einem [...] Insolvenzplan [im Partikularverfahren] nicht zugestimmt haben, [...] sich dann gleichwohl an dem Hauptinsolvenzverfahren beteiligen und dort ihre Forderungen anmelden [könnten]". Der Gesetzgeber stellt ferner fest, dass „ein solches Verständnis [...] im deutschen Recht [...] zu einigen Friktionen führen [würde]".

16 Dem ist zu entnehmen, dass es dem Gesetzgeber allein darum ging, einen isolierten Insolvenzplan im Sekundärinsolvenzverfahren zu verhindern, ohne dass entsprechende Wirkungen im Hauptinsolvenzverfahren erfolgen. Dieses Anliegen ist nachvollziehbar. Hierzu bedarf es jedoch nicht der Rechtsfolge, die der Wortlaut des § 355 Abs. 2 suggeriert.

17 **cc) Lösungsansatz.** Unter „Zustimmung aller betroffenen Gläubiger" i. S. d. § 355 Abs. 2 ist auch die Bestätigung von abgestimmten Insolvenzplänen in allen anderen über das Vermögen des Schuldners parallel eröffneten Insolvenzverfahren zu verstehen, wobei eins dieser Verfahren ein universales Hauptinsolvenzverfahren sein muss. In dem inländischen Sekundärinsolvenzverfahren müssen lediglich die allgemeinen Voraussetzungen für eine Bestätigung des Plans i. S. d. § 248 vorliegen.[3]

18 Hierdurch wird gewährleistet, dass nach Bestätigung des Plans im deutschen Sekundärinsolvenzverfahren kein Gläubiger außerhalb dieses Verfahrens weitergehende Rechte geltend machen kann, als dies im Insolvenzplan vorgesehen ist.

4. Besonderheiten im europäischen Recht

a) Restschuldbefreiung

19 Art. 17 Abs. 2 EuInsVO lässt eine Restschuldbefreiung im Sekundärverfahren grundsätzlich zu, ordnet jedoch an, dass diese Schuldbefreiung hinsichtlich des im Gebiet eines anderen Mitgliedstaates belegenen Vermögens nur gegenüber den Gläubigern, die ihre Zustimmung hierzu erteilt haben, wirkt.

---

[1] Ebenfalls abl. zu Art. 34 Abs. 2 EuInsVO *Wimmer,* ZIP 1998, 982, 988.

[2] Begr. RegE, BR-Drucks. 715/02, S. 19 f.

[3] Ebenso FK-*Wenner/Schuster,* InsO, § 355 Rn. 8; aA: *Andres/Leithaus/Dahl,* InsO, § 355 Rn. 18.

b) Insolvenzplan

Wie bereits ausgeführt, weicht Art. 34 Abs. 2 EuInsVO von § 355 Abs. 2 ab. 20
Im europäischen Recht bedarf es keiner weitergehenden Zustimmung von Gläubigern zur Bestätigung eines Plans im Sekundärinsolvenzverfahren.[1] Art. 102 § 9 EGInsO nF weicht von der Verordnung ab und verlangt im Rahmen der Durchführung der EuInsVO die Zustimmung aller betroffenen Gläubiger, wobei die Auslegung dieser Norm entsprechend § 355 Abs. 2 vorzunehmen wäre. Da Art. 102 § 9 EGInsO nF nationales Recht ist, wird diese Norm jedoch von der unmittelbar wirkenden EG-Verordnung verdrängt, sodass Art. 102 § 9 EGInsO nF ohne Wirkung bleibt.[2]

Art. 34 Abs. 1 Unterabs. 2 EuInsVO schreibt als weitere Voraussetzung zur 21
Bestätigung eines Plans im Sekundärinsolvenzverfahren die **Zustimmung des Hauptinsolvenzverwalters** vor. Seine Zustimmung ist nur dann entbehrlich, wenn die finanziellen Interessen der Gläubiger des Hauptinsolvenzverfahrens durch den Plan nicht beeinträchtigt werden[3], was nur selten der Fall sein wird.

5. Praxishinweis

Der Internationale Insolvenzplan stellt ein neues Instrument zur Sanierung von 22
grenzüberschreitend agierenden Unternehmen dar. Die relativ engen Grenzen, die der Gesetzgeber zieht, wenn parallel eröffnete Insolvenzverfahren vorliegen, zeugen von einer Skepsis vor unbekannten Neuerungen. Im Ergebnis lässt das nun geschaffene Gerüst an Normen dem Praktiker jedoch **ausreichend Spielraum in der Ausgestaltung des Planverfahrens,** auch in grenzüberschreitenden Sachverhalten. Die Praxis wird, ebenso wie nach Einfügung des Insolvenzplans in die InsO 1999, zeigen, dass nach einer Anlaufzeit auch der **Internationale Insolvenzplan** durch Kreativität der Planersteller neue Optionen im Interesse der Maximierung der Gläubigerbefriedigung schafft.

§ 356 Sekundärinsolvenzverfahren

(1) **Die Anerkennung eines ausländischen Hauptinsolvenzverfahrens schließt ein Sekundärinsolvenzverfahren über das inländische Vermögen nicht aus. Für das Sekundärinsolvenzverfahren gelten ergänzend die §§ 357 und 358.**

(2) **Zum Antrag auf Eröffnung des Sekundärinsolvenzverfahrens ist auch der ausländische Insolvenzverwalter berechtigt.**

(3) **Das Verfahren wird eröffnet, ohne dass ein Eröffnungsgrund festgestellt werden muss.**

---

[1] Krit. zur Formulierung des Art. 34 Abs. 2 EuInsVO *Eidenmüller,* IPRax 2001, 2, 9 f. Dieser schlägt eine teleologische Reduktion der Vorschrift i. S. d. Art. 17 Abs. 2 S. 2 EuInsVO vor.

[2] Ebenfalls krit. zu dieser Art von Durchführungsregelung *Deipenbrock,* EWS 2001, 113, 114.

[3] AA: *Paulus,* EWS 2002, 497, 506, der trotz entgegenstehenden Wortlauts eine Zustimmung des Hauptinsolvenzverwalters als zwingend erachtet; wie *Paulus* wohl *Vallender,* KTS 2005, 283, 305.

Übersicht

1. Normzweck

1 Die §§ 356–358 stellen ergänzende Regelungen für Sekundärinsolvenzverfahren auf. Dabei handelt es sich um ein zweites oder weiteres Verfahren über das Vermögen eines Schuldners, nachdem bereits im Ausland ein Hauptinsolvenzverfahren eröffnet worden ist. Auch ein Sekundärinsolvenzverfahren ist ein Partikularinsolvenzverfahren, da nur der im Staat der Eröffnung des Sekundärinsolvenzverfahrens belegene Teil des Vermögens des Schuldners von diesem Verfahren erfasst wird. Die §§ 354 f. gelten daher auch für Sekundärinsolvenzverfahren. Dort sind die Regeln zusammengefasst, die gleichermaßen für isolierte Partikularverfahren wie auch für Sekundärinsolvenzverfahren Anwendung finden. Die Geltung der §§ 354 f. im Sekundärinsolvenzverfahren ergibt sich auch aus der Begründung des Regierungsentwurfes, wonach für Sekundärinsolvenzverfahren über die §§ 354 ff. hinaus „weitere" Regelungen in den §§ 356 ff. bestehen.[1]

2. Zulässigkeit des Sekundärinsolvenzverfahrens

2 Abs. 1 S. 1 stellt klar, dass neben einem ausländischen Hauptinsolvenzverfahren, das nach § 343 anzuerkennen ist, im Inland auch ein Sekundärinsolvenzverfahren eröffnet werden kann. Die Voraussetzungen der Eröffnung eines Sekundärinsolvenzverfahrens sowie seine Wirkungen bestimmen sich nach § 354, soweit durch die §§ 355–358 keine abweichenden Regelungen getroffen werden.

3 War im Inland zunächst ein isoliertes Partikularinsolvenzverfahren anhängig und wurde später im Ausland ein Hauptinsolvenzverfahren eröffnet, so wird das isoliertes Partikularinsolvenzverfahren zu einem Sekundärinsolvenzverfahren mit der Folge der Anwendbarkeit der §§ 356–358.

4 Zur Wirkung der Eröffnung eines ausländischen Hauptinsolvenzverfahrens auf ein inländisches vorläufiges isoliertes Partikularinsolvenzverfahren vergleiche die Kommentierung zu § 354.

5 Nach Eröffnung eines ausländischen Hauptinsolvenzverfahrens kann im Inland kein vorläufiger Sekundärinsolvenzverwalter mehr bestellt werden, wenn der ausländische Verwalter nach seiner lex fori concursus verwaltungs- und verfügungsbefugt ist. Eine Erforderlichkeit nach § 21 ist dann nicht ersichtlich. Jedoch können nach einem Antrag auf Eröffnung eines Sekundärinsolvenzverfahrens gem. § 21 Abs. 2 Nr. 3 Maßnahmen der Zwangsvollstreckung gegen den Schuldner untersagt oder einstweilen eingestellt werden, soweit nicht unbewegliche Gegenstände betroffen sind. Eine Erforderlichkeit ergibt sich aus § 351

[1] Begr. RegE zu § 354 aE, BR-Drucks. 715/02.

Abs. 1, da Rechte von dinglich gesicherten Gläubigern durch die Eröffnung des ausländischen Verfahrens nicht berührt werden und daher ansonsten bis zur Eröffnung eines Sekundärinsolvenzverfahrens im Inland Maßnahmen der Einzelzwangsvollstreckung zulässig blieben.

Mit Eröffnung des Sekundärinsolvenzverfahrens stellt sich die Frage, ob und und inwieweit die Massen der parallelen Insolvenzverfahren für die jeweils im anderen Verfahren begündeten Masseverbindlichkeiten haften. In der Literatur werden unterschiedliche Lösungsansätze vertreten. Einigkeit besteht insoweit, als für im Sekundärinsolvenzverfahren begründete Masseverbindlichkeiten nur die Masse dieses Verfahrens haftet und für nach Eröffnung des Sekundärinsolvenzverfahrens im Hauptverfahren begründete Masseverbindlichkeiten nur die nicht dem Vermögensbeschlag des Sekundärinsolvenzverfahrens unterliegende Masse haftet. Umstritten ist jedoch die Behandlung von Masseverbindlichkeiten, die vor Eröffnung des Sekundärinsolvenzverfahrens begründet wurden. Nach einer Auffassung haften die Massen des Haupt- und des Sekundärinsolvenzverfahrens uneingeschränkt nebeneinander.[1] Von anderen wird diskutiert, die beiden Massen im Außenverhältnis anteilig in die Haftung zu nehmen, wobei als Anknüpfungskriterium die anteilige Haftung nach Wert der Massen oder nach dem Nutzwert der vom Massegläubiger erbrachten Leistung vorgeschlagen wird.[2] Als weiterer Lösungsansatz wird eine Solidarhaftung im Außenverhältnis mit einer Ausgleichspflicht im Innenverhältnis favorisiert.[3] 6

Rechtsprechung zu dieser Problemematik ist noch nicht bekannt geworden.

3. Antragsrecht des ausländischen Verwalters

Gem. Abs. 2 besteht ein Recht des ausländischen Insolvenzverwalters, der in einem universal wirkenden Verfahren bestellt ist, einen **Antrag auf Eröffnung eines Sekundärinsolvenzverfahrens** zu stellen. Für das deutsche Recht ergibt sich daraus eine Erweiterung der Antragsbefugnis i. S. d. § 13. 7

Der Antrag des ausländischen Verwalters auf Eröffnung eines Sekundärinsolvenzverfahrens ist jedoch nur dann zulässig, wenn die Voraussetzungen des § 354 erfüllt sind. Die Voraussetzung einer Niederlassung oder einer Belegenheit von Vermögen im Inland gem. § 354 Abs. 1 dürfte i. d. R. bei einem Antrag des Hauptinsolvenzverwalters vorliegen, da nur bei der Belegenheit von Vermögen im Inland ein Interesse an diesem Verfahren gegeben sein dürfte. 8

Der Verwalter muss jedoch, soweit keine Niederlassung im Inland vorliegt, darüber hinaus gem. § 354 Abs. 2 auch ein **besonderes Interesse** an der Eröffnung des Sekundärinsolvenzverfahren glaubhaft machen. Ein besonderes Interesse liegt insbesondere dann i. d. R. vor, wenn durch die Eröffnung eines Sekundärinsolvenzverfahrens die Wahrscheinlichkeit besteht, dass die **Gläubigergesamtheit** dadurch insgesamt besser befriedigt wird. Dies kann dann der Fall sein, wenn erst durch die Eröffnung eines Sekundärinsolvenzverfahrens **Sanierungsmöglichkeiten** gewahrt bleiben, was ggf. ansonsten durch die Wirkung des § 351 Abs. 1 verhindert werden könnte. 9

---

[1] *Ringstmeier/Homann,* NZI 2004, 354 ff.; *Lüke,* ZZP 111, 1998, 275, 306.

[2] Im Ergebnis ablehnend *Duursma-Kepplinger/Duursma/Chalupsky,* Art. 27 Rn. 58; *Duursma-Kepplinger,* ZIP 2007, 752, 754.

[3] *Beck,* NZI 2007, 1, 4; abl. *Grönda/Bünning/Liersch,* FS Braun, S. 403, 416 ff.

4. Keine Prüfung von Eröffnungsgründen

10 Ist bereits im Ausland ein Hauptinsolvenzverfahren über das Vermögen des Schuldners eröffnet, das nach § 343 im Inland anerkannt wird, so sind nach einem Antrag auf Eröffnung eines Sekundärinsolvenzverfahrens in diesem Verfahren keine Eröffnungsgründe mehr zu prüfen. Dies gilt auch dann, wenn die Eröffnung des ausländischen Hauptinsolvenzverfahrens auf einem Insolvenzgrund beruht, den das deutsche Recht nicht kennt bzw. der nach deutschem Recht nicht erfüllt wäre.[1] Die Vorschrift soll verhindern, dass trotz Anerkennung eines ausländischen Hauptinsolvenzverfahrens im In- und Ausland unterschiedliche Annahmen darüber bestehen, ob der Schuldner insolvent ist oder nicht.

11 Davon unberührt ist vor Eröffnung des Sekundärinsolvenzverfahrens jedoch immer zu prüfen, ob eine die **Kosten des Sekundärinsolvenzverfahrens deckende Masse** i. S. d. § 54 vorliegt. Der Massebegriff i. S. d. § 35 beschränkt sich auf im Inland belegene Gegenstände. Ist keine ausreichende Masse vorhanden, ist das Sekundärinsolvenzverfahren gem. § 26 mangels Masse abzuweisen, soweit nicht der antragstellende ausländische Verwalter die Kosten dieses Verfahrens trägt. In diesem Fall wären die dort entstehenden Kosten als Kosten des Verfahrens im Hauptinsolvenzverfahren zu qualifizieren.

5. Besonderheiten im europäischen Recht

12 Das europäische Recht lässt ebenfalls Sekundärinsolvenzverfahren zu[2] und ist auch darüber hinaus im Aufbau mit dem autonomen deutschen Recht vergleichbar. Regelungen finden sich in den Art. 3 Abs. 3, 27, 28, 29, 30, 36, 37 EuInsVO. Ergänzend gelten die Voraussetzungen zur Eröffnung von Partikularverfahren. Diesbezüglich wird auf die Kommentierung zu § 354 verwiesen.

13 Eine Besonderheit des europäischen Rechts ist die Differenzierung zwischen Insolvenzverfahren, die – ggf. neben einer Liquidation – auch eine Sanierung ermöglichen, und Liquidationsverfahren, in denen zumindest eine Liquidation möglich ist. Anhang A der EuInsVO zählt sämtliche erfassten Insolvenzverfahren auf, während in Anhang B die Liquidationsverfahren genannt sind. Das Insolvenzverfahren ist in beiden Anhängen genannt. Gem. Art. 3 Abs. 3 S. 2 EuInsVO muss ein Sekundärinsolvenzverfahren ein Liquidationsverfahren i. S. d. Anhang B sein. Der Zweck dieser Regelung ist darin zu sehen, dass nicht gewährleistet werden kann, dass in einem Verfahren, das nur einen Teil des Vermögens erfasst, eine Sanierung möglich ist. Um jedoch auch dieses Verfahren zu einem Abschluss bringen zu können, muss ein Sekundärinsolvenzverfahren immer die

[1] *Uhlenbruck/Lüer,* InsO, Art. 102 EGInsO Rn. 202.

[2] So wurden von österreichischen Gerichten Sekundärinsolvenzverfahren über österreichische Tochtergesellschaften deutscher Mütter eröffnet, nachdem jeweils in Deutschland am Sitz der Mutter ein Hauptinsolvenzverfahren über die österreichische Tochtergesellschaft eröffnet wurde; Fall Hettlage, Landgericht Innsbruck ZIP 2004, 1721; Fall Zenith, Landgericht Klagenfurt NZI 2004, 677; s. zu diesen Fällen Anm. *Mankowski,* EWiR 2005, 175; zu deutschen Sekundärinsolvenzverfahren über deutsche Tochtergesellschaften englischer Mütter: Fall Daisytek/Supplies Team, AG Düsseldorf NZI 2004, 269 m. Anm. *Liersch;* Fall Automold, AG Köln NZI 2004, 152; Fall Rover, AG Düsseldorf, Beschluss vom 14. 7. 2005, 502 IN 110/05.

Möglichkeit einer Liquidation eröffnen. Entsprechende Regelungen finden sich in den Art. 27 S. 2, Art. 37 EuInsVO.

Aus der Anordnung, dass ein Sekundärinsolvenzverfahren ein Liquidationsverfahren i. S. d. Anhang B sein muss, darf jedoch nicht geschlossen werden, dass das Sekundärinsolvenzverfahren nicht durch eine Sanierung des Rechtsträgers beendet werden kann.[1] Dies zeigt Art. 34 EuInsVO, in dem ein Insolvenzplanverfahren als verfahrensbeendende Maßnahme im Sekundärinsolvenzverfahren ausdrücklich zugelassen wird.[2] 14

6. Praxishinweis

Die Möglichkeit der Eröffnung von Sekundärinsolvenzverfahren gewährt dem Insolvenzverwalter und auch den Gläubigern **Gestaltungsrechte.** Während das ausländische Hauptinsolvenzverfahren der dortigen lex fori concursus unterliegt und dessen Wirkungen auch das inländische Vermögen treffen, soweit keine Sonderregelungen vorliegen, kommt es durch die Eröffnung eines Sekundärinsolvenzverfahrens im Inland zu einem Statutenwechsel. Das inländische Sekundärinsolvenzverfahren unterliegt in Anwendung von § 335 deutschem Recht. Insolvenzverwalter und Gläubiger können daher durch die Eröffnung eines Sekundärinsolvenzverfahrens das für ihre Interessen ggf. geeignetere Insolvenzrecht zur Anwendung bringen.[3] Dies setzt jedoch voraus, dass Insolvenzverwalter und Gläubiger vor einem Antrag auf Eröffnung eines Sekundärinsolvenzverfahrens prüfen, wie sich das dann jeweils anwendbare Recht auf die Vermögenswerte im Inland auswirkt. 15

§ 357 Zusammenarbeit der Insolvenzverwalter

(1) **Der Insolvenzverwalter hat dem ausländischen Verwalter unverzüglich alle Umstände mitzuteilen, die für die Durchführung des ausländischen Verfahrens Bedeutung haben können. Er hat dem ausländischen Verwalter Gelegenheit zu geben, Vorschläge für die Verwertung oder sonstige Verwendung des inländischen Vermögens zu unterbreiten.**

(2) **Der ausländische Verwalter ist berechtigt, an den Gläubigerversammlungen teilzunehmen.**

(3) **Ein Insolvenzplan ist dem ausländischen Verwalter zur Stellungnahme zuzuleiten. Der ausländische Verwalter ist berechtigt, selbst einen Plan vorzulegen. § 218 Abs. 1 Satz 2 und 3 gilt entsprechend.**

---

[1] So jedoch fälschlicherweise *Wimmer,* ZInsO 2002, 897 Fn. 61.

[2] Im Ergebnis ebenso *Paulus,* NZI 2001, 505, 514 f.; *ders.,* EuInsVO, Art. 3 Rn. 50 ff.; *Pannen/Kühnle/Riedemann,* NZI 2003, 72, 76.

[3] *Liersch/Grönda,* International law of insolvency procedures – German Experience, in Texte zum 47. Kongress der UIA, Lisboa 2003, S. 1824–1836, S. 1834; die Vorteile eines Sekundärinsolvenzverfahrens hervorhebend im Fall EMTEC Tribunal de Commerce de Nanterre, EWiR 2006, 207 m. Anm. *Penzlin;* die Eröffnung eines Sekundärinsolvenzverfahrens vermeidend dagegen High Court of Justice London im Fall Collins Aikman, EWiR 2006, 623 m. Anm. *Mankowski;* High Court of Justice Birmingham im Fall MC Rover Belux, NZI 2006, 416 m. Anm. *Mankowski.*

Übersicht

1. Normzweck

1 Die Parallelität zweier oder mehrerer Insolvenzverfahren ist nicht ohne Nachteile für eine Insolvenzverwaltung, die auf eine Maximierung der Gläubigerbefriedigung ausgerichtet ist und auch die Option der Sanierung des schuldnerischen Unternehmens enthält. So kann etwa für eine Fortführung in dem einen Verfahren ein Vermögensgegenstand, der dem Insolvenzbeschlag des anderen Verfahrens unterliegt, benötigt werden. Durch § 357 werden daher **Mindestanforderungen an eine Zusammenarbeit zwischen den Insolvenzverwaltern** der verschiedenen Verfahren über das Vermögen des Schuldners normiert. Die Norm enthält naturgemäß lediglich Pflichten des inländischen Verwalters bzw. Rechte des ausländischen Verwalters im Inland, da § 357 den ausländischen Insolvenzverwalter nicht binden könnte.[1] Wünschenswert ist jedoch eine **gegenseitige Zusammenarbeit,** wie sie etwa auch das europäische Recht kennt. Gleichzeitig entspricht § 357 der Vorstellung, dass der Sekundärinsolvenzverwalter den Hauptinsolvenzverwalter unterstützen soll und der Hauptinsolvenzverwalter bestimmte Möglichkeiten der Einflussnahme auf das Sekundärinsolvenzverfahren erhält.

2 Der Abschluss von **Insolvenzverwaltungsverträgen** zwischen den Insolvenzverwaltern des Haupt- und des Sekundärinsolvenzverfahrens wird von § 357 nicht ausgeschlossen. Auch dies kann eine geeignete Form der Zusammenarbeit sein.[2]

2. Unterrichtung

3 Der inländische Insolvenzverwalter hat dem ausländischen Verwalter gem. Abs. 1 S. 1 unverzüglich alle Umstände mitzuteilen, die für die Durchführung des ausländischen Verfahrens Bedeutung haben können. Hierzu gehören insbesondere Planungen über eine Fortführung des Unternehmens, Möglichkeiten zur Verwertung der Masse, wesentliche Anfechtungsprozesse oder andere Rechtsstreitigkeiten, der Stand der Forderungsanmeldung und der Forderungsprüfung, Maßnahmen zur Beendigung des Insolvenzverfahrens oder eine bevorstehende Ausschüttung und auch die Anzeige der Masseunzulänglichkeit im Sekundärin-

[1] So auch *Andres/Leithaus/Dahl,* InsO, § 357 Rn. 2; aA: FK-*Wenner/Schuster,* InsO, § 357 Rn. 4.

[2] Einzelheiten hierzu bei *Eidenmüller,* ZZP 2001, 3; *Ehricke,* ZIP 2005, 1104, 1111; *Vallender,* KTS 2008, 59, 64 mwN.

solvenzverfahren. Nicht betroffen sind geringfügige Verwertungshandlungen, die keinen Einfluss auf eine mögliche Sanierung im Hauptverfahren haben können.[1]

Der inländische Insolvenzverwalter sollte ferner alle Berichte und Verzeich- 4
nisse, die er dem Insolvenzgericht zuleitet, ebenfalls dem Hauptinsolvenzverwalter zukommen lassen. Die Informationen sollten i. d. R. so zeitgerecht erfolgen, dass der ausländische Verwalter aufgrund dieser Informationen noch Einfluss auf die jeweils beabsichtigte Maßnahme nehmen kann. Weder § 357 noch das europäische Recht regeln die Konsequenzen einer Nichtbeachtung bzw. einer verspäteten Erfüllung der Unterrichtungspflicht. Ein Pflichtverstoß des inländischen Insolvenzverwalters kann jedoch zu einer Schadensersatzhaftung nach § 60 oder zu aufsichtsrechtlichen Maßnahmen nach § 58 führen.[2]

3. Vorschlagsrecht für Verwertung und Verwaltung

Als eine Kooperationspflicht ist das Recht des Hauptinsolvenzverwalters, **Vor-** 5
schläge für eine Verwertung oder andere Verwendung des inländischen Vermögens unterbreiten zu können, ausdrücklich in Abs. 1 S. 2 normiert. Diese Betonung ist darin begründet, dass eine Fortführung im Hauptinsolvenzverfahren nicht durch eine Zerschlagung im Sekundärverfahren gefährdet sein soll. Ein Erwerb von Gegenständen, die dem Beschlag des Sekundärverfahrens unterliegen, durch den Hauptinsolvenzverwalter ist ebenfalls nicht ausgeschlossen.[3]

Die Norm gibt dem Verwalter des Hauptverfahrens jedoch lediglich das Recht, 6
Vorschläge zu unterbreiten, ein Weisungsrecht des ausländischen Verwalters wird nicht vorgesehen. Andererseits kann der inländische Verwalter, der den ausländischen Hauptinsolvenzverwalter unterstützen soll, dessen Verwertungsvorschläge nicht als gänzlich unverbindlich ansehen. Er hat die Vorschläge des ausländischen Verwalters zur Kenntnis zu nehmen und in seine Überlegungen einzubeziehen. Ein faktisches Weisungsrecht des Hauptinsolvenzverwalters besteht jedoch nicht.[4]

4. Teilnahmerecht an Gläubigerversammlungen

Der ausländische Verwalter ist gem. Abs. 2 berechtigt, an Gläubigerversamm- 7
lungen im Sekundärinsolvenzverfahren teilzunehmen. Dies bedeutet, dass er entsprechend der Bekanntmachung gegenüber den Gläubigern ebenfalls zu laden ist. Der ausländische Insolvenzverwalter hat das Recht, anwesend zu sein, und auch Rederecht. Letzteres ergibt sich daraus, dass der ausländische Verwalter Vorschläge für eine Verwertung und Verwaltung machen darf. Der ausländische Verwalter kann seine Vorschläge zur Abstimmung stellen. Ein **Stimmrecht** steht dem ausländischen Insolvenzverwalter grundsätzlich nicht zu, soweit nicht eine Bevollmächtigung i. S. d. § 341 Abs. 3 anzunehmen ist oder eine rechtsgeschäftliche Bevollmächtigung vorliegt.

---

[1] *Pannen/Kühnle/Riedemann,* NZI 2003, 72, 77.

[2] Ebenso FK-*Wenner/Schuster,* InsO, § 357 Rn. 11; vgl. auch *Staak,* NZI 2004, 480, 482, und *Vallender,* KTS 2008, 59, 63.

[3] *Balz,* ZIP 1996, 954.

[4] So jedoch zum europäischen Insolvenzrecht *Ehricke,* ZIP 2005, 1104, 1107, 1110; vermittelnd *Staak,* NZI 2004, 480, 484; eine Übersicht zum Meinungsstand gibt *Beck,* NZI 2006, 609, 611.

5. Planinitiativrecht

8 Abs. 3 erlaubt dem ausländischen Verwalter, einen eigenen Insolvenzplan im Sekundärinsolvenzverfahren vorzulegen. Das **Initiativrecht** des § 218 Abs. 1 S. 1 wird insofern erweitert. § 218 Abs. 1 S. 2 und 3 gelten entsprechend. Ein **„prepackaged plan"** ist daher zulässig. Darüber hinaus ist entsprechend § 357 Abs. 1 der ausländische Insolvenzverwalter auch über einen Plan, der von dritter Seite vorgelegt wird, zu unterrichten. Er hat **Gelegenheit zur Stellungnahme.**

6. Besonderheiten im europäischen Recht

9 Die Zusammenarbeit der Insolvenzverwalter[1] in parallelen Verfahren über das Vermögen eines Schuldners wird im europäischen Recht in den Art. 31, 32 Abs. 3 und 34 Abs. 1 EuInsVO dem autonomen deutschen Recht sehr ähnlich geregelt. Dabei werden die Unterrichtungs- und Kooperationspflicht sowie das Recht zur Teilnahme an Gläubigerversammlungen im Gegenseitigkeitsverhältnis, also auch zugunsten des Sekundärinsolvenzverwalters, ausgestaltet. Die EuInsVO betont in Erwägungsgrund 20 die dominierende Rolle des Hauptinsolvenzverfahrens. Soweit dies mit den Zielen des Sekundärinsolvenzverfahrens vereinbar ist, soll die Abwicklung des Sekundärinsolvenzverfahrens den Bedürfnissen des Hauptinsolvenzverfahrens untergeordnet werden.[2]

Eine über § 357 hinausgehende Form der Koordinierung von Haupt- und Sekundärinsolvenzverfahren kennt jedoch Art. 33 EuInsVO. Danach kann der Verwalter des Hauptinsolvenzverfahrens beim Insolvenzgericht des Sekundärverfahrens beantragen, dass die **Verwertung im Sekundärinsolvenzverfahren ganz oder teilweise ausgesetzt** wird. Die Aussetzung des Sekundärinsolvenzverfahrens an sich kann nicht nach Art. 33 EuInsVO verlangt werden. Die Eröffnung eines Sekundärinsolvenzverfahrens kann nur im Wege des jeweiligen nationalen Rechtswegs bekämpft werden.[3] Auch ein Antrag auf „Verwertung in anderer Weise" wird von Art. 33 EuInsVO nicht abgedeckt.[4] Der Antrag auf Aussetzung der Verwertung kann nur abgelehnt werden, wenn die Aussetzung offensichtlich für die Gläubiger des Hauptinsolvenzverfahrens nicht von Interesse ist.[5] Die Aussetzung kann für maximal drei Monate angeordnet werden. Sie kann jedoch für jeweils denselben Zeitraum wiederholt verlängert oder erneuert werden. Die Aussetzung dient dazu, die Vermögensgegenstände des Schuldners unabhängig vom Ort ihrer Belegenheit zunächst zusammenzuhalten, um Sanie-

---

[1] Eine Kooperation der Insolvenzgerichte wird leider in der EuInsVO nicht geregelt, s. hierzu *Vallender* KTS 2008, 59, 66 ff.; *Paulus,* EuInsVO, Art. 31 Rn. 5 ff.; *Staak,* NZI 2004, 480, 482; OLG Wien NZI 2005, 56, 61, weitet die Kooperationsverpflichtungen über den Wortlaut hinaus auch auf die Insolvenzgerichte aus; ebenso High Court of Justice London ZIP 2009, 578; m. Anm. *Paulus,* EWiR 2009, 177; vgl. hierzu auch die vom International Insolvency Institute herausgegebene Court-to-Court Communication Guidelines – auch auf Deutsch – *www.iiiglobal.org* unter „International Insolvency Resources".

[2] *Balz,* ZIP 1996, 948, 954; *Staak,* NZI 2004, 480, 481; *Ehricke,* ZIP 2005, 1104, 1106; *ders.,* ZInsO 2004, 633.

[3] Landesgericht Leoben NZI 2005, 646 m. Anm. *Paulus;* insoweit zustimmend *Sommer,* ZInsO 2005, 1137.

[4] *Ehricke,* ZInsO 2004, 633; *Vallender,* KTS 2005, 283, 304.

[5] *Vallender,* KTS 2005, 283, 304.

rungsmaßnahmen im Hauptinsolvenzverfahren nicht per se unmöglich zu machen. Die Aussetzung nach Art. 33 EuInsVO setzt nicht voraus, dass eine konkrete Liquidationshandlung des Sekundärinsolvenzverwalters bevorsteht oder schon eingeleitet wurde.[1]

Die Aussetzung der Verwertung ist insbesondere für absonderungsberechtigte Gläubiger im Sekundärinsolvenzverfahren von Nachteil, da diese länger auf ihre Befriedigung warten müssen. Gem. Art. 102 § 10 EGInsO nF sind daher den absonderungsberechtigten Gläubigern, die von der Aussetzung der Verwertung betroffen sind, entsprechend der Regelung des § 169 im deutschen Recht laufend die geschuldeten **Zinsen** aus der Insolvenzmasse zu zahlen. Der Gesetzeswortlaut bleibt unklar, aus welcher Insolvenzmasse diese Zinsen zu entrichten sind. Da der Antrag auf Aussetzung vom ausländischen Verwalter des Hauptverfahrens und dies ferner im Interesse der Gläubiger des Hauptverfahrens erfolgt, ist die **Zinsschuld als Masseverbindlichkeit im Hauptinsolvenzverfahren** zu qualifizieren.[2] 10

Die Aussetzung der Verwertung im Sekundärinsolvenzverfahren betrifft nur die Verwertung durch den Sekundärinsolvenzverwalter. Soweit dinglich gesicherte Gläubiger etwa bei Grundpfandrechten nach deutschem Recht gem. § 165 auch im Insolvenzverfahren weiterhin die Verwertungsbefugnis besitzen, wird dieses Verwertungsrecht auch nicht von der Aussetzung gem. Art. 33 EuInsVO beeinträchtigt. 11

Während die Verwertung ausgesetzt ist, kann gem. Art. 34 Abs. 3 EuInsVO nur der Insolvenzverwalter des Hauptverfahrens oder der Schuldner mit Zustimmung des Hauptinsolvenzverwalters einen Insolvenzplan im Sekundärverfahren vorlegen. Andere Pläne dürfen weder zur Abstimmung gestellt noch bestätigt werden. 12

Die Aussetzung der Verwertung wird gem. Art. 33 Abs. 2 EuInsVO vom Gericht des Sekundärverfahrens wieder aufgehoben, wenn der Hauptinsolvenzverwalter dies beantragt, oder von Amts wegen, auf Antrag eines Gläubigers oder auf Antrag des Verwalters im Sekundärverfahren, wenn sich herausstellt, dass die Aussetzung der Verwertung insbesondere nicht mehr mit dem Interesse der Gläubiger des Haupt- oder des Sekundärinsolvenzverfahrens zu rechtfertigen ist. Insbesondere die Aufhebung im Interesse der Gläubiger im Sekundärverfahren ist jedoch auf die Fälle zu reduzieren, in denen diesen ein erheblicher Nachteil durch die Aufrechterhaltung der Aussetzung der Verwertung droht. Ansonsten lässt sich nicht rechtfertigen, warum bei Anordnung der Aussetzung selbst allein auf die Interessen der Gläubiger im Hauptinsolvenzverfahren abzustellen ist.[3] Ist schon bei der Entscheidung über die Aussetzung offensichtlich, dass diese Verfahrenshandlung nicht mit den Interessen der Gläubiger des Sekundärinsolvenzverfahrens zu rechtfertigen ist und daher über deren Antrag sofort eine Auf- 13

---

[1] OLG Graz NZI 2006, 660 unter Abänderung des erstinstanzlichen Urteil des Landesgericht Leoben, NZI 2005, 646, das außerdem noch zu Unrecht fordert, dass der Hauptinsolvenzverwalter dem Sekundärinsolvenzverwalter zuvor eine konkrete Verwertungshandlung unterbreitet haben muss; dazu abl. Anm. *Paulus,* NZI 2005, 647; *Sommer,* ZInsO 2005, 1137.

[2] AA *Paulus,* EuInsVO, Art. 33 Rn. 16.

[3] Vgl. auch *Liersch,* Sicherungsrechte im Internationalen Insolvenzrecht, S. 56 f.; *Bogdan,* IIR 1997, S. 114, 125 f.

hebung des Verfahrensstopps verfügt werden müsste, ist das schon bei der Entscheidung über den Aussetzungsantrag zu bedenken.[1]

7. Praxishinweis

14 Insbesondere Art. 33 EuInsVO eröffnet dem Verwalter eines Hauptinsolvenzverfahrens erhebliche Gestaltungsmöglichkeiten. So kann der Hauptinsolvenzverwalter zunächst gem. Art. 29 EuInsVO in anderen Staaten Sekundärinsolvenzverfahren beantragen, umso auch Gegenstände, die in diesen Staaten belegen und mit Sicherungsrechten belastet sind, einzubeziehen. Diese Gegenstände werden dadurch dem Zugriff der gesicherten Gläubiger im Wege der Einzelzwangsvollstreckung, die nach Art. 5 EuInsVO ansonsten uneingeschränkt zulässig wäre, entzogen. Gleichzeitig kann der Hauptinsolvenzverwalter gem. Art. 34 EuInsVO einen „prepackaged plan" im Sekundärverfahren vorlegen und durch einen Antrag nach Art. 33 EuInsVO bis zu einer Entscheidung über den Plan auch die Verwertung durch den Sekundärinsolvenzverwalter unterbinden. Eine besondere Gestaltungsoption bietet für den ausländischen Hauptinsolvenzverwalter, dem nach dem Insolvenzrecht des Hauptverfahrens die Verwaltungs- und Verfügungsbefugnis über das schuldnerische Vermögen zusteht, die Möglichkeit, in Deutschland einen Antrag auf Eröffnung eines Sekundärinsolvenzverfahrens unter Anordnung der Eigenverwaltung (§§ 270 ff.) zu beantragen. Der ausländische Verwalter behält dann auch für die in Deutschland belegenen Vermögenswerte des Schuldners die Verwaltungs- und Verfügungsbefugnis. Dadurch kann ein Kompetenzkonflikt zwischen Haupt- und Sekundärinsolvenzverwalter vermieden und eine einheitliche Verwertung des gesamten Schuldnervermögens sichergestellt werden.[2] Der Hauptinsolvenzverwalter, der die Gestaltungsmöglichkeiten des Internationalen Insolvenzrechts und insbesondere die der EuInsVO geschickt nutzt, hat daher im Interesse einer Maximierung der Gläubigerbefriedigung unter Einschluss der Option der Unternehmenssanierung über Staatsgrenzen hinweg eine große Machtfülle.

§ 358 Überschuss bei der Schlussverteilung

Können bei der Schlussverteilung im Sekundärinsolvenzverfahren alle Forderungen in voller Höhe berichtigt werden, so hat der Insolvenzverwalter einen verbleibenden Überschuss dem ausländischen Verwalter des Hauptinsolvenzverfahrens herauszugeben.

Übersicht

[1] OLG Graz NZI 2006, 660, 662; *Paulus,* EuInsVO, Art. 33 Rn. 9 f.

[2] AG Köln NZI 2004, 151, zust. *Meyer-Löwy/Poertzgen,* ZInsO 2004, 195, 197 f.; FK-*Wenner/Schuster,* InsO, Anhang I nach § 358, Art. 27 EuInsVO Rn. 10; krit. *Sabel,* NZI 2004, 126, 128; abl. *Eidenmüller,* NJW 2004, 3455, 3458; *Beck,* NZI 2006, 609, 616 ff.

1. Normzweck

Kommt es bei einem in Deutschland eröffneten Insolvenzverfahren zu einem Überschuss bei der Schlussverteilung, so wäre nach § 199 der nach der vollständigen Befriedigung aller Insolvenzgläubiger verbleibende Überschuss vom Insolvenzverwalter an den Schuldner herauszugeben. Dieses Ergebnis würde in Sekundärinsolvenzverfahren zu der eigentümlichen Folge führen, dass eine Herausgabe an den Schuldner erfolgen müsste, obwohl in einem ausländischen Hauptinsolvenzverfahren noch nicht alle Forderungen von Insolvenzgläubigern befriedigt sind. § 358 ordnet daher die Herausgabe eines Überschusses an den Verwalter des Hauptinsolvenzverfahrens an. 1

2. Überschuss bei der Schlussverteilung

Es müsste ein Überschuss bei der Schlussverteilung im Sekundärinsolvenzverfahren vorliegen. Dieser liegt nur dann vor, wenn neben den Insolvenzgläubigern nach § 38 auch die nachrangigen Insolvenzgläubiger nach § 39 und auch Masseverbindlichkeiten gem. § 206 Nr. 2, die erst nach Ende des Schlusstermins bekannt geworden sind, in voller Höhe befriedigt worden sind. In dem Sekundärinsolvenzverfahren sind alle Forderungen zu befriedigen, die in diesem Verfahren angemeldet und festgestellt wurden. **Eine Beschränkung der Passivmasse besteht nicht.** Nach § 341 Abs. 1 kann jeder Gläubiger seine Forderung im Hauptinsolvenzverfahren und in jedem Sekundärinsolvenzverfahren anmelden. 2

Zur Erläuterung des Überschusses wird darüber hinaus auf die Kommentierung des § 199 verwiesen. 3

3. Herausgabe an Verwalter des Hauptinsolvenzverfahrens

Der Verwalter im Sekundärinsolvenzverfahren hat den **Überschuss an den Verwalter des ausländischen Hauptinsolvenzverfahrens herauszugeben.** Dieses Ergebnis ist auch deshalb sachgerecht, da mit Einstellung des inländischen Sekundärinsolvenzverfahrens das Hauptinsolvenzverfahren seine Wirkung auch auf das Inland entfaltet und ein dort vorhandener Übererlös folglich dem Insolvenzbeschlag des Hauptinsolvenzverfahrens unterliegen muss. 4

4. Besonderheiten im europäischen Recht

Art. 35 EuInsVO ist mit § 358 vom Regelungsgehalt her identisch. Abweichungen bestehen im europäischen Recht nicht. 5

Zwölfter Teil. Inkrafttreten

§ 359 Verweisung auf das Einführungsgesetz

Dieses Gesetz tritt an dem Tage in Kraft, der durch das Einführungsgesetz zur Insolvenzordnung bestimmt wird.

1. Allgemeines

Die Vorschrift verweist für das Inkrafttreten auf Art. 110 EGInsO, wonach die InsO und das Einführungsgesetz am 1. 1. 1999 in Kraft getreten sind. Die die Verordnungsermächtigungen betreffenden Vorschriften der §§ 2 Abs. 2, 7 Abs. 3, 305 Abs. 1 Nr. 1 InsO sind bereits am 6. 10. 1994 in Kraft getreten.[1] Die Vorschrift ist erforderlich im Hinblick auf Art. 82 Abs. 2 GG.[2] 1

2. Praxishinweis

In allen Fällen, in denen ein Antrag vor dem 1. Januar 1999 gestellt worden ist, bleibt es bei der Anwendung der Regelungen der KO oder der GesO. 2

Hinsichtlich der Anfechtbarkeit ist Art. 106 EGInsO zu beachten. Vor dem 1. Januar 1999 vorgenommene Rechtshandlungen sind nach den (verschärften) Regelungen der InsO nur anfechtbar, wenn sie auch nach den bisherigen Vorschriften der KO oder der GesO anfechtbar gewesen wären. 3

---

[1] Art. 110 Abs. 2 EGInsO.
[2] *Balz/Landfermann*, S. 591.

Sachverzeichnis

Fettgedruckte Zahlen = Paragraphen, Magere Zahlen = Randnummern